FLEET STREET
GOUGH SQUARE
SALISBURY SQUARE
ST BRIDES
CHURCH YARD
GREAT NEW STR
East Harding St
West Harding St
Lit. New Street
STONECUTTER STREET
Tudor St
Junction Wharf

James Boswell

约翰生传

The Life of Samuel Johnson

全译本

〔英〕詹姆斯·鲍斯威尔 著
〔英〕赫伯特·雷尔顿 等插图
蒲 隆 译

· 卷一 ·

上海译文出版社

James Boswell
The Life of Samuel Johnson
根据企鹅经典版（Penguin Classics）译出
本书受上海文化发展基金会图书出版专项基金资助

图书在版编目（CIP）数据

约翰生传 /（英）詹姆斯 · 鲍斯威尔（James Boswell）著；蒲隆译. — 上海 ：上海译文出版社，2022.12（2025.3 重印）
书名原文：The Life of Samuel Johnson
ISBN 978-7-5327-8316-8

Ⅰ.①约… Ⅱ.①詹… ②蒲… Ⅲ.①约翰逊（Johnson, Samuel 1709–1784）–传记 Ⅳ.①K835.615.6

中国版本图书馆 CIP 数据核字（2022）第 200468 号

译文版插图珍藏本世界文学名著
总策划／冯涛
技术总监／朱奇 设计总监／张志全

约翰生传

［英］詹姆斯 · 鲍斯威尔 著 蒲 隆 译
责任编辑 / 顾 真 装帧设计 / 张志全工作室

上海译文出版社有限公司出版、发行
网址：www.yiwen.com.cn
201101 上海市闵行区号景路 159 弄 B 座
苏州市越洋印刷有限公司印刷

开本 889 × 1194 1/32 印张 53.25 插页 50 字数 1,236,000
2023 年 4 月第 1 版 2025 年 3 月第 2 次印刷
印数：8,001—10,000 册

ISBN 978-7-5327-8316-8
定价：698.00 元（全三卷）

Sam: Johnson

约翰生博士

乔舒亚·雷诺兹爵士 绘

译者序

“从来不朽之笔，须传不朽之人，于是人以文传，文以人传——究竟谁靠谁传，渐渐的不甚了然起来……”这是鲁迅的名作《阿Q正传》第一章“序”中的话。少年时初读《阿Q正传》，我就把这段精辟的议论铭记于心了，但完全把它当作一种犀利的讽刺。年长以后，每当读一些名人传记或回忆录，总想起这番话来，仔细玩味，觉得这虽然是种调侃之言，但还确实道出了一定的真理。临近耄耋之年，应上海译文出版社冯涛先生之约译完这部《约翰生传》后，我相信鲁迅的这段话用到这部著作上再贴切不过了。

先说“不朽之人”。约翰生凭一己之力，用八年工夫编著了一部《英语词典》，赢得了“词典约翰生”的徽号。要知道，法兰西学院由四十位院士组成的团队花了四十年光阴才编成了他们的《法语词典》，所以，仅此一项功劳，约翰生完全算得上是一位“不朽之人”了。十九世纪英国名作家托马斯·卡莱尔在他题名为《英雄与英雄崇拜》的演讲录中，把约翰生列为三位“文人英雄”之首（另外两人是卢梭和彭斯）。该书对他的《词典》讲了这样一段话：“假使约翰生除了他的《词典》，再没有留下任何东西，人们也可以从中探寻出一种伟大的才智，一个真正的人。凭借其明确的定义，总体的坚实稳固、诚实可信、真知灼见以及卓有成效的方法，它堪称所有词典中的翘楚。它里面有一种建筑学上的高贵品质；它屹立在那里，俨然是一座宏伟、坚固、方正的广厦，巧夺天工，完整对称：你断定建造它的是一位真正的大工匠。”

及至十八世纪，法国和意大利早都有了自己语言的权威性词典的时候，英国还没有一部标准的英语词典，随着世代的更替，十八世纪的作家们担心自己的语言很快就会变成老古董，就像蒲柏（Alexander Pope）在《批评论》中所写的那样：

我们的儿子们看见父辈的语言陵替，
乔叟现在是这样，德莱顿也必定如此。

一部词典有助于延缓这种变迁。约翰生于 1747 年发表了他写给切斯特菲尔德勋爵的《英语词典编写计划》。书商从中看到了商机，便约请既有意向又有能力的约翰生当此重任，并预支了 1 575 英镑，这笔钱几乎全花在购买文具和支付六名抄写员的工资上了。历时八年多（原计划三年），他于 1755 年完成了这一令人难以置信的伟大工程。这部词典收词四万条，定义精准（除了个别调侃性的），引文丰富，多达 114 000 条，上自锡德尼（Sir Philip Sidney，1554—1586），下至他的同时代人。该词典问世后，一百余年，成了一部标准的英语参考书，约翰生生前就出了五版，为尔后的词典树立了样板。其中不少定义仍被当代的词典重复使用。当代作家约翰·韦恩（John Wain），在他的《塞缪尔·约翰生》一书中写道："如果约翰生在 1755 年去世，他的名字将会仍然在识字的英国人和全世界使用英语的人的心目中熠熠生辉。当年轻的罗伯特·勃朗宁决定他的命运就是做一名诗人的时候，他便坐下来从头至尾阅读约翰生的词典。"因为"这些引文是一种又长又迷人的文选。他有意识地选择的这些引文，不仅举例说明词义，而且传达有价值的思想或有趣味的信息"。所以一个人一页一页翻阅《词典》时能够既长见识，又得乐趣。

当然，约翰生的不朽地位并不是单靠一部词典确立的。他是文坛上无与伦比的全才，首先他是一位杰出的诗人。诗人苏厄德小姐（Anna Seward）甚至说："除了他的正字法著作外，约翰生博士的每件作品都是诗。"讽刺诗《伦敦》（1738）初次展示了他超凡的才能，产生了一鸣惊人的效果。人们议论纷纷，认为作者是一个无名诗人，甚至比蒲柏还要伟大。它也引起了当时这位诗坛霸主的高度重视，多方打听作者的来历。这首诗反映了伦敦对艺术才华和艺术家的精神、肉体的摧残，对暴政和压迫给予了最强烈的抨击。长诗《人愿皆空》(1749) 被认为是所有语言所能产生的道德说教诗的高峰。它抨击了人的傲慢和追求，揭示了一个人们喜爱的主题：人生的悲哀。约翰生认为人类对权力、学问、武功、长寿、美，甚至德的渴求都不可避免地伴随着不幸，只有在宗教信仰中寻求安慰。幸福是可以得到的，如果我们“把心用到”虔诚上的话。

约翰生绝大多数的作品都是倚马千言，一气呵成的，唯独诗剧《伊瑞涅》精雕细刻了多年，1737 年基本完成。这部悲剧的情节是从理查德·诺尔斯的《土耳其民族通史》中提取的。写的是希腊美少女、基督徒伊瑞涅被俘后在土耳其皇宫里的遭遇。这部悲剧直到他的学生、名演员加里克出任朱瑞巷剧院经理后，才于 1749 年搬上舞台，但反响并不热烈。鲍斯威尔问及他的感受时，他的回答是“像纪念柱一样”。鲍斯威尔的解释是，约翰生宠辱不惊，任人评说，我自岿然不动。当然我们也可以解读为他认为这是他在这一领域里的一种永久的碑记。我们必须记住，在西方文化史上，十八世纪被称为“理性时代”，而约翰生正是理性时代的代表人物，“理性人”。因此，说理是他的长项，煽情是他的短板，他的诗文、小说、批评都发挥了这一长项，获得成功，但戏剧却是需要煽情来感染观众的。他这方面的能力不足，就难能达到预期的效果。他说莎士比亚的有些剧本并不适合上演，如《麦克白斯》。《伊瑞涅》整部剧虽然思想广博，意象丰富，妙语如珠，但也只能当作一首诗来欣赏。

相比而言，约翰生的散文数量更多，影响更大。208 篇《漫游者》以及后来的《闲散者》等系列报刊文章为他赢得了大量的忠实读者，给他树立了文体家和道德家的声名。不同于斯威夫特散文的简练、艾迪生散文的亲切雅致，约翰生的散文善用排比，讲究节奏，风格堂皇大气，用词典雅奇崛，而且好用拉丁文词语，引得很多人竞相模仿，真可谓开一代文风，成一代文宗。约翰生写这些文章有意“灌输智慧与虔诚”，教导人们用一种理性和符合宗教信仰的态度对待人生。这些文章主题繁多，涉及范围很广。这种报刊文章虽然该世纪早期已有《闲话报》（*The Tatler*）和《旁观者》（*The Spectator*）开了先河，但约翰生的文章从内容到语气更加严肃，探讨更加深入。

约翰生也是一位别具一格的小说家，他一生只写了一本哲理小说《阿比西尼亚王子拉塞拉斯》（1759）。小说情节非常简单，王子拉塞拉斯从小生活在人间仙境“幸福谷”里，却感觉不到幸福，于是设法逃离这条“幸福谷”，另找真正的幸福。他们一行人到过很多地方，接触过各种人，经历过人生最重要的一场场景，发现人生到处充满了精神空虚与烦忧。小说深入探讨了人生的各种重大问题，得出的结论是：“人生到处都是同一种情况，需要忍受的多，能供享受的少。”这种人生观与他的《人愿皆空》所反映的是一脉相承的。小说的最后一章是“并无结论的结束语”。经过一番游历，这一行人对未来都有了一种较实际的设想，但又担心不能实现，于是决定打道回国了。鲍斯威尔认为：“就算约翰生没有再写别的任何东西，这部作品也会使他在世界文学中名垂千古。他的作品没有一部在欧洲流传如此之广，因为它被译成了大部分现代语言，如果不是全部的话。这个故事具有东方意象的一切魅力和英语能够表现出的全部力量与优美。”

约翰生是位杰出的莎士比亚学者，他编的一版《莎士比亚作品集》有助于十八世纪解读莎剧文本的工作；其他编者不甚了了的地方，在约翰生那里往往能找到明晰的解答。这个版本的突出特点是他的评注和具有理论与历史价值的大胆的“序言”。他在“序言”中判断文学的标准是它是否忠实于生活，而不是是否符合抽象的规则，也就是“三一律”的教条，因此，最终把莎剧从新古典主义评论和更加学究气的研究中挽救出来。鲍斯威尔是这样评论约翰生编的《莎士比亚作品集》的：“这部书即使没有其他优点，单就拿出他的‘序言’，国人也没有理由加以抱怨，因为在序言里那位不朽诗人的优长与不足在一位大师的手笔下展现无遗。对莎士比亚不分青红皂白的盲目崇拜把不列颠暴露为外国人的笑柄，约翰生由于坦诚地承认他这位诗人的缺点，反而使给予他应得的无可争议的赞扬更加可信。毫无疑问，对诗人高唱赞歌的人中间没有一个为诗人赢得过有这一半的荣耀。他们的赞扬就像律师的褒扬，是站在自己利益的一边：约翰生则像那法官严肃认真、深思熟虑、不偏不倚的论断，说出来一言九鼎，让听者对他敬重有加。他作为一位评注者，功德无量，尽管他的研究还不像应有的那么深广，他的调查也不像可以做到的那么敏锐；这一点我们现在从其他后来的能干又灵巧的批评家的劳动成果中确知无疑。”

1773 年，约翰生在鲍斯威尔的陪同下游历了苏格兰及其西部的赫布里底群岛，1775 年出版了《苏格兰西部诸岛纪游》。当年，鲍斯威尔就出版自己的《科西嘉见闻录》征求过约翰生的意见。约翰生指出，这部书稿的历史部分是从书本上抄来的，只有日记部分是自己亲身经历和亲眼观察的记录，同时发表了这样一番见解：“我常想，游记，或者旅行记，如果不是判断力强、为人正直的能人高手用生花妙笔如实描写所经过的国家的风土人情，那还不如不出。”可见，他对游记的要求是很高的。

约翰生并不喜欢到处旅行，除了苏格兰，他还去过威尔士。法国是他去过的唯一的外国。他不写威尔士，因为威尔士与英格兰大同小异，没有新鲜感。他不写法国，因为他认为很多人比他更熟悉这个国家，他没有更多的话可说。他的游记的重点也不是苏格兰，因为思雷尔夫人（Hester Lynch Thrale）曾表达过看看苏格兰的愿望，他表了这样的态：“看看苏格兰，夫人，只不过是看看一个更糟糕的英格兰。那等于看花儿逐渐凋谢，剩下一根光杆儿。看了赫布里底群岛倒算是看了一种迥异的景象。”他承认，“从西部诸岛获取的思想比从我记得的任何事情上获取的都多。我看见了一种迥异的生活体系。”这样，他就在他的经历中显得新鲜的社会和自然景观中有了一次全面的道德反思的机会。他要在这次酝酿了很久的旅行中达到什么目的，是心中有数的。所以他要写，写出的肯定不是浮光掠影的表象，而是对当地历史、伦理、民俗、地貌的深入考察，既有具体细致的风物描述，又有对社会的广阔哲学观感。众所周知，约翰生具有敏锐的观察力，精准的辨别力，强劲的理解力，活跃的想象力，热烈的好奇心，为人正直，又有神来之笔，他的游记一问世，人们对这位对苏格兰怀有偏见出了名的约翰生写的关于苏格兰的书充满了好奇。苏格兰的有识之士对这本书的公正、深刻由衷地叹服。这本游记还有一种出乎意料的社会效应，那就是，读过此书后，有些苏格兰人认识到自己的缺欠，开始重视绿化自己的家园了。后来，陆陆续续有约翰生的崇拜者们循着他的足迹，探访他到过的地方，缅怀这位伟人，从而促进了该地的旅游业。

约翰生在风华正茂的二十八岁时来伦敦闯荡，充当文学苦力，最初给《绅士杂志》（*The Gentleman's Magazine*）的老板凯夫打工，编写议会辩论摘要，因此很早就对政论、时评的写作非常在行。他晚年写过四本政论小册子，由于他一贯拥护君主政体，因此这四本小册子全都替当权者说话。1768 年在米德尔塞克斯选举中，激进自由派人士约翰·威尔克斯当选为代表该郡的下院议员，下院多数派却将其驱逐，约翰生竟然于 1770 年出版小册子《虚假警报》，对这种明火执仗的违法行为予以辩护。写《关于福克兰群岛最近事态的思考》（1771），是为了支持内阁通过谈判而不是战争与西班牙解决领土争端的举措，其中对战争灾难的描述尤为雄辩有力。写《爱国者》（1774）是为了帮助朋友亨利·思雷尔重新入选议会，文章写得活泼生动、大气磅礴。《征税非苛政》（1775）更是秉承内阁的旨意写的，副标题是“答美洲会议的决议与讲话”，这本小册子充满了武断的主张，尖刻的讽刺，恣肆的嘲弄。这里不妨引用其中的几句：“殖民地居民不能因为他们幼年时没有被征税，就一口咬定他们现在也不应当被征税。我们不让牛犊拉犁；我们等他长大了再拉。”比喻尽管形象生动，发表时却被当局删去了，也许是觉得这种比喻不够严肃吧。

尽管约翰生的小册子频频遭到持不同政见者的攻击，他反而将它们汇编成一册，题名为《政论文集，〈漫游者〉作者著》，前面还煞费苦心地引用诗人克劳狄安的一段拉丁文作为题识："认为服从一位君王就是当奴隶，这是一个错误；再找不到比有个虔诚的君王更爽的自由了。"

约翰生认为，文章遭人批评就说明它引起了人们的重视，这种批评反而会扩大该文的影响，而他却从来不做反驳。他说："我宁肯被人攻击，也不愿遭人冷落。因为对于一个作家而言，你能做的最坏的事就是对他的作品不发一言。攻打一座城市是件坏事；但将它困饿则更坏；攻打未必成功；也许你的阵亡人数比歼敌人数更多；但如果你困饿该城，你肯定稳操胜券。"

对攻击锻炼得刀枪不入的约翰生听了鲍斯威尔传达的一位正直的牧师的劝告却沉默不语了。这位牧师写道："如果您再次以政论家的身份向公众讲话，我倒希望您记住，丰富的想象或遒劲的语言将难以弥补诚实的缺欠、公正的缺乏和真理的缺欠。我还要补充一点，如果我今后还像此前那样喜欢阅读您所有作品中最精彩的《漫游者》，我惯常在里面找到的乐趣将会被这样的反思大打折扣，那就是，一部如此道德高尚、文笔典雅、价值千金的作品的作者却把他的才华糟践到《虚假警报》《关于福克兰群岛最近事态的思考》和《爱国者》之流的制作上。"这篇文章写在《征税非苛政》发表之前，约翰生听到却在《征税非苛政》发表之后。

自然有人要把这本小册子与他的恩俸联系起来，把他说成一个御用文人，约翰生为此也大伤脑筋，一度考虑过辞掉恩俸，但最后在朋友们的劝阻下打消了这种念头。

当然这些小册子中的智趣、讥刺、雄辩使当时的人读起来心情急迫，也会使将来的人读起来乐趣无限。事过境迁，文章的时效已经过去，读它们纯粹是为了欣赏文章的文字和逻辑。

约翰生是一位传记大师。一位天才可以就微小的题材作大文章。他能把《绅士杂志》老板凯夫这样一个人生道路甚为狭隘、没有任何偏离或偶发事件的人的生平写成引人入胜的叙事作品。所以给诗人萨维奇这样有故事的人作的传就更是精彩纷呈了。他早年写的

《萨维奇传》反复灌输了一个非常有益的教训：热情洋溢的人应谨防对热情过于放纵。在这本传记中，五花八门的事件相互关联，丝丝入扣，清晰而生动，全书闪耀着灿烂的哲学光辉，因此成为最有趣的英语叙事作品之一。难怪大画家雷诺兹一只胳膊支在壁炉台上，站着一口气把它读完。

1778 年，伦敦的一批书商准备推出一套《英国诗人集》。他们根据当时的文学趣味，先选定了诗人及其作品，为了扩大影响，特别约请文坛霸主约翰生在每位诗人的诗作前写一篇评传性序言。这项工作正投约翰生所好，他便欣然允诺，并追加了几名诗人，总共五十二位。从十七世纪的考利和弥尔顿开始到约翰生的同时代人格雷结束。后来这些评传性序言又单独印行，题名为《英国诗人传》。这是一部将文学传记和文学批评完美结合的经典性著作，文笔也比作者以前的作品平易，是约翰生的作品中最受普通读者欢迎的。

约翰生写传记坚持真实，对传主的缺点也不掩饰，从具体、琐细处着眼，凸显传主的性格和癖好。关于诗作，他认为理想的诗人应当在平凡中见新奇。诗必须意思明了，能愉悦读者，帮助读者理解世界、为人处世。他主张诗必须符合自然，符合逻辑，符合宗教，符合道德，符合生活的真实。他不喜欢玄学派的巧智，但仍然做了深入细致的分析，为世人发现了诗歌领域里的一片新天地。且看《考利传》中的这一段文字：

> 巧智，如果不顾它对听者的影响，可以被更加严谨、更加科学地看作是一种“和谐的嘈杂”，一种各式各样迥异的意象的结合，或者是对明显不同的事物中的隐秘相似的显示。把巧智这么一界定，他们拥有的就绰绰有余了。把风马牛不相及的想法生拉硬拽套在一起，把天然与人工搜遍，为的就是说明、比较、影射；他们的学识给人启迪，他们的微妙令人惊讶，然而，读者通常认为自己的长进付出的代价太高，尽管有时叹赏，却很少得到愉悦。

读《诗人传》给人的感觉是："约翰生是一位睿智又极其严厉的判官。他明察秋毫，能看透人的行为最秘密的源流；他又刚正不阿，总是用'圣所的天平'称他的同类的道德品格。他太无畏，不想姑息对手，太高傲，不会逢迎高手。"所以他对点评的对象大都褒扬少，贬抑多。

约翰生是一名虔诚的英国国教会信徒。他的《祈祷文与默想录》于死后出版，如实记录了他发自内心的虔诚和修身养性的历程。

凭借这些成果，约翰生成为十八世纪中后期英国文坛的领袖，有人冠以"独裁者""大汗"的称号。尼尔森（William Allan Neilson）和桑代克（Ashley Horace Thorndike）合著的《英国文学史》共分十七章，其中五章分别用一位作家的"时代"作标题。它们是，第六章，"莎士比亚时代：非戏剧文学（1564—1616）"；第七章，"莎士比亚时代：戏剧（1564—1616）"；第九章，"德莱顿时代：1660—1700"；第十章，"蒲柏时代：1700—1744"；第十一章，"约翰生时代：1744—1784"。更有甚者，William Flint Thrall 和 Addison Hibbard 编著、C. Hugh Holman 增订的《文学手册》（*A Handbook of Literature*）中的"英国文学"条把 428 年至 1960 年分成二十个区段，每个区段都以文学思潮或王朝的名称冠名，如莎士比亚所处的时代冠以 Elizabethan Age，唯独 1750—1798 时段用文人冠名：The Age of Johnson，由此可见约翰生在英国文坛的影响力和重要性。

平心而论，约翰生的作品中，《英语词典》可以说是世不二出的。他的文学批评的眼光在同时代人中也是首屈一指的，然而其中掺杂着偏见。其他的文学样式，如诗歌，小说，散文，戏剧，传记，政论等，单独而论，并不是无人可及。然而他的综合实力却是无与伦比，他古典学养深厚，现代文学精通。亚当·斯密说："约翰生读过的书比当代任何人都多。"他连烹饪书也读，甚至扬言自己要写一本。他有一种特异功能，能够一下子抓住书中的要点，而不用劳神费力逐字逐句从头细读到尾。他德行完美，见识超群，智趣丰富，幽默横生，随机应变，妙语连珠。人们崇敬他的德行、钦佩他的才华，欣赏他的言谈。有人形容在场的人洗耳恭听他的宏论就像古希腊人聆听神谕一样。他是“文学俱乐部”的核心人物，周围聚集了一大群文化精英，中国读者熟知的有大画家雷诺兹，政治家、文学家和演说家伯克（Edmund Burke），表演艺术家加里克，小说家兼诗人哥尔德斯密斯，历史学家吉本，政治经济学家亚当·斯密等人，还有一些我们不熟悉的贵族和学者。朗（William Long）的《英国文学》一书，对约翰生评价不是太高，说“这个人肯定不是他的时代最伟大的作家，或许根本就不是一个伟大作家，但他是当时英国文坛的独裁者，现在仍然作为最引人注目、特立独行的人物隐现在数百年辉煌的文坛上”。朗的看法是：“约翰生在我们文学中的伟大地位与其归功于其书，不如说归功于鲍斯威尔对其人的描画。”他认为《约翰生传》是一部不朽之作；赞扬是多余的，必须阅读它品味它。按照他的观点，约翰生的不朽之身，主要归功于鲍斯威尔的不朽之笔。可是问题来了，如果约翰生根本不是一个伟大作家，鲍斯威尔怎么会崇拜他，会那么急切地想结识他，结识之后，又二十年如一日忠心耿耿，见面后记录他的言行，始终保持书信联络；怎么会在约翰生去世后，用他的不朽之笔，成就约翰生的不朽之身呢？鲍斯威尔一生结识的名人很多，国外的有卢梭、伏尔泰等，国内先后结识的有亚当·斯密、雷诺兹、伯克、加里克、哥尔德斯密斯，等等等等。他要写名人传记，完全可以另选他人，为什么偏偏选中了约翰生？读了这部传记后，我们知道，约翰生和他的学生、后来成为剧坛巨星的加里克来伦敦闯荡时，举目无亲，他靠卖文为生，一步步声名鹊起，不要说兰顿、博克莱尔、鲍斯威尔这些年轻一代，就是大画家雷诺兹也是在拜读了他的作品之后，产生了仰慕之心，才与他结识的。就连当朝国王乔治三世也仰慕他的作品和名望，得知约翰生在王家图书馆读书时，主动提出和他见面交谈。酒商思雷尔更是崇拜他的道德文章，在住宅里专门给约翰生留有一套住房，供他随时居住，愿意住多久就住多久，并且带他与家人一起去法国旅游。著名历史学家吉本因为不信教，始终得不到约翰生和鲍斯威尔的好感，但他还是主动申请加入了以约翰生为核心的“文学俱乐部”，甘心成为约翰生圈子里的一员。没有无伦的才调，能赢得那么多社会精英的敬仰与热爱吗？鲍斯威尔结识约翰生以后，发现他的言谈甚至比他的文章更精彩，于是开始追记约翰生的谈话，为将来给约翰生写传做准备。约翰生去世七年之后，他的不朽之作《约翰生传》才问世。从 1763 年见到约翰生到 1784 年约翰生离世，经过二十余年的材料积累，这远远超过了“十年磨一剑”的功夫。

关于《约翰生传》，我前面引用过卡莱尔评述约翰生《词典》的话，如果把其中的“词典”改换成“传记”，再把专用于词典的几个词适当改换一下，整个评语完全适用于《约翰生传》。这段议论把《词典》比作一座伟大的建筑。译完《约翰生传》后，我的感觉好像是被鲍斯威尔引领着参观了一座规模宏大、内容丰富、布局完善的现代化的约翰生纪念馆。鲍斯威尔既是建馆人，又是讲解员。跟所有的纪念馆一样，讲解员首先给观众诵读一篇“前言”，涉及建馆的主旨、成因、方法、特点。前言特别指出，人们将会看到的是原原本本的约翰生，不掩过、不饰非、不涂彩、不描金。接下去讲解员就引领我们参观一间间展室，按年月顺序排列，从约翰生出生到约翰生去世，安葬在威斯敏斯特教堂，最后是一段“结束语”。

在纪念馆里，陈列着约翰生先后出版的作品，鲍斯威尔给出了扼要的点评，同时给出了写作该作品的动机、经过与出版后的反响。如，约翰生之所以写《拉塞拉斯》，目的是用这笔收益操办他母亲的丧事，并偿还她留下的几笔小小的债务。这本书是他在一个星期内的每个晚上写的，一边写，一边把成稿拿去付印，没有通读过。书商给他的酬金是一百镑。

这里还有鲍斯威尔发掘出的大量匿名文章，或替别人代写，或送给他人以人家的名义发表，有他早年的翻译，有他的祈祷文，笔记，有约翰生口授、鲍斯威尔笔录的法律辩护词。

这里有大量的约翰生书信原件或抄件，有约翰生的朋友提供的关于约翰生的言论和活动的文字记录。

如果我把鲍斯威尔写进传记的约翰生对往事的追忆和约翰生的同学和朋友给鲍斯威尔口头提供的轶事比作纪念馆中的图片的话，那么鲍斯威尔记录下来的他亲耳听见和亲眼看见甚至参与其中的场景就是纪念馆中的原声录音和实况录像了。

我们先来看几段录像：

巴克莱认为宇宙万物仅仅是想象而已，“他用脚使劲猛踢一块大石头，把自己弹了回来”，以此加以批驳。

为了显示自己是一个有骑士风度的男人，他把访问过他的一位法国贵妇领到她的马车前。“他穿的是一件破旧的棕色晨衣，趿着一双当拖鞋用的旧鞋，一顶干缩的小假发挑在脑袋上，衬衫的袖子和裤子的膝盖松垮垮地吊着。”

他坦言：“我仔细认真地关心自己的肠胃，因为，我认为，不关心自己肠胃的人很难关心其他事情。”且看他是如何关心自己的肠胃的：“一上餐桌，他就全身心地投入当前的任务；他的目光似乎钉到了盘子上。他吃起饭来完全是一副狼吞虎咽、风卷残云的架势。吃的时候，脑门上青筋暴起，一般都是大汗淋漓。”

“他的性情有严重的病态，以至于压根儿就不知道自由、用力运用肢体的天然快乐：他走起路来，步态就像一个人戴着脚镣苦苦挣扎；骑在马上，无法驾驭他的坐骑，仿佛坐在气球里被带着前进。”

这几个镜头给人留下的印象是，他的举止确实不够潇洒、娴雅，但也显示他是个率性、随意之人，绝不矫揉造作。

鲍斯威尔认为：“约翰生的言谈也许比他的作品更令人赞叹，不管他的作品有多么优秀。”我们不妨听几段录音：

“父子之间必定总有斗争，一个一心要权威，一个一心要独立。”

问及给孩子先教什么最好，他的回答是：“你给他们先教什么就像你先把哪条腿伸进裤子一样无关紧要。先生，你可以站着争论先伸哪条腿最好，可在此期间，你的裤子却是空的。先生，当你考虑在两样东西中选哪一样给孩子先教时，另一个孩子已经把两样东西全学会了。”

“一个人应当只读自己喜欢的书籍；因为阅读成了一种任务，对他没有多大好处。”

“没有真情实话，社会必然分崩离析。实际上，真话如此之少，我们几乎害怕相信自己的耳朵；可是如果谎言翻上十番，我们该如何是好？社会是由交流和信息结合起来的。”

“一个人宁肯让别人说有关他的一百个谎话，也不愿让人说他不希望人家说的关于他的一句真话。”

“浮华之风永远也根治不了，那是心理的顽症，就像身体上的顽症一样，永远也纠正不过来，一旦是个花花公子，永远是个花花公子。”

“粗话伤人和雅语损人之间的区别就像被棒子打伤和被毒箭射伤的区别。”

“一只苍蝇可以叮一匹骏马，让它瑟缩；但一个只不过是只昆虫，一个仍然是匹马。”

“总的来说，一个人的消极品质比积极品质更会讨人喜欢，从不得罪人比给人大量欢乐更会讨人喜欢。首先，人们的恨比爱更加稳定，如果我曾经说过什么话伤了一个人，我就是千言万语取悦他也无法让他忘记这句伤人的话。”

“男人行坏，女人羡慕；她们没有我们坏，不是出于选择，而是因为我们限制了她们；她们是秩序和时尚的奴婢；就这个世界而言，她们的德行对于我们比我们自己的德行还重要。”

谈及男女交欢之事，他把其中的欢乐主要归因于想象。“要不是想象，先生，（他说）一个男人被女仆抱在怀里与被公爵夫人抱在怀里一样快乐。然而想象的附加魅力如此之大：所以我们发现有些人为了可以占有一位贵妇，违犯了最好的社会原则，被搞得身败名裂，倾家荡产。”

有人说贪婪是某些人的本性，约翰生回应：“谁也不是天生的守财奴，因为人一生下来一无所有。每个人生下来，就 cupidus——希望获取；而不是 avarus——希望守成。”

“一个既会花钱又会省钱的人才是最快乐的人，因为他享受到了两种快乐。”

“耗散钱财就是蒸发，有成千种神不知鬼不觉的手段。如果它是一股溪水，人们可以堵住它。”

“对于有限的人类而言，纯粹的慈善行为是不可能的。人的慈善掺杂着虚荣、利益或其他动机。”

“一个老人应当防范的莫过于把自己交给保姆。”

“我宁愿把钱托付给一个没有手的人，也就是身体不具备偷窃的可能性的人，也不愿交给最讲诚实原则的人。”

“一个人怕干不道德的事而进了加尔都西修道院，这就像一个人怕偷盗剁掉了自己的双手一样，毫无道理可言。弄残自己的断然行动中确实有大决心；然而事情一旦完成，他就不再有任何能耐了：尽管他没有能力偷盗，但也许在他心里，他一辈子都是个贼。”

“一个人不能恰如其分地谈论自己，除了陈述一些单纯的事实，如‘我当时在里士满’，或者取决于测量的情况；如‘我有六英尺高’。他肯定到过里士满；他肯定他有六英尺高；但他不能肯定他聪明，或者他有其他什么优秀品质。而一个人对自己的一切贬损其实是拐弯抹角的赞扬，是为了表示他能宽容到什么程度。他能招致自我表彰所引起的所有不满和对虚伪的种种责难。”

“一个孩子挨教鞭远远赶不上成人遭世界的嘘声反对那么严酷。成人对声名耿耿于心，名气愈大就失去它愈快。”

“权力越收缩，就越容易被摧毁。被一个暴君统治的国家是一个倒置的圆锥体。那里的政府不可能像它安置在一个逐渐收缩的宽广的基础上时那样稳固。”

有人说：“有一种怕死的论调，当然十分荒唐；而且那就是惧怕灵与肉俱灭，死亡不过是一场不做梦的酣睡。”约翰生则说：“它既不酣畅，也不是睡眠。它是乌有。单纯的存在比乌有好得多。所以一个人宁肯在痛苦中存在，也不愿不存在。”

“现代作家是文学月亮，他们闪耀的是反射光，是从古人那里借来的光。我觉得希腊是知识的源泉；罗马是典雅的源泉。”

“什么是诗？嘿，先生，说什么不是诗要容易得多。我们都知道什么是光；但要说什么是光却不容易。”

谈及慢待过他的切斯特菲尔德勋爵，他说：“此公我本以为是才子中的公侯；现在我才发现，他只不过是公侯中的才子！”

说他的《教子家书》：“这些信在教妓女贞节，教舞师仪态。”

有人问及他对某两位诗人的看法，他答道：“虱子和跳蚤孰优孰劣还真没有定论。”

“马奇的布道文好是好，但不实用。他抓住的感觉多，掌握的少；他拿到的粮食多，能做成的饭少；他打开一片广阔的前景，但太遥远，看不清楚。”

“理查逊的一封信里对人心的认知比整部《汤姆·琼斯》里的还多。”

“酒使一个人更喜欢自己。我不是说它使一个人更招别人喜欢，虽然有时候是这样。但危险在于，一个人变得更喜欢自己的时候，他也就变得不大招人喜欢了。酒不能给人任何东西。它给不了知识，也给不了巧智；它只能使人活跃起来，使他能把怯场压制住的东西发挥出来。它只能使锁在寒霜中的东西活动起来。不过这可以是好事，也可以是坏事。”有人插话道：“这么说来，先生，酒是一把能打开箱子的钥匙；不过这只箱子也许不是满的就是空的。”约翰生：“不对，先生，话才是那把钥匙，酒是一把撬锁的工具，它硬生生地把箱子撬开了，也把它损坏了。一个人应当修身养性，哪怕不喝酒也具备酒给人的那种自信和敏捷。”

“酒使人把说法错当成想法。”

“谁投一个人所好而饮酒，谁就做了那个人的奴隶。”

然而，这样摘录约翰生言谈的片段还不足以反映他谈话的全部巧智、机敏和雄辩的气势。这些特点在辩论中更能得到淋漓尽致地表现。约翰生对谈话的重视非同寻常。他说他尽可能地要让谈话既在思想感情上，又在表达方式上精彩生动，他把这定为一个常规，这样一来本来要费劲的东西，就变得洒脱自如。他说：“关于谈话，第一，得有知识，得有谈资；第二，得有驾驭言词的能力；第三，得有想象力，把事物置于常人看不见的境界；第四，得镇定自若，有一种百折不挠的决心：这最后一项是不可或缺的基本条件。”因此约翰生总把谈话看成一种智力和技巧的较量，他总是“为胜利而谈”。在很多场合，为了显示自己的辩才，故意持错误立场，但总能说得头头是道，而且听众越多，对手越强，便越起劲。

约翰生情绪好时，有问必答，无所不谈。鲍斯威尔突发奇想，问约翰生如果把他和一个婴儿关在一座城堡里，他将如何对待这个婴儿，约翰生也不厌其烦做了回答。他们甚至在一起探讨公鸡为什么不吃食，先让给母鸡吃，母鸡为什么自己不吃，让小鸡吃。

如果情绪不好，他就会好好教训一顿发问者：“询问不是君子谈话的方式。那是在显优越，询问一个人的私事尤其不对。也许他先前生活中的事情不想让别人知道，甚至自己也不想回顾。”或者他干脆拦头一棒呵斥道，他不愿意受“是什么”“为什么”的折磨。“这是什么？那是什么？为什么母牛的尾巴长、为什么狐狸的尾巴毛烘烘？”

一名作家发表的文章，出版的著作，那都是成品，它们是长年钻研思考的结果，还是一时灵感突现的记录，具体过程只有作者自己知道。谈话的情况就不一样了，谈话者知识是否广博、记忆力是否可靠，应对是否机敏，见解是否正确，立马就会给在场的人表露出来。约翰生随口引用荷马、维吉尔、贺拉斯、莎士比亚，这对于当时的英国文人来说，不足为奇，就像过去中国文人开口“子曰”，闭口“诗云”一样。但约翰生能把偶然听过或读过的无名之辈的顺口溜都记在心里，在适当的场合拿出来逗笑，难怪尤以演喜剧见长的戏剧大师加里克说：“拉伯雷和其他所有的智趣大师跟他一比都算不了什么。你可以被他们逗乐；但约翰生却把你紧紧一抱，摇得你哈哈大笑，不管你想不想笑。”

被约翰生视为唯一的辩论劲敌的著名演说家伯克说：“约翰生的言谈有力而清晰，可以把它比作一尊古代的雕像，每一根血管和肌肉都清晰凸显：一般的言谈就像一种低级的铸型。”

我们虽然有“文如其人”的说法，但比起私下的言谈来，面世的文章毕竟有所顾忌。约翰生本来就心直口快，私下交谈更是口无遮拦，傲慢与偏见暴露无遗。他说“法国作家浮浅”，“卢梭是坏中之坏”，说“菲尔丁是个榆木脑瓜”，意思就是他是个不中用的无赖。

“偏见”是个见解上的问题。但对事实的真假的严格关注他是毫不含糊的。他参与调查伦敦公鸡巷（Cock Lane）闹鬼的事件，最后亲自写了调查纪要，戳穿了这一骗局。

苏格兰人詹姆斯·麦克弗森（James Macpherson）1760 年发表《苏格兰高地古诗片段集成》，后来又发表《芬戈尔》和《提摩拉》，假托是公元三世纪苏格兰说唱诗人莪相（Ossian）的作品，麦克弗森自称是从盖尔语翻译成英语的。一贯重视事实依据的约翰生根据他对这种语言的了解，一眼看出这是假冒，非要译者出示翻译所依据的手稿。其实这种语言根本就没有文字，哪有手稿可言。如果是口头流传的史诗，民间总会有人背诵，然而游历过苏格兰及其西部群岛的约翰生对此却闻所未闻。

然而约翰生对这种语言的研究却大加鼓励和支持。他说：“我很不情愿让任何语言彻底消亡。语言的类似和派生提供了国家传承和人类血缘的明确无误的证据。它们往往给历史证据增加了物质的肯定性；往往提供了古人迁移的唯一证据，以及没有留下文字遗迹的时代演变的唯一证据。

“我希望每种语言会持续下去，不管它的范围怎样狭窄，或者无论对于共同目的来说是怎样不便，直到它被贮存到某种版本的为人所知的书里，这样，以后它可以时时被考查，并与其他语言进行比较，然后允许它被废弃。”

在这座宏伟的约翰生纪念馆里我们已经浏览过约翰生的各种著作，看到了他的行为举止的录像，听到了他的言谈的录音，那么他的内心世界如何呢？这是别人无法看到的，但它却表现在他的行为上。

约翰生长得五大三粗，我们已经知道他的举止不够娴雅，加之脾气又火爆，在辩论中声如洪钟，而且有时不是辩倒对方，而是吼倒对方，于是有人给他一个形象称号“熊”。他的朋友哥尔德斯密斯说：“当然，约翰生的举止里有种粗鲁；但他的心肠比谁都软。他除了表皮，没有一点熊的成分。”

他的住宅里长期收留着一位盲女安娜·威廉斯。她去世后他充满悲情地说：“三十年来，我靠她寻找家庭的乐趣，她全面的知识是取之不尽用之不竭的，她顶替着我的一个妹妹。”还有一个无照行医的独身男子莱韦特，他去世后，约翰生还专门为他写了一首悼亡诗。此外，他的教父的女儿德穆兰夫人也常来久住。

约翰生的仁爱之心时时处处都在显露，有次深夜回家，发现一名女子倒在街上，他便背回家中照料了很长时间，花销不少，直到她恢复健康，知道她是个烟花女子后，还把她介绍到一种健康的生活方式中去。

由于没有近亲属，去世前他把自己的绝大部分财产遗赠给了他的黑人仆人，这使他的遗嘱管理人之一约翰·霍金斯爵士（Sir John Hawkins）觉得过于出格。

约翰生柔肠侠胆乐于助人，他利用自己的名望和影响写信求人帮助许多生活困顿或事业上遇阻的人，当然对有些无理的要求也会拒绝，但还是不厌其烦回信说明原因，而不是置之不理。如一位素不相识的女士写信求他走后门送她的儿子上牛津大学，约翰生写信陈述了不能遵命的理由。

他文思泉涌，走笔如神，给他人的著作写的序和献辞更是不计其数，如书商们要他给一本《新商贸大词典》写篇序，他没有见过作者，也没有读过该书，却能在序文中对这一学科的知识展示得淋漓尽致，读者还以为序文的作者是个倾其余生从事商贸的人。他甚至设身处地地替被判处死刑的英国国教会牧师多德给国王写过要求免于处死的恳求书和其他文书。

当我们听讲解员鲍斯威尔读完那篇总结性的结束语从这座宏伟的纪念馆里走出来的时候，又想起了本文开头所引用的那句话：“人以文传，文以人传——究竟谁靠谁传，渐渐的不甚了然起来……”

但有一种印象是肯定的；那就是，纪念馆里有许多从约翰生的作品中看不到的东西，尤其是在那里听到的约翰生的言谈。让我们不要忽略传记临结束时作者加的这么一条注：

> 把贝勒对梅纳热的记述引用来记述本传的伟大传主，也是极其适用的："他的杰出的朋友们在题为《梅纳热杂谈录》的文集里为他树起了一座无限光荣的纪念碑。那些正确判断事物的人将会承认这本文集非常适合展示本身就是梅纳热性格的天才和学问的那种广度。我不妨大胆地说，他出版的那些优秀的作品不会像这本文集一样使他与其他学者相比有鹤立鸡群之势。出版具有巨大学术价值的书，把希腊和拉丁诗作译得极其到位，不是一种平常的才能，我承认；但也不是极为罕见的。有人能对无数的事物发表议论，能显示它们的千姿百态，要找这样的人就比较困难了。有多少作家其作品为人叹服，因为里面展现了博大精深的学问，他们却支撑不住一段谈话。那些只凭梅纳热的书认识他的人也许认为他跟那些学者大同小异：但是如果你把《梅纳热杂谈录》拿出来，你就把他和他们区分开了，使他凭一种很少学者具备的天赋知名。似乎他是一个随口就能说千百件开心事的人。他的记忆博古通今；上通朝廷，下达市井；死语言活语言融会贯通；正经事，玩笑事，兼容并包；一言蔽之：包罗万象。《梅纳热杂谈录》的有些读者觉得是些鸡毛蒜皮的东西却引起了另一些读者的叹赏，因为前者不考虑情况，后者却在意一个人不假思索说出的话与准备付梓的话之间的差异。因此他杰出的朋友们树立一座能够给他不朽的荣光的纪念碑所用的心思，我们是称赞不够的。他们没有必要纠正他们听到的他说的原话；因为，如果这样做了，他们就不是他的言谈的忠实记录者了。"

当然，约翰生的不朽首先依赖他的作品，但正如韦恩所说：

> 如果没有鲍斯威尔，约翰生还会是英国文坛上最著名的名字之一；但他的名字变得家喻户晓，从来不会读一行他的作品的人知道他，那全是机缘在1763年5月16日星期一的下午把他带进汤姆·戴维斯书铺的后客厅与鲍斯威尔见面。

世界上的传记作品多如牛毛，我们一般看到的都是以全知型的第三人称视角叙述的，而鲍斯威尔的《约翰生传》却用第一人称叙事，因此，这本传记可以说是“我所知道的约翰生”。作者是采访者、记录者、见证人、评论者、参与者，有时还是导演，如他处心积虑把约翰生和威尔克斯（John Wilkes）这两个见解不同、积怨很深的杰出人物拉到一起，达到和解，取得了化仇为友，变酸为甜的良好效果。什么事情是约翰生讲的他亲耳听到的，还是别人听到转述给他的，是口头讲的，还是用书信、笔录提供的，都有交代。鲍斯威尔屡受约翰生的教导，要严格关注真相，甚至最细微的事情也不放过。约翰生说：“世界上虚假之所以泛滥成灾，与其说由于蓄意撒谎，不如说由于对真相的疏忽。”鲍斯威尔是律师，律师最重视证据，他访问约翰生的同学故旧了解他们知道的约翰生的情况时，他作笔录，最后还要口述者签字认可。所以他的叙事手法表面上是主观的、实际上更有依据，更加可信。

爱默生说：“严格地讲，没有历史，只有传记。”我国司马迁的《史记》开创的纪传体正史，实际上就是大量传记的集成。历史只不过是一些著名人物的传记。约翰生是英国十八世纪中后期的文坛坛主。又是当时首屈一指的文学批评家，因此他的著述和言谈包罗了从莎士比亚到他那个时代的英国文学史。从约翰生的经历和议论反映出英国从斯图亚特王朝到汉诺威王朝更替的情况，辉格和托利两党斗争的情况。约翰生是正统的英国国教会高教派信徒，从他跟形形色色其他宗教派别信徒的交往和议论中，我们能了解到当时英国的宗教概况。约翰生出身低微，但依靠天赋，凭借努力成了文化名人，但从经济地位上讲，虽然有了每年三百镑的恩俸，但还是属于无房无车的小康阶层。他接触过的人上至国王，下至苦力、妓女，他知道穷人捡骨头有什么用，他记录了举国震惊的戈登骚乱的详情，他知道伦敦一年死于饥饿的有上千人，从他的议论中我们知道的当时英国政治、经济、商贸、外交、战争、教育、慈善、殖民、法律、选举、出版、新闻、结社、娱乐、航海、探险、建筑、园林、风俗、人情等方面的情况也许比读一部英国历史或有关专著知道的还多。约翰生生活的时代正值中国历史上的“乾隆盛世”，有兴趣的人不妨将当时中英两国的情况加以比较。有意思的是，以约翰生为核心的文学俱乐部成员马戛尔尼勋爵还率领使团到中国祝贺乾隆皇帝的八十大寿。

《约翰生传》使其作者鲍斯威尔成了忠实的传记作家的代名词。美国著名女作家伊迪丝·华顿（Edith Wharton）在她的《回顾》一书的“亨利·詹姆斯”一章中说：“我和两三位伟大的智者结成了莫逆之交；然而我自己不是鲍斯威尔，而且也不曾有过自己的鲍斯威尔，对于这两种情况我都抱憾终身，因为在第一种情况下我可以记录下众多使人心驰神往的时刻里洗耳恭听到的精彩谈话，在第二种情况下我可以把这种谈话传达给我的记事侍从。”

关于约翰生和鲍斯威尔，最后让我引用两句概括性的评语。

美国当代文学批评家哈罗德·布鲁姆（Harold Bloom）说：“约翰生之于英国，犹如爱默生之于美国，歌德之于德国，蒙田之于法国：他们都是民族的圣贤。”而英国诗人、散文家兼历史学家麦考莱则称鲍斯威尔为“传记作家中的莎士比亚”。

一般来说，一部传记应当有三个作用，首先是对传主的纪念作用，其次是对读者的教育启迪作用，最后是满足读者好奇心的作用。

我在前面把这部传记比作“约翰生纪念馆”，把作者鲍斯威尔比作建馆人兼讲解员，所以第一个作用是一目了然的，这里不用多说。该传问世后，同样崇拜约翰生、有“利奇菲尔德的天鹅”之称的女作家苏厄德小姐认为它是“盲目崇拜”。崇拜之情作者毫不隐讳，但并不“盲目”，如他对约翰生贬损伏尔泰、卢梭、斯威夫特、菲尔丁、格雷等作家，敌视美利坚人等并不认同。

至于第二个作用，不同的读者有不同的着眼点。在这里，我想谈自己的两点感受。首先，约翰生的经历使我想起了韩愈的名言："千里马常有，伯乐不常有。"约翰生于1728年10月31日上了牛津大学。鲍斯威尔这样写道："一个像迈克尔·约翰生先生那样家境的人竟然想到送儿子上昂贵的牛津大学自费读书似乎不大可能。这个问题太敏感，不好向约翰生提起。然而泰勒博士曾向我保证，要不是什罗普郡的一位绅士、他的一个同学，主动提出资助他以其陪读的身份上牛津，这个计划永远不会实施；不过，事实上，他从来没有从那位绅士手中接到任何资助。"

鲍斯威尔明确写道："他于1731年秋天离开学院，没有学位，因为只勉勉强强念了三年。"（不是我国各种介绍约翰生的文章中说的"一年"。）在这三年里他的文学才华已经锋芒毕露，最突出的表现是他把蒲柏的《弥赛亚》译成拉丁文，作为圣诞作业。他完成得异常迅速，而且技艺娴熟，为此得到了高度的赞扬，而且此后，不仅在学院里，而且在全大学享有盛誉，据说蒲柏也对译文大加赞许。然而，三年后他因贫困而不得不辍学时，谁也没看出这是个天才，应当帮扶一把。

1738年，约翰生谋求一个学校的教职，必备的条件是要有硕士学位，当时约翰生已经因发表过诗作《伦敦》而声名鹊起，一位朋友向牛津大学的亚当斯博士接洽，想知道牛津大学能否出于照顾，授予约翰生硕士学位，相关的人觉得此事非同小可，不好开口。蒲柏由于知道约翰生是《伦敦》的作者，便把他向高尔伯爵推荐，高尔伯爵专门向斯威夫特教长的一位朋友致函，想从都柏林大学为他谋取学位，仍然没有结果。

到了1755年，《英语词典》出版在即，为了增大该著作及其作者的分量，需要在扉页的作者姓名后面缀上"文学硕士"头衔，约翰生又托人斡旋，这次总算如愿。过了十年，1765年，都柏林大学的三一学院主动授予约翰生"法学博士"学位。又过了十年，他的母校也主动把同样的学位授予他，证书上说约翰生"被公认为文坛领袖”，约翰生自己也说“上面的溢美之辞也许应当叫我脸红”。这时约翰生已功成名就，这一举动给授学位者带来的光彩也许更多。约翰生没有炫耀这一头衔。鲍斯威尔说约翰生一直自称先生，没有用过博士称号。我在翻译此书的过程中倒是发现了一例：“约翰生博士敬悉波特莫尔勋爵手谕……”

1747年，约翰生把《英语词典编写计划》提交给切斯特菲尔德勋爵，《计划》不仅具有广博、明白、准确这样一些实质性的优点，而且它的语言精彩非凡，庄严奉承的语气也是绝无仅有的。目的就是想得到勋爵大人的赞助，结果勋爵大人仅仅给了区区十镑。1754年得知《词典》出版在即，此公两次著文大力推荐，显然有冒充伯乐的意向，也许还希望约翰生把它题献给他，结果招致约翰生写了著名的“致切斯特菲尔德勋爵书”予以回敬。可见古今中外，雪中送炭者少，锦上添花者多。

显然，约翰生身上有中国人推崇的那种“傲骨”。寻求帮助却遭冷落，咽不下这口气，除了写信回敬，语带讥刺，他还将他的《人愿皆空》中的一个词做到了针对性的替换。第一版中有这么两行：

> 想一想什么样的祸害把学人的一生困扰，
> 高傲、嫉妒、贫困、阁楼，还有狱牢。

《词典》问世后，该诗新版后面一行被改为“辛苦，嫉妒，贫困，赞助人，还有狱牢”。

1762年，约翰生被国王授予一年三百镑的恩俸，相当于我国现在的政府津贴，但享受的人数比我们享受政府津贴的人数肯定少得多。对于这一恩施，约翰生接受不接受还有过激烈的思想斗争。因为他的《词典》给pension（恩俸）下了这样的定义：“一种发放给随便什么人的津贴，没有意义相同的词。在英国，一般理解指付给一个国家雇佣的叛国者的费用。”最后在朋友们的劝说下他还是接受了这笔恩俸，但在后来的各版的《词典》中，这个定义始终未改。

在这种“改动”与“不改”之间我们可以看出约翰生的个性。

还在牛津上学的时候，约翰生家庭困难，穿的一双鞋破得脚指头都露了出来，有人怕伤约翰生的自尊心，把一双鞋搁在他住室的门口，约翰生看见，顿时怒火中烧，把鞋从窗户扔了出去。对于这种帮助，约翰生为何如此反感？约翰生生命的最后一年，鲍斯威尔和雷诺兹在约翰生不知情的情况下写信给大法官瑟洛，要求政府提供补助送约翰生去意大利疗养，后来约翰生得知此事后，并未表示反对，最后事情没有办成，约翰生仍表现得十分得体，用圆通的语言向大法官表示感谢，但内心里却认为大法官这次并没有诚心成全此事。约翰生对于帮助的态度前后并不一致，一种是主动寻求帮助，未得到满足而心生怨气；一种是得到自己原先并不赞赏的帮助，却抱着既来之，则安之的态度。一种是对别人善意帮助，认为侮辱了自己的人格，而对思雷尔的帮助，又接受得心安理得；一种是期待别人的帮助，未获得难免有点怅然若失之感。难道说接受小惠耻辱，接受大恩光荣？还是施惠的方式有问题？而约翰生自己也乐善好施，但又认为慈善是受虚荣或其他利益的驱使的，可见人的见解和表现是多么的复杂矛盾。

至于最后一个作用，满足读者的好奇心，《约翰生传》内容如此丰富翔实，毫无疑问，极大地满足了大家对约翰生这样一位伟人的好奇心，但还是不可能满足一切好奇心理。

譬如说，约翰生怕死，严格地说，他惧怕的是“死后的某些情况”。他说：“我没有把握我已经达到了准予救赎的条件，我担心我可能是被罚入地狱的人中的一个。”鲍斯威尔对这个问题一再探讨，直到最后仍无答案，作者连自己的好奇心也满足不了，更别说满足读者的好奇心了。要知道，对约翰生来说，宗教信仰是头等大事。

约翰生是个专业文人，前期生活来源全靠卖文所得，日子过得十分拮据。1762 年，约翰生开始享受一年三百镑的恩俸，从此可以说脱了贫，开始过上了衣食无忧的日子。我们国内有人用“小”来形容这个数字。那么三百镑是个什么概念呢？韦恩在他的《塞缪尔·约翰生》一书中做了说明，他说，这是一个很可观的数字，因为当时一年三十英镑就足够让一个人在那里过上不遭人白眼的日子，还说当时的三百镑可以达到上世纪七十年代六千镑的购买力。鲍斯威尔也说：“借助皇家厚禄得到的安适和独立却增强了他的惰性。”

我国的普通读者也许对约翰生的私生活更为好奇，因为《传》中涉及不多。约翰生二十六岁时与一个比他大二十五岁的寡妇结了婚。这是一桩以爱情为基础的婚姻，还是约翰生看上了寡妇的经济实力？因为我们从其他地方得知，结婚时女方带过来七八百镑。约翰生对他的朋友博克莱尔说，这是“双方的爱情姻缘”。加里克说这位寡妇“论长相论风度，都不是人见人爱的那种人”。约翰生的继女露茜·波特说她母亲对约翰生的言谈过于入迷，所以忽略了他的种种外在的缺陷，更对女儿说：“这是我一辈子见过的最聪明的人。”可见这个女人肯定有很强的理解力和才具。鲍斯威尔说：“爱不是一个推理的问题，而是一个感知的问题。各人自有各人的感受，知道怎样被自己所爱慕的人身上的特殊品质感动，这些品质的印象过于微妙，难以言传。”他据此来批驳约翰·霍金斯的《约翰生博士传》中说约翰生对妻子感情不笃，他后来的言行只不过是惺惺作态的说法，辩称约翰生始终都是一个对妻子温情脉脉、万般娇宠的好丈夫。他的根据是约翰生如何珍视、保存亡妻的结婚戒指，并在他的祈祷文和其他文字中多有提及，念念不忘。当然，也有可能她活着的时候他对她有所亏欠，死后他每每想起，总要表示追悔，因为约翰生与生活放浪形骸的诗人萨维奇密切交往的一个阶段正好在他的婚后，他怕上帝不接纳他也许就是因为在此期间他的生活脱离了宗教、道德规范。当然，这仅仅是推测。

鲍斯威尔曾向约翰生抱怨一位熟人（其实是他父亲）在妻子死后很快续了弦，这表明他对前妻不管不顾。约翰生说：“恰恰相反，如果他不再婚，可以认定他的前妻给他的是一种对婚姻的厌恶，可是通过再娶，他就表示了对前妻的高度赞赏、表明她使他感到结婚的男人无比幸福，所以希望再次享受这种幸福。”如果说这话纯粹是为了安慰鲍斯威尔，约翰生说得太高明；如果是由衷之言，约翰生再不续弦难道可以被认定他的亡妻生前给他的是一种对婚姻的厌恶？他说过："再不般配的婚姻也比凄凉的单身强。"他宁肯过凄凉的单身生活，也不再婚究竟是为什么？这个问题更敏感，鲍斯威尔更是不敢问，就是问了，约翰生或者避而不答，或者有出人意料的应对，但未必是实情。鲍斯威尔认为绝对依赖传说的证据和巧妙的推断都是危险的，所以这类事情不管人们多么好奇，只能永付阙如。这类事情，正如我们的俗话说的，鞋合不合适，只有脚知道。我们应当注意的是约翰生的言论和观点，往往是针对某事即兴发表的，讲得头头是道，貌似有理，但未必都是真理，更不是他一贯的看法。如约翰生有几次谈到中国人，有时他把中国人归入"野蛮人"，但在著作中又说"礼数完善、百科皆通的中国人"，并且表示想参观长城。他对法国人也是时而非难，时而赞赏。

一般译者序总会用不少篇幅介绍作者。如果读完《约翰生传》，读者也就了解鲍斯威尔半生的行状了，我翻译的附录《年表》补足了早年和约翰生去世后的鲍斯威尔的主要事迹，因此这里就不打算再赘述了。最后，需要补充的一点是，鲍斯威尔的遗稿于 1927 年发现，现藏美国耶鲁大学，学者司各特和波特尔编成《詹姆斯·鲍斯威尔遗稿》18 卷，从 1928 年到 1934 年陆续出齐，而后耶鲁大学出版社又先后推出了各种单行本，其中《鲍斯威尔的欧游纪事》记载了鲍斯威尔访问伏尔泰和卢梭的详情。该社后来又出版了鲍斯威尔日记。

最后让我交代一下有关本书翻译的几项事宜。译文的主要依据是"企鹅经典"版，我对原书的格式、与现代英语在标点和表达方式上（如引号内现在用"我"的地方本书有时用"他"等等）都非常拘泥，因为那是作者的行文特点之一，也体现了那个时代行文的一种特点，有必要让读者有所了解。况且，这部书的读者通常是成年人，没有误导读者模仿的危险。这个版本的编者大卫·沃默斯利的工作具有鲍斯威尔一丝不苟的遗风，他对原著时间上的差错做了更正，对有意隐去的人名给出提示，对英文以外的希腊、拉丁等文字做了注释，对书中出现的人物写了比一般传记词典还要详细的小传。这些内容，我都照译了过来。我还参考了“人人文库”版，这个版本按照鲍斯威尔的朋友马隆编的第三版给原书添加了鲍斯威尔未曾发现的重要资料，有的插入正文，有的插入注译。增添的正文不多，我将其全部译出，注释选译了一部分，按照原文，放在方括号内。方括号内的注释后面不具名的，全是马隆的手笔。按照企鹅版的做法，原来三版中作者和马隆等人的原注用拉丁字母标出。企鹅版编者的注用阿拉伯数字标出；标有阿拉伯数字并放在方括号里的注是译者作的。《年表》的原文见“人人文库”版（1992）。翻译这部巨著的工作十分艰苦，因为不仅量大，而且涉及的范围极广。工程总算完工了，至于质量如何，那就靠专家和读者鉴定了。让我引用未取得预期名次的运动员答记者问时常说的一句话：“反正我是尽力了。”

蒲隆

2017 年 8 月

序后赘言

交稿三年多之后，9 月中旬，我总算等来了校样。我用了近三个月的时间把 1 600 来页的校样又对照原文修订了一遍。有时候，我还搬出草稿来参照。草稿是极其潦草地写在废纸背面的，多达 2 500 多页，上面涂抹勾画，凌乱得有的地方我现在竟然一时理不出头绪来。我得感谢我的妻子董梅，她将这样的草稿一字一句誊抄到了方格稿纸上，可真是难为她了。我的其他译稿大部分也是她抄的。没有她承担这种工作，我是没法接受上海译文派给我的这项任务的。在电子化了的今天，几乎没有人采用这种原始的书写手段了。现在很多出版部门非电子文稿不收，上海译文对我网开一面，算是很大的照顾了。说实话，这样的著作，不是翻译过三两本书的译者个个都能拿下来的；当然也不是干这种活非我莫属。比我高明的译者之所以不干，是因为这是件吃力不讨好的苦活，不仅费脑力，而且更伤视力，量太大，字太小，报酬不见得比翻译普通作品高。我退休了，没有什么爱好，把这权当打发日子的一种办法。

这本书中涉及的人名很多，感兴趣的读者可参照企鹅版完整索引查阅，涉及的页码指的都是边码，即企鹅版原著的页码（注释中的参照页码也是边码）。读完校样后，我又编了个“报刊和作品原名、译名对照表”和“非常见地名译名对照表”。为了不耽误出版时间给出版社再添麻烦，我请朱培和先生和王小平博士帮忙，将我的手写稿转换为电子稿，直接发给责编处理。另外，卢雨菁教授帮我在互联网上查找我从手头的辞书上查不到的资料，卢波女士帮我扫描我需要的一些文字，花了不少工夫。蒋翃遐、师彦灵、祁和平三位博士和脱剑鸣副教授也给过我不少帮助，对他们我在此一并表示衷心的感谢。

我从第一部译作《洪堡的礼物》出版到现在刚好四十年，我也从一个壮年人熬成了八十岁的老朽。种种局限逼迫我在翻译这件事情上不得不画个句号了，尽管这个圆圈，像我们先前的代表人物阿Q一样，“羞愧自己画得不圆”。

今年很不太平，被世卫组织命名为COVID–19、我们称之为“新冠肺炎”的疫情肆虐了将近一年，时至昨日，据报道全世界已有六千二百多万人染疫，死亡人数达一百四十五万多。如果约翰生在世，他又会发什么样的议论呢？

蒲隆

2020年12月1日

赘言二

从 2020 年的一校到现在的二校，相隔时间有一年多。对于一名耄耋老人来说，这一年多的等待难免让人心焦。但见到二校后，觉得没有什么好抱怨的。对于承印方的工作人员来说，繁杂的字体、字号，各式各样的符号，交叉错杂的多种文字，变化多端的格式，等等等等，是我见过的图书中最纷繁的。我在前面的赘言中说过，我的原稿是手写稿，这些状况是用线条或文字说明来处理的。一校只解决了一部分问题。但二校对所有问题都已处理到位。对他们的辛勤劳动我表示衷心的感谢。

当然，从一校的毛草到二校的规整，责编顾真先生是倾注了大量心血的。正如他用毛笔正楷写给我的短简所言，“此书外文太多，非校对可以改正”，所以得亲眼一个字母一个字母地仔细校对。仅此一项的工作量是普通书稿的编辑无法想象的。尽管老眼昏花，我还是坚持着把 1 500 多页的二校通读了一遍。对自己能发现的一些疏漏作了必要的改正。

最后，让我再次向为此书付出了辛勤劳动的各位表示衷心的感谢。但愿此书在各方协力下早日面世，毕竟译者已没有“来日方长”的人所具有的那种定力了。

译者

2022 年 2 月

此时中国人民及全世界龙的传人正在欢度虎年春节，举世瞩目的冬奥会正在北京举办，而灾难性的 COVID–19 疫情仍在全球肆虐。

评注补译说明

我在序言中交代过，《约翰生传》的第三版增订工作没有完成，作者就去世了，后续工作由作者的好友马隆接手。马隆陆续增订过四版，第三版（1799），第四版（1804），第五版（1807），第六版（1811）。我在译文中补进去了第六版增加的一些正文（主要是书信，用方括号标明）和部分注释。由于是手写稿，成稿后增补大量注释势必使原稿过于凌乱，因此许多注释只好割爱。这本书由于疫情等因素的影响，迟迟不能面世，我利用这些时间将这些注释补译出来。由于校样版面已基本确定，这一部分只好附在书后，标明每一条注应在的页码和针对的语句[①]。

这些注释有对正文或已有注释的补充；有对它们的更正；有对它们的解释；有对一些文句和事实的考证；有对一些用语与他人作品关联的比较，等等。有的注释中有拉丁文和希腊文语句，译者无法译出，只好照录，意在展示一件事实。使译者感触良深的是马隆等人对亡友的这部著作如此上心，这种现象并不多见。再就是他们一丝不苟、精益求精的治学态度，以及他们博大精深的学养，都值得我们学习。马隆和卡佩尔、斯蒂文斯被认为是十八世纪后半期的莎学三大巨匠，他最大的成果是莎士比亚的"第三评注本"（21卷）。

所以，这个译本，有了企鹅版编辑的详细注释，再加上马隆等人的评注，可以说是一个完善的"评注本"了。

上海译文社的编审冯涛先生得知这部分注释量不算小，非常关心，主动提出让我把手稿寄到出版社让专人处理。但到了这个年月，我不好意思再给他们造成额外的麻烦，于是请几位年轻同事帮忙，将译稿转换成电子版。我得感谢王小平博士、卢雨菁教授、祁和平博士、朱培和先生以及卢雨菁教授和蒋翊遐教授的四名研究生等百忙中挤出时间给我做这件事。

译者

2022 年 5 月 30 日

---

① 补充的注释已排入正文脚注中。——编者按

献辞

致乔舒亚·雷诺兹爵士 3

我亲爱的先生，——能驱使一名作者奉献其劳动成果的每一种自由奔放的动机皆不约而同地指令我把您定为后面这部作品的题献对象。

如果在颂扬一位同时代人的卓越功绩时有一种乐趣，还夹杂着并不是完全不可原谅的一定程度的虚荣，看样子充分意识到这一点后，在哪里能够找到一个人，在赞扬他时，我能得到更加普遍的认可来满足这些感情呢？长期以来，您在画坛上的霸主地位无人可敌，然而您的优长不仅表现在艺术上，而且表现在哲学和高雅文学上，这在当代已众所周知，而且在未来会继续为人仰慕。您公正平和的脾气，您千变万化的言谈，您真心诚意的礼貌，借助这一切，在私交时，您是如此和蔼可亲，而且那种破格的殷勤好客长期以来使贵府成了伟人、才子、学者和妙手欢聚一堂的中心；我把这些品质归属于您，完全相信不会有阿谀逢迎之嫌。

如果一个人可以放纵一种正当的自豪让世人知道，有一位当世俊彦，人们趋之若鹜，汲汲与其交往，而他却被人认为值得这位俊彦的特别眷注，那么，当我提到我们之间有一种长久而不曾间断的友谊时，我利用一次题献的惯常特权，也就名正而言顺了。

如果蒙受恩德就应表示感激，那么，我亲爱的先生，我就有了这次机会最衷心地感谢您一片盛情给了我那么多快乐时光，——感谢您一直乐于欢迎我的那份热情，——感谢您介绍我与众多可敬的人士相识，——感谢您我在贵府享受到 noctes cœnœque Deûm①。

如果一部作品应当题献给该作品主人公的知音，他的认可肯定会赋予它信誉和成功，那么将《约翰生传》题献给乔舒亚·雷诺兹爵士就再恰当不过了，因为他是那位伟人的亲密、爱戴的朋友；那位伟人宣称这位朋友是“他认识的最无懈可击的人；如果他与这位朋友吵架，他发现最难的就是怎样辱骂他”。我亲爱的先生，您研究他，所以对他了如指掌：您尊敬他，因而对他赞赏有加。然而，尽管总体而言他光焰万丈，但您却发现了混杂在这颗巨星躯体中的所有阴影；标
4 明了这位文学巨人的所有小小的怪癖、轻微的瑕疵。您热情赞扬我在《赫布里底群岛旅行日记》中能够把他的言谈保留得既真实又生动，这种见解已受到公众的确认，它对我坚持要清仓亮底全面展示的意图是最大的鼓励。

在一个方面，这部作品在某些段落会不同于前者。在《旅行日记》里，我的信息交流几乎是无限开放的，由于我一心要展现约翰生巧智的丰富神奇和随机应变，所以放手向世界展示他的巧智的机敏，即便我自己成了它的靶子。我相信，我应当被公允地理解，我心知肚明自己在干什么，绝不是对这种讽刺的尖锐效果浑然不觉。我确实承认，我自以为是地认为这本书其余部分的要旨足以使我抵御那种奇怪的责难。然而，我似乎把世界想得太好了；因为，尽管我不大相信，我还是确凿无疑地得知，很多人，尤其是远方地区的人，由于对约翰生的性格吃不透，所以不理解他对待朋友的态度，于是对我的判断提出了疑问，而没有看到我对他们能够注意到的一切都了然于心。

据说伟大的克拉克博士，有次闲暇时，正和几位朋友恣意说笑，他注意到花花太岁纳什②来了；于是他突然打住：“我的伙计们，（他

---

① “众神的夜晚与晚餐”——贺拉斯，《讽刺诗》，第2卷，第7首，第85行。

② 纳什（Richard Nash，1674—1761），“花花太岁纳什”，典礼官，社会名流；巴斯的典礼官（1705）；作为赌徒、罪人和玩弄女性者，毁誉不一；承认哄骗过赌客以后光环最终黯然失色。哥尔德斯密斯写过《理查德·纳什传》（1762）。

说，）咱们放严肃点儿：来了一个傻瓜。”我的朋友，我发现世界就是一个大傻瓜，所以对于这种情况，必须把它说得简单明了。因此，在这部著作中，我更有所保留；尽管我只讲真话，但我依然牢记，真话不应当总是和盘托出来。然而我已经想办法不要减少我的书应当提供的乐趣；不过恶意的美梦有时候也许会破灭。

你感恩戴德的朋友，

忠实恭顺的仆人，

詹姆斯·鲍斯威尔

伦敦

1791 年 4 月 20 日

初版弁言 5

我终于把一部早就许诺过的著作呈献给世界了，我担心人们对它抱的期望过高。它的出版之所以拖延，在相当大的程度上归因于各个地方的杰出人士显示出的非凡的热心，他们给我提供了它的杰出的主人公的额外的信息；在这一点上，绝像古代民族那些感恩的部落，每个人都急切地要在故去的英雄的坟头加一块石头，为的是给英雄树立纪念碑时尽一份虔敬之力。

我搜集、安排构成这两卷作品的材料所费的心血，那些草草浏览它们的人是难以想象的。保留这么多谈话所用的绵密的心思和闻风而起的勤奋，我本人在过了一段时间之后，仔细一想，也感到惊奇；必须允许我提一提，这部作品的性质，在其他方面，由于包含了不可胜数的各自独立的细节，这些细节，哪怕是最微小的，我都是不遗余力，确保做到一丝不苟，真实可靠，由此造成的麻烦，其程度是其他任何种类的作品所望尘莫及的。如果我把参阅的书籍和通过各种渠道发现必要做的探询一一列出，也许人们会认为我炫耀得十分可笑。让我只说一说，作为我不辞辛苦的例子，为了核实一个日期，有时候我不得不跑遍半个伦敦；这种事办好了，我心里清楚，我只不过是干了件吃力不讨好的事情，不过办砸了，就会使我信誉扫地。毕竟，难归难，如果有人居心叵测，鸡蛋里挑骨头，指出有什么疏漏或者错误，我也不会感到惊讶。我也对引文的准确性极为谨慎；由于认定存在着一种对公众的应有尊重，这就迫使每位作者都注意这一点，在可以核对原文的情况下，决不随便用这样一些话引进引用语，——“我想我读过”——或者，——“如果我记得不错的话”。

请允许我对那些在我的作品写作中乐于给我提供信息和建议的人表示最热诚的感谢。我的朋友马隆先生盛意可感，允许我几乎把我的全部手稿读给他听，而且提出了对作品极其有益的意见，所以我对他的恩德怎么感谢也不够；尽管我还是要提一提，在很多事情上，我和他意见不尽相同，所以还是遵照我自己的见解，这对他来说才算公平。我感到万分痛惜的是，本书还没有印到一半的时候，我失去了他做修订的裨益；然而，他编的那版非常艰巨而又令人赞
6 叹的《莎士比亚集》完成之后，除了得到应得的名声外，他雅量高致，不接受其他的回报，随后他兑现了早就想到爱尔兰探亲的许诺；这里的朋友们渴望他平安返回 finibus Atticis，怀着 Sic te Diva potens Cypri① 的所有的古典热忱；因为没有一个人更能融典雅与高贵的品质于一身；因此也没有一个人比认识他的人更能重视与他的交往。

想起来我就心痛，因为我在写作这部作品期间，有好几位会对它最感兴趣的人先后离世。那种令人黯然神伤的事情我知道人类不可避免；然而我们并没有因此感到轻松一点。让我特别哀悼托马斯·沃顿牧师和牧师亚当斯博士。沃顿先生不仅多才博学，而且是一位优秀的传记作家。他对我搜集材料的贡献，价值极高，由于他对我的《赫布里底群岛旅行日记》真心地欣赏，我相信现在我应当得到他的一份更大的赞许了。亚当斯博士作为一院之长，作为一位作家，作为一位最和蔼可亲的人，出类拔萃，约翰生早年就和他认识，他是约翰生终生不渝的朋友。我必须希望那位可敬的绅士对这部作品予以支持的理由，可以从 1785 年 11 月 17 日就前面一件事情从牛津写给我的信上的话看得出来：——“亲爱的先生，我冒险寄

① “到雅典海岸……好让塞浦路斯女神（即维纳斯）指引你”——贺拉斯，《颂歌集》，第1卷，第3首，第5行。

出这封信，因为不知道它会在哪里找到你，目的是感谢你的非常令人欣喜的《旅行日记》，我是从乡下返回此地时发现它的，你在书里对我们的朋友的每一个姿态，每一个场景的描写都完全合乎我的心意，以至于觉得自己在结伴而行，几乎自始至终都是这一行人中的一员。它给了我非常全面的满足；那些对有的段落挑毛拣刺的人也一致认为他们禁不住要从头读到尾，对整体感到很过瘾。我确实希望有几处略嫌粗糙的表达，柔和一些，对我们的主人公的几点小毛病遮掩一下；然而看见伟大的心灵容易出现的弱点也是有好处的；你已经把约翰生博士的许可给了我们，那就是，写历史，一切都应当讲。”

对于我公正再现约翰生博士的能力的这种认可我不能隐瞒。我也不想压抑我对这种意识的满足之情，那就是，通过记录“十八世纪最明亮的光彩”[a]的很大一部分智慧和才气，我已经大大地满足了人类教育和娱乐的需要。——1791 年 4 月 20 日，伦敦。

a　见马隆先生编的《莎士比亚集》“序”。

再版弁言

我曾经渴望我花过很多时间和精力的一部作品获得成功，这一点我现在也不想隐瞒：然而无论我在什么时候有过什么样的怀疑，现在因为它荣幸地受到极大的好评，这些怀疑便被彻底消除了。这种好评激发我竭尽全力使我的书更加完善；在这种努力中，我不仅有几位特殊的朋友的帮助，而且还受到其他许多学识渊博、才思敏捷的人士的支援，因此我能够纠正某些错误，增加许多珍贵的内容。为了方便第一版的购买者，这些勘误和增补我已吩咐单另用四开本印刷。请允许我说一说，两个版本的版面式样都给现在的书商公司老板**亨利·鲍德温**先生的印刷所增了光，我与他相识时间很长，认为他是个可敬的人，是个助人为乐的朋友。

在人生纷然杂陈的情景中，我们的感情往往是喜悲相伴的。这种事实，本作品的进展就提供了一个触目的例子。使我高度满足的是，本作品题献的对象、我的朋友雷诺兹爵士在他的有生之年仔细阅读了它，对它的忠实给出了最强有力的证据；第二版他又帮助改进，但在第二版修订结束前，世界失去了这位最可贵的人；对这一损失的痛惜将会是深沉、持久、广泛的，与他撒满仰慕者和朋友们的广阔圈子的快乐也是相称的。

回想起来，这部作品杰出的主人公由于被人了解得更加广泛、更加深入，无论以前受人们多么高的崇敬与热爱，我感受到的一种满足却是声名无法提供的。当我们考虑到这部作品所包含的才气和智慧的主要储存不是他一般谈话中的特殊选择，而仅仅是我有幸陪伴他的时候他的即兴谈话时，我们对他神奇的精神力量无论怎样赞赏也就不为过了；毫无疑问，如果他在另一些时段的言谈也同样被人悉心收集起来，人们会发现他说过的话的全部要旨都是一样的精彩。

他对宗教、道德、忠诚和从属关系的有力、明确、生动的推行，在使智者和善良人感到欣喜、得到改进的同时，我相信，事实证明，对于最近从法国输入、并假借“哲学”的名义被丧心病狂地用来反对我们这个自由、繁荣国家的和平稳定、良好秩序和社会幸福的那种可憎的谬论，将是一种有效的解毒剂；然而感谢**上帝**，它却没有产生它的传播者所希望的那种毒效。

在我自鸣得意的时期，我觉得这部包罗广泛的传记作品，无论
8 性质怎样低下，但在一个方面可与《奥德修纪》相提并论。尽管有上千件引人入胜和给人启迪的插曲，**主人公**却从来没有长时间离开视线；因为这些插曲在某种程度上都和他紧密关联；而**他**，在整个历史进程中，被作者为了读者最大的利益展示了出来。

——Quid virtus et quid sapientia possit,
Utile proposuit nobis examplar Ulyssen.①

如果有什么冷血和乖戾之徒真的不喜欢这本书，我愿意讲个故事让他们对号入座。有一天，伟大的马尔伯勒公爵在卡多根勋爵陪同下在佛兰德斯正在视察军队，突然下起了大雨，他们俩命令把雨衣送来。卡多根勋爵的仆人是个性情乖巧的机灵小伙，立即把雨衣送来给勋爵大人穿上。公爵的仆人是个性情阴沉的懒虫，拖泥带水，结果把公爵大人淋成了落汤鸡，于是他斥责仆人，回答却是一声咕哝：“我尽快赶来啦。”听了这话，公爵平静地说：“卡多根，就是给我一千镑我也不想有那家伙的脾气。”

---

① “他在尤利西斯身上给了我们一个美德力量和智慧力量的有益榜样。”——贺拉斯，《书札》，第1卷，第2封，第17行。

有些人，我相信，他们的虚荣心非常小，或者自认为如此。这样的人可以用一种得体的谨慎谈论自己的文名。而我坦言，由于性情和习惯使然，在已经取得那样的声誉之后，克制喜悦的洋溢，对我来说实在是一件苦事。我干吗要将它压制下去呢？为什么“心里所充满的”① 我就不应当说出来呢？让我心怀暖洋洋的，但绝不是傲慢的欣赏说：林林总总、形形色色地位突出、才学不凡、造诣高超的人自发地褒奖我的作品，我已经被搞得乐不可支了；我掌握的很多他们亲笔签名的赞语将会存入我在阿夫莱克的档案室里。一位可敬的牧师朋友② 说到甚至时尚、高雅圈子里对我的两卷作品的好评时，对我说：“你已经使他们个个谈论约翰生。”——是的，我不妨补充一句，我已经把这个国家约翰生化了；我相信他们不仅会谈论约翰生，而且会思考约翰生。

要把施惠于我的人一一列举会有无聊炫耀之嫌。然而，我不得不提一个人的名字，因为他的赞誉确实价值非凡，不仅是由于他的知识和才能，而且由于他现在出任的显赫但危险的大使职务，这个职务，使与他相关的每一件事情都特别引人入胜，**马戛尔尼**勋爵将他手里的一本我写的书惠赐予我，上面有许多批注，我已经用过。在第一页上，我发现勋爵大人亲笔写了一句高度赞扬的题词，就连我，虽然爱慕虚荣，也无法说服自己将其公之于众。〔1793 年 7 月 1 日〕

① 《圣经·新约·马太福音》，第12章，第34节；比较《路加福音》，第6章，第45节。

② 可能是威廉·斯图尔特。

三版弁言 9

有几封珍贵的信件和另外一件奇异的事情转达给作者为时过晚，所以无法按他在其作品中一贯努力遵守的年代顺序安排，他只好以**补遗**的形式引入第二版里，这是他能做的最方便的事情。在这一版里，这些内容已分散安置到各自适当的位置。在为一个新版修订他的作品的时候，他已经指明了这些材料应当安插在什么地方；但不幸的是，正当辛勤劳作的时候，他突然发起烧来，使他的朋友极为痛惜的是，他于 1795 年 5 月 19 日去世。他在部分修订过的那本书的页边写的注释都被原原本本保留在这里；而且还加了几条新的注释，主要是作者在前面两版里表示感谢的几位朋友加的。标有字母 B 的注是伯尔尼博士表述的；附带 JB 两个字母是什鲁斯伯里的 J. 布莱克威牧师表述的。鲍斯威尔先生在其作品的第一版里对 J. 布莱克威牧师的一些卓有见地的评论表示感谢：附有 J.B.-O. 三个字母的言论是由作者的次子牛津大学铜鼻学院的学生提供的。有些有价值的意见是由印花税务局首席专员詹姆斯 · 宾德利先生表述的，它们在适当的地方都已得到确认。凡是没有署名的意见，概由马隆先生负责。——不是作者写的每一种新看法，为了区分，都放在方括号里。然而，有一个例子，由于印刷错误，把这个符号加到与托马斯 · 菲什 · 帕默相关的一条注上，这倒是鲍斯威尔先生写的，因此不应当有这样的区分。

我只须补充一点，那就是，本版的校样没有经过我的手，因此如果发现什么排印错误，本人概不负责。然而，由于是在鲍德温先生精益求精的印刷所印的，我毫不怀疑它的完美程度不会比前一版差；正确、雅致，做到一丝不苟，以对得起用英语写的最给人启迪和最引人入胜的作品之一。——1799 年 4 月 18 日

埃德蒙·马隆

法学博士塞缪尔·约翰生散文作品[a]年表 IO

〔注意。他本人承认的作品，附加“承认”二字。根据内部证据可以完全相信是他的作品，附加“内证”二字。〕

1735　洛博的《阿比西尼亚游记》的缩编与翻译。承认。

1738　保罗·萨尔皮神父[1]的《特伦托会议史》部分翻译。承认。

〔注意。这部作品印了若干张后，突然中止，所以我不知道现在能不能找到它的某些部分。〕

为《绅士杂志》作

《前言》。内证。

《保罗神父传》。承认。

1739　《对戏剧演出审查官的全面辩驳，从〈古斯塔夫斯·瓦萨〉的作者布鲁克先生的恶意诽谤说起》。承认。

《诺福克碑文论；或论最近在诺福克林恩附近发现的僧侣韵古代预言碑文，诚实的不列颠人作》。承认。

为《绅士杂志》作

《布尔哈弗传》。承认。

《致读者》。内证。

《代主编告公众书》。内证。

《关于特拉普博士的布道文案的考量；证明一名作者的作品可以被节编而不损害其产权的一种貌似有理的尝试》。承认。

1740 **为《绅士杂志》作**

《前言》。内证。

II 《弗兰西斯·德雷克爵士传》。承认。

《海军上将布莱克传》。承认。

《菲利普·巴雷蒂尔传》。承认。

《论墓志铭》。承认。

1741 **为《绅士杂志》作**

《前言》。内证。

《歇罗克勒斯笑话集意译，附引言》。内证。

---

a 我这里不包括他的诗作，是因为除了他对蒲柏的《弥赛亚》的拉丁文翻译，他的《伦敦》，他仿尤维纳利斯的《人愿皆空》，他的朱瑞巷剧院开张时加里克诵读的“开场诗”，他的悲剧《伊瑞涅》之外，他的诗作非常多，总体而言都很短，我已经答应编一版诗歌全集，我将会格外小心确保它们真实可靠，并用注释和异文加以说明。

① 保罗·萨尔皮（Father Paul Sarpi，1552—1623），意大利爱国者、学者、威尼斯与教皇保罗五世斗争期间的国家神学家。公开反对教皇专制的重要著作《特伦托会议史》的作者；政教分离的早期倡导者。

《关于残余议会[①]1657 年恳请并劝谏克伦威尔称王的辩论；节略、梳理、摘要本》。内证。

翻译：阿贝·居永的《论亚马孙人》。内证。

翻译：丰特奈尔的《莫兰博士赞》。内证。

1742　为《绅士杂志》作

《前言》。内证。

《马尔伯勒公爵夫人行述论》。承认。

《彼得·伯曼传简述》。承认。

《西德纳姆传》，后来加在他的斯旺博士版文集前。承认。

《刊印哈利书目或牛津伯爵藏书目录的建议》，后来加在该目录第一卷前，图书的拉丁文简介是他撰写的。承认。

题名为“外国史”的简编。内证。

《论译自迪阿尔德法文原著的〈中国写照〉》。内证。

1743　詹姆斯医生的《医学词典》给米德医生的《献辞》。内证。

为《绅士杂志》作

《前言》。内证。

打着小人国参议院辩论幌子的《议会辩论》，1740 年 11 月 19 日至 1742—1743 年 2 月 23 日。承认。

《试评克劳萨斯与沃伯顿关于蒲柏〈人论〉的争议》。内证。

一封宣布萨维奇先生传记很快由一位深得他信任的人士出版的信。内证。

---

① 残余议会：指英国共和制时期于1648年12月驱逐100名赞成与查理一世妥协的议员以后的长期议会。

12 奥斯本关于哈利书目的广告。内证。

1744 《萨维奇传》。承认。

《〈哈利杂集〉序言》。承认。

为《绅士杂志》作

《前言》。内证。

1745 《读悲剧〈麦克白斯〉感言，兼评 T.H. 爵士（托马斯·汉默爵士）版〈莎士比亚〉》，及出这位诗人新版的建议。承认。

1747 《英语词典编写计划》，向切斯特菲尔德伯爵菲利普·多默提出。承认。

1748

为《绅士杂志》作

《罗斯康蒙传》。承认。

《外国史，十一月》。内证。

为多兹利的《导师》作

《序》。承认。

《隐士西奥多的幻象》。承认。

1750 《漫游者》，该报第一期出版于是年 3 月 20 日，最后一期出版于 1752 年 3 月 17 日，即约翰生夫人去世之日。承认。

登在《大广告报》上的信，旨在引起公众注意次日在朱瑞巷剧院为弥尔顿的孙女义演《科玛斯》。承认。

劳德题名为《论弥尔顿〈失乐园〉中对现代作品的利用与模仿》的小册子的《序》与《跋》。承认。

1751 《谢内尔传》，收入名曰《学子》的杂集。承认。

替劳德写致牧师约翰·道格拉斯博士书，用恰如其分的痛悔措辞承认了他关于弥尔顿的骗局。承认。

夏洛特·伦诺克斯夫人《女吉诃德》给米德尔塞克斯伯爵的《献辞》。内证。

1753 夏洛特·伦诺克斯夫人编《插图本莎士比亚》给奥雷里伯爵约翰的《献辞》。承认。

在本年和翌年，他写了在《冒险者》上署名 T 的文章，都给了他挚爱的朋友巴瑟斯特医生。承认。

1754 《绅士杂志》上的《爱德华·凯夫传》。承认。

1755 《英语词典，含语法及历史》。承认。

《用准确的磁针变差理论确定海上经度尝试记，含 1660 年至 1680 年欧洲最著名城市变差表》。承认。他替扎卡赖 13
亚·威廉斯先生作。威廉斯先生是一位有见地的威尔士老绅士，安娜·威廉斯夫人的父亲，约翰生好心将威廉斯夫人在他家中收留多年。此书由巴雷蒂先生译成意大利文。在他赠送给牛津大学博德利图书馆的一本上，贴着已故的扎卡赖亚·威廉斯先生的一篇品德评语，显然是约翰生写的。内证。

1756 《词典》缩编。承认。

《宇宙来客》中的几篇文章，确定有一定难度。所有标有两个星号的都归在他的名下，不过我根据内证相信，我们应当排除，《乔叟传》《葡萄牙状况反思》和《论建筑》；根据同样的证据我确信他写了《关于农业的进一步思考》和《论文学和作者们的状况》。《论蒲柏撰写的墓志铭》他后来承认了，并增添到他的《闲散者》上。

《托马斯·布朗爵士传》，用作托马斯·布朗爵士的一个新版《基督教道德》的前言。

在 1756 年 1 月创刊的《文学杂志；又名宇宙评论》上

他的原创文章有

《创刊献辞》。内证。

《大不列颠政治状况介绍》。内证。

《谈〈民兵法案〉》。内证。

《评不列颠国王陛下与俄国女皇和黑森-卡塞尔伯爵签订的条约》。内证。

《评当前的事态》。内证。

《普鲁士王腓特烈三世回忆录》。内证。

在同一种杂志上，他发表了关于下列著述的评论：

伯奇的《皇家学会史》；布朗的《基督教道德》；沃顿的《论蒲柏的作品与天才，卷一》；汉普顿翻译的《波利比乌斯》；艾萨克·牛顿爵士的《神的证据辩》；博莱斯的《锡利群岛史》；霍姆的《漂白实验》；布朗的《牙买加史》；黑尔斯论《海水的蒸馏净化、船舶的通风设备和牛奶膻味的祛除》；卢卡斯的《水论》；基思的《苏格兰主教名录》；《科学学报》第49卷；伊丽莎白·哈里森的《杂文集》；埃文斯的《美利坚中部殖民地地图与概况》；“士官生，一篇军事论文”；对目前战事中内阁行
14 为的公正考查。内证。

伦诺克斯夫人翻译的苏利的《回忆录》；“关于海军上将宾一案的书信”；“关于海军上将宾向民众呼吁”；汉韦的《八日旅行记》和《茶论》；《关于海军上将宾案情的更多细节，一名牛津学子作》。承认。

乔纳斯·汉韦先生对他的《茶论》的评论写了一篇愤怒的回答，约翰生在同一本集子里做了回应。承认。据信他降格关注攻击他的东西，仅此一例；在这里他的主要意图似乎是调笑逗乐。

《献罗克福德伯爵书》及《序》，为佩恩先生的《国际跳棋

入门》而作。承认。

《伦敦纪事》简介，这是一份晚报，颇有信誉，仍在发行。承认。

1757 远征罗什福尔之后关于这一问题的《奏君王》；由他的一位朋友在某一公众集会上宣读；刊登在1785年10月号的《绅士杂志》上。内证。

威廉·钱伯斯爵士的中国建筑设计等《序言》的前两段。

1758 《闲散者》，这一年4月5日创刊，延续到1760年4月5日。承认。

《英国普通士兵的勇敢表现》一文在该报结集成册时被增添进去。承认。

1759 《阿比西尼亚王子拉塞拉斯，一个故事》。承认。

《闲散者》业主们的公告，指控有些人盗用在一份名为《环球纪事》或《周报》的报纸上独家刊出的这些文章。内证。

为夏洛特·伦诺克斯夫人译的布吕穆瓦英文本作——《论希腊喜剧》和《本书的总结》。内证。

《〈游记汇编：世界览胜〉引言》。承认。

在《新闻记者报》上发表关于黑衣僧桥最佳方案的三封书信。承认。

1760 《画家们献给乔治三世登基的贺词》。内证。

巴雷蒂的《意英词典》给时任西班牙驻大不列颠朝廷特命全权公使阿布雷乌侯爵的《献辞》。内证。

《绅士杂志》上的评泰特勒先生对苏格兰女王玛丽的敏锐出色的辩白。承认。

《为法国战俘捐衣委员会公报引言》。承认。 15

1761 罗尔特《〈新商贸大词典〉序》。承认。

修订建筑学家格温题为《乔治三世加冕有感》的小册子。承认。

1762 牧师肯尼迪博士《天文年表大系，展现圣经》四开版《献国王书》。承认。

该书的末段。内证。

《〈艺术家展品目录〉序言》。内证。

1763 《柯林斯的性格》，发表在福克斯和沃蒂出版的《诗歌日历》上。承认。

牧师本内特先生出版的一版罗杰·阿斯卡姆的英文作品给索尔兹伯里伯爵的《献辞》。承认。

《阿斯卡姆传》，也用作该版的前言。承认。

评伊顿学院乔治·格雷厄姆牧师的《忒勒马科斯，一出假面剧》，载《批评评论》。承认。

胡尔先生翻译的塔索，《给王后的献辞》。承认。

《公鸡巷闹鬼骗局侦查纪要》，刊登在报纸和《绅士杂志》上。承认。

1764 评格兰杰的《甘蔗，一首诗》的部分内容，刊登于《伦敦纪事》。承认。

评哥尔德斯密斯的《旅行者，一首诗》，刊登于《批评评论》。承认。

1765 注释本《威廉·莎士比亚戏剧集》8卷，八开本。承认。

1766 《泉，一篇童话故事》，收入威廉斯夫人的《杂文集》。承认。

1767 亚当斯先生的《天球仪论》，《给国王的献辞》。承认。

1769 《牧师扎卡赖亚·马奇先生的性格》，载《伦敦纪事》。承认。

1770 《虚假警报》。承认。

1771 《关于福克兰群岛最近事态的思考》。承认。

1772 一名小学教师的答辩；口授予我，在上院宣读。承认。

支持恶意财产干预罪法的论点；口授予我，呈交苏格兰最高民事法庭。承认。

1773 麦克贝恩《〈古代地理词典〉序》。承认。

支持世俗赞助人权利的论点；口授予我，提交苏格兰教会最高立法大会。承认。

1774 《爱国者》。承认。

1775 《苏格兰西部诸岛纪游》。承认。

《出版夏洛特·伦诺克斯夫人文集三卷四开本的建议书》。承认。 16

巴雷蒂的《〈意大利语—英语简易课文〉前言》。内证。

《征税非苛政；答美洲会议的决议与讲话》。承认。

关于梅米斯医生案的论点；口授予我提交苏格兰最高民事法庭。承认。

证明斯特林市政府腐败的证据；口授予我在上院宣读。承认。

1776 支持从讲坛上直接的个人严责权利的论点；口授予我。承认。

《出版牧师威廉·肖的〈苏格兰凯尔特语分析〉的建议》。承认。

1777 罗切斯特主教皮尔斯博士遗著给国王的《献书表》。承认。

对该高级教士的生平与人格的补充；附在其作品前。承认。

祖护牧师多德博士的各种文稿和信件。承认。

1780 为朋友思雷尔先生写给尊敬的南瓦克镇选民的广告词。承认。

托马斯·戴维斯先生《加里克传》的第一段。承认。

1781 英国最杰出诗人作品评传性序言；后来以《英国诗人传》的书名出版。承认。

关于契约登记的重要性的论点；口授予我在下院一个选举委员会上使用。承认。

谈托利党人与辉格党人的区别。口授予我。承认。

论代受惩罚，和耶稣基督对世人罪孽的巨大赎罪；口授予我。承认。

对非洲黑人约瑟夫·赖特的辩护词，此人在苏格兰最高民事法院上主张他的自由权利，并最后获得；口授予我。承认。

《喀里多尼亚信使报》承印人罗伯逊先生诉爱丁堡代诉人协会的辩护词，因为他在自己的报纸上插了一段反对他们的可笑文字；证明它不是一起伤害性诽谤；口授予我。承认。

1782　牧师肖先生对爱丁堡的一个名叫克拉克的人的回应的大部分，如果不是全部的话，批驳此人支持詹姆斯·麦克弗森先生出版的译自莪相的诗歌的真实性的论点。内证。

17　1784　世界史作者名单，存大英博物馆，刊印在《绅士杂志》当年12月号上。承认。

年代各异

致思雷尔夫人书信。承认。

《祈祷文与默想录》，他交给牧师斯特拉恩先生，嘱托将其出版。承认。

留给由威斯敏斯特受俸牧师、法学博士约翰·泰勒出版的布道文集，由文学硕士塞缪尔·海斯呈献给世界。内证。

这就是我能够发现的这位出类拔萃的人物量大、类繁的散文作品，我冒昧予以提及；然而，我们应当记住，无疑还有很多尚未发现；而且我们还可以在这一报表上，加上他写的不计其数的书信，其中相当大的一部分尚未出版，希望手里有他的书信的人会将它们惠赐世人。

詹姆斯·鲍斯威尔

我死后只能希望有一个像葛利菲斯
这样忠诚的史家来通报
我生前的事迹，
捍卫我的荣誉不受歪曲。[a][①]

莎士比亚，《亨利八世》

a　见约翰生博士于1773年9月30日在天岛奥斯蒂克写给思雷尔夫人的信："鲍斯威尔把我们的旅行写成正规的日记。我想里面有很多我的言谈、行为；一起还有所有其他的事情；'因为那样一个忠诚的史学家就是葛利菲斯'。"

①　《亨利八世》，第1幕，第2场，第69—72行。

法学博士
塞缪尔·约翰生传

在为他人作传时，此公盖世无双，超群绝伦，无论从他卓尔不 19
凡的才具考虑，还是从他形式多样的作品着眼，古往今来，罕有其匹。所以，为这样一位大师作传是一项极其艰巨的任务，让我承担，难免有率尔操觚之虞。

约翰生博士提出过这样的见解：各人的传记最好由自己亲笔撰写，倘若他言行一致，用他曾使众多名流显达流芳百世的清晰的叙事、优美的语言来保存他自己的历史，那世界也许会有一部前所未有的最完美的传记典范。[a] 然而，尽管他在不同的时期，拉拉杂杂地把他心路和命途历程的诸多鳞爪付诸笔墨，但他从来没有锲而不舍地把这些随笔构建成正规文章。这些杂忆保存下来的为数寥寥；大部分在他去世的前几天托人将其付之一炬了。

我有幸与他有二十余年的深交；我心里一直有给他作传的计划；他对这种情况也十分明了，而且还有求必应，时不时地向我透露一些他早年经历的大事小情；我学得了一种博闻强记的本领，并且孜孜不倦地记录他的谈话。他的言谈充满了非凡的勃勃活力，这也构成了他人格首要特质的一个部分；我不辞辛苦地从各个方面搜集与他相关的资料，只要我发现能够从那里找到它们，而且他的朋友们总给我提供丰富的信息；我自以为很少有传记作者着手进行这样一项工作时，能具备更多的优越条件；除了文学才能，在这方面我还不至于自不量力到把自己与在我之前从事这类写作的某些名人大家相提并论。

自从我的工作宣布以来，已有好几种约翰生博士的传记和回忆录问世，其中最为卷帙浩繁的一种是由约翰·霍金斯爵士[b]为伦敦
20 书商们编的。在我同约翰生博士长期亲密的交往期间，我只见过此人跟他有过一次接触，肯定不超过两次。约翰生也许因为他得体的宗教行为和他关于图书和文学史的知识而敬重他；但由于他作风死板，显然他们从来不会轻松、亲密地一起生活；约翰·霍金斯爵士也没有那种敏锐的知觉，而这正是显示约翰生人格中更加敏锐却不那么明显的组成部分的不可或缺的品质。他被指定为约翰生的遗嘱执行人之一，这就给他机会先掌握遗留下来的那些日记和其他文稿，然后才把它们交给剩余财产受遗赠人。由于这些是他们的财产，他便尽力把实质性的内容摘录下来。在这方面，正如我在细读此后转让给我的这些文稿时发现的那样，他做得并不十分成功。约翰·霍金斯爵士繁重的劳动，我得承认，展示出了一锅“大杂烩”，其中相当可观的一部分对于文学闲话的爱好者来说，并不是毫无娱乐价值的；然而，除了由于从五花八门的著作中（甚至从奥斯本的《哈利书目》几页中选了一页，而这些不是约翰生编的，而是奥尔迪斯编的），不必要的冗长摘录显得臃肿不堪外，与该书的主人公相关的内容仅占很小的一部分；就是在这一小部分里，对事实的陈述也极不

---

a　《闲散者》，第84期。

b　本书的绝大部分是在约翰·霍金斯爵士在世的时候写的；我声明，我责难的一个目的就是让他为自己对待约翰生博士的粗鲁感到某种愧疚。他作古以后，我已经把好几种对于他作品的评论压下不予发表。尽管我不想伤天害理去“攻击死人”，但我认为仍有必要尽力捍卫我杰出的朋友，我不能不对一名严重伤害他的作者提出强烈的批评。让我再说一句，尽管我怀疑在约翰·霍金斯爵士生前我不会急不可耐地恭维他，但我现在坦白地承认，在我看来，他的大作，作为一部约翰生博士传，是如何驴唇不对马嘴，而且在别的方面，又是怎样失实到不可原谅的地步，但它毕竟搜罗了一些稀奇的轶事和观察，这些东西除了它的作者，是很少有人能够汇拢到一起的。

准确，结果把这么一位严肃的作者几乎搞到不可原谅的地步，当然也让他的叙述令人极不满意。然而更为糟糕的是，贯穿全书的是一种阴暗无情的格调，几乎对我杰出的朋友的人格和品行的每一种状况都进行了曲解。我这位朋友，我相信，将会由一种真实、公正的描绘予以辩白，既可以免受这位作者中伤性曲解的冤屈，也可以洗刷一位曾经与他亲密生活过的女士①较轻诋毁的污秽。

大英博物馆收藏着一封沃伯顿②主教致伯奇博士③的关于传记题材的信；虽然我觉得该信也许使我面临着一项指控，说我这是拐弯抹角地提升自己作品的价值，因为它把拙作与我谈到的那部作品的价值做了比对，但它构思巧妙，表达得体，我忍不住要把它安插在这里：

“我将尽自己所能，（沃伯顿博士说）给你在弥尔顿问题上想得到的一切满足，而且对你有意为他作传极其欣喜。其实，我们在托兰④和德迈索⑤之前的所有传记作家几乎都是些奇怪浅淡之徒；然而我宁肯阅读他们最低劣的东西也不愿被迫浏览弥尔顿的这种传记， 21

① 指思雷尔夫人。

② 沃伯顿（Dr William Warburton，1698—1779），格洛斯特主教（1760）、辩论家；忠贞不渝的辉格党人；林肯郡布兰特布劳顿教区长（1728—1746）；蒲柏的密友，对《群愚史诗》第4卷做出富有想象力的贡献；诗人去世后做他的遗嘱执行人；理查逊、斯特恩和菲尔丁的朋友；辩论性作品《摩西神圣使命论证》（1738—1741）的作者；莎士比亚学者；国王御用牧师（1754）；布里斯托尔教长（1757）。

③ 伯奇博士（Dr Thomas Birch，1705—1766），史料汇编家、传记作家；埃塞克斯阿尔廷代牧（1732）；《历史、批评大词典》（1732）三主编之一；选入皇家学会（1735），皇家学会秘书（1752—1765）。

④ 托兰（John Toland，1670—1722），自由思想家、哲学家；作品有《基督教并不神秘》（1695），该书否认基督教信条违反或者超越人的理性；《自由的盎格鲁》（1701）证明了新教接替的正确性；将共和理念和古典理念融合，帮助创建了影响罗伯斯庇尔、本杰明·富兰克林和托马斯·杰斐逊的一种辉格思想传统。

⑤ 〔德迈索（Desmaiseaux，约1673—1745），流亡伦敦的法国胡格诺教派作家、著名翻译家；皮埃尔·贝勒的传记作者。〕

或者别人写的布瓦洛[①]的传记，因为里面连篇累牍地大段大段摘引一些沉闷、滞重、枯燥无趣的文章，以致使他们的方法都变得令人作呕了。然而那啰里啰唆、淡而无味的法国人似乎确定了这么一条原则：人的生平必须是一本书，更糟糕的是，事实证明那是一部没有生命的书；因为看完他那无聊的货色之后，我们对布瓦洛知道些什么呢？你是唯一的一位，（我说此话毫无恭维之意）凭借生动的文笔，强烈的情感，以及你那些货真价实的资料，你有着把各种一致的意见增添到世界上最一致的问题上的艺术技巧（人们会以为这是谁也不会缺失的），那就是文学史。”[a]

“1737年11月24日。”

我并没有把自己掌握的材料熔成一块铁板，喋喋不休地以自己的口气讲话，或许这么一来，我在完成这部作品的过程中会显得更有长处，而是决意采用并扩充梅森[②]先生在他的《格雷[③]生平回忆录》中的出色方案。但凡在叙述需要说明、关联和补充的地方，我都尽自己所能予以提供；不过都是按照约翰生生平的编年顺序——在这方面，我尽可能准确无误地逐年追踪——在自己力所能及的地方我总要提供他的笔记、书信或谈话，因为我相信这种做法更加生动，将会使我的读者甚至比大多数真正认识他但仍有可能对他一知半解的人更好地了解他；而这里存在的一种多方面的信息积累则有

---

① 布瓦洛（Nicolas Boileau Despreax，1636—1711），法国新古典主义批评家、诗人。

a 大英博物馆，艾斯库目录4320，斯隆藏稿。

② 梅森（Revd William Mason，1724—1797），诗人、园艺家；他的《格雷先生诗集，前附其生平与作品回忆录》（1775）的革新编排给鲍斯威尔的《约翰生传》提供了样板；广受同时代作家和他特别喜爱的冤家约翰生的讽刺；2 400多行素体诗《英国花园》（4卷，1772—1781）的作者；政治上基本上是在野派。

③ 格雷（Thomas Gray，1716—1771），诗人、文学学者；《颂歌集》（1757）和该世纪最受人赞赏和模仿的“挽歌”（1751）的作者；拒绝“桂冠诗人”的称号（1757）；剑桥大学现代史教授（1768—1771）；约翰生在其《诗人传》（1781）中的评述带有敌意。

助于更充分理解、解读他的人格。

写任何人的生平，不仅要依次叙述它所有最重大的事件，而且要把他私下写的、说的和想的交织到一起，这样好像就能使人们看见他活在眼前，并且当他真正穿越自己人生的各个阶段时，与他一起“活跃在每个现场”。确实，我想不出比这更加完美的方法了。如果他的其他朋友也像我一样勤奋、热心，他也许会被近乎完全地保存下来。事实上，我倒想不揣冒昧地说一句，在这部作品里，人们看见的他会比古往今来的任何人都要完整。

人们将会看到的是原原本本的他；因为我声称要写的不是他的颂词——颂词必须全是美言——而是他的生平；他的一生尽管伟大善良，但不能说是尽善尽美；就算是原原本本的他，对于处在这种境地的任何人而言，其实都足以做一篇颂词歌颂的对象；然而每幅画都应当有明有暗，当我毫无保留地描绘他时，我在做他本人通过言传和身教所劝导的事情。

“如果传记作者依照个人知识下笔，并且急于满足公众的好奇心，那就会出现这样的危险；他的兴趣，他的恐惧，他的感激，或者他的温情会压倒他的忠实，并引诱他去遮掩，如果不是编造的话。很多人认为隐藏朋友的过错或弱点是虔敬之举，即便将其曝光在他
们不会再受到损害的时候；因此我们看到整排整列被千篇一律的颂 22
词修饰过的人物，除非借助一些外在和偶然的情况，不知道他们彼此有什么区别。‘让我记住，（黑尔[①]说）当我发现自己对一名罪犯油然而生恻隐之心的时候，同样也有一种国家应受的恻隐之心。’如果我们把关注归因于对逝者的怀念，倒是有更多要对知识、对德操、对真理表示的敬意。”[a]

---

① 黑尔（Sir Matthew Hale，1609—1676），法官、作家；开明的保王党成员；高等民事法院法官（1654）；财务法院院长（1660）；受封为爵士（1661）；英国高等法院院长（1671—1676）;《苏格兰普通法历史与分析》（死后出版）和《人类原始组织》（1677）的作者；理查德·巴克斯特的朋友。

a 《漫游者》，第60期。

我认为后面这部作品的特殊价值在于它包含了约翰生的大量谈话；人们普遍承认他的谈话振聋发聩，引人入胜；而我在前面某个场合所提供的谈话样本已经得到广泛的认可，所以我有充分的根据认为，世界对于一种性质类似的更加丰富的信息是不会无动于衷的。

一位名人的谈话，如果他的才能表现在谈话里，将会最充分地展示他的人格，这种看法，我相信已经根深蒂固地确立在人类的判断中了，梅森先生在他的《威廉·怀特海德先生回忆录》中的讽刺挖苦是丝毫动摇不了的。在这部书中，实事求是地讲，没有生活行状，有的只不过是干巴巴的事实的陈述。我认为试图贬抑受到普遍尊崇的东西没有多大必要，因为在这位机敏的作者笔路的直接走向中找不到它；说实话，一个人如此安静，如此顺从，心甘情愿做一位年迈退休的爵爷和夫人[①]的家庭友伴，大家一起过了很多年，从他那里期望值得记录的谈话，就像期待从一个壁炉面饰上的中国官员，或者镀金皮屏风上的一些怪诞人物处听到的谈话一样。

如果需要权威，就让我们求助于古代传记作家之王普卢塔克。*Οὔτε ταῖζ ἐπιφανεστάταιζ πράξεσι πάντωζ ἔνεστι δήλωσιζ ἀρετῆζ ἢ χαχίαζ ἀλλὰ πρᾶγμα βραξὺ πολλάνιζ, χαὶ ῥῆμα, χαὶ παιδιά τιζ ἔμφασιν ἤθουζ ἐποίησεν μᾶλλον ἢ μὰχαι μυριόνεχροι, παρατάξειζ αἱ μέγισται, χαὶ πολιορχία πόλεπν.* “明察人类的美德或邪恶并不总是看最杰出的成就；往往一个小小不言的举动，一句简短的言谈，或者一句玩笑，比起最重大的围攻或最重要的战役，更能凸显一个人真正的性格。”[a]

除此之外，也许还要把我将要展示的传主的情思补充进去。

“传记作者的任务就是往往把那些能制造庸俗伟大的丰功要事一笔带过，把思想引进家庭的私秘、展示日常生活的细节，在那里外表的附加物被扔在一旁，人们全靠精明和德行胜过对方。蒂安

---

① 泽西伯爵三世威廉及夫人。

a 普卢塔克，《亚历山大传》。

努斯①事略按其作者的说法写得恰如其分，这样就可以给后代袒露其私密和率性的人格，cujus ingenium et candorem ex ipsius scriptis 23
sunt olim semper miraturi，‘他的坦诚和天才将会因他的作品而流芳千古’。

“有很多不打眼的事件，我们是作为对自然或道德知识的探询者来阅读它们，还是我们有意扩展我们的知识面，或者增进我们的德操来阅读它们，它们比公众事件更加重要。所以性情大师萨卢斯特②在他讲述喀提林③时没有忘记说，他走路时时而快，时而慢，以显示一种激情旋转的心态，所以梅兰希顿④的故事上了关于时间价值的一堂动人的课，他告诉我们，他约定时间的时候，期望确定的不仅是时，而且是分；这样一天的时光才不会在悬而不决、无所事事中流走，德·威特⑤所有的宏图伟业，现在对世人来说，都不如把他表现为一个关心健康、玩忽生命的人的那部分个性重要。

“然而传记向来被分配给作家来写，这些作家对自己任务的性质似乎并不十分了解，或者对这项工作大而化之。他们提供的记述不外乎是些可以从大众报刊上搜集到的东西，当他们展示一系列按年代编排的行为或升迁时，自以为在写一部传记；却很少关注传主的作风或行为，也许人们对一个人的人格从他跟自己的一个仆人的一段简短谈话了解到的，胜过从他的家世开始到他的葬礼结束的一种正式规范、精心安排的长篇记述。

“其实，这些记叙文章之所以往往由那些不可能提供多少教益或

---

① 蒂安努斯（Thuanus，1553—1617），法国政治家、藏书家、史学家；他处理当代事件的超然公允手法开了科学对待历史的先河。

② 萨卢斯特（Sallust，公元前86—前35），罗马政治家和历史学家；《喀提林阴谋》和《北非朱古达战争史》的作者。

③ 喀提林（Catiline，约公元前109—前62），罗马政治家和阴谋家；他政变未遂后死于皮斯托里亚。

④ 梅兰希顿（Philipp Melanchthon，1497—1560），德国人文主义者、改革家、神学家、教育家；路德教会《奥格斯堡信纲》的起草人。

⑤ 〔德·威特（John De Witt，1625—1672），荷兰政治家。〕

愉悦的人来写，对某些特殊人物的大多数描述之所以言之无物，一无所用，是存在某些合乎情理的原因的。如果把一生拖延到兴味和羡嫉终了的时候，我们可以希望公允，但必须期待寡讯；因为给传记添彩的事件是一种容易挥发、转瞬即逝的东西，是那种很快就被人遗忘，而靠传说传播的东西。我们知道能够描绘一位健在的相识的人是多么罕见，除非靠他最突出和最显眼的癖性，以及他更凸显的心理特征；因此这么一丁点知识有多少会在传授中丧失，接二连三的摹仿有多快会搞得原物面目全非，就不难想象了。”[a]

我充分意识到，当我在某些场合细述约翰生的谈话时有人嫌失之琐细，我也充分意识到某些理解力肤浅、满脑子怪念头的人会怎样乐此不疲地把它改编成讽刺小品；但我仍然坚信不疑：琐事往往具有典型性，而且总逗人开心，当它们涉及一位杰出人物的时候。因此我认为，任何事情，无论多么轻微，只要我杰出的朋友认为值得他或多或少、或轻或重加以表现，我极不愿意让它灭失。由于这种近乎迷信的尊崇，我发现了被我们伟大的现代高级教士塞克[①]所
24 引用的古老可敬的典据，他的第十篇布道文有这样一段话：

“大约生活在五百多年前的著名犹太评注家大卫·金奇拉比根据比他年长的拉比们的见解对《诗篇》卷一中的那段话‘他的叶子也不枯干’做出了这样的解释：哪怕是一位善人的闲话也应当予以重视；他说的最多余的东西总是有某种价值。其他的古代作家也有相同的说法，意思几乎一样。”

有一件事我可以肯定：那就是，考虑到我们掌握的我们的一些著名作家的席间闲谈和其他轶事的一小部分受到多高的评价，我们又拿不出更多的，又招致了多么诚挚的遗憾，那么，我保留的约翰生的言谈太多，而不是太少，就显得理直气壮了；尤其因为编排纷

---

a 《漫游者》，第60期。

① 塞克（Dr Thomas Secker，1693—1768），高级教士，曾担任过坎特伯雷大主教和皇家牧师等一系列要职。精力充沛，工作勤奋，是头行政管理的老黄牛。

繁、事先无法明确得知对有些人，或许对搜集者本人，可能显得琐细的东西，是否对于很多人或许不是最可意的；而一名作者在任何程度上能够愉悦的人数越多，对一颗仁爱之心飘然升起的快乐也就越多。

有的人心智太弱，认为这是一项有辱人格的工作，给它投入的时间和劳力都被用错了地方，那我就只好用旷世伟人**尤利乌斯·恺撒**的权威来对付这种人了。关于恺撒，培根有言：“在他集成的《格言集》里，我们看到他认为要给自己造一座丰碑，采用他人的至理名言比把自己的字字句句串成一句格言或一句谶语更加荣耀。”[a]

作为引言我已经说了这么多，现在，我把下面的文字奉献给广大公正的读者。

a　培根，《学术的进展》卷一。

塞缪尔·约翰生于新历[①]1709年9月18日出生在斯塔福德郡的利奇菲尔德；他加入基督教会的仪式没有拖延；因为他的洗礼，被记录在该市圣马利亚教区的登记簿上，是在他出生的当天施行的。他父亲在那里被称为“绅士”（Gentleman），一名对这种情况蒙昧无知的颂扬者称赞他没有傲气，实际情况是，对绅士的使用，虽然现在已经淹没在乱称“先生”（Esquire）的潮流中了，但当时却被那些不能夸耀斯文上流的人普遍采用。他父亲叫迈克尔·约翰生，德比郡人氏，家世低微，后来以书商兼文具商的身份在利奇菲尔德定居。他母亲萨拉·福特是沃里克郡一族古老、殷实的自由民的后裔。他们结婚时已人到中年，仅仅生过两个孩子，都是儿子；长子塞缪尔后来成为名人，博学多才，我将竭尽全力加以记述；次子纳撒尼尔[②]英年早逝，年仅二十五岁。

迈克尔·约翰生先生是个身高体壮的男子，意志坚强，思想活
25 跃；然而，如同在最坚硬的岩石中往往能发现未经探测的物质的脉
1709年 络，他身上也有那种疾病的一种混合体，其性质就连最精细的探究也弄不明白，尽管后果被看得一清二楚，那就是一种对生活的疲惫，一种对那些鼓噪大部分人的事物的漠然，一种总体的阴惨感觉。于是他给儿子的遗传，除了别的品质之外，就是“一种恶劣的忧郁”，当他的任何心情骚动表现得过于强烈的时候，这就“把他终生逼疯，

---

① “新历”指采用格列高利历。英格兰和苏格兰根据乔治二世24号法令第23章（1751）确立格列高利历，该法令规定1752年及将来所有的年份应于1月1日而不是3月25日开元发岁，1752年9月2日后的那一天应当被算作9月14日，对闰年的改革规定将来应予采用。爱尔兰于1788年遵循。

② 〈纳撒尼尔1712年出生，1737年去世。他们的父亲1656年生于德比郡的卡布利（Cubley），1731年在利奇菲尔德去世，享年七十六岁。他的妻子萨拉·福特1669年出生于伍斯特郡的国王的诺顿（King's-Norton），1759年1月在利奇菲尔德去世，享年九十岁。——约翰生认为国王的诺顿在沃里克郡（见他给母亲撰写的墓志），其实在伍斯特郡，很有可能在沃里克郡的边界上。——M.〉

至少头脑不够清醒”[a]。迈克尔为家道艰难所迫，勤劳苦干，不仅操持店里的买卖，偶尔还要到相邻的好几个城镇跑生意[b]，有几个城镇离利奇菲尔德还相当远。那时候，英格兰的外地城镇里书店非常罕见，因此即便在伯明翰也没有一家书店，老约翰生先生每当逢集总要赶到该镇去开店。他的拉丁文学得很好，是一位德高望重的市民，因此被选为利奇菲尔德的行政官员之一；他有见识，精商务，所以赚来了一笔可观的财富，可后来由于从事羊皮纸制造未获成功又赔掉了其中的绝大部分。他是个热诚的高教会派信徒，铁杆保王分子，对不幸的斯图亚特王室①一直恋恋不舍，尽管经过权宜与必需的诡辩，他勉为其难地立下了现行政权强加的誓言。

他一生中有件事倒是有几分浪漫，由于言之凿凿，我不想把它略去。斯塔福德郡利克镇的一位少妇，正值他在该地当学徒之间，对他产生了强烈的爱慕之情；虽然遭到了冷遇，她还是跟着他来到利奇菲尔德，她在他住房的对面租屋寄居，放纵她那无望的情焰。

---

a 《赫布里底群岛旅行日记》，第三版，第213页〔9月16日〕。

b 当时给高尔[1]勋爵当牧师的乔治·普拉克斯顿[2]牧师写于“特伦特姆1716年圣彼得节”的一封信的摘录可以用来显示我们伟大的道德家的父亲得到过多么高的评价：“利奇菲尔德的图书专家约翰生现在就在这里；他在这片主教管区全境传播学问，把知识推向它应有的高度；这里所有的教职人员都是他的学生，他们所有的一切都是从他身上吮吸来的；没有他的先例艾伦提不出正当理由，Sine directione Michaelis（没有迈克尔的指导），我们过去的约翰·埃文斯也不会引人赏识。”《绅士杂志》1791年10月号。

1 高尔勋爵（John Leveson-Gower，第一代高尔伯爵，1694—1754），政治家；牛津大学授予民法博士学位（1732）；奇德尔市市长（1721）；上院托利党人领袖（1730年代）；上诉法院法官（1740）；掌玺大臣，枢密院官员（1742）；忠心耿耿的佩勒姆派，直至事业终了；包含在约翰生《词典》“变节者”一词的定义中。

2 普拉克斯顿（George Plaxton，1648？—1720），英国国教会牧师、文物专家；约克郡埃尔梅特的巴里克教区长（1703）；在《哲学学报》上发表文章。

① 斯图亚特王室之所以“不幸”，是因为詹姆斯二世于1688年或者逊位，或者（取决于你的观点）被赶下王位。

当他得知这如此使她伤心并会危及她性命时，他仁爱之心大发，便去见她并提出跟她结婚，但为时已晚：她的生命力已经耗尽；她其实展示了一种极为罕见的殉情案例。她被安葬在利奇菲尔德大教堂；他怀着一腔柔情在她的墓前立了一块石碑，碑文如下：

外乡人

伊丽莎白·布兰尼夫人

1694 年 9 月 20 日辞世

在此安息

26 约翰生的母亲是个极其通情达理[a]的女人。我问他的老同学、伯
1709 年 明翰的外科医生赫克托先生①，她是不是对自己的儿子并不自负。他说："她极有见识，不会自负的，但她知道儿子的价值。"她的心虔意诚并不亚于她的通情达理；儿子心灵上早期的宗教印象肯定是她留下的，后来世界从中受益匪浅。他告诉我，他清楚地记得他得到的第一个通告：天堂，"一个好人去的地方"，地狱，"一个坏人去的地方"，

---

a 〔然而，它并没有受到深入的培养，这一点我们可以从R. 菲利普斯1805年出版的八开本约翰生博士早年自述中推断出来，这一作品无疑真实可信，尽管篇幅短，却非常奇妙，值得仔细品味。"我的父母（约翰生说）彼此从对方那里得不到多少幸福。他们很少交谈；因为我父亲不愿意谈自己的恋情，而我母亲由于不知书，则不喜欢谈别的任何事情。如果我母亲文化程度高一点，他们就会成为更好的伴侣。如果她使谈话内容多样化一点，有时候她也许会更加成功地引进她那不受待见的话题。她对生意没有明确的概念；因此她的谈话就只有抱怨、恐惧、怀疑这样一些内容，从来没有试图估算生意的利润或生活的花销。我母亲的结论是，我们穷，那是因为我们被自己的一些生意弄垮了；但实际情况是，我父亲早年就负了债，生意从来不足以让他能够还债又养家：他也赚了一点，但不够。直到1768年左右，我才想算一算父亲生意的收入，再由此估算他的大概利润。这一点，我相信，我的父母从来没有做过。"〕

① 埃德蒙·赫克托（Edmund Hector，1708—1794），外科医生；约翰生在利奇菲尔德的同学；他妹妹安是约翰生的初恋情人；他于1732—1733年曾与约翰生一起生活过一个阶段；做约翰生《阿比西尼亚游记》（1735）的抄写员；写信给鲍斯威尔感谢《约翰生传》给他提供的荣幸。

就是他母亲传达给他的，当时他还是个小不点儿，躺在床上由妈妈陪伴；他说，铭刻在他记忆中的也许都是些好事情，她打发他把这些内容再讲给他们家的男仆托马斯·杰克逊听；由于他不在跟前，所以事情没有办成；但没有必要找保留它的任何人为辅助手段。

在把这么一位出类拔萃的人物从摇篮追随到坟墓的过程中，每一个细节，只要能明白地显露他的心路历程，都是饶有风趣的。他头角峥嵘，哪怕在他最早的年月，这一点也不难想象；不妨引用一些他自己在《西德纳姆[①]传》中说过的话：

“他强劲的理解力，他精准的辨别力，他热烈的好奇心从幼童时就可以被一位勤奋的观察家看出来，这没有任何理由怀疑。因为凡是自己的历史被人细述过的人，个个都发现他一生的各个方面都智力均衡。”

做那样的调查研究时，过多地关注轻信之徒怀着沾沾自喜之情讲述的事件，和更加谨慎或机智的探究者仅当作调侃材料的事件，肯定是极不明智的。然而有一个关于这位托利派幼童大力神的传说故事，典型得出奇，所以我不想将它压下不说。这个故事是由利奇菲尔德的玛丽·阿迪小姐在一封信里讲给我的。

“萨谢弗雷尔博士[②]在利奇菲尔德时，约翰生还不足三岁。我外公哈蒙德在大教堂里看见他架在他父亲的肩膀上，目瞪口呆地瞅着听那位大名鼎鼎的牧师布道。哈蒙德先生问约翰生先生他怎么会想到把那样一个幼童带到教堂里来，人挤得不可开交。他回答说，因为不可能把他留在家里；尽管小小年纪，他已经捕捉到了大众精神以及大家对萨谢弗雷尔的热情，而且可以一直在教堂里待下去，心

---

① 西德纳姆（Dr Thomas Sydenham，1624—1689），医生、皇家医师学院开业资格证书持有者（1663）；《高热病医治方法》（1766）的作者，修订并大幅扩充为《医学观察》（1676），该书使他一举成名；治愈查理二世的一场病后，被封为爵士（1678）；洛克的密友；强调敏锐的临床观察和新的成功的治疗方法的发展。

② 萨谢弗雷尔博士（Dr Henry Sacheverell，1674？—1724），英国国教会牧师，宗教辩论家；牛津大学玛格德琳学院高级文科学监（1708）和财务主管（1709）；因冒犯辉格党人的煽动性布道文遭控告（1710）；辉格党得势三年前就被禁止讲道，乔治一世即位断送了他作为一名高教会派成员的晋升希望。

满意足地看着他。”

那种不容抗争的独立精神和急躁脾气从来没有离弃过他，一件小小的事例我也不能遗漏。这件事是他亲口向我承认的，涉及他母亲的权威。有一天，通常被派往学校接他回家的仆人没有按时到达，他虽然眼睛深度近视，还是自行离校回家，所以到了街沟旁边，他不得不趴下看个清楚，然后才鼓足勇气跨过去。他的女教师怕他迷路，或者怕他掉进街沟里，或者怕被车轧了，便远远地跟在他后面。他碰巧打
27 了个转身把她看见了。他觉得她这种关注是对他男子气概的一种侮辱，
1712 年 便恼羞成怒，回身向她扑了过去，并使出全身力气，将她打了一顿。

他终生由于记忆力出众名扬天下，简直到了难以置信的程度，关于这，他的继女露茜·波特夫人，按他母亲给她讲的，1776 年在利奇菲尔德当着他的面给我讲了下面的一件早年事例。小时候他还穿着短裙，就已经开始认字读书，一天早晨，约翰生夫人把公祷书放到他手里，指着当天的特用短祷文说：“塞姆，你必须把这一段背下来。”说罢就上楼去，留下他去学习；但刚上到三楼，她就听见他跟上来了。“怎么回事呀？”她说。“我会背了。”他回答道；说完就清清楚楚背了一遍，尽管他至多只能把它读两遍。

不过，还有一个关于这位神童的故事普遍流传，而且普遍为人相信，关于它的真实性我要根据他自己的意见加以批驳。据说[a]，三岁大的时候，他碰巧踩了一只小鸭子，把它踩死了；它是一窝孵出来的第十一只，此后，据说，他立即给母亲口述了下面的一则墓志铭：

这里躺着一只又好又棒的鸭鸭，
　　塞缪尔·约翰生踩上了它；
如果活着，它就会走运发达，
　　那样我们就会多一只鸭娃。

a　海丝特·林奇·皮奥齐，《约翰生轶事》（1786），第 11 页。约翰·霍金斯爵士，《约翰生博士传》，第 6 页。

这篇短作里包含着确定的内在证据，那是一个三岁的孩子作不出来的东西，如果即刻的灵感没有拓展他的才能的话；然而，约翰生博士的继女露茜·波特夫人当着他的面对我一口咬定：这件轶事的真实性无可置疑，因为她是从他母亲那里听来的。要得到一种可靠的事实关联极其困难，那样的根据也许就为错误而存在；因为他向我保证；诗是他父亲作的，可父亲希望被当作儿子作的。他还补充说："我父亲是个傻老头儿；也就是说，在谈及自己孩子的时候总犯傻。"[a]

小时候，约翰生不幸患了淋巴结核，又叫"国王灾"[①]，这病破 28
了他原本英俊的面相，而且严重地损害了他的视觉神经，结果一只 1712 年

---

a 这则关于鸭子的轶事，尽管内在证据和外在证据证明都不成立，但却根据对其真实性的推定，被当成苏厄德小姐以下构思巧妙的奇思异想的基础，它包含在她欣然惠赐予我的有关约翰生博士的诸多信息中："这些幼年的歌谣包含着那些终生强烈显示他人格倾向的种子，包含着那种后来结下丰硕果实的诗才的种子；因为，除了他的正字法著作外，约翰生博士的每件作品都是诗，诗的本质不在曲调里，不在铿锵丁当的音韵里，而在一种一切自然和艺术的贮存都要雷厉风行、坚决支持的想象力的强劲和光辉里；也在用'比需求、韵律或诗歌能增加更多和谐的更加悦耳的'语言传达它们混合说明的一种雄辩里。

"上面的小诗也显示了'与他的生长同长，与他的力量同增'的那种迷信的癖好，尤其是晚年的癖好，把他呈现给宗教的阴暗面，而不是用虔诚的希望之光给他的暮年生活镀金的那种喜人的光明面，从而伤害了他的幸福。"

这段文字想象如此美妙；我不忍将它割爱。但像其他很多理论一样，它是从一种假定的事实演绎出来的，其实是一种向壁虚构。

① 这是一种以淋巴结慢性增大和衰变为特征的体质性疾病。英法两国人原来认为可以通过国王（或女王）的触摸治愈。触摸治"国王灾"的做法据认为从忏悔者爱德华[1]时代一直延续到1714年安妮[2]女王去世，1719年以后，对于这种仪式的祈祷文就再没有印在《祈祷书》上。

1 〔忏悔者爱德华（Edward the Confessor，1042—1066年在位），英格兰国王，死后被封为圣徒（1161）。〕

2 安妮（Anne，1665—1714），大不列颠与爱尔兰女王；詹姆斯二世的第四个孩子，第二个女儿；奥伦治的威廉三世的妻子玛丽二世的妹妹；与丹麦的乔治王子结婚；玛丽死后（1694）顺从威廉；1702年威廉死后登上王位，托利党人的早期支持者；主持签订《乌得勒支和约》（1713）；宣布不列颠为世界一大强国；在前一个世纪的战争与动荡结束后，十二年的统治引进了十八世纪的和平昌盛。

眼完全看不见东西，尽管表面上两只眼区别不大。在他的祈祷文里，有“当我的眼睛恢复它的功能时”[a]这么一句话，这就确认了他有一种缺陷，他的很多朋友都知道，但我从来没有看出来[b]。我还以为他只不过是近视罢了；其实我必须坦言，在其他方面我未能发现他视觉上的任何缺陷；相反，他的注意力和敏锐的感知力都使他能明察秋毫，无论是对自然物体还是人工物体观察区分时所具有的那种精细，是难得一见的。跟他在苏格兰高地旅行的时候，我指着一座高山对他说它像个圆锥体，他认为不准确，立即予以纠正，他向我指出，山顶确确实实是尖的，但一侧大，一侧小。他认识的女士们一致认为，在评论女装的优雅时没有比他更细微更挑剔的人了。我发现他比我更能观赏德比郡伊斯兰的浪漫美景，我告诉他，他就像用一把蹩脚乐器演奏的高明乐师。有的人不是对他的公正就是对他的哲学怀有成见，推断他几乎是个瞎子，根据这一推断做出的议论无疑是多么虚假，多么可鄙。据说，这种可恶的疾病是从他的奶妈身上传染来的。[c] 有一种关于国王触摸功效的迷信观念，想起来真是不可思议，居然在这个国家流行了这么长时间，他母亲接受了；这么一种观念我们的国王们居然大加鼓励，像卡特①那样具有探究精神和判断能力的人居然也会相信；于是他母亲把他带到伦敦，还真的给安妮女王摸了摸②。赫克托先生告诉我，其实，约翰生夫人是听了

---

a 《祈祷文与默想录》，第27页。

b 〔说到自己一只眼睛的缺陷时，他对伯尔尼博士说：“这只狗从来没有多少用处。”〕

c 〔这是斯温芬博士的看法。约翰生的眼睛很快被人发现视力很差，为了挽救它们，他的左臂被割破放了一次血。他出生满十周的时候，从奶妈那里被带了回来。“一个可怜的病秧子，几乎是个瞎子。”见已经提到的一本题为“塞缪尔·约翰生博士生平自述，从出生至十一岁”的书。八开本，1805。〕

① 托马斯·卡特（Thomas Carte，1686—1754），历史学家；《英格兰史》（4卷，1747—1755）和《奥蒙德公爵詹姆斯传》（2卷，1736）的作者。

② 〔他被带到伦敦受触摸治病的时候，只有三十个月大。在这次出行期间，他告诉我们，他母亲给他买了一只银杯和一只银匙。“那只杯子，”他满怀深情地补充说，“是我们困顿时亲爱的泰蒂卖掉的最后几件银餐具之一。银匙我现在还保存着。她同时又买了两只茶匙，直到我成年，她再没有增添。”同上。〕

当时在利奇菲尔德当医生的著名的约翰·弗洛耶爵士的建议采取行动的。约翰生提起这事件总是非常坦白；皮奥齐夫人[①]保留了他对这一场景的非常生动形象的描述，跟留在他想象中的一模一样。问及他是否记得安妮女王时，“他有（他说）一种迷迷糊糊，但却是一种认认真真的记忆：一位满身钻石珠宝的贵妇，一顶长长的黑兜帽”[a]。然而这种触摸却没有任何效果。我冒昧地对他说，针对的是他接受的那种政治原则教育，而且他一直带着它的某种味道，“他母亲把他带得还不够远；她应当把他带到**罗马**去才对”。

给他教英文的第一位教师是奥利弗女士，她是个寡妇，在利奇菲尔德为儿童办了一所学校。他告诉我她能阅读黑花体字，要他从他父亲那里借一本那种字体的圣经。他要去牛津时，她来道别，并出于她那单纯的仁爱心肠给他送了一份姜饼礼物，还说，他是她教出来的最优秀的学生。他乐于提及这句早年得到的赞扬：并且笑着补充说：“这是他能想象的关于他的优点的重要证明。”他的第二个英语教师是一位男老师，他对我说起他的时候，语气亲密，管他叫汤姆·布朗，他说，他“出版过一本拼字课本，并把它献给**宇宙**；不过，我担心，现在一本也找不到了”。

29

1717—1719年

他的拉丁文启蒙老师是利奇菲尔德学校的助理教师霍金斯先生，“一个精于（他说）他的小道的人”。他跟此人学了两年，然后升级由校长亨特先生管教，按照他的说法，此人“非常严厉，而且严厉到执迷不悟的程度；他对不知道和不用心不加区别；不管孩子不知道还是懒得知道，他都是不分青红皂白乱揍一气。他常常向一个孩

① 皮奥齐夫人，即海丝特·林奇·思雷尔（Hester Lynch Thrale，1741—1821），约翰生的朋友，作家；与约翰生一起翻译波爱修；《英国诗人传》的抄写员；被人指责由于在丈夫思雷尔死后与意大利音乐家加布里埃尔·马里奥·皮奥齐结婚从而缩短了约翰生的寿命；《已故塞缪尔·约翰生轶事》的作者，此书获得巨大的成功；受到约翰生赞赏的富有革新精神的作家，乐意做文学样式实验。

a 《轶事》，第10页。

子提问题；回答不出来就打，根本不考虑他是不是有机会知道怎样回答。譬如，他会把一个孩子叫起来问烛台的拉丁文是什么，孩子想不到会问他这样的问题。先生啊，如果一个孩子每个问题都能照答不误，那就用不着老师来教他了”。

不过，提到以下情况，为亨特先生的名声算是讨回了公道：尽管他错在失之过严，但利奇菲尔德学校当时口碑很好。威斯敏斯特受俸牧师、已故的泰勒博士[①]就是在他手下受的教育，他告诉我说，“他是一位优秀的老师，他的助理教师大都是杰出人物；霍尔布鲁克跻身于他那个时代最机敏的人士、最好的学者、最优秀的牧师之列，他在约翰生上学的绝大部分时间里担任该校的助理教师。后来还有

① 约翰·泰勒（Dr John Taylor，1711—1788），约翰生的朋友；爱尔兰总督、德文郡公爵的牧师（1737—1745）；威斯敏斯特受俸牧师（1746—1788）；斡旋约翰生和加里克因《伊瑞涅》产生的争执（1749）；在约翰生的葬礼上宣读悼词。

黑格，他的情况大体相同，还要补充一点：他是一位优雅的诗人。黑格之后是格林，他后来当了林肯主教，他的人格在学术界有口皆碑。跟约翰生情况相同的是康格里夫，他后来当了博尔特大主教的牧师，通过这一关系在爱尔兰谋得了显赫的职位。他是斯塔福德郡康格里夫世家的小儿子，诗人①则是该家族的一支。他哥哥把庄园卖了。还有洛②，后来当了温莎大教堂教士。”

的确，约翰生十分明白他从亨特先生那里获得了多少教益。兰顿③先生有一天问他是怎么学到那么精湛的拉丁文知识的，我相信在这一点上，他那个时代没有人能胜过他；他说：“我没少挨老师的鞭笞。没有这一手，先生，我就会一事无成。”他告诉兰顿先生，亨特不依不饶地鞭挞他的学生时经常说：“我这么做是要把你们从绞架上救下来。”约翰生在各个场合都表达了他对棍棒相加的强制教育的 30
认可。[a]“我宁肯（他说）让人人忌惮棍棒逼着大家学习，也不肯告诉 1717—
孩子，要是你如此这般干，你会比你的兄弟姐妹受人敬重。棍棒能 1719 年
产生自我终结的作用。孩子怕鞭挞，就得下功夫，从而让鞭挞寿终正寝；反之，如果激励他们争强好胜，相互攀比，你就会助长无穷的贻害；并使兄弟姐妹彼此怀恨在心。”

约翰生看见林肯郡的一些女孩子行为得体，全靠她们的母亲严格约束，坚决纠正，他用略作更动的一行莎士比亚的诗句惊呼：

---

① 即威廉·康格里夫（William Congreve，1670—1729），剧作家、诗人；《两面派》（1693）、《为爱而爱》（1694），以及最有名的《如此世道》（1700）的作者；抨击杰里米·科利尔；受约翰生充满矛盾的仰慕；斯威夫特和蒲柏的朋友；与威彻利和埃思里奇并列为当时三大喜剧作家。

② 洛（Revd Theophilus Lowe，约1708—1769），默顿和斯蒂夫尼奇的教区长；温莎大教堂教士。

③ 兰顿（Bennet Langton Jr，1737—1801），约翰生的朋友；年轻时对《漫游者》情有独钟，于是被引荐给约翰生；文学俱乐部的元老（约1764）；林肯郡民兵少校；以希腊研究出名，继承约翰生任皇家文学院古文学教授。

a 〔在这个问题上，约翰生对罗斯博士的言论值得记录下来。罗斯在鞭挞开始比以往较少实施的时候赞赏和颜悦色对待学生：“但那样一来，（约翰生说，）他们却别无所获：一头有所得，另一头就有所失。”——B.〕

棍棒啊，你尽了这份职责，我要向你致敬。①

在他的生命历程中，他以极大的尊严在同辈中保持着优势，那种优势不是凭虚夸硬装出来的，而是那些非凡的精神力量的自然而恒定的作用。那种优势他必然能通过比较意识到；智能上的差异，在别的特征对比中往往是一个胜负未决的竞赛问题，而他在这一点上，就像有些人比另一些人身材高大一样明显。约翰生并不高视阔步，趾高气扬：他只不过不躬腰屈膝罢了。从幼年起，他的优势就能看得出来，并得到大家的承认。从一开始，他就是 Ἄναξ ἀνδρῶν，“人中之王”。他的同学赫克托先生把他童年的很多详情惠赐予我；并向我保证，据他所知，约翰生在学校里受惩治全是因为说话或吸引别的孩子不务正业。他似乎是在凭知觉学习；尽管在他身上有与生俱来的懒惰和拖拉，然而但凡他一努力，就会立竿见影，成效总比别人突出。总而言之，常言说得好，小孩是大人的缩影，从小到老各人的突出特点不变，他可算是一个令人难忘的实例。他的哥们儿经常受到他慷慨的帮助；所以他们对他百依百顺，奉若神明，个个都渴望赢得他的青睐，以致三个孩子——赫克托先生有时是其中之一——早上都充当他恭顺的侍从，背着他去上学。中间的一个弓着身子，他骑在他背上，两面各有一个扶着他；他就这样被人抬着，一副凯旋英雄的架势。早年智力如此突出，这一证据十分引人注目，也给人性添了光彩。有一次他给我谈起他在上学时卓尔不群，他告诉我：“他们从来不把我比成某某人，从而抬举我；他们从不说约翰生是某某人那样的一个好学生；而是说某某人是约翰生那样的一个好学生；而这也只说到一个人，只说到洛；我倒不认为他是个那么好的学生。”

31 他显露出要胜过他人的雄心，这激发他跟自己的懒惰作对。他爱
1725年 钻好问得非同一般；记忆力强得惊人，真能做到过耳不忘，过目不忘。

① 参比《亨利六世中篇》，第4幕，第10场，第72行：“剑啊，你立下这场功业，我要尊你为神。”

赫克托先生记得给他朗读过十八节诗，稍事停顿后，他一字不差地又背了一遍，只是改动了一个形容词，这样一来对整行诗都有所改进。

他从来不跟别的男孩进行普通的消遣：他唯一的娱乐就是在冬天，一个光着脚的孩子用一条吊袜带把他绑住，拉着他在冰上滑，从而得到一种乐趣；这可不是一件轻松的活动，因为他身材魁梧奇伟。他视力有缺陷，这就使他无法享受普通运动的乐趣；有一次，他和悦地对我说："他不运动也能休闲，真是妙不可言。"然而，当切斯特菲尔德勋爵[①]认真地告诫一位朋友谨防闲散的恶果的时候，他在一封信里说得极是：年轻人的积极运动不能算作闲散；只有无所事事、死气沉沉的蛰伏才算名副其实。约翰生一生有太多的时间处在这种郁闷呆滞的性情之中。赫克托先生说："他能强迫自己做的不外乎是在田野里漫步来打发那休假的时光，在此期间，他与其说跟同伴说话，不如说在自言自语。"

德罗莫尔主教珀西博士长期以来跟他过从甚密。珀西博士[②]保留着有关他的几件轶事，并后悔自己不是个更加勤奋的搜集者，他告诉我："小时候他迷上了看骑士传奇，而且这种痴迷终生未改；于是，（主教大人补充说）他在我乡下的牧师寓所过了一部分夏天，他选中了对开本的老西班牙传奇《伊尔加尼亚的费利克斯玛尔特》定时阅读，基本上把它看完了。不过我听见他说之所以看这些渲染铺

---

① 切斯特菲尔德勋爵（Lord Chesterfield，1694—1773），保王党人，托利党政治家、外交家；王室警卫队队长（1723）；切斯特勋爵（1726）；驻海牙大使（1727）；沃尔浦尔胜利的政敌；爱尔兰总督（1744）；北方国务大臣（1746）；1748年退休，不过继续参加上院会议；《言语》中称赞约翰生《词典》的尝试未达到预期效果，反而招致作者的嘲讽；《人生的充分利用》（1750）和遗著《教子家书》（1774）的作者。

② 珀西（Dr Thomas Percy，1729—1811），作家，爱尔兰教会德罗莫尔主教（Bishop of Dromore）（1782）；诺森伯兰勋爵的牧师兼秘书，他儿子的家庭教师（1765）；国王的常任牧师（1769）；伯克、加里克、哥尔德斯密斯和约翰生的朋友；《新约解答》（1766）和《古英诗钩沉》（1785）的作者；卡莱尔教长（1778）。

陈的小说，是因为心神不定，无法专注任何职业。”

1725 年：十六岁。〕——在他舅舅科尼利厄斯·福特[①]家住了一段时间后，十五岁时，约翰生转到伍斯特郡的斯陶尔布里奇学校，当时的校长是温特沃斯。这一步是在他表兄、牧师福特先生的劝告下迈出的。福特先生多才多艺，性情很好，但这些长处却让他的放荡搞得黯然失色[a]，但他对正确的东西有极高明的判断。在这所学校，他并未得到期望的教益。据说他以温特沃斯先生助理的身份教更小的孩子。“温特沃斯先生（他告诉我），非常能干，但吊儿郎当，对我非常严厉；不过我也不能多责怪他。那时候我只是个大
32 孩子；他看到我不尊重他，而且我也给他争不了什么光。我身上有
1725—1728 年 足够的东西保证我渡过难关；我在他的学校里应得的一切都要归功于我自己的劳动，或者我以前的老师。然而他也给我教了不少东西。”

他是这样对德罗莫尔主教珀西博士区分他在两所文法学校里的进展的。“在一所学校里，我在学校里学得多，却在校长那里学得少；在另一所学校里，我从校长那里学得多，却在学校里学得少。”

主教还告诉我，“约翰生博士的父亲，在约翰生被斯陶尔布里奇学校接纳之前，曾向什罗普郡的纽波特学校的学长塞缪尔·利牧师大人（文学硕士）申请获准在该校读书并兼任校长助理（他是一位非常勤奋的好老师，当时名望很高，据《自传》说，霍利斯先生[②]也是在他手下受的教育）”[b]。给利先生提交的这份申请未获批

---

① 〈科尼利厄斯·福特（Cornelius Ford），按照约翰·霍金斯爵士的说法，是他的表兄，因为是约翰生母亲的弟弟、杰出的医生约瑟夫·福特的儿子。——M.〉

a 据说他是贺加斯《现代午夜谈话》中的教区牧师的原型。

② 托马斯·霍利斯（Thomas Hollis，1720—1774），“铁杆辉格党人”，政治宣传家；皇家学会会员（1757）；理性的不顺从国教者；美利坚许多院校，尤其是哈佛的捐助人；重印散发十七世纪共和主义派文集，包括弥尔顿和洛克。

b 跟德罗莫尔主教多年后说的一样。

准；但后来年尊辈长的老先生提到，那是他一生最值得铭记的事件之一，说“那位伟人差点儿成了他的学生了”。约翰生听说后，深感欣慰。

他在斯陶尔布里奇待了一年多一点，然后就回了家，在家里他可以说是鬼混了两年，处在一种跟他的非凡才干极不般配的境地。他已经在他的学校作业中，在别的应景作文中给了关于他的诗才的好几份证据。承蒙他的老师之一的儿子温特沃斯先生和他的同学与朋友赫克托先生的帮助，我已经搜集了不少；现在从中选出下面的一些样品：

维吉尔《牧歌一》译文

梅利伯斯

提图鲁斯啊，你懒散而悠闲，
吹着芦笛仰卧在山毛榉绿荫下面；
我们要满世界流浪，凄惶而悲凉，
背离自己喜人的田畴，可爱的家乡，
你却在此悠然放歌你的情焰，
阿玛瑞丽的名字响彻林间。

提图鲁斯

朋友啊，赏赐这些恩惠的是一位神祇，
我永远不会认为他不如天帝；
他的祭坛上常有我的羔羊供献，
它们的血定会把那神圣的石头浸染：
他把我的羊群放牧于百花烂漫的草地，
也让我随意吹奏无与伦比的芦笛。

梅利伯斯

我只能表达我的仰慕，

(我胸内不怀一星星嫉妒)
33 乡村遍地都是纷乱，
1725—1728年 为你独存这片乐园。
这里，我尽管体弱，必须把羊群驱赶，
远离它们反感的田野，卑陋的羊栏。
这一只，我简直领不走，她在那边的岩石上
留下两只弱羔，全体羊群的希望。
如果我们不是变得马虎又反常，
先兆就会预示这起灾殃；
我们的一棵棵树木都被雷霆劈断，
笨拙的乌鸦们，从一棵空心老橡树上面，
用它们阴惨的聒噪把将临的灾祸预言。

贺拉斯《颂歌集》卷一第二十二首译文

朋友啊，此君了然的心上
　洋溢着美德的神圣热情，
决不让毒镖沾染上死亡，
　也不用摩尔的弓箭确保安宁：

虽然他攀登锡西厄的冰崖，
　或者涉足可怕非洲的奸诈沙漠；
或者到过著名的许达斯珀斯在那
　野蛮土地上铺展他流动财富的场所。

因为尽管迷上了克洛伊的形象，
　我在萨宾森林里漫游得太远；
无忧无虑，赤手空拳，独自歌唱，
　一只灰狼受了惊，仓皇逃窜。

野蛮人没有更加凶险地把血滴
　在阿普利亚广袤的荒野上挥洒；
朱巴焦渴的土地决不变本加厉地
　养育猛狮们可怕的奶妈。

让我置身于这样一个地方，那里听不见
　夏天的软风在颤动的枝间叹息；
那里凝聚的乌云，用狰狞昏暗
　永远遮掩眉头紧锁的天宇；

让我在火辣辣的赤道下面置身，
　一个不许人类生存的地方；
我将把克洛伊神圣的魅力歌颂，
　还有她天仙般的声音和姣美的面庞。

贺拉斯《颂歌集》卷二第九首译文

34

1725—
1728年

乌云并不总是遮蔽天空，
　阵雨也不总是浸泡绿原，
巨浪也不总是升腾，
　暴风雨也不总是把海洋搅乱。

瓦尔吉乌斯在亚美尼亚海岸
　并不总是把拴住的流水凝固；
狂怒的北风之神也不总是吼声震天，
　或者用暴力折弯树木。

然而你总是以泪洗面，
　总是为故去的穆思特哀痛；

落日不能给你排忧解烦，
　回来时仍发现你恻然伤神。

那睿智而饱经沧桑的希腊人
　哀伤安提洛科斯的时间不是很长；
普利阿摩斯王已到白发苍苍的高龄，
　也未对阵亡的儿子过度悲伤。

最后，停止这些妇人的叹息，
　把奥古斯都的无数战利品歌颂；
重复那位君王的一次次胜利，
　世界各国纷纷向他进贡。

尼法忒斯卷着卑微的波浪，
　最终那无畏的锡西厄人屈服，
满足于活着给罗马人把奴隶充当，
　却很少抛弃他的故土。

荷马《伊利亚特》第六卷赫克托尔和安德罗马克部分对话的译文

　她停止说话：神一样的赫克托尔亲切回答，
(他的各样头盔羽饰在风里戏耍)
岗位职守，别的一切，我肯定都要关照；
难道战争未完，我就要弃阵脱逃？
特洛亚人怎会辱没赫克托尔的伟名！
我的一生美名怎能毁于一次卑鄙行径，
那可是我身经百战、负伤累累的获得！
啊，如此卑劣的念头我的灵魂是多么鄙薄。

我早就学会了轻视这飞逝的生命，
用欢快的目光注视死亡的临近。
那无情的三姐妹已经做出判决：
普利阿摩斯家室和普利阿摩斯本人必须流血：
那一天将会来临，高傲的特洛亚定会屈服，
烽烟滚滚的废墟在原野上星罗棋布。
赫卡柏和普利阿摩斯到了白发苍苍的年纪，
他们的鲜血会把一些希腊人焦渴的怒火平息，
我英勇善战的兄弟们已经效死疆场，
他们的灵魂已通过累累的伤口逃亡，
这一切在我的胸中造成的悲酸，
还不及对你逼近的命运忧虑的一半：
那时候某个高傲的希腊贵妇定会强派一些任务，
定会戏拟你的眼泪，嘲弄你的痛苦；
头顶许佩瑞亚泉水你定会大汗淋漓，
头晕眼花，很难把那液体的重量撑持：
随后某个阿耳戈人定会高声叫嚷，侮辱攻击，
看特洛亚卫士赫克托尔的娇妻！
听见我的名字，泪水定会淹没那双媚眼，
酥胸里将会涌起阵阵悲叹！
不等那一天，仰仗某位勇士出手相帮，
让我杀身成仁，血染沙场。

献给一位少女的生日贺诗[a]

　这首贺诗把我的美女欢迎，
因热恋者的深情祝愿而暖意融融。

---

a　赫克托先生说：这首诗几乎是当着他的面“即兴”作成的。

愿这循环往复的日子永远发现
你的形容更加可爱，你的心灵更加充羡；
愿垂爱的上天除去种种痛苦和烦忧，
只把爱的柔情蜜意久留！
愿隆隆的天然与溶溶的人工相得益彰，
点拨一顾一盼，将它逼到心上！
啊，届时被征服的大众会承认你的威风，
即便高傲的财富和更傲的才智也得服从，
我的美人啊，对强大的信任可得注意，
哎呀！要美女公正谈何容易。
这些高超的魅力要严格小心地使用，
不任意制造痛苦，也不把无聊的欢乐提供：
让鲁莽的傻瓜认识自己的形体，
显现在嘲弄的忠信明镜里；
教模拟苛评发现她自己的缺陷，
再不让卖弄风情的女人对自己茫然，
这样比琳达的魅力才会把人类改善。

36

1725—
1728年

青年作家[a]

最初当这位长期向往漫游的庄稼汉，
抛弃了他乡村的娱乐和宁静的田园，
便一心欣赏微笑的海洋展现的景色，
却鄙视绿油油的草地和百花烂漫的田陌；
于是他乐呵呵地在水道上舞蹈，
听微风絮语，看流光炫耀；

a 这首诗他做了不少改动后，刊登在1743年的《绅士杂志》〔第378页〕上。〈然而，他没有署名。——M.〉

无限的前景在他胸中翻滚，
未来的大众掀起他升腾的灵魂；
他在美梦中挖掘金矿，
狂喜地看见新发现的红宝石闪光。
虚假的欢乐啊！密云入侵天空，
大浪高声咆哮，波涛凌虚汹涌；
吓得毛骨悚然，看到海岸成了他的渴望，
发誓赌咒不再信任奸诈的海洋。
于是青年作家，由于一鼓作气追逐声名，
以及不朽声望的永久光荣，
便把他的幸福向人类托付，
它却比海或风更加虚伪、残酷，
“埋头苦干吧，庸夫俗子们，他狂热地呼喊，
为了那容易坏朽的奖品、财富或头衔；
而我对这些昙花一现的福气甚为鄙薄，
对尚未诞生的时代的赞扬蛮有把握。”
这种想法一旦形成，一切规劝为时已晚，
他飞快印行，把命运催赶；
他立即看见那些想象中的月桂树叶展开，
感觉到不谢的花环绕着他的脑袋。
受到别人命运的警告，虚荣的青年要变聪明，
这些曾经是塞特尔[①]和奥格尔比[②]的梦：
小册子铺天盖地，不断的嘘声四起，
受挫的作家飞速回去隐居；

① 塞特尔（Elkanah Settle，1648—1724），剧作家；《摩洛哥女皇》（约1672—1673）的作者；在1682年变节投靠托利党人前是辉格党排外主义者的政治宣传家；德莱顿的对手，后者对宫廷青年剧作家的地位感到不快；受到德莱顿（在《押沙龙与亚西多弗》中）和蒲柏（在《群愚史诗》中）的讽刺。

② 奥格尔比（John Ogilby，1600—1676），作家、印刷商。

那里没有尖酸的批评家咆哮，没有嘲讽干扰，
安然避开了尖刻的挖苦和锥心的耻笑；
乞求上天给一种不太出众的运气，
乐于归隐，傲于被人忘记。

尾声
给一位要扮演赫耳弥俄涅鬼魂的少女写的台词[a]

　你们开花的队列，给人绝望或欢快，
有幸赢得笑脸，或者横眉冷对；
37 毁灭性的丘比特等候在她们美丽的脸上，
1725—1728 年
用百发百中的暗箭把命运发放；
她们雪白的胸，她们灵动的眼，
小伙子人人艳羡，尽管艳羡者个个归天；
尽管你们在野蛮的戏剧中嘲弄他们的苦痛，
看见他们哭泣，听见他们祈求，毫不怜悯，
无情地把上万人的性命不断玩弄；
因为你们这些尤物，我离开这片阴沉的原野；
在那里黑夜以她的种种恐怖肆虐；
没有芬芳的凉亭闺阁，没有可心的林间空地，
接纳这些化为悒怏鬼魂的轻蔑少女。
为亲切温柔的众仙女，爱神木花儿盛开，
把它弯弯的枝条交织成喜人的阴翳亭盖：
长生的玫瑰装扮着每个紫微微的谷地，
一阵阵微风呼出仙境里的香气：

---

a　利奇菲尔德的几个少女提议演《悲伤的母亲》[1]，约翰生写了这段台词，把它交给赫克托先生，让他私下转交给她们。

1　安布罗斯·菲利普斯的《悲伤的母亲》模仿拉辛的《安德罗马克》。首次演出极其成功，斯蒂尔在《旁观者》第290期（1712年2月1日）中予以高度赞扬。

雾气、郁闷、眼泪、丑闻以及茶会、
皓齿和惰气都被排斥在千里之外：
小精灵、人见人爱的丘比特都不能在那里安享
甜蜜抚慰的亲吻，可怜的堤耳西斯[①]为此身亡；
天生的模样就是为了愉悦，外来的武器她们不用，
折磨人的鲸须紧衣褡也把魅力夹不进她们的体形；
她们的面颊燃不出有意识的红潮，
因为没有负罪感的人不知道羞臊；
她们原来的魅力仍未凋殒，
快乐围绕着她们，欢愉常新。
然而残忍的处女们与更加严厉的命运遭遇；
从那幸福的位置上被驱赶出去，
到了悲惨的地域，失去了和平安宁，
那里狂怒一直在咆哮，毒蛇在不断嗞鸣。
凄惨的原野上暴风雨终年悲叹，
乌烟瘴气把天空遮得昏黑一片，
最靓丽的面庞蒙上了青黑的色彩，
千娇百媚阴风一刮纷纷枯萎：
无论她们飞往何方，情人的鬼魂总在追随，
抗击他们曾经知道的种种邪恶灾害；
烦恼，愤怒，嫉妒，绝望，
折磨每只眼睛，撕扯每个胸膛；
它们的丑陋畸形人人都看得出来，
女孩无法美言，油彩不能掩盖。
那就消失吧，各位美女，趁周围的群众感叹之机，
不要让轻蔑在你心目中降低位置；
用怜悯软化可怕的千娇百媚，

① 古希腊忒奥克里托斯牧歌中的牧人的名字。

让美在每张面庞上笑逐颜开；
为了缓解他们的痛苦，就行使你们较柔的力量，
这样你们就会无辜地统治，全人类定会敬仰。

38

1726—1728年

他从斯陶尔布里奇回来后在家度过的两年，他认为是鬼混过去的，他父亲也责骂他虚度年华。他没有确定的人生计划，也没有对未来的展望，而是过一天算一天地打发日子。然而他却拉拉杂杂读了不少书，并没有什么学习计划，而是碰见什么读什么，兴之所至，通读为快。他常提到小时候率性阅读的一件奇例。他想入非非，以为他弟弟把一些苹果藏在他父亲店铺里书架上边的一本大书后面，便爬上书架去找。苹果没有找到，倒是找到了一本大书，结果证明那是彼特拉克[①]的作品，此人他曾看见在某篇前言中提到，说他是文艺复兴大师之一。于是他好奇心勃发，便坐下如饥似渴地阅读起来，一口气读了一大半。这两年里，他读过的书并不是单纯的趣味性读物，他告诉我："不是游记，全是文学作品，先生，全是古代作家，全是笔力雄健之作：不过希腊作品寥寥，只有阿那克里翁[②]和赫西奥德[③]的一些篇章；但就用这种散漫方式（他补充道），我浏览了大量书籍，这些都是大学里鲜为人知的书，因为在大学里，除了老师递到手里的书，学生是不大再看其他书的；所以，我上牛津的时候，彭布鲁克学院的院长亚当斯博士[④]告诉我，我是他所知道到这里来求学的人中最有资格上这所大学的。"

---

① 彼特拉克（Petrarch，1304—1374），意大利诗人。

② 阿那克里翁（Anacreon，活跃在公元前6世纪），抒情诗人，他的作品只有一些片段遗存，主要描写爱情与酒的快乐。

③ 赫西奥德（Hesiod），希腊田园诗人。

④ 亚当斯（Dr William Adams，1706—1789），牛津大学彭布鲁克学院院长；英国圣公会牧师；约翰生在牛津大学彭布鲁克学院学习时的导师，说"我是他名义上的导师，但他水平比我高"；兰达夫的执事长（1777）；出席《伊瑞涅》初演（1749）；《论休谟先生的〈奇迹论〉》（1752）的作者；鼓励约翰生出版他的《祈祷文与默想录》（1785）。

在评估他两年间，以及他未来的各个生活阶段的心路历程时，我们切不可看重他自己草率供认的鬼混；因为当他说明自己的情况时，我们看到他在获取各种各样的贮备；其实他自己在总结这段情况时也说："我不想让你认为那时候我什么也没有干。"他也许学习得更加刻苦；不过也可以怀疑像他那样的心智在文学的田野里随意漫游是不是没有圈在一地的收益丰盈。身心之间的类比非常宽泛，而这种类似对它们的食物适用，对其他任何情况也同样适用。散养的动物的肉，比圈养的动物的肉，味道可以更好。难道率性读书的人跟关在斗室和校园里按规定任务读书的人之间的区别就有所不同？

一个像迈克尔·约翰生先生那样家境的人竟然想到送儿子上昂贵的牛津大学自费读书似乎不大可能。这个问题太敏感，不好向约翰生提起。然而泰勒博士曾向我保证，要不是什罗普郡的一位绅士、他的一个同学，主动提出资助他以其陪读的身份上牛津，这个计划永远不会实施；不过，事实上，他从来没有从那位绅士[①]手中接到任何资助。

然而，他还是上了牛津，1728 年 10 月 31 日，他入学成为彭布鲁克学院的一名自费生，是年十九岁。

后来名满天下当了彭布鲁克学院院长的亚当斯博士告诉我当时 39
他在场，并给我描述了约翰生到牛津的那个晚上的事情经过。那天 1728 年
傍晚一直忧心忡忡地陪伴着他的父亲，想办法请人把他引见给将要 冬
成为他的导师的乔丹先生[②]。他被安排在哪位导师手下，这种情况使我们想起伍德[③]就《忧郁的解剖》的作者罗伯特·伯顿[④]被选为基督

---

① 很可能是安德鲁·科比特（Andrew Corbet，1709—1741）。

② 乔丹（Revd William Jorden，1739年卒），大学教师；牛津大学彭布鲁克学院研究员，后来任财务主管，牧师和副校务委员；约翰生的导师；约翰生发表的第一首诗，蒲柏《弥赛亚》的拉丁文的译本，是作为圣诞假期的练习写给他的；斯塔福德郡斯坦登教区长（1729—1733）。

③ 伍德（Anthony Wood，1632—1695），古文物专家；《牛津大学的历史与文物》（2卷，1674）的作者，因此被认为是当时权威性的牛津大学历史学家。

④ 伯顿（Robert Burton，1577—1640），作家；《忧郁的解剖》（1621）的作者；藏书家，十八世纪在约翰生感兴趣之前基本上遭到冷落。

堂学院的学生后说过的话："尽管他不需要导师，但为了走走形式，他被安排由后来的牛津主教约翰·班克罗夫特博士[①]指导。"[a]

他父亲似乎脑子里全是儿子的优点，给在座的人讲他儿子是个好学生，又是诗人，还会用拉丁文写诗。大家觉得他的身材和仪态都有些奇异；但他举止谦和，一声不吭地坐着，后来谈话中出现了一些情况，他突然接上话茬，引用起麦克罗比乌斯[②]的话来，于是他给人的第一印象是：他酷爱读书，涉猎极广。

他的导师，彭布鲁克研究员乔丹先生似乎不是一个具备我们认为可以做塞缪尔·约翰生导师的那些才能的人，关于他，约翰生给我做了如下描述："他是个十分可敬的人，不过是个笨伯，可我没有从他的教导中有多大的获益。其实我不大去找他。我入学后的第一天就前去拜访他，随后四天再没有照面。第六天，乔丹先生问我为什么不去见他。我回答说我一直在基督堂草地上溜达。我说这话时就像现在[b]跟你说话一样若无其事，我不知道我对自己的导师的态度是错误还是失敬。"**鲍斯威尔**："先生，那是坚韧不拔的精神。"**约翰生**："不，先生；那是十足的不通情理。"[c]

那时候，十一月五日在彭布鲁克学院都要隆重纪念，还需要就这个日子做很多文章。约翰生一时疏忽没有做，这难免造成了很大的遗憾；因为他想象丰富灵动，文笔遒劲有力，也许会针对火药阴谋写出一些格调崇高的诗章。为了对他的疏忽表示歉意，他交出了

---

① 班克罗夫特（Dr John Bancroft，1574—1641），牛津主教；劳德大主教的朋友和同事；热情的主教制信奉者；积极参与牛津大学圣约翰学院坎特伯雷四合院的建设。

a 《牛津的雅典娜神殿》，1721年版，条目627。

② 麦克罗比乌斯（Macrobius，活跃于395—423年），语法学家、新柏拉图主义哲学家。

b 1776年3月20日，牛津。

c 应当记住，约翰生博士不仅在道德砺炼，而且在文学砺炼方面都易于过分夸大自己的缺点。亚当斯博士告诉我，他按部就班地听导师的课，也听学院讲堂的课。

一首短诗，题目为《梦》，思想内容一般；“诗神来到他的梦里，悄声说，他不适合写政治那样的题材；他应当专写一些无关大局的主题：”然而他的诗风却是真正的维吉尔式的。

他爱戴、敬重乔丹，不是因为他的学问，而是由于他的高贵品质。“一个年轻人（他说）一旦成了乔丹的学生，也就成了他的儿子。”

由于已经有了他诗歌创作能力的样板，乔丹先生就要求他把蒲柏的《弥赛亚》译成拉丁文，作为圣诞作业。他完成得异常迅速， 40
而且技艺娴熟，为此得到了高度的赞扬，而且此后，不仅在学院里， 1728年冬
而且在全大学一直享有盛誉。

据说，蒲柏先生对此也大为赞许。泰勒博士告诉我，它起初是为老约翰生先生刊印出来的，他儿子并不知情，后来听说此事，大为恼火。一个名叫“赫斯本兹”的人编了一本《诗歌杂集》，1731年在牛津出版。约翰生的《弥赛亚》译文也出现在那本《杂集》里，还有这样一句从斯卡利杰[①]的《诗论》摘选的谦虚题词：Ex alieno ingenio Poeta，ex suo tantum versificator。[②]

我孤陋寡闻，不知道已经有人对这首诗和约翰生的其他一些拉丁文诗歌样品提出了负面批评。我承认自己没有能力决断这样一个极其微妙的问题。不过我的朋友考特尼[③]先生对它做出了公平、明察的赞扬，对此我深感欣慰。

带着类似的潇洒，他生动的诗句

---

① 老斯卡利杰（Julius Caesar Scaliger，1484—1558），意大利裔法国古典学者，他在植物学、动物学、语法和文学批评方面都有建树。

② “一个依赖别人天才的诗人，自己只是个拼词凑韵的匠人。”——J.C. 斯卡利杰，《诗论》，第6卷，第4章（1561），第308页。

③ 考特尼（John Courtenay，1741—1816），政治家；诺思的支持者；代表塔姆沃恩的议员（1780）；参加辉格俱乐部（1788）；皮特的反对者；支持出版自由；《法国和意大利风俗、艺术、政治之现状》（1794）的作者；伦敦文学社的常客；依恋鲍斯威尔；仰慕约翰生，出版针对他的特色的《诗评》。

呈现出古罗马的威严和装束。——
让学院诗客把陈腐的杂念表现，
用维吉尔服装的绚烂残片装扮；
从调笑的奥维德那里采集华丽的词语，
把乏味观念套进偷来的歌曲：
然后用马赛克工艺拼接成篇，
吹嘘每一行都悦耳动听，亮光闪闪：
约翰生不畏艰险向拉丁诗神
把他生气勃勃的观念输送；
渴望用一种未反射的光发亮，
满怀罗马人的热情写作和思想。
他觉得动听的九位缪斯激励他的心胸，
像一位大师，把抚慰人的诗琴唤醒：
贺拉斯体的诗歌把一颗感激之心表明，
天岛的乱石中间响着特拉利亚的姓名。
西域的草木在某些欠灵巧的手上
开了一阵子花，需要人为的热量；
尽管炽热的马罗①提供了微温，
生病的花朵在温室仍难生存：
由于约翰生的技艺、劳作和温情的培养，
它深深扎根，还拥有了肥沃的土壤；
通过它膨胀的叶脉把我们的阳光吸纳，
土生土长成不列颠原野上的奇葩。[a]

在他体质中潜伏、我们不妨认为是那些癖性起因的那种“病态的忧郁”，以及那种对循规蹈矩的生活的反感，早年就在他的个性中

① 维吉尔的支系姓，这里仍指维吉尔。
a 约翰·考特尼，《诗评已故塞缪尔·约翰生的文学与道德特色》。

显示出来，二十岁时来势大为凶猛，可把他折磨惨了。1729 年学院 41
放假，他待在利奇菲尔德时，就感到自己性绪极其消沉，动辄生气，1729 年
焦躁不安，没有耐心；还伴随着一种沮丧、郁闷和绝望，搞得生活苦不堪言。此后，他一直没有从这种痼疾中完全解脱出来；而他的种种工作，一切欢娱，只不过是它的恶劣影响的暂时中断而已。上帝的手段是多么的不可思议，莫测高深！约翰生得天独厚，他生就的种种创造能力和理解能力在某种程度上远远在人性的常态之上，可同时又受到一种如此折磨人的紊乱的侵袭，所以有过不幸经历对它有所了解的人是不会羡慕他的高超的才情的。它在某种程度上是由他的神经系统，即我们体格中难以说明的部分中的一种缺陷引起的，这似乎是极有可能的。他告诉帕拉代斯[①]先生他有时候是如此萎靡不振，工作效率低下，甚至连市镇大钟上的时间都识别不出来。

对于这次紊乱的初次攻击，约翰生力图用暴走予以战胜。他经常步行到伯明翰又走回来。还试过别的一些手段，但统统无济于事。关于此事，他给我的说法是：“当时我不知道该怎么办才好。”他痛苦难耐，只好求助于他的教父，利奇菲尔德的斯温芬医生[②]，并把他用拉丁文写的一份病情材料交到他手中。斯温芬医生认为这篇文字体察敏锐、研究深入、表达流畅，真是不同凡响，极其佩服，出于对教子的一片热忱，他把这份材料让好几个人看过。他的女儿德穆兰夫人在伦敦约翰生博士家里受到多年仁慈的供养，她告诉我，他发现斯温芬医生把他的病情外传以后，极其生气，从此以后再也没有完全跟他冰释前嫌。确实，他生气完全在情理之中；因为尽管斯温芬医生的动机是好的，但他没有替别人着想，把一件兴味十足又高度敏感的事情泄漏出来，这原本就是托付给他的机密；他也暴露

---

① 帕拉代斯（John Paradise，1743—1795），语言学家；辉格党人；美利坚人的支持者；埃塞克斯角俱乐部的创建人之一；约翰生饭桌上的常客；约翰生长期生病期间最尽心尽力的朋友；至少精通八种语言，极具语言天赋。

② 斯温芬（Dr Samuel Swinfen，约1679—1736），医生；牛津大学语法讲师；约翰生的教父；政治家约翰·斯温芬的孙子。

了他的年轻朋友和病人的一种疾病，按照人类一般的肤浅看法，就会招致轻蔑和耻辱。

然而不让小人得知约翰生是个**疑病症患者**而幸灾乐祸则取决于学识渊博、通晓哲学而又虔诚的切恩[①]医生在“英国病”这一名目下医好了什么。他虽然因患此病而痛苦不堪，但并没有因此而一蹶不振。他伟大的精神力量也许遇到了一些麻烦，它们的全面发挥有时会暂停一会儿；但精神本身一直完整无损。要找证据，只要考虑考虑这样一种现象就足以说明问题：他在形势最险恶的时候，竟然写出了他自己的病情，他显示了一种非凡的魄力，不仅是想象和趣味上的，而且是判断上的。我觉得他自己动辄太爱把那种病叫作“疯狂”了；与这种观念相一致的是，他在他的《拉塞拉斯》的一
42 章[②]中细致入微地跟踪这种病情的逐渐变化。然而，一种紊乱只影
1729年 响想象与精神，而判断力是健全的，一种紊乱则是判断力本身受到损害，二者之间肯定有明显差别。这种差别是奥伦治王子的医生、莱登已故的高比乌斯教授若干年前和我的一次谈话中给我阐明的，他是这样阐述的：“如果（他说）一个人告诉我他被搞得心乱如麻，为此他*想象着*他看见一个歹徒抽出一把剑向他扑过来，尽管与此同时他*心里明白*这是一种妄想，我断言他这是胡思乱想；然而如果一个人告诉我他*看见了*这种情况，惊恐之余，他还叫我也来看，我断定他是*疯了*。”

精神萎靡或者忧郁的一个共通效应就是使得了这种症状的人想象他们确实遭到了最厉害地呈现在他们心头的那些灾殃。有些人想象自己的肢体丧失了功能，有的人想象自己因为得了急病而在吃苦头，还有些人想象自己极度虚弱；其实，当时这些臆测完全是子虚乌有；所以这种迷雾被驱散以后，他们便认识到了这种妄想。对约

① 切恩（George Cheyne，1671—1743），医生；皇家学会会员（1702）；《论健康与长寿》（1724）、《论养生》（1740）和专论忧郁的《英国病》（1733）的作者。

② 第44章：“想象的危险盛行”。

翰生而言，他的最高享受就是运用他的理性，对这种才能的干扰或遮掩就是最可怕的灾殃。因此，精神错乱就是他最忧心忡忡的事情；每当他证明自己判断不是一般的可靠和强健的时候，他总想象自己遭到它的控制，或者正在向它靠近。他自己病态的想象竟把他欺骗到这种程度，这真是不可思议；然而更加不可思议的是他的一些朋友在他们有确凿无疑的证据证明那是十足的谬论的时候，竟然还相信他毫无根据的看法；尽管那些一心想贬低他的人在他死后抓住了这种表现，并极不公正地大肆强调，毫不令人感到惊讶。

有种病很少人被它全面侵染，很多人却多少经历过一点，尽管受到这种疾病的压迫和分心，约翰生在他的作品中，在他的谈话中，却总是展示了他多种多样的高超智力。在他从这个世界向另一个更好的世界的挺进中，他的思想仍然显得壮丽辉煌，给他周围的人留下了维吉尔高尚情感的真实印象——

Igneus est ollis vigor et cœlestis origo.①

他与宗教相关的思想史是一个重大课题。我已经提到他母亲在他柔嫩的想象上留下的早期印象。她锲而不舍地继续着她的宗教关怀，勤奋有余，但在他看来，判断不足。“小时候（他说）星期天对我来说是个沉重的日子。这一天我母亲把我关在家里，让我读《人的全部责任》②，可我从大部分书里得不到什么教益。比方说，当我读完论偷窃的那一章后，我跟先前一样相信偷窃是错误的，并没有什么长进，因为从幼年起，我接受的教育就认为偷窃是错误的；所以并没有增进知识。应当把孩子的注意力引向文章的结构、风格和 43
其他一些优点上，读这样一些书；能让思想被各种有趣的东西吸引， 1729 年

① “这些种子有一种烈火般的生命力，并有一种神圣的起源。”——维吉尔，《埃涅阿斯纪》，第6卷，第730行。

② 理查德·阿莱斯特里著，是一本讲实用道德和宗教的极其流行的作品，出版后一个多世纪里重印过很多次。

不至于疲惫。”

关于他的宗教进展问题，他给我传达过下面一些具体情况。“九岁那年，我对宗教变得漫不经心，甚至对它态度冷漠。我们在利奇菲尔德教堂有一个座位，但教堂需要修缮，我便在另外的教堂找到了一个位子；我眼睛不好，干这种事心里别扭，因此星期天常常跑到野外去读书。这个习惯一直持续到十四岁；现在我还是很不情愿去教堂。后来，我对宗教虽然嘴上说三道四，但在思想上并没有多少抵触情绪；这种情况一直持续到我上了牛津，在那里这种表现是不能容忍的。在牛津的时候，我拿起劳①的《严正号召过一种虔诚圣洁的生活》，本想会发现它是一本枯燥无趣的书（这类书一般都是如此），不定还可以嘲弄一番。然而我发现劳却是我的一个强劲对手；这是我第一次认真思考宗教问题，因为我已经有能力做理性的探究了。”[a] 从这时候起，宗教就成为他的思想的首要课题；尽管怀着一个

---

① 劳（Willam Law，1686—1761），敬业的作家和拒绝宣誓效忠威廉和玛丽的英国国教会牧师；《实论基督教徒的完善》（1726）和《严正号召过一种虔诚圣洁的生活》（1729）的作者；思想主要受益于伯麦；汲取神秘主义思想，使他受到加尔文派的怀疑，并与约翰·卫斯理和约翰生之类的人对立。

a　皮奥齐夫人关于约翰生博士信仰我们最神圣的宗教的由来有过一段古怪离奇的记述。“十岁的时候他的思想由于担心无宗教信仰而惴惴不安，这种情况使他的精神倍受折磨，也使他寝食难安，他又不能把自己的不安透漏给任何人，所以情况更加严重，因为他天生（如他所说）脾气乖戾，性情矜持。然而他孜孜不倦地搜寻启示真理的证据，却无果而终；最后，他想起了他曾经在父亲的店铺里看见的〔我估计是五岁的时候〕一本书，书名是 *De veritate Religionis*[1]，便开始认为自己由于忽略了那样的信息资料而罪责深重，于是便因这一罪行而进行严厉的自责，还增加了许多自愿的、不为人知的赎罪苦行。当然，一旦机会到来，他就如饥似渴地抓起那本书研读；然而，试读过后，发现自己的学识不足，对它的内容吃不透，这才安不下心来；由于没有想到去打听一下是否有就这个主题写成的什么英文著作，他便遵循他通常的乐趣，并认为给他的良心减轻了一种罪行。他加倍勤奋地学习那种包含了他最希望得到的信息的语言；然而从罪过〔即把他不懂的部分略去不读〕给他造成的痛苦中，他现在开始推断灵魂的永生〔今生的一种痛苦感觉是来世存在的一种确凿无疑的证据〕，这就是信仰初次驻足的地点；而从决心当一名基督徒的那一刻起，他就成为我国迄今产生的最热情、最虔诚的（转下页）

认真的基督徒的真正情感，他悲叹他对其职责的行使远远没有达到应尽的标准。

约翰生头一回在一次意外事件触动下愿意忧心忡忡地思考对永恒的重大关切，思考“我应当怎样行才可得救”，① 像这样的一种思想实例的产生也许永远与已经投到很多基督徒肯定经历过的那些偶然印象上的表面的、有时是亵渎的轻蔑相对立；尽管必须承认：假定没有感到一种特定皈依的人，天恩是不会眷顾的，如果从这一错误假定出发，柔弱的思想在某些情况下已经给自己带来了一定程度的嘲弄；一种将其普遍运用就会显得轻率或不公的嘲弄。 44 1729年

一种宗教意识是怎样严肃地压印在约翰生的心头，甚至在他血气方刚的时候，这从下面一段他用日记形式保存下来的备忘录里可见一斑：1736年9月7日。今天我已经二十八岁了。“上帝啊，看在**耶稣基督**的面上，愿您使我能以这样的方式度过这一天，那就是，在死亡之时，在最后审判之日，我可以从这一天得到安慰！阿门！”

在牛津的时候，在放假回家期间，他读书的具体情况已无踪迹可寻。关于他杂乱的学习方式已经讲过不少。他告诉我，他从早年就喜欢读诗，但难得把一首诗读完；还告诉我，他读莎士比亚时年纪很小，一个人的时候，《哈姆雷特》里鬼魂的话都叫他心惊肉跳；还说，贺拉斯的《颂歌集》是他从中最能得到乐趣的作品，很久以

（接上页）基督徒之一。”《轶事》，第17页。

这是这位笔下生花的女士诸多失实的陈述中一个值得纠正的例子；因为，如果人们相信关于约翰生博士信仰基督教的根据的那种幼稚的、非理性的、荒唐可笑的说法，应有的可信度是何其稀少。皮奥齐夫人似乎希望世界应当认为约翰生博士也受了那种随便逻辑，Stet pro ratione voluntas[2]，的影响。

1 《论宗教真理》；有三本书书名相同，但作者不同，他们分别是雨果·格劳秀斯（莱登，1672），菲利普·范·林博尔希（豪达，1687）和菲利普·杜·普莱西·莫尔奈（安特卫普，1583）。

2 “让我的渴望成为足够的理性”——尤维纳利斯，《讽刺诗》，第6首，第223行。

① 参比《圣经·新约·使徒行传》，第16章，第30节。

后他才喜欢上他的《书札》和《讽刺诗》。他告诉我，在牛津时他扎扎实实阅读的是希腊文；不是希腊的历史学家，而是荷马和欧里庇得斯，还时不时地读一点《警句》；他最爱钻研的是《形而上学》，但即便用那种方式，他并没有读多少。我总认为他谈自己的阅读情况时律己过严，还认为他一定在说有可能的读书破万卷的情况，说的是整个文学史上极少数学者达到的水平；因为有一次我问他某个人（他的名字我现在忘了）是否学习刻苦时，他回答道："不，先生，我不认为他学习刻苦。我从来都不认识一个学习刻苦的人。真的，我从效果上推断有些人学习是刻苦的，如本特利[①]和克拉克[②]。"如果用他评判别人的那个标准来考验他，从他的写作和他的谈话中我们可以绝对肯定：他的阅读范围极广。在这个问题上，很少有比亚当·斯密[③]博士更好的裁判了，有一次他告诉我："约翰生读过的书比当代任何人都多。"他有一种特异功能，能够一下子抓住书中的要点，而不用劳神费力逐字逐句从头细读到尾。他由于性情急躁、无论读书还是写作，什么时候他都是急不可耐。出于新奇的某种担心，使他把大学里的第一篇作业写了两遍；他再也没有在别的任何文章上费过那种周折；我们将会看到他的一些最优秀的作品都是倚

---

① 本特利（Richard Bentley，1662—1742），语言学家、古典学者；剑桥大学三一学院院长；坚定的汉诺威王室支持者；编注《失乐园》，等于用页边上的800多条校勘加以重写；在《论法拉里斯的书札》（1697）里，根据语文学论证这些书信不是它们声称的作者写的；A.E.豪斯曼说他是"英国乃至欧洲出过的最伟大的学者"。

② 克拉克（Dr Samuel Clarke，1675—1729），神学家兼哲学家；加尔文派和热衷于仪式的高教会派的反对者；圣詹姆斯、威斯敏斯特教区长（1709）；发表玻意耳演讲（1704—1705）；在《三位一体的圣经教义》（1712）中怀疑基督的绝对神性；牛顿学说的信奉者；发表与莱布尼茨的通信（1717）。

③ 亚当·斯密（Adam Smith，1723—1790），道德哲学家、政治经济学家；休姆亲密的学术盟友；苏格兰启蒙运动的主将；格拉斯哥大学逻辑学教授（1751—1764）；《道德情操论》（1759）和《国富论》（1776）的作者；格拉斯哥大学校长（1278）；爱丁堡海关关长（1778）。

马千言，一气呵成的。[a]

然而，从我手中的他早期的笔记或备忘录来看，他似乎在各个 45
不同的时段尝试过，或者至少计划过一种有条不紊的学习进程，根 1729年
据计算，他终生都对此非常喜爱，因为他把他的注意力稳稳地固定在某种外在的事情上，防止他的心自己折磨自己。所以我发现他亲笔在一些书上写的行数，这些书有欧里庇得斯的两部悲剧，维吉尔的《农事诗》，《埃涅阿斯纪》的前六卷，贺拉斯的《诗艺》，奥维德的《变形记》三卷，忒奥克里托斯[①]的某些部分，尤维纳利斯《讽刺诗》第十首；还列了一张表，显示按照一天的不同数目（我想是要读的诗行），一周，一月，一年分别要达到的总量。

再没有比约翰生更热爱文学，尊崇文学的人了。在彭布鲁克学院，他的宿舍在楼门顶上的三楼上。热爱学问的人将会永远怀着敬意对它遐想。有一天，他一个人坐在室内，当时的院长，他称之为“一位好詹姆斯二世伙计”的潘廷博士听见他语气坚定地自言自语：“哎，我想看看其他学术胜地的情况。我要去看看国外的大学。我要到法国和意大利去。我要到帕多瓦[②]去。——我会敬业的。因为雅典的呆瓜是最呆的呆瓜。”[b]

---

a 〔他告诉伯尔尼博士，在他刊印过的作品中没有一篇是写过两遍的。伯尔尼博士看到他的《诗人传》的好几页手稿几乎没有一点涂抹，大为惊异，便从他口里引出了这种说法。〕

① 忒奥克里托斯（Theocritus，活跃在公元前270年左右），古希腊田园诗人。

② 意大利东北部一大城市。

b 我从亚当斯博士那里听到了这件轶事，约翰生博士予以确认。布拉姆斯顿[1]在他的《情趣男人》中有同样的思想：

无疑，在一切呆瓜中，学者最呆。[2]

1 布拉姆斯顿（James Bramston，约1694—1744），诗人，圣公会牧师；蒲柏在《群愚史诗》中予以称赞；《政治的艺术》（1729）和《情趣男人》（1733）的作者。

2 〈约翰生的意思是一名学者成了一个呆瓜，一定是所有呆瓜中最呆的，因他没有道理。而布拉姆斯顿用一个无知的花花公子这样的虚构人物宣称，一切学者都是呆瓜，因为他们念书念成了书呆子。——鲍斯威尔〉

亚当斯博士告诉我，在彭布鲁克学院期间，约翰生“受到周围所有的人宠爱，是个快乐好玩的小伙，在那里度过了他一生最快乐的时光”。然而这是一个表象谬误的显著证据，我们对那些司空见惯的人的真正的内心状态了解得多么少；因为实际情况是，他当时经济竭蹶，意气很消沉，脾气极暴躁。我向他提及亚当斯博士给我的这段描述时，他说：“啊，先生，我当时狂暴极了。我一肚子苦水，他们却认为好玩。我穷得丁当响，便想用文学和才智打开出路；所以我对一切势力，一切权威都不放在眼里。”

德罗莫尔主教在给我的一封信里说道：

“人们常常提到他以惹恼老师和研究人员为乐。然而我却听见他说过，应当把给该学院可敬的现任院长、神学博士威廉·亚当斯牧师大人增光的事记载下来，亚当斯当时非常年轻，是资历较浅的研究人员之一；他还说这位德操使他敬畏、学问令他敬仰的贵人的温和而又英明的劝诫使他真的感到自惭形秽，‘尽管我怕（他说）我太自负不敢承认’。

“我从他的一些同龄人那里听说，人们通常看见他身子歪在学院
46 门上，围了一圈青年学生，他在用自己的戏谑妙语逗他们开心，使
1729年 他们荒废了学业，如果不是煽动他们违犯院规的话，年龄渐长之后
他可是大力颂扬院规的。”

他很早就开始尝试用记生活日记的办法写笔记或备忘录。我在一包散页中发现了下列斩钉截铁地对抗自己的惰性的文字：

“1729 年 10 月。Desidiœ valedixi；syrenis istius cantibus surdam post-hac aurem obversurus——我告别了懒散，从此决心不听她那些诱人的歌。”我手里还有一个几页厚的小本子，题名为“史记”，里面有一些用拉丁文记录的他早年的历史细节。

我没有发现他跟他的大学同学形成过什么亲密无间的关系。然而亚当斯博士告诉我，他对彭布鲁克学院结下了一种关爱之缘，他把这种关爱一直延续到最后。临终前不久，他把所有的作品赠送给了学院，存放在他们的图书馆里；他还想着把他利奇菲尔德的房子赠送给学院；但他周围的朋友适当地予以劝阻，他便把它遗赠给几家穷亲

戚。他以夸耀在彭布鲁克受过教育的很多杰出人物为乐。在这个名单里可以找到诗歌教授霍金斯①先生，申斯通②先生，威廉·布莱克斯通③爵士等人的名字[a]；没有忘记人望很高的传道士乔治·怀特菲尔德④先生，尽管约翰生博士对他评价不高，但必须承认他的口才令人折服，他的观点虔敬仁爱，他的勤奋简直难以置信；去世以后，他完整的人格才受到完全的维护。约翰生自己就是一名诗人，所以特别高兴提及彭布鲁克的子弟们有多少都是诗人；同时脸上浮现出一抹俏皮得意的微笑，补充一句："先生，我们是一窝唱歌的鸟儿。"

然而，他并不是对他认为的学院的缺点视而不见；泰勒博士给我提供了一个极典型的事例，说明了他恪守不渝、说一不二的诚实。为了跟自己的小学同学约翰生在一起，泰勒征得父亲同意要进彭布鲁克，约翰生虽然比他大几岁，但他们关系极其亲密。对约翰生而言，这本来是一大欣慰。但他向泰勒坦言，他确实不忍心让朋友到他明知他不会有一位有能力的导师的地方去。于是他在学校四处打听，最后发现基督堂学院的贝特曼是名望最高的导师，便让泰勒进了该院。贝特曼先生的课讲得精彩极了，所以约翰生经常来从泰勒

---

① 霍金斯（Revd William Hawkins，1722—1801），作家、圣公会牧师；牛津大学彭布鲁克学院诗歌教授（1751—1756）；最早的班普顿讲师之一；多产的布道文作者；诗《顶针》（1743）和剧《亨利二世》（1749）、《围攻阿勒颇》（1758）的作者，后者成为与加里克交恶的起因。

② 申斯通（William Shenstone，1714—1763），作家；牛津大学彭布鲁克学院校友；《女教师》（1742）的作者；诗人詹姆斯·汤姆逊和理查德·格雷夫斯的朋友；《绅士杂志》的撰稿人；诗作日渐具有隐逸和忧郁情调；受到约翰生、黑兹利特和彭斯的推崇。

③ 威廉·布莱克斯通（Sir William Blackstone，1723—1780），法律作家、法官和托利党人；把英国法律确定为牛津的一门学科；《英国法律评注》的作者，到1854年该书在英格兰和爱尔兰连续印行了22版。

a 见纳什《伍斯特郡史》，卷一，第529页。

④ 乔治·怀特菲尔德（George Whitefield，1714—1770），加尔文派循道宗领袖；与卫斯理关于预定论问题发生冲突，怀疑他的同道循道宗的"自由宽恕"；从新英格兰到佐治亚布道（1739—1741）并激励"大觉醒"运动；亨廷顿女伯爵的牧师；谴责一切形式的公共娱乐；一生毁誉参半。

那里获取二手资料，后来他穷到捉襟见肘的程度，鞋子穿破了，脚指头都露了出来，他看出基督堂的学生们发现了这副窘相，面子上挂不住，便再不来了。他过于高傲，不肯接受钱财，有人[1]在他的
47 门口放了一双新鞋，他顿时恼羞成怒，把鞋扔了出去。读了塞缪
1732年 尔·约翰生的这类轶事后，我们怎能不感慨万端！

他断然拒绝捐赠的鞋子，无疑是出于一种合理的自尊。然而，考虑到他在《默想录》中所承认的那种有时会出现的禁欲主义倾向以及有些人谈及他性格中的一些怪癖时惯用的夸张，我听到把这种拒绝归因于一种迷信苦行的原则并不诧异；如同图尔塞利努斯[2]在他的《圣伊格纳修·罗耀拉传》中告诉我们的那样，这位无畏的耶稣会创建人坚持穿着一双破得一塌糊涂的鞋穿越东方沙漠，完成了艰苦的漫游朝圣以后到达果阿，当人们给他一双新鞋时，他认为那是一种不适当的放纵，予以拒绝。

Res angusta domi[3]使他不能有一种完整的学术教育的优势。他赖以资助自己的那位朋友骗了他。他在学院里的债务，虽然不大，却日渐增加；从利奇菲尔德寄给他的一点点汇款，一直就是想方设法抠搜出来的，这时再也无法提供了，因为他父亲已经陷入了破产的境地。因此迫不得已，他于1731年秋天离开学院，没有学位，因为只勉勉强强念了三年。

彭布鲁克学院受人敬重的院长亚当斯博士，一般享有约翰生的导师的盛誉。实际情况却是，1731年乔丹先生离开了学院，他的学生都被转给亚当斯博士；因此，如果约翰生回来，亚当斯博士将是他的导师。人们希望会发生这种关系。他平和的脾气、温和的性情，彬彬有礼的态度，也许会不知不觉地软化约翰生的生硬，把那些更加体贴入微的博爱，那些petites morales[4]注入他的心田，必须承认，

① 也许是威廉·维斯。

② 图尔塞利努斯（Horatius Tursellinus，1545—1599），意大利历史学家。

③ “家庭的财务限制”——尤维纳利斯《讽刺诗》，第3首，第164行。

④ 琐细的道德规范。

Pembroke College

我们这位伟大的道德家在这方面的缺欠，即便他最好的朋友也难以给出充分的辩解。亚当斯博士给了约翰生高度的赞扬。1776 年他在牛津对我说：“我是他名义上的导师；但他水平比我高。”我把这话重复给约翰生时，他的眼睛闪现出欣慰的光芒，他惊叹：“那是大度和高尚。”

这时候（我简直可以说可怜的）塞缪尔·约翰生返回故里，囊空如洗，不知道如何谋求一种体面的生计。他父亲在生意场上背晦倒运，没法供养自己的儿子；有一段时期似乎都没办法养活自己了。当年的十二月，他父亲去世了。

他去世时的穷困状况从翌年约翰生的一则日记中透露出来，它也强烈展示了他的精神和高风亮节。

“1732, Julii 15. Undecim aureos deposui, quo die quicquid ante matris funus（quod serum sit precor）de paternis bonis sperari, licet, viginti scilicet libras accepi. Usque adeo mihi fortuna fingenda est. Interea, ne paupertate vires animi languescant, nec in flagitia egestas abigat, cavendum.——今天把 11 几尼[①]存了起来，因为收到 20 英
48 镑，这是我有理由在我母亲去世——我祈求**上帝**让这件事变得遥远
1732 年 无期——之前从我父亲财产里希望得到的全部，因此我现在看明白我必须自己挣钱了。同时，让我当心我的精神力量不要被贫困削弱，不要让贫穷逼迫我采取任何犯罪行动。”

约翰生在某种程度上还是幸运的，因为他父母可敬的人格，他自己的优点，从早年开始，就受到利奇菲尔德显要家族的亲切接待。其中我能够提及的有霍华德先生、斯温芬博士、辛普森先生、莱韦特先生、英国舞台大腕的父亲加里克上尉；然而，最重要的是利奇菲尔德遗嘱验证法院的检验官吉尔伯特·沃姆斯利先生[a]，他的人格，

① 〔几尼，1663年英国发行的一种金币，等于21先令，一英镑等于二十先令。〕

a 沃顿先生告诉我：“约翰生的这位早期朋友1698年十七岁时进入牛津大学三一学院，成为一名自费生，他是《绅士杂志》（第15卷102期）上很多拉丁文诗的翻译者。其中一首译文是 （转下页）

在他逝世很久以后，约翰生博士在他的《埃德蒙·史密斯[①]传》用感激的绚烂彩笔做了如下描绘：

“吉尔伯特·沃姆斯利这样呈现在我的心头，让我沉溺在回忆之中。我很早就认识他；他是文学带给我的第一批朋友之一，我希望，至少我的感激之情使我值得他的注意。

“他已经上了年纪，而我才刚刚步入青年，但他从来没有以轻蔑的态度接纳我的观念。他是个辉格党人，具有他的政党的一切狠毒和恶意；然而见解的不同并没有把我们拆开。我敬仰他，他容忍我。

“他混迹于花花世界，难免沾染它的恶行或愚蠢；但却从来没有忽视过修身养性。他对启示的信仰是不可动摇的；他的学问保全了他的原则；他首先变规矩，然后变虔诚。

“他博古通今，我说不出还有谁能跟他一样饱学多才。他对书做到了融会贯通，有些东西他没有直接的了解，但至少能说出在哪里能找得到。他的学问是那样深，他的见闻是那么广，以至于令人怀疑：现在有没有一天过去，我没有从他的友谊中得到某种教益。

“在此人的餐桌旁，我享受了很多喜气洋洋、充满启迪的时光。在座的是那种不常见的人物——一个能使人延年益寿，一个能使人生活快乐奔放；有詹姆斯[②]医生作陪，他高明的医术将会被人永志

（接上页）

‘诸位缪斯啊，我的时光过得快活’，等[1]。”

他于1751年8月3日去世，在利奇菲尔德大教堂为他树立了一座纪念碑，碑文是受俸牧师之一苏厄德写的。

1 约翰·拜罗姆（John Byrom，1692—1763）的《田园诗一首》的开头一行。

① 埃德蒙·史密斯（Edmund Smith，1672—1710），诗人兼剧作家，以悲剧《菲德拉与希波吕托斯》（1707）最著名；与艾迪生和他的辉格党圈子过从甚密；约翰生在他的史密斯传中尊崇他是纯粹通过“非凡的才能”而不大费力地赢得盛名的诗人。

② 詹姆斯（Dr Robert James，1705—1776），医生，詹姆斯退热散的发明人；约翰生在利奇菲尔德文法学校的同学，终生不渝的朋友；医师学院开业证书领有者（1745）；《医学辞典，附药物史》（1743）和《论痛风和风湿病》（1745）的作者；哥尔德斯密斯服用詹姆斯退热散后去世使他信誉扫地。

不忘；与大卫·加里克[1]为伴，我希望他对我们共同的朋友的这种性格非常欣赏。然而人的希望是什么呀！我被死亡的那次打击搞绝
49 望了。它使各国的欢乐黯然失色，使无害欢愉的公共贮存枯竭。”

1732 年 他早年在这些人家里度过了不少时光。在大多数人家里，都有女眷作陪，尤其在沃姆斯利家，他的姓阿斯顿的夫人和几个小姨子，一位从男爵的几个女儿，都以良好的教养著称；有种广为流传并被有些人相信的观点，认为直到晚年，他从未跟优秀人物交往，结果积习难改，固定了粗暴的举止，由此看来，这是完全站不住脚的。有些女士向我保证，她们对他年轻时的样子记忆犹新，他以殷勤著称。

这种彬彬有礼也不仅仅是偶然、暂时的表现，或者仅限于利奇菲尔德的一些小圈子里，这种观点得到一位女士的证实，我有幸得到约翰生的密友兼医生劳伦斯[2]医生的一个女儿给我的一份文稿，那位女士多年以后在该文稿里是这样描述约翰生博士的：

“由于约翰生博士前半生的具体情况人们似乎不甚明了。一位女士希望下列信息也许不是不能接受的。

“她记得约翰生博士有次在阿什伯恩去看望泰勒博士，时间在1737 年底和 1740 年年中之间的某个时候；她倒认为那是他和他妻子搬到伦敦以后的事情。在阿什伯恩逗留期间，他经常去看望布拉德利的梅内尔[3]先生，跟他在一起是家里的女眷们求之不得的事情，也许就优雅和才情而言，她们并不比他日后结识的一些女士中的什

---

① 加里克（David Garrick，1717—1779），演员兼剧作家；约翰生的发小，朱瑞巷剧院的共同专利权所有人（从1747年起）；与乔治·科尔曼合作《秘密婚姻》（1766）；与包括伯克和雷诺兹在内的不同类型的人交友；文学俱乐部成员（1773）；比其他任何演员更大地改变了全国的表演风格；主持授予莎士比亚民族诗人的称号。

② 劳伦斯（Dr Thomas Lawrence，1711—1783）医生；皇家医师学院研究员（1744）、院长（1767，连选连任七年）；约翰生的朋友和医生；《论肌肉的性质》（1759）的作者；写过一部哈维的传记（1766）。

③ 梅内尔（Hugo Meynell，1727—1808），猎狐者。

么人逊色。梅内尔先生的长女后来嫁给了菲茨赫伯特先生，即后来出任俄国宫廷公使的阿莱恩·菲茨赫伯特[1]先生的父亲。关于她，约翰生博士在劳伦斯博士的书房里说，她的理解力在他遇见过的任何人中间都是最强的。在梅内尔家，他也开始了与当今的布鲁克·布思比爵士的妹妹希尔·布思比夫人[2]的友谊，这种友谊一直延续到她去世。他经常唤作莫莉·阿斯顿的那位少妇[a]是托马斯·阿斯顿爵士的妹妹，一位准男爵的女儿；她也是他的朋友吉尔伯特·沃姆斯利先生的妻妹[b]。上面提到的一些人无疑都是些地位高、教养好的人士，除了与她们关系密切外，在利奇菲尔德的时候，他还是斯温芬医生家的常客。斯温芬医生是一位绅士，出身于斯塔福德郡一个非常古老的家族，他哥哥去世以后，他继承了家里的一大笔财产。此外，他是一名医生，求诊的病人极多；但由于对家庭事务疏于管理，使一个很大的家庭陷于贫困之中。他的一个女儿，德穆兰夫人，后来在她的一位老朋友家 50
里避难，这家的门对不幸者永远敞开。这位朋友严格遵守福音书上的 1732年
训诲，因为他‘恩待那些忘恩的和作恶的’。[3]”

处在孤苦伶仃的境地，他接受了在莱斯特郡的博斯沃思市场学校当助理教员的差事，从他7月16日一篇日记的片言只语来看，他

① 阿莱恩·菲茨赫伯特（Alleyne Fitzherbert，1753—1839），外交家；父母都是约翰生的好友；常驻布鲁塞尔公使（1777—1781）；美国独立战争结束时谈判和平协定的全权公使（1782）；驻圣彼得堡叶卡捷琳娜宫廷的外交官（1783—1787）；爱尔兰首席秘书（1787—1789）；驻海牙大使（1789—1790）；驻马德里谈判代表（1790—1794）；驻圣彼得堡大使（1801—1803）；英王侍臣（1803—1820；1820—1830）。

② 希尔·布思比夫人（Mrs Hill Boothby，1708—1756），约翰生的朋友，她去世以后，他"几乎悲痛欲绝"；可能是1753年约翰生再婚的目标。

a 约翰·霍金斯爵士的话，第316页。

b 准男爵托马斯·阿斯顿爵士于1724或1725年1月去世，留下一子，也叫托马斯，八女。八个女儿中，凯瑟琳嫁给约翰生的朋友亨利·赫维阁下；玛格丽特，嫁给沃姆斯利。另一位嫁给了加斯特里尔牧师；玛丽，通常又称莫莉·阿斯顿，成了海军上校布罗迪的妻子。

③ 见《圣经·新约·路加福音》第6章，第35节。

是走着去的。——“Julii 16. Bosvortiam pedes petii.”[①] 但说他是著名的安东尼·布莱克沃尔[②] 的助手是不属实的，因为记述有误。布莱克沃尔的功绩得到他的学生赫德主教[a] 的表彰；因为布莱克沃尔于1730 年 4 月 8 日去世[b]，比约翰生离开大学早了一年多。

这份差事在各个方面都令他反感，他在给朋友赫克托先生的信上叫苦不迭，赫克托这时定居在伯明翰当外科医生。那些信件已经佚失；但赫克托先生回忆说：“诗人描写那千篇一律的苦闷生活时用了这么几个字，‘Vitam continet una dies’（一日等于终生）；生活像杜鹃的叫声一样一成不变；他不知道他教文法规则还是孩子们学文法规则更令他不快。”他对这种单调枯燥的苦活本来就有的全面反感，后来又因与学校赞助人沃尔斯坦·迪克西爵士之间产生不和而大大强化了，我在这位赞助人的家里得知，他充当了一种家庭牧师的角色，至少做做饭前或饭后的感恩祷告，但受到他所谓的难以忍受的粗鲁对待；于是把那种错综复杂的苦头吃了几个月后[c]，他决然放弃了一种他日后一想起就深恶痛绝、甚至有一定程度恐惧的苦差。然而，很有可能，这一时段，不管他吞下了什么样的苦果，他却学以致用，为他将来的出人头地打下了基础。

现在又彻底赋闲了，赫克托先生便邀请他到伯明翰来做客，先在华伦先生家里跟他住了一个阶段，因为赫克托先生就在那里租房

---

① “7 月 16 日。我走到博斯沃思去。”

② 安东尼·布莱克沃尔（Anthony Blackwall，1647—1730），古典文学学者和教师；出版1706年版的泰奥格尼斯诗集；《古典文学引论》（1718）和《新拉丁文文法》（1728）的作者，约翰生对这两种著作持批评态度。

a 〈这里有点儿（这是鲍斯威尔先生告诉我的）偏差，赫德主教在他就贺拉斯的《诗艺》评注前附的题献书札赞扬的不是布莱克沃尔，而是斯塔福德郡布鲁伍德文法学校校长巴德沃思牧师，巴德沃思本人受过布莱克沃尔的栽培。从约翰·尼科尔斯先生提供的信息看，据说约翰生在1736年向巴德沃思先生申请要在斯塔福德郡他的学校里当一名助理。——M.〉

b 见《绅士杂志》1784年12月号第957页。

c 〔从约翰生1732年7月27日在利奇菲尔德写给一位朋友的信上看，他在写那封信之前就离开了沃尔斯坦·迪克西爵士。他当时希望继任阿什伯恩学校的校长或校长助理。〕

搭伙。华伦先生是伯明翰的第一位书商，对约翰生非常关照，他很快发现约翰生的文学知识对他的生意会大有用处；他甚至得到了约翰生的笔杆子的帮助，弄了一篇报刊文章，分数期登在报纸上，华伦就是该报的老板。我不辞辛苦四处搜寻，还是无法找到约翰生日后借以大出风头那种写作模式的早期样本。

他作为赫克托先生的客人，连续住了六个来月，然后在该城的 51
另一个地方租了一个住处，[1] 发现自己可以在伯明翰随遇而安，他认 1733年
为在哪里何尝不是这样，尽管没有确定的人生计划，生计也异常艰难。在那里他结识了一些重要人物，其中有绸布商人波特先生，约翰生后来娶了他的遗孀，还有泰勒先生，他心灵手巧，善搞机械发明，生意又做得风生水起，因此财运亨通。然而伴随他的老同学和好朋友赫克托先生的惬意，却是约翰生在这里继续待下去的主要诱因。

这一时段，他以什么方式运用他的笔杆子，或者他是否从中得到什么经济收益，我一直无法确定。他也许从华伦先生那里弄到了一点钱；我们可以肯定：他在这里做了一件文学工作，对此，赫克托先生将一段详细的描述惠赐予我。约翰生提到他在彭布鲁克读过一本《阿比西尼亚游记》，作者名叫洛博，是一名葡萄牙耶稣会会士，还提到他认为将它从法文译成英文出个缩编本，说不定既有用，又赚钱，华伦先生和赫克托先生合力怂恿他着手做这件事情。他同意了；可是在伯明翰找不到这本书，于是他从彭布鲁克学院借了一本。部分工作很快就完成了，一个姓奥斯本的人，是华伦先生的印刷工，被指定做已经准备就绪的工作，约翰生保证提供印刷所需的稿子；然而他的懒散习气很快又抬头了，工作停顿下来。赫克托先生知道人道动机对他的朋友来说是最有力的理由，于是去找约翰生晓之以理，动之以情，说这名印刷工不完成这项任务，就没有别的事可干，还说这个可怜人和他的一家人都在受苦。听了

① 〈约翰·霍金斯爵士根据约翰生的一则日记表明：1733年6月，约翰生寄居在伯明翰的一个名叫贾维斯（Javis）的人家里，此人很可能是后来跟约翰生结了婚的波特夫人的一个亲戚。——M.〉

这话，约翰生动起了脑筋，不过身体仍然疲沓。他躺在床上，把这本四开本的书举在眼前口授译文，赫克托手写笔记。赫克托先生拿着稿子前去付印，几乎校改了全部校样，约翰生几乎看都不看一眼。就这样，依靠赫克托先生积极友好的协助，书完成了，并于1735年出版。书名页上赫然印着“伦敦”，其实是在伯明翰印的，这是外地出版商的通用伎俩。因为翻译这部作品，他从华伦先生手里总共拿了五个几尼。

这是约翰生的第一部散文作品，在这里面可以发现多少他的后续作品所具有的独特优异；并将气势、活泼、明晰结合得浑然一体的那种风格，这是一个奇妙的探究目标。我怀着这一目的仔细研读过这本书，并且发现，在这里，我相信跟其他每一种译作中一样，作品本身没有译者自己文风的痕迹；因为译文的语言要适应另一个人的思想，不知不觉地顺应着那些思想模式，灌进一个已经准备好的模型。

就拿该书第四页开头的第一个句子为例。

52 “我在这里生活了一年有余，完成了我的神学研究；在此期间，从
1733年 埃塞俄比亚的神父们那里收到一些书信，上面记述阿比西尼亚皇帝塞格内德苏丹皈依了罗马教会；他的很多臣民学习他的榜样，所以亟须传教士们进一步利用这些良好的开端。人人渴望支援我们的神父们的热忱，渴望给他们所需要的帮助；更鼓励我们这么做，因为皇帝的手谕告知我们的大主教，我们可以经由丹卡拉随便进入他的国土；可是不幸的是，秘书把盖拉写成了丹卡拉，结果搭上了我们两位神父的性命。”

凡熟悉约翰生文风的人都会觉得这里头没有它的影子，这个句子其他任何人都写得出来。

然而，在“前言”里，约翰生的文体开始显露出来；虽然应用还没有给他的翅膀教会一种永久、平衡的飞翔，但有些部分却以全部的活力展示出他最好的风格。我曾经有幸与埃德蒙·伯克①先生

① 伯克（Edmund Burke，1729—1797），政治家、演说家、美学家；罗金厄姆派辉格党人的思想领袖，强烈谴责英国对美洲殖民地的政策；控告沃伦·黑斯廷斯的主谋之一；文学俱乐部成员，被约翰生看作一个可怕的交谈对手。

一起切磋琢磨，他以他高超的批评眼光使我更加坚定了这种看法，我记得他对下面的样板十分欣赏：

“这位葡萄牙旅行家，一反他的同胞的通病，不用罗曼蒂克的荒诞或难以置信的虚构来逗乐他的读者；他讲的内容，无论真假，至少是可能存在的；由于他没有讲超越可能范围的东西，所以有权要求，谁无法批驳他，谁就应该相信他。

“借助谦虚而没有矫饰的叙述，他似乎按他的亲眼所见描写事物，以写生的方式摹写自然，靠请教感官，而不是想象。他没有遇见一瞪眼就置人于死地的蛇怪，他的鳄鱼吞噬猎物时并不掉眼泪，他的瀑布从岩石上倾泻而下，并未震聋邻近居民的耳朵。

“读者在这里不会发现不可改造的不毛之地，也找不到得天独厚的膏腴之国；没有永久的阴霾，也没有不断的阳光；这里的民众没有被描绘成毫无人性可言，也没有被说成全都是个人或社会美德的典范。这里没有既无宗教体制又无清晰语言的霍屯督人；也没有礼数完善、百科皆通的中国人；他会发现一个勤奋、公正的探求者总会发现的东西，那就是，凡是发现人性存在的地方，就有善与恶的混杂，就有情与理的对抗；造物主在分配时不会厚此薄彼，而是要一碗水端平，在大多数地区，有其利必有其弊。”

我们在这里看到的是那种精彩有力的表达方式的一个早期范例，在他今后的生活中，它在无数场合令人钦佩得五体投地，也就在情理之中了。

凡是熟悉约翰生作品的人，没有一个不在这篇给彭布鲁克郡的 53
约翰·华伦先生的献辞中识辨出他的手笔，尽管这段文字归在书商 1734年
华伦的名下： 11月25日 星期一

“一位大度高尚的心灵只能被一种突出的好奇之心彰显出来；[a] 那种好奇之心只有在审视他国的法律和风俗时才得到最惬意、最有效的运用。因此，但愿我现在贸然献上的这份礼物不会被认为不够得

a　见《漫游者》，第103期。

体；然而，作为一个奉献者来褒扬它，或者作为一名书商去贬损它，皆非本人分内之事也。”

可以顺理成章地认为：他被偶然引向对阿比西尼亚历史和风俗的专题研究，是他多年后写他那令人赞赏的哲理故事①的远因，故事的主要场景都被安排在那个国家。

约翰生于 1734 年初回到利奇菲尔德，当年 8 月他开始尝试着靠笔耕糊口；因为他公布了征订印刷波利齐亚诺的拉丁文诗作的计划[a]："Angeli Politiani Poemata Latina, quibus, Notas cum historiâ Latinœ poeseos, a Petrarchœ œvo ad Politiani tempora deductâ, et vitâ Politiani fusius quam antehac enarratâ, addidit SAM. JOHNSON."[b]

他的弟弟纳撒尼尔好像已经子承父业了；因为有这样的话："预订由编者或利奇菲尔德书商 N. 约翰生经手。"尽管有约翰生的优点，书的要价低廉，但订户还是太少，无法保证足量销售；所以这部著作从未问世，也许就根本没有动笔。

我们发现这一年他又到了伯明翰，那里保存着他给《绅士杂志》的创办人兼编辑爱德华·凯夫[c]先生的下面一封书信：

---

① 《拉塞拉斯》(1759)。

a 我们难道不可以寻觅波利齐亚诺和约翰生之间的一种想入非非的相似之处吗？于埃（Huetius）谈及保罗·佩里森-冯塔尼埃时说："...in quo Natura, ut olim in Angelo Politiano, deformitatem oris excellentis ingenii præstantia compensavit."[1] *Commentarius de rebus ad eum pertinentibus*，1718 年阿姆斯特丹版，第 200 页。

1 "在他身上，如同从前在安杰洛·波利齐亚诺身上那样，自然用杰出的智力补偿了身体的丑陋。"

b "《安杰洛·波利齐亚诺拉丁文诗歌》，塞缪尔·约翰生编注，一部从彼特拉克到波利齐亚诺的拉丁文诗歌史，一部前所未有的最完善的波利齐亚诺传。"该书有三十余印张，征订价二先令六便士，未装订成册的成品销售价二先令六便士。

c 承蒙爱德华·凯夫先生的侄孙女凯夫小姐好意，给我看了约翰生博士写给他的这封信和其他书信的原件，它们最初发表在《绅士杂志》上，有那本重要的综合性杂志的可敬的、孜孜不倦的编辑约翰·尼科尔斯先生的注，署名 N.；其中有一些将在本书进展的过程中，偶尔转录。

致**凯夫先生**：

先生， 1734 年 11 月 25 日

鉴于先生似乎对自己诗文瑕疵的敏感不在读者之下，故为改进计，某君有意按适当条件，间或填充某一栏目的空缺，倘若鄙人向先生禀告此君的意见，想必先生不至于心生怨怼吧。 54 1734年11月25日星期一

此君以为，对月刊现有的智趣以批评眼光予以考察，一般认为其范围有狭隘之嫌，倘若先生不仅广纳他有时愿意提供而贵刊从未登过的诗歌、铭文等类作品，而且兼收用拉丁文或英文撰写的关于古今作家的短篇文论，或者值得重见天日却被人遗忘的诗歌，或者像弗洛耶[a]那样值得保存的零篇散章，广大读者对此是无可非议的。有此举措，他以为，先生的文学作品，因为可作如是称，对于广大读者，将会比低级的戏谑、蹩脚的打趣或你来我往的谩骂更加令人称道。

倘若此种书信尚合雅意，敬请从速函告先生预期的条件。先生的近赐使鄙人无由怀疑先生的雅量[b]。设若除此报刊外，先生还有其他文学计划，鄙人则另有设计奉献，如果不致让他人从鄙人的建议中渔利的话。

惠函赐寄 S. 史密斯，存沃里克郡伯明翰城堡，定会抵达。

先生之犬马仆

凯夫先生在此信上注明：12 月 2 日复。然而此后是否有什么举措，我们则不得而知。

---

a 约翰·弗洛耶爵士的《论冷水浴》。《绅士杂志》1734年，第197页。

b 给歌咏“生、死、最后审判、天堂、地狱”最佳诗作颁发的一笔五十英镑的奖金。见《绅士杂志》，第4卷，第560页。

从少年时代起，约翰生对女性的魅力就相当敏感。在斯陶尔布里奇上学期间，他对一位教友派少女奥莉维娅·劳埃德情有独钟，还给她写了一本诗集，但我一直未能发现[a]；不过他用什么样的灵巧和优雅曼唱情歌，从他为朋友埃德蒙·赫克托先生写的下列诗句中可见一斑。

献给一位小姐，收到她相赠的一枝爱神木后作

---

a　他在离开斯塔福德郡之前还写了一些爱情诗，我们的作者似乎未曾见过到。《献给希克曼小姐，听她弹奏拨弦古钢琴》这首早期的即兴诗原稿是约翰生的亲笔，承蒙约翰·泰勒先生的一番美意，将它转交给我，原稿的背面有下面一条证词：

已故的塞缪尔·约翰生博士为家慈，
　　即当时的希克曼小姐，弹奏拨弦
　　古钢琴而作。J.特顿。

写这条证词的特顿医生卒于1806年4月，享年七十一岁，生于1735年。议论中的这首诗肯定早于1735年。——希克曼小姐据信是斯塔福德郡的一位闺秀。这首早期诗稿的结尾部分具有约翰生成熟期诗作的遒劲风格：

当老迈的提谟修斯[1]拨动音弦，
煽起了希腊国王野心勃勃的烈焰：
无边无际的计划在他的心海里兴风作浪，
囿于一个困穷的世界，他把更大的空间渴望。
这样愤怒就被音乐可怕的力量激起，
他命令刀剑杀伐，煽动火焰吞食。
如果斯苔拉[2]的轻抚触动了里拉琴声绕梁，
如果君王很快感觉到一种火焰更加阳光；
他就不再以发动灾难性的战争为乐，
现在就一心要讨好这位美女，让她快活，
屈从于她的魅力，他把对帝国的渴望抛却，
在斯苔拉的怀抱里找到了万千世界。

1　〔提谟修斯（Timotheus，公元前450—前360），古希腊音乐家，诗人。〕

2　〔斯苔拉（Stella），英国诗人锡德尼的十四行组诗《阿斯特罗菲与斯苔拉》的女主人公。〕

你的礼物造成了多少希望，多少惶恐，
无常命运的含糊象征：
爱神木，最高指示的标志，
由维纳斯交到梅利莎手里；
像颐指气使的美人一样任性，
对恋人的祈求时而允许，时而不应。
爱神木的亭盖下快乐的情郎歌声常现，
爱神木的亭盖下绝望的鬼魂发出幽怨；
爱神木为幸福的恋人们的头加冠，
爱神木把不幸的恋人们的坟伸延：
啊，那就透露一下你的礼物的意义，
并把一颗忧愁的心的跳动宽慰！ 55
很快这枝条，如同你将会决定他的运命， 1734年
定会装饰追求者的头颅，或者美化他的坟茔。[a]

---

a 皮奥齐夫人根据约翰生博士亲口对她的叙述对这首小诗做了如下的描述，因为她问及该诗到底是不是他的手笔："我想那是四十年前的旧事，一个小伙子拿着他追求的一个女孩子给他的一枝爱神木，要我给他写几句诗，他好回赠给她。我答应了，但我忘记了；可在说好的时间他来讨要给他写的诗时——坐会儿，（我说）亲爱的哈蒙德，我给你拿去——于是走开了五分钟，便写下了你们现在议论纷纷那几行胡诌。"《轶事》第34页。

在第一版里，我对这段记述的真实性产生过怀疑，因为利奇菲尔德的苏厄德小姐给我的一封信上有如下详尽的陈述："我知道这几行诗是写给露茜·波特的，他少年时期就倾心于她，还在他遇见她母亲，即他未来的妻子两三年之前。诗是他在我外公家写的，写完就让我母亲看了，并且当着我母亲的面交给了露茜。当我向她要约翰生博士从她怀里偷走或讨要走的那枝爱神木后写给她的诗时，她常常背给我听。我们都了解诚实的露茜不至于虚荣到把本来不是给她的恭维揽到自己身上。"那就是这位女士的说法，我对她认为正确的东西不加怀疑；但它表明：绝对依赖传说的证据和巧妙的推断是何等危险；因为赫克托先生最近向我保证皮奥齐夫人在这件事情上的记述是准确的，还说他就是约翰生为之写这首诗的那个人，此诗一直被说成哈蒙德先生写的，其实是错误的。

我在很多事情上不得不提及皮奥齐夫人叙事有误，但我很高兴（转下页）

56 然而少年时代，他对女性的爱恋都来去匆匆；不过无论跟
1734年 谁，都没有形成越轨关系，这一点是肯定无疑的。少年时赫克托先生就跟他一起过着亲密无间、不拘形迹的生活，他向我保证，即便在那热情奔放的花季，在那个方面他的行为都是严格遵守道德规范的；还说尽管约翰生也爱借酒助兴，但据他所知只喝醉过一次。

宗教教育使一个人不致放荡不羁，但在这种人身上，爱的激情一旦勃发，就会极其强烈；因为未受放浪形骸的损害，而且完全专注于一个目标。波特夫人的第一位丈夫去世后，约翰生热烈爱慕起波特夫人来，他就有这种体会。[①] 波特小姐告诉我，他第一次经人

（接上页）抓住这一机会承认：尽管她常有不准确的地方，但并不总是如此。

由于前面的说法，作者被扯进与安娜·苏厄德小姐的一场辩论中后（可以在《绅士杂志》第53、54卷中找到），接到了埃德蒙·赫克托先生关于这一问题的一封来信：

亲爱的先生，——看到您卷进了同一位女士的争执之中深感遗憾，她似乎不肯相信自己有错。无疑，承认事实总比固执己见可贵一点。

最近，在翻检打算烧掉的一些文稿时，我发现了《爱神木》的原稿，上面的日期是1731年，现随信寄上。

实情（我可以发誓）如下：我的熟人摩根·格雷夫斯先生，是巴斯附近一位德高望重的牧师的兄长，他拜访了此地的一位女士，临别时，她以该枝条相赠。他把该礼物让我看了，并且很想以诗回答这番美意。我求约翰生帮忙，因为他住在我这里，于是过了半个来小时，他口授此诗，我将它抄送给了我的朋友。

我极其庄严地宣告，那时候约翰生根本不认识波特一家；差不多两年以后，我才介绍他认识了波特，我是从他那里购买布料的。

假若您打算让那顽固的女人相信，并把您陈述的真相公之于众，您可随意利用这一说法。

占用了您这么多的时间，希见谅。祝愿您 multos et felices annos[1]，我的签名是，

感激的牛马走，

埃·赫克托

1794年1月9日，伯明翰。

1 福寿绵绵。

① 〈赫克托先生的信里显示，约翰生在与波特夫人结婚三年前就认识她了。——M.〉

介绍和她母亲认识时，他的面目着实令人望而生畏；当时他又瘦又高，一具硕大的骨架子丑得刺眼，淋巴结的疤痕又深得醒目。他不戴假发，一头真发又直又硬，还在后面分开：他常常一惊一乍似的做出古怪的手势，惹得人既吃惊，又好笑。波特夫人对他的言谈过于入迷，所以忽略了种种外在的缺陷，便对女儿说："这是我一辈子见过的最聪明的人。"

尽管波特夫人比约翰生年长一倍[a]，而且正如已故的加里克先生对我描述的那样，论长相论风度，都不是人见人爱的那种人[①]，但她肯定有过人的理解力和才具[b]，因为她无疑激发出了他的一种超常热

---

a 〔约翰生夫人生于1688或1689年2月4日。〕[1]

1 〈约翰生夫人的婚前姓是杰维斯（Jervis）。尽管她与约翰生博士年龄相差悬殊，但她并不像这里描述的那么老，因为结婚前的二月她刚满四十八周岁，这从莱斯特郡的大皮特林（Great Peatling）的教区档案的下列摘录中显示出来。这份摘录是在我的请求下由该郡拉特沃思（Lutterworth）的教区长、尊敬的牧师赖德（Ryder）先生惠赐予我的：

> 公元1688（9）伊丽莎白，威廉·杰维斯乡绅及其妻安妮夫人之女，于二月四日晨出生，同月十六日由小皮特林副牧师史密斯先生施洗礼。
>
> 约翰·艾伦，牧师。

赖德先生告诉我，杰维斯家曾经占有大皮特林的几乎全部领地（约2 000英亩），教堂里有该家族成员的很多纪念碑，不过现在家境却一落千丈，这个古老家族当今的代表人物是欣克利的律师查尔斯·杰维斯先生。——M.〉

① 〈在约翰生的眼里，她端庄温雅，这在他临终前不久撰写后让人镌刻的墓志铭上表现出来，在本书1752年的一页记述中可以找到。——M.〉

b 〔下面一段关于约翰生夫人和他的家人的记述转抄自一篇文章（主要与安娜·威廉斯夫人有关），是住在罗马的赖特夫人写的，信息是梅塔斯塔齐奥的译者、已故的约翰·胡尔先生传达给她的，胡尔先生把这段文字插入1799年10月号的《欧洲杂志》上。

"威廉斯夫人对约翰生夫人的描述是，她有良好的理解力和极强的感受性，但喜欢挖苦人。她的第一任丈夫死的时候债务缠身；她的儿子们对她的再婚非常反感，也许是因为他们正在人生的道路上苦苦跋涉想有所进展，想到她与一个对他们没有明显用处的男人联姻，便感到屈辱；然而她总是对他们怀有一片爱心。当他们〔约翰生博士和夫人〕在高夫广场居住的时候，她的当了军官的儿子敲开了门，问女仆女主人是否在家。她回答道：（转下页）

情。她表示愿意接受他的求婚，他便去利奇菲尔德要求母亲应允这桩婚事，他不禁意识到这是一个鲁莽的计划，因为不仅二人的年龄悬殊，而且她的财力也单薄。但约翰生夫人深知儿子的火暴脾气，做母亲的心又太软，不忍拂逆儿子的心意。

我不明白为什么婚礼不在伯明翰举行；做出的决定却是婚事应在德比举办，要到那里去，新郎新娘就得骑马前往，我估计是情绪特好的缘故。然而尽管托珀姆·博克莱尔[①]常以淘气的口吻说约翰生郑重其事地告诉过他，“先生，这是双方的爱情姻缘”，但我还是从我杰出的朋友那里得到了他对他们大喜的日子一早去教堂之行的离奇的记述：

（接上页）‘在家，先生；但她卧病在床。’‘噢，’他说，‘这样的话，那就告诉她，她儿子杰维斯来想知道她过得怎么样。’说完就要走。女仆说她可以跑上楼禀报她的女主人，没有注意他的回答，就离开了他。约翰生夫人听到儿子在下面，大喜过望，想叫女仆告诉他她巴不得拥抱他。女仆下楼后，这位先生已经走了，可怜的约翰生夫人被这次机缘搞得心神不安：这是他硬着头皮要见她的唯一的一次，约翰生博士竭尽全力安慰妻子，但又告诉威廉斯夫人：‘她儿子一贯不孝顺；所以我像其他很多头脑清醒的人一样推断，他也许一生中有一次喝醉了，在酒劲发作时天性战胜了他的傲慢。’”〕[1]

1 〈同一女士又记录下了约翰生博士的下列轶事：
“有一天，他来我家遇到另外很多人，我们告诉他：我们已经安排好大伙儿去威斯敏斯特教堂，问他是不是愿意跟我们一起去？‘不愿意，’他答道，‘只要我有可能留在外面，就不愿意。’
我们说一位女士的朋友们曾经担心她会与某人缔结姻缘，一听此话，他回应道：‘身为他的朋友的我们曾经对他极其担心。’
“约翰生博士的政治热情高涨，无论对教会，还是对国家：他希望国王和教会领袖们拥有权力，就像英国法律已经确定的那样；但是我知道他讨厌绝对权力；我确信他不赞同罗马教会的教义；因为我们出国前三个星期左右，他对我的科妮莉亚说：‘你要到那种教会仪式的浮夸铺张吸引想象的地方去；如果他们想说服你改变信仰，你必须记住，通过增强你的信念，你可能被说服变成土耳其人。’就算这不是原话，我也保留了明确的意思。”——M.〉

① 博克莱尔（Topham Beauclerk，1739—1780），藏书家；1764年成立的俱乐部元老；很早就喜欢鲍斯威尔，并协助他入选俱乐部；被约翰生认为是俱乐部的高雅文学专家；藏书总数超过30 000册。

7月9日：——“先生，她读过大量的旧言情小说，塞了满脑子的怪念头，认为一个精神焕发的女人应当像对待小狗一样对待自己的爱人。所以，先生，起初她嫌我骑得太快，她跟不上；等我骑慢了一点，她赶到了我前头，又抱怨我在后面磨蹭。我可不能被塑造成任性使气的奴隶；我便狠下决心从头至尾按自己的意思行事。
于是我策马快步前行，直到她看不见我的踪影。路夹在两道树篱中 57
间，我肯定她是不会迷路的；我设法让她很快赶上我。等她赶上来 1736年
时，我看到她眼泪汪汪的。”

必须承认，这就是美满婚姻的一种奇特的开端；毫无疑问，约翰生尽管这样子表现出男子汉的刚毅，但事实证明在约翰生夫人的有生之年，他始终都是一个对妻子温情脉脉、万般娇宠的好丈夫：在他的《祈祷文与默想录》里，我们发现他对妻子的关爱始终如一，即便在她离世以后。

此后，他开办了一所私立学校，为此他在家乡附近租了一幢大房子。1736年的《绅士杂志》刊登了下面一则广告：

“在斯塔福德郡利奇菲尔德附近的伊戴尔，**塞缪尔·约翰生**给年

轻学子教授拉丁文与希腊文，提供膳宿。”

然而投奔到他门下的仅有的几名弟子是后来大名鼎鼎的大卫·加里克和他的弟弟乔治，还有一位英年早逝的阔少奥弗利先生。迄今他的名字还没有一点后来让万人景仰的名流的影子。如果那样的一则广告在他的《伦敦》或者《漫游者》或者《词典》问世以后发布，那将是怎样轰动世界的大事啊！大腕阔佬会多么急切地抓住这个机会送子弟到**塞缪尔·约翰生**门下受业。然而实情却是，他做一名基础学科教师，给智力低下的人合理分级指导他们学习还不太胜任。他自己的学养都是心血来潮时断时续刨来的，都是贸然闯进知识领域掠取的；所以不能指望他的急躁会变缓，他的鲁莽会收敛，使他适合给初学者当一名心平气和的向导。相互沟通循循善诱的艺术，无论是哪一类都应受到重视；我一直认为那些献身于这项工作的人，勤勤恳恳、尽职尽责获得成功的，都值得社会高度敬重，约翰生本人也常持这种观点。然而我的看法是最大的才能不仅用不着干这种工作，而且使一个人变得不太适合干它。

汤姆逊①说得极美：

> 令人快乐的工作！培育稚嫩的思想，
> 并教会年轻人的观念怎样迅速成长！②

尽管我们承认他言之有理，但我们必须考虑这种快乐只有“一颗自在的心”，一颗既平静又明白的心，才能感受得到；然而像约翰生那样阴郁急躁的心是不可能长时间专注琐细事务的，而且肯定屡屡被

① 汤姆逊（James Thomson，1700—1748）：诗人，组诗《四季》（1730）和素体长诗《自由》（1735—1736）的作者；作为一名反对派戏剧家，以《阿迦门农》（朱瑞巷，1738）取得成功，后来违反了出版物认可法又以《坦克雷德和西吉斯蒙达》（朱瑞巷，1745）转向传奇剧和情感剧；背风群岛的海关总检查官（1746）。

② 詹姆斯·汤姆逊，《春》（1728），第1152—1153行。

学生进步中难免的迟缓和错误惹得烦乱透顶，以至于尽职尽责对教师鲜有快乐，对学生无大裨益。好脾气是做一名老师最基本的要求。贺拉斯把这种性格描绘为“和蔼的”： 58

1736年

> ... Ut pueris olim dant crustula blandi
> Doctores, elementa velint ut discere prima.[①]

约翰生对他当一校之长的境遇并不比当一名助理教师满意；所以，办学仅一年半，他就关门大吉，对此我们就不必诧异了。根据加里克先生的记述，学生似乎对他并不是十分敬仰。他仪态古怪，动作粗野，只能成为学生调笑的对象；更有甚者，小淘气鬼常常在他的卧室门口窃听，从钥匙孔里偷窥，这样他们好把他对约翰生夫人神魂颠倒而又笨拙尴尬的柔情绰态演绎成滑稽戏。他常用“泰蒂”或“泰茜”这样的昵称来称呼妻子，这跟“贝蒂”或“贝茜”一样在外地都用作对她的教名“伊丽莎白”的简称，然而当它们被用到一个像她的年龄和长相的女人身上，我们似乎觉得滑稽可笑。加里克先生是这样给我描绘她的，肥头大耳，胸脯不是一般的突出，双颊鼓了起来，红亮红亮的，那是浓施脂粉的结果，乱用滋补品更是增色添彩；她一身穿着妖艳怪诞，言谈举止矫揉造作。我见过加里克以他精湛的模仿才能表演她，惹得大家哄堂大笑，开心极了；可是他在很大程度上渲染了画面。也许在那种表演中都是如此。

约翰生谙熟教育青少年所遵循的正确的途径，这在他亲笔写的一份材料中得到了可靠的确认，这份材料大概在此期间交给了一位亲戚[②]，现在由约翰·尼科尔斯[③]先生保存：

---

① “如同老师有时给小孩糕点哄他们认字一般”——贺拉斯，《讽刺诗》，第1卷，第1首，第25—26行。

② 塞缪尔·福特牧师（Samuel Ford，1717—1793），约翰生的表弟。

③ 尼科尔斯（John Nichols，1745—1826），印刷商、作家；威廉·鲍耶的学徒；作为鲍耶的遗嘱执行人，在鲍耶死后（1777），接管了他的印刷所；（转下页）

文法学校授课计划

名词和动词的入门或构成，完全掌握以后，让他们学习

克拉克[1]先生的科尔德里乌斯，同时开始翻译入门，通过这种方法，他们可以学习句法。然后让他们进入

伊拉斯谟[2]，附有同一译者的英译。

第二课。学习欧特罗庇乌斯[3]和科尔内留斯·内波斯[4]，或查士丁[5]，附译文。

注意：第一课每天早晨要他们掌握以前学过的文法规则，下午学习拉丁文名词和动词的规则。

每星期四和星期六对学生学过的规则进行考查。

在学生学习欧特罗庇乌斯期间，第二课做法相同；此后他们就要学不规则名词和动词，并学习作诗，并按格律吟诵诗的规则。像第一课一样考查学生。

59 第三课。上午奥维德的《变形记》，下午恺撒的《战记》。

1737年 练习拉丁文规则，直到他们烂熟于心；然后练习利兹先生

(接上页)承印文物学会和皇家学会文件多年；《绅士杂志》的股份持有人（从1778年起）；以编辑、传记作家和文物专家出名；编辑斯威夫特《作品集》普及版等17卷；文学手稿的热心收藏家；埃塞克斯角俱乐部成员；承印约翰生的《英国诗人传》；给鲍斯威尔提供《约翰生传》材料；《莱斯特郡的历史与古迹》的作者。

① 克拉克（John Clarke，1687—1734），教师，学者。

② 伊拉斯谟（Desiderius Erasmus，1466？—1536），荷兰人文主义者；《愚人颂》（1511）的作者。

③ 欧特罗庇乌斯（Eutropius，主要活跃在公元364—378年间），历史学家，缩写作家。

④ 科尔内留斯·内波斯（Cornelius Nepos，公元前110—前24），罗马史学家，用拉丁文写作的第一位传记作家；西塞罗、阿提库斯、卡图卢斯的朋友。

⑤ 查士丁（Justin，活跃在公元2世纪或3世纪）；作家，把庞培乌斯·特罗古斯的通史缩写成拉丁文。

的希腊文文法。考查如前。

随后进入维吉尔，同时开始写作文和诗歌，并开始学希腊文；从此过渡到贺拉斯等最适当的作家。

我不清楚该让你们读什么书，因为你们还没有告诉我你们想学什么。我相信你们全力以赴学这两种语言对你们会好处最大，直到你们上大学。关于希腊作家我认为你们最好先读这些人：塞贝斯①；埃利安②，利兹注释的卢奇安③，色诺芬④（雅典方言）；荷马（爱奥尼亚方言）；忒奥克里托斯（多利斯方言），欧里庇得斯（雅典方言和多利斯方言）。

这样你们就会大体上通晓各种方言，以雅典方言为起点，其余的肯定都与它有关联。

在学习拉丁文时，最好先不要读后期的作家，等你们精通最纯时代的作家后再读；如泰伦斯⑤、图利⑥、恺撒、萨卢斯特、内波斯、维雷乌斯·帕特库卢斯⑦，维吉尔，贺拉斯，费德鲁斯⑧。

还有最大、最不可或缺的任务：要养成表达习惯，没有这一点，知识没有多大用处；这在拉丁文里必不可少，在英文里更是不可或缺；只有天天模仿最优秀、最正确的作家才能养成这种习惯。

塞姆·约翰生

---

① 〔塞贝斯（Cebes），希腊哲学家。〕

② 埃利安（Aelian，约活跃在公元200年），古希腊历史学家，动物学家。

③ 卢奇安（Lucian，约公元115—约200），修辞学家、对话作家，他的《冥间的对话》与《真实的历史》对诸如斯威夫特和利特尔顿之流的18世纪英国作家产生了巨大影响。

④ 色诺芬（Xenophon，活跃在公元前5世纪），军人，冒险家，历史学家，作家。

⑤ 泰伦斯（Terence，约公元前195—前159），罗马戏剧家。

⑥ 图利，即西塞罗，罗马政治家、哲学家、作家；古代最伟大的演说家之一。

⑦ 〔维雷乌斯·帕特库卢斯（Velleius Paterculus，约公元前19—公元31），罗马历史学家。〕

⑧ 〔费德鲁斯（Phaedrus，公元前1世纪末—公元1世纪中叶），罗马寓言作家，著有《寓言集》5卷，现存130多首。〕

约翰生办学期间，无疑他在浑然不觉地用各种知识武装头脑，然而我没有发现除了悲剧《伊瑞涅》的一大部分外，他还写过什么。大卫·加里克的哥哥彼得·加里克告诉我，他记得约翰生向他借过《土耳其史》[①]，为了从中演绎他的剧本。写完一部分后，他把已经完成的内容读给沃姆斯利听，沃姆斯利反对他已经把他的女主人公带进大难之中，便问他："你怎么可能想办法把她投入更深的苦难中去？"约翰生狡黠地暗指沃姆斯利任记录官的法庭上所谓的压迫性诉讼，答道："先生，我可以把她送进宗教法庭嘛！"

不过，沃姆斯利还是很欣赏这一证据，表明约翰生作为一位剧作家有多种才艺，于是劝他把这部悲剧写完，搬上舞台。

这时，约翰生想到了去伦敦试试运气，伦敦是天才和努力的广阔天地，在那里万般才能都有大显身手的机会，并能得到最大的激励。

60 一个值得纪念的情况是，他的学生大卫·加里克为了完成学业，同时

1737年 也前往该地[a]，开始从事法律职业，但由于一心向慕舞台，很快又转业从艺了。

这两位杰出人物携手远征京城的情景，多年以后《老五朔节的泪水》富有原创精神的作者洛维邦德[②]先生在一首寓言诗《莎士比亚的桑树》里有所提及。

---

① 即理查德·诺尔斯《土耳其民族通史》(1603)。约翰生对这部著作佩服得五体投地，并从中提取了他并不成功的剧作《伊瑞涅》(1736年作，1749年首演)的情节。

a 他们俩常常津津乐道他们的第一次伦敦之行。加里克显然有意加枝添叶，有一天远远听到他说："一匹马我们俩轮流骑。"而基拉卢主教告诉我，另有一次，约翰生和加里克一起吃饭，在座的人不少，约翰生幽默地考查着某事的年代，说了这样一番话："正是那一年，我来到伦敦，口袋里只有两个半便士。"加里克无意间听到他这么说，便大声嚷道："嗯？你说什么？你口袋里只有两个半便士？"——**约翰生**："是啊；来的时候我口袋里装着两个半便士，而你呢，大卫，你口袋里是三枚半便士的铜子儿。"

② 洛维邦德(Edward Lovibond，1724—1775)，诗人；爱德华·莫尔的《世界》的撰稿人；《桑树》写约翰生和加里克反差鲜明的性格，注明得到鲍斯威尔的认可；诗作在安德森的《英国诗人》(1794)转载。

沃姆斯利先生写了下面一封信，把他们推荐给杰出的数学家兼一所学校的校长科尔森[a]先生：

致**尊敬的科尔森先生**

亲爱的先生，　　　　　　　利奇菲尔德，1737年3月2日。

承蒙先生垂顾，不胜感激；然而我不能说为此我对先生的爱戴就胜过以往，长期以来我之所以蒙受先生如此垂爱，既缘于一种早年的友情，也缘于先生的诸多优秀、高贵的资质；倘若我自己有个儿子，我的志向不是送他上大学，而是像这位年轻绅士一样予以安置。

他，还有我的另外一位邻居塞缪尔·约翰生先生今晨起程一同前往伦敦。大卫·加里克将于下周初投奔先生，约翰生先生将带着一部悲剧试试运气，看情况找个翻译工作，从拉丁文译或从法文译皆可。约翰生是名优秀的学者兼诗人，将会成为一位出色的悲剧作家，我对此抱有很大希望。倘若先生有什么门道，想必乐意对自己同乡助一臂之力。

吉·沃姆斯利

a　〔科尔森先生是罗切斯特免费学校的第一任校长。1739年，他被任命为剑桥大学卢卡斯数学教授。〕[1]

1　〈尊敬的约翰·科尔森先生是在剑桥伊曼纽尔学院受的教育，1728年，乔治二世临幸该校时，被封授文学硕士。大约在这时，他当上了由约瑟夫·威廉森爵士创建的罗切斯特免费学校的第一任校长。1739年桑德森教授去世后，他被任命为剑桥大学卢卡斯数学教授。一直到1759年他去世一直占有这一职位，1732年他出版了八开本《实验科学演讲录》，是从l'Abbe Nodet的法文翻译过来的，他还发表过其他一些论文。我们的作者说他担任过一所学院的校长，据信这种说法有误。加里克在罗切斯特短暂居留期间，很有可能作为一名自学学生住在他家。——M.〉

初次来到伦敦，他是怎么就业的，人们不知就里[a]。我从来没有听说他依靠科尔森先生找到过什么庇护或鼓励，大卫·加里克倒是上了他的学校。露茜·波特夫人告诉我，沃姆斯利给他一封写给书商林托特①的介绍信，还说约翰生为他写过一些东西；但我认为这种说法有误，因为我没有发现这方面一点蛛丝马迹，而且我十分肯定他给我讲过，凯夫先生是伦敦聘他从事笔耕的第一位出版商。

61 来到京城，囊中羞涩，可他知道怎样过最节俭的生活。他最初
1737年 寄宿在胸衣制造商诺里斯先生家里，位于滨河大道的埃克塞特街，与凯瑟琳街毗连。“花八个便士（他说），我吃得很好，就在附近新街的凤梨饭店，一起用餐的人挺合得来。其中好几位远道而来。大家期望着天天见面；但彼此都不知道姓名。别人吃一顿饭要花一先令，因为他们要喝酒；我却切一块肉，六便士，面包，一便士，给服务员一便士小费；所以我比其余的人得到的服务要好，因为他们不给服务员小费。”这时候，我相信他戒绝了各种酒类，这种做法多年来在他一生的不同时段都严格遵守。

他《在伦敦的生活艺术》中的奥费卢斯，我听他说过，是一位爱尔兰画家，②约翰生是在伯明翰认识此人的，他已经在英国首都实践自己的节约方案好几年了。我想约翰生当时正谋划着在伦敦试试运气，

---

a　他本人给约翰·尼科尔斯传达了一则稀奇古怪的轶事。书商威尔科克斯先生听他说他打算以写作为生，便仔细打量了一下他粗壮的块头，然后带着意味深长的表情说：“你最好还是买一副搬运工的垫肩。”不过他还是补充了一句：“威尔科克斯还是我最好的朋友之一。”

①　林托特（Barnaby Bernard Lintot，1675—1736），18世纪前三十多年的头号书商；定期出版在朱瑞巷上演过的剧作（1705—1712）；出版《诗歌与译文杂集》，包括蒲柏的《夺发记》（1712）的第一个文本；继续推出蒲柏和盖伊的重要作品的第一版；与蒲柏因《奥德赛》的翻译失和；在《群愚史诗》中受到抨击。

②　奥费卢斯（Ofellus）是贺拉斯《讽刺诗》第2卷第2首中的聪明的农夫，他能传授节俭生活的艺术。爱尔兰画家也许是迈克尔·福特（Michael Ford）。

但就是担心花销，他向约翰生保证："一年三十英镑就足够让一个人在那里过上不遭人白眼的日子。他允许花十英镑添置服装。他说一个男人可以住一周十八便士的阁楼；很少有人打听他住在哪里；万一有人问起，就随口一说：'先生，在这样一个地方就可以找到我。'在咖啡馆里花三个便士，就可以每天跟志趣相投的人聊几个钟头；他可以花六便士用正餐，早点牛奶面包花一便士，不吃晚饭也行。每逢该换干净衬衫的日子他可以外出访客。"我不止一次听他说起这位节俭的朋友，每次想起他总是心怀敬仰和善意，不喜欢任何人对他的话报以讪笑。"此人（他表情严肃地说）是个非常聪明的人，他谙达日常事理：通晓世故人情，这些都来自鲜活的人生，不是生搬硬套书本。他在伯明翰借了一匹马，十镑钱。发现自己有了这么多钱，便动身前往西切斯特，以便去爱尔兰。回家以后他还了马，或许也还了十镑钱。"

靠一点十分微薄的收入，可能享受社会生活的智力奢侈，这样一件被亲身经历证明过的实例竟然深深地吸引他的注意力，被他回想成一种十分重要的情景，考虑到约翰生早期生活，尤其是他跳进伦敦的汪洋大海中的那段引人入胜的时代的窘境，人们对此就不会感到奇怪了。我记得，他盘算商业的进步使货币贬值的情况下，还要花费多少，才能保证过他的朋友描述的那种级别的生活，不禁哑然失笑。估计双倍的金钱现在也未必够用。

在这种冷落晦暗之中，有一件光彩照人的事使他大喜过望；他 62
结识了出身于名门贵胄之家的亨利·赫维[a]先生，他曾经作为一名军 1737年

---

a 亨利·赫维阁下，布里斯托尔一世伯爵的第三个儿子，退伍后担任圣职。他娶了托马斯·阿斯顿爵士的妹妹为妻，从而继承了阿斯顿的家产，并承袭了该家族的名号与纹章。参见柯林斯的《贵族名册》。[1]

1 〈亨利·赫维阁下差不多与约翰生同岁，生于1709年，比约翰生大九个来月。1739年他娶了托马斯·阿斯顿爵士的妹妹凯瑟琳；由于这位女士有七个姊妹，也许在她哥去世后按其遗嘱继承了阿斯顿庄园。赫维先生于1744年他三十五岁时才在剑桥获得文学硕士学位；据信大约在这个时段，他担任了圣职。——M.〉

官在利奇菲尔德驻扎，这时候在伦敦有一幢宅子，约翰生成了那里的常客，也就有了与上流人士交往的机会。他去世前不久，除了他一生的其他详情，还提到了这件事，承蒙他的一番美意把它传达给我，他是这样描述这位早年的朋友“哈利·赫维”的：“他是个恶人，但对我很好。如果你管一只狗叫**赫维**，我照样爱他。”

他告诉我这时候他的《伊瑞涅》只写了三幕，还说有一段时间他退居到格林尼治，在那里他又往前进展了一点，而且常在公园里一边散步，一边构思；但在那个地方住的时间不长，所以没有把它写完。

我们发现了他在此期间写给爱德华·凯夫先生的一封信，作为他文学生涯链条上的一环，不妨把它穿插在这里：

致**凯夫先生**

格林尼治，“金心馆”隔壁，
教堂街 1737 年 7 月 12 日。

先生，

在贵刊上看到对文人们的一些不同寻常的悬赏，身在伦敦的一个外地人决意向先生传达下述计划，如果先生愿意加入，我希望将会达到我们双方共赢的效果。

鉴于《特伦托会议史》最近已被勒库拉耶博士译成法文，并加了大量注释出版，该书在英国再度声名鹊起，所以据信，译自意大利文的新译，再加上译自法文的勒库拉耶的注释，不会得不到人们青睐的。

如果得到的回答是，该史已有英文本，那就切记，当初勒库拉耶的工作也遭到了同样的反对，尽管有这种不利条件，法国人有了一名最优秀的译者的译本，如果先生把英文本读上三页，必定会发现其文笔还能大加改进；至于这些改进是否能从这一尝试中得到，先生必须从样品中加以判断，这一建议如蒙先生惠允，我将把样品呈上，供先生审阅。

假若两个译本优点相当，我们可以期望增加注释会将优势向我们倾斜，鉴于注者的声望极高。

倘若先生对此计划无意采纳，敬请从速赐复；如果先生有意，请指定日期让我拜望先生。先生之犬马仆，

塞姆·约翰生

从这封信来看，尽管签署了自己的姓名，好像他还没有被引见 63
给凯夫先生。我们不久将会看到对信中的建议有何举措。 1737 年

夏天，他回到利奇菲尔德，因为他把约翰生夫人留在那里，而且在那里他总算完成了他的悲剧，这部作品的出炉不像他在别的场合那样奋笔疾书，一挥而就，而是慢工细活，费尽周折。临终的前

几天，正在焚烧一大堆文稿时，他从中拣出他的悲剧的那份未成形的原始梗概，是他的亲笔，交给了兰顿先生，承蒙他的惠赐，一个副本现存我处。这里面有拟议中的情节片段，有剧中不同人物的台词，部分是粗糙的散文素材，部分是加工成的诗句，还有各种各样有待说明的提示，都是从希腊、罗马和现代作家那里借鉴来的。手迹很难认读，即便对约翰生的书法模式最熟悉的人也是如此，因为它总是非常特别。国王仁心慧眼把这份手稿作为一份文学珍品收藏了，兰顿先生便工工整整抄了一份，国王命令把抄本、原稿和印刷出版的悲剧装订在一起；这卷作品现藏在国王图书馆里。国王陛下又恩准兰顿先生替他自己抄了一份。

整部作品思想广博，意象丰富、妙语如珠；disjecta membra[①] 七零八落，尚未安置到位，但一名优秀的戏剧诗人独具慧眼可以对它们择优善用。我将给读者提供各种样品，用斜体字加以区分。

也不想说，我要在这里止步，
在这里我要划定违规的界限，
不会进一步触犯复仇的天怒。
这样的罪孽一旦藏在胸中，
神灵们冥冥中的指示引导
人的脚步穿越生命的迷宫，
他们却飞离那些亵渎的可憎大厦，
放弃他们的责任让恐怖和毁灭摆布。

这种有趣的劝诫在该剧里只保留了一小部分，并且做了更改，我认为，改得并不好：

灵魂一旦被滔天大罪败坏，

① “肢解的肢体”——贺拉斯，《讽刺诗》第1卷，第4首，第62行。

就不再闪耀友谊神圣热情的光芒，
神灵们优越的关怀
引导犯罪的凡人走向德行之路，
由于对你那样的亵渎感到恐惧，
便使他们的责任顺从卑劣和毁灭。

　　　　我感到温柔的感染 64
在我的面颊上泛红，在我的血管里周游。 1737年
教给我希腊人温柔的说服艺术。

肯定，这不是爱，因此我把爱想象成痴情少女和任性诗人的梦。

尽管没有彗星或奇观预示希腊的毁灭，没有上天必须用又一个奇迹使我们理解的征兆，然而，它可以被同样确定的标志、被总招致它发生的罪恶来预告。

下面的最后一段是用悲剧本身逐步完成的：

勒翁提乌斯

——那自然而然扩散乌云的力量，
一种阵雨欲来的信号，
警告漂泊的朱顶雀去找荫庇，
看哪，无需担忧，气息奄奄的希腊，
没有一个奇迹预告过我们的命运。

德墨特里乌斯

上千种可怕的奇迹预告过它；
一个软弱的政府，逃避法律，
拉帮结派的平民，骄奢淫逸的贵族，

行将沦亡的国家的一切弊病。
当公众的邪恶太强，正义奈何不得，
露出了他猖狂的面目、毁灭的先兆时，
勇敢的勒翁提乌斯还能需要骗子们
阐释、傻子们注重的虚幻的奇迹不成？
当某个无人问津的建构在百年岁月的
重压下倾斜，对着狂风暴雨飘摇之际，
难道上天还得派遣光的信使，或者
唤醒死者，向我们警告它的倒掉？

穆罕默德（对伊瑞涅） *我考验过你，发现你最值得受到穆罕默德的爱恋，十分高兴——具有一个像他那样伟大的心灵，无疑，你是一个自然的谬误，对你那个性别的其余人而言，是个例外，而且永生不灭；因为像你那样的情操永远不会沦为乌有。我认为女性的一切思想都本该选取当代的优雅，搭配招摇的（花哨的）衣袍的种种颜色，调谐嗓音，滴溜眼球，佩戴珠宝，选择衣着，给衰萎的面颊增添新鲜的玫瑰红，但要——光艳照人。*

这样，在悲剧里：

出色的女郎，新的奇迹把我安排为你的；
1737年 你的灵魂使你的面庞的喜悦无以复加：
我原想，原谅我的美女，最崇高的目的，
一个女性灵魂最坚强的努力
只不过是选择当代的种种优雅，
调谐口舌，调教眼球滴溜转动，
搭配飘逸的衣袍的种种颜色，
给衰萎的面颊增添新鲜的玫瑰红。

由于它所阐述的教诲，我还要选取另一段。**伊瑞涅**说：

> *最高神灵愿意接受美德，不管它伴随着什么外在情况，对多种多样的崇拜感到欣喜；但得到的回答是，各式各样都影响不了那个神灵，他对自己的完美表现无限快意，所以不需要外来的满足；无限的真不会对假感到高兴；尽管他可以引导或怜悯那些被他遗留在黑暗中的人，他却抛弃那些面对目光闭上眼睛的人。*

约翰生这次回到利奇菲尔德，只住了三个月；他对首都的大世面只见识了小小的一部分，所以对乡亲们也没有多少好说的。他对我讲述了这一阶段下面的一件琐细的轶事："上个时期，我母亲在伦敦居住的时候，有两伙人，一伙人是让靠墙道的人，一伙是霸靠墙道①的人；即心平气和的人和好争爱闹的人。我去过伦敦回到利奇菲尔德以后，我母亲问我，我是个让靠墙道的人，还是个霸靠墙道的人。现在已有规定，行人统统靠右；或者说，如果一个人霸靠墙道，另一个人让靠墙道；永远不会有争执。"[a]

现在他和约翰生夫人一起迁往伦敦；然而曾经跟他们一起住在伊戴尔的她的女儿却被留在乡下她的亲戚家。他的住所有一个阶段在离汉诺威广场不远的木头街上，后来在卡文迪什广场附近的城堡街上。由于许多人觉得通过寻访他的各个住处来追踪这么一个伟人是件引人入胜的事情，所以，在本书结束前，我要给读者按时间顺序列一张他的寓居和住宅的清单，这是他为了满足我充满敬意的好奇心，一个晚上赏脸平心静气地口授给我的，但没有具体说明每处各住了多长时间。在他的生活进程中，有必要时我会提到一些与某些事件或与他的某一部分作品的写作相关的住处。对有些人来讲，这种无微不至的关注也许有繁琐之嫌；但当我们考虑到弥尔顿的传

---

① 人行道靠墙的一边离水沟远，比较干净、安全。

a 《赫布里底群岛旅行日记》，第三版，第232页〔9月20日〕。

记作家们追踪他曾经居住过的各个住宅时的那种一丝不苟的精神，约翰生的传记作家身上的类似的热情也许会得到原谅的。

66 这时候，他认为他的悲剧已经大功告成，可以搬上舞台了，所以
1737 年 他非常渴望让它与观众见面。彼得·加里克先生告诉我，约翰生和他一起到喷泉酒馆把它从头至尾读了一遍，还说后来他请求朱瑞巷剧院的专利权持有者弗利特伍德[①]先生让它在他的剧院上演；然而弗利特伍德先生不肯接受，也许是因为它没有得到某位显贵的赞助；直到 1749 年他的朋友大卫·加里克当了该剧院的经理，这出戏才得以上演。

《绅士杂志》是爱德华·凯夫先生以**西尔韦纳斯·厄本**的名义创办延续的，早在约翰生来伦敦闯练文学之前就受到他的高度关注和推崇。他告诉我，他头一回看见那家值得受人欢迎的杂志开创、印刷之地圣约翰门时，“虔敬仰望”。其实，我估计，每位年轻作者对最早引他入胜，而且第一次有机会看见自己的作品印刷在上面而没有暴露自己姓名危险的刊物时，都有过同样的感受，我自己就回想起《苏格兰人杂志》带给我的那些印象，该杂志于 1739 年在爱丁堡创刊，一直办得明断、精准、得体。我一想到它，一种爱意就油然而生。约翰生对凯夫的一生起到了举足轻重的作用，从而提高了《绅士杂志》的品位；他又为该刊写了各式各样令人赞叹的文章，从而给它大大地增添了光彩。

尽管朋友们经常请求约翰生给他的作品开个清单，他也谈过开单的事情，我有一种认真的意向，那就是，这些文章应当由他自己全部收集起来，可我相信，他把这事年复一年地拖了下去，最后事情没有办妥，人就走了。我有一张他亲笔开的单子，里面列了一定的篇目；我确实怀疑他是否每一篇都能记得，因为文章的数量太大，内容又多种多样，而且又零零散散发表在那么多互不相干的出版物上；更有甚者，有好几篇还用的是别人的名字，由于他心胸豁达，

---

① 弗利特伍德（Charles Fleetwood，？—1747/1748），剧院经理；购得约翰·海莫尔的朱瑞巷剧院专利的股份（1734）；在托特纳姆赛场做拳击比赛裁判（1739）；以500英镑的年薪把加里克引进朱瑞巷；经过与小剧团的一系列对抗，把专利权卖给理查德·格林和莫顿·安伯；以目光短浅出名。

St. Johns Gate:
Clerkenwell
Residence of Edward Cave

干脆就算作人家的了。因此我们必须感到知足，这些发现部分来自他给朋友们偶尔提供的信息，部分来自内在的证据[a]。

他在《绅士杂志》的首秀多年来成了他就业和获得支持的资本，那是 1738 年 3 月写给主编的一首拉丁文赞美诗，风格喜庆之极，要是凯夫先生仍无飘飘然的感觉，那一定是他既无情趣又麻木不仁了。

67 *Ad* URBANUM.*

1738 年 3 月

URBANE, *nullis fesse laboribus,*
URBANE, *nullis victe calumniis,*
Cui fronte sertum in eruditâ
Perpetuò viret et virebit;

Quid moliatur gens imitantium,
Quid et minetur, solicitus parùm,
Vacare, solis perge Musis,
Juxta animo studiisque felix.

Linguœ procacis plumbea spicula,
Fidens, superbo frange silentio;
Victrix per obstantes catervas
Sedulitas animosa tendet.

Intende nervos, fortis, inanibus
Risurus olim nisibus œmuli;
Intende jam nervos, habebis

---

a 在我列举他的作品的叙述过程中，我要当心不要使读者在它们的真实性上在确定与推测之间游移不定；因此，我将把他对朋友承认过的文章标上星号(*)，把那些被内在证据确定为他的文章标上剑号（†）。每当其他篇章归到他的名下时，我将给出我的理由。

Participes operæ Camœnas.

Non ulla Musis pagina gratior,
Quam quæ severis ludicra jungere
Novit, fatigatamque mugis
Utilibus recreare mentem.

Texente Nymphis serta Lycoride,
Rosæ ruborem sic viola adjuvat
Immista, sic Iris refulget
Æthereis variata fucis.[a]

S.J.

---

a 这首颂歌由无名氏译成英文，发表在《绅士杂志》5月号上，译文如下：

善哉，**厄本**！孜孜不倦的人，
您劳苦功高，但不知疲劳！
诽谤中伤，不起作用；
恶言相加，无法阻挠。
桂冠仍戴在您渊博的额头
欣欣向荣，永生不朽。

奴性十足、拾人牙慧的同行多么无聊，
何等虚夸的狂暴，多么空洞的诈唬，
切勿驰逐；但要追求您高尚的目标，
不被暴民腐败的呼声征服。
将您勤奋认真的心专注于诗神，
心情和事业一样其乐无穷。

刁嘴滑舌，讽刺挖苦，丧心病狂，
绝对不值得您操心费意，
只当秋风过耳：尽管他们居心不良，
用雄浑的沉默挫伤他们的怒气。
兢兢业业的勤奋把它的仇敌挫败，
不加抵抗，尽管恶意群众反对。

（转下页）

68 这时候好像他被凯夫先生招聘为该杂志的正式助理，这样一来，他也许谋得了一种过得去的生计。在什么时候，用什么办法，他掌握了法文和意大利文，我不得而知；然而他对两国语言运用娴熟，完全够格做一名翻译。他的分工是把其他撰稿人的稿子修改润色，就像平整场地上的雇工一样，这种工作只有有机会把原稿与修改做比对的人才看得出来。我们确知他这样做过的事情就是润色议会上下两院的辩论，用的是“小人国参议院”名义，有时候用的是几位发言人的假名，有时候又用他们的真名中的字母以所谓的字谜游戏方式拼成的名称，可以被人轻而易举地破解开来。当时的议会让报刊感到神秘莫测，敬畏有加，这就有必要求助于这类手段。在我们这个时代，由于已经获得了一种不加限制的自由，全国各地的人民对他们的代表和立法人员的实际议项都有一种公平、公开、准确的报

1738年春

（接上页）

施展您的力量，一鼓作气，
您无瑕的声名定会使一切谣传失效：
施展您的力量，不要惧怕敌对势力，
您只会面对他徒然的努力微笑：
埋头苦干定会戴上成功的王冠；
诗神会保佑您的杂志福寿绵绵。

哪一页文字对和谐的九位女神的感激也不如
我们浏览的您劳动结晶之页的表现；
在那里庄严的主题与欢畅的笔调熔为一炉，
（令人愉快的混合，）闪耀的光辉更加灿烂，
在那里，在改进中，我们发现了各种欣喜，
对于疲惫的心，是一种怡悦的休息。

如茵的芳草地上众仙女，
用百花编织美丽的花环，
可爱的紫罗兰蓝盈盈的头颅
给红嫣嫣的玫瑰把光彩增添。
光辉灿烂的彩虹女神在以太彪炳，
用她的各种染料装饰天空。**布立吞人**。

道，这在我们的宪法里得到了高度尊重；尽管毫无疑问，最近，人们有太多的理由抱怨一些无名的拙劣文人用来对待具有最可敬的人格和职务的人所采用的那种任性无礼。

《绅士杂志》的这种重要文章，好几年来都是由威廉·格思里[①]先生执笔的，他是一位值得被人以崇敬之笔载入英国文学史册的人物。他是苏格兰一个古老家族的后裔；但由于祖传家产不多，又是不幸的斯图亚特王室的拥戴者，所以无法取得任何国家职位；于是他来到伦敦作为一名"职业作家"发挥自己的才华与学识。他在历史、批评、政治等领域的作品优点突出[a]。他是求助于议会议事录那种真实的信息来源的第一位英国历史学家；他的政治笔锋锐利无比，所以政府认为值得用一笔年薪让它保持文静，因此他至死都享受着这种待遇。约翰生对他推崇备至，甚至希望有人给他立传。议会辩论被格思里吃透消化，他的记忆力，尽管被该部门的后起之秀超越，但还是敏捷而顽强的。议会辩论由凯夫送给约翰生校订；过了一段时间，格思里的工作繁杂了许多，又因约翰生的天才加入，讲话越来越丰富，于是决定由他从出席议会的两院人士提供简约的笔记入手，全盘包揽。不过有时候，正如他告诉我的，传达给他的只不过是几个发言人的名字，以及他们在辩论中扮演的角色而已。 69 1738年5月

这样，约翰生在他一生风华正茂的年月，被雇来充当文学苦力，"为利不为名"，仅仅是想得到一种可靠的支持而已。然而他却纵情信意偶然迸出一些小小的俏皮话来，法国人用 jeux d'esprit[②] 来表达它们，真可谓意幽味婉，它们在本书的进展过程中，将会依次得到评价。

---

① 威廉·格思里（William Guthrie，1708—1770）。历史学家、政治新闻作家；《绅士杂志》的议会事务记者；翻译昆体良（1756）和西塞罗；受到鲍斯威尔和约翰生的爱戴；《世界通史》（12卷、1764—1767）、《苏格兰通史》（10卷、1767）和《地理、历史与商业基础》（1770）的作者。

a 他写了多少诗，我不得而知，但他告诉我他作过一首美妙的短诗《老鹰与旅鸫》收入诗集《联合》中，不过那里又说它是阿奇博尔德·斯科特（Archibald Scott）在1600年之前写的。

② 妙语。

然而初次展示他超凡的才能，并使“世界对**其人**推崇备至”的则是他的《伦敦，一首诗，仿尤维纳利斯讽刺诗第三首》：诗于当年五月问世，顿时发射出万丈光焰，它将永远给他的美名绕上一圈光环。布瓦洛早就模仿过同一首讽刺诗，写的是巴黎，获得了极大的成功；但使每个读者感到满意的是，仔细比较，这位英国的尤维纳利斯就使他相形见绌了。奥尔德姆[①]也模仿过它，写的是伦敦；这一切篇章一起证明：伟大的城市，在每个时代，在每个国家都会提供类似的讽刺诗的题材。约翰生是否先前读过奥尔德姆的模仿，我不得而知；但值得一提的是：在这两首诗中很难发现巧合，尽管写的是同一题材。仅有的一些实例倒是把伦敦描写成外国废物的总汇：

70 ——那共同的境域，
1738年5月 法兰西把她所有的污物臭气倾注。**奥尔德姆**

巴黎的和罗马共同的境域。**约翰生**

还有，

各行各业都会一帆风顺，
法国穷汉能做自己喜欢的事情。**奥尔德姆**

法国空腹汉能学到一肚子知识。**约翰生**

奥尔德姆搜集到的事例既用来展示伦敦的恐怖，又用来展示与盛世对比之下的今世的恐怖，它们与约翰生的选取大相径庭，而且

① 奥尔德姆（John Oldham，1653—1683），诗人；《讽刺耶稣会士》（1680）的作者；在《新诗集》（1681）中改写了奥维德，在《诗与翻译》（1683）中有对尤维纳利斯、阿那克里翁、卡图卢斯、贺拉斯等人的翻译和解读；被德莱顿视为同类；约翰生的《诗人传》中未录。

总的来说，选择得当，表现得体[a]。

奥尔德姆的模仿中有很多散文诗和蹩脚韵，而且他的诗有个奇怪的疏忽性错误：

> 尽管很担心离开我亲爱的故知，
> 但我必须赞许他要定居
> 乡下的计划——

显而易见，他不是要离开他的故知；而是他的故知要离开他。一位小姐心灵手快，立马把它改为

> 尽管很担心失去我亲爱的故知。

原文中有一段奥尔德姆领会得比约翰生好：

> Nil habet infelix paupertas durius in se,
> Quàm quod ridiculos homines facit.

那是一段对附加给贫困的令人屈辱的卑劣和轻蔑的精彩评论，**约翰生**的模仿是：

> 折磨贫困者的一切不幸之中， 71

1738年春

a 我承认我很高兴在其中发现上世纪伦敦的时代风尚的一个特色，以避免受到对英国笑柄的嘲讽，而这在早先是我的家乡爱丁堡的常见做法：

> 我是否说过什么由于城市的恐惧，
> 再不能对夜里的其他危险予以考虑；
> 当砖块从高楼上纷纷扔下，
> 尿壶从阁楼窗户上哗哗哗
> 倾盆泻下的时候。

轻蔑的玩笑肯定最为惨痛。

奥尔德姆的模仿，优雅不足，但恰当有余：

贫困中不堪忍受的感觉，
莫过于让人面对露齿而笑的轻蔑。

这首诗作于何地，以什么方式作的，很抱歉我由于疏忽没有向约翰生本人求证，找到明确的答案。他曾在该诗的第一版校样上标明，“作于 1738 年”；由于定于当年五月出版，因此显而易见，付梓前的准备工作用时并不长。我能够以一种十分令人满意的方式提供它的出版经过；根据我自己和许多朋友的判断，我相信这对读者不会是乏味无趣的。

我们可以肯定，尽管它在 1738 年写给凯夫先生的下列信件中没有明确提及，但这些信对它都有所涉及：

致**凯夫先生**

城堡街，星期三晨。

先生，　〔1738，无日期。〕

几天前我冒昧给先生写信时，没有料到这么快就会重复同样的荣幸；因为我总认为跟一位聪慧而诚实的人以任何方式交谈都是一种荣幸；随信附上手中的一首诗，望为作者处置（关于他的才能我不予置评，因为他有作品相寄），我相信从先生那里我将得到比他人更多的垂顾，因为先生以慷慨奖掖诗作而出人头地；除了先生对拙作[a]的称赞，再没有什么能给我理由对先生就那门艺术的判断有所怀疑。我毫不怀疑对这首诗先生会另眼相看，并用一种与唯利是图的书商截然不同的方式奖赏它，

a　也许指他的颂歌《致厄本》。——**尼科尔斯**

因为这种人就是数一数他打算要买的诗的行数，考虑的只是数量。我不禁注意到：除了作者由于怀才而有所期望，他同样还要求先生关注，因为目前他经济状况拮据。因而，我恳求先生明日惠赐华翰一封，我好知道先生对他能够有何惠允，据此他或者将诗卖给先生，或者另找（我不希望如此）让他满意的门路。

我还得补充一点，我意识到我将它誊写得非常潦草，因为修改过后，也只能如此，如果先生乐意把校样送来，我愿意替先生校正；并费心将先生可能嫌弃的任何讽刺笔触修改。

值此机会，先生通过表现惯有的慷慨，不仅会鼓励学术， 72
解除困窘，而且（尽管与价值不大的其他动机相比）会以非常 1738年春
切合实际的方式满足先生之恭顺仆人，

塞姆·约翰生

致凯夫先生

先生， 星期一，城堡街6号。

承蒙先生美意送我礼物，我将予以答谢，并恳请先生赐函告知是否决定刊印该诗。倘若先生乐意将它邮寄予我并附给多兹利[①]的短简一封，我愿意去把诗读给他听，据此我们可征得他的同意将他的名字放在书名页上。至于印刷，如果可以立即着手，我愿意做作者的朋友，而不满足于仅仅请求施惠于他。我提议如果我的估算接近实际，保证对先生500印数会遭受的全部损失予以补偿；假若正如先生慷慨建议的那样，利润，如果有，留给作者享用，那么除了先生赠送的礼物，如果他是获利者，他应

① 多兹利（Robert Dodsley，1703—1764），书商兼作家；蒲柏的朋友和通信者；挂“图利头”招牌开店（1735）；作剧本《克勒俄涅》（1758）和《玩具店》（1735）；推出埃肯赛德、格雷和申斯通的第一首诗；创办刊物《博物馆》（1746）；在《伦敦杂志》和《伦敦晚邮报》拥有股份；出版约翰生的《人愿皆空》（1749）、《伊瑞涅》（1749），与其他书商合作出版《词典》（1755）；编辑出版《旧剧选集》（12卷，1744—1745）、《多人诗集》（6卷，1748—1758）。

当偿还那笔利润才对。我请求先生让一名仆人开一份那个印数的支出明细账，跟诗一起送来，以便我知道自己该担保什么。由于先生在此事上的慷慨，我完全明白先生对学术的关注，哪怕它的状况极不乐观；而且不禁认为那样一种气质值得那些往往饱受相反性情之苦的人的感激涕零。先生最恭顺之仆人，

塞姆·约翰生

致凯夫先生

先生， 〔无日期。〕

我等着先生把稿子送到多兹利处：我记得它的行数，不会比《尤金尼奥》[a] 长，包括引用语，这些必须附加在页底；诗作的部分优美（如果有什么优美可言的话）在于把尤维纳利斯的情感适应于现代的人事。加上这些增补，随便就可以达到五张。既然成本不再增加，我将甘愿予以保证，我在上封信中已经提及。如果不给多兹利那里送，我请求将它邮寄给我，以便我晚上可以收到。我给伊丽莎[b] 作了一篇希腊文警句，认为她应当像"伟大的路易"① 一样用多种语言来歌颂。先生开始处理这首诗时，请来信告知，因为步行路途很长。我愿意把警句留下，但天黑了无法誊抄。

您的， **塞姆·约翰生**

73 **致凯夫先生**

1738年春 **先生，** 〔无日期。〕

奉接惠书，不胜感激，明日一定带着《伊瑞涅》来拜见先生，她把先生看作至交之一。

---

a　一首诗，于1737年出版，关于它的记述，见1773年4月30日。

b　博学的伊丽莎白·卡特夫人。[1]

1　〈这位夫人在这些回忆录中屡屡提及，她是神学博士尼科拉斯·卡特的女儿，1806年2月19日在克拉吉斯街去世，享年八十九岁。——M.〉

①　指法王路易十四。

我今天见过多兹利先生，他对先生送给他的稿子热情赞扬，并希望出一份力，他说，那是一件应当关心的值得称道的事情。我不知道该如何回答，等向先生讨教后再说，也不知道作者一方该有什么要求，但我很乐意，如果先生高兴，他参与其中，因为他无疑会更积极地宣传和促进它。倘若先生明日能够函告我如何向他表态，我愿意把事情搞定，并把诗带去付印，由于城里印刷机构缺乏，我们不能急于求成。您的，

塞姆·约翰生

我们早就知道这首诗雄浑的气势，大胆的精神和娴熟的技巧，所以看到作者把它拿出来公示时表现出的那种胆怯，感到万分好奇，他谨小慎微到连他自己的作品都不敢承认的地步，他提出允许承印者把“他可能嫌弃的任何讽刺笔触修改”，这是多么的低声下气。那样的改动是否做出过，我们不得而知。如果我们知道了，不禁会愤愤不平；然而看到一个心力充沛的作家境况竟然如此悲惨，看到这么一首短诗尽管十分精彩，产生的利润那么微薄，还被奉承为“救济”，这是多么的令人痛心疾首。

有一种普遍的说法，我不知道有多大的真实性，说约翰生曾把《伦敦》向好几名书商出示，但谁都不肯收购。德里克[①]先生的诗《运气，一首狂想诗》的下面几行写的就是这种情景：

难道**约翰生**没有一个好心的赞助人？
难道**约翰生**走遍全城无友无亲？

---

① 德里克（Samuel Derrick，1724—1769），作家；把德贝尔热拉克的小说《月球上的国家和帝国的趣史》译为《月球之旅》（1753）；跟约翰生和鲍斯威尔的结识充满矛盾，后者把他描写成这条“小癞皮狗”；巴斯和坦布里奇韦尔斯的典礼官（1771），这个角色被斯摩莱特在《汉弗莱·克林克》（1771）中嘲笑为“小君主”。

难道每个出版商都要拒绝
他的快乐诗神的骨血？

然而我们已经看到那位可敬、谦虚、独具慧眼的罗伯特·多兹利先生情趣十足，能够发现它的不凡之处，认为给它出一份力值得称道。事实上，在未来的一次商谈中，他谈判购得了它的全部所有权，为此他给了约翰生十几尼；约翰生告诉我：“或许，我可以少拿一点；不过保罗·怀特黑德[1]的一首诗在此前就拿了十几尼，我不能拿得比保罗·怀特黑德少。”

在这里我可以注意到，约翰生似乎对保罗·怀特黑德评价不
高，他每次提到都是这样，在我看来，这对他有失公平；但考虑到保
罗·怀特黑德是一个放荡、渎神的俱乐部的成员，我们不妨认为约翰
74 生对他怀有偏见。保罗·怀特黑德真是倒霉透顶，他不仅被约翰生小
1738年春 瞧，而且，受到丘吉尔[2]的猛烈攻击，他竟然发出了下面的诅咒：

但愿我（对人性能有更大的耻辱降落？）
生在怀特黑德家，受洗命名为保罗！[3]

然而对于写了像《风俗》这样精彩而尖锐的讽刺诗的作者，我们永远不会听信非议而将其藐视。

---

① 保罗·怀特黑德（Paul Whitehead, 1701—1774），讽刺诗人；受蒲柏《群愚史诗》影响的《国家愚人》（1733）和拳击手戏拟史诗《体操健将史诗》（1744）的作者；因为他的反沃尔浦尔的讽刺诗《风俗》（1739）被拘留；地狱之火俱乐部成员；贺加斯的密友；约翰生对他评价不高。

② 丘吉尔（Charles Churchill, 1731—1764），诗人；加里克的朋友；与约翰·威尔克斯创办《北不列颠人报》（1762）；《罗西亚特》（1761）和《鬼魂》（前2卷，1762）的作者，后者是一部散漫的讽刺诗，把约翰生贬为“浮华客”，是该诗讽刺的主要目标之一；由于批评国王在议会闭幕式上的讲话（1763）而被捕。

③ 查尔斯·丘吉尔，《会议》（1763），第13页。

约翰生的《伦敦》于1738年5月出版[a]；值得一提的是，它与蒲柏的讽刺诗《1738》于同一个早晨问世，这样，英国同时有了自己的尤维纳利斯和贺拉斯当诗歌监察。现任索尔兹伯里主教道格拉斯博士①，慷慨地给我提供过一些信息，他当时正在牛津大学就读，对《伦敦》产生的效应，现在仍记忆犹新。人人都爱不释手；由于书上没有署名，文学圈子里的头一阵议论就是“这是一个无名诗人，甚至比蒲柏还要伟大”。当年的《绅士杂志》记载[b]，说它“一周之内就准备出第二版”。

这首诗一问世，它最热情的赞助人之一就是奥格尔索普将军②，他的“强大的仁爱精神”在他漫长的人生经历中从未减弱；尽管他有太多的理由变得冷漠无情，愤世嫉俗，因为他经受了很多人对他的公共价值和私人价值的忽视，这些人是有能力满足如此英勇善战而功绩卓著的一位老战士的，想到这些，怎不令人痛心疾首。

---

a　约翰·霍金斯爵士在第86页告诉我们：“在《伦敦》一诗中，事件被提前了；然而在每个细节上，除了年份不同，还要说的是泰利斯的离去，必须理解为萨维奇的离去，而且被看作史实。”这种推测，我相信是毫无根据的。我确信约翰生说过，他写《伦敦》的时候，他跟萨维奇并不怎么熟识。如果提到的离去是萨维奇的离去，这件事不是被提前了，而是被预见到了；因为《伦敦》出版于1738年5月，而萨维奇直到1739年7月才启程前往威尔士。不管约翰生能如何有效地为“预见力”的可靠性辩护，他没有谎称他本人具备那种能力。[1]

1　〈约翰生出版他的《伦敦》时，甚至与萨维奇不大熟识，这种说法也许有疑问。萨维奇1739年去威尔士时，约翰生与萨维奇辞别，所以在这一段时间前肯定已经与他熟识。参见他的《萨维奇传》。——A. 查默斯〉

①　道格拉斯（Dr John Douglas，1721—1807），索尔兹伯里主教（1791）；在《弥尔顿并非剽窃者》（1750—1751）中揭露威廉·劳德的伪造行为；在《为牧师辩护》（1755）中痛斥哈钦森派；协助约翰生侦查公鸡巷鬼魂骗局（1762）；圣保罗大教堂牧师会成员（1776）；卡莱尔主教（1787）；温莎教长（1788）；为鲍斯威尔的《约翰生传》提供资料；鲍斯威尔建议他加入俱乐部（1790），于1792年入选。

b　第269页。

②　奥格尔索普将军（General Oglethorpe，1696—1785），陆军军官，佐治亚殖民地的创建者；提出在佐治亚建立殖民地的雄心勃勃的计划（1730—1731）；在该地区取缔奴隶制的愿望被议会全面修订（1735）；成功抵御西班牙对佐治亚的攻击（1742）；被授予陆军准将军衔以表彰他的成就（1743）；在英国退休（1758）；退休后的朋友圈子中有鲍斯威尔、约翰生和汉娜·莫尔。

这位非同寻常的人物也以他的学识和情趣引人注目，就像以他的其他品质举世瞩目一样；在奖掖功绩方面没有人比他更及时，更积极，更慷慨了。我听见约翰生当着他的面心怀感激地承认他给《伦敦》给予的热情有效地支持，尽管他不认识该诗的作者。

当时诗坛的霸主是蒲柏，这样一位诗人突然横空出世，人们有理由相信他一定会感到特别震惊；然而，要记住，面对这种情况，他却显得胸襟坦荡，举止大方，令人称羡不已。他请求画家[①]的儿
75 子理查森先生想办法查明这个新作家到底是什么人。经过一番探询，
1738年5月 理查森先生向蒲柏汇报：他仅仅打听到那人名叫约翰生，是个默默无闻的人，蒲柏说：“很快他就会被 déterré[②]。”[a] 我们不久就会从蒲柏写的一封短简中看到，后来他亲自打听，比他的朋友更有成效。

不可否认，在这首名不虚传的诗里也许可以发现几种当今严谨的英诗格律所不允许的韵脚；但这种白璧微瑕，由于诗光彩夺目，一般是发现不了的，只有等到头脑慢慢冷静下来，能够聚精会神审视时才会看得出来，尽管如此，由于它才情横溢、表达俊雅，无疑是用我国语言写的最杰出的作品之一。当时全国正处在反对朝廷和内阁的骚动之中，几年后，由于罗伯特·沃尔浦尔爵士[③]的下台这种局面才算结束；常言道，托利党是不在位时的辉格党，辉格党是

---

① 即理查森（Jonathan Richardson，1665—1745），肖像画家兼作家；两次谢绝做宫廷画师的聘请；18世纪前半叶最重要、最多产的英国艺术作家；《论绘画理论》（1715）的作者；蒲柏和普赖尔的朋友。他的儿子叫“小理查森”。

② 法语：挖掘出来。

a 乔舒亚·雷诺兹爵士从小理查森处获悉。

③ 沃尔浦尔（Sir Robert Walpole，1676—1745），首相；辉格党领袖；从1703年起一直是吉特-凯特俱乐部成员；国防大臣（1708—1710）；海军财务主管（1710—1711）；全军主计总监（1714，1720）；首席财政大臣（1715）；在应对“南海泡沫”的破裂中起了关键作用；1721年再任首席财政大臣；领导汤森-沃尔浦尔内阁（1722—1723）；嘉德勋位骑士（1726）；因受贿在《乞丐的歌剧》和《格列佛游记》中受到嘲讽；无可争议的“首相”，在1730年代第一位获得这一头衔的英国人；1742年辞职，保持难以撼动的地位，主要靠乔治一世和二世的宠信和两位国王对托利党的不信任。

在位时的托利党①；所以，正如辉格党政府倾尽全力统治一样，托利党的反对力量也具有在爱国、自由、独立这些平常主题声援下的反对权力的全部生气和全部雄辩！因此，我们在约翰生的《伦敦》中发现了对暴政和压迫的最猛烈的抨击，对祖国的最热烈的痴情，对美德的最纯粹的热爱；点缀着他自己的人格和境遇的特点，也不遗漏他作为一个“真正的英格兰人”[a]，不仅对外国，而且对爱尔兰和苏格兰所抱的偏见。关于这些主题，我来摘引几段：

受骗国家快乐的宠儿们要看明白；
注意大人物爱抚谁，横眉对我的又是谁。

难道天上由于可怜没有给穷光蛋
留下无路的荒原或未被发现的海岸？
没有在无垠的海洋里留下秘密的岛屿？
没有留下未被西班牙占有的平静的沙碛？
让我们赶快奋起，把惬意的位置探寻，
对压迫的傲慢再也不能容忍。

---

① 〔托利党，原文Tory，来自爱尔兰语，意思是“追赶者”。17世纪用来指那些一无所有，以杀戮、抢劫英国定居者和士兵为生的不法之徒。1679—1680年被用来指反对排斥信仰罗马天主教的约克公爵詹姆斯继承王位的人。1689年起，成了英国两大政党之一的名称。此后若干年，托利党人或多或少倾向于被罢黜的斯图亚特王室。在议会里，他们支持既定的宗教和政治秩序。辉格党，原文Whig，在苏格兰语里的意思是“赶马者”。1679年左右被用来指反对詹姆斯二世继承王位的人。1689年起成了英国两大政党之一的名称。这是一个追求议会至上、主张改革、拥护宪法的政党。有人把Whig翻译成“民权党”，把Tory翻译成“王权党”，从中可以看出两党的基本政治态度。〕

a 然而，值得注意的是，他使用的形容词，自从英格兰和苏格兰联合以后，无疑应当在我们岛的两部分民众中占有首要地位：
“捕获早就被教成一个**不列颠人**的权利。”

当这样一些竞争者斗得你死我活的时候，
乖戾的德行怎么能希望确定一位朋友？

这条可悲的真理无处不在传播，
财富增长缓慢，凄惨的贫困如是说！

76 我们不难想象像他这样一个伟大的心灵，受到窄褊环境的夹擦，

1738年5月 喷发出最后这一行，而且还用大写，怀着什么样的感情。整首诗精彩绝伦，里面有大量洞悉世事、熟谙人生的证据，引人深思之余，不禁感到惊异，我们知道他当时才二十九岁，还不大深入“人们常去的闹市”。

然而，尽管我们对这首诗的崇高的格调赞赏不已，但公正迫使我们承认：充斥全诗的爱国火焰和反抗热情并没有正当的理由。其实，并不存在“压迫”；“国家”并没有“受骗”。罗伯特·沃尔浦尔爵士是一个聪明、仁爱的首相，他认为像我们这样一个商业国家的幸福繁荣靠和平才能得到最好的促进，因此长期以来他因维护和平为人称道。约翰生本人后来由衷地承认沃尔浦尔的优点，并称他为“一颗恒星”；同时又把沃尔浦尔的对手皮特[①]描绘为“一颗流星”。然而约翰生的青年时代的诗充满了反对的火焰，这也是天经地义的，无论如何得到人们的交口称誉。

尽管一鸣惊人，并且意识到了不凡的能力，但他没有那种气势汹汹的自信，或者我不如说，那种生气勃勃的雄心，人们也许认为

---

① 查塔姆一世伯爵威廉·皮特（William Pitt，1708—1778），“老皮特”，首相；科巴姆反对沃尔浦尔的“马仔”之一；弗雷德里克亲王王室侍从官（1737）；主计长（1746）；国务大臣（1756—1757）；再任皮特-纽卡斯尔联合政府的国务大臣（1757—1761）；因外交政策方面的光辉成就而赢得盛名；辞职（1761）；在野（1761—1766）；被封为查塔姆勋爵并任掌玺大臣（1766）；领导查塔姆内阁（1766—1768）；被利用为爱国主义的派别旗号；不注意与乔治三世的关系；一生长期疾病缠身。

这种心理会激励他奋发向上。然而他对人格尊严恪守不渝，因此不肯卑躬屈膝逢迎权贵；没有这种精神，任何人很难登上高位。他不可能指望创作出很多像《伦敦》那样的作品，而且他也尝到了卖文糊口的艰辛；因此他倒愿意重操旧业教书，以便有个稳定的收入，尽管微薄，尚可维持生计；有个学校提出聘任他为该校教师[a]，条件是他能取得文学硕士的学位，于是一位共同的朋友向亚当斯博士接洽， 77

1738年

a　翌年蒲柏先生写的一封短简中，说这个学校在什罗普郡，然而从高尔伯爵的一封信上看，学校的董事是“约翰生街坊上的几位可敬的绅士”，我在第一版里表示，蒲柏肯定是误写成什罗普郡，而不是斯塔福德郡。但此后我十分感谢律师斯皮林先生提供了以下信息：“从前的伦敦市民和缝纫用品商店威廉·亚当斯根据1656年11月27日的契约在萨洛普郡的纽波特创建了一所学校，据此他给‘那位能干而有学问的教师付总额六十英镑的年薪，支取时间和数额不定，由于生活与言谈虔诚，此人应当在牛津或剑桥受过教育，并且已经获得了文学硕士学位，并通晓希腊文和拉丁文，所以被该威廉·亚当斯在有生之日屡屡任命，在该威廉·亚当斯辞世后，又受到董事们（即伦敦市缝纫用品商会会长和理事）及其继任者们的任命’。办学所需的收入来源的地产位于斯塔福德郡的奈顿和阿德巴斯顿。”从前面对这一创办的描述，尤其是年薪六十英镑的情况，以及文学硕士学位是当教师的必备资质来看，可能这是一所拟议中的学校；高尔勋爵误认为那些拥有收益来源的土地的绅士就是该慈善团体的董事。

这就是可能的推测。然而1793年5月的《绅士杂志》刊登了一封莱斯特郡阿普尔比学校的一位教师的来信，他是这样写的：

“我把时间与情况放在一起比较，以便发现拟议中的学校是不是阿普尔比的这所学校。那个阶段的有些董事是‘利奇菲尔德街坊的可敬的绅士’。阿普尔比本身就离利奇菲尔德街坊不远。年薪，必备的学位，再加上遴选的时间，统统符合阿普尔比的状况。遴选，正如信中所言，‘不能拖到下月11号以后’，也就是9月11日，正好是阿普尔比学校每年查账日6月11日三个月后；而状况责成ne ullius prœceptorum electio diutius tribus mensibus moraretur, etc[1]。

“我想这些就是令人信服的证据，说明我的推测不是站不住脚的，而是在该书的未来版上，可以把它们作为事实记载下来。然而驱散所有疑云的是该校的记录簿，它宣称当时校长职位空缺。”

我不能忘记答谢这位博学的绅士，他在那封信中一片好心提到本书所表现的那种大气。

1　教师遴选不可拖延过三个月。

想知道牛津大学能否出于照顾授予约翰生学位。尽管约翰生在文学界已经崭露头角，但当时人们认为这个照顾非同小可，不便启齿。

蒲柏尽管除了《伦敦》，对约翰生一无所知，但他依然把他推荐给高尔伯爵，伯爵力争从都柏林给他获取一个学位，因此他给斯威夫特教长的一位朋友写了下面一封信：

> **先生**，——塞缪尔·约翰生（讽刺诗《伦敦》和其他一些诗篇的作者）是本国人氏，深受其街坊上一些可敬绅士们的推重，他们是一所教师尚在空缺的慈善学校的董事；确定年薪为六十英镑，他们渴望以此聘他为教师；然而，不幸的是，他无法接受他们会使他生活幸福的厚待，因为他不是一名文学硕士；而按该校状况，这是任教的必备条件。
>
> 让我深感荣幸的是，这些绅士认为我与先生交谊甚笃，足以说服先生给斯威夫特教长修书一封，奉劝都柏林大学赐寄一纸证书予我，给这个可怜人授予该校的文学硕士学位。他们高度赞扬此人的学识与诚实；而且不会相信如果他受到教长推荐，学校给那样一个陌生人给予这种照顾会有什么困难。他们说他不害怕最严格的考试，尽管前去赴考路途遥远；但教长认为实有必要，他愿冒险前往，因为他宁肯于半道暴卒，也不想在替书商翻译东西时饿死；过去一段时期这是他唯一的谋生之道。
>
> 我担心此事的难度比这些厚道的绅士们顾虑的还大；尤其
> 78 是他们的遴选不能迟于下月 11 号。如若先生看待此事的眼光跟
> 1738年 我的相仿，望先生将此函付之一炬，并原谅我给先生添乱，要求操办此等为难之事；不过，假若先生认为尚有获得所求照顾的可能，我相信先生定会当仁不让，惜才救困，成人之美，我不想在已经给先生造成的麻烦上再添麻烦，只是向先生真诚地保证，我乃先生忠信恭顺之仆人，
>
> 特伦特姆，1739 年 8 月 11 日。　　　　**高尔**

这次有价值的请求没有达到期望的效果，也许使约翰生大失所望；然而他本人和他的祖国有多少理由庆幸这事幸好未获成功，因为他兴许会在默默无闻中浪费掉他日后产生无与伦比的作品的时光。

大约与此同时，他还做了一次努力，想把自己从笔耕的苦境中解放出来。他请求亚当斯博士向下议院的斯莫尔布罗克[①]博士咨询，是否允许一个没有民法博士学位的人在那里开业当律师。“我（他说）对这些学业完全是个门外汉；然而无论哪门职业，从业人数有多少，肯定都在常人力所能及的范围之内，某种程度的勤奋总能胜任。”亚当斯博士很高兴约翰生计划在这方面施展自己的才能，因为相信他会出人头地。我确实无法想象当律师还有比他更有资格出类拔萃的人；因为他会给他的行业带来丰富多样的知识，非同寻常的敏锐，和掌控语言的能力，在这几个方面，能与他比肩的人就为数寥寥，超过他的人更是一个也没有。谁能够在为下议院决定选举威尔克斯[②]先生代表米德尔塞克斯和对我们在美利坚的同胞课税违反宪法的辩护中展示出雄辩和机智，谁就必定在任何案件中都是一名雄风八面的律师。然而在这里，没有学位还是一个不可逾越的障碍。

因此，他还得继续走他迫不得已已经走上去的那条老路；我们发现他在格林尼治为翻译保罗·萨尔皮神父的《历史》向凯夫先生

---

① 斯莫尔布罗克（Dr Richard Smalbroke，约1716—1805），利奇菲尔德教区主管法律事务的副主教。

② 威尔克斯（John Wilkes，1727—1797），政治家；皇家学会会员（1749）；牛排俱乐部（1754）和地狱之火俱乐部成员；旨在抨击比尤特内阁的政治周报《北不列颠人报》（1762）的创办人；出版发行恶意中伤的《北不列颠人报》第45期，谴责乔治三世的裁判；法林登外行政区的行政长官（1769）；米德尔塞克斯选举系列事件的主因（1768—1769）；在关于印刷议会辩论论战的“印刷商案件”中与政府搏斗（1771）；深得民心的伦敦市市长（1774—1776）；被人发现认同美国独立后失去公众支持，却成了议会中的激进分子；威斯敏斯特的老刺头，“自由”、玩弄女性者、渎神者和丑闻贩子的代言人。

提出的建议被接受了[a]。

79 1738年秋 这部译文有几张已经印了出来，但图样已经丢失；说来蹊跷，还有一个同名同姓的塞缪尔·约翰生，此人是大校场圣马丁教堂的图书馆馆长，该教区的副牧师，从事同一件工作而且受到牧师们的赞助，尤其是后来成为罗切斯特主教的皮尔斯①博士的支持。在两位敌对的译者间发生过好几次轻微的冲突，见之于当时的报端；后来则是两败俱伤，因为谁都没有把工作继续下去。令人深以为憾的是那位著名天才**保罗修士**的作品失去了被约翰生娴熟的手笔并入不列颠文学的好处。

承蒙约翰·尼科尔斯先生惠赐，我手中有一份约翰生的亲笔文稿，名为“爱德华·凯夫先生与塞姆·约翰生关于1738年8月2日开始翻译保罗神父的说明”；据此，似乎是从是日至1739年4月21日，约翰生因为这部作品总共收到49英镑7先令，每次收一、二、三几尼不等，有时收四几尼，大多是两几尼。十分奇妙的是，看到约翰生把它粘贴到一张纸上的那种一丝不苟，还加上一个“小注”的标题，却只有一项内容，“9月9日，凯夫先生放下2先令6便士”。附加在注上的是一些预订这部作品的人的名单，部分是约翰生

---

a 在1738年10月21日的《每周杂志》上，刊登了下面一则广告：“刚才发表过印行《特伦托会议史》的建议，该史译自保罗·萨尔皮神父的意大利文；附作者生平和神学、历史批注，译自勒库拉耶博士的法文版。对此还要补充不同作家对《历史》的看法、注释和说明，印刷文字与手稿兼收。塞·约翰生译。1. 作品有二百张，四开两卷，上好纸张和字体刊印。2. 定价每卷十八先令，预订时付半几尼，第一卷送达时付半几尼，余额在尚未装订的第二卷送达时付清。3. 不足二百张，每张打折二便士。书也许用大张纸印刷，分三卷，定价三几尼，预定时付一几尼，第一卷送达时付一几尼，余额在另外两卷送达时付清。书已付印，将会加紧办理。预订经手人、蓓尔美尔街多兹利先生，圣保罗大教堂大院里文顿先生，圣约翰门凯夫先生，以及卡文迪什广场城堡街6号译者。”

① 皮尔斯（Dr Zachary Pearce，1690—1774），罗切斯特主教（1756）；温切斯特教长（1739）；在《致英国国教会牧师》（1722）中抨击收监的阿特伯里；班戈主教（1748）；威斯敏斯特教长（1756）。

写的，部分是另一个人写的；后面有一两页纸写了一些字，看上去好像是速记，也许约翰生当时还在学习这门技艺。

致凯夫先生

先生，　　　　星期三

我在奉复先生惠书，不想耽搁先生的仆人，先生在大札中似乎暗示我许诺的多，而准备实行的少。如果我忘了说过什么抬高先生的期望的话，深以为憾；倘若先生予以提醒，我将为此感谢不尽。如果我在“辩论”中做的修改比往常少，那只是因为似乎修改的必要较少而已。献给法尔布雷斯夫人的诗[a]，先生喜欢时可以刊登。因为先生知道，那样的题材既不值得思考，也不需要思考。

“中国故事”[b]当先生乐意寄出的时候也许已经摺下去了，我想不起先生想要我在上面做什么修改。

80

我非常愿意对另一个询问做出回答，如有时间，应该在昨夜与先生商议过了；因为我认为征求那样一种对报纸也许是好处而不是包袱的通信，那是最适当的方式。

至于竞奖诗，决定它们优秀到什么程度时，瞻前顾后，对我而言并不罕见。如果愿意，先生仍然可以得到我能够提出的意见；然而，我对此事不会表现出多大的兴致，因为我最后很难对它满意，当然也不会使相关各方面满意。[c]

至于保罗神父，我对我的建议尚无充分的根据，却遇到了不少障碍，我相信现在障碍已经终了，如果发现进展不像先生有权期望的那样，先生可以随意激励一名玩忽的译者。

---

a　这些诗后来刊登在《绅士杂志》1738〔viii，486〕上，标题是——《献给法尔布雷斯夫人的诗，写于伯里阿塞齐斯》。

b　迪阿尔德的《中国写照》当时正由凯夫先生每周分期连载，约翰生从中选了一些篇章润色后供《杂志》刊用。——**尼科尔斯**

c　这里指建议对关于“神性”的最佳诗作颁发的四十英镑的奖金。——**尼科尔斯**

如果这些看法中有什么，或者统统招致先生的不满，我愿尽力去除；希望先生提出想找出答案的问题。我乃先生之恭顺仆人，

塞姆·约翰生

致凯夫先生

先生，〔无日期。〕

我非常认同先生的意见，评论不能表现出任何成功的样子；因为相关的作者的名字比作品本身内在的优点还要重要时，公众很快就会对它满意。所以我认为“研究”应当尽快推出。不妨这样表述：“今日，对蒲柏先生《人论》之研究，包括对莱布尼茨先生关于宿命论者系统哲学之简明论述，连同对他们各种观点的批驳以及关于自由意志学说之说明。”〔以及先生认为合适的其他观点。〕

至关重要的是，有必要提请注意这是一种有别于“评论的”著作。

我很难想象他们竟然站着不动[a]，所以我认为他们事先已经有了很多，因此不大急于再给他们提供。然而假如他们因为我的缘故站着不动，毫无疑问我罪责难逃；无论别的什么原因，只要在理，我不会反对；然而在明晨之前请不要急于判定，因为届时我必将请求先生给我多项建议，然后先生定会把稿子抽出来。你的 impransus①，

塞姆·约翰生

如有可能，请将建议收集到一起，或者让听差将它们从书商那里追回。

a 凯夫先生印刷所的排字工，从这封信上看，他们似乎在等稿子。——**尼科尔斯**

① 没有用餐的。

威廉·霍加斯
自画像

然而，尽管他就翻译克劳萨斯的《蒲柏〈人论〉研究》写信与凯夫先生联系，而且作为一个急于求成的人提出了建议，但我早就通过细读“序言”相信：这部译文被误归到了他的名下；我发现这一点已 81
经得到了确证，因为大英博物馆存有伯奇博士的这样一份手稿： 1738年 11月

ELISÆ CARTERÆ, S.P.D. THOMAS BIRCH.

Versionem tuam Examinis Crousaziani jam perlegi. Summam styli et elegantiam, et in re difficillimâ proprietatem, admiratus. Dabam Novemb. 27° 1738. [a]①

卡特夫人② 最近确实对苏厄德先生承认她是《研究》的译者。

引人注目的是，上面引用的约翰生给凯夫先生的最后一封信里，结尾处坦言他没有吃饭；同样引人注目的是，尽管他自己处在这种困顿的境地，他的仁爱之心对一位卑微的文学劳工的窘迫并没有无动于衷，这从下面一封信里就看得出来：

致凯夫先生

亲爱的先生，〔无日期。〕

先生也许记得我先前与您谈到过一本军事词典。大麦克贝恩③

a 伯奇手稿。大英博物馆4323。

① 托马斯·伯奇博士致伊丽莎白·卡特。我拜读了您翻译的克劳萨斯的《研究》，文笔完美优雅，而又贴切一种非常艰深的主题，仰慕之至。1738年11月27日启。

② 卡特夫人（Elizabeth Carter，1717—1806），诗人、翻译家、作家；约翰生的朋友，以翻译希腊、拉丁警句闻名；协助维持《漫游者》；翻译罗马斯多葛派哲学家爱比克泰德作品（1749—1756，1758出版），将其全集译成英文的第一人；伊丽莎白·蒙塔古和其他才女的朋友。

③ 麦克贝恩（Alexander Macbean，？—1784），作家，抄写员；被百科全书编纂者伊弗雷姆·钱伯斯雇为抄写员；约翰生编他的《词典》时雇用的六名抄写员之一；《古代地理词典》（1733）的作者。其弟为威廉。

先生在钱伯斯先生那里，他有那种著作上好的材料，我看见过，而且愿意用极低的价格将它出版[a]。我认为战争和航海术语可以包罗进去，有精当的释义，用一个八开本，12点活字，他愿意以一张十二先令价目出版，第二次印刷补足一几尼。如果先生予以考虑，我愿意跟他一起拜见先生。您恭顺的仆人，

塞姆·约翰生

请将《托普塞尔①论动物》借我一阅。

我得提一笔，这位麦克贝恩先生是苏格兰人。

在当年的《绅士杂志》上，约翰生发表了《保罗神父传》*；他还给该书写了《序》†，《序》在书装订时放在前面，但出版时总跟附录放在一起，因而也就成了该书最后的一篇文章。他能用那种才具和改写手法起草一篇序言，这也是他的奇特的优秀表现之一。

他好像还对伊丽莎白·卡特夫人给予友好的关注；因为从凯夫先生写给伯奇的一封信里，我发现"约翰生先生劝C小姐承担翻译波爱修②的《慰藉》的工作，因为书里文与诗并陈，一俟出版，将她的名字署上"。这一劝告没有被听从；也许担心书售价昂贵，不会广受欢迎。约翰生自己怎么会很好地翻译这位哲学家诗人，我们可以从登在《漫游者》（第七期题词）上的下列样品中予以

82 判断：

1738年
11月

O qui perpetuâ mundum ratione gubernas,
Terrarum cœlique sator!——

---

a　此书被出版。

①　托普塞尔（Edward Topsell，？—1638？），英国国教会牧师、作家；《四蹄兽志》（1607）、《蛇志》（1668）；博物志的早期撰稿人，但缺乏原创性。

②　波爱修（Boethius，480—524），早期基督教哲学家，《哲学的慰藉》的作者，此书在中世纪产生过巨大的影响，除了别人，阿尔弗烈德国王和乔叟都曾把它翻译成英语。

Disjice terrenœ nebulas et pondera molis,
Atque tuo splendore mica! Tu namque serenum,
Tu requies tranquilla piis. Te cernere finis,
Principium, vector, dux, semita, terminus, idem.

啊，你的力量主宰运动不息的大千世界，
你的被创造出的声音，你的智慧引导一切，
你用纯洁的光辉照耀着黑暗中的人，
用神圣的光明鼓舞着阴云笼罩的心灵。
能平抚虔诚的心胸的只有你，
用的是无言的自信和神圣的安息；
我们源于你，又奔赴你，伟大的神，
你集道路、动机、向导、起源、目的于一身！

1739年，除了对议会辩论给予润色外，他发表在《绅士杂志》上的作品有《布尔哈弗①传》*，在这篇文章中，人们注意到他显示出对化学的热爱从来没有离弃过他；《代主编告公众书》†；《致读者》†；《献给伊丽莎的希腊文和拉丁文警句》*，还有写给她的英文诗*；以及《献给伯奇博士的希腊文警句》*。一直有种错误的推测，认为当年发表在该杂志上题名为“弥尔顿的神化”的这篇文章是约翰生写的；根据这种推测，这篇文章在约翰生辞世后被书商们不适当地插入他那一版的文集中。关于这一点，如果没有确凿的证据，那么文章的风格，以及在一篇专门评论英国主要诗人的论文中不提莎士比亚的名字，根据这两点就可以确定它不是约翰生的手笔。不过没有必要求助内在证据；因为索尔兹伯里主教大人（道格拉斯博士）向我保证，那篇文章是格思里写的。他单独出版的作品还有：《对戏剧

① 布尔哈弗（Herman Boerhaave，1668—1738），荷兰医生和医学教师。

演出审查官的全面辩驳，从〈古斯塔夫斯·瓦萨〉的作者布鲁克[①]先生的恶意诽谤说起》，[*]这是一篇讽刺性的抨击文章，因为这些人压制了那出悲剧的上演；《诺福克碑文论；或论最近在诺福克林恩附近发现的僧侣韵古代预言碑文，诚实的不列颠人作》[*]。在这篇文章里，他用据认为在时任令人反感的英国首相的罗伯特·沃尔浦尔爵士的家乡诺福克郡发现的一块假碑文申斥不伦瑞克继承，和由此而产生的政府举措。[a][②]对于这种所谓的预言，他怀着反汉诺威王朝的高度热情加了一番评论，使每个词语与各个时代那挂上了钩。

83 我相信，这本匿名出版的小册子没有造成预期的轰动，因而，

1739年 流传也不是很广。约翰·霍金斯爵士说，"发了逮捕状，派执行官去拘押作者；尽管作者存心没有给小册子署名，但追查他的人警惕性很高，还是发现了他"；于是我们得知，他藏在兰伯思沼地，一直等到他的形迹泯没无踪。然而，这种说法没有丝毫根据。因为财政大

---

① 布鲁克（Henry Brooke，1703？—1783），言情作家和剧作家；因为被认为反沃尔浦尔的剧本《古斯塔夫斯·瓦萨，他的国家的解救者》（1739）而出名；《高级弄臣》（5卷，1766—1770）使他名气更大；后来与加里克发生争执；18世纪中叶英格兰爱尔兰作家阶层的一分子。

a 碑文及其译文刊登在1739年《伦敦杂志》第244页上。

② "不伦瑞克继承"：1638年，不伦瑞克-卡伦堡-格丁顿公国在德意志成立，首府汉诺威，后改名汉诺威公国。1692年，其公爵恩斯特娶英王詹姆斯一世的外孙女索菲娅为妻。他们的儿子乔治·路易与吕纳堡公爵的独生女结婚。1705年两公国合并称不伦瑞克-吕纳堡公国，其实这是汉诺威王朝的正式名称。

1694年英国玛丽女王去世，在位者为其夫威廉三世，规定继承顺序为安妮（玛丽胞妹）—安妮后嗣（均亡）—威廉三世后嗣（无）—索菲娅（詹姆斯一世外孙女）。实际上安排索菲娅继承安妮。索菲娅全家信奉新教，根据1701年的嗣位法，天主教徒不能继承王位。詹姆斯二世和查理一世之女的后代都被排除。1702年安妮即位。1714年索菲娅早于安妮去世，于是有待其子乔治·路易继承。待安妮死，乔治·路易即位，称乔治一世，从而开始英国的汉诺威王朝。这就是所谓的"不伦瑞克继承"。这一改朝换代加强了对斯图亚特王朝的排除；"政府举措"指罗伯特·沃尔浦尔爵士对下院的掌控，从而保证多数支持国王的事业，而在不满者的心目中，这等同于腐败。

臣之一斯蒂尔先生参与各种各样的重要事件，他对我的询问持礼垂听，然后告诉我，“他让人查遍了财政部和国务大臣的档案，却找不到任何发出过逮捕状拘押该小册子作者的迹象”。

《诺福克碑文论》极其罕见，我寻觅多年，一册未得。最后我还得感谢约翰生众多小冤家之一的恶意，此人在1775年出版了该小册子的一个新版，“附**特里布努斯**的注释及其对**法学博士塞缪尔·约翰生**的一篇献辞”；某个无聊文侩居心叵测，想找点根据指控作者反复无常，因为他已经接受了当朝国王陛下的一笔恩俸，而且撰文支持政府的举措。对于一些杰出人物表现出那种虚弱的恶意，这种事例不胜枚举，面对那种恶意，含垢忍辱之余，我却欣慰地指出这种telum imbelle[①] 并没有达到他的高贵的目标，直到这一版的小册子面世大约一年以后，我以为他知道再版的事，便向他提起此事。使我吃惊的是，他压根儿就没有听说过此事。他要求我立即给他找一本，我照办了。他边看边笑，似乎对他这个素昧平生的对手的这些乏力硬拼的做法十分开心，我希望此人现在还活着能读到这段描述。“竟然（他说）有人认为他已经惨痛地惹恼了我；可是，要不是由于你，你这捣蛋鬼，我也许永远都见不到它。”

蒲柏先生关于约翰生的短简，上文已有所提及，既涉及他的《伦敦》，也涉及他的《诺福克碑文论》，我拖到现在才把它插入。多亏德罗莫尔主教珀西博士，他允许我把他手中的原件誊抄了一份。信是写给画家理查森先生的，由画家的儿子交给了乔舒亚·雷诺兹爵士。我把它原原本本地抄录下来，从而把这位著名诗人的奇特行文和不太规矩的拼写展现给文学界的好奇之辈。斯威夫特有“省纸的蒲柏”一说，看来不是没有道理的，因为他写在跟留言卡一般大小的一张纸头上，送给理查森先生，一起还有《仿尤维纳利斯》一诗。

---

① “不适合作战的矛”——维吉尔《埃涅阿斯纪》，第2卷，第544行。

这是一个姓约翰生的人仿作的，此人要进什罗普郡的一所公立学校[a]，但失望了。他有种痉挛性的病症，有时发作，搞得他一副惨象。这件作品是P先生对他的全部知识，P先生
84 从它的优点出发，在没有本人要求的情况下竭力为他效劳；
1739年 于是向高尔勋爵（L^d gore）写信，但未获成功，约翰生而后（afterw^ds）又出版了一首拉丁文诗歌，附有注释，全诗非常幽默（Humerous），名叫诺福克预言。P.

约翰生听说过这封短简；乔舒亚·雷诺兹爵士告诉他里面有对他的褒奖。但由于做事缜密，并没有让他看那封短简。乔舒亚爵士对约翰生说，他似乎非常渴望看到蒲柏的短简时，他答道："受到像蒲柏这样一位要人如此挂念垂询，谁不会感到自豪呢？"

蒲柏先生所说的病症，我也有同感，我在别的地方[b]说过，属于痉挛性的那种，具有所谓的圣维特斯舞蹈病的性质；持有这种观点，西德纳姆对那种疾病给出的描述坚定了我的看法。"这种紊乱是一种痉挛。它的表现是一条腿跛，或者不稳，病人把这条腿像个白痴一样拖在身后。如果同一侧的手按着胸或身体的任何一个部位，他无法让它时时刻刻保持同一种姿势，而是被痉挛扯出不同的姿势，尽管他竭尽全力对抗。"然而乔舒亚·雷诺兹爵士持不同观点并给我惠赐了下面一篇文字。

"约翰生博士的这些举动或习惯被叫作痉挛是不恰当的。他能够一动不动地坐着，如果要求他这么做，而且坐得跟别的任何人一样纹丝不动；依我看，这种举动来自一种他尽情放纵的习惯[①]，那就是，用某些不适当的动作来伴随他的思绪，而这些动作我总觉得好

a 见边码第76页注。

b 《赫布里底群岛旅行日记》，第3版，第8页〔序言〕。

① 〈乔舒亚·雷诺兹爵士对这个问题的看法被约翰生本人对一位年轻小姐，即他的朋友克里斯托弗·斯马特的侄女说的话给予确认。见1783年3月30日鲍斯威尔先生关于雷诺兹传达的一些细节的注。——M.〉

像意在摒弃某种他过去的行为。每当他不跟人交谈的时候，那些思绪便肯定涌上心头；正因为如此，他宁肯陪任何人，做任何事，也不愿一个人闲着。他生活中的大事（他说）就是逃避自我；他把这种性情看作他的心理疾病，除了与人相处，无药可救。

"有个他心不在焉、与众不同的例子，由于体现了此人的特点，也许值得一提。我和他一起去多塞特郡的西部旅行，拜访已故的班克斯先生；话题转到绘画上，这些画约翰生又看不清楚，便离开向屋子的一个角落走去，他尽量把右腿往远伸，然后把左腿抬起来，再把右腿往更远处伸。老先生看见他这副模样，便跟了过去；非常礼貌地向他保证，尽管房子不算新，但地板绝对安全。博士从他的白日梦中惊醒，像个从睡眠中惊醒的人，但一言不发。"

我们谈这个话题的时候，读者也许不会对另一则轶事感到不快，这还是同一位朋友从贺加斯[①]先生那里听到的。 85

1740年

约翰生一度是理查逊先生家的常客，理查逊写过《克拉丽莎》和其他一些闻名遐迩的小说。有一天贺加斯先生来看望理查逊，那是卡梅伦[②]博士于1745—1746年武装起义支持斯图亚特王朝[③]被处

---

① 贺加斯（William Hogarth，1697—1764），油画家、版画家；给塞缪尔·勃特勒的《休迪布拉斯》画插图（1726）；因组画《浪子生涯》和《妓女生涯》而成名；肖像画继承了英国庄重风格，包括《格雷厄姆儿童》（1742）和《大卫·加里克演理查三世》（1745）；进而画喜剧历史画，圣经题材，下层人物，在《选举》（1753—1758）中表现现代政治和腐败；《美的分析》（1753）的作者；往往被说成英国绘画之父。

② 卡梅伦（Dr Archibald Cameron，1707—1753），医生；詹姆斯二世拥戴者；积极参与藏匿查尔斯王子（1746）；参与斯图亚特王朝复辟计划（1752）；在爱丁堡城堡短暂监禁过后被处绞刑，并开膛分尸。

③ 〔斯图亚特王朝：斯图亚特家族起源于法国的布列塔尼。12世纪初迁居英国后，该家族的一个成员被苏格兰国王任命为宫廷总管"斯图亚特"，该家族世代继承这个职务，即渐成为其姓。14世纪初，斯图亚特家族的瓦尔特和苏格兰国王罗伯特一世的女儿结婚。其子在1371年继承罗伯特一世为苏格兰王，即罗伯特二世。从而开始斯图亚特王朝对苏格兰的统治。1503年，斯图亚特家的詹姆斯四世与英国国王亨利七世的女儿结婚。1603年英国女王伊丽莎白一世去世，她终身未嫁无嗣，王位便由斯图亚特家族的（转下页）

死不久以后的事；由于是乔治二世的热烈拥戴者，他对理查逊说，在这起案件上，肯定有一些非常不利的情况最近才被发现，这就招致国王在反叛发生这么长时间以后才批准处决人犯，看上去未免有杀人不眨眼之嫌[a]，跟国王陛下一贯的宽厚仁慈大相径庭。就在说话的当儿，他发现一个人站在窗口，又是摇头，又是晃身，样子古怪可笑。他认定那是一个白痴，由其亲戚托付大善人理查逊先生照看。然而，使他大为惊异的是，这个人却迈着大步朝他和理查逊先生坐的地方走来，并且立即接上话茬，破口大骂乔治二世，骂他在一切场合，都是个冷酷无情、蛮横透顶的人；并且举了很多实例，尤其是一名高级军官，已经被军事法庭宣判无罪，可乔治二世还是亲手

（接上页）詹姆斯六世继承，为英王詹姆斯一世（1603—1625年在位）。詹姆斯一世的儿子查理一世统治期间，爆发英国资产阶级革命，查理一世被处死。1660年斯图亚特王朝复辟。查理二世即位。1685年他的弟弟詹姆斯二世即位。詹姆斯二世企图在国内恢复天主教的地位，其信仰英国国教的女儿玛丽没有希望继承王位。为防止天主教徒承袭王位，资产阶级和新贵族决定推翻詹姆斯二世的统治，于是由辉格党和托利党的一些头面人物共同出面邀请詹姆斯的女婿、荷兰执政奥兰治亲王威廉到英国来，保护英国的宗教、自由和财产。信奉新教的威廉接受邀请。1689年，詹姆斯二世被迫逊位，流亡法国，由威廉和玛丽共同统治英国，称威廉三世（1689—1702年在位）和玛丽二世（1689—1694年在位）。这就是所谓的“光荣革命”。威廉和玛丽死后无嗣，王位由詹姆斯二世的另一个女儿、玛丽的妹妹安妮继承（1702—1714年在位）。1714年安妮女王去世，亦无嗣。王位传给斯图亚特家的远亲汉诺威的乔治，即乔治一世。斯图亚特王朝为汉诺威王朝所取代。后来有半个多世纪，詹姆斯二世和他的儿子詹姆斯·爱德华（“老王位觊觎者”）以及孙子查理·爱德华（“小王位觊觎者”）曾先后聚集力量，企图以武力入侵英国，夺取王位，但均告失败。〕

a 不偏不倚的后世人也许会像当初的约翰生博士一样不大赞成，为阿奇博尔德·卡梅伦博士案件中表现的反常的严厉辩护。他是个和善、真诚的人；他的罪过归因于一种慷慨、尽管错误的责任原则。1746年后，他迫不得已放弃了行医本行，去了外国，在法国和西班牙服役期间，被授予上校军衔。他是洛基尔那个古老、可敬的卡梅伦家族的后代；他的哥哥是这一勇敢家族的族长，以谦和、仁爱出人头地，当时高地军队在苏格兰全境胜利挺进。这位族长引人注目的是，尽管他极力告诫此举无望，但当他亲自问弟弟他认为他的王子是谁的时候，仍表现出高度的英雄气概，没有拿自己的身家性命在事业上冒险。

把他从名册上一笔勾销。总而言之，他展示出非凡的雄辩才能，搞得贺加斯瞠目结舌，还真以为这个白痴一时灵感闪现了呢。这次会见，贺加斯和约翰生都未被介绍对方是谁。

1740年：三十一岁。〕——1740年，他为《绅士杂志》写了
《前言》†《弗兰西斯·德雷克爵士传》*《海军上将布莱克传》*和
《菲利普·巴雷蒂尔传》*①的前几部分，两篇文章他于翌年写完。他
还写了一篇《论墓志铭》†和一篇《音乐家菲利普斯的墓志铭》*，
后面这篇文章后来和他的其他一些文章收入威廉斯夫人②的《杂集》
中出版。这篇《墓志铭》精美绝伦，我记得就连对约翰生怀有奇怪
的偏见的卡姆斯大法官③也不得不给它高度赞誉。此文曾被归到加 86
里克先生名下，因为最初发表时有G这个署名；但我听到加里克先 1740年
生断言，这是约翰生博士写的，并且把写作的情况做了下面一番说
明。约翰生和他正好一起坐着；除了说别的事情，加里克还念了一
位威尔克斯④博士为这位菲利普斯作的墓志铭，有这么几行：

> 高尚的灵魂！你和谐悦耳的声音
> 能够愉悦相思少女，缓解痛风病情；

---

① 〈1742年他对该传做了大量增订，但从来没有收入《巴雷蒂尔传》的任何版本中。——A. 查默斯〉

② 威廉斯夫人（Anna Williams，1706—1783），诗人约翰生的友伴；札卡赖亚·威廉斯的女儿；从1748年起与约翰生在各个住处一起生活，除了1759—1765年这一阶段；出版过一部文笔优美却有灵性不足之嫌的《诗文杂集》；白内障损害了视力，受到约翰生的极大关照。

③ 卡姆斯大法官（Lord Henry Home Kames，1696—1782），法官、作家；律师代理（1737）；常任最高法院法官；受卡姆斯大法官称号（1752）；《论关于英国古迹的若干问题》（1747）和《论道德与自然宗教的原理》（1751）的作者；精英学会（1754）的创建者，英国亚麻布公司董事（1754—1756）；休谟、鲍斯威尔、本杰明·富兰克林等著名人士的朋友；高等法院审判员（1763）；工农业改进者。

④ 威尔克斯（Dr Richard Wilkes，1691—1760），医生、古文物专家。

Hogarth's House

像安菲翁[1]，能把刺耳嘈杂的混乱转变
成为美好的秩序与和谐的爱恋；
在这里安息吧，直到天使叫你升腾，
在天堂与你神圣的救主相逢。

约翰生听了这些平庸的悼亡诗后摇了摇头，对加里克说："大卫，我想，我能作一首更好的。"于是把他的茶搅了一会儿，进入一副沉思默想的状态，几乎即席创作了下面的诗句：

菲利普斯，你和谐的触摸能够驱除
内疚的痛苦，或者把不幸的爱情安抚；
在此安息吧，贫困再不会给你造成苦恼，
在这里把你昔日常常送走的安静找到；
在这和平的神龛里安眠吧，清清静静，
直到天使用你那样的乐曲将你唤醒！[2]

---

① 安菲翁，希腊神话中的宙斯的儿子，以七弦琴的魔力筑成底比斯城墙。

② 〈菲利普斯的墓志铭在伍尔弗汉普顿教堂的门廊里。它的散文部分甚为奇异：

近处安息着
查尔斯·克劳狄乌斯·菲利普斯
其人视财富如粪土
演奏小提琴却盖世无双
相知们莫不为之艳羡
他在威尔士出生
又到欧洲游历
将两种命运品味过后
于1732年撒手归天

加里克先生似乎没有正确无误地朗诵过这首诗，原诗如下。一处异文非常引人注目，因为它是约翰生诗结尾行的发端：

高尚的灵魂，你多样的声音
能够愉悦相思少女，缓解痛风病情；
像老安菲翁，能把刺耳嘈杂的群众转变 （转下页）

与此同时，加里克先生还惠赐给我这样一则轶事，他给我背了约翰生关于乔治二世和科利·西伯[①]一篇非常尖锐的警句诗，这首警句诗还从未面世，我也不知道确切的写作日期。约翰生博士后来亲手把它交给了我：

奥古斯都[②]仍然活在马罗[③]的诗中，
斯宾塞[④]的诗使伊丽莎白王朝长存；
乔治大王的壮举让高调的西伯歌唱；
因为大自然把诗人造就给了国王。

（接上页）

成为美好的秩序与和谐的爱恋；
在这里安息吧，直到天使叫你升腾，
在天堂与你救主的和声相逢。

这首诗的作者威尔克斯博士是牛津大学三一学院的研究员，什罗普郡皮奇福德教区长。他为该郡的历史搜集素材，并且被布朗·威利斯（Brown Willis）在他的《主教冠大教堂史》第2卷第189页提及。然而威尔克斯是斯塔福德郡人；他的主要注意力局限于该郡的文物。肖先生使用过他的文稿。——布雷克威〉

① 科利·西伯（Colley Cibber，1671—1757），演员、作家、剧院经理；是个极具影响力的人物；辉格党人，作为一名矫饰性演员演过一百多个角色；在新的女王剧院建立了新剧团（1709）；作为剧作家，写了《爱情的最后一着》（1696），并领衔主演，《理查三世》的一个文本一直到二十世纪还在上演；对情感喜剧的发展有重大贡献；桂冠诗人（1730）；塞缪尔·理查逊的朋友；约翰生不喜欢；与蒲柏长期纷争；《群愚史诗》（1742）第四卷的主要讽刺对象。

② 奥古斯都（Augustus，公元前63—公元14），罗马皇帝，恺撒的养子。

③ 〔马罗，即维吉尔。〕

④ 斯宾塞（Edmund Spenser，1552？—1599），诗人和爱尔兰行政官员；《牧人日历》（1579）和《仙后》（1589/1590，第2版1596）的作者，《仙后》是英国文学史上的一部纪念碑式的作品，开创了“斯宾塞诗节”，综合了一系列古体模式和语域；爱尔兰总督秘书（1580）；基尔代公司样品专员（1583—1585）；重要的政治作家，出版《爱尔兰现状一览》（1596）。

1741年：三十二岁。〕——1741年，他为《绅士杂志》写了《前言》*《弗兰西斯·德雷克爵士传》和《菲利普·巴雷蒂尔传》的结尾部分†,《歇罗克勒斯①笑话集意译，附引言》†；我认为还有下列篇什：《关于议会建议克伦威尔②称王的辩论，节略、梳理、摘要本》†，翻译阿贝·居永③《论亚马孙人》†，翻译丰特奈尔④《莫兰⑤博士赞》†。上面的两条注释在我看来毫无疑问是他的手笔。这一年和随后两年，他还写了《议会辩论》。他亲口告诉我就这三年，他是《辩论》的唯一执笔人。不过他这种说法也

不太精准，因为是他仓猝回忆后提及的；显而易见他执笔写《辩 87
论》，从1740年11月19日开始，至1742—1743年2月23日结束。 1741年

从凯夫写给伯奇博士的某些信里可以看出，凯夫给他杂志的那个栏目找到的协助比一般认为的都要好；他孜孜不倦尽心竭力要把他的杂志办好。

---

① 歇罗克勒斯（Hierocles，活跃于公元4世纪），《笑话集》作者。

② 克伦威尔（Oliver Cromwell，1599—1658），英格兰、苏格兰和爱尔兰的护国公；至1643年，在东英格兰六个追随议会的腹地郡中任高级官员，政绩突出；在纳斯比战役中以引人注目地领导“新模范军”而驰名（1645年6月14日）；弑君者；陆军中将，英格兰最有权势的人物（1649）；在爱尔兰领导臭名昭著的血腥征讨（1649—1650）；护国公（1653—1658）；推翻国王。

③ 阿贝·居永（Abbé Guyon，1699—1771），法国历史学家。

④ 丰特奈尔（Benard le Bovier de Fontenelle，1675—1757），法国诗人，作家。

⑤ 莫兰（Dr Louis Morin，1635？—1715），法国医生，植物学家。

1735年7月21日的信这样写道："劳驾你看看附上的材料；因为你说你能轻而易举地校正里面关于C—ld勋爵发言的内容。我请你尽快替我办妥，因为这个月快完了。"

1737年7月15日。"你记得辩论至此已经发现业已刊登的发言不尽准确，我请你关照将所附材料细读一遍，按你的记忆所及，尽力校正错误的段落，或者做些拾遗补阙的工作。若有N—le公爵演说的内容，我会十分高兴，因为它特别有用。

"一位先生有巴瑟斯特[①]勋爵的演说，需要增加一些内容。"

1744年7月3日。"你会看到多么愚蠢、低级、可恶的东西被加到[a]你那高尚、博学的朋友[b]的人格上，诸如此类的东西我应当摒弃，并且努力做一些事情还其人格清白。然而，在这方面我无法如愿，如果你能惠赐那篇真正的演说，那将不仅是我们工作的荣幸，而且是我的一大满足，那是一个好几个人一直想采取的方法，然而我认为我得约束自己。迄今为止，我要说，我已经得到了第三手材料，我完全理解它来自第一手；有的是邮寄来的，有的是发言人自己给的，他们一直乐意光顾圣约翰门，表现各自高兴的特点。"[c]

我相信，没有理由怀疑凯夫的诚实。然而引人注目的是，这些信件没有一封是在约翰生单独修订《辩论》的那几年写的，而且有一封写在他停止干那件差事后的那年。约翰生告诉我，一旦发现那些发言被认为是真的以后，他就下定决心再也不写它们了；因为"他不愿朋比为奸传播虚假信息"。他就是心太软，所以在去世前不久。表达了对曾经写过虚假文章的悔恨。因为它们造成了以假乱真

① 巴瑟斯特（Allen Bathurst Bathurst, 1st Earl，巴瑟斯特一世伯爵，1684—1775），政治家；沃尔浦尔的批评者；阿特伯里的支持者；党派原则的热情卫士；康格里夫、斯威夫特和斯特恩的朋友；斯特恩在其《致伊丽莎书》（1775）的第三封信中有对他的描绘；被蒲柏补充到他的《道德论文集》第三篇上。

a　我估计是同一种类的另一编纂。

b　毫无疑问，是哈德威克勋爵。

c　伯奇文稿。存大英博物馆43020。

的不良影响。

然而，他和我一致认为，他曾经规范过的辩论应当被评价为关于重大公众问题的演说。因为它们被汇集成册，经过适当编排，并用一篇由高手写的序言推荐，引起议会诸位发言者的注意[a]。然而，88
我必须指出，尽管这些辩论中有丰富得出奇的政治信息，有语惊四 1741年
座的雄辩，约翰·霍金斯先生好像认为它们展示了每个发言人的风格，我却不敢苟同。他认为“普尔特尼①深沉洪亮的恶意和皮特尖声急叫的顽固”[b]给出了两位著名演说家的特点，对于他的判断和有关公众演说的情趣，我们能有什么看法呢。

这一年，我发现他的悲剧《伊瑞涅》做好上演的准备已经有些时日了，他的拮据使他迫不及待地渴望得到尽可能多的收入，因为在大英博物馆我在前面摘引过的同一卷手稿中有凯夫先生致伯奇博士的下面一封书信。这些手稿都是那所高贵的博物馆的馆长之一、极其善解人意的威廉·马斯格雷夫爵士指点给我的。

1741年9月9日

> 我已经把约翰生先生的剧本交到格雷先生[c]的手里，目的是将其出售给他，假如他想买的话；但肯不肯卖，我心里犯嘀咕。他可以把稿子处理掉，可以利用上演得来好处。你的学会[d]或者

---

a　有人向我保证编辑是乔治·查默斯[1]先生，他的商务作品非常著名，为人推重。

1　查默斯（George Chalmers, 1742—1825），文物专家，宽泛的托利党政论家；著作有《当前联合殖民地编年史》（1780）、《殖民地反叛史引论》（1782）、《苏格兰地区纵览》（1807—1844）等；文物学会会员（1791）；皇家学会会员。

①　普尔特尼（Sir William Pulteney，巴斯伯爵，1684—1764），政治家；沃尔浦尔的对手；康格里夫、斯威夫特、格雷和蒲柏的朋友；自由的坚定倡导者。

b　霍金斯《约翰生博士传》第100页。

c　一名伦敦书商。

d　不是皇家学会；而是学术促进学会，伯奇博士是其中的领导成员；他们的目的是协助作者们刊印昂贵的著作。他的存在时间约从1735年至1746年，后来债台高筑，只好解散。

你知道的什么人，或什么团体可能做这笔买卖？他和我都极不适合与戏剧界人士打交道。弗里特伍德上个季节本来想上演它，然而约翰生信心不足，或者　　　　　　[a]阻止了它的上演。

我已经说过《伊瑞涅》直到加里克担任朱瑞巷剧院经理后才让它与公众见面。

1742 年：三十三岁。〕①——1742 年他为《绅士杂志》写了《前言》[†]《议会辩论》[*]《马尔伯勒公爵夫人②行述论》[*]，这是当时的热门话题。此“论”短小精悍，为人称道。我们在他的《漫游者》第13 期上发现他批评那篇“行述”的滥情；而且在谈话中不依不饶再次坚持。[b]《彼得·伯曼传简述》[*]，我相信主要取自一种国外的出版物；由于他本人对伯曼确实知之甚少；《巴雷蒂尔传补遗》[*]《西德纳姆传》[*]，后来加在他的斯旺博士版文集前；《刊印哈利书目或
89 牛津伯爵③藏书目录的建议》[*]。他在对那批著名藏书的描述中表明，
1742年 当藏书的名目又广又杂时，法国人所谓的“分类目录”对作品极其

---

a　这里没有涂抹，而纯粹是一段空白；填补它也是一种对高明推测的锻炼。

①　〈从1742年6月他写给一位朋友的一封信上看，他当时好像打算写一部以瑞典的查理十二为题材的剧，并准备于该年冬天动笔。然而信上的这段文字有点含糊；他当时构思的那部作品也许是那位君王的历史。——M.〉

②　马尔伯勒公爵夫人萨拉（Sarah, Duchess of Marlborough，1660—1744），政治家、廷臣；王室侍从官，安妮女王最亲密的顾问（1685）；使安妮与威廉三世重新和好（1695）；女王服装侍从官长，王室侍从官，女王私用金保管官，温莎王苑园林官（1702）；与安妮女王争辩后被剥夺宫廷官职（1711）；在支持马尔伯勒重大影响方面起了关键作用。

b　《赫布里底群岛旅行日记》，第3版，第167页〔9月10日〕。

③　牛津二世伯爵爱德华·哈利（Edward Harley, 2nd Earl of Oxford, 1689—1741），图书收藏家和艺术赞助人；蒲柏的赞助者，斯威夫特的通信者和朋友；安排普赖尔《诗集》的出版；把其父的手稿收藏发展成当时最大的私人图书馆之一；临死前收藏多达50 000册印刷图书，350 000册印刷小册子和41 000帧版画；藏书最后由约翰生和威廉·奥尔迪斯编目。

重要，而且编制这一份类目录需要出众的才干，他的描述无疑使读者对他的语文学造诣欣羡不已。这篇描述后来被印在“目录”第一卷的卷首，目录的拉丁文书评都是他写的。他是由书商托马斯·奥斯本[①]先生雇来从事这项工作的。奥斯本用一万三千英镑购得那批藏书，奥尔迪斯[②]先生在他的一份手稿中说，这个数目最多只够装订那些书的花费；然而，约翰生博士向我保证，这笔买卖耗时太长，里面赚头不多。有人说得有鼻子有眼，又有人添油加醋，说有一天约翰生用一本对开书在书店里把奥斯本打翻在地，再在他的脖子上踩上一只脚。我从约翰生嘴里探得简单实情，“先生，他对我蛮不讲理，我就揍了他一顿，不过不是在他的书店里，而是在我住的房间里”。

一个非常勤快的观察者可以跟踪他，直至我们不会轻易认为能够发现他的地方。我毫不怀疑他写了题为“外国史”的简编，登在12月的《杂志》上。为了印证，我要摘引那篇引论。“由于这是一年的这么一个季节，那时候自然可以说命令暂停敌对行为，似乎有意通过暂停暴力和杀戮，从而为恶意提供时间大发慈悲，让仇恨平息；我们很难期望别的考虑，只有计划、谈判、协定；只有和平倡议，和战争准备。”还有这么一段：“让那些鄙视瑞士人的能力的人告诉我们，依赖什么神奇的政策，或者依赖什么对各种利益的巧妙调解，出现了这样一种局面，在一个不同社区、不同宗教构成的团

---

① 托马斯·奥斯本（Thomas Osborne，？—1767），书商；购得哈利藏书，并发布了一份由约翰生和威廉·奥尔迪斯编的目录（1741—1745）；由于干预了约翰生的学业，二人发生对抗；在1743年版《群愚史诗》第2卷与埃德蒙·柯尔的小便比赛中取代塞缪尔·查普曼；出版奥尔迪斯的《英国藏书家》。

② 奥尔迪斯（William Oldys，1696—1761），古文物专家、纹章官；诗《忙碌、好奇、口渴的苍蝇！》被约翰生译成拉丁文；从1737年起出版自己研究成果《英国藏书家》；哈利的文学秘书（1738）；与约翰生推出《哈利书目》（1743—1744）以帮助哈利藏书的出售；第三纹章官（1755）；很多不完整的注释和版本被沃顿等作家以及约翰生的《英国诗人传》所利用。

体内却没有民间骚动，尽管人们非常好战，指派和征召一支军队都是一码事。”

承蒙阿瑟尔[1]先生惠允，我抄录了下面两封信件，原件还在他手里。信的内容表明，两封信就写在这一时段，这时约翰生正在准备一篇英国议会的史记。

致凯夫先生

先生，　　〔无日期。〕

我相信我要写一封长信，因而用了整整一张纸。要写的第一件事是我们的历史规划。

先生提到分册刊行的建议，作为对计划的一种改动，然而我相信您在某些方面误解了我的意思；我没有别的看法，只是认为您可能会印太多的五张纸，而不是三十五张。

至于我要对进展的方式说些什么，我倒想让它被认为与我无关紧要，而且只是我的看法，而不是我的决定。Emptoris sit eligere.[2]

90 我认为在页边安插最重大事件的确切日期，或者能使读者

1742年 准确有效地调整事实顺序的很多事件的日期，这是刊物和历史之间的中和，因为刊物只关注时间，而历史则根据彼此依赖罗列事实，又根据叙事的方便将其推后或提前。我认为这部作品应当具有与精准相悖的历史精神，和与这种精神不符的刊物的规矩。因此，我既不赞成分册或分日期，也不拒绝它们。

我赞成先生关于把大多数决议置于页边的意见，并且认为我们要对能够弄到的议会议项做出最完整的说明。未经证实的文稿，没有历史专论结合，需要其他书籍帮助才能使人明白。

---

① 阿瑟尔（Thomas Astle，1735—1803），档案专家，图书、手稿收藏家；应大英博物馆聘任编写哈利手稿索引；接手菲利普·莫兰特刊印议会古老案卷（1770）；《写作的起源与进展》（1784）的作者；收藏手稿250多份。

② 买家有权选择。

我愿意准确无误地标明接连发生的事实的日期，不过我认为搁在页边为宜。您星期六告诉我我已收到这部著作的稿费，并发现记下十三英镑二先令六便士，算上上星期六的半个几尼。您向我暗示很多人向您催要钱款，我不会把您逼得太紧，所以我仅仅希望交稿后一张稿子付两几尼；余额您可以在更加方便的时候付清；即便这种按张付费，有一段时间，我也会索价很高。

《萨维奇[①]传》我准备继续往下写；用18点铅字（Great Primer），注释用12点铅字，我估计一天交出半张；但稿费同样您先拿着，等结稿后再付。至于辩论，难道我的事务还不够多？要是我有神来之笔就好了。

对于萨维奇先生的《传》，您还有什么材料？我想了解他的审判情况，并想知道他在布里斯托尔的申辩，还想搞到他的诗集，为了那篇《前言》。——《开诚布公的人》[a]——刊登他的或与他相关的材料的所有杂志。

我本来想这封信会很长，现在总算结束了。您的，

塞姆·约翰生

信差发现我几乎摸黑写这封信，当时我拜读大札都很吃力。

我读过意大利文本——没有什么可取之处。

我想我没有任何关于碑文的材料。[②]希望您别以为我在搞奇货可居。直至今日，我什么都没有想到。倘若今晚，您能为历史再匀我一个几尼，我当心怀感激，予以领受；如果办不到，我也不会认为那是一种伤害。——我几乎又好过了。

---

① 萨维奇（Richard Savage，？—1743），诗人、剧作家；里弗斯四世伯爵理查德·萨维奇的私生子；约翰生是他的传记作者（1744年匿名出版）；自白诗《私生子》（1728）和反教权主义讽刺诗《一位牧师的历程》（1735）的作者；《群愚史诗集注本》（1729）文学闲话的源头；1738年开始为约翰生的至交。

a 《开诚布公的人》出版于1724年，里面有对萨维奇的一些记述。

② 〈或许是古代北欧碑文，《绅士杂志》第12卷第132页。——M.〉

致凯夫先生

先生，——您没有告诉我您关于“士兵来信”[a]的决定，我肯定它从来没有刊印过。我想它不会自行出版，或者在其他任
91 何地方像《特刊》那样顺利印行。假如您想搞到它，我相信您
1743年 不会认为我是高估了它，要是您给，您就会很快给的，对此我会感到欣慰。

您不必担心要印的东西，因为我已经弄到公诉案审判卷宗，将从中摘录拉耶[①]、阿特伯里[②]和麦克尔斯菲尔德[③]的材料，并将在两周之内交给您；此后我要想办法搞到南海报告。

〔无日期，无落款。〕

我还要把《论译自迪阿尔德法文原著的〈中国写照〉》[†]归在他的名下。

1743年：三十四岁。〕——1743年，他在《绅士杂志》上发表的作品有《前言》[†]《议会辩论》[†]《试评克劳萨斯与沃伯顿关于蒲柏〈人论〉的争议》[†]；《争议》一文在替克劳萨斯辩护的同时，表现出一种令人佩服的形而上学的敏锐和温和的论争态度；Ad Lauram

---

a 我没有发现这是什么东西。

① 拉耶（Christopher Layer，1683—1723），律师；詹姆斯二世党密谋者；在泰伯恩刑场被处绞刑，并开膛分尸。

② 阿特伯里（Francis Atterbury，1662—1723），罗切斯特主教（1713）；政治家、詹姆斯二世党密谋者；高教会事业的斗士；托利党人；哈利在牧师中的主要盟友；卡莱尔教长（1704）；詹姆斯二世党人行动曝光以后被迫流亡；任老僭王的国务大臣；真正的宗教作家，如果算不上大学者的话；文笔深受约翰生景仰。

③ 麦克尔斯菲尔德一世伯爵托马斯·帕克（Thomas Parker, 1st Earl of Macclesfield，1667—1732），大法官（1718）；辉格党人；女王高级律师（1705）；代表德比郡的议员（1705）；王座庭庭长（1710）；枢密院官员（1710）；皇家学会会员（1712）；与乔治一世关系密切；因贪污被控告（1725），从枢密院官员中除名（1725）。

Parituram Epiqramma*[a]；《蒲柏岩洞诗的拉丁文翻译》*；他运笔如神，无论大事还是小情都能处理得一样成功，所以我认为他是关于哈利藏书目录宣传奥斯本的一则广告的作者。①

---

a　Angliacas inter pulcherrima Laura puellas,
　Mox uteri pondus depositura grave,
Adsit, Laura, tibi facilis Lucina dolenti,
　Neve tibi noceat prœnituisse Deœ.[1]

即兴创作这首警句时，赫克托先生在场，第一行是詹姆斯博士引出来的，在座的要求约翰生将它续完，他立即完成了。

1　意为："劳拉，英国最漂亮的女孩，你很快就会卸掉惨痛的包袱。你疼痛时，愿鲁西娜对你发发慈悲，但愿你不要因为胜过一位女神而受罪。"——警句诗。鲁西娜在罗马宗教中是一个与朱诺相关的名字，司生育的女神。题目里的parituram，意思是"将分娩"。

①　〈发表在1743年的《绅士杂志》(第12卷第548页）上的下面一首优雅的拉丁文颂歌，很多年前有人向詹姆斯·宾德利指出是约翰生写的，可以万无一失地归在他名下。

AD ORNATISSIMAM PUELLAM.
VANÆ sit arti, sit studio modus,
Formosa virgo: sit speculo quies,
Curamque quærendi decoris
Mitte, supervacuosque cultus.

Ut fortuitis verna coloribus
Depicta vulgo rura magis placent,
Nec invident horto nitenti
Divitias operosiores:

Lenique fons cum murmure pulchrior
Obliquat ultro præcipitem fugam
Inter reluctantes lapillos, et
Ducit aquas temerè sequentes:

Utque inter undas, inter et arbores,
Jam vere primo dulce strepunt aves,
Et arte nulla gratiores
Ingeminant sine lege cantus:

Nativa sic te gratia, te nitor

（转下页）

然而，如果在这里我没有怀着超常的敬仰介绍一首精彩优美的颂歌，那无论对我杰出的朋友还是对读者，我认为那是一大亏欠。赫克托先生告诉我，这首颂歌是约翰生早期写的，从未收入他的任何诗集，但发表在这一年的《绅士杂志》上。

友谊颂 *

友谊，特殊的天恩，
　　高贵心灵的欢乐与骄傲，
只给予天使和人，

（接上页）

Simplex decebit, te veneres tuæ;
　Nudus Cupido suspicatur
　　Artifices nimis apparatûs.

Ergo fluentem tu; malè sedula,
Ne sæva inuras semper acu comam;
　Nec sparsa odorato nitentes
　　Pulvere dedecores capillos;

Quales nec olim vel Ptolemæia
Jactabat uxor, sidero in choro
　Utcunque devotæ refulgent
　　Verticis exuviæ decori;

Nec diva mater, cum similem tuæ
Mentita formam, et pulchrior aspici,
Permisit incomtas protervis
Fusa comas agitare ventis.

同一杂志第14卷第46页上，插入了一首优雅的警句诗，是对前面那首颂歌的回应，作者是诺福克普勒姆（Pulham）的Inyon医生，也是一位优秀的古典学者。

Ad Authorem Carminis AD ORNATISSIMAM PUELLAM
O cui non potuit,quia culta, placere puella,
Qui speras Musam posse placere tuam?——M.〉

低等世界无法得到。

而爱，不为享受天国之福者所知，
千万种狂野欲望的起源，
以熊熊的烈焰煎熬烤炙
所有的野兽和人类的心田；

他的闪电带着明亮，但往往是
毁灭性的光飞驰在万物之上；
你的柔和的光辉却单只
围绕着天上的宠爱者发亮。

你无辜快乐的轻柔流淌 92
从来不向愚人、恶棍屈就； 1743年
暴君白把你渴望一场，
拥抱一个马屁精当作朋友。

勇士和义人的指导者，
引领我们穿越人生的暗道！
让不信任的种种折磨，
只把自私的心胸损耗。

当灵魂迁往福地之时，
你的热情依然放光；
在尘世升华我们德行的东西，
在天国定会把我们的幸福增强。

这时候，约翰生有了一次襄助同学詹姆斯医生的机会，他曾经这样评价詹姆斯，“没有比他对自己的职业更尽心竭力的人了”。这一年，詹姆斯出版了他的三卷对开本《医学词典》。约翰生，我从他那里了解到，写过或者帮助写过这部作品的计划；因为非常喜欢学医，詹姆斯就成了他的医学老师，他写了几篇文章。不过，他肯定为《词典》写了给米德①医生的《献辞》†，这篇文章是带着极大的殷勤构思的，目的是赢得那位杰出人物的赞助[a]。

一直流传着这么一种说法，可信度如何，我不得而知，说约翰生认为伯奇博士是个沉闷的作家，还说，“汤姆·伯奇谈起话来活跃得像只蜜蜂；不过一旦拿起笔来，笔立马就变成一颗水雷；瘫痪了他的所有才能”。这个国家的文学在很大程度上受惠于伯奇的活动与勤奋，这一点一定得承认。我们已经看到约翰生用一首希腊警句颂扬他；多年来约翰生和他的通信证明约翰生绝对没有贬抑过他。

致**伯奇博士**

先生，　　　　1743年9月29日，星期日。

93 此事我不知再向何人求告，烦劳之处望多鉴谅；我对斯坦

1744年

---

① 米德（Dr Richard Mead, 1673—1754），医生，图书、艺术品收藏家；按照约翰生的说法，是“几乎比其他任何人更享受生活阳光”的人。

a 献给**米德医生**。

先生，——之所以将《医学词典》奉献给您，只是因为您在我努力解释和促进的这些科学方面的卓越技艺名满天下：因此，考量这篇献辞，如果正中下怀，您就当作对功绩的一种回报；如若相反，就权当对杰出的一种烦扰。

无论您如何予以接受，我的初衷不会落空；因为公众对您的判断的要求将会表明，我没有把自己满足的希望建立在读者的无知上，还表明我担心谁的知识最广，谁的指责就最少。您的犬马仆，

R.詹姆斯

厄普伯爵[①]、克拉格斯父子[②]和森德兰大臣[③]的生平和性格茫然无知；所以恳请您告知我在何处可以找到，并向凯夫先生惠寄小册子或其他相关材料，以便披阅数日。您最恭顺的仆人，

塞姆·约翰生

这时候，他的处境非常窘迫；但他对母亲的挚爱热烈而宽厚，于是他把母亲的一笔债务揽到自己身上，尽管债务本身为数不多，但对当时的他而言也相当可观。这从他写给利奇菲尔德的莱韦特先生的一封信上可见一斑，信的原件此刻就在我的眼前。

致**莱韦特先生**；住利奇菲尔德。

先生，　　　　1743年12月1日。

我们严重侵越了先生的债务利息清偿宽限，我极其抱憾，由于事务繁冗，我先前对此有所忽略，实不应当，现在又无力

---

① 斯坦厄普一世伯爵詹姆斯·斯坦厄普（James Stanhope，1673—1721），陆军军官、外交官、辉格党政治家；吉特-凯特俱乐部创建者；陆军少将（1708）；陆军中将（1709）；在西班牙发动成功的战役，最终在布里韦加惨败（1710）；南方部大臣（1714—1718）；枢密院官员（1714）；北方部大臣（1718）；通过外交谈判帮助确立英国的统治王朝，并巩固欧洲和平（1716—1721）。

② 老克拉格斯（James Craggs, the elder，1657—1721），政治家，政府官员；马尔伯勒公爵的私人秘书；活跃于东印度公司；邮政部长；牵连在"南海泡沫"中；据说畏罪自杀；死后财产被估价为一百五十万英镑。
小克拉格斯（James Craggs, the younger，1686—1721），外交官、政治家；驻西班牙公使的秘书（1708）；下院汉诺威俱乐部成员；南方国务大臣和枢密院官员（1718）；蒲柏的朋友，蒲柏给他的陵墓题诗；称赞他"天性高贵"，"心胸坦荡"。

③ 森德兰三世伯爵查尔斯·斯宾塞（Charles Spencer, 3rd Earl of Sunderland，1674—1722），辉格党政治家；南方部大臣（1706—1710）；在野的辉格党领袖；枢密院官员（1714）；被任命为爱尔兰总督（1714），但他就任了掌玺大臣这一新空缺从而避免离开故土（1715）；北方大臣（1717）；回任南方大臣（1718）并任枢密院院长；与斯坦厄普共同控制内阁（1718—1721）；最后几年与沃尔浦尔争权；一位见风使舵、讲究实效的精明政治家。

立即汇寄，但我一定在两月内付清（我想是十二英镑）。我把这笔债务以及那笔抵押借款将来的利息都看作我本人的债务；恳请先生给我指示如何偿付为宜，但切勿向家慈提及。倘若必须在更短期限内偿付，我相信自己还是可以办到；但我认为两个月肯定没有问题，先生是否惠允我如此长的宽限，乞速赐复。我本人非常感激先生的宽限，如果能为先生效劳，我会认为是一大幸事。先生认为有什么东西应当公之于众，我有很多传播机会。先生可以指定此地的任何人，我愿意向他写一张在提及的时间支付的欠条。先生至恭至顺之仆人，

塞姆·约翰生

于格雷律师学院书商奥斯本先生处

1744年：三十五岁。〕——除了《前言》[†]，他在1744年似乎没再为《绅士杂志》写过什么东西。他的《巴雷蒂尔传》这时候再版为一本小册子。然而这一年他推出的一部作品足以维持他业已赢得的崇高声誉。这就是《理查德·萨维奇传》[*]；如果不诧异此人有一段时期是约翰生的至交，就很难对他有持平之论；因为他的性格有放荡、无礼、忘恩负义之类的特点[a]；然而，由于他毫无疑问有一颗热情、健壮而又狂放不羁的心灵，阅历又丰富多彩，且跟当代的政要和才子过从甚密，所以能向约翰生提供他的哲学好奇心求之不得的丰富材料；萨

94

1744年

---

a 作为他脾性的一个样品，我把他给一位高贵的勋爵[1]的信插在下面，这位勋爵对他恩重如山，但由于他品行不端，只好把他抛弃。原信在已故的**弗兰西斯·科凯恩·卡斯特**先生手里，他是国王的法律顾问之一：

畜生和蠢材阁下：

我发现你想（像某先生欣然暗示的那样）发誓要除掉我的性格，即你的债权人的性命，因为他向你讨要一笔债款——公众很快将会得知这一点，判断你是否不适合做一名爱尔兰证人，而更适合做一位爱尔兰贵族。——我蔑视你。我是你的死对头，

R.S.

1 蒂尔康耐尔勋爵（John Brownlow，Viscount Tyrconnel）。

维奇的不幸遭遇和不端行为使他沦落到卖文糊口的悲惨低贱的境地，于是他频繁造访圣约翰门，这自然而然就把他和约翰生拴到了一起[a]。

约翰生和萨维奇有时候一贫如洗[b]，到了连房租也付不起的地步，他们只好整夜整夜流荡街头①，想到此景此情，不禁令人心酸。然而处在这

---

a 约翰·霍金斯爵士不顾一切地认为：约翰生"由于赞赏斯文风范迷上了萨维奇的言谈举止，因为他就其外表而言，身手不凡"（霍金斯，《约翰生传》第52页）。然而，约翰爵士对其斯文的概念肯定显得有点滑稽，因为他把下述情况说成萨维奇是个好剑客的推定证据："他懂一种绅士武器的演练，这可以从与他的性命攸关的莽撞冲突中对它的运用推断出来。"这里所指的身手不凡是这么一回事：萨维奇一次夜出发了酒疯，在一家咖啡馆刺死了一个人；为此他在"老围子"受审，被裁决犯了杀人罪。

约翰生确实把他描述成具有"一种严肃的男人的举止，一种庄重威严的风度；然而一遇到更加亲近的相识，它就软化成一种迷人的轻松态度"。约翰生是多么高度赞赏萨维奇所具有的他本人大力拓展的那种知识，他对萨维奇怀着什么样的情意，从1738年4月《绅士杂志》里下面的几行字就看得出来，我敢肯定是约翰生的手笔：

Ad RICARDUM SAVAGE.

Humani studium generis cui pectore fervet
O colat humanum te foveatque genus.[1]

1 "献给理查德·萨维奇。愿人类珍爱他，
因为在他心里燃着热爱人类的火焰。"

b 〔下面引人注目的约翰生一贫如洗的证据是他出版《萨维奇传》后由贝德福郡阿普斯利的理查德·斯托先生传达给作者的，信息来源是《古斯塔夫·阿道夫生平史》的作者沃尔特·哈特先生。

《萨维奇传》出版后不久，哈特先生与爱德华·凯夫一起吃饭，偶然对它表示了赞许。过后不久，又遇见了他时，凯夫说："那天你让一个人大喜过望。""——怎么回事，"哈特说，"除了你我，再没有人呀。"凯夫提醒他说，一盘食物被送到屏风后面，那是端给约翰生的，他嫌穿着太破烂不肯现身；但听到那番谈话后，由于对他的书给了褒奖，从而喜不自胜。〕

① 〈由于约翰生是在定居伦敦前结的婚，而且跟妻子总有个住处，有的读者就要纳闷，他怎么总是由于没有一个寄宿之处被迫与萨维奇彻夜到处游荡。但是，应当记住：约翰生在不同的时段，在伦敦附近是有寄宿处的，但经济状况肯定不允许有一个双人住处。因此，当他在伦敦寻欢作乐一天以后，发现天色太晚，回他偶尔拥有的任何乡下住处已不可能，因为城里没有寄宿之处，他只好按上面描述的方式过夜了；因为尽管在那个时段，两个男人住在一起并不是不常见的。但萨维奇好像除了在露天下陪他，（转下页）

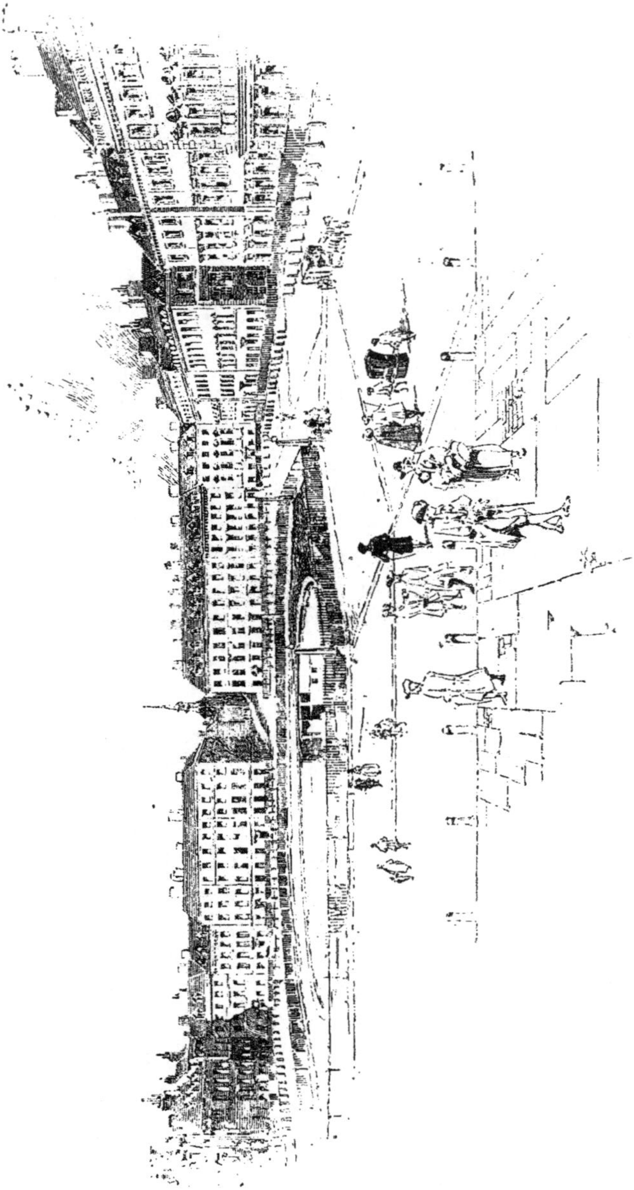

St. James' Square in 1760

种几乎难以置信的悲惨境地，我们可以推想，萨维奇提到过很多轶事，后来约翰生就用它们丰富了他这位不幸的友伴和其他一些诗人的传记。

他告诉乔舒亚·雷诺兹爵士，有个夜晚非同寻常，由于没有住
处，萨维奇和他便在圣詹姆斯广场游来荡去；处于这样的境地，他
们一点也不颓丧；反而意气风发，满腔爱国激情，在广场上转悠了 95
几个小时，猛烈抨击首相，“誓死捍卫祖国”。 1744 年

然而，萨维奇过惯了城里放荡不羁的生活，约翰生尽管束身自好，我担心他与萨维奇长期厮混难免有近朱者赤、近墨者黑之嫌，为此，在那更加简朴的年月，他引起了他的朋友赫克托先生的注意；可他还是在不知不觉间被引入某些放纵行为中去，从而给他洁身自好的心灵造成了不少烦恼。

约翰生急于让他对这位非凡朋友的真实可靠、褒扬赞许的记述抢先获得公众的注意，这一点在他写于该书出版前、后来刊登在当年八月《绅士杂志》上的一封信里看得一目了然。

> **厄本先生**，——您的文集表明您多么频繁地把给您那些诗意盎然的篇章锦上添花的文字归功于不幸而又独具匠心的萨维奇先生，我毫不怀疑你对他轸念殊深，因而会鼓励任何倾向于使对他的记忆免受侮辱或中伤的计划；为此，我颇有信心地求您告知公众，有人很快就会出版他的传记，此人深得他的信任，并从他本人那里得到他建议提及的大多数事件的记述，一直讲到他退居威尔士斯旺西的时候。
>
> 从那个时期直至他在布里斯托尔狱中去世，记述将根据更少异议的材料继续进行；他本人的书信，他朋友的书信，其中有些会穿插在作品中间，有些摘要附在页边。
>
> 这样的设想也许在情理之中：别人或许有同样的计划；但

（接上页）没有别的办法接纳他。——上面给出的警句诗无疑是约翰生写的，该诗表明，他们在1738年4月以前就认识了。参见边码第74页注。——M.〉

不能相信他们能获得同样的材料，因此完全可以预见，他们会由于信息缺乏而生编硬造；名为“萨维奇传”，实为一部小说，充斥着浪漫的历险故事和虚拟的桃色案件。因此如蒙惠允在贵刊上通报拙著将由沃里克巷的罗伯茨先生以八开本出版，也许会满足热爱真理和才智的人们的愿望。

〔无落款。〕

1744 年 2 月，书果然由罗伯茨书店推出。我尚未找到罗伯茨和约翰生之间的任何关系，除了这次出版的偶然关联。在约翰生的《萨维奇传》中，尽管必须承认它的道德寓意有悖——“Respicere exemplar vitœ morumque jubebo”[①]，但却反复灌输了一个非常有益的教训，热情洋溢的人谨防对热情过于放纵；五花八门的事件相互关联，丝丝入扣，清晰而生动，全书闪耀着灿烂的哲学光辉，因此成为最有趣的英语叙事作品之一。乔舒亚·雷诺兹爵士告诉我，他从意大利回来，在德文郡见到此书，对作者一无所知，便一只胳膊支
96 在壁炉台上站着阅读起来。他读得如此凝神专注，看不完就手不释
1744 年 卷，他想挪挪身子，才发现那条胳膊完全麻木了。这部作品写得如此之快，可见他下笔如神。有人听到约翰生说：“我坐着把《萨维奇传》一口气写了四十八张八开纸；然后通宵未眠。”[a]

他选了萨维奇诗歌的一些样品，其中有几首功力非凡，从而把萨维奇的天才展现得淋漓尽致。确实，我们偶尔会发现那种气势，那种亮点，使我们推测那是约翰生对他的朋友慷慨相助的结果。这是托马斯·华顿[②]先生对我说的；为了支持这种说法，他从题为《私生子》的那首诗里引用了一行，把一个“在自然的铸币厂压印上狂喜”的人的想象中的优越与某个世族贵胄加以对比：

---

① “我劝他把真实生活与习俗看成他的楷模”——贺拉斯，《诗艺》，第1节，第317行。

a 《赫布里底群岛旅行日记》，第3版，第35页〔8月19日第55页〕。

② 托马斯·华顿（Revd Thomas Wharton，1728—1790），英国诗歌史家。

没有流露一张蠢脸的半点行藏。

其实，约翰生和萨维奇结识几年前，这首诗就已经出版了。

引人注目的是，在这部评传中，出现了一种强烈的征兆，那就是，约翰生对演员怀有偏见；这种偏见可以归结为以下几种起因：首先，他的器官不完善，有很大缺陷，因此察觉不出优秀的戏剧表演对大多数人产生的细微影响；其次，他的悲剧遭到冷遇；最后，加里克一举成名，成了耀眼的明星。加里克原先是他的学生，跟他一起来到伦敦，景况比他好不了多少，他无疑认为，跟自己相比，加里克才疏学浅。可是在追名逐利的竞赛中，学生却遥遥领先，这也许使他有些忿忿不平，所以认为不管加里克的演艺多么高明，但与成就斐然的文学劳作的所得相比，报酬未免过于优厚，后者难能望其项背。纵观约翰生的一生，说起演员，总是颇有微词；而在这部作品中，说到他们时言词尤其苛刻；也许从前干这一行的人行为放荡，给人以太多的口实。不过平心而论，现在世风已经大变，再也没有那样贬损的余地了。

他的同学兼朋友给我讲了一件惬意的轶事，说约翰生如何战胜了他的学生大卫·加里克。这位大演员曾在古德曼校场演过短短一个阶段的戏，约翰生和泰勒前去看他的演出，散场后，他们二人与加里克和老吉法德[①]在一家酒馆宵夜。一贯瞧不上演员的约翰生先对加里克那天晚上演出中在重音上犯的错误指责了一番，然后说 97
道：“先生，演员们对一种豪言壮语上了瘾、滔滔不绝，一泻千里， 1744年
全然不顾重音或强调。”面对这样的讽刺挖苦加里克和吉法德坐不住了，便竭力批驳；约翰生也反唇相讥：“那好，我给你们不太熟悉的一句话让二位说说看，我们再看看我的见解是多么公正。这就是

① 吉法德（Henry Giffard，1694—1772），演员和剧院经理；古德曼校场剧院经理（1731）；在伦敦舞台定期演出（1729—1735）；短期持有朱瑞巷剧院股份（1733—1734）；在缺人的皇家剧院和林肯律师学院场院剧院巩固地位（1736）；违心地助成出版物认可法（1737）；给加里克伦敦首次演出。

准则。让我听听你重复一下第九诫，‘不可作假证陷害人’①。”两人都试了一遍，泰勒博士说，但都念错了重音，它应当落在“不”和“假证”上[a]。约翰生念对了，并为自己的胜利沾沾自喜。

《萨维奇传》一出版，一家报刊《斗士》就给了它如下盛赞：“这本小册子，无需恭维它的作者，是我见过的同类作品中写得最公正、最精彩的，所以由于它值得高度奖赏，自然就不大需要这番推荐了。至于那个不幸的人的履历，因为他的回忆录构成了这部作品，自然写得准确而生动，对此我是更好的裁判，因为我知道提到的很多事实都是绝对真实的，而且讲述也非常公正。此外，它讲的不仅是萨维奇先生的故事，而且是无数与别的很多人很多事相关的事件，这就使这部传记成为一件非常有趣，而又极富教育意义、极有价值的作品。作者的评语简短、重要、公正，叙事如行云流水，安排井然有序。他的反思深深地注入每个人的心田；总而言之，在我们的语言中，或许在其

---

① 〈适度的强调应当落在“假”字上。——卡尼〉

a 我疑心泰勒博士的这一说法不准确。重音应当同等地落在“不”和“可”上，因为两个字共起作用构成了否定禁令；而“假证”像在“十诫”中禁止的其他行为一样，不应当特别强调，只须发音清晰就可以了。

切斯特菲尔德勋爵
托马斯·庚斯博罗 绘

他任何语言中，很难找到一种更加公正，或者惬意，一种更加引人入胜或者一种更富有教育意义的关于人性的各种优长与缺短的论著了。”[a]

约翰生对萨维奇的偏爱使他对他的故事不管怎样奇特，不可能发生、一点也不存怀疑。他从来没有想到对他是麦克尔斯菲尔德伯爵夫人的儿子这种情况产生质疑，他对这位伯爵夫人的无情野蛮提出了强烈的控诉，而且在约翰生给他写的传记里对其细节讲述得有声有色，极其感人。约翰生在出版他的记述时肯定是有充分的保证的，无论可能会怎样得罪这位夫人和她的亲属，因为她被指称对儿子惨无人道的行为和可耻的认罪声明在现在摆在我面前的一本《萨维奇传》里加以陈述，这本书早在 1727 年出版，谁也没有试图批驳它，或者把作者或印行者加上诋毁的罪名加以惩处：要不是尊崇人性，我们倒乐于发现那个令人震惊的故事是向壁虚造；从一位与那 98
位夫人的家庭有关系的可敬的绅士[b]那里我得到了那些回应我的询问 1744 年
的信息和说法，我想，至少会使人们对故事有所怀疑，尤其当我们认为它的来源肯定是那个叫作理查德·萨维奇的人本人的时候。

如果箴言 falsum in uno，falsum in omnibus①，被毫无保留地接受，那么萨维奇的故事传达给我们的信誉将会荡然无存；因为它里面有一些毫无疑问不真的主张。

一、为了让人们相信里弗斯伯爵②由于一次犯罪牵连，据说麦

---

a 这篇《萨维奇传》评论不像人们一直推测的那样是菲尔丁写的，而最有可能是拉尔夫写的，从“主舍”的里德先生手中的《斗士》合伙人议事录来看，拉尔夫在这篇赞美文章发表之前继承了菲尔丁在该报的股份。

b 已故的国王法律顾问之一弗兰西斯·科凯恩·卡斯特先生。

① 一点有假，全线皆假。

② 里弗斯四世伯爵理查德·萨维奇（Richard Savage, 4th Earl of Rivers，约1654—1712），陆军军官；近卫军骑兵旅第四连中尉、中校（1786）；兰开郡治安法官（1687）；与蒙默斯有关系的一个集团“背信俱乐部”的主要领导；代表利物浦的辉格党议员（1690）；陆军少将（1693）；柴郡首席治安法官兼治安长官（1695—1704）；陆军中将（1697）；西班牙王位继承战争期间的陆军司令（1706）；枢密院官员（1708）；伦敦塔看守（1709）；皇家骑兵近卫团上校（1712）；他那个时代最臭名昭著的玩弄女性者之一，诗人理查德·萨维奇的父亲。

克尔斯菲尔德夫人根据议会法案[a]，与丈夫离婚，他特别牵挂她给他生的那个孩子，据称爵爷让他沿用自己的名字，并正式登记在霍尔本的圣安德鲁斯教堂的登记簿上。我仔细查阅了那本登记簿，但找不到那样的登记条目[b]。

二、据说，“麦克尔斯菲尔德夫人有段时间跟丈夫① 生活得极不自在，认为公开坦白通奸是她获得自由的最明显而又高效的手段”；约翰生认为这是真的，便义愤填膺地污蔑她，“这个贱货肆无忌惮地宣称自己是个奸妇”②。然而，我仔细查阅过她离婚期间上下两院的议事记录，发现正式确认：她非但不主动屈从屈辱性的通奸指控，反而由她的律师做了强硬的辩护；起诉书于1697年1月15日首先

---

a　1697年。

b　〔卡斯特先生信赖的故事是这样说的：萨维奇是个身世可疑的孩子，不是里弗斯伯爵和麦克尔斯菲尔德夫人所生，而是一名鞋匠的苗裔，在她亲生的儿子夭折后领养的。这个故事无疑是以这么一种情况为根据的：1696年麦克尔斯菲尔德夫人在萨维奇出生前和里弗斯伯爵生了一个女儿，她在婴儿时就夭折了；这一事实在关于麦克尔斯菲尔德勋爵离婚诉讼过程中已被证实。这类虚构大多都有真假混杂的成分。〕[1]

1　“麦克尔斯菲尔德伯爵案”于1697—1698年呈交到上院。目的是获得一项离婚法令，该案显示：“麦克尔斯菲尔德伯爵夫人安妮，托名为史密斯夫人，由接生婆赖特太太于1696或1697年1月16日星期六早晨6点接生，在霍尔本小河街附近的狐狸大院产下一名男婴，由霍尔本圣安德鲁斯教堂的副牧师Manningharn博士的助理Burbridge先生于随后的星期一施洗礼，注册登记的名字为约翰·史密斯之子理查德。该男婴于1月18日星期一在狐狸大院被命名。从私密情况推断，Burbridge先生估计他是个‘私生子’。还有情况表露：这位夫人在生产期间戴着面具；还有，Mary Pegler在施洗后的第二天(星期二)从狐狸大院（从小河街通向格雷律师学院巷）的Pheasant太太家抱走了一个男婴，婴孩的母亲叫史密斯夫人，人们叫他Lee太太。”

与这种说法相符的是霍尔本圣安德鲁斯教堂登记簿上的记载，这一记载无可争议地记录了理查德·萨维奇的洗礼，里弗斯伯爵把自己的教名加在孩子母亲假姓的前面：1696或1697年1月。“理查德，约翰·史密斯和玛丽之子，住格雷律师学院巷狐狸大院，18日受洗。”——宾德利〉

①　即麦克尔斯菲尔德二世勋爵查尔斯·杰拉德，陆军军官、外交官，铁杆辉格党人；北威尔士总督（1696），卷人该世纪丑闻迭出的离婚诉讼案中。

②　〈法庭上离婚不能根据当事人的供认获准。必须要有证据。——卡尼〉

提交上院，于是诉讼断断续续进行，（各方申请给时间带远方的证人来等等，）直到3月3日起诉书通过。然后由上院的一份咨文于3月5日送交下院，在7日，10日，11日，14日，15日诉讼继续，最后一天，对双方证人经过充分讯问并听取诉讼代理人的意见后，据报道未予修正，便通过，呈交上院。

麦克尔斯菲尔德夫人被宣判犯有被指控的罪行，这一点不可否认；但现在的问题是，那个自称理查德·萨维奇的人是否就是她的儿子。

一直有这么一种说法[①]：里弗斯伯爵行将就木，急于为他所有的 99
私生子女提供生计的时候，麦克尔斯菲尔德夫人告诉他，他们俩的 1744年
儿子已不在人世。那么，我们相信这是一位母亲编造出来阻止自己的孩子获得他父亲惠赠的恶意的谎言，从而产生了相应的结果，如果约翰生作传的传主就是她的儿子的话；还是宁肯相信当时冒用理查德·萨维奇的名字的那个人是个骗子，其实是鞋匠的儿子[②]，麦克尔斯菲尔德夫人的孩子被托付给他老婆照看；在真正的理查德·萨维奇死亡后，鞋匠的儿子企图冒名顶替；而且这个骗局麦克尔斯菲尔德夫人了然于心，因此义愤填膺，对他憎恶之极？

有一种说服力很强的情况支持后一种推测，尽管被看作麦克尔斯菲尔德夫人倒行逆施加剧的现象屡屡提及，那就是，她阻止了他获得他的教母劳埃德夫人留给他的一笔遗产的好处。因为如果留下了那样一笔遗产，他却无法得到兑现，这就必定归咎于他意识到：他不是正身。正当的推断应当是：麦克尔斯菲尔德夫人的孩子死在它的教母之前，它死了，这笔遗赠也就失效了，因而，约翰生的理查德·萨维奇是个骗子。如果他有资格接受这笔遗赠，他在追回它时不会遇到任何困难；因为要是遗产管理人们拒绝他的权利主张，

---

① 〈约翰生在他的《萨维奇传》里的说法。——M.〉

② 〈一位精细的朋友告诉我，这种说法并不准确。照料萨维奇，想让他日后当学徒的鞋匠并不是萨维奇奶妈的丈夫。参见约翰生的《萨维奇传》。——鲍斯威尔〉

不仅遗赠，而且所有的花费都得由他们支付，如果他就是受遗赠的那个孩子的话。

萨维奇的才能，他的性格中杂糅纷呈的火爆、粗鲁、傲慢、卑鄙和残忍[a]，共同作用使人相信他适合策划并实施一种野心勃勃、胆大包天的行骗计划，类似的案例在上层社会，在各个国家的历史上，并不罕见，而且成功的案例相当可观。

然而，话又说回来，对约翰生的友伴而言，（无论通过什么手段把他输送进这个世界——就算“与谁有关或由谁所生”一直令人生疑，毫无疑问，他是个天赋非凡的人，）我们必须承认他的“身份”或出身，尽管不算正当，但总的名声仍然举足轻重；假如他是一个骗子，麦克尔斯菲尔德夫人的侄子蒂尔康耐尔勋爵竟然赞助他，甚
100 至让他到家里做客就似乎有点蹊跷了。[b]最后，使人疑窦丛生的是，
1744年 理查德·萨维奇的生平有三种不同的记述，一种于1724年发表在《开诚布公的人》上，一种发表于1727年，还有一种出版于1744

a 约翰生的友伴似乎已经使那个心地高尚的人相信他们二人在具有一种高傲方面十分相似；因为约翰生浓墨重彩地描绘过蒂尔康耐尔勋爵和萨维奇的争吵后断言“萨维奇先生的精神其实绝对不允许他请求和解：他以责难还责难，以侮辱还侮辱”。然而我已经涉及的那位可敬的绅士手里有萨维奇被蒂尔康耐尔勋爵抛弃后写给爵爷的牧师吉尔伯特牧师先生的一封信，他在信里以最谦卑的口气请求牧师大人把他的情况向子爵陈述一番。

b 依赖萨维奇的信息，约翰生描述了这个不幸的人被蒂尔康耐尔勋爵引为同调，并提供津贴，好像是在萨维奇被控和遇赦之后。然而我肯定，萨维奇接受了蒂尔康耐尔勋爵的主动补助，后来又被他打发走，早在杀人犯案之前，而且在谋求赦免萨维奇的过程中他出了大力，他是通过赫福德夫人向王后说情的。所以如果一心想阻止萨维奇出书，他就会坐视萨维奇送命。确实，我必须指出，尽管约翰生提到蒂尔康耐尔勋爵资助萨维奇“是基于他把揭露母亲残忍的计划搁置起来的许诺”，这位伟大的传记作者却忘了他自己已经提到，萨维奇的故事好几年前已经在《开诚布公的人》中讲过；他从里面摘引了宽厚的理查德·斯蒂尔爵士的强硬说法：“他母亲的惨无人道给了他把每个好男人都看作父亲的权利。”与此同时，必须承认，麦克尔斯菲尔德夫人及其亲属也许仍然希望她的故事不要被萨维奇的讽刺笔法搞得更加引人注目。

年，出自约翰生的大手笔，三种记述都出版在麦克尔斯菲尔德夫人生前，尽管有对她的严厉抨击，但都被听之任之，没有受到任何公开、有效的批驳。

这样，我已经竭尽全力尽量公正地总结了这一事件的证据；结果好像是，对于真相，世人必须在一种不确定的状态中摇摆。

这种跑题，我相信，不会招人非难，因为它与一件极奇特而且与作为人和作者的约翰生息息相通的事情有关[a]。

这一年他写了《〈哈利杂集〉序言》[*]。《哈利杂集》是一本小册子选集，由奥尔迪斯先生编选，奥尔迪斯先生是个好奇心极强、孜孜不倦的人，他首先把那种探索精神深入到古老的英国作家文学中去，借助这种精神，我们伟大的戏剧诗人作品近来得到如此彰显地阐释。

1745 年他出版了一本小册子，题名为《读悲剧〈麦克白斯〉感言，兼评 T.H. 爵士（托马斯·汉默爵士①）版〈莎士比亚〉》[*]。上面还有他附加的出这位诗人新版的建议。

由于我们没有找到他在这一年期间发表的其他作品，我们不妨推测：他全神贯注于这项工作无暇旁骛了。他匿名建议的那项任务人们知道沃伯顿已经在进行，所以公众对他的建议没有给多少鼓励，101
这也许给他的热情泼了一瓢冷水。然而，他的小册子却受到高度评 1747 年
价，甚至有幸得到目空一切的沃伯顿本人的认可。沃伯顿在两年后

---

a 梅森小姐因为离婚失去了麦克尔斯菲尔德夫人的头衔后，嫁给了布雷特上校，据说她在上流圈子里广为人知。我得知科利·西伯对她在斯文生活与习俗方面的情趣和判断力评价极高，因此他把他的《马虎丈夫》的每一场都交给布雷特夫人修订。据传布雷特上校向夫人的女仆大献殷勤。有一天布雷特夫人走进她自家的一间屋子，发现上校和她的女仆在两把椅子上酣睡，她把一条白手绢围到丈夫的脖子上，这就足以证明她发现了他的私通；但她从来没有把这事向他提及。这起事件，正如我听到的那样，促成了查尔斯爵士、易西夫人和埃金的那场构思巧妙的戏。

① 托马斯·汉默爵士（Sir Thomas Hanmer，1677—1746），政治家；汉诺威托利党人；下院的首要托利党代言人之一；被哈利秘密任命为财务大臣（1708）；十月俱乐部成员；下院演说家；推出了几项文学成果，包括《评〈失乐园〉的文本》（1733）和一版莎士比亚集（1743—1744）。

出版的《莎士比亚》序言中提到："关于莎士比亚在《论》《评》《感言》等诸多名目下发表的所有东西，如果你除去关于《麦克白斯》的某些评论，其余的绝对不值得认真评说，那是给一种拟议中的版本样品做的评述，似乎是一个才华横溢之人的手笔。"

关于沃伯顿给予他的这番美誉，约翰生心怀感激，永志不忘，他说："他在赞扬对我价值千金的时候赞扬了我。"

1746 年：三十七岁。〕——1746 年，可能他仍在致力于他的《莎士比亚》，这项工程可能搁置了一个阶段，因为对那位伟大诗人的文集的沃伯顿版抱有很高的期望。有点蹊跷的是，1745 至 1746 年间，他的文学生涯几乎完全中止了，这两年由于仓促推动斯图亚特王朝复辟，英国爆发了内战。众所周知，他对那个不幸的王室脉脉含情；有人也许想入非非，认为他牵肠挂肚，心急如焚，妨碍了他智力的发挥：我倒认为，在此期间，他正在勾勒他那部语文学巨著[①]的大纲。

我尽力查找，发现这几年的书信没有一封留存下来，这是一件莫大的憾事。看到当时他怎样向自己的私交表达对国是的看法会给人某种乐趣。亚当斯博士告诉我，"这段时间他最喜欢沉思默想的东西就是《阿尔弗烈德[②]传》；一说起它，他就热情洋溢，由此看来，我相信如果掌控好自己的意志，对于这部著作他会比其他任何主题更加投入"。

1747 年：三十八岁。〕——1747 年，人们认为 5 月号的《绅士杂志》由于登了他的五首短诗而显得精彩纷呈，每首诗加了三个星号以示突出。第一首是写给托马斯·汉默爵士的拉丁文墓志铭的翻译，或者不如说是意译。拉丁文原作是否是他的手笔，我从来没有

① 即他的《英语词典》(1755)。

② 阿尔弗烈德，西撒克逊和盎格鲁-撒克逊王，学识博大精深，英吉利民族的捍卫者和大救星。

听人说起，不过我倒认为很有可能就是他的，如果可以肯定英文本是他的手笔的话；对此我表示怀疑的唯一原因就是在他的《读〈麦克白斯〉感言》中对汉默作为一名编辑的简慢评语与《墓志铭》大相径庭。可以说《感言》的评语与他自己的莎士比亚序言中的评语也有同样的矛盾之处；不过这一出版物与另一出版物之间相隔时间甚远，而《感言》和《墓志铭》却离得很近。另外几首是《致某小姐，感念她惠赠作者一只亲手编织的金丝网络钱包》《穿丧服的斯苔
拉》《冬日漫步》《颂歌》《致莱茜，——一位老夫人》。我并不肯定 102
这些全是他的手笔；[a] 但由于《冬日漫步》从来没有争议就是他的， 1747年
而这几首全有同样的标记，那就有理由得出结论，它们都出自同一人之手。然而，我们在那首颂歌里发现了一个很能说明他的特点的细节，那就是对痛风的专业描写，

不幸呀，那些被关节炎的
暴虐交托给痛苦之床的人们；

还有下面这样一条注：作者患了痛风病。但约翰生直到晚年才得了那种疾病。然而，这难道不可以是诗的虚构吗？一位诗人为什么不可以假设自己患了痛风，就像假设自己坠入爱河一样。而这样的例子不胜枚举，而且被约翰生在他的《考利①传》里予以令人叹服的

---

a 〔在约翰生投稿的《宇宙来客》中，可以发现加在毫无疑问是他的作品上的标记，也加在肯定不是他写的其他作品上。因此这种标记不能确定现在讨论的这些诗是他写的。它们很有可能是霍克斯沃思的作品，因为据信他患有痛风。〕*1*

1 〈关于钱包的那些诗句后来插入威廉斯夫人的《杂集》，毫无疑问是约翰生写的。——M.〉

① 考利（Abraham Cowley，1618—1667），在同时代人中享有很高声誉的诗人，不仅受到德莱顿的模仿和赞赏，而且受到约翰生有保留的赞扬；作品有《哀怨》（1663）、《有关英格兰、苏格兰和爱尔兰的幻象和预言》（1660）;《作品集》印行过十四版（1668—1721）；把查理时代的巧智写作带进了早期的王政复辟时代。

奚落？我也有点难以相信他竟然能产生在致莱茜的诗里出现的那样一连串奇思异想，他在诗里声称这位老者具有一种堪与上天相匹的权利，与其他诗人所奉承的美女如出一辙；因此他以反讽笔法把天空的属性赋予了她，如这样的一节：

她一露齿茫茫黑夜旋即消逝，
　　她浑身的丘疹就是闪烁的星星；
她的舌像敏捷的闪电一样凌厉，
　　并且能够随同雷霆一起轰鸣。

年近古稀，他竟然还能屈尊玩弄无病呻吟的押韵诗取悦思雷尔夫人和她的女儿，他大可以在年轻的年月作这样的篇什。

值得注目的是，在这第一版的《冬日漫步》里，最后一行比后来印行的更具有约翰生的风格；因为在随后的几版中，在求斯苔拉“把他揽入怀中”后，他说，

防护我免受生活的灾殃。

而在第一版里，却是

向我隐瞒了生活的景象。

一般来说对生活感到恐怖，更符合约翰生惯常的忧郁思维模式。

103 我听见他铿锵有力地背诵登在这一年四月号《绅士杂志》上的
1747年 下面一首诗；但我没有根据说它就是他的亲笔。诚然，一位当代最优秀的批评家[①]向我指出，“满不在乎这个词被用作漠不关心的意思”，由于毫无诗意可言，这就使人认为它不可能是他的手笔。

① 也许是埃德蒙·马隆。

闻洛瓦特勋爵[①]被处决有感

基尔玛诺克[②]死了，高贵的心灵深表哀怜，
勇敢的**巴尔梅里诺**[③]就在你身边；
拉德克利夫[④]，带着他青年的罪行悲戚，
对他误认为的真理矢志不渝，
视死如归，临危不惧，
柔情者悲痛、勇敢者赞许。
而我们却袖手旁观**洛瓦特**的命运，
对国王不忠，对宗教不信：
女人忘不了他造成的堕落；
孩子不悲痛他儿子的暴虐；
托利党人不怜悯，心想他算什么东西；
辉格党人不同情，因为他把事业抛弃；
勇敢者不抱憾，因为他不勇敢；
忠诚者不哀悼，认为他奸险！[a]

---

① 洛瓦特十一世男爵西蒙·弗雷泽（Simon Fraser, 11th Baron Lovat，1667？—1747），詹姆斯二世拥戴者。

② 基尔玛诺克四世伯爵威廉·博伊德（William Boyd, 4th Earl of Kilmarnock，1705—1746），詹姆斯二世党将军。

③ 巴尔梅里诺六世男爵阿瑟·埃尔芬斯通（Arthur Elphinstone, 6th Baron Balmerino，1688—1746），詹姆斯二世拥戴者；因参加1745年起义被处决；在绞架上坚强不屈，威严依旧。

④ 虚衔德文特沃特伯爵查尔斯·拉德克利夫（Charles Radcliffe, 1693—1746），詹姆斯二世党密谋家；詹姆斯·拉德克利夫的弟弟；兄弟二人参加了1715年詹姆斯二世党起义，在普雷斯顿投降；死刑推迟到1716年6月，但他由于公众情绪变化获得了缓期执行。

a 这首诗对诗里的主人公、那位非同寻常的人过于严厉，因为他无疑是个勇敢的人。在庄严的审判期间，他的诙谐（顺便一提的是，我听大卫·休谟说，这一方面我们有默里先生，现在的曼斯菲尔德伯爵，非常罕见的（转下页）

这一年他的老学生兼故交大卫·加里克成了朱瑞巷剧院的共同专利权所有人兼经理，约翰生用一首“开场诗”* 祝贺加里克就任，这首开场诗不仅因为诗格高妙[a]，而且因为对整个英国舞台的公正、坦率的批评而独步文坛。就像《悲伤的母亲》的那篇有名的“收场
104 诗”一样，它在这个季节里屡屡受到观众的追捧。它的一些最动
1747年 人、最精彩的段落被所有的戏剧爱好者和诗歌爱好者经常咏诵，铭篆于心，现在再列举出来，纯属多余。在本年《绅士杂志》十二月号上，他插入一首《冬颂》，我认为这是展示他抒情诗天才的杰出样板。

1747年是划时代的一年，因为约翰生公布了他的《英语词典》的编写计划或“内容简介”，从而向世界宣告了这部艰巨而重要的著作。

这么一项巨大的工程，他究竟构想了多长时间，我一无所知。有一次我问他，他用什么手段掌握了关于我国语言的那种惊人的知识，从而能够实现那样一种艰苦卓绝的计划。他告诉我：“那不是刻意研究的结果；而是不知不觉在他心里萌生成长起来的。”詹姆

（接上页）一次发言，来源可靠）非常引人注目。当问及对证明他有罪的很有说服力的证人之一埃弗拉德·福肯纳爵士是否还有什么问题要问时，他答道：“我只希望他让他那年轻的妻子快乐。”用谋反案件的可怕言词对他宣判死刑后，退出法庭时他说：“永别了，阁下们，我们不会在一个地方再团聚了。”行刑时他处之泰然，高声喊道：“Dulce et decorum est pro patriâ mori.”[1]

1 “为祖国而死，甜蜜得体”——贺拉斯，《颂歌集》，第3卷，第2首，第13行。

a 我的朋友考特尼先生颂扬约翰生的拉丁文赞歌已经穿插在本书中，他同样高兴地赞扬了约翰生的英文诗。

听吧，他在歌唱！那旋律连蒲柏都为之赞叹；
义愤的美德赋予她自己的歌手灵感。
他倾吐出的歌崇高得像尤维纳利斯一样，
跟那位罗马诗人共同分享相宜的赞扬；——
现在他用炽热的诗歌点燃他的时代，
莎士比亚的太阳重新照亮阴云遮暗的舞台。

斯·多兹利[①]先生曾经告诉我，在这一时段的好几年前，有一天约翰生正坐他哥哥罗伯特的书店里，他听见他哥哥对约翰生建议，一本英语词典将会深受广大读者的欢迎；约翰生起初似乎想接受这一建议，但停了一会儿，突然态度坚定地说："我相信我不会干这种事的。"然而，在他公布他的"计划"之前，他已经对这个课题深思熟虑过了，看计划显示出的那种开阔、清晰、准确的观点，我们一目了然；我们发现在他那本小册子中提到很多作家的证言可作为权威证据提出，这些作家都是由蒲柏挑选的；这本小册子证明罗伯特·多兹利先生很可能向他提供了那位杰出诗人提出的要致力于一项伟大文学计划的某些暗示，这一计划一直是前朝的重大课题。

实施这样一项工程，在其他国家，没有许多人通力合作是没法完成的，可书商们却跟单枪匹马孤立无援的约翰生签订了合同。这些书商包括罗伯特·多兹利先生、查尔斯·希契先生、安德鲁·米勒[②]先生、朗曼兄弟、纳普顿[③]兄弟。定金为一千五百七十五英镑。

《计划》是向切斯特菲尔德伯爵菲利普·多默提出的，此公当时是国王的首要国务大臣之一，一位一心想附庸风雅博取文名的贵族，他得知这一计划后，说了一番看好它成功的顺气话。也许至关重要的是，有一段秘史，了解一下会觉得很有意思，如

---

① 詹姆斯·多兹利（James Dodsley, 1724—1797），书商；罗伯特的弟弟；挂"图利头"（Tully's Head）招牌，在葆尔美尔街经营书店；销售哥尔德斯密斯、斯特恩、沃尔浦尔和格雷夫斯的新作；最受人欢迎的出品是伯克的《关于法国革命的感想》；不具备他哥哥的能量和才气。

② 安德鲁·米勒（Andrew Millar, 1707—1768），书商；1741年起为格拉斯哥福利斯出版社的伦敦代理；最早入选书籍印刷出版经销同业会董事会的苏格兰人之一（1763）；对未动笔的作品，引人注目的是约翰生的《词典》预支酬金的第一批书商之一；休谟和菲尔丁的朋友。

③ 纳普顿（John Knapton, ？—1770），书商；联合出版蒲柏书信的认可文本（1737），从1725年起与作者交往密切，1746年同意出版约翰生《词典》的出版商之一；其弟为保罗。

果我们能把它传达得真实可信的话。约翰生告诉我[a]："先生，我的《词典》的《计划》最后向切斯特菲尔德伯爵提出，经过是这样的：到了指定交稿的时间，我忘了写它。多兹利表示了把它向切斯特菲尔德伯爵提出的意愿。我抓住这一点作为延迟交稿的借 105 口，说慢工出细活，就让多兹利如愿好了。我对好友巴瑟斯特 1747年 博士说过：'如果我把它向切斯特菲尔德伯爵提出得到了什么好处，这要归功于老谋深算，其实，那只是为偷懒随便找的一个借口罢了。'"

值得注意的是，《计划》不仅具有广博、明白、准确这样一些实质性的优点，而且它的语言精彩非凡；它完全摆脱了那种浮夸的文风，以及那些不够普通但又贴切、有力的字眼，这在他的有些作品中为人诟病，其实这些人表现出的无礼多而公正少；在里面为了招引他经人说服从而相信将会是一位可敬的赞助人的注意，所用的庄严的奉承语气，是绝无仅有的。

"至于纯正还是得体这两个问题，（他说）我一度怀疑，我是不是不应当过于潜心于努力做出决定，我的范围是不是应当扩展到这个问题的论题之外，不囿于展示双方的赞同；然而既然我一直受阁下意见左右，来提自己的判断，因而便竭力支持我觉得似乎最符合语法和道理的东西。奥索纽斯①认为谦虚阻止他为他无力完成恺撒认为他能胜任的工作辩护：

Cur me posse negem posse quod ille putat？②

我不妨希望，阁下在我们语言方面的权威得到公认，既然阁下授

---

a　1777年9月22日从德比郡的阿什伯恩去看伊斯兰的时候。

①　奥索纽斯（Ausonius，公元前63—公元14），诗人、修辞学家；风景诗《摩泽尔河》的作者。

②　"为什么我该说我干不了他认为我干得了的事情？"——奥索纽斯，《警句集》，第1首，第12行。

权予我表明自己的看法，我将会被人认为在行使一种代理司法权；我还希望那种否定我自己的主张的力量将会欣然允许我做阁下的代表。”

这一段文字证明，约翰生把他的《计划》向切斯特菲尔德伯爵提出不仅仅是缘于依靠多兹利的一句传言，说伯爵喜欢这一计划；而且证明关于这一计划本来就存在与这位爵爷的一种沟通。泰勒博士告诉我约翰生把他的《计划》的手稿给他请他审阅；稿子放在桌子上，恰逢威廉·怀特黑德[1]先生来访，于是让他过目，他对当时读过的部分高度欣赏，便要求把它带回家慢慢品味，他获得了许可；泰勒博士还说他又把稿子传到一位高贵的勋爵[2]手里，勋爵又把它送给切斯特菲尔德伯爵。泰勒说这样也许会有好处，约翰生答道：“不；先生，如果事先没有人看到，也许一出现更加新鲜动人。”

另一位高贵的作者也持同样的看法，这从奥雷里伯爵写给伯奇博士的一封信里的摘录中显露出来：

> 卡利登，1747年12月30日 106
>
> 顷见约翰生先生写给切斯特菲尔德伯爵的《词典》的样本。1747年
> 对此计划，我深感欣喜，我以为是我读过的最好的样品之一。大多数样品令人厌恶，不外乎让我们先入为主，对后来的作品青眼相看；然约翰生先生笔下生花，论点表述精当谦和。但个别词语有待商榷，然乃白璧微瑕耳。现试举一例。不结果的月桂，月桂无论如何都不会不结果；它开花结果。Sed hœ sunt

---

[1] 怀特黑德（William Whitehead，1715—1785），诗人、剧作家；被蒲柏雇用将《人论》的第一封信译成拉丁诗；剑桥大学克莱尔学院研究员；获得商业成功的悲剧《罗马父亲》（朱瑞巷，1750）的作者；桂冠诗人（1757），出版献给国王的《华诞颂》；受到霍勒斯·沃尔浦尔、梅森和格雷的敬重；次要作家，但比那个时代的其他桂冠诗人重要。

[2] 也许是泽西三世伯爵威廉。

nugœ，[①] 我对这一力作抱有极大期望。[a]

他充分意识到了这项工程的艰巨性，他承认；而且在《计划》的结论中表示自己对此心知肚明；但他对自己的才能自视极高，这就使他能够义无反顾，勇往直前。

有一天，亚当斯博士发现他正在忙他的《词典》，便引发了下面一段对话。“**亚当斯**：这是一项大工程，先生。你是怎么搞到那些词源的？**约翰生**：嘿，先生，这里有一架子的朱尼厄斯[②]、斯金纳[③]和其他作家的著作；还有一位威尔士先生，他出版了一本威尔士谚语集，所以会在威尔士语方面助我一臂之力。**亚当斯**：可是，先生，你怎么能在三年里做完这一项工程呢？**约翰生**：先生，我在三年里一定能做完，对此我毫不怀疑。**亚当斯**：可是由四十名成员组成的法兰西学院花了四十年才编成了他们的词典。**约翰生**：先生，确实如此。这就是比例。让我看看。四十乘以四十等于一千六百。三比一千六百，这就是一个英国人与一个法国人的比例。”他能把自己承接下来加以实施的那项艰巨任务说得如此轻松风趣。

另外有人[b]给大家详尽地介绍了本国词典编纂前辈们做过的成果[④]；毫无疑问，约翰生十分聪明，尽可能全面地利用了它们：然而

---

① “但无关宏旨。”

a 伯奇，手稿，大英博物馆，4303。

② 朱尼厄斯（Francis Junius，1583—1677），语言文字学家、艺术理论家；阿伦德尔伯爵托马斯·霍华德的图书总管；艺术理论《论古画》（1637）的作者；编纂过一部收罗极广的拉丁语—古英语词语汇编，一种新的乔叟词语汇编和多种古日耳曼词语汇编；传世的集成证明对日耳曼语学者是无价之宝。

③ 斯金纳（Stephen Skinner，1623—1667），医生、语言文字学家；出版的遗著有《英语词源》（1671）；对约翰生影响很大，在《词典》前言中提名感谢。

b 见约翰·霍金斯爵士，《约翰生博士传》。

④ 〈约翰·霍金斯爵士列的先前的英语词书名目绝对不够完整。——M.〉

对词源有见地的学术研究，对词义的纷繁而又准确的揭示，对证据的丰富采集，都留给了我们伟大的语言文字学家优越的头脑来完成。他告诉我，他雇了六名抄写员专门做机械性的工作；北不列颠人认为约翰生对他们怀有敌意，那就让他们记住，其中五名就是那个地区的人。这五个人是麦克贝恩兄弟；希尔斯①先生，我们此后将会看到他撰写了归在西伯②名下的《诗人传》的部分内容[a]；斯图尔特先生，他是爱丁堡书商乔治·斯图尔特的儿子；还有一位梅特兰先生。这些卑微的助手中的第六位是佩顿先生，我相信他教过法语，还出版过几本入门读物。

对这几位辛苦的打工仔，约翰生给了永无止息的关怀，尽量满足他们的种种需求。大麦克贝恩先生后来有幸做了阿盖尔公爵阿奇博尔德的图书馆管理员，干了很多年，但离任时没有拿到一个先令。约翰生给他的《古代地理词典》作了序；承蒙瑟洛勋爵③眷顾，让他入住特权家园④养老院。对于患肺结核去世的希尔斯，他也有浓浓的拳拳之爱；人们一直认为，《诗人传》中的一些精彩语句、都是他的手笔。佩顿在贫困潦倒之际，经常得到约翰生的资助，最后也是约翰生出资安葬他们夫妇二人的。 107

1748年

---

① 希尔斯（Robert Shiels，？—1753），编纂家；詹姆斯二世拥戴者，约翰生《词典》的六个抄写员之一；《大不列颠及爱尔兰诗人传，至斯威夫特教长时代》（5卷，1753）的主要编者；按托马斯·汤姆逊风格写过一些诗。

② 西伯（Theophilus Cibber，1703—1758），演员、剧作家；科利的儿子；1732年起任朱瑞巷剧院经理；主要以雇佣文人的身份留在人们的记忆中；以演《亨利四世》中的皮斯托尔和《马虎丈夫》中的福平顿两个角色出名。

a 见后，1776年4月10日内容。

③ 瑟洛勋爵（Lord Thurlow，1731—1806），大法官（1778—1792）；副检察长（1770）；检察总长（1771）；枢密院官员（1778—1792）；财政部出纳（1876）；主持黑斯廷斯弹劾案开庭；1784年，亲自关照垂暮老人约翰生；利用他作为局外人的角色按国王仆从的身份办事，而不秉承党派旨意，最终因与坚持要他离职的皮特争执而下野。

④ Charterhouse，1611年在伦敦创建的一家慈善机构，建在加尔都西会隐修院的旧址上。后来又改为一所公立学校。

在《词典》编纂期间，约翰生有时住在霍尔本路，有时住在舰队街的高夫广场。他楼上有间屋子配置得像个账房，好从事这项工作，在这间屋子里，约翰生给抄写员布置各自的任务。词，有的是从别的词典上抄来的，有的是他自己提供的，先让人写下来，词与词之间留有空白，他好在上面填写词源、定义和各种不同的释义。引证文字都是从书上抄下来的，他用黑铅笔把书上那些段落标了出来，铅笔的痕迹能够轻易擦掉。我看见过这样的好几段文字，查找一点也不费事；所以它们跟抄写员使用时的情况完全一样。引人注目的是，他对为词提供证据的那些段落的选择极其用心，所以人们一页又一页地翻阅《词典》时，既长见识，又得乐趣；还有一点不能不提，那就是凡是对正统宗教和道德有损害倾向的作品，他从不引证。

要出版那样一部卷帙浩繁的巨著，准备过程的必要花销从版税中扣除，数目肯定相当可观。我明白书商们是不会因为这个原因允许任何通融的；我记得他告诉我，一大部分内容被错抄到纸的正反两面上，这对排字工人造成了不便，只为把字转抄到一面，就花了他二十英镑。

现在可以说他在“奋力划桨了”，因为他从事着一项稳定持续的工作，足以无暇旁骛埋头苦干几年；那种气质性的忧郁一直潜藏在他身上，随时干扰他的平静。这项工作反而成了他的一种特效预防药。然而，他那广博、活动的心灵如果没有更加丰富多样的事干，如果没有轻松活泼的乐趣[①]，就得不到满足。因此他不仅把自己的才

① 〈为了让他的文学劳作松弛松弛，或许也为了约翰生夫人的健康，这个夏天他去了坦布里奇威尔斯（Tunbridge Wells），当时这是一个比它现在的规模大得多的避暑胜地。在这里他遇见了西伯先生、加里克先生、塞缪尔·理查逊先生、惠斯顿先生、翁斯洛先生（下院议长）、皮特先生、利特尔顿先生和其他好几位要人。在一幅根据同样尺寸的素描画复制的描绘1748年来坦布里奇威尔斯的一些“杰出人物”（见《理查逊通信集》）的印刷画中，约翰生博士位居首要。——M.〉

能发挥到与词典编纂大相径庭的即兴创作上，而且在念珠街的常春藤巷组建了一个俱乐部旨在享受文学讨论，欢度晚间时光。在这个小社团里和他交往的成员有他的挚友理查德·巴瑟斯特[①]医生，后

① 理查德·巴瑟斯特（Richard Bathurst，？—1762），医生、作家；理查德·巴瑟斯特上校的儿子；把约翰生的仆人弗兰克·巴伯从牙买加带到英国；常春藤巷俱乐部成员，约翰生最好的朋友之一。

来成了知名作家的霍克斯沃思[①]先生，律师约翰·霍金斯[a]先生和另外几个不同行业的人。

108 在当年五月号的《绅士杂志》上，他写了一篇《罗斯康蒙传》*

1748年 附有注释，后来他把这些注释大加修改，穿插到正文中去，后来又插入《英国诗人传》。

这一年，多兹利先生推出了他的《导师》，这是在所有语言中出现过的改进年轻人思想的最有价值的著作之一；约翰生给这部功绩卓著的作品写了《序》*，内容包括对该书的概述，对每篇文章做了简明扼要的推许；还有“在其密室里发现的隐士西奥多的幻象”*，这是一篇关于人生的最美的寓言，借用的是一位攀登生存高山的人物的名义。德罗莫尔主教听约翰生说过，他认为这是他写出的最好的东西。

1749年：四十岁。〕——1749年1月，他发表了《人愿皆空，仿尤维纳利斯讽刺诗第十首》。我相信，这首诗是他前一年作的[b]。约翰生夫人为了享受乡间的空气，在汉普斯特德居住，约翰生偶尔也到那里住些日子，所以这首“仿作”的大部分，如果不是全部，都是在那里写的。他诗潮汹涌，下笔神速，简直难以置信。我听他说过，他一天之内就作了七十行，而且是腹稿全部打成以后才付诸笔

---

① 霍克斯沃思（John Hawkesworth，1715？—1773），作家；约翰生和查尔斯·伯尔尼的密友；翻译过法国作家费奈隆的作品（1786）；常春藤巷俱乐部成员（1749）；《冒险者》主编（1752—1754）；编《斯威夫特作品集》（6卷，1755）和库克船长的《航海记》（3卷，1773）；《阿尔莫兰与阿梅：一个东方故事》（1761）的作者，该书对约翰生的《拉塞拉斯》产生过影响；入选东印度公司董事会（1773）。

a 他后来当了好几年的米德尔塞克斯的法官，在向国王进言之际，接受了通常的爵士封号。他是五卷四开本《音乐史》的作者。约翰生最后卧病期间，他殷勤照料，从而成为约翰生的遗产管理人之一，于是书商们聘用他出版了一版约翰生博士作品集，并让他写了约翰生传记。

b 约翰·霍金斯爵士将这首诗说成他的悲剧遭受冷遇的结果，这是极不准确的。其实该诗是1月9日发表的，悲剧直到2月6日才上演。

墨的。我曾经向他表示，引为憾事的是他没有给我们更多的尤维纳利斯的《讽刺诗》，他说，他应当拿出更多，因为它们统统浮现在他的脑海里；因此，我明白，他对原作和相应的典故烂熟于心，一旦兴起，他就不费多少力气使它成形，永世长存。然而，他说，其中有些失之粗俗，不宜模仿。

一首诗无论多么精彩，所得的收益在前朝微乎其微，如果与此后对同样规模的出版物所给的报酬相比的话。我已经提到，按照约翰生的说法，他从《伦敦》一诗只得到十几尼；而现在，他声誉鹊起之后，从《人愿皆空》中也只多拿了五几尼，这是我手里的一份可靠文件提供的证据[a]。

人们将会看到，他给自己保留了把这首讽刺诗刊印一版的权利， 109
这也是他出售自己所有作品时的一贯做法；因为他的夙愿就是在某 1749年
个时候为了自身的利益，出版他的全集。 1月

比起《伦敦》来，《人愿皆空》涉及日常生活少，而哲学品位却更高。所以读者喜欢《伦敦》的批判精神胜过《人愿皆空》的深刻反思。例如，加里克用俏皮多于公正辨析的轻松语气说，才子们通常都是这样："约翰生在赫维家住久了，看见了生活中过往的诸多大事小情，便写出了《伦敦》，生动活泼，轻松容易。他更加离群索居的时候，他给了我们《人愿皆空》，艰深困难得像希腊文一样。如果他继续模仿另一首讽刺诗，它就会艰难得像希伯来文一样了。"[b]

然而，《人愿皆空》在最优秀的鉴赏家看来，是所有语言所能产生的道德说教诗的高峰。对各种失望的事例做了如此卓有见识的选

---

a 1748年11月25日。今收到多兹利先生十五几尼，为此我将自己写的《尤维纳利斯讽刺诗第十首》的一首仿作的版权授予他；给自己保留了刊印一版的权利。**塞姆·约翰生**

1786年6月29日，伦敦。抄自约翰生博士原稿的一份真实抄本。

詹姆斯·多兹利

b 兰顿先生提供。

择，给了如此浓墨重彩的描绘，读过之后，反而给每个有思想的心灵带来了信念。学者的信念必定使很多雄心勃勃的学生过于乐观的期望受挫[a]，瑞典的查理[①]这种战士的信念，我想，像可能构思出的一幅图画一样精美绝伦。

如果这首诗的其他一切优长都荡然无存，由于它高超的结尾也永远得到我们的感激和尊崇；结尾使我们感到欣慰的是有了这样的保证：幸福是可以得到的，如果我们“把心用到”虔诚上：

那么希望和恐惧在何处将自己的目标发现？
沉闷的悬念在何处把死水一潭的心海糟践？
110 难道无助的人必须在平静的无知之中，
1749年1月 昏昏然随他命运的激流翻滚奔腾？
难道没有厌恶惊恐，没有愿望腾飞，
没有呼号试图讨得上天的慈悲？
询问者，停下来；尚存求告，

---

a　在这首诗里，提到不幸学者的一个例子是利迪亚特：

听听利迪亚特的一生，伽利略的下场。

由于利迪亚特的生平鲜为人知，以下关于他的记述也许很多读者是乐意接受的。它是作为1748年《绅士杂志》增刊的一条注刊登出来，增刊里插入了约翰生诗歌的一些选段，这条注本应当在后来的版本里添加进去。——一个非常博学的牧师和数学家、牛津大学新学院研究员，班伯里附近的奥克顿的教区长。他的作品甚多，其中有拉丁文论著《神学论》等，他在该书中抨击了斯卡利杰和亚里士多德的观点，不忍心听到这样的主张，*有些事物在哲学上是真的，在神学上则是假的*。关于四福音书作者的对照统一，他做过600多次布道。由于出版自己的著作未果，他蹲了牛津的博卡尔德监狱，并在王座法庭收审，直到厄舍主教、劳德博士、威廉·鲍斯威尔爵士和品克博士替他还清债务获释。他向国王查理一世申请，被派往埃塞俄比亚等地以获取手稿。由于说话偏袒君王和主教，他遭到议会势力的劫掠，再次解除教区长职务，被投入监狱；如果不是他借了一件的话，后来三个月都没有一件衬衣可以换，1646年在极端贫困中死去。

①　即查理十二世，瑞典国王。

上天也许听到，不会认为宗教无效。
仍然发出祈求的声音，积极向善，
但把标准和选择留给上天。
在他手里万无一失，他的眼睛远远看出
一向华而不实的祈祷中的暗箭埋伏；
恳求他的帮助，相信他的决定，
他给的就是最好的，必须抓紧。
然而当显圣的感觉燃起之际，
当虔敬之心趋赴上天之时，
为一个健康的心灵倾注你的热情，
服帖的情绪和顺从的决心；
至于没有个性的人很难满足的情爱，
至于难以彻彻底底转变过来的忍耐；
至于渴望获得一个更惬意的位置的信义，
死亡统统看作慈爱的自然退却的表示。
上天的法律给人定的这些利益，
他赋予这些利益，也给予获取的能力；
上天的智慧就用这些使心灵平和，
并制造了她发现不了的快乐。①

① 〈在这首诗里，有一行提到伴随女性美貌的危险，这行诗，我相信，遭到了极为广泛的误解：

然而维恩能说出美貌会惹出什么灾殃，
赛德丽诅咒过让国王赏心悦目的模样。

在这两行诗的第一行提到的那位夫人，不是大名鼎鼎的维恩夫人（Lady Vane），她的回忆录已经由斯摩莱特医生公之于众，而是安妮·维恩（Anne Vane），她是威尔士亲王弗雷德里克的情妇，1736年去世，此后不久约翰生便定居伦敦。这位夫人的行状1732年以八开本用《维恩拉秘史》的书名出版。也参见《坐蓐时的维恩拉》四开本，1732。在鲍斯威尔的《赫布里底群岛旅行日记》（8月17日）中，我们发现一些涉及讨论中的这两行诗的看法：

（转下页）

（接上页）

“在约翰生博士的《人愿皆空》中有如下一段：

“多产的母亲为她的品种忧心忡忡，

乞求每胎都走运生出一副姣好的面容：

然而，维恩”云云。

“黑尔斯大法官告诉他，约翰生他举的红颜薄命女子的例子选（转下页）

这时候加里克当了朱瑞巷剧院的经理，从而具备了左右剧坛的能力，于是他加以友善慷慨的利用，要将约翰生长期以来备受冷落、阻滞的悲剧搬上舞台。然而这一善举却由于约翰生的脾气遇到了不小的困难，这是一部他精雕细刻出来的剧作，九年多来拘守贺拉斯的规矩绳墨，现在，竟然让一名演员随意修改，他的脾气是无法容忍的。然而加里克心知肚明，如果不做某些修改，这个剧本是不适合在舞台上演出的。于是两人之间发生了激烈的争吵，加里克请求牧师泰勒博士出面调停。约翰生起初非常固执。“先生，（他说）这家伙要我让穆罕默德发疯，以便他有机会甩手，蹬脚，大显身手。”[a] 然而，最后费了九牛二虎之力，他总算被说服，听从了加里克的意愿，允许做一些改动；但仍然不够充分。

亚当斯博士在《伊瑞涅》上演的第一个夜晚就在剧场，他给我做了如下描述：“幕拉起来之前，出现了此起彼伏的嘘声尖叫，这使约翰生的朋友们惴惴不安。约翰生写的开场诗雄健有力，把观众安

（接上页）错了人，因为无论维恩还是赛德丽，都不具备那样描写的资格。”——大法官大人因此认为：这两行倒不如这样写：

然而肖尔能说出——

瓦列尔诅咒过——

“我们的朋友（他在就这个问题向鲍斯威尔先生提出的一项随后的注中补充说）选择的维恩远远谈不上好看，而赛德丽丑得连查理二世都说——他的弟弟为了苦行才养着她。”——M.〉

（译者注：肖尔（John Shore）是N. Rowe写的一出悲剧的女主人公和剧名（1713）。简·肖尔是一名伦敦商人的妻子，后来离弃了丈夫，成了爱德华四世的情妇。爱德华四世死后，她遭遇复杂，酿成了死亡的悲剧。瓦列尔（Valiere）不知是不是剧作家威廉·怀特黑德的剧作《罗马父亲》中的Valeria。赛德丽（Catherine Sedley）是詹姆斯二世的情妇，所以查理二世才有那种说法。）

a 其实，穆罕默德由巴里先生扮演，德墨特里乌斯由加里克先生扮演；不过这时候，也许角色尚未敲定。

III

1749年2月

抚了下来[a]。所以戏进展得还算顺利，直到结尾普里查德夫人[①]演的戏里的女主角应当被勒死在舞台上，弓弦勒着她的脖子时还该说两句台词。这时候观众喊道‘杀人啦！杀人啦！’[②]她试图说话，试了好几次；但都没有说成。最后她只好活着退场。”后来，这一段被删除了，她被带到幕后处死，现在该剧就是这么处理的。约翰生告诉我，《收场诗》是威廉·扬[③]爵士写的。他的戏怎么还会由当时如此显赫

a 亚当斯博士使用的词语是“安抚”（soothed）。我倒认为观众对下列诗行的非凡的精神和威严感到敬畏（awed）：

但愿这至少是对他的赞扬，但愿这是他的骄傲，
没有人试图用现代艺术使人们喝彩叫好：
如果不公的嘘声尖叫毁了他的一切希望，
他也不会叫喇叭平息这致命的声响；
如果惬意的睡眠会救济疲惫的智慧，
他决不会在沉寂的深渊上滚动惊雷；
他决不会铺设迷惑判断的圈套，
也不会贿赂你的眼睛去影响你的头脑。
不为所动，尽管自作聪明者讥笑，竞争对手们申斥，
兢兢业业地愉悦，却不以失败为耻，
他嘲弄温顺的言辞、哀求的腔调，
有价值，没有必要，无价值，无关紧要；
理性、天性、真理、他敢于相信；
愚夫们，免开尊口，才子们，出言公正！

① 普里查德夫人（Hannah Pritchard，1711—1768），女演员、歌唱家；在朱瑞巷上演的奥特维的《孤儿》中给加里克配戏，加里克演查蒙特，她演莫妮米亚（1742），后来加里克演哈姆雷特，她演葛忒露德；被公认为当时演麦克白斯夫人的大腕；继续与加里克成功合作，直到健康恶化结束了她的戏剧生涯。

② 〈这就表明现代观众多么迅速地谴责在一出新剧里出现的他们在旧剧里常常不声不响地忍耐的现象。罗（Rowe）在《帖木儿》一剧中把Monese用弓弦勒死也没有触怒观众。——M.〉

③ 威廉·扬（Sir William Yonge，？—1755），政治家；坚定的辉格党人；爱尔兰税务局局长（1723—1724）；财政大臣（1724—1727，1730—1735）；海军事务大臣（1728）；国防大臣（1735—1736）；皇家学会会员（1748）；下院内阁一边最有效的发言人之一，沃尔浦尔的亲密助理官员。

的一位政要的笔来增色，我不得而知。

尽管有加里克、巴里[①]、西伯夫人[②]、普里查德夫人等大牌演员的支持，有服装布景等方方面面的优势，但悲剧《伊瑞涅》仍未博得公众的欢心[③]。加里克先生热情满怀、连演九晚，三个晚上的收益给

---

① 巴里（Spranger Barry，1719—1777），演员，舞台监督，加里克上演的戏目中以演奥赛罗和罗密欧出名；后来两人闹翻，在1773—1774年演出季节结束时加入了修道院花园剧团。

② 西伯夫人（Mrs Cibber，1714—1766），女演员；演员西奥菲勒斯的妻子；跟随加里克后演技大有进益；在盖伊的《乞丐的歌剧》中扮演了波丽·皮查姆这一招人嫉妒的角色。加里克演里亚王时，她演考黛丽亚。年薪三百一十五英镑，仅次于加里克。

③ 〈我不知道约翰·霍金斯爵士说《伊瑞涅》受到了“冷遇”是什么意思。〔见边码第108页注〕我观看了第一夜演出，随后演出的大多数场次我都观看了。第一夜的演出掌声不多，尤其是关于“明天”的台词。该剧至少连演了九夜，它确实没有成为保留剧目，但在上演期间没有丝毫喝倒彩的现象，除了第一夜最后一幕，伊瑞涅要在舞台上被勒死，普通人忍受不了，尽管一位戏剧诗人可以让数以百计的人被捅死或杀死。弓弦不是一名基督徒，也不是古希腊、古罗马人的杀人手法。然而这种冒犯在第一夜演出后就被取消了；伊瑞涅走到舞台后被勒死——此时流传着很多故事，说在演出时作者本人被看到对该剧的一些说话方式和处理手法不满；而且像拉封丹一样大声表示了他的非难。——伯尔尼〉

〈墨菲先生在他的《约翰生传》第53页说：“悲剧《伊瑞涅》三晚义演的收入数额人们担心不是非常可观，因为收益，也就是那种激励性的动机，再也没有吸引作者再进行戏剧尝试。”

关于“收益”这两个字，已故的艾萨克·里德（Issac Reed）先生在他的一本《约翰生传》——我在他的藏书拍卖中购得的——中，加了一份手写批注，里面有约翰生的三晚义演的下列收入：

“第三晚收入	£ 177	1	6
第六晚	106	4	0
第九晚	101	11	6
	384	17	0
剧院收费	189	0	0
收益	195	17	0
他还为文稿收到	100	0	0
共计	295	17	0”

在前一页（52）墨菲先生说：“《伊瑞涅》于2月6日，星期一，（转下页）

了作者；从由他签收、现存詹姆斯·多兹利处的一张收据看得出来，他的朋友罗伯特·多兹利给了他一百英镑的版权费，因为通常保留一版的权利。

《伊瑞涅》作为一首诗来考虑，完全有资格得到精彩绝伦的赞誉。将其条分缕析，它会提供丰富的高尚情趣，精美意象，优美语言；然而它悲情不足，缺乏那种触动人的感情的细微的感染力，而这才是戏剧的主要目的[a]。加里克确实向我抱怨说，约翰生不仅没有制造悲剧印象的才能，而且也没有觉察它们的感受性。他那伟大的朋友沃姆斯利预言：他会“到头来成为一位优秀的悲剧作家”看来
112 没有充分的依据。约翰生非常聪明，当然相信他没有为舞台写成功
1749年 作品必需的才情，因此再也没有尝试去写那类作品了。

2月 当问及他对自己悲剧的不够成功作何感想时，他回答道：“像纪念柱一样。”[①] 意思是他一如既往像那石柱一样坚定不移。让大家记住这样一个事实，作为对 genus irritabile[②] 剧作家的规劝，那就是，这位伟人，非但没有气急败坏地抱怨该城的低级趣味，而是不声不响屈从了它的决定。真的，在各种场合，他对社会舆论都是极其尊

(接上页)在朱瑞巷上演，从那时起，直到2月20日，星期一，总共十三个夜晚，没有间断。”

关于这一点，里德先生有点气愤地写道：——“此说有假。只演了九夜，此后再未重演。墨菲先生在上述计算中，包括了两个礼拜日和两个大斋节。”

这一错误也是《每月评论》的错误，因为墨菲文章的大部分都采用了该刊的内容，却没有感谢说明。见《每月评论》第77卷第135页。——A. 查默斯〉

a 阿伦·希尔（卷2，第355页）看过《伊瑞涅》以后，写给马勒特先生的一封信做了如下记述：“我看了异常的约翰生先生的戏剧演出，发现该剧是他真正的代表作；未被甜蜜或得体修饰的强有力的见识。”

① 树立在伦敦市纪念1664年大火的纪念柱，把那场灾难的罪过推到罗马天主教徒的行为上。——参比亚历山大·蒲柏《致巴瑟斯特书》(1733)，Ⅱ，339—340。

② “烦躁的一族”——贺拉斯《书札》，第2卷，第2封，第102行。

重的："一个人（他说）写了一本书，就认为自己比天下人都聪明，都机智；他就以为他能教训大家，愉悦大家，而他所诉告的大众终究要裁判他的矫情。"

这部剧搬上舞台的时候，约翰生想入非非，他觉得作为一名剧作家，他的衣着应当比平素光鲜一些；因此，他在后台露面时，乃至在一间侧面包厢里就座的时候，身穿一件大红马甲，镶着富丽的金边，头戴一顶金色饰带礼帽。他幽默地对兰顿先生说："穿上那套行头的时候，他就没法跟平日穿便服那样自由自在地与人们相处了。"我们必须承认，服装哪怕对心智坚强的人产生的效应也是人们想象不到的，如果没有这方面的经历的话。无论戏在排演过程中，还是正式上演期间，他都有必要亲临现场，这就使他结识了一大批演员，男女都有，这样一来，他对演艺职业的看法就大有改善，再不像在《萨维奇传》里那样出言苛刻了。跟有些演员，在他和他们的有生之年，都一直保持着交情，而且乐于向他们示好开恩。在相当长的时段内，他频频光顾"绿室"①，似乎通过与在那里找到的各色人等闲聊，排遣心头郁闷，寻找一番乐趣。大卫·休谟②先生向我转述了加里克先生的这样一段话，约翰生最终放弃了这种娱乐，是出于严格的德操考虑；他说："我再也不到你们的后台来了，大卫；因为你们的女演员的长筒丝袜和雪白酥胸会激发我的情欲。"

1750 年：四十一岁。〕——1750 年，他以自己擅长的身份出现，当了一位传授道德和宗教知识的宗师。他选择的工具是一份报纸，

① 〔绿室，早期剧院的演员休息室呈绿色。故名。〕

② 大卫·休谟（David Hume，1711—1776），哲学家、史学家；《人性论》（1739）、《道德和政治论说文集》（1741）、《人类理解研究》（1748、1756）、《大不列颠史》（1754—1761）的作者；精英学会的创建者（1754）；哲学学会的联合秘书（1751）；讨厌并躲避约翰生；帮助卢梭在英国避难（1765）；英国 18 世纪最敏锐的思想家，但有争议。

这种工具他知道，在以前很多次都得到非常成功的利用。《闲话报》《旁观者》《卫报》是那种在英国出版、久经考验的最后三家；自它们出版以后相隔了这么长时间，所以使他有理由认为，对他的很多读者来讲，这种教育形式，在某种程度上，将会具有新奇的优势。就在他的第一期《随笔》问世的前几天，出现了形式相同的另一个争名者，起名为《复兴闲话报》，我相信它也就是“生只不过是去死”。约翰生，我认为，选用《漫游者》这个刊名，并不十分开心，
113 因为它肯定跟一系列严肃的道德说教文章不大对路；意大利人用 *Il*
1750 年 3 月 *Vagabondo* 加以直译，显得滑稽可笑；最近又被用作一些放荡故事的载体的名称《漫游者杂志》。关于它得名的情况，他给乔舒亚·雷诺兹爵士做了如下描述：“先生，必须做的，一定会做。我要办一份报纸，但我不知道该叫什么名字，晚上我坐到床边，下定决心名字定不下来就不睡觉。《漫游者》似乎是浮现在脑海里最好的一个，我便采用了它。”[a]

他是带着多么恳切、认真的情感创办这份报纸的，这从他在当时做的下面的祈祷中看得一目了然：“万能的**上帝**，一切善事的赐予者，没有您的帮助，一切辛苦等于徒劳，没有您的恩典，一切智慧纯属愚蠢；我恳求您应允，在这项工作中您的圣灵不要弃绝我，并且恩准我可以发扬您的荣耀，促进我自己和他人的拯救：恩准此事吧，**主啊**，看在您爱子**耶稣基督**分上。阿门。”[b]

《漫游者》第一期于 1750 年 3 月 20 日星期二出版；它的作者有能力将它继续下去，一周每逢周二周五出版，未曾间断，直到 1752

---

a　我听沃顿博士说过，他在罗伯特·多兹利先生家，在座的有已故的穆尔先生，还有他的几位朋友，大家考虑给穆尔办的那份报纸起个什么名字。加里克建议《色拉》，奇怪而巧合的是，后来哥尔德斯密斯把它用到他自己身上：

> 我们的加里克是一份色拉，因为我们
> 看见他把油盐醋糖融于一身！

最后，大家都走了，没有达成任何一致意见，多兹利本人想到的是《世界》。

b　《祈祷文与默想录》，第 9 页。

年3月17日星期六[a]停刊。他有一个说法，我有机会在别的地方引用过[b]：“一个人随时都可以写，如果他肯锲而不舍。”这件事有力地证实了此话的真理；因为尽管他生性懒惰，精神萎靡，而且那一段时间又下大功夫编纂《词典》，他还是响应了思想的存储库里发出的一周出版两次的固定召唤；除了四封短简，再就得不到外稿，一封是马尔索小姐，即现在的沙蓬夫人①写的，登在第10期上；一封是凯瑟琳·塔尔博特②夫人写的，登在第30期上，一封是塞缪尔·理查逊先生写的，登在第97期上，约翰生在简介中把他描述为“一位扩大人性知识并教导激情按德行的指挥行动的作者”；两封是伊丽莎白·卡特夫人写的，登在第44期和第100期上。

根据约翰生自己的说法，这些文章很多都是在紧迫的瞬间仓促 114
草拟的急就章，甚至在付印前来不及通读一遍，如果后人得知这种 1750年
情况将会为之愕然，因为我们认为，它们应当是在文人悠闲之时，慢慢留心，苦苦思索，精雕细刻写成的。这一现象只能这样解释；通过阅读，深思，对生活的仔细考察，他已经积累了一大堆五花八门的知识，一旦心血来潮，就会招之即来，而且他已经习惯成自然，赋予它最贴切、最有力的表现形式。乔舒亚·雷诺兹爵士曾经问他，他的语言准确流畅得超乎寻常，他是怎么做到这一点的。他的回答是，他早就定下一条规矩：无论在什么场合，跟什么人在一起，都要尽力做得最好；用自己能够表达的最有说服力的语言把自己的知识

a 〔在《漫游者》对开原版终刊报上的日期是3月17日，星期六。然而星期六其实是3月14日。这一情况值得注意，因为约翰生夫人于17日去世。〕

b 《赫布里底群岛旅行日记》，第3版，第28页〔8月16日〕。

① 沙蓬夫人（Mrs Chapone，1727—1801），作家；受约翰生的赞赏，他在《词典》里引用了一节“致斯苔拉”来解释“四行诗节”；塞缪尔·理查逊的密友；《思想修养书札》（1773）的作者；女性权威、婚姻权利和性满足的代言人。

② 凯瑟琳·塔尔博特（Catharine Talbot，1721—1770），作家、学者；编辑理查逊的《查尔斯·格兰迪森爵士》；《漫游者》的撰稿人；她的大多数重要著作在死后出版——《一周七天的感想》（1770）和《杂文集》（1772）；理性的道德家，对女性教育尤感兴趣。

传达给别人；持之以恒，不断实践，决不允许信口开河，不把自己的思绪理到最清晰的程度，决不妄说，他已经养成了这样的习惯。①

然而，作为一位报刊作家，他并不是完全没有准备的；因为我手里有一本十二开的小本子，他在上面按洛克②先生《札记簿》的样式记下给不同题材的文章做的各种提示。他在本子的第一张空白页上注明，“至第128页，为《漫游者》收集的材料”；在另一处写着：“在第52页，有17条提供；在97—21；在190—25。”在随后一个阶段（也许这项工作完成以后）他补充道：“提供材料中总共采用30条。”

事事倒霉的约翰·霍金斯爵士告诉我们：“这种积累信息的方法曾被艾迪生③先生使用过，而且在一期《旁观者》上把它描绘得十分幽默，在那里他佯装丢了他的记事报，上面有杂乱无章的片言碎语和零散的提示，他说这都是他收集起来打算利用的，这大致跟约翰生的《笔记本》雷同。”[a] 实际上二者之间，毫无相似之处。艾迪生的札记是一种虚构，把他宏论的断章散句有目的地凑在一起，方式极其古怪，排列顺序是为了产生一种令人捧腹的效果。而约翰生的缩略文字都十分清楚，而且跟列出的题目相吻合。

试举一例，看下面的样板：

---

① 〈约翰生博士遵守的法度得到了古代两位大作家的认可：“Ne id quidem tacendum est, quod eidem Ciceroni placet, nullum nostrum usquam neg ligentem esse sermonem: quicquid loquemur, ubicunque, sit pro sua scilicet portione perfectum.” Quinctil. X.7.——M.〉

② 洛克（John Locke，1632—1704），哲学家；牛津大学基督堂学院导师（1661—1667）；皇家学会会员（1668）；《人类理解论》（1690）的作者，经验主义大师；提倡出版自由和宗教容忍的斗士。

③ 艾迪生（Joseph Addison，1672—1719），作家、政治家；辉格党人，吉特-凯特俱乐部成员；斯威夫特、斯蒂尔、康格里夫的朋友；间接税务局上诉委员会委员；南方部国务大臣办公室助理秘书（1705）；爱尔兰总督秘书（1708）；南方部国务大臣（1717—1718）；在创办《旁观者》前为斯蒂尔的《闲话报》的撰稿人，发表了约翰生之前该世纪最重要的文学批评；极其成功的戏剧《加图》（朱瑞巷，1713）的作者。

a 霍金斯，《约翰生博士传》，第268页〔第265页〕。

青年条

巴克斯特[1]记事，随着年龄增长、思想已经改变。卷帙浩繁。——难怪。——如果人人都要诉说或者标明他变了多少主题，那将会著述千卷，然而变化人们自己未必注意到。——从取乐到事务。〔事务〕到平静；从考量到反省。到虔诚；从放荡到顾家。通过难以察觉的渐变；但变化是肯定的。Dial non 115
progredi, progress. esse conspicimus.[2] 回头看看，考虑人们在某 1750年
一明确的时段有何感想。

青年人的主导希望。注意不要自寻烦恼。世界一片靓丽展现在他面前，远方铺满金色阳光的前景[a]；不平只有碰上才能发现。爱是皆大欢喜——优秀的子女——永久的声名——伟人的爱抚——学人的夸奖——美人的倩笑。

怕丢脸——羞赧——发现不够重要的东西。忘却不端行为如同忘却优点一样；——如果记着，无关紧要。陷入玩忽声名的危险。以免怕丢脸毁了活动。

自信。来日方长。——不考虑疾病。——恋情的尴尬。——家庭失和。社会灾难。——意识不到恶习的盛行。玩忽时光——乐于承担——疏于推进——一切会被时光改变。

相信他人——没有经验不起疑心——心想自己不会玩忽——从未想到他们会悍然虐待他。乐于信赖；指望得到人的

---

① 巴克斯特（Richard Baxter, 1615—1691），被免职的内阁大臣、宗教作家；反对克伦威尔；《永远安息的圣徒》（1650）是他最著名的作品，也是宗教文学的经典著作；1669年入狱；清教福音派经典《召唤未皈依者》（1658）的作者；1672年获准第一次公开布道；极其多产的作家，出版过130多部著作；卷帙浩繁的书信作者；表现出与剑桥柏拉图主义者的相似性和后来向洛克和自然神论者发展的理性主义成分；受到卫斯理的赞赏，为19世纪不顺从国教者敬仰。

② “狡猾的影子从日晷上溜走，最尖的眼睛只能发现它已经离去”——约瑟夫·格兰维尔，《怀疑哲学》（1664）xi.60。在约翰生的《词典》里被引用。

a 这种青年前景的迷人错觉的最美意象在约翰生的任何文章里都未曾使用过。

信赖。时光使他相信了人的自私、卑鄙、怯懦、背信。

青年野心勃勃，认为荣誉容易获取。

不同的时段追求不同的赞誉。关于青年的乐天。危险、伤害等一律遭到鄙夷。

关于成年的遐想。野心—资本—交易。——关于老年的睿智和清醒—认真—刻板—行为准则，但十分笼统——只属于有钱人，否则老年是幸福的——然而最终一切与财富有关——不任性使气，就没有名望、荣耀、影响。

贺拉斯。

如果人们进入生活时的看法跟离开时一样或者离开时的观点跟进入时相同，那多困难。——没有希望——没有事业——不顾关爱——不怕丢脸，诸如此类，不一而足。

要教育青年敬重老年——老年要保持青年的荣耀。

将会看到这是《漫游者》第196期的梗概。我还要用另一个样品来满足我的读者：

联盟难；何故

战争中很少有单个人的敌手——和平时亦如是；因而国王们使自己专制独裁。学术中的联盟——每一种伟大作品，一个人的作品。布吕[1]。学人的友谊像女人。Scribebamus, & c. Mart.[2]不和的苹果——不和的月桂——批评的贫困。斯威夫特

① 让·德·拉布吕耶尔（Jean de la Bruyère, 1645—1696），法国讽刺作家，道德家。

② Scribebamus, & c. Mart.："Scribebamus epos; coepisti scribere：cessi, | aemula ne starent carmina nostra tuis. | transtulit ad tragicos se no stra Thalia cothurnos： | aptasti longum tu quoque syrma tibi. | fila lyrae movi Calabris exculta Camenis： | plectra rapis nobis, ambitiose, nova. | （转下页）

关于六个天才合力的看法。那种联合不大可能。他的说法是正确的；人具有社会性，没有稳定性。人被话语吸引，被激情排斥。天体被引力吸引，被离心力排斥。

共同的危险靠粉碎别的激情联合——但激情又死灰复燃。平等妨碍依从。优越产生傲慢和嫉妒。每个人过多的关注私自利益——太少。 116 1750年

私密和排外的社团的危害——社会引力的合理从整体扩散开来。过于偏颇的爱祖国的危害。道德义务的浓缩——*Οι φιλοι, οὐ φιλοζ*[①]。

每个人在他自己的中心运动，因而排斥他人过近的接触，尽管他可以遵守某些总的法则。

与优越者结盟，人人知道其中的不便。与同等人，没有权威；——人各有主见——各有利益。

夫妻很难联合；——如无子女则更难。计算，如果对于二是二比一，那么对于五是多少？如果联盟容易——无用；——很多压制很多。——如果可能，只对某些人，危险。Principum

(接上页)audemus saturas：Lucilius esse laboras. | ludo levis elegos：tu quoque ludis idem. | quid minus esse potest？ epigrammata fingere coepi：| huic etiam petitur iam mea palma tibi. | elige quid nolis-quis enim pudor omnia velle？ - | et si quid non vis, Tucca, relinque mihi"

"我正在写一部史诗；你也开始写一部。我放弃了，这样一来就不会把我的诗跟你的加以比较。我的塔丽亚〔喜剧女神〕给自己换上悲剧行头；你也适合穿曳地的衣裙。我拨动琴弦，就像卡拉布里亚的诗神们做的那样；急于炫耀，你却把我的新笔夺走。我试着写讽刺诗，你则劳心苦力要当卢奇利乌斯[1]。我玩弄轻松的哀歌；你也玩弄它。还有更卑贱的吗？我开始构思警句；你又追慕我的奖品。选你不想要的东西（谦虚阻止我们想要一切），万一有什么东西你不想要；图加，把它留给我吧"——马提雅尔，《警句诗集》，第12卷，第94首。

1 〔卢奇利乌斯（Gaius Lucilius，约公元前180—前102），罗马讽刺诗人。〕

① 希腊文："滥交则无友"——第欧根尼·拉尔修，V.i.。

amicitias.①

在这里我们看见了《冒险者》第45期的胚胎；这就确认了不久我们有机会提及的情况，那就是，那一集中标有T的文章都是约翰生写的。

然而，这种对于材料的些微准备并没有减弱我们对他极其丰饶的思想的惊奇；因为材料跟他写出的文章的数量相比真是少得可怜；引人注目的是，那些他没有做任何准备写出的文章跟那些手头有提示写出的文章同样丰富多彩、精致完美。还应该注意的是，根据他的提示构思的文章，写得遒劲而优雅，我们几乎看不到那些提示的影子，提示变得好像是“桶水之一滴”。的确，在好几个例子中，他对提示的利用微乎其微，很多干脆没有使用[a]。

由于《漫游者》完全是一个人的作品，不用说，在文路上就有一种一致性，在很大程度上也就排除了多样性的魅力；那种严肃、往往显得庄重的思维模式显得跟其他报刊落落寡合，因此有一段时间，使它不大受公众喜爱。这件上乘之作，尽管这时候已经刊印了
117 十二版，却迟迟得不到普通世界的欢心，以致作者在终刊号上说

1750年

---

① “王公们的〔致命〕友谊”——贺拉斯，《颂歌集》第2卷，第1首，第4行。

a 约翰·霍金斯爵士从这一小小的材料集中选录了他所谓的“两期《漫游者》的雏形”。但他未能把原稿看明白。在第266页他是这样写的：“Sailor's fate any mansion”〔水手的造化任何广厦〕；而原稿却是“Sailor's life my aversion”〔水手的生活我的反感〕。他也抄了关于《卖文糊口的作家》的未被指定的提示，在里面他解读了值得注意的两段文字，一段是拉丁文fatui non famœ，而不是fami non famœ；约翰生心里想的是蒂安努斯说博学的德国古文物专家和语言学家克叙兰德（Xylander）生活极其贫困，以致人们认为他fami non famœ scribere[1]；另一段是法文，Degentede fate et affaméd' argent，而不是Dégouté de fame，（一个意思是renommée的旧词）et affamé d'argènt[2]。手稿的字迹极小确实不好辨认；但留下空白，总比胡写一通好。

1 写作为了糊口，不是为了出名。

2 厌恶声名，渴求钱财。

道："我从来没有得到公众的万般宠爱。"[①]

然而，它创刊后不久，就有人感觉到，并承认了它的不同凡响。赞扬它的诗作出现在报端；《绅士杂志》的主编提到，在十月，也从学界接到同样目的的信件有好几封。邦内尔·桑顿[②]先生和科尔曼[③]

---

① 〈《漫游者》起初肯定不大受人注意。诗人斯马特第一次把它们作为一系列优秀的报纸向我提起的时候，我还没有听到其他任何人说起过它们。1751年秋天，我去诺福克的时候，发现只有一个人（牧师斯夸尔斯先生，一位博学而又广购新书的人）对这份报纸的什么情况都知道。但他对真正的作者却了解有误，因为他听人说，它们是坎特伯雷的一个约翰生先生写的，此人是与本特利发生过论战的一位牧师的儿子。这位牧师还用本特利遒劲的文体改写了一首题为《诺顿·法尔盖特》（Norton Falgate）的古歌的歌词，最后改得原歌一字不剩了。1760年我离开诺福克时，《漫游者》已经深受学识渊博、情趣高雅的人士的青睐。另一些两样都不具备的人则说，《漫游者》里面的"生僻字眼"被作者用得使他的《词典》变得不可或缺。——Burney〉

〈对前注的一点小小的差错纠正一下也许不算不当，尽管这样做一点也不会影响伯尔尼博士议论的主旨。上面提到的那位牧师是诺丁汉学校的校长理查德·约翰生（Richard Johnson）先生，他于1717年出版了一卷反对本特利版的贺拉斯的八开本拉丁文作品，题名为ARISTARCHU ANTI-BENTLEIANUS(《阿里斯塔克斯反本特利》)。在这本拉丁文著作的中间他引进了四页英文批评。在这些文字中，他用本特利的风格荒谬可笑地改正了一节诗，不是那支主人公生活在诺顿·法尔盖特的歌谣中的，而是一支赞颂Tom BosTock的歌谣中的；此人在一次海战中表现出奇异的英勇。这位灵巧的作家运用他的巧智的那节诗全文如下：

"于是老汤姆·博斯托克投身于那项事业，

他像基督徒虔诚祈祷，像土耳其人作战猛烈，

一阵风赶尽杀绝了敌人

这功绩没有人能够否认，"云云。——M.〉

② 邦内尔·桑顿（Bonnell Thornton，1724—1768），作家；圣路加精神病院院长（1751）；《鉴赏家》的联合创办人和联合作家（1754—1756）；《圣詹姆斯纪事》的联合创办人和主要撰稿人（1761），同仁有加里克、科尔曼等人；翻译普劳图斯（2卷，1767）。

③ 科尔曼（George Colman，1732—1794），剧作家、剧院经理；《圣詹姆斯纪事》（1761）的共同创办人；加里克的朋友；从1761年起作为修道（转下页）

先生担任主笔的《学子，又名牛津与剑桥杂志》把它描述为“一件超越本国出版过的任何同类的作品，《旁观者》的一些篇章除外——如果真的可以除外的话”。后来又写道：“但愿公众的喜爱给他的功绩加冕，但愿英国人在**乔治**二世盛世不要忽略这样一个人，他如果生活在公元一世纪，一定是奥古斯都最宠爱的人物之一。”这样奉承君王并无效果。人们太清楚不过了，乔治二世从来都不是一个尊重学术或天才的奥古斯都。

约翰生满怀深情地给我讲了与这列作品有关的一件令人欣喜的小事。他对夫人的判断和情趣信心十足，《漫游者》出了几期以后，夫人对他说：“我以前就很看好你；但没有想到你能写出能与这媲美的东西。”远方的赞美，无论来自何处都没有像一个男人爱恋、敬重的妻子的赞美那样令他开心。她的赞许可以说“直钻他的心窝”；由于近在身边，它的效果也就最切实，最持久。

詹姆斯·埃尔芬斯顿[①]先生后来出版过多种作品，一直受到约翰生尊崇，认为他是一位值得敬重的人。《漫游者》在伦敦以单页报纸发行期间，他正好在苏格兰。他立即怀着一种提高国人素质、增进朋友声誉的值得称道的热情建议并负责在爱丁堡将这些文章再出一版，于是伦敦一出版，这个版本便跟着面世[a]。

这一时段写的下面一封信，尽管没有日期，将会表明约翰生对

（接上页）院花园剧院的专利持有人任联合经理；把《委曲求全》（1773）搬上舞台的第一人；从塞缪尔·富特手里接管秣市的小剧院（1777）；因与加里克合写《秘密婚姻》（1766）成为最著名的剧作家；俱乐部成员。

① 詹姆斯·埃尔芬斯顿（James Elphinston，1721—1809），教育家；拼字改革的倡导者，约翰生的通信者；《被消化了的英语准则》（1766）、《英语拼字法纲要》（1790）的作者；对包括耶斯佩森（Jespersen），缪勒（Müller），怀尔德（Wyld）和罗尔芬（Rohlfing）在内的20世纪语言文字学家有相当大的影响；用他改革后的拼字法出版1787年以后的所有作品。

a 那是在桑兹、默里和科克兰的印刷所里印的，印得精美绝伦，用的是书写纸、十二开本，文字极其正确；埃尔芬斯顿先生把那些格言又翻译出来，使之锦上添花。印完以后装订为八卷，非常漂亮。毫无疑问它是这列作品最准确、最美观的版本；但由于印数少，现在难得一见，售价也非常昂贵。

这个版本是多么高兴，他对埃尔芬斯顿是多么的友善和关心。

致詹姆斯·埃尔芬斯顿先生

亲爱的先生，　　〔无日期。〕

我不得不承认我通信的疏失，只好希望您在其他每个场合对我表达的同类关怀将会使您把我原谅。我经常，三天两头地生病，身体好的时候，就不得不工作；说实话，我从来都没有养成严格守时的习惯。然而，每当我对您的善意避而不答时，您却不想做任何非善意的推断；请您放心，我每次收到您的来信，就不由得心花怒放，并且热烈地感受到您的慷慨与友情，对此我却没有更好的呵护，所以便由衷地责备自己。在这方面，跟其他很多情况下一样，我错了，有违信念；因为我认为，很少有什么世间的善可以同可敬人士的关心和亲近一样被人渴望。我希望我们什么时候将会离得更近一些，有一种倾吐心曲的更方便的渠道。 118 1750年

我很高兴您还能找到推进您的出版的赞助，我原来要您寄我六册，我求您如有可能，而且方便的话，再惠寄我六册。请以我的名义给拉迪曼[a]先生赠一套。关于他，我听说学问还不是他最大的优长。我已经把格言抄录下来，并将其奉还，我希望不至于太晚，我认为其中很多译得非常贴切。凯夫先生把最后一篇登在杂志上了①，我认为他把杂志办得很好。我请求您很

a　托马斯·拉迪曼先生，博学的苏格兰语法学家，以多种优秀著作闻名，也以编辑好几位作家的准确版本著称。他也是一位具有最可敬的私德的人。他对斯图亚特王朝的热忱并未降低约翰生博士心目中对他的敬仰。[1]

1　〈关于这个版本的文字正确性，作者也许是从另一个人那里得到的信息，似乎信息有误；因为它印得并不准确，这是我们从查默斯先生那里得知的。——鲍斯威尔〉

①　〈如果这里说的杂志是1752年10月号（见《绅士杂志》第22卷第468页），那么这封信就属于后面一个阶段。如果指的是1750年9月号的《杂志》（见《绅士杂志》第20卷第406页），它就可以归入该年的10月，而且应当跟在随后的那封信后面。——M.〉

快来信，经常写信，而且多写长信，我希望及时回报您；但您必须是一位耐心的债权人。然而，我写这封感谢信，表明我想到您时，满心的关爱。也许这时我并没有提供我应当提供的证明，向先生证明，我是最感激您的最恭顺的仆人，

塞姆·约翰生

这一年，他给这位先生还写了一封吊唁慰问信。

致**詹姆斯·埃尔芬斯顿先生**

亲爱的先生，　　1750 年 9 月 25 日。

我从种种证据发现，您失去了一位优秀的母亲；我希望您不会认为我无法分摊您的悲痛。家慈现年八十二岁，因此我肯定不久会失去她，除非**上帝**乐意让她为我送丧。我读过您给斯特拉恩夫人写的讲令堂去世的那些信件，并且一直认为，当我告诉您我是流着眼泪读那些信件时，我感到荣幸；然而一旦自然的哀思表达过后，眼泪对于你我再没有用处了。生活的事务鼓动我们脱离徒然的伤悲，召唤我们实行那些因其丧失而悲恸的美德。朋友能够相互给予的最大的好处就是防护、激发、升华他的美德。这一点令堂将会依旧实施，倘若您一直心心念念她的生死的话：这一生，据我所知，劳苦功高、睿智清白；这一死，顺从、安详，而又神圣。我不得不指出理性
119
和启示都不能使您抛弃希望：您可以遵从她的教诲从而增强她
1750 年
的幸福；她可以在目前的状态下，欣赏她的教导和榜样促成的每一种德行。这是超越了一场美梦，还是对离去的精神的一种公正的看法，其实对我们而言都不太重要，当我们认为自己是在**上帝**的眼皮底下行动的时候；然而，这样相信，其中肯定有某种喜人的东西，那就是，我们与我们所爱的人分离仅仅是肉体上的；它也许对美好的友情是一种巨大的激励，如果有可能：那种已经得到神灵认可的团聚定将继续到永恒

的话。

有一个权宜之计，借此您可以在某种程度上延续她的存在。如果您把自己从幼年时代起对他的记忆详详细细地写下来，您就会乐此不疲地阅读它，并从它那里得到许多平抚心境的提示，当时光把她转移得离您更远、您的悲痛将成熟为崇敬的时候。面对这种局面，无论目前多么令人痛苦，我不得不劝告您，就像面对及时到来的安适与满足的源头一样；因为衷心地祝愿您身心安适、事事满足，亲爱的先生，是最感激您的，最恭顺、最卑微的仆人，

塞姆·约翰生

《漫游者》的名望与日俱增。对开本第一版出完以后，不久就有十二开六卷本问世；[a]它的作者在有生之年看到它在伦敦就出版了十版之多，除此之外，还有爱尔兰和苏格兰的各种版本。

我承认自己对《漫游者》展示的令人惊异的思想活力一直怀着一种深沉的崇敬。约翰生具有足够的洞察力看清一切，而看清一切不会掩饰这种存在状态中的人的普遍苦难，这也许引发了一种肤浅的观念，认为他是一个过于严厉的哲学家。然而具有反思能力的人将会意识到他真正再现人的生存状态，同时他又怀着一颗大慈大悲之心展现了我们的境遇能够给我们的种种安慰；不仅有那些由对未来的憧憬而引发的，而且有那些在生活眼前的进展中可以获得的。他没有使灵魂消沉，变得颓唐而冷漠。他处处都在灌输学习、工作、

a 〔这种说法不太准确。正当这些作品正在进行的时候，《绅士杂志》1751年11月号刊登一则广告，宣布《漫游者》四卷集即将很快出版；据信它们是下个月出版的。第五和第六两卷连同目录表和题词的译文由佩恩（原出版商）于1752年7月出版，这时该作品已结束三个月了。

《漫游者》结集成册时，约翰生从头至尾修订了一遍。鲍斯威尔先生不了解这一情况，这是最近由亚历山大·查默斯先生在这些文章和其他各种报刊文章的一个新版，题名为《英国散文家》的集子中披露的。〕

努力。不仅如此，他把这么一个人暴露在一种极其刺眼的光照下，此人的一贯做法是热衷于模糊别人的观点，办法是不停地针砭时弊，唤醒对危险和苦难的各种关注，因为这些关注大多已被人悄然遗忘了。这一点在他的萨斯皮里乌斯[a]这个人物中表现得非常突出。哥尔德斯密斯借鉴了这个角色，在他的喜剧《好脾气的人》中塑造了咳啰客的性格，约翰生告诉我，哥尔德斯密斯向他承认过，确实这一点是显而易见的。

《漫游者》主题繁多，文笔庄严、明晰，二者的完美结合我们在别的地方是寻觅不到的，要把这些特点一一指出来，将会占去本书
120 太多的篇幅，而且，考虑到这几卷著作现在广为流传，就是一一指
1750年 出，我相信也是多此一举。甚至里面最凝练、最精彩的句子，以及在《美文》[b]的名目下非常精当地筛选出来的句子，数量也非常可观。然而我不妨唐突地说，《漫游者》提供了一部实用宗教和道德责任论述的集成，是一部严谨细密的调查研究以及寓言故事、东方传说的汇编，那种持之以恒的研究和思索把可能在那里发现的一切统统吸收的心思，谁也不能认为不够绵密。第 7 期作于受难周，写的是抽象与自省，第 101 期写的是悔过与神性的安详，都是百读不厌的作品。第 54 期写一位朋友的亡故对我们造成的影响，尽管未免过于令人颓丧，也许偶尔对心灵很有疗效。人皆以为作者必定身临其境，所以印象深刻；然而他告诉我情况并非如此；这就表明他的想象能怎样自如地引导他进入“遭丧的家”①。有些更加庄严的文章，我毫不怀疑引起了《夜思》的作者扬②博士的注意，我对他敬重得

---

a　第55〔59〕期。

b　约翰生博士看到这个选本非常满意，便给舰队街的书商基尔斯利先生写了下面一封短简：

　　约翰生先生向基尔斯利先生致意，并请求赏光尽快相见。殷切期望基尔斯利先生把先生冠以《美文》之名的最新版本带给他。1782年5月20日。

①　参见《圣经·旧约·传道书》第7章第2节：“往遭丧的家去强如往宴乐的家去，因为死是众人的结局，活人也必将这事放在心上。”

②　扬（Dr Edward Young，1683—1765），作家；受斯蒂尔和艾迪生的（转下页）

五体投地，所以认为他的赞扬即便对于约翰生也是一种荣幸。我看见过几卷扬博士手中的《漫游者》，他把书页的一角折下来以标明这些是自己认为特别精彩的段落；而他认为精彩绝伦的段落则以把书页对折显示。遗憾的是有几本已经遗失。约翰生听到扬对他的文章表示赞许、给以密切的关注时，显得由衷的喜悦。

我愿意不揣冒昧地说，在任何作品中再也找不出对心灵更加“刚柔相济”的东西了，如果我可以用这个说法的话；再也找不出更能增强、激励种种雄健、高贵的情操的东西了。第32期写的是忍耐，即便在极端困苦的情况下，也显得出奇的高尚，远远超出了斯多葛派的豪言壮语，就像启示录的太阳远比异教哲学的暮色明亮得多一样。每当阅读下列语句时，我不由得全身激动：“我觉得有理由查问一番，身与心是不是如此协调，以至于一方能忍受加到另一方的所有折磨；只要人活着，德行是否能坚守阵地，坚持原则的灵魂是否宁肯离去也不愿屈服。”

尽管教诲是《漫游者》的主要目的，但它富有趣味性，因此显得生动活泼。有人认为，约翰生当时是位隐逸作家，不谙世事；因此，他描写人物世态时全凭想象，这种观点真是再荒谬不过了。他对我说过，他写该作品前，一直在“闯荡世界”，这是他的说法，几 121
乎比任何人都要见多识广；我还听他心满意足地说，《漫游者》中的 1750年
好几个人物都是信手拈来的，所以当它首次在几期上流传的时候，埃塞克斯某镇上的一家俱乐部以为把他们一个个亮到报上去了，于是对一个人十分恼怒，因为他们怀疑此人把他们造成了公众关注的对象；直到他们搞清楚《漫游者》是一个从未听说过他们任何人的作者写的，他们才算安静下来。有些人物据信是从生活中提取的，

（接上页）赞助；题名为《普遍激情》（1725—1728）的七首讽刺诗和虽有争议、一般认为是该世纪最伟大的长诗《夜思》（1742—1746）的作者，被华兹华斯和柯尔律治仔细阅读；对文学的自我意识做出了重大贡献；蒲柏、约翰生和理查逊的朋友。

Dr Johnson's House
Gough Square

尤其是从加里克扮演的普洛斯彼罗[1]的生活中提取的[2]，因为他从来都没有完全宽恕生活的尖刻讽刺。为了提供丰富的想象和准确描绘现实生活的例子，我便向第19期求证，它写一个人见异思迁，不断转行，每次跳槽总有极其貌似可信的理由。第34期写女性的吹毛求疵和胆小心细。第82期，写一个收藏古玩的鉴宝专家。第88期[3]写的是款待来客和营造友好氛围的一些小手腕。第182期写图财婚姻。第194—195期，一名教师记述他的学生的愚蠢。第197—198期，遗产追逐。在第179期的下面一段中他提供了对单纯的生活表象的绝妙观察，抨击了那种频频出现的最令人作呕的表现，装腔作势："谁对充斥于一座人口众多的城市的大街小巷的芸芸众生伫立观照，谁就会看见许多过往行人，看着他们的神气和动作你很难不鄙夷、发笑；但如果审查一下，如此使你忍俊不禁的现象是什么，你就会发现它既非贫困，也非疾病，也不是什么无意或恼人的缺陷。唤醒这种嘲笑和侮辱倾向的是一副傻相，一腔傲气，轻浮的举止，或庄严的神态；是作风轻飘，动作张扬、平头正脸，高视阔步；是有意吸引他人眼球的姿态，是刻意装出的神色，以证明不同凡俗。"

《漫游者》每页都披露出一颗充溢着典故和诗意的心灵：他人的例证被随时随地信手拈来，轻而易举地混合在他的周章正句中，融为一体，浑然天成。

这一作品的文体一直为某些浅薄的批评家诟病，说它失之繁复，虚夸，充斥着古奥、艰涩的言辞。这前一部分反对意见实在站不住脚，所以我向所有赏光仔细披阅这本书的人发出挑战，要他们指出

---

① 〔普洛斯彼罗，莎士比亚剧作《暴风雨》中被篡了位的米兰大公，遭驱逐后携女儿米兰达漂流到一座荒岛，后用魔法取胜而复得地位和财产。〕

② 〈第24期上的Gelidus这个人物取自科尔森教授，同一期中的Euphues这个人物和其他许多人物一样，无疑是从生活中提取的。我曾经认为Euphues也许是有意描绘切斯特菲尔德勋爵或索姆·杰宁斯，但宾德利先生认为描绘George Bubb Dodington的可能性更大，此人以容貌平常、衣着华丽闻名，所以是有意假托那个人物描绘的对象。——M.〉

③ 实为第98期。

哪一位英国作家的语言能够这样有力、明晰地传达自己的意思。诚然，必须承认，他的句子结构失之冗长，而且往往有一些拉丁文的倒装句；他还喜欢用哲学语言表达熟悉的思想；这就与苏格拉底背道而驰了，据说，苏格拉底把哲学点化为日常生活的简单事物。不
122 过让我们听听他在终刊号上的自白吧："当日常词语听上去不那么悦
1750 年 耳，或者它们的意思不是那么明确的时候，我便驾轻就熟，用哲学术语来表达通俗观念。"[a] 至于这后一部分反对意见，最近我仔细重温了这一作品，我可以充满自信地说，使用这样的词语被认为是这一作品的特点，显然有失公允，但令人惊异的是，这样的词语在该作品里能够找到的却何其稀少；我相信，每期还不到一例。这种毫无根据的指责人云亦云，口口相传，这些碎嘴子把约翰生的文章和约翰生的《词典》混为一谈；因为约翰生认为在一部我国语言的词典里收集许多已经废弃不用，但却受到一些权威大师支持的词是无可非议的，所以人们想当然地认为，这类词语统统被网罗到他的文章中了。其中有一些被他采用了，不见得很有必要，但这么做也许并不犯禁；然而，总的来讲，它们显然成了一种优点，因为没有这些词语，他的宏伟的思想将会受到局限和牵制。"思路比他人宽广的人定会需要意义更广博的词语。"[b] 他曾经告诉我，他的文体的形成是借鉴了威廉·坦普尔爵士① 的文体和钱伯斯② 给他的《词典》的"建

a 然而这种文体没有逃脱惬意幽默的无害挖苦；因为机敏的邦内尔·桑顿在《朱瑞巷杂志》上发表了一篇戏拟《漫游者》的文章。

b 《闲散者》，第 70 期。

① 威廉·坦普尔爵士（Sir William Temple，1628—1699），外交家、作家；驻荷兰特使（1667—1668），返任后任常驻大使（1668—1670），对促成奥兰治的威廉和玛丽的婚事有功；爱尔兰主事官（1677）；代表剑桥大学的议员（1679）；由于斯威夫特和约翰生的推崇确立了声望，前者出版了他的很多书信和杂文，并把他塑造成《书战》中的英雄。

② 钱伯斯（Ephraim Chambers，？—1740），百科全书编纂者；发表编一部百科全书的《建议》，约翰生后来声称"形成了他的文体"（1726）；1728 年出版《百科全书》；皇家学会会员（1729）；被斯坦利誉为"百科全书之父"。

议”。他肯定是弄错了；要么如果他起初以为他在模仿坦普尔的话，他做得很不成功[①]；因为再没有比坦普尔的简约和约翰生的丰富更天差地远的了。他们的文体就像平布和织锦一样大相径庭。其实坦普尔认为自己的文体借鉴了桑兹[②]的《西方世界的宗教形态论》，似乎同样的大谬不然。

约翰生的文体无疑在很大程度上借鉴了上世纪大作家胡克[③]、培根、桑德森[④]、黑克威尔[⑤]等人；一位“伟人”[⑥]把他们称为“巨匠”，此人的权威，如果我说出他的名字，将会对这种看法肃然起敬。

我们不妨恰如其分地把贺拉斯的一段文字用到他学术性的文体上，其中一部分已用作他的《词典》的题词：

Cum tabulis animum censoris sumet honesti;

---

① 〈我觉得在这个例子上，作者对约翰生有误解。我认为：约翰生的意思并不是说他开始写作的时候，他拿威廉·坦普尔爵士当样板，从而形成一种跟他的文体全面相似的文体；而是根据坦普尔和其他人的文体形成他自己的文体；办法是从他们每一个人的文体中提取值得模仿的典型的优长。——这个问题而后在1778年4月9日还有进一步的解释；在乔舒亚·雷诺兹家的一次谈话中，约翰生亲口提到坦普尔在英语问题上做出的特殊改进。毫无疑问，就该作家是他的样板而言，这些方面就是他模仿的目标。——M.〉

② 桑兹（Sir Edwin Sandys，1561—1629），政治家、殖民地实业家；《宗教形态论》（1605）的作者；被册封爵士，并被任命为王室法律顾问（1603）；下院领袖；弗吉尼亚公司财务主管（1619）；东印度公司董事。

③ 胡克（Richard Hooker，1554？—1600），神学家、哲学家；在《词典》第一版里除了洛克之外被引用最多的作家；《论教会体制的法则》（1593？）的作者；由于倡导圣公会教义备受尊崇。

④ 桑德森（Dr Robert Sanderson，1587—1663），林肯主教（1660—1663）；理论上的加尔文派；布思比·帕格内尔教区长（1619—1660）；皇家附属教堂牧师（1631）；牛津大学钦定神学教授（1646—1648）。

⑤ 黑克威尔（Dr George Hakewill，1578—1649），英国国教会牧师、作家；激烈的反天主教加尔文派；皇家附属教堂牧师（1612）；萨里会吏总（1617）；《上帝的权力与远见辩》（1627）的作者；鲍斯威尔认为对约翰生的文体形成影响很大，也许对弥尔顿也有影响。

⑥ 乔治三世。

Audebit quœcumque parùm splendoris habebunt
Et sine pondere erunt, et honore indigna ferentur,
Verba movere loco, quamvis invita recedant,
Et versentur adhuc intra penetralia Vestœ.
Obscurata diu populo bonus eruet, atque
Proferet in lucem speciosa vocabula rerum,
Quœ priscis memorata Catonibus atque Cethegis,
Nunc situs informis premit et deserta vetustas:
Adsciscet nova, quœ genitor produxerit usus:
Vehemens, et liquidus, puroque simillimus amni,
Fundet opes Latiumque beabit divite linguâ.[a][①]

123 像约翰生那样的一位伟大的思想家，那样一位知识广博、多
1750年 样的大师，也许可以允许他像贺拉斯在另一处主张的那样放纵、
破格：

---

a 贺拉斯《书札》卷2，第2封［第110行起］。

① “当他摆出木简写作的时候，也要抖起一名诚实的审查官的精神。凡能发现的有失庄严、没有分量或者被认为不配入流的词语，他都要下狠心予以剔除，无论它们会怎样不甘心退出，仍然一心在维斯太〔罗马宗教里的女灶神，为家家户户祭拜〕的领地上留连。大众已经见不到的优美语句他会好心地发掘出来，让它们重见天日——那些尽管挂在昔日加图[1]和克特古斯[2]之流嘴上、现在因过时而荒废、因古旧而弃用的语句。他要让从应用中产生并给予世界的新词享受特许权。强劲、清亮，像一般清澈的溪流，他要把自己的财富一路倾泻，赋予拉丁姆一种更加丰富的语言。”

1 加图（Marcus Porcius Cato，公元前234—前149），政治家、道德改革家；迦太基的宿敌。

2 〔克特古斯，古罗马科尔奈利乌斯家族的名字：1）M. Cornelius Cethegus，公元前213年任大祭司，公元前211年任大法官，公元前204年任执政官，公元前203年任总督，公元前196年卒；2）Gajus Cornelius Cethegus，公元前200年在西班牙任总督；公元前190年任执政官；3）M. Cornelius Cethegus，公元前160年任执政官。〕

——Si forté necesse est
Indiciis monstrare recentibus abdita rerum,
Fingere cinctutis non exaudita Cethegis
Continget, dabiturque licentia sumpta pudenter;
Et nova fictaque nuper habebunt verba fidem, si
Grœco fonte cadant, parce detorta. Quid autem
Cœcilio Plautoque dabit Romanus, ademptum
Virgilio Varioque? Ego cur, acquirere pauca
Si possum, invideor; cum lingua Catonis et Enni
Sermonem patrium ditaverit, et nova rerum
Nomina protulerit? Licuit, semperque licebit
Signatum prœsente nota producere nomen. ①

然而，约翰生向我保证，他给英语增添的自造词顶多只有四五个；他非常恼火的是普遍的放任，在他那个时代“根本不讲分寸”，不仅放手臆造新词，而且把许多词用得跟约定俗成的意义毫不靠谱，还把那些词用得荒诞不经。

---

① “如果有一些玄妙的事物绝对需要一些新术语才能把它们表达清楚，那你就可以造一些腰束博带的克特古斯的耳朵从未听过的词语，如果这一特权运用得不太过分，你会得到特赦的。新词和过去形成的词，如果其源是希腊文，流又有所节制，是会被人接受的。你能想象有什么特许罗马人肯授予凯西留斯[1]和普劳图斯[2]，而后又拒绝给维吉尔和瓦里乌斯[3]？当加图和恩尼乌斯[4]的语言获准给予世界事物的新名称，从而丰富我们的母语时，为什么你甚至不愿意给像我这样的人授予权利，如果我有能力的话，给宝库增添一点东西？各代都已获准，而且还将获准推出印有当代崭新标记的新词”——贺拉斯，《诗艺》，第2节，第48—59行。

1 〔凯西留斯（Statius Caecilius），罗马喜剧作家，兼诗人。〕

2 〔普劳图斯（Titus Maccius Plautus，？公元前254—前184），伟大的罗马喜剧作家。〕

3 〔瓦里乌斯（L. Varius Rufus），罗马诗人，维吉尔和贺拉斯的朋友。〕

4 〔恩尼乌斯（Quintus Ennius，公元前239—前169），古罗马诗人，剧作家。〕

托马斯·布朗爵士[①]，约翰生写过他的传记，极其喜爱盎格鲁-拉丁措辞，我们认为约翰生有时候沉溺于这种用语是步了他的后尘[a]。约翰生包罗万象的头脑就是他语言的模子。如果他的思想较为狭隘，他的表达就会容易一些。他的句子有一种威严的步调；毫无疑问，他的榜样使他祖国的语言得到了普遍提升，因为我们很多最优秀的作家已经非常接近他；从他给我们的写作产生的影响来看，现在写的东西的表现力很少有比他崭露头角引领全国情趣以前常见的水平差的。

这种情况，由于其真情肯定打动了每个富有批评眼光的读者，被考特尼先生在他的《约翰生博士的文学与道德特色》予以如此恰当的强调，以致我无法说服自己将其扣留下来，尽管对于他的一位朋友来说，也许过于失之偏颇：

> 被天赋注定要统治人类，
> 像个提香，他形成了自己的门派；
> 并教导投缘的精神超常非凡，
> 124 从他的嘴唇里吐露出至理名言。
> 1750 年 我们自负的**哥尔德斯密斯**感到霸权动摇；
> 从他嘴里发出甜蜜而紧张的歌谣。
> 他叫我们的拉斐尔升向声名的峭壁，
> 因此**雷诺兹**的羽毛笔与**雷诺兹**的铅笔竞技。

---

① 托马斯·布朗爵士（Sir Thomas Browne，1605—1682），医生、作家；散文措辞和句法极大地影响了约翰生；创造新词的大师；《牛津英语词典》中一百多词形的第一位有案可查的使用者；尤以《医生的宗教》（第一版，1635—1636）闻名。

a 很多人认为他模仿托马斯·布朗爵士，这种看法近来一直被人坚持，滕布里奇学校校长诺克斯牧师先生写的流传很广的一篇文章还引用各种各样布朗的语句举例说明，我认为有些人有时候模仿约翰生博士的文体倒还有模有样，此人就是其中之一。

动听的**伯尔尼**[①] 闪耀着约翰生的光芒，
而他雄壮的乐曲以更明快的节奏流淌。
马隆[②]，学习批评的人跟你如此亲近，
正确而优雅，考究但清明，
通过研习他，获得了那种古典情趣，
它把你的雕像高置于莎士比亚的庙宇。
斯蒂文斯[③] 站在剧场，靠近约翰生，
敏锐、辛苦、多产、深沉。
我们把聪明的**霍克斯沃思**归于这一学派，
很难把学生跟老师分辨开来。
在这里，早年的才华把**琼斯**[④] 的崇高完成，
知识与亚细亚高昂的音韵融通：
和谐的**琼斯**！他用优美动听的乐曲

---

① 伯尔尼（Dr Charles Burney，1726—1814），音乐家、作家；约翰生的文学俱乐部成员；为《仲夏夜之梦》配曲（1763）；《音乐通史》（4卷，1776—1789）的作者，至交约翰生为它写序；计划写约翰生的传记，后得知他人也有此计划，便作罢，《每月评论》的撰稿人。

② 马隆（Edmond Malone，1741—1812），文学研究学者、传记作家；文学俱乐部成员（1782），约翰生圈子里的至交；《威廉·莎士比亚戏剧、诗歌集》（10卷，1790）的编者，这一工作得到约翰生的鼓励和帮助；在莎士比亚研究上迈出了巨大的进展；从1785年起与鲍斯威尔开始了重大的文学合作；帮助鲍斯威尔修订《约翰生传》，并为出版第三版做了准备工作。

③ 斯蒂文斯（George Steevens，1736—1800），文学编辑和学者；皇家学会会员（1767）；文物学会会员（1767）；文学俱乐部成员（1774）；莎士比亚作品的编者；约翰生《文集》第二版（1773）以及所谓的约翰生-斯蒂文斯版《莎士比亚》（1785）公认的合作者；由于他的恶作剧和与人结仇很不受人欢迎，但对于约翰生是一位朋友和重要的同事。

④ 琼斯（William Jones，1746—1794），东方学家、法官；激进的辉格党人；牛津大学大学学院研究员（1776）；《波斯语语法》（1771）、《诗集，主要译自亚洲各民族语言》（1772）的作者；皇家学会会员（1772）；破产者委员会委员（1775）；加尔各答最高法院法官（1783）；孟加拉亚洲学会创建者；推测标志了印欧比较语法和现代比较历史语言学的开端；翻译迦梨陀娑的《沙恭达罗》（1789）；约翰生的文学俱乐部成员。

歌唱迦摩提婆[①]，在百花烂漫的平原上游戏：
在印度的逸闻中我们深情地追寻
富有雅典韵味的缪斯和爱神。
这些名字中**鲍斯威尔**岂能被人忘怀，
北不列颠人现在很少把他当苏格兰人看待[a]？
他对这位哲人的忠诚开始于青年时代，
从他那里汲取了对真理的敬爱；
深入的钻研，对头脑的淬砺，
以及那种技艺，了解人的技艺。——
他的精力并不是仅仅局限在
他的哲学宝座周围的朋辈；
它的影响大大地改进了我们的文坛，
明晰遒劲成了总体文风的特点：
犹如尼罗河滚滚的波浪，从泥泞的河床涌起，
最初向邻近壮丽的草地漫延而去；
直到汇聚起力量，越加波澜壮阔，
用新的功效把土地浇灌肥沃。

125 然而，必须承认，约翰生的语言阳刚有余，描写女性的娇柔则
1750 年 嫌不足。因而，他笔下的女子似乎个个拘谨得出奇，甚至到了可笑的程度；而且又名如其人，他给她们起的是弥赛拉，佐齐玛，普罗

---

① 迦摩提婆，印度爱神，是威廉·琼斯爵士的《迦摩提婆颂》（1784）的主题。

a 鲍斯威尔先生《赫布里底群岛旅行日记》（序言）中的以下说法也许足以说明这位绅士为什么他的很多同胞“现在很少把他当苏格兰人看待”：“如果他〔约翰生博士〕尤其反感苏格兰人，那是因为他们妨碍了他；因为他认为他们在英格兰的成功超过了他们真正的功绩应得的比例；还因为他在他们身上不禁看到了那种我相信任何思想开明的苏格兰人都不会否认的民族主义。”鲍斯威尔先生确实脱离了民族偏见，所以他也许会被同样贴切地描写成——

“南不列颠人现在很少把他当苏格兰人看待。”

——**考特尼**

佩兰霞，罗多克丽雅这么一些名儿。

最近以来，有这么一股风气，时兴是把艾迪生和约翰生的文体加以比较，并且贬抑艾迪生的文体，说它没有筋骨，柔弱无力，因为它没有约翰生文体的那种魄力，我认为这是极不公正的。他们俩的散文各有千秋，就像德莱顿和蒲柏的诗歌一样。二者都很优秀，只不过格调不同罢了。艾迪生的笔调具有绅士的悠闲。他的读者觉得一位智慧出众、才艺过人的同伴在跟他们娓娓谈心；不知不觉间他把自己的情趣渗入他们的心田。约翰生的行文则像一位师长。他仿佛坐在一把大学的椅子上面向读者口授。大家满怀敬畏和仰慕之心聆听着，他的教诲被他威严的雄辩印压在他们的心头。艾迪生的文风像淡酒，一开始人人就觉得爽心可口。约翰生的则像一种烈酒，一开始似乎劲儿太大，但越品越醇美；他的周章正句的抑扬顿挫正是这样，使人百听不厌，使人全神贯注，因此，任何作家，无论多么无足轻重，不在某种程度上瞄准这种优秀品质的，难得一见。然而，我们切勿不知好歹低估了那种优美的文体，它给我们提供了如许的教益和欢愉，令人欣喜。尽管与约翰生气吞山河的雄浑相比，显然有点柔弱，但千万不可一口咬定说它孱弱。我们不要忘记约翰生本人给他的文体总结出的特点：“他试图做的，都做到了；他决不孱弱，他也不想铿锵有力；他从来不图快当，但也从不淤滞。他的句子既不刻意壮阔，也不冒充简洁：他的圆周句[①]尽管不是精心力求的圆满周正，但却流畅、轻松。[a] 谁想掌握一种英语文体亲切但不粗

① 〔即一类要到句子之末意义才能完全显露、圆周才能合拢的句子，英文称为periodic sentence，或period。圆周句能布置悬念，增强语言效果，有庄重典雅的特点。〕

a 〔约翰生给我看一页显示艾迪生特点的校样，他在上面对他的文体高度赞扬，我忍不住说道，它并不是他自己的样板，因为再没有两种文体相差更大的了。——“先生，艾迪生有他的文体，我有我的文体。”——我斗胆问他，差异是不是表现在这方面，艾迪生的文体充满了成语，口头习语，谚语；而他的却更符合严格的语法，没有那种外国人绝对直译不出来或从字面上弄不明白的口头用语和模式，他承认这种区分是正确的。——让任何（转下页）

俗，文雅但不绚烂，一定得夜以继日地咀嚼消化艾迪生的著作。”[a] 尽管《漫游者》直到1752年才结束，但我却要赶在这一年之前说完我必须要说的有关它的话。他亲手翻译的一些题辞令人啧啧称羡。他承认其中很多“优美的翻译”是从詹姆斯·埃尔芬斯顿手中收到的；有一些是由一位F. 刘易斯先生的妙手翻译的，关于此人[①] 我听到的情况无非是约翰生给马隆先生做的这样一番描述：“先生，他住在伦敦，在社会上闲晃。”《漫游者》的终结篇既庄严又悲怆。不过我只希望他不要用一首也译成英语对句的不太必要的希腊诗做结。[②] 它太像那些戏剧诗人的奇趣，他们通常用一个韵结束每一幕；
126 他的对句的第一行的词语“天神”，虽然是异教诗的正统用法，他用了一种聊以自慰的“整合”，但对于基督教仍然驴唇不对马嘴。如果
1750年 以这样一句散文作结那将会好得多：“如果我能跻身于那些给美德以热情，给真理以信心的作家之列，我永远都不会羡慕机智和学问在其他任何事业上取得的荣耀。”

他的朋友伯奇博士正忙于准备一版罗利[③] 的短作，约翰生博士

（接上页）对此表示怀疑的人试着把艾迪生的一篇《旁观者》文章译成拉丁文，法语，或意大利语；尽管对一个英国人来说，它如此容易，亲切，优雅，对智能造不成任何麻烦；然而他发现转换成另一种语言却极其困难，如果不是不可能的话。然而，他会发现把约翰生的《漫游者》《冒险者》，或《闲散者》的文章译成任何古典或欧洲语言，容易得就像自己原本构思的一样。——B.〕

a 也许我要在另一作品中维护艾迪生诗歌的优点，因为它被很不公正地贬低了。

① 〈在1752年10月号的《绅士杂志》第468页，他的称谓是“the Rev. Francis Lewis，of Chiswick”。已故的马戛尔尼勋爵在Chiswick住的时候，在我的请求下，打听过该地此人的情况，但一无所获。

题辞的翻译是埃尔芬斯顿先生提供的，首先发表在爱丁堡版的《漫游者》上，有一些的修订和改进工作或许是约翰生做的，后来穿插到伦敦的八开本版上了。附在爱丁堡版《漫游者》前三十期上的题辞翻译在该作品收集成册前，刊登在《绅士杂志》1750年9月号上。——M.〉

② 〈对开版的原版没有这种情况。——M.〉

③ 罗利（Sir Walter Raleigh，1552？—1618），廷臣、探险家、作家；伊丽莎白一世的宠臣；推动了殖民美洲的倡议；并不像著名的传说讲的，（转下页）

给那位绅士写了下面一封信：

致**伯奇博士**：

先生，　　　　　　　　　　　　　高夫广场，1750 年 5 月 12 日

得知你时下正在准备罗利杂文的一个新版以飨读者，我贸然寄上一份手稿，这是我偶然注意到的。经我鉴定，没有发现伪造的证据；手稿的主人告诉我，他听说手稿是华尔特爵士的。倘若你发现理由认定它系真迹，将它推荐给书商，对其主人，一位盲人[a]来说，将是一大恩惠。你最恭顺的仆人，

塞姆·约翰生

他对弥尔顿的政治理念一直深恶痛绝，义愤填膺。然而这并没有妨碍他对弥尔顿伟大的诗歌功绩的热烈仰慕，对于它他推崇备至，力度超过论述这一问题的任何人。这一年他不仅写了一首《序诗》，由加里克先生在朱瑞巷剧院为弥尔顿的孙女义演《科玛斯》之前朗诵，而且为这一善举的成功表现出极其热烈的兴趣。在演出的前一天，他在《大广告报》上发表了致该报印行者的这样一封信：

先生，——赢得一定的知名度不外乎依赖对天才作品的赞许并表明对纪念作者的关注，这是一个显而易见、不容否认的真理；因此，为了确保与一位著名的诗人分享声誉，很多也许在他有生之年促成他忍饥挨饿的人却在他坟头堆满了昂贵的花彩。[①]

（接上页）他是第一个把烟草带到英国去的人，但肯定对它的普及起了核心作用；宫廷诗人；探寻想象中的南美黄金国的宝藏；詹姆斯一世一上台就将其囚禁在伦敦塔内；《世界史》（1614）的作者；被处死（1618）；皇家残酷斗争的受害者。

a　也许指的是威廉斯夫人。

①　〈也许暗指 Mr. Auditor Benson。见《群愚史诗》，卷二，第五节。——M.〉

的确，必须承认，这种向后世扬名显荣的方法对于伟人，或者至少对于富人，是特有的；然而现在机会来了，几乎人人都可以博得对杰出的死者给予应有关注的赞誉，连同对生者做善事的快乐。帮扶与困顿作斗争、因年迈而体弱的勤奋穷人是展示美德，是博取快乐和荣耀。

那么，谁想被认为能够体味阅读我们无与伦比的弥尔顿的作品的乐趣，而不至于不知好歹，竟然拒绝在为他的后裔义演、为展示自己的美德、增加自己的知名度和令人欣喜的行善意识
127 的理性而高雅的娱乐中掏一枚小钱，谁就应当在明天4月5日
1751年 光临朱瑞巷剧院，届时将会为作者的孙女、他家仅存的苗裔，伊丽莎白·福斯特夫人义演《科玛斯》。[①]

注意，届时将有《伊瑞涅》的作者写的一首新“序诗”，由加里克先生诵读，出于特别的期望，将会对这一假面剧增加一首戏剧讽刺诗，名曰《忘川》[②]，加里克先生将在剧中扮演角色。

1751年：四十二岁。〕——1751年，我们应当认为他既在编《词典》，又在写《漫游者》。然而他还写了《谢内尔传》*，收在名曰《学子》的杂录里；牧师道格拉斯博士以超常的敏锐清楚地发现一名苏格兰学校的老师威廉·劳德[③]造假并欺骗公众的情况，此人肆无忌惮，又别出心裁把弥尔顿描绘成一个剽窃者，说他剽窃了某些现代的拉丁诗人，约翰生当时上了大当，竟然给他的著作写了“序”和“跋”，现在为劳德口授了一封致道格拉斯博士书，用恰如

---

① 〈伊丽莎白·福斯特夫人于1754年5月9日去世。——A. 查默斯〉

② 大卫·加里克《忘川，一首戏剧讽刺诗》（1749）。

③ 威廉·劳德（William Lauder，？—1771），文学造假者；《绅士杂志》撰稿人（1747）；声称弥尔顿的《失乐园》大多是剽窃了雅各布斯·马塞尼乌斯；通过爱德华·凯夫与约翰生相识；由于这些说法被约翰·道格拉斯揭发为造假者；造假使约翰生上了当，写了一篇序和跋。

其分的痛悔措辞承认了这一骗局[a]。

劳德的这一石破天惊之举绝非心血来潮，贸然行事。他已经将其酝酿多年了；直到此刻，仍不好确定他的主要动机何在，除非它是他一心想出风头的虚妄想法，只要能欺世骗人。为了达到这一目的，他举出了格劳秀斯①、马塞尼乌斯②等人的一些段落，跟《失乐园》的某些部分略有相似之处。在这里他又穿插了豪格③用拉丁文翻译的那首诗的片段，一口咬定这么组装起来的主体就是弥尔顿抄袭的原件。他时不时地把这些构件发表在《绅士杂志》上；而且对自己想象中的成功喜出望外，1750年，他悍然把它们集成一本小册子，名为《论弥尔顿〈失乐园〉中对现代作品的利用与模仿》。约翰生给这本小册子写了一篇《序》，对劳德的诚实深信不疑，还写了一篇《跋》，用最令人信服的言辞推荐，让人订购以接济弥尔顿的孙

---

a　以免将来有什么人荒唐透顶，疑心约翰生是劳德骗局的参与者，或者知情者，所以用他的大笔为虎作伥，这里有必要引用现任索尔兹伯里主教的道格拉斯博士在发现这一欺骗行为时说的话。"人们希望，不，人们期盼这位高雅而刚健的作家，由于他明断的思想和举世无双的文笔指明劳德的《序》和《跋》的作者，所以不会再允许有人用他的羽毛装扮自己了，因为此人似乎太渺小不值得帮助：我相信这是一种永远不会被提供的帮助，如果对我充当工具用这些纸张向世界传达的这些事实略有觉察的话。"《弥尔顿决非剽窃者》第2版，第78页。牧师大人现在欣然以最强烈的姿态委托我说，没有任何责难约翰生博士的理由，因为他表达了对劳德的最强烈的愤慨。

〔劳德于1754年故伎重演，在一本题名为《大骗子被发现，或弥尔顿被证明犯有假冒查理一世国王的伪造罪》的小册子里，继续污蔑弥尔顿的人格。——这本小册子很可能约翰生在1754年《绅士杂志》第97页上予以评论。——A.查默斯。〕

〔劳德后来去了巴巴多斯，大约于1771年在贫病交迫中死在那里。〕

①　格劳秀斯（Hugo Grotius，1583—1645），荷兰政治家、法学家。

②　马塞尼乌斯（Jacobs Masenius，1606—1681），德国耶稣会会士。

③　豪格（William Hog，活跃在1690年左右），拉丁文诗人；当时最多产的拉丁文作家之一；《弥尔顿〈失乐园〉、〈复乐园〉、〈力士参孙〉之诗体翻译》（1690）的作者；与约瑟夫·艾迪生一起是屈指可数的辉格派拉丁文诗人之一，因此引人注目。

女，他是这么说的：

128 “一个伟大的民族尚有能力回报这样一位诗人：他的名字大家竞
1751年 相夸耀，从他们的共性到他的天才，他们声称都胜世界上其他任何民族一等；这样一位诗人，当不列颠其他的伟大杰作都被磨灭之时，他的作品仍有可能被人阅读；要回报他，不用画像、不用纪念章，这些东西，如果他看得见，他也以白眼相对，而是用感激的表示，这一点，也许他现在也会认为对一个不朽的灵魂的关注并不是不值当的。”

无疑，这与“对弥尔顿怀有敌意”之说格格不入，此话是约翰·霍金斯爵士这次强加到约翰生头上的，他还说：

“我可以始终如一地说，约翰生仿佛不仅赞同这个计划，而且赞同这种论点；似乎为这么一种想法而欢欣鼓舞，那就是，弥尔顿的声誉有可能被这种发现损害。他对这一骗局了然于心，这一点我深信不疑；不过他对这一论点看好，这可以从《序》推断出来，因为它毋庸置疑是约翰生写的。”

约翰生在一篇给这一“发现”——他当时是这么认为的——写的《跋》中对弥尔顿的诗歌的优长推崇备至的同时，又能够为这一想法而欢欣鼓舞，那就是，这位伟大诗人的声誉有可能被它损害，任何明断事理的人认为这有可能吗？这是一种约翰生不可能制造的矛盾；从《序》中可以公正地推断：约翰生因热情好奇和热爱真理而出名，所以他对一种能使二者都得到满足的调查研究感到欣喜，除此之外，再也不能推断出任何东西。他受到这两个动机的驱使，肯定不是贬低我国伟大的史诗诗人的不良居心，这一点从他自己的言辞中看得一目了然；因为在论及“提升《失乐园》的荣耀、突出它的美妙”的天才人物和文人墨客的普遍热忱后，他说：

“在这种批评的热情自然而然引起的探询中，本身最含糊的或者最值得理性考究的，莫过于追溯这位伟大天才构建自己作品的进程了；看着构架渐渐地，或许从一个小小的起点升起，直到它的基础在中心扎稳，它的塔楼在天空闪光，通过它的千变万化追溯这座构建，直追到简单的初始计划；发现最初的设想如何，规划又从何而来，怎么加以改进，实施又靠什么支援，材料是从哪些仓库里收集来的；是它的创建者从自然的采石场挖掘出的，还是拆了别的建筑来为自己的砌墙盖顶，修饰装潢。”①

难道这就是一个希望毁掉弥尔顿的桂冠的人说的话？

尽管这个时段，约翰生的景况远远谈不上安逸，但他仁爱、慈善的习性却时时彰显出来。一位技艺高超的威尔士医生的女儿安娜·威廉斯夫人是个非凡的才女，文学造诣极深；她来到伦敦，希望治愈白内障，结果到后来双目完全失明。约翰生夫人在世时，她 129
是他家的常客，一直受到亲切的款待；夫人去世后，她就过来住 1752 年
在他家里，以便给她的眼睛做手术时，要比住在公寓里舒适一些。 3—4 月
凡是约翰生拥有一座住宅的阶段，她总在他家占有一套房间安度余年。

1752 年：四十三岁。〕——1752 年，他几乎全力以赴地编他的《词典》。当年的 3 月 2 日，[a]《漫游者》出了最后一期；此后他那散文家的才情休歇了一个阶段。然而，就在同一年，霍克斯沃思博士由于对他崇拜得五体投地，刻意模仿他的文体，当时又跟他非常亲密地生活在一起，便与另外几位先生联手创办了一份报纸，名曰《冒险者》，其中的一位是约翰生的莫逆之交巴瑟斯特医生；毫无疑问，他们从他的言谈中得到了许多有价值的提示，他的大多数朋友在他

---

① 〈“刊印ADAMUS EXUL OF Grotius附Wm. Lauder. A.M.的翻译与注释的建议（显然是约翰生写的）”，《绅士杂志》，1747，第17卷，第404页。——M.〉

a 〔这里作者的记忆出了偏差，按照前面的记述（见第113页），我们在这里应当改作3月17日；其实，人们已经注意到，《漫游者》于3月14日星期六终刊；这时候，约翰生夫人已经行将就木，因为她在下星期二3月17日离世。如果终刊号写于她去世的那一天，考虑到这一事件使作者陷入的悲痛欲绝的状态，这篇文章就比现在显示的更不寻常。——那篇终刊文章的忧愁情调足以说明写它时约翰生夫人的景况；三天后她的离世便终结了那份报纸。〕

们工作的过程中都得到过这样的帮助。

1752年他的文学活动应当说暂停了一个阶段，这似乎并不奇怪，因为据认为《漫游者》停刊后不久，他遭受丧亲之痛，这无疑使他悲伤万分。旧历3月17日，他的妻子去世了。约翰·霍金斯爵士毫无根据，就擅自认为约翰生对她的爱是惺惺作态（意思是假装的或装模作样的），并且一口咬定，如果情况不是这样，“那就是烂熟于心的一门课”，他为什么会这么说，我百思不得其解，除非由于他自己的内心缺失类似的情感。说什么由于她比约翰生年龄大得多，或别的什么情况，就认定他不可能真心地爱她，这真是荒谬绝伦，因为爱不是一个推理的问题，而是一个感知的问题，因而关于它，没有什么人们可以据此相互说服的普遍原则。各人自有各人的感受，知道怎样被自己所爱慕的人身上的特殊品质感动，这些品质的印象过于微妙，难以言传。

下面这篇庄严而又感人的祈祷文是约翰生博士谢世后由他忠实的仆人弗兰西斯·巴伯[①]先生发现的，他把该文交给我可敬的朋友伊斯林顿教区牧师斯特拉恩[②]先生，由于我诚挚的要求，他将一份抄件惠赐予我，我们俩将它与原件做过比对。我把它呈现给世人作为我杰出朋友的人格中一种情状的确证，虽然我永远不会羡慕的一些铁石心肠的人可能予以攻击，说它迷信，但我确信它会使他更受多数善良人士的爱慕。我把它呈现给世人还有一个动机，而且是个人的动机，因为它认可了我本人一向坚持并乐此不疲、纵情投入的东西。

---

① 弗兰西斯·巴伯（Francis Barber，1745？—1801），约翰生的仆人，原为牙买加的一名奴隶。约翰生的妻子死后（1752）就被安排做他的仆人；做家务勤勤恳恳，尽职尽责，但朋友们怀疑约翰生是否需要他服务；约翰生死后主要的受遗赠者，收到一笔七百英镑的年金，有名的色鬼，正如约翰生所言：“弗兰克把丘比特的帝国推进得比大多数男人都远。”

② 斯特拉恩（Revd George Strahan，1744—1824），英国国教会牧师；威廉·斯特拉恩的儿子；牛津大学大学学院研究员（1768）；伦敦伊斯林顿圣马利亚教堂教区牧师（1772）；约翰生的精神顾问，约翰生将后来编为《祈祷文与默想录》（1785）的文稿交托给他。

1752年4月26日，25日午夜12点之后。

主啊！天地之主宰，您手里掌握着被赋予形体和与世长辞的灵魂，倘若您规定死者的灵魂要服侍生者，并指定我的亡妻来照料我，那就同意我可以享受她关怀照顾的恩泽，不管是通过显容、冲动、托梦还是以符合您管理的其他形式加以实施的，恕我冒昧，昭我昏蒙，无论采用什么更平淡的手段，通过我主耶稣基督赐予我您的圣灵的神圣影响吧。阿门。 130

1752年
3—4月

约翰生作了这篇有趣的祈祷文之后，实际发生过什么情况，我们不得而知；然而**上帝**欣然以引发过这篇祈祷文类似的方式折磨过我，我是有以托梦进行温情交流的确实经历的。

他对妻子的爱属于至为热火朝天的那种类型，而且在五十年漫长时光里，没有因为时过境迁而损伤丝毫，这从牧师斯特拉恩先生出版的《祈祷文与默想录》系列的各种段落以及其他记录中看得一目了然，我选了其中两段充分彰显出了他温柔缱绻的心怀。

“1753年3月28日。今天是我的泰蒂的周年忌日，早晨做祈祷潸然泪下。晚上有条件地为她祈祷，如果这么做合法的话。”

“1753年4月23日。不知道我是否枉自思恋难以自拔；但希望思恋能软化我的心，并希望当我像我的泰蒂一样亡故时，这份爱恋将会在一次幸福的相会中得到承认、希望届时爱恋会激发出虔敬之情。然而，我不会背离日常通行的敬爱之道太远。”

妻子去世之后，他把她的结婚戒指在他的有生之年一直满怀深情地珍藏在一个小圆木盒子里，他在盒子里面贴了一张纸条，在上面用优美的字体写着：

Eheu！
Eliz. Johnson，
Nupta Jul. 9° 1736，
Mortua，*eheu*！

Mart. 17° 1752.[1]

他去世以后，他忠实的仆人和剩余遗产受赠者弗兰西斯·巴伯把这一温情的纪念品拿给约翰生夫人的女儿露茜·波特；但她婉言谢绝了，于是他让人给它上了珐琅，作为对他故主的哀悼戒指把它交给了自己的妻子巴伯太太，所以这枚戒指现在就在她手里。

一个男人在他深爱的女人亡故时必然处于的心态很多年前就反映在他的沉思默想中。在他的《伊瑞涅》中，我们发现德墨特里乌斯对他的阿斯帕西娅做的这样一段热烈、温情的表白：

从那些永恒的光明地域，
现在你在圣徒同仁间发光，
披着更加纯洁的光芒把我俯视！
131 在喜人的幻想和虚妄的梦境里，
1752年3—4月 哦！抚慰我的灵魂，教我怎样失去你。

德穆兰夫人在结婚前曾与约翰生夫人在汉普斯特德一起住过一段时间，她确实给我说过，约翰生夫人在以不适当的花销尽情地享受乡下的空气，过着悠闲舒心的日子，而她丈夫却在伦敦的烟雾中终日劳累，不过，她绝对没有用自鸣得意的态度对待丈夫，这种态度却是作为人妻最迷人的品质。然而，凡此种种都与约翰生对她的爱恋完全合拍，尤其人们还记得他对她的理解力评价很高，而且她的美貌，且不管是真实的，还是虚幻的，原来在他的心目中留下的印象，已成为惯性，从来就没有被抹杀掉，尽管她本人的情况无疑在每况愈下。那阴阳两隔的打击发生在夜里；他立马派人给他的朋友牧师泰勒博士送去一封信。泰勒博士告诉我，这封信表达悲痛的

① “啊！伊丽莎白·约翰生，1736年7月9日结婚，1752年3月17日亡故（呜呼哀哉）。”

方式之强烈是他读过的信中绝无仅有的；令人深感遗憾的是这封信没有保存下来[a]。信大约凌晨三点送到住在威斯敏斯特修道院路的泰勒博士家中；由于该信表明了要见他的急切愿望，他就赶忙起床，穿好衣服就直奔约翰生家，看到他悲恸万分、泪如泉涌。默然相对了片刻之后，约翰生要求泰勒跟他祈祷。于是他像泰勒博士那样做起了即兴祈祷；虔敬一直是他的主要目标，这样，借助于这一虔敬行为，他那颗忧伤的心在某种程度上得到了安慰和平静。

第二天他写了下面一封信：

致**牧师泰勒博士**

亲爱的先生，——让我得到你的陪伴和指导。切勿离开我。我的哀伤太重。

请泰勒夫人告诉我，我应当为家母和波特小姐置办什么丧服，并在你回复时附上一笔。

你祈祷时要记着我，因为人的帮助纯属徒然。你的，

1752年3月18日。

塞姆·约翰生

妻子的亡故给他造成了极大的痛苦，那是一般人难以承受的，这一点我毫不怀疑，当时在他身边的许多人提供了大量信息，不过我更相信他忠实的黑人仆人弗兰西斯·巴伯[b]，他是在这件伤心事发

a 〔1794年2月号的《绅士杂志》（第100页）上刊印了一封声称是约翰生在妻子亡故后写的信。然而那仅仅是《闲散者》第41期的一个复本。在该稿被投到该杂志的出版者之前有人添加了一个虚构的日期（旧历1751年3月17日），从而使这一骗术蒙上了可信的色彩。〕

b 弗兰西斯·巴伯出生于牙买加，1750年由约翰生的至交巴瑟斯特医生的父亲巴瑟斯特上校带到英国。有一个阶段，他被送到约克郡巴顿镇的牧师杰克逊先生的学校。根据遗嘱上校给了他自由，于是巴瑟斯特医生便愿意让他当约翰生的仆人，巴伯从1752年一直干到约翰生去世，其间有过两次中断：一次由于与主人意见不合，他到奇普塞德路的一位药剂师那里做佣工，（转下页）

132 生后两个星期左右来到约翰生家的。约翰生生性忧郁，这就更加加深了他的痛苦；结婚以后，有时候难免有一些小小的争执困扰夫妻关系，或许他理亏的次数不见得比她多，但他向我承认，他觉得他那郁闷暴躁的脾气比以往更加使他痛苦难耐，妻子去世以后，他也就自然而然喜欢为一些轻微的忽略和过失而自责，想到这些他就寝食难安。① 因此我们发现，大约在她离世一年之后，他对上帝这样说道："**主啊**，您给了忏悔的恩惠，听到了悔罪者的祈祷，恩准通过真诚的悔悟，我可以得到对所犯的所有罪过的宽恕，可以得到对我与您从我身边带走的妻子结合后所有疏职的宽恕；这一切都起因于对共同的忠诚，耐心的规劝和温和的引导的忽略。"[a] 尽管脾气暴躁，但他心地善良，这一点在他的朋友中间是出了名的；所以对约翰·霍金斯爵士下面这种阴暗苛刻的说法我找不到丝毫的根据："他的亡妻的幽灵全然属于那种可怕的类别，很难给他这样一种希望：她的境遇是幸福的。"[b] 他与古往今来很多最能干、最博学、最虔诚的基督徒的见解保持一致，认为人死后存在着一种中间状态，然后才是逝去的灵魂被最后纳入永福的时候。这种观念，我认为，毫无疑问是出于他的虔诚②："**主啊**，在我合法的范围内，我将亡妻的灵魂交托给您父亲般的仁慈，求您恩赐她在目前情状下的最好的东西，最后将她纳入永福。"[c] 然而，这种状态据认为并不恐怖，而仅仅是受眷顾较少而已。

1752 年 3—4 月

（接上页）但仍然时不时地去看望约翰生；一次是他心血来潮出海当水手。有一部分时间，按照主人的好意安排，他在北安普顿郡上学，也许学识上有所长进。约翰生博士和这位身份低下的朋友间的关系开始得很早，持续得很久。

① 〈参见他优美而感人的《漫游者》第 54 期。——M.〉

a 《祈祷文与默想录》，第 19 页。

b 霍金斯，《约翰生博士传》，第 316 页。

② 〈好像约翰生并未完全相信存在着一种中间状态：他的祈祷仅仅是设定条件的，也就是说，如果存在那样一种状态的话。——M.〉

c 《祈祷文与默想录》，第 20 页。

他把约翰生夫人的遗体安葬在肯特郡的布罗姆利教堂①，也许是他居住在该地的朋友霍克斯沃思把他引领到那里的。约翰生为妻子写的悼词从来没有被宣读过，而是交给了泰勒博士，在他去世后才予以发表，这篇悼词精彩绝伦，对于遭到约翰生写它时感受到的那种深重的痛苦而情绪颓丧的人而言，充满了理性和虔诚的安慰。考 133
虑到它是在那样心情激荡之中，而且是在她去世和埋葬之间那么短 1752年
的时间段内写成的，读起来不能不令人感到惊诧。

从弗兰西斯·巴伯先生那里我得到了下面一段关于他发现约翰生在妻子去世后的境遇的可信而质朴的描述：

"他痛苦极了。威廉斯夫人当时住在他位于高夫广场的住宅里。他忙着编词典。希尔斯先生和先前替他抄抄写写的其他几位先生经常来到他身边。当时他手头不宽裕，但屡屡送钱给身陷困顿的希尔斯先生。那时候前来看望他的朋友主要是巴瑟斯特医生[a]和戴蒙德先生。戴蒙德先生是伯林顿花园区科克街的一名药剂师，每逢星期天约翰生和威廉斯夫人一般都要和他一起吃饭。有一次他们谈到一起去冰岛的事，假如他还活着，这件事或许会兑现。还有

---

① 〈约翰生在他临终前的几个月，写了下面一则墓志铭来纪念他的妻子，墓志铭刻在布罗姆利教堂她的墓碑上：

Hic conduntur reliquiæ
ELIZABETHÆ
Antiqua Jarvisiorum gente,
Peatlingæ, apud Leicestrienses, ortæ;
Formosæ, cultæ, ingeniosæ, piæ;
Uxoris, primis nuptiis, HENRICI PORTER,
Secundis, SAMUELIS JOHNSON:
Qui multum amatam, diuque defletam
Hoc lapide contexit.
Obiit Londini, Mense Mart.
A.D. MDCCLII .——M.〉

a 巴瑟斯特医生，尽管功绩不容小觑，但运气不佳，在伦敦行医不顺。因此他愿意接受海外工作，使认识他的人万分遗憾的是，在远征哈瓦（转下页）

凯夫先生，霍克斯沃思博士，塔山商人赖兰先生①，与凯夫先生住在一起的女诗人马斯特斯夫人，卡特夫人，有时候还有麦考利夫人②，还有雪岗蜡烛制造商的妻子加德纳夫人，她不是做学问的，倒是一位可敬、善良的女人；乔舒亚·雷诺兹先生（现在是乔舒亚爵士）；念珠街的书商米勒先生、多兹利先生、布凯先生、佩恩先生③；印刷商斯特拉恩先生④；奥雷里伯爵⑤、索斯威尔勋爵，加里克先生。”

毫无疑问，这张朋友的名单还有很多遗漏，尤其是地位低下的

（接上页）那[1]的途中他成了那种毁灭性气候的牺牲品。兰顿先生回忆起约翰生致博克莱尔的一封信中的下面一段话：“哈瓦那是拿下了——一次代价过于昂贵的胜利，因为在此之前巴瑟斯特死了。‘Vix Priamus tanti totaque Troja fuit.’[2]”

1 1762年8月12日英国军队在阿尔比马尔三世伯爵的指挥下向当时在西班牙人占领下的哈瓦那发起攻击，大获全胜。

2 “杀死普利阿摩斯、攻克特洛亚，得不偿失”——奥维德，《列女志》第1篇，第4行。

① 赖兰（John Ryland，1717？—1798），约翰生的朋友；《绅士杂志》的撰稿人；约翰生早年硕果仅存的朋友；埃塞克斯角俱乐部和常春藤巷俱乐部成员；铁杆辉格党人；鲍斯威尔很少提及。

② 麦考利夫人（Catherine Macauley，1731—1791），史学家；《英格兰史》（8卷，1763—1783）的作者；威尔克斯圈子里的一员；与玛丽·沃尔斯通克拉夫特常有书信来往；本杰明·富兰克林和本杰明·拉什的相识；不是严格意义上的女权主义者，但按其行为似乎男女平权已经存在。

③ 佩恩（John Payne，？—1787），书商；常春藤巷俱乐部成员；在约翰生的帮助鼓动下出版劳德的《论弥尔顿〈失乐园〉中对现代作品的利用与模仿》（1750），——这一项目损害了他二人的声誉；出版约翰生《漫游者》和《冒险者》中的系列文章；《宇宙纪事》的联合创办人，约翰生将其《闲散者》第一批文章投给它（1758）；英格兰银行的总会计师（1780）。

④ 斯特拉恩（William Strahan，1715—1785），印刷商；皇家印刷所经理（1770），扩展事业，拥有400多种书的版权股份，经营伦敦最大的印刷公司之一；休谟、本杰明·富兰克林和约翰生的密友；出版商协会的掌门人（至1774年）；埃塞克斯角俱乐部成员（直至1784年）。

⑤ 奥雷里五世伯爵约翰·博伊尔：传记作家；奥雷里四世伯爵查尔（转下页）

托珀姆·博克莱尔
C. P. 哈定 绘

朋友罗伯特·莱韦特先生[1]。莱韦特先生在下层百姓中行医，默默无闻，有时候收费极低，有时候病人能给得起什么，他就收什么；他这样子行医范围很广，威廉斯夫人告诉我，他从猎犬沟一直走到玛丽博恩。按照约翰生的日记记载，他们大约在1746年相识；约翰生对他极其偏爱，把他平平的能力说得天花乱坠，我听他说过，除非莱韦特先生在身旁，就是全医师学院的医生给他会诊，他也放心不下。自从我与约翰生博士相识，甚至早在许多年前，那些认识约翰生更早的人向我保证，莱韦特先生在约翰生的住宅里，或者他的寓所里一直占有一套房间，每天早晨服侍他吃完他那又晚又乏味的早餐。此人形容古怪、举止僵硬刻板，客人在场时几乎一言不发。[2]

这时候，他确实交游极广，三教九流无所不包，一般人难以想
象。要追踪他与每个人结识的经过，就算能够做到、也是吃力不讨好 134
的艰巨任务。不过还是可以破例讲几个人的情况；其中一例必须是乔 1752年
舒亚·雷诺兹爵士这样杰出的朋友，他可真是约翰生的 dulce decus[3]，约翰生和他的亲密友谊在其有生之年从未间断过。约翰生在卡文迪什广场城堡街居住时，经常去拜访住在街对面的两位女士，她们是海军上将科特雷尔的千金。雷诺兹也经常去那里做客，这样他们二人便不期而遇。雷诺兹先生，我前面说过从第一次读《萨维奇传》开始，就对约翰生的写作能力慕而仰止。约翰生的言谈同样令雷诺兹欣喜万

（接上页）斯·博伊尔的儿子；进上院时（1735）为托利党人和詹姆斯二世拥戴者；博林布罗克的同仁；从1730年代初就与蒲柏关系密切；最出名的作品是《评乔纳森·斯威夫特博士的生平与作品》（1751）；翻译贺拉斯的颂歌（1741）和普林尼的书信（1751）；受约翰生的轻视。

① 罗伯特·莱韦特（Robert Levet，1705—1782），外科医生兼药剂师；从1756至1782年一直是约翰生家中的一员；很受约翰生推重，说他是个“非常有用、无可指责的人”；约翰生对他写过动人的挽歌《悼念罗伯特·莱韦特医生》；从来没有取得行医执照。

② 〈对此人更加详细的记述可以在1785年2月号的《绅士杂志》上找到。它原来发表在《圣詹姆斯纪事》上，我相信是已故的乔治·斯蒂文斯写的。——M.〉

③ “亲爱的贵人”——贺拉斯，《颂歌集》，第1卷，第1首，第23行。

分；于是他以值得赞许的热情结交了一位急欲全面上进的人士。乔舒亚爵士在他们初次见面时十分幸运，发表了一番议论，远远超出了平常谈话的风格，约翰生立即发现雷诺兹有为自己考虑的习惯。而两位小姐在为一位朋友的去世表示悔憾，觉得她们对他亏欠太多；雷诺兹接上话茬说道："不过，二位这下可以心安理得地放下感激的包袱了。"两位小姐听了这种消忧解愁的建议大为震惊，认为过于自私，然而约翰生用他清晰逼人的口气为它辩护，并且对这种心理，即对人性的公正看法[①]，感到十分开心，因为这番话像拉罗什富科[②]的某些反思一样把它展示了出来。结果是约翰生和雷诺兹一起回家，一同吃饭。

乔舒亚爵士给我讲过他们俩初次相识时有关约翰生的一件令人开心的典型轶事。有天晚上，他们都在科特雷尔小姐家里，当时的阿盖尔公爵夫人和另一位地位显赫的夫人来了。约翰生认为两位科特雷尔小姐对她们过于关注，却把他和他的朋友晾在那里，她们因为有这两个低级来客有点难为情，约翰生便生气了；于是决意震慑她们心目中的高傲，办法是使她们的贵客想象他和他的朋友的确地位低下，他便以一种高昂的语调对雷诺兹先生说："你认为你和我一个星期能挣多少，如果我们使出浑身解数埋头苦干的话？"——仿佛他们是普通技工似的。

林肯郡兰顿的本内特·兰顿也是一位倍受器重的朋友，约翰生跟他相识是在《漫游者》停刊后不久；这位先生，当时还是个小青年，一直满怀敬慕之心阅读那些文章，他之所以来到伦敦，主要是想找人把他引见给作者。他真是三生有幸，碰巧寄居在莱韦特先生经常出诊的一户人家；由于曾经给房东太太提起过自己的愿望，她便把他介绍给了莱韦特先生，莱韦特先生欣然得到约翰生的允许，把兰顿给他带了过去；的

---

① 〈约翰生自己有一种跟他的第87期《漫游者》有几分相似的情感："有些人的心理对低人一等难以忍耐，所以他们的感激是一种报复。他们报恩，不是因为回报是一种快乐，而是因为感恩是一种痛苦。"——鲍斯威尔〉

② 拉罗什富科（François Rochefoucauld，1613—1680），法国古典主义作家，曾经是投石党最活跃的造反派的一员，后来成为一种法国文学样式"箴言"的首要代表。

确，约翰生一辈子从来都不怕生，且不管是真不怕，还是假装不怕，只要介绍得体，无论是谁他都容易接近，更有甚者，他还希望在“早朝”时看到高朋满座，人们把他的一帮早晨聚会的朋友称作“早朝”，这种
叫法倒是恰如其分。这位哲人初次露面时兰顿先生惊得目瞪口呆。他从 135
来没有见到有关他的身材、衣着或举止的点滴提示。细细品味他的文 1752 年
章，他想象他应当见到的是一位举止文雅、衣着讲究，一言以蔽之，一位风度翩翩的哲学家。然而，临近中午，从卧室里下来的却是一个硕大、粗笨的身影儿，一副刚刚起床的模样儿，小小的黑假发几乎盖不住他的脑袋，衣服松垮垮地从周身吊下来。然而他们的谈话却如此丰富多彩，如此生动有力，他的宗教和政治见解又与兰顿先生受业时的见解不谋而合，于是他对约翰生心怀的那种敬重和依恋一直未改。约翰生对兰顿先生也是一见倾心，因为他出身于一个非常古老的高门望族；我听见他兴冲冲地说过：“先生，兰顿有亨利二世的小猎物自由猎取特许；约翰王朝时的斯蒂芬·兰顿红衣主教就是他的祖上。”

后来兰顿去牛津大学三一学院进修深造，跟他的同学托珀姆·博克莱尔先生结识；尽管二人的见解和生活方式大异其趣，他们各持己见，似乎完全不可能达成共识，但他对文学如此热爱，理解又如此敏锐，举止又如此文雅，对兰顿先生的优秀品质又是如此了如指掌，认为他不仅品学兼优，才德过人，而且妙语连珠，其乐无穷，于是二人成了莫逆之交。

兰顿与博克莱尔结识不久，约翰生在牛津度过了相当长的一段时光。他起初感到奇怪，兰顿竟然与一个无论在原则上还是作风上性格如此放任的人过从甚密；渐渐地，他自己也被迷上了。博克莱尔先生出身于圣奥尔本家族，在某些细节上又跟查理二世近似，在约翰生的想象中，这两样就足以给他的其余品质增光添彩；有不长一段时间，注意道德、思想虔诚的约翰生与寻欢作乐、放浪形骸的博克莱尔成了亲密无间的朋友。“好一个珠联璧合！（加里克听到此事后说道）我要把我的老友从水深火热之中打捞出来。”然而我可以做证，那是一种情投意合的交往。博克莱尔彬彬有礼，推重学识和

巧智，所以不会用异端邪说、肆无忌惮的越轨言行冒犯约翰生，而约翰生很欣赏博克莱尔的优秀品质，也希望纠正那些不良习气。约翰生被这些年轻人逗得乐不可支的场景不计其数。博克莱尔可以对他目无尊长，我从来没有见过他对任何人放肆到这种程度；反观他这位可敬的朋友，应当斥责的时候，也不会轻饶他的。博克莱尔酷爱讽刺，闹得约翰生有次说道：“你一张嘴就想刺痛人；你常常叫我痛心，并不是因为你的话多么有力，而是因为看到你居心不良。”又有一次约翰生把蒲柏的一行诗略加改动，用到博克莱尔身上，他说：

136 你热爱愚行，你又蔑视愚人——①

1752年

“你让人看的是一回事，你嘴里说的是另一回事。”还有一次他又对博克莱尔说：“你的肉体全是罪恶，你的心灵全是美德。”博克莱尔似乎并不赏识这番恭维，约翰生说：“行啦，先生，长驱直入巴比伦的亚历山大大帝希望听到的也不过如此。”

约翰生在博克莱尔的温莎住宅住过一个阶段，在那里它受到做自然科学实验的款待。一个星期天，天朗气清，博克莱尔引诱他不知不觉地闲逛了整整一个上午。他们走进教堂墓地，当时正是做礼拜的时间，约翰生悠闲地靠在一块墓碑上。“喂，先生，（博克莱尔说）你现在就像贺加斯的‘懒散的学徒’。”约翰生领到恩俸时，博克莱尔用福斯塔夫的幽默话对他说：“我希望你现在涤荡身心，像贵人一般干干净净地生活。”②

有天晚上，博克莱尔和兰顿在伦敦的一家酒馆吃晚饭，他们一直坐到凌晨三点，突发奇想要去敲约翰生的门把他喊起来，看看能

---

① 原话是“你爱好愚行，具有我们对愚人的轻蔑”。见亚历山大·蒲柏《道德论·致一位女士》，书信二，第276行。

② 在施鲁斯伯里战斗中侥幸活下来后，福斯塔夫决心“涤荡身心，不再喝酒，像个贵人一般干干净净生活”。（莎士比亚，《亨利四世上篇》第5幕，第4场，第156—157行。）

不能说服他和他们一起闲逛。于是他们来到圣殿律师学院约翰生的寓所门口一阵猛敲，约翰生终于露面了，身上穿着衬衣，头顶上挑着那副小小的黑假发，却没有戴睡帽，手里拿一根火钳，也许心想是几个歹徒来打家劫舍吧。当他发现来者是谁，并且得知他们的来意时，他笑了笑，兴高采烈地赞同了他们的建议："什么，原来是你们这两条狗！我去跟你们撒一阵欢儿吧。"① 他很快穿好衣服，大伙儿一起冲进修道院花园，蔬菜、水果商们正开始在那里摆刚从乡下运进来的菜篮、果篮。约翰生试图帮他们一把；但这些老实巴交的菜农瞪大眼睛瞅着他的身板动作，和这莫名其妙的干预，他很快就发现人家并不领他的情。于是他们又进了邻近的一家小酒馆，要了一碗约翰生一向爱喝的名叫"主教"的酒；他本来就满心欢喜把睡觉不当回事，他被叫起来的时候，嘴里还念叨欢乐的诗句，

> 啊，你的统治何其短也，
> 又把我们交给了世界！[a]

他们待的时间不长，随后就起身向泰晤士河走去，在岸边雇了一条小船划到了比林斯门。博克莱尔和约翰生乐不可支，但意犹未尽，决定继续玩乐，把这一天打发过去：兰顿却弃他们而去，因为 137

1753年
3月

---

① 〈正如Mr. Kemble对我说的那样，约翰生在这里也许想到Sir John Brute（一个他肯定看见加里克扮演过的角色）说的话，此人几乎使用过《被激怒的丈夫》第3幕第1场中同样的言辞。——M.〉

a 兰顿先生把这一段话记错了，或者是约翰生博士念错了。这两行诗见兰斯多恩勋爵[1]的《对睡眠的祝酒歌》，原诗是：

> 啊，你的统治何其短也，
> 因为我急着又要笑饮玉液。

1 兰斯多恩勋爵（George Granville, Baron Lansdowne, 1666—1735），托利党政治家、作家；作品有剧本《威尼斯的犹太人》（1701）和《英国巫师》（1706）；《杂诗集》（1712）被约翰生批评盲从地模仿沃勒；蒲柏在《致阿巴思诺特医生书》（1735）中予以称赞；国防大臣（1707）；乔治一世登基后失去了一切职务；阿特伯里密谋期间指导詹姆斯三世法国事务的三巨头之一。

Covent Garden from the Portico of S Pauls Church in 1749

约好要跟几位小姐共进早餐。约翰生斥责他“重色轻友”。加里克听说了这次闲逛的经过后对约翰生机敏地说：“我听说你们最近胡闹了一夜。你们就要彪炳史册了。”后来约翰生针对这话说道：“他是不敢这么做的。他老婆绝对不会放他去的！”

1753 年：四十四岁。〕——他以一贯的虔诚进入 1753 年，这从下面的祈祷文中可见一斑，这段文字是我从他临终前几天烧掉的日记的残篇中抄下来的：

“1753 年 1 月 1 日，新历，从今以后我将会采用。

“万能的**上帝**啊，您将我的生命延续至今日，请恩准在圣灵襄助之下，我可以改进您赐予我的时光，以取得永恒的救赎。为了您的荣耀，让我牢记您的审判，您的仁慈。让我如此看重丧妻之痛，因为您已把她从我身边带走，所以凭借您的恩惠，这件事会使我愿意在对您的敬畏中度过残生。恩准此事吧，**主啊**，看在**耶稣基督**的分上。阿门。”

现在他减轻了编《词典》的劳苦，淡化了悲痛忧伤的心情，因为他积极参与《冒险者》里的文章写作，他是 4 月 10 日开始写这些文章的，署名 T，有了这样的标识，收在那个文集里的他的大多数文章就可以一目了然了：然而，那些具有同样署名以及署名“弥萨古鲁斯”的文章却不是他的手笔，我估计出自巴瑟斯特医生之手。其实，约翰生生动活跃的思想，丰富多彩的语言是比任何署名还要明确的标识。作为证据，我想，读者不会怀疑第 39 期关于睡眠的文章是他的亲笔；因为它不仅具有他的文风的总的质地与色彩，而且他对耳熟能详的那些作家的介绍都是信手拈来，涉笔成趣的。那篇文章中引用并署名 C.B. 的一段译自斯塔提乌斯①的文字被错误地认为出自巴瑟斯特医生之手，因为他的教名是理查德[a]。这位和蔼可

① 斯塔提乌斯（Statius，约45—约96），古罗马诗人，作品有《诗草集》《忒拜战纪》等。

a 〔这有一点不准确。该报上登的C.B.翻译的萨福体拉丁诗是考利写的，而且收入他的第四卷吟咏植物的书中。〕

亲的人真给《冒险者》投了多少稿子，不得而知。让我补充一点，那就是霍克斯沃思对约翰生的模仿有时候真是惟妙惟肖。把它与他高超的原创文章确切无误地区分开来，真是极其困难。霍克斯沃思是他最逼真的模仿者，这种情况被人说起，那位作者一度会非常自豪；不过当他声名鹊起变得洋洋得意的时候，跟我在一次谈话中却厚颜无耻地说，他并没有觉察到这一点。

约翰生满腔热情，积极争取《冒险者》的成功；参与其中后不久，他就写了下面一封信：

致牧师约瑟夫·沃顿博士[①]

亲爱的先生，——我本当早就给您写信的，但我应当做的好多事情我都没有做；我还真不能从这封信博得任何功劳；由

138 于《冒险者》的诸位作者及其主办人渴望另找一位手笔，我必

1753年3月 然想到了您，因为您的文学底蕴能让您助他们一臂之力，却不大会干扰自己的研究。

他们希望您一月提供一篇稿件，每稿两几尼，也许您会欣然命笔的。我认为一份报刊应当有想象的篇什，人生的写照，文学的研讨。依赖想象的部分稿源充足，您阅读该报便会知晓；至于人生写照，目前只跟一位作者和一位女作者[②]几乎达成协议[③]；文学批评的任务他们非常渴望分配给维吉尔的评论家。

---

① 约瑟夫·沃顿博士（Dr Joseph Warton，1722—1800），诗人、文学批评家；诗歌《热心人，又名热爱自然的人》（1744）的年轻作者；翻译维吉尔（4卷，1754）；温切斯特学校校长（1766）；以《论蒲柏的作品与天才》（1756，有不同版本，亦作《论蒲柏的天才与作品》）对文学研究做出了经久不衰的贡献；文学俱乐部成员（1777）；早期友谊结束后为约翰生讨厌；依然是加里克、雷诺兹等名流的朋友。

② 不是凯瑟琳·塔尔博特，就是伊丽莎白·卡特。

③ 〈"至于人生写照，目前只跟一位作者和一位女作者几乎达成协议"，提及这两位时的方式似乎表明他们之间有某种关联，所以这两位是亨利·菲尔丁和他的妹妹萨莉·菲尔丁（当时人们一般叫她"萨莉"），不是没有（转下页）

但愿这一建议不会遭到拒绝，而且希望下一班邮递会给我们带来您的应允。我是以一名同仁的身份说话的，尽管我在该报中不起作用，而是偶尔做一首题辞；不过作者中有两位是我特别要好的朋友①，希望有幸看到第三位加入，但愿这种荣幸不会落空，您最恭顺的仆人，

1753 年 3 月 8 日。　　　　**塞姆·约翰生**

这封信带来的结果是沃顿博士用好几篇令人叹赏的文章给文集增添光彩。

约翰生说“我在该报中不起作用，而是偶尔做一首题辞”，似乎有悖他是署名 T 的一些文章的作者这一事实。不过在这个时候，他只写过一期②；即便在此后，他也许还使用同样的说法，认为不承认那些文章

（接上页）很大可能性的。菲尔丁原先是位期刊杂文作家，当然对人生百态了然于心，尤其是对伦敦市区的情况更是了如指掌；他妹妹是位活跃、灵巧的作家。对这种看法也许有人会持异议，说人们不知道《冒险者》上的任何文章是他们的手笔。但是，应当记住，该刊的好几篇文章都是匿名；这些文章中有些或许就是这里凭估计提出的人写的。即便查实他们二人谁也没有给《冒险者》投过稿，这种异议也不会一锤定音；因为上面提到的协议也许后来中断了。商谈者无疑是霍克斯沃思，而不是约翰生。——这时候菲尔丁的声望如日中天；1751 年他写出了《阿米丽亚》，该书出版的当天，全部印数就被抢购一空。——M.〉

① 约翰·霍克斯沃思，（也许）还有伊丽莎白·卡特。

② 〈我认为，作者在这里记述有误。他在前面说过，约翰生给《冒险者》插写文章开始于 4 月 10 日（第 45 期出版的日子），比给沃顿博士的这封信的日期推后了一个多月。此前出版的两篇文章，署名 T，以及署名 Mysargyrus，（第 34 和 41 期）我相信是桑顿（Bonnell Thornton）写的，他也投了所有署名 A 的文章。这条信息是我在好几年前得到的；但记不准到底是从谁那里得到的。不过，我相信，给我提供信息的是沃顿博士。

至于第 39 期关于睡眠的文章，我们的作者把它归在约翰生名下（见边码第 137 页），即便是他写的，那也与他写给沃顿博士信里的说法不矛盾；因为它发表在 3 月 20 日，比约翰生给那位先生的信的日期晚了将近两个星期。——将它仔细考量，尽管风格绝像约翰生的，但我相信那是他的朋友巴瑟斯特医生的手笔，或许有几个地方约翰生动了动笔触。鲍斯威尔（转下页）

是个荣誉问题；因为威廉斯夫人告诉我："他把那些文章交给巴瑟斯特医生，后者又以每篇两几尼的价格卖掉，约翰生从来都不肯承认它们；而且，他经常说他没有写过这些文章：而事实却是，他口授，巴瑟斯特抄写。"我把威廉斯夫人的陈述念给他听；他笑了笑，没有吭声。

一个人的作品被当作另一个人的传世，对于这种诡辩术我不敢恭维。我承认不仅知识，而且智力和思想品质都可以交流；但个人努力的真正的果只能真实地传输给它自己原始的因。一个人的孩子可以通过收养成为另一个人的，就像罗马人所做的那样，或者按照古代犹太人的风俗，一个妻子可以把女仆卑屈地给她生的孩子视为己出。然而这些都是与天性有别的意义上的孩子。人们心里明白，这些孩子不是他们名义上的父母的血脉。所以文学上的孩子，一位作者可以把他创作的名与利送给另一个人，但不能使另一个人成为真正的作者。一位苏格兰高地的绅士，是一个家族年轻的一支，曾经向我咨询他是否能从愿意出卖族长身份的族长那里合法有效地将其购得。我告诉他，他不可能通过购买获得一种权利，使他成为有
139 别于原原本本的他的另一个人；因为族长的权利是依附在长子身份
1754年 的血脉上的，因此是不能转移的。我还补充说，尽管以扫将其生的权利[1]，或者属于他的好处卖了，但他依然是他父母的头生子；我还说无论一个族长与家族的任何人达成什么协议，或者得体的证明幼

（接上页）先生说："这篇文章不仅具有他的文风的总的质地与色彩，而且他对耳熟能详的那些作家的介绍都是信手拈来，涉笔成趣的。"这篇文章中提及的作家有：卡特奈尔、弥尔顿、拉马齐尼、玛德琳·史居里、斯威夫特、荷马、巴雷蒂尔、斯塔提乌斯、考利和托马斯·布朗爵士。其中很多人，毫无疑问，约翰生特别熟悉；但我怀疑他是否会把从斯威夫特那里引用来的词语概括为"优雅"；而且对拉马齐尼的作品他不可能熟知。拉马齐尼是一位有名的医生，1714年在帕多瓦去世，享年81岁；他的作品巴瑟斯特医生估计是熟悉的，还有考利：毫无疑问，约翰生读过他吟咏植物的拉丁文诗作；然而巴瑟斯特的专业也许使他读这些诗作时比他的朋友更为用心；而且考利对罂粟的颂歌使博物学家和医生比一般读者更容易产生感触。不过，关于睡眠的那篇文章的最后一段引用了托马斯·布朗，表明躺下休息前祈祷的适当，我相信是约翰生添加的。——M.〉

① 参见《圣经·旧约·创世记》，第25章，第29—34章。

者就是长者；宗谱纹章司是不会承认那种改变的，然而我还是没有说服那位可敬的绅士。

约翰生在《冒险者》上发表的文章与《漫游者》上面的类似；但主题更加纷繁，[a] 而且与其他作家的文章混杂在一起，探讨的问题一般来讲，比哪怕是最优雅的伦理道德论述也更引人入胜，因此报纸的销路起初也更广。然而尽管无意贬低《冒险者》，我却不得不说，《漫游者》的价值随着时间的推移被人们看得更清，大众对它的好评与日俱增，它的销量远远超过安妮女王即位以来的任何报刊。

在他的一篇日记中，我发现了下面的一段记述：

“1753 年 4 月 3 日。开始编《词典》第二卷，第一卷还给前言、语法、历史留有篇幅，因为这几项尚未着手。

“**上帝啊**，您迄今为止一直在支持我，使我在这项劳作和我目前的全部工作中取得进展，在最后的时日，我将交出赋予我的才能的账目时，看在**耶稣基督**的分上，我就可以接受赦免。阿门。”

这一年他为伦诺克斯夫人[①]的《插图本莎士比亚》给奥雷里伯爵写了一篇“献词”*。[②]

---

a 〔约翰生博士在写《冒险者》的文章时，降格伪装他的文体，好让人把他的文章当成巴瑟斯特医生的，因为他把稿酬都交给了巴瑟斯特。这是霍克斯沃思的看法。——B.〕

① 伦诺克斯夫人（Charlotte Lennox，1720—1804），小说家、作家；自从她的第一部长篇《哈里奥特·斯图亚特》（1750）引起约翰生的注意后就成了他终生不渝的朋友；以《女吉诃德》（1752）最享盛名；编《插图本莎士比亚》（1753—1754）;《哈里奥特·斯图亚特》和《尤菲米娅》（1790）中的美利坚场景为她赢得了“第一位美利坚小说家”的称号。

② 〈约翰生写给《克拉丽莎》等作品的作者塞缪尔·理查逊的两封信保存在理查逊的《通信集》（八开本，1804）第5卷，第281页至284页里。第一封信的日期是1750或1751年3月9日，第二封为1753年9月26日。在后一封信里，约翰生向理查逊建议对他的三部作品应当做个索引。“然而当我写作的时候，（他补充说）出现了一种反对意见；给这三部做那样一个索引，看上去好像再不会有第四部了，这事我绝对不愿意干；因为，如果我不能造福人类的话，我希望千万不要伤害他们。”然而，理查逊还是采纳了这一提示；因为在1755年，他出版了一本八开本的《〈帕美拉〉〈克拉丽莎〉和（转下页）

1754 年：四十五岁。〕——除了几期《冒险者》中的文章和《绅士杂志》二月号上的《爱德华·凯夫传》*，我再也找不到他在 1754 年发表的任何东西。在传记上，毫无疑问，他比所有尝试这个体裁的人都要优秀；的确他对这类作品定了最高的标准。古人善于精挑细选典型事例，约翰生还增添了一种哲学探讨和最明白生动的语言。凯夫肯定是一位品格可贵的人，在事业上勤奋、成功、引人瞩目，毫无疑问，值得约翰生敬佩。然而让约翰生立传，他真可谓三生有幸，因为他作为印刷出版商的人生道路甚为狭隘，没有任何偏离或偶发事件，约翰生竟然把这样的人生写成了一部引人入胜的叙事作品。

我们不妨相信，这一年约翰生全力以赴编他的《词典》。由于它到了收尾阶段，他也许干劲倍增，就像港口在望时水手们劲更足，心更切一样。

约翰生曾经把他的《词典编写计划》向切斯特菲尔德勋爵提出，
对他恭维备至，但这位爵爷对他表现出的态度却激起了他的轻蔑与愤
140 怒。多年来，世人一直津津乐道一个有鼻子有眼儿的故事，流传的过
1754 年 程中又添油加醋说得更是活灵活现。故事是这样说的，有一天约翰生
去见这位爵爷，结果让他在前厅等了很久，给出的理由是家里还有客人；最后门开了，出来的是科利·西伯；约翰生便突然心生反感，因为他发现自己长时间遭到排斥，原来是为了这个人，于是勃然大怒，一气之下扬长而去，再也没有回来。我记得曾向利特尔顿勋爵乔治[1]提起过这个故事，利特尔顿勋爵告诉我，他跟切斯特菲尔德勋爵过

（接上页）〈查尔斯·格兰迪森爵士〉三部历史中包含的具有道德、教育意义的情感、箴言、告诫和反思之集成，按专条汇编》。

引人注目的是这本书和《克拉丽莎》的前两卷前面都有"一位友人"写的"前言"。后面这个例子中的"朋友"是著名的沃伯顿博士。——M.〉

① 利特尔顿一世男爵（George Lyttelton，1st Baron Lyttelton，1709—1773），政治家、作家，与老皮特都是"科巴姆门徒"之一；与蒲柏通信极多；《常识》杂志的撰稿人；财政大臣（1744），哈格利山庄花园的修缮人；菲尔丁的《汤姆·琼斯》（1749）的受题献者，也许是奥尔沃西乡绅的原型；《死者对话录》（1760）和《亨利二世传》（1761）的作者；约翰生于1774年写了他的传记。

从甚密；我认为他的说法是替切斯特菲尔德辩护的至理名言，他说：“西伯是从后楼梯作为熟客引进的，到那里也许不超过十分钟。”如果不是得到我所提到的权威的认可，对一个关于流传时间如此之长、范围又如此之广，而且被人毫无保留地接纳了的故事心存怀疑似乎有点蹊跷；然而约翰生向我保证，这完全是捕风捉影，没有丝毫根据。他告诉我从来不曾有过招致他和切斯特菲尔德之间争吵的任何事变，他之所以决定不和这位爵爷有任何瓜葛，完全是因为他长期以来漠不关心。《词典》出版前夕，据说切斯特菲尔德勋爵还满怀奢望：心想约翰生将会把这部著作题献给他，于是试图拿出一副奉承的姿态曲意逢迎这位哲人，他似乎也意识到了他对待这位博学作者的冷漠；为了进一步博得约翰生的欢心，他在《世界报》上写了两篇文章推荐这部作品；必须承认，文章不乏刻意的赞扬，写得回旋自如，要是没有先前伤感情的事情，约翰生或许会大喜过望；一般来说，赞扬无疑会使他心花怒放；地位显赫、才情高雅的人的褒奖，尤其使他扬眉吐气。

这位爵爷是这么说的：

“我想，一般来说，广大读者，尤其是文人学士，都要对约翰生先生铭感于心，因为他承担并完成了一项如此艰巨而称心的工作。不能指望人可以做到尽善尽美；然而，如果根据约翰生业已出版的各种作品判断，我们有充足的理由相信这件工作把他带到人所能达到的离尽善尽美最近的境地。我觉得几年前发表的它的《计划》就是明证。理性的想象，或准确、优雅的表达已经到了无以复加的地步。因此，我向所有有意购买《词典》的人们大力推荐，率先研读，而且我估计，凡买得起它的没有不想购买的。”……

“必须承认，我们的语言目前处于一种无政府状态，也许迄今为止还没有因此更加糟糕。在我们的自由和开放的贸易期间，很多词语从其他语言输入，然后被采用吸纳，从而大大地丰富了我们自己的语言。让它依然保持它可能从他国语言中借来的真正的力量与美妙；但

141 1754年

别让它像塔尔皮亚少女，被不必要的装饰压死①。现在去粗取精的时代似乎已经到来。容忍，采用，吸纳已经跑完了它们的全程。严整，权威，现在不可或缺。然而我们在哪里才会找到它们，同时又找到对它们应有的遵从呢？我们必须求助于罗马人处于乱世的应急手段，选一名独裁官。根据这一原则，我投票选举约翰生先生担此重任。所以，我特此宣布在他独裁期间，我作为一名生来自由的不列颠臣民，将自己在英语中的一切权利完全彻底地交给该约翰生先生。不仅如此，我不但像古罗马人那样服从我的独裁官，而且像现代罗马人一样，我会像相信自己的教皇一样，心悦诚服地相信他，在他在位期间，认定他绝无谬误，但不会更长。他需要的不会比这更多；因为，我认为，在没有恐怖逼迫、没有利益引诱的时候，永远不要指望服从。”……

“然而贯穿我们语言各个阶段的一部语法，一部词典和一部沿革史，国内依然亟需，从国外更是求之不得。现在约翰生先生的辛勤劳作，我敢说，将会充分满足这一需求，对在其他国家进一步传播我们的语言，将会做出巨大贡献。学子们过去心灰意冷，因为找不到标准可依；因而认为无法制定。现在他们将会得到解惑和鼓舞。”

这种奉承手法并无效果。约翰生认为“全是虚伪空洞之词”，对这些甜言蜜语嗤之以鼻，甚至义愤填膺，认为切斯特菲尔德勋爵竟然一时兴起，以为可以用那种伎俩愚弄他。面对这种情况，关于切斯特菲尔德，他给了我这样的说法：“先生，发表过堂而皇之的声明后，好多年以来，他再没有搭理过我；但当我的《词典》行将面世时，他在《世界报》胡写乱侃。为此我给他写了一封措辞礼貌的信，无非是向他表示，无论他说什么或者写什么我都无所谓，我跟他已经没有任何关系了。”

这就是那封闻名遐迩的书信，对于它人们一直议论纷纷，关于它，长期以来激发出的好奇心，从未得到满足。多年来我恳求约翰生惠赐我一份抄件，好让如此精美的文章不会失传。但他一拖再拖，

① 在塞宾人围攻罗马期间，城堡司令官的女儿塔尔皮亚出卖城堡换取塞宾人左臂上戴的东西（即金手镯），然而拿下罗马城后，塞宾人却把她压死在盾牌下。

迟迟不肯给我[a]；直到1781年，我们一起去贝德福郡南山邸宅时在迪利[①]先生家做客，他终于凭记忆口授该信让我听写一份。后来他又在自己的文稿中发现了一份抄件，那是他口授给巴雷蒂[②]先生听写的，还有他亲笔加的标题，做的更正。他把这个抄本交给兰顿先生，142
还补充了一句话，此信若要印行，他希望就用这个文本。承蒙兰顿先生惠允，我才能以世人渴盼见到的完美抄件给拙著增光添彩。1754年

致**切斯特菲尔德伯爵大人**

伯爵大人，　　1775年2月

日前从《世界报》业主处获悉，向公众推荐拙著《词典》之两篇宏论，均出自大人贵手。叨冒抬奖，尘面生光。然未惯伟人如此垂爱，难免有受宠若惊之感，真不知如何拜受，更不明以何种言辞答谢方合礼体。

当初略受勖勉，顿觉底气倍增，一经激发，便首先趋阶晋谒聆教，大人妙语天下，闻着莫不心荡神迷，鄙人为之倾倒，更不待言。继而禁不住豪情万丈，勃发凌云之志，要做Le vainqueur du vainqueur de la terre；[③]——窃以为世人竟逐难得之眷顾，鄙人则触手可及也，然随即发现鄙人汲汲奔走趋承竟备受冷落，故而无论亢卑，皆不容鄙人长此以往因循苟且。当初

---

a　约翰生博士对于这封信的流传，态度似乎极其微妙；因为索尔兹伯里主教道格拉斯博士告诉我，多年前他曾力劝约翰生答应把信读给哈德威克二世勋爵听，因为这位爵爷非常渴望听到该信的内容（同时许诺决不记录），约翰生似乎很高兴该信引起了一位如此德高望重的贵族的注意；但停顿了一阵后，又谢绝了这一要求，笑了笑说："不，先生；我已经把那条狗伤得太重了。"或者说了类似的话。

①　迪利（Charles Dilly，1739—1807），与其兄爱德华同为书商，专门刊印销售"异见"和"美利坚"文学；实际上收养了鲍斯威尔，因为后者声称有"血亲"之感；书店成为"作者们的咖啡屋"（本杰明·拉什语）；约翰生是他家的常客；几乎当上了伦敦的市政官。

②　巴雷蒂（Giuseppe Marc'Antonio Baretti，1719—1789），批评家，杂文作家。

③　法语，"世界征服者之征服者"。

向大人公开献词，鄙人已曲尽一介阿意寒士取悦他人之能事。鄙人真可谓谆谆尽瘁矣。无人乐见其一片诚朴心声，纵使微细如同涓埃，被当作过耳秋风！

大人，自鄙人恭候于外室，甚或被拒之门外，倏忽已过七年矣，在此期间，鄙人日夜孜孜，推动拙作勉力前行，虽说举步维艰，可叫苦又有何益，今终于出版在即，然矻矻穷年，绝无一举之襄助[a]，一言之鼓励，一笑之激赏。如此恩遇鄙人未曾指望，而况何曾有过赞助恩人。

维吉尔诗中的牧童最终与爱神相识，后又发现他是岩石所生。①

大人，见人落水挣扎呼救时冷眼袖手旁观，等他抵岸时却觍着热脸振臂声援添乱是谓赞助人乎？大人乐于眷顾鄙人劳绩，此类眷顾倘若早赐些许时日，则不失为高情雅意；然它延宕至今，鄙人已兴致索然，何来心思欣赏？时至今日，鄙人已形单
143 影只，能与何人共享？[b] 时至今日，鄙人已功成名就，要它又有
1754 年 何用？未受惠者不欠情，何须言谢？令作者能凭一己之力成就业绩者，天命也，与赞助者了然无涉，谨此禀明心迹，只恐欺蒙视听，伏望此言断无愤世嫉俗之嫌。

鄙人将著作推进至此，蒙受学术赞助者眷注少之又少，今秋成在望，若眷注更少（如有更少之可能）决不会有失望颓靡之感，只因鄙人曾一味沾沾自喜，热望满怀，沉溺于欢畅梦幻

---

a 下面的注是兰顿先生附加的：——“约翰生博士将此信的这份抄件交给我时，希望我把他给的信息附在后面：鉴于信中说‘绝无一举之襄助’，他倒真收到过切斯特菲尔德勋爵十英镑的款项；但由于数目太小，他认为在这样一封信里提它找不到合适的位置。”

① 典出维吉尔《牧歌》，第8卷，第43—45行。

b 这一段文字约翰生显然指的是他妻子的离世。我们发现在无数场合同样充满柔情的回忆萦绕在他的心头；也许没有人更加强烈地体会过我的朋友马隆先生在他为杰夫森的悲剧《朱莉娅》写的“序曲”如此优雅地表达出来的那种真实感情：“徒然——财富、声名、命运温暖的眷顾/如果没有多情的胸怀分享那些洪福；/每天熙熙攘攘的表演一旦过去，/终于发现我们的福气只在那里。”

之中，而今早已梦断幻泯矣。大人之至贱至顺之犬马仆，

塞姆·约翰生[a]

“就在街谈巷议此事的时候（亚当斯博士给我的一封信上说），我碰巧去拜访沃伯顿博士，他发现我认识约翰生，便恳切地希望我代他向约翰生致意，而且还告诉他，约翰生拒绝切斯特菲尔德勋爵的屈尊俯就，其表现刚正不阿，对自己所受的待遇表示愤懑，很有骨气，又十分得体，因此他深表敬意。约翰生对这番赞许显然十分高兴，因为他一直十分推崇沃伯顿[b]。这封信中表现出的精神力量跟沃伯顿本人充分具有的真是一脉相通。”

把约翰生的仿尤维纳利斯之作的不同版本加以比较，有一种奇异细微的现象使我感触良深。如讽刺诗第十首，其中有一副对句，写的是文人逐名的虚幻：

想一想什么样的祸害把学人的一生困扰，
高傲、嫉妒、贫困、阁楼，还有狱牢。

然而经历了切斯特菲尔德勋爵虚与委蛇的赞助使他感到的不快之后，他从这一组可悲的词中剔除了“阁楼”，在随后的版本里这一行变成：

---

a　把这个抄本与约翰生博士凭记忆口授给我的记录本加以比对，发现差异极其微小，这就进一步证明他的记忆范围极广，准确度极高。为了满足对这篇文字的好奇之人，我把两个文本都存放在大英博物馆里。

b　在爱德华兹的《批评的准则》问世后不久，约翰生在书商汤森家吃饭，一起还有画家海曼和其他几位客人。海曼对乔舒亚·雷诺兹爵士说过，席间话题转向爱德华兹的著作，大家对它推崇备至，约翰生也承认它的优点。然而当大家更进一步，似乎把这位作者与沃伯顿比肩时：“不，（约翰生说）他确实给了他一些凌厉的抨击；但这两个人没有可比性；不能把他们相提并论。先生，一只苍蝇可以叮一匹骏马，让它瑟缩；但一个只不过是只昆虫，一个仍然是匹马。”

辛苦、嫉妒、贫困、赞助人，还有狱牢。

144 毫无疑问，切斯特菲尔德勋爵肯定对约翰生在这封信里向他表

1754年 示的那种高傲的轻蔑、礼貌却又尖刻的讽刺感到屈辱。然而八面见光、表里不一是他的一贯作风。因此他装出了一副十分淡定的样子。亚当斯博士向罗伯特·多兹利先生提到，他对约翰生致函切斯特菲尔德勋爵深感遗憾。多兹利怀着经商的真情实感说："他也觉得非常遗憾；因为他有《词典》的所有权，勋爵大人的赞助也许事关重大。"然后，他告诉亚当斯博士，切斯特菲尔德勋爵曾让他看过该信。"我还以为（亚当斯博士答道）切斯特菲尔德会把信藏起来呢。""嘿！（多兹利说）你以为约翰生的一封信就能伤着切斯特菲尔德勋爵吗？没有的事，先生。信就放在桌子上，什么人都看得着。他念给我听，还说：'此人好大的气魄。'于是把那些最严厉的段落一一指出来，还说表达得多么精彩。"使可敬的多兹利印象极深的这种淡漠神情当然只不过是切斯特菲尔德勋爵典型的掩饰而已，他把掩饰当作人生行为准则最基本的功课之一反复教导。勋爵大人极力向多兹利证明他问心无愧。约翰生对他的指控是毫无道理的；然而我们从他开脱自己对约翰生的忽视上可以判断，他的辩解不堪一击，他说"他听说他换了住处，不知道他住在哪里"；他应该不用吹灰之力就可得知那种情况，只要在勋爵大人了如指掌的文人圈子里打听打听就行了，其实他自己就是这个圈子的摆设之一。

亚当斯博士劝告约翰生，并且表示：他去拜访勋爵大人吃了闭门羹，可能不该归咎于切斯特菲尔德勋爵；因为勋爵大人曾向多兹利宣称"哪怕是他最称职的仆人，如果他知道此人把一位一向欢迎都来不及的客人拒之门外，他也要将其解雇"；为了证实这一点，亚当斯博士坚持说切斯特菲尔德勋爵一般来说亲切友善、容易接近，对文人尤其如此。"先生，（约翰生说）那可不是切斯特菲尔德勋爵；他是如今世人中最傲慢的一个。""不，（亚当斯博士说）至少还有一个人，跟他一样傲慢，我想，按你自己的说法，你是这两个

人中更为傲慢的一个。”“可我的傲慢（约翰生立即答道）是防御性的。”亚当斯博士说得好，这是他随机应变的出色天赋之一。

约翰生现在已经坦率表示了他对切斯特菲尔德勋爵的看法，但他还是不依不饶，仍然随心所欲，直截了当地表达自己对这位贵族老爷的见解①：“此公（他说）我本以为是才子中的公侯；现在我才发现，他只不过是公侯中的才子！”勋爵致他的非婚生子的《教子家书》面世后，约翰生说：“这些信在教妓女贞节，教舞师仪态。”[a] 145

1754年

① 〈约翰生说的切斯特菲尔德的特点似乎从 nobilssimus, inter nobiles doctissimus, inter utrosque optimus 模仿而来。——卡尼〉

a 有人严肃指责这些书信中有些段落对社会的公序良俗和安逸舒适最具破坏作用的恶行之一[1]予以鼓励，因为勋爵大人将其描述为纯粹是风流时尚；有人还指责另一些段落，反复灌输掩饰这种卑恶行为，而且过多操心力主时时关注外表仪态的优雅，面对这种指责，谁也无法替这部书信集辩白。然而同时必须承认，这些书信包含了许多良好的行为准则和大量关于生活、习俗的真实信息，而且表达得十分精彩；还得承认，信里对依靠勋爵本人保护的那个人的上进极为关注，是一大优点；或许最模范的父亲也难以超过；（转下页）

在切斯特菲尔德勋爵的书信里“一位可敬的霍屯督人”的性格一般被理解为针对的是约翰生，对此我毫不怀疑。然而我记得当这些信件的“著作权”在苏格兰的最高民事法庭受到质疑，所有人的辩护律师之一亨利·邓达斯先生[a]，把这一性格解释为约翰生的表现时，法官之一黑尔斯大法官大卫·达尔林普尔爵士[①]有点激动地坚持认为那不是想描绘约翰生，而是想描绘一位以玄奥科学出名的已故的贵族老爷[②]。我听见约翰生自己谈及这种性格，他说它针对的是利特尔顿勋爵乔治，对此我不敢苟同；因为这位勋爵大人绝对没有成为文章中显著特点的那种暴烈。发现我杰出的朋友倒能容忍人们认为那针对的或许就是他，我笑着说，有一个特点毫无疑问不是他的；“他把肉到处乱扔，就是不往喉咙里扔。”“先生，（他说）切斯特菲尔德勋爵一辈子也没见过我的吃相。”

（接上页）尽管我决不赞同混淆合法子女与非法子女的区别，这么做其实在损害我国向上看的民事体制；我不禁认为好心关注这些人是值得称道的，因为他们之所以存在，我们无论如何都是起因。斯坦厄普先生的性格一直被不正确地描述成与切斯特菲尔德勋爵所希望的截然相反。人们一直说他迟钝、粗俗、笨拙；然而他在德累斯顿给该朝适当使节时，我认识他；虽说他不能自夸优雅，但实际上他是个通情达理、讲究礼貌、举止得体的人。

1 指通奸。

a 现在是国王陛下的首要国务秘书之一。

① 黑尔斯大法官大卫·达尔林普尔爵士（Sir David Dalrymple，1726—1792），法官、辉格党历史学家；博览群书，有一座漂亮的图书馆；穷人的辩护士（1753—1755）；著作有《重要城堡考》（1769）、《苏格兰史话》（1773）；《苏格兰编年史》（2卷，1776，1779），被约翰生誉为“新的历史模式”；约翰生和鲍斯威尔的朋友；作为一位文学批评家广受敬重；与伯克和霍勒斯·沃尔浦尔有书信交往。

② 即麦克尔斯菲尔德二世伯爵乔治·帕克。

3月6日博林布罗克勋爵①的著作由大卫·马莱②先生出版发行。这些野腔无调、伤天害理的疯话挂着《哲学》的招牌，被引进世界，大大地触犯了所有正义之士。约翰生听到这些文章毫无争议的倾向后，不禁义愤填膺；对这位显贵作者及其编者宣布了令人难忘的判决。“先生，他是个无赖，又是个懦夫。说他无赖，因为他把枪口对着宗教和道德；说他是个懦夫：因为他下不了决心自己开枪，而是给一个叫花子似的苏格兰人留下半克朗，等他死后再扣扳机！”加里克就我所知，满怀虔敬，心肠很软，但打心眼里不赞同几个人的离经叛道的作品，尽管在他与名流几乎全面快乐的交往过程中，对这几位表面上以礼相待，但在这件事情上的表现不同凡响。佩勒姆③先生正好在博林布罗克勋爵的作品问世那天去世，他写了一首优美的挽歌，开头是

让别人欢呼冉冉升起的朝阳， 146

我却对跑完全程者鞠躬敬仰； 1754年

① 博林布罗克勋爵（Henry St John，1st Viscount Bolingbroke，1678—1751），托利党政治家、外交家、作家；国防大臣（1704—1708）；北方国务大臣（1710）；支持“分裂法案”，打压异见学会（1714）；逃往法国（1715）；被“觊觎王位者”封为伯爵；詹姆斯二世拥戴者1715年起义失败的替罪羊；遇赦（1723）；反对派杂志《工匠》的撰稿人；《流亡随想录》（1716）的作者；包括斯威夫特、盖伊、蒲柏在内的托利党文学圈子的核心人物。

② 大卫·马莱（David Mallet，1705？—1765），诗人；蒲柏的至交；《弗朗西斯·培根传》的作者；威尔士亲王的助理秘书（1742—1748）；博林布罗克的遗稿管理人；吉本年轻时的朋友和顾问；被政府雇用诋毁海军上将宾；与休谟有书信交往；现在由于鲍斯威尔在《约翰生传》中对他自由思考的敌意记述而最闻名。

③ 佩勒姆（Herny Pelham，1696—1754），首相（1746—1754）；辉格党人；纽卡斯尔一世公爵的弟弟；代表苏塞克斯的议员（1722—1754）；下院领袖（1742）；财政大臣（1743）；把国债重建为不列颠的关键性的遗产，促成了七年战争的胜利；纽卡斯尔的光辉暗淡了他的功绩；通过一届和平的内阁，帮助国家在1740年代动乱后恢复了自信。

歌中有下面这样一节：

同一个悲惨的早晨，对教会和国家
（为我们的罪孽这已被命运定下，）
　给了一个双重的打击；
像北方的旋风一样昏黑，
圣约翰的恶鬼跑了出来，
　佩勒姆却向天国飞去。

这一年，约翰生偷闲去了一趟牛津，目的是在那里的图书馆里查阅资料。关于这次活动，关于他跟世人不大交往的一段时期里与他相关的许多有趣情况，我要借助牧师托马斯·沃顿先生的大量信息做一具体记述，沃顿先生善解人意，把我们共同的朋友的几封信件提供给我，还加了注释予以说明。这些信件我将穿插在适当的地方。

致**牧师托马斯·沃顿先生**

先生，——您欣然把书惠赐予我[①]，我拖延至今才表谢意，实属怠慢。我太容易疏忽大意，然而我从未有意对您这种人格的人表示不恭：现在我向您因为促进祖国的文学事业表示最真诚的感谢。您向所有试图研究我国古代作家的人指出了成功之路；因为您指导他们研读那些作家读过的书。这种方法，休斯[②]和比休斯伟大得多的人似乎从未想到过。人们尚在阅读的那些

---

① 〈《评斯宾塞的〈仙后〉》，第一版这时出版。〉

② 休斯（John Hughes，1677—1720），作家、歌词作者；异见辉格党人；大法官法庭治安官秘书（1717）；作品有赞扬文集《和平的胜利》（1698）、《纳塞的法庭》（1702）以及悲剧《大马士革之围》（1720）；翻译《阿伯拉尔与洛伊兹通信集》（1713），成为蒲柏写《伊洛莎致阿伯拉尔》（1717）的依据；出版第一套批评版埃德蒙·斯宾塞作品集（6卷，1715）；斯蒂尔-艾迪生圈子的一员；主要词作有《卡吕普索与忒勒马科斯》（1712）。

十六世纪的作者为何不大被人理解，原因就在于人们孤立地读他们的书；没有人从他们的同时代人或前代人那里得到借鉴。这些无知的某些成分我希望能由我的书来祛除，这本书现在临近结束①；然而如果不到牛津的图书馆查阅资料，我无法完成得称心如意，因此我希望两周后能够到访。②至于会待多久，在何

① 〈“他的《词典》。”〉

② 〈“他在两周内来到牛津，待了五周左右。他住在三一学院附近叫‘凯特尔堂’的一座房子里。不过这次访问牛津期间，他在图书馆没有给他的《词典》搜集到任何东西。”〉

处落脚，尚不得而知：但肯定我一到达就会找您，其余的事情就会迎刃而解。您最恭顺的，

〔伦敦，〕1754 年 7 月 16 日。 **塞姆·约翰生**

约翰生在牛津期间的谈话，沃顿先生保存着下面的记录，并给我做了传达，这些记录尽管不像那种学识渊博、文笔优美的作家有意让读者赏心悦目的美文那样写得一丝不苟、滴水不漏，而是信笔随意，表达得十分喜人，所以我若做任何更动，都会损害它的：

147 “1754 年，约翰生来到牛津时，正好开始放长假，大多数人开

1754 年 始离校。离开母校后，这是他第一次返校。他到达后的第二天早晨就想去看看他过去就读的彭布鲁克学院。我陪他一起去。他发现他离校时的那些校工，尤其是一名很老的伙管员，全在那里，真是大喜过望；大家还能认出他来；他的满足之情溢于言表，便跟他们亲切交谈。他拜访了院长拉德克利夫博士，院长接见他时，态度十分冷淡。约翰生至少期望院长会订购一本临近出版的他的《词典》：但院长不想碰这个话题，约翰生在牛津逗留期间，院长从来没有请他吃饭，甚至也没有看望过他。离开院长住宅后，约翰生对我说：‘那里住着一个靠文学收益生活的人，可他不肯动一根手指头来支持一下文学。如果我来牛津生活，我就住在三一学院。’随后我们拜访了牧师米克先生，他是学院的一名研究员，也是约翰生的同学。见面后双方嘘寒问暖，极为亲切。离开以后，约翰生说：‘我们一起在学院上学时，我认为米克天分极高：可是，哀哉！

迷失在修女院冷清的幽暗中！①

记得在讲堂里听古典文学课时，我受不了米克的优越，便极力坐得

① 亚历山大·蒲柏《伊洛莎致阿伯拉尔》(1717)，第1卷，第38行。

离他远些，免得听见他的絮叨解释。’

“我们就要离开学院时，他说：‘在这里我翻译了蒲柏的《弥赛亚》。你认为哪一行译得最好？——我自己最喜欢的是：

Vallis aromaticas fundit Saronica nubes.’ ①

我告诉他，我认为它是铿锵有力的六音步。我没有给他讲，它不合维吉尔的风格。他非常遗憾他的第一位导师去世了；他似乎对这位导师最为推崇。他说：‘我有次在基督堂学院草地上溜达了整整一个上午，没有去听他的逻辑学讲座。饭后他派人把我叫到他的房间。我本以为将会因为我的懒散被训斥一顿，一路上心怦怦直跳。我们落座后，他告诉我，他叫我来就是想跟我喝一杯，还想告诉我，他对我没去听他的课并不生气。其实，这是一种最严厉的斥责。那天他还叫来了几个学生，我们过了一个非常惬意的下午。’除了米克先生，现在还有一名彭布鲁克的同学②住在学校里：这次返校期间，约翰生从这两个人那里得到了最大的礼遇，他们大力敦促他在学院里要一间屋子。

“这次返校期间（1754），约翰生和我有三四回一直走到埃尔斯菲尔德，那是一个离牛津大约有三英里的环境优美的村庄，为了看望拉德克利夫的图书馆馆长怀斯先生③。跟他在一起约翰生喜出望
外。在这个地方，怀斯先生造了一所有花园的住宅，样式独特，但 148
极有情趣。这里有一座漂亮的图书馆，尤其收藏了北方文学的大量 1754 年

① “看见轻盈的云朵从低低的萨龙升起”——亚历山大·蒲柏，《弥赛亚》（1712），第1卷，第27行。

② 约翰·柯林斯。

③ 怀斯（Revd Francis Wise，1695—1767），图书馆馆长、文物专家；牛津大学图书馆助理馆长（1719）；大学档案馆馆长（1726），文物学会会员（1749）；钱币专家，给牛津大学图书馆的钱币编目分类（1750）；在古英语和盎格鲁-拉丁文领域承担重要工作；接受约翰生和鲍斯威尔的访问（1654）。

图书，价值极高，约翰生常常专心研读。有一天，怀斯先生给我们读了一篇他准备发表的论文，题目是‘神话时代史’。色雷斯的一些老神跟提坦[①]有关，被称为‘加比里’，是这篇论文中非常重要的部分；在后来的谈话中，怀斯先生对他的**加比里**大谈特谈。当晚回牛津时，我走得比约翰生快，他喊道 Sufflamina[②]；这个拉丁词从他嘴里说出来，听起来气韵非凡，这就等于说，套上你的牵引链。快到家的时候，我又走得过快，他跟不上；于是他喊道：‘喂，你走起路

① 在希腊神话中，提坦是乌剌诺斯和该亚的六儿六女。
② 刹车。

来，好像后面有集于一身的所有**加比里**在追赶。'一到傍晚，我们常常从牛津走一段长路去乡下，然后回来吃晚饭。有一回，在回家的路上我们在牛津附近察看了下奥森尼和鲁利两个修道院的遗址。经过至少半个小时的沉默，约翰生说：'我看它们时感慨万端！'然后就哥特式建筑进行了一番长谈；谈到老厅的样式时，他说：'在这些大厅里，火炉古时候总安置在房间的中央，到后来，辉格党人才把它挪到边上。'——大约在这个时段，某个星期一牛津处决了两三个犯人。此后不久，有天吃饭时我说监狱里的牧师斯温顿先生，还经常到大学师生前布道，他是个学识渊博的人，但常常大而化之，心不在焉，他在执行死刑的前一天，也就是星期天，在犯人面前做关于悔罪的定罪布道；布道结束时，还告诉他的听众，关于这个主题他还有话要说，剩下的下个主日再讲给他们听。听到这里我们一起的一位神学博士，他是一位爽快认真的人，他算是替斯温顿先生道歉，严肃地说他也许应当把这篇布道文在大学师生面前宣讲：'对了，先生，（约翰生说）可是大学师生第二天早上不会被处以绞刑啊。'

"我前面忘了说，他离开米克先生的时候，（我上面已经说过）还补充了一句：'大约在人生的同一阶段，米克被留在牛津吃研究员这碗饭，我却到伦敦去讨生活：先生，现在看到我们的文学性格的区别了吧！'"

下面一封信是约翰生博士写给林肯学院的钱伯斯①先生的，后来他成了罗伯特·钱伯斯爵士，印度的一名法官[a]：

致**林肯学院钱伯斯先生**

亲爱的先生，——由于您要离开，我就把所托之事压下再

① 钱伯斯（Robert Chambers，1737—1803），法学家、法官；约翰生的朋友；带着约翰生的推荐信在牛津大学获得了瓦伊纳奖学金（1758）；成为文学俱乐部的第十二位成员（1768）；孟加拉第二法官（1774）；被特许封为爵士（1777）；孟加拉亚洲学会会长（1797）；孟加拉大法官。

a 由牧师托马斯·沃顿先生转交，他手里有原件。

没有烦劳您，现在我不得不把它寄给您；请您费心把它交给三一学院的沃顿先生，我本该立即写信给他，但我不知道他是否已回到牛津。

149 1754年11月28日星期四

在大英博物馆的手稿目录中，查卷一，第18页。博德利图书馆手稿 MARTYRIUM XV. martyrum sub Juliano，auctore Theophylacto。

希望沃顿先生能打听一下，并告知抄这篇手稿费用几何。

卷二，第32页，编号1022.58.COLL.NOV.—Commentaria in Acta Apostol. —Comment. in Septem Epistolas Catholicas。

希望他告知这两篇手稿各属什么年代：将每稿第一页各抄一份花费如何。

如果沃顿先生不在牛津，如有可能，您不妨找别人将它抄好；或者等他回来再说，看您的方便。它是为一位意大利 literato① 准备的。

回信寄索霍广场威尼斯公使佐恩先生阁下。

亲爱的先生，但愿您不要因为把伦敦换成牛津而后悔。巴雷蒂先生很好，还有威廉斯小姐[a]；无论何时您眷注之情勃发想给我们写信，见信后我们定会喜出望外，您最恭顺的仆人，

1754年11月21日。 **塞姆·约翰生**

---

① 文人。

a “我估计她是于1755年7月12日八十三岁时去世的扎卡赖亚·威廉斯先生的一位亲属。1775年约翰生博士和我在牛津时，他交给博德利图书馆一本薄薄的四开本二十一页的意大利文作品，对页上有英文翻译。英文书名页上是：‘扎卡赖亚·威廉斯用准确的磁针变差理论确定海上经度尝试记。伦敦，为多兹利印，1755。’英文翻译，从最显明的内在特点表明，毫无疑问是约翰生的手笔。在一张空白页上，约翰生写明作者扎·威廉斯的年龄，离世的时间，一如我在上面所记。在另一张空白页上，贴着报纸上的一段文字，说的是威廉斯的亡故与性格，显而易见出自约翰生之手。他非常急切地要把此书存到博德利图书馆：怕有什么遗漏或差错，他在总目里亲笔把它的书名页写下来。”——**沃顿**［这段说明有一个小小的差错。约翰生写的英文记述是原作；意大利文是翻译，译者为巴雷蒂。见1755年末。］

已经说过他早年未能获得的文学硕士学位现在被看成一种相当重要的荣誉，以便给他的《词典》的书名页增添光彩；这时候，他已蜚声文坛，而且实至名归，于是朋友们认为，如果经过适当的努力，牛津大学是会给他这个面子的。

致**牧师托马斯·沃顿先生**

150

1754年11月28日星期四

亲爱的先生，——您和怀斯先生对我的利益给予非凡的关照[a]，万分感激：如果二位能完成这一善举，我肯定会在诸位中间找个小小的住处。

我答应给怀斯[b]先生的书尚未找到，但我将送他一本《芬兰语词典》，这也许是英国的孤本，是一位博学的瑞典人[①]赠送给我的：然而我暂且把它留着，以便编成一套我自己的新版书，届时我将一并奉上，更受欢迎。您一定要向他转达我的谢意。

可怜而亲爱的柯林斯[c]！——一封信会不会给他快乐？我想写一封。[②]

---

a “给他在牛津取得文学硕士学位证书。”——**沃顿**

b “后来成为牛津大学三一学院研究员，此时任拉德克利夫图书馆馆长。他是个学识相当渊博的人，尤其精通罗马和盎格鲁–撒克逊文物。他于1767年去世。”——**沃顿**

① 可能是彼得·克里斯特罗姆（Pèter Chriström）。

c “柯林斯（诗人）这时正在牛津看望沃顿先生；可还在身心交瘁中劳作。”——**沃顿**

② 〈在几个月前（1754年3月8日）写给约瑟夫·沃顿博士的一封信中，约翰生博士是这样说柯林斯的：“当我们考虑可怜的柯林斯的状况时，我们能为任何智力或文采而欢欣的胆气是多么不足。我几年前认识他时他满怀的希望，满脑子的计划。精通多种语言，神思高扬，记忆超强，这种活跃强劲的思想现在却受制于近来对他的蓝图一窍不通的那些人。你听说到他的什么情况了吗？他还有风光再现的希望呢，还是在悲惨落魄中了此残生？或许对自己的灾难浑然不觉。”

在给同一位先生随后写的一封信（1754年12月24日）中，他这样深情地谈到他们不幸的朋友：

“可怜而亲爱的柯林斯！告诉我你是否认为如果我写信给他会给他带来快乐。我常常跟他的状况相差无几，所以对此有同病相怜之感。”（转下页）

我乐意看到您的斯宾塞计划遇阻[a]，然而我又不愿让它拖延。一天从睡眠和娱乐中抽出三个小时就会把它完成。找个工读生[b]抄引文，再把它们与引文出处穿插到一起，节省时间。这样会缩短工期，缓解疲劳。

对于促成证书一事我能否做点什么？二位好心帮忙，我不想坐享其成而不积极配合，无论结果如何，我将感激不尽。您的，

〔伦敦，〕1754 年 11 月 28 日。　　**塞姆·约翰生**

又：

亲爱的先生，——对怀斯先生和您本人给予的帮助，我铭感在心。我想书[c]的印讫不会少于六周，不可能如此之快；我要把书名页留着，等您好像许诺我的那样一项插入。此事花费几何，敬请告知，我将如数寄上；我一定要关注您有现款在手。

顷接令弟惠书一封，谈及可怜的柯林斯①，我对他极为

(接上页)

又，——1756年4月9日：

"可怜而亲爱的柯林斯情况如何？我给他写过一封信，没有回音。我估计书写对他来说是种苦役。此人可不是一般的损失。道德家都说命运无常，美色易逝；然而考虑到心力同样变幻莫测，理解力也许只是昙花一现，可以火光煌煌，随后就灰飞烟灭，那就更加可怕了。"

参见《已故牧师约瑟夫·沃顿博士生平回忆录》四开本，1806，作者牧师约翰·伍尔，文学硕士。

柯林斯先生是奇切斯特一名帽商的儿子，出生于1720年12月25日，1756年从这里如此哀婉地描写的悲惨境地中解脱出来。——M.〉

a "关于出版一卷针对斯宾塞其余作品的评论文集。由于我在这个学院带学生而受妨碍。"——**沃顿**

b "牛津大学等级最低的青年学生的称谓。"——**沃顿**

c "他的《词典》。"——**沃顿**

① 柯林斯（William Collins，1721—1759），诗人；受约翰生的赏识，二人为朋友；《波斯牧歌》（1742）和《献给一位女士的颂歌》的作者；从1751年起患有日益严重的不明确的疯狂。

关切。我认为大力戒酒或适度节制也许会使他康复。

有一本古英语和拉丁文诗集名为《愚人船》，作者巴克利[①]；书的末尾有一些 Eglogues；他是这么写的，从 Egloga 而来，它们也许第一次在我们语言中出现。如果您找不到这本书，我让多兹利先生给您寄一本。

又奉华翰，欣喜之极，欲知事情是否有所进展[a]。我给朋友们从未提及此事，以免让我失望，惹人笑话。

您知道可怜的多兹利先生痛失爱妻；我相信他情绪深受打击。希望他不要像我丧妻时那么难过。

Οἴμοι. τι δ' οἴμοι；θνητὰ γὰρ πεπόνθαμεν.[②]

我从那时起似乎与人类绝缘；成了生活荒原上的一名孤独的漂泊者，没有方向，没有固定的观点：阴沉沉地凝视一个跟我没有多大关系的世界。然而我要努力借助你们兄弟俩的帮助，满足更加紧密团结的需要，通过友情：希望这种生存的快乐长存，您至亲至爱的，

〔伦敦，〕1754 年 12 月 21 日。　　**塞姆·约翰生**

151

1755 年 2月4日 星期二

1755 年：四十六岁。〕——1755 年，我们看到他的业绩卓著；被授予文学硕士学位，他的《词典》问世了，他的通信生动活泼，他的善举实施了。

致牧师托马斯·沃顿先生

亲爱的先生，——我几周前曾写信给您，又觉得地

① 巴克利（Alexander Barklay，1475？—1552），诗人、学者。

a “关于牛津的学位一事。”——**沃顿**

② “可叹——然而可叹何来？我们一直听天由命”——欧里庇得斯，残篇。[1]

1 〈这行诗摘自欧里庇得斯早就佚失的悲剧《柏勒罗丰》，被Suidas保存在他的《词典》里。词典中的异文是 θνητά τοι πεπόνθαμεν。——伯尔尼〉

址未写准确，不知道您是否收到。我同样也想给令弟写信，但又不知在何处能找到他。现在按照沃伯顿先生的用语，在词语的汪洋大海中漂过后我开始看见陆地了。在岸上，将会遇到什么样的接待，不得而知；是阿里奥斯托[①]在他的最后一章中谈到的钟声和人们的欢呼声，还是一片厌弃的嗡嗡声，心中无数：我将在岸上发现一个求爱的卡吕普索还是一个抵抗的波吕斐摩斯[②]。然而如果波吕斐摩斯来了，戳他的眼睛。不过希望批评家让我平静无事；尽管我不怕他们的伎俩和力量，却有点害怕我自己，所以不愿意在心里感受到文学口角容易激发出来的那种恶意。

巴雷蒂先生忙于一部作品，亟需《克雷欣贝尼》[③]，您若喜欢，也许又会得到一册。

这里在我们中间，既没有完成也没有开展什么可观的工作。我们也许不像村民那样率真，但大多似乎跟他们一样懒散。然而但愿您日夜孜孜；若知道您的工作情况，我定会十分欣喜。您恭顺的仆人，

〔伦敦，〕1755年2月1日。　　**塞姆·约翰生**

又：

亲爱的先生，——今日奉到华翰，您成人之美[a]，我铭

① 阿里奥斯托（Ariosto，公元前384—前322），意大利诗人，《疯狂的奥兰多》的作者。

② 在希腊神话中，卡吕普索是阿特拉斯的女儿；她在俄古癸亚岛上把奥德修斯滞留了七年（荷马，《奥德赛》卷五）。波吕斐摩斯是独眼巨人之一，波塞冬的儿子，奥德修斯用一根尖木头戳瞎了他的眼睛才得以逃脱（《奥德赛》卷九）。

③ 指乔瓦尼·马里奥·克雷欣贝尼的意大利文学史近作——也许是《大众诗史》（1698）和《评论集》（1702—1711）。

a “他的学位按照惯例已由各学院领导投票通过；但尚未被大学最后授予。事情的进展没有任何人提出异议。”——**沃顿**

感在心；特表示最真诚的谢意：请您向怀斯先生转达我应有的感谢，他如此盛情我受之有愧。

我给怀斯先生寄了《词典》，随后又写了封信；但不知书和信是否收到。劳神替我打听一下。

然而，我亲爱的沃顿先生为何不提自己？那卷新书[a]悬在何处？我能否助一臂之力？不可因为缺失了一点，而让前功尽弃：但从讲堂上，学生中，咖啡屋里，公园里，尽量抢出时间完成您的计划。您的， 152

〔伦敦，〕1755 年 2 月 4 日。 **塞姆·约翰生** 1755 年 2月4日 星期二

又：

亲爱的先生，——上周奉得怀斯先生大札一封，却未收到您的只字片语，不知我的事情现状如何[b]；如有可能，请于明日回信相告。

怀斯先生说他尚未收到《芬兰语词典》，我寄出已有一段时间；如果他仍未收到，请您务必了解清楚。然而，切勿等结果出来再回信。

令弟写信比您勤快，不过也好不到哪里，他告诉我，学生总把您堵在学院里；但他们总不会堵住您不让写信吧？至少让他们给您写信的时间，您至亲至爱的，

〔伦敦，〕1755 年 2 月 13 日。 **塞姆·约翰生**

又：

亲爱的先生，——金博士[c]比您的信早到几分钟；不过

---

a 《论斯宾塞》。——**沃顿**

b “学位问题。”——**沃顿**

c “牛津圣马利亚堂主管。他把证书从牛津送到约翰生手中。”——**沃顿**

您对我的善意受挫，这还是第一例[a]。现在我享受着您关怀与慈善的完满结果；我不认为那是一种虚荣小惠；因为它会使我有能力更加经常地享受您谈话的乐趣。你感恩戴德、至亲至爱的，

塞姆·约翰生

又及，随信附上致副校长[b]的书信一封，请您审阅一遍，如果满意，封好后烦交他。

〔伦敦，〕1755 年 2 月。

公众无疑会乐意看到圆满获得这一学术荣誉的全过程，因此我将把牛津大学校长致全校的信函[c]、证书，以及约翰生致副校长的感谢信穿插在这里。

致牛津大学副校长尊敬的**赫德斯福德**博士；各学院领导传阅，校务评议会推荐。

153 **副校长先生及各位先生**，——塞缪尔·约翰生原为彭布
1755 年 2 月 鲁克学院学生，已发表一系列文章教化民风民俗，处处以最强有力的论证和语言维护宗教和道德事业；他不久将出版一部《英语词典》，构建方案新颖，编撰艰苦卓绝，判断准确可靠；我相信我将按照全校思想感情行事，希望得到校务评议会推荐，给他颁发文学硕士学位证书，对此我会欣然表示赞同；此致副校长及各位先生，你们亲切的朋友和仆人，

格罗夫纳街，1755 年 2 月 4 日。 **阿伦**

---

a “我想约翰生的意思是我的‘善意’是我是把授予学位的消息传送给他的第一人，善意之所以‘受挫’，是因为金博士在我的信息到达之前就已送达。”——**沃顿**

b “三一学院院长赫德斯福德博士。”——**沃顿**

c 摘自牛津大学校务评议会记录。

Term. S[cti.]

Hilarii. **DIPLOMA MAGISTRI JOHNSON.**

1755.

CANCELLARIUS, Magistri et Scholares Universitatis Oxoniensis omnibus ad quos hoc presens scriptum pervenerit, salutem in Domino sempiternam.

Cùm eum in finem gradus academici à majoribus nostris instituti fuerint, ut viri ingenio et doctrinâ præstantes titulis quoque præter cæteros insignirentur; cùmque vir doctissimus *Samuel Johnson* è Collegio Pembrochiensi, scriptis suis popularium mores informantibus dudum literato orbi innotuerit; quin et linguæ patriæ tum ornandæ tum stabiliendæ (Lexicon scilicet Anglicanum summon studio, summo à se judicio congestum propediem editurus) etiam nunc utilissimam impendat operam; Nos igitur Cancellarius, Magistri, et Scholares antedicti, nè virum de literis humanioribus optimè meritum diutius inhonoratum prætereamus, in solenni Convocatione Doctorum, Magistrorum, Regentium, et non Regentium, decimo die Mensis Februarii Anno Domini Millesimo Septingentesimo Quinquagesimo Quinto habitâ, præfatum virum *Samuelem Johnson* (conspirantibus omnium suffragiis) Magistrum in Artibus renunciavimus et constituimus; eumque, virtute præsentis diplomatis, singulis juribus privilegiis et honoribus ad istum gradum quàquà pertinentibus frui et gaudere jussimus.

In cujus rei testimonium sigillum Universitatis Oxoniensis præsentibus apponi fecimus.

Datum in Domo nostra Convocationis die 20[0] Mensis Fed.

Anno Dom. prædicto.

Diploma supra scriptum per Registrarium lectum erat, et ex decreto venerabilis Domus communi Universitatis sigillo munitum.[①]

DOM. DOCTORI HUDDESFORD, OXONIENSIS ACADEMIÆ VICE-CANCELLARIO.

INGRATUS planè et tibi et mihi videar, nisi quanto me gaudioi
154 affecerint, quos nuper mihi honores (te credo auctore) decrevit Senatus
1755年 Academicus, literarum, quo tamen nihil levius, officio, significem:
2月 ingratus etiam, nisi comitatem, quâ vir eximius[a] mihi vestri testimonium amoris in manus tradidit, agnoscam et laudem. Si quid est undè rei tam gratæ accedat gratia, hoc ipso magis mibi placet, quod eo tempore in ordines Academicos denuo cooptatus sim, quo tuam imminuere auctoritatem, famamque Oxonii lædere, omnibus modis conantur homines vafri, nec tamen acuti: quibus ego, prout viro umbratico licuit, semper restiti, semper restiturus. Qui enim, inter has rerum procellas, vel Tibi vel Academiæ defuerit illum virtuti et literis, sibique et posteris,

---

① “1755年第二学期。牛津大学校长及院长学者向可能阅读此文件的所有人士顺致敬意。鉴于我们的先辈创设学位目的在于让具有杰出天赋与学识的人士也可以用头衔突显身份；鉴于彭布鲁克学院博学的塞缪尔·约翰生长期以来蜚声文坛，其作品已经培养了国人的风化，而且目前正在埋头编纂一部对美化、固定祖国语言有非凡用途的作品（他即将出版一部以极大的勤奋和极强判断力编纂的英语词典）；因此我们校长、院长和学者们一致推荐该塞谬尔·约翰生为文学硕士，并希望他享受属于该学位的一切权利。我们加盖牛津大学印章以资证明。1755年2月20日于校务评议会会堂颁发。以上文字写成的证书由注册主任宣读，并由校务评议会裁定且加盖大学印章确认。”

a 我们可以想象约翰生从伟大的金博士手中接过他的证书时是多么的春风得意，金博士的原则和约翰生自己的又是如此投合。

defuturum existimo.[①] S. Johnson.[a]

致牧师托马斯·沃顿先生

亲爱的先生，——奉到证书后，我给您写了一封感谢信，还附了一封给副校长的，给怀斯先生另寄了一封；然而至今未收到任何人的回信，我开始认为自己被人忘了。诚然，我寄给您一封两信，您也许害怕一个花钱多的通信者；然而如果您的回复是一封三信，我还求之不得呢：对于一位小小的国王，一封两信算什么，他有研究经费和罚金，心里没辙也能睡着觉？[b]

亲爱的沃顿先生，给我来信吧，告诉我一点消息，我不在意是什么，只要是您写来的。我要给您说件事情：我希望下周看见我的《词典》装订、压印书名——vastâ mole superbus[②]。我有一大愿望，想在复活节来牛津；可您不想邀请我。我是不请自来，还是就待在如果我走了也许谁也不会想我的这里？一种

---

① “致牛津大学副校长赫德斯福德博士。如果我不写一封信（最微不足道的感谢形式）表达我在学术委员会给我的（我想是在您的鼓动之下）这种荣耀中所感受到的快乐，您我都会认为我忘恩负义。如果我不感谢把您关爱的证据交到我手里的那位优秀人物的恩德，我也是同样的忘恩负义。这样一件事更增强了我的快乐，那就是，正当狡猾而又愚蠢之辈绷紧每一根神经要贬低您的权威、损害牛津的美名时，我被招收进了您的队伍。我一直在尽一名无名学子之所能反对这些人，而且将永远如此。无论什么人，在这些动荡的日子里对您和学校失职，我就认为是对德操和学问失职，对他本人和子孙后代失职。”信中指的损害牛津美名的企图使读者想起1754—1755年间牛津郡的选举事件，这些事件一度成了你死我活的斗争，在政治上相互对立的大学再一次被詹姆斯二世拥戴者的主张玷污，臭名昭著的是老皮特1754年11月26日在下院的演说。参见《牛津大学史》卷五《十八世纪》，L.S. 萨瑟兰与L.G. 米歇尔编（牛津：克拉伦登出版社，1986），第129—142页。

a 原件在我手里。

b “斜体字出自沃顿先生最近出版的诗《不满的进展》中的一些段落。”——**沃顿**

② “洋洋大观，令人自豪”——参比维吉尔，《埃涅阿斯纪》第3卷，第656行。

两难的选择！但这就是世事人情，面对者是您忠诚的，

〔伦敦，〕1755 年 3 月 20 日。　　　　**塞姆·约翰生**

又：

亲爱的先生，——一个人文笔如此优美，但又不肯动笔，尽管这是一件足以令人发指的罪过，但我还是不去计较。副校长对我的短简甚为满意，我十分欣慰。我急不可耐地盼望您在伦敦，我们或许可以考虑下一步该怎么办。我打算今冬开办一个《文丛》①，记住，你一年应当赞助一期；我们再试试看，能不能说服令弟再赞助一期。我的书现在正在 in luminis oras②。它的命运如何，不得而知，也不多想，因为想也白搭。它必须经受庸俗大众和少数人的品头论足；懂得它和不懂它的人说三道四。但面临种种局面，吃苦头的不是我一个：每个作家都有同样的难处，也许每个作家对自己的难处说得多，想得少。

你会很高兴向我所有朋友转达我的敬意；请大发慈悲，每当闲暇无事时记着你忠诚的，

〔伦敦，〕1755 年 3 月 25 日。　　　　**塞姆·约翰生**

155

1755 年 4月3日 星期四

亚当斯博士告诉我，关于《文丛》的计划是十分认真的：因为有一天他去看望约翰生，发现他的客厅摊了一地一包又一包的外文和英文报刊，他告诉亚当斯博士，他打算创办一份评论。“先生，（亚当斯博士说）你怎么能想到一个人干呢？百科知识都得考虑进去。你懂数学吗？你懂博物学吗？”约翰生答道：“嘿，先生，我必须尽力而为。我的主要目的是向国人展示一种大陆文学的概况；我要精挑细选题材，因为我要选那些我懂得最透彻的书。”亚当斯博士

① 即一种评论或文学报。

② “抵达灿烂的光明之岸”——卢克莱修，卷一，第23行。

建议，由于马蒂[①]博士刚刚完成他的《不列颠文库》，这件工作做得很出色，给外国人描述了不列颠的出版物，他也许给约翰生当助手很有好处。“他，（约翰生说）那只小黑狗！我要把他扔到泰晤士河里去。”不过，这一计划也就搁下了。

在他的一本小记事簿中，关于他拟议中的《评论或文学报》，我发现了下面这样一些提示：

“国内外文学纪事。仿照勒克莱尔克—贝勒—巴尔贝拉克[②]。英国报刊的不幸。学人的作品。我们不能囊括全部。有时照抄外国报人。总要说实话。”

致**伯奇博士**

先生，　　1755年3月29日。

我已寄去《词典》的几个部分，也就是在手头的一些，供您审阅。请您垂顾，如不喜欢，可不置一词。您最亲切、恭顺的仆人，

塞姆·约翰生

致**塞缪尔·约翰生先生**

先生，　　诺福克街，1755年4月3日。

您惠寄的部分《词典》已经使我见其全貌，我向广大读者表示最诚挚的祝贺，因为他们总算得到了一部企盼已久，现在以一种堪与主题的重要性相比肩的勤奋、精准和明断完成的著

---

① 马蒂（Dr Matthew Maty，1718—1766），医师、图书馆馆长；皇家学会会员（1751）；皇家医师学院证书持有人（1765）；《不列颠文库》创办人（1750）；对约翰生《词典》的争议（1755）惹恼了作者；大英博物馆最早的三名助理馆员之一（1756）；而后为第一主管（1772）；切斯特菲尔德伯爵的传记作者。

② 勒克莱尔克（Jean Le Clerc，1657—1736），法国批评家、神学家、文学家。贝勒（Pierre Bayle，1647—1706），法国新教学者、哲学家。巴尔贝拉克（Jean Barbeyrac，1674—1744），法国学者。

作。您也许选了一种会更加凸显您的天才的工作；然而您却未能旁骛您的劳作会用来造福当代和千秋万世的其他事业。我很高兴您的健康能让您全身心投入并完成如此艰巨的任务；而且还能保证让您有望得到它的一项（也许是唯一的）回报，也就是得到每一个衷心祝愿英语荣耀的人的赞许和感谢。谨致最衷心的问候，您最忠诚、最亲切、恭顺的仆人，

托·伯奇

156

1755年4月8日星期二

查尔斯·伯尔尼先生在音乐学上出人头地、并在牛津大学取得博士学位后，由于健康欠佳，被迫离开首都，这时正在诺福克的林恩里吉斯居住。他对约翰生的《漫游者》和《词典编写计划》极为欣赏，当这部巨著在报纸上宣布即将完成时，他写信给约翰生博士，请求告知他的《词典》什么时候以何种方式出版；并且询问是否可以预订，或者是否有他可以自行支配的本子，要求惠寄六本，供他本人和朋友拜读。

为了回应这一请求，约翰生博士写了下面一封信。关于此信（用伯尔尼博士自己的话说）："信是写给一位没有名气的年轻人的，此人在这一阶段就是在他的本行中也算不上出类拔萃，他的名望从来达不到《漫游者》作者的程度，如果记住这一点，这种温文尔雅也许跟最近流传的关于约翰生博士天生粗鲁、凶狠的故事背道而驰。"

致**伯尔尼先生**，诺福克，林恩里吉斯

先生，——如果您认为延迟回信就表示我有意怠慢您对我的垂顾，那您对自己、对我的看法都有失公允。您的礼貌表示得过于文雅，绝非不能引起关注；我能愉悦像您这样的人士真是大喜过望，却不至于愚钝到不识您对我的抬举。

我努力使人类快乐或使人类受益，但努力的结果很少比您这样主动伸出友谊之手更能使我快意，现在我有了这种友谊，

我希望将其保持下去，因为我希望继续下去，不要辜负它。

我没有可供自己处置的《词典》，但很高兴请您让您的朋友写信给多兹利先生，因为正是由于他的推荐，我才受雇干这件活的。

当您得闲再次想到我时，让我有幸再得惠书一封；当您翻阅过我的《词典》后，望再赐一封。倘若发现错误，我当努力改正；如果未曾发现，我就认为您被好心偏爱蒙住了双眼：然而让您的偏爱会大大满足我的野心，您最感激、最恭顺的仆人，

塞姆·约翰生

高夫广场，舰队街，1755 年 4 月 8 日。

滨河路的书商安德鲁·米勒先生主管约翰生《词典》的出版事务；业主们的耐心一再受到考验，几乎忍无可忍了，因为他们期待该作品会在约翰生乐观估计的时限内完成，博学的作者时常被逼着分批交稿，当他收到全部稿费后逼得尤其紧迫，这时离他完稿还有相当长的一段时间。当送信人把最后一张稿子交给米勒回来后，约翰生问他："喂，他说什么了？"——"先生，（送信人答道）他说，感谢**上帝**，我总算跟他了结了。""我很高兴（约翰生笑着说）他无论如何总得感谢上帝。"[a] 值得一提的是，与约翰生主要签订他的文学劳动合同的是苏格兰人，米勒先生和斯特拉恩先生。米勒本人虽然算不上是鉴赏文学的行家里手，但很有见识，能为他的朋友们物色精明能干的人做他的朋友，让他们在购买版权方面给他出谋划策；这样做的结果就是他发了大财，靠的是侠肝义胆。约翰生是这样说他的："我敬重米勒，先生；他抬高了文学的价钱。"同样的赞语也可以公允地给予巴黎杰出的书商庞库克。斯特拉恩先生的慷慨、判断和成功是闻名遐迩的。 157

1755 年
5月6日
星期二

a 约翰·霍金斯爵士，在《约翰生博士传》第 341 页在安德鲁·米勒和约翰生之间大意如上的话语间插了两个注。我肯定情况并非如此。这种偶然的说法是一种俏皮话。那样子刻意加注显得别扭。

致**本内特·兰顿先生**　林肯郡斯皮尔斯比附近的兰顿

先生，——长期以来人们常说：人不犯错，心不起疑；您自己风度儒雅、殷勤守时，不允许您将我所犯又没有弥补的那种过失算到我头上。惠书两封均已收悉，捧读时的欣喜与新近的结识铭刻于心的敬重相匹配，希望更近地了解强化这种敬重，尽管我有满足过段时间将会受到抑制之虑。

诚然，拙著[a]已经出版，请告知令尊大人和您本人对它的评判；我已经等得够久了，眼瞅着它一步步进入世界。您知道，它没有赞助人，我想迄今为止也没有对手，除了咖啡屋里的那些批评家，他们的号叫很快就在空气中销声匿迹，再不会有人想起：从此我就有了空闲，想趁此间歇之机出外散散心；届时为什么不去林肯郡看看？或者提一件更具吸引力的事情，为何不去看望亲爱的兰顿先生呢？我想给出真正的理由，知道您会赞同的：我有一位年过八旬的老母，她掐着指头算拙著出版的日子，一心希望看到我；如果我可以从此地脱身，我决计去探望她老人家。

亲爱的先生，以此为由推迟我的拜访不会使我失去对您的敬重，我请求这么做不要减小您的恩德。我很少接受过一种我如此渴望培育、成熟的友谊表示。接到回音，直到能够相见，我将会喜不自胜，我想尽快地见到您；因为召唤我到利奇菲尔德的义务履行过后，我的心意会将我带到兰顿。我将在大自然没有白白包容、呼唤的人们的陪伴下听大海咆哮，看群星闪耀，
158 陶陶然乐在其中。

1755年
5月6日
星期二

亲爱的先生，不要让此信的迟缓成为拖延的先例，也不要认为我认可自己已经犯下失礼行为；因为知君深时爱慕君，衷

a　他的《词典》。

心希望更进一步了解君；我向您再次保证，住在那样一对父子安身的房子里将是一种超乎寻常的乐事，您至为感激、至为恭顺的仆人，

1755年5月6日。　　　　　　　　　**塞姆·约翰生**

致**牧师托马斯·沃顿先生**

亲爱的先生，——您竟然认为我能忽视大札，令人痛心；求您千万再别起那样的疑心。如果您在那里，我打算下周前往；或者更加符合您的心意的另外哪一周。因此敬请告知。这次拜访只能逗留一周，不过可为下次更长的逗留做些准备；因为不能不看看母校，阿波罗尼乌斯[a]有何进展？别把他忘了。这种事情非干不可，才能使我们立于不败之地。代我向怀斯先生和其他各位朋友致意。我想到凯特尔堂[b]看看。您最挚爱的，

〔伦敦，〕1755年5月13日。　　　　　　**塞姆·约翰生**

又：

亲爱的先生，——奇怪，怎么会发生这么多事情来拦截每件乐事，尽管那只不过是两个朋友相会而已。我每天都指望告知您何时您可以期盼我来到牛津，却一直未能敲定一

a　“当时沃顿先生打算翻译阿波罗尼乌斯·罗狄乌斯[1]。”——**沃顿**

1　阿波罗尼乌斯·罗狄乌斯（Apollonius Rhodius，约公元前295—前215），诗人，图书馆馆长；以伊阿宋为题材的希腊史诗《阿耳戈英雄传》的作者，对维吉尔有一定影响。

b　〔凯特尔堂是一古老住宅，由三一学院院长拉尔夫·凯特尔博士于1615年前后建成，供该院自费生住宿。它与学院毗邻；几年前成了一座私宅。〕[2]

2　〈这座古老的学生宿舍，自从约翰生在那里寄宿大约四十年后，已成一种破败不堪的状态。1793年，在波特兰公爵任牛津大学校长期间，温德姆先生和本书作者曾在其中简朴到原始状态的两间房屋里住宿。此后就变成一座私宅。——M.〉

个时间。然而我想，时间终于来了；我期望下星期先在凯特尔堂休息一个晚上。我怕在你那里待不久；可是推断算什么呢？我们必须尽力做到快乐开心。希望令弟能跟我们相见，这样我们就可以去和怀斯先生一起喝茶了。但愿他在牛津，或者在他的不列颠和撒克逊文物巢里[a]。我盼着看见《斯宾塞》结稿，再开始许多新东西。多兹利拜访荷兰人去了。《词典》卖得很好。其余的世界还像往常一样继续运转。您最深情的，

〔伦敦，〕1755 年 6 月 10 日。　　**塞姆·约翰生**

又：

亲爱的先生，——说是来看您，但就是不来，这未免有要弄别人之嫌，这可是我极不情愿给你们造成的印象；我相信，您是不会怪罪我的，如果我告诉您，自从我答应过后，我们的两个合伙人[b]去世了，于是大家请求我暂缓出行，等我们从乱局中恢复过来再说。

159 1755 年 我并没有搁置原来的打算；因为每过一天，我远离您待在这里，就越沉不住气。然而，您知道，死亡是不听哀求的，也不考虑凡人是否方便。现在希望下星期见到您；不过下星期只不过是明天的又一个说法，明天已经因许诺和欺骗臭名昭著了。您的，

〔伦敦，〕1755 年 6 月 24 日。　　**塞姆·约翰生**

又：

亲爱的先生，——我给您说过，手稿中间有一些托马

a “在埃尔斯菲尔德，一座离牛津三英里的村子。”——**沃顿**

b “与他的《词典》有关的书商。”——**沃顿**

斯·莫尔爵士[1]的东西。请您花半个小时查阅一下，把每一页的前一二十行抄下来与我手里的加以比较；这样我就可以知道它们是否尚未发表。是这样一些手稿：

牛津大学博德利图书馆手稿目录、第122页F.3. 托马斯·莫尔爵士。

一、天使的堕落。二、人类的创造与堕落。三、神决定营救人类。四、关于救世主受难的五篇讲稿。五、关于圣餐的制定，三篇讲稿。六、如何在圣餐上接受我主的圣体。七、Neomenia，新月。八、De tristitia，tædio，pavore，et oratione christi，ante captionem ejus[2]。

目录，第154页。托马斯·莫尔爵士传。问题，是否为罗珀作？第363页。De resignatione Magni Sigilli in manus Regis per D. Thomam Morum.[3] 第364页。Mori Defensio Moriœ.[4]

如果您在图书馆找个年轻人抄写出您认为适合抄写的内容，我会写信给书商普林斯先生付给他您认为合适的酬金。

请代我向怀斯先生和我所有的朋友们致敬。您深情的，

〔伦敦，〕1755年8月7日。　　　　**塞姆·约翰生**

《英语词典，含语法及历史》现在总算出版了，对开本两大卷，世人审视这么一部巨著竟凭一己之力完成，诧为奇事，而其他国家认为那样的工程只适合整个学院合力承担。他的神通固然广大，我不禁认为他的想象欺骗了他，因为他认为只要持之以恒，埋头苦

① 托马斯·莫尔爵士（Sir Thomas More, 1478—1535），大法官（1529—1532）；人文主义者，殉教者；国王法律顾问（1518）；《乌托邦》（1516）和《异教对话录》（1529）的作者；唯一的王室秘书（1522—1526）；牛津大学司法干事（1524）；辩论家；亨利八世离婚后由于拒绝摈弃教皇的裁判权而被处死（1535）；被教皇庇护十一世追谥为圣徒（1935）。

② 关于基督被捕前的受难、疲惫、恐惧和祈求。

③ 关于托马斯·莫尔爵士辞去掌玺大臣。

④ 莫尔的《愚行辩》。

干，他可以在三年内完成任务。让我们仔细阅读一下《序言》。《序言》以清晰、遒劲、生动的笔触全面而又具体地描述了他所做的一切；显而易见，他用在上面的时间是比较短的。我不愿意旁征博引来扩充自己的著作，可是我相信英语中的散文作品读起来很少有比这篇前言更加引人入胜、更加铭心刻骨的。它的优长不可胜计，其中一点总使我钦慕不已；我指的是他把抽象的科学概念表达得十分明了。我摘引了下面一个句子作为例证："当根本的观念分枝开杈，
160 并行不悖时，一种连续的系列怎么会被各种感觉按自己并行的特性
1755年 形成呢？"我们这里就有了一个老生常谈的实例，而且我有道理相信，那就是每一种思想都有一些非它莫属的词相契合，这些词被一个幸运儿碰上时，便在此情此景中达到了语言的尽善尽美。

博览群书时对于典据的积累是不可或缺的，仅此一项就可以说明约翰生过目不忘的头脑是怎样被丰富多彩的知识和意象充实起来的，这肯定耗费了他多年的光阴。《序言》提供了一种双重才能的突出证据，对此约翰生是胸有成竹的。乔舒亚·雷诺兹爵士听他说过："有两件事情我自信可以做得很出色：一件是对文学作品的介绍，陈述它的内容，以及它是怎样以最完美的手法写成的；另一件是结论，从种种原因表明为什么完成后并未兑现作者对本人及对读者的许诺。"

那些小文丐发现约翰生展示一种词典编纂学的完美理论，同时又坦率谦虚地承认他"没有满足自己的期望"时，他们该是多么的汗颜和失望。曾有过一次表现约翰生谦虚的绝好机会，当时有人要求他不要把自己艰巨的任务与其他个人的任务相比较（在这种情况下，他对真理坚定不移的尊重会遭到妨害，如果他装出缺乏自信的样子的话，）而是跟理论上的完美相比较；因为他在这样的竞赛中可以超过所有的对手，然而他跟时间赛跑时也许会感觉到自己的不足。他不妨说"《英语词典》是在很少有学人帮助的情况下编写成的"，因为他对我说过，唯一的帮助是他收到的一纸二十条词源说明，是一位当时不认识的人士寄给他的，后来他才得知此人是罗切斯特主教皮尔斯博士。词源说明尽管显示了学识和判断，但我认为在这部巨著的各部分中间

还不配领受头等赞誉。我总觉得定义显示了表明是第一流天才的智力敏锐和语言精准的惊人证据。正是这一点标志着约翰生的《词典》比其他同样卷帙浩繁，甚至部头更大的同类作品还要优越，正是这一点肯定使它成为一种伟大的脑力劳动的结晶，而不仅仅是“词汇”，或者荷兰人所谓的“词书”。如果有人想做一下实验，试试看如何给不管什么性质的几个词下下定义，他们很快就会相信这一说法公正无疑。我可以向读者保证这种观点是建立在深入研究的基础之上，而且是与更多的有思想的人交流的基础之上的，并非我的一家之言。

必须承认，他有个别定义是下错了的。“上风的”（windward）和“下风的”（leeward），尽管意思完全相反，却给出了相同的定义[①]；至于这样的白璧微瑕注意到下述情况也就足够了，他的《序
言》宣称在这么一部庞大的作品中，他意识到可能为数不少；有人 161
给他指出例证时，他一点也不仓皇失措。一位女士有次问他，他怎 1755年
么把“骹骨”（pastern）定义为马的“膝盖”：他不仅没有像她所想的那样处心积虑地予以辩解，反而立即回答：“无知，夫人，纯属无知。”他给“网络”（network）[②]下的定义往往被人引用加以恶搞，作为把原本明白的东西搞晦涩的把柄。然而对这些轻浮的非难，再用不着回应了，因为他自己的《序言》已给我们提供了答案。

“解释需要使用比被解释的词语浅显的词语，可这样的词语不是总能找得到的。因为有些东西人们只能认为它凭直觉知道、即便没有证据也是显而易见的，除此以外无法证实，同样，有些东西除了用太明白不允许下定义的词，就无法界定。有时候简易的词被改变成艰深的；如‘埋’（burial）变成了‘葬’（sepulture）或‘入土’（interment）；‘干的’（dry）变成了‘脱水的’（desiccative）；‘干’（dryress）变成了‘燥’（siccity）或‘亢’（aridity）；‘发作’（fit）变成了‘犯病’（paroxysm）；

① 〈他在“序言”中承认他的作品中专门术语部分的缺陷；他说，他非常感激我为他的下一版提供了音乐术语的定义，但他没有活到监理下一版的时候。——伯尔尼〉

② 他给“网络”的定义是：“任何网状的，或做等距离十字交叉并在交点之间留有空隙的东西。”

因为‘最简易’的词，不管是什么，永远不能翻译成更简易的。”

在给词下定义时，他引进了自己的看法，甚至偏见，而一些词的本义并未得到解释，如“托利党人”（Tory），“辉格党人”（Whig），“恩俸”（pension），“燕麦”（oats）①，“国内货物税”（excise）等等，这样一来，他的见解也不能得到充分的维护，只好随心所欲地做一些任性、幽默的说明。[a] 1777年，我们在阿什伯恩，

① 托利党人："坚持古老的国家体制并拥护英国国教罗马教会式等级制度的人，与辉格党人对立。"辉格党人："一个党派的名称。"恩俸："一种发放给随便什么人的津贴，没有意义相同的词。在英国，一般理解指付给一个国家雇佣的叛国者的费用。"燕麦："一种谷物，在英格兰一般用来喂马，在苏格兰却用来养活人。"

a 他是这样给“国内货物税”下定义的："对商品抽的一种可恨的税，不是由财产的共同仲裁人调节，而是由抽税人雇佣的坏蛋来调节。"国内货物税的税务官被这种严厉的批评惹恼了，便咨询当时的检察总长默里先生，想知道是否能在法律上予以纠正。我希望为读者获取一份他提供的意见书，现在可以当作历史给予公正的考虑；然而好像衙门的保密措施不允许这么做。不过我从可靠人士那里获悉，它的含义是：这段文字可以看成可起诉的理由；不过当局认为为了慎重起见，还是不起诉更好。约翰生对这段文字从未做丝毫的更动。我们发现他仍然维持早先对国内货物税的偏见；因为在《闲散者》第65期上有下面奇特的文字："克拉伦登[1]的历史尽管得到了世界一流大学之一的认可得以印行，如果不是一份出人意料的手稿被人幸运地发现，其可靠性将会由于派性轻信的帮助，被两个最低劣的小人提出质疑，一个是给一个政党摇笔杆子的，一个是国内货物税的税务官。"——他指的两个人是约翰·奥尔德米克森[2]先生和乔治·达克特先生。

1 克拉伦登（Edward Clarendon, 1609—1674），政治家、历史学家；与福克兰和科尔佩珀构成了查理一世的核心顾问班底；被封为爵士并任命为枢密顾问（1643）；逃往泽西（1646）；保王党《反叛史》（1702年出版）的作者；大法官（1658）；王政复辟时查理二世小集团成员（1660）；被封为欣顿的海德男爵（1660）；被封为科恩伯里子爵和克拉伦登伯爵（1661）；1660年代中晚期诸多不满情绪的替罪羊；被弹劾犯有叛国罪（1667）；流亡法国。

2 约翰·奥尔德米克森（John Oldmixon，1673—1742），史学家、政论家；从1710年开始成为辉格党的论战家；帮助创建辉格党周刊《杂志》（1710—1711）；《欧洲秘史》（4卷，1712—1715）、《北不列颠纪事》（1715）、《英格兰批评史》（2卷，1724—1726）的作者；在《天主教诗人》（1716）中抨击蒲柏；蒲柏在《群愚史诗》中予以回击；布里奇沃特港海关税务官（1716）；参与辉格党历史编修的主要工作。

给我谈到这个问题时，他提及一个编写这部作品时主宰他的私人感情的例子，比现在发现的任何一个都要严重。“先生，你知道高尔勋爵背弃了老詹姆斯二世党人的利益。当然遇到‘变节者’(renegado）这个词时说它的意思是‘一个开小差投奔敌方的人，一个叛徒’，然后我又补充道，有时候我们说一个**高尔**。这就被拿去付印；但印刷商比我有头脑，把它划掉了。”

然而，我们还要记住，这种随心所欲并不全表现在对别人的讽刺挖苦上，也表现在对他自己艰巨的任务一般持有的看法的调侃
上。如此，“蛇螂街（Grub-street），伦敦的一条街道的名字，居民大 162
多是编写野史、字典和应景诗的文人；故凡低劣作品均称为‘蛇螂 1755 年
街’”——“词书编纂者（lexicographer)，一个编写字典的人，一个无害的苦工”。

当约翰生就要结束那高谈雄辩的《序言》时，他的心情似乎处在一种极其消沉的境地，以致我们在思考那些使该著作出类拔萃的生动、辉煌的思想时，难免诧为奇事。“就是没有（他说）完美的赞誉，我肯定也会心安理得，如果我在孤寂阴郁中得到那种赞誉，它对我又有何益？我把自己的作品拖延到我希望愉悦的大多数人已进入坟墓时才问世；成功与失败皆为空谈。因此我怀着冷静的心情将它撂手，不管指责，还是赞扬，既不大恐惧，也无甚希望。”我认为这种淡漠与其说是一种惯常的感受，倒不如说是一种暂时的情绪，这从他给沃顿先生的信里可见一斑；然而，不管他一时情绪怎样受到影响，有一点是肯定的，那就是他的伟大作品为他在国内外赢得种种荣誉令他十分惬意。他的朋友科克与奥雷里伯爵在佛罗伦萨将它赠予 Academia della Crusca[①]。该学会把他们的《词典》回赠给约翰生，而法兰西学院也把他们的《词典》赠送给约翰生，兰顿先生有幸把它转交给了他。

《序言》的结尾竟然用如此消沉的词语来表达，考虑到作者当

---

① 〔“秕糠学会”（或译“克鲁斯卡学会”），1582年成立于佛罗伦萨，是研究和捍卫意大利语的文学团体。〕

时仅仅四十六岁，这无疑显得蹊跷。不过我们必须把这种阴郁归咎于他体质上容易遭受的可悲的情绪低落，两年前他妻子的去世使它更加恶化。我听见一位文雅的贵妇把它说得非常巧妙：“他的忧郁当时达到登峰造极的地步。”此后他几乎又活了三十年，那是**上帝**的恩赐；有次，心境平和的时候，他不得不向我承认，自从那前所未有的阴郁时刻过后，他享受了许多更加快乐的日子，结交了更多的朋友。

话说得十分悲情，“他希望愉悦的大多数人已进了坟墓”；四十五岁那年他的情况极不乐观，除了他的朋友圈子很窄。我常想，一般人都想长寿，我相信，一般人也盼长寿，同样，不断增加朋友的数量也是明智之举，这样一来，一些失去了，另一些补充进来了。友谊是“生命之酒”，应当像贮藏丰富的酒窖，不断得到更新；如果这样想就会令人安慰：我们很难增添会跟青梅竹马两小无猜等同的感情，但友谊会不知不觉地变老，所用的时间比我们一般想象的短得多，用不了多少年就会使它变得圆熟、愉快。**温情**，毫无疑问，就有所不同了。脾气温和、思想阳光的人互相联合要比冷漠沉闷的人快得多。

我现在极力说明的意见就是约翰生后来自己的看法。他对乔舒 163
亚·雷诺兹爵士说："一个人在生活的进程中如果不结交新朋友，很快就 1755年
会发现自己成了孤家寡人。先生，一个人应当不断维护他的友谊。"

著名的威尔克斯先生的生活观念和生活习惯与约翰生的大相径庭，但也以文学和活跃的性格为人瞩目。约翰生在他的《词典》前加的"英语语法"中有这么一段话："H 除了用在第一个音节的开头，很少，也许从来没有用在其他任何音节的开头。"威尔克斯用一点小小的"妙语"来了一次突然袭击。在一篇刊印在《广告报》上的文章中，这位笔锋活泼的作者举了很多与约翰生的说法相悖的例子；例如："持这种见解的作者肯定是个 appre-hension（理解）敏捷、具有最 compre-hensive（全面的）天才的人。"表达这种立场无疑留有太多的回旋余地。

这种旁敲侧击，我们可以估计，给我们的字典编纂者没有留下多深的印象；因为我们发现他修改这段文字是多年以后的事了[a]。

约翰生昔日的学生加里克先生写了下面一首赞美性的警句诗，用一种截然不同的方式对待他，使他深感欣慰：

赞约翰生的《词典》

与一个不列颠人谈战争，他会有大胆的说法，
那就是，一个英国兵会把十个法国人打垮；
如果把剑换成笔，我们就会改变这种夸耀，
我们的优势更大，我们的人更是不得了：

---

a　1773年出版的第三〔四〕版中，他删掉了"也许从来没有"几个字，又添加了下面一段文字：

"有时候用在诸如block-head（笨蛋）这样一些复合词或诸如compre-hended（被理解的）之类来自拉丁文的词的中间或最后音节的开头。"

在科学的深矿中法国人尽管加倍努力，
但他们的力量怎能与洛克、牛顿、玻意耳[1]相比？
让他们集结自己的英豪，把他们的能量全部释放，
让他们的诗人，作家跟我们的来一番较量！
首先有莎士比亚和弥尔顿，像战斗的神，
已使他们的全部戏剧和史诗仓皇逃遁；
在讽刺诗、书信、颂歌上他们想展示声威，
但遇上德莱顿和蒲柏他们便全军溃败；
还有约翰生，像个昔日的英雄，全副武装，
已经打败了四十名法国人[a]，再打败四十又有何妨！

这一年约翰生给扎卡赖亚·威廉斯先生提供了帮助，这一举动同时证明了他的仁爱、灵敏的理解和令人钦慕的写作技巧。威廉斯先生是约翰生怀着仁爱之心收留在家中的那位双目失明的女士的父亲。他
164 在威尔士行过医，但由于特别酷爱钻研自然科学，朝发现经度做出了
1755年 很多有独创性的进展，而且经常去伦敦希望获得巨额议会奖金[2]。他没有成功，但约翰生却掌握了他的原理和实验，替他写了一本小册子，以四开本形式出版，题目是：《用准确的磁针变差理论确定海上经度尝试记，含1660年至1680年欧洲最著名城市变差表》[†]。为了将它更为广泛地传播，对页上还有意大利译文，据估计是文学根底颇深的意大利人巴雷蒂先生[3]的手笔。巴雷蒂先生几年前来到英国，以语言

---

① 玻意耳（Robert Boyle，1627—1691），自然科学家；皇家学会创建人之一。

a 法兰西学院雇来处理他们语言的人数。

② 1714年议会为发现确定可靠航行不可或缺的海上经度的可靠方法悬赏两万英镑。这一问题由于1759年约翰·哈里森（1693—1776）发明海上经线仪最终得到解决。

③ 〈这位机敏的外国人是皮耶迪蒙特人，1753年左右来到英国，1789年5月5日去世于伦敦。对其人及其作品的一篇公正、审慎的论述，是用这样的言词开头的，“如此粗暴，”而且据信，它是教会的一位显要人物写的，可以在该年的《绅士杂志》第469页上找到。——M.〉

老师和作家的双重资格找了一份工作，与约翰生博士过从甚密。约翰生博士把这本小册子赠给了牛津大学博德利图书馆[a]。在空白页上贴着一段剪报文字，记述威廉斯的死亡和性格，显然是约翰生写的[b]。

这年七月，他订了一个思想改进计划，具体的目标没有透露。然而我们在他的《祈祷文与默想录》第25页上发现有一段祈祷文，题目是《论作为生活工具的哲学研究》；后面跟着一条注："这种研究未予实施。"

同月13日他的《日记》中星期日的一则上有下面的生活计划：

"活着（他怀着一腔温情表达自己的看法）不可不对安息日怀有一种习惯性的尊敬，也不可没有基督教要求的对宗教义务的关注；

"一、早起，为了早起，星期六要早睡。

"二、早晨做某种特殊的礼拜。

"三、检查生活进程，尤其是上一周的；记下在宗教方面的进步或退步。

"四、在手头的一些书籍的帮助下，有条不紊地阅读《圣经》。

"五、上教堂做礼拜两次。

"六、阅读神学著作，理论型或实用型皆可。

"七、教导家人。

"八、通过默想消除上周沾染的任何俗污。"

1756年：四十七岁。〕——1756年，约翰生发现《词典》给他带来的盛名并没有使他超越"筹措度日"[①]的艰难。没有王室或贵

---

a　见沃顿先生注，前边码第149页。

b　"扎卡赖亚·威廉斯先生病了八个月后，在神志完全清楚的情况下于12日星期六夜里十二点左右去世，享年八十三岁。他的磁学技术和用一套特殊的罗盘变差系统确定经度的计划在科学家和航海人员中久负盛名。他奋发勤勉，坚持不懈，言谈温婉不得罪人，对厄运、疾病能够忍耐，日常生活极为节制，不嗜酒，虔诚；应当以更好的命运结束一生。"

①　在《词典》的《序言》中约翰生写道："我一生的光阴很多湮没在疾病的压力之下；很多荒废在鬼混当中；很多花费在筹措度日上面。"

165 族的赞助人伸出慷慨之手促成这位给祖国语言带来稳固的人经济独
1756年 立；对于这种置若罔闻的卑劣行径，我们也许会义愤填膺，不过与此同时，我们也得自我庆幸，因为当我们考虑到正是这种置若罔闻发挥作用惊醒了他体质中天生的惰性，产生了许多难能可贵的作品时，我们反而认为它功不可没，否则，这些作品也许永远不会出现。[①]

在编纂过程中，他已经花掉了他立约编写《词典》的定金。我们已经知道他的劳动酬金只有一千五百七十五英镑；扣除抄写员、纸张和其他用品的开销，他的净利就微不足道了。我有次对他说："先生，你没有从《词典》中多得一点，我感到遗憾。"他的回答是："我也感到遗憾。不过还好。书商们都是些慷慨大度之人。"在所有场合，他对他们在这一点上的人格总会给予十分公正的评价。他认为他们是文学的守护神；的确，尽管他们最终靠他的《词典》赚了不少，但他们却是冒了巨额花费的风险起动、完成了这一工程，这是功不可没的，因为他们也不是绝对有把握会只赚不赔的。

这一年的第一天[②]，我们从他私下的祈祷文中发现他其时已经病愈[a]；二月，他的眼睛恢复了功能[b]。第一次他感恩时心怀的虔敬感激极具教育意义；他流露出的那种谦卑顺从，好像在用苦难考验他就是天父的意愿时才有。由于那样的意向在这里变成了人的常态，成为宗教修行的真正结果，我们不禁把约翰生当作我们神圣的宗教

---

① 〈他远远没有"超越'筹措度日'的艰难，因为就在这一年，他处于经济极度竭蹶的境地，由于欠债而被捕，这时，他的朋友塞缪尔·理查逊替他做了担保。"见约翰生就这个问题1756年2月19日写给他的一封信。《理查逊通信集》第5卷，第283页。——M.〉

② 〈这一年的四月，约翰生因为读了约瑟夫·沃顿博士新出的《论蒲柏的天才与作品》而给他写了一封信。信里涉及约翰生个人生平的唯一的一段是这样的："就我而言，最近没有做多少事。冬天生过病，一只眼睛发炎了；但我用要做很多事的希望聊以自慰，长期以来，我用它们娱悦自己，欺骗自己！"《J. 沃顿博士回忆录》，四开本，1806。——M.〉

a 《祈祷文与默想录》，第40页〔25页〕。

b 同上书，第27页。

培养成的最训练有素的心智的一个代表来尊崇。如果有什么人轻率地认为那样一种训练正是一种伟大的理解力的弱点，那就让他们敬仰约翰生，从而相信他如此认真实践的东西肯定有一种理性基础。

这一年，他的作品有：他的对开本《词典》的一册八开本摘要或梗概，有发表在名为《宇宙来客》的月刊上的几篇文章。克里斯托弗·斯马特[①]是这一杂志的固定承办人之一；约翰生对他不幸的不稳定情绪深表同情；约翰生有时候命笔撰文都是为了力挺他。凡标有两个星号的文章一概归在他名下；然而，我从内证确信，其中《乔叟传》《葡萄牙状况反思》《论建筑》都不是他的手笔。根据同样的证据，我同样确信《关于农业的进一步思考》[†]是他的作品无疑；它是关于这一主题的一篇蹩脚文章的续篇，它的行文好像出自同一手笔，但在思想和表达上远远在前篇之上，而且奇特得夺人眼球，
所以对它真正的原创者不容置疑；他还写了《论文学和作者们的状 166
况》[†]，和《论蒲柏撰写的墓志铭》[†]。其中最后一篇他后来又增添 1756年
到《闲散者》上面。为什么真是他写的文章跟不是他写的标记都是一样的，我解释不了：然而尽管十分尊重几位把我摒弃的三篇文章归在他名下的先生，但文章本身缺乏约翰生作文的所有特点。

他也答应做另一家名为《文学杂志；又名宇宙评论》[*]的月刊的监管和主要撰稿人；该刊的创刊号于这一年的五月问世。他干这项工作报酬如何，里面还雇用了其他哪些作家，我没有考查出来。他时断时续给该杂志写稿，一直写到第十五期；我认为他从来没有比在这份杂志上更好地证明过他思想的魄力、敏锐和活泼，无论我们考量他的原创文章还是对别人作品的评论。给读者的《创刊献辞》证明这位伟人怎样能以他的一支生花妙笔把即便像杂志计划这样的陈套润饰成美文华章。

---

① 克里斯托弗·斯马特（Christopher Smart，1722—1771），诗人；《助产士》（1750—1753）的主编和主要作家；以诗歌《大卫颂》《为英国国教斋戒和节庆而作的赞歌与灵歌》《欢呼颂》等最为人称道，它们全是在贝思纳尔格林的一家私家疯人院里写的（1757—1763）；翻译贺拉斯（4卷，1767）卓有成就并怀有革命理想的诗人。

他的原创文章有：《大不列颠政治状况介绍》†《谈〈民兵法案〉》†[①]《评不列颠国王陛下与俄国女皇和黑森-卡塞尔伯爵签订的条约》†[②]《评当前的事态》†《普鲁士王腓特烈三世回忆录》†。在所有这些文章中，他展示了政治方面的广博知识和洞见，文笔遒劲晓畅、非同寻常，没有任何他有时候以模仿托马斯·布朗爵士为乐事所采用的那些辞藻。这一年他还推出托马斯·布朗爵士的《基督教道德》的一个版本，前面还有他的《传》†，这也是他最优秀的传记作品之一。在这些文章中，只有一例他恣意表现了他的"布朗风格"。历史学家罗伯逊博士[③]对我提起过这种情况，因为有一回我让他相信约翰生就是《普鲁士国王回忆录》的作者。谈到他这位主人公的父亲，那位老国王由于统率着欧洲最高的一团军人而自鸣得意时，他说："检阅这高塔似的一团士兵就是他每天的乐趣；让它永远长存就是他晨思暮想的事情，所以当他遇到一个高大的女人时，立即命令他的一个巨人似的扈从娶她为妻，这样他们就可以繁殖高度。"使用"高度"（procerity）这个盎格鲁-拉丁式的词，约翰生却是以艾迪生为根据的。

他的书评有：《伯奇的〈皇家学会史〉》†《墨菲的〈格雷律师学

---

① 《民兵法案》：1745年，由于詹姆斯二世的部队初战告捷，1756年又因为需要黑森和汉诺威的雇佣兵，这就导致英国群情激愤，要求建立一支民兵。1756年3月12日，一项建立民兵的议案被在下院提出，并获得通过，但在5月24日，经过哈德威克勋爵一番气势逼人的演说后，又被上院否决。1757年，法国人入侵引起了严重的担心，于是建立了一支民兵，一直存在到1762年12月23日。

② 英国地面部队的明显不足导致了要求俄国和黑森提供部队的一系列协定。1742年12月11日，一条互助协定与俄国女沙皇伊丽莎白达成，据此，俄国同意提供12 000军队保护汉诺威；1755年6月18日，黑森-卡塞尔伯爵同意提供8 000部队，以五万四千英镑军饷为回报；1755年9月，又与俄国签订了一项新条约，据此，40 000俄国军队要枕戈待旦，保护汉诺威，回报为十万英镑军饷。这些举措在下院遭到皮特的猛烈抨击，在上院遭到他的同盟和连襟坦普尔勋爵理查德·格伦维尔的猛烈抨击。

③ 罗伯逊博士（Dr William Robertson，1721—1793），历史学家，苏格兰长老会牧师；精英学会的第一批会员之一（1754）；"扑克俱乐部"的后期成员；《苏格兰史》（2卷，1759）和《美利坚史》（2卷，1777）的作者；苏格兰史官（1763）；爱丁堡大学校长（1762—1793）。

院日记〉》†《沃顿的〈论蒲柏的作品与天才，卷一〉》†《汉普顿①翻译的〈波利比乌斯②〉》†《布莱克韦尔③的〈奥古斯都朝廷回忆录〉》†《拉塞尔④的〈阿勒颇博物志〉》†《艾萨克·牛顿爵士的〈神的证据辩〉》†《博莱斯⑤的〈锡利群岛史〉》†《霍姆⑥的〈漂白实验〉》†《布朗的〈基督教道德〉》†《黑尔斯⑦论〈海水的蒸馏净化、船舶的通风设备和牛奶膻味的祛除〉》†《卢卡斯⑧的〈水论〉》†《基思⑨的〈苏格兰主教名录〉》†《布朗⑩的〈牙买加史〉》†《科学学报》第49卷† 167

1756年

---

① 汉普顿（James Hampton，1721—1778），翻译家、英国国教会牧师；约克郡穆尔蒙克顿教区长（1762）；翻译波利比乌斯（1741，1756—1761）；《人类堕落简说》（1750）和《古今史论》（1746）的作者。

② 波利比乌斯（Polybius, 约公元前202—约前120），记述罗马共和制兴起的希腊历史学家；政治理论家，“混合体制”这一概念的发明者。

③ 布莱克韦尔（Thomas Blackwell，1701—1757），阿伯丁马里沙尔学院院长、古典学者、历史学家；《荷马生平与作品考查》（1735）、《关于神话的书信》（1748）和《奥古斯都朝廷回忆录》（3卷，1753—1763）的作者。

④ 拉塞尔（Alexander Russell，约1715—1768），医师、博物学家；爱丁堡大学医学学会创建人之一（1734）；《阿勒颇博物志》（1756）的作者；皇家学会会员（1756）；伦敦圣多马医院医师（1760）。

⑤ 博莱斯（William Borlase，1695—1772），文物专家、博物学家；给蒲柏提供了康沃尔矿泉水的样品，皇家学会会员，（1750）；《锡利群岛古今状态观察》（1756）的作者。

⑥ 霍姆（Francis Home，1719—1813），医师；爱丁堡皇家医师学院研究员（1751），院长（1775—1777）；《哮吼的特性、起因与治疗研究》（1765）、《漂白实验》（1756）的作者；爱丁堡大学药学专业教授（1768）。

⑦ 黑尔斯（Stephen Hales，1677—1761），生理学家。

⑧ 卢卡斯（Charles Lucas，1713—1771），政治家、医师；《大不列颠和爱尔兰的政治体制》（1751）和他对欧洲矿泉水的考究成果《水论》（1756）的作者；流放回来后为代表都柏林的议员（1761）；与激进报纸《自由人报》联系密切；被汤森描述为“爱尔兰的威尔克斯”。

⑨ 基思（Robert Keith，1681—1757），苏格兰圣公会主教、历史学家；爱丁堡巴伦杰街圣公会会众的牧师（1713—1757）；法夫主教（1733）；《苏格兰教会与国家事务史》（1734）和《主教大名录》（1755）的作者；拒绝对威廉和玛丽宣誓效忠的英国国教会牧师中最杰出的学者。

⑩ 布朗（Patrick Browne，1720？—1790），医生、植物学家；《牙买加人文、自然史》（1756）的作者，在这本书里，他为一百多属植物创造了拉丁名称，有的现在仍然被沿用。

《伦诺克斯夫人翻译的苏利的〈回忆录〉》*《伊丽莎白·哈里森[①]的〈杂文集〉》†《埃文斯的〈美利坚中部殖民地地图与概况〉》†《关于海军上将宾一案的书信》*《关于海军上将宾向民众呼吁》*《汉韦[②]的〈八日旅行记〉和〈茶论〉》*《士官生，一篇军事论文》†《关于海军上将宾案情的更多细节，一名牛津学子作》*《对目前战事中内阁行为的公正考查》†《恶的性质与起源漫探》*。所有这些文章，从内部证据看，都出自约翰生之手；其中有些我知道他承认过；便标上了星号，托马斯·戴维斯[③]的确把那篇《评伯克先生的〈崇高与美观念探源〉》归在他名下；约翰·霍金斯爵士以同样的识别能力把它塞进约翰生的作品集里：尽管他跟约翰生的文笔毫无相似之处，众人皆知它是墨菲先生写的，墨菲[④]向我和其他许多人都承认过。

值得一提的是：约翰生的政治人格一直被歪曲为向权势奴颜婢膝，秉公而论，他的《评当前的事态》闪耀着一种随处可见的活跃的体制自由的精神。他开始这样写道：

“这样的时代已经到来，每个英国人可望了解国家大事，每个

---

① 伊丽莎白·哈里森（Elizabeth Harrison，约1724—1756），作家；《友好的导师》（1741）和《道德宗教问题杂文集》（1756）的作者。

② 汉韦（Jonas Hanway，1712—1786），商人慈善家；俄国公司的雇员（1743—1764）；《里海上的英国贸易史记》（4卷，1753）和《卑微生活中的美德》（2卷，1774）的作者；与哥尔德斯密斯和约翰生对茶看法相反，有文字冲突。弃婴堂主官（1756）；建立海事协会；比尤特为他的赞助人。

③ 托马斯·戴维斯（Thomas Davies，1712？—1785），书商、演员；与其妻苏珊娜在朱瑞巷定期演出，修道院花园拉塞尔街8号书店的店主，在那里他第一次遇见了约翰生（1763年5月1日）；为鲍斯威尔的《约翰生传》提供信息；出版《大卫·加里克生平回忆录》（1788）。

④ 墨菲（Arthur Murphy，1727—1805），剧作家、演员；大约从1754年与约翰生相识；办政治周刊《检验》（1756起）；剧作有《了解你自己的心》（1778）和《希腊女儿》（1772）；与塞缪尔·富特租用朱瑞巷剧院供夏季演出（1761）；编菲尔丁作品集（1762）；把约翰生介绍给亨利和海丝特·思雷尔；翻译塔西佗（1793）；写成《论塞缪尔·约翰生的生平与天才》（1792）和一种加里克传（1801）；成功的律师。

英国人都有权让那种期望得到满足。因为，无论内阁大臣们，或者在虚荣或利益的驱使下甘当大臣跟屁虫的人们，就信任我们的长官的必要性，就用大不敬的眼睛窥视政策暗藏玄机的僭越行为，会提出什么样的主张，但显而易见的是，这种敬重只能由尚未实施的意图或议而未决的计划来要求。然而，当一个计划以失败或成功告终之时，当人人目睹、个个耳闻了普遍的不满或者普遍的满意之时，那才是理乱、明晦的适当时机；那才是指明诸事的起因何在、最终可能导致的结果如何的适当时机；那才是清楚详尽地说明谣言总是在万人的喧嚣中隐藏着什么，或者借助尚未消化的故事蛊惑些什么的适当时机；那才是显示福祸从何而来，可能从何处得到的适当时机；那才是老老实实地把调查过去能收集到的情况、把推测未来能预估出的信息摆到民众面前的适当时机。”

在这里，我们认为这一原则是无可争议的，那就是，在这个国家，人民是政府管理者的行为和举措的监督者；也是在举国上下的言论控制了一个要引进颠覆王权的新政权的大胆企图后，当朝为之提供的一种光辉范例的那种有益后果的监督者。

一个关于他爱国精神的更加有力的证据表现在他对卢卡斯博士《水论》的评论上；约翰生把他描述为一个因蔑视权贵闻名世界的人之后，认为这种做法欠妥，便这样说道：

“爱尔兰的阁僚们用一条声明把他逐出国门，在声明中他们指控 168
他犯的罪行他们从来都没有打算获取证据，并且用有罪和清白同样 1756年
都不可抗拒的种种方法压迫他。

“此人本是自己祖国的朋友，却反而被逐出国门，让他在其他任何地方作为自由的告白者得到收留；让权力的工具及时得到教育：他们可以劫掠，然而无法使人一贫如洗。”

他发表在这家《杂志》上的有些评论是对注意到的作品的极其简短的说明，我之所以提及它们，只是为了让人们知道约翰生博士对这些作品的看法；但其中很多却是精心制作的批评典范，极具大家文风。在他的关于《奥古斯都朝廷回忆录》的评论中，他决计不

顾代代相传一味赞扬古罗马人的老套，而是按自己的心声思考、讲话。他说：

“我不知道为什么就连一个小学生，在自己慷慨陈词时都要哀叹罗马的共和政体的覆亡，它可是靠其他人类的苦难成长起来的。罗马人像其他人一样，一变富，就腐败；由于腐败，出卖了自己的生命和自由，也出卖了相互的生命和自由。”

再者，“一个穷的时候劫掠人类的民族，一旦富起来就相互劫掠”。

《杂文集》里有散文，有诗歌，出版者是伊丽莎白·哈里森，但作者很多，在评论它时，约翰生给出了他既正统又公正的一种突出证据。

“散文的作者们一般来说，似乎模仿了或者试图模仿罗夫人[①]的富华。然而，这样不是对他们赞美的全部；他们锲而不舍把她感情的纯粹增加到了她意象的鲜明上。诗人们眼睛则总是盯着瓦茨博士[②]。一位作家，如果他还没有跻身于第一流的天才之列，他却把自己的能力欣然运用到促进虔诚上，这就弥补了那种不足。把传奇的彩饰用来装扮宗教的尝试，我想，是玻意耳的《泰奥多拉殉道记》开了先河；然而玻意耳的科学研究不允许他有时间来锤炼文体；这一伟大的计划便留给了罗夫人来完成。瓦茨博士是首先教持异见者像其他人一样写作、讲话的人士之一，办法就是向异见人士指出优雅可以与虔诚相得益彰。他们俩本来会为一个更加美好的社会增光

---

① 罗夫人（Elizabeth Rowe，1674—1737），诗人、祈祷文作家；翻译塔索；她的挽歌《悼托马斯·罗先生》受到蒲柏的赞赏；丈夫死后转向祈祷文写作；《心在默想与独白中的虔诚修炼，祈祷与赞美》（1737）的作者；文笔受到蒲柏、约翰生和理查逊的赞赏。

② 瓦茨（Isaac Watts，1674—1748），独立牧师、作家；伦敦马克巷独立教会牧师（1702）；《四季抒情诗》（2卷，1706）的作者；在他教理问答式的《圣经通史简评》（1732）之类的作品中与洛克和教育家的关切相悖，受到约翰生的尊敬；《儿童圣歌》（1715）受到布莱克和刘易斯·卡罗尔的模仿和戏拟；菲利普·多德里奇的朋友和通信者。

添彩，因为他们具有使自己的缺陷被人淡忘的那种宽容，有了这种宽容，整个基督教世界也许想得到团结契合。他们不掺杂一个时代的种种异端邪说，对于这些异端邪说每种见解都成了一个宠儿，那是世界教会迄今为止深恶痛绝的！

“这种赞扬，就是人类的总体利益要求给予这些作家的，他们愉悦，但不腐败，他们引导，但不厌烦。然而对于他们，所有的人间颂扬纯属徒然，我相信他们受到天使的称颂，被归入义士之列。”

乔纳斯·汉韦对于茶这种既高雅又大众化的饮料发起猛烈攻 169
击，约翰生针锋相对，替茶辩护，这篇文章充分表明：一位天才可 1756年
以就最微小的题材作大文章，落笔之时，如同意大利人所言，con amore[①]：我估计约翰生从品味、沏泡那种芳香树叶中得到的快乐是任何人享受不到的。他嗜茶成瘾，饮用量极大，所以他的神经肯定坚强得非同寻常，否则就会被这种无节制的饮茶消解得极度松弛。他向我保证，他从来没有因为饮茶而感到有丝毫的不便；这就证明他体质上的缺陷就是神经纤维绷得太紧，而不是相反。汉韦先生就约翰生对他的《茶论》的评论愤然命笔，予以回应，约翰生故意等了好长时间，才做出回答。我相信，他这一辈子降格反驳攻击他的文章，还就仅此一例。我估计，每当想到他的哪一位小对手的时候，他就有充分根据地意识到奥维德的埃阿斯的高尚情感：

> Iste tulit pretium jam nunc certaminis hujus,
> Qui, cùm victus erit, mecum certasse feretur.[②]

不过，说实在的，善良的汉韦先生把自己暴露得如此敞亮，太

---

① 满怀拳拳之意。

② “他虽输犹赢，因为他的名字将会因为敢于和我对抗的失败而更显高贵”——奥维德，《变形记》第8章，第19—20行。

容易遭受嘲弄，以致使约翰生对其攻击的批驳反而主要成了调笑逗乐。

他为海军上将宾[①]的案件辩护表现出的慷慨是与他感情和精神的荣誉高度契合的。尽管伏尔泰对那位官员的命运故作诙谐，说什么他被枪毙反而"pour encourager les autres"，[②]长此以往举国满意，因为他把生命献给了时代的政治热情。在贝德福郡南山教堂托林顿家族的墓穴里，他的纪念碑上刻着下面一段墓志铭，我把它抄了下来：

社会正义
永久之耻辱，
海军上将
可敬的约翰·宾先生
因政治迫害
殉难
于 1757 年 3 月 14 日；
其时勇敢与忠诚
不足以保证
一位海军将领之
生命与荣誉。

约翰生在《文学杂志》上，其实也是在任何地方，发表的最精

---

① 海军上将宾（Admiral Byng，1704—1757），被皇家海军法庭审判的海军军官；"直布罗陀"舰的舰长（1727）；晋升为海军少将（1745）；晋升为红舰队海军上将（1756）；因对米诺卡岛灾难性的丢失负有责任，受军事法庭审判并被行刑队枪毙（1757）而全然不顾像伏尔泰和霍勒斯·沃尔浦尔等名流发起的民众抗议。

② "深得人心"。

彩的批评文章就是他对索姆·杰宁斯[①]的《恶的性质与起源漫探》的评论。杰宁斯才思敏捷，文笔清纯、轻松，处理轻松题材能做到得心应手，无论作文还是写诗；然而当他探究最艰苦的问题，恶的起源时，便“贸然踏进他深度难及的领域”了。因此约翰生既用锐利 170
的论据又用精彩的巧智予以揭露。我记得已故的比克内尔先生的幽 1756年
默之作题名《乔尔·科利尔的音乐之旅》，在其中他小试牛刀，讥刺约翰生；此作被人归在索姆·杰宁斯名下，“哈！（约翰生说）我认为我给他的已经足够了”。

他对杰宁斯的胜利在我的朋友考特尼的《诗评约翰生博士的文学与道德特色》中做了描述，这是一种非常优秀的作品，如果我在里面没有深承眷注的荣幸，我也应当响亮回应它所赞扬的那些富有一流情趣的人的情感：

当华而不实的诡辩家用推断审视
依然瞒着人类的恶的起源之时；
天方夜谭卷土重来，痴心妄想
与圣约翰和他的学生教皇对抗：
尽管形而上学铺展开黑夜的幽冥，
靠理性之星他把我们疼痛的视力指引；
标明知识的界限，指出如何走向
无路的荒野，迷路的哲人们在那里彷徨；
杰宁斯站在那里像个低价雇来执火把的娃娃，
昏暗的火把从他虚弱无力的手上掉下。[a]

---

① 索姆·杰宁斯（Soame Jenyns，1704—1787），作家、政治家；作品有被约翰生嘲讽的《恶的性质与起源漫探》（1757），还有《基督教内部证据观察》（1766）；批判性的《约翰生墓志铭》秘密交给《绅士杂志》发表（1783）；代表剑桥郡的辉格党议员（1741，1747—1753）。

a 约翰生博士离世后过了一段时间，报刊上出现了对他粗暴无礼的攻击，用的是墓志铭的形式，署名是索姆·杰宁斯先生，这跟那位绅士的（转下页）

171 这一年，可敬的书商佩恩的兄弟威廉·佩恩先生出版了一本《国

1756年 际跳棋入门》，约翰生为它写了《献罗克福德伯爵书》[*]和《序》[*]，两篇文章与它们后面的正文如此契合，令人叫绝。我相信约翰生离开学院后再也没有下过跳棋，他因此叫苦不迭；因为下棋会给他提供一种率真的安慰，摆脱经常使他苦恼的忧郁。我听他说后悔没有学会打牌；我们知道下跳棋特别适合全神贯注，而又不叫人伤神。下跳棋必须镇定严肃，这就在不知不觉间使人心平气和；因此荷兰人嗜棋如嗜烟，抽烟也有安神作用，尽管他自己从不抽烟，但他对抽烟的作用评价颇高[a]。此外，下跳棋还有锻炼官能的作用；因此约翰生在他的献词中想抬高这个题材的地位，用了最值得称道的词句，他说：

（接上页）身份很不相称，因为在约翰生生前，他已忍气吞声对那种笔伐甘拜下风。墓志铭呈现出他的特点，极尽在无知者中间流传的一切低俗辱骂之能事。这是一种极不地道的耍小性子的做法，这时候他自己已经桑榆暮景、行将就木了。我真为此感到痛心；因为当时他已经成为一位公开宣布的，而且（如伦敦主教大人向我保证的那样，因为他跟杰宁斯先生就此问题有过一次严肃的交谈）是一位真诚的基督教徒。要不是至少发现有一个人出来反驳，他是不会料到约翰生众多的朋友会如此隐忍他们大师的英名被并非拙劣的文笔加以污蔑的。于是这一篇无情无义、讽刺挖苦的墓志铭在同样的公开场合收到了回应，因为它用词绝不温婉，只有恶意挑衅，才会使这种词语显得名正言顺：

墓志铭，

为一个垂死的家伙而作

一个令人恶心的丑陋小鬼躺在此间，
它只按可怜的自我进行判断，
有气无力地尝试把"恶之起源"解说，
急赤白脸，而又白费口舌。
一个伟大的天才对这小鬼十分生气，
用强烈的批评把它紧紧攥在手里。
它胆小如鼠的恶意潜藏了三十年，
直到那伟大的天才在地下长眠；
这时吐出的恶气把臭味烦恼散发，
最后气若游丝向约翰生把眼睛眨巴。

a 《赫布里底群岛旅行日记》，第3版，第48页［8月19日］。

C. 伯尔尼博士
乔舒亚·雷诺兹爵士 绘

"小人也许发现万事皆小，或者万事皆可做小，然而既然智者的一大特点就是在起因中看事物，排除结果，并且确定偶发事件，因此阁下会认为世间没有小事，因为借助它，思想才适应小心、预见和慎重。"

作为一个职业文人，他并不鄙弃用笔耕赚取偶然的小惠，其中一项就是这一年他接受了罗伯特·多兹利先生的一几尼，给一份晚报《伦敦纪事》写了简介；就连这样无足轻重的应酬文章他也显示了奇特的才气。这家《纪事》还在出版，据我在国外观察到的情况，它在欧洲大陆比哪一家英文报纸的发行量都大。约翰生本人也经常阅读；说它一直以见识、精准、温和、细腻取胜，这完全是持平之论。

牧师托马斯·坎贝尔博士①还给我讲过一个同样性质的事例。他也以自己的作品赢得了相当大的声望。

"有天早晨，与约翰生博士单独坐在一起，他问我是否认识马登博士②,马登博士是爱尔兰奖赏计划的创建者。③我回答说岂止认识,我跟他还做了几年的邻居呢，他要我回爱尔兰以后想办法给他弄一本马登博士题名为《博尔特的纪念碑》④的诗。我之所以想得到它,(他说）是

---

① 坎贝尔（Thomas Campbell，1733—1795），"爱尔兰的坎贝尔博士"，杂文作家、爱尔兰教会牧师、旅行家；克洛赫圣马卡丁教堂秘书（1773），因鲍斯威尔在1775年日记中的描绘广为人知；《爱尔兰南部科学考查》（1778）的作者。

② 马登（Samuel Madden，或Maden，1686—1765），作家、慈善家；弗马纳郡郡长，弗马纳郡和莫纳亨郡的治安法官（1710）；《二十世纪回忆录》（1733）的作者，书一出版就遭到查禁；斯威夫特的密友；主要作为慈善家为人所记，创建都柏林三一学院马登奖，还有农业、艺术和制造业奖。

③ 〈在都柏林学院，每年在规定的各门文学和科学学科进行四次季考，奖赏包括加盖院徽的图书，由考官（一般由年轻教师组成）评定，经过两天非常严格的评审，发给各年级的拔尖学生。这项规定已经延续了七十来年，成效极佳。

塞缪尔·马登博士是该校奖赏的倡首。奖赏的创立大约在1734年。他也是以鼓励促进技术和农业为主旨的都柏林学会的创建人之一。除了该会为此目的至今还在提供的奖赏外，马登博士还自掏腰包提供其他方面的奖赏。因此，人们通常称其为"马登奖"。——M.〉

④ 〈Hugh Boulter博士，阿马大主教，爱尔兰首主教。他于1742年9月27日去世，到这时他已是第十七次当选该国上诉法院法官。约翰生在他的《安布罗斯·菲利普斯传》中对他赞赏有加。——鲍斯威尔〉

因为马登先生到伦敦来的时候，曾把该作品交给我修订，我记得我抹去的行数不少，就是再抹掉一些也不会使诗更逊色。[①] 然而博士非常感激，而且非常大方，给了我十几尼，这当时对我可是个大数目啊。”

172 这一年他开始计划推出一版注释本《莎士比亚集》。他拿出的计
1756 年 划洋洋万言 *[a]。他在计划中表示，他对这样一项工程所要求的种种研究了如指掌；然而他的懒散却使他无法埋头苦干，而搜集那些零散的资料只能靠勤奋，天才无论怎样敏锐、透彻，目光如炬，也不能靠一己之力来发现它们。值得一提的是，这时候，他幻想中的行动力一时间气势如虹，扬言这部著作会在 1757 年圣诞节前出版。然而整整过了九年，它才算见了天日。将它带到世间的阵痛是剧烈而弛张性的；最后我们几乎可以断言是丘吉尔动刀做的剖腹产手术。正是丘吉尔写讽刺诗严厉责难，我敢说，才逼得约翰生的朋友们敦促他从速处理。

他把饵装在钩上来钓预订者；
拿走了你的现金；但哪里有著作？
无论哪里；你知道，聪明的恐惧
能够把敌人的劫掠防止；
然而，为了让我们的私利满足，
什么能把我们朋友的欺骗拦阻？

大约在这个时段，有人给他在林肯郡提供了一份待遇相当优厚的生计，如果他愿意担任圣职的话。那是兰顿先生安排的教区长职位，他是约翰生非常器重的朋友兰顿先生的父亲[②]。然而约翰生没有接受；我相信部分出于凭良心办事的动机，因为他相信他的脾气和习惯使他

---

① 〈马登博士的诗写得很差劲，这首诗被印在利兰的《马其顿的腓力传》（四开本，1758）之前。——卡尼〉

a 这些计划被马隆先生重印在他编的《莎士比亚集》的《序言》里。

② 老兰顿先生（Bennet Langton Sr，1696—1769），林肯郡斯皮尔斯比附近兰顿的兰顿世族的后裔，小兰顿的父亲。

不合适干那种谆谆训导庸俗、无知之辈的工作，他认为这恰恰是一位牧师的根本职责；部分原因是他对伦敦生活过于迷恋，所以认为在别的任何地方就形同流放，尤其如果住在乡下。谁希望看到他对这个问题的想法充分发挥的情况，不妨仔细阅读一下《冒险者》第 126 期。

1757 年：四十八岁。〕——1757 年，除了已经提到的在《文学杂志》上发表的一些文章外，好像他再没有发表什么东西。这家杂志，自从约翰生停止给它写稿子后，便逐渐走下坡路，尽管给它加上了深得民心的“排法”称号；及至 1758 年 7 月，它便寿终正寝了。这一年他也许编了一部分《莎士比亚集》，还就在远征罗什福尔①之后的问题口授了一篇《奏君王》，由他的一位朋友宣读，但我不知道是在什么公众集会上。它刊登在 1785 年 10 月号的《绅士杂志》上，算在他的名下，而且标有十分可靠的标记。

承蒙都柏林财政部约瑟夫·库珀·沃克②先生惠允，我得到了约翰生写给《爱尔兰史论》年高德劭的作者的一封信的抄件。

致**查尔斯·奥康纳**③**先生** 173

先生，——近日承蒙福克纳④先生关照见到了您的爱尔兰纪 1757 年 6月21日 星期二

---

① 1757年9月，爱德华·霍克爵士率领一支远征军攻击西海岸上的重要的罗什福尔法军兵站。附近的艾克斯岛被暂时占领，但远征军回国时并没有尝试攻击主要目标，因此受到的接待是奚落和愤怒。

② 约瑟夫·库珀·沃克（Joseph Cooper Walker，1761—1820），文物专家；作为当代文学和《爱尔兰吟游诗人史记》（1786）中的乡土诗的开拓性学者而知名；皇家爱尔兰学院的创建成员之一（1785）。

③ 查尔斯·奥康纳[1]（Charles O'Connor，1710—1791），爱尔兰文物专家。

1 〈这位先生于1791年7月1日在爱尔兰的罗斯康芒郡Ballinegare他的祖居去世，关于他的一些记述可以在那个日期的《绅士杂志》上找到。约翰生博士这里提到的作品——《爱尔兰史论》——一个大为改进的第二版由作者于1766年出版。——M.〉

④ 福克纳（George Faulkner，1699？—1775），印刷商、书商；出版斯威夫特的《作品集》（1735）、蒲柏《作品集》的爱尔兰版（1736）和（转下页）

事，便禁不住要求先生务必实施自己的计划。威廉·坦普尔爵士抱怨说，就其古代状况而言，爱尔兰比别的任何国家更鲜为人知。本地人少有闲暇，也难得鼓励去从事研究；外地人由于不懂语言，所以没有能力。

长期以来，我希望爱尔兰文学能得到培育发展[a]。根据传说，爱尔兰一度是虔诚和学术的中心；凡是对民族的起源或语言的近似心生好奇者若能得到一个如此古老、曾经如此辉煌的民族变革的进一步信息，肯定会喜出望外的。

威尔士语和爱尔兰语之间或者爱尔兰语与比斯开语之间，存在什么关系都值得研究。关于这些流传不广的地方性语言，几乎没有一个人能懂一种以上；因此也就很少有人能进行像样子的比较。但愿先生能继续培育这门学术，它被忽视的时间太久，如果再被遗忘一个世纪，也许就永远都无法挽回了。我向一切有益的事业表示良好的祝愿，同样，我禁不住要让您知道，依我看您应当得到所有热爱研究工作的人的多少敬重，您的工作给了我多少快乐，您最感激最恭顺的仆人，

伦敦，1757 年 4 月 9 日。　　**塞姆·约翰生**

致**牧师托马斯·沃顿先生**

亲爱的先生，——帕多瓦的马尔西利医生是一位博学的绅

（接上页）理查逊《克拉丽莎》的都柏林版（1748）；切斯特菲尔德四世伯爵的朋友；是该世纪出书最多的都柏林书商。

a　著名的演说家弗拉德先生表示过与约翰生博士相同的观点，自从他的妻子弗兰西斯夫人去世后，他立遗嘱将其家产遗赠给都柏林大学："一俟该资产由校方接收，希望立即委任两名教授，一位研究本土盖耳语或爱尔兰语，另一名研究爱尔兰文物和爱尔兰历史，并研究对爱尔兰文物或爱尔兰历史研究有说明作用或辅助作用的其他任何一种欧洲语言；还希望校方每年为用爱尔兰语言写的两篇作文，一篇诗歌、一篇散文，发放丰厚奖金。"[1]

1　〈上文写出后，弗拉德先生在爱尔兰的财政大臣法院出庭受审后，他的遗嘱被宣布无效。——M.〉

士和优秀的拉丁文诗人，他想看看牛津。我交给他一封给赫德斯福德博士[a]的信，如果你愿意引见他并领他看看牛津的什么东西，我将会十分欣慰。

我正在印刷我的新版《莎士比亚集》。

我渴望见到你们大家，但眼下还不方便来。你随时可以给我写信，如果你觉得值得的话。然而 honores mutant mores[①]。教授们忘了他们的朋友[b]。我肯定会向琼斯小姐[c]抱怨的。你的，

〔伦敦，〕1757 年 6 月 21 日。 **塞姆·约翰生**

请代我向怀斯先生问好。

伯尔尼先生信上附了《学者文库》[d]中对他的《词典》的一篇评论摘要，和他的《莎士比亚集》的订户的名单，那是伯尔尼先生在诺福克搞到的，约翰生写了下面一封回信： 174 1757 年 12月24日 星期六

致**伯尔尼先生**，诺福克，林恩

先生，——华翰今晨奉悉，即复，以示盛意得以心领，不致重犯同一错误。实际情况是，接到的其他类似函件，我已回复；但由于渴望向您传送一些建议与收据，我等着能找到一个方便的送达手法，结果日复一日，一直到其他事务将它逐出我

a “现任或前任副校长。”——**沃顿**

① “荣誉改变作风”——参比苏埃托尼乌斯《提比略》，第67节，第4行。

b “沃顿先生当选为牛津前一年的诗歌教授。”——**沃顿**

c “琼斯小姐住在牛津，是我们聚会时的常客。她是一位技巧娴熟的女诗人，出版过一卷诗集；总的来说，是一个最通情达理、和蔼可亲的女士。她是牛津大学基督堂大教堂唱诗班领唱里弗·琼斯牧师的妹妹，约翰生经常管她叫‘女领唱’。我听见他经常用《忧思的人》中的这一段话跟她讲话：

> ‘你，女领唱，常在林间
> 我渴望聆听’云云。

她离世时尚未结婚。”——**沃顿**

d 第3卷第482页。

的思绪；然而还不至于如此，只因我万分欣喜地记得您对拙著《词典》褒扬有加。您的赞誉之所以备受欢迎，不仅是因为我相信它出自真心，而且还因为赞扬难得一见。当我告诉您下述情况的时候，像您这样的直率诚恳之士一定会感到惊讶不已；那就是，在我所有的熟人中，只有两位，在拙著出版后没有力图用公众的苛评，或者用那些从我自己的《序言》中得知反对意见的人们那里得知的反对意见相威胁，给我泼冷水。惠函是我收到的唯一的一封友善书信；尽管我确实得到过瑞典人的许诺，说要写点类似的东西。

我的新版[a]会受到何种对待，心中无数；预定并不是十分成功。我将于三月前后出版。

倘若您能指导我怎样投递建议，我希望那些人能收到它们。

先生，我记得在您惠赐的第一批华翰中，有一些提到了尊夫人。我可否探问一下她的情况？敬复惠函时，我告诉您希望二位幸福美满，这算不了什么。您最感激、最恭顺的仆人，

高夫广场，1757 年 12 月 24 日。　　　**塞姆·约翰生**

1758 年，我们发现他似乎生活得轻松愉快，这是体质上的不快允许他享受的极致。

致**本内特·兰顿先生**，林肯郡兰顿

175 **最亲爱的先生**，——我肯定睡得非常沉，惠函也未能将我唤醒。您的怀疑皆不真实；我比您离开我时富裕多了；更不像

1758 年 1 月 9 日 星期一

话的是，我马虎大意，未能回复您的第一封来信，这就会证明我并没有变得聪明多少；但我仍一如既往地努力，决计在什么时候会变得既富裕，又聪明；然而，尚且既未修心，也未敛财。你是不是注意一下我的先例，了解了解拖延的危险。我当年就

---

a 《莎士比亚集》。

像您现在一样，一个二十一岁的青年壮志凌云，自命不凡，很少想到现在这样四十九岁的年景。

然而，您似乎用不着我的规劝。您忙着获取、传播知识，趁您学习之际，享受享受学习的目的的乐趣，办法就是使别人变得更加聪明更加快乐。我非常欣赏您给我讲的您做姐妹们的老师的故事。我一无姐妹，二无兄弟，只好怀着某种纯真的羡慕之情对待那些可以说是出生给朋友的人；而且无不惊异地看到这种天生的结合往后会遭到多么异乎寻常的看待。有时候确实会发生这样的情况，那就是，某种不期而至的不和原因会压倒原本的和睦；然而我觉得它与其说被伤害或暴力摧毁，不如说经常被轻率多变糟蹋；或被玩忽轻慢丧失。我告诉女士们，贤妻成就良婿；我相信更加颠扑不破的实情是仁兄成就惠妹。

您杜门家居，甚中我意，就像尤维纳利斯中意他的朋友隐居库米一样：知道您不在最好，尽管对我而言不是最好。

Quamvis digressu veteris confusus amici,
Laudo tamen vacuis quod sedem figere Cumis
Destinet, atque unum civem donare Sibyllœ.①

兰顿是一个很好的库米，然而谁必须做西比拉呢？兰顿夫人像西比尔②一样聪慧、贤良；而且也会长命百岁，如果我的祝愿能益寿延年的话。但她在这方面又有所不同，那就是，她没有把自己的戒律随风飘散，至少没有把她给您的那些戒律随风飘散。

沃顿兄弟刚刚进城，就被带去看《克勒俄涅》，在那里大

① “尽管我对老友的离去深感遗憾，我还是对他决意定居库米并把一位公民引见给西比尔表示称赞”——尤维纳利斯《讽刺诗》第3首，第1—3行。

② 希腊人和古罗马人给一位受神的启示的女先知起的名字。

卫[a]说，他们亟须朋友们在一起抱团取暖。大卫和多迪[b]又起争执。我认为不能再动辄争吵了。《克勒俄涅》所有的角色都演得很好，但贝拉米[①]却达到了尽善尽美的境地。头一个晚上的演出我就去看了，并且极力支持；因为您知道，多迪是我的赞助人，我可不想离弃他。该剧极受欢迎。多迪在危险过去以后，每晚都在舞台边上，对可怜的克勒俄涅的不幸痛哭流涕。

我已经不管家务了，因此把您欣然送给我的野味当作礼物送了人。野鸡我给了理查逊先生[c]，鸨给了劳伦斯博士，一坛酒留给威廉斯小姐，我自己享用。她希望她的问候和祝愿会被全家接受；我自己也有同样的要求。

176

1758 年
1 月 9 日
星期一

雷诺兹先生近几日内已把他的价值提高到一幅头像二十几尼，小姐被经常用在微型画上。我不知道别人是否在您离开后财产有所增加。

墨菲下个月要把他的《中国孤儿》搬上舞台；因此我想他十分高兴。我希望能告诉你，我正在接近的什么大好事，但眼下我的前景并不大让我欣喜；然而，我总是十分高兴，因为我发现亲爱的先生，您还记得您挚爱、恭顺的仆人，

1758 年 1 月 9 日。　　　　**塞姆·约翰生**

致伯尔尼先生，诺福克，林恩

先生，——盛情如此之大，而我对您特别关注的要求又如此之小，所以不知道该如何表达对您的恩惠的感受[d]；不过我确实很高兴让您如此抬举。

---

a　加里克先生。

b　多兹利先生，《克勒俄涅》的作者。

①　贝拉米（Mrs George Anne Bellamy，1731？—1788），女演员；在朱瑞巷1750年演出季里加里克演罗密欧她演朱丽叶；在修道院花园领衔主演罗伯特·多兹利的《克勒俄涅》(1758)，以一种不落俗套的简朴平静赢得了人们关注。

c　塞缪尔·理查逊先生，《克拉丽莎》的作者。

d　此信是对一封附有预定他的《莎士比亚集》付款汇票的信的答复。

我羞于告诉您，我的《莎士比亚集》不会像我向订户许诺的那样如期出版；然而我对他们的许诺并未超过对自己的许诺。无论如何，它将在夏季前出版。

我寄给您一大堆计划，我认为说的并未超出我迄今做的。我已经印了多种剧本，迄今未做解说的段落已寥寥无几；这些地方我十分茫然，我承认自己无知，评注家们又很少涉及。

我同样附上十二张收据；并不是因为我要用不成体统的软磨硬泡把推销的麻烦强加予您，而是因为您可以得到比您想要的更多而不是更少。您要传播的计划一定会有机会。我曾经把它们详尽地刊登在《纪事报》上，我的某位朋友（我相信是墨菲先生，他先前写过《格雷律师学院日记》）大加赞赏，予以介绍。

自从《布朗传》之后，我时不时地给《文学杂志》写点文章，但不是最近。我没有把自己的文字结集，因此也开不出一个文章目录，但我愿意开列出来奉寄予您。然而不要买它们，因为我要把其中与我有关的东西统统收集起来，寄给伯尔尼夫人，作为对她关照我的感激之情的一点小小的表示。您最感激、最恭顺的仆人，

伦敦，1758年3月8日。　　**塞姆·约翰生**

蒙伯尔尼博士将下列备忘录惠赐予我，我按他真切轻松的风格随意穿插于此。我喜欢借助各种显要的手笔展示对我杰出的朋友的素描。

“此后不久，伯尔尼先生来首都访问期间，跟他在高夫广场有过一次会见，二人一起吃饭喝茶，经过介绍，伯尔尼先生认识了威
廉斯夫人。饭后约翰生先生向伯尔尼建议跟他到阁楼上去，这一建 177
议被接受了。在那里伯尔尼先生看到五六本希腊文对开本图书，一 1758年
张松木写字台和一把半椅子。约翰生把完整的座位让给客人，自己 4月
则摇摇晃晃将就在一把只有三条腿和一只扶手的椅子上。在这里他给伯尔尼先生讲了威廉斯夫人的履历，还让他看了几卷业已印好的《莎士比亚集》，证明他在认真工作。伯尔尼先生打开第一卷，看着

《威尼斯商人》，对约翰生说，他似乎对沃伯顿比对西奥博尔德[①]更严厉。‘啊，可怜的西博！（约翰生说）我一出手他就立刻被打翻在地；沃伯顿站在我和他之间。’‘可是，先生，（伯尔尼先生说）你会让沃伯顿敲你的骨头，对吧？’‘不，先生；他是不会出来的：他只会在自己的窝里嚎叫几声而已。’‘可是，先生，你是不是认为沃伯顿是个比西奥博尔德优秀的批评家？’‘哦，先生，他能把五十二个西奥博尔德切成片片！沃伯顿最糟糕的一点是：在无话可说的时候还激情四射，夸夸其谈。’于是伯尔尼先生问他是否看见过沃伯顿回应‘致世间最无耻的人’的一本小册子的信。他的回答是否定的。伯尔尼先生告诉他小册子据认为是马莱写的。这场论战在蒲柏和博

---

① 西奥博尔德（Lewis Theobald，1688—1744），文学编辑、作家；在出版自己的《莎士比亚集》（1733）之前以《复原的莎士比亚》（1726）抨击蒲柏的编辑能力；在《群愚史诗》中遭到彻底的嘲笑；由于他自己编辑的成功，声名得以恢复；约翰生在他自己的《莎士比亚集》（1765）的序中予以贬损。

林布罗克的朋友们之间进行得如火如荼；沃伯顿和马莱分别是两派的首领。伯尔尼先生随后问他是否看见过沃伯顿反驳博林布罗克的《哲学》的书？‘没有，先生，我从来没有读过博林布罗克的不恭言论，因此对它的驳斥也不感兴趣。’”

4 月 15 日，他创办了一份新的定期报纸，名为《闲散者》[*]，每星期六在纽伯里出版的《环球纪事周报》上刊出。[①] 这些文章一直持续到 1760 年 4 月 5 日。总共一百零三篇，其中十二篇由他的朋友执笔；第 33 期、第 93 期和第 96 期的作者为托马斯·沃顿先生；第 67 期的作者是兰顿先生；第 76、79、82 三期是乔舒亚·雷诺兹爵士的手笔；第 82 期的结束语“用畸形玷污了他的画布”，是约翰生加上去的，这是乔舒亚爵士告诉我的。

《闲散者》显然是创作《漫游者》的同一头脑的产品，只不过肉少灵多而已。它具有更加丰富多彩的真实生活和更加挥洒自如的语言技能。他描写闲散的痛苦，用的是一个过来人的生动的感受；在他闲散期间写的私人备忘录中，我们发现有“今年我希望能学会勤奋”[a] 这样的话。这些精彩的文章中，有很多像普通信件一样的急就章。兰顿先生回忆约翰生有次来到牛津，一个晚上问他离邮班出发还有多久；得知还有半个来小时后，他大声说道“那我们就会完事大吉”。说着就坐下来一气呵成了一篇《闲散者》，第二天这篇稿子
必须送达伦敦。兰顿先生表示了先睹为快的愿望：“先生，（他说） 178
你不可做得比我还多。”说完他便把稿子折起来寄了出去。 1758 年

然而在《闲散者》里，有几篇文章在思想的深刻上，在语言的锤炼上，可与这位大家的任何文章媲美。第 14 期，《盗窃时光》；第 24 期，《思想》；第 41 期，《一位朋友的亡故》；第 43 期，《光阴似箭》；第 51 期，《不可企及的家中大事》；第 52 期，《自我否定》；第 58 期，

---

① 〈这是一个小小的差错。《闲散者》第1期于1758年4月15日刊登在《环球纪事周报》的第2期上。该刊是由J. 佩恩出版的，《漫游者》也是供他印的。在4月29日，该报采用了《佩恩氏环球纪事周报》的名称。——M.〉

a 《祈祷文与默想录》，第30页〔第36页〕。

《多么缺乏想象的实际优秀》；第 89 期，《肉体恶精神善》；以及他的终结篇《最后的恐怖》；都会证明这一断言。格言通常是报刊文章的装点，而《闲散者》里的文章很少有前面有格言的，原因何在，我不得而知，我听见约翰生称赞这种风尚：而他是从来不会找不到一则格言的，因为他的记忆中储存着不计其数的经典段落。在这些系列文章中，他显示了令人拍案叫绝的严肃幽默的范例，在这一方面，他有着非同寻常的贡献，他也没有在一些场合抑制他显然具备的诡辩能力。在第 11 期里，他以极其轻蔑的态度论述了我们的智力在很大程度上依赖于天气的观点，那些从来没有体验过它的真实性的人不会因为持这种观点而被人羡慕，这是一种他自己必然认识到的观点，因为天气对他的影响是显而易见的。然而，他却是这样慷慨陈词的：

"毫无疑问，对于一个被赋予理性的生命，最可耻的莫过于将自己的力量屈从于空气的影响，依赖天气和风生活，把它们当作自然转换成我们能力、安静和仁慈的仅有的恩惠。这种季节的区别仅仅根据对享受产生作用的想象来划分。对于寡欲而言，天天光辉灿烂；时时都适宜勤奋。凡是决心激发自己官能或者实施自己德行的人很快就使自己超越季节；也许把早晨的迷雾，晚间的潮气，东来的狂风和南来的乌云不放在眼里。"

哎！有一点是肯定无疑的，那就是在体质娇嫩、感觉灵敏的人身上，空气的影响是不可抵御的。他蛮可以蔑视疟疾、瘫痪和其他一切身体上的病痛。那种精神吹嘘是虚假的高扬。

我想罗马人称之为斯多葛主义。

然而在这一期的《闲散者》上，他的精神似乎跑了野马；因为在他的恣意探讨中，一时间甚至忘了他高度尊崇的敬重；把"一个朝廷里的侍从"描写成这么一个人："他的任务就是观察一个像他自己那样又弱又蠢的人的脸色。"

他对故作姿态拿腔作势毫不留情的嘲讽当然不是一种对真情的

检验；然而我们不禁叹赏它是多么高明地被用来产生他所期望的效果。“无论我们的法官，还是人民的代表，都不会受到装模作样的多大影响，他们也不会因为什么人转动眼珠子、鼓起腮帮子、张开双 179
臂、顿足捶胸或者时而抬眼望天、时而低头看地就更加相信他。” 1758年4月14日星期五

跟其他作家不谋而合，或者采用一种在别人作品中发现过的情思或意象，后来在心目中俨然成了自己的，这种情况屡见不鲜。约翰生想象丰富，这使他在任何情况下都笔意纵横，他博闻强记，这又使他能立即发现任何思想的真正主人，这样一来，也许使他跟我们的其他任何作家相比，蒙受剽窃恶名的危险较小。然而，在《闲散者》中，有一篇文章把谈话比作一碗潘趣酒，而在布莱克洛克[①]1756年出版的诗集里，有一首诗也有一连串同样的比拟，在这首诗里把人生和那种酒做了巧妙的比较。它是这样结尾的，——

那么说，各式各样的医生，
治愈了身体或者心灵，
饮酒能有什么危害，
既然潘趣和人生如此合拍？

《闲散者》结集成书后，除了那篇论述墓志铭的文章和关于蒲柏的墓志铭的论文外，约翰生还增加了一篇论述英国普通士兵的英勇表现的文章，在原有的文章中删去了一篇，即对折版的第22期[a]。

致**牧师托马斯·沃顿先生**

亲爱的先生——您对我的诗人的注释极为可意。请您当仁不让，将自己的研究进行到底。在注释中有了您的成果，既可

① 托马斯·布莱克洛克（Thomas Blacklock，1721—1791），诗人，作家；《论世界词源》（1756）和《应景诗》（1746）的作者；遇见约翰生并讨论编词典的艰难，引文见《咏潘趣：一首警句诗》。

a 这篇文章可以在斯托克代尔编的约翰生《杂文集》补遗卷中找到。

提高我的著作的声望，也符合您做教授的本职工作。由于您没有给出关于尊名的指示，所以我索性将它加上。希望令弟也愿意承担同样的苦差。评注必须从踏入文学旁门左道的很多人的偶然发现中引发。您关于戏剧的有些高见已经付印；但我打算加一个注释附录，不致有些东西来得太晚赶不上趟。

亲爱的先生，单据[a]丢失您过于牵挂。如果没有人发现它们，丢就丢了，没事，即便数目被人知道了，也没有什么大不了的。遇到这种倒霉事的朋友，您也不是唯一的一个。您可以从备份里弥补自己的缺失，它现存玛格德琳堂的艾伦先生处；
180 或者从我刚刚寄给钱伯斯先生[b]的一个供任何真心需要它们的人使用的包裹里找。兰顿先生挺好；还有罗伯茨小姐[①]，关于您给我的信息，我终于使她开口，表示她有话可说。

1758年4月14日星期五

〔伦敦，〕1758年4月14日。　　**塞姆·约翰生**

又：

亲爱的先生，——此信由巴雷蒂先生转交，他是一位特别有资格受到诗学教授关照的绅士。他时间紧，只能做短暂停留，很高兴尽量多听多看，做到不虚此行。

我又介绍一个人让您关照，因此必须表示一下对您给我本人关怀的谢意。您还有对莎士比亚的注释吗？我觉得它们极其精彩。

有时能见到您的学生[c]：他的思想像他的个头一样崇高。我有点儿怕他；不过尽管可怕，也同样可亲。如果奋发向上的势头不减，他一定会为您增光，也会为学校增光。他带着我的几

---

a “《莎士比亚集》的收据。”——**沃顿**

b “当时在林肯学院。现在是罗伯特·钱伯斯爵士，印度的法官之一。”——**沃顿**

① 罗伯茨小姐，老兰顿先生的外甥女。

c “兰顿先生。”——**沃顿**

个剧本[a]，我允许他只让您看，但您千万不能让其他任何人看。您的，

〔伦敦，〕1758年6月1日。　　　　**塞姆·约翰生**

致**本内特·兰顿先生**，牛津大学三一学院

亲爱的先生，——您在一个新地方进入了一种新的生活状态，我盼您来信告知详情，但转念一想（难免有几分羞愧），按一份老账，我还欠您一封信，我想先写才是我的本分。确实，我写这封信不仅出于迁就，而且出于兴趣；因为按原来的方式生活，很高兴有一个像您这样有能力的通信者使时光变得丰富多彩。目前您举目四望，满眼新奇，完全用不着我帮助您打发时光。

我不知道还有什么比将经历和期望加以比较，或者时不时地把想法与实际之间的差异记录下来更令人愉快、更富有教育意义。正是依赖这种看法，我们才一天天变得不是那么容易失望。您有未雨绸缪、料事如神的能力，又能在眼前浮现种种幻象，所以必定常常给自己想象出一种学术生活，并且构想出文人学士的作风、观点和言谈；他们怎样择友，他们怎样引导自己学习，他们怎样规范自己的生活。请告诉我您有何期望，有何发现。至少在习俗使您顺从眼前的景象前、在您的发现和希望的差异从心里消失前，先把它给自己记录下来。无论什么产生了强烈的打击，趁第一印象在心头新鲜的当儿，把它描绘下来，这是一条永远不可忘记的准则。

亲爱的先生，我喜爱考量您，因此愿意给您写更多的内容，
要不是邮班现在只允许我捎上对沃顿先生的问候，并告诉您我 181
是您最诚挚、很恭顺的仆人， 1759年1月

1758年6月27日。　　　　**塞姆·约翰生**

---

a　“印出来的部分《莎士比亚集》，由约翰生博士独自经手，按预订数目出版。这个版本于1765年推出。”——**沃顿**

致**本内特·兰顿先生**，林肯郡斯皮尔斯比附近的兰顿

亲爱的先生，——我的朋友全神贯注的对象竟然没有我的份儿，对此我深感遗憾。您现在心里装的是杜里[a]的命运；然而他的命运已成往事，剩下的只有试试看什么反思会建议缓解一场暴亡的恐怖，乍看一眼，这种死亡比更加靠近地定睛观看更加可怕。暴亡从来都不是非常痛苦的；唯一的危险就是没有准备。然而如果认为一个人作战时没有去死的准备，那么会唤醒他关心未来的那种状况能是什么呢？一个人在没有准备的情况下去寻死，那他什么时候才会做好去死的准备呢？我们对他负伤而死比患热病而死还要悲痛，原因到底何在呢？一个人缠绵病榻，生活终结时痛苦多而德行少；他没有给朋友树立榜样，没有给后代遗留荣光。我们对一名士兵的阵亡深感悲痛，唯一的原因就是我们认为他可以活得更长一些；然而这种悲痛的原因对于其他多种死亡来说是共有的，而这些死亡却不会引起如此情绪激烈的哀伤。实际情况是，作为事故后果的种种死亡都是暴烈的；也就是并非由于年老体衰逐渐造成的种种死亡，或者当生命由于燃烧殆尽以外的其他任何原因而熄灭的种种死亡。一个人不到六十岁因感冒或肺结核而死，实际上就是暴亡，然而他的死亡人们可以忍耐，只是因为他早亡的原因是无声的，看不见的。先让我们努力看到事物的真相，再来探究我们是否应该怨天尤人。看见生命的真相是否会给我们几多安慰，我不得而知；然而从真理中获得安慰，如果有，则是牢固而经久的；也可以从谬误中获得安慰，这种安慰像它的原貌一样，一定是虚妄、易逝的。您最恭顺的仆人，

1758 年 9 月 21 日。 **塞姆·约翰生**

---

a 近卫步兵第一团的亚历山大·杜里少将1758年参加了著名而又不幸的远征法国的战争，在圣·卡斯附近以身殉职。他的夫人是兰顿先生的母亲的妹妹。他的独子杜里中校在该团担任一连的连长。

1759年：五十岁。〕——1759年元月，他母亲以九十高龄去世，这是一件使他深受震动的大事；并不是因为“他的心由于对无常的冥想得不到安稳”[a]；而是因为他对母亲的敬爱之情并没有被岁月消减，其实他的万般温情一直保持到他生命的最后阶段。我听说，他因为母亲去世前好几年没有前去探望而悔恨不已。然而，他一贯投身于文学劳作，这就把他常年圈在伦敦；虽然他没有享受到承欢老母前的天伦之乐，但他实实在在尽了赡养的义务。 182

1759年

〔致**约翰生夫人**，利奇菲尔德[b]

母亲大人膝下敬禀者，——见到〔波特〕小姐对您健康状况的描述，儿心如刀割。愿**上帝**看在耶稣基督分上，保佑您安康长寿。

我想让小姐时不时地给您读读我们救主的受难故事，有时候读一下圣餐仪式里的语句，开头为——你们受苦劳心的人都到我这里来，我会让你们安息。

我刚读过一本医学书，它使我认为服用金鸡纳树皮浓溶液对您会有好处。亲爱的母亲，请务必试它一试。

请送给我您的祝福，宽恕儿子对您做的一切错事。您要做的任何事情，您要先付的任何债务，或者您要提出的其他任何要求，都让小姐写下来，我定会努力按您的意思办理。

我已经搞到十二几尼寄给您①，但遗憾的是，不知道今晚如何送达。如果今晚送不到，下次邮班定会送到。

请不要忽略此信中提到的任何一件事情。愿**上帝**永远，永

---

a　霍金斯《约翰生博士传》，第395页。

b　〔本书第三版出版后，约翰生博士因其母病危引出的下列书信由牧师维斯博士转交给马隆先生。把它们安插在这里，完全符合作者几乎一贯遵循的年代顺序；这些信件凸显出约翰生博士的虔诚和温情，所以读者必定对这一安插感到满意。〕

①　〈这十二几尼中的六几尼约翰生似乎是从印刷商艾伦先生那里借的。见霍金斯《约翰生博士传》第366页注。——M.〉

远保佑您，你的孝子，

1758 年 1 月 13 日。[a] **塞姆·约翰生**

致**波特小姐**，利奇菲尔德，约翰生夫人家

我亲爱的小姐，——您照顾家慈，我心中的感激之情，无法言表。愿上帝恩准，这种照顾定会产生成效。告诉吉蒂[b]，我永远不会忘记她对她的女主人的温情。您能做什么事，就继续做下去。我满心的感激。

我希望您星期一收到了十二几尼。写完信后我找到邮局局长，托他把钱寄出，希望已平安送达。几天之后，我想给您再寄一些。上帝保佑你们大家。您最感激、最恭顺的仆人，

1759 年 1 月 16 日。 **塞姆·约翰生**

背面有给家慈的一封信。

母亲大人膝下敬禀者，——您身体虚弱给我的痛苦难以诉说。我不认为您不宜面对死亡。可是我会失去您，这件事我想都不敢想。努力为自己做一切力所〔能〕及的事。尽量多吃东西。

我常常为您祈祷；您也为我祈祷吧。我对上封信的内容再没有什么好增添的。您的孝子，

1759 年 1 月 16 日。 **塞姆·约翰生**

---

a 〔系1759年之误，这从随后的一些信件中显示出来，在下一封信里，他因粗心犯了同样的错误，但做了改正。在13日的信的外面用另一种笔迹写道——“收到此信，立即告知，切切。”〕

b 〔凯瑟琳·钱伯斯，约翰生夫人的女仆。她于1767年10月去世。见约翰生博士的《祈祷文与默想录》第71页：“1767年10月18日，星期日。昨天，10月17日，我与我亲爱的老朋友凯瑟琳·钱伯斯永诀了。她在1724年左右来和我母亲一起生活，从此很少离开过我们。她埋葬了我父亲，我弟弟和我母亲。她现年五十八岁。”〕

致**约翰生夫人**，利奇菲尔德

母亲大人膝下敬禀者，——儿怕您病重看不了长信；因此我只能告诉您，儿在全心全意尽一切可能关心您。我祈求**上帝**永远保佑您，看在耶稣基督分上。阿门。

让小姐每趟邮班都给我写信，不管有多短。您的孝子，

1759 年 1 月 18 日。　　　　　　　　　　**塞姆·约翰生**

致**波特小姐**，利奇菲尔德，**约翰生夫人家**

亲爱的小姐，——如有可能，我愿意前来看望你们。**上帝**保佑，我还可以〔看到〕我亲爱的母亲还有一口气，还有意识。不要跟她说，以免让她失望。如果下次邮班我没有给您写信，我就在路上。您最恭顺的仆人，

1759 年 1 月 20 日。　　　　　　　　　　**塞姆·约翰生**

在另一面

母亲大人膝下敬禀者，——无论您的景况，还是您的性格都不适合让我多说。您是我最好的母亲，我相信也是天下最好的女人。我感谢您对我的宽容，我恳求您宽恕我做的一切坏事和一切由于玩忽没有做好的事情。[a] 愿**上帝**给您他的圣灵，将您接纳到永福之境，看在耶稣基督分上。阿门。愿主耶稣接纳您的灵魂。阿门。您的孝子，

1759 年 10 月 20 日。　　　　　　　　　　**塞姆·约翰生**

a 〔他在这时候作的祈祷文也是这么说的："全能的上帝，仁慈的父，您的手中掌握着生死，请您把我现在感受到的悲伤圣化到我心中。无论我对家慈做过什么不仁不孝的事情，和由于玩忽没有做到仁孝两全的事情，宽恕我吧。让我牢记她的谆谆教诲和她的良好榜样，遵照您的圣言改善我的人生，等等。"《祈祷文与默想录》，第 31 页。〕

致**波特小姐**，利奇菲尔德

您会想象到我丧母的悲痛，她是天下最好的母亲。如她能复活，我会更好地孝敬她。然而，她是幸福的，过去的事情对她来说，算不了什么；对我而言，由于无法弥补对她的过错，我希望悔悟会将其消泯。我对您和所有善待她的人表示最衷心的谢意，并祈求**上帝**给你们大家回报绵绵福祉。亲爱的孩子，给我写信安慰安慰我吧。如果吉蒂愿意给我写信，我也会十分高兴。几天后我会寄上一张二十镑的汇票，我本想把它送给家慈的；但**上帝**不允许。我现在无力量也无心境多说了。**上帝**保佑您，保佑我们大家。您深情、恭顺的仆人，

1759 年 1 月 23 日。 **塞姆·约翰生**[a]〕

这件事发生后不久，他写了《阿比西尼亚王子拉塞拉斯》*；关于此书的出版，约翰·霍金斯爵士做出了含糊而毫无根据的猜测，却没有费心获取可靠准确的信息。为了不再重复这位爵士的奇思异想来烦扰读者，但我不得不提到，已故的印刷商斯特拉恩先生告诉我，约翰生写这本书，目的是用这笔收益支付办他母亲丧事的开销，并偿还她留下的几笔小小的债务。他告诉乔舒亚·雷诺兹爵士，他是在一个星期的每个晚上写的，一边写一边把成稿送去付印，从来没有通读过[b]。斯特拉恩先生、约翰斯顿先生和多兹利先生用一百英镑将书稿买下，但后来出第二版时，又给了他二十五英镑。

考虑到从编纂和不需要比编纂多多少天赋的作品中收到的大笔大笔的酬金，他竟然满足于从这一令人叫绝的作品中获得的极低的稿酬，我们不禁感到惊异；这部作品，就算他没有再写别的任何东西，也会使他在世界文学史中名垂千古。他的作品没有一部在欧洲

a 〔约翰生夫人也许去世于1月20日或21日，在写这封信的当天下葬。〕

b 〔见后1781年6月2日。后来跟鲍斯威尔先生同乘一辆轻便马车，偶然发现了它，他便急切地读了起来。这无疑是他对乔舒亚·雷诺兹爵士宣称很久以后的事了。〕

流传得如此之广；因为它被译成了大部分现代语言，如果不是全部的话。这个故事具有东方意象的一切魅力和英语能够表现出的全部力量与优美，它引导我们穿越了人生最重要的一切场景，向我们展示我们这一阶段的生活充满了“精神的空虚与烦忧”[a]。对于那些只看眼前生活，或者认为人性并没有从它创造的那种状态堕落的人，这个崇高故事的启迪就没有任何意义。然而思想公正、感受敏锐的人将会怀着急切钦羡的心情聆听它的真谛和智慧。伏尔泰写《老实人》就是为了批驳那套乐观主义体系，它获得的成功，光彩夺目，罕有其匹。这本书从计划到实施跟约翰生的《拉塞拉斯》有惊人的相似之处；以至于我听约翰生说，如果这两本书的出版不是如此接近，连模仿也没有时间的话，要否认后出的书的计划不是脱胎于前者，也是徒费口舌。尽管两部作品阐述的主题相同，那就是，就我们的现状而言，恶多于善，但两位作者的意图却大相径庭。我以为，伏尔泰的用意只不过是借助肆意渎神，取得对宗教调笑式的胜利，并破坏对一个监管一切的上帝的信仰：约翰生则通过揭示暂存事物不能令人满意的性质，把人类的希望引向永恒事物。《拉塞拉斯》，正
如一位很有造诣的女士[①]对我说的那样，可以看作对于引人入胜的 183
真理的更加扩展、更加深入的哲学论说的散文版，这种真理他已经 1759 年
在《人愿皆空》中用诗的形式非常成功地强调过。

这部作品包含的思想贮存是如此丰富，以致里面的每一个句子都可以提供一个长期思考的主题。如果一年过去，还没有把它读完，我是不会满意的；每细读一次，我对产生它的头脑的仰慕之情便升高一步，以致我很难相信我竟然在享受与这样一个人亲密交往的荣幸。

我强忍着不去摘引这部优秀作品的段落，甚或不去涉及它们，因为我不知道该选取什么，或者不如说，该省却什么。不过，我还

---

a 《传道书》，第1章，第14节。

① 可能就是鲍斯威尔夫人。

是要摘抄一段，因为它表明他能把相信逝去的灵魂显现的人的辩论陈述得多么精彩；一种认为他自己一直坚定相信它，就是一个错误的论点：

“如果你害怕的仅仅是幽灵，（王子说）我保证让你平安无事：死人不会造成任何危险；一个人一旦被埋葬，就再也见不着了。

“死人再也见不着了，（伊姆拉克说）我可不愿意这么认为，这可是与古往今来世界各国不约而同、一成不变的证据相抵触的。任何一个民族，粗野也好，文明也罢，没有不说、不信死者的幽灵的。人性所到之处，就有这种看法，它之所以放之四海而皆准，就因为它是真理；有些人彼此从来没有听说过对方，本不会赞同一个只有经历使之可信的故事的。个别找岔子的人对它表示怀疑，但这很难削弱总的证据；有的人嘴上否认这种看法，却用自己的恐惧承认了它。”

尽管我高度赞赏《拉塞拉斯》，我却不会认为约翰生体质中“病态的忧郁”也许没有使他觉得生活比一般情况下还要乏味，还要不快。我肯定他从此书中得到的快乐没有我得到的多。然而，无论他自己特有的感觉在他对生活的描绘上投下了什么附加的阴影，仔细的观察和周密的探究使我相信，在那阴暗的画面上有太多的现实。实情却是，我们按照自己易变的心态在不同的时段用不同的标准判断人生的苦与乐。我总是记着一位在法国受过教育的土耳其女士[①]对我说过的话，“Ma foi，Monsieur，notre bonheur dépend de la façon que notre sang circule”[②]。这一点我从一种相当艰苦的经历中体会到了，而且会出于真诚的善意把它铭刻在所有以仔细阅读给这本书带来荣誉的人们的心上，直到获得一种坚定的信念，那就是，现在的生活是一种不完善的状况，仅仅是通向一种更好生活的过渡，如果我们遵守神圣的进步改善计划的话；而且它是上帝神秘计划的一个

---

① 埃默图拉小姐（Mlle Emetulla）。

② “相信我，先生，我们的快乐依赖我们的血如何流动。”

部分：智能生灵必须“通过受苦获得完善”；将会持续出现失望和不安。然而，如果我们满怀希望走在启示的“正午太阳”下，我们的脾气和性情就会成为那样一种状态，一路上就会品味到舒畅和欢乐，同时我们在耐心地支撑着不便与痛苦。经过几多思考与种种推理，我承认自己相信了伏尔泰结局的真理“Après tout c’est un monde passable”[①]，然而我们且不可想得过深； 184 1759年

> 哪里无知成为福气，哪里聪明就是愚蠢。[②]

这在很多方面超越了诗的公正。让我们在良好原则的要求下培养“la théorie des sensations agréables”[③]；而且像伯克先生曾经令人钦佩地劝告一位严肃而焦虑的绅士一样，“活得快乐”。

《拉塞拉斯》和约翰生其他道德故事的影响，考特尼先生做了这样美妙的阐述：

> 威严堂皇的真理，穿上小说的亮装，
> 遏制了痴心妄想，平静了烦乱的心肠；
> 一束天光照亮了阴暗的心，
> 平息了满腔怒气，心情得到安宁；
> 如同汹涌的巨浪冲击着舟楫，
> 溢出的燃油把大海点亮、平抑。[a]

---

① “毕竟这是一个过得去的世界。”比较伏尔泰的《如此世界》（1748）的结局，伊多里埃决定让“世界如此般的下去，‘因为，’他说，‘即使不是一切皆善，一切都还过得去’”。

② 托马斯·格雷《伊顿学院远眺》（1747）第2首，第99—100行。

③ 鲍斯威尔指的是路易·让·勒韦斯克·德·普易的Théorie de sentimens agréables（1743），被无名氏译成英语，题为《惬意感论》（1749）。

a 《约翰生博士的文学与道德特色》，1785。

185 要记住的是，这一年自始至终他都在继续写他的《闲散者》[a]，毫

1759年 无疑问，还在编他的《莎士比亚集》，尽管进展缓慢。然而，出于那种永不消减的慷慨，他有求必应地帮助其他文学工作者，抽时间替伦诺克斯夫人翻译的布吕穆瓦①的英文版翻译了《论希腊喜剧》†和《本书的总结》。†

探究外国的状况似乎一直是约翰生感兴趣的课题。因此纽伯里先生没费什么周折就说服约翰生对他出版的名为《世界览胜》的一本游记汇编写了《序言》*；该书第一卷于当年问世，剩余的几卷在随后几年相继出版。

我把下面这封写给他早年利奇菲尔德的一位朋友约瑟夫·辛普森先生的一个儿子的信也归在这一年。辛普森先生是位出庭律师，写过一本题为《法律研究杂感》的小册子。

---

a 这份报纸在汇集成书前就得到极高的评价，所以各种报刊的出版者们都竞相采用，以充实丰富他们的出版物。约翰生为了制止这种不正当的做法，给《环球纪事》写了下面一则广告；里面的浮华之辞也许超出了实际的需要："伦敦，1759年1月5日。**广而告之**。名为《闲散者》的报纸的业主们发现这些文章被安插在一些报刊上，却很少顾及公正或得体，以致初次刊登这些文章的《环球纪事》却未被总是提及，因此他们认为有必要向这些文集的出版者们宣告，无论这些业主迄今为止，怎样耐心地忍受了这些伤害，遭轻蔑的中伤更甚，但他们现在决定不再忍受此类伤害。他们已经看到为之付过高价的文章，以最无耻的掠夺行为被转换成每周汇编或每月汇编，他们的权利，至少在目前，自己还谈不到享受，就从他们手中转移走了。然而他们不愿被人认为甚至对于从未显示过温情的人缺乏温情。过往难追，但怨恨能消。然而一直忙于在邻居地里开镰的人们从今往后应当注意，免罚的时代就此结束。谁若未经我们许可，将掠夺之手伸向我们的报纸，谁就等着看我们将用正义所规定、诚信职业古老的惯例所保证的手段维护自己应有的权益。我们将以其人之道还治其人之身，逮住他们的文章，取消堂皇富丽的宽边和扩充散漫版式，以贬损它们，把它们压缩进一种窄褊的篇幅，以寒碜的低价销售；然而其目的并不是借没收来致富，因为我们认为用惩罚所得的钱比犯罪所得的好不了多少。因此，当我们的损失得到补偿之后，我们将把剩下的收益捐给悔改的妓女们；因为我们不知道谁能由于供养悔过的妓女比由于供养死不悔改、厚颜无耻的妓女税抽得更加适当。"

① 布吕穆瓦（Brumoy，1688—1742），法国耶稣会会士。

致**约瑟夫·辛普森先生**

亲爱的先生，——令尊的毫不容情不仅使我痛心，而且令我惊异：他是您的父亲；他一向被认为是个聪明人；我不记得有什么事情有损于他的和善；然而他拒不帮您就有违和善，有失父道，有忤聪明。和善的表现就是宽恕那些已经用后果惩罚了犯了过失的人的错误。作为一个父亲比其他人更替子女着想是天经地义的；当帮一点小忙就用不着再帮大忙的情况下，伸出援手总是明智之举。

如果您不管不顾地结婚，您就是在有选择权的年纪随意胡来。如果一个有权在自己国家的法官前答辩的男子不可以选择自己的妻子，那问题就严重了。

如果您的不管不顾最后造成了困难和不便，您自己应当加以承受；只要身体稍微好一点，您会承受得住并会战胜它们的。当然，事故和疾病造成的那种困穷，各个地区的人都应当承受，即便世界上既无朋友，也无父亲。您肯定有权向令尊提最高的施舍要求，不过并非任何权利要求；因此，我劝您不要忘记一定程度体面的或者男子气概的强求。您的债务总数不大，其中只有一小部分比较麻烦。小债就像小子弹；它们在四面八方呼啸，想不受伤不挂彩，平平安安躲过，很难很难：大债就像大炮；声音大，但危险小。因此您必须要有能力偿还小债，这样一来，您就有空闲十拿九稳地对付其余的债务。无论大债还是小债，都不会使您丢脸。我保证您受到我的尊重，因为您有负 186
债的勇气，还有背债的魄力。但愿我的尊重能有更多的用处。 1759年 3月16日 **星期五**
我受到邀请，或者自行邀请去访问全国各地；来利奇菲尔德却不想打扰我亲爱的露茜，当她目前的住处对她有用的时候。希望在几日内能有空成行。我飞往何处，并不重要。一个无牵无挂的人以四海为家；除非说他无处为家。亲爱的先生，我十分遗憾，在您的双亲健在的地方，一个像您这样优秀的人物竟然没有一个家。但愿我能给您一个。您充满深情的，

塞姆·约翰生

现在，他因一次牛津之行而精神焕发，关于这次旅行，下面一则简短典型的告示（用他自己的话说）被保留下来：

“***[①] 现在正为我沏茶。自从来到这里，我一直穿着长袍。初次来这里时，它还挺新挺漂亮。我把它在水里泡过三次，好多年都没穿过了。我已经向范西塔特[a] 建议，翻墙过去，但他拒绝了。听了金博士的演说，我手都拍疼了。”[b]

约翰生的黑仆弗兰西斯·巴伯曾经离他而去，在海上闯荡过一段时期，他的出走并不像人们想的那样是被逼走的，而是自己同意的，从斯摩莱特[②] 博士给约翰·威尔克斯先生的一封信上看得出来，他的主人心地善良，一心想办法把仆人从约翰生一直表示深恶痛绝的那种生活状况中解脱出来。他说：“一个有办法进监狱的人是不肯当水手的，因为一条船就是一座监狱，还有淹死的危险。”[c] 还有一次，他说：“一个人蹲在监狱里活动空间更多，伙食更好，一般来说伙伴也更好。”[d] 这封信全文如下：

亲爱的先生，　　　　　切尔西，1759 年 3 月 16 日。

我再次代表那位文学可汗[e] 塞缪尔·约翰生向您请愿。他的

---

① 也许代表“Van”——Robert Vansittart。

a 罗伯特·范西塔特博士，出身于伯克郡古老的望族。他学问品德突出，深受约翰生博士敬重。

b 《绅士杂志》1785年4月号。

② 斯摩莱特（Tobias Smollett，1721—1771），作家、医生；声誉主要建立在三部主要小说上——《蓝登传》（1748）、《皮克尔传》（1751）和《汉弗莱·克林克》（1771）——采用流浪汉和书信体模式；作品还有《英格兰通史》（4卷，1758）；做过《不列颠人》和《批评评论》的主编（直至1763年），对狄更斯有相当大的影响；哥尔德斯密斯的朋友和同事；编辑《伏尔泰文集》（1761—1765）。

c 《赫布里底群岛旅行日记》，第3版，第126页〔8月31日〕。

d 同上书，第251页〔9月23日〕。

e 在第一版里CHAM这个词被印成Chum（好友），因为它出现在威尔克斯先生的一本《杂文集》里，我还指摘斯摩莱特先生无知；为此让我（转下页）

黑仆名叫弗兰西斯·巴伯，迫于无奈一直在安杰尔船长的雄鹿号炮船上服役，我们的词典大师极度悲伤。他说这孩子是个病秧子，体质纤弱，喉咙尤其容易生病，这就使他很不适合在皇家部队服役。您知道约翰生对您何其敌视；我敢说您所渴求的泄愤机会莫过于让他对您感恩戴德。他满怀谦恭，希望我在这件事上帮忙，尽管他跟我并非深交，我让他明白，我要向我的朋友威尔克斯先生提出请求，威尔克斯先生也许动用他对海博士和艾略特先生的影响才能获准他的仆人退伍。关于此事，再说什么纯属多余，还是您自己考虑定夺；顺致最神圣的敬意和爱慕，您满怀深情和感激的恭顺仆人，

187

1759年3月16日星期五

T. 斯摩莱特

威尔克斯先生利用一切机会采取行动，作为一介平民绅士，以极具礼貌的慷慨，向他的朋友、时任海军部委员会委员的乔治·海爵士[①]提出请求；于是弗兰西斯·巴伯被责成退役，他告诉我，完全不是他自己的意愿。他在内殿律师学院的单人套间里找到了他的故主，开始重操旧业。

这一年约翰生考虑过什么新的特别的生活计划，我没有发现；

（接上页）告慰那位灵巧慈善的绅士的在天之灵。CHUM肯定是对Cham的一种误读，Cham，鞑靼君主的称号，用到约翰生身上恰如其分，文学之王；而且是斯摩莱特很熟悉的词。见《蓝登传》第56章。关于这一更正我得感谢帕默斯顿勋爵，他的才气与文学修养与他可敬的**坦普尔**望族血统完全吻合。〔本书第二版问世后，作者收到费城的阿伯克龙比先生寄来的一封信的抄件，信是诗人约翰·阿姆斯特朗博士写给莱格霍恩的斯摩莱特博士的，里面有下面一段文字："至于这王座法院爱国者，很难说他出于什么动机把您求他替文学**可汗**约翰生先生感兴趣的某人帮点小忙的一封信公之于众。"〕

① 乔治·海爵士（Sir George Hay，1715—1778），法官、政治家；加里克和贺加斯的朋友；代表斯托克布里奇的议员（1754）；王室首席律师（1755—1756）；签署海军上将宾的死刑执行令（1757）；海军事务大臣（1756—1757）；坎特伯雷遗嘱验证法院法官兼伍斯特主教区司法官（1764）；海军高等法院法官。

不过他默想过某种含糊计划，这从他的私人祈祷文中看得一目了然，我们发现里面有这样一些内容[a]，“改变我现在要做的一些公开的事情”；以及，“将您圣灵的恩惠赐予我，好让我正在开始的行程依照您的法则进展，最终享受到您的恩典”。实际上，他没有作出任何外在或显而易见的改变。

这时候伦敦的建筑师中间掀起了一场竞争，想从事黑衣僧桥的修建，有个问题争论非常激烈，那就是，半圆拱好还是椭圆拱好。最后米林[①]先生提供的椭圆形设计得到采用，因此也就成了他的竞争对手攻击的重大目标。约翰生对他的朋友格温先生的关心导致他参加反对米林先生的论战[b]；对这个问题进行过煞费苦心的钻研

---

a 《祈祷文与默想录》，第30〔39〕、40页。

① 米林（Robert Mylne，1734—1811），建筑师、工程师；黑衣僧地段泰晤士河新桥设计竞争的获胜者（1760）；在这场论战中约翰生批评他的设计，支持自己朋友约翰·格温；圣保罗大教堂的勘测者；皇家学会会员（1767）；格洛斯特至伯克利运河的工程师，建筑师俱乐部（1791）的创立人。

b 约翰·霍金斯爵士（《约翰生博士传》第373页）用俗不可耐但又值得注意的所谓“繁冗”手法做了详细冗长的描述；在大肆炫耀美术和美术家的同时，他还谈及“一根圆柱的比例，由于它取自人身，又经过自然校正——有男性和女性之分——男人，一个半头比八；女人，一个半头比九”；他还不忘介绍一套音乐术语，行话，它们似乎与正题不太搭界，但却有助于凑成一锅大杂烩。跟着这位爵士溜这么一圈不仅对我劳力伤神，一无所用，读者也大倒胃口。因此我只对他的宏论略加评述。——他似乎沾沾自喜于发现约翰生“从一个精通数学和建筑学原理的人那里”得到了“由他自己提出的一连串涉及半圆拱和椭圆拱的比较力度的答案”。现在我无法想象约翰生怎么能表现得更加聪明。因为约翰爵士抱怨那位优秀的数学家托马斯·辛普森先生的意见没有让半圆拱占上风。不过他应当知道，无论辛普森先生在抽象数学这些更高深的部分怎么出众，但他并不精通混合、实用的力学。伍尔维奇学院的马勒先生，本国雇用了四十年的所有大工程师们的学术之父，明确宣称支持椭圆拱，从而敲定了这个方案。

有种难登大雅之堂的意见是，约翰生反对米林先生计划的动机也许是他对一名北不列颠人怀有偏见；其实，正如人们所说，他是用自己的生花之笔声援一位候选的朋友；他对米林先生根本不怀偏狭的反感，后来反而与这位先生交往十分投机，并且请他在家里吃饭。其实反倒是约翰·霍金斯爵士利用黑衣僧桥大作文章，恣意发泄自己的偏见，称此桥为“一座白追（转下页）

后，他给《新闻记者报》写了三封内容不同的信件，反对米林的方案。

如果应当指出，这是一场与约翰生的专业不太搭界的论战，那么，必须记住：毕竟他利用自己对即刻钻研过的课题推理和雄辩的能力，并不比我们常常在律师身上看到的现象更加奇怪，律师由于 Quicquid agunt homines① 都是诉讼问题，有时候不得不捡起关于一门在案情摘要送去前他们两眼墨黑的艺术或科学的一点临时知识，显出一副对它融会贯通的模样。立法机关的人员往往以同样的手法介绍并阐述一些他们自己临时了解到的问题。 188 1760 年

1760 年：五十一岁。〕——1760 年，他写了《画家们献给乔治三世登基的贺词》†，从来没有任何君王即位受到他的百姓更加衷心的祝贺。两代的外国王储使人们做好了心理准备，庆贺又一位因“生成不列颠人”而自豪的国王了。他也替巴雷蒂先生的《意英词典》给任西班牙驻大不列颠朝廷特命全权公使的阿布雷乌侯爵写了“献辞”。 189 1760 年

此时的约翰生要么无所事事，要么忙着编《莎士比亚集》；因为

（接上页）求了一场美观、对称的建筑；伦敦市民为之永远蒙羞，使全国横遭外国人的指摘”。其实这座宏伟、优雅、空灵的建筑给人的印象极佳，尤其在这个地段走近首都的时候，谁 placido lumine[1]，予以观照，谁肯定对那种有失公正、满腔怒气的非难感到诧异；我向所有具有良好情趣的外国人求证，这座桥难道不是伦敦最出色的装饰之一。至于结构的牢固性，毫无疑问，伦敦市千方百计要为它提供最好的波特兰岩石；然而这种岩石在财政部官员的指令下在属于大众的采石场才能找到，而议会的兴趣往往是给美好的追求泼冷水，恰恰阻挠了人们的努力。尽管有这一不利因素，众所周知，黑衣僧桥，无论它的基础还是它作为竞争对象的拱，不但从来没有沉降，而且它由于严霜遭受到的任何损害已经在某种程度上用更加坚固的石头做了修补，而完成每次必要的加固花费并不太昂贵。

1 “投去亲切的一瞥”——贺拉斯，《颂歌集》，第4卷，第3首，第2行。

① “无论人们做什么”。

Dr Johnson's House in
Inner Temple Lane.
Resided here from 1760 to 1765.

除了一篇《为法国战俘捐衣委员会公报引言》[①*]，很多证据表明他一直对人道的呼唤非常警觉，这是其中之一；他还给《绅士杂志》写过一篇评泰特勒[②]先生对苏格兰女王玛丽的敏锐出色的辩白[*]，此外，我再找不到其他公开发表过的文章。约翰生慷慨大度的情感在下面句子中闪出了光芒：

“将近半个世纪，诋毁、贬损斯图亚特王朝，吹捧、夸大伊丽莎白统治已蔚然成风。斯图亚特王朝几乎找不到辩护者，因为死人无法掏钱买赞扬；而且谁愿意在没有回报的情况下反大众潮流而动呢？然而，在我们中间有一股追求真理的热忱，一种树正气反时尚的愿望仍未彻底泯灭。”

这一年，我没有发现一封他写给哪位朋友的私人信件。不过迹象表明，在此期间他似乎有一种漂游不定的意向，打算写一部英国军队在全球各地的新近辉煌战绩史；因为在他的决定或备忘录中，9月18日有这样的话：“为战争史订购书籍。”[a] 这一意向没有完成该是多大的憾事。他的庄严的表现力将会使祖国的光辉成就万古流芳，在子孙后代身上激发出当时在人们心里产生的同样的热情。他不会受任何引诱偏离他奉为神圣的真相，或者像一位博学的神学家[③]告诉我他曾经在一次交谈中开玩笑地允许历史学家所做的那样妄下雌黄。

“有（他说）不可原谅的谎言，有奉为神圣的谎言。譬如，我们听到丰特努瓦不幸战事[④]的消息后，人人心在狂跳，个个眼里流泪。

---

① 这些法国兵是在“七年战争”（1756—1763）期间被俘的，一直被拘留在布里斯托尔附近的诺尔，他们在那里的困境激起了广泛的关切。平民百姓慷慨捐钱捐衣救济他们。

② 〔泰特勒（Alexander Fraser Tytler，1747—1813），苏格兰律师、法官、作家、历史学家；爱丁堡大学世界史和希腊罗马文物教授。〕

a 《祈祷文与默想录》，第42页。

③ 阿奇博尔德·麦克莱恩博士（Dr Archibald Maclaine，1722—1804），杂文作家。

④ 1745年5月11日在萨克斯伯爵统帅下的法军和坎伯兰公爵统帅下的英国、汉诺威、荷兰和奥地利等国的盟军之间进行的一场战斗。结果法军大胜，进而征服佛兰德斯。

现在我们知道，要不是该有这一切担忧，没有人食不甘味；而说成要不是确有，（笑了）可以看成一种奉为神圣的谎言。”

这一年，墨菲先生认为自己受到身为《批评评论》的撰稿人之一、牧师富兰克林博士[①]的虐待，在《致文学硕士塞缪尔·约翰生的一封诗体书信》中公示了一种愤怒的辩解，在诗中他用一种公正高雅的方式称赞约翰生：

旷世天才！您横溢的才情
从不知道冷涩诗人的苦辛；
对您，**阿波罗**打开了他所有的贮藏，
缪斯们个个把自己的才学献上；
说说看，宏伟的**约翰生**，您的诗为何充溢
如许的优雅，如此丰富的思想活力；
是您的**尤维纳利斯**用高洁的诗歌，
1760年 引领着时代，并又激发他义愤磅礴；
还是，呜呼！美丽的**伊瑞涅**看见为时太晚，
她的纯真换来的是有罪的场面；
无论您写什么，金子般的字字句句
把崇高与优雅天衣无缝地结合进去；
您刚劲有力的词语铭刻在每个灵魂里，
而和谐又给了全人类莫大的欣喜。

临结尾，还有：

① 富兰克林博士（Dr Thomas Francklin，1721—1784），英国国教会牧师、作家；剑桥大学希腊文教授（1750）；王室牧师（1767）；斯摩莱特的《批评评论》撰稿人；皇家学院牧师（1768）；约翰生和乔舒亚·雷诺兹的相识；翻译索福克勒斯（1759）和《卢奇安作品集》（2卷，1780），剧作家——《沃里克伯爵》（1766）和《玛蒂尔达》（1775）的作者。

弗兰克·巴伯
H. 埃德里奇摹乔舒亚·雷诺兹爵士画作

我的朋友，那危险的斗争您已经看见
某个恶鬼要我把生命投到里面，
请指引我的双足向阿奥尼亚泉[①]迈去，
您孤寂的沉思在何处与九位缪斯相遇？
那神圣的一群在何处对您的耳朵歌唱
您的道德感，您歌曲的端严雄壮？
讲一讲，因为您能，用什么正确无误的神通，
您把人人心里更细腻的情感唤醒；
您给每页灿烂的篇章赋予重大真理，
并叫你的**漫游者**千秋万代生生不息。

我借此机会讲一讲约翰生博士和墨菲先生初次相识的经过，《格雷律师学院日记》是墨菲先生一人撰稿的一份定期报纸，大获成功，该报出版时候，墨菲先生还是一个年轻小伙子，他碰巧跟富特[②]先生待在乡下；提到为了出版他的一期《日记》，他不得不去一趟伦敦，富特听了对他说道："你用不着为这事跑一趟。这里有一份法国杂志，上面有一个很有趣的东方故事；把它翻译出来，寄给你的承印商就行了。"墨菲先生读过那篇故事后大喜过望，便照富特的意见办理。回城以后，有人给他指出，这篇故事原本登在《漫游者》上，它是从《漫游者》翻译出来，登到那家法国杂志上的。于是墨菲先生拜访了约翰生，专门向他解释这件稀奇古怪的事情。他的才气、文学修养和绅士风度很快被约翰生察觉，于是结成了牢不可破的

① 九位文艺女神的居住地。
② 富特（Samuel Foote，1720—1777），演员、剧作家；在伦敦和都柏林的早期演出生涯不够顺利；租用秣市剧院创立"讽刺剧"（1746—1747），以《晨间娱乐，又名一碟巧克力》取得轰动性的成功；讽刺循道宗信徒《小人物》（1760）的作者；与菲尔丁结怨；在骑马事故后截掉了一条腿（1766）；被约翰生认为是说谎成性的人。

友谊[a]。[①]

致**本内特·兰顿先生**，林肯郡斯皮尔斯比附近，兰顿

亲爱的先生，——您周游世界，比起我这个常年在家的

a 文中提到的报纸是《格雷律师学院日记》第二集的第38期，1754年6月15日出版；它是约翰生《漫游者》第190期法文版的译文。

① 〈墨菲先生初次认识约翰生博士的时候，大约三十一岁。他于1805年6月18日在骑士桥去世，据信享年八十二岁。

这位先生死后，据一篇记述他的文章报道，他说："在约翰生出版《漫游者》期间，他没羞没臊地写一系列报刊文章的时候，他只不过二十一岁。"——在鲍斯威尔先生记述他第一次被介绍给约翰生的随后的文字中，就会发现墨菲先生记忆失实的触目的例子；上面提到的说法，如他真的说过，那也绝不是不可能的，则提供了他说话不严谨的另外的证据，因为声称的两件事实都毫无根据。他开始写《格雷律师学院日记》的时候，似乎比二十一岁要大八岁；那份报纸不但没有与约翰生的作品齐头并进，而且是在1752年3月14日《漫游者》终刊后才问世的。《格雷律师学院日记》是此后大约七个月，于1752年10月21日在当时的一份叫做《巧匠》的报纸上面世。前四十九期都是以那种形式面向大众的。1753年9月29日，星期六，它采用了一种新形式，作为一种独特的报刊出版；而且以那种形态继续出版到1754年9月21日，终于停刊：总共一百零一篇文章，对开本。本书中提到的那份特殊报纸是第二系列的第38期，出版于1754年9月29日，是约翰生《漫游者》第190期的法文本的回译。在这些文章的十二开本两卷集再版时被删去，该版共收文章一百零四篇，文章的日期并不总是它们真正发表的日子；所以附在这篇盎格鲁–高卢式的东方故事前的题词obsuris vera involvens（真相为黑暗所包裹），在这本作品再版时附在它前面也许非常合适。自从《漫游者》的一篇文章阴差阳错发表后，我相信墨菲先生近来再没有拜访过约翰生，书中似乎就是这么说的；因为在他的1754年9月21日的终结篇中，我们发现有下面一段：

"再者，一个人为何不选择大胆奔放的风气反而遵从文句矫揉造作、诘屈聱牙的书呆子和作家们去钩摘隐伏。就我而言，我总是想着一种适宜的平易文体，而不是用隐喻抬高、用形容词放大、用频频穿插的拉丁习语以彰显尊贵的华丽的辞藻。"《漫游者》在这里被有意贬损是大有可能的，不过作者写这种文字时还不认识约翰生，但被初次介绍给约翰生之后，便努力博得后者的好感。因此，他们的结识由此可以推断：是直到临近1754年末才开始的。不过墨菲在前一年1753年12月22日的第二系列第14期上却是高度赞扬约翰生的。——M.〉

人有更多写信的材料；因此写信的勤快应当与您的机会相匹配。您要是把您的观感都写成像上封来信那样令人欣喜的记叙文章，我很高兴让您把全英国考察一遍。人们总希望知识掌 191
握在善于传递它的人手里。您一直在骑马乘车到处奔走，访 1761年
学人陵墓，探勇士营地，我只是待在家里，打算干一点我没有做过的大事。博[a]去了柴郡，还不打算回来。钱伯斯在牛津度假。

我非常牵心兰顿先生视力的保全或治愈，很高兴考文垂的医生给他如此大的希望。夏普[①]先生认白内障缓慢成熟是个常见的错误，它一旦形成就可以切除。这种观点值得考虑；我怀疑它是否就是普遍真理；如果在某些病例中是真的，这些病例又能被辨认出来，那就省得长期难受地拖延了。

亲爱的兰顿夫人的情况，您没有给我讲；这就不够朋友了，因为您知道我对她评价极高，而且又是多么关心她的健康。我估计您给她讲过我的意见，也估计我的意见没有被听取；然而我仍然相信它是对的。

请写信告诉您的近况，无论您在哪里，无论您在干什么，不管您漂泊还是静坐，植树还是做《乡巴佬》[b]，跟您的姐妹们游玩还是独自沉思默想；作为回报，我愿意告诉您谢立丹[②]的成

---

a　托珀姆·博克莱尔先生。

①　夏普（Samuel Sharp，1700？—1778），外科医生；《外科手术论》（1739）的作者，它是论述这一主题的第一部英文专著；皇家学会会员（1749）；盖伊医院外科医生（1733—1757）；出版他的游记《意大利来信》（1766），为约翰生赞赏；伏尔泰的相识；在外科技术和设备上做出了无数改进。

b　兰顿先生这一时期写的一组同名文章，但未出版。

②　谢立丹（Thomas Sheridan，1719—1788），演员、正音学家；与加里克的友谊关系紧张；合并都柏林的昂吉尔街剧院和斯摩克巷剧院，并接管它们（1745—1754）；都柏林和伦敦的成功演员，在朱瑞巷和修道院花园演出；编辑斯威夫特的作品，并提供了作者，即他的教父的传记（1784），与儿子理查德·布林斯利·谢立丹由于个人关系和他对朱瑞巷剧院的管理，关系日渐紧张。

功，眼下他正在扮演加图，已经演过理查两次。第二个晚上比头一个晚上观众更多，我相信他会走红的，尽管他的毛病似乎也不少；其中有些属于天生的缺陷，有些属于矫揉造作。我觉得他没有能力呈现有些人在舞台上能展示的那种威严或优雅，尽管那些人在日常生活中二者皆不具备。他的声音一用劲就难听，压低了又难让人完全听得见。他似乎对观众考虑过多，脸朝楼座转得太勤。

不过，我希望他一帆风顺；原因多多，其中之一就是我喜欢他的夫人[a]。想尽快来信，您满怀深情的仆人，

1760 年 10 月 18 日。 **塞姆·约翰生**

1761 年：五十二岁。〕——1761 年，约翰生似乎无大作为。毫无疑问，他仍然在编自己的《莎士比亚集》；但有何进展，无法确定。这段时间他肯定不够活跃；因为在复活节前夜严格的自查中，他用严以律已的方式悲叹，自从上个复活节圣餐过后，他的生活一
192 直是“浪荡无益的”[b]。然而，这一年他为罗尔特[①]的《新商贸大词
1761 年 典》写了序*，在这篇序中，他对这一学科的知识展示得淋漓尽致，所以读者以为序文的作者倾其所有从事商贸。我问他是不是熟知罗尔特及其作品。“先生（他说）我从来没有见过其人，也从来没有读过该书。书商们想要一篇《商贸词典》的序。那一类词典应该是什么样子，我一清二楚，于是就按情况写了篇序。”罗尔特给书商们写了不少东西，约翰生告诉我，他可是个奇特的人物。尽管根本不认识他，他却常说：“我刚从塞姆·约翰生那里来。”这足以表明

---

a 谢立丹夫人的著作有优秀的小说《悉妮·比达尔夫小姐回忆录》等。——她的性格见后1763年开头。

b 《祈祷文与默想录》，第44页。

① 罗尔特（Richard Rolt，1725？—1770），史学家、作家；约翰生为其《新商贸大词典》写序，《新英国史》（4卷，1757）和《近期战争史》（1776）的作者；他的历史著作比他华而不实的诗更受人赏识。

他虚荣厚颜到何种地步。在我们的姊妹国他提供了这方面的一个更加突出的证据，这也是约翰生博士告诉我的。埃肯赛德①的《想象的乐趣》初次问世时，没有署名。罗尔特到了都柏林，又出了一个版本，署上他自己的名字。他靠这一名望生活了好几个月，人们用最好的饭菜款待"灵巧的罗尔特"。[a]他的言谈确实显露不出多少诗人火样的激情；不过人们记得艾迪生和汤姆逊都是同样的沉闷，只有借助酒力才能兴奋起来。埃肯赛德得知这一欺诈行为后，便署上作者的真实姓名将其出版，来维护自己的权利。类似的文学诈骗行为还发现过好几例。圣安德鲁教堂的牧师坎贝尔博士写了一本《美德探源》，他把手稿寄给他的同胞和相识、身在英国的牧师英尼斯先生。英尼斯署上自己的名字将它出版；在这一欺诈被发现之前，他得到相当大的提升，作为对其功绩的奖励[b]。大名鼎鼎的休·布莱尔博士②和他的亲戚乔治·班纳坦先生在神学院求学期间，写了一首题为《复活》的诗，诗稿抄了若干份给人传阅。最后他们看到该诗的对开豪华本题献给威尔士亲王遗孀，作者是位道格拉斯博士，便大吃一惊。几年前，一部名为《感情男人》的中篇小说被埃克尔斯

---

① 埃肯赛德（Mark Akenside，1721—1770），诗人、医生；编《博物馆》（1746—1747），通过约翰生和克里斯托弗·斯马特发表作品；夏洛特王后的侍医（1761）；《想象的乐趣》的作者，这是一首素体哲理诗，对华兹华斯和柯尔律治影响巨大；出版医学论著《痫疾论》（1764）。

a 我在爱尔兰调查过这个故事，但没有发现那里有人记得。我是根据约翰生博士讲的故事，还根据《传记词典》和《剧作家传》；这两本书中多年来都有此记载。马隆先生说，真相也许并不是出版的一个版本的书名页上有罗尔特的名字，而是该诗当时未署作者名字，谈话中有人说它是罗尔特写的，罗尔特默认了。

b 这两本书我都有。英尼斯是那位把普萨尔马纳扎[1]带到英国的牧师，是普萨尔马纳扎海外奇谈的共谋。

1 普萨尔马纳扎（George Psalmanazar，1697？—1763），文学骗子。法国人，真实姓名不详。

② 休·布莱尔博士（Dr Hugh Blair，1718—1800），苏格兰长老会牧师、爱丁堡大学修辞学教授；文学家；反美利坚人的布道文（1776）大大地惹恼了鲍斯威尔。1777年出版《布道文集》。

先生僭取。此人是个年轻的爱尔兰牧师，后来在巴斯附近溺水身亡。他煞费苦心地把全书抄了一遍，抄稿上有涂抹，字行间有加写，还有更改，叫人一看俨然就是原稿。其实，它是爱丁堡理财法院律师亨利·麦肯齐[①]先生的作品，他还写过其他一些精妙的篇什；然而
193 人们普遍相信埃克尔斯先生，于是有人认为必须让斯特拉恩先生和
卡德尔先生在报纸上登一条广告，驳斥那种说法，并提及他们买下
1761年 6月10日 星期三 了麦肯齐先生的版权。我能想象这类骗局会肆无忌惮地实施，轻而易举地得逞。一件文学作品的由来很难拿出证据；它诞生时很少有证人在场。一个人要么私密地、要么通过不正当手段，就能在手稿阶段掌握它的一个抄本，并将其作为自己的作品悍然出版。真正的作者，在很多情况下，可能无法表明自己的所有权。约翰生因为他的文学产儿极具特点，确实可以蔑视任何把它们盗用给他人的企图。

> 莎士比亚的魔术无法模拟，
> 在那个圈子里除了他无人敢去！[②]

这一年他伸出友好的援手修订建筑学家格温的一本小册子《乔治三世加冕有感》*。

现在，约翰生与巴雷蒂先生已经亲密交往了几年；巴雷蒂先生重游故国，两人分离并没有中断他们的友谊，这从约翰生给他的信上看得出来。

---

① 亨利·麦肯齐（Henry Mackenzie，1745—1831），作家，情感小说《感情男人》（1771）以及反差式的后续《世故男人》（1773）的作者；一般认为是苏格兰文学首要情感主义者；苏格兰税收主管（1779），主编刊物《明镜》《闲荡者》；爱丁堡皇家学会创建者；苏格兰高地学会理事之一。

② 约翰·德莱顿，《暴风雨，又名魔岛》“开场诗”（1670）第2首，第19—20行。

致约瑟夫·巴雷蒂先生，米兰[a]

你常指摘我惜墨如金，懒得命笔：但你可以从我书信的长度发现，我有意用长来弥补稀。我以为，给远方的朋友写短信是一种侮慢，就像见人哈一下腰，点一下头打招呼一样——证明不想多效劳，哪怕在有必要出力效劳的地方。然而必须记住，一个人老待在一个地方，过着一成不变的日子，他就没有多少事好说。周周相似，年年雷同。时光造成的默默的变化，不是总能觉察出来的；如果觉察不出来，就无从说起了。我早起晚睡，说话思考，而你漫游了半个欧洲；我不嫉妒我的巴雷蒂享受了什么快乐，也许我却嫉妒别人与他做伴：我很高兴借助一位细致地考察过我们的习俗，成功地研究过我们的文学的旅行家，让其他国家了解到英国人的特点。你从法尔茅斯寄出的惠函已经收到，你在信中告知启程前往里斯本，从里斯本寄出的一封也已收悉，你说将在几日内离开葡萄牙。对这两封信，怎么能够回复呢？我还收到了从都灵发出的第三封信，抱怨我没有回复前两封信。你的英国风范仍然保持着它的纯洁与活力。你的天才会给它提供活力；然而它的纯洁必须靠全神贯
注才得以继续。随便运用两种语言，不使它们相互感染错合， 194
这是非常困难的：运用两种以上简直是可望而不可即。有些人 1761年6月10日
由于通晓多种语言得到赞誉，也许足以激发勤奋，但很难产生 星期三
自信。

不知道我由衷欣喜的是你受到的亲切的欢迎，还是你被众人抬高的声望。我愿意你功绩盖世；却不希望你受人追慕。你无论身在何处，我都想让你快乐：但我还是想让你希望回英国。如果你再次回到我们中间，你会发现朋友们的亲善没有

---

a 约翰生博士给巴雷蒂先生的三封信均在他写的最精彩的书信之列，其原件被转交给了那家给人教益、风格高雅的月刊《欧洲杂志》的业主们，初次发表在该杂志上。

丝毫衰减。告诉你怎样多方打听你的消息将会令人烦腻，即便不会令人烦腻，也会徒劳无益；因为三言两语就可告知你，知你者皆望你万事如意；你离去时拥抱过你的，回来时定会抚慰你：因此别让意大利学究或意大利女士把我们逐出你的脑海。你可以在我们中间找到你想遗留下的东西，嫣然的笑颜，轻松的诗篇。然而如果我们所有邀请全被拒绝，我也不会感到诧异：因为在家乡受人敬重，乐在其中，这是不容易抗拒的。

把索思威尔先生领到威尼斯，我知道你算是履行了原先的合同：然而，我倒希望你对他不要完全撒手不管，而是让他结识结识可以使他免吃愚蠢带来的苦头的人，在你力所能及的范围内关心关心他的安全和兴趣。他的亲属会为这样无偿的关注感谢你的：至少他们不会因为可能出现的什么坏事责怪你，且不管他们是否因为什么好事感谢你。

你知道我们有了一位新国王和一个新议会。菲茨赫伯特是新议会中的一员。我们对老国王厌倦透了，因此对他的接班人倍感欣喜；我们抱着他能大有作为的希望，所以我们大多数人已经开始信以为真。这名年轻人迄今为止无可指责；但对青春年少、羽毛未丰和王子教育寡见少闻的情况期望过多也许不合情理。长期以来他在苏格兰人的掌控之中，现在给苏格兰人的优惠已经超出了英格兰人将会甘愿承受的程度。不过也许他很少知道他尊敬过什么人或者讨厌过什么人。

艺术家们举办过一届绘画、雕像年展，我听说这是仿照外国学院的做法。今年是第二届展会。举办方大喜过望，因为看客盈门，他们想象英国学校的声望将会提升。雷诺兹无人能敌，收入成千累万，一直攀升，这也是他应得的，因为他优长多多，其中之一就是对巴雷蒂一直好心关照。这次展会上艺术家和艺术爱好者们人头攒动。当然，人生就算不长，也是单调乏味的，因为我们被迫请那么多琐事帮忙让我们打发时光，打发那一去不返的时光。

我知道不谈自己的信，我的巴雷蒂是不会满意的：可是我给他谈什么呢？自从我们分别后，我没有受过多大的苦，也没有干过像样的事。我生活方式中的唯一变化就是，我逛戏院的次数比以前的演出季节多了。然而我去那里仅 195
仅是为了逃避自我。我们有了很多新闹剧，还有喜剧《妒 1762年
妻》[①]，此剧虽然算不上是什么大手笔，但非常适合舞台演出，又被演员们表现得活灵活现，所以将近二十个夜晚场场爆满。我就要脱离自我奔向剧场了；但就是一个无果的计划也必须充满一个个插曲。关于我自己，我无话可说，只有一样，那就是迄今为止我在自己没有判断赞同的情况下生活；然而我还是聊以自慰，认为你回来时就会发现我已洗心革面。我并不奇怪，凡是允许隐修生活的地方，每个修道会都会找到信徒，每个隐修院都能找到住户。任何规矩人都会服从，有了规矩，人就可以免除善变的专制、机缘的专制。人们乐于靠外在的权威提供他们对恒定和决断的需求，追求别人的掌控，当长期的经验使自己相信自己无力掌控自己的时候。如果我能访问意大利，吸引我好奇心的主要是女隐修院，而不是宫殿：尽管我担心我会发现两种地方同样都会使我的期望变成失望，发现两地生活被不耐烦地支撑，被恋恋不舍地放弃。生命必须被尽快地放弃，这是医治不耐烦的一剂猛药；然而什么能使我们摆脱恋恋不舍呢？有人竭力教导我们死得安详，却很少教导人死得自愿：然而我不禁希望一种美好的生命可以最终以安心的死亡结束。

你看看一提到自己，我就被引向一串什么样的思绪。现在

① 作者为老乔治·科尔曼。

让我把注意力转移到你身上吧。希望你留心记一种严谨的日记，把所有的事件和观感统统记录下来；因为你在这里的朋友盼着一本鲜见的游记。你发自里斯本的信已经给了我们一个很好的样板。希望你在西班牙待得更久些，因为对于欧洲的其他国家而言，没有一个国家更鲜为人知了；然而你洞察的敏捷必须补偿你运动的迅速。知道把视线转向哪里的人，用时少，看得多。

给我勤写信，我就不会疏于给你写；而且也许会及时地发现一些可写的东西：不管我的信还有什么或者还缺什么，至少你会知道我依然是你最挚爱的朋友，

伦敦，1761 年 6 月 10 日。 **塞姆·约翰生**

1762 年：五十三岁。〕——1762 年，德比郡布拉德利教区长肯尼迪博士写了一部著作，名为《天文年表大系，展现圣经》，约翰生用一种极具宫廷风格的典雅情调为此书写了一篇《献国王书》*。他肯定在该书付印前先过了目；因为结尾有一段无疑是他的手笔，且让我的读者加以判断：

“这样，我已努力把宗教和历史从一种颇受争议和不确定的年表的晦暗中解放出来；从迄今为止似乎不能克服的困难、和学术之光至今无法驱散的黑暗中解放出来。我树立起了摩西式记述的真实，用的证据抄写不能讹误，疏忽不能遗失，兴趣不能扭
196 曲。我已经表明宇宙用其星球的旋转和季节的交替在为它的史家
1762 年 的灵感作证，证实轨道上运行的星球在与怀疑作斗争，**上帝**的杰作时时刻刻都在证实法律、先知和福音，关于这些，日日相传，夜夜互证；只要月有盈亏，日知沉落，圣经的正确性是不可否认的。”

这一年他还给伦诺克斯夫人的《女吉诃德》写了给米德尔塞克斯伯爵的《献辞》†，和《艺术家展品目录》的《序言》†。

下面的一封信由于它固有的优点，如果压下不予公布，无论对

约翰生，还是对读者大众都是不公正的，它是我的朋友苏厄德[①]先生为我讨要来的：

致**斯汤顿**[②]**博士**，（现为乔治·斯汤顿从男爵）

亲爱的先生，——顷奉惠函，即刻敬复，希望先生离开前还有华翰到来。一个像先生这样资质的人竟然觉得有必要在瓜达卢普谋求一官半职，我不禁遗憾万分，如果一项和约能把这个地方归还给法国，我将认为它会对损失有所减轻，因为它必须同样把斯汤顿博士归还给英国。

我们必须把大量时间花在谋生上，我们很难在一方面得到安适，而不在另一方面又将它放弃，这是一种消沉的看法；然而我以为按照这种安排我们得到的快乐，总体而言，不见得比如果大自然慷慨解囊将我们的全部需求都倾倒在我们手里时得到的少。少数人，如果他们这样听任自便，也许会把时光花在值得赞许的追求上；但是大部分人会损害彼此的安静，或者由于要达到其他目的，常常会危害自身。

然而，这就是我们的状况，我们必须尽力改善、缓和这种状况：尽管我们不是总能选择自己的住地，但我们可以在每个地方找到合理的娱乐，可以在每个地方拥有虔诚的慰藉和清纯的良心。

在美利坚，除了自然珍奇，没有多少可看的东西。新世界肯定有许多科学家们不大熟识的动植物。希望你能带上一些博物志，一些望远镜和其他观察工具。尽量少听信传闻；尽量用

---

① 苏厄德（William Seward，1747—1799），轶事收集者；思雷尔家的朋友；约翰生的密友；埃塞克斯角俱乐部成员（1784）；编《名人轶事集》（5卷，1795—1797）；当选皇家学会会员（1779）和文物学会会员（1779）。

② 斯汤顿（George Leonard Staunton，1737—1801），医生，外交家；约翰生的朋友；格林纳达检察总长（1779）；皇家学会会员（1187）；马戛尔尼勋爵出使中国时的首要秘书（1792）。

自己的感官考察。我毫不怀疑你能够增加很多知识，或许还能够增进医药。蛮夷民族信赖药草，也许金鸡纳树皮并不是这些广袤地区可以提供给我们唯一的特效药。

无论你身在何处，不管你运气如何，亲爱的先生。你一定记着我对你的厚望；不管你回到这里，还是待在另一个半球，听到你快乐的消息将会娱悦你最满怀深情的恭顺仆人，

1762 年 6 月 1 日。　　　　　　　　**塞姆·约翰生**

197

1762 年 7月20日 星期二

这时候，一位女士求他获取坎特伯雷大主教的恩顾让她的儿子进牛津大学读书，他经常接到这类请求，这些人急于达到某种目的，不考虑是否合适，或者他们所求的人是否有帮助他们的机会。为此，他写了下面一封信，剑桥大学伊曼纽尔学院院长、牧师法默博士[①]将一份抄件惠赐予我。

夫人，——希望您能相信，大函之所以迟迟未复，只因为我不愿让您所抱的希望破灭。希望本身是一种快乐，也许还是这个世界所提供的主要快乐：然而，如同其他被恣意享受的快乐一样，过度的希望必定受到痛苦的惩罚；痴心妄想最终必定造成失望。如若有人见问，何谓沉溺其中会造成危险的痴心妄想，经验会迅速回答，就是那种听命于欲望而不是理性的期望；就是那种由期盼者的需求，而不是由日常生活事件引起的期望；那是一种要求改变事物的普通进程、打破行动的一般规矩的期望。

您向我提出要求时，夫人，您应当考虑考虑您的要求是什么。您要我向一位我从未与之说过话的伟人求情，帮助我从未

---

① 法默博士（Dr Richard Farmer，1735—1797），剑桥大学伊曼纽尔学院院长；《论莎士比亚的学问》（1767）的作者；文学俱乐部成员，用他自己的文学和学术项目给约翰生提供帮助。

谋过面的年轻人做一件我没有办法知道是否真实的事情。在所有的伟人当中，没有理由让我选择去恳求大主教，而且在大主教有可能慷慨垂顾的对象中，他也没有理由选中令郎。夫人，我知道当利与理对峙时，认理是多么心犹不甘的事情；然而，夫人，您肯定得承认，没有理由认为我就应该干这件事，因为其他任何人都有同样的理由可干，而且，说实话，如果没有跟主教和跟您的非常特殊的关系，谁干这件事都未必合适。如果提出这一迫切要求时我能以适当手段襄助，那会给我莫大的快乐；然而，这个建议跟通常的方法相距太远，所以我无法遵命照办，除非去冒我相信您不希望我遭受的那种回答和怀疑的危险。

今天早晨我见到令郎；他好像是个蛮帅气的小伙，也许会找到某个比我能替他找到的更好的朋友；不过即便最终未能进大学读书，他仍然会聪明、有用、快乐。您最恭顺的仆人，

1762 年 6 月 8 日。　　　　　　　　**塞姆·约翰生**

致约瑟夫·巴雷蒂先生，米兰

先生，　　　　　　　　伦敦，1762 年 7 月 20 日。

无论你指责我不按时写信有多么正确，我还不至于昏沉疏忽到不去利用博克莱尔先生途经米兰提供给我的这一机会，写信给你。

估计你收到了《闲散者》，我还打算让你不久收到《莎士比亚集》，好让你给意大利的女士们讲解他的作品，除了在这个不为人知的地区长期居住提供给你的奇谈怪论外，你还可以给她们讲讲主编的故事。 198

1762 年
7月20日
星期二

由于你离开多日，估计你的好奇心急于知道几位老友的近况。威廉斯小姐和我的生活大体依旧。科特雷尔小姐依然和波特夫人相依为命，夏洛特正怀着第四个孩子。雷诺兹先生一年赚六千镑。莱韦特新近结婚，人们纷纷怀疑他在这桩婚事中给

骗惨了。钱伯斯先生今天与法官们巡回审判去了，这是他头一回出巡。理查逊先生因中风病逝，他的二女儿嫁作了商人妇。

我的虚荣，或者我的好心使我自鸣得意，认为比起上面提到的几位，你更想得知我的近况；不过就我自己，我想说的实在不多。去年冬天，我回了一次故乡，我发现那里的街道比我认为离开时窄了许多，短了不少，住户都换成了新人，很少有认识我的。我的玩伴都老了，迫使我疑心我也不再年轻。我硕果仅存的一位朋友已经改变了信念，成了多数派的工具。我的继女，我曾寄予厚望，对她慈爱有加，已经失去了青春的美貌和快活，却没有获得成年的智慧。我四处转悠了五天，抓住头一个方便的机会回到一个地方，那里如果没有多少快乐，至少还有那种小小的烦恼不放在心上的形形色色的善与恶[a]。

我想过几周再试着出游一回；不过目的何在呢？请告诉我，我的巴雷蒂，你回故国的结果如何：时光是否成就了什么改善，是不是在头一阵问候的狂喜过后，你没有发现你的思想承认它的失望。

道德说教的语句大不了只是在一名才子回乡之行这样的场合有炫耀、浮华之嫌：然而那样的苦与乐构成了生活的总体；因为对用大感情感受事物的人而言，没有小事，一个能够看见普通事件实况的心灵就被非常普通的事件交给了非常严重的观照。让我们相信这样一个时代将会到来：届时现时现刻不再令人厌烦；届时我们不再把一切幸福都向希望拆借，因为希望最终会变成失望。

请你尽力以礼相待博克莱尔先生；因为他一向待我很好。

我最近见了帕多瓦大学教授斯特拉蒂科先生，他告诉我你跟切莱斯廷会的一名男修道院院长发生争执；但具体情况一时想不起来。你给马尔西利写信时，告诉他我怀念他。

---

a　这是对伦敦能向忧郁的心灵提供的那种宽慰的真实描述。

愿我的巴雷蒂在米兰，或附近的某地生活快乐，你满怀深情的恭顺仆人，

塞姆·约翰生

乔治三世登基给文学人士开创了一个新的更加光明的前景，因为文人在前朝并未受到皇家优待。当朝国王在本国受的教育，以及他的情趣和仁德激励使他成为科学和艺术的赞助人；久闻约翰生是一位饱学善良之士，没有任何固定俸禄，便欣然赐他三百英镑的年俸。时任首相的比尤特伯爵[①]有幸宣布这一敕赐，关于此事，流言满天，众说纷纭，但都一无是处，不足为训。有人心怀叵测，说此举是对约翰生的政治贿赂，目的是要他抛弃既定原则，沦为他认为是建立在篡权基础之上的一届政府的工具。对此，我已根据最可靠的信息在自己力所能及的范围内用心予以驳斥。比尤特勋爵告诉我，韦德伯恩先生，即现在的拉夫伯勒勋爵[②]，是第一个向他提起这个问题的人。拉夫伯勒勋爵告诉我，之所以给约翰生发这份年俸，完全是为了表彰他的文学功绩，没有任何条件，甚至连要他写文章替政府说话的默契也没有。勋爵大人还说，约翰生后来的确写过一些政治小册子，但这些东西与他自己的观点完全一致，他相信就是没有给他这份年俸，他还是照写不误。 199 1762年

当时与约翰生和韦德伯恩先生一起生活过很长时间的托马

① 比尤特伯爵（James Stuart, 3rd Earl of Bute, 1713—1792），首相；与皮特结盟对抗福克斯-纽卡斯尔联盟，受命对枢密院宣誓（1760）；被授予嘉德勋位（1762）；首席财务大臣（1762）；与法国在枫丹白露议和（1762）；在强烈反对和约后辞职（1763）；在爱丁堡大学设立修辞和纯文学教授职位；约翰生、斯摩莱特、托马斯·谢立丹、画家阿伦·拉姆齐和建筑师罗伯特·亚当的赞助人；倾向联盟而不是干预的活动使他成为一头政治替罪羊。

② 拉夫伯勒勋爵（Alexander Wedderburne, 1st Baron Loughborough，后来为1st Earl of Rosslyn, 1733—1805），大法官（1793）；精英学会成员；王室法律顾问（1763）；检察总长（1778）；民事法院首席法官（1780）；关于天主教徒解放给皮特的法律建议导致了内阁倒台；忠于国王乔治三世，而不是忠于任何党派。

斯·谢立丹先生和墨菲先生告诉我，他们与约翰生一起议论过此事，还说各方完全理解这笔年俸纯属一种荣誉。乔舒亚·雷诺兹爵士告诉我，国王陛下的意向通知下达之后，约翰生就来找他，说他希望听取一下朋友们的意见，看接受这一皇恩荣誉是否合适，因为他已经在他的《词典》中给“恩俸”和“食恩俸者”下过定义[①]。他说等他第二天再来时再给他答案，希望乔舒亚爵士考虑考虑。乔舒亚爵士回答说，他现在就可以清楚地给出自己的看法，那就是，对他接受国王对文学功绩的奖励不会有任何异议；他《词典》里的定义肯定对他不适用。约翰生似乎心满意足，因为直到他接受了恩俸，等到面谢过比尤特勋爵后才再次来拜访乔舒亚爵士。他这时对乔舒亚爵士说，比尤特勋爵跟他说得明明白白，“给你恩俸不是因为你要做什么，而是因为你做了什么”。[a] 他说，勋爵大人态度极其客气。他把这话重复了两遍，保证让约翰生听清楚，让他完全放心。这位贵人已遭到恶毒的诽谤，但在这件事情上，行为光明磊落，心胸豁达大度。要是一位性情狭隘自私的大臣，就会利用这样一次机会让一个约翰生这样才学盖世的人背负不言自明的人情债来支持自己。

200 墨菲先生和已故的谢立丹先生各自争功，说自己是第一个向韦
1762年 德伯恩先生提出约翰生应得一份恩俸的人。我向拉夫伯勒勋爵说起此事，想知道他是否记得这件事的第一发起人，他说：“他的朋友个个鼎力相助。”我又跟他说谢立丹先生一口咬定是他的功劳，勋爵大人说：“是他拉的铃。”不过应当补充的是，谢立丹先生告诉我，当他给约翰生博士传达将要给他发恩俸时，约翰生满怀热烈的感激之情，回答道：“英语中没有词语足以让我表达此时此刻我的感受，我

---

① 约翰生给“食恩俸者”（pensioner）下的定义是“一个受按他人意志拿出的一笔津贴供养的人；一个依赖他人的人”。

a 〔约翰生亲口告诉伯尔尼博士，比尤特勋爵说这番话，是在回答他先前就接受这笔拟议中的赏金提出的一个问题：“请问，大人，指望我为这笔恩俸做些什么？”〕

必须求助法语，我对陛下的恩德 pénétré[①]。”我把此话给约翰生重复了一遍，他没有否认。

他给“恩俸”和“食恩俸者”下的定义部分是以他引用的蒲柏的讽刺诗为根据的，一般而言，或许是正确的；但大家必须承认，也许有而且已经有按慷慨磊落的条件授受的恩俸。所以，显而易见，约翰生接受一笔没有任何条件、光明正大地给予他的恩俸就没有什么自相矛盾或掉价丢份的问题了。

然而，我不想自说自话，耽搁读者，关于这个问题承蒙比尤特伯爵惠顾，使我能够幸运地将约翰生的手书呈献给读者；伯爵大人欣然把下面这封致其先父书信的抄件转交给我，此信对修书人和受书的那位贵人都带来了莫大的荣耀：

致**比尤特伯爵大人**

大人，——韦德伯恩先生昨日将通知书送达，我被告知，经大人举荐，国王陛下有意对我给予眷顾。

奖赏的部分价值总是来自颁发它的态度；大人仁心博大面面俱到，既能体贴入微，又能履行职责。您施恩的对象是个既无人事背景又无利害关系之人，既非有功该赏之辈，也非献媚邀宠之徒；您使他免遭恳求之耻及悬疑之虑。

恩赐如此高雅，我希望不会在遭人指摘的情况下领受；我要竭尽全力给大人以慷慨所渴望的唯一回报——满意地发现您的恩赏绝不失当。大人最感激、最顺从、最卑微的仆人，

1762 年 7 月 20 日。　　　　**塞姆·约翰生**

这一年约翰生的朋友乔舒亚·雷诺兹爵士对他的故乡德文郡进行了几个星期的访问，一路由约翰生作陪，约翰生对这次旅行甚感 201
欣慰，声称从中增添了很多新想法。他在英格兰西部的好几位贵族 1762 年

① “铭感于心”。

和绅士的邸宅里受到款待[a]；但绝大部分的时间是在朴利茅斯度过的，在那里壮观的海军、造船厂及其所有的环境都给他提供了观照的重大主题。海军造船厂厂长①向他表示敬意，安排快艇把他和他的朋友送往漩涡石灯塔，他们便乘快艇前往。但天公不作美，狂风大作，他们无法登岸。

雷诺兹和他这时在马奇②医生家做客，马奇是当地著名的外科医生，现在又是内科医生，以才思敏捷和知识广博著称，同样也以态度和蔼可亲受人爱戴和尊敬；在这里，约翰生结识了马奇医生的父亲，那位非常杰出的神学家扎卡赖亚·马奇牧师③，埃克塞特受俸牧师，他在西部被人当偶像崇拜，不仅是因为他作为牧师成绩优异，而且还因为他的个人行为纯正完美得体。他做过一次布道，有意让约翰生听到；以后我们将会看到约翰生通过描绘他的性格来纪念他。约翰生在朴利茅斯期间，见到很多当地居民，跟他们谈得妙趣横生，畅快淋漓。正是在这里，他做出了直率真诚的坦白："无知，纯属无知。"原因是在他《词典》里给"骹骨"这个词下错了定义[b]，搞得向他提出问题的那位女士大吃一惊；这位女士对约翰生的人格敬仰得五体投地，简直认为他一贯正确，无懈可击，所以等着听到一个从她一无所知的某种深奥的学术源头汲引出来的解释（关于一个普通读者肯定觉得十分陌生的问题）。

---

a　在一座邸宅里，伦敦的埃米亚特医生告诉我，他碰巧遇见了约翰生。开饭前为了让约翰生开心，便领他到花园里散步。主人觉得谈话应当引进一点科学方面的内容，便对约翰生说："您是不是植物学家，约翰生博士？""不是，先生（约翰生答道），我不是植物学家；（无疑提及他的近视）如果我想当植物学家，我得首先把自己变成一个爬行动物。"

①　弗雷德里克·罗杰斯爵士。

②　马奇（John Mudge，1721—1793），外科、内科医生；皇家学会会员（1777），与雷诺兹是世交；在朴利茅斯招待约翰生（1762），后来成为始终不渝的好朋友。

③　扎卡赖亚·马奇牧师（Zachariah Mudge，1694—1769），神学家、英国国教会牧师；雷诺兹的终生朋友；埃克塞特受俸牧师（1736）；《自由：一篇布道文》（1731）和《论诗篇新英文本》（1744）的作者；约翰·马奇医生的父亲，通过儿子遇到了约翰生。

b　见前边码第161页。

关于这次朴利茅斯之行的有关信息，我得感谢乔舒亚·雷诺兹爵士，他提到约翰生在朴利茅斯期间的一件非常典型的轶事。注意到由于船厂的缘故，一座新城在两英里之外兴起，成了老城的竞争对手；基于他的睿智和对人性的正确观察，他又认识到，如果一个人有憎恨情绪，他肯定会憎恨自己的邻居；所以他断定这座新兴的城镇只会激起老城的羡慕和嫉妒；很快他就进一步证实了这一推测；于是他坚决站在老城，那座确立公认的

城镇一边，与它共命运，同患难，认为站在它一边是责无旁贷的。因此他古道热肠，维护它的利益，人们管新城居民叫“船坞客”，他又屡屡把船坞客说成暴发户和外来户。朴利茅斯供水充足，因为有一条河从远方流过来，河水滔滔，在城里白白糟蹋。船坞，或者新城，却全然没水，202
因此请求朴利茅斯允许向他们那里修一段水渠，这事正在考虑之中。约 1762 年
翰生拿出一副满怀当地激情的样子，强烈反对，本来事不关己还装得十分热衷，他半带自嘲地喊道：“不行，我反对船坞客；我是朴利茅斯人。无赖！让他们渴死去吧。他们休想得到一滴水！”①

承蒙马戛尔尼勋爵②的盛情，赐予我下面一封信的抄件，这是他亲笔按原信抄录的，原信是当世比尤特伯爵从他父亲的文件中

① 〈我的一位朋友听见他在这次访问中极其气愤地大喊：“我恨船坞客。”——布雷克威〉

② 马戛尔尼勋爵（George Macartney，1st Earl Macartney，1737—1806），外交官、殖民地总督；驻俄国特命全权公使（1764）；受封爵位（1764）；爱尔兰首席大臣（1769）；爱尔兰枢密院官员（1769）；格林纳达、多巴哥和格林纳丁斯群岛总督（1775）；马德拉斯总督（1781—1785）；枢密院官员（1792）；出使北京（1792）；好望角总督（1796）。

发现的。

致比尤特伯爵大人

大人，——用来举荐我享受国王陛下恩惠的那种慷慨不至于被有必要使那种恩惠永久有效的一种恳求伤害吧。

定于米迦勒日[①]发放给我的恩俸尚未收到，不知道该去何处向何人询问。因此，乞望大人给韦德伯恩先生提供必要的指示，我相信，他的友情会使他认为向我转达算不上什么麻烦。

在这种时候，用如此琐碎的烦难搅扰大人，既不合体统，又毫无道理；然而大人阅世极深，定会体谅，但凡人间事务，无论多小，对本人而言，都很重要。人人希望自己免遭忽视，只要恶习没有排除自己的要求，也许人人都有理由期盼从广布予我的那种善行而来的恩赐，大人感激涕零、恭顺备至的仆人，

圣殿巷，1762 年 11 月 3 日。 **塞姆·约翰生**

致约瑟夫·巴雷蒂先生，米兰

先生， 伦敦，1762 年 12 月 21 日。

尽管你坚信我的疏懒，但还不至于认为我把这段时间统统打发过去，却不给我的巴雷蒂写信吧。我给博克莱尔捎过一封信，我以为，他自己也认为，要赶往那不勒斯恢复健康；但他却在巴黎停了下来，我不知道他会何时上路。兰顿和他在一起。

我不想烦劳你推测和与战。战事和使团成功的好坏只涉及国内生活的一小部分：我们都有善与恶，对此我们对比我们所参与的一小部分公众的成与败更敏感。我对你的失望感到难过，它对你的触动似乎比我在一个像你这样坚决果断、经验丰富的人身上应当期望到的还大，我不知道一般真理对特殊场合很少适用，也不知道我们自爱的谬论涉及的范围跟我们的兴趣或感

① 〔米迦勒日，9月29日，英国四大结账日之一。〕

情一样广。人人相信情妇不忠，赞助人善变；但总把自己的情妇，自己的赞助人排除在外。我们大家都明白伟大大而化之，不 203
屑一顾，在宫廷里，生命往往在满足不了的期望中凋零；然而走 1763年
向伟大或宫廷荣耀的人总是想象命运最终使他避免流于凡俗。

别让成千上万人遭受过、成千上万人战胜过的那种祸害将你摧垮；而要用猛劲把你的思绪转向某项另外的人生计划，永远牢记：要是充分服从天意，一个天才人物很难遭到毁灭，除非毁在自己手里。你的赞助人的软弱或者麻木最终对你不会造成多大伤害，如果他没有受到你自己的热情支援的话。至于你的爱情，我不知道它是否适当，也无法评估它力量多大；但爱情，如同其他激情，对它的希望是根本，我们应当永远记住万事难料。的确，引诱理性丧失警惕的莫过于跟一个可爱的女人一起过日子的想法了；如果情人的想入非非都会实现，我不知道还有什么人间幸福值得追求。然而爱情与婚姻情况大相径庭。那些要一起遭受这些祸害[①]，以及往往为了对方遭受这些祸害的人，很快就会失去因分享单纯的快乐和连续的欢娱而产生的那种外表的温存和那种内心的慈爱。女人，我们相信，不会永远美丽；我们不相信她会永远贞洁：而男人也不能终生保持他用来承欢一日或一月的那种敬重和殷勤。然而我并没有声称已经发现人生除了谨慎、美满的婚姻还有什么更值得渴求的东西；因此就不知道该给你提什么劝告。

如果你能打消你关于爱情和伟大的想象，舍弃你对升迁和新婚燕尔的希望，再试一下文学和专题研究的运气，去法国的路现在处处畅通。我们沾沾自喜，以为，只要勤奋，我们就会培育和平的艺术；谁能教会我们不懂的东西，谁就会受到我们的欢迎。就你而言，你会发现你的老朋友个个都愿意接纳你。

---

① 〈约翰生很可能写的是“一起生活的祸害”。这几个字是斜体，然而在这封信的巴雷蒂的原版中未发现，但它们可能在他抄写或在印刷中不经意地删去了。——M.〉

雷诺兹的声望和财富仍然在节节攀升，威廉斯小姐非常爱你，现在还是老样子。科特雷尔小姐仍然和波特夫人在一起。夏洛特小姐与刘易斯教长结了婚，并且有三个孩子。莱韦特先生娶了个野鸡。不过我的报道现在必须来告诉你，巴瑟斯特当了军医，在哈瓦那去世。

不知道我是否告诉过你哈金斯[①]和理查逊已双双离世。当看见自己的敌人和朋友在前面悄然离去时，我们切勿忘记我们都服从于无常的总规律，不久就会到永远安排大限的地方。我祈求**上帝**保佑你，你最挚爱、恭顺的仆人，

来信从速。 **塞姆·约翰生**

1763年：五十四岁。〕——1763年，他给福克斯[②]和沃蒂[③]出版的《诗歌日历》写了《柯林斯的性格》，后来又把该文拓展为那位令人赞赏的诗人的完整传记，收入他写的英诗主流传记集中，由伦敦
204 的书商们组织出版。他对严重折磨柯林斯并把他送进坟墓的郁闷消
1763年 沉的描述，我认为是他整个作品系列中最充满柔情、最引人入胜的篇章。他还赐惠胡尔[④]先生，为他翻译的塔索写了给王后的献辞，* 这篇文章构思得体、表达优雅，所以我不得不指出，以引起读者特

① 哈金斯（William Huggins，1696—1761），翻译家；贺加斯的密友；翻译《疯狂的奥兰多》（1755），在沃顿诋毁阿里奥斯托之后与沃顿论战；一度为清唱剧写歌词。

② 福克斯（Francis Fawkes，1720—1777），诗人、翻译家；约克郡布拉默姆牧师；翻译阿那克里翁（1760）；在生前作为翻译家有很高声望。约翰生的朋友，一度还是合作者。

③ 沃蒂（William Woty，1731？—1791），诗人、文学编辑；编辑的第一本文集《帕那索斯山的灌木》（1760）中有约翰生、鲍斯威尔和斯摩莱特的文章；主要是一位讽刺诗人；显然对伦敦剧坛有浓厚兴趣。

④ 胡尔（John Hoole，1727—1803），翻译家、东印度公司审计；翻译塔索（1763、1792），阿里奥斯托（1783）和梅塔斯塔齐奥（1767）；约翰生的朋友；埃塞克斯角俱乐部成员；约翰生临终时在床前服侍；创作三部悲剧在修道院花园上演但不大成功，作品还有《英国东印度公司事务现状》（1772）。

别关注[a]。

对我而言，这是难忘的一年；因为在这一年，我有幸结识了我现在为其立传的那位超凡入圣的人物；我将把这种结识看作我一生中最大的幸事之一。尽管当时才二十二岁，但我满怀欣喜地读他的著作已有好几年了，而且深受教益，对作者又敬仰备至，这种敬仰在我的心目中已经变成了一种神秘的崇奉，由于我给自己描绘着一种庄严崇高的抽象境界，我认为他生活在大都会伦敦正是处在这样的境界里。爱尔兰人金特尔曼先生多年来在苏格兰当演员，教英语，他时运不济，怀才不遇，难以出人头地。他给我描绘了当时被称为“词典约翰生”的体形和风度[b]；1760 年，我头一次来到伦敦，一待就是三个月，在此期间，金特尔曼的朋友和同胞、诗人德里克先生让我满心欢喜，燃起了他会把我引荐给约翰生的希望，这是一种我梦
寐以求的荣幸。但他一直没有找到机会；这就使我怀疑他许诺的事 205
情是否有能力兑现；若干年后，约翰生告诉我：“先生，德里克完全 1763年

---

a “**王后陛下**，——接近高峰和辉煌一直是古往今来诗人们的特权；尽管译者不能据理要求同样的荣耀，但他们作为随从，顺理成章地紧跟他们的作者；由于能使塔索的声望传遍不列颠全境，我希望作为回报，我可以被引见给**陛下**。

“作为与汉诺威王朝同祖同宗的埃斯特家族[1]的追随者和颂扬者，**塔索**有引起**陛下**青睐的特殊权利，在回顾他的一生时，很难回避这样一种愿望，那就是在那个名门望族的后裔中，他也许找到了一个更慷慨、更有能力的赞助者时，他能生活在一个更加幸福的时代。

“**王后陛下**，我不禁要说，当我反思**塔索**没有得到的幸福被留给了我，当那首曾经很难让作者得到费拉拉诸侯赏识的诗已经让它的译者引起了一位**不列颠**王后的眷顾时，奖赏与功劳是多么的不相匹配。

“如果这是**塔索**的命运，他就能够用更崇高的语言歌颂**陛下**的垂顾，但他所怀的感激之情却难以胜过**王后陛下**最忠诚的仆人。”

1 意大利的一个名门望族，其中的几代费拉拉公爵都是人文赞助人。

b 古代伟人，如阿非利加西庇阿（Scipio Afrianus），由于某种卓著的功勋被人在名字上加一个号，据此，我杰出的朋友由于那个天才加辛劳取得的卓越。因成果《英语词典》，往往被称为“词典约翰生”，对这部著作的功绩我越来越心怀恭敬。

可以介绍你的。我很喜欢德里克，他死了我十分难过。”

1761 年夏天，托马斯·谢立丹先生在爱丁堡给广大可敬的听众举办关于英语和公开演讲的讲座。我经常作陪，屡屡听他细述约翰生非凡的知识、才华和德行，重复他深刻的名言，描述他的特点，还吹嘘约翰生来他家做客，有时聊到凌晨两三点。在他家里我希望有很多机会见到这位哲人，因为谢立丹先生善解人意，向我保证，我不会失望的。

1762 年末，我再次来到伦敦，使我惊悔交加的是，发现约翰生和谢立丹之间已经产生了不可调和的分歧。一笔二百英镑的年俸已经发给了谢立丹。前面已经提到，约翰生对谢立丹的演艺向来就瞧不起，现在听说他也享受了恩俸，便惊呼："什么！他们给他恩俸啦？看来我该把我的上交了。”这是一时想不通泄愤呢，一个演员竟然跟他一样受到奖赏，这好像是对他的高功厚德的一种冒犯，还是乖戾性子突然发作，出言不恭，确实不好断定。给谢立丹先生发放恩俸，不是因为他是个演员，而是因为他是政府事业的受害者，1753 年党争激烈时，他恰好在爱尔兰的皇家剧院担任经理一职。但也必须承认，他是个文人，又大力改善了朗读、讲话的艺术，使之清晰、得体。

此外，约翰生应该记得谢立丹先生给亚历山大·韦德伯恩先生教过发音，后者的妹妹嫁给了哈里·厄斯金爵士[①]，哈里·厄斯金爵士是国王的宠臣比尤特勋爵的密友；当然这位最蛮横的辉格党人不会主张：无论安排官职的原则应当是什么，恩俸永远不应当从宫廷关系的偏心出发来发放。其实，麦克林[②]先生与谢立丹共享着指导韦德伯恩

① 哈里·厄斯金爵士（Sir Harry Erskine，1710—1765），陆军军官、政治家；第一皇家苏格兰团上尉（1743）；代表埃尔自治市的议员（1749—1754）；比尤特的朋友和心腹；王室私路勘测官（1757—1760）；晋升少将（1759）；蓟花勋位大臣（1765）；晋升中将（1765）。

② 麦克林（Charles Macklin，1697？—1797），演员、剧作家；演员造反期间（1733—1734）在朱瑞巷发迹；对《威尼斯商人》中夏洛克的艺术（转下页）

先生的荣誉；尽管对于一个苏格兰男子来说，掌握地道的英格兰口音
的抑扬顿挫因年龄偏大为时已晚，然而韦德伯恩先生的两位导师如
此成功，再加上他本人的不懈努力，最终他去除了苏格兰口音的粗
糙部分，只保留了能标明他的国籍的那么一点“本土的野调林籁”[1]；
这一点，如果哪个苏格兰人假装忘记了，我就打心底里瞧不起他。尽
管有那些不具备英格兰教育优势的人会遇到的种种困难，他却逐渐养
成了一种讲话模式，英格兰人也不能否认它的优雅。他出众的演讲术
由于他在自己的国家以最高民事法院律师和苏格兰教会主事长老的身
份加以运用，所以在更高的领域里便声誉鹊起，并且赢得了丰厚的回
报。当我在爱丁堡，在一种跟他耀眼的能力很不匹配的环境中回顾这
位贵人时，在伦敦注视**拉夫伯勒勋爵**时，这种变化简直像奥维德《变 206
形记》中的一个实例，由于他的两位导师，通过优化他的谈吐，使他 1763年
的才能得到充分发挥，我们借用那位诗人的话，“Nam vos mustastis”[2]。

我对这一关于成功的天赋和勤奋的杰出事例说得多了点，因为它能鼓励其他的北不列颠绅士，在本岛的南部去试运气，他们也许希望在那里满足自己的最大野心；既然我们联合为一个民族，如果坚持认为他们与国王陛下统治下的其他任何地区的居民没有一种平等权利，那肯定是偏狭之见。

约翰生抱怨说一个讨厌他的人[3]把他的刻薄话复重给了谢立丹先生，却没有告诉他后面的话，那就是，停顿了片刻后他又加了一句，“不管怎么说，我很高兴谢立丹先生享受恩俸，因为他是个非常好的人”。谢立丹绝对不能原谅这种冒失鄙夷的说法。它伤透了他的心；尽管我给他讲了约翰生的完整的说法，并说约翰生很高兴亲切地会见

（接上页）处理颇受赞誉（1741）；与加里克争吵；《时尚爱情》（1758）的作者；在都柏林帮助建立乌鸦街剧院；在修道院花园演《麦克白斯》开创了按地点时间而不是穿当代服装演莎剧的风气；18世纪剧坛的主要革新家。

[1] 见约翰·弥尔顿《快乐的人》，第134行。

[2] “因为你们造成了这种变化”——奥维德，《变形记》，第1章，第2行。

[3] 詹姆斯·麦克弗森（见后注）。

他，他还是断然拒绝了我反复提出的要求，有次我跟他约定一起吃饭，他冷不丁地离开了房子，因为他听说约翰生博士要来。我对那种积怨不表同情。两个曾经融洽友好地生活在一起的人关系破裂，是一件令人痛心的事情；我心里纳闷，在那么多的情况下，怎么没有把它修复的共同愿望。我看得出来，谢立丹先生对约翰生承认他是个好人决不满意。这无法抚慰他受伤的虚荣心。同时，我十分生气地看到，谢立丹在他后来出版的《斯威夫特传》[a] 里，在怨恨的扭曲下极力贬损约翰生，把他说成"小人当道时的一个具有巨人名气的作家"；正是这个约翰生，他一度赞赏有加，敬重备至，对此我不禁哑然失笑。

跟谢立丹关系决裂使约翰生孤寂的夜晚失去了最惬意的开心资源；因为谢立丹见多识广、活跃忙碌的脑海从不允许交谈停滞，而谢立丹夫人对一个智者来说是个最愉快的伙伴。她通情达理，随机应变，不装腔作势，但健谈热情。我怀着满足之情回想起跟她在她丈夫好客的住宅里度过了许多令人愉快的时光，她丈夫对我来说，是位非常厚道的朋友。她的小说《悉妮·比达尔夫小姐回忆录》有精彩的道德寓意，尽管它反复灌输一种未来的报应情况[b]；它

---

a 第447页。

b 我的态度已经被贝德福的贝尔沙姆[1]先生在他的《论戏剧诗》中做了很好的说明。"这些时代（他说）道德家和批评家两者的时尚信条就是：美德与幸福总是相伴相随的；主张在每出悲剧的最后一幕的最后一场，美德不应当有回报，邪恶不应当受惩罚被看作一种戏剧的不恭。然而，我认为，我们的现代诗人的行为是极其有害的；因为在理论上反复灌输这么一种信条，那就是，在现实生活中，美德总是产生幸福；邪恶总是产生痛苦，事实上，人人知道这是假的。所以这么做纯属徒劳。于是康格里夫使悲剧《悼亡的新娘》用下面的愚蠢对句结束：

> 因为幸福一直在等待德行，
> 虽然迟到，回报肯定会发生。

"一个德行突出的人，一个布鲁图，一个加图，一个苏格拉底，最后陷入重重苦难的重压之下，我们不仅受引导对邪恶怀的愤慨比此人脱离苦海还大，而且我们不可避免地受到诱导，怀着这样一种崇高的理念：将来总有报应的一天，届时他定会得到的正义，不仅是诗歌上的，而且是实质（转下页）

的教育主旨通过一系列能打动人的深重灾难刻印在人们心上，在那位可爱、虔诚的女主人公身上体现出来她进入坟墓时仍未获宽慰，但听天由命，满心希望“上天的慈悲”。对此约翰生给了她高度赞扬：“夫人，我不知道，根据道德原则你有权让你的读者痛苦万分。” 207

1763年5月16日星期一

演员托马斯·戴维斯当时在修道院花园拉塞尔街[a]开着一家书店，他告诉我，约翰生可以说是他的朋友，是他家的常客，他不止一次邀请我去他家见约翰生；但运气不好，总有这样或那样的事阻碍他来到我们中间。

托马斯·戴维斯先生是个理解能力强、多才多艺的人，又有受过开明教育的优势。尽管多少有点自我炫耀，但他仍然是一位讨人喜欢的伙伴；他的文学作品的优长也不可低估。他待人友善，极其好客。他和他的妻子（她以美貌出名）虽然多年活跃在舞台上，但仍然保持着一贯的雅正人格；约翰生敬重他们，与他们交往，跟他经常拜访的任何家庭一样随便亲密。戴维斯先生记得约翰生的好几句名言，很多人都模仿过约翰生跟自己交谈时的音容笑貌，戴维斯是最惟妙惟肖的

（接上页）上的。”《哲学、历史、文学论文集》，伦敦，1791，第2卷，八开本，第317页。

这番话说理透彻，表达清晰。我真希望这位机敏的作者没有认为有必要引入任何“一个德行突出的人”的事例；因为这样一来，在描述时他就避免提及布鲁图那样的恶棍。贝尔沙姆先生在他的《论文集》中展示了如此丰富的阅读、思想和良好写作的功底，我感到遗憾的是，他却没有足够的幸运被教育成我们优秀的国家宗教体制的成员。如果他没有受到不信国教方面的教养，他也许不会沾染上这些宗教和政治方面的异端邪说（像我经过慎重调查衷心地认为的那样），这些东西，在阅读的时候，我坦白地相信，我不会不气愤的。

1 贝尔沙姆（William Belsham，1752—1827），辉格党政论作家、不顺从国教者、历史学家；《哲学、历史、文学论文集》（1789）的作者；晚年写出了《1688年至1820年大不列颠史》。

a 8号。——我有幸被介绍给本书杰出的主人公的地方，值得特别注明。我每次经过此地，尊敬和遗憾之情便油然而生。

Residence of Thomas Davies where Johnson & Boswell first met

模仿者之一。他使我越来越沉不住气，心急火燎地想见这位不同凡俗的人物，他的作品我高度推重，他的言谈据说又是如此精彩特别。 208

终于，在 5 月 16 日，星期一，我正坐在戴维斯先生的后客厅里，刚刚跟他和戴维斯夫人喝过茶，约翰生出人意料地进了书店[a]；戴维斯先生已经透过我们所在的房间的玻璃门瞅见他正向我们走来——他宣告约翰生正令人敬畏地向我走来，说话的样子有点像一名演员在演霍拉旭向哈姆雷特说他父亲鬼魂的出现，“看，殿下，它来了”。我发现我对约翰生的体态有一种完整的概念，这种概念来自他的《词典》出版后不久乔舒亚·雷诺兹爵士为他画的坐在安乐椅里呈沉思状的那幅肖像，这是他的朋友给他作的第一幅画，蒙乔舒亚爵士惠爱，将它送给了我，根据此像他又为本书制作了一幅雕版画。戴维斯先生提起我的名字，毕恭毕敬地把我介绍给约翰生。我忐忑不安；想起他对苏格兰人怀有偏见，这种事我已听得多了，于是我对戴维斯说：“不要说我是从哪里来的。”“从苏格兰来的。”戴维斯淘气地喊道。“约翰生先生，（我说）我的确是从苏格兰来的，不过这是身不由己的。”我自以为我把此话当作噱头来抚慰他，博得他的好感，而不是以损害我的故土为代价的低三下四。然而不管用意如何，这番话却有点儿徒费口舌；他巧智无双，随机应变是出了名的，他抓住“从苏格兰来的”这句话，我这么说的本意是我是那个地方的人，他好像以为我的意思是，我离开或脱离了该地，所以反唇相讥：“先生，我发现您的很多很多同胞都是身不由己的。”

1763 年 5月16日 星期一

---

a 墨菲先生在他的《论约翰生博士的生平与天才》中对这次会见的描述跟我的相距甚远，我相信他根本没有意识到错误。他的记忆过了近三十年后，毫无疑问把他骗了，他认为他在现场，那也许是一个听了别人不准确描述的场景。在我的*一天不落的*日记中，我自信里面记录了经过的每一件重要事情，却没有提到这位先生；我相信我不应该漏掉一个如此享誉文坛的人物。不难想象，我与约翰生博士的初次会面这件事，连同它的所有的细枝末节，在我的脑海里留下了深刻的印象，都会格外留心记录下来的。[1]

1 〈值得注意的是，墨菲先生的《约翰生传》随后的各种版本，直到这条注于1791年出现，始终都未改正这里提到的错误。——M.〉

这一下子把我打蒙了；我们坐下来以后，我觉得自己不是一般的尴尬，担心下一步会发生什么。他然后对戴维斯说："你觉得加里克怎么样？我为威廉斯小姐向他要一张戏票，他拒绝了，因为他知道剧院会座无虚席，一张票要三先令。"我急于钻空子跟他搭话，便贸然说道："噢，先生，我想加里克先生对您不会那么小气吧。""先生，（他神色严厉地说）我认识加里克的时间比你长多了：我知道你没有资格跟我谈这个问题。"我吃了这当头棒喝，也许活该；作为一个素
209 昧平生之人，他批评自己的老相识和弟子，我对其公正性表示怀疑，确实有不知天高地厚之嫌[a]。这时我感到无地自容，开始想，长期以
1763年5月16日星期一 来我抱着结识他的希望，现在全泡汤了。说实在的，如果我的热望不是异常的强烈，我的决心不是超常的坚定，碰了这么一个硬钉子也许永远阻止我再做任何努力了。幸好，我留在战场上，还没有一败涂地；而且很快有了聆听他谈话的回报，我留下了下面一些简短的记录，而没有记下引起谈话的问题和看法。

"谁以为（他说）一个作家在私生活方面比别人伟大，谁总有一天会上当。不凡的才华需要不凡的机会来发挥。"

"在野蛮社会，才华出众具有实质性的意义。大力气或大智慧对个人非常重要。但在更加有教养的时代，有些人事事都为了钱；于是就有诸如出身和财富出众、地位出众之类分散注意力的许多其他的出众之处，对于人品和智能出众的敬重分量就不是特别大了。上天做出了明智的安排，保持了人类的某种平等。"

"先生，这本书（他拿在手里的《批评原理》①）是一部精彩的论著，值得重视，尽管有很多地方异想天开。"

---

a　毋庸置疑这是对加里克一时的发作；因为按照约翰生的希望，加里克在若干年前就在他的剧院给过此人一夜义演，她由此得到了两百英镑。约翰生确实在我在的其他所有场合赞扬加里克的慷慨仁慈。我有次向他提起："据观察，先生，你自己攻击加里克，但不允许别人这么做。"**约翰生**（笑了笑）说："嘿，先生，此话不假。"

①　卡姆斯大法官亨利·霍姆著。

谈及一个胆大包天对大众措施和王室进行攻击的人[①]时，他说，“我想他不会受到法律的制裁，但他是个满口脏话的无赖；我不要求王座庭庭长惩治他，而要打发六七个伙计把他一下子按到水里。”

“自由观念使英国人开心，而且有助于避开 tadium vitœ[②]。当一个屠夫告诉你他的心为祖国流血时，事实上他没有任何不自在的感觉。”

“谢立丹在巴斯讲演说术不会成功。嘲笑已经出现在他面前，我怀疑德里克未必是他的敌手。”[a]

“德里克只要能超越他的角色，就可以做得很好；不过一旦他的

---

① 约翰·威尔克斯。

② 生活的烦恼。

a 谢立丹先生当时在巴斯宣讲演说术，德里克在那里当司仪；或者习惯的叫法是“国王”。

角色和他平起平坐，那就全完了。”

不过还应当记载下来的一点是，若干年之后，当我向他提起这番挖苦话时，他说：“嘿，不过德里克现在弄到了一个他用不着避开的角色。”

他的言谈有气吞山河之势，听得我心旷神怡；遗憾的是，我在
210 另一个地方还有个约会，所以只好离开。那天晚上，有一段时间只
有我一个人陪伴着他，因此时不时地贸然谈点看法，他都很客气地
1763年 5月16日 星期一 予以认可；所以我感到满意，尽管他的态度里有点粗鲁，他的性情
中却没有恶意。戴维斯把我送到门口，我向他抱怨这位伟人可叫我吃了点苦头；他好心安慰我说：“别难过。我得看出他是非常喜欢你的。”

几天之后，我又去找戴维斯，问他是否认为我可以贸然到圣殿巷约翰生先生的住处去拜访他。他说当然可以，还说约翰生先生会把这看成一种尊崇。于是5月24日星期二，早晨我先跟桑顿、威尔克斯、丘吉尔、劳埃德[①]几位先生在一起：他们个个妙语连珠，使我精神抖擞，随后便壮着胆子去见约翰生。他的单人套间在圣殿巷一号的二楼，不久前，爱丁堡的牧师布莱尔博士被人引见给约翰生，形容他“找到了待在窝里的巨人”；我就是带着他给我的这种印象走进约翰生的套房的；后来，我跟约翰生渐渐地混熟了，便把这话转告给他，他就被这一生动的描绘逗乐了。布莱尔博士是由詹姆斯·福代斯博士[②]引见给他的。这时候，关于詹姆斯·麦克弗

---

① 劳埃德（Robert Lloyd，1733—1764），诗人、剧作家；书信体诗歌《演员》（1760）的作者；《每月评论》的诗歌评论作家；《圣詹姆斯杂志》创办主编（1762）；库珀、科尔曼、加里克和丘吉尔的朋友；因欠债被捕，死在舰队街监狱。

② 詹姆斯·福代斯博士（Dr James Fordyce，1720—1796），苏格兰长老会牧师、道德家；1760年代伦敦最出名的、最时尚的传道士之一；《给少女们的布道文》（1765）、《给少男们的演说辞》（1777）的作者；蒙克韦尔街唯一的本堂牧师（1760—1782）；与鲍斯威尔和约翰生有社交联系。

奥利弗·哥尔德斯密斯
乔舒亚·雷诺兹爵士 绘

森[①]先生出版的一些篇什是否是莪相作品的翻译，一场论战正进行得如火如荼。约翰生一直否认这些东西的真实性；使推崇莪相的人更加恼火的是，他认为这些诗毫无价值可言。这个话题由福代斯博士引入以后，布莱尔博士依赖这些诗的古代内证，问约翰生博士是否认为现代人能写出那样的诗歌？约翰生答道："是的，先生，很多男人，很多女人，很多孩子。"这时候约翰生还不知道布莱尔博士刚刚出版了一本《论文》，不仅捍卫了这些诗的真实性，而且还严肃认真地把它们与荷马和维吉尔相提并论；后来他得知这一情况后，表达了对福代斯博士提起这个话题的不悦，说道："很抱歉他们如此煞费苦心。先生，那就像引导一个人议论一本书，这时候该书的作者正藏在门背后呢。"

他非常客气地接待了我；但必须承认，他的套房、家具、晨衣也就够寒碜的了。他那套棕色的衣服看上去十分破旧；他戴着一顶又小又旧、干枯萎缩、未扑粉的假发，比例失调，显得脑袋大假发小；衬衣领子和裤子膝部都是松开的；黑色的精纺长袜拧过来扭过去生拉硬拽扯了上去；一双鞋搭扣开着，像趿着拖鞋一样。然而他一开口说话，一切邋遢特征便顿时被人忘在脑后。几位先生，我记不得是谁了，跟他一起坐着；他们告辞时，我也站起身来；但他对我说："不，不要走。""先生，（我说）我是怕打扰您，您允许我坐下聆听您讲话真是一片慈心善意。"他似乎对我由衷表示出的这番恭维感到高兴，回答道："谁来看望，我都感激。"我把这天谈话的经过做了简短记录，下面就是我保存下来的纪要： 211

"疯狂仅仅通过对社会常态不必要的背离往往把自己暴露出来。我可怜的朋友斯马特跪在街上或其他异乎寻常的地方祷告，便显露出了他的心神不安。尽管按理说，干脆不祷告比斯马特那样子祷告 1763年5月24日星期二

① 詹姆斯·麦克弗森（James Macpherson，1736—1796），作家；约翰·霍姆和亚当·弗格森的朋友；《苏格兰高地古诗片段集成》（1760）和莪相诗歌《芬戈尔》（1762），及《提摩拉》（1763）的作者；作品受到约翰生和休谟的怀疑；但仍对欧洲浪漫主义产生了相当大的影响。

更加疯狂，我估计不祷告的大有人在，可是没有人对他们的心智是否正常有所怀疑。”

克里斯托弗·斯马特这位不幸的诗人后来被关进了疯人院，关于他，另有一次，约翰生和伯尔尼进行过下面一席对话。——**伯尔尼**：“先生，可怜的斯马特情况怎么样；他有没有康复的可能？”**约翰生**：“似乎他的思想已经停止和疾病作斗争了；因为他病后变胖了。”**伯尔尼**：“先生，那也许是他缺乏锻炼的缘故吧。”**约翰生**：“不，先生，他一部分锻炼跟从前一样多，因为他还在花园里挖地。其实，关进疯人院之前，他经常走到酒馆去作为锻炼；但他又被抬了回来。我认为不应当把他关起来。他的病又不会危害社会。他硬要人们跟他一起祷告；我倒是乐意像跟别人一样跟基特·斯马特一起祷告；另外一项指控是，他不爱穿干净衬衣；对于这东西我也不是特别喜欢。”——约翰生继续说：“人类对脑力劳动极其反感；甚至认为知识容易获取，所以人们宁肯满足于无知，也不愿费一点周折去获取知识。”

“行为是否合乎道德要看行为的动机。如果我把半个克朗向一个叫花子扔过去，目的是打破他的脑袋，他却把钱捡起来用它买了吃的，实际效果挺好；但就我而言，这种行为是非常错误的。所以，宗教仪式，如果举行的目的不是取悦**上帝**，那就对我们没有一点好处。正如我们的救主谈及怀着其他动机举行宗教仪式的人时说的：‘他们已经得到了他们的赏赐[①]。’”

“基督教有非常有力的证据。确实，在理性看来，它有点奇怪；但在历史上，我们有毋庸置疑的事实，用演绎法推理，我们反对这些事实的理由多于支持它们的理由；然而，这时候证据的分量很大，便决定了平衡。我愿意向每个尚未决定信仰的人推荐，格劳秀斯，皮尔逊博士[②]，克拉克博士。”

---

① 《圣经·新约·马太福音》，第6章，第2、5、16节。

② 其实是扎卡里·皮尔斯主教。

谈到加里克，他说：“他是世界上妙语如珠的第一人。”

我第二次起身告辞，他又把我按下不让走，我就索性待着了。

他告诉我，他一般在下午四点出门，不到凌晨两点，很少回家，我冒昧问道，他是否认为这样子生活没有错，没有滥用自己的大才。他承认这是一种坏习惯。经过这么多年，重读我在这一时期的日记时，我感到纳闷的是，我怎么在初次访问时，跟他谈话竟敢如此放肆，他却如此姑息宽容。

我们分别前，他慨然应允某个晚上他会赏光来我的住处做客；我告别时，他又热情地跟我握手。长期以来，我梦寐以求跟他相识，现在如此幸运地确立了这层关系，大喜过望的心情就用不着多说了。212

我相信读者会原谅我的琐细繁芜，如果考虑到与约翰生博士的 1763年5月24日星期二
相识对我来说是一件最有价值的收获，而且奠定了他们可以从我收集的材料中接收到的种种教益和娱乐的基础，而这些材料是关系到他们正在阅读的这部作品的重大主题的。

直到6月13日星期一，我才再次拜访他，我想不起这一次他说了些什么，只记得我告诉他，我曾经看见过约翰逊[1]骑着三匹马，他说：“这样的人，先生，应当予以鼓励；因为他的表演举例说明了人的能量范围多广，这样就有助于提高我们对人的能力的看法。他表明锲而不舍，勤奋专注，就会有成效，所以人人都可以希望，只要付出同样多的心血，或许他永远一次骑不了三匹马，永远不能在钢丝上跳舞，但他同样可以精通他选择从事的任何职业。”

分别时他再次握了我的手，还问我为什么不来得更勤一些。由于相信现在我已经得到他的好感，便回答说，他没有给我多少鼓励，还提醒他初次见面时他让我碰了钉子。“呸！呸！（他无所谓地笑了笑说）不要介意这些事情。能来就来，次数多多益善。我会很高兴见到你的。”

我得知他经常光顾的场所是舰队街的主教冠酒馆，他喜欢在那

---

① 一个马术师，活跃在1763年左右。

里坐到深夜，于是我恳求他允许我不久在那里和他共度一个良宵，他应允了。几天后我在圣殿栅门附近迎他，大约在凌晨一点，问他这时候是不是要去“主教冠”。“先生，（他说）太晚啦；他们是不会让我们进去的，不过改天我会全心全意陪你去的。”

我的人生计划刚刚产生了一项重大变革，我没有在近卫步兵谋求一官半职，尽管这是我自己的意向，反而顺从了父亲的愿望，同意学习法律；于是很快就要动身前往乌得勒支，去听该大学一位优秀的民法学者的讲座，随后就要启程了。尽管我渴望约翰生博士对于我的学习方法提供建议和指教，但当时我为伦敦的娱乐活动搞得过于专注，我可不可以这样说呢？还是过于分心，以致我们下一次的会面一直拖到 6 月 25 日星期六，我正好在屠户街的克利夫顿餐馆吃饭，却惊讶地发现约翰生走了进来，在另一张桌子旁坐下。在伦敦的那种馆子吃饭，或者不如说填饱肚子的方式，很多人都知道特别冷清，因为没有惯常的或者共同的伙伴，但每个人都有自己的一份吃的，没有义务跟任何人交流。然而一个喜欢交谈的、思想开通、头脑充实的人会突破这种棘手的、独来独往的困厄局面。
213
1763 年
6月25日
星期六
约翰生和一位爱尔兰绅士就人类的某一部分是黑皮肤的原因争论起来。“嘿，先生，（约翰生说）这已经从三个方面做过说明：要么认为他们是受到诅咒的含[①]的后代；要么认为**上帝**最初创造了两种人，一种黑皮肤的，一种白皮肤的；或者认为太阳的烈火把皮肤烤成了黑黝黝的颜色。这个问题博物学家众说纷纭；莫衷一是。”那位爱尔兰人说了些什么，我已经完全置于脑后了，但我记得他变得情绪非常热烈，言辞也很过激；听了以后，约翰生站起身来，一声不吭走了。走了以后，他的辩论对手便趁机报复了，说什么“他身材难看死了，又装腔作势，自命不凡，哪有一个才子的样子”。

约翰生没有注意到我在饭馆里。不过我尾随着他，他说好当晚

---

① 含是诺亚的三个儿子之一，他之所以受到诺亚的诅咒，因为他看见了父亲喝醉以后赤身裸体的样子——《圣经·旧约·创世记》，第9章，第20—27节。

在“主教冠”跟我见面。我去找他，随后我们在九点去了那里。我们美餐了一顿，还喝了波尔图葡萄酒，这种酒他有时候能喝一瓶。“主教冠”正统的高教会派的声响，著名的**塞缪尔·约翰生**的身影和派头，他言谈的非凡力量和精准，以及发现自己获准做他的同伴油然而生的自豪，使人心潮澎湃，喜不自胜，那是我以往从未体验过的。我在日记里发现了下面一则我们的谈话摘要，它虽然对事情的经过只提供了非常模糊的概念，但在某种程度上还是一种有价值的记录；由于表明他作品中出现的一些见解在他的脑海中是多么的屡见不鲜，从这点考虑，它就会显得十分奇特。

“科利·西伯绝对不是个榆木脑袋，先生；但由于自恃太高，他有失去自己应得的那种敬重的危险。他的朋友放话，他们打算让他的生日《颂歌》差劲些；但情况并非如此，先生；因为他把这些颂歌保存了很长时间，他去世的前几年还让我看过一首，非常渴望把它改得尽善尽美，我做了一些更改，但他并不十分情愿听从。我还记得下面两行涉及国王和他的对句：

栖息在雄鹰翱翔的翅膀之上，
低贱的朱顶雀喜欢放声歌唱。

先生，他听说过寓言故事中鷦鷯蹲在雄鹰的翅膀上的事情，便把它用到朱顶雀身上。① 不过西伯的亲切笔调比怀特黑德造作的格调要好。大话是不能容忍的。怀特黑德只不过是个给演员们赠诗的小人。”

我没有冒昧反驳这种指责，它充满了对演员的偏见；但我不禁认为一位戏剧诗人可以得体地向一名杰出演员致敬，就像怀特黑德在他的诗作中对加里克先生恰到好处地做过的那样。

---

① 在一则古典寓言里，一只鷦鷯藏在一只老鹰的背上，然后声称飞得比老鹰还高。

Butcher Row

“先生，我不认为格雷是个一流诗人。他没大胆的想象，用词遣字也不怎么样。他专注的那种晦涩也不会使我们相信他有多崇高。他的《墓园挽歌》的意象选取精当，但我不喜欢他所谓的大手笔，他的《颂歌》开头就是： 214 1763年6月25日星期六

> 让毁灭抓住你，残酷的国王，
> 让混乱把你的旗帜迎候！

这两行诗以突兀取胜，一下子闯进了主题。然而这样的艺术没有什么优长，除非它们是原创的时候。我们对它们只能欣赏一回；这种突兀没有什么新意。以前我们已经屡见不鲜。不，我们在约翰尼·阿姆斯特朗那首古歌中就是见到了它：

> 全苏格兰是否有那么一个人
> 从最高的等级到最低的阶层。

随后，先生，

> 是的，在威斯特摩兰有这么一个人，
> 人们管他叫约翰尼·阿姆斯特朗。

现在，你一下子闯进了主题。前面根本没有引言铺垫。那首《颂歌》下面的两行，我倒认为非常精彩：

> 虽然受到征服的鲜红翅膀扇动，
> 他们却带着悠闲的心态把空气嘲弄。[a]”

---

a　我的朋友马隆先生在他对莎士比亚有价值的评论中，在这位大诗人的作品中找到了这两行诗的片言只字。

这里要指出的是，尽管他对格雷诗歌的看法和我的本来就大相径庭，而且我仍然根据大多数有情趣的人们的观点相信：他们对格雷的诗高度赞赏是完全公正的，但在已经掀起的鼓噪中肯定有荒唐现象，仿佛约翰生对那位诗人的功绩恶意中伤，罪该万死，而且是受了嫉妒驱使的。呜呼！你们这些眼光短浅的小批评家呀，难道**约翰生**会嫉妒他同时代的任何人的才华吗？他对这个问题的看法在私下和公开场合都有一致的表述，完全不顾别人怎么想，对此我们可以诧异，也许可以遗憾；然而用他想都没有想过的话指摘他，则是肤浅而有失公允的。

发现他心平气和，我希望利用有幸得到的这次机会向这位哲人讨教，聆听他的至理名言。我怀着青春想象的热望设想，一个对智力改进
215 充满了高尚热情的人会乐于从远方异地听取意见的——我向他巧开心扉，把我的生平作了一点粗略的描述，他听得聚精会神，津津有味。

1763 年
6月25日
星期六

我承认，虽然受过宗教原理方面的严格教育，但有段时间我仍然受误导在某种程度上迈向了不信教的歧途；但是现在我的思想方式已经改善，完全相信了基督教启示的真理，尽管对于被视为正统的每个观点并不是十分了然。由于对人心一直是个充满好奇的考察者，对于内心活动不加掩饰的展示又十分欣赏，所以他热情地对我喊道：“把手伸给我，我已经喜欢上你了。”于是他开始大谈证据的力量，以及我们能够掌握的最终理由的一星半点；这样一来，为什么是这样？或者为什么不是这样？种种异议就不应当使我们心烦意乱：再说，他本人有个阶段对于一时忽略宗教深感内疚，并非由于它不是论证的结果，而仅仅是由于心不在焉。

人们说他生性偏执，我信以为真，所以当他表达了下述开明的观点时，我感到异常惊喜，这种观点具有消除对我们神圣宗教所持的一种反对意见的附加价值，因为这一反对意见正是建立在基督教教徒自己不协调的各种信条的基础之上的，他是这样说的：“就我而言，先生，我认为所有的基督徒不管是天主教徒，还是新教徒，在基本信条上都是一致的，他们的分歧纯属鸡毛蒜皮，与其说是宗教分歧，不如说是政治分歧。”

我们谈到信鬼的问题。他说："先生，一个人可以靠单纯的想象力经历什么，想象不可能产生什么，我对二者做了区分。假如我认为我看见了一个形影，而且听见一个声音喊，'约翰生，你是个坏蛋、如果你不悔改，必将遭到惩罚'，我自己的卑劣使我如此耿耿于怀，以致我会想象我看到听到的正是这样，因此我不相信给我传递过一个外在的信息。但是如果一个形影出现了，一个声音告诉我某人已经在某地某时去世了，这是一件我并不担心，也没有办法知道的事实，而且这一事实连同它的所有细节，毫无疑问以后会得到证实，在这种情况下，我应当相信我有透露给我的超自然的信息。"

在这里一劳永逸地把约翰生对这个问题的思想方法做一个真实公正的说明是适当的，离去的灵魂能获准出现在这个世界上，还是可以千方百计对人的生活产生影响。他已经被人无知误说成对这个问题是轻信的；尽管对于我的杰出朋友的这种愚不可及的看法我本想嗤之以鼻，不予理睬，但我发现它已经有了市场，所以必须予以批驳。实际情况是，约翰生有一个很强的哲学头脑，对于证据有一种非常理性的尊敬，所以促使他让自己的认知服从被可靠证据证实了的东西，尽管他还不明白个中缘由。由于有这种倾向，所以他愿 216
意探求任何超自然力关系的真相。也就是在世界各国从古到今广泛流行的一种普遍信仰的真相。然而他远非那种容易被绝对信仰所愚 1763年6月25日星期六
弄的人，所以他用一种猜忌的专注考察这一问题，就是发现了问题的虚假也没有人比他更乐意予以批驳。丘吉尔在他题名为《鬼魂》的诗里，把自己荒唐的轻信归咎于约翰生，并给他画了一幅漫画，用的名字是"庞泼索"（POMPOSO），把他描绘成相信公鸡巷一个鬼故事[①]的人士之一，这个故事1762年在伦敦几乎人人信以为真。

---

① 1762年伦敦普遍相信的一个有名的骗局。一个名叫帕森斯的人说服他的女儿装鬼，以迫害一个控告他欠债不还的债主。见《伦敦杂志》第1卷（1762），第50—52，103，112，151—153，258—259，395期，第32卷（1763）第102和164期。约翰生对这一骗局的侦查纪要发表在《绅士杂志》第32卷（1762），第81期，也参比第32卷，第43期和第33卷（1763），第144期。

我相信，我的很多读者直到此时此刻心目中留下的印象还是约翰生像个傻子似的被愚弄了。当他们从可靠无疑的根据得知约翰生其实是发现这个骗局的人之一时，他们定会大吃一惊。这个故事家喻户晓，所以他认为应当予以调查；在调查中他得到了骗局侦破能手牧师道格拉斯博士，现在的索尔兹伯里主教的协助。他告诉我前去调查证据的那几位先生确信它的虚假之后，约翰生当着他们的面写了一份调查纪要，发表在几家报纸和《绅士杂志》上，向世界挑明了真相。[a]

217

1763年6月25日星期六

我们的谈话还在继续。“先生，（他说）我是支持主从关系的，认为它最有利于社会幸福。在治人和治于人中有一种互补的快乐。”

---

a　这份调查纪要全文如下：——“〔1762年〕2月1日夜间，很多位杰出的先生应克拉肯韦尔的牧师阿尔德里奇先生之邀，聚集在他家，调查被认为由一个离去的鬼魂掀起的喧嚣，以侦破某一滔天罪行。

“大约晚上十点，这些先生们聚集在被认为受到一个鬼魂滋扰的女孩的卧室里，她已经被几位女士小心翼翼地安排上床就寝。大家坐了一个多小时，什么也没有听到，便下了楼，这时候他们便询问女孩的父亲，他断然否认知道或相信什么骗局。

“这个所谓的鬼魂以前曾用一声积极的敲击公开许诺，它会陪同这些先生中的一位进入克拉肯韦尔圣约翰教堂下面存放尸体的墓穴，通过敲击一下她的棺材，表示她就在那里；因此决定做这种试验，以确定所谓的鬼魂的存在或确实。

“正在大家探讨的当儿，他们被女孩子床铺附近听见敲击和抓挠的几位女士叫进了卧室。这几位先生进去以后，女孩宣称她觉得鬼魂像只老鼠爬在她的后背上，于是他们要求她把双手伸往床外。从那时起，他们虽然非常庄严地要求鬼魂用显形，用压印任何在场的人的手或身体，用抓挠，敲击或任何手段显示自己的存在，但没有任何超自然力量的证据显示出来。

“然后鬼魂被严肃告知，得到许诺要敲击棺材的那个人随即打算前往墓穴，届时将会兑现许诺。一点钟，那几位先生前往教堂，得到许诺的那位先生跟另外一位进了墓穴。大家庄严要求鬼魂兑现许诺，但接下来除了一片寂静什么也没发生：那个被认为遭鬼谴的人然后与另外几个人走了下去，没有发现任何结果。回来之后，他们查问了女孩，但从她嘴里引不出任何口供。两三点之间，她希望并获许与父亲回家。

“因此，全体在场的人的意见是，那女孩有某种制造或假造某种响声的技巧，不存在任何更高起因的力量。”

House of the
Cock-Lane Ghost
1759

“哥尔德斯密斯博士作为一名作家是我们现有的第一批人中的一员，而且也是个非常值得敬重的人。他不讲究原则，但他正在迈向正路。”

我提到上个冬季在朱瑞巷上演过的马莱的悲剧《埃尔维拉》，还提到安德鲁·厄斯金阁下[①]、邓普斯特[②]先生和我本人合写了一本小册子，名叫《苛评》，对它表示异议[a]。然而邓普斯特性情温和，已经心软了；他直言：“我们简直无权对这出悲剧说三道四：因为它虽然糟糕，我们哪一个要写一部远远不如它的也会枉费心机。”**约翰生**：“嘿，先生；这么讲就没有什么道理了。你可以对一出悲剧说三道四，尽管你写不出来。你可以责怪一个木匠给你做了一张糟糕的桌子，尽管你做不了桌子。做桌子就不是你的本行。”

我跟他谈起我要继承的父亲的地产，他说：“先生，我告诉你，当个苏格兰地主，有许多家庭依靠你，眷恋你，也许是人能达到的最高境界。一名腰缠万贯的伦敦交易所商人算不了什么：一位富可敌国的英国公爵算不了什么；他可没有认为自己在家长关照下生活的佃户，没有在危急关头愿意跟他奔赴战场的佃户。”

他关于苏格兰地主八面威风的概念是根据他听到的高地族长的情况形成的；因为低地地主的封建权威早已风光不再了，所以对自己佃户的影响力比起英格兰地主也大不到哪里；最近若干年来，大多数高地族长已经用众所周知的手段毁掉了他们一度享受的王侯般的权力。

---

① 厄斯金（Andrew Erskine，1740—1793），诗人；第71步兵团中尉（1759）；为《苏格兰诸君原创诗集》（1760）撰稿；与鲍斯威尔通信（1760—1763）；出版《安德鲁·厄斯金阁下与詹姆斯·鲍斯威尔先生往还书信集》（1763）；喜爱斯威夫特和盖伊风格的诙谐与戏拟；在疾病和抑郁多发后自杀。

② 邓普斯特（George Dempster，1732—1818），农学家、政治家；任议员达28年；与政党相对疏远，蓟花勋位秘书（1765）；东印度公司董事（1769，1772）；鼓励理查德·奥克赖特在苏格兰新拉纳德建立磨坊（1783）；最令人难忘的是他是一位改良家。

a 马莱本人有时候在上面刊登文章的《批评评论》把这本小册子定性为“嫉妒、任性、自负的粗鲁努力”。由于有这三个定性词，我们三名作者有过一种幽默的竞争，看应当怎样把每一个据为己有。

他接着说：“你出去走走，先生，戒掉懒散习气也许对你极其重要。我愿意到有宫廷、有学者的地方去。西班牙的好多地方都没有人去过。我希望你到那里去看看。一个才气不如你的人也可以给我们提供对该国有用的看法。”他估计我在那个年龄段能够写出值得一读的游记，这种想法使我大受鼓舞。

我提请每位公正的读者注意，这一关于他的坦白、自满，以及对 218
一个年轻人，一个异乡人，一个苏格兰人仁爱相待的翔实记述是否批
驳了认为他的总体态度生硬这种不正确的看法。有人偶尔指责他愚 1763年 6月25日 星期六
蠢、厚颜、不敬神灵，甚至火暴脾气屡屡突发，这些指责由于机智辛辣而被保留下来，在一些人中间产生了这种看法，一些事例还被皮奥

齐夫人集成一本小书，几个钟头就可以看完。那些人之所以有这种看法，是因为他们没有考虑这些事例实际上零零星星散布在漫长的年月里；而在这些年月里，他的时间主要花费在用他的写作和谈话教导和愉悦人类上，花费在虔信上帝及和善待他人的行动中。

我向他抱怨尚未获得多少知识，并就我的学习向他讨教。他说："现在且别谈学习。我愿意给你一个计划；但需要一段时间的考虑。""那太好了（我回答道），你能允许我这样子与你交往。要是几年前有人向我预言我将会与《漫游者》的作者共度一个良宵，我会多么欣喜若狂啊！"我当时说的可是肺腑之言。他确信这是真心话，便亲切地回答："先生，我们有缘相会，我十分高兴。我希望我们能一起共度许多良宵，还有许多良辰。"我们喝了两瓶波尔图葡萄酒，一直待到凌晨一两点。

这一年，他在《批评评论》上发表了对伊顿学院乔治·格雷厄姆牧师[①]的《忒勒马科斯,一出假面剧》的评述。约翰生觉得这首精彩诗歌的主题[②]特别引人入胜，因为他深切感受到"对立原则的冲突"，他把这种情况描绘成"快乐与德行之间的抗衡，一种只要现存的自然体系维持，总会继续下去的斗争：无论历史还是诗歌能展示的无非是快乐战胜德行，德行征服快乐"。

由于奥利弗·哥尔德斯密斯博士将会屡屡出现在这部记事作品之中，我要努力让读者对他独特的性格有所了解。他是爱尔兰人，在都柏林三一学院与伯克先生同学，但当时不太看得出将来有望名满天

---

① 乔治·格雷厄姆牧师（Revd George Graham，1728—1767），剧作家；剑桥大学国王学院研究员（1749—1767）；与约翰生有友好交往；假面剧《忒勒马科斯》（1763）和附有《诗论》、具有教育意义的故事集《道德高尚的小说家》（1750）的作者。

② 在希腊神话里，忒勒马科斯是奥德修斯和珀涅罗珀的儿子。在格雷厄姆的假面剧[1763，根据的是费奈隆《忒勒马科斯历险记》（1699）第七卷]中，忒勒马科斯经受的冲突一面是他继续寻找其父奥德修斯的责任，一面是他发现自己在俄古癸亚岛沉船落水后包围他的淫乐，俄古癸亚岛是女神卡吕普索的家乡，奥德修斯自己在那里也被滞留了七年。

下。[a] 然而他对马隆先生说："尽管他在数学上不算出色，数学可是那里的著名学科，但他能把贺拉斯的颂歌译成英文，译得比任何人都好。"他后来在爱丁堡学医，随后又去欧洲大陆深造；我听说，他之所以能徒步旅行，部分原因是他到每所大学都要求把他列入辩论者名单，这样一来，按照许多大学的惯例，他就有资格得到一克朗的奖金，幸好，他的挑战未被接受；所以，正如我有次对约翰生博士说的，他是"辩"游欧洲的。后来他回到英国，先后受雇当过学院的助理教员，报刊校对，评论作者，以及一家报纸的撰稿人。他独具慧眼，锲而不舍地加深与约翰生的认识了解，他的才能由于观照那样一位楷模逐渐得以扩展。我和其他许多人都觉得他确实在小范围内刻意模仿约翰生的作风。 219

这一时段，我想他没有出版过署有自己名字的作品，尽管人们 1763年
一般都不知道某个哥尔德斯密斯博士是《欧洲纯文学现状探讨》和《世界公民》的作者。《世界公民》是假托一个中国人在伦敦写的一系列书信。[①] 作为一名作家再也没有比他更高明的铺陈技巧，不管他的文学修养多高。"Nihil quod tetigit non ornavit." [b②] 他的思想活像一层薄薄的肥土，偶尔撒到上面的什么植物，长得迅速，但长不壮实。因为根扎不深。森林里的橡树不会在那里生长；但优雅的灌木和芳香的花圃竞相出现，争奇斗艳。社会上传言盛行，人们也信以为真，说他笨嘴拙舌，说起话来纯粹是个傻子[c]；其实，这是严重的

---

a 〔哥尔德斯密斯在都柏林三一学院的一次圣诞节考试中得过奖，我看见过。——卡尼〕
〔在圣诞节考试中得的奖一般说来，比其他任何奖都光荣，因为它证明获奖者文学成绩第一；在其他考试中成绩突出的人只能算第二；在以前得过同类荣誉奖的人，有时候得到一张证书，证明他的回答最佳，因为有规定，一年之内给同一个人只能评一次奖。——M.〕

① 〈他于1759年还出版了《蜜峰，最有趣的论文集》——M.〉

b 见威斯敏斯特教堂里他的墓志铭，约翰生博士撰。

② "他触碰过的无不生辉。"

c 提到此事时，很欣赏他的作品的霍勒斯·沃尔浦尔先生说他是"一个有灵感的白痴"；加里克把他描绘成一个 （转下页）

夸大其词。我们发现他的同胞急于表达自己的想法，而且在表达时有时会造成令人捧腹的混乱，毫无疑问，这种情况在哥尔德斯密斯身上表现得更为突出。他大有法国人所谓的 un étourdi[①] 的样子。每到一个地方由于虚荣作祟，一心想出风头，他往往胡诌乱侃一通，根本不知道谈论的主题，甚至连想都不想。他身材矮小，相貌粗俗，本是一名学者，却装出一副潇洒绅士的风度，显得不伦不类。只要有人在某一方面出类拔萃，总会在哥尔德斯密斯心里激起妒意，这种妒意实在过火得离谱，以致表现出来的事例让人难以置信。有次他陪两位漂亮小姐[a] 和她们的母亲去法国旅行，看到比起他来两位小姐更受人的注意，他便恼羞成怒；有次他去看伦敦的木偶戏展示会，坐在他旁边的几个人说，把一个木偶摆弄着挥舞长矛，真是灵巧到家了，它竟然受到如此赞赏，他可忍受不了，于是他激烈地叫道："呸！我玩得比它还好。"[b]

220 我以为，他没有任何固定的作风套路，所以他的行为切不可严

1763 年

（接上页）

——为了简便，叫作诺尔[1]的人，

他提起笔像个天仙，谈起话却像个可怜的畜生。

乔舒亚·雷诺兹爵士向我提到：他经常听见哥尔德斯密斯热情地谈及被人喜欢的快乐，说如果文学优长使一个人不能得到那种满足，那会使人多么难受，因为他发现嫉妒伴随文学优长，所以往往无法使人如愿；因此乔舒亚爵士确信，由于哥尔德斯密斯相信他的人格会得到自己作品的足够支持，为了在社会交往中贬低自己，他有意显得更加荒唐。如果他真有意在大庭广众之中显出荒唐相，他往往做得十分成功。不过尽管对乔舒亚爵士的机敏充分尊重，但我认为这种推测过于精微。

1 〔Noll是Oliver的昵称。〕

① 冒失鬼。

a 霍内克小姐，现在一个嫁给了亨利·邦伯里[2]先生，一个嫁给了格温上校。

2 亨利·邦伯里（Henry Bunbury，1750—1811），画家，被霍勒斯·沃尔浦尔誉为"贺加斯第二"。

b 他回家与伯克先生共进晚餐；要给在场的人显示他怎样能比那些木偶更灵巧地跳过一根竿子，结果碰断了胫骨。

考细察；但他的情感合群而慷慨，有了钱就出手格外阔绰。他对虚拟后果的渴望主宰着他对真相的关注。开始声名鹊起时，他对我说，他有个兄弟是德拉姆教长[a]，这个谎太容易戳穿了，奇怪的是他怎么如此轻率竟然去冒这样的险呢。这一时段，他向我吹嘘他文笔纵横排奡，金钱全在掌握之中，我相信在某种程度上这是真的，但他举的例子却绝不正确。他对我说，他把一部小说卖了四百英镑。这就是他的《威克菲尔德的牧师》。然而约翰生告诉我，是他为哥尔德斯密斯做这笔买卖的，卖价是六十英镑。“再说，先生，（他说）卖它的那个时候这也是个好价钱呀；因为当时哥尔德斯密斯的身价还不像后来被他的《旅行者》抬得那么高；书商从这笔买卖中获利的希望极渺茫，所以把他的书稿压了好长时间，直到《旅行者》问世后才予以出版。这样一来，它肯定出乎意料地成了摇钱树。”

皮奥齐夫人[b]和约翰·霍金斯爵士[c]对于该小说出售时哥尔德斯密斯的景况和约翰生的撮合这段历史的记述错误得出奇。我要引用约翰生本人的陈述予以澄清：“有天早上，我收到可怜的哥尔德斯密斯托人捎来的一条口信，说他苦恼万分，因为无法来我这里，求我尽快前来见他。我给他捎去一个几尼，并且答应立即去看望他。我穿好衣服就走，结果发现房东太太逮住他讨要房租，他可真是气急败坏。我看见他已经把我的一个几尼换开，搞到一瓶马德拉白葡萄酒，还斟了一杯搁在面前。我把酒瓶塞好，希望他平静下来，并开始跟他谈解救的办法。于是他告诉我他有一部小说随时可以付梓，并且把它拿给我看。我翻阅了一下，发现挺有价值，便告诉房东太太我出去一趟很快就回来，说完就去找一个书商，把它卖了六十英镑。我把钱交给了哥尔德斯密斯，他便交了房租，同时高调呵责房

---

a　我倒希望这件轶事可能有错，尽管我是从一位教会要人[1]那里听到的。他的近亲伊萨克·哥尔德斯密斯博士1747年任克洛因教长。

1　很可能是珀西主教。

b　《约翰生博士轶事》，第119页。

c　《约翰生博士传》，第420页。

东太太欺人太甚。”[a]

221 1763年7月1日星期五

我跟约翰生的下一次会见是7月1日，星期五，我、约翰生和哥尔德斯密斯一起在“主教冠”共进晚餐。在此之前，我和哥尔德斯密斯已经很熟了。他是约翰生门派中最光鲜的台面人物之一。当时正是哥尔德斯密斯高度敬仰、依恋约翰生的时候；因为他自己的文名还没有高到能激发与他的大师分庭抗礼的非分之想的程度。在交谈的过程中，他的一些杂谈使我对约翰生的心地善良敬慕有加，譬如，我提到住在约翰生家的莱韦特先生时，哥尔德斯密斯说：“他穷是穷，却很诚实，这就足以让约翰生刮目相待了。”当我心里纳闷他对一个我听说品格恶劣的人非常仁爱时，哥尔德斯密斯说：“他现在景况非常悲惨，这就确保他会得到约翰生的保护。”

那天晚上，我估计哥尔德斯密斯大发矫情，有意讲一些似非而是的怪论：“知识本身并不可取，因为它往往是苦痛之源。”**约翰生**：“嘿，先生，在有些情况下，知识也许会造成苦痛，这我承认。但总体而言，知识本身肯定是人人希望达到的目标，尽管人们不一定想劳神费力去达到这一目标。”

谈话间提到了著名的政治和传记作家约翰·坎贝尔博士①，约翰生说：“坎贝尔是个饱学之士，想象力又非常丰富。他的《返老还童

---

a　把皮奥齐夫人记述这件事的原话附在这里作为样板，说明她对约翰生博士的所有轶事做了极不准确的记述，或者不如说脱色和歪曲，这种做法也许并不是不太合适：“我已经忘了是哪一年，但我认为不会晚于1765或1766年，饭后他冷不丁地被人从我们家叫走，大约过了三个小时后又回来，说他跟一位怒不可遏的作家在一起，房东太太在门里逼他付账，司法官员在门外围堵他；他正在喝马德拉白葡萄酒麻醉消愁，同时又对一部小说大伤脑筋，小说一旦完成，将是他的全部财产，但他心烦意乱，无法写完，也不能走出房门将它卖掉，见状后约翰生先生把酒撤走，去找书商，向他推荐了这部作品，并希望立即支付一笔救急款；他把钱款带给作者后，叫来房东太太立即共饮潘趣酒，快快乐乐打发时光。”《约翰生博士轶事》，第119页。

①　约翰·坎贝尔博士（Dr John Campbell，1708—1775），史学家；《不列颠传记大全》第一版的重要撰稿人；《欧洲现状》（1750）和《不列颠政治概况》（2卷，1774）的作者，深得约翰生的赞赏。

的赫米珀斯》作为对神秘哲学的解说，又由于提供了一种人类心智铺张的奇异历史，非常引人入胜。如果它纯属想象，那就一钱不值了。言谈中，坎贝尔并不总是斤斤计较真相；然而我也不相信他的书中有这种粗枝大叶的东西。坎贝尔是个好人，一个虔诚的人。恐怕多年来他已不是教会中人了[a]；然而他经过一座教堂无不脱帽致敬。这表明他很讲原则。过去星期天晚上我常去坎贝尔家，后来我开始考虑，当我的什么东西搞得不错的时候，聚集在他周围的成群结伙的苏格兰人也许会说：'是啊，是啊，他是从**考梅尔**那里学到这个的！'从此就不常去了。"

222

1763年
7月1日
星期五

约翰生对丘吉尔的诗嗤之以鼻，说"它之所以风行一时，仅仅因为它肆意谩骂，里面充斥着活人的名字，很快就会湮没无闻的"。我贸然暗示他未必是个非常公正的裁判，因为他受过丘吉尔的猛烈攻击。**约翰生**："不，先生，我是个非常公正的裁判。他是在发现我不喜欢他的诗以后才对我发起猛烈攻击的；他对我的攻击决不会阻止我继续说出我对他的看法，我有一种看法，那就是，攻击可以说是出于怨恨。不，先生，起初我管那家伙叫蠢材，我仍然会管他叫蠢材。不过，我愿意承认，现在我对他的看法比过去要好；因为他显示出的多产超过了我的预期。毫无疑问，他是一棵结不出好果子的树：他只能结酸果。不过，先生，一棵能结很多很多酸果的树总比一棵只结几个酸果的树强。"

---

a 我倒倾向于认为在这件事情上他得到的是错误的信息。我承认我对我可敬的朋友约翰·坎贝尔博士非常羡慕。因为尽管弥尔顿不参加公共拜神活动并不悔恨，我却做不到。相反，我脑海里有些习惯性的印象，与一位真正年高德劭的法官的印象相同，他对兰顿先生说："兰顿友，如果星期天没有到教堂去，我就心神不安。"坎贝尔博士是位真诚的教中人。马戛尔尼勋爵以知识广博、关注多才之士著称，对坎贝尔非常了解，曾对我说过，有天早晨他去拜访坎贝尔博士，发现他在阅读希腊文新约全书中的一章，他告诉勋爵大人，这是他的一贯做法。坎贝尔博士的作品多得几乎让人难以置信，他的劳动给他带来了丰厚的利益。约瑟夫·沃顿告诉我约翰生是这样说他的："他是在文学的公用牧场上放牧过的最富有的作家。"

他这样贬低丘吉尔的诗，我不敢苟同。确实，他的诗绝大部分是应时诗。正因为如此，就像当时它使他名利双收一样，随着其他应景诗文的接替，它也必定相应地淡出公众的视野。然而丘吉尔具有超强的思想和表现活力。他给演员们的画像对真正的戏剧爱好者来说，永远价值非凡；他给当代好几位显要勾勒的生动漫画永远不会被好奇之辈遗忘。我还得补充一点，他的作品中的很多段落具有一种通性；他的《饥荒的预言》是一首价值非凡的诗。它确实对苏格兰有错误伤害，但因此可以承认它更富有创意。

邦内尔·桑顿刚刚出版了一首谐谑诗《圣塞西莉亚节颂，为英国古乐配词，即坡盖盐盒、单簧口琴、动物髓骨和切肉刀、手摇风琴等等》。约翰生赞赏它的幽默，似乎被它逗得乐不可支。他还把下面一段背了一遍：

坡盖盐盒定会更加高昂地加入乐曲，
刷拉刷拉，扑腾扑腾，各种音响结合在一起；
空的一边，砰砰梆梆响个不断，
口盖上下跳动，还带着劈劈啪啪的反弹。①

我提及《鉴赏家》这份报纸。他说它空洞无物。——毫无疑问，它没有约翰生作品的深沉思想。但它肯定具有对生活表面的公正看法，还有一种轻松活泼的风格。他对《世界》的评价并不比对《鉴赏家》的高多少。

---

① 〈1769年，我为斯马特和纽伯里给桑顿的谐谑诗《圣塞西莉亚节颂》谱曲。该曲在拉内拉夫由戴着假面具的演奏者演唱，听说观众人山人海；因为我当时住在诺福克。比尔德（Beard）唱坡盖盐盒歌，剑师布伦特用那种乐器伴奏，人们赞不绝口，他是著名歌手布伦特小姐的父亲；Skeggs把扫帚柄当低音管吹，还有一名吹单簧口琴的演奏者，——“铁弦琴拨得嗡嗡响”。切肉刀为了这场娱乐是用钟铜铸造的。富特雇佣的老太婆小礼拜堂的全体演奏者，我相信，都被拉来参加拉内拉夫的这场演出。——伯尔尼〉

在这里让我向诸位道歉，因为我把约翰生在这一阶段的言谈表现得很不完善。在我们结识的初期，我对他超凡的口才过于倾慕，又对他独特的表达方式不甚习惯，因此我发现要回想并记录他真正气贯长虹、龙腾虎跃般的谈话极其困难。随着时间的推移，我的心可以说完全陷入了约翰生式的气场，所以就能更娴熟更准确地把他丰富多样的聪明才智记在心头，写到纸上。 223

1763年
7月6日
星期三

这时候，威廉斯小姐[①]——当时人们都这么称呼她——尽管没有在圣殿巷跟他住在一个屋檐下，而是在舰队街门栓巷租房寄居，却受到约翰生的如此多的眷注，以至于每晚先要跟她喝茶，然后才回家，无论有多晚，所以她总是熬夜陪他。不妨做一种公正的推测：他这样做，不光证明他对她的关注，也证明他在自己习惯等着进入黑甜乡物我两忘前的那种不适当的时刻不愿意陷入孤独。哥尔德斯密斯博士由于是个特权人物，这天晚上也跟约翰生一起去了，他神气活现地走开，摆开一副高人一等的架子，就像一位古代圣人的秘教门徒对待教外信徒那样，对我喊道："我到威廉斯小姐那里去。"我承认，当时对他的这种重大特权十分羡慕，他也似乎非常自豪；但没过多久，我也得到了这样的殊荣。

7月5日，星期二，我又去看望约翰生。他告诉我，他翻阅了一位多产作家约翰·奥格尔维先生（现为博士）的诗集，他是苏格兰长老会牧师之一，诗集才新近出版，但他在里面找不到思想。**鲍斯威尔**："里面也没有想象吗，先生？"**约翰生**："嘿，先生，里面倒有曾经是想象的东西，但在他那里，说它是想象就像说回声中的声音是声音一样。他用的词语也不是自己的。我们老早就见过一袭白衣的纯真和百花点缀的草地了。"

谈到伦敦，他说："先生，如果你要对这座城市的宏大有个正

① 〈这位女士约从1753年至1758年住在高夫广场约翰生家；1758年约翰生搬到格雷律师学院后，她住进了寄宿舍。在随后的一个时段，她又到约翰生巷的约翰生家居住。——M.〉

确的概念，你切不可满足于看看大街和广场就了事，你必须考察考察那些难以计数的小巷和弄堂。伦敦的神奇广大并不是表现在引人注目的建筑物的进化上，而是表现在挤在一起的人家的多样性上。”——想到在不同的人的心目中伦敦是个多么不同的地方，我不禁哑然失笑。有的人思想狭隘，心里只装着某一特定的追求，他们就通过这个渠道看伦敦。在政治家眼里，它仅仅是政府各个部门的所在地；牧场主只把它看成一个巨大的牛市；在商人的心目中，它是一个大宗买卖的成交地方；戏迷把它看成戏剧娱乐的大舞台；寻欢作乐的人把它看成酒馆汇集之地，对于水性杨花的女人而言，它则是风流搏浪的大世界。然而它之所以打动有识之士，因为它囊括了人生万象，可以对其进行无穷无尽的思考。

7月6日，星期三，本来约好他到我在威斯敏斯特唐宁街的寓
224 所来共进晚餐。然而前一天晚上，房东对我和我的客人十分无礼，我下定决心第二天就从他的房子里搬走。由于无法在家里接待客人，迫不得已改在“主教冠”订餐，估计我会在约翰生和我邀请的其他几位绅士面前显得狼狈不堪，所以心里极其不安。早上，我去见约翰生，把它说成一件丢人现眼的大事。他大笑着说：“想想看，先生，一年以后，这算什么事儿呢。”——我们的平静被生活中的一些惹人烦恼的小事搅乱，这已经成了家常便饭，如果约翰生的这种考虑得到广泛的运用，很多痛苦的感觉就不会出现。我已经百试不爽，收到很好的效果。“这种大变故算不了什么，（他继续说）；再说，我们在‘主教冠’反而更好。”我告诉他我到约翰·菲尔丁爵士[①]的办公室去投诉我的房东，得到的答复是，虽然我的住处租用期是一年，但如果有他行为不端的证据，我想退房就可以退房，住了多长时间就付多长时间的房租，没有义务多付，约翰生的思想丰富和头脑灵

1763年
7月6日
星期三

① 约翰·菲尔丁爵士（Sir John Fielding，？—1780），治安官；小说家亨利·菲尔丁的同父异母兄弟；与亨利和其他人开办总注册处（1750）；威斯敏斯特治安法官（1751），随后任米德尔塞克斯治安法官（1754）；妓女收容改造所所长；孤女院院长。

活在这样一件小事上可见一斑。“嘿，先生，（他说）既然你在弓街上得到这样的答复，我想这必定是法律。但如果你的房东坚持履行协议条件，该住处一年之内归你所有，你当然可以按你的方便使用它；所以，先生，你可以安顿两名近卫骑兵住在他那里，你可以把你能找到的最大的无赖打发到你的住处；你也可以说你要做一些科学实验，在他房子里燃烧大量的阿魏①。”

这天晚上，我在主教冠酒馆请客，客人有约翰生博士、哥尔德斯密斯博士、托马斯·戴维斯先生、埃克尔斯先生。戴维斯先生是一位爱尔兰绅士，他能莅临作陪，我很感谢，来客还有牧师约翰·奥格尔维先生[a]，他渴望见到我杰出的朋友，反过来，我也有幸能以约翰生允许我与之相处的平易交情引荐一位自己的同胞而感到骄傲。

哥尔德斯密斯一如既往，急于成为一个亮点，他跟约翰生热烈争论，反对不列颠宪法中的名言，“国王无过错”；断言：“道德上的假象不可能成为政治上的真相；如同国王行使王权时，可以指令引发错误的举措一样，于情于理当然可以说他会有过错。”**约翰生**：“先生，你应当考虑的是，在我们的宪法里，按照它的真义，国王是首脑；他是至高无上的；他凌驾于一切之上，没有任何能够考验他的力量。因此，先生，我们认定国王无过错；政府可能犯的过错，由于归咎于国王，我们就不难理解了。通过惩罚直接代理人，矫正总是用来抵御压迫的。国王，尽管可能指令，却不能强迫一个法官错判一个人；因此，我们告发、惩罚的是法官。政治体制的形成是基于这样一种考虑，那就是，什么会最经常地有助于维护全民的利益，尽管时而会出现例外。总体而言，一个国家最好应当有一种最

225

1763年7月6日星期三

① 一种植物树脂，有强烈的大蒜、洋葱的难闻气味。

a 这位北方诗人前面已经提到。我要求约翰生博士允许我引荐他，约翰生博士欣然同意了；不过加了一句俏皮话：“但千万不要给我们带他的诗。”值得一提的是，约翰生和丘吉尔无论在别的方面分歧多大，在这个问题上却意见一致。参见丘吉尔的《旅程》。然而说奥格尔维的《大审判日》有突出的优点倒是持平之论。

高立法权，虽然有时也会被滥用。再者，还有这样一种考虑，如果滥用无度，天性就会起来主张她的原始权利，推翻一种腐败的政治制度。”我怀着特殊的欣喜标明这个生动的句子，作为一直在他心里放光的那种真正威严的自由精神的光辉范例，尽管一些肤浅的观察者指责他具有奴性原则；因为他一直对那种假爱国主义、那种假装的热爱自由、那种桀骜不驯的骚动义愤填膺，凡此种种，跟任何清明政府的稳定权威格格不入。

这种豁达的思想，他又热情洋溢地说了出来，对我触动极深，使我热血澎湃，激发出高度的想入非非的反抗意识，我乐意将这种反抗的可能性藏在心里，但我相信我永远不会被迫进行反抗。

“史学家（他说）不一定要才华盖世；因为在历史作品中，人的思想的最大力量是静止的。史学家信手拈来的是事实，所以不用发明创造。并不需要高超的想象力；只需要低级诗歌中使用的那么一点就行。些许洞察力，准确性和色彩感就能使一个人适应这一工作，如果他能给予必要的专注的话。”

“对于热爱文学传记的人而言，贝勒的《词典》是可供查阅的极其有用的著作。传记文学也是我的最爱。”

谈到安妮王朝的杰出作家时，他说：“我认为阿巴思诺特[①]医生是其中的佼佼者。他是个旷世天才，由于是名优秀的医生，一位学术功底深沉的人，一位幽默大师。当然，艾迪生先生是位伟人；他的学问并不深；然而他的道德，他的幽默，他文笔的优美，使他享有崇高的地位。”

奥格尔维先生够倒霉的，他竟然选择赞扬故国的作家作为话题。他从爱丁堡周围的肥沃土地说起。曾在那里学过医的哥尔德斯密斯

① 阿巴思诺特（John Arbuthnot，1667—1735），医生、讽刺诗文作家；斯威夫特的密友；支持罗伯特·哈利的五本“约翰牛”畅销小册子的作者；与斯威夫特、蒲柏、帕内尔、格雷和财政大臣牛津组成“斯克里布勒鲁斯俱乐部”；与蒲柏、盖伊合作《婚后三小时》（1717）；精妙、巧智的书信作者；深受约翰生的赏识。

冷笑了一声，加以驳斥，但皆为不实之词。这就把奥格尔维先生弄得有点茫然失措，只好开辟新的战场，我估计他觉得自己在那里会绝对安全；因为他说，苏格兰有许多宏伟狂野的景色。**约翰生**：“先生，我相信你们是有许多。挪威也有宏伟狂野的景色；拉普兰①以宏伟狂野的景色多得惊人而出名。不过，先生，我告诉你，苏格兰人看到的最宏伟的景色就是通往英格兰的大道！”这一出人意料，226
一针见血的俏皮话赢得满堂喝彩。然而，凡是欣赏大自然粗犷、壮丽的人，终归无法否认喀里多尼亚②有这一特点。1763年7月6日星期三

7月9日，星期六，我发现约翰生被众多朝见者包围，但我没有留下他的任何谈话。14日晚上，我们又单独在“主教冠”用餐。那天晚上碰巧下雨，我发表了一些关于这样的天气引起的神经松懈和精神萎靡的平常观点③，不过又补充说这对植物有好处。我们已经看到约翰生否认气温对人体有任何影响，所以露出一丝嘲讽的笑容回答道：“嘿，不错，先生，是对植物有好处，也对吃这些植物的动物和吃这些动物的动物有好处。”他这种说法十分机敏，足以引出一顿美餐来；所以在约翰生的陪伴下，我很快就忘记了潮湿天气的影响。

尽管我尽可能地尊敬他，但现在觉得与他相处得轻松自在，所以我表达了一种遗憾，那就是，我无法与自己的父亲轻松相处，尽管他比约翰生大不了多少，无论多么值得尊敬，但没有更多的学问和更大的能力使我感到压抑。我向他讨教个中缘由。**约翰生**：“嘿，先生，我是个阅世老手。我在世界上生活，在某种程度上，我是随着世界的运动接受它的色彩。令尊是本岛偏远地区的一名法官，他的所有观念都是从旧世界得来的。再说，先生，父子之间必定总有斗争，一个一心要权威，一个一心要独立。”我说，我担心家父会逼我当律师。**约**

① 〔北欧拉普人居住的地区，包括挪威、瑞典、芬兰等国的北部和俄国的科拉半岛。〕

② 〔苏格兰的古称。〕

③ 〈约翰生受不了他的任何朋友在谈话中断时说天气填空：“咱们别谈天气。”——伯尔尼〉

翰生："先生，你不必担心他逼你当一名辛苦从业的律师；那不在他的权限之内。民谚说得好：'一个人可以把一匹马牵到水边，二十个人无法逼他把水喝到嘴里边。'你不是他希望你成为的那种人，他也许不高兴；但那种不高兴不会走得太远。如果他只坚持让你掌握一名有产者必需的法律，然后想办法让你进入议会，他是完全正确的。"

他细说英语诗歌里韵律诗优于素体诗，很令人信服。我向他提及亚当·斯密博士，我在格拉斯哥学院在他手下学习时，他在作文讲座中极力坚持同一意见，我还重复了他的一些论点。**约翰生**："先生，我曾经跟斯密一起待过，我们彼此并不喜欢；不过我知道他喜爱韵律诗就像你说的一样；我应当**拥抱拥抱**他。"

谈到那些否定基督教真理的人时，他说："站在否定的一边总是很容易。如果一个人现在否认桌子上有盐，你还不能把他概括为荒诞。得，咱们进一步试探一下这个问题。我否认加拿大被占领了，我可以有相当有力的论据支持我的否认。法国人比我们多得多；他
227 们不可能允许我们去占领加拿大。'可是内阁已用《公报》正式向我
1763年7月14日星期四 们保证，加拿大被占领了。'——千真万确。可是内阁用美洲的战争让我们支出了巨额的花费，他们关注的是让我们相信，我们花钱总有所得。——'不过这一事实得到了成千上万占领加拿大的士兵的确认。'——是啊，然而这些人更感兴趣的是欺骗我们。他们不希望你认为法国人把他们打败了，而是希望你认为他们打败了法国人。现在假设你实地考察了一遍，发现加拿大确实被占领了，这会使你本人满意；因为你回家以后，我们并不愿意相信你。我们要说，你被收买了。——然而，先生，尽管有凡此种种貌似可信的反对声浪，我们仍不怀疑加拿大真成了我们的。那就是普通证言的分量。基督教的证据要强多少啊！"

"闲散是一种病，必须与它作斗争；但我并不建议死守某一份学习计划。我自己就从来没有一连两天坚持任何一种计划。一个人应当只读自己喜欢的书籍；因为阅读成了一种任务，对他没有多大好处。年轻人一天应该读五个钟头的书，这样才可以获得大量知识。"

对于一个像他那样智力活跃、好奇心极强的人而言，读书没有一个正规计划也许是有益的；不过就是这样一个人也必须服从计划，如果他要达到对某一门科学的充分理解的话。

现在约翰生已经使我习惯了那样高度的推心置腹了，所以这天晚上我谈到了他由于接受当朝国王的恩俸而受到众多责难的事。“嘿，先生，（他开心地大笑着说）他们发出的是一种极度愚蠢的聒噪[a]。我之所以接受一笔恩俸，因为它被认为是我的文学功绩应得的一种奖赏；有了这笔恩俸，现在的我跟从前的我方方面面都一模一样；我坚持着同样的原则。不错，我现在不能咒骂（微笑）汉诺威王朝；对我来说，用乔治王给我的钱买酒为詹姆斯王的健康干杯也不得体。可是，先生，我认为咒骂汉诺威王朝，而为詹姆斯王的健康干杯的快乐远远赶不上一年三百英镑的收入。”

十分肯定的是，这里有种装出来的詹姆斯二世党的党性，比他实际具有的更多；而且还有一种意向，一时间，在比实际存在大得多的范围内，承认世人对于他心怀不满的指摘，仅仅是为了显示，他能够多么灵巧地抵抗一种攻击，哪怕他被置于那种最不利的地位；因为我听见过他宣称如果举起他的右手就可以确保查理王子的军队在卡洛登获胜，他也不能肯定他就会把它举起；他对斯图亚特 228
王朝主张的权利信心如此之小，他对大不列颠王位上的又一次革命的后果又如此恐惧；托珀姆·博克莱尔先生向我保证，他在约翰生享受恩俸之前就听到他这样说过。还有一回，他对兰顿先生说：“出现过的任何事情都不值得让我充分考虑这个问题。”然而他在谈及詹姆斯二世时，又对同一个人说道：“要他在这个国家再进行统治，已经不可能了。”毫无疑问，他早期对斯图亚特王朝还是有所依恋的；但随着他理性的增强，他的热情已经冷却了。我还真听他曾经说过：“他一度跟一名暴烈的辉格党人急赤白脸地对抗，此人一死，他

1763年
7月14日
星期四

a 好几年之后，我向他提及同样无聊的喧嚣时，他笑着说：“我希望给我的恩俸加倍，这样他们就可以发出加倍的鼓噪。”

觉得自己的托利主义一落千丈了。”[a] 我想他说的是沃姆斯利先生。

然而，毫无疑问，在早期，他一谈起詹姆斯二世党人的党性，便妙趣横生，巧舌如簧，承蒙我那位极受人敬重的朋友道格拉斯博士，现在的索尔兹伯里主教的美意，他根据自己的回忆，给我提供了下面令人赞叹的一个事例。有一天，大家在老兰顿先生家吃饭，他的外甥女罗伯茨小姐也在座，约翰生一向对女性殷勤关照，这时拉着她的手说：“亲爱的，我希望你是个詹姆斯二世党人。”老兰顿先生虽然是个铁杆托利党人，却对当朝王室相当依恋，听见此话，似乎生气了，便热切地问约翰生，向他的外甥女提这样的问题用意何在？“嘿，先生，我无意冒犯您的外甥女，我是有意大大地恭维她呀。先生，詹姆斯二世党人相信国王的神圣权利。一个相信国王的神圣权利的人就相信神。詹姆斯二世党人相信主教的神圣权利。一个相信主教的神圣权利的人就相信基督教的神圣权威。因此，先生，詹姆斯二世党人既不是无神论者，也不是自然神论者。辉格党人就不能这么说了；因为辉格主义就是对一切原则的否定。”[b]

他劝我，在国外的时候，尽可能多地与大学教授们交往，与牧师们交往；从他们的言谈里我可望得到对我该去的地方的各种事物的最好的描述，而且还有让我的学问生动活跃的连带好处。

将会看到的是，在给我的旅行提建议的时候，约翰生并不细说城市、宫殿、绘画、表演和田园风光。他持有埃塞克斯勋爵的观点，埃塞克斯勋爵劝他的亲属拉特兰伯爵罗杰：“宁肯走一百英里跟一个智者交谈，也不要走五英里去看一个漂亮的城镇。”[c]

---

a 《赫布里底群岛旅行日记》，第3版，第402页〔11月10日〕。

b 他经常根据我与他的关系非常幽默地讲述下面这样一个我早年的小故事，故事倒是千真万确的：“鲍斯威尔在1745年是个漂亮的小男孩，戴一枚白色的帽章为詹姆斯王祈祷，直到他的一个舅舅（科克伦将军）给他一先令，条件是他应当为乔治王祈祷，于是他照办了。所以你看（鲍斯威尔说）各个时代的辉格党人都是用同样的办法造就的。”

c 《关于旅行致拉特兰书》，十六开本，1569。

我向他描述一个放肆的苏格兰人[1]，他装出一副野蛮人的样子攻击一切成规定制。**约翰生**："这不值得大惊小怪，先生。他要出风头，吸引人的眼球。只要你瞅着他，叫他出来，他宁肯在猪圈里打滚。但是如果随他的便，不理睬他，他很快就拉倒了。" 229

1763年7月14日星期四

我还说，此人认为德行和恶行并无区别。**约翰生**："嘿，先生，如果那家伙口是心非，他就是在撒谎；我不明白，一个人有了说谎者的人格，他还能给自己脸上贴什么金呢，不过，假如他真的认为德行和恶行没有区别，嘿，先生，他走出我们的家门后，我们还得清点我们的汤匙。"

大卫·达尔林普尔爵士现在是苏格兰的法官之一，头衔是黑尔斯大法官，他在我认识约翰生很久以前就因其作品大大地增强了我对约翰生的高度评价；反过来，我也给约翰生讲了大卫爵士学问和宗教方面的突出特点；约翰生非常高兴，所以有一次我们晚间会面时他还专门为大卫爵士举杯祝福。这段时间，我一直与大卫爵士保持着频繁的通信联系；今天晚上我把最近收到的一封信的下面一段念给约翰生听：

"想到你已经与塞缪尔·约翰生结为友好，我感到欣喜。他是英格兰出现的最优秀的道德作家之一。同时，你可以与那样一个人进行随意坦白的交谈，我十分羡慕。我是否可以求你转达我对他的最高敬意，并请他确信我对《漫游者》和《拉塞拉斯》的作者满怀的崇敬之情？让我把后面这部作品推荐给你；因为你肯定对《漫游者》烂熟于心了。在《拉塞拉斯》里，你会看到一个软心肠的手术医生，他探伤仅仅是为了治伤。相反，斯威夫特却在损伤人性。他乱割乱砍，仿佛在手术中找乐子，就像那个暴君，他说，Ita feri ut se sentiat emori[2]。"

约翰生似乎对这一公正动听的赞美深感欣慰。

---

① 詹姆斯·麦克弗森。

② "击打，好让他觉得自己要死了"——苏埃托尼乌斯，《卡利古拉传》，第30节，第1行。

他建议我写生活日记，要写得全面，毫无保留。他说这将是一种很好的锻炼，而且当那些生活细节从记忆中淡出之后，这会给我极大的快乐，我真是幸运非凡，在这个问题上我早就跟他不谋而合了。因为这样的日记我已经写了一段时间了；我把这事告诉他，并得到他的赞许时，感到莫大的欣慰。他劝我把日记保密；还说，我肯定会有一位朋友，在我离世之后，会将它付之一炬。由于有这种习惯，我才能给世人如此多的轶事，否则它们就会湮没失传。我提到我担心会在日记里记下过多的小事。**约翰生**：“先生，对于人这样渺小的动物而言，没有什么过于渺小的事。只有通过钻研小事，我们才取得了使痛苦尽量地少、快乐尽量地多的大艺术。”

230

1763年7月15日星期五

次日早晨，邓普斯特先生碰巧来找我，我把约翰生博士的谈话给他草草描述了一番，即便描述很不完善，他也大受触动，以致把它记下就成了他的荣幸，当我抱怨喝了波尔图葡萄酒，又跟他聊到深夜，结果后来好长时间神经大受影响时，他说：“一个人宁肯十八岁瘫痪，也不能不与那样一个人交往。”

7月18日[1]，星期二，我发现身材高大的托马斯·鲁宾逊爵士[2]跟约翰生坐在一起聊天。托马斯爵士说，普鲁士国王因为三件事情而自豪：一是英雄，二是音乐，三是作家。**约翰生**：“先生，对一个人而言，真不简单。至于他是个作家，我没有看过他的诗；不过他的散文很差劲。你可以设想伏尔泰的小僮是怎么写作的，他就是怎么写作的。小僮一直是伏尔泰的听写员。他的才华就像那名贴身男仆可能具有的那样，笔调文采大致也像那名男仆在抄写伏尔泰的作品时可能得到的那么多。”我在费内的时候，把这话给伏尔泰重复了一遍，目的是让他与约翰生有所和解，因为他在模仿英语表达方式时，早先把约翰生概

---

① 其实是19日。

② 托马斯·鲁宾逊爵士（Sir Thomas Robinson, 1700？—1777），第一代从男爵；建筑师、收藏家；税务局局长（1735—1742）；巴巴多斯总督（1742—1747）；文物学会会员（1735）；独具慧眼的雕刻收藏家；皇家艺术学会有影响的人物。

括为“一条迷信的狗”；但听到对腓特烈大帝的这种批评后，伏尔泰惊呼：“好一个诚实的人！”因为伏尔泰与腓特烈大帝关系不好。

不过我认为这种批评过于严厉；因为《勃兰登堡王朝回忆录》跟同类的很多作品写得一样出色。他为自己的诗歌风格坦诚道歉，“Jargonnant un François barbare”①，尽管充斥着无宗教信仰的疯话，但在很多地方，极其生动，具有某种哀婉悲怆的柔情。

听了对普鲁士国王的这番轻蔑评语后，我对约翰生说：“这么看来，当一位国王比当一名作家需要的才具要少；因为普鲁士国王号称当今欧洲最伟大的国王，而你认为他作为一名作家表演的角色十分拙劣。”

这天，莱韦特先生带我参观约翰生博士的书房，书房就在他的单人套间上方的两间阁楼里，那里原来是著名的书商林托特的儿子的库房。我发现有不少的好书，但积满了厚厚的灰尘，乱得一塌糊涂。地板上散置着约翰生的手稿，我满怀崇敬地注视着它们，心想说不定就是《漫游者》或者《拉塞拉斯》的组成部分呢。我还注意到一件做化学实验的仪器，约翰生终生都喜欢做这样的实验，这地方似乎很适合隐居和默想。约翰生告诉我，他要学习时就上那儿去，避免干扰，从不跟仆人讲。因为他真在家时，就不许仆人说他不在。“一个仆人得严格注重真诚，（他说）这样一来势必将其削弱。一位哲人也许知道那只不过是一种推辞；但仆人中难得有那样的明辨事理的人。如果我让一个仆人养成替我说谎的习惯，我就没有理由担心他会替自己连连
说谎吗？”然而，我感到欣慰的是，每个仆人，只要头脑还算灵光， 231
都懂得说他的主人不在家，根本不是在确定一件事实，而是作为一种习惯说法，暗示他的主人不想见人；所以这里面不会有任何恶果的。

1763年
7月20日
星期三

坦普尔先生，现在是康沃尔圣格卢维亚教区的牧师，他多年来一直是我的密友，这时候在内殿巷底的法勤楼有一套单人住房，由于我退了房，他好心借给我暂住，因为他要回到剑桥的三一堂去。我发现这套房子对我特别方便，因为离约翰生博士的住处很近。

---

① “胡说些粗野的法语”。

7月20日，星期三，约翰生博士、邓普斯特先生，还有我叔叔鲍斯威尔博士，因为他现在恰好在伦敦，和我在这套房间里一起吃晚饭。**约翰生**："怜悯并不是人天生就有的。孩子总是残忍的。野蛮人总是残忍的。怜悯是通过培养理性获得、改进的。我们看见一个动物痛苦难受时，可能有种种不自在的感觉，但没有怜悯；因为除非我们想缓解这些感觉，我们就没有怜悯。我约好跟一位朋友吃饭，半道里发现迟到了，就叫车夫快马加鞭，如果他在策马时我恰好注意到了，我也许感到很不痛快，因为马儿吃苦头了，但我却不希望车夫住手。不，先生，我希望他继续策马向前。"

爱丁堡的书商亚历山大·唐纳森[①]先生在伦敦开了一家书店，已经有一段时间了，该店销售他印制的最流行的英国图书的廉价版，全然不顾所谓的著作权普通法。约翰生虽然同意后来被上院的一项裁定所认可的看法，那就是没有那种权利，但他这时候义愤填膺，因为他一贯表示关注的伦敦书商竟然遭受到一种对他们一直认为安全的事业的侵犯：于是他大声疾呼，激烈反对唐纳森先生。"他是个钻法律空子伤害自家兄弟的家伙；因为尽管法规只保证专有权十四年，但行内一直认为谁从作者那里买到一本书的版权，谁就得到了一份永久财产；基于这种信念，在法定期限到期之后，尽管做无数转让财产的交易。现在，我说，唐纳森这里是在利用根据惯例真正拥有衡平法上的所有权的人们；如果我们认为买了财产所有权的那些书能够赚钱的有多少，我们就应当认为十四年的期限太短；它应当是六十年才对。"**邓普斯特**："先生，唐纳森是急于促进文学么。他降低书价，好让穷学生去买嘛。"**约翰生**（大笑）："好啊，先生，认为这就是他的动机，他就跟劫富济贫的罗宾汉一样了。"

---

① 亚历山大·唐纳森（Alexander Donaldson，活跃于1750—1794年间），书商、印刷商；用蒲柏的头像作书店招牌；有文学志向的苏格兰青年，其中包括鲍斯威尔和安德鲁·厄斯金把他的书店用作聚会场所；《原创诗集》第二卷（1760—1762）给了鲍斯威尔发表少作的园地；侵犯了伦敦的版权法，由于在唐纳森对贝克特案（1774）中胜出惹恼约翰生；《爱丁堡广告报》创办人（1764）。

值得注意的是，当有关著作权的这个重大问题由于唐纳森先生的勇敢做法最后来到这个国家的最高法院前审理时，约翰生博士激 232 烈反对永久拥有；然而他认为作者的专有权时限应当扩大。当时他主张授予一百年。

1763年
7月20日
星期三

现在话题转向了大卫·休谟的文章风格。**约翰生**：“嘿，先生，他的风格不是英语；他的句子结构是法语。现在法语结构和英语结构，按事物的性质，可能同样都是好的。但是如果你承认英语已经定型，他就错了。我的姓原来像约翰生一样，可能是尼科尔生；但如果你现在管我叫尼科尔生，你就把我叫得荒诞不经了。”

这时候，卢梭的人类不平等论正是热门话题。这就引起了邓普斯特先生的这么一种说法：财富与地位的优势对一个智者来说，一文不值，因为他看重的只是功德。**约翰生**：“如果人还是在森林里独居的野人，此话可能是真理；但在文明社会里，我们大家相互依赖，我们的快乐在很大程度上归因于人类的良好评价。先生，现如今在文明社会里，外在的优势使我们更受敬重。一个穿着讲究的人比一个衣衫寒酸的人更受人欢迎。先生，你不妨分析分析，说说个中的缘由何在？但这对你不会起任何作用，因为它是一个总体系的一部分。把圣保罗教堂砸成颗粒，再考量考量每个颗粒；毫无疑问，它一无所用：但是把所有的颗粒结合起来，你就有了圣保罗教堂。人的快乐也是如此。快乐是由许多成分构成的，任何一种也许看上去很不起眼。在文明社会，个人的功德对你的作用赶不上金钱。先生，你不妨做个实验。到街上去给一个人讲一番仁义道德，给另一个人一个先令，看看哪个人最敬重你。如果你只希望维持原始生活，威廉·佩蒂爵士[①]给你设定的费用是一年三英镑；但由于时代变化很

---

① 威廉·佩蒂爵士（Sir William Petty，1623—1687），科学家、爱尔兰行政官员；爱尔兰军医（1652），1661年受封为爵士；出版第一种爱尔兰诸郡地图《爱尔兰简图》（1685）；都柏林海事法庭法官兼注册官（1676），都柏林科学学会第一任会长（1684）；爱尔兰管理、经济、农业改革的积极鼓动者，大体上不太成功。

大，我们就算它六英镑。这笔钱会让你填饱肚子，给你一个挡风避雨的地方，甚至能给你弄一件结实耐久的衣服，假如它是用上好的牛皮做的。现在，先生，超出这个的一切都是人为的，人们之所以渴求这一切，只不过是为了赢得我们同类程度更大的敬重。先生，如果一年六百英镑能比一年六英镑使一个人更加显要，当然，更加快乐，那么以此类推，可以上至六千英镑，再节节攀升，直至财富所能支撑的极限。或许一个钱多的人不如一个钱少的人快乐；但那一定另有原因，不是因为钱多：因为 cœteris paribus[①]，在文明社会里，富人肯定比穷人快乐；因为钱财如果使用适当（假如使用不当，那是人自身的毛病），肯定会产生最高的利益。钱肯定本身没有用处；因为它唯一的用途就是把它花掉。卢梭和所有玩弄悖论的人被一种对新奇的幼稚渴望引入歧途。[a] 小时候，在辩论时我总喜欢站在错的一边，因为就此可以说一些最机灵的话，这就是说，最新颖的东西。没有任何事情你不可以为它搜集比那些用来极力反对财富和

233

其他外在优势的论据更加貌似有理的论据。嘿，现在有偷窃；为什么偷窃被认为是罪恶？当我们考虑财产往往靠什么不正当手段获得，

1763年7月20日星期三

用不正当的手段获取的东西必须用不正当的手段占有时，一个人从另一个人手中获取他的财产，哪来的危害呢？再说，先生，当我们考虑许多人对自己的财产派上坏用场，而窃贼却可能将它派上好得多的用场时，偷窃也许可以被辩解为一种十分可行的做法。是的，先生，人类的经验发现偷窃是一种极坏的东西，所以人们无所顾忌地把一个人因偷窃而绞死。我身为一个穷光蛋在这个城市里四处奔波时，曾极力为贫困的好处辩护；但同时又为自己贫穷而深感痛心。先生，所有被拿来表示贫穷不是罪恶的论据表明贫穷显然是一种极大的罪恶。你绝对不会发现人们费尽心机要你相信：你有丰厚的家

---

① 其余情况相同。

a 〔约翰生告诉伯尔尼博士，哥尔德斯密斯说，他刚开始写作的时候，下定决心不是新东西决不形诸笔墨，但后来发现，新东西一般都是假的，从此以后就不再热衷于新奇了。——B.〕

产就过得非常快乐。——你也听人们常说一个国王肯定何等悲惨；可是人人都希望坐在他的位置上。”

有人认为国王肯定不快乐，因为他们被剥夺了最大的满足，即轻松自在、毫无保留的交往。**约翰生**：“这是一种毫无根据的观念。当国王并不把一个人从那种社交圈子里排除掉。伟大的国王总是善于与人交往的。当今唯一的伟大国王鲁普士国王，就非常善于社交。查理二世，英格兰最后一位有才华的国王，非常喜欢社交；我们的几代亨利和爱德华都善于社交。”

邓普斯特极力主张内在的优长应当是人中间唯一的区别。**约翰生**：“嘿，先生，人类已经发现这不可能是。我们将怎样决定内在优长的比例呢？如果那是人类的唯一区别，我们很快就要争论它的程度了。如果所有的区别废除了，最强的人不会长期默认，而是力图用他们的体力获得一种优势。然而，先生，由于社会上主从关系是不可或缺的，争夺优势又非常危险，于是人类，也就是说，所有的文明国家，已经把它按一种一目了然、一成不变的原则固定下来。一个人生下来就有世袭地位；或者，由于被委任某些职位给了他一定地位。主从关系在极大程度上有助于人的幸福。如果我们大家人人平等，我们除了单纯的动物快乐外，就没有其他的愉悦了。”

我说，我认为在文明社会，地位的区别非常重要，如果我在同一天受邀与英国首席公爵和不列颠头号才子共进晚宴，我就会踌躇不决，不知何去何从了。**约翰生**：“当然，先生，如果你只想吃一顿饭，而且永远不叫人知道你在哪里吃的饭，你宁肯选择与头号天才一起吃；但如果要赢得最大的敬重，你应当与英国首席公爵一起吃。因为你遇见的十个人中有九个因为你与公爵共餐而对你恭敬有加；而那位伟大的天才本人也会对你更加礼遇，因为你曾经和大公爵一起吃过饭。” 234

他时刻警惕着，防范任何可能的怀疑，以为他敬重地位、尊崇财富的既定原则出于一些卑鄙或自私的动机；因为他坚持自己作为一个文人的独立。“以文为生的人（他说）没有一个像我这样生活独立。”他说他编《词典》用的时间比需要用的长。他十分得意地接受 1763年7月20日星期三了我们对那部巨著的赞扬，并且告诉我们“秕糠学会”很难相信那是由一个人独立完成的。

第二天早晨，我发现他一个人待着，我记下了他的一些片言只语。关于提及的一位先生[①]，他说：“好久以来，我还没有遇见一个带给我如此全方位不快的人。他全然没有固定的原则，一心想着难为他人。”我说他的原则已经被一个著名的无宗教信仰的作家[②]毒害了，不过他依然是个慈悲为怀的好人。**约翰生**：“我们不能信赖那种本能的、那种体质上的善良，因为他不是建立在原则基础之上的。我承认那样的人可以是一个非常友好的社会成员。我可以想象他处在一种不太受诱惑去偏离正道的境地；由于人人崇尚德操，在没有什么要违背它的戒律的强烈刺激的时候，我可以想象他是不会做错事的。但如果那样的一个人需要钱，我就不愿意信赖他了；我肯定不会把年轻女士们托付给他，因为那里总有诱惑。休谟和其他怀疑主义的革新家都是些虚荣之徒，会不惜任何代价满足自己。真理不会给他们的虚荣提供足够的食物；所以他们便专注于谬误。先生，真理是一头不再会给那种人产奶的母牛，于是他们就去挤公牛的奶。如果我允许自己牺牲真理去满足自己的虚荣心，我可以得到什么样的声誉呢。休谟提出的反对基督教的一切论调在他写出很久以前就已经掠过了我的脑海。永远记住这一点，一套体系根据确凿的证据建立稳当之后，几种偏颇的反对意见就不应该动摇它了。人的头脑如此有限，无法将一个问题的所有部分都包容进来，所以对任何东西都可以掀起反对声浪。对‘充满物质的空间’有反对声音，对‘真空’也有反对声音；然而其中的一个肯定是真的。”

我提到休谟反对相信奇迹的论点，要么奇迹真相的见证人很可能是出了错，要么他们说了假话，并不是奇迹是真实的。**约翰生**：“嘿，先生，证实奇迹的巨大困难应当让我们在相信它们时就得格外

---

① 乔治·邓普斯特。

② 大卫·休谟。

Crypt of St John's Clerkenwell
visited by Johnson in
connection with the
"Cock-Lane Ghost" fraud

小心。不过咱们想一想；尽管**上帝**已经使自然按某些固定规律运作，但是如果认为**上帝**可以暂停这些规律，以便建立一种对人类极其有利的体系，这也不是没有道理的。现在基督教是一种最有益的体系，因为它在我们原先处于黑暗和怀疑的地方给了我们光明和确定。证
235 实它的奇迹是由对欺骗我们并不感兴趣的人证明的；然而，反过来他们被告知，他们应当遭受迫害，而且，实际上他们为了证实他们
1763年7月21日星期四 认定的事实的真实性献出了生命。其实，若干世纪以来，异教徒并没有假装否认奇迹；而是说奇迹是在恶鬼帮助下创造的。这是一种极其重要的情况。这样一来，先生，当我们拿到从完全实现了的预言中得出的证据时，我们就有了最令人满意的明证。假设一个奇迹很有可能，在我看来，对于它就不能有所怀疑了，那我们就有了关于支持基督教的奇迹的证据，其有力的程度与事物的性质所允许的不相上下。”

晚上，约翰生先生和我在滨河路缠头结咖啡馆的一个包间共进晚餐。“我之所以照顾这家馆子，（他说）因为它的女老板是个善良文雅的女人，生意又不太景气。”

“先生，我爱结交年轻人；因为，首先，我不愿意认为自己行将变老。其次，年轻的相识肯定持续得最久，如果他们能益寿延年的话；再说，先生，年轻人比老年人更有德行；他们在各个方面思想更为豁达。我喜爱这个年龄的小狗：他们的智趣、幽默和生活知识比我们多；然而小狗并不是多好的学者。先生，年轻的时候，我读书非常刻苦。有件事回想起来，令人黯然神伤，但却是不折不扣的事实，那就是我十八岁时知道的东西几乎跟现在一样多。[a]当然，那时候我的判断力不是太好；但我掌握了所有的事实。我记得非常清楚，在牛津上学时，一位老先生对我说：‘年轻人，发奋读书，贮备一肚子知识；因为上了年纪，你就会发现钻研书本是一件苦差。’”

他有关读书的这段描述，是他亲口用直白的语言说出来的，足

a 〔他的重要学习阶段是十二岁至十八岁；他是这样给兰顿先生讲的，兰顿把这一信息提供给了我。〕

以证实在关于他的勤奋这一饱受争议的问题上我已经提出的看法。这段描述把他在不同时期貌似矛盾的有关说法都协调起来了，而且表明闲散和苦读对于他都是相对的字眼，它的含义，正如他使用的那样，肯定是从人们知道的具有程度不同的热忱与勤奋的学者们所作所为进行比较汇总出来的。要记住的一点是，这会儿他是在不假思索随意率性地议论，在表达自己的真实思想感情；而在别的时候，他也许受了辩驳精神诱导，或者更恰当地说，出于他对争论的热爱，对自己的学习勤奋轻描淡写了几句而已。老先生对于人一上年纪读书即成苦差的悲观预言常常应验，但在约翰生身上却远远没有成真，他对文学的热忱从来没有冷却，而且他晚期的作品比早期的更加挥洒自如、生动活泼，想到这里真令人欣喜。

现在，他第一次向我提到，他一直受到忧郁的折磨，正因为如此，他不得不抛开学习和默想，沉溺于形形色色的放荡生活。为了消除忧郁，他采用的办法是时时刻刻动脑筋，坚持不懈锻炼身体，饮食要适度，尤其是夜里杜绝饮酒。他说忧郁的人容易借酒浇愁，
236
但结果是愈浇愈愁，苦不堪言。他说，埋头苦干、生活清贫的劳力者很少或者从来不受精神萎靡的困扰。

1763年
7月21日
星期四

他重申维持从属地位的责任。“先生，我不愿意剥夺人们对一位贵族的尊敬，同样也不想抄没他的钱财。我认为自己在巨大的社会体系中扮演着一个角色，我为人人，人人为我。我对待一位贵族的态度就像假如我是贵族，他是塞姆·约翰生时我期望他对待我的那样。先生，在本市，有一位麦考利夫人[a]，是个伟大的共和主义者。有一天，我在她家里显现出一副非常严肃的面孔，跟她说：‘夫人，我现在脑子转了弯，改用您的思维方式了。我相信全人类地位平等；我要给你一个无可争议的证据，夫人，我是认真的，这里有一个明白事理、温文尔雅、举止得体的同胞，您的仆人；我希望允许他坐下跟我们一起进餐。’先生，我就这样向她表明平等论的荒谬。

a　这一位麦考利夫人就是后来闻名遐迩的“著名女历史学家”。

从此以后，她再也不待见我了。先生，你的平等论者希望把别人向下拉到他们的水平上。却不能容忍把别人向上拉到他们的水平上。他们都要有人在他们下面，为什么不要有人在他们上面呢？”我提到某一位作家[①]，他举止放肆，而且对允许他跟自己交往的贵族们显得极不尊重，所以，令我憎恶。**约翰生**：“假如一名鞋匠声称与他平等，就像他跟一位勋爵声称的那样；他会怎样的目瞪口呆。‘嘿，先生，您干吗目瞪口呆呀？（鞋匠说）我对社会有重大贡献呀。不错，我做贡献是收费的；但您也如此呀，先生：我很抱歉实话实说，您收费比我高，做的事却没有那么必要；因为人们没有您的书还能过活，没有我的鞋却万万不行。’所以，先生，如果对于地位的区分没有固定不变的规则，争夺优先的角逐就永无休止，而地位的区分不会引起嫉妒，因为附属是被人们认可的。”

他说，约瑟夫·沃顿博士是个十分讨人喜欢的人，他的《论蒲柏的天才与作品》也是一部非常喜人的作品。我感到诧异的是他怎么这么长的时间还没有给我们拿出续集来。**约翰生**：“嘿，先生，我估计他感到内心有点失望，因为没有说服世人同意他对蒲柏的看法。”

现在我们有幸拜读到最后一卷，用一句议会上的说法，在这一卷里他做了说明，以便显得与世人对蒲柏的看法不太像起初想的那样逆反；我们大家必须承认，他的作品是英国文学一项最有价值的增进。

有人提到一位应当身居高位的作家[②]，约翰生说：“嘿，先生，他是个天赋极好的人，但由于出身贫苦，爱与低俗之辈交往，又喜爱低级诙谐；这是一种非常恶劣的东西，先生。笑是好事，就像说是好事一样。但是如果你笑，你不应该认为笑一笑就够了，就像如果

237

你说，不应当认为说一说就行了一样。你笑，就像你说一样，有很多方式；当然，并不是运用的每一种说法都能受到器重。”

1763年
7月26日
星期二

① 威廉·罗伯逊。

② 老托马斯·沃顿。

我说到詹姆斯·麦克唐纳爵士[①]是个品学最杰出的青年，他用一位伟大的高地族长的领袖精神把伊顿和牛津的最高声誉合为一体。我提到詹姆斯爵士对我说过，我一看见约翰生先生，就产生一种高度的崇敬之情，尽管同时又夹杂着某种程度的惶恐。**约翰生**："先生，如果他认识了我，两种情绪就都会减弱。"

由于提到这位先生，我们便顺着话题谈到苏格兰西部群岛，他表示了要前去游览的愿望，当时我觉得是一种非常浪漫的幻想，很少想到后来竟会实现。他告诉我，小时候，他父亲就把马丁[②]关于这些岛屿的记述交给了他，他读了这些记述真是喜不自禁；这位圣吉尔达人认为格拉斯哥高大的教堂是把一块岩石凿空形成的，这对我的触动尤其深刻，老约翰生先生就把儿子的注意力引向这一情景。约翰生说，等我旅行回来，他要跟我去一趟赫布里底群岛，除非我不在的时候，某个非常要好的朋友主动提出陪他，他认为这不大可能；随后又补充了一句："很少有人像你这样得到我的喜欢。"我谈到自己要离开英国的事时，他现出一副满怀深情的样子，说道："我亲爱的鲍斯威尔，要是我认为我们再无重逢之日，我会对别离感到十分难过。"我不能过于频繁地提醒读者，尽管他这种关爱的事例无疑对于我十分中听，但我希望自己的记录将会被看作出于一种更好的动机，而不是虚荣；因为这些例子提供了他的柔情和满足的毋庸置疑的证据，尽管有些人不得不承认他的巨大魄力，却极力否认这样的证据。

他一口咬定，上学的孩子是最快乐的人。我支持一种不同的看法，而且是一成不变地支持，那就是，成人更加快乐；而且大谈特谈上学时忍受的焦虑与痛苦。**约翰生**："啊！先生，一个孩子挨教鞭远远赶不上成人遭世界的嘘声反对那么严酷。成人对声名耿耿

---

① 詹姆斯·麦克唐纳爵士（Sir James Macdonald，1742—1766），第八代斯利特从男爵。

② 马丁（Martin Martin，？—1718），旅行家；《苏格兰西部群岛记述》（1703）和《近游圣基尔达》（1698）的作者；珍品奇物的收藏家，博物史家和人种志学者。

于心；名气愈大，就愈怕失去它。”我默然自问：“难道伟大的**塞缪尔·约翰生**还真的心存那样的担忧，而且也不自信，他那崇高的声名是建立在一种永不动摇的基础之上的，有这种可能吗？”

这天晚上，他满满干了一杯祝福“一位值得敬重的人，一位学者和一位才子”大卫·达尔林普尔爵士。“除了从你嘴里（他说），我从来没有听见人说起过他；不过让他知道我对他的看法。由于他从来没有在世界上露才扬己，所以应当得到听说过他的少数人的赞扬。”

238

1763年
7月26日
星期二

7月26日，星期二，我发现约翰生先生独自一人。那是一个阴雨天，我再次抱怨这种天气令人不愉快的影响。**约翰生**：“先生，这全是想象，医生们总是支持这种看法；人在空气中生活，就像鱼在水中生活一样；所以如果上面的气压大，下面就有同等的抵抗力。当然坏天气对于不得不外出的人来说，是难以忍受的；遇上坏天气，人在户外干活就不像在好天气时干得好；不过，先生，一个铁匠，或者一个裁缝，由于在室内工作，所以晴天雨天都一样。有些体质非常娇弱，确实容易受雨天的影响；但一般体格则不会。”

我们谈到儿童教育；我问他他认为给孩子先教什么最好。**约翰生**：“先生，你给他们先教什么就像你先把哪条腿伸进裤子一样无关紧要，先生，你可以站着争论先伸哪条腿最好，可在此期间，你的裤子却是空的。先生，当你在考虑你在两样东西中选哪一样给孩子先教时，另一个孩子已经把两样东西全学会了。”

7月28日，星期四，我们又在缠头结咖啡馆的包间里吃饭。**约翰生**：“斯威夫特的名声比他应得的高。他的高明之处是他强烈的感知能力；至于他的幽默，尽管挺不错，但还不是好得出奇。我怀疑《一只澡盆的故事》① 是否就是他的作品；因为他从来没有承认过它，而且远远超出了他通常的风格。”[a]

---

① 现在确认是斯威夫特的作品。

a 在随后一个阶段，他更加随意地提出这种看法。见《赫布里底群岛旅行日记》，第3版，第32页〔8月16日〕。

“我认为汤姆逊身上像大多数作家一样具有诗人的气质。一切都通过他爱好的媒介向他显露出来，除了用一种诗歌的眼光，他就看不出这两支蜡烛在燃烧。”

“难道——[1] 没有多少智趣，先生？” **约翰生**：“我不这样认为，先生。他在继续尝试智趣，但屡试屡败。我听到一个人尝试智趣失败，就像看见一个人试图跳过一条沟栽了进去一样，绝不幸灾乐祸。”

当我提到他关于托马斯·谢立丹先生的一个说法，富特幸灾乐祸加以传播时，他开怀大笑。“嘿，先生，谢立有点笨，天生的笨；他变成现在我们看见的这副模样一定吃了不少苦。那样子愚不可及，先生，可不是天生的。”“所以，（他说）我让他发挥自己所有的优长。”

现在他又补充说：“谢立丹无法忍受我。我把他的朗诵带到一定程度。我问了他一个直白的问题：‘你打算教什么？’再说，谢立丹先生用他狭隘的努力能给这个伟大国家的语言造成什么影响？先生，那是在多佛尔点燃一支小蜡烛要照亮加来。”[2]

谈到一个青年[3]，他一想到自己的学问和知识都非常欠缺就惴惴不安，约翰生说：“一个身居中游的人没有什么好抱怨的，因为有很多人还在他下面；也许在他上面的同龄人不足六个，也许没有一个。尽管他也许对什么事物都不是完全了解，但他掌握的知识的总量十分可观。时光会替他弥补一切缺欠。”

随后谈话转向哲学问题。**约翰生**：“人类的经验，因为它一直是个矛盾的理论，是对真理的重大检验。一个体系，由于建立在很多伟大思想的发现之上，总比任何一个思想单独运作所产生的东西有力量，一种思想自行能做的事情微乎其微。世界上没有一本书如此

239

1763年
7月28日
星期四

---

① 埃德蒙·伯克。

② 〔英国港市多佛尔隔一条海峡与法国港市加来相望。〕

③ 詹姆斯·鲍斯威尔。

差劲竟然算不上是一种巨大的努力，如果它完全靠一个人的思想写成，而没有先前调查研究者的帮助的话。法国作家很浮浅，因为他们不是学者，全靠自己头脑的力量前行；所以我们看到他们的力量何其微小。”

“至于基督教，先生，除了我们为它找到的强有力的证据，还有一种优势，因为有许多伟人对这个问题深思熟虑过后，相信它是真理。格劳秀斯是个思想敏锐的人，一位律师，一个惯于验证证据的人，他也相信。格劳秀斯不是一名隐士，而是个阅世老手，他肯定不会偏袒宗教。艾萨克·牛顿爵士起初是不信教的，后来成了一个非常笃诚的信徒。”

这天晚上他再将建议我漫游西班牙[a]。我说如果他收到我从萨拉曼卡写的信，一定会开心。**约翰生**：“我爱萨拉曼卡大学；因为当西班牙人怀疑他们征服美洲的合法性时，萨拉曼卡大学提出了他们自己的意见：这是不合法的。”他说这话时非常动情，又带着统驭他的《伦敦》诗句的慷慨热情，反对西班牙的侵占。

我表达了我对朋友德里克的看法，认为他只不过是一名蹩脚的作家。**约翰生**：“当然，先生，他是蹩脚；不过你应当考虑考虑，他成为一个文人已经让他得到了他拥有的一切。这使他成了巴斯之王。先生，他除了说自己是个作家外，再没有什么好说的了。如果他不是个作家，他必须扫大街，并从每个路人那里讨要半个便士。”

不过平心而论，德里克先生是我第一位导师，引领我了解了伦敦的方方面面，让我看到了这个城市的各个部门，既有文学方面的，又有娱乐方面的，那就是约翰生劝我付之笔墨的一些情景，由于回想到他，提一提约翰生在随后一个阶段对他作为一名作家和编辑的说法，也就顺理成章了：“先生，我多次说过，如果德里克的书信

---

a　我全心全意地打算听从那么重要的忠告，然而由于在德国和意大利逗留的时间比我计划的要久，而且又访问了科西嘉，我发现已经超过了我父亲允许我游历的时间，便急忙赶到法国回家。

是由名气更大的人写的，这些信就会被认为写得非常漂亮。”[a] 还说：“我打发德里克到德莱顿的亲戚那里去搜集他写的传记材料；我相信他搞到了我本人应当搞到的一切。”[b]

可怜的德里克！我深情地怀念他。我不能向读者隐瞒一句痛快幽默的俏皮话，就是他活着，这话也不会伤害他，现在就没有一点害处了。在他的诗集里，有一首是写他久别之后进入故乡都柏林港口的。诗是这样开头的： 240

1763年
7月28日
星期四

都柏林！深受钟爱的城，你好！
在那里我第一次看见了天光。

严肃反思过他被“认为是遗忘了的死者”之后，有了下面一节：

除非我的诗句延长了我的声名，
　　那些碰巧读过它们的人们高喊，
我知道他！德里克就是他的姓，
　　他的遗骸躺在那边的坟里面。

这几行诗被约翰·霍姆[①] 先生巧妙地加以戏拟，他给我们贡献出了《道格拉斯》这样美丽、哀婉的悲剧：

除非我的行为延长了我的声名，
　　过路人总要悲伤地歌唱，

a 《赫布里底群岛旅行日记》，第3版，第104页（8月27日）。

b 同上书，第142页（第242页，9月22日）。

① 约翰·霍姆（John Home，1722—1808），苏格兰长老会牧师；剧作家；阿瑟尔斯坦福的牧师（1746）；悲剧《道格拉斯》（1756）的作者，该剧为苏格兰情感文学的一部力作；比尤特的私人秘书（1757—1763）；“扑克俱乐部”成员；《1745年反叛史》（1802）的作者。

我知道他！德里克就是他的姓，

他的遗骸吊在那边的树上摇晃！

我十分怀疑这几行诙谐诗的和蔼、灵巧的作者是否还记得它们，因为它们是 1760 年的一个晚上我们俩在埃格林屯城堡的餐厅里一起踱步时，他即兴创作的，此后我再也没有向他提起过它们。

约翰生有次对我说："先生，我敬重德里克的镇定。一天夜里一名蹩脚的作家弗洛伊德[a]在街上闲逛，发现德里克在一座房子的凸台上熟睡；德里克突然被惊醒，一蹦跳了起来：'亲爱的弗洛伊德，很抱歉看到你处在这种贫困境地；你跟我回家到我的住处去住好吗？'"

我再次求他就我在乌得勒支的学习方法提点建议。"得啦，（他说）咱们先痛痛快快玩一天。咱们到格林尼治吃饭去，在那里谈。"这次郊游定在下星期六。

今晚我们臂挽着臂沿着滨河大道漫步，一个妓女以惯常的诱人姿态赶上前来跟我们搭讪。"不行，不行，姑娘，（约翰生说）这可不行。"然而，他对待她的态度并不严厉，我们谈到那种女人的悲惨生活，一致认为，总体而言，那种痛苦远多于快乐的日子是两性之间不正当的交往造成的。

7 月 30 日，星期六，约翰生博士和我在圣殿浮动平台雇了一只划艇前往格林尼治。我问他是否真的认为掌握希腊文和拉丁文是一

241

1763 年
7月30日
星期六

种良好教育的基本必备条件。**约翰生**："绝对肯定，先生；因为懂这两种语言的人大大胜过不懂的人。不仅如此，先生，神奇的是，学问甚至使人们在日常生活交流上产生了多大差异，尽管两者看上去没有多大关联。""可是，（我说）没有学问，人们照样一路亨通闯荡在世界上，生活事务照样打理得得心应手。"**约翰生**："嘿，先生，在有些学问不可能有什么用处的情况下这也许是真的；譬如说，这个替我们划船的孩子没有学问，但船划得照样好，就好像他会给史

a 他出版过一部三卷本的传记作品，记述了一些杰出的作家。

上第一批水手阿耳戈英雄们①唱俄耳甫斯②的歌一样。”他对孩子喊道：“如果你要知道阿耳戈英雄的故事，你会给什么呢？”“先生，（孩子说）我有什么，就给什么。”约翰生对他的回答极为欣赏，我们就给了他双份船费。约翰生博士然后转身向我：“先生（他说）求知欲是人类天生的感情，每个人只要思想还没有堕落，都是愿意倾其所有获取知识的。”

我们在“老天鹅”上岸，步行至比林斯门，我们开始自己划桨，在银光闪闪的泰晤士河上滑行。那天风和日丽，港口船舶无数，种类繁多，两岸美景如画，令人心旷神怡。

我谈到讲道，谈到所谓的循道宗信徒[a]获得的巨大成功。**约翰**

---

① 希腊神话中随伊阿宋乘阿耳戈号船去海外觅取金羊毛的英雄。

② 希腊神话中的诗人和歌手，善弹竖琴，弹奏时野兽俯首，顽石点头。他随伊阿宋和阿耳戈英雄去寻找金羊毛，用歌声使众英雄抗拒了妖女塞壬的诱惑。

a 凡是了解宗教史（当然，最为重要的是，它关系到人的思想）的人都知道“循道宗信徒”这个称号最初是给予牛津大学的一个学生社团的，这些学生在1730年左右以认真并“循规蹈矩地”关注虔诚的宗教仪式出名。这种思想倾向对任何教派来说并不是标新立异或独出心裁的，而且曾经在，并且仍然可以在各种派别的很多基督徒身上发现。约翰生本人就是一位态度俨然的循道宗信徒。在《漫游者》第110期上，他满怀敬意地提到“规范虔诚的全部纪律”；在《祈祷文与默想录》里频频出现他忧心忡忡地审查自己精神状态的很多事例。这种对宗教的认真态度，尤其对圣灵的作用的一种说法，有时候流于愚蠢，有时候被假冒伪造成卑劣的用场，这也是不容否认的。然而，在它真实的时候，予以诋毁却是不公正的。在理性和良知上反对循道宗的主要论据是它有贬损人性、阻止慷慨行善的倾向，因为它卑劣地假定**上帝**对这些不想关注；尽管《圣经》中肯定地说主“必照每个人所行的报应他”。然而我高兴尽自己所能对那些对自己的信条一无所知却以嘲讽为时尚的人说句公道话；我能援引他们最优秀的辩护士之一米尔纳先生的一段文章做到这一点，他是这样表达他们在这个问题上的教义的。“由于信仰而理直气壮，能力得以增强，又受到基督的爱的约束，它们的信徒在爱与感激的范围内行动，他的一切责任多多少少都出自这一原则。尽管责任在天国为他积攒了与他的忠诚和积极相称的福气，而且感受这种考虑的力量绝对不与他的原则矛盾，但爱本身却使每个责任甜到他心里；他觉得**上帝**的爱是他一生的伟大指导原则，他认为这没有什么荒谬的地方。”文科硕士赫尔河畔金斯顿文法学校校长约瑟夫·米尔纳，《论若干宗教问题》，1789，第11页。

242 1763年7月30日星期六

生："先生，那是因为他们会用一种平易近人的方式表达自己的观点，这是普通百姓唯一喜闻乐见的办法，当它适合自己的会众的时候，有才气有学识的牧师出于一种责任心就应当这么做；他们会因为这种做法受到有识之士的赞扬。把酗酒作为一种罪恶一味反对，因为它贬损人类最高尚的才能，理性，这对寻常百姓而言，没有任何用处：但要是告诉他们撒酒疯会死人的，而且向他们演示那是多么的可怕，这必定会给他们留下深刻的印象。先生，你们苏格兰牧师放弃他们的平易近人的态度时，宗教很快就会在那个地方衰亡。"让这种看法，就像约翰生打算的那样，被人永志不忘。

我发现自己跟约翰生在格林尼治游玩真是大喜过望，他非常喜欢这里的景色，并在《伦敦》中予以颂扬。我口袋里就装着这本诗，便热情洋溢高声朗读起来：

> 我们站在泰晤士岸上沉思默想：
> 在那里格林尼治笑着银流浩荡：
> 对**伊丽莎**的出生地深感欣喜，
> 我们跪下亲吻这神圣的土地。

他说格林尼治收容所的建筑格局对于一个慈善机构来说过于宏大，各个部分又过于独立，构不成一个巨大的整体。

他说布坎南①是一位非常优秀的诗人；又说他把异教众女神各自的完美赋予一个女人，所以是以这种方式赞美女人的第一人[a]；然而约翰生对此又做了改进，因为他同时又使他笔下的女人脱离了那些女神的缺陷。

---

① 布坎南（George Buchanan，1506—1582），诗人、史学家、行政官员；掌玺大臣（1570—1578）；大法官法庭庭长（1570）；年轻的詹姆斯王的老师。

a 〔《警句诗》，第2卷，第2首，《献给英国女王伊丽莎白》——我疑心作者的记忆在这里有偏差，也许约翰生说的是"第一个现代诗人"；因为在《文选》中有一首非常有名的警句诗，包含着这一类颂扬。〕

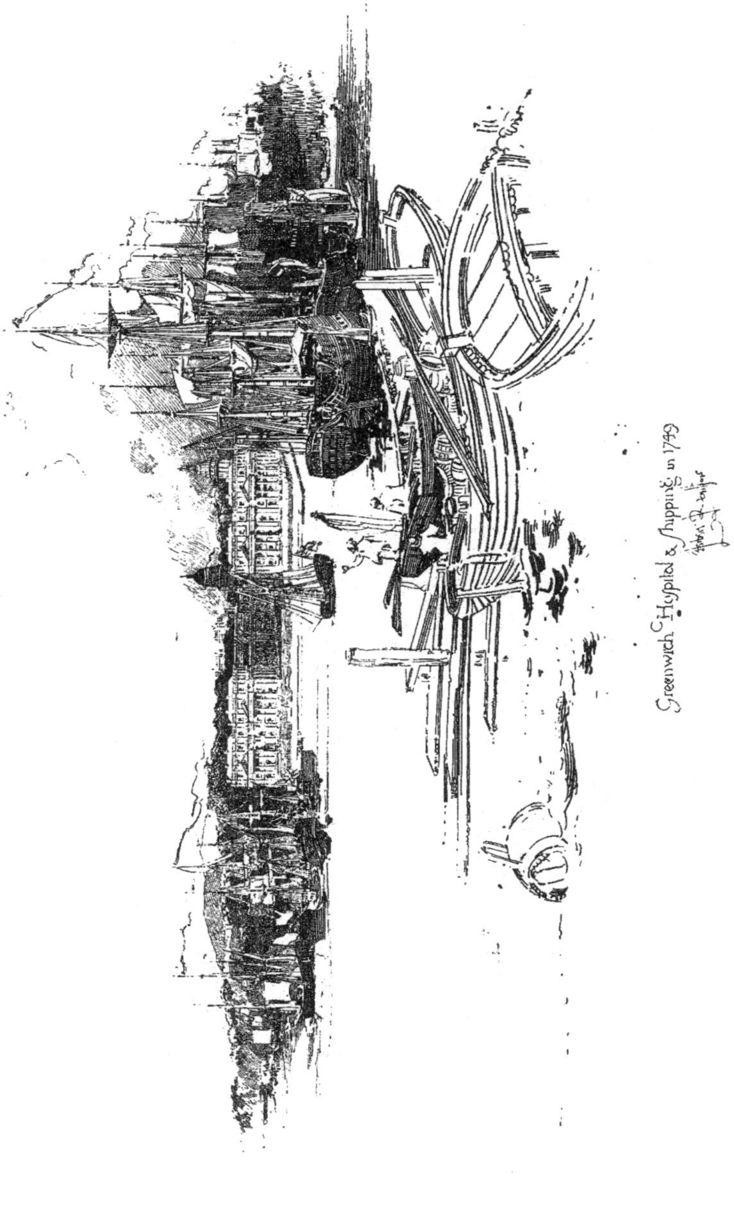
Greenwich Hospital & Shipping in 1749

他大谈特谈布坎南献给苏格兰玛丽女王的《喀里多尼亚仙女》等优美的诗篇，并且热情洋溢地说到拉丁诗的美。“所有的现代语言（他说）都无法提供这么音调悦耳的诗行：

Formosam resonare doces Amarillida silvas①.”

后来他进入了当日的要事，那就是给我提一点学习课程方面的建议。在这里，我得万分懊悔地提一提，我对他的谈话记录少得可怜。我满怀敬慕地记得他火辣辣的高谈雄辩，将我的各种智力激发到了顶点，但肯定也把我搞得晕头转向，记不住他的言谈要旨；我查阅笔记，找到的仅仅是这么一点：“他在人类知识的汪洋里畅游了一遍，建议我选择某一门学科深钻，但对每一类都要了解一点。”我的札记的缺陷将会得到他在这个问题上惠赐予我的一封长信的全面弥补，那是我到了乌得勒支一段时期以后他写给我的，读者会在适当的地方享受到拜读它的快乐。

243

1763年7月30日星期六

晚上，我们在格林尼治公园散步。我估计他想试探试探我的性情，便向我发问：“难道这不是很美吗？”我对自然的美并没有高雅的兴味，对“人类忙碌的嗡嗡营营”倒是更加喜欢，便回答道：“是的，先生；但比不上舰队街呀。”**约翰生**：“你说对了，先生。”

我意识到很多读者也许会指摘我缺乏情趣。不过，让我先躲在花花世界的一位时尚的从男爵[a]这棵大树下乘乘凉吧，他在自己的注意力被吸引到乡村的一个五月之夜的芳香时说道：“这也许挺好；但

① “让山林回响你对阿玛瑞梨的称赞”——维吉尔，《牧歌》，第1首，第5行。

a 我的朋友米歇尔·勒弗莱明。这位先生尽管有种种轻松风雅的生活经历，不仅继承了片美丽的家族产地，而且还继承了使他可敬的祖父卡莱尔主教出了名的大量的文学爱好。有一天，他用一句精当的话对我说到约翰生博士，“在每一种场合，他身上总有种直头直脑的威严”。[1]

1 〈米歇尔·勒弗莱明爵士1806年5月19日在海军部与豪伊克勋爵（现在的格雷伯爵）谈话时中风猝死。——M.〉

就我而言，我还是更喜欢剧院里的一盏彩饰大烛台的味儿。”

我们在格林尼治待得太久，所以乘船回伦敦时远远没有早上那么愉快；夜气过凉，冻得我瑟瑟发抖。我之所以觉得寒气逼人是因为前一天夜里我彻夜未眠，一直在回想，并把我认为值得保留的东西写在日记里；这种努力在我跟约翰生结识的初期是屡见不鲜的。我记得一个星期就开过四次夜车，白天也不是多么不适。

约翰生身体壮硕，这点寒气对他没有任何影响，所以觉得我冷得发抖是种可鄙的娇气作祟，于是责备我说：“你抖什么呀？”下院的威廉·斯科特爵士告诉我，他们结伴去苏格兰旅行时，他在驿递马车上抱怨头疼，约翰生也是这样对待他的：“先生，我在你这个年纪，就从来没有头痛过。”我们自己当时没有别人那种感觉的情况下，体谅别人的感觉并不容易。我们大家肯定都经历过，我们健康的时候和有病的时候，邻居的病痛对我们的影响是多么的不同。在完全健康的情况下，我们不大相信他们非常难过；痛苦的意象在我们的想象里是如此淡漠：由于生病身体软弱，我们就容易同情别人的痛苦了。

我们在缠头结咖啡馆以十足的社交情调结束了这一天的行程。我给他详细描述了我的家庭，世袭的田产，他听得津津有味，还问了一些田产规模和家族人口方面的问题，并且做了一些计算；同时还建议对佃户要宽大仁慈，业主的地位之所以在他们之上完全出于上帝的安排。我描述了祖先们富有传奇色彩的故居，他听了极其开心。“我一定要到那里去一趟，先生，（他说）我们要住在那座古堡里；如果一间房子都没有剩下，我们就建造一间。”我听了心里乐开了花，但很难奢望阿夫莱克会真有他光临的那份荣幸，而且后来还 244
在他的《西部诸岛纪游》中的一段描述中受到了赞扬。

我们再次谈及我去荷兰的事情之后，他说：“我必须送你离开英国；我陪你到哈里奇。”听了他对我关爱的这番出乎意料的重大表示，我的感激之情真是无以言表。 1763年7月30日星期六

第二天，7月31日，星期日，我告诉他早上我参加了一次被称为教友派的人们的聚会，在那里听了一个女人的布道。**约翰生**：“先

生，一个女人布道就像一只狗用后腿走路。事情做不好；但你惊讶地发现它毕竟做了。”

8 月 2 日，星期二（我离开伦敦的日子定在 5 号），约翰生博士赏光在我的住处待了半个上午。他说“总觉得不想做任何事情”。我说，想到不列颠最懒的懒汉居然编写了最艰巨的著作《英语词典》，真是不可思议。

我提到一种最轻率的出版物，是他的某个朋友[①]早年写的，问他是否认为这会对作者造成伤害。**约翰生**：“不会的，先生；不打紧。那也许会在一次选举中提及。”

我现在有资格当一名特权人物了，晚上被他带去跟威廉斯小姐一起喝茶。[a] 威廉斯小姐虽遭双目失明的不幸，但我发现她谈吐喜

---

① 也许是埃德蒙·伯克。

a 〔在已经提到的一篇文章中，一位似乎与威廉斯夫人很熟的女士是这样说她的：

“威廉斯夫人是一个极其有趣的人。她具有非同寻常的坚定思想，无限的好奇心，惊人的记忆力和极强的判断力。她有各种各样讨人喜欢的能力。她有能力做好事的时候，她似乎把她个人的苦恼，微薄的财产统统忘在脑后，她喜欢交际，生性快乐，活泼，尽管身体状况确实糟糕。她对约翰生博士的关心是由极强的判断力和坚定的敬仰形成的，所以在重复他的名言或者讲述他的善举时，她的声音从不迟疑；尽管在其他很多情况下，她视力不济导致她过多使用听力，影响了她的言语。

“威廉斯夫人在认识约翰生博士前就双目失明了。——她多才多艺，尽管每样都不是非常突出。她一年有一部分时间与威尔金森姐妹们在一起过，并接受她们赠送的礼品，还从第一位故去的小姐那里得到一笔遗赠，有衣服，有钱。最后一位，简夫人，还留给她一份年租；但由于遗嘱写得粗率，恐怕她从来没有从中获益。这位女士留下钱要为老处女们建一座养老院：但是她安插的人数太多，那笔捐赠不够用，所以〔约翰生〕博士说，最好把养活这个词抹去，加上饿死那个数目的老处女。他们问他，给这养老院起个什么名儿？他回答说：“就叫‘珍妮遐想’得了。”〔从前切尔西附近的一家有名的酒馆的名字。〕

“菲利普斯夫人给她一笔小小的补助金，还有另外几位跟她有亲戚关系的威尔士女士。蒙塔古夫人，在蒙塔古先生去世后〔用盖印证书〕规定每年给她十英镑。我粗略算了一下，威廉斯夫人一年大概有三十五镑到四十镑。她〔在约翰生博士的住宅的套房里〕使用的家具都是她自己的；她的（转下页）

人；因为她的文学知识丰富多彩，又善于表达自己的观点；不过她的独特价值在于她与约翰生长期一起生活所具有的那种亲密，因而对约翰生的习惯了如指掌，知道如何诱导他的谈话。

茶喝完以后，他带我到他所谓的散步场所去，那是邻近的一条铺过路面的狭长胡同，两旁有些树木遮阴，我们在那里溜达了好久；我向他抱怨我酷爱伦敦，又倾心于他的陪伴，所以几乎想都不敢想离开，哪怕是去旅行；一般来说，这可是年轻人求之不得的。他用豪言壮语激励我。他劝我，一旦在国外什么地方定居下来，就要怀着求知的热望苦读，每天专心学习一小时的希腊文；在四处奔波的时候则要勤读人类这部大书。

8月3日，星期三，我出国前我们在缠头结咖啡馆度过了最后一个社交夜晚。在分别之前，我却遭不幸，无意间惹恼了他。我向他提及，满世界在讲关于他的荒唐故事，把一些稀奇古怪的说法归咎在他身上，这些现象已成了家常便饭。**约翰生**：“他们对我说了些什么，先生？”**鲍斯威尔**：“嘿，先生，还真有个奇怪透顶的例子，（我开怀大笑着说道）大卫·休谟告诉我，你说你要站在一排大炮前面恢复大主教管辖区教士代表大会[①]的充分权力。”我不太了解他还真的说过这话：但是很快我就相信自己错了；因为他死死地盯着我，雷鸣般地吼道：“难道我不要吗，先生？难道苏格兰长老会能开它的大会，就不许英国国教会召开它的大主教管辖区教士代表大会？” 245
我告诉他这段轶事的时候，他在房间里踱来踱去；但他带着高教会的热情暴跳如雷说这番话时，已经走近我的椅子，眼睛里闪着怒火。 1763年8月5日星期五

（接上页）花销很少，茶、面包奶油至少是她一半的饮食。有时候她有一名仆人或女杂工干一些家里的粗活：但她自己很主动，人很勤快。我经常看见她在干活。有一天谈到她在家里四处活动很灵便，翻抽屉、找书、完全不靠视觉，‘相信我，（她说）不靠视觉干不了这些日常事务的人，在他们享受那种福分时做的事也很少’。经济拮据，身体不好，双目失明，足以为她有时候的没有耐心辩解：她的天性是善良，友好，懂人情世故。”〕

① 伴随着《教派法案》（1714）废止而引发的激烈论争在1719年导致“大主教管辖区教士代表大会”无限期推迟，直到1854年才再次开会。

我在这场暴风雨前低下头来，为了转移它的威力，我便引导他详谈宗教从维持教会的重要外在体面中获得的影响。

我不可不提这一年他写了《阿斯卡姆[①]传》†，还有给索尔兹伯里伯爵的献词†，印在本内特先生出版的该作者的英语作品集面前。

8月5日，星期五，我们一大早就乘去哈里奇的驿车出发。一位年长的胖女人和一名年轻的荷兰人似乎是我们中间最想交谈的人。在我们就餐的客店里，那女人说她使出浑身解数来教育子女；特别提到他绝对忍受不了他们有片刻的懒散。**约翰生**："夫人，我希望您也来教育教育我；因为我一生都是个懒汉。""先生，我相信，（她说）您从来都不懒散。"**约翰生**："不对，夫人，这是实话；那边的那位先生（指着我）一直懒懒散散。他在爱丁堡懒散。他父亲把他打发到格拉斯哥，他继续懒散。随后他来到伦敦，还是非常懒散；现在他要去乌得勒支，他还会那样懒散。"我私下问他怎么能这样揭我的底呢。**约翰生**："嘿，嘿！（他说）他们对你一无所知，不会往心里去的。"下午，那女人猛烈攻击罗马天主教教徒，并且谈到宗教裁判的恐怖。所有的乘客莫不目瞪口呆，只有我自己除外，因为我知道他能把一个问题的任何方面都说得头头是道，约翰生竟然在捍卫宗教裁判，主张"虚伪的教义一露头就应当予以审查；世俗的力量应当与教会团结一致惩治那些胆敢攻击既定宗教的人，那种人只能受到宗教裁判的惩罚"。他的口袋里装着《庞波尼乌斯·梅拉[②]论世界概况》，他偶尔读读里面的东西，似乎对古代地理非常专注。虽然决不小气，但他对一般正确的做法的关注却细致入微，所以当他在一个驿站看到我有意摆阔给了车夫一先令，而习惯是每位乘客只

---

① 阿斯卡姆（Roger Ascham，1515—1568），作家、王室教师；作品有《托克索菲勒斯》（1545），这是一本教育手册，后来成为英语通俗散文写作的重要样板；给后来成为女王的公主伊丽莎白当教师（1548—1550）；爱德华六世和玛丽一世的拉丁文秘书；声名建立在《校长》（1570年出版）之上，这是一部普及文艺复兴时期英国人教育观点的作品。

② 庞波尼乌斯·梅拉（Pomponius Mela，活跃在公元1世纪），古罗马地理学家。

给六便士，他把我拉到一边训斥了一顿，说我的做法会使车夫对别的只按规定给钱的乘客心怀不满。这是一种正确的斥责；因为不管一个人花钱时可以怎样大手大脚或追求虚荣，但为了别人他也不应当抬高有一贯需求的物品的价位。

他谈到布莱克洛克先生的诗，就其描写可见物而言，他说："由于作者不幸双目失明，我们可以绝对肯定那些篇章是他所记得的其他视力正常的作家的作品的综合。斯彭斯[1]那个笨蛋煞费苦心从科学角度解释布莱克洛克怎样凭借自己的官能做了他不可能做到的事 246
情。解答正如我给出的，那是显而易见的。假设，我知道一个人双腿瘫了，干脆动不了，可我发现我原来把他留在一个房间里，现在他却待在另一个房间里；我觉得大惑不解，便瞎猜一气，想必他的神经出于某种未知的变化一下子起作用了？不，先生；他是怎么到另一个房间的，十分清楚：他被抬进去的呗。"

1763年
8月5日
星期五

我们在科尔切斯特歇了一宿，约翰生满怀敬意地谈到这座城镇，因为它替查理一世顶住了一场围攻。现在跟我们在一起的只剩下那个荷兰人了。他的英语讲得还不错；他认为自我推荐的方法就是大讲特讲这个国家的刑法学比荷兰的优越，于是猛烈抨击对被告人严刑逼供的野蛮行径。然而约翰生就像对宗教裁判一样，已经胸有成竹。"嘿，先生，我发现你不懂贵国的法律。严刑在荷兰被认为是对被告的一种优待；因为在那里没有人被施加严刑，除非有对他不利的相当于英国有罪判决的证据。因此，你们中间的一名被告比我们中间受审的被告多一个逃脱惩罚的机会。"

这天晚上吃晚饭时他谈到美食要格外有滋有味地品尝。"有的人（他说）有种愚蠢的做法，那就是不在意，或者假装不在意，自己吃什么。我却不然，我仔细认真地关心自己的肠胃；因为我认为，不关心自己肠胃的人很难关心其他事情。"他现在给我的感觉俨

① 斯彭斯（Joseph Spence，1699—1768），轶闻趣事搜集者，蒲柏的朋友。

然是 Jean Bull philosophe[①]，此时此刻，他不仅认真，而且激烈。然而，在另外一些场合，我听见他以轻蔑的口气议论那些急于满足口福的人；《漫游者》第 206 期是一篇反对饕餮的妙文。的确，我必须承认，不妨把他的做法看作他对自己在这个问题上的分歧看法制造平衡；因为我从来不知道还有什么人比他更能品尝美食的滋味。一上餐桌、他就全身心地投入当前的任务；他的目光似乎钉到了盘子上；除非有非常高贵的人士在座，他会一言不发，甚至全不理会别人在说什么，直到他满足自己的胃口为止。他吃起饭来完全是一副狼吞虎咽、风卷残云的架势。吃的时候，脑门上青筋暴起，一般都是大汗淋漓。那些矫情的人看来，这副吃相只能令人作呕；毫无疑问，这跟一位应当以克己出名的哲学家的性格是格格不入的。然而必须承认，尽管约翰生能够做到严格自律，但他并不是个节制饮食的人。他能忍，但做不到伸缩有度，不温不火。他告诉我，他曾经禁食两天，没有出现什么麻烦，还说他只挨过一回饿。谁若惊异地看到他在各种场合一旦饭菜合他的口味，他能够吃多少，谁就难
247 以想象他说的饿意味着什么；他不仅为饭量超常著称，而且还是一
1763 年 8月6日 星期六 个，或者冒充成一个洞晓烹饪术的行家。他经常对吃过饭的地方上的菜肴品头论足，而且对他喜欢的东西记得细致入微。我记得他在苏格兰时，对“戈登美味”（亚历山大·戈登法官大人家的一道美味菜肴）赞不绝口，这些赞语可以给一些更加重大的问题增光添彩。“至于麦克拉林[②]家模仿的一种杂烩，那是一种拙劣伎俩。”大约在同一时段，他对一位贵族的法国厨师[③]的手艺深恶痛绝，竟然激愤

① 哲学家约翰牛。约翰牛是英国特征的化身，在约翰·阿巴思诺特于1712年出版的反对英国卷入西班牙王位继承战争的系列小册子中风靡一时。

② 麦克拉林（John Maclaurin，1734—1796），法官、作家、科学家科林·麦克拉林的长子；《哲学家的歌剧》（1757）的作者；爱丁堡皇家学会最早的会员之一；靠亨利·邓达斯的力量以德雷霍恩大法官的身份任苏格兰高等法院评议员。

③ 贵族可能是埃利班克勋爵。

地叫嚷，“我恨不得把那个无赖扔进河里去”；后来，他进而使一位夫人[①]大惊失色，当时他准备在她家吃晚饭，竟然对自己的技艺发表了如下宣言：“夫人，我吃过各种各样的美味佳肴，因此比起任何有一名尚可的厨子，又常在家、少出门的人，对于厨艺是个合格得多的裁判；因为这种人口味逐渐适应了自己厨子的菜的味道；而我，夫人，见多识广，品尝过的饭菜不计其数，判断就会更加精当。”如果应邀吃饭时，即便是去一位亲密的朋友家，如果给他准备的只是家常便饭，他也会不高兴的。我听见他在这样一种场合说过，“不用说，这顿饭菜够好的了；但却不是一顿请客的饭菜”。话又说回来，如果受到称心的款待，他也往往大喜过望地表达他的满足之情。有一天，我们跟他门栓巷的邻居兼房东、印刷商艾伦先生家吃过饭，由于艾伦先生的老管家对约翰生在每件事情上的情趣都做过研究，约翰生对艾伦发表了这样的一番赞美：“先生，就是有一个厨师大会演，我们也吃不上比这更好的菜肴。”

荷兰人上床就寝后，就剩下我们俩了，约翰生博士谈到很多人表现出的那种刻意行为。他不大以为然；并且说道：“我从未考虑过我应当是个严肃的人，还是欢快的人，不过就让一时的喜好顺其自然吧。”

他说他希望明年夏天能来荷兰陪我周游这个国家，我听了喜出望外。

我拿想入非非害怕烦恼来取笑他。一只飞蛾绕着蜡烛飞舞，结果烧死了，他抓住这件小事来告诫我；带着一种狡黠的神情，用一种严肃但又平静的语气说：“那家伙惹火烧身，我相信它的名字是**鲍斯威尔**。”

第二天，我们赶到哈里奇吃饭；我去海尔福茨吕斯的班轮船票已经订好，行李已经上了船，我们俩在客店里单独就餐。我不经意地说，如果他不赶快找个机会返回伦敦，幽禁在这么一个单调沉闷

---

① 很可能是鲍斯威尔夫人。

的地方，怪可怕的。**约翰生**：“先生，不要养成小题大做的习惯。就

248 算我在这里滞留一段时间，那没有什么好可怕的。”小题大做的做法

无疑处处存在，常常出现，屡见不鲜；不过我认为，法国人最为突

1763年8月6日星期六 出，凡是在法国旅行过的人，肯定对这一类的无数事例感触良深。

我们去看看教堂，进去以后径直走上了祭坛，约翰生的虔诚一贯而又热烈，他让我跪下，并且说道：“现在你要离开祖国了，祈求你的**造主**和**救主**保佑你吧。”

从教堂出来后，我们站着议论了一会儿巴克莱①主教证明物质不存在的巧妙诡辩术，巴克莱认为宇宙万物仅仅是想象而已。我说，尽管我们确信他的理论不正确，但又不可能驳倒它。我永远不会忘记约翰生回答的敏捷，他用脚使劲猛踢一块大石头，把自己都反弹了回来，“我就这样驳倒它”②。这就是比菲埃尔神父的初始真理或里德③和贝蒂④的原理的一个坚实例证；不承认这一点，我们无法争论形而上问题，就像没有公理，我们无法争论数学问题一样。巴克莱怎么能得到纯粹推理的回答，对我而言，是不可想象的；但是我知

---

① 巴克莱（Dr George Berkeley，1685—1753），英国国教会克洛因主教（1734），哲学家，非物质主义领袖；《阿尔喀佛戎》的作者；被詹姆斯二世拥戴者“高度敬重”的托利党人，都柏林三一学院研究员。

② 〈约翰生博士似乎对巴克莱的学说并没有完全吃透：因为他的实验仅仅证明我们有固体的感觉，巴克莱并不否认这一点。——他承认我们有通常被称为能感觉到的各种质——其中之一是固体——的感觉或观念；他仅仅否认物质（一种无活动能力、没有感觉的实体，而能感觉到的质被认为独立存在于其中）的存在。约翰生的例证与通俗的概念一致，即固体就是物质。——卡尼〉

③ 里德（Thomas Reid，1710—1796），自然科学家、道德哲学家；阿伯丁皇家学院校务委员（1751）；阿伯丁科学学会创建人之一（1758—1773）；《人类思想探究，论常识的原理》（1764）的作者；格拉斯哥大学道德哲学教授（1764）；积极参与格拉斯哥文学活动；爱丁堡皇家学会会员。

④ 贝蒂（James Beattie，1735—1803），诗人、哲学家；18世纪60年代末和70年代初以其《论真理的性质与永恒》（1770，对“怀疑主义哲学”尤其是休谟的抨击）和《吟游诗人》（1771—1774，斯宾塞体诗歌）一鸣惊人。

道如果政治没有“将他从平静的哲学挡开”[1]，那个微妙而艰难的任务就会被当代最睿智的头脑之一承担。他与巴克莱的论争可能给我们提供多么精彩的敏锐加才华的展示啊！在反思这么一顿智力盛宴的缺失时，我们肯定会多么遗憾地看到他竟然被概括为这样一个人，

> 他生下来为宇宙把自己的思路变窄，
> 把打算给人类的东西贡献给了党派？[2]

我这位受人崇敬的朋友陪着我走到海滩，我们怀着依依之情拥抱、别离，并相约保持通信联系。我说：“先生，我走后希望你不要忘记我。”**约翰生**：“哪儿的话，先生，倒是你有可能忘掉我，我是不会忘记你的。”船向大海驶去，我目不转睛地望了他许久，只见他仍然以惯常的姿态晃动着魁伟的身躯：最后我看见他走回城去，不见了踪影。

起初我觉得乌得勒支非常沉闷，见惯了伦敦热闹的景象后，我的精神大受影响；我给约翰生写了一封倾吐幽怨苦情的信，对此他并未给予理会。后来，我心情稳定了一些，给他写了第二封信，表达了我急切盼他回信的心意。终于我接到了下面一封惠函，它对我极为重要，我相信对其他许多人也是如此。

> **一位鲍斯威尔先生**，乌得勒支皇宫
>
> **亲爱的先生**，——你不应当因为还没有收到我的信就认为自己被遗忘，或者遭到狠心的怠慢，我喜爱见到自己的朋友，喜爱收到他们的来信，喜爱跟他们交谈，喜爱谈论他们；但要说服自己付之笔墨，那还是要痛下一番决心的。然而，我不会玩忽任何重大责任，也不会懈怠任何真正的关爱义务来满足自己的懒惰。

249

1763年
12月8日
星期四

① 引文出处见亚历山大·蒲柏的《贺拉斯诗歌卷二第二首讽刺诗意译》（1734）Ⅱ.第5—6行：“不是在一个镀金碗橱反射的骄傲/把你从可靠的哲学挡开的时候。”这里指的是埃德蒙·伯克。鲍斯威尔的引文出入很大。

② 奥利弗·哥尔德斯密斯《报复：一首诗》（1714），第2节，第31—32行。

告诉你我身体好还是不好，我到过还是没有到过乡下，告诉你我在我们上次一起坐过的房间里为你的健康干杯，还有你的相识继续带着原有的善意议论你，这些话题都是那些只为写而写的信件中相沿习用的内容，我认为都是不太值得传达的；但如果我在力所能及的范围内用它平息什么煎灼的烦恼，激发什么良好的愿望，纠正什么重要的看法，强化什么豪爽的决定，你就不必怀疑，我至少希望宁可享受从满足一位远不如你受敬重的朋友中得到的快乐，也不愿处在心如古井、百无聊赖的境地。克日通信我是否能轻易做到，我说不上。眼下，我盼望你能收到我奉悉两封惠书后的这封回信。第一封确实给我描述了你的绝望心情，所以它几乎不容回答，或者不值得回答；我对第二封则欣赏得多：欣喜之情因为你讲述学业的进步而进一步加深，因为它表明你把心思继续平均而理性地运用到某种有益的探讨上。

你也许想问我建议学习什么。我不说神学，因为它不应当被看成你是否该努力了解**上帝**的旨意的问题。

因此，我要考虑的只有那些我们可以随意研究或忽略的学科了；我不知道你怎么会在其中做出比学习民法和古代语言更好的选择，前者是令尊大人劝你学的，后者是你自己决定要学的；至少在你居有定所期间，下决心每天花几个小时读读书。你所抱怨的思想损耗只不过是一种在不同动机之间悬而未决的思想的游移，并且在任何动机增强或丧失力量时思想改变方向而已。如果你能在自己心中点燃任何强烈的渴望，如果你能一直使任何想取得某一特长或造诣的愿望占主导地位，一阵阵突如其来的心猿意马就会仓皇遁逃，对你的行为没有任何影响，通常也不会在记忆上留下任何痕迹。

也许，每个人心里都潜藏着一种出人头地的欲望，它使每个人首先希望，继而相信，天性给了他某种与众不同的东西。这种虚荣使一种心理萌生厌恶；而使另一种心理激发种种欲望，直到这些欲望凭借技艺远远升腾到自己能力原来的状态之上；而且由于装相迟早要发展成为习惯，这些欲望最终主宰了最初鼓励它们只为炫耀一番的那个人。每种欲望都是怀里的一条毒蛇，他冷的时候没有什么害处，一旦温暖给了他力量，就用毒把它发挥出来。你知道一位绅士，初次涉足花花世界的时候，由于做好准备
要在欢乐的旋涡中打转，以为一种全然不闻不问、不管不顾的做 250
派就是青春最惬意的伴当，也是一种空灵气质和敏捷理解的最强
有力的表示。对每种事物心不在焉，对每种冲动感觉敏锐，他认 1763年 12月8日 星期四
为所有的勤奋表现都会有损天才的声名；并且希望他应当像是在漫不经心和尽情娱乐中信手拈来了凡夫俗子们只有通过苦思冥想、埋头苦干才能获取的那种知识和那些才艺。他把这种人生规划尝试了片刻，他的意识和德行便使他对它厌倦起来；于是他希望回到学习上；却发现要去除懒散和寻乐的积习要比预期的艰难，由于依然愿意坚持他有某些非凡的特长的主张，他便把一些常见的旁门左道的后果认定为一种不可改变的天命，于是得出这样的结论：天性原本就把他塑造成不能胜任理性工作的人。

让这种想入非非，不切实际的也好，破坏性的也罢，从今往后统统从你的思想中永远消除。下定决心，做出选择，锲而不舍追求你选择的目标。如果你把今天用在学习上，你会发现明天你更有能力学习；并不是说你应当指望你必定马到成功。堕落不是很容易克服的。决心有时候会松懈，勤奋有时会受阻；然而让意外的惊讶或背离，无论长短，不要使你泄气。把这些失败看成全人类难免的状况。在哪里停止，就在哪里重新开始，竭力避开在你眼前肆虐的种种诱惑。

我亲爱的鲍斯威尔，这就是我的劝告，它也许给你屡屡提过，但提了没有什么效果。不过这种劝告，如果你不想听取他人给的，你必须听取自己的反思给的。如果你打算履行天意召唤你的岗位职责的话。

让我尽快收到你的一封长信。希望你坚持记自己的日记，用你对居住国的许多观点丰富它的内容。如果你能给我搞到弗

里斯兰语的任何图书，并能打听穷人怎么在七省①过活，那将是件大幸事。你最深情的仆人，

伦敦，1763 年 12 月 8 日。　　　　**塞姆·约翰生**

遗憾的是，无论在我的札记里，还是在约翰生保存下来的我写给他的书信里，我都无法找到穷人在七省是怎么维生的信息。然而我要从我的一封信里摘出我所了解有关他好奇关注的其他问题上的情况。

“关于弗里斯兰语，我尽可能地做了调查，发现它比任何别的北方方言得到的培育少；其证据就是书籍的欠缺。古弗里斯兰语方面的资料已经荡然无存，只有一些古老的法则被斯霍塔努斯保存在他的 *Beschryvinge van die Heerlykheid van Friesland* 和 *Historia Frisica*② 中。我还无法找到这两本书。特罗茨教授原先是弗里斯兰弗拉尼克大学的教授，
251 现在正准备一部弗里斯兰法律全编，他给我提供了这一信息。至于现代
1764 年 2 月 弗里斯兰语，或者如今庄稼汉说的语言，我倒是搞到了一两个样板。那就是希斯贝特·亚皮克斯的 *Rymelerie*，这是他们现有的唯一的一本书。令人惊异的是，他们没有圣经的译本，没有祈祷文，甚至连乡下人喜闻乐见的歌谣和故事书也没有。一有方便的机会，你就会得到亚皮克斯的那本著作。我怕是弄不到斯霍塔努斯。敏希尔·特罗茨答应帮忙。”

1764 年：五十五岁。〕——1764 年初，约翰生到林肯郡兰顿祖居拜访兰顿家，他在那里过了一段时日，非常满意。他的朋友本内特·兰顿，毋庸置疑，尽其所能要让这样一位杰出的客人有宾至如归之感；而老兰顿先生和他的夫人，由于能充分理解客人的价值，所以也不乏关注。然而，他告诉我，老兰顿先生，虽然是一个学识相当渊博的人，但对他偶尔的“口没遮拦”不大体谅，因为在议论的过程中，他有时一提到可以说偏袒罗马天主教会的特殊信条，老先生进坟基时也相信他就是该教会的一员。

---

① 〔指尚未完成统一的荷兰北方七省，弗里斯兰是七省之一。〕

② 〔《弗里斯兰领地纪实》，《弗里斯兰语史》。〕

约翰生在兰顿逗留期间，享受到了藏书丰富的好处，又见到了街坊上的好几位绅士。我从兰顿先生那里得到了这一阶段的下面一些详情。

他现在完全相信他不可能对乡村生活满意；因为谈到林肯郡的一位可敬的牧师时他说："先生，此人满脑子的人生责任。我认可他，但不能仿效他。"

有人责怪一位女士，对一些可敬的邻居漠不关心，与之不想往来。她极力辩解，说道："我愿意到他们那儿去，如果这样做对他们有好处的话。"约翰生对她说："夫人，您指望您能给他们什么好处呢？就是对他们表示敬重，那就是给他们的好处。"

他极善随机应变，有一次兰顿先生和他同乘一辆马车出行，兰顿先生抱怨头晕恶心，他坚决主张出去，坐在车背后的露天下面，他们这么做了。但又意识到这副样子肯定奇怪之极，便说道，他们看见地里有个乡下人，他或许会想："要是这两个疯子下了车，我可咋办呢？"

2月，他返回伦敦，不久以后"俱乐部"成立。这个组织存在了很久，却没有一个名称，然而在加里克先生的葬礼上才以"文学俱乐部"的称号出了名。乔舒亚·雷诺兹爵士功不可没，成为第一位策划。约翰生后来继任，原始成员有乔舒亚·雷诺兹爵士、约翰生博士、埃德蒙·伯克先生、纽金特①医生、博克莱尔先生、兰顿先生、哥尔德斯密斯博士、夏米尔②先生和约翰·霍金斯爵士。他
们每星期有个晚上在索霍区杰拉德街的缠头结咖啡馆聚会，七点 252
开始，一般聊到深夜才结束。这个俱乐部逐渐增加到现有的人数， 1764年2月
三十五人。十来年之后，从每周吃一次晚餐改为在议会开会期间每两周会餐一次。原来聚会的餐馆改为私人住宅以后，他们起先搬到萨克维尔街的王子饭店，后来又搬到多佛尔街的勒泰利耶饭店，现在则在圣詹姆斯街的帕斯洛饭店聚会。从俱乐部建成到本书

① 纽金特（Christopher Nugent，？—1775），医生；伯克的岳丈；文学俱乐部九名原始成员之一；皇家医师学院证书持有者；《狂犬病论》（1753）的作者；约翰生的密友。

② 夏米尔（Anthony Chamier，1725—1780），副国务大臣。

付梓（1792 年 6 月）[a] 下列俱乐部成员先后离世：邓宁[①] 先生（后来的阿什伯顿勋爵），塞缪尔·戴尔[②] 先生，加里克先生，圣阿萨夫主教希普利博士[③]，维西[④] 先生，托马斯·沃顿先生和亚当·斯密博士。现在的成员有——兰顿先生，查尔蒙特勋爵[⑤]，罗伯特·钱伯斯爵士，德罗莫尔主教珀西博士，基拉卢主教巴纳德博士，克朗佛特主教马利博士，福克斯[⑥] 先生，乔治·福代斯医生[⑦]，威廉·斯科特爵

a 〔这里说的是第二版。〕

① 邓宁（John Dunning，第一代阿什伯顿男爵，1731—1783），律师、政治家；布里斯托尔刑事法院法官（1766—1783）；副检察长（1768）；深入投身于宗教自由；谢尔本的追随者和朋友；密切卷入东印度事务；受封阿什伯顿男爵（1782）。

② 戴尔（Samuel Dyer，1725—1772），翻译家；常春藤巷俱乐部原始成员（1749）；文学俱乐部第一位当选成员（1764）；埃德蒙·伯克的密友；皇家学会会员，后来为理事。

③ 希普利博士（Dr Jonathan Shipley，1714—1788），圣阿萨夫主教（1770）；辉格党人；宗教自由主义者；汉普郡温切斯特教长和奇尔顿教区长（1760）；兰达夫主教（1769）；深受罗金厄姆和谢尔本的宠信；约翰生、伯克和雷诺兹的朋友，文学俱乐部成员。

④ 维西（Agmondesham Vesey，？—1785），伊丽莎白·维西的丈夫；文学俱乐部成员；代表基尔代尔郡哈里斯顿和科克郡金塞尔的爱尔兰议员；爱尔兰总会计师。

⑤ 查尔蒙特勋爵（James Caufield，1st Earl of Charlemont，1728—1799），政治家；包括乔舒亚·雷诺兹、罗伯特·亚当和威廉·钱伯斯在内的罗马美术圈子的一分子；皮特的追随者；晋升为爱尔兰贵族中的伯爵（1763）；第一阿尔马连的上尉（1779）；在爱尔兰建立辉格党俱乐部（1789）的关键人物；皇家爱尔兰学院的创建者和院长（1785）。

⑥ 福克斯（Charles James Fox，1749—1806），政治家；当时的福克斯派辉格党领袖；文学俱乐部成员，艺术爱好者；受伯克的引导，后来两人关系决裂（1791）；代表威斯敏斯特的议员，只有短暂中断（1780—1806）；一度与托马斯·杰斐逊通信；外交大臣（1782—1783）；领导福克斯-诺思联盟（1783）；对抗乔治三世；自命为亲法分子（拥护大革命）；“全才内阁”中的外交大臣（1806）；长期不能履行职务；与有组织的宗教没有关系。

⑦ 乔治·福代斯（George Fordyce，1736—1802），医生；皇家医师学院证书持有者（1765）；圣多马医院医生；乔舒亚·雷诺兹爵士、加里克、吉本和R.B.谢立丹的朋友；文学俱乐部成员（1774年起）；被皇家医师学院选中（特许）（1787）；古尔斯顿讲师（1789）；哈维演说家（1791）；《行医入门》（1770）和《论消化与食物》（1791）的作者；以记忆力出众著称。

亨利·思雷尔
乔舒亚·雷诺兹爵士 绘

士[1]，约瑟夫·班克斯爵士[2]，查尔斯·邦伯里爵士[3]，诺福克的温德姆[4]先生，谢立丹先生，吉本[5]先生，威廉·琼斯爵士，科尔曼先生，斯蒂文斯先生，伯尔尼博士，约瑟夫·沃顿博士，马隆先生，奥索里勋爵，斯宾塞勋爵，卢肯勋爵[6]，帕默斯顿勋爵[7]，艾略特勋爵[8]，马戛尔尼勋爵，小理查德·伯克先生，威廉·汉密尔顿

---

① 威廉·斯科特爵士（Sir William Scott，1745—1836），法官、政治家；海事法庭大律师（1782）；皇家大律师（1788）；代表牛津大学的议员（1801—1821）；海事高等法院法官和枢密院官员（1789），1778年起为文学俱乐部成员。

② 约瑟夫·班克斯爵士（Sir Joseph Banks，1743—1820），博物学家、科学赞助人；皇家学会会长（1778—1820）；许多问题上当然的政府顾问；非洲学会创建人之一（1788）；出版论著寥寥，但作为科学领导人所起的重大作用留下了一笔永久的遗产。

③ 查尔斯·邦伯里爵士（Sir Charles Bunbury，1740—1821），马赛主管，辉格党政治家，查尔斯·詹姆斯·福克斯的后期支持者；代表萨福克的议员（1761—1812）；爱尔兰总督的秘书，任期不长；欧克斯马赛和德比马赛的共同开创人；赛马总会主管。

④ 温德姆（William Windham，1750—1810），政治家；伯克、福克斯和约翰生的朋友；约翰生葬礼上的扶柩人；爱尔兰总督诺辛顿勋爵的秘书长（1783）；国防大臣（1794—1801）；1807年因天主教问题辞去议员职务。

⑤ 吉本（Edward Gibbon，1737—1794），史学家；《罗马帝国衰亡史》（1776—1788）的作者；议员，贸易与殖民地专员；文学俱乐部成员；以宗教怀疑主义出名，所以约翰生和鲍斯威尔对他心存芥蒂。

⑥ 卢肯勋爵（Charles Bingham Lucan，1739—1799），文学俱乐部成员，微型画画家；卢卡斯夫人玛格丽特·宾厄姆（约1740—1814）的丈夫；册封为卢肯男爵（1776），册封为第一代卢肯伯爵（1795）。

⑦ 帕默斯顿勋爵（Henry Temple，2nd Viscount Palmerston，1739—1802），政治家、旅行家；在贸易委员会任职（1765）；调往海军部（1766—1777）；财政部（1777—1782）；游记作品比政治生活地位更高；皇家学会会员（1776）；与加里克、雷诺兹和吉本关系密切；文学俱乐部成员；未来首相的父亲。

⑧ 艾略特勋爵（Edward Eliot，1st Baron Eliot，1727—1804），政治家；当代自治市镇的主要领主之一，与威尔士亲王弗雷德里克有关系；康沃尔英国王室直辖领地税官；支持纽卡斯尔直至他的野心受挫；与吉本的关系紧张而又密切；文学俱乐部成员；乔舒亚·雷诺兹爵士的早期赞助人；皮特的朋友；在罗金厄姆政府的边缘徘徊。

爵士①，沃伦医生，考特尼先生，彼得博罗主教欣奇利夫博士②，利兹公爵③，索尔兹伯里主教道格拉斯博士以及本文作者。[a]

约翰·霍金斯爵士[b]把自己描述成本会的一名“引退人士”，并把他“退”会的理由说成聚会时间晚，与他的家务安排有冲突。他这么说是不准确的；因为实际情况是这样的：一个晚上他攻击伯克先生，态度极其粗鲁，在座的人都表示不满；下次聚会时大家对他的态度就可想而知，于是他再也不来了[c]。

关于加里克先生，他的说法同样的不够准确，他是这样说的，“他相信哪怕一丁点想加入我们的暗示也会博得欣然许可；然而在这一点上，他错了。约翰生就此和我商量；我找不到反对接纳他的理由，约翰生便大声说，‘他会拿插科打诨干扰我们的’；——此后事情做了有意处理，他从来没有被人正式提出来过，结果，永远也没

---

① 威廉·汉密尔顿爵士（Sir William Hamilton，1730—1803），外交官、美术收藏家；代表苏塞克斯郡米德赫斯特的议员（1761）；比尤特的支持者；皇家学会会员（1766），巴斯勋位爵士（1772）；文物学会会员（1772）；美术爱好者学会会员（1777），美术收藏狂，收藏包括雷诺兹、贝拉斯克斯、提香、霍尔拜因等画家作品在内的画作约350幅；火山研究专家，《两个西西里的火山研究》（1776）的作者。

② 欣奇利夫博士（Dr John Hinchliffe，1731—1794），彼得博罗主教（1769年起）；德文郡公爵的老师（1764—1766）；乔治三世的常任牧师（1768—1769）；牛津大学副校长（1768—1769）；反对大学改革；被看作19世纪“自由主义”的一位先驱。达勒姆教长；霍勒斯·沃尔浦尔的朋友。

③ 利兹公爵（Francis Godolphin, 5th Duke of Leeds，1751—1799），政治家；英王侍臣（1776—1777）；宫务大臣（1777—1780）；枢密院官员（1777）；东赖丁郡治安长官（1778—1780）；主管外交的国务大臣；嘉德勋位爵士（1790）。

a 〔从文学俱乐部成立到现在（1810年10月）先后的成员总共有**七十六位**，其中**五十五位**是作家。七十六位成员中，已有四十三位去世；三十三位健在。〕

b 《约翰生博士传》，第425页。

c 乔舒亚·雷诺兹爵士的说法。

〔这位爵士拒绝支付结算给他的晚餐费，因为他通常不在家吃晚餐，约翰生说：“先生，约翰爵士是个很没有资格做俱乐部成员的人。”——B.〕

让他加入。”[a]

为了对加里克先生和约翰生博士二人公道起见，我认为有必要澄清一下这种不实之词。实际情况是，我们的俱乐部组建后没有多久，乔舒亚·雷诺兹爵士向加里克说起这件事。“我非常喜欢它，（他说）我想我要成为你们中间的一员。”乔舒亚·雷诺兹爵士向约翰生提到此事时，约翰生对这位演员的自负很不高兴。“他要成为我们中间的一员，（约翰生说）他怎么知道我们就允许？英国的首席公爵也没有权利操这种语言。”然而，后来，加里克被正式提议了一段时间，约翰生对他的傲慢虽然生过一时的气，他还是古道热肠支持了他，因此他入选了，成为一名最讨人喜欢的成员，持续参加我们的聚会，直到他去世。 253 1764年

皮奥齐夫人[b]在这件事上对约翰生对待加里克的态度上也有类似的错误描述，仿佛他使用过这样一些鄙视的说辞：“如果加里克真的申请。我就投反对票。当然了，一个人是应该加入我们这样的协会的，

不受赌徒、恶棍或戏子的推搡。①”

我很高兴能借助乔舒亚·雷诺兹爵士那样毋庸置疑的权威和我自己了解的情况同时为约翰生的心肠和加里克的人脉优长辩诬。

这一年，除了继续修订《莎士比亚集》之外，我没有发现他做过多少文字工作，他在《伦敦纪事》上写过一篇对格兰杰②的《甘

a 《约翰生博士传》，第425页。

b 《与约翰生博士往还书信集》，第2卷，第278页〔第387页〕。

① 蒲柏，《致巴瑟斯特书》，第1节，第242行。

② 格兰杰（James Grainger，1721？—1766），医生、诗人；在镣铐巷行医（1753年开始）；《每月评论》撰稿人；约翰生、斯摩莱特、哥尔德斯密斯的相识；皇家医师学院证书持有者（1758）；翻译提布卢斯和稣尔比西亚；后来与斯摩莱特交恶；诗歌《甘蔗，一首诗》（1764）和《孤独颂》的作者，后者得到约翰生的赞许。

蔗，一首诗》的评论。他告诉我，珀西博士写了这篇评论的绝大部分；不过，我认为，他记得并不清楚，因为看上去绝大部分，如果不是全部的话，都是他自己的手笔。他还在《批评评论》上写了一篇对哥尔德斯密斯的优秀诗作《旅行者》的评述。

借助皇家的厚禄所得到的安适和独立却增强了他的惰性。在《默想录》中他是这样指责自己的："1764 年 4 月 20 日，**受难节**。——我没有做出任何改过自新的表现；我活着一无所用，思想上更贪图感官享受、对酒肉更加上瘾。"[a] 第二天早晨他这样动情地抱怨："自从上次领受圣礼以来，我的懒惰已经陷入一种更严重的懈怠状态，我的放荡蔓延成更狂野的玩忽。我的思想笼罩着感官享受的阴云；除了今年初始，我在某种程度上戒除了酗酒，我的欲望已经压倒了理性。一种奇怪的遗忘弥漫在我的脑海，所以我不知道去年的情况；我还发现变故和信息掠过我的心头，没有留下任何印象。"然后他庄严地说："这不是给上天许诺的生活。"[b] 于是他认真地下定决心加以改正。

他以一种虔敬入神的心境度过某些日子，这是他的习惯；这些日子是：元旦，他亡妻的忌日，受难节，复活节，还有他自己的生日。这一年，他是这么说的："我花了五十五年的光阴在下决心；从我能记起的最早的年月就一直在构建一种更加美好的人生的种种规划。我无所作为。因而，作为的需要在咄咄逼人，因为作为的时间短促。**上帝啊**，让我做出正确的决定，坚定不移，一往无前，看在**耶稣基督**的分上。阿门。"[c]

254 如此温软的良心，如此热诚的改善愿望，是难得一见的。当然，
1764 年 对约翰生这种虔诚的焦虑嗤之以鼻，就是在那些由于对精神改善漠
不关心而心肠变硬的人身上也是不得体的。

大约这个时候，一直潜伏在他身上的疑病症严重复发。他病得很

a 《祈祷文与默想录》，第 50 页。

b 同上书，第 58 页。

c 同上书，第 51 页。

厉害，尽管平素以喜爱会友出名，这时却全然讨厌交往，这是那种病最致命的症状。亚当斯博士告诉我，他作为老朋友，得到允许去探视约翰生，结果发现约翰生处于一种悲惨的境地，唉声叹气，自言自语，从一个房间走到另一个房间，一刻也不停歇。然后他用这种强调式话语表达他感受到的痛苦："如果能恢复我的精神，哪怕截掉一肢也行。"

打我认识他以来，自言自语确实是他的怪癖之一。我肯定他常常嘴里念念有词，殷切祈祷；因为不经意间会清楚地听到主祷文的片段。[①] 丘吉尔是这样说约翰生的朋友托马斯·戴维斯先生的，

> 戴维斯有一个非常漂亮的妻子。[②]

当约翰生喃喃地说"不叫我们遇见试探"[③] 时，戴维斯用俏皮殷勤的口吻对夫人窃窃私语："亲爱的，你就是这么做的起因。"

他还有一个癖性，他的朋友中没有一个敢贸然要求他给个解释的。我觉得那好像是他早年养成的某种迷信习惯，他从来没有呼唤理性把他从中解脱出来。这一癖性就是，来到一个门口或过道口时，他操心从某一点开始走一定的步数出去或者进来，或者至少当他走近门或过道时，让他的右脚或者左脚，（我不确定是哪一只，）一成不变地先正式举步。我是这么推测的：因为我无数次注意到他突然

---

① 〈在思雷尔先生家里，当约翰生退避到一扇窗户或屋子角落的时候，人们察觉到他的嘴唇在动，并且听到一种听不清发音的喃喃声时，大家通常想象他在做祈祷；但情况并不总是这样，因为有一回，我正伏案写东西，也许他没有察觉到，我离他退避的地方太近，所以我听见他在反复背诵贺拉斯一首颂歌中的几行诗，仿佛通过重复来锻炼发音器官，并且把这首颂歌牢记心间：

Audiet cives accuisse ferrum,
Quo graves Persae melius perirent,
Audiet pugnas.

那是美利坚战争期间的事。——伯尔尼〉

② 查尔斯·丘吉尔，《罗西亚特》，第2版（1761），第10页。

③ 见《圣经·新约·马太福音》，第6章，第13节。

停下来，然后好像在极其认真地计算步数；当他在这神秘的动作中出了疏漏或差错时，我看见他又折回来，摆好姿势再开始这种仪式，等仪式完成以后，才恍然回过神来，便健步如飞赶上去，跟大伙儿一起走。他在天岛的时候，甚至骑在马背上时，也出现过具有这种性质的奇怪事例[a]。乔舒亚·雷诺兹爵士注意到他宁肯绕一个大圈子，也不愿横过莱斯特园田的一条小道；然而乔舒亚爵士把这归因于他有某种与此相关的不愉快的联想。

他身上具有的、构成他的外表和仪态的非常容易察觉的部分的一些最细小的特点，也是不能遗漏的，非提不可的一点是，他说话
255 的时候，甚或坐在椅子里沉思的时候，通常都把脑袋侧向右肩，颤巍
1764年 8月19日 星期日 巍地摇着头，同时身体一个劲地前俯、后仰，手掌随身体的运动方向揉搓左膝。在清楚讲话的间隙，他嘴里咂巴出各种各样的声音，有时候好像在反刍，或者是所谓的倒嚼，有时候吹上半截口哨，有时候舌头从上膛卷到后面，像母鸡咯咯地叫，有时候又伸出舌头抵住前面的上齿龈，屏住气快速发出"突""突""突"的声音：凡此种种有时还伴随着一瞥若有所思的目光，但更经常是一抹微笑。一般情况下，在一场争论的过程中他已经声嘶力竭，告一段落时，便像一头大鲸一样，吹一口气。我想这对他憋气的肺是一种舒放；他似乎觉得这是一种表达鄙夷的方式，仿佛他使对手的论据像糠一样随风飘去。

我充分意识到我在这里为那些惟妙惟肖的画像不感兴趣的人的冷嘲热讽给了一个多么明显的理由；为了把这幅像画完整，画像者切不可小看最轻淡的笔触。但如果自作聪明的人想攻击这样的记述，让他们有坦荡的胸怀引用我为自己辩护所提供的内容。

夏天，他在北安普顿郡的伊斯顿莫迪特待了一段时间，拜访牧师珀西博士，即现在的德罗莫尔主教。无论他对他认为的智力改善的缓慢进展感到如何不满，我们发现他的心是软的，情是热的，这从下面一封非常友善的信里看得出来：

---

a 《赫布里底群岛旅行日记》，第3版，第316页〔10月12日〕。

致**乔舒亚·雷诺兹先生**，伦敦莱斯特园田

亲爱的先生，——我听说了你康复的消息，才知道你患了病，因而逃过了人人必定感受到的你的那份痛苦，因为人人都知道你，就像我知道你一样。

由于没有关于你的病情的具体描述，我不知道病后你的状况如何。如果有我陪伴的乐趣能振奋一种缓慢康复的慵倦，我愿意一天也不耽搁就来到你的身边；因为不知道我怎样能像通过取悦你那样有效地增进自己的快乐，或者像通过保护你那样有效地促进自己的利益，因为万一我失去了你，我就失去了那个我称之为朋友的几乎是唯一的人。

请让我收到你的亲笔信，或者亲爱的雷诺兹小姐[a]的信。代我向马奇先生致意。你最挚爱、最恭顺的仆人，

于北安普顿郡伊斯顿　　**塞姆·约翰生**

莫迪特牧师珀西先生家，

（阿什比堡附近，）1764年8月19日。

1765年：五十六岁。〕——1765年初，他和友人博克莱尔对剑桥 256
大学做了一次短暂访问。关于他在这次访问中的表现，1785年3月 1765年
号的《绅士杂志》上有一篇生动如画的描述，那是从已故的约翰·夏普博士的一封信里摘录出来的。下面两个句子很有代表性：

"他跟我开怀饮茶，经常被愤怒的反驳和高明的见解打断。"——"昨晚在三一学院，好几个人前来与他相聚，大约十二点钟，他开始发威了；把可怜的麦考利夫人①的衣服剥光，然后要求她为他干杯，他又为她干了满满两杯。"

严格的自查和一丝不苟的基督徒的谦卑在这一年复活节的虔诚

---

a　乔舒亚爵士的妹妹，约翰生对她情有独钟，他给她写过不少信，我都看见过，抱歉的是她的洁身自好，不允许将它们发表。

①　凯瑟琳·麦考利（1731—1791）于1763年开始发表她的《英国辉格党史》。

的默想中暴露无遗。

“我再次计划参加圣礼；然而当我考虑到迄今为止我在每年对我的救世主殉难的纪念仪式上下决心用他的法律规范我的生活是多么徒劳时，我简直害怕再下决心。”

这句结束语非常引人注目，它表明他是在精神严重萎靡的情况下苦苦撑持着。

“自从去年复活节以来，我没有改变什么恶习。我的时光荒废了，没有任何收获，就像一场没有留下任何东西的梦。我的记忆混乱不清，不知道我的日子是怎么过的。仁慈的主解救我吧！”[a]

受到任何恩德，约翰生都会满怀感激，念念不忘，在这一方面，是无人能比的。这一年他的日记中记着一件小事，显露出他的亲切友善。

“7 月 2 日。——付给辛普森先生十几尼，那是原先他在我非常拮据的情况下借给我的，为此泰蒂表达了她的感激之情。”

“7 月 8 日。——又借给辛普森先生十几尼。”

此间，他有一次称心的机会对一位老朋友做了同样的好事，他先前得到过这位朋友的关照。的确，他对钱的慷慨大方是出了名的。他的日记中有下面这样一则，

“7 月 16 日。——收到七十五镑。借给戴维斯先生二十五镑。”

在此期间，都柏林三一学院主动给了约翰生最高的学术荣誉、授予他法学博士学位，这使约翰生万分惊喜。证书现在在我手里，内容如下：

OMNIBUS ad quos prœsentes literœ pervenerint, salutem. Nos Prœpositus et Socii Seniores Collegi sacrosanctœ et individuœ Trinitatis Reginœ Elizabethœ juxta Dublin, testamur, Samueli Johnson, Armigero, ob egregiam scriptorum elegantium et utilitatem, gratiam concessam fuisse

a 《祈祷文与默想录》，第 16 页。

pro gradu Doctoratûs in utroque Jure, octavo die Julii, Anno Domini millesimo septingentesimo sexagesimo-quinto. In cujus rei testimonium singulorum manus et sigillum quo in hisce utimur apposuimus; vicesimo tertio die Julii, Anno Domini millesimo septingentesimo sexagesimo-quinto. 257

GUL. GLEMENT.　FRAN. ANDREWS.　R. MURRAY. 1765年
THO. WILSON.　*Præps.*　ROBtus LAW.
THO. LELAND.　MICH. KEARNEY.[1]

对一位文坛泰斗主动授予这种荣誉称号，此举对该学府的眼光和慷慨精神增光不少。约翰生向该院的利兰博士[2]写了一封感谢信；然而我未能得到该信的抄件。[a]

---

① 谨向阅读此证者致以敬意。我等都柏林伊丽莎白女王之神圣、统一三一学院院长及资深评议员特此宣布：塞缪尔·约翰生，男，于1765年7月8日被授予法学博士学位。以示对其著作优雅与效益俱佳之承认，我等在下面具名并加盖公章以兹证明：1765年7月23日。

维廉·克莱门特　弥兰西斯·安德鲁斯　R.默里
托马斯·威尔逊　院长　罗伯特·劳
托马斯·利兰　迈克尔·卡尼

② 利兰博士（Dr Thomas Leland，1722—1785），历史学家、爱尔兰教会牧师；都柏林三一学院历史学教授（1761），后为演说术教授（1762）；汤森勋爵的牧师（1768）；《爱尔兰史》（1773）和《杂题布道文集》（1788）的作者。

a 〔1804年版出版后，此信的一份抄件由受信人、博学的历史学家的儿子约翰·利兰先生好心转交给我：

致牧师利兰博士

先生，——在我有幸从都柏林大学收到的学位证书签署人的名字中，我发现认识的只有安德鲁斯博士和您本人。

人们能被不认识他们的人评价，全凭认识他们的人对他们的描述；因此我认为这一殊荣给我的快乐很大一部分应归功于您和安德鲁斯博士共同向这一学术单位举荐了我。

已经请求院长转达我对贵校的总体感谢后，我恳请您接受我的特别而直接的谢忱。您最恭顺、最卑微的仆人， （转下页）

这一年他似乎有一阵雄心勃发的势头，因为他有学法和从政的想法。他的《学法前的祈祷》真令人赞叹：

1765 年 9 月 26 日

全能的**上帝**，智慧的赋予者，没有您的帮助，决心等于白下，没有您的恩惠，学习没有效果；如果您有意，请让我能够获得那种能使我解疑、启蒙的知识；能防止差错，终止争执；并恩准我利用我将获取的知识给您增光，让我获救，看在**耶稣基督**的分上。阿门。[a]

他考虑成为一名政治家的祈祷文题名为《与 H—n 从政》，这位 H—n 无疑是他的朋友威廉·杰拉德·汉密尔顿阁下①，约翰生与他长期交往期间，对他极其敬重。对他的言谈约翰生曾有这样的推崇："我很不情愿把我一个人撂下，先生，所以我陪客人走下第一段楼梯，还抱有希望：他们或许会回来。先生，我把你一直送到街门口。"他到底打算进哪个部门，[b] 没有流露出来，汉密尔顿先生也无

（接上页）

舰队街约翰生巷 **塞姆·约翰生**

伦敦，1765年10月17日。

我未能找到约翰生就此事写给安德鲁斯博士的信。〕

a 《祈祷文与默想录》，第66页。

① 威廉·杰拉德·汉密尔顿（William Gerard Hamilton，1729—1796），政治家；贸易委员会委员（1756—1761）；哈利法克斯勋爵的首席秘书，爱尔兰总督（1761）；普遍相信是"朱尼厄斯"书信集的作者；在政治联盟中反复无常；约翰生的密友。

b 〔在汉密尔顿先生最近的一个文集的序言中，人们注意到，我们的作者受约翰生笼统的言辞的"引导，认为他有一阵雄心勃发的势头，由此诱发他把心思用到法律和政治上。不过鲍斯威尔先生在这一方面肯定错了；而且这些言辞仅仅暗指约翰生当时偶尔与汉密尔顿先生约定，给他提供应当在议会里考虑的关于重大政治课题的他的观点"。由于这一约定，约翰生于1766年11月，写了一篇很有价值的论文，题为《关于谷物的考量》，作为1808年T.佩恩出版的汉密尔顿先生作品的附录被刊印出来。〕

法说明。他的祈祷文是用笼统的言辞写的：

“用正确的知识启迪我的领悟，并用您的法则掌控我的意志，好让欺蒙不要误导我，诱惑不要败坏我；好让我永远努力行善防恶。”[a] 在他的日记里没有这个问题的任何记载。

这一年突出的一件事就是他被人引见给思雷尔[①] 先生一家。思雷尔是英国最显赫的酿酒商之一，代表南瓦克镇的议员。外国人听到形形色色的酿酒商和类似贸易部门的人员被当成举足轻重的要人受人抬举，总是吃惊不小。在这个商业大国，创造财富的职业，受人敬重也是理所当然的；再说，毫无疑问，诚实规矩的行业理应受到尊敬。也许家世低微的人迅速崛起有贬低出身高贵的价值之嫌，这向来被认为对于主从宏图是有百利而无一害的。约翰生对思雷尔
先生父亲的发迹曾有这样的记述：“他在那家大酿酒厂一干就是二十 258
年，周薪六先令，后来酒厂成了他自己的产业。酒厂老板[②] 有个独 1765年
生女儿，嫁给了一位贵族。贵族继续干这种营生不大合适。因此老头儿一死，酒厂就得出售。给这么大的一笔产业找个买主是件难事；过了一段时间，有人建议，思雷尔是个明白事理、积极肯干、忠厚老实的人，而且受雇于该厂多年，所以跟思雷尔商量一下，把

---

a 《祈祷文与默想录》，第67页。

① 思雷尔（Henry Thrale，1728/9—1781），酿酒商、政治家；海丝特·思雷尔（后来的皮奥齐）的丈夫；代表南瓦克的议员（1765—1780）1764年开始为约翰生的朋友；死后约翰生为其遗嘱执行人之一，在他生前偶尔还帮助他的酿酒生意。

② 〈老思雷尔的前任是埃德蒙·哈尔西先生（Edmund Halsey, Esq.）；娶他女儿的贵族是白金汉侯爵的叔祖科巴姆勋爵。不过我相信，约翰生博士确定思雷尔先生出身低微是错误的。圣奥尔本家的办事员、一位高龄老人告诉我，他（老思雷尔）娶了哈尔西先生的妹妹。这至少可以肯定思雷尔家在那个城镇是有一定名望的，大教堂有一座相当大的纪念碑是纪念约翰·思雷尔先生的：不久前住在伦敦，商人，1704年卒，享年五十四岁；妻，玛格丽特，子女中三人于1676至1690年间夭逝。纪念碑上的纹章：八条垂直条纹，红金两色相间，把两枚盾形纹章并置于一个盾上，一枚锯齿状绿色盾最上部为黑点白毛皮，三个狼（或狮身鹰首兽）头，金色，颈部倾斜——顶饰在公爵冠上，一株树，绿色。——布雷克威〉

全部产业以三万英镑的价格转手给他，以产业作为抵押，这不失一种明智之举。这件事就这么敲定了。用了十一年的时间，思雷尔还清了价款。他发了大财，而且当了代表南瓦克的议员。[①] 然而，最引人注目的则是他使用钱财的慷慨大方。他让子女受到了最好的教育。他的良好品行赢得了娶了他老板女儿的那位贵族的敬重，这就使他受到了许多关注；他的儿子从读小学到上牛津大学，都与一流青年交往。大学毕业后他父亲给的补贴就数目巨大；一年不少于一千英镑。这在一个飞黄腾达到老思雷尔这种程度的人身上是一种慷慨的特例。他常说：'我走了以后如果这只小狗找到的不像他所期望的那么多，那就让他记住，他在我活着的时候已经得到了不少。'"

儿子虽说在优裕的环境中长大，但他很有见识，足以把父亲的基业发扬光大，我记得他曾经告诉我，就是有一万英镑的年薪，他也不肯放弃这份产业；"不是（他说）因为我靠它一年能赚一万，而是因为它是家业。"因为只留给了儿女们，这份家产变卖了十三万五千英镑的天价；公道的买卖在长时间后可以取得什么成果，这是一个绝好的证据。

也许有人认为一套新的贵族体系[a] 可以在与迄今流行的全然不同的原则上建立起来。我们现行的纹章学，可以说是适合它发源的那种野蛮时代。它主要建立在残暴的功绩上，建立在军功之上。也许有人会问我们，在文明时代，为什么不应该有建立在这样一些原则之上的

---

① 〈1733年他担任过萨里郡荣誉郡长之职；于1758年4月9日去世。——A. 查默斯〉

a 伯尔尼夫人告诉我她听到约翰生博士说："英国商人是一种新型的绅士。"他们也许心里装着《自觉的情人》[1]第4幕第2场中下面一段妙文，在这一段里，西兰先生对约翰·比维尔爵士这样表白："要我说，我们商人是过去的这个世纪进入世界的一种贵族，跟你们地主一样荣耀，也几乎一样有益，尽管你们总自以为比我们高得多；因为你们的交易实际上超不出一车干草，或者一头肥牛。——你们确实是一些乐天派！因为你们一般都被养育成了懒汉，所以，我向你们保证，勤奋是丢脸的。"

1 理查德·斯蒂尔的喜剧，1772年初演。

品位与荣耀呢？这些原则，由于不依赖积习，所以价值毫不逊色，这些原则，一旦被允许与高尚和优越挂起钩来，将会在我们的想象中获得同样的尊严。为什么知识、技艺、专长、勤奋以及获得成功的商贸 259
上的勇敢冒险就不配享受人类普遍为之心醉的那些媚人的荣誉？ 1765年

这些就是提出一种主张的中听而虚妄的理由，在一个人们每天都在默默无闻中向腰缠万贯冲刺的国家，这一主张总会发现不可胜数的拥护者。没有必要拒绝这些理由。人类总的感觉带着不可抗拒的力量呼号，“Un gentilhomme est toujours gentilhomme”①。

思雷尔先生娶了威尔士名门闺秀海丝特·林奇·萨卢斯伯里小姐。这位小姐本来就才华横溢，教育又起了锦上添花的作用。约翰生被引见到思雷尔先生家中，给他的生活增添了极大的快乐，这得归因于思雷尔夫人渴望聆听约翰生的言谈，这种说法极有可能，也是一种普遍的推测：然而实情并非如此。墨菲先生与思雷尔先生交谊甚笃，由于对约翰生博士评价极高，思雷尔先生便要求墨菲先生促成他与约翰生结识。向约翰生博士提起此事后，他便接受了到思雷尔家赴宴的邀请，而且对思雷尔夫妇对他的款待极其满意，他们也因见到他而欣喜异常，于是他受到去他们家的邀请越来越频繁，最后成了他们家的一员，并且在南瓦克的家宅和斯特雷特姆的别墅给他专门配备了一套房间。

约翰生对思雷尔先生由衷地敬仰，认为他是一个具有优秀原则的人，一位好学者，精通商贸，具有正确的理解力，还有展示一位质朴独立的英国乡绅性格的风度。由于这家人将会在后面的行文中屡屡提及，由于流行着这么一种错误观念，认为与思雷尔夫人一比，思雷尔先生就相形见绌了，在某种程度上微不足道，也许根据约翰生自己的话说出真实情况比较适当。

“我不知道，（他说）有谁比他更有家长的气派。他只消举起一根手指头，全家人就得俯首听命。认为他夫人的文学造诣在他之上，那是一大错误。夫人口齿更加伶俐；他的学问则胜夫人十倍；他是个正

① 法语：“绅士总是绅士。”

Thrale's Brewery
Southwark

正规规的学者；而她的学识则属于低年级学生的范畴。”我的读者也许自然而然地希望描绘一下这对夫妻的体貌特征。思雷尔先生身材高大，比例匀称，仪态威严。至于约翰生提到思雷尔夫人时称谓的“夫人”，或者“我的女主人”，她身材矮胖，举止利索。她自己给我们提供了约翰生看见她穿着深色长服出现在面前时对她体态的生动看法；“你们这些小个儿绝对不该穿这种衣裳；全身上下，没有一处得体的地方。怎么！昆虫不都是色彩艳丽的吗？”[a] 思雷尔先生让妻子率性放任，不仅在选择客人方面，而且在待客的方式方面。思雷尔先生从他们初次相
识直到他离开人世，对约翰生的理解和敬重从来没有减弱过。思雷尔 260
夫人对约翰生的言谈如痴如醉，而且还怀有一种完全可以允许的虚荣 1765 年
心：那就是，受到这样一位大名鼎鼎的人物的关注，显得无比荣耀。

对约翰生而言，再没有比这层交往更加幸运的了。他在思雷尔家过上了舒适甚至奢华的生活；由于与和蔼可亲、秩序井然的一家人交往，他的忧郁转移了，不正规的习惯减弱了。他受到高度的尊敬，甚至关爱。思雷尔夫人谈论文学，生动活泼，即便只有他们俩，也能把他激发得喜出望外，劲头十足。然而这种情况并不常见；因为他发现这里使他兴高采烈的事情层出不穷：这是一个饱学之士，机智之辈、各行各业的出类拔萃的人物构成的社会，他们频频欢聚一堂，引发出他神奇的能量，大家对他万分倾慕，使他有春风得意之感，这一点人人都看在眼里。

这一年的 10 月，[b] 他编的《莎士比亚集》终于面世了。这部书，即

---

a　皮奥齐夫人，《轶事》，第 279 页。

b　〔从 1765 年 10 月 9 日约翰生博士在他的《莎士比亚集》出版后的那天写给约瑟夫 · 沃顿博士的一封信里（见伍尔的《回忆沃顿博士》四开本，1806）透露，约翰生这一年与这位先生在温切斯特一起过了一段时间。不久以后（1766 年 1 月 28 日）沃顿博士写给托马斯 · 沃顿先生的一封信里有一段文字可以说明沃顿博士的那一版《蒲柏》中涉及约翰生的各种芥蒂：“我只不过跟约翰生一起吃饭，他好像态度冷漠，不大跟我说话：也许他听到了我对他的《莎士比亚集》的说法，甚或对我写给他的信生气了——随他去吧。”这里提及的那封信，据信没有保存下来：至少没有出现在上面涉及的集子里。〕

使没有其他优点，单就拿出他的《序言》这一点，国人也没有理由加以抱怨，因为在序言里那位不朽的诗人的优长与不足在一位大师级的手笔下展现无遗。对莎士比亚不分青红皂白的盲目崇拜把不列颠暴露为外国人的笑柄。约翰生由于坦诚地承认他这位诗人的缺点，反而使给予他应得的无可争议的赞扬更加可信；毫无疑问，对诗人高唱赞歌的人中间没有一个给诗人赢得过有这一半的荣耀。他们的赞扬就像律师的褒扬，是站在自己的利益一边：约翰生则像那法官严肃认真、深思熟虑、不偏不倚的论断，说出来一言九鼎，听取后敬重有加。他作为一位评注者，功德无量，尽管他的研究还不像应有的那么深广，他的调查也不像可以做到的那么敏锐；这一点我们现在从其他后来的能干而又灵巧的批评家的劳动成果中确知无疑。他对每本剧本都有简要的说明，也评述了它的特殊优长，所以他的版本内容丰富多彩。他的很多注释阐明了文本中的晦涩文字，特别标明了一些美不胜收的段落；总体而言，他展示了一种对后来所有的编注者十分有益的注释方法。

约翰生的《莎士比亚集》遭到威廉·肯里克[①]先生的恶毒攻击。此人在一所苏格兰大学获得过法学博士学位，为书商们写过门类杂多的文章。尽管他肯定有不少优点，但他下笔时对体统、对原则、对规范不管不顾，态度又如此草率，所以他的名声既不算大，也不经久。我记得有天晚上，有人提到他的某件作品时，哥尔德斯密斯博士说，他从来没有听说过他的作品；约翰生博士接过话茬说：“先生，很多人使自己露了脸，却没有使自己成了名。他就是其中之一。”

牛津大学的一名青年学生名叫巴克利，对肯里克评论约翰生的《莎
261 士比亚集》的文章写了一篇回应。约翰生起初大为恼火，因为肯里克的

1765年 10月

① 威廉·肯里克（William Kenrick，1725？—1779），作家、翻译家；《女人的全责》（1753）的作者；取代哥尔德斯密斯成为《每月评论》的主要评论作家；翻译卢梭（1761—1767）和伏尔泰（1764）；设法与约翰生在关于其《词典》的争论中进行辩论，出版他自己的《英语新词典》（1773）；出版《困境中的爱》（1772），指责加里克与艾萨克·比克斯塔夫有同性恋关系；专业作家，由于频频不公正地攻击更著名的同时代作家而名声不佳。

攻击竟然有了回应的荣耀。然而，后来考虑到年轻人用意良好，约翰生便好心地关照他，如果不是年轻人英年早逝，也许还会做得更多。

在他的《莎士比亚集》的《序言》中，约翰生对伏尔泰嗤之以鼻，针对伏尔泰的一些说法，约翰生说："这些都是小才做的小评。"伏尔泰出于报复，在他笔扫千军时，有次对约翰生发生攻击，我记得曾经读过这篇文字；但由于伏尔泰的著作卷帙浩繁，又没有总索引，我苦苦检索，仍未找到原文，所以无法加以引用。

伏尔泰是一个我认为约翰生不应当不屑一顾的对手。我催他做出回应。他说，他也许会答复的；然而，他从未答复。

伯尔尼先生有次给约翰生写信索要预订《莎士比亚集》的收据，因为到款以后约翰生忘了寄出，伯尔尼便利用这次机会感谢约翰生给了他拜读《莎士比亚集》《序言》的极大快乐；这篇序言虽然一开始给约翰生召来了一片反对声浪，但现在已名正言顺地跻身于他的最优秀的作品之列。对伯尔尼的来信，约翰生写了下面一封回信：——

致**查尔斯·伯尔尼先生**，波兰街

先生，——我深感遗憾，因为你对我的一番好意给你带来了这么多的麻烦，尽管你已借助我从你的赞许中得到的快乐费心缓解了那种苦闷。我为我的批评辩护，办法与你的相同。我们必须承认我们最宠爱的人的毛病，方能赢得我们对他的优点赞美的可信度。谁或者在自己身上，或者为别人，争完美的荣耀，谁肯定会伤害他本想助长的那种声誉。

请代我向你全家问好，你最感激最恭顺的仆人，

1765 年 10 月 16 日。　　**塞姆·约翰生**

从他的一篇日记里我抄录出了下面一段文字——

在教堂里，65 年 10 月。

避免出风头；波拿文都拉[a]①。

礼拜开始前进来，通过默想或读经静下心来。泰蒂。

如果我能听见布道，就去聆听，除非注意力犯难不能集中。

把祈祷行为看成把自己寄托给了**上帝**，看成把一切交到他神圣的手中。

262 1764年和1765年，约翰生博士好像忙着编他的《莎士比亚
1765年 集》，所以无暇旁骛任何其他文学工作，甚至私人通信也顾不上。两年多来，他给我未赐一封惠书，为此他后来好像还道了歉。

然而，他一直都乐意帮助他的朋友或其他人，修订他们的作品，替他们撰写或者全面润饰他们的献辞。写那种典雅文章，约翰生博士可谓举世无双。尽管他心高气傲，不肯总为自己写献辞，替别人写的却为数甚巨。受此恩惠的人有的不愿意被人提及，我想是过于担心会被人怀疑他们接受过更大的帮助；有的，尽管我千方百计苦苦查询，还是没有查询出来。他告诉我，很多很多年前“他相信他已经给所有皇室人员写过献辞”；他给什么题材的作品题写献辞是无所谓的，只要它有益无害就行。有次他把某篇为德国长笛写的音乐作品题献给约克公爵爱德华。在替他人写献辞时，他决不认为他在倾诉自己的思想感情。

尽管长期以来他保持沉默，但我每有什么值得通报的情况，从来不忘给他写信相告。在一般情况下，我写给他的信都留有底稿，以便对我们的通信保存一个全貌，而且对他信里提及的任何事情绝对不会困惑不解。他也非常仔细地保存着我给他的大部分信件；而且在他离世前不久，心思绵密，把它们打包密封，嘱咐人把它们送到我手里，这事真就这么办了。我发现其中有一封信我正好没有留下底稿，我承认相距近二十年，读它时喜出望外。写信的日期是

---

a 他也许向自己建议以这位优秀的人物为榜样，此人由于其虔诚被称为“天使博士”。

① 波拿文都拉（St Bonaventura，约1217—1274），中世纪最重要的神学家，方济各会会长，阿尔巴诺枢机主教。

1765 年 11 月，地点在科西嘉的首府科尔特的帕斯卡尔·保利[①]府第，信的内容慷慨激昂，热情洋溢。在粗略地描述过我在该岛的所见所闻后，信里接着写道："我敢称其为一次壮游。我敢激发你的认可。"

这封信引出了下面一封回信，我是在到达巴黎后看到它的。

一位鲍斯威尔先生，巴黎银行家**沃特斯**先生家

亲爱的先生，——道歉难得有什么用处。我之所以如此疏于写信，如此不近人情，总是有原因的，不管这些原因是好是坏，等你来了再说。眼下，请你放心，哈里奇相别时我对你怀的那份敬重或关爱丝毫没有减弱。两种情感由于我获悉你自己或他人所告知的有关你的情况反而得到增强；你回来时，将会回到一个仍未改变、我希望始终不渝的朋友身边。

你怕我无非就是担心使我失望。没有人喜欢自己满怀的良好期望落空，从你的日记和话语中我期许给自己的快乐太大，也许再大的关注或洞察也难以赐予。 263 1766 年 2 月

不过，还是回家来试试运气吧。我渴望看见你的人，听见你的话；我希望再也不要这么长久地分离了。回家吧，等着接受一颗睿智、高尚的好奇心引领的那种人应得的欢迎吧，因为他到过也许土生土长的本国人从来没有去过的地方。

我没有任何值得你关注的消息告诉你；我也不愿意减少你回来时任何新奇可能给你的欢乐。我担心我们会发现很难在我们中间维持一种这么长时间享受过多种口味的情绪。不过让我们试试看敬重和关爱能产生什么效果。

---

① 帕斯卡尔·保利（Pascal Paoli，1725—1807），科西嘉政治家；科西嘉将军（1755—1769）；流亡不列颠（1769）；由于他反对热那亚人和法国人的立场和卢梭在《民约论》（1762）中的大肆赞扬，到达时被当作英雄欢迎；受到编《拥护英勇的科西嘉人的不列颠论文集》（1768）的鲍斯威尔的大力宣扬；1769 年 10 月见到约翰生，这个圈子扩充到包括加里克、比尤特、伯克、霍勒斯·沃尔浦尔和范妮·伯尔尼；建立一个盎格鲁–科西嘉王国的希望到 1795 年破碎。

由于令尊的慷慨，放任你长期漫游海外，我毫不怀疑你会认为他的病痛，或者他想见你的渴望，就是催你急于回家的充足理由。我们活得愈久，我们想得愈多，我们学会了对友情和亲情愈加看重。父母我们只能拥有一回；谁进入人生指望找到很多朋友，谁就对自己期许太多。出于某种动机，我希望，你会很快来到这里，我倒愿意认为你回来的诱因是有人在衷心渴望你，先生，那人就是你的挚爱、恭顺的仆人，

塞姆·约翰生

舰队街约翰生巷，1766 年 1 月 14 日。

我于二月回到伦敦，发现约翰生在舰队街约翰生巷一座上好的住宅里居住，他把威廉斯小姐安置在一楼的一套房间里，莱韦特先生则在阁楼上从事他的职业：他忠心耿耿的弗兰西斯仍然照料着他。他满怀关爱地接待了我，这些就是我保存下来的我们谈话的一些片段：我告诉他，伏尔泰在跟我的一次交谈中是这样区分蒲柏和德莱顿的："蒲柏驾着一辆由两匹毛色整刷的小马拉的豪华四轮轻便马车；德莱顿则驾着一辆六匹骏马拉的四轮大马车。"**约翰生**："嘿，先生，其实他们俩驾的都是六马四轮大马车，只不过德莱顿的马不是奔驰，就是颠踬：蒲柏的马却在平稳地小跑。"[a] 他说到我不在国内时哥尔德斯密斯出版的《旅行者》，"自从蒲柏时代以来，还没有这么好的诗"。

长期以来广为流传着这样一种说法：约翰生本人正是那首诗的相当大的一部分的作者，在这里有必要对它真实准确地予以澄清。

---

a　值得一提的是格雷先生使用类似的意象来概括德莱顿的特点。他确实给他的车驾只配备了两匹马，不过它们在进行"以太竞赛"：

看那里德莱顿稍欠专横的车驾，
在荣光的原野上催发
以太竞赛的骏马一对，
脖上挂着惊雷，步调长而清脆。

《诗歌进步颂》

毫无疑问，无论是思想感情还是表现形式都来自与约翰生的谈话；诗肯定受到他友好的修订：然而 1783 年，在我的请求下，他用铅笔划出了他提供的几行，那仅仅是第 420 行， 264 1766 年 2 月

停得过于担心，过于怯懦，再也走不了；

和结尾的十行，除了倒数第二个对句，我把它用斜体标出来：

人心耐忍的一切何其微小，
那部分国王或法律能造就或者治好。
我们创造或找到的自己的福气，
在每个地方仍然被交托给我们自己，
天伦之乐的暖流平静，浩渺，
随秘密路线滑行，暴风骤雨也不骚扰。
举起来的斧头，折磨人的车轱辘，
卢克的铁冠，达米安的钢床铺[①]，
对于远离权力的人，很少知悉，
把理性、信念和良心全留给我们自己。

他补充说："这些就是我可以肯定的全部。"它们只占有四百三十八节的全诗的一小部分。哥尔德斯密斯在他插入的对句中是把卢克作为一位著名人物提及的，可是肤浅的读者眼一瞟就忽略过去；而那些更用心思的人则叫卢克（Luke）弄得莫名其妙，就像被《人愿皆空》中的利迪亚特（Lydiat）搞糊涂了一样。其实，哥尔德斯密斯自己也搞错了。在《匈牙利共和国》一书中，有对 1514 年的一次铤而走险的起

---

① 罗贝尔-弗朗索瓦·达米安（1715—1757）企图于1757年1月5日刺杀路易十五，在3月2日一个充满象征暴力的长时间的仪式上被处死。这件事米歇尔·富科在《纪律与罚：监狱的诞生》的第一章中有所描述。

义的描述，起义的头领是姓策克（Zeck）的兄弟俩，乔治和卢克。起义平息后，乔治，而不是卢克受到惩罚，办法是给他的脑袋箍了一顶烧红的铁冠："coronâ candescente ferreâ coronatur。"同样的酷刑也被用到阿索尔伯爵头上，他是谋杀苏格兰国王詹姆斯一世的凶手之一。①

约翰生博士同时也好心给我标出了他给哥尔德斯密斯的《荒村》补充的几行诗，仅仅是结尾的四行：

贸易的傲岸帝国急剧崩塌，
犹如海洋把硬筑的防波堤冲垮：
而自立的力量能藐视时光，
如同岩石把巨浪和天空抵抗。

谈到教育，"现如今，（他说）人们有种奇怪的看法，认为事事都应当通过讲课来教育。我倒看不出讲课能像读书那么有效益，因
265 为课堂上讲的东西都取于书本。我知道没有一件东西是能通过讲课
1766年2月 教到家的，除了在演示实验的地方。你可以通过讲课的方法教化学。——你该不会用讲课的方法教做鞋吧！"

晚上，我和他在主教冠酒馆进餐，以便可以在最初见面的地方重续旧情。然而现在他的生活方式已有相当大的改变。由于生过一场病，有人劝他把酒戒掉，从那时起，他就再不饮酒了，只喝水或柠檬汽水。

我告诉他我在国外遇见了他的一位外国友人②，此人不可救药地走上邪路，不信宗教，用粗野轻浮的态度对待永生的希望；还说："由于人像狗一样死去，就让他像狗一样躺着。"**约翰生**："如果他像狗一样死去，那就让他像狗一样躺着。"我又补充说，此人对我说："我恨人类，因为我认为自己是最优秀的人士之一，我知道自

① 〈关于铁冠，见斯蒂文斯对《理查三世》第4幕第1场的注7。它似乎也在《麦克白斯》第4幕第1场中涉及："你这顶王冠烙痛我的眼珠"。也参见高夫的《卡姆登》（*Camden*）第3卷，第396页。——布雷克威〉

② 朱塞佩·巴雷蒂。

己有多坏。”**约翰生**：“先生，他这么看真够奇特的，如果他认为自己是最优秀的人士之一的话；因为他的朋友中没有一个有这样的看法。”——他说：“诚实的人没有一个能成为自然神论者；因为对基督教的证据做一番公证考察后，谁也做不到。”我提到休谟。**约翰生**：“不对，先生；休谟向德拉姆主教管辖区的牧师承认，他从来没有认认真真地读过《新约全书》。”我提到休谟的观念：所有快乐的人都是同等的快乐；一个在学校舞会上穿件新长服的小姐，一位率领一支胜利之师的将军，一位在一次大会上发表过雄辩演说的演说家。**约翰生**：“所有快乐的人都是同等的快乐是不对的。一个农民和一位哲学家可以同等的满足，但不是同等的快乐。快乐表现为多种多样的愉悦的意识。农民没有能力拥有与哲学家同等的快乐。”我记得在乌得勒支，正是这个问题被牧师罗伯特·布朗先生说得非常明了，反驳了休谟。“一只小杯子和一只大杯子，（他说）可以同等的满；但大杯子比小杯子盛得多。”①

这个晚上，约翰生博士非常亲切，对我说道：“你现在已经生活了二十五年，你把这些年月利用得很好。”“哎哟，先生，（我说）恐怕未必。我懂历史吗？我懂数学吗？我懂法律吗？”**约翰生**：“嘿，先生，尽管你的学识也许还达不到能讲授它的水平，你对职业的了解还没有深到让你干那一行的程度，但你对书和人的总体知识使你

---

① 〈霍尔主教在讨论这个问题时，有同样的意象：“然而设想这些天国的等级，最低的也是荣耀的。同样，这些容器不同，但都是满的。”《书信集》，12月第3封，对照6：“关于天国荣耀的不同等级。”然而这位最博学而见解独到的作家并不是第一位提出这一意象的；因为它也在一本名为《一部值得一读的作品》（查尔斯·吉本著，四开本，1591）的古书中找到。在这部作品的第五篇对话录中，辩论的问题是“天国的荣耀是否有等级，地狱的痛苦是否有差别”，一位发言人说：“毫无疑问，在来世（在那里最微小的快乐也是无法言说的），此间受苦最深的人一定会设想并得到比经受磨难较少的人更超常的快乐；然而天国的快乐被恰当地比作盛满所有量别液体的容器；因为每个人在那里必定有他满足的量。”说“所有量别”，我认为这位作家（他似乎指另一个比他自己更古的作家）的意思就是不同的量。——M.〉

有能力掌握任何一门学识，或者适合从事任何一种职业。”我提到一位快活的朋友[①]劝我不要当律师，因为一些榆木脑瓜也许干得比我好。**约翰生**：“嘿，先生，在法律的规定、法令部分，榆木脑瓜可以干好，但在它的灵活和理性部分榆木脑瓜永远不会干多好。”

我谈到有些人在世界上飞黄腾达采用的手段，是靠追捧伟人，问他是否也认同这种做法。**约翰生**：“嘿，先生，我从来没有离伟人近到可以追捧他们的程度。你可以谨慎地依恋他们，但要保持独立。你不可做自己认为错误的事情；而且，先生，你得算计算计，不要
266 得不偿失。切不可拿一先令去追求六便士的好处。但如果你能用六
1766年2月 便士追求到一先令的好处，不去追求就是个傻瓜。”

他说：“如果允许隐修会存在，它们只应当是无法服务公众、或已经为他们服务过的一些人的隐退处。服务社会是我们的第一职责，完成任务后，我们可以全身心地投入自己灵魂的救赎。血气方刚忘我奉献不该鼓励。”

我引入神视和其他神秘现象；它们的实现，我指出，偶然可以出现。**约翰生**：“是的，先生；可是它们已经屡屡出现，所以人们一致认为它们不是偶然发生的。”

我向他谈了我在科西嘉的很多见闻以及我想出版一本见闻录的意向。他鼓励我说：“你不能把这个问题翻个底朝天；你告诉我们的一切要让我们有新鲜感。尽量多给我们写些轶事。”

我们下一次在“主教冠”聚会是在2月15日，我向他引见了当时在剑桥大学的我的至交、牧师坦普尔先生。我向他提及我与卢梭在他的山野隐居处度过一段时光，而且还引用了威尔克斯先生的一些说法，因为我和他在意大利共度过许多惬意的时光，听了以后，约翰生说（话中带刺）：“先生，看来你在国外有很好的交游啊，卢梭，威尔克斯！”想到一次替一个人辩护也就足够了，关于我那位快乐的朋友，我只字不提，只是笑着回答：“我亲爱的先生，你不

① 约翰·威尔克斯。

至于把卢梭叫坏交游吧。你真的认为他是一个坏人？”**约翰生**：“先生，如果你这是说玩笑话，我不跟你谈。如果你的用意是认真的，我认为他是个坏中之坏；一个应当被逐出社会的无赖，其实他已经被驱逐出去了。三四个国家已经把他逐出国门。他在这个国家却受到了保护，真是一种耻辱。”**鲍斯威尔**：“先生，我不否认他的小说也许有害处；不过我不能认为他就居心不良。”**约翰生**：“先生，话不能这么说。我们无法证明任何一个人居心不良。你可以一枪打穿一个人的脑袋，却说你本来不想打中他；可法官还是会下令给你处以绞刑。干了坏事，宣称并非故意，这在法庭上是不会得到认可的。先生，卢梭是个大坏蛋。我宁肯签署宣判，将他流放，也不愿将这么多年从“老围子”[①] 出来的任何重罪犯流放。对，我倒想让他到殖民地干活。”**鲍斯威尔**：“先生，你认为他像**伏尔泰**一样坏吗？”**约翰生**：“嘿，先生，确定他们的罪行孰重孰轻还真叫人犯难。”

我觉得这番暴烈的言辞非常奇怪，因为我读过卢梭的很多生动作品，读得我心花怒放，甚至使我顿开茅塞；我也非常高兴与他交往，而且刚刚从自己总体上非常欣赏的欧洲大陆回来。我也不能同意他应受约翰生给他那种严厉指责。他喜爱野蛮人胜于喜爱文明生活，这有点荒唐，还有一些与众不同之处，这只不过证明他在理解 267
上有种缺陷，而不能证明他心灵堕落。尽管很多重要人物对他的
“Profession de Foi du Vicaire Savoyard”[②] 表达了令人遗憾的看法，我还是禁不住对它赞赏有加，认为它是一个对“神圣的神秘”充满真诚崇敬的人的作品，虽然受到使人迷惑的怀疑的困扰；但那是一种要心怀怜悯而不是愤怒看待的心理状态。

关于他热衷的从属问题，约翰生说：“有人说人生而平等，这种说法太离谱，两个人在一起只需半个小时，一个对另一个的优势就显得一目了然。”

---

① 伦敦中央刑事法院的俗称。

② 《爱弥儿》（1762）中“萨瓦亚牧师的信仰表白”。

我提到当我们想到那些比我们境况还要差的人感到沮丧或者尴尬时哲学家给我们的宽心话。我说，这不能一概而论，因为肯定有一些，再没有比他们的情况更差劲的了。**约翰生**："嘿，那还用说，先生，肯定有这样一些人；但他们却浑然不觉。有人认为再没有比自己更可怜更可鄙的人了，这种人算是可怜可鄙到家了。"

这一回我在伦敦待的时间很短，所以跟约翰生博士在一起的机会并不多；然而我对他的崇敬之情一点也没有减少，由于我已经见过multorum hominum mores et urbes[①]。相反，由于我能把他与其他国家很多最著名的人物进行比较，我对他卓越思想的仰慕反而大大增强。

他有时候表现出的作风粗鲁，现在我觉得更加触目了，还因为我已经习惯了大陆人刻意的圆滑顺从的习惯；在他身上，我清清楚楚地认识到他对每一种扰乱或削弱良好原则的企图所持的同样的愤慨和挖苦态度，我对他诚实认真的热情仍怀有敬佩之心。

有天晚上，一个年轻人[②]拿约翰生的仆人不信神的情况来逗他。年轻人说，这名仆人不肯相信《圣经》，因为他不能用原文读《圣经》，所以也不相信它就不是编造的。"嘿，傻瓜，（约翰生说）难道他相信的每件事情都有更可靠的典据不成？"**鲍斯威尔**："这么说来，先生，平民百姓就永远不会知道自己是正确的，只有听从读书人的摆布。"**约翰生**："当然，先生。平民百姓是国家的孩子，因此必须像孩子一样接受教育。"**鲍斯威尔**："那么说来，先生，一个可怜的土耳其人必须是个伊斯兰教徒，就像一个可怜的英国人必须是基督教徒一样？"**约翰生**："嘿，是呀，先生；那又怎么样呢？当我开始认为自己是个聪明人时，我给母亲就是这么说的；她应当为此用鞭子抽我才是。"

另一天晚上，哥尔德斯密斯博士和我去拜访约翰生，希望说服他跟我们一起到"主教冠"共进晚餐。我们发现他身体欠安，便决定不出去了。"那好，（哥尔德斯密斯说）既然这位大人物不能随我们同往，

---

① "很多城市和很多人的习惯"——贺拉斯，《诗艺》，第1节，第142行。
② 詹姆斯·鲍斯威尔。

我们今晚就不去‘主教冠’了。”于是约翰生叫了一瓶波尔图葡萄酒，招待我和哥尔德斯密斯，而我们的主人现在滴酒不沾，所以只是坐着陪伴我们。**哥尔德斯密斯**：“约翰生先生，我想你现在已远离剧院了。268 你对新剧漠不关心，就像你从未跟舞台发生过关系一样。”**约翰生**：1766年 “嘿，先生，我们的趣味改变很大。小伙子不喜欢小孩子的响环儿，老头子不喜欢青年人的窑姐儿。”**哥尔德斯密斯**：“不过，先生，你的缪斯可不是窑姐儿。”**约翰生**：“先生，我不认为她就是。可是在人生的旅途中前进时，我们总是丢下一些曾经愉悦过我们的东西；不管是因为我们累了，不想把这么多东西再往前扛，还是因为我们发现别的一些东西我们更加喜欢。”**鲍斯威尔**：“可是，先生，你干吗不给我们一些别开生面的东西呢？”**哥尔德斯密斯**：“啊，先生，我们对你可是有要求的。”**约翰生**：“不，先生，我再也不能被迫做事了。谁也不能被迫竭尽全力做事。一个人应当把一部分生命留给自己。一名军人已经身经百战，如果他退役过轻松平静的日子也是无可厚非的。一名医生，在大城市里长期行医，如果他退居到小城镇少看些病人，也是可以原谅的。现在，先生，我通过谈话做到的善事与通过写作做到的善事一样多，就像一名退居到小城镇的医生行医的贡献跟他在一座大城市里一样。”**鲍斯威尔**：“可是我就纳闷儿，先生，难道你写作的快乐就没有不写作的多？”**约翰生**：“先生，你可以纳闷儿。”

他谈到作诗，说道：“难就难在要知道什么时候作过好诗。写诗的时候，我一般在屋子里踱来踱去先打好腹稿，也许一次有五十行之多；然后才把它们写下来，往往由于疏懒，只写一半就了事。我曾在一天写过一百行。我记得一天就写了一百行《人愿皆空》。博士，（他转向哥尔德斯密斯，）我并不懒散；最近有一天我又作了一行；但是再没有往下作。”**哥尔德斯密斯**：“念给我们听听；我们会续上蹩脚的一行的。”**约翰生**：“不行，先生，我已经忘了。”

伟大的塞缪尔·约翰生博士的这样一些典型的轻松、俏皮的言谈，我想，应当受到珍视；因为它展示了一个当重大问题需要它发挥时显得如此博大有力的心灵的小小的多变，也使我们详细了解了他的性格和思维模式。

致**本内特·兰顿先生**，林肯郡斯皮尔斯比附近，兰顿

亲爱的先生，——你的朋友们做了些什么，从你离开到现在没有收到你的片言只字，我们谁也不能告知其余的人；然而由于我们都遭到类似的怠慢，谁也不认为自己就有权抱怨。

兰顿小姐离开我们之后，有天我在街上遇到林肯的辛普森先生，他告诉我兰顿先生、令堂大人和你本人全都病了一场，不过后来都康复了，否则，我就对你，或者对兰顿一无所知。

疾病暂停了你的通信，我不奇怪；但我希望你康复了以后把它继续下去。

269

1766年
5月10日
星期六

既然你不肯告诉我们你人在何处，生活如何，我就不知道你是否希望知道我们的任何情况。然而我要告诉你**俱乐部**还在；但伯克从事公务以后，我们就失去了他这个伙伴。他在公务上一鸣惊人，获得的声望也许比从前〔初〕露头角的任何人都高。他为废止皮特先生公开推重的印花税法在议会做了两次演说，全城为之惊异。

伯克天生就是个了不起的人，期望他很快在民政上也了不起。我也变得更了不起了，因为很多星期我见诸报端；更了不起的是，自从元旦那天起，我每天早晨大约在八点起床；起床以后，其实没有做多少事；然而多获得这么多小时的存在意识可算是一个不小的进步。

我希望你置身于我的新书房；现在我正在里面写我的第一封信。我认为它在我的四周显得非常漂亮。

戴尔常在**俱乐部**[①]；霍金斯大而化之；我不是过分勤奋。纽

---

① 〈塞缪尔·戴尔先生是文学俱乐部的一位极其博学和富有创意的成员。对他的理解力和造诣，约翰生博士大为敬佩。他于1772年9月14日去世。对这位先生的一篇更为详尽的论述可以在《德莱顿传》第186页的一则注释中找到。该传附在那位伟大作家的《散文作品集》（四卷，八开本，（转下页）

金特医生、哥尔德斯密斯博士和雷诺兹先生坚持不懈。莱[①]先生正在印他的撒克逊–哥特语词典；全**俱乐部**都预订了。

请代我向林肯郡的所有朋友致敬。你最深情的，

1766年3月9日。　　　　　　　　　　**塞姆·约翰生**

舰队街约翰生巷。

致**本内特·兰顿先生**，林肯郡斯皮尔斯比附近，兰顿

亲爱的先生，——你估计佩里格林·兰顿[a]的去世对我的影响非同寻常，你没有想错；他是我既凭本能又凭理性所喜爱的人物之一。我对任何事情抱的希望很少比能使我们的相识进展到友谊那么大的。很多次我又置身于兰顿，想象我在一个夏天的清晨步行到帕特尼[b]的快乐；然而这再也不可能了。现在我们必须尽力保存留给我们的东西——他的虔诚和节俭的榜样。希望你尽力做一些调查，把听到的事情记下来。区分家庭特点的小事很快就会被忘掉的：如果他不及时打听，信息将荡然无存；如果你不留心记下，信息就是空的[c]。

（接上页）1800）前：在这条注里他的人格得到了维护，因为约翰·霍金斯爵士在他的《约翰生博士传》第222页至232页对他非常不利、不公的描述受到了纤悉无遗地查究。——M.〉

① 莱（Edward Lye，1694—1767），盎格鲁–撒克逊和哥特语学者；雅德利黑斯廷斯教区长（1737）；出版拉丁文版《英语词源学》（1743）；文物学会会员（1750）；死后出版拉丁文版《撒克逊、哥特–拉丁语词典》（1772），给好几种19世纪规模更大的作品奠定了基础。

a 兰顿先生的叔叔。

b 佩里格林·兰顿居住的地方。

c 兰顿先生没有忽略这一劝告，而且写了下面一篇纪要，并欣然将它转交给我：

“佩里格林·兰顿先生的情况如下。他有一笔每年两百英镑的终身年金。他住在林肯郡的一个小村子里；他的住宅，连带两三小块地，租金为二十八英镑；他生活的那个郡费用还是较为便宜；他家还有一个妹妹，每年给他缴十八英镑的膳宿费，还有一个侄女。他有两个女仆，两个穿号衣的男仆。他平素的生活方式，吃饭上三四样菜肴；餐桌上的配置整洁而漂亮；他经常请客吃饭，这时候，饭菜又好，花样跟四邻其他绅士平常餐桌上（转下页）

270

1766年
5月10日
星期六

271 他的生活艺术当然应当广为人知，并且值得学习。他依靠

1766年

（接上页）一样多。他自己的外表，在衣着方面，文雅整洁朴素。他总有一辆驿递马车，养着三匹马。

“由于具有我提到的那些财力，这就是他的生活方式，他不允许动用他的全部收入来过这样的生活：因为他手里总有一笔款项以备不时之需。有些钱在他离世时入了股；他投在那里的数目达一百五十英镑。他用收入置办了家具和衣物，存放的衣物为数甚大；那些包打听向我保证，他的收入至少有十分之一留出来做慈善：他在死的时候，人们发现有二十五英镑的款项明令用于那种用途。

“他订了一个与收入相称的生活计划，不讲究过分节俭，而要努力做到在他家生活用品应该充足，避免浪费；举个例子说他的努力，也许值得一提的是一种他用来规定在他的家人中适量喝麦芽酒的手段，既不可以不足，也不可以过量：有人抱怨他的定量是一月一大桶，对自己的家人都不够，于是他命令把一大桶的量分装成若干瓶，把它锁起来，不让仆人饮用，每天分配八夸脱，这是每天的量，合起来一月一大桶；并且告诉他的仆人，如果不够，他允许增加；然而，用了这种手段后，立即显示，对于他的小家庭来说，这个定量绰绰有余；这就证实了一个无法回答的明确信念，并且省却了将后的争端。一般而言，仆人对他服侍得很勤奋，很准时，很听他的话；他对所下的命令考虑得很周到，也解释得很清楚；他们初次来给他服务的时候，他按部就班严格要求他们一丝不苟地服从命令，决不宽免；仆人们发现情况是这样，很快就习惯履行自己的职责了，也就用不着谨小慎微了。良好的表现，勤恳的工作，特别突出的事例，除了工资，他还要给特别的奖励；还值得一提的是，他允许仆人的亲属来看他们，在他家一次可以待两三天。

“听到关于他节俭的记述的大多数人定会感到诧异：他怎么用那么一笔收入，做那么多的事情，尤其考虑到他所有的一切都是用钱买来的时候；除了两三块小田地，我已经说过，还是租来的，他再没有土地，非但没有从它们的出产中有什么收益，我有理由认为他反而有所损失；然而，这两三块土地给他的家政提供的帮助不外乎就是马吃的青草，（不是干草，我知道他是买干草的）和两头母牛吃的青草。每星期一早晨，他都要清算家庭账目。这样好时时当心要量入为出；为了做得更加严格，他把这些支出与他做的这样一项计算进行比较；这笔收入，一年的每一周每一天能给他提供多少。他的一项节约措施就是他的房子里面或者房子周围一旦需要修整，就立即进行。匀出钱来时，他喜欢添置衣物或其他任何生活必需品；他说，趁他还有财力，一旦实实在在的需要来了，也许就无能为力了；由于采用了这种手段，除了正在使用的，他手头还有相当充足的备用生活必需品。

“然而，他之所以有能力用自己的收入做这么多事情，主要一点好像是，置办每样东西他都立即付款，除了往来清账的项目，如房租和（转下页）

一笔许多人觉得贫寠、大多数人觉得紧巴的收入生活得充裕高雅。因此，他是怎样生活的，人人都有兴趣知道。我希望他离世时十分安详；肯定快乐。

我希望我的信写得早一点，以免现在写重新勾起你的悲伤；然而我还是忍不住要说我现在说过的话。

但愿这一损失，是一个根本不应当遇到不幸的家庭的仅有的不幸，如果我的愿望能够消除不幸的话。告诉我你们大家过得怎么样。兰顿先生搞到我推荐的那匹小马了吗？天气晴好的时候骑上到他的庄园周围遛遛对他很有好处。

请代我问候兰顿夫人，问候亲爱的兰顿小姐、迪小姐和朱丽叶小姐，还有其他各位。

俱乐部维系得很好。星期一是我的夜晚[a]。我的情况渐有起色，读的书也比过去多。但愿有所进步。你最深情的仆人，

1766 年 5 月 10 日。　　　　**塞姆·约翰生**

舰队街约翰生巷。

在苏格兰待了一段时间后，我在一封信里向他提到“阔别数年之后，第一次返回故里，听说我的许多熟人统统去了忘乡，我发现自己像个在战场上蹑手蹑脚前行的人，时时都发现有人横死在脚下”。我抱怨优柔寡断，提到我赌咒发誓保证要有良好表现。我再次

（接上页）仆人的工钱；这些他在规定时间付清，决不拖欠。他通知邻近集镇上的商人，如果他们让他的哪个仆人不给钱拿东西，他们就不应该再接受他这名顾客。这样，要做出那些把钱挪作他用从而拖欠货款的人容易犯的厚颜无耻的行径，也就无能为力了。他手头无论有什么钱，他知道那是别处不需要的，所以他可以放放心心随意使用它。

“他的榜样由于他居住的地方偏僻，只有极少的人注意到，尽管他的谨慎与美德会使他在能够知悉它的人心目中很有价值。——这几个细节，或者我本人了解，或者从与他生活过的人那里得知，可以给人启迪，并且对他如此成功地身体力行的英明的生活艺术具有激励作用。”

a　即他是文学俱乐部主席，这个阶段一周在晚上聚会一次。

给他写信却未能触动他的惰性；直到收到我的就任习作或民法论文的副本时他才回了信，按照苏格兰的惯例，在获准做律师后我把它发表了。随后他给我写了下面一封信：

272

1766 年
8月21日
星期四

致**詹姆斯·鲍斯威尔先生**

亲爱的先生，——收到你的论文使我想起欠了你的债。你为何 *************[a]。我要为此惩罚你，办法就是告诉你你的拉丁文需要修正[b]。开头，Spei alteræ，不硬性要求它就是 primæ，

---

a　略去的文字涉及私事[1]。

1　鲍斯威尔在耶鲁的文本提供了缺失的信息。约翰生问鲍斯威尔为什么把作品题献给一个他并不看重的人，芒斯图尔特勋爵[2]。

2　芒斯图尔特勋爵（而后为第四代比尤特伯爵和第一代比尤特侯爵），外交官；第三代比尤特伯爵的长子；支持罗金厄姆内阁后的几届内阁；格拉摩根郡治安长官（1772—1793）；向枢密院宣誓就职（1779）；预付款审计官（1781）；驻西班牙大使（1795—1796）；文物学会会员（1776）。

b　对我的拉丁文的这种批评涉及这篇献词，全文如下：

VIRO NOBILISSIMO, ORNATISSIMO,
JOANNI,
VICECOMITI MOUNTSTUART,
ATAVIS EDITO REGIBUS
EXCELSÆ FAMILIÆ DE BUTE SPEI ALTERÆ;
LABENTE SECULO.
QUUM HOMINES NULLIUS ORIGINIS
GENUS ÆQUARE OPIBUS AGGREDIUNTUR,
SANGUINIS ANTIQUI ET ILLUSTRIS
SEMPER MEMORI,
NATALIUM SPLENDOREM VIRTUTIBUS AUGENTI:
AD PUBLICA POPULI COMITIA
JAM LEGATO;
IN OPTIMATIUM VERO MAGNÆ BRITANNIÆ SENATU,
JURE HÆREDITARIO,
OLIM CONSESSURO:
VIM INSITAM VARIA DOCTRINA PROMOVENTE,
NEC TAMEN SE VENDITANTE,

（转下页）

这是不合法语规则的：alterœ 应当是 alteri。第二行，你似乎把 genus 以绝对形式使用了，我们把它叫"家族"，也就是代表"杰出的家世"，我怀疑没有典据。Homines nullius originis 代替 Nullis orti majoribus，或，Nullo loco nati，恐怕有粗鄙之嫌。——拉迪曼①去世了。

我已经让你伤透了脑筋，但还要试着讨你的欢心。你决心听从令尊，我由衷地赞成；但不要养成用誓言束缚变通的习惯：誓言有时候会在你心里留下一根刺，你也许会永远拔不掉，挤不出。记住这一警告，它极其重要。

你说得对，法律学习丰富而高尚[a]；你的名字进入法学教授

（接上页）

PRÆDITO:
PRISCA FIDE ANIMO LIBERRIMO,
ET MORUM ELEGANTIA
INSIGNI:
IN ITALIÆ VISITANDÆ ITINERE,
SOCIO SUO HONORATISSIMO,
HASCE JURISPRUDENTIÆ PRIMITIAS
DEVINCTISSIMÆ AMICITIÆ ET OBSERVANTIÆ
MONUMENTUM,
D.D.C.Q.
JACOBUS BOSWELL.[1]

1 "詹姆斯·鲍斯威尔将其法律学习的初次成果作为忠诚友谊和敬重的表示，题献于他意大利之行中的尊敬的旅伴，题献于王侯血统的传承人、高贵的比尤特家族的第二个希望寄托者芒斯图尔特子爵、最尊贵的约翰，一位在来历不明之徒力图用财富拉平出身的没落时代，一直心心念念自己古老杰出的血统的人；他凭自己的美德加强了与生俱来的权利的辉煌；已经成为下院的一位议员，但凭借继承权注定能进上院；受过能提升他的天赋的教育，但又不事张扬；具有古老的信念、开明的理念和优雅的风度。"

① 拉迪曼（Thomas Ruddiman，1674—1757），印刷商，古典学者，图书馆馆长；爱丁堡律师图书馆助理馆长（1702），后任管理（1730）;《拉丁语入门》（1714）的作者。

a 这指的是我的论文引言第一个句子： （转下页）

273

1766年
11月6日
星期四

名单，在我希望你万事亨通的时候你正好实现了我的夙愿。但愿你会鼓足干劲，锲而不舍，奋斗到底。你至少会得到不小的好处，避免产生烦人累人的不满情绪，这类情绪总会闯入一颗空虚、无聊、游移的心。

勤奋、努力，锲而不舍会使令尊欢心，你应当认为这就是做到这两点的不小诱因。我们大家都依赖满足某个人的希望生活；满足的快乐应当是最大的快乐，当我们因为自己的责任积极努力的时候，最终总会有最大的快乐。

人生短暂，太多的时间切不可在无谓地思虑它该如何度过中消磨；思虑，人们开始时出于慎重，继续时流于精细，经过长时间的殚思竭虑，最后必定碰运气结束。有正当的理由，偏爱某一种未来的生活方式需要才能，才能却是我们的造物主不乐意给我们的。

因此，如果你选择的职业有某些出乎意料的不便，就安慰自己，办法是反思凡职业皆有不便之处；而且事务的种种纠缠和困惑，与对清闲的不断渴求和对懒散的不称心的对策相比，都是温和与享受。

Hœc sunt quœ nostrâ potui te voce monere;
Vade, age.①

至于你的《科西嘉史》，你的材料别人都有，或者可能都有。不管怎么样，你已经使自己的想象活跃起来了。我希望有药可救，就像失恋者跳楼，尽管脑子里千头万绪，但某一种念头已经莫名其妙地掌握局面了。管好自己的事，把科西嘉人留

（接上页）

JURISPRUDENTIÆ *studio nullum uberius, nullum generosius: in legibus enim agitandis, populorum mores, variasque fortunœ vices ex quibus leges oriuntur, contemplari, simul solemus.*[1]

1 “再没有比学法更丰富更高尚的学习了；因为在讨论法律时，我们考虑的既有人们的风俗，也有成为法律起源的变迁。”

① “这些就是我能给你的警告。好了，你走吧。”维吉尔，《埃涅阿斯纪》，第3卷，第461—462行（引文略有出入）。

给别人去管。你最恭顺的仆人，

伦敦，1766 年 8 月 21 日。 **塞姆·约翰生**

致塞缪尔·约翰生博士

阿夫莱克，1766 年 11 月 6 日。

敬爱的先生，——我问心无愧地说 ************************。[a]

这样一来，我希望澄清对我的指责，我估计如果我装聋作哑逃脱了你判给我的惩罚，你不会感到不悦吧。如果你对一个无辜的人射出批评的箭，你一定会高兴地发现它们没有射中，或者没有对准伤害他的目标。

不再绕弯子了，我要毕恭毕敬地，提出几点看法，对你挑出毛病的我的拉丁文辩护。

你认为我应当用 spei primœ 而不是 spei alterœ。Spes 确实往往被用在表达我们未来依赖的东西上，如维吉尔《牧歌》，第 1 歌，第 1 节，第 14 行， 274 1766 年 11月6日 星期四

——modo namque gemellos
Spem gregis ah silice in nuda connixa reliquit.[①]

还有《农事诗》，第 3 首，第 1 节，第 473 行，

Spemque gregemque simul，[②]

代表羊羔和绵羊。然而它也被用来表达我们现在依赖的东西，而且恰当地应用到有突出影响的人身上，我们的支柱，我们的庇护、

---

a 略去的一段解释了前面一封信涉及的事情。

① “她把双生仔，我的羊群的希望，扔到裸露的燧石上。”

② “既是希望，又是羊群。”

我们的 prœsidium[①]，贺拉斯称之为米西纳斯[②]。所以，《埃涅阿斯纪》第 12 卷第 1 节第 57 行阿玛塔王后对她的女婿图尔努斯说："spes tu nunc una" 而他当时不是未来的希望，因为她又说，

——decus imperiumque Latini
Te penes；[③]

这话可以用来说若干年前的比尤特勋爵。现在我认为现任比尤特伯爵是"Excelsœ familiœ de Bute spes prima"；而芒斯图尔特勋爵作为他的长子，是"spes altera"。[④] 所以在《埃涅阿斯纪》第 7 卷第 1 节第 168 行，提到族长埃涅阿斯，他是现在的 spes，当朝 spes，正如我的德国朋友们说的，spes prima，诗人又说，

Et juxta Ascanius，magnœ *spes altera* Romœ.[⑤]

你认为 alteræ 不合语法规则，你告诉我应当是 alteri。你一定记得，在古代，alter 按部就班地衰微了；当保留在 Juris Civilis Fontes[⑥] 中的古代片段写下的时候，它肯定以我使用它的方式衰微了。我认为，这可以保护一个在一篇关于自己学科的论文里写 alteræ 的律师。然而，由于我简直不敢贸然向约翰生先生这样的古典专家引用古代法律的片段，所以我并没有对这些遗存做准确的探究，以发现我在诗文中能够出示的例子。我

---

① 保卫或保护。
② 〔米西纳斯（Gaius Mæcenas，公元前70—前8），罗马贵族，巨富，罗马皇帝奥古斯都的顾问和密友，著名的文学赞助人，与贺拉斯、维吉尔等友谊深厚。〕
③ "你现在是我们唯一的希望——拉提努斯的名望和权力都攥在你手里。"
④ 高贵的比尤特家族第一个希望……第二个希望。
⑤ 他身边的阿斯卡纽斯，伟大的罗马的第二个希望。
⑥ 民法的起源。

发现在普劳图斯，《缆索》第 3 幕第 4 场，

Nam huic *alteræ* patria quæ sit profesto nescio.①

普劳图斯当然是古代喜剧作家；然而在西庇阿和勒留斯时代，我发现泰伦提乌斯《自责者》第 2 幕第 3 场，

——hoc ipsa in itinere *alteræ*
Dum narrat，forte audivi.②

你怀疑我以绝对形式把 genus 用作我们所谓的“家族”，也就是“名门望族”没有典据。现在我使拉丁文中的 genus 与英语里的“出身”有大致相同的意义；两者在它们表达单纯的世系的基本意思上，使两者 *κατ᾽ἐξοχήν*③，代表高贵家世。genus 在贺拉斯的《讽刺诗》卷 2 第 5 首第 1 节第 8 行就是这样用的，

275

1766 年 11月6日 星期四

Et *genus* et virtus，nisi cum re，vilior alga est.④

在《书札》卷 1 第 6 首第 1 节第 37 行，

Et *genus* et formam Regina pecunia donat.⑤

在奥维德《变形记》第 13 章第 1 节第 140 行埃阿斯和尤利西斯著名的争夺中

① “我不知道这另一个女孩来自何地。”
② “碰巧我听见她一路给那另一个女孩讲这事。”
③ “卓越地。”
④ “没有实质，血气和勇敢还不如海草。”
⑤ “甚至出身和美貌也能被金钱女王赐予。”

Nam *genus* et proavos, et quæ non fecimus ipsi,
Vix ea nostra voco.[①]

Homines nullius originis, 代替 nullis orti majoribus, 或 nullo loco nati, 你"恐怕有粗鄙之嫌"。

Origo 被用来表示家世, 如在维吉尔的《埃涅阿斯纪》第 1 卷第 1 节第 286 行,

Nascetur pulchrâ Trojanus origine Cœsar.[②]

还在《埃涅阿斯纪》第 10 卷, 第 1 节, 第 618 行,

Ille tamen nostrâ deducit origine nomen.[③]

nullus 被用作"无名的"的意思, 难道这位拉丁文天才写 nullius originis 就不是表示无名的家世?

我已经尽力为自己辩护了。

关于誓言的用途我可不可以冒昧表达一点不同看法?我明白不深思熟虑贸然赌咒发誓是非常危险的。但我不禁认为誓言对一个判断多变、随心所欲的人来说, 往往好处很大。我总是记得你给我们的意大利朋友巴雷蒂的一封信中的一段话;在谈到隐修生活时, 你说严肃认真的人发现无法照看自己时, 置身于一个宗教修道会保护之下, 你并不感到诧异。我并不是装成一个苏格拉底, 我相信我要坚持一种卓绝的斗争, 与邪恶原则势不两立;我能够想出的所有方法虽小, 但足够使我在正直的

① "至于出身和家世, 以及不是我们自己创立的任何东西, 很难被称为是我们自己的。"
② "从这光辉的特洛亚族系将会降生一位恺撒。"
③ "然而他的名字却出自我们的家系。"

小径上稳步向前……

顺致最崇高的敬意，您挚爱恭顺的仆人，

詹姆斯·鲍斯威尔

约翰生的日记透露，这一年从仲夏前直到米迦勒节①后，他住在思雷尔先生家，随后又在牛津过了一个月。在此期间他与该校的钱伯斯先生、印度法官之一、后来的罗伯特·钱伯斯爵士结下了极为亲密的友谊。 276 1766年

这一年，他没有以自己的名义发表任何东西；然而格温《改善后的伦敦和威斯敏斯特》给国王的崇高献词[*]就是他的手笔；他还为收留在他家的那位双目失明的女士安娜·威廉斯夫人的《杂文集》提供了《序言》[†]和几篇文章。[a] 其中有他的《菲利普斯墓志铭》[*]，《托马斯·汉默爵士拉丁文墓志铭翻译》[†]，《友谊颂》[*]，还有《蚂蚁》[*]，这是对一些谚语的演绎，我还有他的一份手迹；根据内证，我算在他名下，《致——小姐，感念她惠赠作者一只亲手编织的金丝网络钱包》[†]；还有《幸福的生活》[†]。

这本文集中的大部分文章显然经过他的生花妙笔的增订，尤其

---

① 〔在9月29日。〕

a 〔在已经提及的一篇文章（见边码第57页和第244页注）中，一位与威廉斯夫人很熟的女士就这一出版物给出了下面的记述：
“至于她的诗，她多年来一直想出版它们：她为出版搞到的那些半克朗硬币[1]，她向我坦白，都花到购买必需品上了，她感到的最大的痛苦来自有骗取她的订户之嫌：可我有什么法子呢？〔约翰生〕博士总是用这样的话搪塞我，‘嘿，我们会想办法的’。哥尔德斯密斯说：‘事情交给我好了。’然而，她的两个朋友在她的指示下把新的订费定为一克朗，这是这部作品的全价，而且没费多少时间就征集了六十镑。根据威廉斯夫人的愿望，向卡特夫人提出了请求，她格外积极关心，搞到了一长串名单。这部作品终于出版了，里面有一篇写得精彩但情调阴郁的约翰生博士的故事。威廉斯夫人把钱派上了各种用场，一部分投资于公债。”威廉斯夫人从这一出版物中获得了一百五十镑。同上。〕

1 〔半克朗等于二先令六便士，一克朗等于五先令。〕

是《献给理查逊先生的诗，吟咏他的查尔斯·格兰迪森爵士》；《远足》；《威斯敏斯特教堂一起掘墓事件有感》。在这本文集里，有一首诗，《悼电工斯蒂芬·格雷》[*]；读过以后，我觉得无疑是约翰生的手笔。我问威廉斯夫人它是不是他写的。“先生，（她有点激动地说）我有幸认识约翰生博士之前，我就写了这首诗。”然而，我对自己的头一种看法仍然印象极深，于是便向约翰生提及，同时重复了威廉斯夫人的说法。约翰生的回答是：“不错，先生，她是在认识我之前写的这首诗；但她没有告诉你，我把它从头到尾重写了一遍，除了两行。”《泉》[†]是一篇短小美妙的散文童话故事，写得精练简洁，是约翰生的作品之一；我不能把思雷尔夫人关于那首令人倾倒的诗《三条警告》的作者的赞语扣留下来。

这一年，他写了一封不打算公开的信，它也许像他的任何文章一样强烈体现了他的思想感情和文字风格。原件现在在我手中。信是写给已故的爱丁堡书商威廉·德拉蒙德先生的。他是一位家道良好但地产不大的绅士，1745年曾拿起武器力挺斯图亚特王朝；他藏匿于伦敦直到大赦令颁布，在此间他结识了约翰生博士，约翰生慧眼识君子，非常敬重此人。好像苏格兰社会里某些宣传基督教知识的人士反对把《圣经》译成厄尔斯语或盖尔语的计划，这完全是出于政治考虑，认为它不利于保持高地居民和北不列颠其他居民之间的区别。我估计约翰生博士从德拉蒙德那里得知此事后便义愤填膺，写了下面一封信：

277

致**威廉·德拉蒙德先生**

1766年
8月13日
星期三

先生，——我出乎意料地获悉，在一次为宣传基督教知识而召开的大会上，竟然会有这样一个问题出现：那就是，任何未受宗教教育的国家是否应受教育；或者是否应当通过把圣书译成本国语言的办法教育国人。如果服从**上帝**的意志对幸福是不可或缺的，而且了解他的意志对服从是不可或缺的，那我就不知道扣留这种知识，或者延宕这种知识的人怎样可以让人说爱自己的邻居就像爱自己。蓄意无知下去的人犯了无知产生的一切罪行；就像熄灭了灯塔里的灯光的人，人们把沉船的灾难归因于他，是理所当然的。基督教是人性最高的完美境界；由于只有希望别人好的人才是好人，所以不希望别人至多至善的人就不可能是最大的善人。遵从终结于进坟墓前的任何目的，有一年或一日忘记弘扬基督教最灵验的方法，就是一种我知道世上没有先例的罪行，美洲殖民者的做法除外，因为我认为这是一种别人不希望与之相似的人。

天主教徒确实拒绝让俗人使用《圣经》；然而尽管这项禁令现在没有多少地方大力推行，却受到以关心灵魂为基础的种种理由的维护。基于纯粹的政治动机，使启示之光晦暗，是留给改革派的一种做法；毫无疑问，天主教黑漆漆的子夜对那种改革来说正好是正午的阳光。我很不情愿让任何语言彻底消亡。语言的类似和派生提供了国家传承和人类血缘的明确无误的证据。它们往往给历史证据增加了物质的肯定性；往往提供了古人迁移的唯一证据，以及没有留下文字遗迹的时代演变的唯一证据。

各人的见解，至少各人的欲望，受到他喜爱的学习的一点影响。我对语言的热衷甚至在那些我希望受到他们敬重的人眼中也许好像显得热过了头。对于那些思想里只有贸易或者政策，现行的权力，或者眼前的金钱的人来说，我倒认为没有必要维护我的看法；但跟文人学士，我是不会不愿意妥协的，我希望每种语言会持续下去，不管它的范围怎样狭窄，或者无论对于共同目的来说怎样不便，直到它被贮存到某种版本的为人所知的书里，这样，以后它可以时时被考查，并与其他语言进行比较，然后允许它被废弃。为了达到这一目的，《圣经》的翻译则更让人迫切渴求。难以确定的是，同样的方法是否会为了学术目的而保留高地语言，是否会废除它的日常使用。高地居民阅读《圣经》的时候，他们自然而然地希望它的晦涩之处会被阐明，希望知道历史，不管是 278
并行的，或者是伴随的。知识永远渴望增加：它就像火，肯定最初是由某种外力点燃的，但随后它们却自行蔓延开来。一旦渴望学习，他们自然会求助于能够满足那种渴望的最近的语言，于是人们会相互告知，如果要获取知识，就得学习英语。

1766年
8月13日
星期三

这种推断也许会被认为比粗放的现实生活会轻易允许的更加精细。然而，要记住，无知的效力经受了长期考验，还没有产生预期的后果。因此就让知识来轮换它；让匮乏的庇护人靠边站一会儿，允许积极的原则来运作。

先生，您会欣然向那位从事这种新翻译的可敬人士[a]保证：我祝愿他成功；如果这里或牛津有用得着我的地方，我会认为促进他的事业是莫大的荣幸。

长期延误才写此信，深感遗憾。

您最恭顺的仆人，　　　　**塞姆·约翰生**

舰队街约翰生巷，

1766年8月13日。

由于这项虔诚计划的反对者们被搞得对自己的行为羞愧难当，所以这项慈善工程才得以进行。

下面两封信，虽然写于翌年，但由于主要针对的是同一个问题，所以都被穿插在这里。

致**威廉·德拉蒙德先生**

亲爱的先生，——我的信竟然有您说的那样的功效，这使我大喜过望。但愿您没有用溢美之言恭维我。那些被我的论点说服改变了看法的人，表现出那种值得大力称道的谦虚和坦诚。

我希望那位可敬的译者奋力向前。他将获得比这个世界能

a　斯特灵附近的基彭教区的牧师约翰·坎贝尔先生最近惠赐我一封关于这项工作的明达、体贴的长信，做了如下的评述："约翰生博士已经提到那位从事《新约》翻译的可敬人士。难道这不可以给你提供一个向以其突出的虔诚、学识和情趣闻名的已故的基林牧师詹姆斯·斯图尔特先生的英灵表示敬意的机会？他亲切简单的一生，他古道热肠的慈善，五十多年来他为教化、改善他担任牧师的教区所做的孜孜不倦、成果累累的努力，使他应该得到该地区的感激，和所有善良人的尊敬。如果竟然允许那样一个人物湮没无闻，那肯定是一件憾事。"

Johnson's House.
Johnson's Court. Fleet St.

给予的任何荣耀都高的回报。我希望自己对他有所帮助。

发表我的信件，如果它在一项无与伦比的事业中有所用处，我不应当禁止。不过，首先，我要您考虑发表是否真有好处；其
279 次，极少量的印发是否可以达到你计划的所有目的；而且，我首
1767年 先该说的是，那封信，我现在记得十分清楚，是否适合印行。

如果您能咨询一下对我有所了解的罗伯逊博士，他要指出的任何做法，肯定适当，我会十分满意。如果他认为信应该印，我请他予以修订；也许曾写下过一些信口开河的语句，凡有失误之处，他清楚怎样纠正[a]。

请时不时地告诉我这一优秀的计划进展的情况。

代我向小德拉蒙德先生问好，我希望您会在有生之年看到他不会辜负您的期望。

我最近没有见到埃尔芬斯顿先生，但相信他蒸蒸日上。听到您也如此我也会大喜过望，因为我是您深情、恭顺的仆人，

塞姆·约翰生

舰队街约翰生巷，

1767年4月21日。

又：

先生，——阔别近六个月之后，这一周我才从乡下回来，发现您和别人的信件，如果早日见到，我定会早日回复。

罗伯逊博士的意见肯定正确。人们改正过的错误再就不应该对他们讲了。我很高兴有人教那种古老的语言，而且把译者尊为**上帝**因宣扬他的话语这一崇高职务而使其显名的人。

我必须擅自请您参与一项慈善工作。希利先生的妻子希利夫人最近在您的剧院里担任某种职务，她是我的近亲，现在处

---

a　这一段话表明约翰生真正看重这位著名的苏格兰历史学家的人格和能力，不管他一时心血来潮，可能怎样轻慢其作品。

境极其悲惨。前些日子他们写信把自己的近况告诉我，我回了一封信，给的希望过高，超出了我的能力。我发现他们对情况的描述极不可靠；这么远的距离，尽管他们的情况十万火急，我不知道该如何应对。她，或者她的女儿们，听说也许在教规门角。先生，我求您打听一下她们的情况，告诉我应该怎么办。我打算拿出十英镑，并且如数转交于您，如果经过考查，您发现它可能有用的话。如果她们有燃眉之急，您认为给多少合适就给多少。给这几个女人，能做的，我都愿意做，因为没有多大理由去关照希利本人[a]。

我相信您可能从剧院的贝克夫人那里得到一些信息，我同时收到她和您的信；如果您见到她，请代我向她因为好像忽略给她回信道歉。

在十镑之内您预付多少，立即会还给您的，或者按您定的数目支付。我完全相信您的判断。您的， 280

1767年

塞姆·约翰生

伦敦，舰队街约翰生巷，

1767年10月24日。

卡思伯特·肖先生[b] ① 以他的天才、不幸和不端行为出名，这一年他出版了一首诗，题为"《竞赛》，麦丘利乌斯·斯珀尔先生作"，在诗里他异想天开让那些在世的英国诗人用赛跑的办法争名：

用他们的脚跟证明头脑的本领。

---

a 关于他，约翰·霍金斯爵士抛出了既对约翰生博士又对弗兰西斯·巴伯先生不利的、无法证明为正当的想法。

b 参见1786年1月号《欧洲杂志》上的一篇关于他的记述。

① 卡思伯特·肖（Cuthbert Shaw，1739—1771），诗人；在塞缪尔·富特的《小人物》（秣市剧院，1760）中作为演员参加演出；《竞赛》（1765，一首以斯克里布勒人精神写的讽刺诗）和《献给一位小姐的挽歌》（1768）的作者；《米德尔塞克斯报》的主编，反对派政治的涉猎者。

这首诗里有给约翰生的下面一幅画像：

约翰生来啦——天生没有外表优雅的福气，
他严格的道德在脸上打下印记。
强烈的概念在他的脑海里斗争；
(因为巧智被带上床都夹杂着苦痛)
看着他，脚夫撂下担子休息，
宝宝吓得贴到奶妈的怀里。
面目抽搐着訇然一声咆哮，
像一头怒狮，挥动他的鬃毛。
九位缪斯，顿生恐惧，她们从来没有
看见任何人有如此令人恐怖的派头，
是走还是留，她们还在激烈争执，
“美德”站出来把他认作自己的儿子：
用温言软语她告诫他现在应当屈服，
不要在可疑的地域把自己的荣光玷污，
而是沉湎于自觉的价值、坐下应当志得意满，
既然“声名”，决定让他的各种请求完全实现，
尽管被迫对他当前的主张拒绝接受，
却早就把一顶花冠为他的额头预留。
他鞠躬，服从；因为时限首先到期，
在约翰生滞留之前，当“美德”吩咐退休之时。

托马斯·赫维阁下[a][①]和他的夫人合不来，闹得不愉快，打算分手，

---

a 〔托马斯·赫维阁下1742年写的《与托马斯·汉默爵士书》当时被人广泛阅读。他是布里斯托尔一世伯爵约翰的次子，约翰生早年的朋友亨利·赫维的兄弟之一。他于1775年1月20日去世。〕

① 托马斯·赫维（Thomas Hervey，1699—1775），政治家，小册子作者；代表伯里圣埃德蒙兹的议员（1733—1747）；约翰生很喜欢他并鼓励他的婚姻存续；皇家园林总管（1738）；卡罗琳王后的侍从武官（1727）。

作为他们的朋友，约翰生从中调解，给他写了一封规劝信，此信我未能找到；但该信的基本内容从赫维先生印出来的给约翰生的一封回信看得出来。约翰生博士和赫维先生书信往来的情况博克莱尔先生给我是这么说的。“汤姆·赫维特别喜欢约翰生，在遗嘱中还给他留下一 281
笔五十英镑的遗赠。有一天他对我说：‘约翰生也许现在比往后更需 1767年2月
要这笔钱。我打算把这笔钱直接交给他。你肯不肯行行好把这五十镑钞票转交给他？’这事我断然拒绝了，因为约翰生也许会因为受到侮辱把我打翻在地，说不定随后会把钞票装进口袋。不过我说，如果赫维愿意给他写封信，里面附上一张五十英镑的钞票，我会留心把信交到他手里。于是他真给约翰生写了一封信，提到他只是要把一笔遗赠早点兑现。他还在信里附了一笔，‘又及，我打算与妻子分手了’。约翰生随后写了一封回信，没有提钞票的事，只是规劝他不要跟妻子分手。”

我尽量用委婉的言辞向约翰生提及这个故事，约翰生告诉我，赫维先生之所以给他五十英镑钞票，是因为考虑到他替他写过一本批驳查尔斯·汉伯里·威廉斯爵士[①]的小册子，因为赫维先生认为此人就是一篇攻击他的文章的作者；然而后来发现那篇文章出自一个写过《愚人》的穷困文人[②]之手：因此抨击查尔斯爵士的那本小册子就没有印行。

1767年2月，发生了约翰生一生中最引人注目的一起事件，它满足了他的拥戴君王的热情，只要朋友们提出要求，他总爱把情况讲得纤悉无遗。那就是，在王后宫的图书馆里，他有幸与国王陛下进行了一次私人交谈。他曾多次到过那些金碧辉煌的房间，阅览过

---

① 查尔斯·汉伯里·威廉斯爵士（Sir Charles Hanbury Williams，1708—1759），作家、外交官；海军工薪出纳官（1737）；赫里福德郡首席治安法官（1741）；赫里福德郡治安长官（1741—1744）；用蒲柏的风格写诗讽刺后来成为托利党人的辉格党反对派，但长篇大论多，艺术技巧少；驻普鲁士、海牙、波兰和俄国的外交官（1747—1757）。

② 威廉·霍斯利。

那些珍贵的藏书[a]，他常说那里的藏书在当朝国王使用期间比任何人的收藏都要丰富，都要珍贵。图书馆馆长巴纳德先生负责：当国王在那个地方尽情满足他的文学趣味的时候，让他享受有助于他的自在与方便的一切设施，以便他在闲暇时在这里有种非常惬意的消遣。

国王陛下得知约翰生偶尔来此阅览，便欣然表示：约翰生下次来时，希望通报一声。于是下次约翰生果真来了，刚刚坐在炉火旁，好像聚精会神地开始读一本书时，巴纳德先生便悄悄地绕到国王所在的房间，遵照国王陛下的命令向他禀报约翰生博士这时正在图书馆里。国王陛下说他现在有空，想去见约翰生；于是巴纳德先生擎起国王桌子上的一支蜡烛，给国王陛下照亮，穿过一套房间一直走
282 到通往图书馆的便门，国王陛下手里有开门的钥匙。进门以后，巴
1767年2月 纳德先生急忙走向仍在埋头读书的约翰生博士，悄悄对他说：“先生，国王陛下驾到。”约翰生立即惊起，静静地站着。国王陛下走了过来，显得谦恭有礼，又很随和[b]。

---

a　约翰生博士有幸对这座图书馆的结构提供协助；因为我读过他写给巴纳德先生的一封长信，对这个问题提出了最内行的指导意见。我非常希望读者获得拜读此信的满足，而且有理由认为国王陛下会欣然恩准公开此信；我向巴纳德先生提出请求，他却“因为他自己的原因”婉言谢绝了。

b　这次谈话的详情我费了九牛二虎之力才算搜集起来，具有极大的可靠性，信息有的是约翰生博士亲口对我本人讲的；有的来自兰顿先生，因为约翰生在乔舒亚·雷诺兹爵士家给约瑟夫·沃顿和另外几位朋友讲事情的经过时，他就在场；有的来自巴纳德先生；有的来自已故的印刷商斯特拉恩先生写给沃伯顿主教的一封信的副本；有的还来自从一份记录，它的原件现存在已故的詹姆斯·考德威尔爵士的文稿中，其副本则是弗兰西斯·拉姆爵士从他的儿子约翰·考德威尔爵士手中得到再惠赐给我的。请允许我向以上诸位先生表示衷心的感谢，尤其感谢弗兰西斯·拉姆爵士，他费了好大周折，甚至经现为利兹公爵、时任国王陛下的主要国务大臣之一的凯马森勋爵之手，将记录呈交到国王面前，随后凯马森勋爵给弗兰西斯爵士写了一封信，宣布国王对此事的意向，信中这样写道：“有国王降旨，我特此禀告：你有心把前番谈话的记录公之于众，国王陛下对此是何等通情达理。由于对你在这个问题上遵照鲍斯威尔先生的意愿似乎不持异议，您尽管把谈话记录交给那位先生，按他认为合适的方式在他的《约翰生传》中予以采用。”

国王陛下开门见山就说，他得知约翰生博士有时来图书馆；然后又提到他听说博士最近到过牛津，便问他是否很喜欢到那里去。约翰生回答说，他确实喜欢有时候到牛津去，但同样高兴又回到这里。然后国王问他们在牛津做些什么。约翰生答道，对他们的勤奋，他不能多加称道，不过在有些方面，他们有所改进，因为他们已经给出版做了更好的规定，当时正在刊印波利比乌斯。国王随后问在牛津或剑桥是否有更好的图书馆。约翰生回答，他相信博德利图书馆比剑桥的任何图书馆都大；同时他又补充道：“我希望，不管我们书比剑桥的多还是少，我们都要像他们那样充分利用它们。”问及万灵图书馆或者基督堂图书馆是否是最大的，约翰生答道：“万灵图书馆是最大的，除了博德利。”“啊，（国王说）那是公共图书馆。”

国王陛下问他当时是否还在写些什么。他回答说没有，因为他把自己知道的东西已经很好地讲给世人了，所以现在必须读书来获取更多的知识。国王似乎认为应当敦促他依靠自己作为一名原创作家的贮存，笔耕不辍，于是说道：“我并不认为你因袭了什么人。”约翰生说，他认为作为一名作家，他已经尽了自己的本分。“我也应当这么认为，（国王说）如果你不是写得这么好的话。”——针对这一点，约翰生对我说：“谁也说不出这么漂亮的赞扬话；只有一位国王说才合适。这是决断性的。”在乔舒亚·雷诺兹爵士家里，另一位朋友问听了这么高的赞扬，他是否做了什么回应，约翰生答道：“没 283
有，先生，既然国王这么说，情况就应当如此。跟君王你来我往相 1767年2月
互客套是不合适的。”也许在宫廷度过整整一生的人对真正的礼貌表现出的优雅、尊贵的意识也赶不上约翰生在这种情况下的表现。

国王陛下对约翰生说他估计约翰生一定是读书破万卷了；约翰生回答说他读的书没有国王陛下想的那么多；他早年读过的书是不少，但由于身体不好，就无法像别人读的那么多了：譬如说，与沃伯顿博士相比他就没有读多少书。听了这番话，国王说，他听说沃伯顿博士知识面极广，无论你跟他谈什么问题，他几乎都能说得头

头是道；他的学识就像加里克的表演，无所不能[a]。国王陛下谈到沃伯顿和洛思[①]之间的论争，他似乎读过这方面的东西，便问约翰生有何看法，约翰生答道："沃伯顿的学问是最全面的，最学究气的；洛思却是个更正确无误的学者。我不知道他们俩哪个最善谩骂。"国王高兴地说他的看法也是这样；又补充了一句："那么说，约翰生博士，你不认为在这个案件中有多少道理可言吧。"约翰生说，他不认为有什么道理。"其实呀，（国王说）一旦谩骂开始，道理也就结束了。"

国王陛下随后问他对利特尔顿刚刚出版的《历史》有何看法。约翰生说，他认为文笔很好，但对亨利二世的责备太多。"嘿，（国王说）他们做这些事很少马虎。""对，陛下，（约翰生回答）对国王们从不马虎。"但由于怕被误解，他又连忙加以解释；而且立即补充说，"对于那些给国王抹黑的人，他是不能原谅的；不过他能更加容易地想象有些人怎么会给国王贴金，而又不怀恶意；因为国王大权在握，有很多东西可给，那些受惠于国王的人常常出于感激，必多溢美之言，由于这样做的动机良好，所以肯定情有可原，就像错误情有可原一样。"

国王接下来问他怎么看希尔博士。约翰生答道，他是个机灵人，但不诚实；于是立即举例说明，这位作家扬言他一次使用三四台显微镜看见的物体比只用一台看见的大得多。"现在，（约翰生补充说）每个熟悉显微镜的人都知道，他透过越多的显微镜看，物体就显得越小。""嘿，（国王答道）这不仅是在说假话，而且说得很笨拙；因

a　牧师斯特拉恩先生：清楚地记得约翰生对他说过国王说蒲柏使沃伯顿成了一位主教。"不错，先生，（约翰生说）可是沃伯顿为蒲柏做的更多；他使蒲柏成了一名基督徒。"毫无疑问，指他对《人论》的巧妙评论。

①　洛思（Robert Lowth，1710—1787），《圣经》评论家；伦敦主教（1777）；牛津大学诗歌教授（1741—1751）；汉普郡奥文顿教区长（1744）；王室牧师（1757）；伦敦皇家学会会员（1765）；圣大卫教堂主教（1766）；牛津主教（1766）；皇家教堂教长和枢密院官员（1777）；谢绝坎特伯雷大主教职位（1783）；《英语语法小引》（1762）的作者。

为，假如情况的确如此，那么每一个能通过显微镜观察的人就都会发现他了。” 284

1767年2月

“我现在（约翰生叙述事情的经过时，对他的朋友们说）开始考虑，我在君王的心目中把此人贬低了，所以认为现在该说一些比较中听的话。”因此他补充说，尽管如此，希尔博士仍然是一个非常精细的观察者；如果他满足于只向世界讲他知道的东西，他也许还是个值得尊重的人，用不着靠那样下作的手段去抬高自己的声誉。

国王接下来谈到文学报刊，尤其提到《学者报》，问约翰生它是不是办得很好。约翰生说，原先是办得很好；而且刊登了几位创办和承办多年的人士的记述，同时又根据那些作品的性质和用途加以

扩充。国王问他现在是不是办得很好。约翰生答道，他没有理由这样认为。国王又问他国内除了《每月评论》和《批评评论》，是否还有其他文学报刊；回答是没有，国王便问他二者哪个最好，约翰生回答说《每月评论》办得最谨慎，《批评评论》是按最好的原则办的；随后又补充说《每月评论》的撰稿人敌视教会。听到这种情况，国王说他十分遗憾。

谈话随后转向《科学学报》，这时约翰生说，他们编排材料的方法比以前要好。"啊，（国王说）为此他们应当感谢约翰生博士。"因为国王陛下听说过并且记住了这一情况，约翰生本人反倒是忘了。

国王陛下表明希望看到写作得力的本国文学传记，并建议约翰生博士担此重任。约翰生表示他乐意遵从陛下的旨意。

在整个会见期间，约翰生对国王说话时怀着深沉的敬意，但态度坚定，充满阳刚之气，声音洪亮，从来没有他在朝觐和客厅常用的那种小声低调。国王离开后，约翰生表示自己对国王陛下的谈话和优雅的表现感到十分欣赏。他对巴纳德先生说："先生，人们可以随心所欲地议论国王；但他是我见过的最有绅士风度的人。"后来他对兰顿先生说："先生，他的风度属于我们估计路易十四或查理二世之类的翩翩君子所具有的那种。"

在乔舒亚·雷诺兹爵士家里，约翰生的朋友围了一圈要听他讲述这次难忘的谈话，约瑟夫·沃顿博士举止坦率活跃，极力敦促他讲讲细节。"快点，先生，这可是一件引人入胜的大事，也让我们分享分享。"约翰生心情极好，欣然应允。

他对大家说："我发现国王陛下希望我说话，于是我就把说话当作自己的责任。我发现倾听君王谈话对一个人大有好处。首先，一

285

个人不能动怒——"说到这里，有人提问打断了他的话茬，这是件叫人抱憾的事情，因为他肯定会指出并举例说明好处的很好的原委，由于人处在这样一个境地，在那里智力既受到敬畏之情的激发积极发挥作用，同时又受到它的约束。

1767年
10月18日
星期日

约翰生博士给乔舒亚·雷诺兹爵士家的一圈朋友讲述他和国王

谈话的经过，在此期间，哥尔德斯密斯一直无动于衷。只是坐在远处的一张沙发上，大家好奇心切，他却装出一副事不关己、高高挂起的局外人的样子。他说他之所以闷闷不乐，显出一副心不在焉的样子，是因为他担心约翰生已经放弃了给他的剧作写篇开场白的打算，他可是满怀希望这篇开场白能把他恭维一番的；但大家强烈怀疑他对约翰生最近享受到的殊荣感到懊恼、嫉妒，所以内心焦躁不安。终于，他直率单纯的天性发作了。他从沙发上跳起来，一个箭步向约翰生冲过去，感到心慌意乱。竟然想象着他自己就处在他刚刚听到的约翰生描述的那种境地，便大声说道："好呀，你在这次谈话中的表现我是望尘莫及的；如果换了我，我从头到尾就只有点头哈腰，结结巴巴，唯唯诺诺了。"

这一年，我未曾收到约翰生的来信，除了给德拉蒙德先生的两封信，我再也没有发现他的任何通信[a]。那两封信为了跟1766年写给同一位先生的信相联系，已经被穿插进去了。他的日记对他在这一年的工作没有提供任何信息。他在利奇菲尔德过了三个月[①]，我也不能漏掉他本人讲述的一个感人的肃穆场面：

"1767年10月18日，星期日，上午10点左右，永远告别了我亲爱的老朋友凯瑟琳·钱伯斯，大约在1724年，她来跟我母亲一起生活，此后便与我们很少离开。她先后埋葬了我的父亲、兄弟和母亲。她现年五十八岁。

"我希望把一切勾销，然后告诉她我们要永别了；作为基督徒，我们应当祈祷着离别；如果她愿意，我要在她身旁做一段简短的祷告。她表达了要听见我的声音的极大的愿望；她躺在床上，怀着极大的热忱举起她可怜的双手，我则跪在她身旁，做着祈祷，言辞大

---

a　这里应当指出，当我说到他的通信时，我没有考虑多年来他写给思雷尔夫人的那本大部头书信集，因为它构成了他的作品的另类部分；作为对来自他笔端的任何事物都有高超评价的证据，这位夫人把它卖了五百英镑。

①　〈在1767年10月24日写给德拉蒙德先生的信里，他提到在乡下待了近六个月，离开以后他已经抵达伦敦。很可能部分时间是在牛津度过的。——M.〉

致如下：

“全能的、最仁慈的父啊，您的慈爱遍布在您所有的行为中，注
视、看望，并解救您这名仆人吧，她病得非常难过，恩准她虚弱的
286 意识给她的信念增加力量，给她的悔悟增加认真。恩准借您的圣灵
的帮助，在这短促一生的辛苦之后，通过我们的主**耶稣·基督**，我
1767年10月18日星期日 们大家可以得到永久的幸福；看在他的分上听取我们的祷告吧。阿
门。我们的父，云云。

“随后我亲吻了她。她告诉我，分离是她感受到的最大的痛苦，她希望我们会在一个更加美好的地方重逢。我双眼红肿，柔情满怀，表达了同样的希望。我们吻别了。我恭顺地希望重逢，再不分离。”[a]

有些人听人教导把约翰生看成一个性格严厉的人，让他们老老实实阅读阅读这一温情脉脉的场景；再让他们判断判断是不是经常在人性中会发现更多的热心肠和感恩戴德的表现。

在他的祈祷记录中我们发现了下面一条注意事项：“1767 年 8 月 2 日，长期以来我一直心烦意乱，无法定下心来学习或做事，因为受了突生枝节的妨碍。”[b]

然而，亚当斯[①]先生出版了一本《天球仪论》，约翰生为这位机灵的作者写了一篇给国王的献辞*，构思和表达的方式准确无误地表现出对一位以热爱科学著称的君王的感激之情。

这一年出版了一本讽刺他的文风的作品，题名为《词典型》。约翰·霍金斯爵士认为是肯里克博士的手笔，然而它的作者是一个名

---

a 《祈祷文与默想录》，第 77、78 页。

b 同上书，第 73 页，8 月 17 日他记录道：“由于戒酒和不吃宵夜，我突然获得了极大的轻松，而且恢复了舒畅的心情，这是我这一整年求之不得的，因为未能找到任何获得它的办法。”同上书，第 74 页。

① 亚当斯（George Adams，？—1773），科学仪器和天球仪的制造者；军械署数学仪器制造者（1748—1772）；给威尔士亲王（未来的乔治三世）制造数学仪器（1756）；关于他的 1766 年论 18 英寸和 12 英寸新天球仪的文章中包含了约翰生的一篇献辞。

叫坎贝尔的在海军工作的苏格兰事务长。讽刺表明约翰生把“意义重大的字眼”用在微不足道的小事上，就像一个人把歌利亚①的铠甲披到一个侏儒身上一样。这种对比也许可笑；但铠甲的威严在所有体贴的心目中都是一样的。因此，不难想象，这种恶意的逗笑无损于它讽刺的光辉对象的一根毫毛。

致**本内特·兰顿先生**，伦敦新证券街香水商罗思威尔先生家

亲爱的先生，——你整个夏天都在伦敦，这是我后悔长期滞留乡下的又一个原因。我希望你在我回来之前不要离开。只有在这里我们才有机会坐过往的马车消消闲，我已经订了一辆，如果凑巧，它可以把我在本月14日捎进城；不过这事还没有敲定。

如果你把这一消息转告威廉斯夫人，将不胜感谢：我渴望见到我所有的朋友。你最恭顺的仆人，

利奇菲尔德，1767年10月10日。　　**塞姆·约翰生**

1768年：五十九岁。〕——他的笔记中[a]流露了他的心态，1768年他遭受了极度的烦乱不安、精神涣散。这一年，除了给他的朋友哥尔德斯密斯的喜剧《好脾气的人》写了《开场诗》*以外，再没有发表任何作品。《开场诗》的前几行强烈地反映了他心情的郁闷；他在这种情况下的郁闷，像其他所有为同一想象疾病所折磨的人的情况一样，把自己的感受传达给了别人。当本斯利②先生开始庄严地宣布： 287

1768年春

为生活的重担压迫，疲惫的心
审视着人类普遍的艰辛。

① 〔歌利亚，《圣经》中的非利士族巨人，为大卫所杀。〕

a 《祈祷文与默想录》，第81页。

② 本斯利（Robert Bensley，1738？—1817？），加里克发现的演员；演《第十二夜》中的马伏里奥这一角色最成功；查尔斯·兰姆称赞“了不起”。

谁能以为这是在引导一出喜剧，然而这种阴暗的底色也许会使哥尔德斯密斯的幽默更放异彩。[a]

这年春天，我出版了《科西嘉见闻录》并附有该岛《旅行日记》，随后便返回伦敦，急想见到约翰生博士，听听他对这个问题的看法。我发现他在牛津，跟现在当了瓦伊纳教授的他的朋友钱伯斯先生在一起，住在“新客堂”。自从他批评我论文中的拉丁文文法的那封信后，我再也没有收到过他的来信，我听有人说他对我把他给我在逗留巴黎时写的信的摘要收进我的书中一事很生气，所以我急不可耐想见他，于是便追到牛津去找他。在牛津，钱伯斯先生对我以礼相待，对此我满怀感激，永远铭记在心。我发现约翰生博士给我写过一封信，寄往苏格兰。所以除了他对我的焦虑比我希望他表现的更加漠不关心外，我没有什么好抱怨的。由于时间和地点的情况，我不能把这次访问牛津期间他的谈话片段按我所保留的情况公之于众，而是在行文中归并到了一起。

我问他，作为一名道德家，他是否认为当律师在某种程度上伤害了诚实这种美好的情感。**约翰生**：“嘿，不会的，先生，只要你的行为正当。你不能用虚假陈述你的观点的办法来欺骗你的委托人：你不能向法官说谎。”**鲍斯威尔**：“你怎么看支持一种你知道是无效的诉因？”**约翰生**：“先生，在法官判定之前你不知道它是无效还是有效。我已经说过，你应当公正地陈述事实；这样一来，你所认为的，或者

---

a 〔这首开场诗，正如约翰·泰勒告诉我的那样，在第四行——“而社交的悲哀失去了它一半的痛”，之后，插入了下列对句：

在回归的一年的千辛万苦之中，
达官显贵们学会了胆战心惊，
我们的小歌手毫无怨言地承受，
这闹哄哄的季节的流行性忧愁。

这出喜剧于1768年初次上演后不久，这首开场诗发表在《广告报》（当时的戏剧报）上。哥尔德斯密斯或许认为斜体印的两行，尽管好像有必要，或者至少可以改善感觉，但可能得罪人，因此说服约翰生把它们删去了。“小”这个形容词也许作者认为有损他的尊严，也被改成了“忧心的”。〕

你所谓知道的一种诉因，必须来自推理，必须来自你估计你的论据弱而且不能令人信服。但是，先生，这是不够的。一个无法使你相信的论据也许可以让听你主张它的法官相信；如果它不能使法官相信，嘿，先生，那你错了，他就对了。判断是他的职责；你不应当自以为是，认为一种诉因是无效的，而应当竭尽全力替你的委托人讲话，然后再听法官的看法。”**鲍斯威尔**：“可是，先生，当你没有热情的时候，装出一腔热情，当你实际上持另一种意见时，明明白白力主一种意见，那样的伪装不是有损诚实吗？这不是有一名律师可以在日常生活中，在跟朋友的交流中戴同样的假面具的危险吗？”**约翰生**：“嘿，不会的，先生。人人都知道你是拿了委托人的钱给他装热情的；因 288
此，严格地说，那不是假装：你一离开法庭，立马就恢复了通常的行 1768年春
为。先生，一个人不会把法庭上的手段带到日常的社交中去，就像一个收了钱爬着走的人，到应当站着走的时候不会继续爬着走的。”①

谈到几种现代剧作，他说《假正经》② 全然没有个性人物。他称赞哥尔德斯密斯的《好脾气的人》，说那是《被激怒的丈夫》③ 以后出现的最优秀的喜剧，还说近来还没有在舞台上展示出像咳啰客（Croaker）那样的个性人物。我说它就是他的《漫游者》中的萨斯皮里乌斯（Suspirius）。他说，哥尔德斯密斯承认他是从那里借鉴来的。“先生，（他接着说）个性人物和风俗人物有天壤之别；那里有菲尔丁的人物和理查逊的人物之间的差别。风俗人物妙趣横生，但较之于个性人物更受浮浅看客的欣赏，而要理解个性人物，人必须潜入人的心坎里才行。”

我总觉得他对理查逊的作品评价过高，而对菲尔丁怀有一种没有道理的偏见。在比较这两位作家时，他使用了这样的说法：“他们之间差别极大，就像一个人知道怎样造表，另一个人只能看着表盘说出钟点。”这是对引人入胜的个性人物和单纯的风俗人物之间区别

① 〈见《赫布里底群岛旅行日记》，8月15日，约翰生支持同样的论点。——鲍斯威尔〉

② 作者为休·凯利（Hugh Kelly）。

③ 作者为约翰·范布勒爵士（Sir John Vanbrugh）和科利·西伯。

的简要而形象化的陈述。然而我不禁有这样的看法：菲尔丁精巧的表跟理查逊的大钟构造一样完善，而且他的表盘更加光洁。菲尔丁的人物，尽管没有用论文把自己拓得那样宽，却是对人性的忠实描绘，而且我要斗胆说一句，他们具有更加触目的特色和更加微妙的笔触；尽管约翰生经常以赞许的态度引用理查逊的说法，“菲尔丁主人公的美德是真正的好人的恶行”，我还是要斗胆加一句：菲尔丁作品的道德倾向，尽管没有鼓励勉为其难和不大可能的美德，却一直是赞成荣誉和诚实的，并且是怀着仁慈和慷慨之情的。谁像菲尔丁塑造的那么好，谁就是一个和蔼可亲的社会成员，可以被更加规矩的导师引向伦理完善的一个更高境界。

约翰生接着说：“就连弗兰西斯·让黑德爵士[①]也是一个风俗人物，尽管刻画得极其幽默。”然后他非常惬意地重复了弗兰西斯爵士对曼利就他跟“伟人”在一起，并获取一个位置的源于轻信的说明。我问他，是不是《多疑的丈夫》[②]提供了一个刻画得很好的典型人物，也就是兰杰这个典型人物。**约翰生**：“不，先生；兰杰只不过是个浪荡子，一个地道的浪荡子，一个生气勃勃的小伙子，但不是典型人物。”

重大的道格拉斯案件[③]这时候是一大热门话题。我发现他并没有
289 多么用心地研究过它，只是从道听途说中了解到部分情况。然而，他
1768年春 却谈到了它，说道：“我的看法是，骗局的确凿证据不应当要求原告提供，而是法官应当根据可能性定显优势的情况裁决，对于被告的父亲身份做出有利推定。我还认为，应当把临终陈述看得极其重要，因为它们是自发的。未受强求时说的话与受某种强迫时说的话有极大差别。如果我赞扬一个人的书，没有人问我对它有何看法，那就是诚心

---

① 《被激怒的丈夫》中的一个人物。

② 《多疑的丈夫》(1747)，作者本杰明·霍德利（Benjamin Hoadly）。

③ 在阿奇博尔德·道格拉斯（有些人认为不是简·道格拉斯夫人的儿子）和汉密尔顿公爵之间产生的道格拉斯家庭财产纠纷，如果阿奇博尔德的主张被驳回，家产就由汉密尔顿公爵继承。苏格兰高等民事法庭的法官们根据一张决定票做出了有利于汉密尔顿公爵的判决，这一判决随后又被上院推翻。

诚意的赞扬，人们可以相信它。如果一位作者问我是不是喜欢他的书，我说了些类似赞扬的话，千万不可把它当作我的真实看法。”

“长期以来一些作者渴望得到我对他们作品的意见，我真是伤透了脑筋。有一回一个写诗的人可把我折磨苦了，毫不夸张地说，此人对诗一窍不通，只知道它由十个音节构成。对他来说，‘把你的刀和你的叉，搁在你的盘子上’，就是诗：

Lay yōur knife ānd your fōrk, acrōss your plāte.

由于他写的诗多如牛毛，有时候居然撞巧作了几句好诗，可他并不知道。”

他再次许诺来苏格兰，并且答应跟我一起去赫布里底群岛，但又说他现在只想看其中一两个最奇异的岛屿就够了。他说：“写了圣基尔达纪事的麦考利[①]以偏见反对偏见，还想当一个时髦的现代思想家；然而他确认了一个真实情况，当一艘船到达那里时，所有的居民都突发感冒。”

著名作家约翰·坎贝尔博士费了九牛二虎之力查明了这一事实，并力图用物理学原理，即人体臭味的影响加以解释。还有一回，约翰生称赞麦考利在坚持这一神奇的故事时表现出的“光明正大”，因为它得到充分的证实。诺福克的一位女士，给我的朋友伯尔尼博士写了一封信，从而帮我做了如下解释：“现在说明一下这件貌似的神秘；由于那个缘故显然不仅逃过了作者的锐眼，而且逃过了约翰生博士和他的朋友的锐眼。跟我机灵的朋友，道金已故的牧师克里斯琴先生一起阅读此书，稍事沉思后，‘原因，（他说，）是自然方面的。圣基尔达的地势使然，一个外乡人能够上岸之前必然刮着东北

---

① 麦考利（Kenneth Macaulay，1723—1779），苏格兰长老会牧师、地方史作家；《圣基尔达史》（1764）的作者，1773年鲍斯威尔让约翰生看到此书；在英国牧师问题上与约翰生产生冲突。

风。风，而不是外乡人，引起了流行性感冒’。如果我没有搞错的话，麦考利先生已经去世；如果他健在，这一解释也许会使他满意，我希望也会使鲍斯威尔先生满意，作为回报他的作品给了我们的许多惬意的时光。”

约翰生细说牛津对学术的诸多有利条件。“先生，这里（他说）有如此进步的竞争。学生急于对导师有良好表现；导师急于让自己的
290 学生在学院有良好的表现；学院急于让他们的学生在大学有良好的表
1768年春 现；每个学院又有优秀的纪律规定。规定有时候遵守得并不好，这也许是事实；但对整个体制算不了什么。一所大学的教职员工和学生出于某种原因也许会疏于职守。我是在为这所学术机构的优长辩护。”

关于格思里，他说：“先生，他是个多才多艺的人。他没有大量正规的知识储备，但通过长期阅读，长期写作，毫无疑问零零星星获取了很多。”

他说他最近在利奇菲尔德待了好长一段时间，但离开前变得十分厌倦。**鲍斯威尔**：“我感到奇怪，先生；那是你的故乡呀。”**约翰生**：“嘿，苏格兰也是你的故乡呀。”

这时候，他对苏格兰的偏见表现得格外强烈。我谈到我们在文学方面的进展时，“先生，（他说）你们从我们这里学了一点东西，你们就自以为了不起了。休谟永远也写不出历史，如果不是伏尔泰在他之前树立了榜样的话。他是个伏尔泰的应声虫”。**鲍斯威尔**：“可是，先生，我们有卡姆斯大法官呀。”**约翰生**：“你们有卡姆斯大法官。把他保存好；哈，哈，哈！我们不羡慕你们有了他。你见过罗伯逊博士吗？”**鲍斯威尔**：“见过，先生。”**约翰生**：“这条狗谈起过我吗？”**鲍斯威尔**：“先生，他确实谈起过，而且很喜爱你。”我认为现在可把他逼到了墙角，又心心念念故乡的文学声誉，便逼他对罗伯逊博士的《苏格兰史》的功绩表态。可是我吃惊的是，他竟然虚晃一枪，避开了风头。“先生，我喜爱罗伯逊，可我不想谈他的书。”

对约翰生博士和罗伯逊博士秉公而论，尽管约翰生好耍这种鬼机灵，但他情趣过高，对这部杰作的优点并没有充分的认识。

一位英国国教会的牧师迪恩[①]先生写了一篇文章，经过解释《圣经》中的某些部分强调了未来的兽类生活，有人才提到这篇文章，里面的理论得到一位似乎喜欢奇思异想的先生[②]的坚持。约翰生对于未经正统教规认可的任何有关未来形态的东西都不爱听，所以劝阻这种交谈；当谈话仍在继续时，他大为恼火，便瞅准机会把这位先生劈头盖脸训斥了一顿。于是，这名可怜的玄想者哭丧着脸对他说："其实呀，先生，当我们看见一只非常懂事的狗时，就不知道该怎么看他。"约翰生计上心来，两眼放光，乐不可支，忽地转过身来答道："确实，先生，当我们看见一个非常颟顸的家伙时，就不知道该怎么看他。"说罢就站起身来，大踏步走到炉火旁，站了好一阵子放声大笑，眉飞色舞。

我告诉他，我在意大利的时候，有好几次看见人们做这样一种实验：把一只蝎子放在一圈燃烧的煤中间；蝎子极其痛苦地跑了一圈又一圈；由于找不到出路，只好退到中央，像个地道的斯多葛哲学家，把自己的尾刺戳进脑袋，这样便一下子摆脱了痛苦。"这肯定结束了痛苦。"我说，这是一种奇异的事实。这表明爬虫会处心积虑地自杀。约翰生不肯承认这一事实。他说莫佩尔蒂[a][③]认为，它不是 291

1768年春

---

① 迪恩（Richard Dean，1727—1778），论说文作家、英国国教会牧师；主要以抨击命定论的《论未来的兽类生活》（1767）出名。

② 詹姆斯·鲍斯威尔。

a 我认为对约翰生阅读的庞杂不感到诧异是不可能的，不管它怎样漫无条理。谁能想象英国高教会派成员会如此敏捷地引用莫佩尔蒂，我遗憾地认为，此人被列在那些以esprits forts[1]自命的不幸的、遭人误解的人士的名单上。然而我对这位哲学家却极为敬仰，普鲁士的腓特烈大帝极其爱戴他，并在一首诗中对他发出充满悲情的呼唤，

> Maupertuis，cher Maupertuis，
> Que notre vie est peu de chose！[2]

在莫佩尔蒂身上有一种魄力，又有一种温情，它们与强大的智力和不凡的灵魂热情合为一体。他若是一位基督徒多好！我不禁殷切地奢望他现在就是一名基督徒。

1 "意志坚强的"人，自命超越流行偏见的人，尤其是宗教上的自由思想家。

2 "莫佩尔蒂，亲爱的莫佩尔蒂，生命是一件多么渺小的东西！"

③ 莫佩尔蒂（Pierre Louis Moreau de Maupertuis，1698—1759），法国数学家、哲学家。

自杀的，而是热死的；它之所以到圈子中央去，因为那里最凉快；它把刺转到脑袋上，那纯粹是一种痉挛，它是不会刺自己的。他说，如果伟大的解剖学家摩加格尼[①]把当实验对象的那只蝎子解剖后，证实它的尾刺戳进了脑袋，他才会相信。

他好像乐于谈论自然科学。“山鹬，（他说）是从远方飞往北部地区的，这已得到证实，因为有人在海上看见了它们。燕子肯定是要冬眠的。一大群燕子盘旋飞行聚成一团，然后成团投入水下，躺在河床上。”他告诉我们，他的少作中有一首写萤火虫的拉丁诗。我后悔没有问在哪里可以找到它。

谈到俄国人和中国人，他劝我读一下贝尔[②]的游记。我问他是否应当读迪阿尔德的中国纪事。“对呀，（他说）跟人们读那种书一样；也就是说，参考参考。”

他谈到破坏家庭安宁的通奸，认为它是十恶不赦的罪行。他说，“这种罪行的实质是造成后代的混乱；因此一个破坏婚姻誓约的女人比干这种事的男人罪孽深重得多。毫无疑问，一个男人在**上帝**眼中是有罪的：但他如果没有侮辱妻子，他就没有对她造成非常实际的伤害；譬如说，如果仅仅为了换个口味，他跟妻子的女仆偷情。先生，做妻子的对这种事不应当恨之入骨。做女儿的如果为这事跟丈夫闹翻，跑到娘家去，我是不会收留她的。做妻子的应当学着对丈夫更加体贴入微，讨得他的欢心，诱导浪子回头。先生，一个男人，如果妻子没有忽略取悦他，是不会心甘情愿撇下妻子去嫖娼的，这是百无一失的。”

在这里他显露了那种敏锐的识别力，那种稳妥的判断力，那种对人性的透彻了解，他在任何场合都是为此出了名的。由于注意按我们的国情考虑履行道德和宗教责任，他从理性和良知出发，清楚

---

① 摩加格尼（Giovanni Morgagni，1682—1771），意大利帕多瓦大学解剖学教授。

② 贝尔（John Bell，1691—1780），外交官、旅行家；《从俄国圣彼得堡到亚洲各地游记》（1763）的作者。

地显示了违背这一责任的一个性别的罪责要比另一个程度严重的同时，就守夫之道上了非常有益的一课。 292

1768年春

我问他一次失节就这么绝对地毁了一名少妇，这是不是太狠了些。**约翰生**："嘿，不狠，先生，这是给她教的重大原则。一旦放弃了这一原则，她就放弃了关于女性荣誉和德操的所有观念，其中包括贞节。"

一位先生跟他谈起一位女士[①]，此人对她极其爱慕，希望与她成婚，但又害怕她优越的才华。"先生，（他说）你不必害怕；娶了她吧。不到一年，你就会发现那种才智弱多了，那种头脑并不是如此夺目。"然而这位先生也许怕得有理，因为约翰生博士在他的沃勒[②]传令人叫绝的语句中有一句写道："他无疑赞颂了很多他害怕与之结婚的女子；也许反而与一个他耻于赞颂的女子结了婚；很多特性对家庭幸福都有贡献，诗歌却给这种幸福增添不了什么色彩；很多神态和妙语可以愉悦想象，讨好神态和妙语的人却永远不能认可想象。"

他称赞巴雷蒂先生。"他的意大利纪事是一本非常引人入胜的书；先生，我知道没有人在交谈中比巴雷蒂更趾高气扬。他的头脑里有强大的力量。他确实没有多少钩子；但不管用自己拥有的什么钩子，他都能抓得很牢很牢。"

这时候，我注意到在他们表盘上有一段摘自《新约全书》的简短的希腊文铭文 *Νυξ γαρ ερχεται*，那是我们的**救世主**允许我们利用准备进入永恒的那个时段的庄严告诫中的开头的一句："黑夜将

---

① 先生指詹姆斯·鲍斯威尔。女士是伊丽莎贝尔·德祖朗。鲍斯威尔最终与玛格丽特·蒙哥马利于1769年11月25日结婚。

② 沃勒（Edmund Waller，1606—1687），诗人、政治家；1640年当选进入短期议会，代表阿默舍姆，并在长期议会代表康沃尔的圣艾夫斯，直至1643年他被驱逐；因"沃勒阴谋"的惨败而声名扫地，这是一个要在1643年建立一个中间党的企图，结果导致了流血，并突发内战；擅长抒情诗和颂歌，诗风兼融文艺复兴和奥古斯都时代。

至，就没有人能做工了。”过了一段时间，他把这个表盘搁置起来了；我问他原因，他说：“它在一个人放在橱柜里的钟上也会起很好的作用；可把它放到随身戴的表上，常常受到别人的注视，会被指摘为显摆。”刻有上述字样的那个表盘现在在斯蒂文斯先生手里。

他在牛津滞留了相当长的一段时间；我不得不去伦敦，我在那里收到他的一封信，是从苏格兰退回来的。

致**詹姆斯·鲍斯威尔先生**

我亲爱的鲍斯威尔，——好久忘了给你写信，不清楚原因何在。现在能告诉你没有写信的原因了；因为谁会给那些未经朋友许可就把他们的信公之于众的人写信呢？然而尽管谨小慎微，我还是写信告诉你我很高兴见到你，并希望你把科西嘉从你的脑海里排空，我认为它在那里装得太久了。不过无论如何，
293 我会高兴，非常高兴见到你。你深情的，

1768年5月 牛津，1768年3月23日。 **塞姆·约翰生**

我回了这样一封信：——

致**塞缪尔·约翰生先生**

我亲爱的先生， 伦敦，1768年4月26日。

上次来信已经收到，虽然很短，绝无表扬之意，但仍然给了我真正的快乐，因为里面有这样的语句：“我会高兴，非常高兴见到你。”您实在没有理由抱怨我把您一封信里的一段文字公之于众；诱惑太强。您不可挽回地赐予我友谊，您用“明智而高尚的好奇心”这种赞语使我访问科西嘉的渴望变得崇高，对我而言这比国王们的很多赏赐值价得多。

可是您怎么能叫我“把科西嘉从我的脑海里排空”呢？我思想高尚的朋友，难道您对一个英勇奋斗、争取自由的受压迫国

家不表示同情[1]？公正无私地考虑一下这是什么情况。科西嘉人从未受到热那亚人的善待。他们也从未同意臣服于热那亚人。他们不欠热那亚人任何东西；当他们在武力威逼之下沦为卑下的奴隶国家时，难道不应当为自己伟大的自由事业奋起砸碎折磨人的枷锁？难道每个慷慨的灵魂不该对他们表示温情？把科西嘉从我的脑海里排空！把荣誉排空，把人性排空，把友谊排空，把虔诚排空。不行，只要我活着，科西嘉和那些勇敢的岛民的事业永远会引起我的很多关注，永远会激发我的热诚……您的，

詹姆斯·鲍斯威尔

〔致**露茜·波特夫人**，利奇菲尔德

牛津，1768年4月18日。

我亲爱的、亲爱的女儿，——你遭受了一次重大的损失。失去一位老朋友等于从今生允许的少许欢乐中割去了一大部分。然而这就是我们天然的状况，所以当我们继续活下去时，我们必须眼睁睁地看着我们所爱的人相继掉队，发现我们亲友的圈子变得越来越小，直到最后，我们与世界几乎没有什么关联；然后很快就轮到我们掉进坟墓。我们总有这样的慰藉，除非由于我们自己的过错所致，否则我们有一个永远不会失去的保佑者，每次对其他所有安逸的不确定的新经历都使我们决定把自己的心定格在将会找到的真正欢乐的地方。一切人间的团聚终究都会离散；一切在这里了结的希望到头来必定有某一部分变成失望。

我很高兴阿迪夫人和科布夫人没有把你一个人撂下。代我向她们致敬，还有苏厄德一家和我所有的朋友。波特先生来了以后，他会给你做出安排。他来时通知我一声，我好给他写

① 指科西嘉人为摆脱热那亚，随后又是法国的统治，争取独立最终未果的斗争，领导者是极具人格魅力的科西嘉将军帕斯卡尔·保利；鲍斯威尔于1765年访问过他。鲍斯威尔的《科西嘉见闻录》出版于1768年。

封信。

等我回到伦敦，我会留心你的放大镜的。每当我能为你做什么事情的时候，记住，我亲爱的，我的最大的快乐之一就是让你高兴。

你来信很准时，我把这看成极度关心的一个证据。什么时候我们能见到，我不知道，但让我们彼此常念着对方，而且满怀温情地念着。你祈祷时别忘了我。最近好长时间我一直身体欠佳；但抱怨又有何益？

请常写信，因为书信总把极大的快乐带给你最挚爱、最恭顺的仆人，

塞姆·约翰生〕

他于5月回到伦敦，一天早晨，他突然来到半月街我的寓所，使我大吃一惊，他对我的解释十分满意，心绪极其和善亲切。由于他反对把他的一封信的部分内容公之于众，我想趁此机会问明白：在他百年以后公开他的信件是不是仍不合适。他回答是："没有什么不合适的，先生，我死之后，你尽管按你的意愿去做好了。"

他带着对大众自由不屑一顾的惯常口气说话。"他们大吹大擂普遍自由，而没有考虑应当受到个人的重视，或者个人真正能享受得到的一切是私人自由。政治自由只有在产生私人自由的范围内才是有益的。先生，现在有出版自由，你知道这是一个老生常谈的话题。假如你我，还有二百多人受限制不能印行我们的思想：那会怎么样？那种对我们的限制对于国家的私人幸福会占多大比例？"

这种把限制的不便轻描淡写的说法是一种他乐此不疲的诡辩，以对抗对于过多的人已成为时尚从而毋庸辩护的极端放任，因为在
294 这个时候，反思过后，显而易见，管理的实质就是限制，而且肯定无疑，由于管理产生理性的幸福，限制过多总比限制过少强。然而
1768年 5月 当限制成为不必要的时候，而且限制得太严以致伤害了服从它的人的时候，人们可以、也应当提出抗议；而且如果宽松得不到许可，

就进行抵抗。对于这种刚健勇猛的原则，谁也没有约翰生更加相信。

大约在这个时候，肯里克博士借用我的立场在一本题为《致詹姆斯·鲍斯威尔先生书，因他把塞缪尔·约翰生博士的道德文章转交给科西嘉人将军帕斯卡尔·保利而作》的小册子里攻击约翰生。我起初想回答一下这本小册子；然而约翰生知道我这样做只会满足肯里克，反而使很快就会自行消亡的东西存活下来，所以让我不予理会。

他对忠实的黑人仆人弗兰西斯·巴伯由衷地关怀，这就使他渴望进一步提高仆人的素质，于是送他到赫特福德郡主教的斯托尔福德的一所学校去上学。这种人性化的关怀使约翰生心里无比荣耀。巴伯先生收到过主人的很多来信，他保留了三封，并好心交给了我，我将按照日期先后穿插进来。

致**弗兰西斯·巴伯先生**

亲爱的弗兰西斯，——我的身体毛病很多。很高兴听到你十分健康，打算不久就来看望你。我让你目前住在克拉普太太家里，等我能决定怎么办以后再说。好好做人。

代我向克拉普太太和福勒先生问好。你挚爱的，

1768 年 5 月 28 日。　　　　　　**塞姆·约翰生**

不久以后，他在滨河大道的冠锚酒馆吃晚饭，在座的都是我邀集到一起要见他的几位。他们是现在的德罗莫尔主教珀西博士，现在的索尔兹伯里主教道格拉斯博士，兰顿先生，历史学家罗伯逊博士、休·布莱尔博士，还有托马斯·戴维斯先生，他很想被人介绍给这些杰出的苏格兰文人学士；然而在目前这种场合，他很少有机会听到他们的谈话，因为他们个个谨小慎微，难得开口，约翰生后来还是挑了他们的毛病；他们只说自己确定无疑的东西才不会把他们暴露在歌利亚[1]的剑下；在约翰生面前他们如此顾及自己的声誉。这天晚上他思

① ［歌利亚：《圣经·旧约·撒母耳记上》中记载的非利士族巨人。］

Crown & Anchor
kept by Simpkins
Herbert Railton

想活跃得出奇，急于在谈话中表现自己，他随机应变，对答如流；但我遗憾地发现我只把谈话的经过保留下了一小部分。

他对作为一名诗人的汤姆逊赞扬备至；但在座的一位说他人品也非常好，这时我们的道德家便言辞激烈予以反驳，指摘他耽于酒色，作风放荡。我非常担心写汤姆逊的《传》时约翰生博士会严厉对待他的私人品格，但我欣然得知原先的担忧纯属多余，而且我也在里面立了一点小小的功劳，因为我煞费苦心寄给他关于那位诗人对他的姐妹们深情慷慨行为的可靠记述，诗人的一个妹妹是拉纳克学校的校长汤姆逊先生的妻子，我认识她，她把诗人给她的三封信 295
赠送给我，其中一封被约翰生博士穿插到他的《传》里。

他激烈反对切尔西学院年迈的芒西医生[①]，说他是个“赌咒发誓、说话常爆粗口的家伙”。“我常跟他在一起，（珀西博士说）可从来没有听见他赌咒发誓、说话爆过粗口。”戴维斯先生坐在珀西博士旁边，随后跟他嘀咕了半天，他一心想对约翰生博士大献殷勤，有所发现，便在餐桌的下首高声宣布出来：“哦，先生，珀西博士之所以从来没有听见芒西赌咒发誓，说话爆过粗口，我发现了一个很好的原因；因为他告诉我，他每次见芒西都是在诺森伯兰公爵[②]的餐桌上。”“原来如此，先生，（约翰生大声对珀西博士说）你之所以庇护此人免受赌咒发誓、说话爆粗口的指摘，是因为他在诺森伯兰公爵的餐桌上没有这么做。先生，你不妨告诉我们你看见他在‘老围子’举起手来，他既没有赌咒发誓，也没有爆过粗口；或者你看见他在泰伯恩刑场的大车上，他既没有赌咒发誓，也没有爆过粗口。先生，难道你认为这就

---

① 〈Messenger Monsey，医学博士，1788年12月26日九十五岁高龄时在切尔西学院他的住处去世。他的遗嘱中一项特别的指示可以在《绅士杂志》第50卷第2部分第1183页中找到。——M.〉

② 诺森伯兰公爵（Hugh Smithson, 1st Duke of Northumberland，约1715—1786），政治家；英王侍臣（1760），夏洛特王后的宫务大臣（1762）；枢密院官员（1762）；米德尔塞克斯郡治安长官（1762）；爱尔兰总督（1763—1765）；王室掌马官（1778—1780）。

会驳倒我说过的话吗？”约翰生博士用这样的态度提出批评，珀西博士似乎不高兴，不久以后便离席而去，当时约翰生完全没有理会。

有人提到了斯威夫特，一如往常，约翰生对他作为一名作家，不大敬重。我们有些人用各种论据力挺这位圣帕特里克教区长。其中一个尤其称赞他的《盟国的行为》。**约翰生**：“先生，他的《盟国的行为》是雕虫小技。”“当然，（道格拉斯博士说）您必须承认它有确凿的事实。”[a] **约翰生**：“嘿，不错，先生；可那对作品的功绩起多大作用呢？‘老围子’的开庭文件里有的是确凿的事实。破门入室是一件确凿的事实。拦路抢劫是一件确凿的事实。行凶杀人是一件重大的确凿的事实。可是对这些确凿事实史家应当给高度的赞扬吗？不，先生，斯威夫特讲了他必须讲清楚的东西，如此而已。他必须数到十，他数对了。”随后回想起戴维斯先生由于充当了一名通报者，成了约翰生对他的朋友珀西博士言词过于严厉的起因，当最初的发作过去以后他也许感到有点内疚，便借机把戴维斯敲打了一顿，于是，先大笑一声，接着说道：“嘿，先生，汤姆·戴维斯也许可以写《盟国的行为》。”可怜的汤姆就这样突然在这些苏格兰博士
296 面前被硬生生地出了洋相。他可是一心要给他们留下一个好印象的，
1768年夏 这一下反而被弄得颜面扫地，狼狈不堪。他的惩戒并没有就此打住；因为在后来的各个场合，每当他，“彻头彻尾的政治家”[b]，摆出一副趾高气扬的架势时，我就向他欢呼——“《盟国的行为》的作者”。

第二天一早我去拜访约翰生博士，发现他对前一天晚上自己的辩才洋洋自得。“呵，（他说）我们谈得好痛快。”**鲍斯威尔**：“是啊，先生；可把几个人收拾好了。”

---

a　我可敬的朋友读了这一段后说，他很可能不是简单地说“确凿的事实”，而是说“安排得很好的确凿的事实”。然而，他十分明白文书的重要性，所以并不坚持用他的回忆抵销我当时记下的笔记。他不想“拦截记录”。也许事实是要么是因为人多嘈杂，我没有听到那几个附加的字，要么是因为约翰生博士火急火燎，急于抓住机会进行气势磅礴的反驳，没有让道格拉斯博士把话说完。

b　见丘吉尔在《罗西亚特》中对他的生硬描绘。

已故的埃格林顿伯爵亚历山大爱巧智胜于爱醇酒，爱天才胜于爱门客，所以特别仰慕约翰生；但由于他本人风度特别文雅，所以对约翰生有时表现出的粗鲁便过于敏感，大概在这一时段的一个晚上，伯爵大人光临寒舍共进晚餐，在座的还有罗伯逊博士和另外几位文学名士，他对约翰生未能受到更高雅的教育，未能在更上流的社会生活表示遗憾。“不、不，伯爵大人，（巴雷蒂先生说）你怎么培养他，他总是一头熊。”“不错，（伯爵笑着回答）可是他会成为一头跳舞的熊呀。”

把约翰生形容为一头熊，这种看法已传遍全世界，为了消除对他的偏见，让我把非常熟悉约翰生的我的朋友哥尔德斯密斯的一种公正、贴切的说法传达给读者：“当然，约翰生的举止里有种粗鲁；但他的心肠比谁都软。他除了表皮，没有一点熊的成分。”

1769 年：六十岁。〕——1769 年，据我所知，约翰生没有给公众赏赐任何作品，他既没有给自己，也没有给哪一位朋友写过任何东西。他的《默想录》有力地证明他身心极其疲惫；然而他却跟“恶”作着不懈的斗争，并努力提高他的智能和宗教修养。每一颗慷慨、感激的心肯定对人类的这一杰出恩主的苦难非常同情；既然他的不幸肯定为人所知，就必须尊重那阻止他抱怨的人格的尊严。

前一年国王陛下在伦敦创建了皇家艺术学院，约翰生现在荣幸地被任命为古典文学教授[a]。这一年他给思雷尔夫人写过一些信，在

---

a　接替他这个职位的是本内特·兰顿先生。在那位真正笃信宗教的先生当选为这一荣誉教授的同时，以将一种冷嘲热讽的不信正统宗教观念引进其历史著作而闻名的爱德华·吉本先生当选为古代史教授，在哥尔德斯密斯的屋子里，我说我想起了“邪恶的威尔·惠斯顿和善良的先生迪顿”[1]。现在由于得到院士们的恩宠和君王的恩准，我也在这一令人仰慕的机构里担任国外通信秘书。

1　典出一度被归在斯威夫特名下的一首诗《长久颂，供配乐》，其中有这么几行：“邪恶的威尔·惠斯顿/想长久落得一场空，/善良的大师迪顿/同样也没有成功。”

297 牛津和利奇菲尔德度过了一部分夏天，在牛津时，他写过下面一封信：

1769年9月9日星期六

致**牧师托马斯·沃顿先生**

亲爱的先生，——很多年前我在贵院图书馆看书时，就许诺给藏书增加一部巴斯克威尔①版的《维吉尔》以回报准许我在此就读之恩。现在我把它寄上，望您以我的名义将其上架收藏[a]。

如果肯告诉我您何时有空，我愿请您喝茶。我明日下午和星期五下午有约：所有的上午都归我支配[b]。您的，

1769年5月31日。　　**塞姆·约翰生**

秋天我来到伦敦，由于已经告诉他我过几个月要结婚，我希望尽可能多地跟他交谈，因为结婚以后的生活状态也许会使我更多时间待在苏格兰，而且不能使我像单身汉时那样经常见到他；然而我发现他与思雷尔夫妇待在布赖特赫姆斯顿。我觉得万分遗憾的是，他没有陪我在莎士比亚的故乡艾冯河畔斯特拉福德参加纪念伟大诗人的庆典。约翰生与莎士比亚和加里克都有缘，这就有双重的理由出席这次盛典；这么一来，将会使加里克先生春风得意。在这种场合我尤其痛心的是，他跟自己这位星光耀眼的学生没有了那种温暖

---

① 巴斯克威尔（John Baskerville，1706—1775），印刷专家；据认为最早使用没有水印的"布纹"纸印了好几张《维吉尔》（1757）；剑桥大学印刷所老板（1758）；由于使用昂贵的生产方法，读校样欠仔细：他的版本往往在文字上有瑕疵。

a 空白页上有这样的题款："Hunc librum D.D. Samuel Johnson，eo quod hic loci studiis interdum vacaret."[1]这个图书馆是一间古老的哥特式房间，他非常喜欢。我给他说有些大学的现代图书馆对学习更加方便惬意，因为更加宽敞，通风也好，他回答说："先生，如果一个人有跳腾的心思，他必须在基督堂和万灵图书馆学习。"

1 "此书为塞缪尔·约翰生之赠品，他时不时偷闲在此读书。"

b 这次访问期间，他很少或者从来不出去吃饭。他似乎专注于某种文学工作。威廉斯小姐这时在牛津陪他。

的友情，而这种友情，我们认为对两人都是有益的。当几乎每一位文坛翘楚都喜气洋洋地庆祝这一天才的节日时，约翰生的缺席只能使大家纳闷和遗憾。他在那里的唯一征象，是一名零星服饰用品商异想天开的广告，此人兜售染成各种颜色的“莎士比亚丝带”；通过说明这些丝带与诗人的般配，引入了朱瑞巷剧院开张典礼的一行著名的“开场诗”：

他引来了多彩人生的每一种变化。

约翰生博士从布赖特赫姆斯顿给我写了下面一封信，那些也许认为我应当把它压下来不予公开的人肯定没有我一向标榜的那种热情[a]。 298

致**詹姆斯·鲍斯威尔先生** 1769年9月9日星期六

亲爱的先生，——你为何指责我无情无义？我没有遗漏能对你有好处或能给你快乐的任何事情，除非那是我忍着没有告诉你我对你的《科西嘉见闻录》的看法。我相信我的看法，如果你看好我的判断，也许会给你快乐；但考虑到赞扬会激发多

a　在1768年出版的《科西嘉见闻录》的《序言》中，我是这样自我表白的：“谁出了一本书却假装不是一名作家，而且扬言对文名漠然置之，谁就有可能把自己希望会被人接受的关于他的重要性的那种观念强加予很多人。就我而言，我倒是因为被人知道是一名作家而感到自豪，而且对博取文名有热烈的抱负；因为，在一切拥有中，我以为文名是最有价值的。一个人有能力写一本书，书又得到世人的认可，此人就在疏远的社会把自己树立成一个令人敬仰的人物，而没有被有关他的弱点的说法将其降低的危险。在每天看见我们的人中间保持始终如一的尊严是不大可能的；想达到这一目标，必须使我们受到永久的羁绊。一本被认可的书的作者也许会让自己的天性随意发挥，但当他考虑到他永远不会停止被那些仅仅因为他是一位作者知道他的人的尊敬时，却又可能放纵恃才傲物之心。这样一名作者，在他郁闷和不满之时，想到就在此时此刻自己的作品正在给无数人带来快乐，便得到了安慰；这样一名作者也许怀着死后被人牢记心中的希望，这一直是古往今来最高贵心灵的一大目标。”

少虚荣时，我拿不准它是否会对你有好处。你的历史跟其他历史大同小异，但你的日记却极度稀奇而怡人。人们总会发现从外面借来的观念和由内心产生的观念之间的差异，历史和日记间的差异就是这种差异。你的历史是从书上抄来的；你的日记则是从自己的经历和观察中产生的。你表达了对你起了强烈作用的形象，你又把它们力透纸背地铭刻在读者心上。我不知道我是否能指明任何更能激发好奇心或者更能满足好奇心的记述。

你要结婚我非常高兴；我在不太重大的事情上祝你诸事如意，同样我以比例相称的热忱祝你在人生的紧要关口万事亨通。我能给你的幸福做出的贡献，我决不愿意推却；因为我一直喜爱你，看重你，而且将会更加喜爱你，看重你，因为你变得更规矩更有用：这些效果一门美满的婚姻很难不会产生。

我尚未发现我有可能很快就从此地返回。也许我还要再待两个礼拜；两个礼拜对离开了女友的恋人来说可不算短。两个礼拜会不会到头？你最深情恭顺的仆人，

布赖特赫姆斯顿， **塞姆·约翰生**

1769 年 9 月 9 日。

他回城以后，我们经常见面，我继续记录他的言谈，尽管不像我希望做到的那么勤勉。这段时间我未能把很多时间用在记日记上，299 确实有一个充分的借口。因为保利将军自从科西嘉被法国征服之后，1769 年 9月30日 星期六 不再是他的英勇的国人的领袖了，而是历尽艰苦逃离故土，寻求在大不列颠避难；所以对他多加关照不仅是我的乐趣，而且是我的责任。这一阶段我记下的约翰生言谈的详细情况，我将在这里做一介绍，但没有严格仔细地去做有条不紊的安排。有时候好几天的简短记录会被混杂在一起，有时候一天似乎极其重要，反而被单独区分开来。

他说，他不想把礼拜天过得死气沉沉，而要以一种严肃而简单的行为过礼拜天。

我告诉他大卫·休谟搜罗了一堆苏格兰式英语[a]。“我奇怪，（约翰生说）他竟然发现了它们。”

他就是不肯承认关于一般逮捕状[①]合法性这一问题的重要性。“那样的权力（他说）必须给予每个政府来回答特殊的必要案件；不会有合理的投诉，除了在它被滥用的时候，为此主管政府的人应当负责。那是一个无关紧要的事件，一个人们漠不关心的事件，如果打发一个人走遍不列颠以半个便士的单价向人们兜售对它的豁免权，很少有人会买账的。”这就是那种口无遮拦的样板，我听他坦坦荡荡地承认过；当然，如果颁发一般逮捕状的权力被认为是合法的，对它们的恐惧悬在我们头上，我们就没有了符合我们满意的宪法的自由保障，这一点通过威尔克斯先生坚韧不拔的努力已经皆大欢喜地确立了。

他说：“议会开会开七年还是开到国王终老，我都无所谓，所以我是不会拿出半克朗去改变天平的倾向的。人身保护令是我们的政府胜过其他国家的唯一长项。”

9月30日，我们在“主教冠”聚餐。进入通常的玄言空谈，我极力为野蛮生活的优越快乐辩护。**约翰生**：“先生，再没有比这更大的谬误了。比起文明人来，野蛮人并没有身体上的优势。他们的健康状况也不见得更好一些；至于忧愁或心理不安，他们像熊一样，不但没有超脱，而是深陷其中。先生，你不应当说那种自相矛盾的谬论：我就再不多说了。这种说法不能怡乐，更少启迪。你们苏格兰的一个法官蒙博多大法官[②]说过不少诸如此类的胡话。他我就忍

---

a 〔休谟的第一版《英国史》充满了苏格兰式的英语，其中很多他在随后的版本中做了纠正。〕

① 1763年4月出版的《北不列颠》第45期指摘了国王讲话，作者约翰·威尔克斯凭一般逮捕状（即不确切指明或描述要被逮捕的人的逮捕状）因诽谤罪被逮捕，后来王座庭庭长普拉特宣布此举非法。

② 蒙博多大法官（James Burnette，Lord Monbodo，1714—1799），法官、哲学家、辩论家；做东款待鲍斯威尔等人；写过《论语言的起源和进展》（未完成，1773—1792），受到约翰生的嘲讽；首要演化语言学抽象理论家。

了；可你我不想忍。”——**鲍斯威尔**：“可是，先生，卢梭不是也说此类胡话吗？”**约翰生**：“不错，先生；可是卢梭知道自己在说胡话，而且嘲笑世人对他瞠目而视。”**鲍斯威尔**：“这是怎么回事呢，先生？”**约翰生**：“嘿，先生，一个把胡话说得这么漂亮的人肯定知道他在说胡话。可是我怕（先是咯咯轻笑，接着哈哈大笑）蒙博多
300 不知道他在说胡话。”[a] **鲍斯威尔**：“那么，先生，为了使人们对他瞠
1769年9月30日星期六 目而视而喜爱标新立异有错吗？”**约翰生**：“有错，如果你借宣传谬误这样做的话，其实，无论怎样看，它都是错的。人性中有让人瞠目的普遍倾向；聪明人必须自行纠正这种倾向，而且真的纠正过来。如果你希望由于表现比别人好而让大家瞠目而视，嘿，就让他们瞠目，直到把眼珠子鼓了出来。然而想想看，由于显得荒唐而让人瞠目则是多么容易。我不穿鞋走进一个客厅就可以做到。你记得《旁观者》里的那位绅士，他犯过一次傻，被人拿出来反对他特立独行的极端行为，如从不戴假发，只戴睡帽[①]。先生，抽象而言，睡帽最好；但比较而言，却因他惹得小孩跟在身后起哄，这好处反而变成了麻烦。”

谈到伦敦生活，他说：“没有到过伦敦的人无法想象伦敦的快乐。我想不揣冒昧地说，我们坐的地方方圆十英里之内的学术与科学超过全国其他各地的总和。”**鲍斯威尔**：“唯一的缺点就是人们彼此居住相距甚远。”**约翰生**：“不错，先生；但那是伦敦地域广大造成的，广大也是其他所有好处的起因。”**鲍斯威尔**：“有时候我一心想望退隐到一片沙漠里去。”**约翰生**：“先生，你在苏格兰有的是沙漠。”

尽管我指望就婚后行为跟他进行大量启迪性的交谈，因为婚期

---

a 法官大人跟我在一起时经常用一种诋毁态度讲约翰生博士的坏话，在我杰出的朋友在世时，有一次我忍无可忍，进行报复，便向他重复了这句话。此后在他出版的一些稀奇古怪的书里有一本我不知道写了多少页，力图说服人们相信：我那位杰出的朋友并不是像人们以前敬重而且将永远敬重的那么伟大、那么善良的人，他火气很大，但效果可怜。

① 《旁观者》，第576期（1714年8月4日）。

近在眼前，但关于这个话题他并没有说多少。苏厄德先生曾经听他说：“在那种状况下，一个男人幸福的机会很渺茫，除非他娶了一个有坚定的宗教原则的女人。”一反通常的观念，他向我极力主张，一个女人有学问不见得就是一个坏妻子，对于这一点，我从众多阿耳特弥西亚[1]身上观察到的所有情况判断，却不敢苟同。一个女人应当知书达礼，博闻强识，我承认这是一大强项；我还想到托马斯·奥弗伯里爵士[a][2]在他粗糙的诗作很有见地地指出应当在一名女伴身上渴求的聪慧程度：

给我一个首先贤惠、其次善解人意的妻子，
　天生要聪明，不要多少习艺所得的学问；
她身上的一些知识将会赋予
　我终生交谈更多的宽广高深；
此外，还会将她天生的美德加强；
谁最知缘由，谁就最为稳当贤良。

我非难一位熟人[3]再婚，因为这表明他对前妻不管不顾，约翰生 301
说：“绝对不是这么回事，先生；恰恰相反，如果他不再婚，可以认 1769年10月6日
定他的前妻给他的是一种对婚姻的厌恶；可是通过再娶，他就表示 星期五
了对前妻的最高赞赏，表明她使他感到结了婚的男人无比幸福，所以希望再次享受这种幸福。”他对这样一个微妙的问题给了一个如此巧妙的回转。然而，另有一次，他承认他曾经险些儿要求约翰生夫

---

① 阿耳特弥西亚（Artemisia）是对才女的富有诗意的代称：参比亚历山大·蒲柏，《仿英国诗人》，《多塞特的E》（1727），《阿耳蒂梅西亚》第2节1—6行。它的原型也许是哈利加纳索斯的女王阿耳特弥西亚，她在萨拉米斯战役中作战极其英勇（希罗多德，第8卷第87—88节）。

a 《妻子》一首诗，1614。

② 托马斯·奥弗伯里爵士（Sir Thomas Overbury，1581—1613），诗人，宫廷阴谋的受害者。

③ 阿夫莱克大法官，鲍斯威尔的父亲。

人答应不会再婚，但他还是强忍住了。其实我不禁想到，就他的情况而言，提这种要求是毫无道理的；因为如果约翰生夫人忘了，或者认为第二次婚姻对她初恋的怀念——她年轻时的丈夫和孩子们的父亲——不算什么伤害，那么为什么要排除第三次呢，如果她有意而为的话？约翰生坚持不渝地喜爱占有他的泰蒂，甚至在亡故以后，他这么做似乎完全忽略了那个诚实的伯明翰商人的优先权。我估计，她以前有过婚史，这有时候会使他忐忑不安；因为我记得他针对我们的一个共同的朋友[①]的婚姻说："他干了一件很蠢的事，先生；他本来可以娶一个姑娘，到头来却娶了一个寡妇。"

我们跟威廉斯夫人一起喝茶。去年，有天早晨，我有幸在约翰生博士家见到思雷尔夫人，而且跟她交谈很久，于是对她的才情油然而生敬慕之心，并且向她表示我和她一样也是约翰生的崇拜者。约翰生博士也许开恩说过我的好话，因为这天晚上他把思雷尔夫妇的一张非常礼貌的请柬交给我，邀请我前往斯特雷特姆。

10 月 6 日，我遵从了这一盛情邀请。这是一座优雅的别墅，离城六英里，我在这里发现了能使社交怡人的一切条件。约翰生虽有宾至如归之感，但受到的敬仰中依然含有一种被爱慕弱化了的畏惧，似乎受到男女主人同样悉心的关照。看见他这么高兴，我也感到欣喜。

他妙趣横生，揶揄了苏格兰，我虽然对民族偏见并不盲从，但他的言论给了我一个机会跟他来一番小小的较量。我已经说过英格兰要感激我们的园丁，他们的好园丁几乎都是苏格兰人。——**约翰生**："嘿，先生，那是因为你们比我们更需要园艺。所以迫使你们很多人学园艺。你们除了园艺，还是园艺。这里的野生植物在苏格兰必须精心培育才行。请问（身子往椅背上一仰，哈哈大笑）你们能让黑刺李熟透吗？"

我夸口说，我们十分荣幸，首先废除了给仆人赏小费的陋习，

---

① 本内特·兰顿。

它不友好，又烦人。**约翰生**："先生，你们废除了小费，那是因为你们太穷给不起。"

思雷尔夫人跟他争论普赖尔[①]的功绩。约翰生对他进行了有力的抨击；说他写爱情就像一个从未品尝过爱情滋味的男人；他的爱情诗是校园诗；约翰生还背诵了《亚历克西斯躲开了他求爱的同伴们》这首歌，样子极其滑稽，好让我们大家心里纳闷怎么会有人欣赏如此荒诞的货色。思雷尔夫人拒不缴枪，勇气十足，替那些约翰生嗤之以鼻的爱情短歌辩护，最后约翰生说："我亲爱的夫人，到此为止吧。胡言乱语只能由胡言乱语来维护。"这一下把思雷尔夫人打哑了。

302

1769年
10月6日
星期五

随后思雷尔夫人又赞扬加里克写轻松欢快诗的才情；而且作为样板，还背诵了他的《弗洛里采尔与珀迪塔》中的一首歌，尤其乐不可支地谈到这一行：

> 我愿陪愚者笑，伴穷人餐。

约翰生："不像话，我亲爱的夫人，这永远行不通。可怜的大卫！陪愚者笑！蠢到家了！只要有办法，谁愿意伴穷人餐？不像话，不像话；让我陪智者笑，伴富人餐。"我把这段俏皮话翻舌给加里克，却诧异地发现他作为一名作家的情感受了不小的刺激。为了安慰他，我说，约翰生就没有饶过我们哪一个；我还引用了贺拉斯的一段诗，他把一个为了惹笑攻击朋友的人比作一头莽撞的牛，他的两只角上

---

① 普赖尔（Matthew Prior，1664—1721），诗人、外交官；逐渐倾向托利主义的辉格党人；讽刺德莱顿；英国驻海牙大使（1692—1699）；驻巴黎新大使的秘书（1698）；皇家学会会员；吉特-凯特俱乐部成员；斯威夫特的朋友；与法国谈判和平协议（1712—1715）；《他自己时代的历史》（1740）的作者；虽有争议，但被认为是在德莱顿和蒲柏之间写作的重要诗人之一，对约翰生的基督教悲观论有相当大的影响。

挑着一捆干草，“fœnum habet in cornu”。[1]“啊，（加里克激烈地说）他可有整整一堆干草。”

谈到历史，约翰生说：“我们可以知道历史事实是真的，就像我们可以知道日常生活中的事实是真的一样。动机一般是不为人知的。我们在历史中发现的人物是靠不住的，除非他们是由认识这些人的人描绘出来的；譬如那些由萨卢斯特和克拉伦登勋爵描绘出的人物。”

他不肯承认怀特菲尔德的演说有多大能耐。“他之所以广受欢迎，先生，（他说）主要靠他的奇特表现。如果他在讲坛上戴一顶睡帽，或者在一棵树上布道，群众就会追随他。”

我不知道他出于什么抵触情绪迸出来满口激烈言辞反对科西嘉人，我可是高调赞扬他们的英雄主义的。“先生，（他说）科西嘉人到底闹什么呀？他们跟热那亚人打了二十多年仗，从来没有拿下过人家固若金汤的城镇。二十年内他们也许会轰倒人家的城墙，把城墙化为齑粉，二十年内他们也许会把城墙撕成碎片，用牙齿把石头咬碎。”跟他争论缺少大炮的问题也是白搭：眼下他是不容抗拒的。

10 月 10 日晚上，我把约翰生博士引见给保利将军。我一直殷切希望这两位我最敬仰的人物相会。他们相见时神色从容，彼此对自己的能力和对方的能力都心中有数。将军说意大利语，约翰生博士说英语，借助我的翻译，彼此就完全听得懂。在翻译中我把自己
303 比作连接两个大陆的地峡。约翰生一来，将军就说：“我拜读过先生的大作，鲍斯威尔先生又给我谈过您的情况，久仰大名。”将军谈到
1769 年 10月10日 星期二
语言是根据一个民族特殊的观念和习俗形成的，不了解这一点，我们就无法了解他们的语言。我们可以了解单词的直接含义，但光靠单词，表现优美、才情横溢的巧智奇趣是无法传达给心灵的。这一切必须借助对其他概念的暗示。“先生，（约翰生说）您谈及语言，就好像您从不旁骛，专攻语言，而不是管理一个国家。”将军说，

---

[1] “他在牛角上挑着干草”——贺拉斯，《讽刺诗》，第1卷，第4首，第34行。

“Questo e un troppo gran complimento”；过奖，过奖。约翰生答道：“如果没有听到先生这番谈话，我也会这么认为。”将军问约翰生对时下盛行的不信教的风气有何感想。**约翰生**：“先生，这种不信教的阴霾，我希望像飘过这个半球的浮云，很快就会消散，太阳定会破云而出，像往常一样，光芒万丈。”“那您就认为，（将军说）他们就像换衣服一样改换自己的原则。”**约翰生**：“嘿，先生，如果他们对原则付出的心思还不如对服装付出的多，情况必定如此。”将军说：“成为时尚的不信宗教一大部分来自好出风头的欲望。没有机会在今生今世出风头的人就把死亡和未来当作出风头的对象。”**约翰生**：“那是愚蠢到家的显摆。恐惧是人性的情绪之一，是不可能摆脱的。你记得查理五世皇帝，他读到一位西班牙贵族的碑文‘此处安息着一位不知恐惧的人’时，风趣地说：‘看来他从来不用手指掐灭蜡烛了。’”

他跟将军说了几句法国话；但他发现不能应付裕如，便要来笔墨纸张，写了如下一段文字：

> J’ai lu dans la geographie de Lucas de Linda un Paternoster écrit dans une langue toute à-fait differente de l’Italienne, et de toutes autres lesquelles se derivent du Latin. L’auteur l’appelle linguam Corsicæ rusticam: elle a peut-etre passé, peu à peu; mais elle a certainement prevalue autrefois dans les montagnes et dans la campagne. Le même auteur dit la même chose en parlant de Sardaigne; qu’il y a deux langues dan l’Isle, une des villes, l’autre de la campagne.①

将军立即告诉他 lingua rustica② 只在撒丁岛上有。

---

① “在卢卡斯·德·林达的地理中我读到过一篇主祷文，是用一种与意大利文和其他拉丁语源的文字完全不同的文字写的。作者称之为‘科西嘉土语’；也许它已逐渐消亡了；然而从前它肯定流行在山区和乡下。该作者说到撒丁岛时说的是同一回事：在岛上有两种语言，一种是城市的，另一种是农村的。”

② 乡下话或方言。

约翰生博士跟我回家，喝茶一直喝到深夜。他说：“保利将军是我见过的最气宇轩昂的人。”他否认军人总是教养最好的人。“尽善尽美的教养，”他说，“在于没有任何职业的标记，只有一种总体的优雅风度；而在一个军人身上，你通常能看出一名士兵的烙印，l'homme d'épée[1]。”

我试图挑起关于令人困惑的命运和自由意志的讨论，约翰生博士今晚回避了这个话题。“先生，（他说）我们知道我们的意志是自由的，就此结束。”

304

1769年10月16日星期一

10月16日，约翰生光临老证券街的寒舍聚餐，客人还有乔舒亚·雷诺兹爵士，加里克先生，哥尔德斯密斯博士、墨菲先生，比克斯塔夫[2]先生和托马斯·戴维斯先生。加里克抓住约翰生上衣的前胸，一脸的淘气，抬起头瞅着他的脸，兴致勃勃、无所顾忌地逗他玩，恭维他身体好，约翰生对自己的健康状况也很得意；这位哲人，摇着头怡然自得地看着加里克。有一位客人[3]没有按时到达，像往常遇到这种情况时一样，我提议上菜；还说：“难道六个人应当一直等一个人不成？”“嘿，那还用说，（约翰生带着一种敏锐的人情世故回答）如果那一个人会被你的忍耐弄得比这六个人因为等待而出现的烦躁还要难受的话。”为了打发无聊的时光，哥尔德斯密斯神气活现地踱来踱去，显摆自己的服装，我相信他对这套服装感到由衷的得意，因为他的心情极容易造成那样的印象。“得啦，得啦，（加里克说）再别说那种话了。你也许是最糟糕的——哼！哼！”——哥尔德斯密斯急切地想打断他的话，加里克却嘲笑着继续说下去：“算了，你总要拿出一副绅士的派头；可我说的是穿着的好坏。”“好啊，我来告诉你，（哥尔德斯密斯说）我的裁缝把我的花衣送到家里时说道：‘先生，我求您帮个忙。如果有人问您的衣服是谁做的，请告诉他是住在清水巷哈罗花园

---

① 剑客。

② 比克斯塔夫（Isaac Bickerstaffe，1733—1812？），同性恋歌词作者；创作大型喜剧歌剧《乡村爱情》（1762），《城市爱情》（1767）和《挂锁》（1768），由加里克在朱瑞巷剧院演出。

③ 也许是乔舒亚·雷诺兹。

的约翰·菲尔比。'”**约翰生**：“嘿，先生，那是因为此人知道稀奇古怪的颜色会吸引众人的眼球，这样他们也许会听说有这么一个人，便要看看他怎么能把那么荒诞的颜色做成一件像样的衣服。”

饭后，我们的话题首先转向到蒲柏。约翰生说，他的男性人物都刻画得绝佳，女性人物就稍逊一筹。他以铿锵有力的声调朗诵《群愚史诗》结尾的几行。[①] 正当他高谈阔论大加赞赏之际，在座的有一位[②] 贸然说道：“对那样一首诗来说，太精细了——一首写什么的诗？”**约翰生**（一脸鄙夷的神色）：“嘿，写愚人的呗。那时候做愚人是值当的。啊，先生，你在那个时代生活过吗？现在做愚人不值当，因为没有聪明人。”比克斯塔夫说，作为一种特殊情况，蒲柏的声名在生前比死后高。约翰生说，他的田园诗是些蹩脚货，尽管格律精当。他以极其得意的口气告诉我们蒲柏询问谁是《伦敦》的作者，并说他很快会被 déterré[③] 这件轶事。他说在德莱顿的诗里，有些篇章描写的深度是蒲柏永远不可企及的。他背诵前者写的几行爱情诗，（现在我已经忘了）并对齐姆里[④] 这个人物大加赞赏。哥尔德斯密斯说蒲柏的艾迪生[⑤] 这个人物显示了对人心的深刻了解。约翰生说，在《悼亡的新娘》[⑥] 中，对圣殿的描写是他读过的最优秀的诗章；他想莎士比亚的诗也无法与它媲美。“可是，（加里克说，为他“崇拜的神”[⑦] 诚惶诚恐）我们不知道他能力的宽广和多样。我们应当认为在他的作品中有那样的篇章。莎士比亚不可因为我们的记 305

1769年
10月16日
星期一

---

① 〈兰顿先生告诉我，他曾经给约翰生讲（根据斯彭斯的说法），蒲柏本人非常欣赏这几行诗，他背诵的时候声音都颤抖了：“蛮有道理，先生，（约翰生说）因为这是一些崇高的诗句。”——鲍斯威尔〉

② 詹姆斯·鲍斯威尔。

③ “挖掘出来”。

④ 约翰·德莱顿《押沙龙与亚西多弗》（1681）第2章，第543—568行——一幅白金汉公爵的画像。

⑤ 见亚历山大·蒲柏《致阿巴思诺特医生书》（1735），第193—214行。

⑥ 威廉·康格里夫《悼亡的新娘》（1697），第2幕，第1场。

⑦ 参比《罗密欧与朱丽叶》，第2幕，第2场，第112行。

忆不济而受屈。”约翰生被他强烈的嫉妒心逗乐了，更加热烈地说：“不，先生；康格里夫有性情。”（对加里克悲情的急切哑然失笑；）但又静下心来；补充说：“先生，这不是把整体的康格里夫与整体的莎士比亚比；只不过是强调康格里夫有一段文字比从莎士比亚著作中找到的任何一段文字都精彩。先生，一个人也许在世界上只有十几尼，但也许有的是一枚十几尼的金币；所以他也许有一枚比一个拥有一万镑的人还好的金币：可他只有一枚十几尼的金币。我的意思是，你给我拿出一段单纯的物象描写而不掺杂任何道德观念的文字能产生那样的效果。”① 墨菲先生提到莎士比亚对阿然古战役之前的那个夜晚的描写②，但有人说，那里面有人。戴维斯先生提到朱丽叶想象自己在她的祖先的坟墓里醒来的独白③。有人提到了“多佛崖”的描写④。**约翰生**：“不，先生；它应当都是悬崖——都是虚空。乌鸦阻止你落下。船只变小了的样子和其他情况，都是非常精彩的描写；但不能立即在脑海印上高超的恐怖观念。这种印象是分裂的；你通过计算从一个巨大的空间舞台转移到另一个。如果《悼亡的新娘》中的那个女孩说，她无法把她的鞋扔到圣殿的一根柱子的顶端，那不会加强观念，反而削弱了它。”

谈到一位出庭律师口才不行，有人⑤（为了激一下约翰生）出言不逊，说不幸的是他没有让谢立丹教教演讲术。**约翰生**：“不对，先生，如果让谢立丹教了，他就会把房间清空。”**加里克**：“谢立丹太虚荣，算不上一个好人。”现在我们将会看到约翰生替人辩护的模式；把他拿到自己手里，仔细辨别。**约翰生**：“不，先生。无疑，谢立丹身上有一些可指责的东西。有一切可笑的东西；可是，先生，

---

① 〈康格里夫的描写似乎有掺杂道德观念的情况；因为这一段的感染力来自所描写的说话人内心事物的生动印象，“发射出一股寒气”云云。——卡尼〉

② 见《亨利五世》，第4幕，第1场。

③ 见《罗密欧与朱丽叶》，第4幕，第3场，第14—57行。

④ 见《里亚王》，第4幕，第6场。

⑤ 也许是詹姆斯·鲍斯威尔。

他不是个坏人。不是，先生；如果把人分成好人和坏人，他在很大程度上会跻身于好人之列。而且，先生，必须承认，谢立丹在普通的慷慨陈词方面是出类拔萃的，尽管他展示不出特色。”

也许我本不应该提及这部关于一个我十分敬重的人的功绩的论著，如果没有在他的《斯威夫特传》里肆无忌惮地攻击约翰生，同时又把我们这些仰慕者说成一帮侏儒的话。谁煽动尖酸刻薄的冷嘲热讽，谁就不能抱怨为此吃了苦头。

蒙塔古夫人[①]因写了一部《莎士比亚论》而出名，有人提及这位女士；**雷诺兹**：“我认为这部论著给她增了光。”**约翰生**：“不错，先生；是给她增了光，可不会给其他任何人增光。说实话，我压根儿没有读这本书。但当我提起网头时，发现它是打包绳，也就没有指望再看下去就能发现刺绣。先生，我斗胆说一句，她的书里没有一句真正的批评。”**加里克**：“可是，先生，有一点是肯定的，它显示出伏尔泰 306
是怎样误解莎士比亚的，这是其他人没有做到的。”**约翰生**：“先生， 1769年10月16日星期一
其他人都认为那样做不值当。那样做有什么价值呢？你就像夸一位老师用鞭子抽一个把句子分析错了的孩子。是的，先生，里面没有真正的批评：没有显示出建立在人心活动基础之上的思想的美。”

这部论著的赞赏者们[a]听到约翰生以这样轻慢的态度议论它，也

---

① 蒙塔古夫人（Mrs Elizabeth Montagu，1720—1800），作家；文学聚会的女主人；“才女之王”，为文学早餐做东，到1760年这项活动已变成大型晚间聚会或谈话会；来宾有雷诺兹爵士、霍勒斯·沃尔浦尔、伯克和加里克；给利特尔顿的《死者对话录》（1760）提供帮助；雇用罗伯特·亚当改善她在桑德尔福德的庄园；杰出书信作者，通信者包括老皮特的妻子海丝特。

a 我承认我也是其中之一，认为它是一篇二流或比较好的批评；不属于只有约翰生博士承认是“真正的批评”的那一类。此外，它的表达清楚而优雅，有效地完成了它声称要完成的任务，也就是说，驳斥了伏尔泰的误读，维护了莎士比亚；考虑到多少年轻人被伏尔泰风趣却错误的看法所误导，蒙塔古夫人的论著对某一类读者理解莎士比亚是很有帮助的，因而，是值得称道的。约翰生，我相信，承认我说到的功绩，他说（涉及伏尔泰）“ad hominem[1]它是结论性的”。

1 对于此人。

许会生气；不过要记住的是，他给出自己的真诚看法，并未受任何偏见或因一个女人抢占了批评交椅而产生的傲慢嫉妒心理所左右；因为乔舒亚·雷诺兹爵士告诉我，当论著初次面世的时候，人们并不知道是谁写的，约翰生心里纳闷乔舒亚爵士怎么会喜欢它。这时候乔舒亚爵士本人也未得到关于作者的任何信息，只是我们最杰出的文人之一[①]向他保证显然作者看不懂希腊悲剧原文。有一天在乔舒亚爵士家吃饭的时候说到蒙塔古夫人对一部现代悲剧的作者[②]极尽赞美之能事，惊呼道："我替莎士比亚战栗。"这时约翰生说："当莎士比亚有了——做他的对手，又有蒙塔古夫人充当他的捍卫者时，他确实处境可怜了。"

约翰生接着说："这个苏格兰人[③]在他的《批评原理》中采用了正确的方法。我不是说他给我们教了什么；而是说他用新方法给我讲老问题。"**墨菲**："他似乎读过大量的法国批评，想把它改造成自己的；仿佛多年来他一直在剖析人心，窥透了它所有的旮旮旯旯。"**哥尔德斯密斯**："写它容易，读它难。"**约翰生**："我们在伯克的《论崇高与美》中有了真正批评的范例；如果我记得的话，还有迪博斯[④]，以及布乌尔[⑤]，他表明一切美都依赖真。说多少剧作里有鬼魂，讲这鬼怎么比那鬼强，没有多大价值。你必须显示恐怖怎么被刻印在人的心上。在《麦克白斯》里对黑夜的描写中，甲虫和蝙蝠从一般的黑暗概念里减损了——浓重的阴暗。"

有人提到政治，他说："这种请愿是给政府施压的一种新模式，

---

① 埃德蒙·马隆。

② 罗伯特·杰夫森（Robert Jephson，1736—1803），剧作家；加里克的朋友；在风凰公园剧院扮演《麦克白斯》剧名角色（1777）；剧作有《布拉干查》（朱瑞巷，1775）、《伦巴第法律》（朱瑞巷，1779）和《纳博内伯爵》（修道院花园，1781），改编沃尔浦尔的《奥特兰托城堡》。

③ 卡姆斯大法官。

④ 迪博斯（Jean Baptiste Du Bos，1670—1742），法国批评家。

⑤ 布乌尔（Dominique Bouhours，1628—1702），法国作家、批评家。

而且极为简便。我愿意借助一点热酒，着手搞一些请愿，反对一些不痛不痒的事情。鼓励这种做法肯定产生不出任何结果。目标不够重要。我们不能因为一间茅屋着火就炸掉五六座宫殿。”

307

然后话题改变。**约翰生**：“有时候人们发现一些杰出人物对某些事情茫无所知，真令人吃惊。一位写拉丁文淫诗全市有名的才子①，问我怎么搞的，英格兰和苏格兰本来是两个国家，现在竟然成了一个。——弗莱切·诺顿爵士②似乎不知道有《评论》那样的出版物。”

“哈代努特歌谣③没有多大价值，就算是古代的。人们谈论自然。然而单纯的自然表象也许展示的心力很有限。”

1769年10月19日星期四

10月19日，星期四，晚上我在他家聊天。他建议我编一本苏格兰用语词典，因为我让他看了一个样板。“先生，（他说）雷④编了一本北国词汇集。通过收集你那个地区的词汇，你会对这种语言的历史做件有益的事情。”他叮嘱我继续编我的苏格兰文物集成。“编成一部巨著；对开本。”**鲍斯威尔**：“可那有什么用处呢，先生？”**约翰生**：“别管用处；先放手干。”

我抱怨他在《莎士比亚集》的《序》中只字未提加里克，问他是不是不欣赏他。**约翰生**：“是的，作为‘一名可怜的演员，在舞台

---

① 本杰明·洛夫林。

② 弗莱切·诺顿爵士（Sir Fletcher Norton，1716—1789），第一代格兰特利男爵；下议院议长（1770）；代表吉尔福德的议员（1768—1782）；副检察长，被授予牛津大学民法博士学位（1762）；检察总长（1763—1765）；特伦特河南艾尔首席法官，在枢密院宣誓就职（1769）；被授予伦敦市特权（1777）；册封为格兰特利男爵（1782）；以粗疏、不圆通、脾气坏出名。

③ 一首古诗，被托马斯·珀西收入他的《古英诗钩沉》（3卷，1765）第2卷，第87—102行。[1]

1 〈毫无疑问是现代杜撰。它是Sir John Bruce of Kinros写的，1719年在爱丁堡首次出版，对开本。见珀西的《古英诗钩沉》第2卷，第96、111页，第4版。——M.〉

④ 雷（John Ray，1627—1705），博物学家、语言史家和神学家；皇家学会会员（1667）；有拉丁文著作《英国植物目录》（1670），《植物史》（1686—1688）和昆虫《研究方法》；与弗兰西斯·威卢比合作。

上折腾、显摆了一阵子'[1]；像个影子。"**鲍斯威尔**："可他不是引起了人们对莎士比亚的关注吗？"**约翰生**："先生，承认这一点就会嘲讽这个时代。莎士比亚的很多剧本不适合上演：《麦克白斯》就是一个例子。"**鲍斯威尔**："先生，装扮和表演取得的东西就没有任何价值了？说实在的，我真希望你提及加里克。"**约翰生**："亲爱的先生，如果我提及他，我就还得提及很多人；普里查德夫人，西伯夫人——不，还有西伯先生；他也改变了莎士比亚。"**鲍斯威尔**："你读过他的道歉书了吧，先生？"**约翰生**："是的，它非常有意思。不过就西伯本人而言，从他的谈话里去掉他不应当说的，他是个可怜虫。我记得他把他的一首'颂歌'拿给我，征求我的意见；我无法忍受那样的胡言乱语，没有让他把诗念完；我对那位伟人太失敬了！（大笑。）然而我记得理查逊纳闷我竟然能亲切对待他。"

我向他提到两天前我在泰伯恩刑场看见处决了几个犯人，他们个个都是一副满不在乎的样子。**约翰生**："先生，这些人大多数根本不想事情。"**鲍斯威尔**："可怕死不是人之常情吗？"**约翰生**："怎么不怕，先生，怕到一辈子干脆连想都不去想它的程度。"然后，他用低沉认真的口气谈到他对自己消亡的那一可怕时刻的感想，以及在那种场合他应当以什么方式行事："我不知道（他说）我应当有个朋友陪在身边呢，还是单独面对上帝。"

谈到我们对他人痛苦的同情。——**约翰生**："嘿，先生，对于这，议论汹汹，但大大地言过其实。不，先生，我们有一定程度的同情促使我们行善：更重要的是，上帝并无此意。那反而成了吃力不讨好。"**鲍斯威尔**："先生，假如，现在你的一位密友犯罪被捕，可能被处绞刑。"**约翰生**："我应当尽自己所能将他保释，并给予他别的任何帮助，但如果他被公正地处以绞刑，我也不应当难过。"**鲍斯威尔**："先生；当天你吃得下饭吗？"**约翰生**："吃得下，先生；权当他在跟我一起吃。嘿，如果巴雷蒂明天要被判死刑，朋友们起

308

1769年10月19日星期四

[1] 见《麦克白斯》，第5幕，第5场，第23—24行。

来在方方面面声援他；但如果他被绞死，谁也不会少吃一块葡萄干布丁。先生，那种同情心是不大会使情绪消沉的。”

我告诉他我最近在富特家吃饭，富特让我看了一封汤姆·戴维斯写给他的信，信上说他为“巴雷蒂的这件伤心事”深感担忧，夜不能寐，求富特试试看能否想出一个顶用的办法；同时还给富特推荐了一名开泡菜铺的勤奋青年。**约翰生**：“啊，先生，这里你有了一个人类同情心的标本；一位要绞死的朋友，一根腌黄瓜。我们不知道让戴维斯夜不能寐的是巴雷蒂还是泡菜青年；他自己也心中无数。至于他的夜不能寐，先生：汤姆·戴维斯是个非常了不起的人；汤姆一直在舞台上讨生活；知道这些事情怎么做。我没上过舞台，这些事情做不来。”**鲍斯威尔**：“我常常责怪自己，先生，因为没有像很多人说他们做的那样善解人意地同情他人。”**约翰生**：“先生，再别上他们的当了。你会发现这些富于同情心的人并不是十分乐意帮你一把。他们给你开的是感情支票。”

鲍斯威尔：“富特是不是很有气质？”**约翰生**：“是的，先生。”**鲍斯威尔**：“他有一种展现性格的特异才能。”**约翰生**：“先生，那不是一种才能；那是一种恶行。那是别人避之唯恐不及的东西。展示一个种类的特性不是喜剧，就像从很多守财奴汇集起来的一个守财奴的性格：展示个人的是闹剧。”**鲍斯威尔**：“他是不是想到过展示你呢，先生？”**约翰生**：“先生，恐惧制止了他；他知道我会砸碎他的骨头的。我会省了他截掉一条腿的麻烦；我不会给他留下一条腿去截。”**鲍斯威尔**：“请问，先生，富特是个不信神的人吗？”**约翰生**：“先生，我不知道那家伙是不信神的；但如果他是个不信神的，他就像狗是不相信神的一样；也就是说，他从来没有想过这个问题。”[a] **鲍斯威尔**：“先生，我估计他粗略地想过，脑海里一浮现这些 309

1769年
10月26日
星期四

a　富特先生在爱丁堡时，认为应当用大量粗俗滑稽的语言取笑约翰生博士，来娱乐许多在座的苏格兰人士，他以为这样做是可取的。我觉得对我来说，这么做似乎不礼貌；然而还是耐心地坐着，直等到他在这个问题上兴尽为止；然后我说，必须承认约翰生有某种纯正的智趣，而且听他说过富特（转下页）

念头，就把它们抓住。”**约翰生**：“嘿，先生，那他还是像条狗，一口咬住身边的那块骨头。你从来没有看见狗有比较能力吧？把一小块肉和一大块肉放在一只狗面前，它会同样迅速地吃掉，不管大小。”

“布坎南（他说）的集句比哪一个现代拉丁诗人都少。他不仅拉丁语的知识博大精深，而且是一个伟大的诗歌天才。斯卡利杰[①]父子都对他高度赞扬。”

他又谈到康格里夫的那一段文字，对它推崇备至，说道：“莎士比亚没有一连六行诗挑不出一个毛病的。也许你可以找出七行，然而这驳不倒我的总断言。如果我来到一座果园，说这里没有果子，随后来了一个细心人，他发现了两只苹果三个梨，并告诉我，‘先生，您错啦，我已经发现又有苹果又有梨’，我就要笑话他：那又有什么意义呢？”

鲍斯威尔：“你怎么看扬博士的《夜思》，先生？”**约翰生**：“嘿，先生，里面有非常精彩的东西。”**鲍斯威尔**：“现在国内的宗教是不是不如从前盛行，先生？”**约翰生**：“我不知道这种情况。”**鲍斯威尔**：“譬如，过去每个大家庭都有一名牧师，现在就找不到了。”**约翰生**：“你也找不到过去大家庭普遍拥有的很多礼宾仆人。生活的整个领域都有一种模式改变。”

第二天，10 月 20 日，约翰生作为证人出现在法庭上，我估计这是他这一生唯一的一次，他被传唤为巴雷蒂的人格提供证据，因

（接上页）先生本人的一件非常好的事情。“啊，我的老朋友塞姆（富特嚷道）不说任何人更好的事情；那就让我们听听。”于是我讲了上面的故事，惹得在座的人哄堂大笑。不过我从来没有看见富特如此尴尬过。他神情严肃，怒容满面，便开始认真批驳这种说法的公正性。“什么，先生，（他说）这样子议论一个受过丰富教育的人——一个上过好几年牛津大学的人；一个给英国戏剧增添了十六个新人物的人！”

① 斯卡利杰（Joseph Justus Scaliger，1540—1609），老斯卡利杰之子；荷兰语文学家、历史学家，他的年代学著作是文艺复兴时期学者中对修正历史和古典文学研究做出的最大贡献之一。

为巴雷蒂在街上刺伤了一个人，所以在“老围子”被控犯了谋杀罪。被强调性地称为“公堂”的令人敬畏的法庭上，从来没有过那样天才云集、群星闪耀的现象；伯克先生，加里克先生，博克莱尔先生，约翰生博士：毫无疑问，他们有力的证词对法庭和陪审团是有适当分量的。约翰生用一种徐缓、慎重、清晰的语气提供证词，给人的印象非同寻常。众所周知，巴雷蒂先生被宣告无罪。

10 月 26 日，我们在主教冠酒馆聚餐。我抱怨富特滥用他的嘲讽才能取笑来客，我用俗话称之为愚弄客人。**约翰生**：“嘿，先生，你去见富特时，你不是去见一位圣徒：你是去见一个在你家里会受到款待然后把你带到公共舞台上的人；他会在自己家里款待你，目的就是把你带到公共舞台上去。先生，他不是愚弄客人；他揭露的那些人已经是愚人了：他只不过使他们付之行动而已。” 310

1769 年
10月26日
星期四

谈到贸易，他说：“发展贸易，国家就会财源滚滚，这是一种错误观念。其实不然。商品来自商品；但贸易并不产生财富的资本增

添。然而，尽管赚不了多少钱，但把一个国家的产品交给另一个国家，却给人增添了不少乐趣；就像我们有酒，有水果，还有许多别的外国货送到我们手里一样。”**鲍斯威尔**：“是的，先生，是给人增添了不少乐趣，因为它给那么多人提供了职业。”**约翰生**：“嘿，先生，你不能把人人反感而且人一开始干就希望停止的事叫作乐趣；那是一件人们试做之前和做过后讨厌的事情。”**鲍斯威尔**：“可是，先生，脑子一定得用，人一闲就无聊。”**约翰生**：“先生，那是因为别人都忙，我们需要有人陪；如果大家都闲暇无事，就不会无聊；我们应当互相逗趣，皆大欢喜。贸易中确实就有这种现象：它给人改善处境的机会。如果没有贸易，很多穷人就永远守穷。可是没有人对劳动本身爱不释手。”**鲍斯威尔**：“不对，先生，我认识一个人他就是这样。他是个非常勤劳的法官[①]，他就热爱这种劳动。”**约翰生**：“先生，那是因为他热爱敬重和出名。如果能不劳而获，他就不那么热爱劳动了。”**鲍斯威尔**：“他告诉我他就喜欢劳动本身。”——“嘿，先生，他想象如此，因为他不习惯抽象概念。”

我们到他家里喝茶。威廉斯夫人灵巧地沏茶，尽管她双目失明，不过杯子斟满时她的态度十分得意，这使我觉得有点儿别扭；因为我想她是把一根手指伸到下面一点，等感觉到茶水碰着了手指头就停止注水[a]。我享受到陪伴约翰生晚间去拜访这位女士的特权，好像当了 è secretioribus consiliis[②]，起初洋洋得意，欣欣然喝了一杯又一杯，仿佛它是赫利孔[③]甘泉。但随着这股新鲜魅力的消退，我变得越来越吹毛求疵；此外，我发现她脾气乖戾。

---

① 阿夫莱克大法官。

a 后来我有理由认为自己错了；因为有位女士长期以来跟她亲密无间，可能对这些事情观察得更为准确，这位女士告诉我，威廉斯夫人是模杯子外面知道茶水离满有多近的，就这样养成了一种敏锐的触觉。

② 他的最信任的顾问之一。

③ 赫利孔是比奥西亚的一座山，在希腊神话中被认为是缪斯们的居住地。山上有希波克瑞涅和阿伽尼坡两眼圣泉，按照一种自然联想，成了艺术灵感的富有诗意的代称。

这天晚上，坐了一大圈来客。约翰生博士兴致极好，思想活跃，无论什么话题都乐于谈论。自学成材的哲学家弗格森[①]先生跟他讲了一种新发明的机器，不用马拉自己走：一个人坐在里面转动一个把手，把手带动一个弹簧推进机器。“这么看来，先生，（约翰生说）结果就是，那人可以选择，是他自个儿走呢，还是人和机器一起走。”有人提到了多米尼塞蒂，约翰生不肯承认他有什么功绩：“这种吹得天花乱坠的体系一无可取。是的，先生，药水澡不可能比温水澡好：它的唯一效果可能就是温水的效果。”有人[②]另有看法，坚持说药物多种多样，有些也有极强的疗效，通过毛孔进入人体；因此，当温水充满保健物质时，洗澡就会产生很大效果。这番话我觉得十分满意。约翰生没有回答；但为了争取舌战的胜利并决心掌握局面，便求助于哥尔德斯密斯归因于他的手段，用西伯的一出喜剧中的妙语：“没法跟约翰生争论；因为他的手枪射不中时，他就用枪托击倒你。”[③]他转向那位先生：“好吧，先生，去找多米尼塞蒂，给你熏蒸一下吧；但务必使气冲着你的脑袋，因为那是你的致病部位。”这番话在在场的各色人等中制造出一场得意的哄笑，他们当中有哲学家，有印刷商，有侍从，有男有女。

311

1769 年
10月26日
星期四

我不知道怎么突发奇想，问道：“先生，假如你被关在一座城堡里，一起还有一个新生儿，你会怎么办？”**约翰生**：“嘿，先生，我可不大喜欢这样的伙伴。”**鲍斯威尔**：“你会不会操心费力喂养它呢？”他似乎，这完全可以估计得到，不愿意继续讨论这个问题：但在我不依不饶地追问下，他回答说：“唉，会的，先生，我会；但我必须拥有一切方便设施。如果没有花园，我就要在屋顶上盖一间

① 弗格森（Adam Ferguson，1723—1816），爱丁堡大学道德哲学教授、历史学家；作品有《论文明社会史》（1767）、《罗马共和国进展与终结史》（1783）；苏格兰启蒙运动的领导人物之一。

② 詹姆斯·鲍斯威尔。

③ 在科利·西伯的《拒绝：又名哲学女士们》（1720）中，威特灵对格兰杰说：“什么，既然你没有射中，你就要用枪托击倒我，是吧？”

小屋，把它抱到那里呼吸呼吸新鲜空气。我会喂它吃，喂它喝，给它勤洗澡，洗温水澡让它高兴，不会洗冷水澡给它造成痛苦。”**鲍斯威尔**：“可是，先生，热水不是有放松效果吗？”**约翰生**：“先生，你不能想象水会太烫。我不会炖孩子的。不会的，先生，以严酷手段对待孩子没有任何好处。我给你找五个伦敦孩子，他们一定打得过五个高地孩子。先生，一个在伦敦长大的人，跟乡下用最严酷的方式调教大的人一样，能扛能提，能奔跑，能摔跤。”**鲍斯威尔**：“我认为生活条件好，所以伦敦人很强壮。”**约翰生**：“嘿，先生，我不知道是不是这个原因，给我们推轮椅的爱尔兰人都是吃山药蛋长大的，他们体力不比任何人差。数量弥补了质量。”**鲍斯威尔**：“你会不会给我跟你议论的这个孩子教什么东西呢？”**约翰生**：“不会的，我不应当轻易地教它。”**鲍斯威尔**：“难道你教它得不到一种乐趣吗？”**约翰生**：“是的，我不应当在教它的过程中找乐趣。”**鲍斯威尔**：“你难道没有在教成人的过程中找到乐趣吗？——在这方面我了解你。你在教成人的过程中得到的乐趣和我教儿童的过程中得到的乐趣是一样的。”**约翰生**：“嘿，大概是吧。”

鲍斯威尔：“先生，你认为所谓的亲情是与生俱来的吗？我倒觉得那是习惯使然，或者是感恩的结果。没有见过父母的孩子不会对父母怀有亲情的。”**约翰生**：“嘿，先生，我想父母对子女有种本能的亲情。”

有人提到由于人口迅速增长，俄罗斯可能成为一个大帝国。——**约翰生**：“嘿，先生，我倒是看不出他们繁衍更多人口的前景。他们生的孩子不会比现在多。我不知道有什么办法能使他们繁殖得比现在多。人们结婚不是出于理性和精明，而是出于意向。一
312 个男人穷；他想，‘我不能变得更糟，所以我甚至要娶佩吉’。”[①] **鲍**

1769年
10月26日
星期四

① 〔这话出自加里克《乡下女孩》（根据威切利的《乡下女人》改编），佩吉是汉普郡的托马斯·思里夫特爵士的遗孤，是他唯一的继承人，由穆迪在乡下绝对隐蔽的环境中养大，穆迪五十岁时，佩吉只有十九岁，他想娶她为妻，但为这个“乡下女孩”巧妙地拒绝，因为她有了年纪相当的意中人。〕

斯威尔：“很多国家不是一个阶段比另一个阶段人口多吗？”**约翰生**：“不错，先生；可决定该国人民在一个阶段比另一个阶段未曾减少的原因不管是向外移民、战争还是瘟疫，反正不是他们的生育能力的增强或减弱。对于同样数量的人，出生人数的比例在各个时代都是一样的。”**鲍斯威尔**：“可是，考虑一下我国的状况——把大量的农场扔进一个人手中难道就不伤民？”**约翰生**：“嘿，不会的，先生；生产出的同样数量的食品，将会被同样数量的嘴吃掉，尽管人们也许有不同的处置方式。我们看到，如果谷物贵了，肉贱了，农民就全力以赴种谷物，直到它变得又多又贱，于是肉就贵了；所以一直维持着一种平等状态。不，先生，让想入非非的人随心所欲地依赖它吧，很难打乱生活的体系。”**鲍斯威尔**：“可是，先生，地主用提高地租的办法来压迫佃农难道不是一件很坏的事情？”**约翰生**：“很坏。但是先生，那样做从来都产生不了任何普遍影响；也许会使一些人受困。因为，考虑一下这种情况：地主不能没有佃农。现在佃农不肯为土地提供比土地价值更多的东西；如果他们能开一爿店铺，或用什么别的办法多赚一些钱，他们就会这么干，于是迫使地主让土地回归到一种合理的租金上，这样他们才可以招来佃户。土地，在英国就是一种商品。一个佃农给地主缴了地租，他就认为自己再不欠地主任何恩情，就像你从一个人的商店买了一件东西，你认为不欠他任何恩情一样。佃农知道地主不会让他种东家的土地，收的地租比从别的佃农那里收的少。店商卖货也是如此。哪个店商也不会把市价七便士一码的丝带卖六便士。”**鲍斯威尔**：“可是，先生，佃农应当依赖地主岂不是更好吗？”**约翰生**：“嘿，先生，由于佃农比地主多得多，也许，严格地说，我们不该有这种希望。然而，如果你高兴，你可以把你的土地廉价出租，这样一来获得的价值部分是金钱，部分则是崇拜。我倒同意你这么做。”**鲍斯威尔**：“先生，这样一来，你就又笑话政治改良方案了。”**约翰生**：“嘿，先生，大多数政治改良方案都是非常可笑的玩意。”

他说："上天的安排是明智的，人越来越多，就越难在任何事情上达成一致，所以，他们就得被人管理。毫无疑问，如果穷人理论，'我们不想再守穷了，我们叫富人轮换轮换'，如果不是他们达不成一致意见，他们就会轻易做到的。所以普通士兵，尽管比当官的多得多，还是出于同样的原因受到当官的管制。"

他说："人类对他们习惯了的住所有一种强烈的依恋。你看挪威的居民不会一致同意离开它，到美洲某个气候温和的地方生活，在

313 那里他们也许只花十分之一的劳动，就能获取同样多的土地出产。

1769年10月26日星期四

不，先生；他们对老家的热爱，加上对一种巨变的恐惧使他们留在家乡。于是我们看到世界上很多最美的地方地广人稀，而很多严酷的地方则人口稠密。"

他持之以恒订阅的唯一的报纸《伦敦纪事》送来了，朗读的任务派给了我。他的没有耐心转移了我的注意力。他叫我跳过很多内容，这样我的任务就非常轻松。他不允许我读关于米德尔塞克斯选举[①]给国王的一封请愿书。

我在伦敦期间雇了一位波希米亚人当我的仆人，由于非常欣赏他，我就问约翰生博士，他是个罗马天主教教徒，我把他带到苏格兰去是不是合适。**约翰生**："嘿，先生，没有什么不合适的，如果他不反对，你就没有什么好反对的。"**鲍斯威尔**："这么看来，先生，你并不是罗马天主教的大敌。"**约翰生**："先生，同样也不是长老会的大敌。"**鲍斯威尔**："你是在开玩笑吧。"**约翰生**："没有，先生，我真是这么想的。不仅如此，先生，两者之中，我更喜欢天主教徒。"**鲍斯威尔**："怎么会这样，先生？"**约翰生**："嘿，先生，长老会教友设有

① 1768年3月25日，由于争当伦敦市的候选人未能成功，威尔克斯决定争当米德尔塞克斯的候选人，经过一场受到大众热情鼓舞的组织得很好的竞选运动，他又于3月28日回到议会代表米德尔塞克斯，随后他遭到驱逐，根据是他仍然被宣布为不法之徒。这起事件是一重大考验：是大众支持还是国王宠信在政治权威上更加重要，它促使埃德蒙·伯克就这一问题写了一本小册子《关于当前不满情绪的思考》(1770)。

约翰生博士

乔舒亚·雷诺兹爵士 绘

教堂，没有授神职礼。”**鲍斯威尔**：“你认为这是绝对必要的吗，先生？”**约翰生**：“嘿，先生，由于那是一种使徒传统制度，我认为没有它是很危险的。还有，长老会教友没有公众崇拜：他们没有自己知道应当参加的祈祷形式。他们去听一个人祈祷，然后才能判断他们是否要跟他一起祈祷。”**鲍斯威尔**：“可是，先生，他们的信条跟英国国教会是一样的。他们的信仰声明以及三十九条信纲，包含着同样的要点，甚至命定论。”**约翰生**：“嘿，不错，先生，命定论是时代喧嚣的一部分，所以在我们的信纲中提到了，但确定性却少之又少。”**鲍斯威尔**：“先生。全盘相信三十九条信纲有没有必要？”**约翰生**：“嘿，先生，这是一个饱受激烈争论的问题。有人认为必须完全相信这些信纲；有人认为它们只不过是和平信纲[①]，也就是说，你不应当对它们作反宣传。”**鲍斯威尔**：“先生。我觉得命定论，或者跟它相当的任何理论，如果我们相信上帝的一种普遍的预知，那就是不可回避的。”**约翰生**：“嘿，先生，上帝不是天天看着事物进行而不加阻止吗？”**鲍斯威尔**：“真的，先生，不过如果一件事情肯定预见到了，那就一定确定好了，不可能以另外的方式出现；如果我们把这种考虑用到人的思想上，那就没有自由意志，我也就看不出祈祷能有什么作用。”他提到克拉克

---

① 〈西蒙·帕特里克博士（Dr Simon Patrick，后来的伊利主教）在1682或1683年2月8日写给博学的约翰·梅普尔托夫特博士（Dr John Mapletoft）的信就这个问题是这样表达自己的看法的：

“我总是认为信纲是仅有的团结契合信纲，布拉姆霍尔主教就持这种观点反驳查尔西顿主教；我清楚地记得：国王第一次复位的时候，桑德森主教收到我的一位相识的认可，他宣称对信纲的这种认可不是认可它们是信仰的信纲，而只是和平的信纲。我想你用不着对此事有所顾虑，因为我认识的人都是这么理解认可的意思，对其他条件是不会认同的。”——上面的内容若干年前刊印在《欧洲杂志》上，出处是现在约翰·梅普尔托夫特的孙子、切特西（Chertsey）的外科医生梅普尔托夫特手中的原信。——M.〉

博士，布拉姆霍尔[①]主教论《自由与必然》，并叫我读读索思[②]《关于祈祷的布道文》；但回避了一直无与伦比地折磨哲学家和神学家的那个问题。我没有进一步追问，因为我发现他面有难色，而且遇到通常涉及上帝的一种属性的任何要点，无论在其全部范围内跟道德管理的大体系怎样不可调和，他都退避三舍。他那被信以为真的正统观念，在
314 这里钳制了他理解的活力。他被一条锁链锁住了，早年的想象和长期的习惯使他认为这条锁链坚实坚固，可是如果他大胆地试一下，可以立即将它啪的一下扯断。

1769年10月26日星期四

我接着说："先生，你怎么看罗马天主教徒所信的炼狱？"**约翰生**："嘿，先生，这是一种毫无害处的信条。他们的看法是大多数人既不是恶贯满盈该受永久的惩罚，也不是极其善良足以获准进入享受天国之福的灵魂的社会；因此，上帝开恩，允许有一个中间状态，在那里，人类灵魂可以遭受一定程度的苦难从而得到净化。先生，你看，这里面没有什么不合情理的地方。"**鲍斯威尔**："可是，先生，他们为死者做弥撒你又怎么看呢？"**约翰生**："嘿，先生，一旦确定炼狱里有灵魂，那就应当为他们祈祷，就像为我们在世的兄弟们祈祷一样。"**鲍斯威尔**："弥撒的偶像崇拜呢？"**约翰生**："先生，弥撒中没有偶像崇拜。他们相信**上帝**就在那里，他们崇拜的是**上帝**。"**鲍斯威尔**："圣徒崇拜呢？"**约翰生**："先生，他们不是崇拜圣徒；他们是在召唤圣徒；仅仅要他们的祈祷。我一直说的是罗马天主教的教义。就算你对，在实施时，炼狱被搞成一种唯利是图的骗局，人们把自己托付给某些圣徒守护时，就变成偶像崇拜了。我想他们施

---

① 布拉姆霍尔（Dr John Bramhall，1594—1663），阿尔马大主教；倡导爱尔兰教会采用三十九条信纲和1604年的英国准则；与霍布斯就自由与必然交谈；《来自先前和外在的必然的真正自由辩》（1655）的作者；主要因为与厄舍、劳德、霍布斯和温特沃思的联系而留在人们的记忆中。

② 索思（Dr Robert South，1634—1716），英国国教会牧师、神学家；查理二世之弟约克公爵詹姆斯的牧师（1667）；基督堂学院牧师（1670）；牛津郡伊斯利普教区长（1678）；谋求主教职位的希望因"光荣革命"而破灭。

圣餐只有在一种情况下是有罪的，因为它跟**基督**特定的制度是背道而驰的，我不知道特兰托公会议[1]怎么会承认它。”**鲍斯威尔**：“告解吗？”**约翰生**：“嘿，我不会不知道告解是件好事情，《圣经》上说‘所以你们要彼此认罪’，俗人要认罪，教士也要认罪。所以必须认为只有悔罪、往往还有苦行赎罪才能赦罪，你认为你的罪过不经过苦行赎罪，只凭悔罪就可以赦免。”

我大胆向他提到种种反对罗马天主教教会的普通意见，好听听这样一位伟人对这些意见的看法。他的话都被准确无误地记录下来了。然而如果有人站在对立面，也许他的推论便大相径庭，这并不是不可能的。

然而，我必须提及的是他对“老教”怀有一种崇敬之心。“老教”是温和的梅兰克森对罗马天主教的称呼，尽管他竭尽全力在某些细节上对它加以改革。威廉·斯科特爵士告诉我，他听到约翰生说：“一个从新教改信天主教的人也许是真诚的：他什么也没有放弃，他只是在他已经拥有的东西上做了追加。但是一个从天主教改信新教的人则放弃了如此多他认为跟他保留的任何东西一样神圣的东西；在那样的一种改信中有如此多的心理创伤，以致这种改信很难做到真诚和持久。”这种反思的真实性可以得到许多突出事例的证实，其中有一些大多数读者将会见到。

我们俩单独在一起时，我引入了死亡问题，而且极力主张对死亡的恐惧可以克服。我告诉他大卫·休谟对我说过，他想到自己今生之后不复存在跟想到他开始存在前什么都不是，都是一样的不安。 315
约翰生：“先生，如果他真的这么想，他的感知就受到困扰；他就疯 1769年
了：如果他不这么想，他就是撒谎。他可以告诉你，他把一根指头 10月27日 星期五
伸进一支蜡烛的火焰里，感觉不到疼；你肯相信他吗？他死的时候，

① 罗马天主教第十九次主教特别会议（1545—1563）特兰托公会议阐明了受到新教教会挑战的关于“圣体”“告解”“炼狱”等一系列天主教教义，并发起了反宗教改革运动。

他至少放弃了他的全部所有。”**鲍斯威尔**：“先生，富特告诉我，他病得很厉害时，他就不怕死。”**约翰生**：“这不是真话，先生。拿一把手枪抵住富特的胸膛，或者休谟的胸膛，扬言要杀死他们，你就会看到他们的表现。”**鲍斯威尔**：“可难道我们不可以强化心力迎接死亡的临近吗？”说到这里，我意识到把他怀着恐怖看待的东西摆到他面前，我犯了个大错；因为尽管在天国的框架内，在他的《人愿皆空》中，他把死亡看作“仁慈的大自然要求退却的信号”，从这种存在状态退向“一个更加快乐的座位”，但他对这种可怕变化的想法，总体而言，充满了阴沉的恐惧。他的心就像那圆形大剧院，罗马大角斗场。中央站的是他的判断，好像一名角斗士，与那些恐惧格斗，恐惧则像角斗场里的野兽，在四周的密室里，随时准备向他扑来。经过一番殊死拼搏，他把野兽赶回了兽穴；但没有杀死它们，它们仍然要攻击他。对我的问题，我们是否可以强化心力迎接死亡的临近，他气急败坏地回答：“不，先生，不去管它，重要的不是一个人怎样死，而是怎样生。死的行为并不重要，它持续的时间太短。”他补充说，（神情十分认真）“一个人知道情况必须如此，所以就听之任之。哀怨没有任何好处”。

我试图把谈话继续下去。这一下可把他惹恼了，他说，“到此为止吧”；他一下子激动得不能自持，说话的样子让我又惊恐又难堪；他那急赤白脸的表情等于给我下逐客令，我正要走，他厉声向我喊道：“明天咱们不见面了。”

我心乱如麻地回了家。我听到过的关于他的性格的所有尖刻的说法一窝蜂似的拥进我的心头；我觉得自己像那个把脑袋伸进狮子嘴里很多次，却都平安无事的人，但最后还是被咬掉了脑袋。

第二天早晨，我派人送给他一封信，说我也许错了，但不是故意的；我不禁想，他对我未免过于严厉。尽管我们说好那天不见面，但我还是想进城时顺路拜访拜访他，只待五分钟。“自从昨天夜里，（我说）在我心里你一直被阴云笼罩，任风雨吹打。让我瞥见一线阳光，再去平平静静、快快乐乐地做自己的事情吧”。

走进他的书房，我很高兴看到他不是一个人，否则局面就会使我们的会面更显尴尬。在座的客人是斯蒂文斯先生和泰尔斯[①]先生，这是我和他们二位的初次晤面。按他自己的想法，我的短信已经使他心软了，因为他非常殷勤地接待了我；所以我发现自己出乎意料的轻松，便跟他们一起交谈起来。

他说批评家写了太多文章抨击理查德·布莱克莫尔爵士[②]，反倒使他赢得了太多荣耀。他的“创作”就受到各种才子的帮助，菲利普斯[③]帮一行，蒂克尔[④]帮一行；经过他们的帮助，还有其他人的帮助，诗就作出来了。[⑤]

316

1769年10月27日星期五

我替被认为是布莱克莫尔写的两行诗辩护，因为它们被嘲讽为绝对的胡诌：

① 泰尔斯（Thomas Tyers，1726—1787），作家；乔纳森·泰尔斯的长子；约翰生和鲍斯威尔的熟人；约翰生的“不安的汤姆”的画像（《闲散者》第48期）的灵感来源；一系列政治家虚构谈话录《政治讨论》（1780）和一些蒲柏与艾迪生的吹捧文章的作者；《绅士杂志》的固定撰稿人，1784年约翰生去世后发表约翰生的《传略》。

② 理查德·布莱克莫尔爵士（Sir Richard Blackmore，约1655—1729），医生、作家；作品有《亚瑟王子：十卷英雄诗》（1695）；被德莱顿指控为剽窃；后来写了《伊丽莎：十卷史诗》（1705），《人性》（1711）；与约翰·休斯开始写《杂役僧侣》（1713）。

③ 菲利普斯（Ambrose Philips，1674—1749），诗人、剧作家；《田园诗》发表在汤森的《杂志》（1709）上，蒲柏在《卫报》（1713）上予以嘲讽，与艾迪生过从甚密；剧本《悲伤的母亲》（1712）的作者；《关于印行一部英文词典的建议》开了约翰生词典的先河。

④ 蒂克尔（Thomas Tickell，1686—1740），诗人、政府官员；艾迪生的辉格党人圈子里的一员；翻译《伊利亚特》和《奥德赛》成为蒲柏的对手；艾迪生给爱尔兰总督当秘书时他是艾迪生的助理秘书（1714），后任南方部国务秘书（1717）；作品有歌谣《露西与科林》（1725）和反詹姆斯二世党人书信《一位英格兰女士致一位阿维尼翁男士书》（1717）；受到约翰生、哥尔德斯密斯和格雷不同程度的赞赏。

⑤ 〈约翰生本人在这一点上已经替布莱克莫尔做了辩白。见《诗人传》第3卷，第75页，八开本，1791。——鲍斯威尔〉

沃尔蒂杰王子穿着一件彩绘马甲
曾由他爷爷从一个赤裸的皮克特人身上扒下。[a]

我坚持认为它是一种富有诗意的奇思妙想。一个皮克特人身子被绘了彩，如果他在作战时被杀，用他的皮做了马甲，那就从他身上扒了一件彩绘的马甲，尽管他是赤身裸体的。

约翰生对某一位著作等身的作家评价欠佳，说："他过去写过一些书不署名，然后又写了一些书赞扬这些书，这里面就有点流氓习气。"

我悄声对他说："哎，先生，你现在心情可好啦。"**约翰生**："是啊，先生。"我要离开了，已经走到楼梯口了。他叫住我，笑了笑说："你还是进屋吧。"这是一种挽留我的奇怪的方式，于是我又待了一段时间。

这种意外的小争执及和解，有人也许认为我描述得过于详细，但必须看作他的朋友们拥有的很多证据之一，那就是，虽然他也许有时候被指责脾气坏，但他一向是个好脾气的人；乔舒亚·雷诺兹

a 《欧洲杂志》1792年4月号的一位眼光敏锐的记者彻底揭露了经常莫名其妙地把这两行诗归在布莱克莫尔名下的一个错误，尽管理查德·斯蒂尔爵士在那本广受欢迎的作品《旁观者》中提到它们出自《不列颠王子们》的作者爱德华·霍华德阁下之手。上面提到的那位记者指出这一错误如此根深蒂固，不仅我在约翰生博士面前把这两行诗当作布莱克莫尔的加以辩护，对它们的真实性没有任何质疑或怀疑，牧师惠特克先生在出版物中称他认为这两行诗在最近的一版或多版的布莱克莫尔作品中被压下了。"毕竟（这位聪明的作家说）这两行被如此频繁引用的诗在布莱克莫尔和霍华德作品中都不存在，这不是不值得特别注意的现象。"现在就摆在我面前的1669年八开本《不列颠王子们》第96页是这样写的：

受人赞赏的沃尔蒂杰穿着一件马甲，
曾由他爷爷从本岛仇敌的身上扒下，
它艺术的色彩经过推罗紫的浸染，
对胜利的感激尽在这份遗产中间。

很有可能，我认为，某个爱说笑打趣的人为了使霍华德比他实际的情况更加可笑，特意编造了现在流传的这副对句。

爵士对举止言谈有细致入微的观察，我听他特地说过，在任何场合约翰生对一起的什么人态度粗鲁时，他总是抓住最早的机会和解，办法是敬人家一杯酒，或者主动跟人家攀谈；可如果发现他这种庄严的间接示好遭到冷遇，他也就无所谓了，认为该做的他都做了，现在错在对方了。

由于我要在11月10日动身前往苏格兰，我给在斯特雷特姆的他写了一封信，请他9号在城里跟我见面；但如果他实在不便，我可以去他那里。他的回信如下： 317

1769年
11月10日
星期五

致**詹姆斯·鲍斯威尔先生**

亲爱的先生，——权衡过双方的不便后，我发现你在此过夜给你造成的不便少于我进城的不便。我希望见你，而且受命于这家的女主人邀请你来此间。无论你来与否，我都没有机会在你婚前再给你写信，因此现在就告诉你，我衷心祝你幸福。

你最挚爱恭顺的仆人，

1769年11月9日。 **塞姆·约翰生**

9号我在城里滞留得太晚，所以在11月10日一大早就去见他。“既然（他说）你要结婚了，生活给你多少，你就接纳多少，不要期望过多。你也许常常发现自己心情不好，你也许会认为妻子不够体贴入微，不能使你开心；然而你也许有理由认为总体而言，你的婚姻幸福美满。”

谈到一般的婚姻，他说：“我们的婚礼过于讲究。它只是为最好的那一类婚姻精心设计的；而我们应当有一种适合更实际的婚姻的婚礼形式，这种婚配可多了去了。”他同意我的看法，那就是，由一个正规的牧师主持婚礼没有绝对的必要，因为经书中并未这样要求。

我心血来潮把自己写的一首关于婚姻的警句短歌背给他听，几天前加里克先生让非常机灵的迪布登先生给它配了曲。

婚姻畅想曲

在蜜月欢天喜地的日子里，
　我被凯特迷得神魂颠倒，
我爱她爱得晚，爱她爱得疾，
　管她叫最最亲爱的咪咪小猫。

如今我的咪咪猫已长成大猫，
　像别的河东狮子一样舞爪张牙，
哦！我的魂呀，我诚实的相好，
　她有九条命呀我好生害怕。

我这位杰出的朋友说："好极了，先生；不过你不应当赌咒发誓。"根据他的意见，我把"哦！我的魂呀"，改成了"哎呀，哎呀！"

318 1769年11月10日星期五 他关怀备至，陪我回到伦敦，又把我送到载我去苏格兰的驿车上。我确信，这一时期记录的许多细节对于有些人无论显得多么微不足道，但它们会被我的最优秀的一部分读者看作他性格的真正特点，汇总起来有助于给出一个全面、公正、明晰的性格面貌。

1770年：六十一岁。〕——1770年，他出版了一本政论小册子，题名《虚假警报》，旨在为内阁和下院多数派的行为辩护，因为实际上已经把这样一种行为想当然地认作一种公理，那就是，开除一名议员等同于将他永远排除在外，由此宣布勒特雷尔上校正式当选为代表米德尔塞克斯郡的议员，尽管威尔克斯获得了绝大多数选票。由于这被正当地认为是对选举权的严重违反，是一种延及全国上下的对宪法的警报。证明这次警报的虚假就是约翰生的小册子的主旨；然而即便他神通广大也不足以应对宪法的真理和理由，他的辩论没有产生效果；于是下院从他们议事录上删除了这一唐突决议。

下院可以一而再、再而三地开除威尔克斯先生，他重新当选多少次就开除多少次，这一点是不容否认的；然而剥夺资格除了凭借全体议会的法令是不能成立的。在这起事件中，看到一种对政府的全面偏袒、对大众呼声的厌恶反感能怎样蒙蔽和紧缩像约翰生那样的人的理解力，真是不可思议；然而这本小册子展示的那种智趣，那种讥刺，那种雄辩，使当时的人读起来心情急迫，也会使将来的人读起来乐趣无限，纯粹是为了文章本身的缘故。它竭力把一种对公众关切的麻醉式的冷漠注入人们的心田，而且它有时候竟然破口大骂，极尽粗鲁鄙夷之能事，这些都是一目了然的。

然而，断断不可忽略的是，当他的狂风暴雨消歇之后，他利用一次正大光明的机会向国王表示感激之情，因为国王奖赏过他的功绩："出身低贱的各路诸侯已经努力，当然纯属徒劳，去疏离百姓对唯一的国王的爱戴，这是国王近一个世纪显得非常渴望或者力图应该得到的东西。"而且，"每一个诚实的人必须悲叹：托利党人以僵化的中立态度看待派系，因为长期以来托利党人习惯了跟朝廷作对，以此来凸显他们的原则，却不考虑他们最终还有一个不知党派名称的国王，一个希望成为万民之父的国王"。

这本小册子立即被人发现出自约翰生之手，于是各种回应纷纷出笼，这些应答小心翼翼地提醒公众约翰生过去抨击过政府，现在是一位领受恩俸之人，却没有考虑到约翰生的恩俸发放和领受时用的光明磊落的言辞，也没有考虑到不列颠朝廷在当朝国王即位后经历的体制变化。然而，约翰生在一首由牧师斯托克代尔[①]先生写的 319
题名为"抗议"的诗的至高无上的赞扬声中得到了安慰。对于此人，约翰生在很多场合都是一位好心的保护人。

1770年
6月23日
星期六

他做的下面一段令人赞叹的札记绝妙地描写了他自己的心态，

① 斯托克代尔（Percival Stockdale，1736—1811），作家；翻译塔索（1770）；约翰生的朋友；《批评评论》和《宇宙杂志》主编（1771）；作品有《蒲柏辩》（1778）和《厌世论》（1783）；浏览并支持约翰生的《英国诗人传》的计划。

也是很多惯于反省的人的心态：

“1770 年 6 月 1 日。人人都自然而然说服他自己能遵守决定，谁也不相信自己弱智，除非经过很长时间和频繁的实验。我们的这种一成不变的观点如此大行其道，以致我们总是鄙视那种容忍自己的总的既定目标被一时的欲望所推翻的人。因此，屡试屡败使一些人变得绝望，他们便不再酝酿任何决定；他们也变得狡猾了，闭口不提决定的事情。不做决定的为数寥寥，但决定的效果却不大看得出来；因为要不是由于被某种外力牵制免于背离，很少有什么人在根据选择所规划的生活通路上坚持到底，谁随心所欲地生活，谁就很难遵照自己的规章长期生活下去。”[a]

这一年的信件中，我得到了以下几封：

致**牧师法默博士**，剑桥

先生，——由于谁也不应当把任何也许对公众有用的东西全部据为己有，如果我求您提供那种其他任何人都提供不了的信息，希望您不至于认为我在无理滋扰。

由于支持一种您已经优先支持过的意见，斯蒂文斯先生，一位头脑非常灵敏的绅士，最近在国王学院任职，已经收集到了莎士比亚也许看到过并使用过的所有译文的一篇综述。他希望自己的目录能做到尽善尽美，因此求您惠允将您的精准的探究使您能够做出的那些补充让他穿插其中。对于这一要求，我不揣冒昧又添加了自己的恳请。

我们并不立即使用您的材料来充实这一目录，因此不想让它干扰或妨碍您更加重要的工作。但收到此信后敬请赐复。你的，

舰队街约翰生巷，　　　　**塞姆·约翰生**

1770 年 3 月 21 日。

a 《祈祷文与默想录》，第 95 页〔第 101 页〕。

致**牧师托马斯·沃顿先生**

亲爱的先生，——你很高兴答应给我一些关于莎士比亚的注释，这种爽快劲儿是你不忘旧情的新的例证。我不会催你；然而帮我编这个版本的斯蒂文斯先生希望我告知你，我们将先印悲剧，因此首先需要属于那些悲剧的注释。我们不想加印附录给读者造成不便；因此我们没法安排到适当位置的东西对我们没有好处。六周之前我们不会开印，也许不会这么快的。你的， 320

伦敦，1770 年 6 月 23 日。 **塞姆·约翰生** 1770 年 6月23日 星期六

致**牧师约瑟夫·沃顿博士**

亲爱的先生，——我正在修订我编的莎士比亚，还记得原先歪曲了你对里亚的看法。请将那段按你的原意写下来寄给我。如果你对该剧或其他剧作还有自己的什么评述，我将乐意接受。

代我向沃顿夫人致意。有时候我想到温切斯特逛几天，不过不容易成行。你最恭顺的仆人，

1770 年 9 月 27 日。 **塞姆·约翰生**

致**弗兰西斯·巴伯先生**，赫特福德郡主教的斯托尔福德，克拉普夫人家

亲爱的弗兰西斯，——我终于坐下来给你写信了，我应当严责自己这么长时间忽略了你，如果我没有把此事和其他很多失误归咎于健康欠佳的话。我不希望再这么长期沉默下去了。对你取得的进步我非常满意，如果你真能做给你布置的练习；我希望埃利斯[①]先生不允许你骗他，也不允许你骗自己。

代我向埃利斯先生、克拉普夫人和史密斯先生问好。

告诉我你读什么英文书消遣。你不爱读书是永远不能变聪明的。

① 埃利斯（William Ellis，活跃在1770年左右），主教的斯托尔福德学校校长。

别胡思乱想我会忘记或抛弃你，因为如果当我考查你时，发现你没有浪费时光，你就不需要鼓励。来自你挚爱的，

伦敦，1770 年 9 月 25 日。　　　　　　　　**塞姆·约翰生**

又：

亲爱的弗兰西斯，——希望你操心自己的事。我计划你在克拉普夫人那里过节。如果有人邀请你外出，你可以去，要是埃利斯先生允许的话。我给你定制了几件衣服，我相信，下周你将会收到。代我向克拉普夫人、埃利斯先生和史密斯先生问好，挚爱你的，

1770 年 12 月 7 日。　　　　　　　　**塞姆·约翰生**

这一年里，约翰生和我之间的书信往来完全停止了，并不是哪一方感情冷淡所致，而纯粹是由于一天接一天的拖拉；由于我不在伦敦，就没有机会享受陪伴他的快乐、记录他的言谈。为了填充这段空白，我将给读者呈献几段杂录，这是在爱尔兰福克兰的牧师马克斯韦尔博士好心提供给我的，有一段时间他在圣殿教堂当助理布道士。是约翰生多年来过从甚密的朋友，约翰生说起他时充满了一种关爱之情。

321 “我与那位伟大、可敬的人物的结识开始于 1754 年。我是由国
1770 年 王陛下在都柏林的承印商格里尔森先生[a]介绍给他的，格里尔森先生是一位学识广博的绅士，言谈妙趣横生，行动生龙活虎。他于二十七岁时英年早逝于德国。约翰生博士对他的才能高度敬重，常说格里尔森先生的知识面比他认识的这种年龄的任何人都广。他的

a　博学的格里尔森夫人的儿子。格里尔森夫人受到已故的格兰维尔勋爵的资助，并编过好几种古典名作。[1]

1　〈她的塔西佗版本有Ryckius的注，三卷八开本，1730，用非常优雅的拉丁文题献给John, Lord Carteret（后来的格兰维尔伯爵），这位勋爵于1724至1730年间以总督的身份住在爱尔兰，对她进行资助。——M.〉

勤奋与他的才气堪称伯仲；他尤其精通各种门类的语文学，也许是他那个时代最优秀的批评家。

“我之所以有与约翰生博士相识并结下终生不渝的友谊的荣幸，而且这种关系是我一生的骄傲和幸福，全亏了格里森先生的这番情义。这是我必须满怀感激，铭记于心的。

“他在言谈中继续展示着如此丰富的智趣和良知，竟然没有记录下来，任其泯灭，真是天大的憾事！跟他相处后离开的人很少不发现自己比先前聪明而善良的。在严肃的话题上，他对他的听众闪现出最有趣的信念；在较为轻松的话题上，你可以估计到——Albano musas de monte locutas。[①]

“尽管通过我能提供的任何信息，对于这样一位崇高的人物的声誉能希望增添的东西微乎其微，然而出于纯粹对他怀念的敬仰，我愿意贸然向你传达一些刚好让我观察到的有关他的轶事。那样一位人物的琐事肯定是引人入胜的，可以比作钻石的锉屑。

“在政治上他被看成一名托利党人，然而从这个词的招人讨厌或党派意义上讲，他肯定不是这样的人，因为尽管他主张国王的合法和有益的特权，但他也同样尊重宪法赋予的人民的自由。辉格主义在革命时期，他说，是伴随着某些原则的；但到最近作为沃尔浦尔和佩勒姆之流下面的一种纯粹的党派分野，不比股票经纪人的政治和异教徒们的宗教强。

“他讨厌借助议会腐败进行统治的观念，极力主张一位坚定而明显地追求百姓利益的君主不能不获得议会的赞同。一位能干的君主，他声称，可以，而且应当成为他自己行政的指导灵魂和指导精神；简言之，是他自己的大臣，而不仅仅是一个政党的首领：到那个时候，甚至不到那个时候，皇家的威严就会得到衷心的尊重。

---

① “阿尔班山上的众缪斯说的”——贺拉斯，《书札》，第2卷，第2首，第26行。

"约翰生似乎认为，国王对议会的一定程度的影响，(不是指腐败和可耻的依赖) 在我们的混合政府内，是非常有益的，不，甚至
322 是必要的。'因为，(他说) 如果议员们不受国王的影响，又没有资
1770 年 格接受朝廷的报酬，并且有可能像皮姆[①]、哈斯勒里格[②]和其他长期议会[③]的顽固强势议员一样，政府的车轮就会完全受阻。那种人就会唱对台戏，仅仅是出于羡慕、嫉妒和任性，来炫耀自己的权力；由于没有得手，就会仇恨、反对所有的成功人士：他们并不热爱君王本人，认为他们不欠他什么情，仅仅出于傲慢和对抗的精神，他们会在一切场合反对君王，阻挠君王。'

"人类所有的政府附带的这种不可分割的不完善，他说，表现在不能充分地储备德行和原则去将法律加以适当有效的实施。智慧可以计划，但只有德行才能实施。哪里能找到足够的德行呢？各种被授予的，而且往往是可随意使用的权力必须交托到某个地方；这种权力如果不受到廉洁和良心的管束，必然会被滥用，直到最后警察会把自己手中的权力拿一个先令卖掉。

"这位优秀人物有时候被指控支持奴性的和专横的管理原则。依我看再没有比这更放肆的诽谤和歪曲了。一个人怀着如此高尚的尊严支持自己的哲学人格，极其珍惜自己的个人自由和独立[④]，而且不能容忍一丁点忽视或辱没显现，哪怕从最高贵的人物身

---

① 皮姆 (John Pym，1584—1643)，政治家；英国议会的突出议员 (1621—1643)；在英国内战第一阶段 (1642—1646) 使议会战胜国王查理一世的一名设计师。

② 哈斯勒里格 (Arthur Haslerig，1606—1661)，军人、共和派政治家；反对查理一世的议会党人；克伦威尔的对手；1660年被免除运用特赦法，在被控谋反罪候审期间死于伦敦塔。

③ 查理一世于1640年11月召集的议会，延续到1653年4月议员被克伦威尔的军队驱逐为止。

④ 〈关于国王影响的必要，见Boucher《关于美利坚革命的布道文》第218页；以及Paley的《道德哲学》第4部，第7章，第491页，四开本的引文。——布雷克威〉

上，他竟然采取了那样恶劣而荒唐的观点，这样的推测怎么合乎情理呢？

“不过还是让我们在一些更加亲密的生活事例中观察他吧。

“在我们交往期间，他的总的生活模式似乎是一成不变的。我通常在十二点左右去拜访他，经常发现他尚未起床，要不就是一边喝茶，一边高谈阔论，他喝茶喝得很厉害。他一般要接见一次早朝客，主要是些文人学士，霍克斯沃思、哥尔德斯密斯、墨菲、兰顿、斯蒂文斯、博克莱尔等人，有时候还有才女，我特别记得有一位妙语连珠、打扮时尚的法国女士[①]前来拜访，向他表示敬意。在我看来，他似乎被看作一种公众的神谕，人人都认为自己有一种朝拜取经的权利；毫无疑问个个都有求必应，如愿以偿。我一直发现不了他是怎么找到时间来写作的。整整一个上午他都在高谈阔论，然后到一家酒馆吃饭，通常吃到很晚，随后又到某个朋友家喝茶，一喝就是半天，但很少在那里吃晚饭。我想他肯定主要是在夜里读书写作的，因为我很难想起他曾经拒绝过和我一起到一家酒馆吃饭，而且他还常去拉内拉夫[②]，他认为那是一个清纯的娱乐场所。

“他经常把衣袋里所有的银币施舍给穷人，这些人总在他家和他吃饭的酒馆之间盯着他。他一直在街上溜达，说他从来没有被抢过，因为这些瘪三知道他没有多少钱，也不像个多么有钱的人。

“尽管是世上最易接近、最好沟通的人，但要是他怀疑别人邀请 323
他有展示之嫌，他就会断然拒绝这种邀请。 1770 年

“有一次我正好在座，两个从斯塔福德郡来的年轻女子前来拜访他，向他请教有关她们相信的循道宗的问题。‘好吧，（他说）你们两个漂亮的傻丫头，跟马克斯韦尔和我到“主教冠”吃饭去，到时候我们再聊这个问题’；她们同意了，饭后他把其中一个抱到他的膝

---

① 布夫莱尔夫人（Mm de Boufflers）。

② 切尔西附近泰晤士河畔的游乐园，1742年起向公众开放。

上，将她抚爱了半个小时。

“有一次他到特威克纳姆附近的一个乡间住处来看我，问我在那里跟哪种人交往。我漫不经心地告诉他；因为他们主要是些退出生意圈的殷实的商人。他说，他从来不大喜欢那一类人；‘因为，先生，（他说）他们已经失去了生意人的文明礼貌，却没有养成绅士的翩翩风度’。

“约翰生非常依恋伦敦[①]：他说，一个人心里在那里的储存比其他任何地方都丰富；在偏远的地区，一个人的身体可以天天酒足饭饱，但他的心灵却嗷嗷待哺，由于缺乏锻炼和竞争，他的能力也容易退化。没有一个地方，（他说）能像伦敦那样有效地根治虚荣或傲慢；因为没有一个人本身伟大或者优秀，除非跟不是那么优秀或伟大的别人加以比较，他肯定发现在这个大都会里有很多与他不分伯仲的人，还有一些比他更胜一筹的人。他说，一个人在伦敦，与在与别的地方相比，轻率地坠入爱河的危险性较小；因为在那里是一望无际的花花世界，到处都是相互冲突的虚华矫饰，使人难以取舍，也就使人相对安全。他告诉我，倒是常有人给他提供乡下的美差，如果他愿意从命的话；然而他不能离开首都的改良社会，也不愿意把公众生活那种心旷神怡的欢乐和璀璨夺目的繁华改换成偏远地区默默无闻、平淡无味、千篇一律的生活状态。

“谈到温莎大教堂教士、《古斯塔夫·阿道夫生平史》的作者哈特[②]先生，约翰生把他作为一名学者和一个他所知道的最具友善才

---

① 〈蒙田对巴黎的热爱与约翰生对伦敦的热爱相同。——“我满怀柔情地爱着她（他在《谈虚荣》中说），甚至爱她身上的疣赘和污垢。我之所以是法国人，仅仅是因为这座伟大的城市，人口众多，地利物阜无与伦比，堪称法国的荣耀，也是世界上最宏伟绚丽的华彩之一。”1781，阿姆斯特丹版第3卷，第321页。——布雷克威〉

② 哈特（Walter Harte，1709—1774），作家；埃塞克斯戈斯菲尔德教区长（1734）；温莎受俸牧师（1750）；圣马利亚堂副主管（1740）；切斯特菲尔德勋爵的私生子菲利普·斯坦厄普的老师；蒲柏的相识，并相互吹捧；作品有《古斯塔夫·阿道夫生平史》（1759）和《管理论》（1764）。

Ranelagh 1751

情的人物推崇备至。他说，他的历史的缺点不是出自低能，而是出自浮华。

“他说，他喜爱古黑花体字书籍；这些书尽管文笔不够典雅，但内容却充实丰富；考虑到这些作家怎样博览贯通最优秀的古代典籍，他更是酷好有加。

“伯顿的《忧郁的解剖》，他说，是唯一的一本使他把希望起床的时间提前了两个小时的书。

“他常常规劝我着手写一部爱尔兰史，而且一口咬定，爱尔兰有一些优秀作家，一个爱尔兰人至少可以向往与另一个并驾齐驱。他对爱尔兰民族，尤其是天主教徒的苦难与不幸深表同情；严厉谴责不列颠政府野蛮的打压政策，他说，这是最可憎的迫害手段。有位绅士暗示这种政策对增强英国政府的权威是不可或缺的，他回答说，
324 ‘让英国政府的权威消亡也比靠不公来维持强。用剑的权威遏制当地
1770年 人的动乱，用一种有效和有力的治安组织使他们顺从法律和正义，
胜过用种种无能的手段将他们碾成齑粉。与其（他说）用无情的迫害使人民穷困、饥饿，还不如一下子将他们绞死淹死’。当代的温和及人性化政策在某种程度上证明了约翰生意见的明智。

“对于苏格兰人，约翰生往往被人指责怀有偏见，更有甚者，说他心存厌恶。毫无疑问，如此狭隘的偏见从来没有进入过他的脑海：众所周知，那个可敬的地区的很多本地人都受到他的大力推崇；只要机会许可，他们当中也没有任何人被排斥在他的帮助之外。不错，他认为苏格兰人作为一个民族，是一个狡猾而精于算计的民族，一心关注自己的利益，太容易忽略别的民族的权利要求。‘恩惠他们只让本地区的人独享，同时又指望得到别人的帮助。且不管（约翰生说）这一原则是对还是错；对了，我们应当好好仿效那种行为；错了，我们也不能过于厌弃。’

“有人请他为一个商人的女儿写篇祭文，他自然要了解死者的人格；他被告知，她对下人是出了名的谦恭俯就，约翰生说，这些都是非常值得赞许的品质，不过发现这位小姐的下人是谁也许不太

容易。

“关于某位演员[1]，他说，他的言谈通常是诈唬和宣告，而不是表演；他用不断翻新的希望慰劳你，到头来却是一连串的失望。

“被人家的反驳激怒时，他容易用过于尖刻的言辞对待对手：例如，‘先生，你对那个问题一窍不通’——‘先生，你这是在无知妄说’。我跟他说，在一次聪明博学之士的社交活动中，有一位先生整个晚上默不作声。‘先生，（他说）谈话恣肆横流，就把他淹掉了。’

“他的哲学，尽管严厉庄重，但绝不阴郁，愤世，从来没有使他性格中值得称道的敏感变钝，也没有使他免除柔情的影响。缺乏柔情，他一向宣称，就是缺乏才气，这就是愚蠢、堕落的证据。

“说到出版了《伦敦至朴次茅斯八日旅行记》的汉韦先生，‘乔纳斯，（他说）在海外旅行赢得了名声，却在国内旅游中丧失殆尽’。

“关于爱情，他说，爱的暴烈和恶果被大大地夸大了；因为谁知道在这一点上的任何真正的痛苦就比其他过度的激情带来的多呢？

“他对劳的《严正号召》推崇备至，说它是所有语言中勉励神学最优秀的作品。‘劳，（他说）近来坠入雅各·伯麦[2]的出神状态中， 325
劳声称伯麦某种程度上与圣保罗情况雷同，看见了不可言说的事物。 1770年
即便如此，（约翰生说）雅各因为没有试图把它们说出来，就会更像圣保罗。’

“他说，国教会的牧师一般来说布道不够平易，典雅周正的文辞，眼花缭乱的语句，飘过寻常百姓的脑海，没有在心里留下任何印象。他说，也许有必要做点事情激发寻常百姓的情感，因为他们陷入了慵倦和昏睡状态，因此他认为循道宗教义的新的伴随情况可能产生理想的效果。心灵，像身体一样，他说，由于喜欢变化和新

① 托马斯·谢立丹。

② 雅各·伯麦（Jacob Behmen，1575—1624），德国神秘主义者。

奇，甚至喜欢宗教本身，便追求新的面貌和更改。无论怎么看某些循道宗教师，他说，他很难怀疑那种人的诚信，他一个月跑九百英里路，一星期布十二次道；对于那种不知疲倦的劳动给不出适当的回报，就是给也仅仅是现世的。

“关于普里斯特利博士①的神学著作，他说，它们想解决所有的问题，却什么也没有解决。

“他母亲的去世对他的影响很大，他写信要我来帮他平复一下心情，我发现他的确心乱如麻。他悲叹在社交场合严肃的宗教性话题一律免谈，这样反而带来了巨大的好处。人人都承认，他说，很少有人实施的东西，也就是我们有使对永恒的关切变成主宰我们生活原则的义务。他说，每个人最终都向往隐退：他看到自己的期望在世界上受挫，便开始抽身离开，并准备永久的分离。

“他说，伦敦的影响现在无处不在，由于所有的流通渠道统统打开，很快古朴的东西便荡然无存，也找不到任何便宜的退隐去处了。

“他不是个无韵白体诗的赞赏者，他说总有败笔出现，除非受到庄严的主题支持。在无韵白体诗里，他说，语言为了逃出散文的窠臼，遭受的歪曲比担心受韵律束缚的任何不便或局限还大。

“他有次指摘我做感恩祷告时没有提我们的**主耶稣基督**的名字，希望将来对使徒训谕②要更加留心。

“在兰顿先生家，他不肯在我前面走出一间屋子，他说，他希望

① 普里斯特利博士（Dr Joseph Priestley，1733—1804），神学家、科学家；不顺从国教者（先为阿里乌派，后又为一位论派）的名义上的领袖；部分靠自学成材；柴郡南威奇不顺从国教教堂牧师（1758）；沃林顿不顺从国教学院语言文学教师（1761—1767）；利兹米尔山教堂不顺从国教会牧师（1767—1773）；因他的关于不同种类的空气的论文获科普里奖章（1773），在伯明翰领导一个不顺从国教者的重要核心（1780—1791）；《英语语法入门》（1761）的作者。

② “凡事要奉我们主耶稣基督的名常常感谢父　神”——《圣经·新约·以弗所书》，第5章，第20节。

他有自知之明，不能擅自取代一位神学博士的位置。我之所以提及这等小事，无非要显示他独特的心态和习性。

“他常说，人生一世，在一般情况下，忍受的多，享受的少；他常常引用德莱顿的两行诗：

> 奇怪的诈骗！无人肯把逝去的日子再过一遍， 326
> 然而人人都从仍在的事物中把欢乐期盼。① 1770年

就他而言，他说，他从来没有度过他有望重复的那一星期，即便一位天使向他提出这样的建议。

“根据他的看法，英吉利民族无论耕耘土地还是陶冶理性都要胜其他任何民族一筹；但也承认，法国人也许在文学各个门类中虽然不能说登峰造极，但在每个门类中都非常高超。智力的杰出，他说，才是至高无上的优越；每个国家的最高声誉都来自他们作家的辉煌成就和尊严。伏尔泰，他说，是一位叙事高手，他的主要优点就在于对事件的巧妙挑选和安排。

“说到法国小说，与理查逊的相比较，他说，它们也许是一些漂亮的小玩艺儿，但鹪鹩毕竟不是老鹰。

“在乔蒙德利夫人家里，他与那位佩尔·博斯科维奇②用拉丁语交谈，我听见他坚持认为艾萨克·牛顿爵士优于所有的外国哲学家[a]，语气的威严，谈锋的雄辩，使那位博学的外国人大为惊异。他注意到查塔姆勋爵的光荣战争之后，在法国，对英国的样样东西都热烈追捧，他说，对此他并不感到奇怪，因为我们把那些家伙打服了，他们不得不对我们心存适当的尊敬，而他们民族的任性却需要

---

① 约翰·德莱顿，《奥伦·泽比》（1675），第4幕，第1场，第39—40行。

② 博斯科维奇（Père Boscovitch，1711—1787），数学家、哲学家。

a 〔威廉·琼斯爵士1785年2月24日给亚洲学会的一次演讲中有下面一段话：“这个时代最睿智的人物之一塞缪尔·约翰生；我希望他继续改进、美化这个时代，他听他说过，如果牛顿活跃在古希腊，他会被人当作一尊神加以崇拜。”〕

定期加以惩戒。

“利特尔顿勋爵的对话录他认为是件价值不大的作品，‘此人，(他说）坐下来写本书，给世人讲他这一辈子世界一直在给他讲的事情’。

“有人说考虑到苏格兰高地居民缺欠多多，他们在1745年做出了惊人之举：‘是啊，先生，（他说）他们的缺欠是多；可是你却没有提其中最大的缺欠——缺欠法律。’

“说到某些循道宗信徒声称具有的‘灵光’，他说，那是一种与社会安全或公民安全格格不入的原则。‘假如一个人（他说）声称具有一种行为原则，对于它，我一头雾水，不，一知半解，而是仅仅知道他声称拥有而已，我怎么能说出那个人也许会受人鼓动去做什么？只有一个人宣称受到明文规定的法律制约的时候，我才能知道在哪儿能找到他。’

“《芬戈尔》[①]这部诗，他说，是一首前后毫不相关联的天马行空式的作品，同一些意象令人生厌地不断重复。‘我们徒然地寻找lucidus ordo，在既无尽头，又无目标，既无计划又无道德nec certa recurrit imago[②]的地方。’

327 “一位贵族青年问他，古老的英国贵族英勇尚武的精神到哪儿去
1770年 了？他回答道：‘嘿，阁下，我告诉你它到哪儿去了；他进城寻发财的门路去了。’

“谈到他偶然碰见的一个令人厌烦的呆瓜，他说：‘我觉得那家伙只有一个念头，而且还是个错误念头。’

“有位绅士弃约翰生一行人而去，从此杳无音信，人们多方打听；最后约翰生说：‘他不愿意在背后说任何人的坏话，可是他相信那位绅士是名律师。’

“他十分轻蔑地说到对会写诗的鞋匠伍德豪斯的关注。他说，那

① 詹姆斯·麦克弗森的莪相诗集之一，《芬戈尔》出版于1762年。

② “清楚的顺序……没有确定的意象反复出现”——贺拉斯，《诗艺》，第1节，第41行。

全是虚荣和幼稚：而且那样的一些目标对赞助它们的人而言，只不过是他们自己优越的镜子而已。‘他们最好（他说）给那人提供他干自己本行的良好工具，而不是为他的诗募集捐款。他可以当一名优秀的鞋匠，但永远当不了一名好样的诗人。一名小学生的作文练习对一名小学生来说，也许是一件好东西；但对一个成人，却决不是件引人入胜的东西。’

“谈到中世纪特别受人爱戴的作家波爱修，他说，令人惊讶不已的是，就那样一个主题，在那样一种形势下，他竟然 magis philosophus quam Christianus。[①]

“说到他非常喜爱的阿瑟·墨菲，‘我不知道（他说）阿瑟能否在戏剧作家中名列前茅；然而眼下，我十分怀疑我们有比阿瑟更高明的东西’。

“谈到国债，他说，认为国家会深陷债务中难以自拔，那是一场春梦。让公众的债权人瞎嚷嚷去吧，数百万人的利益肯定会压倒数千人的利益。

“关于肯尼科特博士[②]的校勘，他说，尽管文本并未借此得到多大的补正，但知道我们有了一个绝顶勤奋所能取得的优秀文本，这就是一个不小的成就。

“约翰生说，每一件事情都可以遭到如此多的反对声浪，以致除了必须做点事情，什么事情也无法压倒这些反对声浪。除了每个人必须做点事情，没有人会有任何表示，就像没有人简单地反对没有任何表示一样。

“他说，一个伦敦堂区是件很不舒服的东西；因为牧师很难认下他的堂区信徒的十分之一的面孔。

---

① 哲学家的成分大于基督徒的成分。

② 肯尼科特博士（Dr Benjamin Kennicott，1718—1783），《圣经》学者；牛津罗伯特·洛思主教的助理牧师（1766）；牛津大学拉德克利夫图书馆馆长（1767—1783）；《旧约》的希伯来文手稿的校勘者，编纂《注释本希伯来文旧约》（1767，1780）；享有超越宗派的国际声望。

"说起已故的马莱先生，他并不是十分敬重：他说，此人乐意做任何肮脏的工作：他写文章反对宾，意在挑动内阁，同样也乐意写文章支持宾，只要他在里面发现了价值。

"一位婚姻很不美满的先生，妻子死后立即续弦：约翰生说，那是希望对经验的胜利。

328 "他说，一个有见识、有教养的男人应当娶一个在这些方面般配

1770 年 的妻子。如果谈话仅限于羊肉应该炖还是应当烤，而且可能还为此发生争执，那可是一件悲惨的事情。

"他不赞同晚婚，说道，哪怕可能会有种种好处，但与虚度年华相比，还是得不偿失。再不般配的婚姻也比凄凉的单身强。

"关于老谢立丹，他说，他既不缺乏才气，也不缺少文采，是他的虚荣和堂吉诃德式的作风使他的优长黯然失色。

"他说，浮华之风永远也根治不了；那是心理的顽症，就像身体上的顽症一样，永远也纠正不过来：一旦是个花花公子，永远是个花花公子。

"有人告诉他吉尔伯特 · 考珀管他叫文学中的凯列班[①]；'嘿，(他说）我得管他叫潘趣乃乐[②]。'

"谈到科克–奥雷里老伯爵时，他说：'此人一辈子都在捕捉一个目标〔在文学上出人头地〕，但他没有能力抓住。'

"想找到一种违背道德的替代，他说，是宗教的一切变态的首要特点。

"他常常满怀悲怆地引用维吉尔的这几行优美的诗句：

Optima quœque dies miseris mortalibus œvi
Prima fugit; subeunt morbi, tristisque senectus,

---

① 〔在莎士比亚的剧作《暴风雨》中，凯列班是女巫西科拉克斯的儿子，在剧中人物表中被称作"野蛮而丑怪的……奴隶"。〕

② 〔Punchinello，意大利传统木偶剧中矮胖、驼背的滑稽人物。〕

Et labor, et durœ rapit inclementia mortis.[①]

他将荷马尊为诗人之王，谈到他时，约翰生说，狄奥墨得[②]打发儿子参加特洛亚战争时，给他的劝告是能够在任何异教作家引为典范并包含在一行诗里的最崇高的规劝。

Αἰὲν ἀριστεύειν, καὶ ὑπείροχον ἔμμεναι ἄλλων.[③]

这行诗，如果我记得不错，由克拉克博士译成这样：

semper appetere prœstantissima, et omnibus aliis antecellere.

"他说：'任何人把他可以做到的事与已经做到的事加以比较，进行反思，都感到羞愧难当。'

"他说，很少有人有足够的智力弃绝酒的快乐。否则他们就不会谋划怎样填补正餐与晚餐之间的间歇了。

"一个星期天，他跟我去圣堂听我过去的老师格雷戈里·夏普[④]布道，在前祷中，夏普高调提倡自由，把它说成应当最热诚

---

① "对于不幸的众生，一生最美好的日子总是首先飞逝；于是疾病、悲伤的老年和痛苦悄然而至；然后严厉的死亡无情将它的捕获物扫横"——维吉尔《农事诗》，第3卷，第66—68行。

② 〈马克斯韦尔博士的记忆欺骗了他。接受这一劝告的人是格劳科斯；克拉克对这段文字（II. Vi. 1. 208）的翻译是这样的：
"ut semper fortissime rem gererem, et superior virtute essem aliis."——鲍斯威尔〉

③ "永远成为最优秀的，并超越其他人"——荷马，《伊利亚特》，第6卷，第208行。

④ 格雷戈里·夏普（Dr Gregory Sharpe，1713—1771），英国国教会牧师、作家；梅德斯通附近伯林万圣区牧师（1743—1756）；威尔特郡珀顿的牧师（1761）；乔治三世的牧师（1762—1771）；作品有《耶路撒冷圣城与圣殿的兴亡》（1765）、《希腊语的起源与结构》（1767）；为夏洛特·伦诺克斯版的希腊戏剧翻译阿里斯托芬；去世时为文物学会会员并任会长。

地乞求的一种福气，而且要祈求它绵延不断。约翰生说，我们的自由并未遇到任何危险——要是他祈祷反对淫荡，就会更好一点。

“一天晚上，在蒙塔古夫人家聚集了一批精英人士，都是些最杰
329 出的文坛名流，我想他对受到的敬重高度欣喜，便在回家路上问他
1770年 对这次访问是否极其满意：‘不，先生，（他说）并不是太满意；不过我想不起对参加过的很多晚间聚会怀有更少的异议。’

“尽管自己出身并不高贵，但他对出身家世很是敬重，尤其是女士们的。他说：‘三六九等的人都可以具备习得的才艺；但人们一眼就可以看出一位天生的淑女。’

“他说：‘英国穷人的生活保障比同等的其他任何国家都好：他不是指小行政区、或小共和国。凡是让众多百姓（他说）在无助的悲惨境况下受苦受难的地方，那个国家肯定治安混乱，管理不善：妥善安置穷人是文明的真正检验标准。——受过教育的绅士，他说，在世界各国都大同小异；下层民众，尤其是穷人的状况，是国家差别的真正标志。’

“有了谷物法爱尔兰不仅能够养活自己，而且可以将谷物大量出口，当谷物法在爱尔兰引发骚乱的时候，托马斯·鲁宾逊爵士说，这些法律对英格兰的谷物贸易也许是不利的。‘托马斯爵士，（他说）你说的是野蛮人的话：什么，先生？你是不是不让一个民族吃饱肚子，如果用任何诚实手段他们能够做到这一点的话？’

“有人提到加里克帮助《评估》的作者布朗博士[①]创作剧本，‘不，先生，（约翰生说）他不允许加里克在他的剧本里写一个句子，就像他不许加里克登上他的讲坛一样。’

“说到伯克，他说：‘一般都说，他在议院演讲太勤；但没有人

① 布朗博士（Dr John Brown，1715—1766），作家、道德家；两个主要剧本自他去世后没有维持住文学界的兴趣：《巴尔巴罗萨》（1754），《阿特尔斯坦》（1756）；《时代风尚与原则评估》（1757）和《论蒲柏先生离世引起的讽刺》（1745）两部著作文笔、技巧俱佳；用途和上帝是他的道德理论的核心。

The Temple Church
in 1764

能说他讲得不好，尽管讲得过于频繁，过于随便。’

“谈到节省，他说，一年抠抠搜搜省下二十镑简直不值当。如果一个人节省来、节省去最终能使他改变社会地位，那倒也划算。

“他说，判断失误的一个主要原因是见木不见林，只着眼于一个方面：譬如说，图财娶妻的男人，当他们一门心思考虑财富时，那是一件让人眼花缭乱的诱人的东西；但当老婆、财富双双到手时，他们就开始怀疑自己并没有做成一笔多好的交易。

“谈到已故的诺森伯兰公爵当爱尔兰总督时生活非常奢华，有人说很难找到一个合适的接班人：于是约翰生大声说，只有他才适合接他自己的班。

“他劝我，如果可能，搞一个像样子的果园。他说，他认识一个收入微薄的牧师，此人养活了一大家子人，口碑很好，他主要给大家吃苹果布丁。

330 “他说，在爱尔兰绅士中他认识好几位优秀的学者，但他们难得
1770年 在量方面做到正确无误。他把这种看法也推及苏格兰。

“说到一位高级教士[1]，他花大力气修建教堂和牧师住宅，深受赞誉；‘然而，他说，我并未发现他被人看作一个专业学识深厚的人或慷慨的学术赞助人。——不过，在某一个方面，一个人有任何正面的优长，也就不错了。——人无完人，不可求全责备。我们切不可把事情究得过深——不可，先生，人非圣贤，孰能无过，总有马失前蹄的地方’。

“谈到爱尔兰教士，他说，斯威夫特是一个大才，也是给本地造福的工具。——巴克莱不仅是个想象力精细的人，而且是个深沉的学者；不过厄舍[2]，他说，是爱尔兰教会的泰斗；他又补充说，是个任何教会拥有不了的伟人；至少在现代。

“我们在‘主教冠’吃饭，谈心，阔别多年后，我正准备回爱尔兰去。我在伦敦形成了许多惬意的人际关系，现在要离开，心中难免怅

---

① 也许是阿尔马大主教理查德·鲁宾逊博士。

② 厄舍（James Ussher，1581—1656），爱尔兰教会阿尔马大主教、学者。

惋：‘先生，（他说）对此我并不奇怪；热爱文学的人，离开伦敦时没有不感到怅惋的。但是，记住，先生，你已经大开眼界，尽情享受过了——你见识了花团锦簇美不胜收的生活，世界再没有新东西好展示了。只有对公众生活有长期体验、了如指掌的人才有资格离开它。我们总是想望未经尝试的景况，总想从它们那里得到它们提供不了的快乐。先生，知识和德行可以在任何地区习得，而本乡本土的影响会赔偿你放弃的智力满足。’然后他满怀悲悯之情引用了下面的诗句：

谁早已熟知繁华锦绣，
（至于未知的东西，该谴责的是无知；）
而且把那艳丽的诱饵观察过后，
谁就能大胆地说，这小玩艺我瞧不起；
有了那样一个，我生也知足，
死亦无憾——[a]

---

a 〔这几行诗[1]是作者的次子在1732年7月的《伦敦杂志》上发现的，它们构成了一首《退隐》诗的一部分，它们是从沃尔什[2]的一些小诗中的一首题为《退隐》的诗中抄来的，略微有所改动。这几行诗又一次证明约翰生把一些被忽略的诗歌的片段牢记心间。在引用那种性质的诗时，他好像略做更动，有时给了它们一种道德转向，并且在原作有一种截然不同的倾向的地方，巧妙地加以改动，以适应自己的思想感情。1782年，在布赖特赫姆斯顿时，他向梅特卡夫先生背了几节诗，认为很能代表一位著名的历史学家[3]的特点。这些诗行被发现混杂在附加到由林托特屡次印行的一本诗集第二卷的一些匿名诗中，诗集名为《蒲柏杂诗集》：

看多瑙河怎样蜿蜒奔流，
　　众多王国和宗教分崩离析；
一位真正的基督徒的仇敌的朋友，
　　彼得、杰克和马丁的知己。
时而信新教，时而信老教，
　　对二者都不是持之以恒，
最后什么教都不信了，
　　也没有结束他的旅程。
我认识的很多青年如此上路，

（转下页）

331 “他然后和我依依告别；说他知道，召唤我离开的是重大的责任。

1771年

（接上页）

新教、老教各信一半，
长期漫游过世界之后，
却以不信教者或无神论者的面目出现。〕

1 〈由于一心想对这些话追根溯源，抱着撞大运的希望，翻遍了我们好几位老前辈诗人的作品，均一无所获，我便请求现在居住在巴斯的马克斯韦尔博士查明这些诗作的作者，但这位先生在这个问题上提供不了任何帮助。最后，这几行诗被作者次子詹姆斯·鲍斯威尔先生在1732年7月号的《伦敦杂志》发现了，它们构成了一首《退隐》诗的一部分，是匿名发表的，其实（这是他后来发现的），它们是从沃尔什的一些小诗中的一首题为《退隐》中抄来的，略微有所改动。这几行诗又一次向我们证明了本书作者在别的地方说过的话：约翰生把一些无名的或被忽略的诗歌的片段牢记心间。在引用那种性质的诗时，他似乎略做更动，有时给它们一种道德转向，并且在与原作有一种截然不同的倾向的地方，巧妙地加以改动，以适应自己的思想感情。于是，在眼前的这个例子中（正如鲍斯威尔对我说的），上面提到的这首诗的作者显示自己退隐到乡间，以逃避城市生活的虚荣愚蠢——野心，贪婪，追求享乐，与乡下的快乐以及小溪等等所提供的会心的交谈相对比，他认为这些远比城市提供的更喜人，更富有教育意义。于是他受到引领来考虑人心的软弱，在痛惜他（诗作者）虽不做贪婪、野心或享乐的奴隶，却使自己成了爱情的奴隶，他这样写道：

如果这可怕的激情永无了局，
如果美总要迷住我的心目，
哦，那我宁肯受一人役使，也胜于
疯疯癫癫当了众人的奴仆；

一个人早已熟知繁华锦绣，
至于未知的东西，该谴责的是无知，
而且把那艳丽的诱饵观察过后，
还会冷冷地说，这小玩艺我瞧不起；

在她令人销魂的怀抱里，我生也知足，
死亦无憾。我的心哟，不然，
虚构的福境是骗人的妖雾，
抱着欢乐的希望就不可能发现。

约翰生牢记无名作者的诗作的另一个例子在鲍斯威尔的《赫布里底群岛旅行日记》中提供；由于听见一个女孩在他所坐的房间上面的小屋纺线，（转下页）

‘失去你，我们都很难过，’他说，‘laudo tamen。’①”

（接上页）他便背诵起他说是一位叫Griffard的牧师写的诗句；然而，包含这些诗句的那首诗迄今仍未发现：

诗句甜蜜了苦辛，不管音调多么刺耳；
　　这名村姑一边干活，一边一个劲儿地唱；
她在转动令人眩晕的轮子的当儿，
　　决不把世事可悲的轮回变迁思量。

1782年秋天，他在布赖特赫姆斯顿时，经常坐菲利普·梅特卡夫先生的轻便马车陪他兜风，在一次郊游中，话题转向一位已故的著名历史学家，他一字不差地背诵了几节诗，认为很能代表那位先生的特点。这是上述观点的又一个证据；因为这些诗句是在很不起眼的地方发现的。

在背诵这些诗句时，我毫不怀疑约翰生用某个词替代了第二节中的infidel（不信教者）以避免同一词语的令人不爽的重复。——M.〉

2 沃尔什（William Walsh，1663—1708），诗人；德莱顿的同事；低教会辉格党人；吉特–凯特俱乐部成员；亚历山大·蒲柏的顾问，将蒲柏一些田园诗的手稿印成了校样。

3 爱德华·吉本。

① 引自尤维纳利斯《讽刺诗》第3卷第2首，这首诗约翰生本人在他的《伦敦》（1738）中曾模仿过，“laudo tamen”的字面意思是“然而我仍然赞颂”，在《伦敦》中他翻译为“然而，我更加冷静的思想仍然赞赏你的选择”（第1首第3行）。

James Boswell

约翰生传

The Life of Samuel Johnson

全译本

〔英〕詹姆斯·鲍斯威尔 著
〔英〕赫伯特·雷尔顿 等插图
蒲 隆 译

· 卷二 ·

上海译文出版社

詹姆斯·鲍斯威尔
乔舒亚·雷诺兹爵士 绘

法学博士
塞缪尔·约翰生传

1771年：六十二岁。〕——1771年他又出版了一本政治小册子，题名《关于福克兰群岛最近事态的思考》[1]，在这本小册子里，根据内阁提供给他的材料，又按照他用最富丽的文笔发挥的一般话题，他成功地努力说服国家让主权问题悬而未决，而不要让我国卷入又一场战争，是明智的，值得赞许的。有人指出，他把这些岛屿对大不列颠的重要性估价过低，这种看法有多少真理，我不想越俎代庖，自作决断。然而，不管这是怎么回事，每个仁心肯定会赞扬他防止战祸的那种认真态度；这是一种骇人听闻的灾祸，一些文明国家，更有甚者，一些基督教国家怎么会处心积虑继续惹祸，真令人咋舌。在这本小册子里，他对战争灾难的描述是英语中最优秀的雄辩作品之一。也是在这一次，我们发现约翰生极其严厉地鞭挞反对党，并且最充分地利用了他一直认为是一种最有效的辩论手段——轻蔑。他们神通广大的斗士是**朱尼厄斯**[2]，约翰生使出他天才的浑身解数描绘了他的性格特点，收尾时心思又极度绵密。他似乎欣喜若狂地单枪匹马向这名自吹自擂、穷凶极恶的英雄发难，此人扬言把“那些执政的、掌权的、管辖这个世界的”[3]不放在眼里。

值得注意的是，第一版之后这本小册子在一处地方软化了；因为关于乔治·格伦维尔[4]先生的人格结论是这样的：“然而，让他不要在坟墓里受到贬损。他手里握着不是一般人拥有的大权：如果他硬逼着缴马尼拉赎金⑤，他是能够数清楚的。”这段话没有保留那俏皮尖刻的要点，而被改变为四平八稳没有意思的说法，或者，如果我们可以用那个词的话——它就是老生常谈：“他手握着不是一般人拥有的大权：如果他有时候出错的话，同样他有时候也是对的。”

332

1771年3月20日星期三

致本内特·兰顿先生

亲爱的先生，——经过我自己的几多拖延，内阁又拖延许久，我终于让文章面世了[a]。然而延宕尚未终了：还没有流传多少，诺思勋爵⑥就下令停售。他的理由我不十分明

---

① 1770年6月，阿根廷东南的一群小岛福克兰群岛被西班牙人占领，以报复七年战争期间英国反对他们在哈瓦那和马尼拉建立殖民地的作战行动。经过英国坚决的外交抗议，西班牙最终撤军。约翰生撰文支持诺思勋爵的这一外交路线，反对那些叫嚣采取军事应对的人，他严厉谴责这些人没有荣誉感，一心希望从别人遭受的危险中牟利。

② 朱尼厄斯（Junius），一系列力挺威尔克斯的尖刻书信的作者的笔名（现在普遍认为是菲利普·弗兰西斯爵士），这些信发表在1769年1月至1772年1月的《广告报》上。

③ 见《圣经·新约·以弗所书》第6章第12节。

④ 乔治·格伦维尔（George Grenville，1712—1770），首相；“科巴姆崽”；海军财务主管（1754—1755，1757，1758）；枢密院官员（1754）；北方国务大臣（1762—1763）；向北美征收各种税款及印花税，激起了美利坚独立战争。

⑤ 1762年9月25日，作为七年战争期间军事行动的一部分，英军发动突袭攻占马尼拉。西班牙居民被允许赎回他们的财物，于是一大部分的赎金用西班牙国库票据的形式支付。并不令人惊讶的是，这些票据后来并未承兑。在《关于福克兰群岛最近事态的思考》（1771）中，约翰生把要求重新支付这笔赎金的鼓噪看成典型的“低劣的动乱煽动者”，予以唾弃。

a 《关于福克兰群岛最近事态的思考》。

⑥ 诺思勋爵（Lord Frederick North，1732—1792），吉尔福德二世伯爵；首相（1769—1782）；代表班伯里的议员（1754—1790）；财政大臣（1759—1765）；联合主计长（1766—1767）；枢密院官员（1766）；财政大臣（1767）；嘉德勋位爵士（1772）；与乔治三世私交亲密，最终成为“丢掉北美的首相”；与福克斯结成联盟（1783）；晚年与小皮特作对；过当处理爱尔兰、印度、加拿大问题。

了。你不妨仔细读读，试看症结何在[a]。在他下令之前，流传的数量足以兴风作浪，尽管也许尚未达到预期的所有搞笑效果。

你离开后不久，我有幸发现了威胁你的航行的种种险情。但愿国内没有发生有碍你顺心的事情；希望罗西斯夫人，兰顿夫人和各位小姐们诸事如意。

昨晚我在**俱乐部**。珀西博士写了一首节数很多的长歌谣；非常漂亮。他已经付印，很快就会出版。哥尔德斯密斯在巴斯，跟克莱尔勋爵在一起。我现在在思雷尔先生家写信，阖家安康。你最恭顺的仆人，

1771 年 3 月 20 日。　　**塞姆·约翰生**

印刷商斯特拉恩先生在约翰生文学劳作期间长期以来就与他过从甚密，既替约翰生查收恩俸，给他充当友好代理，又在约翰生需要钱时成为给他供款的银行家；现在此人已经成了一名议员，很喜欢在政治谈判中担当一个角色；他认为自己应当对政府、对约翰生双方都做出突出贡献，如果他能想办法在下院为约翰生谋得一个席位的话。有了这种想法，他便给财政部的一位秘书①写了一封信，他亲笔给我抄了一封，信的内容如下：

先生，——您会轻易想起，一段时间之前我有幸拜访您时，曾冒昧向您说过，约翰生博士会在下院成为一位优秀人物，所以我衷心希望他在那里有一个席位。我将理由简述如下：

我知道他极其爱戴国王陛下和他的政府，我肯定他希望竭

a　把第一版与以后几版加以比较，就会发现内阁做了手脚的这种奇怪的情况。[1]

1　〈只有手里有一册第一版停售前流出的本子的人才能发现（这是宾德利先生告诉我的）。——M.〉

①　不是格雷·库柏爵士，就是约翰·罗宾逊。

尽全力支持自己的政府。

他能言善辩，气贯长虹；敏于发现辩论的强势和弱点；能清晰、准确地表达自己的意见，面对任何人毫无惧色。

作为一个见识超群、德行完美的人物，他众所周知的人格会使他赢得议院的关注，无疑能使他在那里产生适当的影响。

在他认为必要的地方，在他的心意大力投入的地方，他能够发挥最大的作用，能经受任何强度的劳苦。因此，国王陛下

333 的大臣们可以完全信赖他的行为，在任何适当的场合，他都不

1771 年 会辜负大家对他的期望。他们会发现他时刻准备维护那些意在促进政府稳定的举措，而且坚定不移地付诸实施。对所谓的他的火暴脾气也没有什么好担心的。您将会发现对于国王的朋友他是一只羔羊，对于国王的敌人他是一头猛狮。

基于上述原因，愚见以为他将会成为一位能干、有用的议员。我愿斗胆进言，这一职务是不会不合他的意向的；而且我深知他对国王的拳拳之心，他以那种身份效忠国王的能力，以及我相信他献身这种效忠事业的极端热忱，我得再说一遍，我最衷心地希望看到他在议院任职。

倘若您认为这一建议值得关注，请您方便时向诺思勋爵提及。如果勋爵大人欣然准许，我将感到心满意足，因为在我看来，我在某种程度上已成为国家的驯服工具，为它效了犬马之劳。我知道您敦厚的禀性和您对公益事业的热忱会原谅我给您造成这种烦扰。无限崇敬您的犬马仆，

新街，1771 年 3 月 30 日。　　**威廉·斯特拉恩**

这封推荐信，我们知道，没有下文；到底是怎么回事，或者出于什么原因，只能凭空推测了。人们不相信，如果没有征得约翰生的认可，斯特拉恩先生会提出这样的请求。我从来没有听到约翰生提起过这个问题；但在他的晚年，乔舒亚·雷诺兹爵士告诉他，埃德蒙·伯克先生说过，如果他早年进入议院，他肯定是议

院有史以来最伟大的演说家，这时约翰生惊呼："现在我也想露一手呀。"

如果他晚年被引进下院，他是否还是一位强势的演说家，这在他的朋友们和其他人中间争论不休。我倒是认为他渊博的知识，他思想的敏捷和力量，他表情的生动和丰富，他的智趣和幽默，更重要的是他辛辣的讽刺挖苦，在大庭广众之中会产生巨大的效果；他身材魁伟，风度奇特，引人注目，则会加深这一效果。然而我记得弗拉德[①]先生说过，约翰生长期以来习惯了言简意赅、短促突发式的言谈，也许会在连续不断、长篇大论式的辩论中败下阵来，因为这在公众演说中陈述错综复杂的问题时是不可或缺的条件；作为佐证，他提到约翰生为一家杂志写的拟于议院发表的演说词，在他看来，没有一篇完全像真正的辩论。一个本身就是如此杰出的演说家的看法必须承认是极有分量的。这种看法又得到威廉·斯科特爵士[②]的确认，他提到约翰生曾经告诉他他好几次试着在文理学会演讲，但"发现他进行不下去"。[③]我从威廉·杰拉德·汉密尔顿先生口里听说，约翰生跟他说一个人不习惯在大庭广众之中演说，谨 334
慎的做法就是用尽可能简单的方式开始讲话，说这话时他承认他在 1771年
那个学会上站起来发表已经准备好的一篇演说；"但是，(他说）我

① 弗拉德（Henry Flood，1732—1791），政治家；把老皮特理想化；宣誓就职爱尔兰枢密院（1775）；爱尔兰副财政大臣（1775—1781）；1781年起，为独立的激进分子；坚定的爱国者和改革家；遭受格拉顿邪恶的未遂政治暗杀（1783）；代表温切斯特的议员（1783）；老练的政治宣传家；有才华的演说家，卓越的辩论家；有时还是一位诗人。

② 威廉·斯科特爵士（Sir William Scott，1745—1836）；斯托厄尔男爵；法官、政治家；海军大律师（1782）；国王大律师（1788）；代表牛津大学的议员（1801—1821）；海军高级法院法官；枢密院官员（1798）；1778年起为文学俱乐部成员。

③ 〈然而，基皮斯博士（《不列颠传记大全》"J. Gilbert Cooper"条，第266页注，新版）说，他"有一次听到约翰生博士在技术与制造学会（人人文库版跟企鹅版说法不一。——译者按）就一个与机械工相关的问题演讲，讲得得体、明白、有力，激起了普遍的赞赏"。——M.〉

的一切演说才华却弃我而去。”然而我不禁希望他在议院里“露一手”；我心里纳闷，内阁怎么没有做这个实验。

我终于恢复了中断了太长时间的通信往来：

致**约翰生博士**

我亲爱的先生，　　　　　　　　爱丁堡，1771 年 4 月 18 日。

现在我才充分理解你和我通信交往的这些沉默的间歇了，它们常常使我惴惴不安；因为尽管我确信我对约翰生的敬爱从来没有丝毫的衰减，但我已经拖延了将近一年半没有给他写信了。……

在这封信接下来的部分，我给他描述了我作为一名已婚男子和在苏格兰法庭做出庭律师的安逸生活；还邀请他来苏格兰，并许诺陪他游览高地和赫布里底群岛。

致**詹姆斯·鲍斯威尔先生**

亲爱的先生，——如果你现在能够理解感情没有减少，我也可以忽略写信，那么你已经教我明白，没有怨恨，同样可以怎样忐忑不安地感觉到那种疏忽。好久以来，我盼望你的来信，信一来，它就给那种拖延做了充分的补偿。我从来没有像现在那样对你的自述如此欣喜；我衷心希望，在公共事务、增进学业、家庭欢乐之间，不要让忧郁、任性找到乘虚而入的空子。无论哲学可以决定什么样的物性，对于灵性有一点是千真万确的，那就是，它对空虚深恶痛绝：我们的心灵不能空虚；如果心灵没有被善预先占领，恶就会破门而入。我亲爱的先生，专心学业，专心事业，让你的夫人开心，做一名好基督徒。然后，

——tristitiam et metus

Trades protervis in mare Creticum
Portare ventis.①

如果我们履行自己的职责，大家就会安安稳稳，“Sive per”，云云②，不管我们攀爬高地，还是在赫布里底群岛间颠簸；但愿到时候我们可以试试自己攀崖逐浪的能力。很少见到埃利班克勋爵，不知道为什么；也许是我自己的过错所致。今天我准备到斯塔福德郡和德比郡待六个星期。你最挚爱、最恭顺的仆人，

伦敦，1771 年 6 月 20 日。　　　　**塞姆·约翰生**

致**乔舒亚·雷诺兹爵士**，莱斯特园田 335

亲爱的先生，——我来到利奇菲尔德，发现我的肖像[a]受人频频光顾，深得大家赞赏。人人心里都潜藏一种在自己的故乡出人头地的愿望；我很高兴有那种由你的关照证明所赐予的尊贵。 1771 年

因此请接受这番深情的感谢，它来自你最感激、最恭顺的仆人，

德比郡阿什伯恩，　　　　**塞姆·约翰生**
1711 年 7 月 17 日。
代问雷诺兹小姐。

---

① “我把悲哀与恐惧驱向狂风，让它们随风飘往克里特海。”——贺拉斯，《颂歌集》，第1卷，第26首，第1—3行。

② “Sive per Syrtis iter aestuosas ‖ sive ...”——“不管他在穿越锡尔特海滩的波浪，还是……”——贺拉斯，《颂歌集》，第1卷，第22首第5—6行。

a 〔约翰生的第二幅肖像，乔舒亚·雷诺兹爵士作；双臂抬起，两手拳曲。这时我相信在露茜·波特小姐手中，现在很可能仍在利奇菲尔德。——M.〕

致约翰生博士

我亲爱的先生，　　　　　　　爱丁堡，1771 年 7 月 27 日。

持信人阿伯丁大学道德哲学教授贝蒂先生渴望经介绍与你相识。他的天才与学识以及弘扬美德与宗教的功劳使他配得上与你结识；由于他对你的人格极为仰慕，希望你会好好接待他。你的，

詹姆斯·鲍斯威尔

致**本内特·兰顿先生**，林肯郡斯皮尔斯比附近兰顿

亲爱的先生，——我最近才从斯塔福德郡和德比郡回来。上封信提到你收到我的小册子后写给我的另外两封信。这两封信我只见到一封，信上你提到访问苏格兰的计划，这样一来，就使我的兰顿之行无从考虑了。现在我的夏季漫游已经结束，我正在从事一件艰巨的工作，修订我的《词典》；眼下我不知道怎样脱身。

如果你注意到，或者听到有什么错误或疏漏，请不吝告知。

罗西斯夫人，我发现，已经对你和她本人感到失望。贵妇们总会有这些习惯。王后和思雷尔夫人，两位有阅历的贵妇，可她们俩今夏都失算了。但愿几个月的光阴会补偿你的不安。

请告诉罗西斯夫人我极其重视她邀请的这番荣幸，一旦脱身，我会立即遵令前往。与此同时，我希望常常听到她的消息，天天都有更好的消息，直到听到你们双双幸福美满，衷心希望二位如此的是你最深情、最恭顺的仆人，

1771 年 8 月 29 日。　　　　　　　**塞姆·约翰生**

10 月，我又写信给他，感谢他的上封来信和对贝蒂先生热情的接待；告诉他我最近在阿尼克，并得到珀西博士对他的精彩

描述。

从这一年他涉及宗教的记录中，我们看到他在身心两个方面都比往常健康，对自己的行为规矩也更加满意。但他仍然大力“奋发向前”。他指摘自己起床还不够早；但又提到肯定是这样做的一个十足借口的看法，认为那是一种必须认真要求的责任，他一辈子似乎都是这么想的。“一大障碍就是缺少休息；夜里的病痛快天亮时才有所缓解，我身不由已要弥补夜晚的缺失。”[a]哎呀！如果把这种纵容作为罪孽归咎于一个病人，那将是多么严酷啊。翌年复活节前夜反省时他说，“我回顾过去的一年里，才想起鲜有作为，于是一股淡淡的羞愧和悲哀浮现在心头”。如果他评判相同处境中的其他任何一个人，显而易见，他的作为有过之而无不及。要他早起，谈何容易，而且依我之见，从强身健体方面看，几乎是不可能的，哪怕他下最大的决心，这从他的一册小笔记本（里面有为《词典》准备的单词）中的一则记事中看得出来，我估计，写于 1753 年前后：“我不记得自从离开牛津以后我纯粹出于自愿早起过，只是在伊戴尔早起过一两次，为忙《漫游者》早起过两三次。”我想，在这个问题上他完全有正当的理由静下心来，因为结论是，他的身体不能让他做到最佳，所以只有放宽限制。 336 1771 年

1772 年，他作为一名作家完全处于休眠状态；然而从我汇拢起来的种种证据发现，他的思想敏锐，活跃，充满活力。

致乔舒亚·雷诺兹爵士

亲爱的先生，——请把这封短简送交班克斯先生，因为我不知道他的住址，短简未封，你想看就不妨看看。

送交时，不要用你自己的封缄。你最恭顺的仆人，

1772 年 2 月 27 日。 **塞姆·约翰生**

a 《祈祷文与默想录》，第 101〔105〕页。

致**约瑟夫·班克斯先生**，

Perpetua ambitâ bis terrâ prœmia lactis

Hœc habet altrici Capra secunda Jovis.[a]

先生，——昨天的谈话使我心旷神怡，所以我对您和索兰德博士[①]表示答谢。对您的山羊我想起一句箴言，但已经给了

337 她一句。先生，您也许从一位大手笔那里有了一部史诗，此人胜过您最恭顺的仆人，

1772年 3月15日 星期日

舰队街，约翰生巷，　　　　　　　　**塞姆·约翰生**

1772年2月27日。

致**约翰生博士**

我亲爱的先生，　　　　　　　　爱丁堡，1772年3月3日。

未能说服你更勤地给我写信，真使人痛心。然而，我也相信，期望你固定地与某个人通信，纯系徒然。因此我必须把你看作一眼智慧泉，从那里很少有小溪流向远方，所以必须接近它的源头，才能充分享受它的恩德……

不久，我将会来伦敦，在上院最高民事法庭的一起上诉中出庭。苏格兰的一位小学老师因为严厉责罚学生被一个下级法院解职。高等民事法庭认为这会危害学术和教育的利益，降低教师尊严，并使教师害怕肆无忌惮的父母在子女

---

a　一位朋友是这样翻译的：

论声名难逊乔武的奶娘，
这头山羊，把世界周游了两遍，
受主人的关爱理所应当，
现在已把安逸和永久的牧场发现。

① 索兰德博士（Dr Daniel Charles Solander，1736？—1782），植物学家；约瑟夫·班克斯爵士的秘书和图书管理员；皇家学会会员（1764）；大英博物馆博物志藏品主管（1773）；主要负责第一版《基尤植物园志》的科学方面的内容；对大英博物馆博物志标本编目（1763）。

的抱怨下挑唆，便使他恢复原职。此人的仇家已经上诉到上院，尽管他的年薪只有二十英镑。我是他在这里的辩护人。但愿不大会有撤销原判的担忧；但我必须求你协助我支持原判的计划。这是一个一般性的问题，并非某一法律要点……你的，

詹姆斯·鲍斯威尔

致詹姆斯·鲍斯威尔先生

亲爱的先生，——你这么快就要到市里来，真令我大喜过望；更令人喜出望外的是，你要作为一名律师光临。我认为可能使你的日子过得快乐的，莫过于意识到自身价值，而这种价值你事业上的突出成就一定会赋予的。如果我能从旁给你什么协助，希望你不要以为会缺乏它。我对你的关爱既没有独一德行的功劳也没有无二偏见的指责。不管爱你是对还是错，我这方面有很多人：思雷尔夫人爱你，威廉斯夫人爱你，如果我先前曾保持中立，使我爱上你的是，你是贝蒂博士最宠爱的人。

关于贝蒂博士，我本该时时惦念，要不是他的夫人把他逐出我的脑海的话，她是一位非常可爱的女人。

你来此地要反对的那种驱逐，显得心狠手辣，毫无道理，而且咄咄逼人。我认为你定会成功，不会有多少疑问。

我身体好多了，但尚未完全恢复。我相信普遍认为人一过六旬，恢复起来不会很快。我希望看到贝蒂的学院：尚未放弃西行的打算。且不管这一切成与不成，先让我们见面时彼此高兴高兴，莫要指望未来或远方的快乐。 338

你怎么不告诉我夫人的情况？我希望什么时候见见她，未见之前我倒乐意听到有关她的信息。你的，

1772年3月15日
星期日

1772 年 3 月 15 日。　　　　**塞姆·约翰生**

致**本内特·兰顿先生**，林肯郡斯皮尔斯比附近

亲爱的先生，——祝贺你和罗西斯夫人[a]喜得贵子，希望你阖家幸福绵绵。

可怜的兰顿小姐就不大可能享受到家庭快乐了。她今天来看望她的姑妈，并和她一起领了圣餐；昨天她让我谈了一些适合她的境况的问题。这也许是她的临终圣餐，我当然用不着再提她希望见她母亲。你最恭顺的仆人，

1772年3月14日。　　　　**塞姆·约翰生**

3月21日，我发现自己又来到朋友的书房，真是心花怒放，看见我的老相识弗兰西斯·巴伯先生又是喜上眉梢，他现在已经回家了。约翰生博士对我衷心欢迎，热情款待，说道："你来了我真高兴，更高兴你来出这样一趟差。"（指小学教师的案子。）**鲍斯威尔**："先生，但愿他不会有什么危险。插手师生之间的纠纷是件棘手的事情，我看不出你怎么会给一名教师责罚的严厉程度定性。"**约翰生**："嘿，先生，你给学生的顽劣和玩忽的程度定不了性，就无法给教师的严厉程度定性。严厉必须持续到顽劣有所收敛，玩忽得到根治为止。"他提到他自己的老师亨特先生的严厉。"先生，（我说）亨特是一个苏格兰姓氏：这么看来，这么严厉地揍你的这名老师是苏格兰人了。现在我才明白你对苏格兰怀有偏见的原由了。"**约翰生**："先生，他不是苏格兰人；他的野蛮一收敛，便是一位非常好的老师。"

我们谈到他的两本政论小册子，《虚假警报》和《关于福克兰群岛最近事态的思考》。**约翰生**："嘿，先生，你认为哪一本最好？"**鲍斯威尔**："我最喜欢第二本。"**约翰生**："嘿，先生，我最喜欢第一本；贝蒂也喜欢第一本。先生，第一本里有种精妙的专论，那顶得

---

a　兰顿先生与罗西斯伯爵遗孀成婚。[1]

1　〈兰顿先生1770年5月24日与劳埃德先生的女儿，罗西斯伯爵约翰的遗孀简结婚，罗西斯伯爵任爱尔兰武装部队总司令多年，于1767年去世。——M.〉

上第二本的全部火力。”**鲍斯威尔**：“请问，先生，听说诺思勋爵拜访过你，并且，除了恩俸，你又得到一年两百英镑的津贴，这都是真的吗？”**约翰生**：“没有的事，先生。除了从书商那里有些收入，我没有从他们那里得到一文钱。而且，你知我知，我相信诺思勋爵决不跟我交朋友。”**鲍斯威尔**：“怎么会这样呢，先生？”**约翰生**：“嘿，先生，你不能捕风捉影。嘿，埃利班克勋爵怎样？蒙博多大法官又怎么样？”**鲍斯威尔**：“不错，先生。蒙博多大法官仍然维护野蛮人生活的优越性。”**约翰生**：“那是多么奇怪的偏狭思想，总以为我们不知道的东西比我们知道的东西好。”**鲍斯威尔**：“嘿，先生， 339
那是一种常人的偏见。”**约翰生**：“是啊，先生；可是常人的偏见不 1772年
应当出现在一个以纠偏正误为职业的人身上。” 3月21日 星期六

一位先生走了进来，他准备要当班克斯先生和索兰德博士的同船伙伴，约翰生博士问他决定参加考察[①]的船舶叫什么名字。这位先生回答，它们一度准备叫“德雷克”号和“罗利”号，现在又要叫“决心”号和“历险”号。**约翰生**：“好多了；因为如果罗利没有环游世界就回来，那就滑稽透顶了。给船用德雷克和罗利的名字就设下了讽刺的陷阱。”**鲍斯威尔**：“你不想参加这次考察吗，先生？”**约翰生**：“嘿，倒是想过，但很快就不想了。先生，这种航程，智力方面的东西很少。再说，我也只是短距离看看。所以去看鸟儿飞，鱼儿游，对我来说不值当，我本来就不应该看见鸟儿飞，鱼儿游的。”

那位先生走了，约翰生博士也有一段时间离开了房间，牧师斯托克代尔先生和德穆兰夫人之间掀起了一场论争，那就是班克斯先生和索兰德博士是否有资格从他们的考察中获得一份荣光。约翰生博士回到我们中间以后，我告诉他们争论的主题。**约翰生**：“嘿，先生，他们出去，对植物学是合适的：我们相信他们一心想的是挑拣药草[②]。”

---

① 1772年自然科学家、植物学家约瑟夫·班克斯爵士建议到太平洋做一次科学考察。建议却遭到海军大臣桑维奇勋爵的阻挠，未能实现。

② “挑拣草药”，语出《罗密欧与朱丽叶》，第5幕，第1场，第40行。

我感谢他对贝蒂的礼遇。“先生，（他说）我应当感谢你。我们都喜爱贝蒂。思雷尔夫人说，如果她再要一个丈夫，她就会要贝蒂。

340 他对我们遮掩[a]他已经结婚；否则我们该对他的夫人更加礼貌。她是个非常优秀的女人。然而你怎么能对一个不存在的人表示礼貌呢？我不认为他已经结婚。不；我从某一方面不这样认为；然而直到最近他才给我们谈到他的夫人。”

1772年3月21日星期六

他随后谈到赫布里底群岛最远的圣基尔达。我告诉他，我想把它买下来。**约翰生**：“一定买下来，先生。我们去那里在狂风中过一个冬天。我们会有绝佳的鱼，我们带一些口条干，还带一些书。我们要有一条坚固的船，雇几个奥克尼岛上的居民来驾驶它。我们必须造一座过得去的房子：不过也可带一座现成的木屋过去，只消安置起来就行了。考虑考虑吧，先生，买下圣基尔达，你就可以使那里的居民避免落入坏人的手里。我们得给他们一位牧师，必须由贝

---

a **致詹姆斯·鲍斯威尔先生**

亲爱的先生—— 爱丁堡，1792年5月3日。

我估计你的大作很快将会重印，所以我烦劳你就上面的一段表个态，因为这段文字对我的描写有点歪曲。不要惊慌，这种歪曲责任不在你。由于手头没有书，我没法指明页码，不过我估计你会很容易地发现它。谈到思雷尔夫人的家庭时，约翰生博士说，“贝蒂博士**对我们遮掩**他已经结婚”，或者大意如此。我没有把握我明白**对我们遮掩**的意思，因为这是一个很不常见的说法，但我觉得它的含义是，（而且我发现别人也理解为这个意思）**刻意对我们隐瞒他结了婚的事**。先生，情况决不是这样。我没有隐瞒这么一种情况的动机，因为我从未有过这种情况，也不会因它而感到难为情；而约翰生博士在他后来与贝蒂夫人相识后似乎认为我真有理由为这种情况感到骄傲。我根本没有瞒她，而且我的妻子那个时候在伦敦几乎跟我有一样多的熟人；而且不是在很久以后，她受思雷尔夫妇盛情邀请到斯特雷特姆，得到了高雅的款待。

因此，我请求你在新版中对这个问题予以纠正。这封信你可以随意使用。我最好的祝愿永远伴随着你和你的家人。相信我满怀着关切和敬重，你的感激而挚爱的仆人，

J.贝蒂

出于对我的朋友贝蒂博士的尊敬和对他的极度敏感的关心，我安插了上面的信件，尽管我不禁奇怪他把最要好的朋友间使用的一个通用说法看成什么诋毁。

蒂挑选。此人必须在马里沙尔学院受过教育。我当你的大法官，或者你喜欢的什么角色。”**鲍斯威尔**：“你劝我买圣基尔达是认真的吗？因为如果你劝我去日本，我相信我也应当照办。”**约翰生**：“嘿，是的，先生，我是认真的。”**鲍斯威尔**：“那好，我看看该怎么办。”

我给他描述了一下苏格兰长老会分成两派的情况，有的支持有圣职授予权的人士的权利，独立于民众之外。有的人反对。**约翰生**：“它应当用某种办法解决，当我考虑到它招致了那样的敌意，那样对民众的拙劣讨好，对立的派别之间那样的诋毁以及其他的一些损害，我就不能指望对神职人员的普选。允许民众以充足的理由（我估计他指的是异端邪说或道德败坏）抗议牧师的提名已经足够了。”

他约好了在外面吃饭，要我晚上九点回来见他，我照办了。

我们和威廉斯夫人一起喝茶，她给我们讲了一个发生在她的出生地威尔士的预见力的故事。约翰生听得聚精会神，说他倒是很高兴有一些得到充分证实的那种能力的事例。他对越来越多的精神证据的崇高向往，反对对唯物主义的卑屈信仰，导致他热爱那种神秘的探讨。他又一次公正地说，我们无法肯定超自然现象的真实性，除非我们得到有些我们用普通手段无法知道的东西的消息，或者有种除了靠超自然的力量无法做到的事情；也就是法老据理据义要求摩西提供的那种证据；不仅如此，我们的救主说过，“如果我没有在他们中间做过其他任何人没有做的事情，他们就没有罪恶”。早晨，他说过麦考利的《圣基尔达史》写得非常好，只是关于自由和奴役的部分有点浮。我向他提到，麦考利告诉我，有人劝他把一个外地人来了以后全岛居民都患了感冒[a]这个神奇的故事从书中删除；但因为它已得到充分的证实，所以他决定保留下来。**约翰生**：“先生，仅仅因为人们告诉你有些事情没人信，就把它们从书里删除，这是一种卑劣的做法。麦考利做事更加落落大方。” 341

1772年3月21日星期六

我们谈到罗马天主教，它在本质上跟我们的宗教分歧何其微小。

a 参见边码第289页。

约翰生：“不错，先生；基督徒的所有宗派在教义上分歧真的不大，尽管他们可以在外形上有天壤之别。你们苏格兰的一座长老会教堂和意大利的一座教堂之间有巨大的差异；然而教授的教义却本质上相同。”

我提到有人向议院请愿撤销对三十九条信纲的认可。**约翰生**：“它很快就会被抛弃的。先生，他们谈论不要让大学的青年认可他们并不理解的东西；可是他们应当考虑，我们的大学建立的目的是为英国国教会培养成员，所以我们切不可从我们的军火库里拿出武器交给我们的敌人。不，先生，认可的意思是，并不是他们完全理解所有的信纲，而是他们要依附英国国教会。现在这么看吧，假设他们仅仅认可自己对英国国教会的依附，仍然会有同样的困难；因为年轻人仍然会认可他们不理解的东西。因为你问他们，英国国教会是什么意思？你们知道不知道在什么地方它有别于长老会？有别于罗马教会？有别于希腊教会？有别于科普特教会？他们说不上来。所以，先生，万变不离其宗。”**鲍斯威尔**：“可是，先生，难道认可《圣经》还不够吗？”**约翰生**：“嘿，不够，先生；因为所有的教派都会认可《圣经》；就连穆罕默德的信徒也会认可《圣经》；因为穆罕默德的信徒不仅承认摩西，也承认**耶稣基督**，然而却主张**上帝**派来的穆罕默德是比他们俩都要伟大的先知。”

我提到下院提出的废除1月30日斋戒[①]的动议。**约翰生**：“嘿，先生，我本来会希望它是一个暂时的法令，或许跟这个世纪一起期满。我现在反对废除它；因为那就等于宣布确立它是错误的；不过我不反对定一个法案，再延续一个世纪，然后让它期满失效。”

他不赞成王室婚姻法案[②]；“因为（他说）我不想让百姓认为婚姻的合法性取决于人的意愿，或者一位国王的权利取决于人的意愿。我本不应当反对使未经国王和议院批准的王室任何成员的婚姻成为

① 在英国国教会，这一天斋戒，禁欲，以纪念查理一世在1649年1月30日被处决。

② 王室婚姻法案（1772）规定未经君王准许或枢密院批准，王室成员不得结婚。

重罪。”

342

1772年
3月21日
星期六

早晨，我们谈到古老的家族，以及对他们应有的尊敬。**约翰生**：“先生，你当然有权享受那种尊敬，而且认为理所当然。我赞成支持这种原则，但对履行它没有兴趣，因为我没有那种权利。”**鲍斯威尔**：“嘿，先生，那是要一个人好自为之的又一次激励。”**约翰生**：“是啊，先生，这是一种看法问题，对凝聚社会非常必要。之所以只不过是一种看法，是因为借助它我们有了对权威的敬重，它阻止我们这些群氓起来造反，把你们这些绅士老爷拉下马来，并且说：‘轮到我们做绅士老爷了吧？’先生，现在这种对权威的尊重，一个其祖先就享受过的人易得，而一个暴发户却难求，这样社会也更容易受人拥护。”**鲍斯威尔**：“也许，先生，这也可以由对仪式的尊重来完成，像罗马人那样，衣服、宽袍都能激发人的敬仰之心。”**约翰生**：“嘿，先生，我们对罗马人知之甚少。当然，尊敬一个一直受人尊敬的人容易，尊敬一个我们知道去年跟我们不相上下，明年也不会好到哪里去的人就很难。在共和国，没有对权威的尊重，却有对权力的恐惧。”**鲍斯威尔**：“眼下，先生，我认为财富似乎赢得了最大的尊重。”**约翰生**：“不，先生，财富并没有赢得人们心悦诚服的尊重，仅仅博得了表面上的关注。一个出身低贱的富豪可以在一个市镇买到选票当选；然而，cœteris paribus[①]，一个出身名门的人却更受人喜欢。人们会更加喜欢一个其父赢得过他们的父辈的选票的人，尽管他们拿到的钱不是更多，甚至是更少。这就表明对世家的尊敬不仅仅是想入非非，而是实实在在的动作。如果名门绅士允许暴发的土豪像他们乐此不疲的那样挥金如土，而不是在花销上和他们比阔，暴发户很快就要完蛋，绅士则会长存；但如果绅士要与暴发户在花销上比阔，这是愚不可及的做法，他们肯定会毁于一旦。”

我给他描述了我的一位苏格兰朋友[②]惟妙惟肖的模仿；同时说，

① 〔(如)其他条件均同。〕

② 卡伦大法官。

有人认为这是一件十分下作的事情。**约翰生**：“嘿，先生，这是对一个人的能力的十分下作的运用。但要当一个优秀的模仿者需要巨大的能力，需要极其敏锐的观察能力，需要把观察到的东西牢记不忘的能力，还需要各个器官极大的灵活性，才能把观察到的东西再现出来。我记得本市有一位贵妇，——夫人[1]，她是个神奇的模仿大师，常常逗得我捧腹大笑。我听说现在她疯了。”**鲍斯威尔**：“令人万分惊诧的是，一个模仿者不仅能把一个人的音容笑貌再现出来；甚至还能把一个人在任何一个问题上要说的话也再现出来。”**约翰生**：“嘿，先生，你要考虑，一个人的态度和某些特别的词语对于给你留下他的印象起着很大作用，你却不确定他会说模仿者按他的性格说的话。”**鲍斯威尔**：“我认为富特不是一个出色的模仿者，先生。”**约翰生**：“是的，先生；他模仿得不像。他给你一些跟自己有所不同的东西，但不是他有意装出来的那个人物。他脱离了自己，却没有走进别人。他学谁不像谁，除非那人的特点太突出，就像乔治·福克纳。他像个画家，能画一个脸上有一个痦子的人的肖像，
343 所以此人一望而知。如果一个人单腿跳，富特就能单腿跳。可是他没有你那位朋友所具备的敏锐的辨别力。然而，富特非常逗，用的是一种介乎智趣和插科打诨之间的言谈。”

1772年3月23日星期一

3月23日，星期一，我发现他正忙着准备他的对开本词典的第四版。他原来的抄写员之一佩顿先生正在替他抄写。我让他记住side这个词的一个意思他遗漏了，即亲属关系；如父系，母系。他插了进去。我问他humiliating是否是个好字眼。他说，他看见它被人频频使用，但不知道它是正规的英语。他不肯接受civilization，只接受civility。虽说我对他极为尊重，但我认为来自civilize的civilization用作barbarity的反义词时比civility好；因为用一个明确的词表示一个意思比一个有两个意思的词好，而civility则是按他的方式使用的。

---

① 艾米莉·赫维夫人。

他似乎也专注于某种化学操作，我看见他怎样想办法打发佩顿先生去跑腿办事，又不显得把他大材小用，感到真逗。“佩顿先生，佩顿先生，请你帮个忙跑一趟圣殿栅门好不好。到那里你就会看见一个药房；请你替我买一盎司的矾油，不是矾精，是矾油。得花一个半便士。”佩顿立即走了，买回来后说只花了一便士。

随后我提醒他那个小学教师的案子，并建议给他读一读有关的文件。“不用，先生（他说）我读得比听得快。”于是他自个儿读了起来。

他读了一段时间后，走进来一个瑞典人，克里斯特罗姆先生，他在本市给几个青年绅士当家庭教师。他告诉我，有一本非常好的瑞典史，是达林写的。由于当时我有意写一本该国的历史，便问约翰生博士一个人如果不到瑞典去，可不可以写一本瑞典史。“可以，先生，（他说）一本供一般人用的。”

我们谈到语言。约翰生说，莱布尼茨在一部作品中有所进展，把所有的语言都追溯到希伯来语。“嘿，先生，（他说）你不会想到法语 jour，白天，来自拉丁语 dies，然而再没有比这更确定无疑的事了；中间的演变步骤非常明显；从 dies 有了 diurnus。Diu，由于耳朵听不准确，或者由于发音不准确、容易和 giu 相混；于是意大利人形成了一个形容词的离格的名词性实词，由此有了 giurno，或者，像他们创造的，giorno；这就容易缩约为 giour，或 jour。”他说，波希米亚语是真正的斯拉夫语。这位瑞典人说，它跟德语有几分近似。**约翰生**：“嘿，先生，那还用说，斯拉沃尼亚与德国接壤的地区会借用德语词，与鞑靼地方接壤的地区就会借用鞑靼语的词。”

他说，他从来没有真正弄明白苏格兰高地居民和爱尔兰人怎么
能够听懂彼此说的话。我告诉他我表兄格雷厄姆上校是皇家高地人， 344
我在德罗赫达遇见他时，他告诉我他们就是听得懂。**约翰生**：“先
生，如果高地人听得懂爱尔兰语，为什么还要把《新约》译成苏格 1772年
兰盖尔语，最近在爱丁堡就是这么做的，这是在已经有了一种爱尔 3月23日
兰语译文的时候？”**鲍斯威尔**：“尽管苏格兰盖尔语和爱尔兰语都是 星期一

同一种语言的方言，也许它们之间有很多差异，就像意大利的不同方言之间差异很大一样。”——瑞典人走了，约翰生先生接着阅读文件。我说：“我担心，先生，这对你是件麻烦事。”“嘿，先生，（他说）从中得不到多少乐趣；但我会把它看完。”

我们去“主教冠”，在我们俩初次共进晚餐的那间屋子里吃饭。他使我对自己承办的案子抱有极大的希望。“先生，（他说）一名教师的管理带点军事管制的性质；那就是说，必须独断专行，必须按具体情况由一个人的意志实施。在这种场合，你必须展示一定的学识。你必须表明一名教师有一种打人的时效权利；对他进行攻击和殴打的行为是不能允许的，除非出现某种极其过火的做法，某种野蛮举动。此人没有致使他的哪一个学生伤残。他们个个都体能健全，欢蹦乱跳。在我们英国的学校里，很多学生受伤致残；可我从来没有听说就因此对一名教师提起诉讼的。我想普芬多夫[①]主张教师是有打学生的权利的。”

3 月 27 日，星期六[②]，我把亚历山大·麦克唐纳爵士介绍给约翰生，因为他表达过想结识此公的愿望。约翰生非常殷勤地款待了他。

亚历山大爵士说，英国挑选大臣的观点比职能低得多，因为是按照暂时的政治观点挑选的。**约翰生**：“嘿，先生，像我们这样的一个政府里，没有一个人被任命职务是因为他最适合担任此职，其他任何政府也几乎大同小异；因为有太多的关系和依赖性要研究。而一个独断专行的君主挑选一个人担任一个职务，仅仅因为他是最合适的人选。普鲁士国王可以这样做。”**亚爵士**：“先生，我认为几乎所有的伟大律师，至少那些有法律著述的律师只知道法律，不知道别的。”**约翰生**：“嘿，不尽然，先生；黑尔法官是一位伟大的律师，

① 普芬多夫（Samuel Pufendorf，1632—1694），德国法学家、史学家，以捍卫自然法的观念最著名。

② 1722年3月27日其实是星期五。

也有法律方面的著述；可是他知道别的很多事情，也有其他方面的著述。塞尔登[①]也是如此。”**亚爵士**：“千真万确，先生；还有培根勋爵。可是难道科克勋爵不是一位纯粹的律师吗？”**约翰生**：“嘿，恐怕就是；不过你要是这么告诉他，他听了会很反感。他会起诉你诽谤。”**鲍斯威尔**：“曼斯菲尔德勋爵[②]不是一位纯粹的律师。”**约翰生**：“对，先生。我从来没有与曼斯菲尔德勋爵交往过；然而曼斯菲尔德勋爵在大学名气很大。曼斯菲尔德勋爵初次来伦敦时，正如普赖尔所言，‘与才子们共饮香槟’，[③]他是蒲柏的朋友。”**亚爵士**：“律师，我相信，现在不像从前那样谩骂成性了。我想很久以前他们法律知识较少，所以不得不热衷于谩骂，以混够时间。现在他们有那么多案例，所以没有谩骂的必要了。”**约翰生**：“不对，先生，很久以前他们的法律知识比现在多。至于案例，随着时间的推移肯定会增多；然而案例越多，法律知识的必要性也就越少；也就是说，调查研究原则的必要性也就越少。”**亚爵士**：“我一直在纠正我的朋友鲍斯威尔的几个苏格兰口音。先生，我怀疑，苏格兰人是否能掌握纯正的英语发音。”**约翰生**：“嘿，先生，他们很少有人能做到。因为他们掌握到某种程度后，就不坚持了。不过，先生，毫无疑问，他们可以掌握纯正的英语发音，只要他们想这么做的话。我们发现他们离纯正只有一步之遥；当然一个克服了十九份苏格兰口音的人，也可以克服第二十份。不过，先生，一个人超过了十分之九时，他累了，便松劲了，不够勤快了，他发现把口音已经纠正到如此程度，

345

1772年3月28日星期六

① 塞尔登（John Selden, 1584—1654），律师、历史学和语言学学者；《什一税史》（1618）的作者，后来转向犹太研究；弗兰西斯·培根的法律顾问；1640年代长期议会成员；伦敦塔档案主管（1643）；海事法庭十二名审判官之一（1644）。

② 曼斯菲尔德勋爵（William Murray, 1st Earl Mansfield, 1705—1793），法官、政治家；蒲柏的密友；副检察长（1742）；检察总长（1754）；高等法院首席法官（1756—1786）；与纽卡斯尔公爵过从甚密；枢密院官员（1756）；两次代行财政大臣职务（1757, 1767），不得不处理威尔克斯和“朱尼厄斯”信件两大难题。

③ 马修·普赖尔，《变色龙》（1708），第1节，第40行。

没有什么不满意的了，他便不再想让他的朋友挑毛病了；也不爱听人家说三道四了。先生，当人们死死地盯着我，而我不留心自己的时候，他们会发现我是某郡人。同样，人们可以发现邓宁是德文郡人。所以大多数苏格兰人都是可以被人发现的。然而，先生，一些小小的变异没有什么不好。我从来没有发觉马莱的苏格兰口音；然而，马莱，我估计来到伦敦前已经过了二十五岁了。”

另有一次，我跟他谈到这个话题，因为自己曾凭借朱瑞巷剧院已故的洛夫①先生在爱丁堡演戏时的帮助，还有谢立丹老先生的帮助，煞费苦心地改善自己的发音。约翰生对我说：“先生，你的发音并不难听。”对于这种认可；我十分满意；让我奉劝北不列颠的同胞们在这一方面不要追求绝对的完美；不要说“高级英语”，这是我们对那种远离苏格兰语的语言的习惯叫法，但它绝对不是“好英语”，而且使“那些使用它的小丑们”②滑稽到家了。好英语从一位不装腔作势的英国绅士嘴里出来，平易流畅。一种刻意而为、矫揉造作的发音，需要时时当心，又不断给人限制，所以是令人深恶痛绝的。稍微夹杂一点乡音特色，说不定反而有一种可喜的效果，就像在树林的和声中有各种鸟儿的鸣啭比百鸟同声更加悦耳。我可以说出几位爱尔兰绅士，该地的一点口音和语调对他们反而造成了优势。同样的看法也适用于苏格兰绅士。我的意思不是说我们像该地来的某位发达的议员③一样以浓重的方言口音讲话；尽管人们注意到，“它对他的用处不小，因为它非同寻常，反而激起了议院的关注；而且跟讲一口好英语的人用的比喻、修辞不分伯仲”。我愿意把我有意推荐的一件事情的实例介绍给我的同胞，那就是已故的吉尔

① 洛夫（James Love，1721—1774），演员、作家；一首英雄叙事诗《蟋蟀》（1740）的作者；与他的“洛夫夫人”搭档在爱尔兰和苏格兰演出；爱丁堡教规门剧院经理（1759）；移居朱瑞巷（1762）；首次登台演福斯塔夫；在里士满开创新剧院（1765）。

② 参比《哈姆雷特》，第3幕，第2场，第39—40行。

③ 亨利·邓达斯。

伯特·艾略特爵士的发音；不妨再冒昧补充上当今的马奇蒙特伯爵，这位伯爵大人兴高采烈地告诉我伦敦的一家商铺的老板，由于互不相识，对他说道："我估计，先生，您是美利坚人。""何以见得，先生？"（伯爵大人说）"因为，先生，（店主答道）您讲的既不是英语，也不是苏格兰语，跟二者都有所不同，所以我推断它是美利坚语。" 346

1772年
3月28日
星期六

鲍斯威尔："先生，让一本词典标明发音也许有用处。"**约翰生**："嘿，先生，我的词典给你标明了词的重音，如果你能记住的话。"**鲍斯威尔**："可是，先生，我们需要符号标明元音的发音。我相信，谢立丹已经完成了这样一项工作。"**约翰生**："嘿，先生，想一想，靠耳朵学习一种语言比靠符号容易多少倍，谢立丹的词典也许做得挺好；可是你不能时时处处随身带着词典呀；而当你需要那个词时，你手头却没有词典。这就像一个人有一柄拔不出来的剑。那是一柄令人赞叹的剑，毫无疑问：但当你的敌人要割你的喉咙时，你却没法用它。再说，先生，谢立丹有什么资格确定英语发音呢？首先，他有身为一个爱尔兰人的不利条件：如果他说按照那些最优秀的交往者的样板确定，为什么这些人之间还有差异呢？我记得一个例子，当我发表我的词典的方案时，切斯特菲尔德勋爵告诉我great这个词的读音应当与state谐韵；威廉·扬爵士给我递话，说它的读音应当与seat谐韵，还说，只有一个爱尔兰人才把它念成grait。现在就有两位级别最高的人物的看法大相径庭，一位是上院最优秀的演说家，另一位是下院最优秀的演说家。"

晚上，我又去拜访他。发现他兴致极好，我便壮着胆子把他引向关于我们未来国度境遇的话题，因为我十分好奇，想知道他对这个问题的看法。**约翰生**："嘿，先生，一个脱离肉体的灵魂的快乐将会包含在对**上帝**恩惠的意识中，包含在对真理的观照中，还包含在对幸福观念的拥有中。"**鲍斯威尔**："可是，先生，我们对幸福的具体情况形成种种猜测，尽管《圣经》就这个问题说得很少，‘我们不知道我们将会怎么样’，这样做有什么害处吗？”
约翰生：“先生，没有什么害处 。在这个问题上，哲学给我们提出
的东西是可能的：《圣经》告诉我们的东西是肯定的。亨利·莫尔
博士[1]已经尽了哲学之能事。你可以花八先令左右买到他的两卷对
开本的神学和哲学著作。”**鲍斯威尔**：“最令人欣喜的想法之一就
是，我们将要和朋友们重逢了。”[2]**约翰生**：“是啊，先生；但是你
必须想一想，当我们变成纯理性的时候，很多朋友就会断交。很
多友谊都是由于共享感官欢乐结成的：这些友谊将会被统统切断。
我们与坏人结成了许多友谊，因为这些人有讨人喜欢的品质，他
们可能对我们有用；但人一死，他们不能再对我们有任何用处了。
我们错交了很多友谊，以为人们跟他们的实际情况不同。人一死，
我们看见了每个人的真实面目。随后，先生，他们谈到我们跟亲
属的会见，然而到那个时候，一切亲属关系都消解了；我们会对
347 任何人一视同仁，统统漠不关心，只看重他们的真正价值。然
1772年3月28日星期六 而，我们要么会有与朋友见面的满足，要么会有不与他们见面的
满足。”**鲍斯威尔**：“然而，先生，我们在《圣经》上看到，财主
仍在操心他的弟兄。”[3]**约翰生**：“嘿，先生，我们必须认为，要么
那段文字是隐喻式的，要么必须跟许多神学家和所有相信炼狱的
人一道认为，离去的灵魂是不会都立即到达他们能够到达的完美
境界的。”**鲍斯威尔**：“先生，我想那是一样非常理性的估计。”**约
翰生**：“嘿，是的，先生；我们不知道那是不是个正确的估计。相
信它不会有害处；然而你千万不可强迫别人把它当成一则信条；

① 亨利·莫尔博士（Dr Henry More，1614—1687），慈善家、诗人、神学家；剑桥柏拉图主义者中最多产的一位；作品有《无神论的解毒药》（1653）、批驳霍布斯、《神圣大神秘的解释》（1660）、《神的对话录》（1668）、《形而上学手册》（1671）等；皇家学会会员（1664）。

② 〈霍尔主教在他的书信：“谈天国荣耀的级别与我们在上界的相互认知”（12月3日，第6章）中对这两个问题都持肯定观点。——M.〉

③ 参见《圣经·新约·路加福音》，第16章，第19—31节。

因为它并未被启示。”**鲍斯威尔**：“先生，你是不是认为一个奉行炼狱教义的人为他亡友的灵魂祈祷是错误的？”**约翰生**：“嘿，不是，先生。”**鲍斯威尔**：“我听说，在苏格兰圣公会的祈祷书中有为死者祈祷的语句。”**约翰生**：“先生，在劳德[①]为苏格兰圣公会制定的祈祷书中没有：如果有比那还古老的祈祷书，我倒乐意看一看。”**鲍斯威尔**：“至于我们在未来国度的活动，圣书上说得很少。然而圣约翰的启示录给了我们很多概念，尤其提到了音乐。”**约翰生**：“嘿，先生，概念必须通过你知道的某种东西你才能得到：至于音乐嘛，有一些哲学家和神学家主张我们不会被精神化到那种程度，除非某种非常精微的物质的东西还会留存。在那种情况下，音乐倒可以构成我们未来幸福的一部分。”

鲍斯威尔：“我不知道有没有什么关于鬼魂显现的证据确凿的故事。你知道有一个维尔夫人鬼魂显现的著名故事附在《德雷兰库尔论死亡》前面。”**约翰生**：“先生，我相信这已经被人唾弃了。我相信那女人临终前宣称那是一个谎言。”[a] **鲍斯威尔**：“对于鬼魂显现的真实性提出了这样一种反对观点：如果他们处在一个幸福的国度，返回这个世界就是一种惩罚；如果他们处在一个痛苦国度，这样做就等于给他们一种暂时的缓解。”**约翰生**：“脱离肉体的灵魂的幸福或痛苦并不取决于地域，而是心智上的，我们说不上他们在人间显现是不够快乐，还是不够痛苦。”

十二点到一点之间，我们下去来到威廉斯夫人的房间喝茶。我提到我们将看到由梅森先生出版的格雷先生的诗文遗作。**约翰生**：

---

① 劳德（Dr William Laud，1573—1645），坎特伯雷大主教（1633）；牛津大学圣约翰学院院长（1610—1611）；格洛斯特教长（1616）；圣大卫教区主教（1621）；巴斯和威尔斯主教（1627）；牛津大学校长（1630—1641）；枢密院官员（1627）；被关进伦敦塔（1641）；被诬告犯有叛国罪和信仰罗马天主教而被处死（1645）；生前死后都是个富有争议的人物。

a 〔人们知道这个虚构的故事是丹尼尔·笛福编造的，附加在德雷兰库尔作品的英文译本（原著为法文）上好把它卖出去。第一版没有这个故事。〕

"我想格雷的作品我们现有的已经够了。我看到他们出版了一版非常漂亮的埃肯塞德的作品。一首蹩脚的颂歌也许还可以忍受；但大量这类东西凑到一起就令人恶心。"**鲍斯威尔**："埃肯塞德的诗歌杰作是《想象的乐趣》：然而，就我而言，我从来没有能像大多数人那样赞赏它。"**约翰生**："先生，我就没法将它读完。"**鲍斯威尔**："我倒是从头至尾看了一遍；但没有从中发现任何巨大的力量。"

348 我提到离经叛道者埃尔沃尔[①]，因为约翰·普林格尔爵士[②]曾把对他的审讯交给我来研读。**约翰生**："先生，埃尔沃尔先生，我想是伍尔弗汉普顿的一名小五金商；他一心想通过创立一个新教派出名，渴望人们把这个教派叫作埃尔沃尔派。他认为《旧约》里每件并不典型的事情都要永远奉行；于是他在外衣褶边上挂条丝带，还蓄着长胡子。我记得还有幸跟一伙人与埃尔沃尔一起吃过饭。有一个姓巴特的人，是个磨坊主，写文章反对埃尔沃尔；于是**埃尔沃尔**先生和**巴特**先生之间爆发了一场论战。为了想方设法使自己出名，他还上书乔治二世，激发他与自己论争，他在书中说：'乔治，如果你害怕独自前来与一个穷老头争论，你可以带上一千名黑卫队；如果你还害怕，你可以带上一千名赤卫队。'这封书信对我们的当朝国王来说带点朱尼厄斯的无耻色彩。然而伍尔弗汉普顿的人却不像伦敦市议会那样一点就燃；于是埃尔沃尔先生使自己成为显要人物的计划泡了汤。"

1772年3月28日星期六

3月31日，星期二，他和我在保利将军家吃饭。提出了这样

① 埃尔沃尔（Edward Elwall，1676—1744），安息浸信会信徒、宗教辩论家；作品有《合法证据》（1724）、《反对大不列颠国王乔治宣言》（1732）；多彩而古怪的人物；约翰生指责有断章取义的做法。

② 约翰·普林格尔爵士（Sir John Pringle，1707—1782），从男爵；军医；爱丁堡大学气体力学（形而上学）和道德哲学教授；在佛兰德斯任军医（1742）；总军医（1744—1748）；亲临卡洛登战斗；坎伯兰公爵侍医（1749）；皇家学会理事（1753），随后为会长（1772）；王后的御医（1761）。

一个问题：婚姻状态对男人是否合乎自然。**约翰生**："先生，一个男人和一个女人在婚姻状态下生活太不自然了，所以我发现：他们为了保持那种关系的一切动机，以及文明社会为了阻止离异所强加的种种限制，都很难将他们捆绑在一起。"将军说，在一种自然状态下，一个男人和一个女人通过各自得到的共同快乐结合到一起，会形成一种强烈而恒久的爱情；像在文明状态下夫妻发生的那种失和原因不会出现。**约翰生**："先生，他们的争执也够多了，不过属于另外一种罢了。一个想在这片林子里打猎，另一个要去那片林子；一个想在这个湖里捕鱼，另一个要去那个湖；要么，也许一个想打猎，另一个却要去捕鱼；这样他们便各奔东西了。再说，先生，一个野蛮男子和一个野蛮女子是偶然走到一起的；当那个男人看见另一个女人更赏心悦目时，他就会离开先前的那一个。"

然后我们开始探讨有没有与实用无关的美。将军主张没有，约翰生博士认为有；他拿手中的咖啡杯为例，上面的画没有实际用途，如果杯子上是素的，它照样可以盛咖啡；然而画是美的。

我们谈到言谈中赌咒发誓的奇怪习惯。将军说，所有的野蛮民族都是在一气之下赌咒发誓的，这不能局限人世间，而总要上达天上的神灵。他还说，有多少种不同的宗教仪式，就有多少种不同的赌咒发誓。

约翰生博士跟我回到我在水道街的住处喝茶，这是在我们去万圣殿[①]之前，我们俩都没有到过那里。

349

1772年3月31日星期二

他说："哥尔德斯密斯的《帕内尔[②]传》很糟糕；不是说写得糟糕，而是说他掌握的材料糟糕；如果不跟一个人一起吃喝生活，有

① 牛津街的一个公共休闲处，1772年1月开放。

② 帕内尔（Thomas Parnell，1679—1718），诗人、散文家；都柏林圣帕特里克大教堂小教士（1704），在那里他成了斯威夫特的朋友；《旁观者》和《卫报》撰稿人；邓拉温教区受俸牧师（1713）；斯克里布勒拉斯俱乐部成员；《杂诗集》由蒲柏编辑，并在作者死后出版（1722）。

社交往来，谁也没法给此人写传。”

我说，如果他不嫌麻烦，又不嫌我过于冒昧的话，我就请求他把生活中的大事小情统统告诉我，他上过哪些学校，什么时候上的牛津，什么时候来的伦敦，等等等等。对于我对这些细节的好奇心，他没有异议；只是说：“日后我们交谈的时候，逐一告诉你吧。”

他批评拉夫海德[①]的《蒲柏传》；说道：“他对蒲柏一无所知，对诗歌一窍不通。”他称赞约瑟夫·沃顿博士的《蒲柏论》；不过他说，他估计我们见到的这部作品也就到此为止了，因为作者没有能够说服世人把蒲柏看成他认为的那个样子。**鲍斯威尔**：“嘿，先生，难道这就阻止他继续自己的工作了？他是个心眼儿活泛的律师，他充分制造了自己的理由而不是被迫苦苦找到它的。”**约翰生**：“可是，先生，当理由是一个人自己制造的时候那就另当别论了。”

我们谈到对财富的适当利用。**约翰生**：“如果我有一个大庄园，我就会把我不喜欢的无赖在一次选举时统统赶出这个郡。”

我问他他认为财富应当在多大程度用到好客上。**约翰生**：“你想的是古代的好客，这种情况我们听得多了去了，那是在一种非商业国度的现象，那时候，人们无所事事，乐得接受富人的宴请。然而在一个商业化的国度，在一个忙忙碌碌的国度，时间变珍贵了，因而好客行为就不是那么受人看重了。毋庸置疑，仍然存在一定程度的好客余地；一个人看到自己的朋友们在左右大吃大喝总有一种满足感。然而不加区别的好客并不是造成真正影响的手段。吃饭时斟酒添菜你总得有个先后；这酒您觉得怎么样？难免对有些人多问几次，对有些人少问几次。这样一来，你得罪的人多而取悦

---

① 拉夫海德（Owen Ruffhead，1723—1769），法律作家；《绅士杂志》的书评家；扩充了沃伯顿《蒲柏传》（1769年出版），为此受到约翰生的批评；即将被任命为财政部主要秘书之一时去世。

的人少。你就像那位法国政治家，他在助兴时说道，‘J’ai fait dix mécontents et un ingrat’①，再说，先生，在一个人的餐桌上受到多好的款待，在脑海里留不下永久的感念或敬仰。不会的，确立权威和影响的办法是把钱私下里借给你的邻居，低息甚至无息，再把他们的借据拿着就是了。”**鲍斯威尔**：“先生，难道一个人不可以把他的财富用来帮助教育有才德的青年吗？”**约翰生**：“可以，先生，如果是顺水人情的话；但如果被认为你是在资助有才德的青年，你就招架不住各种请求。很多无才无德的人就会趋之若鹜；有的找你出于错误的偏心；有的则出于彻头彻尾的私心，无所顾忌；你就会颜面扫地。”

“如果我是个富人，我就会繁衍能在露天生长的各种各样的树木。温室是孩子气的。我会把外国动物引进到本国来；例如 350
驯鹿。”[a]

现在谈话转到批评问题。**约翰生**：“《排演》②里的贝斯是个大傻帽式的人物。如有意让它像某一个人，只有在那个人被人记住的情况下才有意思。有人说它针对的是德莱顿，对此我有疑问；因为我们知道有些据说被嘲弄的段子是在《排演》之后写的；至少前言[b]中提到的一段是后来的。”我认为作为对剧作家们自高自大的一般性讽刺也是功不可没的。然而即便从这一点上着眼，他认为它也很不

1772年3月31日星期二

---

① “我已经使十个人不满，让一个人忘恩”——此话被认为是路易十四说的，约翰生在他的《斯威夫特传》中加以引用［塞缪尔·约翰生《诗人传》，罗杰·朗斯代尔编，4卷。（牛津：克拉伦登出版社，2006）第3卷，第197页］。

a 这一计划此后已经实现。亨利·利德尔爵士到拉普兰做了一次勇敢的旅行，把两只驯鹿带到他诺森伯兰的庄园饲养；然而不幸的是这个种群灭绝了。

② 白金汉公爵乔治·维利尔斯，《排演》（1672）；对当时的英雄悲剧的一个戏拟，用滑稽的剧作家贝斯这个人物尤其嘲讽了威廉·达韦南特爵士（但也把矛头指向德莱顿）。

b 〔最早出版的《排演》没有前言。约翰生博士似乎指的是用一个**题解**附加在上面的《致读者》；它被加在该剧的各种现代版的前面，似乎他不知道第一版之后给《排演》做了好几种添加文字。〕

可取。[①]

随后我们步行去万神殿。乍一看，它并不像拉内拉夫游乐园那样气派，约翰生说，拉内拉夫“coup d'œil[②] 是他见过的最美妙的景象”。确实，拉内拉夫外形更美；一下子显现出的形象更多，或者不如说圆形建筑的全貌一下子就显现出来，而且采光也更好一些。然而，正如约翰生所言，我们参观万神殿时正值大丧期间[③]；有的只是沉闷单调；而先前参观拉内拉夫时却五彩缤纷，情景沸扬。约克郡冈思威特的博斯维尔夫人来到我们中间，谈笑风生。后来约翰生对我说：“先生，这是一个聪明绝顶的女人。”

我说看这个地方的乐趣一钱不值。**约翰生**：“可是，先生，对没有看见它的人来说，自愧弗如的心情却值一钱。”**鲍斯威尔**：“先生，我怀疑，是否有很多人在这里感到快乐。”**约翰生**：“有，先生，有很多人在这里感到快乐。这里有很多人在注视成百上千人，他们也认为成百上千人在注视他们。”

碰巧遇到亚当·弗格森爵士，我便把他引荐给约翰生博士。亚当爵士表达了某种担忧，觉得万神殿会助长人的奢靡。“先生，（约翰生说）我是力挺大众娱乐的；因为娱乐会防止人们为非作歹。现在你（对我说道）如果不在这里，就会去泡妞。——噢！我忘了你已经结婚了。”

亚当爵士指出，奢靡会败坏一个民族，毁掉自由精神。**约翰生**：“先生，那完全是想当然，在哪种政体下生活，我一点都不在乎。这对一个个人的幸福不重要。先生。滥用权力的危险对一个私人算不了什么。哪个法国人被阻止过他喜欢的生活了？”**亚当爵士**：“可

① 〈这里所说的被嘲弄的段子可以在这些添加文字中找到。因此它们对这里提示的疑问提供不了依据。毫无疑问，贝斯（Bayes）是有意表现德莱顿的，因为德莱顿日常谈话中的习语被频繁引入这篇文字。——M.〉

② “瞥一眼就夺人眼球的景致”。

③ 1772年2月8日乔治三世的儿媳、威尔士亲王的配偶奥古斯塔夫人患喉癌去世。

是，先生，在不列颠宪法中，保持人民的一种精神肯定事关重大，这样才能维持对国王的一种平衡。”**约翰生**：“先生，我看你是个凶恶的辉格党人。干吗对王权怀有这种孩子气的妒意呢？国王并没有足够的权力。我之所以说所有的政府都如出一辙，是因为我考虑，哪个政府都不能把权力滥用太久。人类不会忍受这种局面的。如果一个君王压迫人民过甚，人民就会起来砍掉他的脑袋。人性中有一种对暴政的根治办法，它会使我们在任何政体下安全。如果法国人民不认为自己在分享路易十四的光辉业绩时有什么荣耀，他们就不会容忍他的；我们也可以就普鲁士国王的百姓说同样的话。”亚当爵士引入古希腊人和古罗马人。**约翰生**：“先生，这两个民族的群众都是野蛮人。在没有印刷品，因而知识不能普遍传播的地方，每个民族的群众肯定是野蛮的。在我国人民中间，知识是由报纸传播的。”

351

1772年
4月5日
星期日

亚当爵士提到希腊的演说家，诗人，艺术家。**约翰生**："先生，我说的是人民群众。我们甚至看到被吹得天花乱坠的雅典人是些什么人。狄摩西尼的演说对他们影响甚微，这就表明他们是些野蛮人。"

亚当爵士引起的话题触了霉头；因为他对主教在上院拥有议席的合理性表示怀疑。**约翰生**："为什么呀，先生？谁还比主教更合适具有贵族的尊严，只要主教条件合格；如果不适合的主教当选，那不是主教的过错，而是选举他们的人的过错。"

4 月 5 日，星期日，在圣保罗教堂做过礼拜后，我发现他一个人待着。关于他认识的一名教师[①]，一个苏格兰人，他说："他身上有很多优点；但在某些方面缺点也十分突出。他的内心很善良，但他的外在表现很笨拙。你们在苏格兰学不到语言方面优秀的批评技巧，我们英格兰的学校却可以学到。我是不会把一个我有意让他当学问家的学生交到他手里的。然而平民子弟，只想学一点知识，养成良好的品行，然后去做买卖，他可以教得很好。"

我提到我在苏格兰长老会最高立法机关以律师身份出庭辩护的一个案子，一名试用人员[②]（这是对取得布道许可但尚未任命的神职人员的叫法）在申请正式就任时遭到反对，原因是有人举报五年前他犯过通奸罪。**约翰生**："嘿，先生，如果他悔改了，反对的理由就不充分了。一个合格上天堂的人也合格当牧师。"这是一种富有人性的开明豁达的思想感情。然而，一名牧师要比一个普通基督教徒更加洁身自好。由于他要以权威的身份教导人，所以他应当受到敬重，被大家看成神圣的真理在他身上发挥作用，使他不至于误
352 入由于习惯使然、精神境界不高而又按总体表现并未被排除在天
1772 年 4 月 5 日 星期日 堂之外的普通人在激情主使下诱入的那种歧途。牧师像所有人一样，一般都可以被看作罪人，这是不可否认的；然而这种考虑不会对他们的忠告像关于他们犯有某些道德败坏罪的可靠消息那样坚决

① 詹姆斯·埃尔芬斯顿。

② 威廉·麦克马斯特。

奥格尔索普将军

S. 爱尔兰 绘

抵制。我告诉他，在《戒律书》中，苏格兰长老会有规定：如果所谓的“丑闻”五年未予告发，过后就不能起诉了，“除非性质极其恶劣，或者又变得恶名昭著了”；于是问题出现了，通奸是不是一件性质极其恶劣的罪行；我认为它还配不上那样一个形容词，由于它不是那些证明人心狠手辣的罪行之一：总而言之，在人类的通用意义上不是一件极其恶劣的罪行。**约翰生**：“不是，先生，它不是一件极其恶劣的罪行。极其恶劣的罪行是那种罪犯为此要被处死或流放的罪行。”**鲍斯威尔**：“可是，先生，我辩称它不是一件极其恶劣的罪行以后，一位老牧师站起来，引用宣判妓女贩子的经文，问道，就此考虑，对私通是件极其恶劣的罪行是否还有怀疑。”**约翰生**：“嘿，先生，看看妓女贩子这个词。每种罪，如果屡犯不改，都会变得极其恶劣。妓女贩子是买卖妓女的商人，就像铁器贩子是买卖铁器的商人一样。可是你不能把一个买卖一把铅笔刀的人叫铁器贩子；同样，你也不能把使一个女人怀了孩子的人叫妓女贩子。”[a]

我说到英格兰牧师俸金的不平等和有些助理牧师食品的不足。**约翰生**：“嘿，确实如此，先生；但这也无可奈何。你必须考虑牧师的收入不像军饷由国家支配。人各有别，建起的教堂也千差万别；有的教堂得到的资助多，有的得到的少。国家不能干涉并把划拨的专款均分。现在当一位牧师只有一份微薄的俸金，或哪怕是两份微薄的俸金时，他能给助理牧师的就少得可怜了。”

他说，在只有祷告时他去教堂的次数多，还有布道时去的次数就少，因为人们的需求有所不同；他们觉得听一次布道比定下心来做祈祷容易。

4 月 6 日，星期一，我和他在亚历山大·麦克唐纳爵士家吃饭，在座的有皇家苏格兰步兵团的一位年轻军官，他谈吐的生动、

a　切勿认为约翰生博士对放荡持赞同态度，尽管以一个辩护人的资格他公正而精细地区分了偶然的越轨和一贯的越轨。

流畅和精准，如此非同寻常，所以格外引人注意。原来他就是托马斯·厄斯金[①]阁下，巴肯伯爵的弟弟，他后来在威斯敏斯特厅的法庭上声誉鹊起。

提到菲尔丁后，约翰生大声说，“他是个榆木脑瓜”；我对如此奇怪的说法表示吃惊，他说：“我说他是个榆木脑瓜，意思就是他是个不中用的无赖。”**鲍斯威尔**：“先生，你难道不肯承认他描绘了非常自然的人生画面？”**约翰生**：“嘿，先生，那是非常低级的生353 活。理查逊常说，即便他不知道菲尔丁是谁，他也相信他是个喂牲口的人。先生，理查逊一封信里对人心的认知比整部《汤姆·琼斯》里的还多。[a]其实我从来没有读过《约瑟夫·安德鲁斯》。”**厄斯金**：“说实在的，先生，理查逊非常沉闷。”**约翰生**：“嘿，先生，你要是为了故事读理查逊，你就会急躁得恨不得把自己吊死算了。但是你必须为了情思来读他，把故事当作引起情思的由头。”——我已经提出了自己对菲尔丁的看法；但还是忍不住在这里再次表示惊异，约翰生怎么能对英国最优秀的作家之一表现出如此过火而莫名其妙的贬抑。《汤姆·琼斯》经受住了舆论的考验，它大获成功，确立了自己的伟绩，既有故事，又有情思，也有风格，而且文辞千变万化，一种生动真实的创作技巧贯彻始终，这是毋庸置疑的。

1772年4月6日星期一

提及新近出版的一本名为《小科里亚》的游记，作者为佩特森

① 托马斯·厄斯金（Thomas Erskine，后来为厄斯金勋爵，1750—1823），大法官；亨利阁下和巴肯伯爵的弟弟；包括约翰生和鲍斯威尔在内的文学圈子里喜欢宴饮交际的成员；替戈登勋爵辩护（1781）；福克斯和R.B.谢立丹的密友；法国大革命的热情拥护者；受蓟花勋位（1815）；非正统但戏剧性的成功辩护士。

a 〔约翰生对菲尔丁苛评的起因不是他的文笔恶劣，而是他的生活放荡，以及他所有的男性人物几乎都是淫荡之徒。谁会贸然把他写的小说朗读给淑女们听？他的小说是男人的开心果，确实非常逗人。——菲尔丁的谈话很粗俗，一股花街柳巷的臭草味道，所以现在被人认为只适合在妓院里讲。——B.〕

先生[a][①]。约翰生说，这本书是对斯特恩的模仿[b]，而不是科里亚的，佩特森选用的这个名字代表一个异想天开的人。“汤姆·科里亚，（他说）是个詹姆斯一世朝的幽默人物。他集学识、巧智、滑稽于一身。他先是周游欧洲，出版了他的游记。后来他又徒步走遍亚洲、发表了许多言论；但他死在曼杜，于是他的言论湮没了。”

我们谈到赌博，并且对它严厉谴责。**约翰生**：“别，先生们，咱们别把这事说得那么严重。你是个行家里手，跟一个对此一窍不通的人玩，结果赢了他的钱，这不是耍无赖；因为他认为他能玩得比你强，就像你以为你能玩得比他强一样；结果能者得手。”**厄斯金**：“他是个傻瓜，但你不是无赖。”**约翰生**：“这话说得在理，先生。必须考虑，一个人仅仅干了他所属的社会人人都想干的事，此人不是一个不诚实的人。在斯巴达共和国，大家一致认为，偷窃不是不光彩的事，如果没有人发现的话。我并不赞赏这样一个社会，在那里人们达成共识：另搞一套不公平的事就一定是公平的；但我主张任何社会的一个个人干了允许干的事，就不是一个不诚实的人。”**鲍斯威尔**：“这么说来，先生，一个人一个冬天也许赢了四万英镑，你对此人也没有什么不良的看法？”**约翰生**：“先生，我不把一名赌徒叫一个不诚实的人；但我管他叫一个落落寡合的人，一个与世无益的人。赌博是一种财产转移的方式，却没有产生中间好处。商贸给许多人提供就业，所以产生了中间好处。”

厄斯金先生告诉我们，在梅诺卡岛的时候，他不仅宣读祈祷文，而且给团里的官兵布过两次道。他似乎对经文中的一段文字提出了

---

a　塞缪尔·佩特森先生，以他的图书知识出名。

①　塞缪尔·佩特森（Samuel Paterson，1728—1802），书商、拍卖商；把夏洛特·伦诺克斯介绍给约翰生；先前作为出版商失败，后来当图书拍卖商成功；他推出的几种目录确立了他在图书拍卖当中的先行者地位。

b　佩特森先生在一本小册子里提供的证据表明他的著作是在斯特恩的《多情客游记》问世前写的。

354 异议，这段经文告诉我们：主的使者一夜杀了四万亚述人[①]。“先生，（约翰生说）你应当记得有一种超自然的干预；他们是被瘟疫消灭的。你不应当认为主的使者跑去用短剑把他们一一捅死，或者逐一砸烂他们的脑袋。”

1772年4月6日星期一

厄斯金先生走后，引起了这样一番讨论，当今的巴肯伯爵，还是卡德罗斯勋爵的时候，拒绝出任驻西班牙大使馆的秘书，当时一个级别较低的人詹姆斯·格雷爵士[②]出任大使，他这么做是否正确。约翰生博士说，也许从利益上着眼，他做错了；但从尊严上着眼，他做对了；亚历山大爵士坚持认为，他做错了；还说，皮特先生的初衷是这对他是件好事。“嘿，先生，（约翰生说）皮特先生也许认为让他当一名酒商，让他包揽所有的葡萄牙贸易对他是件好事；但要是接受了那样一个职务，他就会感到格外屈辱。先生，他去当秘书，而他的下级当大使，这可背叛了他的地位和家庭。”

我谈到在伦敦亲情相当淡薄。“先生，（约翰生说）像我们这样的商业国度，人人做事都是自顾自，就没有亲情存在的多少理由。在这里哪怕一个人的弟弟被绞死，人们对这位仁兄也没有不良的看法。在非商业的国度里，一个家族的很多旁枝必须依赖主干；所以为了让家长关照他们，对于他们的介绍总与家长的声誉相关，由于对自爱产生了关注，他也许会努力促成他们的利益。你起初有些很大的圈子，或者宗族；随着商业兴盛，关系仅局限于家族。渐渐地，这种关系也淡薄了，由于没有什么必要了，而且交往的机会也少了。一个兄弟在市里经商，一个兄弟在近卫团做官。这哥儿俩的交往是多么少啊！”

---

① 见《圣经·旧约·列王纪上》，第19章，第35节（那里给出的实际数字是185 000）。

② 詹姆士·格雷爵士（Sir James Gray，？—1773），外交家、文物专家；“浅尝学会”的创建人之一（1738）；罗伯特·达西出使威尼斯时任他的秘书（1744）；驻那不勒斯朝廷特命全权公使（1753）；巴斯爵士（1759）；驻马德里大使（1767—1769）；在枢密院宣誓就职（1769）。

我热烈拥护古老的封建制度。亚历山大爵士则反对，而且大谈看见人人自由独立的快乐。**约翰生**：“我同意鲍斯威尔的观点，因为当一个封建主，必定有一种高度的满足；但我们还要考虑，我们不应当希望为了一个人的满足而有很多人的不爽。”——我坚持认为很多人，也就是扈从或门客，并无不爽；因为在领主和这些人之间有一种相互的满足：他在管束这些人时显示了仁慈；这些人对他则表现出了恭敬和忠诚。

4月9日，星期四，我拜访他，想请他跟我到主教冠酒馆吃饭。他已经决定这一天整天都不吃饭，我不知道原因何在；但我又极不情愿失去陪伴他的机会，于是我只好饿一回肚子，这滋味起初还有点难受，但他很快就使我将挨饿置之脑后；一个人发现他的心智喜好占主导地位时总是乐滋滋的。

他说，对祈祷的性质做过多的哲学推究没有多大好处。

355

谈到鬼魂，他说，他认识一位朋友，是个诚实人，也是个明白人，这位朋友告诉他他看见过鬼，这位朋友是圣约翰门印刷商爱德华·凯夫老先生。他说，凯夫先生不喜欢谈这事，每当提起，总显得极为恐怖。**鲍斯威尔**：“请问，先生，他说没有说鬼的样子怎么样？”**约翰生**：“嘿，先生，一个影影绰绰的东西呗。”

1772年
4月10日
星期五

我提到女巫，并且问他准确地说这些是什么人。**约翰生**：“嘿，先生，准确地说，这是些利用恶鬼帮助的人。”**鲍斯威尔**：“毫无疑问，先生，人们普遍传言并相信她们的存在。”**约翰生**：“先生，你不仅听到人们普遍传言、相信他们，而且还能见到许多自愿的庄严坦白。”对于一个作为荒诞轻信的现象传为时代笑柄的问题，他并没有明确肯定什么。好像仅仅作为一个坦诚的真相探究者，不管这种现象多么奇怪、费解，他也愿意表明他理解可以支持它的主张[a]。

4月10日，星期五，我跟他在奥格尔索普将军家吃饭，我们发

---

a　参见他以最敏锐的能力处理的这一奇异的问题。《赫布里底群岛旅行日记》，第3版第33页〔8月16日〕。

现哥尔德斯密斯博士也在那里。

谈话提及纹章，约翰生说，它们古老得像围攻忒拜一样，他用欧里庇得斯的一出悲剧中的一段话[①]加以证明。

我首先提出问题：决斗是否符合道德责任。勇敢的老将军针对这个目标开火，他气宇轩昂地说：“毫无疑问，一个人有捍卫自己荣誉的权利。”**哥尔德斯密斯**（转向我）：“我先问你，先生，如果你受到侮辱，你会怎么办？”我的回答是我认为有必要干一仗。“嘿，（哥尔德斯密斯回答）这就把问题解决了。”**约翰生**：“没有，先生，它并没有把问题解决。它的下文并不表明一个人要干的事因而是正确的。”我说，我希望解决的问题是决斗是否有违基督教教规。约翰生立马直奔主题，并且以一副大师的风度处理它；就我的记忆所及，他持有这样一些想法：“先生，由于人变得高度文雅，各种各样的侮辱起因就应运而生；这些起因被看得非同小可，以致必须拿生命打赌来进行补偿，尽管实际上它们并不是如此重要。一个接受了精修细养的身体也许容易受到伤害。人在达到这样人为的文雅之前，如果一个人说邻居撒谎，邻居就回嘴说这个人撒谎；如果一个人把邻居揍了一顿，邻居还手把他也揍一顿；但在一个社会高雅的国度，侮辱被认为是一种严重的伤害。因此它肯定遭人怨恨，甚或必须为此进行一次决斗；因为人们一致同意把一个忍辱含垢不进行决斗的人逐出他们的社会。现在，先生，出于自卫的打斗决不违法。那么进行决斗，人就不是因为恼羞成怒与对手打斗，而是出于自卫；以防
356 止世人诉谇，避免自己被逐出社会。我倒希望没有那一套多余的文
1772年4月10日星期五 雅；但既然风行这样一些观念，毫无疑问，一个人进行决斗可以说是合法的。”

要记住的是，这种正当理由只能应用到一个受到侮辱的人身上。

---

① 欧里庇得斯，《腓尼基少女》第1场，第1120行，围攻忒拜是由波吕涅刻斯发动的，他被他的兄长厄忒俄克勒斯逐出忒拜，却受到阿耳戈王阿德剌斯托斯和七个首领的支持。埃斯库罗斯以此为题材写了《七将攻忒拜》。

全人类必须谴责挑衅滋事的人。

将军告诉我们，他年轻的时候，我想只有十五岁吧，在萨伏伊的尤金王子麾下服役，他陪维滕伯格的一位王子吃饭。这位王子端起一杯酒，手指一弹，几滴酒飞到奥格尔索普的脸上。这就出现了一种左右为难的窘境。如果立即发作，向他挑战，也许会被人认定这位年轻军人性格不好，喜欢争强斗狠：如果装成没事人一样不予理睬，可能被人看作一个胆小鬼。于是奥格尔索普眼睛盯着这位王子，一直笑嘻嘻的，仿佛把这位殿下的举动当作一个玩笑，说道，“Mon Prince——”（我忘了他说的法语原话，不过大意是这样）“这个玩笑开得不错；不过我们英国人玩得更加过瘾”。说罢就把满满一杯酒泼到这位王子的脸上。坐在旁边的一位老将军说：“Il a bien fait，mon Prince，vous l’avez commencé。”[①] 事情便这样高高兴兴地收场了。

约翰生博士说：“将军，请您给我们讲一讲围攻贝尔格莱德[②] 的情况吧。”于是将军给桌子上倒了一点酒，蘸湿一根手指头一一描述，“我们在这里，土耳其人在这里”，等等等等。约翰生聚精会神地听着。

提出了这样一个问题：在重大问题上意见相左的人能够友好相处到什么程度。约翰生说可以长期相处下去，哥尔德斯密斯说不行，因为他们没有 idem velle atque idem nolle——相同的喜好和相同的厌恶。**约翰生**：“嘿，先生，你们必须避开意见相左的那个问题。譬如说，我能和伯克相处得很好：我欣赏他的知识，他的天赋，他海阔天空、滔滔不绝的谈话；但我不跟他谈罗金厄姆党[③]。”**哥尔德斯密斯**：“可是，先生，人们一起相处，有些意

① “他做得不错，殿下——是您开的头。”

② 贝尔格莱德被萨伏伊的尤金王子于1717年攻占。

③ 一个由罗金厄姆侯爵领导的纯辉格党人集团，从1765年起伯克以私人秘书的身份为他服务。

见不合，却要加以回避，那他们就会处在蓝胡子的故事里[①]提到的那种局面：‘除了一间屋，所有的房间你都可以看。’可是我们最想看的就是那间屋子，最想谈的就是那个问题。”**约翰生**（大声地）：“先生，我不是说你能够和一个在某一点上意见相左的人友好相处：我只是说我能够做到。你让我想起了奥维德诗里的萨福[②]。”

哥尔德斯密斯告诉我们，他现在正忙着写一本博物志，他也许

---

① 法国作家夏尔·佩罗（Charles Perrault，1628—1703）写的童话故事的主人公，蓝胡子先后杀了六个妻子，因为她们没有听从他不许她们往某一房间里看的命令，那间房子里放着她们前任的尸体。

② 奥维德《列女志》第15篇，第37—38行作为她写给法翁的情书的一部分，萨福辩称她自己相貌平常不应当使英俊的法翁不高兴，因为自然提供了很多那种明显的不般配的例子。[1]

1 〈鲍斯威尔这里的笔记，就像当时记的那样，相当简短，（也许考虑将来增订）约翰生的评说含糊不清，需要说得更明白一点。他的话可能是：“你好像认为，两个朋友，为了在一起很好地生活，必须彼此完全融洽，一个与另一个的关系，就应当是萨福夸耀的她跟情人的那种关系，事事应当观点一致；但绝对没有这个必要，如此等情，涉及的萨福的话是：“Omnique à parte placebam。”（奥维德，“萨福致法翁书”，1.51.）——M.〉

〈我倒推测约翰生心目中的那段文字是下面的，1.45：

Si, nisi quae facie poeterit te digna videri
Nulla futura tua est; nulla futura tua est.

他的论据和对它的说明我认为是这样的：如果你下定决心不与任何跟你自己的思想感情全面投机的人交往，那你就会被那样一种决心把你排除在所有社交圈之外，因为没有两个人能被发现在所有的问题上一成不变地想法雷同。所以奥维德诗里的萨福告诉法翁：如果他不肯与任何不完全酷似他的人结合，那他就绝不可能形成任何联姻。

我摘引的那两行诗在蒲柏的意译中得到了扩展，说实话，我估计当时约翰生回想得更多的是这几行，而不是原作：

如果除了你那样的优长，除了能样样跟你等同，
什么魅力也不会让你怦然心动，
无人，呜呼，无人能根治你的痴骙，
法翁，也只配法翁去爱。

——鲍斯威尔〉

有充分的闲暇时间写完它，他在一个农民家里找了个住处，在埃奇韦尔路六英里碑附近，用两趟回程驿车把书运了过去。他说，他相信这农民一家子认为他是个古怪人物，类似于《旁观者》上登的那个在他的女房东及其子女们眼中的人物：他就是那位先生[①]。过了几天，《卢济塔尼亚人之歌》的译者米克尔先生[②]和我到这个地方去拜访他。他不在家；由于十分好奇想看看他的住处，便索性走进去，发现一些零七碎八的描述动物的奇异文字，用黑铅笔乱写在墙上。

话题引到鬼魂上，约翰生重复了他给我讲过的他的一个朋友的 357
遭遇，这位朋友是个诚实人，明白人，曾经对他断言他看见过鬼。 1772年4月11日星期六
哥尔德斯密斯告诉我们，他兄弟哥尔德斯密斯牧师先生向他保证，他也见过一个。奥格尔索普将军告诉我们马尔伯勒[③]公爵麾下的一名军官普伦德加斯特对他的很多朋友提过，他将在某月某日死亡。那一天刚好与法军打了一仗，仗打完了，普伦德加斯特还活着，还未撤出战场时，同僚们开着玩笑问他，现在你的预言到哪里去了。普伦德加斯特一脸严肃地回答："我会死的，尽管你们看见的是现在这种情况。"没过多久，从一个停战命令尚未下达的法国炮兵连飞来一颗炮弹，将他当场击毙，保存他的遗物的塞西尔上校在他的笔记里找到了下面一条重要的记载：

---

① 见《旁观者》第12期（1711年3月14日）。

② 米克尔（William Julius Mickle，1736—1788），诗人、翻译家；牛津大学克拉伦登出版社校对（1765—1772）；新斯宾塞体诗歌《小妾》（1767）的作者，翻译葡萄牙诗人路易·德·卡蒙斯的《卢济塔尼亚人之歌》（1776）。

③ 马尔伯勒公爵（John Churchill，1st Duke of Marlborough，1650—1722），军官、政治家；王室侍从（1674）；皇家龙骑兵团上校（1683）；国王侍从（1685）；提升为中将（1688）；光荣革命期间叛投威廉；英国陆军司令（1690）；重新得到威廉三世的宠信，任枢密院官员（1698）；嘉德勋位爵士（1702）；安妮女王手下的英军总司令；西班牙王位继承战争期间的联军总司令，在战争中获得一连串辉煌胜利；解除一切职务（1711）；在乔治一世手下恢复陆军总司令职务（1714）；由于所谓的贪婪和野心结怨甚广；英国历史上最伟大的将领之一。

〔此处为日期。〕“梦见——或者——[a]约翰·弗兰德爵士[1]迎接我。”（这里提到的正是他被击毙的那个日子。）普伦德加斯特与因叛国罪被处死的约翰·弗兰德爵士有联系。奥格尔索普将军说，当蒲柏来询问这个故事的真实性时他正跟塞西尔上校在一起，故事得到了上校的证实。这个故事当时闹得沸沸扬扬。

4月11日，星期六，他指定我晚上来找他，因为那时候他应当有空闲给我一些帮助，好让我在上院替坎贝尔镇的教师黑斯蒂辩护。我来的时候发现他并不愿意尽力。我硬要他把有关这个问题的想法写下来。他说：“没有写的必要。我跟你说说就是了。”然而最后他总算被说服，他口授，我笔录下了下面的内容：

“指控的理由是，他使用了过度、残暴的管教手段。管教本身并不残暴；儿童由于不讲理，只能用威慑手段管理。因此施加这种威慑是那些看管孩子的人的首要职责之一。它是父母的责任；从来没有被人认为与父母的慈爱相互抵触。它是 loco parentis[2] 时情绪高昂的教师的职责。然而，好事做过头就会变成坏事，同样，管教过度可能变成残暴。可是管教何时就算过度呢？当它比 ad monendum et docendum，矫正和教导所需要的更加频繁或更加严厉的时候，顽固逼出来的严厉不是残暴；因为最大的残暴应当是撒手不管，让学生对教导满不在乎，铁了心对责难不管不顾。洛克在他的教育论中，以称赞的语气提到一位母亲把一个幼童鞭打了八次才算将其制服；如果她管教七次就住手，洛克说，她的女儿就可能被毁了。年轻人
358 头脑里的顽固程度千差万别，坚持不懈的严厉也相应程度不同。一

1772年
4月11日
星期六

a 这里是空白，可以填进这样的话：“听一个鬼魂说”——当记事人的脑海里留下与后来发生的事实神奇地一致的严重预感时，他也许无法确定自己睡着了还是醒着。

① 约翰·弗兰德爵士（Sir John Friend，？—1619），酿酒商；詹姆斯二世党密谋者；酿酒行会成员（1662）；间接税务局专员（1683—1689）；塔村副郡长（直至1689年）；被詹姆斯二世封为爵士（1685）；提议将威廉和玛丽绑架到法国（1693）；被判叛国罪，被认为参与暗杀阴谋从而处以绞刑。

② 替代父母。

个顽固倔强的学生必须严加管教，直到把他制服为止。学校的纪律是军事化的。要么必须有无限的自由，要么必须有绝对的权威。教师进行惩罚，不仅要考虑成为直接管教对象的那个人将来的幸福；而且他要使服从在全校蔚然成风；要扬正气，立规矩。一个学生的顽梗得逞将会使教师矫正或教导的努力前功尽弃。因此，顽梗千万不可得逞。然而，众所周知，有时候会出现赌气、横心、破罐子破摔的情况，对一切通用的惩罚一笑置之，对各种惯常的疼痛嗤之以鼻。管教必须因人而异，区别对待。温顺的用温和的纪律加以矫正，倔强的必须用严厉的手段加以制服。惩罚学生犹如惩罚士兵，轻重程度没有成规定例可循。惩罚必须实施，直到把试探压服；直到倔强变成温顺，任性变成规矩。习惯和理性确实对惩罚学生有一定限制。教师绝对不能动用极刑；也不能用致死或致残的办法推行他的命令。民法有明智的规定，教师打学生的眼睛应视为犯罪。然而惩罚，无论多么严厉，没有造成永久恶果的，都可以说是公正合理的，因为它们是不可或缺的。被告采用的正是这样的惩罚。学生离开他时既不瞎，也不瘸，肢体未伤，活力未损。学生不守规矩，他便惩罚他们：他们桀骜不驯，他便采取惩罚措施。然而，无论受到什么挑衅，他都适可而止，他所施加的不外乎是一时的皮肉之痛，至于这种惩罚需要多少，没有人能够像反对他的人——肇事者的家长——已经认定的那样做出决定。据说，他使用了空前、不当的管教手段。这一指控的含义是很不容易发现的。管教手段不见得哪一种更适当，只要它被更好地采用，产生出一时的皮肉之痛，而没有持久的伤害就行。不管他的手段是什么，持久的伤害并未出现；因此，无论怎样不寻常，只要小心拿捏这些手段就算适当。有人提出反对，理由是被告承认残暴的指控，没有提出辩驳的证据。需要考虑的是，他的学生不是分散在世界各地，就是继续居住在他们出生的地方。分散的无法找到；留下的都是原告的子弟，不可能支持一个与他们的父亲为敌的人。如果设想一下，他们父亲的仇恨证明控告有理，那就必须考虑，经验多么经常地向我们昭示人由于一个原

因生气，就会由于另一个原因指控；在一个低级商业城镇一个以学问谋生的人会遭到何等的白眼；那里的居民不是很富有，一个富人，
359 一定会一呼百应。这是不言自明的。在一个像坎贝尔镇这样的地方，
1772年 4月15日 星期三 一个有头脸的居民拉一帮人轻而易举。对那一帮人来说由于想象中的怨愤群情沸腾也会一拍即合。要他们去打压一个比自己还要穷酸的人，也是举手之劳；而且坚持打压以维护富人的尊严也是顺理成章的。力图证明不宜恢复他的教职，因为硬说他已失去了民众的信任，这种论点不是法律考虑的问题；因为如果他应当受罪，如果他必须受罪，不是因为民众的裁定，而是因为他自己的行为。要他们再聘一名教师也许很方便；那是他们自己造成的方便。要他再找一个学校去任教也会同样方便；但这种方便他却得不到。问题不是现在什么是方便的，而是什么总的来说是正当的。如果坎贝尔镇的民众因被告的复职而懊恼，他们的懊恼仅仅是他们的错误造成的；是他们的激愤，他们毫无道理的欲望造成的；是法律挫败了的暴虐造成的，德行压倒了恶意造成的。”

“先生，这，（他说）你应当在心里反复琢磨，在发言时尽量充分利用。”

关于我们的朋友哥尔德斯密斯，他说：“先生，他唯恐受人冷落，所以往往自说自话，免得你忘记他也在座。”**鲍斯威尔**：“是啊，他总是挺身向前。”**约翰生**：“对，先生；但是如果一个人要挺身向前，他就希望这样做时不要有笨拙的姿势，不要穿得破破烂烂，不至于只让自己出洋相，闹笑话。”**鲍斯威尔**：“就我而言，我很喜欢听诚实的哥尔德斯密斯漫无边际、大而化之的闲聊。”**约翰生**：“嘿，是的，先生；可是他却不应当喜欢听自己说话。”

4 月 14 日，星期二，苏格兰高等民事法庭对小学教师案的判决在上院被推翻，在此之前，曼斯菲尔德勋爵先发表了一篇极其雄辩的演说，他表示自己是个学校纪律方面的行家里手，但我认为对我的当事人过于严苛。第二天晚上，我和约翰生博士在滨河大道的冠锚酒馆共进晚餐，在座还有兰顿先生和他的内弟宾宁勋爵。我重复

了曼斯菲尔德勋爵的一句话，承蒙对方的律师朗兰兹先生帮助，他与人方便，允许我把自己的笔录与他的比对，所以我有一个完整的副本："诸位议员，严厉不是管理儿童或成人的方法。""不对，（约翰生说）它就是管理他们的方法。我不知道是否是纠正他们的方法。"

我谈到牛津大学最近开除了六名学生，他们是循道宗信徒，不肯停止公开的祈祷和规劝。**约翰生**："先生，开除他们是极其公正合理的。他们不愿意接受教导，却想教导人，这种人留在大学里干什么？学习宗教除了上大学，还能在哪儿学？先生，他们经过考察，被发现是几个十足的无知之徒。"**鲍斯威尔**："可是，先生，开除他们不是太狠了吗，因为我听说他们都是好人？"**约翰生**："先生，我相信他们可能是好人；但他们不适合上牛津大学。一头母牛在田野里是个很好的动物；可是我们要把她赶出花园。"埃利班克勋爵经常 360
把它作为一个绝妙的实例多次提及。

由于极想引导约翰生谈话，并发挥他的机智，尽管我自己会成为调侃的对象，我还是毅然决然为纵酒取乐辩护，虽然约翰生今晚心情不是特别高兴。谈论过一些貌似有理的平常话题后，我终于求助于格言，in vino veritas；酒后吐真言。**约翰生**："嘿，先生，那也许是饮酒的一个论据，如果你认为人一般都爱说假话。不过，先生，我不愿意与一个清醒时尽说假话、喝酒后才吐真言的家伙为伍。" 1772年4月15日星期三

兰顿先生告诉我们，他要在自己的庄园上办一所学校，但有人向他提示，这也许会容易使人们日渐丧失勤奋。**约翰生**："不会的，先生。学习读书写字显得卓尔不群时，少数有这种优越感的人也许不大想干活；但当人人都学习读书写字的时候，它就不再显得卓尔不群。一个穿着花边马甲的人显得过于娴雅，不适合干活；但如果人人都穿花边马甲，我们就有穿花边马甲的人干活了。再没有比我们的制造商更加勤奋，干活更多的人了；然而他们都学会了读书写字。先生，你切不可因为担心远恶而忽略做眼前的善事——因为担心它被滥用。一个有蜡烛的人也许会开夜车开得过晚，如果没有蜡

烛，他就不会开夜车；但谁也不会否认制造蜡烛的技艺是一件功德无量的技艺，应当保存下去，因为它在太阳不再给我们光照的时段能继续给我们提供光照。”**鲍斯威尔**：“可是，先生，顺应自然，日出而作，日落而息岂不是更好吗？”**约翰生**：“不，先生，因为那样一来，我们在睡与醒之间的时间划分上就没有均等可言。季节不同，地域不同，情况就大有不同。在苏格兰北部的一些地区，在隆冬季节阳光是多么少啊！”

我们谈到塔西佗[①]，我便斗胆提出一种观点：尽管他有判断透彻、敏锐，文笔简练的优点，但他过于简约，可以说流于暗示，因此非常难懂。使我极其满意的是，约翰生博士同意这种观点。“先生，我觉得塔西佗与其说是写一部历史，不如说为一部历史著作做了一些笔记。”[a]

从他的《祈祷文与默想录》里透露，这一时段他对于宗教职责的勤勉尽心非同寻常，尤其发愤苦读《圣经》。受难周是基督教世界
361
专门用来纪念救赎我们的神迹的庄严节期，在此期间，无论我们胸中有什么样的宗教余烬，将会被点燃产生虔诚的温暖。

1772年4月19日星期日

星期五和星期六，我对他进行了两次短暂的访问，看见他面前摆着那本对开本希腊文《新约全书》，便对他肃然起敬，不想占用他的时间。尽管他专注于如此高尚的目的，尽管他的朋友们在跟他的交往中总是发现一种旺盛的智能和活跃的想象，但阅读他的私人记录却令人愁郁，“我心神不定，记忆混乱。最近我总把往事思来想去，难以释怀。我左右不了自己的思绪；一件令人不快的小事几

---

① 塔西佗（Tacitus，56—120），罗马军人、政治家、具有真知灼见的历史学家，文笔简练有力。

a 值得注意的是，蒙博多大法官由于在一些细节上酷似约翰生博士，富特管他叫约翰生的埃尔泽菲尔[1]版，出于巧合，他做了几乎一样的评论。见《语言的起源与发展》，第3卷，第2版，第219页。

1 埃尔泽菲尔：荷兰的一家印刷商；从16世纪晚期起以他们图书的质量高超和装帧精美闻名。埃尔泽菲尔一家也以出版十二开本或袖珍版古典名著出名。

乎肯定使我寝食难安”。[a] 以那样的刚毅坚定显示给世界的是他身上什么样的哲学英雄气概，而他的内心竟然如此苦恼！我们可以确信“通过受苦创造完美”的神秘原则在他身上反映得多么强烈。

4 月 19 日，星期日，由于是复活节，保利将军和我在饭前去拜访他。我们谈到对于盲人通过触觉区分颜色的看法。约翰生说，桑德森教授提到他做过尝试，但发现他等于在捕风捉影；无疑，表面的差异造成了颜色的差异，但那种差异太细微，是摸不着的。将军提到魔术师和糊弄人的赌徒，他们能摸出牌的情况。约翰生博士说：“那种人使用的牌肯定没有我们通常用的光。”

我们谈到声音。将军说，简单的声音中无美可言，美只存在于一种和谐的声音组合中。我贸然提出不同看法，提到一个动听的女人声音的温柔与甜美。**约翰生**：“不对，先生，如果一条毒蛇或一只蛤蟆发出声音来，你就会认为它丑陋刺耳。”**鲍斯威尔**：“先生，如果有一个这样的动物发出一种美妙的曲调，你也会认为丑陋刺耳。”**约翰生**：“不，先生，那会令人赞赏的。我们见过我们像对蛤蟆一样不大喜欢的好琴师。”（大笑。）

谈到艺术趣味问题时，他说，趣味的不同其实就是技巧的不同。**鲍斯威尔**：“可是，先生，难道没有一种纯粹表现为感觉或喜好的所谓趣味的品质吗？譬如说，我们发现人们对什么是英文最好的文体众说纷纭。有人认为斯威夫特的文体最好，有人却更喜欢更丰满、更华丽的写作方法。”**约翰生**：“先生，你首先得明确你说的文体是什么意思，然后才能判断谁的文体趣味好，谁的坏。你提到的两类人没有好坏之分。他们都同意斯威夫特文体简洁；但一类喜欢简洁的文体，另一类喜欢更加壮丽的文体。同样，有人喜欢素衣服，有人喜欢花衣服；但都不会否认各在各的种类里都是好的。”

这年春天，我待在伦敦，便隔三岔五跟他见面，或两人独处， 362
或多人群聚。有一天，我和他在滨河大道的冠锚酒馆吃饭，同席的 1772 年春

a 《祈祷文与默想录》，第 111 页。

还有埃利班克勋爵、兰顿先生和牛津的范西塔特博士。我留下了下面值得记忆的事情，没有一一标明具体日期。

我对他在《莎士比亚集·序》中责难加里克感到遗憾，因为我们由不得要把下面一段文字安到加里克身上。“我校对了我能找到的所有文本，还想找到更多，但没有发现这些珍本的收藏者们很喜欢交流。”我告诉他，加里克就此向我抱怨过，并且为自己辩白，他向我保证，他欢迎约翰生充分使用他的藏本，并且把书房的钥匙留给一名仆人，叮嘱他生好火，对约翰生提供一切方便。我发现约翰生的想法是，加里克想让我找上门来索求这些文本，相反，加里克应当主动找他，把这些剧本交给他。说实在的，考虑到约翰生对待图书的那种凌乱马虎的习气，很难指望有人愿意把珍贵稀有的善本书借给他。

一位先生[①]对通常的饮酒论点有所补充："先生，你知道饮酒可以消愁，使我们忘掉不愉快的事情。难道你不允许一个人因为这个理由饮酒吗？"**约翰生**："可以啊，先生，如果他坐在你旁边的话。"

我表示喜欢弗兰西斯·奥斯本[②]先生的作品，问他对这位作家看法如何。他答道："一个自命不凡的家伙。如果一个人现在这样写，小伙子们就会向他扔石头。"然而，他并没有改变我对一位受人喜爱的作家的看法，我最初注意到他是因为《旁观者》上引用了他的话，于是我在他的书上发现了很多精明生动的见识，表达的文笔确实有点古怪，然而我对它并不讨厌。他的书有一种原创气息。我们想象着有一位古代的绅士在对我们说话。

他的一位朋友[③]竭力主张一位乡绅可以设法把生活过得非常惬意。"先生，（他说）你无法给我们提供任何人的事例，他可以安排自己的时间，而不使时光过得无聊。"这种观点同样适用于生活在城

① 詹姆斯·鲍斯威尔。

② 弗兰西斯·奥斯本（Francis Osborne，1593—1659），《劝子》的作者。

③ 也许是詹姆斯·鲍斯威尔。

市里而没有职业的绅士。

他说："没有永久的民族性格；它根据情况在不断变化。亚历山大大帝曾横扫印度：现在土耳其人又席卷希腊。"

在谈话的过程中，一位博学的先生①希望告诉我们这样一个简单的事实：什鲁斯伯里巡回审判区的律师们被跳蚤咬得很厉害，我估计他花了七八分钟时间详尽地讲述这件事。他高谈阔论、喋喋不休地告诉我们，市政厅堆放着大包大包的呢子——正因为如此，大量的跳蚤就在那里安了家；律师们的住处又离市政厅不远——这些小家伙们出奇的敏捷，便从一个地方迁移到另一个地方。约翰生听得如坐针毡，直到那位先生把他又臭又长的故事讲完，然后大声叫道 363
(不过以玩笑的口气)："可惜呀，先生，你没有看见一头狮子；因为一只跳蚤费了你半天时间，一头狮子够你说一年。"[a]

1772年
7月1日
星期三

他不允许苏格兰沾曼斯菲尔德勋爵的光；因为他是在英格兰受的教育。"苏格兰人（他说）还是可以成大器的，如果从小时候抓起。"

谈到一位现代历史学家和一位现代道德家②，他说："道德家的思想比历史学家多。历史中只有一条浅浅的思想流。"**鲍斯威尔**："当然，先生，可是历史学家有反思。"**约翰生**："嘿，不错，先生；一只猫为她的小猫抓住一只老鼠时也有。但是她不能像 ******* 那样写作；也不能像 *********。"

他说："我很不情愿阅读作家们的手稿，给他们提意见。如果要求我看稿子的作者们有钱，我就叫他们大胆去印，不要署名；如果他们写作是为了赚钱，我告诉他们去找书商，尽可能地达成最有利的交易。"**鲍斯威尔**："可是，先生，如果书商把稿子送来请你看呢？"**约翰生**："嘿，先生，我希望书商把稿子拿走。"

---

① 罗伯特·范西塔特博士。

a 我把这段轶事告诉皮奥齐夫人，她已经讲了，仿佛这位先生讲了"老鼠的自然史"。《轶事》，第191页。

② 威廉·罗伯逊和詹姆斯·贝蒂。

我提到我的一位朋友[①]长期侨居西班牙，不愿意回英国。**约翰生**："先生，他是舍不下某个女人。"**鲍斯威尔**："先生，我倒相信是那里的气候好，所以不肯离开。"**约翰生**："不对，先生，你怎么这样说话呢？气候对幸福算什么？把我搁在亚洲中心，这不等于把我流放了吗？气候对人生的复杂体系起多大的作用？你不妨劝我到博洛尼亚去吃香肠。那里的香肠是世界上最好的；由于运输损失很大。"

5月9号，星期六，邓普斯特和我商定我们俩到不列颠咖啡馆去吃饭。我碰巧早上去拜访约翰生，便请他一块去，他答应了，我们这天过得非常尽兴。尽管我不大记得具体经过如何。

他说："沃尔浦尔是个国王交给百姓的首相；皮特则是个百姓交给国王的首相——当一名助手。"

"哥尔德斯密斯谈话的不幸是：他只顾往前走，却不知道怎样下马。他才气大，知识少。就像人们说一位慷慨的人那样，可惜他不富有，我们可以说哥尔德斯密斯，可惜他不知道。他是不肯把知识留给自己的。"

这年离开伦敦前，我向他请教一个纯粹的苏格兰法律问题。它自古就被认定，而且长期以来继续成为那种法律的一项既定原则：无论谁干涉一位死者的遗物，而没有防止侵占他人财物罪的法律权力的干预，谁就应当偿还死者的全部债务，因为他犯了严格法律意
364 义上所谓的恶意遗产干预罪。苏格兰最高民事法庭逐渐放宽了这一
1772年7月1日星期三 严格的原则，在事实证明干预并不严重的地方。去年冬天告到该法庭的一起案件[a]中，我大费周折说服法官们回到古代法律上。我自己的真诚意见是，他们应当遵照这一法律，但我竭尽自己所能论理，仍然没有成效。约翰生的想法和我的相同；为了协助我向该法庭申述要求复核改判，他向我口授了下列论点：

---

① 詹姆斯的兄弟大卫·鲍斯威尔。

a 威尔逊控告史密斯和阿穆尔。

“我们得知，这是一条长期以来该法庭行之有效的法律：因此可以在法庭认为合宜时中止或修改。

“关于法庭制定或中止法律的权力，我们无意过问。每一条公正的法律是由理由强制规定的；每个法院的诉讼手续是由衡平控制的，这对我们的宗旨已经足够了。一成不变是理由的特性；在同一起案子里，给一个人的东西也给另一个人，是衡平的特性。人类从法律得到的好处是这样的：法律给每个人一个行为准则，规定了使每个人有权获得社会的支持和保护的一个行为模式。法律可以是一条行为准则，必须让人人知道；必须永久、稳定。法律是民权的准绳；但如果准绳变化无常，被衡量的事件的范围就永远定不下来。

“准许法律被自由修改，就是让社区没有法律。那就是撤销对公众智慧的指导，这样一来，私人理解的缺陷就得到弥补。这就是容忍鲁莽、无知之徒自由行动，然后就依赖法官判决那种行动的合法性。被这样统治的人不是根据法律生活，而是根据见解生活：不是根据他行动前自己心仪的一种确定的规则生活，而是根据一种变化不定的见解生活，这种见解只有在他做出了该见解必须得以贯彻的行动之后他才能知道。他根据一条法律生活（如果它是一条法律的话），在他触犯该法律前，他从来无法知道这条法律。那条重要的原则，misera est servitus ubi jus est aut incognitum aut vagum，[①] 也许可以公正地适用于这一案情。如果财产干预超越了某一点才算犯罪，而这个点并未确定，于是看法就因人而异，那么因它而起的财产干预权和债主权全都是 jura vaga，因此也是 jura incognita；结果只能是 misera servitus[②]，一种关于行动事件的不确定性，一种对私人看法的奴性依赖。

“可以主张，而且似乎十分有理地主张：也许存在没有欺诈的财产干预；这种情况无论怎样真实，决不会证明偶尔武断地放松法律

---

① 在法律不为人知或不确定的地方，生活就是可怜的奴役。

② 不明确的法律……不为人知的法律……可怜的奴役。

365 1772年7月1日星期三 就是正当的。法律的目的不仅是报复，而且是保护。其实，从来不会使用报复，除非为了加强保护。凡是生命无危险、无嫌疑之虞的地方，财产受到有益禁令的严格保护，以致侵害得到防止的次数多于惩罚的地方，社会才算得到良好的治理。那样的禁令当它以其原始的力量施行时就是这样。死者的债主不仅没有损失，而且没有担忧。他不必寻找治疗伤害的药方；因为伤害得以避免。

“随着法律有时候的实施，它把我们置于易受伤害的境地，因为人们想象它具有治愈能力。欺诈一旦被发现就予以惩罚，是一种维护正义的适当行为；然而防止欺诈，使惩罚没有必要，是对立法智慧的重大运用。准许财产干预，惩罚欺诈，就使法律等同于一个陷阱。踩到边沿上是安全的；但向前迈一步就是毁灭。不过肯定地说，圈住鸿沟，堵住所有通道，胜于鼓励我们前进一点，随后又诱导我们再向前一点，以及仅仅通过我们的毁灭让我们发现自己的愚蠢。

“法律给弱者提供了外来的力量，同样也以外来的理解启迪了无知者。法律教我们知道什么时候我们造成伤害，什么时候我们遭受伤害。它在行动上刻下了某些标记，借此我们得到劝告去实施还是去避免这些行动。Qui sibi bene temperat in licitis，一位先辈说，nunquam cadet in illicita。[①] 从来都不干预他人财产的人，永远不会怀着欺诈的意图去干预他人的财产。

“放松抵制恶意财产干预的法律被一位法学大师[a]大加赞许，他的言辞表现出毫无必要的张扬，似乎被认定是决定性的，不容辩驳的。他的权威举足轻重，所以有必要对他的立场加以考查。‘若干年代之前，（他说）在本岛这一块地区的居民的残暴缓和之前，要扼制个人彼此劫掠，民法的极度严厉是不可或缺的。这样，谁不正当地

① “谁在合法的欢乐中有所节制，谁就永远不会陷入不合法的欢乐中去”——也许记错了阿登斯（Radulfus Ardens）第二十八篇布道文内容：“quoniam qui intemperanter sequuntur licita，cadunt in illicita. Et ille solus in illicita non cadit，qui a licitis caute se restringit.”

a 卡姆斯大法官，见他的《历史法律论文集》。

干涉了一名死者的不动产，谁就得背负死者的全部债务，没有限制。这就成了一条苏格兰法律，名为恶意财产干预；这项规定在我们的法院被如此硬性实施，以致 malâ fide[①] 窃取的最微小的动产也要使干涉者承担前述后果，事实证明这些后果在很多案例中都是一种最严厉的惩罚。然而为了制服民众难以控制的天性，这种严厉是必要的。极其值得注意的是，随着民风的改进，这种管制已经逐渐软化了，而且我们的最高法院施行时也手下留情了。'

“我发现自己不得不说，这位博学和有见地的作者没有准确区分不同人生状况的缺欠和需求，也就是从法律统统无效的某种程度的野蛮和独立状态，借助不计其数的渐变，过渡到，或者可能过渡到一种相互善待的状态，于是法律就不再有必要了。人最初是野性的，不合群的，每个人独自生活，得之于弱者，失之于强者。在他们第一次的社会联合中，这种原始的野蛮还保留得很多。对于共同的幸福，共同信任的产物，还没有想到。人们继续用最近便的办法营造自己的利益；民法中极度的严厉对约束个人相互劫掠是不可或缺的。这些不可或缺的约束就是约束劫掠，约束公开的暴力行为，约束明目张胆的压迫。我们祖先的残暴，像其他所有国家的残暴一样，产生的不是欺诈，而是劫掠。他们还没有学会欺骗，只是企图抢劫。随着风气变得比较文雅，知道了善，人们便学得了作恶的灵巧性。明火执仗的劫掠次数少了，暴力给狡猾让了位。以往侵夺牧场、打家劫舍的人现在开始用不平等契约和欺诈性的财产干预肥已了。制订这条法律不是针对凶残的暴力，而是针对欺骗的圈套；我担心商业的发展以及商业激发起的争夺财富的不懈的斗争，给我们的前景不是被人迅速期望的结束诡计和欺诈。因此把这两个论点——‘国家变得不怎么残暴，所以针对欺诈和共谋的法律就必须放松’——联系起来似乎不是非常结论性的推断。

366

1772 年 7 月 1 日 星期三

“不管什么理由可以影响法官们放松这条法律，都不是因为国家

① 恶意地。

变得不那么凶残；恐怕它变得不那么欺诈却无法加以证实。

“既然这条法律被说成严厉而没有道理的刑法，那么考虑考虑什么是构成一条刑法的公正或适当的条件和特点似乎不是不适当的。

“为了使一条刑法合理公正，必须具备两个条件，两个条件还要适当。必须做到：法律应当适合它的目的；如果法律得到遵守，它一定会阻止它所反对的恶。其次，必须做到：法律的目的非同小可，所以应当有一条刑事制裁做保障。一条刑法的其他条件，尽管不是绝对必要，却是高度的合理，这些条件是：对该法律精神上的违犯有很多诱惑，而关于身体上遵守则有极大便利。

“这一切条件显然协同一致证明我们现在考虑的法律是正当的。它的目的是保障财产的安全；而财产往往价值不菲。它实施这种保障的方法是有效的，因为它以其原始的严厉，不允许程度不同的伤害；只能用一条明确的界限把有罪与无辜截然分开。谁干预财产，谁就有罪；谁不干预财产，谁就无辜。至于那两种次要考虑，二者都对我们有利，这是不可否认的。干预财产的诱惑是频繁而强烈的；如此强烈，如此频繁，以至于需要最大的司法活动，以
367 及小心警惕，以抵制它的盛行；一个人可以有资格进行合法的财产
1772年7月1日星期三 干预的方法是如此公开，如此便利，以至于玩忽它就成了心存欺诈的证据：一个人为什么不去做（除了有难言之隐）他可以轻易做到而且他知道法律需要的事呢？如果诱惑罕见，一条刑法也许会被认为没有必要。如果被法律责令的义务难以履行，不作为，尽管不能说有理，还是可以博得同情。然而在当前的案情中，既无衡平、又无同情进行反对。一条有益的、必要的法律遭到破坏，不仅没有一种合理的动机，而且具有能从安全和便利而来的要求遵从的种种引诱。

“因而我回到原来的立场上：一条法律，要发挥作用，必须永久稳定，可以用学生的话说，Lex non recipit majus et minus[①]——我们

① 法律不承认更大的和更小的。

可以有一条法律，或者，我们可以没有法律，但我们不能有个半拉子法律。我们要么必须有一条行为准则，要么可以自由随意行动。背离法律必须受到惩处，概莫能外，否则谁也没有把握他们什么时候安全。

“这个法庭有时候离开了原来严格的制度，这是不可否认的。然而，由于那种背离是显而易见的，由于它们使法律不确定，使生命不安全，我希望，那种背离现在将会终结；我们祖先的智慧将会得到应有的尊重；一贯稳定的决定将会给民众提供一个行为准则，使欺诈和欺诈性的财产干预没有免罚或逃脱的未来希望。”

他以那样的心领神会，那样的清晰透彻来处理一个对他来说是全新的问题，除了我给他讲过问题双方用的论点外，再没有任何其他准备。他的智力与卡姆斯大法官这样一位大名鼎鼎的作家的智力，而且还是在大法官大人专长的领域里比试时，闪现出奇异的光彩。

这篇高超的论述，我用自己的语句加写了开头与结尾，并用常用的套话加以装点后，便如实付印，呈到最高民事法庭众法官面前，但没有获得成功。我深受敬重的朋友，黑尔斯大法官，而且也是这一可敬的机构的一员，他独具慧眼发现请愿书中一个非同寻常的手笔。我告诉他约翰生博士用他的生花妙笔帮了我。这位大法官以神奇的敏锐准确无误地指出约翰生的文章从何处开始，到何处结束。除了我可以公正对待并遵守法院的要规，Suum cuique tribuito[①] 外，我必须补充：各位法官大人尽管总的来说欣然称其为“一篇草拟得很好的文件”，但还是更喜欢我写的前一篇十分差劲的请愿书；这就进一步证实了他们中间的一位心情愉快地对我说过的话的真实性：“我亲爱的先生，不要在你提交给我们的文件写作上自找麻烦了；因为，实话实说，那等于对牛弹琴。”

我再次提出请求，约翰生博士今年实现他的夙愿：访问苏格兰。

① “各得其所应得”——查斯丁尼《法典》。

368 致詹姆斯·鲍斯威尔先生

1772年
8月31日
星期一

亲爱的先生，——深为抱憾的是，我错过了这样一次旅行，它孕育着喜人的期望，我不仅能使自己的理性和空想的好奇心得到满足，而且还有见到我爱戴的人们的喜悦。*******。然而，由事不由人，我来不了，而且我担心自己的身体状况欠佳，支持不了我的爱好。我想等我的身体好一些把希望寄托到另一年吧；因为我真心计划进行这次访问，好漫游一番。同时不要错过任何机会在朋友们的心中对我保持良好的看法。贝蒂的书[①]我相信越来越受人喜欢；至少，我是越看越喜欢。

如果你以自己的案件赢得了信誉，我很高兴，而我的意见是：我们的理由是充足的，判决应当对你有利。可怜的黑斯蒂，我想，早就得到了他应有的惩罚。

你答应给我找一点《品达[②]诗集》，你不妨再找一点《阿那克里翁诗集》。

这种闲暇我无福消受，听说你从事封建体制的文物习俗研究将会是一件乐事。古代保有下来的制度正在逐渐消亡；我希望把有关的知识充分而完整地保存下来。因为那样一种体制构成了人类历史的一个重要部分。不要忘记如此一位般配研究自己故土法律的学者、如此一位般配也许天生就想知道自己祖先状况的绅士的计划。你满怀深情的，

1772年8月31日。　　　　**塞姆·约翰生**

① 詹姆斯·贝蒂，《论真理的性质与永恒》（1770）；第三版出版于1772年。
② 品达（Pindar，约公元前520—前440），古希腊抒情诗人，他对格律的大胆独创极大地影响了考利、德莱顿、斯威夫特和格雷。

致约翰生博士

我亲爱的先生，　　　　　　　爱丁堡，1772年12月25日。

……今年秋天，你未来苏格兰，我深感失望。然而，我必须承认你的来信才阻止了我的抱怨；不仅仅是因为我意识到你的健康状况只不过是个太好的借口，还因为你写信的情调显示你对我们这么久以来拟议中的计划有些令人欣喜的看法……

我把你上次来信中说的关于贝蒂的书的话转达给了他本人。他来信写道："你估计约翰生博士对拙著的好评肯定会给我极大的欣喜，你的判断非常正确。确实，要我说出这番话给了我多大的满足是不可能的；因为天下再没有一个人的好评我更渴望追求了。我对他的才德的敬仰是难以言表的。我有幸从他那里得到的极度的客气（我宁肯说是慈父般的关心）和许多教导对于我将是记忆中永久的快乐源泉，

Dum memor ipse mei, dum spiritus hos reget artus.①

"趁夏天尚未过去，我还想去伦敦办点小事；否则我肯定在几个月前就投书相烦表达我的感激与仰慕了。一旦我有一点闲暇，这事我仍然要做。同时，如果你有机会给他写信，请你向他表示我最深切的敬意，向他保证我衷心的爱慕和热情的感激。"……你的， 369

1773年
2月24日
星期三

詹姆斯·鲍斯威尔

1773年：六十四岁。〕——1773年，他唯一的出版物是他的《词典》的对开本增订版；据人们所知，他没有用他生花之笔给他众多朋友或仰仗者中的任何一个写过任何东西，除了给他的老抄写员

① "只要我还能意识到自己，只要生命还主宰着我的躯体"——维吉尔，《埃涅阿斯纪》，第4卷，第336行。

麦克贝恩的《古代地理词典》写了《序》[a]。他的《莎士比亚集》一直受到大众的高度认可，一版再版，这一年又被乔治·斯蒂文斯先生再版，这位先生不仅古代学识功底深厚，对英国文学涉猎极广，尤其是早期作家，而且眼光敏锐，趣味高雅。几乎毋须赘言，由于他对约翰生博士的作品的巨大而有价值的补充，他也博得了不小名气，这也是顺理成章的：

Divisum imperium cum Jove Cœsar habet①.

致詹姆斯·鲍斯威尔先生

亲爱的先生，——我一再捧读惠书，次数远远胜过一起寄来的那本雅致的《品达诗集》。发现自己没有被人忘记总感到十分高兴；被你遗忘将使我寝食难安。北方的朋友们从来都对我不薄：亲爱的先生，我有你的关爱作为证据，这种关爱我也不是经常能够激发出来的；贝蒂博士把我希望对他的功绩所做的评述估价过高，超出了我认为合理期望的范畴。

我听说了你们的假面舞会[b]。你们的教会会议对这样的创新怎么说？我并不是顾虑太多，也不认为一场假面舞会本身就是恶行，或者很可能就是恶行的由头；然而世人以为它会伤风败俗，所以我不愿意在一个从来没有过假面舞会的地区率先跳假面舞[c]。

我的大《词典》的新版已经印行，有人劝我把原来的版本修订一下；但由于没有准备，我能做的微乎其微。剔除了一些

---

a 然而，他给威斯敏斯特受俸牧师贝尔博士的兄弟、他的朋友约翰·贝尔先生的妻子贝尔夫人写了或者插手写了一篇墓志铭，这篇文字印在他的《作品集》〔i. 151〕里，它是用英语散文写的，很少有他的风格，所以我不相信他曾插手写过这篇文章，直到后来得到贝尔先生的认可，我才确信这一事实。

① “恺撒与乔武瓜分了这个帝国。”

b 由一位女士在爱丁堡举办。

c 苏格兰举办过一些假面舞会；但都持续时间不长。

多余的东西，改正了一些错误，零零星星加了一点说法，但作品的主体架构一如旧貌。编写完毕后我也不大仔细看它，我认为，我发现它好也罢坏也罢总是完全出乎我的意料。 370

1773年2月24日星期三

巴雷蒂和戴维斯大吵了一架；这一吵，我看是彻底闹翻了。哥尔德斯密斯博士有一出新喜剧，有望在春天上演。剧名尚未确定。主要乐子来自这样一个设计，一个情郎误把他未来的老丈人的家当作客店。你看，这就与闹剧相差无几了。对白灵敏欢快，细节安排得周密，不至于显得不可思议。

很遗憾你的财产干预案败诉了，因为我还认为你的论据是无可辩驳的。然而，我认为你似乎说你输了诉讼赢了名望；而且你的名望会与日俱增，如果你把阿夫莱克大法官的规诫牢记心中，而且努力在你心中巩固一种牢靠正规的法律体系，而不是捡一些偶然见到的只言片语的话。

我的健康总体上似乎有所改善；但患了很多星期的恼人的黏膜炎，有时候够使人痛苦的了。我没有发现放血、吃药有多大疗效；恐怕必须指望天朗气柔的帮助了。

望勤写信；遇到好事尽快告知，因为听到后，谁的喜悦也比不上你最恭顺的仆人，

伦敦，1773年2月24日。 **塞姆·约翰生**

思雷尔夫人对你青睐有加。

正当拙著的前一版刊印期间，出人意料收到从费城寄来的一个包裹，寄件人是该地区的一位绅士詹姆斯·阿伯克龙比先生，他欣然高度赞赏拙著《约翰生传》，使我深感荣幸。我杰出的朋友以及他忠实的传记作者的声名从新世界传来的反响，令人大喜过望；我的感谢定会乘风破浪抵达大西洋彼岸。承蒙阿伯克龙比先生的一番美意另有恩赐，他把约翰生博士写给美利坚绅士们的两封信的抄件转交给我。“先生，（他说）我很乐意将原信寄给您；然而由于是美利坚硕果仅存的此类物品，信的主人认为它们有不可估量的价值，所

以怎么说也不可能诱劝他们割舍。您将来出版与那位伟大而善良的人士有关的著作时，也许认为值得将它们穿插进去。”

致 **B—D** 先生[a]

371

1773年3月4日星期四

先生，——您突然离开，行色匆匆，竟然还拨冗看我的方便行事，盛意可感，盛情难却，不仅超越我的要求，而且大大出乎我的意料。您估计我对自己的美利坚朋友高度重视，还估计您给我一个使自己留在他们记忆中的机会等于给我一个价值不菲的恩惠，您的估计完全正确。

我贸然烦您捎一个包裹，希望它能平安快捷送达，因为我希望传送包裹的人一路平安快捷。您最恭顺的仆人，

伦敦舰队街，约翰生巷，　　**塞姆·约翰生**

1773年3月4日。

致牧师怀特[b]先生

亲爱的先生，——你对朋友的关爱和你一起抵达大西洋彼岸。很久以前贺拉斯就说过，没有一条船能把忧愁落到后面；一路伴随你的还有其他力量——有仁爱有坚贞；我希望忧伤不要经常在伴侣中露面。

那本《拉塞拉斯》我已收到。印刷虽不华美，但仍然令作者欣喜，因为印刷商似乎已经期待着它会在民众中广泛流传。这本小书已经得到了好评，被翻译成了意大利文、法文、德文，

---

a　这位先生[1]现在居住在美利坚，是个有威望的公众人物，他希望不要把他的名字写全。

1　菲尼亚斯·邦德（Phineas Bond）。

b　现在为怀特博士，宾夕法尼亚圣公会主教。1771年他作为一名圣职的候选人初次访英期间与约翰生博士有多次交往，约翰生表示希望见到《拉塞拉斯》的这个版本，因为怀特博士告诉他该书已在美利坚印行。怀特博士返回后立即给他寄了一本。

还有荷兰文。现在又增加了美利坚版的一份光荣。

我不知道自从你离开后发生的很多事情能否吸引住你的好奇心。现在一切公众事务都由报纸通报给全世界。反对派似乎心情沮丧，异见人士虽然在利用时局的不稳定，政府又软弱无能，但他们似乎不大可能得到任何豁免。

哥尔德斯密斯有一出新的喜剧[①]，在修道院花园排演，经理预言成功希望不大。但愿他不会言中。我认为它应当得到好评。

我很快就会推出我的大《词典》的新版；有人劝我将它修订一下，我修正了一些错误，但对它的效用增补甚微。

你走后没有出什么引人注目的书。帮派只给全城充斥着小册子，大题材在一片喧嚣中被人遗忘。

我这样写，无非是要告诉你，要说的内容何其贫乏。至于我自己，我一连好多星期咳嗽不断，十分恼人，现在已经康复。

我利用你给我的自由写信相扰，敬请指正。你最恭顺的仆人，

塞姆·约翰生

伦敦，舰队街，约翰生巷。

1773年3月4日。

4月3日，星期六，这一年我到达伦敦后的那天，晚上我去他家，与威廉斯夫人坐着等他回家。我发现在《伦敦纪事》上登着哥尔德斯密斯博士因殴打书商埃文斯向公众的道歉信，起因是埃文斯出版的一份报纸上有一段文章[②]，哥尔德斯密斯认为对他和一位他认识的女士无礼。道歉信的风格绝像约翰生的，所以威廉斯夫人和我都推测它就是约翰生的手笔；然而他回家之后，很快就把真相告诉了我们。他对威廉斯夫人说，“嘿，哥尔德斯密斯的宣言上了你的报纸”；我问 372

1773年 4月3日 星期六

---

① 《委曲求全》。

② 〈这次设定的冒犯是在《伦敦小包》上的一封辱骂性的长信。这件事的详细记述和哥尔德斯密斯的辩白（实际如此，而不是道歉）可以在附在这位诗人四卷八开本《杂集》前的一篇新传（105至108页）中找到。——M.〉

他，它是不是哥尔德斯密斯写的，脸上的神气让他看出我怀疑那是他的手笔，尽管是哥尔德斯密斯署的名。**约翰生**：“先生，哥尔德斯密斯博士不会要我替他写那种东西，就像他不会要我用勺子给他喂饭，或者做别的任何显示他低能的事情一样。我同样相信，他写那东西就像我看着他写一样。先生，如果他让任何一位朋友看过，他就不会获准发表它了。他确实写得漂亮；但那是件写得漂亮的蠢东西。我估计他被他的新戏的成功冲昏了头脑，所以人才认为有关他的任何东西对大众都必须是至关重要的。”**鲍斯威尔**：“我以为，先生，这是他头一次历这样的险。”**约翰生**：“嘿，先生，我相信这是他第一次揍人；他也许以前挨过揍。先生，这对他却是件新花样。”

我提到约翰·达尔林普尔爵士[①]的《大不列颠与爱尔兰回忆录》和他不利于拉塞尔勋爵和阿尔杰农·悉尼[②]的发现。**约翰生**：“嘿，先生，每个对政府有公平看法的人以前都认为他们是恶棍。全人类现在都把他们看成恶棍，这也挺好。”**鲍斯威尔**：“可是，先生，如果他们不是恶棍，难道这些发现就不会是真的？”**约翰生**：“想想看，先生；他们当中有人愿意让人知道他们与法国密谋的事吗？请你相信，先生，谁干了自己害怕被人知道的事情，谁身上就不对头了。这个达尔林普尔好像是个老实人；因为他讲对双方不利的话都不偏不倚。不过文笔差劲到家了：那纯粹是小学生跳蹦子。他了不起！[③]但她更了不起！这一类货色。”

这一番批评我不敢苟同；因为尽管约翰·达尔林普尔爵士的文体从哪个方面讲都不规范，而且人看了他的矫揉造作的夸夸其谈不

---

① 约翰·达尔林普尔爵士（Sir John Dalrymple，1726—1810），律师、史学家；阿盖尔公爵的门客；爱丁堡文人圈子成员；《大不列颠与爱尔兰回忆录》（1771）的作者；有趣但不太重要的文人。

② 阿尔杰农·悉尼（Algernon Sydney，1622—1683），政论作家；弑君党人的捍卫者；克伦威尔的仆人；《宫廷箴言集》（1665—1666）和《涉政言论集》（1681—1683）的作者；因与蒙茅斯涉嫌叛逆关系被处死。

③ 〈奥尔德姆对本·琼森的一篇吹擂式的颂歌开头就是：“您了不起！”也许这就成了他的诨名留在人们的记忆里。——M.〉

禁哑然失笑，然而他的文章尖锐活泼，不乏绅士精神。

晚上，在思雷尔先生家，他又重复他通常似非而是的慷慨言辞，抨击公共演说中的动作。“动作对理性的头脑没有效果。它可以提高喧闹，但永远不会加强论据，如果你对一条狗讲话，你运用动作；你这样把手一举，因为它是个畜生。人与畜生越来越疏运，动作对人的影响就会越来越小。”**思雷尔夫人**：“先生，那怎么看狄摩西尼的话？‘动作声情，动作声情，动作声情！’”**约翰生**：“夫人，狄 373
摩西尼在向一群畜生讲话；对一伙野蛮人讲话。” 1773年4月9日星期五

我觉得这种观点十分奇特，他竟然否认铺张扬厉的动作对于人性的影响力，更何况这是在各个社会阶段被无数事实证实了的。理性的生灵不仅仅是理性的，他们有可以被愉悦的想象，有可以被激发的情绪。

有人提到切斯特菲尔德勋爵，约翰生说，这位贵族名流的俏皮话几乎都是一语双关。然而，他承认这位勋爵大人说到他和蒂劳利勋爵年迈体弱时的妙语的长处：“蒂劳利和我这两年已经死了；不过我们不想把这事公之于众。”

他以赞赏的口气谈到拟议中的《旁观者》注释版，两卷本已经由一位文学界的杰出人物[①]准备就绪，他为剩余部分搜集到的材料已经转移到另一个人[②]手中。他说，所有描写风俗的作品需要六七十年的笔记；还告诉我们，他已经把他所知道的有助于理解《旁观者》的东西都传达了。他说：“艾迪生把他的安德鲁·弗里波特爵士塑造成了一个真正的辉格党人，极力反对给乞丐施舍，还抛出了别的诸如此类的粗鄙言论；不过他考虑得更为周全，让弗里波特为穷困潦倒的农民建了一座医院来赔礼道歉。”他找来了登了那篇记述的《旁观者》给我们大声朗读。他读得绘声绘色，从他的语调中每样事物都增加了分量和优美。

① 珀西主教。

② 约翰·考尔德博士。

谈话转向古代歌谣的现代模仿，有人称赞模仿的简明，他却予以嘲讽，这是提到这种话题时他的一贯表现。

Dr Johnson's Pew in St Clement Dane's Church

他不赞成把《圣经》词语引进到世俗言谈中来。这个问题对我而言似乎有些困难。一句《圣经》用语可以像一句古典成语一样，用来产生瞬间的强烈印象；可以使用，不会有任何不合体统的问题。然而我也承认，也有危险，那就是把我们圣书上的语言应用到平常话题上也许有损我们对它的敬重。因此如果要引进的话，应当谨慎从事。

4 月 8 日，星期四，晚上我和他坐了很长一段时间，但他沉默寡言。他说："伯内特[①]的《他自己时代的历史》非常有意思。文笔其实是纯粹的唠嗑。我不相信伯内特存心说谎；但他偏见太大，又不用力去寻求真相。他就像一个决心用一只表控制自己的时间的人；却不肯去过问表是不是走得准。"

尽管他不想谈话，却又不愿意让我走；我看了看表，告诉他十二点了，他嚷道："这对你我算什么？" 便吩咐弗兰克告诉威廉斯夫人，我们要来和她一起喝茶，我们就按他说的做了。并且说好第二天我们一起上教堂。

---

① 伯内特（Gilbert Burnet，1643—1715），索尔兹伯里主教（1664）；历史学家；皇家学会会员（1664）；索尔顿教区牧师（1665）；《纪念该教堂里的各种委屈和凌辱》（1665）、《宗教改革史》（1679起）、《英国国教会三十九条信纲评注》（1699）和《他自己时代的历史》（1715）的作者，后面这部回忆录尤其遭到斯威夫特的讨厌；流亡期间与奥伦治的威廉和玛丽结交；奥伦治王子的牧师（1688）；索尔兹伯里主教（1689—1702）；受到反三位一体论者的攻击。

4月9日，由于是受难节，我和他共进早餐，早餐有茶和十字形面包，茶是莱韦特医生沏的，弗兰克就是这样称呼他的。他把我带到圣克雷芒达内斯教堂去，因为他在那里有专座；他的举止正如我心想的那样，庄重虔诚。我永远不会忘记他吟诵连祷文中那段庄严的祈祷时的那种颤巍巍的认真态度："在死亡的时刻，在审判的日子，请仁慈的主解救我们。" 374

1773年 4月9日 星期五

我们早晚两次去教堂做礼拜。在两次礼拜之间，我们没有进餐；然而他读希腊文新约全书，翻阅几本书。

在劳德大主教的日记里，我发现了下面一段记述，便念给约翰生博士听：

"1623年。2月1日，星期日。吃饭时我站在最杰出的查理王子[a]身旁。当时他兴致很好，偶尔跟他的随从们谈及很多事情。他说如果非要他从事某种职业，他是不会当律师的，并说了他的一些理由；'我不能（他说）替一个不法之徒辩护，也不能带着充足的理由屈从。'"

约翰生："先生，这是虚假的推理；因为每一起案子都有不合法的一方：律师也不能屈服，尽管他极力支持的案件被做出了于他不利的判决。"

我告诉他哥尔德斯密斯几天前对我说："我从鞋匠那里拿到了我的鞋，从裁缝那里拿到了我的衣服，同样，我从牧师那里拿到了我的宗教。"我对这样的信口开河感到遗憾。**约翰生**："先生，他什么都不知道；他下定决心不明事理。"

他请我复活节跟他一起吃饭，这使我大为惊异。我从来没有想到他在家里请客吃饭；因为那时候我从来没有听说他招待过哪位朋友在他家里吃饭。他告诉我："我一般在星期天吃肉馅饼：饼是在一架公用烤炉上烤的，允许这么做是非常正确的，因为一个人就可以料理；这样做的好处是不会因为仆人们得准备饭菜而去不了教堂。"

4月11日，复活节星期日，在圣保罗大教堂做完礼拜后，我去

a　后来的查理一世。

约翰生博士家。**让·雅克·卢梭**住在新堡旷野时我曾跟他一起吃过饭，这大大地满足了我的好奇心，我对跟**塞缪尔·约翰生博士**在舰队街的一条小巷幽暗的深处吃饭，怀有同样大的好奇。我估计我们难得有多少刀叉，有的只是一些奇怪、简陋、烹调差劲的菜肴：可是我发现一切都井井有条。再没有别的客人，只有威廉斯夫人和一位我不认识的年轻女士[①]。因为在这里请客吃饭被认为是种奇特现象，由于我经常被问及这个问题，我的读者也许很想知道我们的菜单。我记得富特提及黑人弗兰西斯时，倒愿意推测我们的饭就是黑汤。其实不然，我们喝的汤味道鲜美，菜有一只羊羔腿和菠菜，一张小牛肉馅饼，还有一份大米布丁。

375 1773年4月11日星期日

关于作家约翰·坎贝尔博士，他说："他是个喜欢钻研的人，又是个非常能干的人，而且是个坚持良好宗教原则的人，尽管我担心他不擅长实践。坎贝尔完全正确；我们希望，到时候会有很好的实践。"

他承认他认为霍克斯沃思是他的模仿者之一，但他认为哥尔德斯密斯不是。他说，哥尔德斯密斯有大功。**鲍斯威尔**："可是，先生，他的公众评价那么高，可沾了你的大光。"**约翰生**："嘿，先生，也许由于跟我关系密切出名更快一些。"

虽然哥尔德斯密斯的虚荣心偶然激发出一争高低的念头，但他对约翰生还是极其敬重的，这在他的喜剧《委曲求全》的献词中得到最强烈的表现[a]。

约翰生说，在合并前，苏格兰印行的书籍寥寥无几。他在一位拒绝宣誓效忠威廉和玛丽的主教阿奇博尔德·坎贝尔大人[b]手中看到过它们的一个全集。我希望这个全集被完整保存着。很多书现藏爱

---

① 也许是卡迈克尔（Carmichael）小姐。

a "我将此拙作题献给你，并非有意像恭维我自己那样大力恭维你。也许告知公众我多年来跟你交往密切会给我带来某些荣耀。也许告知公众最大的智趣可以在一个人物中找到，而不妨害最真挚的虔诚，也对人类的利益有所贡献。"

b 关于这位博学、可敬的绅士以及他论述中间阶层的奇异的记述，见《赫布里底群岛旅行日记》，第3版，第371页［10月25日］。

丁堡苏格兰律师公会图书馆。我告诉约翰生博士我有意写博学、可敬的托马斯·拉迪曼的传记。他说："我应当乐于帮你给他增添荣耀。不过当他辞去律师公会图书馆馆长一职时，给律师公会的告别书应当用拉丁文写。"

我问他一个有关日常生活中的事实问题，他却答不上来，我也没有发现其他什么人能答上来。女佣虽然还要花钱自备服装，可是工钱却比男佣低很多，可男佣那类用品的大部分都由东家提供，其实我们的女家仆工作比男的辛苦得多，这是什么道理？[a]

他告诉我，他有十三四次试图写生活日记，但就是坚持不下来。他劝我写写日记。"要记录下来的大事，（他说）就是你自己的心态；你应当把自己记得的每一件事都记下来，因为起初判断不出孰好孰劣；趁印象新鲜的当儿立即写下来，因为过上一星期印象就不一样了。"

我又求他把他早年生活的细节讲给我听。他说："这事好办，你一定会如愿。我希望你了解我的更多情况后，再给我作个传。"这一天他向我提到很多情况，我回家以后统统写了下来，而且穿插到这部传记的前面一部分里面。

4 月 13 日，星期二，他，哥尔德斯密斯和我在奥格尔索普将军家吃饭。哥尔德斯密斯又阐发老生常谈，说什么我们民族在退化，原因就是生活奢侈。**约翰生**："先生，首先，我对这一情况表示怀疑。我相信在英国现在的高个子和过去一样多。其次，假如我们国人的个头变小了，那也不是奢侈所致；因为，先生，想想看，我们的国民能达到奢侈程度的，比例是何其微小。我们的军人肯定算不上奢侈，他们的生活费一天只有六便士；其他阶层的民众也几乎都相去无几。如果贫民能达到奢侈水平，那对整个民族是件大好事；它会增强人民体质，增加人口数量。先生，从来没有一个国家受到过奢侈的伤害；因为，正如我以前所说，能过上奢侈生活的人少之

376

1773 年
4月13日
星期二

a 〔男佣的工作比女佣繁多得多：因此这种需求便提高了价格。——卡尼〕

又少。我承认工商业的急剧增长伤害了一个民族的尚武精神；因为它产生了对别的东西的角逐，而不追求武功——一种对财富的角逐。它也伤害了民众的身体；因为你会看到，一个人干哪一个行当；你看他的外形就一望而知。他的身体的某一部位的使用超过了其他部位，他在某种程度上成了畸形：可是，先生，那不是奢侈。裁缝坐下就跷起二郎腿；但那不是奢侈。”**哥尔德斯密斯**：“得，你这不是殊途同归吗？”**约翰生**：“不，先生，我说那不是奢侈。咱们从查令十字走到白教堂，穿过，我想是世界上最大的一系列商店；哪一家商店（如果你把酒店除外的话）有什么东西能对人造成伤害？”**哥尔德斯密斯**：“好，先生，我接受你的挑战。紧接着诺森伯兰公馆的那家商店是一家泡菜店。”**约翰生**：“嘿，先生：我们知道一个女仆一个下午腌制不了可供全家人吃一年的泡菜吧？更何况，五家泡菜店不可能供全国所需的泡菜吧？再说，腌制泡菜，食用泡菜，对那个人都没有害处呀。”

我们和女士们一起喝茶；**哥尔德斯密斯**用一种爱尔兰曲调[a]唱他的喜剧《委曲求全》里托尼·伦普金的歌，这支歌他本来是为哈德卡斯小姐设计的；但演那个角色的巴尔克利夫人唱不了，只好省掉。他后来把这支歌给我写下来，所以保存了下来，现在收入了他的诗集。约翰生回家时顺路在位于皮卡迪利大街的我的住处逗留，跟我坐着又喝了一顿茶，一直待到深夜。

我告诉他，麦考利夫人说，她心里纳闷约翰生怎么能把他的政治原则与道德理念调和起来；怎么能把他的不平等和从属观念与全人类幸福的良好愿望调和起来，如果人们都有自己的一份土地，谁也不控制谁，大家就可以融洽相处。**约翰生**：“嘿，先生，我把自
377 己的原则调和得很好，因为人类处在一种不平等和从属的状态下就
1773年4月15日星期四 更加幸福。如果他们处于这种漂亮的平等状态，很快就会蜕变为畜生——他们就变成蒙博多的国家——就会变得尾大不掉。先生，如

a 巴拉马盖里的心情。

果大家都要为大家工作，大家就都是输家——他们就不会有智力改进。一切智力改进都来自悠闲；所有的悠闲都来自一个人为另一个人工作。”

谈到斯图亚特家族，他说：“好像这个家族目前在王位上已经像以前的家族一样确立了一种合法权利，得到了民众的长期赞同；干扰这种权利被认为是有罪的。同时我也承认，这是一个棘手的问题，如果把它与斯图亚特王朝联系起来考虑的话。对于这种有争议的权利强迫人民起誓效忠是错误的。我不知道我能不能起誓：但我不去责怪起了誓的人。”他对这个问题的态度如此煞费苦心，如此微妙，惹起了一片对他的抗议声浪。

谈到法律案件，他说：“英格兰的案情报告总的来说，都很差劲：只有一半话被记录下来；另外一半就错误百出。而在苏格兰，控辩双方的论据都被慎重地记录在案，交由法庭来考虑。我想，一个你们的重大问题案件汇编，再附上法官对案件的看法将会很有价值。”

4月15日，星期四，我和他，还有哥尔德斯密斯博士在保利将军家吃饭。在这里我们见到了佛罗伦萨的马丁内利先生，他是在伦敦出版的意大利文《英国史》的作者。

我说到阿伦·拉姆齐[①]用苏格兰方言写的《文雅的牧人》，说它是有史以来最优秀的田园诗；不仅富于美丽的农村意象和正确喜人的情思，而且是一幅真实的风俗画；我提出要教约翰生博士看懂它。“不用了，先生，（他说）我不想学。我的愚昧无知方显出你的高明优越。”

这就带出了这么一个问题，一个人的地位是否因为另一个人获得了跟他同等的知识而降低。约翰生的主张是肯定的。我坚持认为

---

① 阿伦·拉姆齐（Allan Ramsay，1686—1758），诗人、书商；半詹姆斯二世党人逍遥俱乐部创始成员之一；“中世纪体诗歌”《绿地上的基督教堂》（1718）和田园诗《文雅的牧人》（1725）的作者；1760年代流行的原始主义和民俗主义的先行者。

这种情况在产生智慧、权势、力量，从而使一个人能左右他人的几种知识中也许真的存在；但一个人的地位绝对不会因为别人跟他同样掌握了流于纯粹享乐的知识——如吃美味水果、喝美酒、读精彩诗歌之类——而降低。

将军说，马丁内利是个辉格党人。**约翰生**：“我为此感到遗憾。这显示了时代精神：他不得不随大流。”**鲍斯威尔**：“我倒认为，先生，当朝托利党大行其道。”**约翰生**：“我不知道你为什么这样想，先生。你看你的朋友利特尔顿勋爵，一位贵族，也不得不在他的《历史》中写最风行的辉格主义。”

马丁内利是否应当把他的《英国史》续写到目前，大家对这个问题展开了激烈的争论。**哥尔德斯密斯**：“当然应当。”**约翰生**：“不然，先生；他会得罪很多人的。他将不得不讲到几乎所有健在的显要们不想叫人说的事情。”**哥尔德斯密斯**：“也许对于一个本国人来
378 说，需要更加小心一点；但来到我们中间的一个外国人，不怀偏见，
1773年4月15日星期四 可以被人看作拥有一名法官的地位，可以畅所欲言。”**约翰生**：“先生，一个外国人，当他从出版社发出一部作品的时候，应当防范感染上他所相处的那些人的谬误和错误的热情。”**哥尔德斯密斯**：“先生，他所需要的无非是出售他的历史，说说真话而已；一个是诚实的动机，另一个是值得赞许的动机。”**约翰生**：“先生，它们二者都是值得赞许的动机。一个人希望靠自己的劳动生活是值得赞许的；然而他写作的目的应当是可以靠自己的劳动生活，而不是叫别人砸他的脑袋。我倒是劝他到了加来之后再出版他的当代史。一个依附于这个国家的一个政党的外国人处在他能想象到的最坏的境地：他被看成一个纯粹的掺越好事的人。本国人干这种事也许是出于利害考虑。”**鲍斯威尔**：“或者原则。”**哥尔德斯密斯**：“有些人每天都撒成百个政治谎，却并没有因此受到伤害。当然，话说回来，一个人也可以平安无事地说真话。”**约翰生**：“嘿，先生，首先，一个每天撒成百个谎的人已经消除了他的谎言的力量。不过，再说，一个人宁肯让别人说有关他的一百个谎话，也不愿让人说他不希望人家说

的关于他的一句真话。”**哥尔德斯密斯**：“就我而言，我愿意说真话。丢魔鬼的脸。”**约翰生**：“对头，先生；可是魔鬼会生气的。我也希望像你一样丢魔鬼的脸，但我要待在他的魔爪够不着的地方。”**哥尔德斯密斯**：“当你有真理的盾牌的时候，他的魔爪是没法伤害你的。”

有人说到伦敦不大好客。——**约翰生**：“不对，先生，凡是有点名气的，或者有愉悦能力的人在伦敦是大受欢迎的。我听说斯特恩[①]其人一连三个月约请不断。”**哥尔德斯密斯**：“而且还是个闷葫芦。”**约翰生**：“不会吧，先生。”

马丁内利告诉我们，有好几年他跟查尔斯·汤森[②]过从甚密，他斗胆告诉汤森他的玩笑开得不怎么样。**约翰生**：“嘿，先生，在这个问题上我能说的话可不少。有一天，他和几个人说好到乡下去吃饭，每个人必须带一位朋友坐他的马车同行。查尔斯·汤森要菲茨赫伯特跟他一起去，但又对他说：‘你必须找个人把你捎回来：我只能把你带到那里去。’菲茨赫伯特很不喜欢这种安排。不过他还是同意了，便以挖苦的语气说道：‘那行，因为回来时会有去的时候同样的笑话叫你听。’”

有人提到一位杰出的公众人物[③]。——**约翰生**：“我记得有次他表现得很不像话，或者至少跟我认为正确的做法大相径庭时，我也在场，他竟然认为一名议员不管对错都应当与他的党派同心同德。先生，这可与国人的德行、与学人的德行相距十万八千里，一个好人必须经历一次巨变后，才甘心服从这样一种论调。这就是坚持认为

---

① 斯特恩（Laurence Sterne，1713—1768），作家、英国国教会牧师；《项狄传》（9卷，1759—1767）和《多情客游记》（1768）的作者；“反小说”“意识流”和“搞怪”的先行者；塞万提斯、拉伯雷和蒙田给他的启发比英国小说家多。

② 查尔斯·汤森（Charles Townshend，1725—1767），政治家；国防大臣（1761—1762）；贸易委员会主席（1763）；海军部首席大臣（1763）；主计长（1765）；皮特内阁里的财政大臣（1766）；与殖民地税收关系密切，并以他的“香槟演说”闻名，攻击政界方方面面；才气横溢，但不甚可靠，英年早逝，事业戛然而止。

③ 埃德蒙·伯克。

你可以向公众说谎；因为当你把自己心目中的非叫作是，或者是叫作非时，你就是在说谎。我们的一位朋友[1]，完全是那位先生的应声
379 虫，说道，一个人不与一个政党保持一致，只有等着被收买。这么说来，我说，他只有成为那位先生现在这副德行了。”

1773年4月15日星期四

我们谈到国王要来看哥尔德斯密斯的新戏。“我希望他会来，”哥尔德斯密斯说；然而，又装成无所谓的样子补充了一句，“并不是因为那样一来会对我有一星半点的好处。”**约翰生**：“这么说来，先生，咱们就说会对他有好处了。（大笑。）不，先生，这种矫情不会看不出来的——这太无道理了。像我们这种情况，谁不希望愉悦大首长呢？”**哥尔德斯密斯**：“我是希望愉悦他。我记得德莱顿有一句诗，

> 每个诗人都是君王的朋友。[2]

这句话应当倒过来说。”**约翰生**：“不，关于这个问题德莱顿还有更好的诗句：

> 因为学院都把慷慨的国王们凭依，
> 而造反派从来都不赞助文艺。”[3]

保利将军说：“成功的造反派可以。”**马丁内利**：“快乐造反。”**哥尔德斯密斯**：“我们没有这样的说法。”**保利将军**：“可是你们没有这样的事情吗？”**哥尔德斯密斯**：“有；我们有快乐革命。这些革命已经伤害了我们的宪法，而且还会伤害它，直到我们用另外一次**快乐革命**予以修补。”我以前从来没有发现我的朋友哥尔德斯密斯心里

① 乔舒亚·雷诺兹爵士。
② 未查明出处。
③ 德莱顿《押沙龙与亚西多弗》，第2部，第872—873行。

有如此深的成见。

保利将军谈到哥尔德斯密斯的新剧时说，“Il a fait un compliment très gracieux à une certaine grande dame”[1]；指的是一位一流的公爵夫人。

哥尔德斯密斯是否有意而为，目的是让我从他嘴里听到真话，我表示怀疑。由于他也许不希望明确承认自己反对朝廷，就竭力诱导他坦白，这样做也许不够光明正大。他笑了笑，欲言又止。将军立刻用这种美丽的意象来解救他：“Monsieur Goldsmith est comme la mer，qui jette des perles et beaucoup d’autres belles choses，sans s’en appercevoir。”**哥尔德斯密斯**：“Très bien dit, et très élégamment。”[2]

有人提到一个人[3]，据说此人能用速记准确无误地记录下议会的发言。**约翰生**：“先生，那是不可能的。我记得有个人叫安杰尔[4]，他来要我给他的一本关于速记的书写篇‘序言’或‘献辞’，而且声称他写得像人说的一样快。为了测试他，我拿来一本书，我念他写；我尽量支持他，因为我念得比平常从容。我只念了一小段，他就求我停下来，因为他跟不上。”现在头一回听到这篇“序言”或“献辞”，我说：“为了买你写过的‘序言’或‘献辞’的书，你叫我们花了多少钱呀。”**约翰生**：“嘿，我向皇室的所有成员都题献遍了，也就是说，给皇室的最后一代也做了题献。”**哥尔德斯密斯**：“先生，也许整篇献辞中没有一句妙语。”**约翰生**：“也许没有，先生。”**鲍斯威尔**：“那么要某个人做任何人都可以做到的事的原因何在？”**约翰生**：“嘿，先生，某个人做事比别人做来得快当呗。” 380

1773年 4月15日 星期四

① “他对某位伟大的夫人做了非常优雅的赞美。”这位夫人是坎伯兰公爵夫人。

② “哥尔德斯密斯先生像大海，它抛起了珍珠和别的很多美丽的东西，而没有注意到他在这样做”……“说得非常好，而且非常高雅。”

③ 亨利·卡文迪什爵士（Sir Henry Cavendish，1732—1804），议会速记员。

④ 安杰尔（John Angell，？—1764），论述速记的作家；速记员；出版《改进了的速记》（1758），一部约翰生赞同的作品。

我说到索尔兹伯里的哈里斯[①]先生，说他是一位非常博学的人，尤其是一位杰出的希腊文学专家。**约翰生**：“我说不准。他的朋友把他宣扬成这样，可是我不知道他的哪些朋友有这样的判断能力。”**哥尔德斯密斯**：“他还要优秀得多：他是一个可敬而且心肠很好的人。”**约翰生**：“不，先生，那不是我们辩论的主旨，我们辩论的主旨是：事实证明他的提琴演奏得和贾尔迪尼一样好，他同样还是一位杰出的希腊文学专家。”**哥尔德斯密斯**：“最伟大的音乐演奏家薪水可非常微薄。我听说贾尔迪尼的年薪不超过七百。”**约翰生**：“对于一个做出这么多人力争要做得出类拔萃的工作的人来说，这确实很微薄。我想在技能的展现上再没有比演奏提琴更加充分的了。在其他所有的事情上，我们一开始就能有所表现。你给某个人一把锤子，他就会打造一根铁条；尽管不像铁匠打造的那么精致，但还能凑合。一个人会锯一块木板，再造一个箱子，虽然粗陋；但给他一把提琴和一只琴弓，他什么也做不了。”

4月19日，星期一，他和威廉斯夫人坐着斯特拉恩先生的四轮大马车来找我，带我出去跟埃尔芬斯顿先生在他的肯辛顿的学校里吃饭。一名印刷商发了财足以置办自己的四轮大马车，成了讨论文学功绩的好话题。威廉斯夫人说，还有一名印刷商汉密尔顿[②]先生，没有像斯特拉恩先生等那么久，他置办四轮大马车的时间早了好几年。**约翰生**：“他做得对。人生苦短，一个人开始享受自己的财富越早越好。”

---

① 哈里斯（James Harris，1709—1780），哲学家、音乐赞助人；《赫耳墨斯，关于通用语法的哲学探询》（1751）和《哲学安排》（1775）的作者；为韩德尔的《深思、中和的快板》写歌词初稿；格伦维尔的支持者；代表汉普郡基督堂的议员（1761）；海军部专员（1763）；财政部专员（1763—1765）；皇家学会会员（1763）；菲尔丁的密友。

② 汉密尔顿（Archibald Hamilton，约1719—1793），印刷商、出版商；1756年在官署巷创业，至1760年已经拥有至少八个印刷所；斯摩莱特的朋友；《批评评论》的承印人，到1758年成为它的出版人；哥尔德斯密斯、约翰生、加里克的相识；后来与威廉·杰克逊合伙经营牛津大学出版社。

埃尔芬斯顿先生谈到一本很受赞赏的新书，问约翰生博士是否读过。**约翰生**：“我翻阅过。”“什么？（埃尔芬斯顿说）你没有从头至尾仔细读过？”约翰生，对这样子的逼问很恼火，只好承认他看书只是草草浏览一遍，并且反唇相讥：“没有，先生，你看书都是从头至尾仔细阅读的？”

这一天他又为决斗辩护，把他的论据建立在我一直认为是最坚实的基础之上；如果承认公共战争师出有名，私人战争也同样如此。我们的确可以看到怎样牵强的理由在被人们利用，好把战争与基督教协调一致。不过，在我看来，决斗有运用野蛮暴力的更充分的理由，因此比战争还要正义，因为在战争中，成千上万的人赴汤蹈火没有任何恩怨，却在互相残杀，这是洞若观火的事情。

4 月 21 日，星期三，我和他在思雷尔先生家吃饭。一位先生[①]攻击加里克爱慕虚荣。**约翰生**：“先生，他爱慕虚荣，没有什么好奇怪的；一个人被大家千方百计、每时每刻地吹捧。吹火的风箱太多，人们会奇怪到了此刻，他还没有变成余烬 。”**鲍斯威尔**：“而且还是那么起劲的风箱。曼斯菲尔德勋爵腮帮子好像要鼓爆了：查塔姆勋爵像埃俄罗斯[②]。我读过他们给他的那些短简，足以吹得他晕头转向。”**约翰生**：“确实如此，别人都在吹捧他，他却吹捧我，这时候我是真心的高兴。”**思雷尔夫人**：“这种心情康格里夫写过，我想。”**约翰生**：“不错，夫人，在《如此世道》中：

381

1733 年
4月21日
星期三

> 如果爱情中有欢乐，那就是当我看到
> 别人为之滴血的心为我滴血的时候。[③]

不，先生，哪怕加里克链住海洋，捆住狂风，我也不会感到吃惊。”

---

① 阿瑟·墨菲。

② 希腊神话中的风神，他给奥德修斯一个皮囊，里面装着与奥德修斯的航程逆向的风。

③ 威廉·康格里夫，《如此世道》（1700），第 3 幕，第 1 场，第 422—423 行。

鲍斯威尔："先生，该不会是捆住了海洋，链住了狂风吧？"**约翰生**："不，先生，想一想原文：

> In Corum atque Eurum solitus sœvire flagellis
> Barbarus, Æolio nunquam hoc in carcere passos,
> Ipsum compedibus qui vinxerat Ennosigœum." ①

这写得非常精彩，风和海都被拟人化了，提及时用他们的神话名字，尤维纳利斯的诗里就是这样写的；但如果用平常的语言提及，使用我提出的词语就会一目了然；因此我的朋友在模仿描写薛西斯一世的那一段时写道：

> 他捆住了浪，链住了风。②

说到不同国家的生活方式，人们旅游要看新鲜景色的各种看法时，一位在法律界颇有地位的博学的先生③大讲特讲一种野性生活的快乐；还举了一名在美洲荒原真正生活了一个时期的军官的例子，他带着赞赏的神情引述了那位军官对那种状态的回想，仿佛极具哲学深意似的："我在这里，自由无羁，置身于大自然的粗犷壮丽之中，有这位印第安女人伴随左右，还有这杆需要时就能猎获食物的枪：人生快乐如此，还有何求？"毋需多少洞见就可以预料那样的情思不会不遭到应有的批评就被轻易放过的。**约翰生**："先生，可别

---

① "习惯于把科罗斯和欧罗斯这两股风野蛮捆绑的人——从来没有在他们的埃俄罗斯牢房里被如此虐待——此人用锁链把撼地大王本人捆绑"——尤维纳利斯，《讽刺诗》，第10首，第180—182行。

② 约翰生，《人愿皆空》（1749），第232行。[1]

1 〈也参看勃特勒，《休迪布拉斯》第2部，第1章第845节：
"一位波斯皇帝鞭挞他的奶奶，
大海，他的妈妈维纳斯，来啦。"——M.〉

③ 威廉·韦勒·佩皮斯。

听信那种荒诞不经的说法。那是可悲的状况，那是畜生的状况。如果一头公牛会说话，他不妨扬言——我在这里有这头母牛陪伴，有这片青草供餐；何方生灵能享更大的清福？”

我们谈到一位毁了自己的绅士[①]的可悲结局。**约翰生**：“那是由于他把事情想象得过于艰难，如果他把这些事情跟哪个朋友谈谈，很快就没事了。”**鲍斯威尔**：“先生，你是不是认为所有自寻短见的人都疯了？”**约翰生**：“先生，普遍的情况是，他们在心智上往往并
不紊乱，但一种激情咄咄逼人，他们招架不住，只好自杀，一了百 382
了，就像一个情绪急躁的人会杀别人一样。”他又补充说：“我常想， 1773年4月21日星期三
一个人下定决心要自杀之后，无论多么绝望，做任何事情都不是他的勇气使然，而是因为他已经无所畏惧了。”**哥尔德斯密斯**：“这一点我弄不明白。”**约翰生**：“弄不明白，我亲爱的先生，别人都明明白白，你怎么就弄不明白呢？”**哥尔德斯密斯**：“正因为害怕什么，他才下决心自杀的；那种怯懦的性格不会阻止他吧？”**约翰生**：“这并不表示由于害怕什么才使他下定决心的；决心下定之后，我争论的是他的心态。假如一个人要么由于恐惧，要么由于高傲，要么由于良心不安，要么由于其他的任何动机，已经下定决心自杀，一旦决心下定，他就无所畏惧。他可以去揪领导千军万马的普鲁士国王的鼻子。下定决心自杀的人是不怕折磨的。当尤斯塔斯·巴杰尔[②]走到泰晤士河边，决心淹死自己的时候，如果他乐意，他可以不顾危险，转过身来，先把圣詹姆斯宫放火烧掉再说。”

4月27日，星期二，博克莱尔先生和我早晨去看望他。走进约翰生巷时，我说，“我对这条小巷有一种崇敬之情”；而且欣然发现

① 威廉·菲茨赫伯特。

② 尤斯塔斯·巴杰尔（Eustace Budgel，1686—1737），作家；爱尔兰总督的助理秘书；爱尔兰议会中代表马林加的议员（1715—1727）；反对沃尔浦尔；偶尔匿名向《旁观者》撰稿；斯克里布勒讽刺作家们攻击的温和辉格党对象；蒲柏在《群愚史诗》和《致阿巴思诺特医生书》中嘲笑他依赖艾迪生；经过一系列的法律窘境自杀身亡。

博克莱尔怀着同样的虔敬热情。我们发现他一个人待着。我们谈到安德鲁·斯图尔特[①]先生致曼斯菲尔德勋爵的文雅而貌似有理的书信集；作者给约翰生博士送了一本。**约翰生**："这些信没有达到目的。没有人谈及它们；我从来没有听说过它们。这是因为它们没有被销售。人们是不大读一本送给他们的书的；得到书的人又寥寥无几。散布一本著作的方法就是低价销售。没有人会寄钱买哪怕只值六便士的一本东西，而无意去阅读它。"**鲍斯威尔**："先生，难道没有人怀疑出版指责国家最高司法机关对一件重要案件最终判决的书信是否合适？"**约翰生**："不会的，先生，我认为出版这些信件没有错。如果人们认为这些信有害处，为什么不做答复呢？它们不会有害处的。如果道格拉斯先生真是简夫人的儿子，他也不可能受到伤害：如果不是她的儿子，却拥有道格拉斯家族的大片田产，他就不妨对一本由安德鲁·斯图尔特写的抨击他的小册子的出现听之任之了。先生，我认为那样一种出版物是有好处的，就像给我们展示人生的种种可能性是有好处的一样。先生，你不会说道格拉斯案件是一个轻易判决的案件，因为定案时它把你们的法庭进行了力所能及的分化。当你们的法官形成七对七的情况时，庭长的票必须投到某一方：不管支持我的论点的在哪一方；某一方必须得到支持：就像我要走动，不管先迈哪一条腿一样。于是，先生，在这里决定的就是另外一种情况了。不，先生，对任何问题的更加模棱两可的决定是不可想象的。"[a]

---

① 安德鲁·斯图尔特（Andrew Stuart，？—1801）：律师、政治家；精英学会与扑克俱乐部成员；与瑟洛勋爵进行不流血决斗；王室收债官（1771—1786）；王玺保管（1777—1779）；邓达斯"苏格兰内阁"成员；贸易委员会官员（1779年起）。

a 我感到遗憾的是，约翰生博士从来没有劳神去研究一个使各国感兴趣的问题。他甚至连我写的关于这一问题的题名《道格拉斯案件的本质》的小册子都不肯去读；我有理由沾沾自喜的是，这本小册子具有相当大的有利于道格拉斯先生的作用；对于他的合法的父亲身份的确定，我当时，而且现在仍然深信无疑。让我再补充一点，再没有比由世界上最严肃的特别法庭的判决所确定的事实更受人敬重的了；1769年做出这一判决时曼斯菲尔（转下页）

他说："哥尔德斯密斯不应当永远企图成为谈话中的亮点：他没有这方面的气质，一旦失败，就觉得丢了面子。先生，一场逗笑比赛部分靠技艺，部分靠运气。一个人有时候也许会被一个只有自己十分之一机智的人击败。现在哥尔德斯密斯跟他人对垒，就像一个以百赌一的人，自己却拿不出这一百。这不值当。一个人不应当以百赌一，除非他把这一百不当回事，尽管他有一百次机会：他能得到的只不过是一几尼，可他有可能输掉一百几尼。哥尔德斯密斯现在就是这种情况。他较量时，如果占了上风，对于一个有他这样文学盛名的人，增加的荣耀微乎其微：如果没有占到便宜，他就苦恼极了。" 383

1773年
4月29日
星期四

约翰生自己机智绝顶，所以没有落入这种难堪的危险。几天前加里克跟我谈到他："拉伯雷和其他所有的智趣大师，跟他一比都算不了什么。你可以被他们逗乐；但约翰生却把你紧紧一抱，摇得你哈哈大笑，不管你想笑不想笑。"

然而，哥尔德斯密斯在他的智趣比赛中往往非常幸运，甚至在与约翰生本人一争高下的时候。有一天，乔舒亚·雷诺兹爵士跟他们在一起，哥尔德斯密斯说，他认为自己能写一则优秀的寓言，还提及那种作品所需要的简洁，并且说道，在大多数寓言里，引进的动物说话很少符合个性。"譬如说，（他说）小鱼的寓言，小鱼们看见小鸟们在他们头上飞翔，羡慕极了，于是求天神把他们变成小鸟。技巧（他继续说）就在于使他们说起话来像小鱼。"正当他沉溺于这种奇思妙想中的时候，他注意到了约翰生笑得前仰后合。见此情景，他巧妙地说："嘿，约翰生博士，这不像你想的那么容易；如果你让小鱼说话，他们说起话来就像**鲸鱼**。"

约翰生虽然以作品丰富多样而著称，但从来没有在寓言上展示才能，除非我们承认他发表在威廉斯夫人的《杂文集》中的那篇美妙的故事就是这种类型。不过，我在他的手稿集中发现了下面一篇速写：

（接上页）德勋爵和卡姆登勋爵意见一致，一个人数众多的机构只有五个人提出了异议。

“萤火虫[a]躺在花园里，看见邻近的宫殿里的一支蜡烛，便抱怨他自己的光过于微弱；另一只萤火虫说道——稍等一会儿；很快就会暗下去的；你已经比 πόλλ〔很多〕这些夺目的亮光持久了，它们，由于急于消失，所以才显得更加明亮。”

4 月 29 日，星期四，我和他一起在奥格尔索普将军家吃饭，同座的还有乔舒亚·雷诺兹爵士、兰顿先生、哥尔德斯密斯博士和思
384 雷尔先生。我极想劝说约翰生博士铁定这一年和我去赫布里底群岛
1773 年 4月29日 星期四 旅行；我还告诉他我收到历史学家罗伯逊博士关于这个问题的一封来信，他对此感到非常高兴；现在他谈起他向往已久的旅行时态度如此恳切，所以我对他打算践约非常满意。

我提起奥格海特①吃狗肉的习惯时，哥尔德斯密斯说，这也是中国的习惯；那里杀狗的人像杀其他动物的人一样普遍，杀狗的人一出门，所有的狗就向他扑来。**约翰生**：“那不是因为他杀狗，先生。我记得利奇菲尔德有个屠夫，我家有只狗总是攻击他。惹事的是宰杀动物的那股血腥味，与他宰杀什么动物无关。”**哥尔德斯密斯**：“对，动物一般对屠杀的迹象非常厌恶。如果你在马厩里放一盆血，马就像要疯了一样。”**约翰生**：“我怀疑有这种事情。”**哥尔德斯密斯**：“不信，先生，这可是证明过的事实。”**思雷尔**：“你先证实好了，再把它写进你的那部关于博物史的书里。如果你愿意，不妨就在我的马厩里证实一下。”**约翰生**：“不用了，先生，我不愿意让他去证实。如果他满足于使用他人的资料，他不费多大周折就可以完成他的著作，也不会危害他的声誉。可要是为他这么一部包罗万象的书做实验，那要做的实验就没完没了；他的错误主张就会由他自己担责，他就可能因为没有事事实验而受到责怪。”

话题引入马莱的性格，哥尔德斯密斯对他颇有微词；**约翰生**：

---

a 〔已经说过（前边码第291页）他的第一批文章之一是一首关于萤火虫的拉丁文诗，然而他是否遗留在什么地方，尚未查明。〕

① 即塔希提岛，英国海军的塞缪尔·沃利斯船长于1767年到过该岛。

“嘿，先生，马莱的才气足以使他在有生之年文名不衰，而且，我告诉你，他的文名大了去了。”**哥尔德斯密斯**：“这种说法我不敢苟同。他人死之前，文名早就衰亡了。我认为一位作家文名尚存的唯一标志就是他的名字会保证他的稿子在书商那里卖出好价钱。我愿意给你一百几尼，不管你要写什么，只要你把你的名字署上，就行了。”

有人提到哥尔德斯密斯的新剧《委曲求全》；**约翰生**：“多年来我知道从未有过如此令观众兴奋的喜剧，这才算达到了喜剧的重大目的——愉悦观众。”

哥尔德斯密斯说过，加里克恭维王后是卑劣的谄媚行为，他把此事揉进了剧作《机遇》，今年把该剧做了改动和修订；**约翰生**：“嘿，先生，我写都不肯写。我是断然不会亲手写出一个我认为不够真实的人物的；不过一段台词就是让它夸得天花乱坠，也是套话。向国王和王后歌颂功德向来都是套话；就连在我的教堂礼拜上，我们也说，‘我们最虔诚的国王’，不分青红皂白都是这么用的，不管国王是谁。更有甚者，他们还自我标榜——‘我们满怀仁慈之心欣然恩准。’然而现代的献媚远远赶不上奥古斯都时代的肉麻，那时候皇帝被奉为神。‘Præsens Divus habebitur Augustus.’① 至于卑劣，（情绪激动起来）一个戏子——一个艺人——一个为了一先令抛头露面 385
的伙计，向王后献媚，怎么能算卑劣呢？说实话，这种做法是有风 1773年
险的；因为万一不靠谱，加里克怎么下台？王后又怎样了局？就像 4月30日
威廉·坦普尔爵士说一位伟大的将军那样，不仅计划要周全，而且 星期五
实施要成功。先生，有段时间王室一般不大受人待见，这个时候让人看见王宫中至少有一个人得到民众的喜欢，这样做是对的。”**乔舒亚·雷诺兹爵士**：“我不明白为什么演员这个职业竟然遭人白眼；因为人类一切工作的最终伟大目的就是制造快乐。加里克制造的快乐比任何人都多。”**鲍斯威尔**：“约翰生博士，你说加里克抛头露面

① “奥古斯都必须证明自己是人间的神”——贺拉斯，《颂歌集》，第3卷，第5首，第2行。

为了一个先令，在这方面，他和律师不分高下，因为律师抛头露面也是为的诉讼费，而且如果案情需要，还会说糊涂话，办荒唐事。加里克遇到他看不上的戏或角色，可以拒绝；可律师办案，来者不拒。”**约翰生**：“嘿，先生，这能证明什么呢？只能证明律师更加糟糕而已。鲍斯威尔现在就像《一只澡盆的故事》里的杰克，他被一个论点搞得一头雾水的时候，就上吊了事。他以为我会割断绳子把他救下来，可我却让他吊着。”（哈哈大笑。）**乔舒亚·雷诺兹爵士**：“鲍斯威尔先生认为律师的职业无疑是光荣的，如果他能显示演员的职业更加光荣，他就证实了这一论点。”

4月30日，星期五，我和他在博克莱尔先生家吃饭，同席的还有查尔蒙特勋爵，乔舒亚·雷诺兹爵士以及另外几个**文学俱乐部**成员，他盛情邀请以上诸位来跟我见面，因为这天晚上要投票表决我这名候选人正式加入这一著名的学会。约翰生提议我给了我莫大的荣幸，博克莱尔又热烈支持我。

有人提到哥尔德斯密斯；**约翰生**：“哥尔德斯密斯知识贫乏得令人吃惊。他很少涉足他不比别人更加无知的领域。”**乔舒亚·雷诺兹爵士**：“可是人们更喜欢与他相处。”**约翰生**：“那还用说，先生。当人们发现一个身为一名作家的才华出众的人跟他们在一起，反而不如他们时，这对他们来说必定是令人洋洋得意的。哥尔德斯密斯的自嘲道出了真实感——他独自争论的时候，总是占上风；意思是他在书房里他是一个问题的大师，能够把它写得淋漓尽致；可当他跟别人共处时，他就脑子乱了，话都说不成了。把他作为诗人看，《旅行者》是件非常优秀的作品，《荒村》也不相上下，如果不是有时候有《旅行者》太多的回声余响的话。确实，不管把他作为诗人看，作为喜剧作家看，还是作为历史学家看，他都是一流的。”**鲍斯威尔**：“历史学家！我亲爱的先生，你肯定不会把他编写的罗马史与当代其他历史学家的著作相提并论吧？”**约翰生**：“嘿，谁能列在他前面呢？”**鲍斯威尔**：“休谟，罗伯逊，利特尔顿勋爵。”**约翰生**（他对苏格兰人的反感开始抬头了）：“我没有读过休谟；可是毫无疑问，哥尔德斯密斯的《历史》比罗伯逊的乱弹琴或者达尔林普尔的花架子强。”**鲍斯威尔**：“难道你不承认罗伯逊的高明，在他的《历史》中我们发现有那样深刻的洞见——那样壮阔的画面吗？”**约翰生**：“先生，你必须考虑那样深刻的洞见和那样壮阔的画面怎样运用。那不是历史，那是想象。谁描写自己从来没有见过的东西，谁就凭空想描绘。罗伯逊描绘历史事件中的人心就像乔舒亚爵士描绘人脸一样：他想象出一副英雄容颜。你必须把罗伯逊的作品当作传奇看，按那种标准来审视它。它不是历史。再说，先生，一个作家的伟大优秀在于他的书能容纳多少就往里装多少。哥尔德斯密斯在他的《历史》中做到了这一点。反观罗伯逊，他也许给他的书里多装了一倍的内容。罗伯逊就像一个人把黄金包在羊毛里，羊毛占的地方比黄金还多。不行的，先生；我总认为罗伯逊会被他自己的重量压垮，——会被埋在自己的花絮底下。哥尔德斯密斯简洁地告诉了你想知道的东西：罗伯逊把你滞留得太久太久。没有人会把罗伯逊拖泥带水的细节读第二遍的；而哥尔德斯密斯平易的叙述令人百读不厌。我想把一所学院的一位老先生对他的一个学生说的话说给罗伯逊听：‘把你的作文从头至尾仔细读一遍，见到你认为特别精彩的段落，把它删去。’哥尔德斯密斯的节本比卢西乌斯·弗洛罗斯[①]或欧特罗庇乌斯的好；我敢冒昧地说，如果你把他和韦尔托[②]加以比较，在罗马史的同一些地方，你会发现他比韦尔托优秀。先生，他有编写的艺术，有把要说的每件事情说得津津有味的艺术。他现在正写一部博物史，而且会写得像波斯故事一样引人入胜。” 386 1773年4月30日星期五

在结束目前的话题前，我不能不说，承认自己往往“谈话为了争强取胜”的约翰生很可能与其说在表达自己真实的决定性看法，不如说是在热烈的较量中对罗伯逊博士的优秀历史著作极力提一些貌似可信的反对意见；因为很难设想他竟然会跟文学界的其他人士

① 卢西乌斯·弗洛罗斯（Lucius Florus），罗马史学家。

② 韦尔托（René Aubert de Vertot，1655—1735），法国历史学家。

有如此大的分歧。

约翰生："我记得有一次与哥尔德斯密斯在威斯敏斯特教堂。我们观览诗人角时，我对他说，

Forsitan et nostrum nomen miscebitur istis.[a] ①

我们来到圣殿栅门时他拦住我，指着上面的头像②狡黠地对我低声说，

Forsitan et nostrom nomen miscebitur ISTIS." [b]

约翰生对班扬推崇备至。"他的《天路历程》不同凡响，既有创

387 意、想象，又善于安排故事情节；它具有这种优点的最好证据，那

1773年4月30日星期五 就是对人类的全面、持续的赞同。我相信，比它销路更广的书寥寥无几。值得注意的是书的开篇很像但丁的诗；然而班扬写书的时候还没有但丁的译文。所以有理由认为他读过斯宾塞。"

人们煽起了一项提议，那就是，将来不仅在威斯敏斯特教堂，而且在圣保罗教堂应当为杰出人物树立纪念碑，提及此事后，有人问，谁应当享受第一个在那里被树碑的殊荣。有人提议蒲柏。**约翰生**："嘿，先生，由于蒲柏是个罗马天主教教徒，我倒想不让他当第一。我想弥尔顿应当荣登榜首[c]。我现在对他的评价比我二十岁时更

---

a 奥维德，《爱的艺术》，i. iii. V. 13。

① "也许我们的名字也会混杂在这些中间"——奥维德，《爱的艺术》，iii. 339。

② 〔圣殿栅门是老舰队街进入市区的入口，原来在山花的铁尖上，展示着反叛者和谋反者的头像。〕

b 暗指被认为是约翰生博士的政治原则，也许是他自己的。

c 这是他高度仰慕诗人弥尔顿的又一事例，尽管他对那位乖张的共和派的原则厌恶得有理。他的坦诚和区别对待同样引人瞩目，咱们再别听他"对弥尔顿不公正"的说法。

高。他和勃特勒[①]的思想比我们的任何一个诗人都丰富。”

有人对《人的全部责任》这样一部优秀著作的作者隐姓埋名感到奇怪。[a] **约翰生**：“这里面可能有种种原因，任何一种都会非常充分。他也许当过牧师，也许认为他的宗教劝告如果被人知道来自一个职业为神学的人，就会减轻分量。他也许是一个实践与原则并不一致的人，这样一来他的人格就会损害该书的效果，因为书是忏悔时期写的。要么他是一个刻板的自我否定的人，这样的话，在今生他的虔诚的劳作不会得到回报，只能寄托于来世了。”

先生们到他们的俱乐部去了，我被留在博克莱尔家里等着宣布我的选举命运。我如坐针毡，即便博克莱尔夫人迷人的言谈也不能完全消除我的焦虑。过了一会儿我接到了喜讯；我入选了。我急忙赶到会场，被介绍给这样一群难找到的朋友。这时我才第一次见到埃德蒙·伯克先生，他才气横溢，长期以来我热烈企盼与他相识；还有纽金特医生，加里克先生，哥尔德斯密斯先生，琼斯先生（后来的威廉·琼斯爵士），以及和我一起吃过饭的几位。我进来时，约翰生置身于一把椅子后面，他靠在椅子上，就像靠在一张书桌或讲坛上一样，以一种幽默的礼节向我下达指示，指出了要做本俱乐部优秀成员我应遵守的行为规范。

哥尔德斯密斯念了一些荒诞不经的诗句，这些都是收费给听众公开朗诵过的。**约翰生**：“我可以和一和这样的胡言乱语。有一首叫作《尤金尼奥》的诗，是几年前推出的，是这样结尾的：

> 呔，你们这些委琐而又自负的小淘气，　388
> 满膛的傲慢，满腔的空虚，满脑的自己，　1773年4月30日星期五

① 勃特勒（Samuel Butler，1613—1680），诗人；作品有《休迪布拉斯》（1663—1664，第1部和第2部；1678，第3部）；在《月球上的大象》中攻击皇家学会；名字成为被冷落的天才的代号。

a 〔在博德利图书馆的一份手稿里，说到好几种情况，它们使我有强烈的倾向相信约克大主教Dr Accepted Frewen是这部作品的作者。〕

看看尤金尼奥，把他全身上下打量遍，
然后沉入你们自己，再勿出现。[a]

不仅如此，德莱顿在他那首关于皇家学会的诗里，有这样几行：

然后我们将会走上地涯；
　看见汪洋倚着蓝天；
从那里我们将认识滚动的邻家，
　并且稳妥安然地往月界窥探。”①

谈到双关语，对这种巧智嗤之以鼻的约翰生屈尊承认在《梅纳热杂谈录》② 中有一个绝妙的双关语，我想指的是 corps 这个词[b]。

---

a　约翰生博士的记忆在这里并不完全精准：《尤金尼奥》的结尾并不是这样。在他引用的最后一行后面还有八行；他有意朗诵的一段是这样的：——

嘿，你们这些飘飘然的可怜自信的小淘气，
一腔的傲慢，一肚子的愚蠢，一脑子的——自己；
说说看你们这帮渎神的坏蛋头目在何方，
他竟敢面对自己的人格仔细打量？
瞧瞧尤金尼奥，把他全身上下打量遍，
然后沉入你们自己，再勿出现。

里德先生告诉我，《尤金尼奥》的作者[1]，登比郡雷克瑟姆的一名酒商，在该诗发表后不久，也就是1737年5月17日割喉自杀了；从斯威夫特的《作品集》中透露，该诗曾经让他过目过，而且还被他做了一些改正。约翰生初来伦敦后就读过《尤金尼奥》，因为我们看到它在他写给凯夫先生的一封信里提到过，该信已被插入本传〔边码第72页〕。

1　托马斯·比奇。

①　约翰·德莱顿，《奇异的年代》(1667)，第2部，第653—656行。

②　*Menagiana*（1693—1715）是法国学者和文人吉勒·梅纳热（1613—1692）的一个笑话格言集，死后由他的友人辑录而成。

b　我原先认为我也许弄错了这个词，以为它从音的近似到真正的词义就是corps。因为一位眼光精准、思想敏锐的不认识的先生，我的著作中的一些说法受惠于他，他针对这一段文字说——“说”的是不是Fort这个（转下页）

娓娓动听的谈话进行着，约翰生听得津津有味，说得幽默风趣。然而，他一个人的言谈，或者他这番言谈的起因是什么，别人有什么插话，则是本书的任务。

5 月 1 日，星期六，我们俩在老去处主教冠酒馆单独聚餐。他 389
神清气和，不大想说话。他说，“比起苏格兰人，爱尔兰人与英格兰 1773 年 5 月 1 日 星期六
人融合得更好；爱尔兰语更接近英语；爱尔兰人在这里做演员非常成功，苏格兰人却不行，这就是证据。再说，先生，他们没有我们在苏格兰人身上发现的那种极端的民族意识。鲍斯威尔，我愿意对你说句公道话，你是你的同胞中最不苏格兰化的人。在我认识的苏格兰人中，你几乎是唯一不在每句话里引入另一个苏格兰人的人。”

我们同威廉斯夫人一起喝茶。我提出了一个在苏格兰长老会里激烈争论的问题，那就是，向教区引荐牧师的世俗赞助人的权利是否有充分的依据；如果有充分的依据，它是否应当在没有民众赞同的情况下加以实施？教会是由一系列的司法机构组成的：长老会，教会会议，

（接上页）词呢？一名喧闹的法国布道者说布尔达卢的话，“Il prêche *fort bien*, et moi *bien fort*”。[1]——《梅纳热杂谈录》也见《文学轶事，布尔达卢条》。然而我的机敏、好心的通信者，费城的阿伯克龙比先生向我指出《梅纳热杂谈录》的下面一段文字；这就使前面的猜测没有必要，也确认了我原来的说法：

Mad^{me} de Bourdonne, Chanoinesse de Remiremont, venoit d'entendre un discours plein de feu et d'esprit, mais fort peu solide, et très trrégulier. Une de ses amies, qui y prenoit intérêt pour l'orateur, lui dit en sortant, “Eh bien, Mad^{me} que vous semble-t-il de ce que vous venez d'entendre ? —Qu'il y a d'esprit ?” — “Il y a tant, répondit Mad^{me} de Bourdonne, que je n'y ai pas vu de *corps*.” [2]——《梅纳热杂谈录》，卷二，第 64 页，阿姆斯特丹，1713。

1 “他的布道非常好，我的布道非常响。”

2 “勒米尔蒙律修会修女布尔东夫人刚才听了一篇充满烈火与精神，却显得单薄、不规范的布道。她的一位女性朋友偏袒布道者，在离开时对她说：‘哎，夫人：你对刚才听到的布道有何感触？是不是充满智趣？’‘还行吧，布尔东夫人答道，我看里面没有实质内容。’”（这里的智趣全靠法文词 esprit 和 corps 的多层含义，前者的意思是“智趣”“灵魂”，后者的意思是“实质”“肉体”。）

最后还有最高立法大会，这个问题可以在这所有的机构前进行辩论：在某些情况下，长老会已经拒绝接受或他们所谓的安置赞助人引荐的人士，就有必要上诉到最高立法大会。他说，我可以在《兼职辩》[1]中看到个问题得到很好的处理；尽管他认为一个赞助人行使自己的权利时应当照顾教区民众的意向，但对于此人的权利，他的态度非常明确。假如这个问题在最高立法大会前申辩，他对我口授了下列意见：

“赞助人的权利一般受到下级司法机构，也就是良心抗辩的反对。他们的良心告诉他们，民众应当选择他们的牧师；他们的良心告诉他们赞助人不应当把一个听众不欢迎又无法接受的牧师强加给会众。良心只不过是一种我们自己感觉到什么该做，什么得避免的信念而已；至于简单明了的道德问题，良心往往是一个可以叫人信赖的向导。然而在良心决定之前，问题的情况被认为完全不为人知。至于法律问题，或者事实问题，良心往往被人与见解混为一谈。一个人的良心也无法把另一个人的权利告诉自己；这些权利必须通过理性调查或历史探讨才能为人所知。持有某种见解的人也许把这种见解叫作他的良心，见解也许教导人们通过给人们普遍选择自己的牧师的自由，宗教才会得到促进，平静才会得以维持。然而，为了另一个人的方便，侵害一个人的权利的是一种昏昧的良心。宗教不能靠不义来促进：从来没有发现一次大众选举是平平静静进行的。

“把赞助权转移给民众，公正就会遭到侵害，这对知道该权利从何而来的人是一目了然的。赞助权最初不是被权力从顺从的贫困扯过来的一种特权。它最初不是在无知的年代仅仅由继承、由先例
390 夺取并树立起来的一种权威。它不是由一位上层专权者给下层专权
1773年5月1日星期六 者随意给的一种赏赐。它是一种由最初的拥有者高价买来并由其继任者正当继承下来的权利。当基督教在本岛确立以后，一种正规的公众崇拜模式就规定下来。公众崇拜需要公共的场所；地主们信教

---

① 亨利·沃顿，《兼职辩》（1692），对英国国教会允许一个神职人员同时担任两个圣职的做法的传统主义辩护。

之后，就为他们的家属和仆人建造教堂。为了供养牧师，他们划拨了自己的一部分土地；一个要求每位牧师看管的地区，根据那一地界就构成了一个教区。这是一种在英格兰被普遍接受的立场，所以一个庄园的范围和一个教区的范围都为彼此正式接受。地主们这样建造，如此资助了教堂，所以他们理所当然地认为自己有资格给这些教堂提供牧师；就是在主教统治盛行的地方，主教也无权拒绝资助人提名的人选，除非他有罪过，不能担任牧师。由于给教堂的资助是地主的赠礼，他当然可以任意按他的选择给教堂提出有能力行使圣职的任何人选。民众不选择他，因为民众没有给他掏钱。

“我有时听到人们激烈争辩，说这种原始权利早就过时，无人记得了，它被财产的多次转移和政府的更替湮没无闻了；现在很少有什么教堂掌握在建造者的继承人手里了；现在的人获得这些所谓的权利靠的是一千种偶然和未知的原因。也许这种说法有不少是正确的。可是赞助权怎么会灭失？如果这种权利跟随着土地，那么，占有这种权利和占有土地都根据的是同一种衡平法。实际上，它是庄园的一部分，跟其他每一种特权一起受到同样一些法律的保护。咱们设想一片地产由于谋反被没收，再被君王赐予一个新的家族。一切附属于土地的权利也随着土地被剥夺；赏赐土地的权力，也赏赐了权利。赞助人丧失的权利并没有落入民众手中，而是要么由君王保留着，要么被君王出让，这对民众来说，都是一回事。就算它常常转手，它仍然被移交时以同样权利接受它的人掌握着。这种权利，确实，像我们所有的财产一样，可以被强夺或者被骗取。但仍然没有损害民众的一根毫毛；因为他们从未有过的东西，也永远没有丧失。凯乌斯可以篡提提乌斯[①]的权；但凯乌斯和提提乌斯都没有伤害民众；没有一个人的良心，温情脉脉也好，积极活跃也罢，能够促使此人恢复事实证明从来没有被拿走的东西。假设，我认为无法

① 罗马法中虚构的双方。

被证实的东西，也就是人们渴望一次牧师的普选，我们的渴望也不是衡平法的尺度。人们渴望权力应当被仁慈者执掌，财富应当被慷慨者占有；然而法律必须把财富和权力留在它发现二者的地方：而且往往必须把财富留给贪婪者，把权力留给残暴者。在小事情上方便也许是一条规则，因为在这些事情上其他规则没有确立起来。但
391 因为统治的伟大目的是把每个人自己的东西交给每个人，再没有使
1773年5月1日星期六 权利不确定的不便更大的不便了。治安最大的敌人，就是这样一个人，他挑动下层民众犯上，从而给孱弱的头脑里装满了想入非非的权利要求，并且打破了一系列的民间从属关系。

“这样已经表明赞助权，由于原来是买来的，所以可以合法转让，现在它在合法的占有者手里，至少像其他任何权利一样确定；所以我们留给民众的辩护士的抗辩也只有方便的抗辩了。因此，现在让我们考虑全面废除赞助权民众从中得到什么真正的好处。这样一种改变最希望达到的目的就是，该地区应当有更好的牧师。然而，我们为什么认为教区做出的选择比赞助人高明？如果我们认为人类是受利益驱使的，那么赞助人的选择就更有可能小心谨慎，因为他选择错了，他的麻烦就会更多。他选的牧师有毛病，或者有恶行，他会像其余的会众一样伤脑筋；然而他还多了这样一条悔恨的理由，那就是，这些问题都会归咎于他的荒唐或腐败。一位牧师的资格，众所周知，就是学识和虔诚。关于牧师的学识，赞助人也许是该教区唯一的裁判；至于他的虔诚，他的判断也不比别人差；而且在推荐前会更有可能进行细致勤奋的调查，那是教区的一个愚民做不到的，因为他除了投了一票外，什么也做不了。也许有人主张，尽管教区也许选择不了更好的牧师，但他们至少可以选择他们更加喜欢的牧师，这些牧师因而行使职能会更加有效。无知与固执总应当得到他们喜欢的东西，但这绝对不能被认为是统治的目的；智者为愚者鉴察，规矩者为任性者行动，这才是统治的伟大而长久的利益。然而，这种论点认为民众有能力判断，而且有决心按他们最好的判断行动，尽管这

够荒唐的了，但还不是它荒唐的全部。它不仅认为这些人有智慧，而且意见一致，而他们在其他情况下，既不明智，也不一致。如果借助一种奇怪的一致，一个教区异口同声选择某人，尽管我不能指责赞助人推荐牧师时不够公正，但我还是批评他人不厚道，判断失误。然而，显而易见，就像在其他所有普选中一样，将会出现判断的对立，情绪的激烈，一个教区每当出现空缺时就会拉帮结派，选举牧师的竞争就会产生邻里纠纷，造成家庭失和。牧师就会学会一个候选人的所有伎俩，就会讨好一些人，贿赂另一些人；选举人则像其他所有情形下一样要求放假纵酒，在游戏的狂欢期间，彼此打得头破血流。然而，到了最后，总有一派胜出，总有一名牧师掌控教堂。除了与教区的一半人树敌外，他凭什么关系担任牧师一职？他希望能靠什么样的谨慎或什么样的勤奋来安抚那一派的感情呢，因为正是由于他们的失败他才谋得了自己的饭碗？凡是给他投过反对票的人进教堂时都耷拉着脑袋，低垂着眼睛，害怕遇见那个用选票和影响压倒他的邻居。他会恨他的邻居与他作对，恨他的牧师凭借这种反对飞黄腾达；他将会一见他就痛心疾首，一见他就满膛仇恨。至于一名由赞助人推荐的牧师，教区遇到的麻烦充其量也就是大家不认识他而已。至于一名由民众竞选出来的牧师，凡是不拥戴他的人，已经在胸中培育出了种种仇恨的原则和拒绝的理由。愤怒，主要是由傲慢激起的。一介平民的傲慢很少被所谓的夺取了一个公认的优越地位的人激发出来。他只有忍着从大家的苦果上咬下自己的一小口，同整个教区患难与共；然而当旗鼓相当的人进行竞争时，失败就大大加剧了；被自己的隔壁邻居打败的人，不报复难解心头之恨；很难说在这类选举频频出现的教区会有什么样的恶毒现象横行，势不两立的敌意余火未冷，又会被重新点燃。”

392

1773年
5月1日
星期六

尽管我把约翰生博士关于这个问题的高论呈现给读者，但我认为表这样一个态还是适当的，那就是说，尽管我本人也是一名世俗赞助人，但对他的看法我并不完全苟同。

5月7日，星期五，我和他在该镇的思雷尔先生家吃早饭。只有我们俩时，我尽力替一位按议会法案跟丈夫离了婚的女士①辩护。我说她的丈夫对她百般虐待，其行为像个畜生，她若再跟他生活下去，她的清逸灵秀势必遭到玷污。况且她对他的所有感情已经荡然无存；联姻的本质已不复存在，剩下的只有一种冷冰冰的形式，一种彬彬有礼的义务；她现在正当盛年，具有创造幸福的种种条件；这些条件不该白白丧失；处在这样不痛快的境地；一位她为之离婚的绅士②赢得了她的芳心。也许受了这位女士迷人风韵的诱惑，我力图掩饰我意识到不能自圆其说的观点；因为当我的慷慨陈词结束后，我这位德高望重的朋友叫我适可而止："我亲爱的先生，千万不可让你的头脑养成善恶不分的习惯。这个女人是个婊子，到此为止吧。"

他是这样描述我们一位朋友的父亲③的："先生，他在公众集会上口若悬河，他那个郡的绅士们都害怕他。为了听他那慷慨激昂的演说，什么事情也做不了。"

我提到曾经跟当时在伦敦的几个爱斯基摩人，尤其是跟其中当祭司的一位，用手势进行过一次短暂的交谈，他对我并不完全相信。他认为我无法让他们明白我的意思。对于某些事实，如果一点也不奇特的话，没有人会比他更加怀疑；因此，为了发现真相，也没有人比他更加细致地追根究底。

393 这一天，我和他在我朋友家禽街的书商爱德华④和查尔斯·迪利

1773年5月7日星期五 两位先生家吃饭：在座的还有他们的哥哥贝德福郡的迪利先生，哥

---

① 黛安娜·博克莱尔夫人。

② 托珀姆·博克莱尔。

③ 老本内特·兰顿。

④ 爱德华·迪利（Edward Dilly，1732—1779），书商查尔斯·迪利的哥哥；在《广告报》和《伦敦杂志》中有商业利益；约翰·威尔克斯的忠实支持者；力挺美利坚人；朋友中包括约翰生和本杰明·富兰克林；在"官邸"附近的家禽街22号经营名为"玫瑰与王冠"的书店。

尔德斯密斯博士，兰顿先生，克拉克斯顿[1]先生，不顺从国教的牧师梅奥博士，牧师托普莱迪[2]先生，我的朋友牧师坦普尔先生。

有人提到霍克斯沃思编的南大洋航行记。**约翰生**："先生，如果你把它当作一个商业课题来谈，它有利可图；如果当作一本要增进人类知识的书来谈，我相信收益不大。霍克斯沃思只能告诉我们航海家们告诉他的事情；他们的发现屈指可数，只有一种新动物，我想。"**鲍斯威尔**："可是昆虫不少，先生。"**约翰生**："嘿，先生，说到昆虫，雷计算英国的昆虫有两万种。这些人不妨待在国内，这样的发现也就够了。"

谈到飞鸟，我提到戴恩斯·巴林顿[3]先生反驳飞鸟迁徙的一般观念的灵巧论著。**约翰生**："我想我们现有的关于山鹬迁徙的证据已经够理想的了。我们发现它们在一年的某个时候消失，又在一年的某个时候重现；其中一些飞累了，有人看见它们落在远海航行的船舰的索具上。"在座的有一位说，有人夏天在埃塞克斯发现过几只。**约翰生**："先生，那就加强了我们的论据。Exceptio probat regulam.[4]发现了几只，这就表明，如果全部留着，就会发现很多。也许发现的是几只病的或者伤残的。"**哥尔德斯密斯**："燕子有部分迁徙的情况；强壮的迁徙，其他的则不。"

鲍斯威尔："奥塔海特的居民有面包树，树上的果子他们当面包吃，我相信他们要是听到我们做面包时必须经历的那些乏味的程

---

① 克拉克斯顿（John Claxton，？—1811），文物学会会员。

② 托普莱迪（Augustus Montague Toplady，1740—1778），英国国教会牧师、赞美诗作家；加尔文派布道士；德文郡布罗德·亨伯里的牧师（1768—1778）；《绝对命定说阐述》（1769）的作者；关于命定说与约翰·卫斯理进行旷日持久的论战，写赞美诗《万古磐石》。

③ 戴恩斯·巴林顿（Daines Barrington，1727—1800），法官、文物专家、博物学家；《古代法规论》（1766）的作者，这是对法律史的重大贡献；文物学会与皇家学会会员（1767）；翻译阿尔弗烈德国王的《奥罗西乌斯》，译文不甚可靠；创办《博物学刊》（1716），热衷北极探险。

④ 例外证明规则。

序——犁田呀，播种呀，耙地呀，收割呀，脱粒呀，磨面呀，烘烤呀，一定会开怀大笑的。”**约翰生**：“嘿，先生，所有无知的野蛮人听到文明生活的好处时都会笑话的。你要是告诉那些在没有房子的情况下生活的人，我们怎样砖上垒砖，椽上加椽，房子建到一定高度后，一个人从脚手架上摔下来，摔断了脖子，他们会开怀大笑我们建房的愚蠢行为；但这并不是说人没有房子就活得更好。不，先生，（拿起一片面包）这比面包树好。”

他重复了可以在他的《漫游者》中发现的一个论点，反驳认为动物的创造具有理性功能的观点：“鸟儿凭本能筑巢，它们从不改进；它们筑的第一个巢跟以后筑的任何一个一样好。”**哥尔德斯密斯**：“可是我们看到，如果把一个里面有蛋的卵巢拿走，她会造一个不太结实的，再次下蛋。”**约翰生**：“先生，那是因为第一次她有充足的时间，所以就精心筑巢。在你提到的那种情况下，她是被逼着产卵，所以必须快点筑巢，因而就筑得不够结实。”**哥尔德斯密斯**：“鸟儿筑巢的活动是博物史上最鲜为人知的现象，尽管是博物史上最稀奇的事情之一。”

394 1773年5月7日星期五 我引入了容忍这一话题。**约翰生**：“每个社会都有维持公共和平与秩序的权利，因此有充分的权利禁止有危言耸听倾向的观点传播。说*地方行政长官*有这个权利，这是用词不当；其实是*社会*，地方行政长官只是它的代理而已。他限制他认为是危言耸听的观点传播，也许从道德和神学上看，他错了，但从政治上看，他做得对。”**梅奥**：“先生，我的看法是，人人都有权在宗教中享受良心自由；地方行政长官不能限制这种权利。”**约翰生**：“先生，我同意你的观点。人人都有权享受良心自由，对此地方行政长官不能干涉。人们把思想自由与言论自由混为一谈；不仅如此，还与布道自由混为一谈。人人都有想所欲想的自然权利；因为他怎样想别人无从发现。他却没有一种道德权利；因为他应当告知自己，应当正正当当地想事。可是，先生，一个社会的任何成员都无权教与社会奉为真理的东西背道而驰的学说。我说，地方行政长官也许在他想的事情上是错误的，但他认为自己是正确的，他可以，也应当推行他的想法。”**梅奥**：“这样的话，先生，我们就永远在谬误的泥潭中不能自拔，真理永远不会昌盛；地方行政长官迫害第一批基督徒也是正确的了。”**约翰生**：“先生，确立宗教真理的唯一办法就是殉道。地方行政长官有权推行他的想法；而认识到真理的人有权受磨难，恐怕查明真理别无他法，只有这一方面进行迫害，另一方面忍受迫害。”**哥尔德斯密斯**：“可是一个人应当怎么办？尽管对自己学说的真理坚信不疑，难道他不认为让自己遭受迫害是错误的吗？他有权做这种事吗？这难道不可以说是自愿舍身吗？”**约翰生**：“先生，至于你所谓的自愿舍身，一支军队有两万人，他们为了一天五便士的粮饷奋不顾身去冒着枪林弹雨，冲锋陷阵。”**哥尔德斯密斯**：“他们是不是有一种道德权利要这么做呢？”**约翰生**：“不是，先生，如果你不肯接受人类的普遍看法，那我就无话可说了。如果人类不能捍卫自己的思维方式，我也不能捍卫它。先生，如果一个人怀疑自己殉道是否对他是件好事，那他就不该去做。他必须相信他是负有一种天命的。”**哥尔德斯密斯**：“我倒是要考虑总体而言善恶相权，哪一个机会更大。如果我看见一个人掉到井里，我希望把他救出来；但如果他把我拉下去比我把他拖出来的可能性更大，我就不会多此一举。如果我要到土耳其去，我也许希望说服土耳其苏丹改信基督教；但当我考虑到我可能会被处死，却绝对达不到目的，那我就应当一声不吭。”**约翰生**：“先生，你必须考虑我们有完全义务和非完全义务。完全义务一般就是有些事情不可为，这是明确、断然的；如‘不可杀人’。然而又如慈善，没有明确的界限。那是给穷人尽的责任；但没有人能说另一个人应当给穷人多少，或者什么时候一个人给得太少救赎不了自己的灵魂。同样，那是一种教导无知者的责任，而且是劝导不信教者皈依基督教的重大责任；然而，一个规行矩步的人没有必要把这种责任尽到招致殉道危险的程度，就像一个人没有必要为了施舍，把身上的衣服剥得只剩下一件衬衫一样。我说过，一个人必须相信，他是负有某种天命的。”**哥尔德斯密斯**：“这怎么能叫人知道呢？我

395

1773年
5月7日
星期五

们最初的改革家们由于不信面包和酒就是**基督**而被烧死。”——**约翰生**（打断他的话）：“他们不是由于不信面包和酒就是**基督**而被烧死，而是由于侮辱了那些相信它的人而被烧死的。再说，先生，最初的改革家们一开始，他们并不打算殉道：因为其中很多人尽可能地都溜之大吉。”**鲍斯威尔**：“可是，先生，你有个同胞埃尔沃尔，你告诉我他用他的黑卫队及赤卫队向乔治王挑战。”**约翰生**：“先生，我那个同胞埃尔沃尔应当给上枷锁才是；那才是他的合适讲坛；他会有大量的听众。一个上了枷锁布道的人总会有足够的听众的。”**鲍斯威尔**：“可埃尔沃尔认为自己是正确的。”**约翰生**：“我们不供养疯子；附近倒是有他们的去处（指“沼泽地”）。”**梅奥**：“可是，先生，如果不允许我把我真正相信是真理的东西教给孩子们，那岂不是太难了吗？”**约翰生**：“嘿，先生，你可以想办法给孩子们教 extrà scandalum[①]；可是，先生，地方行政长官要是知道了，就有权制止你。假如你教孩子们去做贼的话呢？”**梅奥**：“这就是拿这个问题开玩笑了。”**约翰生**：“不，先生，这么说吧：你给他们教财产共有；赞成它的貌似有理的论点跟赞成最谬误的学说的一样多。你教他们万物起初都是共有的，一个人对任何东西都没有权利，除非他掌控了它；这仍然是，或者应当是人类的规则。先生，你在这里破坏了社会的一大原则——财产权。难道你不认为地方行政长官会有权阻止你吗？或者，假如你教你的孩子们裸体派的观念，他们应当裸奔到街上去，难道地方行政长官没有权利迫使他们穿上衣服吗？”**梅奥**：“我认为地方行政长官在某种公开行为出现前无权干涉。”**鲍斯威尔**：“这么说，先生，虽然他看见一个敌人有给枪装子弹的情况，但还没有开枪，他就不能干涉？”**梅奥**：“他必须弄清枪所瞄准的情况。”**约翰生**：“地方行政长官应当对这种情况做出判断。——他无权约束你的思想，因为恶集中在你心里。如果一个人坐在这张桌子旁边要把自己的指头剁下来，地方行政长官作为社区的保护者，也

① 没有过错。

约翰生博士

人物写生

无权约束他，然而他不妨像父亲一样出于一片爱心加以制止。——确实，经过进一步考虑，我认为他可以制止；因为这样的可能性很大：要剁掉自己手指的人，也许很快就会发展到剁掉别人的手指。如果我认为偷迪利先生的盘子是对的，那我就是一个坏人；但他对我也不能说什么。如果我公开宣称我就是这么想的，那他就不会让我进他的家门。如果我出手这么做，我就会被送进新门监狱。这就 396
是想、说、做的递进过程：如果一个人的想法有错误，他可以把这 1773年
些想法藏在心里，谁也不会找他的麻烦；如果他宣讲错误的教义， 5月7日
社会就可以驱逐他；如果他将其付诸行动，法律就会出面，将他处 星期五
以绞刑。”**梅奥**：“可是，先生，难道基督徒不应当有良心自由吗？”**约翰生**：“我已经给你说过了，先生。你又要回到原点了。”**鲍斯威尔**：“梅奥博士总是乘回程驿车，又到了驿站。他只花了个半价。”**约翰生**：“梅奥博士像其他倡导无限容忍的斗士一样，总有一套说辞[a]。先生，从政治上讲，地方行政长官无论对错，都不成问题。假如要成立一个俱乐部，举杯诅咒国王乔治三世，庆祝查理三世成功复辟，这对国家而言是很糟糕的；然而该俱乐部的每个成员要么遵守俱乐部规章，要么被逐出俱乐部。我记得老巴克斯特主张，地方行政长官应当‘容忍一切可以容忍的事情’。对于任何原则，这决不是容忍的一个好定义；但它表明他认为有些事情是不可容忍的。”**托普莱迪**：“先生，你可把这个难题极其巧妙地解开了。”

在这番争论期间，哥尔德斯密斯如坐针毡，因为他总想插句话成为亮点。由于发现自己被排斥在外，他已经拿起帽子准备离开，但帽子拿在手里又逗留了一会儿，就像一个在长夜终了时的赌徒，流连片刻，看看是否还有成功翻盘的大好机会。有次他正开口讲话，却发现被约翰生洪亮的声音淹没了，因为他坐在桌子的那一头，没

---

a 梅奥博士平和的脾气和坚忍的精神使他成为约翰生博士发挥他强大的才能的绝佳对象。他从不畏缩；然而屡遭打击后，似乎仍然坚定如初。每次他遭受打击；约翰生的天才火花四射，他却未受任何伤害。因此赢得了“文坛铁砧”的美名。

有察觉哥尔德斯密斯的意图。由于要引起大家注意的希望落空，哥尔德斯密斯一时气急败坏，把帽子往下甩，怒目注视着约翰生，语气尖酸地嚷道“行啦”。这时托普莱迪正要说话，约翰生发出了某种声音，这让哥尔德斯密斯以为他又要重新开始高谈阔论，接过托普莱迪的话茬了。这样，他便以成全他人为借口抓住这次机会发泄自己的妒意和怒气：“先生，（他对约翰生说）这位先生耐着性子听你讲了一个钟头，现在请允许我们听听他的意见吧。”**约翰生**（不为所动地）：“先生，我不是要打断这位先生的话。我只是向他表示我在洗耳恭听。先生，你真是不着调。”哥尔德斯密斯没有回答，不过继续陪大家坐了一阵子。

在座的一位先生[1]贸然问约翰生博士，容忍导致行动的意见和纯理论性的意见是不是没有实质性的差别；譬如说，地方行政长官容
397 忍那些宣讲反对**三位一体**教义的人是不是错误的？约翰生大为恼火，
1773年5月7日星期五 说道：“先生，我感到纳闷的是，你这样一位虔诚的绅士怎么能在各色人等面前提出这样一个问题。”后来他告诉我，之所以失当是因为很可能在座的有些人议论这个问题时，也许用词会使他震惊；要么他也许被逼无奈，会在他们的心目中显得心胸狭隘。这位绅士毕恭毕敬地说，他只不过随口提出一个问题想听听约翰生博士对它的看法而已。**约翰生**：“那样的话，先生，我认为允许人们宣讲任何违背国教教义的看法在某种程度上会削弱教会的权威，因此会减低宗教的影响。”“不妨考虑一下，（那位绅士说）在那种情况下容忍是不是出于政治考虑。”**约翰生**：“先生，我们谈的是权利：这是另外一个问题。我认为在那种情况下容忍不是出于政治考虑。”

尽管他认为在各色人等面前提出这么一个严重的问题不适当，所以这时候便免谈这些神学问题；然而他自己对**三位一体**这种神圣奥秘的正统信仰，毫无疑问在他的私人祈祷的以下段落中得到了表露：

“**主啊**，看在**耶稣基督**面上垂听我的祷告吧；祝愿一切荣耀、无

---

[1] 本内特·兰顿。

穷尽的世界归于您和**圣灵**，三位一体的**上帝**。阿门。”[a]

鲍斯威尔：“请问，迪利先生，利兰博士的《爱尔兰史》卖得怎么样？”**约翰生**（一段无名火起）：“爱尔兰人处在一种最反常的状态；因为我看到少数压倒了多数。就是在爱尔兰的新教徒十次严厉迫害天主教徒的过程中也没有先例。如果我们告诉他们我们征服了他们，那是明摆着的；而把他们作为反叛者用没收和其他刑罚予以惩罚则是野蛮无道。威廉王[①]不是他们的合法君主：他没有得到爱尔兰议会的承认，当时民众起兵讨伐他。”

在这里我说了几句关于罗马天主教徒的好话。**托普莱迪**：“他们求告圣徒是不是认为圣徒无处不在？”**约翰生**：“不是，先生，那只是认为多处存在；精神脱离物质后，似乎很有可能看见的范围比处在肉体状态时广。因此在求告圣徒时没有侵犯任何神性的趋向。然而我认为它是意志崇拜和推测。我看不出给它的指令，因此认为不去实施倒更安全。”

他，兰顿先生和我一起去**俱乐部**，我们发现伯克先生、加里克先生和其他几位俱乐部成员也在那里，其中就有我们的朋友哥尔德斯密斯，他默默地坐着，对约翰生饭后给他的申斥仍耿耿于怀。约 398
翰生看出了这一点，便对我们几个说道：“我要让哥尔德斯密斯原谅 1773年
我。”然后又对他大声说：“哥尔德斯密斯博士——今天吃饭时你我 5月7日 星期五
之间出了点状况；我求你原谅。”哥尔德斯密斯平静地回答：“先生，我生气了，这肯定让你多虑了。”于是不和立即消除；他们的关系像以往一样轻松愉快，哥尔德斯密斯照常侃侃而谈。

今晚在去俱乐部的路上，我说哥尔德斯密斯在每个场合总要努力成为亮点，结果常常暴露自己，我深感遗憾，兰顿先生说，他不

---

a 《祈祷文与默想录》，第40页。

① 威廉王（William Ⅲ，1650—1702），英格兰、苏格兰、爱尔兰国王，奥伦治亲王；查理一世的长女玛丽（1631—1660）的儿子，因此也是查理二世和詹姆斯二世的外甥；在1688—1689年的光荣革命中入侵不列颠，取夺斯图亚特王冠，诱因是法律上的，而不是宗教上的。

像艾迪生，艾迪生满足于自己的文名，谈话时也不求语惊四座，因为他发现自己不适合这样做；有位女士抱怨他跟人相处时寡言少语，他说："夫人，我只有九便士的现钱，但我能套出一千英镑。"我说，哥尔德斯密斯橱柜里有大量金子，但仍不满足，总是把钱包掏出来。**约翰生**："是啊，先生，而且往往是一只空钱包！"

哥尔德斯密斯与人相处时总想出风头，这就是他有时候显得吃力不讨好的原因，人们很难想象像他这样一个天才人物可能遇到这种情况。当他的文名理所当然的高涨，跟他交往求之不得的时候，他反而嫉妒约翰生处处受到的特殊关注。一天晚上，坐了一圈才子，他找我的茬儿，说我说约翰生有资格享受独占鳌头的殊荣。"先生，（他说）你赞成把应当成为共和国的局面变成君主国。"

他正在大伙儿中间口若悬河，标榜自己，在座的个个仰慕不已；这时坐在他身边的一个德国人[①]发觉约翰生扭动着身子，好像要说话，于是他突然叫停，说道："停下，停下——薛汉生颇士有话要说。"这就更加伤了他的颜面。这无疑叫人气不打一处来，尤其对哥尔德斯密斯这样容易动怒的人来说，他每每提起此事，言词充满了强烈的愤慨之情。

可以说，哥尔德斯密斯有时候满足于让人亲昵相待，但有时又显得神气活现、自命不凡。有件小事可以作为例证。约翰生有把朋友的名字简化的习惯；如博克莱尔简称博；鲍斯威尔简称鲍西；兰顿简称兰基；墨菲简称墨；谢立丹简称谢立。我记得有一天，汤姆·戴维斯正在说约翰生博士，"我们大家都在给哥尔迪的戏起名伤脑筋呢"，哥尔德斯密斯似乎对把他的名字这样子乱叫很不高兴，于是说道："我往往希望他不要管我叫哥尔迪。"汤姆对约翰生最琐细的事情都极其留心。我记得我到达伦敦后他有次告诉我："先生，我们伟大的朋友在称呼谢立丹老兄时有所改进。他现在管他叫谢立·待立。"

---

① 乔治·迈克尔·莫泽，其实是个瑞士人。

致**牧师巴格肖先生**，布罗姆利[a] 399

先生，——我衷心感谢您对拙著《词典》的补充；然而新版已经出版了一段时间，因此眼下无法采用。我是否还能修订，尚不得而知。如果很多读者能像您一样明察、勤奋、乐于交流，拙著就会更好一些。世界眼下只好接受它的现状了。您最感激、最恭顺的仆人，

1773年5月10日
星期一

1773年5月8日。 **塞姆·约翰生**

5月8日，星期日[①]，我与约翰生在兰顿先生家吃饭，同席的还有贝蒂博士和其他几位。他议论起了著作权的问题。“好像（他说）作者有一种比占有权更强的产权；一种形而上学的权利，可以说是一种创造权，按其性质应当是永久的；然而国家不赞同，其实理性和学术利益也加以反对；如果这种权利是永久的，一本书，无论多么有用，不可能在人间普及，要是所有者一心想限制它的流通的话。任何书不可能有加注疏的优点，无论对它的解释有多么必要，如果所有人执意反对的话。所以，为了世界的总体利益，一位作者不管创作并发表了多么有价值的作品，它应当被认为不再由作者掌握，而是属于大众；同时，作者有权得到适当的报酬。作者应当根据一种对其作品的专有权享有这种报酬若干年。”

他攻击蒙博多大法官关于人性原始状态的奇怪推想；说道：“先

a　牧师托马斯·巴格肖，文学硕士，他于1787年11月20日去世，享年七十七岁，时任肯特郡布罗姆利学院牧师，南弗利特教区长。他在去世前一段时间就辞去了布罗姆利堂区牧师一职。约翰生博士写给这位真正可敬的人士的这封信和1784年写的另一封信，承蒙下院的约翰·洛夫迪博士一片美意，将手中的原信各抄一份给我。约翰·洛夫迪博士是伯克郡卡弗沙姆已故的博学、虔诚的约翰·洛夫迪先生的儿子。这位可敬的绅士退休后居住在沃里克郡。最近世界感激他编辑了已故的牧师汤森博士的优秀著作，谦称《福音史谈，我们的救主耶稣基督从安葬到升天》；前面有牧师拉尔夫·丘顿先生关于作者的一篇真正引人入胜的记述。

①　星期日实际上是1773年5月9日。

生，这全是关于一件无用的事物的推测，哪怕被认为是真的。各种各样的知识都是好的。对有用的事物的推测也是好的；然而对于明知是无用的东西的推测，如人是不是四肢爬着走，则无聊之极。”

5 月 9 日，星期一[1]，由于第二天我要动身返回苏格兰，我希望用尽可能多的时间与约翰生博士见面。但我先去拜访哥尔德斯密斯向他告别。尽管他有许多最和蔼可亲的品质，但他坦率承认的妒意
400 在这次会见中猛烈地爆发出来。另有一次，哥尔德斯密斯承认自己
1773 年 5月10日 星期一 有种嫉妒性情。我跟约翰生争论说我们不应当生他的气，他坦诚地承认这一点。“不，先生（约翰生说），一个人有那么多的恶劣品质，多得心里都藏不住，都漕出来了，你能不生气吗？”不过，我的看法是，哥尔德斯密斯的妒意不见得比其他人多，只不过他口无遮拦说出来了而已。

约翰生要当旅行家了，哥尔德斯密斯似乎非常气愤；说道：“他可是个死沉死沉的东西要我来扛，我永远也无法把他拖过苏格兰高地和赫布里底群岛。”他也没有耐心让我进一步详述约翰生的奇才，只是大声说：“他是不是像伯克，像蛇一样绕来绕去钻进一个问题？”“可是（我说），约翰生像赫拉克勒斯一样把蛇捏死在自己的摇篮里。”

我和约翰生博士在保利将军家吃饭。他因为身体不适，不得不提早离开；但他却约我晚上在圣殿律师学院的钱伯斯先生（现在的罗伯特·钱伯斯爵士）家见面，他如约前往，尽管还是病得很重。钱伯斯遇到这种情况，一般都给他开各种各样的药物。**约翰生**（痛苦焦躁）：“请你不要取笑我。待到我好再走。到时候你得告诉我你是怎么治好我自己的病的。”他病情见好，便满怀热情地谈论保持名门望族家风。他对这个问题的热心是他性格中极其引人注目的一件事，如果考虑到他本人没有什么高贵的血统的话。我听到他有次说道：“我有个大优点，那就是热烈支持从属关系和出身的荣耀；因为

① 见前注。

我简直说不上我的祖父是谁。”他坚决主张男性继承的尊严与正当，反对我们的一位朋友[1]的看法，因为那天这位朋友请钱伯斯先生替他立遗嘱，要把他的财产遗赠给他的三个姐妹，而不给一位远房的男继承人。约翰生管这三姐妹叫“三个邋遢包”，而且像封建制度最辉煌的时代的最气壮如牛的贵族那样精神昂扬地说：“古代的家产总应当传给男子，让一个陌生人继承家产，就因为他娶了你的女儿，僭用了你的姓氏，这真是愚蠢到家了。至于做生意新添的家产，如果你愿意，倒可以送给那条看家狗，但让他保留他自己的姓氏。”

我知道有时候别人觉得只不过是小小不言的趣事，却把他逗得乐不可支。现在他对我的朋友立遗嘱的事纵声狂笑，我们感到莫名其妙；他管那位朋友叫“立遗嘱的人”，还说：“我敢说，他认为自己干了一件惊天动地的大事。他会马不停蹄赶回自己乡下的住处，把这件丰功伟业展示给众人：他会把沿途遇到的第一家客店的老板叫过来；先说一段关于人生无常的得体开场白，然后就会告诉他他应当刻不容缓立下遗嘱；先生，他会说，这就是我刚刚立下的遗嘱，是由全国最能干的律师之一协助起草的；他会向店老板读一遍。（一直大笑不止。）他相信这份遗嘱是他起草的；可是他并没有起草：是你，钱伯斯，替他起草的。我相信你的良心不光是让他说，‘要有正 401
确的理解’；哈，哈，哈！我希望他给我留下了一笔遗赠。我要让人 1773年
把他的遗嘱改写成诗歌，像一首歌谣。” 5月29日 星期六

他继续这样调侃逗笑，对自己的幽默风趣洋洋得意，但这肯定不是从《漫游者》的作者那里期望到的那种幽默风趣，然而把它保留在这里，好让读者见识一下，一位如此杰出的人物偶尔出现的最微不足道的特点。

对于在一件 pars magna fuit[2] 的事情上的这种打趣，钱伯斯先生一点也不欣赏，好像还极不耐烦，直到把我们打发走才算松了一口

---

① 本内特·兰顿。

② “他是其中一大部分”——维吉尔，《埃涅阿斯纪》，第2卷，第6行。

气。约翰生止不住他的嬉笑，他一路上谈笑风生，直到我们走到圣殿门外。随后他突然爆发出一阵狂笑，简直就像犯了痉挛一样；为了支撑自己的身体，他抓住了人行道旁的一根灯柱，他笑声雷动，在寂静的夜晚，从圣殿门一直回响到舰队沟。

令人敬畏、心情忧郁、年高德劭的约翰生的这种极其可笑的表现，正好抵消了每次将要久别时我常常经历的那种伤感。我把他陪到家门口，他祝福我万事如意。

他记录下了他这一年的情况，“复活节和圣灵降临周之间，由于总认为那一段时间适合学习，我试图学习荷兰语”。[a] 应当注意到的是，在这里他承认了人的思想受季节影响的看法，而他写的文章却对它加以嘲笑。他说他的学习进展被一次发烧打断，“由于不慎使用小字本，发烧使他的那只有用的眼睛发了炎”。当我们知道他处在身心交困的境地仍然心心念念增进知识①，对于他的这种精神，钦佩之情不禁油然而生。在这一年他的日记手稿中，天天都有各式各样的学习笔记，例如：

> Inchoavi lectionem Pentateuchi — Finivi Lectionem Conf. Fab. Burdonum. —Legi primum actum Troadum. —Legi Dissertationem Clerici postremam de Pent. —2 of Clark’s Sermons. —L. Appolonii pugnam Betriciam. —L. centum versus Homeri.②

把这权当他不断注入心田的文学添附的标本，尽管他指摘自己懒散。

---

a 《祈祷文与默想录》，第129页。

① 〈他去世前不足六个月，还希望我教他乐谱——“伯尔尼博士，起码给我教会你们语言的字母表。”——伯尔尼〉

② “开始阅读《五经》。读完《寓言〈骡子〉驳难》。读《特洛亚妇女》第一幕。读克拉克的最后一篇《论五经》。克拉克的两篇《布道文》。读阿波罗尼乌斯中的Betriciam〔实为Bebrycian〕。读一百行荷马史诗。”

J Jellicoe
H Railton
Fleet Street in 1780

这一年萨卢斯伯里夫人（思雷尔夫人的母亲）去世，他似乎对这位夫人非常敬重，并撰写墓志铭以资纪念[a]。

5 月 29 日，我从爱丁堡给他寄了一封信，我在信中敦促他坚持履行决定，于今年实现拟议中的赫布里底群岛之行，这件事我和他议论了好多年，我相信它会给我们带来不少乐趣。

402

1773 年
7月5日
星期一

致詹姆斯·鲍斯威尔先生

亲爱的先生，——接到惠书时，我一只眼发炎，眼前一片昏黑，一段时间无法拜读。现在我写信没有什么麻烦，只能阅读大字图书。我的一只眼睛在逐渐好转，希望将来能够尽兴游览一片喀里多尼亚滨海湖泊。

钱伯斯要去孟加拉当法官，年薪六千。他和我将一起前往纽卡斯尔，从那里我抵达爱丁堡就会十分近便。告诉我你们法庭间歇的确切时间。我必须适应一下钱伯斯的需要，他也得适应一下我的。你要确定的时间，必须是我们将要尽可能接近的共同点。除了这只眼睛，我一切都好。

贝蒂受到大人物们的如此爱戴，邀请，款待，喜欢，谄媚，以至于我见不着他的影子了。我衷心希望他会得到很好的待遇，这样一来，我们就会不卑不亢地靠在马里沙尔学院的他过日子了。

——[①] 没有向我告辞就离开此地，满腔气愤地去了。——[②] 这不是太孩子气了吗？现在给我的遗赠又在哪里？

希望你亲爱的夫人和可爱的宝宝双双安好。我来时也就会见到他们了；而且我也有你那样审慎的看法，疑心我见到鲍斯威尔夫人时有点儿难分难舍。你深情恭顺的仆人，

舰队街约翰生巷， **塞姆·约翰生**

1773 年 7 月 5 日。

---

a 皮奥齐夫人的《约翰生博士轶事》，第131页。

① 本内特·兰顿。

② 林肯郡的兰顿。

尽快给我写信。钱伯斯现在在牛津。

我再次给他写信，告诉他最高民事法院于8月12日休庭，我希望在这个日期之前见到他，还放情纵言表达了我对他的仰慕，并期盼我们能尽情享受未来旅行的欢乐。

致**詹姆斯·鲍斯威尔先生**

亲爱的先生，——我将于本月六日星期五从伦敦出发，一路不打算闲逛多久。何日能抵达爱丁堡，尚无法确定。估计我得乘车前往一家旅店，再打发一名杂工去找你。

恐怕贝蒂未必会为了我们很快就到他的学院，他不在我会感到难过；然而不能坐等万事齐备。我们只能尽力把事情做好。你最恭顺的仆人，

1773年8月3日。　　　　**塞姆·约翰生**

又：

亲爱的先生，——惠书抵达时，我恰好不在思雷尔先生府上，我已写好了附上的这封信而且封上了；带到这里好免费递送时，我才发现了你的来信。如果什么事情能压抑我的热情，那就非你那封信莫属了。给一个朋友泼冷水令人不爽；谁像你那样期盼殷 403
切，谁必然会感到失望。只是想你见到我时，你看到的是一个爱你的人，一个因为你爱他而感到骄傲、高兴的人。你最挚爱的，

1773年8月3日。　　　　**塞姆·约翰生**

又：

亲爱的先生，　　　　纽卡斯尔，1773年8月11日。

昨夜抵达此地，希望，但不能绝对许诺，星期六到爱丁堡。贝蒂不会这么快就来的。你最恭顺的仆人，

代问夫人好。　　　　**塞姆·约翰生**

又：

约翰生先生向鲍斯威尔先生致意，因为刚到博伊德旅馆——星期六夜。

他于8月18日到达苏格兰，一直到11月22日才起程返回伦敦；我相信这九十四天谁也没有比约翰生过得更加生龙活虎，劲头十足。

他经由特威德河畔的伯威克抵达爱丁堡，在这里逗留几天后，再经过圣安德鲁斯、阿伯丁、因弗内斯、奥古斯都堡到了赫布里底群岛，这是他此行考虑的主要目标。他游览的岛屿有天岛、雷塞岛、科尔岛、马尔岛、因奇肯尼思岛、伊科尔姆基尔岛等。他经由因弗雷里遍游阿盖尔郡，再从那里经洛蒙德湖和邓巴顿到格拉斯哥，再经劳登到我的家乡艾尔郡的阿夫莱克，随后又经汉密尔顿回到爱丁堡，他在这里又度过了一段时光。这样，他参观了苏格兰的四所大学和三大城市，尽可能多地见识了高地及海岛生活，足以为他的哲学思考提供素材。在这次旅行期间，我有幸陪他走完全程。他每到一地都受到要人、学者和雅士的敬仰、款待；他同样也对他在底层民众中体验的殷勤好客感到欣喜。

这次旅行期间，他的各式各样的历险，以及在无数话题上表现出的强劲活跃的思想，我已经尽自己所能，翔实地展现在我的《赫布里底群岛旅行日记》中了。这本书流传很广，表明公众对它喜闻乐见，非常欢迎，所以我请求大家把它作为他生平的一个独立而引
404 人瞩目的部分去参阅[a]，这一部分生平在那里可以看得很详尽，书中
1773年8—11月 展现的他的言谈的能力跟他的作品所展现的他的写作优长一样引人

a 〔在这次不平凡的旅行中，作者收获也不小；因为约翰生博士于1773年11月3日给思雷尔夫人这样写道："鲍斯威尔将会称赞我的决心和执着，反过来，我也会赞扬他的好性情和一贯的乐天态度。他的才能比我想象的更好；体察更加公正，形象更加丰富。跟他一起旅行非常方便；因为无论来到谁家，他都受到热情和敬重的接待。"致思雷尔夫人书第90封。〕

注目。我也不否认我对我的朋友考特尼欣然给拙作总结出的特点感到洋洋得意，所以把它穿插在这里：

具有雷诺兹画笔的生动、大胆、逼真，
热情的鲍斯威尔把他展现给我们：
我们看到他的思想在每个特性中扩展，
老师靠学生的手扶摇直上云端；
我们喜爱作者，称赞他快乐的才情，
装点着哲人蒙田的烂漫天真。
因此不仅展示了聪明才气，
而且描绘了性格上的瑕疵：
我们看见这位漫游者带着挑剔的微笑，
标明那棵孤树，注视石楠丛生的小岛；
但当芙洛拉[①]的英雄故事令人着迷之际，
他穿着一条褶裥短裙，挥舞着一位酋长的武器：
悦耳动听的风笛手吹奏一首军歌，
塞缪尔唱着："国王定会有他自己的。"

从赫布里底群岛返回后，在爱丁堡逗留期间，他煞费苦心地获取有关苏格兰的信息；这从他后来的信件中可见一斑，就是在返回伦敦后，他对有关这个问题的情报依然同样关心。

致**詹姆斯·鲍斯威尔先生**

亲爱的先生，——昨夜到家，没有任何不便、危险或疲倦，而且准备再做一次旅行。星期一我要去牛津。我知道鲍斯威尔

① 芙洛拉·麦克唐纳（Flora Macdonald，1722—1790），詹姆斯二世党人的女英雄，她协助英俊的查理王子于1745年逃离汉诺威军队。

夫人很希望我去[a]；她的希望没有落空。威廉斯夫人收到了A爵士[b]的来信。

代我向所有可能欢迎我的问候的人们问好。

把箱子[c]尽快寄来，并且告诉我可望到达的时间。

如果你能办到，请了解一下这些宗族的顺序：麦克唐纳第
405 一，麦克莱恩第二；再往后我就说不上了。催一下韦伯斯特博
1773年12月 士[d]。你深情的，

1773年11月27日。 **塞姆·约翰生**

鲍斯威尔先生致**约翰生博士**

爱丁堡，1773年12月2日。

……你会得到我能搜集到的关于宗族顺序的信息。一位姓格兰特的绅士告诉我，他们中间没有固定的顺序；他说，排在卡洛登的军队的右首的不是麦克唐纳家族；而是斯图尔特家族。不过，我要把我能在这里发现的每个姓氏的证人考察一下。也一定会催促韦伯斯特博士的。我喜欢你的小备忘录；这些都是你认真准备你的北方游记的征兆。

你的箱子会在下周由海路运达。你会在里面发现几株金雀花枝，你看见它们是生长在阿夫莱克古堡上的。这种木头锯开

a 在这一点上，他显示出了敏锐的洞察力。他在我家做客期间，我的妻子对他关照得极其殷勤而尊敬；所以我感到纳闷的是他是怎么发现她希望他离开的。实际情况是，他的时间没有规律，习惯又欠文雅，如蜡烛燃得不够亮时，他就把烛头朝下一转，结果把蜡油滴到地毯上，这么做使一位女士难免感到不快。此外，她并没有大多数认识他的人对他怀有的那么高的仰慕之情；而且对一个女人心理十分自然的是，她认为他对自己的丈夫影响太大。她有次有点生气，对这个问题说了这么一句过当的话："我见过一个人领着很多熊，却从未看见一头熊领着一个人。"

b 亚历山大·戈登爵士，阿伯丁大学教授之一。

c 这箱子里装着一些他在苏格兰捡到的稀奇东西，尤其是几只角质汤匙。

d 牧师亚历山大·韦伯斯特，爱丁堡的牧师之一，才能出众，他答应向约翰生提供关于苏格兰高地和苏格兰群岛的材料。

以后样子很奇异。你可以用它做一个小小的墨水台，或者把它改制成一块一块的板子，再把它们捆扎适当，就可以写一篇关于魔法的论文。……

鲍斯威尔先生致约翰生博士

爱丁堡，1773 年 12 月 18 日。

……你答应我为一幅关于苏格兰玛丽女王被迫逊位的历史图画的复制品写一题跋，该画是汉密尔顿先生在罗马为我画的。给我寄来了下面两段文字。

Maria Scotorum Regina meliori seculo digna，jus regium civibus seditiosis invita resignat.

Cives seditiosi Mariam Scotorum Reginam sese muneri abdicare invitam cogunt.①

请读一下罗伯逊著作中的该段文字，看看你是否还能给我一条更好的题跋。我要求一式两份，一份为拉丁文，一份为英文；如果你不想再撰写一条拉丁文的，至少得选这两条中更好的一条，并给出英文翻译。……

回伦敦后，他的仁慈宽恕的性格得到了相当严重的考验，那就是他离开伦敦期间，托马斯·戴维斯先生擅自出版了两卷文集，题名为《即兴杂文集》，他在报纸上刊登广告：“《漫游者》的作者著。”在这部文集里，收录了一些约翰生博士承认的文章，有一些他的匿名作品，有几篇是他替别人写的；但也有几篇跟他毫无关系的篇什。起初他非常生气，这也是理所当然的。但考虑到他这位可怜的朋友 406
的拮据景况，而且获利甚微，况且又无恶意，很快他就心软了，便 1773 年 12 月
像以前一样对他关爱有加。

① “苏格兰的玛丽女王，应当生活在一个更好的时代，很不情愿地把权利交给了反叛的民众”；“反叛的臣民迫使苏格兰的玛丽女王违心逊位”。

在回顾这一年的自查过程中，他似乎情绪非常低落，因为，他在1774年1月1日说，“这一年过去了，进步甚微，我怀疑自己的学业是不是没有增进，反而有所减退”；[a] 然而我们已经看到在这一阶段他是怎样读书的，我们也知道他是怎样谈话的。

现在他在认真地忙着写作一篇关于我们的赫布里底群岛之行的记述，因此我有幸与他通信更加频繁。

致**詹姆斯·鲍斯威尔先生**

亲爱的先生，——我的工作因咳嗽受阻；至少我聊以自慰的是，如果没有咳嗽我应当大有进展。然而我没有得到W——〔韦伯斯特〕博士的任何信息，也没有得到税务局的任何信息，也没有得到你的任何信息。没有关于这个小镇[b]的任何记述。没有关于苏格兰盖尔语的任何资料。尚未听到有关我的箱子的消息。

你必须赶紧搜集能搜集到的一切材料，而且要迅速行动，否则我就在没有这些资料的情况下自行工作了。

代我向鲍斯威尔夫人致意，告诉她我并不因为她希望我离开就不大喜爱她。我给她的麻烦够多的了，为了报答，我会乐意给她任何欢乐。

我倒想打发一名杂役到赫布里底群岛去，如果我知道走哪条路就能找到我在那里的热心的朋友们的话。打听打听，然后告诉我。

代我向爱丁堡的所有博士们致意，向全苏格兰的所有朋友们致意。

写信给我，能发现什么信息，尽管寄来：如果什么东西太笨重，邮寄不便，让承运商送来好了。我不大相信风浪。

---

a 《祈祷文与默想录》，第129页。

b 艾尔郡的普雷斯特维克古镇。

你的，

1774年1月29日。　　　　　　　　**塞姆·约翰生**

又：

亲爱的先生，——我写了上封发牢骚的信后一两天，就收到了我的箱子，很受欢迎。然而我依然得恳求你，催催韦伯斯特博士，请你继续尽力搜集可能有用的材料。

奥格尔索普先生今晨在我这里。你知道他的任务。他不会不受欢迎的。

告诉鲍斯威尔夫人，我对她的善意仍在继续。我乐意做任何有益于她或令她愉快的事情。

钱伯斯还没有来，但他如此匆忙，或者如此马虎，或者如此高傲，所以我难得一见。过去几个星期我感冒咳嗽，病得厉害，住在思雷尔夫人家，好得到照顾。现在好多了：novœ redeunt in prœlia vires①；但显得弱不禁风，容易出毛病。我们在赫布里底群岛时谁都没有生病，多么快乐啊。 407

1774年3月5日星期六

著作权问题如今摆在上院面前。墨菲拟就了上诉人的诉状，也就是说，抗辩反对永久性权利。我没有见到诉状，也没有听说判决。我不想让这种权利永久化。

无论发生什么事情我都愿意写信告诉你，你是不是寄给我一些有关我的苏格兰朋友们的情况。我对他们非常关心。同样告诉我费用怎么办，什么时候我们能够见到你。你深情的，

伦敦，1774年2月7日。　　　　　　　　**塞姆·约翰生**

---

① “一打仗新的劲头又恢复了”——对维吉尔，《埃涅阿斯纪》，第12卷，第424行的误记，原文是，novae rediere in pristina vires；“新生的劲头恢复到原先的活力”。

这时候，他给他编莎士比亚的得力伙伴斯蒂文斯写了下列信件：

致**乔治·斯蒂文斯先生**，汉普斯特德

先生，——如果有人问我什么时候见过斯蒂文斯先生，你知道我必须给出回答；如果有人问我什么时候将会见到他，我希望你告诉我怎么说。

如果你有莱斯利[①]的《苏格兰史》或者其他有关苏格兰的书籍，除了波爱修[②]和布坎南，要是你能寄给我，那将是一大善举，你恭顺的仆人，

1774年2月7日。　　**塞姆·约翰生**

又：

先生，——我们正在考虑扩大俱乐部，我想提你的名，如果你愿意经受投票表决，并在五周内至少有两个星期五晚上参加活动的话：再少就嫌太少，还望多次光临。请于周五前告知。你的，

1774年2月11日。　　**塞姆·约翰生**

又：

先生，——昨天晚上你就成了俱乐部的一员；如果你在周五找我，我愿意介绍你。一位先生[③]由于被人在你后面提出，遭到否决。

① 莱斯利（John Lesley，1527—1596），罗斯主教（1566）；史学家、阴谋家；奥因堂区负责牧师，大教堂教士、受俸牧师（1559）；苏格兰女王玛丽的教会事务首席顾问；被迫流亡；用本地语言写的《苏格兰史》（1570）的作者。

② 波爱修（Hector Boetius，1465？—1536），苏格兰史学家，学院院长。

③ 爱德华·吉本。

谢谢你的《尼安德》[①]，但希望他不是这么精致。[②]我会照看好他的。你恭顺的仆人，

1774年3月5日。　　　　　　　　　　**塞姆·约翰生**

致**詹姆斯·鲍斯威尔先生**

亲爱的先生，——韦伯斯特博士的资料远远没有我期望的那么精准，也没有那么明确：说实在的，如果他能相信他摆在我面前的自己的著作[a]，也远远没有他能给出的那么肯定。然而，我相信人们总会发现，亟需信息的人的著作进展缓慢。

然而，亲爱的先生，我感激你在努力帮我，希望什么时候有些事情在我们之间完成，如果不是这一次，就等另外某一次吧。 408 1774年3月5日星期六

钱伯斯要么结婚了，要么快结婚了，娶的是威尔顿小姐，一位十六岁的少女，清秀美丽，他用他那做律师的如簧之舌说服她跟他到东方去冒险。

我们给俱乐部增加了几位新成员，他们是，查尔斯·福克斯、查尔斯·邦伯里爵士，福代斯医生和斯蒂文斯先生。

向韦伯斯特博士转达我的谢意。告诉罗伯逊博士我对他指责我玩忽没有多少话好说；告诉布莱尔博士，自从他在这里写下我对他说的话后，现在我们必须认为我们之间扯平了，彼此原谅，重新开始。[b]我不在乎多么快，因为他是一个很讨人喜欢的人。代我向所有的朋友致意，提醒埃利班克勋爵，他许诺把

① 尼安德（Michael Neander，1525—1595），德国语文学家。

② 〈参见《斯蒂文斯先生藏书目录》第265号——这无疑就是斯蒂文斯先生借给约翰生博士的那本书。——M.〉

a 一部韦伯斯特博士拟定的关于苏格兰所有教区情况的书稿，确定各教区的长度、宽度与居民人数，并将新教徒和罗马天主教徒加以区分。书稿已呈交给政府，约翰生博士看见过韦伯斯特手中的一个抄本。

b 见边码第410页。

他所有的作品都寄给我。

希望鲍斯威尔夫人和小姐身心健康。——我何时再能见到她们？她是一位可爱的夫人，只是她太乐意看见我走，所以我倒想再来，这样她就可以又有同样的乐趣了。

打听一下给邓韦根、雷塞、科尔送一桶黑啤酒这样小小的礼物是否可行。我不希望叫人认为忘了礼仪。你恭顺的仆人，

1774年3月5日。　　**塞姆·约翰生**

3月5日，我写信给他，就我是否应当在今春来伦敦一事征求他的意见。我向他诉说，一方面经济上穷于应付，再加上当时我妻子的状况，使我犹豫不决；另一方面，我每年来首都总会提供快乐和进益；我特别提到我在圣保罗大教堂庆祝复活节时经历的一种特殊的满足；在我的心目中那就像到耶路撒冷过逾越节；在那种场合我感受到的虔诚将其影响终年都扩散在我的心头。

致詹姆斯·鲍斯威尔先生

〔未具日期，但写于3月15日前后。〕

亲爱的先生，

惠函奉悉多日，迟迟未复，不胜愧汗。

我想，解决你的疑难，并无多大困难。你想来伦敦的理由，我想，没有足够的力量驳倒反对的理由。你乐于一年造访一次信息与欢乐的源泉，这很自然；但信息和欢乐必须受到得当的制约。靠不合时或不适宜的花费获取的快乐总以痛苦告终；而以别人的痛苦为代价才能享受的快乐，永远不能是有识之士能充分欣赏的欢乐。

409 1774年3月 你来伦敦可以获得的进益，在家里责成自己钻研某种学问，或者开辟某种信息渠道，就可以从容提供或轻易补偿。爱丁堡的资源并未枯竭；我相信在这里你不会找到任何欢乐，值得你提前支付未来的哪部分钱财，或者值得迫使你和夫人在一年其

余的日子里省吃俭用，节衣缩食。

我毋须告诉你应当如何尊重鲍斯威尔夫人的请求；或者你应如何心心念念她的幸福，她可是费尽心血考虑你的幸福的，而且你享受着她的关爱产生的那种良好效果。在社会上只有互谅互让，生活才能维持下去。去年她允许你四处漫游，现在你必须允许她把你留在家里。

你的最后一个理由太严重，我不愿意加以反驳。然而你必须记住，你模仿犹太人一年一次在某一地方崇拜的形象只是一种类似而已；simile non est idem①；如果每年朝觐耶路撒冷对于犹太人是一种责任，它之所以是责任，是因为它是奉命而行的；而你没有那样的命令，因而也就没有这样的责任。一些关于地方神圣，地方虔诚的见解，也许虔敬的心无法从中解脱出来，对这些见解太容易接受，过度痴迷，可能是危险的。你知道这些见解在一大部分基督教世界上产生了什么样的奇效。我现在写信，你将来看这封信，都在无处不在的上帝的眼睛注视之下。

允许想象进入宗教仪式，但把握这个度需要仔细思量。我是不主张把它完全排除在外的。想象是我们的造主赐予的一种才能，他的所有恩赐都应当被用来增添他的荣耀，我们所有的才能在崇拜上帝时应当通力合作，这是合情合理的；然而，这些才能必须遵照提供它们的上帝的旨意、必须遵照他的智慧确定的命令来通力合作。勤俭、简便的仪式不像有明确规章的大典那样有强制性，就像五体投地的顶礼膜拜对于他人和我们自己而言，只不过是心灵崇拜的象征而已，同样，想象的活动总是从属于理性。我们可以把想象当作自己的伙伴，但必须把理性当作向导跟随。我们可以允许想象在有些地方提出一些想法；但当理性告诉我们那些想法和那些地方没有天然或必然的

① 相似不是相同。

关系时，就必须听从理性。当我们走进一座教堂时，由于习惯使然，我们崇拜的责任就浮现在心头，但我们切不可由于少了一座圣殿就省却崇拜；因为我们知道，而且应当记住，万能的主无处不在，因此，无论去约纳[a]还是去耶路撒冷，尽管可能有益，但不是不可或缺的。

我这样答复你的来信，不是大而化之地答复。我爱你太深，所以当你严肃认真时，我也不能漫不经心。

我想下个礼拜我要努力整理我们的游记，我已经把它忽视得太久了。你的，

塞姆·约翰生

向夫人和小姐致意。

410 **又：**

1774年5月10日星期二

亲爱的先生，——送信的这位女士有一场官司，她希望利用你的才干与雄辩打这场官司，而且她似乎认为由于我的一番推荐，她一定会得到这两样的超常发挥；尽管我知道你不大需要对你的责任的外来激励，但我还是没法拒绝她，因为我知道告诉你我希望她万事如意，起码不会伤害她。你最恭顺的仆人，

1774年5月10日。 **塞姆·约翰生**

鲍斯威尔先生致约翰生博士

爱丁堡，1774年5月12日。

黑尔斯大法官求我向你表达他最高的敬意，并把他的《苏格兰编年史，从马尔科姆·肯莫尔登基到詹姆斯五世驾崩》的样本转交给你，大法官大人花了相当长的时间从事这部作品的写作。大法官大人这样给我写道："如果我能得到约翰生博士的批评，那将会对我的写作大有裨益，因为他的批评将会明察而正确。我没有权利要求他的恩典。如果你能，将会使我感激

a 艾奥纳。〔Iona，苏格兰马尔附近一岛屿，古代宗教中心。〕

万分。”

布莱尔博士请求你相信，他没有给伦敦写你给他说的话，无论是口头还是笔头他都没有丝毫抱怨过你；相反，对你万分敬仰，而且自从在苏格兰见到你后，更加爱戴你。看到他在这件事情上这么急切，将会使你十分开心。

致詹姆斯·鲍斯威尔先生

亲爱的先生，　　　　　斯特雷特姆，1774年6月21日。

昨天，我把《赫布里底群岛旅行日记》的第一批样张交出去付印，在第一段里我尽力对你表示褒扬。书将会是一卷八开本，不厚。

应当给苏格兰朋友赠送一些。你得告诉我将赠送给谁；我给你订了二十五本以你的名义赠送。有些人由我赠送好一些，有些则由你赠送更好。在这件事上，在该地生活的你应当起主导作用。考虑考虑吧。对我的意图有什么意见请如实寄给我；向夫人和两个宝贝问好。你的，

塞姆·约翰生

鲍斯威尔先生致约翰生博士

爱丁堡，1774年6月24日

你没有确认收到我寄给你的各种包裹。我也未能说服你回答我的信件，尽管你的回信使我颜面生辉。关于可怜的哥尔德斯密斯[a]你对我只字未提，对兰顿也不赞一词。

我从苏格兰普及基督教知识学会那里替你收到下列盖尔语 411
图书：——《新约全书》；《巴克斯特的召唤》；《威斯敏斯特神职人员大会的信仰声明》；《母亲的教理问答》；《盖尔语—英语 1774年7月5日星期二

a　哥尔德斯密斯博士于当年4月4日去世。

词汇》。[a]

致詹姆斯·鲍斯威尔先生

亲爱的先生，——我希望我的书在排印前你能过一遍目，但这不会容易做到。我疑心有些错误；不过，我写的看法多，事实少，问题不大；如果出第二版，还可以修正。印刷有一段时间将会进展缓慢，因为明天我要去威尔士。

如果我对黑尔斯大法官那样的人格显得有失敬重，我该万分遗憾。现将样张[b]奉还，我做了些力所能及的祸害；又发现祸害甚微，所以不太想将它们寄还。书稿行文清晰，生动，简捷。

我还对黑尔斯大法官干了比忽视他的样张更坏的事情，我把他置于亏欠他人的境地。牛津大学玛格德琳学院的院长霍恩博士[①]大约三个月前写信给我，说他打算重印《沃尔顿[②]传记集》，希望我给这部作品写点什么：我的回答是，黑尔斯大法官打算出同样的作品，霍恩博士便做出退让。大法官大人现在得认真考虑这项工作了。

关于可怜，亲爱的哥尔德斯密斯博士，除了报纸上披露的情况，再没有多少可说的事情。他死于发烧，恐怕由于心神不安，病情来势更加凶猛。他开始债台高筑，他的财源已经枯竭。

---

a 这些书约翰生博士赠送给了博德利图书馆。

b 在样张的封套上，约翰生博士写道："如果我的拖延给了认为我对请我鉴定给我的荣幸并不太在意的什么理由，我感到万分遗憾。"

① 霍恩博士（Dr George Horne，1730—1792），诺里奇主教；牛津大学玛格德琳学院院长（1768）；牛津大学副校长（1776—1780）；隐修生活倡导者；宗教正统的维护者；《赞美诗评注》（1776）和《论无宗教信仰书信集》（1784）的作者。

② 沃尔顿（Izaak Walton，1593—1683），作家、传记作家；坚定的保王党人，约翰·多恩的朋友和传记作者；自由民资深主管（1638）；以《钓客清话》（1633）最为闻名，尽管在他那个时代，这部钓鱼手册并不太走红；进一步写了胡克、亨利·沃尔顿爵士、乔治·赫伯特和罗伯特·桑德森等人的传记；对鲍斯威尔的《约翰生传》的风格和形式都有相当大的影响。

乔舒亚爵士的看法是，他欠的债款不下两千镑，还有哪个诗人这样被人信任过？

如果你愿意，不妨加上这么一段题跋：

“Maria Scotorum Regina nata 15—, a suis in exilium acta 15—, ab hospitâ neci data 15—.”① 你得把年代找出来。

你的二小姐的情况，你自己已经讲了，不过你已经忘了。只要鲍斯威尔夫人身体健康，不愁生不下一个男孩。我想思雷尔夫人连着养了五个女孩，可我在你那里时，她有了一个男孩。

感谢你所有的小册子，我希望把最后一本派上某种用场。前面一本我已经用上了。你最深情的仆人，

1774 年 7 月 4 日。　　　　**塞姆·约翰生**

向三位女士致意。

致**本内特·兰顿先生**，林肯郡斯皮尔斯比附近兰顿

412

1774 年
7月5日
星期二

亲爱的先生，——上封来信，迟迟未复，你有理由责怪，但我就是没有特别的事情好说。钱伯斯，你发现已经去了远方，可怜的哥尔德斯密斯走得更远。他死于发烧，我相信，对痛苦的恐惧使病情恶化。他千方百计筹钱，大手大脚挥霍。然而忘掉他的弱点吧；他是个非常了不起的人。

我刚开始印我的《赫布里底群岛旅行日记》，就要离开印刷所，再次去威尔士，思雷尔先生也要去那里接收一年落入他夫人之手的至少五百英镑。斯特雷特姆在世的人个个身体健康。

上次病重后，一直没有康复，但聊以自慰的是，身体正在逐渐好转；然而，很多方面尚待恢复。Κύριε ἐλέησον. ②

如果你有拉丁文的《忙碌、好奇、口渴的苍蝇》③，请抄一份

① “苏格兰的玛丽女王，15—年生，15—年被她的国人驱逐，15—年被她的女东道主处死。”

② “上帝宽恕我们。”

③ 约翰生作了这首流行歌曲的拉丁文本。

寄给我；但你也不用着急，因为至少有五个星期，我身在何处，尚不得而知。我写了下面四行诗悼念可怜的哥尔德斯密斯——

Tὸν τάφον ἐισοράαs τὸν 'Ολιβάροιο，κονίην
''Αφροσι μὴ σεμνὴν，Ξεῖνε，πόδεσσι πάτει.
Οἷσι μέμηλε φύσιs，μὲτρων χάριζ，ἔργα παλαιῶν
Κλαίετε ποιητὴν，ἱστορικὸν，φνσικόν.[①]

请向所有的女士们表达我的敬意，代我向年幼的乔治和他的姐妹们问好。我估摸乔治的一对脚后跟要露出来了。

别愁眉苦脸，不过要让我回来时见到一封信。你深情、恭顺的仆人，

1774年7月5日。　　**塞姆·约翰生**

致罗伯特·莱韦特先生

登比郡卢恩尼，1774年8月16日。

亲爱的先生，——思雷尔先生的事务使他在此滞留很长一段时间，因此我也说不准什么时候我们回来。我托斯特拉恩先生给你捎来一张汇票。

我把吐根[②]不当回事，但服了大量药片，希望对我有好处。

威尔士，就我所见，是一个非常美丽富饶的地区，群山环绕，草木葱茏。登比不是一座简陋的城镇。代我向所有的朋友致意，告诉弗兰克，我希望他记住我的劝告。他的钱用完后，让他再拿一些。你恭顺的仆人，

塞姆·约翰生

---

① “生客，你注视奥利弗·哥尔德斯密斯的坟墓。别用莽撞的脚踩他神圣的遗骨。如果你对自然、对诗的美、对文物，有所爱，那就为一位诗人，一位史家，一位博物学家垂泪。”

② 一种南美的小灌木，具有催吐、发汗、通便性能。

鲍斯威尔先生致约翰生博士

爱丁堡，1774年8月30日。

你给了我一段要加在苏格兰的玛丽女王画像上的题跋，你用简捷触目的语句点破了她坎坷的命运。然而请你记住，我这幅画展现的是她历史中的一个特殊场景；她被迫逊位，当时囚禁在莱温湖城堡里。因此，烦劳你给我一段适合那一特殊场景的题跋；或者确定一下，原来转给你的两段中哪一段更好；无 413
论如何，惠赐我一段英文翻译。如果你尽快答应我的请求，那 1774年10月1日星期六
将是加倍的深情厚谊。

你对黑尔斯大法官的《苏格兰编年史》样本做的点评极为精彩。每一条我都赞同。他本人只对把“自由”改为“勇敢”持有异议，在这一段里，他说爱德华“失去了对一个自由民族的征服者应得的光荣”。他说，“称苏格兰人勇敢只会增加他们的征服者的光荣。”你应当体谅我们的编年史家的民族热忱。现在再寄几页《编年史》，我希望你仔细过目，就像上次那样再把意见返回，黑尔斯大法官给我写信说：“鲍斯威尔先生将会欣然表达大卫·达尔林普尔爵士对约翰生博士关注他小小的样本所怀的感激之情。再寄来的样本将会显示。

“即便在一个爱德华身上，他也能看出功过。”①

听到《艾萨克·沃尔顿传记集》有望再版，十分欣喜。你认为黑尔斯大法官考虑做这件事，完全是个误解。我记得有天早晨，你们俩坐在我家里，他说《沃尔顿传记集》应该重新出版，你说“应当加一点注释”。关于这个话题，就说了这么两句。因此，你得告诉霍恩博士，让他重启自己的计划。有关此

① 对亚历山大·蒲柏，“讽刺诗尾声”第2节第70行的重写。

事，我附上一纸短简；我认为这是一部神圣的著作，是对沃尔顿的维护和阐释，我受过他的作品的最喜人的教导，所以如果霍恩博士愿意写信给我，我将欣然提供一切力所能及的关注。……

鲍斯威尔先生致约翰生博士

爱丁堡，1774年9月16日。

威尔士滞留你的时间也许比我估计的还长。头一年去了苏格兰，第二年又去了威尔士，你可能变成一位登山健将了。下一年你得去瑞士。寒武[①]会抱怨你的，如果你不说些赞誉她的话。我发现concessere columnœ[②]，书商们又盼着一本书。我迫不及待地要看你的《苏格兰与赫布里底群岛旅行日记》。一旦印讫，是否可以立即邮寄一本给我？……

致**詹姆斯·鲍斯威尔先生**

亲爱的先生，——昨日结束了威尔士之行，返回家中。让我的书悬置了这么久，十分遗憾；然而，既然有机会游览本岛的一个新地区，而且又如此方便，所以不忍放弃。我游览了北威尔士六个郡中的五个；而且参观了圣阿萨夫和班戈这两个主教所在地；还到过彭迈恩毛尔和斯诺登，翻山越岭进入安格尔西。然而威尔士和英格兰大同小异，没有给旅行者提供遐想的景致。

414 回家后，看到了你的几份材料还有数页黑尔斯大法官的
1774年10月1日星期六 《编年史》，我会予以考虑的。我急着要给你讲讲我自己的情况，省得你疑心我对我发现托付给我关照的紧迫的事情上掉以轻心，

① 〔威尔士的旧称。〕

② “书商们〔决不〕让步”——贺拉斯，《诗艺》，第1节，第373行。

而这件事直到现在我还一无所知，一切关照等于徒劳[a]。

在分配我的书上，我主张遵照你的建议，加上那些我必须想到的人。我不喜欢在你说的名字上再增加留念说明，因为我希望我不会轻易忘记他们。

四本盖尔语图书皆已收到，没有任何说明，所以我怀疑这些书是打算赠给牛津大学图书馆的。如果用意如此，我想应当加上赞美诗或其他任何用盖尔语印的语句，这样赠品才算完整。捐赠人的姓名应当见告。

我希望此书付印前你能看看，但相隔遥远，不容易做到。

我感到遗憾的是，黑尔斯大法官无意出版《沃尔顿》；我担心就算此书出版，也不会太好。

我打算现在就把此书推出。向鲍斯威尔夫人致意，让我时常接到你的来信。你深情、恭顺的仆人，

伦敦，1774 年 10 月 1 日。　　**塞姆·约翰生**

这次威尔士之行，有思雷尔夫妇作陪，尽管无疑有助于他的健康和娱乐，但却没有像我们的赫布里底群岛之旅那样给他放达不羁的思想历练机会。我没有发现他记过什么日记或写过该地的见闻录。我只听他说过“那里的山绝不荒凉贫瘠，座座都是青翠、丰饶；威尔士的一个城堡会包括他在苏格兰见过的所有城堡的内容”。

由于议会解散，他的朋友思雷尔先生是政府的坚定支持者，又得面临一场竞选风暴，他便写了一本简短的政治小册子，题为《爱国者》*，向大不列颠的选民讲话；这个标题对于把爱国者只看作政府举措的反对者的帮派分子来说，显得牛头不对马嘴。然而他写得活泼生动，大气磅礴，除了在有些段落中它竭力为下院在米德尔塞克斯选举中明火执仗的违法行为辩护，把我们在美利坚的同胞无条

a　我曾写信给他，要求他为一名罪犯[1]进行干预，因为我认为判他有罪很不公正。

1　约翰·里德。

件服从的努力说得名正言顺外，它令人叹服地展现了一个原本真正意义上的真爱国者的特性——一个维护国王和祖国的利益和繁荣的忠心耿耿、坚定不移、崇尚理性、没有偏见的朋友。然而，必须承认，在这本和前面的两本小册子里，在气吞山河的辩论中，不仅有相当一部分的诡辩，而且有让人气急败坏的对于对手的轻蔑嘲弄。

415

1774 年 10月27日 星期四

致珀金斯先生 [a]

先生，——你可以帮我一个很大的忙。你也许在思雷尔先生家见过的一位女士，威廉斯夫人，申请赫瑟林顿先生的救济金：申请书今天在基督慈善学校发放。

我在人多的地方办事不力；如果打发一个不入流的人去，可能遭拒办不成事。因此我必须求你跑一趟，替安娜·威廉斯要一份申请书，她的调查问卷填好答案后已于 20 日星期四交到学校的会计室。我的仆人将会随你去学校，等你拿到申请书以后交给他带回家。

他们要给我们的申请书是一份他们发给每一个申请人的表格，然后由申请人填好，再交还他们。这份表格我们必须要有，否则按他们的指令我们就无法进展。我相信你只需要一份申请书就行，如果他们询问你替谁要，告诉他们就是了。

给你添乱请你见谅；不过这是一件非常重要的事情。你最恭顺的仆人，

1774 年 10 月 25 日。　　**塞姆·约翰生**

---

a　珀金斯先生多年来是思雷尔先生大酿造坊的总管，思雷尔先生去世后就成了酿造坊的业主之一；现在居住在南瓦克思雷尔先生的住宅里，这里是多次文人聚会的场所，现在他继续维持着这座住宅出名的慷慨好客。约翰生博士非常看重他。他在账房里挂着道蒂作的那幅令人叫绝的网线铜版雕刻画的一张漂亮的初印稿；思雷尔夫人有点轻率地问他：“你干吗把他挂在账房里？”他答道：“夫人，因为我希望那里有个聪明人。”“先生，”（约翰生说，）“我谢谢你。这是一句非常漂亮的恭维话，我相信你是诚心说的。”

致**詹姆斯·鲍斯威尔先生**

亲爱的先生，——最近报上刊登一则报道，说一条船在马尔和阿尔瓦之间倾覆，上面的许多乘客失踪，其中有科尔的麦克莱恩。你知道，我曾经也被淹死过[a]；因此，我希望这个故事不是瞎编的，就是误传的。请用下次邮班寄给我一个满意的答复。

我已经印了二百四十页。给亲爱的黑尔斯大法官的书无法做多少值得一做的事情。不过，我愿意寄回样张；并希望逐步满足你所有合理的期望。

思雷尔先生幸运地战胜了一次非常激烈、尖刻的反对声浪；然而往往乐极生悲：思雷尔夫人坠落马下，伤得很厉害。其余的朋友，我相信都很好。向鲍斯威尔夫人致意。你最深情的仆人，

伦敦，1774年10月27日。　　　　**塞姆·约翰生**

这封信显示了他对一位可爱青年的温情关怀，我们在赫布里底群岛受到他无微不至的照顾，我按照日期把它插在这里，尽管在收到此信之前我已经告知他科尔年轻的领主不幸溺水身亡的噩耗。 416

1774年
10月27日
星期四

致**詹姆斯·鲍斯威尔先生**

亲爱的先生，——昨夜我校完了我们的《赫布里底群岛旅行日记》的最后一页。这段时间，印刷商一直把它搁着，因为在我去威尔士之前，除了两张，把其余的都写完了。《爱国者》是响应我从政的朋友们星期五的召唤，星期六写出来的，还没有听到什么反应。天各一方，猜测太渺茫[b]。届时我会留心寄给你几本，因为我倒希望书在上市前就可以送达；不过，恐怕斯

a　登在报纸上的消息。

b　指我信中的一段文字，谈到他的《赫布里底群岛旅行日记》时我说：“可是难道《爱国者》不是一种干扰吗，在这正是用来写它的时候，而且也是尽情来倾听对它喝彩的时候？”

特拉恩先生同时也会寄给你和那些书商们的。买卖和礼貌一样勤快。我已经提到你建议的所有的人。请代我向鲍斯威尔夫人和小家伙们致意。我想俱乐部尚未聚会。

告诉我，而且老实告诉我，对于我们的旅行你是怎么想的，别人又是怎么说的。我们能不能碰一下大陆？[a] 你最恭顺的仆人。

1774 年 11 月 26 日。 **塞姆·约翰生**

在他这一年的日记手稿里，有下面一则：

“11 月 27 日，基督降临节。我考虑这一天，由于是教会年的开始，因此也是新的人生历程的适当时间。我开始读希腊文《新约全书》，固定每个星期日 160 节。今天开始读《使徒行传》。

“这一星期，我读了维吉尔的《牧歌》。我背会了波利欧和迦鲁斯[①]。粗读《农事诗》开篇。”

这就证明他对“神和人的知识”都有坚持不懈的热情，他步入了六十五岁，年事已高，尽管疾病时常困扰，但肯定使我们对他的精神立即油然而生敬意，而这种精神竟然遭到这副皮囊的无情拖累，我们深感痛惜。引人注目的是，他非常喜欢计算产生的那种精确。于是我们发现他的一篇日记手稿这样写道：“四开本希腊文新约 12 页，伯撒[②] 对开本 30 页，构成 40 天的全部。”

约翰生博士致约翰·胡尔先生

亲爱的先生，——我已经将你的剧作[③] 寄回，你会发现用红笔

---

a　我们曾计划一起航行到波罗的海，还谈到去一些更北的地区。

①　波利欧（Gaius Asinius Pollio，公元前76—公元5）和迦鲁斯（Gaius Cornelius Gallus，约公元前69—公元26），皆为古罗马政治家，维吉尔与他们有交情，并在《牧歌》中有所影射。这里分别指《牧歌》第4歌和第10歌。

②　伯撒（Theodore de Beza，1519—1605），作家、翻译家、教育家和神学家；继加尔文之后成为日内瓦新教徒的领袖。编有希腊文本和通俗拉丁文本《圣经》的对照本。

③　《克勒俄尼刻》。

在下面画线的地方有一个词我不喜欢。红线用一点水就可以洗掉。

剧情结构极佳，错综复杂的关系安排巧妙，分解轻松，悬念动人，煽情的部分穿插得当，无疑会大获成功。你最恭顺的仆人， 417 1775年 1月19日 星期四

1774 年 12 月 19 日。　　　　**塞姆·约翰生**

1775 年：六十六岁。〕——1775 年，他的第一篇力作是《出版夏洛特·伦诺克斯夫人文集建议书》[†]，三卷四开本。在他 1 月 2 日的日记中，我发现有这么一则：“撰写《夏洛特建议书》。”的确，外证将会绰绰有余。她对公众垂顾的请求这样便得到了兑现：

“大多数篇什，就像它们单独发表时一样，读后得到了赞许，也许难免有溢美之词，但对作者没有多大好处。因此她希望，切勿认为她过度爱慕虚荣，或者孜孜于利益，如果从迄今为止主要有利于别人的劳动中，她终于努力为她自己及其子女获取一定裨益的话。她不能靠夸赞自己的作品体面地兑现自己的要求；她也不能认为，靠花言巧语斟字酌句，就能博得额外的注意，从而达到出版的目的，而这次出版全凭**王后陛下**屈尊做了**女赞助人**。”

这一年，他也写了巴雷蒂《意大利语—英语简易课文》的前言[†]。

致詹姆斯·鲍斯威尔先生

亲爱的先生，——在此之前你从来没有要求邮寄一本书，我也没有想到。你看现在就这么做了。我向国王奉送了一本，听说他挺喜欢。

我将把一个包裹送到苏格兰作为礼物；打算赠送给我的诸多友人。你的名单遗漏了阿夫莱克大法官。

你尽快阅读，然后告诉我你的看法；告诉我是否有错误出现，或者有什么重要的事情被遗漏。我本希望你能看过样张。向鲍斯威尔夫人、韦罗妮卡和我的所有朋友们致意。你最恭顺的仆人，

1775 年 1 月 14 日。　　　　**塞姆·约翰生**

鲍斯威尔先生致约翰生博士

爱丁堡，1775 年 1 月 19 日。

大作《赫布里底群岛旅行日记》已被昨夜邮班送达，请接受我最衷心的感谢。我真的两次央求过这一恩惠；但你的赏赐如此迅速，就互不亏欠了。BIS dat qui cito dat.[①] 尽管身患重感冒，但你使我昨夜几乎未曾合眼；因为一口气将大作一字不漏地读完。我回想起我们第一次谈起赫布里底群岛之行的情景，那是很多年以前，我们坐在伦敦的主教冠酒馆，我想起了一夜最阴森可怕的时分[②]；后来因思考我们完成的计划，你卓越的才能树立了关于它的一个 monumentum perenne[③] 而欢欣鼓舞。我只能说，大作给了我高度的满足。将后我会给你关于某些段落的感想。同时，我得赶紧告诉你，你弄错了两个名字，这两个名字你会在伦敦更正，我也会在这里更正，这样一来，那两位应当得到你给予的重要赞许的先生就可以享受自己的荣耀。第 106 页，戈登应为默奇森，第 357 页，麦克莱恩应为麦克劳德……

418

1775 年
1月19日
星期四

但现在我要请求你对我职业上的事务立即给予援助，这种事你向来有求必应，从未拒绝过我。我在信里给你附了一份给阿伯丁的一名医生梅米斯大夫的请求书，这是约翰·达尔林普尔爵士发挥其才能撰写的，我作为该市皇家医院经理们的律师要予以回复。曾对你给过特权的市长乔普先生是我的当事之一，作为一名阿伯丁公民，你要支持他。

事情简要地说是这样的。在经理们授权把医院章程从拉丁文译成英文的译稿中，原文的同一个用语在一处被译为“医生”，但用到梅米斯身上时被译为“医学博士”。梅米斯医生在译稿付印前就提出申诉，但并不满足于将它更改了事；于是他

---

① “给得快的人给了双倍”——伊拉斯谟，《格言集》。

② 《哈姆雷特》，第3幕，第2场，第358行。

③ “永久的纪念碑”——贺拉斯，《颂歌集》，第3卷，第30首，第1行。

以为所谓的伤害为由，提起了要求赔偿损害的诉讼，仿佛给他的这个称谓是个低级称呼，有意使人认为他不是一名医生，因而，有损他的行医。家父认为这起诉讼毫无道理，予以驳回，现在他已上诉到了全法庭。[a]

致**詹姆斯·鲍斯威尔先生**

亲爱的先生，——我渴望听到你对此书的看法，我认为，它在此地很受欢迎。然而麦克弗森却暴跳如雷；你能不能给我再提供一点有关他，或者他的芬戈尔的信息？尽力办吧，而且要快。黑尔斯大法官是否站在我们一边？

请告诉我离开你时欠你多少，我好寄给你。

我打算写一写美利坚人的事情。如果你从你的律师同行中捡到什么提示，因为这些人都是民族法大师，或者你心目中有什么建议，请告诉我。可是别声张，这是个秘密。

一有机会，我有意捎给你一包书；但我不能随心所欲。然而，你会发现你提议过的每件事都在书中提及。

兰顿在这里；我们一切照旧。他是个值得尊敬的人，没有恶意，尽管不是没有脾气。

可怜的博克莱尔病得厉害，据认为他命在旦夕。迪夫人对他照料得无微不至。

雷诺兹喝烈酒上瘾[b]，似乎对他这种新的人格感到快活醉心。 419

这就是我拥有的全部消息；不过由于你喜爱诗歌，我愿意

1775年
1月27日
星期五

a 在苏格兰最高民事法庭里，一起诉讼最初由一名法官审理，这名法官被称为大法官；如果当事双方有一方不满，他可以上诉到全法庭，全法庭由最高民事法庭庭长和另外十四名法官组成，这些人在法庭内外都有大法官称号，由他们的领地得名，如阿夫莱克大法官，蒙博多大法官等等。

b 应当记住的是，约翰生对他的朋友这种想当然的描述是在他本人戒酒之后写的。

送你几首关于因奇肯尼思的拙作[a]；但要记住条件，你不可让别人看，黑尔斯大法官除外，因为我爱他胜过任何我不大熟悉的人。如果他要你把诗抄给他，你可以照办，但我想他必须答应再不传抄，也不作为我的诗作让别人看。

我终于奉还了黑尔斯大法官的样张。我从来没有想到将它们归还，因为我只字未改。你会明白我可以把它们留着。然而我对自己的拖延感到羞愧；如果我有幸再收到一些，我答应交下个邮班准时奉还。向亲爱的鲍斯威尔夫人和韦罗妮卡小姐致意。你最忠实的，

1775年1月21日。　　　　　　　　**塞姆·约翰生**[b]

---

a　诗作见《赫布里底群岛旅行日记》，第3版，第337页〔10月17日〕。

b　现在他寄给我一段为我的历史画卷《苏格兰的玛丽女王》的题识，后来又惠赐我一段英语译文。那位杰出的美术赞助人奥尔德曼·博伊德尔[1]先生，把两种文字的题识追加到从我的画改作而来的雕版画上。

Maria Scotorum Regina,
Hominum seditiosorum
Contumeliis lassata,
Minis territa clamoribus victa,
Libello, per quem
Regno cedit,
Lacrimans trepidansque
Nomen apponit.

苏格兰女王玛丽
在其反叛臣民
侮辱、胁威与叫嚣
之下，深感
困顿、恐怖与威压，
满含泪水与迷惘
拱手
将王国舍弃。

1　奥尔德曼·博伊德尔（Alderman Boydell，1719—1804），雕版画家、画作复制商；奇普区政务会委员（1758）；高级市政官（1782）；奇普塞德女王街拐角兴隆商店的老板；开办莎士比亚画廊（1789）。

鲍斯威尔先生致约翰生博士

爱丁堡，1775年1月27日。

……你把我们这里的律师称为民族法大师，真是太抬举他们了……

至于我本人，说来惭愧，我对美利坚这方面的问题阅读甚少，考虑也少。如果你愿意指导我在何处能找到评论双方的最好信息，我将感激不尽。就其目前的范围与将来的后果而言，这是一个大问题。现在在我心头浮现的一些七零八碎的提示，倒使我倾向于形成这样一种看法：我们的政府在反波士顿人的决议中表现得又轻率，又严厉[①]。你深知我对那个民族并不友善。但民族，或者人的集合体，应当像一个人一样，有一种公正的审理，不应当单靠性格定罪。我们与殖民地不是有明示契约吗？这些契约提供了一种裁定基础，比国家与其行省或殖民地相互利益上的一般政治投机更加确定。请立即告诉我应当读些什么，我将努力为你搜集我能找到的一切。伯克关于美利坚课税的演说是否由他自己出版？是否可靠？我记得听你说过，你从来没有考虑过东印度事务；尽管毫无疑问，它们对大不列颠至关重要。由于对这话牢记心头，我就有了挡箭牌，免受对美利坚人无知的指责。如果你要写这个问题，我当然十分理解。然而，既然你好像指望我在没有你指导的情况下了解一些情况，而且我自己应当提出某种建议，我相信你会将我领进门的……

420

1775年
1月27日
星期五

贝克特[②]说芬戈尔的原文和莪相的其他诗作是什么意思，他打广告说他书店里有吗？……

致詹姆斯·鲍斯威尔先生

亲爱的先生，——你交给我一起要考虑的案件，我没有有

① 1774年波士顿港法令封闭了作为一个装卸货物港口的波士顿。

② 贝克特（Thomas Becket，活跃于1760—1775），书商、出版商。

利于我们的事实，也没有用来论理的原则。没有材料，想写也是徒劳。事实似乎对你不利；至少我无法知道，也无法说任何相反的情况。我很高兴你喜欢这本书。我再没有听到麦克弗森的进一步情况。我渴望知道黑尔斯大法官对它的意见。把它悄悄地借给他。一有机会我就把包裹捎去。向鲍斯威尔夫人致意。你的，

1775 年 1 月 28 日。　　　　　　　　**塞姆·约翰生**

鲍斯威尔先生致约翰生博士

爱丁堡，1775 年 2 月 2 日。

……至于麦克弗森，我急想你亲自全面而直截了当地说明一下你们俩之间发生的事情。这里人们传得有鼻子有眼儿，说在你的书出版之前，他捎信带话告诉你，他得知你有否认莪相诗作真实性的意思；原稿就在他手里；你不妨查阅一番，也可以向通晓盖尔语的人求证；他希望在这次真诚的提议之后，你不至于如此不坦诚，竟然会一口咬定他已经拒绝接受合理的证据。说你对他捎的话充耳不闻，而是发表了对他的猛烈攻击；随后他给你写了一封信，用了一些他认为只适合用在一个不像老实人那样行事的人身上的言辞。你会相信，听到你的行为被说得不通情理，使我十分痛心，而我只能对这些说法予以否认，理由是你的人格足以驳倒这些传言，但没有任何信息进行反驳。我请求你这一次对任何诬陷不实之词提供一个充分答案。

421　1775 年 2 月 7 日 星期二

黑尔斯大法官写信给我，(因为我们通信多，一起交谈少)“至于芬戈尔，我看到一场争论正在掀起，所以打算置身事外。当然我可以提到一些情况；但我不想写在纸上”[a]。他有什么看法，我不得而知。他说：“我万分感激约翰生博士准确有益的批

a 〔大法官大人，尽管做出决定，还是把他的观点写到了纸上，在一条附加在他收集的苏格兰古诗集的注中，他说：“怀疑这些诗的真实性，确实是怀疑主义的一种妙悟。”——J.B.-O.〕

评。如果再对这部作品的总体方案提出一些批评，他的恩惠将会复加。”他对你的关于因奇肯尼思的诗篇如醉如迷，说非常典雅，不过要我告诉你，他怀疑是否

Legitimas faciunt pectora pura preces①

与标题一致：但那是你关心的事；因为你知道，他是一位长老会信徒。……

致劳伦斯医生[a]

先生，　　1775 年 2 月 7 日。

一名苏格兰医生目前正在控告一家社团，因为在某份公文里把他称作医学博士而不是医生。鲍斯威尔由于是该社团的律师，所以希望知道是否医学博士不是一个合法头衔，它是否可以被认为是一种贬称。我今晚要写信；请告诉我。你的，

塞姆·约翰生

致詹姆斯·鲍斯威尔先生

我亲爱的鲍斯威尔，——像你一样知道你的同胞有说谎以讨好彼此的癖性[b]，你竟然也受了他们流言蜚语的影响，我难免感到吃惊。麦克弗森一生从来没有让我看过任何原稿或任何种类的任何证据；只想到用喧嚣和威胁来恐吓我，直到我上次回答——我不会因为一个无赖的威胁而推迟查明我认为的一次骗局——结束了我们的通信往来。

---

① “纯洁的心做合法的祈祷”。

a　博学而受人敬重的劳伦斯医生，约翰生博士把他作为自己的医生和朋友尊敬、喜爱。

b　在这封信里，我的朋友以一种信任的态度依赖我的证言，其依据我已经记不起来了。

问题是这样一种情况。他和我认为上了当的布莱尔博士说，这首诗是他从一些古代手稿中抄下来的。他的抄本，如果他真有的话，也算不了什么，而我相信他什么也没有。这些手稿在哪里？如果真有，可以拿出来让人看嘛，但从来没有让人看过。De non existentibus et non apparentibus，eadem est ratio，[①] 我们的法律说。如果一个人有更加可信的证据，可以轻易出示，他是不会要求人相信他的话的。然而，据我们发现，盖尔语直到最近才被写成文字，以达到一些宗教目的。一个不会写字的民族，或者一种从来没有写成文字的语言，是没有手稿的。

422

1775年
2月7日
星期二

然而，不管他手里有什么，他从来没有拿出来叫人看过。如果现在提起古老的手稿，除非还有更加确凿的证据能轻易获得，那么我认为这是苏格兰民族作假阴谋的又一个证据。

不要指责这种说法；你知道它是千真万确的。

梅米斯大夫的问题太狭小，不允许思辨；我眼前没有别的事实，只有他的律师拿出来反驳你的那些。

今晨我咨询过伦敦医师学院院长，他说对我们来说，医师（Doctor of Physick）（我们不说医学博士〔Doctor of Medicine〕）是一个行医的人能有的最高头衔；医师的含义不仅是医生，而且是医学老师；从法律上讲，每个医师就是一名医生；但没有特许的执照，任何人，包括医师，都不能行医。博士学位本质上就是一种执照。我们觉得这是个薄弱的诉因……

现在我很忙，希望只用一点点时间做你需要的一切。向夫人和韦罗妮卡致意。你最恭顺的仆人，

1775年2月7日。　　　　**塞姆·约翰生**

麦克弗森先生在他给这位年高德劭的哲人的信里用了些什么言辞，我一直没有听到；但一般都说这些言辞的性质与文学争论的语

① 不存在的事物与未出现的事物之间没有明确的界限。

言大相径庭。约翰生博士的回信发表在当时的报纸上，以后便不断转载；但不是十分准确。我提供的则是由他口授、我当面笔录的，并且得到他亲笔写的一条批注的认可："我认为，这是一份正确的文本。"[a]

> **詹姆斯·麦克弗森先生**，——你愚蠢、鲁莽的来信收悉。对我施加的任何暴力我将会奋力击退；我为自己做不到的，法律必将为我做到。希望我永远不会因为一个无赖的威胁而推迟查明我认为的一次骗局。
>
> 你要我收回什么呢？我过去认为你的书是招摇撞骗；现在我仍然这样认为。我已经把这么看的理由公之于众，在此我敢问你有没有种反驳。你怒火万丈，我嗤之以鼻。你才能如何，自从你翻译荷马以来，并不怎么令人钦佩；我听说你的德行使我有意关注的不是你要说什么，而是你要证明什么。如想刊行此信，悉听尊便。
>
> **塞姆·约翰生**

麦克弗森先生如果以为约翰生博士能被轻易吓倒，那他就对约翰生博士的性格了解太少了；因为谁也没有像约翰生那样以个人的勇气出名。其实他对死亡十分惧怕，或者不如说惧怕的是"死后的某些情况"[①]；理性的人认真考虑放弃他所熟知的一切，进入一种新的未知的存在状态，不惧怕怎么能行呢？然而，他的恐惧是反思的
结果；而他的勇气却是天生的。就这一事例而言，他的恐惧是哲学 423
和宗教思考的结果。他怕死，别的什么都不怕，甚至连可以引发死 1775年
亡的起因都不怕。他的果决的事例可以举出很多很多。在博克莱尔先生的乡村别墅里，有一天两只大狗正撕咬在一起，他便走上前去

a　我已经将它存在大英博物馆里。

①　《哈姆雷特》，第3幕，第1场，第80行。

硬生生把它们拉开了；还有一次，有人说一支枪如果子弹装多了，枪就有爆炸的危险，他便一连装了六七颗子弹，对着墙开了火。兰顿先生告诉我，有次他们在牛津附近一起游泳，他告诫约翰生博士不要到某个池塘游泳，因为人们认为那里特别危险；约翰生听了，反而径直游了进去。他亲口告诉我，有天晚上，他在街上受到四条汉子的攻击，他不但没有屈服，反而把他们逼到墙角困在那里，直到巡夜队来把他和那四个人都带到了拘留所。加里克先生告诉我，在利奇菲尔德的剧院里，在戏台的侧面布景中间替约翰生摆了一把椅子让他看戏，看到中间约翰生离开了一会儿，这时一位先生便坐到这把椅子上，约翰生回来后便彬彬有礼地要求那人让开，谁知那人态度蛮横，拒不让座；约翰生便抓住椅子，连人带椅子都扔到了台下。富特用展示现世人物的办法成功地给老喜剧带来了生机，于是他决定在舞台上模仿约翰生，指望从嘲弄这么一位大名鼎鼎的人物中沽名牟利。约翰生得知富特的意图后，在书商托马斯·戴维斯家中吃饭，我就是从那位先生那里知道此事经过的，他问戴维斯先生“一根橡木棍子一般卖多少钱”；回答是六便士。“嘿，先生（他说）那就允许我打发你的仆人去给我买一根一先令的。我要一根双倍尺寸的，因为我听说富特要*活脱儿剥我一张皮*，他就是这么说的，所以我决定他不能只占便宜不遭罪。”戴维斯谨慎地把这话告诉了富特，有效地阻止这种恶意的模仿。麦克弗森先生的威胁使约翰生配备了同样的防身工具；如果遭到攻击，我毫不怀疑，尽管年事已高，他会使人感到他的体力跟他的智力一样势不可当。

他的《苏格兰西部诸岛纪游》* 是一部价值非凡的作品。它充满了对社会的广阔哲学观感，情思灵巧，描写生动。的确，相当大的一部分包含着种种遐想，也许在我们一起游览这些狂野之地以前很多年，这些遐想已经使他心神专注了，尽管亲眼见到这些景象无疑加速、扩大了这些遐想。能力非凡的历史学家奥姆[①]先生和我有这么一种一致的看法，他是这样强烈地表述的：“那本书里有些思想，在约翰生博大的心头长期萦绕，早已成形、磨光，就像大海里滚动的卵石！”

他是个有点过度的*真正的英格兰人*，所以无论对苏格兰这个国家还是对苏格兰人都怀有一种不应有的偏见，这一点必须承认。但这是一种理智偏见，而不是感情偏见。他对苏格兰人没有恶意；因为如果他有这种意识，他就永远不会投入他们国家的怀抱，带着一 424
种毫无恐惧的信任把自己托付给它的边远居民的保护之下。他之所 1775年
以说这个国家赤裸光秃，那是因为它没有树木，这话是他沿着东海

① 奥姆（Robert Orme，1728—1801），印度历史学家、东印度公司雇员；马德拉斯政务委员会成员（1754）；马德拉斯总督职务勉强延续到因泄漏机密文件被曝光以后的一些日子（1758）；东印度公司的第一位官方史料编纂者（1769）；文物学会会员（1770）；《不列颠国在印度斯坦的军事活动史》（2卷，1763—1778）的作者；朋友和赞赏者包括雷诺兹和威廉·琼斯爵士。

岸旅行了二百英里，沿途没有看见树木之后才说的；他说那是他给的“一张道路图”。有些诗歌据说是一名苏格兰高地吟游诗人莪相写的，他对这些诗歌的真实性决不相信，在这次旅行的过程中，他对提供的证据做了非常严格的鉴定，更加坚定了他的看法；尽管这些诗歌的真实性被苏格兰人打造成了一个过于突出的民族焦点问题，但该地仍有很多可敬的人士并不认同；因此他对这个问题的判断，即便是那些与他意见不合的人，也不应当加以攻讦。至于我本人，对于这个现在已经变得意思不大的问题，我只能说，当这些高地诗歌的片段刚一问世的时候，我对它们的狂野奇特十分欣赏，也是赞助人之一，目的是让诗歌的编者，当时还很年轻的麦克弗森先生能够在高地和赫布里底群岛搜集一首盖尔语长诗，据说它就保存在那些地区的某个地方。然而当一首六大卷的史诗带着那种性质的先前创作的共有细节问世以后；而且已经仔细鉴别，发现在片段中出现的一些意象不断反复出现的时候，加之在任何公共图书馆都没有收藏证明该作品真实性的古代手稿的情况下，尽管有人坚持认为那是一件合理的证据，可是谁能忍住不加怀疑呢？

约翰生对这次旅行中受到的厚爱表示衷心感谢，彻底洗清了泼在他身上的恩将仇报的脏水，而且他在书中有意不提我们从他给思雷尔夫人的信中发现的那些成为他公正的指责对象的人士，这种体谅也应当大加赞赏。他的坦诚与和蔼可亲的性情在他的行为里凸现出来，雷塞的麦克劳德[①]先生告诉他他犯了一个错误，使这位先生心神不定。他便给这位先生写了一封礼貌而亲切的信，而且在报纸上登了一份广告，纠正了这个错误[a]。

我的朋友邓普斯特先生读过约翰生的书后不久，给我写了一封信，他的看法公正而豁达，真叫人百读不厌：

“……这本书从头至尾没有任何让苏格兰人见怪的东西。他有关

① 麦克劳德（John Macleod，？—1786），雷塞的第九代领主。

a 见《赫布里底群岛旅行日记》，第3版，第520页〔第431页，总结〕。

这个国家的说法都是对的；他关于这个民族的观点都是一个方便都城的明事理、善观察、勤思考的居民自然会想到的，因为在都城这种地方，一个一年靠三十英镑生活的人得到的所有生活小必需，也许还要胜科尔或阿伦爵士[①]一筹。

“对于他关于盖尔语以及古老手稿的探究我感到着迷。我心悦诚 425
服；将来我会把莪相和他的‘芬戈尔’与‘奥斯卡’列入童话故事， 1775 年
而不是我国的正史。

“总体而言，这本书不能不令人欣喜，因为它没有露才扬己。作者既不说他是地理学家，也不说他是文物专家，更不说他精通苏格兰史，不说他是博物学家，也不说他是化石专家。民俗、国貌就是他力图描写的一切，或者是他似乎惦记的一切。但愿那些深入到更加边远，当然也是更加奇异的地域的人们都具有他的真知灼见。关于学术状况，他对格拉斯哥大学的评语表明他已经形成了一种可靠的判断。他也懂得我们的气候；他已经准确地观察到由于自由的福祉和国内的安宁，苏格兰经历的种种变化，无论我们觉得多么缓慢，多么难以察觉。”……

另一位苏格兰人诺克斯[②]先生，也做了一次同样的旅行，而且发表了一篇记述[③]，他也是同样的豁达。

“我把他的书（他说）读了一遍又一遍，也像他那样从贝里克走到格莱内尔格，穿越了我非常熟悉的几个地区；又同他一样坐船从格莱内尔格到雷塞，天岛，拉姆，科尔，马尔，伊科姆基尔，但在任何重大问题上都无法纠正他。我总是对他提出的一些看法的准确、精细、公正，钦佩叹服，无论是对国家的，还是对人民的。

---

① 阿伦爵士（Sir Allan，约1710—1783），第六代杜阿尔特从男爵，麦克莱恩家族的族长。

② 诺克斯（John Knox，1720—1790），书商、经济改良者；发展渔业的专家；《北方渔业观察》（1786）的作者；与伦敦苏格兰高地学会关系密切；据说是威廉·格思里的《商业地理新体系》（1770）的真正编纂者。

③ 《苏格兰高地与赫布里底群岛旅行日记》（1787）。

“博士到处随意发表观感，有很多好像关注居民利益和国家面子的事例。他说缺少树木篱墙，人畜无处庇荫，这种说法很有根据，而且应当受到当地人的感谢，而不是鼠肚鸡肠的指责。他也同情高地居民的困苦，而且因为赫布里底群岛对土地管理不善，对木材漠不关心，他还大发雷霆，这是极其正当的。”

引述过约翰生对雷塞家族的恰当赞扬后，他说：“另一方面，我发现这家人同样对博士的言谈，对他后来对该地区那位年轻绅士的礼遇赞不绝口，因为这位先生在伦敦拜访约翰生时，受到了盛情接待，享受到了一个热心肠朋友能给的一切关注。麦克劳德先生由于也在伦敦，也去拜访博士，他给这位赫布里底的老相识提供了一次隆重、昂贵的款待。”谈到奥古斯都堡旁的军用大道时，他说：“尽管这条路是大不列颠最崎岖的道路之一，但大名鼎鼎的约翰生博士就是经过这条路从因弗内斯到达赫布里底群岛的。他对这个国家和人民的观点极其正确、明达，并具有教育开导作用。”[a]

苏格兰女王玛丽的思想敏锐，作风干练的辩护人泰特勒先生在他出版的《四十年通信集》中有一封写给詹姆斯·埃尔芬斯顿先生的信，信中写道：

426 “我怀着莫大的喜悦拜读了约翰生博士的纪游。有几处失误，但

1775年 无伤大雅，都湮没在他作品的无尽优美中了。

“如果有空，我也许会指出最例外的几处地方；但目前我在乡下，手头没有他的书。显而易见，他有意说苏格兰的好话；我认为他在最重大的问题上，即居民的性格上，给了我们莫大的荣耀。”

约翰生在这次旅行期间写给思雷尔夫人的私人信件可以认为表达了他当时的真情实感，里面充满了对给过他礼遇的人的仁爱情思，只要不是尖酸刻薄之人，谁都不会对他的善良心地心存怀疑。

想起一些浅薄、急躁的北不列颠人对他进行了多么恶毒的攻击就会令人心痛，他们攻击的理由是据认为他在《纪游》里对他们的

a 《苏格兰高地与赫布里底群岛旅行日记》(1787)，第103页。

国家和国人进行诽谤中伤。如果那样的指控有正当依据，难道高尚耿直的邓普斯特就会以我援引的那种词语评论这本书？爱国的诺克斯[a]会就这本书说那样的话吗？泰特勒先生无疑

——是一个苏格兰人，如果有过苏格兰人的话，[①]

会说这样的话吗？让我再补充一点，我以世界公民自命，我对自己的 natale solum[②] 那样偏爱，不，我对一个古老民族的优点有那样正确的认识，它一直以勇敢闻名于世，以前，面对一个强大的邻邦总是维护着自己的独立，在现代，它在文明生活中同样以它灵巧、勤奋著称，因此对它做出的一切不正义的做法我会感到义愤填膺。约翰生对待苏格兰的态度跟对待他最好的朋友一样友善，他给出的这些朋友的性格就像他看到的一样有明有暗。有些人由于没有充分历练自己的心智，谴责他批评自己的朋友。然而乔舒亚·雷诺兹爵士，由于他的哲学洞察和思想的公正为跟他一起生活的人知晓，就像他的艺术天才为世界仰慕一样，他是这样解释约翰生的行为的：“他喜欢区分，如果不指出每个性格的好与坏，这一点就无法显示出来；由于朋友们是他最了解其性格的人，他们就给他提供了显示他敏锐判断的最好机会。”

约翰生对友人诺福克的温德姆先生表达了他对苏格兰人极端的嫉妒心理、对因为他如实描写了他们的国家而结怨感到诧异；要说
这是一个跟英格兰一样好的国家，那纯属欺人之谈。“如果（他说） 427
一个到这里旅游的外国人说，英格兰不长葡萄，不长橄榄，我们不 1775年2月18日星期六
会有人生气的。”至于他对苏格兰人的偏见，我总是把它归咎于他在苏格兰人身上观察到的民族性，他还对这位先生说：“当我发现一个

a　我十分痛心地说，就在本书第一版付印期间（1790年8月）这位机敏的先生去世了。

①　出处不详。

②　故土。

觉得英格兰人跟苏格兰人一样的苏格兰人时，这个苏格兰人我觉得就是英格兰人。”他和许多苏格兰绅士亲密无间，他雇用很多苏格兰人当他的抄写员，这就证明他的偏见并无恶意；我在大英博物馆储存了他写的很多东西，其中有一张他回复我的短简，因为我问他是否愿意到“主教冠”跟我吃饭，不过我的一位朋友，一个苏格兰人也要来。他的短简是这么写的：

“约翰生先生不明白为什么鲍斯威尔先生竟然认为一个苏格兰人不像其他人那样受欢迎，他会去‘主教冠’。”

我非常敬重的朋友巴纳德博士，现在是基拉卢主教，曾经向约翰生表达过这样的担心，如果他访问爱尔兰，也许对待该国人民的态度比对待苏格兰人的还要差，约翰生带着尖锐的双刃机智回答：“先生，你没有担心我的理由。爱尔兰人从不用虚伪标榜国人的办法来共谋欺骗世界。不会的，先生；爱尔兰人是一个**诚实的民族**——他们从不相互吹捧。”

约翰生给我讲了一个苏格兰民族性的例子，这在他脑海里留下一个十分不良的印象。一个在伦敦颇引人瞩目的苏格兰人求他凭借他的学术权威推荐一个人当一所英语学校的校长，而推荐此人的这位苏格兰人坦言自己仅仅知道此人是他的同胞。约翰生对这种不负责任的行为感到震惊。

报纸、杂志和其他一些昙花一现的出版物上所有攻击他的《纪游》的吹毛求疵的拙劣文章，据我所知，我只能说使他觉得好玩。后来终于出现了一本恶言谩骂的书，比约翰生自己的部头还要大，里面充斥着恶毒的辱骂，作者名字真假难辨，反正是苏格兰一个偏僻角落的某个下三烂①，尽管有人估计是另一个苏格兰人②的手笔，此人找到了一些手段使自己无论在苏格兰还是英格兰都出了名。此书对约翰生造成的效果是，他把这本书借给苏厄德先生，并对他说

① 唐纳德·马尼科尔（The Revd Donald M’Nicol）。

② 詹姆斯·麦克弗森。

了这么一番开心话："这家伙肯定是脑子进水了。连怎么骂人他们都不会。谁愿意买一本五先令的骂我的书看呢？先生，如果他们有脑子，应当用一些小册子不断轰击我。"

鲍斯威尔先生致约翰生博士

爱丁堡，1775 年 2 月 18 日。

如果你今天跟我一起吃饭，你一定会非常开心的。我的客人有麦夸里，科尔的小麦克莱恩，他是我们的朋友的继承人，一个非常和蔼可亲的人，尽管他哥哥的那种积极活跃的品质在他身上不够明显；马尔托洛伊斯克的麦克莱恩先生，他是阿伦爵士家的一位绅士；格兰特宗族的两个成员；所以成了苏格兰高地和赫布里底群岛天才们的天下。我们大谈特谈你的事情，为你的健康干杯畅饮。祝酒不是我提议的，这是一种值得一说的情况，因为现在我与你的关系过于密切，所以我光耀你的任何言行都没有增加赞誉的价值。那只不过是从已经属于你的仰慕宝库中拿出一个几尼给你，那不是隐藏的财宝；因为我估计我对你的仰慕是与对我性格的了解共存的。

428

1775 年
2月18日
星期六

我发现高地人和赫布里底群岛人一般来说比低地国家或这里的苏格兰人更喜欢你的《纪游》。格兰特家的一位先生今天说，他相信你是个好心人，是个坦诚人，似乎希望能够让你相信莪相诗歌的相当一部分是古诗。毕竟这事已经过去了，我想这个问题在某种程度上能够得到证实。我听说麦克弗森从克兰拉纳德手里搞到一份古盖尔语手稿，为该稿的复原他履行了正式的义务；据称盖尔语（称之为苏格兰盖尔语或爱尔兰盖尔语）在苏格兰高地和赫布里底群岛写成文字已有数百年之久。所以有理由推断那些有一定学识的居民像他们的爱尔兰邻居和凯尔特兄弟民族一样掌握了写作技巧，问题是，能拿出这一方面的充足证据吗？

精通古代作品的人能确定手稿的年代，或者至少能查明它们写成于哪个世纪；如果如此精通的诚实之士能够告诉我们高地和群岛的一些家族掌握的手稿是一个遥远的时代的作品，我认为我们应当相信他们的证据。

现在鸟蛋岛的拉纳尔德·麦克唐纳来到本市，他手里有几份盖尔语诗歌手稿，他希望通过预订将其出版。我已经预订了三本，每本定价六先令，因为我要预订能够印行的所有盖尔语作品，不管是老的还是新的，为的就是这种语言可以保留下来。此人说，他的有些手稿是古代的；毫无疑问，他让我看的一份看样子确实有古代的暗淡色调……

探究还不是没有希望的，我倒认为真相会被揭开的，如果运用的手段得当的话。你的，

詹姆斯·鲍斯威尔

致**詹姆斯·鲍斯威尔先生**

429

1775年3月21日星期二

亲爱的先生，——我无法为我的苏格兰朋友们搞到书，抱歉万分。斯特拉恩先生终于答应送你两打。如果书送到，把我的朋友的名字加进去；你可以把名单剪开[a]，用一点浆糊把名字粘到书上。

你又对莪相胡吹海嗙。你为什么认为哪部分能被证实？鸟蛋岛色调暗淡的手稿也许不到五十年；就算一百年，又能证实什么？克兰拉纳德的故事没有证据。是克兰拉纳德讲的吗？他能证明吗？我相信就不存在盖尔语手稿。这些古老的家族我们没有听说有哪个有一个盖尔语字母。你说有可能他们会写。有学问的人会写，如果真有什么有学问的人的话；可是由于借助那种学问认得了某种书写语言，他们就用那种语言写作，因为他们自己的语言从来没有使用过字母。如果存在手稿，就把它

a　一张手写的名单。

们展示出来，并拿出证据证明它们不是临时伪造的。你说很多人能背莪相的一部分诗章。我相信这些部分都是英文写的；至少没有证据证明它们是古诗。

据说麦克弗森本人就翻译了一些；由于教会了一个男孩怎样把它写下来，便叮咛这孩子说他从他奶奶那里学会的。这个男孩长大以后就把这个故事讲了出来。这是威廉斯夫人在斯特拉恩先生的饭桌上听到的。不要以耳代目；你知道高地人不大让人信得过。麦克弗森据我所知，静悄悄的。莫非是证据充分？事事都对他不利。没有看得见的手稿；没有那种语言的碑文；没有朋友间的通信；没有在那些古老家族中留下片言只语的业务交易。麦克弗森的托词是：字是撒克逊文。如果他不是很不策略地谈到手稿，他也许会以口耳相传为武器把战斗进行得更久一些。至于格兰特先生的信息，我估计他对这个问题了解得比我们自己都少得多。

与此同时，书商说销售[a]很快。他们印了四千。哪里有错，你就在你的那本书上予以更正，然后把书带来。你的朋友们个个都会高兴见到你。我想五月左右自个儿到乡下去。

抱歉，我没有想办法把书送达得更快一些。我给你留了四本。分发时不要绝对拘泥我的意见。你得按你的意思办。

代我向鲍斯威尔夫人致意：我估计现在她刚刚开始原谅我。你恭顺的仆人，

1775 年 2 月 25 日。　　　　**塞姆·约翰生**

3 月 21 日，星期二，我到达伦敦；饭前去拜访约翰生博士，发现书房里坐着大卫·加里克的哥哥彼得·加里克先生，他们哥儿俩音容酷似，不过哥哥更加稳重平和。约翰生告诉我："尽管博克莱尔

a　关于他的《苏格兰西部诸岛纪游》。

先生病痛严重，但愿他没有危险，他希望请赫伯登[①]医生试一试一种新认识的作用。”晚上，约翰生博士，彼得·加里克先生和我又相遇了。在这两次会见中，他都对我相辩论这个问题情绪激烈；说道：“我们不知道存在任何古盖尔语手稿；我们不相信有三个脑袋的人的
430 唯一的理由就是我们不知道有那样的人存在。”他认为我的同胞“爱
1775年3月21日星期二 苏格兰胜过爱真理”，[②]说：“他们所有的人——不，不是所有的人——而是大批大批的人，都愿意挺身而出，为了苏格兰的荣耀来证实任何东西。”这可真是放了狠话，他还大放厥词，问爱丁堡和英格兰边界之间是否有一棵比他自己还老的树。我向他保证，他错了，而且还建议应得的惩罚就是他应当在区间发现的每一棵百年以上的老树旁边挨一鞭子。他大笑着说：“我相信我可以为半个便士屈从！”

在我与他的通信中，我贸然就大不列颠对于北美殖民地行为的公正与明智提出了怀疑，同时我要求他使我能够了解这个重大问题，对于这些，他完全置之不理；最近却出版了一本小册子，题名为《征税非苛政；答美洲会议的决议与讲话》*。[③]

长期以来，他对我们的美利坚同胞怀有一些极不好的看法。因为早在1769年，约翰·坎贝尔博士就跟我说过约翰生针对美利坚人说的话：“先生，他们是一伙囚犯，我们没把他们绞死，他们无论如何应当千恩万谢。”

这篇作品，我对他避而不谈；因为现在我已经形成了一个明确

---

① 赫伯登（William Heberden，1710—1801），医生；皇家医师学院研究员（1746）；古尔斯顿讲师（1749）；文物学会会员（1770）；给约翰生治病（1783年开始）；为乔治三世的精神失常提供咨询（1788）；《论疾病的历史与治疗》（1802）的作者。

② 约翰生，《苏格兰西部诸岛纪游》（1775）第192页。典出亚里士多德名言：“对他而言，真理是位比柏拉图还要珍贵的朋友。”

③ 美洲大陆会议第一届全会1774年9月5日在费城召开，着手制定一些原则，据此，十三个殖民地要一致反对乔治三世和诺思首相为他们的政府提出的措施。正是针对这些所谓的“权利宣言”，约翰生受诺思内阁之邀撰写了一篇应答，1775年出版，题为《征税非苛政》。

的看法，事实证明美利坚人民有正当的理由反对母国同胞未经他们同意就向他们征税、从而完全主宰他们命运的权利要求；这篇作品散发出的极端的暴烈气息我觉得与一位基督教哲学家的温和态度格格不入，而且与他那本有关福克兰群岛的小册子如此优美地倡导的和平原则背道而驰，所以我遗憾地看到他出现在一种如此刺眼的光照下。更何况，我在里面发现不了他在其他场合表现得如此杰出的那种辩论能力或者那样精妙的表达。武断的主张，尖刻的讽刺，恣肆的嘲弄，凡此种种，他自己作为一块真理的试金石均加以摒弃，却在这里搅成了一锅大杂烩。

这本小册子是秉承一些当权者的旨意写的，这一点我毫不怀疑；他确实向我承认，它还被他们有些人删改过。他告诉我，他们把整整一段砍掉了，该段的大意是："殖民地居民不能因为他们幼年时没有被征税，就一口咬定他们现在也不应当被征税。我们不让牛犊拉犁；我们等他长大了再拉。"他说："这些话之所以被砍掉，要么是因为从批评的角度看，显得太滑稽，要么从政治的角度看，未免过于使人恼怒。我不在乎是哪个原因。那是他们的事情。如果一名建筑师说，我要建五层楼，雇用他的人说我只要三层，还是雇主说了算。""是的，先生，（我说）在一般情况下是这样的。但是如果建筑师*免费*提供技艺和劳动的话，还应当如此吗？"

尽管我强忍着不说我对这本小册子的印象不好，然而，既然它
跟当时很多人的思想感情不谋而合，而且由于与约翰生博士的作品 431
相关的一切，在文学史上都事关重大，因此我要穿插一些不是被他 1775年
本人，就是被修订的人删除的段落，删除的原因叫人莫名其妙。这些段落印在我手中的小册子校样上，有作者亲笔写的更正，我将用*斜体字*[①]将它们区分开来。

在这一段里，他说美利坚人受了欧洲情报的煽动，进行抵抗，"情报来自他们认为是他们的朋友其实只是自己的朋友的那些人"，接

---

① 本书中用仿宋字。

着是，“还有被他们的自私造就成自己祖国的敌人的那些人。”

下一段是这样的：“让一个受屈辱的民族把它的报复发泄到祸害的始作俑者们身上，而不是受了他们欺骗的那些人身上。”

再下面一段里有这样一些话：“其国民希望靠施惠自己的敌人取得进步的国家倒霉了；稳固的政府的安宁面对一个个革新者的阴谋诡计并不总是容易维持的；可是当敌视立法机关的宗派能够堂而皇之地组建，并堂而皇之地宣布的时候，平静的希望何在呢？”

在现在的小册子结尾的那一段的后面还有下面这样一段，在这一段里，他肯定指的是伟大的查塔姆伯爵，并且把某位深得民心的大法官[①]扫了一眼。

“如果，靠战争的运气，他们把我们彻底驱逐，下一步他们要干什么，只能加以猜测了。如果一个新的君主国建立起来，他们将需要一位**国王**。第一个手握美利坚节杖的人，应当有个吉祥的名字。**威廉**以征服者和给予者闻名；也许英国无论怎样遭人白眼，还可以给他们提供**另外一个威廉**。辉格党人确实不愿意让人统治，但有可能**威廉王**会有意引导他们的举措：然而辉格党人像其他人一样上当受骗，听任他们的领袖，以他们**护国公**的名义变成暴君。他们还会从英国接受什么，谁也说不上。在他们的帝国草创阶段，他们也许需要一名**大法官**。”

随后就是这么一段：

“眼下，他们的人数尚不足以成大业，所谓大业者，就是以某种形式的政府与古君主国一争高下；然而按照富兰克林博士的发展章程，在一又四分之一世纪之后，他们的人口就会超过全欧洲。当美利坚的辉格党人数目这样增长时，就让天下的君主们在自己的宫阙内瑟瑟发抖吧。如果他们的人口继续翻番再翻番，他们自己的半球就人满为患了。不过还是别让我们最大胆的反权威人士兴冲冲地展望这种辉格主义的未来吧。”

小册子结尾如何，我不得而知，因为它在这些校样的最后一页

① 卡姆登勋爵。

的下端被突然截断了。

他的那些支持政府举措的小册子都是按他自己的意思出版的，后来他把它们汇编为一卷，题名为《政论文集，〈漫游者〉作者著》，有这样一条题识—— 432 1775年

"Fallitur egregio quisquis sub Principe credit
Servitium; nunquam libertas gratior extat
Quam sub Rege pio."　CLAUDIANUS.[①]

这些小册子给他招来了频频攻击。面对笔仗中的常规武器，他已锻炼得刀枪不入；然而有两例我给他传达过的批评，从他的沉默和神情上，我可以断定，给他的印象颇深。

一例是《与约翰生博士书，读他最近的政论文集有感》。此文发表在他的《征税非苛政》之前，作者约瑟夫·托尔斯博士[②]。这篇文章对约翰生博士给予了一位如此杰出人物应有的敬重，而对他作为一名政论家的行为则提出了大胆而尖锐的指责，认为与这样一个人物的性格格格不入，此人如果提笔议政，"有理由指望他不是靠党派暴力和积怨，而是靠中庸靠智慧而出名"。

文章是这样收尾的："然而，如果您再次以政论家的身份向公众讲话，我倒希望您记住，丰富的想象或遒劲的语言将难以弥补诚实的缺欠，公正的缺欠和真理的缺欠。我还要补充一点，如果我今后还像此前那样喜欢阅读您所有作品中最精彩的《漫游者》，我惯常在里面找到的乐趣将会被这样的反思大打折扣，那就是，一部如此道德高尚、文笔典雅、价值千金的作品的作者却把他的才华糟践到《虚假警报》《关于福克兰群岛最近事态的思考》和《爱国者》之流的制作上。"

---

① "认为服从一位君王就是当奴隶，这是一个错误；再找不到比有个虔诚的君王更爽的自由了。"——克劳狄安，《斯提利科赞》，第3节，第133行。

② 约瑟夫·托尔斯博士（Dr Joseph Towers，1737—1799），不顺从国教的牧师、杂文作家。

我愿意对托尔斯博士的优点说句公道话，关于他，我愿意说，我虽对他的辉格党式的民主观念和习性（因为我不愿意称其为原则）深恶痛绝，但我敬重他是个有才气、有见识、性格非常欢快的人。

另外一位是我的至交、牧师坦普尔先生写给我的一封信里的一段文字，他写过格雷的人格，此文有幸被梅森先生和约翰生博士采用到有关那位诗人的论述中。话是这样说的——“你那伟大的，我不愿说你那*虔诚的*；而说你那*讲道德的*朋友怎么能支持政府的野蛮行径，他们甚至都没脸要求他们不信教的恩俸享受者休谟进行辩护。”

约翰生无论对自己思想的正直多么自信，但也许感觉到发自内心的不安，因为他的行为竟然被善良的人们错误地归咎为居心不良，而且正因为如此，他那些价值不凡的作品的影响竟然在各种程度上，都有所妨碍或降低。

他向一位才华出众、风度优雅、长期保持亲密关系，而且后来
433 将会对他有慷慨表现的可敬的朋友抱怨说[1]，他是以一个文人的身份
1775年3月24日星期五 享受恩俸的，所以政府要求他写政论小册子；他甚至情绪非常激动，扬言决意辞掉给他的恩俸。他的朋友表示这种做法不合适，后来他表达了他的感激，并说他接受了朋友的忠告。对他这位朋友他曾经表示愿意终生享受给他的恩俸；但他从来没有因为自己的政治上的劳作索要或接受政府的任何报酬。

3月24日，星期五，我在**文学俱乐部**见到他，在座的还有博克莱尔先生，兰顿先生，科尔曼先生，珀西博士，维西先生，查尔斯·邦伯里爵士，乔治·福代斯医生，斯蒂文斯先生，查尔斯·福克斯先生。他来之前，我们谈起他的《苏格兰西部诸岛纪游》，谈到他不再“愿意相信先见之明”，[a] 这似乎激起了一番嘲笑。当时我对听

---

① 威廉·杰拉德·汉密尔顿。

a 约翰生的《苏格兰西部诸岛纪游》，1775年版，第256页。

到的有关先见之明的许多故事的真实性印象极深，所以我公开宣称我对它深信不疑，我说："他只不过是愿意相信：我却是真正相信。对我来说，证据已经足够了，不过对于他伟大的心灵而言还不够。装不满一夸脱的瓶子的水会装满一品脱的瓶子。我信心满满。""是吗？（科尔曼说）那就把瓶子塞紧。"

我发现我走到哪里，他的《纪游》都是伦敦的一个热门话题。曼斯菲尔德勋爵经常举行正式的星期日晚间谈话会，被人奇怪地称之为"招待会"，有一次，勋爵大人对我说："我们都在读你们的旅行记，鲍斯威尔先生。"我回答说："我只不过是约翰生博士的跟差而已。"首席大法官回应说："除了对莪相，他没说任何人的坏话。"说话的口气和态度，凡是见过他的面、听过他的话的人，是永远不会忘记的。

约翰生这天晚上在俱乐部里兴致极高，谈话时眉飞色舞，而且言必有中。像以往在各种场合所做的一样，他又攻击斯威夫特，说《一只澡盆的故事》比他的其他作品高明得多。人们简直不相信他就是该书的作者[a]。"书里面，头脑是那么灵动，思想是那么丰富，有那么多自然，艺术和生活。"我想听他说说《格列佛游记》，"——一旦你想到了大人和小人，其余的一切就好办了。"我极力要捍卫斯威夫 434

1775年
3月24日
星期五

---

a　这种怀疑双方都展开了激烈的争论，我想没有充分的理由。见艾迪生的《完全保有者》，1714年5月4日；《为〈一只澡盆的故事〉辩护》；霍克斯沃思博士的斯威夫特《文集》的序言，以及文集中斯威夫特给印刷商图克的信和图克的回信；谢立丹的《斯威夫特传》；考特尼先生在其《诗评约翰生博士的文学与道德特色》第3页的注；库克西先生的《论萨默斯勋爵、伊夫舍姆男爵的生平与性格》。

约翰生博士在这里只说到内证。请原谅对他的观点我不敢苟同，因为我对斯威夫特博士的能力有很高的评价。他的《一个英格兰人教会的情思》，他的《三位一体布道文》和其他严肃的作品不仅证明了他在逻辑学和形而上学方面的敏锐，而且证明了他的学识，他的不同种类的创作不仅展示了智趣、幽默和嘲弄；而且展示了"对自然、艺术和生活"的了解：因此当（正如《辩护》所言）"作者年轻、创造力处在巅峰，读的书在脑海里正新鲜"的时候，这些能力的结合无疑可以创作出《一只澡盆的故事》。

特，并且试图激起那些有能力维护他的人；但枉费心机。约翰生终于自动承认在“人山”的口袋里发现的存货清单的高明之处，尤其是对他的表的描写，人们猜想，这表就是他的**上帝**，因为他在所有场合都要请教。他说：“斯威夫特只在两样东西上署了名，（在他有名可署以后）《英语改进计划》和最后一封《布商的信》。”

从斯威夫特很容易过渡到托马斯·谢立丹先生。——**约翰生**：“谢立丹对《道格拉斯》这出悲剧佩服得五体投地，所以给它的作者敬赠了一枚金质奖章。若干年前，在牛津的一家咖啡馆里，我对他喊道：‘谢立丹先生，谢立丹先生，你怎么搞的，给了霍姆一枚金质奖章，就因为他写了那出愚蠢的剧？’这，你看，纯属放肆、无礼；不过我是有意要放肆无礼的。一枚奖章没有什么价值，只不过是个功绩标志。难道谢立丹认为自己有权给那种标志？如果谢立丹气派很大，足以颁发一枚金质奖章作为对戏剧卓越成就的荣誉奖赏，他应当请求一所大学遴选应该得奖的人。谢立丹没有权利给人功绩标志：那是在伪造阿波罗金币。”[①]

3 月 27 日，星期一，我和他在斯特拉恩先生家吃早饭。他告诉我们，他约定晚上去看阿宾顿夫人[②]的义演。“她要见的几位女士也是我要见的，所以请我来观看她的义演。我告诉她我听不见：但她一定要找我来，所以再拒绝她就不像话了。”这是一段非常典型的讲话。他喜欢提起他到过香艳陶然的娱乐圈的情形，也许接受了这位风雅时尚的女演员的请求有点儿飘飘然。他告诉我们，当晚上演的戏是《伪君子》，是从西伯的《拒绝宣誓效忠者》[③]改编而来，意在

---

① 约翰生这种说法的意思是谢立丹没有权利自立为文学问题的裁判。

② 阿宾顿夫人（Mrs Frances Abington，1737—1815），女演员，在朱瑞巷走红后在都柏林扮演《花花公子的花招》（1759）中的萨伦夫人之类的角色红极一时；回到伦敦后成为她那个时代的顶尖喜剧女演员之一（1765）；与加里克有随心所欲的通信；以演谢立丹《造谣学校》（1777）专为她写的角色蒂塞夫人最出名；为约翰生赞赏。时尚角色的样板。

③ 艾萨克·比克斯塔夫《伪君子》（1768）；科利·西伯，《拒绝宣誓效忠者》（1717）。

讽刺循道宗信徒。“我并不认为（他说）《伪君子》这个人物切合循道宗信徒，但很对应拒绝宣誓效忠者。爱尔兰牧师马登博士是一位了不起的辉格党人，我曾对他说，也许一名拒绝宣誓效忠者宣了统治当局强加的誓言比拒绝宣誓就罪轻一等；因为拒绝宣誓，就必定把他置于几乎不可抗拒的要罪加一等的诱惑之下；因为，人得活命，如果把他自己排除在受权力机构提供的支持之外，为了维持生活很可能沦落到为非作歹的地步。”[a] **鲍斯威尔**：“先生，我认为一个宣违背自己的原则的誓的人，是个铁定的坏人，因为他心里清楚，他是在发假誓；而一个拒绝宣誓效忠的人可以在不知不觉间被误导做错事，自己却浑然不觉。”**约翰生**：“嘿，先生，一个跟资助人的老婆上床睡觉的人心里明白他在干坏事。”**鲍斯威尔**：“拒绝宣誓效忠的牧师们这么做了吗，先生？”**约翰生**：“恐怕他们很多人都做了。” 435

1775年
3月27日
星期一

听了他的这番辩论，我吓了一跳，决不认为它能使人信服。如果他自己的父亲没有遵从政府的要求，（有一回我追问此事，他这样对我说：“这事么，先生，他应当自己解决。”）他也许对一个宣这样

---

a　这不仅仅是随口一说；因为他在《芬顿传》里说：“还有许多有智慧、有德行的人，在那个不和谐、多争论的时代（大约在本世纪初）问良心的见识多寡，而不问利益，他跟这些人一起怀疑政府的合法性；由于拒绝宣所要求的誓使自己有资格担任公职，便在未取得学位的情况下毅然离开大学。”这种行为约翰生称之为“正直执拗”。

关于宣无论哪一种被当时风行的权势强加的誓而不被排除在一切社会显达，甚或任何可观的社会效益之外，这一道德问题，一直被人们带着决疑学的一切敏锐争论不休。据说策划弃绝宣誓的人口出狂言，说他制定出了一种考验，它会把“国民的一半打入地狱，把另一半饿死”。在尚未高尚到刚正不阿的人们的心头，或者对一党的热忱还没走向极端的人们的心头，宣那种背信的誓可以掩盖在必然的抗辩之下，或者在热情促使下冒险进行，因为总的来说，产生的好处多，坏处少。

很多年前，在苏格兰的一次郡选中，在拥护和反对汉诺威继位的朋友之间出现一场激烈的角逐时，由于要求弃绝宣誓，一方的地产完全保有者愤然起身离去。见状，一位非常乐天的绅士，也是他们当中的一员，急忙跑到门口拦住大家，一本正经地喊道：“别走，别走，我的朋友们，让我们宣誓叫这些流氓滚蛋！”

的誓的詹姆斯二世党人有更不好的想法：

——要不是他誓发得
像我的父亲——[1]

斯特拉恩先生谈到为了有个出人头地的机会，人们便跳进伦敦这个汪洋大海中，说到很多人之所以不到那里碰运气，因为他们生来就有温饱的保障，他说："小事上的确定性是能人的灾星。"约翰生肯定了这一点。斯特拉恩先生把约翰生对他说过的一句话牢记心头；"一个人能从事的工作很少有比赚钱更单纯的了。""这话，（斯特拉恩说）人越想好像越有道理。"

由于约翰生的推荐，斯特拉恩先生从乡下收了一个穷小子[2]当学徒。约翰生打听过这孩子的情况后说："斯特拉恩先生，你给我五几尼的定金，我再给这孩子一几尼。如果一个人推荐了一个孩子，什么事也不替他做，这事就办得糟心。把他叫来吧。"

我跟着他走进斯特拉恩先生住宅的后院；我曾听见他扬言他对所有的人说话都是一种口气，在那里我算是掌握了证据。"有些人
436 （他说）对你说他们放下身段看人说话。我从不做这种事。我说话都
1775年 3月27日 星期一 是一个腔调，尽量做到明白易懂。"

"哎，孩子，你过得怎么样啊？"——"挺好，先生；只是他们怕我身体不够结实，有些活儿干不了。"**约翰生**："嘿，这话我不爱听；因为你想一想，一个印刷工花多少的一点脑力和体力一周就能挣一几尼，对你来说这是个求之不得的工作。你听见了吧，好好下苦吧；如果干不了，我们得给你另想谋生的出路。给你一几尼。"

---

① 参比《麦克白斯》，第2幕，第2场，第12—13行，原文是"睡得"（slept）而不是"誓发得"（swore）。

② 威廉·达文波特。

这是他积极行善的很多很多事例之一。他弯下腰用徐缓、洪亮的声音语重心长地向一个又矮又胖的孩子说话，他一脸的庄重严肃，小孩举止笨拙、神情敬畏，两相对照，使人不由得哑然失笑。

那天晚上我在朱瑞巷剧院遇到了他。乔舒亚·雷诺兹爵士应阿宾顿夫人的请求，答应领一帮才子来给她的义演捧场；在前排包厢订好四十个座位后，给了我入伙的荣幸。约翰生正好坐在我后面的位子上；离戏台有这么远的距离，他对表演既看不见又听不着，因此被裹在一种严实的迷茫之中，很像一片云，周围是灿烂的阳光，欢乐的气氛。他一直坐到一出五幕剧和两幕滑稽戏演完，我对他的耐心感到诧异。他很少说话；但《好情调》[①]的开场白说得更加徐缓、清晰，所以他听得十分清楚，听完之后，他谈到开场白的写作，说道："德莱顿写的开场白比大卫·加里克写的哪一篇都精彩；但大卫·加里克写的好开场白却比德莱顿写的多。他能写那么多千姿百态的开场白，真有神来之笔。"

我到博克莱尔先生家吃晚饭，加里克也在那里，我给他讲了约翰生对他的开场白赞赏有加，他听了非常高兴；我估计，出于对约翰生的感激，他提起了约翰生喜欢的话题之一，也就是苏格兰人的民族性，他用他那种喜人的态度强调了这一点，还借助了一点富有诗意的虚构。"得啦，得啦，别否认啦：他们是真正的民族主义者。嘿，现在亚当斯一家像世界上的任何人一样心胸豁达：可我不知道是怎么回事，他们用的工人都是苏格兰人。你肯定完全摆脱了那种民族性：可事也凑巧，你雇用了伦敦唯一的一名苏格兰擦鞋匠。"他滑稽夸张地模仿他的老师；夹杂着停顿和突然插入的半拉子口哨杂，背诵道，

Os homini sublime dedit, — cœlumque tueri

---

① 大卫·加里克，《好情调，又名楼上的高雅生活》(1759)。

Jussit, — et erectos ad sidera — tollere vultus;[1]

眼睛一直向下看着，在念最后四个词时，干脆用一种扭曲的手势触了地。

437 然而，加里克一高兴，就会把约翰生模仿得惟妙惟肖；因为这位
1775年3月28日星期二 伟大的演员具有举世仰慕的杰出表达能力，同时也有令人叫绝的模仿天赋。约翰生说起他时口气轻慢，他心里总是酸溜溜的。我记得有天他给我展示约翰生，好像是说，“大卫身上有些诙谐喜人的特点，不过这是个庸人”；他说这些话的口气和神情跟约翰生的一模一样。

尽管我的读者仔细阅读我对约翰生言谈的记述，但我无法过于频繁地要求他们努力把他蓄意强调的谈吐牢记心头。他说话的方式确实给人印象很深[a]；我希望能按斯蒂尔[2]先生的非常巧妙的方法把它像谱写音乐那样保存下来[b]。斯蒂尔已经表明加里克先生的朗诵和其他杰出演说家的讲话怎样可以用*总谱*[c]传给后人。

---

① “人向上观望，用抬起的双眼/注视他自己承袭的苍天。”——奥维德《变形记》，第1章，第85行。

a 我高贵的朋友彭布罗克勋爵有次在威尔顿对我说，他的话虽诙谐有趣，但还是道出了某些真情，“约翰生博士的言谈要不是他那种*汪汪的狗叫方式*，就不会显得那么特别了”。言谈本身的价值含金量很高；但是，毋庸置疑，他的语态增强了言谈的效果；因此应当尽量予以注意。然而，有必要提醒那些不认识他的人，谨防对他的语态的过分渲染的模仿或漫画式表现，这种办法屡屡有人尝试，很多都是从已故的演员亨德森先生那里学的二手摹本，此人虽然很善于模仿一些人，但并没有正确地再现过约翰生。

② 斯蒂尔（Joshua Steele，1700—1791），种植园主、韵律学作家；《论确定用特殊符号表达和长存的话语音律》（1775）的作者；他的种植园所在地巴巴多斯他所属教区的行政司法长官，政务委员会委员，法官。

b 见《音律论，又名论确定用特殊符号表达和长存的话语音律》，伦敦，1779。

c 我用“用总谱”这个说法，是按照约翰生博士的《词典》里的解释：——“*歌谱*，附加了歌曲音符的字。”但我知道按照科学规范，它的意思是用内行的眼睛能识别的字记录下来的一首音乐作品的所有部分。[1]

1 〈斯蒂尔自称用新字母写的乐谱就是“朗读”。他把这称为话语的“旋律”，而不是“总谱”说的“和声”。——伯尔尼〉

第二天我和约翰生在思雷尔先生家吃饭。他攻击起了格雷，管他叫“闷葫芦”。**鲍斯威尔**：“我知道他寡言少语，跟人相处时也许显得沉闷；但毫无疑问他的诗不沉闷。”**约翰生**：“先生，他跟人相处沉闷，在他的屋里沉闷，处处都沉闷。他用一种新的形式沉闷，所以使很多人以为他**伟大**。他是一个机械诗人。”然后他背了几行滑稽可笑的诗，具体内容我已记不得了，他还说：“这不像他的颂歌那么**伟大**吧？”思雷尔夫人坚持认为他的颂歌音律优美；听了以后他惊呼道，

> “织经纱，织纬纱”——

我用庄严的语调接了一句：

> “爱德华族的裹尸布。”

“这倒是一句好诗。”“啊，（他说）下一句也是好诗，”（他轻蔑地背了出来）

> “给出富裕的界限，足够的空间。”——①　438

1775年 3月28日 星期二

“不，先生，格雷只有两节好诗，出现在《墓园挽歌》里。”然后他背了这一节，

> “谁给了喑哑的遗忘一件捕品”，云云。

背错了一个词，把“境域”背成了“地区”。他又补充说：“另一节我忘了。”

---

① 格雷，《歌手》，第2章，第49—51行。

有人提到一位年轻小姐下嫁给了一个身份比他低很多的男子[①]，于是引起了这样一个问题：一个女人处在她这种境地，她的亲属该如何对待她；当我扼要重述这场辩论、回想事情的经过时，不禁有所感触，觉得事情微妙，不好表达。我坚决主张她应当一直遭人白眼，思雷尔夫人持宽容态度，并且按照那句俗话，“把坏事尽量往好办”。**约翰生**：“夫人，我们必须区别对待。如果我是个有身份的人，我是不会让一个已经嫁给了无赖汉的女儿饿肚子的；但是既然她自愿屈身下嫁，我还是会支持她的，就因为这是她自己的选择；但也不会把她和我的其他女儿一视同仁。你得考虑考虑，夫人，维持文明社会的主从关系是我们的责任；但如果出现了不知羞耻严重贬损身份的事情，就应受到惩罚，以儆效尤。”

屡屡考虑过这个问题之后，我越来越确信当时我有意发表的观点，它还得到了约翰生的权威认可和他的聪明阐释；我认为它对社会的幸福极其重要，对于社会幸福而言，从属是绝对必要的。做父母的宽纵这种情况，那是软弱、可鄙、有失身份的表现。它为了私情而牺牲总体利益。需要考虑的是，一个有这种行为的女儿要求恢复她原来的地位不是荒诞不经，就是毫无道理。如果身份的区分没有价值，那么她处在自己屈就的境地有什么损失呢？如果这种区分有价值，它就应当得到稳固的维持。如果任这种行径恣意妄为，而且违规者知道迟早他们一定会得到接纳，仿佛他们没有用低劣的联姻玷污自己的血统似的，那么对一般促成低级婚姻的那种自由放任的巨大约束就会被取消，正派舒畅的公序良俗会被滋扰得一塌糊涂。

有人提到切斯特菲尔德勋爵的书信集，约翰生说：“它们如此畅销，并不奇怪，因为写这些信的人是一位政治家，一位才子，一位尽人皆知、有口皆碑的人，一位长期习惯 virûm volitare per ora[②] 的人。”

---

① 苏珊·福克斯小姐和威廉·奥布赖恩。

② “众口流传”——维吉尔，《农事诗》，第3首，第9行。

阿宾顿夫人

乔舒亚·雷诺兹爵士 绘

3月31日，星期五，我和他，还有几位朋友在一家酒馆吃晚饭。有人[1]过于放肆，试图挖苦挖苦约翰生看戏时姗姗来迟，但对自己的鲁莽有理由懊悔。“嘿，先生，你去看阿宾顿夫人的义演了吗？你看见了吗？”**约翰生**：“没有，先生。”“你听着了吗？”**约翰生**：“没有，先生。”“先生，那你去干吗呢？”**约翰生**：“先生，因为她是公众的红人；如果公众对你的喜爱能有对她喜爱的千分之一，我也会看你的义演。” 439 1775年3—4月

第二天早上我赢了黛安娜·博克莱尔夫人的一点赌金，因为这位夫人赌定我不敢问约翰生关于他的一个癖好的情况。好像人们在俱乐部注意到约翰生先把酸橙汁挤到替自己准备好的饮料里，然后又把挤过汁的酸橙装到口袋里。博克莱尔和加里克向我谈到此事，似乎认为约翰生令人费解，不愿意叫人发现这种举动。我们猜不出他拿这些酸橙干什么；所以这是一个需要问的冒失的问题。我在他的桌子上看见了前一天晚上的残留物。一些橙皮剥得很光，切成了小块块。“噢，先生，（我说）我现在有点明白你在俱乐部把挤过汁的酸橙装进口袋做什么了。”**约翰生**：“我很喜欢这些酸橙皮。”**鲍斯威尔**：“请问，先生，你要拿它们做什么？你好像把它们剥得很干净，下一步怎么办？”**约翰生**：“把它们晾干，先生。”**鲍斯威尔**：“然后呢？”**约翰生**：“先生，你无法进一步知道它们的命运。”**鲍斯威尔**：“那世界就只好被遗留在黑暗里了。人们只好说（故作严肃）他剥了皮，又把皮晾干，可是下一步拿它们干什么，再也无法说服他讲出来了。”**约翰生**：“不；先生，你应当更加强调地说：即便是他最亲密的朋友再也无法说服他讲出来了。”

这天早晨，他收到了牛津大学寄来的授予他法学博士的学位证书。他没有炫耀这一新的头衔，但我知道他对此喜出望外。我把这一高尚的学术荣誉的进展和完成的情况按我追溯他获得文学硕士的方式穿插于此。

① 詹姆斯·鲍斯威尔。

致牛津大学副校长牧师**福瑟吉尔博士**，

各院领导传阅，校务评议会推荐。

副校长先生及各位先生，

塞缪尔·约翰生先生由于发表过一系列文章而蜚声文坛，因着意教化民风民俗而著称于世，以此用最强有力的论证和优雅的语言维护、弘扬宗教和道德事业，因此早先颁发证书授予其文学硕士学位，这一荣誉也把同等的光彩反映到大学自己身上。

440 从那时起，这位伟人对文学的进步和社会的福祉给予了关注，展示了才能，这么多的学术劳动使他在文学界值得享受更加突出的荣耀：所以希望在校务评议会上可以推荐向他颁发证书授予民法博士学位，我将欣然同意，我相信，我的行为将会符合整个大学的思想感情；此致副校长先生及各位先生，你们挚爱的朋友和仆人。

1775年3—4月

唐宁街，1775年3月23日。 **诺思**[a]

DIPLOMA.

CANCELLARIUS, *Magistri*, *et Scholare Universitatis Oxoniensis omnibus ad quos presentes Literæ pervenerint*, *Salutem in Domino Sempiternam.*

SCIATIS, *virum illustrem*, SAMUELEM JOHNSON, *in omni humaniorum literarum genere eruditum*, *omniumque scientiarum comprehensione felicissimum*, *scriptis suis*, *ad popularium mores formandos summâ verborum elegantiâ ac sententiarum gravitate compositis*, *ita olim inclaruisse*, *ut dignus videretur cui ab Academiâ suâ eximia quœdam laudis prœmia (deferrentur)*, *quique (in) venerabilem Magistrorum Ordinem summâ cum dignitate cooptaretur*:

Cùm verò eundem clarissimum virum tot posteà tantique labores,

a 抄自牛津大学校务评议会记录。

in patriâ præsertim linguâ ornandâ et stabiliendâ feliciter impensi, ita insigniverint, ut in Literarum Republica PRINCEPS *jam et* PRIMARIUS *jure habeatur; Nos* CANCELLARIUS, *Magistri, et Scholares Universitatis Oxoniensis, quò talis viri merita pari honoris remuneratione exæquentur, et perpetuum suæ simul laudis, nostræque ergà literas propensissimæ voluntatis extet monumentum, in solemni Convocatione Doctorum et Magistrorum Regentium, et non Regentium, prædictum* SAMUELEM JOHNSON *Doctorem in Jure Civili renunciavimus et constituimus, eumque virtute præsentis Diplomatis singulis juribus, privilegiis et honoribus, ad istum gradum quàquà pertinentibus, frui et gaudere jussimus. In cujus rei testimonium commune Universitatis Oxoniensis sigillum præsentibus apponi fecimus.*

Datum in Domo nostræ Convocationis die tricesimo Mensis Martii, Anno Domini Millesimo septingentesimo, septuagesimo quinto.[a] ①

---

a 原件在我手里。他让我看证书并允许我阅读其内容，但不同意我再抄一份，也许怕我在他生前就到处炫耀。他反对这么做的看法在他写给思雷尔夫人的第99封信中可见一斑。他在这封信里责备思雷尔夫人对他阿谀奉承："另一个牛津来的消息是，他们给我一个法学博士学位，证书上的溢美之词也许应当叫我脸红：那些话很像你的称誉。我不知道我会不会让你过目。"

值得注意的是，据我所知，他从来没有采用过他的博士学衔，而是自称约翰生先生，这从他的很多名片或给我本人的短简上显露无遗；我也看见过他写给其他人的许多短简，上面一律采用这个称呼。我有次看见他桌子上有封写给他的信，加的称呼是"绅士"，我表示异议，认为这个称呼还不如博士；但他阻止了我，好像对此十分开心，因为据我猜测，他有时喜欢被人从文人阶层中剥离出来，要做到纯粹的"文雅"——un gentilhomme comme un autre。[1]

1 一位像其他任何人一样的绅士。

① "牛津大学校长、各院院长及学者向可能阅读本文件的所有人士顺致敬意。确认杰出的塞缪尔·约翰生，一位精通所有人文科学，又善于掌握运用这些科学的人士，长期以来蜚声文坛，其作品在形式和内容上大力着意改进国人风化，因此本校过去认为他有资格享受重大荣誉，故将其列入本校荣誉硕士名录。这位杰出人士以随后的劳动赢得了盛名，尤其以优化、确定我们的语言引人瞩目，现在被公认为文坛领袖，此乃实至名归，鉴于此，（转下页）

Viro Reverendo THOMÆ FOTHERGILL, S.T.P. *Universitatis*
441 *Oxoniensis Vice-Cancellario.*

1775年4月2日星期日

S.P.D.

SAM. JOHNSON.

MULTIS non est opus, ut testimonium quo, te præside, Oxonienses nomen meum posteris commendârunt, quali animo acceperim compertum faciam. Nemo sibi placens non lætatur; nemo sibi non placet, qui vobis, literarum arbitris, placere potuit. Hoc tamen habet incommodi tantum beneficium, quod mihi nunquam posthâc sine vestræ famæ detrimento vel labi liceat vel cessare; semperque sit timendum ne quod mihi tam eximiæ laudi est, vobis aliquando fiat opprobrio. Vale.[a]

7 id. Apr. 1775.[①]

他修订了黑尔斯大法官的几页《苏格兰编年史》，用红笔在页边做了一些注释，他叮咛我告诉大法官，红墨水没有渗透到纸里，是可以用湿海绵擦掉的，这样一来他就不会弄坏手稿。我跟他讲，我不揣冒昧尽量把他和他的朋友们的话记录下来，但他的朋友中很少有人能让我记录得像他的话那么准确。**约翰生**："你干吗要记录我的话呢？"**鲍斯威尔**："说得好的时候就写下来。"**约翰生**："嘿，任何

（接上页）我们，牛津大学校长、院长及学者一致希望给他应得的荣誉，并将我们自己对文学的热忱记载下来，因此我们在庄严的博士与硕士校务评议会上授予该塞缪尔·约翰生博士民法博士学位，并颁发证书，令其享受属于该学位的一切权利与优惠。1775年3月30日于校务评议会会堂颁发。"

a "原件在时任副校长的福瑟吉尔博士手里，这份抄件是他抄的。"——T.沃顿

① "致牛津大学神学教授、副校长福瑟吉尔牧师阁下。塞缪尔·约翰生博士。我不必多费言辞告诉您我接到您主持下的大学用来将我的名字传给后代的赞誉时是怎样的心情。人人都乐意看好自己；而且人必须看好您这位文学仲裁能看好的自己。然而您给我做的好事也有一种弊端：今后我的任何失误，不论是有意而为，还是疏忽所致，都会损害您的声誉；我得永远担心对我是重大荣耀的东西，也许有一天会让您蒙羞。1775年4月7日。"

人的话，只要说得好，你都可以写下来嘛。”可是，我本来可以非常得体地补充一句，我在哪里能找到那样的话呢？

我们约定我晚上来找他，我们同威廉斯夫人一起喝茶。他告诉我，他曾跟一位先生[①]一起待过，此人非凡的旅行成了交谈的主要内容。可我发现他听他的讲述时并不十分信任，没有信任，跟旅行家交往就没多大意思了。我很好奇，想听听像约翰生这样一位能干的裁判对此人的能力有何看法，于是我问他是不是一个有见识的人。**约翰生**：“嘿，先生，他不是个能把事情讲得清楚明白的人；不过我应当说，他的见识既不太长，也不过短。我没有发现任何超强的理解力。”**鲍斯威尔**：“他深入到偏远地区，难道你不肯承认他的决心难能可贵吗？”**约翰生**：“先生，这跟眼下的话题不搭界。我们在谈他的见识。一只斗鸡的决心也难能可贵。”

第二天，4月2日，星期日，我和他在胡尔先生家吃饭。我们谈到蒲柏。**约翰生**：“他写《群愚史诗》是为了出名。那是他的初衷。要不是为了出名，群愚们就会责骂他，直到他们骂得声嘶力竭，他自己倒用不着为他们苦恼了。毫无疑问，他很高兴惹恼他们，但他更乐于看到他能怎样出色地把他们惹恼。”

有人提到嘲弄“冷梅森和热格雷”的《无名与湮没颂》，约翰生 442
说：“这些诗是科尔曼最好的作品。”于是有人说，据信这些颂歌是 1775年4月2日星期日
科尔曼和劳埃德合作的。——**约翰生**：“不会吧，先生，两个人怎么能作一首颂歌呢？也许一个作这一首，一个作那一首。”我说两个人作过一个剧本，并且引述了博蒙特和弗莱彻的轶事，他们二人被怀疑犯有谋反罪，因为他们在一家酒馆坐在一起商讨一出悲剧的构想，有人无意听见他们一个对另一个说，“我要杀掉国王”。**约翰生**：“这两首颂歌中的第一首更佳：但两首都很好。它们暴露出一种很坏的

---

① 即詹姆斯·布鲁斯（James Bruce，1730—1794），在非洲旅行的旅行家；1630年代后第二个到过阿比西尼亚的欧洲人；约翰生对阿比西尼亚探险持批评态度。

写作手法。”**鲍斯威尔**：“当然，梅森先生的《埃尔夫里达》是一首优秀的诗：至少你会承认里面有一些很好的段落。”**约翰生**：“时不时有一些弥尔顿的坏风格的好仿品。”

他对格雷和梅森的作品评价颇低，我常常百思不得其解。我在本书的前面表达过我对格雷的诗的高度评价；对于梅森先生的诗，我一直怀有一种热烈的钦慕。他的《埃尔夫里达》不仅在诗的描写上，而且在道德情操上都十分美好；他的《卡拉克塔科斯》是一部恢宏的戏剧。我也不能忘记赞美他的一些小诗，我读它们时总是心花怒放，任何批评也无法说服我不喜欢它们。如果我对约翰生不欣赏梅森和格雷的作品感到诧异，我对他们二人不欣赏约翰生的作品更觉得纳闷，他们竟然对他措词的力度，对他的意象的鲜明和思想的深广浑然不觉。也许人们对小提琴、对长笛、对双簧管，一句话，对所有小型乐器，各有所好：但谁会对雄壮的风琴的强烈效果无动于衷呢？

有人提到他的《征税非苛政》，他说：“我想我为它还没有受够攻击。攻击是反作用；我从不认为自己出手多狠，除非反弹过来。”**鲍斯威尔**：“先生，我不知道你意欲何为。在每家报纸上小打小闹，打五六枪，再用小册子连续炮轰，我想这总可以让你满意了吧。可是，先生，你永远不会与一位女政论家[①]结成我们谈论的这种联姻，既然你如此严厉地反对她的原则。”**约翰生**：“不会的，我的机会更好。她就像古时候的亚马孙女战士；她得靠刀剑来追求。但我从来没有对她严厉过。”**鲍斯威尔**：“不对，你已经叫她出了洋相。”**约翰生**：“那已成定局了，先生，一心要出她的洋相，就像把烟囱抹黑。”

我让他想起苏格兰埃伦的地主说过，他听说约翰生是英格兰最伟大的人物——仅次于曼斯菲尔德勋爵。“哎，先生，（他说）例外界定观念。一个苏格兰人无法走得更远：

① 凯瑟琳·麦考利。

自然的力量无法走得更远。”①

有人提到时尚人士写的米勒夫人②诗集，被收进巴斯附近她在 443

巴瑟斯顿别墅的“彩瓶”里，要竞争荣誉奖，约翰生认为那是廉价货：“Bouts rimés③（他说）是一种纯粹的矫揉造作，现时版的老造作；我不明白人们怎么被说服用那种风格替这位夫人写东西。”我指名道姓说出他认识的一位先生就是为“彩瓶”写作的④。**约翰生**：“他费这番苦心真是愚蠢到家了。”**鲍斯威尔**：“诺森伯兰公爵夫人⑤也写了。”**约翰生**：“先生，诺森伯兰公爵夫人想干什么就可以干什么；谁也不会对她那样一位地位显赫的夫人说三道四。不过我倒容易把****** 的诗扔到她脸上。”

我谈到舰队街由于行人川流不息显得喜气洋洋。**约翰生**：“嘿，先生，舰队街是有一种热闹繁华的表象；但我认为人类生活的高潮却在查令十字。”

他发了一番公论，说的是过惯忙碌生活的人所经历的不快，这些人退休时指望享受闲适安逸，结果由于没有了习惯的工作，普遍懒洋洋的，无所事事，希望回去重操旧业。他举了一个能够想象得到的强有力的例子。“伦敦的一个有名的蜡烛销售商，发了财，便把买卖交给店长去经营，自己到离城不远的乡下住宅去享清福。不久他就厌倦了，便隔三岔五往他的老店里跑，希望伙计们可以让他知

---

① 约翰·德莱顿，《咏弥尔顿》（1668），第1节，第5行。

② 米勒夫人（Lady Miller，？—1781），从男爵、议员约翰·米勒爵士（？—1798）的妻子。

③ 尾韵。

④ 康斯坦丁·菲普斯上尉（后来的马尔格雷夫男爵）。

⑤ 诺森伯兰公爵夫人（Elizabeth, Duchess of Northumberland，1716—1776），侍臣、日记作家；杰出细木工、彩绘工、手艺工的赞助人；鲍斯威尔是她星期五晚间聚会的客人之一；夏洛特王后的侍臣（直到1770年）；记生动的日记，1752—1776，部分出版，后来与鲍斯威尔有书信往来；她给《诗歌娱乐》写的稿子遭到约翰生的指责。

道他们融和的日子，还想来帮他们干活；结果如愿以偿了。先生，对这个人而言，即便他已经习惯了的事务中最讨厌的情况也是从闲散无聊的境况中的一种解脱。”

4月5日，星期三，我和他在迪利先生家吃饭，同席的还有安威尔的约翰·斯科特先生，此人为贵格会教徒，兰顿先生，米勒先生（现在为约翰爵士），爱尔兰牧师托马斯·坎贝尔博士，他是我自作主张邀请到迪利先生的餐桌上来的，因为我在思雷尔先生家见过他，听说他来到英格兰主要是想见见他极其敬仰的约翰生博士。此后他出版了一本非常引人入胜的书《爱尔兰南部的科学考察》，不过这本书有一个缺点：它呈现出一个英格兰人的虚构性格。

我们谈到公共演说。——**约翰生**：“我们切不可根据一个人在公众面前能够或者不能够表达他的思想感情评估他的能力。艾萨克·霍金斯·布朗[1]是本国一流才子之一，进了议会，从来没有张过嘴。就我而言，我认为从来不尝试着发言比试图发言失败了还丢人；就像不打仗比打仗时吃了败仗更丢人一样。”我觉得这种论点实属谬妄；因为如果一个人没有发言，可以说如果他尝试着发言，他会讲得挺好；而如果他试着讲了，却失败了，那就对他没有什么可说的了。“那么（我问）是不是认为一个人不打仗就是丢人的，不在公众面前发言就不丢人呢？”**约翰生**：“因为一个人在公众面前不发
444 言除了缺乏决心，也许还有别的原因：他也许无话可说，（大笑）可
1775年4月5日星期三 是，先生。你知道勇气被认为是所有德行中最伟大的；因为除非一个人具备这种德行，他就没有维持其他任何德行的把握。”

他说：“反贿赂法令旨在防止暴发户们靠钱进入议会。”又补充说：“如果他是个有地产的绅士，他会把不给他支持的候选人投票的佃户统统撵走。”**兰顿**：“先生，那不就是妨碍选举自由了吗？”**约翰生**：“先生，法律并不意味着投票的特权应当不顾老家族的利益；不管该地区的永久财产。”

---

① 艾萨克·霍金斯·布朗（Isaac Hawkins Browne，1705—1760），诗人。

4月6日，星期四，我和他在托马斯·戴维斯家吃饭，一起还有画家希基先生，还有我的老相识，演员穆迪[①]先生。

约翰生博士一如既往，说到科利·西伯时，语气鄙夷。“一个人与伟人智士生活了四十年，言谈的涵养竟然如此低劣：肚子里的话只能说一半；因为话的另一半就是赌咒发誓，真是不可思议。”不过，他承认西伯的一些喜剧写得挺好，还说，没有理由相信《马虎丈夫》就不是他本人写的。戴维斯说他是第一个把斯文女士引上舞台的剧作家。约翰生批驳了这种观点，举出了他之前好几例那一类喜剧中的人物。**戴维斯**（试图辩解他并不无知）：“我指的是又斯文又道德的人物。”“我认为（希基说）斯文和道德是分不开的。”**鲍斯威尔**：“话可不能这么说，先生。最斯文的人物往往是最不道德的。切斯特菲尔德勋爵不是提出了将邪恶与优雅相结合的规诫吗？其实，人一喝醉就斯文扫地；最大的劣迹可以非常斯文地施行；一个人可以很斯文地诱奸朋友的妻子：他可以打牌时斯斯文文地作弊。”**希基**：“我可不认为这算斯文。”**鲍斯威尔**：“先生。这也许不像绅士，但可以说是斯文。”**约翰生**：“你们俩说的是两码事。一个说的是外在的优雅；一个说的是道义。可以肯定地说，一个外表优雅的人可能很不道德。《克拉丽莎》[②]中的洛夫莱斯是个非常斯文又非常邪恶的人物。最近某天死去的汤姆·赫维，虽然是个恶人，但却是世间最斯文的人之一。”汤姆·戴维斯拿查理二世作为例子。**约翰生**（听到对这位君王的攻击，顿时火冒三丈，因为他对这位君王格外偏爱）：“查理二世行为放荡；但他一贯敬重善举。查理二世也了解民情，论功行赏。在他那个年代，去教堂做礼拜的人比哪个时代都多。他是从他那个时代到当朝最英明的国王，除了詹姆斯二世，詹姆斯

---

① 穆迪（John Moody，1727？—1812），演员、歌手；扮演霍华德的《监护人》中的蒂格和科尔曼的《妒妻》中的奥卡特上尉之类角色在朱瑞巷声名鹊起；丘吉尔在其《罗西亚特》中用了十行诗描写他；朱瑞巷演员基金会主席（1805）。

② 塞缪尔·理查逊，《克拉丽莎》（1748—1749）。

也是一位非常贤明的国王，可是不幸的是，他相信，他的臣民应当改信罗马天主教才能得到拯救。他的优点是努力做他认为是拯救他的臣民的灵魂的工作，到头来却失去了一个伟大的帝国。我们则认
445 为，如果我们成了罗马天主教教徒，就不应当得到拯救，所以我们
1775年4月6日星期四 也有优点，那就是不惜顺从威廉王的统治来坚持自己宗教信仰，（因为再没有别的办法）——那可是世间最卑鄙的无赖之一的政府。查理二世不是——（提了另外一个国王，[①]）那样的人。他没有辜负他父亲的遗志。他确实拿了法国人的钱：但他没有背叛他统治下的百姓：他没有让法国的舰队超过我们。乔治一世什么都不知道，他也不想知道，他无所作为，他也不想有所作为；据说他做的唯一的一件好事就是他希望把王冠归还给他的世袭继承人。”他情绪激烈，吼声如雷，攻击起了乔治二世。停下以后，穆迪操着爱尔兰腔，神情滑稽，突然插话：“啊！可怜的乔治二世。”

我提到托马斯·坎贝尔博士从爱尔兰来到伦敦，主要目的是要见约翰生博士。他听我这么说似乎面有愠色，**戴维斯**：“嘿，你知道，先生，曾经有个人从西班牙专程来见李维[a][②]；科雷利[③]来英国[b]为的是见到普塞尔[④]，他听说普塞尔已经去世，便立即返回意大利。”**约翰生**：“如果坎贝尔像你说的那么愚蠢，我倒不希望死掉让他失望；不过我希望住在一百英里以外的地方。”这显然是故意抬杠；我相信这不是他的真实想法：他不会不喜欢一个远道而来专门见他的人。我告诉他坎贝尔关于他的稀奇说法：“见了这么一个人，从此就可以说上一百年了。”他听了有些得意，便大声笑了，仿佛他真能长

---

① 乔治二世。

a 普林尼，《书札集》第2卷，第3封。

② 李维（Livy，公元前59—公元17），最伟大的罗马史学家，他的142卷《罗马史》讲述了罗马建城以来的故事，五分之四已佚失。

③ 科雷利（Arcangelo Corelli，1653—1713），意大利音乐家。

b 〔戴维斯先生说错了。科雷利从来没有来过英国。——B.〕

④ 普塞尔（Henry Purcell，1658？—1695），风琴大师，英国巴洛克派作曲家，著名作品有100多首歌曲，小歌剧《狄多与埃涅阿斯》和《仙后》等。

命百岁似的。

我们开始争论去印度的法官是否可以正正当当地做生意。约翰生热烈坚持可以。“因为（他极力主张，）不该发财的人都发了财，法官为什么不应当发财呢？”我说，他们应当有足够的薪水，不应当有其他事务分散他们对公共事务的注意力。**约翰生**：“先生，没有一个法官能把他全部的注意力放在他的公务上的；他利用业余时间以最有利的方式牟取自己的利益是非常正当的。”“那如此说来，先生，（戴维斯说，他想把这场争论搞得有点戏剧性，从而活跃气氛）法官就可以成为保险商；他正要去开庭时，可能会被人拦住——‘大人，您还不能走，这里有一沓发货清单：好几艘船就要启航了。’”**约翰生**：“先生，你倒不如说法官不应当有房子；因为也许会有人告诉他，‘大人，你的房子着火了’；于是他撂下法庭事务，忙着以最快速度去叫救火车。这种情况没完没了。凡是有地的法官，都在一定范围内做些谷物、牛羊以及土地本身的买卖，这是没有疑问的。他的管家替他办事，店员就是这样替大商人办事的。法官可以当农场主；但他不会去劁猪。法官可以打打牌寻乐子；但他
不能在广场上弹弹儿，玩投钱。不行，先生；没有一个人会把自己 446
的绝大部分时间投入职业。仔细一算，人在履行任何职业上用的心 1775年4月6日星期四
思其实很少很少。要当法官必须一门心思地当法官，如果以此为条件，不会有人当法官的。最敬业的律师在工作上用的心思也只占一小部分时间，他的一大部分工作是纯机械式的。我有次为一家杂志写文章：我算了一下，如果我一天写一页，按这个进度，十年之内，我应当写九大卷对开本、普通字体的书。”**鲍斯威尔**：“就像卡特的《英国史》那样的书？”**约翰生**：“是的，先生。一个人自己动脑子写作，会写得飞快[a]。一个作家的绝大部分时间都花在阅读上，为的就是写作：一个人翻遍半个图书馆才能写一本书。”

---

a　约翰生当然如此，他的脑海里储存着知识，充满了意象：但这一说法对一般作家并不适用。

Covent Garden 1775

我热烈反对法官做生意，提出黑尔就是一个完美法官的范例，他全心全意献身自己的事业。**约翰生**："先生，黑尔除了法律也关注其他的事情：他留下了一大片地产。"**鲍斯威尔**："不错，那是从他得到的财产积累而来的，他却没有操心费力。"

争论进行期间，穆迪有次试图说几句赞同我们这一方的话。汤姆·戴维斯拍了拍他的背，以示鼓励。我向博克莱尔提到这种情况，他说："我想不出还有什么情况比叫汤姆·戴维斯拍背更羞辱人的了。"

我们说到罗尔特，约翰生博士还为他的《新商贸大词典》写过序。**约翰生**："书商老加德纳雇了罗尔特和斯马特编写一个月刊，名叫《宇宙来客》。有一份正式文字合同，印刷商艾伦看见过。加德纳的想法跟你对法官的看法一样。他们不可再写别的东西，我想，他们应得这六便士小册子的利润的三分之一；合同期为九十九年。我真希望当时我想到为了版权事业把这份合同交给瑟洛。它就会成为一个书商压迫可怜的作者的一个多么精彩的例子！"[a]（微微一笑。）戴维斯出于对本行信誉的热忱，说加德纳严格地说，不是一名书商。**约翰生**："算了吧，先生；他铁定是个书商。他按时按点地上班，是文具行会的会员，公开经营一家书店，购买版权经销图书。先生，在哪个意义上都是一名书商。我为《宇宙来客》写了几个月的文章，是替可怜的斯马特写的，斯马特却疯了，由于当时不知道他受雇写作的条款，还以为我在替他做好事呢。我希望他的头脑很快清醒过来。我的头脑也清醒过来，我就不再给《宇宙来客》写文章了。"

4月7日，星期五，我同他在一家酒馆吃饭，一起还有几个人。 447

1775年
4月7日
星期五

a　关于这份所谓的离奇的合同条款也许存在某种错误；道听途说来的合同的说明部分使约翰生可以尽情发挥他的顽皮的敏锐。否则，如果措辞真像他所认为的那样，那未免太奇怪，我宁可把它看成一个玩笑。加德纳先生，我相信，他是个可敬而又大方的人。

约翰生："我一直在读特威斯[①]刚刚出版的《西班牙游记》。它跟你将要捧读的第一本游记一样好。它也像凯斯勒[②]或布莱恩维尔的游记一样好；不，像艾迪生的一样好[a]，如果你除去学识的话。它比不上布赖登[③]的，但比波科克[④]的强。说实话，我还没有把书页裁开呢；但我读了开页上的文字，我估计合页上的文字不会比开页上的差。好像（他补充说）艾迪生也没有多少意大利的学识，因为没有发现它被引进到他的作品中来。我记得的唯一的例子就是他引用的'stavo bene; per star meglio，sto qui'。"[b]

我提到艾迪生从莱安德罗·阿尔贝蒂[⑤]书里借了很多经典名言。博克莱尔先生说："据说他还从另一位意大利作家[⑥]那里借用。"**约翰生**："嘿，先生，所有去找经典对意大利有何说法的人，找到的都是同一段文字[⑦]；我倒认为搜集罗马作家对他们国家的言论。是意大利

---

① 特威斯（Richard Twiss，1747—1821），游记作家；《1722—1723年葡萄牙、西班牙游记》（1775）的作者，约翰生拖拖拉拉地读过它；皇家学会会员（1774），1794年退出；由于参与一个用稻草造纸的投机生意而倾家荡产。

② 凯斯勒（Johann Georg Keysler，1683—1743），德国旅行家。

a 〔在《赫布里底群岛旅行日记》（10月14日）谈及艾迪生的《谈意大利》时，他说："这是一本沉闷的书，如果抛开艾迪生先前的声名，人们是不会多想它的。如果他再没有写别的东西，他的名字不会长存下去的。艾迪生似乎对意大利文学钻研不深：他在随后的作品中没有展示这方面的知识。——他倒是展示了大量的法国知识。"〕

③ 布赖登（Patrick Brydone，1736—1818），旅行家、作家；皇家学会会员（1772/1773）；电专家；《西西里、马耳他游记》（1773）的作者，受到约翰生的称赞。

④ 波科克（Richard Pococke，1704—1765），旅行家；爱尔兰教会奥索里主教（1756）；沃特福德和利斯莫教区主教代理人（1734）；在近东作广泛旅行（1737—1740）；《东方记事》（2卷，1743—1745）的作者；都柏林领班神父（1745）；埃尔芬主教（1765）；米斯主教（1765）；皇家学会会员（1741）。

b "我过去很好；我将会更好；现在我在这里。"
〔艾迪生没有提这篇墓志铭是在何处发现的，所以多方探寻而不可得。〕

⑤ 莱安德罗·阿尔贝蒂（Leandro Alberti，1479—1553），意大利作家。

⑥ G.C.卡帕乔。

⑦ 〈"不过你要是在另一本书里发现了同样的套路，那艾迪生的学识就一败涂地了。"《赫布里底群岛旅行日记》——M.〉

人在文艺复兴上做的最初工作之一。”

有人提到莪相。——**约翰生**：“我不相信爱尔兰语和盖尔语是同一种语言，因为没有理由认为苏格兰高地和赫布里底群岛的居民曾经书写过他们本地的语言，就算是用一种语言，认为他们中间保留着一首长诗是不可信的。如果我们英格兰的一个郡没有书写技艺的证据存在，我们就不应当相信那里存留着一首长诗，尽管邻郡人说同样的语言，居民也能写字。”**博克莱尔**：“《利利布勒罗》[①] 这首歌谣曾经在本国全民中间口头流传，而且据说对促成革命起了很大作用。然而我怀疑现在是否有人能唱；这就表明诗靠口耳相传保存下来的可能性是多么小。”

座中一位[②]提出了据说为莪相所作的这首诗的一条内在的非古意见：我们在诗里没有发现狼，如果诗是那个时代的，里面肯定有关于狼的描写。

一提狼，约翰生就联想到其他野兽；正当乔舒亚·雷诺兹爵士和兰顿先生交谈某件他们十分感兴趣的事情时，约翰生突然叫道：“彭南特[③] 谈到熊——”〔他接着说了些什么，我已经忘了。〕他们俩的谈话还在继续，不知是他耳朵有些背，没有发现，还是他发现了，却不愿意中止他的话；于是他继续高声大嗓地往下说，于是“熊”（“就像一句口头禅”，正如博克莱尔所言，）隔了一阵子人们就听到被重复一次，这种声音在不认识他的人听起来常常像那种凶猛的动物，而坐在周围的我们几乎憋不住要笑，于是产生了一种滑稽透顶的效果。随后 448
鸦雀无声，他又接着说：“我们听说黑熊不伤人，可我不想把自己交 1775年4月7日星期五
给他。”吉本先生低声喃喃地说：“我也不想把自己交给你。”这种挖

① 一首流行的辉格党人歌谣，第一代沃顿侯爵托马斯（1648—1715）作，据说它把詹姆斯二世从三个王国唱了出去。

② 珀西主教。

③ 彭南特（Thomas Pennant，1726—1790），博物学家，旅行家，作家；文物学会会员（1754—1760）；《不列颠动物》（5卷，1766—1812）、《印度地质》（1769）、《1769年苏格兰纪行》（1721）的作者；皇家学会会员（1767）；《1772年苏格兰纪行》影响了约翰生。

苦性的俏皮话是一种谨慎的解答，如果用在一种才能的比试上的话。

爱国主义成了我们的话题之一后，约翰生突然用一种坚定有力的语气说出了一句警句，真可谓语惊四座了："爱国主义是一个无赖的最后避难所。"不过可以这样认为，他指的不是对祖国真心慷慨的热爱，而是指那种假爱国主义，古往今来，世界各国有多少人把它当成了谋一己之利的幌子。我坚持认为，肯定不是所有的爱国者都是无赖。由于遭到追问，（不是约翰生追问）指名道姓说出一个例子，我就提到一个我们大家都敬佩的杰出人物[①]。**约翰生**："先生，我不是说他不诚实；而是从他的政治表现上我们没有理由断定他的诚实。如果他接受了内阁的一个职位，他就会失去他所具有的坚定人格，不出一年，就可能被撵下台。这个内阁既不稳固，对他的朋友们而言，也不可喜，就像罗伯特·沃尔浦尔一样，所以他也许认为利用他的机会让他的党派进去更符合他的利益。"

有人提到普里查德夫人，他说："她的戏演得十分呆板。她不大用心思，真是匪夷所思。先生，她从来没有把《麦克白斯》这部悲剧看完。她不考虑她扮演其中角色的剧本，就像一个鞋匠不考虑被鞣成他割下来正在做一双鞋所用的这块皮革的生皮一样。"

5月8日[②]，星期六，我和他在思雷尔先生家吃饭，在那里我们遇见了爱尔兰的坎贝尔博士。约翰生前一天晚上在阿宾顿夫人家与一些时尚人物吃过晚饭，他一一说出了这些人的姓名；似乎对能进入如此高雅的圈子感到大喜过望。他对阿宾顿夫人的家政表示羡慕，惹得他的女主人有点儿生气；因为他说（笑嘻嘻地）："阿宾顿夫人的果冻，亲爱的夫人，可比你的强。"

思雷尔夫人常搞一些露骨的奉承，办法就是在他听得着的地方重复他的一些妙语，她告诉我们，约翰生说，某一位著名演员[③]只

---

① 埃德蒙·伯克。

② 应为4月8日。

③ 斯普兰杰·巴里。

配扶根长竿子站在拍卖房门口高喊："先生们，请进来吧。"还说，某位作家①听了此话后，说另一位更加有名的演员②也不配干比那强一点的事，只会在你出门后扒你的口袋。**约翰生**："算啦，亲爱的夫人，我们的朋友追加的这句话里没有智趣；只有辱骂。你不妨说到谁，谁就会扒口袋。再说，在门口站岗的人是不扒人的口袋的；那活是在门里，由拍卖商干的。"

思雷尔夫人告诉我们，汤姆·戴维斯用一种赤裸裸的口气重复约翰生博士第一次给我讲妙语的故事，我在前面已经原原本本叙述过[a]。他让我说，"我生在苏格兰"，而不说"我来自苏格兰"；于是约翰生说，"先生，那就是你的很多同胞们无可奈何的说法"，没有道理，甚至没有意思：菲茨赫伯特先生听了这话时，说，"并不是每个人都能咳唾成珠的。" 449

1775年4月10日星期一

4月10日，星期一，我跟他在奥格尔索普将军家吃饭，一起还有兰顿先生和爱尔兰的坎贝尔博士，后者是将军特意允许我带来的。这位博学的先生便尽情享受了一次规格很高的精神盛宴，不仅有约翰生博士作陪，而且与长期以来名震海内外的奥格尔索普同席[b]。

---

① 阿瑟·墨菲。

② 大卫·加里克。

a 见前边码第208页。

b 让我在这里向这位优秀人士表示最衷心的感激与怀念。我跟他的亲密交往对我而言更为重要，因为我和他的结识是出乎意料、未经请求的。我的《科西嘉见闻录》出版后不久，他的来访给了我很大荣幸，见到我时他神态坦诚而有礼，说道："先生，我的名字叫奥格尔索普，我希望跟你认识。"一位大名人如此对我说话，我真有受宠若惊之感，因为他的大名我早年就在蒲柏的诗里读过：

> 或者，受到灵魂的强大善意驱使，
> 像奥格尔索普，将会飞遍世界各地。[1]

我非常幸运，被发现还配得上他的好评，因为每当他举办家筵，我不仅受邀跟许多可敬的人士同席，而且万一我参加不了时，每天在他好客的餐桌上专门为我摆放了一套餐具；和他的交往中，我总能听到博学生动的谈话，充满了美德与宗教的真正情思。

1 亚历山大·蒲柏，《仿贺拉斯书札》，第2卷，第2封，第276—277行（1732）。

我必须再三恳求读者不要以为我这种不完全的谈话记录包括了约翰生或其他跟他一起生活的杰出人物的全部言谈。然而，我保留下来的东西具有最完全可靠的价值。

这一天他进一步阐释了蒲柏悲观的名句，

> 人无现时福，总要等未来。[1]

他断言，对任何人来说，现在决不是一种快乐的状况；但由于我们意识到的人生的每一部分在某个时间点上是一个尚未到来的阶段，人期望那时会有幸福，因此就有了希望催生的某种快乐。关于这个问题，大家又追问他，他的真实看法是不是，尽管总体而言，快乐在人的一生非常罕见，但人在目前这一时刻，是不是有时候还是快乐的，他的回答是，“从不快乐，除了醉酒的时候”。

他力劝奥格尔索普把他的传记面世。他说：“我知道谁的传记也不会更加引人入胜。如果给我提供材料，我很乐意把它写出来。”[a]

450 安威尔的斯科特先生的《挽歌集》正好搁在屋子里，约翰生博士说：“写得很好；但这种东西很多人都可以写出来。”我听了以后趁机批驳贺拉斯的箴言，

1775年4月10日星期一

> ——mediocribus esse poetis
> Non Di, non homines, non concessêre columnœ.[2]

---

① 亚历山大·蒲柏，《人论》(1732—1734)，第1章，第96行。

a 将军这时似乎无意着手此事；但后来有一次他给我讲了一些事情，我把它们都写下来了；但我不够勤快，未能从他那里获取更多材料，也没有想到他的朋友们这么快就失去了他；因为尽管他年事已高，但身体非常健康，精力十分旺盛，却最终被一次高烧夺走了性命，这种病在人生的哪个阶段往往都是致命的。

② “因为神、人和书商都不允许诗人成为二流”——贺拉斯，《诗艺》，第2节，第372—373行。

因为这是，（我说）一个中流诗人，他讨很多读者的喜欢，因此中流诗歌应当受到重视；我不明白为什么诗歌不应当像其他任何东西一样，分出个三六九等，因此价值也各不相同。约翰生重复了那种公论："由于诗歌根本没有必要存在，它仅仅是一种奢侈品，一种愉悦的工具，所以它没有价值，除了写得精美绝伦。"[①] 我声称对这种说法并不满意。"嘿，先生，那就（他说）由贺拉斯和你来决定吧。"他谈话的兴致不是很高。

有几天我的日记里再没有出现他的言谈，只有这么一件事，一位先生[②] 告诉他，他给自己的夫人买了一套花边衣裙，他说："好啊，先生，你做了件好事，也干了件聪明事。""我做了件好事，（那位先生说）但我不知道我也干了件聪明事。"**约翰生**："是啊，先生，花钱买得阖家满意，这钱花得再好不过了。男人看见妻子穿得跟别人一样漂亮，心里高兴，妻子穿得漂漂亮亮心里也高兴。"

4 月 14 日，星期五，由于是受难节，我按照这一天的惯例，早上去看望他，并且一起吃了早餐。我注意到他斋戒如此严格，就连面包也不尝一口，茶里不加奶；我估计因为奶是动物类食物的缘故吧。

他开始谈国家状况，这样说道："先生，现在的大难是政府权力太小。它得给的一切，必须拿出来支撑自己；所以它不能论功行赏。譬如说，现在谁也不能因为他的学识和虔诚被任命为主教[a]；他唯一的晋升机会就是跟某个关乎议会利益的人拉关系。本朝好几届内阁在迎合民意时互相挤对。比尤特勋爵尽管是个非常可敬的人，一个用心良苦的人，一个血液里充溢着君权的人，但却是个理论上的政治家，一个书呆子首相，认为这个国家只能在君主的影响下治理。于是，先生，他付出得太多。他奉劝国王同意法官的职位应当终身

① 出处不详。
② 詹姆斯·鲍斯威尔。
a 关于这一过于公正的说法，有些突出的例外。

制，而不是新王登基就丧失其职位。我想，比尤特勋爵认为通过这一让步会使国王更得民心；然而老百姓并不买这个账；这反而成了
451 一个最无政治眼光的举措。为什么一名法官拥有终身职位，担任公
1775年4月14日星期五 职的其他人却不行，这没有任何道理。法官除了对国王是可以有所偏向的；我们看见过法官偏向民众的表现。法官可能会变腐败，却不会有于他不利的法律证据。年事一高，法官可能变得刚愎自用。一名法官可能会在很多方面不称职。他可能会被一位新王解职，这是有好处的。这现在已被国王特准的一项议会法案通过了。比尤特勋爵奉劝国王放弃一笔巨款[a]，却无人因此感谢过他。这笔钱对国王事关重大，对大众却算不了什么，如果把它分给大家的话。我说比尤特勋爵奉劝时，我的意思是，那种举措是在他担任首相期间做出的，我们应当估计是他提出的这些举措。——比尤特勋爵显示了一种对苏格兰人的不适当的偏向。他把一个非常杰出的人物尼科尔斯①医生逐出国王御医的岗位，给他的一个职业水平低下的同胞②腾出地方。他叫***********③和****④替他跑腿。他有叫人替他跑腿的必要，但他不应当叫苏格兰人替他跑腿；当然，他就不应当允许他们

a 这笔钱有的是从在宣战前被巴黎和平条约给予国王陛下的捕获财产变现而来，总额在七十万英镑以上，有的从割让岛屿的土地上变现而来，估价在二十万英镑以上。当然存在君王对百姓的丰厚赠予。应当记住的是，在比尤特勋爵执政期间，国王开恩，欣然放弃了国王的世袭收益，却接收了一年八十万英镑的有限数额；对于此事，布莱克斯通说道："这笔世袭收益，由于处于像其他各项公共世袭财产同样的管理之下，会比此前产出更多，也更好收取；公众从国王陛下的这笔无私的赠予中每年获益十万英镑以上。"卷1，第8章，第330页。

① 尼科尔斯（Frank Nicholls，1699—1778），解剖学家、医生；皇家学会会员（1728）；《简捷解剖》（1732）的作者；皇家医师学院研究员（1732），拉姆利讲师（1746）；举办组织微解剖讲座的第一人；教学风格和方法大大地影响了威廉·亨特。

② W.邓肯医生。

③ 亚历山大·韦德伯恩。

④ 戏剧家约翰·霍姆。

在英国首要人物面前接近他。”

我告诉他，准许他们当中的一个出现在英格兰首要人物面前，是构成了最大的冒犯，这件事充其量也就是每位首相接见会上经常出现的情况，那些参加的人员是按照先来后到的次序被允许进入的，这比按照地位进入要好；因为如果按地位进成了规矩，那么一个等了整整一个上午的人眼睁睁地看见一位贵族刚到，就在他前面进去，却让他一直等下去，他就会觉得颜面扫地。**约翰生**：“不错，先生；不过 **** 不应当来参加接见，杂在要人中间碍事。他随时都看得见比尤特勋爵；任何时候能像接见时一样把要说的话说出来。在下院里现在没有首相，有的只是政府的一位代理。我们是由内阁统治的：然而就像罗伯特·沃尔浦尔爵士时代那样，那里设有一个首脑。”**鲍斯威尔**：“那么，先生，议会有什么用呢？”**约翰生**：“嘿，先生，议会是国王的一个更大的顾问班子，这样一个顾问班子的好处就是，由于拥有很多与立法机关有关的有产业的人，这些人为了自己的利益，不会赞同不合理的法律的。你一定注意到了，先生，
政府软弱胆小，不能以必要的权威和决心办事。要是我掌权，我就 452
要把凡是胆敢反对我的人统统撵出去。政府有权配置职位，这样才 1775年4月14日星期五
能维护自己的权威。”

“比尤特勋爵（他补充说）下野太快，没有建立起什么新东西。”**鲍斯威尔**：“先生，因为他发现的是一个腐朽的建筑物，那辆政治马车是由一套驽马拉的：必须换马才行。”**约翰生**：“不过他应当逐个更换。”

我告诉他奥姆先生曾告诉我，东印度的很多地方在地图上标示得比苏格兰高地还清楚。**约翰生**：“一个可以用地图标示的地区，人必须走遍才行。”“也是，（我说，存心笑话他的一种偏见，）你总不能说，它不值得用地图标示出来吧？”

我们向圣克雷芒教堂走去，看见在这个基督教世界最庄严的斋戒日仍有好几家商店开门营业，我说，伦敦太大，造成的一个不利之处就是邻居之间不闻不问；不过受难节，也不怕有人非难，本来

应当认认真真过节，乡下的城镇现在仍然这样。他说，即便在伦敦，总体而言，这个节还是认认真真过的。然而，他也承认伦敦实在太大；但又补充说："头大身子小的说法是胡说八道。身子多大头多大；也就是说，乡下一直非常广阔。这跟头身关联没有相似之处。"

牛津大学大学学院院长韦瑟雷尔博士陪我们从教堂回到家中；他走后又来了两位先生[1]，一个发了一顿老套牢骚，说税收增加，劳力就变贵，别的国家物价比我们低廉，我们的商贸就会毁于一旦。**约翰生**（笑了笑）："别怕，先生。我们的商贸情况很好；就算我们干脆没有商贸，我们也能靠本国出产生活得很好。"我不能不说，我从没有见过比约翰生更不爱发牢骚的人。不管话题是他自己的情况，还是大众的处境，还是人性的一般情状，尽管他看见邪恶大行其道，他心里总是致力于着手解决，从不唉声叹气，怨天尤人。

下午，我们又去圣克雷芒教堂。他给早上的布道士[2]挑毛拣刺，认为选的经文跟这个日子不对茬。下午的布道士[3]选得非常适当："这就对头了。"

晚间礼拜结束后，他说："好啦，你跟我一起回家，只坐一个小时。"不过他做得比说的还要好；因为我们跟威廉斯夫人喝过茶后，他要我上楼到他的书房去，我们在一种宁静而没有干扰的心境中又坐了好长一段时间，有时候相对无言，有时候侃侃而谈，当我们觉
453 得有话想说，或者说话更加适当，因为他有话想说的时候；因为在
1775年4月14日星期五 跟他长时间的亲近过程中，我对他的敬仰之情一直有增无减，我聆听他的妙语的希望如此迫切，所以时时刻刻都在注视着从那伟大发光的心灵里发出的每一缕交流的曙光。

他说："一切知识本质上都具有一定价值。没有一件东西微不

---

① 爱德华·迪利和约翰·米勒爵士。

② 约翰·伯罗斯牧师。

③ S.波帕姆牧师。

足道到我干脆不想知道的地步。同样，所有本领无论哪一种，本质上都是可取的。一个男人不肯屈才向老婆或老婆的丫环学缝衣服的褶边；但如果一种单纯的愿望能取得这种能力，他倒希望有能力缝褶边。”

他再次劝我日记要写得全面而详细，但不要记鸡毛蒜皮之类的琐事，如肉烧得太老或者太嫩，天气是天晴还是下雨之类。他到临死，一直对天气影响人体的观点嗤之以鼻。

我告诉他，我们的朋友哥尔德斯密斯对我说过，他出世太晚，结果蒲柏和其他诗人已经占满了名人堂的位置；所以本来任何一个阶段能享有诗名的人就寥寥无几，现在一个天才人物就几乎享受不到这一殊荣了。**约翰生**：“这是我听到哥尔德斯密斯说过的最有见地的话语之一。赢得文名本来就难，而且这个难度又在与日俱增。啊，先生，这应当让一个人想到把握另外一个世界的快乐，凡是全心全意努力追求的人都可以获得这种快乐。跟这相比，其他的一切是何等渺小！不朽的信念铭刻在所有人的心头，人人都在它的印象下行动，无论人们要怎么说，可是大家也许很少意识到它。”我说，我觉得有些人没有一丁点儿不朽的想法；我还提到我们认识的一位出类拔萃的先生①。**约翰生**：“先生，如果那不是赞成不朽的想法，他会割下一个喉咙填自己的口袋。”我把这话原原本本转述给博克莱尔，由于他对这位先生的了解比我们透彻得多，他听了以后用尖酸的口气说：“如果不是害怕受绞刑，他会割下一个喉咙填自己的口袋。”

约翰生博士接着说：“先生，关于不信教的呼声甚嚣尘上；可实际上，不信教者人数寥寥，有个人原本是个贵格会教徒，现在恐怕成了一名自然神论者②，我听他说过，他不相信全英国不信教的人数能超过二百人。”

他欣然说道：“如果你来这里住。我们一星期就会有一天单独

---

① 查尔斯·福克斯。
② 理查德·布罗克斯比医生。

相处的时间。那就是最快乐的交谈，没有竞争，没有虚荣，有的只是平平静静的情思交流。”在他当晚的私人记录中，有这样的记载，“鲍斯威尔和我坐到深夜；我们有一些严肃认真的交谈”。[a] 同一记录中显示，我离开以后，他又忙于一些宗教义务，“给他的仆人弗兰西斯做一些领受圣餐的指示；检讨生活，决心改进”。他在这样一些场
454 合流露出的谦卑与虔诚真能发人深省。不管怎么样，没有一个圣徒
1775年4月14日星期五 在自己宗教斗争的过程中比约翰生更能认识到虔诚决定的那种不幸的失败。有一天，在跟一位熟人① 谈论这个问题时，他说：“先生，地狱是用善意铺路的。”[b]

4 月 16 日，星期日，由于是复活节，在圣保罗大教堂参加过庄严的仪式后，我与约翰生博士和威廉斯夫人一起吃饭。我坚持认为贺拉斯把快乐置于 Nil admirari② 之中是错误的，因为我认为赞赏是我们所有的感受中最惬意的感受之一；我感到遗憾的是，自己已经失去了很多赞赏的性情，人随着年龄的增长，一般都是这样。**约翰生**：“先生，人一上年纪，得到的东西就比赞赏更胜一筹——判断力，按事物的真正价值去评估事物。”我仍然坚持赞赏比判断更令人愉快，就像爱情比友谊更令人愉快一样。友谊的感受就像吃了一肚子的烤牛肉，畅快，爱情却像喝了香槟，令人振奋。**约翰生**：“不对，先生，赞赏和爱情就像喝了香槟，令人陶醉；判断和友谊令人振奋。沃勒跟你的想法不谋而合[c]。不过，我不相信你借用的是沃勒

---

a 《祈祷文与默想录》，第 138 页。

① 可能是詹姆斯·鲍斯威尔。

b 〔这是一句格言。“地狱，”赫伯特说，“充满了善意。”《明智的投枪》第 11 页，1651 版。〕

② “没有该受赞赏的东西”——贺拉斯，《书札》第 1 卷，第 6 封，第 1 行。

c 阿莫雷特优异香甜，
就像美味佳肴一般，
佳肴只有经过品尝才能
赋予生命，给心以欢欣。
萨查丽莎的美就是酒浆，

（转下页）

的想法。我希望你能有能力借鉴更多。”

于是他抓住机会大谈特谈读书的好处，并且反驳那种浮浅的观点，认为言谈之中就可获得足够的知识。“基础（他说）必须靠读书打。大原则又必须来自书本，不过它们必须经受真实生活的检验。言谈之中你永远得不到一个体系。关于一个问题的言谈必须从百人中汇集起来。一个人这样得到的是一条真理的诸多部分，这些部分又彼此相差千里，所以他永远看不到全貌。”

致本内特·兰顿先生

亲爱的先生，——我悉心打听过治风湿病的药，你还需要它，令人遗憾。处方是这样的：

取等量的硫磺粉和芥子粉，用蜂蜜或糖浆调成糊；一次服肉豆蔻大小的一丸，按你的承受能力一日数次：服完后再喝四分之一品脱拉维纪草根浸剂。

拉维纪草在雷的《术语录》中叫 Levisticum：也许植物学家知道这个拉丁名称。 455

1775年4月18日星期二

关于这种药，我不妄下断语。功效还是明显的，可以提供一个例子：有个病人年纪很大，疼痛剧烈难忍，服过后我认为立即缓解，而且不再复发。

我对偏方药评价并不高，不过 quid tentasse nocebit① ？如果有害或者无效，那就算了；不过可能有效，我希望，你有理由认为，抱这种期望的是你最挚爱、恭顺的仆人，

1775 年 4 月 17 日。　　**塞姆·约翰生**

（接上页）

它确实接近疯狂；
那是凡间的头脑
无法消受的醇醪。[1]

1 埃德蒙·沃勒，《致阿莫雷特》，第2节，第39—46行。

① “试一下没有害处”。

4月18日，星期二，他和我约定同乔舒亚·雷诺兹爵士到特威克纳姆附近泰晤士河畔坎布里奇[1]先生的美丽别墅里聚餐。约翰生博士行动过于迟缓，搞得当天早些时候在里士满还有约会的乔舒亚爵士只好骑马单行，把他的车子留给约翰生和我。约翰生精神极好，我们驱车前行，沿途事事好像都令人开心。

我们的话题变化多端。他认为画肖像对女人来说是个不适当的工作。"当众练习任何技艺，（他说）而且死盯着男人的脸，对一名女性来说是不得体的。"我碰巧提出了一个关于得体的问题，一个人知道他的几个非常亲密的朋友被邀请到另一个朋友家里，大家跟这位朋友都是一样亲密，那么这人是否可以在未受邀请的情况下也参加进来呢？**约翰生**："不可以，先生；他未受到邀请，就不应该去。他们可能是应邀专门说他的坏话的（莞尔一笑）。"

一个人对自己在世界上的特点知道得多么少，或者希望知道得多么少，作为一个奇异的例子，或者不如说，约翰生的粗鲁仅仅是外表上的，不是出自内心的，作为一个令人信服的证据，我穿插了下面一段对话。**约翰生**："真是不可思议，先生，好脾气在人生中是多么难得一见的品质。我们遇见的好脾气的人少之又少。"我提到我们的四位朋友[2]，他认为其中没有一个算得上好脾气。一个尖酸，一个黏糊，他对另外两个的非议我想不起来了。然后，他在马车上摇了摇头，伸了个懒腰，颇为得意地笑了笑，转向我这边说道："我看我自己就是一个好脾气的伙计。"把"伙计"这个词用到这位伟大的词典编纂家、庄严的道德家、大师级的批评家身上，仿佛他就是塞姆·约翰生，一个纯粹的快乐伙伴，真够逗人的。他这样子小看

---

① 坎布里奇（Richard Owen Cambridge，1717—1802），诗人、散文家；《斯克里布勒纪》（1751）的作者；爱德华·莫尔的《世界》杂志（1753—1756）撰稿人；委托人作了一幅鲍斯威尔和约翰生的讽刺雕版画刊印在他的《作品集》上。

② 乔舒亚·雷诺兹爵士，埃德蒙·伯克，托珀姆·博克莱尔（尖酸）和本内特·兰顿（黏糊）。

自己，给了我莫名的惊诧。我也笑着回答："哪里，哪里，先生；这么说可不行。你是好心肠，却不是好脾气：你性情暴躁。你对愚蠢和荒唐没有什么耐心。我相信如果有时间打消你的报复欲望的话，你会原谅这些表现的；然而宣判过后惩罚立即实施，它们就无法脱逃。"

456

1775年4月18日星期二

我带来了一大捆苏格兰报刊，上面对他的《苏格兰西部诸岛纪游》从方方面面大肆攻击；我把一大部分读给他听，因为我知道这些文章都是他的开心果。我想文章的作者们要是亲临现场：他们就会恼羞成怒的。有一篇文章的作者是麦克拉林，现在是苏格兰法官之一，头衔是德雷霍恩大法官，这篇文章对约翰生的风格进行了滑稽模仿，约翰生把它与那一堆粗制滥造的东西区分开。"这一篇（他说）是最好的。不过我自己能把自己的风格做好得多的漫画化处理。"他替自己关于苏格兰教育普遍不足的言论辩护；并且向我确认他关于苏格兰人学识的妙语——"他们的学问就像一座围城里的面包：人人吃一点，但没有一个人一顿能吃饱。""在苏格兰（他说）有一种学识散播，把它的某一部分播散得又广又稀。那里的商人的学识跟牧师的一样多。"

他谈到艾萨克·沃尔顿的《传记集》，这是他最喜爱的著作之一。多恩博士的《传》，他说，是其中最完美的。他说："不可思议的是，沃尔顿生活境遇非常低下，竟然受到这么多伟人的亲切接待，那个时代社会等级的区分可是比现在还大。"他估计沃尔顿放弃了他的布商和裁缝的营生，一门心思地当作家[a]；又补充说："他是一位伟大的赞颂文作者。"**鲍斯威尔**："没有任何品质比一种赞赏他人品质的性情能使一个人赢得更多的朋友。我说的不是奉承，而是心悦诚服的赞赏。"**约翰生**："不，先生，奉承一般来说讨人喜欢。首先，

a 〔约翰生的猜测有误。沃尔顿直到1643年才退出商界。然而在1664年，奇切斯特主教金博士在附在他的《传记集》前的一封信中提到他们有四十年的交情：1631年他跟多恩博士亲密无间，是多恩弥留之际在病床旁陪伴的朋友之一。——J.B-O.〕

奉承者也许认为他说的是实话；其次，不管他是不是这样认为，他肯定认为他所奉承的人足够重要，应当奉承。”

我们一进坎布里奇先生的书房，约翰生就急不可耐地跑向房间的一侧，专心查看书脊[a]。乔舒亚爵士说（旁白）：“他冲着书跑去，就像我冲着画跑去一样：但我有优势。我看画比他看书看得清楚得多。”坎布里奇先生听到后：非常礼貌地说：“约翰生博士，请您原谅，我可要自责了，我发现我跟您有个相同的习惯。一个人竟然那么渴望查看书脊，好像有古怪之嫌吧。”随时都想争一短长的约翰生，立即从沉思中惊起，忽地转过身来，答道：“先生，道理非常明白。知识有两种。我们自己知道一个问题，或者我们知道我们能从哪里找到有关这个问题的信息。我们研究任何问题时，要做的第一件事就是知道哪些书已经探讨过这个问题。这就导致我们在图书馆里要查目录，查书脊。”乔舒亚爵士对我说到约翰生扑上一场辩论的非凡的敏捷。“是啊，（我说）他没有正式准备，没有舞剑弄枪，一下子就穿透了你的身体。”

在这里约翰生受到高雅的款待，遇到一家涵养很高的人和非常优秀的同好，深感欣慰，同好中有索尔兹伯里的哈里斯先生，他对约翰生《苏格兰西部诸岛纪游》赞誉有加。

457 有人对读史的用途发表了一般性的议论。——**约翰生**：“我们必

1775年
4月18日
星期二

须考虑史料的奇缺；我指的是真实可信的史料。一些国王在位，打了一些仗，我们可以信赖是真的，但史书的一切渲染，一切哲学见解统统是臆测。”**鲍斯威尔**：“这么说来，先生，你把所有的史书贬到一本历书的水平，只不过是按年代顺序编排的一系列大事年表而已。”在座的吉本先生这时候肯定已经着手写他的《史》了，因为他于翌年出版了该书的第一卷；但他没有出来为这类作品辩护。他也

---

a 〔他第一次跟我一起吃饭时，被领进了我的书房，便立即查看他看得见的每本书的书脊上烫印的字。我的藏书很杂，我怕其中有些他不会喜欢。然而看到藏书的数目十分可观，他说：“你是个诚实人，形成了这么大的知识积累。”——B.〕

许不想把自己交给**约翰生**吧[a]！

约翰生说，我们早期的习惯势力太大，尽管理性认可，不，见识欣赏另辟蹊径，但几乎人人又回到习惯上来。我相信关于人性的观点再没有比这有更好的根据：在很多情况下，这是一个令人痛心的真理；因为凡是早期习惯恶劣的地方，由较好的生活方式引起的欢乐与崇高肯定会被这样一种阴沉的意识泼上冰水，那就是，人们觉得几乎注定要陷进一种我们回想起来就恶心的处境。这种情况由于人们对于养成优越高效的相反习惯的持续关注和不懈努力肯定可以防止。

有人提及《乞丐的歌剧》① 和这样一个普遍的问题，它是否影响恶劣。——**约翰生**："这个问题人们一直争论不休，我本人的看法是，人们所认为的《乞丐的歌剧》的影响要比它实际具有的大；因为我不相信有人因为看了这出戏就变成了恶棍。同时我也不否认它可能有一定影响，因为它把一个恶棍的性格塑造得亲切，在某种程度上讨人喜欢。"[b] 然后他好像鼓了一下劲要给沉重的一击似的："里面那种对所有原则的颠覆可能会有损道德。"

当他发出这样的回应时，我们坐着显出一副强忍着的滑稽样子，

---

a　见前边码第448页。

①　约翰·盖伊《乞丐的歌剧》(1728)。约翰·盖伊（John Gay，1685—1732），诗人、剧作家；斯克里布勒鲁斯俱乐部成员；蒲柏的密友与合作者；蒙茅斯公爵夫人的秘书和管家（1712）；诗作有《乡村游戏》(1713）和《牧羊人的一周》(1714)，然而声名却主要建立在剧作《乞丐的歌剧》(1728）上，声誉在死后受到蒲柏和斯威夫特的维护。

b　一位非常杰出的医生[1]在判断人的特点上的洞察力跟在他自己的专业上一样敏锐透彻，我听见有次他在一家俱乐部说，一个生龙活虎的年轻人，爱寻乐，没有钱，看完《乞丐的歌剧》后简直抵不住情妇的教唆去拦路抢劫。我听到过吉本先生的巧妙说法："《乞丐的歌剧》可能有时候会增加拦路抢劫的人数；但它也有一种有益的功效，那就是，使那一类人变文雅，使他们不像过去那么凶残，而是更有礼貌，总而言之，更像绅士。"听了此话，考特尼先生说："盖伊是剪径之徒的俄耳甫斯。"

1　也许是约翰·普林格尔。

458

1775年4月18日星期二

把笑声憋在嗓子眼里，唯恐迸发出来。在他的《盖伊传》中，他对《乞丐的歌剧》不足以败坏社会风气的看法更加坚定。然而，我一直另有看法；因为，说实在的，不仅剪径之徒的快活与英雄气概令年轻人的想象着迷，而且支持冒险劫掠的论点显得头头是道，影射生动活泼，与普通更辛苦的挣钱手段的对比展现得非常巧妙，所以要抵制如此气势恢宏的力量集结，需要一种冷静强大的判断力：不过我承认让《乞丐的歌剧》禁演，我应当感到十分遗憾；因为里面有如此多的真实的伦敦生活，如此多才气横溢的巧智，如此千变万化的氛围，它们从早先的观念联想中吸引、宽慰、活跃人的心灵，所以剧院上演的节目再没有比它更让我欣喜的了。

已故的“可敬的”昆斯伯里公爵①，汤姆逊在他的《四季》中就是这样正确地概括他的②，他曾告诉我，当盖伊初次把他的《乞丐的歌剧》拿给他看时，这位公爵大人的说法是，“这是一件很奇怪的东西，盖伊；我感到满意的是，它要么是一件很好的东西，要么就是一件很坏的东西”。事实证明是前者，超出了作者或朋友们的最热烈的期望。然而，坎布里奇先生今天向我们表示，对于它的成功，有充分的理由表示怀疑。奎因③告诉他，在头一晚的演出期间，长时间处于一种不知可否的状态；有一种指责的倾向，却被这首歌挽救回来，

---

① 昆斯伯里公爵（Charles Douglas，1st Duke of Queensberry，1698—1778），盖伊的朋友，廷臣、政治家；英王侍臣（1721）；苏格兰海军中将（1722）；枢密院官员（1726）；在其妻因宫务大臣拒不批准盖伊的《波莉》上演表示激愤后辞职（1729）；苏格兰掌玺大臣（1761—1763）；最高法院院长（1763—1778）；被鲍斯威尔概括为“一个最富人性和风度文雅的人”。

② 詹姆斯·汤姆逊，《夏》（1727），第1423行。

③ 奎因（James Quin，1693—1766），演员；在林肯律师学院场演过奥瑟罗、麦克白斯、里亚王，《尤利乌斯·恺撒》中的布鲁图和《乞丐的歌剧》中的麦克希思等角色；在罗伯特·威尔克斯去世（1732）到加里克在伦敦登台演出（1741）之间的英国首要演员；一般而言，与加里克相比，人气稍逊，但在《亨利四世上篇》中演福斯塔夫与加里克的霍茨波配戏非常成功。

啊，好好想想！不要苛刻！

观众被波莉纯真的眼神大为感动，因为这时她念出这两行台词同时展示出一种啼笑皆非的意象，

因为要绞死我亲爱的人的绳索上，
依托着可怜的波莉的性命。

奎因本人对这出戏的看法很坏，所以他拒绝扮演麦克希思头领这个角色，把它交给了沃克[①]，沃克以他严肃而又生动的表演，声誉鹊起。

我们谈到一位年轻绅士与一位杰出歌手的婚姻[②]，以及他决定她不应当再当众唱歌，尽管他父亲极力主张她应当唱，因为她的天赋会得到丰厚的回报，使她发财致富。提出的问题是，这位年轻绅士，在世界上一文不名，却有非凡的天赋，他是否清高、傲气得愚蠢，他的父亲是否真正理性而不低俗。约翰生，像罗马元老院议员那样精神抖擞，高声说道："他的决定明智而高贵，没有问题，他是个勇敢的人。一个绅士让他的太太当众卖唱难道不丢人吗？先生，这没有疑问。让我老婆当一名大众歌手和我自己去当，我不知道哪个更难接受。"

约翰生指责本国的现代政治全然无原则可言。"政治（他说）现在只不过是在世界上飞黄腾达的手段。这是人们从政的唯一目标，459
所以也是他们行为的出发点。在这一方面，国家的现状与篡位期间的查理一世时代和复辟之后的查理二世时代有天壤之别。《休迪布

1775年
4月18日
星期二

① 沃克（Thomas Walker，1698—1744），演员、剧作家；朱瑞巷喜剧演员，1715年首次登台；在南瓦克市场的鸟笼巷经营自己的大包间；1721年迁往林肯律师学院场；演《乞丐的歌剧》中的麦克希思这个角色时确立了自己的地位；终生为债务所困。

② 理查德·布林斯利·谢立丹与伊丽莎白·林利。

拉斯》[①] 提供了一个强有力的证据，证明当时政治原则多么牢牢地抓住了人心。《休迪布拉斯》含金量很高，而且经久不衰。但是毫无疑问，他的智趣最耀眼的发挥，其力量来自人物在当时人的心头留下的印象，来自人们在桌边、在街上了解这些人物；一句话，对他们了如指掌；尤其来自他针对刚才人们还又是憎恨又是恐惧的那些人做的讽刺。这个国家整体而言一直是忠心不贰的，一直属于君王的，尽管少数胆大包天的反叛者有段时间势力熏天。谋杀查理一世无疑没有得到百姓的认同。如果情况是这样，议会就不会悍然给弑君党人应得的惩罚。我们知道查理二世复辟之后人们是怎样欣喜若狂。如果查理二世是一门心思地做此事，把它当作自己唯一的目标，他也许就会像路易十四一样专横。”一位先生[②] 说，就算他是这样，也不会造成什么恶果。**约翰生**：“嘿，先生，专制君王很少有酿成恶果的。然而，受他们统治的人受的却是运气的统治。良好的统治没有保障。”**坎布里奇**：“专权有很多可悲的受害者。”**约翰生**：“先生，得民心的党派也是如此。”**鲍斯威尔**：“问题是，哪一个最坏，一只野兽还是很多野兽？”

约翰生赞扬《旁观者》，尤其是罗杰·德·利弗利爵士[③] 这个人物。他说：“罗杰爵士并不像人们一般想的那样死于非命。他不是被杀死的；他之所以死，只是因为别人也要死，是因为他的死给艾迪生提供了写精彩文章的机会。我们有塞万提斯让堂吉诃德死的例子。——我永远也看不明白为什么把罗杰爵士表现得有点儿癫狂。我觉得寡妇的故事是有意做一些铺垫：但是上层建筑却没有出现。”

有人[④] 对用死语写的诗吹毛求疵，认为那纯粹是文字堆砌，并嘲笑牛津、剑桥这类大学不仅出希腊文、拉丁文的诗集，甚而至于出

---

① 塞缪尔·勃特勒，《休迪布拉斯》（1663—1680），一首反长老会的戏拟诗。

② 詹姆斯·鲍斯威尔。

③ 《旁观者》上托利党态度的化身。

④ 乔舒亚·雷诺兹爵士。

古叙利亚文、阿拉伯文和其他更鲜为人知的语言的诗集。**约翰生**：“我倒希望这些东西尽可能地多；我倒想有千方百计获得的每种语言写的诗。谁也无法想象一所大学一下子出两百个诗人；但他应当能拿出两百个学者来。悲悼皮埃雷斯克[①]之死的诗我想有四十种语言。我希望每当一位国王加冕，宴驾，每次Gaudium[②]，每次Luctus[③]，都有即景诗出现。大学的诗能搞到多少语言就出多少语言。我倒希望让世界知道，‘这是一所什么都可以学到的学校’。”

第二天，我就动身到威尔顿去拜访彭布鲁克伯爵[④]，又到德文郡的马姆海德看望朋友坦普尔先生[a]，直到五月二日才回到城里，所以好长一段时间没有看到约翰生博士，我在伦敦居留的剩余的日子里，对他的言谈做了一些很不完善的笔记，大多都是按我通常的习惯在事后不久写下来的，本来很多都可以保存下来的，但现在却不可挽回地遗失了。现在我只能记录一些特殊的场景，和他的备忘录的一些片段。然而为了弥补我在一个方面的懈怠，我必须向读者呈现他惠赠予我的关于两个法律案件的一些论点。 460

1775年
5月6日
星期六

五月六日，星期六，我们俩在“主教冠”吃饭，他口授我笔录了下面的意见，以避免已经提到过的那次申诉[b]，那是由阿伯丁的梅米斯大夫在苏格兰最高民事法庭以一起诉讼的形式提出的，因为在同一份提到医生的章程的翻译中，他被称为医学博士。

“对于一名医生，只有两条理由可以拒绝医学博士的称号，要么是因为他认为博士有损于他的地位，要么是因为他认为他自己有

---

① 皮埃雷斯克（Nicoles Pieresc，1580—1637），法国文物专家、语文学家。

② 欢庆。

③ 举丧。

④ 彭布鲁克伯爵（Henry Herbert，10th Earl of Pembroke，1737—1794），军官；威尔特郡治安长官（1756）；威尔士亲王侍臣（1756—1762）；国王侍臣（1769—1780）；乔治二世的侍从武官（1758）；《驯马与教士兵骑马方法》（1761）的作者；晋升中将（1770）；晋升上将（1780）；朴次茅斯长官（1782）。

a 见前边码第432页。

b 见前边码第418页。

损于博士这个称号。这是一个他与同行的每一个光辉名字，与布尔哈弗，与阿巴思诺特，与卡伦[1]共享的称号，被这样一个称号贬损肯定降低不了任何人的声誉。我认为他要把自己行医的权利归功于他为之退缩的博士称号。医学博士就是受法律保护的医生，打上了权威的印记。不是博士的医生侵占了一种职业，自己给自己授权决定健康与病痛，生存与死亡。这位先生是博士，他的证书说明了一切；证书不是强加给他的，而是通过请求获得的，而且为此还得付费。一个人面带什么表情拒绝他或者请求或者求购而得的称号，是不容易被发现的。

"一切言辞伤害里面肯定包含着不是某种虚假的状况，就是不必要地宣告了诽谤性的实情。称他博士，给了他一个假称号，他自己并不想妄称，在他抱怨这一称号的同时，如果我们认为他不是博士，谁还会生气。如果博士的称号是一种诽谤性的真实，那就该解散我们的学院了；为什么公众还要给那些人发薪金呢，他们赞同的不就是耻辱吗？考虑能给那些医学教授们什么帮助就值得公众注意了，因为他们跟这位不幸的先生共有这个不光彩的称号，说起他们时街上的孩子们都不怕说：博士来了。

461 "博士这个词的含义众所周知。它表明被授予这个称号的人获取了那种有资格教育他人的专业知识。法学博士就是能靠自己的令状充当律师的人。医学博士就是能教治病技艺的人。有句古话，没有人认为应予否认，Nil dat quod non habet[2]。按照这个原则，成为博士就意味着技艺，因为 nemo docet quod non didicit[3]。在英国，无论谁行医，即便不是博士，必须有行医执照：然而博士学位本身就表示了一种执照。

1775年5月8日星期一

① 卡伦（William Cullen，1710—1790），药剂师、医生；格拉斯哥大学医学教授（1751）；爱丁堡皇家医院讲师，处在18世纪中叶迷恋神经系统的前沿；皇家学会会员（1777），《病理学方法概要》（1769）的作者。

② "身无一物的人拿不出东西"。

③ "谁也教不了自己没有学到的东西"。

“出于什么偶然，提及他和其他医生时用了不同的称谓，在什么地方这些称谓本身意思等同，或者在什么地方其实这个用到他身上的称谓更加光荣，也许连起草该文件的人现在也记不得了。如果他们预料到那么一点小小的变异会惹起一场官司，我想他们会避免这种异变的[a]。然而，也许他们没有恶意，他们也没有想到危险，因此，也就只考虑他们觉得合适或方便的词语。”

几天之后，我就佩特森等人告亚历山大等人的一起诉讼案件征求他的意见，这个案件已在苏格兰最高民事法院投票判决，认定斯特林市政府当局腐败，宣布他们一些官员的选举无效，因为事实证明，影响多数人的三名高官签订了一份不正当的合同，然而大多数人却不知情。稍加考虑，他就这个问题口授了下面的语句：

“多数和优势之间是有区别的；多数适于数目，优势适用于势力；势力像其他很多东西一样，应当 non numero sed pondere① 评估。现在虽说大多数不腐败，但大量是腐败的，所以就集体而言，这个市镇腐败占主导地位，尽管也许就人数而言，大多数人可能并不腐败。这个如此建制以至于行为腐败的市镇，在理性的心目中就是腐败的，不管由少数人失控的权力所致，还是多数人偶然的腐化引起。强调使无辜蒙受有罪的这种不公的反对意见，不仅是反对社会，而且是反对社会的可能性。一切社会，无论大小，靠这样一个条件维系；那就是个人从联合中得到好处，同样也遭受种种不便；那些什么也不干的人和有时候还干坏事的人会享受总体德行和总体繁荣的荣耀和利益，同样，那些什么也不干或者也许做好事的人必须承担普遍腐败的后果。”

我认为这是一个非常棘手的案子；但判决在上院得到了确认。

5 月 8 日，星期一，我们一起去参观贝德勒姆公寓②。我听说先 462

1775 年
5月8日
星期一

a 平心而论，尽管我是梅米斯大夫反方的律师，但我必须说，在该译文印讫前，他就极力反对这种变异。

① 不按数量而按重量。

② 即伯利恒圣马利亚医院，用作接纳和治疗精神错乱者的收容所；原来位于主教门，1676年在伦敦墙附近重建，1815年迁往兰伯思。

前他就跟韦德伯恩先生（现在的拉夫伯勒勋爵），墨菲先生和富特先生到过这里；还听过富特给的一次非常有趣的描述，说约翰生的注意力恰好被一个狂怒的人吸引住了，此人拍打着他的草帽，认为它就是坎伯兰公爵威廉①，这是在惩罚他1746年在苏格兰的残酷行为[a]。这一天没有什么特别突出的事情；然而对癫狂的一般观照却令人感动。我陪他回家，然后跟他一起吃饭，喝茶。

谈到我们的一个熟人②，他在文物和高雅文学方面了解的事项庞杂得非同寻常，约翰生说："你知道，先生，他没有多少心理负担，总是东跑西颠。"谈到另一位机敏的先生③，他是个火暴脾气，跟很多熟人都合不来，总是躲着他们，约翰生说："先生，他过的是亡命之徒的生活。"

5月12日，星期五，他一片好意，早就在他的住宅里给我安排了一个房间，万一我跟他坐得太晚，偶尔还可以在这里留宿，因此，这天夜里，我就住在这里，发现一切都安排得井然有序，诚实的弗兰西斯把我照顾得体贴入微。我问约翰生，我是否可以在星期天去咨询一下另一位律师，因为我觉得这么干活碍事，就像一名工匠在专门规定的宗教休息日干活一样。**约翰生**："嘿，先生，当你举足轻重到足以抗拒星期日的咨询业务时，你应当抗拒：不过你现在就可以走。这并不犯法，尽管它不是这样一个人应该做的，如果他一心要维持并增进虔诚，特别遵奉星期日的礼俗是大有帮助的。道德问题和宗教仪式义务问题之间的区别是清楚的。"

5月13日，星期六，我应邀与他共进早餐，作陪的有一位他

---

① 坎伯兰公爵威廉（William Augustus, Duke of Cumberland，1721—1765），乔治二世之子，陆军军官；嘉德勋位爵士（1730）；晋升少将（1742）；在卡洛登战斗中领导镇压詹姆斯二世党人反叛的战役（1746）；福克斯的亲密伙伴；乔治二世葬礼上的主丧人（1760）；最终被污蔑为"屠夫"。

a 我非常可敬的朋友乔治·霍华德爵士将军曾在坎伯兰公爵麾下服役，他向我保证那些残酷行为不能归咎于殿下。

② 可能是珀西主教或迈克尔·洛特（或莱特）博士。

③ 乔治·斯蒂文斯。

Bethlehem Hospital

曾在爱丁堡见过的苏格兰律师安德鲁·克罗斯比[①]先生，还有爱德华·斯托普福德上校（现为将军），他是考敦勋爵的兄弟，极想被人介绍给约翰生。他们的茶、面包卷、牛油，以及全套早餐用具，样样考究得体，他的举止又如此彬彬有礼，使斯托普福德上校十分惊诧，因为他常听人说约翰生举止邋遢，态度粗鲁。席间的详情我没有保存下来，只记得克罗斯比谈起炼金术来博学老到，约翰生大为欣赏，至于炼金术，约翰生并不是全然不信，而是很乐意考虑金属演变真正经历什么过程，提取黄金有什么捷径；克罗斯比还告诉我

463 们，有人断言俄罗斯境内有个人发现了秘诀，但至死都秘而不宣，

1775年5月27日星期六

因为他想这对社会有害。他补充说，这并不是不可能的，它最终也许人人皆知。

问及一个男人生另一个更受女人喜爱的男人气是否有道理。——**约翰生**："先生，一个男人生另一个更受女人喜爱的男人的气，我看没有什么道理：不过他无疑会生气；却又不愿意生自己的气。"

我定于23日启程回苏格兰，在此之前，我频繁跟他在各种场合见面，这段时间我只记下了他的两次谈话。一次是关于加里克的："他的拉丁文根基不深。他按照文意找出拉丁文，而不是按照拉丁文找出意思。"一次是关于一些游记作家的，他说他们"比其他作家毛病更多"。

17日，我和他相处的时间很长，我发现我的记载只是"笑口常开"。应当说那一天他心情极好，谈笑风生，在那种场合，我从来没有见过有人笑得比他更加开心。我们不妨设想，尽情品味一种跟他习惯性的阴沉大相径庭的状态，便引发出人的那种杰出的能力的超常发挥，要解释这种现象，可叫哲学家茫然。约翰生的笑，像

---

① 安德鲁·克罗斯比（Andrew Crosbie，1736—1785），律师、文物专家；有眼力的图书收藏家；爱丁堡文物学会的创建者和首席会员；他的炼金术知识给约翰生留下了深刻印象；不遵从国教者；鲍斯威尔的亲密朋友和远房亲戚。

他的作风中的任何表现一样，引人注目。那是一种纵情的嗥叫。汤姆·戴维斯对它的形容滑稽到家了："他笑起来活像一头犀牛。"

致**本内特·兰顿先生**

亲爱的先生，——我的一位老抄写员[①]身陷困境。我把自己认为能给的都给了，而且到处求助，现在到了说不上再到哪里去求的地步。今天早晨我给了他四几尼。如果你能再凑三几尼，就会解他的燃眉之急。你最恭顺的仆人，

1775 年 5 月 21 日。　　　　**塞姆·约翰生**

致**詹姆斯·鲍斯威尔先生**

亲爱的先生，——我毫不怀疑你现在已平安到家，把你所有的经历讲给了鲍斯威尔夫人和韦罗妮卡小姐。请教会韦罗妮卡爱我。叫她不要在意妈妈。

思雷尔夫人患了感冒，身心极度失调，不过我希望她已经好了。兰顿先生昨天去了林肯郡，还邀请尼古拉达[a]跟他一起去。博克莱尔谈及去巴斯的事。我打算周一动身；所以除了离散再没有什么情况了。

我已经把黑尔斯大法官引人入胜的书稿奉还了，但再要看必须等我回来，因为我处在流浪状态，追踪寄送很不方便。

我答应麦考利夫人[b]，我会想办法为她儿子上牛津效劳的。此事我没有忘，也不是不愿意兑现。如果他们渴望给他一种英国式教育，应当考虑是否送他先在一所英格兰的学校学习一两年。如果他立马从苏格兰来，就不可能在我 464

1775 年
5月27日
星期六

① 可能是V.J.佩顿，约翰生编《词典》的助手之一。

a 一位博学的希腊人。

b 《圣基尔达史》的作者牧师肯尼思·麦考利先生的夫人。

们的大学里有出色表现。北方的学校我想学费不贵；我年轻的时候办得非常好。

福利斯兄弟[①]出了两本小书，忒勒马科斯和柯林斯的《诗集》，每本一先令；我想要。

替我向鲍斯威尔夫人致意，尽管她不喜欢我。你看女人是多么执拗的东西，封建田产托付给她们多么欠妥。当她情况好转并喜欢我的时候，她的女儿们可能更有希望。

我不想点名向朋友们致意，因为我不愿意有所疏漏。见到他们时，就说我对苏格兰人的彬彬有礼，对苏格兰人的殷勤好客，对苏格兰的美丽以及对苏格兰的一切，评价有多好，但就是对苏格兰的燕麦饼和苏格兰人的偏见不敢恭维。

告诉我拉姆齐的回答以及关于艾伦爵士的判决[a]。你满怀深情的最感激、最恭顺的仆人，

1775年5月27日。 **塞姆·约翰生**

回到苏格兰后我给他写过三封信，现从中摘录下面几段：

"回来之后，我见了黑尔斯大法官。他认为你不辞辛苦修订他的《编年史》令人大喜过望。我告诉他你说你得到了很好的回报，因为你从阅读书稿中得到了乐趣。"

"这个夏天有很多赫布里底群岛人来到爱丁堡，我非常高兴在家里接待他们。唐纳德·麦奎因[b]先生和蒙博多大法官有天晚上和我一起共进晚餐。他们一起反驳你的主张：苏格兰高地和群岛的盖尔语直到最近还没有文字。"

"这个夏天我的心情一直有点阴暗。我需要你的和煦阳光；希望

---

① 福利斯兄弟（Andrew Foulis，1712—1775和Robert Foulis，1707—1776），格拉斯哥印刷商、书商。

a 麦克莱恩宗族的族长艾伦·麦克莱恩爵士发起的一起诉讼案件，旨在从阿盖尔公爵手中要回他的家产的若干部分。

b 天岛的一位非常博学的牧师，约翰生博士和我都已关心地提到过。

我会经常得到它们。我打算到阿夫莱克与家父过一段时光。”

致詹姆斯·鲍斯威尔先生

亲爱的先生，——我在一年一度的中部诸郡漫游后已经返回。看见的都是先前已经见过的，所以没有什么可说的。时光没有给这部分岛国留下什么文物古迹；商业给民众没有留下什么特点。我高兴出外走走，或许也高兴回家待着；换句话说，我担心在家里待腻了，在外面走腻了。这不就是人生的状态吗？可是，如果我们承认这种腻烦，那就不要加以悲叹了，因为所有的智士、所有的善人都说，我们可以治愈它们。 465

1775年
8月27日
星期日

至于你心头升起的黑烟，我别无良方，驱散它要用诚实的事业或无害的娱乐，还有阅读，时而轻松，时而严肃。换换地方也有好处；但愿你住在阿夫莱克会有很多良好效果……

我竟然给拉姆齐造成了痛苦，对此我由衷地抱歉；所以他不再难过，我感到十分欣喜。他仍然认为我说他是亲自放弃族长职位的。我的意思仅仅是两房不再争夺它了，所以就认为事情解决了，也许被邓韦根一房的某个远代人转让了。报纸没把这一广告连续登三四次，我深感遗憾。

蒙博多大法官和麦奎因先生批驳有违文学的假想利益或民族偏见的主张，是容易想象的；但对于永久的事实不应当进行批驳：如果有长尾巴的人，那就抓一个 homo caudatus① 来；如果在高地或赫布里底群岛有用盖尔语写的古代作品，那就把手稿拿出来。哪里的人写字，他们就会相互写信、有些信就会在关切祖上的家庭保存下来。在威尔士，就有很多手稿。

现在我手里有三包黑尔斯大法官的历史，我打算下周全部奉还：他尊重我的浅见就会使他的工作悬着无法进展，这也给

---

① 长尾巴的人。

我的旅行造成了一桩麻烦。我认为这是一部用我们的语言写的新型历史，讲了需要的一切，我想，还有已知的一切，没有刻意的华丽语言，没有故弄玄虚的臆测。日期的准确使我大为惊异。他似乎有埃诺[①]的缜密，却没有他的拘束。

思雷尔夫人对你的《旅行日记》[a]爱不释手，看得眼睛都发麻了。她对你关怀备至。

关于鲍斯威尔夫人，尽管她心里不喜欢我，但我总是乐意听到她的好消息，希望她和两位亲爱的小姐无病无灾。不过她知道她不关心我的遭遇，所以她也许相信我认为她应受责怪。

没有的事，亲爱的先生，难道你心血来潮，认为我不爱你；你完全可以放放心心地相信我的喜爱，我的敬重；我喜爱你是个好心肠的人，我器重你是个可敬的人，希望我最终敬仰你是个堪作楷模的虔诚的人。就像哈姆雷特那样，我把你藏在"我心坎里的心坎里"[②]，因此，就用不着多说我是你深情的恭顺的仆人，

伦敦，1775年8月27日。　　　　**塞姆·约翰生**

466

1775年8月30日星期三

又：

先生，——如果在这些文稿[b]中，没有做多大的改动，不要认为我大而化之。也许我读得比其余的更加仔细；但我没有发现值得持异议的东西。

快来信，勤来信，告诉我你所有的心里话。你深情的，

1775年8月30日。　　　　**塞姆·约翰生**

---

① 埃诺（Charles Jean François Hénault，1685—1770），巴黎最高法院院长。

a 我的《赫布里底群岛旅行日记》，这位夫人读的是原稿。

② 参比《哈姆雷特》，第3幕，第2场，第66行。

b 另一包黑尔斯大法官的《苏格兰编年史》文稿。

又：

我亲爱的先生，——我现在写信给你，以免你想入非非，认为自己遭到了忽视。我必须求你千万不要那样子胡思乱想；至少千万不可纵容：因为我对你的关爱如此根深蒂固，它成了我思想的一部分，除非由于某种非同寻常的暴烈原因，这种关爱是抹不掉的；因此，不管我写不写信，你尽管放心好了。我现在写信告诉你，我不会很快再给你写信，因为明天我又要动身去旅行了……

你的斯特雷特姆和莱斯特园田[a]的朋友们均好。如果鲍斯威尔夫人对我有好感，请向她致意。你的，

1775年9月14日。　　　　　　　　　　**塞姆·约翰生**

他轻轻一笔带过，提及"明天我又要动身去旅行了"，后来我很快发现原来是跟思雷尔夫妇到法国去旅行了。这是他一生去欧洲大陆的唯一一次。

致罗伯特·莱韦特先生

亲爱的先生，　　　　　　　　1775年9月18日，加来。

经过不到六个小时的十分惬意的旅程，我们现在到了法国。我不知道何时再会写信，因此现在就写，尽管你想不到我有很多话要说。你自己到过法国。从此地我们将去鲁昂，再从鲁昂去巴黎。思雷尔先生计划在巴黎逗留五六个星期。我们有一封给英国住客的正规推荐信，所以不会被当成流浪者。我们想来时走一条路，回时走另一条路，尽量多见见世面。我打算试着说点法语；迄今试说的还是很少，不过有时候还是说几句。如果听力好一点，我估计应当学得快一点。你恭顺的仆人，

塞姆·约翰生

---

a　乔舒亚·雷诺兹爵士居住的地方。

又：

亲爱的先生， 巴黎，1775 年 10 月 22 日。

我们还在此地，一般都是到处观光，忙得不可开交。今天我们参观了凡尔赛宫。你已经去过，我就不再描述了。昨天我
467 们从枫丹白露回来，现在宫廷就在那里。我们去参观国王和王
1775 年 10月24日 星期二 后[①]用膳，小姐[a]给王后留下了极深的印象，她竟然打发一位先生来询问此乃何许人也。我发现你给我讲的有关巴黎的事情全是真的。思雷尔先生非常大方，为我们备了两驾马车，订了一桌精美的酒菜；不过我认为我们的厨艺非常糟糕。思雷尔夫人进了一家英国女修道院，我跟她隔着格栅说话，我受到那些英国本笃会修士的友善对待。不过总的来说，我无法在这里结识多少人；尽管教堂、宫殿和一些私宅都非常壮丽，但看得多了，再看也就没有太大的乐趣了；至少乐趣，不管是什么乐趣，过段时间总得有个头，所以我们开始考虑什么时候该回家了。思雷尔先生估算，我们是九月十五日离开斯特雷特姆的，回到家里将会在十一月十五日左右。

我想，我发现自己的健康有明显好转的五天前，我还没有到大海的这边。今天我冒雨和巴雷蒂来了一次赛跑，赢了。巴雷蒂是个好伙计，我认为他的法语讲得跟英语一样好。

代我向威廉斯夫人致意，把我的关爱送给弗兰西斯；告诉我的朋友们，我没有失踪。你挚爱、恭顺的，

塞姆·约翰生

致**塞缪尔·约翰生博士**

我亲爱的先生， 爱丁堡，1775 年 10 月 24 日。

如果我不知道你在巴黎，你应当最早有机会接到我的一封

---

① 路易十六和玛丽·安托瓦内特。

a 思雷尔小姐。

信，信是报告我儿子于本月9日出生；我按家父之名给他起名为亚历山大。我现在写信，因为我估计你的旅伴思雷尔先生本周将会回到伦敦，去履行他的议会职责，我想你不会在他走后继续待下去的。

我再寄上一包黑尔斯大法官的《编年史》。我答应求你帮他一个忙，他在信中是这样要求的："我不久要把《罗伯特·布鲁斯[①]传》交给你，请你转交约翰生博士，我突发奇想，要让约翰生博士从我对罗伯特·布鲁斯的记述中描绘出那位君王的一种性格，希望你能给我帮助。如果他能从我的作品中找到材料，那就证明我有幸选中了一些最动人的事件。"

我估计这位大法官打算把《罗伯特·布鲁斯传》当作他的《编年史》与那位君王相关的一部分，不是一部单独的作品。

冬天我们可以见到你的《巴黎旅行记》吗？我希望，你无论如何不久会好心给我描述描述你的法国之行，因为我都急不可耐了。你今年秋天看到的景色与你1773年秋天看到的多么迥异啊！你感恩戴德、深情恭顺的仆人，

詹姆斯·鲍斯威尔

致詹姆斯·鲍斯威尔先生 468

1775年
11月16日
星期四

亲爱的先生，——我很高兴一位小地主出生了。我希望这是你和鲍斯威尔夫人能有的唯一分歧的终结[a]。我知道她不喜欢我；但我有意坚持希望她万事如意，直到我占了她的上风。

巴黎确实是一个与赫布里底群岛迥然不同的地方，但对于一个来去匆匆的旅行者而言，并不是多么新奇，也提供不了太多评说的机会。对于一个很多读者都比我熟悉的地方，我不能向公众妄说什么。我们见面以后可以谈谈。

---

① 罗伯特·布鲁斯（Robert Bruce，1274—1329），苏格兰王。

a 这是指我的重男轻女的古老的封建原则。

下个星期我要去斯特雷特姆，我打算从那里每个邮班寄出一包《编年史》。至于布鲁斯的性格，我只能说，我看不出写它的任何重要理由；然而我不会轻易拒绝黑尔斯大法官和你的共同期望。

整个行程中我的身体格外健康。希望你们全家仅仅知道已经幸运地终结了的那种麻烦和危险。在你收到的所有祝贺中，我希望你相信最温情、最真诚的祝贺出自你最深情的，

1775 年 11 月 16 日。　　　　　　　　**塞姆·约翰生**

致**露茜·波特夫人**，利奇菲尔德[a]

亲爱的夫人，——本周我从巴黎回到家中。我给你买了一个小盒子，我认为它很漂亮；不过我不知道它当鼻烟盒合适还是做其他用途的盒子合适。我一找到机会，就会把它捎来。整个旅途中我一直身体很好。我的旅伴就是你在利奇菲尔德见过的，只是我们带了巴雷蒂一起去。巴黎不像你常期望的那么美。不过教堂、宫殿都非常雄伟，壮丽；使你赏心悦目的是，有很多很美的图画；但我认为他们的生活方式并不宽绰，也不快活。

告诉我这一段时间你身体如何。希望美好的夏天给你充足的力量对付冬天。

代我向所有的朋友致敬；如果手指情况允许，请写信给我，要是不方便，就让女仆代写。你最深情、恭顺的仆人。

1775 年 11 月 16 日。　　　　　　　　**塞姆·约翰生**

又：

亲爱的夫人，——几周前我写信告诉你，我刚刚结束一次

---

a　毫无疑问，在1775年之前的很多年里，他和这位是他的继女的女士一直有通信往来，但早期的书信都没有保存下来。[1]

1　〈自从作者去世后，牧师维斯博士乐于助人，将约翰生1775年前写给露茜·波特夫人的好几封信交给我，印在本版中。——M.〉

漫游回到家里，希望收到你的来信。我担心冬天掐住了你的手指，使你无法提笔写字。不过，如果你写不了，可以让别人代笔嘛，告诉我你过得怎么样，再说说我们利奇菲尔德的朋友中间遇到些什么事情。希望你万事如意。 469

1775年10月10日星期二

在法国的时候，我以为自己返老还童了，又担心寒冬的天气会夺走我的一部分新鲜活力。不过，让我们各自保重，不要因为疏忽大意损害健康。

我一直不知道你是否收到《新约注疏》《旅行记》和那副眼镜。

亲爱的，务必写信给我；咱们千万不要忘记对方。这是表达良好愿望的时节。希望你一切皆好。最近没有见波特先生[a]，也没有他的音信。他在你那里吗？

请代我向阿迪夫人，科布夫人和我所有的朋友致意；什么时候需要我帮忙，请告知。你最深情的，

1775 年 12 月。 **塞姆·约翰生**

令人遗憾的是他没有写法国游记；因为据说他曾经说，“他倒是能写一柄笤帚把儿的传记”，[b] 所以尽管以前的许多旅行家对那个伟大的王国的方方面面几乎穷尽，使人再无话可说，但他的敏锐的观察，奇特活跃的思想和精神启示还是会创作出一部有价值的作品的。他的法国之行持续了两个月左右，在此期间，他对见到的事物都写了笔记或备忘录。他是答应过让我看的，是我疏忽大意，没有向他提起此事；结果其中绝大部分都已遗失，或者在他临终前几天仓促销毁文件时被付之一炬，这肯定使人痛惜不已。然而，一本题名“法国之二”的小本子却保存下来了，现在在我手中。那是他的生活与观感的日记，从 10 月 10 日到 11 月 4 日，总共二十六天，显示出对

a 约翰生夫人和第一任丈夫的儿子。

b 〔很可能作者的记忆此处有误，他想到的是斯苔拉的说法：斯威夫特能够就一柄笤帚把儿写精彩的文章。见约翰生的《斯威夫特传》。——J.B-O.〕

各种细枝末节的一种非同寻常的关注。由于是这次旅行留存下来的唯一的记录，我相信读者将会满怀喜悦仔细品味的，尽管他的笔记非常简短，显然写下来仅仅为了帮助他自己回忆的。

“10 月 10 日，星期二。我们参观军校，里面有一百五十名小伙子接受军事教育，年龄不同，各自的武器大小也不同；一些木头仿造的火枪。校舍很大，除了会议室，皆乏善可陈。法国人的窗户上都有大方格——他们制作很好的铁栅栏。他们的伙食很粗糙。

“我们参观天文台，一个建在高地上的大建筑物。女墙上部的石头很大，但未加铁箍。顶楼的平台很宽广；但隔离开的部分没有女墙。虽说平台够宽的，但我不想在上面走。一间屋子里正在印天体图。

“我们去参观奥拉托利会神父们的小隐修会。餐厅的书桌上放着圣徒传。

1775 年 10月11日 星期三

470 “10 月 11 日，星期三。我们去参观沙特卢瓦旅馆，房子不是很大，却很优雅。有一间屋子镀金的程度我还前所未见。仆人及其主人们住的上面一部分很漂亮。

“从那里我们去了蒙维莱先生家，一座房子分成小小的套间，具有阴柔纤细的优雅——斑岩。

“从那里我们去了圣罗克教堂、教堂很大；柱子下半部分包了一层大理石。主圣坛后面是三个小教堂。——最后是一群低矮的拱门。——我相信，周围都是祭坛。

“我们穿过旺多姆广场，一个很漂亮的广场，大小和汉诺威广场差不多。——周围住的都是高门大户。——中间是路易十四的骑马雕像。

“蒙维莱是包税人的儿子。沙特卢瓦的住宅里有一间屋子摆放着适合欧洲人情趣的日本漆器。

“我们与布朗谢蒂侯爵博卡热夫妇一起吃饭。说过糖果很贵后布朗谢蒂侯爵夫人拿来了糖果。——勒鲁瓦先生，马努奇[1]伯爵，隐

[1] 马努奇（Manucci），一位佛罗伦萨的贵族。

修院院长、修道长和神父威尔逊，威尔逊和我在一起，最后我用马车把他送回家。

“巴蒂亚尼[1]走了。

“法国人没有扶养穷人的法律。——僧人不一定就是教士。——本笃会修士四点就起床；在教堂要待一个半小时；正餐前后又要分别待半个小时；七点到八点之间又要待半个小时。他们可以睡八个小时。——需要在修道院参加体力劳动。

“穷人被送到收容所，处境悲惨。——修道院僧人十五名——被认为是穷人。

“10 月 12 日，星期四。我们去参观戈伯兰织毯厂。——花毯织出了一幅美丽的图画——摹仿得惟妙惟肖。——有一幅底色金黄——鸟儿的颜色不太地道。——从那里我们去参观国王的艺术品陈列室——非常整洁，也许还不是尽善尽美。——金矿石。——烛架上的蜡烛。——种子。——林木。再去参观加尼耶的住宅，我看见有九间房子，陈设富华典雅，前所未见。——花瓶。——绘画。——龙彩瓷器。——虹彩据说如同水晶，价值三千五百镑。——全部陈设据说值十二万五千镑——锦缎帘帷上面都是图画。——斑石。——这所房子给我印象极深。——然后我们服侍女士们到蒙维莱家。——欧文上尉跟我们在一起[a]。——西班牙。县城乞丐当道。——在第戎他找不到去奥尔良的路。——法国的十字路很糟。——五名士兵。——女人。——逃兵。——上校不肯因为一个女人的死而失去五个战士。——未经上校准许，地方行政长官不能抓军人。——尼姆的好旅店。——巴巴里的摩尔人喜欢英国人。——直布罗陀对健康极有好处。——它有巴巴里的牛肉。——有一座大花园。——士兵有时候从山岩上掉下去。 471

“10 月 13 日，星期五。成天在家里待着，仅仅去找修道长，他不 1775 年 10 月 16 日 星期一

---

① 巴蒂亚尼（Bathiani），匈牙利贵族。

a 本段其余部分好像是对欧文上尉说的一些事的简记。

在家。——读卡努斯[a]的一些东西。——Nec admiror, nec multum laudo.[①]

“10 月 14 日，星期六。我们去阿尔让松[②]先生家，房子的墙裙几乎都用镜子，镶嵌部分黄金贴面——女眷的小房间则是彩绘纸上嵌着大大的方块玻璃作墙裙，他们总是安置镜子反射自己的房间。

“然后我们去神职人员财务主管朱利安家——年薪 30 000 镑。——房子没有很大的房间，但镶嵌着镜子，贴着黄金。——这里有木版画图书，在另一间书房里。

“在德 ********[③] 家里，我查阅了一下夫人房间的书籍，并且轻蔑地让 T 先生看了看——*Prince Titi; Bibl. des Fées*，[④] 以及其他图书。——她生气了，我们后来听说，把她的房间关起来了。

“然后我们去见国王的钟表匠朱利安·勒鲁瓦，一个有专业品位的人，他拿出了一个为发现经度而造的小钟。——一个正派人。

“随后我们参观了商业厅，民事和刑事法庭。——询问。——这座建筑物有古老的哥特式走道，显得古色古香。——有时候有三百名囚犯收监。

“心烦意乱；但愿不要生病[b]。

“下午我拜访了报人费雷龙先生。他很少说拉丁语，但好像听得懂我的话。——他的住宅算不上豪华，但非常宽敞。——他的一家，妻子，儿女，虽不大高贵，但很正派。——我很高兴对我的接待。——他要翻译我的书，我打算给他一些注释。

“10 月 15 日，星期日。在舒瓦西，塞纳河畔的一座王宫，离巴黎约七英里。——沿河是宏伟的露台。——房间无数，富丽堂

---

a　梅尔基奥尔·卡努斯，著名的西班牙多明我会修道士，1560年去世于托莱多。他著有《神学论》12卷。

①　“我不赞赏它；我也不大力表扬它。”

②　阿尔让松（Argenson，1722—1787），政治家、收藏家。

③　德阿尔让松。

④　泰米瑟尔·德·圣-亚森特，《蒂蒂王子传》（1735）；《文丛》。des Fées或许指由查理·佩罗（1628—1703）编的童话故事集的很多重印本中的一种。

b　这一段有些人也许认为迷信，但使我想起劳德大主教的日记。

皇，但跟其他宫殿大同小异。——小教堂很美，但也很小。——瓷球。——镶嵌桌——迷宫。——沉降桌。——梳妆台。

“10 月 16 日，星期一。王宫雄伟壮丽，又大又高。——藏画极其丰富。——拉斐尔的三幅。——两幅神圣家庭。——米开朗基罗的一幅小画。——一间鲁本斯展室——我认为拉斐尔的画好。

“杜伊勒利宫。——雕像。——维纳斯。——埃涅阿斯与手执武器的安喀塞斯——尼卢斯[①]。——还有很多。散步场所不对下流人开放。——椅子夜里出租，两苏一把。——旋动大桥。

“奥斯丁修女[②]。——格栅。——女修道院院长费莫尔夫人。——她认识蒲柏，认为他不够友善。——夫人。——有很多书；——见过世面。——她们的额饰令人不快。——她们的兜帽。——她们生活得悠然自得。——五点左右起床；在小教堂待一个半小时。—— 472
十点吃饭。——在小教堂再待一个半小时；三点左右待半个小时，七点又待半个小时。——小教堂里待四个小时。——一座大花园。——十三名领养老金者——教师抱怨。

1775 年 10 月 16 日 星期一

“在林荫大道上一无所见，但还是高兴到那里去。——跳绳和闹剧。——蛋舞。

“注。巴黎附近，无论周日还是星期日，路上空空荡荡。

10 月 17 日，星期二。在商业厅我买到

一个鼻烟盒	24 镑
——————	6
记事本	15
剪刀三把	18
	63–2 1 2 6

---

① 埃涅阿斯是阿佛洛狄特和安喀塞斯的儿子，他在去建立罗马城前从特洛亚洗劫中背出其父。尼卢斯（Nilus）也许是尼索斯（Nisus）之误，尼索斯是埃涅阿斯的同伴，在征服未来的罗马城址的战争中阵亡。

② 奥古斯丁修会修女。

“我们听律师们辩护。——注。巴黎被杀的人像一年的天数一样多。讯问室。——商业厅的角塔。——一座古老珍贵的建筑。

“波旁宫，属于孔代亲王。只有一间小侧厅供人参观——高大——壮丽——黄金和玻璃。——伟大的孔代的战斗被画在一间屋子里。当今的亲王是个三十九岁的老爷。

“宫殿的景象，还有其他的建筑物，没有留下非常明晰的形象，除非对那些议论它们、铭记它们的人。我进去时，妻子便浮现在心头[a]：她会高兴的。由于没有人高兴，我也兴致索然。

“注：在法国，没有中间阶层。

“这么多商铺开门营业，在巴黎，星期天不大看得出来。——卢浮宫和杜伊勒利宫的宫室转让出去作公寓。

“在波旁宫，壁炉上摆放着镀金的金属球。

“法国床备受称道。——很多大理石，仅仅是铅玻璃。

“圆形剧场是纯粹的木头建筑物，至少很多部位。

“10月18日，星期三。我们去枫丹白露，我们发现它是一座大而无当的城镇，人满为患。森林茂密，宽广。——马努奇给我们安排好住处。——乡村景象令人心旷神怡。——没有山，很少溪流，仅有一道树篱。——我记得没有小教堂，道路也没有十字路口。——还是铺了路面的路，一排排的树木。

“注：在巴黎，除了下层人，无人徒步走路。

“10月19日，星期四。在宫廷，我们参观各种房间——国王的寝室和议事室极其豪华——王室成员进宫要穿过外面的一些房间，那里住着各色人等——仆人和主人。——布吕内[①]第二次陪同我们。

“引领员向我们走来——对我很礼貌。——讲解。——我有顾

---

a　他对亡妻的一片柔情，在《祈祷文与默想录》中有很多证据，在这一段里显得非常动人。

①　布吕内（Brunet，活跃在1775年），约翰生在巴黎遇见的一个法国人。

虑。——没有必要。——我们去看国王和王后用膳。——我们还看见其他仕女用膳——伊丽莎白夫人，一起还有盖梅内公主。——晚 473
上我们去看一出喜剧。我既看不见，又听不着。——喝醉了的女人。——Th. 夫人有所偏爱。

“10 月 20 日，星期五。我们看见王后在森林里骑马。——棕色女骑装；骑马侧步行：一位贵妇骑马侧步行。——王后的马是浅灰色；马颌缰。——她疾驰而去。——然后我们去参观那些宫室，赞叹不已。——然后在宫中到处漫游。——在过道里，马厩里，商铺里。——一位大师的壁画，剥蚀得斑驳退色了。——我们观看国王的马和犬。——犬几乎全是英国种。——退化了。

“马也不敢恭维。——马棚冷；狗窝脏。

“晚上女眷们去看歌剧。我拒绝前往，但应当是受欢迎的。

“国王像我们一样用左手用餐。

“21 日，星期六。晚上我有了进展。——我们回到巴黎。——我想我们没有参观小教堂。——树被风刮断。——法国椅子都是用彩绘过的木板做的。

“注。士兵在法庭上。——士兵不服从地方行政长官。——第戎女人[a]。

“宫中的柴捆。——一切凌乱，除了主要房间。——路上的树，有高的，没有古木，许多都是年轻小树。

“女人的马鞍似乎是粗制滥造的。——王后的马笼头用银丝编成。——零碎的挂件击打着马。

“10 月 22 日，星期日。去凡尔赛，一座低劣的城镇。商业马车来来往往。——低劣的商铺靠着城墙。——我们一路穿过塞夫，那里制造瓷器。——塞夫有木桥，通往凡尔赛。——宫殿规模宏大。——正面很长；我都看不完整。——动物园。深色幼天鹅；黑色的爪子，在地上；驯顺。——翡翠鸟，或者鸥。——成年牡鹿和

---

a　见前边码第 470 页。

雌马鹿，年幼。——鸟类饲养场，很大；网，线。——中国黑牡鹿，小。——犀牛，角断了，就被削掉了，我估计，它还会长的；底部，我想，有四英寸见方；皮褶起来，像松塌塌的布双折子披在身上，横搭在屁股上；一种庞大的动物，虽然还年轻；也许有四头牛那么大。——幼象，长牙刚刚露头。——棕熊伸出了爪子——个个驯顺。——狮子。——老虎我没有看清楚。——骆驼，或者被叫作胡古因[a]的双峰阿拉伯驼，比哪种马都高。——两匹单峰驼。——鸟儿中有一只鹈鹕，被放了出来，向一眼泉走去，游来游去，抓鱼。它的爪子都有蹼；它把头低下来，把长喙转到侧面。它抓了两三条鱼，但没有吃掉。

“特里安农是附属于凡尔赛的一种幽静去处。它有一个敞开的门廊；铺过的路面，还有，我想，是大理石的柱子。——有很多房间，
474 我记不大清楚了——一张斑岩桌，大约五英尺长，两三英尺宽，是
1775年10月22日星期日 威尼斯国送给路易十四的。——会议室里，不是门窗的地方，我想，几乎全是镜子。——小小的特里安农是一座小宫殿，就像一位绅士的住宅。——上层的地是砖铺的。——小维埃纳。——庭院铺得很差。——顶层房间很小，适合用私密抚慰想象。凡尔赛的前面的有阶平台上有许多小水池，小水池下面，我想，还有小水池。有一些小庭院。——大走廊的墙裙都是镜子，不是很大，而是用框子拼接起来的。我估计大块镜子还没有造出来。——剧院很大。——小教堂我记不得我们是否参观过。——我们看过一座小教堂，但我拿不准是那儿的还是特里安农的。——外交部的地面是砖铺的。正餐每人半路易，我想一路易也不止。——动物园收费三里弗赫，王宫六里弗赫。

“10月23日，星期一。昨晚给莱韦特写信。——我们去看镜子制造。先从诺曼底运来整铸玻璃板，也许有三分之一英寸厚。在巴黎，把玻璃板放在大理石桌上打磨，办法是让两块中间夹上粗砂的

a　这个名称应当用在单峰驼上。

玻璃板互相摩擦。砂子多种多样，据说有五种，我弄不明白。用来让上层玻璃移动的把儿形状像个车轮，可以往任何方向移动。表面经过打磨，把还不光滑的玻璃板先立起来，等有人订货再继续加工，省得时间久了，把表面弄坏，这是我们听说的。准备要打磨光的玻璃板则放在桌子上，用几块厚布盖住，布要绷紧，以便张力相等；然后就用一种我弄不明白的装置把一个手擦死死往下摁，摩擦这些玻璃板。最后使用的粉末我觉得就像溶解在硝酸里的铁，巴雷蒂说，他们称之为 marc de l'eau forte，他认为那就是残渣。他们提到硫酸盐和硝酸钾。炮弹泡在水银里。为了给玻璃板镀银，摆放一片锡箔，用水银擦，锡箔与水银合为一体。然后再往锡箔上浇水银，由于相互〔吸引〕，水银层高高升起。然后把一张纸放在玻璃板最近的一头，由于把很多水银逼向前面，玻璃就滑到纸上面，最后纸就贴到玻璃板上。然后，我想，纸就被压到布上，然后设置斜度把多余的水银滴掉；斜度与日俱增，趋于直立。

"途中，我参观了市长的府第'沙滩'，和巴士底狱。

"然后我们去酿酒商桑-泰雷家。[①] 他酿酒用的麦芽数量跟思雷尔先生的差不多，啤酒卖的价钱也一样，不过他不上麦芽税，啤酒税也只有思雷尔先生的一半多一点。啤酒零售一瓶六便士。他一年酿 4 000 桶。巴黎有十七名酒商，估计没有一个酿酒量能超过他：估计他们每人酿 3 000 桶，一年总共 51 000 桶。——他们自制麦芽，因为制麦芽在这里不是行业。

"巴士底狱的堡壕是干的。

"10 月 24 日，星期二。我们参观国王的图书馆——我看见了 *Speculum humanœ Salvationis*[②]，印得很粗糙，油墨有时淡，有时黑；估计一部分是用木活字印的，一部分用的是刻在木板上的版 475

1775 年
10 月 28 日
星期六

① 〈这名可恶的暴徒后来将路易十六送上断头台，并在行刑期间指挥守卫断头台的军队。——M.〉

② 《人类拯救镜鉴》——一种早期印刷的善本。

面。——《圣经》据认为比〔14〕62年的门茨本还要古老：它没有日期；据认为是用木活字印的。——我心存怀疑；字体又大又漂亮，两卷对开本。——又让我看了另一本书，据认为也是用木活字印的——我想，〔14〕58年的杜兰[①]《圣所》。这是从同一个字母中有时看出的形状差别推断出的，这种差别也许是不同的凿子造成的。——大部分字母整齐划一更好地证明它们是金属活字。——除了我想我先前没有见过的《宝鉴》外，我再没有看见什么。

“从那里去巴黎大学。——图书馆非常大，不像国王图书馆那样有格栅。马尔博恩[②]和杜兰，四开本14卷集《高卢秘史》，很多对开本。——《法国家谱史》，9卷。——《基督教高卢》，第一版，四开本，最后一版对开本12卷。——修道长和图书馆馆长〔跟我们〕吃饭：我陪他们回家。——他们的花园漂亮小巧，有遮篷的小径；但可以容得下很多学生。——巴黎大学的博士全体平等。——选那些继任空缺的人。——收益微薄。

“10月25日，星期三。我同修道长到圣克卢去见胡克博士[③]。我们绕过宫殿边走边谈。——我同我们全体同伴一起在修道院吃饭。——在图书馆里，《贝罗尔德》，《西蒙》，薄伽丘的《提图斯》。——彼特拉克献给圣母马利亚的《格言》；福克兰[④]致桑兹书；德莱顿给杂文集第三卷写的《序》[a]。

“10月26日。星期四。我们在塞夫参观瓷器，切割，上釉，彩绘。贝勒维，一座喜人的邸宅，不大：景观优美。默东，一座古老

---

① 或是指法国宗教法规学者、礼拜仪式学家Guillaume Durand（约1230—1296）。

② Marbone，未详。

③ 胡克博士（Dr Luke Joseph Hooke，1716—1796），罗马天主教神学家；巴黎大学神学教授（1742—1751），随后又为希伯来语和迦勒底语教授（1767）；著有神学著作两卷（1752）；约翰生在巴黎时的东道主；马扎林图书馆馆长（1778）。

④ 福克兰（Lucius Cary Falkland，约1610—1643），政治家、作家；温和的保王主义者和立宪主义者；在纽斯伯里战斗中由于贸然把自己暴露在敌人火力之下而阵亡。

a 我估计他的意思是在图书馆期间，他读了这些不同的作品。

的宫殿。——亚历山大，斑岩雕的：眼睛和鼻子之间凹陷，面颊瘦削。——柏拉图和亚里士多德——宏伟的露台俯瞰全城。——圣克卢。——画廊不是很高，也不气派，但讨人喜欢。在展室里，米开朗琪罗，自画像，托马斯·莫尔爵士，笛卡尔，博沙尔①，诺代②，马扎然③。——镀金墙裙、屡见不鲜。——高夫和基恩。——胡克来旅馆看我们。——德吕姆戈尔德的便条。

“10 月 27 日，星期五。在家待着。——高夫和基恩，以及 S——夫人的朋友④跟我们一起吃饭。——今天我们开始生火。——天气变得很冷，我怕对我的呼吸有不良影响，本来在这个国家变得舒畅轻松多了。

“10 月 28 日，星期六。参观圣路易修的大修道院⑤。——原来建造时要容纳四十人，但仅能容纳二十四人，再多不行。跟我们讲话的修士有一套漂亮的住房。——巴雷蒂先生说四室；我只记得三室。——他的图书好像是法文书。——他的花园很整洁；他给了我一些葡萄。——我们参观胜利宫，有国王的雕像，还有受奴役的国家。

“我们参观卢森堡宫和花园，但画廊关门。——我们爬到楼顶。——我跟科尔布鲁克[a]一起吃饭，他一起还有不少人：富特，乔治·罗德尼爵士，莫特，乌德森，塔夫。——拜访修道长，发现他卧床未起。 476 1775 年 10 月 28 日 星期六

“旅馆——一天一几尼。——马车，一周三几尼。——当地仆人，

① 博沙尔（Samuel Bochart，1599—1667），学者，语言学家。

② 诺代（Gabriel Naudé，1600—1653），目录学家。

③ 马扎然（Cardinal Mazarin，1602—1661），枢机主教黎塞留1642年去世后的第一任法国首相；完成黎塞留在欧洲列强中建立法国优势的大业，在国内翦除对王权的反对势力。

④ 斯特里克兰夫人的朋友吉尔帕特里克上尉。

⑤ 一座慈善机构。

a 科尔布鲁克（George Colebrooke，1729—1809），银行家；代表阿伦德尔的议员（1754—1774）；东印度公司的经理（1767）和董事长（1769，1770，1772），这一阶段刚好碰上公司垮台；高等民事法院亲笔骑缝盖印证书办理人（1766）；最终破产（1777）。

一天三镑。——导游，一周一几尼。——普通餐，一客六镑。——我们的普通花销似乎一天五几尼左右。——我们的特别开销，如娱乐，赏钱，衣服，我算不出来。——我们的旅行，一天十几尼。

“白长统袜，十八镑[a]。——假发。——帽子。

“10月29日，星期日。我们参观寄宿学校。——Enfans trouvés.①——一间屋子，大约有八十六个孩子躺在摇篮里，屋子像客厅一样温馨。——孩子损失三分之一；也许收留到七〔岁〕多；让他们去学手艺；把送来时带的字条别到身上。——需要保姆。——参观他们的小教堂。

“去参观圣厄斯塔蒂亚；看见一大群女孩子通过教理问答学习教义，分成很多组，也许一百人才有一个传道员。——男孩子和女孩子分开时段受教。——布道；讲道者戴一顶便帽，有人指出后他便摘掉——他的动作始终如一，不太猛烈。

“10月30日，星期一。我参观圣日耳曼图书馆。——馆藏珍贵。——《神职人员法典》，1459年。——一种字体，像《神职》一样方正，说不定就是同一种字体。——《法典》，出自富斯特和根谢姆之手。——《默尔修斯》，12卷，对开本。——《阿玛狄》，法文本，3卷，对开本——《万宝书》除了标明1460，再没有任何出版标记。——其他两种版本[b]，一种由……奥古斯丁。《上帝之城》，无名称、无日期、无地点，但好像是富斯特的方正字体。

“我同德吕姆戈尔德上校吃饭。——下午过得十分开心。

“圣日耳曼图书馆的有些书像牛津大学的书那样不靠墙，用书立

---

a 〔即十八里弗赫。也许买了两双白丝长袜。〕

① 弃儿。

b 我查过德比雷、米尔曼、马泰和其他有关印刷版面样式的书籍，想找到约翰生博士在这里提到的《万宝书》的这两种版本，就连名目我也说不出来，所以一无所获。我读过“一种出于拉丁纽斯〔拉托米〕之手，一种出于伯迪努斯〔巴迪乌斯〕之手”。我把原稿藏在大英博物馆里，好奇之士可以在那里看到它。普兰塔先生不厌其烦帮助我查找，特此表示衷心的感谢。

夹住立着。

“10 月 31 日，星期二。我住在本笃会修士们那里，粗陋的日子；粗陋的汤，鲱鱼，鳗鱼，二者都加酱；煎鱼；扁豆，本质上就淡而无味。在图书馆里，我发现了马费厄斯的《印度史：环行海岬，绕过海岬》。我满怀柔情告别修道长和威尔克斯修士。

“文科硕士，2 年。——神学学士，3 年。——硕士，2 年。——神学博士，2 年，总共 9 年。取得博士学位有三次答辩，大的，小的，索邦神学院的。——好几所学校遭禁，并入耶稣会学院。

“11 月 1 日，星期三。我们离开巴黎。——圣但尼，一座大城镇；教堂不是很大，但中央岛高得令人望而生畏。——左边是一些礼拜堂，建在墙线之外，这就打破了四面的对称格局。风琴高耸在地面之上，我从来未见过风琴放到这么高的地方。——大门是铜做 477
的。——中门上显示着我主的经历。彩绘的窗户有历史价值，据说 1775 年 11 月 5 日 星期日
美得出奇。——我们在属于一座女隐修会的另一座教堂，它的大门是个穹顶；我们无法再往进走一步，它几乎暗无天日。

“11 月 2 日，星期四。——今天我们来到尚蒂伊，一座属于孔代亲王的别墅。——这地方美得出奇，喷泉里喷起的水千姿百态，落下时形成一挂挂瀑布，流动时形成一条条溪流，展开时形成一片片湖泊。——水似乎离房屋太近。——这些水由一条人工运河从三里格外的一股水源或河流引来，有一里格运河还在地下。——邸宅雄伟壮丽。——陈列室似乎储藏丰富：我记得的东西有一头河马的嘴，还有一头小河马的标本，不过太小，我怀疑它的真实性。——如果是小产，毛太多，如果是足月出生，个头又太小。——什么都没有精气神；一切都干巴巴的。——狗；鹿；长嘴大食蚁兽。阔喙巨嘴鸟。——马厩极长。——狗窝不臊。——摹仿一座村庄。——动物园动物很少[a]，

---

a　这里字迹很不清楚，好几种动物的名字，如果对博物志了解不比我强很多，是认不出来的。——布莱格登博士带着他惯常的礼貌审阅了原稿，使人感激至深。还有大英博物馆的格雷博士也欣然对我予以协助。请允许我对他们两位表达我最衷心的感谢。

两只 faussans[a]，或者巴西鼬，一身花斑，很野。——有座森林，我想还有一座公园。——我走得筋疲力尽，第二天早上觉得脚磨破了，脚趾疼痛难当。

“11 月 3 日，星期五。我们来到贡比涅，一座非常大的城镇，有一座王宫围绕一座五边形庭院而建。——庭院下面是一些地窖，我想坡度较缓的一边有个入口。——谈到绘画。——教堂不是很大，却很优雅堂皇。——我起初走路困难很大，但走着走着慢慢轻松起来。——晚上我们来到努瓦永，一座主教城。——大教堂非常美丽，哥特式柱子与科林斯式柱子交错。——我们走进一座堂区教堂。——努瓦永有城墙，据说周长有三英里。

“11 月 4 日，星期六。我们很早起身，穿过圣康坦，三点后不久来到康布雷。——我们去一座英国女修道院，把一封信交给威尔奇神父，这位告解神父晚上又来看我们。

“11 月 5 日，星期日。我们参观大教堂。——它非常美，每边都有礼拜堂。——歌坛壮观。——一部分楼梯栏杆是铜的。——中厅高大宏伟。——祭坛就我们所见是银的。——牧师穿的圣衣非常华丽。——在本笃会教堂——”

478 他的日记[b]在这里戛然而止。此后他是否还写过，我不得而知；

1775 年 不过可能没有再写多少，因为他在 11 月 12 日前后回到英国。他旅游的这些短简笔记，尽管单条来看显得琐细，但汇集起来就有相当大的信息量，而且展现了那样的探询热情和审视的精准，我相信很少有旅行者能做到这一点，尤其是在年事已高的时候。它们彻底批驳了一直流传的那种闲言碎语，他看不见东西；如果他劳神去

a 约翰生就是这么写的，根据的是法语 fossane 的发音。应当指出，让人参观这座动物园的人错误地认为 fossane 和巴西鼬是同一种动物，其实 fossane 是另一种不同的动物，是马达加斯加的一种特产。然而我在彭南特的《四足动物概要》中找到了它们。

b 我的可敬而有才的朋友安德鲁·卢米斯登凭他对法国的熟悉，使他能够弄清许多约翰生博士写得不够清楚，有时还拼写错误的专有名称。

修订、消化这些笔记，无疑能把它们扩充成一本非常引人入胜的游记。

第二年我在伦敦遇见他时，他是这样描述他的法国之旅的："先生，我看见了巴黎及其周围一切显而易见的东西；但要与那里的人结识，我待的时间还是满足不了需要。我通过一位非常高尚的人德吕姆戈尔德上校刚刚开始结识人，先生，他是军校校长，一个最全面的人物，因为他最初是修辞学教授，然后才投笔从戎的。先生，我受到英国本笃会修士们的极其友好的款待，在他们的隐修院里专门给了我一间小屋居住。"

他说："法国的显贵生活十分奢华，其余的人非常悲惨。没有英国那样的快乐的中间阶层。巴黎的商铺非常低劣；市场上的肉就是英国给监狱囚犯吃的那种：思雷尔先生说得好，法国人的厨艺是必需逼出来的；因为如果他们不额外加添调味，肉就没法吃。法国人是一个粗鄙的民族，他们总是随地吐痰。在一位有文学修养的贵妇——夫人[①]家里，仆人用手指把糖一抓，扔进了我的咖啡。我正要把咖啡推开；却听说这是专门为我准备的，我甚至尝到了汤姆的手指头的味道。这位夫人偏要给我沏 à l'Angloise[②] 茶。茶壶嘴倒茶不畅；她便命令仆人用嘴往里面吹吹气。除了气候，法国样样都比苏格兰差。自然为法国人做得多；但他们为自己做的比苏格兰人做得少。"[a]

说来也巧，富特和约翰生博士同时都在巴黎，他对我的朋友在那里的表现描述真是滑稽透顶。他告诉我，法国人对他的形象仪态，对他的衣着打扮感到吃惊，因为他固执己见，穿得与在伦敦时一模

---

① 博卡热夫人。

② 英国式的。

a 〔他从法国回来后没过几天，在给一位朋友的信中写道："法国人有明净的空气，丰饶的土壤；但他们的普通生活方式粗鄙不便，令人厌恶。我回家后相信，在他们中间是不会找到通用习惯的改善的。"〕

一样[a]——棕色的衣服，黑色的长袜，简朴的衬衫。他提到，一位爱尔兰绅士①对约翰生说："先生，你没有看到法国最优秀的演员。"**约翰生**："演员，先生！我看他们不比桌子上和榫接木凳上摆的人物强，只不过是做做鬼脸，搞搞笑而已，像跳舞的狗一样。"——"可是，先生，您要承认某一些演员还是比另一些好吧？"**约翰生**："不错，先生，就像某些狗跳舞比另一些好一样。"

479 约翰生在法国期间，一般情况下，他坚定不移地讲拉丁语。他

1775年 有一句格言，一个人不应当说一种自己说不好的语言，从而将自己贬低。的确，我们往往注意到，一个说一种结结巴巴的语言的人显得多么低劣，多像个孩子。乔舒亚·雷诺兹爵士在一次皇家学院的宴会上把约翰生介绍给一位显赫的法国人②时，约翰生不肯屈尊说法语，而是讲拉丁语，尽管这位要人听不懂，也许归因于约翰生的英语发音，然而在另一个场合，人们注意到他对一位能说英语的法国要人说法语，问及原因的时候，他显得有点吃惊，他回答说："因为我认为我的法语和他的英语一样好。"尽管约翰生完全听得懂法语，但说得不是十分随意，我注意到1769年他第一次与保利将军见面时就是这样；然而，我认为他的法文写得非常好，这从皮奥齐夫人收藏的他的一些信件看得出来，我从其中抄录一封：

---

a 〔富特先生说约翰生在巴黎衣着不变似乎有点渲染的味道；因为在他的日记里有一条关于白长袜、假发和帽子的记录。在另一个地方，我们得知"他在旅法期间，搭配着一顶结构漂亮的法国造的假发"。约翰生不是不注意外表的，这一点是肯定无疑的，这一情况斯蒂文斯先生讲过，并被鲍斯威尔先生插入第二卷的1784年6月15日和6月22日之间。——布雷克威〕

〔布雷克威先生的说法进一步得到约翰生日记一条记录的证实（被约翰·霍金斯爵士在《约翰生传》第517页加以引用），这一条表明他为法国之行在衣着上花了三十镑。〕

① 也许是基尔帕特里克上尉。

② 也许是法国大使。

A Madame La Comtesse de ——.

July 16, 1775.

OUI, Madame, le moment est arrivé, et il faut que je parte. Mais pourquoi faut il partir? Est ce que je m'ennuye? Je m'ennuyerai ailleurs. Est-ce que je cherche ou quelque plaisir, ou quelque soulagement? Je ne cherche rien, je n'espere rien. Aller voir ce que j'ai vû, etre un peu rejoué, un peu degouté, me resouvenir que la vie se passe en vain, me plaindre de moi, m'endurcir aux dehors; voici le tout de ce qu'on compte pour les delices de l'année. Que Dieu vous donne, Madame, tous les agrémens de la vie, avec un esprit qui peut en jouir sans s'y livrer trop. ①

这里让我不要忘了一件奇异的轶事，这是博克莱尔先生讲给我的，我将竭尽全力展现这位先生生动的风格；为了给他公正的评价，应当补充的一点是，约翰生博士告诉我，我完全可以信赖他记忆的准确和叙述的真实。“布夫莱尔夫人初次来英国的时候，（博克莱尔说）她很想见约翰生。于是我陪她去圣殿街他的住处，他用他的言谈款待了她一段时间。我们的拜访结束了，她和我便离开了，刚进内殿巷，我突然听到一声雷鸣似的吵闹。这原来是约翰生发出来的，他似乎回想了一下，认为应当让一位外国贵妇享受前往他的文学住所的荣耀，而且急于表明他是一个有骑士风度的男人，于是万分激动，急忙跑下楼梯。我们还没有走到圣殿门，他就追上了我们，便

① 致——伯爵夫人。〔布夫莱尔夫人〕……是的，夫人，时候到了，我必须离开。然而我为什么必须走？我厌倦了吗？哪里我都会厌倦的。我是寻乐子呢还是找解脱呢？我什么也不寻，我没有任何希望。去见我已经见过的东西，有点儿欣慰〔rejoué系rejoui之误?〕，有点儿扫兴，使我想起人生的虚妄，埋怨自己的命运，使自己对外在的一切麻木不仁：这就是可以算作一年消遣的全部。夫人，愿上帝赐予您人生的一切快乐，同时还有一颗能够享受快乐但又不会过分沉溺于快乐的心。

Dr. Johnson's House
No. 8. Bolt Court

挤到我和布夫莱尔夫人之间，抓住了她的手，把她领到她的马车前。他穿的是一件破旧的棕色晨衣，趿着一双当拖鞋用的旧鞋，一顶干缩的小假发挑在脑袋顶上，衬衫的袖子和裤子的膝盖松垮垮地吊着。 480
周围聚了不少人，见了这副奇特的样子真是大吃一惊。” 1775 年

他的拉丁语说得出奇的流利文雅。佩尔·博斯科维奇在英国时，约翰生陪他在乔舒亚·雷诺兹爵士家、在道格拉斯博士，即现在的索尔兹伯里主教家吃饭。在这两个场合，这位外国名士表达了他对约翰生拉丁语谈话的惊讶。在巴黎的时候，约翰生是这样对报人费雷龙概括伏尔泰的：“vir est acerrimi ingenii et paucarum literarum。” ①

致塞缪尔·约翰生博士

我亲爱的先生，　　　　　　　　爱丁堡，1775 年 12 月 5 日。

当今科尔的年轻领主亚历山大·麦克莱恩先生明天启程前往伦敦，我让他带上这封介绍他跟你相识的信件。其兄的不幸离世我们深感悲痛，你我从他那里经受到的关爱将会使我们永远希望对这个家族的任何一支表示关注。其实，你有满腔真正的高地的古道热肠，如果我忘了向你推荐这位赫布里底群岛的王子，我相信你会认为我罪责难逃，因为我们在他的岛上受到过如此殷勤的款待。我满怀敬重的依恋之情，你最感激、最恭顺的仆人，

詹姆斯·鲍斯威尔

麦克莱恩先生回来后津津乐道他受到了约翰生博士的礼遇。

这一年里，伯尔尼博士告诉我：“他在斯特雷特姆的思雷尔先生家频频遇见约翰生博士，在那里他们有过许多长谈，往往坐到炉火熄灭，蜡烛燃尽的深夜，远远长出了仆人们忍受的限度。”

现将这位先生记得的约翰生的一些言论穿插在这里。

---

① 一个智力非常敏锐、文学素养不高的人。

"饭后我从来不打盹儿，除非夜里没睡好。那就是盹儿打我了。"

"不应当认为写墓志铭的人说的仅仅是大真话。一定程度的溢美之词情有可原。一个人不会在碑文上发誓。"

"在我们的一些大学校里，现在鞭笞比以前少了，但学到的东西也少了；所以学生一头有所得，另一头就有所失。"

"从效仿中，公立学校的学生学到的东西比私立学校多；有思想与思想的碰撞，或者很多思想向一个中心的辐辏。尽管少有学生做自己的练习，但如果从很多学生中交出一份好练习，那就是有人做了。"

"我讨厌教育上的小道。教育是众人皆知的，长期以来都是众人皆知的，永远如此。设法让孩子早慧的努力纯属徒劳。假如他们在五六岁时的知识比其他孩子丰富，那又有什么用？这种知识没到需

481 要的时候就丧失了，而浪费了老师那么多的时间和劳动永远也补偿

1775年12月23日星期六 不了。对早熟期望过高，收效却甚微。——小姐[①]就是一个早期培养的例子，但有什么结果呢？跟一个长老会小牧师[②]结了婚，因为他办了一所幼儿寄宿学校，这样她现在的全部工作就是，

喂喂一群小傻瓜，记记伙食账。[③]

她告诉孩子们：'这是一只猫，那是一只狗，长着四条腿，还有个尾巴；看呀！你们比猫狗强得多，因为你们会说话。'如果我给女儿这样一种教育，发现她想嫁给那样一个伙计，我就把她送到大会[④]上去。"

"他以轻慢的口气议论过音乐后，人们注意到思雷尔小姐演奏拨弦古钢琴时，他聚精会神地听着，并且急切地向她喊道：'你干吗不像伯尔尼那样抹一把呢？'伯尔尼博士听到这话后对他说道：'我相信，先生，我们最终会把你培养成一名音乐家的。'约翰生坦然自得

---

① 艾金小姐。

② R.巴博尔德牧师。

③ 见《奥瑟罗》，第2幕，第1场，第162行。

④ 英国国教会年会。

地答道：‘先生，我会很高兴得到一种新感觉的。’”

“一天早晨，他下楼来到早餐室，一个人待了好长一段时间，才有人露面。后来有一天，思雷尔夫人挖苦他下来得很晚，他一般都是这样，这时他却替自己辩解，提及他下来得太早的那个特殊的早晨：‘夫人，我不喜欢下来时一片虚空。’”

“伯尔尼博士说加里克先生开始出现老相了，他说：‘嘿，先生，你不必对此感到惊诧；没有一个人的脸损耗得更加厉害。’”

很长时间没有接到他的来信，我想他不应当沉默如此之久，于是我于 12 月 8 日写信给他，当时情绪不佳：

“有时候我担心今年席卷全欧的寒冷像一种瘟疫严重地侵袭了你：我的想象屡屡充满了不祥，有时候以为你也许对我的某种行为感到生气。”

致**詹姆斯·鲍斯威尔先生**

亲爱的先生，——千万不要做任何关于生气的梦。你怎么会让我生气呢？我把你的友谊看成一种财富，我打算拥有到你从我这里拿走，而且万一由于我的过错将它失去，就会悲痛万分。然而，当那样一些怀疑钻进你的心里时，总要给它们出口；我会急忙驱散它们；然而如果你有办法，首先防止它们进入。把那种想法看作一种病态。

我可以作为借口忽略黑尔斯大法官的那些病痛，我无法当作真正的理由。不知道是怎么回事，我一直受到一连串小障碍的阻拦。我希望立即改正，下次邮班寄给大法官。如果我忘了，思雷尔先生会给你写信的；他向你致意，并希望见到你。

你和夫人现在不会再为封建继承争吵了吧。小阿夫莱克领主怎么样？我估计韦罗妮卡小姐已经长成一个读书、论理的人了吧。 482

1775 年
12月23日
星期六

我刚刚患了咳嗽，不过它从来没有妨碍过我的睡眠：这些夜晚对我来说比平常还要安静。

我不由得感到欣喜，因为约瑟夫[a]还有头脑找到回头路。他是个好伙计，是世界上最优秀的旅行家之一。

年轻的科尔把你的信带给了我。他是个非常招人喜爱的青年。两天前我带他到“主教冠”，一起吃了一顿饭。我尽心竭力以礼相待。

收到雷塞的一封信，他显得极其满意，表示认可爱丁堡报纸上刊登的启事。我很高兴事情总算了结了。

向鲍斯威尔夫人致意，尽管她不喜爱我；至于其余的人，我只需要向喜爱我的人致意：恐怕转达会给你造成一点麻烦。你深情、恭顺的仆人。

1775 年 12 月 23 日。　　　　**塞姆·约翰生**

1776 年：六十七岁。〕——1776 年，据我发现，约翰生没有为公众写任何东西：然而他仍然满腔热情，满怀希望要达到更高的文学优秀水准，这一点可以由他当年的私人笔记作证，这些笔记我将在适当的地方予以穿插。

致**詹姆斯·鲍斯威尔先生**

亲爱的先生，——我总算把黑尔斯大法官的所有文稿都寄给你了。我在去法国期间，常常翻阅埃诺；然而黑尔斯大法官，依我看，把他远远地抛在后面。这是一项耗时很短的阅读任务，为什么没有更快完成，当我回顾的时候，我全然无法发现个中缘由：然而人的瞬间总是被千千万万小小的妨碍偷走，身后不留一点踪迹。整个圣诞节期间，我身体全面失调，最恶劣的影

a　约瑟夫·里特，一个波希米亚人，他给我当了好多年的仆人，在约翰生和我到赫布里底群岛旅行时一路伺候我们。离开我一段时间之后，他现在又回到我的身边。

响就是咳嗽，现在已经好多了，尽管我从斯特雷特姆的一扇窗户向外望去，乡野被积雪深深地覆盖着。威廉斯夫人病得很重；其他的人一如往常。

在文稿中，我发现了一封写给你的信，我想你没有把它打开过；一篇《编年史》的稿子，我认为现在插进去已没有必要。现将二者全部奉还。

最近几天，我有幸收到黑尔斯大法官的第一卷；我已经写回信表达了我的敬谢之情。

我最亲爱的朋友，我祝愿你和你高傲的夫人，（因为我知道她不喜欢我，）还有小姐、少爷阖府幸福。教导少爷，别管他的妈妈，惦念美言你深情恭顺的仆人，　483

1776年1月10日。　**塞姆·约翰生**　1776年1月

这时候一个事关我和我的家族的非常重大的事件闹得沸沸扬扬，要不是约翰生博士对我的友谊使他参与了进来，我是不应当用它侵扰世界的，这是他发挥才干的机会，如果加以隐瞒则有失公正。为了让他关于这个问题写的东西可以理解，有必要讲一下事情的原委，我将尽量讲简短一些。

艾尔郡的阿夫莱克大庄园本来属于与地名相同的一个家族，1504年却被没收落入王室，苏格兰国王詹姆斯四世把它赏赐给法夫郡一个古老家族的一支托马斯·鲍斯威尔，在赏赐书中称其为 dilecto familiari nostro①；指出赏赐的理由是 pro bono et fideli servitio nobis præstito②。托马斯·鲍斯威尔1513年与君王一起作战时在弗洛登战场阵亡。

从我们家族的这位光荣的创业者开始，田产经过几代直系男嗣传到大卫·鲍斯威尔，也就是我父亲的曾叔祖父手里，他膝下无子，

---

① 我们亲爱的亲属。

② 对我们的有益和忠诚的效力。

只有四个女儿，都嫁给了体面人家，长女嫁给了卡思卡特勋爵。

大卫·鲍斯威尔由于坚持男嗣继承的军事封建原则，便不考虑女儿，把田产交给次弟的儿子，即他的侄儿手中，次弟认可了这份证书，并放弃了他可能会有的优先于他儿子的任何权利要求。然而由于田产有四个女儿的很大份额，还负有其他债务，侄儿便必须卖掉相当大的一部分，剩余的部分还有很多拖累。

侄儿勤俭持家，保存了而且在某种程度上解救了这份田产。他的儿子，也就是我的祖父，是一位杰出的律师，不仅把卖出去的大部分田产又买了回来，而且还购置了另外的土地；我父亲是苏格兰的法官之一，又增加了许多田产，现在又表示意向，要利用我们的法律允许的特权通过限嗣继承，使之成为他家永远不得转让的产业[a]，而这根据婚姻条款，没有我的同意，是做不到的。

在限定继承家产的计划中，我由衷地赞同他的意见，尽管我是第一个受它约束的人；然而我们在建立继承人顺序，或者在法律语言上判定继承的问题上，不幸有所分歧。我父亲声称偏向一般继承人，也就是说，男女没有区别。然而他愿意他的祖父传下来的所有
484 男嗣优于女嗣，然而不能把这一特权延伸到出自更远一代的男嗣身
1776年1月 上。另一方面，我却力挺男嗣，不管多么遥远，我的主张的根据是
我觉得很有分量的一些论点[b]。尤其在我们家族的特殊情况下，我的

---

a　1685年苏格兰议会制定法，律目22。

b　首先，某些杰出的博物学家的看法是，我们的种族只是通过男性传承的，因为女性一直只不过是个*孵卵所*，或者保姆，就像大地母亲对于各种草木一样；这种观念似乎得到了《圣经》经文的确认："因为麦基洗德迎接亚伯拉罕的时候，利未已经*在他的***先祖***的身中*。"（《希伯来书》第7章第10节）因此，一个人的外孙，而不是按俗话说的他的*嫡亲*后代，实际上跟他的血统没有任何关系。——其次，且不管这样一种理论，（如果正确，也应彻底排除一般继承人，）如果男性优先于女性，不考虑长嗣继承权，（如一个儿子，尽管小许多，不，甚至一个孙子也优先于一个女儿，）一旦得到承认，就像普遍情况一样，那就对一份田产的原始主人的最远的后代跟最近的一样，都是同样的合情合理；因此，无论离当时的代位继承人有多远，那个远房男嗣，在比他靠近那位*原始业主*的男嗣们缺失的情况下，（转下页）

看法是，我们之所以拥有田产，就因为是男嗣，排除了更近的女嗣，根据同样的土地保有制，我们在道义和诚信上有不言而喻的义务。因此我经过认真考虑，反对父亲的计划。

我的反对意见使父亲很不高兴，他当然应当受到极大的敬重；我有理由担心由于我不遵从他的意愿，会造成令人不快的后果。经过许多困惑和不安后，我写信给约翰生博士，详尽地陈述了这种情况，以及它的困难之所在，并恳切要求他会拨冗考虑，将他友好的意见和忠告惠赐予我。

致**詹姆斯·鲍斯威尔先生**

亲爱的先生，——你的来信给我很深的印象，如果我能就你的情况形成我自己感到满意的决定，我会欣然奉上：然而我是否配做这件事，尚不得而知。这是一件包含法律和公正的事情，需要一个精通司法研究的头脑。难道你不能把你的全部想法告诉黑尔斯大法官？你知道，他既是个基督徒，又是个律师。我估计他会不偏不倚，但又不多嘴多舌：我相信，他不会认为他可以平静一颗烦乱的心，或，安定一颗动摇的心是浪费时间。有什么事尽管给我写信；如果我发现自己因为缺乏必须知道的事实而止步不前，我会在疑团浮现时向你询问的。 485

1776年
2月3日
星期六

（接上页）事实上成了原始业主的最近男嗣，因此作为他的代位继承人，更优先于一个女性后裔。——如果思想放开一点，就会使我们容易发现：一个儿子的儿子，无论存续多长时间，在继承一份古老的家业时，要优先于一个儿子的女儿；因为应当关注的是原始业主的代位继承，而不是他的一个后代的代位继承。

我意识到布莱克斯通对合法继承的合理性的令人赞叹的论证，根据的是这样一条原则：那就是，存在这样一种最大的可能性，作为一片田产的主人最后死去的那个人的最近的继承人具有第一位购置者的血统。然而，假设一个宗谱通过所有支系得到仔细证实，那么出现的不是单纯的可能性，而是一种确定性，那就是，无论哪个时期，最近的男继承人，与第一个男继承人，也就是原始购置人的长子，具有同样血统权。

如果发现你原先的决定只不过是想入非非，那么你判断令尊的想入非非可能会拥有优先权，你的决定是正确的；然而你的决定是想入非非的，还是理性的，这是个问题。我真的认为，黑尔斯大法官能帮助我们。

向亲爱的鲍斯威尔夫人致意；并且告诉她，我希望我能够在消除你们全家的麻烦中助一臂之力时万事俱备。

你最深情、最恭顺的仆人，

伦敦，1776年1月25日。 **塞姆·约翰生**

又：

亲爱的先生，———我要写的这个问题所需要的地方法律知识，以及对继承总规则的了解，都是我无法具备的；但我还是写了，因为你有要求。

土地像其他任何财产一样，根据天赋权利，完全处于它现在主人的掌控之中；可以无条件地或者有条件地出售，转让，或者遗赠，遵照判断的指导，或者感情的激发。

然而，天赋权利（right）没有法律保护就不大行得通；法律的基本概念又约束天赋权利的行使。因此，一个人在社会上并不能完全主宰他声称是自己的东西，但他仍然保有法律没有从他手中剥夺的一切权力（power）。

在行使法律留给或赋予的权利时，应当关注道德义务。

至于我们正在考虑的田产，令尊仍然保有那种财产，对它拥有那种权力，他可以卖它，卖多少钱全看他的意愿，没有任何法律障碍。然而当他把自己的权力用确定继承顺序的办法延伸到自己生命之后时，法律规定必须取得你的同意。

让我们设想，他把土地卖了，把钱拿去冒险做某种貌似有利可图的投机生意，结果把钱赔了个精光；他的后代定会失望；但他们不能认为自己受到伤害或者遭到抢劫。如果他把这笔钱花在为非作歹或者寻欢作乐上，他的继承者只能说他为非作歹，骄奢淫逸；他们不能说他有害或者不义。

他可以多做，也可以少做。他可以通过变卖或者挥霍，使全家没有遗产可以继承，当然也可以通过偏颇的安排，剥夺部分人的继承权。

法律是由特定的时代的风俗和迫切需要形成的，而法律延续的时间比它们的理由长，这只不过是意外：封建继承权局限于男嗣是由承租人照料他作战的领主的义务造成的。

由于时代和见解总在改变，我不知道冒昧判断我们无法知道的事情从而给后代规定规矩是否就是僭越，也不知道限制无限制地传给你的那种继承权是否等于我完全认同你的计划还是令尊的计划。如果我们要把 sartum tectum① 传给后代，也就是我们从祖辈手里接受的没有自己任何功劳的东西，那么选择和自由意志就不会未受侵害地保留下来？难道土地比自由更受敬重？——如果这种考虑约束令尊不去剥夺某些男嗣的继承权，是不是就留给你剥夺所有女嗣继承权的权力？ 486

1776年2月3日星期六

一片封地的主人能不能立遗嘱呢？他能不能从遗产中给他的女儿们指定某些份额呢？在遗留土地的权力和遗留从土地所得的钱财的权力之间；在把一片田产留给一些女嗣和留给那位男嗣，事实上只不过是她们的总管，之间似乎有一种非常模糊的区别。

假设在一个时期，一条只允许男嗣继承的法律，在这条法律存续期间很多田产不考虑女嗣已经传到更远的继承人手里。假如后来这条法律为了适应风俗的改变被废止，使女性有能力继承；到那时土地保有制难道不会被改变吗？难道女性还不能从一条对她们有利的法律中获益吗？难道她们曾经因为被一条法律的禁令排除，所以必须永远根据道德原则被忽视吗？或者

① “一个修补完好的屋顶”——罗马法里的一个专业术语，指一座修葺完好的建筑物。

可不可以根据一条法律传给男性的东西同样根据另一条法律传给女性呢？

你提到你决心维持你的兄弟们的权利[a]：我看不出他们的权利有哪些，如何受到了侵犯。

由于你的全部困难是你的祖先的行为造成的，他把继承权从女性身上转走，所以你问得很得当，他的动机何在，他的意图何在；因为你当然不会被他的行为限制，就像他没有打算限制你一样，你占有土地的条件也不会比赠与土地的条件更加严厉。

意图肯定能从行为推测出来。当他排除女儿把田产留给侄儿的时候，他是不是有权力已经把继承权永远归于男嗣了呢？如果他能做到，他似乎通过遗漏，已经表明他不想这样做；按照你的原则，你不会容易证明你有权打破你的祖先们留给你的那种继承资格。

如果你的那位祖先没有权力做出永久的安排，如果因此我们无法明确判断他的意图，然而他的行为只能被看作一种榜样；它却没有造成一种义务。而且正如你所看到的那样，他没有树立起一种坚持这一继承路线的榜样。他既然忽略了一个兄弟，对于远亲属不大关注就不足为奇了。

由于继承的规则，有很大一部分是纯法律性质的，除了依照法律条款，谁也不能遗赠任何东西；谁也不能赋予法律否认的权力；如果他不做特殊、明确的限定，他就赋予了法律认可的所有权力。

你那位祖先，出于某种原因，剥夺了女儿们的继承权；但这并不表示他有意让他的行为成为后代的准则，就像他并不剥夺他弟弟的继承权一样。

487 1776年2月9日星期五

因此，如果你问令尊根据什么权利允许女儿们继承，你先问问自己，你根据什么权利要求她们被排除在外？

a 我把这一术语用到所有的男继承人身上。

经过仔细琢磨，似乎令尊把谁也没有排除在外；他只是允许较近的女嗣在较远的男嗣之前继承；这种排除纯属推论。

亲爱的先生，这些就是我的想法，杂乱无章，颇费心思；不过也许你可以从中发现某种证据的微光。

然而，我只能再次建议你去咨询黑尔斯大法官，你知道他既是律师，又是基督徒。

向鲍斯威尔夫人致意，尽管她不喜欢我。你深情的仆人，

1773年[①]2月3日。 **塞姆·约翰生**

我遵循他的建议咨询了黑尔斯大法官，在这个问题上他有一种坚定的看法，跟我的背道而驰。大法官不厌其烦特意给我写了一封信，在信中他运用法律和历史学识讨论了我认为的难点，主张"依照苏格兰法律，一般继承人的继承，就我们从档案中能了解到的而言，从王位到村舍都是如此继承"；并认为我们家族的田产一直没有局限于男嗣；尽管在一起事例中被选中的一名男嗣优先于更近的女嗣，但那是一种专断行为，这在当时左右为难的事态中似乎是最好的办法；事实是，经过对当时与家产和家产上的负担相关的土地和金钱的价值的公平计算，给那名男嗣的仅仅是一种家产的骨架。"你提出良心的抗辩（大法官说）是最可敬的，尤其在良心和私利各在一方的时候。不过我认为良心不够开明，私利和她在这种情况下应当属于一方。"

由于此信对我的影响颇大，我把它寄给约翰生博士，请他再次来信，就这个有趣的问题谈谈看法。

致詹姆斯·鲍斯威尔先生

亲爱的先生，——由于不了解苏格兰的法律和习俗，我竭力按一般原则考虑你的问题，没有发现我能反对这种立场的多

① 1776年之误。

么有效的东西："谁继承了未被其祖先们限制的一片世袭领地，谁就按照自己的判断或见解继承了限制这片土地的权力。"如果这是真的，你就可以与令尊同声相应了。

进一步考虑催生了另外一种结论："谁接受了未被其祖先们限制的一片世袭领地，谁就给了自己的继承者们某种抱怨的理由，如果他没有不加限制地把它传给后代的话。因为他为什么无缘无故地使别人的处境比自己的还要糟糕？"如果这是真的，尽
488 管无论你还是令尊都不打算做正确的事情，但由于令尊违犯（我认为）合法继承的程度最轻微，他似乎比你更接近正确。

1776年
2月9日
星期五

这不禁令人想到"女子跟男子一样拥有自然而公平的权利要求，这些权利要求不应当随意或轻易被取代或者被侵害"。当世袭领地含有军功的意思时，为什么女性不能继承它们就容易理解；然而这种理由现已到头。风俗制定法律，风俗也同样废止法律。

这些是我得出的一般结论。没有一条对你的限定继承的计划十分有利，也许对任何计划都不是十分有利。我的观点是，只有得到一片田产的人才可以随意将它遗赠[a]，如果它包含着什么信念，包括像这样的立场：只有得到一片田产的人才可以随意将它限定继承。然而，我认为可以安全地这样推定："谁继承了一片田产，谁就继承了所有法律上伴随的权力"；而且，"谁无限制地给予或者遗留了一片法律上可以限定的田产，就必须推定谁给予了那种他忘了拿走的限制权力，也就把未来的不测交给了未来的审慎"。根据这两种立场，我相信，黑尔斯大法官会劝你罢手；别的每一种财产观念我觉得都充满了困难，并会遇到良心不安的尴尬。

如果承认了这些原则，你现在已经完全自由，用不着特殊情况的帮助了，不过这些情况，在你的事情上还是极有分量的。你说得十分正确，谁不顾自己的兄弟把遗产给了侄儿，谁就只

a 我提醒过他提到的这种观点，见前边码第400页。

能限制自己所给的；按照黑尔斯大法官对十四年购置的评估，他所给的不外乎是你按照自己的看法可以轻易限定继承的，如果那种看法最终行得通的话。

黑尔斯大法官怀疑：限定继承是对上帝统治权的侵犯，这种怀疑可以延伸到所有的世袭特权和所有的永久体制上；我不明白为什么它不可以延伸到现时的任何规定上，因为对未来的所有牵挂出自一种推测，也就是我们至少在某种程度上知道未来会是什么样子。至于未来，我们肯定一无所知；但我们可以从过去形成猜测；形成猜测的权力，依我看，包括依照我们发现的那种可能性行动的责任。上帝赋予权力，理性教会使用权力。你最忠实的仆人，

1776年2月9日。　　　　　　　　**塞姆·约翰生**

希望我现在会与鲍斯威尔夫人的关系亲近一些，代我向她致意，向小家伙们致意。

别烧文稿；放在你自己的箱子里会万无一失——以后你会希望看见它们的。

又：

亲爱的先生，——你就自己的重大问题我写过几封信，我再没有好补充的。如果你的良心得到满足，你现在要请教的只有你自己的审慎了。我企盼一封来信，这样我就可以知道这个麻烦而恼人的问题最终是怎样解决的[a]。我希望它最终会有个完 489

1776年2月24日星期六

a　父亲以种种明智而审慎的理由制定的限定继承被他和我施行了。把田产安排给他祖父的男嗣们，我发现我的祖父已经这么做了，但不够完善，结果仅仅是由于卖地泡了汤。我被约翰生博士从良心义务的顾虑中解放出来，因此也能满足父亲的心愿。然而我的见解和对男性继承的偏向整体上并未动摇。不过，千万不要认为我对女儿无情无义：因为我的观念是她们应当得到大爱与温情，应当永远分享家庭的富足。

满的结局。黑尔斯大法官的来信非常友好，也非常及时，但我认为他的厌恶限定继承有种类似迷信的成分。上帝不可用上帝交给我们的权力中的任何手段来加以对抗。家族的继续和繁衍构成了犹太法律的一大部分，在基督教法令中也绝对没有被禁止，尽管它再没有继续持续下去的必要。世袭土地保有制在所有的文明国家都已确立，而且大多都伴随着世袭的权威。威廉·坦普尔爵士认为我们的宪法是有缺陷的，因为没有一种与贵族身份相关联的不可剥夺的领地；培根勋爵说土耳其人是野蛮人，证据是他们没有他所谓的"望族"，或者世袭身份。当你的思想摆脱了那种被认为不可或缺的限定继承时，再别让它被相反的反对意见纠缠，就认为所有的限定继承都是非法的，直到你有了令人信服的论据，我相信这种论据你是永远找不到的。我担心的是良心上的不安。

我现在已经寄走了黑尔斯大法官的所有文稿；部分是我在一个抽屉里发现的，为了保险起见我把它们藏在那里，后来忘了。部分写了第二遍：我已把两种稿本奉还。部分我早先就看过。

我收到黑尔斯大法官寄来的第一卷，请向他转达我最敬佩的谢意；他的精准使我感到惊诧。他的叙述比埃诺高明得多，这一点我先前已经提到过。

我担心我的散漫和延宕给他造成的麻烦很大，太大，我就是能给他做什么好事也是弥补不了的；但如果我还能得到文稿，我愿意做得更好一点。

请告诉我鲍斯威尔夫人是否跟我友好，代我向韦罗妮卡、尤菲米娅和亚历山大致敬。你最恭顺的仆人，

1776 年 2 月 15 日。　　　　　　**塞姆·约翰生**

鲍斯威尔先生致约翰生博士

爱丁堡，1776 年 2 月 20 日。

……你照亮了我的心，把我从良心义务的虚拟桎梏中解放

了出来。如果必要，我会立即参加到家父认可的一系列继承人的限定继承中来；但最好还是不要行动过于突然。

约翰生博士致**鲍斯威尔先生**

亲爱的先生，——我很高兴我的想法或说法有助于平静你的思绪。你决定先不行动，等到你的看法被进一步的深思熟虑确认以后再说，这是非常正确的。如果你一直顾虑重重，现在就不要贸然行事。我希望由于你反复思考，并抓住机会与财产问题上的明达之士交谈，你将能够摆脱每一种困难。 490 **1776年2月24日星期六**

我上次写信时，我想我寄走了十包。你都收到了吗？

你必须告诉鲍斯威尔夫人，我怀疑她是瞒着你写的信[a]，所以我没有回信，省得偷着通信被发现了影响恶劣。我会很快给她写信的，……你最深情的，

1776年2月24日。 **塞姆·约翰生**

我把约翰生博士就使我大为迷茫的问题写的信件传达给黑尔斯大法官，大法官写信给我："你的顾虑产生了这么多的成果，这是我始料未及的；一篇阐述道德和法律普遍原则的优秀论文。"

我于2月20日[①]给约翰生博士写信，抱怨心情郁闷，表达了想跟他在一起的强烈渴望；告诉他十包东西平安到达；黑尔斯大法官对他感激涕零，并说他几乎完全消除了他自己反对限定继承的顾虑。

致**詹姆斯·鲍斯威尔先生**

亲爱的先生，——我接到你的来信还不到半个小时；由于你如此重视我的想法，我认为迟迟不回复不够道义。

你的郁闷又死灰复燃，我十分难过，如果除了有人做伴就

a 给他的一封关于家庭安排的有趣问题的信我看过。

① 实际上是29日。

无法缓解，我同样感到难过。你乐意听取我的建议，我可以做到有求必应；至于跟你相伴，下个月机会不是很多，因为思雷尔先生将带我去意大利，他说，时间定在4月1号。

让我认真地提醒你千万不要有顾虑。我很高兴你安于自己的安排，并且认为动摇了黑尔斯大法官对限定继承的看法是一大荣耀。然而，别希望据理抗拒就会完全把你的麻烦撵走；不予理会，它们就会不知不觉地消亡。把心思用在事业上，空闲时多跟人交往，阳光就会破云而出重新照耀在你的心头。如果你要到我这里来，你必须赶快来；即便在那个时候，我也不知道我们是否可以一起在乡下到处走走，因为我想在做这一长途旅行前，先去看看牛津和利奇菲尔德。除此之外，我还要求补充一句我是你最深情、恭顺的仆人，

1776年3月5日。　　**塞姆·约翰生**

又：

491 **亲爱的先生**，——4月初我们离开英国，下个礼拜开始，我将短时间离开伦敦，这件事我想有必要告诉你，这样你就不致有什么计划落空。直到今天，我还没有完全下决心去乡下。

1776年3月12日星期二

请代我向黑尔斯大法官致意，特别向鲍斯威尔夫人提提希望与她和好的是你忠诚的仆人，

1776年3月12日。　　**塞姆·约翰生**

三十多年前，克拉伦登大法官的继承人们将他的《历史》的后续部分以及尚未出版的其他手稿赠给牛津大学，条件是出版后的收益用来在大学建立一所骑术学校。这项捐赠在校务评议会全体会议上被接受。现在一个人[1]被推荐给约翰生博士，认为适合管理这所拟议中的骑术学校，约翰生在类似的场合表现出的热情引人注目。

① 卡特先生。

然而对此事经过调查，他发现这个计划不可能很快实施；因为克拉伦登出版得来的收益由于管理不善，数目很少。这种情况由教堂的一位可敬的要人①给约翰生做出解释，因为他有很好的办法了解详情，于是约翰生就这个问题写了一封信，此信显示了他的超常的精细和敏锐，同时也显示了他对**母校**的热情爱恋。

致牛津大学大学学院院长、**牧师韦瑟雷尔博士**

亲爱的先生，——很少有比跟那些不知道或不在意自己得干什么的人打交道更令人不爽的事情了；当你读到 ******* 博士②的书信后，康伯里勋爵③的单位的受托管理人可能会有的表现就是如此。

博士来信的最后部分极其重要。我早就听到他发的牢骚[a]，但不知道是否得到了纠正。令人不快的是，这么错误的一种做法仍未得到改变；因为它必须予以改变，否则我们的出版社尽管有种种特权，但仍然毫无用处。书商们像其他所有人一样，总是向着自己的，所以喜欢认为印刷和销售图书的业务非他们莫属，否则就是对他们同行权利的侵犯；而且发行学术出版物需要的诱惑要比相互间的诱惑更强才行；因为那种用来开展总体行业的相互合作，大学是难以插足的。对于那些任何人既不爱又不怕的人，从他们那里又不指望回报帮助的人，为什么不讲利润只讲兴趣呢？我估计，尽管我们对人类有种书生气的无知，但我们仍然心知肚明，不能指望书商把自己树立成赞助人，492
在一种为了促进学术、不牟私利的热情影响下做买卖。

1776年
3月12日
星期二

① 约翰·道格拉斯博士。
② 道格拉斯博士。
③ 康伯里勋爵（Henry Hyde, Viscount Cornbury，1710—1753），政治家，詹姆斯二世党人；蒲柏、斯威夫特和博林布罗克的朋友。
a 我估计牢骚就是牛津大学出版社的受托管理人不给伦敦书商出售他们的出版物足够的利润。

如果我们从我们的出版社不是找荣耀，就是找利润，那么，就必须允许书商不仅得到他们共同的利润，而且得到更多的东西；如果牛津印的书，指望定高价，那种定价必定加到广大读者身上，掏钱的是最终的购买者，而不是中间的经纪人。给一本书定什么价，对书商来说，完全无所谓，只要他们能谈成销售，获得一笔相称的利润就行。

为什么牛津印的书就应当特别贵，我却找不出个中缘由。我们不掏租金；我们继承了许多设备和材料；住宿、饮食都比伦敦便宜；因此手工至少应当不会更贵。我们的花销自然比书商们要少；而且在大多数情况下，团体比个人要求的利润要少。

也许就没有考虑一本书来到读者手上之前，要经过多少道手；或者每一道手作为把书传到下一道手的动机必须保留多大一部分利润。

我们愿意拜访我们在伦敦的最初的经销商卡德尔先生，他从我们手中把书接过来，放到他的库房里，再按照需求分发出去；他把书卖给一名图书批发商迪利先生，迪利先生再把书送到乡下；最后的卖家是乡下的书商。这样，在印刷者与读者之间，或者用商业术语，在制造者与消费者之间就要付三次利润；如果这些利润中有哪一份分得太微薄，商业进程就被打断。

我们现在碰到的实际问题就是，怎么办？你会有理由告诉我，我什么也没有说，直到我，按我的意思，宣布经过整个销售过程，应当销售的最终市场价是多少。

扣除额恐怕会显得很大：但在遭拒之前必须加以考虑。我们必须允许百分之三十到百分之三十五的利润，也就是一英镑可赚六至七先令；也就是说，每本要花最后的购买者二十先令的书，我们必须收卡德尔先生的钱不足十四先令。我们必须把每本价格定为十四先令，还要外加所谓的四厘书；或者要收每一百本书的钱，我们必须发一百零四本书。

这时候利润将会是这样：

卡德尔先生，由于不担风险，不许赊欠，由于提供库房和看管，每本书将会得到一先令的利润，还有他的四厘书的机会。

迪利先生以十五先令的价钱买一本书，有望购二十五本书便得一本四厘书，然后就会以十六先令六便士的价格把书交给乡下顾客，这一过程有损失的风险，肯定会有长期赊欠，他可得百分之十的固定利润，这就是批发生意的期望值。

乡下书商以十六先令六便士的价格买进，一般要保管相当长的一段时间，所得只有三先令六便士，如果他保管一年，所得比二先令六便士多不了多少；此外，他可能还允许长期赊欠。 493 1776年3月16日星期六

由于利润比这还少，你看到他无法获取更多，所以乡下书商日子过不下去；因为他收入微薄，有时还债台高筑。

所以，亲爱的先生，我在 ******* 博士书信的激发下给你讲述了图书发行的详情，这种情况也许不是每个人都有机会知道的；就是知道这种情况的人也许并不总是考虑得十分清楚。你的，

1776 年 3 月 12 日。 **塞姆·约翰生** [a]

我于 3 月 15 日星期五晚间到达伦敦，所以第二天一早就急忙上约翰生家中拜访；但发现他已经从约翰生巷 7 号搬到门栓巷 8 号，仍然靠近他喜爱的舰队街。我当时对这次搬迁的感想在日记里是这样写的：“我感到一种愚蠢的遗憾，因为他离开了一条跟他的姓名同名的巷子；[b] 然而对这样一个地方有种温情脉脉、念念不忘的感觉却并不愚蠢，在这里我经常见到他，我往往从这里出来觉得比进去时思想更高尚，心情更快乐，夜黑人静之际，我走在这里的人行道上，

a 我很高兴能给公众这样一篇全面明晰的陈述，借他那个时代最伟大的作家的权威，替那一批可敬的人，即伦敦的书商们辩白，因为普遍以为似乎他们的利润高得离谱，实际上，约翰生博士在这里让他们得到的超出了他们通常的要求。

b 在苏格兰时，他说他就是约翰生巷的约翰生。

它往往在我的想象中好像就是奉献给智慧和虔诚的圣地。”我听说他在市镇上的思雷尔先生家，于是我急忙赶到那里，发现思雷尔夫人和他在吃早餐。我受到了亲切的欢迎。一时间他情绪激昂，口若悬河，我感到自己扶摇直上，仿佛飘飘成仙似的。在他谈话期间，思雷尔夫人和我时不时地相互对视一阵，我们的目光表达了我们一致的赞赏和爱慕。我将永远怀着莫大的喜悦回味此情此景。我向她惊呼：“现在，我在心智上成了 Hermippus redivivus[1]，他给我灌输了思想，使我返老还童了。”[a] “有很多人（她回答），赞赏、尊敬约翰生先生；你和我却热爱他。”

他似乎非常高兴近期随思雷尔夫妇前往意大利。“不过，（他说）在离开英国前，我要去看看牛津、伯明翰、我的故乡利奇菲尔德和我那位在德比郡阿什伯恩的老友泰勒博士。过几天我就要走了，而你，鲍斯威尔，得陪我走一趟。”我已经做好了陪他的准备；因为为了享受听他谈话的乐趣，我甚至愿意离开伦敦。

我深感遗憾地提到苏格兰一大望族的代表人物[2]的奢侈，认为这样下去，这个家族有毁于一旦的危险；由于约翰生敬仰这个家族
494 的古老，所以和我一致认为如果此人死了，反而是幸事一桩。听了
1776年 3月16日 星期六 这番言论，思雷尔夫人似乎感到震惊，认为这是封建野蛮思想作祟；而且说道：“我不理解这种爱地产胜过爱地主的想法；爱土地竟然胜过爱在那片土地上行走的人。”**约翰生**：“不是，夫人，那不是爱土地胜过爱地主，那是爱家族胜过爱个人，这是一个地区的门阀，世世代代都显要无比，不仅对于掌门人，而且对他的族人；一个继

---

[1] “返老还童的赫米珀斯”。鲍斯威尔指的是一部约翰·海因里希·科豪森的著作*Hermippus Redivivus*（法兰克福，1742），被约翰·坎贝尔译为《Hermippus Redivivus：又名，圣人的胜利》（1744）。这部作品指出吸入少女呼出的气（anhelitu puellarum）可以长寿，这一理论来自一则罗马碑文，它记载说L.科洛迪乌斯·赫米珀斯利用这种方法活到一百十五岁。

[a] 见前边码第221页。

[2] 诺曼·麦克劳德，麦克劳德的第二十代领主。

往开来的门阀；这样一个门阀毁在一个浪荡子手里，实在是件可悲的事情。”

他说：“限定继承很好，好就好在它把一个地区的一系列人士保留下来，人们已经养成习惯，把这些人看成他们的领袖。不过我赞成把大量土地留作商用，在这个地区发展工业，积攒金钱；因为如果一个地区买不到土地，就没有获取财富的鼓励，因为一个家族就不能在那里安身立命；或者获取了财富，它就必须被带到可以买到土地的另一个地区。尽管每一个地区的土地不变，没钱的地方和有钱的地方都是一样的肥沃，但在一个地区流通的金钱所产生的民间生活的那一部分快乐就会丧失殆尽。”**鲍斯威尔**：“那么，先生，是不是为了一个地区的好处，所有的土地都该立即卖掉？”**约翰生**：“先生，就拿金钱产生利益而言，它会是一种好处；因为那样一来，这个地区流通的金钱就跟这一地区的价值一样大。然而，肯定这将会受到伴随业主的整体变化的种种不利因素的平衡。”

我表达了我的看法，限定继承的权力应当受到这样的限制：“一个地区的土地应当有三分之一，或者也许二分之一可以自由留作商用；允许限定继承的比例应当予以分配，以便任何家族限定继承不可超过一定的数量。让一个家族按照自己的代理人的能力，不管在各代或富或穷，或者如果家族的代理人总是明智，家境总是富有，然而让它的绝对永久性适可而止。这样一来，我们就应当确信总有许多固定的根；就像在自然进程中，每个时代总有一些家族消亡，同样，对于永远不得转让产业怀有野心的人会频频出现要在限定继承的土地上扎根的机遇。”[a] **约翰生**：“嘿，先生，当人们感觉到过多

---

a 一个家族里使田产和武器世世代代永远持有、不可取消的特权，国王陛下的任何一个臣民都不能享受，除了在苏格兰，那里人们不知道土地所有权转让和财产恢复的法律拟制。这是一种如此傲慢的特权，所以我认为应当依赖君权实施才对。准许一些由于没有突出功劳，所以没有真正名分的人拥有永久代位继承权似乎是荒谬的。国王作为他的民众不偏不倚的父亲，永远不会拒绝把这种特权授予该得到它的人。

的土地被限定继承锁死的弊端之后，人类会有能力调节限定继承制度的，这是我们当下感觉不到那种弊端时做不到的。”

495 我提到亚当·斯密博士刚刚出版的著作《国富论》，约翰·普林格尔对我说过，斯密博士从来没有经过商，你不能指望他在这个题材上有精彩手笔，就像你不能指望一名律师能写好一部医学著作一样。**约翰生**：“他说错了，先生：一个从来不亲自经商的人毫无疑问能写好商业题材。再没有比商业更需要用哲学阐述的东西了。至于单纯的财富，也就是说钱，一目了然的是，一个国家，或者一个人，只有使另一个变穷，才能增加自己的贮存：然而商业获得的东西更有价值，也就是不同国家的特殊优长的互惠。一个商人几乎一门心思地考虑自己的生意。要写一本关于商业的好书，一个人必须眼界广阔。就某一题材写一本好书，不一定非要身体力行过才行。”我提到法律作为一种题材，如果没开业当过律师，谁也不能写得很好。**约翰生**：“嘿，先生，在英国，开业当律师可以赚很多钱，大多数法律著作的作者都当过律师；尽管布莱克斯通出版他的《评论集》时还没有当多长时间的律师。但在欧洲大陆，伟大的法律著作的作家并不是个个当过律师的：格劳秀斯的确当过；但普芬多夫没有，比尔拉马基①没有。”

1776年3月16日星期六

我们谈到一个人受雇于自己的本行取得重大成果时，我表示怀疑一般看法的公正性：律师求人雇用不太恰当；因为，我质问道，作为重要手段，为什么求人这么做不应当跟求人给自己投票当选议员一样一视同仁、合理合法呢？斯特拉恩先生给我讲过我们俩的一位同胞②在法律界已经名声显赫，此人刚入道时，曾求斯特拉恩设法雇他办理市上的一些案件。**约翰生**：“先生，煽动人打官司是错误的；但一旦可以肯定一场官司在所难免，律师努力要让自己获利而

① 比尔拉马基（Jean Jacques Burlamaqui，1694—1748），瑞士法学家、自然法理论家。

② 亚历山大·韦德伯恩。

不是别人获利，这就不算错了。”**鲍斯威尔**：“如果你是律师，先生，你是不肯求人雇你的。”**约翰生**：“不肯，先生，但不是因为我认为这样做是错误的，而是因为我不屑于这么做。”这是一种很好的区别，公正自尊的人都会感受得到。他接着说：“然而，我不会让一名律师使用公正手段时左支右绌。我要让他时不时丢一点暗示，以防被人忽略。”

芒斯图尔特勋爵关于苏格兰民兵的提案现在是一大热门话题，为了支持这一提案，勋爵大人在下院做了一次精彩演说。**约翰生**：“苏格兰对于国家的总支持贡献的土地税微乎其微，它不应当有一支从总经费中开销的民兵，除非人们认为为了总体利益，苏格兰应当得到抵御侵略的保护，这种事谁都认为不会发生；因为什么敌人会侵略没有任何东西可以获取的苏格兰呢？不行，先生，既然这么多军队被派往海外，苏格兰人没有掏钱付英国士兵花费的军饷，他们却独出心裁想方设法从另一个渠道要钱，办法就是建立一支要钱的 496
民兵。如果他们害怕，而且认真渴望有一支保卫他们的武装力量， 1776年
他们应当自己拿钱。你们的计划是把你们微乎其微的土地税再扣留 3月16日
一部分，让我们给你们的民兵付军饷。” 星期六 **鲍斯威尔**：“你不应当说我们、你们这种话，先生，现在不是合并成了一个统一国家了吗？”**约翰生**：“一定有利益上的区分，因为土地税太不均等。如果约克郡说‘我们不缴土地税，我们要保留一支人数更多的民兵’，那是毫无道理的。”在这番辩论中，我们的朋友肯定错了。土地税在英格兰各地之间分配比例不均等，就像英格兰和苏格兰之间一样；不仅如此，在苏格兰本地也是很不均等的。然而土地税只不过是众多公共财政收入门类中的一小部分，所有的门类苏格兰和英格兰缴得一样严格。如果法国入侵苏格兰，就会很快挺进英格兰。

他是这样谈论拟议中的安排家产义务的：“哪里有人得到一片不受限制的田产，他就没有义务按道义把它留给一个人，而不留给另一个人。出于仁爱，有一种优先动机，这种仁爱一般倾向最近的亲属。如果我欠某人一笔钱，随后一有钱，我就必须把钱还给他，

按道义不能把钱给别人：如果我不欠任何人的钱，我就可以随心所欲地支配我的收入。对于一个人的最近继承人而言，没有 debitum justitiæ[①]，只有 debitum caritatis[②]。显而易见，按照我的喜好，在道义上有一种选择。如果我有个兄弟生活拮据，他出于亲情有权要求我的帮助；但如果我还有一个生活拮据的兄弟，我更喜欢他，这位兄弟就有一种更优先的权利要求。一个法定继承人的权利仅仅是，他应当有一片田产的继承权，以免田产的主人指定另外的人继承。他的权利比国王的权利还要优先。"

我们上船渡河去黑衣僧区，当我们沿着泰晤士河行驶时，我告诉他打广告说有本小书名叫《约翰生杂谭，又名约翰生博士妙语录》将在数日内出版，他对此事却全然不知。**约翰生**："先生，这可是件厚颜无耻的事情。"**鲍斯威尔**："如果你告发一个出版商以你的名义推出你从来没有说过的话，把一些无聊的蠢话归在你的名下，或者让你大放厥词，就像你的妙语的许多无知的讲述者所做的那样，请问，先生，难道你不能予以澄清吗？"**约翰生**："不，先生；真假混杂的情况在所难免。怎么能弄清多少是真，多少是假呢？再说，先生，我被人说成大放厥词，陪审因为此会给我多少损害赔偿呢？"**鲍斯威尔**："先生，我认为你至少应当否认这样一种出版物，因为世人和后世也许会煞有介事地说，'这本书是约翰生博士生前打广告出版的，他默不作声，就说明他承认是真的'。"**约翰生**："我才不为这事自寻烦恼呢。"

497 他也许并没有遭受那种伪造出版物的危害；然而我不禁想道，很多人却因为有人把一些荒谬或恶毒的言论归咎于他们，声誉大受损伤；因此在那种情况下，应当澄清事实真相。

1776 年 3月16日 星期六

他说："每个故事的价值依赖它的真实性。一个故事就是一幅画，不是一个个人的画，就是一般人性的画：如果它是假的，那就

---

① 法定债务。
② 仁爱债务。

是一幅空画。譬如说：假如一个人说，约翰生动身去意大利之前，由于必须翻越阿尔卑斯山，便坐下来给自己制造一对翅膀。这话很多人会相信的；但那将是一幅空画。*******[①]（提到我们的一位德高望重的朋友的名字）经常想一个故事，又一个故事，直到我向他表示，故事的本质是真实。”我说，富特逗我们开心的故事都不是真实的；不过，说实话，富特的故事之所以逗我们开心，严格地说不在叙事有鼻子有眼，而在滑稽形象层出不穷。**约翰生**：“富特真可谓一视同仁，因为他说谁都是谎话连篇。”

一丝不苟的诚实的重要性怎么反复灌输也不为过。约翰生严格关注这一点是出了名的，即便在日常谈话中，哪怕提到一件鸡毛蒜皮之类的小事也是毫发不爽。知道他有这样的一种原则和习惯，所以他的朋友们绝对相信他讲的每一件事情都是千真万确的，尽管可能有人怀疑是否是从别人那里听来的。为了举例说明，我不妨提一件偶发小事，他说这是一天夜里他在舰队街遇到的。“一位贵妇（他说）请求我扶她过街，我照办了；随后她给了我一先令，以为我是巡夜人。我发现她有几分醉意。”这话如果是大多数人讲的，人们会以为是瞎编的；但出自约翰生之口，他的朋友就深信无疑，仿佛他们亲眼目睹了事情的经过似的。

我们在圣殿浮动平台弃船上岸，便在这里分手。

晚上我发现他在威廉斯夫人的屋子里。我们谈到修道会。他说：“一个人由于怕干不道德的事进了加尔都西修道院，这就像一个人怕偷盗剁掉了双手一样，毫无道理可言。致残自己的断然行动中确实有大决心；然而，事情一旦完成，他就不再有任何能耐了：尽管他没有能力偷盗，但也许在他心里他一辈子都是个贼。所以一个人一旦成为一名加尔都西会的隐修修士，他只有继续下去，不管他愿意不愿意。他们的沉默也是荒唐的。我们在福音书里读到使徒们被派去讲道，不是去三缄其口。一切严厉如果无助于扬善防恶，都是徒

① 本内特·兰顿。

劳。我曾对一所女隐修院的女院长[①]说：‘夫人，你在这里，不是因为爱德，而是因为怕恶。’她说：‘她应当把这话牢记一辈子。’”我想，把对于她的境遇的这种看法在她无可奈何的时候讲给她听，未免太严酷；其实我对他现在的全部言论都感到诧异；因为无论在《漫游者》还是《闲散者》里，他是怀着肃然起敬的心情对待宗教苦行的。

498

1776年
3月16日
星期六

发现他仍然坚持戒酒，我斗胆向他说起此事。——**约翰生**：“先生，我不反对一个人饮酒，如果他能适可而止的话。我发现自己容

① 费莫尔夫人。

易过量，后来由于生病，一段时间没有喝酒，此后，我认为还是不要当回头客好。有一位长者告诉我们，他发现斋戒使他脾气异常乖戾，于是他不这样做了。”

尽管他经常大谈特谈醉酒的坏处，但他对那些偶尔饮酒过量的人决不严苛，而是持宽容态度。我清楚记得他的一个朋友[①]到一家酒馆跟他和另外几位先生一起吃晚饭，明明白白地显露出他喝得太多。几天之后，一个喜欢恶作剧的人[②]想就此惹出一顿严厉的指责，便问约翰生："嘿，先生，你那位朋友喝成那副样子，向你道歉时说了些什么呀？"约翰生答道："先生，他说的无非是一个人应当说的，他说他很抱歉。"

有一次，我听见他就这个问题提出了一个明智、可行的忠告："一个一直放开肚皮饮酒的人，千万不应当再交一伙新的酒友。他跟那些一直在一起共饮的人已经处得水乳交融了；但对其他人而言，他也许会显得讨厌或者可笑。"

他允许给教育施加很大的影响。"先生，我不否认头脑之间原本就有某些差异；然而，这跟教育形成的因素相比，算不了什么。我们可以拿算术这门科学做例子，这是所有的头脑都能同样学会的；然而我们发现在这方面，人长大以后，他们的能力有天壤之别，因为他们的头脑在这方面的锻炼有多有少：我想同样的原因可以解释其他事情上的孰优孰劣，解释总是允许最初天资上有某种层次的差异。"

这是一个难题；但最好希望勤奋可以做出大贡献。我们相信它能在增加我们机械的力量和灵巧上有所作为。

星期一我又去拜访他。像往常一样他趁机大谈海上生活的悲惨。"一艘船比一座牢房还糟糕。在牢房里，有较好的空气，有较好的狱友，有各种各样较好的便利设施；而船上却增加了危险这一不

---

① 詹姆斯·鲍斯威尔。

② 乔治·科尔曼。

利因素。一旦人们喜欢上了海上生涯，他们就不适合在陆地上生活了。”——“这么说来（我说）一个把儿子培养成海员的父亲心太狠。”**约翰生**：“一个跟我有同样想法的父亲心太狠。人们不知道海上生活的艰难就出了海；知道了以后就逃不开了，因为到那时，另行择业为时已晚；实际上，一旦人们走上了某条生活道路，情况一般都是如此。”

3 月 19 日，星期二，我们定好了这一天出游，早上我在滨河大道的萨默塞特咖啡馆相会，有一辆牛津四轮大马车来接我们。陪他
499 来的是建筑学家格温；还有默顿学院的一位先生[①]，我们不认识，他
1776 年 3月19日 星期二 占了第四个座位。我们很快就聊起来了；因为在生人面前，谈话从不拘束，这正是约翰生的过人之处。我说加里克将要退出舞台了，很快就会过上一种轻松一点的生活。**约翰生**：“我看来未必，先生。”**鲍斯威尔**：“嘿，先生，他将成为卸掉了背上的重担的阿特拉斯[②]。”**约翰生**：“我可不知道，先生，撂了挑子，他是否就会稳稳当当。不过他应当再不演戏了，而应当全身当绅士，不是半身当演员了：他应当不再遭受群氓的嘘声，也不再受演员们的慢待，因为他常用高压手段统治这些人，现在他们巴不得报仇雪恨呢。”**鲍斯威尔**：“我想他应当为穷困潦倒的演员们一年义演一场，据说他打算这么做。”**约翰生**：“哎呀，先生！他自己很快就会成为一名穷困潦倒的演员了。”

约翰生表达了他对装饰华丽的建筑的非难，例如大量豪华的柱子支撑着一个门廊，或者一批昂贵的壁柱仅仅支撑着它们自己的柱头，“因为它花费的劳力与它的途用不成比例”。出于同样的理由，他把雕像也嬉笑了一番。“绘画（他说）消耗的劳力跟它的效果并非不成比例；但一个伙计把一块大理石乱砍了半年造出了一个人不像人鬼不像鬼的石头东西。雕像的价值全在于它的难度。你不会看重

① 鲍斯威尔的文稿中确定为“格洛斯特郡的一位年轻绅士”。

② 希腊神话中的巨人提坦家族的一员，由于他参与提坦族反叛奥林帕斯山上的众神，因此受罚用头和双手擎天。

在胡萝卜上刻的最像样的人头的。”在这里，他似乎情趣欠缺得出奇；因为雕像无疑是一种高尚的摹仿艺术，把千姿百态的人体结构的神奇表现保留了下来；尽管必须承认难度增加了一尊大理石头像的价值，但我们应当考虑，如果制作需要很长时间，它就有相应的经久价值。

格温是个伶牙俐齿的好伙伴。约翰生博士把他治得服服帖帖，不过用的是一种友善的权威。然而这位艺术家的精神奋然崛起，反抗他认为的一场哥特式攻击[1]，并且进行了迅疾的防卫。“什么，先生，你不承认建筑和雕像的美的价值？那我们干吗承认美在写作中的价值呢？你干吗挖空心思地给我们如此多精彩的典故，鲜明的形象，优雅的辞藻呢？你满可以不用这些装饰把你的指令完全传达出来嘛。”约翰生得意地笑了；却说：“嘿，先生，这一切装饰都是有用的，因为它们可以使人更容易接受真理；但是一个建筑物用一些多余的雕工装饰，一点也不更加方便。”

格温最后十分幸运，他给约翰生博士做出的回答约翰生承认非常精彩。约翰生指责他拆掉了一座可以挺立很多年的教堂，换个地方建了一座新的，唯一的理由就是可以有一条直通一座新桥的道路；他的说法是：“你要把一座教堂从道上拿掉，好让人径直上桥去。”——“不，先生，（格温说）我要把教堂安置在道上，好让人不要离道。”约翰生（开心地哈哈大笑，表示赞许）：“再别说了。就把你口才的名气搁在这句话上吧。”

一到牛津，约翰生博士和我就直奔大学学院，然而令人失望的 500
是，我们发现研究员之一、曾把约翰生从纽卡斯尔一路陪到爱丁堡 1776年3月19日星期二
的他的朋友斯科特先生到乡下去了。我们就在“天使旅馆”住下，两人闲聊了半夜。谈到体质性忧郁时，他说：“一个人受到这样的折磨，先生，他必须转移消沉的思想，不要与它们抗争。”**鲍斯威尔**：“他不可以把这些思想压下去吗，先生？”**约翰生**：“不行，先生，

---

① 即野蛮攻击。

企图把思想压下去就等于发疯。夜里他应当在卧室里点一盏长明灯，如果惊醒了，就拿一本书读，使自己平静下来后休息。管控情绪是一门大艺术。它可以借助经历和习惯性的练习在相当大的程度上习得。”**鲍斯威尔**：“难道他不应当给自己提供娱乐吗？譬如说，难道他去修一门化学课不对吗？”**约翰生**：“让他去修一门化学课，或者跳绳课，或当时他想修的任何东西的课。让他尽力为心灵多找些幽静去处，多找些心灵可以脱离自己去投奔的事物。伯顿的《忧郁的解剖》是一部有价值的作品。也许引述过多。然而当伯顿按自己的心思写作时，他的话中有伟大的精神，有伟大的力量。”

第二天早晨，我们去拜访大学学院院长韦瑟雷尔博士，约翰生博士跟他商议以最优惠的方式处理在克拉伦登出版社印的那些书籍，他就这个问题写的信已经插在前面了。我总有必要说，约翰生热爱商务，喜欢把他的聪明才智运用到实际生活上去。韦瑟雷尔博士和我毫无保留地当着他的面议论他。**韦瑟雷尔**：“如果他给自己的《政论集》写篇序借此评论一下不列颠宪法，我会给他一百几尼。”**鲍斯威尔**：“约翰生博士虽然在自己的文章中，在所有场合对教会和国家的大法都大力拥护，但他从来没有写文章明白支持过哪一个。还真对他有种要求对二者加以评述。我相信他能就二者各写一本部头不大的书，里面包含所有实质性内容，用他的精神有效地维护它们。他应当在各自的范围内建立一座堡垒。”我看得出来他对这番对话并不欣赏。他突然迸出一句：“我干吗应当总是写作呢？”我希望他意识到这笔债是有根据的，他打算清还，尽管他讨厌叫人讨债。

然后我们去彭布鲁克学院，拜访他的老朋友、学院院长亚当斯博士，我发现他是个彬彬有礼、讨人喜爱、善于交流的人。在他晋升为院长之前，我就打算到什鲁斯伯里去拜访他，当时他任圣查德教区的教区长，我的目的是从他那里得到一些他能记得的关于约翰生学术生涯的详情。现在他盛情可佩，给了我一部分可靠的信息，人们将会发现这些内容，连同后来他好心给我的材料，都在适当的地方归并到这部作品中间。

亚当斯博士曾以一篇精彩的答大卫·休谟的《奇迹论》而名噪一时。他告诉我他有次在伦敦与休谟一起吃饭，休谟握着他的手说："你对我评价过高，我可担当不起呀。"此后，他们过从甚密。我不揣冒昧，一贯反对这样彬彬有礼地对待一名不信教的作家。凡是对一名经典作家的一段文字，对古代文献中的一个问题，或者对其他人类幸福不十分感兴趣的问题有争论的地方，一个人可以礼遇甚至敬仰他的对手。然而在争论关系到宗教真理的地方，赢得胜利对于坚持真理的人来说，意义非同小可，对于敌手的人品不应当姑息。如果一个人坚信宗教是无价之宝，他就会把一个极力要剥夺人类宗教的作家视为强盗；他就认为此人可憎，尽管不信教者也许自以为正确。一名强盗就像《乞丐的歌剧》里的那帮恶人一样振振有词，以实用哲学家自命，也许像险恶的思辨哲学家一样信誓旦旦，所以他同样也是义愤加以声讨的对象。一个寡廉鲜耻的放荡子也许认为诱奸我的妻子没有错，然而我就因此不憎恶他吗？如果在他图谋不轨时我把他当场抓住，我能对他以礼相待吗？绝对不能，我会将他一脚踢下楼去，或者来个白刀子进，红刀子出；也就是说，如果我真爱自己的妻子，或者有真正理性的荣誉观念的话。一名不信教的人不可被基督徒慷慨相待，就因为他极力投机取巧干强盗的勾当。然而，我宣布，我极不愿意被人惹得暴跳如雷，就是有人把我说服，认为真理不肯在它的捍卫者手里遭受不冷不热的待遇，我也希望在每场辩论中至少保持好心情；我实在不明白一个人在他尽其所能批驳对手期间为什么要发脾气。我想在对抗不信教者时，嘲笑可以正大光明地加以运用；譬如说，如果他是个丑八怪[①]，而且对自己的人品自负到荒唐的地步，我们可以把他的面相与西塞罗美德的美丽形象[②]加以对比，如果可以看见她的话。约翰生与我不谋而合，

501

1776年3月20日星期三

① 人们习惯认为指的是爱德华·吉本。

② 在《论职责》第1卷第5章中，西塞罗一方面坚持自然与理性的亲和，一方面又坚持人对美、对可爱与和谐的热爱。

说道：“一个人自觉自愿投入一场重大论战中时，他应当全力以赴贬低对手，因为出于自尊的权威对大多数人来说分量很重，往往胜过论理。如果我们的对手文笔很差，尽管这不是问题的本质，但我会攻击他文笔太差。”**亚当斯**：“你总不会挤对一个扫烟囱的工人吧。”**约翰生**：“难说，先生，如果有必要把他挤对下去的话。”

亚当斯博士告诉我们，牛津的有些学院在师生公共休息室里，教员不许学生和他们有社交往来。**约翰生**：“他们做得对，先生，如果有年轻人在跟前，他们之间就不能有真正的交谈，思想也不能很好发挥；因为一个有个性的人不喜欢拿自己的个性在年轻人面前冒险。”**鲍斯威尔**：“可是，先生，如果不争个高下，就不会有一番精

502 彩的谈话吧？”**约翰生**：“先生，除非争出个谁高谁低，就不可能有

1776年3月20日星期三 生动活泼的谈话。我并不是说胜者立论更好，因为他也许站在弱势一边；但他的天赋与知识的优势必定会显露出来；而比着他的优越相形见绌的人，则在年轻人的心目中更加掉价。你知道这样的说法，‘Mallem cum Scaligero errare quam cum Clavio rectè sapere’①。同样，就本特利和贾森·德·诺雷斯对贺拉斯的评注而言，你赞赏错误时的本特利胜过正确时的贾森。”

我们同亚当斯博士走进院长花园，随后又走进师生公共休息室。**约翰生**（一阵沉思之后）：“啊！我过去在这里常跟菲尔·琼斯和弗拉德尔下跳棋。琼斯爱喝啤酒，在教堂里却不太积极。弗拉德尔最后成了流氓，成了辉格党人，还说上牛津丢了他的人。他在帕特尼有个营生，当时受到了一些朝廷扈从的注意，于是变成了一名激烈的辉格党人：但他一直是个流氓，这是毫无疑问的。”**鲍斯威尔**：“先生，除了是个政治流氓，在别的方面是不是也是流氓呢？他下跳棋是不是做手脚呢？”**约翰生**：“先生，我们下棋从来不赌钱。”

---

① “我宁肯与斯卡利杰同错，也不与克拉维乌斯同对”——这句话是在斯卡利杰和克拉维乌斯[1]争论校正格列高利历的场合说的。

1 克拉维乌斯（Christopher Clavius，1537—1612），数学家。

思雷尔夫人

乔治·唐斯 绘

然后他带我去拜访基督堂牧师和神学教授本瑟姆博士[①]，我们非常欣赏他博学、生动的谈话。他请我们吃饭，约翰生博士告诉我这是一大荣幸。“先生，跟基督堂的牧师们一起吃饭可是一件大事。”我们无法接受这番邀请，因为我们已经约定在大学学院进餐。我们在那里吃了一顿盛餐，同席有该院的院长和教师，由于是圣库恩伯特[②]日，他们把这一天当节来过，因为他是达勒姆的一位圣徒，达勒姆与这座学院关系密切。

我们与霍恩博士一起喝茶，他是玛格德琳学院的前任院长，诺里奇主教，他在各个领域的才能已引万人瞩目，认识他以后，对他的人格更会敬仰有加。他曾谈起出版一版沃尔顿的《传记集》，但后来把这计划搁置起来了，因为约翰生博士听了错误信息告诉他，黑尔斯大法官有意做这件事。我曾希望在他和黑尔斯大法官之间斡旋，看哪一位应当做这件大好事。**约翰生**：“为了把事情做好，有必要把沃尔顿《传记集》的所有版本都收集起来。为了使该书适应当代的口味，他们在一种后来的版本中删除了他记述的多恩博士具有的一种幻象，但应当把它恢复；[a] 而且应当给沃尔顿写的各位传主的作品编写一个批评目录，因此他们的作品必须由编者仔细阅读。”

我们然后去三一学院，他把我介绍给托马斯·沃顿先生，我们跟他聊了半个晚上。我们谈到传记。——**约翰生**：“传记很少有写得好的。只有跟传主一起生活的人才能以真正的准确性和辨别力给他作传；而跟一个人一起生活过的人却很少知道关于此人该说些什么。

---

① 本瑟姆博士（Dr Edward Bentham，1707—1776），大学教授；牛津大学基督堂学院受俸牧师中温和而正统的牧师（1754）；牛津大学钦定神学教授（1763）；匿名抨击伯克，因为批评大学在美利坚危机期间效忠；作品有《神性研究反思》（1771）和《论逻辑的性质与用途》（1740）。

② 圣库恩伯特（St. Cuthbert，643—687），林迪斯凡本笃会大修道院主教，英国最受崇敬的圣徒之一，他使诺森布里亚皈依了基督教。

a 〔约翰生说的幻象在沃尔顿的多恩博士传1640年的原版中没有。在最早的三个版本中都找不到。但在1675年的第四版中才第一次引入。我未能发现谈及的将其删去的是什么样的现代再版本。Zouch博士已经将它恢复了。——J.B.-O.〕

503 1776年3月20日星期三 我要协助一位已故主教的助理牧师[①]写一篇关于主教大人的回忆录，但这位牧师很难给我讲出什么事情来。”[a]

我说，应当写写罗伯特·多兹利先生的传记，因为他与同时代的才子们关系太密切，借助他的文学功力，他从一个男仆的地位上步步高升。沃顿先生说，他出版过一本小书，名为《穿号衣的缪斯》。**约翰生**：“我怀疑多兹利的弟弟是否会感谢一个给他哥哥写传的人：多兹利本人倒不会不愿意他卑微的出身被人提起。利特尔顿勋爵的《死者对话录》出版后，有一段对话是古代享乐主义者阿庇喀俄斯和现代享乐主义者达尔蒂纳夫之间进行的，多兹利对我说：‘我跟达尔蒂纳夫很熟，因为我曾经是他的仆人。’”

传记又引导我们谈起约翰·坎贝尔博士，因为他写了《不列颠传记大全》的相当一部分。约翰生尽管对他评价很高，但认为他的巨著《大不列颠政治一览》并不像世界期望的那么高；[b]他对我说过，他相信由于这部作品不太成功，坎贝尔深感失望，所以悒郁而终。这天晚上，他说：“这部作品就是他的死因。”沃顿先生没有留意他的意思，便回答道：“我相信就是这样；他太关注这本书了。”**约翰生**：“不对，先生，他死于缺少关注，如果他是由于那本书而死的话。”

我们谈到风靡一时的一部著作，文笔如行云流水，但在另外一个问题的掩饰下，包含着浓厚巧妙的不信教色彩。我说，这样子出其不意攻其不备地对付我们，实在不够光明正大；他应当在我们进入他那座花团锦簇，悬河泻水的花园之前，竖起一块牌子警告我们

---

① 托卡里·皮尔斯主教和约翰·达比牧师。

a 一位讲究标准英语的朋友对我提到，约翰生博士从来没有用过almost nothing（几乎没有任何东西）这样的说法，因为不合英语规范[1]；因此我在这个地方改用了另一种说法。同时，我不大相信它不是规范英语。因为最优秀的作家用“Little or nothing”；意即少得几乎没有任何东西。

1 有人反对这种说法，认为它是“苏格兰英语”：《每月评论》（1791），第8期第79页。

b 不过毫无疑问，这是一部非常有用的著作，用一己之力完成了令人称奇的研究和艰巨的劳动。

有危险，“内设机关，陷阱”。作者[1]曾就读于牛津大学，在那里之所以被人记得，是因为他“变成了老教徒”。我说，由于他变化多端——从英国国教变到罗马教，又从罗马教变为不信教——我还有信心，看到他变成一个循道宗传道士。**约翰生**（哈哈大笑）：“据说，他的范围更广，有人说他曾经还是个穆罕默德的信徒。不过，既然他已经出版了他的不信教的著作，也许他会坚持下去的。”**鲍斯威尔**：“这我还拿不准，先生。”

我提到理查德·斯蒂尔爵士[2]已经出版了他的《基督教英雄》，扬言一心要过一种宗教生活；然而他的行为却并不严格相符。**约翰生**：“斯蒂尔，我相信做的坏事情节较轻。”

沃顿先生因为有约在先，不能在旅馆跟我们一起吃晚饭；因此 504
我们俩又单独过了一个晚上。我问约翰生，一个人[3]汲汲求闻达于 1776年
名流，天天竭尽全力汲汲于多见世面，广闻信息，这种急于求成是 3月20日
否会贬损自己。**约翰生**：“不会，先生；一个人随着知识的增长总会 星期三
使自己愈加伟大。”

我对巴雷蒂最近出版的两匹拉车马之间的滑稽荒诞的对话和其他诸如此类的东西提出批评。约翰生认同我的观点，说道：“怪异的东西长不了，《项狄传》[4]就没有火多久。”我表达了想结识一位人们一直在纷纷议论，而且以口才出众、献媚求宠闻名于世的女士[5]的

---

① 爱德华·吉本。

② 理查德·斯蒂尔爵士（Sir Richard Steele，1672—1729），作家、政治家；作品有喜剧《温柔的丈夫》（1705）等，吉特-凯特俱乐部成员，艾迪生的同事；《伦敦报》主编（1707）；《闲谈者》（1709）创办人；与艾迪生联合创办《旁观者》（1711）；汉普顿府第皇家马厩总管（1714）；朱瑞巷皇家剧院主管（1714）；新报刊文化大师。

③ 詹姆斯·鲍斯威尔。

④ 劳伦斯·斯特恩，《特里斯舛·项狄的生平与见解》（1759—1767）。

⑤ 卡罗琳·拉德夫人（Margaret Caroline Rudd，？—约1798），交际花，被控犯文书伪造罪；在罗伯特和丹尼尔·佩罗兄弟的银行贷款骗局中受到牵连；判定无罪；利特尔顿男爵有名的情妇；在1780年代中期有段时间为鲍斯威尔的情妇。

愿望。**约翰生**："千万不可相信道听途说的那些非凡人物。放心好了，先生，都是吹出来的。你没有看见一个人比另一个人冒尖高到哪里去。"我提到伯克先生。**约翰生**："是的；伯克确实是一个非凡人物。他的思想长流不息。"约翰生对这位先生天赋的高度评价从他们早期相识开始，划一不二，我能把这一点记下来，感到非常欣喜。乔舒亚·雷诺兹爵士告诉我，伯克先生初次当选议员，约翰·霍金斯爵士对他能坐上这一席位表示诧异时，约翰生说："我们认识伯克的人现在都知道，他将会是这个国家的一流人物之一。"有一次，约翰生病了，无法像平常那样不知疲倦地尽心竭力，有人提到伯克先生，他说："那家伙能调动出我的全部能量。如果我现在见到伯克，那就要了我的命。"他习惯于把谈话看成一场比赛，这就是他对他的对手伯克的看法。

第二天，3 月 21 日，星期四，早晨我们乘驿车继续漫游。天气宜人，我们驱车穿越布莱尼姆公园。我们望着一条小溪上由马尔伯勒公爵约翰修建的宏伟桥梁，想起了桥上的题诗——

巍巍拱桥现雄心，

源源溪水流慷慨。[①]

看见现在凭借布朗[②]的天才，汇聚成一片汪洋，我说："它们把题诗淹没了。"置身于周围瑰丽景色之中，我对他说："先生，我认为你我一起见过了人能见到的不列颠风景的极致：马尔岛的粗犷和布莱尼姆公园的秀丽。"

我们在礼拜堂的一家高档客店里吃饭，他大谈特谈英国小酒馆、小客店的快乐，感到洋洋得意的是法国人可没有任何地道的酒馆生活。"人们，（他说）在一家上档次的酒馆里享受到的快乐是在任何私宅里享受不到的。就算那里有很多很多好东西，如此堂皇富丽，如此高贵典雅，如此殷切希望做到宾至如归；但在本质上却做不到：总有某种程度上的担忧。在私宅里，主人操心款待客人；客人操心迎合主人，除了一条厚颜无耻的狗，谁也不会在别人家里像在自己家里一样吆三喝四。而在一家酒馆里，一般就无忧无虑了。你相信你是受欢迎的：你吵得越凶，你麻烦人的次数越多，你要的好菜好酒越丰富，你就越受欢迎。家仆不会像堂倌那样随叫随到，热情服侍你，因为堂倌有望立即得到他们所要的那份赏钱。家仆做不到，先生；人类发明的东西，没有一样制造出的快乐能跟一家好酒馆或好客店制造出的快乐相比。"[a] 然后他满怀激情地背诵起申斯通的

505

1776年
3月21日
星期四

① 据认为系阿贝尔·埃文斯博士（1679—1737）所作。

② 布朗（Lancelot Brown，1715—1783），人称"能人布朗"（Capability Brown），英国古典式园林学家和建筑师；规划设计牛津郡布莱尼姆景观；作品体现出安逸典雅的原则，体现出18世纪早期的很多设计风格。

a 约翰·霍金斯爵士保存着极少的有关约翰生的《备忘录》。然而在他的鸿篇巨制中却可以发现一段关于这个问题的非常精彩的记录："有妻子儿女的人喜爱天伦之乐胜过喜爱酒馆提供的那些快乐，跟这些人全然不同，我听见他断言，一把酒馆的椅子就是人类幸福的宝座。——'一进酒馆的门，'他说，'我就忘记了忧愁，摆脱了孤独：坐下以后，我就发现老板彬彬有礼，仆人殷勤听从我的吩咐；急于知道我要什么，并且立马满足我的需求：那里的酒激励我的精神，促使我畅所欲言，和我最喜爱的人交谈：我大发议论，不容置喙，也遭到批驳，就在这种见解、情绪的冲突中我找到了乐趣。'"[1] （转下页）

诗句：

无论谁把人生苦闷的一圈走完，
不管他的驿车曾经到过哪里，
想到他居然还在一家客店里发现
　　最热情的欢迎，也许会感叹不已。[a] ①

我想，我杰出的朋友并不十分钦佩申斯通。但那位机敏、优雅的先生对约翰生的看法在1760年2月9日写给格雷夫斯② 先生的一封信里有所流露。“我最近读了一两卷《漫游者》；除了手法有些生硬，[b] 缺乏生动活泼的更多例子外，他是我知道的最刚健、最清晰、最简明、最音调和谐的散文作家之一。一种博学的用语在与时俱进。”

下午，我们乘驿车一路飞驰，他对我说：“人生比这美好的事情并不多见。”

506 我们在艾冯河畔的斯特拉福德停下，饮茶，喝咖啡，能和他一

1776年
3月21日
星期四

（接上页）

1　约翰·霍金斯爵士《约翰生博士传》，第87页。

a　这天夜里我们碰巧住在亨利的一家客店里，这就是申斯通写这首诗的地方。现将从他死后出版的作品集的修正版中找到的这几行诗照录于此。在多兹利的辑本中这一节是这样的：

无论谁把人生苦闷的一圈走完，
　　不管他的各种旅行有何经历。
想到他多么经常地在一家客店发现
　　对他最热情的欢迎，也许会感叹不已。

①　威廉·申斯通（1714—1763），《作于亨利一家客店》，第2节，第17—20行。

②　格雷夫斯（Richard Graves，1715—1804），作家、翻译家；申斯通的密友；牛津大学万灵学院教师（1736）；巴斯附近的克拉弗顿的教区长（1749）；基尔马斯登的牧师（1763—1794）；约翰生去世后写过一首挽歌（1785）；以《精神上的吉诃德》（3卷，1773）赢得真正声名，这是一部深受菲尔丁影响的小说；翻译马可·奥勒留（1792）和色诺芬（1793），才艺极全面；宗教狂热分子。

b　“他过于经常地用抽象代替具体。”——**申斯通**

起来到莎士比亚故乡这块经典宝地，使我心花怒放。

他以轻慢的口气谈到戴尔的《羊毛》。——“先生，这种题材作不成诗。一个人怎么能把哔叽和毦子写成诗呢？不过你会听到很多人会郑重其事地给你讲《羊毛》那首精彩的诗。”谈到格兰杰的《甘蔗》，我向他提到兰顿先生跟我讲过，这首诗的手稿在乔舒亚·雷诺兹爵士家朗读的时候惹得在座的全体才子们哄堂大笑，经过一番素体诗渲染，诗人这样开始了新的一段：

> 现在，缪斯，让我们把老鼠歌唱。

可笑处还有增无减，因为在座的一位把朗读的人诡秘地扫了一眼，发现这个词原本是“耗子”，现在改成了“老鼠”，彰显庄严[a]。

这一段在印行的作品中没有出现。好像格兰杰博士或者他的一些朋友，已经意识到，在一首严肃的诗里引进“老鼠”，也许容易传为笑柄。然而，他还是不忍放弃这种想法；因为这一套东西，用一种更加可笑的方式这样子迂回曲折地出现在他的诗里：

---

a 这件可笑的小事常常被人提及。德罗莫尔主教珀西博士是格兰杰博士的密友，尤其对他念念不忘，他对我做过如下的说明：

“人们议论的那一段原本不会遭受那种曲解的；因为作者在他的作品的这一部分有必要提及老鼠造成的祸害，从而引进一种仿英雄史诗的主题，并且戏拟荷马的《蛙鼠之战》[1]，以一种典雅、得体的方式召唤古希腊歌手的缪斯。我当时看到的就是那种情况；可是后来，在我和其他朋友都不知情的情况下，他有违自己更好的判断，被人说服做了改动，于是产生了上面提到的那种不幸的后果。”

上面一段文字是主教在他没有让这首诗本身被重新提起时写的；尽管给出的这一说明在一个时期是事实，但由于格兰杰博士后来改动了议论中的这一段，文中的说法现在对于印行的诗就不适用了。

主教还描述了格兰杰博士的这样一种品格：“他不仅是个天才、博学的人，而且还有很多优秀的德操；是他认识的最慷慨、最友好、最慈善的人之一。”

1 《蛙鼠之战》是对一首史诗的戏拟，在古代算在荷马名下，更有可能为后人所作。

长胡子的害虫给的损耗一点也不少，
一个不计其数的家族把低地甘蔗糟蹋。

约翰生说，格兰杰博士倒是一个和蔼可亲的人；一个尽力做好
507 事的人。他翻译的《提布卢斯[①]》，约翰生认为译得很好；但《甘
1776年 3月22日 星期五 蔗》一诗，并不令他欣赏[a]；因为他惊呼道："他能把一根甘蔗做成什么？人们不妨写写'荷兰芹圃诗'；或者'白菜园诗'。"**鲍斯威尔**："那你就必须把你的白菜用 sal atticum[②] 腌起来了。"**约翰生**："你知道已经有《啤酒花藤园诗》了：我想，人们也能就白菜说很多事。这诗也许一开始就说文明社会比野蛮状态优越，以苏格兰人为例，他们本身没有白菜，直到后来奥利佛·克伦威尔的士兵把它们引进过去，这就可以表明技艺是怎样被军事征服传播的，罗马军队就是这么做的。"他似乎被自己丰富的想象逗乐了。

我告诉他，我听说珀西博士正在写大不列颠的狼的历史。**约翰生**："先生，狼！干吗写狼呢？他干吗不写熊呢？熊是我们原先就有的嘛。不，据说我们还有河狸嘛。他干吗不写灰鼠呢？也就是人们叫的汉诺威鼠，因为据说，它是在汉诺威家族来的前后进入这个国家的。我倒想见到一部《灰鼠史，神学博士、国王陛下常任牧师托马斯·珀西著》。"（开怀大笑。）**鲍斯威尔**："恐怕一位宫廷牧师写灰鼠不够得体吧。"**约翰生**："先生，他不必用汉诺威鼠这个名称嘛。"谈及一个他所爱戴的朋友，他就能使一种丰富调笑的想象纵横驰骋。

他跟我提到一位心思灵敏的相识的奇特经历。"他在各种情况下行医都没有得到优厚的报酬。他巧舌如簧，博得了一位西印度绅士的欢心，于是这位先生给他立约在他有生之年给他丰厚的年金，条

① 提布卢斯（Albius Tibullus，约公元前60—19），罗马挽歌诗人；贺拉斯的朋友。
a 约翰生博士对我说："先生，珀西对我嘲笑《甘蔗》一事很生气：因为他有意对格兰杰的老鼠小题大做。"
② 雅典盐（即智趣）。

件是陪这位先生去西印度，并与之生活两年。于是他跟这位先生上船前往；但在旅途中爱上了一名年轻女子，① 她碰巧也是船上的一名乘客，他便和这妞儿结了婚。由于性情鲁莽，他跟那位先生发生了争吵，并且扬言他与此人不会有任何关系。这样他便丧失了年金。他在背风群岛的一个岛上安顿下来当医生。有一个人被打发到他那里仅仅是给他配药。但此人开始行医，成了他竞争的对手，而且在岛民的心目中比他强得多，竟然抢走了所有的生意，这样一来他只好回英国，回来不久就死了。”

3 月 22 日，星期五，前一夜我们住在亨利，今天一早就出发，九点左右到达伯明翰，早饭后，我们去拜访他的老同学赫克托先生。开门的是一个傻丫头，她告诉我们："主人不在家，他到乡下去了；她说不上他什么时候回来。”一句话，她让我们吃了一顿闭门羹，约翰生说："她对前来求医的人的态度也好不到哪里去。”他对她说："我的名字叫约翰生；告诉他我来过。你能记住名字吗？”她的回答粗鲁简单，一口沃里克郡发音："我弄不明白，先生。”——“木头疙瘩，（他说，）我写信好了。”此前，我从来没有听到把“木头疙瘩”这个词用到女人身上，尽管我不明白显然有用它的理由的时候，为什么不该用[a]。然而他再次尝试让她明白他的话，便贴近她的耳朵吼道："约翰生。”她总算把声音听清楚了。 508

1776 年
3月22日
星期五

接下来我们去拜访一位贵格会的信徒劳埃德② 先生，他不在家；但劳埃德夫人殷勤地接待我们，并请我们吃饭。约翰生对我说："经过在赫克托家里遇到的人事无常，这番邀请来得太好了。”我们在城

---

① 相识是詹姆斯·格兰杰；西印度绅士是布里约先生；女子是伯特小姐。

a 我在写约翰生传的过程中，受到了我可敬的朋友兰顿先生不计其数的帮助，他就这个问题给我提供了一个离奇有趣的说明。一个老实巴交的木匠当着他的面讲了一件自己从一位牧师的老婆那里受到的虐待，这个女人是个有名的泼妇，木匠指摘她跟他打交道很不公平，讲完之后，又补充说："我注意让她知道我对她的看法。”有人问他："你是怎么说的？”回答是："我告诉她她是个无赖。”

② 劳埃德（Sampson Llyod，1728—1807），贵格会信徒。劳埃德银行的创建人。

里逛来逛去，很高兴看到这座城市在发展扩大。

我们谈到婚后认证，这在罗马法里得到公认，在苏格兰法律里仍然得到公认。**约翰生**：“我想这是件坏事；因为女人的贞节至关重要，由于一切属性都取决于它，所以丧失贞操的人就不可能恢复优秀品格；男女私通生的孩子也不应当通过对过错双方的后来认可获得婚生子女的完全权利。”他对这个问题的看法值得考虑。按照他的原则，有时候，也许在个人方面有一种困难，而且似乎是一种奇怪的困难；但社会的总体利益却得到了更好的保障。毕竟，一个个人因为自己没有得到这样一种状况的好处而发牢骚是没有道理的，这种状况之所以与他自己的状况不同，正是他出生的社会制度造成的。一个女人不会抱怨自己的弟弟得到了他们共同的父亲的田产。那么，一个非婚生子为什么要抱怨同父同母婚生的弟弟得到它呢？法律的实施在这两种情况下都是相似的。何况，一个非婚生子有一个同父同母的婚生弟弟，即便那个婚生弟弟是同父异母的，由于田产只从父亲传下来，所以未婚生子对父亲田产的权利主张也不比同父异母的婚生弟弟强。

劳埃德先生在街上和我们碰到一起，过了一会儿我们又遇见了“赫克托朋友”，劳埃德就是这样称呼他的。看着约翰生和他久别重逢喜出望外的情景，也给我一种喜气洋洋的感觉。劳埃德先生
509 和我先让他们俩在一起聊着，他则出于一片盛情领我参观这群奇才
1776年3月22日星期五 异能的技师们的一些制品。我们大家在劳埃德先生家里聚餐，受到了殷勤备至的款待。劳埃德夫妇结婚的那年也是国王陛下和王后大婚的一年，像国王陛下一样，他们也儿女满堂、人丁兴旺，两家的人口完全相同。约翰生说：“一般而言，结婚是人的最好状况；不适合结婚的人都比较差劲，差劲的程度与不适合的程度成比例。”

我一向喜爱贵格会信徒简单的作风和高洁的思想；跟劳埃德先生交谈的时候，我注意到宗教的本质就是虔诚，跟神的一种真诚的沟通；很多人都是贵格会的信徒，却并不知道。

早晨我们在街上溜达的时候，约翰生博士对我说，他喜欢贵格会中的个人，却不喜欢这个宗派；我们在劳埃德家时，我避而不谈有关他们信仰特点的任何问题。然而我要求看看巴斯克威尔版的巴克莱[①]《神性辩》，约翰生拿着它；打开的正好是有关洗礼的那一章，约翰生说："他说在经文中既没有洗礼的规诫，也没有洗礼的实践；这是错误的。"在这里他是个挑衅者，态度决不温文尔雅；这些善良的贵格会信徒都比他强；因为他看走了眼，没有注意到巴克莱说的是婴儿的洗礼；他们心平气和地让他认识到这一点。不过，劳埃德先生犯了个同样大的错误；因为在坚持**基督**的精神管理开始之际就是洗礼这种仪式应当停止之时的时候，他坚持认为施洗者约翰说："我的洗礼必定衰微，他的必定兴旺。"而原话是："他必兴旺，我必衰微。"[a]

他们当中有人反对"过节，过月，过年"，约翰生回答说："教会并不是迷信地过节，单纯地过节，而是在纪念重大的事件。圣诞节在一年的哪一天过都可以；但纪念我们救主的诞生，应当有个固定的日子，因为哪一天都可以做的事就有被忽略的危险。"

另有一次，他对我说："先生，我们的教会过的节日在宗教中大有用处。"在一种有限的意义上，这一点是毋庸置疑的，我的意思是，如果这样圣化时段的数目不是太泛滥的话。优秀的纳尔逊[②]先生的《节日与斋戒》我认为在英国古往今来印行的书中销量仅次于《圣经》，它对虔敬是个价值最大的助手；除此之外，在这个问题上我还

---

① 巴克莱（Robert Barclay，1648—1690），宗教作家、殖民地总督；在巴黎皈依天主教；后来又放弃，成了阿伯丁的一名贵格会信徒；在把贵格会教义从一种松散、痴迷的活动改造成一种紧凑、有纪律的宗派的运动中的领袖；受到伏尔泰的赞赏；东新泽西总督。《神学论》（1674）和《真正基督神性辩》（1675）的作者。

a 《约翰福音》，第3章，第30节。

② 纳尔逊（Robert Nelson，1656—1715），慈善家、宗教作家；拒绝宣誓效忠者；皇家学会会员（1695）；组成"促进基督教知识学会"（SPCK）（1698）；影响约翰·卫斯理；《英国国教会节日与斋戒指南》（1704）的作者。

要推荐圣奥尔本斯的执事长波特[①]先生的两篇布道文，同样以虔诚和典雅出名。我遗憾地说，苏格兰是我们宗教的大事没有被它的教会专
510 门规定日子庄严纪念的唯一的基督教国家，无论是天主教还是新教。

1776年3月22日星期五

赫克托先生好心陪我到伯明翰两英里以外的一个他称之为索霍的地方去参观博尔顿先生的大工厂，心思灵敏的厂主向我展示了他的高强本领。我真希望约翰生跟我们在一起：因为这是一个我很高兴借他的光观照的景致。有些机械的庞大和设计会“匹配他博大的心灵”。我永远不会忘记博尔顿先生给我说的话：“先生，我这里销售全世界最想要的东西——**动力**。”他有七百来号人在工作。我认为他就是个铁酋长，他似乎就是他的部落之父。有个人来找他，叫苦连天，抱怨他的地主扣押了他的货物。“你的地主做得对，史密斯（博尔顿说）。不过我告诉你怎么办：你找一个愿意为你付一半租金的朋友，我给你付另一半；这样你的货就又到手了。”

从赫克托先生的口中我现在了解到约翰生博士早年生活的许多详情，这些内容，以及此后他在不同时间告诉我的其他情况，已经融合到本书中了。

早上，约翰生对我说：“先生，你会在赫克托先生家里看到他妹妹，一位牧师的遗孀凯尔利斯夫人。她是我爱上的第一个女人。这事不知不觉已抛在脑后了；但我们永远相互挂念。”他嘲笑了一个男人一生只有一次真爱的观点，认为那只不过是浪漫的遐想而已。

从博尔顿先生那里回来，赫克托先生把我带到他家，发现约翰生跟他的初恋情人一起平静地坐着喝茶，她虽然年事已高，但仍然是一位文雅可亲、教养有素的女人。

约翰生向赫克托先生悲诉了他们的一个同学、身为牧师的查尔斯·康格里夫先生的情况，他是这样描述的：“我相信他在爱尔兰找

① 波特（Joseph Holden Pott，1758—1847），英国国教会牧师；林肯郡沼地区比斯比的教区长（1783—1790）；圣奥尔本斯的执事长（1789—1813）；田野里的圣马丁的牧师（1812—1824）；伦敦的执事长（1813）；肯辛顿的代牧（1824）；促进基督教知识学会的董事（后为财务主管）；以神学家和《谈驳加尔文主义的两个要点》（1811）的作者出名。

了个肥缺，但现在住在伦敦，疑神疑鬼总觉得大病缠身，除了自己的家，谁家的门都怕进去。他每天坐自己的驿车放一阵风。他有个年纪不小的女人，他称作表妹，跟他生活在一起，他的酒杯空了太久她就戳戳他的胳膊肘子，鼓励他喝酒，他也非常乐意接受鼓励；不是他喝醉了，因为他是个非常虔诚的人，而是他总是糊里糊涂的。他承认每天喝一瓶波尔图葡萄酒，也许还不止。他几乎不跟人往来；他的言谈也是一个字，一句话：我上次拜访时问几点了？我要告辞的表示使他大喜过望，他一蹦跳起来看他的表，活像一只猎犬蹦向一只兔子。”约翰生先生向赫克托先生告辞时说：“你在我身旁时，千万不要变得像康格里夫一样；也别让我像他一样。”

晚上，他再次谈起了凯尔利斯夫人，他似乎旧情复燃了；因为他说：“如果我娶了她，对我来说也许会同样快乐。”**鲍斯威尔**：“先生， 511
你是否认为如果世界上有五十个女人，一个男人跟任意一个女人在 1776年
一起，与跟特定的一个女人在一起一样快乐？”**约翰生**：“啊，先生， 3月23日
就是五万个也是一回事。” 星期六 **鲍斯威尔**：“那么，先生，难道你不同意有些人的想法：有些男人和有些女人是有缘分的；如果搞错了对象，他们就不会快乐？”**约翰生**：“当然不同意了，先生。我相信婚姻在一般情况下是快乐的，如果婚姻都是由大法官充分考虑性格和条件后撮合而成，不用当事人就事论事做任何选择，那就往往更加快乐了。”

我希望今晚待在伯明翰，与赫克托先生再聊聊；但我的朋友回乡心切，急不可耐；于是我们趁着夜色乘车赶路，一路长时间沉思默想，不言不语。利奇菲尔德的灯火在望了。“现在（他说）我们就要走出死亡之境了。”我们在三冠客店住下，这是一家不大的优质老式客店，是由威尔金斯先生经营的，刚好紧挨着约翰生的旧居，现在仍然是他的家产[a]。我们吃了一顿舒畅的晚饭，顿时精神焕发。斯

a　我在我杰出的朋友出生的房子里走了个遍，怀着无疑将会长期受到参观的情况下人们怀着一种崇敬之情。该房景观连同毗邻的建筑物的一幅雕版画刊登在1785年2月号《绅士杂志》上。

塔福德郡的这个老郡府所在地，我觉得自己所有的托利主义生机勃发。我简直要给 genio loci[①] 上香奠酒，这酒是《花花公子的花招》[②] 中的卜尼法斯兴高采烈、巧舌如簧地推荐的。

第二天早晨，他介绍我和他的继女露茜·波特夫人[③] 认识。她现在还是个老处女，仪态十分简朴。她从来没有到过伦敦。她弟弟是个海军上校，给她留下一万英镑的家产；她拿出三分之一左右在利奇菲尔德的一片高地上建了一座豪宅，造了一座漂亮的花园。约翰生单独来这里的时候通常就住在她家。她敬仰他，他对她也怀有一种父爱。

我们随后拜访了彼得·加里克先生，他当天早晨接到弟弟大卫的一封来信，说我们要来利奇菲尔德。他约好去吃饭，却请我们喝茶，并在他家留宿。约翰生却不肯离开他的老相识、三冠客店的威尔金斯。加里克一家的相像十分引人注目，约翰生认为大卫的活泼对他自己来说不像人们认为的那么特别。“先生，（他说）我不知道如果彼得像大卫一样培养了种种娱乐技艺，他会不会同样的敏捷活泼。那就看情况了，先生，活泼实际上是一种技艺，在很大程度上依赖习惯。”我相信这种说法含有很多真理，尽管一位海外夫人[④] 给我讲了一个笨重的德国男爵的故事，此人和一些英国年轻人在日内瓦一起生活了好长时间，一心要变得像他们一样活泼；抱着这样的目
512 的，他便勤学苦练，在他的住处的桌椅上跳过来，蹦过去；住宅里的

1776年
3月23日
星期六

① 该地的精神。

② 乔治·法夸尔，《花花公子的花招》（1707）。卜尼法斯是该剧中的客店老板。

③ 〔夫人（Mrs.）在18世纪的英国，已婚和未婚成年女子都可以用，就像Mr可用于任何一位普通男子一样。所以文中称某某夫人时，不一定就是某某的妻子。约翰生的继女Lucy Porter，鲍斯威尔称Mrs Porter，马隆在注里有时称Mrs Lucy Porter，有时则称Miss Porter。约翰生的父亲在追求他的一名外乡女子去世后立的碑上称该女子Mrs Elizalbth Blaney, a stranger。这样看来，Mrs用于称呼成年女性，可以说是一种尊称。将Mrs译为“女士”，如果后面是夫家姓，就不合规矩。〕

④ Isabella de Zuylen.

人跑进来吃惊地问是怎么回事时。他回答说：“Sh'apprens t'etre fif。”[①]

我们在客店里吃饭，一起还有约翰生的一个小时候的同学杰克逊先生，约翰生待他非常友善，尽管他似乎是个底层人物，沉闷，没有什么教养。他穿着一件粗糙的灰上衣，黑马甲，油乎乎的皮裤子，戴一顶没有卷儿的黄假发；他脸色红润，表示是个不急于“离开酒罐子”的主儿。他只喝麦芽酒。他曾经在伯明翰试做刀剪生意，但没有成功；现在在家里过着穷日子，计划用比通常好一些的办法鞣皮子；他的讲述不怎么清楚，但约翰生博士还是耐心地听着，看看能不能提提建议帮他一把。这是体现这位伟人身上真正的仁爱之心的一个例子，他一直被极不公正地说成一个严厉而缺乏柔情的人。在他漫长的一生中，这样的事例可以记下数以千计；不过，他的脾气火爆急躁，他的态度往往粗鲁，这也是不争的事实。

我在这里头一次看见了燕麦酒；燕麦饼不像苏格兰的那么硬，反而像早餐里的约克郡饼那么软。我觉得蛮有意思的是，发现燕麦这种马料，在约翰生家乡完全当作人食来吃。他对利奇菲尔德和它的居民赞不绝口，说他们是“英国最清醒、最体面的人，与他们的财富相比，是最文雅的，而且说一口最纯正的英语”。对这最后一项赞誉，我表示怀疑：因为他们有各种土音；如，“那儿”说得像“那厄”，“曾经”说得像“从经”。约翰生本人也从来没有完全除掉这些乡土口音。加里克有时候就模仿他，把柠檬汁挤到一个潘趣酒碗里，手势张狂，环顾大家，喊道：“谁要喷气酒？”[②]

利奇菲尔德似乎商业清淡。但奇怪的是，在这样一个内陆小镇，我却发现了两种制造业，制造船上用的帆布和三角旗；我看见他们制鞍布，鞣羊皮：但总体而言，工业繁忙的手在这里似乎完全放松了。“先生，无疑，（我说）你们都是一伙闲人了。”“先生，（约翰生

---

① 我学着要变活泼。

② 〈加里克自己也像利奇菲尔德人一样总说——shupreme, shuperior。——伯尔尼〉〈这仍然是爱尔兰本土的发音，那里没有移居出境的人的这种英语发音无疑就是伊丽莎白女王时代英格兰通行的发音。——M.〉

说）我们是个哲人之城：我们用头脑工作，让伯明翰的笨伯们用他们的手替我们工作。”

这时候，有个剧团正在利奇菲尔德演戏。团长斯坦顿先生派人向约翰生博士致意，并要求登门拜访。约翰生非常礼貌地接待了他，他跟我们一起喝了一杯酒。他是个平常、正派、举止得体的人，表达了对约翰生博士的感激之情，因为约翰生曾帮他获得了阿什伯恩的泰勒博士的许可，按适中的条件在那里演戏。加里克的名字很快就引入了话题。**约翰生**：“加里克的言谈快乐而古怪。那是一盘什样锦，但都
513 是好东西。里面没有纯肉：缺少一种情思。并不是他有时候没有情思，
1776年3月23日星期六 情思还是有的，而且非常有力、喜人：但它在言谈中的比例不当。”

只有我们两个人时，他告诉我：“四十年前，先生，我爱上了这里的一个女演员埃米特夫人，她演《井里的小妖精》[①]里的芙洛拉，这位女士作为一名演员有什么长处，或者她的身材、她的风度如何，他都没有告诉我：然而，如果我可以相信加里克先生的话，他的老师对戏剧价值的情趣绝对算不上高雅；他不是一个 elegans formarum spectator。”[②]加里克常说，约翰生说一个在利奇菲尔德演哈里·威尔戴尔爵士[③]的演员，“这家伙身上有一种高贵的活力”；其实，按加里克的说法：“他是上过台的最粗俗的恶棍。”

我们答应斯坦顿先生星期一去看他的戏。约翰生博士开玩笑建议我专门写一篇开场献辞：“开场献辞，来自赫布里底群岛的詹姆斯·鲍斯威尔先生撰。”我还真想接受这一提示。我想“开场献辞，1776年在塞缪尔·约翰生博士面前诵读于利奇菲尔德”；听起来俨然酷似查理二世时的“开场献辞，在约克公爵面前诵读于牛津”。由于出了约翰生和加里克，利奇菲尔德对莎士比亚做了些什么贡献，可以说的话很多很多。但我发现他对此十分反感。

---

① 科利·西伯，《小妖精，又名乡村节庆》（1711）。

② “女性形容的好裁判”——泰伦斯，《阉奴》，第3幕，第5场。

③ 乔治·法夸尔的两部剧作《忠实夫妻》（1699）和《哈里·威尔戴尔》（1701）中的人物。

我们去参观理查德·格林[①]先生的博物馆。格林先生是这里的一名药剂师，他告诉我他很自豪，是约翰生的亲戚。这里确实有一馆神奇的收藏，既有文物和自然珍异，又有精巧的艺术品。他把一切物件安置得准确有序，上面贴有他自己的小印刷所印的标签；通向馆藏的楼梯上有一块木牌，用金字写着捐赠人的姓名。印刷的藏品目录可以在一家书店里获得。在他这样的环境里，格林先生能搜集如此丰富多样的东西，约翰生对他积极、勤奋和好运气的赞赏之情，溢于言表；格林先生告诉我，约翰生有次对他说："先生，我与其想着搜集藏品建一座博物馆，还不如想着造一艘战舰。"格林先生展示它的一片盛情十分可喜。他把他的雕版肖像惠赠予我，上面的题辞真实地概括了他的性情，"Nemo sibi vivat"[②]。

有人提到一位医生[③]备受冷落，无人问津，原因是他心血来潮改变了宗教信仰，惹得大家不信任他，我坚持认为这毫无道理，因为宗教与医术毫无瓜葛。**约翰生**："先生，这不是没有道理；因为人们看见一个人在他们懂的事情上表现荒唐的时候，他们就可以断定他在他们不懂的事情上也是这样。如果一个医生喜欢吃马肉，谁也不会找他看病的；尽管人是可以吃马肉的，也可以是名神医。如果一个人受的是一种荒诞宗教的教育，他口口声声说这不会伤害他，可是他的改宗会伤害他的。"[a]

我们在彼得·加里克先生家里饮茶，喝咖啡，一起还有阿斯顿夫人，她是约翰生的第一位朋友的妻子沃姆斯利夫人的几位未婚妹妹之一，也是约翰生一说起就艳羡备至的莫莉·阿斯顿的妹妹，莫 514

1776年
3月23日
星期六

---

① 理查德·格林（Richard Green，1716—1793），文物专家、博物馆主人；约翰生的亲戚；利奇菲尔德的地方行政长官（1758）；高级市政官，郡副司法长官（1785，1790）；作为药剂师给约翰生看过病；鲍斯威尔和约翰生参观过他的博物馆；约翰生和露茜·波特的中间联络人。

② "别让人为自己活着"。

③ 约翰·鲍斯威尔医生（詹姆斯·鲍斯威尔的叔叔）。

a 〔贵格会信徒福瑟吉尔和犹太人尚伯格在当时拥有所有医生中最多的求诊者。——B.〕

莉·阿斯顿后来嫁给了布罗迪海军上校。

3月24日，星期日，我们与科布夫人一起吃早餐，她是个寡妇，住在镇子近郊的一个名叫“男修道院”的宜人僻静的地方，这地方原先就是一个宗教场所。她和她的侄女阿迪小姐对约翰生博士仰慕备至；他对她们俩也以仁爱诙谐的态度相待，就是我们在亲密的老相识之间看到的那种态度。他陪科布夫人去圣马利亚教堂，我则去了那座大教堂，我听了那里的音乐有心旷神怡之感，觉得特别庄严，与礼拜式上的歌词极其协调。

我们在彼得·加里克家吃饭，他心情非常愉快，这就证实了约翰生的说法，如果他像他弟弟大卫那样培养娱乐，他可以有同样杰出的表现。他今天是个就伦敦说事的人，以我们通常在首都才子们身上才能发现的那种认真和模仿给我们讲了各种轶事。约翰生博士下午跟我去大教堂。深思这位杰出的作家，现已功成名就，在故乡的“庄严的庙堂”[①]做礼拜，使人觉得崇高而欣喜。

我又回到了彼得·加里克先生家里饮茶，喝咖啡，后来发现约翰生博士在牧师苏厄德先生家里，这位先生是驻堂教士，住在沃姆斯利先生居住的主教住宅里。约翰生早年在这里度过了多少快乐的时光。早晨苏厄德先生以教士的好客和礼貌请我仅以一名生客的身份跟他一起吃饭；下午，介绍我跟他认识以后，他请约翰生博士和我共度良宵，共进晚餐。他是个温文尔雅、教养有素、仪态威严的牧师，曾跟当今的格拉夫顿公爵[②]的叔叔查尔斯·菲茨罗伊勋爵一起旅行，勋爵大人死在国外，他却在这个大千世界上活了很久。他是一个有才的文人，出版过一版博蒙特和弗莱彻的文集，并且在多

---

① 参见《暴风雨》，第4幕，第1场，第153行。

② 格拉夫顿公爵（August Henry Fitzroy, Duke of Grafton，1735—1811），政治家；威尔士亲王的侍臣（1756—1758）；萨福克郡治安长官（1757—1762，1769—1790）；嘉德勋位爵士（1769）；北方国务大臣（1765—1766）；首席财政大臣（1766—1767）；首相（1768—1770）；使佩勒姆集团进入内阁；剑桥大学校长（1769）；受“朱尼厄斯”信件攻击；由于查塔姆的复职被迫下台。

Lichfield Cathedral

兹利的辑本中写过诗。他的夫人是约翰生上学后的第一位校长亨特先生的女儿。现在我第一次有幸见到他著名的女儿安娜·苏厄德[1]小姐，此后我跟她有过很多交往，并进行过有关约翰生的一些有益的交流，我对她十分感激。

苏厄德先生向我们提到他对火山地层所做的观察，观察资料显示地层在不同时期深度迥异，所以对它们形成所需的时间无法计算出来，这就完全驳倒了引入布赖登上尉令人喜闻乐见的游记中的反镶嵌言论，我不管不顾地相信，这出自一种虚荣心，这是对所有学科最重要的东西研究不足的人的通病。其实，约翰生博士以前在不知道这一说法的时候就已经说过："难道世界历史的所有累累的证据，难道最古的作品无可争议的权威都要被这样一种不确定的言论颠覆？"

515 1776年3月25日星期一 3月25日，星期一，我们在露西·波特夫人家吃早饭。约翰生早先给泰勒博士送过一封快信，告诉他我们在利奇菲尔德，泰勒回信说他的驿车应当今天来接我们。我们正在吃早饭，约翰生博士接到邮差送来的一封信，这封信似乎使他激动万分。读完以后他惊呼"我这个年代发生的最可怕的事情之一"。"我这个年代"的说法就像"时代"这个词一样，通常被理解为指的是公共或总体性质的一件大事。我以为像暗杀国王，像火药阴谋被付诸实施，或者像伦敦又一场大火。我问："什么事情呀，先生？"他的回答是："思雷尔先生失去了他的独子！"毫无疑问，这对思雷尔夫妇是一场巨大的痛苦，他的朋友们都会这么看的；但从约翰生传达信息的态度来看，它一时间显得较小一些。然而，我很快感觉到一种由衷的担忧，便想看看约翰生博士的感受。他说："这完全是绝后灭门之灾，等于他们被卖，做了囚虏。"我提到思雷尔先生还有几个女儿，可以继承财产。——"女儿，

---

① 安娜·苏厄德（Anna Seward，1742—1809），诗人、书信作者；"利奇菲尔德的天鹅"；与约翰生有种烦恼的关系，集中在约翰生对故乡有明显的贬损；鲍斯威尔的《约翰生传》出版后与鲍斯威尔公开争执，声称该作品是盲目的偶像崇拜；伊拉斯谟·达尔文的密友；诗作在她死后被沃尔特·司各特爵士编辑出版（3卷，1810）。

（约翰生激烈地说）他重视女儿的程度就像——”我正要说话。——“先生，（他说）你还不知道你自己心里怎么想的？先生，他希望把自己的姓氏繁衍下去啊。”总而言之，我看得明白即便在不存在姓氏、家族这种长远永久问题的地方，男性继承的观点在他心里仍然十分强烈。我说幸好这场灾难发生时他不在场。**约翰生**：“对我而言，算是幸好。身陷痛苦之中的人总认为你的感受远远不够。”**鲍斯威尔**：“先生，他们一定会希望见到你的，同时这将会是一种宽慰；当你见到他们的时候，痛苦将会大大减轻，这样他们就能够接受你的安慰了，我相信最初的剧痛突发时，就不是这种情况了。”**约翰生**：“不，先生；精神上的剧痛像身体上的剧痛一样，给人五内俱裂的感觉。”**鲍斯威尔**：“我承认，先生，对于别人的痛苦，我的感受不像有些人感受的或者佯装感受的那么强烈；但我知道这一点，所以我就想尽自己所能去宽慰他们。”**约翰生**：“先生，佯装对别人痛苦的感受，跟别人亲身感受的一样强烈，那是矫情。就像一个人截掉了一条腿，一个朋友佯装他的疼痛跟截掉腿的那个人一样剧烈，这同样也是矫情。不，先生；你已经表达了理性、恰当的同情。如果能让这孩子存活下来，我就去天涯海角也心甘情愿。”

他很快就平静下来了。信是思雷尔先生的办事员写的，结尾是，“我用不着多说，他们是多么希望在伦敦见到您”。约翰生说：“我们要从泰勒家赶回来。”

他离开房间后，露茜·波特夫人和当地另外几位女士把他议论了很久，不仅怀着敬仰之心，而且抱着爱慕之情。看到他在自己的故乡如此深受爱戴，我感到十分高兴。

前一天晚上我已经见过的阿斯顿夫人，还有她的妹妹寡妇加斯特
里尔夫人，她们各自在与利奇菲尔德毗连的台地斯托山上有一座住宅 516
和花园，还有游乐场。约翰生走到那里去赴宴，把我一个人撂下，连
声抱歉也不说，我对他这样不通情理感到诧异，一个人不费吹灰之力 1776年3月25日星期一
就用这种态度把一位朋友领到自己熟悉的一所住宅里；我觉得自己这
样子被孤零零地扔在一个乡下小镇里，两眼一抹黑，心里十分憋屈，

于是开始认为自己被无情地遗弃了；但我很快就得到了宽慰，并且相信我的朋友并非不体贴人，而是办事极其得体，因为我接到他亲笔写的这样一封短简："加斯特里尔夫人万望鲍斯威尔先生两点钟驾临斯托山敝寓聚餐是荷。"我接受了这一邀请，而且在这里又一次证明在最了解他的人的心目中，他的性格是多么的和蔼可亲。直到后来我才知道加斯特里尔夫人的丈夫是位牧师，他在艾冯河畔的斯特拉福德生活期间，由于是莎士比亚的花园的主人，便以哥特人的野蛮砍倒了他的桑树[a]，正如约翰生告诉我的那样，这样做是为了惹恼他的邻居。我有理由相信，根据同一个人的说法，他的夫人也参与了我们不朽的诗人的崇拜者们认为几乎是一种渎圣行径的罪恶勾当。

饭后，约翰生博士给思雷尔夫人写了一封吊唁她的爱子的信。我说这会使思雷尔伤心欲绝，但她很快会忘记的，因为她有太多的事情要考虑。**约翰生**："不，先生，思雷尔会先忘记的。她有很多*也许*要考虑的事情。他有许多*必须*要考虑的事情。"这是一句非常精当的说明：占据一个空虚、安逸的心灵的小事与吸引注意力、并使我们不再对悲痛耿耿于怀的大事有迥然不同的效果。

他说到比尤特勋爵："有人是这么说奥古斯都的，如果他压根儿没有出生，或者永远都不死，那对罗马来说就会是更大的福气。如果比尤特勋爵永远不当首相，或者永远都不辞职，那对这个国家也是更大的福气。"

晚上我们去市政厅，现在被改为一家临时剧院，观看了《狄奥多西》，还有《斯特拉福德喜庆》①。我满怀喜悦地看到约翰生博士坐在正厅后座的一个醒目的位置上接受所有新知旧交的盛情敬意。我们真是欢天喜地，其乐无穷。后来我向他提起，正当可怜的思雷尔

---

a　参见马隆先生在《威廉·莎士比亚生平的一些说明》的一条注里对加斯特里尔先生的野蛮行径的准确生动的陈述，该文是他编的诗人的作品集的优秀版本的序言，第1卷，第118页。

①　纳撒尼尔·李，《狄奥多西，又名，爱的力量》（1680）；弗兰西斯·金特尔曼，《斯特拉福德喜庆》（1769）。

夫妇万分悲痛时，我对自己的表现深感自责。**约翰生**："你错了，先生；再过二十年，思雷尔夫妇就不会遭受丧子之痛了。现在你应当考虑，不仅时间的距离，而且空间的距离，都在对人的感情产生影响。我不会让你在哀伤者的面前欢喜雀跃，因为这会使他们感到震惊；但你可以在远处欢喜雀跃。失去我们热爱的一位朋友或亲属的痛苦，是由我们感觉到的缺失造成的。总有一天，这种空虚会被别的东西填满；或者，有时候，空虚也会自行合拢。"

苏厄德先生和另一位牧师皮尔逊先生跟我们在客店里一起吃晚 517
饭，他们离开以后，我们像在伦敦时那样聊到深夜。 1776年3月

在这里，我要把我的朋友在这次出游期间的一些谈话片段摘录如下。

"先生，男人比女人更需要结婚；因为男人给自己提供家庭舒适的能力弱得多。最近哪天，你可以把我的说法讲给某些女士们听，就说我常常纳闷，为什么年轻女子一定要结婚，因为她们结婚前有比结婚后多得多的自由，吸引的注意力也多得多。我确实提不出她们结婚的充足理由——机械性的理由。"**鲍斯威尔**："嘿，那就是一个充足理由。可是难道不是想象使婚姻变得比实际上重要得多了吗？在某种程度上，难道它不仅是女人的错觉，而且也是我们男人的错觉吗？"**约翰生**："是呀，先生；可那是一个总是在重新开始的错觉。"**鲍斯威尔**："我不知道是不是总体而言，那种激情产生的苦难多，幸福少。"**约翰生**："我不这样认为，先生。"

"千万不要当着一个人的面议论他。这么做不文雅，而且还会得罪人。"

"询问不是君子谈话的方式。那是在显优越，询问一个人的私事尤其不对。也许他先前生活中的有些事情不想让别人知道，甚至自己也不想回顾。"

"一个人应当小心，千万不要讲揭自己短的故事。人们也许当时被逗得开心，哈哈大笑，但他们会记住这些故事，在后来的某种场合会拿出来攻击他的。"

"如果一个人全心全意地干某一件事情，可以做出很多成绩。正

是由于这么做的缘故，诺顿[a]使自己成了举世公认的大律师。”

我提到我的一个相识[①]，一个教派成员，是个非常虔诚的人。不仅跟他那个教派的人一起定时参加公共崇拜仪式，而且对经文进行特别钻研，甚至对其中某些部分写了一种系统评注，然而却以放荡好色出名；声称人只有靠信仰才能得救，基督教没有男女性交方面的成规。**约翰生**：“先生，那种荒唐的虔诚不可信。”

我说，说来奇怪，苏格兰人在自己国内彼此非常熟悉，尽管他们出生的郡离得很远；因为我们发现英格兰邻郡的绅士们彼此并不相识。约翰生以他惯常的敏锐立即看出个中缘由，并且做了解释：“嘿，先生，
518 你们有爱丁堡，你们各郡的绅士们都在那里相会，这个地方没有大到互
1776年3月 不相识的程度。英格兰除了伦敦，没有那样一个集会点，伦敦由于太大、太散，许多住在英格兰邻郡的人就可能长期以来互不相识。”

3月26日，星期二，前来接我们的是一辆符合富有、高俸牧师身份的马车——泰勒博士的高大宽敞的驿车，拉车的是四匹身强体壮、膘满肉肥的骏马，赶车的是两个稳健欢快的马车夫，车把我们拉到阿什伯恩；一到那里，我发现我的朋友的这位同学居住在一座与他的结实、体面的马车完全成龙配套的府第里：住宅、花园、游乐场、桌椅，总而言之，样样上乘，绝无短缺之相。人人都应当制订一个自己能够彻底实施的人生规划。别让他画一幅大得填不满的轮廓画。我见过很多显富摆阔的花架子，让人一看觉得既可笑，又可怜。泰勒博士有一片他自己的高级庄园，在教会里又有肥缺，担任威斯敏斯特的受俸牧师，博斯沃思的教区长。他是个勤勉的治安法官，掌管着阿什伯恩镇，我听说他对本镇的居民非常慷慨；给我提到的例子是，前一个冬天，他把二百英镑分发给需要他帮助的那些居民。因此他对德比郡的政治相当感兴趣，他利用德比郡支持德文郡家族；因为尽管是约翰生的同窗好友，他却是个辉格党人。在

---

a 〔弗莱彻·诺顿爵士，后来成了下院议长，于1782年册封为格兰特利男爵。〕

① 约翰·鲍斯威尔医生。

他的性格上，我看不出有什么地方与约翰生的有多少投合之处，然而，约翰生却对我说："先生，他的理解力强极了。"他的个头，身材，相貌和风度都是一位热情的英国乡绅外加堂区负责牧师的典型；我特别注意了一下他的上等仆人彼得斯先生，一个体面严肃的男子，穿一套紫衣服，戴一顶白假发，活像一位主教的管家或总管。

约翰生博士和泰勒博士会见时情深意切，约翰生很快就给他讲了他给赫克托先生讲过的他们的同学康格里夫的不幸遭遇；还说了一句对于一个人生命迟暮时的理性行为至关重要的话，人人应当铭记于心："一个老人应当防范的莫过于把自己交给保姆。"有些人曾以坚定、果断、锐气著称，到了晚年，就像小孩子一样，任凭偏私的女人手腕摆布，这样可悲的例子不胜枚举。

泰勒博士称赞一位他和约翰生博士都认识的医生[①]，并且说，"我为他干了好多次仗，因为这个国家的很多人都讨厌他。"**约翰生**："可是，先生，你应当考虑，由于你每次都得胜，他就成了一名失败者；因为你战胜的每个人都要生气，下定决心不请他；要是在关于他的辩论中有人战胜了你，他们就会想：'我们还是去请 ****** 医生吧。'"这是对于人性的一种深入、可靠的观察。

第二天我们谈到一本书，书里写一位杰出的法官[②]由于宣布了一件大案中的不公判决当庭受到指责。约翰生博士坚持认为这本出版物不会使法官有任何不安。"因为（他说）要么他的行为光明正大，要么他有意徇私枉法。如果他的行为光明正大，他自己的意识会保护他；如果他有意徇私枉法，他看到攻击他的人如此恼怒，反而会高兴。" 519 1776年3月27日星期三

第二天，由于约翰生博士已经告知泰勒博士急速返回伦敦的原因，于是决定饭后动身。那天泰勒博士的几位邻居也来做客。

约翰生博士以赞许的口吻谈到一位已经达到哲人境界的人，也

① 威廉·巴特医生（William Butt, 1726—1805），以《论百日咳》（1773）和《论产褥热》（1775）出名；在爱丁堡大学学医。

② 曼斯菲尔德勋爵。

就是说，一无所求。“如此说来，先生，（我说）野蛮人就是哲人了。”“先生，（他说）我指的不是单纯的一无所有——而是一无所求。”针对这个命题，我坚持认为，举例来说，有锦衣胜于感觉不到对锦衣的需求。**约翰生**：“不对，先生；锦衣之所以好，仅仅是因为它们满足了博取尊敬的其他手段的需求。你想想，查理十二穿上蓝粗布衣黑长筒袜是不是受到的尊敬就会减少？你发现普鲁士王穿着简朴，因为他人格的威严已经足够。”在这里我把自己弄了个骑虎难下，因为我不假思索地说：“先生，难道你不是因为一身天鹅绒锦绣才显得更加体面吗？”**约翰生**：“先生，当你引入了你的对手本人时，你就结束了所有的辩论。你是不是没有更好的办法？这就是你的需求。”我道歉说，我本来把他作为一个世界上最无所求的例子提出来，然而也许穿着又可以给他增光添彩。

晚上我们离开了阿什伯恩，在德比停下来换马，趁此机会我们津津有味地议论起当时在那里行医的我的同胞巴特医生。他之所以义愤填膺，是因为芒斯图尔特勋爵关于组建苏格兰民兵的议案被否决了。约翰生博士是激烈反对这个议案的。“我很高兴（他说）议院有勇气把它扔了出去。你们想利用我们的无赖的胆小。”（我估计指的是内阁。）不妨顺便说一说，他经常使用无赖这个词，并不是完全按一般人们所理解的那种意义，而是作为表示不认同的一个意思强烈的词使用的；如，思雷尔夫人曾问他怎么办时，他冷不丁地回答：“准备当个无赖呗，夫人；要是再宠爱一点，我想你会把我变成一个十足的恶棍。”[a] 他的意思是，容易变成一个任性放纵、觉得自己是个弱不禁风的病人；这是一个我听到他表示深恶痛绝的角色。

这次旅行中，约翰生随身带着 *Il Palmerino d'Inghilterra*①，一本深受塞万提斯称赞的传奇故事；但并不是十分喜欢。他说，他读它是为了

---

a 《约翰生博士轶事》，第176页。

① 显然是原来由弗朗西斯科·德·莫赖斯写的一本16世纪的葡萄牙传奇的意大利文译本。安东尼·芒迪的英文译本《英格兰游方僧》出版于1602年。

熟悉这种语言，为他的意大利之行做准备。——我们在拉夫伯勒过夜。

520

1776年
3月28日
星期四

3月28日，星期四，我们继续赶路。我提到老谢立丹先生抱怨韦德伯恩先生和弗雷泽将军忘恩负义，因为他们二人身为苏格兰青年进入英格兰时多亏了他的帮助。**约翰生**：“嘿，先生，一个人很容易抱怨那些升得比自己高很多的人忘恩负义。一个人进入上层圈子，养成另外的生活习惯以后，就难以维持他以前的所有关系了。于是，先生，那些人原先认识的他跟他们在同一个层面上，他们现在也许认为他们仍然应当受到同一个层面上的待遇，这是不可能的；一个旧交，也许会说一些在高层的同伴面前提起就十分令人不快的事情，尽管这些事情或许尽人皆知。”他引导我们用一种新的眼光看待这个问题，并且表示，千万不要过于严厉地指责在这个世界上飞黄腾达的人疏远了故旧，哪怕他可能得到过大家的照顾。毫无疑问，还是希望大人物对自己早年的朋友给予适当的关注。然而，如果要么出于对境遇的差异麻木不仁，要么由于刚愎自用，哪怕对于境遇差异的表面关注也不屑一顾，致使高位的威严难以为继，那么当他们被允许与那些超越他们曾经所处的状况的人交往时，越分行为必须制止，脉脉温情必须牺牲。对于我已经提到的那位幸运者，也就是韦德伯恩先生，现在的拉夫伯勒勋爵，我必须说句公道话，帮他改进过发音的他的另一位旧交麦克林老先生向我保证，他发现韦德伯恩是个感恩戴德之人，我估计，麦克林对于他的高升并不像抱怨他的那位先生那样耿耿于怀。约翰生博士关于我们那些平步青云使我们感到高不可攀的好朋友怀的嫉妒心的评论当然是非常精当的。正因为有这种妒忌，查尔斯·汤森和埃肯赛德之间早期的友谊萎谢了，类似的例子还可以举出很多。

他说：“为爱情结婚的通常都是软弱的男人。”于是我们谈到娶有钱的女子为妻的事情；我提到一个通常的说法，总体而言，一个男人娶个小户人家的女子可能会更富有一些，因为有钱女子相应地花销也大；而没有带钱来的女子就会在花销上节制一些。**约翰生**：“那要看情况，先生，这种说法并不正确。有钱的女子已经习惯掌控金钱，花钱也精明；但是结婚以后才开始管钱的女子，就会猛花一气，结果就挥金如土，搞得一贫如洗。”

他称赞当代女性，断言她们比以前的女性对丈夫更忠实，在各个方面都有德行，因为她们的理解能力培养得更加到家。他从来不发牢骚，从不犯浮浅的头脑苦恼时的通病，动辄抨击当今的时代，这是他见识长、性情好的一件铁证。相反，他却愿意说他自己的时代的好话；还真的坚持认为它在各个方面都更胜一筹，就是不大尊重政府；他把政府的松懈主要归咎于我们的君主政体在革命中受到的震动，尽管这么做是必要的；其次就归咎于当朝国王统治下历届政府对党派做出的胆怯的让步。想到他在有生之年看到君主终于恢复了自己的正义影响，我感到十分欣慰。

521

1776年
3月29日
星期五

在莱斯特，我们从报上看到詹姆斯博士的噩耗。我想，这位老同学而且是他在伦敦与之生活过很长时间的同学的离世，对我们的旅伴打击很大：但他只说了句："啊！可怜的詹米。"然而，后来，我们坐在车上时，他更一往情深地说："自打开始这一次旅行以来，我已经失去了一位老友和一位小友——詹姆斯博士和可怜的哈里（指思雷尔先生的儿子）。"

3月28日，星期四，在圣奥尔本斯过夜，第二天早晨在巴尼特吃早饭。我向他表示我觉得心里不踏实；总是惴惴不安，担心妻子儿女身在远方，会不会生病。"先生，（他说）想想看，如果他们担心你病了，你会认为这种担心多么愚蠢。"这话顿时让我释然；然而，后来，我发现这是一种巧妙的谬误推理。① 当然，我可以感到满意，因为他们没有理由担心我，因为我知道自己身体健康：但是我们可以互相操心，并无愚蠢之嫌；因为各自在某种程度上对于对方的情况并无把握。

快到伦敦了，我真有喜出望外的感觉，因为这座都城我们俩都热爱有加，它提供了高尚而多样的精神快乐。跟这样一位旅伴一起乘车

① 〈这肯定不是谬误推理，而是一种正确、理性的论证。一个人身体完全健康，却担心远方的另一个人的身体状况，他确知那个操心他的健康的人的担忧是虚妄的；因此认为他自己对不在身边的妻子或朋友的担忧同样毫无根据，这就具有一种理性的根据。——M.〉

旋风般地一路疾驰，我更是体验到直接的快感，于是对他说道："先生，你有一天在奥尔索普将军家说，一个人只有喝醉了酒时，才有一时的快感，难道你不愿意补充一句，或者乘车疾驰时吗？"**约翰生**："不，先生，是你从某种东西疾驰开，或者朝某种东西疾驰去。"

谈到忧郁，他说："有些人，而且是善于思索的人，没有这些恼人的思想。[a] 乔舒亚·雷诺兹爵士一年到头都是一样的。博克莱尔，除非有了病痛，也是一样的。可是我相信大多数人在他们能够有的程度上有这些思想。如果我在乡下，受到那种病的折磨，我就强迫自己拿本书看；每当我这么做的时候，我就发现病轻了一些。忧郁确实应当用这种办法缓解，饮酒却断断不行。" 522

1776年
3月29日
星期五

我们在家禽街的书商迪利先生家停下；他急忙跳上一辆出租马车向市镇的思雷尔先生家疾驰而去。晚上我来到他的住所，因为答应过要告知威廉斯夫人他已平安归来；可是让我吃惊的是，我却发现他坐着和她一起喝茶，我觉得，他心情不是很好；因为好像他赶到思雷尔先生家时，他发现马车正停在门口等着送思雷尔夫人和小姐以及她们的意大利语老师巴雷蒂先生去巴斯。这样就对那位"向导、哲人和朋友"，对那位伊姆拉克①，没有显示出预期的关注，他可是从乡下赶来

---

a "恼人的思想"这种说法，我认为非常传神。孩提时我对它就非常熟悉；因为在苏格兰教堂（我相信我们该叫"礼拜堂"）里用的《格律圣诗》中就可以发现，《圣诗》第43章第5节第5行：

> 那么你为何垂头丧气，我的灵魂？
> 　　什么使你这样灰心？
> 为什么你用恼人的思想
> 　　搅得我不得安宁？

无疑，对早年的偏爱必须予以谅解。然而到了更加成熟的人生阶段，看过《圣诗》的各种格律版本后，我感到非常满意的是，苏格兰使用的版本，总体而言是最好的；想要一种更好的版本，也是徒然。总体来说，它有圣诗的一种简练和神韵；而且在很多地方，它的感染力令人惊叹。

① 约翰生的《拉塞拉斯》（1759）中的一个人物，他的态度与约翰生有某些共同之处。

安慰一位悲痛的母亲的，他认为她正急切地等着他回来呢。我后来得知，他们不叙客套，就开始了计划中的行程。我高兴地从他口中得知，他和思雷尔夫妇的意大利之旅依然决定如期进行，因为他们遭受了丧子之痛，他对这次旅行已经心存芥蒂了；而且后来证明，他的芥蒂是有充分根据的。他说，还真很有道理，“他们的丧子之痛反而增加了一个出国的理由；如果没有决定他是此行的一员，他也会强迫他们出去；但是除非征求他的意见，他是不会主动劝他们的，以免他们疑心，他是在按自己的意愿提建议的”。我感到不快的是，他和思雷尔先生一家的亲密关系，尽管毫无疑问大大有助于他的舒畅与快乐，但也不是没有某种程度的拘束的。不是因为，正如一直粗略地显示出的那样，给他的任务就是用谈话娱乐他们一家和他们的客人；而是因为他对此并不是十分自在；不过，这也许一部分归因于他自己诚实的自傲——那种总对一副温顺相心存妒忌的心理自尊。

3 月 31 日，星期日，我去拜访他，让他看一件我发现的珍宝，他的《英译洛博著阿比西尼亚纪事》，这是约翰·普林格尔爵士借给我的，当时很少有人知道是他的作品之一。他说，“别理它”或者“甭说它”。他似乎认为它丢了他的人，尽管是二十六岁时的少作。我对他说：“先生，你的文笔在翻译它之后大有改进。”他的脸上浮现出一抹得意的微笑，回答说：“先生，但愿如此。”

4 月 3 日，星期三，早上我发现他忙着整理图书，因为他的书一般都很旧，团团尘云正在他身边飞扬。他戴着一副篱笆工用的那
523 种大手套。他眼下的模样使我想起我叔叔鲍斯威尔博士对他的描
1776 年 4 月 3 日 星期三 述：“一位健壮的天才，天生就是跟整座图书馆格斗的料。”

前一天晚上，在约翰·普林格尔爵士家吃饭时，我和库克船长[①]

① 库克船长（Captain Cook，1728—1779），探险家；勘测纽芬兰（1763—1767）；穿越南极圈的第一人（1773）；发现南桑威奇群岛，重新发现南乔治亚岛（1775）；皇家学会会员（1776）；观测夏威夷群岛西端的瓦胡岛和考爱岛；在他的三次太平洋航行中不同意南大陆的存在；完成澳大利亚和新西兰的略图；在夏威夷被土著杀害。

有过一番交谈，我把谈话的情况给他讲了一遍，他非常欣赏那位著名航海家的认真准确，并向我纠正了霍克斯沃思博士对库克航行的许多夸张描述。我告诉他，跟船长相处的时候，我就感受到了那种好奇和冒险的热情，巴不得他下次航行时跟他一起去。**约翰生**："嘿，先生，一个人在考虑到他能从那样的航行中学到的知识是多么少之前，确实有这种感觉。"**鲍斯威尔**："可是人总会被**环球航行**的伟大而模糊的笼统观念左右。"**约翰生**："是的，先生，但是一个人必须防止随大溜。"我说我敢肯定到南大洋旅行过的人告诉我们的一大部分情况肯定是臆测，因为他们对那些地区的语言不太熟悉，听懂的事情没有他们讲述的那么多。看见、听见、摸过、尝过的东西可以了解清楚，但思想上的东西，抽象的东西——政治、道德、宗教，就肯定是瞎猜一气。约翰生博士持同样观点。另外一次，一位朋友①对他提起航海家们讲给他的几件不同凡响的事实时，他狡黠地说："先生，我以前从来不知道这些先生对我有多尊敬；他们没有给我讲过这些事情。"

南太平洋诸岛的一个岛上的本地居民奥迈②来到这个国家一段时间后，他和奥迈有过交往。他为奥迈举止的优雅所打动，并且做了这样的描述："先生，在英国期间，他只跟最优秀的人士往还；所以他养成的我们的作风都是文雅的。我可以提供一个证据，先生，马尔格雷夫勋爵和他有一天在斯特雷特姆吃饭；他们背对着我前面的灯光坐着，所以我看不清楚；奥迈身上的野蛮人气息少之又少，所以我不敢对他们哪一个讲话，以免把二人弄混了。"

我们说好今天上院休会以后在主教冠酒馆吃饭，在上院里有一部分关于道格拉斯田产的诉讼还要进行，我是此案中的辩护律师之一。我带来了苏格兰副检察长，现在的苏格兰最高民事法庭法官之

① 詹姆斯·赫顿。

② 奥迈（Omai，约1753—约1780），南太平洋诸岛的一个土著；来英国的第一个塔希提人，被誉为"高尚的野蛮人"的一个体现；乔舒亚·雷诺兹爵士著名的肖像画的对象。

一，并有亨德兰大法官头衔的默里[1]先生。我提到副检察长的亲属查尔斯·海长官[2]，我知道约翰生博士认识此人。**约翰生**："我替查尔斯长官写过一点东西；我想他对军事法庭审判没有什么好怕的。他死后我遭受了很大的打击；他是个谈笑风生的人，而且也是个爱读书的人。军人的品格很高尚。不顾危险首先为社会挺身而出的人应当得到人类的敬重。一名军人没有什么钱，受到的尊重比其他任何没有什么钱的人多得多。在一个商业国家里，金钱总会买到尊重。
524 可是你发现，一位军官，确切地说，没有钱，却走到哪里都受到尊
1776年4月3日星期三 重。军人的品格总是对他有好处的。"**鲍斯威尔**："可是，先生，我觉得普通士兵在人们的心目中还不如同一档次的其他人；如卖苦力的。"**约翰生**："嘿，先生，普通士兵通常都是大老粗，博取尊敬的任何品质也许都被粗鲁淹没了。一名学人也可能太恶毒、太荒唐，你对他尊敬不起来。一名普通士兵一般吃得多，掏钱少。但当一名普通士兵在他的营房里举止文明时，他的红外套给他博得了一定程度的尊敬。"有人提到军人品格在法国特别受尊敬。**鲍斯威尔**："我倒认为哪里的军人太多，他们受到的重视就会少一些，因为物以稀为贵嘛。"**约翰生**："不对，先生，凡是某种品格或职业在一个民族的心目中价值很高的地方，具有这种品格的人就会比其他人更受重视。在这个国家我们重视英格兰人，但英格兰人在国内并不稀少。"

默里先生称赞古代哲学家与不同学派的同人相互争论时的坦诚和喜悦。**约翰生**："先生，他们之所以争论时心怀喜悦，是因为他们对宗教并不认真。如果古人对信仰严肃认真，我们就不会看到他

---

① 默里（Alexander Murray，1736—1795），法官；苏格兰副检察长（1775）；代表皮布尔斯郡的议员（1780）；常任最高民事法庭法官和最高刑事法庭审判员（1783）。

② 查尔斯·海（Charles Hay，？—1760），陆军军官；第一近卫步兵上尉（1743）；在丰特努瓦战斗中一举成名（1745）；乔治二世的副官（1751）；少将（1757）；受军事法庭审判，结果未公开（1760）；约翰生去看望，为其提供辩护意见。

们在诗人们笔下所展示的那副模样的诸神了。人们也就不会听之任之了。他们之所以带着喜悦的心情争论他们想入非非的理论，是因为他们对这些理论的真理并无利害关系：一个人没有什么东西可以失去时，他就可以满心喜悦地对待对手了。因此你在卢奇安的作品中看到，只从反面批驳的伊壁鸠鲁派忍气吞声；而有正面的东西要保留的斯多葛派[①]，则大发雷霆。一个人反驳你所重视的观点，你感到不自在，对他大发雷霆就在所难免。谁攻击我的信仰，在某种程度上降低我对它的信心，因此搞得我心里不自在；谁使我心里不自在，我就对谁大发雷霆。只有那些相信启示的人才因为对他们的信仰产生质疑而大发雷霆；因为只有他们事实上才有他们可以依赖的东西。”**默里**：“我觉得我们不该因为有人批驳了我们相信和重视的意见而生气；我们反倒是应当怜悯他。”**约翰生**：“嘿，先生；当然，当你希望一个人持有你认为有无限好处的那种信仰时，你希望他万事如意；然而，你的首要考虑是你自己的安宁。如果一个疯子手里拿着一根棒子闯到这间屋子里，无疑我们应当怜悯他的这种心态；然而我们的首要考虑是要注意保护好自己。我们首先应当把他打倒在地，然后再来怜悯他。是啊，先生；人人都会满心喜悦地争论一个跟他没有利害关系的问题。我会心平气和地争论旁人的儿子可不可能被绞死；但是如果有人急吼吼地逼问我的亲儿子可不可能被绞死，我肯定就不会满心喜悦地对待他了。”我又补充了这样一个例子
来说明问题：“如果有人极力让我相信我极爱、极信任的妻子是个讨 525
厌的女人，甚至对我不忠，我就会火冒三丈，因为此人把我置于不 1776年 4月3日 星期三
痛快的恐惧中。”**默里**：“可是，先生，真理总会经得起检验。”**约翰生**：“是的，先生，可是被迫维护它却是痛苦的。先生，想想看，明

① 伊壁鸠鲁派是古代哲学家伊壁鸠鲁（Epicurus，公元前341—前270）的追随者。伊壁鸠鲁教导说，人生的行为准则表现为信赖感觉的证据，不信超自然的干预。斯多葛派是基底恩的芝诺在公元前315年左右创建的哲学派别的信奉者，这派哲学的中心信条是超脱、独立于外在世界。斯多葛派和伊壁鸠鲁派是对手，对世界和人在世界里的地位持截然相反的看法。

明知道你是无辜的，可还是每周一次到陪审团前接受死罪审判，你怎么会高兴呢。”

我们谈到名牌学校的教育；约翰生明明白白地揭示了它的得与失；然而他的论点大大偏重于一个天赋甚高的孩子在一所名校里得到的好处，所以我有理由相信默里先生深受他今天听到的话的影响，决心送儿子上威斯敏斯特学校。——我对自己的两个儿子也如此处置；老大上了伊顿，老二上了威斯敏斯特。我也说不上哪一个最好。然而对这两所贵族学校平心而论，我十分满意地说，我的儿子学到了很多好东西，没有学到坏东西：我相信他们会像贺拉斯[①]一样，感激他父亲给了他如此有价值的一种教育。

我引进的这个话题，往往被无知妄说，那就是，英国的大学太有钱[a]；因此它们的学术并不怎么昌明，如果教师的薪水少一点，其收入主要靠勤奋，情况就会大有起色。**约翰生**：“先生，实际情况恰恰相反；英国的大学还不够有钱。我们的研究生奖学金仅仅足够满足一个人学习期间的生活工作需求，因此一般来说，这笔经费刚够维持到他有机会离开。或许时不时地有一名研究生在他的学院里做到老；然而这是违背他的意愿的，除非他确实是个懒汉。一年一百英镑就算一笔挺不错的奖学金了，但这充其量只够让一个人体体面面当个学生。我们不允许研究生结婚，因为我们认为学术机构只是人在世界上成家立业的准备。只有当了导师，研究生才能得到维持生计以外的一切。毫无疑问，一个不教学就有足够收入的人也许就不会教学；因为如果我们能闲着，就会一直闲着。同样，一个靠教学一无所获的人是不会尽心竭力的；格雷沙姆学院有意给伦敦当一个教育基地；能力出众的教授应当免费讲课，但他们竟然弄到不要学生的地步；如果让他们上一堂课向每个学生收六便士，他们就会

① 贺拉斯《讽刺诗》，第1卷，第6首，第65—88行。

a 亚当·斯密博士在格拉斯哥大学当了一个时期的教授，他在他的《国富论》就这个问题讲了一些感想，当然立论不太可靠，而且好像引起了不满。

争先恐后地要很多学生。收学生应当符合教学人员的利益，这将会是大家的共识；而这就是我们大学的情况。大学太有钱的说法肯定是不真实的；因为它们没有任何可取之处足以让一个有突出学术造 526
诣的人终生在学校里工作。在外国大学里，教授职称的地位很高。 1776年4月3日星期三
因此我们发现外国最有学问的人都在大学里。我们的情况却不是这样。我们的大学学术贫乏，因为经费、设备不足。我希望牛津有很多一年一千镑的岗位，把第一流的学术人才留在学校，不要外流。”毫无疑问，如果情况真是如此，牛津的文学将会更具有威望，将会更创辉煌，将会有更壮阔的生生不息的教育源头。

我提到在哥尔德斯密斯的《博物史》里对麦克拉林先生的亡父随意做了某种程度的揶揄，这位麦克拉林先生十分不安，因为这部

著作描写这位著名的数学家①容易一阵一阵地打呵欠，呵欠打得太剧烈，连课都讲不下去了；这是一个完全没有事实依据的故事；但法律又不会因为此书的出版实施损害赔偿[a]。这就引起我们激烈争论起这样一个问题：即便一个人故去的亲属在一种出版物中遭到诽谤时，是否应当寻求法律补救。默里先生主张应当进行损害赔偿，除非作者能拿出事实证明写得有道理。**约翰生**：“先生，讲明真相要比不要使某些个人感到不安重要得多，法律不限制自由描写死者的特点，这是大好的事。一个人在世时受到诽谤，应当给予损害赔偿，因为他的物质利益也许受到伤害，或者至少心理会受到伤害：但是法律不关心一个人由于祖先受到诽谤而感到不安。那未免太微妙了。让他否认旁人的说法，让这件事通过讨论有个良好的转机。然而，如果一个人无法证实，就不能说不利于一个人物的话，那就没法写历史了；因为有些人的很多言行广为人知，可是谁也拿不出证据来。一位阁僚也许接收贿赂的事臭名昭著，可是你就是没法予以证实。”默里先生指出，作者有义务出示某种证据，尽管他不需要严格的法律证据：然而约翰生坚决反对任何限制，因为它不利于对人的特点的自由调查[b]。

---

① 即麦克拉林教授（Colin Maclaurin，1698—1746），数学家、科学家；爱丁堡大学詹姆斯·格雷戈里的副手（1726）；建立爱丁堡科学学会的两秘书之一（1737）；《微分论》（1742）的作者；1745年詹姆斯二世叛乱中在抵抗查尔斯·爱德华·斯图亚特王子的高地军队、保卫爱丁堡的行动中起主导作用。

a 哥尔德斯密斯博士死后麦克拉林先生才发现这一荒谬的错误。该著作的所有人书商诺斯先生在约翰·普林格尔爵士的要求下十分大方地同意把包含这一内容的那一页删去，然后自费将书重印。

b 约翰生博士在这里说的话，毫无疑问很有见地；然而我担心法律尽管被科克爵爷定义为“理性的完善”，但法律并不完全支持他，因为书本上认为，即便是对死者的名誉的攻击，也可以作为文字诽谤，受到惩罚，由于有破坏治安的倾向。然而，我相信没有类似的现代判案。在王座法院1790年的第四开庭期，在一宗起诉中出现了这样的问题：王座对托珀姆，托珀姆作为一份名为《世界报》的业主，被发现对已故的考珀伯爵犯有文字诽谤罪，因为该报发表了对伯爵大人的某些诽谤性的指控。由于提议中止判决，该案（转下页）

4月4日，星期四，拜访约翰生时，我说，可惜的是真理还不是坚定到蔑视一切攻击的程度，以至于它可以成为众矢之的，但仍然毫发未损。**约翰生**："如此说来，它就不会成为众矢之的了。二加二等于四，谁也不会提出异议：但涉及道德真理的争论，人们一般就会感情用事，因此真理肯定容易遭攻击和歪曲。" 527

1776年
4月5日
星期五

4月5日，星期五，由于是受难节，在圣克雷芒教堂参加过早祷礼拜后，我和约翰生步行回家。我们谈到罗马天主教。**约翰生**："在野蛮时代，先生，教士和百姓都是同样地受骗；可是后来有了教

（接上页）后来受到了严肃的争论。我很高兴能借此机会赞扬我的朋友康斯特先生不仅能力出众而且风格高尚；他的古老的德意志血统在英国变得十分稳健，可以实实在在地说他把*贵族*和*律师*融于一身，他是托珀姆先生的辩护律师之一。他在大问题上显示了丰富的学识和灵巧；然而，问题并未得到裁决，因为法院主要以起诉缺乏法定形式为由而准予中止。我对英国律师的高度尊重无人能比；然而尊重归尊重，我不禁认为，起诉犯罪，如果不允许被告辩护，那就往往一定很不公正，除非我越来越坚定地认为不仅是事实的裁判，而且是法律的裁判的陪审团在果断干预。最近，议院的一项法案已经通过，说明了在文字诽谤问题上陪审团对双方当事人的充分权利；这个议案是由一位深得民心的先生[1]提出的，他的很多党人已经大肆宣扬对于出版自由取得的这一光辉成就。就我本人而言，我的看法十分明确，这种权利是一个陪审团章程中固有的，而且在感性和理性上与陪审团的重要功能不可分割的。因此，通过法令确立这种权利，我认为是在缩小它的基础，它的基础就是普通法的深广根据。如果立法机关通过一项法案支持它，难道不是削弱长子继承权或其他任何古老的普遍认可的权利吗？在1785年发表的我的《反对减少最高民事法庭法官人数致苏格兰人民书》中有下面一段，作为对该问题的简明的，我希望还是公正、理性的陈述，我不揣冒昧，予以摘引："英国的陪审团在*许多民事*和*所有刑事*审判中不仅是事实的裁判，而且是*法律*的裁判。我的*抵制*原则也许不会比我的*服从*原则更加被人误解，我声明我应当是世界上最不愿意鼓励陪审团莽撞地、任性地或者有悖常理地反驳法官意见的人。相反，我倒希望陪审团洗耳恭听他们从法庭上得到的建议，这样他们就可以常常有所遵循，*形成自己的意见*；自己的意见，'而不是旁人的意见'，则是他们应当*发誓*反馈的意见；然而，对于法官说的一切给予应有的注意后，凡是陪审团断然与法官意见相左的地方，他们不仅有*权势*，有*权利*，而且有*义务*凭*良心*相应地做出陪审团的裁决。"

1 查尔斯·福克斯。

528

1776年4月5日星期五

士引进的严重腐败，如放任教士纳妾，以及偶像崇拜，其实并没有被口传心授反复灌输，却心照不宣地被允许了。”他强烈谴责罗马的持证娼寮。**鲍斯威尔**：“如此说来，先生，你是不允许男女之间的不规行为了？”**约翰生**：“当然我不允许了，先生。我要给的惩罚会比现行的严厉得多，目的就是要阻止它。世界各国一直都有通奸行为，就像世界各国一直都有偷盗行为一样；但是执法力度不同，两种现象也许各有相应的增减。出于本性，人人都会犯通奸罪，就像出于本性，人人都会偷盗一样。先生，荒谬绝伦的是，常有人说，总有人违犯体面的生活秩序，要防止这些暴烈的欲望后果，妓女是不可或缺的；不仅如此，为了维护我们的妻子女儿的贞操，应当允许妓女存在。请你相信，先生，稳定施行的严法峻典，会有效阻止这些恶行，而且会促进婚姻。”

我向他陈述了这么一宗案件：“假如某人有个女儿，他知道被人诱奸了，然而她的不幸遭遇都被隐瞒下来，世间再无人知晓：这位父亲应不应当把女儿留在他家里？他隐瞒实情，难道不是共谋欺诈吗？也许，一位德高望重、毫无芥蒂的男子会来娶这位女子，除非这位父亲把真实情况告诉了他。”**约翰生**：“先生，他并不是共谋欺诈。他的女儿在他家里；如果一个男人追求她，这位父亲就是在撞大运。如果一位朋友，或者，如果任何人，征求这位父亲的意见，问他是否应当娶她，这位父亲就应当劝他别娶，不必告诉原因，因为当时需要的只是这位父亲的真实的意见。要是他还有别的女儿，她们也知道她这种脆弱表现，他就不该再把她留在家里了。你应当考虑人生一世，情况就是如此；我们尽自己所能判断彼此的品格；一个人没有义务为了诚信或者道义告诉我们他女儿或他本人的缺陷。一个诱奸了朋友的女儿的人没有义务逢人便讲——‘当心我；不要放放心心地让我进你的家门。我曾经诱奸过一个朋友的女儿：我也可能诱奸你的女儿。’”

思雷尔先生前来拜访他，似乎以一种男人的淡定忍受着丧子之痛。神态上没有任何故作镇静之嫌；他一如往常，谈一些事不关己的问题。我觉得他对拟议中的意大利之行有点踌躇，对于这次旅行，我自以为他、思雷尔夫人和约翰生博士不日就会启程；因此我尽自己所能催促成行。我提到，博克莱尔先生说，他们要带着一起去的巴雷蒂想让他们在自己地区的一些小镇里勾留很久，这样他们就不会有时间参观罗马了。我之所以提及此事，是提醒他们留个心眼。**约翰生**："先生，博克莱尔先生以为巴雷蒂会做我们的向导，我们并不责怪他。不，先生；按照我的建议，思雷尔先生要去找（无所不知的）杰克逊先生[a][①]，从他那里搞一个行程计划，把在我们旅行的时间内可看的地方大部分都看到。我们肯定会参观罗马，那不勒斯，佛罗伦萨，威尼斯，尽量再多看一些地方。"（说话时语气兴奋。）

我表示迫切希望看到他的意大利观感，他说："我无法预见我能 529
就意大利写本书；不过靠这么一本书赚两百镑，甚或五百镑，倒是 1776年
件让人高兴的事情。"这既表明他对写一本大陆旅行记并未完全断念 4月5日
释怀，也表明他一贯坚持他的疏懒性情让他说的这种奇怪的看法： 星期五
"除了木头疙瘩，没人不是为了钱写东西。"批驳这种看法的事例不胜枚举，凡是精通文学史的人都会想到的。

他心里珍藏着许多幅人物素描，他给我们拿出了其中的一幅，他这么做总是出人意料，而且引人入胜。"最近，（他说）我接到东印度寄来的一封信，写信的是一位我从前非常熟悉的先生[②]；他从那个国家回来，据估计手里有大笔的财富，但人们尚未发现他用什么手段赚得最近从那里带回的那样的巨款；他是一位学者，是个讨人

---

a　一位先生，由于知识极为丰富，被称为"无所不知的"（omniscient）。约翰生，我认为非常恰当地将它改为全知，因为那是个verbum solenne[1]，专用于上帝。

1　宗教用词。

①　杰克逊（Richard Jackson，"无所不知的杰克逊"，？—1787），政治家；康涅狄格的代理人（1760—1770），宾夕法尼亚的代理人（1763—1770），马萨诸塞的代理人（1756—1770）；格伦维尔内阁财政大臣的秘书；从1750年代起一直为本杰明·富兰克林的密友；晚年为谢尔本的密友；财政大臣（1782—1783）；赞扬约翰生的《苏格兰西部诸岛纪游》。

②　约瑟福·福克。

喜欢的人，在伦敦生活得很滋润，直到他的夫人去世。她一死，他就花天酒地，染上了赌瘾，把钱输了个精光。有天晚上他就输给一位先生一千英镑，遗憾的是此人名字我忘记了。第二天一早他给那位先生送去了五百镑，还有一封道歉书，说这是他的全部所有。那位先生把钱送回，声称不愿接受；又说如果——先生有机会再赚五百镑，他就把它借给他。他决定再走一趟东印度，再次发财。他得到了一个相当好的任命，我都有陪他去的意向。如果我当时的想法跟现在一样，我就会去的，但那时候，我反对离开英国。”

肤浅的观察者一直认为约翰生不谙世事，约翰生有种非常引人注目的情况，那就是，很少有人比他看见过更加纷繁的人物；没有一个人对这些人物观察得比他更加透彻，这从他常常描绘的强烈而优美的肖像上看得一目了然。我常想，如果他把经过他的观察的人制成法国人所谓的“评论性目录”，它将会提供一个寓教于乐的丰富的宝库。在交谈中他冷不丁地描述其中的一些人，这种突如其来的做法既惊人又喜人。我记得有一次他对我说：“先生，在伦敦要发现的东西真是不可思议。我享受过的文学色彩最浓的谈话是在杰克·埃利斯的餐桌上进行的，他是伦敦交易所后面的一名公证人，有个时期我一般一星期和他吃一次饭。”[a]

530 他的相识人数多，品类繁，要把他们列成一个名单，需要好多

1776年
4月5日
星期五

a 我相信，这位埃利斯先生是从事所谓的“公证人”职业的最后一位，这种职业是伦敦众多公司的职业之一，但这种职业已经不再单独开展，而是由代理人和其他人来操办。他是一个文人、才子。除了《埃涅阿斯纪》，他还把马菲俄斯的《诗章》改写成休迪布拉斯讽喻体；他的一些诗作收入多兹利编的《诗集》里；还作过其他各种小篇什；但由于是个谦谦君子，任何作品从不署名。他让我看过他翻译的奥维德的《书札》，译得非常漂亮。佩瑟给他作过一幅非常漂亮的雕版肖像画，那是根据挂在公证员公司大厅里的弗赖伊的一幅画作的。1790年10月4日，他九十三岁高龄时我拜访过他，发现他的判断力非常清楚，记忆力尽管偶尔不济，但他向我保证，我也的确发现，平静一会儿后还是能够满足他的需要的。看到他没有过于经常干扰老年的不满和烦躁，真令人高兴。那年夏天，他步行到罗瑟里特吃饭，晚上又步行回家。他于1791年12月31日去世。

册才能写完，他从来没有把哪个遗忘；而且能把他们描绘得丝丝入扣，区分得明明白白。他结交的人在做派上，能力上，地位上，才艺上千差万别。他同时来往的既有写过《彬彬有礼的哲学家》的警卫队的福雷斯特上校，也有笨拙粗鲁的罗伯特·莱韦特；有瑟洛勋爵，也有意大利语老师萨斯特雷斯①先生；同一天先跟美丽、快乐、迷人的克雷文夫人[a]②吃饭，随后又与雪山上的蜡烛商、好心的加德纳夫人共餐。

他在各行各业都显露出如此丰富的专业知识，我表示十分惊异，他告诉我："我知道的法律知识主要是从巴洛先生③[b]那里学来的。他是个非常能干的人。我还从钱伯斯那里学了一些；但当时并不是太善于学习。一个人是不情愿受教于一个年轻人的。"我表示希望知道巴洛先生的更多情况，约翰生说："先生，这二十年里，我只见过他一面。生活的大潮卷得我们天各一方。"当时听了这番话，我心里很不好受；然而不管谁离开私人关系的小湾，顺利地进入伦敦的汪洋大海，都会不知不觉地，不可避免地经历那种相识中断。

"我的医学知识（他补充说）是从詹姆斯医生那里学来的，我帮助给他的《词典》写计划，给《词典》本身[c]也写了一点东西。我也从劳伦斯医生那里学了一些，但那时候已经变固执了。"

今天，思雷尔先生、我和约翰生正坐在一起说话时发生了一件

---

① 萨斯特雷斯（Francesco Sastres，活跃于1776—1822年间），意大利语教师、翻译家。

a 马戛尔尼勋爵不仅有其他杰出的品质，而且还以雅趣横生出名，他告诉我他在克雷文夫人家遇见约翰生，约翰生似乎对于任何干扰心存妒意："于是（勋爵大人笑着说）我就躲开了。"

② 克雷文夫人（Lady Craven，1750—1828），戏剧家。

③ 巴洛（Henry Ballow，1707—1782），法律作家；约翰生把自己的法律知识主要归功于巴洛；匿名出版《衡平法论》（1737）；被霍金斯描写为一个"矮小畸形的人"；有造诣的希腊文学者，以古代哲学知识闻名。

b 在约翰·霍金斯爵士的《约翰生博士传》中有对他的描述。

c 我千方百计力图找到约翰生为詹姆斯医生写了些什么，结果一无所获，也许医学人士可以找到。

稀奇事。弗兰西斯报告邮局送来了一件大包裹，据说来自里斯本，要收七镑十先令的邮费。他不肯接受这个包裹，因为估计是个什么花招，甚至连看都没有看。不过后来经过询问，发现真是寄给他的，寄件人正是他一直在说的那位东印度的朋友；运包裹的船到了葡萄牙，这件包裹和其他东西就被交给了里斯本的邮局。

531 我提到一个新成立的赌博俱乐部，博克莱尔给我讲过它的情况，俱乐部成员都玩到拼老命的地步。**约翰生**："放心吧，先生，这只不过是说说而已。谁叫赌博毁了？一个时代你也找不出五六例。关于狂赌，有种奇怪的叫嚣：尽管你看到更多的人毁于冒险行当，我们却听不到反对的呼声。"**思雷尔**："也许被狂赌完全毁掉的人很少，但很多人却因狂赌家境大受损伤。"**约翰生**："是的，先生，可是被其他花费损伤的人也很多很多呀。"我以前也听见他有次这么说过；在牛津时，他说"他希望他会玩牌"。不过，实情却是他爱卖弄自己灵巧的辩才；因此，在谈话中，有时他明明知道自己的看法是错的，但还是要坚持到底，这样一来他的推理和机智才会更加引人注目。他一开始会这样说："嘿，先生，至于玩牌的利与弊嘛——""喏，（加里克说）他在考虑自己得持什么立场。"他似乎在辩驳中获得了一种乐趣，尤其在什么看法被人信心十足地提出的时候，这样一来，如果不是关于宗教和道德的重大真理，几乎没有任何问题不可挑动他进行辩论的，不管是赞成它还是反对它。埃利班克勋爵[a]对他的能力推崇备至。他有次对我说："不管约翰生坚持什么看法，我都不肯说他能让我信服；但他总能向我表明他的看法很有道理。"我听见约翰生是这样高度赞扬勋爵大人的："我与埃利班克勋爵交往总会学到一些东西。"

1776年4月7日星期日

我们一起坐到很晚等着参加午后礼拜。思雷尔说他来就是想跟我们去教堂的。喝完咖啡后，我们七点钟去参加圣克雷芒教堂的晚祷仪式；我明白约翰生趁这次机会要尽情向思雷尔表达敬意。

a　埃利班克勋爵帕特里克于1778年去世。

4月7日，星期日，复活节，在圣保罗大教堂做过礼拜后，我一如惯例，去找约翰生。这个神圣的节日，是纪念我们世界史上最欢乐的事件，我们的**救世主**的复活，他已战胜死亡和坟墓向人类宣告永生，我觉得在这一天他的态度显得特别温和、平静。

我把我认识的一位贵妇①的论点重复给他，这位贵妇坚持认为，她的丈夫由于有无数的不忠过错，从而解除了她的婚姻义务，因为这些义务是相互的。**约翰生**："这是一件可悲的事情，先生。对于婚姻契约而言，除了夫妻，还有第三方——社会；如果把它看成一种誓约——还有**上帝**：因此，它不能只因夫妻二人同意就被解除。法律不是为某些特例制定的，而是为一般人制定的。一个女人也许跟她的丈夫相处得不快乐；但她不能在社会和教会力量不认可的情况 532
下就离他而去。一个男人也许不快乐，因为他不像另一个男人那样 1776年
有钱；但是他不能亲自动手去抢人家的财产呀。"**鲍斯威尔**："可是， 4月7日
先生，这位贵妇并不想解除婚约；她只不过主张她可以放任自己， 星期日
尽情风流，像她丈夫一样自由，只要她注意不要出现给他的家庭带来私生子的问题就行。你知道，先生，麦克罗比乌斯给我们说的有关朱莉亚的话。"[a] **约翰生**："你的这位贵妇，先生，我认为很合适进妓院。"

《古代地理词典》的作者麦克贝恩先生走了进来。他提到他离开苏格兰已经有四十年了。"啊，鲍斯威尔！（约翰生笑着说）你离开苏格兰四十年会是什么情况呢？"我说："我不想离开祖居这么长时间。"这位先生，威廉斯夫人，莱韦特先生跟我们一起吃饭。

约翰生博士发了一通议论，麦克贝恩先生和我都觉得新鲜。话是这么说的："反高利贷法不仅是为了保护债务人，也是为了保护债权人；因为如果没有这种约束，人们经不住巨大利益的诱惑，就会

---

① 也许是埃格林顿伯爵夫人简。

a Nunquam enim nisi navi plenâ tollo vectorem.[1]

1 "我决不接纳乘客，除非船满了以后。"——她也只有怀上丈夫的孩子时才会发生风流韵事（因此就不会带来私生子）。

把钱借给亡命之徒，这就会把钱白白丢了。所以女士们被坑的例子多了去了，她们为了高额年利，考虑不周就把钱投出去，没过几年，人家停止还贷了，结果把贷方的家业毁了。”

威廉斯夫人性情极其乖戾，现在约翰生这样耐心地对待她我颇感纳闷，我遇到类似情况经常都有这样的感觉。实际情况是，这位女士被她父亲遗留在一个孤苦伶仃、一贫如洗的境地，慈悲为怀的约翰生考虑到这种情况，便不由自主地对她充满了柔情，甚至一心想博得她的欢心，竟然有时候把她带到很多朋友家里去，给人家造成诸多不便，由于眼睛看不见，她的一副吃相不免要大扫一些感情细腻的人士的雅兴。

喝完咖啡后，我们去参加圣克雷芒教堂的午后祈祷。我们一路走去，看见街上有些乞丐，我便对约翰生说我估计世界上没有一个文明国家对最下层百姓的贫苦状况有所防止。**约翰生**：“先生，我相信没有；不过有些人不快乐比没有人快乐强，后者可能就是全面平等状态中的实情。”

仪式结束后，我和他步行回家，然后我们俩静静地坐着。他推荐切恩博士的著作。我说，我想切恩的作品可算离奇古怪。“他就是这样，（他说，）在某些方面；可是反对声浪没完没了。没有遭到这样或那样反对的书寥寥无几。”他又补充说：“我不想叫你读切恩的别的东西，只读他有关健康的书，和他的《英国病》。”

533 问及一个有累累劣迹的人是否会迫使自己进入孤独忧伤状态的问题；**约翰生**：“不会，先生，除非这样做可以阻止他再行害。对于某些人而言，阴沉的悔过只不过是颠倒过来的疯狂。一个人可以阴沉，直到为了从阴沉中解脱出来，他又求助于罪恶的放纵。”

1776年
4月10日
星期三

4月10日，星期三，我和他在思雷尔先生家吃饭，同席的还有墨菲先生和其他一些客人。饭前，约翰生博士和我单独相处了一段时间。我遗憾地发现，现在已经决定拟议中的意大利之旅今年不会成行。他说：“无疑，我感到失望；但还不是冷水浇头般的失望。”这种事会使大多数人气急败坏的，看到他带着一种哲学式的淡定忍受下来，令我深感诧异。然而，我觉察到，他本来是如此热切地企盼着欣赏古典美景的，所以不会轻易放弃这一计划；因为他说："我或许会另想办法去一趟意大利。但我不会对思雷尔夫妇提及此事，因为这可能会惹恼他们。"我表示，去意大利也许会对思雷尔夫妇有好处。**约翰生**："我看未必，先生。在悲痛犹新之时，每种化解的努力都会引起不快。你必须等着悲痛被消化掉，然后娱乐就会把残余耗掉。"

席间，墨菲先生拿约瑟夫·辛普森先生的经历给我们助兴。辛普森先生是约翰生的同学，是一名出庭律师，颇有才气，但后来生活放荡，与他曾经在专业上取得的成功格格不入，要不是这样，他的成功就会保持下去；但他仍然气宇轩昂。他根据莱奥尼达斯[①]的故事写了一部悲剧，题名为《爱国者》。他把该剧读给一伙律师听，他们找出了很多毛病，他只好重写：这样一来，就有了题材相同、题目相同的两部悲剧。约翰生博士告诉我们，其中一部还在他手上。辛普森死后，这一部悲剧被某个曾在他左右的人拿去出版了，为了捞取一点急利，做了虚假广告，使人们相信它是约翰生的手笔。

我说，我讨厌有些人带孩子跟人交往的习惯，因为这就迫使我们说些傻不拉几的恭维话，以讨好他们的父母。**约翰生**："你说得对，先生。我们可以因为对别人的孩子不大关心得到原谅，因为很多人对自己的孩子都很少关心。不妨说，有些男人由于忙于自己的事务，或者由于生活道路不同，很少看见自己的孩子，更谈不上怎么关心他们了。我自己本来就不大喜爱有个自己的孩子。"**思雷尔夫人**："不对呀，先生，你怎么能这么说话呢？"**约翰生**："至少，我从来没有想要一个孩子。"

墨菲先生提到约翰生博士计划出一版考利的文集。约翰生说，

---

① 莱奥尼达斯，斯巴达国王，他以气吞山河般的英雄气概指挥希腊军队于公元前480年在德摩比利抵抗排山倒海般的波斯大军。

534 他不知道他应不应当出；他表示对赫德博士[①]出的一版残缺不全的名为《亚伯拉罕·考利作品精选》的版本不以为然。墨菲先生认为这是一个恶劣先例；说任何作家都可以被照此利用，还说看到一名作家不同时期作品各异，真有意思。

1776年
4月10日
星期三

我们谈到弗拉特曼[②]的诗；思雷尔夫人说蒲柏部分借鉴过他的《基督徒离魂》。约翰生背诵了罗切斯特[③]关于弗拉特曼的诗句，我认为未免失之严苛：

> 弗拉特曼也不按品达迅疾的旋律，
> 用松弛的缰绳鞭策那慢腾腾的苦力，
> 考利把他苦苦模仿，驾驭着一位疲惫的缪斯。[④]

我喜欢回味我听到约翰生背诵的那些篇章：这突显出了它们的重要性。

他告诉我们，西伯先生的题名为《诗人传》的那本书完全是他的一名苏格兰抄写员希尔斯先生编的。“书商（他说）给当时蹲大狱的西奥菲勒斯·西伯十几尼，把‘西伯先生’作为作者印在书名页上；这样就算策划了一个双重的骗局：其一，这是一个名叫西伯的

---

① 赫德博士（Dr Richard Hurd，1720—1808），伍斯特主教（1781—1808）；编贺拉斯（1749，1751）；作品有《道德、政治对话录》（1759），《国外旅行的用途》（1764）和《关于骑士和传奇的书信》（1762）；林肯律师学院的讲道士（1765）；格洛斯特会吏总和德斯利教区长（1767）；剑桥大学第一任沃伯顿讲师（1768）；考文垂和利奇菲尔德主教（1774）；诺思的支持者；谢绝乔治三世授予的坎特伯雷大主教的职位。

② 弗拉特曼（Thomas Flatman，1637—1688），诗人、微型图画画家。

③ 罗切斯特（John Wilmot Rochester，1647—1680），诗人、廷臣；与伊丽莎白·巴里有著名的风流韵事；英王侍臣（1666）；伍德斯托克皇家猎苑护林官，主官（1674）；奸夫，浪荡子；被约翰生严厉抨击；诗作以淫秽闻名；晚年受癫狂、改宗等困扰。

④ 罗切斯特勋爵，《出于贺拉斯的典故》（作于1675？—1776年）第2节，第34—36行。

人的作品；其二，这是老西伯的作品。”[a]

---

a　在1792年5月号的《每月评论》上，有对上面那段文字的一篇更正文章，如果不做补救我就觉得自己有种沉重的负罪感。“这段记述极不准确。我们知道下面的事实陈述在每个具体情况上都是真实的——希尔斯是这部作品的材料的主要搜集者和消化者：但在著述上非常生疏，散文又写得十分平庸，语言中又充斥着苏格兰用语，西伯却是聪明活跃的人物，当时正在书商中间求职，便被聘用对整部作品的风格和用词做加工修正，当时计划只出四卷，随他的意思进行大刀阔斧的更动、增删。他偶尔还要加些注释，尤其涉及他十分熟悉的那些戏剧诗人的时候。他还答应撰写几篇传记；这些工作，（我们听说，）他都完成了。他进一步还在删除詹姆斯二世党人和托利党人的观点上派上了用场，因为希尔斯不厌其烦地在里面到处散布这些观点。可是，由于这部作品的成功似乎很让人怀疑，所以他只好拿了二十一镑的劳务报酬作罢，另外还拿了几套书，好给朋友赠送。——希尔斯则拿了将近七十镑，此外还得到了该作品中很多最优秀的传记的利益，而这些传记都有朋友们的共同参与；对于这些部分，希尔斯先生与对其余部分一样，想法一致，整部作品都按页付费。然而，他对这位有辉格党思想的审校者非常气愤，（西奥，像他父亲一样，是乔治二世王朝流行的政治原则的铁杆捍卫者，）因为他的稿子遭到无情的肢解，他的政治观点受到无情的蔑视，于是他给西伯写了一封挑战书：但出版商拊掌大笑，笑得他忘了愤怒，所以没有寄出。到头来，业主们也不满意。因为西伯先生勤快得出人意料，他在校样上改正更动太多，搞得印刷商满腹牢骚，要求追加印费；最后人人都不满意。总体而言，这部作品对参与者都没有带来利益，大家原先一致同意如果成功，在西伯已经收到的二十几尼的酬金上再追赠一笔款项，这二十几尼的收据现在在书商们的手中。我们进一步相信，他实际上得到了追加的一笔款项；不久之后（1758），他不幸乘船前往都柏林，为那里的一家剧院践约：然而轮船失事，船上的人无一幸存。大约有六十名乘客，其中有德罗伊达伯爵，还有别的许多有地位、有产业的人士。

“至于说有意把汇编看作西伯老先生的著作，这种指控的依据似乎不太厚道。我们相信这种想法并不是某个业主怀有的，他们现在都还在世；我们希望它也不是该作品的第一个策划者想出来的，他也是该作品的承印人，具有可敬的人格。

“约翰生博士根据他了解的最可靠的情况，严格坚持真理的神圣原则，我们相信，任何考虑都不会说服他去违背。对于真理的神圣原则，我们衷心地关注，但我们已经舍本逐末被诱入有关西伯和希尔斯两位先生编的《诗人传》的事实的上述细节中了。关于我们现在不再考虑的这个问题，毫无疑问，他受了某种偏颇、错误信息的误导：希尔斯是博士的抄写员；他跟西伯有过争执；认为他按自己的方式讲这个故事是合乎情理的；他不（转下页）

535 墨菲先生说《格雷生平回忆录》① 对于提升格雷的评价是他的诗作远远做不到的；因为你在那里看到了一个在文学园地里耕耘不休的人。约翰生默认了这种观点；但对这本书评价不高，我认为没有道理。因为他说："我强迫自己读这本书，只因为它是个日常的谈资。我发现它极其沉闷；至于文笔，只配列在次席。"他为什么这么认为，我无从想象。现在他给出了他的看法："埃肯塞德是个比格雷和梅森更加优秀的诗人。"

1776年4月10日星期三

谈到"两种评论"，约翰生说："我认为它们不偏不倚：我找不出一个偏颇的例子。"他提到使他无限荣耀的与国王陛下交谈中说的一些关于《每月评论》和《批评评论》的话。今晚他说得更加详细一点。"每月评论家们（他说）不是自然神论者；不过他们是基督教观念少得不能再少的基督徒；而且支持推翻一切机构。批评评论家支持教会和国家的体制。② 批评评论家们，我相信，没有把书看完就常发评论；而是抓住一个题目，主要按自己的想法写文章。每月评论家们是些较为迟钝的人，乐意把书看完。"

536 他谈到利特尔顿勋爵作为一名作家的极度焦虑；说："他准备他的《历史》用了三十年，他雇了一个人替他点评，仿佛（大笑）别人能把他的感觉点评得比他自己还好。"墨菲先生说，他认为，他的历

1776年4月10日星期三

（接上页）是'一个非常坚定的道德家'，这也是肯定无疑的。"这种解释我觉得十分令人满意。不过，应当说明的是，约翰生讲的故事的依据不仅仅是我对他的言谈的记录；因为他本人也在他的《哈蒙德传》中公开了它，他在书中写道："希尔斯的手稿现在在我手里。"很有可能，他信赖希尔斯的话，从来没有看看手稿，将它与在西伯先生名下出版的《诗人传》加以对比。这部手稿下落如何，我不得而知。我倒很想将它鉴定一下。我估计它在约翰生 moribundus[1] 前一时冲动仓促焚烧文稿时被付之一炬。

1 临终。

① 威廉·梅森编，《格雷先生诗集，并序：〈格雷先生的生平与作品回忆录〉，文学硕士W. 梅森作》（1775）。

② 〈约翰生关于《每月评论》和《批评评论》的看法现在（1803）就不准确了。——布雷克威〉

史被推后了好几年，是因为害怕斯摩莱特[1]。**约翰生**：“墨菲和我觉得有点奇怪，我们从没有感觉到那种焦虑，只是把我们写的东西送到印刷所，让它碰运气吧。”**思雷尔夫人**：“当你感觉到时，先生，就已经迟了。”**约翰生**：“真的，夫人，我记不得什么时候有过这种情况。”

谈到《旁观者》，他说：“真是不可思议，在不是艾迪生写的那一半作品里有那么大比例的坏文章；写那一半的有满世界的人，可是那一半中的好文章还不到其中的一半。英语中最精彩的文章之一就是那篇谈‘新奇’的文字，可是我们没有听到人们议论它。那是一名不顺从国教的老师格罗夫[2]写的。”我发现，他不肯称他为牧师，尽管他坦诚承认格罗夫文章的种种重大优点。墨菲先生说，他记得伦敦健在的好几个人仅仅因为在《旁观者》上写了一篇文章而声名鹊起。他特别提到汤姆咖啡馆的常客英斯先生。“可是（约翰生说）你得考虑斯蒂尔对英斯先生评价有多高。”有篇关于抱着孩子旅行的文章，署名为土生土长的菲利普，据说是哈德威克[3]大法官写的，他不承认这篇文章有什么可取之处。他说：“非常一般，没有什么亮点。”

约翰生提到巴里医生[4]的“医学体系”。“他是个（他说）有很高声望的都柏林人，来到英格兰，声望也随之而来，但没有什么丰功伟业。他的观点是搏动通过耗损导致死亡；因此维持生命的办法就是减缓搏动。可是我们知道婴幼儿的搏动最强，搏动正常运行期间，

---

① 1748年斯摩莱特出版过一部英国通史，其中一部分作为休谟的《英国史》的后续经常重印。

② 格罗夫（Henry Grove，1684—1783），长老会牧师；汤顿学校的伦理学和圣灵论教师（1706），后担任校长（1725）；《旁观者》上的四篇文章被约翰生推崇备至（1714）；《谈圣餐的性质与设计》（1732）出版过八版；出版过作品的诗人。

③ 哈德威克（Philip Yorke Hardwicke，1690—1764），大法官（1737—1756）；剑桥大学司法干事（1749）；纽卡斯尔公爵的密友；副检察长，受封爵位（1720）；检察总长（1724）；王座庭庭长，枢密院官员（1733）；极其勤劳尽责；沃尔浦尔把他作为自己首相接班人的可能人选。

④ 巴里（Edward Barry，1696—1776），爱尔兰军医长官；都柏林大学医学教授（1745—1761）；代表科克郡查尔维尔的爱尔兰下院议员。

Tom's Coffee House
Russell

我们的年龄在不断增长；所以搏动不能说是催命的原因。”说完此话后不久，他又说了一些奉承思雷尔夫人的话，具体内容我想不起来了；但最后是希望她长寿。“先生，（我说）如果巴里医生的体系正确，你现在已经用加速思雷尔夫人搏动的办法把她的寿命也许缩短了几分钟。”

4 月 11 日，星期四，我和他在保利将军家吃饭，现在我就住在将军家里，后来我每次到伦敦来，都有幸成为他的常客，受到体贴入微的款待，直到我在那里有了自己的住宅。我提到那天早晨我把一位位高财大的佛兰德斯贵族内尼伯爵介绍给加里克先生，加里克跟他谈到毒贩亚伯[①]，是个小角色，并且洋洋得意地说一个法国人看见他演一个低贱人物，惊呼道：“Comment！ je ne le crois pas. Ce n’est pas Monsieur Garrick，ce Grand Homme！”[②]加里克又一本正经
地补充说：“如果我重新开始生活，我想我是不应该扮演这些低贱人 537
物的。”听了这话，我说：“先生，此话差矣；因为你的超群绝伦之 1776 年
处就是你表演的多样性，你的表现活灵活现，演的人物又是千差万 4月11日
别。”**约翰生**：“先生，加里克此话并不当真；因为毫无疑问，他的 星期四
特长就是他的多样性：也许没有任何一个人物没有被别人演得像他能演的那样好。”**鲍斯威尔**：“那么，先生，他干吗说这样的话呢？”**约翰生**：“嘿，先生，就是要让你按你回答过的那样回答。”**鲍斯威尔**：“我不知道，先生；他似乎在挖空心思地回应。”**约翰生**：“他无须挖空心思，先生：同样的话也许以前说过二十遍了。”

关于一位少年得志就跃居高位的贵族[③]，他说：“他的才气，先生，完全适合当勋爵；但在一个没有别的，只有才气的人身上，才气并不会凸显出来。”

意大利之行仍在他念中。他说：“一个没有去过意大利的人总觉

---

① 本·琼生的《炼金术士》（1610）中的一个人物——加里克以演这个角色出名。

② “什么！我不相信。那不是那位伟人加里克先生。”

③ 谢尔本勋爵。

得低人一等，因为他没有见过被认为一个人应当见到的东西。旅行的大目标就是游览地中海沿岸。在这些海岸上有过世界四大帝国；亚述帝国，波斯帝国，希腊帝国，罗马帝国。——我们的一切宗教，几乎我们的所有法律，几乎我们的所有艺术，几乎所有使我们超越野蛮人的一切，都来自地中海沿岸。”将军说：“**地中海**将会是一首诗的高尚主题。”

我们谈到翻译。我说，我无法给它下定义，我也想不出一个近似的办法说明它；不过我觉得翻译诗只能是摹仿。**约翰生**：“你可以原原本本地翻译科学书籍。你也可以翻译历史，只要它没有受到富有诗意的华丽言辞的渲染。诗确实是不能翻译的；所以是诗人把各种语言保留了下来；因为如果我们能让用一种语言写的一切被同样原汁原味地翻译成另一种语言，我们就不用犯难再学另一种语言了。但由于诗的美不能在原创用的语言之外的任何语言中保留下来，所以我们学习那种语言。”

一位先生[①]坚持认为印刷术通过传播无聊的作品伤害了真正的学术。——**约翰生**：“先生，要不是印刷术，我们现在压根儿就没有学术；因为书籍还没有被人抄完，就坏了。”这种说法似乎并不正确，因为有多少个年代书籍就是单靠抄写保存下来的。

同一位先生还认为在一个民族中间普及知识是弊大于利；因为这把平头百姓提升到他们低贱的地位之上了。**约翰生**：“先生，当知识是一种荣耀的时候，有知识的人自然就在没有知识的人之上。起初仅仅能读书会写字就是一种荣耀；可是我们看到读书写字普及以后，普通百姓的地位并没有改变。所以更高的才能普及以后，结果还是一样的。”

538 “哥尔德斯密斯（他说）事事都与虚荣有关；他的功与过都出于那种动机。他不是个社会人。他从不与你交流思想。”

1776年4月11日星期四

我们在胡尔先生家共度良宵。《卢济亚特》的优秀译者米克尔

---

① 科西嘉将军保利。

先生也在那里。这天晚上的谈话内容我没有保存多少。约翰生博士说："汤姆逊有真正的诗才，有用一种诗歌眼光观察一切的能力。他的毛病是有时候用词如云如雾，意思叫人很难窥透。有一天，编《西伯著诗人传》[a] 的希尔斯和我一起坐着。我拿来了汤姆逊，朗读了一大部分，然后问道，这难道不精彩吗？希尔斯表示了无以复加的赞赏之情。""哎，先生，（我说）我是隔行读的。"

我讲了哥尔德斯密斯和罗伯特·多兹利先生之间的一场争执，那是 1762 年，有天我和他们二人在汤姆·戴维斯家吃饭时发生的。哥尔德斯密斯断言，这个时代没有出什么诗。多兹利求助于他自己编的《诗集》，而且坚持认为，虽然你找不到一座像德莱顿的《圣塞西莉亚日颂歌》那样的宫殿，但你还有一座座由非常漂亮的房舍构成的村庄；他特别提了《忧郁》[①]。**约翰生**："我认为多兹利认输了。他和哥尔德斯密斯说的观点一样；只不过他说的口气比哥尔德斯密斯温和一点；因为他承认没有诗，也就是没有高出普通水准的东西。你可以在韵文里找到智趣，但找不到诗。《休迪布拉斯》具有丰富的智趣；但它不能算作诗。多兹利的《诗集》中的《忧郁》，你说他主要以此为据，但它不是诗。"**鲍斯威尔**："先生，难道格雷的诗没有高出普通水准吗？"**约翰生**："高出了，先生；但我们必须注意这中间的区别，有些事是一般人想做却做不了的，有些事是如果想做，人人都可以做的。十六根绳子杰克[b] 高出了普通水准。"**鲍斯威尔**："那么，先生，什么是诗？"**约翰生**："嘿，先生，说什么不是诗要容易得多。我们都知道什么是光；但要说什么是光却不容易。"

4 月 12 日，星期五，我和他在我们的朋友汤姆·戴维斯家吃

---

a　见前边码第 534 页注。

①　马修·格林，《忧郁》（1737）。

b　一个有名的剪径之徒，经过多次的审判与开释后，最终被处以绞刑。他以服装浮夸，尤其是因为裤子的膝部吊着一扎十六根绳子出名。

饭，在那里我们遇见了莱斯特郡的克拉多克[①]先生；他是悲剧《佐贝德》的作者；一位非常讨人喜欢的绅士，我的朋友法默博士非常优秀的《论莎士比亚的学问》就是献给他的；还有哈伍德博士[②]，他写作并出版过多种多样的作品；尤其是一种采用现代习惯用语、使用索齐尼派[③]的扭曲手法译的《新约全书》的怪异译本。

我提出亚里士多德《诗学》中把 κάθαρσιζ τῶν παθημάτων，感情净化，看作悲剧目的的理论[a]。“可是感情怎么被恐惧和怜悯净化
539 呢？”（我说，装出一副蒙昧无知的样子，激他说话，为达此目的，
1776年4月12日星期五 往往有必要利用一些说法。）**约翰生**：“嘿，先生，你得考虑净化的本义是什么。它的意思就是排除人的身体上的杂质。心灵也容易遭受同样不完美的浸染。感情是人类行为的巨大推动力；但它们混杂着那样的杂质，所以有必要借助恐惧和怜悯把它们净化或提纯。譬如说，雄心是一种高贵的感情；但是在舞台上人们看到一个雄心过分膨胀到了不仁不义地步的人，受到了惩罚，于是我们对那种感情的致命后果感到恐惧。同样的道理，一定程度的恼怒是必要的；但如果我们看到一个人到了怒不可遏的地步，我们就怜悯这个满腔恼怒的人，并受到教育要缓和这种感情。”我对这种情况的记录与约翰生的表达相比黯然失色，它本来气势如虹、光彩夺目，克拉多克先

① 克拉多克（Joseph Cradock，1742—1826），作家；作品有《乡村回忆录》（1774）和悲剧《佐贝德》（1771）等；藏书丰富，并且具有表演才能。

② 哈伍德博士（Dr Edward Harwood，1729—1794），长老会牧师、《圣经》学者；约瑟夫·普里斯特利的朋友，在神学观点上属于不顺从国教的理性一翼；布里斯托尔塔克街长老会教堂的牧师（1765）；《绅士杂志》的固定撰稿人；多产作家，作品包括《新约研究介绍》（1767）；《希腊、罗马经典的多种版本面面观》（1775）、《新约全书意译》（2卷，1767）。

③ 索齐尼派，16世纪意大利神学家莱利奥·索齐尼及其侄儿弗斯都·索齐尼创建的一个基督教派别，否认基督的神性。

a 参见已故的格拉斯哥大学希腊文教授穆尔博士关于这一问题的一篇妙文。[1]

1 〈也参见川宁（Twining）先生在他令人赞赏的《诗学》译文中关于亚里士多德的这段文字的博学多闻的注释，其中，其他批评家的各种解释都受到考虑，穆尔博士的更得到详尽的讨论。——鲍斯威尔〉

生禁不住对我耳语："这些话被写在一本书里多好啊！"

我说《奥瑟罗》这部悲剧的缺点在于没有道德寓意；因为谁也抵制不了巧妙地暗示到奥瑟罗心头的重重疑团。**约翰生**："首先，先生，我们从《奥瑟罗》那里学到了这种非常有益的寓意，不要缔结一桩门不当、户不对的姻缘。其次，我们不是要学习动辄就疑神疑鬼。手绢仅仅是一种花招，尽管是非常巧妙的花招；但没有其他引起合理怀疑的情况，除了亚果叙述的凯西奥说的有关玳丝德摩娜的热情洋溢的梦话；而那完全取决于一个人的断言。不，先生，我认为《奥瑟罗》几乎比任何一出戏的寓意都多。"

谈到我们认识的一位经济拮据的先生①，约翰生说："先生，他手头紧，与其说是贪得无厌，不如说是由于不会花钱。从他的心里倒一瓶酒出来他也发现不了；哪怕酒是酸的，他也不大在意。"

他说，他希望看到约翰·丹尼斯②的《批评作品》结集。戴维斯说它们不会有销路。约翰生博士似乎并不这样认为。

戴维斯说到一位大名鼎鼎的戏剧作家③，说"他全靠简略故事过日子，就像汉尼拔一样靠醋开路④；从攻击人，尤其是攻击演员开始。"

他提醒约翰生博士，墨菲先生向他表示了给一个俗人表示过的最高敬意，也就是请他原谅在讲故事的过程中再三赌咒发誓。

约翰生和我今晚在冠锚酒馆吃晚饭，一起还有乔舒亚·雷诺兹爵士，兰顿先生，现在是苏格兰法官之一的并有邓西南大法官头衔

---

① 亚历山大·麦克唐纳爵士（约1745—1795）。

② 约翰·丹尼斯（John Dennis，1657—1734），文学批评家；《凯旋的不列颠》（1704）的作者，作为剧作家取得了一定的成功；德莱顿的早期批评家；批评作品包括《论莎士比亚的天才与作品》（1704）、《保卫舞台》（1726）、《诗评的基础》（1704）和《评加图》（1713）；蒲柏在《群愚史诗》（1728）和《批评论》（1711）中予以嘲讽。

③ 阿瑟·墨菲。

④ 汉尼拔在翻越阿尔卑斯山时，据说把挡路的石头烧热，再泼上醋将其粉碎（李维，第21章）。

的奈恩先生，还有我敬重的朋友匹茨利戈的威廉·福布斯爵士[①]。

我们讨论的问题是饮酒是否能改变交谈和善行。乔舒亚爵士坚持认为能改进。**约翰生**：“不能，先生：吃饭前大家见面，理解能力千差万别；那些自觉不如人的出于自谦，三缄其口。三杯下肚后，540 人人心里乐开了花，便把原来的自谦丢到脑后，脸皮越来越厚、嗓门越来越高：可是人并未得到改进；只是对自己的缺陷浑然不觉而已。”乔舒亚爵士说博士说的是过量饮酒的后果；但是浅斟一杯却能适当增进血液循环，从而活跃心智。“早上我起床时，（他说）精神饱满。但到吃正餐时就显得精疲力尽；喝一点酒，我又恢复到起床时的状态；所以我相信适量饮酒可以使人改进言谈。”**约翰生**：“不，先生；酒不能给人轻松、快乐、由衷的喜悦；给的不过是骚扰、喧嚣、吵闹欢腾而已。我从未听见这些酒鬼——不对，酒鬼是粗话——这些酒客们神采飞扬的情况。”**乔舒亚爵士**：“因为你枯坐一旁，头脑清醒，对饮酒者们的快意感到的只是羡慕。”**约翰生**：“也许是轻蔑吧。——先生，人大可不必把自己喝得忘乎所以来品味醉酒的智趣。我们十分清醒的时候，不是把亚果和凯西奥对话[②]中醉酒的智趣看成这一类别中最精彩的吗？智趣归智趣，不管它是通过什么手段产生的；如果精彩，千秋万代都会出彩。我承认，饮酒能使人精神焕发，如同一般参加任何寻乐活动一样：斗鸡，诱熊，像饮酒一样都会使一伙人精神百倍，尽管肯定不会改进言谈。我也承认，有些木讷人喝了酒，情况有所改善，就像有些水果烂了才好吃一样。是有这样的人，但他们像欧楂一样。我确实承认有个别有才气的人一喝酒就会才气横溢；不过我坚持认为；关于饮酒的一般

1776年
4月12日
星期五

---

① 匹茨利戈的威廉·福布斯爵士（Sir William Forbes，1739—1806），银行家、慈善家；爱丁堡商会的领导成员；自传《银行回忆录》（1860年出版）的作者；积极参与爱丁堡几乎所有的慈善机构；詹姆斯·贝蒂和鲍斯威尔的密友；文学俱乐部成员；乔舒亚·雷诺兹的朋友；控告麦尔维尔勋爵时的证人（1806）。

② 《奥瑟罗》，第2幕，第2场。

效果，我是正确的：还要考虑的一点是，有的立场观点，不管在其普遍性方面如何错误，但对某个特殊人物仍是正确的。”威廉·福布斯爵士说：“把一瓶啤酒放到火跟前，啤酒就泛起更多泡沫，难道人不可以用酒激热吗，就像啤酒那样？”——“哎呀，（约翰生大笑着说，）这我可回答不上来：对我来说，这个问题太难。”

我说，酒由于使人的头脑发热，使人的思想混乱，使人的情绪焦躁，所以对有些人是有害的；但人类的经验是赞成适量饮酒的。**约翰生**：“先生，我不是说通过饮酒使人产生自满自得的感觉是错误的；我只是否认饮酒能改进人的心智。我讨厌跟大家一起喝酒。我自个儿喝过很多瓶酒；首先，因为我需要它来提神；其次，因为我不想让旁人看见酒对我造成的影响。”

他告诉我们：“几乎《漫游者》上的全部文章都是临印前写成的；他先把写完的一部分稿子送去，在印的过程中再写剩余部分。催稿子了，他就坦然坐下命笔，他相信一定会写出来的。”

他说，为了全面改善，一个人应当阅读当时感兴趣想读的任何东西；当然，如果一个人有专业要学，他必须稳定坚决地向前迈进。他补充说“想读什么就读什么，给人留下的印象要深刻得多。如果不想读硬要逼着自己读，一半的心思就用来加强注意力；在阅读内容上用的心思就只有一半”。他告诉我们他没有停顿，一口气读完了菲尔丁的《阿米丽亚》[a]。他说，“如果一个人从一本书的中间读起，觉得还想继续读，就让他别丢手，再从开头读。他也许再也不会有这样的想法了”。

541

1776年
4月26日
星期五

---

a 这里我们有了一个对这位令人叹服的作家的优长的偶然证据，我们已经看到约翰生博士直接承认这位作家的优点少之又少。

〔约翰生好像特别喜欢这部小说中的女主人公的性格。“他对诚实的关注（皮奥齐夫人说）无与伦比，或者没有先例；我提到克拉丽莎是个完美人物时，‘相反，（他说）你可以注意到总有某种东西她比真理更喜欢。菲尔丁的阿米丽亚是所有传奇故事中最喜人的女主人公，（他说）可是那只讨厌的破鼻子从来没有治好，这就毁了或许这唯一的一本书的销售，它一早刚印出来〔出版〕天黑前人们又要求一个新版。’”——《轶事》，第221页。〕

乔舒亚爵士提到刚刚出版的坎伯兰[①]先生的《颂歌集》。**约翰生**："嘿，先生，如果坎伯兰没有署名，这些颂歌会被认为跟普通的颂歌一样好；但一个名字立即引来了责难，除非那是一个把它前面的一切压下去的名字。不仅如此，坎伯兰使他的《颂歌集》附属于另一个人的声名[a][②]。这些诗本来可以自行传世；但它不仅使它们受到一个名字的拖累，而且使它们有双重的负担。"

我们谈到那两份"评论"，约翰生博士的说法跟他在思雷尔家说的相同[b]。乔舒亚爵士说出了我常常考虑的问题，他感到诧异的是，发现两份评论登了那么多优秀作品。作者一直不署名，所以就不能有出名的动机。**约翰生**："不对，先生，给两家评论上写文章的人之所以写得好，目的是要得到高额稿费。"

这天过后不久，他跟思雷尔夫妇去了巴斯。我从来没有见过那座美丽的城市，希望趁约翰生在那里的时候，借机去看看。给他写过一封信后，我收到了下面一封回信。

致**詹姆斯·鲍斯威尔先生**

亲爱的先生，——何言忽略？我什么时候忽略过你？如果你愿意来巴斯，我们很高兴见到你。因此，来得越快越好。

不过我在伦敦有件小事需要拜托你。叮咛弗兰西斯在我卧室的五斗橱的文件屉里找两个案情；一个是要呈给检察长的，一个是要呈给副检察长的。我想，它们放在我的文稿上面，要是没有，那就在别的什么地方，麻烦就大了。

---

① 坎伯兰（Richard Cumberland，1732—1811），剧作家、小说家；作品有小说《阿兰德尔》（1789），素体宗教史诗《髑髅地，又名基督之死》（1792），剧作《西印度人》（1771），由加里克在朱瑞巷导演；在谢立丹的《批评家》（1779）中被塑造成"烦躁的剽窃爵士"；被推定为约翰生的朋友。

a 画家罗姆尼，现在理所当然地确立了高度的名望。

② 理查德·坎伯兰把他的《颂歌集》（1776）题献给当时还不知名的画家乔治·罗姆尼。

b 见前边码第535页。

如果找见了请立即回信，向我在世界各地的朋友们致意，向家里的威廉斯夫人致意，你的，

塞姆·约翰生

尽快找那些文件，如有必要，我在你来之前要写信。

4月26日，我去了巴斯，我一到鹈鹕客店，就看到思雷尔夫妇写的一封感人的邀请函，在我逗留期间，几乎一直受到他们二位的盛情款待。他们去寓所了；但有一封约翰生博士写的关心备至的短简，说他整个晚上都在家，于是我直接去找他，在思雷尔夫妇回来之前，我们俩一边喝茶一边畅谈了几个小时。 542 1776年4月26日星期五

我将把我在巴斯的几天内保存下来的他的言谈归并到一起。

关于一个与从政时判若两人的人[①]，他说，"在私生活中他是个诚实的君子；但我不愿意承认他在政治生活中也是这样。人们可以是诚实的，尽管他们在做错事：这就是他们的造主与他们之间的区别。可是我们，由于他们的有害行为而受罪，所以要击溃他们。我们相信——行动出自利益。我们知道他的真正原则是什么。那些感情用事混淆是非的人就是犯罪。可以相信他们；但对他们的相信并没有使他们诚信起来"。

有人提到，我也不明就里，某一位女政论作家[②]，约翰生不喜欢她的一套学说，说她最近非常喜欢衣着打扮，在化妆室一坐就是几个钟头，甚至还擦胭脂。——**约翰生**："她在化妆室里做事，胜于摇笔杆子。她抹红自己的脸蛋比抹黑他人的人格强。"

他告诉我们："《旁观者》上发表的巴杰尔的稿子是艾迪生写的，至少被他改得面目全非，几乎成了自己的作品；还有，汤森[③]的合

---

① 埃德蒙·伯克。

② 凯瑟琳·麦考利夫人。

③ 汤森（Jacob Tonson，1656？—1736），书商，德莱顿的独家出版人；在他高度成功的一部文选里第一次发表蒲柏的一篇作品；购买《失乐园》版权，以他的1688年版大体上确立了弥尔顿的声誉；吉特–凯特俱乐部的创建人。

伙人德雷珀向约翰生夫人保证，以巴杰尔名义出版的《悲伤的母亲》的广受赞誉的收场诗实际上是艾迪生写的。”

“政府的模式也许会被一个人滥用到一个小社会上，但它最适用于一个大国。我们自己的政府的特点眼下就是低能。地方长官不敢叫警卫，担心自己被绞死。警卫不肯来，怕被交给莫名其妙、火冒三丈的民众陪审团。”

关于我们的一位朋友的父亲[①]，他说："他从来没有用通过别人的思想过滤自己的观点的办法来阐述他的观点。他在自己的领地上开了一条渠，有一处地方堤岸太低。——我把渠再往深挖一挖，他说。”

他告诉我，“早在1748年他就读过《坟墓，一首诗》，[a] 但不大喜

---

① 老本内特·兰顿。

a 我感到遗憾的是，没有这首诗的作者罗伯特·布莱尔牧师的任何传记。他是艾尔郡布莱尔镇古老的布莱尔家族的代表人物，但田产传给了一位女性，后来又传到她和第二任丈夫生的儿子手里。他是阿瑟尔斯坦福堂区的（转下页）

欢它。”对他的看法，我并不苟同，因为它从头到尾不能算字字珠玑，不大有不易之论，但它充满了庄严的思想和诗歌意象，那都是一般人不可企及的。世界已经不大相同；这首诗也印过很多版本，仍然拥有不少思想严肃的读者。

有人提到一位家财万贯的文坛贵妇[1]，说她给很多人做好事，却 543
绝对不是“偷偷进行”，并不因为“发现赢得了声誉而脸红”，所以一 1776年
目了然是出于虚荣做好事的。**约翰生**：“无论出于什么动机，我还没 4月29日
有见过有人出于慈善像她做过那么多好事。如果地下和天上有那样的 星期一
人，我倒希望他们上来或者下来。就这个问题，索姆·杰宁斯的话不必在意；他是个才子。不，先生；对于有限的人类而言，纯粹的慈善行为是不可能的。人的慈善是掺杂着虚荣、利益或其他动机。”

他不允许我称赞当时在巴斯的一位女士[2]；说：“她无法赢得我的好感，先生；我认为她脑袋空空如也。”他确实爱对品格和作风评头论足，毫不含糊。就连思雷尔夫人有时也难逃他友好的责怪。有一天他和我正在努力逐项查明我们的一位朋友[3]的家庭开支怎么可能多到他告诉我们的那种程度，这时思雷尔夫人嬉皮笑脸、油嘴滑舌地大谈特谈此人给孩子买衣服的花销，从而将我们打断。约翰生一时面有愠色，说道：“不要这样，夫人，你在高谈阔论的时候尽管高谈阔论；你在精心计算的时候，就精心计算。”还有一回，她说，也许是故意撒娇：“我不喜欢飞。”**约翰生**：“你自己长了翅膀，夫人，你就必须飞：但是要当心，外面有大剪刀。”这话说得多有意思，经历又怎样充分地证实了它的真理！[4]但这把剪刀不是剪得未免过于

（接上页）牧师，在那里约翰·霍姆做了他的接班人；所以这地方被称作经典宝地，也是名不虚传。跟他同名的儿子也是一个才气不凡、学问出众的人，现在得到普遍认可，担任苏格兰副检察长。

① 伊丽莎白·蒙塔古夫人。

② 佩吉·欧文小姐。

③ 本内特·兰顿。

④ 指思雷尔夫人后来不顾约翰生反对，一意孤行，与加布里埃尔·皮奥齐结婚。

猛烈，而且剪得贴身过近了吗？

一位先生[①]表示想到奥塔希提或新西兰住三年，以便完全了解跟我们已经知道的所有人迥然不同的民族，尽情享受纯粹的自然对人做的一切。**约翰生**：“你能学些什么，先生？野蛮人能说些什么，除了他们亲眼看到的东西？关于过去，或者看不见的东西，他们全都说不上来。奥塔希提和新西兰的居民并不是处在纯自然的状态；因为显而易见，他们跟其他某些人断绝了联系。如果他们是从地里长出来的，你还可以判断一下纯自然的状态。想入非非的人可以谈一种他们中间流传的神话；但那一定是瞎编的。他们曾经有过宗教，但逐渐没落了。你认为能从野蛮人那里了解有关他们宗教的什么描述？先生，只消想想，我们自己的情况：我们的宗教在书里；我们有一个阶层的人，他们的任务就是教宗教；我们一个星期专门抽出一天搞宗教活动，这一般得到了很好的遵守：然而，如果你问问你遇见的前十个粗人，你就能听到他们就他们的宗教说些什么。”

4月29日，星期一，他和我去了一趟布里斯托尔，在那里我看到了他实地考察，“罗利诗”[②]的实情，非常开心，就像我曾经看到他实地考察“莪相”的实情一样。锡匠乔治·卡特科特对罗利的热衷就像休·布莱尔博士对莪相的热衷一样，（我相信我的牧师朋友会
544 原谅这一比较的，）他在我们的客店陪着我们，并且带着一副活跃单
1776年4月29日星期一 纯的得意神情大声说道，“我要让约翰生博士改变看法”。约翰生博士按照他的愿望，高声朗读查特顿博士[③]伪造的诗句，卡特科特则

① 詹姆斯·鲍斯威尔。

② “托马斯·罗利”是名虚构的15世纪诗人，托马斯·查特顿把自己伪作的中世纪诗歌归在罗利名下，初版于1777年。

③ 托马斯·查特顿（Thomas Chatterton，1752—1770），诗人；生前因创造了一个虚构的中世纪诗人托马斯·罗利、并精心制作他自己的假中世纪文体而闻名；伪造古老手稿；成功找到霍勒斯·沃尔浦尔做赞助人；意外超量服用砷和鸦片而死亡（1770），死后成了形成浪漫主义部分起源的一种神话；济慈把他的《恩底弥翁》题献给他，柯尔律治第一首发表的诗作《悲悼查特顿》就是纪念他的。

站在椅子背后身子像钟摆一样左右晃动，同时用脚踏着节拍，时不时地瞅瞅约翰生博士的脸，心里挺纳闷，他怎么还不相信呢。我们拜访了外科医生巴雷特先生，看到了一些所谓的原稿，仿得非常巧妙；但经过仔细鉴定，并对它们所处的环境加以考虑，我们十分相信这是个骗局。这个骗局，被几位才能不凡的批评家[a]通过内证论证得一目了然。

诚实的卡特科特似乎对于任何异议都不予理会，在一切争论结束时还坚持要求我们跟他到红崖的圣马利亚教堂的塔楼上亲眼看看装过手稿的那口古木箱子。约翰生博士欣然同意了他的要求；尽管爬上一长段台阶吃力又气短，我们总算来到了放那神奇的木箱的地方。“这，（卡特科特信心百倍地说）这就是那口箱子。”有了这件可亲眼看见的实证之后，就再无话可说了。他使我想起了一个苏格兰高地人，也是一个有学问的人，他见过世面，证实、同时又给出了“芬戈尔”的可靠性的理由：——“我年轻时把那首诗都听了个遍。”——“是吗，先生？请问你听了些什么？”——“我听过莪相，‘奥斯卡’[①]以及它们中的每一首。”

约翰生说查特顿，“这是我知道的最不同凡响的年轻人，这狗崽子怎么写出这样一些东西真是不可思议”。

我们对自己入住的布里斯托尔旅店极不满意。“现在咱们看看（我说）该如何将它描述一番。”约翰生的俏皮话脱口而出。“将它描述一番，先生？——嘿，糟糕透了，鲍斯威尔恨不得待在苏格兰呢！”

---

a　蒂里特[1]先生、沃顿先生、马隆先生。

1　蒂里特（Thomas Tyrwhitt，1720—1786），文学编辑和批评家；下院高级职员（1762）；皇家学会会员（1771）；大英博物馆馆长（1784）；鉴定或编辑埃斯库罗斯、阿里斯托芬、亚里士多德、欧里庇得斯；协助编辑《约翰生、斯蒂文斯〈莎士比亚集〉补遗》（1778）；以一名中世纪语文学专家的身份被牵连到罗利辩论中。

①　《奥斯卡之死》是詹姆斯·麦克弗森1759年出版的第一首莪相诗歌断章。

约翰生博士回到伦敦后，我好几回跟他在他家长谈，偶尔还在他给我指定的房间里留宿。我和他在泰勒博士家，在奥格尔索普将军家，在保利将军家吃过饭。为了避免琐细无聊，我也把这一时段我保存下来的他的谈话内容归并到一起，不一一注明谈话的场合，除了有一处，大家会发现特别突出，理所当然应当大书特书一番。对谈话的兴味不起什么作用的地点或人物，就不必要提及，以免拖长篇幅。知道我们喝的酒是哪年的佳酿能使我们判断它的价值，喝起来更加津津有味：但是把同一年一个葡萄园的每一棵葡萄树的出产区分开来，就不会有什么意思。知道我们的酒（用一句广告词）
545 是“一位新近故去的大使的贮藏”，会增强它的风味；但是知道存放过每瓶酒的仓库就没有任何意思了。

1776年5月

“加里克（他说）没把《花花公子的花招》中的阿彻这个角色演好。老爷应当不顾仆人的阻拦冲出来，情况不是他表演的那个样子。”

“哪里没有教育，哪里的男人就会拿捏女人，野蛮人的国家都是这样。毫无疑问，体力对此起了一定作用；然而把体力因素除外，情况还会如此；因为起主导作用的总是思想。当涉及干巴巴的理解力时，男人就占了上风。”

“题名为《共和国》的那些小书写得非常之好，它们是一位书商的作品。”[1]

“关于我们给畜生造成的苦难，人们议论纷纷，但它们得到了存在的补偿。如果它们不是对人类有益，从而得到了人类的保护，它们就根本不会如此众多。”这个论点可以在才能出众而心地善良的哈奇森[2]的《道德哲学》中找到。然而问题是，为服务人类、娱乐人类

---

① 《埃尔泽菲尔共和国》，一套有36册又说62册书组成的丛书，提供了不同国家的扼要信息。

② 哈奇森（Francis Hutchinson，1694—1746），道德哲学家；《美与德理念探源》（1725）与《道德哲学》（1755年出版）的作者；格拉斯哥大学道德哲学教授（1729）；被认为是休谟同时代的对手；在18世纪苏格兰和美利坚大学的道德哲学教学中有重大影响。

演出本·琼生《炼金术士》的大卫·加里克
约翰·佐法尼 绘

而忍受了千难万苦的动物会不会按它们现有的存在条件接受这种存在。塞维尼夫人①尽管有很多欢娱，但仍然敏锐地感受到了苦难的盛行，所以她抱怨存在的任务未经她的同意被强加到了她身上。

“人连一时的快乐都谈不上，这是千真万确的事实，所以消除不快乐只不过是暂时忘记自己。生活是从需求到需求的行进，而不是从享乐到享乐的行进。”

“尽管很多人名义上被托付给医院和其他公共机构的照管，但几乎所有的好事只不过是一人所为，其余的人只是受他的驱使；由于对他的信任和他们自己的懒惰。”

“切斯特菲尔德勋爵的《教子家书》，我认为可以出成一本非常漂亮的书。去除不道德的内容，青年绅士应当人手一册，优雅的风度和从容的行为是循序渐进，不知不觉地养成的。谁也不能说‘我会斯文的’。有十个斯文女人才有一个斯文男人，因为女人受的约束更多。一个没有一定程度约束的男人是不能容忍的；但我们受到的约束都比女人少。如果一个女人在大庭广众之中像大多数男人一样把两条腿伸向前去，我们就禁不住想把这双腿踢进去。”

在跟人相处时，对在座的人的行为举止观察没有比约翰生更加专注，更加细致的；或者，无论一种行为很多人觉得多么奇怪，对它的优雅的评价没有比约翰生更高的了。艾略特勋爵告诉我，有一天约翰生和他在伦敦的一位绅士家吃饭时，切斯特菲尔德勋爵的书札被人提起，约翰生说了这样一句惊动四座的话：“这种雍容大雅，每个受过教育的人宁可被称作流氓，也不愿被指责有所缺欠。”吉本先生当时也在座，他转向一位跟约翰生很熟的并跟他过从甚密的女士②，用他古怪的样子，敲着他的盒子对她这样说道：“夫人，难道你 546
认为，（朝约翰生望去，）在你的所有相识中，你就找不出一个例外 1776年
来？”女士莞尔一笑，似乎默认了。 5月

---

① 塞维尼夫人（Madame Sévigné，1626—1696），法国书信作家。

② 也许是思雷尔夫人。

“我在巴斯的时候，（他说）把夏普关于意大利的书信又读了一遍，里面有很多问题。”

“威廉斯夫人非常生气，因为我在赫布里底群岛期间思雷尔一家每次接到我的来信后没有定期捎信给她通报。小人容易心生嫉妒：但他们不应当嫉妒；因为他们应当想一想，优待必定会针对财富优越或地位优越的人。两个人也许才德相等，因此要求的待遇可以相等；但其中一个也许还有钱有地位，所以可以有双倍的要求。”

谈到他关于莎士比亚的批注，他说：“我瞧不起那些人，因为他们看不出在‘因为’重复，并引入‘严重万分的一大套因为’的段子里，我是正确的。[①] 关于‘活下去还是不活’的批注是有争议的。”[a][②]

有天早晨，我发现一位先生[③] 跟他坐在一起，说，在他看来，一个不信教的人的品行比一个犯了十恶不赦的滔天大罪的人更加可恶。我和他的意见相左，因为我们对一个人的可憎比对另一个人的错误更加确信。**约翰生**：“先生，我同意他的看法；因为不信教的人会犯任何罪，如果他想犯的话。”

“很多事情在书本上以讹传讹，结果世人信以为真。其中之一就是声讨奢华的弊端。现在的实际情况是，奢华产生了很大的好处。伦敦的奢华建筑就是例子。它不是在居住的方便和优雅方面产

---

① 《哈姆雷特》，第5幕，第2场，第44行，约翰生给这个语句的批注是“一大套‘因为’冗赘严重”。

a 可以这么说，马隆先生在他极有价值的莎士比亚版本中已经充分替约翰生博士辩护，驳斥了这两个注释中的第一个所招致的无聊指责。约翰生博士承认有争议的另一段的解读，马隆先生明确表明是错误的。

② 《哈姆雷特》，第3幕，第1场，第58—90行。约翰生关于这段独白的批注开始是这样写的，“关于这一段著名的独白，由于是万念相悖导致精神错乱而又被一大堆自己的目的压垮的人脱口而出的，所以在说话人的心里比他的嘴上更显得连贯，我要努力发现这一思绪，并且指出一种情思是怎样产生另外一种的”。以上引自约翰生版的六卷本《莎士比亚集》（1765）。

③ 乔治·斯蒂文斯。

生了真正的好处，而且这一切都不是勤奋努力的结果吗？人们会阴着一张脸告诉你多少搞建筑的人在蹲大牢。他们蹲大牢，这是明摆着的事实，但不是因为修了房子；而是因为房租下不来。——一个人花半个几尼买一碟青豆。这碟青豆要引发多少园艺活动？这场竞争必须雇多少工人好让这些东西早日上市？你会听到人们非常严肃地说：‘干吗不把这样花在奢侈品上的半个几尼送给穷人？它可以给多少人提供一顿美餐？’哎呀！要是这半个几尼没有给到勤奋的穷人手里呢？因为支持勤劳的穷人比支持游手好闲的穷人强呀。你更加确信，你给工作的人付费作为对他们劳动的报酬是在做好事，胜过单纯做慈善捐钱。假如古代享受一碟孔雀脑子的奢侈得以恢复，那将会有多少便宜的孔雀尸体留给穷人？至于关于有人被铺张浪费搞得家破人亡的喧嚣，一些个人遭难，对于国家不算什么。当如此普遍的生产力成了奢华的后果的时候，国家还是满不在乎的，尽管监狱里蹲着债务 547
人；更有甚者，就是他们的债权人也在那里，他们也会满不在乎。” 1776年
5月

奥格尔索普将军头脑异常活跃，知识多种多样，有时候这使他的言谈显得过于天马行空，漫无边际，约翰生说：“先生，奥格尔索普从来说不完他要说的话。”

基于同样的原因，他对埃利班克勋爵帕特里克做出了类似的评论。“先生，他的谈话里没有结论性的内容。”

我抱怨参加了一次盛宴，[1] 却没有听到一句值得记住的谈话，他说：“先生，在那一类谈话中本来就没有多少内容。”**鲍斯威尔**：“那干吗还要聚餐呢？”**约翰生**：“嘿，就为了一起吃吃喝喝，也是为了增进感情；先生，在没有实实在在的谈话内容时，这么做反而更好；因为如果有，人们意见分歧，搞得心情不好，或者有的人无法参与那样的谈话，受到冷落，感到挺不自在。正因为如此，罗伯特·沃尔浦尔爵士说，他总是在吃饭时说些黄段子，因为这些话人人都能附和几句。”

---

① 索尔兹伯里附近威尔顿的彭布鲁克伯爵家。

他在一旁坐着，听见一位先生[①]向莱韦特先生询问各种各样关于他的问题，他便大为恼火，突然叫道："先生，你只有两个话题，你和我。这两个话题我都感到腻味。""一个人（他说）不应当谈论自己，也不该多谈任何一个特定的人。他应当注意，不要被人当成名嘴；因此，应当避免在某一个话题上人们总会说：'我们要听听他的看法。'有一个奥尔德菲尔德博士，他总是议论马尔伯勒公爵。有一天他来到一家咖啡馆，说公爵大人在上院发表了半个钟头的演说。'他真讲了半个钟头？'（外科医生贝尔彻[②]说。）——'对。'——'关于奥尔德菲尔德博士他说了些什么？'——'什么也没有说。'——'先生，那他就忘恩负义了；因为奥尔德菲尔德博士每说一刻钟的话，非说点他的事情不可。'"

"每个人应当按照给他的生存条件讨生活。有的人，所给的生存条件是勿乱来，而有的人乱来了也许没有多大害处。一个人可以喝酒，喝了也没有什么坏处，在另一个人身上，酒也许会产生严重的效应，甚至伤害他的身心健康，也许会使他犯下死罪。"

"黑尔斯大法官的《苏格兰编年史》没有这个时代口味，也就是华丽的形式；但这是一本永远都有卖点的书，它具有日期的稳定性，事实的确定性，还有引证的贴切性。我从来没有读过具有确定性的苏格兰史。"

我问他是否建议我阅读评注本《圣经》，他愿意推荐什么评注。**约翰生**："当然，先生，我愿意让你读评注本《圣经》；我愿意推荐洛思[③]和帕特里克[④]注的《旧约全书》、哈蒙德[⑤]注的《新约全书》。"

---

① 詹姆斯·鲍斯威尔。

② 贝尔彻（John Belchier，1706—1785），盖伊医院外科医生；皇家学会会员（1732）；有时为《哲学学报》撰稿。

③ 洛思（William Lowth，1660—1732），神学家；《有益阅读圣经指导》（1708）和《旧新约全书写作的神圣权威和灵感辩》（1692）的作者；国教会热诚的辩护士。

④ 帕特里克（Simon Patrick，1626—1707），先后为奇切斯特和伊利主教。

⑤ 哈蒙德（Henry Hammond，1605—1660），神学家，查理一世的牧师。

今年春天在伦敦逗留期间，我请求约翰生关注一下我经手的又一起法律案件。在邓弗姆林镇的一次竞选过程中，我作为我的朋友坎贝尔[①]上校（后来为阿奇博尔德爵士）的律师之一也参加了；他 548
的政治代理人之一[②]被控对其雇主不忠，而且为了一笔酬金，投奔 1776年
了反对党——此人在报纸上粗暴攻击当地的牧师之一詹姆斯·汤姆 5月
逊先生，理由是牧师先生在他的一篇布道文里有影射这名代理的嫌疑。鉴于此，这位牧师随后的星期日在讲坛上指名道姓严厉指摘了这名代理；布道结束后，代理起立大声质问牧师："他接受了什么贿赂竟然在真理的座椅上说了这么多的谎话？"我亲眼看见了这一非同寻常的场面。受到指责的人，还有他的父亲和兄弟，因为他们也受到讲坛上的申斥，为了报复，便以诽谤和损害为由，在最高民事法庭控告汤姆逊先生，我是被告牧师的辩护律师之一。《讲坛自由》是我们辩护的重要依据；但我们也就先前攻击的挑衅和立即的报复进行了辩论。然而，最高民事法庭，十五位法官，同时又是陪审团，跟愚见相反，做出了不利于牧师的判决；其中好几位还义愤填膺对他表示反对。他是一位年事已高的绅士，从前还当过军队的牧师，是一个精神高昂、荣誉感很强的人。约翰生认为判决是错误的，并向我口授了下述驳斥论点：

"关于讲坛上发出的指责，像其他案件一样，我们的决定必须对控告本身和控告所带的特殊情况进行考虑后做出。

"指责的权利似乎一定与牧师的职务相伴。受托关照教堂会众的人被认为是牧羊人，是一所学校的教师，是一个家庭的父亲。就像一个不管自己的羊群只管主人的羊群的牧人，他要为离群和离群走失的羊负责。然而没有人能为他无力阻止的损失负责，或者为他无

---

① 坎贝尔（Archibald Campbell，1739—1791），陆军军官、殖民地总督；代表斯特林镇的议员（1774—1780；1789—1791）；鲍斯威尔做他的法律顾问；负责开拓佐治亚（1778）；牙买加副总督，军衔准将（1780）；被任命为战斗部队将军（1783）；被封为巴斯勋位爵士；马德拉斯总督（1788）。

② 罗伯特·苏格兰。

权约束的离散负责。

“作为一名挣工资做教育，又容易受斥责的教师，如果他负责启迪的人没有进步，他必须有权强迫学生上学听课，有权警诫玩忽懈怠，有权压制抵触情绪。

“作为一位父亲，他具有父亲告诫、训斥和惩罚的职权。在没有使他的职务虚有其名的情况下，他不能受到阻挠，不去行使激励懒散者、改造邪恶者、制止任性者、纠正顽劣者的任何不可或缺的做法。

“如果我们探讨一下原始教会的做法，我相信，我们将会发现圣言的牧师行使着这一性质复杂的全部职权。我们会发现他们不仅通
549 1776年5月 过谆谆教诲鼓励善人，而且借助严厉谴责震慑恶人。在教会的初创时代，当宗教纯粹脱离世俗利益的时候，对罪人的惩罚就是当众斥责，令其公开悔罪；在教会尚未得到国家权力帮助的时候；当地方行政长官的手仅仅收起执行法律的权杖的时候；当统治者们准备对逃离教士权威的所有人提供庇护的时候，刑法仅仅是由教会当局施加的。

“因此教会一度具有公开谴责的权力，这是有目共睹的，因为这种权力的实施屡见不鲜。教会并没有从政府那里借用权力，这同样是确定无疑的，因为政府当时还在与教会为敌。

“经过三百年的斗争与困苦，时候终于来了，真理掌握了至高无上的权力，民法出手援助教会法令。从那时起，地方行政长官就与教士合作，教士的判决被世俗力量有效实施。然而国家、当遇到援助教会的问题时，无意减弱它的权威。从前合法的批评谴责现在仍然合法。然而迄今为止，这些批评谴责只能在自愿服从的情况下才起作用。那种桀骜不驯和鄙夷不屑之徒起初没有任何受到世俗严惩的危险，除非他们受到良心的责备和基督教教友们的唾弃。宗教一旦得到了法律的支持，如果劝诫和指责没有效果，地方行政长官就会用压力和惩罚予以支持。

“因此，从教会的历史就看得出来，当众谴责加以羞辱的权利，

一直被看作教会固有的权利；而这种权利不是国家权力授予的；因为它是在国家权力反对它的时候实施的。它也从来没有被国家权力拿走；因为信仰基督教的地方长官行使职权进行干预，不是要营救罪人免受斥责，而是要提供更加有力的改造手段；在羞辱无效的情况下增加痛苦；而且在一些人被宣布不配在诚信者的社会里生活时，便用囚禁的办法约束他们，不让歪风邪气蔓延开来。

“从这种公认的公开谴责的权力最终生出了秘密忏悔这一做法，这不是没有可能的。有些人害怕猛烈的公开指摘，于是通过一种私下自责，表示愿意顺从教士；又通过一种秘密赦罪和看不见的悔罪，取得与教会的和解；条件都是无知和腐败的时代教士容易答应的，由于它们不仅使教士了解各种臭名昭著的大罪，而且还了解形形色色的秘密罪过，从而增强了教士的影响，又因为它们使教士成为和解条件的唯一仲裁人，从而增大了教士的权威。

“宗教改革把我们从这种枷锁中解放了出来。牧师再没有权力通过讯问把我们逼进良心的死角去拷打我们，或者使他亲手掌握我们的秘密和我们的生命。不过尽管我们这样控制住了他的侵犯，但他
的正当、原始的权力仍然毫发未损。尽管不可以窥探，但他仍然看 550
得见；尽管不可以讯问，但他还是听得着。为了他的教徒的利益， 1776年
运用他的眼睛和耳朵强加在他身上的知识仍然是他的责任。一位父 5月
亲住在坏邻居附近，他可以禁止儿子不与坏邻居往来。一个牧师的会众中有个明目张胆造谣生事的坏蛋，牧师可以警告他的堂区居民不跟他讲话。警告他们不仅是合法的，而且不警告他们反而会有罪。他可以用友好交谈或堂区视察的方式逐一警告。但是如果他可以单独警告每一个人，什么会禁止他集体警告呢？既然是件要让人知道的事情，那么个别传达或者当众宣布有什么区别呢？要让众人皆知的事情就必须公开。唯一的问题是应当一下子公开，还是逐步公开。而突然庄严的公开印象更深，警告更加有效。

“人们容易认为，如果一个牧师可以这样随心所欲地在讲坛上公布罪人的罪状，随意将一个堂区居民的罪行公开，他就可以经常痛

斥无辜者，烦扰怯懦者。他也许会捕风捉影，没有证据就乱指责；他也许会操之过急，没有调查就瞎判断；他也许会冷若冰霜蛮横无理地处理轻微过失；他可能会居心叵测，厚此薄彼，在牧师身份的庇护下牟私利，泄私愤。

“凡此种种，都有可能，凡此种种，都有危险。但如果恶行的可能会排除善举，那么永远不会有人行善了。如果在危险中不做尝试，那我们只好不抱任何希望，束手待毙了。可能出于这种做法的令人恐惧的恶行并非来自体制的任何缺陷，而是出自人性的种种弱点。权力，无论掌握在什么人手里，有时候总会使用不当；然而法庭必须裁决，尽管有时候也会裁决失误。父亲必须教育子女，尽管他本人往往缺乏教育。牧师必须责备罪人，尽管他的责备有时候由于缺乏判断而失之谬误，有时候因为缺乏诚实而失之不公。

“如果把本案的案情加以审查，我们就会发现判决既无错误，也无不公，我们也会发现并无泄露个人隐私，也未闯进暗箱操作。事实清楚明白，无可置疑；证明轻而易举，不要任何证据。行为卑劣奸诈，作恶明目张胆，案例自然显得恶劣。然而，牧师由于已经退隐，尚未听到全堂区家喻户晓的消息；在一次公共选举的场合，根据他的职责警告大家，防止公共选举中层见叠出的犯罪行为。他的警告被一个堂区居民感到是专门针对自己的。然而非但没有出现所希望的那种良心自责和幡然改悔，反而点燃了一腔怒火。他在一家
551 报纸上公然指控牧师造谣中伤，谎话连篇。受到这样的谴责，牧师
1776 年 必须为自己的人格辩诬，因为人格必定是他的牧师权威的依靠。被
5 月 人指控造谣诽谤，这在日常生活中是种忍无可忍的伤害。他被人造谣中伤从而玷污了牧师职务，这是一种对人格更加凶恶的侵犯，不仅影响了他的个人的诚实，而且影响了他的教士的诚实。他的义愤自然与他的诚实相对应，他的诚实虽然深受伤害，但他还是坚忍不拔，在教堂里大胆面对这名诬陷者，既澄清了对自己的指摘，又使他的教徒免受欺骗，免遭危险。他指责的那个人装出一副并不是无辜的样子；或者至少只是装装样子而已；因为他拒绝审判。他被指

控的那种罪行机会层见叠出，诱惑势不可当。它已经到处蔓延，败坏私人道德，伤害大众幸福。因此警告大家防范它既无恶意，也不好事，而是必要的，身为牧师又是责无旁贷的。

“那么这位德高望重的牧师被指控的是什么罪过呢？他没有窃夺对良心的控制。他没有擅权支持有疑问、有争议的看法。他没有把自惭形秽、愿意改正的罪人暴露在光天化日之下。他的指摘针对的是违背道德，针对的是谁也说不出道理来的一种行为。谁把这种指摘揽到自己身上，谁就是明明白白的有罪。他意识到了自己邪恶，这就刺激他用明目张胆、厚颜无耻和白纸黑字的指摘来攻击他忠义的批评者。那样的攻击欺人太甚，使辩诬不可或缺；辩诬的方式公正而合法，我们希望这将会是最终的判决。”

我把这段文字读给伯克先生听，他高度欣赏，惊呼道：“哈；他做事真是独具匠心。”[a]

汤姆逊先生希望把案子上诉到上院，但最近在最可敬的议院出色主持工作、时任检察总长的那位贵人的劝告下作罢。读者无疑也乐意拜读这位杰出人物关于这一问题的看法，我便把它穿插在这里：

案卷

一并呈上的有，

一，邓弗姆林的牧师詹姆斯·汤姆逊先生的诉状。

二，对它的答辩。

三，最高民事法庭对二者裁决的副本。

四，法官们的审理意见纪要，因为是他们的判决所依据的理由。

---

a　作为约翰生博士非凡的构思能力的一个证据，从这篇优秀论文的原稿可见一斑，他于5月10日口授了前八段，其余部分口授于13日，全篇文章仅有七处更正，或者毋宁说是更改，而这些更改并不显著。这表明他横溢的才思，既生动活跃，又准确无误。

552

1776年5月

敬请审阅这些文件，并赐尊见。

是否有可能将最高民事法庭的上述判决撤销，如果汤姆逊先生就此上诉的话？

我以为上诉并不可取：不仅因为判决的价值全然抵偿不了花销；而且因为偶然性很多，按照总的案情，将会给上诉人造成不良印象。

不可能认可那篇布道文的格调。然而那人一开始就进行文字诽谤，表现恶劣，而且又是在受到他所投诉的指摘之后，所以他的投诉同样不近情理。在最后一项里，所有的原告都受到同等牵连。我也感到诧异的是，法官们竟然认为对于有点过分斥责被告的情况如此热情高涨是恰当的。

然而，就事论事，我赞成法官们谴责牧师的行为；赞成认为它是一个适合教会指摘的问题；甚至是适合诉讼的问题，如果任何个人能够限定[a]一种不法行为和由此而来的一种损害的话。然而，这一点我表示怀疑。在讲坛上公开指责，这种情况，虽然换个角度看，极不得体，而且应受谴责，但是，即便这些话是在别的地方讲的，它并未使另类不法行为合法，也未制定除了会得到的之外的其他任何法规。我不知道在苏格兰法律中，在口头诽谤的定义上，在专员们面前或最高民事法庭面前是否有所不同。英格兰的普通法不允许因为随便说了一句责难话就提起诉讼。不能因为说了什么达不到法律可认知的伤感情的话就提起普通损害赔偿诉讼；因而也不能为这里成问题的话提起诉讼。两地法律都确认真理就是口角诉讼中的正当理由；英格兰法律对文字诽谤诉讼也持相同观点。因此，我觉得该判决是错误的，因为法庭拒绝那种辩护。

E. 瑟洛

---

a　奇怪的是看到瑟洛勋爵在这里也许为了讨好北不列颠，使用了苏格兰法律中的一个术语，也许需要向英格兰读者加以解释。限定一种不法行为，就是指出并确认它。

我现在要记录约翰生博士生活中我亲眼看到的一件非常稀奇的事件，在其中 pars magna fui[①]，我和心地豁达的人们一道相信它会大大地增加他的信誉。

我总想结识各行各业的名人，这种愿望使我几乎在同时认识了塞缪尔·约翰生博士和约翰·威尔克斯先生。也许在全人类中再也挑不出比他们俩更天差地远的两个人了。他们甚至在文章中粗暴攻击对方；但我与他们二位都保持着友好往来。我能够充分欣赏各自的优长；因为我一直喜欢那种心智化学，它能把同一个人身上的优劣分离开来。

约翰·普林格尔爵士是“我自己的朋友也是家父的朋友”[②]，我 553
曾经想叫约翰生博士和他结识，因为我既尊敬他们二位，又与二位 1776年5月
过从甚密，但最终还是白费力气，约翰爵士有次非常巧妙地对我说，“友谊不像数学，在数学上，与第三样东西相等的两样东西彼此相等。你作为一种中间质跟约翰生很投缘，你作为一种中间质，跟我也很投缘；但约翰生跟我未必投缘”。约翰爵士为人不够灵活，于是我只好作罢；我的确也知道，约翰生这面的排斥力也同样强大；我不知道出于什么原因，除了他是个苏格兰人，他对约翰爵士形成了一种非常错误的看法。但我还是怀着一种无法抗拒的愿望，如有可能，要把约翰生博士和威尔克斯先生拉到一起。怎样安排，真是一件细致而又艰难的事情。

家禽街上有我的两位德高望重的书商朋友迪利兄弟，我在他们殷勤丰盛的餐桌上见过的文人比在谁的餐桌上见过的都多，除了乔舒亚·雷诺兹爵士家。迪利兄弟邀请我于 5 月 15 日星期三与威尔克斯先生和其他几位先生见面。“咱们（我说）把约翰生博士也请过来。”——“什么，跟威尔克斯先生坐到一起？绝对不行，（爱德华·迪利先生说）约翰生博士永远不会原谅我的。”——“得，（我

---

① “我是一大部分”——维吉尔，《埃涅阿斯纪》，第2卷，第5行。

② 出处不详。

说）如果你让我替你协商，我保证一切顺利完成。”**迪利**：“好，如果你愿意负责此事，我相信看见他们俩都在这里我高兴还来不及呢。”

尽管我对约翰生博士敬仰之至，但我明白，他有时候会受顶牛情绪的驱使，我希望我能通过激将法达到目的。我相信，如果我直截了当地向他建议：“先生，你愿意和杰克·威尔克斯先生一起吃饭吗？”他便会勃然大怒，也许会回答：“和杰克·威尔克斯一起吃饭，先生！我还不如和杰克·凯奇[a][①]一起吃饭呢。”因此，有天晚上，我们俩在他家安安静静地坐着闲聊，我趁机这样展开了我的计划：——“先生，迪利先生向你致敬请安，如果下星期三你肯赏光跟我一起去他家吃饭，他将会十分高兴，因为我不久就要去苏格兰了。”**约翰生**：“先生，我感谢迪利先生的一番盛情。我愿意去拜望他——”**鲍斯威尔**：“先生。条件是，我想，他要请的客人个个都对你的脾气。”**约翰生**：“你这话是什么意思，先生？你把我当成什么人了？难道你认为我不谙世事到这种程度，竟然想着我向一位绅士规定他得请什么客人吃饭吗？”**鲍斯威尔**：“请你原谅，我是希望你不要遇到一些你可能不喜欢的人。也许他会请一些他所谓的爱国朋友。”**约翰生**：“嘿，先生，那会怎么样呢？他的爱国朋友[②]关我什么事呀？呸！”**鲍斯威尔**：“在那里发现杰克·威尔克斯我也不该感到惊讶。”**约翰生**：“如果杰克·威尔克斯在那里，那跟我有什么关系，
554 先生？我亲爱的朋友，咱们再不谈这事了。对不起，我生你的气
1776年5月 了；不过这样子跟我谈话真是莫名其妙，好像我偶尔见见什么客人都不行似的。”**鲍斯威尔**：“请原谅我吧，先生：我是一番好意。可

---

a　流传的说法好像约翰生真说过这话；其实这只是我的臆想。

①　一名刽子手。

②　patriotick friends：约翰生给出的“patriot”的主要意思是“一个其主导感情是热爱祖国的人”；在他的《词典》第四版中，他给这一主要意思附加了一个次要意思，“它有时候被用来代表政府的一个派性捣乱者”，因此，在他生活的那个时代，就是指爱国主义已经被用作约翰生看作不满和恶意煽动的托词的这种情况。

是谁为了我而来，你都得见面。”就这样我把他搞定了，然后告诉迪利他会发现约翰生在约定的那一天非常高兴到他家做客。

在昼思夜想的那个星期三，我在饭前半个小时左右来找他，我们约好一起到外面吃饭时，我通常都是这么做的，目的是保证他按时做好准备，并且陪伴他。我发现他像上次一样拍拍打打整理图书[a]，弄了一身灰尘，根本没有做外出的准备。“怎么回事呀，先生？（我说）难道你不记得你要去迪利先生家吃饭吗？”**约翰生**：“先生，我就没有想到去迪利家的事：这事我完全忘在脑后了。我已经安排好跟威廉斯夫人在家里吃饭。”**鲍斯威尔**：“可是，我亲爱的先生，你知道你约好去迪利先生家的，我已经告诉他了。他会等着你的，要是你不来，他会大失所望的。”**约翰生**：“你得给威廉斯夫人说说。”

这可是件令人左右为难、狼狈不堪的事儿。我害怕我信心满满已经搞定的事情会泡汤。约翰生已养成习惯对威廉斯夫人关心备至，这往往对他造成了一定约束；我知道如果她不松口，他是不会有所动作的。我急忙跑下楼到了那位女盲人的房间，告诉她我惶惶不安的心情，因为约翰生博士答应我今天在迪利先生家吃饭，可是他告诉我他把约定忘得一干二净，已经安排在家吃饭了。“是的，先生，（她阴阳怪气地说）约翰生博士是要在家里吃饭的。”——“夫人，（我说）他对你非常敬重，我知道他是不会离开你的，除非你确实希望他去。不过来日方长，你陪他的时间多了去了。所以我希望你能高抬贵手割舍一天；因为迪利先生是一位德高望重的人士，常在家中为约翰生博士举办令人开心的聚会，如果博士今天怠慢了他，他会生气的。再说，夫人，请想想我的处境；我是捎信来的，而且向迪利先生保证约翰生博士肯定会来，毫无疑问，他置办了一桌酒席，请了一批客人，夸口约翰生有望大驾光临。如果博士不去，我就会颜面扫地。”面对我的苦苦哀求，她的强硬态度逐渐软了下来，因为

a　见前边码第522页。

我的哀求肯定像在任何场合向大多数女士的乞求一样认真，于是她开恩欣然授权让我告诉约翰生博士，“经过通盘考虑，她认为他当然应该前往”。我飞身上楼，见他依然满身尘土，对于这事该怎么办全无所谓，“对他的去留选择漠不关心”[①]；但我把威廉斯夫人同意的消息一宣布，他立即吼道，“弗兰克，拿件干净衬衣”，并且很快就穿戴整齐。把他安顿到一辆出租马车里跟我坐好以后，我喜出望外的心情，就像个企图靠婚姻发财的男人把一个女继承人拉进了他坐的驿车，向格雷特纳-格林[②]驶去。

555 我们走进迪利先生的客厅时，他发现自己置身于一群素昧平生的来客之中。我不露神色，且看他如何行动。我注意到他悄声对迪利先生说，“先生，那位先生是谁？”——“阿瑟·李先生。”——

1776年5月15日星期三

约翰生。“呔，呔，呔”，（他压低嗓子，）这是他习惯性的喃喃声之一。阿瑟·李先生给约翰生的印象是除了可憎还是可憎，因为他不仅是名爱国者，而且是个美利坚人。他后来是合众国驻马德里宫廷的公使。“那位穿花边衣服的先生又是谁呢？”——“威尔克斯先生，先生。”这个信息使他更加难堪；他有点难以控制自己，于是拿起一本书，坐到窗户旁的一个座位上阅读起来，或者至少目不转睛地把书盯了一段时间，直到心情平静下来。他的感受，我敢说，别扭极了。但毫无疑问，他想起了我估计他会因为见到什么人而仓皇失措从而呵斥过我，所以下定决心表现成世界上最从容自在的人的样子，见了谁都会立即适应人家的脾性和做派。

“开饭了”，这声欢快的声音化解了他的沉思，于是大家纷纷就座，没有任何不快的征兆。来客中有威尔克斯先生，有阿瑟·李先生，李先生在爱丁堡学医时就是我的老朋友，此外，还有米勒先生

① 约瑟夫·艾迪生，《加图》（1713），第5幕，第1场，第40行（不过原话却是“对他睡或死的选择漠不关心”）。

② 苏格兰最南部的村庄，因此也就是英格兰逃亡者可以按照苏格兰法律结婚的第一个地方。苏格兰法律不要求尚未达到法定年龄的男女结婚必须父母同意。

(现在的约翰爵士)，莱森医生[①]，药剂师斯莱特先生。威尔克斯先生坐到约翰生博士身边，对他表现出极大的关注和礼貌，不知不觉地赢得了他的好感。谁也没有比约翰生吃得更加痛快，谁也没有比他更喜爱珍馐美味。威尔克斯先生殷勤备至，把上好的小牛肉摆到约翰生面前。“请勿见怪，先生：这边的更好——来点儿焦的——来点儿肥的，先生——来点填料——来点肉汁——赏脸让我给您一点黄油——允许我建议把这只橙子挤成汁；或者这只柠檬，也许香味更浓。”——“先生，先生，我感谢你的盛情，先生。”约翰生嚷道，同时欠了欠身把头转向威尔克斯，有一阵子神情上带着“生硬的刚强”，[a] 但没过多久，就是一副洋洋得意的样子。

有人提到富特，约翰生说，“他的摹仿可不高明”，座中有人[②]附和说，“一个插科打诨的小丑”。**约翰生**：“但是他也有智趣，而且不缺乏思想，也不缺乏丰富多彩的意象，也没有少读书；他有足够的知识满足他的角色。他有一种智趣非常突出，那就是脱逃的智趣。你用两只手把他推到墙角；先生，你以为你已经把他逮住了，可是他不见了——像个动物一样，从你的头上飙过去了。而且他有发挥自己智趣的广阔领域；他决不会让真相妨碍他和一句玩笑，他有时候糙得厉害。加里克在很多地方束手束脚，富特却能应付裕如，游刃有余。”**威尔克斯**：“加里克的智趣更像切斯特菲尔德勋爵的。”**约翰生**：“我第一次与富特交往是在菲茨赫伯特家里。由于对这家伙印象不好，我下决心不喜形于色；硬要把一个人逗高兴是很难办到的。 556
我阴着脸只顾埋头吃饭，装出一副对他不理不睬的样子。可是这狗崽子太滑稽了，我不得不放下刀叉，身子一仰靠在椅子上，笑得前

1776年
5月15日
星期三

① 莱森（John Coakley Lettsom，1744—1815），医生、慈善家；与乔治·华盛顿、本杰明·富兰克林和伊拉斯谟·达尔文等人有书信交往；终生为贵格会教徒；《茶树志》（1772）的作者；奥尔德斯门街总诊所（1770）的联合创建人；皇家慈善协会（1774）联合创建人；伦敦医学学会（1773）的联合创建人。

a 约翰生，《伦敦，一首诗》，第5章，第145行。

② 爱德华·迪利。

仰后合。是啊，先生，他是不可抗拒的[a]。有一回，他体会到了他的娱乐能力的超常功效。他千方百计想赚钱，手段五花八门，他做了一名淡啤酒酿造商的合伙人，他要在不可胜数的熟人中拉些客户，借此获得一份利润。菲茨赫伯特就是买他的淡啤酒的一位；可是酒太差劲，仆人决意不喝。他们一头雾水，不知道该如何通报他们的决定，因为怕得罪主人，他们知道主人非常喜欢富特，把他当一位知心伙伴。他们最后选定了颇为得宠的小黑厮做他们的代表，提交他们的抗议书；由于授予了他厨房的全权，他将在某一天以大家的名义告知菲茨赫伯特先生，他们不再喝富特先生的淡啤酒了。那一天，富特碰巧在菲茨赫伯特家吃饭，这名小黑厮在餐桌旁伺候；他被富特的故事、富特的玩笑、富特的鬼脸搞得乐不可支，下楼以后，便告诉他们：'这是我见过的最优秀的人。我不想提交你们的意见书，我愿意喝他的淡啤酒。'"

有人说加里克做不出这种事。**威尔克斯**："加里克会把淡啤酒酿得更淡。他现在要离开舞台了，但他终生都会演屎壳郎伯[①]。"我知道，约翰生除了他自己，不会让任何人攻击加里克，加里克曾经对我这么说过，我也听见约翰生赞扬加里克的慷慨大度；所以为了带出他对自己高足的称赞，我大声说道："我听说加里克非常慷慨大度。"**约翰生**："是的，先生，我知道加里克拿出的钱比我认识的哪个英国人都多，而且这么做不是为了显摆。加里克出道的时候很穷；所以开始有钱的时候，或许花钱很不得法，不该省钱的时候，又斤斤计较。但是加里克一有能耐就开始慷慨大度起来；依我看，得了个贪得无厌的名声，反而是他的一个幸事，从而阻止他树敌过多。你瞧不起一个贪得无厌的人，但并不恨他。如果因为加里克生活得十分显赫，超出了一个演员应有的水平，以此攻击他，理由会充足得多：如果他们有头脑从这方面攻击他，他们给他的杀伤力会更大。可是他们总是就他的

---

a　富特告诉我约翰生说他："就喧闹放肆的欢乐而言，我知道他无人能敌。"

①　Scrub，法夸尔的《花花公子的花招》中的一个低贱的喜剧人物。

贪得无厌闹得沸沸扬扬，这反而使他免遭多少诽谤和嫉妒。”

谈到写传记获取可靠资料的巨大困难，约翰生告诉我们：“青年时期，我就想写《德莱顿传》，为了搜集材料，我向见过他的硕果仅存的两个人求助；这两个人是老斯温尼[①]和老西伯。斯温尼提供的 557
信息仅这一条：‘在威尔咖啡馆，德莱顿有一把专用的椅子，冬天摆 1776年
在炉火旁，于是就叫冬椅，夏天椅子就给搬到阳台上，这时候就叫 5月15日 星期三
夏椅。’西伯讲的无非是，‘他记得他是一位体面的老人，威尔咖啡馆谁起争执，他都是仲裁’。你们得考虑西伯当时离德莱顿很远，也许只有一条腿迈进了屋子，却不敢把另一条腿拖进来。”**鲍斯威尔**：“可西伯是个善于观察的人呀？”**约翰生**：“我看未必。”**鲍斯威尔**：“你会承认他的《申辩》写得很棒。”**约翰生**：“当然很棒，先生，那本书充分证明了蒲柏评价的公正：

> 倘若大家都向他们理解的事物屈身，
> 每个人就可以很好地掌控各自的职能。”[②]

鲍斯威尔：“而他的戏也很棒。”**约翰生**：“不错；可那是他的本行；l'esprit du corps[③]：他一辈子都生活在演戏的和写戏的人中间。我之所以纳闷他如此寡言少语，是因为他交往的人都是最优秀的，通过耳濡目染就学到了一切。他向我凌辱品达，然后又让我看他自己用一种荒谬的双韵体写的颂歌，让一只朱雀在老鹰的翅膀上飞翔[a]。我告诉他，古人创造比喻时，总使它像真的一样。”

威尔克斯先生说：“在莎士比亚所有大胆突发的想象中，最大胆

---

① 〈Owen M'Swinney，1754年去世，把财产遗赠给女演员Woffinton。他曾任朱瑞巷剧院经理，而后又成了秣市的女王剧院经理。他也是个剧作家，创作出一部喜剧，名为《江湖郎中的或爱情的医生》（1705）和两部歌剧。——M.〉

② 亚历山大·蒲柏《批评论》（1711），第2部，第66—67行。

③ 团队精神。

a 见前边码第213页。

的莫过于让蓓奈姆森林向顿西嫩挺进[1]；在寸草不生的地方创造出一座森林；苏格兰的一座森林！哈！哈！哈！”他还说：“苏格兰高地氏族奴隶制是对弥尔顿的这一说法的唯一抗辩，‘甜美的自由啊，山林仙女’[2]，在各个山区都受到崇拜。”——“当我在因弗雷里（他说，）访问我的故交阿盖尔公爵阿奇博尔德时，他的侍从恭贺我得到公爵大人的如此宠爱。我说：‘先生们，我这确实是三生有幸；因为如果我惹恼了公爵，如果他希望这样，你们中间没有一个坎贝尔不乐意用一只大盘子把约翰·威尔克斯的脑袋端给他的。那就只能是：

砍下他的脑袋！艾尔斯伯里就到此为止。[3]

我当时正是代表艾尔斯伯里的议员。”

约翰生博士和威尔克斯先生谈到贺拉斯《诗艺》中的一段众说纷纭的文字，“Difficile est propriè communia dicere”[4]。按照我的笔记，威尔克斯先生是这样解读的：“很难得体地述说平常的事物；譬如说，如果一位诗人要讲述卡罗琳王后喝茶，他必须极力避免
558 茶杯和茶盘这种俗物。”但是读过我的笔记后，他告诉我，他的意
1776年5月15日星期三 思是说：“communia 这个词，因为是个罗马法律术语，在这里表示 communis juris 的事物，也就是说，从来没有被任何人处理过的事物；这从以下的语句中看得十分清楚，

——Tuque
Rectiùs Iliacum carmen deducis in actus,
Quàm si proferres ignota indictaque primus.[5]

---

① 《麦克白斯》，第5幕，第4—5场。
② 弥尔顿，《快乐的人》，第36行。
③ 参比科利·西伯《理查三世王悲剧史》（1735），第57页。
④ “很难用一己的方式述说公共的事物”——贺拉斯，《诗艺》第1节，第128行。
⑤ 同上，第2节，第128—130行。译文见下注a。

你把《伊利亚特》改写成一部悲剧要比写以前没有探讨过的任何题材都容易”[a]。**约翰生**：“他的意思是很难把对全人类共有的品质让某 559

1776年
5月15日
星期三

a 当我说约翰·威尔克斯在这里表明他自己属于**沃伯顿学派**时，不仅记得老故事的其他人，就连我这位非常和蔼可亲的朋友毫无疑问也会感到吃惊。然而伍斯特主教赫德博士关于“Epistola ad Pisones”[1]非常典雅的评注表明这是真的。

要充分考虑这一问题，就必要把出现这句话的整个段落全面了解：

Si quid inexpertum scenæ committis, et audes
Personam formare novam, servetur ad imum
Qualis ab incepto processerit, et sibi constet.
Difficile est propriè communia dicere：tuque
Rectiùs Iliacum carmen deducis in actus,
Quàm si proferres ignota indictaque primus.
Publica materies privati juris erit, si
Non circa vilem patulumque moraberis orbem,
Nec verbum verbo curabis reddere fidus
Interpres; nec desilies imitator in arctum
Unde pedem proferre pudor vetat aut operis lex.[2]

“点评”是这样予以说明的：“然而构建新的人物却是一件艰难而又危险的工作。因为这里没有普遍接受的、固定的原型可以仿造，可是每个人都是按照他自己观念的含义判断公共权利的；因此他建议在老人物和老主题上下功夫，加以改造，尤其是那些荷马和史诗作家们的实践已经使之家喻户晓、普遍认可的老人物和老主题。”

“注”为：

“*Difficile* EST PROPRIÈ COMMUNIA DICERE.” Lambin的点评是“Communia hoc loco appellat Horatius argumenta fabularum à nullo adhuc tractata：et ita, quæ cuivis exposita sunt et in medio quodammodo posita, quasi vacua et à nemine occupata.”[3]这就是communia的真正含义。这种情况显然被iqnota indictaque[4]这两个词确定下来，因为对它做了解释；所以在点评中给它的意思毫无疑问是正确的。然而，尽管这个问题非常清楚，最近有个批评家却发表了这样一段奇谈怪论：“Difficile quidem esse propriè communia dicere, hoc est, materiam vulgarem, notam et è medio petitam, ita immutare atque exornare, ut nova et scriptori propria videatur, ultro concedimus; et maximi procul dubio ponderis ista est observatio. Sed omnibus utrinque collatis, et tum difficilis tum venusti, tam judicii quam ingenii ratione habitâ, major videtur esse gloria fabulam formare penitùs （转下页）

些人据为私有，就像荷马做的那样。”

（接上页）novam，quam veterem，utcunque mutatum de novo exhibere.”（Poet. Præl. v. ii. p.164.）[5]在这段文字里，由于首先对communia这个词给了一个错误的解释，他便利用它引进了一种荒谬的批评。因为诗人在什么地方表示喜爱改造老主题的光荣胜过喜爱创造新主题的光荣呢？这种对立观点包含在他极力主张关于后者困难更大的言论里，所以他奉劝他的同胞不要做这种吃力不讨好的事，仅仅因为他们在这些事情上的能力不够，经验不足；为了培养他们身上的一种正确精神，这是书札的主要考虑，那就是让他们去探讨希腊作家们处理过的老主题。

就我而言（尽管对赫德博士无限敬仰，他认为问题非常清楚），我认为“Difficile est propriè communia dicere”，这一段话对于贺拉斯的批评来说是个关键问题。

然而那种解释，我的伍斯特主教大人尽管嗤之以鼻，我发现博学的巴克斯特[6]在他编的贺拉斯版本中却引经据典加以支持：“*Difficile est propriè communia dicere*, h.e. res vulgares disertis verbis enarrare，vel humile thema cum dignitate tractare. *Difficile est communes res propriis explicare verbis.* Vet. Schol.”[7]

使我大失所望的是，我发现大批评家本特利博士对这一段非常难懂的文字没有注释，因为从他活跃明晰的头脑里，我期盼得到比我已有的满足更大的满足。

萨纳东[8]却是这样对待的：“Propriè communia dicere; c'est à dire，qu'il n'est pas aisé de former à ces personnages d'imagination，des caractêres particuliers et cependant vraisemblables. Comme l'on a eté le maitre de les former tels qu'on a voulu，les fautes que l'on fait en cela sont moins pardonnables. C'est pourquoi Horace conseille de prendre toujours des sujets connus tels que sont par exemple ceux que l'on peut tirer des poèmes d'Homere.”[9]

对此达西耶[10]说道：“Apres avoir marqué les deux qualités qu'il faut donner aux personnages qu'on invente，il conseille aux Poêtes tragiques，de n'user pas trop facilement de cette liberté qu'ils ont d'en inventer，car il est três difficile de reussir dans ces nouveaux caractêres. Il est mal aisé，dit Horace，de traiter proprement，c'est à dire convenablement des sujets communs; c'est à dire，des sujets inventés，et qui n'ont aucun fondement ni dans l'Histoire ni dans la Fable; et il les appelle communs，parce qu'ils sont，en disposition à tout le monde，et que tout le monde a le droit de les inventer，et qu'ils sont，comme on dit，au premier occupant.”[11]见他对这一说法和以下内容的详细阐述。 （转下页）

（接上页）
终究，我不禁心存怀疑，Difficile est propriè communia dicere这句话会不会是贺拉斯插进去，要在一个选择新主题的诗人不得不遇到的一种"困难选择"中构成单独的一节呢；在这种情况下，各种解释中的哪一种正确，肯定就难以确定了，每个读者都有权按自己的想法来做决定。即便这句话应当按一般理解的那样，认为与前后语句都有关联，那么确切的意思还是不能完全弄清楚：譬如说propriè像约翰生博士在这里所理解的那样，有意表示用一种被据为私有的方式，还是像西塞罗经常用的那样表示得体地或者典雅地。总而言之，这是一位令人敬仰的作家在清楚表达中的缺点的一个罕见的例子，这位作家几乎样样杰出，尤其以这一品质著称。这条注解过于冗长，也许需要向读者致歉。我毫不怀疑，我的许多读者，将会承认，对一部分深受喜爱的经典作品中的一段文字的批评探讨，是非常引人入胜的。

1 "致皮索父子书"，贺拉斯《诗艺》的另一种叫法，严格地说更加正确。

2 "如果你交给舞台的是一个未曾尝试过的主题，如果你要大胆塑造一个新人物，那就让它首尾一致，不要使它自相矛盾。很难用一己的方式述说公共的事物。如果你第一次把一个无人知晓、无人歌唱的主题交给世界，还不如把一首特洛亚之歌编成一幕幕戏剧合适。在公共土地上，你可以获得私人权利，只要你既不会尽在一条老路上悠哉游哉地兜圈子，也不会挖空心思一板一眼逐字逐句地搞翻译。也不要按照你的模仿程式'自投罗网'，那样一来，羞耻之心，如果不是你的工作法则的话，就会捆住你的手脚，无法脱逃。"——《诗艺》第2节，第125—135行。

3 "在这里，贺拉斯说communia，指的是这样一些寓言故事的题材：这些故事迄今没有被任何人处理过；这些故事被展示给任何一个人，并且明确摆在他们面前的时候，可以说是一片空空荡荡、无人占领的土地。"

4 无人知晓、无人歌唱的。

5 "很难得当地述说平常的事物：也就是说，在改动、修饰众所周知的公共题材，以便显得新鲜并像作者的原创的时候，我们容易屈服于这种题材的威力；这种说法无疑非常重要。然而，经过通盘考虑，并且顾及与天生的智趣相反的判断的困难与美，从你的内心的深处构思一个新故事似乎比千方百计改头换面再一次展示一个老故事更加光荣。"——约瑟夫·特拉普，《诗歌讲读》，第3版，两卷集（1736），第2卷，第164行。

6 巴克斯特（William Baxter，1650—1723），古典学者、文物专家；出版注释本阿那克里翁（1695）和贺拉斯（1701）；在《哲学学报》上撰稿探讨文物问题；去世时留下未完成的威尔士语词典遗稿。

7 "很难得当地述说平常的事物，也就是说，很难用贴切的语言叙述平常的题材，或者给卑贱的主题赋予尊贵。很难用恰当的语言处（转下页）

务。最后一个是埃尔卡纳·塞特尔。一个人不禁觉得姓名中有点意思。现在埃尔卡纳·塞特尔听起来如此古怪，谁能对这样的姓名抱多大期望呢？仅仅从姓名出发，我们应当毫不迟疑地偏爱约翰·德莱顿，而不是埃尔卡纳·塞特尔，哪怕不知道他们各自的优长。”**约翰生**：“先生，我估计塞特尔在当时对高级市政官员们的贡献就像现在约翰·霍姆一样。贝克福德①和特雷科蒂克②在哪里学的英语？”

阿瑟·李先生提到一些苏格兰人拥有美利坚的一部分贫瘠地区，他感到纳闷的是为什么他们要选这样的地方。**约翰生**：“嘿，先生，所有的贫瘠都是比较而言。苏格兰人不会知道那种地方是贫瘠的。”**鲍斯威尔**：“好了，好了，他是在奉承英格兰人呢。你是到过苏格兰的，先生，你说你是否看见那里的人有缺肉少酒的现象。”**约翰**

（接上页）理平常的事物。《老学者》。”

8 萨纳东（Sanadon，1676—1733），法国学者。

9 “Propriè communia dicere；也就是说，对一个人已有一家之见的人物赋予特别而且更加可能的特点并非易事。一个人一直能够按自己的喜好塑造这些人物，在这一范围内，不大容易原谅的就是一个人在这一过程中犯的过错了。正因为如此，贺拉斯建议一个人总应当选取熟知的题材，例如那些可以从荷马的诗作中抽出的题材。”

10 达西耶（André Dacier，1651—1722），法国古典学者；贺拉斯的译者。

11 “已经指出了一个人必须为自己创造的人物赋予的两种品质后，他劝告悲剧诗人慎用他们不得不创造的那种自由，因为创造的人物很难成功。贺拉斯说，很难得体地（也就是说恰当地）处理公共题材（也就是说，无论在历史上还是寓言故事中都没有依据的创造的题材）；他之所以称这些题材为‘公共’，是因为人人都可以利用它们，是因为人人都有权修饰它们，是因为它们如同一个人说的那样，对所有的人都是开放的。”

① 贝克福德（William Beckford，1709—1770），种植园主、政治家；伦敦高级市政官员，市长；牙买加贝克福德家族成员之一；有影响的西印度缺席业主议员集团的领袖；被霍勒斯·沃尔浦尔形容为一名“喧闹、快乐的谄媚者”。

② 特雷科蒂克（Alderman Barlow Trecothick，1720—1775），商人、政治家；代表文特里区的伦敦高级市政官员（1764—1774）；伦敦行政司法长官（1766），随后任伦敦市长（1770）；新罕布什尔殖民地代理（1766—1774）；拥有格林纳达的一座种植园和牙买加几座庄园的股份。

生："没有啊，先生，酒肉充足就给了那里的居民足够的力气去背井离乡。"这些灵敏、生动的俏皮话都是说着玩的，喜眉笑眼逗逗乐子，只不过是有意卖弄卖弄智趣而已。遇到这种话题，他和威尔克斯先生能够一拍即合；这是一个联系他们的纽带，我意识到他们俩都造访过苏格兰，有些人把苏格兰想象为饿殍遍野，他们俩都确信这是狭隘无知的奇怪表现。不过他们还坚持说这些老笑话，完全是为了寻开心。我声称苏格兰至少在一个方面比英格兰强，那就是，没有人仅仅因为另一个人控告他欠债而将其逮捕；而是首先必须经法院判决确定查明债务的正当理由，未经判决，只有债权人发誓债务人企图逃往国外，或者如法律上表述 in meditatione fugæ①：才可抓人。**威尔克斯**："我倒认为，对苏格兰全民赌咒发誓才算安全。"**约翰生**（对着威尔克斯先生）："你要知道，先生，最近我带着我的朋友鲍斯威尔，让他看了看一个个外地的英格兰城镇的真正的文明生活，我叫他在我的故乡利奇菲尔德自由行动，这样他就可以看一回真正的文明了：因为你知道他生活在苏格兰的野蛮人中间，也生活在伦敦的浪荡子中间。"**威尔克斯**："除了他和你我这样严肃、清醒、体面的人在一起的时候。"**约翰生**（笑着）："我们都为他害臊啊。"

他们谈得十分坦诚轻松。约翰生讲了这样一个故事，他曾要求麦考利夫人允许她的仆人跟他们一起坐下，以证明主张人类平等的可笑；后来他满意地点了点头对我说："你看见威尔克斯先生也默然赞同。"威尔克斯想象力纵横驰骋，谈到给检察总长的可笑头衔，Diabolus Regis②；又补充说，"我有理由知道那位官员的一些事；因为我被起诉犯有文字诽谤罪。"很多人会以为约翰生听到这件事就这么轻飘飘一语带过，肯定会大发雷霆，然而他却不置一词。现在他的的确确成了"一个老好人"了。

---

① "意图逃逸"。
② "国王的魔鬼"。

561 1776年5月16日 星期四

饭后，诺尔斯夫人[①]和奥尔德曼·李[②]先生来到我们中间。诺尔斯夫人是名贵格会信徒，以多才多艺出名。在一些爱国主义的哀怨声中，有人（我想就是那位奥尔德曼大员[③]）说："可怜古老的英格兰迷失了。"**约翰生**："先生，古老的英格兰迷失没有比苏格兰人发现了它更令人悲哀。"[a] **威尔克斯**："如果比尤特勋爵只是治理苏格兰，我就犯不着费心给他写颂词，并把《莫蒂默》献给他了。"

威尔克斯先生秉烛亮出挂在墙上的一幅优美的印刷图画，画面上是一个美丽女子的形态，他用一位鉴赏大师的手指指点胸部优雅的轮廓。后来，在跟我的一次谈话中，他俏皮地一口咬定，自始至终约翰生对那位姣美的贵格会女教徒对应的妩媚流露出一种热烈的艳羡神情，这是显而易见的。

这段记载，虽然谈不上像我所希望的那么完美，但却会提供一次非常奇异的会见的概貌，它不仅当时令人欣喜，而且有化仇为友，变酸为甜的良好功效。这种敌意，这种酸楚，是纷纷扰扰的政治对抗在二人的心中酿成的恶果，他们二人虽然大相径庭，但却有很多共同的东西——古典学养深厚，现代文学精通、智趣丰富，幽默横生，随机应变，妙语连珠。如果彼此老死不相往来，那将会是多大的遗憾啊。

伯克先生对我的这次成功的斡旋，叹为奇迹，说了一句十分受用的话："在整个外交团历史上无与伦比。"

我把约翰生博士陪送到家，他告诉威廉斯夫人他和威尔克斯先

---

① 诺尔斯夫人（Mrs Mary Knowles，1733—1807），诗人；与约翰生关系密切；《洗礼辩论概要》（1776）的作者；她的记述"约翰生博士与诺尔斯夫人间的对话"鲍斯威尔认为不真实；关于简·哈里皈依贵格会的记述后来在《绅士杂志》（1791）上发表。

② 奥尔德曼·李（Alderman Lee，1739—1795），伦敦商人、美利坚外交官。

③ 〔原文为Alderman，这个词有"高级市政官"的意思。〕

a 我不宜细说这句强烈尖锐的话，这里面浓缩的意思太多太多。

生在一起谈得多么投机，这一天过得多么惬意，听到这番话，我感到由衷的满足。

我向他多次谈到大名鼎鼎的玛格丽特·卡罗琳·拉德，她多才多艺，谈吐文雅，有着不可抗拒的魅力，闻名遐迩，使我不由得心动，前去拜访过她。对于一位不赞成我拜访她的女士，约翰生以前有次说："不对，夫人，鲍斯威尔做得对；我倒是应该亲自拜访拜访她，如果不是他们现在有种习惯，把什么都往报纸上登的话。"这天晚上他高声说道"我羡慕他结识了拉德夫人"。

我提到一个前往人岛旅行的计划，并且会写成详尽的记述；伯克先生以玩笑的口吻把它作为一句格言提出来，

> 研究人类的合适对象就是**人**。[①]

约翰生："先生，你靠书赚到的会比旅行花掉的多；所以你将会免费消遣一回，还会增大你的名气。"

第二天晚上，由于要回苏格兰，我去向他告辞。我热情满怀感谢他的关照。"先生，（他说）千万不用客气。你回报的比谁都多。"

世界上流传着这样一种观念，以为这位伟大而优秀的人物举 562
止粗鲁、态度生硬、情绪激烈，这种观念实在是大谬不然。他偶 1776年
尔发一通火爆脾气，有时遇到荒唐和愚蠢的表现也许"容易被激怒"，有时过于贪恋在舌战中取胜，这些都得承认。他的敏感使他容易突发讽刺；超常的机敏则是对讽刺的一种强有力的、几乎不可抗拒的激励。且采用一下霍姆先生的《道格拉斯》的最优秀的一个意象，

> 每当思想瞥一眼，

---

① 蒲柏，《人论》，书信二，第2行。

决定就紧接着出现，
如同雷霆追逐闪电！①

我承认他心里的衙役往往急不可耐地要施加笞刑，以至于法官来不及深思熟虑断案。

他偶尔以火爆性子出名，这也可以承认：然而还是让我们确定一下程度，不要让人认为他总是怒气冲天，总是大棒不离手，谁要靠近他，就被一棒打翻在地。相反，实情恰恰是，他绝大部分时间都是彬彬有礼，善解人意，而且是真正意义上的有礼貌；所以很多跟他长期交往的绅士从来没有承受过或者听到过他的一句重话。

威斯敏斯特教堂的哥尔德斯密斯博士纪念碑需要他写墓志铭，下面两封关于墓志铭的书信提供了一个证据，既证明了他率真的谦虚，他对自已的作品并不在意，也证明他对涉及的那位优秀杰出的人物的趣味和判断力极其敬重：

致乔舒亚·雷诺兹爵士

亲爱的先生，——一直没有见到你，我不明白是怎么回事，这种令人恼火的障碍我不知道何时才会终结。因此我把可怜的亲爱的博士的墓志铭捎给你。你先看看；如果你认为可以，再让俱乐部的同仁过过目。你知道，我是愿意修改的，如果认为有什么不妥，你先放着，等我们见面后再说。我交出了两稿但更喜欢卡片上的。日期必须由珀西博士敲定。你最恭顺的仆人，

1776 年 5 月 16 日。　　　　**塞姆·约翰生**

① 约翰·霍姆，《道格拉斯：一部悲剧》（1757），第33页。

又：

先生，——雷诺兹小姐想把墓志铭交给贝蒂博士；我非常乐意，但由于没有抄件，一时记不起来。她告诉我你把它丢了。尽量回忆回忆，能记起多少就写多少；你或许把我忘掉的还记着。我心里没谱的那几行好像是 rerum civilium sivè 563
naturalium。[a]① 丢掉它真是件不幸的差池；尽量帮帮我。你最恭 1776年
顺的仆人，

1776 年 6 月 22 日。　　　　**塞姆·约翰生**

痛风有所好转，但很慢。

这一年我离开伦敦之后，我想这篇墓志铭引发了一封对**文坛霸主**的建议书，我能把具体情况写下来，全亏了匹茨利戈的威廉·福布斯爵士。

为了让读者把问题了解得更加全面清楚，我先把墓志铭穿插在这里。

OLIVARII GOLDSMITH,
Poetæ, Physici, Historici,
Qui nullum ferè scribendi genus
Non tetigit,
Nullum quod tetigit non ornavit:
Sive risus essent movendi,
Sive lacrymæ,
Affectuum potens at lenis dominator:
Ingenio sublimis, vividus, versatilis,

---

a　这些话肯定在另一稿上。它们不在更受青睐的文本上面。

①　约翰生极力要回想的哥尔德斯密斯墓志铭的未被采用的文本是“Rerum, sive naturalium, sive civilium, | elegans, at gravis scriptor”——“一位文笔典雅而厚重的作家，无论主题是自然还是人文。”

Oratione grandis, nitidus, venustus:
Hoc monumento memoriam coluit
Sodalium amor
Amicorum fides,
Lectorum veneratio.
Natus in Hiberniâ Forniæ Longfordiensis,
In loco cui nomen Pallas,
Nov. XXIX. MDCCXXXI; [a]
Eblanæ literis institutus;
Obiit Londini,
April. IV, MDCCLXXIV. ①

威廉·福布斯爵士给我这样写道：

随信附上“圆形签名请愿书”。这篇妙文是有天在我们的朋友乔舒亚·雷诺兹爵士家吃饭时产生的。在座的，除了我自己，全是哥尔德斯密斯的朋友和相识。约翰生博士给他写的墓志铭自然就成了谈资，大家提出了各式各样的修改意见，随后一致同意把它交给博士去考虑。可问题是谁有勇气把这些意见提交给他？最后有人提示，最好的办法莫过于搞一个水手们所谓的“圆形签名请愿书”了，这是水手们搞密谋时用的一种办法，目的是让人看不出来，文件上谁排名第一，谁排名最后。这一提

a 〔这是一个错误，在哥尔德斯密斯的纪念碑在威斯敏斯特立起后才被发现。他出生于1728年11月29日，因此去世时为四十六岁。〕

① “奥利弗·哥尔德斯密斯，诗人，博物学家，历史学家；作品各种各样，几乎面面俱到，涉笔之处无不生花。或催人泪下，或惹人喷饭，情绪皆在掌控之中，有力而亲切。天资高妙，心智活跃，才多艺广；文笔不凡，高雅而妩媚。同仁出于爱戴，朋友出于忠诚，读者出于敬仰。特立此碑，以资纪念。1731年11月29日生于朗福德郡帕拉斯，就读于都柏林大学，1774年4月4日辞世于伦敦。”

议立即得到认同；于是德里教长、现任基拉卢主教的巴纳德博士[①]，当即起草给约翰生博士的建议书，满篇的智趣和幽默，但大家又怕博士会认为如此对待这个问题显得过于轻浮。于是伯克先生提出了现在这样的书面形式的建议书，对此我有幸行使了一下文书的职务。 564 1776年

乔舒亚爵士同意把它递交给约翰生博士，约翰生非常高兴地接受了它，[a] 并希望乔舒亚爵士告诉各位先生，他愿意按他们的意思修改墓志铭，力求合理；然而他决不同意用一篇英文铭文让威斯敏斯特教堂的四壁蒙羞。

---

① 〈这位高级教士后来调任利默里克主教一职，1806年6月7日在萨里的温布尔登去世，享年八十岁。原来的“圆形签名请愿书”仍在他手中；威廉·福布斯爵士传给鲍斯威尔的那份文稿是唯一的一份副本。——M.〉

a 然而，这份建议书建议墓志铭应当用英文写，让他看见上面有沃顿博士的名字时，便对乔舒亚爵士说：“我感到纳闷的是，乔·沃顿，一位专业学者，竟然也是这样一个蠢材。”他还说：“我本以为蒙德·伯克会明白事理一些。”兰顿先生当时也是乔舒亚爵士家的来客之一，他像个固执老学究，断然拒绝在圆形签名请愿书上签名。这篇墓志铭未做任何更动，刻在哥尔德斯密斯博士的纪念碑上。另有一回，有人[1]竭力主张它应当用英文写，约翰生说：“一名学人本国的语言并不是适合写墓志铭的语言，墓志铭应当用古老永久的语言。想想看，先生；如果你在鹿特丹发现用荷兰语写的伊拉斯谟的墓志铭，你有何感受！”就我而言，我认为墓志铭最好用一种学术语言和本国语言两种文字写；这样，它们可以有被一般人看得懂的长处，同时也可以保证古典的稳定性。然而，我不禁认为这样做区别不是很大。把“Poetæ, Historici, Physici”三个称号平等戴在哥尔德斯密斯头上肯定是不对的；因为针对哥尔德斯密斯声称他具有这三个称号中的最后一个，我听见约翰生亲口说：“先生，哥尔德斯密斯将给我们写一本关于这个题材的非常优秀的书；但是，如果他能把牛和马区分开的话，我相信，那也许就是他的博物史知识的程度。”他的书的确是一部优秀的作品，尽管在有些例子上他似乎太信赖布丰，布丰尽管理论巧妙，辩才无双，但我怀疑他在写得那么令人叹服的科学上的真正信息不多。譬如说，他告诉我们牛两年脱一次角；一个最明显的错误，哥尔德斯密斯不折不扣地转移到他的书里。布丰长期生活在乡下他的贵族别墅，竟然会犯这么大的错误，真是不可思议。我估计他已经把牛和鹿混为一谈了。

1 也许是乔舒亚·雷诺兹爵士。

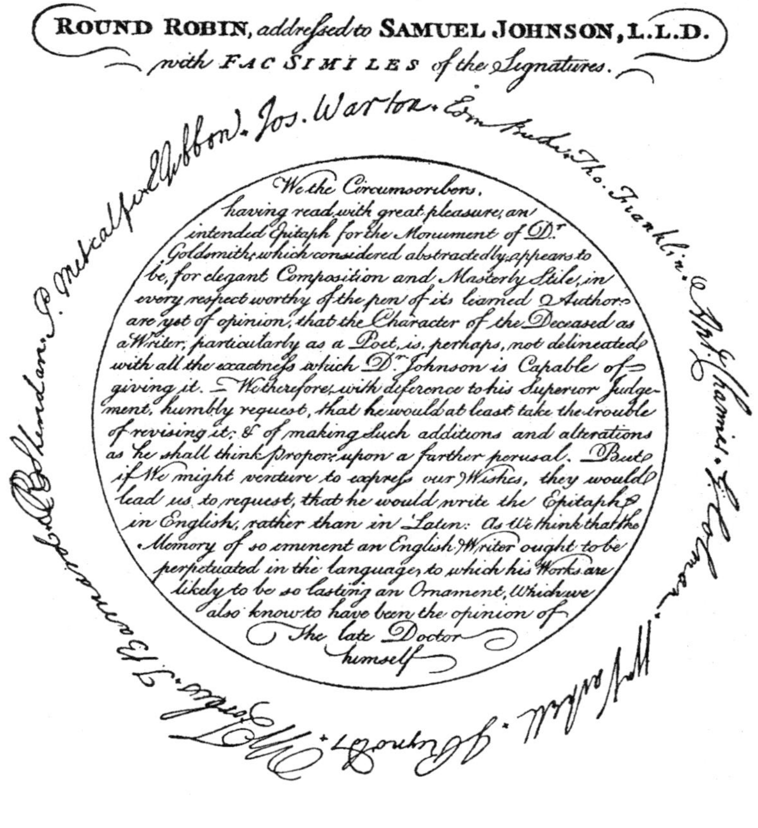
ROUND ROBIN, *addressed to* SAMUEL JOHNSON, L.L.D.
with FAC SIMILES *of the Signatures.*

We the Circumscribers,
having read with great pleasure, an
intended Epitaph for the Monument of Dr.
Goldsmith, which considered abstractedly, appears to
be, for elegant Composition and Masterly Stile, in
every respect worthy of the pen of its learned Author;
are yet of opinion, that the Character of the Deceased as
a Writer, particularly as a Poet, is, perhaps, not delineated
with all the exactness which Dr. Johnson is Capable of
giving it. — We therefore, with deference to his Superior Judge-
ment, humbly request, that he would at least take the trouble
of revising it; & of making such additions and alterations
as he shall think proper, upon a farther perusal. — But
if We might venture to express our Wishes, they would
lead us to request, that he would write the Epitaph
in English, rather than in Latin: As We think that the
Memory of so eminent an English Writer ought to be
perpetuated in the language, to which his Works are
likely to be so lasting an Ornament, Which we
also know to have been the opinion of
The late Doctor
himself

Edw. Gibbon. Jos. Warton. Edm. Burke. Tho. Franklin. Ant. Chamier. G. Colman. Wm. Vachell. J. Reynolds. W. Forbes. T. Barnard. R B Sheridan. P. Metcalfe.

我认为这一“圆形签名请愿书”是一种值得保留的文学奇葩，因为它在某种程度上刻画出了约翰生博士的性格。

现在呈现给读者的是一份文件的忠实抄本，[①] 我毫不怀疑大家都是渴望看到的。

威廉·福布斯爵士的观点非常正确。现在叙述的这件轶事以最强有力的方式证明，同时代各行各业的一些最杰出的人士对约翰生也是满怀敬畏之心的，即便那些跟他相处时间最多的人，它也确认了我一再灌输的观点，他的性格绝对不像无知之辈所想象的那样凶恶、暴躁。

这篇急就文字也可说是成千事例中的一件，显示出伯克先生超人的机敏；不仅有能力做最重大的事情，在最细小的事情上也有点石成金的本事；还能用同等的灵巧领会巨大复杂的政治推断，或者文学研究的灵敏问题[a]。 565

1776年7月2日星期二

约翰生博士致鲍斯威尔夫人

夫人，——你千万不可认为我不及时回复你一段时期前的惠书是我失礼的表现。我认为那封信是在鲍斯威尔先生不知情的情况下写的，所以我估计回信需要我找不到的一种私密投送。

与阿夫莱克大法官的分歧现在过去了；既然小亚历山大已经出现，我希望你们之间再不会有困难发生；因为我衷心希望你们阖府快乐。不要教小家伙们讨厌我，因为你本人就讨厌我；不过至少让我得到韦罗妮卡的欢心，因为她认识我。

现在鲍斯威尔先生就要返家回到你身边；你有他陪伴再好

① 在这一版中删除了。

a 除了这篇拉丁文墓志铭，约翰生还用一篇希腊文短墓志铭纪念他的朋友哥尔德斯密斯。见前，1774年7月5日。

不过了；他过了一段狂野的生活。我带他去了一趟利奇菲尔德，他又随思雷尔先生去了一趟巴斯。请你关心他，驯顺他。我有幸和你达成一致的唯一的一件事情就是爱他；正当我们如此心心念念一件如此重大的事情的时候，我希望我们的其他争执不会产生严重的苦涩。你最恭顺的仆人，

1776 年 5 月 16 日。　　　　**塞姆·约翰生**

鲍斯威尔先生致约翰生博士

爱丁堡，1776 年 6 月 25 日。

你从前抱怨我的信写得太长。眼下不会有这种抱怨的危险了；因为我发现干脆很难给你写信。〔这里有一段忧郁症又犯了或者心情很坏的记述。〕

你给我的几箱书[a]已经送达；但我尚未检查里面装的都是什么……

我把麦克拉林先生替一个黑人写的一份文书寄给你，黑人在最高民事法庭主张自己的自由。

约翰生博士致鲍斯威尔先生

亲爱的先生，——你所抱怨的郁闷情绪的阵阵发作也许不仅伤害你的想象，而且伤害你的记忆。我什么时候抱怨你的信
566 太长来着？[b]你的上一封信，拖延的时间太长，带来的消息很
1776 年 7 月 2 日 星期二 坏。〔这里是对于忧郁症的一系列想法，而且——我不禁认为，他本人就患这种病，他这样认为就出奇地没有道理，一大堆严词和指摘，仿佛病因是我的过失似的，或者也许我得此病是由于一心想出名。〕

---

a　结算赫布里底群岛旅行的花销账目后，约翰生欠我一些钱，他选择用送书抵账。

b　我在欧洲大陆的时候，巴雷蒂告诉我约翰生抱怨我信写得太长；这肯定是实情；但我的朋友似乎不记得了。

约翰·威尔克斯
理查德·厄洛姆 绘

读一读切恩的《英国病》；但是不要让他教给你这样一种愚蠢的观念，忧郁是敏感的证据……

听到你尚未打开我给你的书箱真令人恼火。检查安排这么多图书眼下可以给你及时的乐趣，而且让你终生受用。坦白地说，你管理如此不善，我十分生气……

现在我只能说，我是你满怀慈爱和真诚的恭顺的仆人，

1776年7月2日。　　　　　　　　**塞姆·约翰生**

去年曼斯菲尔德勋爵在王座庭裁定黑人未经本人同意不得被带出国去。

约翰生博士致鲍斯威尔先生

亲爱的先生，——我赶紧再次写信，以免上封信给你的痛苦太多。如果你真的受到强大而不由自主的忧郁的压迫，你应当受到怜悯，而不是责难……

我亲爱的鲍仔，现在咱们忘掉争执，忘掉指责。让我知道是否我给你送去了一个可观的图书馆。也许其中许多书你永远用不着通读；然而却没有一本不适合你了解，并且有时候去查阅的。这些书，也只是偶尔用一下，了解了解目录往往也就足够了，一旦出现什么问题，你可以知道到什么地方去寻找信息。

写过信后，我把麦克拉林先生的答辩看了一遍，我认为写得非常精彩。官司进展如何？如果要认捐，我委托你用我的名义捐献适当的数目。在这样一个案件中，不要出现任何缺憾。我知道，德拉蒙德博士[a]被取代了。他父亲会悲伤的；但他在有生之年得到了儿子当选的欢乐，而且没等那种欢乐减退就去世了。

---

a　约翰生的老友威廉·德拉蒙德先生的儿子。（参见边码第279—281页）。他是个德才出众的青年，他在那不勒斯时未经申请就被提名为爱丁堡学院医学教授。由于有其他考虑，他没有接受这一荣誉，不久便英年早逝。

兰顿的夫人给他生了一个女孩，母女平安；最近有一天我还跟他一起吃过饭……

告诉你一件让我伤脑筋的事情，5 月 29 日晚，我患了痛风，现在身体还是不太好。疼痛倒是一直不厉害，但身子虚软，非常麻烦，据说这种情况非常罕见，它并没有减缓我的其他毛病。趁你年轻健康的时候，充分利用这种优势；向鲍斯威尔夫人致意，你最深情的，

1776 年 7 月 6 日。　　　　　　　　**塞姆·约翰生**

567 **鲍斯威尔先生致约翰生博士**

1776 年 8月3日 星期六

我亲爱的先生，　　　　　　爱丁堡，1776 年 7 月 18 日。

你本月 2 日的来信是一剂苦药；但几天后，你给我送来了香膏，对那种自发的温情我深感欣慰。一段时间我发现自己病得不轻，唯一能做的就是保持一种体面的外表，内心却全是衰弱与痛苦。像一支还有一点战斗精神的弱小的卫戍部队，我把旗挂出来，把能召集起来的所有的兵力都安置到城墙上。我现在好多了，我衷心感谢你亲切的关注和友好的劝告……

马努奇伯爵[a]在爱尔兰旅行过后上周来到这里。我看在他本人的分上，看在你的分上，看在思雷尔夫妇的分上，尽可能以礼相待。他从马上摔下来，伤得很厉害。对这起不幸的事故我深感痛心，因为他好像是个非常和蔼可亲的人。

为了证实今年开始时我提到的事情，我从他的私人记事中选了下面一段：

1776 年 7 月 25 日。**上帝啊**，您已经规定凡是被渴求的，

---

a　一位佛罗伦萨贵族，约翰生在他的《旅法笔记》中提到过。我今年春天有幸与他在伦敦相识。

下苦功总应当找到，凭借您的恩惠，您给诚实的苦功带来良好的结果，慈悲为怀地关注我的学习和努力吧。**主啊**，允许我只决意做合法正确的事情；让我心情平静，目标坚定，这样我就可以在这短暂的一生中实现您的意志，从而取得来世的幸福，看在我主**耶稣基督**的面上。阿门。

从附加的一则笔记里看得出来，这是他“决心努力学习，尤其是学习希腊文和意大利文”的时候作的。

这样的一种目的，在六十七岁的年龄用这样的语言表达，真令人叹服，给人鼓舞；当善于思考的读者看到约翰生那样一个智力超群的人，这样在私下极其认真地恳求上帝帮助，因为“各样美善的恩赐和各样全备的赏赐都是从他那里降下来的”[1]，这时它肯定用习惯性的虔诚在这些读者心头铭刻一种安慰和信心。

致乔舒亚·雷诺兹爵士

先生，——一个名叫佩特森的青年今天晚上会来学院。他是我长期以来一直关照、现在在海外陷入困境的一个人的儿子。[2] 如果你愿意给他一点支持或者给他任何小小的礼遇，我将十分高兴。你能给一个年轻人帮多大忙，或者怎么提携他，我不得而知；我也不知道这名考生凭他的本事值得多大帮助，或者他现在的水平能给未来出头多少希望。我是把他作为朋友的儿子推荐的。你的人格和地位使你能随随便便给一名青年极大的鼓励。你听说过有个人向罗伯特·沃尔浦尔爵士要求的恩惠只是在他的招待会上向他鞠个躬。你最恭顺的仆人， 568

1776年8月3日星期六

1776 年 8 月 3 日。　　　　**塞姆·约翰生**

---

① 参比《圣经·新约·雅各书》，第1章，第17节。

② 〈Samuel Paterson，原先是书商，后来是拍卖商，以编图书目录的技巧闻名。他于1802年10月29日在伦敦去世。——M.〉

鲍斯威尔先生致约翰生博士

爱丁堡，1776年8月30日。

〔先讲一下我检查了他送给我的几箱书，这些书真的可以称为乱扔到一起多而杂的书堆，随后：〕

黑尔斯大法官反对对我的那位牧师当事人的判决；不是因为他认为牧师的行为正确，而是因为这名堂区居民既惹事又报复。我把你关于这个案件头头是道的论点交给大法官审阅。他在给我的一封信里做了这样的点评："约翰生博士的 Suasorium① 作得又有趣[a]，又巧妙。然而，我怀疑他都没把自己说服；因为，我相信他的教会史读得好，不至于仅仅认为一位主教或一位长老有 è cathedrá② 斥责或处罚的权利……"[b]

不仅要遵循你教给我的：真相得一丝不苟，而且为了马努奇伯爵的荣誉，我必须纠正我前一封信里说过的话。他不是从马上摔下来的，从马上摔下来也许辱没了他身为骑兵军官的技艺；他的马失前蹄闹了个人仰马翻。

见过你以后，我逐字逐句读了格兰杰③的《传记史》。我觉得它极其有趣，我并不认为他有你认为的辉格党倾向。霍勒斯·沃尔浦尔④是他的赞助人其实并不能充分显示他的政治原

---

① 抗辩。

a 谈到一篇严肃的说理文字时，大法官为何使用"有趣"这个词，我百思不得其解。不过不同的人对有趣的看法各不相同。有天晚上在伦敦歌剧院我正好坐在一位先生身旁，正当美狄亚想到杀死自己的孩子显得痛苦不堪的时候，他转向我笑着说："真够逗人的。"

② 字面意思是"从坐椅上"，也就是说从职位上以权威身份说话。

b 约翰生博士后来告诉我，他认为牧师有这种权利。

③ 格兰杰（James Granger，1723—1776），图片收藏家、传记家；《英国传记史》（1769）的作者，该书将头像分类编目，然后加上传记文字；约翰生抱怨，他作品中有政治偏见（辉格主义）；《牛津英语词典》（1882）按他的画片收集方式列入"用格兰杰式插入图片法装饰图书"这一动词。

④ 霍勒斯·沃尔浦尔（Horace Walpole，1717—1797），作家、政治家、艺术赞助人；罗伯特·沃尔浦尔的儿子；他自己的时代的史学家；草莓山出版社（转下页）

则。可是他向芒斯图尔特勋爵否认他是辉格党人，而且说他受到两党偏见的指控。他似乎就像蒲柏，

“托利党人管我叫辉格党人，而辉格党人管我叫托利党人”。①

我希望你更仔细地看看这本书；由于芒斯图尔特勋爵渴望找一个合适的人按格兰杰的计划继续这项工作，他希望我把这事向你提一下；如果遇到那样的人，请告知一声。勋爵大人会不吝对他大加鼓励的。

致罗伯特·莱韦特先生 569

1776年11月16日星期六

亲爱的先生，——在此地过了六个来星期，我们终于决定返回了。我盼望本月30日在舰队街见到你们大家。

我直到上星期五才下海，但这个星期大部分时间都想去，尽管我不知道这么做对我有什么好处。我夜里总是辗转反侧，身心疲惫，不过其他方面还好。

我已写信告诉威廉斯夫人我要回来的事情。代我问候弗兰西斯和贝齐②。你恭顺的仆人，

布赖特赫尔姆斯通，1776年10月21日。

塞姆·约翰生[a]

（接上页）的创建人；哥特小说《奥特兰托城堡》（1763）的作者，献身于园景和建筑的哥特式复兴；托马斯·查特顿的赞助人，因此卷入了罗利论战；涉及范围广泛的《回忆录》只在死后出版；约翰生公开不喜欢，这是他十八世纪的一大文学对手；声名在后世遭受损伤。

① 蒲柏，《仿贺拉斯讽刺诗第2卷》，第1首，第68行（1733）。

② 贝齐：伊丽莎白·鲍尔（Elizabeth Ball，约1755—1816），弗兰西斯·巴伯1773年1月18日和她结婚。

a 关于约翰生博士给莱韦特先生的这封信和其他书信，我得感谢我的老相识纳撒尼尔·托马斯[1]，在一个可敬但不是很大的圈子里，他的威望和机敏长期以来是众所周知的；他收藏的勋章会给富有人士增光。

1 〈纳撒尼尔·托马斯先生任《圣詹姆斯纪事》主编多年，于1795年3月1日去世。——M.〉

Brighthelmstone

10月21日我又给约翰生博士写信，告诉他家父慷慨解囊，为我还了一大笔债，我现在跟他关系融洽，所以心情非常愉快；下面是他的一封回信。

致**詹姆斯·鲍斯威尔先生**

亲爱的先生，——听到你终于与令尊和好，我不胜欣喜。用一切诚实和男人的手段培养他的善意。人生苦短；除了沉溺于真正的悲情，或者在重大问题上争一短长，再匀不出任何时间。我们不要把时日抛到无益的怨恨上，或者拼一拼看谁在顽固的恶意中坚持得最久。最好是不要生气；其次，最好是很快和解。但愿你和令尊在相互的关爱中度过余年！……

你收到兰顿先生的信了吗？我有时去看望他，但他不说话。我不喜欢他的生活计划；但由于我无从理解，所以无法把任何错误的东西纠正过来。他的孩子们都很可爱。

希望我的宿敌鲍斯威尔夫人身体健康。希望她不要把自己的恶感传给年轻人。让我和亚历山大、韦罗妮卡和尤菲米娅做朋友。

你可以把威廉斯夫人看作你的祝福人之一，她现在身体虚弱、慵懒，康复的希望渺茫。秋天她在乡下过了一段时日，但获益甚少；劳伦斯医生坦言他已经智穷才尽，无计可施了。不过，离死还有一段距离；我们说自己也何尝不是这样呢？我为她的痛苦难过，更为她的衰颓伤心。莱韦特先生身强力壮，生龙活虎一般。

今秋我在布赖特赫姆斯顿待了几个星期。这个地方非常沉闷，我的身体并不好；远征赫布里底群岛是我做过的最愉快的旅行。每年有这么一次努力，将会使世界显得丰富多彩一点。

然而，我们总不能年年游荡，因此必须努力尽可能在家中好好度日。我相信，最好把生活投进一个条理之中，每时每刻可以带来它的工作，每一件工作都有它的时刻。色诺芬在他的《经济论》中说，如果各物都有定位，那么当某物消亡和销毁后，它留出的空缺就会表明缺少了什么；同样如果时有其责，该时会将其适当的投入让人铭记。

我自己并没有践行这种严谨，我因此便吃了不少苦头；所以我要你通过及时的反省和坚定的决心，逃脱那些沉重地压在我身上的坏东西。你最恭顺的仆人，

门栓巷，1776 年 11 月 16 日。　　**塞姆·约翰生**

570

1776 年 11月16日 星期六

11 月 16 日，我告诉他斯特拉恩先生给了我十二本装帧精美的《西部诸岛纪游》，而不是说定的二十本；我以为它们肯定只是散页；要求知道它们应当如何分发；我还提到我又生了一个儿子，取名大卫，不过是个病秧子。

致詹姆斯·鲍斯威尔先生

亲爱的先生，——我患了一个阶段的感冒，也许我把这当成没有写信的借口，其实，这个时候我还知道该说些什么。

这些书最终你必须按你认为的最佳方式分发，以我的名义，

或者以你自己的名义。按你的意思，或者按你判断最适当的方式。不可能人人满意；但我希望什么人也不要得罪。尽力而为吧。

恭喜你又添贵子，希望小大卫这时已经健健康康，他的妈妈身体完全康复。我很高兴听到你和令尊重建父慈子孝的亲情。尽可能多地培养他的慈父柔情。彼此不和过日子很不舒畅。再说，在整个争端中，你持的是错误立场；至少，是你先挑起事端，有些挑衅十分伤人。现在让一切都过去吧。你没有理由认为你的新妈对你表现出了什么不规手段，要尊重她，要有一定程度的信任；这才会使令尊放心。一旦一个不和的家庭感到了祥和的快乐，大家就不愿意失去它。如果鲍斯威尔夫人对我友好，我们现在就可以关上雅努斯的庙门①。

德米斯医生的案子有什么结果？关于那个黑人的问题裁定了吗？艾伦爵士有合理的希望吗？可怜的麦夸里情况如何？告诉我这些官司的情况。我尤其希望那名黑人和艾伦爵士万事如意。

威廉斯夫人病情严重；尽管有所好转，按她的医生的看法，有可能终生忍受病痛，不过，也许会死于某种疾病。思雷尔夫人怀有身孕，心想怀的是个男孩；如果抱这种希望很有道理，
571 我倒希望她的希望不要变成失望。渴望男嗣并不只是伴随封地
1777年 保有权而来。一个儿子对于思雷尔财产的延续几乎是不可或缺的；因为小姐们怎么能对付一家酒厂呢？对于女儿们而言，土地比生意更合适。

巴雷蒂莫名其妙地愤然发了一通脾气，或者情绪恶劣地不辞而别了。如果他在别的什么地方发现了一个同样好的住处和同样多的便利条件，那样也好。他把乔舒亚爵士的《讲演录》译成意大利文，赚了二十五几尼，思雷尔先生春天给了他一百，

① Janus，古罗马时代罗马广场的一个青铜小神庙，东西两侧各有一个小门，战时庙门敞开，和平时庙门关闭。

所以他目前没有什么困难。

科尔曼买下了富特的专利，① 答应在富特的有生之年每年给他一千六百镑，这是雷诺兹告诉我的，又允许他演出次数达到条件要求时，还可再得四百镑。按这种交易，除了麻烦和危险，科尔曼还能得到什么呢，[a] 我看不明白。你恭顺的仆人，

1776年12月21日。　　　　**塞姆·约翰生**

牧师休·布莱尔博士作为一位布道士，在爱丁堡长期以来深受人们仰慕，他现在想把他的布道文传播得更远，增大他的声誉，办法就是出版一本布道文集。他把手稿转交给印刷商斯特拉恩先生，他搁了一段时间后，写信给布莱尔，对出版泼了冷水。这还是最成功的神学作品之一最初遇到的不利情况。然而，斯特拉恩先生曾把其中的一篇布道文送给约翰生博士征求意见；他把这封颇有微词的信寄给布莱尔先生后，在圣诞节前夕收到了约翰生的一封短信，信上有这样一段文字："我读完布莱尔博士的第一篇布道文，感想不仅仅是赞许；说它好未免是太轻描淡写了。"

我相信这次通信过后，斯特拉恩先生很快与约翰生博士就这些布道文有过一次交谈；然后非常坦诚地又给布莱尔博士写了一封信，附上约翰生的短简，同意购买这一卷作品，为此他和卡德尔先生付了一百镑。书销售得又快又广，深受大众欢迎，给他们增了光，二位业主便给了布莱尔博士一笔五十镑的赠款，后来又赠送了五十镑，这就主动把原定的价款翻了一番；当他准备第二卷时，他们一次就给了三百镑，总共加起来五百镑，我是在协议书上签名的证人；现在为八开本的第三卷，他收到的款额不少于六百镑。

---

① 塞缪尔·富特于1766年获得了一项在秣市剧院夏季生效的专利。1776年10月他把这项专利租给乔治·科尔曼。

a 〔然而，到头来这是一桩幸运的交易，因为富特当时不足五十六岁，可是不到一年，于1777年10月21日死于多佛尔的一家旅馆里。〕

1777年：六十八岁。〕——1777年，从他的《祈祷文与默想录》看得出来，约翰生处在一种“惴惴不安与迷惑不解”的心境里，他又深受体质性忧郁之苦，再加上有关他的宗教状况的极度谦恭和焦虑使他通过一种过于阴暗和不利的手段观照自己。可以说他：“他看见**上帝**在云端。”[①] 在下面一段悲伤的文字中我们可以肯定他对自己
57^2 的不公，想到这是从这么一个伟大的人物的悔罪心里发出的，而世
1777年 界又是如此受惠于他的劳作，真令人痛心不已：“我审视自己过往的生活。发现除了白白浪费时光外，无所作为，身体多病，心情紊乱，濒临疯狂，希望造就我的**上帝**会允许减轻很多过错，原谅诸多不足。”[a] 然而我们发现这一年他的虔诚格外热烈；但我们看到间或有一些平静高兴的时刻，从而深感欣慰。

复活节，我们发现了下面一段掷地有声的祈祷：

> 万能的大慈大悲的父啊，您看见我们的所有苦难，您知道我们的各种需要，垂顾我吧，怜悯我吧。防护我，别让邪恶的思想猛烈侵入，让我能够下定并坚持那些决心，因为它们有助于履行您的远见必须指派给我的责任；所以凭您的圣灵帮助我，好让我的心在可以发现真正快乐的地方坚定不移，好让我怀着纯洁的爱和欢乐的心为您服务。可怜可怜我吧，**上帝啊**，可怜可怜我吧；岁月和疾病压迫着我，恐惧和焦虑困扰着我。可怜可怜我吧，我的创造者和审判者。在种种困惑中解救我吧；所以凭您的圣灵帮助我，好让我现在纪念您的爱子，我们的救主**耶稣基督**的殉难，就像当这条短暂、痛苦的生命将要终了时，我可以看在他的面上，被接纳到永久的幸福中一样。阿门。[b]

---

① 蒲柏，《人论》，书信一，第100行。

a 《祈祷文与默想录》，第155页。

b 同上书，第158页。

他在教堂里面的时候，他心头的这样一些可喜的印象是这样被纪念的：

“我一度非常苦恼，但终于恢复了正常，我希望从祥和的**上帝**那里得到比我长期以来享受到的更多的宁静。我没有做过决定，但由于我的心情变轻松了，我的希望重燃，我的勇气倍增；我用铅笔在我的《公祷书》上面写道：

> Vita ordinanda.
> Biblia legenda.
> Theologiœ opera danda.
> Serviendum et lœtandum.”①

斯蒂文斯先生的慷慨大方是出了名的，他和约翰生博士一起好心帮助哥尔德斯密斯博士的一位女亲属，并且希望她回到爱尔兰之后会搞到她那位著名亲属的一些真实的生活细节。下面一封信就是关于她的：

致乔治·斯蒂文斯先生

亲爱的先生，——我们以为淹死了而为之悲伤的哥尔德斯密斯夫人②给我写来一封信，对我们大家千恩万谢，并答应按我们给她的建议做一些调查了解，听到这个消息，你一定会高兴的。

我本来有幸把这个消息通报给考尔菲尔德小姐，但她的信不在手头，所以不知道寄往哪里。请你把这个好消息告诉她。你的， 573

1777年2月14日星期五

1777 年 2 月 25 日。　　　　**塞姆·约翰生**

① “决定：使生活井然有序，阅读《圣经》，学习神学，欣然为上帝服务。”

② 哥尔德斯密斯夫人（Mrs Goldsmith），克洛因教长艾萨克·哥尔德斯密斯博士的遗孀。

鲍斯威尔先生致约翰生博士

我亲爱的先生，　　　　　　爱丁堡，1777 年 2 月 14 日。

我跟你的书信交往的计算状况目前是令人惊奇的。就数量而言，余额在你那面。我欠你两封信。一封是 11 月 16 号的，就在那一天，我给你写了信，这样一来，我们的书信交换完全相等，一封是上个月 12 月 21 号的。

这两封信真正的友善内容使我的心暖洋洋的，充满了感激之情；我竟然任这么长时间流逝，没有给你写信，真是令人惊讶，惹人气恼。不过我的拖延是天生的，或者是不良习惯使然。我等着直到我在新的一年有一个向你致意的机会。我却拖延到这一年不再是新的时候……

德米斯医生案件做出了于他不利的裁决，花了四十镑。最高民事法庭庭长和另外两位法官，不同意多数人的意见，理由是，尽管没有称他“医生”，却称他“医学博士”，没有伤害他的故意，然而由于他抗议这个称呼在章程印讫之前，而且表示这个称呼是令人讨厌的，甚至对他是有害的，所以拒绝更改是恶意的，因而让他拥有他肯定有资格享有的称呼。我自己的看法是，我们法庭的判决是错误的。被告坚持用一种人家不喜欢的方式称呼人家是不诚实的。你记得可怜的哥尔德斯密斯，他变成重要人物以后，便希望以大博士的身份出现，你叫他小哥尔德他就受不了。如果在你的《莎士比亚集·序》中，或者任何种类的严肃永久的作品中这样称呼他，那岂不是大谬不然？难就难在一项诉讼是否应当允许犯那样的小错误？ De minimis non curat lex.①

黑人案件尚未做出判决。一份关于奴隶问题的请愿书正在准备。一俟印讫，我将送你一份。麦克拉林由于你赞同他对黑人的请愿而大喜过望。

---

① 法律不关心琐事。

麦夸里冬天在这里，我们一起度过了一个晚上。他的田产出售未能得到阻止。

艾伦·麦克莱恩爵士控告阿盖尔公爵，要求恢复他家古代的世袭继承权，此案现在正由我们的法官们审理。我昨天替他辩护，今天是麦克拉林；克罗斯比今天出庭辩驳他。还有三名律师要发言，下星期此案将会结案。我把双方的情报或案情寄给你，希望你过目。我们在艾伦爵士好客的屋檐下做客时，你对我说：“我要用我的笔帮助他。”你是带着一种慷慨的热情说这番话的；虽然后来阿盖尔公爵大人让你骑上一匹骏马，“你俨然像一位主教”，但你千万不可背离你在因奇肯尼思的目标。我希望你在我们苏格兰的法律原则和用语中可以明白争论的要点。

〔接着是对案情的全面陈述，我竭尽全力要让一个对苏格兰 574
法律陈规和术语不了解的英格兰人能够明了。〕

1777年
2月14日
星期五

这个案子在这里怎么判决，我将会向你通报。但是由于它可能交给我们的法官复审，而且肯定会上诉到上议院，有你这样的人的思想帮助将会十分重要。你关于“恶性遗产干预权”的文章充分证明，即便在苏格兰法律上你也大有作为……

我尚未分发你的书。黑尔斯大法官和蒙博多大法官各得一册，并向你表示感谢。蒙博多最近跟我一起吃饭，喝过茶后，我们俩聊得十分投机，我知道他对《纪游》的阅读相当皮毛，所以他没有像我所希望的那样谈论它，这次我专门把书带给他并且朗读了好几段；随后他大发议论，我便告诉他他将会得到一本作者的赠书。他请求这必须在书上标明……你最忠诚、最深情、恭顺的仆人，

詹姆斯·鲍斯威尔

亚历山大·迪克爵士[①]致塞缪尔·约翰生博士

先生， 普雷斯顿菲尔德，1777年2月17日。

昨天我有幸收到您的大作《苏格兰西部诸岛纪游》，这是您心怀盛情通过我们共同的朋友阿夫莱克的鲍斯威尔先生之手惠赠予我的；对此我表示最衷心的感谢；再次将它仔细拜读过后，我将把它珍藏在我的精选图书中，与我们德高望重的朋友的《科西嘉见闻录》并排陈列。两部大作都有很多令人叹服之处，我常想游记，或者旅行记，如果不是判断力强、为人正直的能人妙手用生花的文笔如实描写所经过的国家的风土人情，那还不如不出。其实，我们苏格兰地区，尽管国王们联合了，大多数地方却依然没有植被覆盖，因此您把这种情况给读者一个合理的Monitoire[②]，是完全正确的。您讲的真相，表现真相的纯正的语言，由于您的《纪游》是万人阅读的，可以，而且已经表现出了一种非常良好的效果。因为我的一个熟人，在这个地区培育着一个最大的苗圃，他告诉我，最近对他的树苗的需求翻了一番，有时候甚至翻了两番。因此，我在自己的重要育林人和围篱支持者的名录中将塞缪尔·约翰生博士列在我擅自按希腊文发明的一个名目Papadendrion[③]下面。阿夫莱克大法官和另外几个人也在列。我听说阿伯丁郡的一位绅士，即阿奇博尔德·格兰特爵士[④]，在莫尼马斯克的一片荒地上种了五千多万株树：他在进入我的名录之前，我必须了解他是否把这些树木

---

① 亚历山大·迪克爵士（Sir Alexander Dick，1703—1785），医生；皇家医师学院研究员（1727）；爱丁堡皇家医师学院院长（1756—1763）；爱丁堡皇家学会会员（1783）；鲍斯威尔和约翰生的通信者；鲍斯威尔显然曾希望娶他的女儿。

② 警示。

③ 植树造林之父。

④ 阿奇博尔德·格兰特爵士（Sir Archibald Grant，1696—1778），政治家、农业改革家；由于从事投机活动被逐出下议院（1732）；从1734年起，主要致力改善他在莫尼马斯克的庄园；出版《务实农场的袖珍指南》（1766）。

圈起来；因为这是围场的灵魂。我自己也曾开始种过一点，因为我们的土地太金贵，而那已经是五十年前的往事了；现在我已经七十四岁，我满怀敬意仰望着这些树木，并指给我的十五岁的长子看，它们跟我这里的乡间住宅一样高大，在这里我有幸接待过您，现在希望再次同我们的共同朋友鲍斯威尔先生一道得到那种满足。您永远满怀最真诚敬仰的、感恩戴德、恭顺卑微的仆人， 575

1777年
2月24日
星期一

亚历山大·迪克[a]

致詹姆斯·鲍斯威尔先生

亲爱的先生，——很久没有你的音信[b]，我不由得惴惴不安；给我写点什么等下次邮班寄来。你上封信送达时，似乎一切都在好转；希望近来没有任何事情变坏。我估计小亚历山大在继续茁壮成长，韦罗妮卡现在已是个漂亮的大姑娘了吧。我估计尊夫人仍然不能与我和解，不过我要让她知道我非常喜爱她，十分敬重她。

布莱尔博士正在印一些布道文。如果它们都像我拜读过的第一篇，那可是 sermones aurei, ac auro magis aurei①。无论理论还是文字都非常精彩。沃森②先生的书[c]似乎评价甚高……

可怜的博克莱尔病情仍然严重。兰顿的生活一如既往。他

a　想要了解这位非常和蔼的人士的性格，请参阅《赫布里底群岛旅行日记》第3版，第36页〔8月17日〕。

b　按照当时的邮班线路，我14日的长信尚未送达。

①　金子般的布道文——不，比金子还要金贵。

②　沃森（Robert Watson，约1730—1781），历史学家，修辞学家；圣安德鲁斯大学逻辑学、修辞学和形而上学教授（1756），后来出任校长（1778）；鲍斯威尔和约翰生曾拜访过他；以《西班牙国王腓力二世王朝史》（2卷，1777）和未完稿腓力三世史最著名，二者被看作罗伯逊的查理五世史的后续。

c　《腓力二世史》。

的孩子们都很漂亮，我想他的夫人丧失了苏格兰风韵。保利我再也没有见到。

我一直为呼吸困难所苦，按计算，几天之内我失去了三十六盎司的血。现在情况有所好转，但尚未痊愈。

我希望你留点心，给我弄一本格拉斯哥印行的格雷厄姆的《忒勒马科斯》，这是一本小书；还有 *Johnstoni Poemata*[①]，也是一本小书，是在米德尔堡印行的。

威廉斯夫人向你问好，许诺等你来此间时，她会尽力把你好好安顿在那间老屋里住下。她想知道你是否把她的书给了亚历山大·戈登爵士[②]。

我亲爱的鲍斯威尔，别忘了给我写信；因为你的盛情是我生活中的欢乐之一，失去它我会很难过。你恭顺的仆人，

1777 年 2 月 18 日。 **塞姆·约翰生**

致塞缪尔·约翰生博士

亲爱的先生， 爱丁堡，1777 年 2 月 24 日。

本月 18 日的惠书有幸在上个邮班收悉。尽管我最近长期的忽略，或者不如说拖延，真是罪不可恕，但我并不感到后悔，因为它给我提供了一个你关心我的如此重要的证据。在这不可饶恕的沉默期间，想着应当收到你的又一封来信，带着某种焦虑询问我的情况，因为说不定我病了呢，于是我的确有时候转移了我自己心头的指摘。

576

1777 年 2月24日 星期一

你欣然向我表示，我的关爱对你相当重要。一想到这一点，我就心花怒放。请放心吧，亲爱的先生，我对你的关爱和敬重崇高而又坚定。我相信在人类历史上还未曾有过更加完美的依恋。

---

① 《诗全集》（1642），作者为苏格兰拉丁文诗人阿瑟·约翰斯顿。

② 亚历山大·戈登爵士（Sir Alexander Gordon，约1720—1782），阿伯丁大学医学教授。

而且这是一种高尚的依恋；因为吸引力是天才、学养和虔诚。

你呼吸有困难，这使我惊恐、使我不由得想到一件事，尽管在情理之中，我必须在某个时期等待它的到来，但我还是不能行若无事……

你说的关于内子的一番话，使她满面生辉。她请求你接受她最亲切的问候。她要送你一些她亲手做的橘子酱……你最感恩戴德、忠诚恭顺的仆人，

詹姆斯·鲍斯威尔

致**詹姆斯·鲍斯威尔先生**

亲爱的先生，——接到你最近的来信，万分欣喜，还令我高兴的是，我的宿敌，鲍斯威尔夫人开始感到悔恨。至于韦罗妮卡的苏格兰英语，我想这不好办。你或许容易雇一名英格兰女仆；但她仍然会学大多数人，因为这些人同样也是她最敬重的一些人。她的口音不会太严重。她的妈妈就没有多少苏格兰口音，你自己就更少了。希望她知道我的姓，不要管我叫约翰斯顿[a]。

我写此信的直接原因是，一个姓肖[①]的人好像是个谦虚、正派的人，写了一本《盖尔语语法》，一位非常博学的高地人麦克贝恩，在我的要求下予以审阅，表示认可。

该书非常小，可是肖先生听了朋友的劝告给它的定价是半几尼，尽管我的建议只是一克朗，而且自认非常大方。作者认为你在大力鼓舞有才干的人士，所以你将会收到一包他的建议

---

a　约翰生是来自约翰的最常见的英格兰姓氏；约翰斯顿则是苏格兰的相应姓氏。我杰出的朋友注意到很多北不列颠人以他们自己的方式念他的姓。

①　肖（William Shaw，1749—1831），盖尔语语法学家、词典编纂家；约翰生是他的朋友和导师；著作有《盖尔语分析》（1778）、《盖尔语—英语词典》（2卷，1780）；在《莪相诗作真伪探询》（1781）中和约翰生一起怀疑麦克弗森的“莪相”诗作的真实性。

和收据。我的任务就是通知你会收到这些东西，并且求你予以支持。你千万不要找穷人，因为价位实在太高。然而那样一部作品值得赞助。

有人建议我们的俱乐部人数从二十人扩大到三十人，对此我十分乐意；由于俱乐部里有好几位我不大喜欢交往[a]，我主张把它降格为一个单纯的头面人物的大杂烩，没有任何决定性的特点……你最深情的，

1777 年 3 月 11 日。 **塞姆·约翰生**

向夫人、韦罗妮卡、亚历山大、尤菲米娅、大卫顺致敬意。

577 **鲍斯威尔先生致约翰生博士**

1777 年 4月24日 星期四

爱丁堡，1777 年 4 月 4 日。

〔先是告知他我的小儿子大卫夭折以及我今春无法来伦敦——〕

我想整整一年都见不到你叫人难以忍受。我是否可以贸然请求在秋天见你一面？我相信你已经见过英格兰所有的大教堂，只有卡莱尔大教堂除外。如果你要在阿什伯恩与泰勒博士相见，去卡莱尔就不会多远。我们俩可以在那里过几天最惬意的时光，我愿意陪你再往南走一大段路。请予以考虑。

你忘了肖先生的《盖尔语语法》，我去年就亲手交给你了。埃格林顿勋爵先交给了我。我很高兴麦克贝恩先生认可了它。我收到了肖先生的出版建议，看得出来它们是一位**大师**的手笔……

请替我找到各种版本的《沃尔顿传记集》：我有个想法，将其加注重版，由我、霍恩博士和黑尔斯大法官协力推出。[①]

---

a 由于他和他们在宗教和政治上意见分歧。

① 〈这里提到的几位都没有把他们计划中的这项工作付诸实施。然而，沃尔顿价值非凡的书以四开本和八开本校正再版，由牧师Zouch先生作注并插图。——M.〉

肖先生的《苏格兰凯尔特语分析》的《建议》[†]是这样在约翰生的笔下生花的：

尽管凯尔特语言中的盖尔方言从上古时代在不列颠就有人说，而且现在仍然在北方地区和相邻的岛屿上继续留存，然而，由于一个尚武而不修文的民族的玩忽，它迄今仍由每个操这种方言的人信口瞎扯，而且在日常语音中随波逐流，没有类比的稳定，没有规则指导。一种盖尔语语法则是给文学宝库的一种拾遗补阙；它的作者希望得到对那些拓荒探路者常给的那种包涵。如果发现他的作品还有纰漏，它至少全是自己所为：他不像其他语法家，充其量只是一名编纂者，或者传抄者；他交出的东西是他在国人中间周密观察学得的，看到他们只靠因袭学舌使用的话语被浓缩成了准则，或许连他们自己也会大吃一惊。

然而这本书的用途不会局限于这些山区和岛屿，有些人的研究引导他们去追寻各种语言的近似性和古代人类的迁徙踪迹，对于这一类人，它会提供一个可喜而重要的思考课题。

致塞缪尔·约翰生博士

我亲爱的先生，　　　　格拉斯哥，1777年4月24日。

我们德高望重的朋友思雷尔先生的讣闻已经见报，后来又有人辟谣，我被置于一种忐忑不安、无所适从的境地，因此希望得到你的解救：然而我的希望依然落空。在这样一种场合，你怎么能不给我写信？我忧心如焚地等待着。

我打算到阿夫莱克在家父那里住两个星期。在那里一次最好不要待得很久。不过频频前去探望使他开心。 578

我看见有关"《英国诗人》，附前言，每位作者的评传，民法博士塞缪尔·约翰生撰写"的广告，请告诉我这一版本的情况。我对它的前景非常看好。的确，我感到自己有能力欣赏文

1777年
4月24日
星期四

学，十分快意。不过，这种出版物的魅力不会主要归功于书前的 magnum nomen[①] 吧？

你怎么评说切斯特菲尔德勋爵的《回忆录与最后的书信》？

内子已经给你做好了橘子酱。我昨天离开时她和我的女儿与亚历山大皆好。我已经教会韦罗妮卡这样子称呼你——约翰生博士，而不是约翰-斯顿，你最深情、感恩戴德的恭顺仆人，

詹姆斯·鲍斯威尔

致**詹姆斯·鲍斯威尔先生**

亲爱的先生，——思雷尔先生的讣闻，由于他既没有生病，又没有遇到其他任何危险，给我的印象极其淡漠，所以我从来没有想到消除它在别人脑海里的影响。我以为那是英格兰人愚人节愚弄人的习俗造成的，也就是在四月一日相互开开玩笑的习俗。

告诉鲍斯威尔夫人我一开头会小心翼翼地尝尝她的橘子酱。Timeo Danaos et dona ferentes.[②] 意大利谚语说，当心一个讲和的敌人。但当我发现它对我没有害处以后，就会接受它，并为此表示谢意，把它看成一种坚定的，而且我希望是不可改变的好意。她毕竟是一位可爱可亲的女士。

请代我感谢布莱尔博士寄来的布道文。这位苏格兰人的英语写得棒极了……

你频频前往阿夫莱克，在那里小住数日值得称道，非常明智。你现在跟令尊关系融洽给我极大的快乐；这似乎是你需要的全部。

我的身体极坏，夜夜不得安宁。怎么做才能有所改善呢？今年夏天最好的希望就是去斯塔福德郡和德比郡，或许顺路再

---

① 大名。

② “我害怕希腊人，即便在他们送来礼物的时候”——维吉尔，《埃涅阿斯纪》，第2卷，第49行。

到牛津和伯明翰走走。

代我向韦罗妮卡小姐致意。我必须把因失去小大卫后安慰你的任务交给她的达观。你必须记住，四个中间保留三个你已经福分不浅了。思雷尔夫人十一个中间才留下四个。

我正忙着为《英国诗人》的一个小版本写一些小传和一些小序。我想我已经说服书商们插进汤姆逊的一些东西；如果你能给我一些有关他的资料，我会十分高兴，因为我们有的传记十分单薄。你最深情、恭顺的仆人，

1777 年 5 月 3 日。　　**塞姆·约翰生**

对那些喜欢追踪文学作品进展的人而言，把每部令人叹为观止的 579
杰作《英国诗人传》有限的设计与放量的实施力加以比较，将会是一件赏心乐事。这是约翰生笔下最丰富、最美丽、的确也是最完美的产品。他这一时期对这一作品的想法表现在前面一封信里。这一年，他还有一篇备忘录：“5 月 29 日，复活节前夕，就一项协议与书商们洽谈，但时间不长。”[a] 协议涉及的是这个项目；但他温柔的良心似乎有些担忧，怕它过多地侵扰他对随后一天庄严仪式的虔诚准备。不过，说实在的，约翰生与书商们达成一项协议需要的时间很少；因为我相信，他对自己劳动效益的关注比任何专业文人的关注都少。在这里我要插入我的已故的德高望重的朋友爱德华·迪利先生写给我的一封信，尽管日期靠后，但仍不失为对这一妥帖构思着的计划的一段描述；因为它是为我们获得一部我们的语言可以夸耀的最佳的评传集的起因。

1777 年 9月26日 星期五

致**詹姆斯·鲍斯威尔先生**

亲爱的先生，　　南山，1777 年 9 月 26 日。

从这封信上你会发现，我仍然远离伦敦的喧嚣过着平静的退隐生活，情况跟上次给你写信时一样。发现你跟你的老朋友约翰生

a 《祈祷文与默想录》，第 155 页。

博士有过那么一次惬意的会面，深感欣慰；我毫不怀疑通过这次会见你的储备大有增长；很少有人，不，可以说几乎没有任何人能像约翰生博士那样，在谈话中储备了那样丰富的知识和娱乐。他一开口，人人都全神贯注听他的话，不仅得到快乐，而且得到改进。

现在正在印刷的这版《诗人集》，将会给英国出版业增光添彩；约翰生博士写的每位作者的简明传记将会是一种价值非凡的补充，使这一版的名气达到史无前例的高度。这一工程的起因我相信还是那版小小不言的《诗人集》促成的，它是由马丁兄弟在爱丁堡印刷的，由贝尔[1]在伦敦销售。对印讫的几卷审阅过后，发现字体小得很多人都没法读；不仅造成了这种不便，而且印刷错误非常刺眼。这些原因，再加上我们所谓的版权问题的妨碍，诱使伦敦的书商们印一套从乔叟到当代所有著名诗人的一个典雅、准确的版本。

于是一些筛选出来名声最好的书商为此碰了一次头；一起商议过后，一致同意各个诗人的版权持有人应当集合起来；他们发表过意见后，立即启动这件工作。接着召开了一次会议，
580 与会的大约有四十位名声最好的伦敦书商。大家一致同意应当立即印行《英国诗人集》的一个典雅、统一的版本，由塞缪尔·约翰生博士给每位作家各撰一篇简明的传记；并委派三个代表拜访约翰生博士，请求他承担撰写传记的工作，这三名代表是T. 戴维斯、斯特拉恩和卡德尔。博士非常客气地承担了这一任务，好像对这个计划格外欣赏。至于条件，完全由博士提出：他提了二百几尼，[a]立即得到认可；我相信应当对他做进一

1777年
9月26日
星期五

① 贝尔（John Bell，1745—1831），书商；从1769年起管理不列颠图书馆；作为马丁兄弟的代理商，出版《大不列颠诗人集》（1777—1782）；有对英国印刷业引进“现代”面貌的美誉；被查尔斯·赖特形容为“书商中的精灵”。

a 〔约翰生要求这样小的数额，这种节制非同寻常。如果他要一千或者甚至一千五百几尼，这几位书商由于知道他的名字的价值，无疑会慨然应允的。他们也许在二十五年里靠这部著作赚了五千几尼。〕

步的赞誉。同样任命了一个委员会聘请巴尔托洛齐[①]、舍温[②]、霍尔[③]等最优秀的雕版画家。另外有一个委员会负责指导纸张、印刷等事宜，这样有关著作、编辑、插图等的全部事务就会生气勃勃、井井有条地进行。我的兄弟将会把我们打算用的诗人的名单给你，其中很多诗人都在安妮女王法令[④]的时段内，这是马丁和贝尔无法使用的，因为他们没有他们的版权；业主们几乎都是伦敦的重要书商。你的，

爱德华·迪利

以后约翰生一旦被领到他怀着一种奇异的喜悦踏上的土地，我将有必要考虑他驰骋的范围的广阔与多样；因为长期以来他已经对它能给人乐趣的所有情况都了如指掌。

约翰生博士致查尔斯·奥康纳先生[a]

先生，——有幸与坎贝尔博士谈论过你的人格和文学功绩

---

① 巴尔托洛齐（Francis Bartolozzi，1727—1815），雕版画家；确立了风靡一时的“点刻插图”；在佛罗伦萨和罗马出名后于1764年来到伦敦；以仿照雷诺兹的瑟洛大法官的肖像出名（1782）。

② 舍温（John Keyse Sherwin，1751？—1790），设计师、雕版画家；因一幅历史画获得皇家学会金奖（1772）；国王的历史雕版画家（1785）；才华出众，但爱慕虚荣。

③ 霍尔（John Hall，1739—1797），历史和肖像雕版画家；美术家学会会员（1765）；雕绘本杰明·韦斯特的历史油画；国王的历史雕版画家（1785）。

④ 1709年法令，全名为“在提及的时段将书稿归属作者或书稿购买者以鼓励学术之法令”。法令的目的是提供实施版权的手段。

a 承蒙都柏林财政部的约瑟夫·库珀·沃克先生一片盛情，将此信和前面一封写给同一位先生的信（参见边码第172页）转交给我，他给我这样写道：——“描述一下奥康纳先生也许会中你下怀。他是一位和蔼可亲，博学可敬的老绅士，有一份独立的财产，生活在罗斯康芒郡的贝拉纳加；他是一位受人敬佩的作家；爱尔兰学院的成员。——上面一封信在他的《论文集》第2版第3页的前言提及。”——奥康纳先生后来在八十二岁高龄时谢世。在《绅士杂志》1791年8月号上对他的人格有一篇精彩的描述。

后，我决心恢复很久以前开始、后来又结束的通信往来，以图心安，之所以结束，恐怕是我的过错；这一过错，如果你还没有忘记，现在你就得原谅了。

如果我曾经让你失望过，那就允许我告诉你，你同样也让我失望过。我期望在爱尔兰文物中有重大发现，并且有爱尔兰语的大型出版物；但世界仍然一如往常，一片迷茫。爱尔兰语本身情况如何，它与哪些语言近似，这些都是非常有趣的问题，
581 每个有哲学或历史好奇心的人都希望看到答案。利兰博士的历
1777年夏 史起始点过晚：值得严格探究的时代是这样一些时段（因为有那样一些时段），当时爱尔兰只是西方的经院，是圣洁和文学的幽静居所。如果你能写一部从皈依基督教到英格兰入侵的爱尔兰民族史，哪怕不够完善，你会用新眼界、新目标扩大知识面。因此，如有能力，就着手去干：先做你容易做到的，不要殚思竭虑严谨。打下基础，把上层建筑留给后人。你最恭顺的仆人，

1777年5月19日。 **塞姆·约翰生**

这一年初，罗切斯特主教、博学的扎卡里·皮尔斯博士的两卷四开本遗著出版，题为《四福音书作者与〈使徒行传〉评注》，兼收其他一些神学论著。现在约翰生有机会对这位优秀的高级教士做出感恩回报了，因为我们看到，他是在约翰生编《词典》时唯一的一位提供帮助的人。主教留下了一些亲笔写的关于自己生平和性格的记述。约翰生又做了一些有价值的增添†，还给编者牧师德比先生提供了一篇《献书表》†，我要把它插在这里，既因为这时候它显得恰到好处；又因为它将有助于传播和增大“忠诚的热情”①，这在以**托利党人**的名义炫耀的我的心目中，不仅是个原则，而且是种感情。

① 詹姆斯·鲍斯威尔，《赫布里底群岛旅行日记》（1785），第243页〔9月13日〕。

敬献与**国王**

陛下，——仆不揣冒昧，现将一位博学主教的最后劳作呈献于陛下面前，此人在辛苦操劳、恪尽职守时溘然长逝。如今他已超越人间的一切荣耀与褒奖；激发他人效仿他的唯一希望现在使这样一件事实应当永志不忘，那就是，他生前享受过陛下的恩宠。

如果对私人的功德视而不见，王侯们喧闹的生活就很难允许他们审视民族广泛的利益，就很难允许他们展现人类至尊与至贱者可以竞相效仿的品质；很难允许他们做到既和蔼可亲，又伟大不凡。

此等人物，倘若时不时地现身于历史，人们定会心慕神追。但愿亟亟表示敬意成为陛下全体臣民的渴望：子孙后代可以从陛下身上得知国王们应当如何生活，同样，但愿他们从陛下的臣民这里了解国王们应当怎样受到尊崇。最崇敬陛下的、恪尽职守、无限忠诚的，

臣仆

休·凯利① 先生写过一部喜剧《向智者进一言》，1770 年就被搬上舞台，今年夏天约翰生在这出戏前面写了一首《开场诗》*；但凯利是位官派作家，在一家报纸上，这出戏犯了众怒，沦为牺牲品，用剧院的行话来说，被打入了地狱。修道院花园剧院老板哈里斯② 582
先生为人慷慨，现在安排为作者的遗孀和子女义演一个晚上。博得 1777 年夏
观众的青睐便是约翰生的开场诗的初衷，由于该诗不长，我将它穿

① 休·凯利（Hugh Kelly，1739—1777），作家、代理人；作品有小说《一名从良妓女的回忆录》（2卷，1767），双韵体诗歌《泰斯庇斯》（1766—1767），戏剧《假正经》（1768），《妻子学校》（1774）等，由加里克在朱瑞巷扮演主角。

② 哈里斯（Thomas Harris，？—1820），剧院经理；收购修道院花园皇家剧院的专利和产业的合伙人（1767）；科尔曼辞职后出任经理（1774）；与R. B. 谢立丹购得国王剧院（1778）；对演员慷慨大方，口碑很好，颇受人们欢迎。

插于此，以证明他的诗才毫发未损。

今晚献演一出戏，曾经众怒难耐，
不管对或错，被嘘声轰下了台；
出于热情还是恶意，我们不再惧怕，
因为英国人的复仇心不把死者讨伐。
不念旧恶的仇敌目光悲悯，关注着命运女神
安置在全体必去歇息的那个地方的那个人。
也就是说，作者谢世后本剧再次上演，
诸位裁判们，行行好，至少得公正一点：
不要让卷土重来的敌意去侵凌
那被忘却的坟墓中不可侵犯的幽魂。
让一个巨大的付出使每个要求得以满足，
允许那个无法伤害的人给大家欢愉；
无意中得罪了人，要用多少场景来取悦，
用无害的玩笑，或者用有益的感觉。
戏中有什么精彩或美妙之笔展现，
只消予以认可——夸赞为时已晚。
如果不够仔细，如果缺乏技巧，
忍住勿发嘘声——诗人无法听到。
赞扬和批评人人都会发现，像他一样，
最终，只能亮光一闪，或是空洞的声响；
然后，平静的反思定会把这一夜圣化，
当豁达的怜惜抬高了欢乐的身价；
当欢乐对着德行的火焰突然烤起了自己的手，
欢笑成为给一个卑微的名字的赠礼的时候。

这一年发生了一件事情，对约翰生来说不可不谓大喜过望。他早年的一位伦敦友伴理查德·萨维奇写的悲剧《托马斯·奥弗伯里

爵士》经过修改在朱瑞巷上演了。[a]《开场诗》是由理查德·布林斯利·谢立丹写的，先写

命蹇时乖的萨维奇，一出生就注定：
没有父亲，只有缪斯，没有朋友，只有天公。

以悲怆的笔调将他的悲惨遭遇描写过后，作者又以典雅的笔触称赞约翰生的《词典》，说那部神奇的著作怎么称赞也不嫌多，怎么夸奖也不为过；哈里斯先生在他的《语文学探究》[b]中对《词典》说了这样一番公正而通达的话："它的功绩太大，我们的语言再没有比它更宏大、更博学、更重要的作品。"这篇《开场诗》是这样结束的： 583

1777年
6月9日
星期一

所以故事[c]给未来指明了
儿子的不幸，父亲的罪过；
他的声名（如果今晚得到承认）定会长存，
因为被**那只让我们的语言永生的手**固定。

在这里，谢立丹先生既展示了他高雅的情趣，又表现出他情思的豁达，表明他没有受到他可敬的父亲和约翰生博士之间发生的不幸分歧的影响。我已经提到约翰生非常渴望与老谢立丹先生和好。所以他积极承认他儿子的这种出色功绩似乎一点也不令人惊讶。就在这种功绩只表现在戏剧上时，约翰生提议吸收他参加**文学俱乐部**，说道："他已经写了他这个时代两部最优秀的喜剧，肯定是个不简单的人物。"于是他光荣当选；当人们考虑这个社团是由什么人组成的，而且可以一票否决时，必须承认这无疑是一种光荣。

---

a 〔这出戏上演的剧院不是朱瑞巷，而是修道院花园剧院。〕
b 第1部第4章。
c 《理查德·萨维奇传》，约翰生著。

鲍斯威尔先生致约翰生博士

我亲爱的先生， 1777年7月9日。[①]

为了妻子儿女的健康。我买下了这座乡间别墅，你在这里曾造访过我的叔叔鲍斯威尔博士，他的妻子去世后，他便去跟儿子一起居住。我们是一星期左右前接手这座别墅的；我们有一座四分之三英亩的花园，里面有大量的果树和花卉，醋栗和茶藨子，豌豆和蚕豆，还有白菜等等，孩子们非常快乐。我现在在一间小书房里给你写信，向窗外望去，周围是一片翠绿的小树林，再远处就是名曰亚瑟府的崇山峻岭。

你在上一封信里希望我寄给你一些关于汤姆逊的额外资料，非常幸运的是，我正好要去拉纳克，把两个内侄小坎贝尔送到那里上学，由该校的校长汤姆逊先生照料，他的妻子正好就是《四季》作者的妹妹。她已经是一个老太太了；但记忆力非常好；她会非常高兴把你想知道、她讲得出来的每个细节提供给我，那就请你费心把可以用作传记材料的有关问题寄给我。你说我们现有的汤姆逊的《传》非常单薄。自从我收到你的信后，我读了他的
584 《传》，是在西伯的名下出版，你说其实是一个希尔斯先生写的[a]；
1777年6月9日星期一 默多克博士[②]写的传；一篇附在爱丁堡出版的《四季》的一个版本前的传，包含了上述两篇的内容，还加了奎因解救汤姆逊出狱的一段轶事；《不列颠传记大全》中对默多克记述的缩写；还有《传记词典》中对它的缩写，并增添了约瑟夫·沃顿博士在他的《论蒲柏的天才与作品》中对《四季》的赞颂文字；在我看来，从这些材料中我们已经对这位诗人有了一个相当全面的记述。不过，我毫不怀疑，你会给我指出许多空白，我会尽力而为把它

① 实为6月9日。

a 见边码第534页。

② 默多克博士（Dr Patrick Murdoch，？—1774），英国国教会牧师、作家；皇家学会会员（1745）；大瑟洛的代牧（1760）；诗人詹姆斯·汤姆逊的朋友和传记作者；放弃编艾萨克·牛顿全集的计划。

们填补起来。由于汤姆逊从未回过苏格兰，（你会认为这是明智之举，）他妹妹只能按她自己所了解的谈谈他早年的情况。她手里有他的一些书信，也许可以提供一些他进一步的发展线索，如果她肯让我们过目的话，我估计问题不大。我相信乔治·刘易斯·斯科特[a]和阿姆斯特朗医生[①]是他在伦敦和附近生活期间现在硕果仅存的友伴；我敢说，他们俩能说出现在鲜为人知的一些事情。我的看法是，汤姆逊比他的朋友们愿意承认的要粗得多。他的《四季》的确充满了高雅、虔诚的情思：不过一块恶臭的土壤，甚至一堆粪，也会长出美丽的鲜花。

你的《英国诗人》[b]将会由于有《前言》和《传记》而价值非凡。不过我见过爱丁堡的阿波罗出版社的一版《诗人集》的样本，它的印刷和插图极其精美，值得大力鼓励。

你的健康状况欠佳，休息不好，我深感遗憾；希望你现在已经好转。我无法相信你最近慷慨给凯利先生的遗孀和子女提供的“开场诗”是一个身心不安的病人勃发的心声：不过外在的状况从来不是人的心态的可靠表示。我寄给你一封两年前我在威尔顿给你写的信；之所以当时未寄，是怕挨批，说过于滥情不能自拔；一封是在梅兰克森墓前写给你的，我把它留着，以免我显得既过于迷信又过于热情。现在我想它们或许会令你高兴。

你对我关于我们在卡莱尔见面的建议干脆不予理睬。[c]尽管

---

a 〔当朝国王陛下前副导师，后来的消费税管理局长。〕

① 阿姆斯特朗医生（John Armstrong，1709—1779），诗人、医生。

b 〔约翰生博士不是《英国诗人》集子的编者，他仅仅提供了传记性的前言。他确实出于良好的动机，推荐了四五位诗人（名字他都提了）的作品增加到这部集子里；但除此而外他对在那里找到的或遗漏的任何诗人概不负责。——哥尔德斯密斯（这位诗人的传记我知道他有写的打算，因为我按他的要求蒐集过一些资料）的诗被遗漏了，这是书商Carman先生诗歌趣味偏狭造成的。——M.〕

c 约翰生博士本人曾谈到过我们一起看卡莱尔的事。“高级”是他表示一个有地位的人时喜欢用的词。他对我说：“先生，我相信我们可以在坎伯兰的一位信罗马天主教的夫人家见面；一位高级夫人，先生。”后来我发现（转下页）

585

1777年
6月9日
星期一

我今年来不了伦敦有充分的理由，我还是要问你，两年没有得到聆听你的谈话的好处，如果你远道来到德比郡，我们花几天的行程，而不花多少钱，见一面是否有错。我希望你看看卡莱尔，它让我提起了那个地方。但如果你无意完成英国大教堂巡游，我愿意多走一些从此地到阿什伯恩的路。所以告诉我，你要把我们独处几天的地点定在哪里。现在不要喊“蠢材”，或“懒狗”。锁住你的幽默，发挥你的善意。

雷塞的麦克劳德小姐嫁给了缪尔·坎贝尔上校，他是一个优秀男人，有自己可观的田产，还有望取得劳登伯爵的财产和封号，听到这一消息，你会大喜过望。对于我们平顺的赫布里底人而言，这岂不是撞了大运？她将会在艾尔郡居住，我是多么快活。我们将见到雷塞领主，还有老马尔科姆，我不知道在阿夫莱克有多少风流的麦克劳德，还有风笛等等。也许你可以在那里见到这一切。

毫无疑问，你已经读过大卫·休谟所谓的《自传》，还附有亚当·斯密写的那封信。这岂不是个胆大妄为、厚颜无耻的时代？我的朋友安德森①先生是格拉斯哥大学自然科学教授，你

（接上页）他指的是查尔斯·汤利[1]先生的妹妹斯特里克兰夫人，汤利先生收藏的珍贵雕像和绘画与他极其客气乐意展示它一样为人敬佩，这是我和我的几位朋友愉快地体验过的。有称心如意的贵重贮藏的人应当对有情趣的人实施他们给人快乐的恩惠。应当衷心感谢韦尔博·埃利斯·阿加[2]先生，他欣然允许我们随意参观他珍藏的绘画。

1 查尔斯·汤利（Charles Townley，1737—1805），文物收藏家；文物学会会员（1786）；皇家学会会员（1791）；大英博物馆管理小组成员（1791）；其收藏成为伦敦景观之一，藏有意大利之外最优秀的古罗马文物。

2 韦尔博·埃利斯·阿加（Welbore Ellis Agar，1735—1805），海关专员。

① 安德森（John Anderson，1726—1796），自然科学家；格拉斯哥大学教授（1757），自己投票通过；谋算在格拉斯哥建新大学的华而不实的计划；外号“快乐的晨星杰克”（Jolly Jack Phosphorus）；积极参与格拉斯哥文学会活动；苏格兰文物学会和伦敦博物学会等伦敦和爱丁堡的皇家学会的会员；《物理学原理》（1778）的作者。

我在他家吃过晚饭，诺福克的温德姆先生在该大学就被托付给他照顾。安德森先生最近到我这里来过一次；我们先义愤填膺又鄙夷不屑地议论了一下这个时代被毒草侵凌的情况，然后他又说现在是约翰生博士挺身而出的绝好机会。我同意他的看法，你可以一棍子把休谟和斯密的两个脑袋一起打，让虚张声势的不信教思想大出洋相。你把那样的毒草碾碎在道德的花园里难道不值当吗？

你对我没有说过多德博士①的事情。我不知道你对这个问题有何看法；尽管报纸给我们的说法是，你是赞成宽恕他的。但我承认我非常希望国王应当动用特赦权来显示一种关怀的范例，因为**上帝的代表**总会对虔诚和美德表示这种关怀。如果为了十个义人**上帝**会饶了所多玛②，难道多德博士做的千件善事就抵销不了一桩罪行？那样的事例对于鼓励行善比处决他以防止作恶起的作用更大。我不怕对社会造成的任何恶劣后果；因为谁在长年累月孜孜不倦地出色履行宗教职责时，竟然会抱着犯伪造罪时不受惩罚这样一种目的？

请代我向思雷尔夫妇致最亲切的问候，告诉他们，你所称的船长依然健在、我满心欢喜。我希望会经常品尝他的香槟——长饮不醉。

好长时间没有兰顿的消息。估计他还是老样子吧，

---

① 多德博士（Dr William Dodd，1729—1777），英国国教会牧师、伪造者；编《莎士比亚妙语集》（1752）；几乎是《基督教杂志》的唯一负责人（1760—1767）；《圣经评注》（1764）的作者；从1754年起在圣保罗大教堂发表《莫耶夫人演讲》。以切斯特菲尔德勋爵的名义伪造价值四千两百英镑的票据，接受死刑；约翰生同意在赦免运动中提供帮助。

② 〔所多玛城的居民罪恶深重，上帝要将其毁灭，亚伯拉罕向上帝求情，上帝说：“为了这十个（义人）的缘故，我也不毁灭那城。”详见《圣经·旧约·创世记》，第18章，第23—32节。〕

“存心消磨繁忙的时刻。”①

586 ……你最深情、最忠实恭顺的仆人，

詹姆斯·鲍斯威尔

1777年
6月9日
星期一

6月23日，我再次给约翰生博士写信，里面附了一张船长就一罐橘子酱和一大包黑尔斯大法官的《苏格兰编年史》写的收据。

致**詹姆斯·鲍斯威尔先生**

亲爱的先生，——刚刚收到从思雷尔先生家寄来的你的包裹，但天色已晚，看不清楚，没有仔细查看。我很高兴黑尔斯大法官信得过我，又把稿子托付给我。我希望比上次看得更加仔细。对鲍斯威尔夫人的礼物我表示诚挚的谢意，我把它当作和好的表示，格外重视。

可怜的多德昨天被处死，抗拒了陪审团的建议——伦敦市的请求——以及随后两万三千人联署的请愿。公众的声音，呼声如此之高，而且仅仅要求饶命，当然应当被听取。

报纸上登的我的话，我从未说过；但我写过他的很多请求和他的一些信件。他经常求我帮忙。恐怕他长期以来还相当自信，总抱着活下去的希望；然而我没有助长这一可怕的幻想；因为国王一签字批准这一判决，我就从夏米尔先生那里得到法庭对他的处理报告，宣告连死缓的希望也没有。这封函件立即被摆到多德面前；但是直到最后三天，他还是相信他希望主持公道的那些人，就像现在人们认为的那样。他死时神态虔诚自若，态度坚定。我刚刚见过关照过他的死囚忏悔牧师。他对狱友的一番讲话惹恼了循道宗信徒；但有一个莫拉维亚教会的信

① 马修·普赖尔，《瓜尔特罗斯致阿米科斯。仿作》(1710)，第1节，第1行。

徒[①]跟他相处过不少时间。他的道德品格极差：但愿控告他的罪名并不样样属实。他狱中表现的纪实材料将会公之于世。

恭喜你有了乡村别墅和漂亮的花园；希望什么时候见到福窝里的你。我很欣赏你那两封保存了这么久的信件[a]；我对雷塞

---

① 本杰明·拉特罗布牧师。莫拉维亚教会是1722年由莫拉维亚移民在撒克森成立的一个新教教会，继承一个奉行胡斯派教义（即用本地俗话行圣餐礼，把以面饼和酒为形式的圣礼实施给俗人）、主要基地在莫拉维亚和波希米亚的团体"兄弟联盟"的传统。

a 既然这两封信约翰生博士如此看重，我就把它们穿插在这里：

致塞缪尔·约翰生先生

我永远亲爱又十分敬仰的先生，——你知道我心里庄严热情。你因此爱我，我也因此尊重自己，因为在这一方面我酷似约翰生先生。当你知道我写此信的原因时，你会感到惊喜。我现在在萨克森尼的维滕贝格。我在第一次宣讲宗教改革的老教堂里，有些宗教改革家就埋葬在这里。我无法抵抗从梅兰克森的墓前向约翰生先生写信的严肃快乐。我的信纸就铺在这位善良的伟人的墓碑上，他无疑是所有改革家中最德高望重的。他希望改革已经引入教会的陋习；但没有私愤可泄。他非常温良，他年迈的母亲对那个时代令人困惑的争论感到忧心忡忡，跟他商量时，他劝她"坚持信老教"。现在，就在此墓前，我永远亲爱又十分敬仰的朋友！我向你宣誓对你永远爱慕不渝。竭尽全力使你生活快乐将是我的必修课；如果你先我而去，我将努力纪念你；通过怀念你而提升境界，坚持高贵的虔诚。愿万灵之父**上帝**永远保佑你！愿你继续热爱你最深情的朋友和诚挚的仆人，

1764年9月30日，星期日。　　　　**詹姆斯·鲍斯威尔**

致塞缪尔·约翰生博士

我亲爱的先生，　　　　威尔顿一府，1775年4月22日。

我一生的每个情景都证实了你给我说过的话的真理："在这种生存状态中没有确定的幸福可言。"——我在此地，在你知道的彭布鲁克勋爵府上的所有环境中间；但身心疲惫、情绪阴沉。我就要出发去德文郡的一个老朋友家，一个星期是回不了伦敦的。上个受难节你对我说话时的亲切态度使我心里暖洋洋的，你说如果我来伦敦定居，我们一星期可以规定一天单独在一起随意聊天。被认为值得享受那样的特权使我不由得心花怒放。现在我离开了你，尽管你允许我尽情寻乐，我的心头一时还是布满了阴云，我求你写几句话寄来；几句单纯的关心话，作为viaticum[1]，直到我再见到你，在你的《人愿皆空》（转下页）

小姐的长进欣喜异常，希望艾伦爵士成功。

587 我希望在北边什么地方见到你，但我讨厌走近卡莱尔。我们不能在曼彻斯特见面吗？不过这件事我们在另外的信里决定。

1777年6月24日星期二

苏厄德先生[a]在斯特雷特姆大红大紫，我想他叫我们的旅行燃起了去高地看看的好奇心。我已经把写给你和贝蒂的信交给了他。他希望他一到爱丁堡就可以找到住处。他就要动身了。

兰顿一直在操练民兵。威廉斯夫人恐怕是每况愈下。劳伦斯医生说他再没辙了。夏天她要去乡下，那里有她能期望的很多方便；但我不抱多大希望。我们都难免一死：但愿大家都有心理准备！

我估计鲍斯威尔小姐在读书，亚历山大少爷开始学习了。让我听到他们的消息；因为属于你的一切，在一种比较微小的程度上，我希望不是十分微小，属于你的深情的，

1777年6月28日。　　　　**塞姆·约翰生**

又：

亲爱的先生，——这位先生是斯特雷特姆的一大红人，因此你就不难相信他有非常可贵的品质。他见过欧洲的大部分世

588 面之后，我们的游记又燃起了他探访高地的热望。你必须把他

1777年6月24日星期二

当成朋友接待，你引领他看过爱丁堡的奇景异物后，就剩余的行程给他做一些指导和推荐。你最恭顺的仆人，

1776年6月24日。　　　　**塞姆·约翰生**

（接上页）和帕内尔的《满足》中，我发现了享受快乐的唯一的可靠手段；或者至少找到了快乐的希望。你满怀敬爱之心的忠诚的，

詹姆斯·鲍斯威尔

1 盘缠。

a 威廉·苏厄德先生[2]，皇家学会会员，《名人轶事》四卷八开本编者，以他的文学、对美术的热爱和社交美德为众多重要人物熟知，我受他的帮助得知了不少有关约翰生的信息。

2 〈这位先生出生于1747年，在特权家园公立学校和牛津大学受过教育，1799年4月24日在伦敦去世。——M.〉

约翰生对不幸的人慈悲为怀，我相信，他的这种表现跟因这美德最出名的任何人一样坚定、积极。我毫不怀疑无数的例证将会永远瞒过一些俗眼。然而我们可以从已经被发现的许许多多、五花八门的例子中形成某种判断。一个例子发生在今年夏天，它因受益人的姓名和关系而引人注目。我指的是这件事由两封信予以确认，一封是写给兰顿先生的，另一封是写给利奇菲尔德可敬的牧师的儿子、兰伯思教区长牧师维斯博士的。维斯博士与约翰生是同龄人，约翰生早年曾在他父亲家里受到亲切的接待，十分快乐。

约翰生博士致**本内特·兰顿先生**

亲爱的先生，——我近来深受呼吸困难的困扰，但现在好多了。希望你阖家安康。

你知道我们近来一直在谈论温切斯特的圣十字慈善院[①]，我有一位老相识，他的困苦使他非常渴望一所慈善院，恐怕我没有力量把他送进"特权家园"慈善院。他是一位画家，从来都是勉强度日，由于这种情况，在八十三岁时，又患了轻度麻痹，但还不到在一般情况下完全不能自理的程度，不过一只手发抖，画画已有困难。

我的要求是，你想办法请切斯特主教答应，有空位就予以接纳。这一请求不算大事，但愿我们会得到允诺。沃顿博士答应给予关注，我希望他可以安安详详终其时日。你最恭顺的仆人，

1777年6月29日。　　　　　　**塞姆·约翰生**

致**牧师维斯博士**，兰伯思，

先生，——我毫不怀疑你会恕我冒昧请求你襄助，将一位老朋友向身兼加尔都西会慈善院院长的大主教大人推荐。

① 英国最古老的慈善院，建成于1132—1136年。下文提及的"加尔都西"与"特权家园"慈善院是同一个机构的不同叫法。

他名叫德·赫罗特；出生于格洛斯特；我认识他已好多年了。他有享受救济的一切普通权利，年老，贫困，体弱多病，程度严重。他还有另外一项权利，这一点没有一个学者能拒绝关注；他是雨果·格劳秀斯的数世侄孙；也许每个有学问的人都从格劳秀斯那里有所受益。不能让人说在哪一个文明国家、格劳秀斯的一位侄孙要求救济而遭到拒绝。你最恭顺的仆人，

1777 年 7 月 19 日。　　**塞姆·约翰生**

589 **牧师维斯博士[①]致鲍斯威尔先生**

1777 年 7月15日 星期二

先生，　　兰伯思，1787 年 6 月 9 日。

我苦苦搜寻你说的那封信，还是没有找到，我原先是希望按照你的愿望把它转交给你的。信是约翰生博士写的，感谢我向康沃利斯[②]大主教申请照顾德·赫罗特。他对申请的成功喜出望外，而且对他喜爱的雨果·格劳秀斯大加赞誉。未能找到这封信，我万分抱歉，因为它体现了写信人的品质。现在寄上的一封[a]随你使用。信很短，也许会被认为它不太重要，除非你判断正确，认为它证明了约翰生博士在为一个潦倒而值价的人尽慈善之力。你最恭顺、卑微的仆人，

W. 维斯

---

① 〈维斯博士在我的请求下，如此乐于助人，尽心竭力查找约翰生提到的那封信，但毫无结果；1800年4月23日，他给我写信这样说道："我又搜寻他以自己的简炼风格说到雨果·格劳秀斯的一封信，但是徒劳，——德·赫罗特显然是格劳秀斯家族的后裔，康沃利斯大主教欣然应允约翰生博士的请求。"——M.〉

② 康沃利斯（Dr Frederick Cornwallis，1713—1783），坎特伯雷大主教；乔治二世的牧师（1746）；圣保罗大教堂教长（1766）；认真的管理者，传统的乔治王朝时的教士；领导英国圣公会捐款资助被剥夺得一无所有的美利坚新教圣公会教牧人员（1776）。

a 即前一封信。

约翰生博士致**爱德华·迪利**[①]

先生，——《英国诗人集》我已经建议应增加瓦茨博士卷；他的大名长期以来我十分敬仰，我不愿意降格只讲讲他的生卒年月。然而对他的生平我知之甚少，所以必须以一种与他的品格很不匹配的方式敷衍过去，除非他的哪位朋友愿意惠赐我必要的资料；你肯定认识他的很多朋友；凭借你的影响，或许我可以得到一些指导。我的计划要求不多；但我希望突出瓦茨，他是一个下笔必有良好用心的人。请尽力帮我一把。你恭顺的仆人，

塞姆·约翰生

舰队街门栓巷，1777 年 7 月 7 日。

致**塞缪尔·约翰生博士**

我亲爱的先生，　　爱丁堡，1777 年 7 月 15 日。

可怜的多德博士的命运在我的心头留下了一种悲惨的印象……

我一眼就看出在判决宣布之前他给刑事法院法官的发言是你写的。我很高兴你替他写了这么多材料；我希望等我们见面后你能给我将这些文字开一张清单。

我把苏厄德先生作为思雷尔夫妇的朋友，作为约翰生博士托付我关注的一位绅士予以接待。我把他介绍给了卡姆斯大法官、蒙博多大法官和奈恩先生。他随格雷戈里[②]医生去了高地；等他回来我将进一步关照他。

艾伦·麦克莱恩爵士已经赢了他的那一支案件，我们原来

---

① 其实是写给威廉·夏普的。

② 格雷戈里（James Gregory，1753—1821），医生；爱丁堡大学医学系雷厉风行的系主任（1776）；医疗实践联合教授（1790）；与彭斯交好；苏格兰国王的首席医师（1799）；《哲学、文学论文集》（1792）和结仇的《纪念皇家医院的经理们》（1800）的作者。

就对此看好：只有庭长和另外一位法官反对他。但愿上院的判决会像苏格兰最高民事法庭一样。不过艾伦爵士并没有让布罗拉斯的土地被这次判决澄清，还得等一方的债务与利息和另一方的租金的细账算清以后再说。不过我并不太担心账目的平衡。

590

1777年
7月15日
星期二

麦夸里的斯塔法等田产昨天已经出售，买家是一个姓坎贝尔的人。我担心卖地钱将会所剩无几或者一无所剩。

我把卡伦医生的儿子卡伦[①]先生告黑人的案情寄给你，与你已经认可过的麦克拉林要求自由的诉讼案件相对抗。请你过过目，然后告诉我你不仅作为一名诗人，而且作为一名政治家是怎样看这个问题的。

请好心告诉我今年秋天你的时间是怎么安排的。我愿意在曼彻斯特或者你喜欢的任何地方见你；不过我希望你完成你的大教堂巡游，会到卡莱尔来，我愿意在你回家时陪你一程。你最忠诚的，

詹姆斯·鲍斯威尔

致**詹姆斯·鲍斯威尔先生**

亲爱的先生，——你认为我们每年得见一面，这种看法既可满足我的虚荣、又能投合我的温情。我也许会改年来卡莱尔的；但我的财力已不像往日那么坚挺。我要去阿什伯恩，打算让泰勒博士邀请你。如果你我在他家住一段时间，我们就有很多时间单独在一起，而我们的逗留对我们对他都不算什么花销。我将于 28 日离开伦敦；在牛津和利奇菲尔德稍事逗留后，可能就在你们开庭结束前后来到阿什伯恩，不过这些安排都得通知你。放心吧，我们会在什么地方见面的。

我和可怜的多德博士之间的过往，等我们见面后你会了解

① 卡伦（Robert Cullen，？—1810），法官、论说文作家；威廉·卡伦医生的长子；“明镜俱乐部”成员；苏格兰最高民事法庭法官（1796）；以善于模仿著名；律师图书馆馆长（1770—1775）。

得更加全面。

没完没了的诉讼；可怜的艾伦爵士又得受审了，为此，对他的对手也不能多加指责，因为有两名法官站在他一边。我更担心的是债务，而不是上院。很难想象债台高筑到何等程度，因为它们天天在小幅增长，处在走投无路的境地，对负债就不管不顾了。可怜的麦夸里远远没有想到他出售自己的岛屿时竟然会一无所获。为什么要出售这些岛屿？它们的年值是多少？钱一进入高地很快就会结束封建生活方式，因为它使那些不是领主的人成了地主。我不知道这样一变百姓会不会受苦；但是在族长的权威中有某种可敬可喜的东西。每一只眼睛痛苦地望着一个坎贝尔把麦夸里家的人随意从他们的 sedes avitæ[①]，他们的世袭岛屿上驱逐出去。

亚历山大·迪克爵士是唯一的一位思想开通的苏格兰人，没有因为我无法在没有树木的地方发现树木而生气。对他友好的来信我深感欣慰。

我想起雷塞，就心花怒放，不会不共享那个友好的家庭的任何方面的快乐。我们在群岛上的漫游总悬在我的想象中，我不由得想象我们会旧地重游。彭南特似乎见到了很多我们没有见到的景象：我们重游的时候，对周围的东西要观察得更加仔细。

你拿下令叔的邸宅算是做对了。生活方式的某种改变时不时地展现了一个生存的新时代。在一个新地方就有新事情可做，心头就会浮现一系列不同的思想。我希望在你的花园里能采摘醋栗。现在再添置一个小小的书房，把你的书放在手头；万万不可抠搜心疼钱，要使你的住处给你一种喜气迎人的感觉。 591

1777年
7月28日
星期一

最近我和可怜而亲爱的——[②]一起吃过饭。我认为他日子过得不怎么好。他的饭桌上饮食粗糙，他让孩子们过于频繁地出

① 祖居。

② 本内特·兰顿。

现在身边[a]。但他是个大好人。

威廉斯夫人现在在乡下，试试看能否改善她的健康状况；她病情严重。事情之所以这样，是因为在乡下她吃住都极为方便；然而，上了年纪，有病在身，为人又傲慢，使得她脾气拗强乖张，我不得不贿赂女仆留下来伺候她，办法就是除了工钱，每星期再规定偷偷给她半克朗。

我们的**俱乐部**六周前结束了会议。现在我们两周只聚餐一次。大律师邓宁先生现在是俱乐部成员。思雷尔夫妇均好。

我很想知道黑人的案件会怎样了结。阿夫莱克大法官、黑尔斯大法官，或者蒙博多大法官有什么看法？你最深情的，

1777 年 7 月 22 日。　　**塞姆·约翰生**

约翰生博士致鲍斯威尔夫人

夫人，——尽管我很喜欢甜食的味道，但我从收到你的那罐橘子酱得到的喜悦很少由于品尝它而生。我是把它作为一种友谊的象征、一种和好的证据而接受的，这是比甜食还要甜蜜的东西，出于这种考虑，我向夫人你表示我最衷心的感谢。有了你的这番友善，我想，我就有了与鲍斯威尔先生的友善继续下去的双保险，如果受到如此高度、又如此正确重视的一位夫人的影响起作用反对他，就不能指望任何人能把这种友善长期保存下去。鲍斯威尔先生会告诉你我总是忠诚于你的利益的，而且一贯努力抬高你在他心目中的地位。你现在必须为我做同样的事情。我们大家必须互相帮助，夫人，你现在必须把我看作你最感激、最恭顺的仆人，

1777 年 7 月 22 日。　　**塞姆·约翰生**

---

a　我希望做父母的会把这一正确的说法永志不忘。父母们一般太容易放纵自己对子女的溺爱之情，不惜损害自己朋友的心情。饭后介绍子女的习俗极不明智。他们在另外任何场合出现都十分讨人喜欢；但是不应当允许他们吸引客人的注意，并且在某种程度上强迫客人出于礼貌说一些言不由衷的话，从而破坏欢乐的气氛。

鲍斯威尔先生致**约翰生博士**

我最亲爱的先生，　　　　　爱丁堡，1777 年 7 月 28 日。

今天是你要离开伦敦的日子，在干法律苦役的间歇，我一直在想象你坐在牛津驿车上的情况，聊以自慰。然而，我怀疑你是否像你我去年坐那种交通工具旅行时那样愉快，当时你和建筑师格温开了那么多玩笑。旅途上的小事回想起来格外愉 592
快；它们被保存在欢乐的情绪中，在我们的心头又浮现出来，1777 年
染上了那种快乐的色彩，或者至少是那种我们初次发现它们时 7月28日 星期一
所具有的生动。……

〔我又补充说，出现了某种状况，恐怕会阻止我与他见面；还说妻子染上了病，有肺结核的征兆，不过现在有所好转。〕

致**詹姆斯·鲍斯威尔先生**

亲爱的先生，——不要因为我们的会见把自己搞得心烦意乱；我希望有很多次会面；不要把你和我见面的计划受阻看成什么严重的事情，或者反常的事情。我们俩都忍受过更大的不幸，而且还会有更大的不幸。

鲍斯威尔夫人的病造成了一种更加严重的忧虑。血是从肺里出来的，还是从胃里出来的？如果是胃里的小血管破裂出血，那就没有什么危险。我相信肺出血总是泡沫型的，因为混杂着气。你们的医生很清楚应该怎么办。失去那样一位夫人确实会使人伤心欲绝，但愿她没有什么危险。注意尽可能地让她心情轻松。

我把兰顿留在伦敦。他已经不搞民兵训练了，又在家里过安静日子，跟小家伙们聊聊天，我估计就像你有时候做的一样。向韦罗妮卡小姐问好。① 其余的太小，不明白这种礼仪。

我不禁要相信你购置乡间别墅真是恰逢其时，它不仅可以

① 〈这位年轻小姐是作者的长女，当时大约五岁，父亲去世四个月后，于1795年9月26日在伦敦死于肺结核。——M.〉

给小家伙提供空间和锻炼，而且有助于恢复或者确保鲍斯威尔夫人的健康。祝愿你和夫人双双幸福，幸福绵绵，你最衷心、恳切的祝福者，

牛津，1777 年 8 月 4 日。 **塞姆·约翰生**

鲍斯威尔先生致约翰生博士

〔告知他妻子病情继续好转，所以我的恐惶得以缓解；我希望把自己从出现的其他窘境中解脱出来，因此特别要求知道他打算何时到阿什伯恩。〕

致**詹姆斯·鲍斯威尔先生**

亲爱的先生，——我今天来到阿什伯恩，只需告诉你泰勒博士说欢迎你来他这里，你知道我是多么欢迎你来。尽快告诉我何时能盼到你。

向鲍斯威尔夫人致意，告诉她，我希望我们再不会有分歧。你最恭顺的仆人，

1777 年 8 月 30 日。 **塞姆·约翰生**

致**詹姆斯·鲍斯威尔先生**

593 **亲爱的先生**，——星期六我一到此地，立即给你写了一封

1777 年 9月9日 星期二

短信，向你表明我对于会面的急切心情，不比你差。生命不允许拖延；能得到欢乐时，就必须抓住它。每时每刻都会带走使我们愉悦的一部分东西，也许还会带走一部分我们讨人喜欢的性情。我来到利奇菲尔德以后，发现我的老朋友哈里·杰克逊已经离世。这是一大损失，而且是无法弥补的损失，因为他是我的发小之一。我希望我们可以长期继续交友，然而功劳或用途能给我们提供的朋友无法取代故交，青春岁月可以随他们远去，而提供早年欢乐的那些形象却会重返脑海。如果你我活到耄耋之年，我们议论起赫布里底之行时，将会乐不可支。

与此同时，不妨谋划一次另外的小小历险，不过是什么样的历险，我不得而知；正如锡德尼[①]所说，把它留给

“美德，运气，醇酒和女人的胸怀；”[②]

---

① 锡德尼（Philip Sidney，1554—1586），作家、廷臣；被控谈判成立一个新教同盟的外交官；作品有十四行组诗《爱星者和星星》、批评论文《诗辩》和史诗传奇《阿卡迪亚》；在战斗中负伤后未愈而英年早逝。

② 典出收入约翰·哈林顿爵士的《阿里奥斯托》（1591）中的菲利普·锡德尼爵士的一首十四行诗的最后一行。[1]

1 〈错得有点蹊跷，在前三版我们在这一行发现了一种异文，对此，约翰生博士是绝对不会认同的；wine取代了time。这种错误很可能是抄写约翰生的原信时造成的，因为他的笔迹往往不好辨认。另一种偏差在该行的开头，（virtue，不是nature）必须归咎于他的记忆有误；所以就没有变动。

引用的诗句是锡德尼的一首十四行诗的结尾行，它最早的副本，我相信，可以在哈林顿翻译的《阿里奥斯托》（1591）第十一部的注释中找到：“所以，”他说，“菲利普·锡德尼爵士在他的最初的《阿卡迪亚》中的这首精彩诗章[我不知道由于什么灾祸从刊印的书（四开本，1590）]中遗漏了，我认为要做一个贤淑的妻子，它值得赞扬和遵从：

一个男人想要自己的妻子贤淑贞节，
　　首先他得真诚，因为真诚才能换来真诚；
如果他就像她可以看见的那样卓越，
　　而且永远如此，那就相信她会持之以恒：
既不卿卿我我地关心，也不大大咧咧地放心，
　　既不心猿意马，也不把权利否定，
既不挑毛拣刺，也不对明显的差错不闻不问，
　　决不可把手攥得过紧，又不能把缰放得太松，
远离困顿倥偬，远离虚荣的花销，
　　一个全力实施，一个用劲怂恿：
做亲密的伴侣，从此赶跑
　　所有以恶意为荣的肮脏的口舌之争：
做到了这些，你就把其余的留给
　　自然，运气，时间和女人的胸怀。”

我借此机会要补充一点：在1600年印行的一本诗集《英国的帕纳塞斯》中，这首十四行诗的第三第四行是这样讹变的：

如果他就像他可以对他的话那样明确，
永远抱着一个信念，对她持之以恒：（转下页）

因为我相信鲍斯威尔夫人肯定会参与一些意见。

有件事情你会喜欢的。据我判断，博士有可能留给我们足够的自由活动的时间。今天我来之前他就出门了，我估摸不到吃饭时间是不回家的。我已经把有关可怜的多德的材料带来，好让你过目，不过你得尽快把它们处理完。

我来之前，把可怜的威廉斯夫人送到乡下，黏液流溢病情严重，这病会逐渐把她耗完的，她的医生宣称他是没有办法止住的。我给她尽可能理想地提供了一切方便，使她旅途和住宿愉快而有益。不过我担心她只能在衰弱痛苦的病态中苟延一段短短的时日。

思雷尔阖家大小均好，打算在米迦勒节[①]去布赖顿。他们邀请我同去，我可能会去的，但我认为我不大喜欢一直勾留到他们离开；不过未来的事情我们知之甚少。

波特夫人挺好；但斯托山的阿斯顿夫人一直有点瘫痪，看样子不可能康复了。那样的打击多么快会落到我们身上！

写信告诉我们什么时候我们可以盼到你。你最恭顺的仆人，

阿什伯恩，1777年9月1日。　　**塞姆·约翰生**

鲍斯威尔先生致约翰生博士

爱丁堡，1777年9月9日。

〔先告诉他为了与他在阿什伯恩见面，我将次日出发，然后——〕

（接上页）一种变异，我特别要提一提作为补充说明，是因为当这本书的异文与1632年莎士比亚戏剧的对开本上的窜改恰巧重合的时候，它们一直被成功地引用，我不知道这种说明对后者的权威性和真实性在多大程度上给了增补，仿佛一本书的讹误（把一些作者的作品做一些摘录，这种极其严重的窜改多如牛毛）能给另一本书某种支持似的，这种情况在每一页上都变得更假，更不可信。参见斯蒂文斯先生的《莎士比亚》第20卷，第97页，第5版，1803。——M.〉

① 〔在9月29日。〕

我带了件黑尔斯大法官送给你的礼物，他出版的《拉克坦提乌斯[①]》第五卷拉丁文释注本。他还要给你的《汤姆逊传》提供几件轶事。我发现汤姆逊曾经给黑尔斯大法官的亲戚、当今的哈丁顿伯爵当过私人教师，这件事默多克博士没有提到。我 594
急切地期待从你这一版《英国诗人集》中获得乐趣。

1777年
9月9日
星期二

我为可怜的威廉斯夫人的景况感到难过。然而，你会在反省你对她的恩德中得到安慰。杰克逊先生去世，阿斯顿夫人瘫痪，使人黯然神伤。可是我们应当习惯于生活在生命和健康的不确定中。当我的心没有被忧郁的阴云笼罩的时候，我就把这种生存状况的暂时的苦恼看作“至轻的苦楚”[②]，因为我把精神的眼界延伸到那种光辉的身后，到那时那些苦恼会显得不值一提。然而当前的欢乐和当前的痛苦必须感受。我最近又重读了一遍《拉塞拉斯》，得到极大的满足。

既然你极想听到麦夸里出售地产的事，我就给你讲一讲。收购阿尔瓦的那位先生是阿夫纳巴的坎贝尔先生：我们的朋友麦夸里是该岛三分之二土地的所有人，它的租金是一百五十六英镑五先令一便士半。这块土地开价为四千零六十九英镑五先令一便士，成交价不低于五千五百四十英镑。阿尔瓦的另外三分之一，连带斯塔法岛，属于奥迈格的麦夸里。它的租金，包括斯塔法的，为八十三英镑十二先令二便士半。——开价二千一百七十八英镑十六先令四便士，以不低于三千五百四十英镑的价格出售。科尔的领主想收购阿尔瓦，但他认为价格过高。那里的渔业和农业也许会大有起色；但买价的利息超出租金那么多，我怀疑这桩买卖是否会有利可图。有个岛名叫“小科伦塞”，年租金十英镑，据我所知世世代代都属于阿尔瓦的麦

① 拉克坦提乌斯（Lactantius，活跃于公元3世纪后期），基督教辩护士；主要著作有《上帝的工程》《神圣教规》等。

② 《圣经·新约·哥林多后书》，第4章，第17节。

夸里，但最近阿盖尔的长老会教会法院声称该岛归他们所有，因为是安妮女王授予他们的。据信他们的主张会被驳回，小科伦塞也会因为麦夸里的债权人的利益而出售。对于收购这个岛屿，对于在那里资助办一座学校或者学院、任命一名英国国教会牧师当校长，你有何高见？那样一个机构会使**约翰生博士**的大名在赫布里底群岛多么令人崇敬！我像你一样，在回想游览这些岛屿中获得了奇妙的乐趣。考虑到我们既没有看到多少美景和雅观来撩拨我们的想象，也没有多少粗犷的新奇使人惊心动魄，我认为这种乐趣就更在情理之外了。让我们想方设法再来一次远征吧。去波罗的海的计划，我倒是有点望而却步[a]。我

595 觉得遗憾的是，你已经到过威尔士；因为我很想去看看。我们

1777年
9月14日
星期日

a 这时已六十八岁高龄的约翰生似乎一心想落实我们去波罗的海的计划，这是我们在天岛时提出的；为此他写信给思雷尔夫人；《书信集》，卷一，第366页：

阿什伯恩，1777年9月13日。

我相信鲍斯威尔就要来了。他说今天到达这里。我会很高兴见到他的。但他对波罗的海远征望而却步，我倒认为这是我们力所能及的最好的计划。我们用什么来替代，我不得而知。他想去看威尔士；但是除了巴奇克雷森林，威尔士还有什么能填满无知的饥肠，平息好奇的干渴呢？我们也许可以另行计划；不过用“洞里的霍克利”[1]的话来说，可惜他没有一种更深厚的底气。

这样的心劲，这样的魄力，放在任何年纪都会令人心折：约翰生当时年已垂暮，这更叫人佩服得五体投地。我现在感到遗憾的是，当时我没有坚持实施我们的计划。除了满足好奇、经多见广等其他目标，如果看见我这位杰出的朋友受到一位像已故的瑞典国王那样以多才艺、广建树而出人头地的君主的接见；并且受到以其才干超群，见识不凡，表现高尚而震惊世界的俄国女皇的约见，因为这是很有可能的，那将会提供一个观照和记录的重大题材。这种反思也许会被一部分更加淡定、冷血的读者认为过于异想天开；但我承认，我屡屡沉溺于这种回想时总怀着一种严肃认真、追悔莫及的心情。

1 克拉肯威尔的一座熊苑和斗狗、拳击场，以混乱、酗酒闻名。在1730年左右关闭。盖伊的《乞丐的歌剧》中的皮楚姆说：“你应该到‘洞里的霍克利’去学勇气。”

可不可以去一趟爱尔兰？爱尔兰我倒是去过，但所见甚少。我们在阿什伯恩时再做计划吧。你最忠诚、恭顺的仆人，

詹姆斯·鲍斯威尔

致**詹姆斯·鲍斯威尔先生**

亲爱的先生，——我写信是要让它留在卡莱尔，这是你给我交代的；但你无法收到此信。你9月6日写的信，今天，9月11日，星期四才送达；我希望你在此信到达卡莱尔前先来这里[a]。然而你有的东西未走，你就可以让它回来；因为我相信我不会在见面之后减少我对你的爱，届时情况会像现在一样真实可靠，所以我对你的友谊高度重视，把你的厚爱看成我一生的主要福分之一。不要胡思乱想；以为一时不写信就是友爱衰微的表现。谁也不会总是有心思写信；没有一个人每时每刻都有话说。

如此经常地侵入你脑海里的不信任是一种忧郁的表现形式，如果快乐是一位智者的使命，那么沉溺于忧郁就是愚蠢的表现；如果保持我们的官能完全为了适当使用它们是一种责任的话，那就是犯罪的。怀疑往往是一种无益的痛苦。我希望你摆脱那种痛苦和其他一切痛苦，平平安安。你最深情的，

阿什伯恩，1777年9月11日。 **塞姆·约翰生**

9月14日，星期日傍晚，我到达阿什伯恩，随即直奔泰勒博士的家门。约翰生博士和他还没等我下车，就出来热情备至欢迎我了。

我告诉他们前一天晚上我奔波了整整一夜，在斯塔福德郡的利克上床就寝；下午起来上教堂时，我听说发生过一次地震，好像阿什伯恩也有一定程度的震感。**约翰生**：“先生，道听途说多有夸大。因为，首先，老百姓不能使自己的思想准确反映事物；其次，他们

---

a 果然如此。此信被转投我在爱丁堡的家中。

的语言也不能准确反映自己的思想：他们并不是存心说谎；但由于大而化之习惯了，他们就给你一些非常虚假的描述。他们的大部分语言是谚语式的。一有风吹草动，他们就说简直是地动山摇；就这样一传十，十传百，谣言满天飞。”

596 1777年9月14日星期日 有人引入了丧亲失友后的悲痛这一话题，我说，想一想在一般情况下，这种悲痛消逝得多快，真是不可思议。泰勒博士提到一位邻居[①]，是他知道一个人极力要维持悲痛的孤例。他告诉泰勒博士，他的夫人去世，对他影响至深，她故去后，他下定决心要把他伴随着一种神圣的爱恋所怀的悲痛持续下去，但他发现他无法长期维持下去。**约翰生**：“凡是对在合乎天理人情的情况下，无可奈何的事产生的悲痛都消逝得快，有的早点，有的晚点；但从来不会持续很久，除非有的地方出现了那种会使一个人执迷不悟地妄自尊大，竟然自以为是个国王的疯狂，或者不合情理地出现的别的任何激情：因为所有不必要的悲痛都是不明智的，因此不会被一个健全的头脑长期保持下去。如果悲痛的起因是我们自己的过失，如果悲痛中掺杂着良心的悔恨，那就会长久持续下去。”**鲍斯威尔**：“可是，先生，我们对一个很快忘记丧妻或丧友之痛的人不以为然。”**约翰生**：“先生，我们对他不以为然并不是因为他很快就忘了自己的悲痛，其实忘得越快越好，而是因为我们认为，如果他很快就忘记了妻子或朋友，他就显得对他们薄情寡义。”

原来约翰生要为之写前言和传略的这版《英国诗人集》并不是由他主导的一项工程：而是他要对书商们看中的每一位诗人提供一篇前言和传记，知道这种情况后，我难免有点失望。我问他是否会对任何蠢材的作品都做这种事，如果有人提要求的话。**约翰生**：“会的，先生，就说他是个蠢材。”我的朋友这会儿似乎不大想对这个版本津津乐道。

9月15日，星期一，约翰生博士说，对他的《西部诸岛纪游》

① 利特尔顿·波因茨·梅内尔。

的评论真可谓仁者见仁，智者见智。“譬如，（他说）杰克逊先生（万事通）告诉我，里面关于贸易的见识比他在下院一年里听到的都多，除了伯克的意见。琼斯赞赏有关语言的那一部分；伯克则推重描写山区居民的部分。”

早饭后，约翰生带我去参观属于阿什伯恩学校的那座花园，它建在一片山坡上，布局非常美，在房舍后面缓缓迤逦而起。校长兰利牧师陪着我们。

我们坐在这里的一张座椅上晒太阳，我便引入了一个日常牢骚的话题，那就是，很多助理牧师工资微薄，我主张：“谁也不应当被授予一位牧师的资格，除非他有保障得到一种使他能够显得体面的收入，因此，不允许牧师有副牧师，除非他给副牧师一年一百英镑，如果他办不到，那就让他自己履行职责好了。”**约翰生**：“当然，先生，牧师应当没有合理的收入，这是错误的；但由于宗教改革以后教堂收入锐减，有俸金的牧师，在很多情况下如果不给自己留得太少， 597
就发不起副牧师像样的工资；如果一年没有一百镑，就不能当副牧师， 1777年
那么他们的人数就会很少，这就是一种不利情况，因为在给教会培养 春一夏
人才的摇篮里就没有多少选择的余地，由于副牧师按其功绩和良好表现，是高一级教会职务的候选人。”他把英国的等级制度说得天经地义。“人们认为（他说）委托一个人照看一个教区，直到他证明作为一名副牧师他没有辜负这项委托，这样做是恰当的。”这是一种杰出的理论；如果实践跟它一致，英国国教会就确实令人敬佩。然而，我听到约翰生博士关于大学是这样说的，糟糕的实践并不意味着体制糟糕。

和我们一起吃饭的还有泰勒博士的好几位邻居，个个都是善良文明的绅士，他们似乎非常理解约翰生博士，并没有用某人①的眼光看待他，此人对约翰生博士的声音举止深有感触，或者不如说甚为震惊，后来有人问他对约翰生有何看法，他回答是：“他是个了不得的伙伴。”

---

① 乔治·加里克。

约翰生告诉我："泰勒是个非常明达、敏锐之人，头脑棒极了，在某些方面能力极强，但却懒得够呛，如果你把一块石头子儿搁在他的壁炉台上，一年以后，你会发现它还在原地未动。"

在这里应当讲一讲约翰生为牧师威廉·多德博士所做的古道热肠的干预了。多德博士原本是布雷肯的受俸牧师，国王陛下的御用牧师；他声名远扬，因为他是一名广受欢迎的布道士，又积极倡导建立慈善机构，而且著作多种多样，主要是神学方面的。不幸的是他养成了奢靡的生活习惯，部分原因就是作风放荡，到了该倒霉的时候，由于手头紧，又害怕暴露自己的处境，便伪造了一种企图用来支持自己信贷的付款保证书，还心存侥幸，希望自己能够偿还那笔款项不被察觉。他目无法纪，擅自冒用的竟然是切斯特菲尔德伯爵[1]的大名，他曾当过伯爵大人的私人教师，所以他也许心血来潮，自以为万一露了馅，伯爵大人也会慷慨出手替他兜着，把钱垫上了事，总不至于眼睁睁地看着他承担触犯反伪造法的可怕后果，沦为一个牺牲品。伪造可是一个商业国家最危险的罪行；但这位倒霉的牧师发现自己错了，深感屈辱。他这位高贵的学生出庭对他抗辩，于是他被判处死刑。

约翰生告诉我多德博士和他只是一面之交，和他仅仅相处过一回，离这个阶段（正好是我自己与多德的相识期）好多年了；但身处困境时，他想起了约翰生文笔巨大的说服力，是否会帮助他争取
598 国王的饶恕。他没有直接向约翰生提出要求，因为此事似乎非同寻常，而是通过已故的哈林顿伯爵夫人[2]，请她给约翰生写了一封信，

① 切斯特菲尔德伯爵（Earl of Chesterfield，1755—1815），政治家；第四代切斯特菲尔德伯爵的儿子；他以前的老师威廉·多德，因为伪造他的汇票被处绞刑（1777），他拒绝干预营救；诺思的支持者，后来又支持皮特；皇家铸币局局长（1789—1790）；联合邮政部长（1790—1798）；王室掌马官（1798—1804）；嘉德勋位爵士（1805）。

② 〈Caroline，格拉夫顿公爵Charles Fitzoy的长女，哈林顿二世伯爵威廉的妻子。——M.〉

The Chapel in Newgate Prison

要求约翰生用笔杆子援助多德。印刷商艾伦先生是约翰生的房东，又住在门栓巷约翰生的隔壁，约翰生对他多有关照。他是多德的朋友之一，关于这些朋友，如果有记载说，多德有很多对他不离不弃的朋友，哪怕他的违法行为已经使他沦落到一个死刑犯的境地，这也是人类的光荣。艾伦先生告诉我是他把哈林顿夫人的信送给约翰生的，说约翰生在寝室里一边踱步一边看信，显得非常激动，看完信后，他说，“我愿意尽力而为”；——他确实做出了非同寻常的努力。

这天晚上，约翰生兑现了他在一封信上对我的体贴许诺，把他为这起可悲的事件写的全部材料都交给了我，我将把自己从这一批文稿中做的摘要献给读者；做这件事时，我竭力避免照抄已经印行过、现已收入伦敦的书商们出版的《约翰生文集》中的文字，但却仔细标明约翰生与在那里呈现出的某些篇章有出入的地方。

首先，在多德博士的死刑即将宣判的时候，约翰生博士写了多德博士在“老围子”《给伦敦刑事法院法官的陈述》。

他还写了《罪犯对他不幸的教友们的讲话》，这是一篇多德博士在新门监狱教堂里发表的布道文。按照约翰生的手稿，在诵读经文

《我当怎样行才可以得救？》[①] 之后是这样开始的——

“这番话是受检察官之命羁押保罗和西拉的禁卒对囚犯们说的，当时他看见他们被隐约可见的神恩的代理从锁链中解救出来，因此不可抗拒地相信他们不是犯法之徒，而是真理的殉难者。”

约翰生博士还特意亲手在我现在保存的这篇布道文稿上画出了被多德博士补充的一些段落。补充的文字不多：谁愿意费心去看印刷稿，并留心我提到的内容，谁就会确信这一点的。

有一段多德博士写的简短引言，他还插入了这么一句话：“你们看见我现在站在你们面前，多么狼狈，多么耻辱——不再站在训导的讲坛上，而是跟你们一样站在这个卑贱的位子上。”注释完全是多德博士自己做的，约翰生手笔的结束语是：“他原谅了的那个窃贼在十字架上。”后面的文字是多德本人补充的。

上面提到的那一批文稿中，约翰生写的还有两封信，一封是写给巴瑟斯特大法官的（不是人们错误估计的诺思勋爵），一封是写给曼斯菲尔德勋爵的。——多德博士给国王的一份恳求书。——多德夫人给王后的一份恳求书，在珀西伯爵呈给国王陛下一份由两万人签
599 名的要求饶恕多德的请愿书之际，还有零散发表在报纸上的有一定长
1777年 5月23日 星期五 度的评论，但一切都无济于事。他告诉我他还写了一份伦敦市提交的请愿书；“可是，（他说，意味深长地笑了笑）他们做了修改。”[a]

---

① 《圣经·新约·使徒行传》，第16章，第30节。

a 承蒙海克尼伦敦校场的斯通先生盛情，我出乎意料地看到了“伦敦市为多德博士呈给国王陛下的请愿书”的约翰生的亲笔原件，现在将它呈现给读者，被删去的段落放在方括号里，增添或改动的用斜体标明。

“法学博士威廉·多德，因犯伪造罪被判处死刑，现被关押*在陛下的新门监狱里*，他大半生勤勤恳恳，忠于职守，树立了一个有益而值得点赞的榜样，〔而且我们有理由相信，他已经忠实有效地履行了他的牧师职责，〕*这在很多情况下，已经产生了最可喜的效果*。

“他曾是好几种有益的慈善模式的首创者，〔或者〕*而且*是一位非常认真积极的促进者，因此〔他〕可以被认为在很多场合是一个对公众的施恩者。

（转下页）

约翰生写的这些材料的最后一件就是《多德博士的最后庄严声明》，多德把这一文稿留给刑场上的行政司法长官。在这里我的朋友标出了对我手中的那个文本的更改之处。多德插入了这样的语句，“我从来不知道或者从来未留意节俭的呼声，也不知道必要的锱铢必较”；在下面的一个句子里，他引进的词语我用斜体加以区分；“我的生活在过去*少有的不幸的*几年里*错误得可怕*”。约翰生的用语是“伪善的”；不过他在边页空白处的批语是“他这么表述就是说他不能自责”。

这样澄清了有关多德博士悲惨境遇的《应急文稿》中的哪些出自约翰生之手以后，我要接着给读者呈献我记录的有关那件非同寻常而引人入胜的事情的未公开的文字。

我发现了一封多德博士 1777 年 5 月 23 日写给约翰生博士的信，在这封信里要求写《罪犯的讲话》的意图似乎是显而易见的：

“我永远亲爱的先生，蒙先生至深至厚的大恩大德，心中的情愫难以言表……

“您太谙达世故，在那恐怖的一天，‘陈述’[a] 对我有多么无穷无尽的用处，用不着我做任何暗示。我每时每刻都体验到它带来的某种良好效果。我相信各种更加有益、更加重大的效果肯定会从*您仁爱而专诚的恩赐*中接踵而来。我愿意从讲坛上努力，因为**上帝**在保佑我，报答这份恩赐。我相信，如果我有您的那些情思源源不断 600
地从那里以雷霆万钧之力喷发出来，无人不会心悦诚服、五体投 1777年5月23日星期五
地。”……

（接上页）

〔考虑他过去的一生时，人们愿意推断，他最近的罪行不是一贯堕落的结果，而是某种突然而强烈的诱惑的流露。〕

“因此*向您请愿的人们*认为他的案件具有某种前所未有的奇异情况，*于是在陛下众所周知的仁爱宽厚的激励下*，〔他们〕最恭顺地建议该威廉·多德能受到陛下最仁慈的考虑，希望发现他并不是完全〔不适合〕*不值得永久*成为国王饶恕的范例。”

a 他在被判有罪时在“老围子”的陈述。

他补充道：“愿**全能的上帝**用他最好的安慰祝福回报您的善举，并使我能够时时表达对我所欠的我们时代第一人的高尚不凡的恩情的感激。”

6 月 22 日，星期日，他写信央求约翰生博士帮助构思一封给国王陛下的恳求书：

“如果国王陛下能动心开恩，宽饶我和家人免受公开处死的恐怖与耻辱，因为公众本身也希望将其挥去，并恩准我在地球的某个僻静角落里在悔罪与祈祷中了此余生，那么，我将对他的不杀之恩感激涕零，并会谦卑做人。”

这封信被送交约翰生博士时，他正在教堂做礼拜。他屈身把信看完，回家后为多德博士向国王写了下面一封信：

> **陛下**，——一个最悲惨的人请求您的宽恕，认为这是他最后的希望，最后的庇护；一名您的法律和法官已经判定要面临公开处决的恐怖和耻辱的牧师最诚恳、最卑恭地恳求您饶他一命，但愿这番举动不要冒犯陛下。
>
> 我认罪，承认其后果极其严重，其事例非常危险。我不敢乞求赦免；而是卑微地希望，不要把一名牧师游街示众，在放荡者和亵渎者的嘲弄声中走向一种遗臭万年的死亡，以确立公共安全；希望用不可撤销的流放，永生永世的耻辱，没有希望的贫困照样可以伸张正义。
>
> 陛下，我的生命对人类并非一无所用。我曾使很多人受益。但对**上帝**而言我罪行累累，而且很少有时间悔罪。陛下，用您的特赦权保护我不要在毫无准备的情况下迫不得已出现在公堂上，因为那是国王和臣民必须最终一起受审的地方。请允许我把自己的罪孽隐藏在一个外国的偏僻角落，在那里，如果我胆敢希望我的祈祷会有人听到，它们必将是带着对陛下的生命和幸福的全部感激热情倾泻出来的。陛下之犬马仆。

随此信还写了下面一段话：

致**多德博士**

先生，——我极其严肃认真地要求不要让任何人知道这封信是我写的，并且将给艾伦先生的底稿封好还给我。我想毋须多说，我希望它能达到目的。——但不要抱太大希望——千万不可告人。

之所以碰巧选中艾伦先生协助执行这一充满悲情的任务，是因为他是新门监狱的看守阿克曼先生的至交。约翰生博士从来没有去见多德博士。他对我说："这样做对他害多，而对多德益少，尽管多德曾表示过要见他的愿望，但并不急切。" 601 1777年6月

约翰生博士在6月20日写了下面一封信：

致**尊敬的查尔斯·詹金森**[①] **阁下**

阁下，——自从多德博士被定罪判决以后，我通过一位朋友的介入，与他有过一定的交流，我相信在您看来，我表示温情和怜悯不会失去什么。不管是什么罪行，不想饶罪犯的性命，就很难对他有任何了解；至少在他没有伤生害命的时候。因此，我不揣冒昧提出几点理由希望这一不幸的生灵免遭极刑判决。

就我记忆所及，他是我们教会中第一个因道德败坏而被公开处决的牧师；我不知道把那样一名罪犯永远流放，使之湮没无闻，是不是比把他押在刑车上游街，吊在绞架上示众，让所

① 查尔斯·詹金森（Charles Jenkinson，约1729—1808，第一代霍克斯伯里男爵，第一代利物浦伯爵），政治家；未来的首相罗伯特·班克斯·詹金森的父亲；比尤特勋爵的副秘书（1761）；财政部秘书（1763—1765）；海军部大臣（1766—1767）；财政部官员（1767）；枢密院官员（1773）；国防部秘书（1778—1781），贸易委员会荣誉会员（1784）；后任首席会长（1786—1804）；兰开斯特王室直辖领地总管（1786—1803）；利物浦伯爵（1796）。

有由于某种原因与牧师阶层为敌的人幸灾乐祸，更符合宗教的利益。

最高权力自古到今一直关注民众的呼声；当这种呼声要求饶命时，绝对不应当置若罔闻。现在有一种非常普遍的愿望，那就是，应当饶多德一命。没有更多的要求；也许这种要求并不是过分得不可准许的。

阁下，倘若您有什么机会强调这些理由，您也许会认为它们值得考虑：不过无论您如何决定，我最恭敬地恳请您原谅这一冒犯，您最恭顺最卑微的仆人，

塞姆·约翰生

社会上言之凿凿地流传着这样一种说法，还夹杂着一些恶言恶语，说这封信詹金森先生（后来的利物浦伯爵）根本未予理会，甚至连承认收到它的通常的礼貌也不屑表示一下。这位高贵的勋爵，他自己的人格和正直高尚的生活作风我认为肯定会使他对博学多才者给予应有的关注，所以我不禁对他的这种行为感到纳闷。由于这个故事流传甚广，而且显然是从可靠的权威人士口中流传开的。如果果真如此，我不能不在这部作品中予以评述；但由于我酷爱真理，而且已经发现有理由认为也许其中存在差错，我便贸然致函勋爵大人，要求予以说明；使我由衷地感到高兴的是，我能够向世人保证，这个故事毫无根据，事实是，由于某种疏忽，或者事故，约翰生的信从来没有送到霍克斯伯里勋爵的手中。我本来想，如果高贵的勋爵大人小瞧了我杰出的朋友，那真是匪夷

602 所思；可是情况并非如此，勋爵大人立即欣然惠赐我一封彬彬有

1777年6月 礼的回信，他在信中这样表白：我一直以敬仰的心情怀念约翰生博士，倾慕他的作品；我经常拜读其中的很多篇章，感到心情愉悦，受益匪浅。

恳请国王特赦的要求全告失败，多德博士准备赴难；于是怀着满心的感激给约翰生博士写了下面一封信：

6月25日，子夜。

您这伟大而善良的心灵，您为我做了种种慈悲为怀的努力，为此请接受我最诚恳、最热情的感谢与祈祷。——啊，约翰生博士！如同我今生早年寻求对您的了解，我将去天堂培养对这样一位优秀人物的爱戴和友谊！——我最衷心地祈求**上帝**赐予您最大的喜悦——做到仁至义尽后的那种心满意足！——我相信我将先于您进入那幸福的王国，我将欣喜若狂欢迎您的莅临，兴高采烈确认您曾经是我的安慰者，我的辩护人，我的好朋友，愿**上帝**永远保佑您！

约翰生博士最后给多德博士写了这封庄严的慰问信：

致**牧师多德博士**

亲爱的先生，——那件人人有份的使命现在就要落到你的身上。外在的环境如何，人们怎么看，大家如何想，一个永生的生灵已置之度外，因为他将要站在天地间至高无上的法官前，接受进入永恒的审讯了。把心放宽吧：你的罪行，无论从道德层面考量，还是从宗教层面考量，都没有恶贯满盈的浓重色彩。它没有败坏任何人的原则；它没有攻击任何人的性命。它引发的仅仅是一种暂时的、可以补救的伤害。对于这一罪行以及其他所有的罪孽，你正要诚恳地忏悔；**上帝**知道我们的弱点，不希望我们去死，愿他看在他的爱子，我们的救世主**耶稣基督**的分上接受你的忏悔。

作为对那些你千恩万谢接受的善意帮助的报答，让我求你在你的祷告中为我永久的幸福做一次祈求。你最深情的仆人，

1777年6月26日。 **塞姆·约翰生**

在这封信稿的下面，我发现约翰生亲笔写着："第二天，6月27日，他被处决。"

为了结束这一引人入胜的事件时给人一定的教益，让我们关注一下

约翰生在《应急文稿》中的末尾就不幸的多德博士所做的反思[①]：

> 这些就是一个我们看见极其走红、后来又身败名裂的人的最
> 后感想。他的声名任何人都无法自命，只有给予它的人才应当负
> 责。至于他公开的牧师职责，判断的办法则唾手可得。必须承
> 603 认，他的布道非常精彩，他的布道文以强大的说服力打动了听众
> 1777年9月16日星期二 的心。他的一生，认为它与他的教义一致的人最初并没有形成错
> 误的概念。他最初还是他极力使别人要做的那种人；然而世界摧
> 毁了他的决心，到头来他没有做到以身作则，言传身教。
>
> 让那些受到诱惑要犯他的过错的人面对他的惩罚瑟瑟发抖吧；让那些对他从讲坛上传授的宗教理念留下深刻印象的人考虑考虑他在狱中回顾他离经叛道时的悔恨和自嫌，从而努力坚定这些理念吧。

这天晚上，约翰生用他明鉴善辨的眼力给我们画了一幅德比郡已故的菲茨赫伯特先生的肖像。“菲茨赫伯特身上（他说）没有闪光的亮点；但我从来没有见过一个如此人见人爱的人。他使人人感到轻松自在，谁也不会因为他才气过人感到压抑，就算是他的对手，也不会对他有更坏的看法，他似乎总是在倾听，从不强迫你听他絮叨，对你的话从不表示异议。人人喜欢他；但他没有朋友，我对这个词的理解是，他不跟任何人促膝谈心。人们都愿意看好他身上的一切。一位先生像很多人一样，总是夸夸其谈和在伦敦附近上学的‘爱子’感情如何深厚；他是多么担心儿子会生病，说无论如何也要去看看他。‘你就不能（菲茨赫伯特说），搭辆驿车去他那里吗。’这么一说，当然就使那位夸夸其谈的人哑口无言了，不过这话没有多大意思。[a] 然而

---

① 〈见约翰生博士对多德博士最终的看法在本书1783年4月18日。——M.〉

a 蒙王室御医吉斯伯恩大夫的盛情，给我讲的这段故事比约翰生听到的更加完整。那位夸夸其谈的先生是已故的约翰·吉尔伯特·库珀先生，他是《苏格拉底传》的作者，有一些诗收入多兹利编的《诗集》中。有天早上，菲茨赫伯特先生发现他由于儿子身体不适，情绪非常烦躁，好像没法安慰（转下页）

这句话作为一句妙语流传了整整一个冬天，我相信还流传了半个夏天；这就证明他不是个富有智趣的人。有这么一种观点：总的来说，一个人的消极品质比积极品质更会讨人喜欢；从不得罪人比给人大量欢乐更会讨人喜欢，这种观点言之成理，他就是一个实例。首先，人们的恨比爱更加稳定，如果我曾经说过什么话，伤了一个人，我就是用千言万语取悦他也无法让他忘记这句伤人话。”

9月16日，星期二，由于约翰生博士给我提起过泰勒博士养了一些牛，个头特大，价钱特高，我便同主人骑马出去参观他的农场，他让我看了一头母牛，他已经卖了一百二十几尼，另一头有人给他出一百三。泰勒是这样给我描述他这位老同学和老朋友约翰生的。“他这个人头脑非常清楚，言辞横扫千军，想象力异常活跃；但是没法跟他争论。他干脆不听你讲话，由于嗓门比你高，不把你吼倒决不罢休。”

下午，我试图让约翰生博士喜欢班戈的汉密尔顿①先生的诗，我 604

1777年
9月16日
星期二

随身带着他的诗集：我小小年纪就非常喜欢他的诗；现在那种印象仍然铭刻在心头，这种印象又被我的朋友、可敬的厄斯金大人的观点强化，因为厄斯金本人既是一位优秀的诗人，又是一位优秀的批评家，他认为汉密尔顿是个真正的诗人，他没有名气真叫人莫名其妙。我在阿什伯恩时，约翰生屡屡对汉密尔顿颇有微词。他说汉密尔顿的诗没有思想力度，没有什么可打动人的东西，不比你通常在杂志上看到的东西强；它们应该得到的最高赞誉就是这些诗很合适一位绅士在他的朋友中间传递。他说对 Ne sit ancillœ tibi amor② 等

（接上页）似的。然而，最后他大声说道：“我要写一首哀歌。”一听这话，菲茨赫伯特先生相信他的感情是真挚的，便狡黠地说：“你最好还是搭一辆驿车去看看他行不？”正是这种含蓄批评的机灵使这个故事得以流传。

① 汉密尔顿（William Hamilton of Bangour，1704—1754），诗人、詹姆斯二世党的军官；兰金尼安俱乐部成员；与休谟和查尔斯王子交好；据说在1745年詹姆斯二世党人起义期间藏在福尔柯克的一棵树上；他的歌谣《雅洛山坡》受到华兹华斯的赞赏。

② “你爱一个女仆没有必要脸红……”贺拉斯，《颂歌集》，第2卷，第4首，第1行。

等的模仿过于严肃；他一开始读了其中的一部分。他读了那首美丽悲怆的歌，《可怜的牧人的悲惨命运》，似乎并未留意我一贯认为的温婉娴雅的格调，而是嘲笑那种苏格兰发音的韵脚，把 wishes 与 blushes 押韵，因为把 wishes 念成 wushes 一说到这里就停下了。他承认给纽霍尔大法官[①]写的墓志铭堪称佳作。他读了《题花园凉亭》和几首贺拉斯《书札》的模仿诗；可是说道，他没有发现任何使他想继续往下读的东西。我强调这本书里还有些诗意盎然的佳作时，“你在哪里（他说）会找到这么厚的一本诗集，里面没有一些像样的东西？”我想对冬天的描绘也许会得到他的赞许：

> 看冬天从冰冻的北方
> 驱动他的铁辇向前闯！
> 他的戴着冰链的可怕的手
> 攫住美丽的推达的银流。[②]

他问为什么是个“铁辇”呢？还说“冰链”是个老意象。我对趣味的不确定性颇有感触，而且难免有点遗憾，一个我长期以来百读不厌的诗人竟然得不到约翰生博士的认可。心想那些美太细腻，他那粗犷的感觉赏识不了，便借此聊以自慰。加里克坚持认为约翰生对天才的最精细的作品不感兴趣：但我的感觉是，当他费心做批评的分析时，一般都使我们信服他是对的。

晚上，利奇菲尔德的牧师苏厄德先生由于回家途中路过阿什伯恩，跟我们一起喝茶。约翰生是这样描述他的：“先生，他的抱负是当一名口若悬河的辩才；于是他便去巴克斯顿以及诸如此类的地方，在那里他可以找到能听他讲话的伙伴。先生，他是一个疑病症患者，

---

① 纽霍尔大法官（Sir Walter Pringle, Lord Newhall，1664？—1736），法官；律师（1687）；被任命为法官，被授予纽霍尔大法官头衔（1718）；苏格兰的首要律师。

② 威廉·汉密尔顿，《颂歌三》，收入《即景诗》（1749），第32页。

也就是那种总在想使自己身体康复的人中的一个。我不知道还有比一个疑病症患者更讨人嫌的人物，这种人一心想的是他可以为自己的安逸做任何事情，自由放任，无所顾忌：先生，他使自己沦为猪圈里的一头猪。”

泰勒博士的鼻子恰巧流血了，他说，那是因为他忘了一年之中每隔三个月就要放四天血。约翰生博士粗通医理，不大赞成定期放 605
血。“因为（他说）你养成了一种自然本身都做不到的排放习惯，因 1777年9月16日星期二
此如果你由于忘心大或者别的什么原因没有排放，自然也帮不了你；所以你会突然闷死的。你可以养成其他定期排放的习惯，因为万一你没有做，自然会代你做；可是自然却不能破开一条血管给你放血。”[①]——“我不喜欢用催吐剂，（泰勒说，）唯恐把一些小血管弄断了。”——“呸！（约翰生说）如果有那么多会弄断的东西，你最好一下子把脖子弄断算了，这不就了结了嘛。你就不会弄断任何小血管了。”（冷嘲热讽，令人喷饭。）

我向约翰生博士提到，大卫·休谟至死都坚持不信教，这使我大为震惊。**约翰生**：“这有什么好震惊你的，先生？休谟承认他从来没有认认真真读过《新约全书》。他就是这么一个人，从来不费心思去探究宗教真理，死心塌地地把心思转向别的方向。你就不能指望死到临头就会改变他的思维方式，除非**上帝**会派一位天使来纠正他。”我说，我有理由相信灵与肉俱灭的思想并不使休谟感到痛苦。**约翰生**：“情况并非如此，先生。他有种虚荣心，让人觉得他无忧无虑。与其说有可能发生一个人不怕走（因为不管他虚妄的理论，他不能不相信他可能要走）进这一种未知的状态，对于离开他所熟知的一切并不是惴惴不安这样极不可能的事情，不如说他装出一副无忧无虑的样子的可能性更大。你应当考虑，根据他自己的灵与肉俱灭的原则，他没有讲真理的动机。”我一向在约翰生博士身上观察到的对死亡的恐惧，今晚显得非常强烈。我斗胆告诉他，我一生有些瞬间并不害怕死亡；

① 〈然而，自然可以通过出血的办法排放。——卡尼〉

因此我能够推测，处在那种心态下的另外一个人有相当长的时间也是如此。他说：“他从来没有过觉得死亡不恐怖的时刻。”他补充说人们注意到很少有在众目睽睽之下死去的人不是带着显而易见的决心的；那是出于永不离开我们的对赞扬的渴望。他说，多德博士似乎是心甘情愿去死的，而且充满了对幸福的憧憬。“先生，（他说）多德博士只要能活下去，就是砍去双手和双腿也在所不惜。人越好，就越怕死，因为他把无限的纯洁看得越清。”他承认，根据对我们的救赎，我们处在不幸的不确定中的存在是神秘的；他说：“啊！我们必须等到处在另一种存在状态才会把很多事情解释清楚。”就连约翰生强大的头脑似乎也会被来世挫败。不过我认为庄严的宗教玄想中的不确定的阴霾，由于夹杂着希望，比不信教的虚空更有安慰作用。一个人在浓密的空气里能活，但在一个抽成真空的接收器里必死。

我把保利将军给我讲过的一番话告诉约翰生博士，他十分欣赏。——“不怕死是不可能的；那些在弥留之际不害怕的人，心里
606 想的并不是死亡，而是赞扬，或别的什么事情，这些事情使他们看
1777年9月16日星期二 不见死亡：所以所有的人看见死亡时都是同样的害怕；只是有的人比其他人更有力量把视线转移开而已。”

9月17日，星期三，德比的医生巴特大夫跟我们喝茶；并约定约翰生博士和我星期五去跟他一起吃饭。约翰生说：“这件事我很高兴。”他似乎厌倦了泰勒博士家的千篇一律的生活。

谈到传记，我说，写一个人的生平，应当提及他的各种癖好，因为它们反映了他的性格。**约翰生**：“先生，关于癖好，毋庸置疑：问题是，一个人的毛病是否应当被提及；譬如说，是否应当提及艾迪生和帕内尔狂喝滥饮的事：因为如果人们知道此事，也许就更容易放肆地饮酒：因此披露全部实情就使榜样起的坏作用多，好作用少。”这是一个他在说话中自打嘴巴的例子。因为有天早上黑尔斯大法官和他坐在爱丁堡我的家中娓娓而谈，我清楚记得约翰生博士坚持认为：“如果一个人要写一篇功德表，他可以把缺点视而不见；但如果他扬言要写一本传记，他必须把传主的一生如实表现出来。”我表示异议，

认为说帕内尔酗酒可能引起危险，他却说："这将敲响警钟，让人避免酗酒，因为人们看见即便帕内尔的学识和天才也会遭到饮酒的贬损。"在赫布里底群岛时，就像我在《日记》[a]中记的那样，他坚持认为，如果一位亲密的朋友为一个人作传，他应当提及传主的差错。

这天晚上，我估计，部分原因是他和他的辉格党朋友有抵触情绪，便和泰勒博士就英国人民在这个时期倾向于斯图亚特王族一事展开了一场激烈的争论。他暴跳如雷，竟然说道："如组织英国进行一次光明正大的全民投票，当朝国王今晚就得滚蛋，他的追随者明天就会被绞死。"泰勒是个铁杆辉格党人，就像约翰生是铁杆托利党人一样，他被这番话刺激得声嘶力竭咆哮起来。他大声否定了约翰生的说法：一口咬定人们对斯图亚特王族深恶痛绝，尽管他也承认百姓并不多么依恋当朝国王[b]。**约翰生**："先生，国家的现状是这样的：民众知道，各方面的共识就是这位国王没有王位继承权，可是有继承权的人又没有恢复王位的希望，所以大家对忠诚问题变得十分冷漠，对任何国王都不热爱。因此民众也不想冒任何风险去让那个流亡的家族复辟。他们不肯付出一毛钱的代价将其实现。但如果用单纯投票来实现，将会是二十比一的结果；至少绝大多数的声音是赞成的。因为，先生，你应当想一想，人们都认为一位国王有权 607
登基秉国，就像一个人有权占有处置自己的田产一样，这种观点是天经地义的，凡是这么想的人就会支持理所当然有继承权的国王复位，如果人们相信他能担当此任的话；现在国王秉政不会有任何危险，因为法律和别的一切都如此进步，每个国王都要依照法律执政。你还得想一想，先生，对方也没有反对这样做的理由；因为任何人都没有主张当朝的这个家族有任何继承权：所以辉格党人在两种权利中间没有一样可争夺的。"

1777年
9月18日
星期四

---

a　《赫布里底群岛旅行日记》，第3版，第240页〔9月22日〕。

b　泰勒博士欣然承认这种现象，因为与他有关系的政党没有掌权，由于党派纷争的顽固性，这种看法有一定的道理。如果活到现在，他就不可能否认国王陛下受到百姓最热烈的爱戴了。

泰勒博士承认，如果继承权的问题由英国人民通过投票解决，这个抽象原则肯定会有利于斯图亚特家族；但他又说，这个家族的行为，因为导致他们遭到驱逐，在人们的心目中记忆犹新，所以投票让他们复辟是办不到的。我认为约翰生博士对于承认继承权感到满意，便让原来的论点处在争议之中，也就是说，人们看出了权利和感情时，总的来说会做什么；因为他说，人们害怕变革，尽管他们认为变革是对的。泰勒博士说了些斯图亚特王朝继承权的根基脆弱之类的话。"先生，（约翰生说）斯图亚特王室继承了约克和兰开斯特两大家族的全部权利，他们的共同起源有无可争议的权利。拥有王位的权利像拥有任何别的东西的权利一样。在拿不出更好的权利的地方所有权是充分的。英国王室的情况就是这样，现在法国国王的情况也是这样：因为对于权利的初始，我们两眼墨黑。"

9 月 18 日，星期四，昨天晚上，约翰生博士建议，泰勒博士大厅里的水晶吊灯，或叫枝形吊灯，应当在什么时候点亮。泰勒说，明天晚上就把它点亮。"那就好极了，（我说）因为明天是约翰生博士的生日。"我们在天岛的时候，约翰生曾希望我不要提他的生日。这一次我提到了，他似乎不大高兴，所以说（有点严厉）"他不许明天点亮吊灯"。

昨天我提起他的生日时，几位女士正好在场，今天她们过来吃饭，本来希望他高兴，反而无意中给他造成烦扰。我不知道为什么他不喜欢别人提及他的生日，除非它提醒他死亡日益临近，对于死亡，他是常存畏惧之心的。

我向他提及我的一位朋友[①]，他原先心情阴沉，情绪低落，因为怕死，非常烦恼，但现在心情一贯平静，思索自己的消亡时没有任何烦恼。"先生，（约翰生说）这只不过是一种不正常的想象变了一次花样而已。"

我们一谈到一种诗集，把出版过一卷诗的英国诗人统统收了进

---

① 乔治·邓普斯特。

詹姆斯·鲍斯威尔
托马斯·劳伦斯爵士 绘

去。约翰生告诉我："他认识的一个考克斯特[1]先生，朝这个方向走得最远，我想，他已经收集了大约五百本鲜为人知的诗人的作品；608
但他死了以后，汤姆·奥斯本把这些作品买了下来，把它们分散处理，他认为很可惜，因为看见任何完整的丛书都很稀奇，而且每一本诗集都可以发现一些好东西。"[2] 1777年9月18日星期四

他说，一位文坛上的知名人士[3]染上了最近的不良诗风。"他给一件普普通通的东西（他说）穿上一件怪模怪样的衣服，直到他自己也认不出这件东西，认为别人也认不出来。"**鲍斯威尔**："那是由于他对英国古诗钻得太深。"**约翰生**："这话是什么意思，先生？如果我说一个人喝醉了，你却告诉我那是由于他喝得太多，这于事无补。不，先生，他热衷于一种奇怪的模式。例如，他这样写道：

> 隐士皓首，在晦冥的小屋，
> 耗尽了生命的黄昏灰暗。

灰暗的黄昏够平常的了；他却认为'黄昏灰暗'精彩。——且慢——我们看看这一节：

> 隐士皓首，在晦冥的小屋，
> 　耗尽了生命的黄昏灰暗；
> 捶胸吧，圣人，请您告诉，

---

① 考克斯特（Thomas Coxeter，1689—1747），文学学者、编辑；帮助西奥博尔多编他1734年版的《莎士比亚集》；计划编一种诗集，收录出版过一本诗集的所有英国诗人，这一计划对《诗人传》（1753）有重大影响，并被鲍斯威尔和约翰生在1777年加以讨论。

② 〈托马斯·考克斯特先生也编了一大部老剧集，希尔斯和西伯的《英国诗人传》主要就是根据他的手稿笔记编的。考克斯特是在牛津三一学院受的教育，1747年4月17日在伦敦去世，享年五十九岁。对他的一篇详细记述可以在1781年的《绅士杂志》第173页中找到。——M.〉

③ 小托马斯·沃顿。

何谓幸福，圣人，路在哪边？”

鲍斯威尔：“可干吗要捶胸呢，先生？”**约翰生**：“嘿，为了显示他的诚挚呗。”（笑了笑。）——他后来又添加了下面一节：

我这样说；边叹息边说话；
　眼泪止不住地往下流——
这时微笑的圣人回答——
　——来吧，孩子，喝点儿啤酒[a]

609 我不禁认为第一节是非常精彩庄重的诗，还有第二节的前三行。最后一行对郁闷多情的探询者来说是一种优秀滑稽的惊奇。或许这种劝告同样能给一个情绪低落、不满现状的人：“别用病态的思想烦你的头脑：喝上一杯，快快乐乐。”

1777年9月19日星期五

9月19日，星期五，早饭后，约翰生和我坐泰勒博士的马车启程前往德比。天朗气清，我们决定经过斯卡斯代尔勋爵的庄园凯德尔斯通，我就可以看一看爵爷的豪宅。那座建筑的宏伟壮丽真叫我抚掌称奇，叹为观止；广袤的庭园，青翠的草木，鹿、马、牛、羊遍地，让人心旷神怡。粗大无比的老橡树令人肃然起敬：其中一棵

a 有些读者也许会乐意阅读这节小诗演变的过程，我现在摘抄我的一段笔记。“1778年5月9日约翰生博士和我面对面坐在主教冠酒馆聊天，他说‘何处是幸福’会更好一点。然后他增添的一节十分滑稽，但不肯重复，怕我把它记下来。它大概是下面这个样子；最后一行我肯定记得：

当我这样　　　　　　悲咤，
　　　　　　　　　　先寻，
皓首的　　　　　　　回答，
　来吧，孩子，喝点儿啤酒。

“1779年春天，他心情更好，便作了第二节，就像正文中的那样。后来在我的建议下做出的唯一更改就是把第三行的‘皓首的’改成‘微笑的’，既避免跟第一行用词的雷同，又描写隐士诙谐轻松。他非常高兴我竟然把它保留下来了。”

开价就是六十英镑。巧夺天工、平滑坦荡的砾石路；一大片由勋爵大人引几股小溪汇集而成的湖水，湖上有一条美丽的画舫；正好耸立在邸宅旁边的神圣庄严的哥特式教堂，现在为家族专用的礼拜堂；总而言之，观赏这些林林总总的壮丽景观我顿时心潮澎湃，痛快淋漓。“人们应当认为（我说）拥有这一切的人肯定快乐。”“不对，先生，（约翰生说）这一切排除的只是一件坏事——贫穷。”[a]

我们的姓名被通报进去，一位衣冠楚楚的年长的管家，口齿极为清楚，领我们参观了邸宅；我无须赘述，因为《亚当建筑学作品集》发表过一篇关于它的纪实文章。约翰生博士今天的观感比以前看见它时要好；因为他最近猛烈地抨击过它：“它做市政厅最好不过了。圆柱大厅（他说）适合让法官们坐堂审案，圆厅适合当陪审团办公室；上面的房间适合关囚犯。”他依然认为大厅采光不好，除了用来跳舞，再没有用处；那些卧室非常一般；它所花费的那笔巨款花得不值当。泰勒博士提醒他曾显得对这座邸宅十分欣赏。“可是（他说）那是在斯卡斯代尔勋爵在场的时候。礼貌迫使我们在一个人在场的时候显得对他的作品非常欣赏。谁也不会缺乏教养到对你提出疑义。因此你可以表示赞赏而无须说假话。关于斯卡斯代尔勋爵的大厅，我应当对他说：‘勋爵大人，这可是我见过的花费最大的房间’，这是实情。”

正在斯卡斯代尔勋爵家访问的伦敦医生曼宁厄姆大夫陪我们参
观了许多房间，过了不久，熟知约翰生博士的勋爵本人露面了，顿
时全宅生辉。我们谈到兰顿先生，约翰生以关爱备至的心情热情洋溢 610
地大声说道：“天下再也产生不了比本内特·兰顿更优秀的人才。”我 1777年9月19日星期五

a 我把约翰生博士的这番话说给一位知书达理、思维敏捷的女士，她说：“确实，这一切排除的只是一件坏事；但它放进来多少好事？”——对于这种观点，人们赞不绝口。现在让我荣幸地说，说这番话的女士是已故的玛格丽特·蒙哥马利，她是我非常敬重的妻子，我的孩子们的挚爱的母亲，孩子们如果继承了她的优秀品质，他们就没有理由抱怨自己的命运了。Dos magna parentum virtus.[1]

1 “他们最丰富的天资就是父母的优点”——贺拉斯，《颂歌集》，第3卷，第24首，第21行。

们观赏了很多绘画，我想《扬的旅行记》中有一篇就描述过它们。有一册印刷的图画目录，管家把它递到我手里；我倒喜欢空闲时浏览它们。我对伦勃朗的但以理给尼布甲尼撒释梦[①]的画印象极深。我们还参观了一个挺大的图书馆。在勋爵大人的梳妆室里，放着约翰生的缩印本《词典》：他急切地指给我看，说道："你瞧！ Quœ terra nostri non plena laboris。[②]"他也注意到了哥尔德斯密斯的《生动的自然》；而且说道："这是我们的朋友！可怜的博士听到这句话一定会高兴的。"

在路上，约翰生强烈表现出他对驱车疾驰的热爱。"如果（他说）我没有任何责任，跟未来没有任何关联，我就把一生在乘驿车疾驰中度过，身旁得有一位美女陪伴，但她得善解人意，并能丰富谈话内容。"我说，我们今天就停在1745年高地军队停留的地方。**约翰生**："那是一次英明的攻击。"**鲍斯威尔**："我希望我们有一部关于它的翔实历史。"**约翰生**："如果你不是一只懒狗，你可以写嘛，先把每个人说的情况搜集起来，再把你的根据记下来。"**鲍斯威尔**："可是我在有生之年不会得到写它的好处。"**约翰生**："你可以在荷兰印行它，从而得到它名满天下的满足，至于利润嘛，先考虑一下需要多长时间，才能把写作从金钱的角度加以考虑。巴雷蒂说，他是第一个在意大利收到稿费的人。"我说我愿意努力做约翰生博士建议的事情。我认为，我可以写作甚至冒昧出版我的《1745—1746年大不列颠内战史》，并不一定非要去找一家外国的出版社不可[a]。

我们抵达德比时，巴特大夫陪我们去观摩当地的瓷器制造。一个大人把泥巴捏成杯子，盘子，或者茶壶，而一个小孩在转动一个轮子使整体浑圆，我对这种灵巧和精美的技艺惊叹不已。我认为这

---

① 《圣经·旧约·但以理书》，第2章，第1—49节。

② "哪块土地不是充满了我们的悲伤？"——维吉尔，《埃涅阿斯纪》，第1卷，第460行。

a 我很高兴获悉，约翰·霍姆先生在那场令人关注的战争中，为在位的王族在战场上奋勇作战，但现在不念旧恶，能公正对待对方，他正在准备出版一部关于这场战争的纪实。

在自己的本行中就跟作好诗一样优秀。然而我并不尊敬这位陶工。其实一个有思想深度的人也不尊敬一个单纯的作诗匠，哪怕他的韵律有多么完美，却没有诗，没有思想。瓷器是漂亮，但约翰生博士说得对，它太贵了；因为它可以用同样的价钱买到跟这里的瓷制器皿大小相等的银制器皿。

我有个习惯，每到一个城镇总爱四处闲逛，我在德比闲逛时感到的乐趣跟在任何一个城镇闲逛时感受到的一样。有一种即刻的新奇感；人常常思索一生走过的路，尽管总体上相去无几，但还是有细微的差 611
异的。每件事情上的细微差别真是不可思议。有天晚上在泰勒博士家 1777年9月19日星期五
谈到剃须，约翰生说：“先生，一千个人剃须，各有各的剃法，找不出两个剃法完全相同的人。”我认为这不可能，直到他具体说明了剃须的千差万别，我才心服口服——握刀的垂直度有大有小；一刀剃下来，距离有长有短；开始刮脸的部位有高有低；有左有右。的确，当我们考虑到风笛在一个很小的小孔的范围内能发出千变万化的声音时，我们就可以相信在用剃须刀上会有多少不同的程度了。

我们和巴特大夫一起吃饭[①]，他的夫人是我的远亲约翰·道格拉斯爵士的女儿，约翰爵士的孙子现在是昆斯伯里贵族的推定继承人。约翰生和巴特谈了许多医学问题。约翰生说，他在什么地方介绍过尼科尔斯大夫的论文《论药性》。他告诉我们：“不管一个人得了什么病，如果此人心情不好，尼科尔斯大夫是不会以医生的身份诊治他的；因为他相信药物不起作用。他曾经诊治过一个买卖人，他发现开的药对此人不起任何作用：他便私下里问此人的老婆是不是他行房事劲头不足？她说没有这回事。他继续诊治了一段时间，仍然不见起色。最后此人的妻子告诉他，她发现她丈夫行房事的确劲头不足。哥尔德斯密斯博士临终时，特顿[②]大夫对他说：‘你的脉搏比

① 〈巴特大夫这时正在德比行医，他后来迁到伦敦，于1805年3月22日在那里去世，享年七十九岁。他是一些医学论文的作者。——M.〉

② 特顿（John Turton，1735—1806），医生；约翰生给他的妻子写过一些诗；牛津大学大学学院旅行研究员（1761）；皇家学会会员（1763）；皇家（转下页）

正常的情况紊乱得多，这与你发烧的程度有关：你的心情是不是畅快？’哥尔德斯密斯回答不畅快。”

饭后，巴特夫人领我去参观约翰·洛姆有专利的丝厂[a]，机器设备是从意大利购置的。我对机械不太在行，但这台机器的简单，功能的多样，使我大为惊喜。在这次会面中，我从约翰生博士那里学到不要用一种消沉冷漠的态度去考虑艺术作品和人生的快乐。因为人生难料，而且短促；要把那种冷漠看成一种理性缺失，一种心理病态；因为我们应当尽量多地培养快乐，而有助于快乐的东西应当被坚定地认为事关重大，关联的不仅仅是我们自己，而且是千秋百代的千千万万人。虽然把小部分看作

> 堆成山的沙粒，凑成年的瞬间[b]①

是对的，但我们必须总体考虑；对事物有一个正确的估价。一瞬间
612 的不安与否，似乎并不重要；但人们会由此想到下一个，下下个，
1777年9月19日星期五 乃至无穷的不安，直到有了一大部分的苦难。人们必须以同样的方式考虑快乐，考虑学养，考虑友谊。我们说不上友谊形成的确切时刻。就像一点一滴注入一个容器，最后总有一滴使容器满得溢了出来；同样，在一系列的恩谊中，最后总有一次使心满情溢。我们切不可把我们关注的事物分成一个个细小部分，把每一部分单独考虑。只有通过观照一大群人的存在，一个人在正确估价自己的一生的时候，才不把自己的死亡看作是毁灭世界上一切伟大和可喜的东西，按照巴克莱的沉思，这些东西好像真的装在他心里。如果他的想象

(接上页)医师学院院士（1768）；王后的家庭医师（1771）；王后的侍医（1782）；国王和威尔士亲王的侍医（1797）。

a　见哈顿的《德比史》，一本以资料丰富、记事准确和叙事精彩见长的值得重视的书。我们生活的时代的确以地志著称。

b　扬。

①　爱德华·扬《热爱声名》（1728），讽刺诗第6首，第194行；引文略有出入。

没有病，不衰弱，它就“展翅高翔”远远超越自己，并且观察处在各种各样永不停止的活动中的世界。然而，蒲柏却有这样的伤心反思，那就是，在他就木的那一天，万物将会快活如常，必须承认，这种反思是自然而平常的。我们容易把自己的阴郁情绪转移给我们周围的一切，而不是考虑在任何一个特定的时间点，世界上的青春和快乐也许与另一点上同样多。我在今生已经见过如此丰富的赏心悦目的景象，在我降生之前，难道没有出现过千千万万的死亡和葬礼，难道没有千千万万的家庭为他们的亲人悲痛过？然而这些丧气的事件影响了我吗？那为什么我经历的或者知道的这些灰暗景象就应当影响别人呢？让我们不要想入非非，认为当我自己老去或者不快乐时，人间的幸福就此终结。

约翰生博士饮茶时告诉我们，多德的几位虔诚的朋友极力安慰他说，他要离开的是“一个悲惨的世界”，诚实的多德没有附和这种言不由衷的假话：“不，不（他说）我一直觉得这是一个令人愉快的世界。”约翰生补充说：“我敬佩多德这样子说真话；因为毫无疑问，好几年来，他一直享受着一种骄奢淫逸的生活。”

他告诉我们，多德伦敦城的朋友们坚持支持多德，准备好了一千英镑要给监狱看守，如果他能让多德逃走的话。他还说，他认识多德的一个朋友，此人在多德被处决的前一个晚上在新门监狱附近徘徊了一段时间，口袋里装着五百英镑，准备给任何一个能把多德放走的监狱看守：但为时已晚；因为多德被看得很严。他说，多德的朋友们有多德的一尊蜡像，本应当留在多德的住处；可他相信蜡像被带进了监狱。

约翰生对多德博士让世界相信《罪犯对他不幸的教友们的讲话》是他自己写的这件事不以为然。“可是，先生，（我说）是你促成了这一诓骗呀；苏厄德先生向你表示怀疑：它不是多德自己写的，因
为它里面的思想力度是已知是他的任何作品望尘莫及的，你的回答 613
是——‘你干吗要这么想呢？放心吧，先生，一个人知道他在两周 1777年
之后要被绞死，这件事就使他不可思议地集中他的思想。’”**约翰** 9月19日
生：“先生，由于多德从我手上拿到它，就算作他自己的，当它能对 星期五

他有好处的时候，就有一种不言而喻的许诺，我不应当承认它。因此承认它，就等于在说谎，再加上食言，食言比单纯说谎让人相信它是多德写的更加糟糕。再说，先生，我并没有直截了当地说谎；我只是置之存疑。或许我原以为苏厄德不会因为我的话而不大相信它是我的；但是我不会授权他说我承认了它。”

他赞扬布莱尔的布道文：“不过，”他说（甘愿让我们看到他觉得名噪一时，无论怎样名副其实，不会总是名垂千古的），“也许七年后，它们不会被重印了；至少在布莱尔死后不会。”

他说：“哥尔德斯密斯是大器晚成。[①] 他年轻时似乎没有什么让人刮目相看的地方；尽管当他名满天下时，他的一个朋友[②] 开始回忆他在学院里的某种杰出表现。哥尔德斯密斯同样在他那位朋友成为一位更加伟大的人物后回忆朋友早年更多的杰出表现。”

我提到蒙博多大法官告诉我，他每天早晨四点就醒来，然后为了健康就起床，打开窗户在室内裸体踱步，他称之为空气浴；做完后他又上床再睡两个小时。约翰生对于说得煞有介事的任何东西总乐意挤对一下，他是这样说的：“先生，我看不外乎是这么一种情况，他四点钟醒来，再睡不着，最后就把身子晾凉，再钻进温暖的被窝享受一下舒适的感觉吧。”

我谈到早上起床是件难事。约翰生博士告诉我：“博学的卡特夫人在她孳孳汲汲苦学的那个阶段，她想早醒的时候醒不来，于是，她想出了一个奇招，那就是，在某一时刻，她卧室里的灯会把吊着一个重物的绳子烧断，于是重物坠落，发出一声突然的巨响把她惊醒，这样她不费什么事就起床了。”可是我说，起床才是我的难事；我希望能发明一种药，使人起床没有什么痛苦，我从来做不到这一点，除非在床上躺好长时间。也许在自然的宝库中有什么东西可以做到这一点。我想到过一组滑车逐渐把我提起来；但这会使我感到

① 〈他上大学时就很出众，表现在卡尼博士提到的一种情况中。——M.〉
② 埃德蒙·伯克。

痛苦，因为它有违我的内心倾向。我要有一些驱散 vis inertiœ[①] 并给肌肉以弹性的东西。由于我想象人体在其他物质的作用下可以进入它曾经存在过的任何状态；由于我已经经历了一次起床并不是不令人愉快，而是轻松，不，有时候是愉快的状态；所以我认为这种状态可以产生，如果我知道依靠什么的话。我们能使身体热，我们能使身体凉；我们能使它紧张或者放松；毫无疑问，有可能使它进入一种起床不会是痛苦的状态。

约翰生说："一个人应当有充足的睡眠，米德医生说，以七至九小时为宜。"我告诉他，卡伦医生对我说，一个人一次睡醒后，就不该再睡了。**约翰生**："这条规则，先生，不能适应所有的情况；因为很多人由于生病，睡眠总是断断续续的；当然，卡伦也不会叫一个只睡了一个钟头的人就起床。那样的起居制度很快就会在漫长的一觉中终结。"[a] 我认为泰勒博士说得很有道理："一个不想在惯常的时刻睡觉的人，不仅不比别人强壮，肯定身体不会好；因为一个健康人极具吃喝睡觉的所有自然倾向。" 614

1777年
9月19日
星期五

今晚，约翰生劝我在教育孩子时勿求精金美玉。"生命（他说）不会忍受精金美玉的：别人怎么做，就怎么做。"

我们乘车回阿什伯恩时，约翰生博士像往常一样，建议我只喝水："因为（他说）喝水你肯定是喝不醉的；而喝酒就不一定了。"我说，喝酒有喝酒的快乐，这种快乐我不想放弃。"嘿，先生，（他

---

① 惰性力量。

a 然而，这种起居制度却受到肯主教（Bishop Ken）的推行，霍金斯（不是约翰爵士）在他写的那位年高德劭的高级教士传的第4页给我们讲了这位主教的情况；"他的学习不会侵占他的教导时间，他判断为他分内的工作也不会妨碍他的进步；二者都不会阻碍他私下对**上帝**的祷告；他养成了只睡一觉的严格习惯，这就往往迫使他在凌晨一两点起床，有时还要更早；这种习惯他几乎一直坚持到一病不起的时候。他脾气非常快活，所以总爱开玩笑，并且在晚上款待朋友，甚至晚到人们发现他困得睁不开眼睛的时候；然后他好像去歇息了，目的只有一个，那就是恢复活力，使他能更加精神、欢乐地唱清晨圣歌，他通常是在穿衣之前用诗琴伴奏着唱的。"

说）毫无疑问，不喝酒是给生活打了一个大折扣；但它也许是必要的。”但他又承认，在他看来，随便饮酒并不折寿；还说，为了一位以酗酒闻名的苏格兰勋爵[①]（他说出了名字）的生命，他肯给的不会比为一个不酗酒的人的生命肯给的少。“不过，等等，（他说，带着他惯常的智慧和探询的精准）把他灌醉需要很多酒吗？”我回答说，需要大量的葡萄酒，或者烈性的潘趣酒。——“这样的话（他说）就更糟糕。”我贸然这样举例说明我的朋友的观点：“一座很快投降的堡垒的堡墙要比长期负隅顽抗的损坏要小。”

我斗胆提到一个人[②]，他作为苏格兰人和作为英格兰人一样暴烈，他对英格兰人的鄙视与苏格兰人相比，完全相同，他对苏格兰人的鄙视与英格兰人相比一模一样；他经常说起约翰生博士：“该死的混蛋！像他说苏格兰人那样说话。”这似乎一时间“使他无语”。也许通过对比作用，用一种他觉得有点儿新奇的视角展示了他对苏格兰人极深的偏见。

我们回到阿什伯恩时，泰勒博士已经上床就寝。约翰生和我单独聊了半夜。

1777年9月19日星期五

今年的《批评评论》上有一篇文章，介绍了医学博士约翰·拉
615 蒂[③]写的题为《心灵的日记与独白》的奇怪出版物，我让他看了，他十分开心。拉蒂是个贵格会信徒，是一位都柏林颇有名气的医生，写过好几本书。这本日记从1753年记到他去世的1775年，现在出版为八开本两卷集，以他单纯的心地，展示了对他的心态的详细、诚实地记录；尽管往往十分可笑，但很多人的历史用同样的诚实的态度记录下来，可笑程度并不逊色。

下面是评论作者摘抄的一些样文：

---

① 第十一代埃格林顿伯爵阿奇博尔德·蒙哥马利。

② 同上。

③ 约翰·拉蒂（John Rutty，1698—1775），医生；都柏林医学科学学会创建人（1756）；作品有《爱尔兰贵格会信徒的兴起与进展》（1751）；《心灵的日记与独白》（2卷，1776）。

1753 年 10 月。

23 日。赖床一小时未免过久。

12 月，17 日。肚子胀，消化不良，觉得昏天黑地，怀疑生了病。

9 月，28 日。威士忌过量。

29 日。沉闷无聊、怒气攻心的一天。

1757 年 1 月，22 日。吃饭时有点狼吞虎咽的架势。

31 日。受顶撞，发牛脾气。

2 月，5 日。大发牛脾气，或者火冒三丈。

14 日。因斋戒而冒火。

26 日。身体欠安，咒骂下属。

3 月，11 日。受顶撞，两天连生闷气，但未呵斥人。

22 日。破口大骂。

23 日。又发牛脾气。

4 月，29 日。习惯性地、自觉有罪地发牛脾气。

看了这位好心的寂静派信徒的自责记录，尤其对于他以那样的痛悔之心提到“狼吞虎咽和大发牛脾气”的偶然事例，约翰生笑破了肚皮。他认为《批评评论》文章的作者关于一个人自负的观点是如此巧妙，又表达得如此精彩，因此我在这里予以介绍。

先讲“因为记录自己的行为而出名的作家寥寥无几”，然后他说：

“我们可以把自负者归为四类。第一类中有尤利乌斯·恺撒：他讲述过自己的业绩；但他的讲述特别优雅、威严，他的叙述得到他伟大人格和伟大成就的支持。第二类有马尔库斯·安东尼：这位作家给我们的是他对自己一生的一系列反思；但他的情思如此高贵，他的道德如此崇高，所以他的沉思录得到普遍的赞赏。第三类中我们有些信誉尚可的人，他们自己的个人历史中夹杂一些文坛轶事和他们那个时代发生的事件，因而显得重要：著名的于埃修斯[①]按这种档次出版了一本引人入胜的著作 *De rebus ad eum pertinentibus*[②]。
616 在第四类中，我们有世俗的和宗教的日记作者：伊莱亚斯·阿什莫尔[③]、威廉·利利[④]、乔治·怀特菲尔德、约翰·卫斯理[⑤]以及其他数以千计的老妇人和离奇古怪的回忆录和沉思录作者。”

1777年9月19日星期五

我向他提到，我在爱丁堡听过休·布莱尔博士做的关于修辞与文学的演讲，在这些演讲中他批评约翰生式的文体太宏伟，而且试图拿出艾迪生在《旁观者》第411期上的一个约翰生式的句子加以模仿。当写到利用想象的快乐使我们防止邪恶时，文章谈到那些“不知道闲散和率直的人”时说：“他们迈出事务的第一步就是踏进邪恶或愚蠢。”布莱尔博士以为这在《漫游者》中是这样表达的：“他们迈出事务领域的第一步就是踏进邪恶的烦恼或愚蠢的空虚。”[a] **约翰生**：“先生，这些是我本不该用的词。不，先生；我的文体的模仿者并没有击中要害。

---

① 于埃修斯（Pierre Daniel Huetius，1630—1721），法国阿夫朗什的主教。

② “谈与他有关的事情”。

③ 伊莱亚斯·阿什莫尔（Elias Ashmore，1617—1692），占星家、文物专家；嘉德勋位专家；给牛津大学图书馆收藏的古罗马钱币编目；《最高贵的嘉德勋位的体制、法规及仪式》（1672）的作者；将自己的珍藏遗赠给牛津大学，条件是建立阿什莫尔博物馆（1683），成为现代欧洲的第一家公共博物馆。

④ 威廉·利利（William Lily，1602—1681），占星家；英语第一本重要占星学教科书《基督教占星学》（1647）的作者；占星家学会（1649—1658）的领导人物；明显预见了伦敦大火；出版年鉴《默林盎格鲁记事》（1647—1681）。

⑤ 约翰·卫斯理（John Wesley，1703—1791），英国国教会牧师，循道宗的创建者；在佐治亚生活的几年里与莫拉维亚派接触过后于1738年改变信仰；慢慢地组织了一个可以辨认的“循道宗”（1738—1748）；公开与英国国教会和加尔文主义者发生冲突；主旨有强烈的经验主义色彩；提出完善学说；多产作家，论述涉及广泛的神学和世俗问题，作品包括《英国史》（1776）和《教会史》（1781）；对18世纪的英国国教会构成了重大挑战。

a 布莱尔博士出版他的《演讲录》时因为删去了对约翰生文体的批评反而对它推崇备至而为人诟病。但在那个时期之前，约翰生的《诗人传》已经问世，在这部作品里，他的文体比写《漫游者》时平易了许多。因此布莱尔即便认为他的批评是正确的，从而将它保留下来，也是不诚恳的。

艾金小姐[①]做得最到家；因为她把思想感情模仿得像辞藻一样好。”

因此在本书完成之前，我打算展示一下对我这位朋友文体的各种各样的模仿标本；有些是对它们的戏拟，有些则是对它的效仿，或是有意为之，或是在某种程度上与之相似，也许作者并没有意识到这一点[a]。

巴雷蒂在意大利出版了一本评论，题名为*Frusta Letteraria*[②]，上面说，历史学家罗伯逊博士依傍著名的塞缪尔·约翰生的文体形成了他自己的文体。我的朋友也持这种看法；因为他有次对我饶有风趣地说：“先生，如果罗伯逊的文体有毛病，他得归咎于我；也就是说，词藻过于繁冗，而且都是堂皇的词藻。”

我给他读了蒙博多大法官写给我的一封信，里面有对约翰生的《苏格兰西部诸岛纪游》的文体的批评。大法官称赞了关于登陆伊科姆基尔的一段非常精彩的文字[b]；但他自己的文体极其干巴生硬，他不 617

1777年
9月19日
星期五

---

① 艾金小姐（Anna Letitia Aikin，1743—1825），诗人、散文家；约翰·艾金的妹妹；《诗集》（1773）深受大众和批评家的好评；与丈夫巴博尔德在萨福克帕尔格雷夫开办一所男生学校（1774）；为《年评》撰稿；为马克·埃肯赛德（1794）、威廉·柯林斯（1797）、艾迪生和斯蒂尔（皆为1804年）的版本写序；塞缪尔·理查逊的书信的第一位编辑。

a 见第980页。

② 〔《文鞭》。〕

b “现在我们正在踏上那个辉煌的岛屿，它一度是喀里多尼亚地区的亮点，从那里野蛮部落和漫游的野蛮人获得了知识的好处和宗教的福祉。从所有的地方感情中提取思想，即便努力，也是不可能的，即便可能，也是愚蠢的。凡是把我们从自己的感觉能力中引开的东西，凡是使过去、使渺远，或者使将来主宰现在的东西，都在提高我们思维生灵的尊严。远离我的，远离我的朋友们的，是那种漠不关心、无动于衷地在任何被智慧、被勇敢或者被美德赋予尊严的领域可能引导我们的冰冷哲学。其爱国主义在马拉松平原上不会获得力量的人，或者其虔诚在艾奥纳的遗迹中不会变得更加热烈的人，是不大受人羡慕的。”

如果我们的旅行除了产生这一段崇高的文字，再无其他，世界也得承认我们不虚此行。现任皇家学会可敬的会长的约瑟夫·班克斯爵士告诉我，他读了此文感触良深，不禁拍手叫好，接着长时间默然无语，仰慕万分。

赞成约翰生丰富多彩的语言，也不认同他频繁使用比喻表达。**约翰生**："嘿，先生，如果能够指出我的文体里多余的词语，或者对于思想显得大而无当的词语，这种批评就是正确的；但我不相信谁能做到这一点。譬如说，在蒙博多大法官赞赏的那一段里，'现在我们正在踏上那片辉煌的地域'，*辉煌*一词对单纯的叙述不起任何作用；因为没有它，事实还是可以说清楚的：但它不算多余；因为它能唤醒头脑的特别关注，那里有一些非同小可的东西将要展示。'辉煌！'为什么？然后句子就开始详述有关艾奥纳的情况。先生，至于比喻表达，在使用得当的时候，那是文体上的一大优长，因为它给一件事物两种观念——把意思传达得更加明晰，而且一般带有一种快乐的感受。"

他告诉我，有人请他编修新版《不列颠传记大全》，但是他谢绝了；后来他对我说他后悔了。很多人会有同感，因为这会给我们提供更多的约翰生最喜人的一类作品；尽管我的朋友基皮斯博士①明智而卓越地承担了这一任务，态度的公正，比人们从一个主张脱离国教者身上所期望的更胜一筹，但人们还是希望这部文学名人堂的监管应当交给"一位教会与国家体制的朋友"。②那样一来，书中就不会有过多的默默无闻的不顺从国教的牧师，他们无疑都是些德才兼备之人，但算不上"在大不列颠和爱尔兰活跃过的最杰出人物"。[a]

---

① 基皮斯博士（Dr Andrew Kippis，1725—1795），长老会牧师、传记作家；长老会会众在威斯敏斯特王子街聚会的牧师（1753）；《绅士杂志》和《每月评论》的撰稿人；文物学会会员（1788），皇家学会会员（1779）；哈克尼不顺从国教学院教师（1786）；《不列颠传记大全》（1778—1793）的主编和推动者；因有派性和不够准确而受到批评。

② 〈1778至1793年之间向公众推出新版的《不列颠传记大全》前五卷后，基皮斯博士于1795年10月8日去世；所以这套著作不可能很快完成。——M.〉

a 对这种大而化之地发出的指责，我也大而化之地随声附和。然而，基皮斯博士的那种标志他的性格的男人的坦诚的好脾气纠正了我的看法，出于对他的公道，我现在欣然收回我的指责；我希望正如他向我指出的那样，人们可以特别注意"在《不列颠传记大全》第二版的前四卷里不顺从国教牧师的新传有约翰·阿伯内西[1]，托马斯·艾默里[2]，乔治·本森[3]，博学的清教 （转下页）

9月20日，星期六，早饭后，泰勒出门去了他的农场，约翰生博士和我就忧郁和疯狂进行了一番认真的交谈；我一向认为，他错误地有意把这两种现象混为一谈。忧郁，一如“大智”，可以是“疯狂的近 618

1777年
9月20日
星期六

(接上页) 徒休·布劳顿，西蒙·布朗，都柏林的约瑟夫·博伊斯，博学的清教徒托马斯·卡特赖特[4]和塞缪尔·钱德勒。我听到的人们提出的唯一怀疑是，是否应当有一篇关于艾默里博士的条目。然而我当时相信，现在仍然相信，由于他有真才实学，他的实用作品具有优秀诚实的品质，他有资格占有一席之地。

在这四卷中英国国教会牧师的新传有下列人士：约翰·巴盖尔，爱德华·本瑟姆，克洛因主教乔治·巴克莱，威廉·贝里曼，托马斯·伯奇，威廉·博莱斯，托马斯·博特，詹姆斯·布拉德利[5]，托马斯·布劳顿，约翰·布朗，约翰·伯顿[6]，德拉姆主教约瑟夫·勃特勒[7]，托马斯·卡特，埃德蒙·卡斯泰尔[8]，埃德蒙·奇沙尔[9]，查尔斯·丘吉尔，威廉·克拉克[10]，克洛赫主教罗伯特·克莱顿，布里斯托尔主教约翰·科尼比尔，乔治·科斯塔尔和塞缪尔·克罗克索尔。——‘我没有意识到（基皮斯博士说）做这项工作有什么偏颇。我不愿意插入一个不值得注意的不顺从国教的牧师，也不愿意省略一个值得注意的国教牧师。同时当我确信不顺从国教者由于其作品学识和功德有资格享受那种殊荣时，我也会不顾阻难把他们引进《传记大全》。’”

让我补充一点，那就是，“一位教会与国家体制的朋友”这种表述并不是我有意用来作践这位教士的，仿佛他是他的国家在革命中建立起来的政治体制的敌人似的，而是出于我对一名托利党人坚定公开的偏爱，从约翰生的《词典》里引用的，在《词典》里这种殊勋就是如此定义的。

1 约翰·阿伯内西（John Abernethy，1680—1740），长老会牧师；宗教大会的主席（1715—1716）；为不顺从国教者的宗教和政治自由而斗争；摒弃加尔文主义；作品有《废止圣礼考查的理由》（1733），《论上帝的存在与天生的至善》（2卷，1740），《各种题材的布道文》（4卷，1748—1761）。

2 托马斯·艾默里（Thomas Amory，1701—1774），不顺从国教的牧师。

3 乔治·本森（George Benson，1699—1762），不顺从国教者。

4 托马斯·卡特赖特（Thomas Cartwright，1535—1603），清教牧师、宗教辩论家；有争议的英国长老会的真正创始人。

5 詹姆斯·布拉德利（James Bradley，1693—1762），天文学家。

6 约翰·伯顿（John Burton，1696—1771），神学家、古典学者。

7 约瑟夫·勃特勒（Joseph Butler，1692—1752），道德哲学家、神学家；德拉姆主教；《宗教的类似》（1736）的作者。

8 埃德蒙·卡斯泰尔（Edmund Castell，1606—1685），闪米特语言文学学者。

9 埃德蒙·奇沙尔（Edmund Chishull，1671—1733），文物专家。

10 威廉·克拉克（William Clarke，1696—1771），文物专家。

亲”[①]；但在我看来，二者有明确的分野。他谈到疯狂的时候，人们会认为他在说那些在很大程度上焦躁不安的人，或者像通常说的“心情烦乱的人”。有些古代哲学家主张所有背离正常理性的现象就是疯狂；凡是想看看古今人物关于这个问题的见解集成并用各种各样稀奇古怪的事实加以阐述的人，不妨阅读阅读阿诺德[②]医生的引人入胜的著作[a]。

约翰生说：“疯子爱和他害怕的人结伴；不是像狗害怕鞭子那样；而是爱和他敬畏的人在一起。”我对这种见解的正确深有感触。一个思想游移、情绪低落的人跟他所敬畏的人在一起，压制并镇定他精神的不安躁动[③]，并且用观照某种稳定的，至少是比较重大的事物来安慰他。

他补充说：“疯子在身心失调的低级阶段耽于感官享受。他们渴望满足抚慰自己的情绪，把注意力从他们遭受的痛苦中转移开；但病得十分严重的时候，对于他们，欢乐就显得过于软弱，于是他们就寻找痛苦[b]。先生，工作和艰苦可以防止忧郁。我估计在我们常驻

---

① 德莱顿《押沙龙与亚西多弗》，第1卷，第163行。

② 阿诺德（Thomas Arnold，1742—1816），医生、精神病医师；莱斯特医院医生；接管其父在莱斯特的疯人医院（1766）；主要著作《谈精神错乱、心智失常或疯狂的性质、种类、原因与防治》（2卷，1782，1786）；开精神错乱的“道德”治疗手段的先河。

a 《谈精神错乱》，医学博士托马斯·阿诺德著，1782，伦敦。

③ 〈Cardan用激发自主的痛苦的办法来镇定他趋向疯狂的心情（甚或真疯了，因为在他的作品中他似乎就是这种状态，尽管作品本身学识广博）。——卡尼〉

b 我们在《福音书》[1]中读到那些恶鬼附身（我想这就是疯狂最有可能的起因，这是我可敬的朋友约翰·普林格尔爵士首先向我提出的）的不幸的人求助于痛苦，撕扯自己的身体，有时候跳进火里，有时候跳进水里。苏厄德先生给我提供了一件引人注目的轶事，证实了约翰生博士的观点。一名商人在伦敦发了大财后便退出商界，到伍斯特居住。他心中没有了惯常的事务，又没有别的东西填补它的位置，便心神不宁，这样一来生活对于他成了一种折磨。最后他得了结石；有个朋友发现他有次病情发作得极其厉害，便表达了对他的关切。“不，不，先生，（他说）不要可怜我：与它解除的我心头的那种折磨相比，我现在感到的是轻松。”

1 《圣经·新约·马可福音》，第9章，第17—18节；《圣经·新约·路加福音》第9章，第39节。

美洲的军人中，没有一个发疯的。”

我们严肃地谈到一个对我说来非常重要的问题，约翰生欣然予以友好的关注。长期以来，我一直向他抱怨，我觉得自己对苏格兰相当不满，认为那里的天地过于狭隘，我希望把伦敦当成我的主要居住地，因为这里是雄心、教养和娱乐的大舞台：这个舞台对我来说，比较而言就是人间天堂。**约翰生**：“嘿，先生，我从来不知道任何人对伦敦像你这样倾心。你希望在那里居住，我不能责怪你。可是，先生，如果我处在令尊的地位，我是不会同意你在那里定居的；因为我有古老的封建思想，我担心阿夫莱克会被荒废，因为你很快就会发现在气候条件更好的地方有个庄园更加理想。然而，我承认，认为居住在家族庄园上是一种责任，这是一种偏见；因为我们必须考虑，劳工要同等就业，土地的出产要同等出售，一个大家族要不要住在家里；如果一个庄园的租金被带到伦敦，在商业流通的过程中它们又会返回；不，先生，我们也许得承认，把租金带到远方去是一件好事，因为这促进了那种流通。然而我们必须承认，一个管理规范的大家族也许会增进四邻的文明高雅，树立一个井然有序、高风亮节、信仰虔诚的榜样；因此一家人在家居住好处多多。然而如果一个大家族乱成一团，道德败坏，这样的一家人在家居住反而对邻里十分有害。现在在乡下居住没有从前的那种吸引力了；社交生活的快乐在城市里享受得更加充分；昔日乡下地主拥有的使他们觉得乡下非常惬意的那种权势和影响已不复存在。阿夫莱克的领主现在已赶不上一百年前的阿夫莱克的领主的风光了。”

619

1777年
9月20日
星期六

我告诉他，我有个祖先一出门就有三十名骑马的跟班追随。约翰生的精明和探询精神在每个场合都会发挥出来。“请问（他说）你那位祖先离家去远方的时候怎样养活他的三十个跟班和三十匹马，那个时代可不大有货币流通？”我的一位朋友提到道格拉斯前往圣地时带着一大队随从，我向他指出了同样的困难。毫无疑问，道格拉斯在自己的土地上生活期间足以维持那些随从的生活，土地上的出产可以满足他们的饮食；但他们不能带着饮食前往圣地；因为当时没有能够给他提供货币的商业，他怎么能在外国养活那批随从呢？

我提出一个怀疑，如果我住在伦敦，我在偶尔造访中所体味到的那种激烈的热情也许会丧失殆尽，我也许会对它厌倦起来。**约翰生**：“嘿，先生，你发现没有一个知识分子愿意离开伦敦。没有，先生，一个人厌倦了伦敦，也就厌倦了生活；因为生活能提供的一切，伦敦都有。”

620 他以为我定居伦敦会废弃我的祖居，为了打消他的顾虑，我向

1777年 9月20日 星期六

他保证，我对古老的封建原则怀有一定程度的热情；我感受到了natale solum 的 dulcedo①。我提醒他，阿夫莱克的领主有一座典雅的宅第，他向前驱车十英里都是自己的领地，在这座宅第上有六百多人依附于他；这座家居富有天然的浪漫美景，岩石、树林、流水；在我“生命的清晨”②，我已经把古典名著中最精彩的描写挪用到那里的某些景致上，它们就这样萦绕在我的心头。经过种种考虑，我当然应当把一年的部分时光在家里度过，由于经受了大都会的变化又带着大都会一份智力储存，我应当更会享受这部分时光。他听我说得头头是道，便会心地“希望我会心想事成”。

他说：“一位乡绅应当尽快偕夫人访问伦敦，这样他们单独相处时才会有引人入胜的话题。”

由于我打算在威斯敏斯特会所试试运气，我们的谈话便转向英格兰的法律行业。**约翰生**：“你千万不可抱过分的奢望，如果你要应聘做我们的律师的话。一位很有见识的律师告诉我，有很多很多不利于任何人在法律界获得成功的可能；候选人才太多，有广泛实践经验的人太少。他说，认为一个有天赋、肯用功的人一定有事干，这种看法决不正确，尽管他的确承认，如果那样的一个人能在几项诉讼案件中出现，他的长处定会为人所知，他会取得进展；然而巨

---

① 故土的甜蜜。

② 《哈姆雷特》，第1幕，第3场，第41行。也参比马克·埃肯赛德，《想象的乐趣》，第3首，第346行。载《诗集》（1772），第194页。

大的危险是，一个人也许会在法庭上度过他的半生，但从来不会有机会展示他的才能。”[a]

我们谈到要防止心神疲惫烦躁，工作必不可少，尤其对那些有忧郁倾向的人而言；我向他提及有人说的一个美利坚野蛮人的故事，一个欧洲人向他大谈特谈钱的种种好处，他却提出了这么一个问题：“钱能买到职业吗？”**约翰生**：“没错，先生，这话对一个野蛮人来说太高雅。先生，钱能买到职业；它能买到生活的一切方便；它能买到各种各样的友伴；它能买到应有尽有的娱乐。”

我向他谈到福斯特的《南大洋航行记》，我很喜欢，但我发现他并不喜欢。“先生，（他说）里面矫揉造作之处太多。”**鲍斯威尔**：“可他能领着你一起前行。”**约翰生**：“不，先生；他没有领着我一起前行：他把我扔到身后：或者不如说他把我推到眼前；因为他让我一下子翻过好多页。” 621

1777年9月21日星期日

9月21日，星期日，我们去阿什伯恩教堂，这是我在同等规模的任何城镇中见过的最宏伟最璀璨的一座。我对庄严的公众崇拜情有独钟，看来这种喜爱受到人类普遍的赞同和慷慨的支持，想到这里我感到极大的满足。

约翰生和泰勒彼此天差地远，所以他们保持着如此亲密的关系我百思不得其解。他们中学大学都是同学，在某种程度上可以解释这一点；但是乔舒亚·雷诺兹爵士给我提供了一个更充分的理由；因为约翰生对他提到，泰勒曾告诉约翰生会让他做他的继承人。对于这件事我不想擅自评说；但有一点是肯定的，那就是，约翰生极其关注泰勒。然而，现在他告诉我：“先生，我爱他；但我没有更加爱他；我对他的关心也不会增加。正如《圣经外传》中说的，‘他说

---

a　现在，离这番谈话已有十五年之久，我在威斯敏斯特会所有机会做出的观察使我相信，约翰生博士在法律界的朋友的看法无论在若干时段以前怎么正确，那种成功的把握现在也无法向同样的德才表现许诺。然而有些人平步青云和另一些同样令人敬佩的人心灰意冷的原因提起来也许会令人愤愤不平，而且需要详细评说，这超出了本书的主旨。

的是犍牛的话’，[a] 我不认为他非常喜欢与我相处，他的习惯绝对够不上神职人员：这一点他知道我心知肚明；谁也不大喜欢在永久的冷眼下过日子。”

约翰生替泰勒写过很多布道文，这一点我毫不怀疑。这时候我发现在他的桌子上放着半篇他刚开始写的布道文，在他的一篇日记里就有 Concio pro Tayloro①。牧师海斯先生出版了一本布道文集，颇有个耐人寻味的题目“留待出版的布道文，法学博士约翰·泰勒牧师著”，如果在这些情况再加上思想大气磅礴、文笔遒劲洒脱这些内证，我们就会深信无疑了。

然而，我不想让人以为，尽管泰勒博士写不出约翰生那样的文章，（试问，谁又写得出呢？）但并不是说有时候他写不出我们通常看到的每个可敬的牧师写出的那种好布道文。他让我看见过一篇布道文，页边空白处有约翰生的亲笔批注；他把另外一篇读给约翰

---

a 《教士篇》第37章，第25节。整章可以看作知书达理之士比粗人文盲优越的一种可贵描述。

① 一篇替泰勒写的布道文。

生听，好听取约翰生的意见，当时我正好在场，约翰生说“很好”。我们可以相信，这些文字不是约翰生的；因为他不屑于玩骗人的小把戏。

约翰生决不认为从事高深学识职业的每一个人都要把当作家看成是自己责无旁贷的任务，或者对自己信誉是不可或缺的工作。由于一心想博取文名，有一天我后悔向他说一位杰出的法官[①]没有文名，因此不会给后世留下关于自己的永久纪念。“哎呀，先生，（约翰生说）如果每一位主教，每一位法官，每一位律师，每一位医生，每一位牧师都要著书立说，乱七八糟的著作岂不是堆成了山？”

我向约翰生提到一位可敬的人士[②]，心力非常强悍，他很少有人 622
性中常有的柔情；我举例说，我建议他应当邀请他在国外定居了十 1777年9月21日星期日
年的儿子[③]回家探亲。他的回答是：“不，不，让他打理他的生意好了。”**约翰生**：“我不同意他的这种观点，先生。赚钱不是一个人的全部事务：培养仁爱是人生事务的一个重要部分。”

晚上，约翰生心情极好，他描绘了几个人的典型形象来愉悦我们。我感到遗憾的是他们哪一个我都记不清楚了。根据我的经验，我发现，为了搜集我的朋友的谈话并在某种程度上显示它原来的风味，必须毫不延宕地把它记下来。过上一段时间记录他的言谈，就像冷藏或腌制的长期存贮的陈水果或其他蔬菜，在那种状态下就很少有，或者干脆没有新鲜时的味道。

我将向读者呈现这天晚上我从约翰生式的花园里采摘到的一系列东西。

“我的朋友，已故的科克伯爵极想保持他那文学世家的传统：他是个文质彬彬的人，但没有保持住他那种地位的尊严。他见人都很有礼貌，但没有人因此感谢他。”

---

① 也许是阿夫莱克大法官。

② 阿夫莱克大法官。

③ 大卫·鲍斯威尔。

“如果我们没有听到人们说了杰克·威尔克斯那么多的话，我们就会对他的言谈评价更高。杰克的谈话海阔天空，杰克是位学者，而且杰克有绅士风度。但是听到他的名字声震寰宇，成了喜庆的凤凰，我们跟他在一起就感到失望了。他总是缠着我：但我还是愿意给杰克帮忙，而不是拆台。竞争现在结束了。”

“加里克快乐的言谈细腻、文雅：富特逗你笑得更开心；但富特有那种雇来娱乐大家的小丑的神气。确实雇他十分划算。”

“科利·西伯有次来找我，对他的一首生日赞歌征求意见，当时离需要的时间还远着呢。我对几段文字十分随便地表示异议。西伯失去了耐心，不想把他的赞歌念完。我们做完批评以后，便走到《克拉丽莎》的作者理查逊家去，我惊奇地发现理查逊因我‘没有对西伯更加敬重’而不高兴。嘿，先生，对一个演员，谈什么敬重！”（轻蔑地笑了笑。）**鲍斯威尔**：“唉，你总是独树一帜；你从来不肯承认演员的价值。”**约翰生**：“价值，先生！什么价值？你敬重跳绳的，唱民谣的人吗？”**鲍斯威尔**：“不敬重，先生：但是我们敬重一位伟大的演员，把他看作一个能心怀高尚感情，而且又能把这些感情表达得非常优美的人。”**约翰生**：“什么，先生，一个拍拍驼背，拍拍腿上的疙瘩，大喊大叫‘我乃理查三世也’的家伙吗？不，先生，民谣歌手还更高一级，因为他要做两件事；他得背会歌词再唱：他的表演既有背诵又有音乐：演员只是背诵而已。”**鲍斯威尔**：“我亲爱的先生！你把什么都可以变成嘲笑的对象。我承认，一名滑
623 稽戏演员不值得人敬重；他做的事情不多：但是能再现高尚的人物、
1777年9月22日星期一 触动最高贵的感情的人，有非常可敬的能力；人类一致赞赏舞台表演的卓越才能。我们还得考虑，一位伟大的演员做的事很少有人能够做到：他的技艺是一种非常罕见的才能。谁能把哈姆雷特的独白‘活下去还是不活’背诵得像加里克一样精彩？”**约翰生**：“任何人都可以。杰米（房间里有个八岁左右的男孩）不出一个星期就会背得一样精彩。”**鲍斯威尔**：“不可能，先生：作为杰出表演功绩和人类对它推重的证明，加里克一年赚十万英镑。”**约翰生**：“赚十万英

镑就能证明优秀？流氓头子[①]也可以办到。”

这是最谬误的理论。我肯定总算有一次我处在辩论的最有理的一方。我大胆坚持一名悲剧演员和单纯的舞台小丑之间的正确区别；激发我们的恐惧与怜悯的人和只逗得我们哈哈大笑的人之间的区别。“如果（我说）贝特顿[②]和富特走进这间屋子，你对贝特顿的敬重远胜于富特。”**约翰生**：“如果贝特顿和富特走进这间屋子。富特很快就会把他撵出去。富特，先生，quatenùs[③]富特的能力比他们大家都高超。”

9月22日，星期一，吃早饭的时候，我口无遮拦，对约翰生博士说：“我希望看见你和麦考利夫人在一起。”他顿时火冒三丈；经过一阵停顿，一时间眉头上阴云密布，他突然发作起来。“不，先生；你想看我们吵架的热闹，办不到。难道你不知道挑唆两个人互斗十分缺德吗？”随后又克制住自己，希望显得更加文雅一点，便补充说：“我并不是说你应当为此被吊死或者淹死；但这样做确实非常缺德。”泰勒博士认为他做得不对，私下向他表明了看法；但我后来向约翰生承认这件事怪我，因为我坦白招认我就是想看看麦考利夫人和他来一场舌战；当时我就知道舌战的结局；我就是想看见他大获全胜。**约翰生**：“先生，你无法断定一场舌战的结局；谁也没有权利使两个人卷入一场可以使他们大动肝火的争执，最后两个人也许会不欢而散，彼此记恨。我宁肯与一个我得谨防自己口袋的人交往，也不肯跟一个千方百计唆使我与某人争执他好坐观成败的人做伴。这是——（他点了我们的一个朋友的名[④]）的一大毛病，他极

---

① 罗伯特·帕里斯·泰勒。

② 贝特顿（Thomas Betterton，1635？—1710），演员、剧院经理；伯比奇和加里克之间最伟大的英国演员；替威廉·达韦南特的继承人执行遗产管理人职责直至1677年；建立并经营林肯律师学院场院剧院（1695—1705）；在英国推动发展已经在意大利和西班牙获得成功的剧院表演。

③ 在这个范围内。

④ 本内特·兰顿。

力引进一个话题，他知道在座的人中有两位意见分歧。”**鲍斯威尔**：“可是他告诉我，先生，他这样做是为了受教育。”**约翰生**：“不管动机如何，谁这么做都是错误的。他没有权利冒那种险来受教育，就像他没有权利让两个人决斗，他好学习怎样防护自己一样。”

他给我们熟知的一位先生[①]因饭菜不好而大挑毛病。“先生，(他说）一个人应邀去赴宴，如果吃不到可口的饭菜就会感到失望。思雷尔夫人在家不聚众打牌，有天晚上我劝她提供一些通常不提供的甜食和诸如此类的好吃的，这样来的客人就会多；因为人人都爱吃送到口上的合口味的东西，不费事又不专门做。”他对生活和礼俗的微小细节竟然如此留意。

624

1777年
9月22日
星期一

德文郡公爵是这个名门望族如今代表的祖父，他是这样概括这位爵爷的特点的：“他是个才能超群的人，但又是一个一诺千金的人。譬如说，如果他答应给你一颗橡子，但那一年他的树林里却没有长橡子，他是不会以这个借口心安理得地了事的；他会打发人到丹麦去找橡子。他无条件地兑现诺言，所以他的信誉极高。”这是托利党人约翰生对一位伟大的辉格党贵族的美德的慷慨证词。

有人提及伯克先生的《关于美洲事务致布里斯托尔行政司法长官书》，约翰生对这篇文章大加指责，他挖苦对自由政府的定义，即“为了任何实用目的，这就是民众的想法”，[a]——“我愿意让法国国王按这些条件统治我，(他说）因为这种统治正好投我所好。”泰勒博士谈到一个女孩被送到一所教区济贫院，并问她得干多少活才行时：“嘿，(约翰生说）合理就行呗：那算多少呢？她认为合理就行。”

约翰生博士一片盛情建议带我去参观一个浪漫的景点伊斯兰，现在为一家姓波特的人家拥有，原本是康格里夫家族的祖居。我估计在一些旅行记中对它有精彩的描述。约翰生对它的描述可谓绘影绘色，我不禁对他表示由衷的惊叹；因为，正如他所言，尽管我的

① 本内特·兰顿。

a 第2版，第53页。

眼睛比他好，但在描绘可见景物方面，却望尘莫及。我说，我们在这方面的差异就像一个人有把赖乐器却能用它奏出好曲子，一个人有把好乐器用它演奏却技不如人。

我还记得一片非常优美的圆形凹地，群山环绕，山上林木葱茏，主宅旁边有一条陡峭的石崖小路沿着石崖边绕行，修得非常工整，一些岩石突出部的下面有些石龛，被树木遮住；我们听说，有座石龛是康格里夫写《老光棍》的地方。我们在伊斯兰观赏了一个令人叹为观止的自然奇观；两条河从岩石上喷涌而出，相距很近，不是直接从泉里喷出的，而是在地下奔流了很多英里后才喷出的。普洛特[①]在他的《斯塔福德郡博物志》对这一奇观有所描述[a]；然而约翰生就是不相信，尽管我们有园丁的证明，他说他在“多股”河沉入地面的地方放进去几块软木，他在水的喷口前又设置了一个网，结果他在网里捞出了这些软木。其实那种地下河在世界各地都能发现[b]。

谈到约翰生不愿相信特异事物，我贸然说道：“先生，你和休谟 625
反对奇迹的论调相当接近，‘与其说出现了奇迹，不如说更有可能是 1777年
目击者在说谎，或者看错了’。”**约翰生**：“嘿，先生，将这个命题简 9月22日
单来看，休谟是对的。然而基督教启示不是只由奇迹证明的，而是 星期一
与预言，与证实创造奇迹的理论相关联的。”

他重复了他的观点，那就是，基督教徒之间的分歧实际上并不大。“例如（他说），如果一名新教徒反对一名老教徒，说‘你崇拜偶像’；老教徒就能回答：‘我不一定要你这样做；你不这样做也可以成为一名很好的老教徒：我这样做只不过要增进我的虔诚。’”我

---

① 普洛特（Robert Plot，1640—1696），博物学家、文物学家；铁杆托利党人，《牛津郡博物志》（1676）和《斯塔福德郡博物志》（1686）的作者；皇家学会秘书（1682—1684）；莫布雷特命宗谱纹章官（1695）；宗谱纹章学院教务主任（1695）。

a 《斯塔福德郡博物志》第89页。

b 见普洛特的《斯塔福德郡博物志》第88页和他提到的根据。

说，基督教的大教规就是永生的启示。约翰生承认就是。

晚上，正在泰勒博士家做客的一位乡绅[①]试图与约翰生争论，袒护芒戈·坎贝尔之所以射杀埃格林顿伯爵亚历山大，是因为他退避爵爷的时候，摔倒了，他相信爵爷就像他扬言的那样会来夺他的枪，就只好开了枪。绅士说，遇到这种情况他也会像坎贝尔一样做事。**约翰生**："无论谁像坎贝尔一样做事，都该处以绞刑；并不是说我能当一名陪审员，按法律发现他犯有谋杀罪；而是我高兴他们找到了判他有罪的手段。"乡绅说："穷人富人都有荣誉；坎贝尔要捍卫自己的荣誉。"约翰生大嚷："穷人没有什么荣誉可言。"这位小地主并不气馁，接着说道："埃格林顿勋爵扑向坎贝尔；真是个该死的傻瓜，因为他已经被警告如果他这样做，坎贝尔就会一枪打死他，他还要一意孤行。"约翰生受不了谩骂之类的事情，便愤然回答："他不是个*该死的*傻瓜：他只是把坎贝尔想得太好了。他不相信坎贝尔会是那么一个*该死的*歹徒，竟然能做出这种*该死的*事情。"他一再强调"该死的"，同时一脸愠色，这是在非难他的对手在*他的*面前缺乏礼貌。

谈到与伟人套近乎时遭拒绝的难堪，我说："不过，我一般赞成不妨试试，'不入虎穴，焉得虎子嘛'。"**约翰生**："完全正确，先生；但我总是害怕失败多，希望成功少。"确实，尽管他对显贵有着正确的敬重，但没有人不想博得伟人的青睐。

在这次阿什伯恩会面期间，约翰生好像是一贯的合群，愉快，警觉，我几乎从来没有见过他有这样的表现。无论大小场合，他都十分敏捷，泰勒敝帚自珍到了无以复加的地步，一句话，就像俗谚所言，"他的鹅只只是天鹅"，他大谈特谈他的斗牛犬的优点，他告诉我们，这条狗"体形完美极了"。约翰生仔细查看过这只动物后，给我们的主人的虚荣心泼了这样的冷水："不对，先生，它的体形并不是完美极了；因为没有斗牛犬应当有的那种从前身的粗壮到后身的*纤薄*的迅速过渡。"*纤薄*这个词是我在这次会面期间听说过的唯一

① 沃尔特·约翰·菲尔德豪斯。

626

1777年
9月22日
星期一

生僻字眼，大家注意到，他立即换了一种表达方式予以取代。泰勒说，小斗牛犬和大斗牛犬一样好。**约翰生**："不对，先生；因为个头大，力量也就相应地大：你的论点会证明，一只好斗牛犬可以像耗子一样小。"使人惊讶不置的是他怎么就明白、敏锐地进入了谈话中出现的任何内容。我知道的大多数人在考虑讨论关于斗牛犬的问题时，想到的不外乎就是攻击公牛这种事情。

我不能允许浮现在我记忆中的关于本书的重大问题的任何片段遭到湮没。尽管有些人觉得鸡毛蒜皮的小事太无聊，但有些人却觉得更有滋有味；而每一粒小小的火星助长了熊熊烈焰：能使真正地、坦诚地、热情地仰慕约翰生的人感到欣喜，在哪一种程度上都增大了他声名的辉煌。我对那些嘲讽，甚至恶毒的乱箭并不在意。这些如雨的乱箭射向我的《赫布里底群岛旅行日记》；但这本书仍在时光的长河中扬帆航行、未受损伤，而且作为约翰生的跟班，

追胜利，乘长风。[①]

一天早晨，早饭后，阳光明媚，我们一起出去散步，对一条人工瀑布懒洋洋地"凝视"了半天，这是泰勒博士在他花园后面的一条河上筑了一道石坝形成的。现在已经受到从河上漂下来聚集在跟前的树枝和其他杂物的一些阻碍。部分原因是想让水流更加通畅，部分原因是喜爱能让最懒散的人有时候活跃起来的那种活动，于是他操起放在岸上的一根长竿不辞辛苦地将几片漂浮物推了下去，而我则静静地站在一旁，满心惊奇地看着这位哲人这么仔细地干活，完成一次任务总要露出一脸得意的微笑。他一直干到气喘吁吁；发现一只硕大的死猫太重，他鼓了几次劲也推不动它，才算罢手。"好啦，"他说，（把竿子扔下）"你来接着干。"我便遵命照办，由于我体力充沛，很快就把死猫推下了瀑布。人们也许会笑，认为这等区

---

① 蒲柏，《人论》，书信四，第386行。

区小事，根本不值一记；然而这是我给我的朋友做的佛兰德斯画中的一个小小的特色，因此我在里面标明了最微小的细节。要记住《玩耍的伊索》① 是古代最有教育意义的寓言之一。

我提到我们熟识的一位老绅士② 记忆力开始衰退。**约翰生**："人到七十，头脑肯定不太正常，记忆就衰退了。如果一个人衰老得太快，先生，他的头脑肯定有毛病。"我的朋友由于自己时年已经六十八岁，也许有这种看法：但我想，七十岁，《诗篇》作者健壮的人生阶段，到了后世也许有所衰退，尽管体格上没有疾病。

627 谈到罗切斯特的诗，他说，他已经把它们交给斯蒂文斯先生加以阉割③，收入他要作"序"的这一版的诗人集中。泰勒博士（我听他说俏皮话的唯一一次）[a] 说："如果罗切斯特本人被阉割，他那引人争议的诗就不会写出来了。"我问伯内特是否提供了一篇很好的罗切斯特的生平传记。**约翰生**："我们有一篇很好的死亡记录却没有多少生平传记。"我问普赖尔的诗是否要完全刊印：约翰生就说是。我提到黑尔斯大法官在他给多家作的一部《圣诗集》写的序言中对普赖尔加以指摘，那是很多年前他在爱丁堡出版的，他在《序》中说："这些不雅洁的故事将会是它们灵巧的作者的永久的耻辱。"**约翰生**："先生，黑尔斯大法官已经忘了。普赖尔的诗里没有激发淫秽的任何内容。如果黑尔斯大法官认为有，他肯定比别人更加易燃易爆。"我举了《保罗·普尔甘蒂和他的妻子》这个故事为例。**约翰生**："先生，那里面没有任何问题，只不过当可怜的保罗囊空如洗时，他的妻子要求他亲一下而已。不，先生，普赖尔的书是一本淑女书。哪位女士的书房里有这本书都不难堪。"

1777年
9月22日
星期一

提到疑病症时，约翰生博士认为它不像我估计的那么常见。"泰勒博士（他说）天天一样。伯克和雷诺兹也是相同。博克莱尔除了

---

① 费德鲁斯《寓言集》，第3卷，第14首，《嬉戏与严肃》。

② 阿夫莱克大法官。

③ 〈这没有必要，因为这件事在本世纪初已经由 Jacob Tonosn 做过了。——M.〉

a 我听说牛津伯爵霍勒斯有一本《妙语集》，出自那些只说过一次的人之口。

在病痛的时候也是一样。我自己不是这样；但是我一般不提这事。”

我抱怨一种倒霉的变化不定，使我无法长期持续对任何事情有固定的看法。在跟约翰生博士的交往中，有了解除这种不安的经历，这对我来说是最畅快不过的一件事。他稳定强劲的头脑把那些我自己孱弱、颤抖的想象屡屡展现在一种摇摆不定的状态中，以致我的理性无法对它们做出很好的判断的事物，稳稳地固定在我的面前。

约翰生博士今天劝我身边要有尽可能多的书；这样我在任何问题上要寻求教益，就可以随时阅读。“这时候，读的东西（他说）你就会记住；但是如果你手头没有现成的一本书，这个问题就会在你心中发霉，如果你再想研究它，那就是机遇了。”他又补充说，“如果一个人从来没有寻求教导的迫切渴求，他应当给自己定个任务。但是一个人心血来潮时读书更好”。

我们在马车上时他背了好多行贺拉斯的《颂歌》，我特别记得颂歌 Eheu fugaces [1]。

他说，争论荷马或维吉尔哪个比较而言更为优秀 [a] 是不正确的。
“我们必须考虑（他说）荷马是不是最伟大的诗人，尽管维吉尔或许 628
写出了最优美的诗。[2] 维吉尔全然创造了一部史诗的结构，还有许 1777年9月22日星期一
多美妙之处，这些都受惠于荷马。”

他告诉我，培根是他最喜爱的一位作家；但是直到编他的《英语词典》，他才开始阅读培根，他说，在《词典》里我可以看到培根经常被引用。苏厄德先生记得他曾经提到，仅依靠培根的著作就可以编一部英语词典，还说他曾经想编一版培根作品集，至少是培根

---

① “哎呀……飞逝的岁月如何溜走”——贺拉斯，《颂歌集》，第2卷，第14首，第1—2行。

a 兰顿先生告诉我，很多年前约翰生博士和伯克先生就这个问题展开激烈争论时，他刚好在场；用约翰生的话来说，他们“畅所欲言”；约翰生力挺荷马，伯克支持维吉尔。完全可以设想这是曾经展示过的最卓越最精彩的对垒之一。我们深感遗憾的是具体情况没有保存下来。

② 〈如果荷马的崇拜者们认为荷马不仅在时间上早于维吉尔，而且在优秀方面也更胜一筹，不正确从何而来呢？——鲍斯威尔〉

的英语作品集，并写一部这位伟人的传记。如果他实施了自己的心愿，无疑他会以最高超的手段完成这一杰作。马莱的《培根传》作为一部有关这一题材的精准典雅的论著，功绩卓著；然而马莱的思想还没有广博到足以包罗维鲁兰勋爵的天才和研究的广阔范围。沃伯顿博士因此这么风趣而公正地说，“马莱在他的《培根传》里，忘记了他是一位哲学家；如果他写马尔伯勒公爵传，他已经动笔，他可能忘记此人是一位将军”。

由于想弄清楚约翰生和我的一位朋友[①]给我讲的揭他的短的故事中有多少真实性，我把这个故事直截了当地向他提起，故事的大意是，一位和他亲密无间的先生[②]帮过他不少忙，甚至把他从负债人拘留所中解救了出来，这位先生后来陷入了恶劣的境地，有一天，约翰生和他一起吃饭的时候，他因负债被抓进了监狱；约翰生泰然处之，无动于衷，继续吃喝；当时在场的那位先生的妹妹看到这种情况压制不住心头的怒火：“先生，（她说）你怎么这样没有心肝，我哥哥遭难时你也不去看看是怎么回事；你可没少欠他的情？”听了这话，约翰生回答道：“夫人，我没欠他的情；他为我做的事情，他为一条狗也会做。”

约翰生向我保证，这个故事纯属向壁虚构：但像一个意识到自己正确，并一心想彻底证明那种指控纯属捏造的人一样，他没有盛气凌人地依赖单纯的否认和由他的总体人格作保证，而是这样说道：“先生，我是跟那位先生亲密无间，有次他还把我从拘捕中解救出来；但是他被捕时我绝对不在场，我绝对不知道他被捕的事，而且我相信，他解救我之后他从来没有处境困难过。我非常爱他；然而，谈到他的总体人格时，我可以说，尽管我不记得我真的这么说过，但由于他的慷慨不是出于什么原则，而是他显富的一部分内容，所以他会为一条狗做他会为一位朋友做的事：但是我从来没有把这

---

① 托珀姆·博克莱尔。

② 尊敬的亨利·赫维。

句话用到任何特定的事例上，当然不会用到他对我的关怀上。如果一个富人不重视他的钱财，把一大笔钱财赏给一名妓女，只把一半的数目，或者同等的数目拿出来接济一位朋友，这不能被看作美德。这就是关于那位先生我能说的所有的话，这话如果要说，也必须等 629
他去世之后再说。先生，我愿意走到天涯海角去解救他。关于狗的那句话，如果出自我的口，也是那种可能正在大力给一个人涂脂抹粉时脱口而出的俏皮话。”

1777年
9月23日
星期二

9月23日，星期二，约翰生对我格外亲切。由于我必须很快回苏格兰，我已经定于第二天启程，想到要与他别离，我不禁有种恋恋不舍的感情。这时候，他已经坦诚地向我讲了很多情况，它们都穿插在本书适当的地方；有一次，我碰巧提到我旅游的花费远远超出了我的预算，他说：“嘿，先生，如果花费造成手头不便，你有理由为此后悔：但如果你有钱可花，我不知道你能否以其他任何方式用钱买来同样的欢乐。”

在阿什伯恩的这次会见期间，约翰生和我屡屡乐不可支地谈到我们在赫布里底群岛之旅中出现的一些纯粹的琐事；因为它们在他的心头留下了一种最愉快、最永久的印象。

他挑我使用弄钱这一说法的毛病。“难道你看不出（他说）它的不妥吗？弄钱就是铸钱，你应当说挣钱。”我认为这个说法十分流行。约翰生时时都在提防对纯正英语的违犯，并且立马制止粗鄙的口语；例如用保证表示答应；用行业表示部门或分支，如民政行业，银行行业。他尤其愤恨一目了然：概念这个词只表示可以在脑海里形成一种意象的东西的时候，人们几乎普遍地把它用作见解或看法的意思。我们可以有一座山、一棵树、一座建筑物的概念，或意象，但我们肯定不能有一个论点或命题的概念或意象。然而我们听到法律贤达们说“把他们对这个问题的概念予以考虑”；议会的第一批发言者“与一位可敬的议员精彩陈述过的概念完全一致”；或者“谴责一种违背宪法并且充满了对一个伟大而自由的国家最危险的后果的概念”。约翰生管这叫“摩登黑话”。

我发现他发 heard 这个词的音[①]，仿佛它的拼写有两个 e，heerd，而不是通常的读音 herd。他说，他的理由是，如果它被读成 herd，ear 这个音节的英语发音就会有一个唯一的例外。他认为还是不要有这种例外的好。

他对多兹利编的《诗集》中格兰杰的《孤独颂》大加赞扬，并且铿锵有力地背诵诗的开头：

啊，孤独，浪漫蒂克的女郎，
无论你在晃悠的高塔旁徜徉；
还是出没于沙漠无踪的幽暗，
还是在张着大口的坟墓上盘桓；
630 还是把安第斯陡峭的山崖攀爬，
1777年9月23日星期二 还是在尼罗河僻静的源头旁驻扎；
还是从你长达半年的沉睡中惊起，
从赫克拉[②]把融雪的深谷俯视；
或者面对一天紫色的曙光，
塔德诺的大理石耗尽了眺望；

说，“先生，气势非常宏伟”。

晚上，我们的乡绅和另外两位用提琴演奏了很多曲子娱乐自己，款待来宾。约翰生希望他们把《让壮志点燃你的心》再演奏一遍，并且显出耐心倾听的样子；尽管他向我承认他感觉不出音乐的很多魅力。我告诉他音乐对我影响至深，以至于往往把我的神经刺激得痛苦不堪，在我的心头产生感情时而悲怆低迷，不由得要潸然泪下；时而勇敢果断，想奔赴枪林弹雨、血肉横飞的战场。“先生，(他说）如果音乐使我变成那样一个傻瓜，我就永远不会听它。”

① 〈在伊丽莎白女王时代，这个词无疑按其发音被人经常写成 hard。——M.〉
② 冰岛南部的一座火山。

音乐的好多效果，我相信，是由联想产生的。在身处异国的瑞士人心中顿时不可抵御地激起 maladie du pais[①] 的那种旋律，我听说，并没有内在的音响力量。我从自己的经验得知，苏格兰里尔舞曲，尽管轻快活泼，却使我心情忧伤，因为我早年常听那些乐曲，那时候皮特先生“从北方山区”[②] 招募士兵，大批勇敢的高地人纷纷前往海外，再也没有回来。而《乞丐的歌剧》中的乐曲，很多都十分温柔，却总是使我快活，因为它们与伦敦的温暖的感觉和高昂的精神有关。这天晚上，尽管有些曲调普普通通，演奏技巧也并不高明，但我的身心被激动了，我意识到一种对我的良师益友约翰生的无限依恋，还夹杂着一种深情的遗憾：他年已垂暮，不久之后我说不定会失去他。我想，我是能够两肋插刀保护他的。我热情满怀地尊敬他，爱戴他。我对他说：“我亲爱的先生，我们必须每年见一次面，如果你不和我争吵的话。”**约翰生**：“不对，先生，你跟我吵架比我跟你吵架的可能性更大。我对你的关切我几乎无法用言语表达；但我不喜欢老把它挂在嘴上，来回念叨；把它写在你的笔记本的扉页上，再也不要乱怀疑了。”

我对他谈到苦难就是今生今世“人的劫数”[③]，他的《人愿皆空》就是这么表现的。然而我说，做事总是根据快乐的设想；建豪宅，修名园，营造华丽的公共娱乐场所，来客蜂聚。**约翰生**：“哎呀，先生，这些只不过是为快乐奋斗。第一次进入拉内拉夫，我顿时觉得心旷神怡，就是那种我从来没有在别的任何地方体验过的感觉。但是正如薛西斯[④] 检阅他的百万大军，想到百年之后没有一个 631

1777年
9月23日
星期二

① 乡愁。

② 参比《犹滴传》(《圣经外传》中的一卷) 第16章，第4节。这个短语1766年1月14日因老皮特在议院的一次反印花税法的演说中加以使用，此后，便变得非常有名。

③ 《人愿皆空》，第1节，第156行。

④ 薛西斯 (Xerxes，公元前约519—前465)，大流士之后的波斯国王；率领大军对希腊进行一系列的远征，希腊人在萨拉米斯和布拉底取得决定性胜利之后，远征最终归于失败。

活在世上时，不禁潸然泪下[①]，同样，当我考虑到那个辉煌耀眼圈子里所有的人中没有一个不害怕回家思索的；那里的每一个人在独处的时候，思想是令人苦恼的，想到这里我不由得黯然神伤。”这种反思根据经验是正确的。跟在狂欢之后的慵倦感觉[a]究其本身是一种严重的痛苦；而且当心里空落落的时候，万千失望和苦恼便会乘虚而入来折磨人。很多哪怕是最公正的读者难道不愿意承认这是事实吗？

我提出，谈恋爱，因有望成功而心花怒放；或者对第二天有某种可喜的计划，这些情况也许会阻止产生我们一直在谈的那种苦恼。**约翰生**：“嘿，先生，有时候也许会像你想的那样；但我的结论在一般情况下，很遗憾，都是千真万确的。”

在一个宁静的秋夜，时辰已晚，约翰生和我两人站在泰勒博士的花园里仰望星空，平静地商讨，我把话题引向来世。我的朋友情绪平静安详。“先生，（他说）我以为死后万事万物并不是马上就能让我们弄清楚的。天道将会被逐渐给我们解释明白。”我贸然问他，尽管有些经文上的言词似乎强烈支持一种万劫不复的可怕教义，但我们是否可以希望这种天谴是象征性的，不会真正实施。**约翰生**：“先生，你要考虑来世惩罚的意图。我们没有理由相信我们不再会得罪**上帝**。我们不知道即便天使是否处于一种安全的境界；可我们知

① 公元前480年，据说薛西斯集合征服希腊的大军在阿拜多斯他面前单列行进时；他泪流满面（希罗多德，第7卷，第44—46章）。

a 蒲柏提到：

> 四仰八叉地躺在一把太安乐的椅子的肢刑架上。[1]

然而我想起了一位匿名作家于1758年写的一首美丽的富有教育意义的诗《美德，一封道德书信》中的两行对句跟我的主旨完全相反，诗人写极乐时说：

> 直到慵倦，在极乐的肢刑架上受罪，
> 坦言创造人类不是为了这个目的。[2]

1 亚历山大·蒲柏，《群愚史诗》第4卷，第342行。

2 R. 格里菲斯（R. Griffiths），《美德，一封道德书信》（1759）。

道有些天使堕落了。因此，为了保持人和天使处于一种正直状态，他们面前应当不断有对那些已经背离正直者的惩罚，这也许是不可或缺的；但是我们可以希望使用其他手段防止背离正直的堕落。关于这个问题的有些经文，正如你所谈，言词非常强烈；但可以允许对它们做出和缓的解读。”他用一种温和的语气对我讲这个可怕而棘手的问题，仿佛害怕显得武断似的。

632

1777年9月23日星期二

晚饭后，我陪他回到他的房间，在我的请求下，他向我口授了一篇辩护词，力挺在苏格兰最高民事法庭的一起诉讼案中要求自由的那名黑人。他一向积极反对各种形式的奴隶制，对此我尽管非常尊重，但我认为他展示了“一种不知情的热心”[1]。有一次，在牛津与几位显贵在一起时，他的祝酒词是：“在此为西印度黑人的下一次起义干杯。”一有机会，他对我们在西印度群岛和美洲的定居者的强烈偏见就显露出来。他在其《征税非苛政》临近结尾时写道：“我们在黑人监工中听到要求自由的最响亮的呼声，这是怎么回事？”在跟威尔克斯先生谈话时，他问：“贝克福德和特雷科蒂克在哪里学的英语？”[a][2] 特雷科蒂克的英语说与写都很漂亮，这是众所周知的。我自己就有幸收到过他关于勇敢的科西嘉人的书信。而贝克福德作为国王陛下“忠诚的伦敦市市长”，即便对国王陛下说英语也带着诚实果断的精神，在伦敦市政厅为他树立了一座高大的纪念碑专门纪念此事。

下面是约翰生博士口授的辩护词：

“必须承认，古往今来的大部分时代很多国家都让自己的一部分居民处在被奴役的境地；然而是否能把奴隶制看作人的自然状况，仍需怀疑。认为人的原始状况是不平等的，这是不可能的；想象除了靠暴力强迫一个人怎么会附属于另一个人，是非常困难的。一个人确实可以因为一次犯罪丧失自由；然而他不能因为这次犯罪丧失

---

① 参比《圣经·新约·罗马书》，第10章，第2节。

a 参见前边码第560页。

② 这句话的含义是这两个人都是土生土长的美利坚人。

他的孩子的自由。一名罪犯的情况似乎与一名俘虏的相似。一个人
可以因为被敌人征服在永久为奴的条件下忍辱求生，但是他能否把
那种被奴役的状况限定子孙后代继承，很值得怀疑，因为没有人能
够在没有代理权的情况下替另一个人签订契约。他本人接受的条件，
他的儿子或孙子也许会拒绝。如果我们承认这样的看法也许会更有
理由遭到否定，那就是，人与人之间存在着某些可以使奴隶制不可
或缺而且合情合理的关系，然而，决不能证明那个现在诉求自由的
人与这些关系有任何牵连。他隶属于现在的主人没有任何法律依据，
有的只是暴力法则；这位主人并不声称有权让他服从，只是说他是
从一个奴隶贩子手中买下他的，而奴隶贩子出售他的权利从未经过
审查。据说，根据牙买加法律，此人做奴隶是合法的：但这些法律
是纯粹的实在法，显然对人权有害，因为凡是被公开出售的人都被
宣判为奴隶，不可上诉。无论靠什么样的欺诈或暴力的手段，他原
来沦入了商贩的控制之下。在我们的时代，交给恶棍照管的王子们
被卖掉，以便接受一种欧洲教育。然而他们一旦被带到种植园的一
633 个市场上，他们的尊严也好，过错也罢，都起不了多大作用。牙买
1777年9月23日星期二 加的法律不给黑人提供补救。他的肤色被看作于他不利的充分证据。
可悲可叹的是道德权利竟然永远让位于政治便利。然而，如果利益
的诱惑有时候对于人类美德过于强大，那么让我们至少保留一种没
有诱惑会将其摒弃的美德，在本案中，一方有明显的权利，另一方
却没有便利。本岛的居民剥夺任何一部分人类的自由，既不能获得
财富，也不能获得权力。本辩护词的要旨是：没有一个人天生就是
另一个人的财产，因此，被告天生是自由的。天赋的权利在能被正
当剥夺之前，一定有所丧失：被告由于任何行为已经丧失了天赋的
权利，我们要求予以证明；如果给不出那种丧失的证据，我们毫不
怀疑，法庭的公正会宣告他自由。”

我清楚地记录了约翰生博士关于这起案件的辩护词；也许他说得对。但是关于奴隶贸易，请允许我提出对他的总体理论的严正抗议。因为我敢断言——他之所以对奴隶贸易有不利的看法，那是由

于偏见，由于获取了不完善的或者虚假的信息。一段时期以来，为了获得我们立法机关的一项废除如此重要而又必要的一支商业利益的法令，有人不依不饶地进行着放肆而危险的图谋，要不是徒劳地领导这种图谋的狂热分子无足轻重，使有巨额财产卷入那种贸易的大批种植园主、商人和其他人有充分理由认为没有什么危险，否则那种图谋必定会被立即粉碎。这种图谋得到的鼓励激起了我的惊奇和愤慨：尽管有些才能出众的人士支持它，不管他们是在飞黄腾达后贪图走红一时，还是在山穷水尽时唯恐天下不乱，我的看法是毫不动摇的。废除一项千秋万代由**上帝**认可、人类继续的状况，不仅对我们广大阶层的同胞是抢劫，而且对非洲的野蛮人也极端残酷，因为这种贸易可以挽救其中的一部分人免遭屠杀，或者免遭在他们本国难以忍受的奴役，而且把他们引进了一种快乐得多的生活状态，尤其是现在他们进入西印度群岛，他们的待遇得到人性化的调整的时候。废除这种贸易就会

——关上对人类的慈悲之门。[a]

不管其他地方会通过有关它的什么法令，**上院**是明智而独立的：

Intaminatis fulget honoribus;
Nec sumit aut ponit secures
Arbitrio popularis auræ. ①

关于这个问题，我进行过大量的阅读、交谈和思考，而且愿意向所有能够信服的人推荐我博学而机敏的朋友约翰·兰比先生写的 634

1777年
9月23日
星期二

a 格雷《挽歌》，第68行。

① “美德，它无法知道被拒绝的耻辱，所以闪耀着无瑕的荣光，面对人们意愿多变的风气，既不接受也不放弃权杖”——贺拉斯，《颂歌集》，第3卷，第2首，第18—20行。

一本优秀的小册子，题名为《对废除奴隶贸易的怀疑》。我愿意把哈德威克大法官称赞一本叫作《德尔顿的怀疑》的苏格兰法律书的说法用到兰比先生的《怀疑》上；“**他的**《怀疑》，（大法官说）比大多数人的肯定还好。”

现在我对约翰生说，恐怕把他耽搁得太晚了。“不，先生，（他说）就是跟你聊个通宵，我也不在乎。”这是从一位六十九岁的老人嘴里听到的最有气魄的一番讲话。

我本应当格外小心不要惹他不高兴，如果我做到了，我不知道这次夜战是否可以实现；可不幸的是，我进入了一场有关大不列颠对美利坚课税的权利的辩论，并力图为大西洋彼岸的我们的同胞辩护。我一口咬定美利坚可以被治理得很好，而且可以借助影响让他们产生足够的税收，爱尔兰已经做出了榜样，民众想到加入不列颠体制内便十分高兴，因为他们有了一批代表，没有这些代表的同意就不能从他们身上索取钱款。约翰生无法忍受我这样反对他曾经热火朝天地力挺的主张，不由得激动万分，他的回答，或者毋宁说申斥，使我大为惊恐，我由衷地悔恨自己没头没脑地引入了这个话题。然而，我自己也激烈起来，于是刚才我们还高高兴兴地进行的心平气和的哲学讨论风云突变。

我谈到不列颠议会的腐败，我声称，任何问题，不管怎样无理或不义，都可以靠用贿赂得到的多数通过；我以高度赞赏的口气谈到罗马元老院，好像是由衷心希望解决他们认为对国家最好的事务的人士构成。我的朋友不承认罗马元老院有那种品格，他坚持认为不列颠议院并不腐败，没有使议员腐败的理由，一口咬定在议院面前几乎没有什么重大问题存在，几乎没有任何问题让哪一方的人可以不很好投票的。他说，在他那个时代，除了有关美利坚的问题就没有任何重要问题。

由于我一时不慎，引发了一场争论，结果把我们争得精疲力竭；他随后也没有心情随便谈些轻松愉快的事情。这样一来，一两个钟头之后，我们都不欢而散，各自上床就寝了。

9月24日，星期三，约翰生博士还没有起床，我就进入他的房间，发现昨夜的暴风雨已经消歇，我便坐在他床边，于是他像往常一样机敏，愉快地聊起来。他建议把我购置来的一座大沼泽农场的相当大的一部分开垦种植，他还对花费和收益做了几次计算：因为 635
他喜欢在数学计算上锻炼脑子。一开始他用一种非常有效的方式逼 1777年
我相信种植的重要性，还引经据典说“In bello non licet bis errare.[①]” 9月24日
随后又补充说：“种植中也一样。” 星期三

我满心感激地说到泰勒博士的殷勤好客；证据是，约翰生之所以屡屡拜访他，并不仅仅是冲着他的好饭好菜来的，我提到我的朋友已经忘记了的一件小事，听我说过以后，他微微一笑。一天晚上，我正坐在他身旁，弗兰克传达了这样一段口信：“先生，泰勒博士向你问好，并请你明天和他一起吃饭，他搞到了一只野兔。”——“我向他致意（约翰生说）我会跟他一起吃——野兔或家兔。”

早饭后，我便告别，启程北上。我从青年客店雇了一辆驿车，这是阿什伯恩的一家上好的客店，老板娘是一位十足的淑女，屈膝礼行得很深，她把自己客店招牌的一帧镌刻图赠给我，还在上面用极其简洁的文体亲笔写了一段赠言，我把它贴在这一时段我的一页日记原稿的边沿上，我把它插在这里，聊博读者一哂。

> **基林利太太**的责任就是接待鲍斯威尔先生，对他的这次惠顾万分感激；无论他何时来到此地，定将继续尽同样的地主之谊。倘若鲍斯威尔先生将本店向他的众多的相识提及，那将是对除了一个表示最衷心的感激，最恳切祈望他及时快乐、福泽绵绵外，别无其他能力回报的人的非凡眷顾。——周二晨。

从阿什伯恩的这次会见中，我又进一步增加了我的约翰生储藏。我把自己的日记原稿交给了威廉·福布斯爵士过目，因为我总对他

① “战争中一个错误不许犯两次。”

怀着理所当然的信任；他写给我的有关信件大大增加了我作为约翰生传记作者的信誉。因此，我希望读者会恩准我把它穿插在这里："不是翻阅一两遍（威廉爵士说）就能让我满足的；因为我从中发现的不仅有高度的愉悦，而且有高度的启迪；我从约翰生博士令人叹服的讨论中获取的教益比我能从他的个人谈话中汲取到的更多；因为，我估计世界上没有一个人他会像对你那样推心置腹。"

我不能漏掉在查茨沃思附近的伊登索客店发生的一件奇事，为了一览这家客店的气派，我在去苏格兰的路上绕了一个大弯。这家客店是由一位快活的老板经营的，我想他的名字叫马尔顿。他碰巧提到"大名鼎鼎的约翰生博士曾经到过他家"。我问这位约翰生博士是何许人，好听听我这位主人对他的看法。"先生，（他说）大作家约翰生；奇人，人们就是这样叫他的。他是英国最伟大的作家，他替内阁写文章；他跟海外有通信往来，让海外的人知道正在发生的事情。"

636 我的朋友由于对我不加修饰的叙述的可靠性完全信得过，修饰则是虚假或虚构的过于温和的叫法，所以对于他自己被如此形容笑得不可开交。

1777年
9月29日
星期一

鲍斯威尔先生致约翰生博士

我亲爱的先生， 爱丁堡，1777年9月29日。

通过首次邮班我告知你我已平安到家，看到妻子儿女个个身体健康我深感宽慰。

回顾我们最近的会面时，我觉得它所满足的期望，几乎超过了我付诸实行的任何快乐计划。我的日记里贮存着智慧和风趣；我的记忆里充满了对生动真挚的感情的回想，这些感情，我认为，现在给我的满足比当初激发出来时更大。在别的一些场合，我也有这种体验。如果你能给我加以解释，我当万分感激；因为遥远的欢乐比眼前的欢乐竟然更加生动，这似乎不可思议。希望你发现自己有兴趣的时候，不吝赐教；但我并不抱

Chatsworth
Derbyshire in 1775

很大希望；因为我注意到，除非事态非常严重，你给我写的信上并不回答我写到的问题。

〔我曾向他提到过给我常讲他的坏话的那位先生[①]的名字，他又彻底否认了那些话的真实性，我在信中表达了对此事的不安；因为我这么做可以被解释为背信，得罪了一个我很重视交往的人。——因此，恳切要求在我来伦敦有机会跟那位先生商量之前，不要向任何人提及。〕

致詹姆斯·鲍斯威尔先生

亲爱的先生，——你会心里纳闷，或者已经纳闷，为什么没有我的来信。你回去后写给我的信一副战战兢兢的样子，使我很不高兴。我不能很好地完成你的意愿；我也用不着用拒绝来惹你生气。我已经见过——先生，关于他，我已经把事情摆平，据我所知对你没有任何不便。思雷尔夫人已经把那个故事忘了。现在你可以放心了。

我当然希望你放心，就因为你长途跋涉前来看我的这片盛情。可惜的是，让你痛苦了这么长时间，但回顾这件事，我看不出我还能做什么比已经做的更好。

希望你回家后发现我亲爱的冤家和她的小家伙们身体健康，没有理由对你的旅行感到后悔。我满心感激地思量这件事。

你把我留在博士家时，我就身体欠佳，随后情况更糟；然而我还是待着，可到了利奇菲尔德病就重了。然而，旅行并未使我病情加重；到伦敦后，我便听从召唤去了布赖顿，在那里
637 我见到了博克莱尔，并且逗留了三天。

1777年 9月29日 星期六

我们的**俱乐部**上星期五重新启动，可是我没有到场。兰顿

① 托珀姆·博克莱尔。

又有了一个丫头[a]。思雷尔夫人有望得到一个小酿造商。他们去年做生意赚了很大一笔，他们的花销也是相称的。

威廉斯夫人的健康状况很差。我有一个阶段呼吸非常困难，吃力；但通过通便、节食和其他手段情况大为好转。然而，我的健康和休息还远不尽如人意。

布莱尔博士的布道文现在有口皆碑；可是让他想想，我却有首先发现他、首先称赞他的优秀的功劳。我没有再去随声附和，推波助澜。

我亲爱的朋友，让我再次感谢你的看望；你给我带来极大的荣光，希望没有遇到什么使你扫兴的事情。我在阿什伯恩待了很久，并不十分高兴，但离开时又怅然若失。随后我去了利奇菲尔德，发现我的斯托山的朋友[b]病危。这就是人生。无论如何，让我们努力好好过，因为肯定后面还有情况。

好了，希望万事如意，尽快来信，你深情的仆人，

伦敦，1777 年 11 月 25 日。　　　　**塞姆·约翰生**

致塞缪尔·约翰生博士

我亲爱的先生，　　　　爱丁堡，1777 年 11 月 29 日。

今天的邮班送来你的一封信，总算消除了我的不安。我真的疑心重重，惴惴不安——既有我自己的原因，也有你的原因，由于我不慎提到了那位给我讲过你的坏话的先生的名字，因此我心急火燎地要确保不要发生任何不良后果；因为我很难想到你可能会拖延这么久才让我心安，除非你病了，我对你的担心可不算小。当我斗胆告诉你这次对我显得太冷漠时，你可千万不要生气。“使你很不高兴的那副战战兢兢的样子”是这里的一

a　他生了一个女儿。
b　阿斯顿夫人。

位朋友[①]向我提示的，我向他提到那段离奇的故事，后来又发现它是假的，是要举例说明一个人可以怎样被显然非常可靠的依据所欺骗。然而，由于我依然相信我不提那位先生的姓名还是可以了解实情，所以我这样做是错误的，我就不明白你责怪我战战兢兢倒是正确的。但是就算你的非难一贯正确，难道你就不可以更加温存地对待我吗？

我大约在十月中旬去了一趟阿夫莱克，与家父非常舒畅地过了一段时间。……

我应聘参与了一起对一名乡村教师的刑事起诉，因为他对自己的女学生有非礼行为。没有针对那种恶劣行为的成文法；但在不成文法上它可受惩处。你要是在这次特殊审判中助我一臂之力，我定会感激不尽。你忠实、卑微的仆人，

詹姆斯·鲍斯威尔

638 1777年 11—12月

大约在这个时候，我写信给约翰生，向他汇报了最高民事法庭对那起黑人案件的判决情况，这一判决应当被那些对哪怕最温和、管理最完善的奴隶制深恶痛绝的人士（我毫不犹豫地宣布我不是这种人）怀着高度敬佩的心情记在心里，认为给苏格兰争了光；因为它比英格兰判决的萨默塞特[②]案件的依据更加充分[a]；由于实际上是这样一个普遍问题，那就是，任何形式的服事一名主人的永久义务是否应当被一个自由国家的法律认可。一个当时叫作约瑟夫·赖特的黑人，是非洲土著，被人用奴隶贸易的通常渠道带到牙买加，由该岛的一位苏格兰绅士买下，随后跟随他的主人来到苏格兰，在苏格兰有好事之徒向他表示，他会被判定有权享受无限的自由。于是他

① 也许是格兰奇的约翰·约翰斯顿。

② 萨默塞特（James Somerset，活跃于1772年），奴隶；从弗吉尼亚到达英国后停止给他的主人服务，拒绝回去；案件的焦点是殖民地法律和国内法律关于奴隶制的冲突；曼斯菲尔德勋爵做出的裁定具有质疑奴隶制合法性的效果。

a 参见《公诉案判例》第11卷，第339页和哈格雷夫先生的辩护词。

提起了诉讼，在这一过程中双方的辩护律师都出尽了风头。麦克拉林先生由于替那名黑人辩护[a]已经受到约翰生的赞扬，同一方的麦科诺基先生由于他的机敏和非凡的调查研究而出人头地。主人一方的卡伦先生展示了可靠的信息和稳健的推理，而且得到了以果断的理解力和知书晓世闻名的詹姆斯·弗格森先生的大力支持。然而，亨利·邓达斯先生却对那个陌路黑人的案件慷慨陈词，我对这番讲话怎么赞扬也不过分。邓达斯先生的苏格兰口音往往被徒劳地咬定是对他在议会里无双辩才的一种妨害，但在他自己的故土上就不是什么不利因素了。我断言，关于这个永志不忘的问题，他给我，我相信，还给所有的听众，留下了某些古代最杰出的演说所产生的那种情绪。我可以慨然证明一位老朋友也有这种优长，尽管我命中注定和他在很多政治问题上有严重分歧；然而我说服自己不怀恶意。最高民事法庭的绝大多数法官们做出了有利于那个黑人的判决。然而其中四位，法庭庭长，埃利奥克大法官[①]，蒙博多大法官，科温顿大法官，则坚决主张古往今来世界各国，而且在自由像在古希腊、古罗马盛行的时候一直被承认的一种地位的合法性。

致詹姆斯·鲍斯威尔先生 639

1778年
1月24日
星期六

亲爱的先生，——现在是人人向自己的朋友表达美好祝愿的时候，所以我把自己的美好祝愿赠给你和你的家人。祝你们

---

a　这句箴言选得非常恰切：

Quamvis ille niger, quamvis tu candidus esses.[1]

我不可避免地要提及一个既真实、又奇怪的情况，有一位从业经验相当丰富的同案律师，关于他，人们不能不说是Ingenuas didicit fedeliter artes[2]，他挂着一脸的轻率自信向麦克拉林先生："这些话是你自己的吗？"

1　"尽管他是黑的，你是白的"——维吉尔，《牧歌》，第2歌，第16行。

2　"一个对文学七艺了然于心的人"——奥维德，《书札》，第2卷，第9封，第47行。

①　埃利奥克（James Veitch, Lord Elliock, 1712—1793），法官；爱丁堡法学界和文学界很受欢迎的一员；皮布尔斯郡主要法官（1747）；与昆斯伯里第三代公爵关系密切；苏格兰皇家银行副行长（1776）。

长命百岁、快乐如意。我一直身体不适，但愿不要加重。

你应聘起诉的那名教师罪行十分严重，可以被认为屡见不鲜。在我们的法律里，这算是违反治安。而且是一种轻罪：也就是说，一种不明确的罪行，不是死罪，但法庭可自由裁量予以惩处。你不会缺少事实依据的：需要说及的事情很容易出现。

《盖尔语语法》的作者肖先生希望我替他向埃格林顿勋爵请求，任命他在一个新建团里当牧师。

我们的朋友们一切照旧；无论好事还是坏事都不大遇到。思雷尔夫人把一根黑色的大发卡戳到眼睛里了；但拔出来以后眼睛并没有发炎，现在差不多好了。雷诺兹小姐身体一直欠佳，不过现在好一些了。威廉斯夫人健康状况极差。

如果我还要写下去，或许我要写的就只有抱怨了，所以我只愿意告诉你，我总爱想你，总爱收到你的来信；你忠诚的，

1777 年 12 月 27 日，　　　　**塞姆·约翰生**

致塞缪尔·约翰生博士

亲爱的先生，　　　　爱丁堡，1778 年 1 月 8 日。

你的新年贺词里夹杂着抱怨：我的也得如此。妻子有一段时间病得很厉害，三个月不曾出门，病是重感冒，伴随着一些令人惊恐的症状。

〔在这里我特别描述了这个无论如何是我最亲爱的人所遭受的困苦，以及我现在所处的忧心如焚的凄凉景况，还说我从来没有像现在这样更加需求他令人安慰的哲学。〕

你看过一个苏格兰人威尔逊写的一本书吗？按照某一时期文人们的习俗他用的是拉丁文名字 Volusenus。书名叫 *De Animi Tranquillitate*[①]。我迫切渴求平静。Bona res quies[②]：但我担心永

① 《关于心平气和》。
② 心平气和好。

远达不到那种境界，因为一旦无所事事，我就变得闷闷不乐，工作激发我的狂热……你最深情、恭顺的仆人，

詹姆斯·鲍斯威尔

致**詹姆斯·鲍斯威尔先生**

亲爱的先生，——对于一封像你上次那样有意思的信，应当有所回复，不管我多么地不想命笔。

你对夫人的病惊恐万状在情理之中，这和病象不是不相称的。但愿你的医学朋友[1]的推测现在已被证实，对肺结核的种种恐惧就此终结，稍加养护和锻炼就会恢复她的健康。伦敦是女士们的佳境，如果你把她送到这里来，我愿意为她做她为我 640
做过的事情——我愿意腾出我的住所，供她居留。好心照顾她， 1778年
让她心情愉快。 2月3日 星期二

你好像总是需要温存。那你就知道，在本年的第一个月我就高度地敬重你，亲切地热爱你。我希望在我们的有生之年，每年伊始都这样告诉你；为什么我们还要不厌其烦地更加经常地说这些话，听这些话呢？

告诉韦罗妮卡，尤菲米娅和亚历山大，我不仅祝愿他们的父母，也祝愿他们年年快乐，岁岁幸福。

你结了黑人的案，很合我的心意。阿夫莱克大法官和亲爱的黑尔斯大法官都站在自由一边。黑尔斯大法官的名字在指摘我；但如果他看见我对自己的事务疏懒忽视，他就会可怜而不是气恼我对他的事务的忽视了。我希望补救，ut et mihi vivam et amicis。[2]你深情的，

1778年1月24日。 **塞姆·约翰生**

向我的旅伴约瑟夫致意。

---

① 也许是亚历山大·伍德医生。

② 好让我为自己，也为朋友活着。

约翰生与威尔奇先生保持着一种长期而亲密的友谊，威尔奇接替大名鼎鼎的亨利·菲尔丁担任国王陛下威斯敏斯特的治安法官；有一个固定的办公室处理那个大区的警务；多年来忠实而干练地履行这一重托。约翰生有一种急切而永无休止的好奇心，想了解人生百态，所以告诉我，他整整一个冬天就待在威尔奇先生的办公室里，听他审讯罪犯；只不过他发现了一种几乎是一成不变的不幸、悲惨和放荡的状况。威尔奇先生的健康受到损害，别人劝他试试温暖气候的效果；约翰生靠他跟夏米尔先生的关系让威尔奇获准去意大利度假并且得到政府给他的两百镑的年薪照发不误的许诺。于是威尔奇先生在他女儿安妮的陪伴下前往海外，安妮是位天赋非凡、热爱文学的年轻女士。

致**桑德斯·威尔奇先生**，罗马，英国咖啡馆

亲爱的先生，——让我最要好、最亲爱的朋友之一在外国居留几乎两年而未见一封来信，这是一种非常可耻的漠不关心的现象。可实际情况是，长期以来，我没有什么特别的事情好说；表达祝愿的套话我以为，我们的长久友情太巩固，用不着。

至于公众事务，你走到哪里，都会从报纸上得到有关信息，因为英国人从不保密；至于别的事情，诺勒肯斯夫人会告诉你。因此我的情报不会有任何用处；南茜小姐的来信使我觉得没有必要给你写信再了解情况：我有段时间同样情绪不好，因为发现多活动、多晒太阳并没有像我预期的那么快地恢复你的健康。至于你的健康，近来的消息则更令人欣喜；我相信，你又长了几岁，但你广泛旅行，随处居留，这使你能够获取并积累大量
641 景象和观感，从而见了大世面，这样，你这几年定会过得更加
1778年2月3日星期二 愉快，这么一想，我就有一种满足感。你旅行时还有的这样一种福气，这几乎是你特有的，那就是，你的旅伴自始至终跟你形影不离；而且还要和你一起继续生活下去，互相帮助予以回味，并且补充彼此的遗漏。世界上，很少有比两个朋友在很久

以后再追溯他们一起经历的那些往事更加快乐的了。老年人的苦痛之一就是不容易找到一个能与他分享过去的同伴。你和你的旅伴把这种惬意贮存起来，你们的谈话不会轻易枯竭；一个人总会乐意说另一个人总愿意听的事情。

但愿你可以长期享受这种欢乐，你的健康必须得到你一贯的注意。我估计你打算今年回来。不必着急：不要在仲夏之前到这里来，这样就可以逐渐陷入家乡气候的麻烦之中。七月似乎是适当的月份。八月和九月会使你准备过冬。不远万里才找到健康，你千万要当心不要在家里把它失去；希望稍加留心会有效地把它保持下去。

南茜小姐无疑坚持不懈地记了翔实的日记。没有大量的信息，她可不要指望回来时会受到欢迎。让她经常检查日记，把她发现漏记的事情写下来，这样她就可以尽可能少地靠记忆了，因为记忆很快会被一连串的事情搞糊涂的；于是她对自己讲的事情的真实性的信心就一天不如一天，除非她能依靠一些笔记。如果她只满足于一星半点的线索，而不是完整的记述，那就趁她记忆犹新，趁她父亲的记忆可以帮助她，让她补足这些缺失吧。如果她遵守这一指点，她就会不虚此行；因为她会把一本书带回家，她可以用它终生愉悦自己。如果现在不是为时太晚，我劝她把对任何新奇的东西看第一眼在心头留下的印象记下来。现在让她把能想起的想法记下来；因为尽管也许已经淡漠，它们还会一天比一天淡漠。

我想你也许希望知道一些关于我的事情，可能我并不是毫无道理地自鸣得意。我可以不谈健康满足你的仁爱之心。时光的手，或者疾病的手，沉重地压在我身上。我夜夜辗转反侧，胸部抽搐、肠胃气胀，辗转反侧的夜晚搞得白天沉闷难熬。但发牢骚又有何用，因此就此打住。等见面时，我们愿意努力忘掉忧愁，忘掉病痛，尽量想办法让对方高高兴兴。如果我跟你一起去，我相信我会好一些；但我还不知道这事你能否办到。

你最恭顺的仆人，

1778年2月3日。　　塞姆·约翰生

642 这封信，尽管就旅行怎样才能获益最大，提出了令人佩服的忠告，因此还会具有普遍用途，但它却是约翰生古道热肠的又一突出证据[a]。

1778年 2月26日 星期四

致塞缪尔·约翰生博士

我亲爱的先生，　　爱丁堡，1778年2月26日。

我拖延了将近一个月才感谢你上封深情的来信，原因何在，我说不上；因为这三个星期我的心情比以往的一些年要好。我相信我一直在回避，直到我能够把黑尔斯大法官的一份关于该黑人案件的看法寄给你，他希望你过过目，并且纠正任何可能会有的语言错误；因为他说“我们生活在一个好吹毛求疵却不好学的时代；所以我寻求在埃阿斯[①]的盾牌下藏身”。我向他转达了你为滞留他的《编年史》稿太久而表示的歉意。他说：“我看到约翰生博士处在一种慵倦状态，非常痛心。为什么一个头脑清醒的基督徒，既不是狂热分子，又不是狂妄之徒，就应当非常快乐或者非常悲伤呢？”我羡慕大法官轻松舒畅的体质，但我清楚地知道慵倦和沮丧在折磨最杰出的人，不管他们的原则是多么优秀。我拿着黑尔斯大法官亲笔写的意见稿，把它保存了一段时间。我当时拖延的借口必定是，我想把它抄一份；可现在我把它拖得太久，所以随身带来比寄来要好一些，因为我当面求你时，我可能会逼你快一点过目。

---

a 威尔奇先生和他的友谊是牢不可破的，威尔奇先生去世比他早不了多少个月，却遗赠他五几尼买一枚戒指，约翰生把它作为一个深情的纪念品满怀温情地接受下来。他一贯关怀他的朋友威尔奇先生的女儿们；其中一个，简，嫁给了雕塑家诺勒肯斯，他的功绩家喻户晓，用不着我的任何赞誉。

① 埃阿斯（Ajax），荷马史诗中一名希腊军队首领，以蛮勇著称。

感谢**上帝**，我妻子好多了，她对你殷勤表示要腾出自己的住处非常感激：不过，如果她要去伦敦，最好还是住在空气更为新鲜的海德公园周边地区。可是我很怀疑我是否能说服她陪我到首都来；因为她和你我迥然不同，她讨厌旅行；她太操心孩子，认为远离他们她就会心情郁闷。因此她希望宁肯到苏格兰的乡下什么地方去，这样就可以把孩子都带上。

我打算下个月20号左右来伦敦，因为我觉得作为道格拉斯的一名律师，在汉密尔顿公爵和他之间重大的最后角逐中在上院出庭，是件风光的事情，……

可怜的威廉斯夫人病情很重，我很难过：尽管她脾气不好，但她一向对我很客气，很体贴。我希望好心的莱韦特先生快乐长寿，我估计他还在你的早餐桌上占着他惯常的位置[a]。你深情卑微的仆人，

詹姆斯·鲍斯威尔

又： 643

我亲爱的先生，　　　　爱丁堡，1778年2月28日。

你目前正在英国诗人中间忙碌，为教育公众，娱乐公众，在撰写评传性前言。因此请求你对我和一位女士就帕内尔的一段文字引起的争论做一定论，不至于不合时宜。诗人告诉我们，他的隐士离开自己的小屋

“——凭目睹了解这个世界，
看看书本还是乡下小伙说的正确；

a　德罗莫尔主教珀西博士幽默地说，莱韦特吃的早饭是一块面包卷的皮，约翰生把面包心给自己剥下来后，就把面包皮扔给他卑微的朋友。〔也许“扔”这个词在这里太刺眼。约翰生博士从来不鄙薄莱韦特。〕[1]

1　〈种种情况表明，他对莱韦特关怀备至。我经常看见约翰生吃早饭时有莱韦特作陪，或者不如说侍候，他总是负责端茶倒水。——M.〉

（因为他了解世界仅靠乡下小伙，
小伙的脚把夜露统统踩过。）”①

我认为这里前后矛盾；因为隐士对世界的种种看法是由书本和乡下小伙的说法形成的，正确地说，他不是仅靠乡下小伙了解。请在我们两人中做一裁决，并把你的理由告诉我们[a]。

自从诺思勋爵的宣言，或者坦白，或者不管把他的和解讲话叫什么，发表之后，你怎么看《征税非苛政》？②我在政见方面跟你只有两点不同——米德尔塞克斯选举，英国下院对美利坚人的征税。议院一词中有种魅力，所以我避而不用。由于我是个坚定、热情的托利党人，我感到遗憾的是，国王看不出通过有国王本人的代表参加的美利坚人自己的议会的声音，国王从他的美利坚臣民那里接受宪法规定的供应，要比通过他的英吉利臣民这个中介接受更有好处。我相信，我希望增强的王权，在跟它所有的领地直接接触的时候，要比如果“浩荡皇恩的阳光”[b]穿过一个现代的不列颠议院这样一个浓密浑浊的物体“照耀”美利坚，更加有力。然而这个问题已经说够了；因为你在阿什伯恩对它的怒吼仍然在“我的心耳里”③可怕地回响。你最深情卑微的仆人，

詹姆斯·鲍斯威尔

---

① 托马斯·帕内尔，《隐士》，见《杂诗集》（1722），第165页。

a 参见这个问题在1779年5月3日的讨论〔第735页〕。

② 1778年2月19日，首相诺思勋爵向议院介绍了他所谓的“和解建议”，从而结束与北美殖民地的冲突。

b 典出他的《人愿皆空》中一行描写沃尔西红衣主教兴高采烈的状态：

浩荡皇恩的阳光照透了他。

③ 参比《哈姆雷特》，第一幕，第2场，第184行。

又：

我亲爱的先生， 爱丁堡，1778年3月12日。

你近日生病的警报只使我痛心了几个小时；因为警报传来的当天晚上，我在《伦敦纪事报》上发现它遭到了驳斥，这我可以信以为真，因为斯特拉恩先生就是印报人。我没有看到那份宣布"一盏明灯快要熄灭"的报纸。威廉·福布斯爵士给我讲了这个消息；他说，他看见我惴惴不安，所以他就没有用他读到的那种强烈的言辞给我说这个消息。他后来寄给我一封兰顿先生写给他的信，看完后我放心了许多。然而我还是不太轻松，因为没有收到你的信，所以现在看到你之前我还是不那么舒畅，因为明天在邮班来之前我就动身前往伦敦。我希望星期三早晨见到你；你的满怀最高敬意、感激涕零、忠诚、深情、卑微的仆人，

644

1778年3月12日星期四

詹姆斯·鲍斯威尔

3月18日，星期三，我抵达伦敦，好心的弗兰西斯先生告诉我，他的主人好多了，到斯特雷特姆的思雷尔先生家去了，我便给他写信，寄到那里，要求告诉他什么时候在城里。他一时半会等不来；但是第二天我到威斯敏斯特的教长院拜访泰勒博士，发现他在那里，才知道他进城已有几个小时了。他以惯有的好意欢迎我，随后又立即回头去写我进来时他正埋头写的东西，似乎非常专注。发现他这么忙，我不便久留，也没有听他多说什么，他只是表示了一种深切的遗憾，说我们的一位朋友①，考虑到他显得多么狼狈，生活过于靡费。"如果（他说）一个人在花销上摆阔气，如果他花钱买自尊，或者花钱寻欢作乐，他倒有价值：可是如果他让别人替他花钱，尽管这种情况屡见不鲜，他并没有从中得到任何好处。"

3月20日，星期五，我发现他在自己家里，坐着与威廉斯夫人

① 本内特·兰顿。

聊天，我得知原先指定我住的那间屋子现在已挪作慈善用途；德穆兰夫人[a]，我想还有她的女儿，以及一位卡迈克尔小姐全住在里面。他的仁爱，他的慷慨还不止于此，德穆兰夫人亲口告诉我，他一星期还给她半几尼。要记住，这超过了他的恩俸的十二分之一。

他的慷慨大方在他一生的各个阶段都非常突出。约翰生早年曾在利奇菲尔德的霍华德先生的父亲家受到很好的接待，霍华德先生告诉我，他小的时候在"特权家园"慈善院里上学期间，他父亲给他写信要他去拜访塞缪尔·约翰生先生，他便遵命照办。他发现约翰生住在一个样子寒酸的楼上房间里。约翰生非常客气地接待了他，就像对待小学生一样，他谈到很多他自己受教育的过程和其他一些具体情况。后来他明白了这位伟人的高风亮节后，他回忆起了约翰生这种屈尊俯就的表现，无限惊奇。他还说，他临走的时候，约翰生先生给了半个几尼；霍华德先生说，这时候他也许只有这点钱。

645 我们离开威廉斯夫人来到另一间屋子，汤姆·戴维斯很快也来

1778年3月21日星期六 到我们中间。他现在的景况十分不幸，全靠约翰生博士一片仁心，想了很多办法减轻了他的困苦。他走了以后，约翰生责怪他离开舞台的愚蠢行为，本来他和妻子靠演出一年有五百镑的收入。我说，我相信那是因为丘吉尔对他的攻击。

他念一个句子，就像狗啃一块骨头。[①]

约翰生："我也这么相信，先生。不过，一个人被一行诗赶下了舞台，这算什么人嘛？如果再来一行，就会把他撵出他的店铺。"

我告诉他，我作为律师在下院法庭反对斯特林郡的道路议案，问他他建议我遵循什么方式向那样一群听众讲话。**约翰生**："嘿，先

a 约翰生的教父斯温芬博士的女儿，书法教师德穆兰先生的遗孀。

① 丘吉尔，《罗西亚特》第1卷，第322行。戴维斯的演艺生涯自从在乐池里看见丘吉尔后就衰微了（丘吉尔已经攻击过戴维斯的清晰发音，并且对他娇媚动人的妻子频送媚眼），他搅了加里克也扮演角色的场子。

生，你必须准备大量不相干的材料，时不时地拿出来，好填补时间；因为你必须考虑，他们并不认真听。如果一开始就使劲讲你的案子，也许在他们开始听之前，就没劲了。在引起他们注意的一刹那，把问题的关键全压给他们。”他说，至于关键的一点，他认为“剥夺小土地所有者主张他们具有的修路养路的权利是错误的；那是摧毁一部分自由，没有一点站住脚的理由，这从来都是一件坏事”。第二天我把这种看法向威尔克斯先生提起，他兴冲冲地说，“什么！他谈到自由啦？自由在他的嘴里就像宗教在我的嘴里一样可笑。”关于在下院法庭上讲话的最佳方式，威尔克斯先生的忠告对于议员并不比约翰生博士的劝告更加尊敬。“尽可能地放肆，尽可能地快活，什么最要紧就说什么。杰克·李[①]在那里对任何律师都听得最认真；他是一条最无耻的狗，总是辱骂我们。”

这天晚上与约翰生博士的会见中，我十分轻松，完全以他的同伴的身份与之相处；我在自己的日记上找到了下面一段感想：“我要说的事情会招致不满，我早有心理准备，到头来心情却如此轻松，我反而有怅然若失之感。**塞缪尔·约翰生**先生是集文学、道德、宗教品格于一身的复杂、伟大的人物，我失去了通常观照他时所怀的那种敬畏。我对神秘怀有一种神奇而迷信的热爱；或许，当时的实际情况是，那是由于我自己心里阴云密布的结果。我应当高兴我在自己做人的过程中有所长进，所以我能以更加稳定、更加清晰的眼光观察约翰生博士。我今晚的不满是愚蠢的。因为我们将对来世的神秘感有所减弱而怅然若失，难道就不愚蠢吗？因为我们‘如今仿佛对着镜子观看，模糊不清’，但‘到那时就要面对面了’[②]而怅然若失，难道就不愚蠢？”我随意传达的这段感想将会得到那些有思

---

① 李（Jack Lee，1733—1793），律师、政治家；坚定的一位论派基督徒；约瑟夫·普里斯特利的朋友；罗金厄姆党的法律顾问；唐卡斯特刑事法院法官（1769）；副检察长（1782）；检察总长（1784）；国王的检察总长，兰开斯特享有王权的伯爵所辖领土的高级律师（1782—1793）；鲍斯威尔的朋友。

② 《圣经·新约·哥林多前书》，第13章，第12节。

想的读者的重视，因为他们也许经历过类似的心情。

646 第二天他又返回斯特雷特姆的思雷尔先生家；正如斯特拉恩先生有次向我抱怨的那样：“他在很大程度上被溶进那里，脱离与他的老朋友们交往。”我在伦敦有事脱不开身，于是在27日给他写了一封信，说我们近在咫尺，一周不见，如在四百英里之外相隔一年。3月30日，星期一，我前往斯特雷特姆。他还没露面，思雷尔夫人就说了一句很典型的话：“我不能确知什么会使约翰生博士高兴：但我确知什么会使他不高兴，那就是，对任何东西，哪怕是他喜欢的东西，发表溢美之言。”

1778年3月27日星期五

吃饭时，他嘲笑对这个时代的怨谤，原因是奢靡成风，伦敦扩张，供应匮乏，以及诸如此类的问题。“帐篷（他说）倒了就要建房屋：谷物现在比以往都要充足。”

饭前我把今天跟我同乘一辆驿车的一个老头儿讲给我的一个可笑的故事重复了一遍。思雷尔夫人听了，趁机对我说到它时，管它叫“老婆子讲给你的故事”。——“夫人，（我说）允许我给你讲清事实；我说给我讲这个故事的不是一个老婆子，而是一个老头子。”我冒昧在约翰生面前抓住一个机会表明这位活泼的女士，无意之中是怎样随机应变偏离故事的真实性的。

托马斯·厄·肯培①（他说）一定是一本好书，因为全世界都张开双臂把它揽入怀中。据说自从它问世以后，每月总有一种语言将其印刷一次[a]。我总是被里面的这个句子②打动：“不要因为你无法使别人像你希望的那样而生气，因为你无法使你自己像你希望的那样。”③

---

① 托马斯·厄·肯培（Thomas à Kempis，1380—1471），基督教神秘主义作家，生于德意志杜塞尔多夫，代表作为用拉丁文写的《效法基督》。后被译成多种语言，在天主教内流传甚广，仅次于《圣经》。

a 〔第一版出版于1492年，从那时到1792年，按照这一计算，就有3 600版。这是不可能的。〕

② 〈这段文字的原文是：Si non potes te talem facere, qualem vis, quomodo poteris alium ad tuum habere beneplacitum? ——鲍斯威尔〉

③ 《效法基督》，第1卷，第16章。

他说："我由于考利生赫德的气，因为赫德出版了考利的一个文选：但仔细想一想，我认为一个人选任何一位作家的多少作品出版，没有什么不妥，如果他不把其余的一概抹杀掉的话。譬如说，一个人可以只印贺拉斯的《颂歌集》。"比起他和墨菲先生讨论这个问题的时候[a]，他似乎性情更为宽厚。

我们饮茶、喝咖啡的时候，特里姆勒斯敦勋爵走了进来，他的家族是一个古老的爱尔兰贵族世家，在上世纪的动乱中站在贵族一边，所以遭了殃[b]。他是个谈笑风生的人，陪伴他的一位年轻绅士，是他的儿子。

我提到我手里有罗伯特·西博尔德爵士传的亲笔原稿，他是著名的苏格兰文物专家，爱丁堡皇家医师学院的创建人；我相信那是古往今来有人写的最自然最诚实的自述。他说，当时的苏格兰大法 647
官珀思公爵[①]逼迫他改信罗马天主教，他把公爵大人的论点抵制了 1778年
相当长的一段时间，直到有一天，他觉得自己好像一瞬间相信了， 3月31日 星期二
于是他眼含泪水投入了公爵的怀抱，信了这一古老的宗教；后来他坚定不移地继续信了一个阶段，有个冬天陪公爵大人去了伦敦，就住在他家；在那里他觉得教会规定的刻板斋戒对他非常严厉；这就使他想重新考虑这场论争，当时已经看到自己错了，便又回归新教。我谈到什么时候出版这部奇异的传记。**思雷尔夫人**："我看你还是别管出版的事了。人走了，揭了那样的短，也就暴露了人。"**约翰生**："不然，这是人性的一幅诚实写照。我们最伟大的行为的基本动机往

a 见前边码第533页。

b 〔自从这段文字写下以后，这起民事权利的剥夺和财产没收被平反了，尼古拉斯·巴恩沃尔现在是拥有这一封号的一位爱尔兰贵族。文中提到的人学了医，免费给穷人开处方。因此引起了随后的一番谈话。〕

① 珀思公爵（James Dummond，Duke of Perth，第四代伯爵，第一代虚衔公爵，1648—1716），政治家；苏格兰大法官（1684）；爱丁堡郡名誉郡长；巴斯总督（1684）；詹姆斯二世的苏格兰政府的首席执行法官，直至1688年；光荣革命后流亡；嘉德勋位爵士（1706）；伴随詹姆斯入侵苏格兰未遂；政治判断忠诚，但不明智。

往就像西博尔德重新皈依的动机一样小。”**思雷尔夫人**：“可这些动机难道不可以被人忘掉吗？”**约翰生**：“不可以，夫人，一个人爱检讨他的内心。那就是日记的用处。”**特里姆勒斯敦勋爵**：“不错，先生。女人爱照镜子，男人爱看日记。”**鲍斯威尔**：“说得好。”**约翰生**：“确实不错。”**鲍斯威尔**：“女人对着镜子整理衣装，男人看着日记校正品性。”第二年，我在阿特伯里的《卡茨夫人葬礼布道文》上发现了同样的思想；他在文中提到她的《日记》后，说道：“对着这面镜子她每天装扮自己的心灵。”这是一种巧合的证据，并不是剽窃的证据；因为我以前从来没有读过那篇布道文。

第二天早晨，大家正在吃饭，约翰生非常恳切地介绍了他自己认真践行的事情；我指的是严格关注真相，甚至在最细微的事情上。“让你们的孩子们（他说）养成时时刻刻关注真相的习惯；如果一件事情发生在一个窗口，他们讲述的时候说是发生在另一个窗口，不要放过这一点，而是要立即制止他们，你不知道这种违背真相的做法哪里是个头。”**鲍斯威尔**：“也许还会说成门口，一旦一种说法在一种情况下变了样，逐渐逐渐它就变得与实际发生的情况差之千里。”我们活跃的女主人，她的想象如同脱缰的野马，一发不可收，一听这话，急躁起来，便大胆说道：“没有那么严重。如果约翰生先生禁止我喝茶，我就听从，我觉得这种限制一天只不过两次而已；但讲述中的小小偏差一天肯定会出现上千次，如果一个人不时时留心的话。”**约翰生**：“对了，夫人，你就应当时时留心。世界上虚假之所以泛滥成灾，与其说由于蓄意撒谎，不如说由于对真相的疏忽。”

约翰生评论沃顿的《论蒲柏的作品与天才》时对这个问题给出

648 了下列有益的告诫：

1778年3月31日星期二

“只有经历才能显露虚假信息频频出现，或者能使任何人体验到，像每个杰出人物听到有关自己这么多毫无根据的报道，竟然得以流传。有些人把他们想的事情说成他们知道的；有些记忆混乱、马虎惯了的人把那个人的事情安到这个人身上；有些人不过脑子，

不管三七二十一，尽管夸夸其谈。少数人有能力戳穿虚假，但这些虚假后来又被接着讲述的人天真地扩散开来。”[a]

如果他活着能够看到约翰·霍金斯爵士和皮奥齐夫人讲述有关他的事情，他就会发现他的观点有多少被举例说明了。他的确对无论是有心还是无意的虚假的盛行印象太深，我从来不知道任何人在听见有人讲特殊情况时，显露过更多的 incredulus odi[①]。他会露出意味深长的表情，语气断然地说："不是这么回事。不要再这么说了。"[b] 他给所有的朋友灌输谨防哪怕是程度最轻微的虚假的重要性，造成的效果正如乔舒亚·雷诺兹爵士对我说的，就是他这一门所有的人都以热爱真理、热爱准确出名，如果他们不认识约翰生，他们是不会以同样的程度具备这种品质的。

谈到鬼，他说："不可思议的是，创造世界以来，已经过去五千年了，是否有过什么人死后显灵的事例，仍然没有定论。所有的论据都加以否定；可所有的信念都予以肯定。"

他说："约翰·卫斯理的话说得很好，但他就是闲不住。他总是在某一时刻要走，对于一个像我一样爱跷二郎腿不下结论不住嘴的人来说，这可是件伤脑筋的事儿。"

4 月 3 日，星期五，我和他在伦敦吃饭，同席的还有几位要人，

---

a 《文学杂志》，1756年，第37页。

① "我憎恨而且不信"——比较贺拉斯，《诗艺》，第1节，第188行。

b 下面关于这个问题的貌似可信但过于谨慎的劝告是一位意大利作家给出的，被"Rhedi de generatione insectarum"[1]，用"divini poetœ"[2]的称号加以引用：

> Sempre à qual ver ch'ha faccia di menzogna
> De' l'uom chiuder le labbra fin ch'el pote,
> Però che senza colpa fa vergogna.[3]

1 "雷迪论昆虫的产生"。

2 "神圣诗人"。

3 "一个人应当总是对那貌似谎言的真理尽可能地闭紧嘴巴，以免在没有罪过的情况下蒙受耻辱"——但丁《地狱篇》（约1307—1320），第1歌，第124—126行。

我不想指名道姓，只是用不同的字母区别他们在谈话中的角色[1]。

F：“我一直盯着杰宁斯[2]先生的这件古董大理石狗，标价一千几尼，据说是亚西比德[3]的狗。”**约翰生**：“那他的尾巴肯定被截短了。那是亚西比德狗的标志。”**E**：“一千几尼！任何动物的雕像也值不了这么多。按这个比价，一只死狗比一头活狮子还厉害。”**约翰生**：“先生，值价的不是这件东西，而是被高度估价的造成这件东西的技艺。凡是扩大人力范围、向人表明他现在能做以前他认为自己做不出来的东西，这样的东西都是很贵重的，第一个把麦秆竖在鼻子上的人；第一个同时骑三匹马的约翰逊；一句话，所有那些人之所以值得人类喝彩，不是由于他们做出的东西的用途，而是由于他们所
649 展示的灵巧。”**鲍斯威尔**：“但是对于时间与勤奋的滥用却不应当鼓
1778年4月3日星期五 励。艾迪生在他的一篇《旁观者》文章中称赞一位国王有眼力，表彰适当，因为有人经过长期的勤学苦练，掌握了能把一粒大麦从针眼里扔过去的技艺，于是奖给他一蒲式耳大麦。”**约翰生**：“他肯定是个苏格兰国王，因为那里大麦稀缺。”**F**：“最出色的古代动物像之一是佛罗伦萨的野猪。”**约翰生**：“用大理石雕得很好的第一头野猪应当作为奇物保存下来。当人们掌握了精雕细刻野猪的娴熟技巧后，这种技艺就不是那么有价值了，但这些作品应当作为样品保存下来，作为这种艺术复元的一大保护物保存下来，万一这种艺术失传了的话。”

E：“我们听到人们对当前向外移民怨声载道。我相信移民会使一个国家人口更多。”**J**：“这话听上去很像悖论。”**E**：“就像其他所有商品的出口一样，人的出口可以导致更多的人产生。”**约翰生**：

---

① C=Chemist（药剂师，指乔治·福代斯医生）；E=Edmund Burke（埃德蒙·伯克）；F=John Fitzpatrick（约翰·菲茨帕特里克，厄珀·奥索里勋爵）；I或J=Infidel（不信教者，指爱德华·吉本）；P=Painter（画家，指乔舒亚·雷诺兹）；R=Richard Brinsley Sheridan（理查德·布林斯利·谢立丹）。

② 杰宁斯（Henry Constantine Jennings，1731—1819），古董收藏家。

③ 亚西比德（Alcibiades，公元前450？—前404），高贵的雅典政治家和军事统帅，美貌非凡，才能出众，但也肆无忌惮，生活放荡。

“如果不向外移民，人口就会更多，假若有满足更多的人的食品就行。”**E**：“不；留下少数繁衍后代的人就行，如果不向外移民，人口就会更多。”**约翰生**：“不对，先生，如果繁衍后代的人多了，人口也就多了，这是显而易见的。肥美的牧场上的三十头母牛生出的牛犊比十头母牛生出的多，只要她们有健壮的公牛。”**E**：“爱尔兰的公牛够多的了。”[①] **约翰生**（笑了笑）：“先生，按你的论调，我倒应当这么认为。”**鲍斯威尔**：“你说，出口人就像出口其他商品，能导致更多的人口产生。但是为了鼓励谷物出口是要给奖赏的，出口人却不给奖赏；尽管走了的人，借此有所受益。”**R**：“可出口谷物的奖赏是在国内给的。”**E**：“那是一码事。”**约翰生**：“不对，先生。”**R**：“一个死守在家里的人，并不能因为他的邻居移居海外得到什么 。”**鲍斯威尔**：“我明白，向外移民也许是这么一种原因，一个国家可以产生更多的人；但这个国家并不会因此而人口增多；因为人从那里流走了。这只能说存在着这种人口的流动。这是对生儿育女的一种鼓励，因为知道他们可以靠移居海外谋生。”**R**：“对，如果六岁以下的儿童移居海外的话。可是他们直到国内用某种方式自食其力后才能移民。”**C**：“值得注意的是那些健康状况最差的地区，流行毁灭性的最强疾病，如埃及和孟加拉，人口反而最稠密。”**约翰生**：“人口最稠密的国家有毁灭性最强的疾病。这是议题的真实状况。”**C**：“荷兰健康状况很差，人口却极其稠密。”**约翰生**：“我不知道荷兰健康状况差。但它之所以人口稠密，是因为从其他国家流入了人口。疾病不可能是人口稠密的原因，因为它不仅带走了一大部分人口，而且留下的都是很虚弱、不适合用于增殖的人口。”

R：“E先生，我不是有意奉承，当后世人读到你在议院的一篇演讲时，他们很难相信你明明知道它不会产生任何效果，不会靠它赢得一张选票，你还是不辞辛苦。”**E**：“你就别恭维我了，一般来说， 650

1778年
4月3日
星期五

① 英语bull这个词除了“公牛”的意思外，还有一个意思：“荒诞可笑（尤其是自相矛盾）的说法”，往往与爱尔兰人联系到一起。

一个人不辞辛苦在议院发表精彩演说是很值当的。一个有虚荣心的人发表演说是为了露才扬己；如果他的演说很精彩，他就会逐渐在公众舆论中树立一定的声誉和威信，这迟早会带来政治回报。况且，尽管赢不来一张选票。一篇精彩的演说还是有它的效果的。尽管一项法案遭到强烈反对后，被通过成为法律，但在立法的过程中它得到了塑造，在很大程度上被软化了，所以我们明显地看出，首相得知他的属僚们从他们听到的事情中强烈意识到这条法律的不公或荒唐，因此必须予以修正。”**约翰生**："先生，有一种自尊上的满足。就算我们不能通过投票击败他们，我们也要通过辩论驳倒他们。他们做错事不可能神不知鬼不觉，蒙混过关。”**E**："下院是个鱼龙混杂的机构（我把少数派除外，我认为他们是纯粹的，〔笑了笑〕不过我说的是整个下院），那绝对不是一个纯洁的团体，但也不是一个全部腐败的团体，尽管腐败占了一大部分。有很多议员与首相声应气求，首相却不想恣意妄为。有很多诚实善良的乡绅，他们在议院里无非是要保持自己家族的威望。对于大多数这样的人，一篇精彩的演讲就会有影响。”**约翰生**："我们大家多多少少都受到利益的制约。但是利益不会使我们什么都做。遇到可疑的情况，我们就要考虑我们的利益在哪一边，一般来说，我们会按利益行事。然而这个问题必定有色调的差异；它必须接受那边的一种颜色。在下院里，有足够多的议员不肯投票支持明显不公或荒唐的事情。是啊，先生，总是有足够的正气，或者表面上的正气，镇住了邪气。”**鲍斯威尔**："在议院里，有地位或者想有地位的人肯定总占多数，因此他们一般都随时乐意支持政府，无需任何借口。”**E**："确实如此，先生；那种多数总会遵循

Quo clamor vocat et turba faventium.”①

① “无论到哪里，欢呼的民众都在召唤我们”——贺拉斯，《颂歌集》，第3卷，第24首，第46行。

鲍斯威尔："那好，就让我们采用那个常见的说法，地位的追逐者。我原以为他们追逐时不顾一切，只是按他们的猎手首相带领的那样，盯着猎物。"[a] **J**："就拿你的比喻来说，你知道，追猎时，很少有人奋不顾身，毫无保留紧追不舍的。有的人不愿意跃过壕沟和篱墙，冒生命危险，或者跨过悬崖，就连在沼地泥淖里弄脏身子也不肯。"**鲍斯威尔**："我很高兴有一些善良、安静、温和的政治追求者。"**E**："我相信，在英国的任何团体里，我应当在少数派中间；我一直就在少数派中间。"**P**："下院极像一家私营公司。任何一个人很难被别人的论证说服；因为情绪和自尊总会奋起反对。"**R**："如果一位首相，当然是议院多数派的一员，决定他这一方干脆不该发言，那后果将会如何？"**E**："他很快就会下台。这种情况曾经试过；但发现行不通。" 651

1778年
4月3日
星期五

E："爱尔兰语不是原始语言；它是条顿语，一种北方多种语言的混合：里面有很多英语。"**约翰生**："它也许就是原本的条顿语；但英语和高地荷兰语表面上没有近似性，尽管原本一样。有次考察低地荷兰语时，我在整整一页上，只发现一个词与英语相仿；stroem 和 stream 相像，意思是水流。"**E**："我记得看见过一首荷兰语十四行诗，我在里面发现 roesnopies 这个词。起初谁也不会认为这可能是英语；可是一探究，我们发现 roes 就是 rose，nopie 就是 knob；于是我们有 rosebuds。"

约翰生："我一直在读蒂克尼斯[①]的游记，我认为很有意思。"**鲍斯威尔**："什么，先生，是一本好书？"**约翰生**："是的，先生，读一

---

a　博林布罗克勋爵尽管作为一位玄学家令人讨厌，但必须承认，作为一名政论家，他有卓越的才能，他在《致威廉·温德姆爵士书》中对下院是这样描述的："你知道这种会议的性质；他们变得像猎犬一样，喜欢给他们指出猎物的人，他们习惯受他的呼喊的鼓励。"

①　蒂克尼斯（Philip Thicknesse，1719—1792），游记作家；《法国全境、西班牙部分地区一年游》（2卷，1777）和《体弱多病者的巴斯指南》（1780）的作者；《绅士杂志》撰稿人；与斯摩莱特长期不和，暴躁的性格引起很多争吵，最广为人知的是与儿子们的争吵。

读看。我不是说你应当钻研它，消化它；但我相信它是作者存心写的一本真实的书。所有的旅行家一般都想说真话；尽管看到斯摩莱特记述他在法国一个城镇里开了一枪，整城人都惊恐万状，把一位法国贵族吓丢了魂儿，最后他把此人拴到他的手提箱上才解除了惊恐，蒂克尼斯说，他不情愿说斯摩莱特在一页上扯了两个谎；但他还是发现了可能发生这种事情的法国的唯一城镇。旅行家们肯定常出错。在每一件事情上，除了在可以动用测量的地方，他们实在分歧不小。最近，旅行家中出现了一种惹人讨厌的奇怪转变。”

E：“从我已有的经历——我已经有了丰富的经历——我学会了把人类往好处想。”**约翰生**：“根据我的经历，我发现人们在商务上比我原先想的更坏，更爱骗人；但比我原先认为的更喜欢彼此帮助。”**J**：“公正少了，慈善多了。”**约翰生**：“考虑到人们多么有必要关照自己，防止压迫他们的直接恶行，真令人不可思议，他们替别人做了多少事，也是不可思议的。据说即便是说谎的大王，讲的真话也比假话多；同样，可以说最坏的人，做的好事也比坏事多。”**鲍斯威尔**：“也许根据经历，发现人们比我们认为的还要快乐。”**约翰生**：“不对，先生；我们探究得越深入，就发现人越不快乐。”**P**：“至于根据经历对人类有更好或更坏的看法，有些世故的人是不会满足的，除非按照他们的想法，对人加以考验。有个戈弗雷·内勒爵士[①]当治安法官的非常动听的故事。一位绅士把仆人带到他面前，
652 指控仆人偷了他的钱；但实际情况是，他把钱故意放在仆人身边，

1778年
4月3日
星期五

① 戈弗雷·内勒爵士（Sir Godfrey Kneller，1646—1723），历史和肖像画家；被查理二世派往法国给路易十四画像（1684）；到1680年代中叶，是英国最重要的画家；威廉和玛丽的联合首席画师（1689）；从1691年起为唯一首席画师；被封为爵士；宫廷侍从（1692）；被利奥波德皇帝封为神圣罗马帝国骑士（1700）；继续当安妮女王的首席画师；改进“吉特-凯特”（即小于半身但包括双手的）肖像；乔治一世的首席画师。

以试探他的诚实，于是戈弗雷爵士把这个主人送进了监狱。”[a]**约翰生**：“抵制一次诱惑，不足以证明诚实。有些人随手把银币放在窗台上，如果一个仆人确知主人不知道那里搁了多少钱，而不为持续的诱惑所动，这才是他诚实的有力证据。但是你无权这样考验一个人。你知道，从人性的角度讲，诱惑到了一定程度会压倒任何美德。就你对一个人进行诱惑而言，你是在对他进行伤害；如果他经不起诱惑，你就与他同罪了。”**P**：“一次经不起诱惑，他就更容易被诱惑再次制服。”**鲍斯威尔**：“是啊，你是他的引诱者，你已经败坏了他的道德，我认识一个人①，他并不缺钱，却故意向一位朋友借钱来考验友谊。”**约翰生**：“这是非常错误的，先生，你那位朋友也许是个心胸狭隘的人，但有许多优秀品质：狭隘也许是他唯一的缺点。现在你作为一位朋友，仅用他唯一的缺点来验证他的总体品格，实际上，他的品格是由很多因素构成的。”

E：“我听说我们的教长朋友② 给本社惠赠的一大桶红葡萄酒快完了；我想应当给他写封信，让他再送一桶来。这一请求要写得含糊其词，恰到好处，这样我们就有机会让他再送一次礼。”**约翰生**：“我愿效秘书之劳。”**P**：“赞成约翰生博士当秘书的统统举手。——全体通过。”**鲍斯威尔**：“他将是我们的发号施令者。”**约翰生**：“不，在座的应当给我发号施令才是。我只是命笔要酒；我并无多大兴趣，因为我不喝酒；我不想落个伪造请求的嫌疑。我只不过是个卑微的文书。”**E**：“那你就得行文下书了。”**鲍斯威尔**：“好啊，今天的第一

---

a　蒲柏是这样介绍这个故事的：

> 在那种情况下如果你要控告忠诚，
> 我想戈弗雷爵士应当判决这起诉讼，
> 他把偷钱的那个窃贼放走，
> 却把在窃贼身边放钱的人加以惩处。

《仿贺拉斯》，卷2，书札2。

①　詹姆斯·鲍斯威尔。

②　德里教长巴纳德博士。

个文字游戏。”**J**：“不，不；是爱尔兰的公牛。”**约翰生**：“如果我是你们的发号施令者，你们就没有酒喝了。我的任务是cavere ne quid detrimenti Respublica caperet①，酒是很危险的。罗马就是被奢靡毁掉的。”（莞尔而笑。）**E**：“如果你作为发号施令者不让喝酒，你就别想叫我当你的管马人了。”

4月4日，星期六，我和约翰生在泰勒博士家喝茶，他已经在那里吃过饭了。他讲述了一位肯尼迪博士（不是里斯本的那位医生）写的一部悲剧来逗我们开心：“悲剧结局是（他说）一位国王由于妒忌他

653 的王后与首相在一起，阉割了自己。[a] 这部悲剧的手稿实际上让好几个

1778年 4月4日 星期六 人看过，其中就有菲茨赫伯特先生，他还给我背诵过两行‘开场诗’：

> 主人公的命运我只不过轻轻地接触；
> 裙钗会责怪我们，如果把它表现得不足。

人们会把多么荒唐和不雅的形象引入自己的作品，而且又意识不到这种荒唐和不雅，简直令人难以置信。我记得奥雷里勋爵告诉我，有一本反驳罗伯特·沃尔浦尔的小册子，通篇是一个关于**阳物淫秽**的寓言。白金汉公爵夫人问奥雷里勋爵这个人是谁？他回答说不知道。她说，她要派人去找普尔特尼先生，她估计他能告诉她。于是为了阻止她出洋相，奥雷里勋爵给公爵夫人送去一张短简，让她明白是什么意思。”

这天晚上，他寡言少语；看的书五花八门：突然扔下一本，又拿起一本。

那天夜里他谈到要去斯特雷特姆。**泰勒**：“如果你去，就会遭

---

① “注意不让国家受损害”——在罗马共和国时代，遇到紧急情况，这种责任就落在被委任为Dictator（独裁者，发号施令者）的那个人身上。

a 大卫·休谟先生告诉马戛尔尼勋爵，他的一位朋友根据《康巴布斯》故事相反的情况写了一部悲剧。不过可能我在领会约翰生讲话的情况时有偏差，他可能谈的是休谟先生提到的同一个荒唐可笑的悲剧题材。〔康巴布斯的故事最初是卢奇安讲的，可以在贝尔的《词典》中找到。〕

The Devil Tavern
Fleet Street

劫：要么你就得枪杀一名强盗。我宁肯遭劫，也不会干那种事；我是不会枪杀一名强盗的。”**约翰生**：“可我宁可在他企图抢劫我的瞬间枪杀他，也不愿事后在老围子赌咒立誓控告他，在他抢了我之后再要他的命。我更加确信我在这一种情况下的行为比另外那种情况下的行为正确。对于那个人，要是我立誓告了，我也许错了：但如果我正在他作案时当场射杀他，我不可能错。再说，我们在因受伤害而火气正旺时要一个人的命，更觉得痛快，而在情绪冷静下来后过了很长时间通过起誓控告，要他的命，就有点勉强了。”**鲍斯威尔**：“这么说来，先生，你行为的动机与其说是出于公众利益，不如说是出于私人意气。”**约翰生**：“不，先生，我射杀那名强盗时，两种动机都有。”**鲍斯威尔**：“很好，很好。——这下可抓不住他的把柄了。”**约翰生**：“同时，一个人不知道该说什么。因为或许过了一年，一个人由于枪杀了人内心不安，上吊自杀了[a]。很少有人的心理

654

担当得起这样的大事。”**鲍斯威尔**：“这么说来，先生，你是不会射杀他的？”**约翰生**：“不过事后我也会为这事大伤脑筋的。”

1778年
4月4日
星期六

思雷尔的马车还没有像他预料的那样来接他，我便在他回家时陪他走了一段路。我告诉他，几天前我对邓宁先生谈到他，说道，跟他在一起的时候，我们的交谈的时间少，听他讲话的时间多，听了这话，邓宁说：“一个人总愿意听约翰生博士讲话：”我回答：“你这句话非同小可，先生。”——“是呀，先生，（约翰生说）确实非同小可。这里有一个愿意听的人，全世界一年其余的时间就会听他的。”**鲍斯威尔**：“我认为，先生，把别人说的好话翻舌告诉当事

---

a　人们普遍说已故的蒙特罗斯公爵因为这个缘故而内心不安；但我能根据公爵大人自己的说法来反驳这种传言。由于他通常允许我跟他随便交谈，所以我不揣冒昧谈起了这个问题。公爵大人告诉我，有个夜晚他骑马快到伦敦的时候，遭到两个骑马的强盗的攻击，他立即射杀了其中一个，另一个见状，便快马加鞭逃之夭夭；他的仆人由于骑术精湛，建议追上去抓住他，但公爵大人说“不必，我们已经有了血案：我希望那个人活着去改过自新”。由于我冒昧提出了这个问题，公爵大人向我保证，他是出于自卫干了此事，所以他的内心没有一点阴云。

人没有错。这有助于积德。”**约翰生**：“毫无疑问没有错，先生。”

4月7日，星期二，我在他家和他一起吃早饭。他说：“人人不知足。”我向他提到他认识的一位德高望重的苏格兰人①；我断言，我确信他总是知足的。**约翰生**：“不，先生，他不满现状；他总有某种新计划，某种新种植，某种属于将来的东西。你知道他不甘心鳏居；因为他又续弦了。”**鲍斯威尔**：“他并不是不安稳。”**约翰生**：“先生，他仅仅是在本位上安稳；一名药剂师是安于本位的；但他的脑子没有闲着。这位先生外部的努力已经结束了；他从事远地项目为时已晚。”**鲍斯威尔**：“他似乎很是自得其乐；让一些小事吸引他的注意力，保持心静如水。我曾经试过；但就是做不到。”**约翰生**(哈哈大笑)：“不对，先生；一个人满足于迷恋小事，这肯定是天生的。女人有一大优势，那就是可以迷恋小事而不觉得掉价：男人却不行，除了拉拉小提琴。如果我学会了拉小提琴，我别的什么事都干不了。”**鲍斯威尔**：“请问，先生，你演奏过什么乐器吗？”**约翰生**：“没有，先生。我曾经给自己买过一支哨笛；但从来没有吹出过一个曲调。”**鲍斯威尔**：“哨笛，先生！——这么小的乐器[a]？我倒是想听听你拉大提琴呢。那才应当是你的乐器。”**约翰生**：“先生，我也许拉大提琴可以拉得跟别人一样好，可那样一来，我干不了别的了。是啊，先生；一个男人如果能拿小事取乐，他就永远干不了大事。我曾经试学过编织。邓普斯特的妹妹自告奋勇教我；但我就是学不会。”**鲍斯威尔**：“原来是这样，先生；那就要载入史册，大书特书了，‘曾经为了消遣他试学编织，这位赫拉克勒斯也不把捻线杆鄙弃’。”**约翰生**：“编织袜子是一种很好的消遣。身为阿伯丁的一名 655

1778年
4月7日
星期二

---

① 阿夫莱克大法官。

a 我把这事告诉苏厄德小姐时，她笑了，令人佩服地随口念出《埃西斯与伽拉忒亚》中的两句，

送给我一百根长足的芦苇，
为我的**大嘴**做一只笛子。[1]

1 约翰·盖伊，《埃西斯与伽拉忒亚》(1718)。

自由人，我应当会编织袜子。”他要我陪他去斯特雷特姆在思雷尔先生家吃饭，我答应了。我曾借给他一本《1702年苏格兰纪事》，作者是一位杂家[①]，驻该地的一个英军团的随军牧师。**约翰生**：“那是蹩脚货，先生，写得很差劲，当时的书一般都是那副嘴脸。现在普遍讲究文笔典雅。现在没有人写马丁的《赫布里底群岛纪事》那么糟糕的东西。一个人尝试写作，不能写得如此糟糕。现在一个商人的账房先生写，也会比他写得好。”

他向我以严肃关切的态度谈及某位女性朋友[②]“说事大而化之，对真相漫不经心”。——“她听见别人向她提起什么事（他说）都是一副逍遥自在的样子，我对她这种态度跟对事情本身一样生气。我告诉她，‘夫人，你满足于天天有人给你讲人类精英为之献身，而不是承受的事’。你知道，先生，说人类精英已经献身而不是承受，他们说了谎。你一定给她说说这个问题：我是厌倦了。”

鲍斯威尔：“约翰·坎贝尔博士不就是一个说事极不靠谱的人吗，先生？有次他告诉我，他坐着没挪窝一连喝了十三瓶波尔图葡萄酒。”[a] **约翰生**：“嘿，先生，我不知道坎贝尔是否用笔墨撒过谎；不过他在闲谈中说的事你不可完全当真，就算里面夹杂着事实。不过我喜爱坎贝尔：他是个坚定的正统人士：对宗教崇敬有加。虽说具体做法有毛病，原则上他是笃信宗教的；我听说他没有干过大错

---

① 托马斯·莫雷尔牧师。

② 思雷尔夫人。

a 针对这段文字，马戛尔尼勋爵说：“我听他说过很多事情，尽管受到各自叙述方式的渲染，但基本上都是真实的；不过我从不记得与此接近的说法。如果他付诸笔墨，我会以为某个爱打哈哈的人把一看得比三还大。”——然而，我绝对肯定坎贝尔博士对我说过这事，而且特别予以留心，因为我自己就嗜酒成瘾，因此总爱听关于饮酒的奇事。毫无疑问，有些人能喝酒，并未受过任何伤害，那种酒量对其他人来说似乎是难以置信的。为了公正，还得补充一点，那就是，坎贝尔博士告诉我，他一次饮了那么大的量，是花了很长时间的；而我听约翰生博士说：“先生，如果一个人细酌慢饮，还没喝第二杯，第一杯就挥发掉了，我不知道他可以喝多久。”坎贝尔博士提到一位民兵上校一直跟他坐着，喝了同样多的酒。

特错的事情。”①

我告诉他，前一天文坛才女蒙塔古夫人坐着让雷诺兹小姐替她画像时，我也在场；她说：“她把吉本先生的《罗马史》装订起来，取掉了最后令人不快的两章；因为她认为这本书到此为止还是好的，它以文雅的笔触提供了 medii œvi② 蹩脚作家们的材料，已故的利特尔顿勋爵劝她不妨一读。”**约翰生**：“先生，她没有读：她没有向我表示过这种冲动：她不懂希腊文，我估计，也不大懂拉丁文。她有意让你认为她懂；但她没有说她懂。”**鲍斯威尔**：“哈里斯先生也在场，同意她的看法。”**约翰生**：“哈里斯在笑话她呢，先生。哈里斯是个稳健、沉闷的学者；他不喜欢事儿妈。可是哈里斯是个学究，一个坏学究[a]。我 656
浏览过他的书，认为他连自己的体系也没弄明白。”**鲍斯威尔**：“当 1778年
然他是用一种正式而抽象的方式说平平常常的事物：但他的方法是 4月7日
好的：因为对任何问题要有一个明晰的概念，我们必须依靠分析安 星期二
排。”**约翰生**：“先生，人人都是这么干的，不管他们愿意不愿意。但有时候，事物被定义搞得更加隐晦。我看见一头母牛，便将她定义为 Animal quadrupes ruminans cornutum③。可是山羊也反刍，一头母牛也可以没有角。母牛更明白。”**鲍斯威尔**：“我想富兰克林博士对‘人’的定义很好——‘一种制造工具的动物’。”**约翰生**：“可是很多人从来不制造工具；假如一个人没有胳膊，他就无法制造工具。”

谈到饮酒，他说：“我并不是因为不胜酒力而戒酒的；我曾经喝

---

① 〈约翰·坎贝尔博士在这次谈话进行前两年左右，于1776年12月10日去世。——M.〉

② 中世纪的。

a 我不明白我的朋友关于索尔兹伯里的这位和蔼可亲的哲学家的这些话是什么意思。一位朋友提示，约翰生认为他作为一名作家文风矫揉造作，内容又没有补救这种缺点，总而言之，他有意发表一种与一位著名人物[1]对一位杰出医生[2]做的评语大相径庭的评语：“他是一个绣花枕头，但却是个令人满意的绣花枕头。”

1 威廉·杰拉德·汉密尔顿。

2 理查德·沃伦医生。

③ 一种反刍并长角的四足动物。

过三瓶波尔图葡萄酒，并没有不良反应。大学学院见证了这一点。”**鲍斯威尔**：“那你干吗要戒酒呢？”**约翰生**：“嘿，先生，因为一个人从来没有喝醉，从来没有失去自控能力，对他来说肯定要好得多。在我老去需要酒之前，我是不会再喝酒的。”**鲍斯威尔**：“我想，先生，你曾经对我说过，不喝酒使人生大打折扣。”**约翰生**：“肯定减少了欢乐，但我并没有说减少了幸福。理性的人生有更大的幸福。”**鲍斯威尔**：“可是如果我们总有欢乐，我们不就幸福了吗？绝大多数的人为欢乐而调和。”**约翰生**：“假如我们总能有欢乐，知识分子也不会为它而调和。绝大多数人要调和，那是因为绝大多数人都是粗人。”**鲍斯威尔**：“我承认也许有比饮酒产生的欢乐更大的欢乐。我从跟你的交谈中就获得了更大的欢乐，真的；我向你保证。”**约翰生**：“我们谈论欢乐时，我们指的是感官之乐。一个男人说他享受到跟一个女人在一起的欢乐时，他不是指交谈，而是指一种性质截然不同的事情。哲学家们告诉你，欢乐与幸福是*相反的*。粗人更喜欢动物的欢乐。所以有些人喜欢生活在野蛮人中间。一个人满足于野蛮人中间的那种交谈，他肯定可怜得够呛！你也许还记得在美利坚服役的奥古斯都堡的一位军官，他告诉我们为了把一个女人从野蛮生活中挽救回来，他们不得不把她*捆绑*起来。”**鲍斯威尔**：“她肯定是个动物，是头野兽。”**约翰生**：“先生，她是只说话的猫。”

1778年4月7日星期二

我向他提到，我已经彻底厌倦跟这样的一些人交往，因为在那里，连一句有思想的话也听不到，除了这么一句还说得过去，“一
657 个人在梅诺卡[①]定居十年之后，远远不如在伦敦时的他了，因为一个人的心境在狭隘的地方也就变狭隘了”。**约翰生**：“一个人的心境在狭隘的地方也就变狭隘了，人的心境之所以扩大；只是因为他住在大地方：可是通过读书和思想得到的东西在小地方和大地方一样都能保存下来。一个人对生活方式的了解在梅诺卡不能像在伦敦那样充分；但在梅诺卡还是可以钻研数学的。”**鲍斯威尔**：“我不知道，

① 〔地中海西部的一个岛。〕

先生：如果你在科尔岛上待十年，会不会还是现在这样的一个人。”**约翰生**：“还是，先生，如果我在那里待十五年到二十五年的话；但如果待二十五年到三十五年，情况就不是这样了。”**鲍斯威尔**：“我承认，先生，我在伦敦时具有的精神使我做什么事都更加灵敏，更加有劲。我在伦敦说的话也比在其他地方多一倍。”

关于哥尔德斯密斯，他说：“他不是一个讨人喜欢的伙伴，因为他说话总要图个名声。一个人这么做，从来不会招人喜欢的。一个倾诉衷肠的人才是使你心情愉悦的人。我们的一位杰出的朋友[①]知识广博，本来能使他招人喜欢，但他没有做到这一点，就因为他谈话时有些炫耀。”

我们抵达思雷尔家不久，我就听到一名女仆急切地叫另一名去见约翰生博士。我心里纳闷这是怎么回事。后来我才知道，他要给这位女仆送一本《圣经》，这是他从伦敦带给她的礼物。

他有相当长的一段时间身子靠在通往庭院的矮门上晃悠着，专心致志地读《丰特奈尔回忆录》，头上没有戴帽子。

我浏览过卡姆斯大法官的《人类史稿》；向约翰生博士提到他对查理五世因为生前就举行自己的葬礼而加以指摘，我告诉约翰生我一直认为这是一种严肃而矫情的举动。**约翰生**：“嘿，先生，对于查理的这一举动，一个人可以往这方面想；但是笑话人太容易了，如果一万个人里头有一个人笑话它，他会使其余的九千九百九十九个人也笑话。”这种看法我不敢苟同。

约翰·普林格尔爵士表达了这么一种愿望，他想征求约翰生博士的意见，就文笔而言，哪些是英国最优秀的布道文。我今天瞅了个机会向他提了几个人。——“阿特伯里？”**约翰生**：“对，先生，最优秀的之一。”**鲍斯威尔**：“蒂洛森[②]？”**约翰生**：“嘿，现在不是。

---

① 埃德蒙·伯克。

② 蒂洛森（Dr John Tillotson，1630—1694），坎特伯雷大主教（1691—1694）；林肯律师学院学会布道士（1663）；坎特伯雷受俸牧师（1670—1672）；坎特伯雷教长（1672—1689）；皇家学会会员（1672）；圣保罗大教堂教长（1689）；《信仰教规》（1666）的作者；对无神论、天主教、索齐尼主义，一位论的直言不讳的批评家；在英国信仰史的危急关头主持一个分裂的教会。

我不应当劝一位布道士现如今去学蒂洛森的文体：不过，我不知道他是不是；我还是应当小心，不要反对一直被那么多人投票叫好的东西。——索思是最优秀的之一，如果你除去他的怪异，他的猛烈，以及有时候语言粗俗的话。锡德的文笔极好；但神学修养不太深。乔廷[①]的布道文非常典雅。舍洛克[②]的文体也非常典雅，不过他并没有把它当作主攻对象。你还可以加上斯莫尔里奇[③]。如今的布道士文体都很好。其实，现在没有人多谈文体：每个人的文章都写得很好。现在没有一百年前的那种不和谐的藻饰文辞了。我应当推荐克

658 拉克博士的布道文，如果他是个正统派的话。然而众所周知，他在

1778年4月7日星期二

什么地方不正统，正统信守的是三位一体的教义，据此，他是一个受谴责的离经叛道者；所以人们意识到了这一点。”**鲍斯威尔**：“我非常喜欢奥格登[④]《关于祈祷的布道文集》，因为它们文笔简洁，推理精妙。”**约翰生**：“我倒喜欢读奥格登写的所有的东西。”**鲍斯威尔**：“我想知道的是，哪些布道文提供了英国讲坛雄辩的样板。”**约翰生**：“我们没有针对万事咸宜的种种激情的布道文，如果你指的是那种雄辩的话。”**一位牧师**[⑤]（他的名字我记不起来了。）：“难道多德

---

① 乔廷（John Jortin，1689—1770），教会史家、文学批评家；奥克斯登街安闲小教堂的布道士（1747—1760）；东方的圣邓斯坦的教区长（1751）；伦敦会吏总（1764）；《教会史评》（1751）和《伊拉斯谟传》（2卷，1758—1760）的作者；唐纳森的《少女杂志》的撰稿人（1825）；卷入与理查德·赫德的一场论战中。

② 舍洛克（William Sherlock，1641？—1707），圣保罗大教堂教长。

③ 斯莫尔里奇（George Smallridge，1663—1719），布里斯托尔主教（1714）；托利党人布道士；安妮女王的常任牧师（1710）；卡莱尔教长（1711）；被斯威夫特称为“著名的斯莫尔里奇博士”；帮助确保阿特伯里的早期任命，但友谊后来冷淡下来。

④ 奥格登（Samuel Ogden，1716—1778），英国国教会牧师；哈利法克斯希思文法学校校长（1744—1753）；威尔特郡达梅拉姆代牧（1754—1766）；剑桥大学伍德沃德地质学教授（1764）；《布道文集》受到鲍斯威尔的大力赞赏，并向约翰生推荐，约翰生大体赞同。

⑤ 牧师恩布里先生。

的布道文不是针对那种激情的吗？”**约翰生**：“那些布道文算不了什么，先生，不管它们针对的是什么。”

吃饭时，思雷尔夫人表达了去看看苏格兰的愿望。**约翰生**：“看看苏格兰，夫人，只不过是看看一个更糟糕的英格兰。那等于看花儿逐渐凋谢，剩下一根光秆儿。看看赫布里底群岛倒真算是看了一种迥异的景象。”

我们可怜的朋友托马斯·戴维斯很快就要迎来朱瑞巷剧院的一场义演，以解他不幸遭遇的燃眉之急。我们大家对他的成功怀有热烈的兴趣，并对此尽了力。不过我们认为，当玩笑不可能伤害他的时候开个玩笑没有什么坏处。我建议这次应当让他上台来一段开场白；于是我们开始念叨可以用的一些段子：因为现在他已经老了，他不得不哭喊，“苦汤姆冷着呢”[①]；——他承认他被一个丘吉尔赶下了舞台，这并不丢脸，因为一个丘吉尔已经打败了法国人；他被讽刺为“念一个句子像狗啃一根骨头”，可是现在他很高兴有一根骨头好捡。——“不，（约翰生说）我倒想让他说，

疯汤姆又来见世面了。”[②]

晚上，我和他回城。路上辩论时我竭力主张一位乡绅没有任何义务居住在自己的庄园上；住在伦敦对家乡不会造成任何伤害。**约翰生**：“嘿，先生，一般而言，他不会对家乡造成任何伤害，因为从那里取出的钱在流通中又会返还；但对他的这一地区而言，对他的教区而言，他造成了伤害。他必须拿出来的一切并没有给首先要求得到的人。尽管我说过钱流通回去了，但经过很长时间才会出现这种情况。这么说来，一个有家室、有地产的人应当把自己看成这一个地区的负责人，他要给它散布文明和幸福。”

---

① 《里亚王》，第3幕，第4场，第153行。

② 流行歌曲《从我阴暗的小屋出来》中的一行。

第二天早晨，我发现他在家里。他称赞德拉尼[1]的《斯威夫特论》；说他这本书和奥雷里勋爵的书也许都说得对，尽管一个把斯威夫特观察得更深入，另一个不是那么袒护；两者互见，我们才可以对斯威夫特有个完整的概念。

659 谈到一个人出于道德和宗教考虑，决心戒酒时他说："对此，他绝不怀疑。当一个人对欢乐产生怀疑的时候，我们知道结局会是什么。现在我就像马一样对饮酒没有任何想法。桌子上的酒对我，就像对桌子下面的狗一样，没有任何诱惑力。"

1778年4月9日星期四

4 月 9 日，星期四，我和他在乔舒亚·雷诺兹爵士家吃饭，席间还有圣阿萨夫主教（希普利博士），阿伦·拉姆齐[2]先生，吉本先生，坎布里奇先生和兰顿先生。拉姆齐先生最近从意大利回来，他仔细考察过贺拉斯的别墅，席间他发表观感，使我们大开眼界。我听得津津有味，因为十三年前曾经喜出望外地观赏过，现在旧景重现脑际，倍感新鲜。主教、约翰生博士、坎布里奇先生也想起贺拉斯关于这个题材的各种诗句，给拉姆齐先生助兴。

有人提到贺拉斯的布伦杜西乌姆之行，约翰生说，他描写的那条小河现在应当看上去跟那时一模一样，他曾经心里纳闷，像这样的一些小河，过去了多少年代，情形怎么会保持原状，尽管地震多发，搞得崇山峻岭都变了样，农业也在大地表面造成了巨大变化。**坎布里奇**："一位西班牙作家把这种想法放进一种诗歌奇想里。看到罗马大多数最坚固的建筑荡然无存，而台伯河照样奔流后，他补充道，

---

① 德拉尼（Dr Patrick Delany，约1685—1768），爱尔兰教会当郡教长（1744）；作家；都柏林基督堂大教堂副主教；出版著作批驳奥雷里勋爵对斯威夫特的批评（1754），与斯威夫特友谊深厚；在《学术现状》（1732）中抨击当代教育（1732）；著名教育家。

② 阿伦·拉姆齐（Allan Ramsay，1713—1784），肖像画家；诗人阿伦·拉姆齐之子；文物专家学会会员（1743）；爱丁堡辩论俱乐部精英学会会员的创建人（1754）；《趣味对话录》（1755）的作者；皇家肖像画家；美术家学会副会长（1765）；对他的朋友和同行雷诺兹有影响；杰出的美术家。

Coney Court
Grays Inn in 1780

Lo que èra Firme huió solamente,
Lo Fugitivo permanece y dura.[①]

约翰生：“先生，那是从亚努斯·维塔利斯[②]那里借来的：

——immota labescunt；
Et quœ perpetuò sunt agitata manent.”[③]

主教说，从贺拉斯的作品看，好像他是个知足常乐的人。**约翰生**：“我们没有理由这么看，大人。我们能因为蒲柏在他的作品中说他快乐就认为他是个快乐的人吗？我们在他的作品中看到他希望他的心态现出什么模样。扬博士渴望升迁，在作品中说它时又是一副鄙夷不屑的口气，假装鄙视他没有鄙视过的一切。”**圣阿萨夫主教**：“他就像其他牧师一样，寻求空闲：不过这在牧师队伍中并不特别。我记得自己在部队里时，在拉菲尔特战事之后，军官们严重抱怨没有一个将军阵亡过。”**坎布里奇**：“贺拉斯说，

Romœ Tibur amem，ventosus Tibure Romam[④]；

这时候我们更加相信他，当他这样夸耀他的始终如一时：

660 Me constare mihi scis，et decedere tristem，

1778年
4月9日
星期四

① “只有静态的东西消失了；流动的东西经久长存。”——克维多·伊·比列加斯，《西班牙的帕尔纳索斯山》(1659)，第4页。
② 亚努斯·维塔利斯（Janus Vitalis，？—约1560），意大利诗人，神学家。
③ “岿然不动的东西消失了；不断运动的东西永驻”——亚努斯·维塔利斯，《罗马》。
④ “我像风一样变化无常——在罗马时我爱蒂布尔，在蒂布尔时，又爱罗马”——贺拉斯，《书札》，第1卷，第8封，第12行。(蒂布尔即现在的蒂沃利，罗马东面的一座山城，据说贺拉斯在那里有一座别墅。)

Quandocunque trahunt invisa negotia Romam.[1]

我们就不大相信他了。”**鲍斯威尔**：“人永远不得安宁，这是多么艰难啊。”**拉姆齐**：“安宁不是人的天性。当他安宁的时候，他是处在他能处的最坏的境地；因为他没有什么能使他激动的东西。于是他就像爱尔兰歌曲中的那种人，

巴利纳疯地有个年轻人
他想娶个老婆让他不安宁。”

有人提到哥尔德斯密斯，约翰生说，过了好久，他的价值才开始被承认。他有次用充满悲情的滑稽言词抱怨说：“不管什么时候我写出什么东西来，公众打定主意对它不闻不问。”但是他的《旅行者》使他蜚声文坛。[2]**兰顿**：“这首诗里没有一行坏诗，没有一行德莱顿那样大而化之的东西。”**乔舒亚爵士**：“我很高兴听到查尔斯·福克斯说，那是最好的英语诗歌之一。”**兰顿**：“你高兴什么？你肯定以前对它没有怀疑吧。”**约翰生**：“不会的；《旅行者》的价值已经确定不移，福克斯先生的赞扬不能将其增大，指摘也无法将其减小。”**乔舒亚爵士**：“可是他的朋友们也许会怀疑他们对他过于偏爱了。”**约翰生**：“不，先生，他的朋友们的偏爱反而于他不利。我们难以听他申诉了。哥尔德斯密斯对任何问题从无定见；所以他说话总是语无伦次。似乎他存心把心里的想法脱口倒出，看看到底是个什么结果。如果他有什么荒唐的把柄被人抓住，他也会恼羞成怒；但这并不妨碍过一会他又有荒唐表现。我记得夏米尔跟他交谈了一阵子后说：‘呃，我完全相信这首诗是他亲笔写的：让我告诉

① “你知道我是始终如一的，每当我憎恨的事务把我拉向罗马，我离去的时候，总是心情沉重。”——贺拉斯，《书札》，第1卷，第14封，第16行。

② 〈1765年初版。——M.〉

你，也就是相信绝大部分。’夏米尔[1]有次问他，《旅行者》第一行最后一个词缓慢是什么意思，

遥远，无友，郁闷，缓慢。

难道他的意思是移动缓慢？习惯不假思索脱口而出的哥尔德斯密斯回答道：‘是的。’我正好坐在旁边，说道：‘不，先生；你指的不是移动缓慢，你指的是来到一个孤独者心头的心理懈怠。’夏米尔当时相信这行诗是我写的，好像他亲眼看见我写了一样。然而，哥尔德斯密斯是这样一个人，无论他写什么，总写得比别人要好。他理所当然有资格在威斯敏斯特教堂拥有一席之地，而且每多活一年，就更有资格。他装了满脑子的知识，并不费周折。他把知识移植来移植去，没有固定在脑海里；所以他说不上他自己书里写的是什么。”

661 1778年4月9日星期四 我们谈起在乡下生活的事情。**约翰生**：“没有一个聪明人会去乡下生活，除非他有些要做的事情在乡下能够做得更好。譬如说：如果他要把自己关一年钻研一门科学，向外望去看见一片田野比看见对面的一堵墙要好。还有，如果一个人出门在乡下散步，就没有人会勾留他不让他再进家：但如果一个人在伦敦出门散步，他就没有把握什么时候才能再走回家。当然，一座大城市是研究人生的学校；诚如蒲柏所言，‘研究人类的合适对象就是人’。[2]”**鲍斯威尔**：“我想，伦敦是世界上最好的社交场所；尽管我听说巴黎的一流社交仍然是我们这里的任何活动望尘莫及的。”**约翰生**：“先生，在巴黎，像这样围桌而坐的一伙人是否能在不到半年的时间里集合到一起，我表示质疑。在法国，人们津津乐道男女共处的乐事：实际情况是，那里的男人并不比女人高明，他们的知识也不比女人丰富，他们交

---

① 〈Anthony Chamier, Esq.，文学俱乐部成员，副国务大臣；1780年1月12日去世。——M.〉

② 蒲柏，《人论》，书信二，第2行。

谈时并不会因为有女人在座而有所收敛。”**拉姆齐**：“文学在蓬勃生长。在法国正值春天。在这里却已成**明日黄花**。”**约翰生**：“法国的文学比我们悠久许多。巴黎是文艺复兴的第二个城市，当然意大利是率先发轫的，我们对文学做出的什么贡献可与法国的斯特凡尼[①]家族和其他人做出的贡献相比肩？我们的文学是通过法国传过来的。卡克斯顿[②]只印了两种书，不是法文作品的翻译，那就是乔叟和高尔[③]；而乔叟，我们知道，向意大利人借鉴甚多。如果法国文学正值春天，那也是第二个春天；它是冬天之后的春天。我们在文学上已经走到法国人的前面；但我们落后的时间很久。在英国，任何一个佩剑、戴扑粉假发的男子都以做文盲为耻。我相信在法国并不是这样。不过，或许法国的学术气氛很浓，因为他们拥有大量的宗教机构；很多人从事研究，没有别的事可做。这种情况，我并不了解；而是根据日常概率推断的。射手多了，总会有人射中。”

我们谈到老年。约翰生（现在虚岁七十）说：“如果一个人到了老年头脑变痴呆了[④]，那只能怪他自己，因为他不大用脑筋。”主

---

① 斯特凡尼家族（the Stephani），法国学者和印刷商世家。

② 卡克斯顿（William Caxton，约1422—1491），印刷商、商人、外交官；第一个印书的英国人，1475或1476年把印刷术带到英国；英国驻布鲁日总督（1465）；第一本用英语印的图书《特洛亚史》的作者。

③ 高尔（John Gower，约1325—1408），诗人；或许担任过法律界或政界职务；乔叟任职时担任检察总长（1378）；在《特罗伊洛斯和克瑞西达》里被称作“德高的高尔”；用三种语言写作，题材广泛，文笔流畅，清晰；主要作品有《沉思者之镜》（约1376—1379）、《呼唤者的声音》（1381年后），和他的力作《恋人的忏悔》（约1390）。

④ 〈在这个问题上，霍布斯跟约翰生看法相同；在他的《答达文南特的〈冈迪伯特〉序》中，他大气磅礴地破除了通行的观点：老年人的心态容易陷入一种必须的、不可抵抗的孱弱状态。

“现在当我考量这种情况时，（这位哲学家说）允许我用一点短暂的杂音把那临近终结的和谐变得悦耳甜蜜。对您的诗，我毫无异议，只是对你“序”里的一些说法不敢苟同，于是就关于老年的偏见发点回声。常言道：老年是向童年的一种回归。我认为这种观点你坚持的时间如此之久，仿佛你希望它应当被人相信似的。这就是我有意震动一下的那种音调。（转下页）

教问，老年人是不是丧失快，获得慢。**约翰生**：“我看未必，大人，如果他努力了的话。”在座的一位①贸然说，他认为老人麻木不仁了反而很快乐。**约翰生**（意气昂扬，语气鄙夷）：“不，先生，我从来不会因为理性变弱而快乐。”**圣阿萨夫主教**：“先生，你的愿望是，γηράσκειν διδασκόμενος②。”**约翰生**：“是的，大人。”

主教大人提到威尔士的一个慈善机构，那里的人只要每个星期各尽所能，便能各取所需；他说，他们由于没有财产都变痴呆了。**约翰生**：“他们没有希望的目标。他们的条件再好不过了。那是在划船却不见港口。”

662 在座的一位③问他尤维纳利斯的unius lacertœ这个说法的意思。

1778年4月9日星期四 **约翰生**：“我想它的意思非常清楚；一个人有可能在上面发现一只蜥蜴的那么大的地儿。”

至于诗人有意加强这两个词出现的那段文字中的思想感情所用的这种说法的确切意思，注释家们则众说纷纭。它们的意思是哪怕

（接上页）那种说法，仅仅指的是身体的孱弱，却被厌倦了父母、师长和其他告诫者的控制的不听话的孩子们拧到头脑的孱弱上了。

“其二，人们归咎于老年的那种糊涂和幼稚，绝对不是时光的效果，有时候却是青年时代行为过当的结果，不是向童年的回归，反而是童年的继续。因为那些需求给他们的记忆提供他们青年时代性情的珍贵表现的好奇心，并准备在贪图安逸、享受感官之乐中度过时光的人，仍然是孩子，不管年龄多大；就像他们进入一个人口众多的城市，待在客店里永不出门，无论在那里待多久，仍然是生客一样。

“其三，任何人都没理由认为自己今天比昨天聪明，同样也不能相信自己明天就比今天聪明。

“其四，你老了以后，你会被迫改变自己的观点；同时，你对我以前说过的称赞你的话，通通不信，因为我已经老了。——余言不叙。”

霍布斯写这些令人欣喜而通情达理的话的时候是六十二岁，达文南特四十五岁。——M.〉

① 理查德·坎布里奇。

② “我随着年龄的增长，学识也要相应增长”——普卢塔克在他的《梭伦传》第31节中归为梭伦的话。

③ 理查德·坎布里奇。

一丁点财产，只要它是一个人自己的，也就足够了。

Est aliquid quocunque loco quocunque recessu,
Unius sese dominum fecisse lacertæ. ①

这个季节报纸上有种异想天开的时尚，那就是用莎士比亚的话描写健在的世界名人；这是在《借莎士比亚妙笔描绘现代人物》的题目下进行的。有些话用得贴切到家了。这个想法产生了奇效，后来这些话被人集成一本小册子。有人隔着桌子对约翰生说，这些人物中没有他。“不对（他说）有我。我要是被漏掉了，反而感到遗憾。”随后他背出了用在他身上的那句话，

你先得把**卡冈都亚**的那张大嘴借给我。②

雷诺兹小姐一时不明白这句话的意思，他便对她加以解释，这未免使人觉得有点儿尴尬滑稽。“嘿，小姐，这是影射我好用大字眼，需要一个巨人的嘴才能念出来。卡冈都亚是拉伯雷笔下的一个巨人的名字。”**鲍斯威尔**：“可是先生，其中还有一句形容你的：

他不肯恭维尼普顿有三叉戟，
或者乔武有打雷的神力。”③

约翰生：“这里面没有什么突出的东西。先生，卡冈都亚最好。”尽管有这种轻松愉快的好心情，但过了一会儿，当我念他对肯里克的挖苦话[a]赢得了一片喝彩时，他说：“这话是谁说的？”我随口回答，

---

① “无论在什么地点，不管如何遥远，成为一只蜥蜴的所有者，也算一件幸事。”——尤维纳利斯，《讽刺诗》，第3首，第230—231行。

② 参见《皆大欢喜》，第3幕，第2场，第205行。

③ 见《科利奥兰纳斯》，第3幕，第1场，第256—257行。

a 见边码第260页。

卡冈都亚，他听了，一脸的严肃，这足以表明，他不想让它持续下去。

我们走进客厅的时候，就更是群星荟萃。除了刚才吃饭的那伙人，还有加里克先生，索尔兹伯里的哈里斯先生，珀西博士，伯尔尼博士，尊敬的乔蒙德利夫人，汉娜·莫尔[①]小姐等人。

海阔天空地闲聊了一阵子后，我和约翰生，加里克和哈里斯走进一个角落。**加里克**（对哈里斯）：“先生，请问，你读过波特[②]的
663 《埃斯库罗斯》吗？”**哈里斯**：“读过；我认为挺好。”**加里克**（对约
1778年4月9日星期四 翰生）：“你怎么看，先生？”**约翰生**：“我想我是从文辞上读的：但经哈里斯先生这么一夸，我倒愿意读一部戏剧。（对哈里斯先生）别指定两部。”哈里斯先生提出了一部，我记不得是哪一部了。**约翰生**：“我们必须看一看它作为一首英语诗的效果；那是判断一种翻译的优长的办法。翻译一般说来，是让不懂原作的人看的。”我提到普遍的说法，蒲柏的《荷马》没有很好地再现原作。**约翰生**：“先生，这是古往今来产生出的这类作品中最伟大的。”**鲍斯威尔**：“实际情况是不可能把诗翻译得尽善尽美。翻成另一种语言可以有同样的音调，但没有同样的音质。荷马演奏的是低音管；蒲柏演奏的是哨笛。”**哈里斯**：“我认为英雄史诗最好用素体诗；然而好像韵是英语诗的根本，由于我们的格律数量不足。依我看，我们语言的长项是不计其数的散文。”**约翰生**：“威廉·坦普尔爵士是给英语散文赋

---

① 汉娜·莫尔（Hannah More，1745—1833），作家、慈善家；约在1773/1774初次遇见约翰生，并进入伦敦文学圈子；作品有《村舍的埃尔德雷德爵士》（1776）；长篇小说《寻妻的科勒布斯》（1809），《斥现代女性教育体系》（2卷，1799）；剧作《珀西》（1777）由加里克上演；约翰生赞赏其文采；为废除奴隶制和移风易俗而斗争，主管十多所慈善学校。

② 波特（Robert Potter，1721—1804），翻译家、英国国教会牧师；克罗斯退特教区长（1754）；斯卡宁免费学校校长（1761）；推出埃斯库罗斯（1777）和欧里庇得斯（2卷，1781—1782）的无韵白体诗译本；伊丽莎白·蒙塔古是他的朋友和赞助人。

予节奏的第一位作家。[①] 在他的时代之前，人们疏于安排，不管一个句子结尾是一个重要的词，还是无关紧要的词，也不管它是以什么修辞格结束的。”兰顿先生这时已来到我们中间，称赞克拉伦登。**约翰生**：“他由于插入语多，从句繁复，言辞生硬为世人诟病。但他的强项是内容。其实他的文体之所以毛病不少，主要原因是内容过剩。每一个主要内容，（对哈里斯先生笑了笑）都有如此多的次要成分。——为了清楚起见，我们必须进行分析。如果要分析语言，就必须涉及语法；如果分析论点，就必须涉及逻辑。”**加里克**：“在人们尝试的所有翻译中，我认为埃尔芬斯顿的《马提雅尔[②]》最非同寻常。他就这件事征求我的意见，因为我自己也算一个小小的警句诗人，你们知道。我坦率地告诉他，‘你似乎没有这种天赋’。我问他是不是认真的；发现他果然如此后，便劝他不要出版。呵，他的翻译比原作还难懂。我认为他是个有一定才气的人；但他好像走火入魔了。”**约翰生**：“先生，你做了一件我没有勇气做的事情。他没有征求我的意见，我也没有把自己的看法强加于他，惹他生气。”**加**

① 〈作者在第169页和170页上说，约翰生曾经告诉他：“他的文体的形成是借鉴了威廉·坦普尔爵士的文体和钱伯斯给他的《词典》的建议。他肯定是弄错了；要么如果他起初以为他在模仿坦普尔的话，他做得很不成功；因为再没有比坦普尔的简约和约翰生的丰富更天差地远的了。”

我们的作者的说法，乍一看，似乎完全正确；但仔细考察一下，我认为这种说法好像是建立在误解的基础之上的。鲍斯威尔先生理解约翰生过于刻板。我想，他的意思不是他一门心思、面面俱到地模仿坦普尔爵士的文体，而是根据他和钱伯斯（也许该文发表于1737年，与他题名为《考量》的第二版有关），从各自的文字中选取最值得模仿的方面。我们面前的这一段文字，我想，显示他学习坦普尔去调整自己的圆周句，而且只在这一方面，把坦普尔当成他的样板。这样看问题，就没有任何困难了。他也许向钱伯斯学来了简洁、遒劲和精确（一反长期以来盛行的疏松），从托马斯·布朗爵士（此人肯定是他的原型之一）那里学习pondera verborum，气势和措辞；向坦普尔学习了布局的和谐，联词的适当，以及这里列举的作文的其他艺术和优雅：话又说回来，总而言之，他的文体没有与这几位作家的任何一个酷似，尽管从每一个那里都获益。——M.〉

② 马提雅尔（Martial，约40—104），罗马警句诗人。

里克：“但作为一个朋友，先生——”**约翰生**：“嘿，像我和他这样
的交情——不好说。”**加里克**：“可是如果你眼看着一个朋友要从悬
崖上栽下去，总不能袖手旁观吧？”**约翰生**：“这种情况太离谱了，
先生。阻止一个朋友从悬崖上栽下去，你相信他会感激你的救命之
恩；但反过来讲，我倒是伤了他的虚荣心，对他没有任何好处。他
不会听我的劝告的。他的内弟斯特拉恩送给他五十镑的捐助款，又
说，如果他不予出版、他会加送五十镑。”**加里克**：“什么，嗯！
斯特拉恩善于鉴定警句诗？他不是个木头疙瘩吗，嗯？”**约翰生**：
“嘿，先生，他也许不会鉴定警句诗：可是你要知道，他会鉴定什
么不是警句诗。”**鲍斯威尔**：“加里克先生，你跟一名作者说话就像
你跟埃尔芬斯顿说话一样容易；你当了多年的剧院经理，拒绝了不
664 少蹩脚作者的剧本。你是一位老法官，常常宣判死刑。你是一位老
1778年 4月9日 星期四 练的外科医生，给人截肢是常事；尽管这对病人有好处，但是他们
不会喜欢你。经受过一次可怕手术的人不会再喜欢看见那位做手术
的人的。”**加里克**：“说得对，这种情况我全知道。有一位牧师先生
（霍金斯先生），写了一部悲剧，《围攻》什么[a]，我拒绝了。”**哈里
斯**：“于是就遭到了围攻。”**约翰生**：“啊，他找我抱怨了一通；告诉
我，加里克说他的剧情有错误。那么，什么是剧情呢？”（在这里加
里克一惊，忸怩不安，似乎苦恼难耐；因为约翰生告诉我，他相信
故事是真实的。）**加里克**：“我——我——我——我说首要剧情。”[①] **约
翰生**（笑着）：“对了，他把首要漏掉了。他说，里奇[②]用鲁莽的英语

---

a　剧名是《围攻阿勒颇》。它的作者霍金斯先生原为牛津大学诗歌教授。该剧印在他的八开三卷本《杂文集》中。

①　〈加里克对这一表现方式有重大的依据。德莱顿在他的《俄狄浦斯》序中用过它。——M.〉

②　里奇（John Rich，1682？—1761），哑剧演员、剧院经理；推出该世纪最大的商业戏剧成就《乞丐的歌剧》（1727）；开发意大利即兴喜剧的体型特征；利用他成功经营的资金在修道院花园建立一座剧院；与朱瑞巷的加里克唱对台戏；建立“崇高牛排学会”（1735）；将修道院花园留给女婿约翰·比尔德，1767年卖给科尔曼和他的同事。

把他拒了：他可以把里奇亲笔签名的信拿出来。”**加里克**：“他因为他的剧本遭拒便怒不可遏，给我写了一封信：‘先生，这正在变成一件非常严重而恐怖的事情。我决定将我的剧本出版。我要向全世界呼吁；看你的判断力是什么样子？’我回复说：‘先生，尽管事态严重而又恐怖，我不反对你出版你的剧本；由于你住得很远，（我相信在德文郡，）如果你愿意把它寄给我，我愿意将它转给出版社。’此后就没有下文，哈！哈！哈！”

4 月 10 日，星期五，早上我发现约翰生在家。我们接上昨天的话茬。他让我想起我已经忘记的一些话，使我能把它记得比我原本能做的更加详尽。1763 年我们刚认识的那个阶段，他就建议我记日记。我对他的建议重视有加，他十分高兴；我看得出来，他发现他的这么多思想成果都被保存下来，不禁暗自欣喜；由于他常想，也常说，他每说一件精彩的东西，总是煞费苦心——现一检查，发现他的言谈一针见血，形象生动，这使他喜形于色。

我对他说：“先生，你昨天心情极好：没有任何事情触犯你，没有任何事情制造暴躁情绪。没有胆大包天的罪犯。没有一个死刑的判决。那是一种无案可审的巡回法庭。你戴着一双白手套①。”

我们的朋友兰顿先生由于一直默不作声，他便找起了岔子。“先生，（我说）你会记得乔舒亚爵士很高兴查尔斯·福克斯先生称赞哥尔德斯密斯的《旅行者》，他非常适时地接起了话茬。你还为他帮腔来着。”**约翰生**：“不错，先生，我给福克斯当头一棒，毫不客气。雷诺兹眼下把福克斯和伯克抬得太高。他在狐星和爱尔兰星群②的光辉照耀下。他总是在某个行星的光照之下。”**鲍斯威尔**：“没有狐星啊。”**约翰生**：“但是有狗星。”**鲍斯威尔**：“他们说，其实狐和狗是同一科动物。”

---

① 白手套是赠给无刑事案件审理的巡回审判法庭的法官的。

② 〔“福克斯”的原文fox，意思是“狐狸”。“爱尔兰星群”指出生于爱尔兰的一些名流，约翰生同时代的爱尔兰名流有斯威夫特、康格里夫、谢立丹、斯特恩、伯克、哥尔德斯密斯、巴克莱等。〕

665 我让他想起一位先生[①]，乔蒙德利夫人说，这位先生起初出于做作饶舌，随后又出于同一原因无语；他起初想："我会因为是每一伙人中最活跃的一员受大家称赞。"随后突然想起："噢！一副严肃和睿智的样子更会受人尊敬。""他以先饶舌后无语把毕达哥拉斯定律颠倒过来。他也把自然进程颠倒过来了：他先是翩翩飞舞的蝴蝶，后来才是蠕蠕爬行的虫子。"这本是约翰生亲口告诉我的事情，经过我这一番发挥，他大笑不止。

1778年
4月10日
星期五

我们和斯科特[②]先生（现为威廉·斯科特爵士，国王陛下的大律师）在圣殿律师学院他的住所吃饭，那里再没有别人。由于人少，约翰生不像前一天那样精神高昂，有相当长的一段时间寡言少语。最后他突然大发议论："这个时代主从关系业已崩坏。现在没有一个人具有他父亲曾经有的权威，只有监狱看守除外。主人对仆人没有权威：权威在高等学府里也被削弱；不，在文法学校也是这样。"**鲍斯威尔**："这到底是什么原因呢，先生？"**约翰生**："嘿，苏格兰人的流入呗。"（大声嘲笑。）**鲍斯威尔**："这么说来，事情颠三倒四不可收拾了。——只有你说的重要原因。"**约翰生**："嘿，先生，原因多了去了，主要原因，我认为是金钱的剧增。现在一个人能跑到另一个国家找口粮，没有人依赖庄园主了。我的巷子入口的擦鞋匠不依靠我。我一天只能剥夺他一个便士，他相信别人会把这一个便士送到他手中；我还得把这一个便士拿给另一名擦鞋匠，所以买卖未受任何损害。我在我写的《赫布里底群岛旅行日记》中说明，金银怎样毁灭封建的主从关系。除此而外，还有一种对尊敬的普遍松懈。现在的儿子没有像从前那样依赖父亲的。父亲身份过去被认为本身就是一件伟大的东西，它有很多权利要求。一般说来，它被缩小到很小很小的范围之内。我的理由是，由于无政府状态产生暴政，这

① 本内特·兰顿。

② 斯科特（William Scott，1745—1836），法官、政治家；海事法庭大律师（1782）；国王的大律师（1788）；代表牛津大学的议员（1801—1821）；海事法庭高级法院法官；枢密院官员（1798）；1778年起为文学俱乐部成员。

种极度的松懈会产生 freni strictio[①]。”

谈到声名，因为人们对它有如此大的渴望，我说，与人类关注
的其他目标相比，它的实际价值微不足道。“让每个人回想一下，他
就会意识到他在议论和思考莎士比亚、伏尔泰，或者有史以来任何
最著名的人物，或者现在被认为得到世界关注和仰慕的任何人物所
占去的时间是多么的少。把这部分抽出来，加以压缩；它会成为多
么狭小的空间！”我然后俏皮地介绍了一下加里克先生的声名，以
及他摆出的那副伟人的架子。**约翰生**：“先生，不可思议的是，加里
克摆的架子多小。不，先生，加里克 fortunam reverenter habet[②]。想
想看，先生：你提到的那些著名人物是从远处听到对他们的喝彩声
的；可加里克得到的喝彩声扑面而来，震耳欲聋，每晚回家时成千
人的喝彩声装满了他的脑袋。所以先生，加里克不是找到了，而是
打通了通往伟人的餐桌、招待会，而且几乎是卧室的路子。这么一
来，先生，加里克下面有无数的人；他们由于畏惧他的势力，由于
希望得到他的帮助，出于仰慕他的才能，时时刻刻都对他俯首帖耳。 666
这就是一个提高了他的职业的威望的人。加里克把一名演员打造成 1778年
了一位高级人物。”**斯科特**：“他还是一位涉笔成趣的作家。”**约翰** 4月10日
生：“是的，先生；这一切都是由他赚来的巨大财富来支撑的。如果 星期五
这一切都发生在我身上，我就会雇两个伙计拿着长杆为我开道，把
挡路的人统统打翻在地。想想看，如果这一切发生在西伯或奎因身
上，他们还不一蹦子跳上月亮。——可加里克还跟咱们说话。”（莞
尔而笑。）**鲍斯威尔**：“加里克是个非常好的人，一个仁慈的人。”**约**
翰生：“先生，一个慷慨的人。他拿出的钱比英国哪一个人拿出的
都多。也许夹杂着一点虚荣心；但他已经表明，钱不是他的首要目
标。”**鲍斯威尔**：“可富特经常是这样说他的，他出门时存心要有一
次慷慨行为；可是经过一条街道的拐角，撞见了一个不名一文的穷

① 收紧的缰绳（严格的控制）。

② “敬重他的好运”——奥索尼乌斯，《警句诗集》，第8首，第7行。

鬼，就把他吓得丢了魂儿。”**约翰生**：“嘿，先生，此话千真万确；因为我从来没有见过一个人比加里克叫你今天更难确定他明天会干什么；那全看他当时的心情。”**斯科特**：“我很高兴听到关于他为人慷慨的话！他一直被人描绘成一只铁公鸡。”**约翰生**：“他在家是只铁公鸡跟咱们没有任何关系。我记得很久以前跟他一起喝茶，是佩格·沃芬顿[①]沏的茶，他抱怨她把茶沏得太浓[a]。于是他开始在钱包里摸钱，不知道什么时候才会摸够。”

关于财富，用财有方以及被称为节俭的那种艺术效果，他说：“想到那些大庄园主不仅把一年的收入花光，而且往往还真缺钱花，这到底是怎么回事，真叫人想不通。显而易见，他们对自己的花销没有一个估价。谢尔本勋爵[②]告诉我，一个关注自己事务的显要人物可以有他该有的一切，可以有有用的或者显得有好处的一切东西，一年得花五千英镑。因此一大部分肯定是浪费掉了；其实，大部分人都是如此，不管他们的财产状况如何。”**鲍斯威尔**：“先生，我对此毫不怀疑。可是情况到底怎样？浪费在哪儿呢？”**约翰生**：“嘿，先生。狂喝滥饮，以及成千上万别的事情。浪费是无法说清楚的，尽管我们意识到它有多大的破坏性。一方面，通过节俭，一定的收入可以让一个人维持高雅的生活，另一方面，由于浪费，同样的收入使另一个人生活得很寒酸，所以二者很难界定。这是一件非常微妙的事情：就像

---

① 佩格·沃芬顿（Peg Woffington，1714？—1760），女演员；1740年移居英格兰在修道院花园演出前，在都柏林已参演相当多的保留剧目；1742年在朱瑞巷加里克演理查三世时她配演安妮夫人，成为著名的搭档；受到约翰生、菲尔丁的拜访；在朱瑞巷一直待到演员们抗议弗利特伍德的管理之后。喜剧大师，不断扩充她的保留剧目，改进演技。

a 约翰生把这件小轶事告诉乔舒亚·雷诺兹爵士时，他提到一个今天漏掉的情况。——“嘿，（加里克说）它红得像血一样。”

② 谢尔本勋爵（William Petty，2nd Earl of Shelburne，后为1st Marquis of Lansdowne，1737—1805），首相（1782）；乔治三世的侍从武官（1760）；贸易委员会委员长（1763）；南方国务大臣（1766—1768，1782）；随后参加罗金厄姆和格伦维尔的反对派；嘉德勋位爵士（1782）；首席财政大臣（1782）；请辞财政部职务后四十五岁时大势已去。

一个人穿衣服比另一个人费得多，我们说不出个所以然。”

我们谈到战争。**约翰生**：“每个人都因为没有当过兵或没有下过海而妄自菲薄。”**鲍斯威尔**：“曼斯菲尔德勋爵并非如此。”**约翰生**：“先生，如果曼斯菲尔德勋爵与服过役的陆军和海军将军们在一 667
起，他会缩头缩脑；恨不得钻到桌子底下去。”**鲍斯威尔**：“不；他认为他能考验考验他们大家。”**约翰生**：“是啊，如果他能抓住他们 1778年4月10日星期五
的话：但是他们会更早地考验一下他。不，先生；如果苏格拉底和瑞典的查理十二都在某一伙人中，苏格拉底说，‘跟我来，听一堂哲学课’；查理则手持宝剑说，‘跟我来，把沙皇赶下台’；一个人会以跟苏格拉底为耻。先生，这种影响是普遍的；但也是奇怪的。至于水手，当你从上层后甲板向下面的地段一望，你看到的是人类苦难的极致；那样的挤，那样的脏，那样的臭！”**鲍斯威尔**：“可是水手们都很快乐。”**约翰生**：“他们的快乐是畜生的快乐，只要有一块肉，只要满足最粗劣的肉欲就行。可是，先生，军人和水手的职业有那种不畏艰险的尊严。人类尊敬那些无畏的人，而畏惧却是人类十分普遍的弱点。”**斯科特**：“可勇气不就是机械式的，可以习得的吗？”**约翰生**：“是呀，先生，在集体意识上。士兵把自己看成一台大机器的零件。”**斯科特**：“我们发现人们喜欢当水手。”**约翰生**：“这一点我说不清楚，就像我说不清楚其他奇怪的想象变态一样。”

他对水手这一职业一贯深恶痛绝；但言谈中却总对军人职业赞誉有加。在我搜集到的他的浩繁的作品中，有一封写给一位杰出的朋友[①]的信，在信中他是这么表达自己的看法的：“最近我的教子来看我。他厌倦了而且合乎理性地厌倦了一种军旅生活。如果你能把他安排到其他某一岗位上，我想你可以增加他的快乐，也可以确保他的德操。军人的时光是在困顿和危险中或者在懒散和腐败中度过的。”这就是他研究后的冷静反思；不过每当他在大庭广众之中被激得热情洋溢之时，他也像心中孕育着诗情遐想的其他哲学家一样表

① 约翰·马奇，他的儿子威廉是约翰生的教子。

现出那种人人对盛名的热衷。

他谈到查尔斯·福克斯先生，他高度评价了此人的能力，但又说，他在我们的**俱乐部**里寡言少语。我听见吉本先生说：“福克斯先生不可能害怕约翰生博士；但他肯定在约翰生博士面前怯于发言。”斯科特先生这时援引一位希腊诗人说亚西比德的话，对此约翰生表示同意。[①]

他告诉我们，他把丹尼尔·笛福全部创造性作品的目录给了蒙塔古夫人；现在他把笛福此类作品的大部分，如果不是全部的话，还有他的其他作品，一一列举，承认对于一个商人出身的人来说，作品如此多样，写得如此之好，确实功不可没。说实在的，他的《鲁滨孙漂流记》就足以使他一举成名。

他对公鸡巷鬼魂诈骗表示极大的愤慨，并洋洋得意地讲述他是怎样协助戳穿这一骗局的，还在报纸上发表了一篇有关的报道。关于这件事我向他追问了太多的问题，不小心得罪了他，他显得很不高兴。我连忙道歉说：“我之所以提问题，无非是想获取教益，图个
668 高兴，我急切地奔往那股泉水；但他瞪了我一眼，把井锁上的那一
1778年 4月10日 星期五 刻，我就住嘴了。”——“可是，先生，（他说）那是逼人做一件不
愉快的事情啊。”于是他继续训斥我。“不是，先生，（我说）当你把井锁上，我再无法饮水的时候，不要让你的巧智之泉耍弄我，把我

① 〈由于希望发现这里所说的这一古代说法，我就这个问题向威廉·斯科特爵士请教，但他记不起来了。——然而，我的博学的老友卡尼博士，以前是都柏林三一学院资深研究员，现任爱尔兰拉福的执事长，他极其恰当地解释了这一段文字。他对我说：“鲍斯威尔在这里记忆有误；还说斯科特先生的说法肯定是‘福克斯先生在提到的这一例子中肯定被看作斐阿克斯的逆转，普卢塔克在《亚西比德传》讲过此人，悲剧作家欧波利斯说过，真的，他能说话，可他不是个演说家’。”
如果这一发现是由一位古代作家的评注者做出的，本特利或者泰勒说到它时将会热情满怀、赞不绝口的！——我把卡尼博士的话转达给威廉·斯科特爵士，他极其满意，认为它非常正确。同一位先生还转达了另外几点看法。每一位古典读者都将会悲叹的是，这一类看法再不多见了。——M.〉

喷成个落汤鸡。”

有时候他受不了问题的烦扰。有一次，我也在场，一位先生问了一大堆问题，如，“你干了些什么，先生？”“你说了些什么，先生？”他终于发火了，说道：“我不愿意叫人这样盘问。先生，难道你不想想这不是一位绅士的风范吗？我不愿意受什么、为什么的折磨；这是什么？那是什么？为什么母牛的尾巴长？为什么狐狸的尾巴毛烘烘？”这位绅士脸上挂不住，说道：“哎，先生，你人这么好，所以我才敢冒昧烦扰你。”**约翰生**：“先生，我人这么好并不是你人这么坏的理由。”

谈到伍利奇的“正义”号囚船，罪犯被关在里面劳动，作为惩罚，他说：“我不明白他们受这样的惩罚：如果他们从来没有犯偷盗罪，他们也得干同样多的活。他们现在只是干活；所以，他们毕竟有收益；他们偷盗的东西对他们来说是净收益；关算不了什么。每个干活的人都被关着：铁匠被关在他的铺子里、裁缝被关在他的阁楼上。”**鲍斯威尔**：“曼斯菲尔德勋爵被关在他的法庭里。”**约翰生**：“是的，先生，你知道关的概念可以扩展，就像歌里唱的，‘每一个岛屿就是一座监狱’。在多兹利的《诗选》里就有那首歌的作者的诗。”①

有人提到史密斯歌颂大旅行家波科克②的拉丁文诗歌。他背了几首，说这些是史密斯最好的诗③。

---

① 这首歌的开头是“欢迎，欢迎，欠债的兄弟”，被认为是查尔斯·科菲（Charles Coffey，1745年去世）所作。[1]

1 〈这首歌有好几节，其中一节有这样的说法：每一个岛屿就是一座监狱。——M.〉

② 波科克（Edward Pococke，1604—1691），东方学学者；牛津大学阿拉伯语教授（1636）；伯克斯奇德里教区长（1642）；希伯来语教授（1648）；基督堂牧师（1648）；《阿拉伯史概要》（1650）的作者；牛津大学出版社代表（1662）；当时欧洲最优秀的阿拉伯语学者。

③ 埃德蒙·史密斯（1672—1710）写了一首拉丁文颂歌歌颂东方学学者埃德华·波科克，约翰生在他的《史密斯传》里将其赞誉为“优秀”之作。然而“大旅行家”却是理查德·波科克博士。

他眉飞色舞，热情洋溢地谈到去遥远的国度旅行；这样可以开拓思想，还可以从中获得人格的尊严。关于参观中国长城他表现出一种特殊的热情。一时间我也受感染，说我真的相信我应当去看看中国的长城，如果我没有孩子的拖累的话，因为照顾孩子是我的职责。“先生，（他说）这么做了，你就在培养子女出人头地方面做了一件大事。他们就会沾你那种精神和好奇的光。他们就会永远被看作一个参观过中国长城的人的子女。我是认真的，先生。”

我们离开斯科特家后，他说：“你陪我回家好不好？”“先生，（我说）天晚了；不过我可以陪你走三分钟。”**约翰生**：“要不四分钟。”我们来到威廉斯夫人的房间。我们发现印刷商艾伦先生也在那里，他是门栓巷约翰生的住房的房东，一个可亲可敬的人，与约翰生的交往年深月久；极有意思的是，尽管此人个头非常瘦小，他常常甚至当着约翰生的面模仿这位伟人的堂皇庄重的辞藻和徐缓严肃的谈吐。——这天晚上我夸口说，尽管我不用以专门设计的符号进

Johnson's Sitting Room
in Bolt Court

行的所谓的速记，但我有自己的一套办法，一个字只写一半，把剩下的一半完全省掉，好把我听到的谈话的关键内容和语言牢牢记住，这样我就能在把它记下不久以后补全。约翰生要考考我，就像他曾经考一名真正的速记员那样，他做了这样一个实验，他缓慢而清楚地读了一段罗伯逊的《美利坚史》，我努力用自己的办法笔记，结果发现，我记得很不完善；由此得出的结论就是，这种办法的优点主要归功于对词的一种刻意安排，这种安排如果不造成一种基本损害，就无法变化或者节略。 669

1778 年
4月12日
星期日

4 月 12 日，星期日，饭前我发现他在家中；多德博士的诗《狱中杂感》摆在桌上。我觉得这是一个犯了死罪被关在新门监狱的人的一件壮举。我很想听听约翰生对它的看法：使我惊讶的是，他告诉我，他一行也没读。我把书拿起来，给他读了一段。**约翰生**："很好，如果你先前有意喜欢的话。"我又读了一段。他欣赏有加。于是他双手拿起书，看了末尾的祈祷后，他说："有什么证据证明这是他受刑前夜写的？我不相信。"然后他大声朗读作者为国王祈祷的部分，说道："先生，你认为一个人受绞刑的前夜还关心王室继位问题吗？——尽管他当时可以写这段祷文。一个终生说教的人也许临了还要说教。——可是一个经过那么多请求后还未遭赦免的人，很难这样热心地替国王祈祷。"

他和我，还有威廉斯夫人，去跟牧师珀西博士一起吃饭。谈到哥尔德斯密斯时，约翰生说，他的嫉妒心很重。我替哥尔德斯密斯辩护，说他在所有场合都坦率承认这一点。**约翰生**："先生，你这是变本加厉地指摘他。他的嫉妒心太重，想掩饰也掩饰不了。他一腔的妒意满得都溢出来了。当然他谈及此事的次数也够多的。先生，一个人坦率承认的事情，他不会羞于去想；尽管很多人总想着他羞于坦率承认的事情。我们大家都有嫉妒的天性；但通过遏制嫉妒，我们就能战胜它。所以我们天生都是贼；一个孩子总想方设法要用最近便的办法得到他想要的东西；这被良好的教育和良好的习惯消除了，直到最后，一个人甚至连夺取别人东西的念想也没有；也没有相关的思想斗争。”

在这里我要记录一个约翰生博士和珀西博士互相抬杠的场景，要不是它提供了一次展示约翰生真正的仁心柔肠的机会，我应当把它压下来才是，一旦发现他“在盛怒中说过”① 什么伤害一位朋友的话，他不仅立即渴望和解，而且努力赔情道歉。

谈话时提到了游记，约翰生对彭南特赞赏有加，就像他在天岛
670 邓韦根做过的那样[a]。珀西博士知道自己是古老的珀西家族的男继承
1778年4月12日星期日 人[b]，而且对高贵的诺森伯兰家有最热烈、最责无旁贷的依恋，所以他无法静静地坐着听人家夸奖这么一个人，因为此人说到阿尼克城堡和公爵的游乐场时语气轻慢，尤其因为他瞧不起此人的游记。因此他急切地反对约翰生。**约翰生**：“彭南特在他说的有关阿尼克的话中，说了他想说的话；他惹得你心里窝火。”**珀西**：“他说花园非常整洁，这就把它描绘得像个平民花圃，实际情况是，有一大片漂亮的草地，还有砾石路。”**约翰生**：“按照你自己的描述，先生，彭南特说得完全正确。它就是整洁。有剪得很短的草地，有绵延、平坦的砾石路。难道这不整洁吗？‘一大片’与这种说法并不抵触；一英里可以像一平方码一样整洁。你的‘一大片’使我想到平民扩大了的筵席，两块烤牛肉，两份布丁。没有什么花样，没有动用心思

① 参比《圣经·旧约·诗篇》，第2章第5节。

a 《赫布里底群岛旅行日记》，第3版，第221页〔9月17日〕。

b 在牧师纳什博士的《伍斯特郡史》第2卷第318页，有对这一情况的准确陈述，他的家族从诺森伯兰伯爵们传承而来都有清楚的追溯。博士还附加了一条注，他在注中说：“编者看见并仔细核查了现在在托马斯·珀西牧师手中的上面提到的所有事件的证据。”这些证据我本人也仔细核查过，还看见过博士的书出版以后出现的一些追加的证据；既作为一名习惯考虑证据的律师，又作为一个精通家谱研究的家谱学者，我感到心满意足。我不禁要说，作为一个非同小可的事情，在追溯德罗莫尔主教的家系时，这一名门的女继承人、已故的诺森伯兰公爵夫人伊丽莎白给了实质性的帮助；这位夫人不仅有融入她的高贵血统的那种高尚的精神尊严，而且具有出众的理解力和活跃的才气。我能相当自豪地夸耀有与公爵夫人书信往来的荣幸，这些书信的样品给我的档案大为增色。

珀西主教

乔舒亚·雷诺兹爵士 绘

布置场地，没有树木。”**珀西**：“他自以为给出了诺森伯兰的自然史，却连新近在那里种植的大量树木都没有注意到。”**约翰生**：“先生，那跟自然史不相干；那是人文史。一个讲橡树的自然史的人不该说某个地方种了多少橡树。一个讲母牛的自然史的人，不应当讲在伊斯灵顿有多少母牛在挤奶。动物仍然相同，无论在公园挤奶，还是在伊斯灵顿挤奶。”**珀西**：“彭南特的描写并不好；沿着洛蒙德湖畔走的送信人描写起来，会更胜一筹。”**约翰生**：“我认为他的描写很好。”**珀西**：“我在他后面走过一趟。”**约翰生**：“我也在他后面走过一趟。”**珀西**：“可是，我的好友啊，你是个近视眼，看得不如我清楚。”我对珀西博士的这种冒昧感到惊奇。约翰生博士一时无语；但易燃的微粒正聚集成一团云即将迸发出烈火。过了片刻，珀西博士又说了一些贬损彭南特的话。**约翰生**（尖锐地）：“这是一个心胸狭隘的人的愤懑，因为他在诺森伯兰并没有把样样东西都发现。”**珀西**（感到了来势）：“先生，你可以随心所欲，出言不逊。”**约翰生**：“行了，先生！甭说出言不逊了；记住，先生，你跟我说（气得直喘粗气）我是个近视眼。咱们已经斯文扫地了。所以怎么不逊就怎么来。”**珀西**：“我以名誉担保，先生，我不是有意无礼。”**约翰生**：“我可不能这么说，先生；我可是有意无礼的，因为我认为你已经无礼了。”珀西博士站起身来，向约翰生跑过去抓住他的手，满怀深情地向他保证自己的意思遭到了误解；于是顿时和好如初了。**约翰生**：“我亲爱的先生，我巴不得你把彭南特吊死。”**珀西**（接上原先的话题）：“彭南特抱怨头盔没有挂出来好把人们吸引到好客的大厅里来。我还从来没有听说挂出一顶头盔是个习俗。”**约翰生**：“把他吊起来，把他吊起来。”**鲍斯威尔**（迎合这个玩笑）：“不要挂头盔，把他的脑壳挂出来，你就在奥丁[①]的大厅里可以用它喝麦芽酒，因为他是你的敌人；那才是真正的古人风范。那里将会有《北方

671

1778年
4月12日
星期日

① 斯堪的纳维亚神话中的主神之一。

文物》[a]。”**约翰生**：“他是个辉格党人，先生；一条癞皮狗。（对他自己仅仅因为政见不同而使用的激烈言辞不禁莞尔。）但是他的旅行记是我读过的旅行记中最好的；他看到的东西比别的任何人都多。”

一个作家那样来去匆匆跑遍了一片广阔的地区，竟然只能把自己鸡零狗碎的东西拼凑到一起，后来又从堂区牧师和另外一些并不是最有资格或最公允的讲述人那里搞到了一些补充信息，而这些人对斯图亚特王朝的偏见在歪曲事实的过程中显得格外刺眼；这个作家充其量也就是浮光掠影地写了一些见闻，对于特色和风俗则显示不出约翰生在他同一地区的部分地方具有大师风范的《纪游》所展现的那种哲学性探讨；这位作家似乎有意讨好苏格兰人，所以便肆无忌惮、不分青红皂白地奉承北不列颠人，结果他们中间的明达、坦诚之士肯定感到厌恶，他们却更加推重约翰生平实、公正却又善意的报道，所以我不禁认为这是对这样一位作家的过高赞誉。

既然公允地批评了作为游历苏格兰的旅行家的彭南特先生，让我根据比我高明得多的权威，承认他作为一位能力出众的动物学家的应得的赞誉；让我也根据自己的理解和感受承认他的《伦敦》的价值，此书虽说在某些具体细节上不是十分准确，但仍然是用任何语言写出的最喜人的关于风物人情的著作。彭南特先生像他一般的同胞们一样，具有真正的绅士精神。为了证明这一点，我将摘引他的《伦敦》中谈及我杰出朋友的一段文字。“我绝对不能忽略门栓巷，**塞缪尔·约翰生**博士长期的居住地，他是一个天赋极高的人，一肚子学问、记忆力超强，具有最深沉、最纯朴的虔诚和道德，夹杂着那些众多弱点和偏见，好在他的朋友们一片好心，已经小心翼翼地把它们从它们的凶宅里抽了出来[b]。我说他在苏格兰旅行时曾说
672 过有‘长期而可悲的经历，那就是燕麦在苏格兰是人食、在英格兰

1778年
4月12日
星期日

a 珀西博士翻译的一本书的书名。

b 这是针对忠实传记的言不由衷的老调。难道这位可敬的先生的意思是，我由于接受约翰生的教导要识别性格特点，所以就应当不写他的弱点，总而言之，还应当粉饰他就像这位可敬的先生粉饰苏格兰一样？

则是马料’，从而使他一时迁怒于我。这是一种有损民族尊严的话，他不该说，而我则竭尽全力了。他反而给我一个亲切的拥抱。他还亲切地说我，‘这狗崽子是个辉格党人’；我敬佩拉塞尔勋爵的德行，对他的倒台深感惋惜。在革命时我倒应当是一名辉格党人。以后，有一些时段我也应当是，现在我却是一名温和的托利党人，就我小小的影响所及，是一个国王和百姓之间平衡的支持者：但如果天平倾向不利于 salus populi① 一端，那一刻就可以说‘这狗崽子是个辉格党人！’”

我们有了暴风雨后的平静，一直待到晚上一起吃晚饭，享受着融融之乐。然而珀西博士告诉我他对过去的这件事深感不安；因为那里有一位熟悉诺森伯兰家族的绅士②，他本来希望表明他跟约翰生博士亲密无间，从而在这位绅士面前显得更有面子，可现在，恰恰相反，也许给人家留下了对他的不良印象。他要求我把这种情况给约翰生博士提一下，后来我照办了。约翰生听了以后说道：“这岂不是画虎不成反类犬吗？如果他早告诉我他要在那位绅士面前争面子，他就会一直占上风的。”他对珀西博士极尽赞美之能事。“那么，先生，（我说）可不可以允许我提出一个补救的法子，你可以借此把说过的讨人嫌的话一律翻悔。我就那天不幸的争执给你写一封信，你再好心好意把刚才说过的话写在回信里，由于珀西勋爵不久要跟我们在保利将军家吃饭，我就借此机会当着勋爵大人的面把此信读一遍。”这一友好计划就在珀西博士毫不知情的情况下付诸实施了。约翰生的信把珀西博士无可置疑的功绩说得天花乱坠。我的谋划是，先在保利将军家把这封信作为约翰生博士对珀西勋爵感兴趣的一个人友善的事例加以介绍，于是勋爵大人就该听听它是怎么写的。约翰生最希望得到有些人的关注，如果他可能给这些人留下了不良印

① 百姓的安全。这是一句经典的法律警句“salus populi suprema lex est”，意思是“百姓的安全是最高法律”的前半句。

② 也许是诺顿·尼科尔斯。

象，这样一来，这种印象便被统统消除了。第二天我与珀西博士一起吃早餐，我把这个计划及其圆满完成的情况告诉了他，他以最热情的言辞对我表示感谢，看到约翰生博士在信中对他的赞誉，他便喜形于色，我还把信抄了一份给他。他说："我宁肯舍弃欧洲所有大学的学位，也要拥有这封信。他会给我，给我的子子孙孙增光添彩。"此后约翰生博士问我是否把信抄了一份给了珀西博士，我说是，他很是生气，坚持要我把它要回来，我只好照办。然而他并不希望我把原件或抄件销毁，也不禁止我把它让人看，于是我擅自把他就他的其他信件给过我的总体交代用到这封信上，"他不愿在生前
673 发表这些信件；但不反对让它们在他死后面世"。因此我在如实讲述了这封友善书信的底细之后，把它穿插在这里。

1778年4月23日星期四

致塞缪尔·约翰生博士

我亲爱的先生，——请允许我看在我们的朋友珀西博士的面上致函于你，那天，我们在他家吃饭时你给他说的一番话伤透了他的心[a]；在争论彭南特作为一名旅行家的功过的过程中，你对珀西说"他心胸狭隘所以愤恨彭南特，因为他在诺森伯兰并没有把样样东西都发现"。珀西意识到你不是有意伤害他；但他感到十分苦恼，因为他认为你在那种场合的行为可以解释为你对他的鄙视，我知道情况并非如此。我告诉他心胸狭隘这种指责只是针对辩论的这一要点而发的；他对他的高贵的家族是功不可没的。

珀西伯爵下星期五将同保利将军一起吃饭；我如果能让伯爵大人确信你是多么看得起珀西博士，我会感到由衷的高兴，因为我发现，他认为你对他的好评也许至关重要；他向我保证，他对你的尊敬是至高无上的，对你的爱戴是最为热烈的。

我还得补充一点，我建议你表现坦诚和慷慨的这种需求珀

a 1778年4月12日，星期日。

西博士全不知情，而且出于我对他的一番好意，出于我相信你会乐意向他表示一种基本善意。你最忠诚、深情、卑微的仆人，

詹姆斯·鲍斯威尔

致**詹姆斯·鲍斯威尔先生**

先生，——珀西博士和我之间的辩论纯属那种愚蠢的争论，这种争论从一个双方都不在乎怎么解决的问题开始，但由于人人都抗拒被驳倒时怀的那种虚荣心，它继而演变成一种尖刻。珀西博士的热情来自一种理由，这种理由给他的荣耀也许比他从更加公正的批评中得来的还大。他之所以讨厌彭南特，是因为他认为彭南特恶意而粗鄙地指摘了自己的赞助人。珀西博士的愤怒使他认定人一旦错了，就永远不会正确。彭南特的观点中有许多我不喜欢；但我仍然认为他是一个聪明的旅行家。如果珀西真的生气了，我非常抱歉；因为他是一个我从来不知道会生任何人的气的人。他是一个乐意勤学又善于赐教的人，一个跟他相处时如果学不到什么我决不离开的人。当然，他有时候使我烦恼，但恐怕那是由于使我感觉到了自己的无知所致。思想境界如此宽广，探究又洞察秋毫，如果你把你的整个熟人圈子考察一番，如果你有所发现，也是凤毛麟角，所以相比之下，你会大力推重珀西。黑尔斯大法官有点像他，然而黑尔斯 674
大法官也许在研究上没有超过他；我也不知道他们二人在典雅上是否不分轩轾。珀西对诗的关注给他的文物研究赋予了优雅和辉煌。单纯的文物专家是个毛糙人。

1778年
4月23日
星期四

总而言之，你看得出来，我也许跟他开玩笑或耍性子时说的话跟对他的功绩的完全信服是极其一致的。你的，

1778年4月23日。 **塞姆·约翰生**

致**牧师珀西博士**，诺森伯兰府。

亲爱的先生，——我就彭南特争论一事致函约翰生博士，

收到了一封将会使你大喜过望的回信。昨天在展览会上我把它读给罗伯逊博士听；又在吃饭时读给和我们一起在保利将军家吃饭的珀西勋爵、奥格尔索普将军等人听；保利将军也是你这一荣耀的重大证据的一个见证人。

保利将军希望你下星期二赏光赴宴，与约翰生博士见面。如有可能，我愿意今天来拜访你。你满怀关切的最恭顺的仆人，

南奥德利街，4月25日。　　**詹姆斯·鲍斯威尔**[a]

4月13日，星期一，我和约翰生在兰顿先生家吃饭，在座的还有当时的切斯特主教、现在的伦敦主教波蒂厄斯博士[①]和斯廷顿博士[②]。约翰生起初闷闷不乐，寡言少语。饭前只对一个孩子说了一句“漂亮的宝宝”，再就没说过一句话。兰顿事后对我说得很有意思，他能把约翰生饭前的话背一遍，就像约翰生说他能把霍雷博[③]的丹麦语《冰岛博物志》一整章背一遍一样，这一章的全文是这样的：

第七十二章　关于蛇

全岛上下见不到一条蛇。

---

a　尽管德罗莫尔主教一片盛情回了我写给他的有关约翰生博士早年历史的那些书信；但是为了对他公道起见，我觉得应当附带说明一点，那就是，有关前面的谈话和随后发生的事情，以及他的另外一些谈话的记述公之于众前，没有与主教大人交换过意见。

① 波蒂厄斯博士（Dr Beilby Porteus，1731—1809），伦敦主教（1789）；坎特伯雷大主教的助理牧师（1762）；兰伯思教区长（1767）；国王的牧师（1769）；切斯特主教（1776）；国教会传教会的赞助人；废除奴隶贸易运动的领军人物。

② 斯廷顿博士（Dr George Stinton，1730—1783），塞克大主教的助理牧师。

③ 霍雷博（Niels Horrebow，1712—1760），丹麦旅行家，律师。

席间，我们谈到报纸上又出新招，那就是，把古典语句用到现代人身上，并且谈到这样一段

> Parcus deorum cultor, et infrequens,
> Insanientis dum sapientiæ
> Consultus erro, nunc retrorsùm
> Vela dare, atque iterare cursus
> Cogor relictos：①

被恰如其分地用到索姆·杰宁斯身上；他在不信教的荒野上漫游过后，已经恢复了基督教信仰。兰顿先生问约翰生 sapientiœ consultus 675 是否得当。**约翰生**：“尽管 consultus 主要是个形容词，但像 amicus 一样，它开始被用作名词。所以我们有 Juris consultus，法律咨询。”

1778年4月13日星期一

我们谈到不同画家的风格，一位鉴赏家分辨它们的准确度到底如何；我问，语言的风格是否就像绘画的风格或者甚至像笔迹的风格一样，有种明显的差异，所以每一个人的作品都可以区分出来？**约翰生**：“是的。那些具有优异风格的人，如德莱顿和弥尔顿，总是能区分开来的。”对此我毫不怀疑，但我想知道的是，是不是每一个人都真有一种与众不同的风格，就像肯定有一种与众不同的笔迹，一种与众不同的相貌，尽管不是在很多方面有天壤之别，但总是够特别的：

> ——facies non omnibus una,
> Nec diversa tamen. ②

---

① “我漫游期间一直是众神的一个勉强而罕见的崇拜者，听从一种实则愚蠢的智慧；我现在被迫返航又沿着我放弃了的航线前进”——贺拉斯，《颂歌集》，第1卷，第34首，第1—5行。

② “外貌既不酷似，也不迥异”——奥维德，《变形记》，第2章，第13行。

主教认为没有；并且说他估计多兹利的诗集里的很多篇什尽管都很精彩，但在风格上没有专属特色，在这一点上根本区分不开来。**约翰生**：“嘿，先生，我认为每一个人都有一种与众不同的风格，可以通过细微的鉴定和与其他人的风格的比较将它发现：但是一个人必须写很多东西才能使他的风格清晰可辨。正如逻辑学家们所言，这种风格的专属 in potestate 是无限的，in actu① 是有限的。”

托珀姆·博克莱尔先生晚上来了，他，约翰生博士和我一直待到晚饭时分。提到了多德博士曾希望加入**文学俱乐部**一事。**约翰生**：“如果我们俱乐部的哪一个成员被绞死，我会十分难过。我不愿意说有些成员活该如此。[a] 博克莱尔（以为这是针对他当时胡思乱想到的一些人的，不过这种想法持续不长）激动起来，急切地说：“先生，你有一位朋友②，（点了他的名）他可应当被绞死：他在背后说他与之友好相处的一些人的坏话，并在报纸上攻击他们。他当然应当被踢出去。”**约翰生**：“先生，我们大家在某种程度上都这么做，‘Veniam petimus damusque vicissim.’③ 当然，事情做过分了，一个人就应该被踢出去。”**博克莱尔**：“他非常恶毒。”**约翰生**：“不，先生；他并不恶毒。他是调皮捣蛋，你可以这么认为。他不会给任何人造成实质性的伤害；他也许真爱用挑逗人的虚荣心的办法来取笑人。不过我曾经认识一位老先生④，他可是绝对的恶毒。他是真心的幸灾乐祸。”**鲍斯威尔**：“博克莱尔先生，你猛烈抨击的那位先生，据我所知，是个有良好道德原则的人。”**博克莱尔**：“这么说来，他并没有在实践中表现出来。”

676 约翰生博士，我前面已经说过，喜欢区分性格特点，又洞晓人

1778年
4月13日
星期一

① 潜在上……实际上。

a 见前边码第576页注。

② 乔治·斯蒂文斯。

③ “这种执照我们要求自己所有，接着我们又把同样的颁发出去”——贺拉斯，《诗艺》，第1节，第11行。

④ 利特尔顿·波因茨·梅内尔。

性，所以愿意实事求是地看待人，认为人无完人，人是一种好坏品质参半的混合物，我估计他认为他在替自己的朋友辩护时已经说足了他的优点，尽管此人有些出格的表现，但他有了一种正确的评价；所以在这个问题上再不多说什么。

4月14日，星期二，我和他在奥格尔索普将军家吃饭，同席的还有保利将军和兰顿先生。奥格尔索普将军猛烈抨击奢侈。**约翰生**："没错，先生，每种社会形态都是能多奢侈就多奢侈。人总是接受他们能得到的最好的。"**奥格尔索普**："可是最好的主要取决于我们自己；如果我们能满足于平常的东西，一贯追求重口味、高价格的东西就是错的。艾迪生在他的《加图》中是怎么说米底亚人的？

> 他的饭，猎获的财富，很粗，
> 他用来解渴的是奔腾的流水，
> 成天累个半死，黑夜来临时，
> 一有合适的河岸他就顺势倒下，
> 枕一块石头一觉睡到天亮；
> 如果第二天他碰巧发现
> 一顿新的饮食或从未尝过的泉水，
> 他感谢福星高照，认为这就是奢侈。①

先生，如果你愿意，咱们就享受那样的奢侈吧。"**约翰生**："不过，且慢，先生；仅仅满足还是不够的。文明人与野蛮人的区别就表现在文雅上。我们的一大部分勤奋，我们的所有灵巧，都发挥在获取快乐上；一个饿汉在吃一顿家常便饭时的快乐和一个饿汉吃一顿山珍海味时的快乐不一样。你看我把这种情况讲得很清楚。一个饥肠辘辘的饿汉吃一顿家常便饭时的快乐也许和一个挑肥拣瘦的饱汉吃一顿山珍海味时的快乐相同，不，也许更胜一筹。但我认为，在这

① 艾迪生，《加图》，第1幕，第4场，第63—71行。

两顿饭中间决定取舍的人应当同样是个饿汉。”

谈到各式各样的政府。——**约翰生**：“权力越收缩，就越容易被摧毁。被一个暴君统治的国家是一个倒置的圆锥体。那里的政府不可能像它安置在一个逐渐收缩的宽广的基础上时那样稳固，就像大不列颠政府，它是建立在议院的基础之上的，然后有了枢密院，然后才有国王。”**鲍斯威尔**：“权力，当它被收缩进一个暴君身上时，是容易被摧毁的，因为王子可以被铲除。所以卡利古拉[①]希望罗马百姓只有一个脖子，这样他就可以一刀把他们的脑袋都砍掉。”**奥格尔索普**：“他希望这样的是元老院。元老院通过篡权既控制了皇帝，又控制了百姓。你不认为我们看到我们自己的议院里这种情况也层出不穷吗？”

约翰生博士竭力追溯马加罗尼混成诗的词源，他认为这是意大

677 利人根据马加罗尼通心面发明出来的；但得知这就会意味着这种诗

1778年4月15日星期三 是最普通最容易的诗，因为马加罗尼通心面是一种最普通的家常便饭，这时候他真是一头雾水，他说：“他倒宁肯认为它与它的原始含义有关，是几样东西的一种混成；因为马加罗尼混成诗是用不同语言的一种混合写成的，也就是说用一种语言开头，用另一种语言结尾。”我估计我们对有某种学问的某个国家的一种语言知之甚少，在那种语言里，可能找不到那种花里胡哨、荒唐可笑的作品。这在低地荷兰语中特别离奇可笑。霍索恩登的德拉蒙德的《波尔莫米迪尼亚》是非常有名的，里面浇铸了一大堆乱七八糟的语言，仿佛它统统是用拉丁文写的。兰顿先生让我们对一首用希腊文模式写的诗开心大笑，它是乔舒亚·巴恩斯[②]写的，里面可以发现像Κλνββοισιν

---

① 卡利古拉（Caligula，12—41），罗马皇帝。

② 乔舒亚·巴恩斯（Joshua Barnes，1654—1712），希腊语学者、文物专家；收藏《圣经》和古典文物；有拉丁文著作《以斯帖传》（1679），这是把以斯帖记译成了1 600行的荷马式六音步长短格诗体；出版《爱德华三世传》（1688），以及欧里庇得斯（1694），阿那克里翁（1705）和荷马（1711）的原文版。

εβανχθεν[①]：这样可笑的盎格鲁-希腊文表达法，活像是用很多根棒子砰砰敲打。

4 月 15 日，星期三，我和约翰生博士在迪利先生家吃饭，我兴致极高，因为我大半个上午与能力出众、口才不凡的专攻印度斯坦历史的学者奥姆先生在一起，他表示对约翰生极为仰慕。“我不管（他说）约翰生说什么；我就是最爱听他说。他不是给你一些新思想，就是给你一种新色彩。他没有得到更加丰厚的褒奖，真是一种国耻。如果我是乔治三世，对于美利坚的想法跟他一样，我就只因为他的《征税非苛政》，一年给他三百镑。”我把这话重复了一遍，约翰生听到这样的赞誉出自奥姆这样的人之口，大喜过望。

今天在迪利家做客的还有那位机敏的贵格会女士诺尔斯夫人[a]，利奇菲尔德的女诗人苏厄德小姐，牧师梅奥博士，贝德福公爵[②]的家庭牧师、牧师贝雷斯福德先生。饭前，约翰生博士抓住查尔斯·谢立丹[③]先生的《瑞典近期革命纪实》，似乎如饥似渴地读着，仿佛狼吞虎咽一样，从外表看来这就是他的学习方法。“他知道怎样会比别人读得透（诺尔斯夫人说），他能一下子抓住一本书的实质；他把书的心都挖出来了。”吃饭时，他把书用桌布一裹放在腿上，出于一种贪婪，一旦享受完一种娱乐，立即接上另一种，就好像（如

---

① 译成英文为Klubboisin ebancten，音译为“克拉博伊辛挨绊可疼”。

a 约翰生博士在写给思雷尔夫人的一封信里，描写诺尔斯夫人针线女红时用了个学术性词微妙的，思雷尔夫人搞错了，写成“微眇的图画”，把这个词语弄巧成拙。

② 贝德福公爵（Francis John Russell，5th Duke of Bedford，1765—1802），农业专家、政治家，史密斯菲尔德俱乐部第一任掌门人（1798）；福克斯派在上院的首席发言人；最有名的干预是对伯克的尖刻批评。

③ 查尔斯·谢立丹（Charles Sheridan，1750—1806），作家、政治家；剧作家R.B.谢立丹的哥哥；因其《瑞典近期革命纪实》（1778）一举成名；爱尔兰议会议员（1776—1790），支持罗伯特·蒂尔森·迪恩爵士；都柏林秘书长办公室军事部秘书助理（1782）；他的弟弟的一个十分苍白的影子。

果我可以用个粗俗的比喻的话）一只狗爪子抓着一根骨头存着，嘴里又吃着扔给他的别的东西。

席间，话题自然引向烹饪术，约翰生夸口口味精细，承认“他总是发现一顿佳肴”，他说：“我能写一本烹饪书，比已经写出的哪一本都好；那应该是一本以哲学原理为根据的书。配药术现在被简单化了。烹饪术也可以这么做。一个药方现在只有五味药，原先却
678 有五十味。烹饪术也一样，如果把食材的性质搞清楚了，花样少照
1778年 4月15日 星期三
样可以做出好菜肴。所以由于你无法把坏肉做好，我告诉你什么是最好的鲜肉，什么是最好的牛肉，什么是最好的块肉；怎样挑选仔鸡；各种蔬菜的当令期；以及怎样烤，怎样炖，怎样搭配。”**迪利**：“格拉斯夫人的《烹饪术》最好不过了，是希尔博士写的。半个行当[a]都知道。”**约翰生**：“嘿，先生。这就表明烹饪问题由一位哲学家处理会好得多。该书是不是希尔博士写的，我表示怀疑；因为我翻阅过格拉斯夫人的《烹饪术》，里面把硝石和普鲁涅拉盐说成不同的物质，其实普鲁涅拉盐只不过是在木炭上燃烧过的硝石；希尔不可能不知道这一点。然而这本书的绝大部分是转抄来的，这一马虎就以讹传讹了；可是你一定得看看我要写的一本烹饪书是什么样子！我同意迪利先生的意见，要版权。”**苏厄德小姐**：“这不等于赫拉克勒斯捻线吗？”**约翰生**：“不对，小姐。女人捻线是捻得好；但她们写不出一本很好的烹饪书来。”

约翰生：“噢！迪利先生——你得知道一个巴黎的英国本笃会修士①把《贝维克公爵②回忆录》从法文原文翻译出来，并把稿子寄

---

a　医生们被称作“部门”，律师们被称作“职业”；伦敦的书商们被称为“行当”。约翰生不赞成这些名堂。

①　男修道院院长胡克。

②　贝维克公爵（James Fitzjames，5th Duke of Berwick，1670—1734），陆军军官，詹姆斯二世党人；皇家骑兵卫队上校（1688）；嘉德勋位骑士（1668）；路易十四派往西班牙援助腓力五世的法军司令（1703）；死后出版的《回忆录》（1777）更引人注意。

给我去找买主。我把它们交给了斯特拉恩，斯特拉恩把书稿又还给我，附了这样的话：‘他出版过的第一本书是《贝维克公爵传》，他这本书赔了钱：所以他见这个名字就来气。’现在我老实告诉你，斯特拉恩已经拒绝了书稿；但我还要老实告诉你，他这么做不讲原则，因为他干脆没有翻阅过这些书稿。”**迪利**：“先生，翻译得好不好呀？”**约翰生**：“嘿，先生，非常好——文笔非常通畅，非常清楚。我已经写信给这位本笃会修士就两个问题给我一个答复——有什么证据证明这些信是真的？（因为如果信不真实，它们就没有任何价值）——译文离法文原文的出版会有多久？因为如果法文版有相当长的时间不能面世，译著就几乎跟原著一样有价值。书可以印成两卷八开本；印出来后我答应校勘每一张校样。”迪利先生想看看译稿，说他会打发人来取。他问约翰生博士是否要写一篇序。**约翰生**：“不，先生。本笃会修士们对我很好，我会做我答应要做的事情；但我不愿意把我的名字和他们搅和在一起。我不会靠他们获得什么。我要让他们对世界畅所欲言，让他们去碰运气。”**梅奥博士**：“请问，先生，甘加内利[①]的信是否真实？”**约翰生**：“不真实，先生。伏尔泰向编者提出了同样的问题，我向麦克弗森也提出过这样的问题——原件在哪里？”

诺尔斯夫人假惺惺地抱怨男人比女人有多得多的自由。**约翰生**：“嘿，夫人，女人有她们想有的一切自由。我们男人有的全是劳苦
和危险，而女人有的却是所有的好处。我们下海，我们建房，总而 679
言之我们事事都干，就是为了讨好女人。”**诺尔斯夫人**：“博士的道 1778年
理讲得很风趣，但说服不了人。现在就拿建房为例；如果有人看见 4月15日
泥水匠的老婆喝醉了，她这辈子就毁了；泥水匠则可以想喝醉就喝 星期三
醉，无损于他的人格，更有甚者，还可以让老婆孩子饿肚子。”**约翰生**：“夫人，你得考虑考虑，如果泥水匠喝得烂醉，让老婆孩子饿肚子，教区就会迫使他为他们的生活找到保障。我们有各种遏制邪恶

① 甘加内利（Ganganelli，1705—1774），教皇克雷芒十四世。

的办法。给男人上枷，叫女人坐浸水椅[①]，把畜生关栏。如果我们要求女人做得比男人更完美，那是给她们荣耀。女人受的诱惑跟我们男人不一样；她们交往的是有德行的人；男人必须不分青红皂白混迹于世界。如果一个女人无意做错事，防止做错事就不是对她的约束。我可以擅自走进泰晤士河；但如果我要那么做，我的朋友就会把我关进精神病院，我还得感激他们。”**诺尔斯夫人**：“还有，博士，允许男人比女人更加放纵我真是想不通。这就给男人优越感，我真不明白他们有什么资格这么做。”**约翰生**：“夫人，这还不简单吗，二人同行，总有先后。莎士比亚也说，‘两人骑一匹马，总有一个人在后面’[②]。”**迪利**：“先生，我估计，诺尔斯夫人要让他们坐在驮篮里，一边一个。”**约翰生**：“这样的话，先生，马会把他们两个都甩掉。”**诺尔斯夫人**：“哎，我希望在另一个世界里，男女会平等。”**鲍斯威尔**：“这个要求未免过高，夫人。我们倒不妨希望与天使平等呢。我希望，我们大家在来世都快快乐乐，但我们切不可指望人人的快乐都程度相同。如果我们按照各自的能力快乐，也就足够了。一个值得尊敬的搬运工像艾萨克·牛顿爵士一样会进入天堂。尽管都是同样的善良，但他们的快乐程度是不一样的。”**约翰生**：“也许不一样。”

我以前曾提起乌得勒支已故的牧师布朗先生的意象，以试探他对这个问题的看法；一个大玻璃杯和一个小玻璃杯，尽管都装满了水，但容量并不相等；他把这种现象抛出来批驳休谟的说法：一个穿着靓丽的新装到舞会上去跳舞的年轻小姐，跟一个发表了一席雄辩又博得满堂彩的大演说家一样高兴。经过一番思索，约翰生说：“我同意牧师的看法。”作为不谋而合的一个例子，迪利先生告诉我，一位伦敦已故的不顺从国教的牧师金先生，就能力不同的善良人在

---

① 〔15—18世纪的一种轻刑具，把一块长长的木板悬在池塘上，末端系一小椅，将悍妇等缚于椅子上再浸入水中。〕

② 莎士比亚，《无事生非》，第3幕，第5场，第33行。

来世的快乐问题对他说："一小桶装的水没有一大盆多；但如果都是满的，就没有理由抱怨。天堂的每个圣徒会有的快乐只有他能承受的那么多。"迪利先生认为这一目了然，尽管还有一个家喻户晓的形象说法："星星的亮度各有不同。"

梅奥博士问约翰生对索姆·杰宁斯的《评基督教之内证》的看法。——**约翰生**："我认为这是一本好书；实际上不是一本地道的神学 680
著作，似乎故作姿态显得轻松、马虎，仿佛对这个问题严肃认真不符 1778年4月15日星期三
合他的性格似的。"**鲍斯威尔**："他存心这么做也许是为了把他的书更好地引进到文人雅士中间，因为这类人不愿意阅读过于严肃的论著。这个时代轻浮成风。我们看到医生们戴丝囊假发；难道就不可以有轻飘的牧师吗？至少外表不像过去那么庄重？"**约翰生**："杰宁斯也许有意像你说的那样。"**鲍斯威尔**："你应当喜欢这本书，诺尔斯夫人，因为它像你的教友们那样，坚持认为，勇敢并不是一种基督教美德。"**诺尔斯夫人**："还真是的，我喜欢他这种说法；不过他说，友谊不是一种基督教美德，这一点我不敢苟同。"**约翰生**："嘿，夫人，严格地说，他说得对。所有的友谊都是喜欢一位朋友的利益胜于忽视，或者说不定还反对其他人的利益；所以一位古希腊人说，'滥交则无友'。①现在基督教倡导泛爱，认为人人都是兄弟，这跟古代哲学家描绘的友谊美德背道而驰。当然，夫人，你那个教派肯定赞同这一点；因为你们把所有的人都叫朋友。"**诺尔斯夫人**："要求我们对一切人行善，'尤其对那些属于信仰之家的人'。"**约翰生**："哎，夫人，信仰之家可够宽泛的了。"**诺尔斯夫人**："可是博士，我们的救主有十二位使徒，但有一位是他的所爱。约翰被称作'**耶稣**所爱的门徒'。"**约翰生**（眼睛闪着慈祥的光）："确实说得好，夫人。你说得非常好。"**鲍斯威尔**："绝妙的运用。请问，先生，你可曾想到过？"**约翰生**："没有，先生。"

我不知道是怎么回事，或者什么原因，他从这个令人愉快的话题突然过渡到一个他在其中充当激烈挑衅者的话题上；因为他说，

---

① 参比第欧根尼·拉尔修，第5卷第1章，"他广交朋友，却没有朋友"。

“我愿意爱全人类，除了一个美利坚人”。他的一点就着的恶气爆发成熊熊烈火，他“口吐威吓凶杀的话”[①]；管他们叫“流氓—强盗—海盗”；喊着要“烧死他们，消灭他们”。苏厄德小姐现出一脸温和但又稳定的惊愕，盯着他，说道：“先生，我们总是最激烈地反对我们伤害过的人，这就是个例证。”一听了这句巧妙而敏锐的指责，他更是激动万分；于是又一阵连珠炮般怒吼起来，可以想象大西洋彼岸都能听见。在这阵狂风暴雨中，我如坐针毡，对他的火暴脾气连连悲叹，直到后来，渐渐地，我把他的注意力转移到了其他话题上。

梅奥博士（对约翰生博士）：“请问，先生，你读过新英格兰的爱德华兹[②]论天恩的文章吗？”**约翰生**：“没有，先生。”**鲍斯威尔**：“他讲人类意志的自由，他以不可思议的敏锐灵巧陈述我们的生命是由一系列我们无法抵抗的动机驱使的，我真是大惑不解，所以我唯一的解脱就是将它忘记。”**梅奥**：“但是他在道德需要与物质需要之间做出了适当的区分。”**鲍斯威尔**：“哎呀，先生，它们是殊途同归。你被铁链紧紧地捆住，不管铁链用皮子裹着，还是铁形毕露，都是
681 一回事。为人类行为的道德需要的辩护，我注意到，总受到万能预
1778年4月15日星期三 知是神的一种属性这种看法的支持。”**约翰生**：“你相信预知，你更相信你是自由的；你相信从一项推理得出的任何结论，你更相信你想竖起一根手指就竖得起来，不想竖就竖不起。但是让我们考虑一下对预知的异议。我今晚回不回家，这是确定了的；这并不妨碍我的自由。”**鲍斯威尔**：“你回不回家是确定了的，这并不妨碍你的自由；因为二者之间选择的自由和那种确定是一致的。但是如果这两件事情中的一件现在就确定了，你就没有将来的选择权。如果已经

① 参见《圣经·新约·使徒行传》，第9章，第1节。

② 爱德华兹（Jonathan Edwards，1703—1758），新泽西学院院长，加尔文派神学家和哲学家；耶鲁学院导师（1724—1726）；作品有《上帝惊人之作的忠实记述》（1737），《意志的自由》（1754）和《关于当前新英格兰宗教复兴的一些感想》（1742）；在新英格兰虔诚派复兴运动“大觉醒”（1740—1742）中起突出作用；18世纪杰出的美利坚神学家。

确定你今晚要回家，你就必须要回家。”**约翰生**：“如果我很熟悉一个人，我就极有可能判断他在任何情况下会怎样行动，而他不会受我的判断的约束。**上帝**可以让这种可能性增大为肯定性。”**鲍斯威尔**：“当它增大为肯定性时，自由就停止了，因为届时不确定的东西肯定无法被预知；但如果它届时是确定的，那么明确断言尔后依赖行使意志出现的任何不测事件或任何别的事情就是一种矛盾。”**约翰生**：“一切理论都反对意志自由；一切经验都支持它。”——我没有进一步探讨这个问题。我发现在讨论一个性质最抽象的问题，牵扯的又是神学信条，他的态度如此温和，所以我大喜过望，因为在一般情况下，他是容不得半点反对意见的。[a]

他一如既往捍卫奢侈：“你奢靡花钱难免会对穷人做好事。不仅如此，你奢靡花钱对他们的好处胜过干脆把钱送给他们：因为通过奢靡花钱，你使他们努力勤奋，而把钱送给他们，你使他们成为无所事事的懒汉。我确实承认直接捐钱做慈善比奢靡花钱更有德行；尽管那里面也许也有一种自傲。”苏厄德小姐问，这是不是曼德维尔[①]的“私人作恶公众获益”论。**约翰生**：“那本书的谬误就是曼德维尔给作恶和获益都没有给出定义。他把提供欢乐的一切都算在作恶之列。他提出的是最狭隘的道德体系，苦行僧的道德，认为欢乐本身就是一种作恶，吃鱼要放盐，因为这样能使味道更美；他又把财富算作一种公众获益，实际情况并不总是如此。欢乐本身并不是一种作恶。拥有一座花园，我们大家都知道毫无罪过可言，这是一大快乐。同时，在这种生存状态下，有很多欢乐和恶行，它们是如此直截了当地讨人喜欢，我们简直无法戒绝它们。天堂的快乐将会是

a　如果哪位读者为这个棘手的问题所困扰，请允许我向他们推荐孟德斯鸠的《波斯人信札》第69封；以及已故的伊斯林顿的约翰·帕默先生针对普里斯特利博士为他荒唐地称为“哲学必需”的机械辩护所做的回答。

①　曼德维尔（Bernard Mandeville，1670—1733），医生、政治哲学家；《蜜蜂寓言》（1714）的作者；影响休谟、卢梭和康德；观点广为人知，当时的知识分子几乎没有哪一个不提这些观点或者与之交战的。

欢乐与德行完全契合。曼德维尔举出一个在酒馆里喝醉了的人的事例，说这是一种公众获益，因为这么一来，很多钱都流向了公众。可是必须认为，通过酒馆老板，酿酒商，麦芽销售商，农民，层层由此获得的好处，都被此人醉酒给他和他的家人造成的恶果颠覆了。这是试验什么是邪恶的手段，弄清楚总体而言是不是因此产生的恶多善少，但凡恶行都是这种情况。也许会发生恶生善的现象；但不是以恶的面目出现；譬如说，一名强盗也许把钱从主人手中抢走，给了一个更会用钱的人。这就是恶生的善；但不是作为抢劫的抢劫，而是作为财产转移的抢劫产生的。我在四五十年前读过曼德维尔。他没有使我困惑；他使我对真正的生活大开眼界。不，社会的幸福取决于美德，这是一目了然的。在斯巴达，偷窃得到普遍的认可：因此，偷窃在那里不是犯罪，不过那时候没有安保措施；在没有安全保障的时候，他们必须过一种什么样的生活。没有真情实话，社会必然分崩离析。实际上，真话如此之少，我们几乎害怕相信自己的耳朵；可是如果谎言翻上十番，我们该如何是好？社会是由交流和信息结合起来的；我记得托马斯·布朗爵士的这一说法：'魔鬼撒谎吗？不；因为那样一来地狱就存在不下去了。'"[①]

682

1778年4月15日星期三

谈到一位文坛才女——小姐[②]时，他说："我不得不请雷诺兹小姐告诉她，我不希望她一味地吹捧我。"这时有人说："她吹捧的是加里克。"**约翰生**："她吹捧加里克是对的，之所以对，有两个理由：一、因为她有世人的支持，三十年来，大家一直在颂扬加里克；二、因为她为此受到了加里克的回报。她干吗要吹捧我呢？我替她做不了任何事情。让她带着她的美言找个更好的市场吧。（这时转向诺尔斯夫人。）夫人，你整个晚上都在吹捧我；希望你对鲍斯威尔也吹捧几句。如果你像我一样了解他的功劳，你要说的就多了去了；

① 托马斯·布朗，《流行的谬说》（1646），Ⅰ.XI.16；参比塞缪尔·约翰生，《冒险者》，50（1753）。

② 汉娜·莫尔。

他是世界上最好的旅行伙伴。”

有人提到牧师梅森先生状告书商默里[①]先生，因为在一本《格雷诗集》中插入了按照安妮女王的法令，梅森先生仍享有独家所有权的仅有的五十行诗；而且梅森先生固执己见，全然不顾要求，他提出自己的赔偿条件。约翰生对梅森先生的做法表示了强烈的不满；但为了表明他对此并不惊讶，又补充了一句“梅森是个辉格党人”。**诺尔斯夫人**（没有听清）：“什么！文丐傍人，先生？”**约翰生**：“更坏，夫人；辉格党人！不过他是个双肩挑。”

我表示一想到死亡就感到恐惧。**诺尔斯夫人**：“那是生命之门，你不应当恐惧。”**约翰生**（站在炉前砖地上摇晃着身子，神情庄严，稍带忧郁）：“理性的人死的时候总会惴惴不安的。”**诺尔斯夫人**：“《圣经》告诉我们，‘义人临死，有所希望’[②]。”**约翰生**：“是的，夫人；这就是说，他不可绝望。不过，想一想，他获救的希望必须建立在我们的**救主**的斡旋保证要运用到我们身上这样的条件之上，也 683
就是说，顺从；凡是顺从做不到的地方，作为后补，就是悔罪。可 1778年
是什么人能说，经过仔细审查，他的服从在另一个人心里，甚或在 4月15日
他自己心里达到了满意的程度，或者他的悔罪达不到忏悔的要求？ 星期三
谁也没有把握他的顺从和悔罪就会获得拯救。”**诺尔斯夫人**：“也许神会对灵魂做出接纳的暗示吧。”**约翰生**：“也许吧，夫人；但是一个人临终时竟然告诉我他确信会获救，我对他的看法并不会改善。一个人自己都无法确定他得到了神的接纳暗示；他更不能使别人相信他得到了。”**鲍斯威尔**：“那么，先生，我们只好甘心承认死亡是一件可怕的事情。”**约翰生**：“是的，先生。我还没有接近过一种能把它看成不可怕的状态。”**诺尔斯夫人**（似乎在信仰仁慈的神光中

---

① 默里（John Murray，1745—1793），书商、出版商；在上院关于文学产权做出决议后以重印开拓市场（1774）；出版并编辑《英国评论》（1783年创刊）；大部分钱是通过他在舰队街的店铺重印莎士比亚、弥尔顿、笛福和菲尔丁这些人的作品赚得的。

② 《圣经·旧约·箴言》，第14章，第32节。

享受着喜人的安详)："圣保罗不是说'那美好的信仰仗我已经打过了，当跑的路我已经跑尽了；从此以后，有生命的冠冕为我存留'吗？"[1] **约翰生**："是的，夫人；不过这是一个得到神灵启示的人，一个被超自然的干预改变了的人。"**鲍斯威尔**："想望时，死亡很可怕；事实上，我们发现人们死得挺轻松。"**约翰生**："嘿，先生，大多数人对这件事不曾多想，所以也无法多说什么，于是就以为他们死得轻松。很少有人相信他们到时候一定会死；相信这种事情的人，便狠下决心去面对，就像一个要上绞刑的人那样。他还是不大情愿被绞死的。"**苏厄德小姐**："有一种怕死的论调，当然十分荒唐；而且那就是惧怕灵与肉俱灭，说那只不过是一场不做梦的酣睡。"**约翰生**："它既不酣畅，也不是睡眠。它是乌有。单纯的存在比乌有好得多，所以一个人宁肯在痛苦中存在，也不愿不存在。"**鲍斯威尔**："如果灵与肉俱灭就是乌有，那么在痛苦中存在就不是一种比较状态，而是一种确实的恶，我不能认为我们就应当选择它。必须允许我在这里表示异议；它将会减弱对建立在这样一种论点上的来世的希望：上帝既伟大，又善良，将后是会补救我们今生今世的苦难的。因为如果像我们此间现有的这样的存在比较而言是一种善，我们就没有理由抱怨，尽管我们再也不会得到它了。但如果我们唯一的存在状态就在今世，那我们就可以有某种理由抱怨：我们对跟我们的渴求相比的享受极不满足。"**约翰生**："这位女士把就是乌有的灵与肉俱灭与非常可怕的对它的忧虑混为一谈。灵与肉俱灭的恐怖正存在于对它的忧虑之中。"

关于约翰·卫斯理，他说："他把什么问题都能说得头头是道。"**鲍斯威尔**："请问，先生，他是怎么编他的鬼故事的？"**约翰生**：

684

1778 年
4月15日
星期三

"嘿，先生，他相信鬼；但没有充分依据。他没有用足够的时间去考察那女孩。那是在纽卡斯尔，据说鬼向一个年轻女子显现了好几次，提到了关于一座老屋的所有权的事。建议请一名律师，这事照办

① 参比《圣经·新约·提摩太后书》，第4章，第7—8节。

了；同时又说，这名律师办不成事，事实证明果真如此。‘这就（约翰说）证明鬼知道我们的思想。’现在（哈哈大笑）要说一名律师有时候办不成事，就没有必要知道我们的思想。查尔斯·卫斯理[①]是个更加稳当的人，他不相信这个故事。我感到遗憾的是，约翰没有更多的心思去调查了解鬼的故事的证据。”**苏厄德小姐**（露出一抹怀疑的微笑）：“什么，先生，鬼故事？”**约翰生**（一脸严肃的激愤）：“是的，小姐：这是一个过了五千年还未解决的问题；一个无论在神学还是在哲学上摆在人类理解力面前的最重要的问题。”

诺尔斯夫人提到一名改信贵格会的信徒——小姐[②]，她是约翰生博士非常熟悉的一位年轻女士；他对她一度表现出深深的情谊；而她从过去到现在依然对他敬重有加。诺尔斯夫人同时利用一次机会让他知道，“这位和蔼可亲的年轻妞儿发现她因为脱离英国国教会信奉了一种更简单的信仰他十分生气，她心里非常难过”；并且以最文雅最具有说服力的口气求他原谅一种真诚的良心问题。**约翰生**（非常生气，眉头紧锁）：“夫人，她是个讨厌的小贱人，她就不可能有任何真正的信念相信改宗是她的责任，因为这是所有问题中至关重要的，应当兢兢业业地加以研究，并且利用我们能得到的一切帮助。她不了解她脱离的教会，也不了解她所加入的教会，就像她不了解哥白尼体系与托勒密体系之间的差别一样。”[③]**诺尔斯夫人**：“她面前有《新约全书》。”**约翰生**：“夫人，她读不懂《新约全书》，这是世界上最难读的一本书，需要人研究一辈子。”**诺尔斯夫人**：“要义是

---

① 查尔斯·卫斯理（Charles Wesley，1707—1778），英国国教会牧师，循道宗创建人之一；约翰·卫斯理的弟弟；他哥哥影响之下的旅行传道士；不像他哥哥那样喜欢旅行，1771年移居伦敦之前定居在布里斯托尔当牧师（1756—1771）；也许是最伟大的英语圣诗作者。

② 简·哈里。

③ 托勒密体系是亚历山大数学家兼天文学家托勒密在公元100年左右创立的一种模式，认为地球是宇宙稳定的中心。哥白尼体系是尼古拉·哥白尼（1473—1543）创立的一种日心体系模式，它把太阳置于中心，地球和其他行星围绕太阳旋转。

一目了然的呀。”**约翰生**：“但在有争议的地方就不是这样了。异教徒容易皈依，因为他们没有可放弃的东西；可是我们不应当在没有极强的信念的情况下，就抛弃我们用来接受教育的宗教。那是赋予你的宗教，可以说是天意将你安置在里面的宗教。如果你认认真真在那种宗教里生活，你可以平安无事。但是如果你在为自己选择了一种宗教的时候犯了错，错误就确实很危险。”**诺尔斯夫人**：“难道我们必须遵循绝对信仰吗？”**约翰生**：“嘿，夫人，我们知识的绝大部分就是绝对信仰；至于宗教，我们听说过孔夫子的信徒，穆罕默德的信徒能为自己说话吗？”于是他又勃然大怒，用最严厉的言辞攻击那名改宗信徒，两位女士大为震惊[a]。

685 我们一起待到很晚。尽管偶尔有激烈的情绪爆发，总的来说，我们大家都很高兴与约翰生相处。我把这一次他的表现比作温暖的西印度气候，你在那里能享受到明媚的阳光，生长迅速的植物，浓郁的枝叶，香甜多汁的水果；但那种热气有时会引发一出可怕剧烈的雷电、地震。

1778年
4月17日
星期五

4月17日，由于是受难节，我照例拜访了约翰生。吃早餐时我注意到，尽管在这个最庄严的斋戒日，茶里不加奶是他苦行修炼的一部分，但当德穆兰夫人一时疏忽把奶倒进去时，他并没有拒绝。我谈到我们可以在一些人身上注意到的思想上奇怪的优柔寡断和日常生活事务中的愚蠢无能。**约翰生**：“嘿，先生，我有让别人替我做

---

a 诺尔斯夫人在女红针线方面的确展示了出色的技巧，约翰生说它是“微妙的图画”，但她并不满足于这种声名，她的论理也比一般女人高明，我已经公正地把她的言谈表现出来，她也不满足她在这一方面的声名，因此过去很多年以后，她把这次会见中她和约翰生博士之间的一段相当长的对话转交给我。由于我对它一点也想不起来，又在当时写下的《记录》未发现丝毫的痕迹，因此为了与我坚定地关注真实性保持一致，我无法将它穿插到自己的著作中。然而它发表于1791年6月号的《绅士杂志》上。它主要涉及名为贵格会的教派的教理，毫无疑问这位夫人不仅在表达上而且在论点上大大地胜过约翰生博士。根据现在我陈述过的内容，根据那篇文章本身的内证，任何有好奇心去仔细读它的人，不管怎样愿意让诺尔斯夫人满足，都会判断我舍弃这篇文章是否错误在我。

事的习惯。”**鲍斯威尔**：“什么，先生！你有这种弱点？”**约翰生**：“是的，先生。但是事后总想，我自己做会做得更好。”

我告诉他一位绅士[1]家被认为过于铺张浪费，管理不善，所以他过着入不敷出的日子，他的太太曾反对切一块泡菜，我找了个机会打听泡菜的价格，发现仅仅两个先令；所以这里有的只是一种非常可怜的节省。**约翰生**：“先生，那是一种狭隘理解的愚蠢节俭。那等于在堵一只筛子的一个筛眼。”

我表达了想出版我的欧洲大陆《游记》的意向，因为我为此收集了多种资料。**约翰生**：“我不是说，先生，你不可以出版你的游记；不过我向你提出我的看法，这样做你会贬损自己。你访问过的那些国家都是欧洲大陆上非常有名的国家，对它们你能说些什么呢？”**鲍斯威尔**：“可是我可以提供一种引人入胜的叙事手段，夹杂许多轶闻趣事，妙语宏论，把它打造成一种极有意思的读物。”**约翰生**：“嘿，先生，出版了游记的大多数现代旅欧游客被人笑话：我可不想叫你厕身其中[a]。现在的世界并不满足于仅靠一个游客的文字愉悦心情；他们想学一些东西。有几个朋友问我，为什么不写一些法国旅游见闻。理由很简单，聪明的读者看到的法国比我多，你也许喜欢我的法国游记，**俱乐部**也许喜欢；但总体而言，它们引发的 686
讥讽多，好处少。”**鲍斯威尔**：“你的看法，我不敢苟同，先生。你 1778年4月17日星期五
说的什么话，大家都喜欢读。假如一张脸以前已经被五十位画家画过；我们仍然爱看乔舒亚爵士画的。”**约翰生**：“说得对，先生，但是乔舒亚爵士没有时间去端详一张脸时，他是画不出来的。”**鲍斯威尔**：“先生，他作的任何东西的一幅速写都价值非凡。先生，用你自己的风格跟你说（提高嗓门，摇头晃脑），你应当把你的法国游记给我们。我确信我是正确的，就这么一回事。”

---

① 本内特·兰顿。

a 然而，我相信，我会按自己的意见办事；因为世人在很多场合已经表示非常偏爱我的文章。

我对他说，这肯定是对的，因为我们的朋友邓普斯特在他就这个问题写给我的一封信里说，约翰生离开伦敦前，他的《苏格兰西部诸岛纪游》中的大部分内容已经心中有数了。**约翰生**："是呀，先生，话题已经有了；游记的好坏与一个人事先心里的想法是相称的；与他知道应当观察什么是相称的；与他把一种生活方式与另一种对比的能力是相称的。正如西班牙谚语所言，'谁要把印度群岛的财富带回家，谁就必须扛得动印度群岛的财富'。旅行也是这样；一个人要把知识带回家，他就得拿得住知识。"**鲍斯威尔**："先生，我想这则谚语的意思是，他必须身上带一大批好货做交易。"**约翰生**："是的，先生。"

那是一个令人愉快的日子；我们向圣克雷芒教堂走去，我又说舰队街是世界上最赏心悦目的风景。"舰队街（我说）在我的心目中比滕比谷[①]还令人心旷神怡。"**约翰生**："啊，先生，但得让它跟马尔岛比较一下。"

今天圣克雷芒教堂会众如云，约翰生博士说他满心喜悦地观察着。

现在我要对约翰生一生最稀奇的事件之一做一详细的记述，他自己也在当天做了下面的纪要："从教堂回来的路上，一位大学时的老同学爱德华兹过来跟我搭讪，从1729年之后，他再也没有见过我。他还认得我，问我是否记得一个姓爱德华兹的人；我一时想不起这个姓名，但是我们走着走着，我逐渐回想了起来，便告诉他我们在一家酒馆进行过一段谈话。我的意思是再续前缘。"[a]

这次会见发生在屠户巷。爱德华兹先生是一个相貌堂堂的老人，穿一身灰色衣服，戴一头多卷的假发，由于认出了约翰生，所以亲密而自信地和他攀谈，而约翰生则礼貌正规地回答致意，像对待生人一

---

① 滕比谷是希腊塞萨利东北的一条狭窄的河谷，古希腊人把滕比谷奉献给阿波罗崇拜，传说阿波罗杀死巨蟒皮同后在皮尼奥斯河水中净身。后来人们在河右岸的凹地修了一座庙，每隔八年一队人从得尔福来采摘神圣的桂枝奖励竞赛的胜利者。

a 《祈祷文与默想录》，第164页。

样。但爱德华兹使他想起四十九年前他们在彭布鲁克学院同学的往事，他似乎喜形于色，便问爱德华兹住在哪里，并说他会很高兴在门栓巷见到他。**爱德华兹**：“啊，先生！我们现在都老了。”**约翰生**（他
从来不爱服老）：“咱们别使对方气短。”**爱德华兹**：“嘿，博士，你一 687
副心广体壮的样子。我很高兴看见你这副模样，因为报纸上说你病得 1778年
厉害。”**约翰生**：“啊，先生，他们总报我们这些老家伙的假消息。” 4月17日 星期五

这两位老同学在伦敦生活了四十年，但从来没有机会碰面，我希望多听听他们久别重逢后的罕有的交谈，于是悄悄对爱德华兹先生说，约翰生博士正要回家，他现在最好再陪他走走。于是爱德华兹便陪我们一路同行，我急切地帮助将这番交谈继续下去。爱德华兹先生告知约翰生博士他长期在大法官法庭当律师，但现在住在赫特福德郡斯蒂夫尼奇旁边的一座约六十英亩的乡下小农场里，他一般一周来伦敦两次（到巴纳德律师预备学校6号暂住）。约翰生似乎在做白日梦，爱德华兹先生便对我说起话来，大谈特谈乡间生活的快乐。**鲍斯威尔**：“这种事我没有一点概念，先生。我想你要津津乐道的，在半个钟头里就说完了。”**爱德华兹**：“什么？你不爱心想事成吗？我看到我的菜地，我的庄稼，我的树木在生长。譬如说，现在我真想看看这场霜是不是把我的果树冻坏了。”**约翰生**（我们没有想到他在注意听）：“先生，你发现你不仅有希望，也有恐惧。”——当别人只看见一个问题的半边时，他却看到了整体。

我们来到约翰生博士的家里，在他的书房里坐下以后，令人赞叹的谈话接着进行。**爱德华兹**：“先生，我记得在学校里你就不让我们说大话。即便在那个时候，先生，（转向我，）他的语言也很细腻，我们都怕他。”[a] **约翰生**（对爱德华兹）：“既然你长期以来当律师，先生，我估计你肯定很有钱吧。”**爱德华兹**：“没有，先生；我是赚过不少钱；可是我有很多穷亲戚，我把一大部分都给了他们。”**约翰生**：“先

a　约翰生后来对我说：“先生，他们尊重我的文学；不过比较而言，那没有什么了不起。先生，令人惊异的是，世界上文学何其少。”

生，你的有钱是从这个词最有价值的意义上说的。”**爱德华兹**：“但是我死的时候并不会有钱。”**约翰生**：“那肯定是，先生，可是做个有钱人胜过当个有钱鬼。”**爱德华兹**：“我希望当初继续在大学深造。”**约翰生**：“你怎么有这种希望呢，先生？”**爱德华兹**：“因为我想我应当过一种比我过的轻松得多的生活。我本应该当个牧师，过一种好日子，就像布洛克萨姆和其他几个人那样，生活得舒舒服服。”**约翰生**：“一个牧师的生活，一个认真负责的牧师的生活，并不轻松。我总把一位牧师看作一个他难以维持的大家庭的家长。我宁肯手头接一些法院的案子，也不愿根治人的灵魂。所以，先生，我不认为牧师的生活有多轻松，即便心生羡慕，也不羡慕过一种轻松生活的牧师。”说到这里，他突然鼓足劲头惊呼：“啊，爱德华兹先生！我要让你相信我想起你来了。你记不记得我们在彭布鲁克大门附近的一家酒馆里一起喝酒的
688 事？当时你谈到一名伊顿公学的学生，布置的练习是颂诗，主题是我
1778年4月17日星期五 们的救主将水变成酒，这名学生只交来一行，却受到高度赞赏——

Vidit et erubuit lympha pudica DEUM，[a]

---

a 〔这行诗往往被认为是德莱顿在威斯敏斯特学校当官费生时写的。其实，不管是伊顿还是威斯敏斯特，都与它无关，因为这行诗是从克拉肖[1]的一首警句诗中略作改动借来的：

JOANN 2.
Aquæ in vinum versæ.
Unde rubor vestris et non sua purpura lymphis？
Quæ rosa mirantes tam nova mutat aquas？
Numen，convivæ，præsens agnoscite numen，
Nympha pudica DEUM vidit，et *erubuit*.〕[2]

1 克拉肖（Richard Crashaw，约1613—1649），诗人；剑桥大学彼得学院研究员（1635），以宗教诗和卷入剑桥劳德集团而闻名；罗马天主教徒。

2 “**约翰 2** ｜水被变成酒｜何来这种红，这种奇怪的紫色？｜什么新鲜的红晕改变了惊奇的水？｜一个神，啊诸位来宾！认下眼前的神！｜羞怯的仙女看见了她的神，脸绯红。”——理查德·克拉肖，《神圣警句诗集》（1634），第37页。

我给你讲了卡姆登[①]《拾遗》中的另外一行，那是对我们的一位国王的颂诗，后来他的儿子，一位有同样功绩的王子，继承了他的王位：

Mira cano, Sol occubuit, nox nulla secuta est."[②]

爱德华兹："你是一位哲学家，约翰生博士。我年富力强时也曾试图当一名哲学家；可是，我不知道怎么回事，行乐的想法总是不期而至。"——我把这话讲给伯克先生，讲给乔舒亚·雷诺兹爵士，讲给考特尼先生，讲给马隆先生，其实还讲给所有的杰出人物，他们一致认为那是一种精微的性格特点。实际情况是，哲学，如同宗教，一般被认为是严苛的，至少非常严肃，排斥一切欢乐。

爱德华兹："我结过两次婚，博士。我估计，你从来都不知道有个老婆是怎么回事。"**约翰生**："先生，我知道有个老婆是怎么回事，而且（用一种庄严、温柔、发颤的口气）知道失去一个老婆是怎么回事。——它几乎使我心碎。"

爱德华兹："你是怎么生活的，先生？我必须按时按节吃饭，还要一杯好酒。我发现我需要它。"**约翰生**："我现在不喝酒了，先生；早年我是喝酒的：我有好多年滴酒不沾。后来又有几年喝得很凶。"**爱德华兹**："想必也是海量了。"**约翰生**："我后来害过一场重病，只好戒了，从此再也没有开戒。我吃任何东西觉得没有什么差异，对各种天气的变化也没有不同的感觉。我相信有些人就能感觉出差异来；但我不是这种人。至于按时按节吃饭，我从星期日的正餐斋戒到星期二的正餐，没有感觉到有什么不便。我相信一个人饿了就吃最好：但是一个经商的人或者一个有家室的人必须固定用餐。我是

① 卡姆登（William Camden，1551—1623），古文物专家。

② "我歌唱一件奇事：太阳落了，但没有黑夜降临。"卡姆登试探性地把这行诗归在Giraldus Cambrensis名下［威廉·卡姆登《不列颠志拾遗》，第6版(1657)，第321页］。

个闲散人员。我可以离开本城到大开罗去，这里无人牵挂，那里也没人注意。”**爱德华兹**：“你不吃晚餐吗，先生？”**约翰生**：“不吃，先生。”**爱德华兹**：“对我来说，现在我把晚餐看成一道关卡，一个人要上床睡觉，必须过这一关才行。”[a]

689

1778年4月17日星期五

约翰生：“爱德华兹先生，你是律师。律师对人生了解得很实际。一个书呆子应当常与他们交谈。他们有他需要的东西。”**爱德华兹**：“我老了：我都六十五了。”**约翰生**：“下个生日，我就满六十八了。好啦，先生，只喝白水，争取活百岁。”

爱德华兹先生提到一位先生[①]，他把全部家产都捐献给彭布鲁克学院。**约翰生**：“一个人把全部家产都捐献给一座学院是否正确，那得看情况而定。我倒愿意把我遗赠给一所学院的财产的利息留给我的亲属或朋友让他们过日子。学院是一座永久的社团，对它来说，现在得到那笔钱还是二十年后得到那笔钱都是一样的；我倒希望让我的亲属或朋友感受到这笔钱的好处。”

这次会见加强了我对约翰生极具仁爱之心的看法。他对一个老同学，一个跟他截然不同的人表现出的亲切安详；他告诉这位老同学他愿意到他的农场做客，这都显示出年事已高时难得的和善性情。他说：“他们俩都在伦敦生活了四十年，竟然没有碰见过一回，而且两个都在街道上行走，这是多么不可思议啊！”爱德华兹先生临走时，再次表现出他的衰老意识，端详着约翰生的脸对他说：“你在扬博士的诗里会发现，

> 哦，我的同龄人！你们自己的残余！”[②]

约翰生一点也不欣赏这句话；只是不胜其烦地摇了摇头。爱德华兹

---

a　这是不是我自己提出的说法，我没有绝对的把握，不过它确实符合爱德华兹的性格。

①　詹姆斯·菲普斯牧师。

②　爱德华·扬，《夜思》：《夜》（1743），第4节，第109行。

离开时，似乎因为受到约翰生博士如此注意而感到荣耀，所以十分高兴。他走后，我对约翰生说，我觉得他不过是个懦弱的人。**约翰生**：“嘿，是的，先生。这是一个活了一辈子却不谙世故的人；但我宁肯跟他交往也不愿与一个更加明理却不肯痛痛快快说话的人相处。这个人总是畅所欲言。”然而，约翰生博士本人则绝对没有他赞不绝口的那种畅快，我这么认为是十分公正的；因为当满座鸦雀无声，不管时间多长的时候，或者，情况同样糟糕，或者更加糟糕的是，当谈话由于不断的努力，勉强维持着的时候，谁没有感受到那种令人痛苦的无聊空虚的效果呢？

约翰生有次对我说：“汤姆·泰尔斯把我描写得最到家：‘先生，（他说）你像个鬼魂：人家跟你搭话前，你从不主动说话。’”

他如此亲切地提到的那位先生是托马斯·泰尔斯先生，其父
就是那片优秀的公共娱乐场所沃克斯府花园的创建人乔纳森·泰
尔斯[①]先生。这一组花园必须永远是它的主人的田产，因为它特 690
别投合英国的口味。那里有一种奇异表演的大杂烩——靓丽的展 1778年
览，音乐，有声乐、有器乐，对于一般听众不是过于高雅；享受 4月17日
一切，只需掏一个先令[a]；最后一点，但不是最不重要的一点，那就 星期五
是对于想买美味佳肴的人有好吃好喝供应。托马斯·泰尔斯先生学的是法律，但有一笔可观的资产，他性情活泼，头脑古怪，无法把自己局限在规规矩矩的法律行当内。因此满世界地跑，大而化之，乐乐呵呵，用他着三不着两的谈话逗大家开心。他一肚子的轶闻趣事，但不大注意准确性。因此我不敢贸然采用他发表的

---

① 乔纳森·泰尔斯（Jonathan Tyers，？—1767），游乐园园主；把泰晤士河南岸附近的春园（后来的沃克斯府花园）改造成一个晚间娱乐的时尚场所；约翰生和鲍斯威尔都是常客；高质量的音乐娱乐吸引像韩德尔和青年莫扎特这样的音乐家光顾演奏。

a 1792年夏天，由于进行了附加的更加昂贵的装饰，门票价格提高到二先令。这种做法我不敢苟同。游客也许更加高档；但我担心大量的诚实的平民百姓会遭到排斥，不能分享高雅无害的娱乐。废除剧院一先令顶层楼座观众的努力遭到了合理的抵制。

一篇关于约翰生的传记式速写，各色人等仰慕我杰出的朋友的大名，便急欲附骥，他就是其中之一。然而这篇速写是一个引人入胜的小小的片段汇集。他发表的关于蒲柏和艾迪生的速写，价值更高一些；不过他的名声主要还是建立在他的《政治会议》上，在这本书里，他介绍了好几位杰出人物，以对话的方式发表自己的见解，并且揭示了一定分量的学问，五花八门的知识，以及对性格的洞察。我可以说，这是一个对我体贴入微的人，他和约翰生博士相处时态度的随和，几乎可与约翰生的众多相识中的任何一个人比肩。

爱德华兹先生曾私下对我说，约翰生博士应当有个专门职业。我把这话重复给约翰生听，想知道他对这个问题的看法。**约翰生**："先生，我要是有个专门的职业，也许会好一些。我本该当一名律师。"**鲍斯威尔**："先生，我并不认为那也许会好一些，因为那样的话，我们就没有《英语词典》了。"**约翰生**："可是你也许会有《判例汇编》。"**鲍斯威尔**："啊，但是不会有另一个能编撰《词典》的人。已经有很多非常优秀的法官。假如你是个大法官，你就会以更加广阔的思路、用一种更加风光的姿态发表高见，那是古往今来的任何一位大法官望尘莫及的。但是我相信，案件已经像你能判决的那样得到了明断。"**约翰生**："是的，先生。财产已经得到很好的安置。"

然而，约翰生心海里何尝不浮漾着一种雄心壮志，毫无疑问，他往往玄想他卓越的才能有可能在这个伟大而开明的国家得到最高荣誉的奖赏。威廉·斯科特爵士告诉我担任牛津大学校长的利奇菲尔德勋爵故去后，他对约翰生说："多可惜啊，先生，你没
691 有从事法律职业。你本来是可以成为大不列颠的大法官，并且获
1778年4月17日星期五 得贵族的尊号的；现在贵市利奇菲尔德的爵号已经无人继承，你本来可以拥有它的。"约翰生听了这句话，似乎非常愤激；便用一种愠怒的口气大声说道："你明知事过境迁，为何还要提这种事气我？"

然而他并不对别人的兴旺发达有所不服，已故的托马斯·利兰博士告诉考特尼先生，当埃德蒙·伯克先生让约翰生参观他在比肯斯菲尔德附近的豪宅和田产时，约翰生冷冷地说了一句："Non equidem invideo; miror magis"。[①][a]

然而，对文学尊严的概念，谁的也没有约翰生的高，或者在维护他公正地认为对文学应有的敬重时，谁也没有他的决心大。关于这个问题，除了他在社会上的一贯表现，还可以提及几个典型事例。

他告诉乔舒亚·雷诺兹爵士，有次他跟一群书商一起吃饭，房间很小，他坐在上席，几乎挨着炉火，他宁肯忍受难耐的火烤，也不愿离开这个座位，让一名书商坐在他的上首。

哥尔德斯密斯真是单纯得有趣，有天他在各色人等面前抱怨卡姆登勋爵。[②]"我是在（他说）克莱尔勋爵乡下的邸宅里碰见他的，他把我当成一个普通人看待。"在座的开怀大笑起来，约翰生站出来

---

① "我不羡慕你；我倒是感到惊异"——维吉尔，《牧歌》，第一歌，第11行。

a 约翰生也许一时间感到有点羡慕，对此我并不是完全没有怀疑；因为谁也没有像他那样喜爱今生的好光景；他不由得感到他应当享有比他有过的多得多的好光景。我试图在一家报纸上用沃伯顿的方式评论上面一段说法，必须承认沃伯顿在给任何一位作者的文字赋予他认为应当带的各种含义时，显示了非凡的技巧。由于这种模仿也许会使读者开心，我在这里予以介绍：
"约翰生博士的话遭到的误解没有比他第一次在比肯斯菲尔德的豪宅看见伯克先生时说给他的话'Non equidem invideo; miror magis'更厉害的了。在伯克先生开始他的议院生涯前，这两位名人已经做了很多年的朋友了。他们俩都是作家，都是**文学俱乐部**的成员；因此，当约翰生博士看见伯克先生处在一种比他自己已经达到的境地辉煌得多的境地时，他不是存心要表达他认为那是一种不相称的发达；而是，尽管他，作为一名哲学家，断言并不羡慕，non equidem invideo，但他继续用诗人的话说miror magis。由此表明：或者他一心在赞赏他高兴见到的景象；或者，也许考虑到一些才能出众的人的普遍命运，他心里纳闷，被描绘为盲目的命运女神，在这种情况下，应当非常公正。"

② 卡姆登勋爵（Charles Pratt Camden, 1st Earl Camden, 1714—1794），律师、政治家，被任命为国王的律师（1755）；领导著名的对费勒斯勋爵的检举（1760）；大法官（1776）；以自由的斗士闻名；反对福克斯-诺思内阁；与老皮特结盟。

替他的朋友辩护。“不要笑，诸位，（他说）哥尔德斯密斯博士说得对。一位贵族应当奉承哥尔德斯密斯这样的人，我认为卡姆登勋爵怠慢他有失身份。”

他也听不惯把他认为只有智商高的人才能享受的尊敬表示给智商低的人，尽管这些人也许更具娱乐才能。我告诉他，有天早上，我去跟加里克吃早饭，加里克对他跟卡姆登勋爵的亲密交往非常自负，他
692 迎头对我说：“请问，你可曾——你可曾遇见一名小律师拐弯过去吗，
1778年4月17日星期五 嗯？”——“没有，先生，（我说）请问你这个问题是什么意思？”——“嘿，加里克装出一副无所谓的样子回答，仿佛踮着脚站着似的，卡姆登勋爵这才离开我。我们一起走了好长时间。”**约翰生**：“哎，先生，加里克说得很有分寸。卡姆登勋爵是要和一名演员套交情的小律师。”

乔舒亚·雷诺兹爵士说了句大实话，约翰生把加里克看作他的私产。他不允许任何人当着他的面批评或者表扬加里克，而不受批驳。

我们的心情变得非常严肃，在这种情况下我们互表关爱之情，如果把这些话重复一遍，我就会有过于爱慕虚荣之嫌，我怀着万般无奈的遗憾说道，我们两个总有一个先舍弃另一个而去。**约翰生**：“是的，先生，那是一种感人肺腑的考虑，我记得斯威夫特在写给蒲柏的一封信里说，‘我想过来，咱们再见一面；等到我们必须分离之时，那就是人人都得遇到的事情发生之日’。”**鲍斯威尔**：“我们将会再次见到离去的朋友，这种希望肯定给心理一种支持。”**约翰生**：“是呀，先生。”**鲍斯威尔**：“除了对来世的严重恐惧之外。还有一种不愿离世的奇怪心理。我们的一位牧师朋友[①]（指名道姓）告诉我，他一想到离开自己的家，自己的书房，自己的书籍，就有一种惴惴不安的感觉。”**约翰生**：“他这种感觉实在愚蠢。一个人用不着因为这些而惴惴不安；由于他仍然会有意识，他可以用哲学家的话说，Omnia mea mecum porto[②]。”**鲍斯威尔**：“完全正确，先生：我们可以

① 布莱尔博士。

② “凡是我的东西，我都随身带着”——西塞罗，《异闻录》一。

埃德蒙·伯克
乔舒亚·雷诺兹爵士 绘

把自己的书籍装在脑袋里，但是想到永远离开给过我们欢乐的东西，仍然难免有些痛心。我记得，很多年前，当我的想象还热乎，我恰巧心情郁闷，这时候，想到一种连莎士比亚的诗都没有的生存状态，真叫我难过。一位我当时非常仰慕的女士，也是一位非常和蔼可亲的女人，迎合了我的想法，劝慰我说：'你在另一个世界遇到的第一件事，将会是给你赠送一本典雅的莎士比亚集。'”约翰生博士听了，慈祥地笑了笑，没有露出不同意这种看法的意思。

下午，我们又去圣克雷芒教堂做礼拜，然后回来在威廉斯夫人的房间饮茶，喝咖啡；德穆兰夫人在茶桌旁招待大家。我注意到，约翰生在受难节对他的《沃勒传》校样一眼都没有看。

印刷商艾伦带来一本农业方面的书，书已印好，很快就会面世。这是一本非常奇怪的作品，作者[①]在他关于耕种和其他农作的论述中夹杂着他自己对各种问题的看法。他似乎是个荒唐渎神的家伙，在书中介绍了许多对宗教的嘲讽言论，既无知，又狂妄。约翰生博士允许我朗读一些段落。一段说，他下决心在礼拜日工作，而且真的工作了，但他承认他感到了某种淡淡的良心不安；他有这么一段奇异的反思：“我出生在基督教的荒野里，荆棘仍然吊在我周围。” 693
约翰生听了这种滑稽的意象，不禁哈哈大笑，但此人对神大不敬的言论使他非常气愤。“不过，（他说）评论家们会叫他自己上吊的。”然而，他说：“从前也许在收获时节取得过礼拜天工作的特许。”其实在遵守仪式时，如果所有的牧师都是他们应当做的那种人，都是他们很多人现在的那种情况，那种权力就可以明智而安全地归于教会。

1778年
4月18日
星期六

4月14日[②]，星期六，我陪他喝茶。他赞扬坎特伯雷已故的邓库姆[a]是个讨人喜欢的人。“他经常到我这里来：我不大去找他。其实我从来不大找任何人。”**鲍斯威尔**：“常去找奥雷里勋爵，我估计。”

---

① 威廉·马歇尔，《农业纪事》（1778）的作者。

② 实为4月18日。

a 〔威廉·邓库姆先生。他娶了诗人约翰·休斯的妹妹；他是两部悲剧和其他一些构思巧妙的作品的作者：于1769年2月26日去世，享年七十九岁。〕

约翰生：“没有，先生，除非他打发人请我，我从来不去找他。”**鲍斯威尔**：“理查逊呢？”**约翰生**：“找过，先生。但是我找乔治·普萨尔马纳扎的次数最多。我经常去和他坐在市里的一家酒馆里聊天。”

我很高兴提及我所发现的他找一位重要人物的另一个例子。尊敬的戴恩斯·巴林顿出版他的优秀的《法规评论》后不久，约翰生拜访了这位可敬而博学的先生，告诉过自己的名字后，他便彬彬有礼地说：“我拜读了大作，先生，欣喜异常，希望与你更进一步结识。”于是二人开始认识，相互的关怀一直延续到约翰生谢世。

谈到最近的一个煽动分子[①]，他说：“人们应当给他戴上颈手枷，用一种羞辱他的方法惩治他。”我说，颈手枷不见得总有羞辱作用。我提到一位先生[②]的例子，我认为他并没有因此而声名狼藉。**约翰生**：“啊，是声名狼藉了，先生，这样做了之后，他再不能像过去那样信口雌黄，趾高气扬了。人们不太愿意请一个戴过颈手枷的人来自己家吃饭。”

曾经和我们一起在珀西博士家吃过饭的那位先生[③]走了进来。约翰生在大放厥词攻击美利坚人。我说了几句美利坚人的好话；还加了一句，每当他谈及这个问题时，我总感到难过。这么一来似乎激怒了他；尽管他当时没有说什么。云层里充满了硫火气息。随后将爆发出电闪雷鸣。——我们谈到一位先生[④]，在伦敦正将家产挥霍殆尽；我说：“我们必须让他离开。所有的朋友都得跟他吵架，这样很快就会把他撵走。”**约翰生**：“不行，先生，我们派你去撵他。如果你的一伙人都不能把一个人从他家里撵出去，再就没有任何办法。”这话令我大为震惊，说得叫人摸不着头脑。后来我问他为什么把话说得这么难听。**约翰生**：“因为，先生，你说的有关美利坚人的话
694 使我恼怒。”**鲍斯威尔**：“可是你干吗不直接打击报复呢？”**约翰生**

1778年
4月18日
星期六

（莞尔一笑）：“因为，先生，我没有准备好。一个人没有武器就不能

① 霍恩·图克。
② 约翰·谢比尔。
③ 诺顿·尼科尔斯牧师。
④ 本内特·兰顿。

Cheshire Cheese in Fleet St.
Herbert Railton 99

贸然出击。”这是一句诚实、阳光的坦白。

今晚他让我参观了他的客厅，布置非常雅致；并且说：“我谈到已经邀请你和尊夫人到舍下暂住时，思雷尔夫人讥讽了一番。我不得不告诉她，你住在我家景况和住在她家一样体面。先生，摆阔炫富悄然出洞了。”**鲍斯威尔**：“她既有点摆阔炫富，也有点恃才傲物。”**约翰生**：“摆阔炫富是件糟糕的事情；不过恃才傲物还是有点根据的。当然，不应当这样。可是谁又能免俗呢？”**鲍斯威尔**：“你就能免，先生。”**约翰生**：“嘿，我不耍花招：我不设圈套。”**鲍斯威尔**：“是呀，先生。你是身高六英尺的堂堂男子汉，决不向人折腰。”

我们谈到有时候大家庭人数众多。我提到当今埃格林顿伯爵的父亲家里有一百口子人。约翰生博士对此好像有所怀疑，我便开始数起来：“咱们看看：伯爵和伯爵夫人就是两人。”**约翰生**：“不行，先生，如果你两个两个地数，你就数的时间太久了。”**鲍斯威尔**：“那好，现在再加两个儿子和七个女儿，一人一个仆人，这算下来就是二十；我们已经数了五分之一。”**约翰生**：“很好。你数到二十不费什么事；但再往下数就不太容易了。我长到五英尺不大费事，但长到七英尺就不容易了。”

Dr. Johnson's Chair, Writing Desk and Books

4 月 19 日，星期日，由于是复活节，我在圣保罗大教堂参加过庄重的节日庆典，便去看望他，但不能留下吃饭。我表达了一种时刻准备着为基督教辩护的愿望，坚持认为我的宗教信仰可以像任何主张一样坚定明确，所以在它遭到攻击时，我用不着有丝毫的不安。**约翰生**：“先生，你无法回答所有的反对声音。你能论证上帝：你看见他不仅有力，而且善良，因为没有任何力量能使他有另外的表现，善本身就是更可取的。可是你反对这一点，即非常确定的东西，人生的不快乐。可是，这恰恰给了我们向往一个补偿性的来世的理由，这样才会有一个完美的体系。但对这一点，直到我们有一个积极的启示后，我们才能确信。”我告诉他，他的《拉塞拉斯》往往使我不快乐；因为它对一个思想的头脑把人生的苦难描绘得过于真切，过于令人信服，所以如果什么时候，这种印象淡漠了，我感到内心轻松了，我才开始怀疑有某种错觉存在。

4 月 20 日，星期一，我发现他早上在家。我们谈到一位先生[①]，我们担心由于管理不善，他正在逐渐陷入困境。**约翰生**：“耗散钱财就是蒸发，有成千种神不知鬼不觉的手段。如果它是一股溪水，人们可以堵住它。你必须给他说说。这真是个灾难。如果他是个赌徒，可以说他还有希望赢。如果他做生意破了产，他还可以再次发财；可是他既没有劲头去花，也没有决心去省。他不是一掷千金从中取乐。他犯了浪费的罪，也倒了小气的霉。如果一个人死于决斗，他就像很多 695
死于决斗的人一样，也算死得其所；但是如果一个人躺下死了，因为 1778 年 4月25日 星期六
他没有把伤口烧焦，甚或把它缝合得坚韧，出血过多死了，这就是个可悲的事件。”我不由得停下来赞叹他在这一事例，其实在所有场合表现出的这种丰富想象和选择语言的精当。珀西博士，现在的德罗莫尔主教说得好：“约翰生的言谈有力而清晰，可以把它比作一尊古代的雕像，每一根血管和肌肉都清晰凸显。一般的言谈就像一种低级的铸型。”

---

① 本内特 · 兰顿。

4月25日，星期六，我和他在乔舒亚·雷诺兹爵士家吃饭，同席的还有博学的马斯格雷夫医生[①]，史学家利兰的儿子、爱尔兰的康塞勒·利兰，乔蒙德利夫人和其他几位女士。马斯格雷夫博士把一首新诗《计划》[a]读给大家听。**约翰生**："先生，它没有气势。要不是里面充斥着一些红人的名字，它就一文不值：这些名字拿捏着诗人，而不是诗人拿捏着名字。"**马斯格雷夫**："昙花一现的诗总逗我们开心。"**约翰生**："昨天绞死罪犯的报道也逗我们开心。"

他接着说："狄摩西尼·泰勒[②]，人们就是这么叫他的，（意思就是《狄摩西尼》的编者）是我见过的最沉默寡言的人，纯粹是一个人的雕像。我有次和他一起吃饭，一顿饭吃完，他只说了声理查德。一个人只说声理查德，到底是怎么回事，真是难以想象。但情况就是如此：道格拉斯博士谈到扎卡里·格雷博士[③]，把理查德·格雷博士写的一些东西归到扎卡里的名下，所以，为了纠正道格拉斯，泰勒说（模仿他故作简洁的强调语气和点头动作）：'理查德。'"

乔蒙德利夫人精神高昂，巧语连珠，大肆吹捧约翰生，因为她结识约翰生时间很久，所以说话随便。他很快就掌握了随机应变的手段，便用一部传奇故事中的主人公的风范回答她："夫人，你给我戴上了常青的桂冠。"

---

① 马斯格雷夫医生（Dr Samuel Musgrave，1732—1780），医生、古典学者；皇家学会会员（1760）；德文和埃克塞特医院医生（1766）；皇家医师学院研究员（1777）；希腊学者，专门研究注释欧里庇得斯；对索福克勒斯的注释被克拉伦登出版社版采用（1800）。

a 理查德·蒂克尔作。

② 泰勒（Dr John Taylor，1704—1766），古典学者、英国国教会牧师；剑桥大学图书馆馆长（1732），随后为注册主任（1734—1751），出版一版《狄摩西尼》（174）；林肯教区副主任（1744—1766）；白金汉会吏总（1753）；《内战之要素》（1755）的作者。

③ 扎卡里·格雷博士（Dr Zachary Grey，1688—1766），英国国教会牧师、作家；通过与不顺从国教者的多次论战出名；作品有《英国国教会正确证明》（1720），《不信教精神探微》（1723）；出版《莎士比亚注疏》（2卷，1754）。

我不知道是怎么回事，随口说小册子就意味着散文作品。**约翰生**：“未必，先生。几页未装订的诗就是一本小册子[a]，与几页散文一样。”**马斯格雷夫**：“在威斯敏斯特会堂，一本小册子可以被理解为意味着一篇诗作，也就是说，在正式的语言中；但在日常语言里它被理解为意味着散文。”**约翰生**（这是很多事例中的一例，表明他对一件事情的原委了解得既清楚，讲述得又精准）：“一本小册子在日常语言中被理解为意味着散文，只是由于散文写的比诗写的多得多；就像我们说一本书的时候，出于同样的原因，被理解为散文，尽管一本书既可以用散文写，也可以用诗歌写。我们理解最普遍的东西，我们命名不太常见的东西。”

696

1778年
4月25日
星期六

我谈到一位女士[①]关于爱尔兰的诗。**雷诺兹小姐**：“你看见过这些诗吗，先生？”**约翰生**：“没有，小姐。我看过她的一个女儿翻译的贺拉斯。是她拿给我看的。”**雷诺兹小姐**：“怎么样，先生？”**约翰生**：“嘿，就一位年轻小姐的诗来说，挺好；也就是说，与优秀之作相比，算不了什么；不过就写它们的那个人而言，挺好。我生气的是把诗拿给我看的那种态度。”**雷诺兹小姐**：“可是如果诗挺好，干吗不给予由衷的赞扬呢？”**约翰生**：“嘿，小姐，因为我还没有从让我看诗引起的恶劣情绪中恢复过来。你得想想，小姐；诗本来可以有好有坏。谁也没有权利为难别人，要人家要么得说真话伤害当事人，要么得说假话伤害自己。”**鲍斯威尔**：“一个人往往把自己的作品让名人过目，想博得他们的赞许，日后为我所用，这些人的赞许要么出于本性敦厚，要么出于抹不开情面，做不到实话实说。”**约**

---

a 〔约翰生博士在这里完全正确，并且得到以前作家们惯用法的支持。在*Musarum Deliciœ*[1]（一本诗集，八开本，1656）中（作者说到萨克林印为对开本的剧作《阿格劳拉》）：

> 这本大部头的小册子可以说
> 像头发长，见识短的人一个。〕

1 约翰·门尼斯爵士，《缪斯娱乐》（1656）。

① 卢肯夫人和她的女儿。

翰生：“非常正确，先生。所以一名作者问别人对自己的作品的看法就等于搞刑讯逼供，强迫人家不要说真话；所以不能认为人家说的就是自己的看法；但一言出口，驷马难追，无法收回；当人们盯住这位作者的尾巴用霰弹追猎他的时候，他会说，‘要不是约翰生，雷诺兹或者马斯格雷夫或其他有识之士赞赏这部作品，我是不会出版它的’。然而，我是把它作为一个良心上的难题来考虑的，如果一个人的目标是赚钱，我们是不是该劝他不要出版一部作品，因为他可以说，‘要不是由于你，我就该赚钱了’。现在你就没有把握了；因为你有的只不过是一己之见，公众也许另有想法。”**乔舒亚·雷诺兹爵士**：“对于这种情况，你得有两个判断标准；一个是作品的真正价值；一个是，什么合乎当时大众的口味。”**约翰生**：“可你对哪一个都吃不准；因此，我就会顾虑重重，不敢投压制票。哥尔德斯密斯的两部喜剧曾经都被拒绝；第一部被加里克拒绝，第二部被科尔曼拒绝，科尔曼在人家的苦苦恳求下，不，在一种胁迫下，终于被说服，将其上演。他的《威克菲尔德的牧师》我自己也没有想到会获得很大成功。它是在《旅行者》之前写成并卖给一个书商的；但出版却在之后；书商对它的期望值极低。如果它在《旅行者》之后卖出去，他可以得到多一倍的钱，尽管六十几尼也不算低价。书商在销售中沾了哥尔德斯密斯从《旅行者》获得的名气的光，不过哥尔德斯密斯在出售书稿中却没有捞到好处。”**乔舒亚·雷诺兹爵士**：“《乞丐的歌剧》证明百姓对文学作品的看法会判若天渊，令人咋舌。
697 伯克认为它没有什么价值。”**约翰生**：“它是被一家剧院拒绝过；不
1778年4月25日星期六 过我倒认为它会成功，不是因为它在写作上多么身手不凡，而是因为新奇，以及这部作品的总体精神和快活，这就总能吸引观众的注意力，散场后还能让大家心情愉快。”

我们到客厅去，那里的客人增加了许多。我们好几个围着约翰生博士，抱怨他不肯给我们一个他的作品的准确目录，好有一个全集版本。他笑了笑，回避了我们的请求。他打算做这件事情，对此我毫不怀疑，因为我听他这么说过；而且我手中有一个不完善的名

单写得非常工整，他给了个 Historia Studiorum[①] 的题目。我曾经从他的一个朋友[②] 那里搞到一个名单，有相当充分的理由认为它是准确的，因为那是他的朋友当着他的面写的，这位朋友还一一大声点了一遍名，还让协同开列的莱韦特先生向他提及了其中的一些名目；约翰生听完这一切并没有提出反对意见。但当我把这一名单抄了一份让他过目时，他大笑着说："我愿意让他们按他们的意思继续搞下去，从不干涉。"听了这话，我把名目逐一念给他听，要他明确表示可否；到此为止，由于得到了定见，我又另外搞到一些名目，被他直接确认；后来时不时地在他的认可下做了一些补充。

有人提到他的朋友爱德华·凯夫，他告诉我们："凯夫通常销售一万份《绅士杂志》；他兢兢业业，一丝不苟，不允许销量有丝毫的下滑，于是他就要点一个人的名，因为他听说此人谈到要离开《杂志》，于是说道：'咱们下个月会有好事情。'"

有人说，贪婪是某些人的天性。**约翰生**："谁也不是天生的守财奴，因为人一生下来就一无所有。每个人生下来就 cupidus——希望获取；而不是 avarus——希望守成。"**鲍斯威尔**："我听老谢立丹先生妙语惊人，他认为，十足的守财奴是个快乐人；所谓守财奴，就是全身心地投入节省热情中的人。"**约翰生**："那是冒天下之大不韪，普天之下的人之所以把贪婪的人叫守财奴，那是因为这种人一脸奴才相。先生，一个既会花钱又会省钱的人才是最快乐的人，因为他享受到了两种快乐。"

话锋转到"妙语"上，他从一本《趣闻录》上引用了一个法国侍女巧言令色的例子，女王问侍女几点了，回答是："正是女王陛下想要的点。"他承认伯克先生关于威尔克斯先生被扛在群氓肩上[③] 的经典双关语，

---

① "我的研究史"。

② 珀西主教。

③ 在拉丁文里，"在肩上"是humeris（取代贺拉斯原文中的numerisque）。

——Numerisque fertur

Lege solutus. ①

698 叫人拍案叫绝；尽管奇怪的是，他不愿承认这位非凡的人具有巧智

1778年 之才[a]，他也以赞赏的态度笑话另一句卖弄才情的双关语；那就是

4月25日

星期六 “贺拉斯在一行诗里描写了一个令人向往的美好庄园：

Est modus in rebus，sunt certi denique fines；②

也就是说，一种关于什一税和一定贡金的modus。”

他说：“一个人不能恰如其分地说自己，除了陈述一些单纯的事实；如，‘我当时在里士满’；或者取决于测量的情况；如，‘我有六英尺高’。他肯定他到过里士满；他肯定他有六英尺高：但他不能肯定他聪明，或者他有其他什么优秀品质。而一个人对自己的一切贬损是拐弯抹角的赞扬。那是为了表示他能宽容到什么程度。它

---

① “由于他（品达）被扛着在不规则的格律中一路前行”——贺拉斯，《颂歌集》，第4卷，第2首，第11—12行。

a 见我的《赫布里底群岛旅行日记》第3版，第21页及以下〔8月15日〕注中对这个问题的全面调查。在这里作为一个念念不忘Suum cuique tribuito[1]，这句箴言的律师，我不禁要提到以“我发现自从先前的版本出版后”开始的附注不是我加的，而是由马隆先生好心提供的。我在苏格兰时，正当第二版的前一部分在印刷期间，他好心监管了印刷工作。他不允许我把那条附注归在它真正的作者名下；然而由于它极其敏锐、优雅，我借此机会在他不知道的情况下，还他以公道。

1 “各取其应得”——查士丁尼，《法典》，第1卷，第1章，第1条。

② “凡事都有法度，有限定。”——贺拉斯，《讽刺诗》，第1卷，第1首，第106行。拉丁文modus，即法度，fines，即限定，这个词的英语意思是（佃户向封建领主交纳的）贡金。[2]

2 〈正如宾德利先生和卡尼博士二人告诉我的那样，这是《对按庄园习惯持有的不动产物权和佃户权利的调查研究——对限制过大贡金的若干考虑》（作者为Everard Fleetwood先生，八开本，1731）的题词。很有可能，纯属巧合，伯克先生从来没有见过这本小册子。——M.〉

能招致自我表彰所引起的所有不满和对虚伪的种种责难。”**鲍斯威尔**：“有时候那也许是由一个人强烈意识到他的毛病被人注意到了而引起的。他知道别人会把他撂倒，因此还不如他主动轻轻躺下为好。”

4月28日，星期二，他答应去保利将军家吃饭，正如我已经说过的那样，我仍然在那里受到优雅殷勤的款待，给人一种宾至如归的轻松舒畅的感觉。我先去拜访他，再跟他同乘一辆出租马车前往。我们先在树篱巷尾停车，他要进巷留一封信，“上面有给一位困境中的可怜朋友①的好消息”，他是这么跟我说的。我没有细问这件事情。他本人往往很像博林布罗克夫人对蒲柏活灵活现的描写：“他是 un politique aux choux et aux raves②。”他常说，“我今天在格罗夫纳广场吃饭”，这就可能是与一位公爵共餐；或许“我今天在城那头吃饭”；或者“一位大名人昨天来看望我”。他总爱故弄玄虚：Omne ignotum pro magnifico est③。我相信，我比他的哪一个朋友更敢于自由而频繁地驱散这团云雾，揭开那神秘的面纱。我们又在圣詹姆斯街圣詹姆斯广场拐角上的那家著名的沃格曼④玩物店停下来，有人曾经给他说过去那里的路，但没有说清楚，所以他找了半天，起初就是找不着；于是说道：“给一个人只说去一家拐角上的商店的路就是玩一个人。”我估计他说这话是有意玩弄玩物这个字眼；这是我第一次知道他屈尊喜好这种玩意儿。他在商店
里待了许久之后，又出来叫我下车帮他挑选一副银搭扣，因为他现 699
有的一副太小。很可能这种衣着上的改变是思雷尔夫人建议的，因 1778年
为通过跟她交往，他的外表大大改观了。他置办了档次高一些的服 4月28日
装，他那身一成不变的深色被金属纽扣赋予了生气。他的假发也 星期二

① 小莫利蒂乌斯·洛，约翰生的教子。

② 一位白菜萝卜中间的政治家。

③ “万事万物都被不明就里这种情况放大了”——塔西佗，《阿格里科拉传》，第30节。

④ 沃格曼（Peter Wirgman，1718—1801），伦敦珠宝商。

好看多了；在法国旅行期间，他配备了一顶巴黎造的结构漂亮的假发。这次选择银搭扣就是一场谈判："先生，（他说）我可不想要眼下时兴的那种可笑的大的；一副顶多出一几尼。"这就是这笔买卖的原则；经过一番审查，他总算选定了合适的。我们乘车继续向前，我发现他正在兴头上，侃侃而谈，我便利用这一机会。**鲍斯威尔**："今天早上，我到过里德利[①]书店，先生，听说一本叫《约翰生杂谭》的书卖得很好。"**约翰生**："可是《赫布里底群岛旅行日记》销量并不大。"[a] **鲍斯威尔**："这就奇怪了。"**约翰生**："可不是嘛，先生；因为在这本书里，我给世人讲了许多他们前所未闻的事情。"

鲍斯威尔："先生，今天早上我跟埃尔德先生一起喝巧克力；使我吃惊不小的是，发现他竟然是个斯塔福德郡的辉格党人；我不曾相信在那里还存在这种人。"**约翰生**："先生，各个地区都有流氓。"**鲍斯威尔**："埃尔德说，托利党人是一个拒绝宣誓效忠的牧师和一个人的祖母生出来的怪物。"**约翰生**："我总是说，第一个辉格党人就是魔鬼。"**鲍斯威尔**："肯定如此，先生。魔鬼不能容忍主从关系；他是第一个反抗权威的：

> 在地狱里称王，胜过在天堂当差。"[②]

在保利将军家做客的有乔舒亚·雷诺兹爵士，兰顿先生，伦巴第的盖拉尔迪侯爵，律师斯波蒂斯伍德的小约翰·斯波蒂斯

---

① 里德利（Thomas Ridley，1782年去世），伦敦书商、出版商。

a 在这里，他要么搞错了，要么他对畅销的概念与一般人持有的不同：因为事实是，那四千册优秀的作品销售得很快。他去世后这部著作除了收入他的作品集印行外，又印了一个新版本。[1]

1 〈自从鲍斯威尔写出上面的注后，又印行了一个版本，不算过去二十年里他的作品总集中的重要版本。——M.〉

② 约翰·弥尔顿，《失乐园》(1667)，第1卷，第263行。

伍德先生[a]。这段时间对外国入侵的恐惧到处蔓延；为了消除这种恐惧，斯波蒂斯伍德先生说，工程师弗雷泽先生最近从敦刻尔克来，他说法国人对我们怀着同样的恐惧。**约翰生**："正是这种共同的胆怯在给我们维持和平。如果有一半人类勇敢，一半胆小，那勇敢的总要打胆小的。如果全都勇敢，大家就休想安生了；大家就会没完没了地打下去：但都是胆小鬼，我们就有好日子过了。"

我们谈到饮酒。**约翰生**："我只有在一人独处时才需要饮酒。 700
这时候我常常想望酒，也就常常接纳了它。"**斯波蒂斯伍德**："什么，权当一个伙伴，先生？"**约翰生**："为了摆脱自己，把自己打发走。酒给人极大的快乐；而每一种快乐本身都是一种善。它是一种善，除非被恶抵消掉了。一个人可以有一个不喝酒的十足理由；这理由也许比快乐还大。酒使一个人更喜欢自己。我不是说它使一个人更招别人喜欢。有时候倒是这样。但危险在于，一个人变得更喜欢自己的时候，他也许就要变得不大招人喜欢了。[b]酒不能给人任何东西。它给不了知识，也给不了巧智；它只能使人活跃起来，使他能把怯场压制住的东西发挥出来。它只能使锁在寒霜中的东西活动起来。不过这可以是好事，也可以是坏事。"**斯波蒂斯伍德**："这么说来，先生，酒是一把能打开箱子的钥匙；不过这只箱子也许不是满的，就是空的。"**约翰生**："不对，先生，话才是那把钥匙；酒是一把撬锁工具，它硬生生地把箱子撬开了，也把它损坏了。一个人应当修身养性，就是不喝酒，也具备酒给人的那种自信和敏

1778年4月28日星期二

---

a 如果按苏格兰用语，我应当说："小约翰·斯波蒂斯伍德先生，of that ilk。"约翰生对这个词的含义十分清楚，并在他的《词典》中做了解释，voce ILK："它也表示'相同'的"；如Mackintosh of that ilk，表示一位其姓氏和领地名称相同的绅士。

b 在《不列颠传记大全》的《沃勒传》中说，他只喝白水；当他和一伙正在饮酒的人相处时，"他有办法使他的言谈与这群酒友降下来时的高调相适应"。如果有狂喝滥饮的苗头，话就中肯到尖锐的程度。当然适度饮酒给人的精神快乐，是只喝白水的人不知道的。

捷。”**鲍斯威尔**：“戒酒难，难就难在心善。譬如说，一位和善可敬的人请你品尝他家窖藏了二十年的陈年佳酿。”**约翰生**：“先生，这种关于心善的观念统统来自一个人想象自己对于别人比他实际的情况更加重要。其实他喝不喝酒，别人一点都不在乎。”**乔舒亚·雷诺兹爵士**：“不对，人家当时还是在乎的。”**约翰生**：“当时！——他就是在乎上一分钟，随后也就忘在脑后了。至于那位和善可敬的人；你怎么知道他是和善可敬的？没有一个和善可敬的人硬要别人喝酒。至于二十年的窖藏——十个人中有三个人这么说，那仅仅是因为他们总得说点什么而已；三个人说他们把酒窖藏了二十年时，他们在说一个谎；三个人倒宁肯把酒省下来；也许有一个人在乎。我承认取悦自己的伙伴也是件事情：而且人总喜欢与伙伴们共欢同乐。但是一个人让自己放弃了这种饮酒引发的极大的个人欢乐后，别的任何考虑就微不足道了。用饮酒取悦他人，只有在不反对它的情况下，还算一回事。如果得罪了德高望重的人物，我会感到遗憾的：

> 不管诗写得多么洒脱，如果它会使我
> 与一位德高望重之士为敌，它就恶浊。”[①]

鲍斯威尔：“那泉，那水也恶浊。”**约翰生**：“可是让我们想想，如果
701 我们被迫喝了酒，或者做了碰巧让我们所在的伙伴们高兴的别的什
1778年 4月28日 星期二 么事，那会是一件多么可悲的事情。”**兰顿**：“根据这样的规矩，你
就得加入一个扒手帮了。”**约翰生**：“可不是，先生：但是我们必须
对酒说句公道话；我们必须承认它所具有的那种力量。让一个人喜
欢自己，让我告诉你，是在干一件大事——

① 蒲柏，《致阿巴思诺特医生书》，第283—284行。

Si patriæ volumus, si *Nobis* vivere cari."[①]

这个时段，我按照约翰生的建议，试着只喝白水。**约翰生**："鲍斯威尔是个比乔舒亚爵士大胆的斗士：他替酒辩护用不着借助酒劲；可乔舒亚爵士就要借助酒力。"**乔舒亚·雷诺兹爵士**："可是取悦自己的伙伴是一种强大的动机。"**约翰生**（他由于只喝水，便以为凡是喝酒的人都情绪高昂）："我不愿再跟你辩论了，先生。你走得太远了。"**乔舒亚爵士**："我如果发表了一番你现在发表的那种言论，先生，我还真会这么认为。"**约翰生**（有所收敛，我真认为脸红了）："别，别生气嘛。我并不是有意要冒犯你。"**乔舒亚爵士**："起初，我并不喜欢酒的味道，不过我还是勉为其难地强迫自己喝一点，以便与别人打成一片。饮酒的快乐与取悦你的伙伴息息相关，总而言之，里面有种社交上的好处。"**约翰生**："先生，这只不过是老调重弹而已。"**乔舒亚爵士**："不，这是新调。"**约翰生**："你换了说法，想法还是老一套。这就是酒的坏处之一。酒使人把说法错当成想法。"**鲍斯威尔**："我认为这是一种新想法；至少是一种新态度。"**约翰生**："不对，先生，这只不过是一件新外衣；或者一件改头换面的旧外衣。（这时开怀大笑）那是穿了一件新马甲的老狗。——在一个人的赞助人不肯出手，除非他愿意喝酒的地方，才可以出现一种特例：那里才会有喝酒的正当理由。"

我提到一位贵族[②]，我相信如果他的伙伴不开怀畅饮，他真会心绪不宁。**约翰生**："那是因为他周围总有他习惯颐指气使的人。"**鲍斯威尔**："假如我跟他两个面对面吃饭呢？"**约翰生**："你没有理由陪他喝酒，就像他没有理由陪你不喝酒一样。"**鲍斯威尔**："哎，这倒是真的；因为不喝酒对他的伤害小，喝醉酒对我的伤害却大。"**约**

---

① "如果我们希望用一种使国家和我们自己喜欢我们的方式生活的话"——贺拉斯，《书札》，第1卷，第3封，第29行。

② 阿奇博尔德·蒙哥马利，第十一代埃格林顿伯爵。

翰生：“是的，先生；而且根据我听到的关于他的为人，一个人是不希望为那样一个人牺牲自己的。如果他总得有人陪他喝酒，他就该买一名奴隶，这样一来，他肯定会如愿的。谁投另一个人所好而饮酒，谁就做了那个人的奴隶。”**鲍斯威尔**：“但是，先生，你肯定要考虑尽地主之谊。一位爱喝酒的先生来看望我。”**约翰生**：“先生，一个人知道他看望的是谁；他是到一个不喝酒的人家里来吃饭的。”**鲍斯威尔**：“可是，先生，如果我不陪我们那些德高望重的朋友们喝酒，你我不会在苏格兰高地和赫布里底群岛受到如此好的接待。如果我像你一样，只喝白水，他们也不会如此亲切待人。”**约翰生**：
702 “威廉·坦普尔爵士提到，他周游荷兰期间有两三位先生陪他；需要大杯饮酒的时候，他就把酒杯交给他们代劳。如果我去漫游群岛，我就请乔舒亚爵士陪我去代酒。”**鲍斯威尔**：“可是，先生，让我说一种情况。假如乔舒亚爵士去苏格兰旅游，他大驾光临我们乡下的住处；我看见他自然大喜过望；我们俩单独相处时，我是不是就不顾交情让他独酌？不，不，我亲爱的乔舒亚爵士，你可不允许这样被慢待，我愿意跟你共饮一瓶。”

1778年
4月28日
星期二

有人提到著名的拉德夫人。**约翰生**：“十五年前我就应当去拜访她。”**斯波蒂斯伍德**：“因为那时她年轻十五岁？”**约翰生**：“不，先生；不过现在他们有招数把什么都往报纸上塞。”

他请保利将军背诵塔索①的《耶路撒冷》第一部的一节引言，将军背了，于是约翰生挑毛病说把卢克莱修给孩子弄甜杯沿的比喻转移到史诗中来了。将军说他没有想象到荷马的诗像被认为的那么古老，因为他把后来修昔底德②写作时在希腊本土上未被发现的文雅状况都归在一个希腊人殖民地身上。**约翰生**：“我只记得修昔底德援引的荷马的一段文字，它在我们的各种荷马作品集中是找不到的；

① 塔索（Torquato Tasso，1544—1595），意大利史诗诗人，他的作品对17世纪的英诗产生了重大影响。

② 修昔底德（Thucydides，约公元前460—约前400），古希腊伯罗奔尼撒战争史家。

我支持荷马的古老性，并且认为一个希腊殖民地因为离波斯更近，也许比母国更加文雅。”

4 月 29 日，星期三，我和他在阿伦·拉姆齐先生家吃饭，来的还有宾宁勋爵，历史学家罗伯逊博士，乔舒亚·雷诺兹爵士和海军上将的遗孀、当今的法尔茅斯子爵的母亲、尊敬的博斯科恩夫人；如果赞美她没有放肆之嫌的话，我要说在我有幸结识的女士中她的风韵是最可人，她的言谈是最精彩的。约翰生到来之前，我们谈了许多对他的看法。拉姆齐说他总是发现约翰生是个彬彬有礼的人，因此对他满怀敬意，而且发自内心深处。我说我对他崇拜得五体投地。**罗伯逊**：“你们有些人害了他；你不应当崇拜他；你不应当崇拜任何人。”**鲍斯威尔**：“我身不由己要崇拜他。他比其他人高明多了。”**罗伯逊**：“在批评方面，在言谈的机智方面，他无疑非常优秀；但在其他方面。他并不比别人高明；他凡事都信，就连与英国国教会相关的鸡毛蒜皮的小事他都要极力维护。”**鲍斯威尔**：“请相信我的话，博士，关于这个问题，你可是错到家了；因为当你私下里和他心平气和交谈的时候，他的思想方法是非常开明的。”**罗伯逊**：“他和我总是相处得非常亲切；我是一个晚上在斯特拉恩家第一次遇见他的。他刚刚与亚当·斯密有过一场不幸的争吵。他对亚当·斯
密态度蛮横，所以斯密走了以后，斯特拉恩对他进行劝诫，告诉他 703
我很快就要来，斯特拉恩想到约翰生说不定也以同样的态度对待我， 1778 年
就心里忐忑不安。‘不会的，先生，（约翰生说）我向你保证，罗伯 4月29日
逊和我一定会相处得很好。’果不其然，整个晚上，他温文尔雅，心 星期三
情很好，对我也很有礼貌。自从我们见面之后，每个场合他都是这样。我常说（大笑）我受到的善待在很大程度上要归功于斯密。”**鲍斯威尔**：“他论理的能力极强，还有一种描画人物的特异技艺，这就像一幅优秀的肖像画一样罕见。”**乔舒亚·雷诺兹爵士**：“他在这一方面毫无疑问令人惊叹；可是为了突出他所描画的人物，他总是大肆渲染，把这些人说得天花乱坠，不切实际，不管是好人，还是坏人。”

我们说他说得轻松自在，不一会儿，他就来了，我们顿时鸦雀无声，就像校长进了学校一样；我们很快便入席坐定，满桌的菜肴五花八门，使他喜出望外。

拉姆齐："我出生早，是蒲柏的同时代人。他的诗在他生前远比死后受人推崇。"**约翰生**："先生，他的诗在他死后一样受人推崇；没有一个作家像蒲柏和伏尔泰那样生前就名满天下；蒲柏的诗无论生前还是死后都一样受人推崇；只不过人们议论不如以前多了，那是因为离现在时间长了，人们有其他的作品可以议论。对维吉尔的议论不如对蒲柏多，对荷马的议论不如对维吉尔多；但他们并没有少受推崇。我们必须读世人时下阅读的东西。一直有人坚持认为现代印刷品的这种增长，这种泛滥，对优秀文学十分有害，因为它迫使我们为了合乎时尚，去阅读很多价值低劣的东西；所以由于缺少时间，较好的作品遭到冷落，因为一个人读现代书比读古代的顶尖作品更能在谈话中满足自己的虚荣心。但是必须考虑，我们现在有更多的知识在广泛传播；所有的女士现在都读书，这是一大扩展。现代作家是文学月亮，他们闪耀的是反射光，是从古人那里借来的光。我觉得希腊是知识的源泉；罗马是典雅的源泉。"**拉姆齐**："我估计荷马的《伊利亚特》是他之前的人写出的作品集成。我倒喜欢看到一种像《路得记》或《约伯记》那样的散文诗翻译。"**罗伯逊**："约翰生博士，你是英语大师，你愿不愿意试着翻译一部分。"**约翰生**："先生，没有诗的乐趣，你就无法读它。"[a]

704 我们谈到文物研究。**约翰生**："真正已知的古代不列颠国的一

1778年
4月29日
星期三

a 达西耶夫人[1]白白做过的这一实验，此后由《莪相》的编者用我们的语言进行尝试，我们要么必须认为他的才能低下，要么必须承认约翰生博士正确。考珀先生[2]是个真正的天才，他的素体诗翻译极其失败。

1 达西耶夫人（Madame Dacier, 1654—1720），法国古典学者。

2 考珀（William Cowper, 1731—1800），诗人、书信作者；将《伊利亚特》译成弥尔顿式的素体诗（1791）；1782年出版《诗集》；作品还有《任务》（1785），一部6 000行的素体长诗；倡导人道地对待动物，废奴运动的斗士；由于精神分裂自杀，未遂。

切都写在几页纸上。我们能知道的不外乎就是古代作家们告诉我们的东西；然而我们有关它的什么样的巨著，除了从那些古代作家们那里抄来的那些部分，统统都是一个梦，如惠特克[①]的《曼彻斯特》。我听说亨利[②]的《不列颠史》口碑很好：据说它是分门别类写的，有民事史，有军事史，有宗教史：我殷切希望有一个分支写得出色，那就是风俗史，日常生活史。”**罗伯逊**：“亨利应该专注于这一方面，这对任何一个人就已经足够了；如果他仅仅着眼于这一点阅读，他可以发现散布于各种书籍中的大量资料。亨利的错误不在于把第一卷以适中的价格卖给了书商，好让他们把他捧出名。我把我的《苏格兰史》以适中的价格出售，把它当作一种书商们或者赚钱或者赔钱的作品；卡德尔告诉我米勒和他从中赚了六千镑。后来，我的作品得到的价位就高得多了。一个作家应当把他的第一部作品以书商们愿出的价格出售，直到他显示出他是一位有价值的作家，还是一个取悦大众的作家，就售价而言都是一回事。”

罗伯逊博士大谈特谈一位贵族[③]的性格，说他是古往今来头脑最强健的人之一；在没有什么东西唤起他的智力的时候，他往往懒洋洋地跟大家一起闲聊；但是一旦引起什么重要话题，如这个国家该如何抵御法国的侵略，他就会慷慨激昂，气势如虹地表现出自己非凡的才情。**约翰生**：“可是此人是在抹自己的脖子。真正强健的头脑是无论大事小情都能同等包容的头脑。我听说普鲁士国王会对一名仆人说：‘给我拿一瓶什么酒来，它是哪一年出的，放在酒窖的哪

① 惠特克（John Whitaker，1735—1808），历史学家；《曼彻斯特史》（2卷，1771—1775）的作者；就莪相论争向麦克弗森进行挑战；康沃尔茹安拉尼霍恩教区长（1777）；因出版《苏格兰玛丽女王无罪辩》（1787）牵连进后来的一场历史论争中；对法国大革命撰写过各种反应文章。

② 亨利（Dr Robert Henry，1718—1790），苏格兰教会牧师、史学家；苏格兰教会大会主席（1774）；爱丁堡大学荣誉神学博士（1777）；爱丁堡皇家学会会员（1783）；《大不列颠史》（5卷，1771—1785）的作者；这是一部具有印刷和出版成本过高问题的著作。

③ 孟加拉总督克莱夫勋爵。

一个角落里。’我倒希望一个人在大事上大气，在小事上优雅。”后来我们俩单独在一起时，他对我说：“罗伯逊情绪太浪漫了，他议论一个他并不了解的人；可是我用普鲁士国王把他打翻在地。”“是呀，先生，（我说）你用一瓶酒砸向他的脑袋。”

有人提到一位心灵手巧的先生[①]，罗伯逊和拉姆齐一致认为他的心智一贯坚强；因为辛苦了一天之后，诸多愁事缠身，他却跟自己的姐妹们坐在一起高高兴兴，情绪很好。那样的心情，据说是一种快乐的天赋。**约翰生**：“我看未必；一个人天生有一份心智；他如何利用取决于他自己的自由意志。我不说一个人心智一贯坚定；因为每个人觉得自己心智坚定的程度时时有所不同；但是我认为一个人心情的好坏取决于他的意志。”然而，我不禁认为一个人的心情往往是他的意志控制不了的。

705 1778年4月30日星期四

约翰生言辞激烈，挞伐饮酒。“一个人（他说）可以选择他要戒酒与知识，还是要红酒与无知。”罗伯逊博士，（他为人非常友善）开始对禁止红酒表示异议。**约翰生**（露出一抹平静的微笑）：“不，先生，千万不要跟我闹分歧；我已经说过，一个最能兼收并蓄的人才是一个最完美的人，我赞成知识与红酒。”**罗伯逊**（手里端着一杯浓醇的红酒）：“先生，我只能为你的健康干杯。”**约翰生**：“如果你永远处在不能再干别的事情的境地，我就十分难过了。”**罗伯逊**：“约翰生博士，请允许我说，有一个方面，我是比你强的；你在苏格兰的时候，你不肯来听我们任何一个布道士的布道；而我在这里的时候，却毫无顾虑地出席了你们的公共崇拜仪式，而且感到极大的满足。”**约翰生**：“嘿，先生，这没有什么大不了的：暹罗国王向路易十四派过一些大使；但路易十四却一个都不给暹罗国王派。”[a]

我的朋友这一次总算百密一疏，暴露出知识有所欠缺或者记忆

---

① 罗伯特·亚当。

a 皮奥齐夫人信心十足地提到此番话是在苏格兰说的。《轶事》，第62页。

有所疏漏；因为路易十四给暹罗国王确实派过一名大使[①]，出任大使的舒瓦西神父还出版了一部两卷本的出使记。

第二天，4月30日，星期四，我发现他一个人待在家里。**约翰生**："哎，先生，拉姆齐给我们摆了一桌盛筵。我爱拉姆齐。你会发现没有一个人的言谈比拉姆齐的更有教益，更有信息，更加文雅。"**鲍斯威尔**："我佩服拉姆齐的是，他一直这么年轻。"**约翰生**："嘿，是的，先生，这应当叫人佩服。我看重自己的也是这一点，在我的言谈中没有一点老头子的气息。我现在六十八了，谈话的口气跟二十八没有区别。"**鲍斯威尔**："可是，先生，你想不想了解一下老年？没有当过老人的人不了解人生的全貌；因为老年是人生的一个区段。"**约翰生**："先生，你这是什么话？"**鲍斯威尔**："先生，我指的是斯芬克司对人生的描述——早晨，中午，晚上。[②]我不仅要了解早晨和中午，而且要了解夜晚。"**约翰生**："什么，先生，你想知道感受老年的不幸是什么滋味吗？你想患痛风吗？你想老态龙钟吗？"——看到他火气上来，我就不想再争辩下去了；但是我确信自己是正确的。到时候，我会成为一个涅斯托耳[③]，人中的老者；二十八的和六十八的之间的言谈应当有所差别的。[④]一幅严肃的画不应当花里胡哨。有一种宁静、庄严、安详的老年。**约翰生**："思雷尔

---

① 〈1683年，路易十四派舒瓦西神父出任暹罗国王的大使，据说想让该国国王皈依基督教。——M.〉

② 希腊神话中忒拜长翅膀的狮身人面女妖给俄狄浦斯出的谜语："什么动物走路时早晨四条腿，正午两条腿，晚上三条腿？"谜底是"人"，因为他婴孩时爬着走，长大时立着走，老年时拄着一根拐杖走（所以一天的三个时段对应人的三个年龄段）。

③ 荷马史诗中，希腊军队围攻特洛亚时军营中的一位年长的政治家和参谋。

④ 〈约翰生的意思很明显（这是作者在别的地方经常提到的）：他没有老年人的那种倦怠，他的头脑像以前一样积极活跃、精力旺盛；不是说一个六十八岁的人在大庭广众之下跳舞也像二十八岁时一样的得体。他的言谈由于是丰富多样的知识、高度的敏锐和超常的机智的产物，所以同样适应人生的各个阶段；就像在他的青年时代也许没有显示过不相称的轻浮一样，他晚年肯定也完全没有老年人的饶舌唠叨。——M.〉

Sir Joshua Reynolds's House in Leicester Fields.

夫人的母亲说我的话使我很受用。一位牧师抱怨他居住的乡下缺少社交；说道：‘他们谈的全是雌犊子。’（也就是小母牛）①‘先生，（萨卢斯伯里夫人说）约翰生先生会学会谈犊子的。’意思是说我是个随遇而安的人。”他补充说：“我认为自己是一个非常有礼貌的人。”

5月2日，星期六，我和他在乔舒亚·雷诺兹爵士家吃饭，那里 706

1778年
5月2日
星期六

宾客满堂，谈话内容非常丰富；但由于我现在回想不起来的某种情况，其中的哪一部分都没有记下来，只记得有好几位绝对不是约翰生的门派；所以对他也没有通常那样注重，这就使他情绪不好；而且由于以为我在冒犯他，他便对我横加攻击，搞得我恼羞成怒，因为这么一来，就给这些人一个机会，对所谓的他的凶狠，对于他虐待自己最好的朋友的行为便大发议论。我可是伤透了心，自尊心也被强烈地激发起来了，于是有一个星期躲着不见他；要不是我们幸运地碰到一起，冰释前嫌，可能见不着面的时间会更长，我甚至去了苏格兰，再也见不着他了。人类的友谊难免会遇到那种不愉快的偶发事件。

5月8日，星期五，我和他在兰顿先生家吃饭。我沉默寡言，我估计他对此有所觉察，也许回想起了个中的缘由。饭后，兰顿先生被人叫出餐厅，只剩下我们俩时，他把座椅往我身边一拉，用一种重归于好的客气语调说：“呃，你怎么样？”**鲍斯威尔**：“先生，上次我们在乔舒亚·雷诺兹爵士家时，你的行为使我深感不安。你知道，我亲爱的先生，没有人比我更加敬你爱你，也没有人像我这样哪怕走到天涯海角也愿意去服侍你。现在你对待我如此——”他一口咬定那天晚上我打断了他的谈话，我向他保证情况绝非如此，于是接着说：“可是干吗在一些既不爱你又不爱我的人面前如此对待我呢？”**约翰生**：“唉，我为这事深感抱歉。我要按你的意思用多种方式加以补偿。”**鲍**

① 〈这是这个词在苏格兰的意思，在威尔士似乎一样（参见Skinner）。然而苏格兰和威尔士的heifers（小母牛）被带到英格兰，由于总比这个国家的小母牛个头小，于是runt这个词就有了第二层意思，一般表示个头小的heifers，小到超出那种动物平常生长范围，只有在这个意义上这个词才被约翰生博士在他的《词典》中承认。——M.〉

斯威尔："今天乔舒亚爵士说他注意到你有时候把我甩来扔去的，我对他说——只要是在朋友面前，我不在乎他把我甩得有多勤，扔得有多高，因为随后我只不过是掉在软地上：但我不喜欢掉在石头上，当仇人在场时，情况正是这样。——我认为这是一个非常形象的比喻，先生。"**约翰生**："先生，这是我听到的最精彩的一个比喻。"

其实，他哪一次造成的创伤都没有毒，除非因为别人插手注射了毒液而导致发炎。我们顿时就又言归于好了，并对我们的一位朋友[1]一些可笑但又天真的奇特表现一起开怀大笑。**鲍斯威尔**："你是不是认为当着一个人的面笑话人家总是罪过呢？"**约翰生**："嘿，先生，那要看其人其事了。如果人轻、事微，你就可以这么做；因为你从他身上没有得到任何有价值的东西。"

他说："昨天我读了布莱尔博士关于虔诚的布道文，是由经文'哥尼流，一个虔诚的人'[2]而发的。他的理论得到了最好的规范，最好的表达：温情满怀而不狂热，狂喜于心而有理性。其中有一部分我不敢苟同，我要叫他加以纠正；它是这样说的：'谁感受不到宗教的喜悦，谁就远离了天国！'有很多善良的人，他们怕**上帝**胜过
707 爱**上帝**。它可能给人泼冷水。话说得有些轻率。真是一篇高妙的布道文。我希望布莱尔加入英国国教。"

1778年 5月8日 星期五

兰顿先生回到我们身边时"如流的对答"[3]还在继续。提到了一位杰出的作家[4]。——**约翰生**："他不是一个讨人喜欢的人。他的言谈既无教益，又不精彩。他说话不像是受到了丰富的知识或活跃的想象的驱动。他的言谈跟其他任何有识之士没有区别。他谈起话来既无意传达信息也不想听取信息，只不过是因为他不想变得常常坐在大家中间一声不吭罢了。"

---

① 可能是本内特·兰顿。

② 《圣经·新约·使徒行传》，第10章，第1节。

③ 典出约翰生对德莱顿的评论："那种落笔的神速自然预示着如流的对答。"（《诗人传》）

④ 威廉·罗伯逊。

本内特·兰顿
乔治·唐斯 绘

兰顿先生重复了艾迪生区分他的谈话能力和写作能力的轶事，艾迪生说："我口袋里只有九个便士；但我掏出来能换一千英镑。"——**约翰生**："他没有那种利口捷给的本领，先生；他是事先准备好的。"**兰顿**（转向我）："高明的推测。叫贼去捉贼。"

约翰生称东印度人为野蛮人。**鲍斯威尔**："你该把中国人除外吧，先生？"**约翰生**："没有，先生。"**鲍斯威尔**："他们没有艺术吗？"**约翰生**："他们有陶瓷制造术。"**鲍斯威尔**："你怎么看他们的字呢？"**约翰生**："先生，他们没有一个字母表。他们没法构成其他所有国家已经构成的词。"**鲍斯威尔**："他们的字数量大得惊人，所以他们的语言比别的任何语言更有学问。"**约翰生**："这种语言粗，所以只是更难而已；就像用一块石头砍树比用一把斧头花的力气更多。"

他说："我一直在读卡姆斯大法官的《人类史稿》，处理惩罚的严厉时，他提到俄国对卢普金夫人[①]的惩罚。但没有把这个问题公正对待，我看过《沙普·德·奥特罗什[②]》，卡姆斯大法官是从此人那里借来的。他在据说旁观者们认为她无辜的地方止步不前，把后面的事情就省略了；然而据说她是有罪的。现在在一本书里篡改事实，这是有罪的，至于罪有多大，就看一个人是怎么想的了，而动机又何在？这就像人们撒了一个谎，一个人是说不出所以然的。这个女人的命是被饶了；一位女皇的宠信阴谋把她的女主人赶下皇位，对于这样的人，怎么惩罚也不为过。"**鲍斯威尔**："他只不过给出了那个受苦受难的女人的画面。"**约翰生**："不对，不要竭力掩饰这一点。罪过是这幅图画的主要特色。卡姆斯对一个我很年轻时困惑我

---

① 〔卢普金夫人（柳多亚西·卢普金娜，1699—1763），在俄国女皇安娜·伊凡诺夫娜（1730—1740）在位期间，被誉为"圣彼得堡宫廷最靓丽的花朵"。1741年伊丽莎白·彼得罗夫娜即位后，卢普金娜成为绯闻艳史的主角，宫廷嫉妒和政治阴谋的对象，1743年12月11日，她被当众剥光身子，施加杖刑，并被拔出舌头，后流放西伯利亚。直到1762年伊丽莎白女皇驾崩后，卢普金娜才获准回到首都。〕

② 沙普·德·奥特罗什（Chappe D'Auteroche，1722—1769），法国天文学家。

的问题也大惑不解。为什么钱一多，钱的利息就低了；钱少时五英镑的价值比例和钱多时一百镑的相同。一位女士向我做了解释。‘那是因为（她说）钱多时有更多的人有钱可贷，所以他们彼此挤对对方。其时很多人手里都能拿出一百镑；于是一个说——借我的比借别人的划算，你只付百分之四的利息。’”**鲍斯威尔**：“卡姆斯大法官解决这个问题了吗？”**约翰生**：“我想就像他发现它一样，仍然把它遗留下来。”**鲍斯威尔**：“开导你的这位女士必定身手不凡，先生。我可以问问她是谁吗？”**约翰生**：“莫莉·阿斯顿[a]，先生，和你

---

a 约翰生对这位女士佩服得五体投地，尽管她是一名激烈的辉格党人。在回应她支持自由的高调演讲时，他以下面一首警句诗见赠。我不揣冒昧将其翻译出来：

Liber ut esse velim，suasisti pulchra Maria，
Ut maneam liber pulchra Maria vale.
再见吧，玛丽亚！既然你要给我自由；
因为，谁见了你的美貌，必定甘心为奴。

《绅士杂志》有一位署名为**西奥卢斯**的记者，我为几段精美的言论受惠于他，他说：“阿斯顿小姐的辉格党原则一直是咄咄逼人的，约翰生博士转赠给该小姐的诗句我觉得好像摘自《梅纳热杂谈录》中的一首写一位小姐的巧妙的警句诗，这位小姐在莫利诺斯[1]和詹森[2]的追随者关于自由意志的激烈争论期间，habillée en Jésuite，[3]出现在一场化装舞会上：

On s'étonne ici que Caliste
Ait pris l'habite de Moliniste.
　　Puisque cette jeune beauté
　　Ote à chacun sa liberté'
N'est-ce pas une Janséniste？”[4]

1 莫利诺斯（Miguel de Molinos，1626—1689），西班牙天主教司铎，著有《灵修指南》，指出人唯有禁绝自已的意志，天主的旨意才能在人身上发挥作用。

2 〔詹森（Cornelius Otto Jansen，1585—1638），荷兰天主教反正统派神学家。他认为人性由于原罪而败坏，自由意志便随之丧失；人若没有上帝的恩宠，便为肉欲所摆布而不能行善避恶，不能遵守上帝十诫；上帝若赐给人恩宠，人的自由意志便不能抗拒。〕

3 穿着耶稣会士的服装。

4 “令人惊异的是卡利斯特的穿着像莫利诺斯派。既然这位美少女拒绝（转下页）

在利奇菲尔德一起吃过饭的那几位女士的妹妹。我明天在家。”**鲍斯** 708
威尔：“那咱们俩遵守老习惯，‘庄园习惯’，‘主教冠’习惯，就在 1778年
‘主教冠’吃吧。”**约翰生**：“先生，就这么定了。” 5月8日 星期五

5月9日，星期六，按照老习惯，我们实现了单独在“主教冠”吃饭的目的。参加这样一些活动，有一件小事不可忽略，那就是关照好威廉斯夫人。要留她一个人在家吃饭，出门之前，他总是给她选一只鸡，一块甜面包，或者其他精美的小吃，由酒馆做好，仔细派人送到她手中。

今晚的谈话，我不知道是怎么回事，转向（我想这是我们长期交往期间唯一的一次有关的详谈）男女交欢之事，他把其中的欢乐主要归因于想象。“要不是想象，先生，（他说，）一个男人被女仆抱在怀里与被公爵夫人抱在怀里一样快乐。然而想象的附加魅力如此之大：所以我们发现有些人为了可以占有一位贵妇，违反了最好的社会原则，被搞得身败名裂、倾家荡产。”尽管无人在场，这种谈话不会产生不良后果，但记录在直言不讳的时刻讲的那种谈话的细节还是不妥当的。这种话题，从哲学角度探讨时，动用的心思必跟严谨的讨论中一样，而且像解剖学上一样单纯；只要探讨它的人躲开强烈的刺激。

“从严肃到欢乐，从活泼到严厉”——我们很快投入到一种截然
不同的思考中了；以谦恭之心考虑，惊叹万事万物的普遍神秘，就像
我们不完善的能力现在能够判断的那样。“有（他说）无数问题是爱 709
刨根问底的头脑在这种状态下无法得到答案的：你我为什么存在？为 1778年
什么创造了这个世界？既然应当创造，为什么不创造得快一些？” 5月12日 星期二

5月10日，星期日，我和他在胡尔先生家吃晚饭，一起还有乔舒亚·雷诺兹爵士。我忽略了对这天晚上的记事，所以现在只记得

（接上页）给每个人以自由，难道她不是个詹森派？”——《梅纳热杂谈录》4卷（阿姆斯特丹，1713—1716），第3卷，第376页。这个笑话针对的是这些宗教派别间关于自由意志的神学分歧。

两件事情；一件是，他极力反对乔舒亚爵士的一个论点：只考虑今生，美德比邪恶好；一个人如果只为了保持名节，就要有德行。再就是，他对蝙蝠的奇异构造表现出很大的惊奇，就是一只长翅膀的老鼠，说："这在生理学上简直是一件奇怪的事情，仿佛是看见了神话传说中的龙。"

5月12日，星期二，我拜访了马奇蒙特伯爵，想知道伯爵大人是否愿意给约翰生博士惠赐一些有关蒲柏的信息，因为他要为蒲柏写《传》。约翰生对这位贵族的礼遇，未抱什么希望；因为当我提到马奇蒙特勋爵是一个能告诉他很多有关蒲柏的情况的人时，他对我说："先生，他不会告诉我任何事情。"我有幸认识伯爵大人，便自告奋勇前往，并未受约翰生之托。伯爵大人表现极其彬彬有礼，善解人意，答应把他能想起的关于蒲柏的情况都讲出来，并且极为礼貌地说："告诉约翰生博士，我非常敬仰他，乐意竭尽全力提供信息。我明天要进城，回来后将去他府上拜望。"然而伯爵大人问道："他会把诗人传写得没有偏颇吗？他是把辉格党人和托利党人编入一部词典的第一人。你怎么看他给消费税下的定义？你知道他讨厌transpire这个词的来历吗？"于是他拿下对开本的《词典》，指斥这个词的第二种释义："'泄密；一个最近从法国引入的意思，没有必要。'实际情况是，离开詹姆斯二世党人的博林布罗克勋爵第一个使用了它；因此这个词就要遭到谴责。如果它没有必要，他应当指出什么词应当替代它。"后来我把这个问题向约翰生提出："嘿，先生，（他说）get abroad。"**鲍斯威尔**："先生，那就用了两个词。"**约翰生**："先生，这就没完没了啦。你还可以坚持用一个字取代老年。"**鲍斯威尔**："对呀，先生，Senectus。"**约翰生**："不行，先生，一味坚持在英语中用一个词表现一件事物，因为在另一种语言里是一个词，这就要改变这种语言。"

我利用这次机会听到了伯爵大人讲我在写作中用到的蒲柏和博林布罗克勋爵的许多事情。

我向马奇蒙特伯爵建议他应当修订一下约翰生的《蒲柏传》。

“这样的话（伯爵大人说）你就把我置于一种危险境地。你知道他把书商奥斯本打得翻不了身。”

我自觉自愿尽心竭力为约翰生自己喜爱的著作《诗人传》获取了材料和值得敬重的帮助，所以对这一成功大喜过望，便急忙赶到斯特雷特姆思雷尔先生府上，因为约翰生现在就在那里，这样我就可以确保第二天他在家里；饭后，我想他会以最好的心情听取这一 710
好消息时，便迫不及待地将其宣布：“先生，我今天一直在为你办 1778年 5月12日 星期二
事。我一直在马奇蒙特伯爵那里。他叮嘱我告诉你，他对你极其敬仰，明天一点钟要来拜访你，把他知道的有关蒲柏的情况全告诉你。”说到这里，我停了一下，满心期望他会对这个消息喜出望外，会对我的功绩大加褒扬，并且会欣然接受一位贵族的这种提议。然而，是不是由于我喜不自胜而惹恼了他，或者是不是他突然心生疑窦：我拿他硬逼马奇蒙特伯爵，让他过于掉价丢份，或者是不是还有什么隐情，不光是事不凑巧，一时心情恶劣，我不得而知；不过使我惊诧不已的结果是——**约翰生**：“明天我不在城里；我不想了解蒲柏的情况。”**思雷尔夫人**（像我一样吃惊，还有点生气）：“先生，我估计，鲍斯威尔先生认为，由于你要写《蒲柏传》，你是希望知道有关他的情况的。”**约翰生**：“希望！是呀。如果知识之雨从天而降，我会伸手去接；可是犯不着自找麻烦到处求索。”此时此刻，跟他再争论不下去了。过了一会，他说：“马奇蒙特伯爵要来看我，随后我还要去看望马奇蒙特伯爵。”思雷尔先生对他这种莫名其妙的任性深感不安；于是告诉我，如果我不注意促成马奇蒙特伯爵和他之间的一次会见，那就永远见不成面了，这将会是一大憾事。我给伯爵大人送了一张明信片，留在约翰生家，通知他约翰生博士明日无法进城，将改日趋赴拜访。我公正地拿出这段记述，把它当作一个样板，表明这位伟大而善良的人偶尔不得不与那种乖戾脾气进行斗争，这是他体质内病态因素发作引起的。让最吹毛求疵的读者设想自己突然牙疼得要命，或者他的胫骨狠狠地挨了一棒，在这种状况下，如果有人问他问题；如果他为人坦诚，他就不会对约翰生有时在恼怒

的瞬间给出的回答惊奇了，这种恼怒，我可以保证，是极其令人痛心的。然而切不可错误地以为他对自己承担的工作会有丝毫的马虎，或者他在一般情况下就是这样脾气乖张。人们将会看到，第二年他在马奇蒙特伯爵府上与伯爵大人进行了一次非常愉快的会见；而且就在他发火的这个下午，他很快就把烦恼忘得一干二净，像往常一样侃侃而谈。

我提到在上院的一起案子里，有人对四位贵族大加挞伐，说他们贸然起来反对十二位法官的意见，仿佛这么做是不合体统似的。**约翰生**："先生，这么指摘没有根据。这几位贵族本身也是法官；假如他们实际上就是意见分歧，他们反对法官也是责任使然，法官在那里只不过是咨询的对象而已。"

我完全赞同他的这种观点；因为毫无疑问，所有的贵族都被赋予最高的司法权；当他们自信他们理解一起案件时，他们不能被
711 迫，而且更不应当，默许普通法官的意见，甚而至于默许那些根据
1778年 5月12日 星期二 学养和经历而被称为高级法官的人的意见。我对贵族的总的看法就像我对陪审团的看法一样，他们应当恭恭敬敬地倾听法律贤达；如果听完以后，他们有自己的坚定的意见，作为诚实人士，他们必须按自己的意见做决定。一般认为，即使是法律问题，他们理解起来也并不太难；如果他们对这些问题给予足够的重视的话。这种观点是我备受尊敬的亲戚、已故的卡思卡特勋爵[①]提出的，他的一生是在军营和法庭里度过的；他却向我保证，他能对提交到上院的大多数案件形成一个明确的看法："因为它们在诉讼中被解剖得非常非常细密。"

思雷尔夫人告诉我们，我们认识的一位心思绵密的牧师[②]发现了

---

① 卡思卡特勋爵（Charles Shaw，9th Baron Cathcart，1721—1776），陆军军官、外交官；在上议院有议席的苏格兰贵族（1752—1776）；苏格兰国教会全体大会高级代表（1755—1763，1773—1776）；陆军中将（1760）；蓟花勋位爵士（1763）；苏格兰第一警察局长。

② 迈克尔·洛特博士。

一节色情诗，蒲柏原先把它放在他的《通用祷文》中，在这节诗的前面，

> 良心命令该做什么事，
> 　　或者警告我们不该做什么，云云。

这节诗是这样的：

> 瞬间的罪孽难道值得
> 　　永恒之火的棒槌？
> 大自然自身激起的事物，
> 　　岂能把自然的大神得罪？

约翰生博士说："这是从瓜里尼[①]那里借来的。"的确，在《忠实的牧羊人》里有很多像这节诗后两行那样肤浅的理论。

鲍斯威尔："在蒲柏的那节诗里，'火棒'肯定是一个坏隐喻。"**思雷尔夫人**："而且'sins of *moment*'有语病；因为它的真正含义是重大的，这不可能是有意而为。"**约翰生**："它得写成'of moments'。Of moment，是重大的；of moments，是瞬间的。不过，我向你们保证，蒲柏写了这一节，某个朋友把它划掉了。布瓦洛写过那样的东西，阿尔诺[②]把它划掉了，说道：'Vous gagnerez deux ou trois impies, et perdrex je ne scais combien des honnettes gens.'[③]这些家伙想说一件大胆的事情，却不知道怎么开口。单纯的诗人对基本的原则的了解不比——"说到这里，他被打断了。思雷尔夫人提到德莱顿。**约翰生**："他自己对预定论就大惑不解。——蒲柏为人做事好蠢啊，他竟

---

① 瓜里尼（Cuarini，1538—1612），意大利宫廷诗人，田园戏剧的发起人；影响很大的《忠实的牧羊人》的作者。

② 阿尔诺（Antoine Arnaud，1612—1694），法国詹森派神学家。

③ "你会争取过来两三个自行其是的人，却疏远了天知道多少正派人。"

然全结交了些贵族老爷，而这些人认为他们跟他交往给了他荣耀；他还选了伯林顿[①]、科巴姆[②]、博林布罗克之流的贵族老爷！巴瑟斯特爱唱反调，是个讨人喜欢的人；我没有听到关于马奇蒙特的坏话；当时总说，‘我不是因为你是一位贵族老爷才看重你的’；这是他出示的一个确凿的证据。我决不说，我并不因为鲍斯威尔生下来就拥有一座庄园才更加看重他，因为我不在乎。”**鲍斯威尔**：“也不是因
712 为我是一个苏格兰人？”**约翰生**：“不对，先生，我就是因为你是个
1778年5月12日星期二
苏格兰人才更加看重你的。你是个苏格兰人，却没有苏格兰人的毛病。如果你不是苏格兰人，你就不会像现在这样有价值。”

谈到离婚，我问奥瑟罗的理论是不是可信？

> 一个人遭抢劫，并未感到缺少失窃了的东西，
> 不让他知道，就等于他不曾被抢劫。[③]

约翰生和思雷尔夫人一致反对这种观点。**约翰生**：“问一问任何一个男人他是不是不想知道那种伤害。”**鲍斯威尔**：“你想告诉你的朋友惹得他不高兴吗？”**约翰生**：“也许，先生，我不会；但那是出于我自己为人的谨慎。一个人会告诉他父亲的。”**鲍斯威尔**：“是的；因为做父亲的不想让私生子女继承任何一份家产。”**思雷尔夫人**：“或者会告诉他的兄弟。”**鲍斯威尔**：“一定是他哥。”**约翰生**：“你会把一个女人不光彩的行为告诉你的朋友，以防他娶一名娼妓：同样的道理，他结婚以后把他的妻子的不忠行为告诉他，以防受骗的后果。不给朋友讲是背信弃义。”**鲍斯威尔**：“你会告诉——先生吗？”（指

---

① 伯林顿（Richard Boyle Burlington，1695—1753），蒲柏的朋友；建筑家，收藏家，艺术赞助人。

② 科巴姆（Richard Temple, Viscount Cobham，1675—1749），军人、地主、政治家；斯托的邸宅和公园的创建者；沃尔浦尔的对头。

③ 《奥瑟罗》，第3幕，第3场，第347—348行。

明一位先生[1]尽管娶了一个漂亮女人，他肯定丝毫没有这种声名狼藉的危险。）**约翰生**："不会，先生，因为这没有任何好处：他太懒散，永远不会到议院去办离婚。"

他说到我们的一位朋友[2]，"他正在自取灭亡，没有任何乐趣可言。一个赌博输得精光或者打官司倾家荡产的人想把田产越搞越大，到头来却越搞越小：（我确信这番话，因为他经常使用）穿越节省的泥潭，却走进破产的深渊，真是一件可悲的事情。经过奢靡的花径是挺惬意的"。

斯特雷特姆餐厅的墙上贴满了印刷图画，其中就有贺加斯的《现代午夜谈话》。我问他知道福特牧师的什么情况，因为他在放纵团伙中大出风头。**约翰生**："先生，我认识他，他是我的亲戚，是我母亲的侄儿。他在乡下艰难谋生，但并没有买卖圣物。我只是在乡下见过他。听说他是个极有天赋的人；非常放荡，但从来没有听说他不虔诚。"**鲍斯威尔**："不是有个他的鬼魂显现的故事吗？"**约翰生**："先生，人们相信这个故事。福特死在土耳其浴澡堂里，那里的一个服务员出去了一会儿，回来时，不知道福特死了。按照故事传说，服务员往地下室走时，遇见了福特；再次下去时，又遇见了他。他上来以后，问澡堂里的几个人福特在那里能干什么。他们告诉他福特死了。这名服务员就发烧了，躺了许久，好了以后，他说他有福特的口信要捎给几个女人；但他不肯讲是什么口信，要捎给谁。他走了出去；有人跟着他；但在圣保罗大教堂附近的什么地方他们跟丢了。他回来后说，口信捎到了，那几个女人惊呼，'那 713
我们全完了！'佩利特医生[3]不是一个轻信的人，调查过这个故事 1778年
的来龙去脉，他说证据是不容反驳的。我老婆去过那座澡堂（那是 5月12日 星期二
一个人们拔火罐的地方）。我相信她去的目的就是要听这个关于福

① 本内特·兰顿。

② 老本内特·兰顿。

③ 佩利特（Thomas Pellet，约1671—1744），医生；皇家医师学院院长（1735—1739）；1719年发表赫维演说；编辑牛顿的《古国年表》（1728）。

特的故事。起初他们不肯给她讲；但他们告诉她以后。她走时确信故事是真实的。肯定那人发过烧；这种幻觉也许是故事的开端；可是给那几个女人的口信，以及她们听了之后的表现，是否像人们说的那样真实，这就有点神乎其神了。那全靠他说的话；情况就是这样。”

思雷尔夫人睡觉去了以后，约翰生和我坐着聊了半夜。我们重提上星期天乔舒亚·雷诺兹爵士的论点，一个人即便除了保持名节，再没有别的动机，也要有德行。**约翰生**：“先生，这种观点不正确，因为在这个世界上，恶行并不损害一个人的名节。”**鲍斯威尔**：“不对，先生，诱奸朋友的妻子就会损害。”**约翰生**：“不然，先生。——[①]就这么做了，谁认为他就是个坏人？”**鲍斯威尔**：“——勋爵[②]不是他的朋友。”**约翰生**：“那只是一种情况，先生；区别不大。要不是——勋爵引狼入室，他是进不了人家的门的。一个人当了郡选议员，并不是因为少搞女人的缘故。”**鲍斯威尔**：“什么，先生，如果他诱奸郡里的绅士们的女眷，岂不引起公愤？”**约翰生**：“不会的，先生。他会失信于那些相关的绅士，但其余的懒得管闲事。”（热烈地。）**鲍斯威尔**：“呃，先生，我不这么看。”**约翰生**：“一个人对尽人皆知的事还要狡辩，跟这种人没有什么好谈的，（气愤地。）这种事你还不知道？”**鲍斯威尔**：“不知道，先生；我希望把你们的国情想得比你说的好。我知道在苏格兰，一位绅士因为诱奸了一名女士而被迫背井离乡，在我们的一个郡里，一位伯爵的兄弟[③]之所以落选，就是因为他诱奸了该郡另一位伯爵夫人，破坏了一个贵族家庭的祥和。”

他还是寸土不让。他接着说：“先生，你知道——[④]家财万贯，誉满天下，难道你还不肯承认恶行无损于一个人的名节，不会妨碍

---

① 托珀姆·博克莱尔。

② 第二代博林布罗克子爵弗雷德里克·圣约翰。

③ 罗西斯勋爵的一个兄弟。

④ 克莱夫勋爵。

他飞黄腾达；那是一个靠犯罪发家的人，他对这些罪行的认识迫使他去抹脖子。”**鲍斯威尔**：“你会记得，先生，罗伯逊博士说，他之所以抹脖子是因为他厌倦了死水一潭的生活；小事情不足以活动他的大头脑。”**约翰生**（怒火万丈）：“先生，这是什么屁话！罗伯逊说过这种看法后，你还是老一套，并无新意。我认为最令人恼火的莫过于重复明明知道是愚蠢的东西，却还要争论不休，看看人家怎么回答，——拿人家当笑柄！”（怒火更旺。）**鲍斯威尔**：“我亲爱的先生，我没有你好像怀疑的那种居心；确实没有。这位贵族不是感到，像哈姆雷特说的，事事‘无聊、乏味，一无是处’① 吗？”**约翰生**：“行了，如果你还要叨叨，我就不说了。我以名誉担保，决不再说。”——这场争论孰是孰非读者自有定论。

第二天早晨，他还没有下楼，吃早餐时我把昨天夜里关于名节 714
对人生影响成败的争论讲述给思雷尔夫人听。她说约翰生的观点当 1778年
然是错误的；并且告诉我一位从男爵② 在威尔士选举中落选，就是 5月13日 星期三
因为他诱奸了本郡一位绅士的妹妹，这位爵爷让自己的一个女儿邀请那位绅士的妹妹到他的乡下的庄园跟她做伴，因为此时他的夫人和其他子女都在伦敦。但是思雷尔夫人不愿在这个问题上跟约翰生较劲。

这天我和他在斯特雷特姆整整待了一天。他心情极佳，海阔天空，大谈特谈。

看着迪利兄弟豪华版的切斯特菲尔德勋爵杂文集，他大声笑了，说道：“这里面有两篇讲话归在他的名下，两篇都是我写的：最有意思的是他们发现一篇像狄摩西尼，一篇像西塞罗。”

他非难卡姆斯大法官的《人类史稿》，说它曲解了克拉伦登对乔治·维利尔斯爵士的鬼魂显现的记述，仿佛克拉伦登容易轻信；实际情况是，克拉伦登仅仅说，这个故事有一个可信的依据，它比通

---

① 《哈姆雷特》，第1幕，第2场，第133行。

② 尼古拉·贝利爵士。

常街谈巷议的依据要强；不仅如此，还这样说及据传看到幻象的那个人，“可怜人，如果他醒着的话”；卡姆斯大法官把它删掉了。他还说：“这本书坚持认为德行是人的天性，只要我们肯扪心自问，我们就有德行。我们尽自己所能扪心自问后，再加上我们拥有的种种帮助，我们还是发现我们当中有德行的何其寥寥。这是在说一件全人类都知道是不真实的事情。”**鲍斯威尔**：“谦虚是不是天生的呢？”**约翰生**：“不好说，先生，因为我们发现没有人处在天然状态；不过我认为人越有教养，便越谦虚。法国人是一个粗鄙有余、教养不足的民族；那里的女士会把痰吐到地板上，然后用脚一擦。我在法国的收获就是学得对自己的祖国更加满意。十九岁到二十四岁的这段时光，几乎用在哪个方面都比用在旅游上强；当你抱着反对一味否定、反对无所事事的目的旅游时，肯定情况就要好一些；然而在这几年里，如果一个年轻人好好学习，他会取得多大的进步啊。说实在的，如果一个年轻人很狂野，一定要追女人，要交结不三不四的朋友，这种事情最好到国外去干，因为一回来，他就割断了这些联系，在国内开始塑造一种人格，交结不同的朋友，重新做人。对于任何旅游过的人的言谈，旅游的帮助是何其微小？对博克莱尔的帮助何其微小？”**鲍斯威尔**：“对于——勋爵[①]你怎么说？”**约翰生**：“我只听说过一次他的见闻，那就是他在埃及的一座金字塔里看见一条大蛇。”**鲍斯威尔**：“嘿，我碰巧听他讲过同样的事情，所以使我提到了他。”

我谈到乡下的生活。**约翰生**：“如果我要生活在乡下，我不会全力以赴要博得大众欢迎；我要用一种好得多的方式生活，要过快乐得多的生活，我要自己支配时间。”**鲍斯威尔**：“可是，先生，远离
715 了我们文学界的所有朋友，岂不是件可悲的事情？”**约翰生**：“先
1778年 5月16日 星期六 生，你不久就会听够现在使你如此开心的这类话的。”

由于他是主从关系的积极支持者，所以他时刻当心忍住不说有

① 查尔蒙特勋爵。

违伟人风范的俗言俚语："高级人士，先生，（他说）是最优秀的；随便看看一百名贵妇，你会发现比起另外一百个女人来，她们是更好的妻子，更好的母亲，更愿意为子女牺牲自己的欢乐。城里的商妇（我指的是商人的老婆）身价有一万到一万五英镑，她们是天下最坏的东西，无知透顶，尽动些时髦的歪脑筋。农民，我认为往往是些贱坯。贵族老爷骗人的很少；即便骗人，也知道这么做丢人。农民骗人就不知道丢人：他们也有贵族的种种荒淫无耻的恶行，再加上骗人。农民中间的奸情与贵族之间的不相上下。"**鲍斯威尔**："先生，可是世人的观念是贵妇的道德比低等妇女还要败坏。"**约翰生**："是的，先生，一名贵妇的出轨比众多低级妇女出轨更闹得满城风雨；先生，你还得考虑城里的女人们对贵妇们所怀的恶意，这就使这些妇女相信贵妇什么事都干得出来，就像叫自己的马车夫和她一起上床之类。不，先生，就我的观察而言，女人的地位越高，越有钱，她们的教养就越好，德行也越好。"

这一年牧师霍恩①先生出版了他的《关于英语小品词致邓宁先生书》；约翰生读了，尽管并没有表示充分的尊重，但还是足够坦诚地对苏厄德先生说："如果我的《词典》要出新版，我会采用霍恩先生的好几处[a]词源说明；我希望他们没有因为诽谤给这只狗戴上颈手枷；他太有学问，不至于如此。"

5月16日，星期六，我和他在博克莱尔先生家吃饭，来客还有

① 霍恩（John Horne Tooke，1736—1812），激进分子；语文学家；威尔克斯的支持者，后来又是美利坚革命派的支持者，代表布伦福德的议员（1769）；《珀利的娱乐》（1786）的作者，这是一个语言大众化的尝试；组织销售托马斯·潘恩的《人权》；18世纪改革运动的中心人物，一个广受争议的人。

a 霍恩·图克的那本《书》的增订版用的书名是《Επεα πτεροευτα[1]；或珀利的娱乐》；他在该版中提到这一赞语，仿佛约翰生博士说的不是他的好几处词源说明，而是所有的。他的回忆就是这样将其放大，足见他对这样一位伟大人物的赞赏有多么渴望。

1 盘空之语（winged words）。

兰顿先生，斯蒂文斯先生，希金斯医生[1]等人。我对自己在记载他的言行录中出现的每一例减损感到深切的懊悔；我担心“我们考虑需求时的不安胜过想到获得时的快乐”。这就是人性的状况（诺福克的温德姆先生在下院发表了一篇令人叹服的演说，赢得了满堂彩，但他后来发现这篇演说还可以更精彩一点，此后，他有次对我说了这番话）。这是一种扰乱我们的平静的毫无道理的方式，应当予以纠正；那就让我用我保存下来娱乐自己并愉悦世人的约翰生言谈的大宝库来安慰自己。让我把每次得到的东西展示出来，不管多还是少，不管是一袋钻石还是一颗钻石的几星亮点。

716 他说：“米德博士几乎比任何人都更充分地生活在人生的广阔阳

1778年 5月16日 星期六 光下。”

伯戈因[2]将军部队的灾难是当时的热门话题。有人问当架枪[3]本身似乎成为一种微不足道的情况时，为什么还把它作为至关紧要的问题坚持不渝呢。**约翰生**：“嘿，先生，一位法国作家说，‘Il y a beaucoup de puérilités dans la guerre’[4]。一切荣誉都是小事，因为大事很少发生，这些荣誉是由习俗规定的。一个野蛮人愿意叫人把他的肉送到厨房里他的手上，同样也愿意在这里的餐桌上吃它；随着人变文明，各种各样表示荣誉的喜好就发明出来了。”

这一天他就《拉塞拉斯》和《老实人》的相似性做了一些评论，当我考虑他的这部令人叹服的哲理传奇时，已经把这些看法安插在适当的地方。他说，《老实人》他认为比伏尔泰写的其他任何东西更

---

① 希金斯（或为Bryan Higgins，约1737—1820），医生、药剂师。

② 伯戈因（John Burgoyne，1722—1792），陆军军官、政治家、剧作家；在葡萄牙的战役中跨过西班牙边界占领巴伦西亚-德阿尔坎塔拉（1762）；代表苏塞克斯米德赫斯特的议员（1761）；代表普雷斯顿的议员（1768）；支持诺思压制北美殖民地的政策；加拿大部队在比米斯高地惨败时的头领；在萨拉戈加战败，剧本《奥克斯的女佣》（1774）的作者。

③ 将步枪（一般为三支）枪托着地竖立起来，枪口靠在一起相互支撑，要么是在战斗停止以后，要么是作为投降的一种举动。

④ 战争中有很多儿戏。

有气势。

他说："贺拉斯的抒情诗绝对无法完美地翻译出来，格律和表达上优秀之处太多。弗兰西斯译得最好；我认为他六首中的五首抵得过他们的全部。"

5 月 17 日，星期日，我把富拉顿的富拉顿[①]先生引见给他，这位先生在印度如此出人头地，约翰生自然跟他谈到了旅行，因为布赖登先生在他的西西里和马耳他之行中都陪伴着他。约翰生说："我们从现代旅行家中获得的信息比从古代旅行家那里获得的可靠的多；古代旅行家是猜的；现代旅行家是量的。瑞士人承认斯塔尼安[②]只出过一个差错。如果布赖登对《圣经》更专注一些，他会成为一位优秀的旅行家。"

他说："查塔姆勋爵是个独裁者；他掌握过推动国家的大权；现在他没有权了，一切秩序都松懈了。"**鲍斯威尔**："没有改善的希望了吗？"**约翰生**："嘿，有的，先生，当我们厌倦了这种松懈的时候。所以伦敦市又会论资排辈任命它的市长。"**鲍斯威尔**："可那样一来市长的好坏岂不成了撞大运了吗？"**约翰生**："是呀，先生；可是竞争的弊病比可能出现的最坏市长的弊病还大；再说，认为选一个暴民是对的理由并不比撞一个是对的的理由更加充分。"

5 月 19 日，星期二，晚上我要前往苏格兰。他约定和我在迪利先生家吃饭，我前去找他，好提醒他的约定，并陪他一同前往；他给了我一些忠告，并建议坚决抵制任何违背道德责任的做法。**鲍斯威尔**："可是你不会叫我用一种庄严的义务捆绑自己吧？"**约翰生**（异常激动）："什么！发誓——啊，不，先生，发誓是件可怕的事情，那是为罪恶设的陷阱。不发誓就不能上天堂的人——可以下——"说到这里，他直立在书房中央，大摇大摆着身子，他这一停顿真是一种庄严与滑稽的奇妙混合；他以自己和蔼可亲时惯有的

① 富拉顿（William Fullarton，1754—1808），特里尼达司法行政官。
② 斯塔尼安（Abraham Stanyan，约1669—1732），外交官。

717 方式轻轻吹着口哨，仿佛被宗教的敬畏抑制住了一样，停顿下来。

1778年
5月25日
星期一

我以为他会说——下地狱——但是又忍住了。我便顺着这种困境行事。“什么！先生，（我说，）In cœlum jusseris ibit①？”影射他对这句话的模仿，

叫他下地狱，他就去下地狱。

我向他提起他的名篇《仿尤维纳利斯讽刺诗第十首》的一点微瑕，那就是在他描写学院里的那名年轻的狂热分子时，“扩散”这个动词重复出现得太近：

名望的热病出自长袍的剧毒，
扩散到所有的血管内部；
他未来的功业在博德利的穹顶上扩散，
培根的宅第在他的头顶上打战。

他希望我把第一个“扩散”改为“燃烧”，但为了绝对可信，现在我让他亲笔将其改正[a]。我认为这一更改不仅消除了那点瑕疵，而且更有诗意，因为它或许包含着赫拉克勒斯因衬衫而投火自尽的典故。②

我们在迪利先生家交谈得安静而舒畅；除了我们，再没有其他人。迪利先生提到有人希望当时正在进展中的《英国诗人集》中把

① “叫他上天堂，他就会上天堂”——尤维纳利斯，《讽刺诗》，第3首，第78行。参比塞缪尔·约翰生，《伦敦，一首诗》，第1节，第116行。

a 我把他在上面做了更正的那张纸存放在它所涉及的那座宏伟的图书馆里，我还给这座图书馆赠了他的其他几件手迹[1]。

1 1947年由拉尔夫·H. 艾沙姆上校赠送给博德利图书馆。

② 〔希腊神话中的大英雄赫拉克勒斯的妻子担心被丈夫遗弃，把抹上毒血的衬衣送给丈夫，赫拉克勒斯穿上这件衣服后，痛苦难耐，最后投火自尽。〕

弥尔顿的《论教育》和他的诗印在一起。**约翰生**："那就会把计划打乱；而且意义也不是很大。要是它包罗万象，那就大错而特错了。英国的教育一直有被教育界最伟大的人物中的两个伤害的危险，他们是弥尔顿和洛克。弥尔顿的计划是不切实际的，我估计从来没有人试行过。洛克的，我想，经常试行，但很不完善；它太顾此失彼；它过于轻视文学。——我将尽力美言瓦茨博士；但我的材料非常欠缺。他的诗绝对不是他最好的作品；我不能对他的诗本身给很高的赞誉；但我能赞扬他诗中的匠心。"

我杰出的朋友和我在互相保证关爱后依依分别。

5 月 25 日，我从约克郡博斯维尔先生的一处邸宅索普写信给他，向他描述了我在林肯度过一天的情况，完全出乎意料，因此也没带任何介绍信，却有幸受到他的一位相识、牧师辛普森先生和林肯郡民兵布罗德利上尉的礼遇；尤其受到主管法律事务的副主教、牧师戈登博士的礼遇，他起初把我当作一位生客极其客气地接待了我，当我告诉他我是谁以后，他请我到他家里款待我，真是关心备至；我还在信上表达了我的欣喜之情，因为我发现我们德高望重的朋友兰顿在他故乡的郡城备受敬重。 718

1778 年
5月25日
星期一

致塞缪尔·约翰生博士

我亲爱的先生，　　　　爱丁堡，1778 年 6 月 18 日。

……我回到苏格兰以后，又去了一趟拉纳克，与汤姆逊的妹妹进行了深入的交谈。奇怪的是，汤姆逊的密友默多克竟然弄错了汤姆逊母亲的娘家姓，默多克说她的娘家姓休谟，其实休谟是汤姆逊外祖母的姓。汤姆逊母亲的名字是贝娅特丽克丝·特罗特[a]，是福戈的一个小地主特罗特先生的女儿。汤姆逊有一个兄弟，他把这个兄弟带到英格兰当他的抄写员，却染上

a　约翰生博士在他的《诗人传》中并不注意细节的准确，尽管我发现了这一差错，他还是听之任之。

了肺病，便又回到了苏格兰，看看故乡的空气会对他有什么帮助，结果英年早逝。他有三个妹妹，一个嫁给了斯特雷文教区的牧师贝尔先生；一个嫁给了拿出爱丁堡新城规划的灵巧的建筑师的父亲克雷格先生；还有一个嫁给了拉纳克文法学校的校长汤姆逊先生。诗人汤姆逊性情仁慈；不仅给三个妹妹送贵重礼物，而且每年给钱补贴，并且总想尽其所能给她们更多的帮助。利特尔顿勋爵说“他讨厌写信”，这是千真万确的。他不常给妹妹汤姆逊夫人写信，在一封信中写道，“凡是了解我的朋友都知道我是多么懒得写信，但从来没有把我的手懒归因于我的心冷”。我把他上次写给妹妹的信抄了一份寄给你；她从来没有听说过他有担任圣职的打算。我从他最近与妹妹见面一事对他的看法要好得多，希望你也会如此。我急切地想看到你给诗人们写的更多的前言；我只是拿我现有的几张校样愉悦自己。

再寄上一包黑尔斯大法官的《编年史》，请方便时尽快寄给我。他说，“他希望你砍得更深一点”；不过他也许感到自豪的是使用批评刀斧的机会是如此少见。你忠实、深情、卑微的仆人，

詹姆斯·鲍斯威尔

在我的请求下，兰顿先生欣然把约翰生博士参观沃利军营的一些详情告诉了我，因为当时这位先生正作为林肯郡民兵的一名少尉驻扎在那里。我将引用他给我的一封信中的原话把这些情况反映出来。

“那是1778年的夏天，他应我的邀请来到沃利的军营，跟我一起待了一个来星期；尽管他好像健康状况很差，我相信你知道，他
719 时时显示出要调查研究军事问题的倾向，这里的景况好像会使他感
1778年7月3日星期五 兴趣，会使他开心，所以正投其所好。在我们这里逗留期间，他坐着，耐心地观察碰巧进行的一起本团军事法庭诉讼，而且有天夜里，已经十一点了，他却陪着本团的少校进行所谓的巡视，在巡视的过程中，他就可以观察形形色色的查岗活动，查岗是为了保证部队及其哨兵时刻准备恪尽自己的职守。有时候，他找机会议论一些军事

话题，尤其是一个我看到在你的《赫布里底群岛旅行日记》中提到的话题，因为这本书正摊开摆在我的面前[a]，那就是关于火药的话题；谈到这个问题，他说话的大意与你记述的大同小异。

“有一次，全团队伍正进行操练时，他走到离队列一头很近的地方，专注着士兵的一举一动，离开后他的评语是‘这些士兵装弹开火真是神速’。他还特别要求了解使用的子弹的重量，开枪以后杀伤距离可望有多远。

“在帐篷中间穿行并观察官兵帐篷的差异时，他说，生活条件好的住处比条件差的住处优越，他从来没有看得这么清楚。他在军营里受到林肯郡全团官员们的礼遇，本团的一位军官把自己睡的一顶帐篷让给约翰生住；霍尔将军殷勤备至，请他一起吃饭，在席间他对受到的款待和将军本人[b]的礼遇显得非常高兴；同样他对将军的副官史密斯上尉的殷勤关注似乎非常欢迎，因为好像他们天南地北谈得十分投机。东约克团的官员们得知他的光临，请他赏光一起吃饭，但这时候，他已经决定离开，所以无法答应他们的邀请。”

致詹姆斯·鲍斯威尔先生

亲爱的先生，——两封大札皆已收悉：第二封抱怨我对第一封的忽视。你千万不可把朋友们捆绑在准时的通信上。你已经有了我对你爱戴的一切可能的保证，所以用不着反复重申。当可能出现我要么能给你忠告，要么能给你安慰的时候，我希望永远不会出现我冷落你的情况；可是当我无话可说而无语的时候，你千万不可认为我有罪或者我冷漠。

现在你够快乐的了。鲍斯威尔夫人身体康复了，我向你祝贺她很可能长寿。如果一般的认可将会增加你的快乐，我可以 720

1778年
7月3日
星期五

a　第3版，第111页〔8月28日〕。

b　有一天我在法庭上向霍尔将军表达了我对他优待我的朋友的感受，他非常礼貌地回答：“先生，我这是优待我自己。”

告诉你我听到人们把你说成一个人见人爱的人。我想人生再不大有更多的东西好给的了。

——[①] 回团去了。他放弃了自己的马车，谈到更加紧缩开支：他会取得怎样的成功，我不得而知。很难循序渐进地改造一个家；也许一个全新的体系会做得更好。我担心他总有什么东西藏着掖着。我们逼他去——[②] 的时候，他说没有必要照顾他的行进方向，可他却能谈到去阿伯丁，这是一个离他去的方向并不多近的地方。我相信他想到在一种紧缩的状况下生活在那里，想到在四邻的绅士中间显得光芒被斩断[③] 他就受不了。这是自然的，但也是懦弱的。我给他说过，家口增加，开支就会增大，这话似乎触动了他。他肯定脑子里一团乱麻，我认为，我们已经向他指出，他错了；不过我们有规劝者的通病，没有向他指明怎样做才能正确。

我希望你把你的想象纠正一下，或者约束一下，想象人生允许的快乐不仅伦敦有，其他地方也有。可以说，就是不扬言[a] 斯多葛哲学[④]，使我们自己尽量不受外界事物势力的左右，也是我们的责任。快乐的坚实基础只有一个，那就是，对快乐的未来的合理憧憬。这在任何地方都可以拥有。

你喜爱伦敦胜过喜爱其他地方，我不责怪你，因为自由选择的话，它确实更受人喜爱；但是很少人能选择地方，或者能选择生活方式；单纯的欢乐不应当是行动的首要动机。

思雷尔夫人，可怜的东西，有了一个女儿。思雷尔先生，

---

① 本内特·兰顿。

② 林肯郡兰顿。

③ 参比弥尔顿，《失乐园》，第1卷第596行；约翰·德莱顿《埃涅阿斯》(1697)，第12章，第887行。

a 〔也许是佯言。〕

④ 〈我疑心这是一个印刷错误，约翰生本来写的是“without affecting Stoicism”——可是原信在苏格兰的一堆文件中烧掉了，所以我无法确定我的推测的根据是否充分。不过正文中的这种表达可以证明是有道理的。——M.〉

像我们其余的人一样，讨厌这个时代。威廉斯夫人病了；德穆兰夫人很可怜。我夜夜辗转难熬，除了莱韦特先生，谁的境况都不好。你的，

伦敦，1778年7月3日。 **塞姆·约翰生**

这一年里，他和他的朋友斯特拉恩先生有过一段分歧；个中的详情不必细说。斯特拉恩先生写给我的一封信里向我传达了他们的和解，话是这样说的：

我让你看的这些短简是他和我在今年3月份来往的。这件事一直僵持到7月27日，他给我写了下面一封信：

致**威廉·斯特拉恩先生**

先生，——我们俩要是再形同陌路，那就愚不可及了。你死不认账决不会将错变对。如果我气急败坏，我也只是生闷气。谁也没有耳闻目睹我写了些什么。你看见我的气消了，因为过了一两天，我就前往贵府。我没有给你更长的时间；所以希望你充分利用这段时间，不再交恶，你的 721 1778年11月

塞姆·约翰生

接到此信后，我拜访了他；此后他跟我一起吃饭。

从此以后，约翰生博士和斯特拉恩先生之间一如既往的友谊便延续了下去。我的朋友向我提到他注意的一件小事，我们也许会付之一笑，但必须承认它在细致真实地了解人生上是有根据的。“我向苏格兰写信时，（他说）我利用斯特拉恩免费邮寄我的信件[①]，这样

① 像斯特拉恩这样的议员有资格免费邮寄信件，18世纪相当普遍的做法，就是议员的朋友们要求议员给他们提供“免费邮寄”，也就是说，一封信或信封上标有议员的题签。

他就可以在国人中显示一位议员的重要性。”

致兰顿上尉[a]，沃利营

亲爱的先生，——当我想起不多久以前在沃利公地受到如此亲切的接待时，我感到惭愧的是没有打问我的朋友们的近况。

请问你判了多少偷羊贼的罪？你是怎么惩治他们的？你什么时候会被安置到好一些的住处？天气渐渐地冷了，地面渐渐地湿了。在军营待久了对于普通士兵的健康是不可能没有危险的，即便军官能够避免。

你看珀西博士现在是卡莱尔教长；年薪五百左右，有能力过上好日子。他的一切都有保障。

俱乐部的会议与议院的会议同时召开。班克斯先生希望被接纳；他的加入是一大光荣。

国王是不是让你们喜出望外？考克斯希思民兵①我想有理由抱怨：雷诺兹说你们的军营比他们的好。

希望你发现自己能够对付这种天气。注意自己的身体；而且尽你所能、关心士兵的身体健康。请向关心过我以及款待过我的所有的先生们问好。你最卑微的仆人，

1778年10月31日。　　　　**塞姆·约翰生**

我于8月18日、9月18日、11月6日写信告诉他我又生了一个儿子，起名为詹姆斯；还告诉他我在阿夫莱克过了一段时光；还有现年九十九岁高龄的劳登伯爵夫人跟他见她时一样精神矍铄，回想起他时，满怀敬意；他认作养母的埃格林顿伯爵夫人对我说，‘告

a　约翰生博士这里给他德高望重的朋友兰顿先生写信用的头衔是林肯郡民兵上尉，他此后又被合格地提升为少校。

①　乔治三世于1778年10月20日访问了沃利军营，于1778年11月23日访问了考克斯希思军营。

诉约翰生先生，我极其爱他’；还告诉他我又遭受着情绪恶劣的痛苦；还有，由于很久没有他的来信，我深感忐忑不安。

他对朋友伯尔尼博士持续的关怀从下面两封信中表露无遗：

致**牧师惠勒博士**[①]，牛津 722

亲爱的先生，——捎来此信的伯尔尼博士从事音乐史的研究，马卡姆博士[②]告诉他，有关这一课题的一些手稿现藏于贵院图书馆，他极想查阅。他是我的朋友；因此我冒昧请求你在他的研究上助一臂之力：我能满怀信心地向你保证，如果你认识他，他就不需要再求别人以取得一个像你那样热爱学问与美德的人的帮助。 1778年11月2日星期一

整个夏天我一心希望对朋友们做一次年访；但总有事情妨碍未能成行：我仍然希望不久会见到你。我会很高兴进行一次文学小漫谈；高兴通过经常的拜访向你表示，当你谈论文学的时候，我是多么挚爱这种谈话。你最卑微的仆人，

伦敦，1778年11月2日。 **塞姆·约翰生**

致**牧师爱德华兹博士**，牛津

先生，——持信人伯尔尼博士对博德利图书馆的一份威尔士文手稿做过一番描述，他希望从这份手稿中得到写他的音乐史的一些材料；但由于不懂这种语言，所以不知道从哪里会找到帮助。我毫不怀疑，先生，只有你才能帮助他解决困难，因此，不揣冒昧建议他向你求教，因为我确信你会发现他是一个值得礼遇，值得惠顾的人。

---

① 惠勒博士（Dr Benjamin Wheeler，约1733—1783），牛津大学基督堂学院神学钦定讲座教授兼牧师。

② 马卡姆博士（Dr William Markham，1719—1807），约克大主教（1777）；威斯敏斯特学校校长（1753—1764）；乔治三世御用牧师（1756）；肯特博克斯利代牧（1765—1771）；切斯特主教（1771）；王室高官，枢密院官员（1777）。

然而切不可让威尔士语驱赶着我们远离了希腊语。色诺芬情况如何？如果你不想大费周折出版这本书，千万别让你的评注丢失；想想办法它们也许可以在什么地方出版。你卑微的仆人，

伦敦，1778年11月2日。　　**塞姆·约翰生**

这些信使伯尔尼博士得到了两位先生的极大关怀和友好帮助，不仅这一回，而且在此后去这所大学时，次次都是如此。同年，约翰生博士不仅给约瑟夫·沃顿博士写信要求照顾即将在温切斯特学院就读的伯尔尼博士的小儿子，而且还陪他到那里去。

我们当然不得不佩服这位伟大而善良的人的善举，尤其当我们考虑到他怎样饱受健康恶化之苦，而且家里也不得安宁的时候，因为他出于善心收留到自己屋檐下的那几个人摩擦不断。有时候他允许我说笑他那群女性，管她们叫他的“后宫”。他在给思雷尔夫人的一封信[a]中是这样提及她们的，还连带上老实的莱韦特：“威廉斯恨每一个人；莱韦特恨德穆兰，也不爱威廉斯；他们俩德穆兰都恨；波尔[b]，不爱他们任何一个。”

723

1778年12月29日星期二

致詹姆斯·鲍斯威尔先生

亲爱的先生，——确实很久没有给你写信了，我认为你有理由抱怨；不过，当你喜添贵子之际，切不可让这等小事搅扰你的心情，希望夫人产后身体康复。如果她牢骚的残余尚在，或许一点关爱现在就会让她康复。

如果我读懂了你的信的话，你似乎在阿夫莱克正稳步前进，这件事使我大喜过望……

每当焦虑，或者郁闷，或者心情反常发作的，养成习惯，

---

a 《书信集》第2卷，第38页。

b 卡迈克尔小姐。

不要公开抱怨，而是竭尽全力将它藏而不露；通过努力隐藏，你就会将它赶走。总要处于忙碌状态。

俱乐部与议院同时开会；我们谈到旅行家班克斯入选；他会成为一位颇有名望的成员。

兰顿和他的民兵连在沃利公地扎营；我在他们中间逗留了五天；他显示出自己是一位勤奋的军官，在全团深受尊敬。我在那里时，他主持了一次军事法庭；他现在驻扎在赫特福德郡；他的夫人和孩子都在苏格兰。保利到军营来过，对士兵称赞有加。

至于我自己，没有什么大事可说，健康尚未恢复，夜夜辗转反侧，无聊透顶。这二十年里睡得最好的一夜是在奥古斯都堡。希望很快会寄给你几篇传记读读。你最深情的，

1778 年 11 月 21 日。　　　　　　　　**塞姆·约翰生**

牧师约翰·赫西[①]先生曾经做过一个阶段的生意，后来当了英国国教会的牧师，因为打算到阿勒颇和东方其他地区做一次旅行，大约在这时候，计划实现了，约翰生博士，（长期以来他就与赫西亲密惯了）以下面一封信向他表示敬意：

致**约翰·赫西先生**

亲爱的先生，——我已经把《语法》寄给你了，还给你留了两本书，因此希望你把我记着；把我的名字写在书上；我们也许再也见不着了，你带着我的美好祝愿离开，我也不会对你的回归丧失信心。不要让邪恶的机会败坏你；不要让恶劣的榜样诱惑你；让穆罕默德信徒的盲目坚定你对基督教的信念。愿上帝保佑你。你深情、卑微的仆人，

1778 年 12 月 29 日。　　　　　　　　**塞姆·约翰生**

---

① 约翰·赫西（John Hussey，1751—1799），阿勒颇英国工厂的牧师。

这一年，约翰生对乔舒亚·雷诺兹爵士《皇家学院演讲录》第
一卷的出版表示极其满意，他总是把乔舒亚爵士看作他的文学流派
中的一员。这些优秀的《演讲录》备受赞扬，也是实至名归，它真
是誉满天下，作者为此收到了俄国女皇赠送的一个金鼻烟盒，上
724 面装饰着她的浅浮雕侧影，镶嵌着钻石；还附有一件更是价值连
1778年 城的东西，那就是，女皇陛下的一纸御笔题识："Pour le Chevalier
Reynolds en témoignage du contentement que j'ai ressentie à la lecture
de ses excellens discours sur la peinture." ①

① "赏乔舒亚·雷诺兹爵士，以表朕览其优秀绘画演讲之快感。"

James Boswell

约翰生传

The Life of Samuel Johnson

全译本

〔英〕詹姆斯·鲍斯威尔 著
〔英〕赫伯特·雷尔顿 等插图
蒲 隆 译

· 卷三 ·

上海译文出版社

Joshua Reynolds

乔舒亚·雷诺兹爵士

自画像

法学博士
塞缪尔·约翰生传

1779年：七十岁。〕——1779年，约翰生给了世界一个明证，显示他的智能，无论是记忆、判断还是想象，丝毫没有衰退；因为这一年，伦敦书商们出版了他的《英国最杰出诗人评传性序言》[*]的前四卷，其余几卷于1780年[1]出版。诗人是由几位有名誉版权的书商选的，这种版权现在凭借相互契约仍然保留着，尽管上院的决议反对文学产权的永久拥有。我们可以援引他本人的权威说法[a]，那就是，由他推荐，布莱克莫尔、瓦茨、庞弗雷特[2]、亚尔登[3]的诗被增补到诗集中。关于这部著作，后面我还要详谈。

1月22日，我就几个问题写信给他，提到他肯慨然应允我拥有他的《诗人传》的校样，我已经写信给他的仆人弗兰西斯，叫他妥善替我保管。

鲍斯威尔先生致约翰生博士

我亲爱的先生， 爱丁堡，1779年2月2日。

加里克的去世是一个令人震惊的事件，并不是因为任何人活了六十二岁就撒手归天[4]，我们会感到惊讶；而是因为我们这位故去的著名朋友身上有一种生龙活虎般的劲头，使与死亡有关的想法与他绝不沾边。我相信你会对他的离世深感悲痛；我希望听到你对这件事的反应。当可怜的德里克给我当老师的时候，我在伦敦过着意气昂扬、欢天喜地的日子，我对加里克感激涕零；从那以后我接受过他的很多礼遇。你记不记得我们在赫布里底之行后初次回归文明生活时我在因弗拉雷接到他的来信时，那是多么令人喜出望外？我将永远怀着爱慕之情把他牢记心头。

上星期六，元月30日，我和一位拒绝宣誓效忠的主教，一位博学而可敬的牧师福尔科纳先生一起喝咖啡和陈年波尔图葡萄酒，并且进行了严肃的交谈。他先后提议为塞缪尔·约翰生博士和芙洛拉·麦克唐纳⑤干杯，你会相信我满怀热诚一饮而尽。我和他坐着聊了四个来小时，真有恍如隔世之感。苏格兰圣公会虽然忠于斯图亚特王朝，但自从革命以后从来没有接受过主教选举许可令，那是唯一的真正的苏格兰的圣公会，因为它有自己的主教会议。至于向当今政府宣誓的圣公会牧师，他们实际上遵循的是英国国教会的礼拜式，但是，正如福尔科纳
725 主教所说，“他们不是主教制教会的信徒；因为他们不受主教领
1779年3月16日星期二 导，由于一个主教不能在他的教区之外拥有权力”。这位年高德劭的绅士昨天还赏光跟我一起吃饭，并给我的孩子们行按手礼。我们谈了不少文坛掌故，尤其谈到和他过从甚密的托马斯·拉迪曼先生的情况。

---

① 其实是1781年。

a 《瓦莈传》。

② 庞弗雷特（John Pomfret，1667—1702），诗人；莫尔登教区长；作为诗人以《选择》（1700）和《理性》（1700）最著名，这是对人类理性局限的评论；被约翰生写进《英国诗人传》。

③ 亚尔登（Thomas Yalden，1670—1736），诗人、英国国教会牧师；托利党人，高教会派成员；伦敦市赖德威尔教养院牧师（1713）；被写进约翰生的《诗人传》，尽管是一名不大引人注目的诗人，给汤森的《杂志》投过几篇稿子外，其他作品不多。

④ 〈在利奇菲尔德大教堂加里克先生的纪念碑上，说他“享年六十四岁”。这是错的，鲍斯威尔完全正确。加里克于1716或1717年2月28日在赫里福德受洗，1779年1月20日在伦敦家里去世。碑刻错误是众所周知的。——M.〉

⑤ 芙洛拉·麦克唐纳（Flora Macdonald，1722—1790），詹姆斯二世党女英雄。

人生无常，任何新生事例都会使人更加亲近一位可贵的朋友。我亲爱的、广受敬重的先生，愿**上帝**在我有生之年保佑你健康长寿。感激你的、深情、卑微的仆人，

詹姆斯·鲍斯威尔

2月23日，我再次给他写信，抱怨他没有回音，因为我听说他病了，还给思雷尔先生写过信了解他的近况；我在这封信里宣布不久会再次前往伦敦。

致**詹姆斯·鲍斯威尔先生**

亲爱的先生，——你干吗那样乐此不疲风风火火地给思雷尔先生写信说我大而化之，又给弗兰西斯写信要他做毫无必要的事情？你要相信，思雷尔对此事并不在意；我会省去弗兰西斯的麻烦，因为我吩咐给亲爱的鲍斯威尔夫人寄一套既有《传》又有《诗》的书[a]，以答谢她的橘子酱。劝她接受这份礼物，并且好心好意地接受。如果我认为她以鄙视的态度接受，我就把它们寄给鲍斯威尔小姐，我希望她尚无她妈妈对我的恶意。

我想给另外一些朋友送几套四卷本的《传》，首先送给黑尔斯大法官。他的第二卷摆在我的床头；一部肯定花了大气力的著作，而且是给每一位公正的思想家极大喜悦的著作。写信告诉我还该送给谁；它会不会让阿夫莱克大法官高兴？思雷尔夫人在车里等我。你的，

1779年3月13日。 **塞姆·约翰生**

这封信在我前往伦敦的路上和我擦肩而过，我是3月15日星期一抵达伦敦的，第二天上午晚些时候，我发现约翰生博士坐着喝茶，

a 他寄了一套装帧典雅、烫金的书，它被作为一件非常精美的礼物接收下来。

陪他的有德穆兰夫人，莱韦特先生，还有一位牧师[1]，此人是拿来几首诗作请他修正的。不可思议的是，形形色色的作家，其中有的他干脆不认识，都哄得他高高兴兴审阅他们的作品，并提出改进意见。我的到来一时间把贝斯[2]这个真正的典型人物的要事打断了；话头接上以后，我发现正在考虑的问题是贺拉斯的《世纪之歌》的一部译稿，这部译稿今年已被谱成曲，作为公共娱乐为菲利多尔[3]先生和巴雷蒂先生联合义演在伦敦演奏，约翰生把译稿看完后，译者单刀直入问他：
726 “总体而言是不是一部好的翻译？”约翰生对真理的关注严格得非同
1779年3月16日星期二 寻常，一时间似乎不知道该怎么回答才好，因为他不能实打实地表扬这部译作；便用这番巧妙搪塞避开了这个问题：“先生，我不是说它不可以被翻译得很好。”这里没有任何表彰这一译作的断语，然而这位作家没有感到不快。接着审阅的是一篇印好的《不列颠战神颂》；诗人身材瘦长、一头短短的黑发；约翰生阅读期间，他激动得如坐针毡，身子扭来扭去，急得龇牙咧嘴、似笑非笑，以支离破碎的句子、尖锐刺耳的声音高声说：“这是不是那种诗，先生？——是不是品达？”**约翰生**：“嘿，先生，这里面有不少被称为诗的东西。”然后诗人转向我喊道：“我的缪斯降临本城的时间还不长，（指着《颂》诗）它在伟大的批评家的手下发颤呢。”约翰生用一种颇不高兴的口气问他：“你干吗称赞安森[4]？”我没有问过他为什么问这个问题，从而

---

① 牧师威廉·塔斯克（William Tasker，1740—1800），诗人、文物专家；翻译品达和贺拉斯的《世纪之歌》（1779—1780）；1779年遇到约翰生；威廉·亨特的朋友；作为作家小有名气，作品包括悲剧《阿耳维拉古斯》（1796），在埃克塞特剧院上演过两次。

② 见边码第350页注。

③ 菲利多尔（Philidor，1726—1795），法国音乐家、棋手；1747—1754年以伦敦为基地；狄德罗的朋友；作为英法两国最优秀的棋手名声长在，著作有《棋谱》（1748）；音乐作品有《魔法师》（1764），歌剧《埃尔奈林德》。

④ 安森（George Anson，1697—1762），海军军官、政治家；海军少将（1745），海军中将（1746）；海峡海军中队司令；1744年海军部后面的推动力；海军上将（1749）；大不列颠海军中将（1750）；海军部首席大臣（1751—1762）；由于丧失梅诺卡而不得人心。

给他制造麻烦。他接着说：“这里有个错误，先生，你把战神写成女性了。”“明摆着的，先生；（这位热心人喊道）我知道。可是（压低声气），这是对德文郡公爵夫人致敬，以讨得她的欢心。她穿着军装徒步走过考克斯希思，所以我认为她就是不列颠战神。”**约翰生**：“先生，你是给出了一个这么写的理由；但这不能使它正确。你可以有一个二加二等于五的理由，但二加二只能等于四。”

尽管随后的一些日子里，我和他在一起的次数不算少，但好像我太忙，要么是太疏忽，所以没有留下他的言谈的记录，直到3月26日，星期五，我拜访他的时候情况才有改变。他说他等着由于他的《诗人传》而遭人攻击。“不过（他说）我宁肯被人攻击，也不愿遭人冷落。因为对于一个作家而言，你能做的最坏的事就是对他的作品不发一言。攻打一座城市是件坏事；但将它困饿则更坏；攻打未必成功；也许你的阵亡人数比歼敌人数更多；但如果你困饿该城，你肯定稳操胜券。”

谈到我们的一位朋友①，他和一些原则和人品都互相抵触的人士往来；我说他是个四海之内皆兄弟的人，一个通达世情的人。**约翰生**：“是的，先生；可是一个人太通达世情就会在世上无足轻重。我记得哥尔德斯密斯的《威克菲尔德的牧师》中的一段文字，他后来傻到了家，竟然把它删除了：‘我不爱一个穷极无聊的人。’”**鲍斯威尔**：“那是一段很精彩的文字。”**约翰生**：“是呀，先生；还有一段精彩文章，他也划掉了：‘年轻的时候，急于出人头地，我不断地出新点子。但是很快我放弃了这种做法；因为我发现，一般说来，新的东西都是假的。’”② 我说，我不喜欢跟我看不惯的人相处。**约翰生**：

① 也许是乔舒亚·雷诺兹爵士。

② 〈伯尔尼博士在前面一页的一条注里已经提到关于哥尔德斯密斯的这件事情，那是约翰生传达给他的，却记不得这件事出现在这里。不过，他的说法也不完全是多余的，因为事实证明这些话哥尔德斯密斯已经把它们安顿在《威克菲尔德的牧师》中的小说人物的嘴里，正如我们从约翰生博士口里知道的那样。他后来把这些话像小说中其他很多与他本人相关的文字一样删除了。——M.〉

“但是你千万不要太挑剔；否则你就会终生都活在两人世界里。”

727 这年春天在伦敦逗留期间，我发现自己在保留约翰生的言谈方面莫名其妙地疏懒，这比我乐于找机会聆听他的智趣的任何时候都严重。现在已经无计可施了。我只好满足于展示我现有的一鳞半爪。但一想到多少情况已经丧失，便感到羞愧难当，懊恼万分。并不是因为今年收成不好，而是因为我没有仔仔细细将其收藏。因此，在很多事例上我只能展示一星半点的孤立片段。

1779年4月1日星期四

谈到署名朱尼厄斯的著名书信的作者神不知鬼不觉的隐匿一事，他说：“我倒相信伯克就是朱尼厄斯，因为我知道只有伯克才能写出这些信；但是伯克对我随口加以否认。如果我问他他是否就是信的作者，情况就有所不同；一个被如此问及一种匿名出版物的人才可以认为他有权否认它。”

他说他的老朋友谢立丹先生在他的祖国享有特殊的照顾，因为在关于无偿还能力的债务人的一项议会的爱尔兰法案中为他定了一个例外条款。“被一个立法机构（他说）这样挑出来作为一个公众关心和善待的对象，只能证明功绩非凡。”

3月29日，星期一，在斯特雷特姆吃早饭时，他坚持认为父亲没有权利掌控女儿们的婚姻意愿。

3月31日，星期三，我拜访他，并坦白了一件我很少感到有什么罪过的过火行为；那就是，我打了一个通宵的牌，回想起来难能满意。他并未严加指责，反而温和地说：“唉，先生，我们回想起来能够满意的事情何其寥寥。”

4月1日，星期四，他称赞德文郡公爵中的一位“说一不二”。他还说：“对有些人来说，伦敦一无可取，但对一个追求精神快乐的人来说，伦敦正是这样一个投缘的地方。没有一个地方像伦敦把经济运作得这样好。这里比任何别的地方赚的钱都多，即便是女人。在一个小地方，你无法用财富变戏法；你必须表里如一。在这里，一位女士可以有讲究的住所，高雅的服装，而厨房里什么肉食都没有。”

他给朋友写信或者交谈时，总以轻松、冷峻的口吻告诫对方不要以为在其他地方就找不到像伦敦那样的快乐，而他自己却时时觉得，比较而言，伦敦就是人间天堂，想到这里，我不禁哑然失笑。实际上，伦敦比其他任何地方都优越，不仅因为能提供各种各样的欢乐，而且因为有舒适的生活条件，这种优越性只有那些由于睿智、关注和经历，已经了解了这个城市的全部优点的人才会带着一种哲学的狂喜感受得到。没有人说三道四，没有人吹毛求疵，一个人可以自由自在地在那里生活，这是一个知道狭隘圈子纠缠约束的人肯定高度欣赏的一种环境。伯克先生的井然祥和的家庭习惯也许使观察的锐眼对他而言不像对大多数人那样讨厌，有一次他说了这样一番我听起来非常顺耳的话：“尽管我有幸代表布里斯托尔，但我不喜欢在那里生活；我不得不时时刻刻表现得规规矩矩。”在伦敦，一个 728
人时而过阔绰的社交生活，时而过节俭的隐居日子，无人责怪。在 1779年4月1日星期四
那里，而且唯有在那里，一个人自己的住宅才是他真正的城堡，在里面只要他高兴，就能不受侵扰，绝对安全。我永远不会忘记有一天梅内尔先生把这种情况对我表达得如此精当：“伦敦的主要好处（他说）就是，一个人总是如此接近自己的洞穴。”

他说到他的一个老熟人[①]，“他非常适合当巡回总督。他精通法语。他是一个原则性很强的人；没有年轻绅士再现他的风度的危险；因为他的风度糟糕到了非避免不可的程度。在这一方面，他就像希洛醉汉”[②]。

一位先生告诉过我，约翰生是这样说同一个人的：“先生，他对我认识的任何一个人都有最逆反的理解。”

4月2日，星期五，由于是受难节，我照例早晨去看望他，发现我们不知不觉取笑起我们的一位朋友[③]的小毛病来，他是一位德

---

① 詹姆斯·埃尔芬斯顿。

② 希洛人是古斯巴达的奴隶阶层。普卢塔克在他的《吕枯耳戈斯传》（第28节）中记载斯巴达人让他们的孩子看希洛醉汉从而给他们灌输对醉酒的鄙视。

③ 本内特·兰顿。

高望重的人，我，作为一种制止手段，引用了《谨言之道》[①]这本虔诚的书中的一些忠告。还值得一提的是，今天圣克雷芒达内斯教区长伯罗斯博士给我们宣讲的布道文的主题碰巧就是要确定：在最后的一天我们必须交代“身体的表现”；他提到的种种罪行就有恶言相加。当我们随教堂里出来的人群慢慢移动时，约翰生戳了戳我的胳膊肘子说：“你听布道文了吗？”“听了，先生，（我说，）对我们很适用。”然而，他却采取了守势。“嘿，先生，取笑的意思用到我们身上也许是按法律上的用法。《谨言之道》的作者要我们对所有的人一视同仁。”

在早祷礼拜和晚祷礼拜之间，他努力进行认真的宗教修炼活动；正如他在《祈祷文与默想录》[a]中提到的那样，他给了我一本《帕斯卡尔[②]思想录》，这样我就不会打断他了。我满怀敬意地保存着这本书。赠书上面留下了他自己的手印，我在上面发现了真正的圣油。下午我们又去教堂做礼拜。

4月3日，星期六，我晚上去拜访他，发现他在威廉斯夫人的房间里坐着，除了她，还有一个人[③]，他后来告诉我那是第二代索思韦尔勋爵的私生子。餐桌面貌十分奇特，他为客人摆满五花八门的牡蛎和黑啤酒。还有他自己喝的茶。我提到我听说一位著名的医生[④]本人就是个基督徒，他大力主张普遍容忍，坚持认为，谁也不能被别人的不同看法伤害。**约翰生**：“先生，知道哪怕有一个人不相信，你也会在某种程度上受伤害的。”

---

① 理查德·阿莱斯特里，《谨言之道》（1667）；参比威廉·珀金斯，《谨言之道指南》（1632）。

a 《祈祷文与默想录》第173页。

② 帕斯卡尔（Blaise Pascal，1623—1662），法国数学家、物理学家和道德家。著作有《致外省人书》（1656—1657），这是针对耶稣会会士的一部微妙持久的反讽著作。《思想录》（1670），一部捍卫基督教的作品。

③ 莫利蒂乌斯·洛〈Mauritius Lowe，一名画家，约翰生很喜欢他，若干年后给乔舒亚·雷诺兹爵士写过一封说情的信。——M.〉。

④ 威廉·赫伯登医生。

复活节，在圣保罗大教堂做过庄严的礼拜后，我跟他一起吃饭；印刷商艾伦也是他的客人。他默默无语，很不寻常；除了一件奇异的事实，我什么都没有写下来，由于得到了他一贯诚实的认可，这个事实可以作为一件人间冷漠、不体谅别人的突出例子被接受下来。如同他从一个正活剥一条鳗鱼的皮的鱼贩子身旁经过，他听见鱼贩子“在骂鱼，嫌它不安安静静地躺着”。 729

4 月 7 日，星期三，我和他在乔舒亚·雷诺兹爵士家吃饭。我没有记下来客还有谁。约翰生大谈特谈各种酒的品质；他极力贬损红葡萄酒，说它酒劲太弱，“一个人就是被它淹死也不会醉”。有人劝他喝一杯试试看，这样他就不是凭淡漠的记忆，而是按直接的感觉下断语了。他摇了头说：“稀松货！不，先生，红葡萄酒是孩子们喝的，波尔图葡萄酒才是成人喝的；可是谁想当英雄（笑了笑）就得喝白兰地。首先，白兰地口感最爽；其次，白兰地*能够*最快地满足一个人喝酒的需要。说实在的，能够喝白兰地的人少之又少。那是一种可望而不可即的能力。然而，（他接着说）由于在一切欢乐中，希望占相当大的成分，我知道只有白兰地能使希望实现得最快。佛罗伦萨葡萄酒我认为最次；这种酒只能饱饱眼福，却饱不了口福，喝的时候淡而无味，喝过以后没有余味；它既不兴味，又不提神。”我提醒他，我们起初结识的一段日子，我们俩经常在一起饮酒，他是多么开心啊；我在跟他熬到半夜后头痛得又多么厉害。他不喜欢重提此事，或许认为我这是在吹牛皮，说大话，所以决意给我一顿机警的棒喝：“不对，先生，使你头痛的不是*酒*，而是我塞进你头里的*感觉*。”**鲍斯威尔**：“什么，先生！感觉能让头痛？”**约翰生**：“是的，先生，（莞尔一笑）在头不习惯这种感觉的时候。”凡是能真正品味幽默风趣的人不会对这番话生气的；尤其如果在长期亲密的交往中，约翰生一再向他证明对他关怀备至、尊重有加的话。我常说，因为他给了我一千镑的奖金，他完全有权时而从我手中拿走一几尼。

1779 年
4月8日
星期四

4 月 8 日，星期四，我跟他在阿伦·拉姆齐先生家吃饭，同席的还有格雷厄姆[①]勋爵和其他客人。我们谈到莎士比亚笔下的女巫。**约翰生**：“她们是他自创的生灵，她们是邪恶与卑鄙的混合物，没有什么能耐；跟意大利的魔法师迥然不同。詹姆斯国王在他的《鬼魔学》里说：‘魔法师统领魔鬼：女巫是魔鬼的奴仆。’意大利的魔法师是些高雅人物。”**拉姆齐**：“歌剧女巫不是朱瑞巷女巫。”约翰生说，能力可以用到一个狭小的范围内，如赚钱，他说他相信如果没有积极活跃的天赋，一个人是无法赚到钱的，尽管能力都集中到一点上。**拉姆齐**：“对，就像磨坊里的一匹壮马；拉磨更有劲。”

730 格雷厄姆勋爵在赞赏他家的庄园所在的两岸上的洛蒙德湖的美景的同时，也抱怨那里的气候，说他实在没法忍受。**约翰生**：“别，大人，话可不能这样说：你可以很好地忍受。大人的祖先们忍受的年代多得我说都说不清。”这是对古老的蒙特罗斯山庄的漂亮恭维。勋爵大人后来告诉我，他只不过是虚情假意地抱怨气候，免得要是他真心实意美言他的国家，约翰生博士可能会进行攻击。约翰生对玛格丽特·麦克唐纳夫人非常殷勤。“夫人，（他说）我在天岛的时候，听说人们纷纷跑去把路上的石头搬走，以防绊了玛格丽特夫人的马。”

1779年
4月8日
星期四

格雷厄姆勋爵称赞在那不勒斯的德拉蒙德博士是一个天赋非凡的人；还说他极其热爱自由。**约翰生**：“他年轻，大人；（一脸淘气的微笑，盯着勋爵大人）所有的男孩都热爱自由，直到经验让他们相信他们不像自己想象的那样适合管理自己。我们对自己的自由看法一致：我们能得到多少就享受多少；但我们对别人的自由看法就不一致了：我们得到多少，别人就得失去多少。我相信我们不大希望暴民有统治我们的自由。一段时期之前，就是这种情况，谁也没

① 格雷厄姆（James Graham，第六代格雷厄姆侯爵，第三代蒙特罗斯公爵，1755—1836），政治家；代表约克里士满的议员（1780）；格拉斯哥大学校长（1780—1836）；财政大臣（1773）；代表威尔茨大贝德文的议员（1784）；军队联合主计长（1789—1771）；枢密院官员（1789）；王室掌马官（1790—1795，1807—1830）；印度事务专员（1791—1803）；苏格兰最高法院院长（1795—1836）；贸易委员会主席（1804—1806）；宫务大臣（1821—1827，1828—1830）。

有自由不在自己的窗户上点蜡烛。”[1] **拉姆齐**：“结果就是秩序比混乱好。” **约翰生**：“结果就是，没有主从关系就没有秩序。”

4月16日，星期五，我曾列席过对倒霉的哈克曼[2]先生的审判，此人醋意大发，枪杀了一位贵族[3]宠爱的雷小姐，今天我陪约翰生吃饭，同席的还有另外几位朋友。约翰生对我讲述事情的经过很感兴趣，尤其对哈克曼求上天宽恕一事。约翰生声音庄重而热烈地说：“我希望他一定会找到宽恕。”

这一天，约翰生和博克莱尔之间发生了一场激烈的争吵，当时就闹得不可开交，为了防止将来有人歪曲演绎，我认为应当给出一个详细的记述。

谈到哈克曼，约翰生就像布莱克斯通法官那样辩称，他身上有两支手枪就证明他打算射杀两个人，博克莱尔先生说：“不对；因为每个打算自杀的聪明人，都带两支枪，这样他才可以确保一次就干成功。——勋爵[4]的厨子用一把手枪自杀，结果在极端的痛苦中又活了十天。——先生[5]喜爱黄油松饼，但不对肠胃，不敢吃，于是下定决心自杀；在自杀前他吃了三个松饼当早餐，心想反正再也不

---

① 指1715年4月23日庆祝安妮女王登基周年纪念日发生在伦敦的骚乱，当时一群托利党暴徒有意搅黄这一庆祝活动，便四处奔走，“蛮横命令民众照亮自己的窗户给他们的篝火助威。他们处心积虑兴风作浪，不仅对那些没有照亮的窗户扔石头，而且向那些正把蜡烛码起来防止窗户被打破的人扔石头；他们扔的燧石又大又重，足以把砸中的人砸死。他们同样堵截马车，从行人身上勒索钱；侮辱那些过街去从事他们的合法事务的人，抢他们的帽子，假发等，对他们拳打脚踢，还威胁要进一步行害，如果他们不欢呼，上帝保佑女王和高教派教会的话”。(《乔治国王编年史》第一年（1716），第405页。)

② 哈克曼（James Hackman，1752—1779），谋杀者；在修道院花园剧院看完《乡村爱情》的一场演出（1779）后谋杀了玛撒·雷（也许是情人）；接着自杀未遂；鲍斯威尔出席了他的绞刑（1779）；约翰生和托珀姆·博克莱尔就其动机进行争论。

③ 第四代桑威奇伯爵约翰·蒙塔古。

④ 查尔斯·斯宾塞勋爵。

⑤ 德尔米斯先生。

会吃消化不良的苦头了：他拿了两把装了子弹的手枪；他用一把射杀自己后，人们发现还有一把装着子弹放在他旁边的餐桌上。”“得，（约翰生洋洋得意地说）你看这就说明一把枪就够了嘛。”博克莱尔伶俐地回答：“这是因为碰巧就一枪毙命了。”要么是紧接着，要么是稍后一点，由于被约翰生的得意话惹恼了，他又添了一句：“这种事你不懂，可我懂。”随后争论停了几分钟，在此期间，大家吃饭，
731 觥筹交错，喜气洋洋；这时候约翰生冷不丁地嚷道：“博克莱尔先
1779年4月24日星期六 生，你怎么对我说话如此无礼，什么‘这种事你不懂，可我懂’？有一件事我懂，你好像不懂，那就是，你很无礼。”**博克莱尔**：“因为你一开始就无礼（这是你的一贯作风）。”括号里的话，我相信约翰生没有听见。到这里开始了又一轮停战。约翰生告诉我，他第一次之所以等了一会，没有理会博克莱尔先生的话，是因为他在想应不应当生它的气。但是当他考虑到在座的还有一位年轻的勋爵和一位杰出的旅行家[①]这两个通晓世情的人，他以前没有跟他们一起吃过饭，所以他担心这两位也许会认为他们也有权像博克莱尔那样随便对待他，他便决定不能把这些话放过了事；还说：“他不愿意显出一副懦夫的样子。”此事过后不久，谈话又转向哈克曼暴烈的脾气上。这时约翰生说：“控制脾气是他的事情，就像我的朋友博克莱尔先生刚才所做的那样。”**博克莱尔**：“我应当向你学习，先生。”**约翰生**：“先生，我跟你在一起时，你已经给过我足够的学习机会。谁也不喜欢叫人蔑视。”**博克莱尔**（有意对约翰生显得礼貌）：“先生，你认识我二十年了，无论我可能如何对待别人，你可以相信我从来不会蔑视你的。”**约翰生**：“先生，这话就有些多余了。”事情就这样结束了；博克莱尔的马车很晚才能接他，其余的客人走后，约翰生博士和另外一位先生[②]陪他坐了很长时间；约翰生和我下周星期六在博克莱尔家吃饭。

这场暴风雨平息之后，我回想起了他谈话的下面一些细节：

---

① 奥尔索普子爵和约瑟夫·班克斯爵士。

② 乔治·斯蒂文斯。

“我一向赞成督促孩子学习；因为这有百利而无一害。我首先让他读碰巧引起他注意的任何英语书；因为你带他从一本书里找娱乐时，你已经做了很多工作。往后他会得到更好的书。”

“马莱，我相信，从来没有写一行他计划的马尔伯勒公爵传。他搜集材料，苦思冥想，直到绞尽脑汁。有时候出现这种情况，人们把自身纠缠在自己计划的大网里不能脱身。”

“遭到批驳，为了逼你说话，是极其令人不快的。你确实发光了，但那是被磨光的。”

关于一位当代文坛上有一定名气的先生（菲茨赫伯特先生），他说：“他是靠举止得体出人头地的；他的才学不比他忍不住显露出来的多。”

4 月 24 日，星期六，我和他在博克莱尔家吃饭，同席还有乔舒亚·雷诺兹爵士、琼斯先生（后来的威廉爵士），兰顿先生，斯蒂文斯先生，帕拉代斯先生和希金斯医生。我提到威尔克斯先生在我面前攻击加里克，说他是个没有朋友的人。“我相信他说得对，先生；Οι φιλοι, οὐ φίλος——滥交则无友。[a] 加里克过于散漫，没有他希望与之推心置腹的人。他发现人们总是乐于追捧他，而且总是出于同样的原因：所以，他看见的人生整齐划一。”这一回我拿出歌利亚[①]的武器主动挑战，扮演一次诡辩家的角色。——“加里克不需要朋友，因为他从每个人那里得到他所需要的一切。何谓朋友？一个能支持你，安慰你的人，而别人却不能。友谊，你知道，先生，是一滴甘露，‘把生活的苦酒化解’；但如果酒不苦，如果全都甘甜，就不需要那滴甘露了。”**约翰生**：“很多人不会满足过这种生活。我希望我也不会。他们希望有一个亲密的朋友，他们可以与之交心，珍爱私德。”在座的有位提到切斯特菲尔德勋爵，说他是一个没有朋友的人。**约翰生**：“如果加里克为人不是那样散漫，他身上就有更多缔造友谊的材料。”**鲍**

732

1779 年 4月24日 星期六

a 见前边码第 116 页，680 页。

① 〔《圣经》中的非利士族巨人，为大卫所杀，事见《圣经·旧约·撒母耳记上》，第 17 章。〕

斯威尔：“加里克是纯金，却被敲打成金箔。切斯特菲尔德勋爵却是亮光闪闪的金属片。”**约翰生**：“加里克是一个大好人，是同龄人中最快乐的人；一个从事被认为放浪形骸的职业却生活正派的人；一个对自己挣来的钱毫不吝惜的人。他开始闯荡世界时嗜钱如命；一个拿折扣薪饷的军官的儿子，在这样一个家庭受教养，他的学习就是要让四便士做别人四便士半做的事情。但是他赚了钱以后，就非常大方。”我贸然指责他在《诗人传》中对加里克的赞语。“你说，先生，他的去世黯淡了各国的快乐。”**约翰生**：“我只能这么说，有一说一，有二说二。这是实事求是；黯淡了，不是熄灭了；他的去世的确黯淡了；就像一场暴风雨。”**鲍斯威尔**：“可为什么说各国呢？难道他制造的欢乐超越他的祖国了吗？”**约翰生**：“嘿，先生，必须允许有点夸张嘛。再说，说各国也是可以的——如果我们承认苏格兰是一个国家的话，而享受欢乐，他们倒没有。不过，你是个例外。好啦，先生们，咱们承认有一个欢乐的苏格兰人。”**博克莱尔**：“但他是一个失去本色的苏格兰人。”然而，我还是认为对加里克的赞语夸大失真。他在去世前一段时间就停止演出了；他在爱尔兰演出过，但为时很短，而且是在他的早年，他却从来没有在苏格兰演出过。跟前面的颂词加以对照，我也反对赞扬急转直下的现象——“并且减少了公众大量的无害欢乐！”——“无害欢乐岂不是太没劲儿？”**约翰生**：“不对，先生，无害欢乐是最高的赞扬。欢乐是一个意思含糊的词；欢乐一般说来是危险的，对德行是有害的；因此能够提供无害的欢乐，纯粹真正的欢乐，是一个人能具备的最大的能力。”这也许是能够做出的最巧妙的辩护，但我并不感到满意。

733 有人提到一位著名的才子[1]，他说：“人们可以把说及一位法国才子的话用到他身上，Il n'a de l'esprit que contre Dieu[2]。我跟他交往过

1779年
4月24日
星期六

---

① 约翰·威尔克斯。

② “他只有在攻击上帝的时候才才气横溢”——这一句妙语被认为是尼古拉·布瓦洛-德普雷奥（Nicolas Boileau-Despréaux，1636—1711）说的，意在讽刺François Payot de Lignières（1628—1704），后者是一位讽刺家，起初是布瓦洛的朋友，后来成为对手。

好几次，却从来没有发现他有什么非凡的才气。他用各种手段制造一般性的效果；他有一张乐呵呵的面孔和一种欢乐的声音。再说，他的行当就是显才。如果他跟人交往带不来快乐，那就像一个强盗不拿枪拦路抢劫一样荒唐。”

谈到饮酒的效果，他说：“饮酒必须谨慎从事；一喝就醉，就暴露自己的人，没有醉酒的艺术；一个偶尔喝醉却不过量饮酒的人容易结交新伙伴，这是一个一直喝酒的人永远做不到的。那样一个人会承担任何事情；他没有醉酒的技巧。我喝多了，就总是偷偷摸摸地回家。一个习惯于自省的人喝醉时会意识得到的，不过嗜酒成癖的醉汉则意识不到。我认识一位医生[①]，他二十年来就没有清醒过；可是在他写的一本关于热病的小册子里，他要求加里克和我证明对他酗酒的指控不实。一名书商[②]（点出了他的名字）做生意发了大财，却屡屡喝得烂醉如泥，他的大多数密友从来没有发现他什么时候清醒，什么时候不那么清醒。”

谈到著名的非常规的成功行医者；他说：“泰勒[③]是我认识的最无知的人；但却很潇洒。沃德[④]则最沉闷。泰勒有一次激我跟他说拉丁语（大笑）。我引用了几句贺拉斯的话，他以为是我自己的话。他的几句话说得挺好。”**博克莱尔**：“先生，我记得你说，泰勒是个例子，说明厚脸皮能带无知走多远。”这一天博克莱尔先生非常逗趣，给我们讲了好多故事，讲得又生动又优雅，具有那种通晓世情的神气，我不知道它具有什么强烈效果，好像意在言外，或者有我

---

① 罗伯特·詹姆斯医生。

② 安德鲁·米勒。

③ 泰勒（John Taylor，1703—1772），江湖术士；在出版的《骑士约翰·泰勒旅行、历险记》（1761—1762）中描述了他的旅行和交往；当时的主要医疗倡导者之一；诊治过韩德尔（1758）；由于他自我宣扬的江湖医生性质，成为许多讽刺诗文的题材。

④ 沃德（Joshua Ward，1685—1761），行医者，一些药物的发明人，被蒲柏至少四次讽刺为“江湖骗子”；取得比较便宜的硫酸制作的专利（1749）；治疗过乔治二世脱臼的拇指后接受皇家赞助。

们可能莫测高深的东西。约翰生和我一起坐在乔舒亚·雷诺兹爵士的马车里时，约翰生说："博克莱尔身上有种掌控同伴的能力，人们并不喜欢。可他是一个老于世故的人，所以每个场合总有一个段子；他总能随机应变，从来不会智穷才尽。"

晚上约翰生和我在乔舒亚爵士的妹妹雷诺兹小姐家聊天。我提到我们的一位杰出朋友[①]说到那句老生常谈"爱心下降"时说："这是人类延存的聪明做法；因此子女没有必要像父母爱子女那样爱父母；这种观点倒也无害，尽管孩子在一定年龄应当由父母养活。"**约翰生**："可是，先生，如果这种情况大行其道的话，父母就不会爱子女了。"**鲍斯威尔**："完全对，先生；因为父母如此疼爱子女是期望回报的，我知道这样一个非常感人的事例，一个小女孩[②]备受父亲
734 疼爱，有一次父亲突然心情郁闷，上床睡觉去了，小女孩就劝他起
1779年4月24日星期六 来高兴高兴，说道：'我亲爱的爸爸，请你起来，让我帮你穿上衣服，这样你老了以后，我就可以学着这么做了。'"

此后不久，发生了一件小事，我不想把它压下不谈，因为我希望，就像我的作品一丝不苟地讲真话一样，也应当是对别人给出的关于他的性格的错误、有害概念的一种解毒剂，因此我将每一滴真正的甜蜜注入我的传记之杯。

致**约翰生博士**

我亲爱的先生，——我一只脚红肿，疼痛难耐不能下床，因此无缘参加今晚拉姆齐家的欢宴，深感痛惜；我情绪极度低落。你可否今晚莅临舍下陪我坐一个小时。你最忠诚和卑微的仆人，

奥德利南街，　　　　**詹姆斯·鲍斯威尔**

4月26日，星期一。

---

① 埃德蒙·伯克。

② 鲍斯威尔的女儿韦罗妮卡。

致**鲍斯威尔先生**

约翰生先生对鲍斯威尔先生的缺席深感痛惜，一定会前来拜望。——哈利街。

晚上他前来看我，还带来了乔舒亚·雷诺兹爵士。我简直没有必要说他们坐在我床边时的谈话就是能开出的特效镇痛剂。

约翰生现在比去年更想得到关于蒲柏的信息[a]，便派我把迄今出版的几卷《诗人传》送给马奇蒙特勋爵作为礼物，并要求惠允他前来拜见；勋爵大人拜访过约翰生两次，现在慨然应允，定于5月1日星期六接见我们。

那天早晨，约翰生从斯特雷特姆赶来找我，在奥德利南街的保利将军家喝过巧克力后，我们前往柯曾街的马奇蒙特勋爵府第。勋爵大人在他书房的门口迎接我们，极其客气地对约翰生说："我要是告诉你我对你的高度敬仰，那我自己就会作一篇颂词了，先生。"约翰生表现得格外礼貌；这次会见持续了两个来小时，伯爵细述了他所知道的蒲柏的轶事，正像我所希望的那样，会见十分愉快。我们出来后，我对约翰生说，考虑到勋爵大人的礼貌，如果他再不来，我就要生气了。"先生，（他说）我就是赔上二十英镑，也不能不来。"我陪他到斯特雷特姆，吃过饭后，晚上回到城里。

3月3日，星期一，我和他在迪利先生家吃饭；这天我逼他对 735

帕内尔的一节诗表态，我为此写信询问了好几次，次次无果，终于 1779年5月4日星期二

我以正规的法律形式得到了它。

约翰生博士表态案；

1779年5月3日。

帕内尔，在他的《隐士》中有下面一节：

a　见前边码第709—710页。

清除这个疑团，凭目睹了解这个世界，
看看书本和乡下小伙说的是否正确；
（因为他了解世界仅靠乡下小伙，
小伙的脚把夜露统统踩过。）

起初认为隐士通过书本和乡下小伙两方提供的信息了解世界；后来又说他仅靠乡下小伙了解，这岂不是前后矛盾吗？

我认为这是一种偏差。——在第一行里他提到两个信息来源；接下来又说只有一个。[a]

这天晚上，我启程回苏格兰。

---

a “我看不出（马隆先生说）这节诗里有什么疑难，并且心里纳闷约翰生博士竟然承认它有偏差。应当看到，这位隐士没有任何真正的阅世的经历：他有关世事的所有知识都是通过两个渠道获取的；一是来自书本，二是来自乡下小伙的讲述，他们见的世面并不多。因此，明明白白的意思就是：‘清除他关于天命的疑团，通过实实在在的经历了解世界；看看书本提供的记述，还是乡下小伙口头传达的信息是对世界的正确表述；〔我说，乡下小伙〕因为他的口头信息是仅靠那一部分人类获得的，云云。’这里的‘仅仅’这个词并不像人们认为的那样跟前一行整个有关联，而是按照一般的认可，跟‘全人类’这个词有关联，这是不言自明的，而且‘仅仅’是‘全人类’的限制词。”必须承认，马隆先生在解释这一节诗时显示了很多批评灵巧性。然而，我觉得他的解读未免太玄妙。[1]这节诗的意思也许十分确定；但表达肯定是含混的，两部分是互相矛盾的。

1 〈可为什么“太玄妙”呢？——如果按一种非常用的意义理解一些词，从而给一段文字一种意思，这种解读可以说“玄妙”，而且无论多么灵巧，可以被认为欠妥；然而，当一些词按它们日常通用的意义加以解释，而且这一解释是从它们本身合理清楚地推演出来的，一点也不牵强附会，又被上下文解释得顺理成章的时候，理所当然可以被万无一失地接受，在没有其他说法反驳它的情况下，称那样一种解释“玄妙”是不会减弱它的合理性的。——M.〉

致**露茜·波特夫人**，利奇菲尔德

亲爱的夫人，——格林先生告诉我你的身体好多了；我觉得用不着告诉你我有多么高兴。我不能夸口说我的身体好多了；我夜间的老毛病仍在折磨我，我依然呼吸困难，不过比前年夏天离开你时轻松多了。思雷尔夫妇都好，小姐有点微恙，但又好了。他们失去儿子后又有了两个女儿；可是他们似乎想要一个儿子。

希望你收到了我寄给你的书。得知可怜的阿迪夫人的噩耗，十分难过，恐怕你有时候会感到孤独，但不管独处还是群聚，都要努力保持心情愉快。我的朋友也有很快要离世的，但这就是人的处境。爱你的卑微的仆人， 736

1779 年 5 月 4 日。 **塞姆·约翰生**

1779年5月4日星期二

我离开伦敦前，他再次谈到泰恩河畔的纽卡斯尔鬼魂显现的事，约翰·卫斯理先生相信此事，但约翰生却不以为然。然而，我渴望深入考查一下这个问题，同时还希望认识约翰·卫斯理先生；因为尽管我和他在某些问题上有分歧，但我仰慕他的多才多艺，喜爱他的虔诚热情。因此，在我的要求下，约翰生博士给我写了一封介绍信。

致**牧师约翰·卫斯理先生**

先生，——鲍斯威尔先生我认识好久了，他希望认识你，所以要求我写这封推荐信，我便欣然命笔，因为我认为德高望重、笃信宗教的人士相互认识是求之不得的好事。你卑微的仆人，

1779 年 5 月 3 日。 **塞姆·约翰生**

卫斯理先生正在爱丁堡担任圣职，我把这封信呈上后，受到了非常客气的接待。我要求他把信还给我，他欣然照办。他掌握的关于鬼魂的证据，情况并不使我满意。

回到家之后，我照例没有给约翰生写信，只不过是想试探试探我的沉默对他有何影响。迪利先生把他 7 月 13 日收到的一封短简抄了一份寄给我，上面是这么写的：

致**迪利先生**

先生，——鲍斯威尔先生离开以后未见来信；请把你知道的他的情况告诉我，你是否把我的书寄给了他的夫人。你的，

塞姆·约翰生

他对我的关心令人欣喜异常，这一点读者不会怀疑。

致**詹姆斯·鲍斯威尔先生**

亲爱的先生，——可能会发生什么事，使我们俩如此形同陌路？我盼着你回家后就会来信；后来还在等待。我去了一趟乡下又回来；可是没有鲍斯威尔先生的来信。该不会是病了吧；如果是病了，干吗要瞒着爱你的人呢？是不是心血来潮，你想试探试探，看谁不写信憋的时间最长？如果就是这么回事，你算是获胜了。但我怕这样会引起不良后果；还是解除我的疑虑吧。

737 我现在一门心思猜测你沉默的理由；切勿指望我会告诉你什么事情，即便有事相告。请来信吧，让我知道是怎么回事，或者这样长期不通音讯是什么缘故。

1779 年 9 月 9 日 星期四

你最深情、卑微的仆人，

1779 年 7 月 13 日。 **塞姆·约翰生**

致**塞缪尔·约翰生博士**

我亲爱的先生， 爱丁堡，1779 年 7 月 17 日。

回到苏格兰后，心情一直处于一种可以确切地称之为懈怠的状态。心绪欢快一点时，又往往因为你音讯久疏而苦恼万分；甚至因为表达了不安心情而遭到你的斥责。我愿意趁这麻木不仁之

机，在我尚能承受这种实验的当儿，想试探试探你对我的关爱在我这一反常态的沉默之后，是否会使你首先写信。今天下午，收到你关切的询问信，我真有心满意足之感，为此我对你万分感激。我怀疑这样的实验是否做得对；尽管我赢了。我开始变得心软了，开始自责起来，尤其在两天夜里梦见和你在一起之后。我，妻子和四个孩子全都健康。我回信不想耽误一趟邮班；但由于时间已晚，再不能多写。你会很快接到我汇报多种情况的来信，我永远不会再考验你了。你满怀崇敬之心、万分感激、忠实卑微的仆人，

詹姆斯·鲍斯威尔

7月22日，我再次写信给他；向他描述了我与德高望重的朋友爱德华·迪利先生在他弟弟贝德福郡的南山邸宅里最后一次会见，我跟他分别不久，他就去世了，给我留下一片受他关爱的亲切记忆。

我告诉他黑尔斯大法官答应给他的《诗人传》提供一些轶事，已经给我送来普赖尔借鉴法国《诗人集》第三卷中贡博[1]的三个例子，警句诗《致对我恩重如山的约翰》第25页，《致诺瓦耶公爵》，第23页。《漫步的杰克和闲散的琼》第25页。

我的信很长，内容繁杂；可是好像他没有注意到似的；因为他的下一封信是这样写的：

致**詹姆斯·鲍斯威尔先生**

我亲爱的先生，——你是不是又在玩同样的把戏，试探试探谁沉默的时间最长？记住，所有的把戏不是恶作剧，就是孩子气；考验一个朋友的常性就像考验一个妻子的贞洁一样愚蠢。

这第二次沉默原因何在，我猜不透；吃一堑长一智，我不想再一次上当，也不想伤脑筋，揣测一个也许只凭心血来潮做事的人的动机。因此我估计你和夫人平安无恙，这个美好的夏 738

1779年9月9日星期四

① 贡博（Jean Ogier de Gombauld，1666年去世），法国诗人。

天已经恢复了阿夫莱克大法官的健康。我比你离开的时候好多了；我想比我在苏格兰时还好。

我忘了是否告诉过你可怜的思雷尔一度情况危险。思雷尔夫人也流产了，身体一直欠安。其他人都挺好；兰顿在军营里。我打算把黑尔斯大法官对德莱顿的描述[a]放进另一版里，我知道他一丝不苟，所以希望他考虑考虑日期，我总有些不放心。

思雷尔先生要在米迦勒节前后去布赖顿寻乐、骑马打猎。我要回城去，也许会去牛津。锻炼和欢乐，甚或漫不经心，我希望会根治他的疾病；我也希望换换地方，找到一些增进自身健康的机会。你卑微的仆人，

斯特雷特姆，1779 年 9 月 9 日。 **塞姆·约翰生**

约翰生博士想方设法消磨他孤寂的时光，如果读者知道了他的种种小伎俩，是不会不高兴的。他有时候弄弄化学药品，有时候给葡萄树浇浇水，剪剪枝，有时候做点小实验，对于这些也许会付之一笑的人，应当记得有些时刻只允许小事来抚慰[b]。

9 月 20 日，我为自己辩护，反驳他对我的无端怀疑；还说："咱

---

a 我是从大法官那里拿来转交给他的，但尚未出版，我有一份抄件。〔黑尔斯大法官搜集到的关于德莱顿的几则短评，作者后来交给了马隆先生。〕

b 在他的日记稿中有这样一则，表明他心思的细密："1768年7月26日。磨刀时不小心削了指甲，底下削去了约八分之一英寸，头上约四分之一英寸。我这么一量就可以知道指甲生长的情况；整个指甲长大约八分之五英寸。"
类似的还有一则："1779年8月7日，Partem brachii dextri carpo proximam et cutem pectoris circa mamillam dextram rasi，ut notum fieret quanto temporis pili renovarentur。"[1]
还有，"1773年8月15日，我从葡萄树上剪下41片叶子，总量5盎司半8斯克鲁普尔[2]：我把它们放在书架上，看看干了以后会失去多少重量"。

1 我剃掉紧挨手腕的右臂上和右乳头周围的皮肤上的毛，想发现汗毛多快才能长出来。

2 〔英美重量常衡。1盎司=28.35克；金衡、药衡1盎司=31.103克；1斯克鲁普尔（scruple）=1.296克。〕

们索性写信勤一些。我突然产生出一个怪念头，那就是，我们一个星期寄一页信，就像驿车一样，不管装满了还是没装满，哪怕空着也行。看见你的笔迹就会给我安慰；如果一页信这样定期发送，我们就会更加频繁地传达信息，哪怕只有几句温情的话。”

我的朋友詹姆斯·斯图尔特上校是比尤特伯爵的次子，作为贝
德福德郡民兵的一名好军官而出人头地，他热心公益，决心在祖国
困难时挺身而出报效祖国，于是组建了一个正规团，亲自统领。这 739
对沃特利巨额财产的继承人而言是极其光荣的。他一直在苏格兰招
兵，所以好心请我陪他去当时的团部所在地利兹；又从那里来到伦
敦待一小段时日，然后再到他的团接受命令可能前往的其他地方。
这种邀请在我一年完全闲暇无事的时候是非常令人欣喜的；尤其因
为我陪的是一个良知高尚、见多识广、精明活跃的人；而且一年之
内竟然会有去伦敦见约翰生的第二次收获。9月30日我从利兹给我
杰出的朋友写了一封措辞特别热情的信，告知此事。

1779年
10月10日
星期日

10月4日，星期一，他还没有起床我就到他家去拜望。他把我叫到床前，并表达了对这次意外邂逅的欣喜之情，他精神矍铄，像年轻人一样乐和。他轻快地喊道：“弗兰克，去拿咖啡，让我们吃一顿丰盛的早餐。”

这次来到伦敦，我跟他见了好几次面，具体情况就不必一一细述了。我就给我的孩子指定监护人一事向他征求意见，以防我有不测。“先生，（他说）监护人不要指定多了。人一多，就互相推诿，耽误事情。我劝你只指定一个；找一个品格高尚的人，他为自己的信誉着想，做事也要正大光明；要找一个有钱的人，这样他不会见钱眼开，从中渔利；还要找一个敬业的人，他办事一贯干练，对他来说，执行委托不会成为包袱。”

10月10日，星期日，我们一起在斯特拉恩先生家吃饭。谈话转到人们纷纷去东印度发财的风潮。——**约翰生**：“一个人在英国花十年的工夫赚一万英镑胜过在印度花十年的工夫赚两万，因为你得算算为赚这笔钱付出了多少；一个人在印度生活了十年，放弃了

十年生活在英国所产生的社交舒畅和一切好处。机灵的布朗先生以‘能人布朗’的雅号出人头地，他告诉我他有次到了发了大财从印度回来的克莱夫勋爵府上；克莱夫勋爵让他看放在卧室门口的一个大橱柜，并说那里面一度装满了黄金；听了这话，布朗说道：‘金子离你的卧室这么近，你竟然能受得了，我真感到高兴。’”

我们谈到伦敦穷人的状况。——**约翰生**：“治安法官桑德斯·韦尔奇曾当过霍尔本的警长，他有了解穷人状况的最好的机会，当我估算一周有二十个穷人饿死，也就是说一年超过一千时，他告诉我我低估了这个数字；当然不是绝对的直接的饿死；而是死于饥饿引起的身体衰竭和其他疾病。这种现象只发生在伦敦这样的大地方，人们互不认识。我们听说的关于靠乞讨得到巨款的事并不真实：这门行当人
740 满为患。你可以相信，找不到工作的人很多。某一类制造业破产了：
1779年10月10日星期日 一直干这一行的人一段时间干不了别的工作。你碰见一个人在乞讨；你责怪他好吃懒做，他说：‘我愿意做工。你能给我活干吗？’——‘我给不了。’——‘嘿，那你就无权责怪我好吃懒做了。’”

我们七点钟离开斯特拉恩家，因为约翰生说他打算去参加晚祷仪式。我们一路走去，他抱怨脚趾上患了痛风，说：“我今晚不去做祈祷了；我明天再去：每当礼拜天去不了教堂时，我就决定改日再去。但并不总是这样。”这是那种在虔诚的决心和慵懒之间游移的明确展示，这样的经历我们很多人都习以为常了。

我陪他回家，进行了一次平静的长谈。

我把休·布莱尔博士的一封有关蒲柏的来信读给他听（他现在正忙着写《蒲柏传》，）我要把它作为一个文坛掌故穿插在这里[a]。

---

a　卡莱尔主教，牧师劳博士[1]在他编的金[2]大主教《恶之源论》一个重要版本的《序言》中提到，该书坚持的原则被蒲柏采用到他的《人论》里；还说：“这一事实，尽管有那样的否认（沃伯顿主教的），但可以得到一个无懈可击的证据的严格证实，那就是，已故的巴瑟斯特勋爵看见博林布罗克勋爵亲笔写的τὸ βέλτιον[3]（大主教的用语）的同一体系，在蒲柏先生创作他的《人论》时就摆在他的面前。”这是值得敬重的证据；但布莱尔博士的证据（转下页）

致**詹姆斯·鲍斯威尔先生**

亲爱的先生，——1763年，我在伦敦，威斯敏斯特受俸牧师约翰·布莱尔博士①把我带到老巴瑟斯特勋爵家吃饭；我发现来客还有已故的马莱先生，在君士坦丁堡担任过大使的詹姆斯·波特爵士②，已故的麦考利医生③，还有另外两三个人。话题转向了蒲柏先生，巴瑟斯特勋爵告诉我们，《人论》原来是博林布罗克勋爵用散文写的，蒲柏先生只不过将它改写成了诗而已：他曾经读过博林布罗克勋爵的手稿；而且记得一清二楚，所以感到疑惑，不知道该赞赏博林布罗克散文的优雅、还是蒲柏诗歌的美妙。巴瑟斯特勋爵讲了这种情况以后，马莱先生叮咛我注意，并记住这条重要信息；由于自然规律，我也许比勋爵大人后离开人世，就

（接上页）不仅更充分，而且来源更直接。让我再补充一条约瑟夫·沃顿博士的证据："已故的巴瑟斯特勋爵再三向我保证，他在博林布罗克的手稿中读到了《人论》的整个计划，而且写下了蒲柏要写成诗并加以阐明的一系列论点。"《论蒲柏的天才与作品》，第2卷，第62页。

1 劳博士（Dr Edmund Law，1703—1787），卡莱尔主教、神学家；被任命为卡莱尔教区会吏总（1743）；《空间与时间观念探讨》（1739）和《有关宗教理论的世界状况考量》（1745）的作者；牛顿自然神学的极端批评家；被任命为卡莱尔主教（1768）。

2 金（William King，1650—1729），爱尔兰教会都柏林大主教（1703—1729）；德里主教（1691—1703）；《已故国王詹姆斯统治下爱尔兰新教徒的状况》（1691）和《恶之源论》（1702）的作者；上诉法院法官（1714—1715，1717，1717—1719）；都柏林科学会会员；他那个时代唯一最重要的爱尔兰新教教士。

3 更善良的人。

① 约翰·布莱尔博士（Dr John Blair，？—1782），威斯敏斯特受俸牧师、英国国教会牧师、年代学家；皇家学会会员（1755）；约克公爵爱德华的秘书；《世界编年史》（1754）的作者。

② 詹姆斯·波特爵士（Sir James Porter，1710—1786），外交家；被卡特雷特勋爵任用数次出使欧洲大陆；驻君士坦丁堡大使（1746—1762）；驻布鲁塞尔全权公使（1763—1765）；受封为爵士（1763）；皇家学会会员。

③ 麦考利医生（George Macaulay，约1716—1766），苏格兰医生；历史学家凯瑟琳·麦考利的丈夫；伦敦市布朗街不列颠产科医院医生兼财务主管（1752）。

可以做他说过这番话的见证人。这次谈话确实太值得注意，叫人难以忘怀。几天以后，见到了正好也在伦敦的你，你会记得我给你提起过关于这个问题的前后经过，因为我对这件轶事感触良深。然而确定我对它的记忆不可怀疑的情况是，我养成了在伦敦时把发生的事记在日记上的习惯，我每天晚上都记日记，我发现

741 了上述信息的细节跟我现在描述的一模一样，写得清清楚楚；而

1779年10月10日星期日

且由此能够确定这番谈话是1763年4月22日星期五进行的。

我也清楚地记得，（尽管这一点我没有日记来佐证，）关于蒲柏先生的谈话进行期间，我注意到有时候广为流传的一种说法，那就是，他不懂希腊文。巴瑟斯特勋爵对我说，他知道这种说法失实；因为《伊利亚特》的那一部分就是蒲柏先生在他的乡间别墅里翻译的；早晨他们一起吃早饭的时候，蒲柏先生常常兴高采烈地背诵他一直在翻译的希腊文诗句，然后给出他的译文，将二者加以比较。

如果这种情况能对约翰生博士有什么用处，你完全可以交给他。同时我请你转达我对他的最崇高的敬意，祝愿他在文学事业上成就辉煌，声名显赫。你满怀敬意、最深情、充满感激之心的卑微仆人，

布劳顿公园，1779年9月21日。　　**休·布莱尔**

约翰生："请你相信，先生，此话言重了。蒲柏可能从博林布罗克那里得到了他的《人论》的哲学经络；就算承认这是真的，巴瑟斯特勋爵不是存心说假话。然而似乎布莱尔想象的纬络中的东西却不是真的；我们相信构成那首诗的大部分要素的诗歌意象则是蒲柏自己的。令人惊诧的是，先生，在描述几乎每一件事物时，跟精准的真相偏差有多大。我告诉思雷尔夫人，'你对真相很少操心，所以你记东西从来不准确'。如果一个人大而化之，不求准确，那种记忆对真相有什么用呢？黑尔斯大法官的《苏格兰编年史》非常准确；但都是些干巴巴的细节。它们会被看作一部词典。你知道那些

东西在里面；高兴的时候可以查阅一下。罗伯逊善于描述；但不幸的是，你肯定他不认识他所描绘的人；所以你就无法想到逼真。人物绝对不应当由史学家描写，除非他认识他所描写的那些人，或者照抄认识那些人的作者的作品。”

鲍斯威尔：“先生，为什么人们玩我现在注意到的这种把戏，当我望着你的炉箅时，还要把煤铲顶住它让炉火燃烧？”**约翰生**：“他们玩这种把戏，但没有使炉火燃烧起来。[①]有一个赌徒（把火扦拿得与炉箅垂直成直角），在迷信的岁月里，他们认为，由于它用铁条做成了个十字，所以会驱巫。”

鲍斯威尔：“通过跟你的交往，先生，我总在增长智慧。不过或许一个人在了解了自己的性格——自己有限的智力——之后不应当渴望拥有太多的智慧，考虑到quid valeant humeri[②]，你能扛的多么少。”**约翰生**：“先生，你尽可能的聪明一些；让一个人aliis lœtus, sapiens sibi[③]：

> 尽管喜欢观看海豚们玩耍， 742
> 我还是关心自己的方位和做法。[a] 1779年10月10日星期日

你可以早晨在书房里当聪明人，晚上在酒馆聚餐时当快乐人。人人都应当注意自己的智慧，自己的德行，不要太在意别人怎么看。”

他说：“多兹利首先向我提到一部英语词典的计划；可是我已经考虑了很久。”**鲍斯威尔**：“你不知道你要承担的是什么任务。”**约翰生**：“知道，先生，我很清楚我要承担的任务——而且对怎么做也心中有数，——所以出色地完成了任务。”**鲍斯威尔**：“一部登峰造极

---

① 〈这样做肯定能使炉火燃烧起来，由于排斥了空气，就突然把一股强烈的气流扔进火里，这样就起到某种程度的风箱的作用。——卡尼〉

② “你的肩膀能扛多少”——贺拉斯，《诗艺》，第1节，第39行。

③ 跟他人相处时欢乐，独自一人时聪明。

a 《忧郁》。

的巨著！而且对你有好处。在你的序言中说：‘在这种孤寂阴暗中，它对我有什么好处？’你犯了个可喜的错误。”

在他的《弥尔顿传》里，他说：“我情不自禁要说，他的传记作者们对这位伟人也许无意识地表示出一种敬仰：他居住过的每一座房子都作为历史文物提到了，仿佛忽略不提他的出现为之荣耀的任何地方就是一种伤害似的。”在读这种观点之前，我一直渴望通过各种询问向约翰生表示这种敬仰。发现他今晚兴致很好，我便说服他既然他作为一名作家进入了这个大都会，就把自己的居住地给我开一个清单，我现在把它附加在一条注里[a]。

---

a　1. 滨河大道从凯瑟琳街岔出的埃克塞特街。2. 格林尼治。3. 汉诺威广场附近木头街。4. 卡文迪什广场城堡街6号。5. 滨河大道。6. 鲍斯威尔巷。7. 又是滨河大道。8. 弓街。9. 霍尔本。10. 脚镣巷。11. 又是霍尔本。12. 高夫广场。13. 主要客舍。14. 格雷律师学院。15. 内殿巷1号。16. 约翰生巷7号。17. 门栓巷8号。

我向他提到我的一位朋友和他的夫人就夫妻不忠的问题吵得不可开交，我这位朋友坚持认为丈夫的不忠绝对不像妻子的不忠那么糟糕。**约翰生**："先生，你的朋友说得对。男人跟造物主之间的不忠又当别论；但放在夫妻之间，丈夫的不忠算不了什么。夫妻是由子女、财产和严肃的共同考虑联系到一起的。聪明的妻子犯不着找麻烦过问丈夫不忠的事情。"**鲍斯威尔**："当然，丈夫寻花问柳跟妻子红杏出墙是有重大差别的。"**约翰生**："这种差别是没有边际的。丈夫不可能把一个私生子强加给妻子。"

在这里人们也许会问约翰生的观点是否完全正确。由于后果，犯罪程度的差异很大，我估计这一点是不会有争议的；但人们仍然会坚持认为，且不管道德义务，不忠对丈夫而言，绝对不是一个小过失；因为它肯定伤害了一种包含着相互忠贞的体贴爱恋，以及马辛杰[1]在他的剧作《图画》中所展示的那些细腻的情感。——约翰生也许在另外一次会承认这种看法。应当牢记心头是，他非常小心，是不会鼓励越轨行为的。一位先生[2]没有注意到他在这个问题上做出的区分，便假定了一个妻子极其出格的案情，冒失地说："这么说来，他认为丈夫就可以心安理得地为所欲为了。"**约翰生**："不，先生，这就实在不着调了（莞尔）。你必须考虑单身私通也是犯罪；结了婚你更不能胡作非为。"

743

1779年
10月12日
星期二

这天晚上，他表示强烈反对罗马天主教徒；说："凡是在他们跟我们有分歧的事情上；他们都是错的。"他甚至反对祈求圣徒；总之，他有一种对抗情绪。

我向他表示后悔：希腊文学少了，这是苏格兰的普遍情况；而且很长时间就没有下一点功夫学习那种高贵的语言，所以希望他说说该采用什么补救措施。他推荐给我的简易补救读物是西尔韦纳斯

---

① 马辛杰（Philip Massinger，1583—1640），剧作家，与约翰·弗莱彻和托马斯·德克等人合作；皇家供奉的在团剧作家（约1625）；《新法还旧账》（1625）和《城市太太》（1632）的作者。

② 詹姆斯·鲍斯威尔。

的《伊利亚特第一卷》；道森的《希腊文新约全书词汇》；还有书尾有《帕索里斯词汇表》的《赫西奥德》。

10月12日，星期二，我和他在拉姆齐先生家吃饭，同席的有纽黑文勋爵，以及其他一些来宾，这些人现在我一个都想不起来了，只记得有一位漂亮的格雷厄姆小姐[a]。她是勋爵大人的亲戚，她要约翰生博士陪她尽情饮酒。受到这样的关注，他真有点喜出望外，便彬彬有礼地告诉她，他从不喝酒；但如果她愿意喝一杯水，他倒乐意奉陪。她答应了。"哦嗬，先生！（纽黑文勋爵说）你上当了。"**约翰生**："不会吧，我不明白我怎么上当了；就算上当了，我也不想再被放一马。如果上当了，我就把这个当上到底。"等两杯水端上来时，他笑吟吟地对这位小姐说："小姐，咱们互敬一杯。"

纽黑文勋爵和约翰生就米德尔塞克斯的选举进行了一阵子辩论。约翰生说："可以认为议院受到法律的束缚，就像一个人在没有人打结的地方受到了束缚一样。显而易见，下院可以驱逐，而且可以一而再，再而三地驱逐，为什么与其让议会和百姓纷争不休，却不容许那种议会权力瘫痪。"纽黑文勋爵持反对立场，但还是毕恭毕敬地说："我怀着极大的崇敬之情跟您说话，约翰生博士；我说话就是为了聆听教诲的。"此话对我的朋友产生了立竿见影的效果。对于一个说恭维话的贵族，他几乎把脑袋耷拉到桌面上了，然后大声说道："我的勋爵大人，我的勋爵大人，这样客套我看就免了吧；咱们还是心平气和地交流交流思想吧。"辩论结束后，他说："今天我对这个问题算是豁然开朗了。以前则没有这样的情况。"这是他说的一番意味深长的话，尤其因为他就此还写过一本小册子[b]。

他说："下院本来就不是民众的一种特权，而是对王权和上院的
744 一种制约。我记得亨利八世要他们有所作为；他们早上还在犹豫，
1779年10月12日星期二 但下午就有所作为了。他告诉他们：'你们有所作为了很好；要不然

a 现在是巴特的亨利·达什伍德爵士夫人。

b 《虚假警报》。

你们有一半人的脑袋就挂在坦普尔门上了。'可是现在下院不再受王权的控制，因此人们必须贿赂它。"他补充说："我议论公众事务，没有乐趣可言。"

关于他的一位大学同学，著名的乔治·怀特菲尔德先生，他说："怀特菲尔德吸引的注意从来没有一个江湖郎中多；他吸引注意力不是靠做得比别人好，而是靠做得怪。如果阿斯特利[①]倒立在马背上布道，他会聚集成千上万的听众；但是聪明人都不会说，这样一来他做的布道就更精彩。我从来没有小瞧怀特菲尔德的牧师工作；我相信他做得很出色。他献身于下层人，在他们中间他才有用处。但当亲昵和热闹要求得到知识、艺术和高雅的应得的赞誉时，我们必须灭掉那种矫情。"

这次我在伦敦逗留的剩余时间里，我保留下来的他的谈话有下列一些内容：我告诉他，当我表示反对和一名臭名昭著的不信教者[②]继续交往时，我们的一位著名朋友[③]对我说："我不认为像你我这样在世界上生活放纵的人就能得体地表现出那样一种权威。约翰生博士可以做到，因为他的行为一贯规矩。可是如果今天躲避不信教者，明天又醉酒，行为就判若两人了。"**约翰生**："不对，先生，这是一种可悲的推理。因为一个人不能事事都做得对，难道他就一件事情都做不对了？因为一个人有时候醉酒，所以他就会偷东西？这种理论会很快把一个人送上绞刑架的。"

然而，忠诚的基督徒应当与宗教的死敌交往到什么程度，毕竟是一个难题；因为首先，几乎每个人的心或多或少被"滥交败坏"了[④]；其次，世人会自然而然地认为，能够轻易容忍敌对分子的人不是认真

---

① 阿斯特利（Philip Astley，1742—1814），骑术表演者，马戏团团长；在兰贝思马什建立"马术学校"，在威斯敏斯特桥下建立阿斯特利圆形剧院（1769）；在巴黎开办阿斯特利圆形剧院（1783）；在都柏林建立皇家骑术剧院；在佛兰德斯当马术师傅、记者和名人鼓舞士气者；手艺阶层挺进市场的代表人物。

② 爱德华·吉本。

③ 托珀姆·博克莱尔。

④ 《圣经·新约·哥林多前书》，第15章，第33节。

信教的；最后，如果亵渎者发现自己受到虔诚者的善待，那么躲避他们对于他们不信教的公开宣言本来会造成一种遏制，会提供一次迫使他们认真反省的可能的机会，但这样一来，这一切都落空了。

我不知道为什么。他在一切场合都表示不愿去爱尔兰，我倒是建议他应当到那里做一次旅行。**约翰生**："那是我最不想去旅游的地方。"**鲍斯威尔**："你不想看看都柏林吗？先生？"**约翰生**："不想，先生；都柏林只不过是一个更糟糕的首都而已。"**鲍斯威尔**："难道巨人岬也不值得一看？"**约翰生**："值得一看？是的，但不值得去看。"

然而他对爱尔兰这个国家倒持一种友善态度，关于狡猾的政客们经常考虑的"联合"问题，他是这样对该国来的一位绅士表达自己的看法的："别跟我们搞联合，先生。我们跟你们联合，无非是要掠夺你们。我们本该掠夺苏格兰人的，如果他们有我们能够掠夺的什么东西的话。"

745 我们的一位熟人的做派和他身边的一切，尽管昂贵，却很粗俗，他是这样说此人的："先生。你在他身上看到了庸俗的荣华。"

1779年10月22日星期五

有一位并非才高八斗的外国公使跟他交往了相当一段时间，遭到忽视，有一天他恰好提到读过约翰生《漫游者》的一些意大利文翻译，非常赞赏。这可使约翰生大喜过望；公使说题目被译为*Il Genio errante*①，不过我还听说有更可笑的译名，*Il Vagabondo*②；发现这位公使还真有一定的情趣，约翰生便对他全神贯注，他讲的头一番话尽管简单，却连连惊呼："大使说得好——阁下说——"然后他把已经说过的简短话加以扩充、丰富、语气强硬，俨然当成了一桩大事。在座的客人觉得这极其有趣，后来，很多次，这都成了开心的谈资；每当表达出来的观点没有什么了不起时，"大使说得好"成了一句喝彩的噱头。

10月18日，星期一，我离开伦敦，陪斯图尔特上校前往切斯

---

① 〔流浪的天才。〕

② 〔流浪者。〕

特，因为他的团要在那里驻扎一段时间。

鲍斯威尔先生致约翰生博士

我亲爱的先生，　　　　　　切斯特，1779 年 10 月 22 日。

星期一凌晨一点，斯图尔特上校和我才离开伦敦；因为我们想向芒斯图尔特勋爵做一次亲切的道别，他准备当天启程去都灵大使馆赴任。我们一路顺利驱车前进，当晚老早就赶到利奇菲尔德。上校听说“乔治”客店更具特色，所以不肯在“三冠”投宿，这样一来我没有见到我们的店主威尔金斯，我们发现乔治客店的住宿条件真能如我们所愿，想到我又到利奇菲尔德了，真令人喜出望外。第二天早晨大雨如注；由于逗留时间不长，要干的事却不少，我便叫了一辆驿车，在八点和九点之间突击进行一轮访问。我先去找格林先生，希望请他陪我去看望我的其他各位朋友，但他正忙着照顾索多和曼的主教，这位主教当时因患痛风，病倒在利奇菲尔德。匆匆地瞟了一眼格林博物馆的新增展品，还真叫人恋恋不舍，随后我去了弗雷里，我一到那里就引起了女士们的一番骚动，她们没有准备这么早就接待客人；但我的名字有幸与你的紧密联系在一起，所以一切问题就迎刃而解；科布夫人和阿迪小姐重新坐上了她们急匆匆离开的早餐席。她们以老相识的友好态度接待我；我们异口同声颂扬过你以后，科布夫人告诉我你说过，“鲍斯威尔我相信是一个离开谁家，谁都希望他再回来的人”。我听了感到高度的满足。她后来还补充说她叫你告诉我，如果我到利奇菲尔德来，她希望我会在弗雷里留宿。我从那里乘车前往彼得·加里克①家，我同样受到非常喜人的欢迎。我 746
觉得他享受着自己惯常的快乐；他非常亲切地要我能来就尽管来，陪他过一个星期。从加里克先生家出来，我就去公馆拜访苏

1779 年 10月22日 星期五

① 〈这位先生比他弟弟大卫长寿得多；1795 年 12 月 12 日在利奇菲尔德去世，享年八十六岁。——A. 查默斯〉

厄德先生。我第一次受到他的夫人和女儿的款待，他本人则按自己患病的习惯患感冒卧病在床。但他想见我；我发现他身穿黑袍，上面又套了一件白法兰绒晨衣；所以看上去活像多明我会修士。他兴致勃勃，彬彬有礼；在他的屋檐下我受到的接待也令人非常愉快。我随后去斯托山，首先向加斯特里尔夫人致敬，听她谈话我都不想离开。但是我剩下的时间不多了，上校好心等着我，我不能拂逆他的美意太久；于是我急忙赶到阿斯顿夫人[①]家，我发现她比我担心的情况好得多；在那里我遇见了这几位女士的一位小叔子，他谈到你的很多事情，我觉得说得非常好。这时候要拜访的只剩下露茜·波特夫人了，我便前去拜访，我确实相信，双方都由衷地满意。我相信我很高兴再次见到她；而且由于我认为她非常诚实，我相信她也高兴再次见到我，因为她就是这么说的，所以我不能怀疑她的认真。我亲爱的先生，那天早上你是多么大的一块友善的嵌缝石啊，因为我们都是被对你的共同爱恋结合到一起的。我不能说我曾经度过比在利奇菲尔德度过的两个小时更叫我感到自满自得。我不认为这有无聊虚荣之嫌。你不是要让我坚信谁发现自己如此受人关照，谁就有高兴的正当理由吗？

我们在星期二半夜时分抵达切斯特；在这里我再次处于欢喜雀跃状态。斯图尔特上校和他的同僚给了我能奢望的一切礼遇；我出色地扮演了自己的角色。Lœtus aliis，sapiens sibi，我想就是你最近有天发明的一则经典语句[②]，它在我目前的生活中找到了例证。我有幸在好几年前认识的这位主教，这次对我十分关注；他的谈话对我有春风化雨般的作用。我可不能忘了告诉你，主教大人对你的《诗人集前言》赞赏备至。我每天都在广交可意的朋友，所以日子过得丰富多彩。借助书本和主教的帮

---

① 〈约翰生钟爱的莫莉·阿斯顿的未婚妹妹。莫莉与海军上校布罗迪结了婚。——M.〉

② 见边码第741页。

助，对这个地方本身的了解就是件充实的消遣。切斯特比我见过的任何城镇都能愉悦我的遐想。但我在我这封信里不会细讲。

我在此地要待多久，目前还说不上。我在一位受俸牧师①家见到了他的侄女，她是一位人见人爱的年轻小姐[a]，我告诉她，"小姐，我说不上怎么来到了切斯特；我更说不上会怎么离开"。不要以为我太幼稚。我亲爱的先生，我求你我在此地期间能赐我惠书一封，以增加一个快乐的朋友的快乐，他对你满怀敬爱之情，你最忠实的，

詹姆斯·鲍斯威尔

如果你不立即写信让我在这里收到，我将会感到失望。两行字将会使我的灯长明不熄。

致**詹姆斯·鲍斯威尔先生** 747

1779年11月7日星期日

亲爱的先生，——你为何如此心急火燎地逼我写信？对于一个发现自己走到哪里都受人欢迎，并且结交新友快得超出需要的人，得到远方朋友的消息能有什么重要意义？如果在接收那种普遍友善的欢愉中，知道你还保留着我的友善，还能增加什么内容，你可以尽情享受那点小小的增添。

你在利奇菲尔德如此成功地转了一圈，我非常高兴；人们见到你的次数越多，就越喜欢你。从信上得知阿斯顿夫人身体如此之好，而且露茜·波特见到你如此高兴，真令人喜出望外。

在你目前所在的地方，有很多可观察的事物：你会很容易找到一些熟练的导游。但是你怎样做才能躲开在家里烦扰你的郁闷？如果肯听令尊的劝告，调查研究苏格兰的老土地保有制和老特权，你肯定会给自己打开很多中世纪风俗的动人景象。

---

① 罗杰·巴恩斯顿牧师。

a 丽蒂希亚·巴恩斯顿小姐。

一个半野蛮的国家的封建制度在文明生活中自然会产生重大的反常现象。对过去时代的知识自然在非公众记载的所有情况下越来越少；苏格兰的过去跟现在如此迥异，以致一个苏格兰人已经很难想象他祖父的经济状况。不要犹豫，也不要马虎；而是把能发现的东西急切地收集起来[a]。

我想，我们曾经议论过另外一个计划，《苏格兰近日起义史》，包括它的所有事件。很多虚假的东西正在进入未遭反驳的历史。热爱动人故事的伏尔泰讲过他无法发现真实的东西。

如有机会，你可以搜集这些计划的材料，也可以两者的材料都加以搜集，闲了把搜集到的材料消化消化。伯顿留给你这样精神失调的人的重大指示就是，**避免孤独**；**切勿偷懒**：我将它这样改动一下——要是你偷懒，就别孤独；如果孤独了，就别偷懒。

这就是给你的一封信，写信的是你卑微的仆人，

伦敦，1779 年 10 月 27 日。　　**塞姆·约翰生**

致塞缪尔·约翰生博士

我亲爱的先生，　　卡莱尔，1779 年 11 月 7 日。

我在切斯特竟然逼你给我写信，当你考虑到我是多么贪图快乐时，也就不足为奇了；爱快乐就像 amor nummi①，与我们拥有的量的多少成比例增加。你的来信充满了礼貌的善意和师长的忠言，就像一个大财宝掉到我身上，尽管我的财富已经光彩夺目。我在切斯特着了魔，除魔谈何容易。然而这种着魔却跟着喀耳

---

a　我有家父的一批非常贵重的收藏，我又做了一些增补和说明，打算出版。我有某种家传的权利成为一名文物收藏家；不仅仅来自父亲，而且也来自母亲一方能干、博学的约翰·斯基恩爵士，他的功绩使想贬低他的声名的一切企图都无法得逞。

①　“爱金钱”——尤维纳利斯，《讽刺诗》，第14首，第139行。

刻[①]的魔完全相反，因为这里面没有任何耽于酒色的成分，我拥 748
有的全是精神享受。我指的不只是原因；因为我的遐想在发挥奇 1779年11月7日星期日
妙的作用。为什么不呢？如果你高兴，我愿意给你抄送一本我的切斯特日记，或者节编，它可真是一本精当的旅行日记。

主教的亲切接待，让我乐开了花。我告诉他，你后悔把切斯特看得太少。主教大人叮咛我告诉你，他很高兴领你多看看。发现你让我有幸结成的这种友谊这么多的地方都知道，我感到无比自豪。

我昨天深夜才到达此地，我们的教长[a]朋友离开这里已经几个月了；但我在所住的客店里听说他人丁很旺（人气很旺）。然而，我发现会吏总劳先生是主教的儿子，我和他一起吃过早餐和正餐，相处得非常融洽。我跟他是在此地的巡回审判庭上认识的，大约在一年半以前；他是个知识极其全面的人，一个非凡的天才，我相信，还笃信宗教。早上我在大教堂接受圣餐，因为这是本月的第一个礼拜日；晚上参加了祈祷仪式。想到离阿夫莱克这么近就有一座大教堂，对我来说真是天赐的喜事。现在我离开“古老的英格兰”时，怀着感谢上帝承认我这样一种心情。

在家困扰我的那种郁闷我不能不感到恐惧；然而由于我过去在军训中度过了一段时光，我相信我会击退它的。收到你的来信会像吹响号角一样激励我，因此，我希望回到北方不久，会收到你的几行书简。

斯图尔特上校给我很大的荣耀，他用他的专车护送我参观利物浦，从那里又回到我们分离的地方沃林顿[b]。为了给我娇贵的妻

---

① 在荷马的《奥德修纪》（第10卷）中，奥德修斯被魔女喀耳刻在埃埃厄岛滞留了一年，他的同伴都被变成了猪。

a 托马斯·珀西。

b 后来他的团接到命令开往牙买加，他随团抵达那里，几乎因为水土不服而丧命。这一公正的命令，我认为足以驳倒这种无聊的传闻：“在王位的背后仍然有某种比王位本身还要重大的东西。”

子说句公道话，我必须告诉你，她写信给我说，由于我如此快乐，她不会自私到要我在事情绝对需要我时提前返回。随后她委托我的办事员给我写了一两回主旨相同的信；今天我从这里的邮局正好接到了她的一封亲切的来信，告诉我她和孩子们都好，表达了他们盼望我回家的愿望。你越来越深情的、满怀感激的卑微仆人，

詹姆斯·鲍斯威尔

致**詹姆斯·鲍斯威尔先生**

亲爱的先生，——你的上封信不仅亲切友好，而且一往情深。不过我希望你摆脱一切过火思想，既不要高抬你的快乐，也不要加剧你的苦恼，使之超越它们真正的自然状态。你为什么在爱丁堡不像在切斯特那么快乐？In culpa est animus，qui se non effugit usquam.[①] 为你的妻子儿女、为学习和工作而高兴吧。

749 寄上露茜·波特的一封请求信[a]，由你斟酌那样做是否合适。
1780年 1—3月 我把信寄给你，好让你了解整个情况，免得受了引诱做了日后追悔莫及的事情，阅后将她的信退还给我。也许你知道多克西小姐是加里克先生的外甥女。

如果珀西教长在卡莱尔人气很旺，他也许非常快乐。他掌握着两份俸金，每份都与主教任务的价值相称，或者几乎相称；他可以把一份留给自己，一份给他儿子。

大教堂离阿夫莱克有多近，让你如此高兴？我估计，至少在一百五十英里开外。不过，如果你高兴，那就好。

告诉我你受到令尊怎样的接待，他的健康状况如何。尽量让他高兴，不要给他的余年再添痛苦。

至于这里的朋友们，我想不起有什么可以告诉你的。我既

---

① “真正的罪犯是思想，它永远逃脱不了自己”——贺拉斯，《书札》，第1卷，第14封，第13行。

a 要求我调查一位当时正在向多克西小姐献殷勤的先生[1]的家庭情况。

1 詹姆斯·苏珊娜·帕顿（James Susannah Patton）。

没有见过兰顿，也没有听到他的消息。博克莱尔刚从布赖顿回来，我听说，情况好多了。思雷尔先生一家仍在那里，据说他的健康有明显好转；他没有下河洗澡，却参加了打猎活动。

门栓巷除了最近公开的敌视外，还有很多恶意[a]。我得了一次感冒，但现在好了。

代我向鲍斯威尔夫人致意，你卑微的仆人，

伦敦，1779年11月13日。　　　　**塞姆·约翰生**

11月22日，12月21日，我两次从爱丁堡写信给他，对多克西小姐的情人的家庭状况给出了十分有利的汇报。——信上说经过多方寻访，我找到了他编著《词典》期间给他当过抄写员的弗兰西斯·斯图尔特先生的妹妹。我按照他的愿望给了她一几尼，从而拿到了她哥哥保存的老笔记本；还说这位好心的女人境况非常一般，但很知足安详。对他无微不至的慷慨诚实感到诧异，拿到这一几尼好像是天赐之物。——还说，我一再求他不要食言，把他给切斯特菲尔德勋爵的信寄给我，说这一劝诫，像 Delenda est Carthago[①] 一样，必须放在我应当写给他的每一封信里，不达目的决不罢休。

1780年：七十一岁。〕——1780年，世人急不可耐地等着他的《诗人传》大功告成，他是在他的慵懒允许的范围内从事这项任务的。

我于元月1日和3月13日两次致函予他，把我写的马奇蒙特勋爵关于蒲柏的信息笔记寄给他；抱怨几乎四个月未见他的来信，尽
管他还欠我两封信未复；信上还告诉他我又患了忧郁症；想必他有 750
这么多更好的朋友（那些诗人）的陪伴，就没有时间惦记远方的朋 1780年
友了；如果情况果真如此，那我的不安就有一定的报酬；我说我事 1—3月

a　见前边码第722页。

①　“必须毁灭迦太基”——据说这是老加图在元老院每次讲话的结束语。

务缠身，不允许我今年再来伦敦；并且求他把他在上面做了标记的哥尔德斯密斯的两首诗还给我。

他的朋友劳伦斯医生遭受了一个男人容易遭受的最严重的打击，这种打击约翰生本人也有最深切的感受；约翰生怀着令人敬佩的高度同情写信给他表示诚挚的慰问。

致劳伦斯医生

亲爱的先生，——在你所有的朋友应当向你表示关切的时候，你又具有一种使认识你的人都成为你的朋友的性格，因此你也许会纳闷为什么尚未接到我的来信。

我一直为一种苦恼和不断的咳嗽所困扰，这十天里还放过一次血，禁食四五次，服药五次，我想，还服过六次鸦片制剂。今天似乎有所缓解。

亲爱的先生，你新近遭受的这种丧亲之痛，我多年前就感受过，所以知道你的损失有多么大，从安慰中得到的帮助又何其小。一个人长期爱着的妻子先他而去，他就看到自己脱离了那有着相同的希望，相同的恐惧和相同的兴趣的唯一心灵；脱离了与他有福同享有难同当的、他可以随心所欲与之追溯过去，展望未来的唯一伴侣。生活的连续性被撕裂了；思想和行为的既定流程中断了；生命悬着一动不动，直到被外来的动因驱赶进一条新的渠道。然而悬着的那段时间非常可怕。

在这种痛苦的孤独中，我们也许由于缺乏习惯的虔诚走投无路时，首先求助于一种阴沉的默从。在两个凡人中；一个必须失去另一个；然而在考虑监视万象的那种天道时，肯定有一种更高、更好的安慰从中引出来，有一种信念从中引出来，那就是，生者和死者在上帝手中都是平等的，上帝会让他分开的那些人重新团聚；或者他认为还是不要团聚最好。你最深情、最卑微的仆人，

1780 年 1 月 20 日。　　　　**塞姆·约翰生**

致詹姆斯·鲍斯威尔先生

亲爱的先生，——好吧，我曾经决定把那封切斯特菲尔德书信寄给你；但我愿意在没有原稿的情况下重写一遍。千万不要给凡人强加任务。要求两件事就是让两件都做不成。

你提到事务棘手，我深感遗憾；不过棘手眼下非常普遍：因而也不会令人少伤脑筋，因为帮助的希望更少。我不会虚与委蛇给你劝告，因为不知道你的事务是种什么情况；关于谨慎、节俭等一般性的建议对你来说于事无补。不过，你不会远来此地给自己增加困惑，算是做对了；我希望你待在家里会使令尊高兴。

可怜的亲爱的博克莱尔——nec，ut soles，dabis joca[①]。他的巧智与愚蠢，他的敏锐与恶意，他的欢笑与推理，现在都已成往事。世间再也不会常见到这样的人了。他吩咐把他安葬在他母亲身旁，这是一例我很难想到的柔情。他把子女留给迪夫人照料，如果她离世，就由兰顿先生和他的亲戚，一个品行端正的人莱斯特先生照料，他的藏书已提出卖给俄国大使[a]。 751 1780年4月

珀西博士尽管报纸上炒得沸沸扬扬，图书并无损失[b]。烧毁的衣物、动产价值约有一百镑；然而他的文稿，我想还有他的书籍，都保存完好。

可怜的思雷尔先生中了一次风，一度情况极其危险，现在已经康复，超出了医生的预料；他现在在巴斯；心情平静，有夫人和小姐陪伴。

给你通报过朋友们的情况后，让我也谈谈自己。你总在抱怨忧郁症，我从这些抱怨得出结论，你是喜欢上了它。人都不谈他想隐瞒的事情，人人都想隐瞒他引以为耻的事情。不要装

① “你再也不会像你惯常的那么玩了”——哈德良

a 〔博克莱尔先生的藏书于1781年4月和5月公开拍卖了五千零十一英镑。〕

b 诺森伯兰宅失火，他在该宅有一套住房，我曾在那里度过很多愉快的时光。

腔作势加以否认；manifestum habemus furem；[①] 永远不提自己的精神疾病，把这定为一条你永不更改、必须执行的法条；如果你从不说起它们，你就不会去多想，如果你不去多想，它们就很少骚扰你了。当你谈起它们的时候，显而易见，你需要的不是赞扬就是怜悯；因为这没有什么可赞扬的，而怜悯对你则没有什么好处；因此，从此刻起，不再说它们，也不再想它们。

你跟斯图尔特夫人的交易给了我极大的满足；我很感激你的关注。不要把她忘了；你的支持也许会给她很大的面子，对她带来很大的好处。我对她的哥哥记忆犹新；他是一个灵巧而可敬的人。

请向夫人和小姐们问好。我很想见到她们，漂亮可爱的宝贝们。你深情的，

1780 年 4 月 8 日。　　**塞姆·约翰生**

思雷尔夫人现在在巴斯陪伴丈夫，她和约翰生书信往来进行得十分活跃。我要向读者出示一封她这一时段的原信，这封信也许比她收入集子中的那些文笔优美、字斟句酌的书札更令读者开心，因为它展示了他们文学交流的轻松活泼。作为对约翰生的回答的解读也很有价值，约翰生的信她已单独刊印，我将附上一些摘抄。

752 **思雷尔夫人致约翰生博士**

1780 年 4月28日 星期五

昨日奉得惠书一封，亲爱的先生，日期写得极为详尽。你不辞辛苦传阅我的书信，埃文斯先生给我通风报信了，我衷心感谢你的这种做法：一个人不在现场照样可以恶作剧。

昨晚在蒙塔古夫人家共度良宵的来客还有梅尔莫思[②] 先生，不过我不喜欢他，他也不喜欢我；本来指望我们会彼此讨得对

---

① 我们把贼抓了个现行。

② 梅尔莫思（William Melmoth，1710—1799），作家、翻译家；《世界》（1753—1756）和多兹利的《寓言》的撰稿人；翻译普林尼和西塞罗。

Northumberland
House 1780

方欢心的；然而他托利党味太浓，所以憎恨彼得伯勒主教[a]的辉格主义，但又显得辉格党气十足，因此厌恶你的托利主义。

蒙塔古夫人甜言蜜语奉承他；所以他一个下午过得很开心。今晚我们是在一场音乐会上度过的。可怜的“小王后”[b]眼睛疼，才刚刚把她放出来；她很长时间出不了门，不能看书，也不能写字，所以我家主人[c]对她百般呵护，让本城的一位年轻女子常来看望，这位女子是一个裁缝的女儿[①]，以音乐为职业，一天给女士们上六节课，每节五先令三便士。伯尔尼小姐说她是个了不起的演奏家；我敬重这个姑娘，因为她把日子过得挺体面；她为人谦和，举止得体，还不到十七岁呢。

你忙于形形色色的应酬；如果我不给你定期写信，你简直会把我忘掉，那就大错而特错了，因为昨天晚上批评正在进行的时候，我在自己脸上都感觉到了我对你的关心。

今天早晨全是鉴赏；我们去观赏当地的一位业余美术家泰勒先生的绘画；我家主人走到哪里都要结交一个伙伴，现在已经找了一个闲逛的好伙伴陪他骑马……[②] 他的气色挺好，但是我对一个嘴巴缝不住的男人的健康没有任何概念。他每次吃饭，伯尔尼、我和小王后都要取笑他，蒙塔古夫人对他不苟言笑；可是一个人有什么办法呢？我想，他就是贪吃，如果他不吃，我知道他就没法活；这使我很不快乐，但只好忍着。让我们的友谊长在。你最诚信的仆人，

巴斯，4月28日，星期五。　　H.L.T.

---

a　约翰·欣奇利夫博士。

b　Queeney是思雷尔夫人的长女的一种绰号，她的真名是Esther，她也许是被比作一位Queen（译者按：Esther是《圣经》中的以斯帖，是一位王后，英文叫Queen）。

c　思雷尔先生。

①　珍妮·格斯特。

②　删节的语句为“娶了阿斯顿小姐的科顿上尉”。

约翰生博士致思雷尔夫人

最亲爱的夫人，——思雷尔先生在能够说服自己按规矩生活之前，绝对不会过有节制的生活……[a] 尽量鼓励那个音乐女孩。

在特别期望相互赞同的地方，再没有比相互的反感更普遍的了。双方往往有一种不是过于善意的警惕；由于强烈地激发起了注意力，所以哪怕掉下一丁点东西，也都不会不去理会，任何情趣或见解上的分歧，某种在没有约束的地方一般会流露出来差距，就立即产生了反感情绪。

千万不要把批评挂在你的脸上或者装在你的心里；一名作
家遭批评家伤害，这种现象十分罕见。声望的光焰是不能被吹 753
灭的，但它往往熄灭在灯座上；堪称耗不尽的长明灯的名字少 1780年
之又少。就《菲佐肖恩书信集》① 的作者来看，我认为自己没有 5月
多少危险。我大约在三十年前只见过他一次，产生了一场小小的争执之后，就把他不当一回事了；此后就再也没有见过他，所以那就是最后的印象。可怜的寓言作家穆尔② 当时也在场。

蒙塔古夫人违心地长期逗留是一大方便。你自己也坦言需要一个伙伴；她就是 par pluribus③；跟她交谈，你可以发现一人百态。[b]

伦敦，1780年5月1日

5月2日，我给他写信，要求今年秋天我们在英格兰北部什么地方再见一次面。

---

a　我擅自删了几行。

①　威廉·梅尔莫思《杂题书信集，已故的托马斯·菲佐肖恩爵士著》(1748)。

②　穆尔（Edward Moore，1712—1757），剧作家、作家；作品有《女性阅读的寓言》(1744)、《弃儿：一出喜剧》(1748)、《赌徒》(1753) 等，后者是一出家庭悲剧，直到19世纪中叶还很叫座；期刊《世界》的主编（1753—1756)；次要而且缺乏创意的作家。

③　万能博士。

b　《旁观者》第470期。

此后不久，我接到兰顿先生的一封来信，我从中摘抄有关博克莱尔先生和约翰生博士的一段文字。

“你接到的有关博克莱尔先生去世的噩耗是真的。如果他的才能应当有充分的发挥，我一向认为它们有望造就一个杰出的人物；这种看法，由于有一部分是根据约翰生博士的判断形成的，而且在他去世以后，又听到约翰生博士说过关于他的才能的话，所以这种看法愈加以巩固；几天前的一个晚上，约翰生博士在维西先生家，那里来了很多客人，其中有奥尔索普勋爵[①]，他就博克莱尔先生去世这个问题对约翰生博士说：‘我们的**俱乐部**自从上次聚会遭受了一大损失。’约翰生答道：‘也许是整个国家无法弥补的损失！’博士接着讲他的天赋，特别称赞他说起非常优秀的事情时所具有的那种神奇的自如。他说：‘他要说一件好事情时的那种随便，谁也没法比；从一个眼神就表现出事情要来了；或者，当他说过以后，一个眼神就表示事情已经来了。’几天前，在思雷尔先生家，我们谈起同一个话题，他在谈及博克莱尔神通广大这一看法时说：‘博克莱尔的才能是他自己都感到羡慕的那种，而不是他认识的任何人所具有的那种。’

“就在我已经说到的那天晚上，在维西先生家，你会感到格外满足，因为它展示了人们对约翰生博士的人格高度重视的一个例证，我认为这是我以前见过的任何例子望尘莫及的。来宾主要是女士，其中有波特兰公爵的遗孀博福特公爵夫人，我想我是按照地位将她的名字排到她母亲博斯科恩夫人和也在那里的她姐姐卢
754 森夫人前面的；还有卢肯夫人，克莱蒙夫人和其他一些以地位和
1780年5月 理解能力出名的女士。男士们有我已经在前面提到的奥尔索普勋

① 奥尔索普勋爵（George John Spencer, Viscount Althorpe，后为2nd Earl Spencer，1758—1834），政治家、藏书家；威廉·琼斯爵士的学生；文学俱乐部成员（1778）；皇家学会会员（1780）；罗金厄姆派辉格党人；在法国大革命后，转变立场加入皮特阵营；首席海军大臣（1794）；诗人约翰·克莱尔的赞助人；退休后，收藏图书，成为欧洲最大的私人图书馆；担任罗克斯伯勒俱乐部第一任主席。

爵，马戛尔尼勋爵，乔舒亚·雷诺兹爵士，卢肯勋爵，拉克索尔先生，你或许读过他的《北欧游记》这本书；一位非常和蔼灵敏的人；沃伦医生，大法官法庭庭长佩皮斯先生，我相信你是认识他的，还有伊顿的校长巴纳德博士。约翰生博士一进来坐到一把椅子上，大家就开始把他围起来，围了至少有四五层；后面的人站着从坐得离他近的人头上面听他说话。有一段时间，谈话主要在约翰生博士和伊顿的校长之间进行，其他人偶尔附和两句。我不想细述谈话内容，如果这样做，就会显得又臭又长，我亲爱的先生，我想，对我们尊贵的朋友所表示的敬仰做一笼统的描述，或许还是可以接受的。”

致**牧师法默博士**

先生，　　1780 年 5 月 23 日。

我知道你不喜欢支持任何文学尝试，因此我不揣冒昧，求你从学院或大学注册簿上把能提供与安布罗斯·菲利普斯[①]、布鲁姆[②]和格雷相关的所有资料或其他信息都抄录给我，因为他们都是剑桥出身，我在尽力搜集资料写他们的传记。贸然烦扰，敬请原谅，你最卑微的仆人

塞姆·约翰生

正当约翰生忙着为世界准备一桌文学盛筵之际，大不列颠首都的平静遭到了出人意料的干扰，因为发生了一系列骇人听闻的暴行，

① 安布罗斯·菲利普斯（Ambrose Philips，1674—1749），诗人、剧作家；《牧歌》发表在汤森《杂志》（1709）上，蒲柏在《卫报》（1713）中予以嘲笑；与艾迪生关系密切；剧作有《悲伤的母亲》（1712）；《印行一部英语词典的建议》是约翰生词典的先声。

② 布鲁姆（William Broome，1689—1745），翻译家、诗人、牧师；将《伊利亚特》第10—11卷译成弥尔顿体（1712）；参与蒲柏的《奥德修纪》（1722）翻译，后来蒲柏又在《群愚史诗》（1728）中加以攻击。

这是一个文明国家遭受的史无前例的奇耻大辱①。立法机关减轻了针对天主教会的我们的同胞的一些严刑峻法，加上宽大政策，反对的声浪微乎其微，所以基督教真正的温和在本岛似乎蔚然成风。然而一种阴险毒辣的迫害情绪很快就显露出来，有人用一种卑劣的请愿手段要求废除这条明智而人道的法令。请愿是由一群暴徒提出的，带有明显的恐吓目的。它遭到拒绝，也是理所当然的。但接下来却是史无前例、胆大包天的暴力行为。对于这场特大的骚乱，约翰生博士在他的《致思雷尔夫人书信集》给出了下面简明生动而又公正的记述：——[a]

755 1780年6月

星期五[b]，善良的新教徒们由乔治·戈登勋爵②召集在圣乔治场，向威斯敏斯特进发的过程中，侮辱了上下两院议员，议员们只好逆来顺受，忍气吞声。入夜，暴行从拆毁林肯律师学院旁的弥撒堂开始发难。

我无法给你写一篇一周来反抗政府的精确日志。星期一，遭受过侮辱的斯特拉恩先生对我想同样受过辱的曼斯菲尔德勋爵说到这群暴民无法无天的行为，勋爵大人只把它当作一种轻微的不轨行为对待。星期二夜里，他们拆了菲尔丁的房

---

① 1779年，乔治·戈登勋爵组建新教徒协会并自任会长，目的在于废除1778年的天主教徒解救法令。1780年6月2日，他带领一群暴徒前往议院，递交一份反对该法令的请愿书。随后的骚乱持续了一周，造成了巨大的财产损失和近500人的伤亡。由于挑动这次暴力事件，戈登被捕并被控犯有叛国罪，但由于没有叛国的故意遂被宣告无罪。

a 第2卷，第143页及以下，我选了几封信中的一些段落，没有标明日期。

b 6月2日。

② 乔治·戈登勋爵（Lord George Gordon，1751—1793），政治家，宗教鼓动家；代表维尔茨拉德格舍尔的议员；新教徒协会会长（1779），迷上“非老教”问题；反天主教徒在威斯敏斯特的暴乱分子（1780年6月）借用他的名义聚集了大约6万人；他没有参加暴乱，但根据种种指控判刑五年；后来改信犹太教（1787）。

子[a]，并当街焚烧了他的财物。星期一他们已经把乔治·萨维尔爵士的家洗劫一空，但房屋得以保全。星期二晚上，把菲尔丁的家搞成废墟后，他们前往新门监狱要求释放因为捣毁小教堂被抓的同伴。典狱长无权释放他们，除非得到市长的批准，于是他们前去请示；回来后他发现囚犯全被释放，新门监狱烈火熊熊。暴徒们随后赶到布鲁姆斯伯里，用绳索捆住曼斯菲尔德勋爵的府邸，将它拉倒；将他的财物全部焚毁。此后他们又奔向凯恩伍德，但一个卫兵队已抢先到达。他们抢劫了一些老教徒，我想，当晚又烧毁了沼地区的一座弥撒堂。

星期三，我跟斯科特博士步行去看看新门的情况，发现它已成一片废墟，余火还在燃烧。我一路走过，新教徒们正在抢劫老围子的会议室。我相信还不到一百人，但他们干这事从容不迫，信心满满，不设岗哨，不显惊惶，就像合法雇来的全日制的工作人员。一个商业区竟然如此胆小怕事。星期三，他们打砸抢舰队街、王座法庭、马夏尔西、伍德街康普特、克拉肯威尔布赖德韦尔等监狱，释放了所有的囚犯。

夜里，他们放火焚烧舰队街，焚烧王座法庭，我不知道还烧了多少地方；人们可以看见很多地方火光冲天。景象极其恐怖。有些人受到恐吓：斯特拉恩先生劝我照顾好自己。那样恐怖的时刻，你幸好没有看到。

国王在枢密院说："地方行政长官没有尽职尽责，但他要以身作则。"于是发布诏书，指令我们不许仆人出门，因为现在和平必须要用武力来维持。于是向各个地方派兵，现在〔6月9日〕全城平静。

各地驻扎军队，以便随时听从召唤：再也没有暴徒帮伙了，

---

a 〔这种说法不大正确。约翰·菲尔丁爵士我认为这时已经去世。被损毁的房子是莱斯特园田马丁街上的高等法院法官海德的房子，他的财物也被焚烧在街上。——布雷克威〕

这些人逐个被追到各自的老窝，被送进监狱；乔治勋爵昨夜被送进伦敦塔。约翰·威尔克斯先生今天就在我这个街区，专抓煽动叛乱的报纸的发行人。

好几座小教堂已经被毁，好几个规矩本分的老教徒遭到劫掠；但穷凶极恶的行为是要焚烧监狱。这是暴民耍的一大花招。欠债不还的，有罪在身的，都获得了自由；不过对于罪犯还是一如旧例，很多已经重新收监，两个海盗已经投案自首，以期受到赦免。

政府现在又以其正当的力量行使职能；我们都在国王和法
756 律的保护之下。我想你和我家主人有了这番公共安全的证言十
1780年 6月 分欣慰；比我告诉你你平安无事的时候睡得更加安稳。

确实全城一度人心惶惶，国王则首先恢复了镇静。未经他的大臣同意，也没有行政长官的协助，他就动用军队，使全城免于遭受一个愚民的政府自然会产生的那种浩劫。

公众还逃脱了一次非常深重的劫难。暴徒们企图在星期三夜里抢劫银行，但人数不多；像其他盗贼一样，决心又不是很大。杰克·威尔克斯带领的一队人便将他们赶走了。大家一致认为，如果他们在星期二人们闻风丧胆而又没有准备抵抗的情况下，抢掠银行，也许会把到手的东西洗劫一空，永无追回的

> 希望。一向热衷维护秩序和体面的杰克宣称，如果给他权力，他不会让一个暴徒活命。然而现在不再需要英雄主义和流血搏斗了；再没有人缠蓝丝带了。[a]

这场可恨的暴乱就此结束，国王本人以高屋建瓴的气派解救了伦敦。不管有些人持什么观点，我感到满意的是，没有国内或国外的联合或计划；捣乱只是由一时的疯狂逐渐传染蔓延开的，酗酒则起了火上浇油的作用。受骗的大众在打砸抢的过程中有的是酒喝。

如果我在这里对我可敬的朋友、新门监狱的典狱长阿克曼先生不说句公道话，我认为自己罪莫大焉。他长期以来不负众望担任这一要职，一贯任劳任怨，恪尽职守，同时又温情脉脉、慷慨仁慈，所以他才有资格青史留名。

在这一事件中，一方面是行政当局的胆怯和玩忽，一方面是暴民令人难以置信的胡作非为，导致这个伟大国家的第一监狱被打开，囚犯被释放，阿克曼先生的住宅被焚烧，如果在适当的时间能给他适当的援助，这一切都会被阻止，这一点毋庸置疑。

很多年前，老新门监狱的附属砖建筑部分失火。囚犯们惊恐万状，乱成一团，喊道："我们要烧死啦——我们要烧死啦！打开大门——打开大门！"阿克曼先生急忙赶到大门口，经过一阵乱喊乱叫"听他的——听他的！"之后，总算安静下来集中了注意力，于是他心平气和地告诉他们，大门不能打开；他们处在他的管理之下，不允许逃跑。但他能够向他们保证，他们不必害怕被烧死，因为火不在监狱里，确切地说，监狱是用石头建造的，非常牢固；如果他们答应
保持安静，他本人愿意进来和他们待在一起，把他们领到建筑物的远 757
端，他们不答应，他就不出去。听了这一建议，大家同意了。于是阿 1780年
克曼先生叫他们离开大门往后退，然后他进去，斩钉截铁地命令外面 6月
的看守无论如何不能开大门，即便囚犯们（尽管他相信他们不会）食

a 〔乔治·戈登勋爵及其追随者在这次暴乱期间帽子上缠着蓝丝带。〕

言，强迫他下令开门。“不要管我，（他说）就算出了这种状况。”囚犯们便平平静静地跟着他，他则引领他们穿过他拿着钥匙打开的那些通道，走到监狱离火场最远的那一头。他这种明智的做法充分满足了他们的要求，也就是即便有什么危险也没有火烧眉毛之虞，于是他对囚犯们讲了这样一番话：“先生们，你们现在相信我说的是实话了吧。我毫不怀疑，救火车很快就会把火扑灭；如果不行，一支有能力的卫队就会到来，把你们带走安置到康普特监狱去。我言而有信，并用自己的荣誉向你们保证，我没有买一分钱的保险。我离开家，就是为了照料好你们。我绝不食言。如果你们坚持要我跟你们一起待着，我就待着；但如果你们允许我出去关照我的家人和财产，我会感激你们。”囚犯们为他的这种行为所感动，便喊道：“阿克曼长官，你见义勇为、当仁不让，你想办法去照看自家关心的事情去吧。”于是他去打理自己的事务，囚犯们仍留在那里，都保全了性命。

听约翰生叙述过这个故事的要旨并大力赞扬，伯克先生同样称颂不已。我杰出的朋友说到阿克曼先生对囚犯的仁义时，对他的人格发表了这样的颂词：“一个人长期以来一直看见的是人类最坏的一部分，却又以性情仁慈出名，这种人肯定原来在很大程度上就有这种性情，而且还继续兢兢业业地培养它。”

这个月，我弟弟大卫带着下面一封介绍信拜访了约翰生博士，我叮嘱他抵达伦敦时随身带上。

致塞缪尔·约翰生博士

我亲爱的先生， 爱丁堡，1780 年 4 月 29 日。

此信将由舍弟大卫从西班牙返回时交给你，他誓言“用心、用钱、用剑捍卫阿夫莱克古堡”，你会高兴见到这样一个人的；这种浪漫的家族庄严是我策划的，你我在现场谈及它时充满了得意之情。我相信十二年的阔别并没有淡化他对封地的依恋之情。我满怀敬爱、十分荣幸地做你最忠实卑微的仆人，

詹姆斯·鲍斯威尔

约翰生非常客气地接待了他，并在给思雷尔夫人的一封信[a]中这样提到了他："我见到了鲍斯威尔的兄弟，一个在西班牙做生意的商人[b]，战争把他从瓦伦西亚的住处赶走；他去看望朋友了，在更加宜人的气候条件下居住了十二年之后，他将会发现苏格兰是一个难过的地方。他是个很讨人喜欢的人，不说苏格兰语。" 758 1780年6月

致**贝蒂博士**，阿伯丁

先生，——相别之后，一晃过了多少年月，我都没有兴趣计算了；然而对此也没有什么可指摘抱怨的理由——Sic fata ferunt①。不过我认为我们之间还是可以互通一些小小的关爱之情的。如果你说，我应当写信，我现在不是写了吗？我写信告诉你，我对你和贝蒂夫人满怀情谊；我祝愿你们健康长寿。想办法换换空气，往南走一走：温和的气候也许对你们夫妻二人都有好处；冬天快来了，比起阿伯丁来，伦敦会暖和一些，快活一些，热闹一些，娱乐更丰富一些。

我的身体好一些了；但当我告诉你蒙塔古夫人一度病得很重，我怀疑现在身体还是非常虚弱时，两相对比这又不值一提了。思雷尔先生病情一度险恶；但现在好多了，但愿将会完全康复，整个夏天他都退出了生意场。乔舒亚爵士和他妹妹均好。戴维斯先生作为一名书商歪打正着生成的作家取得了很大的成功[c]。我没有更多的消息可告诉你，因此你必须满足于听我不知

---

a　第2卷，第163页。皮奥齐夫人删去了名字，她最了解个中缘由。

b　现在在伦敦定居。

①　"命运安排了这样的结局"——维吉尔，《埃涅阿斯纪》，卷2，第34行。

c　指他引人入胜的《回忆大卫·加里克先生》，约翰生写下了该书的第一个句子（戴维斯告诉我的）；可以说，这就给该作品定下了基调。这确实对作者具有典型意义，开始是一句箴言，然后进行说明。——"所有的优长都有权被记录下来。因此我认为为写这样一个人的传记而道歉是画蛇添足之举，此人以自己累累非凡的私人美德，给一种公众职业的最高地位增光添彩。"

道你是否很想听的东西[a]，你最卑微的仆人，

舰队街门栓巷，　　　　　　　　　　　　　**塞姆·约翰生**

1780年8月21日。

致**詹姆斯·鲍斯威尔先生**

亲爱的先生，——我发现你沉默病又发作了，下定决心接不到来信就不写信；那只不过是一种乖戾脾气，随你的便吧。

一个夏天，我待在门栓巷的家中，思考写《诗人传》，大部分时间只是思考。不过写完了几篇，我还在思考写其余的。

759

1780年
8月30日
星期三

思雷尔先生打患病以来，先和家人在巴斯打发时光，然后又在布赖顿；不过两个地方我都没有去。如果有时间，我会去利奇菲尔德，如果我勤奋一点，我是能有时间，会有时间的；但我错过了不少时光，少有作为。

在最近的骚乱中，思雷尔先生的房子和财物岌岌可危；暴徒们第一次闯进去后，以五十英镑的酒肉供他们大吃大喝，算是平息下来；第二次来时，被士兵赶走。斯特拉恩先生把一支卫戍部队请到家里，驻守了两个星期；他提心吊胆，把一部分财产都转移了。威廉斯夫人到乡下避难去了。

我不知道自己这个秋天是否会出门逛逛；现在大致就是我们过去旅游的时候。不过我现在的身体状况比那个时候好，希望你我可以在欧洲、亚洲或者非洲的一些地区现身[b]。同时，咱

---

a　我希望他删去在这里表达的怀疑，尽管我相信他除了表示诙谐，别无他意；因为他和我有时候存在意见分歧，但他知道我是多么地爱戴他。——**贝蒂**

b　毫无疑问，可以说他是怎样避开美利坚那块反叛的土地的。这使我记起了一件轶事，为此我得感激我德高望重、人缘很好的朋友，理查德·宾[1]总督："在E.赫维小姐的一次聚会上，约翰生博士跟着她在房间里踱来踱去；见此情景，阿宾登勋爵[2]对她说：'你这位伟大的朋友很喜欢你；没有他，你哪儿也去不成。'——'啊，（她说）他会跟着我到世界上的任何地方去。'——'那样的话（伯爵说）就请他跟你到美利坚去。'"　（转下页）

们别耍花招，而是各尽所能彼此关爱。

持信人是阿伯丁的邓巴博士[①]，他写作，并出版了一本很精妙的书[a]，我认为他对我很好，他认识你之后，也会对你很好。

我想你的小姐们都长高了，儿子也成了一位有学问的小伙子了。我喜爱他们，我也喜爱你那位淘气的夫人，但我永远不会说服她喜爱我。等《诗人传》完工以后，我将寄给她完善她的收藏，但只能寄上散页，由于没有样本，我无法装订成册与其余的配套。你最深情的，

伦敦，1780 年 8 月 21 日。　　**塞姆·约翰生**

这一年他给乡下的一位年轻牧师[②]写了下面一封精彩的信，里面有对一般神职人员很有价值的忠告：

亲爱的先生，——不久前劳伦斯医生让我看了一封信，你在信上提到了我：因此，我说一些你在信上向我提示的话，竭力保留你的善意，希望你不至于不高兴。

你害怕在日常仪式中给不要求准确无误的听众读经，会陷入某种不得体的境地。我希望你的恐惧会使你免除危险。养成荒唐习惯的人就是那种无所畏惧的人。经常做同样的事情，没

（接上页）

1 理查德·宾（Richard Penn，1736—1811），殖民地官员、政治家；宾夕法尼亚副总督（1771—1773）；代表威斯莫兰阿普尔比的议员（1784）；返回英国后，就因支持殖民地独立受到上院的查问。

2 阿宾登勋爵（Willoughby Bertie，4th Earl of Abingdon，1740—1790），政治家；独立人士，在1770年代和1780年代初与罗金厄姆和查塔姆相互对立的党派合作；发声批评政府的美利坚政策；伦敦音乐领域的赞助人；参与将海顿带到英国的努力；娴熟的长笛演奏家。

① 邓巴博士（Dr James Dunbar，？—1798），阿伯丁国王学院哲学教授。

a 《人类史论》。

② 查尔斯·劳伦斯牧师（托马斯·劳伦斯医生的儿子）。

有作风上的特色，那是不可能的：然而，作风有好有坏，稍加留意至少会使它不坏：要让它好，我想，必须要有某种天生的或者意外的运气，这是不可教的。

760 你当前做布道的方法似乎非常明智。可以认为常做布道的人很少有把布道像你那样做成自己独出心裁的。注意在什么地方把你的数次讲话所借鉴的作者记录下来；不要以为你永远会记住你或许现在认为不可能忘记的东西。

1780年
8月30日
星期三

然而，我的建议是，你时不时地尝试一种原创的布道文；在苦心孤诣写作的过程中，不要一下子使你的思想负担过重；不要逼自己一蹴而就，既要思想正确，又要表达优美。创造第一、文饰第二。产生前所未有的东西，是一件比对已经生产出的东西加以扩充或润饰需要的能力更大的行为。当你的思想涌现的时候，兢兢业业把它们用最先想起的词语写下来；当你有了内容的时候，你就容易给它赋予形式：也许这种方法未必总有必要；因为习惯成自然，你的思想和辞令会一起涌动。

创作布道文并不十分困难：分段不仅有助于听者的记忆，而且也指导作者的判断：它们提供创造的源泉，使每一部分各归其位。

你的信里我最不喜欢的一点是你对贵教区风气的描述；我由此估计，你们教区长期以来遭到教区牧师的忽视，当时还是北安普顿郡的一个小教区长的卡莱尔教长[a]告诉我，从民众的文明或野蛮风气可以看出，一个教区是否有长驻牧师。你们有那样一批会众亟须改造；我不会让你认为不可能改造他们。一个野蛮的教区来了一位穷困潦倒的贵妇人教一所小学，她竟然把这个教区搞得文明成风。我的博学的朋友、牛津大学的惠勒博士年轻的时候，以十五镑的年薪管理一个邻近的教区，可是他从来没有领到这笔薪水；但他把这看作一个有利时机，因为它

---

a　珀西博士，现任德罗莫尔主教。

迫使他每周布一次道。一个女人他无法带去领圣餐；当他指摘她或劝导她时，她仅仅回答，她没有文化。有人劝他安排教区某个比她稍微聪明一点的善良女人或男人用跟她的智力相当的语言跟她交谈。那种诚恳的办法，我可以称之为圣明的办法，每个牧师都实施；让灵魂可以得救的一切手段都可以尝试。然而，尽可能多地跟你的教民交谈；你就会发现，你跟他们就宗教问题交谈的次数越多，他们越愿意倾听，越肯乖乖地学习。一名牧师兢兢业业，总会树立起威信的。我想我现在只需说，在你承担的重大任务中，我祈求**上帝**保佑你。你最卑微的仆人，

门栓巷，1780 年 8 月 30 日，　　　　**塞姆·约翰生**

我随后分别于 8 月 24 日，9 月 6 日，10 月 1 日给他写信，现从中摘抄下面一些段落。 761

“我弟弟大卫和我长期以来怀着在阿夫莱克重逢的梦想，现在完全实现了，所以它在某种程度上加强了来世 O！ preclarum diem[①] 的美好希望。” 1780 年

“我求你再不要怀疑我在放纵一种乖戾脾气，或者在耍花招；你会记得我向你坦白过，我曾经有意保持沉默以试探你对我的关注，我以自己的荣誉保证，不会再做这种事了。”

“听到你健康状况很好，真令我喜出望外，我祈求**上帝**让它经久不衰。我常说，我愿意增加十岁，好让你减少十岁；我的意思是，我愿意年长十岁，好让你年轻十岁。但是让我感谢我从中享受你的友谊的这些年月，让我庆幸有望在今生未来的年年岁岁继续享受这种友谊，永远相信在来世我们永远不会分离。对于这一点，我们无法形成概念；但那种想法，尽管模糊，但在头脑平静而清楚的时候，仍令人欣喜。”

“伦敦的暴乱肯定骇人听闻；但你没有给我描述在那野蛮的无政

① “啊，荣耀的日子！”——西塞罗，《论老年》，84。

府状态下你自己的处境；**约翰生博士**的一番描述将会是一幅大气磅礴的巨型绘画[a]；你可以再写一首《伦敦，一首诗》。”

“你屈尊俯就、满怀深情的说法令我陶醉，‘让我们各尽所能，彼此关爱’；我尊敬的朋友！我被发现配做塞缪尔·约翰生博士的友伴，我是多么的心荡神摇啊！长期以来，我总想到你满怀感激之情对沃姆斯利先生的赞语；然而我们俩都是托利党人。这对我们的思想感情有非常全面的影响。我希望你会同意我们在约克见面，时间在本月月底左右；如果你肯来卡莱尔，那就更好，要是教长在那里的话。请考虑，为保持彼此的关爱，我们每年都应当有那种只有我们在一起才能有的自由、亲密的思想交流，我们应当有既严肃又愉快的交谈。”

“我现在是第三次写信，告诉你我对我们今秋见面的渴望与日俱增。我给我的约克郡首长戈弗雷·博斯维尔先生写信说，我或许要对他进行一次访问，因为我打算在约克与约翰生博士会面。我拿我的荣誉保证我没有说一句要他邀请你的话；但他给我写来了下面一番话：

“‘我无须告诉你我将会非常高兴按你的建议本月在此地见到你；我同样希望你会劝说约翰生博士在这里完成会见。如果你说服那样一位朋友支持你的言谈，那对你自己的交往也增了光，我常常拜读他的大作自娱自乐，我还曾经是他参加的一个俱乐部的成员，可我从来没有在那里度过一个晚上，但我听说过他的一些值得铭记的事情。’

762 “这样一来，我亲爱的先生，我们在约克附近就有了舒适的好
1780 年 住处，你肯定会在那里受到热情的欢迎。我请你到时候下定决心动身；不要让 1780 年在我们的交往日历上，在智趣记录上，成为一片空白，我可是为了你的荣誉，为了教育、娱悦他人而勤勤恳恳做那种记录的。”

思雷尔先生现在再次竞选南瓦克镇派往议院的代表，约翰生好

---

a　当时我还没有看到他给思雷尔夫人的信。

心伸出援手，替他代写公告和书信。我在此穿插一则作为样品：

告**尊敬的南瓦克选民**书

先生们，——新一届议会召集在即，我再次请求能有当选诸位的一名代表的荣幸，而且信心更足地请求这份荣幸，因为我既无疏于职守之意，当了独立选民的独立代表也无僭分妄为之心；不为恐惧、希望、企盼所动，没有个人目的驱动，而把自己的发达寓于祖国的昌盛之中。由于最近身患苛疾，至今尚未完全康复，我已谢绝前往市政厅，因此希望一次在所难免的缺席不至于遭到严责。

我只能奉上我恭敬的祝愿，诸位的一切考虑都有助于王国的幸福、市镇的安宁。诸位最忠实、恭顺的仆人，

南瓦克，1780 年 9 月 5 日。　　　　**亨利·思雷尔**

致**尊敬的索斯威尔夫人**[a]，都柏林[①]

夫人，

夫人丧偶的巨痛催生出纷至沓来的唁函，其中也有或许夫人从未闻其名姓者奉上的一封，恭请收容。在下之所以闻知夫人，只是因为夫人德高望重；之所以知悉勋爵大人，则完全由

---

a 〈玛格丽特，Arthur Cecil Hamilton的次女，他的共同女继承人之一。她1741年与第三代索斯威尔男爵，第一代子爵托马斯·乔治结婚，婚后生活极为美满幸福，直到1780年9月索斯威尔勋爵去世；这一损失使她一直悲痛万分，直到1802年8月16日她八十一岁那年去世为止。——约翰生博士所指的“虔诚与坚忍的光辉榜样”，是指她刚过五十岁的时候，接受了一次极端疼痛的外科手术。她以非凡的坚定，不让人把她绑在椅子上，连一声呻吟也不曾发出。——这两位最和蔼最优秀的人，其虔诚、仁慈、博施济众同使了解他们的所有人感到亲切的优雅风度一样不同凡俗，对怀念这两位这一体现爱意的云淡风轻的赞颂出自一个自幼就以他们的关爱和友谊为荣的人之手，希望予以谅解。——M.〉

① 这封信据“人人文库”版《约翰生传》插入。

于他乐善好施。

而今，夫人再蒙感召，可望发扬您一度在痛苦危险之境所表现出的虔诚所树立的光辉榜样。而勋爵大人的慈善将仍然会被那些有其鸿运继承其美德的人延续永远。

夫人，在下不揣冒昧，有事禀报，望乞海涵。莫里乌斯·罗先生系已故勋爵大人先父[①]之子，经人向勋爵大人举荐，每季享有十镑津贴。上一笔应在7月26日如期支付，然而迄今尚未兑现。他时刻祈望着这笔汇款，自信10月26日该收到半年的全部恩俸，但得到的却是恩主仙逝的噩耗，无异于五雷轰顶。

在下是否可以斗胆奢望曾经激发勋爵大人扶弱济困的他的需求，他的关系，他的优长，将会继续对勋爵大人留在身后的人产生同样的功效；此人虽然失去了一位朋友，但还不是一无所有。夫人的恩施不会轻易推行到要求过分的地方；而对夫人那样的仁心，贫困就是十足的举荐。

伏望俯允有幸做夫人之犬马仆，

塞姆·约翰生

伦敦舰队街门栓巷，

1780年9月9日

约翰生的生日，他有这样一条笔记："开始步入我生命的第七十二个年头，无论体力还是智能我认为都比这个年龄的一般状况要好。"但他仍抱怨夜不能寐，日无所为，或者健忘、寡断。他是这

① 〈第二代索斯威尔勋爵托马斯，生于1698年或1699年1月7日，1766年11月18日卒于伦敦。约翰生与这位贵族很熟，说"他出身高贵，却不傲慢，总喜欢郊游"。见后1783年3月。他弟弟埃德蒙·索斯威尔与约翰生亲密相处多年。（见霍金斯《约翰生博士传》第405页对他的记述）他于1772年11月22日在伦敦去世。

感谢这位先生把我引荐给约翰生，我对爵士对他的负面描述看法相反，想借此机会补充一点，我觉得他是个虔诚的人，很喜欢把话题引向宗教。——M.〉

样悲凉地表达自己的心声的——“我肯定不会完全不以为然地度过整整一生的。”[a]

麦克贝恩先生我不止一次地提到过，他是约翰生卑微的朋友之一，一个有功但又不幸的人，现在为年老和贫困所迫，约翰生请求大法官瑟洛允许他进入“特权家园”慈善院。[b] 我冒昧地把大法官大人的回信穿插在这里，因为我急于利用每次机会增强对我杰出的朋友应怀的尊敬概念：

致**塞缪尔·约翰生博士** 763

先生，伦敦，1780年10月24日。 1780年

甫接19日华翰，才从巴斯返回。

今年夏初我给“特权家园”慈善院安置了一个人，没有像您对麦克贝恩先生如此明确、权威推荐的支持；我担心，按照慈善院的编制，给该慈善团体进行如此充分的补偿的机会不会很快到来。不过一旦出现空缺，只要您打个招呼，我会设法将他向该处推荐，即便提名不是我分内的事情。对您关心备至的最忠顺的仆人，

瑟洛

---

a 《祈祷文与默想录》，第185页。

b 〔亚历山大·麦克贝恩先生，经瑟洛大法官推荐，于1781年4月获准进入“特权家园”慈善院；这时候约翰生博士动用他一贯怀有的仁爱之心，写了下面一封信，为了显示因果关系，在这里将它引入也许恰到好处：

致**牧师维斯博士**，兰伯思

牧师先生，持信人是我的老朋友之一，一位大学问家，大法官曾欣然将其向“特权家园”推荐。他期待大主教大人，以便进行必需的宣誓，由于是位谦虚的学者，如果您好心予以介绍，将会避免尴尬，这样一来，您会对一位才德出众的人做一件善事，也在您已经对我的诸多关照上再添一项。您最恭顺的仆人，

舰队街门栓巷，

1781年4月10日。 **塞姆·约翰生**〕

致詹姆斯·鲍斯威尔先生

亲爱的先生，——给你写一封不会招你喜欢的信，甚为抱歉，然而我最终还是决定这么做。这一年必须在见不着面的情况下过去；这个夏天像我的很多夏天和冬天一样，已经被愚蠢地失去了。我很难见到一片绿野，只是待在城里干活，但干得又不多。

思雷尔先生由于健康衰落而落选；他现在要去布赖顿，盼望我陪他同往。我会逗留多久，还真说不上。我并不太喜欢那个地方，不过去还是要去，希望我待多久我就待多久。因此，我必须满足于自己了解我们对事物的了解，就像人能对人的内心了解那样清楚，那就是，我们相互喜爱，我们希望对方快乐，一年过去，不能减弱我们相互的关爱。

我很高兴得知我估计鲍斯威尔夫人对我怀有恶意是一种不公的指摘。我太爱你，所以我乐意爱所有爱你的人和所有你爱

的人；我对鲍斯威尔夫人的爱是现成的，如果她认为值得接受的话。希望小姐少爷们个个安康。

我非常喜欢你的弟弟。他告诉我他父亲接待他非常客气，但并不亲切；不过你在阿夫莱克待的时候好像过得很滋润。尽量让令尊快乐。

你最近给我讲了你的健康状况。作为回报我也告诉你，在过去的一年多里，我的健康比以前的很多年都好。或许**上帝**高兴让我们分别之前给我们一些相聚的时间。你最深情的，

1780年10月17日。　　　　　　　　**塞姆·约翰生**

〔致**牧师维斯博士**，兰伯思

先生，——不揣冒昧，求您向大主教大人交涉：我的第一次请求获得成功，因此得寸进尺，贸然进行第二次。

“特权家园”慈善院的女总管即将卸职，已故的斯温芬博士令尊很熟，他的女儿德穆兰夫人希望接替女总管职务。她办过一所寄宿学校，习惯照管孩子，所以我认为她很有可能恪尽职守。她处境极其困窘，因此接受一项慈善基金的救济也许在情理之中。如果您想见她，她愿意给您说明自己的情况。

先生，如果您乐意向大主教大人推荐她，那将是对我做的一大善事，您感激涕零的最恭顺的仆人，

1780年12月30日。　　　　　　　　**塞姆·约翰生**〕

由于今年与约翰生见面的希望落空，我深感失望，这样一来我
就无法听到他那令人叫绝的至理名言了，为了补救这一缺憾，我把
搜集到的他的一些言论穿插在这里，为此我得感谢我那位德高望重 764
的朋友兰顿先生，他提供的一些亲切的信息被分别穿插在本书的很
多地方。这些言论他本人付诸笔墨的寥寥无几，因为他没有这个习 1780年
惯；他对此深感懊悔，他有采摘约翰生言谈智趣的丰硕果实的无数
机会，凡是知道这种情况的人对此也无不扼腕痛惜。然而跟他交谈

的过程中，我却发现一个《约翰生杂谭》的宝库珍藏在他心里；我把它比作赫库兰尼姆[1]，或者某片古罗马原野，一旦挖掘，总会劳有所获。每一条信息的可靠性都是无可置疑的。至于表达，由于我是当着他的面记下的，我当然应当负部分责任。

“作为作家，忒奥克里托斯不配享受高度的敬重；就田园诗这一部分而言，维吉尔明显更高一筹。比起忒奥克里托斯生活的时代，维吉尔写作时对世界的认知更加丰富。忒奥克里托斯的描写并不丰富多彩，尽管生活在一个美丽的国家：风俗人情的描绘也很粗糙。维吉尔有更多的描写，更多的情感，更多的自然风光，更多的艺术技巧。忒奥克里托斯的一些最优秀的篇章是卡斯托耳与波吕丢刻斯同其他阿耳戈英雄登上贝布吕西海岸，并在那里与该国国王阿密科斯发生争执的地方，这些情景处理得像欧里庇得斯一样出色；殴斗叙述得极为精彩。后来，他们带走了一个女人，女人的两个兄弟赶来找见了她，并规劝卡斯托耳和波吕丢刻斯，说这么做不仁义；但他们不理会这哥儿俩，于是发生了殴斗，卡斯托耳和他的兄弟成了赢家。忒奥克里托斯似乎没有看到那兄弟俩在辩论中占了阿耳戈英雄们的上风。《西西里闲话集》是一件有价值的作品。”

“卡利马科斯[2]是一位不大优秀的作家。向他学习的主要东西就是他对仪式和神话的描写；这虽然对于理解古代作家的其他篇章有好处，但这是他们作品中最不引人入胜或价值最小的部分。”

“马泰尔[3]对斯特凡尼家族的记述是一部沉闷的书。他似乎是个昏头昏脑的人，一肚子的学问，但脑子里没有多少头绪或者逻辑，

---

① 维苏威火山脚下的一座古城，公元79年火山喷发时被毁。对遗址的发掘开始于18世纪，发现的内容提供了一种古代世界生活的丰富而详细的景象，从而改变了人们对古代的认识。

② 卡利马科斯（Callimachus，公元前305？—前240？），古希腊诗人、书志学家、图书馆管理人。

③ 马泰尔（Michael Mattaire，1667—1747），法国古典学者。斯特凡尼家族是法国的一个学者和印刷业世家。

凯蒂·克莱夫

乔舒亚·范霍肯 绘

没有条理，没有多少天分。他时不时地写拉丁诗，老年时还出版过一个集子，名曰‘老年’；里面显示的学识和写作情趣寥寥无几，竟然把《卡特里特》作成一首长短短格诗。在家谱这种事情上，只给出实际的姓名是必要的；但在诗歌或美文的写作中，需要给这些姓名以屈折变化。他的方言书是一锅可悲的大杂烩，编写方言的唯一方法就是将它们列成表，在页底加注解和所指意思。”

“也许有人会问，雇用穷人的办法是否有错，表面上的假定是一部分工作由于缺人而不能完工；但如果情况并非如此，我们拥有的材料实际上都用光了，或者我们能够使用或者支配的制品都已经做好了，那么要给应当被安置工作的穷人的东西，按照威廉·佩蒂爵士的观点，必须从现在拥有这些东西的人身上匀出来，就像必须
把时间匀出来学习一样；实际上，一部分被适当用光的材料，必须 765
被没有熟练技术的新手们糟蹋掉。在这种性质的具体做法上，我们 1780 年
可以把詹诺内[1]对一个要他所谓的让他改邪归正的僧侣说的话用到这些用心良好、但判断错误的人身上：‘Tu sei santo, ma tu non sei filosofo.’[2]——一个人也许一年要拿出五百镑给那些在街上胡搅蛮缠、不做任何好事的人，这真是一件可悲的情况。”

“当一个人似乎认为自己的理解力太强同伴们都望尘莫及的时候，再没有比屈尊俯就更有可能使他陷入荒唐境地的了。”

“他问兰顿先生他的父母是否坐着让人给他们画过像，他认为一个家庭每一代都应当这么做，听到他们二老反对这么做时，他说：‘先生，人的思想，曲曲弯弯，我不知道里面是否有这么一条，由于迷信不情愿坐着让人画像。’”

“约翰·吉尔伯特·库珀说，《词典》出版以后不久，约翰生问加里克，人们对它说了些什么，加里克告诉他，除了其他批评，有人

---

① 詹诺内（Pietro Giannone，1676—1748），意大利作家、历史学家；《那不勒斯王国文明史》（1723）的作者，此书引起的后果是他被开除教籍；教皇权力的反对者；被教皇的特务绑架以后死于狱中。

② “你是个圣徒，但你不是个哲学家。”

反对说他引用了一些有失这样一部著作尊严的例证，还提到了理查逊。‘不对，（约翰生说，）我做的比那还要糟糕：我引用了你，大卫。’”

“谈到花销，他说，一名巨商花钱如何大方，既要看他掌握钱的情况，也要看他计算对整体情况的良好效果后所具有的大眼光。‘而（他说）你很难发现一位乡绅在意料不到的时候由于不得不拿出十镑钱而不手忙脚乱的。’”

“心情好的时候，他谈起自己的作品时，坦诚得出奇，甚至会毫不留情地加以批评。有一天，兰顿先生读完他的一篇《漫游者》后问他，你觉得这篇文章怎样；他摇了摇头，回答说：‘太啰唆。’还有一次，在一座乡下住宅里，一个人正向在座的朗读他的悲剧《伊瑞涅》，他起身离开了房间；有人问他个中缘由，他回答说：‘先生，我认为这样做更好一些。’”

“谈到道德行为谨小慎微时，他对兰顿先生说：‘比我们心硬的人会做很多你我望而却步的事情；可是，先生，他们在生活中可能会比我们做的好事更多。不过让我们努力互帮互助。万一出现了偏差，还可以矫正过来。不可能两个人都犯同样的错误。’”

“关于卡佩尔[①]的《莎士比亚集》序，他说：‘如果此人前来找我，我会尽力教他用言辞表达他的意思，因为，实际上他确实咕噜咕噜得厉害’”[②]

“他说，他有次梦见与某人比巧智，他以为他的对手胜了他，非
766 常难堪。‘现在，（他说）一个人可以在这里注意减弱了反映力量的
1780年 睡眠效果；因为要不是我的判断力不行了，我就应当看到，我对这

① 卡佩尔（Edward Capell，1713—1781），文学学者；1737年认可法颁布后的副监察官；加里克的密友；与约翰生同时出版《莎士比亚集》（小八开本10卷，1767—1768）；将245卷藏书捐赠给剑桥三一学院，《莎士比亚注释与异文》（第1卷，1774；死后全书于1783年出版）的作者。

② 参比《暴风雨》，第1幕，第2场，第358—360行，普洛斯彼罗对凯列班说：“那时你这野鬼连自己说的什么意思也不懂，只会像一只野东西一样咕噜咕噜；我教你怎样用言辞表达你的意思。”

个假想对手的优势感到气馁，他的巧智很多是我提供的，因为我认为那都是我一直以我自己的身份说出来的。'”

“一天晚上几个人相聚，一位机敏、博学的先生向他读一所外国大学的一位教授写给他的恭维信。约翰生突然发怒了，认为有太多的溢美之辞，说道：‘我决不接受外国的这些夸奖。我想起了一个外国出版物的例子，里面提到了著名的洛克曼。’”[a] ①

“关于乔舒亚·雷诺兹爵士，他说：‘我知道没有一个人过日子比雷诺兹观察得更为透彻。’”

“他用希腊文用劲给兰顿先生背诵我们的**救主**赦免抹大拉的马利亚②的仁慈的说法，‘Η πίστιζ σον σέσωκέ σε πορεύου εἰζ εἰρήνην’。‘你的信救了你，平平安安地回去吧！’[b]他说，‘这样子把人打发走，太感动人了。’”

“他是这样界定物理真相和心理真相的：‘物理真相就是你实事求是地讲一件事情。心理真相却是你诚实准确地讲你认为是真实的事情。我说某人横穿街道；如果他真这么做了，我讲的是物理真相。如果我这么想，尽管我错了，我讲的是心理真相。’”③

“阿里奥斯托的译者哈金斯和托马斯·沃顿先生在他文学生涯的早期就那位诗人产生过一场争论，沃顿先生在他的《论斯宾塞的〈仙后〉》中对那位诗人有所评述，哈金斯对此试图猛烈驳斥，说‘我不愿再讨伐他的无知’。哈金斯是这个问题的大家，但表达不力。沃顿先生当时的有关知识不够完善，但他的文笔生动，优雅。约翰生说：‘我觉得哈金斯有没有火药的炮弹，沃顿有没有炮弹的火药。’”

---

a　不列颠鲱鱼业协会秘书，以大量的应景诗出名，价值不高。

①　洛克曼（John Lockman, 1698—1771），作家、翻译家，翻译伏尔泰的《亨利亚德》（1732）；编写《历史批评大辞典》（1734—1741）的团队成员；推出音乐剧《罗萨林达》，约翰·克里斯托弗·史密斯作曲（1740）。

②　〈似乎被赦免的那个女人不是抹大拉的马利亚。——卡尼〉

b　《圣经·新约·路加福音》，第7章，第50节。

③　〈关于心理和物理真相区别的说明见洛克的《人类理解论》和其他著作。——卡尼〉

“谈到《楼下的高雅生活》① 这部滑稽戏时，他说：‘这是一部滑稽戏，你看它上演时真的非常有趣；你也可以读它，却压根儿不知道在读什么东西。’”

“他一度偶尔会到朱瑞巷剧院的演员休息室去，在那里他受到演员的高度关注，他同他们相处得轻松诙谐。他高度评价克莱夫夫人 ② 的喜剧才能，跟她交谈的时间比其他任何人都多。他说：‘先生，克莱夫是一个可以坐在旁边的好东西；你说什么她总能领会。’而她是这么说他的：‘我爱坐在约翰生博士旁边；他总是让我开心。’有天晚
767 上，当《征兵官》上演时，他对担心约翰生博士会鄙视法夸尔作品的
1780 年 霍兰先生说：‘不，先生，我认为法夸尔 ③ 的作品具有挺高的价值。’”

“他的朋友加里克演戏忙得不可开交，因此他们无法像加里克过去经常扬言希望要做的那样经常往来[a]。他昔日的老师心里也许真有点对演戏的价值嗤之以鼻的意思。这常常使加里克听了观众的欢呼喝彩后深感屈辱。因为虽然约翰生说他，‘先生，一个举国夜夜艳羡的人，也许被认为会飘飘然的’；可是他对待戏剧问题的态度轻慢。有天晚上他提到：‘我碰见加里克从台上下来，戴着他演《奇迹》④ 时戴的一顶女人的骑马风帽，我跟他撞了个满怀，我相信他很不高兴。’”

“有次他看见汤姆·戴维斯穿一套漂亮的衣服，便问：‘你今晚演什么？’汤姆回答：‘罗斯领主 ⑤。’（人们会记得这是一个很不起

---

① 作者是詹姆斯·汤利牧师。

② 克莱夫夫人（Mrs Clive，1711—1785），女演员；菲尔丁为她写过好几个角色；扮演《乞丐的歌剧》（1732）中的波莉·皮查姆；由于西奥菲勒斯·西伯为他的妻子争取这个角色而卷入“波莉战争”（1736）；从1747年起与加里克配戏的演出生涯稳定化了；她那一代最优秀的女演员之一。

③ 法夸尔（George Farquhar，1678—1707），剧作家；以《忠实夫妻》（1699）奠定了名声，此剧在伦敦连演五十三夜；在《谈喜剧》中抨击亚里士多德的三一律；后来的作品《征兵官》（1706）和《花花公子的花招》（1707）巩固了在后世人中的地位；受到约翰生欣赏。

a 〔约翰生在1742—1743年写给一位朋友的信上说：我从来没有看见加里克。〕

④ 苏姗娜·金特利夫，《奇迹！一个女人会保密》（1714）。

⑤ 《麦克白斯》中的一个小角色。

眼的人物。)‘好哇！’约翰生说。”

“朗利先生是罗切斯特的一位很有学识的先生，约翰生在那里遇见过他，关于此人约翰生是这么说的：‘我对他一片热忱。发现他对学者语言的格律如此精通，我深感惊讶；尽管我有点羞愧，因为我自己没有像我认为的那样娴熟。’”

“谈到人们记录一些名人言论的细微之处时，有人讲了一个故事，说蒲柏在牛津拜访斯彭斯时，他们从窗户里看到一名自费生刚刚骑马进了院子，用鞭子抽一根杆子寻开心。蒲柏借机说道：‘这小伙子好像没有多少事干。’博克莱尔先生说，‘这时，真想不到，斯彭斯转过身来，把这话写下来’；接着又对约翰生博士说：‘先生，蒲柏也会这样说你，如果他看见你搞蒸馏的话。’**约翰生**：‘先生，如果蒲柏对我说我做蒸馏的事，我就会对他讲他开挖岩洞的事[①]。’”

---

① 蒲柏在他特威克纳姆别墅的地下修造了一个著名的岩洞乘凉。

“他原则上是不允许闲散成习的，而且总是讨厌对此寻找借口的种种企图。一个朋友有天提出，饭后不久就学习不利于健康。**约翰生**：‘啊，先生，别这么想入非非。我有一个阶段，脑子发热，认为早饭和正餐之间学习都不利于健康。’”

“博克莱尔先生有一天给约翰生博士背了蒲柏的两行诗，

> 让谦虚的福斯特精彩讲道，
> 如果他愿意，胜过十位都主教。[①]

768 然后他问博士：‘蒲柏干吗说这话？’**约翰生**：‘先生，他希望这会
1780年 惹恼某个人。’”

“在伦诺克斯夫人推出一本剧作[②]之际，哥尔德斯密斯博士在**俱乐部**对约翰生博士说，有人[③]劝他去嘘它，因为她在她那本叫作《插图本莎士比亚》的书中攻击了莎士比亚。**约翰生**：‘你没有跟他说他是个无赖吗？’**哥尔德斯密斯**：‘没有，先生，我没有说。或许他并不当真。’**约翰生**：‘不对，先生，如果他说了假话，那就另当别论了。’科尔曼狡黠地说（不过据信约翰生博士没有听见他的话）：‘正确的说法应当是——先生，如果你没有说假话，你就是个无赖。’”

“他对托珀姆·博克莱尔情深义重，所以当博克莱尔得了不治之症苦熬时日时，约翰生说（激动得声音发颤）：‘先生，我愿意走到天涯海角去救博克莱尔。’”

“一天晚上，在**俱乐部**里，他出示了一篇墓志铭的翻译，这是埃利班克勋爵为他的夫人用英语写的，要求约翰生替他翻译成拉丁文。

---

① 蒲柏，《讽刺诗尾声》，第1节，第131—132行。

② 〈很可能是《姊妹们》，一出喜剧，1769年在修道院花园只演过一个晚上。哥尔德斯密斯写了一首精彩的开场诗。——伦诺克斯夫人的娘家姓是拉姆齐，1804年1月4日八十四岁在伦敦去世时，境况凄凉。——M.〉

③ 理查德·坎伯兰。

读过 Domina de North et Gray① 后，他对戴尔说：‘你看，先生，当现代的名堂要在拉丁文铭文中特别提及的时候，我们被迫要使用什么样的不合规范的措辞。’在他将其大声朗读，而且在座的普遍认可之后，他特别冲着戴尔先生说道：‘先生，我请你指正，因为我知道你是一丝不苟的。’戴尔希望再读一遍，这在情理之中；读完之后，他指出有一个句子有一处不协调。约翰生立即认同了这种看法，说道：‘先生，这是因为该句的一部分改动了我起初写的那种形式；我相信，先生，你已经注意到，做了部分的更动，而没有适当照顾到句子的总体结构，这是作文常常出错的原因。’”

“约翰生与一篇农业论文的作者多西先生很熟；他是这样说多西的：‘先生，关于美术学会主要考虑的对象，物体对另一些物体产生的化学作用，他比几乎任何人了解的都多。’为了投票让多西先生加入这个学会，约翰生付清了拖了两年的一笔欠款。这一次他提到了苏格兰人的一种典型的情况。‘这个国家的一个人（他说）是个候选人，我投了他的反对票，他却来找我致意。喏，先生，这就是他们的做法。一个英格兰人会对此大倒胃口，一脸怒气，永远不会再理你，而苏格兰人则不然，先生，哪怕你给投了十九次反对票，每次投票之后还会照样殷勤地跟你搭讪，到第二十次，先生，他就会获得你的赞成票。’”

“谈到容忍问题，有一天几个朋友跟他一起坐在他的书房里聊天，他还是通常的说法，那就是国家有权控制百姓的宗教，因为百
姓是国家的子女。一位牧师欣然默认了这种说法，热爱讨论的约翰 769
生却说：‘可是，先生，你必须到其他国家转转，而不要只待在自己 1780 年
的国家。你不知道一位婆罗门得为自己说些什么[a]。总而言之，先生，话就到此为止吧：每个人都有权说出自己认为的真理，其他的每个人也有权为此打倒他，殉道就是考验。’”

---

① 诺思夫人与格雷。

a 在这里，马戛尔尼勋爵说：“印度的婆罗门或者任何种姓既不会允许你信他们的宗教，也不会改信你的宗教——葡萄牙人最初发现东印度以后，这是一件让他们最吃惊的事情。”

“他说，一个人应当早早开始写作；因为，如果等到他的判断成熟了，由于缺乏表达他的概念的实践，他的无能会使他看见的和他能达到的之间造成极大的比例失调，所以他也许就感到气馁，干脆不写了。为了证明这一说法的正确，我们可以举与伟大的格兰维尔勋爵[①]相关的例子；他写了描述代廷根战斗的信后，说：‘这封信的措辞让一个蜡烛制造商使用都不够好。’”

“谈到一次在极其重大的公开场合进行的军事法庭审判，他对一个开明的判决表现出诸多怀疑；说道，或许里面没有一个成员一辈子独立花过一个小时掂量过种种可能性。”

“哥尔德斯密斯有一天把一篇印好的颂歌拿到**俱乐部**，他和其他人在一个公用房间听它的作者[②]朗诵过，当时每人要交五先令的入场费。在座的一位[③]大声朗读过后，约翰生博士说：‘字眼牛气冲天，意思胆小如鼠，我认为从来没有把它们搅到一起的现象。’”

“谈到格雷的《颂歌集》，他说：‘它们是温床里养的催生出的花草；都是些可怜兮兮的花草；它们只不过是黄瓜藤而已。’在场的一位先生一直把总体的颂歌写作贬损为诗歌的孬种，不识相地说道：‘如果它们是地地道道的黄瓜藤，那也是比颂歌好的一些东西。’——‘是的，先生，（约翰生说）对一头猪而言。’”

“他对程度不同的学养在两个场合加以区分。关于伊丽莎白女王，他说：‘她的学识足以给一位主教赋予尊严。’关于托马斯·戴维斯，他说：‘先生，戴维斯的学识足以给一位牧师赋予信誉。’”

“他经常怀着极大的热情引用第欧根尼·拉尔修记载的亚里士多德的名言；一个有学问的人跟一个没有学问的人之间的差别，就像活人跟死人之间的差别一样。”[④]

“值得一提的是，在他的记忆中保留的不仅有重大事件，而且有

---

① 〈第一代格兰维尔伯爵约翰卒于1763年1月2日。——M.〉

② 乔治·马里奥特。

③ 埃德蒙·伯克。

④ 第欧根尼·拉尔修，V.1.19。

鸡毛蒜皮的小事。举个例子，利兹公爵的一个低级家仆试着用他能作的歌谣庆贺公爵大人的婚事；有人把这首奇作唱给约翰生博士，博士居然把它记在心上，而且用一种非常有意思的方式背诵它，有两节是这样的：

一位上流小姐好漂亮， 770
利兹公爵要和她结成双， 1780年
那位千金小姐幸福无量，
有利兹爵爷陪伴身旁。

她会享尽荣华富贵，
绫罗绸缎她随意穿戴；
乘宝马香车兜起风来，
圣詹姆斯广场有座豪宅。[a]

---

a 署名为**斯西奥卢斯**的《绅士杂志》记者提供了下面一段补充：

“我认识的一位女士记得她听见她舅舅[1]在45年多前吟唱过这么些朴素的段子。他背诵的第二段是这样的：

她会把漂亮的少爷小姐生养，
出门把三对马拉的豪车坐享，
还有最好的，等等等等
以及一座豪宅，云云云云。

而且记得第三节似乎是一节序曲，据信是硕果仅存的一节：

利兹公爵一定要万里挑一，
这个迷人的小姐聪明又美丽，
她将是天下最幸福的年轻淑女，
只要太阳和月亮照样升起，
那定会多么快乐，云云云云。①

我还要高兴地补充一句，这节歌谣从来没有像现在这样更加真正地使用过。”

① 《绅士杂志》，第62期（1792），第213—214页。

1 思雷尔夫人和托马斯·萨卢斯伯里。

听到约翰生这样一位尊贵的重量级人物背这样蹩脚的诗歌尝试，真有一种非常逗笑凑趣的效果。他一本正经地谈到背诵的后一节，说它几乎包罗了财富能提供的所有好处。”

“他参观大英博物馆时，一个外国要人提出了很多荒谬的问题烦人。‘你看，先生，（他说）英国人和法国人就是不一样。法国人总唠叨个没完，不管他对问题有所了解还是一无所知；英国人无话可说时，就干脆什么也不说。’”

“他对外国人不公道的鄙视态度确实表现到了极致。有天晚上，在老屠户咖啡馆里，一群外国人正在高谈阔论一些鸡毛蒜皮的小事时他说：‘这不就证实了老梅内尔的说法吗——就我所见，外国人都是傻瓜。’”

“有次他说，他牙疼得要命，一个法国人前来搭讪：——‘Ah, Monsieur, vous etudiez trop.’①”

771 “在兰顿先生家与牧师帕尔博士②一起度过了一个晚上，他对
1780 年 这位学识渊博的先生的言谈极为欣赏，这位先生走了以后，他对
兰顿先生说：‘先生，我很感激你今晚请我来。帕尔是个光明磊落的人。我不知道我什么时候有过那样自由的辩论。值得一提的是，一个人虚度了多少年华而没有遇见这样开诚相见讨论问题的任何事例。’”③

“我可以公正地进行一场莎士比亚和高乃依④之间的批评，因为他们俩都是最近一个时代的巨星，尽管程度不同。希腊剧作家和莎士比亚之间的批评不是那么公正。对一位莎士比亚评论家的言论可

---

① 啊，先生，您学习太多。

② 帕尔博士（Dr Samuel Parr，1747—1825），学校校长；晋升哈罗校长失败后在斯坦莫尔建立了一所学校（1771）；斯坦莫尔成为上演希腊戏剧的第一所英国学校；诺里奇文法学校校长（1778），以论战出名，论战对象包括理查德·赫德；福克斯的支持者，出版《查尔斯·詹姆斯·福克斯的性格特点》（1809）；一般被称为“辉格党人约翰生”。

③ 〈诺里奇市政当局请求约翰生给他们的文法学校指定一名称职的校长，约翰生在帕尔博士不再在哈罗担任萨默尔的助理教员后，便推荐了他。——伯尔尼〉

④ 高乃依（Corneille，1606—1684），法国戏剧家。

以这样回答，尽管大流士[①]的阴魂有先见之明，但不一定就说他给莎士比亚透露了所有过去的细节[②]。”

“西班牙戏剧由于是荒诞不经的闹剧，所以深得这里儿童的欢心，因为儿童喜欢充满奇迹怪象的故事；他们的经历不足以使他们对一偏离生活的自然轨道就大惊小怪。异教徒的文学手段对于我们来说毫无趣味可言：当荷马或维吉尔笔下的一位女神出现时，我们感到厌倦；希腊悲剧中的情况更是如此，因为在那一类作品中，一种更接近自然的手法是刻意而为的。然而阅读传奇却有充分的理由；因为——创造力丰富，文笔优美，要看看什么样的行为在写作它们的时代和国度被人喜闻乐见的好奇心：因为必须理解，在那个荒诞不经的故事深受欢迎的时代，民众处在一种野蛮状态，儿童的情况也是这样，这已经解释过了。”

“显而易见，当今的作家不能使用异教的神祇和神话；因此唯一的文学手段似乎就是操纵精灵，死人的鬼魂，巫婆，仙子，尽管后面这些内容因为有关它们的民间迷信（它用自己的力量至少侵染了受过良好教育的人的想象，尽管这些人的理性使自己不受它的控制）日益衰微，在诗歌技巧中看样子很少有进一步的帮助。我记得哈蒙德[③]在他的爱情挽歌中引进了一个女妖或巫婆，效果毫无意义，令人深恶痛绝。”

“有人利用自己的嘲讽才能创造或者大肆夸张他给出的事例，推演没有发生过的荒唐行为，或者一个人并不十分可笑，把他描写得非常滑稽可笑，这种人大大地滥用了自己的才能。描写荒唐行为的重大用途就是让我们知道人的愚蠢能走多远；因此，记述必须忠实

---

① 大流士（Darius，公元前550—前486），波斯帝国国王。

② 约翰生指的是伊丽莎白·罗宾逊·蒙塔古的《论莎士比亚的作品与天才》（1769）中的一段话，在该书第160—161页，她把莎士比亚与高乃依做了比较。

③ 哈蒙德（James Hammond，1710—1742），政治家、诗人；威尔士亲王的掌马官（1733—1742）；享受切斯特菲尔德勋爵赞助；代表特鲁罗的辉格党议员（1741）；代表作为诗集《爱情挽歌》，模仿提布卢斯，被约翰生批评为“掉书袋”（《英国诗人传》）。

Old Slaughter's Coffee House
St Martin's Lane

可信。某个人物（说出了人名）就他的总体性格而言，被加里克描画得非常到位，但他在这个人物身上用的很多词语，基本上是他自己的，尤其在谚语式的比喻中，‘顽固得像头猪’，等等等等，但是我不知道——勋爵[①]会不会这样说，由于太急于受到赞扬，赢得民心，把一种礼貌推向可笑的极致，他在笼统坚持一件事情以后，可能又在各个部分中把它放弃。譬如说，如果他说过雷诺兹在画家中 772
首屈一指，他很有可能把这种观点放弃，因为可以分别出现一些异 1780年
议，首先，他的绘画的轮廓，其次是形体的优雅，随后又是着色，最后，承认他是一位风俗画家，他的绘画的布局都大同小异。”

“人们再没有像原先那样殷勤好客的理由了；迄今为止更穷的人越来越多，由于不会经商，谋生的手段更加困难；因此供养他们就是重大的慈善行为；既然穷人能够找到自食其力的手段，需要他们的劳动，那么没有眼光的笼统好客行为就有不良倾向，把穷人从他们的工作中拉到好吃懒做、醉生梦死的境地。原先租金收的是实物，这样地主手中就有大量的实物储存，自从大量的金钱由商业提供后，情况就不一样了。”

“在我国，对陌生人和外国人的殷勤好客现在几乎结束，自从他们来到我们这儿的人数增加以来，有足够多的人对提供旅店和适当的食宿发生了兴趣，这么做一般来说是款待旅客的一种更加便利的做法。在旅行者和陌生人不多的地方，那种好客做法存在较多，因为提供食宿的地方不划算。在爱尔兰，在某种程度上仍然存在对陌生人的好客行为；在匈牙利和波兰也许更多。”

“科尔曼在他翻译的《泰伦斯》的一条注里，谈到莎士比亚的学问时问道：‘法默对此会怎么说？约翰生会怎么说？’对此他说，‘先生，让法默自己回答吧：我从来不参与这种争论。我是说，莎士比亚的拉丁文足以使他的英语符合语法规范。’”

---

① 第五代科克与奥雷里伯爵约翰·博伊尔。

“有一位牧师①，约翰生把他描绘成一个爱说小掌故的人，有一天他在一位主教的餐桌上装出一副不合自己性格的顽皮放达的样子，背了沃尔特·蒲柏②作的一首《老人的心愿》中的几段，它差不多就是一首黄色诗歌。约翰生用最微妙的方式批评他，首先指出他不理解自己瞄准的这一段文字，随后这样贬损了他：‘先生，那首歌不是那样的：它是这样的。’接着把它纠正过来。然后眼睛直勾勾地盯着他说：‘先生，那首歌有一部分我希望自己身体力行：

但愿我绝对控制住自己的激情！’”③

“有人问他巴恩斯是否精通希腊文，他回答：‘我有怀疑，先生，他是 unoculus inter cœcos。’④”

“他常说，有些人可以把自己的本行干得非常出色，但在他们的言谈中我们看不出任何特别的智力。‘奇怪（他说）一个人朝右看得
773 那么远，朝左却看得这么近。伯克是唯一的一个在日常言谈中名不
1780 年 虚传的人。你想谈什么，他都能对答如流。’”

“一位先生⑤文学水平绝对不低，约翰生发现此人对一门古典文学的了解比他预料的要差，这位先生离开房间后约翰生说：‘现在你看，人们读书多么少了吧。’兰顿先生碰巧提到他深入研读了克莱纳杜斯的《希腊语语法》，‘嘿，先生，（他说）这座城市里除了你我

---

① 也许是迈克尔·洛特博士。

② 沃尔特·蒲柏（Walter Pope，？—1714），天文学家；皇家学会第一批会员之一（1661）；切斯特教区的登记员（1668—1714）。

③ 沃尔特·蒲柏，《老人的心愿》第1页；参比《旁观者》第410页（1712年6月20日）。

④ 瞎子当中的独眼龙。*1*

1 〈在他的《弥尔顿传》中，约翰生先提到这位伟大的诗人奇特的想象：世界在衰败，又提到他的书应当在英雄诗行将消亡的时代写出来，然后他这样总结：“不管对于生于更好的时代的英雄来说多么差劲，他仍然可以当同时代人中的佼佼者，而且有望在后代的日益矮化中变得一天比一天伟大：他仍然可以在矮子中间当巨人，做瞎子中的独眼王。”——鲍斯威尔〉

⑤ 也许是乔舒亚·雷诺兹爵士。

二人，还有谁知道克莱纳杜斯[①]的什么事情呢？’兰顿先生提到他曾煞费苦心地背诵那部语法书作为例题给的圣巴西勒[②]书简：‘先生，（他说）我从来没有那样费劲地学希腊文。’”

“关于多兹利的《公德，一首诗》，他说：‘那是地道的素体（有意表示他一贯对素体诗的轻蔑）；不过这首倒霉的诗没有出售，我那可怜的朋友多迪说，公德不是一个使这个时代感兴趣的问题。’”

“兰顿先生非常年轻的时候，给他读过多兹利的《克勒俄涅，一部悲剧》，没有意识到他极其不耐烦听。听着听着，他把脸转向椅背，摆出各种各样的姿势，表明他如坐针毡。然而，听到一幕末尾时，他说：‘咱们再读一段，咱们再去一趟屠宰场，兰基。不过我担心血比脑子多。’可是他后来又说‘我听着你读它的时候，我更欣赏它的语言力量：当我自己读它的时候，我更感觉到它的悲怆效果’；然后他大力赞扬，很多人会认为言过其实得厉害。‘先生，（他说）如果奥特韦[③]写了这部剧，他的其他作品就不会被人记得。’多兹利本人听到别人的传话后说，‘这太过分了’。必须记住，约翰生总表现出对奥特韦的优点没有充分感觉到的样子。”[④]

---

① 〈Nicholas Clenard，生于布拉班特，1542年在格林纳达去世，伟大的旅行家和语言学家。除了《希腊语语法》（1626年阿姆斯特丹的沃索出了它的一个改进版），他还写过一本希伯来语语法和一本拉丁文写的多国游记（*Epistolarum Libri Duo*，八开本，1556），这是一本非常珍稀的著作，博德利图书馆藏有一册。（《新历史词典》[1789] 的作者说）如果他不是通晓那么多种语言，他的拉丁文就会更纯粹一点。——M.〉

② 圣巴西勒（St Basil，329—379），早期基督教希腊教父，维护正统，反对阿里乌派关于三位一体论的教义；该撒利亚主教。

③ 奥特韦（Thomas Otway，1652—1685），剧作家、诗人；铁杆托利党人；剧作《盖厄斯·马略覆灭史》（1679）、《孤儿》（1680）以及被认为是该时期最优秀的政治悲剧、最著名的《幸存的威尼斯》（1682）的作者；约翰生评《幸存的威尼斯》的“动人的段落有口皆碑”（《英国诗人传》）。

④ 〈说约翰生对奥特韦的悲怆力量缺乏感觉，这种说法太武断。有一次我问他，你是不是认为他鲜见温婉，他立即回答：“先生，他可是温婉到家了。”——伯尔尼〉

“东鳞西爪乱抓乱碰式的阅读（他说）不会造就本特利或克拉克的。不过这样读书也有一定的好处。我会把一个孩子放到图书馆（那里没有不适合他读的书），让他随意挑选阅读。孩子不应当因为阅读他喜欢上了的任何东西而气馁，不会认为这种阅读他力不从心而沮丧。如果感到气馁，孩子很快就会发现并停止阅读；如果不气馁，他当然获得了教益；这种教益由于他养成学习的习惯更有可能得到。”

“尽管他经常猛烈批评粗心大意，他也承认，有次他为了避免把五个几尼锁起来的麻烦，便把它们藏了起来，他忘了藏到哪里了，所以就找不着了。”

“一位先生把他的弟弟[①]介绍给约翰生博士，急于让弟弟引起博士的重视，所以说道：‘我们一起坐上一阵子，你就会发现我弟弟变得非常招人喜欢。’——‘先生，（约翰生说）我可以等。’”

“风声很紧，说我们要打仗了，因为法国人要援助美利坚人了，他严厉指责一位朋友听风就是雨，说道：‘不会的，先生，国家的诚信不至于低落到这种程度。’”

774 “到了晚年，为了验证他的智力是否衰退，他决定试着再学一种
1780年 语言，最后定为低地德语。为达到这一目的，他孜孜不倦地学，直到他读了大约半本《托马斯·厄·肯培》；发现他的接受能力似乎没有减弱，便作罢了，因为认为这一实验已经做充分了。伯克先生说得好，这算不上是最有力的考验，因为低地德语与我们的语言很接近；如果换一种迥然不同的语言，他或许很快就会得到满足。”

“兰顿先生和他在罗切斯特的时候去参加过一位共济会会员的葬仪，仪式上用法国号演奏了一些庄严的乐曲，他说：‘这是我第一次受乐声的影响。’又说：‘给他造成的印象是郁闷的那种。’兰顿先生说，这种影响非常细微。——**约翰生**：‘是的，如果它使人心软，让它做好准备接受有益的感情，那就是好的：但由于它本身忧郁，那

① 或许是詹姆斯和大卫·鲍斯威尔。

就是坏的。'"①

"哥尔德斯密斯长期以来有个远景规划，那就是，有朝一日，他境况宽裕的时候，他要去阿勒颇，以便尽可能地得到一种东方特有的艺术知识，并把这些技艺引进到不列颠来。这件事在约翰生博士同伴中谈起以后，约翰生说：'在所有的人当中，哥尔德斯密斯是最不适合去做这种探索的；因为他对我们已经拥有的那些技艺一无所知，因此就无法知道要给我们现有的机械知识储存中增加点什么，先生，他会把一辆咯吱咯吱的手推车带回家，就是你在伦敦大街小巷看见的那种东西，还以为他提供了一种神奇的改进呢。'"

"希腊文，先生，（他说）就像花边；每个人能弄多少算多少。"[a]

"查尔斯·海勋爵从美利坚回来后，准备在军事法庭为自己辩护，这是他要求的，听到兰顿先生像以往一样表现出对约翰生的高度仰慕之情，他要求介绍约翰生博士和他认识；兰顿先生把此事向约翰生提起，约翰生欣然应允，兰顿先生把他引见给勋爵大人，勋爵大人被捕后，约翰生还见过他好几次；有一次查尔斯勋爵把自己准备的东西读给约翰生听，约翰生表示赞同，说道'这是一篇非常好的军人辩护词'。约翰生说，他曾劝勋爵大人，由于与那些大权在握的人对抗纯属徒劳，如果他们要授予他中将军衔的话，跟一个政府对抗也是枉然，所以最好还是放弃喊冤。众所周知，勋爵大人死在判决公布之前。"

"有一天约翰生对收在多兹利的《诗集》中的本特利博士的诗[b] 775

① 〈法国号本身远非忧郁，当曲调是轻快的时候；可是在战场上，没有什么令人欢欣鼓舞的事情！在葬仪上，或许曲调庄严，便产生了这里提到的哀怨伤悲的效果。——伯尔尼〉

a 〔应当记住，这话是二三十年前说的，当时人们的衣着一般都有花边。〕

b 约翰生博士在他的《考利传》中说，这些是"人们知道本特利写的仅有的英语诗"。我将它们穿插在这里，希望读者会应用它们。

谁要努力把帕纳索斯山[1]攀登，

并从那里把诗歌的桂冠带回，

必须首先具备应有的力量和技能，

（转下页）

给予高度赞扬，还带着他惯常的劲头加以朗诵。在场的亚当·斯密

（接上页）

必须用天鹅或雄鹰的翅膀高飞。

谁要探索大自然的宝藏，
　谁想了解她的奥秘和天机；
就必须像崇高的牛顿一样高飞翱翔，
　必须像寻根探源的护林官一样躬低身子。

谁研究古代的法律和礼节，
　语言、艺术、武器和历史；
就必须像塞尔登那样日日夜夜
　操劳，并在没完没了的劳作中离世。

谁在宗教的冲突中前行，
　（真理与谬误、光明与阴暗混合；）
像惠斯顿[2]需要圣餐盒或星星，
　在茫茫大海中沉没或漂泊。

但给我们英雄的希望，长期的苦活，
　以及包罗万象的天才称号，
一切科学，一切艺术，都是他的成果，
　然而给什么回报，给什么荣耀？

嫉妒，庸人灵魂中固有，
　嫉妒一进门，阻止他的发迹，
带有毒雾的嫉妒，玷污
　他的光辉，诋毁他的价值。

生活贫困，默默无闻，
　幽居学院，以古书为伴；
不以学问家见称，却以书呆子闻名，
　弱智在前进，他却被落在后面：

（转下页）

博士，以他斩钉截铁般的教授口吻说：‘很好——很好。’约翰生却说：‘是啊，就是很好，先生；不过你可以说说它们在哪方面好。它们是一个思想坚强但又不习惯写诗的人写的气势恢宏的诗，因为在表达上有些粗野。’”[a]

“有一天在加里克家里与兰顿先生喝茶，他被问及他是否觉得莎士比亚有信旁门左道之嫌；加里克说：‘我怀疑他有点儿不信教。’——‘先生，（约翰生说）我愿意坚持我在你们剧院开张时写的关于莎士比亚的开场诗中的那句话。’兰顿先生指出，那是这样一句： 776

1780年

（接上页）

甘心做个真正的斯多葛派学者，
没有赞助者，照样伟大，没有南海[3]，富可敌国。[4]

1 在希腊神话中，帕纳索斯山是众缪斯的居住地；因此它成为诗歌或艺术成就的转喻词。

2 惠斯顿（William Whiston，1667—1752），科学家、神学家；牛顿学说的信奉者；《地球新论》（1696）这一千年宇宙论的作者；剑桥大学卢卡斯数学教授（1702）；玻意耳讲座讲师（1707）；伦敦的科学倡导者（1711—1731）；在18世纪早期确定海洋经度的努力中起重要作用；《圣经》学者；多产作家。

3 指“南海泡沫”，1720年英国南海公司在南美进行的股票投机骗局。

4 〈与这些气势磅礴的诗句不同，或许更加准确的文本可以在《园林，又名原诗与译文集》（1721）中找到。最后一节，在多兹利的文本中，无疑不够雅致，在这本杂集中，却是这样展现的：

默默无闻，或者被贫困弄得迷迷怔怔
　幽居学院，以古书为伴，
以不学无术的书呆子闻名，
　弱智在前进，他却被落在后面。

——鲍斯威尔〉

a 约翰生和斯密的差异即便在这个小事例中也非常明显。斯密是个极其专心的人，他的脑海中云集着各种各样的问题；但约翰生的魄力、准确和生动却在那里找不到。他用自己的思想出了那么多书，又对可以那样被转换成记述的东西非常小心。所以他有次对乔舒亚·雷诺兹爵士说，他立了一条规矩，跟人相处时绝口不谈他所理解的事情。博克莱尔有一段时间对斯密谈话的评价颇高。加里克听了他一阵子谈话，就像听他满怀期望的一个人的谈话那样，随后狡黠地转向一位朋友[1]悄悄地说：“你觉得这话怎么样？——嗯，软塌塌的，我认为。”

1 托珀姆·博克莱尔。

气喘吁吁的时光白辛苦地追着他。

约翰生心目中也许想的是《暴风雨》中普洛斯彼罗说米兰达的话，

——她会超越一切赞誉
并使它在她身后停下。①

约翰生没有说什么。加里克接着贸然说道：'我并不认为那就是称赞莎士比亚的最好的诗句。'约翰生大声说道（微微一笑）：'偷懒的驽骀！下次我写的时候，我就让时间和空间都气喘吁吁。'”[a]

“众所周知，从前有一种陋习，那就是，人们在泰晤士河上行船时。两船相互经过，他们就要用各自想得出的最难听的骂人话搭话，不过，一般都是他们能说出来的挖苦话。艾迪生在第383期《旁观者》上给出了这种下流话的标本，那是罗杰·德·科弗利爵士和他去春园的时候说的。约翰生有次在这种比赛中大获全胜；一个家伙用粗俗的俏皮话攻击他，约翰生是这样回敬他的：'你老婆打着开窑子的幌子收贼赃。'有天晚上，他，伯克先生和兰顿先生在座，有人

---

① 《暴风雨》，第4幕，第1场，第10—11行。

a 我在《爱丁堡皇家学会会刊》第2卷中遗憾地看到《论哈姆雷特的性格》这篇文章，我估计作者是个年轻人[1]，尽管称为“牧师”；他肆无忌惮地说到他这个时代的一号文学人物。在含糊紊乱的言辞（这在最近赞赏《形而上学》的苏格兰是常见的现象）中，他这样斗胆批评我们语言中最崇高的诗句之一：“约翰生博士说过，'时光白辛苦地追着他'。然而我担心，这完全误解了这个人物，时光辛辛苦苦地追着莎士比亚，而且也辛辛苦苦地追每一个伟大人物。一个普通人的思想活动，的确与时光同步前进；它们不会走得更快；它们有它们的开始，它们的中途，它们的结尾；然而优越的天性能把这些压缩成一个点。他们实际上不能压制这三个阶段；但他们把它们悬起来，或者锁在胸中。”在该学会的认可下，这样的胡言乱语便被人引入世界，如果学会给能发现这种胡话的意思的人颁奖，那倒是做了一件善事。

1 托马斯·罗伯逊牧师。

提到雅典的泰门令人叫绝的责骂[①]时，约翰生的这个例子被人引用，被认为至少有异曲同工之妙。” 777

1780年

“约翰生总是承认伯克先生的旷世之才，同样，伯克先生也充分认识到约翰生的神奇能力。兰顿先生记得曾与他们俩一起聊天，伯克先生一再进入一些显然他会展示广博的知识和丰富的表达的话题；但约翰生总在利用这番谈话，表现自己的一种大师风范。伯克先生和兰顿先生在回家的路上，伯克先生说约翰生今晚真是不同凡响；兰顿先生同意这种看法，但又补充说，他倒希望再多听到另一个人的言论（显然暗示他指的是伯克先生）。‘噢，不（伯克先生说）我给他敲敲边鼓也就足够了。’”

“博克莱尔对他说他们的一位朋友数钱时显得笨手笨脚：‘嘿，先生，（约翰生说）我数钱同样笨手笨脚。可是，先生，原因是一目了然的；我没有多少钱好数。’”

“他对矫揉造作、装腔作势深恶痛绝。谈到老兰顿先生，他是这样说的：‘先生，那样的先生你难得一见，他的文学功底那么深厚，他的神学知识那么渊博，他的楷模生活那样端庄。’他又说：‘先生，他在一般场合不做鬼脸，不做手势，不拍案叫绝；他从来不过分亲热地拥抱你。’”

“在座的一位先生认为坚持巴克莱博士的巧妙哲学是适合的，他的哲学是，未被心灵感知的任何东西都不存在；这位先生要走时，约翰生对他说：‘先生，请不要离开我们；因为我们或许会忘记对你的念想，那样的话，你就会停止存在了。’”

“有天约翰生到内殿律师学院去找哥尔德斯密斯，哥尔德斯密斯对约翰生住处的面貌有点嫉妒，便对约翰生说：‘我很快就会有比这套房间更好的住处。’约翰生这时打断了他，把他美美地恭维了一番，意思是一个像他这样才气横溢的人不应当关注这样的差别——

① 《雅典的泰门》，第3幕，第5场，第80—97行；第4幕，第1场，第1—41行；第4幕，第3场，第1—23行。

‘好了，先生，不要在意这个。Nil te quœsiveris extra.[①]’”

“就在给他发了恩俸的时候，他怀着昂扬的文学壮志说：‘如果这事发生在二十年前，我就去君士坦丁堡像波科克那样学阿拉伯语。’”

“有个他情趣精益求精的例子，尽管他称赞韦斯特[②]翻译的品达，但他还是指出了下面一段文字有瑕疵，因为表现了一种细微到有贬损应当盛行的普遍尊严之嫌的情况：

> 缪斯啊，那就以你的亮闪闪的指甲，
> 拨动你的多利安琴弦。”[③]

778 “有人提议吸收维西先生加入**文学俱乐部**，伯克先生一开始就

1780年 说，他是一个风度翩翩的人。‘先生，（约翰生说）你再不必说了。你已经说过是个风度翩翩的人；你已经说够了。’”

“已故的菲茨赫伯特先生告诉兰顿先生，约翰生对他说：‘先生，一个人没有权利做不文明的事，同样也没有权利说；没有权利把别人打翻在地，同样也没有权利对别人说粗话。’”

“我亲爱的朋友巴瑟斯特医生（他以一种热烈赞许的口吻说）宣称他很高兴他当西印度种植园主的父亲倾家荡产，因为没有庄园，他就没有蓄奴的诱惑。”

“理查逊寡言少语，除非谈他自己的作品，乔舒亚·雷诺兹爵士说，他总是愿意谈自己的作品，很高兴把它们引进话题。约翰生带着兰顿先生去看他时，声称他能引理查逊说话，并用这么一种旁敲侧击的说法：‘先生，我能使他暴跳如雷。’可是他失败了；因为在那次会见中除了说屋子里有一本他的《克拉丽莎》的德文译本外，

---

① “不要设法在你身外发现自己”——佩尔西乌斯，《讽刺诗集》，第1首，第7行。

② 韦斯特（Gilbert West，1703—1756），作家；与利特尔顿和老皮特有亲密的家庭交往；蒲柏的朋友；《论耶稣基督复活的历史与证据》（1747）的作者；翻译品达的颂歌选集（1749）。

③ 吉伯尔特·韦斯特，《品达颂歌集……译自希腊文》（1749），第6页。

他很少再说话。”[a]

“有一次有人拿出一张报纸，上面登着针对乔舒亚·雷诺兹爵士的愚蠢的毁谤信，约翰生亲自来要看个究竟。——‘好啦，’他说，‘咱们把它从头到尾朗读一遍’；朗读完后，他带着一种可笑的急切，并没有看任何一个人，喊道：‘经过了这番讽刺，我们岂不是都还活着！’”

“他对塞克的政治品格有一种强烈的偏见，在牛津出现过这么一个事例，他对自己改变约定俗成的祝酒对象‘教会和国王’表示了极大的不满。‘坎特伯雷大主教，’他说，（带着一种假惺惺、笑眯眯

---

a　一位爱好文学的女士惠赐我一则理查逊的典型轶事。有一天在理查逊的诺森德乡间别墅的宴会上高朋满座，一位刚从巴黎回来的先生想讨得理查逊先生的欢心，向他提到一件大喜事——看见他的《克拉丽莎》放在国王的兄弟的桌子上。理查逊看到那一部分宾客正忙着彼此交谈，因此当时装作没有在意的样子。但过了不久，全场突然鸦雀无声，他认为这种恭维话也许现在全场都可以听到，他便对那位先生说：“先生，我想刚才你在说什么来着——”突然满怀期待地停了下来。那位先生对这种过度的虚荣大为恼火，所以决定不予纵容，便以一种微妙的狡黠得出奇的冷漠神气回答：“区区小事，先生，不值得重复。”看得出来理查逊觉得丢了面子，一整天再没有说上十个字。约翰生博士在场，一副幸灾乐祸的样子。

的鬼脸，）‘为“教会和国家的章程”干杯。’被问及这两种祝酒对象有何区别时，他说：‘嘿，先生，你可以肯定他是有用意的。’然而那位高级教士的助理牧师波蒂厄斯博士和斯廷顿博士在他的布道文前加了他的传记，当传记初次问世时，他如饥似渴地读着，说道：‘这篇传记写得很好，这样的一生很值得记录下来。’”

779 “谈到一位贵族老爷[1]，他说：‘尊敬他，你办不到；因为他没有
1780 年 自己的思想。热爱他，你也做不成；因为你能给他做的事，其他任何人都能。’”

“关于哥尔德斯密斯博士，他说：‘他手中没笔的时候比谁都愚蠢，手中有笔的时候，比谁都聪明。’”

“他以自己活灵活现的口气讲了下面一段文坛掌故：‘格林和格思里，一个是爱尔兰人，一个是苏格兰人，他们承担了迪阿尔德的《中国史》的翻译。格林说格思里不懂英文，格思里说格林不懂法文；这两个人却着手翻译迪阿尔德的《中国史》。在这部译文中被发现“新月第二十六天”的说法由于月亮的全部周期是二十八天，这月亮不但不是新月，简直老得不能再老了。他们的错误是由于把 neuvième 第九，误认为 nouvelle 或 neuve，新。’”

“关于布莱格登医生信息的丰富与精确，约翰生博士说：‘先生，布莱格登是一个讨人喜欢的人。’”

“约翰生博士出版他的小册子《虚假警报》以后，出现了一种愤怒的回应[2]（很多人认为是威尔克斯先生做出的）。约翰生博士决定不予回答；但是在同兰顿先生的交谈中提到了一两个细节，如果他予以回答的话，他也许会把它穿插进来。在回应者的小册子里，已经庄严地说：‘先生，你是不是认为下院之于百姓就如同造物之于造主？’对这个问题，约翰生博士说，我本来能够回答——首先，**造主**的概念必须是**他**有权力不造或者消灭**他的**造物。”

---

① 第五代科克和奥雷里伯爵约翰·博伊尔。

② 约翰·威尔克斯，《致民法博士塞缪尔·约翰生书》（1770）。

“所以不能认为一个造物能够为它的**造主**制定法律。”[a]

“没错，他说，如果一个人谈到他的不幸，其中有些是他并不讨厌的事情；因为那里除了纯粹的苦难，别无其他，那里绝对不会有提起它的办法。”

“谁读的书只有他能大声念的那么多，他肯定是个可怜的畜生。”

“《拉塞拉斯》中的Imlac，我在词尾用了一个c，因为它不大像英文，用英文总应当在c后面加个撒克逊语的k。”[b]

“在某些情况下很多人都是疯子，过了一辈子，却浑然不觉：譬如说，一种疯狂已经把一个认为自己不得不实实在在地继续祷告的
人控制了——如果疯狂反其道而行之，此人觉得不断祷告是一种犯 780
罪，那么疯狂就不会不可能继续下去而不被发现的。” 1780年

“他认为《万人大撤退》[①]第一卷末尾的人物描写是已知的那一类文字的第一个范例。”

“假如（他说）一个妻子生性勤奋好学，或者爱争长论短，那就非常麻烦：譬如说，如果一个女人竟然没完没了地唠叨阿里乌异端[②]的问题的话。”

“一个人议论另一个人，就算是夸那个人，如果此人认为那个人听不见，那就是无人议论他，如果此人认为那人听得见，那才算有人议论他。”

---

a 他对**伟大的本原**的深沉敬仰使他超越思想狭隘的人受侵染的那种“哲学和虚空的妄言”[1]。我听见他坚决主张“正确的东西不是因为适合自然而正确，而是因为**上帝**决意要它正确”；情况肯定如此，因为**上帝**预先处置好事物的关系，所以**他**决意要做的肯定正确。

1 《圣经·新约·歌罗西书》，第2章，第8节。

b 我们希望我们的语言大师的权威会停止这种截短的革新，我们看到人们经常写critic，public，等等，而不是critick，publick，等等。

① 色诺芬著。

② 阿里乌异端这一名称因早期基督教神学家阿里乌（约250—336）而起。阿里乌否认他的重要对手圣亚大纳西（约293—373）提出的三位一体教义；因此经常表示一种从彻底的一位体论到程度与种类不同的圣子从属圣父的各种神学立场的论调。第一场阿里乌论战爆发于4世纪，但英国在18世纪还有余响，因为这时候三位一体教义又受到怀疑论的压力。

“‘称赞一个人事关重大’：这句话是他临终前不久以极其认真的态度对我讲的，当时他希望我看看英格兰北方某人给他写的一封信，我把信看了一遍，他问我写了些什么，我认为详细传达会累着他，因为信很长，所以我只是笼统地告诉他信上对他赞扬备至。——于是他表达了上面一种观点。”

“他露出一副极其满意的神态提到巴雷蒂告诉他的一件事情，巴雷蒂在学习英语的过程中，偶然看见了《旁观者》上一篇精彩的文章，那是可敬的不顺从国教牧师、汤顿的格罗夫①先生写的四篇文章中的一篇，注意到它所展示的思想天才和力量，便大大加快了他到我们国家来的好奇心，因为他认为如果我们作家的轻松报刊文章是这样的话，那么这些作家在重大场合的创作一定叫人叹为观止！”

“他有次在乔舒亚·雷诺兹爵士家里说，街上的乞丐更乐意向男人讨施舍，尽管这个男人的样子不像个富人，却不肯向衣着讲究的女人讨要[a]；他的解释是由于人们发现女人对钱的使用更加仔细；还进一步说，一般情况下女人可用来改善自己状况的机会比男人少得多，扫视了一圈，在座的全是男人，于是又补充说，我们中间没有一个人不认为只要自己努力就可以更富有一些。”

“他是这样概括他认识的一位有才气的作家②的：‘先生，他是个循规蹈矩的狂热分子。’”

“‘*他可以举起那块***盾牌***挡住所有的敌人*’是一句对荷马的评述，这是他的德比郡的朋友菲茨赫伯特的妻子菲茨赫伯特夫人在论及荷马描写阿基琉斯的盾牌③时做出的，被约翰生博士尊为一条非常精

---

① 格罗夫（Henry Grove，1684—1738），长老会牧师；汤顿学院伦理学和圣灵论导师（1706），后来任院长（1725）；《旁观者》上的四篇文章受到约翰生的高度赞扬；《谈圣餐仪式的性质与设计》（1732）出过八版；发表过作品的诗人。

a 斯特恩的看法恰恰相反。见他的《多情客游记》，“神秘”条。

② 约瑟夫·沃顿。

③ 希腊神话中的火与煅冶之神赫菲斯托斯为希腊勇士阿基琉斯打造盾牌是荷马史诗《伊利亚特》第18卷著名描写的主题。

彩的评述。总的来说，他对那位女士的理解力评价很高。”

“巴瑟斯特的一则论述被人提及，约翰生将它重复了一遍，看样子承认它做得根据充分，也就是说，在任何一个新人来到一群人中 781
间时，一个人感到再见他的愿望或倾向多么少，这是值得注意的。” 1781年

这一年牧师富兰克林博士出版了《卢奇安》的一个译本，他把《德谟那克斯》题献给约翰生：

> 献给当代的德谟那克斯[①]，**塞缪尔·约翰生博士**，衷心仰慕他的卓越才能的，
>
> **译者**

虽然把德谟那克斯与约翰生相比较，似乎二人之间没有多大的相似之处，但这句献词出自卢奇安所给的古代哲人的综合人物‘ἄριστον ὧ ν οἶδα ἐγὼ φιλοσόφων γενόμενον，我见过的或知道的最优秀的哲学家’，是一种恰当的赞扬。

1781年：七十二岁。〕——1781年，约翰生终于完成了他的《诗人传》，他是这样记述的：“三月的某个时候，我完成了《诗人传》，我还是按通常的办法写的，时而拖拖拉拉，时而匆匆忙忙，有时不想工作，工作起来又干劲十足，急于求成。”[a] 在此之前的一条备忘录里，他是这样说的：“我希望用那种有助于增强虔敬的态度写出来。”[b]

在约翰生博士的所有作品中，这一部也许会拥有最广泛的读者，人们会最喜闻乐见。语文学和传记是他最喜爱的追求，跟他交往最亲密的人在各个场合都听见，一有适当的机会，他就津津乐道英国诗人的种种功绩：谈他们性格的细微区别，谈他们在他们尽心尽力阐明的

---

① 〔德谟那克斯（Demonax，约70—约170），希腊犬儒派哲学家。〕

a 《祈祷文与默想录》，第190页。

b 同上书，第174页。

这个世界上进步的重要事迹。他的脑海里充满了这一类信息，在他的记忆中又把它安排得井然有序，因此在他履行他在这方面的任务的时候，只消把他的思想写到纸上就行，首先展现每位诗人的生平，然后加上对该诗人天才与作品的评点。然而，他动笔的时候题材无限膨胀，他本来打算给每位诗人写篇序言，只有几页的篇幅[a]，可现在他却对诗人的方方面面展现出一种丰富多彩、最引人入胜的审视。在这一方面，他绝像昆体良①，昆体良告诉我们他写《演说术原理》的时候，“Latiùs se tamen aperiente materiâ, plus quàm imponebatur oneris sponte
782 suscepi”。② 书商们正确地认识到版权巨大的增值，便在原来的二百镑
1781年 上又追加了一百镑，于是他同意提供他认为合适的序言。

然而，对于那样一部传记集来说是一笔小小的报酬，而那种批评的原则和演示，如果被某个现代的亚里士多德和朗吉努斯③消化和安排到一个体系里，也许会形成一个其他任何国家都不能展示的关于这个问题的准则。蒙他一片厚情盛意，将这部令人惊叹的作品仅有的原稿中的绝大部分作为礼物，赠送给我，我便有机会满怀惊羡之情一睹他奋笔疾书这样光辉创造的正确无误。也许可以把他比作沃勒笔下能够留下“一见钟情”印象的女士：

> 丘比特可以用暗淡的颜色和画笔，
> 慢慢地描绘出另外一些天仙美女，

---

a 他在《启事》中是这样宣布他的计划的：“书商们决定出版一部英国诗，劝我答应给他们每位作者写一篇序；当它展现在我心头时，这是一件不太沉闷也不太艰巨的任务。

“我的打算只是给每位诗人分配一则广告，就像我们在《法国诗文杂集》中发现的广告那样，只包括一些日期和总体特点；但我受了引导，超越了我的初衷，我真诚地希望提供有益的乐趣。”

① 昆体良（Quintillian，约36—约95），古罗马修辞学家和古代文学批评家。

② “然而由于我手头材料的增多，我便主动承担起一项比原先加给我的更大的任务”——Ⅰ.序言.3。

③ 朗吉努斯（Longinus，213—273），古希腊新柏拉图主义哲学家，修辞学家；文学批评创新作品《论崇高》的作者。

最终便会把一颗柔弱的心损伤；

她有一枚图章镌刻着那男孩的形象。①

然而，他却有很多麻烦，在工作的进程中还有一些担忧，这种情况我们从他给印刷商尼科尔斯先生的一系列信件中看得出来[a]，尼

① 埃德蒙·沃勒，《一见钟情》，第2节，第15—18行。

a 例如："在《沃勒传》中，尼科尔斯先生将会找到一段涉及《议院史》的资料，从那里要摘引一长段文字穿插进来。如果尼科尔斯先生不容易找到那本书，约翰生先生会将它从斯特雷特姆寄来。"

克拉伦登在这里当选。

出于某种偶然，我把你关于公爵的注藏到一个非常安全的地方，结果我反而找不到了。你的信息对我有极大的用处。我必须求你再提供一些；再列一份我们的作者名单，因为我把另一份用上了。我已经寄走了斯特普尼[1]的墓志铭。让我尽快拿到改样。1778年12月。

我已经寄上菲利普斯，连同他的墓志铭，要插进去。一篇序言的片言只语不大值得印刷，除非因为我们好像要做点什么。它可以增添到《菲利普斯传》上。那一页拉丁文应加到《史密斯传》上。我将会在家校订那两张弥尔顿的样张。1779年3月1日。

请把休斯的《书信集》的最后一版给我找来，并且想办法找到丹尼斯对《布莱克莫尔传》和《加图[2]》的论述，以及该作家抨击蒲柏的任何东西。我们的材料不足。

沃勒声称模仿了费尔法克斯[3]，你认为几页费尔法克斯会不会丰富我们的版本？见过他的作品的读者寥寥无几，也许他们会喜欢它。不过没有这个必要。

"一些最杰出的英国诗人生平与作品的论述。作者"，等等——"英国诗人评传，作者：**塞姆·约翰生**。"——让尼科尔斯先生选择，或者另想一个。1781年5月。

不知为什么你忘了新版的广告。没有附在信里。至于盖伊的《书信集》，我看没有什么用处，因为它们提供不了任何东西的信息。他是科学会会员倒算是一件事情；但他肯定只不过是个通讯会员。然而，这里没有他的生平，我不知道怎么放进去，何况也不大重要。

在1785年的《绅士杂志》上还可看到几封书信。该杂志的主编因为约翰生为该刊写过好几年的文章，似乎正确地认为这样一位泰斗的片言只语也值得保留。

1 斯特普尼（George Stepney，1663—1707），外交家；威廉三世王朝最著名的外交官；驻柏林代办（1692）；驻维也纳秘书（1693）；驻萨克森（转下页）

783 科尔斯多种多样的文学探究和热心助人的性情使他变得对约翰生非
1781 年 常有用。从我掌握的文稿中显示，斯蒂文斯先生给他提供了一些轶事和引文；我注意到思雷尔夫人给他精选的段落充当了一名誊抄员，字迹非常清晰秀丽。但他主要受惠于我终生不渝的朋友、大客店的艾萨克·里德[①]先生，他博大精深的英国文学史知识，如果我说是神奇的，绝不是夸大其词；其实他的劳动成果已经向世界予以证明，所有有幸与他结识的人都能证明他私下交往中的那种坦诚。

将约翰生的《诗人传》篇章一一详述，或者试图分析它们的优长，并不是我的意愿，如果我有能力这么做，也要占用这部作品过多的篇幅；不过我要对其中几篇谈一点看法，穿插一些异文。

《考利传》他认为是全书中最优秀的一篇，因为里面有对玄学派诗人的论述。德莱顿的批评才能与他的诗才并驾齐驱，他在其精彩的关于尤维纳利斯的献辞中提到过玄学派诗人，但也仅仅是提提而已。约翰生却全面展示了他们，用他们的作品作恰当的例证，手法明晰，所以人们承认他具有独具匠心、不落窠臼的优长。可以说给我们发现了诗歌领域里的一片新天地。

约翰生在考量一位诗人[a]的作品时说，“没有破绽的苗头，很难

（接上页）代表（1693—1694）；驻黑塞-卡塞尔公使（1694—1695），驻萨克森公使（1695），驻科隆-美因茨（1695—1696）、黑塞-卡塞尔、法尔茨和科里尔（1695—1697）、萨克森（1698）、普鲁士（1698—1699），又驻法尔茨（1701）特命全权公使；驻维也纳特命全权公使（1701—1705），后来为特命全权公使兼全权代表（1705—1706）。

2 加图（Cato，公元前234—前149），政治家、道德改革家，迦太基不共戴天的死敌。

3 费尔法克斯（Edward Fairfax，？—1635），诗人。

① 艾萨克·里德（Isaac Reed，1742—1807），文学编辑，图书收藏家；1781年给约翰生《英国诗人传》提供注释，文物学会会员（1777）；给《威斯敏斯特杂志》撰写传记条目（1773—1780）；《戏剧传记大全》（1782）的作者；重编约翰生与斯蒂文斯的莎士比亚集注本（10卷，1785）。

a 《谢菲尔德传》。

做出修补”；但我没有发现这也适用于散文[a]。我们将会看到尽管他在这部著作中的修补效果很好，但没有 pannus assutus[①]；结构是统一的；实际上起初就有的东西，很少不适合保留的。

《考利传》中的异文[b]。

所有此后可能渴望〔未来崇仰〕孤寂的人。
孕育并实施他人心中的苦乐〔激动或感觉〕。
〔炙热的〕一个夏日正午的无际的光辉。

在《沃勒传》中，约翰生对那个五彩纷呈的时期的公众事务做了明确而生动的叙述，具有遒劲而又细腻的特色；由于有了一个表现他的政治原则的绝好机会，所以带着一种毫无保留的男子汉的自信工作，从而使他的读者满意地看到他是怎样可以用一种恢宏的气势描写他的国家的一部《托利党史》的。 784 1781 年

在这些传记里，他的笔调非常平易，我只记得有三个不通用的带有书卷气的字眼；一个在描写沃勒致命的疾病临近时，他说，“他发现自己的两条腿膨胀了”；如果用他的腿肿了的说法，这种字眼就可避免；也就不会有随后向医生提的有趣的问题里不得体的说法了：“肿了是什么意思？”第二个，他提到蒲柏喷发出了种种建议；如果用发表了或发布了就会被人更容易理解；第三个，他称奥雷里和德拉尼两位作家无疑披肝沥胆；这种时候是可以使用真实、诚实

---

a 〔然而见本书边码第768页，那里有相同的说法，而约翰生说的就是散文。在他的《德莱顿传》中，他对歌剧《亚瑟王》的评述提供了这一说法正确无误的一个醒目的例子。——M.〕

① “Purpureus ... unus et alter | Assuitur pannus” ——“打上一两块紫色的补丁”——贺拉斯，《诗艺》，第2节，第15—16行。

b 原来的文字放在方括号内，现存的用斜体（这里用宋体代替，后面罗列的“异文”部分同。——编者）印刷。

或者忠实的。然而，必须承认，这些并不是生硬或者过大的字眼；用惯了也会使它们像其他任何字眼一样平易；一种语言之所以有更加丰富多彩的美妙表现，就是因为有五花八门的同义词。

他关于诗歌不适合我们神圣宗教的令人敬畏的主题这种论调，尽管我不能完全苟同，但由于带着不凡的气势和推理，仍然具有一切原创的价值。

《沃勒传》中的异文。

同意〔插入他们的姓名〕他们自己的称谓。

缴了一笔一万英镑的罚金〔之后〕。

祝贺查理二世〔加冕〕恢复权利。

谁乐意奉承一切因世事变迁而得意的人，谁就一定会被〔认为辱没了自己的能力〕看作思想堕落从而受人轻蔑。

沃勒有意使他的作品出类拔萃所依赖的特点就是〔优雅〕活泼和高尚。

花儿之所以受到重视，仅仅是因为它们〔带来〕预示果实。

诸如自然外貌〔容易〕欣然提供的那些意象。

〔他的〕有些寓意〔有时候被〕也许被认为太渺远，无关宏旨。

他的意象〔有时候是含混的〕并不总是清晰的。

针对《弥尔顿传》，辉格党的群犬狂吠不止。然而弥尔顿作为一位诗人的优秀之处，我们能从哪里找到像约翰生笔下那样的颂扬呢？我只摘录有关《失乐园》的下面一段文字：

“爱慕者禁不住要猜，弥尔顿以什么样的心情审视他的作品的无声的进展，并留心他的声名悄悄地穿越恐惧和寂静在一种潜流中前进。我不禁认为他平静而自信，很少失望，决不气馁，以稳健的意识仰仗自己的优长，不急不躁地等待见解的变化，和未来一代的公正评价。”

塞缪尔·理查逊
约瑟夫·海摩尔 绘

可以把托尔斯博士看作“革命社”① 最狂热的成员之一，就连他 785
也承认“约翰生以至高无上的言辞评说那位伟大诗人的才能，对他 1781年
的主要诗作给了最光荣的歌颂”。[a]

一个像约翰生那样崇敬教会和君主制的人，怀着正义的厌恶议论作为政治家，或者不如说作为良好政体勇猛的仇敌的弥尔顿，这肯定是意料之中的事；对于那些指摘他的人，我要推荐他对弥尔顿关于自己处境的著名抱怨的评论，那时候由于查理二世的轻率，“一种（约翰生说得好）世界上史无前例的轻率；一个写文章为弑君行为辩护的人在一条《大赦法》下平安无事”。

“刚一平安无事，他又发现自己岌岌可危，碰上了邪恶的日子，邪恶的舌头，被黑暗和危险包围②。这种黑暗，如果他的眼睛得到更好的使用，无疑值得同情；但是随之又提到危险就是忘恩负义了。他的确碰上了邪恶的日子；弑君者再也不能吹嘘他们恶行的时日到来了。然而弥尔顿所抱怨的邪恶的舌头则需要至少和他的其他能力不相上下的厚颜；弥尔顿最热情的拥戴者必须承认，他从来没有节省粗暴的斥责，或蛮横的挞伐。”

---

① 一个为纪念1688年的“光荣革命”建立起来的社团。它的成员都是早期拥护法国革命的积极分子，正是理查德·普赖斯1789年11月4日在该社一次会议上发表的演说激发出伯克的《关于法国革命的感想》(1790)。

a 见《论塞缪尔·约翰生的生平、性格和作品》，伦敦，1787；这本书写得很好，对它的作者的民主偏见打了恰当的折扣；然而我不禁对他说及我的杰出的朋友时的公允表示佩服：

> 他具有超常的理解力，这在很大程度上是刻苦攻读培养成的，但沉思和反省培养的更多。他的记忆力好得惊人，他的想象力异常活跃，他的判断力敏锐、深刻。他对宗教的重要性有一种强烈的意识；他的虔诚是发自内心的，有时候是热烈的；他对德行利益的热情往往表现在言谈和作品里。他在文学作品中表现的那种魄力同样也在他的言谈中展现出来，他的言谈不拘一格，动人心弦，给人启迪；也许在妙趣横生、应答如流方面谁也望尘莫及。
>
> 他的《词典》，他的道德文章，他的高雅的文学作品，将会传达出有益的启迪，文雅的娱乐，只要它们使用的语言能被人理解。

② 弥尔顿，《失乐园》卷7，第25—27行。

的确，我常常心里纳闷，弥尔顿，“一个尖酸刻薄的共和政体的拥戴者”，“一个对亲属如此严苛武断的”，满脑子都是最严酷、最阴森的加尔文主义信条的人，竟然是这样一位诗人，竟然不仅笔调崇高，而且优美、甚至快乐；竟然细腻地描绘出了我们的天性能感受到的最甜美的感情；形象化地描绘回肠荡气的夫妻恩爱；更有甚者，似乎洋溢着狂欢宴饮的一切精神。这就证明，在人心里，判断和想
786 象，感知与情绪的各个部门也许有时候被结实的隔板分开；同一个
1781年 人物身上的光与影也许黑白分明，永不混淆。[a]

在《弥尔顿传》里，约翰生借机坚持他自己的也是普遍的观点，认为在英诗里有韵诗优于无韵诗，并引用“一位灵巧的批评家”做的这样一条贴切的例证，那似乎只是让眼睛看的诗。[b] 他这样概括的那位先生是（他告诉苏厄德先生）萨里的诺伯里园的洛克① 先生，此人在美术方面的知识和情趣是天下闻名的，他举止文雅，给本书的作者印象颇深，一位认识他多年、并不善逢迎的共同的朋友② 对他的美德提供了最有力的证据。

《弥尔顿传》中的异文。

除了〔他那些最偏执的拥戴者〕甚至仁爱和敬重能给的这种东西外，我无法找到任何意义。

〔也许没有〕很少有什么人写得这么多，赞扬得这么少。

免于湮没的一种〔抢救〕保护。

---

a　马隆先生认为，他一点也感觉不到他描写出的那些欢乐感觉：认为在这些问题上，写作的是诗人，不是人，这倒是一个证据。

b　无韵诗的效果最自然的例子之一是已故的霍普顿勋爵遇到的。勋爵大人看到他的一个牧羊人在田野里聚精会神地看弥尔顿的《失乐园》；便问他看的是什么书，牧羊人回答：“老爷甭生气，这好像是一个非常古怪的作家：他想押韵，但就是押不上。”

①　洛克（William Locke，1732—1810），美术鉴赏家和赞助人；慷慨收留法国流亡者；范妮·伯尔尼终生不渝的朋友。

②　可能是埃德蒙·马隆。

不要让我因为这种跑题受到指责，被认为〔语焉不详〕卖弄学问或似非而是。

苏格拉底倒有这样的看法：我们非学不可的是怎么样〔获取和同享快乐〕行善避恶。

它的优雅〔谁能展示？〕是不易达到的。

我能够津津乐道《德莱顿传》里这种大手笔的展现，这一点我们已经看到[a]是约翰生早期的文学计划之一，值得注意的是，由于所谓的材料不足，止步不前多少年以后，他竟然在晚年把它展现得如此绚丽多姿。

德莱顿受到狭隘的攻击，仿佛他信奉天主教是一种攀龙附凤的举措，约翰生对这位伟大诗人的辩护是一篇既出色又坦诚的论理文章。其实，德莱顿本人在他的《雌鹿与豹子》中已经这样描绘了他的心
态，谁知道对我们进入坟墓后的状态这样令人敬畏的问题渴求安宁，787
尽管他们可能认为他的观点站不住脚，谁就必须善待他的情感：1781年

然而，仁慈的**上帝**，您为屡屡出错的判断
多好地提供了一种永不出错的指南！
光渊中的黑暗是您的宝座，
炫目的光辉禁止人们看着。
啊！教会我相信隐藏着的您，
不要在您现身地之外将您搜寻；
而是将她一人当作我的引导，
因为您答应决不会把她扔掉。
我轻率的青年插上了狂妄的翅膀；
我的成年被游火误导的时间很长，
跟着虚假的亮光；当它们的闪光不再散发，
我的自尊打出了她自己的火花。

---

a　见边码第556页。

这就是我，按天性我依然如此；
归你的是荣耀，归我的则是羞耻。
现在我的任务是好好生活：我的怀疑统统消亡；
除了三位一体，还有什么能撼动我的信仰？①

在描绘德莱顿的性格的时候，约翰生赋予了他自己的某些特点，尽管我估计不是有意的。例如："在他的思想活动中占主导地位的力量与其说是灵敏的感性，不如说是强大的理性。在所展现的所有情况中，他与其在感受，不如说在研究；他展示的情感不是天性使然，而是由沉思提供。这些情感带着单纯基本的冲动分别涌现在心头时，他似乎并不多么熟识。因此，他尽管有种种优长，但并不是经常哀伤②；而且对纯自然的喷发力量的感受性非常缺乏，所以对别人的情感发泄并不重视。"人们确实可以注意到在约翰生所有的大量作品中，无论是散文，还是诗歌，甚至在他的主题是一位不幸公主的悲惨遭遇的悲剧里，连一段催人泪下的文字也没有。

《德莱顿传》中的异文。

这种全面细读的理由〔在〕艾迪生试图从调查秘密时内心所感受到的快乐中〔发现〕获得。

他的最好行为只不过是〔顺便〕无力行坏。

一旦他全力以赴进行争论，〔问题〕思绪就从任何一方涌进来。

一种无想象力的〔空洞〕空虚的深渊。

这些，像〔很多其他的妓女，〕其他男人的妓女们一样，拥有他的爱情，尽管不是他的认可。

---

① 约翰·德莱顿《雌鹿与豹子》（1687），第1节，第64—79行。

② 〈我觉得在约翰生的作品中，无论散文还是诗歌都不乏哀伤性的文字。——卡尼〉

他带着一种迂夫子的炫耀〔有时搬弄〕屈尊搬弄他的知识。
〔当时被用在〕当时已经潜入谈话中的法语词。

《蒲柏传》是约翰生满怀热情写成的，一方面是由于这位作家早 788
就占据了他的心，一方面是他一直在打压贬低这位作家的诗名的种 1781 年
种企图中肯定感受到的快乐，打压的办法就是演示诗人的优长，发布下面一段踌躇满志的颂词："经过这一切，回答曾经提出的这种问题肯定是多此一举：蒲柏是不是一名诗人？要不还不如反过来问，如果蒲柏不是诗人，哪里才能找到诗？用一个定义来标出诗的边界，只会显示下定义者的狭隘；尽管下一个把蒲柏排除的定义并不难。让我们环视现在，回顾过去；让我们询问人类的声音把诗歌的花环判给了谁；如果把他们的诗作予以审查，把他们的要求予以陈述，那么蒲柏的权利就不会再有争议了。"

我记得有次听约翰生说："先生，再过一千年才会出现一个具有和蒲柏的诗才相当的人。"这种才能，在加强他迷人的创作价值方面无疑会被承认有一份正当的贡献。

约翰生在他的那版《莎士比亚集》中对沃伯顿有慷慨的持平之论，这在那位魄力不凡的作家生前就被发表，现在在《蒲柏传》里，他又借机以更大的慷慨向沃伯顿致以适当的敬意，这已经是沃伯顿不再身居"高位"，而是归入死者行列的时候[a]。

---

a 约翰生对待沃伯顿的行为受到《沃伯顿集外文集》的编者[1]值得敬重的关注。对沃伯顿的人格进行了一番出色、"深情，尽管不是不别开生面的"考量后，他说，在两部不朽作品中，约翰生站在他的赞赏者们的最前列。有了一个那样人物的佐证，无礼必须感到羞惭，恶意必须得到软化。对于文学的功绩，我们大家都知道，约翰生是一位睿智但又极其严厉的判官。他明察秋毫，能看透人的行为最秘密的源流；他又刚正不阿，总是用"圣所的天平"[2]称他的同类的道德品格。他太无畏，不想姑息对手，太高傲，不会逢迎高手。他认识沃伯顿，就像我认识他，也像每个有良知、有德行的人希望被人认识一样——我是说，既从他自己的作品，也从那些不赞成他的原则，或者嫉妒他的声名的人的作品来被人认识。然而，说到恩惠，他没有（转下页）

789 像约翰生和沃伯顿这么两个人，生活在同一个时代，同一个国

1781年 家，不仅关系一点都不亲密，而且几乎互不相识，似乎有点奇怪。然而那种事例，尽管我们感到纳闷，却不罕见。我经过仔细调查，如果信息正确的话，他们只见过一面，是在伦敦的弗伦奇夫人家里见的。这位夫人以其高雅聚会把名流邀集到一起闻名。这次晤面事实证明双方都非常愉快。

我听说，沃伯顿是这样说约翰生的："我仰慕他，但他的文体我吃不消。"约翰生听到这话后说："我对他看法如出一辙。"他是这样表达对沃伯顿天才的多产和材料的丰富多彩的钦佩的："桌子

（接上页）从格洛斯特主教那里接受过，也没有向他要求过什么；如果我没有记错的话，约翰生与主教只见过一次面，而且在几乎没有计划见面的时候，交谈也不怎么费力，分别后也没有留下任何或爱或恨的持久的印象。然而，尽管有着善解人意的天才的热忱，约翰生仍是自觉自愿地做这件事的，而且做得很出色，如果到了有些作家手里，事先就会毛毛糙糙进行尝试，再换一些人，也许会期望更加成功的尝试，但至今什么也没有做。他说了沃伯顿的好话，却没有辱没沃伯顿所鄙视的那些人。他没有隐瞒这位非凡人物的缺点，而是极力对他不计其数和超凡脱俗的优秀功绩给予公正的评价。他在主教生前群敌的鼓噪声中维护主教；又在主教死后众友三缄其口时赞扬主教。"

我热诚地感谢这位编者对我故去的朋友做出的颂扬，在引用过他的赞词之后，让我不要让我的朋友靠深厚的学识和雄辩的口才老老实实获得的声名的光辉被一种狭隘的指控蒙尘，他被指责再次引人反感地拖进一个人[3]的轻浮确定的作品中，此人因其才华、学问、地位和年纪而受人敬重，这些作品出版于很多年前，从此以后，据说就被作者不声不响地放弃了。然而考虑到这些作品不是青年时代的罪过，而是一位年事已高的人深思熟虑的作品，既洋溢着对教会一位位高权重的大人物的谄媚之情，又对两位有重大功绩的人士无理辱骂；尽管指望一种丢脸的公开认错毫无道理，在夜晚的凉爽中对白天的酷热难耐从不道任何歉；没有任何轻微的宽容表示出现在信件上，或者后来出版物的片言只语上；把他理解为目空一切地倔强难道不公平吗？当他任凭乱箭扎在伤口上，而不肯伸手去拔的时候，变成一个愤怒的复仇者，难道就错了吗，难道就不大度吗？

1 塞缪尔·帕尔。

2 参比《圣经·旧约·但以理书》，第5章，第27节。

3 理查德·赫德。

上总是满满当当，先生。他从南到北，从各个地方搜集来材料。在他的《神圣使命》中，你总会得到乐趣。他领着你转来转去，却没有把你领到点子上；于是你就不希望被往前领了。”他对牧师斯特拉恩先生说：“沃伯顿也许是用饱学善思的头脑写作的最后一个人。”

引人注目的是，在《布鲁姆传》中，约翰生注意到沃伯顿博士在使用约翰生本人所使用的表达模式，而且，这种情况并不少见。使不了解他的那些人大为反感。借机提到一封涉及《奥德修纪》的一些相关译者译的不同部分的短简后，他说：“沃伯顿博士用他热情的语言告诉我，他认为在短简中说的那种关系是个谎话。”语言确实热情；我必须承认，它不能证明与正当顾及约定俗成的修辞形式保持一致就是正确的。约翰生使用谎话这个字眼来表达有关的一个错误或者一个偏差；总而言之，在事情不是说的那么回事的时候，尽管说事的人无意骗人。当他认为说事的人无意说了假话时，他的说法就是“他在说谎。他知道他在说谎”。

说到蒲柏不以言谈精彩出名时，约翰生说：“传统的记忆没有留下戏弄人的俏皮话，或者值得注意的语句；没有尖锐或者扎实、聪明或者欢快的东西；而且只记录下来了一句箴言。”在这一方面，蒲 790
柏与约翰生大相径庭，约翰生的言谈也许比他的作品更令人赞叹， 1781 年
不管他的作品有多么优秀。不过，威尔克斯先生惠赐了一条蒲柏的机敏应答，约翰生并未听到。约翰生义正词严地指责蒲柏“在心里培育了一种对国王们的愚蠢厌恶”后，告诉我们：“然而威尔士亲王给他表示的一点关心却化解了他的顽梗；当亲王殿下问他，他讨厌国王怎么能喜爱一位王子时，他没有多少话好说。蒲柏做出的回答是，幼狮是无害的，甚至很好玩；但爪子长足之后，他就变得残忍、可怕、凶恶了。”

不过尽管我们没有蒲柏的言谈录，也不能因此得出结论，他在社交活动中就不讨人喜欢；因为有人听约翰生说过：“最快乐的谈话就是内容都记不清，但有一种喜人的印象的总体效果。”已故的萨默

维尔勋爵[a]既伟大又精彩的人生阅历丰富，他告诉我，他跟蒲柏一起吃过饭，饭后，他所谓的这个小个子男人，喝了他的一瓶勃艮第葡萄酒，极其欢快逗人。

有人指责我伟大的朋友对一位贵族至少有难辞其咎的疏忽，因为这位贵族对他表现出非同一般的礼貌，我不能对此避而不谈。约翰生说："除了巴瑟斯特勋爵，蒲柏的贵族朋友中没有一个到了一个善良人希望与之亲密交往的情况让后代知道的程度。"这话不会用到曼斯菲尔德勋爵身上，因为他在蒲柏生前还没有被册封为贵族；但约翰生应当记得，马奇蒙特勋爵是这些贵族朋友之一。在指责忽视蒲柏立遗嘱留下的文稿时他把这位勋爵，与博林布罗克勋爵一起包罗进去；其实在他写这位诗人传记之前我本人就向他指出，这些文稿"交托博林布罗克勋爵一人监管，除非他（博林布罗克勋爵）先我而去"；所以马奇蒙特勋爵跟这些文稿没有任何瓜葛。《诗人传》第一版问世后，我亲耳听见讲究准确、同样又热爱公正的马隆先生对约翰生也讲了同样一番话；然而他忘了改正这一错误陈述[b]。我之所以提这些细节，是因为我相信我的朋友只是
791 忘性大，但我把这事在很大程度上归因于马奇蒙特伯爵的名望，他
1781年 就是没有别的纪念，也会因蒲柏吟自己的洞穴诗中的这一行而名垂千古。

---

a 我早年时，萨默维尔对我非常关照，所以让我在此表达对他的感念之情。年轻时我雄心勃勃，想以文采出人头地，他是第一个身居高位，以年轻人最喜闻乐见的方式对我特别关注的人，承蒙他的鼓励，我有了充分的自信，并渴望不要辜负这番鼓励。他有一种美妙的交流艺术，用简短的话语和轶闻趣事以平静愉悦的严肃口吻，把他多种多样的世情知识传达给别人，格外引人入胜。我永远不会忘记在耶稣受难像宫他的住所和他自己在爱丁堡附近修建的情趣高雅的邸宅里与他一起欢度的时光。

b 〔这种忽略不是由于对马奇蒙特勋爵有什么恶意，而是因为疏忽；就像他关于诗人汤姆逊的家庭陈述被人指出有误，仍然忽略改正一样（前边码第718页）。〕

明亮的光焰射穿马奇蒙特的灵魂。[①]

《**蒲柏传**》里的异文。

他的批评〔有些随意〕足够大胆。

词语的所有欢快〔微妙〕多样。

用〔更多的〕更大的力量触发想象。

它〔可能〕肯定是世人见到的最高尚的诗作。

每一张都使他能够写下一张时〔更少麻烦〕更加娴熟。

没有人同情〔消沉的虚荣〕虚荣的悲哀。

它就是〔犯罪〕更不容易得到原谅。

当它〔扬言要歇〕谈到歇笔的时候。

社会〔如此被命名，强调对立于〕经过政治整合，是一种迥异于自然状态的状态。

一名〔荒唐的〕痴迷的学者的虚构的生活。

对国王们的一种愚蠢的〔蔑视、漠视〕厌恶。

他的希望与恐惧，他的欢乐和悲伤〔就像其他凡夫俗子的一样〕在他的心中强烈地发挥作用。

汲汲于追求知识，专注于〔积累〕保留知识。

一个心灵〔随意〕活跃，有抱负，好冒险。

在它仍然渴望前进的〔最崇高的〕最广泛的探究中。

他以那种可以很少遭受〔疏忽〕危险的方法写作。

我的决定的〔合理〕正当。

诗人的一种〔特别喜爱的〕令人愉快的活动。

更加恐怖、更加强大的〔生灵〕幽灵活动在风雨如磐的大洋上。

---

① 亚历山大·蒲柏，《诗吟威克纳姆泰晤士河畔一孔大理石、晶石和矿石构成的洞穴》(1741)，第1节，第12行。

〔这些〕这个小〔人物〕民族的发明家。

〔头脑〕心灵天生热爱真理。

在《艾迪生传》里，我们发现了这样一段令人不快的记述：艾迪生借给斯蒂尔一百镑："通过没收债务人财产追回了债款。"在新版的《不列颠传记大全》中，这件轶事的真实性遭到否认。然而马隆先生将下面一封有关的信件惠赐予我：

很多人对这一事实持怀疑态度，我便求告约翰生博士，问他这么说有何依据。他告诉我，他是从萨维奇那里听到的，因

792 为萨维奇与斯蒂尔交往亲密，萨维奇还提到，斯蒂尔给他讲这

1781年 个故事时泪水盈眶。——然而约翰生博士说，本·维克多[①]同样向他讲过这件引人注目的事情，根据的是喜剧演员威尔克斯[②]先生的讲述[③]，他也是斯蒂尔的一位密友。——有些人替艾迪生辩护说："这么做是出于一片善心，目的是催斯蒂尔警觉，改正一贯使他手头拮据的大手大脚的习惯。"——"如果情况是这样，（约翰生说）他只是想让斯蒂尔警觉，他后来就会把那笔钱还给他的朋友，但没有他这么做的说法。"——"这件事（他补充说）也可以由一名律师替斯蒂尔驳回，他可以提出，他并不是

① 本·维克多（Ben Victor，？—1778），剧院经理、作家；在都柏林罩衫巷的剧院给托马斯·谢立丹当财务主管兼副经理（1746年起）；爱尔兰桂冠诗人（1755）；朱瑞巷皇家剧院财务主管（约从1759年起）出版三卷《书信、剧作、诗歌集》（1776），题献给加里克。

② 威尔克斯（Robert Wilks，1665？—1732），演员、剧院经理；与法夸尔的《忠实夫妻》中的哈利·威尔戴尔爵士这个角色关系深厚；因工资在朱瑞巷剧院与克里斯托弗·里奇发生争吵，便跳槽去秣市的女王剧院（1706—1708），在1709年才当上该剧院的联合经理；柔情、优雅的悲剧演员，但作为轻松喜剧演员更为人青睐。

③ 〈已故的伯克先生在1792年告诉我，1768年高龄去世的多萝西娅·普里姆罗斯（Lady Dorothea Primrose）跟斯蒂尔很熟，她给他讲过同样的故事。——M.〉

有意不还债，只不过是想看看艾迪生是不是卑劣、贫气到动用法律程序追回债款的程度。但这样的推测没有止境：我们无法潜入人的心底；然而他们的行为可以任人评说。”

然后我向他提到，有些人认为艾迪生先生的性格太单纯，所以这件事，就算是确有其事，也应当压下来。他看不出这么做的理由。“如果只让人看人物的光明面，那我们就只好垂头丧气地坐下来，认为在任何事情上摹仿他们全无可能。这些神圣的作家（他说），不仅讲述人的善举，也讲述人的恶行；这就有这样的道德效果，那就是，使人类免于绝望，否则人类就会顺理成章地陷入这种境地，如果他们没有受到这样的记忆的支持的话：其他人像他们自己一样惹人生厌，而且通过生活的悔改，又重新得到上天的眷顾。”①

1782 年 3 月 15 日。　　　　　　　　　　　　E.M.

这封信的最后一段极其重要；我要求读者特别注意，认真考虑。它在本书后面还会涉及。

《艾迪生传》中的异文。

谈到正确，〔他可是我们的第一位伟大榜样〕不过，他可是我们最早的榜样之一。

而且〔忽视〕鄙视他们的老师。

他的教导就是他〔自己时代〕的读者使之〔必要的〕适合

---

① 〈我因此注意到约翰生在他的《漫游者》第164期末段就进一步坚持如实揭示有德行的显要人士的过错的合理性：
“那些要将英名传予后世的人，当心别让读者受他们含混榜样的误导，是他们义不容辞的责任。一个作家让爱好或兴趣混淆是非，或者遮掩哪怕是睿智过人、优秀绝伦的人犯的过错，免受罪过总应承受、应当更深地打上烙印的那种耻辱，这时反而被它的四邻抬高，赋予非凡的价值；因此我们就陷入毫无憎恶之心注视它的危险，除非它的卑鄙被揭露，目光避开了周围金光耀眼的欺骗，这样的作家可以被义正辞严地指责在与善为敌。”——M.〉

的那种〔状况〕特点。

他的目的就是用温文尔雅，不知不觉的传送手段把文学的好奇心〔扩散到〕灌输给快活的人，闲散的人和富裕的人〔中间〕。

给那些〔希望〕正在学习写作的人设计了一个框架。

家庭〔习俗〕场景。

在《帕内尔传》里，我心里纳闷约翰生忘了插入他早就为那位和蔼可亲的人作好、却没有写下来的一篇墓志铭，不过，在我的要求下他好心口授给我，它就用这种办法保存了下来。

793 Hic requiescit THOMAS PARNELL, S.T.P.

1781年 Qui sacerdos pariter et poeta,

Utrasque partes ita implevit,

Ut neque sacerdoti suavitas poetœ,

Nec poetœ sacerdotis sanctitas, deesset.①

《帕内尔传》中的异文。

大约三年〔后〕过后。

〔不大需要〕不迫切需要改进。

然而他的发达没有持续很久〔却被一件剥夺他享受利益或欢乐的一切能力的事蒙上了阴云，那就是，他妻子的亡故，据说他因此悲痛欲绝，加速了他的大限〕[a]。他的大限，不管是什

① “神学博士托马斯·帕内尔在此安息，他兼牧师与诗人于一身，出色地扮演着两种角色，使诗人的甜蜜对牧师从不虚假，牧师的虔诚对诗人决不虚伪。”

a 我本以为约翰生感到了帕内尔永远从中恢复不过来的这种严重打击，会把这段文字保留下来。[1]

1 〈他删去这段文字，无疑是因为他后来得知，无论帕内尔怎样悲痛妻子的亡故，他的大限的加速还有别的原因。——M.〉

么原因，现在是临近了。

在“隐士”中，〔布局〕叙事不够灵巧，所以也不太引人入胜。

在《布莱克莫尔传》中，我们发现这位作者的同时代才子们的恶意给他的声名罩上的偏见的阴云，被约翰生慷慨地驱散，见了晴天。在这种气贯长虹的义举方面，约翰生被乔舒亚·雷诺兹爵士在赞扬范布勒的建筑时加以仿效。

约翰生在评论布莱克莫尔“作为一名作家的高尚”时，我们发现了他自己性格的踪迹。“他的敌人不间断的攻击，无论是认真的，还是逗笑的，从来没有被人发现扰乱了他的平静或者减少了他的自信。”我记得约翰生有次开怀大笑着告诉我，他明白这是说他的：“他显出一副没有感觉的样子；但是，当他一人独处时，请相信，他难过得要命。”我相信，就像我能够相信任何人的真正思想感情一样，他乐意看着不停的雨点般的敌箭射来，把它看作他声名大震的明证。

《布莱克莫尔传》中的异文。

〔把〕让诗〔放在〕从事美德的〔一边〕事业。

他同样〔确定了〕加强了启示的真理。

〔好意〕善心羞于赐惠。

他的实践，一度〔非常广泛〕大得惹人反感。

很少有任何可怕的名字的毛病他没有〔表示〕教读者怎样〔加以反对〕去反对。

关于这种〔鄙夷不屑的〕不得体的傲慢。

同样〔他写出了〕只是创作出了一部另类的作品。 794

至少〔写得〕编撰得完善。 1781年

很多语言〔渴望〕急于公布的失误。

不过尽管他〔没有〕无法吹嘘多少批评知识。

他没有〔利用〕等待想象的巧妙。

或者曾把他的〔思想〕观点抬高到每一个天生优秀的〔头脑〕天才被迫一直追求但永远达不到的那种理想的完美。

智慧和美德的〔第一大〕基本原则。

《菲利普斯传》中的异文。

他的可怕的〔对手〕劲敌蒲柏。

他们〔并不是常有很多〕并不是满脑子的思想。

在他翻译的品达里，他〔不会被否认已经达到〕找到窍门达到那位忒拜歌手的所有晦涩。

《康格里夫传》中的异文。

康格里夫的言谈肯定至少跟他的作品一样令人欣喜。

它显然〔需要〕以熟知很多人物为先决条件。

〔比喻〕奇想的切合。

对话机敏而〔多变〕灵动。

《以爱还爱》：一出〔更多来源于生活的〕更贴近生活的喜剧。

他的庞杂人物的总体特点是，他们很少表现出智趣。〔没有〕很少表现出德行。

〔也许〕肯定他没有更高级的抒情诗必不可少的激情。

《蒂克尔传》中的异文。

〔渴望〕长期希望予以细读。

在乔治王〔登基〕到来时。

虚构〔不自然地〕不巧妙地混合了希腊神灵和哥特精灵。

《埃肯赛德传》中的异文。

为了〔另外一个〕一个不同的目的。

〔一种狂怒的〕一种不必要的、杀气腾腾的热情。

他称为并认为是自由的〔某种东西〕东西。

一个〔热衷革新的人〕喜爱矛盾的人。

沃伯顿的〔指责〕反对。

他〔对自由的〕对爱国主义的狂热。

戴森先生怀着一种友好的〔热情〕热诚。

在《利特尔顿传》里，约翰生似乎对这位贵族不大友善，思雷尔 795
夫人表示他因为莫莉·阿斯顿①喜欢勋爵大人胜过喜欢他十分生气[a]。 1781年

---

① 实为希尔·布思比。

a 不要让我的读者认为约翰生有意向女性邀宠而哑然失笑；彼得·加里克先生向我保证，有位女士告诉他，她认为约翰生是“一个非常诱人的男人”。当精神快乐传递给一个敏感的心灵时，容貌举止上的短处就可以被忘掉；约翰生能够感受到最细腻淡漠的爱恋从下面这封信中流露出来，该信由思雷尔夫人连同其他人写给同一个人的信[1]一起出版，信的精彩之处并不太明显：

致**布思比小姐**。

最亲爱的小姐， 1755年1月〔1日〕。

尽管我担心你的病使你不大有闲暇接受虚礼，但我还是忍不住要向你恭贺新年；祝愿你幸福长寿。在这一祝愿中，我把心意只放在你一人身上的我自己也包括在内；然而毫无疑问，我祝愿你万事如意，尽管你的境况不允许你传递感激之情，最亲爱、最亲爱的小姐，你的，

塞姆·约翰生

〔文中在这里有点错误。约翰生和利特尔顿竞相追求的不是莫莉·阿斯顿，而是希尔·布思比。见皮奥齐夫人的《轶事》第160页。提及菲茨赫伯特夫人（她是德比郡布拉德的梅内尔先生的女儿）的去世和约翰生对她的艳羡之情后，她进而说道：“这位夫人的朋友布思比接替她管理菲茨赫伯特先生的家庭，约翰生博士极为佩服；尽管他告诉我，她把自己的虔诚推向偏执，把忠心推向狂热；还说，她由于一心向往来生，所以使自己对尽今生的责任有点不够格：然而，她的心地是那样纯洁，她的举止是如此优雅，（转下页）

我对约翰生对于勋爵大人的指责绝对不敢苟同。约翰生称他为“可怜的利特尔顿”，就是因为他对《批评评论》的评论者们“好心称赞”他的《死者对话录》表示了感谢。那样的“鸣谢（我的朋友说）绝对不得当，因为表示这种谢意肯定不是为了谄媚，就是为了秉公”。依我看，最正直的人被根据诬告经过审判，最终被宣告无罪后，是可以向陪审团鞠躬致谢的。当那些在相当大的程度上左右舆论的文学功绩的仲裁人评论一名作者的作品 placido lumine①，在我担心人类总体上更喜欢严厉时，他当然可以表达对他们客气的一种感激之情。

（接上页）以至于利特尔顿勋爵和他常常争着要赢得她的芳心，这种竞争造成了一时的厌恶，最终形成了永久的敌意。你可以看出（在《诗人传》付印的时候他对我说）亲爱的布思比仍在我心里。”

希尔·布思比小姐是布鲁克·布思比先生和他的妻子伊丽莎白·菲茨赫伯特的独生女儿，年龄比约翰生大一点。她生于1708年10月27日，卒于1756年1月16日。1755年约翰生给她写过六封信，都印在皮奥齐夫人的《书信集》里，她去世时他作的一篇祈祷文也可以在他的《祈祷文与默想录》里找到。他对她的爱恋导致他把她的三十三封来信保存下来，装订成册，这些书信被R.菲利普斯从他的仆人弗兰西斯·巴伯的遗孀手中买下来，并于1805年出版。

然而，尽管他高度重视这位女士，但他对莫莉·阿斯顿小姐（后来的布罗迪夫人）显得更加热烈。他在〔他生命的〕最后一周烧了（皮奥齐夫人说）很多信件，我听说，他母亲写的那些信引得他泪水涟涟，这是在信纸全被销毁的时候。萨斯特雷斯先生看到他忧伤地把纸灰瞅了一眼，他还把灰拿起来仔细检查，看看是不是有可辨认的词语。——没有人提起过阿斯顿小姐的信件的下落，尽管他有次亲口告诉我，它们应当是他要销毁的最后一批文稿，而且还用一种颤抖得很厉害的声音追加了这样几行诗：

随后，你的倩影与他闭上的眼睛分离，
最后的剧痛把你从他的心里撕去；
人生的闲事喘口气就不存在，
缪斯被遗忘，你也再无人爱。

皮奥齐夫人，《约翰生博士书信集》补遗。〕

1 海丝特·林奇·皮奥齐《与已故约翰生博士往还书信集》2卷（1788），第2卷，第391页。

① “带着友善的一瞥”——贺拉斯，《颂歌集》，第4卷，第3首，第2行。

《利特尔顿传》中的异文。

他通过写一首长诗纪念她来抚慰〔自己〕他的悲痛。

这部作品〔出自一个用意良好而不是思想活跃的心灵〕似乎是闲情而不是钻研，是倾泻而不是创作。

他最后的文学〔作品〕产品。

〔找到了办法〕自告奋勇去说服。

作为他对**扬**的天才与作品评审的引论，他对当时林肯律师学院的一名律师，现在是牧师的赫伯特·克罗夫特先生表示敬意，因为采用了身为扬儿子的朋友的那位先生写的《扬传》，并希望澄清有损于他的一些非常错误的说法。克罗夫特先生的作品交给约翰生博士修订，这从给约翰·尼科尔斯的下面一封短简中看得出来：[a]

这部《扬博士传》是他儿子的一个朋友写的。黑笔划的部 796
分是作者删的，红笔划的部分是我删的。如果你发现还有可以 1781年
省略的，看见它再短一些，我是不会感到遗憾的。

我总觉得具有了相当大的一份优点，显示模仿约翰生的文体相当成功。我向一位非常杰出的文学家[①]提到此事，他激烈反对我的这种做法，大声疾呼道："不行，不行，这不是对约翰生文体的出色的模仿。它具有他所有的浮华，却没有他的气势；它具有橡树的所有节疤，却没有它的坚实。"这个意象太贴切，人们以为他会感到满意的。但他并不满意，于是又动了动心思，神妙地补充说"它有西比尔[②]的所有怪相，却没有那种灵感"。

a 《绅士杂志》，第55卷，第10页。

① 埃德蒙·伯克。

② 见边码第175页注。

克罗夫特非常正确地让我们注意，不要以为扬是个郁郁寡欢的人；还提到："他的堂区感激《夜思》的作者的好性情，举办了一次集会并修了一个草地滚木球场。"还摘引了一位高贵的外国人的信，信上说扬的"谈话非常令人愉快"。

兰顿先生经常去探望扬博士，他告诉我，扬神态慈祥，但是从他那里看得到的信息却比他希望从一个与所谓的英国奥古斯都文学盛世的精英们交往密切的人那里得到的少；兰顿表示了对那时发生的日常事件有一定程度的好奇，因为这些事件，在一个满腹经纶、年事高迈，而且宣称感到期望变成了失望、过着隐退生活的人身上还是颇引人注目的。

一件事例既反映了他的凄凉心境，又表现出他的乐天性情，表现在他们在他的花园里散步时他亲口给兰顿先生讲的一个小故事里。"在这里（他说）我安置了一个漂亮的日晷，上面刻着 Eheu fugaces！[①] 这话（他苦笑着说）不幸言中了，因为第二天一早我的日晷已经被人拿走了。"[a]

我高兴地注意到，不管约翰生怎样地信口开河，但当他坐堂作为"一名热心的法官，尽职尽责审判"[②] 扬的优秀作品的时候，他认可了这些作品有资格享受的高度赞誉。"《普遍激情》（他说）真是一部非常伟大的作品——他的双韵体诗情感厚重，他的尖刃具有真理锐不可当的锋利。"

但是我最急于了解的还是约翰生对《夜思》的裁决。我认为
797 《夜思》是人类天才创作的最宏伟、最富丽的诗歌杰作，所以发现

1781年

① 见边码第627页注。

a 已故的詹姆斯·拉尔夫先生告诉马戛尔尼勋爵，他跟扬博士在哈默斯密斯的梅尔库姆勋爵（当时还是多丁顿先生）家过了一宵。博士恰好出去到花园去了，等他回来以后多丁顿先生对他说，这是一个可怕的夜晚，事实上的确如此，因为风狂雨骤。"不，先生，（博士答道）这是一个很好的夜晚。**主**在外面。"

② 比较：蒲柏，《论批评》第2部，第677—678行："一位热心的法官。尽职尽责/满怀热情宣判，但从不出错。"

该作品有这样的评价便非常欣喜："在《夜思》里，他对原创诗歌做了一个非常广阔的展示，深刻的反思、动人的典故丰富多彩，千变万化；有种思想的狂野，在那里丰富的遐想散布着各色各香的花朵，这是素体诗无法靠韵脚产生变化，只能随着不利因素的改变而变化的为数不多的诗作之一。"随后又说："具体的诗句就不必一一关注了，力量就在整体当中；整体中有一种宏伟壮丽，就像据说中国田园具有的那种无边无际，千变万化的宏伟壮丽。"

然而在这首诗里，不仅具有约翰生充分带进视野的一切品质，而且有一种超越我所见到的几乎所有先例的悲怆力量。这部超凡脱俗的作品中有许多篇章，尤为动人的一节是描写由于观照一个显而易见，又确定无疑地要化为烟云的爱恋对象遭受的慢性折磨，谁感觉不到自己的神经被它们震撼，自己的心被它们刺透，谁必定就有冥顽不化的铁石心肠。

在《夜思》其他所有优点上再让我增加这么一条特殊、重大的优点，那就是，它们不仅包含着美德最高贵的情思以及对永生的观照，而且包含着基督的牺牲，神圣的赎价，这与种种引人入胜的情景和对"一个受伤的灵魂"的抚慰一起，都被庄严而诗意盎然地用那种无疑会激扬、振奋、抚慰真正的虔诚者的意象和语言表现得淋漓尽致。希望用充满活力的宗教滋润年轻人的心田，能被推荐的书中再没有比**扬**的《夜思》更好的了。

在《斯威夫特传》中，我觉得约翰生对这个非凡的人物怀有一定程度的偏见，这一点我在别的地方已借机谈及。托马斯·谢立丹先生将它归咎于一种估计，那就是，约翰生要求得到一个爱尔兰学位时，斯威夫特不太积极给力[a]，但这种估计并没有充分的证据；让我不要像从青年时代起所做的那样，因为约翰生对这位作家的作品评价不是很高，就贸然指摘他。他说斯威夫特节省的做法，"起初可

---

a　见边码第77页。

笑，最后可憎”；如果仅从这一相关的段落着眼，他对斯威夫特怀有偏见，是显而易见的；但对情况经过一番考察后，约翰生发现自己不得不承认，“也许他只不过喜欢一种花钱方式而不喜欢另一种而已，省钱仅仅是为了他有钱可给”。

约翰生对斯威夫特的一生做的一番评论应当经常被人谆谆告诫：

“可以正确地推测，他的言谈中有他的书信中频繁出现的东西，即装出一副与伟人亲密无间的模样，野心勃勃贪图一时的平等，悍
798 然不顾公序良俗在不同的社会阶层之间建立起来作为屏障的那些礼
1781年 仪。这种越轨，他本人和他的崇拜者们美其名曰灵魂伟大；然而一个伟大的心灵不屑于靠礼貌占有任何东西，因此也决不侵占合法的权利人可以拿走的东西。侵犯他人尊严的人能够自行其是；他要么丢人现眼地遭人排斥，要么被人家宽厚、屈尊地予以容忍。”

《斯威夫特传》中的异文。

慈爱之心可以被说服，认为它可能是一个〔见解〕性格古怪的人写的，没有恶意。

他没有〔否认〕矢口否认它。

他〔受惠〕提升担任圣职，并不是不可能〔全亏〕靠了此人照顾。

〔怀着〕为了这一目的，他求助于哈利先生。

他把夏普〔再现〕描写成“他人泄恨的无辜工具”。

哈利行动迟缓，因为他〔犹豫不决〕心存疑虑。

当〔读者不多〕我们还不是一个读者的国度的时候。

〔每个〕能说自己认识他的人。

每个有著名威望的人得到的请求多〔到〕得〔超出〕他〔能〕无法给予〔的程度〕，以至于他肯定得罪的多，〔能够满足〕满足的少。

教会〔肥缺〕圣职。

斯威夫特〔获得了〕谋划了一次会见。

〔作为一名作家〕在他的作品里，他给出了截然不同的样本。

在所有的普通场合，他习惯性地〔摆出〕装出一副〔优越〕高傲的派头。

通过〔省略〕忽视这些礼仪。

它的功绩填满了世界〔而且〕或者再没有更多的〔余地〕希望了。

我在做几句点评时，没有遵照《诗人传》的顺序，其实在最早出版时，而且在约翰生的《作品集》中遵循的是一种不同的顺序。如果有人表示异议，认为我给的很多异文无足轻重，那么表示异议的人将会欣然考虑，那些小小的细节是有意为那些对作文吹毛求疵的人提供的，对这些人来说，它们将会是一种令人满意的选择。

《斯彭斯轶事集》在约翰生的《诗人传》频频摘引，屡屡提及，它是一本手稿集，由牧师约瑟夫·斯彭斯先生[①]编写，里面是一些有关名人们的琐事。每一条轶事都注明了提供它的人的姓名。这本珍贵的集子是纽卡斯尔公爵[②]的私产，他按照卢卡斯·佩皮斯爵 799
士[③]的要求，欣然允许把它交到约翰生博士的手里，我遗憾地认为

① 〈The Rev. Joseph Spence，文科硕士，白金汉郡大哈伍德教区长，达勒姆受俸牧师，1768年8月20日在萨里的拜弗利特去世。他是牛津新学院的研究员，从1728年至1738年担任该大学的诗歌教授一职。——M.〉

② 纽卡斯尔公爵（Henry Fiennes-Clinton，2nd Duke of Newcastle，1720—1794），政治家；剑桥郡治安长官（1742—1757）；英王侍臣（1743）；伦敦海关联合审计官（1749）；财政部审计官（1751）；嘉德勋位爵士（1752）；枢密院官员（1768）；喜爱乡村和运动的乐趣胜于喜爱政治。

③ 卢卡斯·佩皮斯爵士（Sir Lucas Pepys，1742—1830），医生；米德尔塞克斯医院医生（1769）；皇家医师学院董事（1775），随后为学监（1777，1782，1786，1796）、司库（1788—1798）、院长（1804—1810）；国王侍医（1792）；陆军主任医师（1794）。

约翰生做了一个粗拙的回应。“斯彭斯先生的轶事集（他说）给了我极大的帮助；我把这种信息看作一种值得鸣谢的恩惠”；但他没有承认他感谢谁；因此这条鸣谢没有指定是向公爵大人表示的。

正当世人对约翰生的《诗人传》击节叹赏之时，在有些小圈子里却滋生出了偏见和愤懑。于是从这些小圈子里发出了对他的各种攻击[a]。某些激烈的辉格党人指责他对弥尔顿不公；一些剑桥学人责难他贬损了格雷。他以一种尊贵的自由表达了对利特尔顿勋爵乔治的真实想法，这就得罪了那位贵人的一些朋友，尤其引发机敏的莎士比亚评论家蒙塔古夫人向他宣战，因为她跟这位勋爵大人长期以来就有相互恭维的交往。在这场战争中一些与约翰生结盟的较小的势力当然至少得参与那场保卫战，我作为其中一员便无福享受“一席理性的盛宴”，这是坎伯兰先生用他的一支敏锐但又公正、细微的妙笔在他的《观察家》中描写的。这些琐细的麻烦却没有给约翰生造成丝毫烦扰。当我向他谈起已经掀起的这种微弱但尖厉的叫嚣时，他豪气十足地说：“先生，我认为自己拥有相当的真理。我给出了自己的真情实感；让他们指出他们认为我错在哪里。”

正当我的朋友由于他最后一部、也许是最令人赞赏的作品罩上了光环而为万人瞩目的时候，我介绍他与**沃伦·黑斯廷斯**[①]通信的

a 我没有把替**哈蒙德**辩护的一篇巧妙，但并不令人满意的文章算进这一可争议的类别中，这篇文章我最近才看到，是由它的作者、我亲切的朋友、牧师比维尔先生转交的，他发表该文时没有署名。这篇文章不够成熟，但文笔优美，具有古典式的热情，但态度谦虚得体，对约翰生博士敬重有加。

① 沃伦·黑斯廷斯（Warren Hastings，1732—1818），孟加拉总督；东印度公司孟加拉办事处文书（1750—1765）；在牛津大学提出“波斯语教授席”计划；派驻马德拉斯（1769—1772），后来晋升为总督（1772—1785）；致力翻译并笃信当地风俗，从而创建了一种混合型的盎格鲁-印度法律，至今部分存在；在与马拉地诸邦濒临战争时谈判达成和平协议（1783）；主要因为伯克的攻击（1787—1795），返回英国后遭到控告；被认定无罪；后来得到公众认可，但再没有担任重要职务。

情况就适逢其会了，他的关注甚至给**约翰生**带来了威望，他能力的全面与约翰生不相上下；凡是有幸了解他的私生活的人，莫不为他的文学修养和情趣折服，他又因性格的坦诚、谦和而倍受爱戴。如果我能够对他表示一种适当的仰慕之情，在我应当不可能被人怀疑是一名有私心的谄媚者的此刻[a]，我肯定是不会隐忍不发的。然而在他治理的百万之众的声音之后，我的声音又何其渺渺。他对我请求的眷注应允，我满怀敬仰感激之情；当我通过发表他给我的惠书，伴随那珍贵的通信给我伟大的朋友增光添彩的时候，我全然不顾任 800
何引起反感的看法，认为我在某种程度上分享这份荣誉，与此同时， 1781年
我也满足于我自己看得见的这种虚荣。

致**詹姆斯·鲍斯威尔先生**

先生，　　　　公园巷，1790年12月2日。

为了履行我的许诺，今天早上我全力以赴进行搜寻，幸运的是在拿到的第一批文稿中就发现了搜寻的目标，从而省却了我长时间搜寻的恼人的悬念：我对你伟大的好友约翰生博士的敬仰，以及那种骄傲，或者我希望是某种更好的情感，我全体现在收藏他对我示好的纪念品上了，这种情感诱导我把它们和其他一些精选文稿包在一个小包里，并贴上了相应的标识。这些纪念品只不过是三封信，我相信这就是我收到的约翰生博士给我的全部信件，其中一封一式四份，各自投递的日期也不尽相同，而且已经公之于众，但不是从我手中传出去的。不过，我还是把这封与其余两封并在了一起，现在我有幸把它们寄给你，因为你告诉我你笃定要使用它们。

我兑现我的许诺是附有条件的，那就是，如果发现这些信件有不宜让公众看到的内容，你就无须履行许诺。我相信你为

a　1791年1月。

人很好，会原谅我向你提醒这一条件的，因为我讨厌玩忽包含在书信信任中的义务。由于保留着那种权利，我又字斟句酌地把三封信细读了一遍，但没有看到不给你这些信的任何理由。然而，没有那种理由，却有另外一种理由，那就是，我觉得有一点，不过只是一点点不忍割爱：我的意思是，我担心我的信誉会因信里面传达的信息受到损害，我老早就有了对我先前岗位的影响进行有益利用的重要教导，可（好像是）我自己把这些教导置若罔闻。如果有必要，我是否能够替自己洗刷那种污名，就是弄明白也与世人关系不大。我关注的仅仅是这些遗物产生的效果，由于它们被看作写信人美德的证据：由于相信人们会发现它们在展示一片私人友谊的非凡热情，展示一个永远关注实用知识的改进和扩展、关心人类利益的心灵；所以我能欣然做出自己声名上的一点点牺牲，为阐释一个如此伟大可敬的人物尽绵薄之力。为了这一目的，只有把它们交到你手中才能派上最好的用场。允许我用这一奉献推断出一个证据，证明我怀着有幸向你表白的崇高敬意，你最恭顺、最卑微的仆人，

沃伦·黑斯廷斯

又及，等将来再没有必要使用这些文稿时，如果能够退还，我当感激不尽。

801 这三封信中的最后一封就这样好心交到了我的手中，它已经公
1781年 之于世，是今年写的；但我先要把前两封按日期顺序穿插进来。这三封信在我的传记图画中构成了一组壮丽的景致。

致**尊敬的沃伦·黑斯廷斯先生**

先生，——虽然我与你只有一面之交，但我觉得这足以使我希望进一步深交；尽管享受你的登门之幸已经很久了，但我从中获得的快乐太多，永远难以忘怀。我们不愿意被自己高兴

记住的人遗忘；因此我不能坐失写一封信的这次机会让你复活对我的记忆，信将由我的朋友钱伯斯先生[a]亲手送达，他作风纯真、思想活跃，足以使他带来的一切备受欢迎。

这就是我写信的唯一理由，所以此信没有任何其他目的，这是一目了然的。我没有问题好问。不是我缺乏好奇心，不想知道广袤帝国显示种种威力和辉煌的一些地区的古况或现状；那些地区由于得天独厚，给世界其余的地方几乎提供了高傲所渴望、奢华在享受的一切。然而我对这些地区的知识太贫乏，无法让我提出合适的问题；我只能希望得到一些信息，并且希望一个像你这样包罗万象的头脑会在你重要岗位上操劳之余，拨冗了解一下欧洲世界要么压根儿没有想，要么仅凭欠缺的信息、飘忽的猜测所考虑的许多问题。我要希望一个曾经有意以介绍波斯语言增进祖国学术的人，将会详细考察东方的传统和历史；他会勘查东方古代建筑的奇迹，寻踪东方被毁城市的遗迹；希望他回来以后，我们会了解迄今很少得到的一个人种的艺术和见解。

先生，用不着我来说，你的关注和资助给实验知识和博物学增加了多少内容。在你主持的那些地区实施的制造技艺在这里仅仅是一知半解，无论对技师还是对科学家。至于自然出产，无论是生物还是非生物，我们的情报贫乏得可怜，以至于我担心我们的书本上还充斥着对一个印度农民耳熟能详的东西的猜测。

对于很多这一类东西，我首先是想看看；其次就是想靠你这样的人能给出的说明予以了解。

我没有技巧问恰当的问题，同样也没法接触那些使我能给你提供任何政治情报的大人物。至于一个不稳定的政府的动荡，一个软弱的内阁的斗争，无疑应当予以关心，才能给你比我能

---

a　后来为罗伯特·钱伯斯爵士，是国王陛下任命的印度法官之一。

802

1781 年

得到的更确切的描述。如果你对公众事务很感兴趣，你如此远离它们并非不幸。

文学没有完全把我们抛弃，你最喜爱的语言也没有遭到忽视，这将会从这本书[a]上看得出来，如果我能以装好封面的书相赠，我会更加感到高兴：但时间不够。然而，先生，我请你从一位急切希望你关照的人手中接纳该书；如果你认为我能做什么更加重要的事情以满足你的心愿，请尽管吩咐。

现在我要与我亲爱的钱伯斯先生告别了，也许是一次久别。他要到你管辖的地方生活，这倒可以缓解分离的遗憾；对于再见到他和你两人的希望，我不想掺杂上怀疑，它眼下必定能安慰你最卑微的仆人，

1774 年 3 月 30 日　　　　　　　　**塞姆·约翰生**

又：

先生，——得知一艘船启航，现在没有机会给孟加拉写信了，我不想由于我的疏忽使我溜出你的记忆，因此我不揣冒昧送给你一本尚未面世的书，从而使你想到我的存在。

我最近访问了一个不太遥远的地区，也没有印度那样辉煌，这次出访倒是提供了一些玄想的机会；我遇到的一些事情，我已经写进这本书里[b]，请你笑纳。

处在你那种地位的人很少接到完全无私地奉送的礼物：收到我的书，现在就让我提提我的要求。

先生，在你管辖的什么地方，有一名年轻的冒险者，名叫昌西·劳伦斯①，他的父亲是我最老的朋友之一。请告诉那年轻人什么样的面貌合适，他需要用你的权威约束，还是靠你的恩

a　琼斯的《波斯语语法》。

b　《苏格兰西部诸岛纪游》。

①　昌西·劳伦斯（Chauncey Lawrence，？—1783），东印度公司律师，托马斯·劳伦斯医生的儿子。

惠鼓励。他父亲现在是医师学院的院长，一个以知识更以美德受人敬重的人。

祝你官运亨通，平安归来，长期安享富足与平静。你最恭顺、最卑微的仆人，

伦敦，1774年12月20日。 **塞姆·约翰生**

又：

先生， 1781年1月9日。[①]

你位高任重，公务繁忙，我贸然让你回头关注一会儿文学，不想再用道歉来拖长这种干扰，因为你的人格使它没有必要。

胡尔先生在印度公司早就闻名，而且长期以来受到尊敬，他译完塔索后，又着手翻译阿里奥斯托。他已经显示出了他是多么有资格承担这项任务。先生，他渴望你帮助促成他的计划，还恭维我说我的证词可以促进他的好处。

803

1781年
3月20日
星期二

一名印度公司的职员翻译诗人的作品倒是件新鲜事；一位孟加拉总督资助学术也很新鲜。他会发现他的技艺得到回报，学术在你的保护下也会欣欣向荣，祝愿者是你最卑微的仆人，

塞姆·约翰生

我在2月间给他写信，抱怨不断被令人困惑的自由与必然这个问题搞得很烦；还提到希望不久会在伦敦与他重逢。

致**詹姆斯·鲍斯威尔先生**

亲爱的先生，——希望你已经甩掉了这副愁眉苦脸的假象。自由和必然与你何干？对于这种问题除了三缄其口还能干什

① 原信日期为1月29日。

么？不要怀疑我会由衷地高兴在此间与你重逢，因为除了你故作痛苦的模样外，我喜爱你身上的一切。

我终于完成了我的《诗人传》，给你摞了一堆抄稿，全都散乱无序，所以整理它会让你开心很长时间。来吧，我亲爱的鲍仔，让我们尽情欢乐吧。我们要再去“主教冠”叙旧谈心。你深情的，

1781年3月14日。　　　　**塞姆·约翰生**

3月19日，星期一，我抵达伦敦，20日，星期二，我在舰队街遇见他在漫步，或者不如说蹀躞而前；因为在他死后不久出版的一本他的小传[a]用一种非常正确而形象的方式描写了他奇特的行进状态："他逛街的时候，由于不停地摇头晃脑，身子也就相应地晃悠，就好像不靠脚在向前运动。"他这样子前行的时候，往往有很多人瞪大眼睛瞅着他，这种描述就容易被人相信了；但跟他这么一个壮实的人开玩笑可有危险。兰顿先生有天看见他，一时心不在焉，突然一惊，把一名脚夫背上扛的东西碰了下来，他却扬长而去，因为对自己干的事情浑然不觉。脚夫气得要命，但只是呆呆地站着，急巴巴地瞅着那硕大的身影儿，最后总算缓过神来，最明智的办法就是忍气吞声，把东西再扛起来。

---

a　由基尔斯利[1]出版，有这样一段选择精当的题辞：

从摇篮时起
他就是一位**学者**，成熟又优秀：
给他的时代增添的荣光大得
任何人都给不了他，他死时害怕上苍。[2]

莎士比亚

1　基尔斯利（George Kearsley，？—1790），伦敦书商；威尔克斯《北不列颠》（1762—1763）原来的出版人，由于发行了臭名昭著的第45期被捕送进了伦敦塔；因法律开支而破产；后来推出《约翰生美文集》（1781），这一不加选择的选本惹恼了作者。

2　《亨利八世》，第4幕，第2场，第50—51行，第67—68行。

久别之后，在街头邂逅，我们俩都惊喜交集。他跟我拐进猎鹰巷，
情深意切地询问我一家的近况，由于我们都急匆匆的，又不走一路， 804
所以我答应第二天去拜访他；他说他已有约定早上出去。“一大早，先 1781年 3月20日 星期二
生？”我说。**约翰生**：“嘿，先生，伦敦的早晨并不跟太阳同步。”

我于第二天晚上去拜访他，他把《诗人传》的一大部分原稿都给了我，这是他专门为我留着的。

拜访他的朋友思雷尔先生的时候，我发现他病得很重，我估计在思雷尔夫人的央求下，他才搬进格罗夫纳广场的一幢住宅的。看见他形容大变，我心里十分难过。

他告诉我我现在可以有幸看见约翰生博士又喝酒了，因为他最近开戒了。我向约翰生提及此事时，他说：“现在我有时候喝一点，但不是为了应酬。”我和他在思雷尔家的第一个晚上，我注意到他倒了一大玻璃杯，然后贪馋地一饮而尽。他的性格和举止方面的每一种表现都是雷厉风行的，从来不讲什么中庸之道。他多日禁食，多年戒酒；一旦吃起来，就狼吞虎咽，喝起来，就开怀牛饮。他能戒绝，但不能节制。

思雷尔夫人和我有过一场争论，描绘一个人的最令人赞叹的画面的是莎士比亚还是弥尔顿[a]。我支持莎士比亚，思雷尔夫人力挺弥

---

a　莎士比亚让哈姆雷特这样描述他的父亲：

看这眉宇间有怎样的优雅神采：
太阳神的鬈发，天王乔武的天庭，
战神马尔斯的眼睛，锐气盖世；
一派神使墨丘利的架势，
刚刚降临到一座摩天岭上；
真是一副萃集众长于一身的模样，
仿佛每尊神都盖过自己的印记，
要给世界一个人的自信。[1]

弥尔顿是这样描画我们的始祖亚当的：

他那宽广俊秀的天庭，神采炯炯的目光
宣示出绝对的法则；风信子般的鬈发，
从分开的额发周围雄赳赳地垂下，

（转下页）

Grosvenor Square
1789

尔顿；公正地听取了双方的意见后，约翰生决定支持我的看法。

我告诉他伯克先生说的关于马莱教长①的俏皮话："我不喜欢弗恩司教长这个称号，它听起来太像个虚衔。""隰司博士应当有这个称号。"我说。约翰生哈哈大笑，以同样的奇想方式曲全琐细，提出毛司博士②。

他说："蒙塔古夫人把我扔了。先生，现在有一些人，一个人很喜欢把他们扔掉，却不希望被他们扔掉。"他肯定以与女性交往而自负，而且在他愿意的时候，能使自己讨得她们的欢心；乔舒亚·雷诺兹爵士同意我的这种看法。吉本先生总是一副冷嘲热讽的样子，不以为然，也许对约翰生以憎恶的口气谈到他的丑陋忿忿不平，人 805
们倒是认为一位哲学家对丑陋并不放在心上。马莱教长风趣地说：
"一位女士能把一只狼狗变成一只巴儿狗的时候也许很自负。" 1781年3月

我的家乡艾尔郡的选举今春由下院的一个委员会根据一项选举诉讼审理。我是出庭律师之一，便擅自提前把各种论点向约翰生陈述了一遍，他总是能把这些论点看透，因此给我提供了一些有益的提示。他就契约登记给我口授了下面一段备忘录：

"制定法律完全是为了社会团体的便利。按法律做的事情，应当按法律记录下来，这样人们才可以知道事情的原委，这样，哪里需要

（接上页）

簇簇蓬蓬披在他的宽肩上面。2

1 《哈姆雷特》，第3幕，第4场，第54—61行。

2 《失乐园》，卷4，第300—303行。

① 〈这段描写的后面一部分："……上面"云云，或许可以归咎于弥尔顿对清教徒的偏爱，清教徒对长发极其反感。——M.〉

〈奇怪的是，学养浅薄的莎士比亚的描绘竟然充满了古典意象，学识渊博的弥尔顿反而没有。——我觉得弥尔顿的描写更加生动如画。——卡尼〉

〈Richard Marlay，后来为沃特福德主教大人；一个和善有创见的人，1777年当选为文学俱乐部成员，1802年7月2日在都柏林去世，享年七十五岁。——M.〉

② 〔"弗恩司"，地名，原文为Ferns，意为"蕨类植物"；"虚"，原文为barren，意为"贫瘠的"，"不结果实的"；"隰司"，人名，原文为Heath，意为"石楠荒原"；"毛司"，原文为Moss，意为"苔藓"。〕

证据，哪里就会有证据。正因为如此，构建一种法律记录的义务就由一种法律惩罚强制履行，那种惩罚就是记录会给的完善和充分的权利的需要。由此而来的便是，这不单纯是一个法律上的异议。因为法律依据的理由是公正的，这理由便使之成为一种公正的异议。”

“这一点（他说），你在委员会上发言时必须详细阐述。你在那里千万不可像在学校里那样辩论，严密的推理吸引不住他们的注意力，你必须把同样的事情用不同的言词反反复复地讲。如果你只讲一次，他们一时走神就忽略过去了。先生，指责律师辩论时话太多是不公平的；他们话多往往是必不可少的。”

他对一位任选举委员会委员的议员的职责看法很高。他听说一位先生①担任这样的一个委员会的委员，却用部分时间看报，余下的时间睡觉，选情却由律师审查；当委员长对他那种行为进行质问时，他却作为托词，直截了当地回答：“这个案子我已经决定了。”——约翰生用一种愤怒鄙夷的口气说道：“如果他是那种未经审理就定案的无赖，他就不应当是那种判案的蠢材。”“我想（达德利·朗②，现在的诺思先生说），博士已经明明白白把他说成无赖加蠢材的双料货。”

约翰生对等级制度极为敬重，所以他期望主教们有最正派得体的表现；他甚至对他们下酒馆非常恼火；“一位主教（他说），在酒馆里无事可干③。他下酒馆还真算不上不道德；他在格罗夫纳广场抽陀螺，也算不上不道德。但如果他抽，我就希望男孩子们冲上去，赏他一顿鞭子。行为是分层次的；有道德，正派，得体之分。凡此种种，主教

① 威廉·斯特拉恩。

② 达德利·朗（Dudley Long，1748—1829），政治家；代表圣日耳曼的议员（1780）；1781年被介绍与约翰生认识；辉格俱乐部成员（1785）；处理沃伦·黑斯廷斯弹劾案的委员；代表班伯里的议员（1808）；乔治·克雷布的赞助人；埃德蒙·伯克葬礼上的扶柩人；乔舒亚·雷诺兹爵士葬礼上的送葬者；文坛、政坛的红人。

③ 约翰生指的是圣阿萨夫的希普利主教。

都不能违反。主教不应当到他可以遇到小伙子领着小妞儿出来的房子里去。”**鲍斯威尔**：“可是，先生，每家酒馆都不接纳女流呀。”**约翰生**：“放心好了，先生，哪一家酒馆都接纳衣着讲究的男女；他们也许不会接纳他们每天晚上看见在酒馆门口游荡、在街头徘徊的女人。但是在伦敦，一名衣冠楚楚的男子可以把一名衣冠楚楚的女子领进任何一家酒馆。酒馆是卖酒肉的，所以会把酒肉卖给任何能吃能喝的 806
人。你总不会说，一名绸布商不肯给妓女卖丝绸吧。” 1781年3月

他也不赞同主教参加盛大交际晚会，至少不赞成他们在那些场合逗留的时间长到有失尊严的地步。他还特别提到一位主教。“得！（思雷尔夫人说）——主教[1]从来都不在意参加盛大交际晚会。”**鲍斯威尔**：“主教置身于一种他没有显著人格，而且无足轻重的境地时，他就贬低了他的职称的尊严。”**约翰生**：“夫人，鲍斯威尔的话再正确不过了。”

约翰生要求行为的特别得体、优雅不局限于教会显要；他正确地认为教牧人员由于在圣坛上从事圣职、而且是给人们的心灵灌输对来世的敬畏之情的与众不同的人，所以应当比普通人严肃认真，举止有一种适当的沉着镇静。一种不受更高的动机左右的应有的职业尊贵感永远会防止他们在五方杂厝中丧失自己的特性；如果那些损害这一特性的教牧人员知道这样做反而使他们在本想借此取悦的人的心目中威信扫地，他们更会觉得无地自容。

约翰生和他的朋友博克莱尔有次跟几位牧师在一起，这几位牧师觉得自己应当显得高人一等，便摆出一副老于世故者嘻嘻哈哈的样子；就像在类似情况下可以看到的那样，他们搞得闹哄哄的，指望会把约翰生逗乐，但约翰生正颜厉色，坐了半天一声不吭；最后他转向博克莱尔说，绝对不是悄悄话：“牧师们这样子搞笑太令人讨厌了。”

甚至牧师的衣着也应当得体，再没有比神职人员自以为是微服露面的企图更可鄙的了；这种企图，不仅可怜，而且无效。现任伦

[1] 切斯特的波蒂厄斯主教。

敦主教波蒂厄斯博士在主持切斯特教区期间，以他优良的管理义正辞严地批评了这种表现；他说一名花花公子牧师，他“只能当个半吊子时髦男”。

艾迪生在《旁观者》[1]上给了我们一位牧师的精彩画像，这位牧师据认为是他的俱乐部成员；而约翰生在马奇[a]这个人物身上展示了一个样板，这篇文章被他的文集遗漏掉了，但他向我承认过，而且在该文章写好后让乔舒亚·雷诺兹爵士看过。它具有约翰生最佳风格的真正特点，全文如下：

> 牧师扎卡赖亚·马奇先生是埃塞斯特受俸牧师，朴利茅斯圣安德鲁斯教堂代牧；一个美德与才能都同样出众的人，作为
> 807 一个友伴，受人喜爱，作为一位牧师，被人敬重。他对一切都
> 1781年 3月30日 星期五 充满好奇，对哪一门知识都不漠视，哪一类知识都不嫌多余；还具有那种博爱精神，对哪一层人都不憎恨，不鄙视。
>
> 他的思想和行为原则伟大而全面。通过对异议的关心考察，对反方论点的公正比较，他取得了调查只给勤奋和明理给出的结果，一种坚定不移的信念。然而他的坚定并不严酷；因为知道发现真理有时候是多么困难，很多人与真理失之交臂，他并不大惊小怪。
>
> 他人生的大方向是由他的职业决定的；他钻研各种原文的圣书圣卷；他的《诗篇注》多么勤勉、多么成功地提供了充分的证据。他一度努力把阿拉伯文的知识增加到希伯来文上；但发现他的思想从其他研究上转移过度，过了一段时间后，便放弃了自己的目的。
>
> 他对堂区职责的履行堪称楷模。他怎样创作他的《布道文》，可以从他交给公众的那本优秀的书上得知；但他怎样宣讲，只能从听众那里了解；因为他出现在讲坛上的时候，言辞

---

[1] 1711年3月2日第2期（其实是理查德·斯蒂尔写的）。

a 见边码第201页。

真是难以形容。他的宣讲，虽不拘谨，但不马虎，虽然气势磅礴，但不汹涌澎湃；不屑于做处心积虑的强调，搞矫揉造作的动作，它用一种自然的尊严使听众入迷，它激励了慵懒之辈，稳定了浮躁之徒，把人心留在主题上，而不是引向宣讲者。

布道者的庄重并不侵扰他的一般行为；在朋友的餐桌上，他也是个作风朴实、刚健欢乐的友伴，善交流，爱倾听，乐于愉悦他人，容易被人逗乐。人人都要求和他结识，他的出现不妨碍宗教允许的欢乐。尽管好学，却人缘很好；尽管善辩，却很谦和；尽管活泛，却很坦诚；尽管玄妙，却很正统。[a]

3 月 30 日，星期五，我和他在乔舒亚·雷诺兹爵士家吃饭，同席的还有查尔蒙特伯爵，安斯利·斯图尔特爵士，艾略特港的艾略特先生，伯克先生，马莱教长，兰顿先生；这是一个最惬意的日子，遗憾的是我没有把所有的情况一一保留下来：不过也没有道理要求把那种福气翻倍。

艾略特先生曾和沃尔特·哈特博士一起旅行，所以跟我们谈起哈特的《古斯塔夫·阿道夫史》，他说该书的德文译本很好。**约翰生**："哈特极其虚荣。他把书稿交给切斯特菲尔德勋爵和格兰维尔勋爵，让他们修订。认为这么两位贵族老爷会修订如此浩繁的书稿，何其荒唐。可怜人哪！他在该书面世的那天离开伦敦，好躲开将会得到的盛赞；却发现他的书未造成轰动，只好铩羽而归。不幸的是，他的书与罗伯逊的《苏格兰史》同一天面世。不过，他务农挺在行。"**鲍斯威尔**："所以他务农比写英雄史更合适：他铸剑为犁时干得很出色。"

808

1781 年
3月30日
星期五

艾略特先生提到他家乡有一种怪酒，康沃尔的渔夫都爱喝。渔夫们称之为红木酒；它是由两份杜松子酒，一份糖蜜勾兑而成的。我请艾略特先生调制一些，他以娴熟的手艺完成了。我觉得这是一

a 《伦敦纪事》1769 年 5 月 2 日。那里提到的这位可敬的人已于是年 4 月 3 日在去伦敦的途中去世于托马斯·维尔的祖居科夫莱克特〔科夫利特〕。

种好酒；还说它跟威士忌与蜂蜜调制的苏格兰高地的阿索尔粥相当。约翰生说："这种酒肯定比康沃尔酒好，因为它的两种成分都好一些。"他还说："红木酒肯定是个现代名称；因为这个国家知道叫作红木的这种木头的时间并不长。"我提到他对酒的评级——小孩喝红葡萄酒，大人喝白葡萄酒，英雄豪杰喝白兰地。"那就（伯克先生说）让我喝红葡萄酒好了：我爱当小孩；享受享受孩提时无忧无虑的欢乐。"**约翰生**："如果红葡萄酒有这种功效，我也应当喝一喝了；可是它没有：它不能把小孩变成大人，也不能把大人变成小孩。没等它对你发挥什么功效，你就被它淹死了。"

我贸然提到报纸上的一段可笑的文字，说约翰生博士正在学维斯特里斯舞。查尔蒙特勋爵为了激他说话，便悄声提议，应当问问他这消息是否属实。"我可以问他吗？"勋爵大人说。我们大多数都明确表态不妨试试。于是勋爵大人极其庄重而又礼貌地说："请问，先生，你真在上维斯特里斯的舞蹈课吗？"这可担了很大风险，需要爱尔兰志愿军的一位将军的胆量才敢一试。约翰生先是一惊，然后语气有点激烈地答道："勋爵大人怎么能问这么简单的问题？"但立即缓过神儿，不知道是因为不情愿上当，还是显出一副上了当的样子，还是真的情绪很好，他接上这个玩笑："没有，但要是有人想回应这段文字，并且予以批驳，我就会给个答案，并且会说，批驳这条消息的人既不是维斯特里斯的朋友，也不是我的朋友。因为约翰生博士为什么不应当在他的其他能力上再增加一点身体的灵活性呢？苏格拉底上了年纪学跳舞，加图年事已高学希腊语。因此就可以进一步说这个约翰生不满足于在地上跳舞，也许要在绳上跳舞；他们可以领一头大象在绳子上跳舞嘛。一位贵族[a]写了一出戏，名为

---

a 第一代格里姆斯顿子爵威廉[1]。

1 格里姆斯顿（William Grimston，Viscount Grimston，1683—1756），辉格党政治家；代表圣阿尔班斯的议员（1710—1722）；封为爱尔兰贵族（1719）；与马尔伯勒公爵夫人有仇；剧本《律师的运气，又名空心树里的爱情》（1705）的作者；遭到斯威夫特和蒲柏的嘲笑。

《空心树里的爱情》。他发现这出戏写得很糟，因此想把所有的戏本子都买下来，付之一炬。马尔伯勒公爵夫人手里有一本；当他在一次选举中与她作对时，她新印了一版，加了个首卷插图，画的是一头大象在绳子上跳舞；表明这位贵族老爷写的喜剧笨拙得像绳子上 809
跳舞的大象。”

1781年
4月1日
星期日

4月1日，星期一，我和他在思雷尔先生家吃饭，同席的还有菲利普·杰宁斯·克拉克爵士和珀金斯先生[a]。珀金斯先生是思雷尔先生的酿酒厂的主管，年薪五百英镑。菲利普爵士具有古老家族绅士的仪容，年事已高。一头白发装在一个相当大的发袋里，穿一件黑天鹅绒外套，里面是一件刺绣背心，镶有富丽的花边褶裥；思雷尔夫人说这副打扮太老式，正因为如此，我认为更令人肃然起敬，更像一位托利党人；可是菲利普爵士是议院里的反对派。“啊，先生，（约翰生说）古老的褶裥和现代的原则不般配吧。”菲利普爵士为反对与美利坚人交战做了巧妙而刚劲的辩护，我附和了他的观点。他说，全国多数人反对内阁。**约翰生**：“先生，我也反对内阁；可那是因为内阁做得太少，反对派则认为他们做得太多。假如我是首相，如果有人摇动一根指头反对我，就应当把他撵出去。因为政府高兴给谁好处不给谁好处，那是政府的权力之内的事情，当然应当把好处给予政府的支持者。如果你不肯以失去自己的地位为代价进行反对，你的反对就不诚实，你就感觉不到严重的愤懑；眼下的反对只不过是一种想得到别人手中的东西的竞争而已。罗伯特·沃尔浦尔爵士做的正是我要做的事情。至于对美利坚人的战争，全国与内阁有同感。能看明白的人中，多数人支持内阁；道听途说的人中，多数反对内阁；由于道听途说的人比能看明白的人数量多，反对的声音又响彻云霄，所以多数群氓会支持反对派。”

这番气势汹汹的高谈阔论把我们逗乐了；但我认为实际情况是那些能看得最明白的人都反对向美利坚开战，就像在把这个问题冷

a　见边码第415页。

静考虑过后，几乎每个人都持这样的立场一样。

思雷尔夫人对达德利·朗（现在的诺思）先生大加赞扬。**约翰生**：“别，我亲爱的夫人，别这么说。朗先生的人格很黯淡。它不值一提。他占了一个席位。他有一副斯文外相，如此而已[a]。我没有见过任何人像你这样吹捧一个人，每当把一个人夸得天花乱坠的时候，人人都会产生抵触情绪。这会挑得大家愤愤不平，便群起而攻之，

810 佩皮斯的情况就是这样[b]；你把那个人捧上天，却惹得我想把他贬入

1781年4月1日星期日

地。他的血气冲昏了你的头脑。根据同样的原则，你的恶意破坏了原则本身；因为你的指责过于凶狠。然而，（笑眯眯地斜眼瞟着她，）如果她能管住她那恶毒的舌头，她就是天下头号女人——如果她能控制那些花花肠子，她就是天下唯一的女人。”

关于天花乱坠地夸奖人这个问题，我要不揣冒昧地说，我认为对于众所周知名副其实的人物可以给予高度赞扬，因此这不算夸大其词。所以，人们可以这么说埃德蒙·伯克先生，他是一个非常神奇的人。**约翰生**：“不，先生，如果另外一个人有这种逆反心理，你这样说就有危险。人家会回答：‘神奇在哪里？毫无疑问，伯克是个才能非凡的人，一肚子学问，说起话来，口若悬河。可是我们并不

---

a 在这里约翰生屈尊玩弄Long（长，读音朗）和short（短）这两个字眼。但是他不大了解，正是由于朗先生在他面前沉默寡言，他才这样议论他的相识中的一位以机敏出众的先生；我认为法国人的说法，“Il pétille d'esprit”[1]，用在他身上尤其合适，他提到他听约翰生博士说，“先生，如果我失去了鲍斯威尔，就等于断了一条手臂”从而使我心满意足。

1 “他机智得直冒泡。”

b 威廉·韦勒·佩皮斯先生，高等衡平法院法官助理之一，在上流社会颇负盛名。我跟他的交往还不足以使我根据我自己的判断对他说三道四。但是我知道无论在伊顿还是在牛津，他是已故的詹姆斯·麦克唐纳爵士、人称苏格兰的马塞卢斯[1]的亲密朋友，麦克唐纳的卓越天赋、学识和美德将永远被人满怀仰慕和遗憾之情牢记心头。

1 指Marcus Claudius Marcellus（公元前43—前23），奥古斯都的养子，并与奥古斯都的女儿朱丽亚结婚，有意让他做奥古斯都的接班人，但像詹姆斯·麦克唐纳爵士（1742—1766）一样，英年早逝。

会被他震慑得目瞪口呆。’所以你看，先生，即便伯克不会因为自己的什么过错受苦，也要因为你的愚蠢遭罪。”

思雷尔夫人提到一位先生[1]，他做生意发了财，一年赚了四千镑，但却悲惨透顶，因为他跟人在一起时没法说话，他悲惨到这样的地步，竟然迫不得已在街上向 ****** [2] 倾倒苦水，此人正是他所憎恨而且也知道瞧不起他的人。“我是个最不幸的人，（他说）我被邀跟人谈话。我前去谈话，可是，天哪！我没有话谈。”**约翰生**：“人一般不能事事都成功。这位先生把可以用来学谈话的时间都花在一年赚四千镑上了；所以现在他无法说话。”珀金斯先生做了一番精明有趣的评说：“如果他走江湖一年赚四千镑。那就可以在发财的同时学会谈话了。”

另外几位先生[3]走了进来。约翰生博士刚才由于不知道人家的优点所以以轻慢的态度对待他的人格，关于此人的谈话又接上了。思雷尔夫人说：“你这样看他，先生，因为他少言寡语，没有用力表现自己。你对同样安安静静坐在那里的 ***** 先生[4]可以说同样的话。”这不是知书明理的表现，约翰生没有不加纠正就放它过去。“请问，夫人，你有什么权利这样说话？ ***** 先生和我都有理由因此生气。你可以这样说 ***** 先生；可是你干吗也要我这么说呢？我说过 ***** 先生的坏话了吗？你把他摆好，好让我枪毙他：可我没有朝他开枪。”

有一位先生[5]说，他看见我汇集的三卷对开本约翰生博士妙语录。“我得纠正一下，先生。（我说）因为我非常较真。你看不到对开本，因为我没有：你看见的也许是四开本和八开本。人们应当提 811
防这种马虎。”**约翰生**：“先生，这是对准确漠不关心的表现。他不 1781年4月6日星期五

① 查尔斯·塞尔温。
② 威廉·苏厄德。
③ 威廉·苏厄德、约翰·雷德爵士和亨利·史密斯。
④ 亨利·史密斯。
⑤ 威廉·苏厄德。

知道他看见过什么本子。如果他看见过，他是能记住它们的大小尺寸的。”

今天，思雷尔先生显出一副昏昏欲睡的样子。星期一晚上我又见到他，当时大家认为他没有迫在眉睫的危险；但是4日，星期三一大早他就停止了呼吸。约翰生当时就在屋里，他是这样说这件事的：“我几乎感到了他最后的脉动，并且注视着那张十五年来总是对我充满敬意和慈爱的脸。”[a] 那天**文学俱乐部**召开会议；但约翰生写了下面一纸短简为缺席道歉：

> **约翰生先生**知道乔舒亚·雷诺兹爵士和其他各位先生得知思雷尔先生今晨去世时会原谅他的违召。——星期三。

思雷尔先生的去世对约翰生而言是一大实质性的损失，虽然他没有预见到往后会发生什么事情，但他深信思雷尔先生家提供给他的那种舒适待遇现在就会大范围地停止。然而，他还是继续关照故友的遗孀和孩子，只要这种关照还受欢迎；他还非常认真地承担了故友遗嘱执行人之一的任务，这项任务的重要性对他来说非同寻常，因为他的情况一向是很少参与生活的实际事务。他的**俱乐部**的朋友们希望思雷尔先生也许会为约翰生的生活做一慷慨的安排，因为思雷尔先生没有儿子，却有很大一笔财产，这样做会使他获得极大的荣耀；而且鉴于约翰生博士的年龄，来日不会很长；然而思雷尔先生只给约翰生遗赠了二百镑。这是对每位遗嘱执行人都给的遗赠。约翰生夸夸其谈他的新职务，尤其谈到酒厂的事务，我听了不禁哑然失笑，酒厂最终决定出售。卢肯勋爵讲了一个非常有趣的故事，

---

a 《祈祷文与默想录》，第191页。[1]

1 〈约翰生对这种场合的描述使我们想起艾萨克·沃尔顿在他的《胡克传》中给维特吉夫特（1530？—1604，坎特伯雷大主教。——译者按）的颂词。——“他活到——以致能亲临她［伊丽莎白女王］弥留断气的场景，注视着那双长期以来满怀敬爱之情端详过他的眼睛闭上。”——卡尼〉

如果这个故事没有添枝加叶，那肯定是非常典型的：思雷尔酒厂的出售工作正在进行的时候，约翰生忙得团团转，拿着墨水瓶，扣眼里插着笔，活像一个税务官；问及他考虑处理的财产的实际价值时，他的回答是："我们在这里出售的不是一堆锅炉和酒桶，而是发财致富的潜力，那是再贪婪的人做梦都想不到的。"

4月6日，星期五，他带我到一家俱乐部吃饭，那是按照他的意愿，最近在圣保罗大教堂庭院的"女王徽章"酒馆组建的。他告诉胡尔先生，他希望搞一个"城市俱乐部"，让他筹集一个；但是，他说："别要*爱国人士*。"今天在座的都是通情达理、举止得体的人。他谈 812
话的内容，我只保留了两条。他说他很高兴乔治·戈登勋爵苟全了性 1781年4月6日星期五
命，算是没有开因*推定叛国罪*绞死一个人的先例；跟他真诚、刚健、符合宪法的托利党原则相一致的是，他认为推定叛国罪将会是擅权的一种危险机制。有人提到一位富有、懒惰的苏格兰贵族把他的事务完全交给一个有知识、有能力的人管理，声称这有一定的好处，因为他说，"一个人能很好管理自己的事务是最好不过的了，次好就是他意识到自己的无能，所以知难而退，完全信任一个能干的人"。**约翰生**："不，先生，这太不像话了。有个折中路线。让一个人辅导，请放心，他很快就会克服一种可鄙的无奈状态，养成自己办事的能力。"

4月7日，星期六，我和他在胡尔先生家吃饭，同席的还有布歇尔总督和奥姆上尉，他们俩长期以来在东印度生活；很有见识，也很招人喜欢。约翰生替东方的种姓制度辩护，人们认为这种制度完全断送了靠个人优长在社会上出人头地的希望，所以遭到反对。他指出，这里面有一种*原则*，通过类比好像有充分的道理。"我们看到（他说）金属的种类不同；动物也是这样，尽管一种跟另一种没有天渊之别，如同狗的种类——杂种狗，獚，獒。婆罗门就是人类的獒。"

4月12日，星期四，我和他在一位主教[1]家吃饭，同席的还有乔舒亚·雷诺兹爵士、贝朗热先生和其他几位客人。他前一天还在

---

① 当时的切斯特主教比尔比·波蒂厄斯博士。

另外一位主教[①]家吃过饭。不幸的是，我没有记录下他在我们一起吃饭的那位主教家的谈话；但我却保留下了他对在受难周两次在外吃饭的巧妙的辩解；这样一种放纵，我相信，他写他的《漫游者》上的那篇庄严文章时在那个令人敬畏的节令里是不会听之任之的。我觉得由于跟人交往多了，享受的奢侈生活多了，他沾染了一种更加浓烈的寻欢作乐兴味，因此对宗教礼仪就不那么严格了。这一点他是不会承认的，可是他却以令人叹服的诡辩做了如下的理论："嘿，先生，一位主教在本周召集大家聚一聚，用句俗话来说，不算什么事情。但是你必须想一想，放纵是一件坏事；但一丝不苟也是一件坏事；你的总体人格被一丝不苟的伤害比在受难周跟一位主教吃饭更厉害。也许有个供反省的把柄。可以说：'他拒绝了在受难周跟一位主教吃饭，可是三个礼拜日不进教堂。'"**鲍斯威尔**："非常正确，先生。可是假如一个人一贯行为端正，他拒绝这一周跟一位主教吃饭，因此以身作则，不鼓励一种不良做法岂不是更好吗？"**约翰生**："嘿，先生，你应当考虑，你拒绝他表示不赞同，从而降低了一位主教的人格的影响，这是不是比去他那里吃饭坏处更大。"

813 致**露茜·波特夫人**，利奇菲尔德

1781年4月13日星期五

亲爱的夫人，——生活充满了烦恼。我刚刚失去了我亲爱的朋友思雷尔。我希望他快乐；但我却遭受了一个重大的损失。不然的话，我倒是挺好。我需要关照关照自己，不过那种关照不是没有效果；当我身体出了毛病的时候，我往往认为是我自己的错。

春天正在快步走来。由于它是万物复苏的季节，我希望你我都会分享它的恩惠。我想看看利奇菲尔德，但当了我的朋友的遗嘱执行人，我不知道是否能抽出时间来；不过我愿意试试，因为我们很久没有见面了，我们能答应自己再经常见面的机会

① 圣阿萨夫主教乔纳森·希普利博士。

是多么少，时时刻刻都有无常的例子儆戒我们。让我们努力生活，好让无常不能成为一件坏事。尽快回音，我最亲爱的，你的信会给我极大的快乐。

很抱歉波特[①]先生还未收到他的盒子；但由于寄给了马赛厄斯[②]，他会及时转交的，我是尽力而为了，说不定他已经收到了呢。

请向我的朋友们致意；我非常看重他们的情意，希望在夏天过去以前能享受到它。务必给我写信。你最卑微的仆人，

伦敦，1781 年 4 月 12 日。　　　　**塞姆·约翰生**

4 月 13 日，星期五，由于是受难节，我和他照例去圣克雷芒教堂。在那里，我又看见了他的老同学爱德华兹，我对爱德华兹说："先生，我想，约翰生博士和你只能在教堂里遇面。"——"先生，（他说）这是我们能遇面的最好的地方，除了在天堂，我希望我们也会在那里遇面。"约翰生博士告诉我，自从他们不期而遇后，爱德华兹和他之间很少联络。"可是，（他笑着说）他有次遇见我时说道：'我听说你写了一本叫《漫游者》的挺好的书。'我不愿意他在完全的黑暗中离开这个世界，便送了他一套。"

贝朗热[a]先生今天来拜访约翰生，他非常招人喜欢。我们谈到城里一座住所里的一家晚间交谈会，我们都是它的会员，可是约翰生说："先生，那绝对不行。那里没有任何招待，没有茶水，没有咖啡，没有柠檬，什么都没有；放心吧，先生，一个人不喜欢到一个从进去到出来一模一样的地方去的。"我是为争辩而争辩，极力主张才学之士可以有一个非常好的智性社会，用不着任何感官享受加以辅助。贝朗热附和约翰生，说道，没有这些东西，任何聚会就会枯

---

① 波特（Joseph Porter，约1724—1783），约翰生夫人第一任丈夫哈里·波特的小儿子。

② 马赛厄斯（James Mathias，约1710—1782），商人。

a 〔理查德·贝朗热先生。多年的掌马官，当今国王的第一位掌马官，《马术的历史和艺术》（2卷，四开本，1771）的作者。〕

814

1781年4月13日星期五

燥乏味。因此他想有各式各样的零食；不仅如此，有点冷肉，餐橱上有瓶酒倒也不错。“先生，（约翰生洋洋得意地对我说）还是贝朗热先生懂得人情世故。人人都喜欢不费吹灰之力别人把好东西送上门来。我有一回告诉思雷尔夫人，由于她不喜欢设牌桌，就应当有大量的糖果，这样才可以保证宾客如云。”关于这个问题，我同意我杰出的朋友的看法；因为**上帝**高兴把人造成一种复合动物。在没有任何东西焕发体力的地方，精神也会萎靡不振。

4月15日，星期日，由于是复活节，在圣保罗大教堂做过庄严的礼拜后，我发现他一个人待在家里；下院的斯科特博士走了进来。他谈到有人说艾迪生借助酒兴在《旁观者》上写了几篇他最好的文章。约翰生博士似乎不以为然。斯科特博士为了证实此事，说布莱克斯通本来是个不过量饮酒的人，但他写《评论》的时候面前总放着一瓶波尔图白葡萄酒，他被艰巨的工作搞得心力交瘁的时候，适量喝一点，便发现文思汹涌，如有神助。

我告诉他，在我最近参加的一次聚会上，大家表达了一种愿望，想知道艾迪生把执行令送达斯蒂尔家中这一令人震惊的故事的依据。[a]“先生，（他说）这是众人皆知的事情，凡是熟知这一阶段的文学史的人都知道这件事。就像他写了《加图》一样家喻户晓。”托马斯·谢立丹先生有一次向我替艾迪生辩解，断言艾迪生这样做的目的是为了对其他债权人隐瞒斯蒂尔的财产，因为这些人打算前来哄抢。

我们谈到牛津大学的教育方式与那些以讲课为主的学院之间的教育方式的区别。**约翰生**：“讲课一度非常有用；可是现在人人都能阅读，书又这么多，讲课就没有必要了。如果你注意力不集中，漏听了一节课的一部分内容，那就有损失了；你又不能像看书一样翻回来再看一遍。”斯科特博士同意他的看法。“可是（我说），斯科特博士，你本人就在牛津讲课呀。”他莞尔。“你笑（我又说）那些来听你讲课的人。”

斯科特博士离开以后不久，我们就去吃饭。一起吃饭的有威

---

a　见前边码第791页对这一事件的说明。

廉斯夫人，德穆兰夫人，莱韦特先生，印刷商艾伦先生，牧师约翰·卫斯理先生的妹妹霍尔夫人，我想这兄妹俩无论身材还是神态真是像绝了。约翰生这会儿第一次拿出了几只漂亮的银盘子，他告诉我这是他十四年前买的；所以这是一个重大的日子。看着艾伦一个劲儿地硬学约翰生的腔调说话，就像寓言里的小青蛙鼓起肚子把自己装得像头壮牛，我真感到好笑。

我提到一种宗教性的“罗宾汉会社”每个周日晚上在马车制造厂礼堂聚会进行自由辩论，今天晚上的辩论主题是，关于我们的**救主**死时出现的另外一些奇迹的经文，“坟墓也开了，已睡圣徒的身体，多有起来的。耶稣复活以后，他们从坟墓里出来，进了圣城，
向许多人显现[1]”，霍尔夫人说，这是个非常奇妙的主题，她倒想听 815
听讨论的情况。**约翰生**（有点激烈）：“一个人是不会去那种地方听 1781年4月15日星期日
它的，一个人不想在那种地方让人看见——给那种聚会给面子。”然而，我却决心要去一趟。“可是，先生，（她对约翰生说）我倒想听听你来讨论讨论它。”他似乎不大情愿参与这类讨论。她谈到全人类的复活，坚持说我们会以同样的身体起来。**约翰生**：“不对，夫人，我们看到那不是同样的身体；因为《圣经》使用芥菜种[2]来说明，我们知道长出的芥菜不是种下的芥菜种。你不能认为我们会以同一具尸体起来；如果能辨别出人的身份相同就足够了。”她似乎希望听到更多的看法，但约翰生把这个问题敷衍过去了。

关于幽灵[a]，他说：“全然不信它们有悖于死亡和最后审判日之间

---

① 《圣经·新约·马太福音》，第27章，第52—53节。

② 《圣经·新约·马太福音》，第13章，第31—32节。

a 〔这个问题频频出现在这部书中，读者也许会被误导，认为约翰生博士特别喜欢这一类讨论，所以频频提到。但实际情况是，作者本人乐于谈论有关鬼魂和他屡屡称之为神秘现象的东西；因此便利用每次机会引导约翰生谈论这一类问题。〕[1]

1 〈本书作者无疑最喜欢神秘事物，或许在一些场合有意把谈话引向这些问题，而当时这些话题并未自发地出现在约翰生的心头。然而约翰生也喜欢思考这类问题，这种情况可以从他前前后后的作品中推断出来。——鲍斯威尔〉

灵魂存在的看法；这个问题仅仅是脱离肉体的灵魂是否有能力向我们显形。一个人认为他看见了幽灵，那只能自己相信。他的依据不能使别人信服，他的信念，如果是理性的，只能建立在据说有些东西只能通过超自然的手段才能为人所知这种基础之上。”

他提到一件并不稀罕的事情，但我先前从来没有听说过，被人呼唤，也就是说，一个熟人的声音在很远的地方叫他的名字，那地方远得人类器官发出的任何声音都不可能传到。“一个熟人[①]，他的诚实我完全信得过，他告诉我，有天晚上往基尔马诺克的家里走，他听见树林里有个声音喊他，那是去了美利坚的他弟弟的声音；下一趟班轮就带来了他弟弟的噩耗。”麦克贝恩声称这种莫名其妙的呼唤是一种众所周知的事情。约翰生博士说，在牛津上学时有一天正用钥匙开自己的房门，他听见母亲清清楚楚地喊塞姆。她当时人在利奇菲尔德；但后来并没有出什么事情。这种现象，我认为，像其他任何神秘事实一样不可思议，很多人不会轻易相信，甚至有人嗤之以鼻。

过了一会儿，约翰生说了一番话，我没有注意到，威廉斯夫人和霍尔夫人同时抢着回答。约翰生生气了，大声喊道，“行啦，你们俩同时讲话，真叫人受不了”。但又克制住了自己，口气软和下来，说道：“这话谁都可以说，不过你们是女士嘛。”随后他又眉开眼笑，乐呵呵的，用《乞丐的歌剧》中的一句歌词对她们说：

> 同时两个人，谁也受不了。[②]

816 “先生，（我说）你要把麦奇思头领变成什么样的人？”在这一场

1781年 4月15日 星期日 戏里有种能想象到的最滑稽有趣的东西。麦奇思、波莉和露茜之间——还有约翰生博士和眼睛失明、性情乖戾的威廉斯夫人和身材

---

① 詹姆斯·鲍斯威尔的办事员布朗。

② 约翰·盖伊，“汤姆·廷克是我的真爱”，《乞丐的歌剧》，第3幕，第1场，第31行，亡命之徒麦奇思在这里唱的是必须在两个老婆波莉和露茜之间做出选择。

Adelphi Terrace 1776
with Garrick's House

瘦长、满嘴仁义道德的霍尔夫人之间的对比是尖锐的。

我偷偷地去了一趟马车制造厂礼堂，听到我们谈到的那段难懂的经文得到好几位发言人极其得体、相当明智的讨论，对于现代鬼魂的显现意见有分歧，尽管认可的论点在艾迪生先生的权威支持下占优势。紧接着的辩论主题却因为圣徒的身体被说成起来，又因为问及它们后来下落如何而遇到了尴尬；它们是不是又回到坟墓里去了？还是升进了天堂？只有一位福音书作者提到这一事实[a]，我查阅过的评注者都没有把这一段文字说明白。然而，只知道那是神力的一种超常显示，它伴随着最重要的事件发生，除此之外，再没有对它进一步深究的必要了。

4月20日，星期五，我和他度过了我记忆中终生欢度过的最快乐的日子之一。加里克夫人的丧夫之痛，我相信，是受伤害的爱恋和仰慕所能产生的最真诚的悲痛之情，自从丈夫去世后，今天她第一次精心挑选了一群朋友与她共餐。应邀的有和她一起居住、她称之为自己的私人牧师的汉娜·莫尔小姐；博斯科恩夫人[b]，伊丽莎白·卡特夫人，乔舒亚·雷诺兹爵士，伯尔尼博士，约翰生博士和我。我们在她的阿德尔菲街的邸宅中受到了非常高雅的款待。在这里我和“使生活快乐”[①] 的他度过了多少喜人的时光。加里克夫人气色很好，谈起丈夫，一脸的得意，她眼睛瞟着挂在壁炉台上方的丈夫的画像，嘴里说道，现在对她而言死亡是最惬意的东西。大卫·加里克的外貌令人欢欣鼓舞。博克莱尔先生非常贴切地在加里克的优秀画像下面题写了他爱戴的莎士比亚的一段诗句；承蒙黛安娜夫人的美意，这幅画像现在成了我的朋友兰顿的财产。下面就是莎士比亚的这段诗句：

---

a 《圣经·新约·马太福音》，第27章第52、53节。

b 见前边码第702页。

① 引自约翰生的《埃德蒙·史密斯传》，指的是大卫·加里克（《诗人传》）。

一个最能逗笑的人，
雅谑而不流于鄙俗，恰如其分，
跟我交谈过的人中间绝无仅有。
他的眼睛给他创造智趣的机会；
一只眼睛每看见一件事物
另一只眼就把它变成了开心动人的笑料；
他那灵巧的舌头（奇思异想的解说者）
把那笑料用机敏优美的言辞讲出来。
老迈的耳朵听了他的故事，乐而忘忧，817
年轻的听了，神魂颠倒：1781年
他的话语是如此甜美流畅。[①] 4月20日 星期五

我们个个心情很好，我悄悄地对博斯科恩夫人说："我相信这是人生最大的快事。"除了豪奢的款待，还专门给我们准备了利奇菲尔德麦芽酒，这就另有一种特殊的价值了。乔舒亚爵士、伯尔尼博士和我热情地为约翰生博士的健康干杯；约翰生尽管不跟我们同饮，但他热情地回答："诸位，希望大家共享健康之乐。"

这一天的总体效果在我的心田里留下了美好的记忆，但我发现并没有记录下多少谈话。我保留下来的内容一定会忠实地提供给读者。

在座的一位[②]提到托马斯·霍利斯先生，他是个铁杆辉格党人，经常把鼓吹民主的书籍作为礼物寄到欧洲各地，封面上还盖着象征自由的匕首和便帽的戳子。卡特夫人说："他是个坏蛋，说话经常尖酸刻薄。"**约翰生**："呸！呸！夫人。谁因为被人尖酸刻薄地议论就显得更坏？况且，他是个蠢货也是个可怜虫。我相信，他不会伤害一个他明知坚持跟他自己的原则背道而驰的原则的人。我记得有次在美术学会上，当一幅广告就要画好的时候他向我指出了一个能画

① 《爱的徒劳》，第2幕，第1场，第66—76行。

② 也许是鲍斯威尔本人。

得最好的人。你会说这是向我示好。我却溜之大吉了。”

卡特夫人说到同一个人：“我怀疑他是个无神论者。”**约翰生**：“这我不知道。他或许变成了个无神论者，如果他有时间成熟的话，（微微一笑）他也许已经蓬蓬勃勃地长成了一个无神论者。”

乔舒亚·雷诺兹爵士称赞《马奇布道文》[a]。**约翰生**：“马奇的布道文好是好，但不实用。他抓住的感觉多，掌握的少；他拿到的粮食多，能做成的饭少；他打开一片广阔的前景，但太遥远，不清楚。我喜爱《布莱尔布道文》。尽管这狗家伙是苏格兰人，是个长老会教友，是他不应当是的每一样东西，但我还是第一个称赞这些布道文的人。这就是我的公正。”（笑了笑。）**博斯科恩夫人**：“他的伟大功绩战胜了你所有的偏见。”**约翰生**：“嘿，夫人，咱们中和中和吧；咱们把它归因于我的公正，以及他的功绩。”

818

1781年
4月20日
星期五

晚上，客厅里高朋满座，有好几位女士，还有基拉卢主教，珀西博士，财政部的张伯伦先生等人。有人说一个纯文人的生活不会十分有趣。**约翰生**：“当然可以有趣。这是老生常谈，毫无道理；一个文人的生活为什么不如其他任何人的生活有趣呢？难道这么一种生活就不丰富多彩？作为一种文学人生，它可以非常有趣。”**鲍斯威尔**：“但当它有一种积极主动的变化时，就一定更加有趣——譬如去过牙买加；或者——去过赫布里底群岛。”约翰生听了这番话，并没有不高兴。

谈到一位非常可敬的作家①，他告诉我们此人生活中的一个奇怪的情况，那就是，他娶了一个印刷所的学徒为妻。**雷诺兹**：“印刷所的学徒，先生！嘿，我想印刷所的学徒是个黑脸、烂衫的妞儿。”**约翰生**：“可不是嘛，先生。不过我认为他把她的脸洗白了，还给她穿上了干净的衣服。（这时显出了一脸的严肃认真。）她也没有给他丢脸；

a　见前边码第807页。

①　约翰·坎贝尔博士。

这个女人从根底上讲还是很开通的。”“根底”[①]这个词儿这么一讲，跟他的严肃表情两相对照，就显得非常滑稽，结果惹得我们大多数不是嗤嗤窃笑，就是哈哈大笑，尽管我记得基拉卢主教仍然一脸的稳重，但汉娜·莫尔小姐却狡黠地把脸藏在跟她同坐一张长靠椅的一位女士的背后。他的表达方式竟然引起了讪笑，这是他的高傲无法容忍的，尤其在他无意惹笑的时候；因此他决意拿出霸主的权力加以行使，冷眼扫视了一圈后厉声喊道，“有什么好笑的？”然后又镇定下来，一副令人敬畏的神情，好让我们觉得他怎样能强行克制，好像在搜索枯肠找一个更加可笑的字眼时，他却慢条斯理地说，“我说的是，那个女人基本上是通情达理的”；仿佛他已经说过了，现在听了这番话，敢笑就笑吧。我们像参加葬礼一样，个个正襟危坐。

他和我一起离开；我们在阿德尔菲街的栏杆旁驻足眺望了一会儿泰晤士河，我动情地对他说，这会儿我正在想我们失去的两位朋友，他们从前就住在我们身后的建筑物里，博克莱尔和加里克。“啊，先生，（他温情脉脉地说）那是两位无法替代的朋友。”

这天过后有段时间，我见他的次数不多，对于我所欣赏的他的言谈，我很抱歉地发现，保留下来的也寥寥无几。这段时间我忙于另外一些杂务，需要尽心尽力，自然就占去了几乎我的所有时间。

有一天随便说到当时当权的一些人，他对我说：“你知我知，先生，知道我是多么不赞成这个内阁，我不想反对这样的确信。”我提到伯克先生吹嘘在乔治二世王朝，辉格党人掌权的时候，与当朝托利党人执政时相比国家是多么平静。——“嘿，先生，（他说）你应当考虑托利党人由于更加尊重政府，所以不会用辉格党人那样的暴烈手段进行反对，辉格党人由于不受那种原则的约束，所以千方百计进行反对。”

这个月他不仅失去了思雷尔先生，而且失去了他终生不渝的老

① 〔原文为bottom，俗话中有“屁股”的意思，因此大家笑了。〕

朋友、御用印刷商的长子，印刷商小威廉·斯特拉恩先生。

819 致斯特拉恩夫人

1781年5月8日星期二

亲爱的夫人，——我失去了一位非常要好的朋友时所感到的悲痛足以使我知道你因爱子亡故蒙受了多大的痛苦；这样一个人，我认为完全可以说句心里话，凡是认识他的人没有不悲悼他的。我认为自己的一位朋友，又一位朋友，从我身边被夺走了。

亲爱的夫人，我要尽可能地给你安慰，但我知道各种安慰能起的作用又何其微小。然而还是让我规劝你节哀顺变，不要伤了自己的身体，而是去巴斯疗养疗养，尽力颐养天年；然而当我们做了力所能及的一切时，一个朋友最终还是会失去另一个的。你最卑微的仆人，

1781年4月23日。 **塞姆·约翰生**

5月8日，星期二，我有幸再次与他和威尔克斯先生在迪利先生家吃饭。把他们俩请到一起，现在无须协商了；因为约翰生对先前的会面非常满意，所以十分高兴再次见到威尔克斯，这一天，威尔克斯坐在贝蒂博士与约翰生博士中间（我把这一情况告诉保利将军后，他说他是坐在真理和理性之间）。**威尔克斯**：“我一直在想，约翰生博士，应当给议院提交一项议案，那就是，苏格兰的有争议的选举应当在那个地区圣十字架教堂试行，而不是在这里试行；因为在这里试行的后果就是，我们有一种苏格兰人的泛滥，他们蜂拥而来，再不回去，现在鲍斯威尔在这里，他是来参加他的家乡的选举的，持续的时间不到两个礼拜。”**约翰生**：“不仅如此，先生，我压根儿看不出他们有任何试行的理由；因为你知道，苏格兰人都大同小异。”**威尔克斯**：“请问，鲍斯威尔，在苏格兰法庭当一名律师一年有多少收入？”**鲍斯威尔**：“我相信有两千镑。”**威尔克斯**：“那笔钱怎么可能在苏格兰花出去呢？”**约翰生**：“嘿，先生，这笔钱可

以在英格兰花嘛。但有一个更加严峻的问题。如果一个人在苏格兰赚了两千镑，给那个国家其余的人还剩多少呢？”**威尔克斯**：“你知道，在上次战争中，蒂罗[1]把苏格兰七岛劫掠一空，带走了巨大的战利品；他却拿着三先令六便士上船返回。”在这里约翰生和威尔克斯再次一唱一和对苏格兰所谓的贫穷极尽讽刺挖苦之能事，对此，贝蒂博士和我觉得不值得争辩。

话题引向引用语，威尔克斯先生指摘它是掉书袋。**约翰生**：“不对，先生，这是一件好事；这里面有一种心灵的相通，经典引语就是全世界文人的语言。”**威尔克斯**：“在大陆，他们引用拉丁文《圣经》。莎士比亚主要在这里引用；我们还引用蒲柏，普赖尔，勃特勒，沃勒，有时候还有考利。”

我们谈到书信写作。**约翰生**：“现在出版书信成了一种时尚，为了躲避这种时尚，我在自己的作品中尽量少收书信。”**鲍斯威尔**： 820
“你想怎么做就怎么做吧，先生，但是你想躲也躲不掉。就算你几乎不写，你的书信也会作为稀罕出版： **1781年5月8日星期二**

> 看一个奇物！而不是智趣，
> 看两行蹩脚的诗用斯坦厄普的铅笔写出。”[2]

他给我们讲述蓓特·弗林特的一件趣事，此人是个站街女，有

---

① 蒂罗（François Thurot, 1727—1760），法国海军军官。

② “在葆尔美尔街的‘国王头’〔有一家〕俱乐部，以‘世界’自命。当时的斯坦厄普勋爵〔现在的切斯特菲尔德勋爵〕、赫伯特勋爵等名流〔都是它的成员〕。有次扬博士应邀来到那里，聚餐后，〔有人〕提议每人要写首警句，〔他〕要谢绝，因为没有钻石。切斯特菲尔德勋爵把他的借给了扬，扬立即写道：

> 接受一个奇物而不是智趣：
> 看两行蹩脚诗用斯坦厄普的铅笔写出。”

[约瑟夫·斯彭斯，《书和人的观点、轶事和特点》，詹姆斯·M. 奥斯本编，2卷（牛津：克拉伦登出版社，1966）。扬之所以需要一枚钻石，是因为警句要被刻在玻璃器皿上。]

一些怪才，脸皮特厚，极力要跟约翰生结识。“蓓特（他说）写了一本诗体自传[a]，拿到我这里来，希望我给它写一篇序（哈哈大笑）。我常说她通常是个荡妇和酒鬼；偶尔还当妓女和小偷。可是她有一处雅致的住所，又有一台小钢琴弹奏，还有个小男孩在椅子前走来走去。可怜的蓓特被控偷了一条床罩，被抓起来了，在老围子受审，首席法官——①因为喜欢这个姑娘，对案件做了有利的评述，她被宣告无罪[b]。事后蓓特洋洋得意地说：‘既然这条床罩归**我**了，我要用它做一条裙子。’”

谈到演说，威尔克斯先生说它伴随着诗歌表达的魅力。**约翰生**：“不对，先生；演说就是打垮你的对手的论据的那股力量，用更好的论据取而代之。”**威尔克斯**：“可是这不能打动人的情绪。”**约翰生**：“这样就被打动的人，必定是个弱者。”**威尔克斯**（点出一位著名演说家的名字②）：“在——的辉煌的想象和横溢的智趣中间，却有一

---

a 约翰生的记忆力好得出奇，他居然记得这本奇作的前四行，他认识的一位年轻女士[1]把它转达给我——：

我吸进了维持生命的第一口气，
一个小不点儿来到了人世：
我从一个黑洞洞的宫阙，
进入了这个花花世界。

1 也许是范妮·伯尔尼。

① 约翰·怀尔斯爵士。

b 〔约翰生得到的关于这一情况的说法不大准确。**蓓特**于1758年在老围子受审，审判她的不是这里说的首席法官（不过他在同一天审了另外一起案件，）而是刑事法院法官威廉·莫尔顿爵士；她被宣告无罪，不是由于法官做了什么有利的评述，而是因为起诉人玛丽·沃尔索无法证实告发被偷的财物〔一条床罩一只银匙，两块餐巾等〕是她的财产。

蓓特当时不像过着一种非常雅致的生活，因为，她住在索霍区教长街米尔德巷配有现成家具的房间里，据指控这些物件是从哪里偷出来的，每周房租只有五先令。

詹姆斯·鲍斯威尔先生不辞辛苦查阅过开庭文件，确定了这些细节。〕

② 埃德蒙·伯克。

种品味的奇怪缺欠。这从阿佩勒斯[1]的维纳斯身上看得出来，她的肌肉仿佛得到了玫瑰的滋润：他的演说有时候使人疑心他吃的是山药蛋，喝的是威士忌。”[2]

威尔克斯先生说，在这个国家，我们对形式是多么执着，他举了个例子，下院投票支持把葡萄牙钱币汇给驻美利坚的军队发饷，其实汇的并不是葡萄牙钱币，而是我们的货币。**约翰生**：“先生，不是有一条法律反对输出王国的通货吗？”**威尔克斯**：“是呀，先生。但是在显然必需的情况下，难道下院不可以命令把自己的通货寄到我们自己的殖民地吗？”话说到这里，约翰生以为他超人的敏捷回想，给这位米德尔塞克斯爱国者以子之矛攻子之盾的绝妙反驳：“当然，先生，你难道不认为下院的一条决议与土地法对等吗？”[3] **威尔克斯**（立即发觉了这种寓意）：“免了吧，先生。”在《虚假警报》中 821
以那样的暴烈态度处理事情，现在被变成有趣的妙语，听起来便极其顺耳。约翰生继续说：“洛克说得好，禁止输出通货是失策的；因为当一国的贸易出现逆差时，通货必须输出。” 1781年5月8日星期二

博克莱尔先生的藏书本季在伦敦拍卖。威尔克斯说，他发现其中有那么多的布道文集，心里十分纳闷，似乎认为像具有博克莱尔先生这种性格混迹于花花世界的一位绅士，竟然喜欢收藏这一类作品，真有点匪夷所思。**约翰生**：“嘿，先生，你应当想想，布道文是英国文学中相当重要的一支；所以一个图书馆如果没有大量的布道文集，那肯定是很不完善的[a]；在所有的收藏中，先生，扩充图书馆 822

1781年5月8日星期二

---

① 〔阿佩勒斯（Apelles），著名的古希腊画家。〕

② 〈威尔克斯把欧福拉诺耳（Euphranor）对帕耳哈修斯（Parrhasius）的画作《忒修斯》的异议误以为对阿佩勒斯的《维纳斯》的描述了。见普卢塔克《雅典人的盛名究竟来自战争时代的功绩还是和平时代的智慧？》。——卡尼〉

③ 威尔克斯曾经蔑视下院拒绝他作为议员与会的一项决定。

a 威尔克斯先生也许不知道在一篇英国布道文里有对愉悦官能的最全面、最生动的描述，为此他本人也备受赞赏。它在巴罗博士[1]的第一卷第十四篇布道文《斥愚蠢的谈话和玩笑》中。我的老相识、已故的科尔宾·莫里斯[2]在他巧妙的《论巧智、幽默和嘲笑》中，称它是一篇“关于巧智的淋漓（转下页）

的渴望随获得的增多而增强；行动也随着势头的持续而加快。更何

(接上页)尽致的描述"；然而我看不出怎样能将其截短而不遗漏某些精彩的辨别事例。由于它不是家喻户晓，也许会使一些人有阅读布道文的意愿，因为他们在只寻求欢愉的同时，还可以从中得到实惠，所以我把它附在这里：

"可是首先（这位博学的讲道者说）也许有人会问，我们说的是什么事情？或者这种戏谑（或者他先前叫的巧智）是什么意思？对于这个问题我的回答就像德谟克利特[3]回答向他问的关于人的定义一样，'这是有目共睹、尽人皆知的事情'。任何人通过认识对它是什么的领会，比我通过描述告诉他的更加清楚。它确实是一种千变万化、千姿百态、见仁见智、言人人殊的东西，因此好像很难确定一种明晰肯定的概念，就像给普罗透斯[4]造一幅肖像，或者给飘忽的空气界定形状一样困难。有时候它在巧妙地影射一个熟知的故事，或者适时地运用一句闲言碎语，或者编造一个贴切的传说；有时候它玩弄字眼，利用意思的含糊或发音的近似；有时候它穿上幽默表达的外衣；有时候又潜伏在一种怪相的下面；有时候它寓于一个诡秘的问题中，寓于一个伶俐的回答中，寓于一个含糊的理由中，寓于一个精明的暗示中，寓于对一种反对意见的狡猾的转移或聪明的反驳中；有时候它蜷伏在一个大胆的讲演方案里，蜷伏在一句尖刻的反话里，蜷伏在一句强烈的夸张里，蜷伏在一个惊人的隐喻里，蜷伏在一种对矛盾的貌似可信的调解里，或者蜷伏在激烈的胡言乱语里；有时候一种对人或事的绘声绘色的再现，一段假话，一种模仿的神情或姿态充当它的角色；有时候一种虚情假意的单纯，有时候一种无所顾忌的率直给了它生命；有时候它仅仅起因于撞大运，碰上了奇人怪事；有时候起因于对明显的问题的合理狡黠的扭曲。它往往存在于一个人不知道是什么的现象中，并且突然冒出来，一个人说不上是怎么回事。它的手段无法言说，莫名其妙；符合无数变化无常的想法和婉转迂回的语言。总而言之，那是一种简单明了的说话方式（就是那种用来教育和证明事物的推理），它借助奇想或表达中的一种相当惊人的粗俗，影响并逗乐遐想，在里面激起某种惊奇，另外还滋生某种快乐。它掀起仰慕之情，以表示一种灵敏睿智的理解，一种特别成功的发明，一种精神的活跃，以及超越庸俗的巧智的境界。它似乎证明一种罕见的才思敏捷，一个人在遥远的奇思中能唾手可得；证明一种引人注目的技巧，一个人能灵巧地使那些遥远的奇思适应眼前的目的；还连带着一种生动活泼的幽默，不容易浇灭想象欢快的火苗（由此亚里士多德把这种人称为ἐπιδέξιοι，灵巧的人，和εὔστροφοι，作风灵活多变的人，他们能容易地使自己适应万事万物，或者使万事万物适应他们自己）。它也获取欢乐，通过以下种种手段：用自己的稀罕来满足好奇，与困难类似；（就像怪物不是因为美，而是因为稀缺；就像变戏法，不是因为有用，而是因为奥妙，人看了莫不拍手称快）把心智从它严肃思考的大道上转移过来；逐渐灌输精神的欢快与轻松；以仿效或顺从的方式激发那样的情绪；用一种非同寻常因(转下页)

况，先生（盯着威尔克斯先生浮现出一抹平静而意味深长的微笑），一个人收藏布道文是想靠它们提高自己。我想博克莱尔先生打算什么时候会有这种情况。”

威尔克斯先生对我说，声音大得足以让约翰生博士听见，“约翰生博士应当把他的《诗人传》赠我一套，因为我是个穷爱国者，买不起”。约翰生似乎没有注意到这种提示；但是过了一会儿，他向迪利先生喊道：“先生，请你行行好，把我的《诗人传》给威尔克斯先生送一套，写上我的题款。”这事当然照办无误；后来威尔克斯先生拜访了约翰生博士一回，并受到礼遇，两人坐着聊了半天。

客人们陆续散去。迪利先生本人也被叫到楼下处理事务；我有一阵子也离开了房间；回来时我惊异地发现塞缪尔·约翰生博士和约翰·威尔克斯先生名副其实地在交头接耳；因为他们身子歪在椅子上，脑袋凑得很近，谈得非常认真，完全是一种窃窃私议，谈的内容是乔治二世和普鲁士国王之间的个人争吵。两个政治论战中的劲敌，现在竟然像我看到的那样轻松亲切地交欢，此情此景将会是一幅画的绝妙题材。这一情景在我的心头展示了《圣经》上预言的幸福的日子，届时，狮子将与山羊羔同卧[a]①。

这一天过后，又有相当长的一段时间，约翰生博士和我未曾遇

（接上页）此也是很爽口的味道调剂不然就会令人倒胃或淡而无味的东西。”

1 巴罗博士（Dr Isaac Barrow，1630—1672），数学家、神学家，剑桥大学三一学院院长。

2 科尔宾·莫里斯（Corbyn Morris，1710—1779），海关官员，经济学家；苏格兰海关与盐税秘书（1751）；被任命到英国海关部（1763）；纽卡斯尔和佩勒姆是他的赞助人。

3 德谟克利特（Democritus，公元前460—前370），古希腊哲学家。

4 普罗透斯：希腊神话中的海神，具有随意改变自己形状的功能。

a 我把此事向基拉卢主教提及，主教大人说，“与山羊”。然而威尔克斯的动人的礼貌、诙谐和主教的友好脾气如此突出，因此在迪利先生家一起吃饭的时候，当时我也在座，他们相互非常融洽。

① 《圣经·旧约·以赛亚书》，第11章，第6节（记忆略有出入）。

面。当我向他提到这件事时，他很高兴地说：“先生，那就让我们俩一起生活吧。”

大约在这个时候，女士们晚间聚会成了时尚，在这种聚会上，女性
823 可以参与跟文人智士的交谈，她们怀着一种愉悦的愿望活跃气氛。这样
1781年春 的一些会社被称为蓝袜子俱乐部，这个名称的起源由于鲜为人知，也许
值得一说。这些社团初露端倪的时候突出的成员之一是斯蒂林弗利特[a][①]，此人的衣着庄重得引人注目，人们尤其注意到他穿着蓝色的长袜。他的谈吐非常精彩，如果没有他，就会感觉到一种重大损失，因此人们常说：“没有蓝袜子，我们什么也干不成。”这样一来，渐渐地，这个名称就确立起来了。汉娜·莫尔小姐在她的《蓝袜子》这首诗里令人叫绝地描写了一个蓝袜子俱乐部，许多最引人瞩目的人物都在诗中提及。

约翰生有时也受人劝诱来到这些圈子中间，即便对于活泼的蒙克顿小姐（现在是科克伯爵夫人），他也不认为自己过于严肃，这位小姐在她母亲高尔威夫人家召集了一些最纯粹的蓝袜子。她的活泼快乐使这位哲人着迷；他们在一起谈笑风生，轻松自在。有天晚上出现了一种奇特的情况，她一口咬定斯特恩的某些作品情调非常哀凉。约翰生断然否认。“我相信（她说）它们对我影响很大。”“嘿，（约翰生晃动着身子笑着说）那是因为，最亲爱的，你是个呆瓜。”她后来又向他提起此事，他还是实话实说，但说得彬彬有礼；“小姐，如果我是这么想的，那也不应当这么说”。

另一个晚上，约翰生对我的好心放纵遭到了相当严峻的考验。我曾与一批非常可意的伙伴在苏蒙特罗斯公爵府上吃过饭，公爵大人按他通常的习惯，交杯换盏非常随意。格雷厄姆勋爵和我一起去蒙克顿小姐家，在那里我当然是豪情万丈，忘掉了所有的恐惧或敬

---

a　本杰明·斯蒂林弗利特先生，一些有关博物志等文章的作者。

①　斯蒂林弗利特（Benjamin Stillingfleet，1702—1771），植物学家，作家；《杂文集》（1759）的作者，这部作品把林奈式的植物分类体系做了更大的揭露；培养音乐方面的兴趣，出版《和声的原理与力量》（1717）；关于他在正式晚间聚会的着装习惯的轶事据说间接地导致了“蓝袜子”一词的形成。

畏。置身于众多一流人物当中，我乱糟糟地记得有一位贵妇举止极其庄重得体。我有意坐到约翰生旁边，自认为完全可以和他平起平坐，便高声大嗓跟他说话，一心让来客们知道我能够与**埃阿斯**[①]一争高下。我尤其记得逼他讲想象的快乐价值，为了说明我的论点，我问他："请问，先生，假如我想入非非，认为——（说出了王国最迷人的伯爵夫人[②]的名字）爱上了我，难道我不应当心花怒放吗？"我的朋友顾左右而言他，避开了我的询问，叫我干脆哑口无言；但是不难想象他肯定是怎么一种感觉[a]。然而，过了几天，我去拜访他

① 〔埃阿斯（Ajax），希腊神话中的英雄。〕

② 德文郡伯爵夫人乔治亚娜。

a 第二天，我极力把发生过的事情给了我力所能及的最巧妙的表现，写了下面一首诗：

献给可敬的蒙克顿小姐

并不是因为我有福气
　与优秀的蒙特罗斯共餐；
并不是因为格雷厄姆的巧智，
　因为醇香的美酒，我离席很晚。
并不仅仅是这些导致了
　对神圣礼仪的侵扰：
并使我感觉到我最害怕的东西，
　约翰生的蹙额和我的自我声讨。
但我进去时，并不局蹐，
　从你的明眸里射出那样的光芒，
同时又闪现出迷醉狂喜，
　我的周身像着了火一样。
但我拥有的并不是明亮的火焰，
　那种闷烟使我无地自容；
我变成了一堆废墟，好惨，
　燃烧并没有使我眼亮心明。
同时沦为爱与酒的阶下囚，
　我希望，**马利亚**，你会饶恕；
我在向上苍的神灵祈求，
　今后我可以活得聪明颖悟。

这位小姐宽容豁达，给了我一个善解人意的回答，我就这样获得了一项赦令，便小心翼翼永不再犯。

向他道歉时，他却表现出了最友好的温厚。

824 这一年我在伦敦逗留期间，与约翰生一起在好几个地方吃过饭。
1781年 我记得在一个平静温和的日子是在巴特博士家吃的饭，他现在从德比搬到了伦敦的下格罗夫纳街；不过关于约翰生这一段时间在那一天和其他一些场合的谈话，我没有做下任何规规矩矩的记录，所以我只能把我在自己有关约翰生的笔记里发现的一些杂事穿插于此。

他的一些杂乱无序的习惯，在“为他要度过的一天预做安排”时，从下面的一件轶事显露出来，这是约翰·尼科尔斯先生告诉我的：1763年，一名年轻书商，他是惠斯顿[①]先生的学徒，拿着《莎士比亚集》的一笔订费来拜访约翰生，注意到博士没有在任何登记簿上记入这名订户的姓名，他便硬着头皮怯声怯气地问约翰生是否愿意提供那位订户的地址。这样就可以把它插入印好的订户名单中去。“我不印订户名单。”约翰生冷不丁地说，但几乎立即又镇定下来，大大咧咧地补充说：“先生，我不印订户名单，有两个十足的理由：一、我把名字全丢了，二、我把钱全花了。”

约翰生在辩论中决不服输，哪怕在他持错误立场的时候，也要显示自己的气势和机敏。因此，发现对手占了上风的时候，他便使出某种突如其来的诡辩野招。有一次我以明显的优势压倒了他，他却这样堵住了我的嘴——“我亲爱的鲍斯威尔，咱们不说这事了；你也弄不出个所以然来。我倒想让你吹一支苏格兰曲子。”

然而，必须留意，把“为胜利谈话”的约翰生和只想告知和说
825 明情况的约翰生区分开来。“约翰生的主要才能之一（他的一位杰出朋
1781年 友[②]说）表现在坚持辩论中的错误立场和对真理的出色歪曲上。如果你能设法得到他对一个问题的公正看法，不含任何个人偏见，没有在辩论中求胜的愿望，它就是智慧本身，不仅叫人信服，而且不可抗拒。”

---

① 惠斯顿（John Whiston，1711—1780），书商；在伦敦舰队街开店；下院选票的承印人之一，定价目录的最早出版人之一；参与促成《全新传记大辞典》（12卷，1761—1762）。

② 威廉·杰拉德·汉密尔顿。

然而，他终生习惯于把谈话看作一种对智力和技巧的考验；所以，我认为，我们可以大胆地把那种表现在他自己身上的绝无仅有的丰富多彩和灵光四射的特点归因于这一看法。作为他热衷于口才出众的证据，同时也作为对这位杰出的朋友的一番高见的证据，约翰生有次对这位朋友说了这么一番话："——，我们在一起已经谈了几个钟头了；你只说了一件叫我为之羡慕你的事。"

他讨厌所有推测性的、令人丧气的考虑，因为这会给人的勤奋和努力泼冷水，在这一点上，他活像大旅行家肖博士。戴恩斯·巴林顿先生告诉我，肖博士常说："我恨一个总说 cui bono① 的人。"一位朋友②问约翰生他对一个容易说 non est tanti③ 的人有什么看法；——"他是个蠢货，先生（约翰生回答），这会儿这些 tanti 人在干什么？"我有一阵子情绪低落，跟他谈话时显得对一般情况下吸引我们积极投入的事业漠不关心，并且询问如此劳神费力到底原因何在；"先生，（他说，语气非常欢快）那是在驱动生命体系。"

他告诉我，他很高兴通过奥格尔索普将军与谢比尔博士④结识。说真的，不管人们对他说什么坏话，这位先生的知识和才能都比一般作家高出许多，值得作为文坛上令人尊敬的名字被人记住，即便只是因为他那以"巴蒂斯塔·安赫洛尼，一名耶稣会士"的名义出版的令人叫绝的《关于英国的书信》。

约翰生和谢比尔[a]常常被人相提并论，因为在前朝没有偏爱过汉诺威

---

① 对谁有好处？

② 可能是鲍斯威尔本人。

③ 它不值得。

④ 谢比尔博士（Dr John Shebbeare，1709—1788），医生，政论家，托利党人；小说《婚约》（1754）和《莉迪亚》（1755）的作者；煽动性的讽刺作家；用一系列"书信"批评汉诺威王位继承，开头的是《关于英国的书信》（1755）；与拉尔夫·格里菲思和斯摩莱特结怨；享受乔治三世的恩俸；由于毫不妥协的尖刻文笔，交友少而树敌多。

a 我记得一家报纸上有一段荒唐可笑的文字，说国王把恩俸既给予了一个 *He*-bear 又给了一个 *She*-bear。[1]

（转下页）

家族。著名的《致威廉·钱伯斯爵士的英雄体书札》的作者①用一行诗介绍了他们二位，列了一张“尝到本朝甜头”的人物名单。约翰生坦坦荡荡地品尝了那种讽刺的优秀滋味。竟然像他告诉我的那样，让哥尔德斯密斯博士把它从头到尾向他读了一遍，并没有拒绝给予充分的夸赞。

哥尔德斯密斯有时候能在他面前胆大妄为一番，还能逃脱惩罚。博克莱尔告诉我哥尔德斯密斯说到在伦敦建立第三家剧院的计划，纯粹是想展示展示新戏，为了把作者从所谓的经理们的专横跋扈中解救出来，约翰生对此却淡然置之；于是哥尔德斯密斯说：“啊，啊，这也许对你算不了什么，因为你现在有一笔恩俸庇荫。”听了这话，约翰生乐呵呵地忍让了过去。

826 约翰生对卡莱尔伯爵②的诗大加赞扬，伯爵大人以自己的名义将

1781年 其出版，表示对猎取文名并不鄙夷。我的朋友的看法是，当一位显贵以那种身份出现时，他理应让他的功绩得到充分的承认[a]。在这一点

（接上页）

1 〔He-bear的意思是公熊，影射约翰生；She-bear的意思是母熊，它的拼写和读音与Shebbeare（谢比尔）近似。〕

① 威廉·梅森。

② 卡莱尔伯爵（Frederick Howard，5th Earl of Carlisle，1748—1825），政治家、外交家；主要因浪荡和赌博输钱闻名；约克郡东赖丁治安长官（1780）；宣誓就职枢密院（1777）；爱尔兰总督（1780）；福克斯的同盟；《父亲的复仇》（1783？）的作者，这是一部五幕悲剧，得到约翰生的赞扬；十一岁的拜伦勋爵的监护人，后来拜伦在《英格兰诗人和苏格兰评论家》中因为没有给他铺平进入上院的道路而予以批评。

a 然而，显贵和富豪作为作家，在他们贸然显露头角前，应当得到充分保证有真正要求公众认可的权利。德莱顿在他的《一切为了爱情》的序言是这样表达自己的观点的：

“有的人谈吐动听（至少被认为如此），有点小聪明，也许还有一知半解的拉丁文帮衬，于是雄心勃勃，想靠他们的诗作显得卓尔不群：

Rarus enim fermè sensus communis in illa
Fortuna. ——[1]

对自己财富完成的大业不满足，不是安安静静地坐享田产之利，而是要附庸风雅、扬才显名，毫无必要地把自己的赤身裸体暴露在众目睽睽之下，这岂不是寒碜的装腔作势、自欺欺人？且不考虑他们并不指望从头脑（转下页）

上，我认为约翰生比威廉·怀特黑德先生在他的《悼维利尔勋爵》中表现出的更加豁达，因为在那首挽歌中，在“需要谨小慎微高度辛苦”的托词下，他流露出了一种对缪斯大献殷勤的妒意：

——把你的呵护帮扶赐予
　少数敢于出类拔萃的特选人才，
提高他们的技艺、他们的魔力，并给应有的
　荣耀；——但要保持本色，不管他们如何记载。

基拉卢主教前往爱尔兰之前约翰生拜访过他两次，头一次没有见着。他说：“如果我见不着他，心里总有块石头悬着。没有一个人比他更加关注我[a]；我却忽视了他，不是故意的，而是由于事务缠身。 827

1781年

（接上页）清醒的人那里得到从三瓶酒下肚后的奉承者们嘴里发现的同样的认可：如果言谈中的一点点闪光就使我们认为他们是才子，那给世人讲明真相的必要性又何在呢？一个不能名正言顺地占有一片田产的人实际上占有了它，难道他就会自动把它提交到威斯敏斯特加以审理？我们这些从事写作的人，如果才气不足，尚有借口，说我们干这行是为了勉强糊口；可是他们没有舞文弄墨的贫乏才情，纯粹出于任性，煞费苦心一番，反而使自己出乖露丑，他们会怎样为自己极力辩解呢？贺拉斯说得对，‘没有人满足自己的处境’。[2]诗人不高兴，因为他不富裕；富人不满足，因为诗人不允许他们滥竽充数。”

1 “关心他人在贵族中难得一见”——尤维纳利斯，《讽刺诗》，第8首，第73—74行。

2 典出贺拉斯，《讽刺诗集》，第1卷，第1首，第1—3行：
“Qui fit, Maecenas, ut nemo, quam sibi sortem | seu ratio dederit seu fors obiecerit, illa | contentus vivat, laudet diversa sequentis?”
“怎么回事，米西纳斯，没有一个活着的人满意自己的命运，不管是他自己选的，还是天命安排的，却总爱称赞走在人生他途上的人？”

a 这给我极大的快乐，因为巴纳德博士和他就这样一个问题发生过一次非常激烈的争吵，那就是，一个人年过四十五岁，是不是还能提高自己；约翰生情绪急躁的时候，言谈举止不大讲文明礼貌。巴纳德博士就这个问题作了一首打油诗，在诗里他认为自己从不同的人身上学习不同的优点。诗的结尾带有微妙的反讽意味：

约翰生必须教我把每个借来的优雅
如何在最明丽的光线中安插；

（转下页）

先生，永远要高度重视自发的好意。谁的意向促使他主动跟你培养友情，谁就比处心积虑亲近你的人更爱你。”

约翰生告诉我，他一度欣然发现一名住在他家附近的木匠非常乐意把他希望看到的木匠本行的一些东西让他看：“这是（他说）在向文学致敬。”

我问他是不是不满意只有这么小的一份财富，又没有任何雄心壮志孜孜以求的那些显要的荣誉地位。他只有一年三百镑的一笔恩俸。为什么他没有处在配备一辆马车的那种境地？为什么他没有一个像样的职务？**约翰生**：“先生，我从不怨天尤人；我认为我没有什么抱怨的理由。我拥有了这么多，倒是令人有点诧异。我的恩俸比我所知道的任何事例都要出格。先生，我这个人又不公开表示拥护当时的政府，得到的恩俸并不是乞求来的。我从来不向大人物献媚取宠；他们反而来派人找我；不过我认为他们现在把我放弃了。他们得到了满足；他们已经见不得我了。”我说这话我不信，因为他们肯定高度欣赏他的言谈；针对我的说法，又意识到自己的优势，他回答道：“不，先生；爵爷和贵妇们并不喜欢让人把他们的嘴堵住。”这充分表现了他的理解力和聪明的想象，必然会产生的那种效果；当然，那些人肯定发现自己在跟他交往时出奇地矮化了。我热情地宣称每次听他谈话都是多么欣喜。——“是的，先生，（他说）；不过你要是大法官，情况就不是这样：你就要考虑自己的尊严了。”

在这种说法中包含着人性的很多真理和认识。当然一个人应当

（接上页）

　　从他那里我要学会写作；
模仿他清晰亲切的文体，
借助他粗糙的锉刀打磨
　　变得像他本人一样，有礼。

我不知道约翰生是否见过这首诗，但是我有机会发现随着巴纳德博士和他彼此了解得更加深入，他们的相互关心在日益增强。

弗兰西丝·雷诺兹

乔舒亚·雷诺兹爵士 绘

想一想，一个知道约翰生言谈的价值的人不管处于怎样高级的生活状况下，尽管他可以谨慎地避免处于一种相形见绌的处境；但他还是常常会因参加了约翰生提供的丰富多彩的智力娱乐而暗自得意。然而，奇怪的是，考虑到伟人中寻求与他交往的人何其稀少；所以如果一个人愿意因此趁机进行讽刺，非常显眼的目标就会不请自来。他高贵的朋友埃利班克勋爵说得好，如果一个伟人与 828
约翰生见了一次面，而不希望再见到他，那显示出的是一种纯粹 1781年
无聊的好奇心，表明对非凡的智力极其缺乏情趣。思雷尔夫人对这种行为描述得既正确又风趣，她说约翰生的言谈对于一个听惯了甜言蜜语和阿谀奉承的人来说未免太冲；那等于在小孩子嘴里搁芥末！

有一天，我告诉他我是一个热情的托利党人，但“按照知识”，还不够格，应当因为“一种理由”而感激他，他非常坦诚，表达得也非常精当，所以我请求他把说过的话重复一遍，我把它记录在下面：

谈托利党人与辉格党人

明智的托利党人和明智的辉格党人，我相信，意见是一致的。他们的原则是相同的，尽管思维方式不同。高级托利党人使管理不可理解：他迷失在云雾中。激烈的辉格党人使管理难以驾驭：他主动给每个人太多的自由，以致没有足够的力量去管理任何人。托利党人的偏见是主张传统；辉格党人的偏见是主张革新，托利党人不希望给政府更多的实权，但政府应当更受尊重。另外，他们在教会问题上也有分歧。托利党人不赞成给教士更多的合法权力，但希望教士有一种建立在舆论基础之上的相当大的影响力，辉格党人则主张带着一种狭隘的嫉妒心限制、监视教士。

致珀金斯先生

先生，——不管我见你有多少回，但我迄今还是忘掉了那

封短信，但我现在把它寄上：并祝你和你的合伙人[a]生意兴隆，通过我们简短的谈话，我对他非常看好。你最卑微的仆人，

1781年6月2日。 **塞姆·约翰生**

6月2日，星期六，我动身回苏格兰，已经答应过，像我有时候做的那样，顺路拜访一下贝德福郡南山的迪利先生好客的邸宅，他是我在家禽街两位可敬的书商朋友的哥哥。今年，约翰生博士答应与我和查尔斯·迪利先生同行，去参观比尤特勋爵在卢顿霍的祖居。在车上他很少跟我们说话，主要是专心致志地阅读他非常喜欢

829 的沃森博士[b] ① 的《化学论文集》第二卷，和他自己的《阿比西尼亚

1781年6月2日星期六 王子》，他似乎对这本书更是凝神专注；他告诉我们，这本书出版后他从来没有看过。今天我碰巧从口袋里掏出来，他就一把抢了过去。他把下面精彩的一段指给我看：

"凭什么手段（王子说）欧洲人就如此强大；或者为什么他们轻易到亚洲和非洲经商，或者征服，而亚洲人和非洲人就不能入侵他们的海岸，在他们的港口建立殖民地②，给他们天经地义的君王发号施令呢？把他们送回去的风也会把我们送到那里嘛。""殿下，他们之所以比我们强大（伊姆拉克回答），是因为他们更加聪明。知识总会战胜愚昧，就像人主宰其他动物一样。可是为什么他们的知识比

---

a 巴克莱先生，是被称为贵格会教徒的一些人的著名辩护士的罗伯特·巴克莱的一名后裔，以坚持他可敬的先辈的原则引人注目，并且有与原始的简朴相一致的现代作风的许多优雅。

b 现在是本国最穷的主教管辖区之一兰达夫的主教。主教大人满怀热情地写文章表明拉平主教收入的合理性。他告诉我们他已经把自己所有的化学论文都付诸一炬，我们优秀体制的朋友们现在受到革新者和平等派的四面夹击，就不大后悔查禁主教大人其他的一些作品了。

① 沃森博士（Dr Richard Watson，1737—1816），兰达夫主教（1782—1816）；宗教容忍的倡导者；剑桥大学化学教授（1764—1773），然后是钦定神学教授（1771）；皇家学会会员（1769）；伊利会吏总（1779）；他的重要盟友们去世后就再不能从兰达夫升迁。

② 〈腓尼基人和迦太基人还真在欧洲建立过殖民地。——卡尼〉

我们的多，除了上帝那莫测高深的旨意外，我不知道还能给出什么理由。”

他说：“这一点，先生，没有人会做别的解释。”

我们在韦林停留，希望在那里和约翰生博士一起看一看《夜思》作者的故居，这时这里的主人是他的儿子扬先生。这里是需要某种技巧的，因为我不认识扬先生，如果我向约翰生博士建议，我们派个人去找他，约翰生肯定会阻止我，说不定还会生气的。因此我和迪利先生商量，我先偷偷地离开他和约翰生博士，试试看能得到扬先生什么样的接待。如果情况不妙，就什么也不说；如果情况乐观，我就回来通知他们。于是我向扬府赶去，发现扬先生在家，便递话说有一位先生求见，于是就被人领进一间客厅，那里坐着他和一位年轻小姐，也就是他的女儿。他看样子是一位平易近人、彬彬有礼的乡绅。我请求他原谅冒昧打扰，但又说我很想看看他的邸宅，如果他惠允的话。他的举止非常礼貌，回答道：“没有问题，先生；我们刚好要喝茶。请您坐下好吗？”我谢了他的美意，说约翰生博士和我从伦敦来，我必须回客店和他一起饮茶；我叫鲍斯威尔，曾经和他在赫布里底群岛旅行过。“先生，（他说）我认为能在这里见到约翰生博士真是三生有幸。我可以打发人去请他吗？”有了这样的开头，我说“我自己回去，等他喝罢茶后把他领来，他对我来这里毫不知情”。事情办妥后，我急忙赶回客店，告诉约翰生博士：“我刚刚从《夜思》的作者扬博士的儿子扬先生那里来，他希望有幸在他父亲生活过的住处见到约翰生博士。”幸好，约翰生博士没有问这次邀请的缘起，只是同意去一趟，我们走进扬先生的客厅以后，约翰生博士礼貌地鞠了一躬，说道，“先生，我心生好奇，想来看看这个地方。我曾经有幸知道令尊这位伟人”。我们走进花园，发现 830
有一条砾石路，路两旁各有一排树木，是扬博士栽的，形成了一个 1781年
漂亮的哥特式拱廊；约翰生博士称之为精美园林。我满怀敬意仔细 6月2日 星期六
端详。

我们在消夏馆里坐了一阵子，该馆的外墙上刻着，“Ambulantis

in horto audiebant vocem Dei”①；关于消夏馆旁边的一条小溪刻有这么一段话，“vivendi recte qui prorogat horam”②，云云。我对扬先生说，我听说他父亲总是喜气洋洋。“先生，（他说）他是个很有教养的人，跟人相处时不可能不喜气洋洋；但他一人独处时，却是郁郁寡欢。家母去世后，他再也没有喜气洋洋过，他碰到了很多令人失望的事情。”后来约翰生博士对我说：“这并不是对扬博士的褒扬；因为一个人对天意耿耿于怀、不大默认，因未如愿得到提升就闷闷不乐是不合适的，因为丧妻而一直郁郁寡欢也是不合适的。悲痛是有时限的。”后一部分指的是从理论上讲的。实际上，我们知道，丧妻后的悲痛可迁延很长时日，夫妻恩爱愈深，丧偶后悲痛的时间愈久。对于这一点约翰生博士比谁都了解。

我们前往教堂，瞻仰了扬先生给他父亲立的纪念碑。扬先生提到一件轶事，他父亲为他的《普遍激情》收到了数千镑的订金，但都在南海里打了水漂[a]。约翰生博士认为，这话肯定说错了；因为他从来没有见过一本定购书。

在路上，我们谈到作者和书商在出版文学作品中利润分成的不确定性。**约翰生**：“我发现我的看法是售书无定规。”**鲍斯威尔**：“请问，先生，你是不是常因作者把他们的作品送来请你修改而饱受困扰？”**约翰生**：“没有的事，先生；我一直被人认为是一个难缠的家伙。”**鲍斯威尔**：“先生，就事论事，这对你反而是件好事。”然而，我得说，他话虽这么说，毫无疑问他当时认为，这话说的是事实，可是也许没有任何人比他更经常地屈从于哪怕是默默无闻的作者们的请求，审阅他们的文稿，或者比他更加慷慨地提建议、做修改，帮助他们。

---

① “他们听见神在园中行走的声音”——《圣经·旧约·创世记》，第3章，第8节。

② “推迟正当生活的时光的人就像乡下人等着河水流光：然而它悄然滑行，会一直悄然滑行，洪流永远滚滚不息”——贺拉斯，《书札》，第1卷，第2封，第41—43行。

a 〔比较一下日期，就可以看出这种说法有问题。扬的前四首讽刺诗出版于1725年；南海骗局（显露出用意）发生在1720年。〕

他发现自己在迪利先生家过得非常快乐，那里总有丰富的佳肴：总有热情的欢迎。

6月3日，礼拜日，我们都去南山教堂，它离迪利先生家很近。由于是本月的第一个礼拜日，要举行圣餐礼，我便留下来领受圣餐。后来，我去约翰生的房间，他说：“你留下来领受圣餐，做得完全对；这是我当时不曾想到的。”这似乎包含着这么一层意思，他不愿意在事先没有准备的情况下接近圣坛。关于这一点，善男信女们言人人殊，有些人认为没有预先的深思熟虑就贸然参加那种宗教仪式是唐突失礼的；有些人则认为，只要是一名虔诚的基督徒，以正常的心态履 831
行我们宗教的其他任何宗教仪式职责，都可以毫无顾忌地履行这一最 1781年 6月3日 星期日
庄严的宗教仪式职责。我相信居中的观念是正确的，那就是，领受圣餐者没有必要认为一长串准备形式是不可或缺的；但他们既不应当鲁莽，也不应当轻慢地闯进这么一种令人敬畏的神秘习俗中来。基督徒必须自己判断，每个场合在多大程度上引退和自省是必不可少的。

我现在希望为了人性的福祉，诸多的经验，遇到晴好的天气，住在一位朋友的乡村住宅里，心灵会得到虔诚的仪式的安慰和升华，正是在这样一种心态下，我当时带着一种毫无拘束的热忱对我的“向导、哲人和朋友”表示：“我亲爱的先生，我乐意做一个好人；而且现在就很好。我敬畏**上帝**，尊敬国王，我希望不做坏事，对人人仁慈。”他以一种慈祥宽容的态度看着我，但趁机给我聪明的忠告。“先生，不要养成依赖印象的习惯。在心悦诚服和口服心不服之间有一种中间心态，很多人都意识到了这种情况。由于信赖印象，一个人会逐渐屈从于印象，最后就受它们控制，不会成为一个行动自由的人，或者有同样的效果，认为他不是一个行动自由的人。一个人处在那种状态，就不应当苟活下去；如果他宣称他忍不住要以某种方式行事，而且是身不由己，人就不可能信任他，就像不信任一只老虎一样。可是，先生，没有人相信自己是身不由己的；我们知道谁说他相信这种情况，他就是撒谎。某些瞬间的良好印象，对我们的心态来说，也许具有欺骗性和危险性。一般说来，没有人能确信自己得到上帝的接

纳；有些人也许得到了接纳的启示。圣保罗由于创造了奇迹，才可以让奇迹创造到自己身上，也可以得到原谅、宽恕乃至至福的超自然的保证；然而圣保罗尽管表达了强烈的希望，也表达了恐惧，恐怕传福音给别人，自己反被弃绝了。”[1]

我们认识的一位博学的主教[2]关于宗教信仰有价值的看法被提及。——**约翰生**：“嘿，是的，先生，最好色的男人如果前面有地狱张着大口，也不会把最漂亮的婊子抱着不放。我们必须像使徒说的，活着是凭着信心，不是凭着眼见。”[3]

832 我对他谈到由于人类的堕落产生的原罪[a]，和我们的**救主**的赎罪。

1781年6月3日星期日 有些话他希望我记住，话后在我的要求下，他又把下面的内容让我听写下来：

“关于原罪，追根究底大可不必；因为不管人类腐败的原因是什么，人的腐败是显而易见、公开承认的，天地间所有法律都不足以遏制他们的罪行。

“在代受惩罚的概念中，无论存在怎样的难度，它却是古往今来占据人心的一种见解。没有一个国家未曾使用祭牲这种做法。因此谁否认代受惩罚的正当，谁就持一种开天辟地以来人类的情感和实践已经批驳过的看法。为消除人类罪孽的大祭牲是**弥赛亚**死的时候所成为的，**弥赛亚**在《圣经》里被称为‘神的羔羊，除去世人罪孽的’。[4] 要

---

① 《圣经·新约·哥林多前书》，第9章，第27节。

② 基拉卢主教托马斯·巴纳德博士。

③ 《圣经·新约·哥林多后书》，第5章，第7节。

a 奥格登博士在他的第二篇布道文《论基督教的信条》中，以令人赞叹的敏锐，向说明我们今生发现的混乱、罪孽和苦难的那种教义的反对者们这样说：“你们认为，**上帝**因为我们的第一对父母的罪过把我们贬损到这样一种境地，失之严厉：但你们却能允许他不加引诱地将我们置于其中。难道我们的祸患由于不归罪于亚当就能减少？如果你们的境况不快乐，不管原因何在，岂不是仍然不快乐吗？于是这样的反思便甚嚣尘上：如果境况不像最初设计的那么好，似乎就没有多少寻求改进的理由。”

④ 《圣经·新约·约翰福音》，第1章，第29节。

判断救赎计划的合理性，就必须考虑：**上帝**把他对道德邪恶的持之以恒、不可调和的憎恨昭告于众这应当被看作统治世界的必由之路。他确实可以惩罚，而且只惩罚犯罪者；然而惩罚的目的不是报复犯罪，而是宣扬美德，找到另外一种做法更适合神的宽厚，对人则毁灭性较小，至少对扬善同样有力。惩罚的目的是感化和警告。这样的惩罚将会既进行感化又发出警告，因为它一目了然地显示了**上帝**对罪孽的深恶痛绝，从而威慑我们不去作孽，或者在我们犯罪后使我们由于害怕报复而惶惶不安。这就是由代受惩罚实施的。对于最高尚、最纯粹的天性，甚至对于**神性**本身，用一种痛苦的死亡来安抚报复的要求是必要的。这么做的自然效果将会是，当正义得到伸张时，就有了一个实施宽大处理的适当地方。而且这种抚慰一定会在某种程度上弥补我们服从的不足和悔改的无效：因为像我们能做到的那种服从和悔改仍然是必要的，再没有比这么做更能证明上帝的本性和道德的邪恶之间的对立，或者更能充分展示他对人类和天使，对三六九等的生灵的公正了。我们的**救主**告诉我们他不是来废掉法律，而是要成全①；成全典型法律，靠的就是实施这些典型预示过的东西；成全道德法律，凭的就是具有更大的纯洁和更高的升华的训令。”

〔在这里他说：“愿**上帝**将其赐予你吧。”我承认自己对他感激不尽；不过我请求他继续就抚慰我们的神圣信仰的主要目标发表见解，他又口授了这样一段。〕

“基督教的特殊教义就是一种普遍牺牲和永久抚慰的教义。其他先知仅仅宣布**上帝**的旨意和恫吓。**基督**伸张了**上帝**的正义。”

剑桥女王学院的研究员、牧师帕默先生[a]和我们一起吃饭。他表 833

1781年
6月3日
星期日

① 《圣经·新约·马太福音》，第5章，第17节。

a 这个不幸的人全名为托马斯·菲什·帕默[1]，后来去了苏格兰的邓迪，在那里他给一个自称是“一位论派”的教派的会众担任牧师，之所以称“一位论派”，是因为他们独树一帜崇拜“**一个上帝**”。因为他们否认神秘的“**三位一体**”教义。他们不说基督教教会这个大团体在坚持那种神秘的同时，也坚持**上帝**的统一性；“**三位一体！——三个位格，一个上帝**”。教会谦卑（转下页）

达了对堂区执事做更好安排的愿望。**约翰生**：“是的，先生，堂区执事应当是一个能为堂区任何一个人代立遗嘱或者代写书信的人。”

我提到蒙博多大法官的观点[a]，古埃及人尽管有学问，有技艺，不仅是黑皮肤，而且是鬈头发。帕默先生问检查木乃伊时是什么样子？约翰生博士同意这种检验。

尽管在大多数场合，我从来没有听到有人比约翰生博士更起劲地拥护财富的好处：可是这一天，我不知道他怎么心血来潮，立场完全变了。“我没有看到过（他说）富豪们享受创造幸福的任何非同寻常的东西。贝德福德公爵享受过什么？德文郡公爵享受过什么？我知道的享受财富的唯一的重要例子就是雅迈加·道金斯①，他在去巴尔米拉时，听说沿途有强盗出没，便雇了一支土耳其骑兵护卫。”

有人提到不顺从国教的牧师吉本斯博士，他说：“我喜欢吉本斯博士。”又转向查尔斯·迪利先生补充说：“我会很高兴见到他。告诉他，如果他要来看我，在一个下午细品一杯茶我会衷心感谢的。”

牧师史密斯先生是南山代牧，也是一位非常可敬的人，一家人其乐融融，他邀请我们去喝茶。我注意到约翰生表现得非常恭敬礼貌。尽管总喜欢换换环境，他还是说：“我们必须得到迪利先生的许可。先生，没有你的允许，我们是不能离开你家的。”我们大家一同前往，对这次做客皆大欢喜。然而我却记得没有什么特别之处，除

（接上页）地崇拜展示在《圣经》中的**神**。一位论派擅自理解和界定**万能的上帝**。帕默先生头脑发热搞政治投机，对我们优秀的宪法十分不满，所以写作、出版、传播的作品被发现有很大的煽动性和危险性，因此被一个陪审团认定有罪，苏格兰最高刑事法庭判他流放十四年[2]。两议院的一些议员对这一判决反应哗然，但两院仍以大多数认可；于是他被运往新南威尔士的罪犯安置点。

1 〈T. F. Palmer毕业于剑桥女王学院，1772年获得文科学士学位，1781年获神学学士学位。他从植物学湾回来后于1803年去世。——M.〉

2 实际上是七年。

a 出自希罗多德。

① 道金斯（Jamaica Dawkins，1722—1757），文物专家；詹姆斯二世党人的同情者；在爱琴岛和小亚细亚海岸做考古旅行（1750）；在柏林觐见腓特烈大帝促进詹姆斯二世党人阴谋（1753）。

了约翰生博士对于记忆力做了绝妙的区分，主张忘事是一个人自己的错。“记忆和回想（他说）不是一码事。一个人没有能力回想心里 834
没有的事情；但他心里有事时，就可以记住它。”这种说法是由我靠 1781年
在我发现有点破损的椅子上而且以忘了为借口引起的。“先生，（他 6月3日
说）你心里肯定有椅子破了这件事儿。” 星期日

我说一名入户的盗贼一般来说非常胆怯。**约翰生**：“不奇怪，先生；他怕入户时被枪杀，又怕出门后被绞死。”

他告诉我，他在一天之内翻译法文文章写了六大张，又说：“我现在应当很高兴看到它。我希望我手头有所有反对我的小册子，据说蒲柏就有关于他的。如果我知道我在世界上搞得沸沸扬扬，我是会不辞辛苦把它们搜集起来的。我相信报纸上几乎天天都有关于我的报道。”

6 月 4 日，星期一，我们大家都去卢顿霍，参观比尤特勋爵的豪宅，因为我搞到了一张票。我们走进庭园时，我以芒斯图尔特勋爵旧交的身份高谈阔论，说道：“我也许会成为这个地方的常客。”哲人认识到人事变迁波谲云诡，便轻轻地制止我：“对此你也别太自信不疑了。”他发表了两三段奇特的言论。我们被领到植物园时，他说：“每座花园难道不就是植物园吗？”听到方圆有好几英里的灌木林时：“这是在滥用土地，太愚蠢了；有一小片就行了。”有人建议我们到游乐场走一圈；“别把我们累趴下，我们干吗走到那里去呢？这里有棵树挺好看，咱们上树去。”不过总体而言，他玩得十分开心。他说：“这是我不后悔前来参观的地方之一。这确实是个壮丽的去处：在这座邸宅里，豪华、便利互不贬损，反而相得益彰。图书馆非常气派；每个房间都十分堂皇；藏画多得出人意料，也不能奢望再多了。”

真是赶巧了，我们参观比尤特勋爵府第的那天，恰逢国王陛下的诞辰；我们在卢顿村的一家客店里聚餐，为国王陛下的健康祝酒。

晚上，我提醒他答应把他那封著名的致切斯特菲尔德伯爵书惠赐我一份，他终于欣然应允了这一恳切的要求，他凭记忆口授让我

听写了一封；因为他相信他本人手里没有副本了。当他回想起他那填膺的义愤时，脸上洋溢着红光。

他开心地讪笑我在其中担任律师的苏格兰最高民事法庭的一个滑稽举动。有资格在爱丁堡的低级法庭承揽业务的代诉人或代理人协会取得了一份皇家特许状，在特许状里他们处心积虑地把代诉人这个古老的称谓改成了诉状律师，他们认为，这个称谓更加文雅。他们在自己的**会所**召开大会大肆宣扬，把这个新名号公之于众。

835 据说，苏格兰民族并不以幽默见长；的确，这一回发生的事情

1781年6月4日星期一 证明这种说法有一定道理：因为尽管这个协会极力把自己弄成可以予以曲意迎合的突出笑柄，它引起的唯一笑话就是投到名为《喀里多尼亚信使报》上的下面一段文字：

"本报记者报道，本市尊贵的占星者、杂役或流动书商协会深受其同道巨大成功之鼓舞，决意效仿一个同样可敬的协会，申请一份特权证书，尤其是独享最广义的**代理**（不包括轿夫、走卒、邮差等其他低级行业）特权；凡是他们的同道**高级卖家**，别名**领跑人**，在本市**低级**法庭前却总被排除。

"如果这一尊贵的协会获得成功，他们则进一步决定不要因此受人吹捧，而要用比他们高贵、渊博又非常谦虚的同道在最近拔高自己一事上，所表现出的更加平静、更加得体的态度贬抑自己。"

该协会的多数成员控告该报发行人罗伯逊先生，要求赔偿损失；全庭的第一次判决非常明智地驳回了这一诉讼：Solventur risu tabulœ, tu missus abibis。[1] 然而，按照苏格兰惯例，得根据一项请求进行复审。我负责对该请求做出回答，约翰生博士今晚欣然给我提供了下列高见：

"所有的伤害涉及的不是人身，就是财产，或者是名誉。一句玩笑不会伤筋断骨，这是肯定无疑的，也是众所周知的。这段恶作

① "文献会随着笑声消失，而你们会被允许离开。"——贺拉斯，《讽刺诗》，第2卷，第1首，第86行。

剧的文章登出以后，他们整个行业从未少挣半个克朗；至于他们的声誉，他们的声誉除了是个赚钱的工具，还有什么可言？因此，如果他们没有损失钱，关于声誉问题就可以用一个很老的主张来回答——De minimis non curat Prœtor ①。

“有还是没有 animus injuriandi，② 如果证明不了伤害，就不值得探讨。但实际情况是，没有 animus injuriandi，那仅仅是一种 animus irritandi [a]③，由于碰巧是对一个 genus irritabile ④ 实施的，所以引发了出人意料的强烈愤懑。他们的恼怒仅仅出自一种自命不凡的看法和对他们新近高扬的欣喜。一名代理人可以产生的东西一名代诉律师产生不了。法官大人们非常明白，honores mutant mores ⑤。头衔和封号对想象产生强烈的影响。一个疯子容易认为自己突然顶天立地了，同样，突然顶天立地的人容易借用一点疯子的想法，跟他们的愤懑合作就等于促进他们的疯狂；如果给诉状律师这个新称号加上胜利 836
的得意，要猜测他们会再干些什么是不可能的。

1781年
6月4日
星期一

“我们把各位法官大人看作我们权利的保护者，我们美德的捍卫者。但是相信逢迎我们的恶行、抚慰我们的虚荣不包括在诸位高尚的职责之内：由于虚荣促成了这项控告，所以人们恭顺地希望法官大人们会将其驳回。

“如果要贬低他人声誉的每个企图，无论多么轻微或可笑，都要由司法判决来惩罚，那么有人企图在争端没有任何改变的情况下，要求改判一件已决案件，从而贬损最高法院的声誉，什么样的惩罚才会对他足够严厉呢？这是不是意味着希望法官会改变他们的

① 法律不关心琐事。

② 伤害的意图。

a 罗伯逊先生把这个词改为jocandi，因为他在布莱克斯通的著作中发现烦人是可以提起诉讼的。

③ 恼人的意图。

④ “敏感的诗人族”——贺拉斯《书札》，第2卷，第2封，第102行。

⑤ 荣耀改变作风。

看法呢？这对一个法院来说，岂不是最不光彩的左右摇摆、前后矛盾吗？这岂不是认为先前的判决失之冒失，或者失之轻率吗？这岂不是降低公信力吗？这岂不是说 jus est aut incognitum aut vagum[①]？岂不是会引起 misera est servitus[②] 这样的后果吗？诉讼的规矩岂不是含糊不清吗？知道今天自己错了的人岂不是希望法院会认为他明天就对了吗？毫无疑问，各位大人，这些企图具有危险倾向，身为精通法律的代诉律师应当有所预见，并且加以避免。对于一个无知的印刷商而言，不服最高民事法庭法官提出上诉，这在情理之中；但是人们指望律师们，有三百年职场经历、现在已经有了高级称谓的律师们的后代，应当知道对一项司法判决应有的尊重；一旦被驳回，就应当悄然无声安守本分。”

我羞于启齿的是，法院由于人人言殊，尽管面前没有一件追加情况，却推翻了自己的判决，把这个无聊、愚蠢的玩笑当成正事，最后判定罗伯逊先生赔付该协会五镑（英币）并支付诉讼费。在英格兰律师看来，这一判决似乎不可思议。

6 月 5 日，星期二，约翰生准备回伦敦。吃早饭时他谈笑风生；我提到我的一位朋友[③]下定决心不娶漂亮女人为妻。**约翰生**：“先生，下定决心不娶漂亮女人为妻是一种愚蠢的决定。美本身是值得称道的。先生，我倒是喜欢漂亮女人，除非对她微词甚多。漂亮女人也许愚蠢；漂亮女人也许缺德；漂亮女人也许不喜欢我。但娶漂亮女人为妻并没有人们担心的那种危险：如果她不招惹是非，是非是不会招惹她的。漂亮女人如果存心行坏，找门路会比别人便捷，如此而已。”

我陪他坐迪利先生的马车去谢福德，在那里谈到比尤特勋爵从来不去苏格兰一事，他说：“作为一个英格兰人，我倒希望所有的苏

---

① 法律不是不为人知，就是摇摆不定。

② 奴隶悲惨。

③ 查尔斯·迪利。

格兰绅士在英格兰受教育；苏格兰会成为一个省；他们会把自己所有的经济收益在英格兰花掉。”这是一种非常重要而且非常棘手的问题。对于有天赋、有雄心的苏格兰绅士而言，接受英格兰教育的好处无疑非常大；经常造访苏格兰，也许还有其他手段，可以被有效地使用，以防止他们完全与故国疏离，就像一位在英格兰南部受过教育的坎伯兰或诺森伯兰绅士那样。我承认，真的，对于既无天赋又无雄心的苏格兰绅士而言，在英格兰受教育倒是一大不幸，因为在那里，人家只用一个诨名来识别他们，他们把钱财浪费到奢靡宴请嘲笑他们的那些人的活动上，而且纯粹作为愚蠢显贵的无聊微末的攀附者游来荡去；如果他们在家乡得到明智的教养，倒是可以成为舒畅、可信的社会成员。

837

1781 年 6月16日 星期六

在谢福德，我再次与我尊敬的朋友依依惜别，他搭乘贝德福德的驿车返回首都。我则和迪利兄弟一起去看望贝德福德的几位朋友；跟该郡的民兵军官们一起吃饭，第二天继续上路。

致本内特·兰顿先生

亲爱的先生，——你的自述和要我去你的新居的邀请是多么令我喜出望外，自不待言，因为我认为我们的友谊不仅由选择形成，而且随时间成熟。我们现在结交的时间够长，足以有许多共同的概念；因此也有一个话头，那是新交的学问和巧智都不能替代的。

我的《诗人传》现已出版；如果你能告诉我应寄往何处，它们就会送到你的手中，我会留心不会让你收不到的。

你也许乐意听到，思雷尔夫人将她的酒厂出手；迄今看来，买家似乎出于一种恶意，他满足于以十三万五千英镑收购。是不是富可敌国？

代我向罗西斯夫人致敬，希望亲爱的小家庭人人都记挂着我，尤其是漂亮的简夫人。你深情恭顺的仆人，

门栓巷，1781 年 6 月 16 日。　　　　**塞姆·约翰生**

约翰生对穷人的接济一贯而广泛，既出于意愿，又出于原则。他不仅慷慨解囊，而且既罕见又难得的是，当眼前有适合的对象时，还求别人掏钱。这种事情做得既人道又明智。菲利普·梅特卡夫先生告诉我，约翰生曾向他要一些钱救济一些困顿的人，梅特卡夫先生拿出的钱约翰生认为太多，他坚持要少拿一点，说道："不行，不行，先生；我们可不能把他们惯坏了。"

838 感谢乔舒亚·雷诺兹爵士的遗嘱执行人之一马隆先生给了我下面一封短简，这是乔舒亚爵士去世之后在他的文稿中发现的，我们估计，由于他真是个谦谦君子，在转交他乐意提供给我的约翰生博士的信件时有意把这封信压下了。尽管信本身只有寥寥数语，由于它是向那位杰出的画家和最和蔼可亲的人表示敬意，我还是高兴把它公之于众。

1781 年
6月23日
星期六

致乔舒亚·雷诺兹爵士

亲爱的先生，——直到昨天才收到你的高级馈赠。出手如此大方，我希望没有人会妒忌这种获取能力。你满怀感激的最恭顺的仆人，

1781 年 6 月 23 日。 **塞姆·约翰生**[a]

---

a 〔下面一封信是约翰生在这一时段写的，它是在收到乔舒亚·雷诺兹爵士的妹妹雷诺兹夫人的一本私人印刷、但从未出版的《论趣味》后写的。

致**弗兰西丝·雷诺兹夫人**

最亲爱的夫人，

在这些〔篇章或评述〕里，有洛克或帕斯卡尔可以引为自豪的那种深刻的洞见，那种精微的观察。我希望你相信这是我的真实看法。

然而，它不能以现在的状态出版。你的很多观念似乎在你自己的心目中还不是十分清楚；很多还没有给普通读者做充分的拓展和扩充：它需要在每个地方改得更加平顺，更加明白。

你可以加以修改，使之成为一部非常优雅、非常奇妙的作品。你深情而恭顺的仆人，

门栓巷，1781 年 1 月 28 日。 **塞缪尔·约翰生**

此信所致，并被约翰生高度关心的这位夫人 1807 年 11 月 1 日在威斯敏斯特去世，享年八十岁。〕

致托马斯·阿瑟尔先生

先生，——你迫不得已多次上门来要你的书，我万分羞愧，但你我双方都没有做错。书一直在我手中，我也不会在家时不见你；因为见到一位如此精通我国文物的专家是一次不可错失的学习机会。

你对阿尔弗烈德的注[a]有真知灼见，极其准确，可惜太少。很多你了如指掌的东西，我和其他大多数人却一无所知，你切不可把你的读者想得太高：认为他们了解，这样你就会使他们处于无知的境地。土地的丈量，钱币的价值，仔细阐述极其重要。撒克逊人有没有金币？

我对中世纪的习俗和事件格外好奇，但就是缺少勤奋或机会，或者两者都缺乏。先生，你有大把的极好机会，希望你既勤奋又成功。你的，

1781年7月17日。　　　　塞姆·约翰生

插在下面的这段奇事用的是伯尔尼博士自己的话：

伯尔尼博士给约翰生博士讲，他的作品激发起伯尔尼博士的一位朋友、已故的比利[①]先生的爱慕之情。比利先生在诺福克是位名人，被称为马辛厄姆的哲学家。约翰生因为《词典》本身和其他作品问世而功成名就之前，比利先生就读过《漫游者》和他的《词典编写计划》，对他敬仰备至，所以急切地央求伯尔尼博士把他收到的约翰生的第一封信的封套作为如此可敬的一位作家的遗物送给他。这是1775年的事。1760年伯尔尼博士

---

a　这封信里指的是阿尔弗烈德国王的遗嘱，是用撒克逊原文写的，由阿瑟尔先生收藏，已被牛津大学出资印行。

①　比利（William Bewley，1726—1783），外科医生、药剂师；作家；《每月评论》的撰稿人，查尔斯·伯尔尼的朋友，与约瑟夫·普里斯特利有通信往来。

到伦敦圣殿律师学院去拜访约翰生博士，因为当时约翰生在那
里有一套单人住房。伯尔尼到那里时约翰生还未起床；他便被
人领到约翰生要来吃早饭的房间，发现身边再无旁人，他便仔
细查看房间里的东西，看看能不能偷点东西出来不被发现，把
它送给他的朋友比利，当作令人仰慕的约翰生博士的另一件纪
839 念物。但由于找不到更合适的东西，他便剪了些壁炉扫帚上的
1781年秋 刷毛，然后附在信里寄给他家乡的这位热心人，比利接到后敬
若神明。博士觉得一位天才的科学家素昧平生，对他如此敬仰，
便对伯尔尼博士说："先生，哪怕是最虚怀若谷的人，也会被那
样一个人的仰慕搞得心里甜丝丝的。如果他肯给面子笑纳，我
赠他一套《诗人传》。"他履行了自己的诺言；伯尔尼博士不仅

有幸满足了他朋友的愿望，带来了一件比几截壁炉扫帚刷毛更贵重的礼物，而且不久以后把这位朋友领到门栓巷与约翰生博士本人认识，还心满意足地交谈了相当长的时间，过了两个礼拜，他就去世了。他去世在拜访伯尔尼博士期间，地点在圣马丁街的一幢房子里，伟大的艾萨克·牛顿爵士以前曾在那里居住，并在那里去世。

在他的一本小记事簿中有下列的记录：

七十二岁，8月9日，下午三点，在斯特雷特姆消夏别墅。

做出又玩忽过无数决定之后，我退居此处，计划一种勤奋得多的生活，希望还会有用，每天做更好的准备，出现在我的造主和审判者面前，我恭顺地恳求他慈悲无限，给我协助和支持。

我的目的是：

每天认真工作八个小时。

做过祈祷后，我打算利用随后的六个星期学习意大利文，作为固定的学习任务。

在这些孤寂的时刻，他表现出多么令人崇敬的虔诚，而且在年高多病的情况下，他这种磨砺精神的壮心又何等坚决，即便在高雅文学方面。

秋天，他前往牛津、伯明翰、利奇菲尔德和阿什伯恩，对此，作家们在傲然记述每件事情时都以猜测但又肯定的方式给出了非常好的理由，然而，他自己却说："出行的动机我不甚了然；我去年没有去，不愿意再出现这种情况。"[a]

然而还是引起了一些美好的考虑，其中就有对伯明翰外科医生

a 《祈祷文与默想录》，第201页。

赫克托先生的亲切回忆。“赫克托同样是个老朋友，童年时代跟我一起上完学的唯一的伙伴。我们一直喜爱对方；也许一些严肃的交谈可以使我们的交情更深，不过对此我没有奢望。”他还说：“在我的家乡利奇菲尔德，我想通过经常参加公众礼拜仪式树立一个良好榜样。”

这一年剩下的时间里，我跟他的通信，我不知道为什么，非常稀少，而且都是我写的。我给他写过一封信，介绍代表凯思内斯郡
840 的议员辛克莱[1]先生（现在的约翰爵士）和他认识，在另一封信里
1781年秋冬 告诉他，我的妻子又染上了令人惊恐的病症。

1782年：七十三岁。〕——1782年，他的病痛增多，这一年他的生活史大体上就是他的各种疾病的充满悲情的记述，尽管如此，从书信上看得出来，他的思想魄力未受丝毫损害。

致**詹姆斯·鲍斯威尔先生**

亲爱的先生，——惠书收悉的当天我就坐下来给你回复，很高兴今年的头一封信就是写给你的。一个人知道自己错了，是不应当心安理得的；我对自己的长期沉默也不满意。然而，关于辛克莱先生的那封信，我相信，从未送达。

前一年我的身体跌跌撞撞；消磨时日，乏善可陈。我总希望要做得比迄今为止已经做的更好。

我的阿什伯恩和斯塔福德郡之行也不愉快；因为病人探望病人有什么快乐可言？——我们能再有一次像赫布里底群岛之行那样的欢乐吗？

---

① 辛克莱（John Sinclair，1754—1835），第一代从男爵；农业改进家、政治家、“有用知识”编纂家；编纂《苏格兰统计》（21卷）；发起“不列颠羊毛协会”（1791），帮助建立“农业委员会”，当选为会长（任至1798年）；提出编纂有用知识的计划，包括五项：农业、卫生、政治经济、金融和宗教、出版《卫生大典》（4卷，1807）和《农业大典》（1817）。

希望亲爱的鲍斯威尔夫人会战胜她的病魔；失去了她，你就会失去你的锚，就会被人生的波涛上下颠簸，沉浮不定[a]。我祝愿你们夫妻二人多福多寿。

过去几个月我已经远离世界，所以无法给你什么特别的消息。然而，你的朋友们个个平安，都高兴你返回伦敦。你最深情的，

1782 年 1 月 5 日。　　　　**塞姆·约翰生**

在一个不像从前那样能经受打击的时候，他突然失去了莱韦特先生，他是这样向劳伦斯医生通报这一事件的：

先生，——我们的老朋友莱韦特先生昨天夜里还欢喜雀跃，今日一早却与世长辞了。跟他同居一室的那个人听到了一阵怪声，便起来设法叫他说话，但没有效果。于是他叫来了药剂师霍尔德先生，他来了以后尽管认为莱韦特已经无生命迹象，但还是割开了一条血管，但抽不出血来。一个有用无瑕的人的漫长一生就此终了。你最恭顺的仆人，

1782 年 1 月 27 日。　　　　**塞姆·约翰生**

我手里的一本记事簿里有下面一条："1 月 20 日，星期日。罗伯特·莱韦特在下午一两点之间埋葬于布赖德韦尔教堂墓地。他于 17
日星期四早晨七点左右猝死。他是一位忠实的老朋友；大约四十六 841
岁时我就认识他了。Commendavi.[①] 愿上帝保佑他。愿上帝保佑我。" 1782 年 1 月

约翰生对莱韦特如此关心[b]，以致他写下了下面一首充满悲情的诗来纪念这位故人：

---

a　此话不幸言中。〔鲍斯威尔夫人于1789年6月4日去世。〕

①　我推荐（他的灵魂上天堂）。

b　见《绅士杂志》1785年2月号对他的记述。

早就判定给希望虚幻的宝矿，
　　我们还在日日辛苦劳累，
遭受突然打击或缓慢的衰亡，
　　我们交往的慰藉逐渐离开。

顺利熬过了多少不同的年月，
　　看着**莱韦特**走进了坟墓；
殷勤、纯真、真切，
　　将每个无友的人唤作朋友。

但他依然给挚爱的眼神倾注一些
　　朦胧的聪明，粗犷的慈祥；
有学养的高傲[a]也不拒绝
　　赞扬你有些粗疏的优长。

当昏厥的天性呼吁帮助，
　　盘旋的死亡准备打击，
他的灵丹妙方表现出
　　技艺的力量，无须夸示。

在已知苦难最黑暗的洞穴中，
　　他及时的帮助就赶往现场，
在那里无望的痛苦哀号呻吟，
　　孤独的贫困退隐死亡[b]。

---

a　在约翰·霍金斯爵士的《约翰生博士传》的两个版本里，都印着“有学养的无知”。

b　约翰生曾把这一行给我背成这样：

劳作偷了一个钟头去死亡。

但他后来改成当前的语句。

任何召唤不会遭到拖延冷笑
　　小小的收获不会被高傲看轻；
每天都有种种适度的需要
　　都由每天的辛劳予以供应。

他在狭小的范围内积德行善，
　　从不停顿、决不留下死角；
永恒的主人肯定已经发现 842
　　他唯一的才干发挥得卓有成效。 1782年1月

忙碌的白天，平静的黑夜，
　　不知不觉，不计不算，悄然滑行；
他铁骨铮铮，他才气烈烈，
　　尽管耄耋之年现已临近。

然后，没有火辣辣的剧痛抽动，
　　没有冷冰冰的逐渐颓唐，
死亡一下子把生命的链条扯崩，
　　以最最近便的方式把灵魂解放。

在约翰生这一年的记事簿中，出现了下面一段奇异的文字："1月20日。内阁解散。我和弗兰西斯祈祷，千恩万谢。"[a]

这里提到的是有两件截然不同的事情呢？还是我们应当弄明白千恩万谢是由于内阁的解散呢？这一直是人们讨论的焦点。支持后一项猜测也许是因为他对本届内阁颇有微词，这种观点在本书中屡屡出现，而且在他就这个问题对苏厄德先生说的一番话里得到充分的确认："我很高兴这届内阁倒台了。那样一伙弱智从来没有使一个

a 《祈祷文与默想录》，第209〔207〕页。

国家丢脸。如果他们派一个通讯员到市里去接一名印刷商，被接走的反而是通讯员而不是印刷商，而且被现任的市政官投进了监狱。如果他们派一支军队去解救另一支，没等派去的一支赶到，原先的那支已全军覆没。我不想说他们做的事总是错的；但总是在错误的时间做事。”

致**斯特拉恩夫人**

亲爱的夫人，——威廉斯夫人让我看了你的惠书。这个小小的住处现在只不过是个阴沉的地方，为疾病和死亡的阴云笼罩。四个住户中，一个已被突然夺走，两个病重病危，我昨天第三次放血，想以此缓解病痛，有一段时间有种毛病使我苦不堪言，我认为今天好多了。

亲爱的夫人，我欣然获悉你恢复得不错，可以去巴斯了。让我再次恳求你，不仅要待到健康恢复，而且要待到身体结实才行。你的经济状况很好，一般花销不至于让你担忧；而且你的丈夫，我相信也不在乎那点花销。因此，一直待到你完全健康了再说。我现在大体上被人遗弃了，但怨天尤人又有何用。希望**上帝**保佑你，也希望你对我也这样祝愿。你最恭顺的仆人，

1782年2月4日。 **塞姆·约翰生**

843 致**埃德蒙·马隆先生**

1782年3月2日星期六

先生，——我情况不好已经有好多星期了，因此我坐马车外出去了思雷尔夫人家，在那里我可以利用疾病需要的一切自由。请不要因为我没有陪你和法默博士而见怪。希望日后常见到你。你最恭顺的仆人，

1782年2月27日。 **塞姆·约翰生**

又：

亲爱的先生，——我希望身体会好一些，很快就能够享受

朋友们的美意。我想这样子死贴查特顿[a]比硬替莪相辩解更不可思议。在莪相身上还有一种民族自豪感，情有可原，尽管不能赞扬。在查特顿身上，除了决心把以前说过的话再说一遍外，没有留下任何东西。你恭顺的仆人，

1782年3月7日。 **塞姆·约翰生**

这两封短信表示了约翰生博士对马隆先生的关切，因为他越有名，大家对他就越加高度重视。万分遗憾的是，约翰生无法分享那位先生的雅意，赏光赴宴，如果他能来，将会在各个方面完全得到满足。马隆先生继约翰生之后成为一位杰出的莎士比亚编者，在他的《前言》里对约翰生表达了高度的敬仰和公正的评价。

致**露茜·波特夫人**，利奇菲尔德

亲爱的夫人，——我离开利奇菲尔德时就有病，而且有段时间呼吸困难；有几个星期，我身患感冒，一直无法缓解，最后放了三次血，情况才有好转。不过也不是身体糟糕到连信也写不了，抱歉的是我疏忽了。

我的住处阴云笼罩。威廉斯、德穆兰和我三人都病情严重；弗兰克也不舒服；前不久可怜的莱韦特猝死在床上。我估计健康和死亡之间的过渡连一分钟都不到；天有不测风云，人有旦夕祸福啊。

我周围的世界就是这般模样；我希望你的景况要欢快一些。

---

a 〔这封短信是对伴随关于查特顿的伪作《刍议归在托马斯·罗利名下的一些诗作》这个问题的早期小册子之一的一封信的回答。托马斯·沃顿先生非常精彩的《探究》发表在大约三个月之后；蒂里特先生令人叫绝的《其附录辩诬》发表在同年夏天，给相信这一大胆骗局的人除了“决心把以前说过的话再说一遍外，再没有留下任何东西”。这一杜撰无论怎样像查特顿的应声虫那样胆大包天，那样嚣张跋扈，然而与在1795年和随后一年出现的一个更加厚颜无忌的骗局以及与它的附和者之一的顽固相比，则是小巫见大巫。这名附和者出版了一本煌煌巨著，从而使他名垂千古，这部著作直截了当、明目张胆的目标就是证明某些归在莎士比亚名下的文稿的可靠性，而且这是在这冒牌货的炮制者公开承认这场骗局之后发生的！——M.〕

不管遇到什么，认真对待才是明智之举，闷闷不乐于事无补，而且显得愚蠢，也许还是有罪的。因此，我们尽量把心放宽；尽管失去朋友会有切肤之痛，而且可怜的莱韦特三十年来都是个忠心耿耿的贴心人。

844 亲爱的，原谅我没有写信；我希望补救这一过失和其他过错。让我得到你的祈愿。

1782年 3月2日 星期六

向科布夫人、阿迪小姐、皮尔逊先生和我所有的朋友们致意。你最恭顺的仆人，

伦敦，1782年3月2日。　　**塞姆·约翰生**

又：

亲爱的夫人，——上封信写得很灰暗，我不知道这一封会不会明快得多；不过，我愿意写写，因为你渴望听到我的消息。

我的毛病从开始到现在已近九个星期了，还没有痊愈。上星期四放了第四次血，发现身子轻松了许多，但我还是弱不禁风，易受伤害。所以自你我分别之后，我很少身心舒畅，但我希望春天会使我复元；这样，夏天我就会再次看看利奇菲尔德，因为我不愿意把我另一年的出访推到秋末。

我登广告，找到了可怜的莱韦特先生约克郡的兄弟们，他们愿意来拿莱韦特的一点点遗物：东西很少，但还是受欢迎的，因为我相信他们的景况都很差。

病着，看见的无非是疾病和死亡，这是一种阴沉的景况；但我希望较好的时光，甚至在今世，还会到来，不管今世也许会扣留或给予什么，我们都会在一种更好的境界快快乐乐。为我祈祷吧，亲爱的露茜。

代我向科布夫人、阿迪小姐、我的老朋友赫蒂·贝利和利奇菲尔德的所有女士们致意。你深情的，

舰队街门栓巷，　　**塞姆·约翰生**

1782年3月19日。

就在他写这封信的那一天，他这样一往情深地提到他敬重的朋友和医生劳伦斯大夫："可怜的劳伦斯几乎丧失了听觉；我也就失去了跟一位博学、聪明、健谈的伙伴，一位长期以来亲密无间、相亲相爱朋友的交流。劳伦斯是我认识的最优秀的人士之一。——Nostrum omnium miserere Deus.[a]①"

约翰生博士有个习惯，那就是，当他就自己的健康问题写信给劳伦斯大夫时，总使用拉丁文。劳伦斯小姐将这类书信惠赐一封给我，作为标本：

T. LAWRENCIO. Medico, S.

NOVUM frigus, nova tussis, nova spirandi difficultas, novam sanguinis missionem suadent, quam tamen te inconsulto nolim fieri. Ad te venire vix possum, nec est cur ad me venias. Licere vel non licere uno verbo dicendum est; cœtera mihi et Holdero[b] reliqueris. Si
per te licet, imperatur nuncio Holderum ad me deducere. 845

Maiis Calendis, 1782. 1782年

Postquàm tu discesseris, quò me vertam? ②[c] 3月20日 星期三

---

a 《祈祷文与默想录》，第207页。

① 上帝怜悯我们大家。

b 滨河大道的霍尔德先生，约翰生博士的药剂师。

② "致劳伦斯大夫。又一次着凉，又一次咳嗽，又一次呼吸困难，需要又一次放血。然而，没有你的建议，我不会随便让人做这种手术。我无法来找你，你也用不着来找我。只说一个字，行还是不行，其余的就交给霍尔德和我。如果你说行，让送信人把话递给霍尔德。1782年5月1日。你离开以后，我找谁呢？"

c 写过上面这封信后不久，劳伦斯大夫就离开了伦敦，但过了不久瘫痪日趋严重使劳伦斯无法自己写信。下面是约翰生博士写给劳伦斯大夫的一个女儿的几封信的摘录：

"我读到你又听到了我们大家经常乐于倾听的声音时，是多么高兴，你会不难相信的。但愿你经常能够听到它。如果我们能知道他的思想，能让他的嘴巴说话，别的一切都在所不惜。

"我劲头并不十足，但比亲爱的劳伦斯大夫上次给我把脉时（转下页）

致兰顿上尉[a]，罗切斯特

846

1782年
3月20日
星期三

亲爱的先生，——好久不见了；不管什么原因，反正你我都没有给对方写信。让友情由于疏忽和沉默而消亡肯定不是明智之举。放弃这次令人疲惫的巡礼的一次最大享受是自愿的，当这种享受最后被取消——因为它必须被取消——的时候，独自旅行的人就会心里纳闷：对他的尊重怎么能如此之少。不要忘记我；你看我没有忘记你。在孤独的寂静中，想到无论怎么远，至少还有一个人，他的仁爱毋庸置疑，而且还有再见到他的希望，就令人欣喜。

至于我的生活，自打我们分别以来，经历就十分可悲。去年春天我失去了思雷尔，这个人的目光，十五年来，只要转到我身上，很少不充满敬重和温情；人事的大潮不允许一个人再希求那样的一位朋友。我在斯特雷特姆度过了夏天，但是没有思雷尔；拖着虚弱的身子，藏着无人留意的心，晃过了夏天，我在冬天将临时前往斯塔福德郡。季节萧瑟，我又病恹恹的，发现我去探望的朋友个个病病歪歪。经过一段伤感的逗留，我

（接上页）好多了。请务必告诉我他的身体状况，间隔不要长。我很高兴他还记得我，我想我是永远不可能忘记他的。1782年7月22日。”

“亲爱的劳伦斯大夫的康复哪怕只有小小的进展，我也会大大地高兴。如果我们能再知道他的思想，他的心里话，他能活动右手，对其余的一切也就不应当太难过了。我不应当对用电帮助治疗他的那只肿手丧失信心，如果频繁使用这种办法的话。

“时时告诉我出现的情况；我想我用不着告诉你，我对每次变化是多么地关切。1782年8月26日。”

“尽管你上封信里给我的描述不能给我所希望的那种快乐，但接到来信后我还是非常高兴；因为对亲爱的朋友一往情深，这使我渴望知道他的情况，无论是什么情况。因此，我求你时时告诉我你注意到的一切。

“过去的三个月来，重病的多次发作，使我常常惦念我的好心肠的医生。现在我好一些；希望不仅痛苦，而且感激都能够成为怀念的动力。舰队街门栓巷，1783年2月4日。”

a 兰顿先生此时在罗切斯特服役，所以用他的军衔称呼。

又回到了眼下被两个病妇把持的住所，就是在这里，我亲爱的老朋友莱韦特先生几个星期前猝死在床上，正如他常说的，我认识你全亏了他。我相信，健康和死亡之间的过渡连一分钟都不到。夜里，就像在思雷尔夫人家一样，我在卧室里发怔，我格外认真地想道，不管我怎样改变自己的生活方式，或者不管我搬迁到什么地方，我都要竭尽全力把莱韦特留在身边；早晨，我的仆人前来报告莱韦特被召到另一个国度去了，我想这是一种他并非毫无准备的国度，因为他对穷人非常有用。无论我过去怎么看重他，我现在还是希望我当初应当更加看重他才是。①

我本人病了八个多星期，付出了大约五十盎司的血的代价，我希望现在正在康复。

亲爱的先生，我希望你有一种更加欢乐的情景。你看到乔治酷爱他的书，几个漂亮的小姐个个灵秀活泼，只有我自己的小珍妮，才能与最佳的媲美。有助于你的安静或快乐的融洽中，你还有罗西斯夫人的夫唱妇随。祝愿你好运连连增加，噩运逐日减少。你恭顺的仆人，　　**塞姆·约翰生**

舰队街门栓巷，1782 年 3 月 20 日。

致**赫克托先生**，伯明翰[a]

亲爱的先生，——我想着你和亲爱的凯尔利斯夫人[b]会高兴

---

① 〈约翰生在这里表达的思想感情很像申斯通的一节诗里的内容，约翰生在这位诗人的传记里给了它高度的赞扬：

我珍惜过往的每一个时辰，
　　超过愉悦过我的时辰的全部；
但现在它们逝去了，我长叹一声，
　　我痛悔把它们珍惜得不够。
　　　　　　——鲍斯威尔〉

a　此信有一部分被撕掉，我根据明显的意思补齐了每行头尾的几个词和剩下一半的词。

b　见边码第510页。

听到我的一些自述，希望这种想法不至于有自我陶醉之嫌。我回伦敦一路还算顺利，平安到家，除了身体有病，再没有发现什么重要的情况，很少有令人高兴的事情。我随后又去了一趟不远的乡下，在那里患了感冒，把我折腾了八个星期，让我付出了五十盎司血的代价，至今没有消停。我担心我必须再次把复原的希望寄托在暖和的天气上，但这种天气似乎并没有向我们靠近。

我的健康状况就是这样，我希望很快会好起来。其他方面，我就没有抱怨的理由了。我不知道我是否写了比《诗人传》更受普遍赞赏的东西；可是发现世人非常乐意抚慰我，如果我的健康状况欢迎我多跟人交往的话；但是这个季节我几乎全力以赴地在呵护自己。

夏天来时我希望再次见到你，我不愿意把出行推到年底。我在伦敦住得太久，到头来都记不得季节的差异了。

上次见到你时，你的健康大有改善。你要小心谨慎不要拿健康冒险。我希望我们再次见面的时候，我们会相互祝贺一片长命百岁的美好前景；不过，与安乐的死亡相比较，长寿的欢乐又算得了什么呢？你深情的，

伦敦，1782 年 3 月 21 日。　　　　**塞姆·约翰生**

847

1782 年
3月28日
星期四

又：

亲爱的先生，　　　　〔没有日期，但估计在这个时间段。〕[①]

你和亲爱的凯尔利斯夫人对我的健康关注或好奇使我万分高兴，因为每个人发现自己没有被人遗忘时，都有这种感觉。人到高龄就再次感受到了故乡和发小的可爱，这在终年的忙碌或欢娱中不是遭到压制，就是被高高挂起。现在你我自然而然应当相互依恋：有些人可以宣称在相互的恩爱上跟我们不分高下，可是我们比他们大多数都长寿。我们在人生的旅途中丢下

① 实际上邮戳是8月28日，因此属于以前的某一年。

了自己的伙伴，现在应当把这些机缘提供给我们的伙伴再捡起来，否则就只有踽踽独行了。其实，你还有个妹妹，你可以跟她共度余年：我没有剩下一个天生的朋友；但天意高兴让我不被忽略。我没有缺少过友谊所能提供的那种人生的慰藉。从二十岁起我的健康状况就几乎没有给我一天的安逸；但它至少没有更糟：我还有时候让自己相信情况还有所好转。然而，我的毛病仍然够呛。

我想今年秋天再看看斯塔福德郡，打算取道伯明翰，希望在那里见到你和亲爱的凯尔利斯夫人。你深情的朋友，

塞姆·约翰生

我在不同的时间写信给他；对这个春天无法前往伦敦表示遗憾，但希望夏天在什么地方见见面；还提及我的事务状况，暗示有某种升迁的希望；告诉他由于伦敦出版了《约翰生美文集》，爱丁堡的某个无名的文痞[①]出版了他所谓的《约翰生丑文集》。

致**詹姆斯·鲍斯威尔先生**

亲爱的先生，——我们在受难节和复活节常从对方那里得到的欢乐今年就无缘了。然而，让我们相互祈愿，希望时不时地怀着共同的快乐相见。我的毛病本来就是一场感冒，感冒却妨碍了呼吸器官，使我好多星期处于一种痛苦难耐的状态；但通过反复放血，现在轻松了；在鲍斯威尔夫人康复之后，我暗自庆幸，你也会对我的康复喜出望外的。

至于夏天我们会干什么，现在考虑还为时尚早。你想知道你现在要干什么；我认为在这种忙乱时期[a]不可能给你带来任何好处。每个人都有一些对他的进步做出过贡献的人需要报

---

① J.汤姆逊·卡伦德。

a 〔前一天内阁改组。〕

848 答和满足。抱着那样的期望借钱到这里来很难说是审慎之举，况且我发现，你都不知道向何处去借。我遗憾地发现，你的要求似乎隐含着这样一层意思，你已经使出了浑身解数，却依然告贷无门。这就等于把你整个平静的生活置于危险的境地。如果你期望继承遗产，到头来你什么也继承不到；你接受到的一切都必须还过去的旧账。你必须找到一个职位，要么就得艰苦度日，徒有一个大庄园的虚名。贫穷，我亲爱的朋友，是一大祸害，孕育着太多的引诱，太多的苦难，所以我不得不认真地责令你躲开它。按自己现有的实力生活；如果能行，还可以过得简朴一些；但不可为满足虚荣或寻欢作乐借钱。虚荣的结果是耻辱，作乐的结果是悔恨。因此乖乖地在家里待着，把钱攒多了再到这里来。

《约翰生美文集》据说给汇编者赚了钱；如果《丑文集》同样成功，我将会更加恩德无量。

向鲍斯威尔夫人致意，我希望她跟我已经和解，向小家伙们致意，我从来没有得罪过他们。

你从来没有告诉过我你对代诉律师们抗辩的成功。你最深情的，

伦敦，1782年3月28日。　　**塞姆·约翰生**

这一年尽管他身心都处于痛苦的境地，但下面的通信充分证明不仅他有把好人从犯错误中解救出来的仁心和诚意，而且还通过用不同的语言表达他的《漫游者》里的一种思想感情，而且并不比原来的逊色，从而显示出他对明晰磅礴的表达方式的非凡驾驭。

巴斯的一位牧师给他写信说，在《纪事晨报》上有《约翰生美文集》中的一段文字，**死亡**篇有人指出某些读者认为这是在劝人自杀，原话是这么说的，“死亡是人命中注定的事，但在苟延的痛苦中死去一般来说则是人的愚蠢”；并且恭恭敬敬地向他提出，一位公认的宗教和美德的拥戴者的作品中的语句有如此错误的观念，不应当不加批驳随便放过。

约翰生是这样回答这位牧师的来信的：

致牧师——[①] 先生，巴斯

先生，——尽管我现在正在乡下疗养，希望从一种严重折磨人的疾病中康复过来，但对您充满基督精神的来信不能漠然置之，不予回复。那本叫作《约翰生美文集》的书我不知道是何人所为：我只是在偶然翻检时看到过它，认为自己跟它的后果毫无瓜葛。至于您提到的那段文字，我记得某家报纸上有段短评；不过知道它无非是断章取义，曲解原文，我就将它置之脑后了，我也不知道在我自己的作品的什么地方可以找到它。我向来把报纸不当回事，但像您这样重要而严肃的看法，使我决定做我本应当不做的事，如果没有你适时的告诫的话；而且我愿意把我的想法实事求是地予以表明[a]。如果能找到那段文字，我定会向你呈报。我估计大意是这样的："急性病是上天迅雷不及掩耳又无法逃避的打击，但这种病的痛苦短暂，结局也迅速；而慢性病把我们悬在生与死之间长期折磨，通常都是我们自己行为不端和放纵无度的结果。死亡……"先生，这番话，您看，都是大实话，无可指摘。我希望下周某个时候会把一切澄清。我的健康状况很不稳定；如果您能不吝赐复，知道您在为我祈

849

1782年
6月3日
星期一

① 兰斯洛特·圣阿尔宾。

a 下面的文字刊登在1782年5月29日的《纪事晨报》上："在12月12日的《纪事晨报》上，一位记者提到下面一段文字的最后一个句子似乎有支持自杀之嫌；要求我们刊印整段文字，这样，真正的意思才可以显现出来，它不是赞扬自杀，而是在实施。

"实施不能保护我们免遭我们被判定的那种消亡；然而当灵与肉继续联合的时候，实施能使这种结合令人欣喜，还能提供一些可能实现的希望：它们会被一种简便的分离解体。古人有这样一个信条，急性病从天而降，慢性病则出自我们自己；死亡的飞镖确实从天而降，但我们用自己的不端行为在上面敷毒。死亡是人命中注定的事，但在苟延的痛苦中死去一般来说则是人的愚蠢。"[1]

1 约翰生，《漫游者》，第85期（1751）。

祷，对我将是一大安慰。您的，

1782年5月15日。 **塞姆·约翰生**

这封信，正如所料，取得了完满的成效，这位牧师用感激和虔诚的措辞给予回复[a]。

下面几封信不需要我用摘要来介绍它们：

致**詹姆斯·鲍斯威尔先生**

亲爱的先生，——你的来信情深意切，我想对它应给的尊重莫过于收悉的当天就坐下来予以回复。

这一年我饱受磨烦而严重的疾病煎熬，我的呼吸饱受阻碍，还放了很多血。现在又感冒咳嗽，我打算换换空气寻求缓解；因此，我准备去一趟牛津。

我劝你今春不要来伦敦是否做得对，我不想下定论。你未能和我相伴并没有多少损失；我几乎没有一个星期身心舒畅过。我也许可以得到你的好心宽慰；但你会看见我深受病痛的折磨，也许还会发现我脾气乖戾。但不管你我的乐趣何在，我却不知道我怎么能诚心劝你借钱到这里来。不要养成习惯把举债仅看成一时的不便；你会发现那是一大灾难。贫穷剥夺了太多的行善手段，产生了太多的抗恶无奈，既有物质的，又有精神的，因此应当穷尽良方，加以避免。想一想一个钱财非常拮据的人，不管他天生地位多高，不管他才气多高，名声多大，他能做什么好事呢？或

850 者他能阻止什么恶行呢？他帮不了穷人，这是显而易见的；他没

1782年 6月3日 星期一 有什么好给的。不过，也许他的忠告或劝诫是有用的。他的贫困毁掉了他的影响：很多人发现他与其说是聪明，不如说是贫穷。很少人会敬重这种思维能力，因为它对其拥有者好处甚微。我不说一名欠债人人格的悲惨，不过它已经变成了一句谚语。至于富

a　这封信最终登在《绅士杂志》1786年2月号上。

埃德蒙·马隆

乔舒亚·雷诺兹爵士 绘

人，就没有必要写赞语了。不过要记住，有钱可给的人总有能力造福他人，而一个好人总得渴望那种能力。

我很欣赏你对复活节的描述[a]。我希望我们在秋天见面时两人都健健康康、高高兴兴；分别时由于经过了对方的陪伴，情况更好。

向鲍斯威尔夫人和小可爱们致意。你的，

伦敦，1782 年 6 月 3 日。　　　　**塞姆·约翰生**

致珀金斯先生

亲爱的先生，——很高兴你要出门远游了，如果行为得当，这样做也许会使你恢复健康，延年益寿。

要遵守以下这些规则：

一、一上马车，就把一切烦忧置之脑后。

二、别想着省钱；健康才是金不换。

三、哪一天都不能只管赶路，搞得疲于奔命。

四、时不时地休息一天。

五、如有办法，来一次投机取巧的晕船。

六、抛弃一切忧愁，保持心情舒畅。

最后一条是最主要的；如果心不静，无论锻炼、饮食还是药物，均无多大用处。

亲爱的先生，祝愿你一路顺风，早日康复。你最深情、恭顺的仆人，

1782 年 7 月 28 日。　　　　**塞姆·约翰生**

致詹姆斯·鲍斯威尔先生

亲爱的先生，——由于无法确定今秋我是否该到乡下去，

a　这个复活节我是在爱丁堡英国国教会小教堂庆祝的，教堂是由已故的可敬而虔诚的财务大臣法院院长史密斯修建的。

因此没有立即回复惠书。我没有去。但如果你想在阿什伯恩见我，我相信我是能够赶到那里去的；如果你宁愿来伦敦，我可以待在斯特雷特姆；由你选择吧。

今年非常难过。从元月中旬到六月中旬我遭到接二连三的疾病的打击；现在基本上痊愈了，希望情况还会更好一些。鲍斯威尔夫人逃过一劫，真是万幸。

我的《诗人传》正要重印，我忘了《格雷的特性》的作者[a]：所以立即写信，也许可以把它插进去。

851 伦敦还是阿什伯恩，你可以自由选择；在任何一个地方见你我都高兴。你的，

1782年8月24日。 **塞姆·约翰生**

1782年9月7日星期六

8月30日，我通知约翰生，家严于当天上午去世；他长期以来为一种疾病所苦，近日突然恶化转危，当时我正在查尔斯·普雷斯顿爵士府上做客，接到快信后，我于前一天赶回家中。

致**詹姆斯·鲍斯威尔先生**

亲爱的先生，——今年我一直与身体的极度虚弱，与生命脆弱的强烈印象作斗争，所以死亡无论在什么地方出现，都使我充满了哀伤之情；听到我认识的哪一个人进入另一个国度，我不能不为之动情。

令尊的仙逝具有能够使你承受的种种条件。事情的发生已在垂暮之年，而且也在意料之中；由于他毕生虔诚，他的思想无疑在过去很多年里已经转向永恒。你未能发现他通情达理，这无疑使你感到痛心；他对你的意向无疑是一位仁慈的父亲的意向，尽管不是疼爱的父亲的意向。仁慈，至少实际的仁慈，是在我们的能力之内，但疼爱不是；如果你由于疏忽或不慎熄

a 康沃尔圣格卢维亚斯代牧坦普尔先生。

灭了他的疼爱，你就无法再随意点燃它。你们之间剩下的只有对于对方过错的相互谅解和对于对方快乐的相互希冀。

我倒希望知道他对财产的最终处理。

亲爱的先生，你现在有了一种新的身份，因此也有了新的忧虑和新的事务。考利似乎说过，人生应当像一首井然有序的诗[①]，其中被人普遍接受的一条规则是开头应当简单，应当少给期许。在新的生活航道上，尽量少排场，少开销；你可以随意将二者增加，但是你不容易将二者减少。当任何人都能找你要钱，你却拿不出来的时候，不要以为你的产业就是你自己的；因此，一开始要谨小慎微，小手小脚。首先要当心不欠任何人的债。

当思想延伸到来世的时候，今生似乎不大值得重视世代相传的一切行为准则和谨言慎行的格言；但经过更仔细的观察，当人们发现由于窘迫和困苦，产生了多少恶，阻碍了多少善，贫困的应急手段给修德行善留下了多小的空间时，洞若观火的情况就是，来世无限的重要性迫使大家关注今生的利害。

要关心老仆人，善待代理和管家，不要用粗暴的言语、讨厌的玩乐，或者明显的怀疑惹得人家反感。你必须向他们学习了解自己的事务的真实状况，了解你的佃户的特性，了解你的土地的价值。

向鲍斯威尔夫人致意；我认为她最好把希望寄托在空气和锻炼上。我希望她福寿绵绵。

我忘了我是否告诉过你雷塞到这里来过；我们一起痛痛快快 852
地吃了一顿饭。我最近还款待了一位从科里查塔欣来的年轻绅士。 1782年

我在今晨才收到你的来信。你的， 9月7日 星期六

伦敦，1782年9月7日。 **塞姆·约翰生**

① “人生应当像一首井然有序的诗”——亚伯拉罕·考利，《自由赞》（作于1665？—1667，1668年首次发表），第6行。

他在对我的下一封信的回信中，劝我不要急着像我建议的那样赶来见他；适合公开的是下面一段，同样的正确和温柔："然而，有一笔花销，我不让你节省：只要能保全鲍斯威尔夫人，一切在所不惜，不过有必要把她转移到气候温和一点的地方。她是你生活的主心骨。失去了她，你们的孩子一定要受许多罪。"

我的妻子现在对于约翰生对我的真诚友情和对她的关心深信不疑，所以未经我建议，她向约翰生写了一封非常礼貌、充满感激的信。

约翰生博士致**鲍斯威尔夫人**。

亲爱的夫人，——你邀请我前往阿夫莱克做客，这是难得一遇的乐事。说实在的，到了后半年，到那里往返一趟真叫人吃不消；不过，如果我完全恢复健康，就是忍受酷暑严寒、刮风下雨、道路崎岖之苦，也要前去看望你。我还真不是没有再看看阿夫莱克的希望；但要把它变成一个安乐祥和之地，我必须看见它的女主人健康、活泼、灵动。因此，看在我的面子上，就是有千万种更重要的理由，亲爱的夫人，你必须当心自己的健康，不要舍不得花销，凡是能得到轻松、保持轻松的呵护决不能少。千万要注意心平气和；不要认为说说身体康复的情况是小题大做，你的，

伦敦，1782年9月7日。　　**塞姆·约翰生**

致**詹姆斯·鲍斯威尔先生**

亲爱的先生，——这整整一年在接二连三的疾病中快过完了，我于十月份去了一趟布赖顿，我到那里时身体极度虚弱，从客店走到住处，中间要歇四次。借助药物和节制，情况有所好转，现在还算自在，尽管离健康还有一大段距离。不过，我怕人过了七十，往往还在老早以前，健康的含义和三十岁时就大相径庭。然而对创造的既定秩序唠叨抱怨是有罪的，就像反对它纯属徒劳一样。人活着非老不可；宁肯变老也不愿死的人

就要因老年的体弱多病感谢**上帝**。

对你的长期沉默我相当生气。现在既然是一家之主，你就不要以为看看不写信，你还是你的朋友挨的时间更长就值得试一下，也不要怀疑，经过这么多年的友谊之后，我不给你写信就说明我把你忘了。把那样一些无益的妒意统统逐出脑海，不屑用他人的做法或者用别的什么超越正确做事意愿的原则规正你自己的做法。

我想，你的经济现在开始安置停当了；你也做到量入为出、 853
收支平衡了，做到人人各得其所，各司其职了。下定决心不能 1782年
守穷：无论你拥有什么，花销要少。贫穷是人类幸福的大敌； 10月6日 星期日
贫穷肯定会毁掉自由，它使有些美德干脆行不通，使有些美德寸步难行。

告诉我继承产业以来你的生活经历。你手里掌握多少房，多少牛，多少土地，你给佃户们签了些什么契约……

我听说，他们把我的《诗人传》印了个新版，八开本，三千套。我是不是给过黑尔斯大法官一套？如果没有，我就从这一版中拿出一套来。你把你的稿子派了什么用场？

思雷尔夫人和三位小姐现在在阿盖尔街过冬。乔舒亚·雷诺兹爵士一直身体不适，但现在好了。你深情、恭顺的仆人，

伦敦，1782年12月7日。　　**塞姆·约翰生**

致**塞缪尔·约翰生博士**。

亲爱的先生，　　爱丁堡，1782年12月20日。

惠书奉悉，十分欣喜，它给了我们再次在苏格兰见到你的美好希望。

你欣然关注我的康复，真让我喜出望外。我好一些了，希望借助我的关注我能让你相信我认为你的健康对于世界，对于我自己是多么重要。满怀感激尊敬之情的、你的恭顺的仆人，

玛格丽特·鲍斯威尔

思雷尔先生的去世，在约翰生受这一家人接待方面产生了实质性的变化，再没有男子汉大丈夫的权威约束这位夫人的活跃了。由于这位文坛巨匠对她多年的依恋，她的虚荣心得到了充分满足，她逐渐变得不是那么殷勤地讨好他了。她对他的依恋是否已被另一个对象分割去了，我无法确定；但显而易见的是，约翰生洞察出了她的关注上的疏忽或勉强；因为这一年的10月6日，我们发现他在斯特雷特姆做了一次对“书房的告别使用”，并且宣示了他在离开思雷尔先生一家时写的一篇祈祷文[a]。

“全能的上帝，大慈大悲的天父，用您的圣恩帮助我，让我满怀恭顺而真诚的谢意，铭记我在此地享受过的舒适和方便；让我怀着圣洁的顺从辞别这一切，无论在您赐予之时还是在您撤销之际，我都信任您的庇护。怜悯我吧，主啊，怜悯我吧。

“主啊，我把这一家人交到您慈父般的庇护之下。保佑她们，引导她们，卫护她们，让她们穿越今世，最后在您的面前享受永恒的幸福，看在耶稣基督的面上，阿门。”

854 凡是读了这篇祈祷文的人，无不为之动情，对引发它的那位夫人的行为难免感慨系之。

1782年10月

我在他的一本记事簿中发现，“礼拜日，上斯特雷特姆教堂。Templo valedixi cum osculo[①]”。

他在乔舒亚·雷诺兹爵士家和其他几个地方经常遇见菲利普·梅特卡夫先生，这年秋天在布赖顿跟他交往十分频繁；因为既喜欢他的美味佳肴，又欣赏他的生动言谈。梅特卡夫先生对约翰生极其尊敬，并送给他一封短信，表示约翰生可以随意使用他的马车。约翰生（1782年10月3日）回了这样一封礼貌的复信：“约翰生先生对好心提供马车万分感激；但他无意使用梅特卡夫先生的马车，除非他有幸有梅特卡夫先生作陪。”梅特卡夫不禁欣喜万分，因为他的陪伴受到约翰生如此重视，于是便频频陪他出外兜风。他们还一

---

a 《祈祷文与默想录》，第214页。

① 我向教堂吻别。

起去过奇切斯特，他们访问过佩沃思以及蒙塔丘特勋爵们的祖居考德里。[①]“先生，(约翰生说)我倒想在这里待二十四小时。我们在这里看到了我们的祖先是怎么生活的。”

他的求知欲仍未减弱，这从这一年10月10日和20日写信给约翰·尼科尔斯先生的两封信上看得出来。在一封信里，他说：“我看过你的《轶事集》了，你不大愿意感谢一位文学史的爱好者因为告诉你，他得到了充足的信息和满足。我希望你在罗林森博士[②]的发现和情报上再增加一些你自己的，并且给伍德做一些补遗。考虑考虑吧。”在另一封信里，“先生，我希望你能获取乔廷、马克兰[③]、瑟尔比[④]等人更充分的资料。他们是三位极其杰出的同时代人”。

致乔舒亚·雷诺兹爵士

亲爱的先生，——我昨天听说最近你贵体欠安，如果听到这一消息而不惊恐，我倒认为自己出了毛病。我同样也听说贵体已经康复，我衷心希望这种康复彻底而永久。你的国家遭到了失去它最鲜亮的光彩的危险，我则遇到了失去一个最老最好的朋友的危难：但我希望你仍然会长命百岁，为国争光，把对你的优雅、你的聪慧、你的恩惠的更多享受留给你最深情的，

布赖顿，1782年11月14日。　　**塞姆·约翰生**

---

① 〈这一祖居后来全部毁于火灾。——M.〉

② 罗林森博士（Dr Richard Rawlinson，1690—1755），地形学家，拒绝宣誓效忠英国国教会的主教；皇家学会会员；詹姆斯二世党人；牛津大学和博德利图书馆的著名而慷慨的捐助人。

③ 马克兰（Jeremiah Markland，1693—1776），古典学者；著作有《批评书札》（1723）和广受争议的《评西塞罗与布鲁图的互致书信》（1745），提出归在西塞罗名下的四篇演说词是伪造的；写出一篇优秀的语法论文（1761）。

④ 瑟尔比（Styan Thirlby，约1692—1753），文本批评家、神学家；剑桥大学耶稣学院研究员（1712）；出版护教士圣查斯丁的《与特里风谈话录》的对开版（1722）；计划中的一版《莎士比亚集》虽未出版，但旁注被西奥博尔德和约翰生在各自的版本中予以参考。

牧师威尔逊先生把他的《考古学词典》题献给约翰生，这一敬仰的表示得到了这样的感谢：

致**牧师威尔逊先生**，兰开郡克利瑟罗

牧师先生，——您的题献给我极大光荣，长期以来没有表示谢忱，对此我殷切地恳求您不要过于责怪。一种缠扰不休的重病剥夺了我的快乐，阻碍我履行生活的义务。智士仁人的重
855 视和关怀是我最不愿失去的欢乐之一；而感激给我这种欢乐的
1783年 3月21日 星期五 人则是一种义务，我希望永远不要被人责备为怠慢到底。因此我现在向您感谢您给我的那种关注，我认为这一关注不仅增大了我的名声，而且加重了我的名望；不仅使我的声名远播，而且使我身价倍增。显而易见，人们需要您的书，我希望它会进入学堂，然而，我的意思不是说把它局限在学堂里；因为没有一个人把古代礼仪、习俗精通到用不着它的程度。我估计我还得把您的部分美意归功于我优秀的朋友帕滕博士，他同样有正当的权利接受我的谢意，我希望先生予以转达。我的新版诗人传记不久将会面世；如果您肯笑纳一本留作纪念，请告诉我怎么交到你手中才算便当。礼物虽小，但满怀友善送礼的是您的，

1782年12月31日。　　　　**塞姆·约翰生**

1783年：七十四岁。〕——1783年，他的病情比以往更加严重，这从他的书信来往中看得出端倪；但对文学的热忱依旧，永恒的虔诚依旧，对朋友的关爱依旧，谈话和写作的活力依旧，因此他依然无与伦比。

我给约翰生博士详尽地描述了我正在阿夫莱克做的事情，尤其提到一件我知道会使他高兴的情况——我把一位八十八岁的老人[①]从一座孤屋接到我的围场内的舒服的住处，附近有些好邻居。于是

① 约翰·科尔维尔。

2 月份，我接到一封回信，我从中摘出下面几段：

“我很欣赏你对自己在阿夫莱克活动的描述，希望你一片仁心接来的那位老者长寿，用他的祈祷促进你的兴旺发达。你现在有一种新的身份，和一些新的义务；好好考虑，认真履行。

“对你的收入做一公正的评估，无论情况如何，生活要简朴。下定决心，决不守穷。节俭不仅是平静的基础，也是行善的基础。自顾不暇的人帮助不了别人；手头宽裕才能出手大方。

“我很高兴获悉鲍斯威尔夫人身体康健，希望维持她的健康，千万要小心谨慎。愿你们二人多福多寿。

“你来这里时，请带上巴克斯特的《阿那克里翁集》，我在伦敦搞不到那个版本。”[①]

3 月 21 日，星期五，我于前一天夜里抵达伦敦，今天，很高兴在阿盖尔街的思雷尔夫人家找到他，因为他们之间表面上的友谊还在维持。我被领进他的房间，先是一句问候话，然后他说：“我很高兴你来了。我病得很厉害。”他面色苍白，呼吸困难，苦不堪言；但在平常的嘘寒问暖之后，他又表现出他常有的强劲、生动的谈话风
格。他头一回把我当领主或者地主看待，便开门见山说了这么一番 856
话：“先生，一位乡绅比田庄上的人优越是非常惬意的，谁要说他感 1783 年 3月21日 星期五
觉不到这种优越的惬意，谁就在撒谎；因为不经意地感到自己比那些生来跟我们平等的人优越，肯定非常惬意。”**鲍斯威尔**：“可是，先生，我们看到大地主们都喜欢住在伦敦。”**约翰生**：“嘿，先生，生活在伦敦的快乐，在那里享受到的精神优越感可以抵销其他东西。再说，先生，一个人也许喜欢乡绅的总体状况，但绝对不会有愿意舍弃伦敦返回乡里的求变打算。”他说：“从土地上得五厘利要比从钱上得更划算，因为更加保险；但转移的快捷、利息的疾速，使许多人宁肯选择现款。况且，与钱相比，土地还有一个劣势。一个人

① 〈约翰生博士似乎不该孜孜寻求巴克斯特的《阿那克里翁集》，因为这本书有两个版本，在伦敦销售目录上经常能够找到。——M.〉

当个狠心的债主不像当个狠心的地主那么害怕。”**鲍斯威尔**：“因为地主和佃农之间存在着一层人情关系。”**约翰生**：“不对，先生；我们接触过的很多地主从来没有见过自己的佃农。那是因为如果一个地主赶走了他自己的佃农，他也许就找不到其他的佃农了；而对钱的需求量很大，钱总是可以借出去的。”

他谈起这个时期对于政府的派系对立，深感遗憾和愤慨，并在很大程度上把它归咎于革命。“先生，（他凑近我低声说，他的老偏见这时好像在脑海里骚动）这个汉诺威家族现在在这里是个 isolée[1]。他们没有朋友。现在斯图亚特家族曾有过被他们迟至 1745 年才黏上的朋友。国王的权利不受尊重的时候，对于国王委任的人也不会有尊重。”

他说当今的王室没有朋友，那些蒙受浩荡皇恩的人的忘恩负义的行为证明这种说法是有理有据的；同时也有可观的例外；就在这番谈话后的下一年，以及以后，国王受到的广泛而慷慨的拥戴跟任何一位君主受到的不相上下，而且陛下满意地得知他越来越受百姓的爱戴。

他向我背诵了悼念莱韦特的诗，由于满怀深情，所以使诗具有了圆满的效果；然后他欣然说：“你必须尽量多陪陪我。你待我好极了。你无法想象你进来以后我有多么舒畅。”

他递话通知思雷尔夫人，说我来了。自从她丈夫去世以后我还没有见过她。她很快就露面了，并且盛情邀请我留下吃饭，我答应了。再没有旁人，只有她和她的三个女儿，约翰生博士和我。她也说，她很高兴我来了。因为她打算去巴斯，在我来之前她还真不好意思把约翰生博士留下。这话似乎很善解人意，一片好心；我由于不知道有何变故，所以想着一切都像往常一样顺遂。吃饭时约翰生不大想说话，饭后就去睡觉了；但当他在客厅里和我们做伴时，似
857 乎又精神矍铄，依然故我了。

1783年3月21日星期五 谈到谈话的艺术，他说：“第一，得有知识，得有谈资；第二，得有驾驭言词的能力；第三，得有想象力，把事物置于常人看不见

① 孤家寡人。

的那种境界；第四，得镇定自若，有一种百折不挠的决心：这最后一项是不可或缺的基本条件；正因为缺少这一条，很多人就不擅长谈话。现在我就缺少这一条：我输了一圈，就丢手认输了。”听见他这么谈论自己，我感到诧异，便说：“先生，我不知道这是怎么回事；但我肯定你会把别人的牌都从他们手中赢回来。”我怀疑他是否听到了这番话。他说得昂扬激越，滔滔不绝，我听得入了神，佩服得五体投地，便对思雷尔夫人说：“啊，这要用速记记下来！”“你要把它统统装在脑袋里，（她说）手下速记不如你脑中长记。”

人们注意到，并觉得纳闷的是，查尔斯·福克斯先生在约翰生面前从来都做不到畅所欲言，尽管众所周知，我自己也亲眼所见，亲耳所闻，他的谈话变化多端，滔滔不绝，令人百听不厌。然而，约翰生自己对那位先生矜持的感受足以说明他这么做的原因：“福克斯从来不在私交中说话；不是因为决心不说话，而是因为他没有起码的意向。一个人习惯了下院的掌声，就不想听私交的掌声了。一个人习惯千金一掷；如果屈身为几个小钱一掷，他都懒得数自己的骰子。伯克的谈话是心灵的迸发；他谈话不是因为想出风头，而是因为他的心灵满了。”

他是这样奇妙地概括我们的一位老相识[①]的：“********，是个好人，先生；但他是个虚荣的人，爱说谎话。不过他只说虚荣的谎话；例如，在谈话中说一些子虚乌有的胜利。”这指的是我重复过的那位先生讲过的故事，目的是用它的虚张声势逗约翰生开心：“这个约翰生，（他说）你们大家都怕，如果你在辩论中逼近他，像他一样吼声如雷，他就会退缩。他曾经坚持那条悖论，除非有用，否则就没有美。‘先生，（我说）你怎么说孔雀的尾巴呢，它是自然界最美的东西之一，如果它的羽毛都是一种颜色，用途还是一样。’他感觉到我这番话产生的力量，便求助于他的老办法：讥笑；于是大声说道，‘孔雀有尾巴，狐狸也有尾巴’；然后突然哈哈大笑起来。‘好

① 理查德·布林斯利·谢立丹的父亲托马斯·谢立丹。

啊，先生，（我说，声音铿锵有力，眼睛直勾勾地盯着他的脸，）你把你的狐狸赶出洞了；如果你有胆量，就追去吧。’他一声未吭，先生。”约翰生告诉我，这是彻头彻尾的向壁虚构[a]。

858 1783年3月21日星期五

沉吟了半晌后，他说：“我心里纳闷，怎么我竟然有了敌人；因为我不伤害任何人。”[b] **鲍斯威尔**：“首先，先生，请你回想一下，你发动了对苏格兰人的攻击；这就树立了一国的敌人。”**约翰生**：“嘿，我承认，给燕麦下的定义，我是有意惹恼他们。”**鲍斯威尔**：“请问，先生，你能找出对苏格兰人反感的原因吗？”**约翰生**：“找不出来。先生。”**鲍斯威尔**：“老谢立丹先生说，那是因为他们出卖了查理一世。”**约翰生**：“如此说来，先生，老谢立丹先生总算找出了一个很好的理由了。”

当人们看到他是这样漫不经心地对待他的一种偏见，他坦白地承认他都说不上原因何在时，毫无疑问，那种最顽固最阴沉的民族特性，对这个伟大而善良的人的最坚定的反感情绪，必须加以纠正了。不过他这种偏见也许是因为他看到了苏格兰民族最坏的一部分，穷困的冒险家，其中很多他认为用他并不认同的手段夸大了他们的功绩。如果他早年生活在苏格兰，看见过那些可敬、明理、独立的绅士，他们在家里生活，有理性，又好客，他就不会对他的同国臣民抱如此不好又不公的看法了。因此，我们发现，当他在晚年访问

---

a 如果我把听到的关于跟他大胆相持的对抗，对他想象中的胜利，使他哑口无言和使他承认辩论中的对手比他更胜一筹的故事全部插进来，我这本书就会过度膨胀，部头太大。我发现在谈话中，在印行的书报中流传着这样一个例子。他不肯承认苏格兰作家有优点时，奇西克已故的罗斯博士一口咬定，他能说出一位苏格兰作家，约翰生博士会承认他写得比这个时代的任何人都好。约翰生问此人是谁，他的回答是：“比尤特勋爵，在他签署你的恩俸证书的时候。”听了这话，约翰生机敏地应答，承认这是真的。我把这事向约翰生提及时：“先生，（他说）就算罗斯说过这话，我却从没有听到过。”

b 这种反思在一个好心人身上是非常自然的，因为他意识不到对人类的任何恶意，尽管由于他的歧视和活跃，有时候产生的他也许记不起来的尖刻说法，我担心，往往被人们记住，心生怨恨。

苏格兰的时候，正像我在谈到他的《苏格兰西部诸岛纪游》时已经指出的那样，他对苏格兰应得的一切完全意识到了。

第二天，3 月 22 日，星期六，我发现他还在思雷尔夫人家里，但他告诉我下午他就回自己的家。他身体好一些了，但我发现他是一个难缠的病人，因为我跟他在一起时，前来拜访他的卢卡斯·佩皮斯爵士说："如果你听话，我就给你开个药方。"

那时候长期在野的一些人掌了权，不出人们意料，他们违背了君主的意向，一位可敬的朋友[①]就当时政府的状况对我讲了一番话，我把它转述给约翰生。"对于国王（这位先生说）你不必惴惴不安。他对这些人一笑置之；他玩弄他们，让他们窝里斗。"**约翰生**："别那么想，先生，国王也是人，同样有压力。如果他玩他们，让他们窝里斗，他赢不来任何东西。"

上午我拜访过奥格尔索普将军，他告诉我约翰生博士一般在星
期六晚间会客，他将于晚上在约翰生家见我。我把这话向约翰生提 859
起，想着他一定感到高兴，因为他对奥格尔索普极其看重，但他病 1783 年 3月23日 星期日
中的焦躁出人意料地流露出来。他的怒火突然被点燃了，便气急败
坏地说道："你没有告诉他别来吗？我这种情况还要被骚扰？"我告
诉他我又无法预知客人来访会不方便，当然我不能自作主张禁止将
军来，这样他才算消停下来。

晚上，我发现约翰生博士在威廉斯夫人的房间里跟她和德穆兰夫人一起喝茶，喝咖啡，她们二人也有病；这是一幅悲惨的景象，他情绪也不是很好。他说到最近上演的一出戏[a]，"先生，如果你搜遍英国的疯人院，也找不到十个人会这么写，会认为它有意思"。

宣告奥格尔索普将军到来时我喜出望外，我们便离开了两位女士。约翰生博士在客厅里接待他，像以往一样彬彬有礼。将军说他忙着阅读中世纪的一些作品。约翰生说这些作家都非常稀奇古怪。

---

① 保利将军。

a 埃尔芬斯顿的《马提雅尔》。

奥格尔索普："下院夺取了国家的财权，便独裁专擅恣意使用。现在政府腐败成风，没有依靠国王的固有权力运行。" **约翰生**："先生，缺少国王的固有权力引起了种种骚乱。我们在革命中做的事是必要的：但它破坏了我们的体制。"[a] **奥格尔索普**："家父并不认为它是必要的。"

3 月 23 日，星期日，我和约翰生一起吃早餐，由于前一天夜里服用了鸦片，他似乎轻松了许多。然而他抗议这种做法，认为这是一种无可奈何、只有在万不得已时才用的疗法。我提到这在土耳其是家常便饭，因此不像他担心的那样有害。他上火了，说道："土耳其人服食鸦片，基督徒也服食鸦片；但拉塞尔在他的阿勒颇纪行中告诉我们，在土耳其，过量服食鸦片，就像我们酗酒一样，也是丢人的。先生，令人吃惊的是，事情怎么总会被夸大。最近有位先生在我参加的一次聚会上说，在法国，一位时尚男人一结婚，就包养一个女歌剧演员；他还说这是一种社会风气。'请问，先生，（我说）可能有多少女歌剧演员呢？'他回答：'八十来个。''那好，先生，（我说）你看那充其量就只有八十个时尚男人能干这事儿了。'"

德穆兰夫人沏茶。她和我当着约翰生的面谈论一个我们俩单独在一起时我曾经问及，他耐心地涉及过的话题——他之所以不抱怨
860 这个世界，是因为他既没有要职，也没有发成大财。他顿时勃然大
1783 年 3月23日 星期日
怒，我承认他动怒有一定道理，并且命令我们住口。"一个人，（他说）不喜欢别人在他面前议论他的人格和他的生活情况的时候，谁也无权用这种方式议论。我从来没有有求于世界，世界也不会有求于我。令人颇感诧异的是它已经为我做了这么多的事情。对世界做的所有抱怨都是没有道理的。我从来不知道哪一个才俊遭到忽视：他没有成功，过错一般全在自己。一个人可以把脑袋钻进洞里：他可以

a　我在我的《赫布里底群岛旅行日记》中充分表达了我对这个问题的观点。革命是必要的，但不是一个光荣事件；因为它长时间摧毁了忠诚的慷慨感情。而现在，当时光的慈祥效果把当朝王室确立到我们的爱心中的时候，用庆祝来复苏对一次震荡的回忆是多么不明智，因为如果我们的体制没有要求它的话，情况肯定会更好。

到乡下去，时不时地出版一本书，没人读，于是大发牢骚，说自己被人忽视。任何人都没有理由力挺一个写了一本好书的人，他并不是为任何一个人写书。我可以给我送信的邮差赠送件礼物。当赞助有限的时候，一名作者希望找到一个米西纳斯[①]，如果找不到，就会牢骚满腹。他干吗要发牢骚呢？这位米西纳斯有和他一样优秀的其他人，或者有比他抢先的其他人。”**鲍斯威尔**：“可是，先生，你肯定会承认在法律界有一些从来没有开业当律师的才俊吧。”**约翰生**：“先生，你相信开业当律师是出于这么一种看法，那就是，被雇用的那个人最称职，所以如果法律界的一名才俊没有开业当律师，那是因为差错，不是由于不公。他没有被人忽视。一匹被拉到市场上的马也许没人买，尽管他是一匹很好的马。但那是因为无知，不是出于故意。”

在这番谈话中有很多很难被发现的那种新奇，机敏和明辨。然而我还是不由得想道，那些在人生中不成功的才俊，如果不允许他们抱怨的话，倒是可以原谅他们的悲叹。他们可以认为自己怀才不遇是件苦事。尽管世界并不是有意对他们不公，但他们的才学未被发现，他们还是会自怨命苦，或者用他们喜欢叫的所谓的神话中的命运之神的任何名目来诉苦。然而，我突然产生了这样一种安慰想法，那就是，才俊应当这样考虑：如果同一些人既有才学，又兴旺发达，就会更苦多少。这难道不是对可怜的愚人的悲惨分配吗？才俊会不会用他们的才智优势和由此而来的享受换取外在的风光和财富的快乐呢？如果他们不会，那就不要嫉妒别人，因为他们富的地方别人却穷，这也算是给他们的一种补偿吧。让他们审视内心世界，差强人意吧。怀着有意识的自豪回想维吉尔关于

① 米西纳斯（Gaium Mœcenas，公元前70—前8），罗马贵族、巨富，罗马皇帝奥古斯都的密友和顾问，开明慷慨的文学赞助人；与贺拉斯，维吉尔等人交谊深厚，因此可以泛指任何慷慨的诗歌或艺术的赞助人。

Corycius Senex[①] 的名言，这话我在另外一个地方[a] 真诚地用到伯克先生身上：

Regum œquabat opes animis.[②]

861 关于对财富的正当利用问题，约翰生说："一个人只要不把钱藏

1783年3月 起来，对社会而言都不能算使用不当；因为如果他把钱花了，或者是借出去，对社会都有好处。一般来说，把钱花掉比把钱送人好。因为把钱花掉比把钱送人更能促进产业发展。花钱的人肯定是在用钱做好事。他把钱送人就不一定了。一个一年花一万的人干的好事比一个花掉两千送掉八千的人多。"

晚上，我又去看他。由于生病，他显得焦躁不安。一位先生[③]问，他今天是否出过门。"别说孩子气十足的话，（他说）你还不如问我今天是否上过吊。"我提到政治。**约翰生**："先生，我宁肯让一个人敲断我的骨头，也不愿让他给我谈公事，不管是内政还是外交。我活到现在看见的事情全都糟糕得无以复加了。"

提起他的朋友第二代索斯威尔勋爵后，他说："在我交往过的人中间，索斯威尔勋爵是出身最高贵而又没有架子的人；我见过的品性最高尚的人。奥雷里勋爵并不威严。切斯特菲尔德勋爵威严，架子很大。*********[④] 勋爵是个举止粗率的人，但又是个才能出众、知识渊博的人。我并不是说他是个我要抬到一国之首位置的人，尽管也许他跟下一任首相一样优秀；但他是个要居于一家俱乐部之首的人；我不是说我们的**俱乐部**；因为没有那样的俱乐部。"**鲍斯威**

① 科里库斯来的一位老者。

a 针对减少苏格兰最高民事法庭法官数目的企图致苏格兰人民书，1785。

② "知足了，他堪与国王们的财富抗衡"——维吉尔，《农事诗》，第4首，第132行。

③ 鲍斯威尔本人。

④ 谢尔本。

尔："可是，先生，他一度不是个好闹派性的人吗？"**约翰生**："哦，是的，先生。是个派性十足的家伙：一个主张把我们大家沦为群氓的人。"**鲍斯威尔**："先生，那他怎么还得到了国王的宠信呢？"**约翰生**："因为，先生，我估计他许诺国王要做国王喜欢的任何事情。"

他说："哥尔德斯密斯向谢尔本勋爵发表的粗率讲话常常被人提及，而且真是他对谢尔本勋爵发表的，这篇讲话仅仅是一个强调上的错误：'我奇怪他们称勋爵大人*马拉格里达*，因为马拉格里达是个非常好的人。'意思是，我奇怪他们竟然把*马拉格里达*用作一个贬义词。"[①]

此后不久，我有机会通过他的一位朋友[②]看到一个证据，不仅表明他热心帮助作者，而且他的才艺还像以往一样灵动，他修订了牧师克雷布先生的一首令人叫绝的诗《村庄》。该诗针对乡村快乐和田园美德的虚假概念的情思跟约翰生本人的如出一辙；所以他不嫌麻烦，不仅建议做一些小小的改正和变动，而且在他认为他能使作者的意思比原稿中的用词更好的时候，还加了几行[a]。

---

① 乔治三世在1761年一名耶稣会会士因同意谋害葡萄牙国王约瑟夫的性命在里斯本被处死后，经常把谢尔本叫做"马拉格里达"，结果就在这时候，"马拉格里达"这个名字就与恶意和两面派行为挂起钩来了。

② 乔舒亚·雷诺兹爵士。

a 我试举一例，原作用正体字，约翰生的替代用斜体字：

在更美的景致中，涌现出安乐景象，
曼图亚青年的骄傲提蒂罗斯也许会歌唱：
但为他着迷或者为他的眼光所倾倒的
现代诗人会不会追求这位曼图亚缪斯？
难道我们要与真理和自然分道扬镳，
遐想可在那里引路，或者维吉尔在那里开道？

在恺撒盛世，在明乔河两岸，
如果提蒂罗斯又把黄金时代发现，
酣睡的歌手们会不会拖长那些美梦，
会不会延长曼图亚歌曲的机械回声？

（转下页）

862

1783 年 3月30日 星期日

3 月 30 日，星期日，我发现他晚上在家，与布罗克斯比[①]医生相见甚欢。布罗克斯比博览群书，生活知识丰富，精神状态好，因此给他提供了取之不竭的谈话源泉。他提到一位可敬的绅士[②]，生命快结束时一贫如洗。约翰生说他肯定有点疯癫。“根本不是，（布罗克斯比医生说）他的判断力没有任何问题。”然而，不幸的是，他提到尽管这位先生有两万七千镑的家产，他却拒绝很多舒适的享受，因为担心他负担不起。“不对，先生，（约翰生叫道）当判断力不正常到连账都算不了，那还叫没有问题。”

我在这里要穿插一些约翰生的言论，不拘日期，因为不涉及任何具体的时间和地点。

“一个人认识的人越广越杂，就越好。”然而这还是要有适当限制的；因为，他在另一个场合对我说：“先生，一个人样样能，就样样屃。”

“提高零工的工资是不可取的；因为这不能改善他们的生活，只会使他们更加懒散，对于人性而言，懒散是一件很坏的事情。”

“记日记供自己使用是一个很好的习惯；一个人可以把经过的有必要写下来的所有事情每天写到一张卡片上。起初要写的东西很多，因为新奇的东西很多；但一个人有了定见后，就没有多少可记的了。”

（接上页）

难道我们要与真理和自然分道扬镳，
不是遐想引路的地方，维吉尔可在那里开道？

在这里我们发现约翰生的诗才和批评能力不减当年。然而我必须说，他给这首诗的帮助，跟对哥尔德斯密斯的《旅行者》与《荒村》的帮助一样，非常微小，绝对不会损害作者杰出的功绩。

① 布罗克斯比（Richard Brocklesby，1722—1797），医生；皇家医师学院证书持有者（1754）；军医（1758）；与他的病人之一约翰生创建埃塞克斯角俱乐部；作品有《古今音乐应用于医病的感想》（1749）、《经济与医学观察》（1764）等。

② 约翰·普林格尔爵士。

“我们在斯威夫特在伦敦记的日记里看不到什么了不起的东西①，因为里面全是些鸡毛蒜皮的小事，很快就可以写下来。”

我称赞我提到的一位女士②的账本准确无误。**约翰生**：“一个人
自己花自己的钱，记账没有一点用处，又没有人要他报账。你不会
因为你记下昨天吃牛肉花的钱，今天就少吃一些牛肉吧。”我提到另
外一位女士③，她想的跟约翰生一样，所以她丈夫无法说服她记家庭 863
开支账项，因为她认为她从来不会超过允许她花钱的数目，这就行 1783年
了。**约翰生**：“先生，她倒是适合记账的，因为她丈夫希望这样做；
不过我看不出这么做的用处。”我坚持认为记账有这样一个好处，那就是，它使一个人确信他的钱是没有被丢掉也没有被偷掉，因为人有时候容易出现钱被丢掉或被偷掉的想法，如果没有他的开支状况的书面记录的话；再说，精打细算，不要入不敷出，不了解用数字罗列的各种花销是做不到的，这样做，一个人就可以看出怎样削减某些不大必要的开支。他并不想回答这种看法。

谈到我们的一位相识④，他的言谈具有丰富的奇异、有趣的内容，但被人发现荒诞不经到家了；我提到曼斯菲尔德勋爵对我说过：“我

---

① 〈在他的《斯威夫特传》中，他是这样说这本日记的：

“在热衷于他的权利和他的政治的同时，他还记一种日记，内容有他的造访，他的漫步，他与牧师们的会见，与他的仆人们的争吵，并把日记传递到Johnson太太和Dingley太太手里，他知道，他的任何遭遇对她们来说都是有趣的，怎么写也不嫌细碎。不管这些每日琐事向从来没有从这位教长那里得到任何乐趣的眼睛暴露得是否适当，还是有理由怀疑：这些琐事有种奇怪的吸引力——读者发现三番五次地提到他们本以为重要的名字，一直抱着获取信息的希望，认为没有任何使注意力疲劳的东西，哪怕他们感到失望，也很难抱怨。”

这里不妨多说两句，在这种非常引人入胜的日记里，读者不仅希望发现，而且真的发现许多有关人和事的奇妙的信息，这些东西他们在同一时期的其他书籍中再找也是徒劳。——M.〉

② 斯图尔特夫人。

③ 鲍斯威尔夫人。

④ 乔治·斯蒂文斯。

看我们就相信他讲的一半内容吧。”**约翰生**：“啊呀，但是我们不知道该相信哪一半。由于他说谎，我们失去的不仅是对他的敬重，而且是对他的谈话的种种享受。”**鲍斯威尔**：“难道我们不可以把它看作一种有趣的虚构？”**约翰生**：“先生，不幸的是，你不知不觉地相信的跟你愿意相信的一样多。”

值得一提的是，约翰生和一位已故的贵族法官[1]政治观点非常吻合，但两人却素昧平生，我听见他说起作为一位作家的约翰生时，极为敬重。我不知道，约翰生基于什么样的调查研究对这位大人的思想特性评价不高。有一天约翰生对我谈到他时，说道：“先生，有些人的思想并无多少过人之处，却能在公众生活中出人头地，真是不可思议。”关于另一位法律界的贵族[2]他也表达过同样的看法，此公似乎一度心血来潮，想与伦敦的才子们交游，但不太成功，所以富特说：“他到我们中间来，能有什么居心？他不仅自己笨，而且还会把别人也带笨了。”约翰生试着测试了一下他的口才，发现他并不高明。他曾经对乔舒亚·雷诺兹爵士说：“此人在城里已经混了十年，没有任何长进。”意思是作为一位同伴而言[a]。他对我说：“我跟他在一起时，从来没有听见他说过任何动人的话。请你相信，先生，只有当你在谈话中接近一个人的时候，你才能发现他的真正才能如何。在大庭广众之中发表一席演说是一种雕虫小技。现在我敬重瑟洛，先生。瑟洛是个挺好的伙计；他能向你交心。”

我向他重复了他的一些尖锐生动的言论后说道，“先生，真可惜，你对自己的好东西常常记不得，你乐意的时候，也许会开怀大
864 笑一阵子”。**约翰生**：“不，先生，我把它们忘掉，有人提醒让我回

1783年

---

① 也许是曼斯菲尔德勋爵。

② 韦德伯恩勋爵。

a 由于我深知勋爵大人能展示什么样的演说的精准与优雅，我不禁疑心他在社交圈里遭受诟病的不良表现，肯定是由于他的矜持和僵硬引起的清高。如果情况真是这样，而且如果他愿意，可以成为一个讨人喜欢的人的话，他未达到目的，我们就不能感到遗憾了。

想起来，回想起来后开怀大笑一场，反而更好。”

我向他回忆我们乘船到洛蒙德湖时他说过的话，“如果他戴过什么好东西，这东西应当**非常**好”，我说他的思想都很大气。**约翰生**：“放心吧，先生，每个人只要能弄到，都愿意有件好东西；都愿意给自己的戒指弄个大钻石。”**鲍斯威尔**：“请原谅，先生：一个心胸狭隘的人就不这样想，一个不值钱的小玩意儿就让他心满意足了：

> Nec sufferre queat majoris pondera gemmœ.”①

我告诉他我要把自己写的一些文章②送给他，希望他拨冗过过目，把好的挑出来。**约翰生**：“不，先生，只把好的送来，别让我挑选。”

我听见他曾说过“尽管事实证明 *Nullum numen abest, si sit prudentia*③ 这条谚语不见得总是正确，但我可以肯定它的反面说法 Nullum numen adest, si sit imprudentia④”。

有一回，苏厄德先生去巴斯的时候问他有何吩咐，他说：“告诉哈林顿博士，我希望他会再出版一卷 Nugœ antiquœ [a]⑤；那是一本非常好的书。”苏厄德先生支持了这一愿望，并建议哈林顿博士把它题

① “无法承受一粒有分量的宝石”——尤维纳利斯，《讽刺诗》，第1首，第29行。

② 如《伦敦杂志》上的《疑病症患者》。

③ “如果智慧在，天助不会遭到拒绝”——尤维纳利斯，《讽刺诗》，第10首，第365行。

④ 天助在愚蠢面前被收回。

a 此后就面世了。

⑤ 陈年琐话。[1]

1 〈这本非常奇异的文集的一个新的重大改进版1804年由Park先生出版，2卷，八开本。在这个版本里，书信按年代顺序排列，以前按一个讹误百出的文本印的主教生平行述现在依据约翰·哈林顿爵士的原稿刊印，原稿是约翰爵士交给威尔士亲王亨利的，现存大英博物馆皇家图书馆。——M.〉

献给约翰生，并采用卡图卢斯[①]对科尔内留斯·内波斯[②]说的话作为题识：

——namque tu solebas,
Meas esse aliquid putare NUGAS.[③]

作为他感情的体贴入微的一个小小证据，不妨提一提下面的一件事情。有天晚上我们一起走在街上，我告诉他我要到博克莱尔先生家吃晚饭，他说："我跟你一起去。"走到半路上，他似乎想起了什么事情，便突然停下来说："我不能去——但我并不是爱博克莱尔不够深。"

在他的相框上博克莱尔先生题写着：

——Ingenium ingens
Inculto latet hoc sub corpore.[④]

博克莱尔先生去世后，这幅画像成了兰顿先生的财产，他便把这条题词擦掉了。约翰生沾沾自喜地说："你把题词去掉，很善解人意。"停顿了片刻后，又加了一句："他写上也没有什么恶意。"

他说："一个人病了的时候，想到朋友家去住，可选的地方是多么的少。"他只提到一两家。我记得只有思雷尔家。

865 他说："大多数人有一种不良倾向，总以为老人智力衰退。如果

1783年

① 卡图卢斯（Catullus，公元前84—约前54），拉丁抒情诗人，诗歌改革家，对他的罗马继承者产生了极大影响，对早期的现代英国诗也影响很大。

② 〔内波斯（Cornelius Nepos，公元前100—前25），罗马历史学家，主要著作有《名人传》《年代学》《轶事集》等。〕

③ "因为你经常认为我的琐事有一定价值"——卡图卢斯，第1首，第3—4行。

④ "心灵的大才隐藏在不雅的外表下"——贺拉斯，《讽刺诗》第1卷，第3首，第33—34行。

一个年轻人或中年人向大家告辞时，记不起他把帽子搁在哪儿了，没有人把它当一回事；如果同样的漫不经心在一个老人身上出现了，人们便会耸耸肩说：‘他的记忆力不行了。’”

有次我对他谈起，有些说法人人都在重复使用，但谁也不知道出处，如 Quos DEUS vult perdere, prius dementat①；他告诉我，曾经有人提出给他十几尼要他指出 Semel insanivimus omnes② 的出处。他说不上来；但多年以后，他在 Johannes Baptista Mantuanus③ 上碰着了。

在一次雄辩中，他断言威尔士亲王的景况是全国人当中最幸福的，甚至超过了君主，我深感遗憾的是，我没有把原话记录下来。我只记得——享有希望——地位优越，没有统治管理之忧——还有很大程度的权势，这种权势既出自得到明智使用的天然影响，也出自期待将来恩宠机会的人的乐观期望。

乔舒亚·雷诺兹爵士向我通报了下面一些情况：

约翰生认为出版的作为从莪相翻译过来的那些诗很稀松，所以他说：“先生，一个人可以永远写那一类货色，如果他肯把心思丢到那上头的话。”

他说：“一个人应当和取笑者一起打发一部分时间，这样一来，他身上的可笑或怪异的东西就可以被展现在他的眼前，加以纠正。”我说，谁敢斗胆告诉约翰生博士他有什么怪异表现，他肯定是个胆大包天的取笑人的人[a]。

---

① “上帝想要谁灭亡，首先使其疯狂。”

② “我们都曾经疯狂过”——维吉尔，《牧歌》，第一歌，第17—18行。

③ 巴普蒂斯塔·曼图亚尼·卡梅利塔，《成长，又名牧歌》(1498)，第1首，第118行。

a 然而，我很高兴提起一件令人欣喜的事例，那就是，他极其文静地耐着性子听有人指出他的最触目的一种怪异表现：他的朋友克里斯托弗·斯马特的外甥女亨特小姐小时候被他非同寻常的动作所打动，便对他说：“请问，约翰生博士，你干吗做那样奇怪的手势呀？”“坏习惯使然，”他答道，“亲爱的，你可要当心防范坏习惯。”这是这位小姐在马盖特的兄弟讲的。

说到很多人在引用公爵和勋爵们权威性言论时妄自尊大，好像跟他们直接交往过一样，他说，他却走了另一个极端，在本该提及他的依据时却不提，如果不是一位公爵或一位勋爵的权威性言论的话。

哥尔德斯密斯博士有次对约翰生博士说，他希望**文学俱乐部**增加一些成员，使它显得绚丽多姿；因为（他说）我们中间不可能有新气象；我们彼此把心迹都摸透了。约翰生似乎有点生气，说道："先生，你可没有摸透我的心迹，我向你保证。"然而，乔舒亚爵士认为哥尔德斯密斯说得对，便说："人们一起相处得太久了，就知道彼此在每个问题上会说些什么。因此，一种新的看法还是可取的，因为尽管它也许对一个问题提供的认识跟我们习惯相处在一起的人
866 要提供的是一样的，然而这种认识却会有一种不同的色彩，而色彩
1783年 不仅在绘画上，而且在其他任何东西上，都有显著效果。"

约翰生常说，他尽可能地要让谈话既在思想感情上，又在表达方式上精彩生动，他把这定为一个常规，这样一来，本来要费劲的东西就变得洒脱自如。这样做的结果，乔舒亚爵士说，就是他在各种场合的普通言谈都保证让他得到全面关注，因为大家期待着某种超越通常的口语体的东西。

然而，尽管约翰生跟人相处时有这种习惯，但为了调查实情，需要另一种语言方式时，他也能够降格用明白易懂的语言，做到老妪能解。乔舒亚·雷诺兹爵士目睹过这样一个例子，已故的威斯敏斯特治安法官桑德斯·韦尔奇先生审问一名小流氓时，他们正好在场。韦尔奇以为他用大字眼就会抬高自己在约翰生博士心目中的地位，于是便用那名小流氓完全摸不着头脑的方式讲话，约翰生博士见状，便开口向那男孩说话，把堂而皇之的词语改成通俗易懂的口语。乔舒亚·雷诺兹爵士被这一进程逗乐了，因为好像这两个人完全出乎意料颠了个个儿，他们俩离开以后，乔舒亚爵士便把他注意到的这种情况告诉约翰生博士。约翰生说，这种情况屡见不鲜：他经常当仁不让把法官的冗辞赘句翻译出来，（笑了笑）好让平民百姓

听明白他的意思，把需要的信息反馈回来。

乔舒亚爵士有次对他说，他的话在座的人听不懂。“没有关系，先生，（约翰生说）他们听到我这样对他们说话，认为是一种恭维，好像他们比平时聪明。这种情况千真万确，先生，所以巴克斯特在每次宣讲的布道文中形成了一种规矩，就是要讲一些听众莫测高深的东西[a]。”

约翰生好像被逼到山穷水尽的地步时，他的反驳别出新意，巧发其中。关于他这一方面的能力，我们共同的朋友，诺福克的温德姆先生欣然给我提供了一个突出的例子。无论对苏格兰怎样不待见，他对乔治·布坎南作为一名作家一贯给予慷慨的赞誉。在一次关于两国文学优长的谈话中，布坎南被引入话题，一位苏格兰人以为以这个理由，他肯定能胜过约翰生，便大声说：“啊，约翰生博士，如果布坎南是个英格兰人，你对他有什么高见？”“嘿，先生，（稍事沉吟后约翰生说）如果布坎南是个英格兰人，我就不该说我现在想说他作为一个苏格兰人的话——他是他的国家产生的唯一的天才人物。”①

这使我回想起另一个性质相同的事例。我曾经提醒他亚当·斯 867
密博士正在大谈特谈格拉斯哥之美时，他突然打断亚当·斯密博士 1783年
说：“请问，先生，你见过布伦福德吗？”我贸然加了一句：“我亲爱的先生，那肯定是令人瞠目的。”“嘿，先生，（他答道）这么说来，你从来没有见过布伦福德了。”

---

a　这种说法的正确性得到了下面这个故事的证实，对此我还得感谢艾略特勋爵：一位乡下牧师，以在布道文里引用只言片语的拉丁文出名，他去世以后，有人问他的一名堂区居民，他对这位牧师的继任有何看法：“他是一位优秀的讲道者，”他如是回答，“但不会拉丁文。”

①　〈把这一即刻带刺的反驳拿来与亨利·沃顿爵士对意大利的一名教士的著名回答加以比较，也许不算失当，那名教士问沃顿：“在路德之前，您是在哪里找到您的宗教信仰的？”——“我当时找到宗教信仰的地方，正是现在找不到你的宗教信仰的地方，在上帝的文字里。”然而约翰生令人叫绝的回答比沃顿的回答更加犀利，或许更加巧妙。——M.〉

尽管他对交谈的通常说法是说话，但他对二者还是有区分的；因为他有次告诉我，前一天他在一位朋友家吃饭，在座的是“一群非常好的伙伴”。我问他是否有很好的交谈，他回答道：“没有，先生；我们把话说够了，但没有交谈；没有讨论任何问题。”

谈到苏格兰人在伦敦的成功，他在相当大的程度上把它归因于他们的民族精神。“你知道，先生，（他说）但凡一个苏格兰人出版一本书，或者是把一出戏搬上舞台，总有五百人乐意喝彩。”

他对朋友伯尔尼博士高雅而引人入胜的旅行记赞美有加，还告诉苏厄德先生，他在写《苏格兰西部诸岛纪游》时，常常参看。

他的感受性很强，容易被哀婉的诗作打动，以致在我面前读贝蒂先生的《隐士》时，潸然泪下。[①]

他不赞成把事实与虚构混为一谈。正因为如此，他指摘一本名为《爱情与疯狂》[②]的书。

胡尔先生告诉约翰生，他出生在沼地区，早年在蛇螂街受了部分教育。“先生，（约翰生笑着说）你受的是正规教育。”被问及他的老师是谁时，胡尔先生回答说，“我叔叔，先生，他是个裁缝”；约翰生回想起来，说道：“先生，我认识他；我们管他叫玄学裁缝。他和我，还有乔治·普萨尔马纳扎等人都是老街上一家俱乐部的成员。可是，请问，先生，他是不是一名好裁缝？”胡尔先生回答说，他相信他太热衷数学了，经常在剪裁板上画一些正方形和三角形，所以剪裁衣服的技术并不高明。——“这就叫人遗憾了（约翰生说）因为我要人人精于本行。”

有意思的是他把自己和胡尔说成兄弟作家。他常说：“先生，咱们俩一块儿到蛇螂街吃一块牛排吧。”

---

① 〈激发这种强烈情绪的特别的段落，我听家父说是第三节，“这是夜晚”云云。——鲍斯威尔〉

② 赫伯特·克罗夫特爵士，《爱情与疯狂》（1780）。

大建筑师威廉·钱伯斯爵士[a]①的作品显示出一种天才的崇高，
凡是认识他的都因为他的合群、好客、慷慨等品质而尊重他，他把
他的《中国建筑》的手稿交给约翰生博士审阅。约翰生感到十分高 868
兴，说道，“它需要的不是增补，不是更正，而是几行引言”；他提 1783年
供了，威廉爵士也采用了[b]。

他对威廉·斯科特爵士说：“革新之后，这个时代疯了；世界上的所有事情都用一种新办法处理：人被处绞刑也用新办法；泰伯恩刑场也被大刀阔斧的革新搞得不安全了。”一直有人争辩说这就是一种改进。——“不，先生，（他急切地说）这不是改进。他们反对以老式的方法吸引来大量的围观者。先生，处决的初衷就是吸引围观者。如果它们不吸引围观者，它们就不符合要求。老式的方法能使各方都称心如意。公众从一种游行示众中获得满足；罪犯得到它的声援。为什么这一切都要一扫而光呢？”我完全同意约翰生博士对这个问题的看法，并且相信，现在处决犯人，于由把庄严的游行示众取消了，就达不到原先的那种效果。无论是伦敦的，还是别的地方的行政官员，我担心在这一点上过于关心自己的方便。

---

a 尊敬的霍勒斯·沃尔浦尔、已故的牛津伯爵是这样评述作为作家的这位先生的：“钱伯斯先生的《民用建筑论》是关于这门学科的最有见识、最无偏见的书。”——《英国绘画轶事·序》。

① 威廉·钱伯斯爵士（Sir William Chambers，1726—1796），建筑师。用第一手材料研究中国建筑的第一个欧洲人；典雅的英国的帕拉第奥新古典主义建筑风格推行者；《民用建筑论》（1759）和《中国房屋、家具、装饰、机械和用具设计》（1757）的作者；基尤的奥古斯塔公主的建筑师（1757）；皇家学会会员（1776）；晚年致力于萨默塞特宫的计划（1775—1795）。

b 引言是这样写的：“难免有过少或过多的夸赞。对中国学术、政策、艺术滥发的漫无边际的颂扬显示，新奇以多大的威力吸引人们关注，尊重又怎样自然而然地膨胀为赞叹。我决不希望被列入中国优秀品质的夸大吹捧者之列。我认为中国人伟大或聪明只是与周围的国家相比而言，无意把他们置于与世界这一地区的古人或现代人相抗衡的地位上；然而必须承认，他们有权引起我们注意，把他们看作一个另类而且非常奇特的人种：看作一个被地理位置与所有文明国家隔开的地区的居民，没有榜样的帮助形成了自己的风俗，发明了自己的艺术。”

约翰生对一位朋友说到伍斯特主教赫德博士。“先生，赫德是那种能把什么事都说得头头是道、有板有眼的人；譬如说，曾经有段时间流行穿红裤子；这种人就会告诉你，按照因果，在那个时段不能有别的选择。”然而，他另一次对同一个人又说到他，“先生，赫德是这样一个人，谁跟他结识就是一种难能可贵的事情”。

众所周知，那位学识渊博、头脑灵活的高级教士在他人生的一个时期出版了《道德与政治对话录》，带有一种可悲的辉格党人倾向。后来，主教大人思虑再三逐渐看到了他的错误，便将这部作品再版，具有了更多的宪法精神。然而，约翰生却不愿意对他政治观点的改变给予充分的信任。我记得主教大人谢绝了出任坎特伯雷大主教的殊荣后，约翰生说：“我很高兴他没有去兰伯思因为我毕竟还是担心他内心深处还是个辉格党人。”

约翰生关注表达的精确与清晰是出了名的。他不赞成用插入语，我相信在他卷帙浩繁的著作中，能找到的插入语也不足五六处。他
869 从来不用“前者”和“后者”这样的词语，因为他说过，这种表达
1783年 往往会造成含糊；因此他专心造句以至于没有必要使用这些词语，甚至宁愿把同一些词重复使用，以避免使用这样的词语。有些人第一次报姓氏往往大而化之，所以最常见不过的就是弄错姓氏。为了防止这类错误发生，他不仅把姓氏说得又慢又清楚，并且不厌其烦把它们拼读一遍；这种做法我也往往效仿；我希望大家都能这么做。

他血性热，脾气躁，所以不仅把指甲剪到肉根上，而且还用小刀刮指关节，直到关节发红快露出肉来才停止。

人性的复杂在约翰生身上显示得淋漓尽致。他对困苦之人慷慨解囊，大方得不是一般。但他身上又潜伏着一种锱铢必较的小家子气。有一天我向他承认“我偶尔手头紧得要命”。“嘿，先生，（他说）我也是。*不过我从来不说。*”他时不时地向我借一先令，我要他还钱的时候，他似乎忽忽不乐。有次发生过一件滑稽的小事，好像他存心斥责我作为债主一毛不拔似的，他是这样对我讲话的：“鲍斯威尔，借给我六便士——*不准备还*。”

这位大人物对小事情的关注很引人注目。举个例子，他有一天对我说："先生，你把一几尼换成银币的时候，可得仔细看看，你也许会发现某种稀奇的硬币。"

尽管是个严格纯粹的英国人，对其他所有的民族都满怀偏见，但他却有足够的洞察能力看到，并且有足够的坦诚，批评英国人对外邦人司空见惯的那种冷漠矜持："先生，（他说）其他任何国家的两个人到一家人那里做客，一起被领进一间屋子后，就会立即交谈起来。然而两个英国人也许会各自走向一扇窗户，一直沉默无语。先生，我们还不太懂一般的人权。"

约翰生在他人生的某一阶段与谢尔本伯爵，现在的兰斯多恩侯爵过从甚密，因为他无疑对那位贵族的思想能动性和重要知识的不寻常的获得有充分的估价，不管他怎么不赞成勋爵大人性格的其他成分，因为跟他自己的有天壤之别。

莫利斯·摩根[1]先生，是巧妙的《论福尔斯塔夫的性格》[a]的作者，是勋爵大人的特殊朋友，在勋爵不在家时曾有一次机会在威克姆[2]接待了约翰生一两天，他给我惠赐了两则轶事。

一件事对约翰生的坦诚加分不少。摩根先生和他发生了一场争 870
执，一直争到深夜，约翰生不肯让步，尽管他持的是错误立场，总 1783年
而言之，双方固守阵地互不退让。第二天早晨，两人在早餐室见面时，约翰生博士主动上前对摩根先生说了这样一番话："先生，昨天夜里，我一直在想我们的争执——你是对的。"

另一件是这么一回事——约翰生，也许是为了开玩笑，也许是

---

① 莫利斯·摩根（Maurice Morgann，1726—1802），殖民地官员、文学学者；谢尔本的正式顾问（1763），谢尔本的助理秘书（1766）；枢密院驻魁北克代理（1767）；《论约翰·福尔斯塔夫爵士的戏剧性格》（1777）的作者，他在这个问题上与约翰生有过争执。

a 约翰生被问及对该《论》的看法时答道："嘿，先生，我们将会让此人再出来；就像他证明福尔斯塔夫不是胆小鬼一样，他还可以证明亚果是个非常好的人物。"

② 白金汉郡的威克姆。

故意顶牛，急切地坚持德里克作为一名作家是有功绩的。摩根先生跟他直接辩论无果。最后他耍了个花招。“请问，先生，（他说）你是不是认为德里克或者斯马特是最优秀的诗人？”约翰生立即有醍醐灌顶之感，于是回答道：“先生，虱子和跳蚤孰优孰劣还真没有定论。”

有一次，由于我在同伴中太爱自吹自擂，他加以阻止，便对我说：“鲍斯威尔，你往往吹得过于天花乱坠，惹得大家讥笑。你使我想起一个人，他在一家客店的厨房里背对着火站着，便跟旁边的人这样搭讪。‘先生，你知道我是谁吗？’‘不知道，先生，（那个人说）恕我有眼无珠。’‘先生，（他说）我是伟大的**特沃姆利**，就是新式水闸门熨斗的发明家。’”[a] 我把这个故事重复给基拉卢主教后，他却替特沃姆利辩护说，他有资格享用“伟大”这个称号；因为维吉尔在描写他的极乐世界的那批英雄豪杰——

Hic manus ob patriam pugnando vulnera passi; &c.[①]

——时提到：

Inventas aut qui vitam excoluere per artes.[②]

有天早晨，只有我们俩在他的书房里时，他喜形于色地对我说：“鲍斯威尔，我认为我和你在一起时，几乎比跟任何人在一起都轻松。”

他不肯承认大卫·休谟的任何声誉，就因为他的政治原则的缘故，尽管与他自己的很类似；说他，“先生，他偶尔才是个托利党人”。

---

a 伟大的**特沃姆利**引以为自豪的发明只不过是一种熨布料的盒式熨斗。

① “这里有一伙人，他们为自己的祖国作过战、流过血”——维吉尔，《埃涅阿斯纪》卷6，第660行。

② “这些人用他们发现的技艺使生活升华”——维吉尔，《埃涅阿斯纪》，卷6，第663行。

他对人生的敏锐观察使他说："一个人惹恼大多数人的办法莫过于在谈话中展示自己卓越的聪明才智。当时他们一副兴高采烈的样子；但内心里嫉妒得直骂娘。"

我的读者听到伟大的约翰生博士竟然能用字谜这类轻佻的创作自娱自乐，或许会感到惊讶。我找回了一个他针对巴纳德博士，现在的基拉卢主教大人编的。巴纳德博士多年来对我如此亲切、随便，
所以我不揣冒昧，不仅可以称他我的主教大人，而且可以管他叫我 871
非常亲爱的朋友。因此我特别高兴把约翰生对主教大人的一种正确 1783年
而高雅的赞扬展现给世人。

字谜

我的第一部分[a] 把贼挡在你的屋外，
我的第二部分[b] 榨出一种叙利亚香味。
我的全部[c] 是一个人，大家分享他的交谈，
门杠的力量和甘松油膏的香甜。

约翰生问理查德·欧文·坎布里奇先生，是否读过《萨卢斯特》的西班牙译文，据说是一位西班牙王子在他的老师协助下翻译的①，这位老师是公开宣称一篇作为附录的关于腓尼基语的论文的作者。

坎布里奇先生对这部译作称赞有加，因为他认为这位译者对原作者的理解比一般译者的情况要好，但又说道，他借用这本书的目的算是落空了，本来是要看看是不是一个西班牙人在迦太基的对岸比起其他任何国家的文物专家更有可能发现一些纪念碑、硬币或者其他文物，从而比他们能更好地看到上面的铭文。**约翰生**："我很遗

a Bar（门杠）。
b Nard（甘松油膏）。
c Barnard（巴纳德）。
① 堂加夫列尔·安东尼奥和F.佩雷斯·巴耶。

憾你未能如愿。”**坎布里奇**：“那种语言的用处不大，因为存在于那种语言中的历史无法抵消罗马作家留给我们的片面记述。”**约翰生**：“不，先生，他们并不片面，他们各自讲各自的故事，既不惭愧，也不注意给他们受到伤害的敌人公平的待遇；他们不内疚，对迦太基人不表同情。嘿，先生，他们绝不会容忍维吉尔笔下的埃涅阿斯对待狄多的描写，如果狄多不是迦太基人的话。”

我衷心地感谢坎布里奇先生提供的这条和其他一些信息，如果离伦敦几英里远的泰晤士河畔有一座美丽的别墅，有一座他熟悉并经常阅读的藏书丰富的优秀的图书馆，如果有一批他能理解、欣赏的精选的藏画，有一笔可以随意花销的财产，一个其乐融融的家庭，一个广泛的朋友和相识圈子，他们由于地位、时尚和天才而显得卓尔不凡，有多方面的优雅的文名，而且还在蒸蒸日上，有难得一见的口才，而且尽管有此种种幸福的手段，在年事高迈时，还享有健康活跃的身体、宁静矍铄的精神，如果这一切还不足以使他被称为 fortunate senex[①]！我不知道在哪个时代，那种称号还可以恰如其分地用到谁身上。愿他长命百岁能听到并感受到这一称号！[②]

872 约翰生喜爱小孩，还在各种场合都表露出来，他管他们叫“亲爱
1783年 的宝宝”，还给糖果吃，这无疑是他性情中真正仁爱和温存的证据。

他对仆人和善得非同寻常，对他们关怀备至，不仅关心他们今世的舒服，而且关心他们来生的幸福，这又是一个无可争议的证据，证实了凡是熟识他的人都知道是千真万确的事实。

在这一点上，如果不谈他对收养的动物的宠爱，也是不公正的。我永远不会忘记他对爱猫霍奇的娇惯：为了这只猫，他常常亲自出门去买牡蛎，以免仆人由于麻烦对这可怜的动物生了厌恶之心。不幸的是，我就是一个讨厌猫的人，所以房间里有一只猫我总感到不

---

① 幸福的老人。

② 〈坎布里奇先生在这一段文字写就之后，享着这里列举的所有福气多年。他在特威肯汉姆附近他的祖居于1802年9月17日去世，享年八十六岁。——M.〉

自在。我也承认，我常常在这只霍奇面前觉得很难受。我记得他有一天爬到约翰生博士的胸口上一副自满自足、洋洋得意的样子，我的朋友却面带微笑，并轻轻吹着口哨，捋捋猫的脊背，扯扯猫的尾巴。我注意到这是一只挺好的猫，便说："不错，先生，不过我养过几只猫，比起这只我更喜欢它们。"然后，好像发现霍奇显得局促不安，于是又补充说："不过这是一只挺好的猫，真的非常好。"

这使我想起他给兰顿先生可笑地描述的一个体面家庭的一位少爷的可鄙处境。"先生，我上次听到他的消息时，他正在城里四处猎猫。"然后经过一阵好心的沉吟，他想到了自己的爱猫，说道："不过霍奇不会被猎杀的。不会，不会，霍奇不会被猎杀的。"

他认为博克莱尔对兰顿先生做了一番精辟的评论，因为兰顿头一次跟城里的一位著名的才子交往之后，正在热情满怀地啧啧赞佩，"还是再见他一次吧。"博克莱尔说。

他尊崇等级制度，尤其是教会的显贵，这在本书中展示过不止一次。苏厄德先生看见他被引见给约克大主教的场面，并把他向一位**大主教**鞠躬的样子描绘成一次处心积虑的顶礼膜拜，四肢伸得那样展，身体弯得那样曲，真是罕有其匹，甚至未有其匹。

我怀着追悔莫及的心情不禁要提到，由于自己的疏忽，我失去了一个让约翰生的笔记录并说明从1504年由创建者托马斯·鲍斯威尔开始的我的家史的机会。他对我如此关爱，以至于当我贸然求他帮我一个大忙时，他欣然说道："让我看看你能搜集到的所有材料，我愿意用拉丁文和英文写两个文本；然后将其印刷、复制，储存在各个地方，以便妥善保存下来。"现在我只能尽我所能弥补这一损失，将我伟大的老师牢记心头。家史，像古人的imagines
majorum[①]，弘扬正气。我希望真有高贵血统的人要更加仔细地追溯 873
它的来龙去脉。有人喜欢嘲笑伊韦里的家史[a]：如果别的很多人愿意

1783年
4月12日
星期六

① 我们祖先的遗容（常在罗马贵族中展出）。

a 〔埃格蒙特伯爵约翰著。于1764年印成（但未公开出版）。〕

以这位贵族老爷同样的准确和热情把他们的家谱传给后代，那倒是好事一桩，因为这位贵族老爷编修该作品使他的祖先哀荣长存。

4月10日，星期四，我把比尤特伯爵的儿子、尊敬的威廉·斯图尔特牧师大人①领到约翰生门栓巷的家中介绍给他。这是一位真正值得约翰生认识的绅士；因为尽管有出身高贵、学识渊博、游历广泛、举止文雅等长处，他还是一个方方面面堪称楷模的堂区教士。

双方相互致意过后，约翰生和我的赫布里底群岛之行被提到了。**约翰生**："我从中获取的思想比从我记得的任何事情上获取的都多。我看见了一种迥异的生活体系。"**鲍斯威尔**："你不想再做一次同样的旅行吗？"**约翰生**："不啦，先生。不是同样的：那是一个讲过了的故事，一位意大利批评家格拉维纳说过，人人都想看看他从书上读到的东西；但没有人想读关于他已经看见过的东西的记述：因为描写比实情逊色。描写只能激发好奇：眼见却能满足好奇。别人倒可以去看看赫布里底。"**鲍斯威尔**："我倒想去看看某个跟我习以为常的地方全然不同的地区；像土耳其，那里的宗教和别的一切都不一样。"**约翰生**："是啊，先生；有两个好奇的对象——基督教世界，穆罕默德世界。其余的可以被看作野蛮世界。"**鲍斯威尔**："请问，先生，《土耳其间谍》②是不是一本真正的书？"**约翰生**："不，先生，曼利夫人在她的《传》中说，她父亲写了前两卷：而在另外一本书《邓顿的生平与错误》中，我们发现其余的是由一个名叫索尔特的人在米奇利医生的指导下一页收费两几尼写的。"[a]

鲍斯威尔："这一直是个派系林立的王朝，原因就在政府的过

---

① 〈当时是贝德福郡卢顿的牧师，他在该地生活若干年，完全具备文中赋予他的品格。现在（1806）为阿尔马大主教，爱尔兰首主教。——M.〉

② 意大利作家乔瓦尼·保罗·马拉纳于1684年出版的一部作品，被多次重印、有多种翻译，在欧洲文学中开创了一种新样式，假冒外国人来信的样式。

a 〔真正的作者是热那亚人I. P. 马拉纳，1693年在巴黎去世。约翰·邓顿在他的《传》里说威廉·布拉德肖先生从米奇利医生手里收到四十先令的稿酬，写《土耳其间谍》的一部分；但我没有发现他在任何地方提到索尔特参与了那部作品。〕

于纵容。”**约翰生**：“我也这么想。先生。起初是宽厚的东西，后来就变成了胆怯。然而这是à posteriori①推理，不一定正确。假如少数人一开始就遭到惩罚，我相信派系就会被粉碎。一个人不能à priori②说政府怎么做最好。这个王朝一直十分不幸。我们有过不成功的战争；但那不能证明我们被治理得不好。战争中总有一方胜，就像游戏时总有一方赢一样。我们把路易打败了，我们并没有被治理得好一些；路易打败我们以后，法国人也没有受到好一些的治理③。”

4月12日，星期六，我去拜访他，一起去的还有诺福克的温德姆先生，温德姆先生虽然是个辉格党人，但约翰生还是高度尊重他。约翰生说过的最精彩的话之一就是对这位先生说的；他在作为时任爱尔兰总督的诺辛顿勋爵④的秘书启程前往爱尔兰之前，对这位哲人 874
表达了某些谦虚而公正的疑虑：他是不是能实施那些被认为一个人 1783年
在那种处境中有必要采用的伎俩。“别担心，先生，（约翰生笑容可 4月12日 星期六
掬地说）你很快就会造就一个很厉害的无赖。”

他今天大谈特谈伦敦神奇的广阔和多样，说好刨根究底的人也许会在伦敦看到那种很少人甚至只能想象的生活方式。他尤其建议

---

① 由结果追溯原因。

② 由原因推知结果。

③ 指的是1643年5月14日加冕的法王路易十四（1638—1714）。威廉三世当英王期间，路易在奥格斯堡的同盟战争期间（1689—1692）和弗勒吕斯（1690）、斯滕凯尔克（1692）以及内尔温登（1693）等战斗中获得了对盟军（与英国联合）的多次胜利。然而在西班牙王位继承战（1701—1714）期间，除了斯图亚特王朝的安妮女王统治的第一年，路易在马尔伯勒率领下的英军手中在布莱尼姆（1709）、拉米伊（1706）、奥德纳尔德（1708），和马尔普拉克（1709）等战斗中遭受了一系列失败。约翰生的说法由于他的詹姆斯二世党观点对这一情况轻描淡写，因为他把一次称赞斯图亚特王朝的机会放弃，去损威廉三世。

④ 诺辛顿勋爵（Robert Henley，2nd Earl of Northington，1747—1786），政治家；财政部出纳（1763）；蓟花勋位爵士（1773）；文物学会会员（1777）；爱尔兰总督（1783—1784）；枢密院官员（1783）；在爱尔兰任期并不成功。

我们去探索一下**沃坪**，我们决定照办[a]。

跟约翰生在一起的画家洛[①]先生非常沮丧，因为他画的一幅巨画遭拒，不能到皇家学院展览馆展出。思雷尔夫人对约翰生的性格一知半解，以为他不愿意为朋友尽绵薄之力，尤其提到他难得费事写封信助朋友一臂之力。然而，真实情况却是，他在非同寻常的程度上在她否认他的事情上表现得非常出色，尤其是为了这一类关照，为那些他的请求也许起作用的人写信。他现在就给了洛先生下面一封信，我可是勤快到家了，在约翰生允许的情况下，在隔壁的咖啡屋里抄了几份，而温德姆先生一片好心，待在我身旁。

致乔舒亚·雷诺兹爵士

先生，——洛先生由于他的画遭到展览馆的拒绝感到声誉扫地，万念俱灰。他在这件作品上耗尽了全力，悬着他的所有期望；当然，没有了接受公众点评的机会本身就是极大的难堪。那等于未经审判就宣告有罪。

如果你能设法将这一剥夺资格的法令撤销，你就会把一个不幸的人从极大的痛苦中解救出来。理事会有时候推翻过自己的决定；我希望通过你的干预，这幅倒霉的画可以得到参展的允许。你的，

1783年4月20日。　　　　**塞姆·约翰生**

a　1792年10月，我们将计划付诸实施；不过是由于现代在很大程度上在大都会全面铺开的千篇一律，还是由于我们不够尽心尽力，总之我们感到失望。

①　洛（Mauritius Lowe，1746—1793），画家；索斯威尔勋爵的私生子；作品在美术家学会展出（1776，1779）；享受约翰生的友谊和保护，约翰生给他留下一笔小小的遗产；据认为是美术刊物《螻蝗》的作者。

致巴里[1]先生

先生，——洛先生被排斥在展览会之外，这给他的苦恼是您和理事会的其他先生们无法想象或者无意而为之的。他把丢脸和毁灭看作你们决定的不可避免的后果。

他说，有些画遭拒后又被接纳；如果有那样的先例，我恳求您动用您对他有利的影响。关于他的作品我不能说什么，我不能对绘画妄加判断，这幅画我从来没有看见过，但我认为将任何人的成功之路堵死过于严酷。所以我重复一遍我的请求，请您建议重新考虑洛先生的情况，如果在理事会的什么人中我的姓名还有一定分量，请向他们转达，提出这一愿望的是您最恭顺的仆人，

875

1783年4月18日星期五

1783 年 4 月 12 日。　　　　　　**塞姆·约翰生**

这种说情太有力、没法拒绝，于是洛先生的画作获准进入萨默塞特馆。我记得主题是洪水灭世，在那个时间点上，洪水快漫到最后一座未被淹没的山顶。在那个地点附近，可以看见大洪水以前的人类的最后一个，被救到诺亚方舟上的不包括在内。这人是当时为地球上居民的那些巨人中的一员，他仍然有力量游泳，一只手高高举起他幼小的孩子。在仅剩的一小块干地上出现了一头饿狮，准备向那孩子扑去，把它一口吞下。洛先生告诉我约翰生对他说："先生，你的画崇高而可信。""说实话，这是出自一个不会说谎的人之口的赞扬，（洛先生说）不会有错。"

大约在这个时段，他写信给露茜·波特夫人，提到他身体不好，打算去一趟利奇菲尔德。"我每年（他说）去一趟乡下，对于改善健康并不抱多大期望；但拜访那些我常常体验过他们的关爱的人，是

① 巴里（James Barry，1741—1806），皇家美术院画家；拿出六幅画装饰阿德尔菲大厅（1777）；皇家学院绘画教授；后被开除（1799）；深受约翰生仰慕。

件乐事。”

4 月 18 日，（因为是受难节，）我发现他这一天早餐一如往常，喝的是不加牛奶的茶，吃的是杂面面包，以防软弱无力。像先前一样，我们去圣克雷芒教堂。回家时，他在自家花园门口的一张石凳上坐下，我坐在另一张石凳上，这样在露天，心情又平静，他非常轻松地谈起来。**约翰生**：“如果我是一个乡绅，我是不会太好客的，我不会在家里接待成群结伙的人。”**鲍斯威尔**：“亚历山大·迪克爵士告诉我，他记得有一年有一千人在他家里吃饭：也就是说，把每个人在那里吃一次饭算为一人。”**约翰生**：“那就是说，先生，一天大约有三个人了。”**鲍斯威尔**：“你的说法怎么把概念缩小了。”**约翰生**：“先生，那是计算的好处。它使一切有个定性，在此之前事情只是在脑海里不确定地漂游着。”**鲍斯威尔**：“可是 Omne ignotum pro magnifico est[①]：把这个缩小，人总感到遗憾。”**约翰生**：“先生，你不应当对错误沾沾自喜。”**鲍斯威尔**：“一天三个好像未免少了一些。”**约翰生**：“不，先生，他一天招待三个，就做得非常大方了。如果有一大家子人，穷人招待了这三个，因为他们吃掉这家穷人要得到的：所以必须要有多余的肉；肉必须给穷人，要么扔掉。”**鲍斯威尔**：“我在伦敦注意到，穷人到处捡骨头，我的理解是骨头是要被加工的。”**约翰生**：“对，先生；他们煮骨头，从里面提取油脂，用来润滑车轮，还有其他一些用场。他们用最好的骨头做假象牙，再
876 用它制造刀把和其他各种各样的东西；粗糙一些的骨头他们就烧掉，
1783年4月18日星期五 碾成粉末，把骨灰卖掉。”**鲍斯威尔**：“那有什么用，先生？”**约翰生**：“嘿，先生，给化学家制造熔铁炉子。用烧掉的骨头做的湿黏土比别的任何东西都耐热。想想看，先生；如果你要熔铁，你的熔锅不能用铜做衬里，因为铜比铁软，而且熔化得更快；也不能用铁，因为尽管延展性铁比铸铁硬，但还是不行；而烧掉的骨头做的湿黏土则熔化不了。”**鲍斯威尔**：“你知道吗，先生，我发现了一种规

① “未知的总被看成大事情”——塔西佗，《阿格里科拉传》，第30节。

模很大的加工业，加工你弃之如敝屣的东西——刮剥晾晒橘子皮[a]。在新门街的一个地方，加工好的橘子皮堆成了山，他们向酿酒厂销售。”**约翰生**：“先生，我相信他们用橘子皮造一种比酒精更高级的东西；他们制造一种被叫作橘子酱的东西，也就是经过浓缩的橘子油，他们也许还掺了一种普通的头油，使它芳香扑鼻。这种油在晾晒干的过程中不会挥发掉。”

鲍斯威尔：“我希望有一座很好的有围墙的花园。”**约翰生**：“我认为你这笔花销不划算。在英格兰我们事事都要计算，一英里公园墙要花一千镑，现在一圈花园墙至少要花这个数。你的打算是你的树木要长到鹿跳不过去的那种高度。现在咱们看看。花一百镑，你只能有四十四平方码的面积，这未免太小；花二百镑，你可以有八十四平方码，这才算合适。可是什么时候你才会赚得建围墙的二百镑的造价呢，在你那种气候下，靠水果？不，先生，这样子战天斗地很不划算。要是我，我就培植一个果园，有在你们那个地区成熟得很好的大量水果。我的爱尔兰朋友马登博士说：‘在一座果园里，应当有足够的东西让人吃，足够的东西来储存，足够的东西让人偷，足够的东西烂到地上。’樱桃是一种早熟水果，你可以种樱桃树，你也可以种植早熟的苹果树和梨树。”**鲍斯威尔**：“我们出产不了金冠苹果。”**约翰生**：“先生，你出产不了金冠苹果，同样也出产不了葡萄。”**鲍斯威尔**：“我们有葡萄，先生，但品质很次。”**约翰生**：“先生，千万不要试着种一种东西，仅仅为了表明你无法种它。从一块你租出去只得四十先令的土地上你可以拥有一座大果园，你看它仅仅花去你四十先令。果树长高了，你还可以在地上放牧牛羊；果树小的时候可不能这样做。”**鲍斯威尔**：“有一座好花园在英格兰是不是一件很平常的事情？”**约翰生**：“不像你想象的那么平常，

a　一位我的著作的匿名评注者向我指出，约翰生博士收集晒干的橘子皮的原因可以在皮奥齐夫人的《书信集》第588〔358〕封中找到，在那封信里好像把“干橘子皮碾成细粉”推荐为一种药物。

先生。在林肯郡几乎没有一座果园；在斯塔福德郡水果很少。”**鲍斯威尔**：“兰顿先生没有果园吗？”**约翰生**：“没有，先生。”**鲍斯威尔**：“怎么会这样呢，先生？”**约翰生**：“嘿，先生，因为在这个郡人都大而化之。他没有，是因为别人都没有。”**鲍斯威尔**：“温室是一种必
877 不可少的东西，我可以造一个。”**约翰生**：“温室肯定要有，但你必
1783年4月18日星期五 须先盖起来，然后就得经常生火，你还得要一个园丁照料。”**鲍斯威尔**：“是不是非要一个园丁不可？”**约翰生**：“就是。”**鲍斯威尔**：“我要把温室建在我的房子附近，没有必要把它放在果园里。”**约翰生**：“可以，我也会把它建在我的房子附近。我要栽种很多很多醋栗，这种果子很好，可以做一种很好的果脯。”

这些细节也许有人觉得太琐屑，我把它们记录下来，为了清楚地显示一个伟人，他的思想能够掌握像在他的文学劳作中显示的那样重大、广泛的问题，但对日常的生活事务也了如指掌，而且喜欢加以说明。

著名的演说术大师沃克[1]先生来了，于是我们一起上楼进了书房。我问他是否教过很多牧师。**约翰生**：“但愿没有。”**沃克**：“我只教过一个，他是我听到的最优秀的朗读者，但不是由于我的教导，而是由于他的天赋。”**约翰生**：“如果他是世界上最优秀的朗读者，我就不愿意听人说他被人教过。”这就是他特有的偏见之一。如果让人知道这名牧师被人教授过一种轻松、优美的口才，难道就对他有什么不利之处吗？**鲍斯威尔**：“难道你不承认，先生，一个人可以在别人教导之下朗读得很好吗？”**约翰生**：“嘿，先生，就他朗读得比在没有别人教他的情况下可以做到的更好而言。我承认。从前，人

① 沃克（John Walker，1732—1807），演说术教师、词典编纂家；演员，先后在朱瑞巷加里克的剧团、在都柏林的乌鸦街巴里的剧院和比尔德在修道院花园的剧院演出（1757—1768）；演说术“机械”派的领袖；《演说术基本要素》（1781）、《修辞语法》（1785）和《讲话的音乐性》（1787）的作者；他在词典编纂方面的贡献更加有名，著作有《韵律词典》（1775）、《批评发音词典》（1791）；约翰生的门生。

们认为朗读没有差别，人人朗读得都一样好。”**鲍斯威尔**：“看到老谢立丹对于演说术热情不减当年，真是不可思议。”**沃克**：“他对于演说术会做什么的热情也许太高：但他朗读得很好。”**约翰生**：“他朗读得很好，但声音很低：你要知道，低声朗读比高声朗读容易得多；当你高声朗读时你受到的限制要多得多，你最响亮的声音只有一个，所以与响亮相称的变化就要少。现在有些人必须向广大的听众讲话，所以必须大声讲才能让人听得到。”**沃克**：“技巧就是朗读的声音尽管低，但必须浑厚有力。”

谈到语言的起源；**约翰生**：“它肯定借助灵感而来。一千个，不，一百万个儿童也发明不出一种语言来。当器官柔顺的时候，没有形成一种语言的足够的理解；但当理解足够的时候，器官又变僵硬了。我们知道，过了一定年龄之后，我们就学不会一种新语言的发音了。没有一个外国人年事已高，到英国就能把英语发音掌握到差强人意的地步；至少这样的例子非常罕见。我主张语言必定借助灵感而来时，我的意思不是指修辞和语言的各种美也需要灵感；因为人一旦有了语言，我们就能认为他可以逐渐形成对语言的修饰。我的意思仅仅是我觉得灵感在给人说话能力上是不可或缺的；告知他他可以有语言，灵感不可或缺；我认为如果没有灵感人是发现不了这一点的，就像牛或猪想不到那种能力一样。”**沃克**：“先生，你认为哪一种语言中有什么完全的同义词吗？”**约翰生**：“原来是没有的；但由于用词马虎，或者在诗歌里，词与词就被混为一谈了。”

他谈到多德博士。“我的一位朋友（他说）到我这里来说，一位 878
女士想把多德博士的像刻到手镯上，要我给一句名言。我说，我能 1783年4月18日星期五
想到的最好的就是 Currat Lex①。我非常愿意他被赦免，也就是，把判决改为流放：可是，他一旦被判处绞刑，我不希望他被封为圣徒。”

他的朋友伯尔尼博士的妻子伯尔尼夫人来了，他似乎被她的谈话逗得十分开心。

---

① 让法律自行其道吧。

加里克的葬礼被说得极其靡费。约翰生一向讨厌夸大其词，不肯承认它彰扬出什么特别的排场。“难道每辆车没有套六匹马吗？”伯尔尼夫人说。**约翰生**：“夫人，就像没有套六只凤凰一样没有套六匹马。”

伯尔尼夫人感到纳闷的是沼地区新建的一些漂亮的建筑物竟然耸立在贝德拉姆疯人院和圣路加医院之间那样一种令人震惊的位置上；还说那地方她是没法住的。**约翰生**：“不对呀，夫人，你在那里看不见任何伤害你的东西呀。你不会因为窗子对着贝德拉姆就想到疯狂，就像你不会因为窗子对着一片墓园就会想到死亡一样。”**伯尔尼夫人**：“我们可以面对一片墓园，先生，因为心里念念不忘死亡是对的。”**约翰生**：“不，夫人，如果你这么认为，我们心里念念不忘疯狂也是对的，因为疯狂是由于过分放纵想象引起的。我想这些新建筑物可以派上一种非常合乎道德的用场：我要让那些已经激发出想象的人住在那里，有所警惕。”**伯尔尼夫人**：“可是先生，很多疯了的可怜人之所以发疯，要么是因为疾病，要么是由于出现了令人痛心的事件。因此那不是他们的错误，而是他们的不幸，所以想到他们是一种令人沮丧的关心。”

时光在谈话中流逝，最后时间太晚，来不及参加三点钟的教堂礼拜仪式。我出去遛了一圈，好让他清静一阵子；然后我又回来，我们俩一起喝咖啡，聊天。

我说到我的一位贵族朋友①的性格非常怪异，想听听他的看法：“我觉得他是我认识的人中最费解的一个。你能不能把他说明白，先生？我打心眼里相信，他心地高尚、慷慨大方，有王侯风范。可是他最亲密的朋友可以跟他分别多年，他却从来不过问他们的情况。他见到他们时，也是正经八百，冷若冰霜，一副庄重而无所谓的样子；可是当他们接近他，恭俭地引他交谈的时候，他们又发现他像他们希望的那样随意，愉快，友善。于是一个人认为这么惬意的事情要很快再来；可是离开他半年，他既不找你，也不派人打听你的消息。”**约翰生**：“嘿，先生，我无法严格地确定他的性格，因为我不认识他；但我倒不喜欢让那样一个人做我的朋友。他也许喜爱读书，不希望被他的朋友打扰；Amici fures temporis②。他也许是个轻浮的人，玩物丧志，过于投入，所以不需要朋友。或者他有一种想法，认为满不在乎的样子中有种威严，其实心底里不见得比别人更满不在乎。” 879

我们七点到圣克雷芒教堂去参加晚祷仪式，然后就分手了。[a] 1783年4月28日星期一

① 芒斯图尔特勋爵。

② “朋友是时光的窃贼”——培根，《学术的进步》，卷2。

a 〔读者还会记得1775年约翰生博士旅法期间，受到巴黎的英国本笃会修士们的友好款待。（见边码第476页。）该团体的一名成员詹姆斯·康普顿牧师，当时跟他交谈时问他，如果他们中间有人改信新教并且访问英国，他们是否可以希望得到他的友好接待；对此他热情地回答：“他应当最热诚地接待那样一位皈依者。”由于这次交谈，几年以后康普顿先生对他接受的宗教产生了一些怀疑，又受到阅读《漫游者》第110期（论**悔悟**）的诱导，便更加深入地考虑这个问题；他探究的结果便是下定决心改信新教。出于这种考虑，他于1782年夏天回到他的祖国，他从六岁到三十五岁一直生活在国外，刚到伦敦，谋生手段非常欠缺，于是他立即赶到门栓巷拜访约翰生博士；向约翰生博士表达过他想加入英国国教会的愿望后，他请求约翰生帮助把他（转下页）

4月20日，星期日，由于是复活节，在圣保罗大教堂参加过庄

（接上页）介绍给伦敦主教（洛思博士）。他第一次拜访时，约翰生很不乐意，所以只给他几分钟时间长话短说；但希望他下周再来。康普顿先生第二次拜访的时候，约翰生完全改变了他不乐意的态度；极其热诚地接待了他；不仅着手办理要求他友好干预的事务，而且着眼于他未来的生计，怀着一片盛情尽力为这位先生帮忙，并且立即给他提供当下的支持手段。

发现出于某些意外的原因，向伦敦主教拟议中的引荐被推迟，为了不让当时在高门寓居的康普顿先生以为自己受到冷落，约翰生便给他写了下面一封短信：

致**牧师康普顿先生**

先生，——我已指示把维斯博士的信送给你，好让你知道你的事情的境况。一切事务都难免拖延；然而在你的事情上好像没有怠慢或忽视的情况。维斯博士似乎希望你万事如意。你最恭顺的仆人，

1782年10月6日。　　**塞姆·约翰生**

在约翰生的劝告下，康普顿先生离开高门，定居到伦敦。这样一来便常有机会拜访他的朋友，并从他的谈话和规劝中获益。然而，他的谋生手段仍然非常欠缺，约翰生博士好心许诺给他提供一笔体面的生活费，直到他能够自食其力，这种恩赐他接受了，便完全靠约翰生的资助生活，直到1783年1月底，这一月由于先前就被引见给洛思主教，他被接纳进圣詹姆斯堂区教堂我们的教派。接下来到了四月，圣保罗学校的助理教师出现了空缺，他的友好的保护人便给他更加实质性的帮助，向绸布商行会为他写了下面一封推荐信，因为新助理教师的任命由该会负责：

致**尊敬的绸布商行会**

诸位先生，——牧师詹姆斯·康普顿先生现请求诸位投票遴选他为圣保罗学校助理教师，在他的要求下，我诚恳证明，在我看来，他担任此职不仅能力具备，而且绰绰有余。诸位最恭顺的仆人，

舰队街，门栓巷，　　**塞姆·约翰生**

1783年4月19日。

尽管推荐康普顿先生的这份证明并没有立见功效，因为曾在圣保罗学校受过教育的牧师爱德华兹先生当选填补了这一空缺，但约翰生的好意并不是毫无效果；他推荐的结果表明他在伦敦这个大商业城市里威望有多高，因为他的信在可敬的绸布商行会里为康普顿先生获得了如此多的好心人，以至于好几位行会成员请他教授拉丁文和法文，他都没有时间一一答应。——1796年，国王陛下的法国牧师之一吉贝尔先生在根西接受了一笔俸禄，便提名康普顿先生接替他在圣詹姆斯教堂法国小教堂的职务；他于1811年放弃了这一职务选择贝思纳尔绿地法国教堂的一个更好的职务。承蒙已故的优秀的伦敦主教波蒂厄斯博士帮助，他于1802年，还被任命为圣詹姆斯（转下页）

严的礼拜仪式后，我就来找约翰生博士，发现画家洛先生跟他坐在一起聊天。洛先生提到伦敦有大批新建筑物涌现，又提到约翰生博士说过，居民的人数并没有增加。**约翰生**：“嘿，先生，死亡名录证明现在死亡的人并不比从前多；所以显而易见，活着的也不比从前多。出生登记证明不了什么，因为伦敦十分之一的人并不是这里出生的。”**鲍斯威尔**：“我相信，出生在伦敦的孩子早夭的很多很多。”**约翰生**：“是的，先生。”**鲍斯威尔**：“但是活着的都是些非常健壮的人：普赖斯博士[①]说，他们必须天生更加强壮才能活到头。”**约翰生**：“那就是体质，先生。一个伟大的旅行家说，据说印第安人中间没有孱弱者或残疾人；但他以卓越的洞见给出了产生这种现象的理由，那就是，他们打猎和捕鱼的艰苦生活不允许孱弱或有病的孩子长大。如果我是一个印第安人，我肯定早就死了：我视力不济，就无法找到食物。如果给我英国的钓具，我现在倒是可以捕鱼；但如果是个印第安人，我肯定就活活饿死了，要么他们看见我什么也干不了时，就给我当头一棒结果了我的小命。”**鲍斯威尔**：“说不定他们还会照顾你呢：我们听说他们喜欢演说术，你可以对他们讲话呀。”**约翰生**：“不会的，先生，我活不到适合讲话的那个年龄；不到十岁，我就已经死了。请相信，先生，一个野蛮人饿了的时候，不会身边带一个九岁大的傻瓜，因为这傻瓜无法自助。他们没有亲情，先生。”**鲍斯威尔**：“我相信，我们耳熟能详的天生的亲情是微乎其微的。”**约翰生**：“先生，天生的亲情算不了什么：但出于原则

（接上页）教堂荷兰人小教堂的牧师；这一职位他现在还在占有。

前面对这位先生皈依以及对约翰生随后对他慷慨帮助的描述，毫无疑问会被我们的作者收入他的书中，如果他得知上面叙述的情况的话；它给鲍斯威尔先生积累的关于约翰生一贯和无限的仁爱行为的证据又增加了一项。〕

① 普赖斯博士（Dr Richard Price，1723—1791），哲学家、人口学家；政治激进分子；“穷犹太人巷”牧师（1762—1770）；皇家学会会员（1765）；谢尔本的“弯木集团”成员；宪法改革社创建人（1780）；伯克在他的《感想》中予以抨击；《评道德中的重大问题与困难》（1758）和《基督教教义布道文》（1787）的作者。

和确定的责任的亲情有时候强大得不可思议。”**洛**：“先生，母鸡先喂饱了自己的小鸡然后才自己吃。”**约翰生**：“但是我们不知道母鸡饿不饿；如果让母鸡饿慌了，我保证她自己就会自己啄粮食了。我相信，公鸡会让母鸡吃，而不是自己抢先吃；但我们还是不知道公鸡饿不饿。”**鲍斯威尔**：“先生，可那不是出于亲情，而是表示殷勤。有些印第安人还是有亲情的。”**约翰生**：“先生，他们帮扶自己的一些孩子，这是显而易见的；因为有些孩子活下来了，没有大人帮助，孩子自己是活不下来的。”

我和他一起吃饭，作陪的有威廉斯夫人、德穆兰夫人和洛先生。他似乎身体欠佳，不大说话，饭后不久便昏昏欲睡，随后就去休息，我也就离开了。

第二天，我去了伯克先生的乡村庄园，在那里我被一封快信召回，信上说，我的一位近亲在决斗中杀死了他的对手[①]，他自己也伤势危重。直到 4 月 28 日，星期一，我很少见到约翰生博士，这一天我和他一起待了半天，便把我耿耿于怀的这件事讲了出来。**约翰生**：

---

① 大卫·坎宁安中尉杀死了里德尔先生。

“先生，我在《圣经》中看不到绝对禁止打斗的语句；我看到禁止报复，但不是禁止自卫。”**鲍斯威尔**：“贵格会信徒说禁止自卫：‘有人打你这边的脸，连那边的脸也由他打。’①”**约翰生**：“可是，且慢，经文的意思要产生缓和怒火的作用；显然，我们不应当断章取义，只看字面意思。我们要根据上下文来看这句话，因为那里还有其他一些劝告，我向你保证贵格会信徒不会只看字面的；例如：‘有向你借贷的，不可推辞。’②让一个信誉很坏的人去找一位贵格会信徒说，‘先生，给我借一百镑好吗？’他会发现这位贵格会教徒像其他任何人一样面有难色。先生，一个人可以射杀侵犯他的人格的人，就像他可以射杀企图破门闯进他家的人一样[a]。1745年，我的贵格会朋友汤姆·卡明说，他不愿意打仗，但他愿意赶车运送弹药。我们知道，贵格会信徒们给我们的士兵送过法兰绒马甲，为的是让他们能更好地作战。”**鲍斯威尔**：“当一个人是挑衅者而且在决斗中被滥用暴力杀死了的时候，我们是不是没有多少理由希望他进入一个快乐的国度？”**约翰生**：“先生，我们无法断定一个人离开今生时的状态。他也许一时幡然悔悟，可能被**上帝**接纳。在《卡姆登拾遗》中，有一则关于一个坠马而死的大恶人的墓志铭，按照墓志铭，据认为此人说，

880

1783年
4月28日
星期一

① 《圣经·新约·路加福音》，第6章，第29节。

② 《圣经·新约·马太福音》，第5章，第42节。

a 我想有必要告诫我的读者，不要在约翰生博士的这次或其他任何一次谈话中就断定，他们就有了约翰生对决斗问题的严肃认真、深思熟虑的看法。在拙著《赫布里底群岛旅行日记》第3版第386页〔366页10月24日〕中他好像做了这样的坦白：“有时候，谁也没有我说话随便”；同书第231页〔9月19日〕，“他竟然承认他说不清道不明决斗的合理性”。因此我们可以推断，他不会认为好像与福音书精神格格不入的东西是无可非议的。同时必须承认，根据盛行的荣誉观念，一位接受了挑战的正人君子是被迫做出一个可怕的抉择。近卫团已故的托马斯上校的遗嘱中有一条提供了这一方面的一个引人注目的例子，它是1783年9月3日在一次决斗中倒下的前夜写下的：“首先，我把我的灵魂交托给全能的**上帝**，希望他饶恕我现在（遵照这个邪恶世界不合法的习俗）被迫采取的这一违反宗教原则的步骤。”

在马镫和地面之间，
我求饶，我把饶恕发现。”[①]

鲍斯威尔：“葬仪中‘*肯定希望一种幸福的复活*’，这种说法难道不是太强烈，不能不分青红皂白地使用吗？而且有时候还是针对臭名昭著地亵渎神明者的尸体说的。”**约翰生**：“那是肯定的*希望*，先生；不是*相信*。”我再没有进一步坚持；但不由得坚持认为，不太断然的词更加合适[a]。

881

1783年4月28日星期一

谈到一个行动不便的大胖子，他说：“他吃得太多，先生。”**鲍斯威尔**：“我不知道，先生，你会看到一个吃得并不多的胖子，一个吃得很多的瘦子。”**约翰生**：“不对，先生，不管一个人饭量多大，显而易见的是，如果他太胖，他吃得比应该吃的多。一个人消化食物的能力也许比另一个人好；但有一点是肯定的。因为给固体增加了一些东西，固体就增大了。”**鲍斯威尔**：“难道固体食物不可以膨胀吗？”**约翰生**：“可以，先生，可以膨胀；但那不是发胖。”

我们谈到一位先生[②]被指控在印度犯有所谓的不法行为。**约翰生**：“指控有什么根据我不知道，但他们不会拿他怎么样。由于不良行为是在天高皇帝远的地方犯下的，违法分子就能掩盖证据，最后找不到任何蛛丝马迹来，中间隔着一层云，那是穿不透的：因此，

① 卡姆登，《不列颠志拾遗》，第387页。

a 对于这种异议，牛津大学铜鼻学院的研究员、牧师拉尔夫·丘顿惠赐我下面令人满意的观点：“葬仪中的那段文字不是指被下葬的那个人的复活，而是总体复活；它肯定希望的是*这种*复活；不是*那个人的*复活。在真正说到死者的地方，说法就迥然不同了，死者‘被说成我们的希望就是我们这位兄弟要’〔信赖基督〕；这种说法符合一切，只是不包括绝对肯定这位离世者不会信赖基督，这一点如果没有上天的直接启示，谁也不敢打包票。再者，首先‘永生’并不一定指永福，而仅仅指由复活而产生的那种或福或难的状态的永久；它的意思也许就是使徒信经中的‘长生’。”见《惠特利与本内特评公祷书》。

② 托马斯·朗博尔德爵士。

所有遥远的权力都是坏的。我心里清楚统治印度的最佳方案就是要一个独断专行的总督。因为如果他是一个好人，那显然就是最好的政府；假如他是一个坏人，有一个掠夺者总比有很多掠夺者强。一个自己的权力受到制约的总督任别人去掠夺，这样一来，他自己也可以获许掠夺；但如果是个独断专行的人，他明白他让别人掠夺得越多，留给自己的就越少，所以他要管束那些人；尽管他自己掠夺，但与众人争相掠夺相比，国家还是个获益者。”

我提到有人写书评收到非常丰厚的稿酬；证据就是谢比尔博士为那种文学劳作收到每页稿子六几尼酬金，这在一次审讯中得到了证实。**约翰生**：“先生，他也许因为一页特稿收费六几尼，但不是communibus sheetibus[①]。”**鲍斯威尔**：“请问，先生，一页评论稿意味着全是作者自己的创作呢，还是对所评论的书做的摘要呢？”**约翰生**：“先生：不管是什么，都是一页稿子。”**鲍斯威尔**：“我认为这不合理。”**约翰生**：“这没有什么不合理的。一个人自己写一页稿子，要比读一本八开本的书做摘要容易。”对约翰生这样走笔如神的头脑来说，我相信自己写真比阅读、摘要容易，但对普通人来说，情况就不大一样了。的确，很多东西要依赖做摘要要具备的仔细和判断
力。我能估计这项工作沉闷而艰难：但在很多例子中我们必须说有零 882
七碎八地从书中活剥生吞几口的现象；而从一处地方做大量的摘录肯 1783年
定不太费事。然而，我必须承认，一个人也许会从评论者的做法上推 4月28日 星期一
测，评论者喜欢原作，因为我们往往发现，他们不但不对他们评论的作品的作家做出的贡献做准确的评述，因为这是一家文学报刊的正事，反而在讨论的问题上花言巧语，发表了自己的一些遐想。

听说老谢立丹先生由于对他的演说术方案[②]的怠慢感到愤慨，扬

---

① 因为一般稿子。

② 1756年，托马斯·谢立丹出版了一部作品，其目的和论点在书名上表达得明明白白：《不列颠教育：又名大不列颠混乱之源。论证风行全国的不道德、无知、和虚假品味是现行有缺陷的教育体系的自然而又必然的后果。试图表明：复兴说话艺术、研究我们自己的语言，在很大程度上可以对根治这些弊病做出贡献》。

言要去美洲；**约翰生**："我希望他去美洲。"**鲍斯威尔**："美洲人不想要演说术呀。"**约翰生**："但我们能不要谢立丹呀。"

4月29日，星期日[①]，我发现他上午在家里与苏厄德先生一起聊天，提到了贺拉斯，**鲍斯威尔**："他的作品有极丰富的思想，人们发现那里除了宗教，几乎包罗万象。"**苏厄德**："他在颂歌 Parcus Deorum cultor et infrequens[②] 中谈及他回归宗教的问题。"**约翰生**："先生，他并不认真，这仅仅是发发诗兴而已。"**鲍斯威尔**："恐怕有很多人，压根儿就没有宗教信仰。"**苏厄德**："明达之士也是这样。"**约翰生**："嘿，先生，在这一方面并不明达。如果一个人活着对这么事关重大的问题不管不顾，那肯定不是天生的愚蠢，就是道德上的愚蠢。"**苏厄德**："我心里纳闷，竟然有没有宗教信仰的人。"**约翰生**："先生，当你考虑到几乎每一个人一生中多大一部分时间想都不想这个问题就过去了时，你就用不着对此纳闷儿了。我自己就有若干年全然不管宗教。宗教被完全丢在脑后。那是我早年的情况。疾病把它带回来了，我希望从此再没有失去过。"**鲍斯威尔**："我亲爱的先生，没有宗教你会成怎样一个人呀！你肯定会酗酒，骂人，还会——"**约翰生**（莞尔一笑）："我倒是喝够了酒，骂够了人，毫无疑问。"**苏厄德**："人们认为，疾病，对死亡的看法，会使更多的人皈依宗教。"**约翰生**："先生，他们不知道如何对待宗教：他们没有初始的观念。一个以前从不信教的人，病了以后才信教，他就像一个从来没学过数学的人在需要计算的时候，能数数一样靠不住。"

我提到我们非常敬重的一位朋友[③]，但又说他不分场合太爱引进宗教话语了。**约翰生**："嘿，先生；他引进宗教话语也不看看这样做最终会有教导和改善作用呢，还是弄巧成拙，成了某种渎神的笑料。他应当在有威尔克斯这样一些人在座的场合引进它。"

---

① 应为4月30日星期三。

② "一个勉强而又不常去敬神的人"——贺拉斯，《颂歌集》，第1卷，第34首，第1行。

③ 本内特·兰顿。

883

1783年
5月1日
星期四

我提到约翰生博士对良心自由和教育自由的高明区分。**约翰生**：“想一想，先生，如果你想让自己的子女受英国国教信条的教育，这时候却来了一名贵格会信徒，竭力误导他们改信他的信条，你会把这名贵格会信徒赶走的。你不会信赖正确的主导地位，因为你相信这就该按你的观点；你会使错误远离他们的头脑。现在，平民百姓是国家的子女。如果有人企图给他们教与国家所倡导的背道而驰的教义，行政长官可以而且应当制止他。”**苏厄德**：“你会不会制止私下交谈呢，先生？”**约翰生**：“嘿，先生，很难说私下交谈从什么地方开始，在什么地方结束。如果就我们仨一起讨论关于上帝存在的重大问题，我们不应当受到制止：因为那就会终结一切改善。但如果我们在十名寄宿学校的女学生和数目相等的男学生面前讨论这个问题，我认为地方行政长官就会给我们上枷，就地结束这场辩论。”

黑尔斯大法官曾经把一首刊印过的奇异的小诗作为礼物送给约翰生，诗写的是阿伯丁大学的修葺，作者是大卫·马洛克，黑尔斯大法官认为这首诗会令约翰生高兴，因为它提供了一个明确的证据，证明马莱甚至以*马洛克*的名义作为一个文学人物出现过；他把原名改为一个声音比较柔和的名字，这给约翰生理由把他引入《词典》的“别名”[a]条目中。我想这首诗是马莱的最初的尝试作之一。它以好几种变体保留在他的作品集中。约翰生从头高声朗读，诗里有一些关于古代优越性的陈腐观点：“这一切都是多么虚假（他说），说什么在古代学识不像现在，对于一位贵族是个丢人的事。在古代，

---

a 〔马洛克*来到伦敦后*，继续把他的名字写成这样。他给汤姆逊的《冬季》作前言的诗就是这样署名的。他在伦敦写的书信同样如此，这些书信几年前发表在《欧洲杂志》上，可是不久以后，他又改用马莱，因为1726年印行的萨维奇的《杂集》认购者的名单上就是这么叫的，此后他的所有作品一律署名“马莱”——M.〕[1]

1 〈人们一直认为在约翰生的《词典》里找不到“别名”的那样一个例证，所以整个故事是威尔克斯在《北不列颠人》中恶作剧编造的。实际情况是，它在对开本和四开本中找不到，但约翰生在1756年他自己的八开本缩编版中加上了。——鲍斯威尔〉

贵族像别的任何人一样无知。如果被认为他会写自己的名字就会勃然大怒。古人无知，仍敢于挺身而出，今人如果那样无知，谁也不敢出头露面的，我每每听到人厚古薄今的论调总是非常气愤。现在世界上的学识要比从前多得多，因为它得到了广泛的扩散。或许你没有见到一个人能像本特利那样精通希腊文和拉丁文；没有一个人能像牛顿那样精通数学。但你有多得多的人懂希腊文和拉丁文，多得多的人懂数学。”

5 月 1 日，星期四，晚上我和小伯克先生一起去拜访他。他说：“世界上读书的人甚少，写书的人却很多，真是咄咄怪事。一般人如果有别的东西开心，是不情愿读书的。肯定有一种外在的冲动：竞赛，或虚荣，或贪欲。通过一本书理解力取得的进步，苦多乐少。语言是贫乏的，不足以表达我们感情细腻的层次和混杂。谁也不会因为单纯的爱好去读一本科学书。我们读得津津有味的书都是轻松作品，里面有跌宕紧凑的事件。不过今年我把维吉尔通读了一遍。我
884 每夜读一卷《埃涅阿斯纪》，所以十二个夜晚就读完了，读得乐以忘
1783 年 5 月 1 日 星期四 忧。《农事诗》却没有给我如此多的乐趣，除了第四卷。《牧歌》我几乎全背会了。我并不认为《埃涅阿斯纪》的故事多么引人入胜。我对《奥德修纪》的故事要喜欢得多；这并不是由于里面的神奇的事情；因为在《埃涅阿斯纪》里有的是神奇的事情：特洛亚人的船只变成了海上仙女——波吕多洛斯坟头的树滴血。《奥德修纪》的故事之所以引人入胜，因为大部分是家庭式的。据说，写作中有乐趣，尤其是写诗。我承认你可以从写作中获得乐趣，是在写完之后，如果你写得好的话；但你不情愿再去理它。我知道我写诗的时候，我用手指在诗稿页边从上往下清点看看已经写了多少行，还得写多少行。”

他似乎心平气和，我虽然没有小伯克先生[①]的谈话细节的笔记，但概括地提一笔仍不失公允，那就是，约翰生博士事后对我说：“他

---

① 〈造成父母难以言说的悲痛的是，这位先生在1794年8月2日他三十五岁时谢世。——M.〉

的表现确实很好；我打算告诉他父亲。”

致乔舒亚·雷诺兹爵士

亲爱的先生，——持此信拜访你的这位是克鲁克香克①先生，他希望继任他的朋友亨特②医生的皇家学院解剖学教授一职。他的资格已经广为人知，有这样一些人士[a]做候选人，会提高这一机构的威望。你最恭顺的仆人，

1783年5月2日。　　　　　　　　　　**塞姆·约翰生**

我没有与约翰生任何会面的记录，直到5月15日，星期四，我发现这一天有下列记载。——**鲍斯威尔**：“我很想进入议会，先生。”**约翰生**：“嘿，先生，除非你决心支持某一届政府，否则进入议会反而更糟，因为你不得不过更加昂贵的生活。”**鲍斯威尔**：“先生，或许进入议会，我反而更不快乐，我是决不会把我的选票出卖的，而且如果出了偏差，我会非常苦恼。”**约翰生**：“那是言不由衷，先生。你在议院里的苦恼并不比在剧院顶层楼座上多：公务是不会使任何人苦恼的。”**鲍斯威尔**：“难道那些事务一点也不使你烦恼吗，先生？难道你没有被当朝的动乱烦恼过，被下院就‘国王的影响力已经增加，还在增大，应当被减小’这种荒唐的表决烦恼过吗？”**约翰生**：“我从来没有少睡过一小时的觉，也没有少吃过一盎司的肉。我恨不得砸烂那些党同伐异者的狗头，毫无疑问；但我并不烦恼。”

---

① 克鲁克香克（William Cumberland Cruikshank，1745—1800），解剖学家；成功的教师；《人体吸收脉管解剖》（1786）的作者；约翰生最后患病期间由他诊治；与文人交游甚广，容易发作忧郁症。

② 亨特（William Hunter，1718—1783），医生、解剖学家、男助产士；外科医生会社会员（1747—1756）；新不列颠产科医院男助产士（1749—1759）；斯摩莱特的重要朋友；皇家医师学院的证书持有者（1756）；照料夏洛特王后的所有妊娠直到他去世，因为是国王和王后二人的密友；皇家美术学院解剖学教授（1768）。

a 让指摘约翰生博士偏狭的人记住，两人都是苏格兰人。

鲍斯威尔："先生，我以自己的名誉担保，我声明，我真以为我烦恼，而且还以此感到自豪。不过，那或许是言不由衷。因为，我承认我既没有少吃，也没有少睡。"**约翰生**："我亲爱的朋友，别把言不由衷放在心上。你可以像别人一样说话：你可以对一个人说，'先
885 生，我是你最恭顺的仆人'。你并不是他最恭顺的仆人。你可以说，
1783年5月26日星期一 '现在是悲惨时世，注定生活在这样的时世实在是一件可悲的事情'。你别管时世。你告诉一个人，'我真遗憾你旅程的最后一天天气这么糟糕，你浑身湿透了'。他浑身是湿是干你才不在乎呢。你可以这样子说嘛。这是社交场上的说话方式，但不要傻想。"

我谈到乡下的生活。**约翰生**："别提倡所谓的好客；它浪费时间，又浪费钱财，你被吃空了。但并不因为你的慷慨而倍受尊敬。如果你的家像个客店，谁也不把你放在眼里。一个人在另一个人那里待一个礼拜，就使那一个人当一个礼拜的奴隶。"**鲍斯威尔**："可是，先生，有些人使他们家有种宾至如归的感觉，他们自己也十分轻松自在。"**约翰生**："既然客人觉得家都是一样的，那就不必来了。"

在这里他揭示了一个不大习惯于款待宾客的人身上司空见惯的观念：必须要有一定程度的煞费苦心的关照，否则宾客会觉得自己遭到了冷落。这样的关照无疑是非常累人的。他接着讲："不过，我却不愿在自己的家乡做个生客；我要看望自己的街坊邻居，接待他们的来访；但我不会急着回访。如果一位先生前来看我，我告诉他，他给了我极大的荣幸。我也许十个星期不去看他；我们彼此还是觉得非常恳切。先生，在需要的地方你给钱或借钱，比殷勤好客影响更大。"

5月17日，星期六，我去看望他，只待了一小会儿。我提到那天早晨曾和老谢立丹先生在一起，约翰生怀着一种由衷的热情想念他们昔日的亲密，对我说道："告诉谢立丹先生，我看见他会很高兴，并会跟他握手。"**鲍斯威尔**："怨恨保持了这么久，我真觉得不可思议。"**约翰生**："嘿，先生，他不来看我，不完全是怨恨。部分原因是习惯使然，一部分原因是讨厌，就像一个人服使他恶心的药物一样。此外，他知道我笑话他的演说术。"

另一天，我说到我们的一位朋友[1]，不仅我，而且他也对这位朋友评价很高。约翰生对他赞不绝口，但又说：“先生，他是个该死的辉格党人，一个彻头彻尾的辉格党人，现在他们都是这样。”

我提到我由于对一位当时有权有势的杰出人物[2]感兴趣，便有所期望，说道：“不过，我除了要求友谊，别无他求，可是有些人的动机远远不止这一点。”**约翰生**：“先生，他们会把那个动机全面铺开。”一位先生[3]谈到引退。“千万不要那么想。”约翰生说。那位先生坚称：“我那么做又不是做坏事。”**约翰生**：“也不是做好事，先生，那是一种文明自杀。”

5 月 26 日，星期一，我发现他在喝茶，《埃韦莉娜》和《塞西莉
亚》的作者、著名的伯尔尼小姐作陪。我问如果搞不到席位，议会
里是否还有人演讲。**约翰生**：“有啊，先生。你干吗在这里讲话呢? 886
不是为了启迪，就是为了开心，这都是良好的动机：要么是为了出风
头，这是一种自私的动机。”我提到《塞西莉亚》。**约翰生**（露出一副 1783 年 5月26日 星期一
正中下怀的神气）：“先生，如果你要谈《塞西莉亚》，接着说。”

我们谈到巴里先生的画展。**约翰生**：“无论手做了什么，心都尽了力。那里有一种心的把握，你在其他任何地方是找不到的。”[a]

我问一个天生有德操的人和一个改邪归正的人哪一个最好。**约翰生**：“先生，对你而言，改邪归正的人不算最好。对他自己而言，他的功绩更大。我宁愿把钱托付给一个没有手的人，也就是身体不具备偷窃的可能性的人，也不愿交给最讲诚实原则的人。有一个关于富特的风趣的讽刺故事。他把一尊加里克的胸像摆在自己的写字台上。‘你也许会感到惊讶（他说）我允许他离我的金子这么近；但你会注意到他没有手。’”

---

① 埃德蒙·伯克。

② 也许是伯克。

③ 也许又是伯克。

a 在巴里先生印的对这些画的分析或描述中，他以至高无上的言辞谈到约翰生的性格。

5月29日，星期五[①]，由于第二天一早要启程前往苏格兰，我这一天的一部分时间便用来陪他，表现得比平时更加热心；因为他的身体比哪一次我离开他时更加处于一种不稳定状态。然而，他敏捷活跃，像往常一样挑剔。我提到一位非常博学的人[②]。**约翰生**："是的，先生，他是很有学问，但它从不直截了当地表现出来。在别人旁边从来没有一点主见，全都纠结在一起：所以在交谈时非常笨拙地把它生拉硬拽了出来。"

我向他陈述了一种焦虑，一位真诚的基督徒也许会被它搅得心烦意乱，即便他意识到过过一种积德行善的生活的时候，也与人类的弱点难解难分：他也许担心他尔后会堕落，会犯那种使他从前的一切宗教信仰前功尽弃的罪过。对于这样一个可怕的问题能不能有善恶相抵那样的事？假如一个人过了七年积德行善的生活，后来作了一次恶，旋即命丧黄泉；那么他原先积德行善的生活会不会对他起好作用呢？**约翰生**："先生，如果一个人过了七年积德行善的生活，后来一时冲动，做了错事，旋即又突然离世，请放心，他会为这七年积德行善的生活得到回报的；**上帝**是不会把他拒之门外的。根据这一原则，理查德·巴克斯特相信自杀者可以获救。'如果（他说）有人反对说我的主张有鼓励自杀之嫌，我就回答，我不愿为了阻止自杀而说谎。'"**鲍斯威尔**："经文上不是说，'就像大树往哪里倒，就必须在哪里躺着'[③]吗？"**约翰生**："是的，先生；就像树倒了：可是，（稍事停顿）——那是指树的一般状况，不是指一阵狂风的作用如何。"总而言之，他把这句话解读为说的是条件，不是位置。因此一般的概念似乎错了；而申斯通关于神学家们的风趣说法极力在树临死时猛地一拉[④]，从而使它躺在有利的位置，这种说法根据不足。

---

① 其实是星期四。

② 本内特·兰顿。

③ 参比《圣经·旧约·传道书》，第14章，第3节，"树若向南倒，或向北倒，树倒在何处，就存在何处"。

④ "树要倒的时候，我看见工人们用一根绳子猛地一拉，就把它放倒在（转下页）

1783年
6月2日
星期一

我问他我应当读理查德·巴克斯特的哪些作品。他说："随便读；都很好。"

他说："尽可能地培养脑力。生活要量入为出。做到年年有余。收入大于支出、永远不会出大乱子。"

我向他保证，在他广泛而纷繁的相识中，谁也没有我这样真诚地爱戴他。他说："这我相信，先生。如果我有苦难，我最想找的人就是你。我倒是想在你的庄园里有一座小屋，到处溜达溜达，主要靠牛奶过活，受鲍斯威尔夫人的照料。我们俩现在是好朋友了，对吧？"

谈到虔诚，他说："尽管'**上帝**不在手造的神殿里居住'，是句真话，然而在这种存在状态下，我们的心在专供拜神的地方比其他地方受到更加虔诚的影响。有些人在自己的住宅里有一间专屋做祈祷；对此我并不反对，因为它会激励他们的虔诚。"

每当我要告别，不管时间多长，他都要拥抱我，送上他的祝福。今天我迈出他的房门，怀着一种忧惧，不知道我回来之前会发生什么事情。

致**威廉·温德姆阁下**

阁下，——持信人是菲利普斯小姐[a]的父亲，菲利普斯小姐是一位歌唱家，来到都柏林想在舞台上一展歌喉。

菲利普斯先生是我的老朋友之一；我认为无论他，还是他女儿都不会干使他们的恩人丢脸的事情，因此我不揣冒昧请求在适合您的地位[b]和人格的范围内支持保护他们。他们有幸得到您的任何眷顾，我当感激不尽。你最恭顺的仆人，

伦敦，1783年5月31日。　　　　**塞姆·约翰生**

（接上页）他们希望它躺下的地方。神学家们由于理解这段经文时太拘泥于字面，通过介入死亡的事情，声称在规范一个人的永福。我以为这里的意思很难支持他们的臆断"：威廉·申斯通，《论宗教》，载《诗文集》2卷集（1764），第2卷，第297页。

a　现在是著名的克劳奇夫人。

b　温德姆先生此时在都柏林任当时的爱尔兰总督诺辛顿伯爵的秘书。

下面是他乐于助人的又一事例：

致**乔舒亚·雷诺兹爵士**

亲爱的先生，——现寄上我的教子[a]的几幅作品，对于这些我不敢妄自表态。当时我不揣冒昧向你提起他的时候，我并不知道我此后听说的情况：莫泽先生已经录取他为学院的一名学生。还能为他做些什么，我恳切地请求你考虑；因为我希望他会从我与他的关系中有所获益。倘若你有见他的意向，我愿意带他来拜访你，时间由你敲定。你最恭顺的仆人，

888

1783年6月2日星期一

1783年6月2日。　　　　**塞姆·约翰生**

事实证明今年我与他分别时的担忧并非庸人自扰。因为不久以后，他有过一次可怕的中风，有关情况他在亲笔信上做了详尽的描述，这也显示了他坚定的虔诚使他能够表现出怎样的沉着冷静，顺从天意。

致**埃德蒙·艾伦先生**

亲爱的先生，——今晨我失去了说话的能力，实属天意；上天会不会进而让我很快失去知觉，尚不得而知，我求你接到此信后，来见我一面，如情况急需，请替我代为处理，你真诚的，

1783年6月17日。　　　　**塞姆·约翰生**

致**牧师约翰·泰勒博士**

亲爱的先生，——夜里突然中风，无法言语，实属天意。

我非常渴望赫伯登医生的帮助，因为我认为我的情况还不是无可救药。让我尽快见到你。如能办到，把赫伯登医生也带

a　塞缪尔·佩特森的儿子。

来；但你无论如何要来。当我突发重病时，很高兴你贵体康健。

我认为赶紧多服用一些兴奋剂可以见效。我怀疑剧烈的呕吐会不会激发话语器官恢复功能。由于时间太早不能派人前往，我试图竭力回想，看什么原因造成了这场可怕的痛苦。

我习惯于经常放血，治疗哮喘；但在佩皮斯医生的劝告下，停了一段时间，因为他发现我双腿开始发肿。有时候我服用镇静剂来缓解一种疼痛，或者更恰当地说，一种压迫性的胸堵；最近又频频服用鸦片，但最近一次，或者最近两次，剂量更小一些。最大的服用剂量是三格令[①]，昨夜只服了两格令。你要把这些事情（它们是我能记起的全部）向赫伯登医生提一提。

你的，

1783年6月17日。 **塞姆·约翰生**

两天后他对思雷尔夫人这样写道：[a]

“16日，星期一，我坐着让人给我画像，然后走了相当长的一段路，没有多大的不便。下午和晚上感到心身轻松自在，便开始制定生活计划。随后上床就寝，睡了一会儿就醒了，便坐了起来。长期以来，我已养成了这样的习惯，我感到脑子里迷迷糊糊，我估计
这样的状态持续了半分钟。我感到惊惶，便祈祷上帝，无论他怎样 889
折磨我的身体，求他饶了我的理解力。这番祈祷，为了试探我的官 1783年
能是否健全，我是用拉丁诗做的。诗句不是很好，但我知道不是很 6月18日 星期三
好。我做得十分轻易，由此得出结论我的官能未受损害。

“过了不久，我发现我患了中风，不能说话了。没有疼痛，处在这种可怕的境地却不大沮丧，所以我对自己的麻木不仁感到纳闷，因此考虑也许死亡本身来临时，引起的恐怖反而比现在似乎伴随它的要少。

---

① 〔格令（grain），英美制最小重量单位，等于0.064 8克。〕

a　思雷尔夫人的《书信集》卷2，第268页。

“为了激发发音器官，我喝了两打兰[1]酒。酒一直以产生滔滔雄辩闻名。我设法做一些剧烈的动作，我想我还重复了几下。但一切纯属徒劳。于是只好上床，说来好像有点奇怪，我认为我睡着了。当我看到亮光的时候，是策划我应当做些什么的时候了。尽管上帝堵住了我的嘴，但他放开了我的手。我享受到了我亲爱的朋友劳伦斯未曾得到的恩惠，此时此刻我在写信时，他也许在瞅着我，并对我有他求之不得的能力感到高兴。我的第一张纸条必须是写给仆人的，他说着话进来，一下子还弄不明白为什么要他阅读我交到他手里的东西。

“然后我给艾伦先生写了一张卡片，以便情况需要时手边有一位虑事周全的朋友处理事务。下笔写这封信时，我感到有些困难；我的手不知道是怎么回事，常把字写错。然后我给泰勒博士写信要他到我这里来，并且带上赫伯登医生；我还打发人去请布罗克斯比医生，他是我的邻居。医生们都非常友好，给了我很大希望；但你可以想象我的景况，到目前为止我已经恢复了我的说话能力，可以背诵主祷文，发音并不是很不清晰。希望我的记忆仍和以往一样；但这样一场突发的病变产生了对每一种官能是否安然无恙的担忧。”

致**托马斯·戴维斯先生**

亲爱的先生，——我确实受了一次非常沉重的打击；然而，**上帝**饶了我的性命，我恭顺地希望他会饶掉我的理解力，恢复我的话语。由于我还不是全然无助，我不需要特别的帮助，然而我强烈地感受到了戴维斯夫人的温存。当我想到她对我的帮助时，我就非常高兴去拜访她。我已经吩咐把朋友们拒之门外，但有一两位还是想办法进来了。如果你来，一定会让进来的：因为我不知道我能见到的谁会嘴里含来更多的开心果，心里揣

① 〔打兰（dram），英制重量单位，在药铺中为1/8盎司，合3.8克，在常衡中为1/16盎司，合1.77克。〕

来更多的关爱情。你的，

1783 年 6 月 18 日。　　　　　　**塞姆·约翰生**

能保留约翰生对戴维斯先生这样一种关心的纪念物，给我极大的快乐，因为正是戴维斯先生把我引荐给约翰生的[a]。约翰生确实很喜爱戴维斯，我在下面提供一件小小的证据。有一天，约翰生对待戴维斯态度过于粗暴，汤姆也不是个不心高气傲之人，他一气之下扬长而去；但他刚一到家，约翰生就打发弗兰克随后送来这么一张字条："好啦，好啦，亲爱的戴维斯，我们一吵架我总是非常难过。给我一句话：我们是朋友。"

890

1783 年 7月3日 星期四

致**詹姆斯·鲍斯威尔先生**

亲爱的先生，——你对我健康的忧虑体现出一片友谊之情。也非常符合你总体的仁心。我还真经受了一次非常可怕的打击。上个月 17 号，大约凌晨三点，我猜差不离，我发现自己几乎完全不能言语。没有疼痛。我的器官被卡住了，只能说"不"，但很难说"是"。我写下了一些必要的说明，因为**上帝**乐于宽饶我的手，便打发人去请赫伯登医生和布罗克斯比医生。在从我发现自己不适到派人请医生这段时间内，尽管又惊又忧，我相信还是睡了一小会儿觉，自然开始重新发挥它的作用。医生来了，针对病情给了一些必要的叮嘱，从那时候起，我的发音在不断改善。现在我能够说话，但神经疲软，话不能说多长时间；但我希望精力将会恢复。医生认为我已经痊愈了。上个礼拜天我还去了教堂。星期二，我去汉普斯特德散了散心，与**俱乐部**同仁一起聚餐，有人推荐帕默斯顿勋爵，违背我的意见的是，他未被通过[b]。我计划下周跟兰顿先生去罗切斯特，我打算在那里

a　可怜的德里克，尽管没有像他许诺的那样亲自把我介绍给约翰生博士，却有把我介绍给直接引荐人戴维斯的功劳。

b　勋爵大人不久后就被选中，现在是**俱乐部**成员。

逗留十来天，然后想办法去别的地方放放风。我接到很多友好的邀请。你弟弟常打问我的情况。真的，我的朋友大多非常关心。谢谢亲爱的黑尔斯大法官的礼物。

我希望你回去后发现万事快快乐乐，欣欣向荣，尊夫人尤其得到康复和巩固。请代我向她致意。你最恭顺的仆人，

伦敦，1783 年 7 月 30 日。　　　　**塞姆·约翰生**

致**露茜·波特夫人**，利奇菲尔德

亲爱的夫人，——你对自己健康的描述令人忧郁。但愿**上帝**会使你恢复健康。我的病影响了我的说话，在某种程度上仍然在阻碍我的发声。我的声音有一阵子非常清晰；但是器官由于依然衰弱，所以很快就会疲惫。但在其他方面，我认为比最近的情况要好，而且能让你知道我的情况，无需其他人插手帮助。

我的朋友们认为，我也认为，我正在逐渐好转。医生们认为我已经痊愈了；四天前，我已经让人洗掉了我头上的干斑粉。上星期二，我还跟**俱乐部**同仁一起聚餐。

下个礼拜我要去肯特，打算这个夏天勤换空气；我是否会远游到斯塔福德郡，现在还说不上。我倒是很高兴来一趟。请转达我对科布夫人、皮尔逊先生[a]和所有关心我的人的谢意。

891 我亲爱的，让我们彼此为对方祈祷，把我们的苦难看作仁

1783 年 8月29日 星期五 慈地下给我们准备好进入另一个国度的通知。

我现在的日子过得很郁闷。我的老朋友莱韦特先生去世了，他跟我同住在一个屋檐下，很有帮助，很合得来；德穆兰夫人走了；威廉斯夫人身体太弱，给别人增添不了多少喜悦。这个世界匆匆而过，我们就要随它而去；然而，毫无疑问，还有另一个世界，它会永久长存。让我们大家适应它吧。你的，

伦敦，1783 年 7 月 5 日。　　　　**塞姆·约翰生**

---

a 〔牧师皮尔逊先生，露茜·波特夫人将她的大部分财产遗赠给了他。〕

他的体格总体上非常健壮，所以从这次令人惊悚的严重打击中恢复过来，出奇地迅速；因此七月份他就能够去罗切斯特看望兰顿先生。他在那里过了大约两个星期，像他一生中的许多次一样，轻轻松松地做了一些短途旅游。八月，他不辞路远，到了邻近索尔兹伯里的希尔，威廉·鲍尔斯先生的邸宅。我听见约翰生称赞这位先生是他家遵守宗教规矩的楷模。我在他的日记里发现了一则简短但又显耀地提到这次访问："8月28日，我来到希尔，并不疲劳。30日。我得到称心的款待。"[a]

致布罗克斯比医生

亲爱的先生，

索尔兹伯里附近的希尔，1783年8月29日。

不显出一副需要对你好心关注的正当意向的样子，我就无法省去对于显得有点危险的那一天的描述。我五点起床，六点出门，九点左右抵达索尔兹伯里，坐朋友的四轮马车又向前走了几英里。此行并不比我四十年前应当感到的更加疲劳，尽管那是一辆安装得很高的粗糙马车。现在我们要看看空气会起什

a 〔他于8月13日写给思雷尔夫人的信里，我们发现有下面一段忧伤的文字：

"现在我病垮了，没有密友或者家人的抚慰：在喧嚣和沉默之间，在宽泛的交谈和自我折磨的孤寂之间，我没有中间状态。莱韦特死了，可怜的威廉斯正在加紧死亡的步伐；我不知道她是否会再从她的卧室里出来。"

在随后一封信（8月26日）里，他又说："威廉斯夫人时不时地幻想她好了一些，然而她的生命力好像在慢慢地燃尽。不过没有人认为她会很快耗完，由于她听任我对她用处甚微，所以我已经决定到索尔兹伯里附近与鲍尔斯先生过一段时日，而且已经找了个地方过星期四。

"或许换换空气会有一些好处，换换交往的人也会有一些好处，单纯换换地方还会有一些好处。在一个人病了好久的卧室里恢复健康不容易，在那里样样东西都已熟视无睹了，每个人说话都在复活并加深痛苦的印象。诚然，谁也逃脱不了自己，但他可以逃离许多无益的造成不安的起因。心就是它自己的所在[1]，这是一个学会了撒谎的堕落天使的大话。外在的地方有很大的作用，至少对所有有形的生灵而言。我希望这次短短的旅行至少使我把郁闷暂缓一下。"〕

1 弥尔顿，《失乐园》，第1卷，第254行。

么作用。这一地区是一马平川；我所在的这座房子，就我从窗口的所见来判断，因为我写信在离开寝室之前，还是够惬意的。

请你继续关照威廉斯夫人。那是对健康人的一大安慰，对病人的更大安慰，因为他们发现自己并未受人忽视。我也知道你希望哪怕在你没有多大希望给予帮助的地方给人安慰。

打我写此信的前一部分开始，我发现由于邮班的路线，我无法在31号前寄出去。你的，

塞姆·约翰生

他在这里的时候，接到布罗克斯比医生的一封信，告知他威廉斯夫人的噩耗[a]，这对他的情绪影响甚大。尽管好几年来她的脾气一直讨人嫌，但她有令人钦佩的品质，她的离去在他的房子里留下了一处空白。在这种情况下他按照自己虔诚的惯例，作了一篇祈祷文[b]。

892 我要在这里插几件有关他的事情，都是他的一位朋友[①]惠赐我的。

1783年 "他一度有写一部奥利佛·克伦威尔传的计划，他说，此人从无名之辈开始，后来异军特起，掌握了最高权力，追溯这一进程，他认为一定非常奇妙。他最后还是把这一计划束之高阁，因为他发现

---

a 〔1783年9月9日他给苏珊娜·思雷尔小姐的信上这样写道："请把布罗克斯比医生的一封信的这段话让你妈妈看看。'威廉斯夫人由于单纯的虚弱终于在今晨（9月6日）三点左右还了自然的大债。她是在没有一点挣扎的情况下去世的，临了仍然维持着她的官能运作，就像她说的那样，整理好了她的房子，准备好离开，在自然最后召唤的时候。'"

在9月22日给思雷尔夫人的信上，他又写道："可怜的威廉斯，我希望，看到了她痛苦的终结。她行为谨慎，坚韧不拔。她已离我而去。

你已经完成你疲惫的任务，
回家了，也拿到了你的工资。[1]

如果她有好的性情和伶牙俐齿的本领，她的普遍的好奇和全面的知识就会讨得认识她的人个个欢心。她给你的慈善学校留下了她的一点点积蓄。"〕

1 见莎士比亚，《辛白林》，第4幕，第2场，第260—261行，与原文有一字之差异。

b 《祈祷文与默想录》，第226页。

① 威廉·鲍尔斯。

西登斯夫人

乔舒亚·雷诺兹爵士 绘

能说的一切都已刊行；要在世人已经掌握的材料之外，再获取任何可靠的信息是不切实际的[a]。”

“他同样构思过一部作品；但在他一生的哪个阶段就不得而知了，这部作品要表明在世界上**真正的虚构**数量何其微小，还表明同样一些意象，变化甚微，满足了古往今来所有作家的需要。”

“他晚年频频思念他故去的朋友。他往往念叨这样的一些语句：‘可怜人啊！他死了。’”

“说到一位文学界的朋友[①]，‘他是个爱显摆的、让人莫名其妙的家伙（他说）。他有次把某人写给他的一封信借给我，且不管信上写的是什么；可是他想把信要回去，还说该信价值连城；他希望再次见到它，就是给他一千镑，他也不肯失去它。不久之后我找到了，就还给了他。我相信我当时说，我非常高兴见到这封信。哦，当时他不知道这话里有话。所以你看，这封信丢了的时候，它值一千镑，找着的时候，它一文不值’。”

“他言谈的风格和特点，广为人知，肯定是与培根勋爵的一条规诫相契合的，但这种契合，是被人发现的，还是约翰生有意而为的，我认为尚不清楚。提到的这条规诫内容如下：‘在各式各样的言谈中，或欢快，或严肃，或严谨，或普通，话说得悠闲是合宜的，宁

---

a　马隆先生说：“不过，这肯定是个错误，从诺布尔[1]先生出版的《回忆录》上看得出来。如果约翰生具备了那位先生的勤奋取得的材料，和其他据信用手稿保存下来的材料，毫无疑问，他会写出克伦威尔最有价值、最奇妙的生活史。”[2]

1　诺布尔（Mark Noble，1754—1827），传记作家、文物专家；《克伦威尔护国家族回忆录》（1784）的作者，这是一部主观判断性很强的作品，没有经久不衰的重要性；肯特郡巴明教区长（1786）；文物学会会员（1781）。

2　〈我可以补充一点：如果约翰生给我们一本《克伦威尔传》，我们就不会对无数的这类事例感到恶心了——“我的护国公”呀，“我的护国夫人”哪，当然那个主持血腥的会议、谋害他们的君主的野蛮流氓，就会用在这部作品中给他使用的迥然不同的形容词来描绘他了。在这部作品中，我们发现它被描述成“大胆而坚决的布拉德肖”。——M.〉

①　约瑟夫·沃顿博士。

肯拖沓，也不要匆忙：因为匆忙混淆记忆，而且往往，除了不得体，还逼得那人要么结结巴巴，甚为尴尬，要么把应当明白的话叨唠个没完；而说话慢条斯理则加强记忆，除了说话和表情的得体，还给倾听者增添一种智慧的遐想。'[①] 约翰生博士的谈话方法肯定是有意激发注意力，或逗人开心，或给人启迪，（恰到好处，）不使周围的人感到厌倦或迷惑。他总是讲得明白易懂，无懈可击；语言精准，句子规正，因此他的谈话无须校正都可以印行。同时，谈话又如行云
893 流水，轻松自然；它的精准没有牵强、僵硬的痕迹，由于习惯势力，
1783年 又由于强大心智的习惯性的锻炼，他的话似乎比别人的更加正确。”

“他常常称赞法国文学。'法国人精于此道，（他常说）每样题材，他们都有著作。' 从他亲眼所见，他否定了他们礼貌过人的称赞，而且露出一脸的厌恶，提到他们有在住处的地板上吐痰的习惯。'这（博士说）是一件再粗野不过的事情。一个人不禁纳闷，怎么有人，或者有一批人竟然能整整一天坚持这种令人讨厌的做法。一个人应当期望趋于文明的第一次努力，哪怕在野蛮人中，也要根除这种做法。'”

“巴克斯特的《基督教的理由》他认为汇集了基督教体系神性的最好的证据。”

“化学对于约翰生一向是一种有趣的消遣。在威尔特郡的时候，他参加了一位索尔兹伯里的医生做的关于新品种的空气的实验。在实验的过程中他们屡屡提到普里斯特利博士，约翰生顿时眉头紧锁，态度严厉地问道：'我们干吗总听到普里斯特利博士长，普里斯特利
894 博士短？' [a] 他得到合理的回答：'先生，因为我们这些重要的发现都

1783年

① 〈“文明谈话须知”——《培根文集》，四开本，卷1，第571页。——M.〉

a 提到普里斯特利博士的名字时，约翰生不高兴，我并不感到奇怪；因为我知道没有任何作家被容忍出版了更加有害的学说。我只举三个例子。第一，唯物论；这种理论否认精神与人性有任何关系；这种理论如果被人相信，就必定会剥夺我们的每一项崇高原则。第二，必然性；或者是这样一种理论：每种行为，无论好坏，都被包含在一种不可改变、不可避免的体系中；这是一种完全颠覆了道德管控的观念。第三，我们没有理由认为来世，（按他欣然告知我们的那样，它会得到改造以适应我们完全改善过的天性）（转下页）

受惠于他。’一听这话，约翰生博士显得非常满意，于是答道：‘好啦，好啦，这我相信；让每个人都得到他应有的荣誉。’”

“一位朋友大约在他去世两年前，有一天对约翰生博士的某件极其坦诚的事例感触良深。‘哎，先生，（他说）我总愿意说，你是一位非常坦诚的人。’‘是吗，（博士答道）那我就怀疑你将会非常奇特。可是，老实说，先生，（他继续说）我看我是个被人误解得很厉害的人。我不是个不坦诚的人，也不是个严厉的人。我有时候开玩笑，意在言外，人们容易相信我是当真的。不过，我现在比我年轻时更加坦诚。由于我更了解我期望值不高的一些人，所以我现在乐意管一个人叫*好人*，条件比我原先的更加宽厚。’”

（接上页）将会在实质上不同于今世；如果予以相信，就会使不幸的人陷入绝望，因为他们不能再希望“为**神**的子民留存的安息”。[1]或者不能再希望那种向我们昭示为超越当前概念的某种境遇的幸福；而只会觉得自己注定要继续他们现在在其下呻吟的那种不安处境。对于他胆敢侮辱他的国家的神圣庄严建制的那种肆无忌惮的做法，我就不予置评了。

我要引用下面一段文字作为他作品的样板，我觉得它既荒谬又渎神，或许会遭到因放火焚烧他的房子而被提起公诉的人对他的反驳。“我不能，（他说）作为一个*必然论者*恨任何人；因为我把他看成在各个方面正好就是**上帝***造就的成品*；而且就我而言，他只做*专门指定*他做的事情：**上帝**是*唯一的起因*，人只不过是他手中*实施他的种种意愿的工具*。”——《哲学必然的说明》，第111页。

牧师帕尔博士在最近的一本小册子中，似乎认为*约翰生博士*不仅忍受，*而且差点儿要求会见普里斯特利博士*。为了给约翰生博士以公正，我宣布我坚定地相信他从来都没有这么做过。我杰出的朋友态度尤其坚定，决心不给他认为其作品对社会有害的人任何面子。我在牛津时，看到普赖斯博士甚至在他由于热心支持法国革命变得招众人反感之前，走进约翰生所在一群人中间时，约翰生立马离开了房间。他对普里斯特利博士就更是拒之千里了。

凡是希望看到对这种“文学多面手”的完美刻画的人，可以在一本题为《普里斯特利博士的一帧袖珍全身像》的巧妙的小册子里发现它。小册子是为圣保罗教堂墓地的里文顿[2]一族印的。

1 参比《圣经·新约·希伯来书》，第4章，第9节。

2 里文顿（Charles Rivington，1688—1742），伦敦印刷、出版商。

他从希尔回来后，给伯尔尼博士写了一封信：

“我于 18 日中午回家，走进一座非常凄凉的屋子。你我都失去了自己的朋友；但你家里还有一些朋友。我家里的同伴却离我而去。她之所以被人念念不忘，因为她的获得很多，她的好奇心很广泛，因此她参与了每次谈话。我的身体还不够好，所以不常出门；独自枯坐，独自吃饭或斋戒，非常无聊。我总想对各位女士致意。”

这一年，他的坚忍遇到了严峻的考验。中风一事已被详尽地描述过；但他还患了痛风，不仅如此，他还受到另外一种疾病的困扰，这种病不仅伴随着直接的不便，而且威胁他要做疼痛的外科手术，这是大多数人望而却步的事。这病是一种睾丸肉样肿，约翰生以非同寻常的坚定忍受着，在期待切断手术期间没有一点害怕的样子。他得到了波特[①]先生和克鲁克香克先生的照料。我面前有一封这一年 7 月 30 日他写给克鲁克香克先生的信，他在信里说：“我打算把自己交到你的手中。”另一封信附随着他的一套《诗人传》，他在信上说“求你笑纳这几本拙作，作为你对我大恩大德的谢忱，你最感激、最恭顺的仆人”。我手里还有好几封他写给克鲁克香克先生的信，也有写给朴利茅斯的马奇医生的，这些信不宜穿插在这里，因为里面充满了令人不快的技术细节。不过，我将从他给马奇医生的信里摘录几段，以显示他表达的精妙或无畏的心态。

“我对你技艺的信心、我对你友谊的相信使我决定请求你的意见和劝告。”——“在这种状态下，我恳切地希望你告诉我怎么办。切除无疑对治愈是必要的，我不知道有任何减轻的手段。手术无疑是疼痛的；但是不是危险呢？疼痛我希望体体面面地忍受；但我讨厌拿
895 生命去冒险。”——“把痛风描写成对中风的对抗，你把事情说得够
1783 年 9月30日 星期二 中听的了。这严格地说不是第一次发作，但我希望它像第一次一样好

① 波特（Percivall Pott，1714—1788），外科医生，作品有《骨折和脱位》（1768）和范围极广的其他外科程序的著述；皇家学会会员（1764）；在汉诺威广场王子街诊疗的病人中有加里克和约翰生等名流。爱丁堡皇家外科学院荣誉院士（1786）；伦理标准的促进者。

了；因为它是我无法出门的第二次；第一次是十年以前的事，远远没有这一次的猛烈和火辣辣地疼。”——“亲爱的先生，尽量写点什么来告知或鼓励我。手术不会因为我的什么恐惧和反对而拖延。”

致**本内特·兰顿先生**

亲爱的先生，——你指责我对你和罗西斯夫人的一番好意麻木不仁，也许很有道理，因为过了这么长时间我没有任何感谢的表示。现在我终于要表示感谢了，为什么不早点表示，我应当告诉你。我身体一允许就去了威尔特郡，在那里许多时间用在减缓我的疾病上。疾病造成了许多自私。一个病痛中的人盼望轻松，便让其他大多数事情任其自流。在此期间，我失去了一位同伴[a]，三十年来我靠她寻找家庭的乐趣，她全面的知识是取之不尽、用之不竭的；现在我回到一个空虚、落寞的住处。我得了一种麻烦而又危险的病，只有动刀才能治好。为我祈祷吧。你的，

伦敦，1783年9月20日。　　**塞姆·约翰生**

所幸这种病没有受切断手术的煎熬就缓解了。但我们必须佩服他在手术迫近期间表现出的那种刚毅决断。

在给同一位先生的一封信中他写道：“痛风在这四天内来势凶猛，那是我先前没有经历过的。它使我像个婴儿一样无助。”在另一封信里，提到威廉斯夫人后他说：“继莱韦特之后，她的去世给我的房子留下一片冷清。她把自己的一点儿东西留给慈善学校。我希望她现在待在一个没有黑暗、没有匮乏、没有悲伤的地方。”

我写信给他，请他告知他的身体状况，还提到巴克斯特的《阿那克里翁集》：“它收藏在阿夫莱克的图书馆里，我发现家父在1727年用藏于莱登大学的手稿做过校勘，还在上面做了一些注释。你是否建议我出一个新版？”

---

a　安娜·威廉斯夫人。

他的回信写于 9 月 30 日：

“当你知道或者也许知道我一贯的健康状况的时候，你不应当把
你的信弄成稀罕。很长时间没有你的音讯了；我没有回音是一位朋
友沉默的很不充分的理由。你的《阿那克里翁集》是一本不同凡响
的书；无论伦敦还是剑桥都找不到一本那种版本。是否应当重印，
896 你最好咨询一下黑尔斯大法官。——除了我的顽症，这十天来我受
1783年9月30日星期二 到痛风的严重困扰；不过现在已经缓解了。我希望**上帝**能让我活得
长一点，使我更适合出现在他的面前。”

这年夏天他接受了名优西登斯夫人[①]的拜访。他在给思雷尔夫人的一封信中给了这么一段描述：

“西登斯夫人来看望我时，表现得非常谦虚、得体，身后没有留下可指摘或小瞧的东西。赞扬和金钱，人类的这两大腐败剂似乎都没有将她败坏。我会高兴再见到她。她弟弟肯布尔[②]常来看我，使我非常开心。西登斯夫人和我谈到戏剧，她告诉我她打算今冬表演莎剧中康斯坦丝、凯瑟琳和伊莎贝拉这些角色。”[③]

肯布尔先生把这次拜访经过的下列记录惠赐予我。

“西登斯夫人走进房间时，恰巧没有给她准备座椅，他注意到这种情况后，便笑着说：‘夫人，你常常造成别人座位的缺失，所以更容易原谅给你自己缺少一个座位。’”

“坐到她身边以后，他兴高采烈地开始对英国戏剧做一番考量，提了不少问题，尤其问她，她最喜欢莎士比亚的哪些人物。她的回

---

① 西登斯夫人（Mrs Sarah Siddons，1755—1831），女演员；约翰·菲利普·肯布尔的姐姐；先在巴斯树立了名望（1778—1782），然后前往谢立丹的朱瑞巷剧院；1780年代中叶的文化偶像；选定的麦克白斯夫人；与詹姆斯·博登合作推出《西登斯夫人回忆录》（1872）；她那个时代最著名的女演员。

② 肯布尔（John Philip Kemble，1757—1823），演员；在朱瑞巷谢立丹手下工作（1783年起）；朱瑞巷执行经理（1788年起）；在《亨利八世》和《科里奥兰纳斯》中的角色取得早期好评；背叛后买下修道院花园六分之一的股份（1802）；死后声誉因跌落在加里克和基恩之间而受到损害。

③ 分别是《约翰王》《亨利八世》和《一报还一报》中的人物。

答是她认为《亨利八世》中的凯瑟琳王后最自然。——‘我也有同感，夫人，（他说）无论你什么时候演它，我会再次拐到剧院去看。’西登斯夫人断言她为他演他最喜爱的角色真是莫大的荣幸；但是出现了很多情况，在博士的有生之年，《亨利八世》没有机会上演。

“这天晚上，他对他记得在舞台上看见过的一些主要演员的优点提出了这样的看法。‘波特夫人①表演激愤，克莱夫夫人表演轻松幽默，我见过的人中绝无仅有。克莱夫演得最精彩的地方胜过加里克；但演了那么多的角色，能演好的不到一半。她是我见过的天下最顽皮嬉闹的人。普里查德，在日常生活中，是个俗不可耐的白痴，她常谈论她的礼服。可是一旦出现在舞台上，似乎灵感就来了，顿时斯文与悟性勃发。我曾经与科利·西伯交谈过，认为他对自己艺术的原理一窍不通。夫人，加里克绝不是个慷慨激昂的演说家，他自己的置景工，说起“活不下去还是不活”来，说得不如他的没有一个；但是他是我见过的唯一的一个无论悲剧和喜剧都堪称大师的演员，尽管我最喜欢他的喜剧表演。对人物的真正了解，对人物的自然表现优秀到他人望尘莫及的地步。’他以他惯常的气势和雄辩大谈特谈过加里克作为演员的超常之处后，最后还夸奖他的社交才能：‘夫人，说到底，我认为人们羡慕舞台上的他赶不上羡慕餐桌上首的他。’”

约翰生对表演问题的思考确实超出了一般人的估计。有一天， 897
跟肯布尔先生谈到这个问题时，他说：“先生，你是不是那样的一 1783年
个狂热分子，相信你自己被改变成你所表现的那个人物了？”肯布 11月19日
尔先生回答他从来没有感觉到这么强烈的信念；“这就对了，先生， 星期三
（约翰生说）这是不可能的事情。如果加里克真相信他就是理查三世

① 波特夫人（Mary Porter，？—1765），女演员；二十多年来在朱瑞巷演过很多伊丽莎白·巴里的角色，赢得了“悲剧头牌女演员”的美誉；最著名的角色包括约翰·班克斯的《阿尔比昂女王》中的伊丽莎白女王和约瑟夫·艾迪生的《加图》中的卢茜雅。

那个怪物，他每演一次，就应当被处一次绞刑。”[a]

〔致**露茜·波特夫人**，利奇菲尔德

亲爱的夫人，——可怜的波特先生去世，肯定使你大为吃惊，你的女仆给我寄了一篇情况说明。一位朋友的去世几乎总是意想不到的：我们不爱想它，因此也没有它来的思想准备。我想，他是一个笃信宗教的人，因而他的结局是快乐的。

死亡同样造访了我悲凉的住处。上个月威廉斯夫人去世了，三十年来，她一直顶替着我的一个妹妹：她的知识很广博，她的言谈很喜人。我现在过着一种悲凉孤寂的日子。

过去的两年我是在接二连三的疾病重压下度过的。最近我患了相当严重的痛风。但我神奇地逃过了我提及的手术，总的

---

a 演员亨德森[1]先生有次拜访约翰生博士并受到殷勤的礼遇时，我可敬的朋友约翰·尼科尔斯先生也在场。见《绅士杂志》，1791年6月号。

我在约翰生博士的文件中发现了名优贝拉米夫人写给他的下面一封信：

致**约翰生博士**

先生，——若干年前您使我有幸受到的偏爱给我留下幸福的记忆，还有您所具有的广为人知的仁爱之心，鼓励我恭请您惠临我的义演。

由于一场漫长的大法官法庭诉讼，以及一连串复杂而不幸的事件，使我陷入巨大的困苦境地；这种困境迫使我再一次请求公众的包涵。

允许我请求您的赏光，允许我向您保证，如果您惠允我的请求，我由于受到约翰生博士的光顾所感到的满足将会无限地超越从这场义演中可以引发的任何好处；致以最深沉的敬意；您最恭顺的仆人，

圣詹姆斯广场公爵街10号。 **G.A.贝拉米**

1783年5月11日。

我很高兴记载这两件事情，因为它们证明我杰出的朋友到了晚年，对于演员的看法比他早年流露出的要良好得多。

1 亨德森（John Henderson，1747—1785），演员；在巴斯皇家剧院一鸣惊人（1772—1775）；在秣市剧院首次在伦敦登台演夏洛克（1777）；在朱瑞巷演出两季（1777—1779），跳槽到修道院花园演出六季；伦敦的演出生涯因加里克而受到耽搁，因而显得逊色。

来说，我恢复了健康，其程度超出了我自己的预料。

由于我们天天看见周围的朋友过世，我们剩下的就必须靠得更紧，如果我们再干不了什么，至少可以彼此为对方祈祷，记住，我们肯定会像别人一样死去，勤勤恳恳做好最后大审判的思想准备。

你深情的，

舰队街，门栓巷 **塞姆·约翰生**

1783年11月10日。〕

他的一位朋友慷慨关注的喜人的例子由于思雷尔夫人的《书信集》的出版被揭示了出来。他在给思雷尔小姐的一封信[a]中写道："一位朋友，他的名字等你妈妈想办法猜过后，我会讲出来，他打发人找我的医生，询问这一连串的病长期缠磨是否会使我经济紧张，并送上一张请帖，表示一旦需要就来找他。今晚我要写信表示感谢，因为用不着借钱。"而后，在一封写给思雷尔夫人的信中说："既然你猜不着，我就告诉你，那位仗义疏财之士是杰拉德·汉密尔顿。我回了他一封信表示衷心的感谢和敬意。"[b]

我通过一位共同的朋友[①]向汉密尔顿先生请求，他如此善解人意，让我拿到了约翰生在这一场合写给他的信，为我的收藏增色。

致威廉·杰拉德·汉密尔顿阁下

亲爱的阁下，——您眷顾我的事务，并愿意慷慨解囊，布罗克斯比医生已经向我转告。我衷心地表示感谢，因为我已经饱经沧桑知道对那样的友情应当如何感激；所以在此恳请千万不要把我的谢绝归咎于情绪消沉或者傲骨嶙峋。我确实不困难。 898

1783年11月19日星期三

a 《皮奥齐夫人书信集》，第2卷第328页。

b 同上书，第342页。

① 埃德蒙·马隆。

由于我的医生的慷慨，我看病的花销不多。然而，如果有什么出乎意料的紧急情况逼我，亲爱的阁下，您一定会看到我会多么高兴地感激如此慷慨的行为。您最顺从、最卑微的仆人，

1783 年 11 月 19 日。　　　　**塞姆·约翰生**

这一年，像前些年一样，我发现了他好心关注加德纳夫人的情况，她尽管地位卑微，只不过是雪山上的一名蜡烛商，但她却是个极有见识、虔诚而又仁慈的女人[a]。她告诉我，她是由女诗人马斯特斯夫人介绍认识他的。约翰生修订过这位女诗人的诗集，据说，有很多地方还闪耀出他自己天才的灵光。加德纳夫人非常热心地支持圣塞皮尔克堂区的女子慈善学校。这所学校只接纳女生；我还听说，这所学校提供了《闲散者》中《贝蒂·布鲁姆》故事的线索。我发现，这一年约翰生从已故的圣阿萨夫主教希普利博士那里为学校搞到了一篇布道文，约翰生在他写给思雷尔夫人的一封信中把希普利博士概括为“很有知识，能说会道”；凡是认识主教大人的，即便和他有政见分歧，也满怀敬意地把他记在心里。

卡莱尔伯爵写过一部悲剧，题名为《父亲的报复》。伯爵大人的一些朋友要求沙蓬夫人请约翰生博士读一下，再提提意见，约翰生这么做了，并给这位夫人写了一封信，表达了他的看法。乔舒亚·雷诺兹爵士告诉我，这封信在卡莱尔伯爵手里，尽管我不够幸运，没有结识伯爵夫人的荣幸，但依赖文学上的一般礼数，我向他致函，要求赏赐一份抄件，并惠允将它插入我的约翰生博士传中。伯爵夫人欣然同意了我的请求，这就使我得以用一篇非常精彩的文字丰富了我的作品，这篇文字既显示了我杰出的朋友的批评技艺，也表现了他的礼貌，或许这篇文字将会激发出的好奇心可以诱发这

---

a　〔在遗嘱中约翰生博士留给她一本书，“随她挑选，留作纪念”。——M.〕*1*

1　〈这位优秀的女人于1789年9月13日去世，享年七十四岁。——A. 查默斯〉

位高贵优雅的作者出版[a]一部约翰生以这样的言辞谈及的作品，以满足世人。

致沙蓬夫人

夫人，——把这一部悲剧再次[b]送给我，我认为给我表示了一大殊荣，所以我不敢怠慢便抓紧时间拜读，现在我来谈谈印象。

创作的结构完全合乎规矩；舞台空的现象过于经常，场景衔接不够紧凑。899 然而这只不过是德莱顿所谓的机械性缺点，这就使诗歌的感染力有所减弱。1783年12月24日星期三 这种情况与其说被感觉出来，不如说被看了出来。

对措辞吹毛求疵的人也许希望改换一些词语，希望一些诗行的结尾再铿锵有力一些。但这些小小的不足哪个作家何曾幸免过？

对白的总体形式和力度更加重要。它似乎缺少构成英国戏剧特色的敏捷的契合，有时不够热烈生动。

至于情思，我记得像我所希望的，一样都不曾省略。在意象上，我不禁辨别出把紧跟悲痛而来的欢乐比作冲向习惯了黑暗的眼睛的亮光。这似乎启动能够期望到的一切都来取悦人。它新颖，恰当，赏心悦目[c]。

至于人物，无论是构思出来的，还是留在记忆中的，我挑不出毛病来，但我很想祝贺一位作家他不顾偏见和风尚，把大主教塑造成了一个好人，并且蔑视一个居心险恶的教徒会带给

---

a 这部悲剧印的册数很少，只用来赠送作者的朋友。

b 这部悲剧第一次送达约翰生博士时，他一直在生病，所以谢绝考虑。

c “我本来能够承受自己的悲伤；欢乐那个生客
笑里藏刀——遭受长期囚禁的可怜虫，
从他阴湿的牢房的黑夜里出来，
见了灿烂的阳光就退缩；把欢乐
抛向大家的东西，对于他就是痛苦。”

他的一切轻率的喝彩。

结局非常感人。父女俩都有罪，都很悲惨，都悔过了，他们把我们的怜悯和悲伤平均分摊了。

夫人，这样我已经完成了我不愿意承担又不能体体面面推辞的任务。请这位高贵的作家记住，真诚的批评不应当引起不满，因为判断不受意志的制约；然而不自愿的批评，由于选择的余地更少，得罪人的可能性应当更小。你的，

1783 年 11 月 28 日。　　　　　　**塞姆·约翰生**

我向他请教两个性质截然不同的问题：一个是苏格兰贵族在下院代表的选举中采用虚构资格的手段[1]所施加的违宪影响是否应当加以抵制；另一个是，丧失劳动能力的老马应当如何处置才算得体，而且合乎人道。我给他描述了一些我在阿夫莱克的生活情况，并且表达了我的满足之情，因为本郡的绅士们在两次群众大会上都选我当他们的总监或主席。

900

1783 年 12月24日 星期三

致詹姆斯·鲍斯威尔先生

亲爱的先生，——像所有拥有了不起的朋友的其他人一样，你开始感受到怀才不遇的痛苦了；我能够给你的全部安慰就是告诉你，你也许还有更多的痛苦要感受，更多的不遇要背负。你实在是抱怨得太早了；我希望我是你发泄不满的唯一的知己。你的朋友们还没有闲暇来满足个人的关爱；迄今为止，他们一直忙着加强他们的行政利益。如果苏格兰出现了空

① 在未改革的下院里，各种资格，包括财产资格，候选人和选举人都在追求，以保证只有具有一定地位的人才可以投票选举或者当选为议员。鲍斯威尔也许说的是人们靠欺诈手段获取自由土地保有权的臭名昭著的做法（也就是说，转移财产的契约含有一条将财产归还原主的协定），为的是暂时让他们有投票资格。借助这一应急手段，大地主们在某次选举时可以为自己的利益创造许多选举人。这当然等于“违宪影响”。

缺，尽早给他们情报；由于你为政府服务的能力也许不在你潜在的任何竞争对手之下，你多多少少可以提出一种可保证的要求。

你喜欢谈你情绪的起落，我不爱听。把那些胡思乱想逐出脑海吧。

前面一部分，我想，是在接到你来信的当天写的；随后疾病又接二连三，我就没办法续写了。现在好了一点。但疾病与寂寞沉甸甸地压在我身上。如果消除了寂寞，我倒是可以更好地忍受疾病。

当下社会上可怕的乱局应当使你埋头经营祖业，这份家业，虽说比你希望的少，但比你需要的多。在潜心于宗教的退隐时刻，感谢**上帝**，是他免除了党争、背叛、掠夺和不忠对你的强烈的诱惑。

你的近邻尽其所能使你声名出众，你就随遇而安吧，不要玩忽职守。你的田产，还有法庭，会使你有事可干，生活充实；心里有正事，就会平静。

僭用贵族名分，因为他们明目张胆地僭用通过欺诈和假冒取得的种种影响，我认为，进行抵制，也许你是责无旁贷、义不容辞的。本来不是他们自己的东西，他们只不过抢过来据为己有了。

你关于马的问题倒是给我出了一个更大的难题，给你什么样的劝告我心里没有底。我只能推荐一条你不需要的法则——尽量少给痛苦。我认为它们有力气的时候我们有权使用它们；此后我们如何处置它们，我还真难以定夺。不过让我们考虑考虑。没有人否认人有权先挤牛的奶，剪羊的毛，然后把它们杀了摆上餐桌。人可不可以用同样的道理，先让马干活，然后用最简单的办法把它杀了，这样人就可以用另一匹马作工具，或者让它代替牛羊做食物？人在这两种情况下受到不同的利己动机的影响。谁拒绝了其中的一种，必须拒绝另一种。你的，

伦敦，1783 年 12 月 24 日。　　　　**塞姆·约翰生**

祝愿你过个快乐虔诚的圣诞节；祝你年年快乐，祝夫人和孩子们年年快乐。

已故的有独创精神的米克尔先生在去世前的某个时候给我写来一封有关约翰生博士的信，他在信中提到，“我是十二年前认识他的，跟他过从甚密，与他交谈总是很随便，可以说句老实话，我从来没有听见他对我说过一句粗话”。

在这封信里，他陈述他在翻译《卢西亚特》期间，曾与约翰生有过一段时间相当长的争论。约翰生像往常一样，激烈抨击海上生涯的苦难和腐化，还使用了这样一种说法：“如果你的主人公伽马、葡萄牙的亨利亲王和哥伦布干脆不曾出生，或者他们的计划从来没有超越自己的想象，那对于世界是幸事一桩。”

901 “这种思想感情（米克尔先生说）可以在他的《世界览胜引论》
1783年 中找到，我在《卢西亚特》的序论中进行了辩论；尽管作者据说都是自己作品的蹩脚的鉴定人，我却大言不惭地向一位朋友承认，这篇论文是我的最爱，在我的散文作品中是出类拔萃的。翌年，《卢西亚特》出版以后，我去拜访约翰生博士，他现出一张喜悦的笑脸对我说：‘嘿，你还记得我们关于亨利亲王的争论，还引用了我的话。你表现得真棒：你提出了最好的论据；但是我还是不信。’

“《卢西亚特》出版前，我把引论部分的校样送给胡尔先生，我在文中提到约翰生博士、你和其他对这部作品表示良好祝愿的人，要求胡尔先生不妨让约翰生博士过过目。事情被照办了；原来我只是在文中把他简简单单提了一笔，他却口授让胡尔先生听写了现在的这样一个句子①，将其取代。

① “……他很高兴能够把约翰生增添到这些人士之列，他们对译者本人的友善，对这部翻译的良好祝愿，需要他最衷心的感谢。”——威廉·米克尔译，《卢西亚特》，第3版2卷（1798），第1卷，第331—332行。

“1722 年约翰生告诉我，大约在当时的二十年前他自己就计划翻译《卢西亚特》，他对这部著作评价极高，但由于忙于其他一些事务，最终计划未能实施。”

在这封信里，米克尔先生使我想起一次谈话，有天在胡尔先生家与约翰生博士一起吃饭，皇家书商尼科尔先生和我试图辩论这条格言，“宁肯让十个有罪的漏网，也不让一个无辜的蒙冤”，这时约翰生博士以强大的论理和雄辩气势回应。遗憾的是我没有那一天的记录，但我能清楚地记得我杰出的朋友出色地表示，除非文明体制保证能保护无辜的人，否则人类对它们的信任就会荡然无存。

我在这里要提到的事情，按严格的年代排序，应当出现在去年的记事中，但在这里介绍也许更加合适，因为这场论争直到今年才告结束。牧师肖先生是赫布里底群岛的一个岛上土生土长的居民，对归在莪相名下的那些诗歌的真实性持怀疑态度，所以摈弃了民族偏执。他曾经遍游高地和苏格兰诸岛，还在爱尔兰旅行过，搜集材料要编一部《盖尔语词典》，后来他大功告成。他感到十分满意的是，约翰生博士在这个问题上是正确的，所以他坦诚地出版了一本小册子，论述了他的信念和小册子所依据的证据和理由。爱丁堡的一个名叫克拉克的人以极大的热情回应这本小册子，对其作者大加挞伐。约翰生出来保护肖先生，并给予帮助，便写了一篇答复，受到了最优秀的鉴定者的高度赞赏，被很多人看作定论。有几段文字充分显示了它伟大的作者的特点，特选录于此：

“我的主张大部分是纯粹否定的：我拒绝承认芬戈尔的存在，因
为在盖尔地区长期而好奇的漫游中，我从来未能发现它。我自己看 902
不见的东西我估计别人同样也看不见；我更有理由猜疑看见过的所 1783年
有人中间，没有一个人能够展示它。

“克拉克先生把不信莪相的真实性的人的固执比作一个盲人，盲人竟然争论颜色的实际存在，否认英国军队穿的是红色的军装。这

位盲人如果凭经验不知道别人有一种他自己缺少的能力，他的怀疑便是理性的。然而克拉克先生拥有什么自然不给我和其他人类的特异眼光呢？

“这种比较的真正状况必定是这样的。假如一个人的眼睛跟邻居的眼睛一样，一个好吹牛的下士告诉他，军队平常穿的真的是红军装，但每个士兵同样有一套黑天鹅绒军装，是接受国王阅兵时穿的。这个人就感到这事有点蹊跷，便想看看这种漂亮的装束，可是发现四万官兵中没有人穿外套，也没有人穿马甲。一个人实际上把它们落在马翁港他的箱子里了；另一个人总听人说他应当在什么地方穿天鹅绒服装；第三个人听某人说：士兵应当穿天鹅绒服装。如果询问的人走开时相信一名士兵的红外套是他的全部所有，能怪此人吗？

“然而最顽固不化的不信可以被现实弄得汗颜无地或者哑口无言。为了打压反驳，就让这名士兵穿上他的天鹅绒外套，就让芬戈尔主义者出示莪相的原稿。

“我们跟盲人之间的区别是这样的：盲人之所以不信，是因为他看不见；我们之所以不信，尽管我们看得见，但我们发现拿不出让人看的东西来。”

尽管约翰生多病并发，苦不堪言，但他并不甘心颓唐消沉，怨天尤人，而是发扬智慧、打起精神，竭力让自己获取尽可能多的有益无害的赏心事安慰、娱乐自己的心灵。约翰·霍金斯爵士提到约翰生热情地坚持常青藤巷老俱乐部健在的那些成员应当再次聚会，一起吃饭，他们过去的做法是在一家酒馆两次，在他家一次。为保证他自己一星期三个晚上的社交活动，他在埃塞克斯街的埃塞克斯角创建了一个俱乐部，随后由思雷尔先生的老仆人塞缪尔·格里夫斯管理。

致乔舒亚·雷诺兹爵士

亲爱的先生，——我不便出门，否则我会登门拜访，谈一谈我们要在滨河大道埃塞克斯街建立一家小小的晚间俱乐部的事，可以肯定希望你成为其中一员。地点定在埃塞克斯角，现在由思雷尔的一名老仆管理。来的人不少，从名单上你可以看出，很杂。条件宽松，花费轻微。巴里先生被跟我一起拟订计划的布罗克斯比医生选定。我们一周聚会三次，不来的罚款两便士。

如果你愿意加入，在你的名字下面画一条线。将名单归还。 903
我们的第一次聚会定在星期一八点。你的， 1783年
12月4日

1783 年 12 月 4 日。　　　　　　　　　　**塞姆·约翰生**

乔舒亚爵士并不适合加入这家俱乐部。但当我只提到戴恩斯·巴林顿先生、布罗克斯比医生、墨菲先生、约翰·尼科尔斯先生，库克[1]先生、乔德雷尔先生，帕拉代斯先生、霍斯利博士[2]、温
德姆先生[a]时，我就足以消除约翰·霍金斯爵士对它的歪曲，仿佛它 904
是一个低级酒馆联谊会，约翰生博士受到它的贬损似的。约翰生本 1783年
秋—冬

① 库克（William Cooke，？—1824），作家。

② 霍斯利博士（Dr Samuel Horsley，1733—1806），圣阿萨夫主教（1802）；皇家学会会员（1767），后来任秘书；埃塞克斯角俱乐部成员（1783），约翰生圈子的一分子；圣大卫主教（1788）；温切斯特教长、罗切斯特主教（1793）；《不顺从国教的新教徒情况评论》（1790）的作者；奴隶贸易的积极反对者。

a 该俱乐部成立时，我整个冬天都在苏格兰。然而，约翰生宣称我应当是其中一员，还专门发明了一个说法："鲍斯威尔是个俱乐部行家。"我来到市里后，经巴林顿提议，得以入选。我相信比这里有更精彩的谈话或者更多礼数的会社为数寥寥。在我们伟大的创建者因去世被除名以后，我们好几个人决定让它继续存在下去，还增加了另外一些成员。自从那次损失后，八年多来，我们进展得非常顺利。

人，像他同名的“老本”一样，拟定了自己俱乐部的章程①[a]。

这年年底他患了一种痉挛性哮喘，来势凶猛，他痛苦难耐，只能足不出户待在家里，有时候不得不在椅子上坐整整一夜，因为躺

---

① 本·琼森拟定“宴饮规矩”，让人刻在用作他的俱乐部活动室的圣殿律师学院老魔王酒馆的阿波罗室的壁炉台上。

本·琼森（Ben Jonson，1572—1637），诗人，剧作家；斯图亚特宫廷假面剧的缔造者；“气质喜剧”的开创者；作品有《人人高兴》（1598），《沃尔波内》（1606？），《炼金术士》（1610）等；1616年对开本文集的出版确立了他是英国当时最伟大的诗人的地位；在17世纪大部分时段被认为与莎士比亚齐名，甚至更胜一筹。

a 章程

今天，深沉的思想决心将我
浸润在拖不来追悔的欢乐里。

——弥尔顿[1]。

俱乐部定额为二十四人。

聚会时间定在每周周一、周四和周六；但复活节前的一周不必聚会。

每位成员一周可随意带来一位朋友，仅限一次。

两位成员每晚八点至十点得亲自轮流负责招待，或者找两个人在他们的房间里招待。

出席俱乐部聚会的每位成员至少得花六便士；不出席的每位成员得罚缴三便士。

部所主管必须将缺席成员登记；并将应缴的罚金造表送交当晚的主席。

任何成员缺席后再来时必须立即缴清罚金；如有疏漏，主席必须追缴。

不进行总清算，但每个人必须理算自己的花销。

每位成员一月必须有一个晚上参加聚会。凡连续三个月不亲自出席，也不找人代替出席，在第四个月又不道歉者，被视为自行退部。

需要填补空缺时，候选人的姓名，推荐候选人的成员姓名必须在俱乐部室公示三夜。第四个夜晚投票选举；至少有六位成员出席；有三分之二赞成票即可入选；或者票数在三除不尽的情况下，多数赞成即可。

部所主管必须在六天前通知轮到负责招待工作的每个成员。

通知可以用如下词语：“先生，——月——日轮到您在埃塞克斯角主持聚会。务请届时参加。”

每位成员必须给侍者一便士小费。

约翰生在他的《词典》中给俱乐部的定义是：“一群同好在一定条件下的聚合。”

1 约翰·弥尔顿十四行诗第21首。

着的姿势对他的呼吸危害甚大，所以躺在床上难以忍受；与此同时，又来了一种压迫性的致命疾病，水肿。这个冬天特别寒冷，也许这就加重了他的病情；还有莱韦特先生和威廉斯夫人相继去世造成的孤独，使他的生活格外阴沉。德穆兰夫人虽然活着，也病得不轻，所以她给他提供不了多少宽慰。然而他却没有我们在病人身上常见的那种怯于见人的表现。他不是两耳不闻窗外事枯坐沉思；而是从不拒绝朋友和熟人的探望；只要不是犯困，依然和他鼎盛年华时一样，乐于侃侃而谈。

致**露茜·波特夫人**，利奇菲尔德

亲爱的夫人，——令兄故去后我没有再给你写信，也许你认为我无所谓；然而哀悼与安慰是那种习以为常又毫无用处的事情，所以省去也不是什么大罪：我自己的病占据着我的心，操碎了我的心。我夜夜辗转难眠，所以白天就昏昏沉沉。然而，我还是想办法把脑袋尽量抬高。

得知你的健康受到损害，甚为难过；也许春夏两季在某种程度上可以让它康复过来：如果不能，我们只好听天由命，让上帝另行安排了。为我祈祷，给我写信，要么让皮尔逊先生替你写。你的，

伦敦，1783 年 11 月 29 日。　　　　**塞姆·约翰生**

1784 年：七十五岁。〕——现在我来到了**塞缪尔·约翰生**一生的最后一年，这一年，尽管是在严重的不适中度过的，但他依然提供了神奇的智力不减当年的很多证据，这就把他在精神世界上提升得很高。这一年他的言谈和书信绝对不比往年逊色。

下面一封信是他关注最精细的文学奇珍异宝的一件引人注目的证据。

致**迪利先生**，家禽街书商

先生，——世界上有一套书，通常由桥上的书商销售，我

必须求你给我弄一套。这套书叫“伯顿丛书”[a]；其中一本的题目

---

a 〔这些书比约翰生估计的数目大得多。下面的书目包括了其中的许多；但也许并不完全：

1. 伦敦和威斯敏斯特的历史珍奇……1681
2. 英格兰、苏格兰和爱尔兰的战争……1681
3. 判断与宽恕奇闻……1681
4. 各国奇异的宗教习俗……1683
5. 美洲的英吉利帝国……1683
6. 自然与人工惊奇……1685

（叹为观止的自然奇观，1681。或许是书名不同的同一本书。）

7. 苏格兰史……1685
8. 爱尔兰史……1685
9. 耶路撒冷两次游……1685
10. 世界九大杰出人物……1687
11. 冬夜娱乐……1687
12. 英国英雄，又名弗兰西斯·德雷克爵士传……1687
13. 难忘的事件与未闻的秘事……1693
14. 奥朗日家族史……1693
15. 伯顿的殉道者行传……1695
16. 英国的珍奇……1697
17. 奥利佛·克伦威尔的历史……1698

（转下页）

是《英国的珍奇》。我相信这套书有五六册；它们似乎非常适合吸引落后的读者；请你给我弄一套来，跟印得最好的一版《巴克斯特对皈依者的召唤》一起送来。你的， 905

1784 年 1 月 6 日。 **塞姆·约翰生**

1784 年
1 月 8 日
星期四

致**珀金斯先生**

亲爱的先生，——你一片盛情来看望我时我却没有见到你，十分抱歉；然而使朋友们失望，而且如果他们情绪不是很好，得罪他们，则是疾病惹的祸。如果你乐意让我知道本周哪个下午我有幸接待你和珀金斯夫人还有几个年轻人的再次来访，我要千方百计在那个时段打起精神来。你最恭顺的仆人，

1784 年 1 月 21 日。 **塞姆·约翰生**

他对埃塞克斯角俱乐部的关注从下面这封写给高级市政官克拉克[①]先生的信上看得出来，这是一位他理应极其关心的绅士。

（接上页）

18. 举世无双的品种 ……1699
19. 英国不幸的宫廷宠臣 ……1706
20. 英国牧师传记史 ……1709
21. 巧妙的谜语 …… —
22. 不幸的公主，又名安妮·博林与简·格雷夫人的历史 ……1710
23. 散文与诗体伊索寓言 ……1712
24. 弗吉尼亚史 ……1722
25. 英国在几内亚和东印度群岛的获得 ……1726
26. 女性阁下，又名女士们的光荣 ……1728
27. 地震通史 ……1736
28. 英国女英雄，又名克里斯琴·戴维斯，通称罗斯妈妈的生平与历险 …… —
29. 青年的神圣消遣 …… —]

① 高级市政官克拉克（Alderman Clark，1739—1831），律师、伦敦司库；当选宽街区的高级市政官（1776）；伦敦市长（1784）；基督医院院长（1784）；文物学会会员（1785）；约翰生的朋友；在约翰生的提议下加入埃塞克斯角俱乐部。

致理查德·克拉克先生

亲爱的先生，——按照俱乐部章程，你将会接到一份要求，在部所担任当晚主席。这种轮值一月一回，该成员必须出席或者找人替代。你是在我邀请下加入俱乐部的，我应当介绍你；但我疾病缠身不能与会，胡尔先生将会非常得体地代我充当介绍人，或者代你充当主席。我希望天气温和一点后经常与会。你的，

1784 年 1 月 27 日。　　　　　　　　**塞姆·约翰生**

应当告知你的是，罚金从今年起开始缴纳，不与会者每晚须缴罚金三便士，也就是，一周九便士。

1 月 8 日，我写信给他急切询问他的健康状况，并附上我的《致苏格兰人民书，论国家之现状》。

“我相信，（我说）你会足够开通，体谅我和你在两点上的分歧（米德尔塞克斯选举和美利坚战争），当我的治国总原则符合你自己的心意的时候，当处在一种可疑事件的危急关头的时候，我作为一名古老忠诚的贵族，怀着真诚的热情挺身而出。我介绍这两点的理由是，由于我有关它们的看法在它们最不得人心的时期已经宣布，我可以拥有一个不是行政权力的崇拜者的人的信誉。”

906

致詹姆斯·鲍斯威尔先生

1784 年
2月11日
星期三

亲爱的先生，——你一片盛情多次垂询我的近况，均已知悉。我早就想给你写封长信，也许对它的长度的想象使我不知从何说起，因此，不得已求其次，只好写封短的了。

我在附近创建了一家新俱乐部，地点就在思雷尔的一个老仆人家中，我去那里参加聚会，突然得了痉挛性哮喘，来势凶猛，我费了好大劲才回到家中，从此有八九个星期出不了门，什么时候我才能出门，哪怕上一趟教堂，现在还不得而知。不过哮喘还不算最坏的。水肿又在雪上加霜；从小腿到大腿水肿

非常严重，如果到此为止，我还能凑合，可是我怕肿的部位很快会升高。我夜不能寐，非常苦闷。我又极其怕死。

我的几位医生试图让我看见希望，认为我的病大多是寒冷所致，至少某种程度的康复可能从春风与夏日中盼到。如果我能苟延到秋天，我就会欣然尝试一下温暖的气候；尽管拖着一个病身子，没有同伴引导，又没有多少钱，我看不明白该怎么出游。拉姆齐在意大利养好了他的肢体；菲尔丁被送到里斯本，却在那里送了命；不过我相信，他去的时候已经没有希望了。想想看，我该怎么办。

我收到了你的小册子，等我再次写信时也许会告诉你我的读后感；但是你要体谅一个与病魔抗争的人是不关心争论、政治和小册子的。请为我祈祷。向夫人和小家伙们致意。就我的病情请教一下你的医生：希望亚历山大·迪克爵士把他的看法写信告诉我。你的，

1784年2月11日。　　**塞姆·约翰生**

致**露茜·波特夫人**，利奇菲尔德

我最亲爱的人，——我一直患着一种哮喘和水肿，病情极其严重，但**上帝**开恩，上星期四放了二十品脱的水以后，突然出人意料地缓解了。我会一直轻松下去，还是又会肿起来，现在还说不上。为我祈祷吧。

我亲爱的，死亡非常可怕；除了准备迎接死亡，别的一切都不值得我们操心：知道自己哪里出了错，咱们就抓紧时间弥补，相信**上帝**的恩典和我们的救主的求情吧。你恭顺的仆人，

1784年2月13日。　　**塞姆·约翰生**

致**詹姆斯·鲍斯威尔先生**

亲爱的先生，——我情况有所好转，朝着康复的方向迈进，刚好有能力阅读一本小册子，你有理由认为我读的第一本小册

子就是你的。我非常赞成你的见解，像你一样，对国王每天受到的轻侮感到义愤填膺。你的文章中包含着相当丰富的历史知
907 识和宪法知识，展示和运用得非常得当。它肯定会提高你的声
1784年3月2日星期二 望[a]，尽管或许它还不会使你成为国务大臣……

我希望你再见一次斯图尔特夫人，告诉她，信夹里有一封与我有关的信，如果她愿意把它给我，我愿意为此再给她一几尼。这封信仅仅对我非常重要。你的，

伦敦，1784年2月27日。 **塞姆·约翰生**

由于约翰生要求我就他的病情请教一下我的医生，并且希望亚历山大·迪克爵士寄来他的看法，我从那位当时已经八十一岁高龄、但各种官能仍完好无损、和蔼慈祥的从男爵手中转给他一封信，并且提到迪克爵士在随信的一张字条上对我的说法："我最诚挚地祝愿约翰生博士康复，这对他的朋友，他的国家，乃至全人类都有极深的利害关系。"同时，又把吉莱斯皮医生对他的病情的一篇详尽的看法也转达给了他。吉莱斯皮医生像卡伦医生一样，具有按部就班学完外科学和药剂学的优势，通过研究和实践，技艺到炉火纯青的地步，所以家父一连五年以两百镑的年薪选定他，并在自己的有生之

---

a 我把它寄给皮特[1]先生，还附了一封信，在信中我是这样表述自己的观点的："我的原则在您看来也许过于维护君权：但我知道，而且相信，它们与真正的自由原则并不抵触。就算是这样，先生，您现在身为首相，君王号召您不仅要维护人民的权利，而且要维护国王的权利，反对剧烈的党争。以这种身份，您有权最热情地支持每一个部门的每一个善良的臣民。"他回答道："您表达的这些思想感情给我带来了光荣、我万分感激、我满怀欣喜地注意到，您一片好意向我传达的对工作中**公众事业**给予的热情、有力的支持。"

1 小皮特（William Pitt，1759—1806），首相；老威廉·皮特的儿子；首席财政大臣（1783）；稳获独立多数（1784）；政治生涯受到国王精神崩溃（1788—1789）后"摄政危机"的威胁；因解放天主教教徒的建议而辞职（1801）；半退休（1801—1804）；二次内阁的首相（1804—1806）；少年得志；迷人的演说家；相信改进胜过革命。

年以每年五十镑的酬金保证他的特别诊疗。意见在一封信里传达给我，开头写道："你非常博学、杰出的朋友约翰生博士目前为恶劣的健康状况而苦恼，我感到由衷的遗憾。"

致**詹姆斯·鲍斯威尔先生**

亲爱的先生，——刚寄走上一封信，就接到你关切的医疗包裹。对你和你的医生们关于我的疾病的关注我万分感激。吉莱斯皮医生寄给我一则优秀的 consilium medicum[①]，全是实实在在的实践知识。眼下，按我的医生（赫伯登医生和布罗克斯比医生）的看法，还有我本人的看法，我的情况很有希望。我刚刚开始服海葱醋。这种粉末太伤胃，所以不能继续服用。

向亚历山大·迪克爵士友好的来信表示衷心的感谢；你把他如此审慎地赐给我的大黄[a]随身带来。

希望亲爱的鲍斯威尔夫人现已大安，希望不管是真实的还是想象的坏事没有烦扰你的心。你的， 908

伦敦，1784 年 3 月 2 日。 **塞姆·约翰生** 1784 年 3 月 2 日 星期二

我也向在爱丁堡著名的医学院担任教授的三位医生卡伦医生、霍普医生、门罗医生提出请求，给他们每人寄去下面这封信：

亲爱的先生，——约翰生博士一段时间来病情十分严重；在他写给我的一封焦虑的信中说："就我的病情请教一下你的医生。"

您看，这不是一份要求正规咨询的授权书：但我毫不怀疑您会乐意对一个如此杰出的人物给出您的嘱咐的，他在他的

① 医嘱。

a 他在普雷斯顿菲尔德自家的花园里培植那种植物大获成功，因此被"伦敦奖励艺术、制造业和商业协会"赠予一枚金质奖章。

《加思[1]传》中对您的职业做出了公正而高雅的赞扬："我相信，人人在医生身上发现了慷慨，尊贵的思想感情，古道热肠，急人之难，在没有希望赚钱的地方，还是愿意施展一种赚钱的技艺。"

约翰生博士现年七十四岁。去年夏天患过一次中风，后来差不多完全康复。这个冬天他又突发痉挛性哮喘，因此大约三个月无法出门。布罗克斯比医生写信给我说，稍遇风寒他就胸中发堵，无法在床上躺下，只好彻夜坐着，休息，有时睡一会儿觉，只能依赖鸦片酒和罂粟糖浆；加之小腿和大腿上还有水肿。布罗克斯比医生把希望寄托在天气转暖上。约翰生博士说水肿在他身上日趋严重；他似乎认为温暖的气候会对他有好处。我获悉他现在好多了，正在服海葱醋。您满怀敬意的恭顺的仆人，

1784 年 3 月 7 日。　　　　**詹姆斯·鲍斯威尔**

他们几位对我的信和信上说的年高望重的对象都表示出最礼貌的关注。卡伦医生关于他说了这样一番话，"能给一位深受公众敬重的人，而且像我敬重约翰生博士那样予以敬重的人服务，是我最大的荣幸"。霍普医生的话是，"很少有人比你的朋友更有资格提出要求，因为我几乎天天都要请教他对某个词的见解"。门罗是这样说的："我最衷心地和你一起同情这位德高望重、才思敏捷的人物，他的国家从他身上得到了很多教益和快乐。"

霍普医生和他的朋友布罗克斯比医生直接通信。卡伦医生和门罗医生把他们的意见和处方写给我，后来由我随身带到伦敦，把一些鼓舞人心的内容传达给了约翰生。一方面襟怀慷慨，另一方面感

---

① 加思（Samuel Garth，1661—1719），医生、诗人；皇家医师学院院士（1693）；辉格党人；哈维演说家（1697）；吉特–凯特俱乐部成员；翻译奥维德的《变形记》（1717）；《诊疗所，一首诗》（1699）的作者；鼓励蒲柏出版《夺发记》；1715 年，受封为爵士。

恩戴德，我在记录中得到了极大的满足。

致詹姆斯·鲍斯威尔先生 909

亲爱的先生，——你和你亲爱的夫人[a]对我的安康如此关心，真让我大喜过望，所以不能不勤快地汇报我的健康状况取得的进展。托**上帝**的福，水肿靠自然排除，现在几乎完全消散；哮喘如果没有寒冷刺激，给我造成的麻烦不多。我写此信时，并没有虚弱、病痛之感。但我还是不敢贸然出门，从12月13日算起，现在已有四分之一年的时间足不出户了。 1784年 3月30日 星期二

什么时候适合到阿夫莱克远游，现在还无法猜测；但像鲍斯威尔夫人写的那样的信，任何人，只要不是完全不能行动，也会被吸引去长途跋涉的。请告诉亲爱的夫人，她的礼貌和关切使我深受感动，极其满足。

我们的议会动荡已经开始消停下来了，国王的权威在某种程度上重新树立起来了。皮特先生将会大权独揽：但你必须记住，他不得不交出的东西，至少在一段时间内必须交给那些给过和那些现在还保留着他的权力的人。一位新首相能对敬重或友谊牺牲的少之又少；他必须只考虑扩充他的利益，直到地位巩固下来为止……

如果你借道爱丁堡前来此地，打发人找一找斯图尔特夫人，替我再给她一几尼，换老信夹里的那封信，她不给我，我是不会善罢甘休的。

请随身带上巴克斯特的《阿那克里翁集》；如果你搞到历史学家赫克托·博伊斯和诗人阿瑟·约翰斯顿的头像，我会把它们放在我的房间里；或者其他任何一位苏格兰文学之父的头像均可。

祝愿你一路顺风，旅途愉快，不必告诉你你会如何受欢迎。

---

a 她给他写过一封非常关切的信。

你最深情、恭顺的仆人，

伦敦，1784 年 3 月 18 日。　　　　　**塞姆·约翰生**

3 月 28 日，我从约克写信给他，告诉他，我感到高度的满足，因为在那个大郡里君主原则战胜了贵族影响[①]，这体现在一篇向国王的奏章中；还说我在去他那里的路上，离目的地还远，但议会解散的消息已经传来，我打算赶回自己的国家，在那里我已经拿到了一份绝大多数人写给国王陛下的奏章，我还有做候选人在议院里代表国家的意向。

致**詹姆斯·鲍斯威尔先生**

亲爱的先生，——你得知议会解散的消息后急忙返回，你能做的没有比这更恰当的了。有了你的奏章肯定给你赢得的影响，你的出席将会非常重要，你的活动将会卓有成效，这样期望也许是合情合理的。

你对我的关心给了我每个人从那样一个朋友的关爱中所感到的那种快乐：我又用欣喜凸显了那种快乐，因为我告诉你，

910 布罗克斯比医生的描述是真的，托**上帝**的福，我奇迹般地缓解了。

1784 年
3月30日
星期二

你正在开始从事一件需要非常慎重对待的事务；你必须奋力反抗，却不可大发雷霆；采用暂时的敌对行动，却不可终生树敌。做这事也许有些勉为其难；但已经被很多人做了，而且似乎最有可能完成，办法就是只在一般原则上对立，而不是顺势转向个人或具体的谴责或反对。有一件事我必须嘱咐你，这

---

① 1784年1月，内阁处于39席的少数地位（议院共425席）；到了4月，紧跟在大选之后，他们处于97席的多数（议院共369席）。1784年3月30日，霍勒斯·沃尔浦尔评论这种逆转时，强调它深得民心："全国欣喜欲狂，奏章雪片似的飞向国王，感谢他行使反对人民保护神的特权。"行使特权就是1784年3月25日的解散议会。

在选举行为中是很少被人注意的——我求你小心谨慎，千万不要喝烈酒。一夜醉酒会使四十天的辛苦泡汤。要坚定，但不能大轰大嗡；要积极，但不能居心叵测；你可以关注这样一个问题，它不仅可以提升你自己，而且可以增进你的家族的尊严。

你可以想见，我们这里的人都很忙。福克斯先生决心出马，代表威斯敏斯特区，他的朋友们说他会赢得选举。不管结果如何，他肯定会有一个席位。胡尔先生刚刚告诉我，本市倾向于国王。

让我时不时地得知你的工作情况，你做出了什么进展。

向亲爱的鲍斯威尔夫人和各位小鲍斯威尔致以诚挚的问候，你深情、恭顺的仆人，

伦敦，1784 年 3 月 30 日。　　**塞姆·约翰生**

他给兰顿先生的信情深意切，这是跟他们二人之间持久的友谊完全吻合的。

3 月 27 日。“自从你离开我以后，我认为，布罗克斯比医生也认为，我凶险的疾病在继续好转；尽管对于我最近这样的一个千疮百孔、摇摇欲坠的身体而言，恐怕小疾微恙有时也会兴风作浪。确实，就是漫不经心地站在敞开的窗口，也引发了非常麻烦的咳嗽。还得靠服食鸦片加以平息，用的剂量也比我喜欢用的大，就这，我仍然发现它不像我所期望的那样乐意退让；然而它的顽固，似乎最终还是乐意在治疗面前就范，我不知道当时是否应当有权诉说任何病痛的感觉。我担心，我的哮喘是体质问题，是难以根治的。但它只是偶尔发作，除非是由劳累或寒冷激发，否则是不会给我招惹麻烦的，它也不会对生命造成非常紧迫的围攻之势。因为约翰·弗洛耶爵士被医学界认为是关于这个问题的最好的著作之一的作者，据认为，他一直喘到九十岁。为什么我们满足于认为关于如此出色的一个人物的一件事实十分有意思，就因为他也许在七老八十的时候还贿赂户籍员，把他看作比实际年龄小一些吗？一位显贵谦恭地问

他贵庚几何时，他差不多快八十了，他的回答是，‘去查一下嘛’；不过总的来说，他是个文雅之士。

911 “我发现，你家的女士们个个健康，除了兰顿小姐，她晚餐吃少

1784年4月13日星期二 一点可能很快就会恢复健康。让她吃正餐时随意，但不要吃得撑肠拄肚上床睡觉，向你家的两位首要女士真诚地致意；等你向林肯郡亲爱的兰顿小姐写信时，告诉她我无意破坏我们的友好同盟，并说我给她留有一套《诗人传》，等我有奉送手段的时候就送给她。”

4月8日。“咳嗽搅得我不得安宁；但是当咳嗽是我感觉到的最痛苦的感觉时，我有什么不该感谢的呢？当冬天继续死死地掐住我们的脖子的时候，这种病我很难指望缓解，今年的春分已经过去十八天了，寒冷仍未见消退的明显迹象。温暖的天气肯定最终会到的，到时候我希望对我和令爱都有助益。

“为奏章忙得不可开交的人恰恰就是我们的鲍斯威尔，他本来是要到伦敦来的，走到约克时听到议会解散的消息，便又折回家乡，据说现在要出马谋个一官半职。是否希望他马到成功，他最好的朋友也举棋不定。

“为我祈祷祝愿我彻底康复吧：我现在比我一直期望的都好。愿**上帝**在他的恩典上再增加一项佳惠，可以使我能够按他的意愿运用他的恩典。向大家问好。”

4月13日。“这天晚上我收到波特莫尔勋爵的一封短简[a]，希望我向你汇报一下我的健康状况。你也许有所了解，但不太详细。我托**上帝**的福，我相信，我已经摆脱了所有病痛的感觉，除了咳嗽，这是唯一使人头疼的事情。不过我身体仍然虚弱，天气转暖之前硬朗的希望不大。这个夏天，如果开恩，我希望会使我有能力把冬天支撑过

---

a　约翰生做了这样的回复：

致**波特莫尔伯爵大人**

约翰生博士敬悉波特莫尔勋爵手谕。他的情况已经好转；将会按勋爵大人指示给兰顿先生写信。

舰队街门栓巷，1784年4月13日。

去。**上帝**神奇地使我恢复了元气，他能够一年四季都维护我的。

“反过来，让我问问你一家大小的情况。我希望罗西斯夫人和兰顿小姐双双安康。这是满足的一个良好的基础。乔治的学习如何？玛丽小姐又怎样？我的小宝贝珍妮她好吗？我想我欠珍妮一封信，这笔债我会记着偿还的。同时告诉她我认账。

“请代我问候各位女士。如果兰顿夫人来伦敦，请她惠临舍下一叙，因为我的身体还没有好到可以外出的程度。”

致**奥扎厄斯·汉弗莱**[a]①**先生** 912

1784年4月5日星期一

先生，——胡尔先生告诉我您以多大的仁心听取了我几乎害怕提出的一个要求，那就是允许一名年青的画家[b]时不时地来到您的画室里，看看您的运作，接受您的指教。

这个年轻人也许天分很好，但没有接受过正规教育。他是我的教子，因此我对他的进步和成功甚感兴趣，如果您允许将他送来，我认为就是对我本人的莫大照顾。

托**上帝**的福，我的健康大有起色，但医生不允许我出门；

---

a 这位杰出的画家是英格兰西部古老的洪弗莱（现为汉弗莱）家族的代表；从他们一贯使用的纹章上看得出来，这个家族，曾经跻身于（我看见过最权威的证据）荣誉骑士和乡绅之列，霍林斯赫德[1]描写他们从伦敦塔出发骑着一身戎装的战马，由荣誉贵妇陪同，一名挂着金链的骑士带领大家，穿过伦敦的条条街道走进史密斯菲尔德，时间是理查二世王朝十四年米迦勒节后第一个星期日下午三点。这个家族一度喜欢大规模游行活动，但像其他家族一样，随着时代的进步，现已风光不再。然而他们身上的血统仍然清楚明白；他们也许希望在时事演变中，恢复他们的社会地位，但在现代，财富似乎是一个不可或缺的条件。

1 霍林斯赫德（Holinshed，？—1580？），历史学家。

① 汉弗莱（Ozias Humphry，1742—1810），微型画和肖像画家；美术家学会会员（1773），皇家学院准院士（1779）；受皇室专门委员会委托给夏洛特王后（1766）和夏洛特公主（1769）画像；早年委托人盈门，成就可观，但从微型画转向油画后情况逐渐萎缩。

b 塞缪尔·佩特森的儿子，以图书知识丰富闻名。

我自己也认为这种天气我确实吃不消。您最恭顺的仆人，

1784 年 4 月 5 日。　　　　　　　　　　**塞姆·约翰生**

又：

先生，——持信人是我的教子，我不揣冒昧，请您予以关照；我希望他对您的优秀才华的敬仰、对您的恩惠的感谢不会辜负您的关照，您最恭顺的仆人，

1784 年 4 月 10 日。　　　　　　　　　　**塞姆·约翰生**

又：

先生，——您对我的教子非常客气，真叫我感激万分，但除了客气，我必须求您恩准他看您作画，这样他就可以了解一幅画如何开始，如何进展，如何完成。

如果他可以在您的几次运作中亲临现场，我希望他会通过他的长进和感激表示赐教的得当。至少我会认为您将自己的恩惠广延及您恭顺的仆人，

1784 年 5 月 31 日。　　　　　　　　　　**塞姆·约翰生**

致**牧师泰勒博士**，德比郡阿什伯恩

亲爱的先生，——你杳无音讯，会是什么原因？我希望没有任何理由使你无法写信。我的见闻、我的感觉，使我有理由

913 心生恐惧。不要忘了给我安慰，知道失去了一切之后，我还剩

1784 年 5 月 5 日 星期三 下一位朋友。

我需要各种安慰。我的生活非常孤独冷清。尽管**上帝**开恩，神奇地将我从水肿中解救了出来，但我仍然非常虚弱，自 12 月 13 日以来，不曾迈出大门半步。我盼望温暖的天气能有所帮助，它肯定最终会来的。

昨天我要上教堂，没有得到医生的同意；只好在家里领受圣餐，也就是在跟亲爱的威廉斯夫人临终前领受圣餐的那个房

间里。啊！我的朋友，死亡的临近非常可怕。我害怕去想我知道我无法避免的事情。左顾右盼寻求得不到的帮助纯属徒劳。然而我们还是一再希望、痴想今天活着的人明天也会活着。但是让我们学会只从**上帝**那里获取希望。

与此同时，让我们相互关爱。我现在健在的朋友只剩下你[①]和赫克托先生了，他是我青年时代的朋友。亲爱的先生，不要忽视你深情的，

伦敦，复活节星期一，　　　　　　　　**塞姆·约翰生**

1784 年 4 月 12 日。

致**露茜·波特夫人**，利奇菲尔德[②]

我亲爱的，——我现在写信给你，是要告诉你，我恢复得很好，经过漫长的四个多月的囚禁，21 日我去了教堂，表达谢意。

我的恢复无论我自己还是医生都万万没有料到，而且很少有类似的先例。亲爱的，跟我一起答谢上帝吧。

维斯博士今晚到过〔我〕这里，他告诉我你同样身体欠安，但现在已经见好。我希望什么时候我们能高高兴兴地见面。同时咱们相互祈祷吧。

你卑微的仆人，　　　　　　　　**塞姆·约翰生**

伦敦，1784 年 4 月 26 日

他的教女是他的朋友兰顿先生的一个女儿，下面这封信堪称他对一位年轻小姐温情脉脉和洋洋自得的美丽样板，我想当年她才七岁。他煞费苦心用一种圆体大字书写，简直和印刷出来的字一样，这样她就可以得到亲自阅读的满足。原信现在就在我面前，但我得

---

① 〈约翰生青年时代的这位朋友比约翰生多活了三年多一点，已于1788年2月19日去世。—— M.〉

② 此信据“人人文库”版《约翰生传》补入。

守信把它还给她。我敢说她的有生之年她会把它当作一粒珠宝妥善保存。

致**简·兰顿小姐**，肯特，罗切斯特

> **我最亲爱的珍妮小姐**，——抱歉得很，你的可爱的来信这么久没有回复；可是我身体不太好的时候，我的字有的写得不太清楚，年轻小姐不好辨认。我亲爱的，我很高兴看到你写得这么漂亮，所以希望你管好自己的笔，自己的书，自己的针，因为它们都必不可少。你的书会给你知识，会使你受人尊敬；当你不爱读书的时候，你的针会给你找到有用的事情干。你年龄大一点儿的时候，我希望你努力学习算术，还有一点最重要，你一辈子都要认认真真祈祷，诵读圣经。你最恭顺的仆人，
>
> 1784年5月10日。　　　　**塞姆·约翰生**

5月5日，星期三，我抵达伦敦，第二天早晨我高兴地发现约翰生博士的健康大有起色。但我只是见了他一面；因为马车正等着接他到伊斯灵顿他的朋友、牧师斯特拉恩先生家去，他有时候到那里去寻求新鲜空气的裨益，尽管先前他对这个问题的总体看法曾一笑置之，但他现在承认新鲜空气是有助于健康的。

914 后来有天早晨，我发现只有他一个人时，他严肃认真地对我传
1784年5月 达了他生病期间发生的一件引人注目的事情，当时他被水肿闹得痛苦不堪。他曾把自己关在家里，用一天时间进行特殊的宗教修炼——斋戒、自咎、祈祷。突然之间，他感到极其轻松，为此他满怀感激虔敬之心仰望苍天。他没有根据这一事实做出直接的推断；但从他说话的口气我能察觉，这种情况他觉得不仅仅是日常事件进程中的一件小事。就我而言，我承认这种思维模式并不困难，但很多自作聪明的现代人会把这称为“迷信”。然而在这里我认为，即便干巴巴的理性人也会相信，有种天意从中干预，相信“义人热诚的

祈祷”[①]是有功效的[a]。

5月9日，星期日，我发现爱尔兰著名的文物专家、工程师瓦兰西上校和他在一起。10日，星期一，我和他在帕拉代斯先生家吃饭，来客很多；有布赖恩特[②]先生，乔德雷尔先生，霍金斯·布朗[③]先生等。13日，星期四，我和他在乔德雷尔先生家吃饭，又是高朋满座；有埃克塞特主教蒙博多大法官[b]，墨菲先生等。

5月15日，星期六，我和他在布罗克斯比医生家吃饭，来宾还有瓦兰西上校，墨菲先生，以及国王陛下的御用药剂师、总是乐呵呵的德韦尼斯先生。关于这些日子，和其他一些我见到他的日子的情况，我没有留下记录，只留下一个笼统印象：他的谈话依然精彩

---

① 参比《圣经·新约·雅各书》，第5章，第16节。

a 关于这个问题，在《不列颠传记大全》第一版的阿伯内西博士传中有一种非常公正、明达的说法，看到他在为那部价值非凡的著作第二版写的他的传记中出现，我应当十分高兴。“否认上帝统治世界中一种特殊天道的运作，肯定是不虔诚的：然而促成鄙视者的动机的莫过于决定它的具体事例时表现出的轻率冒失的热情。”

在证实我的观点时，我也很高兴引用梅尔莫思先生这位卓有见识、文笔优美的作家以菲茨奥斯本的名义出版的他的书信集中的第八〔四十八〕封信中的话。“我们可以万无一失地断言：对某种天道的信仰是建立在那些可以使我们的赞同显得合理合法的理由之上的。因此，在灵魂最需要援助的时节，仅仅因为在这一类问题上要解决伴随它们的每一道难题是不可能的，就拒绝承认给灵魂提供坚定支持的一种见解，很难说是明智之举。”

② 布赖恩特（Jacob Bryant，1715—1804），文物专家、古典学者；《新体系，或古代神话分析》（1774—1776）的作者，这本书赞同从诺亚洪水到诺亚的儿子漂泊引起的民族散布的全部古代史；布莱克也许为该作品创作了插图。

③ 霍金斯·布朗（Hawkins Browne，1745—1818），政治家、工业家；皮特的支持者；什罗普郡名誉郡长（1783）；煤矿主，铁器制造商。

b 我遗憾地注意到，蒙博多大法官避免与约翰生博士的任何沟通。我暗自窃喜我撮合他们成了好朋友（见《赫布里底群岛旅行日记》，第3版，第67页），但不幸的是，大法官又恢复并坚持他对我杰出的朋友的强烈成见。我必须为我的朋友说句公道话，他一点也不生气，反而乐在其中。不仅如此，尽管他知道大法官不待见他，他还是一贯持友好态度；这从他向我用缩写大法官名字的办法打问他的情况看得出来：“哎，蒙尼还好吗？”

915

1784年5月15日星期六

生动，好像小青年一样，品味着社交的乐趣。我只发现有这么三件小事——第一件，有人提到一个人，此人说，“我在这个世界上活了五十一年了，连十分钟的不安也不曾有过”；约翰生惊呼，“说这话的人在撒谎：他企图骗取人的信任”。埃克塞特主教说，人和人千差万别，说也等于白说。主教大人言谈举止并不威严，事后我才得知，约翰生没有发现跟他谈话的那个人是一位高级教士；如果他发现了，我毫不怀疑他会对他敬重一些；因为有一次谈到他因其虔诚而尊敬有加的乔治·普萨尔马纳扎时，他说：“我宁可考虑批驳一位**主教**。”在座的一位[①]用约翰生最不能忍受的做法招惹他，那就是引用他自己的作品来反对他当时坚持的观点。“先生，(这位先生嚷道）你怎么解释

忙碌的白天，平静的黑夜，
不知不觉，不计不算，悄然滑行？”[a]

约翰生发现自己被回敬了一个没有不安地生活过的人的例子，便大为恼火，因为他认为这是断章取义，失之偏颇。他怒不可遏，做出了一种无理反驳，含沙射影地说这位先生的话是一派酒后胡言：“先生，有一种情绪我要劝你控制控制：当你喝完了这一杯时，就别喝另一杯了。”这里就哥尔德斯密斯说约翰生的例子，又用一出西伯的喜剧中一个非常风趣的意象添盐加醋：“跟约翰生没有什么好辩论的；因为如果他的枪没有射中，他就用枪托把你打翻在地。”另一件事是这样的：文学界的一位著名人物[②]由于在报纸上发表匿名文章攻击人，遭到猛烈的挞伐。约翰生出来替他辩护，我认为这是他的顶牛精神在作祟，他说：“得啦，得啦，这又不是什么滔天大罪；他只

---

① 詹姆斯·鲍斯威尔。

a 悼莱韦特先生诗。

② 乔治·斯蒂文斯。

不过是想让他们生一肚子的气而已 。我并不是说我也应当这么干，我和他不是一路人。各有所好，各有所能。”第三件事是，我告诉他一位年轻貌美的伯爵夫人曾对我说：“我倒是认为，让约翰生博士赞扬会把一个人一辈子弄成一个傻瓜。”听了之后，我回答说：“夫人，我今天就把这话重复给他听，把他弄成傻瓜。”约翰生说：“我太老了，弄不成傻瓜；但如果你说我被弄成了傻瓜，我是不会否认的。我高兴听恭维话，尤其是出自一位漂亮女人之口的恭维话。”

5月15日，星期六晚间他精神很好，参加了我们的埃塞克斯角俱乐部聚会。他告诉我们：“昨天我跟卡特夫人[①]、汉娜·莫尔小姐和范妮·伯尔尼小姐在加里克夫人家吃饭。那样的三个女人哪里都找不到：我不知道我能在哪里找到第四个，除了伦诺克斯夫人，她可胜她们大家一筹。”**鲍斯威尔**：“什么！你把她们统统拿下了，先生？”**约翰生**：“我就像她们被人拿下一样地拿下了她们；不过如果那里还有来客，情况也许会更好一些。”**鲍斯威尔**：“蒙塔古夫人难道不可以当第四位吗？”**约翰生**：“先生，蒙塔古夫人不卖弄才情； 916
但蒙塔古夫人是一位卓尔不凡的女子。她对答如流、滔滔不绝；总是言之有物。” 1784年 5月15日 星期六
鲍斯威尔：“伯克先生也是对答如流，滔滔不绝。”**约翰生**：“是的，先生。如果一个人碰巧和伯克一起到一个棚子下避雨，那人就会说——‘这是一个不同寻常的人。’如果伯克走进一个马厩看他的马被刷理的情况，马夫就会说——‘我们这里来了一位不同寻常的人。’”**鲍斯威尔**：“富特是一个言谈从不落伍的人。如果他走进一个马厩——”**约翰生**：“先生，如果他走进一个马厩，马夫就会说，‘来了一个滑稽的伙计’；但他不会尊敬富特的。”**鲍斯威尔**：“可是，先生，马夫会回应他的，会像俗话说的，会投桃报李的。”**约翰生**：“不错，先生；富特会回应马夫的。——伯克不屈尊谈笑时，他的言谈真是优越到家了。他在正经交谈和插科打诨中

---

① 〈这位博学而优秀的夫人在书中屡屡提及，1806年2月19日在Clarges街家中去世，享年八十九岁。——M.〉

显示的能力没法相比。当他放下身价这样做的时候，他就钻进狗窝里了。”我在另一个地方[a]反对过约翰生对伯克先生的诙谐风趣所持的奇特而错误的看法，现在我还希望有好的结果。温德姆先生这时低声对我说，在这个问题上他跟我们伟大的朋友意见相左；因为伯克在谈笑时往往非常快乐。在这个时候，在这一群人中，谁对伯克先生的了解和推重都比不上我们，所以我们俩谁出来反驳约翰生都是不对的。这样做也许会引起更加粗鲁的言行，无论如何也许会打断约翰生奔涌的好心情。他突然想起一件事，便喜形于色向我们喊道：“噢！先生们，我得通告诸位一件大事。俄国女皇下旨把《漫游者》译成俄文[b]：这样一来，伏尔加河两岸就有人读我的作品了。贺拉斯夸口说他的声名远播罗讷河两岸[①]；现在伏尔加河离我可要比罗讷河离贺拉斯远了。”**鲍斯威尔**：“你对这件事肯定很高兴，先生。”**约翰生**：“高兴，先生，那还用说。一个人发现自己努力做的事情获得了成功，当然高兴。”

在座的一位提到他看见一位贵族驾着自己的马车奔驰，看上去气色极好，尽管年已垂暮。**约翰生**：“啊，先生，那算不了什么。培根说，一个健壮的老人就像一座基础受损的塔。”

5 月 16 日，星期日，我发现他一个人待着。他谈到思雷尔夫人，满怀拳拳之意，说道：“先生，自从思雷尔的缰绳从她的脖子上脱开之后，她没有做对一件事情。”进而提到几种此后一直是公众热门话题的情况，这时道格拉斯博士，现在的索尔兹伯里主教到来，打断了话茬。

917 道格拉斯博士在这一场合批驳了在苏格兰司空见惯的一种错误观

1784 年 5月18日 星期二 念，那就是，英国国教会的教会纪律，尽管执行得非常恰当，却不足以维持教士的道德规范，因为所有作奸犯科的人都可以恳请教牧人员

a 《赫布里底群岛旅行日记》，第3版，第20页〔8月15日〕。

b 后来我听说这一报道并无可靠的根据；但约翰生信以为真，表现出的那种欣喜表示出对文学声誉的高贵热情。

① 〔源出瑞士，流经法国东南部，汇入地中海的一条河流。〕

代表和主教会议，从而得到包庇，由于这种会议从来没有得到国王批准参加事务处理，因此这种恳请不会得到听取。道格拉斯博士说，这种观念是建立在无知的基础之上的。因为主教们有足够的权力维护纪律，教牧人员代表和主教会议开会在这一方面全然无关紧要，因为它不是个法庭，而像个议会，在需要时制定一些教规和条例。

约翰生谈到怕死时说："有些人不怕，因为他们把救赎看作一项绝对判决的生效，而且认为他们亲身感受到了罪恶免除的印记。有些人和那些我认为最理性的人，则把救赎看作有条件的。而且由于他们永远拿不准他们是否已经符合条件，所以就害怕。"

在大约这个时段的一些手稿日记本中，我发现了一条短评，它确定无疑地表明了他的和蔼性情，胜过发表一千条刻意的宣言——"下午过得欢乐而又高雅，我希望没有冒犯**上帝**或人；虽然不担任圣职，但却在进行仁爱的一般修炼和培养。"

5 月 17 日，星期一，我和他在迪利先生家吃饭，客人还有瓦兰西上校，牧师吉本斯博士和卡佩尔·洛夫特[①]先生，这位先生尽管是一个铁杆辉格党人，但学识丰富，在各个部门受过广泛历练，而且为人慷慨，以至于这位文学歌利亚[②]的超凡能力，虽然没有吓倒这位富有大众精神的小大卫，但还是使他油然而生钦羡之情。还有邮政局的布雷思韦特先生，这位和蔼友好的大好人，言谈举止谦虚质朴，不装腔作势，所以结交了很多当代才俊。约翰生今天不苟言笑。也许我也懒洋洋的。我在自己的笔记中没有发现什么有关他的记录，只是当我提到我在皇家图书馆里发现了六十三种我最喜爱的《托马斯·厄·肯培》的版本，其中有八种语言，拉丁文、德文、法文、意大利文、西班牙文、英文、阿拉伯文、亚美尼亚文，这时他

① 卡佩尔·洛夫特（Capel Lofft，1751—1824），激进的编辑、作家；一位论教派信徒；编辑《失乐园》（1792）和维吉尔的《农事诗》（1803）；柯尔律治和赫兹利特的亲密伙伴；小皮特的反对者；拿破仑的仰慕者；1784 年遇见鲍斯威尔和约翰生。

② 〔《圣经·旧约·撒母耳记上》中记载的非利士族巨人，为大卫所杀。〕

说，他认为没有必要收集一本书的很多版本，因为内容都一样，只不过是纸张和印刷有别而已；他倒愿意拥有原文，所有的译本和所有有异文的版本。他赞同蒲柏提到的道格拉斯有名的贺拉斯版本收藏，据说摆满了道格拉斯的一间小屋子。他又补充说："每个人都应当想办法以那种方法收藏一本书，然后把它捐给公共图书馆。"

5月18日，星期二，早晨我去看他，待的时间很短。我告诉
他，当国王经过时，群众高喊："不要福克斯——不要福克斯。"我
不喜欢这种声音。他说："他们没有错，先生。"我说，我认为不对，
因为这似乎把福克斯先生当成国王的竞争对手了。由于再没有听众，
918 所以不可能有胜利时的得意，他马马虎虎同意了我的看法。我说这
1784年 5月18日 星期二 么做或许很好，如果这么解释的话——"让我们不要福克斯"，把它
理解为向国王祈愿不要任命那位先生当首相[①]。

5月19日，星期三，我和他单独聊了半个晚上。我说我们的朋友的亡故也许是对我们自己消亡心存恐惧的一种慰藉，因为我们在另一个世界里比这个世界有更多的朋友。他或许觉得这是对他恐惧死亡的一种非议，于是他语气激烈地说："一个人怎么知道他离去的朋友在哪里，或者怎么知道他们在另一个世界里会不会做他的朋友？你知道多少友谊是按照仁义原则形成的？大多数友谊是因为心血来潮和机缘凑巧形成的，纯粹是作恶联邦，或者犯傻同盟。"

我们谈到我们德高望重的朋友兰顿。他说："如果兰顿不能进天堂，我不知道谁还会进天堂。先生，我简直要说 sit anima mea cum Langtono[②]。"我提到我们的一位非常杰出的朋友[③]是个有德行的人。**约翰生**："是的，先生；可是他没有兰顿的那种福音传道者的德行。——我担心，他会拈花惹草、无所顾忌的。"

然而，他又指摘兰顿先生，认为他在一种令人关注的场合缺乏

---

① 这一段指乔治三世那天召开议会时，群众将乔治三世团团围住一事。有的目击者认为群众是赞成福克斯的。

② 但愿我的灵魂与兰顿在一起。

③ 埃德蒙·伯克。

判断。“我生病的时候，（他说）我希望他诚心告诉我，他认为我一生中有什么缺点。先生，他给我拿过来一张纸，上面写着几段经文，推荐基督教的仁爱精神。我问他我做了什么会引起那样的批评，他的话无非是这么一层意思——我有时候在谈话中批驳人。一个人遭人批驳对他有什么害处呢？”**鲍斯威尔**：“我估计他指的是批驳的方式；粗鲁，严苛。”**约翰生**：“那谁就因此矮了半截呢？”**鲍斯威尔**：“那会伤害神经脆弱的人。”**约翰生**：“我不知道有那么神经脆弱的人。”我把这次商谈讲给伯克先生听，他说：“一个人临死时如果只有言谈中有点儿粗鲁这样的良心负担，那就挺好了。”

当那张纸片交到约翰生手里的时候，尽管一开始还对朋友的关注感到高兴，并态度诚挚地表示感谢，但很快就高声大嗓，怒气冲冲地喊道：“你这是什么意思，先生？”乔舒亚·雷诺兹爵士风趣地说，看见一个悔罪者突然大发雷霆，对他的告解神父大打出手，真是一幕喜剧场景[a]。

这个月其余的时间我见他时的谈话我再没有保留下来，直到5 919
月30日，星期日，我晚上在胡尔先生家遇见他，那里绅士淑女云 1784年5月30日星期日
集。詹姆斯·约翰斯顿爵士碰巧说，他拿下院辩护律师的论据不当回事，因为他们都是拿人钱财，替人消灾而已。**约翰生**：“不，先生，论据终归是论据，如果论据站住脚，你不能不重视它们。如果

a 毕竟，我不能不认为兰顿先生是在约翰生博士严肃认真的要求下才提他觉得他的朋友性格中的差错的，作为一个诚实的人，他有义务表示他的真实想法，他当然是用最委婉的方式这么做的；这样的话，约翰生本人在心情平和的时候是乐于接受的。提到的经文现在就在我面前，我现在摘引其中几段。“温柔的人有福了，因为他们必承受地土。”《圣经·新约·马太福音》，第5章，第5节。——“我为主被囚的劝你们：既然蒙召，行事为人就当与蒙召的恩相称。凡事谦虚、温柔、忍耐，用爱心互相宽容。”《圣经·新约·以弗所书》，第5〔4〕章，第1、2节。“在这一切之外，要存着爱心，爱心就是联络全德的。”《圣经·新约·歌罗西书》，第3章，第14节。——“爱是恒久忍耐，又有恩慈；爱是不嫉妒，爱是不自夸，不张狂，不作害羞的事，不轻易发怒。”《圣经·新约·哥林多前书》，第13章，第4、5节。

你知道证言是买来的，你可以把它不当回事。关于这个问题，培根有一个美不胜收的意象：证言就像长弓射出去的箭，它的力量取决于弓箭手的膂力；论据就像弩弓射出去的箭，即便小孩拉弓放箭，力量也是一样的。”①

那天他在胡尔先生家吃过饭，等着海伦·玛丽亚·威廉斯②小姐晚上到来。胡尔先生把她美丽的《和平颂》[a] 交到约翰生手里。他先读了一遍，当这位优雅的青年才女[b] 被引见给他时，他牵着她的手，态度极其礼貌，并且背诵了她那首诗的最精彩的一节。这可是他能表示的最委婉、最喜人的恭维了。她那位可敬的朋友基皮斯博士就站在旁边，感到了极大的满足，这件轶事正是他向我提供的。

---

① 其实，这是罗伯特·博伊尔的意象，不是培根的，被约翰生压缩后引用在他的《词典》的“弩弓”条目下。这段话出现在博伊尔的《关于理性和宗教的可调和性的几点考虑》(1675) 的《序言》里，内容是这样的：“有些论据，由于明显地建立在常识或一目了然的实验之上，用不着借助任何提议者或赞同者的可供反驳用的证据，所以我想可以比作弩弓上射出的箭和枪里射出的子弹，再恰当不过了，因为它们都具有同等的力量，同等的穿透力，不管是一个孩童发射的，还是一个壮汉发射的。然而，还有另外一些推理，它们在某种程度上要么确实依赖，要么被认为依赖，那些提出推理所依据的看法的人的判断和技能，以及他们辨别真伪的能力和辨别厚实与浮浅事物的能力：这些推理可以比作长弓射出的箭，它们产生的效果大得多，因为是由力气大、技艺高的弓箭手射出的。”[罗伯特·博伊尔，《文集》，新版6卷集 (1772)，第4卷，第156页。]

② 海伦·玛丽亚·威廉斯 (Helen Maria Williams，1762—1827)，作家，坚定的废奴主义者；法国革命的敏锐观察者，出版《法兰西来信》(1790—1796)，后来在《法兰西共和国特写集》中成为拿破仑的仰慕者；一度还是个翻译家。

a 由谢尔本伯爵、现在的兰兹唐侯爵这位非常能干的政治家缔造的和平，它可以被公正地认为是大不列颠从那时开始的所有繁荣的基础。

b 在我这部作品的第一版里，用了“和蔼可亲的”这样一个形容词。我感到遗憾的是我不得不把它删除；为了公正起见，我无法让它保留下去，因为这位年轻的女士不仅以赞赏的文笔写了法兰西已经遭受的野蛮的无政府状态，而且（我有可靠的消息来源）在蒂利耶勒宫的地面上漫步，毫无毛骨悚然之感，因为当时那里横陈着忠诚的瑞士侍卫队员们裸露的尸体，他们都是在保卫他们宣誓保卫的君王、英勇抵抗一群暴徒时被野蛮屠杀的。现在她从约翰生博士那里能期望的不是爱慕，而是厌恶。

威廉斯小姐告诉我，在她有幸与约翰生博士另外一次仅有的交往中，约翰生请她坐到他身旁，她照办了，她问他身体如何，约翰生回答道：“我确实病情严重，小姐。当你在我跟前时，我病得很严重；如果离远的话，我又会怎么样呢？”

他现在极想去一趟牛津，作为他病后的第一次出游。我们就这事议论了几天，我已经答应陪他。他今晚很不耐烦，惴惴不安，因为我没有立即同意星期四跟他一起走。当我考虑到他一度病得厉害，应当如何谅解疾病对他的脾气的影响之后，我还是决定迁就他，尽管我自己有些不便，因为我希望参加下星期六在威斯敏斯特教堂举办的欢迎韩德尔的音乐会。

在他自己病痛期间，他一直同情别人的痛苦，积极设法给他们 920
提供救助，这从 6 月 1 日给乔舒亚·雷诺兹爵士的一封短简中看得 1784 年 6月1日 星期二
出来，话是这样说的：“我羞于启齿要求给一个可怜人一些救助，我希望我已经给了他力所能及的东西。此人纠缠我，打击又接二连三。我打算星期四再出去放放风。”

6 月 3 日，星期四，早晨，牛津的驿车到了门栓巷来接我们。另外两位乘客是贝雷斯福德夫人和她的女儿这两位从美利坚来的和蔼可亲的女士；她们打算去伍斯特郡，当时她们就住在那里。前一天，约翰生就打发他的仆人弗兰克给我们订了座位；我从乘客名单上发现约翰生博士已经把我们的名字写上去了。看过乘客名单的贝雷斯福德夫人悄声对我说：“这就是伟大的约翰生博士吗？”我告诉她就是；于是她就做好倾听的准备。她很快提到她丈夫是美利坚会议的成员，但声音太低，约翰生听不见，我提醒她当心不要引进这个话题，因为她肯定知道约翰生是怎样激烈地反对那个地区的人的。约翰生侃侃而谈，但遗憾的是我把这次谈话没有保留下来多少。贝雷斯福德小姐听得入迷，在我的耳旁对我说：“他多能说啊！真是口若悬河，语出惊人。”她在马车里打花结聊以自娱，约翰生很难承认这一类工作有什么价值。“跟无所事事差不离（他说），我认为打花结应当算在没有意义的范畴之内；尽管我还一度想学打花结。邓普

斯特的妹妹（瞟了我一眼）还下功夫教过我；但我没有取得进步。”

我感到吃惊的是他竟然在公共驿上毫无保留地谈论他自己的事务情况：“我闯荡世界（他说），我想有一千多镑的积蓄，我打算一年给弗兰克七十镑年金。”他对第一次见面的人的坦率确实引人注目。他有次对兰顿先生说：“我想我就像《伦敦之行》[①]中的理查德先生，‘我在一个生地方从不怕生’。”他可是真正的见面熟。他强烈谴责在英国有身份的人中间再平常不过的现象——彼此不认识时，决不开口讲话，譬如说，在一家的主人或者女主人露面之前两个人偶尔被领进一个房间的时候。“先生，这就不文明到连普通的人权都不懂的程度。”

我们停在一家客店里，他对拿烤羊肉当正餐极度不满。我看到两位女士对这位伟大的哲人的智慧和风趣一路上佩服得五体投地，见他现在竟然因为这个原因，心情变得如此恶劣，深感诧异。他怒斥侍者说：“这羊肉真是糟糕到家了：羊喂得很差，宰得很差，保存得很差，肉做得也很差。”

他把一路的劳顿都挺过来了，快到牛津时，似乎觉得精神抖擞，因为那是学术、正统、托利主义的宏伟、古老的大本营。弗兰克坐
921 着重型大马车赶来，准备伺候他；我们在他的老朋友、一片盛情邀
1784年6月9日星期三 请我们的彭布鲁克学院院长亚当斯博士家受到最礼貌的接待。我们还没有落座，我就对约翰生说我已经约定立即赶回伦敦，理由我已经提过了，但我会再赶回来陪他。得知我跑这一趟仅仅是为了陪他，他非常高兴。他和亚当斯博士和夫人、亚当斯小姐，还有肯尼科特夫人[②]在一起心情轻松平和。肯尼科特夫人是博学的希伯来语专家的遗孀，她在这里也是来做客的。大家询问他的疾病和康复情况，他三言两语清楚明确地应付过去了，然后现出一副乐呵呵的神气，

---

① 范布勒和科利·西伯的喜剧，又名《被激怒的丈夫》。

② 肯尼科特夫人（Mrs Ann Kennicot，？—1830），本杰明·肯尼科特的妻子；与加里克夫人、范妮·伯尔尼和汉娜·莫尔非常友好；在牛津大学创建两项奖学金促进希伯来研究。

背了斯威夫特的两句诗，

> 不要考虑你要生的疾患，
> 并且议论各种观点和药丸。①

有人提到布里斯托尔主教纽顿博士，约翰生回想起他被那位高级教士指责的情况[a]，便这样进行报复："汤姆知道他应当在他说我的言论出现前就死掉。他活的时候不敢将它印出来。"**亚当斯博士**："我相信《论预言》是他的伟大作品。"**约翰生**："嘿，先生，它是汤姆的伟大作品，可是伟大到什么程度，或者其中多少是汤姆的作品，却又当别论。我想相当一部分是借用他人的。"**亚当斯博士**："他是个非常成功的人。"**约翰生**："我看未必；先生。他爬得不是很高。他很晚才爬到这个位置上；而且他爬的手段并不太正当。我相信他是个马屁精。"

---

① 乔纳森·斯威夫特，《斯苔拉的生日。1726/1727年3月13日》，第2节，第5—6行。

a 纽顿博士在他的《生平自述》中先批评了吉本先生的《罗马史》，然后说："约翰生博士的《诗人传》，提供了更多的乐趣；但在每一部分都占主导地位的恶意影响下，公正很受伤害。必须承认，有些段落很有见地，写得很精彩，但仍不足以弥补那么多的恶意和不良情绪。从来没有任何传记作者褒扬时更惜墨如金，贬损时更词如泉涌。他似乎更乐于揭露瑕疵，而不是赞扬美妙；对优长轻描淡写，一笔带过，对不足却浓墨重彩，详尽论述，自己苛评了仍不过瘾，还要翻出陈年流言，大肆摘引先前批评家的被人遗忘了的作品中的语句。他在文坛上的声名已高不可攀，不需要再毁灭他人抬高自己。然而这些文章非但没有把先前对他的理解的概念再提高一步，反而肯定使世人对他的脾气有一种更坏的看法。——主教因此更加惊讶，更加关心他的老乡，因为他尊敬约翰生不仅仅是因为他的天才和学问，而且更加因为他性格中的和蔼部分、他的人性和慈善、他的道德和宗教而看重他。"我们不妨把最后一句看成纽顿主教总体、永久的见解；前面的说辞必须被所有读过约翰生令人叫绝的作品的人归咎于老年的厌恶和乖张。我希望这些言论不曾出现，也希望约翰生博士没有被它们激怒到不用恭敬的言辞表达自己对一位高级教士的看法的地步，因为他的劳作肯定对文学和宗教都有相当大的贡献。

922 1784年 6月9日 星期三

我去伦敦算是完成了我的夙愿，并于6月9日星期三返回牛津，我发现自己又回到彭布鲁克同一个快乐的圈子里，具有逗留一段时日的令人舒畅的前景。约翰生欢迎我的归来，真是大喜过望。

他非常关切地谈到尊敬的阿奇博尔德·坎贝尔，此公的性格我们在因弗雷里时，约翰生在阿盖尔公爵的餐桌上已经讲过[a]；这时候，他亲笔给我写了那位学识丰富、年高德劭的作家更为详尽的情况，我已经在适当的地方将其公布。约翰生今晚的说法使我大为触动。“我从来不知道（他说）一个拒绝宣誓效忠威廉和玛丽或其继任者的英国国教会的牧师能够劝导。”[b] 当然，他不是有意否认他们中的很多

---

a 《赫布里底群岛旅行日记》第3版，第371页〔10月25日〕。

b 牧师阿加特先生[1]赐予我约翰·亨德森先生和约翰生博士就这个话题的一段对话笔记，是由亨德森先生讲述的，显然真实可靠，所以我将它穿插于此。——**亨德森**：“先生，你对威廉·劳有何看法？”**约翰生**：“先生，威廉·劳写了规劝神性的最好的作品；但威廉·劳不是个善于劝导的人。”**亨德森**：“杰里米·科利尔[2]呢，先生？”**约翰生**：“杰里米·科利尔进行没有对手的战斗，因此就不能说取得了胜利。”亨德森先生提到肯[3]和凯特尔威尔[4]；但还是遭到了一些异议；最后他说：“可是，先生，你认为查尔斯·莱斯利怎么样？”**约翰生**：“我倒把查尔斯·莱斯利忘了。莱斯利是一个劝导者，而且是个不听劝导的劝导者。”

1 阿加特（William Agutter, 1758—1835），英国国教会牧师；铁杆效忠者，坚决主张废除奴隶贸易；利用约翰生和休谟临终时的反差例子在圣马利亚教堂（1786年7月23日）向牛津大学会众演示“义人和恶人之死的区别”。

2 杰里米·科利尔（Jeremy Collier, 1650—1726），反对戏剧的辩论家，拒绝宣誓效忠的英国国教会主教；反对光荣革命；德莱顿的反对者；《论几种道德问题》（1697）和《英国舞台不道德和渎神现象短评》（1698）的作者；认为舞台上的行为下流、亵神、诲淫；试图开创一个将拒绝宣誓效忠的英国国教会与东正教教会统一的计划（1716年起）。

3 肯（Dr Thomas Kenn, 1637—1711），巴斯和威尔斯主教（1685—1688），拒绝宣誓效忠的英国国教会牧师；埃塞克斯小伊斯顿教区长（1663—1665）；王室会计长和枢密院官员（1672）；怀特岛上的布赖斯通教区长（1667—1669）；东伍德海教区长（1669）；国王的牧师（1680）；佩皮斯的相识；“光荣革命”之后被免职（1688），1688年后拒绝向君王宣誓效忠；《供温切斯特学生使用的祈祷文手册》（1647）和《圣爱的实施》（1685）的作者。（转下页）

作家具有那种能力，如希克斯①，布雷特②以及那一派的其他杰出的神学家们；他也没有想起因为他们崇高地抵制专权而实至名归的七位主教③对于新政府仍然拒绝宣誓效忠。其实，苏格兰的拒绝宣誓效忠的英国国教会教士除了少数一些人，最近突然一下子斩断了效忠斯图亚特王朝的一切联系，决意为我们当前名义上合法的君主祈祷，可以认为他们已经证实了这种说法。可以说他们公开表示相信的那种神圣的不可废除的世袭权利，如果一直是真的，那现在肯定还是真的。约翰生向我保证他一辈子也没去过一座拒绝宣誓效忠者的礼拜会所，当我提及此事时，很多读者将会惊讶不已。

第二天一早吃早饭时，他指着萨维奇的《流浪者》中的一节说："这些诗句非常优美。""如果（他说）我在我的《莎士比亚集》中怀着对沃伯顿的敌意下笔，我应当引用这一联对句：

> 在这里学问起初被蒙上眼睛，然后遭到欺罔，
> 看上去黑暗得像无知，狂野得像幻想。④

你看这对他再合适不过了。"（莞尔。）**亚当斯博士**："可是你没有写

（接上页）

4 凯特尔威尔（John Kettlewell, 1653—1695），拒绝宣誓效忠的英国国教会牧师，神学作家；贝德福伯爵夫人的牧师；沃里克郡科尔斯希尔的代牧（1682）；1688年后仍然坚决效忠詹姆斯二世；《悔罪者和心神烦乱者指南》（1694）和《谈基督教圣餐》（1693）的作者。

① 希克斯（George Hickes, 1642—1715），拒绝宣誓效忠威廉和玛丽的英国国教会牧师，文物专家；盎格鲁–撒克逊语的奠基学者。

② 布雷特（Dr Thomas Brett, 1667—1744），拒绝宣誓效忠的英国国教会牧师；积极参与该运动至死；《路德教原则评论》的作者。

③ 指英国国教会的七位主教1687年反对詹姆斯二世的信教自由令——一种旨在取消附加给不顺从国教者的限制条件的举措，但唯一的目的是对罗马天主教徒起这样的作用。

④ 理查德·萨维奇，《流浪者》（1729），第2章，第40页（不过原文为"疯狂"，不是"幻想"）。

文章反驳沃伯顿呀。”**约翰生**：“没有，先生。我在序言和注释中都对他敬重有加。”

923 肯尼科特夫人说到他弟弟、牧师张伯伦先生，他改信罗马天主教，放弃了英国国教会的伟大前途。约翰生敬佩任何认真遵守原则办事的人，不管原则的对与错，所以热烈地叫嚷：“愿上帝保佑他。”

1784年6月10日星期四

肯尼科特夫人进一步证实约翰生博士的看法，当代并不比先前的时代差，她提到她弟弟向她保证，现在在欧洲大陆不信教的情况比过去少了；读伏尔泰和卢梭的人也少了。我根据可靠的消息来源断言，休谟的不信教主张肯定读的人少了。**约翰生**：“当个人关系和花里胡哨的新奇消失时，所有不信教的作家统统被人遗忘；尽管时不时地有个傻蛋出来，认为他在这些人身上巧智迭出，可以再次让他们引人注意。有时候会冒出一个学院开玩笑的人，他并不认为一所学院里的一个玩笑不见得在世界上吃不开。对这么一类宗教卫士，我要用一节诗，这首诗我记得在某本旧诗集中看见过：

从此以后就安安静静，一致同意，
　各人把各人无知的兄弟亲吻；
宗教瞧不起你这样的仇敌，
　但害怕另一个那样的友人。

意思不错，不过表达欠妥；跟另一个相对的应当是一个，而不是你。”[a]

---

a　我已经把约翰生凭记忆背诵的这一节诗穿插进去；但此后我在1749年伦敦印行的《才子育婴堂》里找到了原诗：

警句，因巴斯的一场宗教争论而作

两个才子就餐时夸夸其谈，
　讲的是理性、信仰和奥秘；
B—y相信他不知道所以然。　（转下页）

关于罗马天主教，他说："如果你表面上加入了老教，他们是不会严格诘问你对他们的信条的信仰的。没有一个理性的老教徒相信他们的每一条信仰。有一派的看法认为一个善良人可以被说服相信它。一个性情怯懦的善良人十分怀疑**上帝**会接纳他，而且又非常轻信，因此可能高兴归属于一个有如此多的帮助手段让他进天堂的教会。如果我能，我会成为一名老教徒。我有足够的恐惧心理；可是一种顽固的理性在阻止我。我永远不会成为一名老教徒，除非死期迫近，因为我对死感到极为恐怖。我心里纳闷女人不全是老教徒。"**鲍斯威尔**："她们并不比男人更加怕死。"**约翰生**："因为她们不那么坏。"**亚当斯博士**："她们更虔诚。"
约翰生："不，她们该死，她们不见得更加虔诚。一个恶人一旦信以为 924
真，就再虔诚不过了。在虔诚方面你们大家都会是他的手下败将。" 1784年6月10日星期四

他为罗马天主教的某些特殊的信条辩护，关于把面包只给俗人的问题，他说："他们也许认为，在单纯的仪式上，可以在方便的基础上允许背离原始模式，我认为他们有理由做这种改变。就像我们有理由用喷洒替代古老的洗礼室一样。"至于吁请圣徒，他说："尽管我不认为它得到了认可，但我觉得信经中'圣徒们的交流'意思就是与天国圣徒们的交流，这与'神圣天主教教会有关联'。"[a] 他承

（接上页） N—赌咒说这全是一个虚构故事。

安静，自命不凡的蠢货、安静，两个一致同意，
　N—，把你无知的兄弟亲吻；
宗教笑话你这样的仇敌，
　但害怕另一个那样的友人。[1]

1 《蒂莫西无语》，《才子育婴堂》（1749），第87—88页。

a 沃勒在他的《神诗》第一歌中把同一种思想做了精彩的表达：

天上圣徒的教会，天下凡人的教会，
在赞歌声中表明了它们当前的统一；
他们的欢声四溢；我们的期望久长，
我们的生活不同，但我们同声歌唱；
天使和我们都得到这种艺术帮助，
可以一起唱歌，尽管在分开居住。

认恶鬼对我们心灵的影响，说道：“凡是相信《新约全书》的人都不能否认这一点。”

我带来一卷伍斯特主教赫德博士的《布道文集》，从其中一篇中选读了几段让在座的各位听，针对的经文是《雅各书》第4章第7节的“务要抵挡魔鬼，魔鬼就必离开你们逃跑了”。我很高兴展示了一位对一种教义如此明智而文雅的支持者[a]。这种教义，我不知道为
925 什么，竟然在这个知识不完全的世界上，因而也是奇迹和神秘的事
1784年6月10日星期四 例层出不穷的世界上，被某些人用一种不假思索的自信和轻率加以

---

a 这篇布道文开宗明义写道：“有天使，有神鬼，神鬼有好有坏，后面这一类为首的一个，比其余的更重要、更恶毒。他以蛇的形象或蛇的名义，与人类的堕落牵连很深，他的头，正如预言所示，人子有一天要将其致伤，尽管那个预言部分实现了，但这个恶鬼还没有受到致命的伤害，而是得到准许，目的我们无法追索，方式我们解释不清，在这个对自己的美德和快乐持敌视态度的世界上仍有一定的权力，有时候还行使得非常成功。这一切从经书上看得非常清楚，没有一个信徒，除非他首先被理学和虚空的妄言掳去[1]，可能对它持怀疑态度。”

探讨过着魔问题后，主教大人说：“我没有依据断言现在有那种情况，同样，我也不能贸然自信地说就没有那种情况。”

“然而，关于当今恶鬼对人的**灵魂**的影响，请原谅我要专断得多。——（然后，陈述过各种证据后，他补充道，）凡此种种，对每一个阅读经文的人来说，是如此明了，所以如果我们尊重它们的依据，关于魔鬼影响人的心灵的实际情况就迎刃而解了。”

应当记住的是，这些话不是一个老朽或无名的狂热分子讲的，而是一位学识渊博、礼貌周到、依然健在的高级教士讲的；而且不是讲给平庸的会众的，而是讲给林肯律师学院的光荣会社的。主教大人在这篇布道文中解释《主祷文》中的“把我们从邪恶中解救出来”这句话就表明要求得到保护免受“邪恶者”，也就是魔鬼的侵害。我已故的可敬的朋友、牧师洛特先生，真正可以说，Multis ille bonis flebilis occidit[2]。他在一篇简短但优秀的评论中对此做了精彩的说明。值得一提的是，沃勒在他的《关于几篇祷文的感想》中，用神圣的祈祷的形式以同样的意思理解这一点：——“防护我们免受**仇敌**的种种诱惑。”

1 参比《圣经·新约·歌罗西书》，第2章，第8节。

2 “他的死受到很多善良人的哀悼”——贺拉斯，《颂歌集》，第1卷，第24首，第9行。

反驳。

饭后，有人谈到辉格党人和托利党人之间存在很大的敌意。——**约翰生**：“没有那么严重吧，我想，除非在他们相互竞争的时候。他们只不过是普通相识的时候就没有，他们属于不同性别的时候就没有。一名托利党人会嫁到一个辉格党人家庭，一名辉格党人也会嫁到一个托利党人家庭，一点也不勉强。其实在比政治信条关系重大得多的事情上，譬如说宗教，男人和女人都不大关心见解的分歧：女士并不重视向她们求爱的男士的道德品格，最大的浪荡子会像德操最好的男人一样被接受，每个贤淑女子都是这样，一位一天做三次祈祷的女子也是这样。”我们的女士们竭力为女同胞批驳这种指摘，但都被他吼得哑口无言了！“不，不；一位女士会像接受圣奥斯丁一样乐意接受江奈生·魏尔德[①]，如果他多给三个便士的话；更有甚者，她的父母会把她交给他。男人行坏，女人羡慕。她们没有我们坏，不是出于选择，而是因为我们限制了她们。她们是秩序和时尚的奴婢。就这个世界而言，她们的德行对于我们比我们自己的德行还重要。”

亚当斯小姐提到一名性格放荡的绅士，说道：“假如我有心嫁给这位绅士，我的父母会同意吗？”**约翰生**：“会的，他们会同意的，你也会嫁给他的。就是他们不同意，你也会嫁给他的。”**亚当斯小姐**：“说不定他们的反对反而会逼我嫁给他。”**约翰生**：“很好啊；你会接受一个你认为是坏人的人，从而惹父母生气，自得其乐。你使我想起巴罗比医生，他非常喜欢吃猪肉。有一天，他吃着吃着，便说：‘我巴不得当个犹太人。’‘为什么？（有人问）犹太人是不允许吃你爱吃的肉的。’‘因为，（他说）那样一来，我就带着犯罪的乐趣把猪肉吃得更加津津有味。’”约翰生继续他慷慨激昂的演说。

---

① 〔江奈生·魏尔德（Jonathan Wild，1682？—1725），先在伦敦当搭扣匠。后来成了一家大窃贼社团的头目，并在伦敦营销他的附庸偷来的赃物。后以抓贼队队员出了名，最终在泰伯恩刑场被处绞刑。菲尔丁以他为原型写了《大伟人江奈生·魏尔德传》。〕

亚当斯小姐不久发表了一番言论，我记不起来了，反正逗得他十分高兴。他现出一脸会心的微笑说道：“这么多的优长竟然与这么多的邪恶混为一体，真是奇了怪了。”

确实，这位小姐的良好品质、优点、才气，她一贯对约翰生博士的关注，不会让他置之度外的。她碰巧告诉他，一把给他煮咖啡的小咖啡壶是她能称之为自己的唯一的东西。他带着得意的殷勤冲着她说：“别这么说，我亲爱的。我希望你不要把我的一片心意不当回事。”

926 1784年6月10日星期四

我问他这种传言是否属实，他最近说过：“我拥护国王，反对福克斯；但我又拥护福克斯反对皮特。”**约翰生**：“是的，先生，国王是我的主子；可是我不认识皮特；福克斯是我的朋友。”

“福克斯，（他补充说）是个最不同凡响的人。这个人（在某些方面根据他所担心的，用强硬的反对言辞描述此人，但反而抬高了此人的能力）与恺撒平分了天下，因此，就有一种怀疑，国家应当由乔治三世的权杖统治，还是由福克斯的舌头统治。”

牛津的沃尔医生跟我们喝茶。约翰生与医生交往时一般来说特别高兴，当然，与这位博学、机敏、招人喜欢的先生交谈，这种兴致不会减少。约翰生说：“拉德克利夫[①]旅行奖学金带来的好处如此之少，真是不可思议。我不知道这些奖学金引进了些什么；不过我们医疗知识的增进可以在外国获得。譬如说，接种疫苗挽救的人命比战争消灭的还要多。金鸡纳树皮治愈的人不计其数。但把我们的旅行医生派到法国、派到意大利、派到德国，却是劳而无功，因为那里知道的这里也知道；我倒宁肯把他们派到基督教世界之外去，派到野蛮民族中间去。”

6 月 11 日，星期五，早饭时我们谈到形形色色的祈祷文。**约翰**

---

① 拉德克利夫（John Radcliffe，1650—1714），医生、慈善家；詹姆斯二世的女儿、丹麦的安妮公主的主治医生（1686）；皇家医师学院院士（1687）；代表白金汉的议员（1713）；去世后他的财产提供了牛津的两项医疗旅行奖学金和建立拉德克利夫救济院、拉德克利夫观测站和牛津疯人院的基金。

生：“我知道的好祈祷文只见于《公祷书》。”**亚当斯博士**（用一种非常恳切的语气）：“先生，我希望你能作一些家庭祈祷文。”**约翰生**：“我不会给你作祈祷文的，先生，因为你自己能作。但是我想过把我能找到的所有祈祷书汇编到一起，选出我觉得最好的，剔除一些，插入一些，再增添一些我自己的，前面再附一篇关于祈祷文的论述。”这时我们大家都聚到他的身边，我们两三个异口同声逼他实施这一计划。他似乎对我们这种强人所难的方式有点反感，便愤然喊道：“别这样子说一些令人头疼的事儿。我不知道**上帝**会允许我在这个世界待到什么时候。我希望做的事多了去了。”我们几个还在坚持，亚当斯博士说：“我这辈子对任何事情还没有比这更加认真过。”**约翰生**：“别闹了，别闹了。我吃不消啦。”于是他双手掩面，在桌子上靠了一阵子。

我提到杰里米·泰勒①在他各式各样的祈祷文中使用了“我是罪人中的罪魁”，和其他诸如此类自我谴责的语句。“这种话（我说）不可能是每个人的真心话，因此对于一般的印刷出版形式是不合适的。我本人就不能说我是个最坏的人。我也不愿意这么说。”**约翰生**：“一个人也许知道，从本质上说，也就是按实际情况，他不是最坏的人；但从道德上讲，他也许是这样的人。劳说：‘人人都知道自己身上有些东西比他确信别人身上的还坏。’②你也许没有犯过有些人犯过的那种罪；但是你不知道他们触犯了什么等级的灵光。更何况，先生，‘罪魁’是‘我是一个大罪人’的一种表达形式。所以，圣保罗谈到我们的**救主**为拯救罪人而死时说：‘在罪人中我是个罪魁。’③可是他肯定认为自己不像加略人犹大那么坏。”**鲍斯威尔**：“可是，先生，泰勒的意思是字面上的，因为他是以此作一种牵强附

927

1784年
6月11日
星期五

① 杰里米·泰勒（Dr Jeremy Taylor，1613—1667），爱尔兰教会唐和康纳的主教，宗教作家（1660）；神学中的阿明尼乌派；否认原罪的教义；宗教容忍的倡导者和英国决疑论的创始人；《预言自由》（1647）、《良心准则》（1660）的作者。

② 威廉·劳，《严正号召过一种虔诚圣洁的生活》（1729），第474—475页。

③ 《圣经·新约·提摩太前书》，第1章，第15节。

会的比喻。当他为罪人的转变，尤其是自己的转变祈祷的时候，他说：'**主**啊，请您不要让自己的魁业未竟。'" **约翰生**："我不赞成向上帝说话时使用比喻；我从来都不使用。泰勒给了一个非常好的忠告：'在你祈祷时，千万不要撒谎；千万不要宣称信奉你不真正相信的事情；千万不要许诺你不打算兑现的事情。'我想起过他的《金林》中的这条戒律；但他祈祷的范例与他的戒律互相矛盾。"

约翰生博士和我乘亚当斯博士的马车去圣马利亚堂主管诺埃尔博士[①]美丽的别墅吃饭，别墅坐落在伊西斯河两岸的伊夫莱，离牛津大约两英里。途中，我硬着头皮问约翰生，他认为他态度粗鲁有没有好处，如果他的态度温和一点，是不是效果更好。我接着自己

① 诺埃尔博士（Dr Thomas Nowell，1730—1801），英国国教会牧师、宗教辩论家；代表牛津大学的公众演说家（1760—1776）；牛津大学圣马利亚堂主管（1764）；牛津大学现代史钦定教授（1771）；1772年1月30日在下院做有争议的讲道；约翰生和鲍斯威尔1784年与他一起吃饭；饭后布道文和作品均未编集出版。

又做出这样的回答："也许它有好处，因为它增加了你言谈的分量：没有这样的态度，也许你说话就不会那么具有权威性了。"**约翰生**："不对，先生；我这样做的好处更多。有我在，低级下流、邪魔外道的言行就得到了遏制。"**鲍斯威尔**："确实，先生；那不是每一位主教都能做到的。有的主教尽管是大好人，但由于性情温和，因而无法博得那样的敬畏，因此人家在他面前就非常放肆。可是，先生，很多本来可以从你的谈话中受益的人，都给吓跑了。我们的一位可敬的朋友告诉过我，他往往害怕跟你说话。"**约翰生**："先生，如果他要说的事情有道理，他就用不着害怕。如果没有道理，还是不说为妙。"

诺埃尔博士因为1772年1月30日在下院宣讲一篇充满富有托利党人思想情感的布道文而名声大噪，为此他照例受到感谢，并在他们的请求下将该布道文加以刊印。但在使当朝部分蒙羞的骚乱和党争中间，这番感谢后来又被下令撤销。这种奇怪的举动足以使真相大白于天下，诺埃尔博士却会永远享受我们君主立宪的一位高贵的朋友应有的荣耀。约翰生对我说。"先生，如果他没有得到升迁，朝廷就大错而特错了。"我把这话转告给诺埃尔博士，并宣称在这番事业中要尽自己的绵薄之力，热情毫不逊色，而且表示：无论回报如何，我们应当像勃特勒一样成为一名坚定，慷慨的效忠者而心安理得，

> 就像日晷忠实于太阳，
> 尽管阳光并未照到日晷上。①

我们在诺埃尔博士家受到盛情款待，过得非常愉快，那里还有一群非常讨人喜欢的客人，饭后我们满怀托利党人的热诚为"教会和国王"祝酒。

---

① 勃特勒，《休迪布拉斯》，第3部，第2节，第175—176行。

928

1784年
6月11日
星期五

我们谈到一位人格超群的牧师①，他由于发挥自己的天赋写时评，展示了自己大无畏的精神，声誉鹊起，日子过得非常富裕。我坚持认为我们不应当对他的成功感到愤慨，因为每一种功劳都有权得到回报。**约翰生**："先生，我不愿意承认这个人有什么功劳。不，先生，他所具备的恰恰相反。我确实愿意承认他的勇气，正因为如此，我们才给他点赞。我们宁肯敬重一名光天化日之下的剪径大盗，也不看重一个从阴沟里跳出来，从你背后使绊子的家伙。勇气是一种维护美德的不可或缺的品质，所以总受人尊重，即便是在它与恶行有瓜葛的时候。"

我指摘下院谩骂成风，并且说，如果议员在激烈辩论中相互进行人身攻击，也应当比较斯文一点。**约翰生**："不对，先生，那样反而更加糟糕。在没有巧智或委婉的手段，没有微妙的表达时，辱骂并不十分危险。粗话伤人和雅语损人之间的区别就像被棒子打伤和毒箭射伤的区别。"后来我注意到他的立场被扬博士优雅地表达出来：

> 良好的教养把讽刺送到心上，
> 如同柔软的羽毛给予飞矢神速一样。②

6月12日，星期六，在亚当斯博士家跟我们一起喝茶的有彭布鲁克学院的学生约翰·亨德森③先生。他以在炼金术、占星学和其他玄奥、奇异的学问上的神奇造诣出名[a]；还有赫伯特·克

---

① 牧师亨利·贝特爵士。

② 爱德华·扬，《就当代作家致蒲柏先生的两封信》(1730)，第二封，第27页。

③ 约翰·亨德森 (John Henderson，1757—1788)，学生，奇人；智力早熟；约翰生访问牛津大学彭布鲁克学院时与之交谈数小时；习惯和学识名气很大，以致《绅士杂志》上有详尽讨论 (1786)，才能巨大，但成就甚小，或者没有最终的成果。

a 参见牧师阿加特先生在一篇布道文里对他的记述。

罗夫特牧师，我担心，他由于约翰生对他印行的某些《家庭谈话》不太欣赏感到难堪。这些谈话风格太亲切，所以得不到这么一位思想雄健的人的认可。除了一个片段，我对这天晚上的谈话再没有任何记录。我提到托马斯·利特尔顿勋爵[①]的幻象，预言他的死期，而且准确无误地实现了。——**约翰生**：“这是我这一生发生的最奇特不过的事情。我是亲耳从他叔叔韦斯科特勋爵口中听到的。[②]我非常高兴掌握了精神世界的每一条证据，所以我愿意相信它。”**亚当斯博士**：“你掌握的证据够多的了；可靠的证据，用不着那样的支持。”**约翰生**：“我还想要更多的证据。”

我和亨德森先生在默顿学院古老的林荫道上漫步，发现他是个非常博学、虔诚的人。他和我们一起吃晚饭，约翰生博士现出一脸恐怖的神情承认，他深受怕死的压迫，这使亨德森先生吃惊不小。亚当斯博士表示**上帝**的仁慈是无限的。**约翰生**：“他的仁慈无限是在他本性完美允许的范围内而言，我当然相信，但个人应受惩罚，则是对全人类的仁慈不可或缺的。因此，对**个人**而言，他并不是无限 929
仁慈。由于我没有把握我已经达到了准予救赎的条件，我担心我可 1784年6月12日星期六
能是被罚入地狱的人中的一个。”（脸色阴沉。）**亚当斯博士**：“你说的罚入地狱是什么意思？”**约翰生**（情绪激动，声音高亢）：“打入地狱，先生，永遭惩罚。”**亚当斯博士**：“我不相信那条教义。”**约翰生**：“住嘴，先生，你是不是相信有些人会遭惩罚？”**亚当斯博士**：“被排除在天堂之外就是一种惩罚，然而不一定非受大罪。”**约翰生**：“嘿，先生，可是，如果你承认有任何程度的惩罚，你简单考

① 托马斯·利特尔顿勋爵（Thomas Lyttelton, 2nd Baron Lyttelton, 1744—1779），乔治·利特尔顿的儿子；放荡不羁之人，政治家；代表比德利的议员（1768）；口才为霍勒斯·沃尔浦尔佩服；在放荡的青年时代后起了一种辅助作用，支持上院产生的政府。

② 〈对于利特尔顿勋爵被信以为真的幻象的正确记述可以在纳什的《伍斯特郡史》中找到——《增订编》第36页。——M.〉

虑的无限仁慈的论据就此终结。因为，无限仁慈是不会施加任何惩罚的。从实质上考虑，就没有无限仁慈；从道义上考虑，倒有。”**鲍斯威尔**：“可是难道一个人不可以有所企望，使自己不至于因为怕死而惶惶不可终日吗？”**约翰生**：“一个人可以有所希望，使自己保持平静。你看我就不平静，从我说话的激烈表现就看得出来。但我并不绝望。”**亚当斯夫人**：“先生，你好像忘记了我们的救主的功劳。”**约翰生**：“我没有忘记我的救主的功劳。可是我的救主说过，他要让有的坐在他的右边，有的坐在他的左边。[①]”他处于阴沉烦躁状态，说道：“我再不往下说了。”如果现在陈述过的情况是由基督教的敌人极力主张的，好像它对心灵的影响并不有利，那就应当记住，约翰生的性情是忧郁的，那些对未来可怕的担忧往往对它有一种普遍的影响。我们很快就会看到，当他离他可怕的变化更近的时候，他的心情就变平静了，他显示出符合一个那种境地的有思想的人的坚忍。

我们从死的话题转向生的议论，总体而言，生活是快乐多还是苦难多。约翰生断然主张苦难多[a]：为了确认证实这种观点，我坚持

---

① 《圣经·新约·马太福音》，第20章，第21—23节。

a 牛津大学铜鼻学院研究员、牧师拉尔夫·丘顿先生把下面一些对拙著的看法惠赐予我，他还欣然说：“我迄今为止一直赞美，并衷心认同。”

“我得表态的主要部分包含在从写给一个朋友的一封信中抄出的下列文字中，这是我征得在他的同意为这一目的抄录的；不管这些说法有何价值，是否公正，你可以相信，由于是写给一位最亲密的朋友的，没有任何更进一步的居心，所以这些话是写信人不加掩饰的真实思想感情。

‘1792年1月6日。

‘上一周我在读鲍斯威尔的《约翰生传》，对这位可敬的作者越来越感到敬佩，对神奇而优秀的传主越来越崇敬。作者时不时的、恰如其分地插入一
930 些严肃的宗教感想；但是有一点看法，在我的心目中是显而易见、正确无
1784年 误的，我认为他没有提出来，那就是，约翰生的“病态忧郁”和体质上的疾
6月12日 病，实属天意，就像圣保罗肉中的刺[1]，意在遏制智力上的狂妄；面对一片
星期六 赞扬声，对自己超常才能的意识仍保持清醒，否则会把那种狂妄滋长到犯罪的程度。还有一种说法触动了我，那就是，由于那种天性和习惯性病态，（因为他说，他二十岁以后几乎天天都是在病痛中度过的，）他把人（转下页）

认为没有人愿意把他经历过的生活再过一遍。约翰生以最强硬的措 931

1784年
6月12日
星期六

（接上页）生看成并且描述为一种比一般经受的要严重得多的苦难景象。也许有些人毕生都被痛苦压得直不起腰来；而有些人，毫无疑问他们的恶劣行径剥夺了他们其余的一切。然而，无论灾祸还是罪恶，我希望并且相信，起的作用都不够大，一般都不足以证明约翰生的想象所构思、他的大笔所描绘的阴暗图画有理有据。我确信这一点，这种色调对我的经历而言，过于阴暗，尽管就我的记忆所及，比起落在大多数人命运之中的疾病而言，我生过的病更多（我不说更重，只是数量更多）。然而，日常的虚弱，偶尔的病疾远远被介于中间没有病痛、充满舒畅的日子，也许是星期抵销掉了。因此，总而言之，回到主题上来，人生，就我的经历和观察所发现的而言，并不是约翰生一向坚持的那种一贯的悲惨状态；这种误解，（因为那肯定是，）他的传记作者并没有纠正，我估计，是因为，很不幸，他本人的体质上有很大的忧郁成分，所以想当然地认为这幅画像是对人生的忠实描摹。'"

这位博学的写信人在他给我的信中进一步这样写道：

"我跟一些有识之士交谈过这个问题；他们对于人生似乎与前面一段中所表现或暗指的那些人有同感。也许还可以这样说，这里谈到的描绘与事实和经历格格不入，同样，它似乎没有遭到圣经的抵制。或许这卷圣书中没有任何部分乍一看会像《传道书》那样认可那些阴暗、沮丧的观念，因为《传道书》经常而明显地宣扬尘世事物的虚妄。然而这整卷书的构思（正如人们公正地注意到的那样，）不是要使我们厌倦生活，而是要矫正我们对今世的一种完全的、尽善尽美的幸福的虚妄期待；使我们相信，就不存在在纯粹的表面欢娱中所发现的那种东西；教导我们在积德行善、在认知、热爱上帝的过程中，在对一种更美好的生活的向往中，寻找幸福。因为这对人人适用；这些事都已听见了，云云，第12章，第13节。不仅是人的本分，而且也是人的幸福；因为**上帝**云云，第14节——见《舍洛克论天道》，第299页。

"其实《新约全书》最真实地告诉我们'一天的难处一天当就够了'；[2] 因此明智地禁止我们用预示悲哀的办法增加我们的负担；然而，我认为它没有在任何地方说：即便我们的普通痛苦也与相当程度的确实的舒畅和满足格格不入。因此，一个不仅功劳而且灾难都很显眼的人就使我们确信，'我们既多受基督的苦楚。就靠基督多得安慰'。《圣经·新约·哥林多后书》第1章，第5节。就没有必要援引《旧约》和《新约》的大量段落，用最有说服力的语言向**上帝**的忠实仆人提出的施福的许诺，甚至在今世，其实这样引用会没完没了。我只愿意指出《圣经·新约·路加福音》，第18章，第29、30节，《圣经·新约·提摩太前书》，第4章，第8节。

"总而言之，撇开严重的持久的肉体疼痛的事例，撇开饱受忧郁特别压迫的精神上的事例，撇开严重的、暂时的灾祸的事例，因为我们当然不该从那些非同寻常的事例形成对人生一般趋向和情况的评估；排除（转下页）

辞认同了这一看法。这是人们常作一个探询；它成为探讨的主题就

（接上页）这些事例不计，我还是相信，不仅《圣经》的宣言和个人的实际经历，而且上天规定的万事万物的优美体制，都准许忠诚的基督徒希望他恪守本分的卑微不懈努力，尽管存在着变数，像最美好的人生也许伴随着很多失败一样，但最终还是圆满地取得了现世的和平、安宁、舒畅，超过了他有理由允许自己期望的程度，如果他以往往强劲地表现在对约翰生博士的回忆录中，而没有被他敏慧的传记作者做任何批评或指责的约翰生博士的看法衡量自己的观点，判断人生的话。如果作者本人，在回顾这个问题的时候，用这种眼光看待此事，他就会在一个人们翘首期待的八开版中，做那种他判断为合适的补充评说或更正；以免这些令人丧气的段落可能留在读者心头的印象会在某种程度上妨碍如其不然该作品的整体精神和力量往往会，我希望成功地促进的目标——纯粹的道德和真正的宗教。"

尽管我在某种程度上避免对我杰出的朋友的阴暗人生观进行批评[3]，但在本作品的进展过程中，考虑他的《漫游者》和《拉塞拉斯》时，我还是感谢丘顿先生满足我的要求，允许将他的见解穿插于此，因为意识到他很有见地地对我自己体质中的忧郁予以提示的重要性。他的更加乐观的人生观，我希望，是正确的。Valeant quantum valere possunt.[4]

丘顿先生用这些话结束了他给我的来信："有一次，而且只有一次，我有过见到你杰出的朋友的满足之情；凡是他以自己的尊重和友谊凸显出来的人，我对他们总感到一种特殊的敬意，同样，我从这样一种回想中获得了很大的快乐，那就是，我在我们学院大门附近有次看见了一个其作品永远愉悦世界、改善世界的人，一个英国国教会的忠诚、热情的儿子，一个国家的荣耀，一个人性的光彩，尽管转瞬之间再就看不见了。"

他的来信伴随着他本人送的一件礼物，也就是他的《班普顿讲座布道文》，还有他的朋友柴郡马尔帕斯年高德劭的教区长唐森博士的《福音书漫谈》，一起还有那位现在已经去领受他的劳动报酬的优秀人物的一封信的摘录："鲍斯威尔先生的作品不仅非常引人入胜，而且充满了道德和宗教的思想感情，就我所知，没有一例相反的倾向，所以我对他不禁油然而生敬意；如果你认为像ex dono authoris[5]《漫谈》那样一本微不足道的书他会笑纳的话，我很高兴给他这个我表示关注的小小证明。"

那样一些人，跟我素昧平生，却给了那样一些自发的认可证明，它们真是难能可贵，令人鼓舞。

1 《圣经·新约·哥林多后书》，第12章，第7节。

2 《圣经·新约·马太福音》，第6章，第34节。

3 参见边码第119—122页，边码第182—184页。

4 愿它们具有能够具有的所有分量。

5 作者奉送的。

证明很多的苦难重压着人的感受，因为意识到生存幸福的人会毫不迟疑地接受它的重现的。我见过的这种人少之又少。我听见伯克先生就这个问题利用了一个非常巧妙而可信的论据："人人（他说）都想把自己的生活再过一遍；因为人人愿意向前走，并增进他的生活，随着年龄增大，他没有理由认为这种生活会更好，或者甚至像以前的一样好。"然而，我以为，实际情况是，存在着一种骗人的希望，那就是，后半辈子的生活将会摆脱我们已经经受过的痛苦，忧愁和悲伤，我们为了聪明的目的"早就判定给希望虚幻的宝矿"[①]；约翰生说得真好。我还可以引用德莱顿的著名诗句，同样富有哲理，富有诗意：

当我考虑人生时，这统统是场欺骗，
但受到希望的愚弄，人们对骗局就是喜欢：
盼了又盼，总以为明天将会补偿；
明天却比以前的日子更加虚妄；
谎言更糟；当它说我们将有幸得到 932
某些新的欢乐时，却将我们现有的砍掉。 1784年
奇怪的骗局！谁也不想把过去的日子再过； 6月12日 星期六
人人却希望在余生常有欢乐；
并且想在生命的残渣中汲取，
最初的喷涌无法给予的东西。[a]

有人对约翰生博士说，他常常用自己生动精彩的言谈愉悦周围的人，自己反而说自己很悲惨，似乎有点奇怪。**约翰生**："哎呀！统统都是表象。我可以说笑话，也可以诅咒太阳。太阳，我多么憎恨

① 《悼罗伯特·莱韦特医生》(1783)，第1节，第1行。
a 《奥伦泽比》，第4幕，第1场。

你的光芒！”① 我不知道该怎么看这种宣言，把它看成他真正的心理写照呢[a]，还是看作他成心要违背事实的表现呢，这事实就是他所持的关于人类不幸的立场是真的。我们可以把格雷维尔先生的《箴言、人物、反思》中的一个句子[b] 用到他身上，这本书已经得到的赞誉还远远不够：“**阿里斯塔克斯**② 非常迷人：他一肚子学问，满脑子道理，满腔的情感。你好不容易请他来吃晚饭，他一连几个小时逗得人人开心，自己也开心，随后他只好回家——他要完成他的论文，要证明不幸就是人的命运。”

6月13日，星期日，早餐时我们的哲人很平静。由于我们住在院长家里，又有几位女士陪伴，我们过着一种无拘无束、高级优雅的学院生活，这中间有种极其可喜的成分。肯尼科特夫人当着约翰生的面讲述了约翰生对汉娜·莫尔小姐的生动说法，因为莫尔小姐表达过这么一种诧异：写出《失乐园》的诗人竟然写了那样蹩脚的十四行诗：“小姐，弥尔顿是个能在岩上刻巨人像的天才；但在樱桃核上雕不了头像。”

我们谈到决疑论的问题。是不是在任何时候都允许违真？**约翰生**：“一般规则是，真绝对不应当违背，因为它对生活的安逸至关重要，我们只有相互信任才会有充分的安全；偶然的不便应当心甘情愿地加以忍受，这样我们才可以维真。然而，必然有一些例外。譬如说，如果一个杀人凶手问你他追杀的一个人的去路，你就不能向他说真话，因为你有先决的义务不能把一个人出卖给凶手。”**鲍斯威尔**：“假如有人问写了《朱尼厄斯书信集》的那个人，他是不是其作者，他可以否认吗？”**约翰生**：“对于这个问题，我不知道如何回

---

① 弥尔顿，《失乐园》，第4卷，第37行。

a 毫无疑问，一个内心悲伤的人可以在跟人交往时显得高高兴兴。他这种高兴就像一场战斗中的鼓声和号角，为的是淹没伤员和垂死的战士的呻吟声。

b 《箴言、人物、反思》第139页。

② 〔阿里斯塔克斯（Aristarchus，公元前217？—前145），古希腊语法学家和文献校勘家；当过亚历山大城图书馆馆长，以校订和研究荷马史诗闻名。〕

答。如果你确信他写了《朱尼厄斯》，如果他断然否认，从今往后你
还会看得起他吗？然而可以主张：一个人无权过问的事情，你可以
拒绝传达。没有其他有效的保密办法，一项重大的秘密，揭露出来 933
也许对你十分有害时，只好断然否认。因为你三缄其口，吞吞吐吐，
或者闪烁其词，就等于招供。不过，且慢，先生。还有一种情况。
假如作者私下告诉我《朱尼厄斯》是他写的，如果有人问我是不是他写的，我应当有权加以否认，因为有诺在先，不管是明说，还是暗示，要加以隐瞒。那么我应当为作者做的事情，可以不可以为自己做呢？我否认怕惊吓病人就对病人说谎的合法性。你跟后果没有任何关系；你应当说真话。况且，你告诉病人他危在旦夕时你并不确定后果如何。说实话也许会给他的病带来转机，反而使他痊愈。在所有的谎言中，我最憎恨这一种，因为我相信它已经在我身上屡屡实施过。”

我不禁想道，有些人认为，真理，作为一种永恒的、不可改变的原则，出于所谓的先决的或高尚的义务，绝对不应当违背，由于每个人都可以自己做裁判，所以就有这样的危险，我们过于经常的出于偏私的动机，说服自己有这样一些义务存在；也许不管有时候会出现一些特例，某种邪恶或许会由于违背这一高尚的原则反而遭到阻止，但人们仍然会发现人类的幸福，总体而言，如果真理得到普遍的维护，将会更加完善。

在给《群愚史诗》加的注释中，我们发现了下面几节献给蒲柏的诗：[a]

蒲柏，当恶意把自己的天火
　　不向你的书页喷发之时；
当批评家们，当赞赏的歌者
　　一气之下不肯赞赏之际：

a　注释者称之为“出色的诗”。

当任性的笔攻击你的优长，
　　嫉妒的舌头肆意诋毁的时候，
这些时候，尽管很多朋友悲伤，
　　这些时候，我却没有忧愁。

但到时候，世界将你高声赞扬，
　　而且不再责怪什么忧郁；
到时候，你定会发出你的荷马光芒
　　有了一种确定的声誉！

到时候，无人会责骂，每支歌曲
　　向你献上一个花环：
那个日子（因为它一定会来）那个日子
　　我将会遗憾地看见。

934 这几节诗竟然匿名出现，肯定令人十分注目。苏厄德小姐知道 1784年6月13日星期日 约翰生博士几乎掌握着全面而细致的文坛信息，希望我问问约翰生这几节诗的作者是谁。他立即给出了答案："嘿，先生，诗是一个叫刘易斯[①]的人写的，他是威斯敏斯特学校的副校长或者助理校长，并且出版过一本杂诗集，《格伦加·希尔》[②]首次收入其中面世。"[a] 约

① 刘易斯（David Lewis，1683？—1769），诗人；出版《多家杂诗集》（1726）；与蒲柏有文学接触；剧本《马其顿王腓力》（1727）的作者；给萨维奇的《贺〈群愚史诗〉诗文集》（1732）供稿；受到约翰生的称赞，蒲柏的赏识。

② 约翰·戴尔，《格伦加·希尔》（1726）。

a 〔刘易斯给蒲柏的献诗最初发表在1732年出版的八开本《贺〈群愚史诗〉诗文集》中。它们没有收入刘易斯1726年印行的自己的《杂诗集》。——《格伦加·希尔》作为一首颂歌最初刊印在萨维奇的《杂诗集》中，同年重印在刘易斯的《杂诗集》中，形式与现在的相同。 （转下页）

约翰生博士最后画像

绘于 1784 年他最后一次牛津之行

翰生对这几节诗高度赞赏，并且情绪高昂地背诵了它们，第十二行，他背的不是“一种确定的声誉”，而是“一种皙皙的火炬”，他认为在原来的版本中就是这么印的，不过我相信这是他自己天才的闪现。它远比另一个文本更加诗意盎然。

6月14日，星期一，和15日星期二，约翰生博士和我同《卢西亚特》的译者米克尔先生一起吃饭，是在两天中的一天，我忘了是哪一天，地点在离牛津几英里外的一个漂亮的乡下地方惠特利；另一天是同大学院院长韦瑟雷尔博士一起吃的。他离开韦瑟雷尔家去拜访书商萨克维尔·帕克先生，回到我们中间后，他对这次访问做如下描述时说：“我见到了我的老朋友萨克·帕克；我发现他跟他的女仆结了婚；他做得对。她跟他一起生活了很多年，他们心心相

（接上页）

在1726年的他的《杂诗集》中，《去吧，千万不要喜欢讨人嫌》这首美妙的诗重印在珀西的《钩沉》第1卷，第3集中。第13首，初次面世。上面说，它是一首不列颠古诗的翻译。

刘易斯是悲剧《马其顿王腓力》的作者，该剧1727年出版，题献给蒲柏；1730年他出版了《杂诗集》第二卷。

献给蒲柏的诗作初次发表后不久，约翰生博士就定居伦敦，他很可能当时就得到有关诗作者大卫·刘易斯的一些信息，他把这位诗人描述为威斯敏斯特学校的一名助理教师；威斯敏斯特教长在我的请求下欣然就这个问题做过调查，没有发现他被雇用到这个职位的任何踪迹。

一位已故的作家（《伦敦城郊》第4卷，第171期）认为埃塞克斯下莱顿教堂墓园的碑文意在纪念这位诗人：

“纪念大卫·刘易斯先生，1760年4月8日卒，享年七十七岁；深受缪斯钟爱，其许多优秀诗篇足以证明。

富有灵感的诗句可以在石碑上长存，
但给您的遗骸给不了些许光荣。

大卫·刘易斯夫人玛丽，纽迪盖特·奥斯利之四女，于1774年10月10日离世，享年九十岁。”

然而，我觉得这块纪念碑是为献给蒲柏的诗歌和已经提及的悲剧的作者而立，似乎不大可能；附在该作品前的献词与给沙夫茨伯里伯爵的献词的语言，以及附在1730年的《杂诗集》中的语言都表示这是一个身后境遇似乎没有这位埃塞克斯乡绅那么体面的人。——M.〉

印：我认为他再也找不到能使他这么幸福的老婆。这个女人对我非常关心，很有礼貌；她硬要我定个日子和他们一起吃饭，硬要我说我喜欢吃什么，她肯定会因为我受累的。可怜的萨克！他确实病得不轻。[1] 我们分别时就好像永诀一样。简直叫我崩溃了。”这种悲怆的叙述跟对一个男人娶了他的女仆的严肃认真的辩护转化得好生奇怪。我不禁觉得有点可笑。

6月15日星期二早晨，我们在亚当斯博士家坐着聊天时谈到赫伯特·克罗夫特牧师写给一位年轻绅士的一封印出来的信，那位年轻绅士曾经是他的学生，他在信上劝他无论读什么书，一旦开始读，就把它读完。**约翰生**：“这肯定是种奇怪的劝告，你倒是可以打定主意无论你碰巧认识了什么样的人，你都应当一辈子对他们不离不弃。一本书也许毫无价值，或者也许里面只有一样东西值得了解；难道我们必须把它从头到尾通读一遍不成？这些航行记（指着刚刚出版的三大本《南大洋航行记》[2]）谁愿意把它们通读一遍？一个人当水手也比通读这几本书强。书还没有读完，就被大老鼠小耗子啃掉了。这一类书中不大有引人入胜的内容，野蛮族群都是大同小异。”**鲍斯**
935 **威尔**：“我认为奥塔西提人不能算作野蛮人。”**约翰生**：“不要言不由
1784年6月 衷替野蛮人辩护。”**鲍斯威尔**：“他们有航海技艺。”**约翰生**：“猫狗都会游泳。”**鲍斯威尔**：“他们的雕刻非常精细。”**约翰生**：“猫会抓，小娃娃也会用指甲抠。”我发现这不是 mollia tempora fandi[3]，只好作罢。

他提到刚进学院时，他把第一次练习写了两遍；此后就再也没有这样做过；**亚当斯小姐**：“先生，我估计，你也无法将它们改得更好吧？”**约翰生**：“不，小姐，我当然能把它们改得更好一点。想一想总比不想强。”**亚当斯小姐**：“先生，你认为你能把你的《漫游者》

① 〈他于1796年12月10日在牛津去世，享年八十九岁。——M.〉

② 詹姆斯·库克，《太平洋航行记》（1784）。

③ “对他说话的最合适的时候”——维吉尔，《埃涅阿斯纪》，卷4，第293行。

改得更好吗？”**约翰生**：“当然能了。”**鲍斯威尔**：“我来打个赌，先生，你不能。”**约翰生**：“不过，先生，如果我愿意，我能做到。我会把你们挑出的最好的文章改得更好。”**鲍斯威尔**：“不过你可以增添点东西，我不允许这么做。”**约翰生**：“不，先生，改得更好的办法有三种；删除，增添，或者改正。”

在访问牛津期间，我们就我在英格兰律师界试试运气的问题交换了下列意见：在伦敦人脉广非常重要，对一个没有固定职业的人好处很多，我问他这对于一名律师是不是不利呢，因为人脉广就会阻碍他对事业不够专注。——**约翰生**：“先生，事业掌握了你，你就要专注事业。没有人真正雇用你的时候，你就可以像现在一样尽可能多地见见朋友。你可以每天在一家俱乐部吃正餐，每天晚上找一个俱乐部成员进晚餐；你可以尽可能多地在各种公共场合露面，就像一个见过所有这些场合的人希望做的那样。但你得注意经常去威斯敏斯特厅；对你的头脑和事业都要关注，因为那里几乎一切都可以学到，（因为现在没有人读书，）并且表示你想揽生意。但你千万不要太经常地在公共场合露面，好让竞争对手抓住把柄说：‘他总泡在剧院里或者拉内拉夫娱乐场里，在律师事务所里永远找不到他。’先生，一个职业人员仪态必须庄重。关于这个问题我没有什么特别的话向你建议。这一切都是我应当对任何人说的，我应当在二十年前把它说给瑟洛勋爵听。”

同行很可能认为对一名希望成功的律师这样要求的描述太过宽大，不过，有一点是肯定的，就像

查理的才智找到了出名的捷径。①

这个时代飞黄腾达的一些律师决不认为一名普洛登，一名科克，一

① 约翰生，《加里克在1747年朱瑞巷剧院开张式朗读的开场诗》第1节，第17行。

名黑尔认为必需的那种长期辛苦的学习过程是不可或缺的。我的备受尊敬的朋友兰顿先生让我看了他祖父亲笔写的跟王座庭庭长黑尔的一段交谈的奇异的记载，里面这位伟人对他说："来到律师学院后
936 有两年时间他一天学习十六个小时。然而（厅长大人补充说），这种
1784年6月 紧张的用功他几乎把他送进了坟墓，尽管他体格非常健壮，后来他减少到八个小时。但他不要求人人都花这么多时间。他认为一天花六个小时专心致志、持之以恒也就够了。一个人必须像使用自己的马、自己的胃一样使用自己的身体。不要一下子弄疲惫，但起床时要有胃口。"

6月19日[①]，星期三，约翰生博士和我返回伦敦；今天他身体欠安，话很少，主要忙于阅读欧里庇得斯。他表现出对我的某种不快，因为我没有充分地观察沿途的各种风物。"如果我有你那样的眼睛，先生，（他说）我就会把行人都数一遍。"神奇的是，尽管视力不好，但由于养成了专注的习惯，他对可见物体的观察是多么准确。他对在亚当斯博士家受的尊敬非常满意，他自己是这样来证实的："昨夜从牛津返回，在亚当斯博士家住了两个礼拜，他对我的款待完全满足了我的愿望，他满足了一个病人、一个不可能讨得欢心的人，这当然很好地尽了地主之谊了。"[a]

从这次旅行返回伦敦后，我见他的次数很多，但留下的记录很少，因此我在这里插入一些不同时间搜集到的事例。

德比郡阿什伯恩的牧师阿瑟尔先生是学识渊博、头脑灵活的托马斯·阿瑟尔先生的弟弟，早年就认识约翰生博士，约翰生一片盛情，对他的学习提出忠告，并给他推荐了下列书籍，他欣然把约翰生亲笔写的书单转交给我，现在就摆在我的面前：

《世界史》（古代）——罗兰[②]的《古代史》——普芬多夫的

① 其实是16日。

a 《致思雷尔夫人书信集》，第2卷，第372页。

② 罗兰（Charles Rollin，1661—1741），法国历史学家。

《历史引论》——韦尔托的《马耳他骑士史》——韦尔托的《葡萄牙革命》——韦尔托的《瑞典革命》——卡特的《英格兰史》——《英格兰现状》——《地理入门》——普里多[1]的《关系》——纳尔逊的《节日与斋戒》——《人的责任》——《绅士的宗教》——克拉伦登的《历史》——瓦茨的《心灵之改善》——瓦茨的《逻辑学》——《流露出来的天性》——洛思的《英语语法》——《布莱克沃尔论经典》——舍洛克的《布道文》——伯内特的《黑尔传》——迪潘[2]的《教会史》——沙克福德[3]的《亲属》——劳的《严正的召唤》——沃尔顿的《高明的垂钓者》——桑兹[4]的《游记》——斯普拉特[5]的《皇家学会史》——《英国地名词典》——哥尔德斯密斯的《罗马史》——《圣经评注》。

有人向约翰生博士提到一位先生觉得儿子特别胆小怯生，便决定把他送到一所公学读书，这样也许会获得自信。——“先生，（约翰生说）这是一种祛病的昏招；这样一种性情应当在暗处磨炼。把他放到公学就等于逼猫头鹰白天活动。”

说到一位先生[6]，他家里低级来客不断。“下三烂，先生，（他说）总会在他们有权露面的地方露面。” 937

1784年

关于这位先生的生活方式，他说：“先生，仆人们不按吩咐办

---

① 普里多（Humphrey Prideaux，1648—1724），东方学家。

② 迪潘（Louis Ellies Dupin，1657—1719），法国神学家。

③ 沙克福德（Samuel Shuckford，？—1754），坎特伯雷受俸牧师。

④ 桑兹（George Sandys，1578—1644），作家、旅行家；弗吉尼亚的财务主管（1621）；奥维德《变形记》的译者（1626）；被蒲柏誉为“我们语言的主要优化者之一”；参与后来复兴弗吉尼亚公司的努力（1631，1640）。

⑤ 斯普拉特（Dr Thomas Sprat，1635—1713），罗切斯特主教（1684）；皇家学会会员（1663）；《皇家学会史》（1667）的作者；林肯郡阿芬顿教区长（1670）；王室附属教堂牧师（1676）；温莎王室教堂牧师（1681）；威斯敏斯特教长（1683）；神学受胡克影响很大。

⑥ 约翰·泰勒博士。

事，却吊儿郎当抱成团儿围着餐桌，眼睛死死盯着客人；好像不宜招待客人，就像不宜驾驶一艘战舰一样。”

一名呆头呆脑的乡下治安法官①给约翰生讲了他行使刑事审判管辖的情况，拖泥带水、没完没了，审判的结果是判四名罪犯流放。约翰生听得极不耐烦，急于甩掉这样一个不知趣的伙伴，大声说道：“先生，我衷心希望，我是第五名。”

有人朗读一出悲剧，约翰生也在场，里面有这样一行台词：

> 谁统治自由人，自己就应当自由。②

在座的大为赞赏。“我不能苟同（约翰生说）。这就等于说，

> 谁赶一群肥牛，自己就应当肥。”

他很欣赏卡托先生的仁义。卡托先生和他一起受到思雷尔先生的重托，约翰生先生是这样描述卡托先生的[a]。——“他有很多优良品质，有很多有用的知识。”约翰生在那位先生肯特贝肯纳姆的住处找到了一种亲切的安慰，那里确实是我做过客的最好的地方之一；而且我在那里得到越来越多的热情欢迎。

约翰生很少鼓励对任何职业做笼统的非难，但他乐意承认在文明生活中不可或缺的各种部门应得的一份功劳。由于脾气不好，言辞尖刻，爱开玩笑，他有时候会说些这一类的一针见血的话。有人提到过一个例子[b]，他突然对一名律师的特点猛加讽刺。要一视同仁地从事那种工作，既需要能力，又需要正直，所以就引起了一些诽谤，它们对于很多从事这项工作有名望的非常值得敬佩的人，是完

---

① 温莎市长。

② 亨利·布鲁克，《埃塞克斯伯爵。一出悲剧》（1716），第13页。

a 《致思雷尔夫人书信集》，第2卷，第284页。

b 见边码第327页。

WAGGON
STAGE
St Paul's from Fleet Street

全不适用的。

约翰生跟一个固执己见的先生争论过一段时间。他的对手说话令人费解，碰巧说了句，“我听不明白你的话，先生”。约翰生听了，说道：“先生，我给你找到了一场辩论；但我没有义务给你找到一种明白。”

跟我谈起霍里·沃尔浦尔（人们经常这样称呼已故的牛津伯爵霍勒斯），约翰生承认他搜集了很多稀奇的小情况，便用一种文雅的口气讲起来。沃尔浦尔先生读过约翰生的《致思雷尔夫人书信集》
938 后认为约翰生是个更加和蔼可亲的人物：但从来不是那位伟大人物
1784 年 的一名真正的仰慕者。① 如果他听到过约翰生对乔治·斯汤顿爵士的说法，他在议院为《绅士杂志》讲话时，“他总是注意委过于罗伯特·沃尔浦尔爵士，竭尽全力说事反对汉诺威的选民”，我们可以估计这是表达了一种偏见。著名的《英雄体书札》里对约翰生作了讽刺性的介绍，这本书一直被归在沃尔浦尔先生和梅森先生两人名下。有一天在考特尼先生家，一位先生② 表达了他的看法，那首诗的力量是无法从沃尔浦尔先生笔下期望到的。已故的桂冠诗人沃顿先生说：“它可能是沃尔浦尔写的，被梅森褙硬了。”[a]

他不赞成黑尔斯大法官，因为这位大人出版的一版伊顿的约翰·黑尔斯的作品集中，他将这位令人难忘的作家的语言现代化了。“一位作者的语言，先生，（他说）是他行文的特点之一，也是他写作的那个时代的特点之一。更何况，先生，语言一改变，我们就无法确定意思是否一样。不，先生，黑尔斯大法官这么做，我感到遗憾。”

在这里，人们可以注意到他频频使用“不，先生”，并不总是要表示反驳，因为他要强调一种尚未被否定的肯定命题时，总会这么

① 〈在他的《遗文集》中，他以极其鄙夷的语气说及约翰生！——M.〉

② 可能是鲍斯威尔本人。

a 〔现在（1804）众所周知，《英雄体书札》是梅森写的。〕

说，这从上面提到的例子中看得出来。我常把它看作一种挑战旗号，仿佛说："你可能提出的任何反驳论据都是不正确的。不，先生，它是不正确的。"它就像福斯塔夫的"我否认你的大前提"。①

乔舒亚·雷诺兹爵士说过，他从一个人的故事和巧智上看此人的情趣高低，从他重复的一些话语上判断他的理解水平；一个人把普通的言谈像神谕一样着力引用，此人肯定是个软蛋；约翰生同意他的看法；乔舒亚爵士还说过，一个人的真正性格从他的娱乐就能看出来，约翰生补充说："是的，先生；没有人在取乐时还是个道貌岸然的伪君子。"

我提及过，约翰生一般而言讨厌双关语。然而，有一次，他把我的一句双关语容忍过去了。我们谈到在很多场合，他都有鹤立鸡群之势时，我说："先生，你是一尾**鳕鱼**②，四周都是胡瓜鱼。难道这对你还不够吗？这时候你不是也在钓誉吗？"他听了以后洋洋自得，哈哈大笑。我把这话向老谢立丹先生提及时，他说："他很喜欢你的称誉，他愿意把它连同双关语酱一起笑纳。"就我而言，我认为无伤大雅的巧智或诙谐不应当遭禁忌；优秀的双关语是可以跻身于生动言谈的小亮点之列的。

如果约翰生详尽地处理 *De Claris Oratoribus*③，他会给我们一部令人叫绝的作品。当贝德福公爵④竭尽全力猛烈攻击内阁擅自放宽
进口谷物的时限时，查塔姆勋爵在他于上院发表的第一篇演说中大 939
胆承认他本人就是这一举措的一名顾问。"当我，（他说）因身体不 1784年
适不能出门的时候，我的同事们给了我极大的荣幸，他们来到一个病人的床边，征求意见。然而如果他们不是这样屈驾舍下，我也会

---

① 莎士比亚，《亨利四世上篇》，第2幕，第4场，第554行。

② 〔鳕鱼原文为Cod，与上帝（God）形音相近。〕

③ 《著名演说家论》。

④ 贝德福公爵（John Russell，4th Duke of Bedford，1710—1771），辉格党政治家；杰出的演说家，贝德福集团的强势领袖；先后任海军大臣，南方国务大臣和爱尔兰总督。

拿我的褥子行走，以便在会议桌旁发表那种意见。”当时在场的兰顿先生向约翰生提及此事时，约翰生说：“先生，我们看到，这些话他是顺嘴说出来的；不假思索，尽管经书上拿你的褥子行走[①]这种说法完全适合恢复了健康和力气，而且被认为他当然会拿起他的褥子的病人的事例，但是一个身体虚弱，卧病在床，挪动一下都有困难的人，他肯定不会再犯难拿褥子了，在这种情况下这种说法就不合适了。”

我向他指出，报纸上登着格拉顿[②]先生的一篇生动热烈的演说，倡导爱尔兰自由，里面就有这种说法（我不知道是否引用准确），“我们要锲而不舍，直至英国锁链中不剩一环在爱尔兰最低贱的乞丐的破衣服上叮当”。“不对，先生，（约翰生说）难道你没有发现一环是叮当不了的吗？”

思雷尔夫人把一种对伯克先生一篇关于美利坚赋税的演说中的一段富有诗意的精彩文字的戏拟或应和作为约翰生的手笔予以发表[a]。文字铿锵有力，但略嫌粗疏。我倒是认为它被展示得不大正确。我希望他没有使用“卑鄙的代理人”这种字眼说议院里的美利坚人。如果他说漏了嘴使用了，我希望这位夫人没有付之笔墨。

伯克先生一贯对约翰生表现出最崇高的尊敬。当汤森[③]先生，现在的悉尼勋爵，有个阶段持显著的反对立场，在议院里对一个像约

---

① 《圣经·新约·马可福音》第2章，第9节。

② 格拉顿（Henry Grattan，1746—1820），爱尔兰民族主义政治家；代表查尔蒙特的议员（1775）；帮助爱尔兰从不列颠政府手中获得自由贸易权（1779—1780）；杰出的演说为爱尔兰议会赢得更大的立法权力（1782）；宣誓成为爱尔兰枢密院官员（1783）；与亨利·弗拉德结怨；试图阻止“合并法”未果（1800）；最后二十年献身于天主教徒解放；绝对的一流演说家，但名声大于成就。

a 《轶事》，第43页。

③ 汤森（Thomas Townshend，第一代悉尼子爵，1733—1800），政治家；部队主计长（1767）；枢密院官员（1767）；反对诺思内阁的最杰出的议员之一；罗金厄姆内阁中的国防大臣（1782）；随后取代谢尔本在内政部的职务，在小皮特手下供职（直至1789年）；著名的辩论家。

翰生这种政治原则的人颁发恩俸抛出了某种非议时，伯克先生尽管当时与汤森先生同党，但还是站出来热烈地替他的朋友辩护，他公正地指出，给约翰生颁发恩俸完全是由于他突出的文学功绩。我完全相信，汤森先生对约翰生的攻击是由于拿他来“凑韵”的缘故，因为哥尔德斯密斯在他的《报复》中描写伯克先生性格的原稿中，现在汤森先生出现的对句子原来是另一个人的名字：

尽管满肚子学问，他还是扯着嗓子叫，
劝说汤米·汤森给他投一票。[①]

在我搜集到的琐事中，也许值得一说的是，约翰生曾经应召在伦敦市民兵团中服役，舰队街博物馆的拉克斯特劳克先生是他的上
校团长。可以相信，他并没有亲自服役，但是这种主意，以及相关 940
的种种情况，肯定让人忍俊不禁。他为此还替自己配备了一杆火枪， 1784年
一柄佩剑和一副武装带，我看见这些装备全挂在他的衣橱里。

对于他曾经雇用过的人，如果他们没有无缘无故惹他不高兴，他都是忠贞不渝的。有人谈到在买茶买糖之类的东西时上当受骗的情况：“如果你像我一样经常上一家正规商店，（他说）就不会出现这种情况，在那种商店，他们占点小便宜不划算。”

有人提到一位为虚名忧心忡忡的作者[②]，“先生，（他说）帕纳索斯山上没有一株幼苗比那个可怜人那样经受过更猛的批评狂风的吹刮”。

他说，受过良好教养的人和不良教养的人之间的差异是这样的：“一个立即招你喜欢，一个顿时惹你讨厌。你喜爱这一个直到你发现憎恨他的理由；你憎恨另一个直到你发现喜爱他的理由。”

---

① 奥利弗·哥尔德斯密斯，《报复：一首诗》（1774），第8页。

② 也许是理查德·坎伯兰。

他的一位熟人的妻子[①]骗取了丈夫的财产为自己积攒私房钱。临终前感到问心有愧，便坦白她私藏了多少数目，但还没有说清藏在何处，就突发痉挛断了气。她丈夫说，他伤心的与其说是因为损失了金钱，倒不如说由于她对他缺乏信任。“我告诉他，（约翰生说）他应当安慰自己。因为钱或许可以找到，妻子肯定一去不返了。”

一名浮华的医生[②]有一次提醒约翰生在以前的某一场合他们有过交往。“我记不得了，先生。”医生还是一口咬定，还说那一天他穿的衣服非常漂亮，肯定引起了约翰生的注意。“先生，（约翰生说）哪怕你泡进帕克托勒斯河[③]，我也不应当注意到你。”

他似乎以用自己的风格讲话为乐，因为当他漫不经心缺失了这种风格时，他会重复转化为这一风格的思想。谈到《排演》这出喜剧时，他说：“它的巧智不足以维持它的甜美。”这话十分简易，他因此突然打住，说了一个更加圆满的句子：“它没有足够的生命力维护它不致腐烂。”

他指责一位娱乐性游记作家[④]假模假样，说道（按他的词义）：“他带出去一个谎；我们不知道他带回来多少。”另外一次，谈到同一个人时，他说：“先生，你赞同一个你从来不知道他弄虚作假的人，等于欠了一笔债：但你已经知道一个人弄虚作假后，你赞同他等于施了一次恩。”

尽管他不爱好绘画，但他很赞赏乔舒亚·雷诺兹爵士在其《对皇家学院的讲话》对待美术的态度。有一天他谈到其中一段：“我认为我自己也可以这么说。”有一次，兰顿先生坐在他身边，他非常
941 恳切地读了书中的一段，并这样表达了他的看法：“很好，雷诺兹大
1784年 师；很好，真的。可是不会被人看懂的。”

我对他说绘画远远赶不上诗歌，所以它传达的故事，甚或寓意

---

① 凯夫夫人。

② 卢卡斯·佩皮斯爵士。

③ 帕克托勒斯河：古国吕底亚的一条河，河沙里有黄金。

④ 约翰·莫尔博士。

必须是早就为人熟知的，我还提到这方面的一个自然而可笑的例子，一个年幼的小姐[①]看到一幅关于公正的画上面有天平，便对我惊呼："瞧，有个女人在卖糖果。"他听了之后说："先生，绘画能说明，但不能告知。"

一个人做出不公正的指责后，谁也没有约翰生更乐意道歉。他的一部作品的一份校样被送给他时，他找出了其中一部分的版式毛病，拒绝校阅，一气之下，他要求把排字工[a]找来。排字工是曼宁先生，一个正派而懂道理的人，在斯特拉恩先生的印刷所干活时，他给约翰生的《词典》排了一半左右的字；在尼科尔斯的印刷所打工时，排了《诗人传》的一大部分字；他（当年二十七岁）在鲍德温[②]先生的印刷所工作时，排了这部作品第一版与约翰生有关的一部分。拿出手稿后，他立马让约翰生弄清楚事情不怪他。约翰生见此情景，便坦诚、认真地对他说："排字工先生，我请你原谅。排字工先生，我再三请你原谅。"

他对苦难者的慷慨仁慈几乎是无与伦比的。下面的例子就是很好的证据：有一天深夜回家，他发现一个可怜的女人躺在街上，精疲力竭，走不成路；他便将她背到自己家里，这才发现她是那些堕落到邪恶、贫困、疾病交加的最低贱的境地的女性之一。他非但没有苛责她，反而温柔体贴地照料了她好长时间，花销不少，直到她恢复健康，并且努力把她安排到一种贞节的生活方式中去[b]。

---

① 珍妮·坎贝尔，鲍斯威尔夫人妹妹的继女。

a 印刷所的排字工的任务就是把铅字排成印刷的顺序；安排一次印刷用的所谓的印版。

② 鲍德温（Henry Baldwin，约1734—1813），伦敦印刷商、报纸老板；创办《圣詹姆斯纪事》（1761），一家坦率批评政府的报纸；因重印《广告报》（1769年12月21日）上的朱尼厄斯书信攻击国王和政府受到指控，后被判无罪。

b 因此，考特尼先生的《诗评》中说的关于他的这件事完全属实。给我提供信息的是在约翰生博士家生活了很多年的德穆兰夫人。

他认为凯莱布·怀特福德[1]给他的巧妙有趣的跨栏读报法撞上Papyrius Cursor这样一个署名真是三生有幸。它是个古罗马人的真实姓名，清楚地表现了他在这种奇思妙想中所做的事情[2]。

人们知道他这一辈子说过一次人们所谓的牛板筋话：乔舒亚·雷诺兹爵士和他一起在德文郡骑马的时候，乔舒亚爵士抱怨自己有匹驽马，即便下山也是一步一步向前挪。“啊（约翰生说），那他在上山的时候，就只是定定地站着不走了。”

942 他对交往时指手画脚极为反感。有一次一位先生[3]正在这一点
1784年 上惹恼了他，他喊道：“别拿腔作势啦。”另一位先生[4]认为他这是借助双手有表现力的动作加强他说话的力量，约翰生干脆抓住他的手，按了下去。

一位相当有名的作家[5]在跟约翰生一起交谈时夸夸其谈，说的无非是鸡毛蒜皮的小事，他走后，约翰生对我们说：“一个人的写作能力和谈话能力有时候竟然有天壤之别，真是不可思议，*******写起来劲头十足，说起来一塌糊涂，如果他免开尊口，我们兴许以为他谦逊矜持，可是他今天说得很多，你们已经听到那都是些什么话。”

一位先生说过“选举许可”也许没有统摄力，但可以被看作只是一种强烈的建议：“先生，（约翰生答道，因为不经意听到了他的

---

① 凯莱布·怀特福德（Caleb Whiteford，1734—1810），酒商、外交家；使霍勒斯·沃尔浦尔、约翰生、哥尔德斯密斯感到有趣并着迷的《读报新法》（1766）的作者；雷诺兹的朋友，与皇家学院有交道；富兰克林的朋友，在法国充当富兰克林和不列颠政府之间的调停人（1782）。

② 怀特福德用“Papirius Cursor”的笔名提出一种“有趣的读报新法”，也就是跨越一页报纸的两栏阅读，以产生一种似是而非的衔接，如“今天国王陛下隆重去见|十五名臭名昭著的普通妓女”。
Cursor这个拉丁词的意思是“腿脚麻利的人”。

③ 理查德·马斯格雷夫爵士。

④ 约瑟夫·沃顿博士。

⑤ 也许是詹姆斯·贝蒂博士。

话）它是这么一种建议，就好像我把你从一扇两段楼梯窗户上扔出去，建议你轻轻落下。”[a]

斯蒂文斯先生和约翰生是两人住在圣殿律师学院时认识的，在漫长的交往过程中他们一起度过了很多亲睦的时光，所以斯蒂文斯先生保留了不少有关约翰生的详情，其中大多数可以在《约翰生文集》中的格言等辑中找到。不过他欣然将下列一些原始材料惠赐予我：

“在巴雷蒂受审之前，有天晚上，他的朋友们在官署巷南安普顿楼诉状律师科克斯先生家进行磋商。到场的人中间，有伯克先生和约翰生博士，他们俩在囚犯要做的辩护的某些部分的倾向上有意见分歧。会议结束后，斯蒂文斯先生说，他跟他的朋友之间的问题被煽动得过于激烈。‘也许吧，先生，（博士答道）因为如果没有听众，我和伯克应当是意见一致的。’”

“约翰生博士有次表现非常奇特，也许连鲍斯威尔先生也从来没有见过他的这种表现。有人称赞马里博恩花园著名的托雷① 的烟火，这大大地激发了他的好奇心，于是要求斯蒂文斯先生陪他前去观赏。结果那天晚上下了一阵雨，到场的人寥寥无几，过了不久，便贴出了布告，说转轮、太阳、星星等景观的引线已被雨水泡透，所以不可能做任何展示。‘这纯属借口，（博士说）省下爆竹等更有钱可赚的看客。如果咱们操起棍子，威胁要砸烂乐池周围的彩灯，我们很快就会如愿以偿。烟火的核心不能损坏；让不同的烟火在各自的中心触碰，它们就会像以往一样燃放起来。’有的年轻人听他这么一说，立马开始采取他建议的暴力行动，很快做出尝试，点燃似乎受损最轻的一些转轮，但收效甚微，因为大多数都彻底报废了。然而《漫游者》的作者在这一场合可以被看作一场成功骚乱的元凶，可不是一名燃放烟火的能手。”

943

1784年
6月22日
星期二

---

a　这句话在其他一些出版物上印作“落到地上”。但约翰生本人给我他曾经像上面一样使用过的真实说法；意思是这种建议留有这样或那样小小的选择余地。

①　托雷（Torré，活跃在1772—1774），版画商人，燃放烟火的能手。

“人们一直以为约翰生博士，就时尚而言，在公众场合不讲究外表。不过这种看法并不完全正确，这从下面一个小小的例子可以看得出来：哥尔德斯密斯的最后一部喜剧要在某次宫廷服丧期间上演；斯蒂文斯先生被委派前去请约翰生博士，把他带到他要和诗人的另外一些朋友聚餐的那家酒馆。博士很快穿好衣服，但衣服的颜色很鲜艳；然而听说他会发现别人都穿黑色衣服时，他便千恩万谢地接受这一信息，急忙换了装，一个劲地感谢这一信息，使他避免在一间前面包厢的前排显得外表极不得体。‘就是给我十英镑（他补充说）我也不会在众目睽睽之下显得如此倒行逆施。’”

“他有时候因为一些非常细微的事情而心生厌恶。有一天偶尔提到不从国教的牧师弗莱克斯曼[①]先生，夸他在年代学问题上记忆准确，博士回答：‘再也不要让我听见他的名字，先生。给我的《漫游者》编索引的就是这位仁兄，对弥尔顿名字是这样处理的：弥尔顿，约翰先生。’”

斯蒂文斯先生补充了这样一段评述：

“然而，对约翰生来说，不幸的是，他的怪癖和弱点比他善良、亲切的努力能更清楚地被人发现查找出来。如果他刻意隐瞒的很多义举，他私下做出的很多善行，同样详尽地展现出来，他的缺点就会在很大程度上灭失在他德行的烈焰里，受到关注的只有后者。”

由于我对约翰生非常仰慕，所以感到纳闷，他并未受到这个时代所有伟大人物和所有杰出人士的追捧，尽管如此，但平心而论，没有一个出身低微、完全靠文学为生的，简而言之，在这个国家没有一个职业作家曾像他这样引人瞩目。在这部作品的进展中，提到

---

① 弗莱克斯曼（Dr Roger Flexman，1708—1795），长老会牧师、索引专家；伦敦罗瑟希思牙买加街礼拜会牧师（1747）；主教门小圣海伦教堂礼拜五演讲者（1754）；阿伯丁大学马里沙尔学院授予神学博士学位（1770）；一度还是一位诗人；以惊人的记忆和准确而出名；下院议事录总索引的编订者（1776—1780，1770年接受任命）。

过形形色色不计其数的姓名，还可以增添很多很多。我不能省去卢肯勋爵和夫人，约翰生常常在他们家享受美味佳肴、好友良朋能够助乐的一切款待，他发现殷勤好客与不凡的才艺合为一体，并受到人人都能感受到的魅力的渲染。

6 月 22 日，星期二，我和他在**文学俱乐部**聚餐，这是他最后一
次亲临这一可敬的社团。到场的其他成员有圣阿萨夫主教、艾略特
勋爵、帕默斯顿勋爵、福代斯医生和马隆先生。他一脸病容；但具 944
有男子汉的刚毅，所以没有怨天尤人、唉声叹气，使在座的扫兴。 1784 年
大家对他表现出明显的关切，他感到十分欣慰，他在自己病体允许 6月22日
的情况下尽量逗大家开心。 星期二

他的朋友们心里焦急，想维护这么珍贵的一个生命，只要人力能够发挥作用，于是他们计划让他躲开英国的严冬，去享受意大利温和的气候。这项计划最终被带到保利将军府上进行认真决定，因

为我在那里经常谈及。然而，有一个基本问题，我认为必须事先解决，那就是追加一份他的收入，足以使他能够支付适合一位大国文宗生活方式的花销，且不管他的其他一切功劳，如《英语词典》的编著者。我首先考虑应当要求与之商谈此事的人就是大法官[a]，因为我知道他非常重视约翰生，约翰生也非常看重勋爵大人，所以我杰出的朋友向这样一个人求助并不算掉价。我已经提到他当律师时约翰生对我说的有关他的话，当勋爵大人升迁掌管大印后，约翰生是这样说他的："我要做好准备在英国只听候瑟洛勋爵。我要见他的时候，希望提前一天知道。"他会如何做好准备，我不能乱加揣测。他会不会选定某些话题，从方方面面加以考虑，以便随时逐点进行辩论？我们估计这可能都是些什么话题呢？我有次开始向这位伟人好奇地询问这次赞扬的对象是谁，他笑了笑，没有再往下谈。

我首先与乔舒亚·雷诺兹爵士商议，巧的是我们俩完全不谋而合，因此，虽然勋爵大人对我个人知之甚少，我还是给他写了一封信[b]，说明情况，并请求他对约翰生博士鼎力相助。我提到我必须下周初前往苏格兰，所以如果勋爵大人就这一可贵的协商对我有什么指令，请他在届期之前送达，否则一切全由乔舒亚·雷诺兹爵士处理。

提出这项申请不仅没有约翰生本人的授意，而且他一无所知，甚至想都没有想到过。因此，他去世以后有人抛出的任何献媚求宠的说法，仿佛他挖空心思讨要多余的钱财似的，是没有任何根据的。就算他提出了要求，也谈不上多余，因为事实证明尽管他攒的钱比
945 朋友们想象的要多，或者比我相信，他自己知道的要多，因为他对
1784年6月24日星期四 俗务非常马虎，如果要去欧洲大陆旅行，增加他的收入绝非多此

---

a　瑟洛勋爵爱德华，1793年，他被第二次剥夺大印，1806年9月12日去世，享年七十一岁。

b　奇怪的是，约翰·霍金斯爵士竟然说，申请是乔舒亚·雷诺兹爵士提出的，如果他询问一下乔舒亚爵士，就会很容易弄清真相。约翰爵士大而化之，罔顾事实是出了名的。

一举。

6 月 23 日，星期三，早晨，在新门监狱看过处决十五名罪犯的骇人场面后，我去拜访他。我对他说，我相信人命不是机器，也就是说，不是由上帝设计和指挥的命运的链条，里面有很多的邪恶和苦难，有很多二者兼容的事例，就像现在我的心被它们的阴云遮暗一样。如果它是机器，在这些方面倒更好一点，尽管不是那么高尚，因为不是一个道德管理体系。这时在人的自由意志这一重大问题上，他同意我的看法，就像他一向做的一样，因为它古往今来已经被如此多的诡辩搞糊涂了。“可是，先生，至于必然的学说，没有人相信它。如果一个人给我论据说我看不见，尽管我无法回答，难道我就相信我看不见吗？”人们会注意到约翰生在任何时候都把与反对理性的学说与超越理性的学说做正确的区分。

谈到适合于不幸的已决犯的宗教训导，他说：“先生，我们的一位正规牧师也许不能充分感化他们的心灵；他们应当被一名循道宗布道者[a]或者天主教神父关照。”然而，让我们为牧师维莱特先生说句公道话，他当了十八年多的新门监狱的死囚忏悔牧师，在此期间，他关照过成百上千的倒霉罪犯，他的认真而仁慈的劝诫非常有效。他过人的勤奋值得高度称赞，应受格外奖赏[b]。

6 月 24 日，星期四，我和他在迪利先生家吃饭，来客中还有滕布里奇学校的校长、牧师诺克斯先生（现为博士），南山代牧史密斯先生，贝蒂博士，多种文学作品的作者平克顿[①]先生和牧师梅奥先生。按照我的要求，老谢立丹先生也受到邀请，因为我一心想让约翰生和他再次邂逅，以便两人握手言欢。谢立丹先生碰巧早到，得知约翰生博士也要前来，便起身离开了。我发现一片好意兑现无望，

a　一位循道宗布道者扬扬得意地引用这段文字时，我的一位朋友正好从伦敦市郊的一群野外会众旁经过。

b　我相信**伦敦市**，现在幸好与朝廷一致，将会有公正和慷慨精神提升这位教士，他现在是那座宏大的机构的一位可敬的老仆人。

①　平克顿（John Pinkerton，1758—1826），苏格兰文物专家、历史专家。

便感到由衷的遗憾。这天的情况，除了约翰生的敏捷，我什么都记不得了，因为当时贝蒂博士说，他遇到的一件事值得一说，那就是，他碰巧看见了第一号和第一千号这两个号牌的出租马车，也就是首号和尾号。“嘿，先生，（约翰生说）一个人看见这两个号码跟看见别的两个号码的机会均等。”他显然说得对。然而，看见两个极端，
946 每一个在某种程度上都比其余的更抢眼，所以必然比看见任何别的
1784年 6月24日 星期四 两个数码更能打动人。尽管我一时疏忽，没有把他的谈话保留下来，但也许在这次会见中，诺克斯博士形成了他在《冬晚》中所展示的有关概念。

6月25日，星期五，我和他在保利将军府上吃饭，他在给思雷尔夫人的一封信上说到那里的情况，“我好吃”，有各种各样的菜肴很对他的口胃，我觉得他吃得特多，还真担心把他撑坏了；我把我的担忧轻轻告诉保利将军，求他不要再劝酒劝菜了。“哎呀！（将军说）看他那副病样子，他来日无多了。一个判了死刑的人，你能不让他过把瘾吗？意大利有种合乎人性的习俗，可以放任情况不妙的人随便吃随便喝，只要他喜欢，哪怕龙肝凤胆也在所不惜。”

我让他看了我那天刚收到的苏厄德小姐歌咏利奇菲尔德的诗，听到他的赞赏话十分高兴。我听说这位女士向他提到博卡热夫人的史诗《哥伦比亚德》时，他对她高度赞扬：“小姐，你在悼库克船长中对北极海的描写，是无与伦比的。”他确认真有其事。

6月27日，星期日，我发现他健康很有起色。我向他提起一个年轻人[①]要带妻子儿女去牙买加，期望靠妻子定居该岛的两个兄弟提供生计，一个是牧师，一个是医生。**约翰生**：“这是一个不切实际的计划，先生，除非他受到明确、郑重的邀请。有个可怜的女孩，她常到我这里来，她有个亲戚在巴巴多斯，这位表亲在一封信里表达了要她到该岛来的希望，并大谈特谈她的境遇的安逸与快乐。那可怜的女孩子去了：她的亲戚十分惊讶，问她怎么能想到到这里来。

① 约翰·劳里，鲍斯威尔原先的办事员。

‘因为，（她说）你邀请过我。’‘我没有啊。’表亲回答。于是那封信被拿了出来。‘我知道我真的邀请过你，（亲戚说）但我没有想到你会来。’他们把她安置在一座外屋里，她在那里艰难度日，一有机会就返回了英国。当你听到人们要出国到海外投亲靠友，想着会被热情接待时，总要讲这件事。你提到的这种情况，也许那位牧师把赚来的花了个一干二净，而医生却不知道他会赚多少。”

这一天我们在乔舒亚·雷诺兹家吃饭，同席的还有保利将军，艾略特勋爵（原先艾略特港的艾略特先生），贝蒂博士等几位客人。谈到切斯特菲尔德勋爵。——**约翰生**：“他确实是风度翩翩，知识也比意料的丰富。”**鲍斯威尔**：“先生，你是不是发现他的言谈有一种优越的风格。”**约翰生**：“先生，我跟他的谈话中我有权说自己优越，因为谈的是语文学和文学。”艾略特勋爵因为与切斯特菲尔德的非婚生子斯坦厄普先生同时旅行过，便公正地说，切斯特菲尔德给儿子写了那么多冗长、殷切的信，几乎都是在国务大臣任上写的，以显 947
示对儿子关爱有加，这些信当然是他性情极为善良的证据，奇怪的是，这样一个人竟然努力把儿子造就成一个流氓。勋爵大人告诉我们，富特曾一心想把一个如此教导儿子的父亲搬上舞台，向其他所有的人表明儿子是个老实人，只不过以身作则实践父亲的箴言，反而骗了他。**约翰生**：“我对这个设计非常欣赏，但我认为没有一点必要把他的儿子写老实，没有，他应当是个十足的恶棍：老实与无赖之间的反差反而会更加强烈。应当巧妙构思，让父亲成为儿子的恶行的唯一受害者，这样就会有诗的正义。”

1784年
6月27日
星期日

他让艾略特勋爵想起了沃尔特·哈特博士：“我知道（他说）哈特是阁下的家庭教师，他也是彼得伯勒家的家庭教师。请问，阁下，您记不记得他告诉过您什么关于彼得伯勒勋爵的事情？他是我非常喜爱的一个人，但不够了解；他的性格仅仅在一些党派小册子上透露过。”艾略特勋爵说，如果约翰生博士一片好心要问他什么问题，他将把能够记得的一一奉告。于是便提到了一些事情。“不过，（勋爵大人说）他碰到过的有关彼得伯勒勋爵最好的记述见于《卡尔顿上尉回忆录》。卡尔顿的一个祖先在德里之围中出过风头。他是个军官；当时非常稀罕的是他有一定的工程知识。”约翰生说他从来没有听说过这本书。艾略特勋爵在艾略特港倒是有一本；不过，经过多方查找，在伦敦弄到了一本，便给了约翰生，约翰生告诉乔舒亚·雷诺兹爵士，书送来时，他正要上床就寝，但他非常喜欢，便坐起来一口气把它读完，发现里面有那种他无法怀疑其真实性的气韵；又笑着说（影射艾略特勋爵最近晋升为贵族），“我没有想到一位年轻勋爵能给我提及一本英国历史方面的人物的书，我竟然一无所知”。

我们来到客厅之后，又来了一位客人；听众的人数一增加，约翰生似乎更来劲了。他说：“我希望牛津勋爵的藏画、阿什顿·利弗爵士[①]的博物馆会被公家买下，因为钱、画和珍宝都会留在国内；如果卖到国外去，国家确实会弄到一些钱，但画和珍宝就会流失，这些却是我们提高品味改进博物学求之不得的。唯一的问题是，由于国家亟需钱，接受外国的一大笔钱是不是可取？”

他开始对直觉和睿智之间的差异进行一番奇妙的探讨。一个有立竿见影之效，一个则需要一个迂回曲折的过程。他说一个是心眼，一个则是心鼻。

948

1784年
6月27日
星期日

在座的一位年轻人[②]接过这一论点对他进行反驳，坚持认为，从来没有人想到过心鼻，并没有说尽管这种比喻意思我们觉得陌生，异乎寻常，其实它也并不比哈姆雷特的“在我的心眼里，霍拉旭”[③]，更有气势。年轻人固执己见，滔滔不绝，约翰生觉得他在挺身而出充当自己的论敌，未免太不知天高地厚，听着听着，便冲着他大声喊道：“如果你在抗争，你抗争的是什么？”过后，想着这个年轻人辩驳他也不过是耍个小聪明，调侃调侃而已，便说：“***** 先生，

---

① 阿什顿·利弗爵士（Sir Ashton Lever，1729—1788），博物志收藏家；皇家学会会员（1773）；在莱斯特广场莱斯特宫开办博物馆展览他著名的收藏；受封为爵士（1778）；因欠债将收藏赔光。

② 埃德蒙·伯克的儿子理查德·伯克。

③ 《哈姆雷特》，第1幕，第2场，第184行。

你这样跟我说话不合体统。再说，冷嘲热讽不是你的强项；你既没有直觉，也没有睿智。”年轻人辩称他无意放肆，而是对约翰生博士极为尊敬。出现了一阵停顿，我们有点儿惴惴不安，随后——**约翰生**：“先生，咱们握手言和吧。你太啰唆，我太简略。”***** **先生**：“先生，能引起您的注意，我倍感荣幸。”**约翰生**：“好啦，先生，咱们到此为止吧。你我抬杠得罪了对方，再不要用彼此恭维得罪在座的各位。”

现在他说：“他很希望去意大利，他害怕在英国过冬。”我什么也没有说，想着我已经采取了最有效的措施使这一计划切实可行，便暗自欣慰。

6 月 28 日，星期一，我有幸接到大法官大人下面的一封信：

致**詹姆斯·鲍斯威尔先生**

先生，——大札送达后本应立即奉复；但当时冗务缠身我便顺手装进衣袋，忘了拆阅，直至今晨方才想起。

非常感激您的建议，我愿意采纳并将尽力兑现。我相信最好的理由，我希望它不可能失效，就是约翰生博士的功劳。如果我无缘与您晤面，就必须与乔舒亚爵士商议一个合适的申请数额——简言之，就是安排他出国的资金。如果这样一个人因缺乏照顾他健康的财力而亡故，我们大家都脸上无光，您的，

瑟洛

这封信给了我极大的满足，第二天我把它拿给乔舒亚·雷诺兹爵士看，他看了也是大喜过望。他认为我现在应当把协商的情况转告约翰生博士，如果把他有幸得到的这一关注瞒得过久，他事后会抱怨的。我打算第二天一早启程前往苏格兰，但乔舒亚爵士好心硬要我再待一天，这样约翰生和我就可以跟他一起吃饭，我们仨就可以议论议论他的意大利之行，而且按乔舒亚爵士说的“和盘托出”。

我赶忙去见约翰生，他告诉我他今天情况有所改善。**鲍斯威尔**："我
949 正为你操心呢，先生，尤其是你去意大利过冬的事，我相信这是你
1784年 6月30日 星期三 自己的愿望。"**约翰生**："是的，先生。"**鲍斯威尔**："我估计，你没有什么异议，不过这是需要钱的。"**约翰生**："嘿，是的，先生。"于是我给他把做过的事情详详细细地描述了一番，并给他念了大法官的来信。他聚精会神地听着，然后热情满怀地说："这可为一个人费尽心血了。""噢！先生，（我怀着最真诚的关爱说）你的朋友为你干什么都心甘情愿。"他停了停，情绪越来越激动，最后泪水涌进了他的双眼，他热情地大声说道："**上帝**保佑你们大家。"我也深受感动，止不住泪水涟涟。短暂的沉默过后，他再次表达了他的感恩之情："**上帝**保佑你们大家，看在**耶稣基督**的分上。"我们俩有一阵子都说不出话来。他突然站起来，离开了房间，感动得心都化了。他待了一小会儿，最后恢复了坚定。他回来后不久，我首先约他第二天在乔舒亚·雷诺兹爵士家吃饭，然后就告辞了。此后我再也没有到过我长期以来如此崇敬的那片屋檐下。

6月30日，星期三，这顿友人的私宴在乔舒亚·雷诺兹家举办，再没有其他客人。如果我知道这是我今生今世最后一次享受我如此敬重，又给我谆谆教导和无穷欢娱的朋友的谈话，我会深受感动的。现在加以回想时，我感到懊恼的是，竟然一个字都记不起来。

乔舒亚爵士和我对我们的期望非常乐观，于是我们信心十足津津乐道我们十拿九稳会替他争取到的充足的经费，猜测慷慨的表现形式是一大笔捐赠呢，还是恩俸的大幅度增加。他本人看到我们的热情如此高涨，身不由己地认为我们的希望以某种方式实现并不是不可能的。他说，他宁愿自己的恩俸翻倍，也不要一笔一千镑的资助；"因为，（他说）尽管我可能在有生之年拿不到多达一千镑的经费，但一个人应当有这种自觉意识，他应当让自己的余年过得风风光光，不管他能活多久。"考虑到一年六百镑的收入在这个国家不计其数的财富中占的比例多么有限，一个如此真正伟大的人物竟然认为这就算风光，就值得一说了。

他告诉我们一个友人慷慨解囊的例子：布罗克斯比医生在这种情况下主动给他终生每年一百英镑的赠金。感激的泪水涌上他的眼帘，说这事时声音发颤。

乔舒亚爵士和我努力用意大利快乐的前景美化他的想象。“不，（他说）我万万不可期望过高。当一个人去意大利的唯一目的成了感受一下怎样呼吸空气的时候，他能享受的就很少了。”

我们的谈话转向乡下生活，由于约翰生忧郁的心情需要一连串 950
快速多变的消遣，他习惯认为那是一种精神囚禁。“可是，先生， 1784年6月30日星期三
（我说）有很多人对乡下生活十分满足。”**约翰生**：“先生，精神世界和物质世界的情况一样。科学家告诉我们，身体在适合它的地方才感到安逸；满足于乡下的生活的人适应乡下。”

谈到各种各样的享受，我主张情趣高雅反而是一个不利条件，因为养成了这种情趣就比不大挑剔，因而也就随遇而安的人难得高兴。**约翰生**：“不对，先生；这是一种低劣观念。在各个方面都要尽量做到完美。”

我陪他坐乔舒亚·雷诺兹爵士的马车到了门栓巷的巷口。他问我要不要一起到他家坐坐，我谢绝了，因为我担心我的精神会一蹶不振。我们在马车里依依惜别。他下车脚踩到人行道上时，喊道，“别了”，头也不回，猛地一跳，怅然离去，如果我可以使用这一种说法的话，它似乎表示在挣扎着掩饰不安，给我一种预示永别的印象。

我在城里又待了一天，以便有机会与大法官协商；然而大法官大人要务缠身，没有功夫与我面谈，我只好托付乔舒亚·雷诺兹爵士一手处理此事。

此后不久，思雷尔夫人告知约翰生博士一件“她估计他绝不相信的事情”[a]，完全属实，那就是，她真要与一位意大利音乐家皮奥齐先生结婚，约翰生觉得十分窝心。他竭力一再劝阻。但还是徒费口

a 《致思雷尔夫人书信集》，第2卷，第375页。

舌。如果她肯发表约翰生博士和她关于这个问题的全部通信，我们就会对他的思想感情有个全面了解。实际上，我们的判断肯定被约翰·霍金斯爵士给我们的那封样板信所左右：“可怜的思雷尔！我本以为不是她的美德就是她的邪恶总会约束她不会成全这门亲事。现在可好，她成了仇家额手称庆、朋友——如果还有的话，遗忘或怜悯的对象。”[a]

必须承认，约翰生从思雷尔先生家享受到的舒适和雅致中得到了相当一部分快乐；然而思雷尔夫人向我们保证，他欠的只是她丈夫的情，因为她丈夫确实打心眼里敬仰他。她的话是这么说的——“对他的德行的崇敬，对他的才华的钦佩，对他的言谈的欣赏，以及对我丈夫起初加在我身上、他自己也甘心分摊十六七年的一种束缚的习惯性的忍受，使我与约翰生先生有这么久的交往。但在我们最初一些年月的友谊中，我承认这种禁锢一直十分可怕，在最后一些
951 年月甚至令人厌倦。在我的助手不在了的情况下，我不能硬装成独
1784 年 当一面的样子，要将这种友谊维持下去。”[b]

呜呼！这种说法跟我听到思雷尔夫人在约翰生生前发表的宣言真有天壤之别，当时对他的癖好没有半句怨言，对伴随他们的亲密关系的任何情况没有丝毫微词。

作为我正在写《传》的这位伟人的一个忠诚的朋友，我认为有必要让我的读者提防这位夫人的《轶事》对约翰生博士提出的错误概念。因为从她的书的性质和形式，“它借给诓骗更轻快的翅膀飞行”。①

“要记住，（一位杰出的批评家[c]② 说）她把她能记得的约翰生博

a　约翰生博士致约翰·霍金斯书，《约翰生传》，第570页。

b　《轶事》，第293页。

①　参比蒲柏《致阿巴思诺特医生书》，第二封，第69—70行。“该死的薄纸似的信誉！最后、最好的供应！/借给腐败更轻快的翅膀飞行！”

c　他欣然给我提供了他的评述。

②　埃德蒙·马隆。

士二十年的言行包含在一本小书里，在此期间，他无疑说过一些严苛的话。在两个小时里读完这本书的人自然会认为，他的全部言谈都是这种性质。但事实却是，我经常跟他交往，一次也没有听到他对任何人说过一句严苛的话，其他很多人都能证明这一点。他真说严苛话的时候，那一般都是由无知冒充有知，或者由极度虚荣或假模假式逼出来的。

“两个不准确的例子（他说）尤其值得注意：

“上面说[a]：‘人们常常提到的他的那种天生的粗鲁作风，不顾他观念的规正，却时不时地迸发出来；有一次他容忍了一位大名鼎鼎的女士，也许她夸他过于热心，也许过于强劲（这总是使他生气），认为她的奉承还没有噎住他时，还是可取的。’

“现在让真实的轶事与此加以比对。被描述受到严厉对待的这个人物，尽管是位大名鼎鼎的女士[①]，但当时从一个穷乡僻壤之地刚刚来到伦敦。有天晚上，在乔舒亚·雷诺兹爵士家她遇见了约翰生博士。她很快就开始用最肉麻的语气奉承他。‘饶了我吧，小姐，我求求你，亲爱的小姐。’他这样回答。她还是不依不饶。‘小姐，求求你，咱们就到此为止吧。’他反驳道。她对这些警告置若罔闻，继续唱她的赞歌。终于被这种令人窘迫、无实际意义的硬性恭维惹恼了，他大声说道：‘最亲爱的小姐，先想想你的恭维有什么意义，再大放厥词吧。’

“这个故事，把它的来龙去脉讲清楚后，显露出多大的出入，对这些，思雷尔夫人要么不知道，要么就是避而不谈。

“她在另一处地方[b]说：‘然而，一位先生，在一位贵族府上吃饭，在座的有约翰生，还有思雷尔先生，感谢思雷尔先生把这件轶事告诉了我。这位先生愿意跻身于维护威廉王人格的人士之列，把 952

1784年

a 《轶事》，第183页。

① 汉娜·莫尔。

b 《轶事》，第202页。

约翰生反驳了两三次，态度十分莽撞，于是，这家主人开始惴惴不安了，并且预见到有不愉快的后果发生。为了避免，他便大声说，足以让博士听见——“我们这位朋友现在说的这些话里没有任何用意，只不过明天要在俱乐部讲讲他今天吃饭时是怎么逗约翰生的。这一切无非是给自己争面子。”“不，说实话，(那位先生回答) 无论你做什么，我看不出这里面有什么面子。”“嘿，先生，(约翰生先生严厉地回应) 如果你看不出什么面子，我相信我感受到了丢脸。”'

“这完全是移花接木，无中生有。思雷尔先生当时就不在现场，尽管他可能对思雷尔夫人讲过这个故事。给我讲个这故事的一位朋友却在现场。事情也不是在一位贵族府上发生的。关于一位先生[①]反驳约翰生，这家主人[②]解围说，他说这话为了争面子云云，那位先生听了，低声嘟囔，‘我看不出这里面有什么面子’；约翰生博士则一言不发。所以其余的，(尽管 bien trouvée[③]) 纯属加盐添醋。”

在这部作品的进展过程中，我好几次有机会指出思雷尔夫人在我所知道的一些事情上的差错。不过，她确实用十分轻率的言辞表明她对促使一个记录谈话的人因渴求可靠性而做即刻记录不以为然[a]。毫无疑问，如果这些谈话要记录下来，记得越快越好。这位夫人自己也说[b]，“不过，要追忆或者重复约翰生博士的言谈，几乎就是他的传记作者们能做的一切；因为他的生平传略至少自从我和他认识以来，当他没有投身于某一严肃作品中的时候，除了谈话，在其他方面包含的不多。”

她夸口自己保存着一个札记簿。我们发现她有时候以一种非常生动的笔触记录约翰生博士以及跟他交谈的人的典型谈话，但是如果她最近也这么做，这些谈话也许差错会少一点，而且我们也会放

① 托马斯·菲茨莫里斯大人。

② 理查德·波廷杰，掌玺大臣。

③ 就算不实，也编得精彩。

a 《轶事》，第44页。

b 同上书，第23页。

心一点，不至于对它们的可靠性忧心忡忡，而现在我们却必须带着这种心情对它们仔细玩味。

她说他[a]，“就是我们不把他称为一位积极主动的朋友，他也是最有慈善心肠的人，提供忠告时令人赞叹，谁也没有把自己的路看得如此清楚；但他不肯尽举手之劳帮助他愿意提供忠告的人。”在同一页上又说：“如果你需要别人帮个小忙，你必须向另一类性情的人提出要求；因为约翰生不肯挪动一步去给一个人在社团里争取一票，去回赠一份可能有用或能暖人心的谢意，去写一封请求信，等等，
或者为一位也许已经一年有两三百镑的朋友再去谋求一百镑。没有 953
任何力量能够激励他勤奋一点，没有任何强求能够征服他纹丝不动 1784年
的决心。”

一个有那么多机会了解约翰生博士的人，竟然对他的真正人格不甚了了，真令人匪夷所思。我感到遗憾的是这位女士没有公开表态说，她本人否认这样的主张：他在小节上，在喜好社会生活的慈善行为上，在顺手帮点小忙上有难以克服的缺欠；因为她说[b]，“我认为，约翰生博士给别人文学帮助时，足够大方。他过去替有求于他的人写了不计其数的序言，布道文，讲稿和献词。”

我确信古往今来的任何时代很难找到一个更加积极主动的朋友。我天真地希望这部著作会把对他的记忆从指责中营救出来，因为它包含了他几乎千方百计乐善好施的事例，尤其用他的笔随时慷慨帮助需要帮助的人。其实他助人为乐的行为既有写信，又有亲自出马请求，这是他性格中最瞩目的特点之一。为了证实这一点，我可以吁请他的很多德高望重的朋友：乔舒亚·雷诺兹爵士，兰顿先生，汉密尔顿先生，伯克先生，温德姆先生，马隆先生，德罗莫尔主教，威廉·斯科特爵士，罗伯特·钱伯斯爵士等等。思雷尔夫人难道能忘记约翰生在她丈夫竞选时替他写的广告，替他和她母亲写的墓志

---

a 《轶事》，第51页。

b 同上书，第193〔51〕页。

铭，为了逗乐她和她的女儿们写的调笑甚至轻佻的诗歌，他和她的孩子们的通信，以及显示他最和蔼可亲的一面的对她们无微不至的关心？

她说[a]："思雷尔先生，她，还有约翰生博士乘思雷尔先生的马车旅行时，乔蒙德利先生出人意料地骑马来到马车旁。他向他们大家表达了得体的问候；但是看到约翰生博士正在看书，没有看见他，他便轻轻地拍了拍约翰生的肩膀。'这就是乔蒙德利先生。'我丈夫说道。'嘿，先生，是乔蒙德利先生又怎么样。'对方说，语气严厉，把眼睛从书本上抬了一刹那，然后又聚精会神地看起书来。"

这段文字肯定传达了一种对约翰生的看法，仿佛他对乔蒙德利先生[b]态度极其粗鲁，这是一位他一向爱戴的绅士。因此，如果绝对需要提及这个故事，也许会被人认为她对约翰生博士性格的温情使她有意讲任何能够软化他性格的事情。那么为什么对乔蒙德利告诉他的事实完全保持沉默呢？——约翰生很早很早就认识乔蒙德利，
954 被提醒意识到这无疑是种奇怪的表现后，后来遇见他时，找机会做
1784 年 了非常礼貌而善意的道歉。还有一件小事我不得不说。她的书是
1785 年出版的，她手里有一封约翰生博士 1777 年写的信[c]，信是这样开头的："乔蒙德利的故事，使我震惊，如果确有其事的话，我简直无法想象，因为我完全没有意识到：我非常抱歉，羞愧难当。"为什么在这个时候把这种轶事公之于众？如果她将其公开，为什么不把她非常熟悉的这些情况补充进去？

她是这样描述他的社交行为的[d]——"总是沉思默想，直到有人叫他交谈，交谈起来就没个完，直到他的朋友疲惫不堪，或者他自

a 《轶事》，第 258 页。

b 乔治·詹姆斯·乔蒙德利先生，第三代乔蒙德利伯爵乔治的孙子，消费税管理局局长之一；一位以才能出众，风度优雅受人尊敬的绅士。

c 《致思雷尔夫人书信集》，第 2 卷，第 12 页。

d 《轶事》，第 23 页。

己犯小性子生起气来，使他重新回到沉思默想中去。”

然而，在同一本书里[a]，她告诉我们，“可是当任何道德或文学问题提起之后，他很少沉默：在那种场合，他讲起话来就像《拉塞拉斯》中的哲人一样，人们注意着他的嘴巴。他摆事实，讲道理，说到大家信服才告一段落。”

他的谈话，实际上根本不会使朋友们疲惫，而是被打断、或者停止之后大家深感遗憾，不禁用弥尔顿的语言惊呼——

听君一席话，时间全忘怀。[①]

我说思雷尔夫人的《轶事》无论多么漂亮有趣，切不可把它们看作反对他的有力证据，我当然在替我杰出的朋友说话，我这样声称并不过分。因为每当它讲一个严厉尖刻的例子时，我就要怀疑它是否笃定无误。尽管它们不是空穴来风，但就像他指责那位“大名鼎鼎的女士”的情况一样，它也许在讲述时跟真正的事实完全走了样。

下面的一件轶事的明显倾向是：把约翰生描绘得极其缺乏关爱、柔情，甚或普通的礼貌：“有一天我为一个在美利坚阵亡的近亲深感悲痛。——‘我亲爱的，（他说）请不要搞这一套虚情假意了。我不妨问问，如果你所有的亲戚一下子都像云雀一样被烤得吱吱作响，烤成了普雷斯托的晚餐，难道天会塌下来吗？’——普雷斯托是我们谈话时卧在桌子下面的那条狗。”我怀疑这未免过于夸大其词、歪曲事实。我承认他给她讲了一番气话，但是当时在场的巴雷蒂先生这么一说，情况就一目了然了。

“思雷尔夫人正在开心地吃着云雀，这时把刀叉放下，冷不丁地慨叹：‘噢，我亲爱的约翰生先生，你知道出了什么事情？最近的海

---

a 《轶事》，第302页。

① 弥尔顿，《失乐园》，第4卷，第639行。

955

1784年
7月26日
星期一

外来信给我们带来消息说，我们可怜的亲戚的脑袋被炮弹炸飞了。'约翰生对这种事情和她提起这事的轻松自如、无动于衷的态度都感到震惊，便回答道：'夫人，如果你所有的亲戚都像这些云雀一样被烧得吱吱作响，做成普雷斯特的晚餐，你也不用太在意的。'"[a]

我责无旁贷地批评皮奥齐夫人《轶事》的失真，是出于关心，人们也许会认为我对她的小小的轶事集做了太多的文章。但由于约翰生在思雷尔先生的屋檐下长期寄居，他又跟这位夫人关系密切，她对他的记述已经给人造成了一种不良而又不公的印象，作为一名忠实的传记作者，我的责任心促使我不得不勉为其难完成这一令人不快的任务。

我把自己所谓的虔诚的商议交给最可靠的人手之后，我要在这里穿插一些与它相关的情况。约翰生7月6日[①]给乔舒亚·雷诺兹爵士写了下面一封信：

"我希望过几天去尝试一下德比郡的空气，但希望在走之前见你一面。然而，让我向你提提我耿耿于心的事情。如果大法官继续关注鲍斯威尔先生的请求，并且与你商议接济我的慵困境况的手段，我希望避免造成骗取钱财的印象。我希望你向大法官大人呈明，一旦申请提出，他会认为言之成理——也就是说，如果我的健康状况严重恶化，我会担心离开我的医生去受旅途劳顿之苦，在异国他乡的孤独中憔悴；如果我的情况大有好转，现在确实有这种小小的迹

a 向我的朋友威尔克斯先生提及此事，他以他一贯的机敏，用下面一段言情轶事来欣然应对。他受巴黎一位时尚青年的邀请与这位青年和一位女士共进晚餐，这位女士有段时间是这位青年的情人，但他准备与她分手。这位青年对威尔克斯先生说，他真心地同情她，她是那样的难过，所以他打算给她两百金路易的赠礼。威尔克斯先生注意到小姐的表现，她真的非常可怜，不住地唉声叹气，显出一副非常悲痛的样子；但吃了至少三只法国鸽子，个头相当于英国的山鹑，此外还吃了一些别的东西。威尔克斯先生悄声对那位青年说："我们在英国常说，过度的悲伤使泪流干，但我从来没有听说过度悲伤使饥火煎。或许一百就可以了。"这位青年接受了这一提示。

① 实际上是7月8日。

乔治·史蒂文斯
约翰·佐法尼 绘

象，我则不希望离开我的朋友和我家中的安逸，因为我不是为寻乐或猎奇去旅行的；然而如果我能康复，好奇心就会恢复。在目前的情况下，我想争取再活久一点，希望得到温和气候的扶持。为了我，你尽力而为吧。”

7月26日，他写信给我：“我希望你诸事顺遂，让你长久持续地发挥你的热情和善良。有你的善良的人也许缺乏你的热忱。目前我身体虚弱，情绪低落。”

乔舒亚·雷诺兹爵士来信告诉我，大法官走访过他，并通知他
申请未获成功；但大法官大人对约翰生赞扬备至，说他是国家的光 956
荣，然后希望乔舒亚爵士告知约翰生，一旦允许抵押他的恩俸，他 1784年 9月9日 星期四
就应当从大法官大人这里支取五六百镑的款额，大法官大人解释抵押的意思就是，他希望事情这样处理，让约翰生博士尽量少欠人情。乔舒亚爵士提到，他已用同一邮班将一切情况传达给约翰生博士。

面对这种情况，约翰生有何感触，从他给乔舒亚·雷诺兹爵士的信上看得出来：

“阿什伯恩，9月9日，让你相信大法官的慷慨和你的关照在我心里激发了什么样的感激之情，我希望你我之间千言万语都是多余……

“随函附上给大法官的一封信，过目之后，请用顶头封，或用其他任何通用的加封办法，转呈给他：如果我直接寄给他，似乎忽略了你从中斡旋的一番美意。”

致**大法官大人**[a]

大人，——经过对人类长期而专注地观察，大人慷慨施助

a 乔舒亚·雷诺兹爵士觉得此信的情思和表达极为精彩，便抄了一份让一些朋友阅览；其中一位[1]对它爱不释手的朋友获准将它带回家从容品味，于是又抄了一份，并且登上了一些报刊。几经誊抄，难免文字有些出入。我是按约翰生的亲笔原稿刊印的。

1 也许是卢肯夫人。

在我内心激起的除了感激，还有惊奇。如此丰厚的赠礼，如果条件具备，我本应欣然接受。因为对于那样的仁人君子，谁不会因蒙受他的恩惠而自豪？然而如果大幅度恢复我的健康是**上帝**的旨意，倘若我现在侵吞如此巨大的预定行善的财富，我就无法逃脱虚报冒领的指控。我的大陆之行，尽管我一度认为必要，但从未受到我的医生的鼓励。因此我希望乔舒亚·雷诺兹爵士把它作为未定之事告知大人。因为如果我身体大有起色，我则不愿意移居他乡，如果健康状况严重恶化，我就没有能力挪窝。大人起初得到请求，我并不知情。然而我得知您乐意慷慨资助给我荣耀时，我不料听到拒绝的消息。但是，由于我已很长时间没有谬存奢望，也没有沉湎于虚幻的富有，因此这种冷遇并不太令人心凉。再者，我从大人的美意中获益匪浅，这种恩典只有像您这样的仁人才能赐予。承蒙您对我的一番溢誉，我现在要活得 mihi carior[①]。大人您感恩戴德的卑微仆人，

1784 年 9 月。　　　　**塞姆·约翰生**

对于这一出人意料的失败，我不想妄加评说，也不想胡乱猜测。

957 反复讲过道理之后，约翰生博士总算同意我移居伦敦，甚至

1784 年
夏秋

给我提供了支持他反对过的理由；我写信给他要求他把这些理由给我写下来；他一片好心同意了，所以我要摘抄他 6 月 11 日来信的一部分内容，以证明他怎样展示一种小心谨慎却又鼓舞人心的观点：

“我记得，而且恳求你记住 virtus est vitium fugere[②]；首先接近财富就是免遭贫困，你要我同意定居伦敦的条件就是，你的花销决不能超过你的年收入。固守这个安全底线你就不会受伤害。而且可以

① 自爱一点。

② “躲避邪恶是德行的开端”——贺拉斯，《书札》，第1卷，第1封信，第41行。

取得很大的进展，失去你苏格兰的事业，是你能失去的一切，不能把它看作在这里向你展现的对等的希望或可能。如果你成功了，谨慎的问题就结束了。人人都会认为结果好就是做得对。尽管你的期望，我劝你不要谈得太多，还没有完全实现，但你能不失时机地结交朋友，他们会替你做目前的形势允许你希望做的一切；如果几年之后，你要回苏格兰，你返回时脑海里就会贮存各种各样的言谈，很多探求的机会，充满丰富的知识，以及反省和开导的材料。”

现在让我们观照一下约翰生在妻子亡故三十年后，仍然保持着对她的所有温情。

致**牧师巴格肖先生**，布罗姆利[a]

先生，——兴许您还可以记得1753年[b]，您将我的爱妻安置到地下。现在我请求您允许给她立一块墓碑，碑文已经寄上，如果您认为合适，就可以表示许可。

如果您能指明她的安息之地，这块墓碑就可以保护她的遗骨，这您就算开恩帮我了却了一桩心事。

赖兰先生将会前来拜访，商议碑文[c]一事，并负责将它刻立就绪。您不难相信我对这种丧事挺犯忌讳。事情办完之后，如果还有余力，我会再次造访布罗姆利，并向您表示您应得的一份敬意，您最恭顺的仆人，

1784年7月12日。　　**塞姆·约翰生**

同一天，他写信给兰顿先生：

“我不禁想道，处在慵困、焦虑的境地，我有理由埋怨，我没有接到你的任何探问或安慰。你知道我是多么珍重你的友情，我是多
958 么满怀信心地期待着你的关怀，如果我需要什么你能做的任何体贴
1784年夏秋 行动的话。至少，如果你不知道这种情况，我认为，你的无知就是你自己的过失。然而，我好久以来，简直就是你的街坊，你却熟视无睹。不过，我并不把这种疏忽看作专门是针对我的；我听到你的两位最珍重的朋友发过同样的牢骚。可是为什么对大家都不闻不问呢？你又没有受到疾病的压迫，也不是事务缠身无暇旁骛；如果你病了，你得的就是闲散病。——你得听一句劝，再没有比这病种更可怕、更让人唯恐避之不及的了。宁肯无所事事也不做好事，是一种最低下的堕落心态。布瓦洛对他的学生说，

a　见边码第399页。

b　系1752年之误。

c　印在他的《文集》〔第1卷第150页〕。

Que les vers ne soient pas votre éternel emploi,

Cultivez vos amis.[①]

那种随意的虚弱，现代语言喜欢称之为懒散，如果未受决心的抵制，最终会把最强健的官能变得了无生机，将德行的烈火化为青烟。我不盼望，也不渴望见你，因为我很高兴发现令堂在你那里待了那么久，我认为如果你不细察她的满意之情的话，你既做不到文雅，也做不到感激。请你向这两位夫人，向所有的年轻人转达我的敬意。我要到北方去一段时间，试试看乡下能给我什么帮助；不过，如果你愿意写信，信会跟踪送达的。”

第二天，他启程前往斯塔福德郡和德比郡旅行，暗自以为他的健康会有所改善。

在离开伦敦期间，他与几位朋友保持着通信联络，我从中选取我认为适合公开的内容，不完全按时间前后排序。

致**布罗克斯比医生**，7月20日：写于阿什伯恩——

长期以来，你对我的健康和快乐给予的悉心照料，使我描述事故从你的直接照料下捞走[a]我之后的遭遇成了一种兴趣的需求，同样也成了一种感恩的义务。第一天的旅行搞得我感觉有点儿疲惫；第二天到了利奇菲尔德，并不怎么困乏；但我担心我受不了一连好多天的剧烈的激动。告诉赫伯登医生我在马车上阅读《西塞罗》[②]，进入利奇菲尔德时将其读完。我的倾向和领悟跟伊拉斯谟不谋而合，除了一两次他不大巧妙地把西塞罗的文明或道德特点和他的修辞特点混为一谈。我在利奇菲尔

---

① “不要把诗当作你唯一的事务；结交你的朋友吧！”——尼古拉·布瓦洛，《诗艺》(1674)，“第4歌”；第2节，第121—122行。

a 这很可能是抄写或印刷造成的错误。好像“移走”才是原先想用的词。

② 也许是Bulephorus的一篇演说《西塞罗的对话》，载《伊拉斯谟全集》(阿姆斯特丹：北荷兰出版社，1969)，第2卷，第618—619页。

德逗留了五天，但因为不能走路，没有多大的快乐可言，昨天（19号）我来到此地，我要在这里试试看空气和关注能起什么作用。至于我的健康状况有什么改善，我还不能凭感觉沾沾自喜……哮喘并未减轻。鸦片止住了痉挛，这样我就可以坐
959 着，有时候还轻松地躺着，但是鸦片现在不能给我行动的力
1784年夏秋 量，恐怕我的总体力没有增大。天气其实并不温和宜人，可是一个人的力量全靠天气，他的景况是多么低迷啊！我现在正在研究弗洛耶，他身患哮喘活了近九十岁。他的书由于缺乏品位所以默默无闻，他的哮喘，我想，跟我的不是一个类型。不过我也许会学到一点东西。我的胃口仍然很好。我认为这是基本健康的征兆，夏天的生水果我吃得津津有味，狼吞虎咽，几年前，我却不是这么急切。请你把这个情况转告赫伯登医生，如果要采取什么措施，让我听听你们的共同意见。现在——abite curæ[①]；——让我问问俱乐部[a]的近况。

7月31日。由于不记得赫伯登医生也许在温莎，我想你好久没有来信了。可是你知道 nocitura petuntur[②]，我昼思夜想的那封信却告诉我，我失去了一个最要好、最疼爱的朋友[b]。我欣慰的是，他好像生活得像一个眼前总看到我们现世的存在十分脆弱，因而，我认为不是没有准备去见他的判官的人。亲爱的先生，你和赫伯登医生对我的健康的关注令我感激涕零。我不愿意认为我的情况有所恶化；可是哪怕我有私心，也不能正当地证明我大有起色。

8月5日。亲爱的先生，感谢你孜孜不倦的关心，既是医疗上的，又是朋友间的，希望通过活着来确认它，从而证实你关照的效果。

---

① “去吧，无聊的忧愁”——马提雅尔，第11卷，第6首，第6行。

a 在埃塞克斯街的埃塞克斯角。

② “我们渴求会伤害我们的东西”——尤维纳利斯，《讽刺诗》10首，第8行。

b 印刷商艾伦先生。

8月12日。请好心想想我的问题，有机会把我的病情向别人提提。我觉得力量无增无减，最近我试着喝牛奶，但尚未发现有什么好处，我担心它仅仅是一种流食而已。我的胃口依然很好，我知道那是亲爱的赫伯登医生的 vis vitœ[1] 准则。因为我们现在无法见面，不要忘了写信。因为你想不到我是怎样望眼欲穿地估算着一个邮政日的时辰。

8月14日。迄今为止我寄给你的都是些悒悒不欢的信，你一定会乐于听到某些见好的情况。昨日哮喘缓解了，这种缓解有明显的感觉，我走动起来比好多星期以来感觉到的都要轻松。愿**上帝**继续大发慈悲。这种情况我事不宜迟地告诉你，因为我不是一个怨天尤人的人，也不是个好无病呻吟的人，可是自从我们分别以来，迄今为止说的无非是恐怖与悲哀。请来信，亲爱的先生。

8月16日。希望好一些，情况就好一些。我的呼吸越来越轻松自如。昨天吃过一顿大餐后，去了教堂，没有任何麻烦；其实那段路不长，但自从我来到这里，以前走这段路非常吃力。****** 打算只不过是压倒胸部和肺部肌肉的表面上的 vis inertiœ[2]。我有福享受一定程度的轻松，这使我大喜过望，也没有对爬学院楼梯的另一种比赛丧失信心。不过，如果我有情绪看见或展示我的身体阴暗面的状况，我不妨说，

Quid te exempta juvat spinis de pluribus una? [3] 960

夜里仍不能安眠，水肿发了，不过不是太快。然而，让我们为现有的一切好事高兴。一种疾病的缓解使天性有能力抵抗其余的。

---

① 生命力。

② 惯性力。

③ “从很多刺中拔出一根有什么轻松可言？”——贺拉斯，《书札》，第2卷，第2封，第212行。

海葱醋我并未忽略，因为一天服用一百多滴，有一天服了二百五十滴，按照通行的一滴等于一格令算，这就超过半盎司了。亲爱的先生，谢谢你精心为我开药；你对我的关心总是无微不至。如果药物的功效能被开药医生的恩情强化，我多快就该痊愈。

8月19日。哮喘的缓解还在继续，但我并没有全靠它自行痊愈，而是时不时地用一剂鸦片缓解。我不仅不断呼吸时不是那么吃力，而且走路时休息的次数减少，动作也自如得多了。我从来没有看好过詹姆斯医生的复方药物；我觉得他的配方有时候没有疗效，价值不大，有时候成分混杂、相克。这种药方展示的是一种大约三百三十格令的混合物，其中有四格令催吐酒石，六滴二甲基吗啡酊。这样开药方的人肯定是为了作秀。他的药的主要成分是树胶氨，亲爱的劳伦斯医生过去也给过，但我从来没有看到任何疗效。对不起，咱们还是别管这种药了。海葱没有任何问题，眼下我们就依靠海葱吧。

8月21日。你时时处处为我着想，这份情义，我希望永远铭感在心。请代我感谢乔治·贝克爵士[①]对我的关心。被人翘盼如此之久的是不是这个气球[②]，我预订了但没有付钱的这个气球？可惜的是科学家失望了，丢脸的是，他们上当受骗了；但我不知道该怎么防止这两种情况。关于这种实验，我没有读到任何材料。气球是在哪里展出的？携这么一大笔钱逃跑的又是何人？亲爱的先生，请继续给我常常写信，一次多写几句；因为你的药方产生的效果肯定都不如你作强心剂的来信起的作用大。

8月26日。我允许你躲过上一趟邮班没有寄信，但你别指望这样的宽容经常出现；因为我写信与其说是因为我有什么话

---

① 乔治·贝克爵士（Sir George Baker，1722—1809），医生；皇家学会会员，乔治三世和夏洛特王后的御医；九任皇家医师学院院长（1785—1795）；《德文郡地方急腹痛病因论》（1767）的作者，在德文果汁中发现了铅的有害作用。

② 放气球当时风靡一时。

要说，不如说是因为我希望一封回信。我在这里生活空虚，就使一封信弥足珍贵。在这里我交往不多，娱乐很少，这样百无聊赖，便苦思冥想自己的苦难，有时候我心情郁闷，情绪低落，我也尽量加以抵制，于是我发现鸦片，我认为十分有用，但是服用剂量很少超过一格令。这种天气不是挺奇怪吗？冬天把春天兼并了，现在我们还没有享受夏天，秋天又来了。但是让我们相互的关爱之情不要效仿季节的无常。

9月2日。温德姆先生来这里看过我；我想他特意走了 961
四十英里的路，待了大约一天半，也许我使时间比实际短了一 1784年夏秋
点。那种谈话只有等我重返文坛才会再次出现。在那里，温德姆是 inter stellas Luna minores。[a][①]［他随后提到某些药物服用之后的功效，］生命力正在恢复它的原始力量，功能正在回到它们应有的状态，愿上帝继续发他的慈悲，恩准我将其正确运用。

9月9日。你认识德文郡伯爵和夫人吗？你见过查茨沃思[②]吗？星期一我在查茨沃思：其实我以前到过这里，但当时男女主人都不在家；我受到非常友好的接待，诚心诚意劝我留宿：但我告诉他们，一个病人不适合在豪宅里留宿。不过我希望什么时候再去一趟。

9月11日。我觉得没有什么恶化的迹象，反而一切向好，除了睡眠，睡眠最近一直像从前一样胡闹。昨天晚上，我有了一种久违了的感觉，想走一走散散心；我走了短短一段路，回来时既没有上气不接下气的现象，又没有疲惫不堪的感觉。这个夏天一直阴沉沉、冷飕飕的，一点也不和暖宜人，但最近似乎有所好转；我听到有时候有人说热，但我却感觉不出来：

---

a　值得注意的是像约翰生这样优秀的拉丁文学者竟然如此不注意格律把ignes误写为stellas。

①　“众星捧月”——贺拉斯，《颂歌集》，第1卷，第12首，第46行。

②　德文郡公爵的德比郡府第。

Prœterea minimus gelido jam in corpore sanguis
Febre calet solâ.[①]

然而，我希望在良好的帮助之下，找到在家支撑一个冬天的办法，在俱乐部听听、说说世界上在做什么，应当做些什么。我在这里没有什么交往，自然要回家渴求交谈。亲爱的先生，祝愿你有更多的悠闲将不会显得不够厚道；但你有什么悠闲，你必须赐给我。

9月16日。好久不惊动你了，因为实在没有多少好说的。你指责我贪图享受，这未免有点不公平。在查茨沃思，你应当记得，我只吃过一顿饭。跟我一起生活的那位博士，遵循一种牛奶饮食。我没有长胖，不过我的肠胃，如果不是药剂的干扰，从来不叫我吃亏。我现在厌倦清静，想着下个礼拜转移到利奇菲尔德去，那是一个交往较多的地方，但另一方面，却不是那么方便。等我安顿下来，我会再写信的。至于你提到的热天，我们在德比郡见得〔不〕多，我自己很少有热的感觉，估计我觉得冷是我身体欠佳的结果；这种估计自然使我希望炎热的气候可能有益，但是我希望再经受一个英国的冬天。

利奇菲尔德，9月29日。一天接到三封关于气球的信：你写的最好，使我能够告诉乡下的朋友这样一种娱乐的概念。我怕它必须以娱乐，单纯的娱乐告终，因为我发现它的导向不像
962 是要解决任何交通问题；而且它们升不到山顶之上，给不出不
1784年夏秋 同高度的空气状态的新情报，看样子它们永远也做不到。我27日来到此地。要待多久，尚未决定。我的水肿消了，哮喘也大大地缓解，但我觉得这两天身体反而在走下坡路，至少今天如此；但这样的变化反复也在意料之中。一天好，一天坏；但最

① “除了这一切，他现在冰凉的体内的细细的血流除了发烧所致，从来都不温热”——尤维纳利斯，《讽刺诗》，第10首，第217—218行。

近这个月远比以前好；如果下个月比这个月好许多，我就可以靠自己的两条腿在城里跑来跑去了。

10月6日。气球的命运我并不太悲哀：再做新的只不过再重复这种笑料而已。我们现在知道了一种升空的方法，我想再不可能知道得更多了。这种工具等我们能够操纵它们时才会有用；等我们用它们登上比没有它们时达到的高度更高的时候，它们才能满足我们的好奇心；等我们升到最高的山峰之上，这我们尚未做到。我们登上特内里费山顶，就知道整个区域的空气状况，因此，从操纵云层下气球的人那里学不到任何东西。然而，第一次实验是大胆的，值得点赞，奖励。但事情已经做过，人们已经知道后，我现在宁肯找到一种能缓解哮喘的药物。

10月25日。你写的信有一股子使我变得生龙活虎的热忱，有一片使我心都化了的温情。我不怕来伦敦的旅程，也不怕在伦敦长住。我来时并不怎么疲劳，现在身体也不更加虚弱。在这种烟雾弥漫的氛围中，我从水肿里解脱出来了，我认为水肿就是病根。这座城是我们的命根[a]；这里有我的朋友，这里有我的书，我还没有向它们道别呢，这里还有我的娱乐。乔舒亚爵士早就告诉我，我的天职就是奔向公众生活，我希望仍然忠于职守，直到**上帝**叫我**平平静静地离开**。

---

a　他对伦敦的热爱一如既往。他写给他的诗人朋友的妻子斯马特夫人的一封信收入一篇写得非常精彩的诗人传中，这篇传记附加在诗人1791年版诗集前面，信中有下面一句话：——“对一个在伦敦的欢乐和富足中度过了这么多年月的人来说，能够提供如许快乐的地方不多。”

有一次读了《旁观者》上引用的一则奇异的墓志铭，

生于新英格兰，卒于伦敦；[1]

他大笑着说：“这有什么好奇怪的。如果是生于伦敦，卒于新英格兰，反倒非常奇怪。”

1　《旁观者》，第518期（1712年10月24日）。

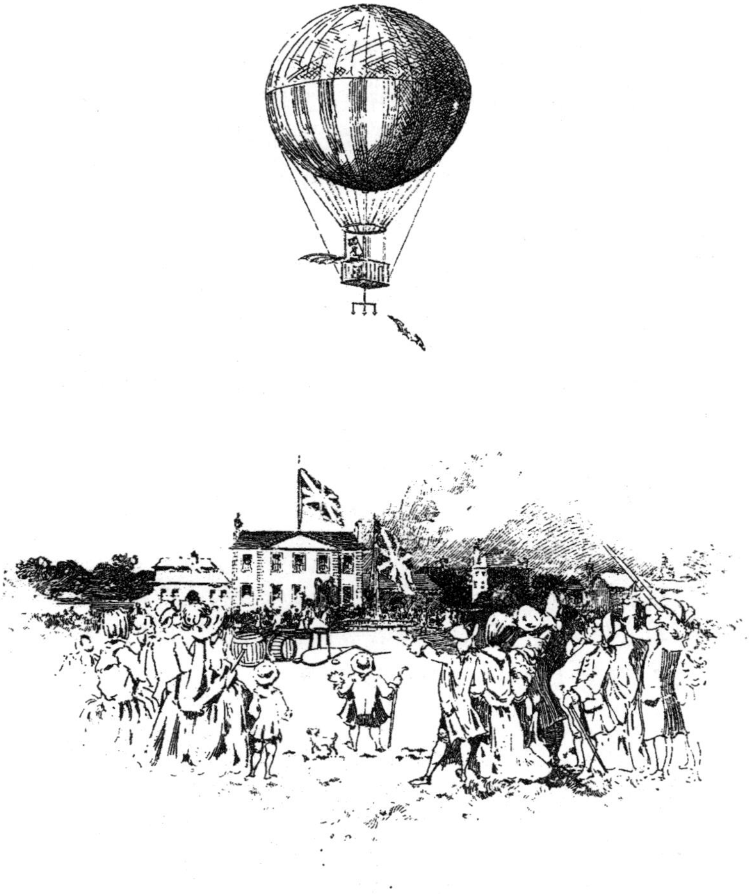

View of the ascent of Mr Lunardi's celebrated
air Balloon from the Artillery Ground
September 15th 1784

致胡尔先生：

阿什伯恩，8月7日。来到此地后，收到过你的两封短信，
还没有写回信表示感谢。不过每个人对自己最要好的朋友最为
随便，因为他不认为这位朋友会怀疑他有意怠慢。没有写信的
一个原因是，处在一个你完全陌生的地方，我没有写信的话题。
如果你对阿什伯恩有所了解，我就会对你讲两个阿什伯恩人，
他们上个礼拜因抢劫罪在德比被判绞刑，结果自己先在牢房里 963
自缢了。不过，这也许给我们提供了谈资，对你却算不了什么。 1784年 夏秋
我知道，你心地善良、喜欢听到我的好消息，但我没有多少好
消息告诉你；如果我情况没有恶化，这就是我能够说的一切。
我希望胡尔夫人在迁居中得到更多的帮助。代我向她问好，亲
爱的先生，请再写信给你深情的仆人。

8月13日。谢谢惠书。希望我们俩因彼此的友情身心更加健康，希望我们不要很快地分离。告诉尼科尔斯先生我会非常高兴和他通信，如果他的事务允许他松弛一点的话；尽管希望他事务少些好让我快乐多些，未免过于自私。掏钱订座位看气球升空不太必要，因为还不到一分钟工夫，在一英里之外瞅的人将会看见所有能看见的现象。关于翅膀，我同意你的观点。翅膀帮不了气球的任何忙，我认为也调整不了它的运行。我的身体轻松了一点，但我的心情有时很低落。至于俱乐部，我并不太操心。罚金在继续收缴，我听说会所得到改善，以方便我们将后的聚会。希望我们会经常见面，坐的时间长一点。

9月4日。等了很久你才来信，不过仍然非常欢迎。我们交往的时间很长，我们彼此的回想涉及的跨度大，小事多，这些小事将思想化为柔情。因此尽可能地勤写信。从布罗克斯比医生和赖兰先生的来信得知，俱乐部聚会时人来的不多，希望冬天我们相聚时会使它活跃起来。

致**伯尔尼博士**：

8月2日。你知道，天气一直不是温和宜人。我现在无可奈何，只能想想，最终也只能谈谈天气，自豪感必须扫地了。[a] 我已经失去了亲爱的艾伦先生，我无论走向何处，总会听到有人死亡或病危的消息，便迫使我注意苦难和无常。伯尔尼夫人逃过一劫，备受痛苦之后获得轻松，这在阴暗的前景上射出一束希望的光辉。希望她彻底康复，福寿绵绵。我为活命苦苦挣扎。我吃药，呼吸新鲜空气；朋友的车总是随叫随到。今天早晨我们跑了二十四英里，还能跑四十八英里。然而谁能跟死亡赛跑呢？①

9月4日。〔关于一件私事，征求他的意见，提过建议后，他发表了如下感想，这在其他情况下也照样适用。〕最令人怜惜的莫过于用意良好，行为错误；莫过于这样一个人遭受的损失或指责，他仅仅意识到了良好的用意，心里却纳闷为什么他失去了他希望保留的那种仁心，而且不知道自己的错误，如果，像有时候可能发生的那样，没有人愿意告诉他，他却竭力讨好别人，反而继续得罪。发现我们的意见一致，我很高兴。你继续给我写信，就是对我真正的关爱。长期以来邮政日现在都是休息日。

964 **11月1日**。我们的通信因缺少话题而中断了。我已经说了建议我考虑的这个问题上的话，剩下要告诉你的只不过是，我醒着，还是睡了；我病轻了还是重了。我把我的思绪收进来考虑我自己；估计你的思想全用在你的书上。既然你有了一个可以搞得

1784年
夏秋

a 〔没有比约翰生博士对关于天气的信息更不愉快的信息。提到他对有些为了维持谈话的生气，只好谈谈天气的人没有耐心，他把那句古老的谚语用到自己身上。如果哪个跟他亲近的人告诉他天气冷还是热，湿还是干，刮风还是平静，他便让他们免谈，说："得！得！你讲的无非是矿井里或地牢里的人不知道的事情。咱们还是耐心地忍受或者平静地享受自然情况变好还是变坏，因为它们绝对不是秘密。"——B.〕

① 乔治·科尔曼，《颂歌两首》（1760），第9页；这行诗在他和罗伯特·劳埃德对《格雷诗集》（1768）中《诗人》一诗的深情的戏拟中再次使用。

更加精准的机会，你的书推后出版我很高兴。校正叙事，必不可少的小心是无止境的。有的人说了一些他们并不知道的事情，目的是显得好像他们并不无知，有的人则纯粹出于对真相的漠不关心。其实，并不是所有的真相都一样重要；然而如果允许轻微的违背，那么所有的违背都会被认为是轻微的。一名作家应当时刻保持警惕，防止疏忽或敷衍的第一次诱惑。我不写了，因为就你而言，我再没有什么好说的，就我自己而言，能说的好事不多。我不能夸口说有进步，就康复的情况而言，话倒可以这么说，很少有例外，non progredi，est regredi[①]。但愿对我有这样的指望。我的麻烦在我亲爱的范妮[a]身上，她要手腕，把她的信插在你的中间，给了我一种节省规诫，这是我不能随便忽略的。我不知道我能把信寄到城里哪个打他人的幌子的人手里。我很高兴听到你们大家个个安康，我特别对伯尔尼夫人的康复感到欣慰。

致兰顿先生：

8月25日[②]。你上封信的盛情，我对它未予回复，即便在我看来，开始给你一种反责权，指责我把不在身边的人忘在脑后。因此，我要刻不容缓地说明一下自己的情况，希望我能讲些会使自己或者朋友高兴的事情。——7月13日，我离开伦敦，部分原因是希望吸吸新鲜空气、换换新环境对我有所帮助，部分原因是受到病人对现状感到不耐烦的激发。我乘驿车花了两天时间，到了利奇菲尔德，倒不是十分疲乏。到了以后宽慰[b]

---

① 不进则退。

a 著名的范妮·伯尔尼小姐。

② 实为8月26日。

b 〔consolation（宽慰）这个词前很可能漏掉了一个词；也许是sad（悲伤的），或者是miserable（悲惨的），要么是consolation被印错了，应当是mortification（愧痛）——然而原信现在〔1798〕不在兰顿先生手里，错误（如果是个错误的话）无法纠正。〕

地发现，自从上次来访过后，我的三位老熟人全都离世。7 月 20 日，我去了阿什伯恩，一直待到现在，我住的房屋正在翻修。我过得十分冷清，情绪往往特别消沉。我希望我们离得近一些，很高兴你搬到伦敦来。一位既欢快又认真的朋友是个大宝。让我们在上天允许我们希望的这一短短时间里，不要相互忽视。至于我的健康，我不能给你说我的愿望说服我期盼的事，它由于季节或者由于治疗，大大地改善了。我睡不着觉；我的双腿每走几步路就发软，水肿在某种程度上打破了它的界限。然而，哮喘缓解了；呼吸仍然堵得慌，但比以往舒畅了。不眠的夜晚造就了慵懒的白天。尽管一人独处，却不大读书；因为我试探着在白天弥补在床上失去的东西。这就是我的经历；像其他一切经历一样，是一个苦难的历程。然而，我比年初好多了，所以我应当以抱怨为耻。我现在坐着写信，不大感觉到痛苦或虚弱；但一站起来，我就发现两腿不听使唤。至于你提到
965 的钱，我一时半会用不着；不过，替我留着，除非要应付燃眉
1784 年 之急。你的文稿等你想看时我一定会让你看，但我对你有点生
夏秋 气的是，你没有对自己的 acceptum et expensum[1] 做记录，我认为你埋头阿里斯托芬[2]之余，应该抽空过问一下 res familiares[3]。原谅我，因为我是一片好心。亲爱的先生，希望你、罗西斯夫人和多得数不清的小家伙们，个个身体健康、精神愉快。**上帝**保佑你们大家。

致**温德姆先生**：

8 月。我长期患病时，你欣然待我的那种温情，我希望，无论健康还是疾病，都不能使我忘怀；你不应当认为，我们分

---

① 收支。

② 〔阿里斯托芬（Aristophanes，公元前448？—前385），古希腊诗人，喜剧作家，有“喜剧之父”之称。〕

③ 家庭经济。

别后，你就不再让我惦记了。可是一个病人除了说他病了，还能说什么呢？他的思想就一定集中在自己身上；他接受不了也提供不了快乐；他打听的就是减缓病痛，他努力的就是抓住某种瞬间的舒畅。尽管我现在就在皮克峰附近，但你别指望我描述它的神奇，它的山，它的水，它的洞穴，它的矿山。不过，亲爱的先生，我愿意告诉你我希望你听了不会不满意的事情，那就是，过去一个来星期，我的哮喘不是那么折磨人了。

利奇菲尔德。10月2日。我相信你早就对疾病的种种现象有充分的了解，如果一个病人在没有挪动的决心的情况下想到他没有到过的地方，到除了他本人人人都觉得容易到的地方去，你并不感到惊讶。我想阿什伯恩是个清静的地方，直到上星期一才来到这里。我在这里有较多的交往，但我的健康过去这一周没有长进；在疾病的慵倦中能做的事情是何其少？下一步往何处去，何时动身，我说不上；不过，亲爱的先生，我求你时不时地通知我，在哪儿可以找到你，因为你的住处极具吸引力，对你最恭顺的仆人。

致珀金斯先生

亲爱的先生，——我不禁暗自庆幸你对我的厚爱会使你乐意知道我身在何处，是什么状态。

我一直与疾病作着艰苦的斗争。我的呼吸堵得慌，水肿又企图侵犯我了。我在牛津过了半个夏天，尔后去了利奇菲尔德，又从那里去了德比郡的阿什伯恩，一周前又回到利奇菲尔德。

现在我的呼吸轻松多了，水肿大幅度地消散，所以希望在冬季前再见到你。

请代我问候珀金斯夫人，巴克利先生和夫人。你最恭顺的仆人，

利奇菲尔德，1784年10月4日。 **塞姆·约翰生**

致**威廉·杰拉德·汉密尔顿阁下**

亲爱的先生，——考虑到你春天为什么得出结论说无论我有什么好歹，你都有份，我就不应当这么长时间没有给你现在要给的说明。我的病一个是哮喘，一个是水肿，还有更难治愈的东西，七十五岁。关于水肿，夏天开始时，或者在春天的时候，我恢复到了让我和医生都感到惊奇的程度：现在哮喘也是这样，有个阶段，大大缓解了。我去了一趟牛津，在那里哮喘非常暴虐，水肿又开始威胁我了；但及时的药物挡住了这股洪水泛滥。随后我回到伦敦，7月，又下决心去了斯塔福德郡和德比郡，在那里我与疾病在苦苦斗争，水肿发动了又一次进攻，不容易击退，但最终还是后撤了。哮喘在8月13日卧床时突然缓解，现在虽然还十分凶狠，但我认为比缓解前温和了一些。我的双腿虚弱得可怜，夜不能寐，无聊透顶。亲爱的先生，你读到这种情景时，就不会因我没有早点来信而遗憾了。我不想没完没了地抱怨下去。我仍然希望在一种较快乐的时刻见到你，畅谈我们常常谈论的话题，说不定会找到一些愉快的新话题，或者对好奇心的新刺激。你的，

966

1784年
夏秋

利奇菲尔德，1784年10月20日。　　**塞姆·约翰生**

致**约翰·帕拉代斯先生**[a]

亲爱的先生，——尽管在夏天旅行期间一直没有向你汇报我的情况，但我希望你对我的看法会好一些，不至于想象着我有可能把你忘掉，你对我的关爱太深厚、太持久，不可能不在一个比我的更硬的心胸上留下印象。当没有什么令人欣喜的东西受到压制时，沉默并不是很大的罪过。读过我的灾祸变迁状

a　英王陛下驻马其顿萨洛尼卡领事、已故的彼得·帕拉代斯先生和他当地的夫人生的儿子。他在牛津大学学习，并荣获该校法学博士学位。他不仅学识渊博，才华出众，而且以性情和蔼、举止文雅，广交世界各国有识、多才之士闻名。

况，并不会减轻你的抱怨。我一直在与非常凶险的痼疾苦斗，尽管我不能谈论健康，但向我的造主和佑主想出一切适合的赞语为我益寿延年。水肿发作了两次，服药之后消退了。哮喘仍不依不饶，但同样缓解了一回。我身体非常虚弱，夜不能寐；然而，是结束苦难的故事的时候了。亲爱的先生，我希望你情况越来越好，因为你同样有你的一份人间祸害，希望尊夫人和小宝贝们个个安康。你的，

利奇菲尔德，1784 年 10 月 20 日。 **塞姆·约翰生**

致乔治·尼科尔先生[a]

亲爱的先生，——分别之后，我深受哮喘的压迫，但最近不是那么吃力了。当我几乎轻松地坐着，而且尽管距离很短，这一周没有以往费事地能够走一走的时候，我希望我会再次享受朋友之乐，你我之间将会再有一些文学交谈。现在我在这里，一切都有慨然供应，就是缺少交谈。我的朋友自己也病着，互 967
相交换抱怨和呻吟，既提供不了多少乐趣，也提供不了什么教 1784 年夏秋
益。我们在家里没有的东西这个城镇也没有供应，所以我希望有一点输入的信息，希望你时不时地拨冗救济、娱乐一下你的，

阿什伯恩，1784 年 8 月 19 日。 **塞姆·约翰生**

致克鲁克香克先生

亲爱的先生，——别以为我把你忘了；我希望我永远不会受到忘恩负义的指责。直到最近，我没有什么好写的，要写，除了抱怨还是抱怨，除了痛苦还是痛苦；但是这两个星期之内我轻松了许多。你上课有没有假期？如果你放下了每日必不可少的学习，可以抽空给我写封信。〔在这封信里他详述了他的病情。〕作为对我的健康汇报的回应，让我了解了解你的详情，和

a 国王陛下的御用书商。

你在各项事业中欣欣向荣的进展。你的，

阿什伯恩，1784 年 9 月 4 日。 **塞姆·约翰生**

致**托马斯·戴维斯先生**：

8 月 14 日。你一直待我的那片温情，使在我自己的眼里因为分别了这么久没有写信，就像一个罪人；我还真没有你想听的事情好说。迄今为止所有的一切无非是痛苦的叠累，疾病的相因，直到昨天，我的哮喘明显而出人意料地缓解了。对这短暂的轻松我倍感欣慰，我暗自庆幸，它会继续改善。目前，我轻松的程度到了不仅可以接受这种欣慰，而且可以履行人生义务的地步。代我向戴维斯夫人致意。可怜亲爱的艾伦，他是个好人。

致**乔舒亚·雷诺兹爵士**：

阿什伯恩。**7 月 21 日**。朋友们待我的那片温情使我有理由认为，他们渴望知道我的健康状况，而这样一种寄托厚爱的渴望应当得到满足。我用两天时间来到利奇菲尔德，没有任何痛苦疲惫的感觉，星期一我到达这里，目的是要试试看新鲜空气和循规蹈矩的日子会有什么效果。可是我还无法说服自己我已经在康复的道路上取得了很大进步。我睡眠很少，呼吸堵得慌，双腿软弱无力。水肿有所增加，但又消退了。最令人痛苦的症状是睡眠少。

8 月 19 日。分别之后，即便说，也没有多少能让你或我自己开心的事情好说，所以我一直没有滥写无用的书信；然而我感到庆幸的是，你会分享我现在能告诉你的这样一种快乐，那就是，大约一个星期前，我突然觉得哮喘有了明显的缓解，因而也就感到行动轻松多了。对于这种快意的缓解，我不明就里，也不敢仰仗它的持久，然而，在它持续期间我就努力去享受它，在此期间，我还渴望把我的快乐传达给朋友们。亲爱的先生，
968 到目前为止，在邮班送来你的惠书之前，我一直在写信，邮班
1784 年 夏秋 在本镇只停留一小会儿。戴维斯先生把我向好的倾向描绘得天

花乱坠。我依然很不安适，依然虚弱，依然有水肿，不过哮喘不是那么来势汹汹了。可怜的拉姆齐[a]！无论我转向哪一面，无常总露出一副横眉怒目的凶相。上次来到利奇菲尔德时，撇下了三位老朋友，现在发现他们全部离世了。我一不见亲爱的阿伦，就听说我再也见不着他了。我们谁也难免一死，这我们都心知肚明；我希望我宁愿牢记着它。亲爱的先生，如果我现在要求你记住它，别以为我好为人师，强人所难。

9月2日。我很高兴朝廷的小恩小惠[①]拦截了你疯狂的意图。我无论如何不能赞同那种公众的激愤，倒是认为鼓动它的人与其说给你增添荣耀，不如说给他们自己找乐子。愤懑使居心险恶者快，无此居心者痛。但是这一切现在都成多余。托**上帝**的福，我还在继续好转。呼吸轻松一些了，夜里安稳一点了，双腿不是那么臃肿，也好使唤了。然而，我还有很多麻烦要克服，才能达到即便是一个老人的健康水平。时不时地给我写信，一定要写；我们现在是老相识了，也许像我们这样经久相处、双方更少抱怨理由的人为数不多。回想这一点令人欣慰，希望我们永远不要冷落对方。

9月19日。今天之前我无法给你回信，因为6号我去了一趟查茨沃思，邮班走了之后才回来。让你相信大法官的慷慨和你的关照在我心里激发了什么样的感激之情，我希望你我之间，千言万语都是多余。我真的没有料到大法官的要求竟然会遭到拒绝，但是既成事实，我们就不说提出过什么要求了。随函附上给大法官的一封信，过目之后请用顶头封，或用其他任何通用的加封办法，转呈给他；如果我寄给他，似乎忽略了你从中斡旋的一番美意。上封信给你说到我健康的改善，我想这种改善总体而言

a 国王陛下御用画家阿伦·拉姆齐先生，于1784年8月10日去世，享年七十一岁，他的朋友们深感痛惜。

① 约翰生也许指的是雷诺兹被任命为乔治三世的宫廷画师一事。

还在继续。至于水肿瘤，现在才初露端倪；哮喘的麻烦少多了，好像一天天好起来，我对支撑一个英国冬天并没有丧失信心。在查茨沃思，我遇见小伯克先生，他引导我与伯爵和伯爵夫人进行了爽快的交谈。我们度过了一个非常愉快的上午。正餐是公开的。

9月18日。我满以为本周会收到你的一封来信，但是没有。时不时地给我写封信，但下一封信请寄到利奇菲尔德。我认为，我希望，我确信，我仍然在好转，有时候我夜里睡得很好，但腿仍然疲软，不过已经大有好转，所以我去利奇菲尔德
969 后希望能够做步行拜访，因为没有马车。今天收到三封信，都
1784年夏秋 是关于气球的，其实一封就能差强人意。别写有关气球的事，不管你认为还有什么该说的。

10月2日。我总对你的赞许感到自豪，因此你喜欢我的信我就喜不自胜。你抄了它，侵犯的是大法官的权利，而不是我的。拒绝出乎我的意料，但我从来没有多想，因为是大法官是否对我如此关爱，会提出请求，我持怀疑态度。由于他是国王良心的主管，就不应当被人认为能提出不适当的请求。我们常听说，闪光的未必都是金子，这句谚语在你的地位上和对我的照顾上都得到了证实；然而，如果发生的事情不能使我们变得更富有，但倘若变得更聪明，我们必须表示欢迎。目前我没有改善，但也没有严重恶化；不过我的希望渐次有所破灭，一件很大的丧失就是希望的丧失，不过我尽量争取吧。

致约翰·尼科尔斯先生：

利奇菲尔德，10月20日。你在这里的时候，我听说你乐意把我的不在看作是一种不方便，我当然会非常高兴给你这样一位能力出众的文物爱好者提供任何有关我家乡的信息，不过，我却知之甚少，而且有理由相信人们知道的也不

> 多。尽管我没有给你什么乐趣，我却从你那里得到了乐趣。在阿什伯恩，我的交往很少，却运气很好，借到了《鲍耶先生①传》，这是一本充满了当代掌故的书，所以一个文人必定会发现一些他的老朋友。我想我能时不时地告诉你一些值得你注意的线索。说不定我们可以谈一辈子。希望我们会常在一起；你现在对我来说肯定还是从前的你，还是从前亲爱的阿伦先生。他出人意料地走了，但我认为他是一个非常好的人。我的康复进展甚微。非常虚弱，睡眠很少；但我继续活着，抱有希望。

这些林林总总的书信，我把它们汇集到一起，很有价值，一方面它们增加了公众已经拥有的约翰生作品的数量，一方面它们展现了一个强劲活跃的心灵的真实高尚的典型，这种心灵无论老迈还是疾病都无法损害，无法减弱。

可以看到，他的作品在各个方面，不管是写给公众，还是私下写给朋友，都是兴头上来一气呵成的，因为我们经常看到，很多信都是同一天写的。他一旦克服了厌恶情绪动起笔来，我估计，他就渴望一泄无余，为的是把他的情绪从延宕他应当做的事情的那种心神不安的思绪中解脱出来。

在乡下的时候，尽管他强忍着重重病痛，但他的心智并未丧失力量。他翻译了一首贺拉斯的颂歌，译文印在他的《文集》中，还作了好几篇祈祷文。我要插入其中的一篇，它是如此睿智、有力，如此富有哲理，如此虔诚，所以我毫不怀疑当我相信就是最优秀的心灵有时候也容易陷入一种境地的时候，它会给很多真诚的基督教 970

① 鲍耶（William Bowyer，1699—1777）；印刷商；他的公司核心的最博学的校对，因而出了一些有一定学术价值的作品；受命给议院印选票（1729）；买下重要的斯威夫特全集的版权，被尼科尔斯描述为“十八世纪最博学的〔英国〕印刷商”。

徒提供安慰[a]。

在这里我完全能够批驳约翰·霍金斯爵士的一种极不公正的看法，它既诋毁了约翰生博士，又诬蔑了他忠实的仆人弗兰西斯·巴伯先生，仿佛他们两人对于一名叫希利的人的忽视罪责难逃似的。约翰爵士总喜欢称此人是约翰生博士的一位亲戚。事实却是，希利先生不是约翰生的亲戚。希利确实娶过约翰生的一个表妹，但这位表妹没有生过孩子就去世了，希利先生随后又续了弦。这样一来，哪怕是曾经靠联姻形成的一点最远的关系也断了，约翰生博士在此人的第一任妻子在世时对他非常慷慨，这在本著作的前一部分有所表露[b]，约翰生偶尔仍然足够仁慈地继续接济他。当然对于他或他的受赠者而言，这肯定不是责无旁贷的。承蒙安德鲁·斯特拉恩先生一片盛情转交给我下面一封信，它会确认我的说法：

> 致**希利先生**，威斯敏斯特喜鹊街5号
>
> **先生**，——你迫不得已这么快又找上门来，至少得告诉解决你燃眉之急的起码数额，你不能认为我有的是钱，来者不拒。两几尼你还债会绰绰有余了吧。如果你去找新街脚镣巷的斯特拉恩先生，要是他不在，就找安德鲁·斯特拉恩先生，给他们

---

a　戒绝好寻根究底、令人困惑的思想。“创造、庇佑我的**主啊**，您大发慈悲差遣我进入这个世界来实现我的赎救，愿您使我能够在履行您所要求的那些责任时，把那些可能误导或阻碍我的焦躁不安和令人迷惑的思想统统逐出脑海。当我注视您亲手缔造的功绩并思考您的天道时，请开恩让我永远牢记：您的思想不是我的思想，您的道不是我的道。在您乐于让我继续生活在这个世界期间，在这里要做的很多，要知道的却很少，请借助圣灵教我把我的心灵撤离徒劳而危险的探询，撤离虚妄好奇的困境和难以理清的疑团。让我享受您赐予的光明，让我积极热情、恭顺自信地为您效劳，并且耐心期待着那个时辰到来，届时您所接纳的灵魂对知识必定会感到满足。**主啊**，看在**耶稣基督**的分上恩准这一要求吧。阿门。”

b　边码第279页。

出示此信，信上求他们预支两几尼给你，并将此信留着当作凭单。你恭顺的仆人，

阿什伯恩，1784年8月12日。　　　　**塞姆·约翰生**

确实，很有必要记住，约翰·霍金斯爵士几乎在每一个细节上都莫名其妙地带着一种令人遗憾的偏见看待约翰生的性格和行为[a]。

我们现在看见约翰生最后一次在他的家乡，他对家乡一直怀着 971
一种拳拳之心，他在 Lich 这个词下面，用了一个突然的呼语，满 1784年
怀敬意地把他的故乡引进他的不朽之作《英语词典》：Salve magna 11月

---

a　我要在我已经认为我义不容辞应当指出的那些事例上再增加一个例子。谈到加里克先生已经表示他愿意让约翰生借他的任何书籍帮助约翰生编他的一版《莎士比亚集》[1]时，约翰爵士说（霍金斯《约翰生博士传》第444页）“加里克先生不知道这种惠允会冒什么风险。约翰生对这种义务忘性大得出奇，所以给他借书的人很少再能见到借出去的书”。这肯定传达了一种最不利的暗示，人们也一直这么理解。约翰爵士提到一个波利齐亚诺的善本的孤例[2]，他告诉我们该书“似乎属于彭布鲁克学院，五十多年来也许已经被约翰生看作自己的了”。把这当成一种粗心大意，从而不做全面推断，岂不是更加公平？实际情况是，约翰生非常仔细，在我手中的一份手稿里，在两栏中分别标明借来的书和借走的书。

然而在约翰·霍金斯爵士的汇编中，关于约翰生的有些段落却有着无可争议的优点。我将抄录其中一段以表示对我在过多场合批评过的一位作家的公正，并显示我作为我的杰出朋友的传记作者的平允：“在他的举止行为中没有一种产生于正规的行为过程、并借助不可抗力博得尊敬的那种威严。不能说他是一个沉稳的人，也不能说他在心里调整好了情与理的平衡，以便引发可以说有些人的话，说他们做的全是合理的，适宜的，正确的。”[3]然而一位有见地的朋友[4]说得好：“也许还可以加上一句，那些人往往仅仅是合理，一丝不差，而他们的心却是冷漠无情的；约翰生的德行比这里描绘那种沉稳、规矩的人的德行情调高得多。”

1　见边码第362页。

2　见边码第53页。

3　霍金斯，《约翰生博士传》，第409页。

4　也许是埃德蒙·马隆。

parens！[a] ① 而在这里，他感到了一种赤子之心的复归，他叮嘱把伊丽莎白·布兰尼[b]的墓碑和碑文切实仔细地修复一遍就是一个例子。

亨利·怀特是一位青年牧师，约翰生现在和他建立起了一种亲密关系，所以跟他无话不谈。他对这位牧师提到，他不能笼统地指责自己是个不孝之子。"有一次，确实，（他说）我不听话。我死活不肯随父亲去厄托克塞特市场。根源是傲慢在作祟，想起这事就令我心痛。几年前，我想弥补这次过错，在天气非常恶劣的时候去了厄托克塞特，光着头站了好长时间，让雨淋着，就在父亲原先摆摊子的地方。我站着深感痛悔，希望用自我惩罚来赎罪。"

97² "我最近一次拜访他时告诉他（苏厄德小姐说）一头有神奇灵性

1784年11月 的猪的情况，我是在诺丁汉看见它的，它能做出我们看到过由狗和马所演示的一切动作。这个问题使他很开心。'如此说来，（他说）猪是一个惨遭诋毁的族类了。好像猪对人没有缺欠，而是人对猪有缺欠。我们不花时间调教他，我们在他一岁大的时候就把他杀了。'当时亨利·怀特先生坐在一旁，他说如果这种事例出现在蒲柏的时代或他以前的时代，蒲柏就不会理所当然地把猪举作具有奴性本能的最低级的例子了。约翰生博士似乎很欣赏这种观点，这时此人继续评说，在这种动物的倔强被制服之前，还要采取凶狠抽打的手段。'当然，（博士说）不过，（转向我）你那头猪多大了？'我告诉他三

---

a　下面一件事对于约翰生和他的故乡的镇政府是一个共同的荣耀，这件事是牧师维斯博士从镇长那里转告我的："辛普森先生面前现有一份1767年利奇菲尔德镇政府表彰约翰生博士的功劳和学问的档案。他父亲在市场上建立了一座拐角房，房的一面对着市场，一面对着大市场街[1]，房屋坐落在镇政府的废地上，租期四十年，当时已经到期。1767年8月15日，在政府官员和市民公用厅里，下令（在没有任何请求的情况下）把塞缪尔·约翰生法学博士的房屋占地租约发给他，为期九十九年，租金一如从前，五先令。镇长辛普森先生荣幸地通知约翰生这一决定，希望约翰生予以接受，当时没有付任何租费，租约后来颁发，博士去世时仍拥有这份财产。"

1　其实是"面包市场街"。

①　"万岁，伟大的母亲！"——维吉尔，《农事诗》，第2首，第173行。

b　见边码第25页。

岁了。'这么说来，（他说）这头猪就没有理由好抱怨了；如果他没有受到调教，一岁时就被人杀了，延年益寿是对高强度抽打的很好补偿。'"

现在由于约翰生康复的希望渺茫，再加上思雷尔夫人不再对他尽心尽力，人们可能以为他自然会选择在他的爱妻的女儿舒服的家中颐养天年，最后叶落归根，让自己的生命终结在它开始的地方。然而他心高气傲，不管杂症缠身怎么会使凡夫俗子万念俱灰，但凡看见他的人，看见并承认这个 invictum animum Catonis[a] ①。即便在这个时候，他的思想热情也如此旺盛，以至于对一位朋友说："先生，我注视着将要失去的每一天，看哪一天我不会结交新知。"谈及自己的病时，又对另外一位朋友说："我会被征服；我不会投降。"他是如此热爱伦敦，如此高度欣赏它的宏伟广阔，以及千姿百态的精神享受，以至于离开了它，就身心倦怠，他的心智由于长期习惯享受这座大都会，从而变得十分奢侈。因此尽管在利奇菲尔德，周围是爱戴他的朋友，对于他们他也由衷地爱恋，但他仍然发现，伦敦提供的那种言谈，在其他地方是找不到的。这样一些情感，也许再加上殷切希望取得伦敦的一些内外科名医的帮助，因为他们总是百般体贴、万分慷慨地诊治护理他而又不收费，于是他下定决心返回首都。

---

a 伯克先生向我提示西塞罗在他的《大加图》中说阿皮乌斯的话："Intentum enim animum, tanquam arcum, habebat, nec languescens succumbebat senectuti" [1] 对约翰生也适用，同时又背诵了同一段中的下列几句崇高言辞："Ita enim senectus honesta est, si se ipsa defendit, si jus suum retinet, si nemini emancipata est, si usque ad extremum vitœ spiritum vindicet jus suum." [2]

1 "他的心智总像一张绷上弦的弓一样富有弹性，他从来不受老年疲沓的影响"——《大加图》，XI.38（末尾稍有误记）。

2 "一个真正令人赞叹的老年是这样一种状态：一个人老了，仍能捍卫自己的见解，仍能为自己伸张正义，不欠任何人的人情，坚持自己的正当权利，直到最后一息"——同上。

① "加图不屈不挠的灵魂"——贺拉斯，《颂歌集》，第2卷第1首，第24行。

他从利奇菲尔德来到伯明翰，在那里他在德高望重的老同学赫克托先生那里待了几天。赫克托先生给我写信说："他热切期望我回想一些我们最早的事情，然后告诉他，因为我发现使他最快乐的莫过于唤回我们的那些纯真的年月。在他的要求下，我汇总了一下，
973 他在去世前的几天才收到它们。我把写给他的详情一字一句原原本
1784年11月 本誊抄下来，供你查阅。"这份材料他去世后在他的贮藏室里发现了，约翰·霍金斯爵士全部穿插在他写的传记里，在拙著的进展过程中我也偶尔使用一下它，以及赫克托先生提供的其他信息[a]。约翰生博士去世以后，我拜访过他，也和他有书信来往，由于多次询问有关的各种情况，已经获得了更多的信息。我遵循的是对待牧师泰勒博士的办法，当着他的面，我把他能讲的很多事情都笔录下来，而且在我的请求下，他签上了名，以保证其真实性。哪一个人能够把哪怕他最熟悉人的生平事迹清清楚楚毋庸置疑地描述下来，这样的人还真十分罕见。我的朋友基皮斯博士对我说过，正因为如此，引出一种传记问答就是他采用的一种做法。

约翰生然后去了牛津，再次受到亚当斯博士亲切接待。① 亚当斯

---

a 伴随拙著出版的一件最令人爽心的事就是赫克托先生比他杰出的同学多活了很多年[1]；现在身体依然硬朗，精神矍铄，他表示的下面的一番谢忱使我万分欣喜："感谢你，最衷心地感谢你，你的《约翰生博士传》给了我，还给了其他一些人对我特殊的朋友们的巨大而持久的纪念。"除了对有关一枝爱神木的诗纠正了我而外（见边码第55页注），还将约翰生博士早年的两首颂歌惠赐予我，它们将收入我编的约翰生诗集中。

1 〈约翰生的这位早期的可敬的朋友于1794年9月2日在伯明翰去世。——M.〉

① 〈这位和蔼而优秀的人比约翰生博士多活了四年左右，于1789年1月在格洛斯特去世，那里给他立了一块纪念碑，碑文如下：

纪念
神学博士威廉·亚当斯
牛津大学彭布鲁克学院院长
本大教堂受俸牧师，
兰达夫副主教，
见解独到，学识渊博，能言善辩，

（转下页）

博士在一封来信（1785 年 2 月 17 日）欣然给了我如下记述：

“我相信，这是他最后一次到我家里来，待了四五天后就离开了。我们一起有过多少次严肃认真的交谈，为此，我应当是终生受益。你会记得我们夏天就祈祷文问题和这种写作的困难进行的一些谈话。他提醒我这个问题，还提醒我曾希望他不妨试试手，并且希望他给我们一个他认可的文风的样本。他还说他现在心情正合适，由于他不可能比现在能够更好地利用时间，他要认真动手做这件事。但是经过询问我发现，他身后没有留下这一类文稿，只有几篇短短的突发式的东西适应他现在的境况。”

亚当斯博士当时没有接到关于这个问题的准确信息，因为从此以后约翰生似乎在不同时段作了各式各样的祈祷文，它们跟一些虔诚的决心书和一些简短的生活札记杂在一起，由他题名为《祈祷文与默想录》，按照他认真的要求，抱着行善的希望，已经出版了。前

（接上页）
大力捍卫基督教真理，
虔诚，仁慈，乐善好施，
淳淳灌输神圣教规，
纯洁，自律，行为端正，
对他人的过错体谅宽容，
总为人类的幸福康乐操心，
时时处处挺身而出
鼓励公益事业，博施济众；
领导学院，认真管理，
始终保持警惕，密切关注
推进该院的重大目标，
性情文雅，举止彬彬有礼，
深得人们的尊重，感激和爱戴，
福寿两全，德行完满，
于1789年1月13日谢世，享年八十有二

对亚当斯博士的一篇公正的品德评语可以在《绅士杂志》1789年第59卷第214页中找到。他的独生女儿1788年与格洛斯特郡佩恩斯威克的B. 海厄特先生结婚。〉

面有一篇见解独到、文笔精彩的序言，是牧师斯特拉恩先生写的，因为约翰生把这些文章交到了他手里。这本令人叫绝的文集，我在拙著进展的过程中屡屡提到，它超越他为公众写的所有篇什，超越对朋友和仰慕者写的所有赞语，显示了约翰生真诚的美德和虔诚。它以毋庸置疑的真实性证明，尽管他体弱多病，但他使自己的言行
974 遵循基督教规诫的认真精神是持续不断的，他养成了习惯，努力使
1784 年 11 月 他生活中的每一件事都参照上帝的旨意。

他于 11 月 16 日抵达伦敦，第二天就把下面一封短简送交伯尔尼博士，我把它插在这里作为他对那位才思敏捷、和蔼可亲的人的怀念的最后表示，作为他心地温柔慈祥的许多证据中的又一个证据：

“**约翰生先生**昨夜回家向亲爱的伯尔尼博士及阖家大小奉上他的敬意。”

致**赫克托先生**，伯明翰

亲爱的先生，——我直到周五早晨才抵达牛津，然后打发弗兰西斯去看气球飞行，但我本人去不了。我在牛津待到周二，然后乘公共马车轻松回到伦敦。我跟过去一样，已经见过布罗克斯比医生，还要不间断地服用海葱醋。然而，不管疗效如何，今世必定很快过去。让我们认真考虑自己的责任。对亲爱的凯尔利斯夫人送上我最良好的敬意；请二位都为我祈祷。我们都活得很久了，必须很快分别了。愿**上帝**悲悯我们，看在我们的主**耶稣基督**的分上。阿门。你的，

伦敦，1784 年 11 月 17 日。　　**塞姆·约翰生**

他跟我的通信，自从那封关于我定居伦敦的信以后，凡是合适的，现在按照一个系列将其出示——

7 月 26 日，他从阿什伯恩写信给我：

“我于 14 日来到利奇菲尔德，发现人人都高兴见到我。20 日，我来到这里，发现了一座修了一半的房子，样子叫人很不舒服；但

我自己的屋子并未改变。一个被疾病耗垮了的人，七十二三岁，竟然迫使部分余生在瓦砾和垃圾中度过，而且绝不是微不足道的部分，我觉得这种现象非常奇怪。我知道你的关爱使你急于知道我的健康状况，我不能夸口说它大有改善。我挺过了这趟旅行，没有多少不便，但试图独自行动时，发现两腿发软，呼吸非常短，今天我身心十分紊乱。我没有同伴；博士[a]在地里忙活，九点就上床睡觉，他的整个生活体系跟我的大相径庭，所以我们似乎是为不同的环境形成的。因此，我只好在心里寻找自己的一切乐趣。”

我情绪恶劣，给他写了一封信，满纸的沮丧与烦躁，同时由于一场梦搅得我心神不宁，便表达了对他的担忧；他的回信主要是严词痛斥我“无病呻吟，怨天尤人，于事无补”。然而，信上又说：

“给我常写信，下笔要像个男子汉。我把你的忠心与温情看作仍然留给我的舒畅的一大部分，衷心希望我们彼此更加贴心……我亲爱的朋友，人生苦短，世事无常；让我们尽量过得好一点。我敬 975
重的邻居阿伦走了。尽力爱我吧。向亲爱的鲍斯威尔夫人致敬。那 1784年
时候没有什么烦心事；让你的迷信最终有个头吧。” 11月

很快又觉得他写信的那种口气可能伤了我的心，两天以后，7月28日，他又写信给我，给我描述了他的痛苦，接下来，他是这样写的：

“在此信之前，你一定收到过另外一封信，我希望你不要见怪；因为上面说的只不过是真话，用心良苦的真话。……Spartum quam nactus es orna①；最充分地利用好你的命运，不要攀比上面的少数，而要对照底下的大众……干好法律事务，参加正当娱乐，稳步前进（就像坦普尔说荷兰人的那样），不生病就是健康，不生气就是高兴……② 这似乎有热脸挨了个冷巴掌之嫌；不过我是一片好意。因为

a 牧师泰勒博士。

① “斯巴达是你的祖国——最大限度地利用它吧”——伊拉斯谟，《千年颂》，Ⅱ.1（1559），第485页。

② 威廉·坦普尔爵士在他的《评尼德兰联合省》（1673）中关于忧郁（转下页）

我是怀着深厚的热忱爱你的。向亲爱的鲍斯威尔夫人致敬，教小家伙们爱我。”

不幸的是，这一年相当一部分时间我情绪恶劣，所以无法，或者至少我认为无法，给我杰出的朋友像从前那样写信，或者不发那些惹恼他的怨言。已经恳求过他不要用无病呻吟这样的指责冤枉我之后，使我追悔莫及的是，我沉默了好长时间。于是他给我来了最后一封信，使我深受感动：

致**詹姆斯·鲍斯威尔先生**

亲爱的先生，——今年夏天我的身体时好时坏，但总体而言，每况愈下。双腿极其疲软，呼吸非常短促，水肿现在正在加剧。处在这种难受的境地，你的来信通常都能带来宽慰；可是为什么我再也收不到你的来信呢？你病了，还是情绪不好？不管是什么理由，如果不是绝对必要，就把它打消吧，人生苦短，为了你自己，为了你的朋友，就把它加以充分利用吧……我有时候担心，你不写信还真有什么原因，如果得知你没有生病，鲍斯威尔夫人或全家大小都未碰上什么晦气事，我将会十分高兴。你的，

利奇菲尔德，1784年11月3日。　　　　**塞姆·约翰生**

然而发现这封信我省略的一段文字中，他仍然像从前一样一个劲儿地责难我，我还是相当心痛，因为他对我的苦难体验太多，他这么做就有些奇怪了。不过我还是前后回了两封信，语气尽量亲切；后来一封到得太晚，他已经读不了了，因为他的病情比我担心的加剧得更快。但我感到欣慰的是，我听说他临终时还一往情深地

（接上页）（他认为荷兰人特别容易犯）的评述：“对于这个国家和人民这是一种太微妙的疾病，他们不生病就是健康；他们不心烦就是高兴；他们满足，因为他们很少想它；他们在生活的日常自在和便利，或者财富的增加中寻求快乐；不用更加深思熟虑的激情手段或取乐方式娱乐自己。”［《文集》两卷本（1720），第1卷，第54页。］

约翰生博士

詹姆斯·巴里 绘

St PAULS from Maiden Lane Steps

说到我，我只好抱着在来世重续友情的卑微希望放眼未来了。

976 现在我把拙著的读者从对作者本人的进一步的关注中解脱出来，

1784年 11—12月 如果大家认为他已经过多地强求读者注意的话，他请求读者体谅一下他的传记任务的特殊规划。

约翰生回到首都后不久，哮喘和水肿都变得更加剧烈，更加痛苦难耐了。有段时间，他用拉丁文写他的病情和治疗的日记，题目为 Ægri Ephemeris[①]，从 7 月 6 日开始，一直继续到 11 月 8 日为止。我估计，他发现那是一个令人悲痛而徒劳无功的记录。这本日记现在就在我手里，写得非常仔细、准确。

他对文学的热爱[a] 仍未消减。就在他去世前的几天，他把一个

---

① “病人日记”。

a 想一想约翰生文学热情的宽广和坚定，真令人叹为观止，尽管忧郁症给他的生存蒙上了阴影，增加了痛苦。除了他写出的数量巨大、种类繁多的作品外，他还在不同时段，制订了更多作品的计划，下面的目录是他交给兰顿先生的，再由兰顿先生呈交给国王陛下：

神学

一本给虔诚提供规诫和指导的小书；启发来自莫顿[1]的做法。

哲学、**历史**和一般**文学**。

《批评史》，涉及从亚里士多德到当代的作家的评价。阐述那门艺术的兴起与发展；古代和现代作家的不同见解。

翻译《赫罗迪安[2]的历史》。

塔索的费尔法克斯译本新版，附注释、词汇表等。

乔叟，一个新版本，取自手稿和各种老版本，附异文、推测、对他的语言的点评，以及从最早的时代到他那个时代又从他的时代到当今的语言变化过程：附解释习俗的注释等，参照他所借鉴的薄伽丘和其他作家，评述他讲故事时采用的不拘一格的手法；他的生平，一个严格的词源学词汇表。

亚里士多德的《修辞学》，一个英文译本。

书信集，译自现代作家，附对各个作家的介绍。

奥尔德姆的诗集，加历史与批评注释。

罗斯康蒙的诗集，附注。

哲学家列传，以一种高雅的文笔写，寓教于乐。 （转下页）

（接上页）

异教神话史，附对寓言的阐释，从寓意和历史入手，涉及诗人。

威尼斯国史，简明扼要。

亚里士多德的《伦理学》，英文译本，附注。

地理词典，译自法文。

歇罗克勒斯[3]论毕达哥拉斯[4]，译成英文，或许要加注。此事由诺里斯完成。

书信集，涉及各种主题。

克劳狄安[5]，他的作品的一个新版本，cum notis variorum[6]，用伯曼的手法。

图利的图斯库卢姆问题，一个译本。 977

图利的*De Naturâ Deorum*[7]，一个译本。 1784年

本佐[8]的《新世界新史》，待译。 11—12月

马基雅维利[9]的《佛罗伦萨史》，待译。

欧洲学术复兴史，包含任何有助于文学复兴的材料；如论争，印刷，希腊帝国的灭亡，伟人的鼓励，附加各国最杰出的赞助人和最杰出的各学科早期教授的传记。

年表汇编，诗体、附历史注释。

《旁观者报》《闲话报》《卫报》的总目，用数字将价值分为六等，加注，给出褒贬的理由。

英国作家书信集，附前言介绍作者；给出入选理由，风格批评；每封信的点评，如有必要的话。

各种语言的谚语集。1月6日，—53。

公祷文词典，仿效卡尔梅特的《圣经词典》。3月，—52。

故事与范例集，类似瓦勒里乌斯·马克西谟斯[10]的此类集子。1月10日，—53。

埃利安[11]故事选集一卷，或许他人的故事选集。1月28日，—53。

旅行记、航海记、历险记，异国风情录集。

古代历史与神话辞典。

论雅文学研究，包含学术史，版本、评注说明等。

箴言、品格、情思，效仿布吕耶尔[12]搜集古代作家，尤其是古希腊作家，兼收警句。

古典杂集，选译古代希腊和拉丁文作家。

名人传，活跃人物与学术人物兼收，仿效普卢塔克。

学界对英国作家的评价。

英语诗歌辞典。

伦敦现状之考量。

警句集，附注释和评论。 （转下页）

《世界通史》作者的名单转交给他的朋友约翰·尼科尔斯，上面提到

（接上页）

英语评论，涉及词、成语、修辞手段。

Minutiæ Literariæ[13]，杂感、批评、校勘、笔记。

宪法史。

哲学的和基督教的道德比较，集道德家和神父的语句。

普卢塔克的传记，英文本，加注。

诗歌与想象作品。

无知赞。

懒散官——一个想象。

卡卢图斯[14]，待译。

偏见——诗体论文。

胡言官——一个想象。

约翰生在摆脱了他体质上的懒惰，决心坐下来写作的时候，他非凡的作文本领被考特尼先生在我多次引用的《诗评》中予以绝妙的描绘：

978 穿透人生迷官的是他送出的犀利的眼光，
1784年 11—12月 与此同时，他扩张的心灵向着目标生长。
充满各种博学的宝库的是，
显豁的意象，深入探索的思维，
都在休眠状态——但当时机逼迫，
灿烂的观念立即站起来诉说；
顿时他的天才发射出万丈光芒，
文坛上滚滚烈焰煌煌，
如同孕育着火的云放出了电，
然后冉冉升起在地平线，
被利刃一碰，闪电就流溢，
天地间闪耀着绚丽的光辉。[15]

我们要努力精准地知道约翰生笔耕的每一项出产，纯属徒劳。他向我承认，他写过四十来篇布道文。但因为我理解，他把它们送给了或卖给了不同的人，这些人又把它们当作自己的文章来讲道，约翰生认为他自己就不能随便承认它们了。这些受过他帮助的人，而今健在的也好，而今已经故去的人的朋友也好，能够正大光明地告诉世人，那将会热心地满足一种合情合理的好奇心，因为我认为，对于这种好奇心，现在应当是无可厚非的。他去世后，出版的两卷布道文，已被充分查明；见边码第621页。我现在眼前就有他亲笔写的四开二十页萨卢斯特的*De Bello Catilinario*[16]的英译残稿。这是什么时候译的，我没有任何概念；但它似乎没有非常突出的优点表明就是他译的。除了迄今为止提到的出版物之外，我从内证上还满意地承认下列一些是真的，尽管我在年代上编排非常仔细，但在拙著行文的过程中还是逃过了我的注意。（转下页）

（接上页）

《特拉普[17]博士布道文论点之考量》[†]于1739年发表在《绅士杂志》上。它非常巧妙地捍卫了节编作者的作品的权利，不认为这是侵犯了作者的版权。这是"文学法"中最微妙的问题之一。我不禁想道，节编的放任对于作者、对于书商都是极其有害的，只有极少数情况才可以允许。无论如何，为了防止困难而不确定的讨论，并对作者的劳动财产提供绝对的保证，任何节编都不应当被允许，直到立法机关乐意规定的那些年限到期为止。

然而，尽管人们信心十足地归在他名下，但我却无法承认为一本题为《统一本福音教会史》给两院的献辞是他写的。他不是个呱呱不休的乌鸦嘴；不是一个时代的猛烈抨击者。他不会写，"我们陷进了一个不仅仅腐败普遍，而且腐败得到普遍承认的时代"；也不会写"抢夺伤害大众无须反对，伪证出卖大众不必追究"。他也不会为了怂恿一种快速改革，来召唤这样一些恐怖的幽灵："再过几年，也许一切努力都会成为徒劳。我们也许被地震吞没，我们也许被扭送给仇敌。"这不是约翰生的风格。

确实，在这篇献辞里，有好几个句子是按照约翰生的句式构建的。然而模仿了形式，却没有他的文体的精髓，这一直非常普遍，所以这本质上就不是充分的证据。就连我们的报纸文章的作者也追求这种形式，在《1790年11月9日日记》中报道喜剧演员埃德温的葬礼时，那个可笑的儿子是被这样描写的："一个如此频繁地欢呼空虚的阴沉、延缓悲哀来到的人。"在1791年8月16日的《都柏林晚邮报》上，有下面一段文字："这是一种奇特的情况，像这样的一座城市，有200 000居民，一年当中有三个月公共娱乐场地都不开放。长假在这里是一段既没有事务又没有欢乐的假期；也没有什么消磨死气沉沉的残夏夜晚的办法，除了酒馆里的喧闹，咖啡屋里的蠢话。"

我认为没有必要指明约翰生写的每一稿诗歌，因为我的打算是出一个他的全部诗歌的可靠版本，并加上注释。

1 〔莫顿（John Morton，1420—1500），英国坎特伯雷大主教与枢机主教，提出"莫顿之叉"一说，即富者有钱纳税，穷者节俭，必有积蓄，也有钱纳税，为英王亨利七世强征民税辩解。〕

2 赫罗迪安（Herodian，约165—约250），叙利亚历史学家，用希腊文编写马可·奥勒留死后的罗马诸位皇帝的历史。

3 歇罗克勒斯（Hierocles，活跃于公元5世纪），新柏拉图派哲学家。

4 〔毕达哥拉斯（Pythagoras，公元前580？—前500？），古希腊哲学家、数学家。〕

5 〔克劳狄安（Claudian，？—约408），罗马诗人。〕

6 附各种注释。

7 《神性论》。图利即西塞罗。

8 本佐（Benzo），即Benzoni Gerolamo（1519—约1572）。 （转下页）

他们在该作品中承担的不同份额。按照他的指示，这份名单一直收藏在大英博物馆，刊登在1784年12月号的《绅士杂志》上。[a]

（接上页）

9 〔马基雅维利（Niccolò Machiavelli，1469—1527），意大利政治思想家、历史学家。〕

10 〔瓦勒里乌斯·马克西谟斯（Valerius Maximus，活跃于公元14—37年间），拉丁文作家，著作有历史轶事集。〕

11 埃利安（Aelian，约活跃于公元200年左右），古希腊历史学家、动物学家。

12 布吕耶尔（Jean de la Bruyère，1645—1696），法国作家，代表作为《品格论》。

13 “文学琐屑”。

14 〔卡卢图斯（Coluthus），活跃在拜占庭皇帝阿那斯塔西乌斯在位时（491—518）用希腊语写作的史诗诗人。〕

15 约翰·考特尼，《诗评已故塞缪尔·约翰生的文学与道德特色》，第24，26—27页。

16 《论喀提林战争》。

17 特拉普（Joseph Trapp，1679—1747），英国国教会牧师、作家；托利党人；坚定的高教会派信徒；博林布罗克子爵的牧师（1712）；将维吉尔全集译成素体诗（1733）；最著名的宗教作品是《仁义过度的性质、愚蠢、罪过与危险》（1739）。

a 〔由于伴随这份名目的信（它充分支持了文中的观点）写在约翰生博士去世仅仅一星期前，读者发现它被保留在这里不会不高兴的：

致尼科尔斯先生

已故的学识渊博的斯温顿先生有一天说，有一个人，我估计所指除了他自己，没有别人，在罗伯特·钱伯斯爵士或者我本人的要求下，能够把古代世界史的所有部分分派给它们合适的作者，此后他把我现在向你传达的他自己手里的报告拿出来，因为一心希望历史应当被这样一部巨著展现出来，而且每位作者应当受到后世给他应得的一份赞扬。我劝你保存斯温顿先生手中的这一纸文学情报，或者将它存在博物馆里，好让这一报告的真实性不可能存疑。你恭顺的仆人，

1784年12月6日。　　**塞姆·约翰生**

S—n先生

迦太基人史。
努米底亚人史。
毛里塔尼亚人史。
盖图利亚人史。
加腊曼提斯人史。

（转下页）

在这些不眠之夜里，他把 *Anthologia*[①] 中的很多警句诗从希腊文译成拉丁文，来聊以自娱。这些译作，还有另外一些他的拉丁文诗作，他交给了他的朋友兰顿先生，兰顿加了几条注，把它们以很低的价钱卖给书商，以便送给约翰生的一些亲戚。这件事照此办理了；这些作品都收进了他的文集里。 979

1784年 11—12月

流传着一种非常错误的观念，认为约翰生的希腊文知识浅薄，这部分原因要归咎于他的谦虚，因为他知道要学的东西很多，所以他常提自己相对的长项。坎伯兰[a] 先生向他谈起在《观察家》[②] 里给予了精彩阐述的希腊文残篇断章以及希腊剧作家的一般情况时，约翰生老实承认他对这一类希腊文学了解不深。然而，可以这么说，尽

（接上页）

黑盖图利亚人史。

黑人史。

昔兰尼加史。

马尔马里加史。

锡尔特地区史。

土耳其人、鞑靼人、莫卧儿人史。

印度人史。

中国人史。

论美洲移民。

论阿拉伯人的独立。

天体演化，以及紧跟的一小部分历史，塞尔先生著。

亚伯拉罕的诞生，主要作者：舍洛克先生。

犹太人、高卢人、西班牙人史，普萨尔马纳扎先生著。

色诺芬的大撤退；同一人著。

波斯人和君士坦丁堡帝国史；坎贝尔博士著。

罗马人史，鲍尔先生著。〕

① 《希腊文选》，一个收集了希腊警句、歌词、墓志铭和修辞练习的文集，其中包括3 700首大多用挽歌对句写的短诗。

a 坎伯兰先生向我保证，他总受到约翰生博士的极大礼遇，因为约翰生在他的《致思雷尔夫人书信集》第2卷第68页中是这样说那位学识渊博、才思敏捷、造诣深邃的绅士的："缺少交往是一种不便：但坎伯兰先生就等于一百万人。"

② 理查德·坎伯兰，《观察家》（1785）。

管他不是一位希腊文的大学者，但也是一位好学者。最优秀的评判者公认小查尔斯·伯尔尼博士①是当代精通这种高贵语言的屈指可数的杰出人物之一，他向我保证，约翰生几乎对每个英语词都能给出一个相应的希腊词，虽然不太精通这种语言的精妙细微之处，但他在某些场合甚至在这些方面也显露了相当大的批评眼光。爱丁堡大学希腊文教授达尔泽尔②先生在这方面的能力是无可置疑的，他用非常慷慨的言辞对我提到约翰生和他在伦敦进行的关于那种语言的交谈中给他留下的印象。因此，约翰生无疑是现代一流的拉丁文学者之一，同样，我们也不可否认，他的声名上有希腊文增添的光彩。

我现在要兑现展示约翰生文体的多种仿品的样板的许诺。

在1787年的《爱尔兰皇家学院学报》上登了一篇《论塞缪

980 尔·约翰生博士的文体》的文章，作者是牧师罗伯特·伯罗斯，他

1784年 11—12月 对自己批评[a]的大目标的敬佩在结尾的一般文字中是这样表现的：

"我把他从全部英国作家中挑选出来，因为他的普遍公认的优美最容易引起人的模仿。我已经论述了他的毛病，而不是他的完美，因为一篇文章可以包括我能就他的毛病提出所有的观点，而多少本书也说不尽他的完美。"

伯罗斯先生已经分析过约翰生的作品，一针见血地指出了它的特点。有些人对约翰生的作品所包含的明晰和瑰丽的统一感到着迷，

---

① 小查尔斯·伯尔尼博士（Dr Charles Burney，1757—1817），学校校长和图书收藏家；老查尔斯的儿子；奇斯威克私立学校校长；皇家学会会员（1802）；肯特郡胡崖教区长（1812）；国王御用牧师（1810）；皇家学院古代文学教授（1810）；《伦敦杂志》主编；《腓利门书词汇技巧》（1812）和《评弥尔顿的希腊文诗作》（1790）的作者；收藏印刷本图书13 000多册。

② 达尔泽尔（Andrew Dalzel，1742—1806），古典学者；兰德代尔家的家庭教师；爱丁堡大学希腊文学教授（1779）；帮助创建爱丁堡皇家学会（1783）；1799年开始写作的未完稿的爱丁堡大学史的作者。

a 看到伯罗斯先生写的《学报》前言中的比喻有点不够精确，我们不禁莞尔。这位**约翰生**的文体的批评家怀着对文学的一种正当热情说过举国上下受到召唤要全力以赴以后，他说道："他们受到的是能够对人心有值得赞许的影响的每一种关系的召唤。"

却没有充分拥有他的魄力，所以就有照葫芦画瓢的危险，我倒是建议这些人仔细阅读一下伯罗斯先生的这篇文章。不过我不禁要说，而且我说这话是对他的赞扬，那就是，这位博学的先生本人在不小程度上抓住了成为约翰生句子特点、不依赖其他所有条件的豪放与和谐，所以在刊登他的论文的这一期学报的前言上我们发现：

“如果说这一类社团中，过多的注意力屡屡投向枯燥乏味、纯理论性的问题，那么，不妨这么回答，现在一门科学的原理可以在这些原理所属的那门学科之外相当大的范围内应用，所以没有一门科学跟其余的极少关联，以至于不提供许多这样的原理，没有一种命题绝对是纯理论的，完全不能被用来解决实际问题。持久与圆弧之间没有明显的关联，得到充分注意的这种关联的性质给我们提供了量度时间的最规范的方法。而完全掌握了对数曲线的性质和影响的人并没有意识到他已经朝弄清空气跟地球表面的不同距离的可成比例的密度上迈进了一大步。”

约翰生文体的滑稽模仿者难以计数。他们通用的方法就是堆砌生涩词藻，而不去考虑：尽管约翰生偶尔喜欢引入这类词语，可是在他所有的作品中没有一个句子有这类词语臃肿的现象，就像在报纸上发表过的下面这首仿他写给思雷尔夫人的颂歌的第一节：

顾脰良庖之未亡人，
您揆度这副巨人身，
　　匍匐在您的圣坛旁：
有人定会被您的魔力桎梏， 981
成为您拱抱的双臂中的俘虏，
　　被您拥有，直至地老天荒？

这一篇以及上千篇其他类似的尝试，跟原作绝无相似之处，这些作者想象着他们要把原作变为笑料。就是作为戏谑，甚或作为漫画，也都不够像。

科尔曼先生在他的《即景散文》中有《一封**词典拟态**来信；含关于俗语词汇的建议：意欲成为一部更大的**词典**的外编》。显而易见，这是存心调侃约翰生，因为他的文体被这样模仿的，并未做极端的渲染：

"不难预见，懒汉和文盲将会抱怨，我已经用贬低他们的手段增加了他们的劳动；我已经用较艰深的词语解释较容易的词语——ignotum per ignotius[①]。另一方面，我期盼学问家的慷慨感谢。谁埋头于学术退隐，退出了寻欢作乐者的集会，远离了文人雅士们的圈子，将会立即理解这些定义，而且因为对他的母语的适时而必要的解释而表示感激。

"此信附有该作品的一些简短样稿，拉拉杂杂搅在一起，甚至没有遵循字母顺序编排。"[a]

对于约翰生文体的严肃认真的模仿者，不管是有意为之，还是不知不觉受到它的气势和灵动的影响，按我有机会注意到的而言，自从他在文坛上露出头角以来，多得不可胜数，因此我可以引用用我们语言写作的大量作家。不过我只想指出下列几位：

威廉·罗伯逊神学博士

在地球的其他地区，人处在他最粗野的状态，俨然成了造主，对他驯化或者征服了的各种动物族群发号施令。鞑靼人骑着他养的马匹追猎或者放牧给他提供衣食的无数牛羊；阿拉伯

---

① 由于鲜为人知才不为人知。

a "乱糟糟——乱成一团。

"大杂烩——各种成分的烹饪混合：用作比喻，指所有杂乱的组合。

"一刀还一枪——适当的报复。

"三心二意——犹豫不决。

"嗨！哈！呼！——高声大嗓。

"啰啰唣唣——说话不连贯，狂乱。

"曲流拐弯——不规整、纠结的线条。

"叮咚——钟声，用作比喻，表示迅速、激烈。"

人驯化了骆驼，利用它的耐力；拉普兰人训练驯鹿服从他的意志；甚至堪察加人训练狗去劳动。对低级生灵的这种统率是人最高贵的优势之一，也是他智慧与力量的一种最大发挥。没有这一点，他的统治是不完全的。他是个没有臣民的君主，没有奴仆的主人，就必须靠自己膂力做每一件事情。[a]

982

1784年
11—12月

爱德华·吉本先生

在所有的激情和嗜好中，对权力的热爱具有最专横独断的性质，因为一个人的傲慢需要千千万万人的服从。在民众动乱中，社会的法则丧失了力量，它们的位置很难被人性的法则来取代。竞争的热情，胜利的骄傲，对成功的绝望，对过去伤害的记忆，对未来危险的恐惧，凡此种种都有助于燃起心头的火焰，有助于消除怜悯的声音。[b]

伯尔尼小姐

我的家庭，把野心误认为荣耀，将地位错当成尊严，长期以来为我计划一种显赫的关系，尽管我的一成不变的厌恶阻止了这一方面的任何进展，但他们的愿望，他们的观点是不可动摇、锲而不舍的。很遗憾，我肯定他们不会听取任何其他的意见。因此，我害怕在成功无望的地方进行尝试。我不知道怎样向那些可能按一声命令让我哑口无言的人冒险恳求。[c]

a　《美利坚史》，四开本，卷1，第332页。
b　《罗马帝国衰亡史》，第1卷，第4章。
c　《塞西莉亚》，第7部，第1〔5〕章。

牧师内尔斯先生[a]

在一个开化和改进的时代，或许大可不必担心纯粹任性的侵袭。在那样的时期，人们一般会发现，不必要的违规行为是所有畸形表现中最恶劣的，在语言中真正文雅的表现莫过于未遭违犯的类推的简单。因此规则只要为人所知并得到承认，就要遵守。但与此同时，改进的渴望一旦激发起来，就不会疲沓消极。渴望的努力，除非受到知识的援助，在被热情煽动的情况下，人们会发现往往是有害的。所以，有意要完善理性手段

983 的那些人，将会不知不觉地削弱和扰乱这一渴望。在那个时候，

1784 年 11—12月 变得尤为必要的就是全面考察和领会语言的类推；就是仔细制定类推的规则；就是清楚地知道类推包含多少由于已经正确，应当受到维护、不容改变和违犯的规则；有多少需要修正的规则，还有多少为了避免更大的不便，也许只好原封不动，尽管并不规范的规则。

爱丁堡出版的一家定期报纸《明镜》[b]中的一位杰出的作者① 把约翰生模仿得惟妙惟肖。在第 16 期有这样一段文字："人们常说，春天归来不仅对动植物界有影响，而且对人的心情也有影响。这个季节复苏万物的力量从田野到在田野里生活的牛羊，从低级生灵到人都可以显示出来。欢乐和喜庆遍布大自然，牛群哞哞地欢叫，百鸟啾啾地啼唱，牧笛悠悠地吹奏，一片生机盎然的景象。"

---

a　我所引用的这一段文字摘自这位先生的《正音法要素；包含对**英语**全部类推的一种明确看法，涉及的范围有发音、重音、音质》，伦敦，1784。请允许我对一部价值非凡、用途极大的作品的作者表示特别的感谢。据我所知，哪一本同类书在学问、雅文学、正确的见识、准确的安排和清楚的表达方面都赶不上这一本。

b　那本合订本我相信是由作者们赠送给约翰生博士的，我听见他对它评价挺高。

①　亨利・麦肯齐。

滕布里奇学校的校长、牧师**诺克斯**博士，似乎在心里持续不断imitari aveo① 约翰生的文体；我们可以把他的作品的广受欢迎的原因部分归功于他刻苦地，不过不是奴性十足地对约翰生文体的钻研[a]。

在他的《道德与文学随笔，第三篇》中，我们发现了下面一段文字："外表的文雅其实可以推迟到成年的到来。那时候，由于追随前人沿定的方式已经定型，就可以使用锉刀了。坚硬的物质耐磨，于是磨出的亮光就会持久。"

然而，第十一篇中有一段文字却被吹得天花乱坠，着实滑稽可
笑。作者的本意是要告诉我们由于花天酒地而债台高筑的议员们想
抛售手中的选票以免被刑拘[b]，他是这样表达的："那些用一名诚实的 984
工匠或技工的钱修建豪宅，收藏昂贵绘画和家具的人，将会非常乐 1784年
意出售他们的议员投票权，把自己从一名执行官的手里解放出来。" 12月

不过我认为对约翰生最完美的模仿要数一篇题为《评格雷的墓园挽歌》的假冒文章，据说作者是格拉斯哥大学的希腊文教授扬先生，就让他享受这篇作品的荣誉吧，除非谁还能拿出更好的所有权凭证。它不仅具有约翰生文体的特点，而且还有约翰生突出的文学

---

① "一心仿效"——卢克莱修，卷3，第6行。

a 人们倒是希望他在每个方面都模仿这位伟人，而不要步亚当·斯密博士的后尘，粗暴攻击他众望所归的母校牛津。然而，必须注意，比起斯密来，他的罪过就小多了：他反对的只是某些细节；斯密反对的却是整个体制，尽管斯密的很多学问得益于他多年在巴利奥尔学院享受的一笔奖学金。然而，他们俩都不会损害这所世界上最高贵的学府的一根毫毛。不过，当我批评我觉得诺克斯博士有些作品出格的时候，我却不能不充分赞扬他的另一些著作；尤其是他的布道文，赞扬他面对放肆的离经叛道者所坚持的那种精神，那种基督教启示特有的抚慰教诲。这件事他做得劲头十足，又很有说服力。我也不应当不提他心地坦诚的一件突出事例。尽管在大学教育这个重大问题上，我们的看法大相径庭，在一封他写给我的关于拙作的信中他这样表达了他的看法："我感谢你的《约翰生传》给我带来的极大欢愉。这是一部极有价值的著作。你的传记是一个新的类型。约翰生有福，因为他有一个如此才华出众的人，记录了他的风趣与智慧。"

b 诺克斯博士在他的《道德与文学随笔》空想中不知道本国政治规定，可以谅解。议员是不可能落入执行官手中的。

探讨和阐述的那种样式。已经摘引过其他人的很多例子之后，我请好奇的读者看看这篇作品，保证会使他们大开眼界。

然而，不管对约翰生文体的哪一种模仿会有何种价值，但每一位优秀的鉴定家肯定能看出它们显然不同于原作：因为它们不是气势不足，就是口味过重；而那种恰到好处的强烈的情感却找不到。

约翰生对离世的亲属的感情似乎随着他有望与他们重逢的日子的临近，变得愈加热烈了。他或许觉得如果对他们不表示纪念就离开这个世界，他就由于态度冷漠而应当自咎。

致**格林先生**，**药剂师**，利奇菲尔德

亲爱的先生，——随信附上给先父、先母和亡弟的墓志铭，都要刻在大石头上，置于圣米迦勒教堂的中间通道上，我请求牧师和堂区俗人委员们的恩准。

首先必须注意找到安置的确切地点，好让石碑保护遗骸。然后注意石头要厚、要大、要硬，不要让十镑或者更多的差价使我们的目的泡汤。

随信附上十镑，波特夫人会再给十镑，这笔钱我给她办同一件事。若还需要，将会再寄。我请求事情尽量办得快一些，因为我希望在世的时候把事情办完。收到此信切望告知。你最恭顺的仆人，

1784年12月2日。　　**塞姆·约翰生**

致**露茜·波特夫人**[①]，利奇菲尔德

① 〈这位女士的名字在这部作品中频频出现，她比约翰生博士多活了仅仅十三个月。她在她七十一岁那年，即1786年1月13日在利奇菲尔德去世，把财产的主要部分遗赠给利奇菲尔德的牧师皮尔逊先生。——M.〉

亲爱的夫人，——我病得很重，希望替我祈祷。我已经把墓志铭寄给格林先生，并授权找你要十镑经费。

今年夏天我为泰蒂在肯特布罗姆利小教堂立了块碑。碑文是拉丁文，这是英文本。〔接下来是译文。〕

这事已经办完，我想你应该知道。我们会得到什么照应，985
谁说得清？愿**上帝**宽恕、保佑我们，看在**耶稣基督**的分上。1784年12月
你的，

1784年12月2日。 **塞姆·约翰生**

各位读者现在终于要看到**塞缪尔·约翰生**在准备迎接大限的到来了，这是至高无上的神灵不会让人幸免的结局。对他而言，死亡总是一件恐怖的东西；所以，他尽管完全不快乐，却依然以一种很多人感到诧异的急切贪恋着生命。每当他病了的时候，如果有人告诉他他看上去好多了，他就高兴得不得了。欧美连俱乐部[a]的一位才思敏捷的成员[①]告诉我，有一次他对约翰生说，他看到他的脸色恢复了健康的光彩，约翰生抓住他的手大声说道："先生，你是我最最贴心的朋友之一。"

他自己对来世的态度会显出真正的理性；也许会对不动脑筋的人留下严肃认真的印象。

"你知道，（他说）[b]关于来世，我从来没有认为自信是一个勇敢的、一个聪明的、一个善良的人的性格的一部分。勇敢在他无用武之地的地方就没有地位；聪明深深地铭刻下了这些过错的意识，也

---

a　伦敦的一家俱乐部，由学识渊博、技艺精湛的医生阿什医生创建，为纪念他的名字，被称为Eumelian[1]，来自希腊文Ευμέλιας；尽管人们热烈争论，甚至投票表决，应当采用来自拉丁文Fraxinean[2]这样一个更明显的称号。

1　音乐性的、节奏优美的。

2　与灰（Ash，音译为阿什）有关的（拉丁文fraxinus的意思是一种灰树）。

①　威廉·苏厄德。

b　《致思雷尔夫人书信集》1784年3月10日，第2卷，第350页。

许聪明本身就是这些过错的加重因素；而善良，由于总希望进一步改善，把每一种缺欠归咎于罪恶的玩忽，把每一种过错归咎于自觉自愿的败坏，从来不敢设想宽恕的条件要履行，也不认为犯罪时缺乏的东西由悔罪来弥补。

“这是最善良的人的状况。可是如果一个人的心不允许他跻身于最善良的人之列，或善良人之列，他的情况又得如何呢？他对临近的审判的恐惧如此之大，就连他就要永远离开的人的看法也不大注意了。感觉不到的平静，不可能是装出来的美德。”

他对死亡的极度恐惧，以及约翰·霍金斯爵士披露他由于责怪自己的过错所表现出的内疚时采用的奇怪阴暗的手法，也许会引起有害的怀疑，仿佛有某种比普通的犯罪更加严重的事情使他的良心背上了沉重的包袱。正因为如此，再加上由于他谆谆教导的对真理的关注[a]，我必须提及的是（不过怀着尽可能的尊敬和体贴），他来到伦敦与萨维奇等人交往之后的行为，在一个方面严格地说，不像他年轻时那么操守坚贞。众所周知，他的情欲强烈而狂暴。他对很
986 多朋友承认，他常常带烟花女子上酒馆，听她们诉说自己的秘史。
1784年12月 总而言之，不可隐瞒的事实是，像其他很多善良、虔诚的人一样，我们可以把使徒保罗当作他自己的权威依据，约翰生摆脱不了那些一直“与他心中的律交战”[①]的习性——而且他与这些习性的交战中，有时候难免吃败仗。

在这里让那些渎神之辈和淫荡之徒免开尊口；让他们切勿妄言约翰生是个伪君子，或者说他的原则不坚定。因为他说的是一套，做的又是另一套。

先抛开道德与宗教联系，考虑一下这个问题：谁都不会否认，在很多事例中，成千上万的人都是违背信念行动的。譬如说，一个浪荡子，当他承认他明明知道花天酒地会把他带进毁灭和悲惨的境

---

a　参见他对马隆先生说的话，本书边码第792页。

①　《圣经·新约·罗马书》，第7章，第23节。

地时，难道他还是个伪君子吗？我们确信他相信这种情况；然而临时起意，然后一发不可收，最终战胜了影响他的行为的信仰。有些人承认他们信服道德和宗教责任，然而有时候却没有按照责任所要求的那样生活，为什么就拒绝相信这些人的真诚呢？我听见约翰生博士有次说："公布真相中有种高尚的品质，尽管这样做证明一个人自己有罪。"[a] 一个人当着他的面说："他不明白恪尽职守的人，因为他们的做法并不符合他们的职业。"此人受到他的申斥："先生，你对人性一窍不通，竟然不知道一个人可能非常忠于良好的原则，却没有良好的表现？"[b]

然而不要让任何人因为知道约翰生有时候为情势所迫做出他认为是犯罪的放纵从而在犯"任意妄为的罪"① 时鼓励或安慰自己。我把这种情况作为一个如此伟大的人物的一个阴影展示出来，既是出于我对真理的神圣热爱，又是为了表明，他不是像有些人所描述的那样如此战战兢兢，如临深渊，如履薄冰，因为这些人想象，他心中有一种深重的负罪感，其实这些罪过只不过像在受难节把牛奶倒进茶水里那样的区区小事，完全可以原谅。如果他的行为的连贯性在某种程度上受到损害，我的陈述将会对他的理解加以辩解。我们发现约翰生在检讨自己的行动时，与他对福音书中的伦理道德的概念两相比较，所以深感不安，然而，什么样的聪明人为了一时的痛快，会处心积虑地让自己遭受那样的不安呢？还是把下面一段文字牢记心头吧：

"**上帝啊**，一切生命的赋予者与保护者，您的力量创造了我，您

---

a 《赫布里底群岛旅行日记》，第3版，第209页〔9月14日〕。就同一个问题，他在1783年11月29日写给思雷尔夫人的信上做了下面一段公正的评述："生命，如果要与一个理性的生灵般配，必须不断进步；我们总得打算比以前做得更多更好。单纯的打算就能把思想境界扩大，提高，尽管打算由于空想一开始就告结束。我们比较、判断，不过并不实行。"

b 《赫布里底群岛旅行日记》，第374页〔10月25日〕。

① 《圣经·旧约·诗篇》，第19篇，第13节。

的天意维护着我，您以爱怜之心眷顾我；您准许创造我不是为了最终
987 遭毁灭，保护我不是为了恶上加恶。”[a]“**主啊**，不要让我彻底堕落；眷
1784年12月 顾我；拯救我最终摆脱罪恶的羁绊。”[b]“万能的主、大慈大悲的父啊，您一年又一年延续着我的生命，请恩准我，活得愈久就愈少渴望罪恶的欢娱，愈多关注永恒的幸福。”[c]“不要让我因延年而增罪，而是让我随着年龄的增长、思想变得更纯洁，欲望变得更规矩，对您的律法更服从。”[d]“大慈大悲的**主啊**，我做了什么有违您的律法的事，统统宽恕吧。让我有一种罪恶感，从而产生真正的痛悔与有效的悔改；这样，当我被召进另一个国度时，可以被接纳，从而跻身于因悲伤和改正而得到宽恕的罪人之列，看在**耶稣基督**的分上。阿门。”[e]

这就是约翰生在私下独处的时候，在他虔诚地接近他的造主时心中的苦痛，这就是他的忏悔。因此，每一颗坦诚的心都会觉得他的真诚肯定是毋庸置疑的。

至关重要的一点千万要记住，那就是考虑到一种义务的平衡时，在这位优秀人物的行为中没有虚伪的代偿原则，没有故意放纵犯罪。他的犯罪，他的悔罪都是清清楚楚，黑白分明的[f]。当我们考虑他几乎无与伦比的重视真相，他的刚正不阿，他一贯的虔诚时，谁还敢“扔石头”① 打他呢？此外，千万不要忘记，谁也不能指控他犯有任何显示坏心肠的罪过，做过任何诡诈、卑鄙或恶毒的事情；相反，他的慈善达到了一个非同一般的程度。因此，即便他有次苛责自己，（1781年复活节前夕，）“我没有改正外在的习惯”，他还是不得不承

---

a 《祈祷文与默想录》，第47页。

b 同上书，第68页。

c 同上书，第84页。

d 同上书，第102页。

e 同上书，第130页。

f 约翰生博士以非常认真的赞同口气讲了一位绅士的故事，这位绅士由于一时冲动使一名年轻女子失节。她对他说：“恐怕我们做错了！”他的回答是：“是的，我们做错了——因为我不想败坏她的心灵。”

① 《圣经·新约·约翰福音》，第8章，第7节。

认："我希望上次领受圣餐之后，通过虔诚的反省，我在对上帝的服从，对人的慈爱方面，都有进步。"[a]

我意识到这是我这部传记作品中最困难、最危险的一部分，我不由得对此忧心忡忡。我相信我已经渡过了这一难关，既坚持了对真相的关注——对我的朋友，又坚持了对德行和宗教的利益的关注。我也不担心知道了约翰生不规表现会引起多少危害，因为我在陈述它的过程中注意防范，就像不担心知道艾迪生和帕内尔纵酒会引起多大危害一样，因为约翰生在他自己写的这些著名作家和虔诚人物的《传》中并没有避而不谈。

我不想纤悉无遗地记述约翰生剩余的日子里的大事小情。显而 988
易见，危象正在迅速逼近，这时候他必须"死得像常人，倒得像王 1784年12月
子"[①]。然而，记录几件事情不仅会满足读者的好奇心，也会有教育意义，读者可以完全信赖它们的真实性，因为我千辛万苦从最权威的人士那里获取了他病危时的准确情况。

赫伯登医生，布罗克斯比医生，沃伦医生和巴特医生慷慨地诊治照料他，没有收取任何费用，就像外科医生克鲁克香克先生所做的一样；为了延长一条真正宝贵的生命，所有的医疗技术和能力能做到的都试过了。其实他自己由于体质很差，一直锲而不舍地做一些医疗探讨，这样，他把自己的努力与诊治他的几位先生的努力结合起来，想着压迫他的水肿性积水可以在他的身体上割一些切口引出来，于是他像以往一样不顾疼痛下定决心，当他认为外科医生割得太轻时，自己便深深地割下去[b]。

---

a 《祈祷文与默想录》，第192页。

① 《圣经·旧约·诗篇》，第82篇，第7节。

b 这一大胆的实验，约翰·霍金斯爵士讲述的语气暗示了一种对约翰生的指责，那就是，他有意加快了结自己的生命。这一指责与约翰生各方面的性格都不吻合，所以即便予以批驳也是有害无益，而约翰爵士认为有必要做这种提示。显而易见，约翰生希望缓解病情所做的事情表明了延缓他的消亡的极度急切的心情。

去世前的十来天，布罗克斯比医生早上前来查视时，他似乎情绪非常低落，说道，“我整夜都在与鬼为邻”。然后他脱口而出，铿锵有力地背诵莎士比亚的话：

难道你不能照料一个患病的心灵；
从记忆里拔出一种根深蒂固的忧愁；
擦去写在脑袋上的重重烦恼；
再用一种甜蜜的忘忧解毒剂，
从壅塞的胸中清洗掉
重压在心头的那种危险品？[①]

对此，布罗克斯比医生立马用这位伟大诗人的话回答，

——在这一点上病人必须
自己照料自己了。[②]

约翰生表示他本人对这种应对非常满意。

此后又有一天，谈到祈祷问题时，布罗克斯比医生背诵了尤维纳利斯的诗：

Orandum est, ut sit mens sana in corpore sano[③],

989 云云，一直把第十首讽刺诗背完；然而在快速背诵的过程中，在背

1784年12月8日星期三

① 《麦克白斯》，第5幕，第3场，第42—47行。

② 同上书，第5幕，第3场，第48—49行。

③ “我们应当为一个健全的身体内的一个健全的心灵祈祷”——尤维纳利斯，《讽刺诗》，第10首，第356行。

Qui spatium vitœ extremum inter munera ponat①,

这一行时，碰巧把 supremum 背成 extremum②，约翰生耳朵尖，顿时觉得很难听，便激情勃发细述那样一种失误不合音律的效果，从而像以往一样充分显示了这位语法学家的精神。

由于没有近亲属[a]，有段时间约翰生打算给他忠实的仆人弗兰西斯·巴伯先生做一项慷慨的安排，他认为要给巴伯特别的保护，而且一直真心实意地把他当作一位谦恭的朋友对待。他先问布罗克斯比医生给一名宠爱的仆人遗赠多少年金才算合适，得到的回答是，那得看主人的情况。如果是一位贵族，对于一名效劳多年的忠实仆人一年五十镑被认为是一笔合适的回报。“那样的话，（约翰生说）我就要成为 nobilissimus③，因为我打算给弗兰克一年留七十镑，我希望你把我的意思告诉他。”然而，想起来有些奇怪，约翰生也没有摆

---

① “谁认为长寿是天赋中最微不足道的”——尤维纳利斯，《讽刺诗》，第10首，第358行。

② supremum：最后的，或垂死的。extremum：长久的。

a 〔作者前面有一页表明约翰·霍金斯爵士就一名叫希利的人指责约翰生，这一指责说法极不公正，因为约翰爵士把希利说成约翰生的亲戚是不准确的。见边码第970页。——约翰生急于发现是否有他的什么亲戚尚在人世，这从下面的一封信里显示出来，信是在他立遗嘱不久之前写的：

致**牧师维斯博士，兰伯思**

先生，——我想知道与令尊邻近的伍德西斯（我想）的查尔斯·斯克林肖是否现在还活着；他的情况如何，在哪里可以找到他。如果你方便地打听一下，而且刻不容缓地办理此事，那将是对我的一大善举，因为他是我的近亲。如此添乱，敬请鉴谅。你最恭顺的仆人，

舰队街，门栓巷，　　**塞姆·约翰生**

1784年11月29日。

遵照上面这封信里表达的愿望，经过打听，没有发现查尔斯·斯克林肖的后代，或者他的妹妹的后代在世。维斯博士告诉我，约翰生博士对他说：“他对他打听他的亲戚的结果深感失望。”因此没有任何根据说他对他们不管不顾；或者忽视他们。〕

③ 最高贵的。

Poets Corner
Westminster Abbey

脱一般人讨厌立遗嘱的弱点，所以他一推再推，要不是约翰·霍金斯爵士一再催促，我想很可能他古道热肠的决定就不会实现了。先立的一份遗嘱，约翰·霍金斯爵士告诉我们，仅限于那笔许诺要给的年金，在此遗嘱后，约翰生对自己财产的最后处分由一份遗嘱和遗嘱补正书确定下来。此文书一式数份[a]。

---

a　**以上帝的名义**。**阿门**。**我，塞缪尔·约翰生**，各种功能完全具备，但有今夜殒命之虞，故立此最后遗嘱。我将一个遭受多种罪孽污染的灵魂托付给**上帝**，但希望由**耶稣基督**将其净化。我在本内特·兰顿先生手里留有七百五十镑；在酿酒商巴克利先生手里和珀金斯先生手里留有三百镑；在德罗莫尔主教珀西博士手里留有一百五十镑；在公共基金里留有一千镑，百分之三作年金；现在我手头还有一百镑现金。上述全部款项及财产，我申明，留给乔舒亚·雷诺兹爵士、约翰·霍金斯爵士和伦敦民事律师公会的威廉·斯科特博士托管，用作下列用途，即付予圣保罗大教堂墓地已故的书商威廉·莫尼斯的继承人二百镑款项；付予我的女仆怀特夫人上述一百镑储蓄百分之三作为年金。上述其余款项与财产以及我的书籍、金银餐具、家具也由上述乔舒亚·雷诺兹爵士、约翰·霍金斯爵士和威廉·斯科特先生托管，偿还过我的债务之后，供我的黑人男仆弗兰西斯·巴伯先生使用，其方式按他们判断对他的利益最适合、最有用为准。我指定上述乔舒亚·雷诺兹爵士、约翰·霍金斯爵士和威廉·斯科特先生为本最后遗嘱仅有的执行人，特此宣布，此前的所有遗嘱一律作废。我在此签字、盖章以资证明，1784年12月8日。

塞姆·约翰生（盖章处） 990

该立遗嘱人当着我们的面将其最后遗嘱签字、盖章、公布、宣告、移交，在对面的一页上首次插入“二”字。 1784年

乔治·斯特拉恩 12月8日

约翰·德穆兰 星期三

作为我的最后遗嘱的遗嘱补正书，我，**塞缪尔·约翰生**，将我在斯塔福德郡利奇菲尔德的宅院或住宅，连同附属物，现由上述利奇菲尔德的邦德夫人或她的转租人欣奇曼先生保有或占用——均交给我的三位遗嘱执行人托管，将其出售、处置；售得款项，我遗赠给下列人士，即费希尔·约翰生的儿子、最近住在莱斯特的托马斯和本杰明以及托马斯·约翰生的女儿，最近住在考文垂的怀廷和上述托马斯·约翰生的孙女，由四人均分；但万一在我离世时该托马斯·约翰生在世的孙女不止一个，我遗赠给该孙女的份额由她和其他孙女们均分。我向萨默塞特郡弗鲁姆附近伯克利的牧师罗杰斯先生遗赠一百镑款项，要求他用这笔钱维持精神病患者伊丽莎白·赫恩的（转下页）

（接上页）生活。我也遗赠给我的教子女，即画家莫里蒂乌斯·洛的儿子和女儿每人我的一百镑储蓄的百分之三作固定年金，由我的三位遗嘱执行人酌情用在我的前述受遗赠者的教育和成家立业上。我也遗赠给我的遗嘱执行人之一约翰·霍金斯爵士巴罗尼乌斯的《教会史》和霍林斯赫德与斯托的《编年史》，以及一册八开本《公祷书》。给本内特·兰顿先生，遗赠我的《多语种圣经》。给乔舒亚·雷诺兹爵士，我的马蒂尼耶编的《法语大词典》和我自己的一本对开本最后修订版《英语词典》。给我的遗嘱执行人之一威廉·斯科特博士《新商贸大词典》和勒克蒂乌斯版的希腊诗人集。给温德姆先生，亨利·斯蒂芬著的《希腊史诗诗人》。给米德尔塞克斯伊斯灵顿的牧师斯特拉恩先生，米尔的《希腊文新约》、贝萨的《希腊文新约》，斯蒂文斯编，我所有的拉丁文《圣经》，还有我的希腊文《圣经》，威克利乌斯编。给赫伯登医生、布罗克斯比医生、巴特医生和照料我的外科医生克鲁克香克先生、我的药剂师霍尔德先生、杰拉德·汉密尔顿先生、雪山的加德纳夫人、弗兰西丝·雷诺兹夫人、胡尔先生和他的儿子牧师胡尔先生，每人一本书，随他们挑选，留作纪念。我也给约翰·德穆兰先生遗赠二百镑百分之三的固定年金；给意大利文老师萨斯特雷斯先生五镑款项，以购置虔诚图书供自己使用。鉴于上述本内特·兰顿已经同意，由于在本人遗嘱中提及的七百五十镑款项由他经手，在我和我的仆人弗兰西斯·巴伯[1]在世期间，在我们两人中任何一个存活期间，保证划拨七十镑应付年金给乔治·斯塔布斯先生，替我们托管。我的意思是，万一我的亡故先于该协议完全生效，上述七百五十镑款项，以及保证支付该款项的契约必须交给上述弗兰西斯·巴伯。我特此遗赠他同样数额，以替代我的上述遗嘱中对他有利的遗赠。我特此授权我的遗嘱执行人从我离世时拥有的资产中扣除并保留遗嘱或本遗嘱补正书执行中必须或可能招致的一切花销。我的资产的所有剩余存项，我全部交给我的上述遗嘱执行人替上述弗兰西斯·巴伯、他的遗嘱执行人和遗产管理人托管。我签名，盖章以资证明，1784年12月9日。

塞姆·约翰生（盖章处）

该塞缪尔·约翰生，当着我们的面对其最后遗嘱的一份补正书签字、盖章、公布、宣告、移交，我们当着他的面，在他的要求下，也相互当面签署自己的姓名，以资证明。

991

1784年
12月9日
星期四

约翰·科普利

威廉·吉布森

亨利·科尔

关于这两份遗嘱契约，还宜做几点说明。

他在奄奄一息时还像他在庄严作品中常做的那样明确宣示，他作为一名基督徒的信仰，这对这位伟人来说，具有真正的重要意义，（转下页）

（接上页）因为一个敏锐而又强大的心灵的信仰，完全可以抵销另外一些他的同时代人的怀疑。“污染”这种表述，也许对有些人来说，传达了一种超出普通玷污的印象；但那并没有被它出现在《漫游者》第42期的真正含义证实。同一个词也被用在林肯主教桑德森的遗嘱里，他却是虔诚的化身。

他对圣保罗大教堂墓园的书商伊尼斯先生的继承人二百镑的遗赠出自一种非常高尚的动机。他告诉约翰·霍金斯爵士说，他父亲破产时，伊尼斯先生用钱款或赊欠帮助他继续营业。“这，（他说）我认为对他的后人表示感激是责无旁贷的。”

事实证明，他的财产数量比他估计的要多很多。约翰·霍金斯爵士估计给弗兰西斯·巴伯的遗赠完全不少于一千五百镑，其中包括兰顿先生要支付给他的一笔七十镑的年金，因为约翰生借给那位先生七百五十镑。对于这笔遗赠，约翰爵士似乎十分生气，嘴里念叨“戒慎对黑人给予刺眼的慷慨之恩惠”。然而，一个人的钱完全是自己劳动所得，又没有近亲属时，他当然可以按自己的意愿处分它，这是无可非议的，给予一名忠实的仆人，也是十分得当的。在主人的推荐下，巴伯先生退休到利奇菲尔德，他可以在那里舒舒服服颐养天年。

曾经出现过这样一种非议，那就是，约翰生给好几位赠书留念时，忽略了很多他最要好的朋友。亚当斯博士，泰勒博士，伯尔尼博士，赫克托先生，墨菲先生，本著作的作者，等等，这些人都跟他关系亲密，在他的遗嘱上却找不到他们的名字。要考虑，这时候已经非常接近他寿终正寝的时间，他也许只提了一些他碰巧想起来的；他或许已经记起来他早先已经给其他人表示过他关心的证据，因此再没有必要把这些人的名字堆叠到他的遗嘱里了。露西·波特夫人因为没有给她留下任何东西而十分不悦；不过除了我已经陈述过的原因外，她应当考虑，她在约翰生生前就立了遗嘱，她亡故后公布的遗嘱里，她给约翰生也没有留下任何东西。

他把好几位人士列在一组里，留给他们“每人一本书，随他们挑选”，这可能引发一个关于挑选顺序的好奇的问题，如果他们不巧盯上了同样的书，如何是好。他的藏书尽管表面上看不是十分可观，但被克里斯蒂[2]先生卖了二百四十七镑九先令。很多人都渴望有一本曾经属于约翰生博士的书。他在很多书上都做了简要的批注：有时候还有对亡妻的温情怀念，如，“这是亲爱的泰蒂的书”。有时候还有各种各样的有感而发的评语。克利福德律师学院的利森斯[3]先生惠赐予我下面两条：

在温顿主教布赖恩·杜帕[4]的《圣规与虔诚辅助》里：

Preces quidam videtur diligenter tractasse; spero non inauditus.[5]

在绅士约翰·海登[6]著的《玫瑰十字会至理名言集》，前面附有致作者的一些诗，署名安布罗斯·沃特斯，文学硕士，结业于牛津大学：“这些拉丁诗是巴瑟斯特[7]写给霍布斯[8]的，针对的是他的《人性论》，与该（转下页）

992 1784年12月

考虑到他手里的大量文稿，约翰生似乎突然忧心忡忡，因为这些文稿极其混乱，使人感到十分痛心的是，他没有委托一个忠实、谨慎的人去管理筛选它们，而是突发奇想，将大堆大堆的文稿付之一炬，我担心他不分青红皂白就这样处理了。并不是因为我估计他使我们失去了他有意让公众看到的什么著述，而是因为从逃过劫难的东西判断，很多有关他本人和其他文人的奇特的情况已经灭失了。

有两件非常贵重的材料，我肯定我们已经失去了，那就是两卷四开本文稿，里面有从他最早的记忆中产生的完整、诚实、最特殊的生平自述。我向他承认，我偶然看到过它们，所以读了不少；我

（接上页）书毫无关系。——一场奇怪的骗局。"

1 〈弗兰西斯·巴伯，约翰生博士的主要受遗赠人，经历了一次痛苦的手术后，1801年2月13日在斯塔福德的医院去世。——M.〉

2 克里斯蒂（James Christie，1730—1803），拍卖商；加里克、庚斯博罗、雷诺兹的朋友；罗伯特·安斯威尔的合伙人（1777—1784）；估价罗伯特·沃尔浦尔爵士的收藏与绘画价值为40 000英镑，找到的买主为俄国的叶卡捷琳娜大帝（1788）。

3 利森斯（Lysons，1763—1819），文物专家。

4 布赖恩·杜帕（Dr Brian Duppa，1588—1662），温切斯特主教（1660）；在劳德派与反劳德派之间占据中间地位；基督堂教长（1628）；牛津大学副校长（1632—1633）；奇切斯特主教（1638）；索尔兹伯里主教（1641）；《圣规与虔诚辅助》（1763）的作者，这是一部在18世纪越来越受欢迎的作品；《琼森其人》的主编，这是一部哀悼本·琼森之死的诗集。

5 "他似乎在祈祷时非常小心，希望这些祈祷被人听到。"

6 约翰·海登，占星学和炼金术作家，神秘主义学者；铁杆保王党人；《玫瑰十字会》（1660）和《世界的和谐》（1662）的作者；玫瑰十字会理念的辩护者和宣传者；受到塞缪尔·帕克和罗伯特·博伊尔的抨击；说到底是关心自己升迁的浮夸的民粹主义者。

7 巴瑟斯特（Ralph Bathurst，1620—1704），牛津大学三一学院院长；参与建立皇家学会（1662）；牛津大学副校长；给霍布斯的《人性论》（1650）写序诗。

8 霍布斯（Thomas Hobbes，1588—1679），哲学家：《法律原理》（1640）、《自由与必然》（1654），以及最重要的《利维坦》（1651）的作者；激烈的反教权主义导致很多人相信他是个无神论者；追随"自然规律"的道德法则，往往被理解为原初的社会达尔文主义；对包括卢梭、康德、斯宾诺莎在内的哲学家有广泛影响。

为自己的冒昧道了歉。问他我是否能为它做点什么。他平静地回答："嘿，先生，我认为你帮不了什么。"我说，我一生就这一次感觉到了想做贼的意向。我曾经想过把这两本东西拿走，再也不见他了。我问这会给他造成什么影响，"先生，（他说）我相信我会发疯的"。[a]

约翰生病到最后，体验到了许多朋友持续的关爱。胡尔先生写了他在此期间探望约翰生的经过，从 11 月 10 日到约翰生去世的 12 月 13 日，包罗全面，他让我细读了一遍，承蒙他的惠允，我做了一些摘抄。没有任何人比兰顿先生对约翰生更上心了。① 约翰生温情脉脉地对兰顿说，Te teneam moriens deficiente manu。② 温德姆先生作为一位活跃的政治家，要务在身，但这并没有阻止他对这位他所崇敬的、行将就木的哲人表示殷勤的敬意，我认为这符合他的高风亮节。兰顿先生告诉我们。"有一天，他发现伯克先生和另外四五位朋友坐着陪伴约翰生。伯克先生对约翰生说：'先生，我们这么多人也许让你憋得难受。''不，先生，（约翰生说）这是什么话呢，到各位 993

---

a 其中有一本，约翰·霍金斯爵士告诉我们，他装进了自己的口袋；他说他这样做的借口是，他想保存它，不要落入一个人[1]的手中，他把此人描写得足够清楚，让人知道他指的是谁；"由于有充分的理由（他说）怀疑此人也许会发现并恶意使用这本文稿"，约翰爵士为什么估计他所指的那个人会这么做，他认为不宜说明。但他的做法约翰生却不赞同；因为一位朋友立刻告诉约翰生后，约翰生表现出极大的愤慨，坚决要求把文稿交出来。后来，他以为他把它丢失了，不知道谁拿走了，他说："先生，我对一半人都信不过，应当离开这个世界了。"约翰爵士第二天给约翰生写了一封信，给出了他这么做的理由。看过信后，约翰生对兰顿先生说："就是桑德森主教也口授不出一封更好的信来，我简直能说，Melius est sic penituisse quam non errâsse[2]"。这件事给约翰生造成的焦躁不安，很可能使他草率地毁了人们永远都会感到遗憾的这些宝贵记录。

1 乔治·斯蒂文斯。

2 "悔悟胜过从不犯罪"。

① 〈兰顿先生的名字在书中常常出现，他比约翰生多活了好几年，1801 年 12 月 18 日在南安普顿去世，享年六十五岁。——M.〉

② "当我咽气的时候，让我颤抖的手握住你的手"——提布卢斯，第 I 卷第 1 首第 60 行。比较约翰生，《冒险者》第 58 期（1753）。

的陪伴不会让我高兴的时候，我的情况就惨了。’伯克先生，声音发颤，表明深受感动，回答说：‘我亲爱的先生，你一直对我太好了。’说完就立即起身告辞了。这是两位杰出人物结识以来的最后一幕。”

下面一些他去世前几天的谈话细节我是根据约翰·尼科尔斯先生的记录给出的：[a]

---

a 根据这一毋庸置疑的权威材料，我提供几条，它们本应当按时间顺序插入，但既然它们就在我的手头，省略掉我就会十分遗憾：

“1736年，约翰生博士非常想受聘当时任斯塔福德郡布雷伍德的文法学校校长的牧师巴德沃思先生的助手，‘一个优秀的人物，具备一名青年的完美导师的每项才能，在某种程度上，（引用文学界最辉煌的人物之一伍斯特主教赫德博士的话，）自从昆提利安时代以来，在那个职业的任何人身上都十分罕见’。巴德沃思先生，‘他高超的功力遭到埋没，名气不大，因为命运捉弄，往往把一些最有造诣的人物发配到穷乡僻壤’，他曾经在博斯沃思市场的布莱克威尔[1]先生手下接受教养。约翰生曾在那个地方当过一段时间的助理教员；这就自然而然导致了这一申请。巴德沃思先生对约翰生的学问或才能绝对不陌生；因为他不止一次痛悔自己迫不得已谢绝这一聘用，就担心我们这位伟大的语文学家终生吃尽苦头的那种麻痹病症会成为学生模仿或取笑的对象。”他的孙子巴德沃思上尉对我确认了这件轶事。

“约翰生在圣约翰门早期交往的人中有塞缪尔·博伊斯[2]，他以灵巧的作品著称；同样也以鲁莽闻名。博伊斯是当铺里的常客。有一次，约翰生博士凑了一些钱赎出了他朋友的衣服，没过两天又被当了出去。‘这笔钱，（约翰生说）总共才六便士，可那时候，六便士对我来说，也要仔细掂量啊。’

“有一天谈到一个他与之有真正友谊，但虚荣心未免太强的人，他说：‘凯利太爱显摆他餐具柜上的金银餐具了，他竟然在上面添上他的马刺。就我而言，（他说）我只有一次用过一对马刺；现在它们沉在洋底了。由于鲍斯威尔的仆人粗心大意，在我们从天岛返回的时候它们从船头掉下去了。’”

已故的牧师塞缪尔·巴德科克[3]先生由尼科尔斯先生介绍与约翰生见面，他故去若干年前，在给那位先生的一封信里这样表达了自己的观点：“你把我介绍给约翰生博士，我是多么感激你的大恩大德啊！Tantùm vidi Virgilium[4]，然而，见到了他，从他那里收到一种尊敬的证据，这就足矣。我记得所有的谈话，永远不会忘记他的一个说法。说到P****** 博士[5]（此人的作品，我看到他的评价很低，）他说：‘你已经证明他在德行上和学问上一样差次。’我称他为‘索引学者’，但他甚至连这点价值也不肯承认。他说：‘他从本身就是抄手的那些人那里抄，却不知道他所采用的（转下页）

“他说，议院辩论是他当时唯一使他有所内疚的一部分作品：但写它们的时候，就根本没有想到他是在欺世盗名，尽管它们经常是仅凭一些蛛丝马迹写成的，往往完全是捕风捉影——纯属他的向壁虚构，他写任何作品从来没有像那样一挥而就。《杂志》的三栏篇幅，一个钟头，轻而易举，比大多数人抄写那么多字还快。 994

1784年

12月

“说起朋友凯夫，他总是满怀深情。‘可是（他说）凯夫（两眼不望窗外事，一门心思地盯着《绅士杂志》）是个抠门儿的工薪出纳，他按百承包行数，还指望按一百二呢，不过他是个好人，总乐意请朋友们吃饭。’

“谈到他自己的作品的一种普通版本时，他说，他（从书商手里获得授权）印那种版本，如果他的健康允许的话；但他无权指定任何版本，除非他能加注，并且加以改动，把它们变成新作。这种事他的健康状况使他想都不敢想。‘我可能活，（他说）或者不如说苟延残喘三天，或者三周；但发现自己一天比一天虚弱。’

“另外一次，仅在他去世前三四天，谈到他对做一种外科手术仅有一点点害怕，‘为了多活一年我宁肯截掉一条腿，我的意思是活得畅快，不像我现在这样受罪’；而且对他睡不着觉的时候不能读书而悲叹。‘先前，（他补充说）我躺在床上不能入睡时，就发狠读书。’

（接上页）那些错误已经被别人解决了。’我常常想到我们对这位伟人短暂但宝贵的拜访。我会把它看作我一生的一种重大事件。”

1 其实是牧师安东尼·布莱克沃尔。

2 塞缪尔·博伊斯（Samuel Boyse，1708—1749），诗人；《译文与诗》（1731）和英雄对偶体长诗《神》的作者。

3 塞缪尔·巴德科克（Samuel Badcock，1747—1788），神学家、文学评论家；给《威斯敏斯特杂志》《绅士杂志》《伦敦杂志》和《伦敦评论》撰稿；在1779年至1787年之间评论过650种作品；不顺从国教者；发表过作品的诗人；巴恩斯特普尔的牧师。

4 “我瞟了一眼维吉尔”——奥维德，《哀歌》，第4卷，第10首，第5行。

5 约瑟夫·普里斯特利。

“最后病得卧床不起的时候，他的固定做法就是由某个体贴友好的牧师给他读经做礼拜。最后一次是由牧师胡尔先生当着我们的面履行这种仁慈的职责。按照约翰生的愿望，他只是给读读连祷文。他用鲍斯威尔先生偶尔注意到的深沉、洪亮的声音，用可以想象得到的最深刻的虔诚回应。他耳朵有点背了，所以不止一次打断胡尔先生：‘大点儿声，我亲爱的先生，大点儿声，我求求你，否则你等于白读！’——礼拜做完后，他非常急切地转向一位在场的优秀女士[①]说：‘夫人，我衷心地感谢你，好心陪我举行这种庄严的仪式。好好活着，我恳求你；你临了就不会感到我现在感到的那种悔恨。’这位伟大而善良的人对自己接近宗教完善所怀的思想真是谦卑到家了。

“有人约请他出版一本《祈祷文》，可是（尽管他洋洋自得地倾听了这个建议，而且有人愿意出一大笔出版经费），出自内心深处的谦虚，他谢绝了。

995 “他怀有翻译蒂安努斯[②]的认真想法。他常常对我谈到这个问题。
1784年12月 尤其有一回，我希望他写一部斯宾塞传施惠于世人，效忠于君王（他说这事他随时都会做，如果他能找到任何有关的新材料的话），他又补充说：‘我又在考虑蒂安努斯，先生，它不会是你设想的那种艰巨任务，除了听写，我不应当再有什么麻烦，听写员能写多快，翻译就会有多快。’”

约翰生虽然是个坚定的英国国教徒，然而他和各种教派的牧师们都有和睦愉快的交往，所以约翰生和他们之间都相互信任。让我特别提一下莫拉维亚教派已故的拉特罗布先生和赫顿先生的名字。在巴黎，他跟英国本笃会修士关系密切，这种情况已经提到过。作为他跟罗马天主教的善男信女们宽厚相处的另一个证据，我很高兴

① 约翰·胡尔夫人。

② 蒂安努斯（Jacques Auguste de Thuanus，1553—1617），法国政治家、藏书家、历史学家，他对他那个时期事件所持的不偏不倚的态度使他成为用科学方法研究历史的先驱。

利用这个机会记录他与牧师托马斯·赫西[1]神学博士的友谊，赫西是天主教国王[2]驻伦敦宫廷的大使馆的牧师，是个非常值得尊敬的人，他不仅有作为布道士的雄辩口才，而且又以多才多艺闻名。不仅如此，尽管约翰生最不喜欢长老会教徒，但这并没有阻止他跟牧师詹姆斯·福代斯博士有长期不间断的交往，约翰生去世后，福代斯以热情虔敬的笔调、满怀感激的心情颂扬了他。

当阴云笼罩在奄奄一息的约翰生头上的时候，他的典型风格在不同的场合又显示出来。

沃伦医生按他的惯常作风相信约翰生好一些了；约翰生的回答是："没有，先生。你想象不到我是以什么样的加速度向死亡突飞猛进。"

一个他从来没有见过的人，有天夜里被雇来陪护他。第二天一早，有人问他觉得这名看护怎么样；他的回答是："不怎么样，先生：这家伙是个白痴，笨得像第一次搁到踏轮上的转叉狗[3]，瞌睡多得像只榛睡鼠。"

温德姆先生顺手搁了一个枕头扶持他，他感谢温德姆先生的一番好意，说："好了——这就做了一个枕头能做的一切。"

他精神高昂地背了一首诗，有好几节，每节四行，隔行押韵，他说这是若干年前他在一位富有、奢华的年轻绅士[4]步入成年时写的即兴诗[5]；说他作成以后只背了一次，只抄了一份。抄稿给了思雷尔夫人，即现在的皮奥齐夫人，她把它收入一本她题名为《不列颠同义》

---

① 托马斯·赫西（Thomas Hussey，1741—1803），沃特福德和利斯莫尔罗马天主教主教（1796）；西班牙驻伦敦大使的常任牧师（1769）；帮助建立梅努思的天主教神学院，成为首任院长。

② 过去西班牙国王的称号。

③ 〔旧时训练好会用踏轮转动旋转式烤肉叉的狗。〕

④ 约翰·雷德爵士，第二代从男爵；思雷尔先生的外甥。

⑤ 〈写于1780年。见1780年8月8日他给思雷尔夫人的信；"你在这些文稿中已经获悉※※※如何即将成年；我随信附上一支恭贺短歌，你千万不可让任何人看。——奇怪的是，它竟然进入了某人的头脑。我希望你会直言无讳地读读它；我相信它是作者采用那种写作方法的第一批文章之一，对初学者总该用温和的态度相待。"——M.〉

的书中出版了，其实这是一本娱乐性的评述和故事集，不管是不是切题。由于这是一首精妙的讽刺诗，用一种尖锐的活泼、幽默的情调表现的，这种风格在约翰生作品中别具一格，所以我将它穿插在这里：

996 望眼欲穿盼来的二十一岁，
1784年12月 留连的岁月，最终依然飞离；
自豪与欢乐，排场与富贵，
伟大的 *******①，现在都归你。

脱开了未成年的拴绳，
随意抵押，自由出卖，
轻如鸿毛，野似狂风，
向节俭的子孙们说声再会。

贝齐、凯特、珍妮这些名字，
呼来喊去随你的便；
滥花你爷爷的几尼，
把继承人的气派尽显。

凡是捕食邪恶或愚蠢的人，
看见自己的猎物飞走就欣喜；
赌棍心情欢乐又轻松，
贷款人一脸的严肃和诡秘。

孩子，财富创造出就要游荡，
那就让它随意游动；
叫马贩子，叫皮条商，

① 约翰爵士。

叮嘱他们前来尽情享用。

潇洒帅哥闹饮狂欢，
　　精神高昂，口袋鼓鼓——
何为房舍？何谓地产？
　　或湿或干，纯属泥土。

假若监护的朋友或老母
　　宣讲任意挥霍的悲伤；
甭管他们的劝告，甭管他们的愁苦——
　　你最终会上吊，或溺水身亡。

他打开仆人送来的一封短信时，说道：“我突然产生了一种奇怪的想法：我们在坟里收不到信。”

他要求乔舒亚·雷诺兹爵士三件事：免除他从对方借的三十镑债款；阅读圣经；礼拜天千万不可动笔作画。乔舒亚爵士都欣然一一答应了。

他确实对朋友们的宗教修养操尽了心，他谆谆教导他们这是头等大事。他请胡尔先生把他的话仔细想想，并把它写下来，后来确信，这事被照办之后，他便按了按胡尔先生的手，用一种诚挚的语气表示感谢。布罗克斯比医生作为他的医生和朋友对他的关心和照
料真可谓无微不至，所以他特别希望这位先生不要胡思乱想，而应 997
当坚信基督教的真理，而且坚持当着他的面把关于这个问题交谈的 1784年12月
意思写下来，整理得尽可能接近。布罗克斯比医生照办之后，约翰生让他在纸上签了名，并敦促他在他的有生之年亲自保管。

尽管身体痛苦不堪，精神饱受磨难，但约翰生具有的天生的坚忍从来没有离弃过他，约翰生就以这种坚忍要布罗克斯比医生坦白告诉他，他是否能够康复，因为这是一个他完全信得过的人。“给我（他说）一个直截了当的答案。”医生首次问他能否受得了可能导致

的全部真情，回答是能，医生便宣告，依他看，如果没有奇迹发生，他是康复不了的。“那好，（约翰生说）我就再不吃药了，连鸦片也不服了；因为我已经祷告过，我要把灵魂一尘不染地交给**上帝**。”他说到做到，在此期间，饮食极其清淡。温德姆先生催促他总得吃些富有营养的东西，以防饮食太低劣，削弱他的心智，造成他害怕的那种后果，他却说：“除了醉人的东西外，我什么都愿意吃。”

牧师斯特拉恩先生是他的朋友的儿子，一直是他极其宠信的人之一，在约翰生最后生病期间，他为安抚约翰生尽了一份心，感到十分满足。这位先生在伊斯灵顿当代牧，他在该地的住宅偶尔非常随便地给约翰生提供了一个换换环境、吸吸新鲜空气的去处；他在市里履行圣职时也在照料约翰生。

斯特拉恩先生给了我这样一个令人愉快的保证，那就是，约翰生情绪极为激动过后，他就变得十分沉静，这种情况一直继续到他去世。

布罗克斯比医生不会被人怀疑具有狂热倾向，他将下列一些记述惠赐予我：

“他去世前的一段时间，所有的恐惧都被他压倒一切的信仰、被他对**耶稣基督**的功绩和赎罪的信赖平息和吸收了。

“他常常向我谈到相信耶稣*献身*的必要，认为为了拯救人类，这种必要超越了所有的善举。

“他苦口婆心地劝我研究克拉克博士，阅读他的布道文。我问他为什么大力推举阿里乌派的克拉克博士[a]。‘因为，（他说）他最充分地论述了*赎罪的献身*。’”

---

a 他对克拉克博士思想感情的转变，原牛津大学彭布鲁克学院院长、已故的亚当斯博士在写给我的一封信里是这样说的：“博士的偏见是最强的，当然在另一种意义上，也就是控制一个通情达理的人方面，又是最弱的。你知道他极其热衷于正统。可是你听到过他亲口告诉我的话了吗？他做了一条规定，在他的《词典》里不收克拉克博士的名字。然而这条规定不了了之了。过了一段时间，他跟我商量他应当读些什么捍卫基督教的书。我推荐克拉克的《自然和启示宗教的证据》是这一类书中的佼佼者；我发现在被称为他的《祈祷文与默想录》里，他晚年经常下功夫阅读克拉克的《布道文》。”

由于心中有真正的基督教方案，既有理性，又有安抚作用，把**神性**的正义和慈悲与人性的改善合为一体，约翰生在寓所接受圣餐之前，作了这篇祈祷文并热忱地念了一遍——[a] 998

1784年12月13日星期一

“全能的大慈大悲的父啊，我现在在人的心目中似乎要最后一次纪念您的儿子，我们的救赎者**耶稣基督**。**主啊**，准许我的全部希望和信心可以寄托在他的功德和您的慈悲上，实施并接受我的不完善的悔罪，使这次纪念有助于坚定我的信仰，有助于确立我的希望，有助于扩展我的慈善；使您的儿子**耶稣基督**之死对我的赎罪产生效果。请怜悯我，宽恕我深重的罪孽。赐福于我的朋友；怜悯所有的人。在我衰弱的日子里，在这死亡的时刻，以您的圣灵支持我；我死了以后，接纳我进入永恒的幸福世界，看在**耶稣基督**的分上。阿门。”

已经提到过，约翰生在12月8日和9日立下遗嘱，并安排好尘世事务后，便迁延到当月13日，星期一，在晚上七点左右才断气，没有明显的痛苦表现，所以陪护的人几乎没有发现消殒是什么时候发生的。

关于他最后的时刻，我弟弟托马斯·大卫给我提供了下面一些细节：

“博士从他确定大限临近的那个时候起，显出一副全然听天由命的样子，很少甚至从来没有焦躁或者发脾气的表现，而是常常对他忠实的仆人说，这是这位仆人转告我的：‘弗兰西斯，关注你灵魂的救赎，这是头等大事。’他还给仆人解释《圣经》中的一些章节，似乎以谈论宗教问题为乐。

“12月13日，星期一，他去世的那一天，一位莫里斯小姐，是他的某个朋友的女儿，前来拜望，她对弗兰西斯说，请允许她见见博士，这样她就可以请求博士给她祝福。弗兰西斯进了屋子，后面跟着这位年轻小姐，他传达了这一愿望。博士在病榻上转过身来说：‘上

a 牧师斯特拉恩先生留心把它保存下来，而且把它插入《祈祷文与默想录》，第216页。

帝保佑你，我亲爱的！’这就是他说的最后一句话。他的呼吸越来越困难，直到晚上七点左右，坐在屋子里的巴伯先生和德穆兰夫人注意到他呼吸时发出的声音已经停止，便走到床边，发现他已溘然长逝。”

999 他去世两天左右，约翰·宾大人写给马隆先生的一封信里传达了下面一段令人非常快意的记述，我非常感谢他允许我将它引入拙作。

1784 年 12月20日 星期一

> **亲爱的先生**，见过你之后，我与考斯顿[a]有过一番长谈，他从星期日晚上九点到星期一早上十点一直守护约翰生博士。我从他那里了解到的情况好像是，约翰生博士情绪非常平静，希望十分坚定，觉得死而无憾。每隔一个钟头，他们把他扶起来坐在床上，动动他的腿，因为腿疼得厉害。他正正规规做热情的祈祷时，尽管有时候发不出声来，但他的神志一直清楚。他进的唯一的饮食就是苹果汁和水。他说他做好了思想准备，离他消殒的时间似乎很长。早晨六点，他问了问时间，得到答复后，说了声一切在按部就班进行，他觉得只能活几个钟头了。
>
> 早晨十点钟，他向考斯顿告别，说道："你不应当耽搁温德姆先生的仆人——我谢谢你；代我问候你家主人。"考斯顿说，没有人能比他显得更镇定、更虔诚，想到那临近的一刻时更少恐惧。
>
> 这段记述比你的令人愉快得多，也跟你的有所不同，想到这位伟人死时跟活着一样，满怀乐天知命之心，信仰坚定，希望乐观，就使我们感到满足。

去世的前几天，他问他的遗嘱执行人之一约翰·霍金斯爵士，他应当安葬在什么地方；回答是，"无疑，在威斯敏斯特教堂"，听了之后，似乎感到一种满足，对于一位诗人，这非常自然；说实话，在我看来，对于没有可以与先人共同长眠的祖坟的具有想象的人而言，这也是非常自然的。于是，12 月 20 日，星期一，他的遗体被安置在那个

---

a　威廉·温德姆大人的仆人。

高贵而著名的广厦里；他的墓上安放着一块蓝色大石板，上面刻着：

SAMUEL JOHNSON, LL.D.
Obiit XIII die Decembris,
Anno Domini
M. DCC. LXXXIV.
Ætatis suœ LXXV.[①]

他的很多朋友，尤其是**文学俱乐部**当时在市里的成员都参加了他的 1000
葬礼，而且还有好几位威斯敏斯特大教堂的教士莅临，仪式更显隆 1784年
重。伯克先生、约瑟夫·班克斯爵士、温德姆先生、兰顿先生、查尔斯·邦伯里爵士、科尔曼先生等扶柩护灵。他的同学泰勒博士司职宣读祭文。

我确信，当我宣称，我发现自己无法表达我失去那样一位“向导、哲人和朋友”[a][②]的一切感受时，没有人会指摘我装腔作势。因此，

---

① “塞缪尔·约翰生，法学博士，卒于我主1784年12月13日。享年七十五岁。”

a 关于约翰生的问题，我不妨采用约翰·哈林顿[1]爵士就他年高德劭的导师和主教、巴斯与威尔斯主教约翰·斯蒂尔博士[2]所说的话：“在我最好的学业上，他给我一些帮助，更多的希望，所有的鼓励：我来到他身边，总会变得更虔诚；我离开他时，总会得到更好的教益。因此，关于他，我的相识，我的朋友，我的导师，如果我说得太多，人们不应当感到惊奇；如果我说得太直，人们也不应当加以责怪；尽管我说得有些偏颇，我也可以被人原谅。”《陈年琐话》第1卷，第136页。约翰爵士对斯蒂尔主教特点的描述中有一种情况对约翰生尤其适用：“他成了一个名闻遐迩的争论家，最博学的人甚至害怕跟他争论；他也发现了自己的力量，所以不能一个劲儿地警告对手在辩论中注意自己的抗辩，就像娴熟的击剑客不会事先讲明他会用哪个剑头出击，高明的棋手不会事先指定用哪个卒在什么位置将军一样。”

1 约翰·哈林顿爵士（Sir John Harrington, 1561—1612），才子，阿里奥斯托的译者。

2 约翰·斯蒂尔博士（Dr John Still, 1543—1608），巴斯和威尔斯主教（1593）；威斯敏斯特大教堂教士（1573）；萨福克萨德伯里会吏总（1577）；剑桥大学副校长（1575，1592年再次当选）；往往被误认为是《格顿大娘的针》的作者。

② 蒲柏，《人论》，书信四，第390行。

我自己将不置一词，而是采用一位杰出的朋友[a]的话，这话是他脱口而出的至理名言，胜过所有的刻意之作："他造成了一个裂口，不仅什么都填补不上，而且什么也无意填补。约翰生死了。让我们退而求其次——没有人，可以说没有人能在哪些地方使你想起约翰生。"

1001 约翰生生前就备受人们崇奉[b]；同样，他死后国内没有一个作家

1784 年

---

a 〔已故的威廉·杰拉德·汉密尔顿大人。他与约翰生亲密交往近三十年，1796年7月16日在伦敦去世，享年六十八岁。——M.〕

b 哥尔德斯密斯博士，牧师富兰克林博士和牧师威尔逊先生把自己的作品题献给他，这我已经按时间顺序提及过，除此而外，一位女士[1]把一本《阿宁盖特与阿加特》的诗作、才思敏捷的沃克先生也把他的《修辞语法》题献给他。我在拙著中已经介绍过他的一些同时代人的作品中对他的多种赞誉；然而，这类赞誉数量太大，所以我们可以堂堂正正地说，几乎有一种普遍的颂扬。

别让我忘了登比附近的格威尼诺格的米德尔顿上校对他的纪念。约翰生曾站在米德尔顿上校的庭园的一条小溪岸边欣然诵诗，上校便在那个地方立起一个瓮，上面刻着：

法学博士塞缪尔·约翰生
经常光临此地。
他的道德文章完全符合基督教规诫，
给美德以热忱，给真理以信任。

作为他的声名的非同小可的现象，我们必须估量一下美术家们将他的形象扩展、永存的超常热情。我能列举一尊诺勒肯斯先生的雕的胸像和脱胎于它的很多铸像；乔舒亚·雷诺兹爵士作的好几幅画像，其中一幅在多塞特公爵[2]手中，汉弗莱先生依据其中一幅作了一帧美丽的袖珍搪瓷肖像；乔舒亚·雷诺兹爵士的妹妹、弗兰西丝·雷诺兹夫人画过一幅；佐法尼先生画过一幅；奥佩[3]先生画过一幅；还有他的肖像的下列一些铜版画：1. 库克一幅，依傍乔舒亚爵士，为约翰生对开本《词典》的"业主"版而作。2. 库克依傍同一人为《词典》四开版作。3. 希思[4]一幅，依傍奥佩为《词典》的哈里森版而作。4. 巴尔托洛齐[5]依傍诺勒肯斯雕的胸像为《词典》菲尔丁的四开版而作。5. 小幅铜版画，特罗特作，依傍哈丁，为约翰生的《美文集》而作。6. 小幅铜版画，依傍乔舒亚爵士，特罗特为约翰生的《诗人传》而作。7. 小幅铜版画，依傍乔舒亚爵士，霍尔为《漫游者》而作。8. 小幅铜版画，依傍约翰·辛科手中的一幅素描，特罗特为另一版《诗人传》蚀刻。9. 小幅铜版画，无油画家姓名，泰勒为《约翰生杂谭》蚀刻。10. 对开全身铜版画，约翰生拄着橡木手杖，如鲍斯威尔的《旅行日记》所描绘，特罗特素描、蚀刻。11. 大幅凹刻铜版画，（转下页）

有过那样多的文学荣誉。牛津大学玛格德琳学院的牧师阿加特先生

（接上页）依傍乔舒亚爵士，道蒂作。12. 大幅罗马式头像，依傍乔舒亚爵士，马尔基[6]作。13. 八开铜版画，手捧一本书在眼前，依傍乔舒亚爵士，霍尔为约翰生《文集》而作。14. 小幅铜版画，依傍一幅写生素描，特罗特为基尔斯利出版的约翰生《传》而刻。15. 大幅铜版画，依傍奥佩，作者为汤利先生（下院的汤利先生的弟弟），这是一位灵巧的美术家，曾在柏林寓居过一段时日，有过做普鲁士国王陛下御用铜版画画家的荣耀。这是所有凹刻铜版画中最精美的作品之一；使它价值非凡的一点是，重印过四五次以后，印版被毁掉了。其中一幅画现在在威廉·斯科特爵士手里。汤利先生最近被说服再作一幅同样的，这样就可以在约翰生博士的仰慕者中间更加广泛地流传。16. 大幅铜版画，依傍乔舒亚爵士给约翰生画的第一幅肖像，希思为本作品的四开本而作。17. 八开铜版画，贝克为本作品的八开本而作。18. 还有一幅为拉瓦特[7]的《面相论》而作，这本书里，约翰生的容貌被按照那位想入非非的作者的原则加以分析。——还有好几枚印章上刻着他的头像，有一枚特别精美，是由杰出的美术家、皇家美术学院会员爱德华·伯奇先生所作，现在在小查尔斯·伯尔尼博士手里。

作为他的人格广受欢迎的一个证据，让我补充一点，伯明翰铸造的铜币上压印着他的头像，在那里作为半便士辅币流通，也在该郡的邻近一些地区流通。

1 安妮·彭尼。

2 多塞特公爵（John Frederick Sackvill-Germaine, 3rd Duke of Dorset, 1745—1799），板球迷；廷臣；罗金厄姆和谢尔本内阁的支持者；肯特郡治安长官（1769—1797）；西肯特民兵上校（1778—1799）；宣誓就任枢密院，王室警卫队长，掌马官（1782）；改变效忠的对象，转而支持皮特（1783）；驻法大使（1783—1789）；嘉德勋位爵士（1788）；马里勒伯恩板球俱乐部创建人（1787）。

3 奥佩（John Opie, 1761—1807），肖像和历史题材画家；神童；雷诺兹和霍勒斯·沃尔浦尔的热情仰慕者；规模宏大的《暗杀苏格兰王詹姆斯一世》（1786）历史画卷获得了戏剧般的成功，在皇家学院展出；经常被说成“英国的伦勃朗”；皇家美术学院会员（1787）；不列颠学院讲师（1804—1805）。

4 希思（James Heath, 1757—1834），铜版画画家；为贝尔版的《不列颠诗人》（109卷，1777—1783）作插图；皇家学院准会员（1791）；乔治三世的历史铜版画画家（1794）；所作约翰生铜版肖像收入鲍斯威尔1790版《传》中。（转下页）

就此事专门在该校的圣马利亚教堂宣讲了一篇布道文[a]。已经出版的关于他的各种传记，各种回忆录，各种文章，有散文，有诗歌，汇集起来定会卷帙浩繁。也有大量攻击他的文字，我认为这也部分说明了他的重要性，攻击的就是他本人融会贯通、大力倡导的原则。很多在他面前瑟瑟发抖的人，当他们不再害怕会有危险的时候，便冒出来大放厥词。在乔舒亚·雷诺兹爵士家的宴会上，约翰生的一个自命不凡的小仇家对他的声名恶意狂吠，牧师帕尔博士以他惯有的大胆生动惊呼："啊，这只老狮子死了，哪头驴都认为可以踢他一蹄子了。"

他去世后不久，大家决定在威斯敏斯特教堂给他树立一座纪念碑，这项决定收到一笔数额十分可观的捐赠的支持。但圣保罗大教堂的教长和全体教士做出决定，允许在那里按一个宏伟的方案建立数座纪念
1002 碑，后来就选定建在大教堂里，并在他的故乡利奇菲尔德的大教堂里

1784年

（接上页）

5 巴尔托洛齐（Bartolozzi，1727—1815），铜版画画家；开"点刻"之风；在佛罗伦萨和罗马成名后于1764年抵达伦敦，以依傍雷诺兹的瑟洛大法官像（1782）出名。

6 马尔基（Giuseppe Filippo Liberati Marchi，1735？—1808），油画家、铜版画画家；应乔舒亚·雷诺兹爵士之邀从意大利来英国寓居；雷诺兹最信得过的复制者和助手之一；参加美术家学会举办的油画和凹版铜刻画展览（1766—1775）。

7 拉瓦特（Jean Gaspard Lavater，1741—1801），瑞士神学家。

a 尚未发表。阿加特先生在写给我的一封信中说："我在学校前宣讲的布道文更强调的是他的道德人格而不是他的思想人格。它尤其考查了约翰生对死亡的恐惧，提出了在临终时善良人担心、不信教者冷漠的好几种理由：这一点是通过对比约翰生博士和休谟先生的死亡加以说明的。经文是《圣经·旧约·约伯记》，第21章，第22—26节。"

再建一座小一些的。[①] 给他写墓志铭，激起了天才们最热烈的竞争[a]。如

---

① 〈此后这座纪念碑便建立起来。它由一组圆形浮雕饰组成，下边有一块匾，上面刻着：

法学博士塞缪尔·约翰生
利奇菲尔德人氏，
其友人为表示景仰之心
特立此碑
以纪念一位学识广博之士，
一位杰出的道德作家，一位忠诚的基督徒。
他于1784年12月13日逝世，享年七十五岁。

——M.〉

a 牧师帕尔博士被要求承担这一任务，他在给威廉·苏厄德先生的一封信里这样表达了自己的看法：

"我把这项艰巨的任务留给某个更有能耐的作者。约翰生成就的多样和辉煌，他的人格、他的私德，以及他的文学作品的奇特，使我茫然不知所措，当我仔细琢磨这种幽邃、艰深的创作时，这一切只有用这种文笔才能在他的纪念碑上加以恰如其分地表达。"

然而我获悉这位伟大的学者，约翰生的热情仰慕者最终还是推脱不了大家再三请求，便履行了这一非常艰巨的任务。〔约翰生博士的纪念碑是一个倚柱而立的巨大人像，自从我们的作家亡故后一直耸立在圣保罗大教堂。碑文是由牧师帕尔博士撰写的，全文如下：

A☧Ω
SAMVELI · JOHNSON
GRAMMATICO · ET · CRITICO
SCRIPTORVM · ANGLICORVM · LITTERATE · PERITO
POETAE · LVMINIBVS · SENTENTIARVM
ET · PONDERIBVS · VERBORVM · ADMIRABILI
MAGISTRO · VIRTVTIS · GRAVISSIMO
HOMINI · OPTIMO · ET · SINGVLARIS · EXEMPLI
QVI · VIXIT · ANN · LXXV · MENS · II · DIEB · XIIII
DECESSIT · IDIB · DECEMBR · ANN · CHRIST · CIↃ · IↃCC · LXXXIIII
SEPVLT · IN · AED · SANCT · PETR · WESTMONASTERIENS.
XIII · KAL · IANVAR · ANN · CHRIST · CIↃ · IↃCC · LXXXV
AMICI · ET · SODALES · LITTERARII

（转下页）

果 laudari à laudato viro① 是极其可贵的，要是我忽略了亨利·弗拉德大人为《英语词典》的作者写的下面一首墓碑诗，我自己也不能原谅自己：[a]

（接上页）

PECVNIA · CONLATA

H · M · FACIVND · CVRAVER.[1]

他手里的卷轴上是下面一行字：

ΕΝΜΑΚΑΡΕΣΣΙΙΙΟΝ Ω ΝΑΝΤΑ ⌶ΙΟΣΕΙΗΑΜΟΙΒΗ.[2]

纪念碑的另一面刻着——FACIEBAT JOHANNES BACON SCVLPTOR ANN. CHRIST. M. DCC. LXXXXV。[3]

纪念碑花费一千一百几尼，捐赠从**文学俱乐部**开始，由约翰生博士的其他朋友和仰慕者完成。〕

1 阿尔法，欧米伽[♁]敬献给塞缪尔·约翰生|英国文学巨匠级语法学家和批评家；|以语句轻灵、言辞凝重|为人称道之诗人；|美德之严师|为人之楷模|享年七十五岁又二月一十四天|卒于基督1784年12月13日|1784年12月20日葬于威斯敏斯特圣彼得教堂|其文学故旧集资|促成本纪念碑之落成。

♁ 〔典出《圣经·新约·启示录》第1章第8节："主神说：'我是阿尔法，我是欧米伽（此乃希腊文字母首末二字），是昔在、今在、以后永存的全能者。'"〕

2 塞缪尔·帕尔博士对狄奥尼修斯·佩里格提斯的一行诗（1.1286）的改动，原句曾被约翰生本人用来结束最后一期《漫游者》（1752年3月4日，第208期）：Αὐτῶν ἐχ μαχάρων ἀντάξιοζ εἶη ἁμοιβη。约翰生本人把这行诗译成一联双韵体："天神们啊！请将虔诚关照，|我的劳作等着诸位给最后的回报。"

3 雕刻者约翰·培根[♁♁]，于基督1795年刻讫。

♁♁ 约翰·培根（John Bacon，1740—1799），皇家美术学会会员，雕刻家；弗拉克斯曼之前英国工业最重要的设计者；由于浮雕《埃涅阿斯将其父从燃烧的特洛亚救出》（1769）获得皇家学院第一枚雕刻金奖；获选为圣保罗大教堂雕刻约翰生的大理石像（1788）；铁杆君主主义者，循道宗信徒，"兼收并蓄者学会"创建人。

① "得到一个人人称赞的人的称赞"。

a 为了防止在这个问题上出现什么误解，好心将这几行文字转交给我的马隆先生，要求我补充下列意见：

"秉公而论，已故的弗拉德先生本人现在正需要，而且非常值得，他的国家给他一篇墓志铭，因为他的杰出的天赋不仅对国家做出了最重要的贡献，而且还带来了最高的荣耀；应当注意，这几行文字绝不是有意作给约翰生博士的一篇正规碑文。如果他答应为那位优秀而不凡的人写一篇（转下页）

无须拉丁或希腊文对我们纪念 1003
　约翰生增添荣耀，或刻写他的坟墓； 1784 年
他的母语声称有这个哀悼的空间，
　来偿还他所给予的不朽。

塞缪尔·约翰生的人格，我相信，在拙著进展的过程中已经得到了详尽的阐述，所以凡是赏光仔细阅读拙著的人都可以被看作对约翰生有了充分的了解。不过，也许有人期望，我把这位不同凡响的人物的主要显著的特点聚集到一个焦点上，尽管做这种很多读者自己可以做得更好的事情多么困难，我还是要努力完成这一部分传记任务[a]。

他身材魁梧，体形匀称，而且具有一尊古代雕像的特质，然而由于有惊厥性痉挛，又有曾经以为国王的贵手一摸就能治愈那种疾病留下的瘢痕，再加上他衣着邋遢，所以形容就显得古怪，有点儿桀骜不驯。他只有一只眼睛能用，然而由于心智统领，甚至弥补了器官的缺陷，所以他的视觉在力所能及的范围内，显出超常的灵敏、准确。他的性情有严重的病态，以至于压根儿就不知道自由、用力运用肢体的天然快乐：他走起路来步态就像一个人戴着脚镣苦苦挣扎；骑在马上，无法驾驭他的坐骑，仿佛坐在气球里被带着前进。有这种体质和生活习惯，竟然还活到七十五岁的高龄，证明一种固

（接上页）恰当而明鉴的墓志铭，凡是知道弗拉德先生的思想魄力的人不会怀疑他会写出与他杰出的对象般配的一篇。然而，事实仅仅是这样的：1789 年 12 月，在为约翰生的纪念碑捐了一大笔款项之后，弗拉德先生也为此慷慨解囊，马隆先生碰巧到伯纳斯街的弗拉德府上拜访，谈话转向拟议中的纪念碑。马隆先生坚持认为墓志铭不管由谁来写，都应当用拉丁文。弗拉德先生有不同的看法。第二天早晨在关于另一个问题的附言中，他提到他仍然坚持他前一天的意见，并附上了上面给出的几行文字。”

a　由于我现在看不出任何理由把我杰出的朋友的人格描述得跟以前描述的有所不同，所以我在《赫布里底群岛旅行日记》中对它的速写的绝大部分都在此采用了。

Johnson's Statue in St Paul's Cathedral

有的 vivida vis① 是人体的一种强大的防护剂。

一般而言，人是由一些相互矛盾的品质构成的；在长期的哲学训练的习惯未达到一种至少表面的一致，如果不是实际的一致的地方，这些品质永远会奇怪地连续表现自己。由于跟天生的心力成正比，这些矛盾的品质会显得更加突出，更加难以调整。因此，约翰生展示了我就人性做出的这种评述的一个突出的例证，对此，我们不应当感到诧异。在某些方面，他在不同的时段，似乎判若两人。
然而，在任何他全心全意地投入、既定了某些责任原则的重大或本 1004
质问题上，却没有这种现象，而仅仅在他的态度上，在他谈话时辩 1784 年
论和想象的铺陈上，才有这种情况。他容易迷信，但决不轻信。尽管他的想象力可能使他相信奇异、神秘的事物，但他强有力的理性怀着戒备之心在考察证据。他是个忠诚、热诚的基督教徒，属于英国国教高教会派，拥护君主政体原则，这一点他不允许别人有任何质疑。也许，这在他早年，使他的心胸无论对于宗教，还是对于政治，都变得有点过于狭隘。尽管他具有特立独行的精神，但他对二者极端自由的危险印象很深，这就导致了他对是人的最宝贵的财富的那种高尚的情感自由的盛行似乎有点不大赞同。不可否认，他是有很多偏见；但这些偏见往往使人联想到他的很多尖刻的言论，它们只不过是奇思异想的戏言，并没有成见和恶意。他坚定不移地坚持宗教和道德义务，既是出于对社会秩序的关心，也是出于对一切秩序的**大源**的尊崇。他的情趣纯正，但不严峻，他难得讨人喜欢，却动辄生人的闲气；他脾气暴躁，但却有最仁慈的心[a]。这颗仁慈之心，不仅在他的条件允许的范围内，以最慷慨的施舍显露出来，而且还显露在成千个积极行善的事例中。他身体有病，病使他常常烦

---

① 生命力。

a 在牛津大学出版的一册文集《波德瑞达的坛子》中有一篇关于约翰生的性格的可取的文章，作者是诺里奇已故的优秀主教霍恩博士。下面一段文字尤其精当："拒绝智慧，就因传达智慧的人的相貌粗野，风度不雅；那无非是扔掉一个菠萝，找的理由是表皮粗糙，除此之外，还是什么呢？"

躁不安；他又有体质性的忧郁症，忧郁的阴云遮暗了他的遐想的明朗，给他的整个思路投下了阴影。因此，在任何时候，我们对他突发的急躁和动气不应当大惊小怪，尤其在受到的无知妄言或放肆无礼挑衅的时候；对他出言轻率和讽刺挖苦，即便针对的是他最要好的朋友，也必须加以谅解。当然，考虑到“在疾病与悲伤交迫之中”，他为了人类的利益，在卷帙浩繁的著作中发挥了自己的才智，尤其是他完成了我们语言的那部伟大而令人惊叹的**《词典》**，我们对他的决心不禁会感到惊愕。这句庄严的经文“因为多给谁，就向谁多取”①，似乎一直在某种严格的意义上萦绕在他的心头，使他对自己的劳作和善举并不满足，尽管比较而言，它们已经很了不起。这样一来，他在这一方面的不可避免的优越感反而成了一种不安的起因。他饱受这种不安之苦，饱受挥之不去的阴郁之苦，使孤独显得可怕，因此关于他，可以这么说，“他若只在今生有指望，就算比众人更可怜”。② 他喜爱赞扬，那是人们把赞扬送给他的时候；但他过
1005 于自负，不屑去追求赞扬。受到奉承，他有点儿飘飘然。在学业上，
1784年 他是个多面手，不囿于某一门，所以不能说是某一门学科的大师；
但他积累了广博多样的学识，在脑海里安排得井然有序，所以可以随时提取。比起其他学人来，他的优势主要表现在可以称之为思维艺术，也就是运用头脑的艺术的能力上，这是一种抓住他的全部知识中的可用之材，再用一种清晰有力的方式把它展现出来的、从不间断的能力。所以我们往往看见知识在悟性迟钝的人的心目中只不过是一堆杂物，在他的心目中却是真正的、显而易见的、实实在在的智慧。他的道德规诫是切合实际的，因为它们是从对人性的亲密了解中提取出来的。他的格言带着信念，因为它们建立在常识的基础之上，是对真实生活的一种非常专注、细微的审视。他的脑海里充满了意象，所以他可以终身都当诗人。然而，值得注意的是，他

① 《圣经·新约·路加福音》，第12章，第48节。

② 《圣经·新约·哥林多前书》，第15章，第19节。

的散文在这一方面无论多么丰富多彩，他的诗作，总体而言，那种绚丽却不是很多，而仅仅以强烈的感情和敏锐的观察取胜，诗句和谐，铿锵有力，尤以英雄双韵体见长。尽管神态通常严肃，甚至令人敬畏，但他具有非同寻常的巧智和幽默。他经常纵情打诨说笑，周围的人往往被逗得乐不可支。他的说笑全然没有邪恶或渎神的毒素，有了这种巨大的优点，对于分享这种说笑的人都是有益无害的。在日常谈话中，他养成了一丝不苟的习惯[a]，所以任何时候，他都以雷霆万钧之势表达自己的思想，他的语言典雅讲究，其效果又受到 1006

1784 年

---

a　尽管任何时代都找不出一个跟约翰生完全相似的人，但他的某些性格特点却在克拉伦登描绘福克兰勋爵的性格时得到了令人叫绝的表现，这位高贵的历史大师是这样描写福克兰勋爵在牛津附近他的府第里的情景的："那样浩淼的巧智，那样稳健的判断，那样无限的遐想，由一种最合乎逻辑的推理囊括进来。——跟他结交的都是最高雅、最精准的人士，因此他的家就是一所规模略小的大学，他们到那里来，与其说是休息，不如说是学习，是为了检查和优化那些在交谈中懒惰和随声附和使之盛行的比较粗疏的论点。"

　　把贝勒对梅纳热的记述引用来记述本传的伟大传主，也是极其适用的："他的杰出的朋友们在题为《梅纳热杂谈录》的文集里为他树起了一座无限光荣的纪念碑。那些正确判断事物的人将会承认这本文集非常适合展示本身就是梅纳热性格的天才和学问的那种广度。我不妨大胆地说，他出版的那些优秀的作品不会像这本文集一样使他与其他学者相比有鹤立鸡群之势。出版具有巨大学术价值的书，把希腊和拉丁诗作译得极其到位，不是一种平常的才能，我承认；但也不是极为罕见的。有人能对无数的事物发表议论，能显示它们的千姿百态，要找这样的人就比较困难了。有多少作家其作品为人叹服，因为里面展现了博大精深的学问，他们却支撑不住一段谈话。那些只凭梅纳热的书认识他的人也许认为他跟那些学者大同小异；但是如果你把《梅纳热杂谈录》拿出来，你就把他和他们区分开了，使他凭一种很少学者具备的天赋知名。似乎他是一个随口就能说千百件开心事的人。他的记忆博古通今，上通朝廷，下达市井；死语言活语言融会贯通，正经事、玩笑事、兼容并包。一言以蔽之，包罗万象。《梅纳热杂谈录》的有些读者觉得是些鸡毛蒜皮的东西却引起了另一些读者的叹赏，因为前者不考虑情况，后者却在意一个人不假思索说出的话与准备付梓的话之间的差异。因此他杰出的朋友们树立一座能够给他不朽的荣光的纪念碑所用的心思，我们是称赞不够的。他们没有必要纠正他们听到的他说的原话；因为，如果这样做了，他们就不是他的言谈的忠实记录者了。"

洪亮的声音、从容徐缓的语速的帮衬。在他身上，一个最讲究逻辑的头脑与一种最丰富的想象合为一体，这就使他在辩论中，占尽了优势：因为他看到时机最为有利时，便能够把道理讲得严密，或者深广。他对自己心智的力度和灵敏度踌躇满志，只要他高兴，便能当在雄辩名单中拼搏过的最伟大的诡辩家；出于一股顶牛抬杠的劲头又乐于炫耀自己的能力，所以他往往以同样的热情和灵巧坚持错误立场。这样一来，有听众的时候，大家就从他的谈话中很难推断出他的真正见解。不过，只和一个朋友相处的时候，他会不偏不倚地讨论一个问题。然而他绝对认真负责，不会把错误蓄意付诸笔墨，让它永久存在，造成危害；在他卷帙浩繁的作品中，只要他认为是真理的东西，他就会认真反复灌输。他的虔诚是恒定不变的，他的一切行为的主导原则也是如此。

这就是**塞缪尔·约翰生**，一位天赋、学养、德操都出类拔萃的人物，越是考虑他的人格，他越会受到当代和后世的仰慕和崇敬。

[Fac-simile (reduced) of Title-page to First Edition]

THE

L I F E

OF

SAMUEL JOHNSON, LL.D.

COMPREHENDING

AN ACCOUNT OF HIS STUDIES
AND NUMEROUS WORKS,
IN CHRONOLOGICAL ORDER;
A SERIES OF HIS EPISTOLARY CORRESPONDENCE
AND CONVERSATIONS WITH MANY EMINENT PERSONS;

AND

VARIOUS ORIGINAL PIECES OF HIS COMPOSITION,
NEVER BEFORE PUBLISHED.

THE WHOLE EXHIBITING A VIEW OF LITERATURE AND LITERARY MEN
IN GREAT-BRITAIN, FOR NEAR HALF A CENTURY,
DURING WHICH HE FLOURISHED.

IN TWO VOLUMES.

BY JAMES BOSWELL, ESQ.

——— *Quò ſit ut* OMNIS
Votiva pateat veluti deſcripta tabella
VITA SENIS.——— HORAT.

VOLUME THE FIRST.

LONDON:
PRINTED BY HENRY BALDWIN,
FOR CHARLES DILLY, IN THE POULTRY.
M DCC XCI.

附录一

年 表

日期	传主与作者要事	文坛要事	历史要事
1707			英格兰与苏格兰合并为大不列颠。
1709	塞缪尔·约翰生出生于利奇菲尔德（9月18日），其父为书商迈克尔·约翰生。	《闲话报》创刊。 巴克莱：《视角新论》。 马修·普赖尔：《诗集》。 罗，编：《莎士比亚作品集》。	马尔普拉凯战役。牛津出任财政大臣；博林布罗克出任国务大臣。
1711		《旁观者》创刊。 休谟出生。	牛津改任大法官。马尔伯勒公爵夫人萨拉·丘吉尔被免去安妮女王宫廷职务，她在那里一度发挥过极大的影响；她丈夫马尔伯勒公爵本人被控盗用公款被解职。
1712	约翰生被带到伦敦受安妮女王触摸治病。	蒲柏：《夺发记》。 盖伊：《琐事》。 卢梭出生。	罗伯特·沃尔浦尔被指控盗用公款被解除陆军大臣职务，并被关进伦敦塔。他的职位由威廉·温德姆爵士接任。
1713		艾迪生：《加图》。 巴克莱：《对话录三篇》。 斯特恩出生。	乌得勒支和约结束西班牙王位继承战争。

（续表）

日期	传主与作者要事	文坛要事	历史要事
1714			尽管博林布罗克密谋将老僭王詹姆斯·爱德华扶上王位，但安妮女王的突然去世使他措手不及，并且导致了汉诺威的乔治一世继位。博林布罗克去职，马尔伯勒恢复原职。
1715		蒲柏翻译《伊利亚特》（卷一）。	牛津与博林布罗克被控叛国。博林布罗克逃往法国。沃尔浦尔被任命为财政大臣，詹姆斯二世党人叛乱——詹姆斯·爱德华（老僭王）入侵苏格兰。路易十四在法国去世。
1716		加里克和格雷出生。	七年会期法——议会期限从三年延长至七年。与法国结盟。
1717	约翰生上利奇菲尔德文法学校。	霍勒斯·沃尔浦尔出生，他是第四代牛津伯爵罗伯特·沃尔浦尔的儿子。伏尔泰被监禁在巴士底狱。	首批天花预防接种在英国实施。
1719		笛福：《鲁滨孙漂流记》（第一部）。 艾迪生去世。	南海危机（泡沫）结束了一个阶段的海外投机。 许多高级政府官员卷入，金钱损失惨重。
1721		斯摩莱特和柯林斯出生。	

（续表）

日期	传主与作者要事	文坛要事	历史要事
1722		笛福：《摩尔·弗兰德斯》。	沃尔浦尔成为国王的首席大臣，直到1741年，这一职位未受争议。马尔伯勒去世。
1723		亚当·斯密出生。	博林布罗克因乔治一世赦免从法国返回。克里斯托弗·雷恩去世。雷诺兹出生。
1724		阿伦·拉姆齐：《万年青》与《茶桌杂集》。 伯内特：《他自己时代的历史》（卷一）。 笛福：《罗克萨娜》。	
1725	约翰生转入斯陶尔布里奇学校。	阿伦·拉姆齐：《文雅的牧人》。	
1726		斯威夫特：《格列佛游记》。 汤姆逊：《冬》。	博林布罗克组织议会反对党。
1727		盖伊：《寓言集》。	乔治一世去世；乔治二世继位。牛顿去世。庚斯博罗出生。
1728	约翰生在家待了两年后，上了牛津大学彭布鲁克学院（10月）。	蒲柏：《群愚史诗》。 盖伊：《乞丐的歌剧》。 哥尔德斯密斯出生。	
1729		劳：《严正号召过一种虔诚圣洁的生活》。 斯威夫特：《一点管见》。 伯克出生。 斯蒂尔和康格里夫去世。	弗雷德里克·路易受封威尔士亲王。

（续表）

日期	传主与作者要事	文坛要事	历史要事
1731	约翰生离开牛津（12月）没有学位。其父去世；约翰生继承二十镑。	《绅士杂志》创刊。 考珀和丘吉尔出生。 圣西蒙：《回忆录》。	
1732	约翰生在博斯沃思市场学校当助理教师。	蒲柏：《人论》（书信一和二）。 盖伊去世。	
1733	约翰生主要生活在伯明翰。翻译洛博的《阿比西尼亚游记》。		沃尔浦尔被迫撤销国内消费税法案。
1734	约翰生发表印行波利齐亚诺诗集的建议，第一次向《绅士杂志》老板凯夫提出愿意效劳。	伏尔泰：《哲学词典》。	盎格鲁—丹麦同盟。
1735	约翰生与伯明翰绸布商亨利·波特的遗孀伊丽莎白·杰维斯结婚。据估计约翰生的妻子带给他七八百镑。出版他翻译的洛博的《阿比西尼亚游记》。		俄—土战争。
1736	约翰生在斯塔福德郡伊戴尔开办一所“私立学校”，其中一名学生是大卫·加里克。	勃特勒：《宗教类比》。	
1737	弟弟纳撒尼尔·约翰生去世。约翰生和加里克一同前往伦敦。约翰生返回利奇菲尔德写完《伊瑞涅》。在利奇菲尔德居留三月后，他与约翰生夫人定居伦敦。	吉本出生。	舞台许可法通过。卡罗琳王后去世。

（续表）

日期	传主与作者要事	文坛要事	历史要事
1738	约翰生“被凯夫先生召募为他的杂志的一名正规助手”。出版《伦敦》、《萨尔皮传》（5月）。计划谋取阿普尔比学校的教职，力图获取牛津大学的文学硕士学位，未能成功。	斯威夫特：《斯文、敏慧谈话全集》。	调查西班牙对英国海员的对待。未来的乔治三世出生。
1739		休谟：《人性论》。	对西班牙宣战（10月）。
1740	詹姆斯·鲍斯威尔出生于爱丁堡，是亚历山大和尤菲米娅的长子。	西伯：为他的传记申辩。 理查逊：《帕美拉》。	威廉·温德姆爵士去世。安森开始环球航行。腓特烈二世（伟大的）成为普鲁士国王。
1741	约翰生是《绅士杂志》上议会辩论的“唯一创作者”（至1742年）。	菲尔丁：《夏美拉》。	议会动议罢免沃尔浦尔（2月）。奥地利王位继承战争。大选。对沃尔浦尔的支持减小。
1742		菲尔丁：《约瑟夫·安德鲁斯》。 申通斯：《女校长》。 扬：《夜思》。	沃尔浦尔辞职。
1743			在奥地利王位继承战争中英国在代廷根打败法国。
1744	约翰生出版《萨维奇传》	埃肯赛德：《想象的快乐》。 蒲柏去世。	对在英军中使用汉诺威部队产生争论。法国对英宣战。
1745		斯威夫特去世。	小僭王查理·爱德华王子领导詹姆斯二世党人叛乱。沃尔浦尔去世。英国在丰特努瓦兵败。
1746	鲍斯威尔上詹姆斯·芒代尔的学校。	柯林斯：《颂歌集》（印的日期是1747年）。	小僭王在卡伦战败。

（续表）

日期	传主与作者要事	文坛要事	历史要事
1747	约翰生发表《英语词典编写计划》，向切斯特菲尔德勋爵提出。	霍勒斯·沃尔浦尔在特威克纳姆建起“一座小哥特式城堡”。 格雷：《伊顿学院远眺》。	
1748	鲍斯威尔离开芒代尔的学校，开始由家庭教师教育。	理查逊：《克拉丽莎·哈洛》。 斯摩莱特：《蓝登传》。 汤姆逊：《怠惰的城堡》。 孟德斯鸠：《论法的精神》。	艾克斯拉沙佩勒和约。(效果不外乎是英法敌对双方的一次休战。从此以后主战场从欧洲转移到各殖民地。)
1749	约翰生出版《人愿皆空》和《伊瑞涅》。《伊瑞涅》被加里克在朱瑞巷上演。亚历山大·鲍斯威尔成为阿夫莱克的领主。	菲尔丁：《汤姆·琼斯》	首席财政大臣佩勒姆引进措施，成功地降低了国债利息。
1750	约翰生开始出版《漫游者》。		
1751		格雷：《墓园挽歌》。 休谟：《道德原理研究》。 法国《百科全书》第一卷。 谢立丹出生。	迪普莱克斯被任命为印度总督，法英两国在该地的冲突日益激烈。威尔士亲王弗雷德里克去世。
1752	约翰生的妻子伊丽莎白去世。《漫游者》出最后一期。 鲍斯威尔病重，在莫弗特康复。	休谟：《政治论说文集》。 勃特勒主教去世。 伯尔尼和查特顿出生。	英法两国在印度和美洲敌对；法军向俄亥俄河谷挺进。切斯特菲尔德的改革使英国历（儒略历）与大陆历（格列高利历）一致。

（续表）

日期	传主与作者要事	文坛要事	历史要事
1753	约翰生开始向霍克斯沃思的《冒险者》撰稿。鲍斯威尔开始上爱丁堡大学。	巴克莱去世。	哈德威克的婚姻法案问世。
1754		休谟：《英国史》（卷一）。 博林布罗克：《哲学作品集》（大卫·马莱编）。 菲尔丁去世。	英法在美洲开战。法军占领迪凯纳堡。佩勒姆去世。精英学会在爱丁堡成立。
1755	约翰生获得牛津大学的文学硕士学位。《英语词典》出版。	卢梭：《论人类之不平等》。	保利领导反对热那亚的科西嘉人起义。里斯本地震。英军攻击纽芬兰的法国船舰。
1756	约翰生给《文学杂志》（1756年创刊）撰稿，推出编一版《莎士比亚》的建议。他拒绝了在林肯郡向他提供的生活方式。	伯克：《自然社会辩》与《崇高与美的哲学探讨》。	威斯敏斯特条约（1月）形成英国和普鲁士的反法同盟。对法国宣战（5月）。这标志着七年战争的开始，为法国革命前最后一次重大冲突。汤森的第一次民兵法案在上院被废除。海军上将宾阻止法军夺取梅诺卡失败；受军事法庭审判（12月）并被处死。皮特出任国务大臣。
1757	鲍斯威尔患抑郁症，玩弄“循道宗教义”，二度访问莫弗特。	斯摩莱特：《英国史》。 布莱克出生。 格雷：《颂歌集》。	皮特–纽卡斯尔内阁。 克莱夫在普莱塞大捷。
1758	约翰生创办一份新的定期报纸《闲散者》。 鲍斯威尔开始在爱丁堡大学攻读法律，开始涉足舞台，与女演员交往。	阿伦·拉姆齐去世。 斯马特：《羊颂》。 伯克和多兹利创办《年鉴》。	占领路易堡（7月）。占领迪凯纳堡（更名皮特堡，现名匹兹堡）。

（续表）

日期	传主与作者要事	文坛要事	历史要事
1759	约翰生的母亲去世——约翰生出版《拉塞拉斯》，“好用所得支付〔她的〕丧葬费用，偿还她留下的某些小债务”。 鲍斯威尔被送到格拉斯哥大学进修民法；听亚当·斯密的哲学讲座；出版《爱丁堡剧院一览》。	斯特恩：《项狄传》（第一、二卷）。 罗伯逊：《苏格兰史》。 伏尔泰：《老实人》。 “罗比”·彭斯出生。 玛丽·沃尔斯通克拉夫特出生。	英军占领魁北克。英海军在拉各斯和基伯龙湾节节胜利。 韦奇伍德在斯塔福德郡开始制造他的新古典陶器。大英博物馆开馆。基尤植物园兴建。
1760	鲍斯威尔跑到伦敦，“尝试”罗马天主教教义，但被埃格林顿伯爵劝说放弃。他返回爱丁堡学法律直到1762年。与佩吉·多伊格艳遇，结果私生子查尔斯出生。	斯摩莱特：《朗斯洛·格里弗斯爵士》（1762年发表完）。	乔治二世去世；乔治三世继位。在怀特菲尔德和卫斯理兄弟领导下循道宗复兴（1739年开始）继续。
1761	鲍斯威尔与安德鲁·厄斯金和乔治·邓普斯特合作匿名出版《悼一位温婉的年轻女士》。	丘吉尔：《罗西亚特》。 理查逊去世。 卢梭：《新爱洛绮丝》。	法国人开始和平谈判。皮特因西班牙战争问题而辞职。
1762	约翰生领受一年三百镑的恩俸。鲍斯威尔再次与厄斯金等人合作出版《苏格兰绅士们的原创诗集》。鲍斯威尔第二次来伦敦，希望当一名近卫步兵军官。	麦克弗森：《莪相集》。 激进报纸《北不列颠人》创刊；由约翰·威尔克斯和查尔斯·丘吉尔主编。 卢梭：《民约论》，《爱弥儿》。 斯图尔特和里维特：《雅典的文物》。	

（续表）

日期	传主与作者要事	文坛要事	历史要事
1763	约翰生遇见鲍斯威尔（5月16日）。“我要培养这一结识”，鲍斯威尔在日记里写道。8月鲍斯威尔前往乌得勒支研究法律在那里成了Belle de Zuylen的朋友。他的儿子查尔斯夭折。	丘吉尔：《饥荒的预言》。 斯马特：《献给大卫的歌》。 玛丽·沃特利·蒙塔古夫人的《土耳其书信》出版。	巴黎和约结束七年战争。英国、法国、西班牙的殖民地利益重新划分，英国得利。比尤特辞职，由格伦维尔取代。威尔克斯由于在《北不列颠人》第45期中攻击政府入狱，后被释放。
1764	鲍斯威尔开始巡游欧洲，造访荷兰、德国、瑞士、意大利、科西嘉和法国。见到卢梭、伏尔泰和保利。	文学俱乐部成立，乔舒亚·雷诺兹爵士是第一发起人，第一批成员中有雷诺兹、约翰生、伯克和哥尔德斯密斯。 哥尔德斯密斯：《旅行者》。 沃尔浦尔：《奥特兰托城堡》。 查特顿：《埃利诺与朱加》。	哈格里夫斯发明詹妮纺纱机。能人布朗对布伦海姆宫的土地作园艺设计。威尔克斯被逐出议会，并剥夺公民权。
1765	约翰生获得都柏林三一学院法学博士学位。经人介绍与思雷尔结识。他编的《莎士比亚集》出版。	珀西：《古英诗钩沉》。 约翰·卫斯理：《日记》（4卷，至1790年）。	印花税条例通过（3月）。循道宗教义兴起，露天布道和“宗教狂热”。
1766	鲍斯威尔返回英国（2月）；其母去世。1766至1769年期间，鲍斯威尔追求凯瑟琳·布莱尔和玛丽·安妮·博伊德，与多兹夫人有私情。	哥尔德斯密斯：《威克菲尔德的牧师》。	皮特组成内阁。印花税条例撤销。确认向殖民地征税权利的法令通过。因面包价格产生骚乱。禁止小麦出口。
1767	约翰生在白金汉宫图书馆与乔治三世谈话。		调查东印度公司。汤森的美利坚进口商品税。普里斯特利的《电的历史》。

（续表）

日期	传主与作者要事	文坛要事	历史要事
1768	鲍斯威尔出版他的第一部主要作品：《科西嘉见闻录，该岛游记和帕斯卡尔·保利回忆录》。	斯特恩：《多情客游记》。 哥尔德斯密斯：《好脾气的人》。 格雷：《诗集》（第一个辑本）。	皮特辞职。科西嘉由法国控制。威尔克斯被选入议会，却被下院拒绝。皇家学院成立，雷诺兹任院长，庚斯博罗被选为三十六位建院成员之一。《大英百科全书》第一版（至1771年）。
1769	鲍斯威尔与他的表妹玛格丽特·蒙哥马利结婚，定居爱丁堡。在斯特拉福德参加加里克一年一度的第一届莎士比亚诞辰庆典，着科西嘉民族服装。编《支持英勇的科西嘉人的英国人论文集》。	伯克：《国家现状感言》和第一封“朱尼厄斯”书信。 罗伯逊：《理查五世传》。	茶税之外的所有汤森税撤销。保利流亡伦敦。詹姆斯·瓦特取得蒸汽机专利。雷诺兹给皇家学院的学生举办第一次讲座。从此时到1791年他举办了一系列讲座，汇集起来后出版，题为《演讲稿十五篇》。阿克赖特发明水力纺纱机，促成纺织业革命化。
1770	约翰生出版小册子《虚假警报》，评述米德尔塞克斯选举。鲍斯威尔在《伦敦杂志》上发表三篇题为《谈演员的职业》的文章。	伯克：《关于当前不满情绪的感想》。 哥尔德斯密斯：《荒村》。 马莱：《北方文物》。 查特顿去世（自杀）。 华兹华斯出生。	诺思勋爵的内阁结束了政治无能期。波士顿“惨案”：英国士兵对攻击海关的暴民开枪，击毙五人。西班牙人占领福克兰群岛，库克发现澳大利亚的植物学湾。
1771	鲍斯威尔为唐纳森的《莎士比亚》第二版写给大卫·加里克的献辞。	贝蒂：《吟游诗人》（卷一）。 斯摩莱特《汉弗莱·克林克》。 格雷和斯摩莱特去世。 沃尔特·司各特出生。	西班牙同意撤离福克兰群岛。

（续表）

日期	传主与作者要事	文坛要事	历史要事
1772		《朱尼厄斯书信集》（第一个辑本）。 柯尔律治出生。	库克第二次航行。普里斯特利宣布发现盐酸和硝酸。
1773	约翰生在鲍斯威尔的陪同下访问苏格兰（8—11月）。	哥尔德斯密斯：《委曲求全》。 弗格森：《诗集》。	授权东印度公司向美利坚出口茶叶令。波士顿茶党（12月）。有人登上印度公司的船只，一箱箱茶叶被扔进港口海里。结果，英国撤销它给该殖民地的特许状。
1774	约翰生在思雷尔一家的陪同下访问威尔士（7—9月）。	切斯特菲尔德：《教子家书》。 沃顿：《英国诗史》（卷一）。 哥尔德斯密斯去世。 骚塞出生。	威尔克斯作为代表米德尔塞克斯的议员进入议会。伯克关于美利坚课税的发言。权利宣言在费城公布，各殖民地的大多数代表拒绝英国的一切进口货物，直到波士顿特许令恢复。
1775	约翰生获得牛津大学民法博士学位。 随思雷尔夫妇访问法国。《苏格兰西部诸岛纪游》和《征税非苛政》。	谢立丹：《情敌》。 奥斯丁、兰姆和兰多出生。 博马舍：《塞维勒的理发师》。	美利坚独立战争开始，华盛顿任司令。伯克关于与美利坚和解的演讲。透纳出生。
1776		吉本：《罗马帝国衰亡史》。 亚当·斯密：《国富论》。 休谟去世。	英军撤离波士顿（3月）。美国独立宣言。瓦特和博尔顿第一个商用蒸汽机。库克开始第三次，也是最后一次南半球航行。

（续表）

日期	传主与作者要事	文坛要事	历史要事
1777	鲍斯威尔定期在《伦敦杂志》上用笔名“疑病症患者”发表文章。	谢立丹:《造谣学校》。 罗伯逊:《美利坚史》。	
1778		伯尔尼:《伊芙琳娜》。 伏尔泰和卢梭去世。	法国承认美国独立与之结盟。英国对法宣战。在英国，罗马天主教宽松法案通过，撤销最具压制性的反天主教法。皮特去世。
1779	《诗人传》前四卷出版。	休谟:《自然宗教对话录》。 加里克去世。	库克在夏威夷被杀。
1780	约翰生的朋友托珀姆·博克莱尔去世。		乔治·戈登领导的伦敦反天主教的戈登暴乱。60 000人掌控该市达一周，洗劫、焚烧所谓的“老教”教堂和住宅，打开新门等监狱。开办主日学校。
1781	约翰生完成《诗人传》。 思雷尔先生去世。		美利坚的英军在萨拉托加投降。
1782	约翰生的健康开始恶化。鲍斯威尔在其父去世后成为阿夫莱克的领主。	伯尔尼:《塞西莉亚》。 拉克洛:《危险关系》。 卢梭:《忏悔录》。	
1783	约翰生患了一次中风(6月)。他在埃塞克斯角建立一家俱乐部。	布莱克:《诗草》。 克雷布:《村庄》。	英国通过凡尔赛条约承认美利坚独立。谢尔本辞职。福克斯-诺思内阁。小皮特出任首席财政大臣，时年二十四岁(12月)。

（续表）

日期	传主与作者要事	文坛要事	历史要事
1784	为约翰生争取在意大利过冬手段的努力未获成功。在利奇菲尔德、阿什伯恩和牛津逗留过后，约翰生返回伦敦(11月)，在门栓巷去世(12月13日)。 鲍斯威尔开始作《传》的准备。	博马舍:《费加罗的婚姻》。 狄德罗去世。	皮特用大选（3月）的可观多数巩固了自己的地位。卫斯理最后与圣公会决裂，任命自己的主教。
1785	约翰生的《祈祷文与默想录》由乔治·斯特拉恩出版。 鲍斯威尔的《赫布里底群岛旅行日记》。	《薄迦梵往世书》译本（查尔斯·威尔金斯爵士）。 考珀:《任务》。	皮特因议会改革法案遭受失败，但成功地推行废除挂名职务和改革行政机构的长期纲领。庚斯博罗的《清晨漫步》。卡特赖特获得动力织布机专利。
1786	鲍斯威尔获准在英格兰开业当律师，举家迁往伦敦。	皮奥齐夫人:《已故塞缪尔·约翰生最后二十年期间的生活轶事》。	普鲁士的腓特烈二世去世。
1787		约翰·霍金斯爵士:《约翰生博士传》。	
1788	鲍斯威尔与朗新代尔勋爵交往。当选卡莱尔的治安法官。	皮奥齐夫人:《与已故约翰生博士往还书信集》。 拜伦出生。	不列颠、荷兰和普鲁士的三国同盟。乔治三世患严重的卟啉症（当时被看作精神病）。摄政危机。沃伦·黑斯廷斯被控在印度压迫和腐败遭弹劾。《泰晤士报》创刊。
1789	鲍斯威尔的妻子去世。	布莱克:《天真之歌》。 举办第一届威尔士诗人、音乐家大会。	法国大革命。巴士底狱攻陷。乔治·华盛顿当选美国第一任总统。

（续表）

日期	传主与作者要事	文坛要事	历史要事
1790	鲍斯威尔辞去治安法官一职。	伯克：《法国大革命反思》。	
1791	鲍斯威尔出版《约翰生传》(5月)。	潘恩：《人权论》。	伯明翰出现反雅各宾骚乱；普里斯特利的住宅受到攻击。威尔伯福斯动议废除奴隶制。新法国大革命历。
1792		沃尔斯通克拉夫特：《女权辩》。 雪莱出生。	奥地利和普鲁士入侵法国，试图恢复君主制，但被击退。9月屠杀保王党人。成立国民公会取代议会；君主制被废，宣布法国为共和国。雷诺兹去世。
1793	《约翰生传》第二版出版。	戈德温：《政治正义》。	路易和玛丽·安托瓦内特被送上断头台（1月21日，10月16日）由于雅各宾派战胜吉伦派，罗伯斯庇尔和圣茹斯特领导下的恐怖统治开始。
1794		安·拉德克利夫：《尤道弗秘史》。 潘恩：《理性时代》。	西印度对法战役，40 000英军阵亡。 英国连年歉收、金融危机和丧失大陆市场造成社会动荡，皮特用高压政策对抗。
1795	鲍斯威尔在伦敦去世(5月)。	刘易斯：《修士》。 济慈和卡莱尔出生。	皮特中止人身保护令(阻止武断拘禁)，安置检举人，削减新闻自由。由于战争，重税就有必要。萧条的经济和一年的饥馑。

附录二

伦敦街道等专有名称译名表

一点说明：

翻译地名，最简便的办法是“音译”，如“纽约”便是。我至今弄不明白的是，当初翻译这个地名的人为什么在有“新英格兰”、“新泽西”这些译名的情况下偏偏不把New York 译成“新约克”？如果“纽约”这一译名在先，后来为什么不参照后译改译而让它固定下来？“纽约”这个译名湮没了该地的历史变迁，不值得效仿。再如Stonehenge，张谷若先生在《苔丝》一书中将它译为“悬石坛”，无论在字义和当初它的宗教用途上都兼顾了，是一个非常好的译名，后出的《英汉大词典》译为“巨石阵”，并为媒体广泛采用，但远不如“悬石坛”精确。至于《世界地名录》干脆将其译为“斯通亨奇”，则令人莫名其妙。如果不是印在《地名录》上，谁也不知道这“斯通亨奇”是个什么。可见，翻译一个小小的地名也是件不可随便的事情。与伦敦相关的一些专有名称，有些在读物中偶尔会见到，译者认为合适的便欣然采用，有些则尽量不以“音译”法处理。如Old Bailey，这是伦敦中央刑事法院的俗称，说直白一点，就是个绰号。就像北京人把央视总部大楼戏称为“大裤衩子”，管国家体育场叫“鸟巢”一样，是有个大体形象的，而“老贝利”跟前面提到的“斯通亨奇”一样，起不到这样的作用。我查过*Brewer's Dictionary of Phrase and Fable*，该书认为Bailey一词很可能来自拉丁文Ballium，意思是enclosure，所以我把它译为“老围子”，我觉得比“老贝利”更像一个绰号。其他一些名称也照此例处理，不知得当与否？

Argyll-street 阿盖尔街

Bedlam 贝德拉姆疯人院
Billingsgate 比林斯门
Bolt-court 门栓巷
Bow-street 弓街
Burlington-gardens 伯林顿花园
Butcher-row 屠户街

Canduit-street 水道街
Canongate Head 教规门角
Castle-street 城堡街
Catherine-street 凯瑟琳街
Cavendish-square 卡文迪什广场
Chancery-lane 官署巷
Charing-cross 查令十字
Charterhouse “特权家园”慈善院
Cheapside 奇普塞德路
Chelsea 切尔西
Church-street 教堂街
Cloisters 修道院路
Cock-lane 公鸡巷
Cork-street 木栓街
Crown and Anchor tavern 冠锚酒馆

Dover-street 多佛尔街
Downing-street 唐宁街
Drury-Lane Theatre 朱瑞巷剧院
Duke-street 公爵街

Essex Head Club 埃塞克斯角俱乐部
Exeter-street 埃克塞特街

Falcon-court 猎鹰巷
Fetter 脚镣巷
Fields, the 大校场
Fleet-street 舰队街
Fountain tavern, the 喷泉酒馆

Gerrard-street 杰拉德街
Golden Hearts, the 金心馆
Goodman's -field 古德曼校场
Gough-square 高夫广场
Greenwich 格林尼治
Grosevener-street 格罗夫纳街
Grub-street 蛇螂街
Gunthwait 冈思威特

Half-Moon 半月街
Hanover-square 汉诺威广场

Harrow 哈罗花园
Holborn 霍尔本路
Houndsditch 猎犬沟

Ivy-lane 常春藤巷

Johnson's Court 约翰生巷

Kensington 肯辛顿
Kit-Cat 吉特–凯特俱乐部

Le Teliers 勒泰利耶饭店
Leiceste-fields 莱斯特园田
Lower Grosevener-street 下格罗夫纳街

Magdalen-Hall 玛格德琳堂
Marybone-Gardens 马里博恩花园
Mitre tavern 主教冠酒馆
Moorfields 沼地区

New Bond-street 新证券街
New Inn Hall 新客堂
Newgate-street 新门街
New-street 新街
Norfolk-street 诺福克街

Old Bond-street 老证券街
Old Swan 老天鹅
Pall Mall 葆尔美尔街
Pantheon 万圣殿
Paternoster-row 念珠街
Piccadilly 皮卡迪利大街
Pine Apple, the 凤梨饭店
Poland-street 波兰街
Poultry 家禽街
Prince's 王子饭店
Pye-street 喜鹊街

Ranelaph 拉内拉夫

Sackville-street 萨克维尔街
Scriblerus Club 斯克里布勒鲁斯俱乐部
Soho 索霍区
Somerset place 萨默塞特馆
St. James-square 圣詹姆斯广场
St. John's Gate 圣约翰门
St. James's-street 圣詹姆斯街
St. Luke's Hospital 圣路加医院
St. Martin's-street 圣马丁街
Staple Inn 主舍
Strand, the 滨河大道

Temple-bar 圣殿栅门
Temple-lane 圣殿巷
Temple-stairs 圣殿浮动平台

The Old-Bailey 老围子（音译“老贝利”，英国伦敦中央刑事法院的俗称）

Turk’s Head Coffee-house 缠头结咖啡馆

Tyburn 泰伯恩刑场

Wapping 沃坪

Warwick Lane 沃里克巷

Water-lane 清水巷

Westchester 西切斯特

Whitechapel 白教堂

Woodstock-street 木头街

非常见地名译名对照表

（参考中国大百科全书出版社《世界地名录》译出）

Aberdeen 阿伯丁
Adbaston, Staffordshire 阿德巴斯顿
Adelphi, Durham Yard 阿德尔菲
Aleppo 阿勒颇
Alkerton, Oxfordshire 奥克顿
Alnwick Castle, Northumberland 阿尼克城堡
Anglesey 安格尔西
Appleby, Leicestershire 阿普尔比
Apsley, Bedfordshire 阿普斯利
Argyllshire 阿盖尔郡
Ashbourne, Derbyshire* 阿什伯恩
Auchinleck, Ayrshire 阿夫莱克（按作者说明的发音翻译）
Aylesbury, Buckinghamshire 艾尔斯伯里
Ayrshire 艾尔郡

Ballinacrazy 巴利纳疯地
Bangor, North Wales 班戈
Barbados 巴巴多斯
Barbary 巴巴里
Barnet, Hertfordshire 巴尼特
Barton, Yorkshire 巴顿
Bath, Somersetshire 巴斯
Beaconsfield, Buckinghamshire 比肯斯菲尔德
Beckenham, Kent 贝肯纳姆
Bedford 贝德福
Belanagare, Roscommon 贝拉纳加
Berwick 伯威克
Birmingham 伯明翰

* 只译前面地名，后面是该地所在的郡或地区，另列译名。

Birnam-wood 蓓尔奈姆森林
Bishop, or Bishop's Stortford, Hertfordshire 主教的斯托尔福德
Blackfriars Bridge 黑衣僧桥
Blair, Ayrshire 布莱尔
Blenheim Park, Woodstock 布莱尼姆公园
Bologna 博洛尼亚
Bradley, Derbyshire 布拉德利
Brecon, South Wales 布雷肯
Brentford, Middlesex 布伦福德
Brewood, Staffordshire 布雷伍德
Brighthelmstone (Brighton) 布赖特赫姆斯顿（布赖顿）
Bristol 布里斯托尔
Brolas(misprinted Brolos), Mull 布罗拉斯
Bromley, Kent 布罗姆利
Brundusium 布伦杜西乌姆
Buxton, Derbyshire 巴克斯顿

Caen-wood, near Hampstead, Middlesex 凯恩伍德
Caithness 凯思内斯
Calais 加莱
Cambrai 康布雷
Cambrai 寒武
Carlisle 卡莱尔
Chantilly 尚蒂伊
Chapel-house, Oxfordshire 礼拜堂
Chatsworth. Derbyshire, the seat of The Duke of Devonshire 查茨沃思
Cheshire 柴郡
Chester 切斯特
Chichester, Sussex 奇切斯特
Clitheroe, Lancashire 克利瑟罗
Colchester, Essex 科尔切斯特
Coliseum 罗马大角斗场
Coll, Isle of, Hebrides 科尔岛
Compiegne 贡比涅
Constantinople 君士坦丁堡
Corte. Corsica 科尔特
Covent Garden 修道院花园
Coventry, Warwickshire 考文垂
Cowdray, Sussex 考德里
Coxheath Camp, Kent 考克斯希斯军营
Cumberland 坎伯兰

Dancala 丹卡拉
Denbigh, North Wales 登比
Derby 德比
Derbyshire 德比郡
Devonport, Devonshire 德文波特
Devonshire 德文郡
Docking, Norfolk 道金

Dover, Kent 多佛
Dresden 德累斯顿
Drogheda, Co Louth, Ireland 德罗赫达
Dumbarton 邓巴顿
Dundee 邓迪
Dunfermline, Fife 邓弗姆林
Dunkirk 敦刻尔克
Dunsinane 邓西南
Dunvegan, Skye, the seat of Macleod of Macleod 邓韦根
Durham, the city 达勒姆

Easton Maudit, Northamptonshire 伊斯顿莫迪特
Eddystone, the 漩涡石灯塔
Edensor, Derbyshire 伊登索
Edial, near Lichfield 伊戴尔
Egg, Isle of, Inner Hebrides 鸟蛋岛
Eglintoune Castle, Ayrshire 埃格林顿城堡
Ellon, Aberdeenshire 埃伦
Elsfield, Oxfordshire 埃尔斯菲尔德
Essex 埃塞克斯

Ferney, Switzerland 费内
Fife 法夫
Floddon 弗洛登
Fontainbleau 枫丹白露
Fort Augustus, Inverness-shire 奥古斯都堡
Fogo 福戈
Friesland 弗里斯兰

Giant's Causeway, Antrim, Ireland 巨人岬
Gloucester 格洛斯特
Goa 果阿
Greenwich, Kent 格林尼治
Gretna Green, Dumfriesshire 格雷特纳-格林
Guadaloupe, West Indies 瓜达卢普
Cunthwaite, East Riding, Yorkshire 冈思威特
Gwaynynog, Denbighshire, family seat of the Myddeltons 格威尼诺格

Hamilton, Lanarkshire 汉密尔顿
Hampstead, Middlesex 汉普斯特德
Harwich, Essex 哈里奇
Heale, near Salisbury, Wiltshire, the seat of W. Bowles 希尔
Helvoetsluys, Holland 海尔福茨吕斯

Henley in Arden, Warwickhire 亨利
Hertfordshire 赫特福德郡
Hockley in the Hole, Clerkenwell 洞里的霍克利
Holyrood, or Holyroodhouse, Palace of, Edinburgh 耶稣受难像宫
Hummums, the 土耳其浴澡堂

Icolmkill (representing the Gaelic I Chaluim Chille) 伊科姆基尔
Inchkeith, an islet in the Firth of Forth 因奇肯尼思
Iffley, near Oxford 伊夫莱
Inverness 因弗内斯
Iona 艾奥纳
Isis, the Thames at Oxford 伊西斯
Islam, or Ilam, Staffordshire 伊斯兰
Isle of Man 人岛
Islington 伊斯灵顿

Johnson's Court, Fleet Street 约翰生巷
Justice Hall 公堂
Justitia 正义号囚船

Kedleston, Derbyshire 凯德尔斯通
Kilmarnock, Ayrshire 基尔马诺克
Knighton, Saffordshire 奈顿

Lambeth 兰伯思
Lanark 拉纳克
Langton, near Spilsby, Lincolnshire 兰顿
Lauffeldt, Belgium 拉菲尔特
Leeds, Yorkshire, West Riding 利兹
Leek, Sraffordshire 利克
Leeward Islands 背风群岛
Leicester 莱斯特
Leyden 莱登
Lichfield, Staffordshire, S.J.'s native city 利奇菲尔德
Lincoln 林肯
Lincolnshire 林肯郡
Lismore, or Lesmoir, Aberdeenshire 利斯莫尔
Little Colonsay 小科伦塞
Llewenny Hall, Denbighshire 卢恩尼山庄
Loch Leven, Argyshire 莱温湖
Loch Lomond, Dumbartonshire and Stirlingshire 洛蒙德湖
Lombardy 伦巴底
Loudon, Ayrshire 劳登
Loughborough, Leicestershire 拉夫伯勒

Luton, Bedfordshire 卢顿
Lyne (Regis), King's Lynn, Nortfolk 林恩

Mamhead, Devonshire 马姆海德
Mandoa, or Mandu, Dhar State, Central India 曼杜
Manyfold, Derbyshire river 多股河
Margate, Kent 马盖特
Market Bosworth, Leicestershire 博斯沃思市场
Massingham, Norfolk 马辛厄姆
Minorca 梅诺卡
Monymusk, Aberdeenshire 莫尼马斯克
Mull, Inner Hebrides 马尔

Neufchatel 新堡
Newport, Shropshire 纽波特
Nimes, France 尼姆
Norbury Park, Surrey 诺伯里园
Norfolk 诺福克
Northumberland 诺森伯兰
Norwich 诺里奇
Nottingham 诺丁汉
Noyon, France 努瓦永

Okerton, misprint for Alkerton 奥克顿
Otaheite, or Tahiti 奥塔希提

Padua 帕多瓦
Pallas, Co. Longford, Ireland 帕拉斯
Palmyra 巴尔米拉
Partney Lincolnshire 帕特尼
Petworth, Sussex 佩沃斯
Plymouth, Devon 朴利茅斯
Port Eliot, Lord Eliot's Estate at St German's Cornwall 艾略特港
Prestick, or Prestwick, Ayrshire 普雷斯特维克
Preston, Lancashire 普雷斯顿
Prestonfield 普雷斯顿菲尔德

Raasay, Inner Hebrides 雷赛
Ranelagh, Chelsea 拉内拉夫
Red Cliff 红崖
Rewley Abbey, Oxford 鲁利
Rhone, the 罗讷河
Rochefort 罗什福尔
Rochester, Kent 罗切斯特

St Albans, Hertfordshire 圣奥尔本斯
St Andrews, Fife 圣安德鲁斯
St Asaph, Flintshire 圣阿萨夫
St Cast, Cotes du Nord, France 圣

卡斯
St Denis 圣但尼
St Gluvias, Cornwall 圣格卢维亚
St Quentin, Aisne, France 圣康坦
Salisbury, Wiltshire 索尔兹伯里
Shefford, Bedfordshire 谢福德
Shrewsbury, Shropshire 什鲁斯伯里
Shropshire 什罗普郡
Skye, Inner Hebrides 天岛
Snowdon, North Wales 斯诺登
Southill, Bedfordshire 南山
Staffa, Inner Hebrides 斯塔法
Staffordshire 斯塔福德郡
Stevenage, Hertfordshire 斯蒂夫尼奇
Stourbridge, Worcestershire 斯陶尔布里奇
Stratford-on-Avon, Warwickshire 艾冯河畔的斯特拉福德
Strathaven, Lanark 斯特雷文
Streatham, Middlesex 斯特雷特姆
Swansea, Glamorgan 斯旺西

Tartary 鞑靼
Taunton, Somerset 汤顿
Tempe 滕比谷
Teneriffe 特内里费（北大西洋的一个岛）
Thebes 忒拜
Thorpe Hall, East Riding, Yorkshire 索普庄园
Tiber 台伯河
Trentham, Staffordshire 特伦特姆
Turin 都灵
Twickenham, Middlesex 特威克纳姆
Tyburn 泰伯恩

Ulva, islerott Mull, Inner Hebrides 阿尔瓦
Urecht 乌得勒支
Uttoxeter, Staffordshire 厄托克塞特

Valencia 瓦伦西亚
Volga 伏尔加
Vranyker, Holland 弗拉尼克

Warley Common, Essex 沃利公地
Warrington, Lancashire 沃林顿
Warwickshire 沃里克郡
Watford, Hertfordshire 沃特福德
Welwyn. Hertfordshire 韦林
Wheatley, Oxfordshire 惠特利
Wickham 威克姆
Witon, or Wilton House, Wileshireseat of the Earl of

Pembroke 威尔顿
Wiltshire 威尔特郡
Winchester, Hampshire 温切斯特
Windsor, Berkshire 温莎
Wittenberg, Saxony 维滕贝格
Wolverhampton, Staffordshire 伍尔弗汉普顿
Woolwich 伍利奇
Worcester 伍斯特
Wrabness, Essex 拉布尼斯
Wrexham, Denbighshire 雷克瑟姆
York 约克
Yorkshire 约克郡

Zeila or Zaila, Britsh Somabland 盖拉

附录四

报刊和作品原名、译名对照表

Account of an Attempt to Ascertain the Longitude at Sea, An (Williams)《确定海上经度尝试记》

Account of Corsica, The Journal of a Tour to that Island (Boswell)《科西嘉见闻录，该岛旅行日记》

Account of the late Revolution in Sweden (Sheridan)《瑞典近期革命纪实》

"Account of the Life of Peter Burman, An" (Johnson-Idler)《彼得·伯曼传简述》

Account of London (Pennant)《伦敦纪事》

Account of the Manners and Customs of Italy, An (Baretti)（意大利风俗纪事）

Account of Scotland in 1702, An《1702年苏格兰纪事》

Account of Switzerland, An (Stanyan)《瑞士纪事》

Acis and Galatea (Gay)《埃西斯与伽拉忒亚》

"Actual, how short of fancied, excellence" (Johnson-Idler)《多么缺乏想像的实际优秀》

Adam's Works in Architecture《亚当建筑学作品集》

"Ad Lauram parituram Epigramma" (Johnson)《致将分娩的劳拉警句诗》

"Ad Ricardum Savage" (Johnson)《献给理查德·萨维奇》

Ad Urbanum (Johnson)《致厄本》

Address of the Painters to Greorge III (Johnson)《画家们献给乔治三世登基的贺词》

"Address to the Reader, An" (Johnson)《致读者》

"Address to the Throne" (Johnson)《奏君王》

Admirable Curiosities, Rarities and Wonders in England《英国的珍奇》

Advancement of Learning (Bacon)《学术的进展》

Adventure, The《冒险者》

Adversaria (Johnson)《笔记本》

Ægri Ephemeris (Johnson)《病人日记》

Ælian (Claudius)《埃利安故事选集》

Æneid (Virgil)《埃涅阿斯纪》

Æsop at Play《玩耍的伊索》

Against Foolish Talking and Jesting (Barrow)《斥愚蠢的谈话和玩笑》

Aglaura (Suckling)《阿格劳拉》

Alchemist, The (Jonson)《炼金术士》

All for Love (Dryden)《一切为了爱情》

Allegro, L' (Milton)《快乐的人》

Amadis of Gaul《高卢的阿玛狄》

Amelia (Fielding)《阿米丽亚》

Analysis of the Scotch Celtic Language, An《苏格兰凯尔特语分析》

Anatomy of Melancholy, The (Burton)《忧郁的解剖》

Ancient History of the Egyptians (Rollin)《古代埃及人史》

Anecdotes (Spence)《轶事集》

Anecdotes, Biographical and Literary (Nichols)《传记、文学轶事集》

Anecdotes of the late Samuel Johnson (Piozzi)《已故塞缪尔·约翰生轶事》

Anecdotes Littéraires《文学轶事》

Anecdotes of Painting in England (Oxford)《英国绘画轶事》

Anecdotes of some Distinguished Persons (Seward)《名人轶事》
Anecdotes of William Bowyer, Printer (Nichols)《印刷商威廉·博耶轶事》
Anglia Libera (Toland)《自由的盎格鲁》
Aningait and Ajut (Penny)《阿宁盖特与阿加特》
Annales (Johnson)《史记》
Annales Ecclesiastici (Baronius)《教会史》
Annales of Scotland (Hailes)《苏格兰编年史》
"Ant, The" (Johnson)《蚂蚁》
Anthologia《希腊文选》
Apocrypha《圣经外传》
Apology for the Life of Colley Cibber, Comedian (Cibber)《为喜剧家科利·西伯传申辩》
"Apology for the *Tale of a Tub*, An" (Swift)《为〈一只澡盆的故事〉辩护》
"Apotheosis of Milton, The"《弥尔顿的神化》
"Appeal to the People concerning Admiral Byng"《关于海军上将宾向民众呼吁》
"Appeal to the Publick in behalf of the Editor, An" (Johnson)《代主编告公众书》
Archæological Dictionary, An (Wilson)《考古学词典》
Argnments in Proof of a Deity (Newton)《神的证据辩》
Ars Amatoria (Ovid)《爱的艺术》
Art of Cookery made Plain and Easy (Glasse)《简易烹饪术》
Art of Living in London (Johnson)《在伦敦的生活艺术》
Art of Poetry (Aristotle)《诗学》
Art of Poetry (Horace)《诗艺》
Aurengzebe (Dryden)《奥伦泽比》

Bas Bleu, Le (More)《蓝袜子》

Bastard, The (Savage)《私生子》

Beauties of Johnson, The《约翰生美文集》

Beaux', Stratagem, The (Farquhar)《花花公子的花招》

Beggar's Opera, The (Gay)《乞丐的歌剧》

Bibliotheca Biographica (Floyd)《传记集》

Bibliotheca Harleiana《哈利书目》

Biblithèque Britannique (Maty)《不列颠文库》

Biblithèque des Fées《文丛》

Biblithèque des Savans《学者文库》

Biographia Britannica《不列颠传记大全》

Biographical Dictionary《传记词典》

Biographia Dramatica 《剧作家传》

Biographical History of England, A (Granger)《英国传记史》

Bon Ton《好情调》

Book of Discipline《戒律书》

Boulter's Monument (Madden)《博尔特的纪念碑》

"Bravery of the English Common Soldiers" (Johnson)《英国普通士兵的英勇表现》

British Princes, The (Howard)《不列颠王子们》

British Synonymy (Piozzi)《不列颠同义》

Codet, a Military Treatise, The《士官生，一篇军事论文》

Caledonian Mercury, The《喀里多尼亚信使报》

Candide (Voltaire)《老实人》

Canons of Criticism, The (Edwards)《批评的准则》

Captain Carleton's Memoirs《卡尔顿上尉回忆录》

Caractacus (Mason)《卡拉克塔科斯》

Careless Husband, The (Cibber)《马虎丈夫》

Carmen Seculare (Horace)《世纪之歌》

Catalogue of the Artists' Exhibition《艺术家展品目录》

Catalogue of the Scottish Bishops (Keith)《苏格兰主教名录》

Cato (Addison)《加图》

Cato Major (Cicero)《大加图》

Cecilia (F. Burney)《塞西莉亚》

Champion, The《斗士》

Chances,The (Beaument & Fletcher)《机遇》

Chemical Essays (Watson)《化学论文集》

Chinese Architecture (Chambers)《中国建筑》

Christian Hero (Steele)《基督教英雄》

Christian Morals (Browne)《基督教道德》

Christian's Defence Against the Fears of Death (Drelincourt)《基督徒对怕死的防范》

Chronicles (Holinshed), (Stow)《编年史》

Cicerniamus (Erasmus)《西塞罗》

Citizen of the World, The (Goldsmith)《世界公民》

Civil and Natural History of Jamaica (Browne)《牙买加人文自然史》

Clarissa Harlowe (Richardson)《克拉丽莎》

Cleone (Dodsley)《克勒俄涅》

Cleonice (Hoole)《克勒俄尼刻》

Codex Divinorum Officiorum《神职人员法典》

Collection of Pieces in Verse and Prose, on Occasion of the Dunciad (Savage, ed.)《贺〈群愚史诗〉诗文集》

Collection of Poems, A (Dodsley)《诗集》

Colombiade, La (Boccage)《哥伦比亚德》

Commentaries (Cæsar)《战记》

Commentaries on the Laws of England (Blackstone)《英国法律评注》

Commentarius de rebus ad eum pertinentibua (Huet)《谈与他有关的事情》

Commentary with notes on the Four Evangelists and the Acts of the Apostles, A (Pearse)《四福音书作者与〈使徒行传〉评注》
Common-Place Book (Locke)《札记簿》
Common Prayer-Book《公祷书》
Companion for the Festivals and Fasts of the Church of England (Nelson)《英国国教会节日与斋戒指南》
Compleat Angler, The (Walton)《高明的垂钓者》
Complete System of Astronomical Chronology, unfolding the Scriptures (Kennedy)《天文年表大系，展现圣经》
Complete Vindication of the Licensers of the Stage, from the malicious and scandalous Aspersions of Mr. Brooke, Authour of Gustavus Vasa, A (Johnson)《对戏剧演出审查官的全面辩驳，从〈古斯塔夫斯·瓦萨〉的作者布鲁克先生的恶意诽谤说起》
Comus (Milton)《科玛斯》
Conduct of the Allies, The (Swift)《盟国的行为》
"Conduct of the Ministry Relating to the Present War Impartially Examined, The"《对目前战事中内阁行为的公正考察》
Confession of Faith Agreed upon by the Assembly of Divines at Westminster《威斯敏斯特神职人员大会的信仰声明》
Confutatio Stultissimœ Burdonum Fabulœ (Scaliger)《寓言〈骡子〉驳难》
Connection (Prideaux)《关系》
Connoisseur, The《鉴赏家》
Conscious Lovers, The (Steele)《自觉的情人》
"Considerations on the Case of Dr. Trapp's Sermons"《特拉普博士布道文事例的考量》
"Consideration on the Dispute between Crousaz and Warburton on Pope's *Essay on Man*" (Johnson)《试评克劳萨斯与沃伯顿关于蒲柏《人论》的争议》
Contentment (Parnell)《满足》

Convict's Address to his unhappy Brethren, The (Johnson and Dodd)《罪犯对他不幸的教友们的讲话》
Coriat Junior《小科里亚》
Creation (Blackmore)《创作》
Critical Review, The《批评评论》
Critical Stritures (Boswell, Erskine, and Dempster)《苛评》
Criticism on the Elegy written in a Country Churchyard: Being a Continuation of DrJ-n's Criticism on the Poems of Gray (Young)《评〈墓园挽歌〉：系 J—n 博士对格雷诗歌批评的续作》
Cursouy Observations on the Poems attributed to Thomas Rowley《刍议归在托马斯·罗利名下的一些诗作》
Cyclopœdia, or an Universal Dictionary of Arts and Sciences (Chambers)《百科全书，又名文理通用词典》

Dæmonology (James I)《鬼魔学》
Day of Judgement, The (Ogilvie)《大审判日》
De Anima Medica (Nicholls)《论药性》
De Animi Tranquillitate (Volusene)《关于心平气和》
De Arte Poetica (Horace)《诗艺》
De Bello Catilinario (Sallust)《论喀提林战争》
De Civitate Dei (Augustine)《上帝之城》
De Claris Oratoribus (Cicero)《著名演说家论》
De Consolatione Philosophiæ (Boethius)《哲学的慰藉》
De generatione insectarum (Redi)《论昆虫的产生》
De Locis Theologicis (Canus)《神学论》
De Natura Deorum (Cicero)《神性论》
De Situ Orbis (Pomponius Mela)《论世界概况》
"Death of a Friend" (Johnson)《一位朋友的亡故》
"Debate on the Proposal of Parliament to Cromwell,to assume the Title

of King" (Johnson)《关于议会劝谏克伦威尔称王的辩论》
"Debates on the Senate of Lilliput"《小人国参议院辩论》
Decline and Fall of the Roman Empire, The (Gibbon)《罗马帝国衰亡史》
Defence of Pluralities《兼职辩》
Defence of the True Liberty of Human Actions from Antecedent Extrinsical Necessity (Bramhall)《来自先前和外在必然的人类行为真正自由辩》
Deformities of Dr. Samuel Johnson, The《塞缪尔·约翰生博士丑文集》
Demonax (Lucian)《德谟那克斯》
Description of the East (Pococke)《东方纪事》
Description of the Empire of China, A (Du Halde)《中国写照》
Description of the Western Isles of Scotland, A (Martin)《苏格兰西部群岛记述》
Deserted Village, The (Goldsmith)《荒村》
Dialogues of the Dead (Lyttelton)《死者对话录》
Diray (Laud)《日记》
Dictionarium Saxonico et Gothico-Latinum (Lye)《撒克逊·哥特–拉丁语词典》
Dictionary (Bayle)《词典》
Dictionary of Ancient Geography, A (Macbean)《古代地理词典》
Dictionary of the English Language, A (Johnson)《英语词典》
Dictionary of Trade and Commerce (Rolt)《新商贸大词典》
Dictionnaire de Commerce《新商贸大词典》
Discourse on the Evangelical History, A (Townson)《福音史谈》
Discourse on the Inequality of Mankind (Rousseau)《论人类之不平等》
Discourses on the Gospels (Townson)《福音书漫谈》
Discourse on Painting (Reynolds)《绘画讲演录》
Dissertation on the Amazons《论亚马孙人》

"Dissertation upon the Epitaphs written by Pope, A" (Johnson)《论蒲柏撰写的墓志铭》
"Dissertation on the Greek Comedy, A" (Johnson)《论希腊喜剧》
"Dissertation upon the State of Literature and Authours, A" (Johnson)《论文学和作者们的状况》
Dissertation on the Ancient History of Ireland (O'Connor)《论爱尔兰古代史》
Dissertation on the Prophecies (Newton)《论预言》
Distressed Mother, The (Ambrose Philips)《悲伤的母亲》
Diversions of Purley (Tooke)《珀利的娱乐》
Divine Legation of Moses, The (Warburton)《摩西神圣使命论证》
Divine Poesie (Waller)《神诗》
Dr. Dodd's last solemn Declaration (Johnson)《多德博士的最后庄严声明》
"Domestick Greatness unattainable" (Johnson)《不可企及的家中大事》
Don Quixote (Cervantes)《堂吉诃德》
Doubts on the Abolition of the Slave Trade (Ranby)《对废除奴隶贸易的怀疑》
Doubts and Questions upon the Law especially of Scotland (Dirleton)《对法律尤其是苏格兰法律的怀疑与疑问》
Douglas (Home)《道格拉斯》
Drapier's Letters, The (Swift)《布商的信》
Drelinecourt on Death《德雷兰库尔论死亡》
Drinking Song to Sleep《对睡眠的祝酒歌》
Drury-lane Journal《朱瑞巷日志》
Dublin Evening Post《都柏林晚邮报》
Dunciad (Pope)《群愚史诗》
Duty of Man《人的责任》
Dying Christian to His Soul, The (Pope)《基督徒离魂》

Easy Lessons in Italian and Engish (Baretti)《意大利语—英语简易课文》

Eclogues (Virgil)《牧歌》

Elegies (Scott)《挽歌集》

Elegy to Lord Villiers (Whitehead)《悼维利尔勋爵》

Elegy Written in a Country Churchyard (Gray)《墓园挽歌》

Elements of Criticism, The (Kames)《批评原理》

Elements of Orthoepy (Nares)《正音法要素》

Elfrida (Mason)《埃尔夫里达》

Elvira (Mallet)《埃尔维拉》

England's Gazetteer《英国地名词典》

English Garden (Mason)《英国花园》

English Grammar (Lowth)《英语语法》

English Malady ,The (Cheyen)《英国病》

Enquiry into the Authenticity of the Poems ascribed to Ossian, An (Shaw)《莪相诗作真伪探询》

Enquiry into the original of Moral Virtue (Campbell)《美德探源》

Enquiry into the present State of polite Learning in Europe, An (Goldsmith)《欧洲纯文学现状探讨》

"Epigram both in Greek and Latin to Eliza, An" (Johnson)《献给伊丽莎的希腊文和拉丁文警句》

"Epilogue" to *The Distressed Mother* (Johnson)《悲伤的母亲》的"收场诗"

Epistle to James Boswell, Esq., occasioned by his having transmitted the moral Writings of Dr. Samuel Johnson to Pascal Paoli, General of Corsicans, An (Kenrick)《致詹姆斯·鲍斯威尔先生书，因他把塞缪尔·约翰生博士的道德文章转交给科西嘉人将军帕斯卡尔·保利而作》

Epistles (Horace), (Ovid), (Pliny)《书札》

Epistola ad Pisones (Horace)《致皮索父子书》
"Epitaph on Philips, a Musician" (Johnson)《音乐家菲利普斯的墓志铭》
"Epitaph on Sir Thomas Hanmer" (Johnson)《托马斯·汉默爵士墓志铭》
"Epitaph on Thomas Parnell" (Johnson)《托马斯·帕内尔墓志铭》
Erse Grammar (Shaw)《盖尔语语法》
"Essay on the Account of the Conduct of the Duchess of Marlborouph" (Johnson)《马尔伯勒公爵夫人行述论》
"Essay on Architecture " (Smart)《论建筑》
Essay on the Character of Hamlet (Robertson)《论哈姆雷特的性格》
"Essay on the Descripion of China by Père du Halde" (Johnson)《论译自迪阿尔德法文原著的〈中国写照〉》
Essay on the dramatic character of Sir John Falstaff, An (Morgann)《论约翰·福尔斯塔夫爵士的戏剧性格》
Essay on Dramatic Poetry (Belsham)《论戏剧诗》
"Essay on Epitaphs, An" (Johnson)《论墓志铭》
Essay on the Future Life of Brutes, An (Dean)《论未来的兽类生活》
Essay of Health and Long Life, An (Cheyne)《健康与长寿论》
Essay on the Learning of Shakespeare (Farmer)《论莎士比亚的学问》
Essay on the Life, Character and Writings of Dr. Samuel Johnson, An (Towers)《论塞缪尔·约翰生的生平，性格和作品》
Essay on Man (Pope)《人论》
Essay on Milton's Use and Imitations of the Moderns in His Paradise Lost (Lauder)《论弥尔顿〈失乐园〉中对现代作品的利用与模仿》
Essay on Miracles (Hume)《奇迹论》
Essay on the Origin of Evil (King)《恶之源论》
Essay on Physiognomy (Lavater)《面相论》
Essay on Pope《蒲柏论》

"Essay on the Style of Dr. Samuel Johnson" (Burrowes) 《论塞缪尔·约翰生博士的文体》

Essay on Tea (Hanway) 《茶论》

Essay towards a New English Version of the Book of Psalms, An (Mudge) 《论诗篇新英文本》

Essay on Truth (Beattie) 《论真理》

Essay on Waters (Lucas) 《水论》

Essay on Wit, Humour, and Ridicule (Morris) 《论巧智，幽默和嘲笑》

Essay on the Writings and Genius of Pope (Warton) 《论蒲柏的作品与天才》

Essay on the Writings and Genius of Shakespeare, An (Mantagu) 《论莎士比亚的作品与天才》

Essay on the History of Mankind (Dunbar) 《人类史论》

Essays Moral and Literary (Konx) 《道德与文学随笔》

Essays Philosophical, Historical and Literary (Belsham) 《哲学，历史和文学论文集》

Essay on several Religious Subjects (Milner) 《论若干宗教问题》

Essence of the Douglas Cause, The (Boswell) 《道格拉斯案件的实质》

Estimate, The (Brown) 《评估》

Ethics (Aristotle) 《伦理学》

Eugenio 《尤金尼奥》

European Magazine 《欧洲杂志》

Evangelical History of our Lord Jesus Christ Harmonized, The (John Lindsary) 《统一本福音教会史》

Evelina (F. Burney) 《埃韦莉娜》

Evidences of Natural and Revealed Religion (Clarke) 《自然和启示宗教的证据》

Examen de l'Essai de M. Pope surl' Homme (Crousaz) 《蒲柏〈人论〉研究》

"Excursion, The"《远足》

Experiments on Bleaching (Home)《漂白实验》

Fable of the Bees The: or Private Vices, Public Benefits (Mandeville)《蜜蜂寓言：或私人作恶，公众获益》

Fall of Mortimer, The《莫蒂默的崩溃》

False Alarm, The (Johnson)《虚假警报》

False Delicacy (Kelly)《假正经》

Father's Revenge, The (Carlisle)《父亲的复仇》

Family Discourses (Croft)《家庭谈话》

Feast of Reason, A (Cumberland)《理性的盛宴》

Feasts and Fasts《节日与斋戒》

Felixmarte of Hircania《伊尔加尼亚的费利克斯玛尔特》

Female Quixote (Lennox)《女吉诃德》

Fingal (Macpherson)《芬戈尔》

Finnick Dictionary《芬兰语词典》

Fitzosborne's Letters《菲佐肖恩书信集》

Fleece, The (Dyer)《羊毛》

"Flight of Time" (Johnson)《光阴似箭》

Florizel and Perdita (Garrick)《弗洛里采尔与珀迪塔》

Fool,The《愚人》

"Foreign History" (Johnson)《外国史》

Fortune, a Rhapsody (Derrick)《运气，一首狂想诗》

Foundling Hospital for Wit, The《才子育婴堂》

"Fountains, The" (Johnson)《泉》

"France II" (Johnson)《法国之二》

Freeholder (Addison)《完全保有者》

"Free Inquiry in to the Nature and Origin of Evil, A"《恶的性质与起源漫探》

“Free Translation of the Jests of Hierocles, A” (Johnson)《歇罗克勒斯笑话集意译》
“Friendship, an Ode” (Johnson)《友谊颂》
Frusta Letteraria《文鞭》
“Further Thoughts on Agriculture” (Johnson)《关于农业的进一步思考》

Gaelick Grammar《盖尔语语法》
Galick and English Dictionary (Shaw)《盖尔语英语词典》
Galick and English Vacalulary (McDonald)《盖尔语—英语词汇》
Gallia Christiona《基督教高卢》
Gazette, The《公报》
Gazetteer, The《新闻记者报》
General Advertiser, The《大广告报》
General Dictionary of the English Language to Establish a Plain and Permanent Standard of Pronunciation (Sheridan)《确定一种平易永久发音标准的英语大词典》
General History of China, The (Du Halde)《中国通史》
General History of the Turks, The (Knolles)《土耳其民族通史》
Gentle Shepherd, The (Ramsay)《文雅的牧人》
Gentleman's Magazine, The《绅士杂志》
Gentleman's Religion《绅士的宗教》
Geographical Grammar《地理入门》
Georgics (Virgil)《农事诗》
Ghost, The (Churchill)《鬼魂》
Golden Grove, The; or, A Manual of Daily Prayers (Taylor)《金林，又名日常祈祷手册》
Good-Natured Man, The (Goldsmith)《好脾气的人》
Government of the Tongue, The《谨言之道》

Grave, The (Blair)《坟墓》
Gray's Inn Journal (Murphy)《格雷律师学院日记》
Greek Anthology, The《希腊文选》
"Greek Epigram to Dr. Birch, An" (Johnson)《献给伯奇博士的希腊文警句》
Greek Grammar (Clenardus)《希腊语语法》
Greek-Latin Lexicon (Pasor)《希腊—拉丁词典》
Greek Theater, The (Brumoy)《希腊戏剧》
Grongar Hill (Dyer)《格伦加·希尔》
Guardian, The《卫报》
Gulliver's Travels (Swift)《格列佛游记》
Gustavus Vasa (Brooke)《古斯塔夫斯·瓦萨》

Hamlet (Shakespeare)《哈姆雷特》
"Happy Life, The" (Johnson)《幸福的生活》
"Hardyknute," ballad of《哈代努特歌谣》
Harleian Catalogue《哈利书目》
Harleian Miscellany《哈利杂集》
Heautontimorumenos (Terence)《自责者》
Henry VIII (Shakespeare and Fletcher)《亨利八世》
Hermippus Redivivus (Campbell)《返老还童的赫米珀斯》
Hermit, The (Parnell)《隐士》
Heroick Epistle to Sir William Chambers (Mason)《致威廉·钱伯斯爵士的英雄体书札》
Hesiod《赫西奥德》
High Life below Stairs (Townley)《楼下的高雅生活》
Hind and the Panther, The (Dryden)《雌鹿与豹子》
Histoirie Généalogique de France《法国家谱史》
Histoirie du Prince Titi (Saint-Hyacinthe)《蒂蒂王子传》

Historia Frisica (Schotanus)《弗里斯兰语史》
Historia Studiorum (Johnson)《我的研究史》
Historiæ Indicæ (Maffei)《印度史》
Historical and Critical Dictionary of the Bible (Calmet)《圣经历史批评词典》
Historical, Geographical, and Critical Dictionary (Martinière)《历史、地理和批评词典》
Historical Law Tracts (Kames)《历史法律论文集》
History of the Amazons, Ancient and Modern (Guyon)《古今亚马孙人史》
History of America (Robertson)《美利坚史》
History and Chronology of the Fabulous Ages, A (Wise)《神化时代史》
History of the Church (Dupin)《教会史》
History of the Connection of the Old and New Testaments (Prideaux)《新旧约关系史》
History of the Council of Trent (Sarpi)《特伦托会议史》
History of Criticism《批评史》
History of Derby (Hutton)《德比史》
History of the Earth and Animated Nature, A (Goldsmith)《博物史》
History of England (Hume)(Martinelli)《英国史》
History of Florence (Machiavelli)《佛罗伦萨史》
History of Great Britain, The (Henry)《大不列颠史》
History of her own Life and Times (Manley)《她自己的生平与时代史》
History of His own Times (Burnet)《他自己时代的历史》
History of Ireland (Leland)《爱尔兰史》
History of the Isles of Scilly (Borlase)《锡利群岛史》
History of the Knight of Malta (Vertot)《马耳他骑士史》
History of Jamaica《牙买加史》
History of late insurrection in Scotland《苏格兰近日起义史》

History of Life of Gustavus Adolphus (Harte)《古斯塔夫·阿道夫生平史》
History of the Life of Henry the Second, and of the Age in which he lived, The (Lyttelton)《亨利二世传及其生活的时代史》
History of Manchester (Whitaker)《曼彻斯特史》
History of Music (Burney)《音乐通史》
History of the New World (Bonzoni)《新世界史》
History of Philip II (Watson)《腓力二世史》
History of the Rebellion (Clarendon)《反叛史》
History of the Rebellion in the Year 1745 (Home)《1745年反叛史》
History of Revival of Learning in Europe《欧洲学术复兴史》
History of the Revolutions of Portugal (Vertot)《葡萄牙革命史》
History of the Revolutions of Sweden (Vertot)《瑞典革命史》
History of the Royal Society (Brich)《皇家学会史》
History of St. Kilda (Macaulay)《圣基尔达史》
History of Scotland (Lesley), (Robertson)《苏格兰史》
History of Staffordshire (Plott)《斯塔福德郡志》
History of War《战争史》
History of Worcestershire (Nash)《伍斯特郡史》
Hob: or, The Country Wake (Cibber)《小妖精，又名乡村节庆》
Holy Rules and Helps to Devotion (Duppa)《圣规与虔诚辅助》
"Hop-Garden, The" (Smart)《啤酒花藤园诗》
"Horrour of the Last, The" (Johnson)《最后的恐怖》
Hudibras (Butler)《休迪布拉斯》
Human Nature (Hobbes)《人性论》
"Humours of Ballamagairy, The"《巴拉马盖里的性情》
Hypochondriack, The (Boswell)《疑病症患者》
Hypocrite, The (Bickerstaffe)《伪君子》

Idler《闲散者》

Iliad (Homer)《伊利亚特》

Illustrations of Philosophical Necessity (Priestley)《哲学必然的说明》

Imitation of Christ (Thomas á Kempis)《效法基督》

Imitations of Horace (Pope)《仿贺拉斯》

Improvement of the Mind (Watts)《心灵之改善》

Inquiry into the Origin of Evil (Jenyns)《恶之探源》

Institutions of Oratory (Quintilian)《演说术原理》

Introduction to the Game of Draughts, An (Payne)《国际跳棋入门》

Introduction to History (Puffendorf)《历史引论》

"Introduction to the Political State of Great Britain" (Johnson)《大不列颠政治状况介绍》

Irene (Johnson)《伊瑞涅》

Italian and English Dictionary (Baretti)《意英词典》

Jacula Prudetum (Herbert)《明智的投枪》

Jealous Wife, The (Colman)《妒妻》

Jerusalem Dilivered (Tasso)《被解放的耶路撒冷》

Jests of Hiercles《歇罗克勒斯笑话集》

Johnsonisna, or Bon-Mots of Dr. Johnson《约翰生杂谭，又名约翰生博士妙语录》

Joseph Andrews (Fielding)《约瑟夫·安德鲁斯》

Journal of Eight Days' Journey, A (Hanway)《八日旅行记》

Journal des Savans《学者报》

Journal of a Tour to the Hebrides (Boswell)《赫布里底群岛旅行日记》

Journey, The (Churchill)《旅程》

Journey to the Western Isles of Scotland, A (Johnson)《苏格兰西部诸岛纪游》

Julia, or the Italian Lover (Jephson)《朱莉娅，又名意大利爱人》

"Junius" (Sir Philip Francis?)《朱尼厄斯书信集》
Juris Civilis Fontes《民法的起源》

King Lear《里亚王》

"Latin Translafion of Pope's Verses on his Grotto" (Johnson)《蒲柏岩洞诗的拉丁文翻译》
Lawyer's Fortune, The: or Love in a Hollow Tree (Grimston)《律师的运气，又名空心树里的爱情》
Lectures (Blair)《演讲录》
Lethe (Garrick)《忘川》
"Letter on the Case of Admiral Byng"《关于海军上将宾一案的书信》
Letter to Dr. Sanuel Johnson, A (Towers)《与塞缪尔·约翰生博士书》
Letter to Mr. Dunning on the English Particle (Tooke)《关于英语小品词致邓宁先生书》
Letter to the People of Scotland, against diminishing the number of the Lords Session (Boswell)《反对减少最高法庭法官人数致苏格兰人民书》
Letter to the People of Scotland, on the Present State of the Nation (Boswell)《告苏格兰人民书，论国家之现状》
Letter to Rutland on Travel (Essex)《关于旅行致拉特兰书》
Letter to the Sheriffs of Bristol on the affairs of America (Burke)《关于美洲事务致布里斯托尔行政司法长官书》
Letter to Sir Thomas Hanmer (Hervey)《与托马斯·汉默爵士书》
Letter to Sir William Windham (Bolinbroke)《致威廉·温德姆爵士书》
Letters (Gay) (Hughes)《书信集》
Letters to and from Dr. Johnson (Piozzi)《与约翰生博士往还书信集》
Letters on the English Nation (Shebbeare)《关于英国的书信》
Letters to His Son (Chesterfield)《教子家书》

Letters from Italy (Sharp)《意大利来信》

Letters to Lord Mansfield (Stuart)《致曼斯菲尔德勋爵书信集》

Letters on Several Subjects (Melmoth)《杂题书信集》

Lettres Persones (Montesquieu)《波斯人信札》

Lexicon to the Greek New Testament (Dawson)《希腊文新约全书词汇》

Lexiphanes (Campbell)《词典型》

Liberal Translation of the New Testament (Harwood)《新约全书意译》

Liberty and Necessity《自由与必然》

Life of Addison (Johnson)《艾迪生传》

"Life of Admiral Blake" (Johnson)《海军上将布莱克传》

Life of Akenside, Mark (Johnson)《埃肯塞德传》

Life of Alfred King of the West Saxons (Johnson)《西撒克逊王阿尔弗烈德传》

Life of Ascham (Johnson)《阿斯卡姆传》

Life of Bacon, Francis (Mallet)《培根传》

Life of Blackmore (Johnson)《布莱克莫尔传》

"Life of Boerhaave, Herman" (Johnson)《布尔哈弗传》

Life of Broome, William (Johnson)《布鲁姆传》

Life of Browne, Sir Thomas (Johnson)《托马斯・布朗爵士传》

Life of Bruce, Robert (Hailes)《罗伯特・布鲁斯传》

Life of Cave (Johnson)《凯夫传》

Life of Cheynel (Johnson)《谢内尔传》

Life of Collins (Johnson)《柯林斯传》

Life of Congreve, William (Johnson)《康格里夫传》

Life of Cowley, Abraham (Johnson)《考利传》

Life of Donne, John (Walton)《多恩传》

Life of Drake, Sir Francis (Johnson)《弗朗西斯・德雷克爵士传》

Life of Dryden, John (Johnson)《德莱顿传》

Life of Garth, Sir Samuel (Johnson)《加思传》

Life of Gay, John (Johnson)《盖伊传》
Life of Gray, Thomas (Johnson)《格雷传》
Life of Hale, Sir Mathew (Burnet)《黑尔传》
Life of Hammond, James (Johnson)《哈蒙德传》
Life of Johnson, Samuel (Hawkins), (Cooke)《约翰生传》
Life of Lyttelton, George (Johnson)《利特尔顿传》
Life of Milton, John (Johnson)《弥尔顿传》
Life of Parnell, Thomas (Goldsmith)《帕内尔传》
Life of Philips, Ambrose (Johnson)《菲利普斯传》
"Life of Philip Barretier" (Johnson)《菲利普・巴雷蒂尔传》
Life of Pope (Ruffhead), (Johnson)《蒲柏传》
"Life of Rescommon" (Johnson)《罗斯康蒙传》
Life of Sarpi Paolo (father Paul), (Johnson)《保罗神父传》
Life of Savage, Richard (Johnson)《理查德・萨维奇传》
Life of Smith, Edmund《史密斯传》
Life of Socrates (Cooper)《苏格拉底传》
Life of St. Ignatius Loyola《圣伊格纳修・罗耀拉传》
Life of Swift, Jonathan (Johnson)《斯威夫特传》
Life of Sydenham, Thomas (Johnson)《西德纳姆传》
Life of Thomson, James (Johnson), (Cibber)《汤姆逊传》
Life of Tickell, Thomas (Johnson)《蒂克尔传》
Life of Waller, Edmund (Johnson)《沃勒传》
Life of Watts, Isaac (Johnson)《瓦茨传》
Life of Young, Edward (Croft), (Johnson)《扬传》
Life and Errours of John Dunton (Dutton)《约翰・邓顿的生平与错误》
Lilliburlero (Burnet)《利利布勒罗》
Literary Magazine; Or Universal Review, The《文学杂志；又名宇宙评论》
Lives (Izaak Walton)《传记集》

Lives of the Poets, The (Cibber), (Johnson)《诗人传》

Logic (Watts)《逻辑学》

London, a Poem, in Imitation of the Third Satire of Juvenal (Johnson)《伦敦，一首诗，仿尤维纳利斯讽刺诗第三首》

London Chronicle, The《伦敦纪事》

London Magazine, The《伦敦杂志》

London and Westminster Improved (Gwynn)《改善后的伦敦和威斯敏斯特》

Love for Love (Congreve)《为爱而爱》

Love and Madness (Croft)《爱情与疯狂》

Love in a Hollow Tree (Grimston)《空心树里的爱情》

Lusiad, The (Camoëns)《卢西亚特》，原名《卢济塔尼亚人之歌》

Macbeth (Shakespeare)《麦克白斯》

Man of feeling, The (Mackenzie)《感情男人》

Man of Taste, The (Bramston)《情趣男人》

Manners (Whitehead)《风俗》

Manuscripts in the British Museum (Birch)《大英博物馆馆藏手稿》

Map and Account of the Middle Colonies in America (Evans)《美利坚中部殖民地地图与概况》

"Marmor Norfolciense; or an Essay on an Ancient Prophetical Inscription in Monkish Rhyme, Lately Discovered near Lynne in Norfolk by Probus Britannicus" (Johnson)《诺福克碑文论，或论最近在诺福克林恩附近发现的僧侣韵古代预言碑文，诚实的不列颠人作》

Martyrdom of Theodora (Boyle)《泰奥多拉殉道记》

"Matrimonial Thought, A" (Boswell)《婚姻畅想曲》

Maxisms, Characters and Reflections (Greville)《箴言，人物，反思》

Medea (Richard Glover or Charles Johnson ?)《美狄亚》

Medicinal Dictionary (James)《医学词典》

Meditations (Marcus Auelious)《冥想录》

Mémoires (Berwick), (Fontenelle)《回忆录》

Memoirs of Agriculture and other Œconomical Arts (Dossie)《农业和其他经济技艺回忆录》

Memoirs and Last Letters (Chesterfield)《回忆录与最后的书信》

Memoirs of the Court of Augustus (Blackwell)《奥古斯都朝廷回忆录》

Memoirs of the Life of David Garrick (Davies)《大卫·加里克生平回忆录》

Memoirs of Frederick III [II], King of Prussia (Johnson)《普鲁士王腓特烈三［二］世回忆录》

Memoirs of Gray's Life (Mason)《格雷生平回忆录》

Memoirs of Great Britain and Ireland (Dalrymple)《大不列颠与爱尔兰回忆录》

Memoirs of the House of Brandenburgh (Frederick)《勃兰登堡王朝回忆录》

Memoirs of Miss Sydney Biddulph (Sheridan)《悉妮·比达尔夫小姐回忆录》

Memoirs of Mr. William Whitehead (Mason)《威廉·怀特海德先生回忆录》

Memoirs of the Protectorate-House of Cromwell (Noble)《克伦威尔护国家族回忆录》

Menagiana《梅纳热杂谈录》

Merchant of Venice, The (Shakespeare)《威尼斯商人》

Messiah (Pope)《弥赛亚》

Metamorphoses (Ovid)《变形记》

Military Memoirs (Carleton)《军事回忆录》

Milton no Plagiary (Douglas)《弥尔顿绝非剽窃者》

Mirror, The《明镜》

Miscellaneous and Fugitive Pieces (Johnson)《即兴杂文集》

Miscellaneous Observations on the Tragedy of Macbeth With Remarks on Sir T.H.'s Edition of Shakespeare (Johnson)《读悲剧〈麦克白斯〉感言，兼评T.H. 爵士版〈莎士比亚〉》
Miscellaneous Pieces (Johnson)《杂文集》
Miscellaneous Poems by Several Hands (Lewis, ed.)《多家杂诗集》
Miscellaneous Poems and Translations (Savage, ed.)《杂诗与译文集》
Miscellaneous Works (Chesterfield)《杂文集》
Miscellanies (Harrison)《杂文集》
Miscellanies in Prose and Verse (Williams)《诗文杂集》
Miscellany of Poems (Husbands, ed)《诗歌杂集》
Modern Characters from Shakespeare《借莎士比亚妙笔描绘现代人物》
Modern Midnight Conversation (Hogarth)《现代午夜谈话》
Monthly Review, The《每月评论》
Moral Philosophy (Hutchinson)《道德哲学》
Moral and Political Dialogues (Hurd)《道德与政治对话录》
Morning Chronicle, The《纪事晨报》
Mother's Catechism for the Young Child, The (Willison)《母亲对孩子的教理问答》
Mourning Bride,The (Congreve)《悼亡的新娘》
Musarum Deliciæ (Sir John Mennes)《缪斯娱乐》
Muse in Livery, A (Dodsley)《穿号衣的缪斯》
Musical Travels of Joel Collyer Through England (Bicknell)《乔尔·科利尔周游英国的音乐之旅》

Natural History of Aleppo, The (Russell)《阿勒颇博物志》
Natural History of Iceland, The (Horrebow)《冰岛博物志》
Nature Displayed (Watts)《流露出的天性》
Night Thoughts (Young)《夜思》

Nomenclature (Ray)《术语录》
Non-Juror, The (Cibber)《拒绝宣誓效忠者》
Northern Antiguities (Percy)《北方文物》
Notes upon the Psalms《诗篇注》
Nugœ Antique (Harington)《陈年琐话》

"Observations on his Britainck Majest's Treaties With the Empress of Russia and the Landgrave of Hesse Cassel" (Johnson)《评不列颠国王陛下与俄国女皇和黑森卡塞尔伯爵签订的条约》
"Observations on the Present State of Affairs" (Johnson)《评当前的事态》
Observations on Spenser's Fairy Queen (Delany)《论斯宾塞的〈仙后〉》
Observations on the Statutes (Barrington)《法规评论》
Observations on Swift《斯威夫特论》
Observer, The《观察家》
Occasional Papers of the Late William Dodd《已故威廉·多德的应急文稿》
"Ode An" (Johnson?) "颂歌"
Ode to Mrs Thrale (Boswell?)《思雷尔夫人颂》
Ode on the Peace, An (Williams)《和平颂》
Ode on the Progress of Poesy (Gray)《诗歌进步颂》
Ode on Saint Cecilia's Day (Dryden)《圣塞西莉亚日颂歌》
Ode on St, Cecilia's Day (Thornton)《圣塞西莉亚日颂》
Ode on Solitude (Grainger)《孤独颂》
Ode to the Warlike Genius of Britain (Tasker)《不列颠战神颂》
"Ode on Winter" (Johnson)《冬颂》
Odes (Cibber), (Cumberland), (Gray), (Horace)《颂歌集》
Odes to Obscurity and Oblivion (Colman and Lloyd)《无名与湮没颂》

Odyssey (Homer)《奥德修纪》

Old Bachelor, The (Congreve)《老光棍》

Old Man's Wish, The (Walter Pope)《老人的心愿》

Olla Podrida (Thomas Monro et al.)《波德瑞达的坛子》

On the Articles of the Christian Faith (Ogden)《论基督教的信条》

On the Asthma (Floyer)《论哮喘》

"On the Death of Stephen Grey, the Electrician"《悼电工斯蒂芬·格雷》

On Distilling Sea-Water (Hales)《论海水提纯》

On Education (Locke)《论教育》

"On Johnson's Dictionary" (Garrick)《赞约翰生的词典》

"On Lord Lovat's Execution" (Johnson)《闻洛瓦特勋爵被处决有感》

Oratio Proverbialis (Beroddi)《格言》

Origin and Progress of Language (Manboddo)《语言的起源与发展》

Orphan of China (Murphy)《中国孤儿》

Othello (Shakespeare)《奥瑟罗》

Palmerino d' Inghilterra Il《英格兰游方僧》

Panegyrick on Dr. Morin (Fontenell)《莫兰博士赞》

Paradise Lost (Milton)《失乐园》

Parallel Lives (Plutarch)《希腊罗马名人比较列传》

Parliamenary Debates《议会辩论》

Pastor Fido, Il (Guarini)《忠实的牧羊人》

Patriot, The (Johnson), (Simpson)《爱国者》

Paulo Purganti and his Wife《保罗·普尔甘蒂和他的妻子》

Pensées Les (Pascal)《思想录》

Penseroso Il (Milton)《幽思的人》

Persian Grammar (Jones)《波斯语语法》

Petition of the City of London to his Majesty, in favour of Dr. Dodd,

The《伦敦市为多德博士呈给国王陛下的请愿书》
Philological Inquiries (Harris)《语文学探究》
Philosophical Enquiry into the Origin of our Ideas of the Sublime and Beautiful (Burke)《崇高与美观念的哲学探源》
Philosophical Survey of the South of Ireland, A (Campbell)《爱尔兰南部的科学考察》
Philosophical Transations《科学学报》
Philosophy (Bolingbroke)《哲学》
"Physical evil moral good" (Johnson)《肉体恶精神善》
Picture, The (Massinger)《图画》
Pilgrim's Progress, The (Bunyan)《天路历程》
Plain Dealer, The《开诚布公的人》
"Plan for a Dictionary of the English Language, A" (Johnson)《英语词典编写计划》
Plan for the Improvement of the English Language, The (Swift)《英语改进计划》
Plays of William Shakespeare, The (Johnson, ed.)《莎士比亚戏剧集》
Pleasures of the Imagination (Akenside)《想象的乐趣》
Poems (Carlisle), (Collins), (Gray), (Smart)《诗集》
Poetæ Græci Heroici (Estienne)《希腊史诗诗人》
Poetical Amusement at a Villa near Bath (Miller)《诗歌娱乐》
Poetical Calender, The《诗歌日历》
Poetical Epistle to Samuel Johnson, A.M., A (Murphy)《致文学硕士塞缪尔·约翰生的一封诗体书信》
Poetical Review of the Literary and Moral character of the Late Samuel Johnson (Courtenay)《诗评已故塞缪尔·约翰生的文学与道德特色》
Poets, The (Apollo Press)《诗人集》
Polemomiddinia (Drummond)《波尔莫米迪尼亚》

Polite Philosopher, The (Forrester)《彬彬有礼的哲学家》
Political Conference (Tyers)《政治会议》
Political Survey of Great Britain, A (Campbell)《大不列颠政治一览》
Political Tracts (Johnson)《政治论文集》
Pope's Miscellanies《蒲柏杂诗集》
Prayers and Meditations (Johnson)《祈祷文与默想录》
Precepter, The《导师》
Preface to the Harleian Miscellany (Johnson)《哈利杂集序言》
Present State of England (Chamberlayne)《英格兰现状》
Project, The (Tickell)《计划》
"Prologue" to *Comus* (Johmson)《科玛斯》"开场诗"
"Prologue" on the Opening of Drury Lane (Johnson)《祝贺朱瑞巷剧院开业》"开场诗"
"Prologue" *to Sir Thomas Overbury* (Sheridan)《托马斯·奥伯里爵士》"开场诗"
"Prologue" to A Word to the Wise (Johnson)《向智者进一言》"开场诗"
Prophecy of Famine (Churchill)《饥荒的预言》
"Proposals for Printing Bibliotheca Harleiana " (Johnson)《刊印哈利书目的建议》
"Proposals for publishing an Analysis of the Scotch Celtick Language" (Johnson)《出版苏格兰凯尔特语分析的建议》
Prose on Several Occasions (Colman)《即景散文》
Prosodia Rationalis (Joshua Steele)《音律论》
Provoked Husband The; or,A Journey to London (Vanbugh and Cibber)《被激怒的丈夫，又名伦敦之旅》
Psalms in Metre《格律圣诗》
Publick Advertiser, The《广告报》
Publick Virtue, a Poem (Dodsley)《公德，一首诗》

Race, The (Shaw)《竞赛》
Rambler, The《漫游者》
Rambler's Magazine, The《漫游者杂志》
Rape of Lucrece, The (Shakespeare)《鲁克丽丝受辱记》
Rasselas, Prince of Abyssinia (Johnson)《阿比西尼亚王子拉塞拉斯》
Reasons of the Christion Religion (Baxter)《基督教的理由》
Recruiting Officer, The (Farquhar)《征兵官》
"Reflections on a Grave digging in Westminster Abbey"《威斯敏斯特教堂一起掘墓事件有感》
"Reflections on the State of Portugal"《葡萄牙状况反思》
"Reflections of the Study of the Law" (Simpson)《法律研究杂感》
Rehearsal, The (Buckingham)《排演》
Reliques of Ancient English Poetry (Percy)《古英诗钩沉》
Remains concerning Britain (Camden)《不列颠志拾遗》
"Remarks on the Militia Bill" (Johnson)《谈〈民兵法案〉》
Remarks on Swift (Cork and Orrey)《斯威夫特评说》
Remonstrance, The (Stockdale)《抗议》
Respublica et Status Regni Hungariœ《匈牙利共和国与王国地位》
Resplicœ Elzeviranœ《埃尔泽菲尔共和国》
Resurrection, The (Blair and Bannatine)《复活》
Retaliation (Goldsmith)《报复》
Retreat of the Ten Thousand《万人大撤退》
Rhetoric (Aristotle)《修辞学》
Rhetorical Grammar (Walker)《修辞语法》
Richard III (Shakespeare)《理查三世》
Rivals, The (Sheridan)《情敌》
"Robbery of Time" (Johnson)《盗窃时光》
Robinson Crusoe (Defoe)《鲁滨孙漂流记》
Roderick Random (Smollett)《蓝登传》

Roman History, from the Foundation of the City of Rome to the Destruction of the Western Empire (Goldsmith)《罗马史》
Rosciad (Churchill)《罗西亚特》
Rosicrucian infallible Axiomata (Heyden)《玫瑰十字会至理名言集》
Round Robin (Burke et al.)《圆形签名请愿书》
Rudens (Plautus)《缆索》
Rusticks (Langton)《乡巴佬》

Sacred Poems (Hailes, ed.)《圣诗集》
Satires (Horace), (Juvenal)《讽刺诗》
Scheme for the Classes of a Grammar School (Johnson)《文法学校授课计划》
Scots Magazine, The《苏格兰人杂志》
Scriptores de rebus Gallicis《高卢秘史》
Seasons, The (Thomson)《四季》
Select Works of Abraham Cowley (Hurd ed.)《亚伯拉罕·考利作品精选》
"Self-denial" (Johnson)《自我否定》
Senilia (Maittaire)《老年》
Sentimental Journey, A (Sterne)《多情客游记》
Serious Call to a Devout and Holy Life, A (Law)《严正号召过一种虔诚圣洁的生活》
Sermons (Clarke), (Sherlock)《布道文集》
Sermons on Different Subjects (Mudeg), (Taylor)《各别主题布道文集》
Sermons on Prayer (South)《关于祈祷的布道文》
Seven Discourses (Reynolds)《七篇演讲》
1738 (Pope)《1738》
Shakespeare Illustrated (Lennox)《插图本莎士比亚》
She Stoops to Conquer (Goldsmith)《委曲求全》

Ship of Fools, The (Barclay)《愚人船》

Short Account of Scotland, 1702, A (Morer)《1702年苏格兰纪事》

Sicilian Gossips The, Idyll XXII (Theocritus)《西西里闲话集》

Siege of Aleppo, The (Hawkins)《围攻阿勒颇》

Sir Thomas Overbury (Savage)《托马斯·奥弗伯里爵士》

Six months' Tour through the North of England (Young)《英格兰北部半年游》

Sketches of the History of Man (Kames)《人类史稿》

Small Whole-Length of Dr. Priestley from his Printed Works, A《采自其印行作品的普里斯特利博士的一帧袖珍全身像》

"Soldier's Letter"《士兵的书信》

Some Account of the Life of William Shakespeare (Malone)《威廉·莎士比亚生平的一些说明》

"Some further Particulars in Relation to the Case of Admiral Byng, by a Gentleman of Oxford" (Johnson)《关于海军上将宾案情的更多细节，一名牛津学子作》

Spectator, The《旁观者》

Speculum humanœ Salvationis《人类拯救镜鉴》

Speech to the Recorder of London (Johnson & Dodd)《给伦敦刑事法院法官的陈述》

Spiritual Diary and Soliloquies,A (Rutty)《心灵的日记与独白》

Spleen, The (Green)《忧郁》

State Trials (Howell)《公诉案判例》

"Stella in Mourning" (Johnson?)"《穿丧服的斯苔拉》

Stratford Jubilee, The (Gentleman)《斯特拉福德喜庆》

Student, or Oxford and Cambridge Miscellany, The《学子，又名牛津与剑桥杂志》

Sugar Cane, The (Grainger)《甘蔗》

Suspicious Husband, The (Hoodly)《多疑的丈夫》

Tale of a Tub, A (Swift)《一只澡盆的故事》

Tatler, The《闲话报》

Tatler Revived, The《复兴闲话报》

Taxation no Tyranny (Johnson)《征税非苛政》

Tears of Old-Mayday, The (Lovibond)《老五朔节的泪水》

Telemachus (Fénelon)《忒勒马科斯》

Telemachus, a Mask (Graham)《忒勒马科斯，一出假面剧》

Tempest, The (Shakespeare)《暴风雨》

Theodosius (Lee)《迪奥多西》

"Thesis in Civil Law" (Boswell)《民法论文》

"Thinking" (Johnson)《思想》

Thoughts on the Coronation of George III (Gwyn)《乔治三世加冕有感》

Thoughts on the late Transactions respecting Falkland's Island (Johnson)《关于福克兰群岛最近事态的思考》

Thoughts in Prison (Dodd)《狱中杂感》

Three Hours After Marriage《婚后三小时》

"Three Warnings, The" (Piozzi) "三条警告"

"To the Honourable Miss Monckton" (Boswell)《献给可敬的蒙可顿小姐》

"To Miss— on her giving the Author a gold and silk network Purse of her own weaving" (Johnson)《致某小姐，感念她惠赠作者一只亲手编织的金丝网络钱包》

"To the most impudent Man alive"《致世间最无耻的人》

"To a Young Lady on Her Birth-day" (Johnson)《献给一位少女的生日贺诗》

Tom Jones (Fielding)《汤姆·琼斯》

Tour through the Highlands of Scotland and Hebrides (Konx)《苏格兰高地与赫布里底群岛游记》

Tour to the Northern Parts of Europe, The (Wraxall)《北欧游记》
Tour to Scotland and the Hebrides, A (Johnson)《苏格兰和赫布里底群岛纪游》
Tour in Scotland and Voyage to the Hebrides, A (Pennant)《苏格兰和赫布里底群岛纪行》
Tour through Sicily and Malta, A (Brydone)《西西里、马耳他游记》
Tractate on Education (Milton)《论教育》
Tracts by Warburton and a Warburtonian, not admitted into the Collection of their respective Works《沃伯顿集外文集》
Transactions of the Royal Society of Edinburgh《爱丁堡皇家学会会刊》
"Translation of Abbè Guyon's Dissertation on the Amazons" (Johnson)《阿贝·居永的〈论亚马孙人〉翻译》
"Translation of Fontenelle's Panegyrick on Dr. Morin" (Johnson)《丰特奈尔的〈莫兰博士赞〉翻译》
Traveller, The (Goldsmith)《旅行者》
Travels through Germany (Keyssler)《德意志游记》
Travels through Holland (Blainville)《荷兰游记》
Travels through Portugal and Spain (Twiss)《葡萄牙西班牙游记》
Travels from St Petersburgh in Russia to divers parts of Asia (Bell)《从俄国圣彼得堡到亚洲各地游记》
Treatise on Civil Architecture (Chambers)《民用建筑论》
Treatise on Cold Bath (Floyer)《论冷水浴》
Treatise describing and explaining the construction and use of New Celestial and Terrestrial Globes, A (Adams)《天球仪论》
Treatise on Oeonomy (Xenophon)《经济论》
Tristram Shandy (Sterne)《项狄传》
Turkish History (Knolles)《土耳其史》
Turkish Spy, The《土耳其间谍》
Tusculan Questions (Cicero)《图斯库鲁姆问题》

Union, The《联合》

Universal Chronicle; or Weekly Gazette, The《环球纪事周报》

Universal History《世界史》

Universal Passion, The (Young)《普遍激情》

Universal Prayer (Pope)《通用祷文》

Universal Visitor, The《宇宙来客》

Vanity of Human Wishes, being the Tenth Satire of Juvenal imitated, The (Johnson)《人愿皆空，仿尤维纳利斯讽刺诗第十首》

"Verses to a Lady, on Receiving from Her a Sprig of Myrtle" (Johnson)《献给一位小姐，收到她相赠的一枝爱神木后作》

"Verses to Mr. Richardson, on his Sir Charles Grandison"《献给理查逊先生的诗，吟咏他的查尔斯·格兰迪森爵士》

Vicar of Wakefield (Goldsmith)《威克菲尔德的牧师》

View of the Internal Evidence of the Chistian Religion (Jenyns)《评基督教之内证》

View of the State of Religion in the Western parts of the World (Sandys)《西方世界的宗教形态观》

Village, The (Crabbe)《村庄》

Vindication of the Appendix to the Poems, Called Rowley's, A (Tyrwhitt)《为称为罗利诗作的附录辩诬》

Virtue, an Ethick Epistle《美德，一封道德书信》

"Vision of Theodore the Hermit, found in the Cell" (Johnson)《在其密室里发现的隐士西奥多的幻象》

Voyage to Abyssinia, A (Lobo)《阿比西尼亚游记》

Voyage to the Pacific Ocean, A (Cook and King)《太平洋航行记》

Voyage to the South Seas (Forster)《南大洋航行记》

Wanderer, The (Savage)《流浪者》

Way of the World, The (Congreve)《如此世道》

Wealth of Nations, The (Smith)《国富论》

Weekly Miscellany《每周杂志》

Weekly Gazette《周报》

Whole Duty of Man《人的全部责任》

Wife, A (Overbury)《妻子》

Winter (Thomson)《冬》

Winter Evenings (Knox)《冬晚》

"Winter's Walk, The" (Johnson?)《冬日漫步》

Wonder! A Woman Keeps a Secret, The (Centlivre)《奇迹！一个女人会保密》

Word to the Wise, A (Kelly)《向智者进一言》

Works (Johnson)《作品集》

Works of Jonathan Swift, D. D .,The (Hawkesworth, ed.)《乔纳森·斯威夫特作品集》

Works of Shakespeare With Comments and Notes, The (Warburton and Pope)《评注本莎士比亚作品集》

World, The《世界》

World Displayed, The (New Newberry)《世界览胜》

Year's Journey through France and Part of Spain, A (Thicknesse)《法国全境、西班牙部分地区一年游》

"Young Author, The" (Johnson)《青年作家》

Zobeide (Cradock)《佐贝德》

索 引
作品与文学人物①

'Account of an Attempt to ascertain the Longitude at Sea', written by S.J. for Z. Williams 12, 149, 164
Account of Corsica i, ix, 287, 297–8, 449, 1032 n. 255
Account of Scotland in 1702 655, 1052 n. 766
Account of the Life of Richard Savage, by S.J. 11, 12, 90, 93, 95–7
Acis and Galatea 654, 1052
Ad Lauram parituram Epigramma 91
Ad Richard Savage, by S.J., *see Account of the Life of Richard Savage*
Address of the Painters to Geo. III (1760), by S.J. 14, 188
'Address to the Throne, after the expedition to Rochefort' (1757), speech on, by S.J. 172
'*Adriani morientis ad animam suam*' 751
Adventurer, The 12, 115–16, 129, 137–9, 150, 172
Adversaria, by S.J. 114
Aeneid 45, 274, 275, 529 n. a, 883, 884
Aesop at Play 626, 1050
Amadis de Gaula, romance of 476
Anecdotes of Dr Johnson, by Thrale, Hester Lynch (q.v.) xli n. 11, xliii n. 36, li n. 135, 27–8, 43, 55, 218, 220–21, 253, 259, 363, 401, 479, 648, 705, 951–5
Anecdotes of some distinguished Persons, by Seward, William (q.v.) l n. 121, 587, 1002, 1061 n. 1018, 1062 nn. 1019 and 1021, 1071 n. 1262
Aningait and Ajut (by Anne Penny), dedicated to S.J. 1000
'Ant, The', S.J.'s poem 276
'Apotheosis of Milton' 82
'Appeal to the publick in behalf of the Editor', by S.J. 10, 82
Appius, in the *Cato Major* of Cicero 972, 1070 n. 1245
Art of living in London 61
Artists' Catalogue, *see Catalogue of the Artists' Exhibition* (1762)
As You Like It 662 (III.ii.205), 951 (I.ii.113)

Bas Bleu, Le, by More, Hannah (q.v.) 823
'Bayes', character of 350, 725, 1035 n. 328, 1057 n. 890
Beauties of Johnson, The 120, 847–8, 1000
Beaux' Stratagem, The, by Farquhar, George (q.v.) 511, 545, 1044 n. 567, 1056 n. 635
Beggar's Opera, The, by Gay, John (q.v.) 457–8, 501, 594, 630, 696–7, 815–16, 1041 n 486, 1049 n. 687, 1062 n. 1027
'Betty Broom', story of, *The Idler* 898
Bible 21, 251, 277, 341, 475, 509, 547, 657, 716, 819, 913, 936, 977, 990, 996, 1023 n. 65, 1048 n. 667
'Bibliotheca Harleiana', 11, 12, 20, 88–9, 91; *see also* Index of Persons, Others: Osborne, Thomas

---

① 原版索引中的页码对应本书页边码，下同。

'Bibliothèque des Savans', S.J's *Dictionary* reviewed in 174
Biographia Britannica li n. 133, 503, 584, 617, 700, 791, 914
Biographical Dictionary 192, 584
Blake, Life of Admiral, contributed by S.J to the *Gentleman's Magazine* 11, 85
Bluebeard 356, 1036 n. 338
Boniface, character in Farquhar's *The Beaux' Strategem* 511
Book of Discipline, of the Church of Scotland 352
'Bravery of the English Common Soldiers', essay by S.J. 14, 179
'Broomstick, The Life of a' 469
'Burman, Peter, An Account of the Life of', by S.J. 11, 88
Burton's Books 904

Cadet, The 13, 167
Caledonian Mercury 16, 835
Canons of Criticism 143
Carleton's Memoirs 947
Casimir's 'Ode to Pope Urban' 67
Catalogue of the Artists' Exhibition, 1762, preface by S.J. 15, 196
Catalogue Raisonné 89, 529
Catholicon, by Balbus, Joannes (q.v.) 456, 476
Cento 309, 1033 n. 283
Champion, The, a periodical 97
Chances, The, by Beaumont, F. and Fletcher, J. (q.v.) 384
Cheynel, Life of, by S.J. 12, 127
Chinese Architecture by Chambers, William (q.v.) 14, 867
Chinese Stories 79
Clanranald, book of 428–9
Claudian 976, 1039 n. 433
Cleone, by Dodsley, Robert (q.v.) 175, 773
Cleonice, by Hoole, John (q.v.) 417
Colombiade, The, by Boccage, Mme du (q.v.) 946
Common Prayer, Book of 27, 572, 880, 926
Compleat Vindication of the Licensers of the Stage 10, 82
Compositor, Mr 941
'Conduct of the Ministry relating to the present War' (1756) 13–14, 167
Confession of Faith, Larger and Shorter Catechisms, agreed upon by the Assembly of Divines at Westminster 411
Confutatio stultissimae Burdonum Fabulae, by Scaliger, J. J. (q.v.) 401
Connoisseur, The, by Thornton, Bonnell and Colman, George (qq.v.) 222
'Considerations on the Case of Dr. Trapp's Sermons' 10
'Considerations on the Dispute between Crousaz and Warburton', by S.J. 11, 91
Conversation between His Most Sacred Majesty George III and Samuel Johnson, separately issued by J.B. 282, 535
Convict's Address by Dodd, Dr William (q.v.) 598–9, 612–13
Coriat Junior, by Samuel Paterson 353
Coriolanus 662 (III.ii.256–7)
Corsica, Account of, by J.B. i, 9, 266, 273, 287, 292, 297–8, 303, 449, 574, 1032 n. 255
'Corycius Senex' 860

Dawson's *Lexicon in Novum Testamentum* (1706) 743
'Debate on the Proposal of Parliament to Cromwell' 11, 86
Defence of Pluralities, by H. Warton 389, 1038 n. 389
Deformities of Dr. Johnson, The 847
Demonax, by Lucian 781
De veritate Religionis 43, 1021 n. 32
Diabolus Regis 560, 1048 n. 652
Dialogues of the Dead, by George Lord Lyttleton (q.v.) 503, 795
Diary, The 979

Dictionary of the English Language, by S.J. viii, xv, 12, 30, 101, 104–7, 122, 139–44, 150, 154–6, 159–63, 165, 174, 204, 234, 244, 335–6, 343, 346, 368–9, 399, 581, 583, 609, 628, 709, 742, 765, 883, 944, 989, 997, 1000, 1004, 1023 n. 71; *see also Plan of a Dictionary of the English Language*
Dirleton's Doubts, by Nisbet, Sir John (q.v.) 634
'Dissertation on the Epitaphs written by Pope', by S.J. 13, 166
'Dissertation on the State of Literature and Authours', by S.J. 13, 166
Distressed Mother, The, by Budgell, Eustace (q.v.) 36, 103, 542, 1021 n. 25
Don Quixote, by Cervantes, Saavedra, Miguel de (q.v.) 459
Double the Cape, to 476
Douglas, a tragedy, by Home, John (q.v.) 240, 434, 562
Drugger, Abel, character in Ben Jonson's *Alchemist* 536, 1045
Drury Lane Journal 122
Dublin Evening Post 979

Eagle and Robin Redbreast 69
Eclogues, by Virgil (q.v.) 884
Edinburgh Review xlv n. 79
Eglogues 150
England's Gazetteer 936
'Epitaphs, Essay on', by S.J. 11, 85, 179
Epocha 590
'Essay on Architecture', not by S.J. 13, 165
'Essay on the Account of the Conduct of the Duchess of Marlborough', by S.J. 11, 88
Essay on the Character of Hamlet, by Robertson, Dr Thomas (q.v.) 776
Eugenio, by Beach, Thomas (q.v.) 72, 387–8, 1037 n. 379
European Magazine 193, 280, 316
'Examen of Pope's Essay on Man' 80
'Excursion, The', a poem 276

Fable of the Bees, by Mandeville, Bernard (q.v.) 681–2
Faculty, The 678
Fall of Mortimer, The 561
False Alarm, The ix, 15, 318, 338, 432, 743, 779, 821, 1015
False Delicacy 288, 1031 n. 246
Falstaff 136, 869, 938, 1025 n. 102
Fantoccini 219, 1029 n. 185
Felixmarte de Hircania, by Melchior Ortega de Ubeda 31
Female Quixote 12, 196
Fingal, by Macpherson, James (q.v.) 326, 418, 420, 421, 425, 544, 901–2, 1034 n. 298
Finnick Dictionary 150–52
Fitzosborne's Letters, by Melmoth, William (q.v.) 753, 914
Fleece, The, by Dyer, John (q.v.) 506
Fool, The 281
'Foreign History', in *Gentleman's Magazine* 11, 12, 89
Fortune, a Rhapsody, by Derrick, Samuel (q.v.) 73
Fossilist 425
Foundling Hospital for Wit 923, 1068 n. 1164
Fountains, The, by S.J. 15, 85, 276
Freeholder, by Addison, Joseph (q.v.) 433
'Friendship, an Ode', by S.J. 91, 276
Frusta Letteraria, by Baretti, Guiseppe Marc'Antonio (q.v.) 616
'Further Thoughts on Agriculture' 13, 165

Gallia Christiana 475
Gargantua, Rabelais's giant 662
Gazetteer, The 14, 187
Genealogical History of the House of Yvery, A 873
General Advertiser 12, 126

Gentleman's Magazine viii, 10–12, 14–15, 17, 25, 36, 53, 57, 66, 69, 74, 81, 82, 85–6, 88, 91, 93–5, 101, 103–4, 108, 117, 127, 139, 172, 176, 189, 216, 256, 294, 697, 708, 770, 938, 978–9, 994, 1020 n. 13, 1022 nn. 43 and 55, 1059 n. 955
Gentleman's Religion 936
Geographical Grammar 936
Geography, Dictionary of Ancient, by Macbean, Alexander (q.v.) 15, 369, 532
Georgics 45, 328, 860, 884
Good-natured Man, The, by Goldsmith, Oliver (q.v.) 103, 119, 285, 287, 696
Government of the Tongue 728, 858, 1057 n. 896
Gray's Inn Journal, by A. Murphy 156, 166, 190
Grongar Hill, by Dyer, John (q.v.) 934, 1086 n. 1182
Guardian, The 112, 977
Gustavus Adolphus, History of, by Harte, Dr Walter (q.v.) 323, 807
Gustavus Vasa, by Brooke, Henry (q.v.) 10, 82

Hamlet 69 (III.iv.62), 345 (III.ii.39–40), 417 (III.ii.358), 422 (III.i.80), 465 (III.ii.66), 546 (III.i.58–90 and V.ii.44), 614 (III.i.68), 620 (I.iii.41), 643 (I.ii.184), 713 (I.ii.133), 804 n. a (III.iv.54–61), 948 (I.ii.184)
Happy Life, The 276
Hardcastle, Mrs and Miss, in *She Stoops to Conquer* 376
'Hardyknute, Ballad of' 307
Harleian Catalogue, *see* 'Bibliotheca Harleiana'
Harleian Miscellany viii, 12, 100
Hebrides, Journal of a Tour to the, by J.B. x, xxxiii, li n.133, lii n. 136, 4, 25, 65, 84, 88, 96, 113, 124, 171, 186, 228, 238–9, 254, 355, 375, 403, 419, 424, 465, 575, 606, 626, 669, 698, 719, 859, 880, 914, 916, 922, 986, 1003, 1049 n. 676
1 Henry IV 136 (V.iv.156–7), 938 (II.v.452)
2 Henry IV 863 (I.ii.10)
Henry V 305
Henry VIII 17 (IV.ii.69–72), 169 (III.ii.359), 803 n. a (IV.ii.50–51, 67–8), 896
Hermippus Redivivus, by Campbell, Dr John (q.v.) 221, 493, 1043 n. 539
Hermit, The, *see Vision of Theodore the Hermit* 12, 108
Heroic Epistle, by Mason, William (q.v.) 825, 938
High Life below Stairs 766, 1059 n. 944
Histoire généalogique de la maison royale de France 475
History of the Council of Trent, *see* Index of Persons, Others: Sarpi, Father Paul
History of the War 189
Hob in the Well or The Country Wake, by Cibber, Colley (q.v.) 513, 1044 n. 570
Honore mutant mores (Polydore Vergil) 173, 835, 1063 n. 1062, 1027 n. 139
'Humours of Ballamagairy' 376
Hypochondriack, The, by J.B. 864, 1064 n. 1094
Hypocrite, The 434

Idler, The (an earlier paper than S.J.'s) 177
Idler, The, by S.J. viii, ix, xv, liii n. 158, 14, 131, 161, 177–9, 184, 197, 898, 1021
Imitatio Christi 646–7, 774, 917; *see also* Index of Persons, Others: Kempis, Thomas à
Imlac (why so spelt) 779; *see also Rasselas*
Impransus 80

Introduction to the Game of Draughts, by Payne, William (q.v.) 14, 171
'Introduction to the Political State of Great Britain', by S.J. 13, 166
Introductions by S.J. 10–12, 14–16, 52, 85–6, 88, 91, 93, 100, 101, 107–8, 127, 139, 159–60, 161–2, 171, 174, 191, 196, 260, 261, 276, 307, 362, 369, 379, 417, 446, 475, 573, 578, 584, 596, 627, 643, 718, 724, 746, 781–2, 922, 953, 977, 1027 n. 130

Jealous Wife, The, by Colman, George, the elder (q.v.) 195, 1028 n. 163
Johnny Armstrong's Last Goodnight 214
Johnsoniana; or a Collection of Bon Mots. By Dr. Johnson and Others 496, 697, 1001
Journal Britannique 155
Journal des Savans 284
Journal of a Tour to the Hebrides, *see Hebrides, Journal of a Tour to the*
Journey into North Wales 413
Journey to the Western Islands of Scotland, by S.J. ix, 15, 243, 423, 426–8, 429, 433, 455–6, 570, 574, 596, 616, 671, 686, 802, 858, 867, 1017, 1039 n. 430

King Lear 658 (III.iv.135), 729 (II.iv.123ff.)

'Let ambition fire thy mind' 630
Lethe, a dramatic satire 127, 1024 n. 94
Letter to Dr. Samuel Johnson occasioned by his late political Publications, by Towers, Joseph (q.v.) 432
Letter to Samuel Johnson, LL.D. 779
Lexiphanes, by Campbell, Archibald (q.v.) 286
'Lilliburlero', ballad of 447, 1040 n. 458
Literary Magazine, or Universal Review, The 13, 166, 169, 172, 176, 648
Lives of the Poets, by Bell, John and Cibber, Theophilus (qq.v.) 106–7, 534–5, 538
Lives of the Poets, by S.J. xlviii, 44, 61, 709, 718, 724, 726, 732, 734, 737, 749, 781, 783, 798–9, 804, 822, 846, 853, 894, 921, 941, 1000–1001, 1035 n. 327, 1043 n. 553, 1053 n. 793, 1060 n. 983, 1062 n. 1028
London: A Poem, by S.J. viii, xxvi, 10, 51, 57, 69, 73–4, 75–7, 83, 108–9, 239, 242, 304, 555, 671, 761, 1034 n. 306, 1056 n. 879
London Chronicle, The 14–15, 171, 253, 313, 372, 643, 807
London Gazette 226
London Magazine, The ix, xvi, xli n. 6, xlii n. 28, xlvi n. 92, liv n. 161, 82, 330, 1020 n. 13, 1064 n. 1094
Love and Madness, by Croft, Herbert (q.v.) 867, 1064 n. 1103
Love in a Hollow Tree, by Grimston, Viscount (q.v.) 808
Love's Labour's Lost 816–17 (II.i.66–76)
Lusiad, The 900–901; *see also* Index of Persons, Others: Mickle, William Julius
Lyce, To, by S.J. 101–2

Macbeth 12, 100–101, 162, 306–7, 435, 448, 988, 1033 n. 282, 1039 n. 438, 1046 n. 638, 1059 n. 946, 1071 nn. 1269–70
Mag. Extraordinary, see Gentleman's Magazine 90
Mahomet and Irene viii, 10, 59, 62, 64–5, 73, 88, 110–11, 127, 130, 765, 1022 n. 48

Man of Feeling and *Man of the World*, *see* Index of Persons, Others: Mackenzie, Henry 192
'Manners', a poem, by Whitehead, Paul (q.v.) 73
Marmor Norfolciense, by S.J. 10, 82–3
Matrimonial Thought, A, by J.B. 317
Memoirs of Frederick III [II], King of Prussia, by S.J. 13, 166
Memoirs of Miss Sidney Biddulph, by Sheridan, Frances (q.v.) 191, 206
Messiah, by Pope 10, 39–40, 147, 1025 n. 112
'Military Dictionary' 81
Mirror, The 983
Miscellaneous and Fugitive Pieces, 'by the Author of the Rambler', published by Tom Davies 405
Miscellaneous Observations on the Tragedy of Macbeth, by S.J. 12, 100–101
'Misella', of *The Rambler* 125
Monthly Review, The liii n. 157, 284, 534–5, 1043 n. 555
Morning Chronicle 848–9
Morton's 'Exercise' 976
mottoes 178; *see also Adventurer*, *Idler* and *Rambler*
Mourning Bride, by Congreve, William (q.v.) 207, 304–5, 1033 n. 272
Much Ado About Nothing 679 (III.v.33)
Musarum Deliciae 695
Muse in Livery, by Dodsley, Robert (q.v.) 503
Musical Travels of Joel Collier 170

Nature Displayed 936
New and General Biographical Dictionary (1761–2) 584
New Testament xxv, xxxiv, 221, 265, 278, 344, 374, 410, 469, 538, 605, 684, 743, 924, 930; *see also* Bible
Nugæ Antiquæ 864, 1000, 1064 n. 1097

'Observations on his Britannick Majesty's Treaties', by S.J. 13, 166
'Observations on the Present State of Affairs', by S.J. 13, 166–7
Observer, The, by Cumberland, Richard (q.v.) 799, 979, 1070 n. 1256
'Ode, An', by S.J. 101
'Ode on Winter', by S.J. 104
Ode to the Warlike Genius of Britain, by Tasker, Revd William (q.v.) 726
Odyssey, by Homer (q.v.) 884
Old Bailey, *Sessional Reports* 295, 309, 820
Old Man's Wish, The, by Pope, Walter (q.v.) 772, 1059 n. 960
Olla Podrida, by Horne, Dr George (q.v.) 1044, 1072 n. 1296
Orphan of China, by Murphy, Arthur (q.v.) 176
Othello 481 (II.i.162), 539–40, 712 (III.iii.347–8)
Overbury, Sir Thomas, a tragedy, by Savage, Richard (q.v.) 300, 582

'Palmerin of England', 'Palmerino d'Inghilterra' 519, 1044 n. 580
parliamentary journals 69
Pastor Fido, by Guarini, G. B. (q.v.) 711
Paterson v. *Alexander*, Scottish law case 461
Patriot, The, by S.J. 15, 415–16, 432
Patriot, The, a tragedy, by Simpson, Joseph (q.v.) 533
Philosophical Transactions 13, 167, 284
Piozzi Letters, by Thrale, Mrs (q.v.), *Letters to and from Dr. Johnson* 17
Plain Dealer 90, 100
Plan of a Dictionary of the English Language, by S.J. 12, 104, 106, 139, 140, 156
Poetical Calendar, by Fawkes and Woty 15, 203

Poetical Review of the Literary and Moral Character of the Late Samuel Johnson: LL.D, by Courtenay, John (q.v.) 40, 433
Poets, Lives of the, see Lives of the Poets
Polite Philosopher, The, by Col. James Forrester (q.v.) 530
Political Tracts, by S.J. 432, 500
Prayers and Meditations, by S.J. 17, 28, 57, 113, 130, 164–5, 177, 187, 189, 191, 241, 460, 472, 571, 728, 973, 998
Preceptor, The 12, 108
Prefaces, biographical and critical, to the Works of the English Poets, by S.J., *see Lives of the Poets*
Present State of England, by Edward Chamberlayne 936
Prince Titi, by Thémiseul de Saint-Hyacinthe 471
Proceedings of the Committee . . . for Cloathing French Prisoners of War 15, 189
Profession, The 678, 935
Project, The, by Tickell, R. (q.v.) 695
Prologue . . . at the Opening of the Theatre in Drury-Lane, by S.J. 10, 103, 297, 773, 1068 n. 1185
'Properantia' 125
Provoked Husband, The, or The Journey to London, by Cibber, Colley and Vanbrugh, Sir John (qq.v.) 288, 1031 n. 247
Psalmorum Codex 476
Public Advertiser, The 163, 1034 n. 308

Rambler, The, by S.J. viii, xv, 12, 81, 112–17, 119–21, 125, 139, 156, 177, 190, 218, 229–30, 336, 401, 405, 432, 505, 616, 812–13, 838, 916, 943, 991, 1000
Rambler, Beauties of the, see Beauties of Johnson, The
Rambler's Magazine 113
Rasselas, by S.J. ix, 14, 41, 182–4, 229–30, 371, 522, 594, 694, 716, 771, 931, 954, 1021 n. 29, 1022 n. 41, 1044 n. 581, 1068 n. 1175
Recueil des Poètes 737
'Reflections on a Grave digging in Westminster Abbey', by Miss Williams 276
'Reflections on the Stage of Portugal', not by S.J. 13, 165
Rehearsal, The, by Buckingham, the 2nd Duke of (q.v.) 350, 940
Remarks on Dr. Johnson's Journey to the Hebrides 427
'Remarks on the Militia Bill', an essay by S.J. 13, 166
Remonstrance, The, by Stockdale, Percival (q.v.) 319
Respublica Hungarica 264
Respublicæ Elzevirianæ 545, 1045 n. 618
Resurrection, The, a poem 192
Retirement, The, a poem 330
Richard II 75 (I.iii.309), 423 (I.iii.309), 869 (I.iii.309)
Roderick Random, by Smollett, Tobias (q.v.) 186
Romeo and Juliet 304 (II.i.156), 339 (V.i.40)

Sappho, in Ovid 356, 1036 n. 339
Scots Magazine 66
Scrub, character in Farquhar's *Beaux' Stratagem* 556, 1046 n. 635
Senilia, by Michael Maittaire 764
Serious Call, by Law, William (q.v.) 43, 324, 936, 1068 n. 1167
Sessional Reports 295
Shakespeare Illustrated, by Lennox, Charlotte (q.v.) 12, 139, 768
Ship of Fools, by Barclay, Alexander (q.v.) 150
Sidney Bidulph, Memoirs of Miss, by Sheridan, Frances (q.v.) 191, 206
Siege of Aleppo, by Hawkins, William (q.v.) 46, 665

Soldier's Letter 90
Somnium, by S.J. 39
South Sea Report 91
Spectator, The 112, 114, 117, 300, 316, 356, 362, 373, 459, 536, 542, 616, 649, 753, 776, 780, 806, 814, 962, 977, 1088, 1021 n. 25, 1032 n. 259, 1036 n. 340, 1041 n. 493, 1049 n. 687, 1059 n. 961, 1061 n. 1013, 1070 n. 1230
'Speculum humanæ Salvationis' 474
Spleen, The, by Matthew Green 538, 742, 1045 n. 601, 1058 n. 917
Squire Richard, character in Vanbrugh and Cibber's *Provoked Husband* 920, 1067 n. 1159
State Trials 91
Stella in Mourning, poem by S.J. 101
Stratford Jubilee, The, a comedy by Francis Gentleman 516, 1044 n. 576
Student, The, or The Oxford and Cambridge Monthly Miscellany (1750–51) 12, 117, 127
Sugar Cane, a Poem, by James Grainger 15, 253, 506–7
Suspicious Husband, The, by Hoadly, Dr Benjamin (q.v.) 288, 1032 n. 249
Suspirius, character of *Rambler* 119, 288
System of Ancient Geography, by Macbean, Alexander (q.v.) 15, 369, 532

Tale of a Tub, by Swift, Jonathan (q.v.) 238, 385, 433, 1029 n. 198
Tatler, The 112
Tatler Revived, The (1750) 112
Taxation no Tyranny (1775) by S.J. ix, xxii, lxviii, 16, 430, 432, 442, 632, 643, 677, 1020 n. 15
Tears of Old May-day, by Edward Lovibond 60
Telemachus, a Mask (1763), by Graham, Revd George (q.v.) 15, 218, 464, 575, 1029 n. 182
Tempest, The 514 (IV.i.153), 765 (I.ii.358–60), 776 (IV.i.10–11)
Thales 74
Theodore the Hermit, Vision of, see Vision of Theodore the Hermit 12, 103
Theodosius, by Nathaniel Lee 516, 1044 n. 576
Thoughts on the late Transactions respecting Falkland's Islands, by S.J. ix, 15, 331–2, 1034 n. 307
Three Warnings, The, by Thrale, Mrs (q.v.) 276
Timon of Athens 777
'To Miss —, on her giving the Authour a gold and silk net-work Purse' 101, 276
Transactions of the Royal Society of Edinburgh 776, 1060 n. 970
Turkish Spy, The 875, 1065 n. 1110
Two Gentlemen of Verona 316 (III.i.101)

Ulysses 8, 12
Union, The 69
Universal Chronicle, or Weekly gazette (1758–60) 14, 177, 184
Universal History 16, 936, 979
Universal Visiter and Monthly Memorialist (1756–8), ed. Smart and Rolt 13, 102, 165, 446

Vanity of Human Wishes, The, by S.J. viii, 10, 108–9, 183, 264, 268, 315, 381, 587, 630, 643, 717, 1051 n. 730
'Verses to a Lady, on receiving from her a Sprig of Myrtle', by S.J. 54, 973
'Verses to Mr. Richardson, on his Sir Charles Grandison', by Miss Williams 276
Village, The, by Crabbe, George (q.v.) 861

Vindication of the Licensers of the Stage, see Compleat Vindication . . . 10, 82
Virtue, an Ethick Epistle 631
Vision of Theodore the Hermit, by S.J. 21, 108

Way to Keep Him, The, by Arthur Murphy 292, 1010
Whole Duty of Man, The (1658) 42, 387, 936, 1021 n. 31
Wildair, Sir Harry 513, 1044 n. 572
Winter's Walk, The, by S.J. 102
Word to the Wise, by Kelly, Hugh (q.v.) 581–2, 584
World, The, a periodical edited by Edward Moore (1753–6) 113, 140–42, 222
World, The, Fashionable Advertiser, newspaper (1787–90) 526
World Displayed, The (1759–61) 14, 185, 901
Wronghead, Sir Francis, character in Vanbrugh and Cibber's *Provoked Husband* 188, 1032 n. 248

Yvery, A Genealogical History of the House of (1742), by the Earl of Egmont and others 873

Zobeide, tragedy by Joseph Cradock 538
Zozima, name of a character in *The Rambler* 125

索 引
约翰生和鲍斯威尔相关

约 翰 生

主要事件

1709 Birth 24
1712 Taken to London and 'touched' by Queen Anne 28
1717 Enters Lichfield Grammar School 29
1725 Visits his uncle, Cornelius Ford, at Pedmore 31
Enters Stourbridge Grammar School 31
1726 Returns home 32
1728 Enters Pembroke College 38
Translates Pope's *Messiah* 39
1729 Leaves Oxford (12 Dec) and returns home 47
1731 Death of his father 47
1732 Usher at Market Bosworth 50
At Sir Wolstan Dixie's 50
1733 At Birmingham 50, 51
1734 Returns to Lichfield 53
Publishes proposals for printing the Latin poems of Politian 53
Returns to Birmingham 53
Offers to write for the *Gentleman's Magazine* 53
1735 Publishes Lobo's *Abyssinia* 52
Marries Mrs Porter 56
Opens a school at Edial 57
1737 Goes to London with Garrick 59
Offers to translate Sarpi's *History of the Council of Trent* 62
Returns to Lichfield and finishes *Irene* 63
Removes to London with his wife 65
1738 Becomes a writer for the *Gentleman's Magazine* 66
Publishes *London: A Poem* 69
Publishes proposal to translate Sarpi's *History* 78
Contributes 'Life of Father Paul' to the *Gentleman's Magazine* 81
1739 Seeks headmastership of Appleby School and the degree of MA 76–7
Contributes 'The Life of Boerhaave' and other pieces to the *Gentleman's Magazine* 82
Publishes *A Compleat Vindication of the Licensers of the Stage* 82
Publishes *Marmor Norfolciense* 82

Parts from Savage 93
Translates Crousaz's *Commentary on Mr. Pope's Principles of Morality*; R.W. Chapman and A. T. Hazen, *Suppl. To Courtney* 834
1740 Contributes lives of Blake, Drake and Barretier to the *Gentleman's Magazine* 85
Begins to write the *Debates* 86
Writes prologue for Garrick's *Lethe* 86
1741 Contributes conclusion of the Lives of Drake and Barretier 86
Writes *Proposals* for Dr James's *Medicinal Dictionary* 92
1742 Publishes *Proposals for printing Bibliotheca Harleiana* 88, 89
Writes 'Life of Sydenham' 88
1743 Writes dedication and some of the articles for James's *Medicinal Dictionary* 11, 92
Takes upon himself a debt of his mother's 93
1744 Publishes *The Life of Savage* 93
Life of Barretier published as a pamphlet 93
Contributes the introduction to *The Harleian Miscellany* 100
1745 Publishes *Miscellaneous Observations on the Tragedy of Macbeth* 100
Boulter's Monument, in which Johnson 'blotted a great many lines', published 171
1747 Writes prologue on the opening of Drury Lane Theatre 103
Publishes *Plan of a Dictionary* 104
1748 Contributes 'Life of Roscommon' to the *Gentleman's Magazine* 108
Contributes the preface and 'The Vision of Theodore the Hermit' to *The Preceptor* 108
1749 Publishes *The Vanity of Human Wishes* 108
Irene produced and published 110, 111
Forms the Ivy Lane Club 107
1750 Begins *The Rambler* 113
Writes prologue for *Comus* 126
Writes preface and postscript for Lauder's *Essay on Milton's Use . . . of the Moderns* 127, 128
1751 Dictates to Lauder a letter acknowledging his fraud 127
Contributes 'Life of Cheynel' to *The Student* 127
1752 Concludes *The Rambler* (14 March) 113
Death of his wife (17 March) 129
Composes sermon for her 132
Miss Williams begins to reside with him 276
Writes dedication to Mrs Lennox's *Female Quixote* 196
Gets to know Reynolds 133, 134
1753 Begins the second volume of the *Dictionary* 139
Contributes to *The Adventurer* 137
Writes dedication to Mrs Lennox's *Shakespeare Illustrated* 139
1754 Continues to contribute to *The Adventurer* 139
Contributes 'The Life of Cave' to the *Gentleman's Magazine* 139
Visits Oxford 146
Gets to know Murphy 190
Chesterfield recommends the *Dictionary* in *The World* 190–91

1755 Writes letter to Chesterfield 142
Becomes an MA of Oxford 153
Publishes the *Dictionary* 159
Writes for Zachariah Williams 'An Account of an Attempt to ascertain the Longitude' 163
Subscribes to Mrs Masters's *Familiar Letters and Poems on Several Occasions*, which he is said to have revised 898
Projects a *Bibliothèque* 155
1756 Publishes an abridged edition of the *Dictionary* 165
Contributes to the *Universal Visiter* 165
Superintends and contributes freely to the *Literary Magazine* 166
Contributes 'Memoirs of the King of Prussia' and other essays to the *Literary Magazine* 166
Publishes an edition of Sir Thomas Browne's *Christian Morals*, with his Life prefixed 166
Writes the introduction to *The London Chronicle* 171
Contributes dedication and preface to Payne's *Introduction to the Game of Draughts* 171
Contributes preface to Rolt's *Dictionary of Trade and Commerce* 191
Issues proposals for an edition of *Shakespeare* 171–2
Introduced to Percy 31
1757 Writes for the *Literary Magazine* 172
Editing *Shakespeare* 260
Dictates a speech on an Address to the Throne 172
Writes the first two paragraphs of the preface to Chambers's *Designs of Chinese Buildings* 867
1758 Begins *The Idler* 177
Introduced to Burney 176
1759 Editing *Shakespeare* 185
Writes advertisement for the proprietors of *The Idler* 185
Death of his mother 181
Publishes *Rasselas* 182
Visits Oxford 185
Gets acquainted with Beauclerk 135
Writes three letters to the *Gazeteer* 188
1760 Probably editing *Shakespeare* 189
Concludes *The Idler* 177
Writes 'An Address of the Painters to Geo. III on his Accession to the Throne' 188
Writes dedication of Baretti's *Dictionary of the English and Italian Languages* 188
Writes introduction to the *Proceedings of the Committee for Cloathing French Prisoners* 188
1761 Writes dedication to and edits Ascham's *English Works* for Bennet 245
Visits Lichfield in the winter (of 1761–2) 198
1762 Editing *Shakespeare* 260
Pensioned 199
Writes an account of the Cock-Lane Ghost imposture 216

Writes preface to *A Catalogue of the Pictures, Sculpture, &c., exhibited by the Society of Artists* 196
Writes dedication to and concluding paragraph of Kennedy's *Complete System of Astronomical Chronology* 195
Trip to Devonshire with Reynolds 201
1763 Meets Boswell for the first time 204, 207
Trip with him to Harwich 243, 247
Writes 'Character' of Collins for Fawkes and Woty's *Poetical Calendar* 203
Writes dedication to Hoole's *Tasso* 204
1764 Editing *Shakespeare* 253
Visit to Langton, Lincolnshire 251
The Club founded 251
Visits Percy at Easton Maduit 255
Reviews Grainger's *Sugar Cane* and Goldsmith's *Traveller* 253
Seriously ill in this year and/or the next 254
1765 Friendship with the Thrales begins 257
Visits Cambridge 256
Receives the degree of LLD from Dublin 256
Publishes his *Shakespeare* 260
'Engages in politics' with W. G. Hamilton 257
1766 Contributes to Miss Williams's *Miscellanies* 278
Writes dedication to Adams's *Treatise on the Globes* 286
Writes dedication to Gwynn's *London and Westminster Improved* 276
Spends more than three months at Streatham 276
Passes a month at Oxford 276
1767 Interview with the King 281
Writes dedication to Hoole's *Metastasio* 963
Spends nearly six months in Lichfield 279
1768 Writes prologue to Goldsmith's *The Good-natured Man* 287
Spends about two months at Oxford 288
1769 Appointed professor in ancient literature to the Royal Academy 296
Writes the character of Dr Mudge 806–7
Spends at least a month at Oxford 297
Visits Lichfield and Ashbourne 296
Stays with the Thrales at Brighton for some five weeks 297
Appears as a witness at Baretti's trial in October 309
1770 Revising his edition of *Shakespeare* 319–20
Publishes *The False Alarm* 318
1771 Revises the *Dictionary* 335
Writes *Thoughts on . . . Falkland's Islands* 331
Recommended to Lord North as an MP 332
Spends six weeks in the summer at Lichfield and Ashbourne 335
1772 Revises the *Dictionary* 336
1773 Publishes the fourth edition of the *Dictionary* 369, 371
Writes preface to Macbean's *Dictionary of Ancient Geography* 369
Tour to Scotland 402–4
Miscellaneous and Fugitive Pieces published by Davies 405
Johnson–Steevens edition of *Shakespeare* published 369

1774 Death of Goldsmith (4 April) 410–11
Visits Burke at Beaconsfield 414
Publishes *The Patriot* 414
1775 Writes proposals for publishing the works of Mrs Lennox 417
Controversy with Macpherson 422
Publishes *Journey to the Western Islands* 423
Publishes *Taxation no Tyranny* 430
Receives the degree of DCL of Oxford 439
Writes preface to Baretti's *Easy Phraseology* 417
Visits Oxford, Lichfield and Asbourne in the summer 464
Tour to France 466
1776 Visits Oxford, Lichfield and Ashbourne, with Boswell 493, 498, 521
Applies to Lord Chamberlain for rooms in Hampton Court 536
Stays at Bath with the Thrales 541
Goes to Bristol with Boswell 544
First dinner with Wilkes 555
Publishes *Political Tracts* 431
Stays at Brighton with the Thrales 569
1777 Writes dedication to Bishop Pearce's *Four Evangelists* and numerous additions to the 'Life' prefixed 502–3, 581
Writes proposals for Shaw's *Analysis of the Galic Language* 577
Engages to write *The Lives of the Poets* 579
Exerts himself on behalf of Dr Dodd by writing *The Convict's Address to his unhappy Brethren*, *Speech to the Recorder of London*, Petitions and 'Occasional Papers' 586, 597
Writes prologue to Kelly's *A Word to the Wise* 581
Visits Oxford, Lichfield and Ashbourne (where Boswell joins him) 591, 592–3, 636
Pays a short visit to Brighton 636
1778 Writing *The Lives of the Poets* 718
Writes dedication to Reynolds's *Discourses* 262
Visits Warley Camp in the summer 718, 723
Visits Winchester 722
1779 Publishes the first four volumes of *The Lives* 724
Writes preface to Maurice's translation of *Oedipus Tyrannus* 724
Death of Garrick 724
Visits Lichfield and Ashbourne 736
1780 Writing the last volumes of *The Lives* 749, 754
Death of Beauclerk 751
Contributes to Davies's *Life of Garrick* 758
1781 Publishes the last six volumes of *The Lives* 781
Death of Thrale 811
Second dinner with Wilkes 819
Pays a short visit to Southill with Boswell 828–37
Visits Oxford, Birmingham, Lichfield and Ashbourne 839
Beauties of Johnson first published 847
1782 Revising *The Lives* 850
Death of Levett 840

Spends a week at Oxford 849
Takes leave of Streatham 853
Spends more than six weeks at Brighton 852, 854
Mrs Thrale begins to lose her regard for him 853
1783 Publishes revised edition of *The Lives* 781–2
Revises Crabbe's *Village* 861
Has a stroke of the palsy 888
Spends about a fortnight with Langton at Rochester 891
Spends three weeks with Bowels at Heale 891
Death of Miss Williams 891
Threatened with a surgical operation 894
Founds the Essex Head Club 902
Attacked by spasmodic asthma 904
1784 Confined by illness for 129 days 913
Visits Oxford with Boswell 920
Attends The Club for the last time 943
Unsuccessful application for an increased pension to enable him to go to Italy 944
Mrs Thrale's second marriage 950
Visits Lichfield, Ashbourne, Birmingham and Oxford 958–74
Death of Allen 959
Death 998
Buried in Westminster Abbey 999

一、总体

abbreviations of his friends' names 54, 59, 190, 191, 398, 914; **abhorrence** of affectation 247, 777; **abodes**, *see* habitations; **absence** of mind, *see* peculiarities; **abstinence** easy to him 60, 61, 246, 804, 848; **absurd** stories told of him 244–5; **abused** in a newspaper 778; **accounts** of expenditure 862; **acquaintance**, widely varied 530; making new 972; *see also* society; on **acting** 513, 896–7; on **actors**, *see* players; **agreeable**, extremely or infinitely 335, 932; to ladies 804–5; and **alcoholic** drink, *see* wine; and **alchemy** 462; **alms-giving** 13, 322; his **amanuenses**, *see* Others: Macbean, Alexander; William, Maitland; Peyton, Mr; Shiels, Robert; Stewart, Francis; **ambition** 690; and **Americans**, *see* Index of Places: America; **amorous** propensities, *see* Green Room; **amused**, easily 400; **amusements** 738; **Ἄναξ ἀνδρῶν** 30; **anecdotes**, love of, *see* Index of Subjects: anecdotes; **anger**, *see* temper; **animals**, fondness for 872; **annihilation**, horror of 683, 684; **anniversaries**, kept 253–4; **anonymous**, desires to remain 117; **apology**, ready to make 941, 994; *see also* conversation; **Appius**, compared to 972; **Appleby School**, applies for mastership of 49; and an **apprentice** 435; **approbation**, pleasure of 904; **Arabic**, wishes to study 777; **arguing**: before an audience 531, 702, 824, 942, 1006; Burke refers to it 531; butt end of the pistol 311; delight in it 233, 505; described by Burke 938; – by Goldsmith 311; – by Hamilton 824–5; – by Reynolds 311; – by Lord Seaford 862; on either side indifferently 314, 531; kick of the Tartar horse 311; promptitude for it 456, 531; reasoned close or wide 1006; rudeness 562; spirit of contradiction 531, 854; thinking which side he should take 531; on the wrong side 531, 824–5, 869–70, 1006; *see also* talk;

assertions, contradicts or questions 218, 53; **asthma** 958–9; **attacks**: enjoyed them 427, 455–6, 793; in the streets 423; looked on them as part of his consequence 1001; never but once replied to them 169, 779; *see also* Index of Subjects: attacks on authors; **attendance**, required the least 518, 864; **Auchinleck**, hopes again to see 852, 909; **auction** of his books 194; **austere**, but not morose 324; **author** without pen, ink or paper 187; **authors**, assists, *see* Index of Subjects: authors; **awe**, regarded with: by Englishmen of great eminence 564; by Fox 667; by Lord B— 827; at Allan Ramsay's 703; by Scottish *literati* in London 294; **awkward** at counting money 777; **ball**, goes to a 854; **Baltic**, talks of going up the 416, 594; **barbarisms**, repressed and colloquial 629; **bargainer**, a bad 182, 579; and the **barometer**, *see* ignorance; **bathing** 569; **beadle** within him 562; **bear**: a dancing bear 296; Gibbon's sarcasm 448; *He*-bear 825; J.B.'s a bear 404; 'like a word in a catch' 447; 'nothing of the bear but his skin' 296; upon stilts 447; **'beat** many a fellow' 89; **beats** Osborne the bookseller 89; **belabours** his confessor 918; his **belief** 43; angry at attacks on it 524–5; **'believes** nothing *but* the Bible' 85; **benevolence** 133, 491, 572, 587–8, 597, 607, 644, 669, 687, 722, 874, 917, 920, 942, 953, 987, 1004; concealed 943; to an outcast woman 941; **Bible**: reads the Greek Testament 160; reads verses every Sunday 416; resolves to read the whole 360–61; **bigotry**, freedom from 215, 340–41, 625, 994–5; **biography**, love of, *see* Index of Subjects: biography; **birth and parentage** 24, 329; **birth and rank**, respect for 329, 341, 400, 438, 625; **birthday**: cheerful note on it (1780) 762; dinner on it (1783), 894; disliked mention of it, at Ashbourne 607; escaped from Streatham on it 738; keeps on 18 Sept. (N.S.) 130; kept at Streatham 607; usually unnoticed 607; **bleeding**, undergoes: 575, 604, 842, 843, 844, 846; 'fifty ounces' 847; repeated 849, 888; **blood**, hot and irritable 869; **blushing** 701; **Bolt-court**, house 493, 948; drawing-room 694; garden 493, 738; prints in the dining-room 874; stone seats at the garden door 875; *see also* household; **books**: annotates them 509; bidding them farewell 962; black-letter, loves 323; borrows them 970; judgement as to their success 830; lends them 970; promises to take care of borrowed books 407; runs to them 456; tears out their heart 677; treats them roughly 362; *see also* library; Index of Subjects: books; **book-binding** 37; **borrowed** small sums 869; **bow**: to an archbishop 872; to a nobleman 743; ***bow-wow*** way 437; **breakfast** 133, 373, 462, 654, 859; 'let us breakfast *in splendour*' 739; **buffoonery** 400–401, 531; **bull**, made a 941; **burlesque**, turns a dispute into 808–9; **business**: Clarendon Press 491, 500; Taylor's lawsuit 541, 544; Thrale's brewery 811; **bust** by Nollekens 1000; **calculation**: error in 635; fondness for 45, 61, 416, 635; forgets to use it 646; **'Caliban** of literature' 328, 343; ***called***, being 815; **Cambridge**, visit to 256; **candour** 869, 894; **cards**, wished he had learnt to play 531; **carelessness** 773; **cats**: Hodge 872; others 872; **cathedrals**, had seen most of the English 577, 584; **ceremonies** of life 545; **chambers**, *see* habitations; **character**: Bayle's of Ménage 1005; Boerhaave's 1006; Clarendon's of Falkland 1005; Dryden's 143, 787; **character, S.J.'s**: drawn by himself 738, 787, 858, 894; by Boswell 1000, 1002–3; by Dr Burney 531; by Miss Burney 401, 762, 897, 1004; by Dodd 597; by Hamilton 1000; by Dr Maxwell 321; by Mickle 900; by Parr 788; by Pennant 671; at Ramsay's 702; by Reynolds, *see* Others: Reynolds, Sir Joshua; by Robertson 702; by Taylor 603; by Towers 785; like Harington's of Bishop Still 1000; like Milton's 57, 76, 112; like Savage's 96; **'character' from Horace** given in the *Morning Post* 674; **characters**: saw a great variety 529; drew strong, yet nice, portraits 529; overcharged 703; too much in light and shade 426; **charity** to the poor 837, 869; *see also* alms-giving; **chastity** in his youth 56, 985–6; influence of Savage 95, 986; **chemistry**, love of 82, 136, 230, 738, 893; **children**: on books for them 767; love of them 674, 871; never wished for one 533; treatment of a newborn 311; *see also* young people; **church**: attendance due at 43, 740; attends more frequently when there were prayers only 352; behaviour in it 374; devotion to Church of England 245, 702, 1004; lateness in arriving at it 686, 693; offer of preferment 172, 251, 323; radiations of comfort and resolutions at it 261, 527, 531; reluctance to go to it 42–3, 335, 374; **civilities**, not forgetful of 408; **clergymen** and elocution 877; **Clerkenwell** ale-house, invited to 66; **climb** over a wall at Oxford, proposes to 186; the **Club**: attendance or non-attendance 252, 322, 576, 768; dislike of some of the members 576; one of the founders 25; **coffee**, drinks 348, 531, 739, 878, 925; **cold** and wet, indifferent to 243; **comfort**, lacks every 913; 'a tremendous **companion**' 597; **companions** of his childhood and youth regretted 593, 620–2; **company**: accompanies downstairs in hopes that they may return 257; loves 84, 210; proud to have desired 462; **complaints**, not given to 296, 452, 520, 827, 860, 959; **complaisance** 49; **compliment**, pleased with 915; **composition**, *see* IV, *below*; **conduct** exemplary 744; **confidence** in his own abilities 76, 106; **conjecture**, kept things floating in 698; **conscience**, tender 87; **constant** to those he employed 940; **Constantinople**, wishes to go to 777; **constitution**, strong 904; **contraction** of friends' names, *see* abbreviations of his friends' names; **contradiction**: actuated by its spirit 302, 553; exasperated by it 324; given to it 918; pleasure in it 531; **conveniences**, must have all 311; **conversation**: assists his friends by 129; in conformity with Bacon's precept 892; the business of the *Life* 389; colloquial pleasantry 1005; a contest 504, 562, 824; Dempster struck by it 230; described by Boswell 22, 242, 954; — by Bowles 892; — by Miss Burney 689, 893; — by E. Dilly 579; — by Hawkins 396; — by Hogarth 85; — by Dr King 308; — by Langton 134;— by Macaulay 893;— by Malone 689, 866;— by Maxwell 321; — by Percy 695; — by Reynolds 562, 866; — by Mrs Thrale-Piozzi 893, 954; eagerness in 294; elegant as his writing 308, 892, 1005–6; its exact precision 497; good done by it 268; imaginary victories gained over him 857; labours when he says a good thing 664; nothing of the old man in it 705; originality 1000; teemed with point and imagery 664; requisites for 856–7; rule to talk his best 114, 865, 866; seizes upon Burke's topics 777; seldom started a subject 689, 932; too strong for the great 827–8; views of the happiest kind 453, 790; vigour and vivacity 19, 209; without witness 562; 'would learn to talk of runts' 705; *see also* talk; Boswell III: Johnson; **convulsions** in his breast 737; **convulsive** starts, *see* peculiarities; **cookery**, judge of 246, 677; **cottage**, would like in Boswell's park 887; **country**: enjoyment of 759, 763; mental imprisonment 950; spends much time in the 172; **courage** 422–3; **Court of Justice**, in a 309; **courteous**, *see* politeness; **cousin**, *see* Others: Ford, Revd Cornelius; **coward**, would not appear a 730; **coxcomb**, reply to a 530; **credulity** 702, 1003; **critical** of characters and manners 543; no **croaker** 976; **curiosities** in Scotland, collects 404–5; **curiosity**: about the Middle Ages, 838; his 31, 52; **daily life** 211, 822; **dancing** 808–9; **dating** letters 72; **deafness**, *see* hearing; **death**: dread of 314, 605, 607, 683, 902, 906, 913, 917–18, 923, 928, 929, 968, 985; horror of the last 178, 605; keeping away the thoughts of 307, 605–6; news of deaths fills him with melancholy 851; no dread of 422; **death, his own** 998–9; agitated the public mind 19; characteristical manner shows itself, 995; a kind of era 1001; described by J.B. 988–9; — by David Boswell 998; — by Hoole 988, 992, 996; — by Langton 992–3, 998–9; — by Nichols, 993–5; — by Windham's servant 999; full of the spirit of the grammarian 989; lines on a spend-thrift 996; operates on himself 988, 997; produced a chasm 1000; refuses opiates and sustenance 997; resigned at the end 996–7, 997–9; three requests of Reynolds 996; **debate,** chose the wrong side in 232; **debts** (in 1751) 131; (in 1759 and 1760) 187; under arrest for 164; **deception,** above tricks of 621; **decorum,** condemns lack of 805–6, 812; **dedications:** addressed to him 375, 781, 854, 1000–1001; never used in his own books 140, 262; *see also* IV: dedications; **defending** a man, mode of 305; **deference,** required 531; **degrees:** DCL, Oxford 433, 439–41; LLD, Dublin 256; MA, Oxford 152, 256; no degree conferred by Scottish universities 403; **delicacy:** about Beauclerk 864; about letter to Chesterfield 141; towards a dependant 343; **Demonax** of the age 781; **depression** of mind 162; in 1761 191; **deserted** 842; ***deterré*** 75; **dexterity** in retort 866; **'Dictionary Johnson'** 204; **diffidence** 88; **dignity:** 'a blunt dignity about him' 243; high notion of dignity of literature 691; lacks 970; of character 76, 144, 322; **dinners:** at his own house 374, 454, 462, 493, 814, 879; at the Pine Apple 61; 'dinner to ask a man to' 247; on his birthday, *see* birthday; on the way to Oxford 920; talked about them more than he thought 247; thought on them with earnestness 246; to members of the Ivy Lane Club; *see also* eating; **discrimination,** fond of 426, 675–6; **disorderly** habits 253, 570, 824; **Dissenters** and snails 404; **dissipation** hinted at by J.B. 95; **distilling** 767; **distressed** by poverty, *see* poverty; **Doctor of Laws:** did not use the title 256, 440; uses the title 808, 911; of Dublin 256; of Oxford 433, 439–41; **dogs,** separated two, *see* fear; **Domine,** displeased at being called 256; no **dramatic** power, *see* 'tragedy writer'; **draughts,** played at 171, 502; **drawing-room,** *see* Bolt-court; **dress:** as a dramatic author 112; at a Court mourning 943; described by Beauclerk 479; — by Boswell 210, 478, 1003; — by Dr Campbell 84; — by Colman 545; — by Cumberland 699; — by Foote 478; — by Langton 134–5; — by Miss Reynolds 134; improved by association with the Thrales 699; improvements suggested by J.B. 519; in Paris 478; on his visit to Lord Marchmont 734; **drinking** 61; *see also* wine; **dropsy:** sudden relief from 913; operated on himself for it, *see under* death; **Dutch,** studies 401, 774; **Easter** meetings with J.B. 847; **Easter Day:** his placidity on it 531; resolutions on it 253, 256, 360, 572; **East-Indian** affairs, never considered 420; **eating:** love of good eating 246, 555; mode of 145, 246, 247; voracious 246, 804, 945–6; unaffected by kinds of food 688; *see also* fruit; **enemies,** wonders why he has 858; **envy:** avowed 669; possible envy of Burke 691; **'esquire'** 440; **Essex Head Club,** founds the 902–3, 915; **etymologist,** a bad 106; **evidence,** a sifter of 215–16; **exaggeration,** dislike of, *see* Index of Subjects: exaggeration; **excellence** described by Mrs Thrale 401; **executor:** of Harry Porter 56; of Thrale 811; **exhibited,** refused to be 323; **expedition,** eager for an 593, 594; **experiments,** minute 738; **eyes:** colour 56; inflamed 401–2, 412; only one sound eye 28; restored to its use 165; wild and piercing 56, 245; *see also* sight; **failing,** afraid of 625; **fame** extended by the *Life* 7; **fasting** 374, 450, 531, 685, 875, 986; for two days 246, 688; **fear:** a stranger to 422; never afraid of any man 944; of great heights 469; separated fighting dogs 423; **feared:** at Brighton 854; at College 687; by Langton 927; **'Fearing'** in *Pilgrim's Progress*, like 422–3, 998; **female charms,** sensible to 54, 561; **female dress,** critical of 28; **feudal** notions

619; **finger-nails** to the quick, pares his 869; **flattery**, susceptible to 1004; ***fœnum habet in cornu*** 302; **food**, favourite 247; **foreigners**, prejudice against 75, 770; **forgiving** disposition 405, 956; shown to one who exceeded in wine 498, 823; **fortitude** 895; **fox-hunting** 235; **France**, tour to 466–79; *see also* IV: diaries; **French**: knowledge of 68, 303, 371, 466, 479, 834; writes a French letter 479; **fretful** 859, 861, 919; **friend**, a most active 952; **friends** (in 1752), list of 133; his ***frisk*** 136; **frolic**, his bitterness mistaken for 45, 932; **fruit**, love of 959; **fun**, love of 400–401; **funeral** 999; **games**: little interest in 31; played cricket 46; **Gargantua** 662; **garret** in Gough Square 176; **Garrick's** success, moved by 96, 121, 297; **gay** and good-humoured 762, 819; **general censure**, disliked 937; **genius**, always in extremes 246, 689; **gentleness** 819, 865, 872; **gentlewoman** in liquor, helps a 497; **gesticulating**, averse to 777, 941; **gestures**, *see* peculiarities; **ghost**, like a 5, 689; *see also* Index of Subjects: ghosts; '**Giant** in his den' 210; **gloom** of mind 102, 286; 'saw **God** in clouds' 571; **godchildren**, *see* Others: Langton, Jane; Lowe, Ann Elizabeth; Lowe Jr, Mauritius?; Mudge, William; Paterson Jr, Samuel; **Goldsmith**, contests with 383; **good breeding** 545; **Good Friday** observed 531; **good humour** 819, 825, 897; 'a good-humoured fellow' 455, 560; without it 316, 455; **good-natured**, but not good-humoured 316, 455; **good sayings**, forgets his 863–4; **good things of life**, loved the 691; **gout** 102, 566; due to abstinence 61; *see also* health; **gown**, wears his MA 185; **graces**, valued the 545; **grandfather** 400; **gratitude** 256, 408; **grave**: close to Macpherson's 422; in Westminster Abbey 999; request about it 984; **great**: never courted the 265, 625, 827; not courted by them 827, 943; 'the **greatest man** in England next to Lord Mansfield' 442; **Greek**, knowledge or study of 38, 44, 355, 567, 695, 767, 773, 979; **Greek Testament** 361; **Green Room**, in the 112, 766; **grief**, on bearing 595–6; **Grosvenor Square**, apartment in 804; **gun**, rashness in firing a 423; **habitations**, list of his 65, 742; **happier** in his later years 162; **happiness** not found in this world, 854–5; *see also* Index of Subjects: happiness; **hasty** 861–2; **hat** snatched off at an election 415; **head** of the table, at the 691; **health, chronological** state of his: (1712) small-pox; scrofula, 28; (1729) hypochondria 40–41; (1730–31) severe illness 882; (1743) 'almost well again' 90; (1755) sickness 165; (1756) recovered from sickness 165; (1765–6) severe attack of hypochondria 254, 256; (1767) hypochondria, relieved by abstinence 286; (1768) hypochondria 286–7; severe illness at Oxford 287; (1769) 'suffered in body and mind' 296; 'I hope I grow better' 297; very ill 412; (1771) slowly recovering 335, 412; (1772) not so well 368; (1773) general improvement, but 'vexatious catarrh' 370; fever 401; 'very well' 402; good in Scotland 406; (1774) cold and cough 406; mentions 'a dreadful illness' 412; (1775) good in France 467; (1776) gout 563, 566; (1777) hypochondria 572; 'difficulty of breathing' 575; very bad 578; very ill in Lichfield 636; 'very difficult and laborious respiration' 637; (1778) convulsions and flatulences 641; better 643; better than when in Scotland 738; (1780) better 759, 763; (1781) pretty well 813; better 819; (1781–2) difficulty of breathing and violent cold in the winter 843; (1782) 'battered by one disorder after another' 840, 843, 844, 846, 848, 849–50, 854–5; (1783) very ill 855, 884, 904; palsy 888–91, 904; speech returns 989; gout 894–5; threatened with an operation 894–5; (1783–4) sudden relief from dropsy 906, 913–14; asthma 910; cough 911; consults the Scottish physicians 907–8; projected wintering in Italy 944; *Ægri Ephemeris* 976; *see also* melancholy; nights; **health, general**: indifferent to cold 243; no headache as a young man 243; seldom a single day of ease from his twentieth year 847; **hearing,** dull or defective 261, 447, 466, 473, 994; his **hearth-broom** 839; the **Hebrides** (chronological): first talk of visiting 237, 401; proposed tour 289, 367, 384, 400, 401; leaves London 402; returns 404; account of the tour 403; box of curiosities from them 404–5; pleasantest journey he ever made 569–70; pleasure in talking it over 593, 629; a 'frolic' 840; acquisition of ideas and images 873; no wish to go again 873; *see also* Index of Works and Literary Characters: *Journey to the Western Islands of Scotland*; **Hercules,** compared by J.B. to 400; **hilarity** 45, 400–401, 463; **history,** *see* Index of Subjects: history; **holds up** his head as high as he can 904; **'home',** *see* Index of Places: Streatham; **home uncomfortable** 722; *see also* household; **horsemanship,** *see* riding; **house at Lichfield,** *see* Index of Places: Lichfield; **houses** in which he lived, *see* habitations; **household:** account of it 722; losses in, by death 842; melancholy 843; solitude 894, 895, 900, 904, 913; **housekeeping:** left off 175; resumed it 263; **hug,** his wit gives one a forcible 383; **humanity,** ever awake to the calls of 51, 189; *see also* benevolence; **humility** 572, 994, 1004; **humour** 1005; *see also* good humour; **hungry** once in his life 246; **hypochondria,** *see* health; **Iceland,** projected voyage to 133; **idleness** (chronological): in boyhood 31, 32, 38; *Desidiæ valedixi* 46; in writing the *Plan* 104; like Hogarth's 'Idle Apprentice' 136; 'an idle fellow all my life' 245; (in 1760) 189; (in 1761) 191; (in 1763) 211; (in 1764) 253; (in 1767) 286; claim upon him for more writings 211, 268, 282, 500; exaggerated by himself 235, 401, 406, 572; allows no excuse for it 767; *see also* indolence; **illness,** *see* health; **'Imlac'** 522; **impatient** 313, 315; ***impransus*** 80; **incredulity** as to particular extraordinary facts 392, 504, 523, 624; **'*incredulus odi*'** 468; **independence,** always asserted his 26, 31, 234, 322; **indolence:** 'always felt an inclination to do nothing' 244; constitutional 51, 113, 253; 'little done' 336; **ingratitude,** false story of his 628, 636–7; **inheritance** from his father 47–8; **insult,** would not brook 322; **intemperate** in eating and drinking 246; **intoxicated** 56; used to slinking home when 733; **'*invictum animum Catonis*'** 972; **irritability** 710; goes to **Islington** for change of air 913; **Italian:** knowledge and study of 62, 68, 567, 839; reads or cites Ariosto 151; — Dante 387; — *Il Palmerino d'Inghilterra* 519; — Tasso 702; **Italy** (chronological), thoughts on 195; projected tour to (in 1776) 490, 491, 493; tour given up 522, 528, 533; eagerness to visit 45, 528, 533, 537; projected wintering there (in 1785) 944, 948, 949, 950, 955–6; **Jacobite** tendencies 28, 101, 276–7, 377, 610, 938; never ardent in the cause 227; never in a non-juring meeting-house 922; ***Jean Bull philosophe*** 246; **Johnson's Court,** house in 263; **kindness:** advises others to practise it 243; Goldsmith's testimony 221; in small matters 874, 953; to individuals: an Academy student 567; — to Boswell, 217–18, 237; — to a poor country boy 435; — to Tom Davies, 405–6, 645; — to Heely 279; — to a poor schoolfellow 512; — to Saunders Welch 640; — to Miss Williams 415; to servants and dependants 463, 644, 872; 'to the unthankful' 50, 723; the **king's evil,** afflicted with and touched for 28–9; **knee,** takes a young Methodist on his 323; **knotting,** tried 654, 920; **knowledge:** at the age of eighteen 235; exact 695–6; of human nature 676; varied and extensive 530, 1004–5; well informed in common affairs 877; **ladies,** could be very agreeable to 766–7, 804; **language:** delicate in it 687; makes his intelligible to the meanest capacity 866; zeal for it 277; **languages:** interest in 173, 250; *see also* Dutch; French; Greek; Italian; Latin; **late hours** 373, 480, 634; **Latin:** corrects

J.B.'s 272–73; knowledge of 29, 39, 40, 66, 979, 994; speaks 326, 479, 480; writes after his stroke 889; for his writings in it, *see* IV; **laughter**: hearty 463; like a rhinoceros 463; over small matters 400; resounds from Temple Bar to Fleet-ditch 401; 'shakes laughter out of you' 383; **law**, knowledge of the 495, 530, 574; consulted by J.B. 336–7, 357, 363, 461, 547; for his assistance to J.B. in writing legal papers, *see* IV: law arguments; **lawyer**: ought to have been a 690; seeks to become a 78; would have excelled as a 78; **laxity** of talk 251, 299; **letters** from and to him, *see* II; III; **levee** 134, 322; **liberality** 256, 644, 869; **liberty**: contempt of popular 293, 350–51; love of 167, 225, 294, 322, 350–51; of election 349, 444; **library** described by J.B. 230; S.J. puts his books in order and dusts them 522, 554; **Lichfield**, house at, *see* Index of Places: Lichfield; in the Lichfield play-house 423; **lie**, use of the word 789; **life**: balance of misery in 929–32; dark views of it 1004; horror of it 102; more to be endured than enjoyed 325; not wish to live over again 326; struggles hard for it 963; would give one of his legs for a year of it 994; **Literary Club**, *see* Club, the; **literary property**, *see* Index of Subjects: copyright; **lives and memoirs** of 19; **Lords**, did not quote authority of 865; *see also* great; **Lord Chancellor**, might have been 690; **loses**: five guineas by hiding them 773; his spurs and stick, *see* stick; in **love**: with Hector's sister 510; with Mrs Emmet, an actress 513; with Olivia Lloyd 54; **madness**: confounds it with melancholy 618; dreaded 42; 'mad, at least not sober' 25, 42; often near it 572; **mankind**: less expected of 894; opinion of 651; **manners**: had been an advantage 927; Malone and Mickle never heard a severe thing or rough word from him 900–901, 951; 'nice observer of behaviour' 545; only external 455, 562; refuted 218; roughness 210, 267, 296, 316, 462, 670–71, 918; **marriage** 56; **MA** degree of Oxford 77, 149, 152–4; **medicine**, *see* physic; **melancholy**: confounds it with madness 618; constitutional 107, 1004; distressed by it 235–6; inherited 'a vile melancholy' 25; 'morbid' 40, 183; remedies against it 107, 235, 500; *see also* health; **memory**: complains of its failure 256; extraordinary early instances 27, 31; Latin verses discussed at college 687–8; Lewis's lines on Pope 933; *The Old Man's Wish* 772; other obscure verse 769–70, 922; **men**, willing to take them as they are 676; **metaphysics**, fond of 44; **method** in life, want of 570; **Middle Ages**, interest in the 838, 859; **military matters**, interest in 719; **Militia**, drawn from the 939; his **mind**: always ready for use 114, 1005; means of quieting it 171; **moderation**: absence of in his character 804; in wine difficult 498; *see also* abstinence; **modesty** 562; **money**, awkward at counting 777; **monuments**: epitaph 1002; in Lichfield Cathedral 1001; in St Paul's Cathedral 1001; *see also* inscriptions; **mother**: 'called' by her 815; last illness and death 181, 325; takes her debt upon himself 93; wishes to visit her 157; *see also* III; Others: Johnson, Sarah; **music**: affected by it 630, 774; bought a flageolet 654; had he learned to play would have done nothing else 654; insensible to its power 630; listens to the fiddle 630; talks slightingly of it 361, 481; would have been glad to have a new sense given him 481; **narrowness**, occasionally troubled with a fit of 869; **nature**: affected by 157; would not brook it 322; **newspapers**: accustomed to think little of them 848; constantly mentioned in them 561, 702, 834; false reports of him in them 415, 643, 686; 'maintained' them 269; reads the *London Chronicle* regularly 313; **nights**: restless 336, 569, 641, 720, 723; when sleepless translated Greek into Latin verse 979; **'*No, Sir*'**, use of, *see* Index of Subjects: 'No, Sir'; **oak stick** for Foote and Macpherson 423; **oaths**, *see* swearing; **obscenity**, disapproves of or represses 295, 927; **observant** of dress or behaviour 545; '*Oddity*, as they call him' 635; **old**, never liked to think of being 686, 689; **old man** in his talk, nothing of the 705; **opium**, takes 859, 910, 960; **oracle**, a kind of public 322; **orange** peel, use of 439; **Oxford** undergraduate 38; **pain**: courage in bearing 894; never totally free from it 847; operates on himself 988; **painting**, account of his feelings towards it 874–5, 941; buyer of prints 909; despises the Exhibition 194; disapproves of women painting portraits 455; praises Barry's pictures 886; **palsy**, struck with, *see* health, chronological (1783); **pamphlets** written against him 834; **papers**: burns his own 19, 63, 733, 992; not to be burnt 488; would be a **Papist** if he could 923; **Parliament**: attempts made to bring him into it, 332–3; eulogized in it by Burke 992–3; **Passion-week**: defends dining out in it 812; dines with two bishops 812; writes a paper on it in *Rambler* 120, 812; **pathos**, want of 787; **patience** 532; **payment** for his writings, *see* IV: payments; **peculiarities**: absence of mind 803; astonish Hogarth 85; avoiding an alley 254; blowing out his breath 255, 605; convulsive starts 56; entering a room 254; gesticulation 58; half-whistling 255, 716; in riding 1003; inarticulate sounds or mutterings 255, 555; mentioned by Pope 84; mimicked by Garrick 437; puffing hard with passion 670; rolling 682, 716, 803, 823, 1003; shaking his head and body 255; striding across a floor 84; talking to himself 31, 254, 892; **penance** in Uttoxeter market 971; **pension**, *see* Index of Subjects: pension; **personal appearance**: described by J.B. 1003; fingers and nails 869; in his youth 56; in *The Race* 280; majestic or robust frame 243, 248; **philology**, a favourite pursuit 781; **philosophy**, study of 13; **physic**: 'great dabbler in it' 604; knowledge of, or interest in 92, 191, 530, 592, 611, 959–60; prescribes for Langton 454; **physicians**, esteem for 926; **piety**, constant and fervent 248; **plagiarism** 178; **prejudice** against players, *see* Index of Subjects: players; **poetical mind** 604, 1005; **poetry**, loved 44; *see also* IV: poetry; his **politeness** 156, 283, 325, 562, 702, 833; **political character**, opinions and principles 167, 199, 321–2; *see also* Tory; **politician**, intention of becoming a 257; '***un politique** aux choux et aux raves*' 698; '**Pomposo**' 216; **portraits**: Reynolds's portraits: — painted in 1756, presented by R. to J.B. and engraved for the *Life* 208; — painted in 1769, the 'Knole' portrait 335; — version of this owned by Beauclerk and Langton 864; **post-chaise**, delight in a, *see* Index of Subjects: post-chaise; **poverty** 45, 46–7, 61, 71, 73, 75, 77, 93, 94, 164, 256, 777; **praise**: disliked extravagant 646, 809; loved, but did not seek 1004; pleasing to him 140; **prayer**, the act of 261; **prayers**, *see* Index of Subjects: prayers; Index of Works and Literary Characters: *Prayers and Meditations*; **prejudices** 75, 858; **Presbyterian service**, would not attend a 705; **pride**, defensive 144; **principles** and practice, *see* Index of Subjects: principles; **prints**, *see* painting; **Professor of the Royal Academy** 296; **provincial accents** 345, 512, 629; **property** 920; **provoked** by J.B.'s quoting his writings against him 915; **public affairs**, refused to talk of 861; **public amusements**, a great friend of 350; **public singer**, on preparing himself for a 458; **public speaking** 333; **punctuality**, not used to 118; **punish**, quick to 455; **puns, despises** 388; **puns himself** 698, 804, 809; **querulous**, never 520; **questioning**, disliked 450, 547, 667; **races**, runs 467; **Ranelagh**, feelings on entering 630; **rank**, respect for, *see* birth and rank; **rationality**, obstinate 923; **read to**: dislikes being 343, 773; permits J.B. and Goldsmith to 692, 825; **reading**: aloud, 373; *Amelia* without stopping 541; amount of his 44–5, 282–3; at college 44; before college 38, 44, 235; does not read books through 44, 380; in the early part of his life 283; 'like a Turk' 994; rapidly 44; ravenously 677; Virgil 416, 883–4; when travelling 245, 519, 936; **recitation**, described by J.B. 304, 534; **'recommending'** the dead, *see* Index of Subjects: the dead; **reconciliation**, ready to seek a 316, 398, 669, 671; **rectory**, offer of a 172, 251, 323; **red** ink or pencil, uses 416, 441, 796; **refinement**, high estimation of 545; **relatives**, no near ones 989; **religion**: brought back by sickness 882; did not trouble to defend 496; early impressions of, derived from his mother 26, 42; early indifference to 42, 882; estimated by Goldsmith 384; for some years totally regardless of 882; a lax talker against 43; predominant object of his thoughts 43, 165, 325; suffers remorse 95; **residences**, *see* habitations; **resistance** to bad government lawful 293, 350; **resolutions**: 'fifty-five years spent in resolving' 253; neglected 839; rarely efficacious 319; **respect**: maintains that due to him 691; shows to a Doctor in Divinity 325; **respected** by others, but loved by J.B. and Mrs Thrale 493; **reveries**, fell into 84; **riding** 1003; *see also* fox-hunting; **ringleader** of a riot 942–3; **rising**, time of 269, 336, 481, 804; **roars** people down 603, 680; never **robbed** 322; **romances**, love of 31, 520; **roughness**, *see* manners; **round-house**, put in 423; **Round Robin**, receives 563; **rural beauties**, little taste for 243 (*but see also* nature); **sacrament**, received at deathbed 913, 998; **St Clement Danes**, his seat in 374; **St James's Square**, walks with Savage round 94; **St John's Gate** reverences 66; **St Vitus's dance**, suffers from 84; **same** one day as another, not the 627; **sarcastic** in the defence of good principles 267; **satires**, explosions of 562; **saving**, propensity to paltry 869; **sayings**, not accurately reported 441; **scenery**, *see* nature; **schemes**: for a better life 253, 888; for classes 58; **school**: at Edial, *see* Index of Places: Edial; his 'school' described by Courtenay 123; — by Reynolds 648; — distinguished for truthfulness and accuracy 648; — Goldsmith one of its brightest ornaments 221; — Reynolds belongs to it 723; **school life** 30; *see also* Index of Places: Lichfield; **Scotland, tour in**: concise account of 403–4; did not wish to make the same journey again 873; proposed and talked of 334, 337, 367, 368, 384, 402; talked over with J.B. 629; **Scots**, feelings towards, *see* Index of Places: Scotland and the Scots; **scrupulous**, not weakly 986; *see also* Index of Subjects: scruples; **seasons**, effect of, *see* Index of Subjects: weather and seasons; **second sight**, *see* Index of Subjects: second sight; his ***Seraglio*** 722; **Shakespeare** in his childhood, read 44; **shoes** worn out 46; **shorthand**, denies ability of Cavendish to report speeches accurately in 379; **short-sighted**, *see* sight; not **shy** 904; **sight**: account of it by J.B. 1003; account of it in his French diary 477; defective as a child and boy 26, 31, 42–43, 879; in observing scenes 28, 624, 936; inflamed eye 401–2; only one good eye 27; restored to its use 165; short-sighted 339, 670; **silence**: at meals 246; fits of 373, 689; **silver buckles** 699; **silver plate** 814; **sincerity** unquestionable 987; **singularity**, dislike of 261, 943; **sins** never balanced against virtues 987; **slavery**, hatred of, *see* Index of Subjects: slaves and slavery; **sleep**, *see* nights; **small things**, attention to 869; **smoke**, did not 171; truly **social** 92; **society**, mixes with polite 48, 49, 434, 448, 514, 753, 812, 823, 827–8, 847, 943, 944, 961; **solitude**: hatred of 162, 742, 1004; suffers from 900; *see also* household; **'soothed'** 319; **sophistry** 293, 414, 755; **sought** after nobody 693; **speaking**, mode of 437; *see also* public speaking; **spirit**, lofty 972; **spirit**, wishes for more evidence for 340, 928; *see also* supernatural agency; **splendour** on £600 a year 949; **sportiveness** 400; **stately shop**, deals at 940; **statues**, *see* monuments; stick 423; a **straggler** 688; **strangers** no restraint on his talk 499, 920; **Streatham**: his farewell to it 853; his 'home' 301, 950; his late hours there 480; **studied behaviour**, disapproves of 247; **study**: advice about 227, 936; time for it 767; **style**, *see* IV; **subordination**, *see* Index of Subjects: subordination; **Sunday**, observation of, *see* Index of Subjects: Sunday; **superiority** over his fellows 30; **supernatural agency**, willingness to examine relations of 216; *see also* spirit; **superstition**, prone to 1003; *see also* Index of Subjects: ghosts; **supper** not eaten 688; **'surly virtue'** 555; **swearing**: disapproves of 295, 625; Murphy asks his pardon 539; rebukes J.B. for 317; 'swore enough' 882; **swimming** 186, 423; **talk**: 'his little fishes would talk like whales' 383; loved to have his talk out 648; made it a rule to talk his best 114, 865; not restrained by strangers 499, 920; talked alike to all 435; talked calmly in private 702; talked for victory 386, 824; 'tossed and gored' several people 296; tossed J.B. 706; *see also* conversation; **talking to himself**, *see* peculiarities; ***tanti* men**, dislike of 825; **taste** in theatrical merit not refined 513; **tea**: drank at all hours 169; drank very plentifully 322; effects of it on him 169; takes it every night with Miss Williams 223; his **teachers**: Dame Oliver 29; Tom Brown 29; Hawkins 29; Hunter 29; Wentworth 31; **teaching men**, pleasure in 311; **temper**: easily offended 710, 1004; violent 562, 680, 685, 706, 730; violent passion 860; **tenderness of conscience** 87; **tenderness of heart** 237, 296; about Dr Brocklesby's offer 949; about friendship with Hoole 963; about his friends' efforts for an increased pension 949; at deathbed of Catherine Chambers 285–6; by kissing Streatham Church 854; in reciting Beattie's *Hermit* 867; **terror**, an object of 237; **tests** his faculties 774; **theatres**, attends more than formerly 194; attends Mrs Abington's benefit 436; left off going to 267; **thinking**: excelled in the art of 1004–5; loses command over his thoughts 361; thought more than he read 283; intimacy with **Thrales**: gross supposition about it 522; happiness from it 950; not without restraint 522; on **toleration** 394–7; a **Tory**: might have written *A Tory History of England* 784; 'not in the party sense' 321; **'touched'** for the king's evil 28; the **town** his element 962; *see also* Index of Places: London I; 'a **tragedy-writer**' 60; loves rapid movement 610; reason for his failure as 111; **'a tremendous companion'** 597; **'a true-born Englishman'** 75, 423, 869; **truthfulness**: exact precision in conversation 497, 647; held sacred by him 189, 985; his 'school' distinguished for it 648; regard for a servant's 230; scrupulously inquisitive to discover it 392; **unchastity** hinted at by J.B. 985; his **uncles**, *see* Others: Ford, Dr Joseph; Johnson, Andrew; **unsocial shyness**, free from 904; **utterance**, slow deliberate 436, 1006; **valetudinarianism**, dislike of 518; his **vine** 738; **Virgil**: often quoted *Optima quæque dies* 328; reads 416, 883; **vocation** to public life 962; **voice**: deep and sonorous 284, 994; loud 396, 603, 1006; **vows**, disapproves of 272, 716; **Wales**, tour to, *see* Index of Places: Wales; his **walk** in the Temple 244; **warrants** said to be issued against him 83; **watch**, dial-plate of 292; **watchman**, mistaken for a 497; **water-drinking**, advocates 689; **waterfall**, at Dr Taylor's 626; **weather**, influence of, *see* Index of Subjects: weather and seasons; **Westminster Police Court**, attendance at the 640; **wife** (chronological): affection for 56, 58, 129–32, 301; disagreements with 132; death 129, 130, 131, 150, 162; death alluded to in his letter to Chesterfield 142; anniversary of the day of her death 130; funeral sermon 132; grave and epitaph 132, 957, 985; his grief 129–32; her loss almost broke his heart 688, 750; 'recommended' 261; wishes for her in Paris 472; **wig**: Paris-made 699; unpowdered and too small 210; **will**, averse to making it 989; **wine**: abstains from 253, 498, 658; arguments against drinking 704–5; declines inebriating liquor on his deathbed 997; drinks a toast in water 743; drinks too much 733; use of 213, 218, 656, 688, 729; **wit**: account of by Garrick 383; extraordinary readiness 562; **women of the town**: rescues one 941; talks with them 986; **words**, *see* IV; 'did his **work** in a workman-like manner' 551; **world**: 'a man of the' 226; had been long 'running about it' 121; knowledge of the 529; never complained of 827, 859; never sought it 860; **young people**, loves 235; **youth**, pleasure in talking of the days of his 972

二、书信

General (chronological): J.B.'s appeal to owners to publish them 17; some lost 50, 131; an effort to write them 249; date omitted or wrong 255, 408; returns, not answers 410, 636; those to Scotland franked by Strahan 721; puts as little as possible into them 820; permits J.B. to copy some 874; publication by Mrs Piozzi, *see* Others: Thrale, Hester Lynch.

Letters to particular persons printed in full or in part, or precisely described: to Edmund Allen 888; to Thomas Astle 838; to the Revd T. Bagshaw 399, 957; to (Sir) Joseph Banks 336; to Francis Barber 294, 320; to Baretti 193, 197, 202; to Jakes Barry 874; to Beattie 758; to Birch 92, 126; to Mr B[on]d 370; to J.B. 248, 262, 272, 292, 298, 317, 334, 337, 368, 369, 402–3, 404, 406–7, 408, 410, 411, 413, 415, 416, 417, 418, 420, 421, 427, 428, 463, 464–6, 468, 481, 482, 484, 485–7, 487–8, 489, 490, 541, 565, 569, 570, 575, 576, 578, 586, 587, 590, 592, 593, 595, 636, 639, 673, 719, 723, 725, 734, 736, 737, 747, 748, 750, 758, 763, 803, 840, 847, 849, 850, 851, 852, 855, 890, 895, 899, 906, 907, 909, 955, 957, 974, 975; to Mrs Boswell 564, 591, 852; to Mme de Boufflers 479; to Dr Brocklesby 891, 958–62; to Dr Burney 156, 174, 176, 261, 894, 963, 974; to the Earl of Bute 200, 202; to Edward Cave 53, 62, 71–2, 79–80, 89–90; to (Sir) Robert Chambers 148; to Mrs Chapone 898; to Chesterfield 142; to Richard Clark 905; to a clergyman at Bath 848; to a young clergyman, *see* Charles Lawrence, *below*; to Dr Cruickshank 894, 967; to Tom Davies 889, 967; to Charles Dilly 736, 904; to Edward Dilly (really written to W. Sharp) 589; to Dr Dodd 600, 602; to William Drummond 277–9; to Dr Edwards 722; to James Elphinston 117–18; to Dr Farmer 319, 754; to Samuel Ford 59; to Richard Green 984; to W. G. Hamilton 897, 965; to Warren Hastings 801–2; to Edmund Hector 50, 846–7, 974; to Heely 970; to John Hoole 416, 963–4; to Ozias Humphrey 912; to John Hussey 723; to Charles Jenkinson (1st Earl of Liverpool) 601; to a Lady, asking for a recommendation 197; to Bennet Langton 157, 174, 180, 181, 190, 268, 269, 286, 332, 335, 338, 411, 454, 463, 588, 721, 837, 845, 895–6, 910–11, 957, 964; to Miss Jane Langton 913; to Charles Lawrence 759; to Dr Thomas Lawrence 421, 750, 840, 844; to Robert Levett 412, 466, 569; to Theophilus Levett 93; to James Macpherson 422; to Malone 843; to Metcalfe 854; to Dr Mudge 894; — described as 'an eminent friend' 667; to John Nichols 795, 854, 969; to George Nicol 966; to Charles O'Conor 173, 580; to John Paradise 966; to John Perkins 415, 828, 850, 905, 965; to Lucy Porter 468, 735, 813, 843–4, 875, 890, 904, 906, 985; to Reynolds 255, 335, 336, 562, 563, 567, 811, 838, 854, 874, 884, 887, 902, 920, 955, 967–8; to Joseph Simpson 185; to Dr Staunton 196; to George Steevens 407, 572; to W. Strahan 571, 720;

to Mrs Strahan 819, 842; to Dr Taylor 131, 888, 912; to Mrs Thrale 752, 754, 888, 896, 897; to Susannah Thrale 897; to Lord Chancellor Thurlow 956; to the Vice-Chancellor of Oxford, Dr Huddesford 153; — Dr Fothergill 441; to Dr Vyse 588; to Dr Joseph Warton 137, 320; to the Revd Thomas Warton 146, 149–52, 154, 173, 179, 180, 297, 319; to Saunders Welch 640; to John Wesley 736; to Dr Wetherell 491; to Dr Wheeler 722; to the Revd W. White 371; to the Revd T. Wilson 854; to Windham 887, 965.

三、写给约翰生的书信

By Dr Birch 155; by J.B., *see* Boswell III; by Mrs Boswell 853; by Sir A. Dick 574–5; by Dr Dodd 599–600, 602; by Mrs Thrale 752; by Lord Thurlow 763.

四、与作品相关

部分作品已出现在前面的“作品与文学人物”索引中。

adversaria 114; **advertisements** 12, 14; ***Annales*** 46; *see also* diaries; **biography**, excellence in 19, 139; ***Biographia Britannica***, asked to edit 791; **catalogue** of his prose works 10–17; complete list asked for by his friends 66, 697; his own imperfect list, *Historia Studiorum* 697; one supplied to J.B. by Percy 697; **charade** 871; **college and school exercises** 32, 39, 40, 44, 935; **composition**: general 268, 322, 446, 884, 969; in *Debates* 994; in *Life of Savage* 96; in *Rambler* 113, 540; in *Rasselas* 182; in translation from the French 834; in *Vanity of Human Wishes* 108, 268; never wrote fair copies 782, 935; rapidity 62, 446, 881; shown in college exercises 40, 44; wrote not for pleasure 884; **dedications**: skill in writing 262, 379–80; written by him 11, 12, 13, 14, 15, 16, 53, 92, 139, 188, 195, 196, 204, 262, 276, 286, 581; **diaries**: *Annales* 46; *Diary*, burnt 19, 137, 992; fragments preserved 20, 46, 139; quoted by J.B. 44, 46, 50, 256, 276, 285–6, 336, 416, 917; seen by J.B. 992; 'a small duodecimo volume' owned by J.B. 114; **diary of his tour to France** 469–78; *see also* journal; Index of Works and Literary Characters: *Prayers and Meditations*; **dictionary-making**, *see* Index of Works and Literary Characters: *Dictionary of the English Language*; **election addresses** 16, 752, 762; **epitaphs**: *Essay on Epitaphs* 11, 85, 179; wholly or partly composed by him 562–3, 768, 793, 957, 984; **fable**, sketch of one 383; ***Greek Anthology***, translates from 979; **Greek epigrams** 72, 82; **introductions**, *see* prefaces; **journal**: attempts to keep a 375; specimens of 164, 261; *see also* diaries; **Latin poems** 40, 67, 291, 336, 421; **Latin versions of English poems** 40, 91; **Latin versions of Greek epigrams** 979; *poemata*, ed. Langton, *see* Others: Langton, Bennet; **law arguments** dictated to J.B. 15, 16, 357–9, 363–7, 389–92, 460, 461, 548–51, 632–3, 805, 835–6; **letter to** *General Advertiser* 12, 126; to *Gentleman's Magazine* 95; **payments received** (chronological): for translation of Lobo's *Abyssinia*, five guineas 51; for *London*, ten guineas 73; translation of Sarpi, £49 78; part payment for *Historical Account of Parliament*, two guineas a sheet 90; for correction of *Boulter's Monument*, ten guineas 171; for *Dictionary*, £1,575 (out of which payments to amanuenses were made) 104, 165; for introduction to

London Chronicle, one guinea 171; for *Rasselas*, £100 + £25 for the second edition 182; for *Lives of the Poets*, 200 guineas originally agreed on 580, 781; £100 added 781; **poetry**: juvenile poems 32, 54; made verses and forgot them 268; pleasure in writing poetry 884; **political writing** 15, 16, 199, 414, 431–2; *see also* election addresses; **postscript** by him 12, 127–8; **prefaces**: skill in writing 81; **prefaces, introductions, or preliminary addresses** written by him, wholly or in part 10, 11, 12, 13, 14, 15, 81, 86, 88, 89, 100, 108, 127–8, 166, 171, 185, 188–9, 191–2, 196, 276, 369, 417, 446, 868; **projected works**: account of Parliament 88; a *Bibliothèque* 154–5; edition of Cowley 533; life of Alfred 101; life of Bacon 628; life of Cromwell 892; history of British Arms 189; on fictions 892; on Italy 529; translation of the *Lusiad* 901; **prologues** by him 103, 110–11, 126, 285, 287, 581–2, 776; **proposals** written by him 12, 16, 53, 100, 171–2, 417, 530, 577; **reply** to an attack 14; **reviews** by him 13, 14, 15, 166–9, 218, 253; one by Murphy ascribed to him 167; **revision** of his writings 331; **school exercises**, *see* college and school exercises; **sermons**: asked to write a funeral sermon 324; composed by him 17, 132, 598, 621; **style**: account of it 121–5; 'Brownism' 123, 166; caricatures of it 286, 456, 616, 981; compared with Addison's 125; criticized by others 616, 789; criticizes it himself 616; defends it 616; dislikes Gallicisms/ 'the former, the latter'/parentheses 868; formed on writers of seventeenth century 122; formed on Temple and Chambers 122; imitations of it 616, 796, 980, 981, 982, 983, 984; of the translation of Lobo 51; of the *Plan of the Dictionary* 105; of *The Rambler* 121; praised by Shenstone 505; raises his own colloquial style 940; translates for booksellers 77; **words**: added to the language 123; charged with using hard and big words 105, 625, 784; 'familiarized terms of philosophy' 121; needs words of large meaning 122, 616–17; **works**: booksellers' edition by Hawkins and others 597, 942; complete edition intended by him 697; right to publish an edition reserved by him 109, 994; **writings**: abortive, lost or unidentified 10, 54, 79, 281, 291, 611; erroneously or doubtfully ascribed to him 82, 103, 167.

鲍斯威尔

主要事件

1759 Keeps an exact journal 229
Enters Glasgow University 245
1760 First visit to London 204
1762 Second visit to London 205
1763 Gets to know Johnson 204, 208
Studies at Utrecht 248
1764–5 Travels in Germany, Switzerland and Italy 230, 374
1765 Visits Corsica 262
1766 Visits Paris 262
Returns from abroad 263
Visits London 263–8
Publishes 'Thesis in Civil Law', *Disputatio Juridica*, and admitted as an advocate 271

1767 Acquainted with men of eminence 267
  Publishes *Essence of the Douglas Cause* 382
  Purchases Dalblair 634
1768 Publishes *An Account of Corsica* 287
  Visits London and Oxford 287–96
1769 Visits Ireland 343
  Visits London 297–318
  First visit to Streatham 301
  Attends the Stratford Jubilee 297
  Marriage 334
1770–71 Gap in his correspondence with Johnson of nearly a year and a half 334
1772 Visits London 338–67
1773 Visits London 372–401
  Elected a member of the Club 385, 387
  Gets to know Burke 387
  Tour to the Hebrides with Johnson 403
1775 Visits London 429–63
  Johnson assigns him a room in his house 462
  Visits Wilton and Mamhead 460
  Birth of his eldest son Alexander 467
1776 Disagrees with his father about the settlement of his estate 483
  Visits London 493–8, 521–61
  Becomes Paoli's constant guest when in London 536
  Visits Oxford, Birmingham, Lichfield and Ashbourne with Johnson 493, 498–521
  Visits Bath and Bristol with Johnson 541–4
  Introduces Wilkes to Johnson 552
  Interview with Hume on his deathbed
  Birth of second son, David 570
1777 Death of David 577
  Meets Johnson at Ashbourne 595–635
1778 Visits London 644–717
  Visits Thorpe, Yorkshire 717
  Birth of third son, James 721
1779 Visits London (16 March–4 May) 725–36
  Visits Leeds with Colonel James Stuart 738, 745
  Visits London (October) 739–45
  Visits Lichfield, Chester, Carlisle, Liverpool and Warrington 745–8
1781 Visits London 803–28
  Visits Southill with Johnson 828–37
1782 Death of his father 851
1783 Visits London 855–87
  Visits Burke at Beaconsfield 879
  Finishes *The Hypochondriack*
  Publishes *A Letter to the People of Scotland on the Present State of the Nation* 905
1784 Stops at York on his way to London 909

Hurries back to Ayrshire with the intention of becoming a candidate for Parliament 909
Visits London 913–50
Visits Oxford with Johnson 920–36
Sees Johnson for the last time 950
Death of Johnson 998
1791 Publishes his *Life* (16 May) 6
1792 Death of Reynolds 7
1793 Publishes second edition of the *Life* 8
Publishes *Principal Corrections and Additions to the First Edition* 7
1795 Death (19 May) 9

一、对自己的描述

Descriptions: **'a country gentleman'** 620; **'a gentleman'** (chronological): who seemed fond of curious speculation 290; who was afraid of the superior talents of a lady he wished to marry 292; who argued that drinking drove away care 362; who had bought a suit of laces for his wife 450; who argued that Charles II would have done no harm, etc. 459; who wished to live in New Zealand 543; who irritated S.J. by asking questions 547, 668, 861; who argued that in certain circumstances a husband might do as he pleased 743; **'a man'** (chronological): who was forward in making himself known 504; who had been guilty of vicious actions 533; who had resolved to test friendship by borrowing 652; **'one of the company'** (chronological): who thought the concluding lines of the *Dunciad* too fine 304; whose head was described by S.J. as his 'peccant part' 311; who attempted to rally S.J. 439; **'one of S.J.'s friends'** (chronological): who argued in favour of a country life 362; who went tipsy to dine with him 498; **'a young gentleman'** who teased S.J. with his servant's infidelity 267; **'a young man'** who was troubled by his lack of knowledge 238.

In the following references J.B. probably, but not certainly, describes himself: **'a friend'** who asked S.J. what he thought of a *tanti* man 825; **'a gentleman'**: who introduced his brother to S.J. 773; who provoked S.J. by quoting him against himself 915; who thought Walpole incapable of writing the *Heroic Epistle* 938; **'someone'** who wickedly tried to rouse S.J. 305.

二、生活、性格、特质、观点等

account: by S.J. 249, 403 n. a; of himself 204, 215; **accuracy** 5, 441, 449, 568, 636, 684 n. a, 764, 810, 952, 973, 986; **advocate,** admitted as an 271; for cases in which he acted as counsel, *see* counsel; **affection** of distress 803, 974; **Alnwick,** visits 335; **America,** ignorance of 419; **Americans,** sides with the 420, 430, 634, 643, 693, 809, 905; **ancestry** 483, 619, 872; an **antiquary** 747 n. a; **anxiety** for the safety of his family 521; **apprehensions** of unhappiness 247; his **archives** 670 n. a; and the **army,** *see* military ambitions; **Ashbourne,** visits 590, 592, 595–635; **Auchinleck,** describes 243, 620; **authenticity,** love of, *see* accuracy; **avidity** for delight 747; **bar,** enters the, *see* English bar; **Bath,** visits 541; **belief** in Christianity or Providence 211, 215, 432; **birth,** love of high, *see* gentility; **birthday** 297 n. c; on **bishops** 805–6; **boastful** 870; **books,** slight knowledge of 454; **'Bozzy'** 398; **Bristol**, visits 543; **bustle**, makes a 725; **cards**, gambles at 727; **Carlisle**, suggests meeting S.J. at 577, 584–5, 587, 590; **cats**, antipathy to 872; cowardly **caution** 636–7; **celebrated men**, acquaintance with 267, 552; **changefulness**, wretched 627; **character**, *see* account; 'intellectual **chemistry**' 552; **Chester**, visits 746–8; his **children** 402, 411, 467, 721; blessed by a non-juring bishop 725; guardians to 739; loved by S.J. 759; **church**, fondness for going to, *see* piety; a **citizen** of the world 426; **classical learning**, *see* quotations; **the Club**: elected 387; member of 252; proposed by S.J. 385; S.J.'s *Charge* 387; for his reports of conversations at and meetings of, *see* Index of Subjects: Club, the; **'clubable'** 903 n. a; thinks a **convict** unjustly condemned 414 n. a; and **Corsica**, *see* Index of Places: Corsica; **counsel**: in ecclesiastical censure case 547–8; before the House of Commons 645, 805; before the House of Lords 337, 642; Sir Allan Maclean's case 573; prosecution of a schoolmaster 637; Society of Solicitors' case 834; Vicious Intromission 364, 370; his 'wise and noble **curiosity**' 263, 293; **Dalblair**, buys the farm of 634; **daughters**, on the treatment of 489 n. a; his **death** 9; at times not afraid of 605; **debts** 408; paid by his father 569; S.J.'s warnings against incurring any 847–8, 849–50, 851, 855; **delay** inherent in him 573; **describes** visible objects with difficulty 624; **Devonshire**, visits 460; **dignity**, on preserving 297 n. c; **dinner**, goes without 354; **dissatisfaction**, given to 645; **Douglas Cause**, interest in the, *see* IV; **Dresden**, visits 144 n. a; **drinking**: a lover of wine 614, 655 n. a; nerves affected by port 230; S.J. advises moderation and abstinence 614, 910, 915; to excess: — at Miss Monckton's 823; — at the Duke of Montrose's 823; tries abstinence 498 n. 546, 701; vows of sobriety 498 n. 546; **'drudges** in an obscure corner', and the *Dunciad* 304; **early rising**, difficulty of 613; **Easter** worship in St Paul's, *see* piety; **English bar**: discouraging prospects 620 n. a; discusses with S.J. the way to success at the bar 620, 935; **enthusiasm**: of mind 586 n. a; to go with Capt. Cook 523; to go to the 'wall of China' 668; feudal 620; **Essex Head Club**, member of 903 n. a; **Eumelian Club**, member of 985 n. a; **exact likeness**, draws an 255; **executions**, love of seeing 945; **fame**, ardour for literary 8, 297 n. c, 621, 790 n. a; **fancy**, his sprightly, *see* imagination; **farm**, purchases a, *see* Dalblair; **father**, *see* III; Others: Auchinleck, Lord; **feelings**, ardent 297; **'fervour of loyalty'** 581; **free will**, love of discussing, *see* Index of Subjects: free will; a **genealogist** 670 n. a; **gentility**, love of 257–9, 438; **ghosts**, talks of 815 n. a; at **Glasgow University** 226, 245; **Greek**: has little 743; S.J. advises him to study 244; 'an honest chronicler as **Griffith'** 17; **habitations**, *see* houses; lodgings; at the **Handel festival** 919, 921; **happiest days**, one of his 816–17; **the Hebrides**, first talk of visiting 237, 417; **houses**: in James's Court, Edinburgh 606; rents Dr Boswell's house in the Meadows 583, 586, 590; *see also* lodgings; **hypochondria**: pride in it 566, 751; persuaded to throw it off 734; suffers from 490, 565–7, 639, 721, 734, 748, 749, 929 n. a, 974–5; his **'hypocrisy of misery'** 803; **idleness** 245; **imaginary ills**: fancies that he is neglected 466, 541, 595; — that his wife and children are ill 521; **imagination** 720; **infidelity** in his youth 215; **intellectual excesses** 748; **intemperance**, *see* drinking; **Ireland**, visits 343; **isthmus**, compares himself to an 302; **Italy**, visits 266, 290; **Jacobitism** when a boy 228 n. b; associations connected with it 724; **Johnson's Court**, veneration for 382; **kindness** to tenants 855; **knowledge**: at the age of twenty-three 218; at twenty-five 265; lack of 238; *see also* Greek; Latin; learning; as a **Laird** 855; his **Latin** 40, 272, 273; **law**, study of 212, 226; **lawyer**: unwilling to become 212,

226; *see also* advocate; English bar; **laxly,** lives 744; a **lay-patron** 392; **Liberty and Necessity,** troubled by 803; **Lichfield,** visits 511, 560, 745; and the **Literary Club,** *see* Club, the; **lodgings** in London: (1763) Downing Street, Westminster 223, 231; Farrar's Buildings, Inner Temple Lane 231; (1768) Half Moon Street, Piccadilly 293; (1769) Old Bond Street 304; (1772) Conduit Street 348; (1773) Piccadilly 376; General Paoli's in South Audley Street 536, 698; *see also* houses; **London:** exalted spirits there 656–7; love of it 244, 408, 521, 619, 720; S.J. consulted about a visit to it 408–9; — advises him to take his wife to it 620; — gives advice about his removing to it 957; visits: (1760) 204; (1762–3) 205–45; (1766) 263–8; (1768) 287–96; (1769) 297–318; (1772) 338–67; (1773) 372–401; (1775) 429–63; (1776) 493–8, 519, 521–61; (1778) 644–717; (1779) 725–36, 739–45; (1781) 803–28; (1783) 855–87; (1784) (sets out in March, but turns back at York 909) 913–50; his **loose life** 350, 533, 744; **manners,** want of 519; **marriage:** approaching 297, 298, 300, 317; takes place 334; **masquerade,** at a 369; **mechanics,** ignorance of 611; **melancholia,** *see* hypochondria; **military ambitions** and love of military life 212; **'all mind'** 748; **mind:** 'somewhat dark' 464; talks of the state of his 900; **'mingles** virtue and vice' 392; **music,** affected by 630; **mystery** and the mysterious, love of 645, 815 n. a; **narrowness,** occasionally troubled with 869; **nature,** no relish for 243; **'old-hock humour'** 498 n. 546; **Ossian,** opinions on, *see* Others: Macpherson, James; **ostentatious** 245; **Oxford,** visits in: (1768) 287; (1776) 498–504; (1784) 921–36; **Parliament,** wishes to be in 884, 911; **piety:** Easter worship in St Paul's 351, 374, 408–9, 454, 531, 694, 729, 814, 879; elevated by pious exercises 831; fondness for going to church 221 n. a, 621; love of consecrated ground 748, 749; on communicating 830–31; **place or office,** longs for a 848, 885; **plays his part** admirably 746; **political character** and opinions 167–8; ***Praeses,*** elected 899; **pronunciation** 345; **quotations,** his felicitous 17; **reading:** neglects 454; yearly reading of *Rasselas* 183; **reserve,** practises some 4; **retirement to a desert,** talks of 300; **ridicule,** defies 23, 626; **Royal Academy,** Secretary for Foreign Correspondence 296 n. b; **rural beauties,** little taste for 243; **St Paul's,** Easter worship at, *see* piety; **Scotland:** finds it too narrow a sphere 619; forty years' absence from it suggested to him 532; his native country 290; **Scots and Scottishness:** 'a Scotchman without the faults of a Scotchman' 712; his Scotch accents 345, 576; his Scotch shoe-black 436; 'one Scotchman who is cheerful' 732; 'scarce esteemed a Scot' 124; *unscottified* 389; **self-tormentor** 247; **Shakespeare,** admiration of 692; at **Shakespeare's Jubilee** 297; his **shorthand** 668–9; his long head equal to it 857; **slavery,** approves of 632, 633–4, 638; no **Socrates** 275; **soldier,** desires to be a, *see* military ambitions; **sophist,** plays the 732; **studies,** S.J.'s advice as to his 218, 227, 240, 242, 244, 249–50, 743; **succession:** preference for male 468 n. a, 484, 489 n. a; to the barony of Auchinleck 483–90; **superstitious** 129–30, 815 n. a, 914, 974–5; *see also* ghosts; mystery; Index of Subjects: second sight; **sympathy,** blames himself for lack of 308; a ***tanti*** **man** 825; **tenderness,** calls for 640; **toleration,** discusses 394–6; **topics,** has but two 547; his **Toryism** 581, 617 n. a; **town,** pleasure in seeing a new 610; **tranquillity,** desires 639; **truthfulness,** *see* accuracy; **unobservant** 936; **Utrecht,** goes to 212, 248; his **vanity** 8; **vows:** love of making 271, 275; of sobriety, *see* drinking; **Walton's writings,** edified by 413; **water-drinking,** tries, *see* drinking; **wine,** love of, *see* drinking; at **York** 909, 911.

三、与其他人的关系和通信；其他人对鲍斯威尔的看法

Dr Adams, correspondence with 6, 973; **Baretti**, exposes 265; **Beattie**, correspondence with 339 n. a; **Blair**: correspondence with 740; witnesses agreement for his *Sermons* 571; **Godfrey Bosville**, correspondence with 761; **Burke**, friendship with 879; **Dr Churton**, correspondence with 929 n. a; **Courtenay**'s lines on him 123; **Dr Cullen**, correspondence with 908; **Derrick** in his London 'tutor' 239; **Edward Dilly**, correspondence with 579; **Donaldson**, praises 231; **father**: censures him for his second marriage 301; disagrees with him 570; — about heirs general and heirs male 483–4, 565; on better terms with him 263, 569, 570, 578, 637, 723, 763; S.J.'s advice about him 749; uneasy with him 226; *see also* Others: Auchinleck, Lord; lends **Sir W. Forbes** his journal 635; thinks **Fox** had no notion of immortality 453; **Garrick**: correspondence with 724; friendship with 145, 724; slyly introduces his fame 665; soothes him 302; **Mrs Garrick**, dines with 816; **Gibbon**, dislike of, *see* Others: Gibbon, Edward; **Goldsmith**: account of 218–21; dines him 304; mentions his foibles 219, 359, 398; takes leave of him 399; visits his lodgings 356; **great or celebrated men**, acquaintance with 267, 552, 625; **has hopes**: from Burke 885; from the Rockingham ministry 847; **Lord Hailes**, correspondence with 229; **Warren Hastings**, correspondence with 799; **Hector**: correspondence with 973; visits with S.J. 507–8, 510–11; *see also* Others: Hector, Edmund; **Hume**, interview with, on his deathbed 605; **Johnson (Boswell's opinions on)**: acquaintance with (chronological) — first meeting 208, 448; — calls on him for the first time 210; — entertains him for the first time 223–4; — dines for the first time at his house 374; — weekly meetings to be arranged 586 n. a; — need of a yearly meeting 585, 590, 630, 761; — under his roof for the last time 949; — last talk 949; — last farewell 950; awe, regrets losing some of his 645; breakfasts with 739; censures for inattention to Lord Marchmont 790; close connection with 428; constant respectful attention to 453; consulted about America by 418, 430; conversation, records — at first with difficulty 223; — with assiduity 19; — with less assiduity 298; — fails to record it 242, 824; collects his sayings into volumes 810; death of, viewed with dismay 576; diary, reads his 992; differs from in politics on two points only 643, 905; discusses him with Robertson and Reynolds at Ramsay's 702–3; his 'Guide, Philosopher and Friend' 522, 831, 1000; hide his faults, does not 21, 671 n. b; his *Journey*, reads in one night 417; leads him to talk 360, 539; letters — kept back 584, 586; — keeps copies of those to him 262; — gaps in correspondence with 262, 285; — neglects to write to him 334, 736–7, 975; — proposes weekly correspondence 738; — to 262, 271, 273, 293, 315, 334, 335, 337, 368, 405, 410–11, 412–13, 417, 419, 420, 427, 464, 467, 480, 481, 489, 490, 565, 567, 568, 573, 575, 577–8, 583, 586 n. a, 589, 591, 592, 593, 636, 637, 639, 642–4, 673, 718, 724, 734, 737, 745, 747, 757, 760–62, 905, 974, 975; keeps away from, for a week, 706; love for, 244, 403, 576, 692, 761–2, 887, 949, 950; offends 290, 315, 634, 667, 693, 713; opens his mind to 215; at Oxford with 287; parting with, feelings on 401, 629; pension, advocates an addition to his 944–5, 948–50, 955–6; publishes without leave a letter from 287, 292; puts to the question 547, 667–8; teases 267; tries an experiment on his affection 736–8; veneration for 204, 267; visits (chronological) — Harwich with 244–5; — (invites to visit) Scotland, 289, 367,

383–4, 401; — Scotland and Hebrides with 403–4; — Oxford and the Midlands 493, 498; — Bath and Bristol 541–4; — Ashbourne 595–635; — Southill 828–37; — Oxford 920–36; Wilkes, brings him together with 552–61; wonders he has not more pleasure in writing 268; worships 702; not in will 989 n. a; **Johnson (opinions on Boswell)**: advises him (chronological) — on his studies and conduct 242, 249–50; — on choosing guardians for his children 739; — on management of his household 851; — to stay at home and look after his wife 852; — on trying his fortune at the English bar 935; angry with him 693, 737; assigns him a room in his house 462, 575, 644; complains of the length of his letters 565 n. c; describes him as 'worthy and religious' 736; easier with him than with almost anybody 870; encourages him to turn author 217; gives him particulars of his early life 30–31; gives him *Les Pensées de Pascal* 728; keeps him up late drinking port 230, 729; 'let us live double' 822; letters — keeps his and directs them to be returned to him 262; — none from, for two years (1764–5) 262; — permits him to publish them after his death 293; — to him, *see* Johnson II; likens to a moth 247; love for him 215, 237, 244, 262, 298, 337, 369, 403, 453, 465, 481, 561, 565, 575, 587, 595, 630, 639, 640, 692, 719, 734, 747, 759, 761, 763, 803, 809 n. b, 856, 887, 949, 975; offended with him, and reconciled 315, 316; offers to write the history of his family 872; praises him as a travelling companion 237, 682; — gives him a thousand pounds in praise 729; recommends a lady client to him 410; reproves him 517; visits him when ill 734; witty at his expense 4, 360; **Langton**, correspondence with 753; **Mickle**: correspondence with 900; visits him at Wheatley 934; **Monboddo**, visits with S.J. 914 n. b; **Mrs Montagu**, quarrel with 799; **mother-in-law**, *see* stepmother; **Lord Mountstuart**: dedicates thesis to him, 272 n. b, 274; friendship with 834; puzzled by his indifference 878; **Oglethorpe**: gives him particulars of his life 449 n. b; introduces him to Shebbeare 825; **Paoli**, *see* Others: Paoli, Pasquale; **Percy**, correspondence with 45, 674; **Pitt**, correspondence with 907 n. a; **Reynolds**, correspondence with, *see* Others: Reynolds, Sir Joshua; **Rousseau**, visits 266, 374; **Mrs Rudd**, acquaintance with 561; **Miss Seward**: controversy with her 27 n. b, 55 n. a; meets 514, 677, 746; **Adam Smith**'s lectures, attends 226; his **stepmother**, on ill terms with 570; **Colonel Stuart**, *see* Others: Stuart, Lieutenant Colonel James; **Temple**, *see* Others: Temple, Revd William Johnson; **Mrs Thrale**, *see* Others: Thrale, Hester Lynch; **Thurlow**, correspondence with 944, 948; **Voltaire**, visits 230, 263; **Vyse**, correspondence with 589; **welcome** everywhere 747; **John Wesley**, introduced to, by S.J. 736; **wife**, in search of a 292 n. 254; *see also* Others: Boswell, Margaret; **Wilkes**, *see* Others: Wilkes, John; **Miss Williams**: his negotiation with her over the Wilkes dinner 554; her 'love' for him, 337; takes tea with 223, 244, 310; **Zélide**, *see* Others: Zuylen, Isabella de.

四、与作品相关

Account of Corsica, with the Journal of a Tour to that Island: preface quoted by J.B., 297 n. c; publication 287; S.J.'s advice about it 266, 273; S.J. praises the *Journal* 298; prepares and intends to publish **'Collections of Scotch antiquities'** 307, 747 n. a; ***Critical Strictures on Elvira*** 217; **'Dictionary of words peculiar to Scotland'**, prepares a 307; ***The Douglas Cause***, a ballad 288 n. 250; **'Epitaph'** on Soame Jenyns, probably by him 170 n. a; essays 864; see *also The*

Hypochondriack; ***Essence of the Douglas Cause*** 288 n. 250, 382 n. a; ***The Hypochondriack***, proposed collected edition of the first forty numbers 864; **journal**: its accuracy 295 n. a; entries made in company 952; four nights in one week given to it 243; imperfectly kept or neglected 298, 460, 706, 709, 715, 726–7, 818, 824, 901, 914, 919, 920, 928, 936, 945–6; kept one in his youth 229; kept with industry 5; kept in quarto and octavo volumes 810; sat up all night on it 243; S.J. — advises him to keep one 229, 375, 453; — pleased with it 664; — helps to record a conversation 664; — reminded that it is kept 762; — quoted or mentioned 213, 645; **journal, Ashbourne** 635; read by Forbes 635; **journal, Chester** 748; ***Journal of a Tour to the Hebrides***: attacks on it 626; criticized 6; extensive circulation 403, 626; praised: by him 17 n. a; — by others 4, 6, 404; motto 626 n. 721; passages in, repeated by J.B. in the *Life* 30; quoted or referred to by J.B. in the *Life* 4, 22, 228 n. a, 922 n. a; read in MS by Mrs Thrale 465; ***Letter to the People of Scotland against Diminishing the Number of the Lords of Session*** (1785): mentions George III, 122 n. 90; quotes on the juries of England 526 n. b; ***Letter to the People of Scotland on the Present State of the Nation*** (1783) 905–7; sent to Pitt and other eminent persons 907 n. a; ***Letters of Lady Jane Douglas*** 288 n. 250; ***The Life of Johnson*** (chronological): progress through the press 5; composed in part by Manning 941; printed by Baldwin, *see* Others: Baldwin, Henry; editions, *see* Others: Malone, Edmond; additions and corrections to it 7; addenda and new notes to the third edition 9; may be assimilated to the *Odyssey* 8; compared with the *Tour* 4; editorial technique — treatment of journal or other raw material 287, 544; — missing words supplied 846 n. a; treatment of persons — of the dead 19 n. b; — of Goldsmith 219; — of Hawkins 19 n. b, 42; — of Monboddo 914 n. b; — of Mrs Piozzi 42, 43 n. a; opinions of — general commendation 8; — praised by Abercrombie 370; by friends or contemporaries of Johnson 973 n. a; — by Dr Knox 983 n. b; — by Reynolds 7; — depreciated by Steevens and Blagden 675 n. 801; **'A Matrimonial Thought'**, a song 317; ***Scots Magazine***, contributes to 66; **'Thesis in Civil Law'** 271–4; *Travels* on the Continent, wishes to publish 685, 685 n. a.